中国大百科全书

邓小平

中国大百科全书

（第三版）

矿 冶 工 程

中国大百科全书出版社

图书在版编目 (CIP) 数据

中国大百科全书：第三版 . 矿冶工程 / 中国大百科全书（第三版）总编辑委员会著 .-- 北京：中国大百科全书出版社，2021.6

ISBN 978-7-5202-0866-6

Ⅰ. ①中… Ⅱ. ①中… Ⅲ. ①百科全书－中国－现代②矿业工程－百科全书③冶金工业－百科全书 Ⅳ. ①Z227 ② TD−61 ③ TF−61

中国版本图书馆 CIP 数据核字（2020）第 238156 号

中国大百科全书
（第三版）
矿冶工程

中国大百科全书出版社出版发行
（北京阜成门北大街 17 号　　邮编：100037）
http://www.ecph.com.cn
北京雅昌艺术印刷有限公司印制
2021 年 6 月第 1 版　2021 年 6 月第 1 次印刷
开本：889×1194　1/16　印张：56.5　字数：2302 千字
ISBN 978-7-5202-0866-6　　定价：580.00 元

中国大百科全书（第三版）
总编辑委员会

中国大百科全书（第三版）
矿冶工程编辑委员会

主　编　徐匡迪

副主编（按姓氏笔画顺序）

王国栋　古德生　孙传尧　殷瑞钰　翁宇庆　黄伯云

分支学科编写组

古代采选冶金史

主　编　韩汝玢

副主编　潜　伟

矿山地质

主　编　戴塔根

副主编　汤自权

成　员　吴堑虹　邹海洋　李小罗
　　　　钟兆泓　莫晓东

矿床地下开拓

主　编　刘育明

副主编　陈　何　黄仁东

成　员　朱维根　夏长念　王湖鑫
　　　　胡建华

井巷掘进与支护

主　编　安建英

副主编　张钦礼　赵兴东

成　员　伍绍辉　祁保明　杜贵文
　　　　李红辉　王晓军

地下采矿方法

主　编　吴爱祥

副主编　周爱民　周科平

成　员　任凤玉　刘敦文　褚洪涛
　　　　黄　滚　尹升华

矿床露天开采

主　编　王运敏

副主编　廖江南　李建雄

成　员　章　林　汪为平　吴秀琼
　　　　李家泉　许利生

特殊采矿

主　编　余　斌

副主编　鲍爱华　谭凯旋

成　员　郭利杰　王　军　王清良

　　　　曹　辉

岩石力学与岩石破碎

主　编　冯夏庭

副主编　蔡美峰　赵　奎

成　员　朱万成　杨成祥　陶　明

数字矿山与智能采矿

主　编　王李管

副主编　胡乃联　杨小聪

成　员　饶运章　赵兴东　贾明滔

　　　　毕　林

矿山生态环境

主　编　周连碧

副主编　卞正富　祝怡斌

成　员　宋子岭　顾晓薇　林　海

　　　　宁　平　陈　伟

矿山机械

主　编　谢　良

副主编　陶平凯　彭加宁

成　员　肖尚武　罗政书　施士虎

　　　　蔡华发　张　敬

采掘装备

主　编　战　凯

副主编　刘　立　马　飞

成　员　张文明　郭　鑫　冯茂林

　　　　石　峰　石博强

矿床开采设计

主　编　刘放来

副主编　于长顺　刘福春

成　员　廖江南　王树勋　段进超

　　　　段文权　蒋　蔚

矿山安全与工业卫生

主　编　张兴凯

副主编　纪洪广　李孜军

成　员　宗子就　谢旭阳　胡家国

　　　　张英华　胡汉华

选矿厂

主　编　刘炯天

副主编　余仁焕　朱瀛波

成　员　林　杰　李明辉　杨松荣

　　　　桂夏辉　韩桂洪

工艺矿物学

主　编　肖仪武

副主编　贾木欣　梁冬云

成　员　曾令熙　韩秀丽　王　玲

　　　　方明山　赵毕文

破碎筛分与磨矿分级

主　编　邵全瑜

副主编　孙春宝

成　员　李茂林　王泽红　余　浔

　　　　吴彩斌　刘建远

浮游选矿

主　编　胡岳华

副主编　文书明　印万忠

成　员　黄万抚　杨慧芬　蓝卓越

　　　　陈　攀

重力选矿

主　编　魏德洲

副主编　宋少先　张一敏

成　员　沈岩柏　刘文刚　高淑玲
　　　　刘　涛　杨建国

磁电选矿

主　编　孙仲元

副主编　陈　雯　袁致涛

成　员　王化军　刘永振　郑　其
　　　　戴惠新　赵通林

化学选矿

主　编　黄礼煌

副主编　冯其明　车小奎

成　员　陈代雄　贺　政　艾光华
　　　　童　雄　张国范

浓缩脱水

主　编　孙体昌

副主编　邱廷省　孙炳泉

成　员　杨　慧　张泽强　张海军
　　　　匡敬忠

尾矿工程

主　编　田文旗

副主编　郭天勇　岑　建

成　员　革　振　王　树　杨春福
　　　　颜学军

尾矿综合利用及环境保护

主　编　倪　文

副主编　牛京考　宋永胜

成　员　申士富　常前发　白志民
　　　　陈旭峰　易龙生

选矿设备

主　编　夏晓鸥

副主编　汤玉和　沈政昌

成　员　张国旺　周兴龙　李艳军
　　　　卢世杰　冉红想

选矿药剂

主　编　钟　宏

副主编　葛英勇　戴子林

成　员　朱一民（女）　刘龙利
　　　　朱一民（男）　刘广义
　　　　王　帅

选矿厂设计

主　编　雷存友

副主编　邓朝安　纪　强

成　员　胡根华　葛新建　程秀绵
　　　　井维和　王毓华

选矿厂自动检测与智能控制

主　编　周俊武

副主编　岳　恒　王焕钢

成　员　王勤华　李小平　徐　宁
　　　　王庆凯　何桂春

生物冶金及生物选矿

主　编　邱冠周

副主编　刘学端　温建康

成　员　林　海　杨洪英　谢克强
　　　　孙占学　尹华群

矿物材料

主　编　韩跃新

副主编　杨华明　郑水林

成　员　丁　浩　欧阳静　孙永升
　　　　谭　琦　高惠民

拣选

主　编　邱显扬

副主编　李成必　吴卫国

冶金学与冶金工业

主　编　殷瑞钰

副主编　李新创　顾松青

成　员　刘凤琴　徐安军

金属学与金属热处理

主　编　余永宁

副主编　金学军　刘国权

成　员　张文征　刘天模　孔令体

冶金过程物理化学

主　编　周国治

副主编　翟玉春　胡晓军

钢铁冶金

主　编　殷瑞钰

副主编　曲　英　李士琦

成　员　张建良　张立峰　朱苗勇

有色金属冶金与粉末冶金

主　编　黄伯云

副主编　邱定蕃　何季麟

成　员　柴立元　阮建明　刘祖铭　徐志峰

金属塑性加工

主　编　王国栋

副主编　王一德　谢建新

成　员　毛新平　谢水生　海锦涛　邸洪双　周桂峰　刘雪峰　杨　斌　龚殿尧

金属焊接

主　编　关　桥

副主编　宋天虎　吴　林　都　东

金属凝固与连续铸造

主　编　干　勇

副主编　丁文江

成　员　任忠鸣　张　慧

冶金流程工程学

主　编　殷瑞珏

副主编　徐安军　曲　英

成　员　上官方钦

冶金能源与冶金炉

主　编　张欣欣

副主编　蔡九菊　张福明

金属腐蚀与防护

主　编　侯保荣

副主编　马运义　李晓刚

成　员　韩恩厚　王福会　张鉴清

耐火材料

主　编　李红霞

副主编　杨　彬　石　干

成　员　李光辉　柴俊兰　彭西高

炼焦化学

主　编　温燕明

副主编　郑文华

铁矿粉造块

主　编　毕学工

副主编　姜　涛

前　言

党的十八大以来，以习近平同志为核心的党中央高度重视文化建设，把坚定文化自信，推动社会主义文化繁荣兴盛，建设社会主义文化强国，提到前所未有的战略高度。《中国大百科全书》第三版作为新时代中国一项重大文化工程，编纂出版适逢其时。习近平总书记对《中国大百科全书》第三版编纂出版工作高度重视，作出重要指示，寄予殷切期望，勉励学术界、出版界将《中国大百科全书》第三版打造成一个有中国特色、有国际影响力的权威知识宝库。

国运兴则文化兴。《中国大百科全书》的编纂出版，与时代发展、科技进步、文化繁荣密不可分，体现了中华文明与时俱进的创新精神。1978 年，中央决定编纂出版《中国大百科全书》，并为此项工作的开展，专门成立了中国大百科全书总编辑委员会和中国大百科全书出版社。《中国大百科全书》第一版按学科或知识门类分卷编纂，总计 74 卷，选收条目 7.8 万个，共 1.3 亿字，1993 年出齐。《中国大百科全书》第一版是中国第一部大型现代综合性百科全书。它的出版结束了中国没有百科全书的历史，被誉为“中华文化的丰碑”。

1996 年，《中国大百科全书》第二版开始编纂，总计 32 卷，选收条目 6 万个，共 6000 万字，2009 年出版。《中国大百科全书》第二版在第一版的基础上，充分反映了中国改革开放后各方面取得的巨大变化和最新成果，在体例上按条目标题的汉语拼音字母顺序统一编排，使读者更加便于寻检查阅。

2014 年，顺应互联网技术新变革、出版融合发展新趋势，《中国大百科全书》第三版正式启动编纂工作，同步编纂出版网络版、纸质版，并适时推出外文条目。《中国大百科全书》第三版，以马克思列宁主义、毛泽东思想、邓小平理论、“三个代表”重要思想、科学发展观、习近平新时代中国特色社会主义思想为指导，认真贯彻落实习近平总书记重要指示精神，以社会主义核心价值观为引领，坚持守正创新、实事求是、开放包容，汇聚科技界、社科界等各方面专家，系统总结国际国内各领域科学文化最新成果，力求构建有中国特色、有世界影响力的权威知识宝库。在《中国大百科全书》第三版总编委会主任委员陈奎元同志和总编委会的组织协调下，近 3 万名专家、学者和研究人员精心编制、倾力奉献，于 2021 年 7 月完成首批条目编纂出版并公开发布，实现纸网同步。网络版最终上线条目将达到 50 万条，纸质版、外文条目依托网络版陆续出版，并不断创新传播方式，改善读者体验，更好满足读者高品质、多方面、个性化的知识需求。

《中国大百科全书》第三版纸质版以科学知识体系分类为基础，其条目从网络版专业版块条目中精选，按学科分卷的形式编纂加工，分批出版。每卷按各学科的体系、层次设计框架，以条目的形式编写。所收条目力求详尽地叙述和介绍各学科的专业基本知识，适合于高中以上文化程度的广大读者使用。每个学科卷前设置概观性文章，介绍该学科的历史，描述现在的发展状况，展望该学科的发展前景。同时配以适当的图片和地图，以期达到图文并茂的效果。

在党中央的关怀下，《中国大百科全书》第三版的编纂工作得到国家各有关部门、科研机构、学术团体、大专院校等单位的大力支持，全国各学科、各领域、各部门专家、学者积极参与，凝聚了各方面的智慧与心血，在此谨致以诚挚的感谢，并衷心希望广大读者对书中疏漏之处给予批评指正。

《中国大百科全书》编辑部

凡 例

一、编 排

1. 全书按学科（知识门类）分类分卷出版。一个学科（知识门类）辑成一卷或数卷，或几个学科合为一卷。

2. 条目是全书的主体，一般由条目标题、释文和相应的插图、表格、扩展阅读等组成。

3. 条目按条目标题的汉语拼音字母顺序并辅以汉字笔画、起笔笔形顺序排列。第一字同音时按声调顺序排列；同音同调时按汉字笔画由少到多的顺序排列；笔画数相同时按起笔笔形横（一）、竖（丨）、撇（丿）、点（丶）、折（包括乛、亅、乚、＜等）的顺序排列。第一字相同时，按第二字，余类推。条目标题中夹有外文字母或阿拉伯数字的，依次排在相应的汉字条目标题之后。以拉丁字母、希腊字母和阿拉伯数字开头的条目标题，依次排在全部汉字条目标题之后。

4. 各学科（知识门类）卷在条目分类目录之前，都有一篇介绍本学科（知识门类）内容的概观性文章。

5. 各学科（知识门类）卷均列有本学科全部条目的分类目录，以便读者了解本学科的全貌。分类目录还反映出条目的层次关系，例如：

选矿……587
　选矿厂……593
　原矿……678

6. 学科（知识门类）与学科（知识门类）之间相互交叉的知识主题在有关学科卷中均设有条目，例如“位错”在《矿冶工程》卷和《物理学》卷均设有条目，但释文内容分别按各该学科的要求有所侧重。

二、条目标题

7. 条目标题一般为词或词组，例如“高炉”“应力腐蚀断裂”“X 射线衍射”。

8. 同一概念具有不同名称时，根据检索需求，分别设条，例如“炼焦化学”与“炼焦”。

9. 条目标题一般由汉语标题和与汉语标题相对应的外文两部分组成，例如：

矿山 mine

10. 条目标题有两个以上对应外文的，中间用分号（;）隔开。

11. 条目标题外文主要为英文，例如“硐室 chamber”，少数为法文、俄文、德文、西班牙文、意大利文等，或其相应的拉丁字母转写。

三、释　　文

12. 释文力求使用规范化的现代汉语。条目释文开始一般不重复条目标题。

13. 释文一般依次由定义和定性叙述、词源、简史、基本内容、研究状况、插图、表格和扩展阅读等构成，视条目的性质和知识内容的实际状况有所增减或调整。

14. 条目释文较长时，设置层次标题，并用不同的字体和排式表示不同的层次标题。

15. 一个条目的内容涉及其他条目并需由其他条目的释文补充的，采用“参见”的方式。所参见的条目标题在释文中用楷体字排印，例如“选别前的物料准备作业包括*矿石破碎*、*筛分*，*磨矿*、分级，弱磁性铁矿石磁化焙烧等”；所参见的条目标题未在释文中出现的，另用括号加“见”字标出，例如“炼钢三相电弧炉是最常用的直接加热电弧炉（见*电弧炉炼钢*）”。

16. 释文中的外国人名，在姓的前面加上外文名字的缩写，即名字的第一个字母，例如 G. 阿格里科拉，I.P. 巴尔金。

四、插　　图

17. 条目释文中配有必要的随文插图，包括照片、航摄图、遥感图、线条图等。

18. 插图附图题、图注等说明文字。条目只配一幅图且图题与条目标题一致时，不附图题。

五、扩展阅读

19. 在重要条目的释文后附有扩展阅读书目，供读者选阅。

20. 附设纸网关联方式，读者使用媒体终端扫描二维码或登录网址，可以扩展查阅网络版的内容。

六、大事年表

21. 条目正文后附有学科大事年表。表中内容设为“参见”的，以楷体字表示。

七、索　　引

22. 各学科（知识门类）卷均附有条目标题汉字笔画索引、条目标题外文索引和内容索引。

八、其　　他

23. 全书所用汉字，除必须用繁体字和异体字的以外，以国务院 2013 年 6 月公布的《通用规范汉字表》为准。

24. 全书所用科学技术名词以各学科有关部门审定的为准，未经审定和尚未统一的，从习惯。

25. 全书所用数字，执行国家标准 GB/T 15835—2011《出版物上数字用法》。

26. 全书所用地名，除历史地名外，一般以中国地名委员会审定的为准（含中国地名、外国地名）。历史地名后一般括注今地名。

目　录

矿冶工程

干　勇　般瑞钰　孙传尧　古德生

矿冶工程包括矿业工程和冶金工程两个部分。矿业工程通过**采矿**、**选矿**等工序，将采出的矿物原料中有用矿物与无用矿物(通常称脉石)或有害矿物分开，或将多种有用矿物分离，获得冶金以及能源、化工、建材等行业的原料。矿业工程中广义的采矿还包括煤、石油和天然气的开采，本卷主要为金属矿的开采。冶金工程是应用**冶金学**原理，将矿物工程中所获得的原料进行冶炼、加工处理等，最终获得人类社会生产、生活所必需的金属材料。同时冶金工程也为矿业工程提供各类装备所需的材料和技术支撑。矿业工程和冶金工程是人类社会赖以生存和发展的基础产业，两者之间相互衔接、相互依赖、共同发展。矿冶工程的学科综合度和交叉关联度很高，与能源工程、地质资源与地质工程、机械工程、材料科学与工程、信息技术与工程、土木工程、环境工程、力学、化学、物理等相邻学科有着密切联系，其发展广泛吸收了多学科的成果。

矿冶工程对人类文明、社会进步、政治演进和生活改善都产生过重大影响，并不断推动和促进社会、经济的可持续发展。金属工具的出现、文字的发明和国家的形成统称为人类跨入文明社会的三大标志。人类从最初的刀耕火种发展到青铜农具、铁制农具，大大促进了社会生产力的发展，不仅使国家富强、人民生活富足，而且也极大地提高了人类认识自然、改造自然的本领。与此同时，社会生产力的发展，反过来又促进了矿冶工程技术的发展。历史进程说明，矿冶工程的发展是与社会发展的步伐相一致的。过去，矿冶工程对社会、经济、生活的贡献重点在于提供人类社会所需的金属材料。今天，矿冶工程向新领域的渗透，又扮演着能源高效转换、废弃物消纳和再资源化的角色，其生产过程十分复杂，涉及到社会各个方面，未来仍将对整个社会经济产生巨大影响。

矿冶工程学科研究的意义为：①优化矿冶生产过程，提高资源利用率，改善效率，降低成本和能耗，减少排放和环境污染；②开发金属材料品种，满足现代工业制造和人类生活必须的材料要求；③改善和稳定产品质量，延长产品寿命，使材料达到减量化使用；④推动矿冶生产的可持续化发展，促进矿冶生产资源/能源的绿色化、低碳化，以及与人类社会特别是城市的和谐共存。

矿冶工程的学科分支和研究内容

矿冶工程包括矿业工程和冶金工程两个一级学科。

矿业工程 研究矿床开采和矿物加工的工程技术学科，主要是采矿和选矿。中国矿产资源十分丰富，但与其他发达国家相比，矿业工程的整体技术水平还有一定差距，加强矿业工程的基础应用研究，促进矿业工程的机械化、信息化、生态化，改进生产技术，提高资源利用效率，提高劳动生产率，改善环保、生态水平是该学科的基本任务。

采矿主要研究矿床开采的理论和方法，发展采矿新技术，使采矿符合安全、经济、高效、生态环保的需要。采矿可分为互相衔接、互相配合的几个分支系统，主要有：①矿山地质研究。研究矿床的成因、产状和赋存条件等；研究矿山地质，包括矿山工程地质与水文地质。②*岩石破碎*。包括研究破碎岩石的规律，探索岩石破碎新方法、新工艺、新器材等。③矿山岩石力学。研究矿床开采过程中矿压显现、岩层移动和地表沉陷规律及其有效控制的方法。④井巷工程。以岩石破碎学和岩石力学为技术基础理论，研究各种岩石条件下井巷、硐室的掘进和支护方法。⑤*矿床露天开采*。研究矿床剥离和露天开采技术及其内部规律性等。⑥地下开采。研究地下采矿方法、地下开采工艺技术、采空区处理。⑦*特殊采矿*。研究特定的矿山资源对象、特定的矿床地质赋存条件，以及有特定的矿产加工要求的采矿方法和技术。⑧矿山机械和自动化。研究矿山采、掘和装、运设备的特殊要求和工作机理，矿山生产过程机电设备最优化配套；研究自动化遥控与监测、综合机械化和自动化，以及矿山设备维修及设备更新。⑨矿山系统工程与管理工程。研究矿山企业的计划和组织管理等，进行矿山经济、矿山生产经营参数、采矿技术经济评价和分析等。⑩矿山安全、卫生和环境保护。研究控制矿山生产中的不安全因素，如矿山爆破安全、矿山水灾和火灾的防治、矿井提升运输安全、矿山机电安全等；对采矿作业有害因素的监测，以通风为主要手段的综合预防措施，职业病发生的原因和预防措施，矿山噪声源的控制和综合治理；研究矿山地面保护、复垦工程，矿山废石和尾矿的治理和综合利用等。

选矿，又称矿物加工工程，是由矿石的开采到冶炼生产金属工艺过程中的中间工序。主要研究矿物原料中的有用矿物与无用矿物（通常称脉石）或有害矿物的分离技术，以及将多种有用矿物分离的技术。选矿的目的是提高金属品位，清除有害杂质，以及从含多种有用矿物的矿石中选出多种精矿产品。由于世界上很多成矿域，特别是中国的成矿区域地质环境复杂，矿床成因多样，部分矿产贫矿多，富矿少，某些重要矿产资源短缺，共伴生复杂矿石多，单一矿种少。因此，除少数富矿外，采矿开采出的矿产资源通常需要经过矿物加工才能成为冶金、能源、化工、建材等行业的原料。选矿富集一种或多种有价矿物成为精矿，供给冶炼厂或化工厂。常用的选矿方法有*浮选*、*重力选矿*、磁选及电选等。其中以浮选应用最广。中国在传统浮选流程结构的基础上，又提出了等可浮浮选，分支串流浮选，异步浮选、混合浮选和优先浮选等流程结构。各种选矿方法的形成及选矿工艺的发展，涉及的学科很多，主要有矿物结晶学、工艺矿物学、力学、流体力学、磁学、电学、电化学、表面化学、物理化学、胶体化学、溶液化学、有机化学和结构化学等。此外，还涉及环保科学以及为实现选矿过程最佳化的数学模拟和自动控制等。

冶金工程 研究金属冶炼原理和金属材料生产的工程技术学科，主要包括冶金过程物理化学、金属学、冶金过程传输原理和反应器工程、冶金流程工程学、冶金热能工程、钢铁冶金、有色金属冶金、粉末冶金、金属塑性加工、焊接冶金、冶金环保与生态工程、冶金装备和自动控制等方面。从传统学科分类上讲，冶金学包括提取冶金学和物理冶金学两大分支。由于冶金生产过程大多依靠化学反应来实现，所以又称为化学冶金学。然而冶金生产并非纯粹的化学反应变化，还包括相的变化、力学和形貌的变化、流动及传热等现象，所以称为过程冶金学更为准确。冶金工厂的生产过程是由一系列相关的异质、异构的工序/装置集成构成的，其中包括了不同性质、不同类型的过程和过程集成群，21世纪以来又出现了冶金流程工程学。按照中国冶金工作者的习惯，狭义的冶金学指的就是过程冶金学，而广义的冶金学应该包括过程冶金学和物理冶金学。中国冶金工程学科在基础研究上不断深化，从宏观尺度向微观尺度发展；学科具体研究内容越分越细，与其他学科间联合越来越紧密；基础研究、应用研究再到与技术开发结合越来越密切。

起源、发展过程

人类对矿物、金属、冶金的认识可以追溯到远古时期。最早使用的天然金属主要是红铜（天然铜），用于小型农具、工具、武器和饰物等多采用冷锻和冶铸两种工艺技术成器。青铜时代大约始于公元前4000年，至公元初年结束。今伊朗南部、土耳其和伊拉克一带进入青铜时代的时间最早。在青铜时代，世界范围内形成了几个重要的青铜铸造业中心。这些地区的青铜时代与文明的到来和早期国家的形成、发展基本同步，如美索不达米亚、爱琴海地区、埃及、古印度、中国等。

铁器出现后随即普及于工农业生产领域，从而在人类历史上起了重大的革命性作用。人类最早使用的铁是坠落在地球上的陨铁，在埃及前王朝时期的墓葬和两流流域乌尔王陵里就出土过陨铁铁器。冶铁技术发明于原始社会末期，有最早记录的是小亚细亚东部山地的赫梯人。公元前13世纪，赫梯及与其临近的今巴勒斯坦、叙利亚和希腊地区即学会冶铁。这些地区在公元前10世纪已普遍用铁。之后，冶铁术经叙利亚传入两河流域、中亚和北非，又经希腊传到东欧和西欧。中国早在春秋时期已能开采铁矿和使用铁器。中世纪的1000多年内，冶金技术发展十分缓慢。15世纪的欧洲，尽管熟铁器已广泛使用，但铜和青铜仍是生产最多的金属。

14～16 世纪，欧洲发生文艺复兴思想文化运动，有了对地球历史、矿物、岩石的科学认识。同期欧洲出现资本主义的萌芽，资本作为要素之一促进了矿冶业的发展，资本家之间的竞争引发了生产技术的发展。另外，机器、造船等工业的发展又为冶金业开辟了市场，提供了技术装备。16 世纪中叶，意大利 V. 比林古乔的《火法技艺》和德国 G. 阿格里科拉的《论冶金》先后问世，这是欧洲最早全面论述矿冶技术的著作。中国的矿冶专书则更早，如宋代张潜著的《浸铜要略》、明代傅浚著的《铁冶志》。直到 1637 年，明朝宋应星著《天工开物》，记载了金、银、铜、铁、铅等金属的矿冶技术。17 世纪，中国的黑火药传入欧洲后，原始的手工采掘作业被凿岩爆破落矿工艺所取代，成为采矿技术发展的一个里程碑。

18 世纪中叶，第一次科技革命和工业革命从英国发起，开创了一个矿冶工程蓬勃发展的时代。采矿方面，机械进入矿山，取代了人工采掘和运输，再加上炸药、雷管和导火线等在矿山爆破中的应用，通风实现机械化等，使采矿工艺发生了根本变化。随着工业的大发展，对燃料和金属的需求急剧增加，采矿生产和采矿技术迅速发展，逐渐形成现代采矿工业。选矿技术方面，1848 年出现了机械重选设备——活塞式跳汰机，1880 年发明静电分选机，1890 年发明磁选机。1893 年发明摇床，提高了细粒重力选矿设备的处理能力，使重力选矿成为当时的主要选矿方法。1906 年泡沫浮选法取得专利。浮选能处理细粒复杂矿石，显著地促进了选矿技术的发展。在破碎矿石方面，引用了破碎机、磨矿机、分级机和筛分机等机械设备。选矿理论也逐步形成，I. 牛顿和 G.G. 斯托克斯于 1851 年提出运动阻力公式，奠定了重力选矿的理论基础。1867 年 P.R.von 雷廷格尔著《选矿学》，初步形成选矿体系。1903 年 R.H. 里恰兹著《选矿》，构成独立的选矿工程学。

冶金学方面，1697 年 J. 汉伯里用平辊轧出熟铁板；1709 年 A. 达比用焦炭炼铁成功；1740 年 B. 亨茨曼首次采用坩埚炼钢法生产铸钢件；1783 年 H. 科特发明了孔型轧制。与此同时，在冶金实验与研究方面也取得了很大进展，特别是 18 世纪下半叶，T. 伯格曼认识到钢是铁与碳交互作用的产物，奠定了钢铁热处理的基础；1786 年 A.-L. 拉瓦锡推翻“燃素”学说，使人们对冶金的化学基础——还原-氧化反应问题有了正确的认识。此后，冶金生产技术和冶金科学迅速发展。1828 年 J.B. 尼尔森以热风炉给高炉预热鼓风； 1856 年 H. 贝塞麦发明了转炉炼钢法；1864 年 K.W. 西门子和 P.-É. 马丁发明的平炉炼钢法投产。

从历史上看，16 世纪以前的矿冶业基本上是经验式操作，技术水平低，生产规模不大。17 世纪以后，矿冶生产技术不断取得进展。在此基础上，吸收了近代自然科学的理论和研究方法，通过思维、归纳、验证、总结等步骤，升华为理论，逐步形成地质学、矿业学和冶金学等。矿冶作业开始由技艺转变为工程科学。

19世纪到20世纪上半叶，矿冶生产和技术蓬勃发展。各种矿山生产设备不断完善和大型化，逐渐形成采矿工艺机械化；地下矿山开始应用深孔凿岩爆破技术和深孔采矿方法。与此同时，对矿床开拓，采矿方法及其分类，矿山岩石力学理论及地压测定，岩石破碎理论，以及对岩石稳定性、凿岩性和爆破性分级等重要工艺的基础理论都进行了研究；完善了矿井通风理论；提出了矿床技术经济评价、矿床开采设计以及矿山生产计划、组织管理与矿山经济等的科学方法，使采矿进一步向工程科学发展。选矿技术方面，浮选发展较快，特别是1925年用黄药作硫化矿的捕收剂后，捕收剂用量大幅度减少，浮选成本降低，浮选遂成为分选细粒矿物的主要方法之一。1933年苏联出版了P.A.列宾捷尔撰写的《浮选过程的物理化学》。通过学者们的研究，人们对浮选过程的机理有了较为清晰的了解。这一时期，化学选矿应用扩大、第一台拣选机问世、矿石堆浸技术的应用以及传统选矿设备的改进，提高了选矿技术水平，而且发展了理论，使选矿成为一门独立的学科。冶金学方面，熔盐电解法炼铝、电解法和热还原法炼镁等使有色金属走向工业应用。各种稀有金属冶金技术也相继发展起来。在金属组织与性能研究方面取得了较大成就，主要有：1863年H.C.索比创建了研究合金组织的金相学；1900年H.W.巴基乌斯－洛兹本开始建立合金相图；A.纪尼埃和G.D.普雷斯顿发现沉淀强化机理；电子显微镜在此领域发明和应用；G.I.泰勒、M.波拉尼和E.奥罗万创建位错理论；钢中马氏体相变研究；高温材料和微晶、准晶和非晶材料的开发研究；金属表面处理；超塑、超导材料及断裂力学的创立等。

20世纪下半叶以来，矿冶领域又出现了许多革命性的新技术。采矿使用了露天重型钻车、牙轮钻机 、潜孔钻机 、地下掘进台车、生产凿岩台车和锚杆台车，以及廉价安全的浆状和乳化油炸药；采掘装备实现了大型化和自动化，运输和提升设备实现了自动化；露天矿深部开采采用间断－连续式运输工艺；矿山环境的保护和治理工程受到重视；矿山生产开始建立自动控制系统，运用计算机技术进行矿山生产管理、规划、设计和科学计算；系统科学开始应用于采矿问题研究；矿山岩石力学和岩石破碎理论进一步发展；利用现代试验设备、测试技术和电子计算机预测和解算一些实际问题。在采矿发展过程中，将数学、物理学、化学、力学等领域的科学成就应用到采矿生产工艺，逐渐形成采矿理论体系。选矿破碎设备和浮选机的大型化、细粒重力选矿和微细颗粒浮选的发展、湿式强磁选及选－冶联合流程的应用，使选矿技术又迈进了一大步。20世纪70年代，检测金属含量的在线X射线荧光分析仪在计算机配合下实现了浮选过程的实时控制，标志着选矿过程自动控制的开始。人工智能技术在选矿过程中得到应用，如专家系统和人工神经网络被引入选矿领域。

在冶金过程中，1952年纯氧顶吹转炉问世、连续铸钢相继出现，这是钢铁工业中两项颠覆性技术，引起了钢铁制造流程中有关工序功能的解析－优化、工序之间关系的协同优化和流程内工序集合的重构优化。由此推动了一批新工艺、新装备在创新过程中发展，如铁水预处理、二次冶金（钢水二次精炼）、控轧控冷、薄板坯连铸连轧、薄带连铸、直接还原炼铁以及熔融还原炼铁等工艺；一批装置在逐步演进、完善过程中得到发展，如大型化高炉、超高功率电炉、大型烧结机、热连轧机、无缝钢管轧机等；一批工艺、装置在竞争过程中被更替和淘汰，如空气吹炼转炉、平炉、混铁炉、模铸、初轧或开坯轧机、往复式轧机、叠轧薄板轧机、小电炉及烧结锅等。钢铁出现了以全连铸为标志的钢铁制造流程的结构升级，与此同时带动了高炉大型化，轧钢高速化、连续化。以全连铸为核心的钢铁制造流程在全行业的推广过程中，在理论上出现了冶金流程工程学。冶金流程工程学是以冶金工厂制造流程作为研究对象，以实现制造流程整体功能优化为目的，研究制造流程的内涵、结构，制造流程动态运行的物理本质、本构特征及其动态运行的规律；对冶金制造流程的动态运行特征和运行规则及其信息内涵进行物理侧的系统研究；以新的概念、新的术语、新的模型来阐述冶金制造流程整体运行问题，并采用新的方法和工具对流程功能进行多目标优化。

在有色金属冶金方面，科学技术的发展和对有色金属需求的日益增加，促使有色金属冶金技术迅速发展，生产规模不断扩大。各国已形成很强的有色金属生产能力，有色金属再生产业也已形成规模。

随着系统科学中系统论、协同学理论、耗散结构理论、运筹学理论的进展和信息技术的发展，冶金制造过程（流程）走向专业、协同、紧凑、连续运行，工程设计和也逐渐从经验设计走向精准设计。

矿冶工程与很多其他学科交叉渗透，互相影响。20 世纪中叶以后，随着全新的矿冶生产面貌和高效的生产流程的形成，矿冶工程已经不仅局限于理论研究和技术拓展，而是融入了大量经济、社会、环境生态的内容，丰富了矿业工程和冶金工程学科。

发展趋势

矿冶生产经过 5000 多年的发展，不管是理论、工艺、技术、装备、生产管理，还是金属材料的品种、数量、质量评价，都达到了相对成熟的状态，推动了人类文明的进步、经济的发展和生活水平的提高。但矿山开采和冶金过程也带来了严重的环境污染、资源和能源的巨量消耗等问题。因此，矿冶工程未来除了要考虑自身理论和技术的进步，更要利用相关学科和技术的进步，向绿色化、智能化方向发展。具体包括：

①注重地质学及相关研究，拓展资源和能源来源。加强矿物学、岩石学、地层学、古生物学等具有奠基意义的基础学科的研究，以提高对各种地质体、地质现象及其形成、演化的认识。同时要深入到岩石圈深部、海底多金属结核矿，并对月球、太阳系部分行星及其卫星的矿产资源、开采技术进行

研究。吸收和利用其他科学技术的新成果以及社会科学的研究成果，以更全面、更本质地认识地球历史和构造，更合理、更高效地开发和利用地球资源，维护生存环境安全和健康。

②矿冶基础理论的深入研究，以及新技术、新工艺和新流程开发。主要是现代选矿理论的研究，新工艺、新设备和新药剂开发，使其更有效地分选微细矿粒和复杂难选矿石。化学冶金基础理论主要包括复杂共生矿中金属元素的提取与分离理论、若干热力学和动力学参数的测定、冶金工程多目标优化理论等研究。物理冶金基础理论主要包括对成分、组织结构、性能及其内在联系的深入理解；对金属材料性能和结构的众多影响因素，如成分偏析、非金属夹杂物、晶体缺陷等各个层次及其变化等规律的总结等。利用计算机、大数据等新的技术手段进行知识处理，减少生产和使用金属材料的盲目性，为生产提供合乎使用要求的金属产品探索途径，使研究从经验性走向精准化。探寻矿业振兴的新途径、新模式。加快绿色矿山建设，实施矿山开采的数字化、智能化。探索资源节约集约和循环利用的产业发展新模式、矿业经济增长新途径，如针对复杂贫细矿物资源的处理、矿冶三废治理及二次资源的再生利用。

③矿冶工程的功能拓展。矿冶技术已从狭义的由矿石中提取金属，发展为广义的冶金过程工程。矿冶工程，特别是冶金工程的功能已不仅局限于生产金属材料方面，而是拓展到能源的高效转换和及时回收利用功能、社会大宗废弃物的消纳处理与再资源化功能。

④落后产能的淘汰、先进工艺的应用，以及产品品种和质量稳定性保证。先进工业在节能降耗、提高产品质量方面的作用显而易见。以钢铁冶金为例，大量落后产能已经成为制约钢铁工业生存和发展的瓶颈。以**高炉－转炉生产流程**为代表的长流程尤其突出，其中的落后产能要逐步淘汰。随着废钢资源的逐步积累，新型电弧炉炼钢工艺比重逐步增加。**电炉炼钢流程**这种电弧炉短流程对转炉长流程的取代不是简单地增加电炉炼钢比例，而是要开发相应的提高效率、降低能耗、减少排放的新工艺、新装备、新流程，其中包括电炉流程和炼钢厂的重构、设计与运行。在有色金属冶金方面，特别是铝冶金、铜冶金方面，要重视不同工序的紧凑－协同－连续化连接，如发展铝氧生产－电解铝－铝加工一体化生产的联合企业。这方面还存在着大量的工程问题和科学问题，需要逐步解决，旨在实现多目标优化和绿色化。

⑤矿冶工程与人工智能、大数据、云计算、网络技术、计算机技术深度融合。推进**智能采矿**、智能选矿、智能冶炼、智能加工和整个矿冶流程的智能化。随着信息化技术发展加快，资源集约、加工产品质量稳定、企业经营管理高效统一的需要提升，以及冶炼清洁环保、安全健康要求提高，智能化生产技术将成为矿冶工程发展的必然趋势。智能化技术研究在矿冶工程发达国家已取得了一定成果。例如，矿业中，雷达技术用于边坡监测和边坡坍塌探测，露天矿卡车无人驾驶技术已应用于采矿生产

线；冶金中，高炉炼铁专家系统已趋成熟，炼钢、精炼中已开始利用数学模型控制冶炼过程等。中国的矿冶工程智能化建设也正在布局，但这是一个庞大的、复杂的系统工程，需要逐步完成。

条目分类目录

说　明

1. 本目录仅提供分类检索途径，主要根据本卷各学科的分类习惯，兼顾其他学科，不具有严格的学科分类意义。

2. 有的条目有多种重要属性，分别列为不同分支或类型中。例如：“焦炭”条目，在冶金工业和炼焦化学两个分支中都可看到。

3. 目录中凡加〔××××〕的名称，并不是条目名称，仅为分类集合的提示词。例如：〔古代金属文物〕〔浮选工艺〕。

〔**冶金**〕

A

阿戈什科夫，M.I.　Mikhail Ivanovich Agoshkov; Михаил Иванович Агошков（1905～1994）　苏联采矿学家。1931年毕业于符拉迪沃斯托克（海参崴）远东工学院。1953年当选为苏联科学院通讯院士，1981年当选为院士。曾任苏联科学院资源综合开发研究所分部主任。1951年提出了为苏联公认的采矿法分类，并在矿业和地质勘探中应用经济数学方法及经济效果评价等，取得了显著成果。主要著作有《金属矿床开采》《矿山生产能力确定》《有用矿物开采技术经济评价》《金属矿床地下采矿方法和新工艺》等。

（解世俊　平寿康）

阿格里科拉，G.　Georgius Agricola（1494-03-24～1555-11-21）　德国矿物学家、冶金学家和医生。生于萨克森的克劳乔，卒于开姆尼茨。1517年毕业于莱比锡大学，获文学士学位；在萨克森的茨维考市立中学任教，1520年任校长。1523～1526年到意大利的费拉拉、威尼斯、帕多瓦等大学学习医学和化学，获医学博士学位。回国后，试图通过研究矿工们的职业病把矿物学与医学联系起来。1527～1533年在约阿希姆斯塔尔任镇医，并在一个采矿中心进行医学实践和采矿冶炼调查。1533年后到采矿业更发达的开姆尼茨任镇医，并深入矿区考察。研究了采矿、冶金及与此有关的化学问题。写下许多著作。其中最著名的有《矿物学》(1546）和《**论冶金**》(1556)。《矿物学》共10卷，在书中首次提出了矿物的种学分类问题（根据它们的物理特性），并把矿物与岩石区别开来。较详细地描述了矿物的形态、颜色、光泽、透明度、硬度、解理、味、嗅等特征；描述了许多新矿物的特征、产状和相互关系。因

该书被认为是第一本矿物学教科书，故阿格里科拉被尊为矿物学之父。《论冶金》是欧洲最早全面论述矿冶技术的经典著作，成为当时矿冶技术人员必备的手册，也是16世纪化学文献的代表作之一。

（常乃懂　平寿康）

埃克尔，L.　Lazarus Ercker（1530～1594-01-07）　德国化学家、冶金学家。生于萨克森安娜贝格（德国），卒于波希米亚布拉格（今属捷克共和国）。曾就读于维滕贝格大学。1554年任德累斯顿的化验师。1567年后，在布拉格附近的库特纳霍拉任铸币控制检验师。1574年发表《重要矿石论》，系统总结了金、银、铜、锑、铋、汞、铅等矿物和金属的检验、制取和精炼技术，叙述了酸、碱、盐的制造，实验室的设备和操作，灰吹皿和冶炼炉的建造及试金天平的制作。该书被认为是分析化学和冶金化学的第一部手册。埃克尔是欧洲**湿法冶金**的先驱，他曾指出，从溶液中用铁沉积铜是由于置换作用。

（常乃懂　施苹善）

埃利奥特，J.F.　John Frank Elliott（1920-07-31～1991-04-15）　美国冶金学家。生于明尼苏达州的圣保罗。1942年毕业于明尼苏达大学冶金工程专业。在第二次世界大战期间任美国海军少校，1949年获麻省理工学院理学博士学位。曾以物理化学家身份加入美国钢铁公司的基础研究实验室工作。历任内陆钢铁公司研究人员和炼钢质量控制的车间副主任。1955年任麻省理工学院冶金副教授，1960年成为正教授。1975年当选美国国家工程院院士。

研究工作覆盖冶金过程、无机材料的高温化学过程、金属和**耐火材料**的热腐蚀，以及化学热力学和动力学等多个领域。同时参与了冶金过程工业的技术发展和能源与原材料保护研究工作。美国钢铁技术协会于1990年设立埃利奥特讲座，以纪念他在冶金领域的杰出贡献。

（周国治）

埃鲁，P.-L.-T.　Paul-Louis-Toussaint Héroult（1863-04-10～1914-05-09）　法国冶金学家。生于蒂里阿库尔，卒于昂蒂布附近。1882年就读于巴黎矿业学院。在采用S.C.德维尔的电解熔融氯化铝钠复盐$(NaCl \cdot AlCl_3)$制铝法的实验中，首先利用纯冰晶石（氟化铝钠）熔体进行实验。几经失败，后认识到熔体中必须加氧化铝；1886年实验成功，并取得电解制铝法的专利。德维尔法的电能取之于蓄电池，费用昂贵；而埃鲁则利用的是发电机，使成本大为降低，从而为铝的工业生产铺平了道路。与此同时，美国的C.M.**霍尔**也独立发明同一方法，因此该方法又称为霍尔-埃鲁法。此外，埃鲁还发明了铁合金电炉和**炼钢电弧炉**。

（常乃懂　施苹善）

《熬波图》　*An Illustrations of Boiling Seawater*　中国现存的第一部关于海盐生产的专著。又称《熬波图咏》。由元代陈椿所著。陈椿（1293～1335），浙江天台人，曾任下沙场（今上海南汇下沙镇）盐司。《熬波图》是陈椿根据前人旧图继补而成，完整地展现了盐田晒卤、煮海制盐的生产工艺流程，是对宋元时期煮盐生产技术的全面、系统总结。书中每道工序配以绘图，每图配有说明文字，并附诗一首。全书共有图52幅，现存47幅。其科技价值主要体现在记叙制盐的生产工艺与生产工具上，展示了当时中国科学技术的进步：①记录了“淋灰取卤”的海盐生产工艺，在“淋灰取卤”图说中描绘了元代下沙盐场的“莲子试卤”法。②记录了当时煮盐用的金属容器为“盘”“柈”“釜”，是由生铁铸就或由锻铁铆合的。在“铸造铁柈”图说中还记载了当时铸造的场景。

（潜　伟）

螯合捕收剂　chelating collector　分子中的极性基上有多个相同或不同的活性原子，能与矿物的金属离子起螯合作用的**捕收剂**。螯合捕收剂与金属离子的螯合结构呈环状，捕收剂吸附在矿物表面，疏水基朝外，使矿物颗粒的表面疏水实现矿物的**浮选**。起螯合作用的活性原子可以是离子，也可以是能提供孤对电子的原子，氧、氮、磷和硫原子都具有这种功能。大部分**硫化矿捕收剂**、烷基膦酸、**两性捕收剂**都是螯合捕收剂。

浮选中所用的螯合捕收剂是与矿物的

金属离子具有特殊螯合能力的有机化合物，参与螯合的原子一般为氮和氧，疏水基的碳链比较短，一般少于8个碳，且多含有芳香基团，用作复杂难选金属氧化矿的捕收剂。

螯合捕收剂具有优异的选择性，但由于疏水基较短，捕收力较弱，且价格较贵，一般与辅助捕收剂，如磷酸三丁酯、煤油等联合使用，也可与捕收能力较强的其他氧化矿捕收剂，如油酸等混合使用。

*羟肟酸捕收剂*是最典型的螯合捕收剂，广泛应用于黑钨矿、白钨矿、锡石、稀土氧化矿和金红石等复杂矿石的浮选。常用的羟肟酸捕收剂有$C_{5\sim9}$或$C_{7\sim9}$羟肟酸、苯甲羟肟酸和水杨羟肟酸。

（戴子林）

奥康纳，C.T. Cyril Thomas O'Connor（1944-05-04～　）南非选矿工程专家。生于南非约翰内斯堡。1975年获南非开普敦大学化学学士学位，1978年获该校化学博士学位。2005年获南非斯泰伦博什大学冶金工程博士学位。1978年开始在开普敦大学任教。南非工程院院士、美国国家工程院院士。曾任南非矿物与金属研究所首席执行官、南非催化学会首任主席、国际沸石协会副主席、国际矿物加工理事会主席。

学术研究集中在催化和矿物加工两大领域。创办了开普敦大学催化研究所，并于1981～1999年担任该研究所所长。1999年因其在催化领域的研究成就获得德国油气与煤炭学会学院奖。自1980年起主持开普敦大学浮选研究团队工作，主要学术成就是硫化矿选矿机理研究，特别是复杂铂族金属矿的选矿研究，为南非布什维尔德火成岩铂族金属矿床中铂族金属资源的回收做出了重要贡献。2010年获得南非矿冶学院颁发的斯托克斯准将勋章。发表论文230余篇。

（韩　龙）

奥氏体 austenite　γ铁中固溶入碳和其他元素而形成的固溶体。又称沃斯田铁。钢铁显微组织的组成相之一。一般用γ或A表示。为纪念英国冶金学家*W.C.罗伯茨-奥斯汀*而得名。奥氏体为面心立方晶体结构。由于面心立方晶格中铁原子之间的空隙较大，因此碳在奥氏体中的溶解度比在*铁素体*中大。在铁碳合金、碳钢和低合金钢中，奥氏体仅存在于较高温度下。在冷却过程中，奥氏体的转变可以利用*过冷奥氏体转变图*分析预报。在缓慢冷却时，奥氏体通过共析反应形成*珠光体*及先共析相（先共析铁素体或先共析渗碳体）。在快速冷却抑制扩散型相变的条件下，奥氏体可以通过无扩散型相变形成马氏体。若因钢的成分和工艺等条件约束导致奥氏体不完全转变为马氏体时，未转变的奥氏体称为残余奥氏体。在适当冷却条件下，奥氏体还可能转变成贝氏体，甚至发生*块状转变*。

钢中的奥氏体稳定元素（如镍、锰、碳等）可以扩大相图中的奥氏体相区，即奥氏体稳定存在的温度和成分范围。所以一些高合金奥氏体钢在室温时仍能保持稳定的或亚稳定的奥氏体组织，如奥氏体不锈钢、高锰钢等。在钢中增加铬等铁素体稳定元素，则可使奥氏体稳定存在的温度和成分范围缩小，甚至导致奥氏体相区完全消失，如高铬铁素体不锈钢对应的情况。

奥氏体无磁性，塑性良好，变形抗力小，易于锻造成形，其机械性能随含碳量及温度不同而不同。

（王　浩　刘国权）

奥斯蒙，F. Floris Osmond（1849-03-10～1912-06-18）法国金相学家。生于巴黎，卒于圣勒。曾在制造技术中心学校学习冶金。1880～1884年担任克雷索施奈德化学实验所主任。早期致力于铸钢淬火和回火研究，特别是钢在加热和冷却时组织变化的研究。测出铁中相变的临界点，并以此区别α铁、β铁（1922年A.韦斯特格伦用X射线证明β铁不是新相）和γ铁。利用显微镜研究钢铁的组织，还发展了抛光腐蚀技术，为钢铁显微组织研究作出了很大贡献。他鉴别并命名索氏体、奥氏体和屈氏体以纪念金相学家*H.C.索比*、*W.C.罗伯茨-奥斯汀*和L.T.屈斯特，并重新命名钢淬火时产生的硬化组织为马氏体（原称硬化体），以纪念金相学家*A.马滕斯*。

（常乃懂　施莘善）

B

巴尔金，I.P. Ivan Pavlovich Bardin; Иван Павлович Бардин（1883-11-13～1960-01-07） 苏联冶金学家。生于萨拉托夫州阿特卡尔斯克，卒于莫斯科。1910年毕业于基辅工业大学化工系，获工艺工程师学位。苏联十月革命后，先后担任耶纳基耶夫工厂和马凯耶夫工厂的副总工程师，为恢复被战争破坏的钢铁厂作出了贡献。为促进工业建设快速发展，苏联在乌拉尔和西伯利亚建设了第二个钢铁工业基地，巴尔金担任建设工作的技术总工程师。1929～1932年，在西伯利亚建成了世界级大型钢铁联合企业——库兹涅茨克冶金厂。1932年当选苏联科学院院士。1939年被任命为苏联黑色冶金工业部副人民委员（相当于副部长）。1942年担任苏联科学院副院长兼任科学院巴依科夫冶金研究所所长。

在大型冶金工厂机械化设计、标准冶金设备制造，以及利用氧气的问题、综合利用冶金资源、钛的冶炼及金属材料研究等方面，都取得了杰出成就。1930～1960年，在扩大平炉吨位的各个阶段，积极推进新技术并获得成功。20世纪50年代开始注意**转炉炼钢**的优越性，1955年访问中国时，对**叶渚沛**提倡氧气转炉炼钢的方法给予支持。1958年因创建**连续铸钢**工业试验装置而获得列宁奖金。由于广泛的研究成果和在苏联冶金工业的成就，多次获得苏联政府的奖励。1945年获社会主义劳动英雄称号，1953年被授予列宁勋章。

（曲　英）

巴依科夫，A.A. Aleksandr Aleksandrovich Baykov; Александр Александрович Байков（1870～1946-04-06） 苏联冶金学家和化学家。生于库尔斯克州法捷斯，卒于莫斯科。1889年进入圣彼得堡大学数理系学习，直接受到元素周期律发现者D.I.门捷列夫的教育。1893年毕业留校担任实验员（助教）。1897年转入交通工程学院任化学实验室主任。1899年和1903年两次赴法国留学，研究化学、冶金和**金相学**，其间发现在具有同素异构相变的不同金属中均可产生淬火组织。1903年在圣彼得堡综合工业大学承担教学工作，并且建立了金相实验室和工矿分析实验室。1925～1928年担任列宁格勒工业大学（今圣彼得堡皇家理工大学）校长。1927年当选为苏联科学院通讯院士，1932年当选为苏联科学院院士。1925年当选为俄罗斯物理－化学学会副主席。1910年倡议成立俄罗斯冶金学会。

20世纪初，发现了金属组织的同素异构转变，提出“冶金是高温的化学”观点，运用化合物分解压力的概念认识了铁、铜、硫、氧之间在炼铜时的相对亲和力，变价氧化物（铁矿石）的分解和被还原的顺序和条件，钢中不同元素的氧化顺序和脱氧能力等冶炼工艺问题。依据其实验研究成果，建立了“冶金过程理论”“金相学和热处理”等冶金学科课程体系，迈出了冶金从技艺转变为科学的早期步伐。巴依科夫还研究了烧制耐火材料过程中的同素异构转变（鳞石英、方石英等）和固相反应（莫来石生成），以及水泥制造过程和混凝土在水溶液中损坏过程的物理化学问题。

1940年巴依科夫被授予列宁勋章。1941年9月列宁格勒（今圣彼得堡）被德国法西斯军队包围，巴依科夫留在市内并发表抵抗法西斯广播演说，战后获得保卫列宁格勒奖章。1945年获社会主义劳动英雄称号。苏联科学院冶金研究所被命名为巴依科夫冶金研究所，其著作辑成《巴依科夫论文集》（共5卷）。

（曲　英）

白药 diphenylthiourea 硫脲类硫化矿浮选**捕收剂**。化学名为二苯基硫脲，又称硫代对称二苯脲，化学式$C_{13}H_{12}N_2S$。结构式为：

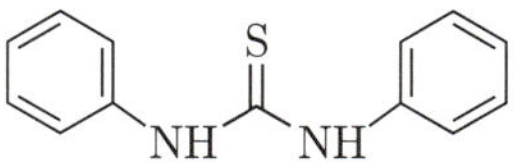

白药于1849年合成，1921年发现其有捕收性能，1924年被用作锇的分析试剂，主要用作橡胶行业的硫化促进剂。白药为白色片状晶体，熔点150℃，密度（25℃）1.32克/厘米^3，微溶于水，不溶于二硫化碳，溶于乙醇、丙酮、乙醚、苯胺、甲苯胺，溶于碱，加酸即沉淀析出。能够被碘等氧化剂氧化成三苯胍等，也可发生硝化、加成等反应。白药分子能重排生成硫醇：

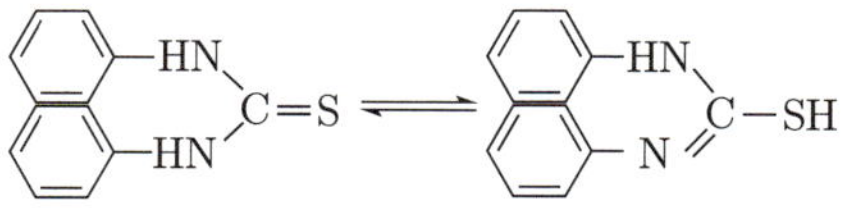

白药制备时以硫和纯碱作为催化剂，在65～85℃条件下，苯胺与二硫化碳合成。在反应过程中，反应瓶排出的气体中有副产物硫化氢，也有部分未反应的原料二硫化碳，为提高收率，降低成本，先用苯胺吸收二硫化碳循环使用，再用氢氧化钠溶液吸收硫化氢。

白药对黄铁矿的捕收能力很弱，适用于金属硫化矿的**优先浮选**。因其难溶，多添加于**球磨机**中，或以苯胺、甲苯胺为溶剂，配制成浓度为10%～20%的溶液使用。由于其价格较高，且应用不便，故使用较少。

（刘广义）

白银炼铜法 Baiyin copper smelting process 以反射炉为基础改良而成的强化熔池冶炼提取铜的技术。属双侧吹熔池熔炼，用于硫化铜精矿**造锍熔炼**。

熔炼设备　由中国白银有色金属公司与有关单位于20世纪70年代初研发成功。在实际生产中，熔炼炉历经单室炉、双室炉、改进双室炉，空气熔炼和富氧熔炼等多阶段的发展和完善。白银炼铜炉为一长方形箱状结构，炉内分为熔炼区和沉降区，两区之间用一水冷隔墙分开，墙下相通，**炉渣**与**锍**经此通道流入沉降区；隔墙的作用是隔断熔炼区搅动对渣、铜分离产生的不利影响，为渣、铜分层创造一个相对静止的环境。

单室白银炉结构见图1。单室炉熔炼区和沉淀区之间有一矮水冷隔墙，熔炼区两侧炉墙设有风口，向熔池中鼓风，可以提高熔炼强度和烟气二氧化硫浓度，降低能耗。

双室白银炉结构见图2。其主要改进是采用全高隔墙，将熔炼区与沉淀区隔开，使两区气相完全隔断。熔体通过隔墙下部孔洞连通。两区烟气独立设置烟道。这种炉型对降低炉渣含铜量是有利的。

改进双室白银炉的主要改进点为：①倾斜式炉墙，可以减少熔体对炉墙的冲刷，防止炉墙坍塌。②密闭式熔池炉墙，可以维护炉体的整体性、密闭性，减少漏风和炉体散热，改善作业环境，使白银炉的外观得到美化。③炉体框架刚性连接可以增强炉体的稳定性和安全性。④拱吊结合的炉顶结构，使拱顶砖在膨胀时得到自动调节，保证拱顶的强度和拱顶的密闭

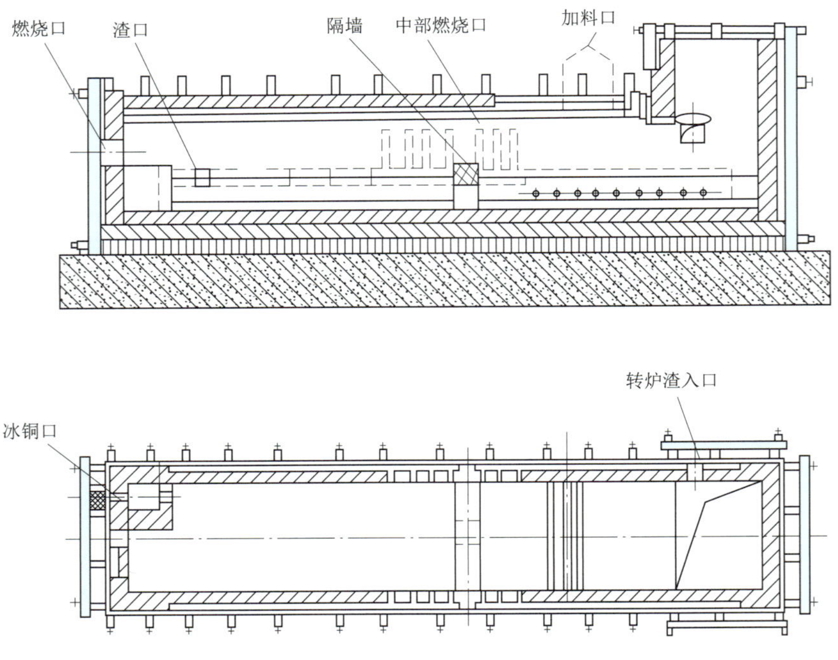

图1　单室白银炉结构示意图

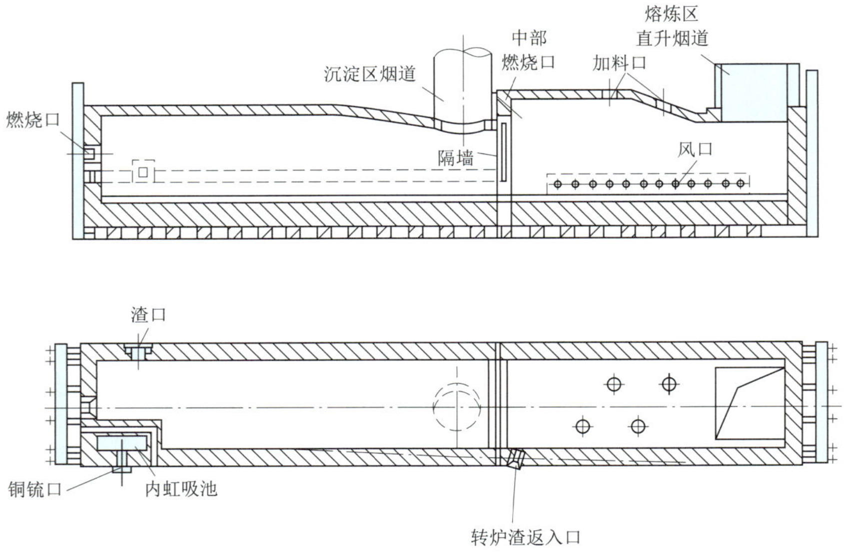

图2　双室白银炉结构示意图

性。⑤优化水冷元件的设置，在重要部位、易损部位增加冷却强度。⑥风口区新型结构，防止炉子升温后风口位移、变形过大，为实现机械捅风眼作业创造条件。⑦针对炉体各部位使用特点，对应选用优质**耐火材料**。改进后的白银炉提高了铜的产能，单台白银炉年产能达10万吨铜；延长了炉龄，达到24个月；改善了生产环境。

工艺过程　白银炼铜法最早为空气熔炼。1988年开始富氧熔炼，富氧浓度为45%～55%。工艺过程为：炉料（含水7%～8%，容许有少量小于30毫米大块）通过炉顶加料口加入熔炼区熔池中。富氧空气通过熔炼区两侧风口喷入**冰铜**层内，搅动熔体发生造锍熔炼物理化学反应。熔炼区与沉淀区有隔墙隔开，隔墙下部有连通孔，熔炼区生成的熔体进入沉淀区沉淀分离，冰铜与炉渣间断排出。熔炼区和沉淀区分设烟道。熔炼区烟气二氧化硫含量约20%，回收余热及收尘后净化制酸，沉淀区烟气二氧化硫含量约0.5%，回收余热及收尘后排放。

技术指标　白银炼铜法主要技术指标为：床能力38.8吨/（米^2·天），富氧浓度45%～55%，冰铜品位50%～55%，炉渣含铜量0.7%～1%，炉出口烟气二氧化硫浓度20%～22%，烟尘率2.5%～3%。

扩展阅读

任鸿九，等.有色金属熔池熔炼.北京：冶金工业出版社，2001.

朱祖泽，贺家齐.现代铜冶金学.北京：科学出版社，2003.

（刘志宏）

白银冶金　silver metallurgy　从金矿石或其他含银物料中提取银的技术。银是被较早使用的金属之一。乌尔和美索不达米亚等地区出土有公元前第3千纪的银制品。中国宋代《云麓漫钞》、明代《菽园杂记》等著作都详细记述了银矿的开采和**灰吹法**炼银技术。

银广泛分布于自然界，呈单质状态的较少，多以硫化物状态伴生于其他有色金属矿石中。具有经济意义的银矿主要有银金矿（AgAu）、辉银矿（Ag_2S）、角银矿（AgCl）等。提取银的主要原料是铜、铅等重金属冶炼的**阳极泥**、金矿和含银再生料。

从重金属阳极泥提银　在铜、铅等金属的电解精炼过程中，阳极板中的金和银进入阳极泥。银和金在铜、铅阳极泥中呈单质状态，或同硒、碲、氯形成化合物（Au_2Se、Ag_2Se、Au_2Te、Ag_2Te、AgCl）。通常阳极泥经过预处理富集产出贵金属富集渣，再通过火法或湿法工艺分离产出金银合金或粗银粉，最后经过电解精炼产出合格银锭。火法工艺是将阳极泥经过火法熔炼和氧化精炼得到银阳极板，典型工艺流程如图所示。湿法工艺采用的是选择性提取贵金属的方法，工业已经应用的有氨水浸出–水合肼还原法和亚硫酸钠浸出–甲醛还原法。

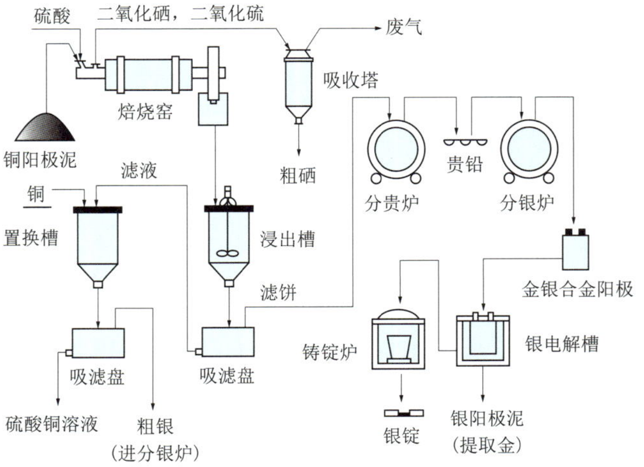

铜阳极泥提银流程

从伴生金矿石中提银　银通常伴生于金矿石中，在黄金提取过程中会实现银的不断富集，如富集于重选法产出的金砂、混汞法产出的海绵金、氰化法产出的氰化金泥中。对这些产物进一步分离时，需要根据金、银的含量确定提取的先后顺序。如果金含量高则提取金后将银富集在副产物中；如果银含量高则直接将物料还原为粗银阳极板，然后再电解精炼产出合格银锭。

从含银再生料中提银　含银再生料主要有感光胶片、银镀件和银制品。大部分含银再生物料需要在水溶液中用化学试剂实现银的初步富集。感光胶片再生料一般采用化学试剂使银剥落或溶解进入溶液，然后再进一步富集产出粗银。银镀件再生料通常用硫酸或硝酸使银溶解，然后再将氯化钠加入溶液中，使之产生氯化银沉淀，最后再还原熔炼得到粗银。银制品再生料一般可直接熔炼为粗银后再进一步精炼。

银精炼　银的精炼方法有电解法、氯化法、化学法和萃取法，其中电解法的应用最为广泛。电解精炼是在硝酸银和硝酸混合溶液中，分别以不锈钢和粗银板为阴极和阳极，通入直流电后，在阴极析出银粉。银粉经过洗涤后在中频炉中熔化，加入硼砂和碳酸钠造渣，最后浇注成银锭。（刘伟锋）

百炼钢　hundred-forging steel　中国古代用反复叠打钢料的方法制成的一种优质钢。古文献中“百炼（练）”一词始见于东汉末年。曹操建安（196～220）年间发出《内诫令》，令人制造“百炼利器”。北宋沈括在《梦溪笔谈》中有百炼钢记载。明宋应星《天工开物》中有：“刀剑绝美者以百炼钢包裹其外”，可知百炼钢是质量优良的钢。百炼钢实质是以炒钢作为原料，加热后反复折叠锻打，或用数件含碳成分不同的原料反复折叠锻打得到。钢件组织致密，成分均匀，夹杂物细化，符合刀剑使用要求。百炼钢的中心环节是在生铁半液体状态下吹入一定的氧，除去部分碳，然后一遍又一遍地锻打精炼，“锻之百余火”。古代中国人凭经验能确定经过一定次数精炼后钢的质量。百炼钢是中国东汉时期钢铁技术得到发展的重要标志。中国古代许多宝刀、宝剑就是利用百炼钢和淬火技术制成的。日本天理市栎本町东大寺山古墓发现中国东汉中平（184～189）年间的钢刀，上有错金铭文（图1）。

除去“百炼”外，古代还有“七十二炼”“五十炼”“三十炼”“九炼”之说，如江苏徐州出土的东汉建初二年（公元77）五十炼钢剑（图2、图3），山东临沂苍山出土的永初六年（112）三十炼钢刀（图4、图5）和三十炼金马书刀。经

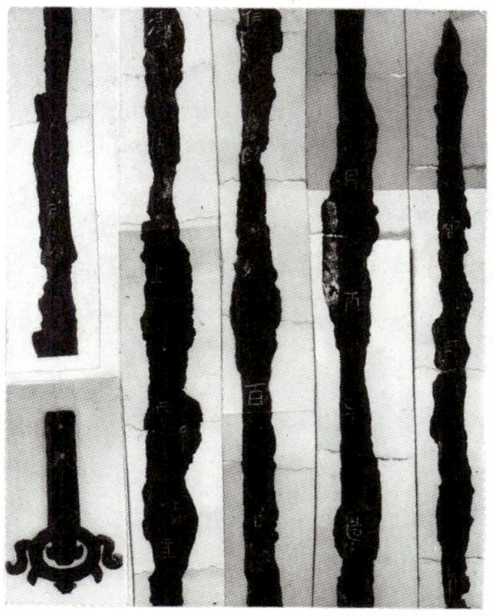

图1（左图）　中国东汉中平百炼钢刀
图2（右图）　江苏徐州出土的五十炼钢剑

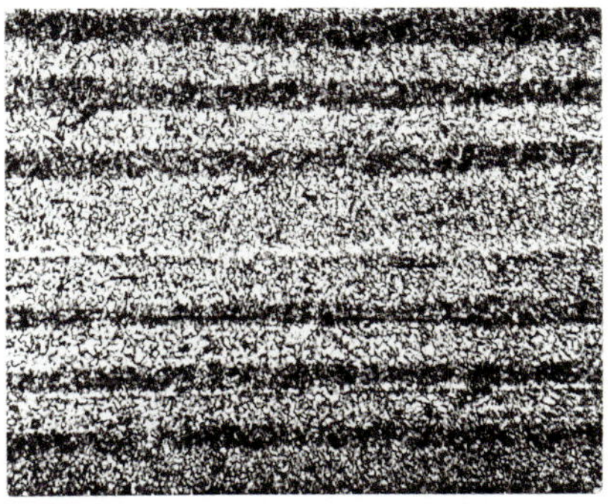
图3　五十炼钢剑的组织和夹杂物

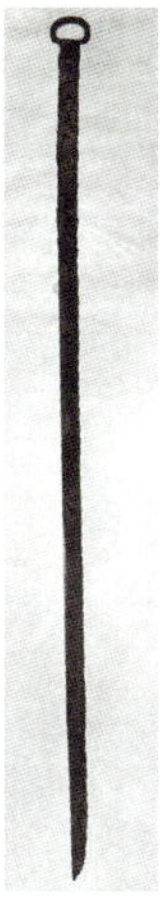

图4（左图）　山东临沂苍山出土的三十炼钢刀
图5（右图）　三十炼钢刀刀背错金铭文

金相组织研究，五十炼钢剑的高、低碳层共50～60层。（韩汝玢）

拜耳，K.J.　Karl Josef Bayer; Carl Josef Bayer（1847-03-04～1904-10-04）　奥地利化学家。生于西里西亚克拉科夫（今波兰境内）。就读于德国海德堡大学，并于1869～1871年学习化学，1871年获得博士学位。1885年来到俄罗斯圣彼得堡进行科学研究。1887年，发现向冷的铝酸钠溶液中加入新析出的氢氧化铝晶种，在不间断搅拌的条件下能够析出氢氧化铝；这一发明于1887年取得专利。同期，又发现铝土矿和氢氧化钠溶液在高压釜中加压加热时，矿石中所含的氧化铝能被选择性溶解，生成铝酸钠溶液；这一发明于1889年取得专利。拜耳的这两项发明专利构成了拜耳法生产氧化铝的理论基础，并由此形成了从铝土矿提取氧化铝的拜耳法流程。1894年，拜耳法生产氧化铝在法国首次被应用于工业生产。之后氧化铝生产得到了快速发展，形成了规模巨大的氧化铝工业。（周国治）

拜格诺层间斥力　Bagnold's interlayer repulsive force　在呈层流流态的矿浆流膜中，因速度梯度比较大，流层间的剪切作用诱发的垂直于流动方向的膨胀力。简称层间斥力、分散压。英国R.A.拜格诺于20世纪中叶经过系统的实验研究提出。拜格诺层间斥力恰当地解释了在层流斜面流中矿物颗粒群的松散机理。

拜格诺层间斥力的实质是：当悬浮体（或矿浆）中的固体颗粒连续受到剪切作用时，垂直于剪切方向将产生一种斥力，即拜格诺层间斥力（见图），使物料具有向两侧膨胀的倾向。层间斥力的大小随速度梯度的增大而增大。当剪切的速度梯度足够大，致使斥力达到与固体在介质中的有效重力平衡时，颗粒即呈悬浮状态。

拜格诺在实验研究中还发现，颗粒间相互作用的层间切应力性质与颗粒的接触方式有关。当速度梯度较高时，颗粒直接发生碰撞，颗粒的惯性力对层间切应力的形成起主导作用，层间切应力为惯性切应力，记为τ_{in}。惯性切应力的大小与速度梯度的平方成正比，即：

$$\tau_{in} = 0.013\rho(Zd)^2\left(\frac{du}{dh}\right)^2$$

式中ρ为矿粒密度；Z为线性浓度，即颗粒的线性长度与相对于自然堆积的间隙线性长度增大值之比；d为颗粒直径；du/dh为沿流层厚度方向的速度梯度，u为水流流速，h为流层厚度。

当速度梯度或固体的体积分数较低

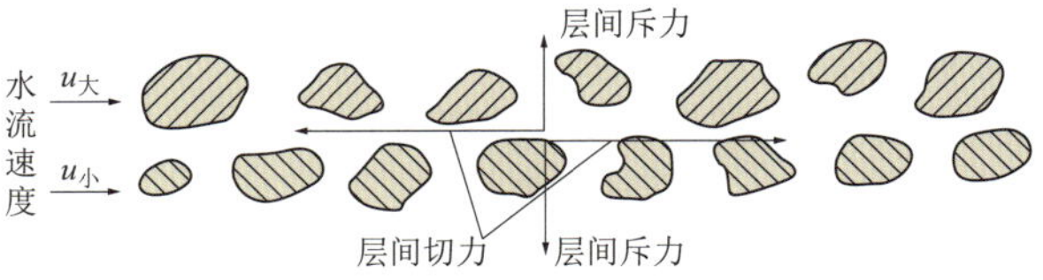

拜格诺层间斥力示意图

时，颗粒间通过水化膜发生摩擦，此时液体的黏性对层间切应力的产生起主导作用，层间切应力为黏性切应力，记为τ_{ad}。黏性切应力的大小与速度梯度成正比，即：

$$\tau_{ad}=2.2\sqrt{Z^3}\mu\frac{du}{dh}$$

式中μ为流体的黏滞系数。

随着速度梯度的增加，层间切应力将逐渐地由以黏性切应力为主变为以惯性切应力为主。

为了判断层间切应力的性质，拜格诺采用无因次数（N）作为评定尺度，其物理意义是惯性切应力与黏性切应力的比值，即：

$$N=\frac{\rho(Zd)^2(\frac{du}{dh})^2}{\sqrt{Z^3}\mu\frac{du}{dh}}=\frac{\rho}{\mu}\sqrt{Z}d^2\frac{du}{dh}$$

无因次数N有上限值和下限值。下限值为40，当$N<40$时，切应力基本上属于黏性切应力；上限值为450，当$N>450$时，切应力基本上为惯性切应力。N值在40～450时为过渡段，两种性质的切应力均起作用，只是随着N值的增加，惯性切应力越来越占优势。

拜格诺的研究结果表明，层间切应力τ与层间斥力p之间有一定的比例关系，当完全属于惯性剪切时，$\tau/p=0.32$；当完全属于黏性剪切时，$\tau/p=0.75$。

扩展阅读

魏德洲.固体物料分选学.3版.北京：冶金工业出版社，2015.

（刘文刚）

板带材冷轧 strip cold rolling　在再结晶温度以下进行金属板带轧制的技术。通常以热轧带钢或钢板为原料，在常温下经冷轧机轧制成材。冷轧带钢和薄板具有表面光洁、平整、尺寸精度高和机械性能好等优点。产品大部分以成卷交货。部分产品用作各类涂层、镀层（如有机涂层、镀锡、镀锌等）钢板和深加工产品的原料。

简史　板带材冷轧于19世纪中叶始于德国，当时只能生产宽度为20～25毫米的冷轧带钢。1880年以后冷轧钢带生产在德国、美国发展很快，产品宽度不断扩大，并逐步增加了附属设备，如剪切、矫直、平整和热处理设备等，产品质量也不断提高。宽的冷轧薄板（钢带）是在热轧成卷带钢的基础上发展起来的。1920年美国第一次成功轧制出宽带钢，并很快由单机不可逆式轧制发展到单机可逆式轧制。1926年美国建成第一套3机架四辊式冷轧机，此后又相继出现了4～6机架连轧机，并发展了全连续轧机。随着冷轧生产技术的发展，单张或半成卷生产方法逐渐被淘汰，取而代之的是成卷生产技术（图1）。

图1　冷轧机生产（俄罗斯新利佩茨克钢铁工厂）

产品特点　相对于热轧技术，板带材冷轧技术的生产特点是：①可以生产更薄的板带材产品。由于热轧过程中温度的降低，并产生氧化铁皮，一般轧制1毫米以下的带材比较困难，但冷轧可以生产0.1毫米甚至更薄的带材。②板带材的厚度和板形精度高。冷轧生产板带材，温度对厚度和板形的影响几乎可以不考虑，并且冷轧的控制技术水平更高、更完善。③板带材的表面质量好。冷轧前经过酸洗工序除掉氧化铁皮，轧辊硬度和精度高，并配置良好的轧制工艺润滑，因此板带材表面十分光洁。④板带材的力学性能好。冷轧板带材具有更细密的金相组织，加之后续可以进行不同的热处理，可获得不同要求的力学性能。

冷轧方式　板带材冷轧通常不经加热，在室温条件下利用二辊、四辊、六辊或多辊轧机对坯料进行轧制加工。冷轧方式分为单机可逆式冷轧、连续式冷轧和全连续式冷轧。

单机可逆式冷轧　在单机架的四辊式、六辊式、偏八辊式、森吉米尔二十辊式轧机上往返轧制。适用于生产多品种、小批量冷轧板带钢。

连续式冷轧　在3～6个机架组成的机组中连续轧制。冷连轧机上装设有两台开卷机、两台轧后张力卷取机和自动穿带装置，并采用了快速换辊、液压压下、弯辊装置、计算机自动控制等技术。适用于生产批量大、品种规格少的板带钢。

全连续式冷轧　带钢卷在进入轧机前，前一卷尾同后一卷头焊接，采用活套贮存足够的带钢，保证在焊接时轧机仍继续轧制。按生产工序特点，全连续式冷轧机可分为单一全连续轧机、联合式全连续轧机、全联合式全连续轧机。①单一全连续轧机。只在连续式冷轧机的前面设置焊机、活套等机电设备，使冷轧带钢不间断地轧制，轧制过程可实现**动态变规格**轧制。②联合式全连续轧机。将单一全连续轧机与其他生产工序的机组联合构成。若单一全连续轧机与后面的连续退火机组联合，即为退火联合式全连续轧机；若单一全连续轧机与前面的酸洗机组联合，即为酸洗联合式全连续轧机。其中酸洗联合式全连续轧机应用较多。③全联合式全连续轧机。

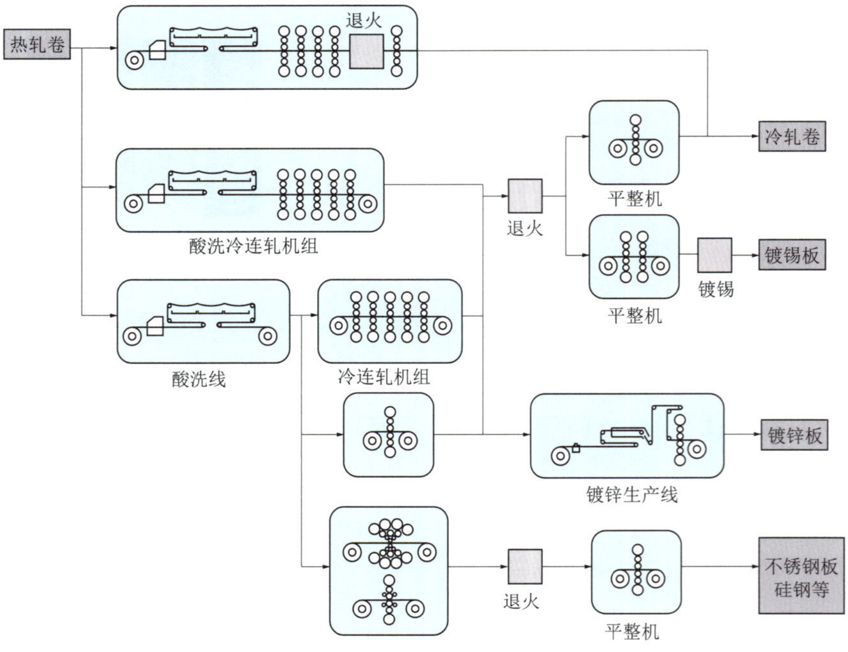

图2　板带材冷轧生产工艺流程

将单一全连续轧机与前面酸洗机组和后面连续退火机组全部联合起来构成。又称**酸轧退火连续式机组**。全联合式全连续轧机采用了自动控制系统，生产效率高，从投料到产出成品只要20分钟。

工艺过程 板带材冷轧主要包括除鳞（主要是酸洗）、冷轧、热处理（主要是退火）、平整、涂镀、剪切和包装等工序。根据原料和产品的品种、规格不同，轧制过程稍有差异，其一般流程见图2。①除鳞。用连续酸洗机组去除热轧带卷的表面氧化铁鳞。酸洗使用的酸种类有硫酸、盐酸和混合酸，常用盐酸。酸洗前先进行焊接并卷，酸洗后进行清洗、剪边、分卷。也可用高压喷砂、铁粒摩擦除鳞等无酸除鳞方法。②冷轧。酸洗后的带坯在冷轧机上轧制到成品厚度。金属板带在轧制过程中会产生不同程度的加工硬化。加工硬化达到一定程度后，板带材因过分硬脆而不适于继续轧制，因此板带材完成一定的冷轧总压下量之后，一般要经软化处理（退火等），使轧件恢复塑性，以便继续轧制。在冷轧过程中，冷轧带钢的变形功有84%～88%转变为热能。轧辊温度过高会影响带钢表面质量和轧辊寿命，也会破坏正常辊型，从而影响板带材尺寸精度。同时，轧辊温度过高会使工艺润滑剂失效，使冷轧不能顺利进行。为了保证冷轧生产的正常进行，对轧辊和带钢应采取有效的冷却与调节辊温的措施。冷轧中采用张力轧制，即带钢在轧辊中轧制变形是在一定前张力和后张力作用下进行的。其作用是防止带钢在轧制过程中跑偏，并降低金属的变形抗力，有利于轧制更薄的产品，同时起适当调整冷轧机负荷的作用。③退火。目的在于消除冷轧加工硬化，使钢板再结晶软化，并具有良好的塑性。一般采用罩式炉或连续退火炉。④平整。目的在于避免退火后的钢板在冲压时产生塑性失稳和提高钢板的质量（平整度和表面状况）。平整机有单机架可逆式和双机架两种。⑤镀层、剪切和包装。需镀层的钢板送镀锌、镀锡或有机涂层机组加工，一般冷轧板于平整后剪切。剪切有纵剪和横剪，纵剪是剪边或按需要的宽度分条，横剪是将带卷按需要长度切成单张板。剪切好的成品板带，经检查分类后，涂防锈油包装出厂。

扩展阅读

金兹伯格 V B.高精度板带材轧制理论与实践.姜明东，王国栋，等译.北京：冶金工业出版社，1998.

日本钢铁协会.板带轧制理论与实践.王国栋，吴国良，等译.北京：中国铁道出版社，1990.

王廷溥，等.现代轧钢学.北京：冶金工业出版社，2014.

（张殿华）

板料冲压 stamping; pressing 利用冲模在压力机上将金属板料制成各种板片状零件、壳体和容器类工件，或将管材制成各种管状工件的成形技术。工厂所生产的钢材60%～70%是板材，其中大部分是经过冲压制成成品。冲压所用原材料要求有足够的塑性，广泛应用的金属材料有低碳钢、高塑性合金钢、铝、铜及其合金等；非金属材料有石棉板、硬橡皮、绝缘纸、纤维板等。板料冲压广泛应用于汽车及其他车辆、航空航天、电机电器、仪器仪表、电子信息、军工产品、办公用品、轻工民用等工业部门。冲压件具有薄而轻、比强（强度与重量之比值）高的特点，一般不需要后续机械加工，或只需做少量的修整和清理即可直接应用。板料冲压生产率高，材料利用率高，易于实现自动化和组成流水生产线，适用于大批量生产。

板料冲压性能用拉伸、硬度、金相、杯突、冷弯等试验测定。冲压前，除了提供板料的屈服强度、抗拉强度、延伸率等数值以外，还应提供应变硬化、厚度和平面各向异性等数值。不同的加工方式对以上数值应有不同的要求，以便取得最好的冲压效果。

冲压模具称为冲模。冲模分为单工序模、复合模和连续模，一般包括凸模、凹模，以及压边装置、压料、卸料、导向、固定用的零部件。模具的精度和结构直接影响冲压件的成形和精度。模具制造成本和寿命则是影响冲压件成本和质量的重要因素。按照工艺不同，板料冲压可分为分离工序、成形工序和压合加工。在实际生产中，一般是多种工序综合应用于一个工件。

分离工序 是将冲压件沿一定的轮廓线从板料上分离，同时保证分离断面的质量要求。又称冲裁。冲裁包括冲孔、落料、切口、切边和剖切等工序（图1）。冲裁模的凸模、凹模具有直角状的尖锐刃口，冲裁时是把材料置于凹模上，凸模下压，使材料变形直至分离。凸模和凹模间存在间隙（Z），Z值的大小与材料的种类、硬度和厚度（t）有关，一般合理的间隙为：$Z=(14\%\sim24\%)t$，合理的间隙能保证冲切断面的品质，减小刃口的磨损和提高模具的使用寿命。

成形工序 使板料在不破坏的条件下

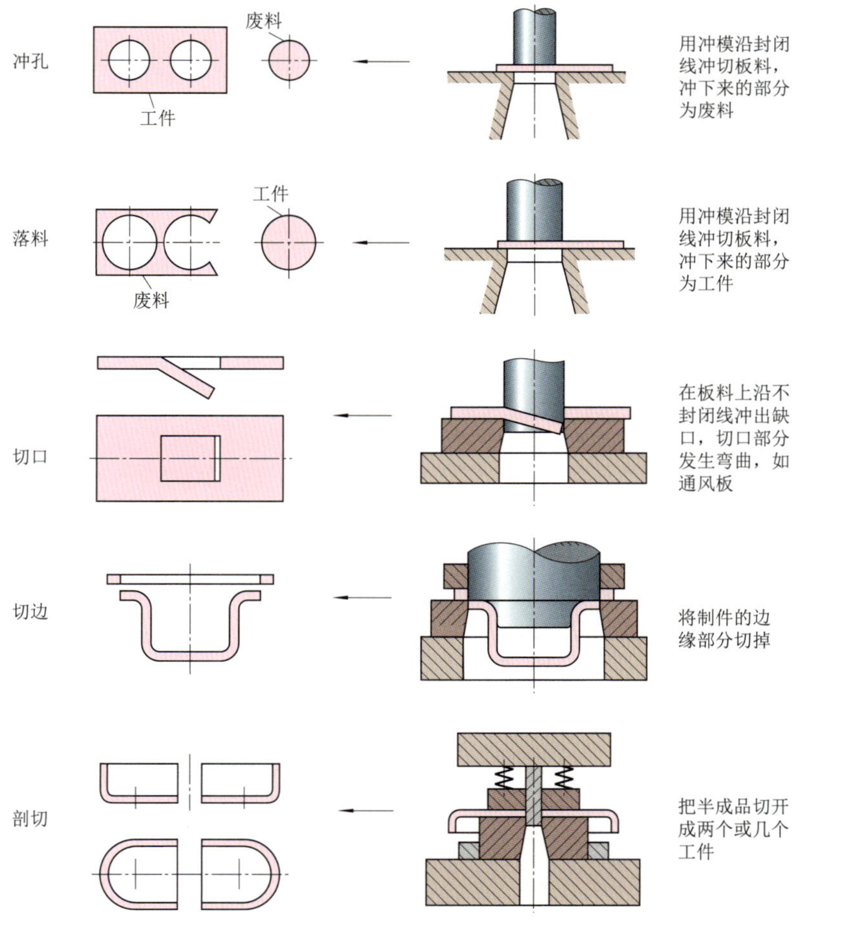

图1 冲裁加工示意图

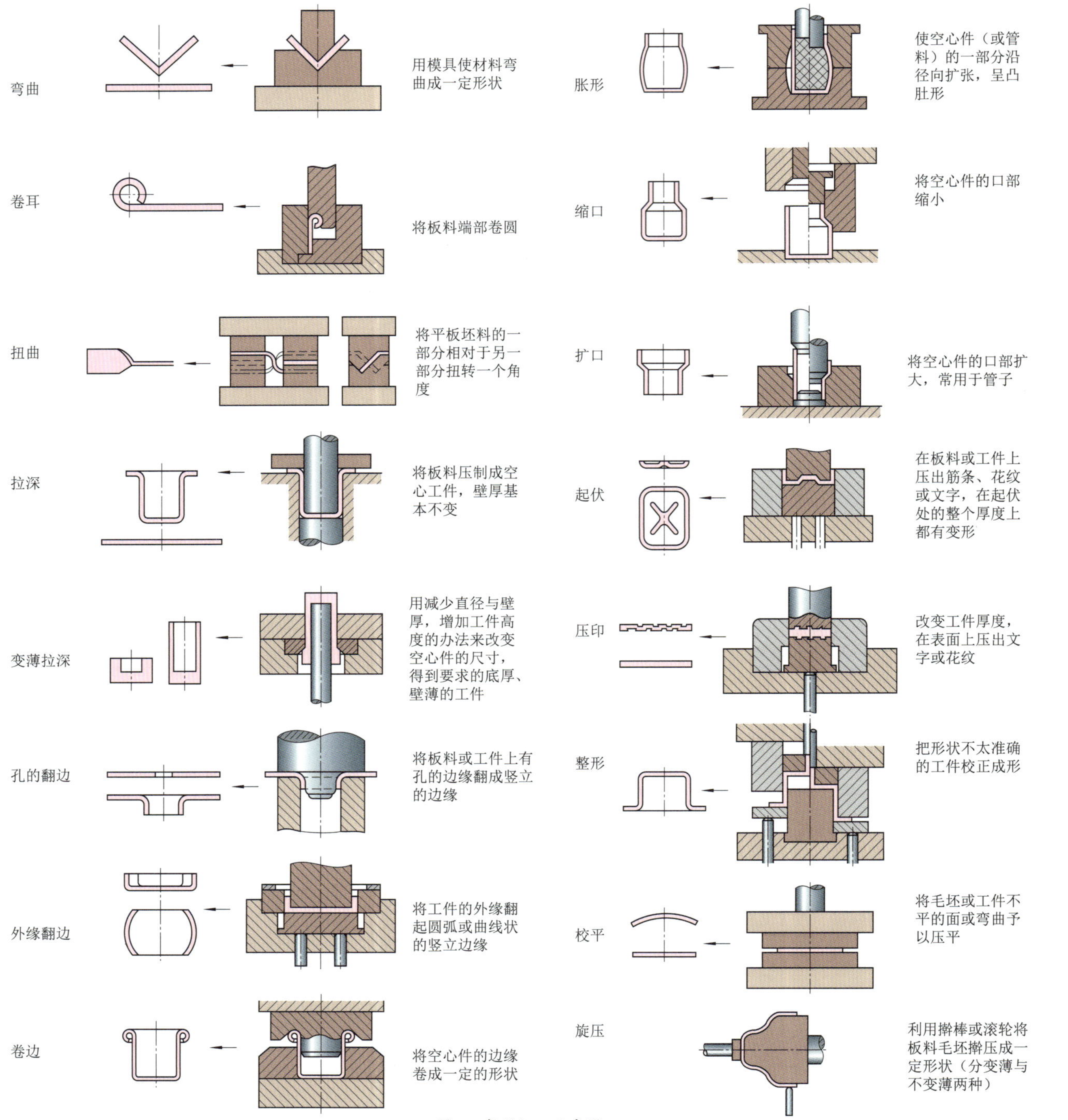

图2　成形加工示意图

发生塑性变形，制成所需的形状和尺寸的工件。成形工序包括弯曲、卷耳、扭曲、拉深、翻边（内孔和外缘翻边）、卷边、胀形、缩口、扩口、起伏、压印、整形、校平和旋压等（图2）。

弯曲　将金属板材、管材和型材弯成一定的角度、曲率和形状耳朵的塑性成形方法，是冲压件生产中广泛采用的主要工序之一。金属材料的弯曲实质上是一个弹塑性变形的过程，在卸载后，工件会发生反向的弹性恢复变形，称为回弹。回弹影响工件的精度，是弯曲工艺设计必须考虑的技术关键。形状简单的工件可以由一道工序弯曲成形；形状复杂的工件，可由多道工序弯曲成形。弯曲工艺分为压弯、滚弯和拉弯（图3）。①压弯。是常用的弯曲方法，大多在机械压力机或油压机上进行，也有用专用折弯压力机的。在数控冲床上可以实现冲裁和压弯等多道复合工序。②滚弯。常用的滚弯设备是三辊卷板机，可对宽板进行连续弯曲。③拉弯。对于精度要求高、长度和曲率半径大、宽度较小的弯曲件，可在专用的拉弯机上进行。拉弯时，板料全部厚度都受拉应力作用，只产生伸长变形，卸载后回弹小，精度较高。

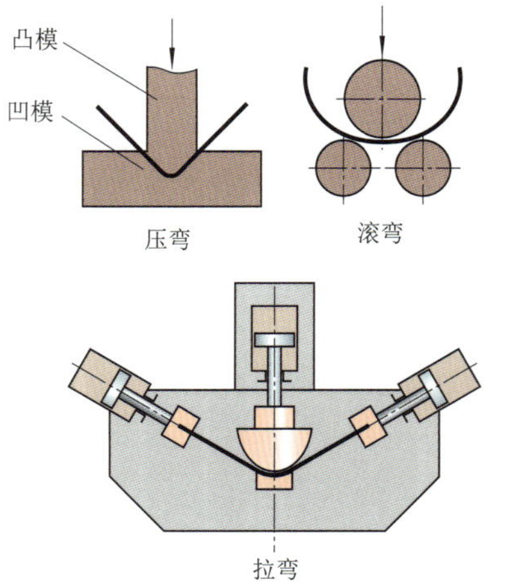

图3　弯曲加工示意图

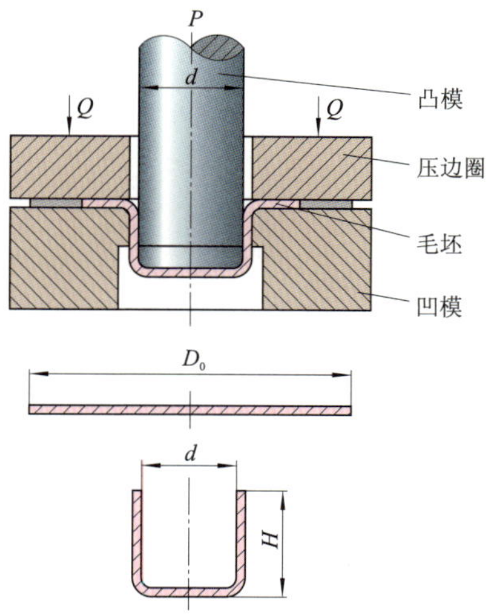

图4　拉深原理图

拉深　将金属板状毛坯制成筒形、盒形或者其他断面形状的壳体零件的工序（图4）。又称拉延。采用拉深与翻边、胀形、扩口、缩口等多种工艺组合，可以制成形状更复杂的冲压件。如汽车车身、油箱、盆、杯和锅炉封头等都是拉深件。

拉深分为变薄拉深和不变薄拉深两类，习惯上拉深多指不变薄拉深。①不变薄拉深。是将圆形板状毛坯置于沿口具有圆角的凹模上，用压边圈压住；在带圆角的凸模作用下，坯料从凹模表面沿凹模口拉入模内形成圆筒。压边圈的作用是防止坯料在被拉入变形的过程中，由于材料的直径减小而相互切向挤压产生起皱。压边圈的凸模接触坯料前先压住坯料保持不动并维持一定的压力，待凸模进入凹模完成拉伸变形退出凹模后，压边圈松开以便取出工件。②变薄拉深。主要是使坯料壁部变薄及使筒高增加，筒的内径基本不变。凸模、凹模间的间隙小于坯料的厚度。一般用拉深所得的圆筒件或者直接用圆板作为毛坯，主要用于制造壁部和底部厚度不同的空心件，如子弹壳等。经变薄拉深制造的工件表面光洁度很高，由于冷作硬化，强度增高。但因变形过程摩擦力很大，对润滑和模块材料要求较高。

翻边　一般指利用模具作用于坯料的平面部分或曲面部分，沿其封闭或不封闭的曲线边缘形成有一定角度的直壁或凸缘的成形方法。翻边的种类很多，分类方法也不尽相同。其中，按变形性质可分为伸长型翻边和压缩型翻边，按照工艺特点可分为内孔翻边和外缘翻边。用翻边可以加工形状较为复杂且有良好刚度的立体零件，能在冲压件上制取与其他零件装配的部位，如机车车辆的客车中墙板翻边、客车脚蹬门压铁翻边、汽车外门板翻边、摩托车油箱翻边、金属板螺纹孔翻边等。翻边可以代替某些复杂零件的拉伸工序，改善材料的塑性流动以免破裂和起皱。

旋压　将平板或经预成形的毛坯固定安装在旋压机主轴上的芯模上，并与主轴上的芯模一起旋转，旋轮或擀棒在对毛坯施压的同时做轴向送进，使毛坯逐步产生塑性变形，经过一次或者多次加工得到各种空心回转体薄壁工件。旋压是制造空心锥体、曲面锥体、半球体和薄壁管件、筒件等的有效方法。旋轮与毛坯的接触区很小，材料只是局部发生塑性变形，变形力小，设备所需吨位小。旋压件精度高，力学性能好，应用尺寸范围大，模具简单，更换容易，一般生产成本低。但其生产效率低，适用于单件、小批量生产。

（林宗钦）

板形控制　shape control　在板材轧制过程中，通过多种控制方法，将板带的凸度、平直度及局部高点等指标控制在公差范围内的工艺。板形直观上指板带的翘曲程度，实质指带钢内部残余应力分布。带钢板形通常包括纵向和横向两个方面的指标，在纵向上用平直度来表征；在横向上是带钢的断面形状，主要是板凸度、边部减薄和局部高点等。

简史　20世纪50年代，带钢的板形主要依靠控制磨削轧辊原始凸度，以及在此基础上的人工控制压下制度和合理编排生产计划来实现。60年代，液压弯辊装置被应用到板带轧机上。1967年瑞典研发成功用于在线冷轧带钢平直度分段检测的板形辊和带钢平直度自动控制系统，并在少数几架单机架冷轧铝带和钢带轧机上应用，且与弯辊装置配合构成平直度闭环控制系统。70年代，板形控制逐渐向热带轧机发展。同时，日本开始研制在带钢平直条件下的最佳弯辊力计算，将其作为板形预设定模型，这是板形模型控制的雏形。液压弯辊凸度控制技术逐渐应用于中厚板轧机之后，又出现了最优轧制规程和动态负荷分配法生产带钢的板形控制技术。随着用户对带钢板形质量要求的日益提高和板形控制研究的深入，各种板凸度和平直度控制方法也不断发展，诞生了许多新型板形控制轧机，如六辊大凸度轧机（HC轧机）、装有可变凸度轧辊（VC辊）轧机和连续可变凸度轧机（CVC轧机）。

基本理论　为了对带钢的板形实现检测和控制，需要对板形平直度进行描述和量化，常用方法包括：①波形表示法。采用翘曲度（λ）来描述板形：

$$\lambda=(\frac{R_V}{L_V})\%$$

式中R_V为波高；L_V为波距。②相对长度差表示法。采用I来表示板形：

$$I=\frac{\Delta L}{L}\times 10^5$$

式中L为基准点的轧后长度；ΔL为各相对应于基准点的轧后长度差。③张力差表示法。带钢在张力作用下其显性板形消失，转化为潜在的板形，此时板宽方向出现张力不均匀分布，张力偏差为$\Delta T(x)$，相对长度差$\varepsilon(x)$与张力偏差成比例：

$$\varepsilon(x)=\frac{\Delta T(x)}{E}$$

式中E为弹性模量。

板凸度是板中心厚度与板两侧参考点处厚度平均值之差，可以用多次曲线来描述板带产品的断面形状。在轧制过程中，带钢变形所消耗的功使带钢发热，一部分热量被冷却剂带走，余下的热量使轧辊（工作辊）产生热凸度，从而产生不良的板形。

良好板形的形成条件　由于轧制是复杂的物理过程，金属所发生的塑性变形和轧辊所发生的弹性变形受到许多因素的影响，要想彻底消除压力作用下变形不均是不可能的，但应该将它限制在允许的范围内，以防止带钢出现浪形和翘曲的缺陷。欲使带钢在轧制过程中保持平直，首要条件是保证带钢沿宽度方向各处有均匀的延伸，即应保证来料带钢横断面形状与承载辊缝的几何形状相匹配。考虑到轧件厚度与板平直度和板凸度的关系，引入了比例凸度的概念来描述，即板凸度与轧件厚度的比值。可以采用绍特判别式来判断比例凸度变化量是否影响带钢的板形：

$$-80(\frac{h}{b})^{1.86}<\Delta C<40(\frac{h}{b})^{1.86}$$

式中h为带钢出口厚度；b为带钢宽度；ΔC为带钢的比例凸度变化量。

影响板形的主要因素　板形和板凸度是彼此相互制约、相互影响的，如何控制板凸度是解决板形控制问题的关键。影响板凸度的因素较多，涉及轧辊、轧件及轧制条件等多方面的内容，可以归结为以下4个方面：①轧制载荷引起的轧辊弯曲变形。②轧制载荷引起的轧辊表面压扁变形。③轧制过程的轧辊热变形。④轧制过程的轧辊磨损。

带钢板形的改善方法　为消除板形缺陷，获得良好的板形，可以针对板形影响因素引起的辊缝形状变形进行相应的补偿。因此，凡是能够改变轧辊弹性变形状态和改变轧辊凸度的方法，均可以用作改善板形的手段。基于这一思想，人们从工艺和设备两方面入手研究改善板形方法，取得了一定的效果。从工艺上，通过设定初始辊缝形状、改变轧制规程及调整张力分布等方法来改善板形。但是这些调节手段都存在响应速度慢、不能实现在线的即时控制等不足之处，而且对于异常板断面如局部高点等缺陷几乎无能为力。从设备上，通过液压弯辊、轧辊横移、轧辊交叉、液压胀形等技术实现改善和控制板形的目的。板形控制技术主要遵循两种思路：①增大有载辊缝的可调节范围。②增大有载辊缝的横向刚度，减少轧制力变化对辊缝凸度的影响。

扩展阅读

王国栋.板形控制和板形理论.北京：冶金工业出版社，1986.

丁修堃.轧制过程自动化.3版.北京：冶金工业出版社，2009.

孙一康.带钢热连轧的模型与控制.北京：冶金工业出版社，2007.

（邸洪双　龚殿尧）

半固态挤压　semi-solid extrusion　集金属半固态加工与挤压于一体的成形技术。在半固态挤压过程中，凝固与成形同时进行，金属在压力下凝固，且充型和变形过程都以压缩变形为主，因此获得的成形件形状、尺寸精确，性能优良。根据加工过程的不同，半固态挤压可以分为：①流变挤压。将制备好的半固态金属浆料直接注入挤压筒进行挤压。金属浆料在压力作用下凝固和充型，通过凹模模孔挤出制品或在压力作用下成形为比较复杂的零件毛坯。该方法获得的制品具有非枝晶结构组织和较高的力学性能。②触变挤压。将具有非枝晶结构组织的坯料在加热炉中加热到半固态（该金属的固相线以上、液相线以下，固相体积分数为40%～60%），然后将加热好的坯料放入挤压筒，用凸模施加压力，通过凹模口挤出制品或在压力作用下成形为比较复杂的零件毛坯。触变挤压比普通挤压的挤压力低、充型性好，可获得更复杂形状的挤压件。

（谢水生）

半无头轧制　semi-endless rolling　在薄板坯连铸连轧机组上采用超长板坯（相当于普通板坯最大长度的4～6倍）实现连续轧制，再由卷取机前的飞剪将板坯分切成所要求重量钢卷的轧制技术。适用于超薄热轧带钢和宽薄热轧带钢的生产。在薄板坯连铸连轧单坯轧制过程中，每轧制一块板坯都要经过进精轧机穿带、甩尾的过程，难以保证带钢头和尾质量；存在轧机作业率低、损伤严重、轧制过程不稳定、

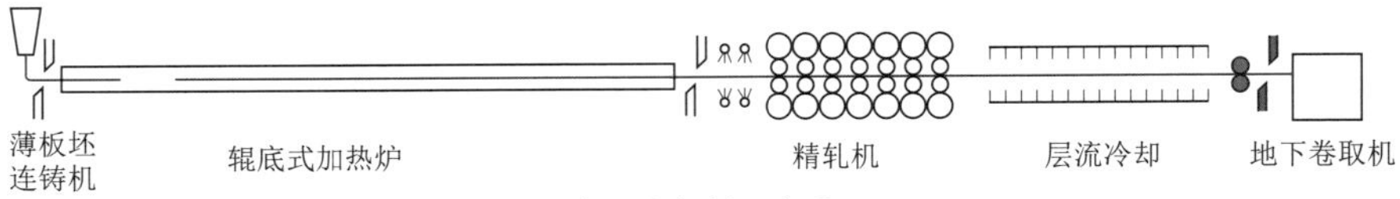

半无头轧制示意图

轧辊消耗大等问题，难以经济地生产超薄规格的热轧带钢，由此在薄板坯连铸连轧机组上开发了半无头轧制工艺。1999年，德国蒂森克虏伯公司首先将半无头技术运用于紧凑式热带钢生产工艺（CSP）。中国涟源钢铁集团在CSP生产线上应用半无头轧制技术生产出的超薄规格产品，厚度达到0.77毫米，并实现了269米长坯（切分7卷）生产。

典型半无头轧制工艺为：采用较长的辊底式加热炉，将长铸坯一次性送入加热炉加热，然后进入轧机；长铸坯的头部以低速穿带，轧制成较厚的产品，带头进入卷取机后整个轧制线开始升速，并进行动态压下，经过多次升速、减薄后，达到产品厚度要求和轧制温度；在长铸坯尾部进入轧机之前，轧机辊缝动态打开，并降低出口速度，最后一卷的尾部厚度较厚，完成半无头轧制过程。

薄板坯连铸连轧生产线实现半无头轧制工艺，必须配置以下相关技术和设备：①采用动态变规格轧制技术，即以较低的速度和较厚的带钢头部穿带，稳定建立卷取张力。轧制完一个钢卷后，逐次调整带钢的厚度和轧制速度，依次轧制出几个设定的逐次变薄的钢卷。在接近带尾或还剩一个钢卷时，调整带钢的厚度和轧制速度，以较厚的带钢和较低的速度甩尾。②采用动态连续可变凸度轧机（CVC），用以连续补偿半无头轧制过程中工作辊热凸度的变化。CVC轧机的工作辊或中间辊具有互相倒置成180°的S形特殊辊型，可以在轴向相反方向上移动，形成正负辊缝凸度。③采用轴向窜辊技术，在长坯轧制的过程中使轧辊磨损均匀化。④采用升速轧制工艺，以确保带钢具有合适的轧制温度。⑤特殊设计高速飞剪、通板和卷取等设备。高速飞剪设备是保证高速剪切带钢，并避免带钢在通板过程表面产生划伤等缺陷；高速通板设备是保证带钢头部在轧机和辊道等设备上通过时，能高速稳定穿带；高速卷取设备要求夹送辊具有高速切换性能，通常采用2台地下卷取机或1台旋转式卷取机。⑥确定合理的衔接段长度，并合理设计钢卷运输系统的动作周期。

半无头轧制工艺的优点：①降低了频繁穿带和甩尾对轧辊的冲击，并减少了切头、尾数量，降低了废品率和设备故障率。②减少了轧辊的消耗和换辊时间，提高了生产率。③轧制过程稳定，提高了产品质量和收得率。④可以采用几乎全长度的工艺润滑轧制，使带钢表面质量得到提高。

薄板坯连铸连轧的无头轧制，仅是多块板坯的中间无头，也属于半无头轧制工艺。

扩展阅读

毛新平.薄板坯连铸连轧半无头轧制工艺.钢铁，2003，38（7）：23-27.

康永林.薄板坯连铸连轧超薄规格板带技术及其应用进展.轧钢，2015，32（1）：7-11.

（韩　斌）

邦德，F.C.　Fred Chester Bond（1899-06-10～1977-01-23）　美国选矿工程专家。生于科罗拉多州戈尔登，卒于亚利桑那州图森市。科罗拉多矿业学院毕业，曾在该校任教授。

20世纪30～50年代，在分析大量实验室和工业生产数据的基础上提出关于矿石粉碎功耗的新理论，并引入了一个新的矿石特性参数——邦德功指数，将碎矿和磨矿所需的功耗与给矿、产物的粒度联系起来。此理论于1952年正式发表后得到广泛引用。邦德将他的理论称为粉碎第三理论，一般适用于一段磨矿的粒度范围。根据邦德功指数进行工业球磨机和棒磨机的功耗预测，已成为当今选矿厂设计中磨机选型计算采用的标准方法之一。

1952年被科罗拉多矿业学院授予杰出成就奖章。1965年被美国矿冶工程师学会授予里恰兹奖（Robert H. Richards Award），以表彰其为碎矿和磨矿领域发展所做的贡献。1988年成为美国“国家矿业名人堂与博物馆”一等荣誉人物。

（刘建远）

棒磨　rod grinding process　在磨矿机中以长金属圆棒为磨矿介质，将矿石破碎的磨矿方式。在棒磨过程中，棒介质在磨矿机筒体中运动时，棒与棒之间为线接触。棒介质之间形成类似棒条的筛样结构，具有筛分、分级作用，即在棒介质上升运动

过程中较细颗粒从棒与棒的缝隙中漏下，而粗大颗粒则夹持在棒介质之间受到较大的破碎力，并在棒的降落区受到较大的冲击和研磨力而被破碎。此外，**棒磨机**给料端颗粒粗大，因此棒与棒之间的缝隙较大，愈趋向排矿端，物料在磨矿机中经受的磨碎时间愈长，颗粒愈小，棒与棒之间的缝隙也愈小，促使较小颗粒从磨矿机给料端向排料端流动并迅速排出。粗大颗粒被棒夹持在磨矿机中滞留时间较长，从而受到更多的磨碎作用。棒磨过程具有很大的选择性磨碎作用，磨矿产品粒度均匀，矿石过粉碎程度轻，故棒磨机可以形成单段棒磨工艺。

棒磨工艺常用于具有脆性软矿石的钨锡矿和其他稀有金属矿的重力选矿或磁选前的准备作业。在处理含泥较多、黏性大的较软或不太硬的矿石时，还可以代替短头圆锥破碎机用作细碎，将20～25毫米的矿石磨碎到3毫米以下，因此棒磨适宜用作粗磨，生产能力大于同规格**球磨机**，一般不用作第二段细磨工艺。

由于棒介质的堆密度比球介质大，约为同样材质制造的1.365倍，同时单根棒下落时的冲击力较单个球大得多，为避免棒的折断和磨矿机衬板被砸坏，棒磨机的**介质充填率**比球磨机低，一般为30%～35%。棒磨机筒体转速率也较球磨机低，为60%～75%。由于需定期停车拣出断棒，棒磨机作业率较球磨机低，一般为80%～85%。

扩展阅读

段希祥，肖庆飞.碎矿与磨矿.3版.北京：冶金工业出版社，2012.

（吴彩斌）

棒磨机 rod mill 采用长金属圆棒为磨矿介质的滚筒式**磨矿设备**。1870年在**球磨机**的基础上研制出排料粒度均匀的棒磨机。

结构 主要由筒体、端盖、传动齿轮、主轴承、筒体衬板、端盖衬板、给矿器、给矿口、排矿口、法兰盘、检修口等组成，结构与溢流型球磨机大致相同。棒磨机的衬板多采用波形、阶梯形或楔形。

类型 根据排矿方式的不同，将棒磨机分为中心排矿型（溢流型）和周边排矿型（开口型），后者又分为端头周边排矿型和中心周边排矿型。棒磨机可用于干式或湿式作业，周边排矿型还用于润湿磨矿作业。

溢流型棒磨机 排矿靠矿浆本身自流溢出的棒磨机。与溢流型球磨机不同，溢流型棒磨机的排矿端没有中空轴颈，只在排矿端的中央开有一个大孔径喇叭形的溢流口（图1）。为避免矿浆飞溅和钢棒从磨

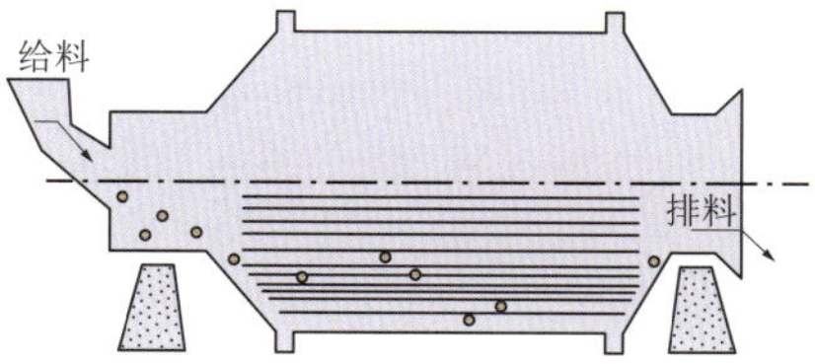

图1 溢流型棒磨机结构示意图

机筒体内滑出，排矿口用固定的锥形盖挡住，矿浆经溢流口与锥形盖间的环形缝隙溢出。为降低矿浆水平，加速矿浆通过棒磨机的速度，溢流型棒磨机排矿口直径比同规格的溢流型球磨机大（大型棒磨机的排矿口直径可达1200毫米）。溢流型棒磨机产品粒度比周边排矿型棒磨机产品粒度细（为0.5～2毫米），一般用来磨细破碎后的产品，再供给球磨机使用。

端头周边排矿棒磨机 通过磨矿机轴颈从一端加料，并借助若干圆周孔从磨矿机的另一端将磨矿产品排至紧邻的环形槽中（图2）。除排矿方式不同外，其他结构

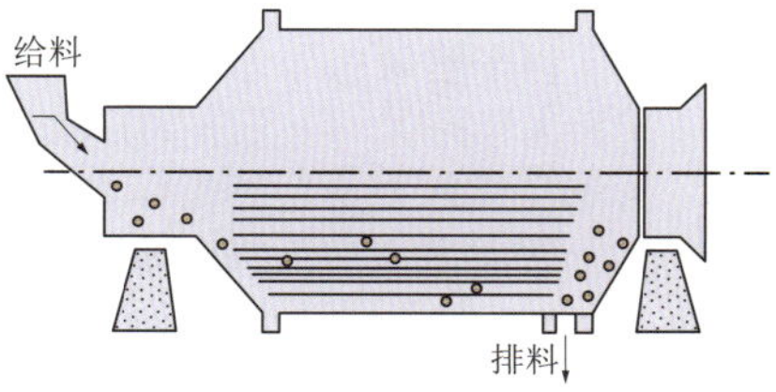

图2 端头周边排矿棒磨机示意图

与溢流型棒磨机基本相同。主要用于需得到中等粒度产品的干磨和湿磨过程。这种设备可获得高的速度梯度和更好的流动率，产品粒度为2～5毫米。具有磨矿效率高、降低能耗、可提高产品质量等优点。

中心周边排矿棒磨机 通过磨矿机两端的轴颈给料，并通过圆筒中部的圆周孔口将磨矿产品排出（图3）。矿浆行程短，

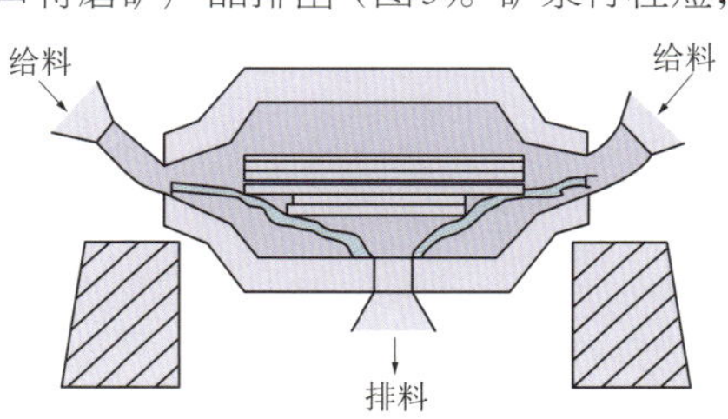

图3 中心周边排矿棒磨机示意图

坡度陡，可进行粗磨，细粒产量少，磨碎比较低。具有磨矿效率高、节省能耗和提高产品质量等优点，最大用途是制备砂石，以获得高处理量和粗产品。润湿磨矿过程中的**磨矿浓度**可达87%～92%，常用于球团作业。

工作特点及应用 棒磨机依靠磨矿介质的压力和磨剥力磨碎**矿石**。棒首先打碎粗粒，然后磨碎较小的矿粒。棒与棒之间为线接触，棒沿筒壁转动上升时，其间夹带粗粒，类似棒条筛作用，使细粒从棒缝间通过，有利于夹碎粗粒，并使粗粒集中在磨矿介质打击处。因此，棒磨机有选择性磨矿作用，产品粒度均匀，过粉碎程度轻。

棒磨机主要用于钨锡矿和其他稀有金属矿的重选或磁选。在部分情况下，棒磨机可代替短头圆锥碎矿机进行细碎。采用二段磨矿流程时，若第一段需从6～20毫米磨至1～3毫米，采用棒磨做第一段磨矿设备，生产能力较大，效率较高。

扩展阅读

刘树英.破碎粉磨机械设计.沈阳：东北大学出版社，2001.

杨家文.破碎与磨矿技术.北京：冶金工业出版社，2006.

威尔斯B A.选矿工艺学.胡力行，等译.北京：冶金工业出版社，1985.

（张国旺 石 立）

棒线材连铸连轧 rod and wire continuous casting and rolling 连铸机生产的高温铸坯不经加热或仅对铸坯边角部进行快速感应补热，直接进入轧机进行**轧制**，以生产棒线材的工艺技术。棒线材**连铸连轧**利用连铸机与连轧机紧凑布置和棒线材轧制工艺的特点，使连铸机生产的高温方坯、矩形坯或圆坯可以不经**加热炉**加热，就直接进入轧机进行轧制。由于简化了铸坯加热工序，因此该工艺具有改善劳动条件、增加金属收得率、节约能源、便于实现机械化和自动化等优点，成为棒线材生产节能降耗的一个主要发展方向。

在棒线材连铸连轧生产工艺中，高拉速、高温无缺陷铸坯生产是核心，快速感应补热是关键辅助手段。在实际生产中，因铸坯角部温度不同划分为3类：①当铸坯温度较高时（>950℃），直接进行轧制。②当铸坯温度较高（>750℃）但不满足直接轧制要求时，铸坯进行边角部感应补热，再进行直接轧制。一般感应加热的补热能力最大为150～200℃。③当铸坯温

棒线材连铸机

度较低时（<750℃），铸坯需进入加热炉进行加热、保温后再进入轧机轧制。

在切割方式上，由于采用火焰切割时铸坯端部温度升高最少有130℃，无法满足直接轧制铸坯对温度波动<50℃的基本要求，将导致轧制裂纹的发生，因此在直接轧制过程中通常采用机械式切割。

（张　慧）

包晶体　peritectic　金属凝固过程中，经过包晶反应生成的化合物。包晶反应方程为：$L+\alpha \longrightarrow \beta$，如Fe－C系统在1495℃时δ相和液相反应所得的奥氏体相。Fe－Ni系统中也存在类似反应。二元包晶反应在特定温度发生，而三元及多元体系中往往在一个温度范围内发生。

当包晶反应发生时，新生成的β相在α相表面发生异质形核并很快沿表面生长，将α相包裹在中间（见图）。进一

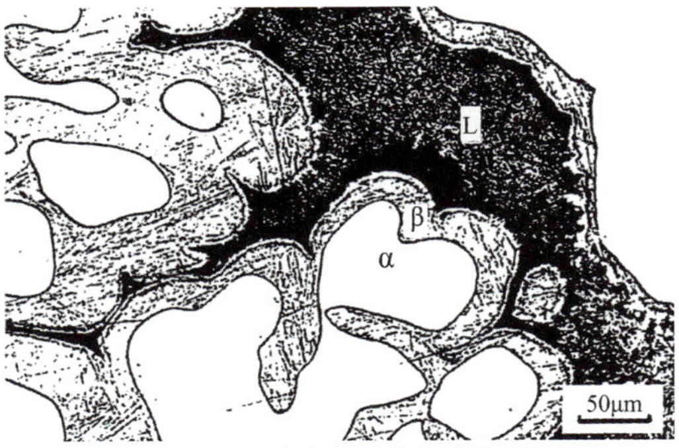

Cu－20wt%Sn中包晶反应典型微观结构

步的包晶转变通过β相中的原子扩散进行。由于固相扩散速度比较缓慢，包晶凝固过程中凝固界面生长速率缓慢，利于α相的大量形核。同时，在有限的凝固过程中，包晶转变很难充分进行，凝固完成后在β相的中心通常存在着非平衡的α相。

在平衡凝固过程中，合金熔体中首先析出初生相，随后发生包晶转变，生成包晶体。与初生相相比，包晶体是亚稳相。但在非平衡条件下，有可能存在包晶体与初生相的竞争形核与生长，从而在定向凝固过程中形成由初生相和包晶体组成的、垂直于生长方向的带状组织。

包晶反应所得固相往往是金属间化合物，因它们在高温条件下仍能维持高强度，并具备相当的韧性而备受关注。有些磁性材料如Co－Sm－Cu、Nd－Fe－B合金，以及在众多常规条件下难以制备的无机材料如$YBa_2Cu_3O_y$等，都可以通过包晶反应获取。此外，因包晶产物依附在初生相表面形核长大，可设法在熔体内首先形成大量固相质点，则包晶体就在这些质点表面形核长大，可以达到细化包晶产物的目的。工业上通常在铝合金中加入少量钛，在铜合金中加入少量铁，或在镁合金中加入少量锆，从而实现细化晶粒的目的。

扩展阅读

KERR H W, KURZ W. Solidification of Peritectic Alloys. International Materials Reviews, 1996, 41 (4): 129–164.

LU X Y, CAO C D, WEI B B. Phase Selection and Microstructure Evolution of Undercooled Fe92Cu8 Peritectic Alloy. Progress in Natural Science, 1999, 9 (4): 286–292.

（孔令体）

包辛格效应　Bauschinger effect　金属材料经过预先加载产生少量塑性变形（1%～4%），卸载后再同向加载，规定残余伸长应力（弹性极限或屈服强度）增加；再反向加载，规定残余伸长应力降低的现象。1886年由德国冶金学家J. 包辛格发现。包辛格效应反映了金属材料力学性能对加工历史的相关性，是金属材料弹性不完整性的一种表现形式，钢铁、铜合金、铝合金、钛合金、镁合金等金属材料都具有包辛格效应。

包辛格效应作为金属材料的一种力学特性，可以通过引入以拉伸和压缩的力学性能指标为基础的一些参量来定性或定量地表征其大小。如图所示，金属材料拉伸至设定的预应变（有塑性变形）后进行卸载，然后进行反向加载。如果材料的反向屈服强度和开始的流变应力相等，则表现为各向同性硬化。这只是理想情况，而实际的金属材料由于缺陷的存在，其反向屈服点将降低，表现出包辛格效应。因此，可以引入和应力有关的参量来表征包辛格效应，如包辛格应力参数（*BSP*）和包辛格能量参数（*BEP*），它们的表达式分别为：

$$BSP=\frac{|\sigma_f|-|\sigma_r|}{|\sigma_f|} \tag{1}$$

$$BEP=\frac{1}{2}\left\{\frac{|\sigma_f|-|\sigma_r|}{|\sigma_f|-|\sigma_y|}\right\} \tag{2}$$

式中σ_y为初始屈服应力；σ_f为流变应力；σ_r为反向屈服应力。

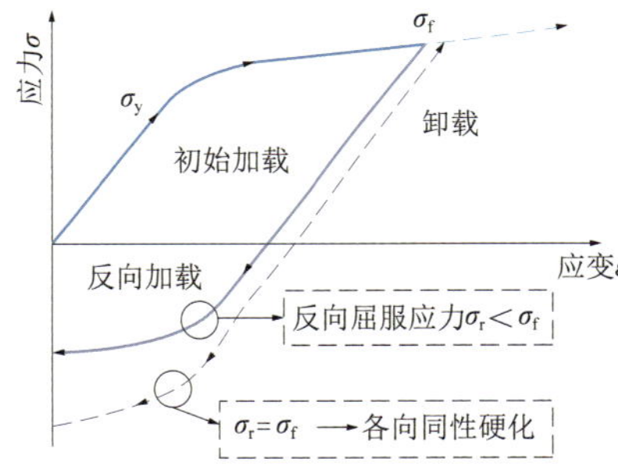

包辛格效应示意图

包辛格效应最初被认为是多晶合金中的一种力学现象，后来在α黄铜等单晶材料中也观察到了明显的包辛格效应，因此包辛格效应是一种晶内效应。包辛格效应的形成机理较为复杂，对于以位错滑移变形机制为主的立方晶系材料来说，普遍认为包辛格效应的产生与金属中位错运动的阻力随加载历史的变化有关，由位错塞积引起的长程内应力（背应力），在反向加载时有助于位错运动，从而降低反向流变应力（如屈服强度等）。另有理论认为，包辛格效应的产生是由于预应变使得位错运动阻力出现方向性所致，因为经过正向变形后，晶内的位错最后总是停留在障碍密度较高处，此时一旦有反向应力，则位错很容易沿着曾经扫过的障碍密度较低的区域运动而产生塑性变形。对于以孪生变形机制为主的密排六方结构材料，对包辛格效应的解释是内应力理论。由于在预变形过程中产生的塑性变形量较小，各晶粒塑性变形的分布是不均匀的，从而产生内应力，当反向加载时，内应力与外加应力同向叠加；当同向加载时，内应力与外加应力反向叠加，从而产生包辛格效应。

包辛格效应是金属材料所具有的普遍现象，其对金属材料构件的制造和使用性能有重要影响。包辛格效应是造成金属材料力学性能各向异性的重要原因之一，可能引起管线钢使用时的强度损失或脆性断裂，也会影响变形后的共析钢氢脆的发展过程，以及构件的疲劳过程和构件的尺寸稳定性。在有些情况下，包辛格效应也可以被工业利用，如薄板反向弯曲成形、拉拔棒材轧辊压制校直等。研究包辛格效应还能弄清金属材料的加工硬化机理和疲劳损伤的原因，预测各种应变历史或应变路径对材料性能的影响及构件的疲劳损伤过程。

消除包辛格效应的方法是：预先塑性变形后、第二次反向加载前对金属材料进行回复或再结晶退火。对钢铁材料，退火温度为400～500℃；对铜合金，退火温度为250～270℃。

（盛光敏）

薄板坯连铸连轧　thin slab continuous casting and rolling　将连铸得到的较薄的钢板坯直接送入连轧机组轧制成板材的工艺技术。是一种近终形连铸技术。薄板坯连铸连轧具有代表性的工艺有紧凑式热带钢生产工艺（CSP）、在线热带钢生产工艺（ISP）、灵活式薄板坯轧制工艺（FTSR）、连铸坯直接轧制（CONROLL）工艺、住友连铸坯连铸连轧生产线（QSP）、鞍钢

带钢连铸连轧（ASP）工艺、带钢无头连铸连轧（ESP）工艺等，其中CSP技术应用最为广泛。

1989年6月，世界上第一条薄板坯连铸连轧生产线在美国纽柯公司克劳福兹维尔钢厂建成投产，该生产线采用德国西马克公司开发的CSP技术。中国第一条薄板坯连铸连轧生产线于1999年8月在珠江钢厂建成投产，此后薄板坯连铸连轧技术在中国得到快速发展。截至2016年1月，全球已建成薄板坯连铸连轧生产线67条102流，年生产能力超过1.1亿吨。其中，中国已建成薄板坯连铸连轧生产线16条31流，年生产能力为3946万吨。

薄板坯连铸连轧可用于**高炉和转炉炼钢**的常规钢铁生产，也可以同**电弧炉炼钢**结合使用。在传统钢铁生产流程中，钢水经连铸机铸成200～250毫米厚的板坯，经过冷却、重新加热，再通过粗轧和精轧得到热轧宽带钢。在薄板坯连铸连轧流程中，将铸出的钢板坯厚度减薄到合理的临界区间内，在连铸机与热轧机之间补充少量的热量，用4架以上精轧机轧成热轧带卷，使钢水从进入结晶器至热轧卷取完毕的时间缩短至15～30分钟。薄板坯连铸连轧的特点是流程短、能耗低、效率高、生产周期短。

随着技术的发展，各种薄板坯连铸连轧技术之间相互渗透，使生产技术指标不断得到提高，生产品种不断扩大，高附加值产品份额逐年增加。

（韩　斌）

保安矿柱　safety pillar　为保护地表重要设施、地貌和主要井巷，避免其因井下开采而遭受破坏，或分隔含水层及破碎带、矿段或矿块等目的而留设不采或暂时不采的部分**矿体**。按其作用和性质，保安矿柱分为井筒保安矿柱、境界保安矿柱、防水矿柱、断层破碎带矿柱等。

井筒保安矿柱　为保护井筒不受采空区周围岩层移动的影响，避免井筒变形或破坏，在井筒周围留下的暂时或永久不采的矿体。井筒的变形或被破坏，与井筒所穿过的岩层性质、矿体产状、地质构造、**水文地质条件**、采矿方法、井筒结构和装备、井筒抵抗变形的能力等因素有关。井筒保安矿柱的尺寸应通过**岩石力学**研究和数值模拟分析计算确定，即根据受保护建筑物和构筑物的保护级别，确定其保护带宽度，再采用作图法确定，沿保护带周边按岩石移动角向下绘出不能开采的范围。该范围内的矿体，即为保安矿柱（见图）。

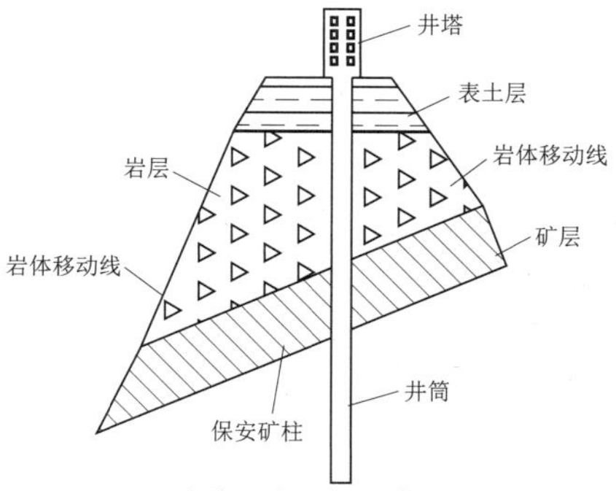

井筒保安矿柱示意图

境界保安矿柱　在矿段之间、露天开采与地下开采之间所留的隔离矿柱的总称。留设境界保安矿柱的目的是防止相邻区域受采空区周围高应力的影响，使各区域能独立而安全地开采。境界保安矿柱的尺寸受矿岩性质、地质构造发育程度、矿体赋存条件、开采深度、开拓和采矿方法、**地压**控制技术、**回采工艺**和管理水平等因素的影响，一般由设计者对这些因素进行综合分析后，根据实践经验确定，必要时采用数值模拟分析计算确定。

防水矿柱　水体下采矿时，在水体最低水平和地下开采最高水平之间所留设的一定厚度的矿体。其目的是防止水和泥沙流入井下，以保证生产的安全。防水矿柱的厚度与水体类型、水量大小、补给来源以及岩石性质、结构构造、透水性能等因素有关，其最小厚度是导水裂隙的最大高度加上一定厚度的保护层。

断层破碎带矿柱　在断层破碎带一侧或两侧留下的一部分不采的矿体。在含矿地层中，往往有许多大小不一的断层和破碎带，成为地下采矿工作的安全隐患。为了保证井下开采安全，通常在大断层或破碎带的一侧或两侧留下一定宽度的矿体作保安矿柱，其宽度根据矿岩性质、断层产状、破碎程度、回采关系等因素确定。

扩展阅读

张钦礼，王新民.金属矿床地下开采.长沙：中南大学出版社，2016.

（颜荣贵　李鼎权　黄仁东）

保护气氛电渣重熔　electroslag remelting with protective atmosphere　在**电渣重熔**的结晶器上方加设密封系统，使金属重熔过程在惰性气体保护下进行的冶炼技术。在电渣重熔过程中，大气里的氮、氧和水蒸气会参与冶金反应，对钢锭质量产生影响。例如，造成钢中易氧化元素烧损，使钢的成分发生变化、钢中氧含量增高、夹杂物增多；水蒸气通过渣池使钢液增氢，使成品产生白点。20世纪60～70年代，采用在结晶器上口吹惰性气体或干燥空气，以减少大气中氧和水蒸气的影响，但效果不显著。80年代欧洲首先采用全密闭的保护气氛重熔电渣技术，90年代以后这项技术逐渐被接受并推广使用。

在惰性保护气氛下，电渣重熔可以避免电极和渣池的氧化，使钛、锆、铝、硅、硼等易氧化元素的烧损减少，钢锭增氢和增氮得到控制，钢锭洁净度提高。保护气氛电渣重熔是镍基合金和高品质特殊钢等重要的熔炼技术。

广义的保护气氛电渣重熔还包括负压（真空）电渣重熔和加压电渣重熔。负压（真空）电渣重熔是在全密闭保护罩的烟气出口管道上连接真空泵，实现负压气氛。特点是：有利于减少钢锭中的气体含量，但压力过低会促使熔渣中易挥发的物质挥发，导致工艺不稳；挥发出的含氟气体会腐蚀真空系统，需要充氩气调节真空度。加压电渣重熔主要用于生产高氮钢，在熔炼室内通以压力为1～4兆帕的氮气进行电渣重熔。

（姜周华　董艳伍　李士琦）

保温隔热矿物材料　insulation mineral material　以蓄热或减少热损失为目的、具有节能功能的**矿物材料**。按类型及施工性能可分为工业保温材料和建筑物保温材料。按密度可分为重质（400～600千克/米^3）、轻质（125～350千克/米^3）、超轻质（15～100千克/米^3）材料。按材料结构形态可分为矿物纤维型保温隔热材料和多孔矿物型保温隔热材料。按所使用矿物纤维的来源，矿物纤维型保温隔热材料又可分为天然和人造矿物纤维保温隔热材料。

天然矿物纤维保温隔热材料的制备工艺因产品类型而异，如石棉织造品以石棉为原料，加入适量其他人造纤维，经过原棉处理、混棉、梳棉、纺纱、编织等工序制成；石棉纸制品以石棉纤维和黏合剂为原料，经打浆、抄取、整理工序制成；石棉板由石棉纤维、黏结剂和填料制成，生产工艺有压制法和抄取法两种，压制法是将原材料和配料加水拌和均匀后定量浇坯和加压成形，抄取法主要工序与石棉纸相同。

人造矿物纤维隔热保温材料一般以矿渣棉、玻璃棉、硅酸铝纤维等矿物纤维为基材，加上黏结剂、增强剂、防水剂等材料，经配料、均混、成形、干燥、后处理等工序制成。

根据所使用的矿物原料的不同，多孔矿物型保温隔热材料又可分为膨胀珍珠岩隔热保温材料、膨胀蛭石隔热保温材料、硅藻土隔热保温材料、密封矿物材料等。生产工艺是以膨胀珍珠岩、膨胀蛭石、硅藻土等为主要原料或骨料，以水泥、水玻璃、沥青、磷酸盐等为黏结剂，经配料、均混、成形、干燥、养护或焙烧制成。产品有板、管、瓦、砖等，具体工艺因黏结剂不同而异。

隔热保温矿物材料的主要性能指标为热导率或导热系数、密度与强度，一般在相同密度下，热导率越小品级越高。其广泛应用于工业与民用建筑、热力管道、工业窑炉、冷库、冰箱冰柜等家用电器、交通车辆、船舶、航空航天等领域。

（郑水林）

贝塞麦，H. Henry Bessemer（1813–01–19～1898–03–15） 英国工程师和发明家，**转炉炼钢**的发明人之一。生于哈福德郡查尔顿，卒于伦敦。自幼在其父开办的铸造作坊中工作，熟悉金属加工与制造；后在伦敦学习机械设计。贝塞麦最初的发明是铸造金属工艺品等技术，并曾改进印刷机用模和油漆用代金黄铜粉。19世纪50年代，他发现在设有鼓风设备的炉中熔化铁时，空气可除去铁水中的碳，炼出熟铁或低碳钢，于是采用风管吹炼坩埚中的铁水，后发展成为**贝塞麦转炉炼钢**（贝塞麦法），1856年获得专利。贝塞麦法开始应用时，发现用含硫、磷多的生铁作原料，炼出的钢有冷脆和热脆现象，推广使用受到限制。后R.F.马希特提出在钢水中加镜铁（含锰量较低的**锰铁**）以除硫，贝塞麦法才进一步完善。贝塞麦法的诞生标志着早期工业革命由“铁时代”向“钢时代”的演变，在**冶金史**上具有划时代的意义。贝塞麦曾任英国钢铁学会主席（1871～1873），1879年当选为英国皇家学会会员。1896年发表《贝塞麦炼钢法的起源》。

（苏天森）

贝塞麦转炉炼钢 Bessemer process 将空气由使用酸性炉衬的转炉炉底吹入铁水后发生放热化学反应，铁水被氧化精炼成为钢水的**转炉炼钢**技术。又称酸性空气底吹转炉炼钢法、贝塞麦法。是人类创造的第一个大规模生产液态钢的技术方法。适用于低磷、低硫原料炼钢。1856年英国人H.**贝塞麦**取得该吹炼法的专利权。同一时期，美国人W.**凯利**受炒炼熟铁时冷风吹入生铁能提高其温度的启发，也研究成功了铁水内吹空气炼钢的方法，并于1857

贝塞麦转炉（英国谢菲尔德凯勒姆岛博物馆）

年获得美国专利。最初贝塞麦试验用含锰较低的铁水吹炼时，钢凝固后会发生热裂。1856年，英国人R.F.马希特在钢水中加入镜铁使钢水脱氧，推动了贝塞麦转炉炼钢法的发展。贝塞麦转炉炼钢法的成功，标志着近代炼钢法时代的开始。1870～1908年贝塞麦法是世界各国所采用的主要炼钢法。

贝塞麦法利用鼓风（风压达0.25兆帕）中的氧，使生铁的杂质（主要为硅、锰）和少量铁氧化，并利用氧化放出的热量使钢水温度升高到出钢的要求。贝塞麦转炉的炉衬用**酸性耐火材料**砌筑，不能去除生铁中的磷、硫，使其铁水来源受到极大限制。进入20世纪，贝塞麦转炉炼钢逐渐被**平炉炼钢**所取代。

（萧来潮 曲 英）

贝氏体相变 bainitic transformation 钢中过冷奥氏体在**珠光体**和马氏体转变温度之间发生的奥氏体向贝氏体的转变。这种转变可发生在等温或连续冷却过程中。

简史 20世纪80年代，在非铁合金和陶瓷中也发现有类似钢中的贝氏体转变。20年代，J.M.罗伯森首次观察到钢经中温转变后的相变产物；30年代初，E.S.达文波特和E.C.贝茵等人对这种中温转变产物的组织形态进行了大量的细致研究。1934年，后人为了纪念贝茵的功绩，将这种组织命名为“贝氏体”（Bainite）。1939年，R.F.梅尔把在较高温度和较低温度形成的不同形态贝氏体分别称为上贝氏体和下贝氏体。在随后的研究中，很多学者又发现了不同形态的贝氏体组织，如无碳化物贝氏体、粒状贝氏体等，但由于对贝氏体相变的本质了解不够，贝氏体组织尚无统一的定义。

贝氏体形貌 贝氏体组织是过冷奥氏体的中温转变产物，其显著特征是在经事先表面抛光的试样上，贝氏体形成后可出现表面浮凸。典型的共析钢等温转变曲线（C曲线）如图1所示。因**奥氏体**中含碳量、合金元素及转变温度不同，钢中上贝氏体和下贝氏体的组织形态也不相同。

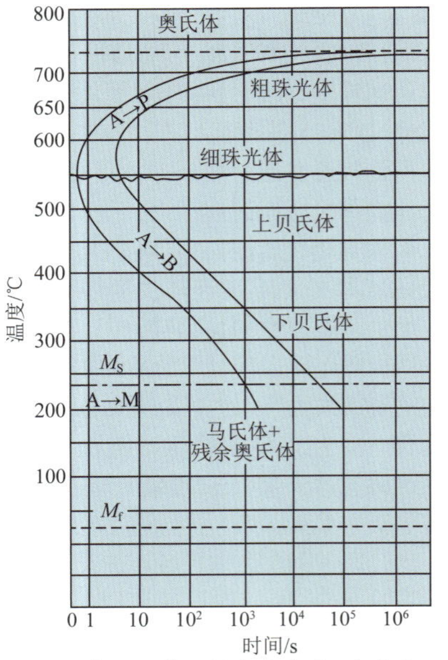

图1 共析钢的等温转变曲线（A奥氏体 B贝氏体 P珠光体 M马氏体）

上贝氏体 奥氏体在C曲线中贝氏体区上部温度范围内的转变产物，其光学显微组织呈羽毛状，故称羽毛状贝氏体。典型的上贝氏体组织由板条状贝氏体铁素体（BF）和分布其间断续的**渗碳体**（Fe_3C）组成（图2）。贝氏体铁素体的碳含量高于平衡态铁素体的碳含量，并且具有一定数量的**位错**。当贝氏体转变时，贝氏体铁素体在奥氏体母相的一定惯习面上首先形成。

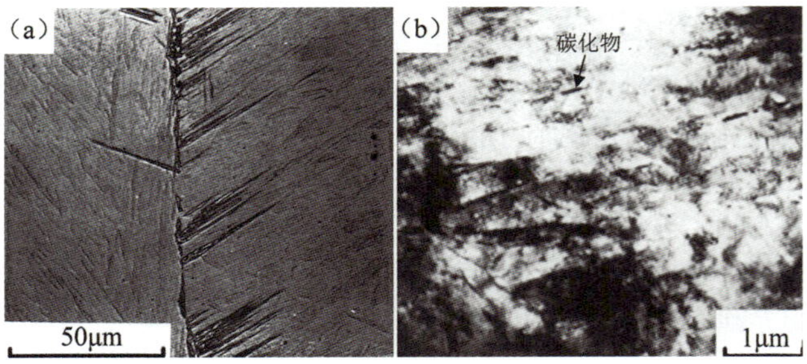

图2 典型的上贝氏体显微组织

下贝氏体 奥氏体在C曲线中贝氏体区下部温度范围的转变产物，其光学显微组织呈针状（图3），故又称针状贝氏体。下贝氏体也是由贝氏体铁素体和碳化物组成，下贝氏体的碳化物在贝氏体铁素体片条内一定的惯习面上分布，并与其长轴呈55°～60°方向排列，这些碳化物或是渗碳体（Fe_3C）型，或是ε型。

无碳化物贝氏体 当钢中含有一定量硅或铝时，硅或铝抑制渗碳体析出，因此

图3 典型下贝氏体显微组织：18Cr2Ni4WA 钢 ×1000

这类贝氏体铁素体片条内或片条间分布的是残余奥氏体（RA）而非渗碳体。无碳化物贝氏体既可以有上贝氏体的形貌（图4），也可以有下贝氏体的形貌（图5）。也有学者称这种贝氏体为准贝氏体。

图4 具有上贝氏体形貌的无碳化物贝氏体显微组织

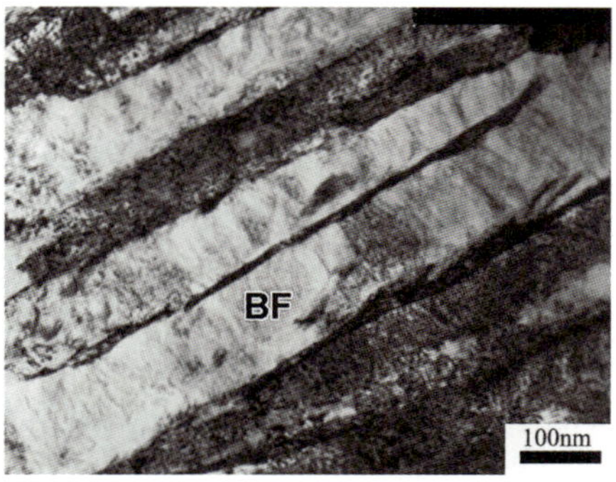

图5 具有下贝氏体形貌的无碳化物贝氏体显微组织

粒状贝氏体 通常认为是在铁素体基体上分布着一定数量的小岛。粒状贝氏体中小岛呈半连续长条形、近于平行地排列在铁素体基体上，易于显示原奥氏体晶界。粒状贝氏体与粒状组织不同（图6），粒状组织铁素体形成于先共析铁素体转变区，其铁素体及小岛均比较粗大，并常呈不规则形状，无规则地分布在无规则形状的铁素体基体上，不易显示母相晶界。粒状贝氏体铁素体是在中温转变区上部形成的，其小岛多为马氏体＋奥氏体（martensite/austenite, M/A），常被称为马/奥岛或M/A岛（图7）。

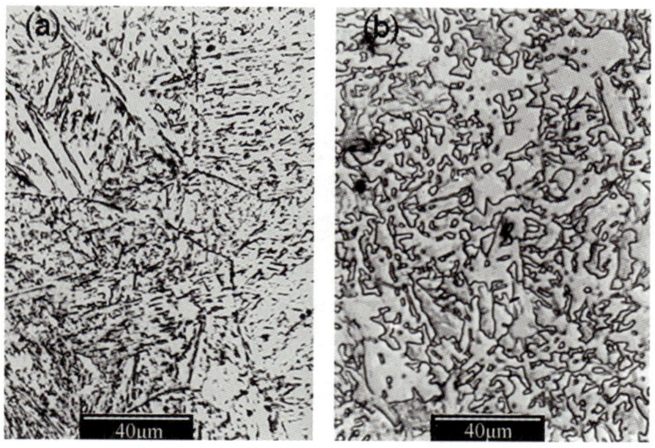

图6 典型的粒状贝氏体（a）和粒状组织（b）光学金相照片

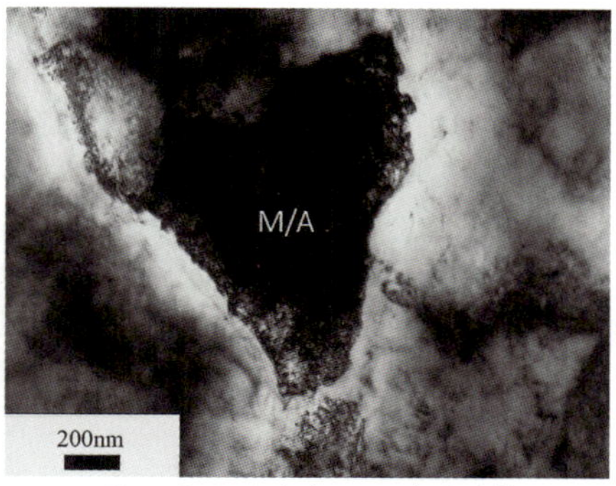

图7 粒状贝氏体M/A岛的结构

对钢的力学性能的影响 与回火后马氏体的综合机械性能相比较，在等强度条件下，典型的上贝氏体由于存在粗大的片状Fe_3C的缘故，韧性较差；具有上贝氏体形貌的无碳化物贝氏体，由于条（片或膜）或岛中以奥氏体为主而非Fe_3C时，其综合力学性能优良。下贝氏体由于贝氏体铁素体片条和碳化物较细小，故其性能良好。生产上常采用贝氏体等温淬火的方法，获得材料良好的力学性能，并减少淬火变形或破裂。20世纪50年代以后又用合金化的方法使钢在空冷条件下得到贝氏体组织（空冷贝氏体钢）。这种材料除具有良好的力学性能、减少了变形或淬裂外，还具有优异的焊接性能。

相变机理 关于贝氏体转变机理，尚存在争议。争论的焦点在于相变是属切变类型还是属扩散类型。持“切变”论点的学者认为贝氏体铁素体是以切变方式形成，并与母相奥氏体保持共格关系，与马氏体转变相似，由于切变的原因而引起表面浮凸。在转变的过程中铁原子只做有秩序协同迁移以改建晶体点阵类型，而无扩散运动。碳原子则在贝氏体铁素体和奥氏体间通过扩散重新分配。在高温度区碳原子扩散比较容易，于是在贝氏体铁素体板条间形成Fe_3C片，或残留奥氏体条（片或膜），或M/A岛，组成上贝氏体。在低温度区由于碳原子扩散困难，往往在贝氏体铁素体片条内沉淀为有方向性排列的碳化物，于是组成下贝氏体。贝氏体转变伴随着碳原子的扩散，所以其转变速率较马氏体转变缓慢。持“扩散”论点的学者则认为贝氏体的表面浮凸与马氏体单倾型浮凸不同，而是呈帐篷形。研究者用热离子发射电子显微镜方法，发现上贝氏体的贝氏体铁素体形成过程与先共析铁素体长大相似，从而提出台阶长大机制（图8），即贝氏体铁素体以扩散形核并以台阶机制长大。台阶的宽面与母相奥氏体

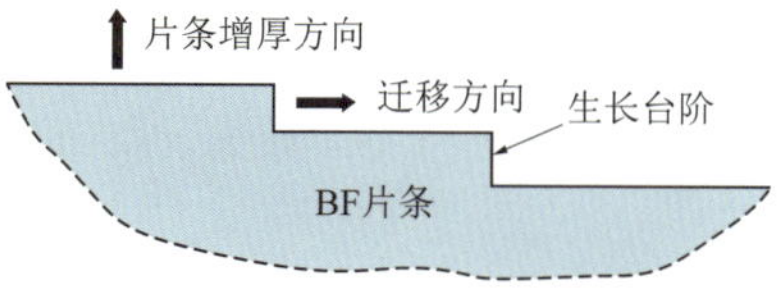

图8 贝氏体长大的台阶机制示意图

保持共格或者半共格，而且界面上为不动位错，界面移动较困难，界面为非共格界面。贝氏体铁素体借助生长台阶阶面的侧向迁移完成侧片的增厚。由图8可知，贝氏体铁素体侧片的增厚方向与生长台阶的迁移方向垂直。贝氏体碳化物在奥氏体/铁素体晶界形核并向奥氏体内长大，渗碳体的析出对台阶的迁移有阻碍作用，但是不断延长的台阶可以将析出的渗碳体包覆，形成下贝氏体组织。钢中贝氏体转变具有以下特性：①有表面浮凸效应。②碳原子进行扩散。③较马氏体转变速度缓慢。④新、旧相间有一定的对应的晶体学关系和惯习面。

合金元素的影响 合金钢中某些合金元素能使**过冷奥氏体转变图**（C曲线）中的珠光体（或珠光体＋铁素体）区和贝氏体区分为各自独立的C曲线。有些合金元素（如Cr、W、V等）能减小碳的扩散系数，另一些合金元素（如C、Ni、Mn等）降低临界点和减少相变自由能，致使贝氏体转变速度减慢、孕育期增长。又有一些合金元素（如Mn和微量B）能明显抑制先共析铁素体（F）的析出，合金元素Mo、W则能显著推迟珠光体（P）转变，但对贝氏体转变影响较小。利用Mn或Mo-B合金化，可使低碳钢的（F+P）区孕育期延长，而贝氏体的孕育期无明显改变，贝氏体鼻部相应地凸出来，在连续冷却条件下（如空冷）易获得贝氏体，这类合金通常被称为贝氏体钢。

非铁合金和陶瓷中的贝氏体转变 在非铁合金的相变中也有类似钢中的贝氏体转变，如黄铜（约40%Zn）在固溶化后，于一定温度条件下等温处理一定时间，便有条状新相从β基体中沉淀，它的Zn含

量高于β相间平衡状态下相中的Zn含量。若延长保温时间，Zn原子从新相中脱溶而扩散进入β基体中。新相在β相一定惯习面上形核，生长速度缓慢，且存在表面浮凸效应，具有钢中贝氏体型转变的特性。在2%～5%（mol%）$Y_2O_3-ZrO_2$和8%（mol%）CeO_2-ZrO_2中也发现了类似贝氏体相变的等温相变。

扩展阅读

柯俊.金属物理及检验//中国科学院1954年金属研究工作报告会会刊：第五分册.北京：科学出版社，1955.

方鸿生，王家军，杨志刚，等.贝氏体相变.北京：科学出版社，1999.

徐祖耀.贝氏体相变简介.热处理，2006，21（2）：1-20.

（白秉哲）

钡冶金　barium metallurgy　从钡盐矿物中提取金属钡的技术。1808年英国化学家H.戴维用汞作阴极，铂作阳极，电解重晶石（含$BaSO_4$）制得钡汞齐，经蒸馏去汞后，得到一种纯度不高的金属钡（Ba），并以希腊文barys命名。随后逐步发展出采用铝热还原法将氧化钡转化成金属钡的技术。

自然界钡的主要*矿物*为重晶石和毒重石（含$BaCO_3$）。工业上制取金属钡分为制取氧化钡和铝热还原两个步骤。

氧化钡的制取　采用含硫酸钡（$BaSO_4$）大于96%的优质重晶石精矿，磨细至粒度小于20目，与煤或石油焦粉按重量比4∶1混合，在*反射炉*内于1100℃下*焙烧*，硫酸钡被还原成硫化钡。用热水浸出得到硫化钡溶液。向硫化钡水溶液中加入碳酸钠或通入二氧化碳，使硫化钡转化成碳酸钡（$BaCO_3$）沉淀。将碳酸钡与炭粉混合后，于800℃以上煅烧，制得一氧化钡。煅烧产物在惰性气体保护下冷却或淬冷，以免生成二氧化钡。

铝热还原法生产金属钡　因配料比不同，铝还原氧化钡的反应可能有两种，其化学反应为：

$$6BaO+2Al \longrightarrow 3BaO\cdot Al_2O_3+3Ba$$

或

$$4BaO+2Al \longrightarrow BaO\cdot Al_2O_3+3Ba$$

这两种反应在1000～1200℃时，反应产物钡的蒸气压很低，必须采用真空泵将钡蒸气不断地从反应区抽出，转移到冷凝区冷凝成金属钡，反应才能不断向右进行。（刘凤琴）

焙烧　roasting; calcination　*矿石*、*精矿*或金属化合物等固体物料，在高温不发生熔融的条件下进行的反应过程。焙烧目的是在化工或冶金生产中，得到合乎下一工序要求的化学组分，为下一步*熔炼*或*浸取*等做准备。也可作为一个富集、脱杂、*金属粉末*制备或精炼过程。

分类　焙烧过程有加添加剂（如炭粉、氯化剂等）和不加添加剂两种类型。根据所用设备的不同，可分为*流态化焙烧*、固定床焙烧、移动床焙烧和旋风焙烧等。根据反应的性质可分为以下几类：

氧化焙烧　粉碎后的固体原料在氧气中焙烧，使其中的有用成分转变成氧化物，同时除去易挥发的砷、锑、硒、碲等杂质。在硫酸工业中，硫铁矿焙烧制备二氧化硫是典型的氧化焙烧。冶金工业中氧化焙烧应用广泛，如硫化铜矿、硫化锌矿经氧化焙烧得氧化铜、氧化锌，同时得到二氧化硫。

硫酸化焙烧　以二氧化硫为反应剂的焙烧过程。通常用于硫化物矿的焙烧，使某些金属硫化物氧化成为易溶于水的硫酸盐。若以Me表示金属，硫酸化焙烧主要包括下列过程：

$$2MeS+3O_2 \longrightarrow 2MeO+2SO_2$$

$$2MeO+SO_2+\frac{1}{2}O_2 \longrightarrow MeO\cdot MeSO_4$$

$$MeO\cdot MeSO_4+SO_2+\frac{1}{2}O_2 \longrightarrow 2MeSO_4$$

例如，闪锌矿经硫酸化焙烧制得硫酸锌，硫化铜经硫酸化焙烧制得硫酸铜等。

挥发焙烧　使炉料中某些组分转化为易挥发物质，而达到与主体部分分离并富集在烟尘中或冷凝成凝聚相。例如，火法炼锑时，将锑矿石（含Sb_2S_3）在空气中加热，氧化为易挥发的Sb_2O_3，反应过程为：

$$2Sb_2S_{3(固)}+9O_{2(气)} \longrightarrow 2Sb_2O_{3(气)}+6SO_{2(气)}$$

此反应从290℃开始，至400℃可除去全部硫。

氯化焙烧　借助氯化剂（如Cl_2、HCl、NaCl、$CaCl_2$等）的作用，使物料中的某些组分转变为气态或凝聚态的氯化物，从而同其他组分分离。例如，金红石在流化床中加氯气进行氯化焙烧，生成四氯化钛，经进一步加工可得二氧化钛。又如在铝土矿化学加工中，加碳（高质煤）粉成形后氯化焙烧可制得三氯化铝。

氯化离析焙烧可视为氯化焙烧的一种特例。加氯化剂的同时加入炭粒，使矿石中难选的有价金属矿物经氯化挥发后，在炭粒上转变为金属，并附着在炭粒上，随后用*选矿*方法富集，制成精矿。其*品位*和回收率都可以提高。

还原焙烧　将氧化矿预热至一定温度，然后用还原气体（含CO、H_2、CH_4等）使其中某些氧化物部分或全部还原，以利于下一步处理。例如，将贫氧化镍矿预热到780～800℃，用混合煤气还原，使铁的高价氧化物大部分还原成Fe_3O_4，少量还原成FeO和金属铁，镍、钴氧化物还原成易溶于$NH_3-CO_2-H_2O$系溶液的金属镍、钴。

磁化焙烧也属于还原焙烧，其目的是将弱磁性的赤铁矿（Fe_2O_3）还原成强磁性的磁铁矿（Fe_3O_4），以便用*磁选*作业，使之与脉石和杂质分离。

氧化钠化焙烧　向矿石或精矿配入适量的钠化剂（如Na_2CO_3、NaCl、Na_2SO_4等），焙烧后产生易溶于水的钠盐。例如，湿法提钒流程中，先细磨钒渣，再经磁选除去铁珠后，加钠化剂并在*回转窑*内焙烧，渣中的三价钒氧化成五价的偏钒酸钠，反应过程为：

$$Na_2CO_3+V_2O_3+O_2 \longrightarrow 2NaVO_3+CO_2$$

$$Na_2SO_4+V_2O_3+O_2 \longrightarrow 2NaVO_3+SO_3$$

$$2NaCl+V_2O_3+O_2 \longrightarrow 2NaVO_3+Cl_2$$

碱性焙烧　以纯碱、烧碱或石灰石等碱性物质为反应剂，对固体原料进行高温处理的一种碱解过程。例如，软锰矿与苛性钾焙烧制取锰酸钾、铬铁矿与苛性钾焙烧制取铬酸钾。

煅烧　将碳酸盐或氢氧化物的矿物原料在空气中加热分解，除去二氧化碳或水分后变成氧化物。又称焙解。按用途可分为：①分解矿石。如石灰石化学加工制成氧化钙，同时制得二氧化碳气体。②活化矿石。目的在于改变矿石结构，使其易于分解。例如，将高岭土焙烧脱水，使其结构疏松多孔，易于进一步加工生产氧化铝。③脱除杂质。如脱硫、脱除有机物和吸附水等。④晶型转化。如焙烧二氧化钛使其改变晶型，改善其使用性质。

影响焙烧反应速度的因素　主要是：①温度；②物料颗粒外表面形成的固体反应物膜层的厚度及致密程度；③物料的粒度及物理化学性质；④气流中各种气体的分压等。

焙烧设备　焙烧过程所用设备，按固体物料运动特性，可分为固定床、移动床和流动床几类；按其所用*加热炉*的形式可分为*反射炉*、多膛炉、竖窑、回转窑、沸腾炉、旋风炉等。

扩展阅读

赵天从.重金属冶金学.北京：冶金工业出版社，1981.

（毛长松　陈新民）

崩落采矿法　caving method　不分矿房矿柱，随回采工作面的推进，以强制或自然崩落围岩填充采空区以管理地压的**采矿**方法。基本特征是崩落围岩，在覆岩下崩落与放出**矿石**。适用于围岩容易崩落、地表允许塌陷的**矿体**。崩落采矿法按回采方式分为：壁式崩落采矿法、分层崩落采矿法、分段崩落采矿法和**阶段崩落采矿法**等。

壁式崩落采矿法与分层崩落采矿法均用浅孔落矿，一次崩矿量小，在矿石回采期间，工作空间需要支护，**回采工艺**过程较复杂，生产能力较低，但矿石损失贫化较小。壁式崩落采矿法主要用于开采缓倾斜层状薄矿体，在黏土类矿床应用较多。分层崩落采矿法现已很少使用，逐渐被分段崩落采矿法取代。分段崩落采矿法又分为**有底柱分段崩落采矿法**和**无底柱分段崩落采矿法**。无底柱分段崩落采矿法的特征是，在回采巷道内进行中深孔或深孔凿岩和端部出矿，不设专用底部结构，因此采场结构简单、应用灵活，在金属矿山广泛应用。无底柱分段崩落采矿法于20世纪50年代首先在瑞典成功应用，随后在全球范围内迅速推广，成为金属矿山地下大规模开采的主体采矿方法之一。有底柱分段崩落采矿法最早由苏联于40年代开始应用，60年代初引入中国，在有色金属矿山得到广泛应用。该法随着深孔凿岩设备、爆破技术的不断改进和覆岩下**放矿**理论的不断完善，分段不断增高，一次崩矿面积不断扩大，形成了多种开采方案。阶段崩落采矿法分为阶段强制崩落采矿法、自然崩落采矿法和诱导冒落采矿法。阶段强制崩落采矿法与有底柱分段崩落采矿法发展类似，60年代初由苏联引入中国，形成分段凿岩阶段出矿、垂直束状孔落矿等多种方案。**自然崩落采矿法**源于美国，70年代引入中国，在山西中条山铜矿峪铜矿试验成功，随着冒落控制技术的发展，该法阶段高度不断增大，21世纪初国际上最大阶段高度达700米，成为地下生产效率最高的采矿方法。诱导冒落采矿法由中国学者提出。是将自然崩落采矿法与无底柱分段崩落采矿法有机结合的新型采矿方法。其特点是利用诱导工程的连续回采空间诱导上部矿岩自然冒落，冒落的矿石在下部1～2个分段的回采中放出。该法诱导工程与出矿工程的位置布置灵活，可实现复杂形态矿体的精益崩落与放出。

崩落采矿法属于低成本、高效率的大规模采矿方法，在中国金属矿山得到广泛应用，其采出矿石量约占地下矿采出矿石总量的35%，并且还有增大的趋势。崩落采矿法对矿体赋存条件、矿岩稳固程度具有一定的适用范围，其中上盘围岩或覆盖岩层能成大块自然冒落最为理想。采用崩落采矿法要求地表允许冒落，在矿体的上部无有用矿物，无较大的含水层和流砂，矿石不结块、不自燃、允许较大的贫化等。

（任凤玉）

比林古乔，V. Vannoccio Biringuccio（1480-10-20～约1539） 意大利冶金学家。生于锡耶纳。青年时期曾周游意大利和德国，考察冶金作业，后在铁矿、锻造厂和兵工厂工作。1513年主管造币厂，此后在威尼斯和佛罗伦萨共和国铸造火炮和修建城堡。1538年任教皇的铸造厂和兵工厂主管人。他逝世后，他的名著《火法技艺》1540年出版，共10卷：①金属矿。②半矿产品，包括**水银**、硫黄、明矾、砷（信石）、硫酸盐（矾）、颜料、宝石和玻璃。③试金术和矿石熔炼的准备工作。④金、银分离（用硝酸和硫化锑或硫）。⑤金、银、铜、铅、锡的合金。⑥巨型塑像和大炮的铸造。⑦熔炉和熔炼金属法。⑧小型铸件的制造。⑨其他火法技术，包括酸、酒精等的蒸馏，造币工作，金工、银工和铁工，**锡镴**制品，**拉丝**，制镜，制陶和制砖。⑩硝石、火药和烟火的制造。书中附有83幅木刻画，描绘蒸馏用炉、鼓风设备、钻炮膛和拉丝装置。《火法技艺》与当时模糊的炼金术著作形成鲜明的对比，保存了早期的冶金和无机化学的许多实用资料。

（常乃懽　苏天森）

铋冶金 bismuth metallurgy 用含铋物料提取金属铋的技术。在古希腊、罗马时代人们就使用铋，只是不把它看作一个元素。1753年C.若弗鲁瓦和T.伯格曼确定铋是一种元素。元素英文名来源于拉丁文名bismuthum，意为白色物质。1930年前后，由于发现铋在易熔合金和医药方面的新用途，铋的生产才得到较快发展。20世纪50年代，中国采用**还原熔炼**—电解精炼—火法精炼的流程从铅阳极泥中提取铋，开创了中国铋冶金工业。60年代，发展了硫化铋精矿和氧化铋矿同时熔炼的混合熔炼法，提高了熔炼回收率。这期间还革新了精炼方法，用直接火法精炼取代了铋电解精炼，并不断改进火法精炼技术，提高了产品质量和金属直收率。在铋资源开发利用方面，对难选的铜、钼、硫、铋多金属矿，采用选冶联合工艺；对不宜直接采用火法熔炼的低品位铋中矿，开发了“氯盐氧化浸出—水解或铁粉还原工艺”；对铜、锡熔炼中的烟尘问题，开发了“鼓风炉或反射炉还原熔炼—铅铋电解分离工艺”和“氯盐酸性浸出—水解或铁粉还原工艺”等处理方法。此外，从铋冶炼的中间产物中综合回收有价金属方面，也取得了许多成果。

自然界存在少量单质铋。铋的主要**矿物**有辉铋矿（Bi_2S_3）、泡铋矿（Bi_2O_3，或称铋华）、铜铋矿（$3Cu_2S \cdot 4Bi_2S_3$）、方铅铋矿（$2PbS \cdot Bi_2S_3$）等。其中辉铋矿与铋华最有价值。铋的矿物大多伴生在钨、钼、铅、铜、锡等金属**矿床**中，在其主金属的采选过程中分离出铋富集物。因此金属铋主要提取自铅、锡、铜的冶炼中间产物，如铅阳极泥、锡阳极泥、铅钙镁渣、锡钙镁渣、铜转炉烟灰等，仅少量铋通过高品位铋精矿提取。铋矿物经**重力选矿**、**磁选**、**浮选**可获得铋精矿。铋冶炼分粗炼和精炼两个阶段。

粗炼 是处理铋原料产出粗铋（或铋合金）的过程。根据原料的不同可分别采用火法和湿法两种工艺。其中火法工艺适用于铋品位较高的原料，而湿法工艺适合用于铋品位较低、成分复杂的原料。湿法工艺有时需结合火法工艺以产出粗铋。

火法炼铋 传统火法炼铋主要通过反射炉进行。针对不同的铋原料，可分为沉淀熔炼、还原熔炼和混合熔炼3种工艺。①沉淀熔炼。又称置换熔炼，即通过足量的铁屑、适量的熔剂及还原剂在高温下将硫化铋精矿中的铋置换出的方法。金属铋与同时被铁置换出来的其他杂质金属形成粗铋。沉淀熔炼适合用于处理含铅、砷、锑等杂质较少的高品位硫化铋精矿，产出的粗铋品位可高达90%～98%。沉淀熔炼铜锍产量大，精矿中铋和银在熔炼中会进入铜锍导致回收率降低。②还原熔炼。通过还原煤粉，在高温下将含氧化铋物料中的铋还原为粗铋的方法。适合用于处理氧化铋矿、氧化铋渣、氯氧铋和含铋烟尘等原料，不适于处理含砷、锑、铅、锡、铜等杂质较多的原料。在熔炼时加入黄铁矿可使原料中的铜以铜锍形式产出，但会降低铋的回收率。受氧化铋矿产量少的影响，此工艺很少单独应用。③混合熔炼。将硫化铋精矿、氧化铋矿和其他含铋原料混合，在熔炼炉内同时完成沉淀熔炼和还原熔炼的方法。其中对硫化铋精矿相当于实施沉淀熔炼，对氧化铋矿相当于实施还原熔炼。混合熔炼原料适应性强，设备和流程简单，被生产企业广泛采用。

20世纪70年代，中国采用回转炉取代**反射炉**，提高了熔炼铋的效率，减轻了劳动强度。2012年，又开发了铋原料的富氧侧吹熔池熔炼技术，提升了生产能力，降低了对环境的污染。其冶炼过程主要包括铋原料的氧化熔炼和氧化渣的还原熔炼。处理的原料主要由铋铅硫化精矿和其他含铋原料混合搭配而成。

湿法炼铋　将铋以氯化铋的形式浸出至酸性溶液中，再通过中和沉淀制备氯氧化铋（BiOCl）或者通过铁粉还原制备海绵铋。对于铋含量较低的铋中矿，铋主要以硫化矿形式存在，湿法处理一般可分为氧化浸出、铁粉置换、氧化剂再生和铋沉积物处理4个步骤。置换产出的海绵铋为中间产品，还需精炼。三氯化铁或氯气是常用的氧化剂。对于含铋中间物料，铋主要以氧化铋形式存在，可采用氯盐硫酸（或盐酸）浸出—水解沉淀工艺，也可加入氧化剂以提高金属铋或硫化铋物相的浸出率。水解产物为氯氧化铋及组成不定的碱式盐，其中氯氧化铋进行还原熔炼，以焦炭或煤粉作还原剂产出粗铋。

粗铋精炼　分为火法和电解两种。火法工艺是主要的铋精炼方法，仅难以直接通过火法工艺精炼的粗铋才采用电解精炼工艺。

火法精炼　火法熔炼获得的粗铋中常含有铜、砷、锑、银、碲、铅等杂质，需进行脱除以产出精铋。火法精炼主要包括：熔化，脱铜（包括熔析脱铜和加硫脱铜），氧化精炼和碱性精炼除砷、锑、碲，加锌除银，氯化除锌铅，最终精炼和铸锭等步骤（见图）。粗铋火法精炼各工序安排取决于粗铋原料成分，一般规律为：当砷、锑含量高时，必须先氧化精炼去除砷、锑；当碲、银含量高时，须优先富集以便回收；当砷、锑、碲含量低时，也可省略氧化精炼和碱性精炼步骤而直接通过最终精炼脱除。

火法精炼适应各种成分的粗铋提纯，设备简单，占地少，基建投资少，并能综合回收有价金属。但成分复杂的粗铋原料采用火法精炼将产生砷锑烟灰、氯化铅、银锌渣等多种中间产物，并降低铋金属直接回收率。

电解精炼　主要有氯盐电解和硅氟酸电解两种方法。氯盐电解液由盐酸和三氯化铋组成；硅氟酸电解液由硅氟酸和硅氟酸铋组成。电解时，铋自阳极溶解进入电解液，并在阴极析出；比铋更负电性的元素如铅、锡、锑等与铋一起溶解进入电解液，但一般不在阴极析出；比铋更正电性的元素如砷、铜、金、银等不溶解而形成阳极泥。因此杂质含量高的粗铋在电解精炼前必须进行预处理，以避免影响电解铋质量或污染电解液。

铅高铋低，不宜直接火法精炼的铅铋合金，可先采用铅铋合金电解，以分离铅、铋。其电解液由硅氟酸铅和硅氟酸组成。

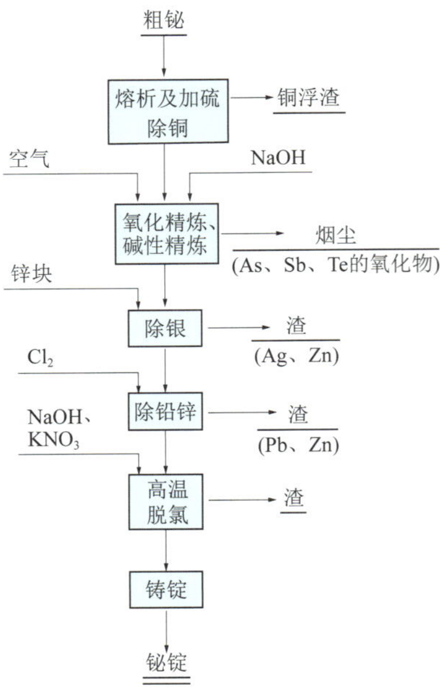

粗铋火法精炼流程

电解时需要保持电解液含铅浓度并在低电流密度下进行，才能产出较纯的阴极铅和富集铋的阳极泥；阳极泥经过火法处理产出粗铋，再进行电解精炼获得精铋。

电解精炼粗铋的优点是金属直接回收率高，并能通过二次电解产出高纯铋，铋品位可达到99.996%～99.9999%。其缺点是占地面积大，设备厂房需要防腐，投资较大，精炼周期长，能耗较高。

扩展阅读

汪立果.铋冶金.北京：冶金工业出版社，1986.

（杨天足）

边界品位　cut-off grade; marginal grade　在圈定矿体时，对单个矿样中有用组分含量的最低要求，以作为区分矿石和围岩的界限品位。又称边际品位。是固体矿产工业矿体圈定时的一项品质指标。有用组分含量低于边界品位的样品，其代表的地段一般为围岩或夹石。采用单指标体系时，边界品位圈定的即为矿体。而采用双指标体系时，则需要用最低平均可采品位指标衡量边界品位圈定的单个工程或块段是否为矿体，如单工程或块段的平均品位高于最低平均可采品位时即为矿体。边界品位的选择直接影响到矿石储量，进而影响矿山的生产规模、最终开采境界、设备选型和矿山生产寿命。因此，边界品位是对矿山整体经济效益有重要影响的因素。

（邹海洋）

编钟　chime bells　古代青铜打击乐器。基本形制是在两侧尖锐的扁体共鸣箱上有一可悬的柄，其横截面由两段弧组成扁形，也称扁钟；也像两片房顶瓦的合成，故而称其为合瓦形钟。成组的钟为“编”。甬钟、钮钟及镈钟均可分别成编，悬挂方式为甬钟侧悬、钮钟直悬，悬挂方法有官悬、轩悬、判悬和特悬等，数量从几个到几十个不等。编钟用于祭祀、宴享等场合演奏复杂的旋律。编钟始于西周时期，流行于春秋战国时期。

1978年湖北随县出土的大型编钟（见图），计有铜木结构钟架一副、钟65件、挂钟铜钩65副、演奏工具8件。钟分3层悬于架上，其中镈钟1件、甬钟45件、钮钟19件。全套钟用高锡青铜铸成。其含铜量为77.54%～85.08%；含锡量为12.49%～14.46%；含铅量一般小于2%，个别略高于3%；其他元素含量都很少，如铁小于0.1%、锌小于0.01%、钴和钒小于0.001%。其合金配制讲究，并且规范化。编钟铸造采用范铸法，由两个范对合后，夹着3个泥芯浇铸而成，其中一块范有榦的型腔，另一块范没有。3个泥芯是甬部泥芯、钟腔泥芯及榦的空腔泥芯。曾侯乙编钟是中国十二音乐体系中较早具有半音音阶关系的一套定调乐器。编钟的错金铭文记载了乐律、音名。

战国时期曾侯乙墓编钟

编钟能发双音，合瓦形结构是关键。当敲击钟的正鼓音位时，侧鼓音的振幅几乎为零；敲击侧鼓音位时，正鼓音的振幅近似为零。这样双乐音共存一体，又互不干扰，其优越性显而易见。编钟铸成后需要调音，通过磨削，改变铜钟内壁轮廓及壁厚，使铜钟在受击后的振动指标达到人们预期的音效指标。在西周时期常采用挖隧方法调音，使编钟钟壁薄厚不一；春秋时期常采用锉磨方法调音，主要作用于编钟内唇上。（陈坤龙）

鞭岩 Iwao Muchi（1924-10-24～1987-09-17）日本冶金学家。生于日本京都府。1948年毕业于东京大学。1950年任东京大学助教，1963年任名古屋大学教授，1983年任中国东北工学院（今东北大学）名誉教授。将化学反应工程学的方法引入金属冶炼领域，开创了**冶金反应工程学**这一新的学科。代表性著作是1972年出版的《冶金反应工程学》。研究业绩包括流动层反应装置的模型化、高炉的模型化、炼钢过程的模型化等。由于其开拓性的成就，获得了日本铁钢协会、日本金属学会的多项纪念奖、论文奖等。（殷瑞钰）

变质处理 modification 在**金属凝固**过程中，向熔体中加入细小的添加剂（又称形核剂、孕育剂或变质剂），从而形成大量分散的人工非自发晶核，以获得细小铸造晶粒的材料组织控制技术。变质处理可控制**合金相**或非金属夹杂物生长形态，进而细化晶粒、改善凝固组织、提高材料性能。广义的变质处理还包括强化冷却、振动条件下凝固、亚共晶凝固等可实现晶粒细化效果的铸造工艺。习惯上，向铸铁中加入添加剂称为**孕育处理**；向有色合金中加入添加剂称变质处理。工业上常见的变质剂为锶（Sr）和钠（Na），其他变质剂有钾（K）、铷（Rb）、铈（Ce）、钙（Ca）、钡（Ba）、镧（La）、镱（Yb）等。理想变质剂的**原子半径**与硅的原子半径之比约为1.64。变质剂的添加量极小时即可实现显著的变质效果，且在高冷却速率下效果更为明显。硅含量较高时，通常需要更多的变质剂；但要获得特定的微观结构，存在一个变质剂的最佳添加量，过量添加也不利于组织结构的改善。

对Al-Si合金做变质处理，在砂型及金属型铸造中已广为应用。未做变质处理时，Al-Si共晶合金凝固中Si是引领相，形成非规则耦合共晶，Si呈层片状，整体力学性能较差（图a）。变质处理后，会形成极细的共晶Al-Si相，明显地改善其力学性能，尤其是伸长率最为显著（图b）。

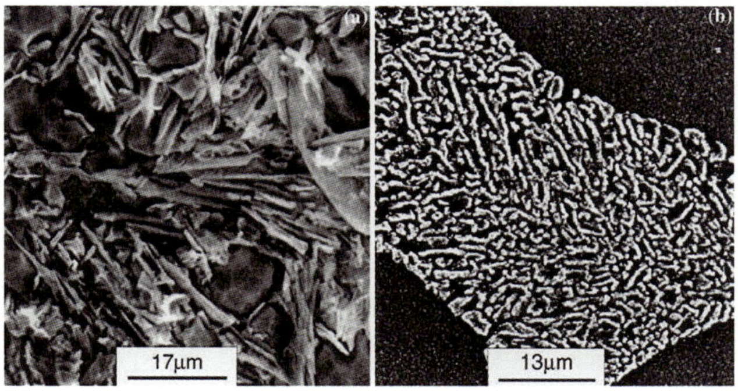

a 未变质处理　　b 变质处理后

Al-Si合金微观组织形貌

变质机理主要分为控制形核与控制生长两类。对于Na变质剂，根据控制形核理论，Na的引入将中和AlP晶核或降低熔体中Si的扩散能力，从而提高**共晶凝固**所需的过冷度，使得共晶结构细化；根据控制生长理论，Na将被吸附在新生的Si相表面，从而阻止Si相的进一步生长而使得晶粒细化。

扩展阅读

HEGDE S, PRABHU K N. Modification of Eutectic Silicon in Al-Si Alloys. Journal of Materials Science, 2008, 43(9): 3009-3027.

GREER A L. Grain Refinement of Alloys by Inoculation of Melts. Philosophical Transactions Mathematical Physical, 2003, 361(1804): 479-495.

（孔令体）

标准筛 standard sieve 筛孔尺寸有一定比例，筛孔大小和筛丝直径均按照标准制造的一组筛子。是筛分分析的工具。使用标准筛时，按照筛孔的大小从上到下依次将各个筛子叠排起来，每个筛子所处的层位次序称筛序，相邻两个筛子的筛孔尺寸之比称为筛比。

标准筛的制造标准称标准筛制。重要的标准筛有泰勒标准筛、德国标准筛、国际标准筛，另外还有英国BS系列标准筛等。

泰勒标准筛　用1英寸（25.4毫米）长度筛网上所有的筛孔数目作为各个筛子号码的名称号。1英寸长度中的筛孔数目称为网目，简称目，如200目筛子就是指1英寸长度的筛网上有200个筛孔。泰勒筛制有两个序列，一个是基本序列，其筛比是$\sqrt{2}=1.414$；另一个是附加序列，其筛比是$\sqrt[4]{2}=1.189$。以筛孔尺寸是0.074毫米的筛网（200目）为基准筛。

德国标准筛　筛号为1厘米长度筛网上的筛孔数，或1平方厘米面积上的筛孔数。其特点是筛号与筛孔尺寸（厘米）的乘积约等于6，并规定筛丝直径等于筛孔尺寸的2/3，各层筛子的筛网有效面积（所有筛孔的面积与整个筛面面积之比，用百分率表示）等于36%。

国际标准筛　基本筛比是$\sqrt[10]{10}=1.259$，对于更精密的筛析，还插入附加筛比（$(\sqrt[40]{10})^{6}=1.413$和（$(\sqrt[40]{10})^{12}=1.995$。

标准筛制　很多标准筛制不统一，为了促进国家之间的技术交流，保证筛分分析的标准化，国际标准化组织于1972年提出以$R_{20/3}$〔筛比为$(\sqrt[20]{10})^{3}=1.413$〕作为主序列，以$R_{20}$和$R_{40/3}$〔筛比分别为$\sqrt[20]{10}=1.122$和$(\sqrt[40]{10})^{3}=1.189\approx\sqrt[4]{2}$〕为辅助序列的折中标准。该方案已为各国所接受，标准已日趋统一。常见的标准筛制如表所示。

常见标准筛制

美国泰勒筛制			美国和加拿大国家标准 ANSI/ASTM E11—1970（77）		英国国家标准 BS410—1976 筛孔/mm	苏联国家标准 ГОСТ3854—1973 R_{10}、R_{20}筛孔/mm	国际标准化组织 ISO565—1972		
筛号网目	筛孔尺寸/mm						主序列	辅助序列	
	现行标准	旧标准	网目	筛孔/mm			$R_{20/3}$/mm	R_{20}/mm	$R_{40/3}$/mm
2.5	8.000	7.925		8.000	8.000		8.000	8.000	8.000
3	6.700	6.680		6.700	6.700			6.300	6.700
3.5	5.600	5.613	3.5	5.600	5.600		5.600	5.600	5.600
4	4.750	4.699	4	4.750	4.750		4.500	4.750	

续表

美国泰勒筛制			美国和加拿大国家标准 ANSI/ASTM E11—1970（77）		英国国家标准 BS410—1976	苏联国家标准 ГОСТ3854—1973	国际标准化组织 ISO565—1972		
筛号网目	筛孔尺寸/mm				筛孔/mm	R_{10}、R_{20}筛孔/mm	主序列	辅助序列	
	现行标准	旧标准	网目	筛孔/mm			$R_{20/3}$/mm	R_{20}/mm	$R_{40/3}$/mm
5	4.000	3.962	5	4.000	4.000		4.000	4.000	4.000
6	3.350	3.327	6	3.350	3.350			3.350	3.350
7	2.800	2.794	7	2.800	2.800		2.800	2.800	2.800
8	2.360	2.362	8	2.360	2.360			2.240	2.360
9	2.000	1.981	10	2.000	2.000	2.000	2.000	2.000	2.000
10	1.700	1.651	12	1.700	1.700	1.600		1.600	1.700
12	1.400	1.397	14	1.400	1.400		1.400	1.400	1.400
14	1.180	1.168	16	1.180	1.180			1.120	1.180
16	1.000	0.991	18	1.000	1.000	1.000	1.000	1.000	1.000
20	0.850	0.833	20	0.850	0.850	0.800		0.800	0.850
24	0.710	0.701	25	0.710	0.710	0.710	0.710	0.710	0.710
28	0.600	0.589	30	0.600	0.600	0.560		0.560	0.600
32	0.500	0.495	35	0.500	0.500	0.500	0.500	0.500	0.500
35	0.425	0.417	40	0.425	0.425	0.400		0.400	0.400
42	0.335	0.351	45	0.355	0.355	0.355	0.355	0.355	0.355
48	0.250	0.246	60	0.250	0.250	0.250	0.250	0.250	0.250
65	0.212	0.208	70	0.212	0.212	0.200		0.200	0.212
80	0.180	0.175	80	0.180	0.180	0.180	0.180	0.180	0.180
100	0.150	0.147	100	0.150	0.150	0.150	0.140	0.140	0.150
115	0.125	0.124	120	0.125	0.125	0.125	0.125	0.125	0.125
150	0.106	0.104	140	0.106	0.106	0.100		0.100	0.106
170	0.090	0.088	170	0.090	0.090	0.090	0.090	0.090	0.090
200	0.075	0.074	200	0.075	0.075	0.071		0.071	0.075
250	0.063	0.063	230	0.063	0.063	0.063	0.063	0.063	0.063
270	0.053	0.053	270	0.053	0.053	0.050		0.050	0.053
325	0.044	0.044	325	0.045	0.045	0.045	0.045	0.045	0.045
400	0.038	0.037	400	0.038		0.040		0.036	0.038

扩展阅读

魏德洲.固体物料分选学.3版.北京：冶金工业出版社，2015.

段希祥，肖庆飞.碎矿与磨矿.3版.北京：冶金工业出版社，2012.

（王泽红）

镔铁 steely iron　古代文献记载的一种高质量钢铁制品。又称宾铁。在汉译佛经中，最早提及镔铁的是隋代的《不空罥索咒经》，初唐成书的《周书》《隋书》也有记载。在唐代利言的《梵语杂名》中，镔铁的梵语名称为比拏。惠琳编写的《一切经音义》卷35中有："镔铁出罽宾等外国，以诸铁和合，或极精制，铁中之上者是也。"中国文献记载最早的镔铁来源地是波斯和漕国，约在南北朝时镔铁传入中国，此后中国也掌握了制炼镔铁的技术。元代朝廷工部设镔铁局，明代新疆、山西都产镔铁。明代曹昭的《格古要论》中有："镔铁出西蕃。面上自有旋螺花者，有芝麻雪花者，凡刀剑器打磨光净，用金丝矾矾之，其花则现，价值过于银。"说明把镔铁表面磨光再用腐蚀剂处理可见花纹。常用的腐蚀剂为金丝矾（硫酸铁）。镔铁不是大马士革钢的同义词，而是更接近于坩埚制钢得到的一种高碳钢产品。利用镔铁制作的物品范围很广，有兵器工具类，也有利用其精美外观特性制作的各种物品。镔铁制作的镔铁剑极其锋利，有"吹毛透风"之誉。无论从文物考古还是文献资料来看，中国中原地区一直缺乏镔铁生产的可靠证据。

（潜　伟）

冰铜 copper matte　硫化亚铜和硫化亚铁的共熔体。又称铜锍。是硫化铜精矿*造锍熔炼*过程的中间产物。其中铜、铁和硫合计含量约为90%，含硫量约22%。此外，冰铜中还含有铅、锌、镍、钴、锡、砷、锑、铋、硒、碲、氧及贵金属等元素。现代*铜冶金*一般生产含铜量在55%～75%的高品位冰铜。冰铜的熔点约1100℃，密度3.97～5.27克/厘米^3（随铜含量增高而增大），黏度0.002～0.004帕·秒，表面张力0.35～0.40牛/米，以上参数大小均与其组成相关。冰铜对贵金属具有很强的捕集能力。纯的硫化亚铜熔体称为白冰铜，固态冰铜称为固铍。

（刘志宏）

剥采比 stripping ratio　*矿床露天开采*过程中剥离的废石量与采出的矿石量之比。表示每采出单位矿石量所需剥离的废石量。剥采比（见图）是露天开采重要的技术经济指标，它的大小反映了露天开采的经济效益。按其反映的空间、时间和经济内涵的不同分为平均剥采比（n_P）、生产剥采比（n_S）、分层剥采比（n_F）、境界剥采比（n_J）、经济合理剥采比（N_j）。

平均剥采比 反映空间内涵，为**露天开采境界**内总剥离量与矿石量之比，即：

$$n_P = \frac{V_P}{A_P} \qquad (1)$$

式中 V_p 为露天开采境界内总剥离量；A_p 为露天开采境界内总矿石量。

平均剥采比反映了**露天矿**的总体经济效果，在设计中可用平均剥采比作为评判露天开采境界优劣的指标。

生产剥采比 反映时间内涵，为露天矿一定时期内的剥离量与矿石量的比值，即：

$$n_S = \frac{V_S}{A_S} \qquad (2)$$

式中 V_S 为一定时期内的剥离量；A_S 为一定时期内的矿石量。

生产剥采比是露天矿山一个很重要的技术经济指标，它直接与矿石生产成本相联系。影响生产剥采比的因素有矿区自然地形地貌和地质条件、露天矿采剥顺序、开采参数、市场及价格情况、供配矿需求、开拓运输方式等。

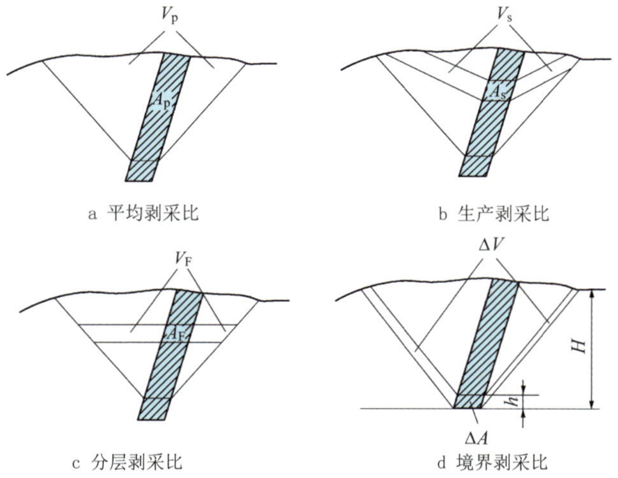

剥采比示意图

生产剥采比随矿山工程延深而变化。对于缓倾斜或近水平的层状矿体，当地面比较平坦时，生产剥采比变化不大，比较接近均衡状态；对于倾斜和急倾斜矿体，生产剥采比不断变化，剥离量也随之变化，造成设备、人员、资金等经常处于不稳定状态，给生产带来困难。因此，应对生产剥采比进行均衡，使生产剥采比在一定时间内相对稳定。均衡生产剥采比的方法有：通过调整**工作平盘**宽度改变工作帮坡角；改变开段沟长度、矿山工程延深方向；采用分期开采；采用陡帮开采。

分层剥采比 反映空间内涵，为露天开采境界内某一水平分层的剥离量与矿石量之比，即：

$$n_F = \frac{V_F}{A_F} \qquad (3)$$

式中 V_F 为水平分层的废石量；A_F 为水平分层的矿石量。

尽管露天矿极少采用单一水平生产，但分层剥采比可以作为参照指标用于理论分析，另外，分层矿岩量是计算平均剥采比和均衡生产剥采比的基础数据。

境界剥采比 反映空间内涵，为露天开采境界增加单位深度所引起的废石增量与矿石增量之比，即：

$$n_J = \frac{\Delta V}{\Delta A} \qquad (4)$$

式中 ΔV 为废石增量；ΔA 为矿石增量。

境界剥采比是露天开采境界的一种边际值，中国露天矿设计通常采用境界剥采比小于或等于经济合理剥采比的原则确定露天开采境界。

经济合理剥采比 反映经济内涵，为在当前技术经济条件下，经济上允许的最大剥采比。经济合理剥采比是确定露天开采境界的主要依据，需要通过技术经济研究和分析后确定。确定经济合理剥采比的方法有成本比较法和价格法，根据不同资源条件和工程需要，选择适宜的方法。

成本比较法 以露天开采和地下开采的经济效果做比较来计算，用以划分矿床露天开采和地下开采的界线。成本比较法又分为原矿成本比较法、精矿成本比较法及储量盈利比较法。

原矿成本比较法 以露天开采和地下开采单位矿石的成本相等为计算基础，即：

$$N_j = \frac{c-a}{b} \cdot r \qquad (5)$$

式中 c 为地下开采采矿成本；a 为露天开采的纯采矿成本；b 为露天开采剥离费用；r 为矿石体重。

精矿成本比较法 以露天开采获得一吨精矿的总成本和地下开采获得一吨精矿的总成本相等为计算基础，即：

$$N_j = \frac{c_d - a_l}{T_l \cdot b} \cdot r \qquad (6)$$

式中 c_d 为地下开采获得1吨精矿的采、选费用；a_l 为露天开采获得1吨精矿的采、选费用；T_l 为露天开采获得1吨精矿需要的原矿量。

储量盈利比较法 以露天开采和地下开采相同矿石储量获得的盈利相等为计算基础，单一有用成分矿床经济合理剥采比计算公式为：

$$N_j = \frac{\eta'_l\ (B_l - a) - \eta'_d\ (B_d - c)}{b} \cdot r \qquad (7)$$

式中 η'_l 为露天开采视在回收率；η'_d 为地下开采视在回收率；B_l 为露天开采的原矿价格；B_d 为地下开采的原矿价格。

价格法 以露天开采单位产品的全部成本等于该类产品的价格为计算基础，计算时可考虑一定的利润指标，即：

$$N_j = \frac{\alpha' p \varepsilon - D_l - e}{b} \cdot r \qquad (8)$$

式中 α' 为采出矿石品位；p 为矿石中单位品位价格；ε 为选矿回收率；D_l 为露天开采每吨原矿的采、选费用；e 为利润指标。

扩展阅读

李宝祥.金属矿床露天开采.北京：冶金工业出版社，1992.

（章 林）

剥离洪峰 stripping peak 随着矿山工程的延深，生产剥采比在某一时期内存在的一个高峰期。对于倾斜和急倾斜矿体，随着矿山工程的延深，生产剥采比不断变化，由小到大，再由大到小。存在的剥离高峰期一般发生于露天上部平盘到达地表境界时。随着露天矿剥离洪峰期的到来，矿山企业需要在短期内集中大量设备及相应辅助设施，并配备足够工作人员，来加强岩石的剥离工作，以保证矿山正常生产。当剥离洪峰过去之后，这些设备和人员又因不再需要而被削减，而降低了矿山设备的使用效率，增加了建设投资，使矿山的总投资额大大增加，给露天矿的管理工作带来麻烦。实际生产中，一般推迟剥离洪峰到来时间，可减少矿山工程前期投资。

（章 林）

铂族金属冶金 platinum metals metallurgy 从铂矿或二次资源中提取铂族金属的技术。铂族金属包括铂（Pt）、钯（Pd）、铑（Rh）、铱（Ir）、锇（Os）和钌（Ru）6种金属。

发展概况 南美洲的印第安人很早就知道铂。西班牙人到南美后，称自然铂为"小银"（platina）。最先使欧洲人知道"小银"的是西班牙人A.de乌略亚－德拉·托雷·希拉尔。此后即参照platina将铂命名为platinum。1741年C.伍德把"小银"带到欧洲，引起了科学家的兴趣。1803年英国人W.H.沃拉斯顿确立了提纯铂的工艺，同时还从铂的王水溶液中分离出两个新的元素钯和铑。前者按希腊神话中智慧女神Pallas命名为palladium；后者因为其盐类具有玫瑰红色，以希腊字rhodon（玫瑰）命名为rhodium。1804年英国人S.坦南特从自然铂的王水不溶物中发现了锇和铱。因为锇的四氧化物具有强挥发性并有与氯气相似的刺激味，铱的盐类呈多种色彩，便分别以希腊字osme（气味）和iris（虹）将锇和铱命名为osmium和iridium。1844年俄国人C.C.克劳斯发现了钌，并以拉丁文Ruthenia（俄罗斯）将其命名为ruthenium。

铂族金属原料 铂族金属的资源和产量比金、银少得多，因此又被称为“稀有贵金属”。主要有原生铂或铂铬矿床、砂铂矿、铜镍铂共生硫化矿和其他共生矿。铂族金属的冶金原料主要包括两种，一种是铂族金属精矿，另一种是铂族金属二次资源。对于铂族金属精矿，又分为3种类型，即重选精矿，原生铂矿的浮选精矿，共生铂族金属的硫化铜、镍矿浮选精矿。铂族金属二次资源主要有：①金属和合金废料。包括各种废旧金属及合金催化剂、精密合金材料、坩埚、电极等，呈致密状、多数为失效或被其他少量元素玷污的合金或断裂损坏的元器件，产品加工过程中产生的边角废料。②载体催化剂。包括以惰性化合物，如氧化铝（Al_2O_3）、堇青石、硅胶、活性炭等为载体的催化剂，其中铂族金属的含量较低，仅为0.1%～1%。③低品位废渣。在铂族金属冶炼过程中，由于高温氧化挥发、渗透、磨损、夹裹等原因产生的各种废渣。如氨氧化塔炉灰，玻璃纤维工业高温炉窑的废耐火砖、玻璃渣等，以及损失在使用过程中的其他含铂族金属的工业垃圾。④含铂族金属废液，即在使用铂族金属的化工过程和提取冶金中产生的废液与电镀废液。

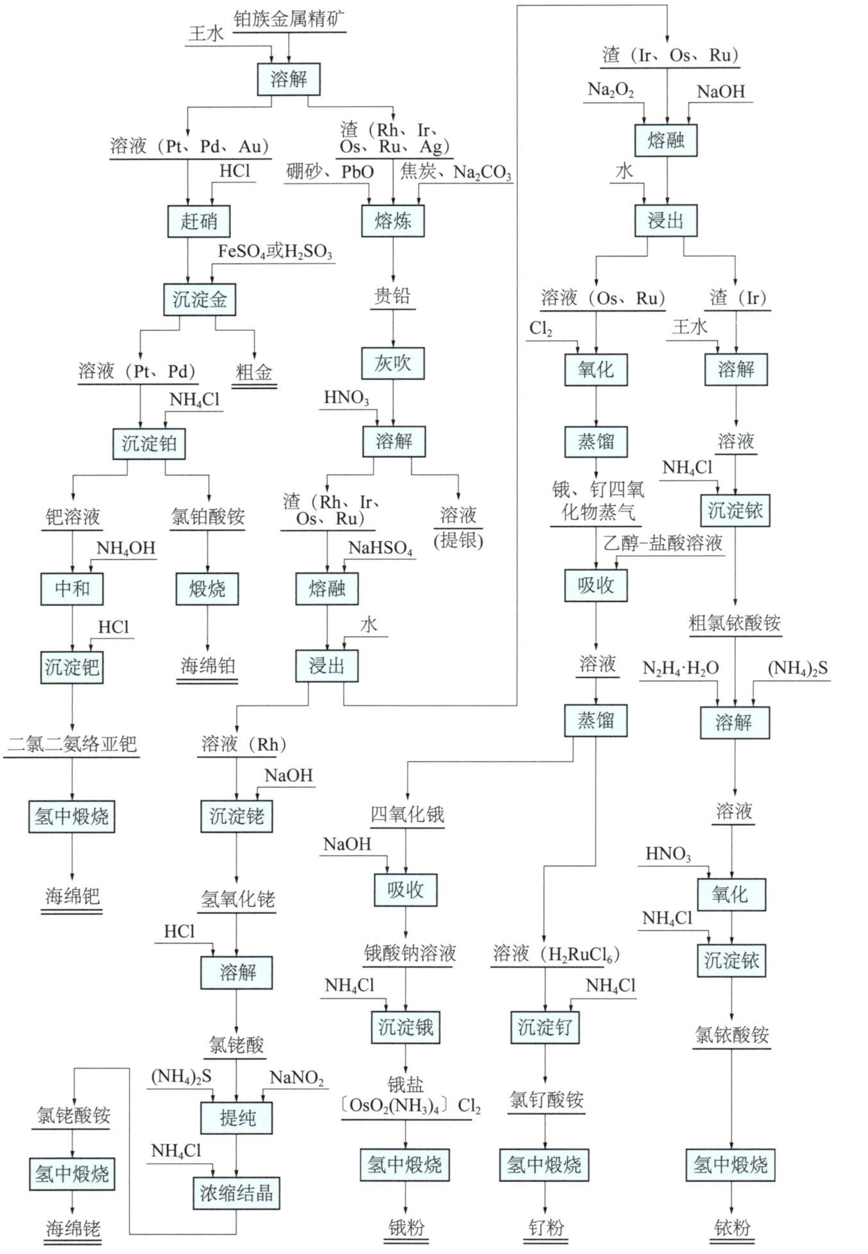

铂族金属提取典型流程

铂族金属提取 铂族金属提取一般包括富集、铂族金属分离和铂精炼3个环节。

砂铂矿经过重选后得到精矿。重选精矿含铂族金属可达到15%以上，经过简单处理可直接进行铂族金属的分离与提取。在原生铂矿和铜镍铂共生硫化矿经过浮选得到的浮选精矿中，铂族金属的含量相对脉石和其他金属来说仍是微量，只能通过**火法冶金**过程进一步富集。通常通过炼铜或镍的**造锍熔炼**过程，在产出的金属相或锍相中捕集铂族金属。铂族金属的提取和精制流程因原料成分、含量的不同而异，典型流程见图。

对于铂族金属含量高的二次资源，可直接进行铂族金属的相互分离；而对于低品位铂族金属二次资源，通常采用火法冶金或**湿法冶金**的方法将原料中的杂质元素脱除，优先实现铂族金属的选择性富集。

经富集后的铂族金属，主要采用选择性沉淀法和溶剂萃取法进行相互分离和精炼。选择性沉淀法是利用铂族金属化合物和配合物在水溶液中溶解性质的差别进行分离的方法。溶剂萃取法则是利用化合物在两种不相溶的溶剂中溶解度或分配系数的不同进行分离的方法，常用的萃取剂有磷酸三丁酯（TBP）、三烷基氧膦（TRPO）、二丁基卡必醇（DBC）等。

（杨天足）

箔材轧制 foil rolling 生产极薄带材的轧制技术。金、银、铝、铜、镍、铁、钽、铌、钨、钼等金属及合金均可轧制成箔材。箔材厚度规范因金属而异，如铝箔规定最大厚度为0.2毫米。生产金属箔材的古老技术是锻打法，至今仍在使用。20世纪70年代后，金属箔材的生产方法有电解镀层法、真空蒸镀法、粉末轧制法、车削法和轧制法等，其中以轧制法最为广泛。箔材轧制属精密轧制，质量和产量受各种因素的影响十分敏感。金属箔材厚度小，在轧制生产过程中箔材极易拉断、撕裂，以及形成针孔和皱纹。对于比较软的金属，如铝和铝合金箔、铅箔和锡箔等，可用四辊或二辊轧机轧制；若采用双合轧制，即在两张铝箔中间加上润滑油，然后叠起来进行轧制，可得0.007毫米厚的铝箔。对于变形抗力高的金属，如钢、钛、镍、铜以及钨、钼、钽、铌的箔材，则应采用辊径细、刚度大的轧机轧制，如森吉米尔轧机和罗恩轧机。这一类轧机的最细辊径可达几毫米至十几毫米，可将轧件单层轧至0.001毫米，但辊身长度不大。此外，也采用三十六辊轧机和异步轧机生产箔材。

（许云波）

捕收剂 collector 改变矿物表面疏水性，使矿物颗粒黏附于气泡上的一类**浮选药剂**。捕收剂一般具有表面活性剂的异极性分子结构，即分子的一端有一个或多个极性基（亲固基），与**矿物**的表面具有较好的作用能力；另一端为疏水性的非极性基，可提高矿物表面的疏水性。此外，非极性的烃类油也可作为捕收剂，用于石墨、辉钼矿等具有天然表面疏水性的矿物浮选。矿物表面疏水性越好，气泡在矿物表面的聚集能力越强，矿物的可浮性也就越好，因此捕收剂在目的矿物表面有较好的作用能力，而与**矿石**中的其他矿物没有作用能力或作用能力较弱。捕收剂有合适的疏水性碳链长度，保证矿物具有较好的表面疏水性，实现矿物的选择性分离富集。

简史 捕收剂的发展可以分为3个阶段：①1860～1924年。这一阶段以油类捕收剂为主，包括动植物油、粗矿物油（煤焦油、石油及其分馏物等），以及它们的粗加工油等。这类捕收剂用量大，且捕收与气泡性能不分，无法分别调整。②1925～1960年。这一阶段以离子型捕收剂为主，主要包括**黄药**、**黑药**、脂肪酸皂等。这类捕收剂捕收能力强，用量相对较低。③1960年之后。这一阶段产生一系列非离子型捕收剂，包括**硫氨酯**、黄原酸酯等酯类捕收剂以及烃氧羰基硫脲、烃氧羰基硫氨酯等**螯合捕收剂**。这类捕收剂选择性高，用量较低，浮选效率高。

分类 按捕收剂对矿物的捕收特性分为**硫化矿捕收剂**、**氧化矿捕收剂**和**辅助捕收剂**3类；按捕收剂的结构分类，即依据捕收剂的极性基团进行分类，分为**阴离子捕收剂**、**阳离子捕收剂**、**两性捕收剂**、非离子极性捕收剂、螯合捕收剂和**烃类油捕收剂**6类。

作用原理 捕收剂与矿物作用吸附在矿物颗粒表面时，其分子或离子呈定向排列，亲固基团朝向矿物颗粒表面，疏水性的非极性基团朝外形成疏水膜，使矿物颗粒疏水（见图）。

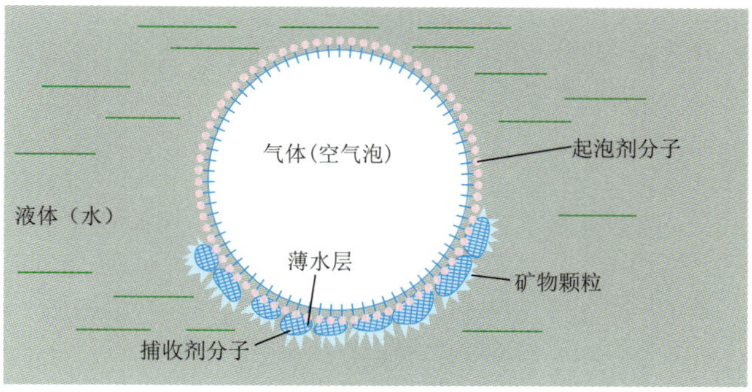

捕收剂作用原理示意图

作用形式 捕收剂在矿物表面的作用形式分3个层次：①物理吸附。捕收剂分子靠静电力和范德瓦耳斯力吸附在矿物表面，药剂与矿物之间不发生键合作用，吸附分子与固体表面距离较大，结合力很弱。物理吸附一般没有选择性或选择性较差，容易脱附，通常吸附量随温度的上升而下降。②化学吸附。捕收剂分子与矿物表面发生电子键合作用，产生化学力的吸附，这种吸附以捕收剂离子反应或螯合反应的形式进行，吸附分子与矿物表面距离很小。化学吸附一般具有选择性，吸附比较牢固，不易解吸，通常在一定范围内吸附量随温度的升高而升高。③表面化学反应。是化学吸附的进一步发展过程。是捕收剂在矿物表面发生化学反应，反应产物在矿物表面形成独立的物相。

基本理论 捕收剂与矿物的作用理论主要有：①双电层吸附理论。由于矿物表面的离子进入水相或矿物表面结合了水相的离子，使矿物表面产生电荷，并由此引来了相反电性的配衡离子，形成了表面双电层。内层由矿物表面的定位离子组成；外层又分为厚度约为水化离子半径的紧密层（斯特恩层）及再向外的扩散层。由溶液内部至矿物表面的电位差称为电极电位（或化学电位），至紧密层滑动面的电位通常称为电动电位或ζ电位。捕收剂离子可以借静电力在双电层吸附并引起电位的改变。捕收剂在低浓度时以单个离子状态吸附，高浓度时以半胶团状态吸附，一部分未解离的分子靠同矿物间、非极性基间的范德瓦耳斯力与捕收剂离子共吸附在矿物表面；当捕收剂离子与矿物间有化学亲和力时，不但可在紧密层吸附，而且吸附量可超过内层的相反电荷，即产生了特性吸附。②溶度积假说。该理论是美国科学家A.F.塔格特于1930年提出的捕收剂作用的化学理论。理论内涵为：捕收剂与矿物表面的化学反应决定矿粒的浮选行为，捕收剂与矿物金属离子化学反应产物的溶度积越小作用能力越强。因此，可用反应产物的溶度积大小衡量药剂的浮选作用能力。当矿物表面吸附金属离子时，该金属离子与捕收剂反应产物的溶度积较矿物表面金属离子与捕收剂反应产物的溶度积更低时，可以促进捕收剂在矿物表面的吸附，强化矿物的浮选效果。如铜离子对黄铁矿、闪锌矿具有活化作用，可以强化黄药对黄铁矿和闪锌矿的浮选效果。③同名离子交换吸附。捕收剂离子与矿物表面的化学反应是一个可逆过程，捕收剂离子与同名离子（即相同电荷的离子）产生交换吸附。当捕收剂离子浓度足够大时，捕收剂在矿物表面产生吸附。矿物浮选发生；随着同名离子浓度的增大，吸附在矿物表面的捕收剂会不断被交换出来，矿物浮选终止，同名离子起到抑制剂的作用，如OH^-、S^{2-}等离子会抑制黄药的浮选。④捕收剂在矿物表面或矿浆中反应，其产物在矿物表面的吸附。捕收剂在矿浆中或在矿物表面的作用非常复杂，除药剂原有组分与矿物本身作用外，还包括一系列复杂的反应过程。如矿物本身的溶解、与矿浆中的其他离子反应等，使矿物表面性质改变；捕收剂与矿物作用时还产生各种副反应、催化反应、氧化还原反应，以及在矿物表面不同位置和不同阶段发生的各种类型反应等。捕收剂在这些复杂反应过程中生成的产物会在矿物表面吸附，并对矿物的浮选行为产生影响。这种现象在硫化矿和矿泥的浮选中较为明显。

扩展阅读

见百熙.浮选药剂.北京：冶金工业出版社，1981.

王淀佐.浮选剂作用原理及应用.北京：冶金工业出版社，1982.

胡为柏.浮选.修订版.北京：冶金工业出版社，1989.

朱玉霜，朱建光.浮选药剂的化学原理.长沙：中南工业大学出版社，1996.

（戴子林）

不定形耐火材料 unshaped refractories 由一定粒度级配的耐火骨料、耐火粉料、结合剂和外加剂组成的形状不定且不经高温烧成可直接使用的**耐火材料**。因其无固定的外形，呈松散状、浆状或泥膏状，又称散状耐火材料；可以制成预制块使用或构成无接缝的整体构筑物，也称为整体耐火材料。具有生产工艺简单、生产周期短、节约能源、使用时整体性好、适应性强、便于机械化施工等特点，广泛应用在冶金工业、机械工业、能源、化学工业和建筑材料工业的各种窑炉和热工构筑物。

简史　不定形耐火材料是以耐火浇注料为基础发展而成的。1925年，欧美国家以铝酸盐水泥作为耐火浇注料的结合剂。在第一次世界大战时期，美国用耐火浇注料和耐火可塑料作为锅炉和石油设备内衬。1955年，日本开始生产不定形耐火材料；到20世纪90年代初，不定形耐火材料的产量已接近烧成耐火制品的产量，耐火材料产品结构发生巨大变化，不定形耐火材料得到了迅速发展。

分类　不定形耐火材料按化学组成分不同，可分为$Al_2O_3-SiO_2$系产品、碱性产品和含碳产品等。按结合剂的结合方式可分为水化结合、陶瓷结合、化学结合（无机或无机－有机结合）和有机结合类型。

按施工方法和材料性质，不定形耐火材料可分为：

耐火浇注料　由耐火集料和结合剂构成的混合物，在加入水或其他液体混合后具有较好流动性。又称耐火浇灌料。以干状交货。一般以浇注或浇注振实的方法施工，成形后需经过适当养护，使其凝结、硬化，按一定制度烘烤后便可使用。

耐火浇注料按结合方式不同，分为铝酸盐水泥结合耐火浇注料、低（超低）水泥耐火浇注料、水合氧化铝结合的浇注料、溶胶结合耐火浇注料、磷酸盐结合耐火浇注料、水玻璃结合耐火浇注料、黏土结合的浇注料等。按材质不同，分为铝镁质耐火浇注料、氧化铝－碳化硅－碳质耐火浇注料、耐酸耐火浇注料、耐碱耐火浇注料、钢纤维增强耐火浇注料和轻质（隔热）耐火浇注料等。耐火浇注料按其作业性能不同，又可分为：①普通振动浇注料。是一类触变性泥料，具有一定的屈服值的宾汉体泥料。施工时需施加外力（振动力）以克服屈服应力才可使泥料产生流动而充填模型，因此也可称为触变性浇注料。②自流浇注料。是一类屈服值很小的宾汉体泥料。施工时无需施加外力（振动力），依靠自重和位能差即能流动。③泵灌浇注料。需要通过粒度分布、临界粒度等因素控制浇注料的可输送性，便于采用泥浆泵，通过橡胶软管泵送进行施工。湿式喷射浇注料在泵送管道的出口处安装喷嘴，在喷嘴处加入闪速絮凝剂，进行喷射施工。

耐火喷射料　由一定颗粒级配的耐火骨料、结合剂和外加剂（包括促凝剂、增塑剂、助烧结剂及矿化剂）组成，以喷射机或投射机进行喷涂或投射。施工方式有湿法喷射、半干法喷射、干式喷射和熔融物料喷射。

喷射料材质有高铝质、硅质、铝硅质、铝硅锆质、镁质、镁碳质、镁钙质、镁铬质、锆英石质、蜡石质等。根据所用骨料性质的不同，可分为重质喷射料、半轻质喷射料、轻质喷射料。所用的结合剂有硅酸钠、磷酸盐、聚磷酸盐、水泥、沥青、树脂等。为了提高附着率，可添加黏土、膨润土等。

耐火捣打料　由耐火集料和结合剂组成，必要时加入液体，可塑性极低或不具有可塑性。直接加入液体后通过捣打（人工或机械）方法施工。材质有硅质、黏土质、高铝质、刚玉质、锆英石质、碳化硅质、碳质、镁质等。

耐火可塑料　由耐火骨料和粉料、结合剂和增塑剂组成，根据使用要求不同可以加特殊外加剂，如保存剂、防缩剂、防冻剂等。具有较高的可塑性，呈软的预先成形的泥坯状、泥团状或片状。通过捣打、振动或挤压法施工。施工时耐火可塑料可以不需要模板，在温度高于室温时硬化。用可塑料修筑整体炉衬时，必须配置金属或陶瓷锚固件。可塑料材质有硅质、黏土质、高铝质、刚玉质、锆英石质、含碳和碳化硅质、镁质以及镁铬质等，也有轻质可塑料。

接缝材料　由细颗粒耐火集料和结合剂组成。又称耐火泥浆。以干状交货或与液体结合剂混合待用，通过刮抹、灌浆或浸渍使耐火砖块或预制件黏接在一起施工。接缝材料可以调整砖的尺寸误差和不规整的外形，使砌体整齐和负荷均衡，并可使砌体构成坚强和严密的整体，以抵抗外力的破坏和防止气体、熔融液的侵入。

其他不定形耐火材料　还包括：①干式振动料。由耐火骨料、粉料、烧结剂和外加剂组成。不加水或液体结合剂，通过振动、捣打干料进行施工。②压入料。由呈膏状或泥浆状的耐火骨料、耐火粉料、结合剂和外加剂组成，借助于挤压机或挤压泵产生的压力（10～200帕）进行挤压施工。③涂抹料。以手工涂刷或涂抹方式、机械投射和喷涂方式施工的材料。由耐火集料和结合剂组成。

作业性能　评估不定形耐火材料施工操作难易程度的性能。又称施工性能。作业性能的好坏直接影响施工效率和施工体质量。作业性能主要包括：①稠度。评估浆体状不定形耐火材料（如耐火泥浆、压注耐火材料、耐火涂料等）流动性的标准。流动性愈大，稠度愈小。稠度的测定按照《耐火泥浆稠度试验方法》（YB/T 5121—1993）进行，利用一定质量的铝制圆锥体，通过自由沉入浆体内的深度来衡量其稠度。②流动性。衡量耐火浇注料振动浇注或自流浇注施工难易的技术指标。用流动值来表示。流动值愈大的浇注料，愈易于充填模型和摊平表面，也愈易获得均匀结构的施工体，施工方便。流动值的测定按照《不定形耐火材料试样制备方法.第1部分：耐火浇注料》（YB/T 5202.1—2003）进行。③铺展性。衡量泥浆状或泥膏状耐火材料（耐火泥浆、耐火涂抹料），涂敷在耐火制品或耐火砌体表面上难易程度的指标。一般要求这类浆状或膏状耐火材料具有一定的黏塑性，以使涂敷材料在摊平过程中既易于均匀铺展开，又不发生干涸（保水性好）或流淌。④可塑性。块状耐火泥料在外力作用下能产生形变而不开裂或溃散，外力解除后能保持变形后的形状。可塑性是用可塑性指数表示，测定按照《黏土质和高铝质耐火可塑料可塑性指数试验方法》（YB/T 5119—1993）进行，用成形后的试样受冲击而产生的可塑变形量来表示。⑤附着率。衡量喷射机将耐火材料喷射到受喷涂衬体上的附着量。以百分率计算。相反，也可以用其未附着的失落量所占的百分率计算，称为回弹率。⑥凝结性。不定形耐火材料加水或液状结合剂拌和后，拌和料逐渐失去流动性和可塑性，成为具有一定强度凝固状态的性质。凝固过程所需的时间称为凝结时间。

发展趋势　不定形耐火材料发展的主要方向为：①结合体系的纯净化。传统不定形耐火材料的杂质含量较高，除所用原材料含有的杂质外，所采用的结合体系也是杂质组分的来源。杂质组分难以消除，会降低材料的使用温度、影响使用性能。结合体系的纯净化尽可能减少或消除由结合物带入的杂质成分。如浇注料方面的部分研发工作集中在低水泥化、超低水泥化和无水泥化上，其实质是为了减少由铝酸钙水泥带入的CaO对$Al_2O_3-SiO_2$系浇注料的不利影响。②氧化物微粉技术的应用。由于微粉具有粒径小、活性高的特点，在不定形耐火材料中引入一定量的微粉可以改善和提高不定形耐火材料的施工性能（如浇注料的流动性）和使用性能。微粉品种较多，主要有活性SiO_2微粉（硅灰）、αAl_2O_3微粉、Cr_2O_3微粉等。微粉必须和高效外加剂共同使用才能充分发挥作用。③高效施工技术。不定形耐火材料筑衬的施工方法向着省工、省时、省力和机械化、高效化的方向发展，如湿式喷射技术、火焰喷射技术、热修补技术等。

（曹喜营）

不破祐 Tasuku Fuwa（1915-08-02～2013-11-23） 日本冶金学家。生于日本熊本，卒于东京。1941年毕业于日本东北帝国大学（今日本东北大学）冶金系，并于

1942年留校任教。历任副教授、教授。1958年获美国麻省理工学院博士学位，1962年获日本东北大学博士学位。曾任日本金属学会会长，日本铁钢协会副会长，并被聘为新日本制铁公司高级顾问。1979年当选美国工程院外籍院士，1996年当选中国工程院首批外籍院士。

日本钢铁冶金物理化学领域的开拓者之一。基于高精准高温检测，不破祐开展了对熔融铁液中合金元素的**活度**、熔融合金铁液中氮和氢的溶解度、铁液中合金脱氧平衡、熔融铁液中合金元素的气体动力学、氧化铁还原反应膨胀现象，以及钢中气体成分的化学分析等研究。最早发现合金铁液中氮气脱附吸附动力学机理，并由此获得日本铁钢协会论文奖。此外，还获得了日本和国际学会（协会）诸多论文奖、功劳奖、纪念奖。1988年被授予勋三等旭日中绶章。（殷瑞钰）

步进式加热炉 walking beam and hearth furnace 利用步进炉底或步进梁上升—前进—下降—后退的循环动作带动坯料前进的连续式**加热炉**。步进式加热炉（见图）的炉型结构在炉膛形状、段数、供热分配等方面与**推钢式加热炉**在总体上是基本相同的，主要区别是炉底结构和炉底传动结构。装炉、出炉方式有侧进侧出、端进侧出、端进端出3种类型。

步进式加热炉

工作过程 当步进梁升起时，把坯料举起，步进梁前进带动坯料前进；当步进梁下降时，把坯料放在固定梁上，步进梁退回原位，坯料便被留在固定梁上。这样，经过步进梁或步进炉底升、进、降、退4个动作，坯料便在炉内前进了一个行程。坯料在炉内按照设定的步距，逐步地从装料段步进到出料端的过程中完成加热。到达出料端时，坯料加热到轧制工艺要求的出钢温度。

分类 步进式加热炉可分为双面加热的步进梁式炉（WB炉）和单面加热的步进底式炉（WH炉）两大类。双面加热的步进梁式炉装配有水冷或汽化冷却水管的步进梁和固定梁，可对料坯实现上下双面加热，主要用于单位时间产量大的大板坯和方坯的加热；单面加热的步进底式炉有固定炉底和步进炉底，对料坯单面加热，主要用于热质量要求高的特殊钢、普通钢的中小型坯及不便于推钢的坯料。

特点 步进式炉的主要特点有：①运料灵活。步进式加热炉的步进周期可变，坯料之间的间隔在上料时可调整，必要时可将炉内坯料全部出空。因此，对产量波动、坯料品种规格的变化，以及因轧机换辊检修或临时事故所造成的延迟待轧等具有好的适用性。②加热时间短，可实现快速加热。因坯料在炉底（或梁）上间隔地摆放，几乎是三面（或四面）受热，坯料在炉内加热时间缩短，对氧化、脱碳要求严格的坯料，还能因缩短在炉时间而能减少氧化和脱碳。因设有无裸露的冷却水管，坯料不会形成明显的黑印，不必为消除水管黑印而延长均热时间。③可以加热某些不便于推钢的坯料，如圆坯、管子、薄板坯、异型坯、大直径的热扩钢管等。④炉长不受推钢长度限制，消除了“翻钢”和“黏钢”现象，提高了生产效率。⑤坯料和步进梁或底之间没有摩擦，避免坯料表面在加热过程中产生划伤。⑥通过改变坯料之间的间隙、步进梁水平行程和步进周期的时间，可改变坯料在炉加热时间，以适应不同钢种加热的需要。⑦加热时间容易控制，便于实现过程自动化，适合于计算机操作。

扩展阅读

陆钟武.火焰炉.北京：冶金工业出版社，1995.

陈鸿复.冶金炉热工与构造.北京：冶金工业出版社，1999.

（陈迪安）

C

采场底部结构 bottom construction of stope 位于拉底水平和出矿水平之间的受矿（聚矿）巷道、出矿（放矿）巷道和各种小井（漏斗）的总称。是采场设计的重要结构之一，回采崩落矿石进入运输水平的咽喉。根据出矿设备和方式的不同，采场底部结构可分为漏斗重力放矿底部结构、电耙耙矿底部结构、装岩机或铲运机装矿底部结构。随着铲运机等出矿设备的广泛使用，传统的漏斗重力放矿结构、重力放矿底部结构、电耙耙矿底部结构的使用已越来越少。根据受矿方式的不同，采场底部结构可分为漏斗底部结构、堑沟底部结构、平底结构。

漏斗底部结构 采场底部为漏斗形受矿巷道的底部结构。是最早运用和最原始的采场底部结构形式。漏斗上口宽下口窄，断面有圆形（图1）和矩形两种形状，在

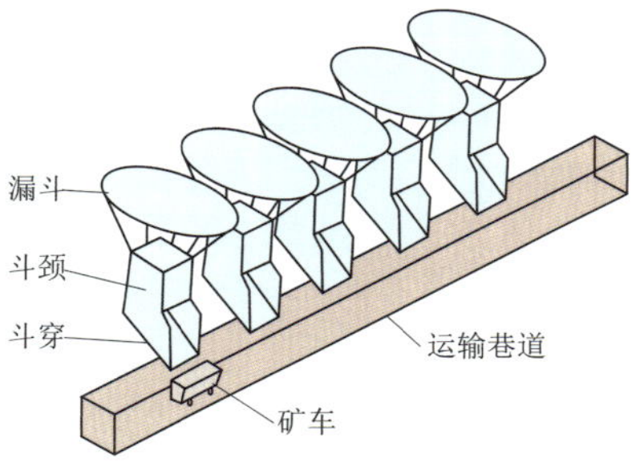

图1 漏斗底部结构示意图

薄或极薄矿体采场中应用较广泛。一般沿矿体走向布置，如黄金、钨钼矿山采用**留矿采矿法**时最为常见，中小型矿山使用最多。根据出矿方式和设备的不同，漏斗底部结构组成系统不同。

漏斗自重放矿 由漏斗形受矿巷道、斗颈和斗穿组成，斗颈下口斗穿中安装闸门或挡板时，利用重力出矿，放入矿车中。因采场爆破和顶底板脱墙产生的大块，以及粉矿结拱，漏斗常发生堵塞，需频繁进行二次破碎作业。漏斗材质有木质和水泥，木质漏斗容易损坏，矿山多使用水泥漏斗。为了改善矿石的流动性，20世纪70年代开始试验并推广振动放矿机，提高了采场的出矿能力。

电耙机械耙矿 由漏斗形受矿巷道、斗颈、斗穿、电耙道、电耙硐室和短溜井组成，松散矿石靠自身重力自流至电耙道宽度2/3处，由电耙耙入短溜井进入运输平巷矿车中。当矿体厚度较大时，电耙道两侧均有漏斗，或对称布置，或交错布置，一般控制出矿范围12米左右，漏斗间距5～6米。电耙漏斗底部结构所需出矿设备（电耙）结构简单、坚固耐用、价格便宜、移动方便、维修和操作都较容易，是小型矿山广泛使用的出矿设备。

装岩机或铲运机出矿 由漏斗形受矿巷道、斗颈和出矿进路组成，装岩机或铲运机将矿石装入运输车辆（有轨矿车或矿用卡车）。如果运距短，也可直接卸入矿石溜井。在一般情况下，劈漏和拉底工作采用浅眼爆破完成，但在结构参数较大时，可采用中深孔爆破完成。

堑沟底部结构 采场底部具有V形堑沟（受矿槽）的底部结构（图2）。自中

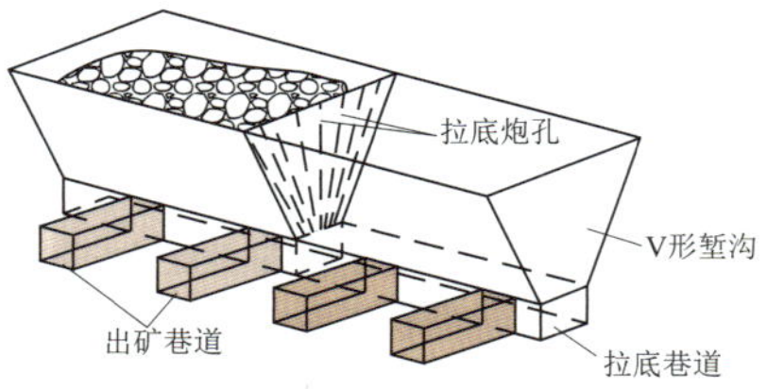

图2 堑沟底部结构示意图

国凡口铅锌矿在80年代试验成功垂直深孔落矿阶段矿房法（VCR采矿法）以来，深孔、中深孔落矿方式迅速普及，崩矿能力大幅提升，合格矿石块度随之增大，从而对漏斗底部结构提出挑战，要求改善矿石的通过能力，提高出矿效率，堑沟底部结构应运而生。

堑沟底部结构位于出矿水平或稍高于出矿水平。先行掘进堑沟拉底平巷或上山，沿巷道走向钻凿扇形中深孔，超前回采炮孔爆破，形成受矿空间，使崩落矿石顺堑沟进入出矿水平。堑沟上口的宽度可达15～20米，较之漏斗底部结构提高了2～3倍，受矿范围大幅提高，底部结构简化。

堑沟底部结构广泛应用于大直径深孔采矿法、分段空场采矿法、阶段空场采矿法和有底柱崩落采矿法中。采用的出矿设备以铲运机为主，也有一些中小型矿山采用装岩机（如挖掘式装岩机）等。通常出矿巷道位于桃形矿柱之中，需加强对出矿巷道的支护，如装矿点眉线处采用锚杆支护及锚索支护，预先加固眉线处岩体等，以确保出矿设备装运安全。

平底底部结构 具有平底的U形受矿槽的底部结构。平底底部结构采场的受矿槽宽度与矿体厚度或采场宽度一致，其出矿水平与受矿水平高程相同，甚至与运输水平合三为一。施工形成过程有两种：①先掘进拉底巷道，钻凿水平中深孔扩帮至矿体全厚或矿块全宽，完成拉底工作，再施工出矿巷道与之连通。②在拉底凿岩巷道钻凿扇形中深孔，逐排向切割槽爆破，将拉底与部分落矿工序合并。平底底部结构不留底柱，但在侧面或端部出矿完毕后会在采空区残留三角形矿堆，部分崩落矿石无法回收。为避免矿石损失，有的矿山在平底用混凝土浇筑三角框架，形成人工堑沟结构。

平底底部结构采用的出矿设备主要有铲运机和电耙。20世纪末期到21世纪初期，随着铲运机在矿山的大量使用，一些采矿工业发达国家如瑞典、加拿大等已基本将电耙耙矿平底底部结构淘汰，改用由铲运机装矿的平底底部结构。中国金属矿山采用铲运机装矿的平底底部结构也在快速发展，特别是**遥控铲运机**能进入采空区出矿，使平底结构的应用前景更加广泛。例如，广东凡口铅锌矿的矿柱回收VCR采矿法采场，采用遥控铲运机出矿和清底回收残留的矿石。

扩展阅读

张钦礼，王新民.金属矿床地下开采.长沙：中南大学出版社，2016.

（阳雨平）

采场地压 ground pressure in stopes 在地下工程开挖过程中，原岩应力对采场、采空区围岩及矿柱所施加的载荷。地下工程岩体开挖后，原岩的自然应力平衡状态被破坏，致使岩体应力重新分布，引起采场围岩出现变形、移动、破坏等一系列**地压现象**，称采场地压显现。地压显现发展的全过程，称为采场地压活动。为保证正常回采，采取有效措施减少或避免地压灾害的技术称为采场地压控制。

影响因素 影响采场地压的主要因素有**矿石**和围岩的物理力学性质、地质构造、开采深度、采矿方法、回采顺序、开采规模和开采强度等。当矿岩稳定性较好时，采用合适的采矿方法和回采顺序有利于减缓地压的显现，保证地下资源回采的安全。采场局部构造破坏，顶板零星冒落，围岩少量片帮，矿柱少量剥落等现象，称局部地压。随着开采规模和开采深度的增大，地应力分布变得越来越复杂，并且产生新的应力集中，导致局部地压失控，容易产生大面积地压灾害现象，严重威胁矿山的安全生产，造成资源的大量损失。

显现规律 大规模地压活动可分发生、发展和衰减稳定3个阶段。大面积冒

落后，采场、巷道的变形和破坏趋于缓和，而地表的开裂和下沉一般还要持续一段时间，速度逐渐减慢，围岩应力达到新的平衡状态，达到衰减稳定阶段。与煤矿相比，金属矿山采场地压显现的特点是在地压活动衰减稳定期间，岩体变形很小，用一般观测仪器很难测出；在地压发展时期，岩体变形量显著增加，突然发生脆性断裂破坏。金属矿山岩层移动的发生和发展，在很大程度上受地质构造弱面（如断层、破碎带等）的影响和控制。

严重的采场地压显现不仅会恶化采场条件、影响采矿生产，甚至还会危及安全。随着矿山开采范围逐渐增大，开采空间形态越来越复杂，深部岩体受到多次开采扰动后，呈现出复杂的应力分布状态。采场地压与***矿山井巷***、水电、铁路、国防等地下工程的地压显现规律有很大区别，具有暴露空间大、复杂多变、显现形式多样等特点。

控制措施 为防止采场局部冒落和大规模地压活动的发生，应采取有效措施控制采场及巷道的变形，避免岩体开挖导致的应力集中在回采过程中对采场及巷道的不良影响，保证回采的安全，以达到调控地压的目的。地压控制方法主要有下列几种：

合理选择采矿方法和参数 主要有：①应用***空场采矿法***和***充填采矿法***时，正确的地压控制方法是在保证回采安全的条件下，最大限度地回收矿石量。利用免压拱理论开采缓倾斜矿体是控制采场地压的有效方法。当两侧采空区冒落后，支撑压力转移到冒落区的外侧矿柱上面，形成大免压拱，中间采场处于应力降低区，地压明显降低，产生安全回采的效果。②应用壁式崩落采矿法时，应根据矿床的结构面分布特征正确选择回采方向，避免回采工作面上出现应力集中的现象。根据最大主应力方向布置回采进路，将回采进路的长轴平行于最大主应力方向，且使相邻矿柱交错布置，可将矿房顶板破坏的波及范围控制在较小的限度内。矿体走向长度很大时，应合理确定矿体的回采顺序，通常采用从矿体中央向两侧前进式的回采顺序。

提高岩体支撑能力 在围岩破碎条件下，用注浆法可赋予破碎顶板以较高的抗剪和抗拉强度，改善岩体的力学性能。在破碎岩体中钻注浆孔，以高压的方式将水泥或其他浆液灌注到岩体的裂隙中，水泥沉淀、硬化后将对岩体起到加固作用。对于渗透性较好、发育贯穿型裂隙的岩体，用注浆法能获得良好的加固效果。锚杆和锚杆桁架的预紧力，能使锚固的岩层产生较强的压缩应力，形成保持稳定的围岩应力场，从而加固围岩。

及时处理采空区 及时处理采空区，可防止大规模地压活动的发生。处理采空区的主要方法有崩落围岩、充填和封闭采空区等。用强制崩落法处理采空区，能释放周围岩体中的应变能，减小地压，改善作业条件。采用充填料回填采空区，能阻止围岩和矿柱在开挖后所产生的变形继续发展，控制围岩的暴露面积和暴露时间，减缓岩层移动造成的危害和地表下沉的速度，但对呈脆性断裂的坚硬岩体来说，仍不能防止岩体的变形和被破坏。在地表允许崩落的条件下，应尽量采用工艺简单、投资少的强制崩落法进行采空区处理。在地表需保护和资源贵重等特定条件下，应采用充填法或胶结充填法处理采空区。

卸压开采 运用应力转移原理，将回采区的高应力通过一定的卸压开采措施转移到其他区域，降低回采区的应力值，改善岩体应力分布状态。主要通过在巷道周边围岩中打卸压孔或进行松动爆破、开掘专用的卸压巷道等卸压方式，进行开采卸压或将巷道布置在应力降低区内。卸压开采技术的关键就是掌握开采扰动下采场围岩的应力分布状态，应变变化规律及采场变形和破坏情况，并采取合理的措施来控制有害的变形和破坏，保持开采系统的稳定性、保障生产的安全，以达到调控地压的目的。随着开采深度的不断增加，岩体受采矿扰动后的应力集中程度越发明显，卸压开采技术将成为未来深部开采调控地压的主要手段。

动力支护 利用支护材料自身产生的变形空间来满足围岩的变形，以释放围岩中的高应力，有效控制积聚在岩体内的能量和岩体的碎胀变形。支护材料既可以减小高应力软岩巷道的破碎区范围，又可以产生压缩变形，使得巷道表面的高应力大幅降低，保证高应力巷道的整体稳定性。未来在高应力巷道的支护中，动力支护技术将有很大的发展空间和利用前景。

扩展阅读

解世俊.矿床地下开采理论与实践.北京：冶金工业出版社，1990.

王运敏.现代采矿手册：下册.北京：冶金工业出版社，2012.

（李元辉　解世俊）

采场冒顶 roof strata collapse of working face 采场或巷道等地下空间上部岩体或矿体与原始岩层或矿层脱离，并在重力作用下垮塌、塌落、陷落的过程或现象。简称冒顶。是地下矿山常发、多发灾害之一。

分类 根据冒顶的面积和伤亡的人数，分为大冒顶、局部冒顶和松石冒落3种。根据造成采场冒顶事故的原因，分为漏冒型、压垮型与推垮型冒顶。漏冒型冒顶指采场或巷道顶板或侧上部围岩体由于破碎、松软，或有涌水与淋水而导致的上部围岩以松散体或半流体形式的冒落，往往会形成漏斗形垮落区。压垮型冒顶是因工作面内支护强度不足和顶板来压引起支架大量压坏而造成的冒顶事故。推垮型冒顶是因水平推力作用使工作面支架大量倾斜而造成的冒顶事故。

产生原因 采场冒顶的发生与地质构造、矿床及围岩体性质、节理裂隙发育程度、开挖扰动、爆破震动等多种因素有关，也与支护技术、支护形式、管理水平密切相关。其产生的根本原因是在开挖或开采过程中形成了地下空间，改变了地层中压力的平衡，形成顶部岩体开裂、垮落、陷落的条件，如果支护不及时、管理不到位，极易发生采场冒顶。

防治措施 采场冒顶具有随机性、突发性、冲击性，常造成人员伤亡、设备和设施毁坏，其防治分为预防冒顶和处理冒顶。预防冒顶是在工作面推进或巷道掘进过程中，加强地质探查，详细掌握工作面或掘进巷道前方的围岩状况及其变化情况，采取超前地质探测、超前锚杆支护或注浆加固、合理调整地压等有效措施，加强围岩控制，防止冒顶。对于已经出现的冒顶事故，则必须及时查明原因，根据冒顶的形式，有针对性地采取治理措施，防止冒顶的扩大或产生大范围塌方等次生灾害。

扩展阅读

石平五.论采场冒顶事故的研究.西安矿业学院学报，1990，4：1-9.

岑传鸿，高存宝，杜计平.论预防冒顶事故的采场顶板控制.中国矿业大学学报，1996，25（2）：13-17.

（纪洪广）

采掘装备 mining and driving equipment 矿山开采和掘进中使用的装备。是在采矿生产中矿山巷道掘进、矿石开采及运输所必需的设备。1857年，意大利人G.索梅勒取得了世界上首台气动凿岩机的专利，并应用于生产，首开现代凿岩机械的先河。20世纪50年代，国际上发达国家的矿山生产已基本从人工开采发展到机械化开采。90年代，中国矿山实现了矿山采掘装备的无轨化和液压化。21世纪以来，随着矿山行业的发展和机械行业的进步，矿山采掘装备一方面向着大型化、系列化、通用化方向发展，以露天矿山采用的电动轮自卸汽车为例，已经达到单车载重500吨以上；另一方面向着专业化、多功能化、自动化、无人化和人性化的方向发展，以地下铲运机和**地下自卸汽车**为例，在芬兰、瑞典以及中国等国家均已经研制出具有无人驾驶功能的铲运设备样机，为实现自动化、**智能采矿**奠定了设备基础。

露天矿山常见的采掘装备有挖掘机、装载机、电动轮自卸汽车、凿岩机等，地下矿山常见的采掘装备有地下铲运机、地下自卸汽车、地下掘进钻机、地下采矿台车等。采掘设备关键部件主要有柴油机、排气净化器、液力变矩器、动力换挡变速箱、全封闭多盘湿式制动器及油气悬挂等。采掘装备可分为钻孔设备、掘进设备、装载设备、无轨运输设备、**地下无轨辅助车辆**等。

钻孔设备　分为露天穿孔设备和地下钻孔设备，主要包括凿岩机和钻机两类。露天穿孔设备包括**露天牙轮钻机**、**露天潜孔钻机**、**露天顶锤式凿岩钻机**。地下钻孔设备包括各种**平巷掘进凿岩台车**、**地下采矿凿岩台车**、地下潜孔采矿钻机等。

掘进设备　利用刀具的轴向压力和回转力对岩面的碾压作用，直接破碎矿岩的成巷或成井机械设备。所用刀具有盘形滚刀、楔齿滚刀、球齿滚刀和铣削刀具。按掘进巷道的不同，分为**天井钻机**、竖井钻机和平巷掘进机。①天井钻机。专门用于钻凿天井和溜井，一般不需进入天井操作，用牙轮钻头先钻导向孔，用盘形滚刀组成的扩孔器向上扩孔。天井孔径一般为500～2500毫米。包括标准天井钻机、盲天井钻机和反循环天井钻机。②竖井钻机。专门用于一次钻凿成井，由钻具系统、回转装置、井架、钻具提升系统和泥浆循环系统组成。③平巷掘进机。它是将机械破岩与排渣等工序结合起来并连续进掘的综合机械化设备，主要用于煤巷、软矿中的工程隧道和中等硬度以上矿岩的中平巷掘进。

装载设备　分为露天装载设备和地下装载设备。露天装载设备主要应用的是单斗挖掘机，包括机械式单斗挖掘机、液压单斗挖掘机。地下装载设备主要包括地下铲运机、电耙、装岩机、扒渣机等。金属矿使用最广泛的是地下铲运机，分为地下柴油铲运机和地下电动铲运机。

无轨运输设备　分为露天运输设备和地下无轨运输设备。①露天运输设备。主要有各种**矿用自卸汽车**，包括机械传动自卸汽车、液力机械传动自卸汽车、电传动自卸汽车、架线式电动自卸汽车。②地下无轨运输设备。主要有地下柴油自卸汽车、纯电动地下自卸汽车、架线式地下电动自卸汽车。

地下无轨辅助车辆　包括为配合采掘设备进行辅助作业的车辆、地下辅助运输的车辆和地下通用服务的车辆。配合采掘设备进行辅助作业的车辆主要有**地下装药车**、**地下撬毛车**、地下锚杆台车、**地下混凝土喷浆车**、地下混凝土搅拌车和**地下破碎车**等；地下辅助运输的车辆主要有地下材料运输车、地下运人车等；进行地下通用服务的车辆主要有地下升降平台车、地下加油车、**地下多功能服务车**等。

扩展阅读

苑忠国.采掘机械.北京：冶金工业出版社，2009.

高梦熊.地下装载机.北京：冶金工业出版社，2011.

张栋林.地下铲运机.北京：冶金工业出版社，2002.

（战　凯）

采空区处理　goaf management　为缓和地下开采导致的岩体应力集中程度、转移应力集中部位、控制和管理矿山地压，而对采空区采取的一系列保障矿山安全的处置技术及工艺。矿体回采后不再支护的空间称采空区。矿山采空区处理方法主要有5种：①崩落处理法。用崩落围岩充填空区，并形成缓冲保护垫层，以防止空区内大量岩石突然冒落造成危害。②充填处理法。通过车辆运输或管道输送方式将充填材料送入采空区，把采空区充填密实。③封闭隔离处理法。在采空区通往生产区的巷道中构筑某种形式和一定厚度的隔墙，避免采空区围岩崩落所产生的空气冲击波造成的危害。④矿柱支撑法。存留永久矿柱或构筑人工石柱处理采空区，一般用于缓倾斜薄至中厚以下的矿体，用**房柱采矿法**、**全面采矿法**回采顶板相对稳定、地表允许陷落的矿山。其关键是矿岩条件好，矿柱选留恰当，连续的空区面积不宜过大。⑤联合处理法。在一个采空区内同时采用两种或两种以上方法来共同处理采空区，其具体方法有矿柱支撑法与充填处理法联合、封闭隔离法与崩落围岩处理法联合等。

随着采矿技术的飞速发展，采空区的处理技术和方法也越来越多样化，但消除矿山安全隐患的主旨不会发生变化。随着采空区处理中探测技术、模袋充填技术等的应用，会更加有效地控制地压活动来预防灾害的发生。

（周科平）

采矿　ore mining　依据埋藏于地表、地下或水体下的矿产资源赋存条件，采用相应的技术、装备和采矿方法获取有用矿物的工程学科。采矿工业是一种重要的原料采掘工业。采矿对象包括金属矿床、非金属矿床、煤炭、石油、油页岩和天然气等。金属矿石是冶金工业的主要原料，非金属矿石是化工原料和建筑材料，煤和石油是重要的能源和化工原料。多数矿石需经选矿富集方能作为工业原料。

简史　人类很早就会采集石块、打磨工具，挖掘陶土、制作陶器；到青铜时代，人类已经能够冶炼和制作器皿及武器。从中国湖北大冶**铜绿山矿冶遗址**可见，3000年前，人类不但可以开采露天铜矿，还能凿井进行地下采矿，其支护、挖掘、排水、运输、提升、自然通风等已形成了较完整的采矿工程体系。据考证，中国在夏代前已经进入青铜时期，距今已有4700年。史书和出土文物载明，中国早在春秋时期，已经能开采铁矿和使用铁器，中国矿业可谓历史悠久。18世纪以后，英国发生了“产业革命”，机械产业兴起，挖掘机具逐步取代了手工采矿，使矿山开采规模几十、几百倍地增长。中国由于**凿岩**与矿山爆破技术长期没有得到发展，采矿凿岩与**矿石运搬**等作业仍延用手工劳动。

1556年，德国科学家G.**阿格里科拉**出版了《**论冶金**》一书，这是欧洲最早全面论述矿冶技术的著作。17世纪，中国的黑火药传入欧洲后，原始的手工采掘作业被凿岩爆破落矿工艺所取代，使采矿技术具有一个里程碑意义的发展。

19世纪末至20世纪初，矿业兴起的国家相继发明了**矿用炸药**、雷管和导爆索，还研制出凿岩机具、电动机械铲、电动机车、电力提升机、通风机等，采矿技术得到了长足的进步。20世纪50年代，各种矿山设备得到发展和完善，相继出现硝铵炸药和地下深孔爆破技术，从而催生了大孔落矿采矿方法。在此基础上，关于矿床评价、矿山设计、矿山企业管理，以及**岩石破碎**、岩体力学、**地压监测**、**矿井通风**等理论与技术不断得到发展，推动采矿从技艺朝着工程科学方向不断发展。70年代，由于潜孔钻机、牙轮钻机、液压凿岩台车（图1）等新型凿岩设备，以及铵油、乳化油等廉价安全炸药的出现，高效率的大孔落矿采矿法和先进的采矿工艺技术得到很大发展，使年产矿石量几百万吨的矿山大量出现。采掘装备的大型化，以及运

图1　矿井凿岩台车作业

图2　矿石运输（采出的矿石运至选矿厂）

输、提升设备自动化（图2），使采矿作业条件大大改善，劳动生产率大幅提高，矿业生产力得到很大的解放。90年代，中国已经成为世界矿业大国。

20世纪是矿业发展最快的百年，也是环境遭受破坏最严重的百年，在矿业生产中排放大量固体废物，毁坏大量土地，诱发地质灾害，污染水体。1987年，世界环境与发展委员会第一次提出可持续发展理念，否定了“高生产、高消费、高污染”的发展道路，世界矿业开始接受“绿色开发”理念；各国政府部门相继制定法律法规，推进**矿山生态修复**和土地复垦，回收尾矿中的有价元素，创建**绿色矿山**，使传统矿业的发展模式发生根本转变。由于长期开发矿产，浅部资源逐步枯竭，致使矿床开采目标逐渐转向千米以下的深部矿床，有的矿井深度已达4164米。深部采矿处于“三高”（高应力、高井温、高井深）的特殊环境，带来许多科学技术难题，如高应力诱发岩爆、高井温危及人的安全、高井深使矿山提升能力大幅降低等。70年代以后，矿业界开始研究高应力矿岩的岩爆机理与微震监测、深井膏体充填、深井制冷降温、深井岩体力学等，并建设了一大批超深、超大产量的金属矿山。

80年代，微电子技术的快速发展，推动着矿业科技与信息技术的融合，加快了传统矿业的数字化与信息化的进程。进入21世纪以后，各类智能采矿设备应运而生，如遥控与自控凿岩台车、遥控全自动装载机、无线导向电动卡车、铲装运设备自动定位和导航、地下无线通信系统等。建设智慧矿山，实现智能采矿是矿业发展方向。智能采矿是综合的系统工程，需要多学科、多部门合作，其发展前景无限。

学科内容　采矿是研究矿产资源开发的理论、方法、工艺，以及矿业经济与管理的一门科学技术。20世纪以来，由于数学、物理、力学等自然科学取得重大成就，矿山装备技术与信息技术飞速发展，以及人类对矿物需求的高速增长，推动着传统矿业快步走向现代矿业阶段，使采矿成为一门独立的学科。该学科领域的内容主要包括矿山地质、**矿床地下开拓**、**地下采矿方法**、**矿床露天开采**、**特殊采矿**、**岩石力学**与岩石破碎、**矿山安全**与工业卫生、矿山环境工程、**矿山机械**、**数字矿山**与智能采矿、**矿床开采设计**、矿山建设与管理等。

特点　采矿的生产条件及环境与其他工业相比差别很大，其主要特点有：①建矿地址由矿产地所决定，不能自由选址。往往要在水、电、交通很不利的地方建矿，因此外部工程量大、投资大、工期长。**矿山生产规模**、生产年限受矿床储量的限制。最后关闭矿坑会留下大量的遗留问题要处理。②采矿设备和人员随采矿作业地点不断转移，无固定作业场所。开采每一个矿段都要掘进一系列巷道进行采矿准备工作（*采准*），才能进行矿床回采。开拓、采准和回采工作互相协调，才能保证矿山正常生产，否则就会造成采剥失调或采掘失调，影响矿山正常生产，大幅降低矿山产量。③各矿山的矿床赋存条件千差万别，开采条件复杂多样。必须加强**生产勘探**，探清矿床变化，才能有针对性地采用相应的采矿方法及工艺，以创造作业安全环境、提高生产效率、降低采矿成本，确保资源充分回收。④采矿的作业条件在很大程度上受制于不良的客观自然环境，尤其是地下开采环境。基于客观的作业环境限制，采矿业还是个机械化、自动化相对困难的产业。生产安全仍然是个突出问题。建设智慧矿山，实现智能采矿是重要的前瞻目标。

由于上述特点，矿山管理具有很大的复杂性，必须进行科学管理；此外，矿业作为基础产业，大力推进矿业机械化、信息化、智能化势在必行。

开采方式　矿床开采方式可分为三大类：①露天开采。先要剥离矿体上覆岩土，然后开采矿体。坚硬矿床的**露天矿**，多采用台阶式机械化开采；砂矿床也常采用露天台阶式机械化开采，也有水力机械化开采或采砂船开采。②地下开采。当矿床上覆岩土工程量过大时，采用地下开采。地下开采需要掘进由地表通达矿体的巷道，然后根据矿床的**开采技术条件**，采用**空场采矿法**、**充填采矿法**或**崩落采矿法**进行矿块回采。③特殊开采。包括**溶浸采矿法**和**海洋采矿**。溶浸采矿法（如开采砂岩型铀）是根据矿物的物化特性，将某种溶剂注入矿层（堆），通过化学浸出、质量传递，将矿物从固态转化为溶液，然后回收有用成分。海洋采矿是从海水、海底表层沉积物和海底基岩下获取有用矿物的采掘作业。当前海洋采矿主要开采海滨砂矿，而海底锰结核和热液矿床尚未正式开采，但有广阔发展前景。

（古德生）

采矿地面变形　mine ground surface deformation　地下采矿形成采空区，围岩应力发生变化，引起采空区上方及附近的地面下沉、塌落、开裂等现象。又称采空区地表变形、采空区地面变形。采矿地面变形与采矿方法、矿体埋藏条件、采厚比、围岩强度、采空区大小和空区处理方法等有关。采用**充填采矿法**，采矿地面变形一般较小；地面变形程度与充填率有关，充填率越高地面变形越小。采用**空场采矿法**，地面变形程度与采空区大小、空区处理方法等有关。采用**崩落采矿法**，采矿地面变形一般较大，与矿体埋藏条件有关；急倾斜矿体地面往往形成V形、U形塌陷坑，水平和缓倾斜矿体地面往往形成塌陷盆地和裂缝。采矿地面变形将对土地利用功能、地表建构筑物产生影响。地面变形程度如超过建构筑物的安全要求，将使建构筑物不能使用，需拆除或采取加固措施。

采矿地面变形需结合地表变形观测进行预测预报，采取充填采矿法、留设**保安矿柱**等预防措施。采矿地面变形是不可逆的，恢复治理难度大、工程量大、费用高，因此必须采取源头控制措施防止地面变形。

（宋　爽）

采矿方法选择　selection of mining method　根据矿床的开采技术条件，综合考虑安全、效率、经济效益、环境等因素，确定采矿方法的过程。影响采矿方法选择的主要因素有矿体赋存条件、矿床**开采技术条件**、矿石价值、作业环境与安全因素、地表是否允许塌陷、经济因素、加工部门的特殊要求、劳动力和政策因素等。

采矿方法选择的原则：①生产安全。②矿石回采率高、贫化率低，资源得到充分回收。③采场结构简单、工艺成熟可靠。④**采准**、**切割**工作量小，劳动生产率高，能耗少，成本低。⑤灵活实用。

采矿方法选择的步骤：①仔细调查研究与采矿方法选择有关的基础资料。基础资料包括地质资料及水文地质资料、岩石力学资料、矿区生态和环境状况、选矿相关资料、类似开采条件、矿床采矿方法实例。②采矿方法初选。参照类似矿山开采技术条件，初步选定几种可行的采矿方法，确定生产成本、采场生产能力、**出矿品位**，再按专家评分的方法，对各项基本要求分别赋值，并确定赋值权重。对初选的采矿方法，确定其主要结构参数、采准切割布置和采矿工艺，绘制采矿方案的标准图。挑出最接近目标值的两三种方法进行经济比较。③采矿方法的技术经济比较。在经济比较中，当矿石含有多种可回收的有用元素时，可将副产元素换算成主元素，求得当量品位。计算或用类比法选出各方案的矿石贫化率、矿石损失率、出矿品位、废石混入率、矿块生产能力、人工效率、采准切割工程量、主要材料消耗、金属价格、可比投资、可比成本、盈利能力等，并据此进行分析比较，从中优选。

（段文权）

采砂船开采　dredging　用采砂船采掘充水量大或水下砂矿床的作业。开采过程包括水下采掘矿砂，从水底将矿砂提升到选矿设备，集中洗选、回收重矿物，将尾矿排弃到船后的采空区（图1）。

图1　采砂船开采作业

工作原理　使用最多的采砂船是链斗式采砂船，其挖掘装置是一条由许多挖斗组成的斗链。工作时斗链被上导轮的主驱

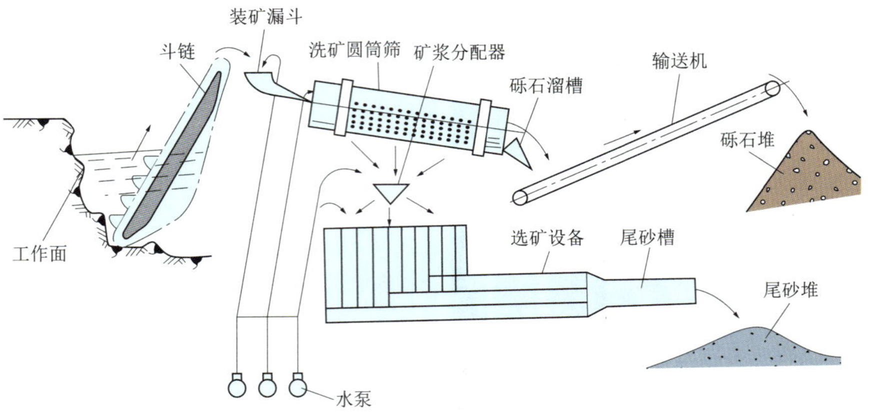

图2　采砂船开采作业流程

动带动回转。当上导轮转动时，斗链由斗桥上的托辊和下导轮引导，以一定的速度围绕上、下导轮及斗桥运转；挖斗在重力作用下插入矿岩，并将其挖掘上来。斗桥的上端固定在由两个轴承座支撑并与上导轮同心的支撑轴上，因此斗桥连同斗链可以在垂直面上绕支撑轴上下摆动。斗桥的下端由钢绳通过提升斗桥滑轮组悬吊在前桅杆上，钢绳的另一端绕在起落斗桥的绞车上，斗桥的悬吊装置可以调整和保持斗桥在需要的挖深层位上挖掘土岩。在船的尾部有两个用以固定采砂船的桩柱。船工作时，其中一个提起，称为非工作桩；另一个下放并插入尾砂堆中，称为工作桩。船工作时是以工作桩为圆心，在水面上做扇形的圆弧运动。因此，挖斗既有回绕上下导轮及斗桥的运动，又有以工作桩为中心的圆弧运动，是一种复合运动。挖斗挖掘的土岩随挖斗沿斗桥提升到上导轮翻卸，并通过装矿漏斗卸入圆筒筛进行冲洗、碎散和土岩筛分。筛上的砾石和杂物经过砾石溜槽，由**带式输送机**排到船尾采空区（图2）。带式输送机是由传动装置带动，并由带式输送机固定钢绳悬吊在后桅杆上。砾石带式输送机可通过绞车进行起落，调整高度。筛分下来的矿砂进入**选矿设备**进行选矿，选别后的细泥尾矿由尾砂槽排弃到船后采空区。采砂船的移动主要是靠两个桩柱进行的，船移动前先将斗桥提升到水面以上，然后通过两个桩柱交替提升和下放，同时船配合进行往复回转，实现向前移动一个步距。

采砂船挖掘时，先放下斗桥，然后开动横移绞车，使斗桥由工作面的一角转到另一角。挖掘一个分层后，斗桥再下放一个分层厚度，开动返程绞车，向另一角回转并挖掘下一个分层矿岩。如此反复，由地表一直挖到砂矿底板为止。

开采顺序　当划定矿区和采区后，采砂船开采的起始位置及其推进方向，通常是按采砂船开采推进方向和顺序与河流方向或矿床底板倾斜方向的相对关系进行分类，可分为上行（逆河流或逆矿床底板倾斜方向）、下行（顺河流或顺矿床底板倾斜方向）及上行与下行联合推进开采三大类。

在一般情况下，上行开采用得比较多，其主要原因是可防止工作面被细泥尾砂污染，可以利用尾砂筑坝以提高水位，有利于尾矿场的布置等，因而可以提高采砂船的生产能力。如果矿区内有废弃的矿坑和空洞时，上行开采可避免采池突然漏水而发生拖船事故。当补给水的流量小和采用筑坝开拓时，则宜采用下行开采。

开拓方法　采砂船开采的开拓系统指形成供采砂船工作的基坑（或水池），并为开辟开采工作面准备出必要的空间，即保证船能自由调动，使采砂船能顺利地接近砂矿体并进行开采。开拓方法需要根据砂矿床的赋存条件和所选用的采砂船的规格来确定，主要有基坑开拓、筑坝开拓和**联合开拓**3类方法。

采矿方法　采砂船的采矿方法包括回采路线、回采方法和采场构成要素3个方面。一般采砂船开采中，回采路线分为纵向（沿走向）、横向（垂直走向）和混合式三大类。

根据挖斗在工作面上运动轨迹、船的移动方式及船与采场纵向轴线相对位置3个主要因素，对链斗式采砂船回采方法进行分类，主要有掏槽法、分层回采法、半工作面回采法、阶梯工作面回采法、半步回采法、混合回采法、横移回采法、三进一退回采法和桩柱－钢绳式联合回采法等。

尾砂排弃方法　采砂船开采的矿砂，经过洗选后的尾砂及砾石等杂物，需要及时排弃到船尾后的采空区内。采砂船开采排弃尾砂的方式有单层排弃法、双层排弃法及多层排弃法三大类。

扩展阅读

王运敏.现代采矿手册：中册.北京：冶金工业出版社，2012.

（胡建军）

采准 stoping development 在完成开拓工程的矿体内，掘进一系列巷道将阶段划分为矿块，在矿块内创造行人、通风、运料、凿岩、放矿等条件的**采矿**准备工作。

采准巷道 采准巷道类型、数量和位置因采矿方法而异，常见的采准巷道有采场（或矿块）沿脉巷道、穿脉巷道、通风天井、行人天井、运料天井、凿岩平巷、凿岩天井、切割天井、拉底巷道、电耙巷道、装矿巷道、放矿溜井等。

采准工作量 矿块中每千吨待采设计矿量需掘进的采准巷道长度和切割巷道工程量。衡量采准工程量的大小用采准系数和采准工作比重表示，单位为米/千吨和吨/千吨。由于巷道的断面不完全相同，采准工作量通常采用米^3/千吨表示。

采准系数（K_1）是每1000吨采出的矿石量所需掘进的采准、切割巷道的米数，其计算公式为：

$$K_1=\frac{\Sigma L}{T}\times 1000 \qquad (1)$$

式中ΣL为矿块中采准巷道和切割巷道的总长度；T为矿块的采出矿石量。

采准工作比重（K_2）为矿块中采准、切割巷道的采出矿石量（T'）与矿块采出矿石总量（T）之比，其计算公式为：

$$K_2=\frac{T'}{T}\times 100\% \qquad (2)$$

扩展阅读

解世俊.金属矿床地下开采.北京：冶金工业出版社，1986.

张钦礼，王新民.金属矿床地下开采技术.长沙：中南大学出版社，2016.

张世雄.固体矿物资源开发工程.武汉：武汉理工大学出版社，2010.

（霍祖照 胡建华）

蔡美峰 Cai Meifeng（1943-05-18～ ） 中国岩石力学与采矿工程专家。生于江苏如东。1967年毕业于上海交通大学工程力学专业，后分配到中国人民解放军国防科学技术委员会第710研究所工作。1978年考入北京钢铁学院（今北京科技大学）攻读采矿工程专业硕士学位，1980年底毕业留校任教。1985～1990年在澳大利亚新南威尔士大学做访问学者并攻读博士学位，获采矿岩石力学博士学位。历任北京科技大学采矿系副主任、教授，资源工程学院院长、院学术委员会主席，学位委员会主席。

兼任中国岩石力学与工程学会副理事长，国际岩石力学学会教育委员会主席。2013年当选中国工程院院士。

开发具有自主知识产权的地应力测量技术，推进了中国矿山地应力测量的开展、普及与提高；提出了以地应力为基础的采矿设计优化的技术体系、安全高效开采技术和矿山开采动力灾害预测与防控技术，为提升中国采矿工程和技术的科学水平提供了科学依据。

获国家科技进步奖二等奖4项、三等奖1项，国家技术发明奖三等奖1项。主编的“十五”国家级规划教材《岩石力学与工程》，获国家级教学成果二等奖。2009年、2010年分别被评为全国模范教师和全国优秀科技工作者。编著有《地应力测量原理和技术》(1995)、《金属矿山采矿设计优化与地压控制——理论与实践》(2001)、《岩石力学与工程》(2002)等著作，发表学术论文200余篇。

（纪洪广）

沧州铁狮 cast iron lion of Cangzhou 中国古代大型铸铁文物。位于河北沧州市东南20千米的沧州故城。铸成于五代后周广顺三年（953）。1961年，国务院公布沧州铁狮为全国重点文物保护单位。据《沧县志》记载：“铁狮在旧州城内开元寺前。高一丈七尺，长一丈六尺。背负巨盆，头顶及项下各有‘狮子王’字，右项及牙边皆有‘大周广顺三年铸’七字，左肋有‘山东李云造’五字。”腹内还有很多字迹，但已难以辨认，有人认为是金刚经文。铁狮长5.3米，高5.4米，宽3米，重约40吨（见图）。铁狮位于开元寺前，身披障泥，前后挂有串珠等饰物，背负莲花

大型铸铁件——沧州铁狮

盆座。关于铁狮的用途，一说为文殊菩萨像底座；另一说铁狮由当地百姓捐资铸造以镇海啸，故有镇海吼之称。

铁狮背部材料除了铁元素以外，其他化学成分为：碳4.10%、硅0.04%、锰0.03%、硫0.019%、磷0.235%。表面金相检验，腿部是灰口铁，头部和莲花座上部是白口铁，其间有麻口铁。体内颈部和背部铸有加强筋以承负重量。采用泥范明注式浇铸法整体铸成。外范多数为长方形，总计600多块。内范布满圆头铁钉，头部和背部均垫有废铁片，以控制内外范间的距离。外范拼接处用熟铁条连接，以提高强度。沧州铁狮体现了当时中国高超的铸铁工艺。铁狮足部原已长期埋于土中，为加强保护，1984年将铁狮北移8米，置于2.2米的高台上。1995年起在铁狮体外安装了保护性的钢管支架。原沧州铁狮经过千年的风雨侵蚀，狮体已残缺不全，2010年沧州重铸了一尊铁狮。

（丘亮辉）

侧吹转炉炼钢 side-blown converter steelmaking 从转炉的侧面炉壁吹入空气或氧气，使铁水炼制成钢水的**转炉炼钢**技术。侧吹转炉炼钢有空气侧吹酸性转炉炼钢、空气侧吹碱性转炉炼钢和全氧侧吹转炉炼钢3种方法。①空气侧吹酸性转炉炼钢，即小型贝塞麦法。采用的炼钢炉按发明者姓氏命名，故又称特罗佩纳炉，用**酸性耐火材料**制作炉衬，风嘴由转炉炉壁侧方排列，在铁水面上吹炼。炉子容量很小，一般只有几吨，曾在铸钢厂得到应用。②空气侧吹碱性转炉炼钢。1951年，中国唐山钢厂试验将一座4吨重的空气侧吹酸性转炉改造为空气侧吹碱性转炉，成功将含磷约2%的平炉生铁炼成钢。接着又进行了168炉的生产试验，总结出一套操作制度，如摇炉制度（保持面吹）、造渣制度和装入制度等，可利用不同含硅量（0.6%～1.6%）和含磷量（0.2%～0.8%）的铁水炼钢。由于这种技术投资少、生产率高，适合当时中国的社会经济条件，所以发展迅速。在20世纪50～70年代，其产钢量达到全国总产钢量的20%左右，成为主要炼钢技术之一。1973年后，空气侧吹碱性转炉改造为全氧侧吹转炉或直接改建为顶吹氧气转炉。③全氧侧吹转炉炼钢。为克服空气侧吹转炉炼钢热效率低、钢中含氮量高的缺点，将空气侧吹碱性转炉炼钢的鼓风改为鼓入工业纯氧，使用喷油冷却吹氧氧枪；在工作条件下，油与氧气同时喷入炉内，把铁水炼制成钢。

扩展阅读

YU J S, ZHANG Z M, HSIAO T C. Basic Side-blown Converter: Its Characteristics and Development in China. Ironmaking and Steelmaking, 1984 (11): 18-24.

（曲 英）

层间腐蚀 layer corrosion 锻、轧多层复合金属受环境影响而发生电化学腐蚀，导致层间出现空隙或腐蚀坑洞的局部腐蚀。又称剥蚀。层间腐蚀能引起未腐蚀层沿着**轧制**、**挤压**或主变形方向发生分离，使金属构件铰接不完全而产生松动。常见于具有多层金属结构中，如飞机机翼、核电管道等大型、复杂装备。层间腐蚀具有隐蔽性，主要采用脉冲涡流检测技术对层间腐蚀进行识别、检测和评估。

产生层间腐蚀的条件：①金属具有层状晶体结构。②具有**晶间腐蚀**倾向性。③具有特定的腐蚀环境。

预防措施：①所使用的金属材料应尽量避免出现层状晶体结构。②通过热处理降低金属材料的晶间腐蚀倾向性。③可进行化学氧化、阳极氧化处理后再进行涂漆或喷涂塑料等表面防护。④采用缓蚀剂等保护措施，改善外部腐蚀环境。

（段继周）

超导磁选 super-conducting magnetic separation 用超导体做**磁系**的磁选机进行矿物选别的方法。超导磁选技术的应用主要借助于超导磁选设备。继1961年诞生第一个超导磁体之后，美国的J.D.班尼斯特于20世纪60年代末发明第一台超导磁选机，并于1970年获得超导磁选机的专利。1970年英国的科恩和古德发表第一代超导磁选机论文。之后磁选技术发展起来，研制出多种超导磁选机。这些磁选设备的不断发展提升了超导磁选技术的分选效果。80年代，中国开始研究超导磁选技术及其应用。

磁源 超导磁选机采用超导磁体作磁源，代替普通磁选机的磁源。超导磁体在某一临界温度下电阻为零，具有完全的导电性，磁场强度很高，背景磁场的磁感应强度可达5特斯拉以上。超导磁体无论是使用块材还是线材，本身几乎不耗电，当达到超导状态后几乎无热量损失，能耗很低。

超导磁体由超导线材或块材制作而成，可产生常规磁体难以达到的高磁场强度。作为超导磁体材料必须满足超导转变温度高、临界磁场高、在强磁场下临界电流密度高、超导临界特性良好且稳定、制作工艺简单可靠、成本低的要求。用于超导磁选的超导材料按照超导临界转变温度可分为低温超导材料和高温超导材料两类。

分类 超导磁选分为高梯度超导磁选和开梯度超导磁选两种。①高梯度超导磁选。在磁体的工作区域内填充磁介质（如钢毛），钢毛被磁化形成极高的梯度磁场，矿浆通过钢毛区域时，弱磁性颗粒被钢毛吸附。当钢毛吸附饱和后可去磁、冲洗，完成后重新加入磁场，循环工作。为提高分选效率，常采用快速励磁、退磁的循环式磁选机或具有多个分选腔的往复式磁选机和转盘式磁选机。②开梯度超导磁选。超导磁体本身能产生较高梯度，不用磁介质。当被分选的物料通过较高梯度场区域时产生偏转，不同磁性的物料偏转运动距离不同，可达到分离的目的。优点是不需要反复冲洗、可连续工作、不易堵塞、结构简单，但由于其场强和梯度都比较低，只能分选较粗或磁性较强的颗粒。

应用 随着超导磁选技术的进步以及超导磁选设备的不断发展，超导磁选技术的应用范围不断扩大。①矿石分选。超导强磁场对矿石分选主要用于高岭土的除铁提纯，也是超导磁选应用最成功的领域。超导磁选机不仅成功用于高岭土除铁，还应用于其他矿石的分选，如南非磷灰石与二氧化硅的分离，西非赤铁矿和美国铁燧岩的选别、金刚石选矿，加拿大硫化镍矿选矿、铜矿选矿，希腊铬铁矿选矿、氧化锰矿选矿，南非铀矿中除去含铁杂质，美国铝钒土选矿，巴西铌钽铁矿的选矿，英国花岗石分选等。②煤炭除铁。超导磁选设备可用于港口、矿山、电厂等煤炭除铁。超导除铁器是清理煤炭中铁质杂物的有效设备。因为超导除铁器的磁场强度为普通除铁器磁场强度的3倍以上，可以有效吸除煤炭中的雷管、炮线、铁屑等各类铁质性杂物。③燃煤脱硫。燃煤中含有的硫易造成严重的大气环境污染。由于煤是逆磁性物质，其中的硫铁矿和硫酸盐一般都是弱磁性的，利用这种磁性的差异采取磁分离技术可脱去煤中的硫分。④废水处理。20世纪80年代，超导磁选开始应用于火电站和核反应堆用水的净化和有用元素回收，如对核电废水中的放射性元素钚进行分离。后应用于造纸厂废水处理、有机染料废水处理、钢铁厂工业废水处理等。

扩展阅读

魏德洲.固体物料分选学.2版.北京：冶金工业出版社，2009.

孙仲元，朱自安，王美芬，等.超导磁选设备的发展//中国采选技术十年回顾与展望：第三届中国矿业科技大会论文集.北京：冶金工业出版社，2012，599-604.

（郑 其）

超高功率电弧炉炼钢 ultra-high power electric arc furnace steelmaking 使用单位功率（变压器额定功率与炉子公称容量之比）达到一定高水平的**电弧炉炼钢**方法。1964年，W.E.施瓦贝提出超高功率电弧炉概念。1967年，美国联合碳化物公司和西北钢线材公司公开提出超高功率电弧炉炼钢技术。超高功率（UHP）电弧炉是相对于普通功率（RP）和高功率（HP）电弧炉而言，主要是按吨钢容量所配的变压器容量来划分。普通功率电弧炉和高功率电弧炉吨钢的变压器容量分别约300千伏安和450千伏安，超高功率电弧炉的功率级别一般高于吨钢700千伏安。

超高功率电弧炉炼钢技术不仅要求装备方面的主变压器功率级别高，更要求炉内电弧工作为最大许用功率状态，即主变压器接近满负荷且电弧稳定燃烧，以及在冶炼过程中尽可能多的时间使用最高的电弧功率，将非通电时间缩至最短。随着变压器功率级别的提高，电气运行参数发生了根本性变化：由低电压、大电流、低功率因数供电，变为高电压、合理电流、高功率因数供电。

高的功率级别意味着单位时间内输入电弧炉的热能大幅度增加，使熔化时间显著缩短、生产能力提高、电极消耗降低、热损失减少、电能消耗降低、生产成本下降。

超高功率电弧炉炼钢技术倡导炼钢高效化。高的生产速率引导电弧炉炼钢工艺、技术装备等方面都有较大发展。现代大型超高功率电弧炉炼钢过程出钢-出钢冶炼周期仅为45～60分钟，年出钢7000～12 000炉次。炉内电弧长度超过500毫米，工作电流达到5万安培以上，弧光辐射强烈、热损失大、对炉顶炉壁产生严重的“热侵蚀”作用，为此须采用泡沫渣技术，以及灵敏可靠的自动控制技术和智能控制技术。此外，炉容量大型化技术、辅助能源技术、水冷炉壁和水冷炉盖技术、底出钢技术、废钢预热技术等配套技术也需采用。

现代大型炼钢电弧炉普遍采用超高功率电弧炉。炼钢的工序能力超过年百万吨，形成了电弧炉炼钢在线精炼、全连铸、全连轧的单通道高效生产流程率。炼钢电弧炉的容量、炉型、装备水平和流程的年生产能力实际上取决于后步连轧工序和对产品的需求。

难度、高技术水平工程。④强大的制氧技术。超高功率电弧炉炼钢过程速率非常高，往往需要附加供应大量的辅助燃料，如煤粉、炭粉、燃油、天然气等。现代超高功率电弧炉炼钢过程中辅助能量占总能量的10%～20%，需要相应地供应大量的氧气。生产中一般每吨钢每炉次耗氧30～40立方米。所以电炉炼钢厂也必须配有强大的供氧能力。⑤前后步工序协调、高效的管理制度。

（李士琦　朱　觉）

220吨超高功率电弧炉

超高功率电弧炉炼钢技术的另一个重要的指标是电能利用效率，即年平均每兆伏安变压器能力的产钢量。现代超高功率电弧炉炼钢的电能利用效率水平是平均每兆伏安变压器能力年生产8000～12 000吨钢。

超高功率电弧炉炼钢技术的成功应用必须有相关技术与之匹配，主要有以下5种：①强大的供电电网技术。电弧炉炉容量增大、功率级别提高、主变压器容量增加，以及电弧功率、电弧长度、电弧不稳定性引起的电冲击大幅增加，对供电电网要求也相应提高，一般要求上游供电电网的短路容量应为电炉变压器容量的80倍以上。为减轻供电电网上的电压波动，减小电网上的电压波动谐波、闪烁，降低对其他用电设备正常工作的影响可安设巨大的电容补偿装置。容量补偿设备，早期采用的是大容量电容，后来多用动态功率补偿（SVC）装置。②高功能的炉用变压器技术。现代大型超高功率电弧炉炼钢过程电弧功率强大，主变压器的额定功率高达100兆伏安上下。电弧在钢铁料与石墨电极之间燃烧，非常不稳定，经常出现强烈的电冲击，所以主变压器二次侧应具有多级电压级别，冶炼工作电流强大，甚至高于50 000安培。主变压器长期处于恶劣的工作状态下，不仅要有足够的功率容量，还必须有足够的机械强度、抗电磁冲击能力和散热能力，所以电弧炉变压器需要配置专业装备。③超高功率石墨电极制造技术。超高功率电弧炉炼钢处于高温电弧的严酷工作状态下，在单位时间内输入的电能比普通功率电弧炉高得多，对石墨电极质量有严格要求。电流密度高、机械冲击力强、热工作状态恶劣，是普通功率电极不能承受的，而且大电炉的石墨电极直径很大、甚至达700毫米以上，超高功率电弧炉炼钢用的石墨电极的制造也是一项高

超固相线烧结　supersolidus liquid phase sintering　将粉末加热到合金相图中的固相线与液相线之间的温度，使内部（半固态颗粒）或晶界间形成液相，从而迅速达到致密化的烧结方法。简称SLPS。主要用于合金粉末烧结。SLPS由传统**粉末液相烧结**发展而来，在烧结过程中产生的液相主要沿着晶界和接触颗粒的接触面分布，其液相数量明显低于液相烧结的液相数量，因而既能保证产品具有高的致密度，又能够使产品具有最小的变形量。半固态颗粒在毛细管力作用下的黏性流动，是SLPS的主要致密化机理。毛细管力与颗粒直径、润湿角和烧结线收缩等有关，提高润湿角、减少颗粒直径都可增大毛细管力，有利于烧结致密化的快速完成。

SLPS所用原料为**预合金粉末**，烧结温度是烧结过程中的主要控制参数。温度决定着固/液相的数量比值，温度偏低则使液相数量偏低，导致合金致密度下降；温度偏高，液相数量过多，容易造成烧结变形和晶粒长大。因此，SLPS存在一个临界温度，当温度超过临界温度时，烧结体开始发生快速致密化，但同时烧结体也会发生微小的变形，因而寻找一个同时满足全致密和烧结变形要求的烧结温度区间非常重要。

（成会朝）

超前支护　advanced support　在极破碎岩层或不稳定第四系地层中掘进井巷时，为保证掘进作业正常进行并预防工作面发生坍塌，在开挖之前或超前于掘进工作面采取的预先加固措施。超前支护的实质是先行加固围岩使其自身稳定性增强，以便在其中进行掘进作业。

根据采取的加固措施对周围地层特性和应力分布的影响，超前支护分为地层改良法和预支护法。①地层改良法。是提高开挖面周围岩土层特性的方法，包括注浆、岩层加固、排水和地层冻结等。②预支护法。是在井巷开挖前，先对围岩进行加固，以增加围岩的自稳能力，并使开挖面周围应力干扰达到最小的方法。超前支护方法包括管棚注浆法、机械预切槽法、预衬砌法、水平旋喷注浆法、超前小导管法、超前锚杆法、冻结法等，其中以管棚注浆超前支护技术应用最为广泛。

管棚注浆超前支护是把一组钢管沿开挖轮廓外已钻好的孔中打入岩层内，并与钢拱架组合形成强大的棚架预支护加固体系，支撑来自管棚上部的荷载，同时通过梅花形布置的钢管注浆孔加压向岩层中注浆，以加固软弱破碎的岩层，提高岩层的自稳能力。管棚注浆是一种长距离的超前支护方法，支护距离长、刚度大，适用于工作面不能自稳、含水的地层，控制地表沉降、防渗止水效果好，但施工工艺要求较高。如将管棚注浆与小导管补充注浆法结合，除具有大管棚的特点外，还能够防止管棚下方三角土体或岩体的塌落，长短结合的预支护效果更为理想。

在处理严重塌冒或被破碎岩石所充满的巷道时采用的撞楔法（又称插板法）也是一种超前支护方法。在即将接触松软破碎岩层时，首先紧贴工作面架设支架，然后从后一架支架顶梁下方向前一架支架顶梁上方由顶板一角开始打入撞楔。撞楔以硬质木材制成，宽度不小于100毫米，厚度为40～50毫米，前端要削成扁平尖头，以减少打入的阻力；撞楔长度一般为2～2.5米。撞楔要成排打入，不得漏顶。在撞楔超前支护下，可以开始出渣。当清到撞楔打入岩石深度的2/3位置时，应停止清渣，架设支架开始打入第二排撞楔，进行第二次循环，直至通过断层冒落破碎带为止。

（张钦礼）

超细晶粉末冶金材料　powder metallurgy materials with surper-fine crystalline structure　晶粒尺寸介于100～500纳米范围内的**粉末冶金材料**。超细晶粉末冶金材料的制备是自20世纪90年代发展起来的，主要方法有：①通过添加第二相弥散抑制晶粒长大。②利用原始粒度细的超细/纳米粉末制备细晶粉末冶金材料。③进行剧烈大塑性变形。

超细晶粉末冶金材料晶粒尺寸细小，晶界浓度较高，其晶粒细化强化作用远

远超过析出强化或弥散强化作用，使材料具有不同于粗晶材料的优异性能。根据霍尔－佩奇（Hall-Petch）关系，晶粒的超细化可以使材料具有异常高的强度，同时晶粒的超细化可以使材料获得高应变速率超塑性或低温超塑性。当物质处于超细晶状态时，引起超细化颗粒的表面结构与晶体结构发生改变，材料的基本物理力学性能（如弹性模量、居里温度、德拜温度、磁化率等）也会随着晶粒尺寸小到一定程度而出现显著变化，从而产生量子尺寸效应、小尺寸效应、表面效应及宏观隧道效应等。这些效应使超细晶粉末冶金材料在力学性能、磁学性能、热学性能、光学性能、电学性能、催化性能、生物活化性能等方面更具优势。

（范景莲）

超细矿物粉体 ultra-fine mineral powder 粒度0.1～10微米的**矿物**。

粒度表征 超细矿物粉体的粒度一般用小于某一粒度的累积百分含量$d_y = X$微米表示（式中d表示粒度，y表示超细粉体物料中小于X微米粒度物料的含量百分数；$d_{97}=10$微米，表示粒度小于10微米的物料占全部物料的97%）。商业上也用相应的“目”数表示，如1250目（可按筛序换算成筛孔尺寸为10微米）。超细矿物粉体的粒度测定主要采用激光粒度分析仪、重力和离心沉降仪、库尔特计数器、图像分析仪（光学和电子显微镜）等现代科学仪器，测定结果以微米为单位，粒度分布可用列表法、直方图、频率分布图与累积粒度分布图等表示。

粉碎过程 工业上采用机械法粉碎实现颗粒微细化，所用设备主要有气流磨机、高速机械冲击磨、搅拌球磨机、砂磨机、滚筒式球磨机、振动球磨机、行星式球磨机、**辊磨机**、均浆机、胶体磨等。在实际应用中对超细矿物粉体产品的粒度和级配均有一定要求，一般超细粉碎技术包括使粉体粒度减小至“超细”的粉碎加工和使超细矿物粉体符合“特定粒度分布”的精细分级。

由于超细矿物粉体的比表面能较大，在对矿物进行超细粉碎过程中，随着粉体粒度的减小，颗粒相互团聚的趋势逐渐增强。在一定的粉碎条件和环境下，经过一定的粉碎时间后，矿物超细粉体处于粉碎—团聚的动态平衡状态，粉碎速度趋于缓慢，即使延长超细粉碎时间，物料的粒度也不再减小，甚至出现粒度因团聚“变粗”的趋势。这是超细粉碎过程的主要特征之一。此时的物料粒度称为物料的粉碎极限。粉碎极限是相对的，其与机械力的施加方式（粉碎机械的种类）或粉碎设备类型、粉碎方式、粉碎工艺、粉碎环境等因素有关。为提高超细粉碎效率和降低粉碎极限，一般需在加工过程中，特别是湿式超细粉碎中加入助磨剂或分散剂。

性能与应用 超细矿物粉体具有粒度细、比表面积大、表面活性高、化学反应速度快、溶解度大、烧结温度低且烧结体强度高、填充补强性能好等特性，以及电性、磁性、光学等性能，广泛用于先进陶瓷、微电子及信息材料、陶瓷釉料、橡塑及复合材料填料、润滑剂及高温润滑材料、精细磨料与抛光剂、造纸、涂料与涂层材料、油墨、化妆品等领域。

（郑水林）

超细磨 ultra-fine grinding process 制备矿石超细颗粒的**磨矿**方式。超细颗粒的尺寸尚无统一标准，一般认为金属矿石小于10微米，非金属矿石小于5微米。金属矿山磨矿细度达到400目以下时称为超细磨。超细颗粒广泛应用于军事、冶金、化工、电子、计算机、航天、医药等高科技领域。制备超细颗粒的方法有化学法和物理法两类。化学法有气相法、液相法和交互反应法，适用制备产品纯度高、粒度很细的矿石；物理法有机械破碎法或电弧碎解法，其中机械破碎法是制备超细颗粒最广泛采用的方法。超细磨属于机械破碎，常用的设备有**球磨机**、塔磨机（立式磨）、SMD（stirred media detritor）磨机、介质搅拌式研磨机、高速回转磨矿机、射流磨矿机，以及干式制粉所用雷蒙磨粉机、振动磨机和气流磨机等。

超细磨能耗高，设备磨损严重。此外，当颗粒小到一定程度时，如再延长研磨时间，颗粒不仅不会继续变细，反而会因凝聚而变粗，形成“负磨矿”。在超细磨中，被磨矿石不但会发生形状变化，还会发生性质变化，形成机械化学效应。例如，石英及层状构造矿物（黏土类、滑石、石墨等）在机械力作用下，其层状构造缓慢消失而变成无定形；云母粉体经过干式超细磨加工后，会由层状变成粒状。

在金属矿中常见的细磨、超细磨粒度下，原有的3个**矿石破碎**能耗规律（面积学说、体积学说和裂缝学说）均不适用，必须采用细磨、超细磨的能耗规律。

（吴彩斌）

炒钢 puddling steel 半熔融状态下将生铁炒炼脱碳成钢的技术。是中国古代的一种**炼钢**技术。炒钢时，首先将生铁在空气中加热，升温至半熔融状；通过搅拌增加铁和氧气的接触表面积，使熔体中的碳氧化；随着温度升高，**奥氏体**含碳量逐渐下降，铁中的硅、锰等杂质氧化后与氧化铁生成硅酸盐夹杂。若将半熔融状态下的铁继续搅拌使碳氧化完全，则成为低碳熟铁，再经过锻打成钢制品。但也可以在不完全脱碳时，把生铁含碳量炒到需要的程度后终止炒炼过程，以得到中碳钢或高碳钢，然后出炉锻打，使组织致密，挤出渣滓，成为钢材。炒钢材质的夹杂物以细长硅酸盐为主，其在钢中变形量较大且分布比较均匀。陕西后川西汉剑、西安汉长安城武库出土的兵器、江苏出土的新莽残剑、徐州出土的建初二年（公元77）五十炼钢剑、山东临沂苍山出土的永初六年（112）三十炼钢刀等所用的原料，都属于这一类型钢材。

《天工开物》中生熟炒炼炉

炒钢技术在西汉（约前2世纪中叶）已发明并使用，江苏徐州狮子山楚王陵出土有西汉早期炒钢制品——5件矛和凿。炒钢技术在东汉已相当普及并一直沿用到明清。最早有关炒钢的文献记载见于东汉于吉所撰《太平经》(约公元1世纪)。公元2世纪末出现了**百炼钢**，被认为是用炒钢反复叠打变形，细化晶粒和夹杂物而成。明代《天工开物》中记载有生熟炒炼炉。

（韩汝玢）

沉井法 caisson method 在地面下沉预制井壁的**特殊凿井法**。又称沉箱凿井法。

发展简史 沉井法开始多用于铁路和桥梁工程，随后在水工结构，特别是市政工程中的给、排水泵站中应用较多。20世纪50年代开始应用于**竖井**工程中，沉井深度一般不超过40米。1839年，法国创造了压气沉井法，因下沉深度有限，并有损工人健康，到20世纪50年代逐渐被淘汰。1894年，德国创造了淹水沉井法。1944年，日本向沉井壁后施放压缩空气，减少井壁与土层的摩擦阻力获得成功。1952年，匈牙利和瑞士创造了触变泥浆液体减阻的方法。1958年，中国创造了震动沉井法；1969年，开始采用壁后泥浆淹水沉井法施工，至2016年已建成160多个井筒，最深达192.75米，沉井偏斜率仅0.69%。

基本原理　在井口位置，预制好沉井刃脚和一段井壁，边掘边沉，再在地面浇筑，接长井壁，继续下沉。其实质是在井壁的保护下利用机械和人工操作在井内掘进，井壁在自重的作用下下沉至设计位置，最后进行沉井的封底。沉井刃脚的作用是减少沉井下沉阻力；井壁主要承担井外水土压力和自重（图1）。沉井法具有施工简单、设备少的优点，适用于在冲积层小的流砂、淤泥等含水层中施工。

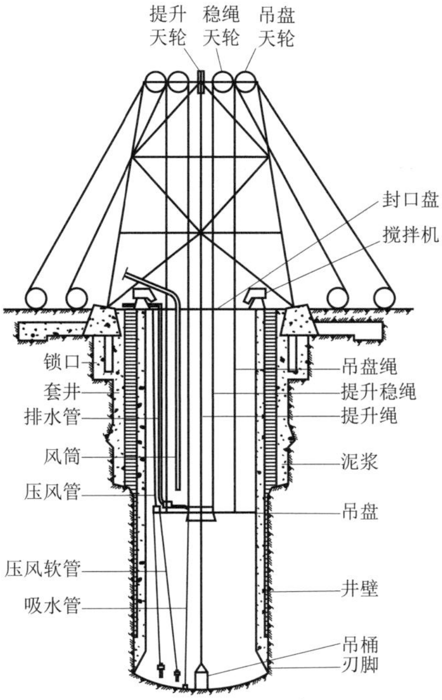

图1　沉井法凿井示意图

沉井结构　由套井、井壁和刃脚3部分组成。①沉井套井（即锁口）是靠近地表，预先做好的一段大于沉井外径1.5米左右的井筒，用以保护井口，安设导向装置和贮存减阻材料。②沉井井壁就是井筒的永久井壁，应有足够的强度，并满足下沉所需的重量。一般为钢筋混凝土结构，壁厚1米左右，随沉井下沉不断在井口浇筑接长。③刃脚位于沉井井壁最下端，多用钢材制造。刃尖角通常为30°，刃脚高约3米，刃脚外半径比井壁外半径大100～300毫米，以便下沉后在井壁四周形成一个环形空间。施工时沉井利用钢刃脚插入土层，工作面不断破土排渣，依靠井壁自重不断下沉，当沉井刃脚达到基岩后，即行封底与壁后注浆固井。

沉井掘进　沉井井筒掘进主要有4种方法：①水枪掘进。高压水沿供水管输送到水枪，经水枪喷嘴后形成一股高速射流，冲击工作面土层并破坏其结构，形成泥浆，泥浆由空气吸泥机排到地面，以完成沉井掘进任务。是沉井掘进的主要方法。②钻机掘进。利用钻头上的切齿做圆周运动，插入土层将土结构破坏，然后通过空气吸泥机将其排至地面。钻机破土可以连续不断地钻进，效率较高。③抓斗掘进。用于淹水沉井施工中，抓斗可作为掘进的主要设备，也可作为掘进的辅助设备，用以抓取大块卵石。④人工掘进。一般适用于不淹水沉井施工。

沉井排渣　沉井的排渣方式主要有：①压气排渣。利用空气吸泥机在设备管内、外产生负压，通过负压将泥渣浆排出。该法操作简单、管理方便，但效率低。②水力排渣。高压水以很高的速度从喷嘴中射出，造成吸泥管内负压进行排渣。该法运行可靠、操作方便，但效率低，使用范围限制较大，一般只在浅沉井中或清理沉井基地时使用。③抓斗排渣。利用抓斗抓取井底工作面的泥渣后直接用绞车提出井外卸载。该法设备简单、耗能小，但效率随井筒深度的增加而逐渐降低。④吊桶排渣。一般用人工或机械将沉井底土砂装入吊桶提出井外。该法安全性较差，沉井深度受限。

分类　按井壁下沉动力，沉井法可分为自重沉井和加载沉井。加载沉井又分为：①震动沉井。在预制的薄壁长段井筒上部装有井帽，在其上安置震动机，带动井筒震动，加大井筒的下沉力，并促使井壁四周土壤液化，减少沉井周边的摩擦阻力，加快下沉速度。震动沉井由建桥工程使用的震动管柱法移植而来，自1958年起，在中国淮北矿区用该法相继建成了十多个井筒。震动沉井法的优点是机械化程度高，成井速度快，成本低。由于震动机的加载有一定限度，在遇到砾卵石层时，井壁容易断裂，且地面及井筒周围受震动影响，适用条件受到限制。②压水沉井。在沉井刃脚上增设伞形钢结构底罩，把井筒和刃脚隔开，通过伞上灌水增加荷载。伞下作为破土排渣的空间，破土使用五组装在刃脚四周斜面处和伞顶部的固定水枪，泥渣水自伞顶中心的排渣管排出。压水沉井在中国开滦建井工程处首次试用，下沉深度达30.1米。

按井内是否淹水，沉井法分为不淹水沉井和淹水沉井，前者一般需要人工掘进，后者可借助设备施工，不需人工下井。

不淹水沉井　井筒内不灌水，一般用人工掘进，吊桶提升，水泵排水，自重下沉。除井壁在地面浇筑、随掘进而下沉外，其他工序和普通凿井法相同。由于排水造成井内、外压力不平衡，下沉深度受到限制，不宜在涌水大、流砂层厚的表土层采用。

淹水沉井　特点是井筒内灌水，保持井内外压力平衡，可防止涌砂冒泥；壁后灌注减阻介质；掘进与排渣均在水下完成；一般采用水枪或钻机破土、压气排液器排渣。该法工艺较简单，需用设备少，机械化程度高，工人不下井，作业条件好，成本较低，除砾卵石层外，一般均可采用。但由于量测和纠偏技术尚未完全解决，沉井下沉速度和偏斜程度较难掌握，往往影响工期。淹水沉井分为壁后泥浆淹水沉井和壁后压气淹水沉井。①壁后泥浆淹水沉井。在整个施工过程中保持井筒内淹水水位高于地下水位1～2米。在沉井壁后环

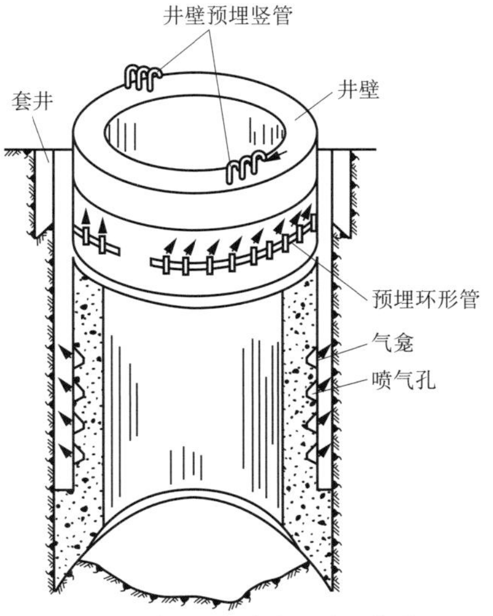

图2　壁后压气淹水沉井示意图

形空间灌注触变泥浆。触变泥浆以膨润土为主要原料，加水和化学处理剂（碱、羧甲基纤维素）混合搅拌而成的一种液态减阻材料，其特性是静止时为不易流动的凝胶状态，搅动时变成易于流动的溶胶状态。通过埋设在井壁内的管路，将触变泥浆灌注在沉井壁后的环形空间内，把井壁和地层隔开，借助泥浆柱压力，维护土层稳定，防止塌陷并可在沉井下沉时减少沉井外壁的摩擦阻力。用触变泥浆减阻经济效益较好，但恢复井壁与土层的固着力和保证泥浆护壁的可靠性方面，还有待研究改进。②壁后压气淹水沉井。在沉井外壁上，按压缩空气可能克服的作用面积预留气龛，在气龛底部设喷气小孔与井壁内的压气管路相连，构成施放压气的通道。沉井需下沉时，按施工要求压力依次打开管路阀门，压气由喷气孔喷出，沿井壁外围扩散上升，形成一个空气帷幕，以减少周边的摩擦阻力，促使井筒下沉（图2）。该法可控制施放压气的时间，有利于控制井筒偏斜。日本最深沉井达200.3米，偏斜率仅为0.1%。但应用壁后压气淹水沉井

时，工人要在高压气环境中工作，作业条件差，故已不采用。

扩展阅读

余力，巴肇伦，卓鑫然.煤矿沉井法凿井.北京：煤炭工业出版社，1984.

（巴肇伦　崔广心　王建中）

陈炳辰　Chen Bingchen（1928-05-28～2012-03-03）　中国选矿工程专家。生于河南西平，卒于辽宁沈阳。1953年毕业于东北工学院选矿专业。毕业后留校任教并在研究生班学习。1956～1959年先后在中南矿冶学院和东北工学院随苏联专家学习。历任东北工学院矿物工程系磨矿与数学模型教研室主任，系学位及学术委员会主任，校学位及学术委员会、学科建设委员会委员，学科评议组成员和职称评定委员会委员。

致力于粉体工程、资源综合利用、选矿数学模型及模拟研究。负责“异形磨矿介质的应用研究”“合理磨矿参数的研究”“包头铌资源综合利用选冶工艺研究”和“磨矿机理和过程仿真研究”等多项国家级科研项目。主持召开了5次全国粉体工程学术会议。获国家科技进步奖三等奖1项、“六五”攻关科技进步奖2项、“八五”攻关重大成果奖1项、冶金部科技进步奖二等奖1项。发表论文150余篇。出版有《选矿数学模型》（1984）、《磨矿原理》（1989）等专著，参编了《选矿手册》《中国冶金百科全书·选矿卷》《选矿厂设计》。

（印万忠）

陈荩　Chen Jin（1921-12-31～2005-02-12）中国选矿工程专家。生于云南凤庆，卒于湖南长沙。1941～1945年在云南省公费留美预备班学习，1945～1947年在美国科罗拉多矿业学院学习，1947～1949年在美国犹他大学学习。1950～1953年先后在北洋大学、北京工业学院、北京钢铁学院等高等学校任教。1953年参与组建中南矿冶学院选矿工程专业。1997年被美国《科学与工程专家名典》收录。

在复杂矿物资源综合利用、微细粒选矿、硫化矿浮选电化学、综合力场分选及黄金非氰提取等领域，进行了一系列开创性的研究工作。基于其研究成果，建成了中国第一座锑矿浮选厂，首次成功地应用铅离子活化辉锑矿，实现了在弱碱性介质中浮选辉锑矿；建成了湖南省第一座石墨选矿厂，采用独特的磨浮工艺获得高品位石墨精矿，再对其进行化学深加工后得到优质的化工产品。20世纪80年代，提出了复杂微细粒综合力场分选理论，指导研制第一台立环式脉动高梯度磁选机。立环式脉动高梯度磁选机应用效果良好，尤其适应中国矿产资源贫矿多、嵌布粒度细、选别难度大的特点，对提高中国细粒弱磁性矿石的选矿水平、减少资源损失、提高经济效益具有重要意义。先后获得国家、省部级科研奖励11项，国家发明专利5项。出版了《硫化矿物浮选电化学》（1992）、《选矿浆体流变学及其应用》（1995）等专著，发表学术论文200余篇。

（冯其明）

陈景　Chen Jing（1935-03-09～　）　中国贵金属冶金专家。生于云南大理。1958年毕业于云南大学化学系有机合成专业。毕业后到昆明贵金属研究所工作。1997年当选中国工程院院士。

长期从事**铂族金属冶金**新技术的开发应用及相关物理化学研究，是中国铂族金属冶金的主要开拓者之一。改进了钯、铑提纯方法，在中国首先制备了钯、铑光谱基体。完成国家急需的硝酸工业废铂催化网再生工艺和工业试验研究；在中国金川资源综合利用项目中，负责“从二次铜镍合金提取贵金属新工艺”课题，发明的分离贵金属方法成功应用于生产，解决了铑铱分离及提纯的技术难题；提出了处理云南金宝山低品位铂钯矿全湿法新工艺，使中国第二大铂族金属资源有了可开发利用的创新技术；用沉淀吸附法治理云南阳宗海湖泊砷污染，解决了大体量地表水砷污染治理问题。在理论方面，用静电力学计算出氢分子及氢分子离子的结构参数；从原子层次提出重铂族配合物的热力学稳定性及动力学惰性均高于轻铂族配合物的规律；总结了铂族金属氧化还原反应、沉淀反应、亲核取代反应、溶剂萃取分类等规律，形成较系统的铂族金属冶金理论。主持完成重大科研任务50余项，获国家科技进步奖一、二等奖及省部级自然科学与技术进步奖一、二等奖10余项，获云南2009年度科学技术杰出贡献奖。发表学术论文180篇，出版专著3部。1984年被评为首批国家级有突出贡献中青年专家。

（姜　曦）

陈清如　Chen Qingru（1926-12-03～　）中国选矿工程专家。生于浙江杭州。1946～1948年在国立英士大学机电系学习。1948年7月考入唐山交通大学矿冶系，1952年7月毕业留校工作。同年9月到北京矿业学院工作，此后一直在中国矿业大学从事教学科研工作。历任矿山机械系副主任，煤综合利用系副主任、主任，选矿工程研究中心主任。1958年1月～1960年12月被国家派往苏联莫斯科矿业学院进修。1995年5月当选为中国工程院院士。曾任中国煤炭工业协会高级顾问、中国颗粒学会常务理事、中国煤炭学会名誉理事、选煤专业委员会名誉主任委员等职。

致力于选矿理论和工程实践的研究和应用，是中国选矿工程学科的开拓者之一。20世纪60年代，开展了跳汰和重介分选研究，揭示了水流运动特性对物料分选过程的作用机理；指导设计了中国第一台筛下空气室跳汰机；主持和参加了中国第一座重介质旋流器末煤选煤厂的设计、建厂、安装调试和投产工作。80年代，在干法筛分领域建立了“粒群透筛概率”的筛分理论，首次将近似筛分理论用于解决潮湿细粒煤干法筛分的堵孔问题，研制成功了中国第一台处理潮湿细粒煤的煤用概率分级筛。为了解决干旱地区、高寒地区及遇水易泥化煤炭的分选问题，提出了空气重介质流化床干法选煤方法，建立了“空气重介稳态流化”的选煤理论。1994年建成并调试成功世界上第一座空气重介质流化床干法选煤示范厂。20世纪末，提出了中国洁净煤战略构想。先后主持完成科研项目50多项，获得国家科技进步奖二等奖2项、国家技术发明奖三等奖1项和省部级奖励10项。获得中国及美国专利21项。1990年获得全国五一劳动奖章及“全国优秀教育工作者”称号，2010年获得第十六届国际选煤大会国际组委会首次设立的终身成就奖。发表论文230余篇，出版著作13部。

（赵跃民）

陈先霖 Chen Xianlin（1928-09-27～2009-01-31） 中国冶金机械专家。生于四川遂宁，卒于北京。1949年毕业于上海交通大学机械工程系。1954年调入北京钢铁学院，曾历任机械系冶金机械教研室主任、机械系副主任、研究生院副院长。1995年当选为中国工程院院士。

长期从事冶金机械力学、强度分析和重大冶金设备运行性能研究。主持完成宽带钢轧机辊形与板形的研究，建立了专用于辊系受载变形分析的特殊有限元模型。首创的变接触支持辊应用于武钢一米七冷连轧机、宝钢2030冷连轧机及武钢一米七热连轧机。发现了由国外引进的一米七带钢冷连轧机频频发生工作辊辊颈与轴承黏结事故的原因，促使设计制造厂家改正了为武钢、宝钢提供的大型宽带钢轧机的设计。研究攀钢120吨转炉托圈安全性，避免了因更换托圈而停产造成的重大损失。曾获国家科技进步奖一等奖，国家科技进步奖三等奖。被国家科委及冶金部联合表彰为“六五”国家科技攻关“有重要贡献人员”，被冶金部通令嘉奖为“深化移植引进技术工作中先进科技工作者”。1995年被评为全国教育系统劳动模范并授予人民教师奖章。

（姜 曦）

陈新民 Chen Xinmin（1912-11-18～1992-12-23） 中国冶金学家。生于安徽望江，卒于北京。1935年毕业于清华大学化工系，获理学学士学位。1941～1945年在美国麻省理工学院冶金研究所学习，获冶金博士学位。1945～1946年在美国卡内基伊利诺伊钢铁公司芝加哥南厂任研究冶金师。1945年曾在美国从事钢中氢含量的影响因素的研究，并考察美国工厂技术管理方面的情况。1947年冬回国，任北洋大学冶金系教授。1952年赴长沙筹建中南矿冶学院，历任中南矿冶学院（1985年改名为中南工业大学）筹备处主任、院长、常务副院长、名誉校长。1952年后任中国有色金属学会第一届常务理事、中国高教学会常务理事。1980年当选为中国科学院学部委员（院士）。有色金属冶金教育的开拓者，中国金属学会冶金物理化学学术委员会创始人之一。

中国有色冶金教育的开拓者，长期致力于**冶金过程物理化学**研究。首次以实验方法测出熔铁内的铬含量增加会降低铁内氧的**活度**，证明了氧的活度系数的对数与铬含量呈向下倾斜的直线关系。对中国冶金过程物理化学的学术发展做出了贡献。对火法冶金、湿法冶金、氯化冶金及熔体热力学理论有深入的研究，如有色金属氧化物氯化平衡的研究、有色金属主要矿物硫化物焙烧时气体平衡组成的研究、冶金过程反应的动力学研究、金属-氧系的热力学研究、熔融法测定金属中气体的热力学分析研究和高温冶金熔体X射线装置及应用的研究等。其研究成果为中国有色金属技术的开发提供了理论依据，并在一些重要建设项目中得到应用。著作有《火法冶金过程物理化学》(1984)、《冶金热力学导论》(1986)、《物理化学》(1987)等。发表《氯化镁水合物热分解的综合研究》(1978)、《金属中气体分析的热力学基础》(1978)等数十篇论文。

（姜 曦）

成分过冷 constitutional supercooling 在合金凝固过程中，因溶质或杂质元素在固-液界面处发生溶质再分配引起的过冷。其形成原因是合金凝固过程中，固-液界面上固相成分与液相成分不同，在凝固界面前沿液相中形成溶质（或杂质元素）富集或贫乏区，溶质富集（溶质含量升高，大于初始浓度C_0）或贫乏区中液相凝固温度随固-液界面距离变化而改变。当凝固界面及其前沿一定范围内的液相实际温度低于该成分下平衡凝固温度时，便出现成分过冷现象。

合金凝固时，如果溶质分配系数小于1（$k<1$），由于溶质在固相中的溶解度小于在液相中的溶解度，溶质会在固-液界面前沿富集。从固相中排出的多余溶质原子将会聚集在固-液界面前沿的一个边界层中。远离界面处的液相成分（那里还没有受到溶质富集的影响）为C_0，边界层的溶质浓度C_L沿凝固距离从C_0/k减小到C_0，即：

$$C_L = C_0 + [\frac{C_0(1-k)}{k}]\exp(\frac{-Vz}{D}) \quad (1)$$

式中V为生长速度（凝固速率）；D为溶质在液相中的扩散系数；z为离开凝固界面的距离。

凝固界面前沿的浓度变化将会影响到液相的局部平衡凝固温度T_e（熔体中液相线温度变化）。熔体中液相线温度变化与浓度的关系为：

$$T_e = T_A + mC_L \quad (2)$$

式中m为液相线斜率；T_A为纯溶剂A的熔点。C_L随距凝固前沿距离增加而减小，T_e

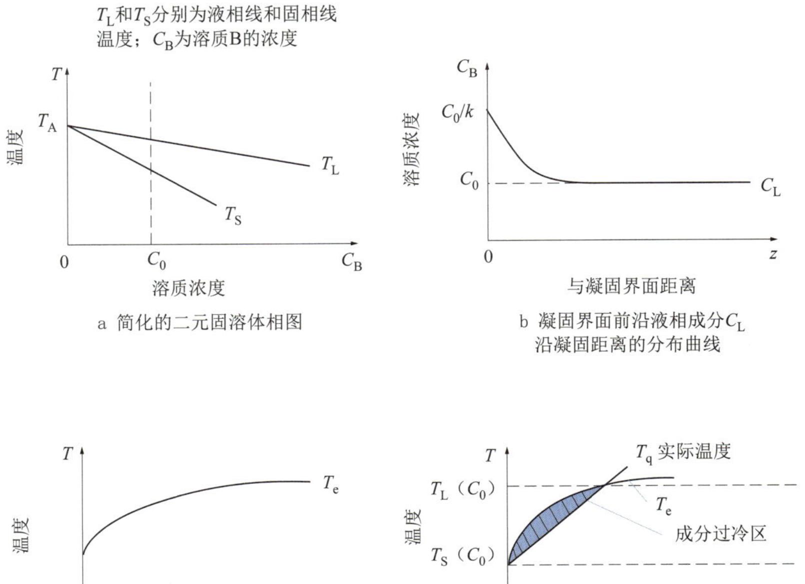

a 简化的二元固溶体相图

b 凝固界面前沿液相成分C_L沿凝固距离的分布曲线

c 凝固界面前沿液相凝固温度分布曲线

d 成分过冷区示意图

溶质分布系数的合金成分过冷区形成示意图

随距凝固前沿距离的增加而增大。

图为$k<1$合金成分过冷形成示意。图a为简化的二元固溶体相图，其液相线和固相线都为直线，凝固中固相排出的溶质在凝固界面液相前沿形成了溶质富集层（图b），该富集层的液相对应的凝固温度分布曲线为T_e（图c），而实际凝固条件下液相温度分布为T_q。如果$T_q<T_e$，此时液相线温度分布曲线与实际温度分布曲线之间围成一个区域（阴影区）就是成分过冷区（图d）。理论分析表明，形成成分过冷区的条件为：

$$\frac{G_L}{V} < -\frac{mC_0(1-k)}{Dk} \qquad (3)$$

式中G_L为液相温度梯度，式右边可简化为$-mC_0(1-k)/(Dk)=\Delta T_0/D$，故成分过冷条件也可写为：

$$\frac{G_L}{V} < \frac{\Delta T_0}{D} \qquad (4)$$

式中ΔT_0为合金的结晶温度间隔。如此，合金结晶温度间隔越大凝固速率越高或液相温度梯度越小，合金凝固界面前沿出现的成分过冷就越严重，而出现成分过冷的合金凝固界面不稳定。随着成分过冷从无到有及从小变大，界面生长形态从平界面向胞状界面及树枝状界面演变，相应的凝固组织也从平面晶向胞状晶、柱状枝晶甚至等轴枝晶变化，并最终对合金性能产生影响。

扩展阅读

KURZ W, FISHER D J. Fundamentals of Solidification.4th ed. Switzerland: Trans Tech Publication, 1998.

（李双明）

城市矿山　urban mine　蕴藏于城市之中、可循环利用的资源。又称城市矿产。是工业化、城市化的产物。1961年美国都市规划家J.雅各布斯提出："城市是未来的矿山"；1988年日本东北大学南条道夫首次提出了城市矿山的概念，并定义了其基本特征。

城市矿产资源中含有大量可循环利用的钢铁、基本有色金属、稀贵稀散金属、塑料橡胶等有价资源。城市矿山资源不同于地下原生矿产资源，因社会蓄积量在不断增加，其具有显著的资源节约与环境友好特性，是一种载能性、循环性、战略性可回收利用的重要资源。开发城市矿产资源，符合创新发展、绿色发展的理念，对于培育战略性新兴产业，推进两型社会建设和生态文明发展，有着重要的作用。

城市矿山的核心思想是从城市废弃物中开发提取人类所需的各类矿产资源。城市矿山既是垃圾也是资源，如果不能合理地处理，不仅会污染环境，还会造成资源浪费。通过开发城市矿山，一方面可以有效地缓解资源短缺问题，另一方面又可以保护城市环境，真正实现变废为宝、化害为利。

日本和欧美等国家均制定了完备的管理制度以及法律、法规体系，以此来规范对城市矿山的开发利用。中国城市矿山开发研究及产业发展迅速（见图），国家出台了一系列法律、法规和相关鼓励政策，城市矿山开发具有良好发展前景。

开采城市矿山（湖北荆门格林美城市矿产资源循环产业园）

（郭学益）

程希翱　Cheng Xi'ao（1926-09-19～2015-12-12）　中国选矿工程专家。生于辽宁辽阳，卒于湖南长沙。1951年毕业于东北工学院选矿专业，并留校任教。1953年起先后调任中国科学院沈阳金属研究所、冶金工业部长沙矿冶研究院工作。

长期致力于矿石工艺矿物学研究工作，先后对攀枝花铁矿、红格铁矿、祁东铁矿、大孤山铁矿、东鞍山铁矿、镜铁山铁矿和金川镍矿等重要矿山的矿石性质进行系统研究，为制定合理的选矿工艺流程提供了科学依据。1988～1990年，对本溪钢铁公司、鞍山钢铁公司、酒泉钢铁公司、包头钢铁公司等矿山选矿厂原矿及选矿产品进行工艺矿物学研究，为生产技术改造提供了科学依据。1980年提出"工艺矿物学"的概念，并组织召开了首届全国工艺矿物学学术会议。曾获冶金工业部科技进步奖二等奖1项、三等奖3项。

（曹佳宏）

冲蚀　erosion　在腐蚀和流体介质冲刷的联合作用下，金属表面发生破坏失效的现象。又称冲刷腐蚀。是一种危害性较大的局部腐蚀。在静止的或低速流动的腐蚀介质中，冲蚀不严重，但当腐蚀流体高速运动时，破坏了金属的表面膜或腐蚀产物膜，冲蚀会加速。

冲刷与腐蚀协同作用造成的金属材料损伤远大于冲刷和腐蚀单独作用之和。腐蚀对冲刷的加速作用体现在使表面粗化，形成局部微湍流；溶解金属表面的硬化层，露出较软基体；使耐磨硬化相暴露，以致脱落。冲刷对腐蚀的加速作用体现在加速传质过程，促进去极化剂（如氧气）到达金属表面和腐蚀产物从表面离开；使表面膜减薄、破裂，或通过塑性变形、位错聚集、局部能量升高形成应变差异电池，加速腐蚀。

影响冲蚀的因素主要有：①流体的速度。速度愈高，冲蚀速度愈快。②金属表面膜的特征。有坚硬、致密、连续、黏附性强的金属表面膜发生冲蚀的速率慢，反之则快。③流体中的第二相（气泡或固体颗粒）。存在第二相的双相流比单相流造成的冲刷腐蚀更严重。

防止冲蚀的措施有：①改进运输管道的设计，降低表面流速和避免湍流出现。②控制材料服役环境，如控制温度、pH、氧含量，添加缓蚀剂；澄清和过滤流体中的固体颗粒，避免蒸汽中冷凝水的形成；去除溶解在流体中的气体等。③正确选材，选择更耐蚀的材料。④进行表面处理与保护。

（李晓刚）

充填采矿法　cut and fill mining method　在采矿过程中随着回采作业的推进，采用充填料回填采空区进行**地压管理**的采矿方法。

简史　充填采矿法是在充填技术的基础上发展起来的，最初主要是采用废石干式充填的**上向分层充填采矿法**。20世纪初，澳大利亚北莱尔矿开始使用干式充填采矿法。40～50年代，澳大利亚和加拿大开发应用了水力充填技术，充填效率大大提高。50年代，中国开始采用废石干式充填的上向分层充填采矿法。60年代，中国开始采用水砂充填上向分层充填采矿法，取得良好效果，并逐渐取代干式充填采矿法，成为70～80年代的主流充填采矿法。随着采矿作业的机械化水平不断提高和**胶结充填**技术发展应用，形成了机械化上向分层充填采矿法、机械化下向分层进路充填采矿法、分段充填采矿法、**分段空场嗣后充填采矿法**、**阶段空场嗣后充填采矿法**等一系列充填采矿法。中国在60年代开始研究胶结充填技术，70年代在凡口铅锌矿等矿山成功应用细砂胶结充填，形成上向分层胶结充填采矿法，80年代在地下矿山获得推广应用。80～90年代，相继研发了高浓度全尾矿、**膏体充填**和废石胶结充填等工艺技术。进入21世纪后，中国成功地开发和应用了全尾砂结构流胶结充填，使充填采矿法的效率大大提高，充填成本不断降低。

分类　根据采场布置和充填方式，充填采矿法可分为上向分层充填采矿法、上向进路充填采矿法、下向分层（或进路）充填采矿法、分段充填采矿法、嗣后充填采矿法、**削壁充填采矿法**等类型。根据所用充填材料和输送方式不同，充填采矿法可分为干式充填法、水力充填法、胶结充填法。根据回采顺序与**落矿**工艺等因素，还可进一步细分充填采矿法子类。

特点　主要优点：①对开采技术条件适应性强、矿石回采率高、贫化率低。②通过充填采空区可以降低采场应力集中程度和范围，限制围岩移动和崩落，提高矿岩稳固程度，减少或消除地表沉降和位移，保护地表环境。③可以充分利用矿山固体废物作为充填材料，减少矿山固体废物排放，减少尾矿库库容乃至消除尾矿库，有利于减少地表工业污染。④作业安全。

主要缺点：相比空场采矿法和崩落采矿法，充填采矿法增加了矿山充填工序，工艺较复杂、生产成本较高。

适用条件　充填采矿法适用于开采各种类型的矿体。对于开采高品位、稀贵等高价值的矿体，地表不允许塌陷矿床，开采环境复杂及水体、铁路干线、重要建筑物“三下”矿床，矿岩不稳固、产状复杂、高地应力矿床，有自燃火灾危险矿床等独具优势。

发展趋势　随着充填与采矿装备技术的发展，充填采矿法的采场生产能力和采矿效率大幅提升，优势突显，属于安全、高效、高回采率的采矿方法，对绿色开采和可持续发展形成有力支撑，是最具发展前景的采矿方法。

扩展阅读

周爱民.难采矿床地下开采理论与技术.北京：冶金工业出版社，2015.

解世俊.金属矿床地下开采.北京：冶金工业出版社，1986.

（李向东）

重熔精炼　secondary remelting refining　以冶炼得到的金属物料为原料，再次熔化冶炼的技术。又称二次重熔。是获得高级优质材料的有效方法。所用原料为**氧气转炉炼钢**、**电弧炉炼钢**、**感应炉熔炼**或**有衬电渣熔炼**获得的产物，其状态可以是铸态、轧态和锻态。用**直接还原铁**、废钢及铁合金等初级金属物料为原料的冶炼方法不属于二次重熔精炼技术范畴。重熔精炼是在还原条件下进行的。

工艺特点：①用炼钢等冶炼方法获得的金属作原料，在重熔过程中金属的基本成分不产生重大改变，重熔过程的主要任务在于去除有害杂质和补加少量元素。②重熔过程所用能源是电力，能源的化学性质为中性。③冶炼过程处于还原条件下，对所冶炼的金属有强烈的精炼效果。

二次重熔精炼主要技术有：①**电渣重熔**（ESR）。利用电流通过水冷结晶器内的熔渣层产生焦耳热（电阻热）加热、熔化自耗电极，完成精炼的技术。电渣过程只依靠电阻热，不产生电弧。重熔过程金渣反应充分，精炼和凝固效果理想。电渣重熔装备简单、操作方便、建设和运行费用都很低，在特殊钢等制造业广泛使用。②真空感应熔炼（VIM）。用真空感应炉进行二次重熔精炼的技术。真空感应炉是在真空室内的高频或中频无芯感应电炉，冶炼后的浇铸工作也在真空室内完成。③**真空电弧重熔**（VAR）。冶炼装置是真空自耗炉，在真空条件下利用电弧将自耗电极熔化、精炼的技术。炉内工作压力一般在0.1～1.0帕，电弧区的实际工作压力较高，可能达到13～130帕。真空电弧重熔有两个重要特点，一是熔炼过程中金属不与耐火材料接触；二是炉料边熔化边凝固，得到的锭子可完全消除一般锭子中常有的缩孔、中心疏松和偏析等缺陷。④**真空电子束重熔**（EBR）。冶炼装置是真空电子束炉，用一个或数个电子枪发射出电子束，轰击被熔物料（作为阳极），使之熔化，熔化的物料滴入一水冷铜结晶器，凝固成锭。电子束工作区间的真空度很高，为10^{-5}～10^{-1}帕。⑤**等离子弧重熔**（PAR）。使用惰性气体等离子射流将物料

几种二次重熔精炼技术的冶炼特征

项目			电渣重熔（ESR）	真空电弧重熔（VAR）	真空电子束重熔（EBR）	等离子弧重熔（PAR）
热源			熔渣电阻热	电弧	电子束	等离子弧
主要设备			交流变压器	直流电源真空系统	电子枪高真空系统	直流电源等离子发生器
重熔原料			预合金化、预成形料	预合金化、预成形料	预合金化、预成形或块屑料	预合金化、预成形或块屑料
可否加入合金			微量调整	微量调整	可加入	可加入
温度调节			温度升高有限，有条件可调	区域高温不可调	可以过热熔炼，温度分布可调	可以充分过热，温度分布可调
一般最大锭重/吨			200	52	18	1
大锭熔化率/（吨/时）			2～3	约1	1.2	0.5
钢锭表面			光洁	表面差，需清理	表面差，需清理	良好，但不光洁
去气体效果	脱氧		氧化物降低	良好	最佳	决定于载流气体
	去氮	溶解氮	可降低	可降低	可降低	可降低
		氮化物	不分解	部分分解	可分解	可分解
	去氢		有争议	近于平衡	近于平衡	取决于载流气体
去除非金属夹杂物			去除氧化物、硫化物	去除氧化物	去除氧化物	去除氧化物
脱硫			良好	不能	不能	不能
热塑性			最好	一般	较好	一般
比电耗/（千瓦·时/千克）			1.2～1.7	1	1～2	>2
生产成本			最低	比ESR高	昂贵	较贵

加热、熔化、精炼的冶炼技术。等离子弧重熔为常压操作，但有惰性气体保护，有较好的精炼效果。这5种重熔精炼技术中，真空感应熔炼所用原料为块状，对于含大量高价合金的产品，往往预制成为母合金，再在真空感应炉中重熔精炼。电渣重熔、真空电弧重熔、真空电子束重熔、等离子弧重熔技术的冶炼特征见表。

（李士琦）

抽线琢针 wire drawing and needle making 明宋应星所著《天工开物·锤锻》中记载的制针工艺，是中国古代拉丝和渗碳热处理技术的应用。工序是：将熟铁锻成细条，经穿孔铁模具拉拔成丝，剪断，“鎈”削，穿眼成为针形。然后放在铁锅内缓慢翻炒使之退火，再用松木、火矢（木炭）、豆豉作渗碳剂，拌以细泥，将针覆盖加热。在覆盖层外，插上几枚针，用以测知火候。当测针经加热氧化，手捻即碎时，就可以启封，将针在水中淬硬，得到成品（见图）。

抽线琢针图

中国赫哲族在近代仍用类似方法制作鱼钩，其步骤是：先将铁丝弯制加工成钩，和木炭、火硝一同装入陶罐加热，趁热打碎陶罐，使钩落入水中淬硬。再在铁锅中用油和小米翻炒，使之退火。这样做成的鱼钩具有很好的强度和韧性，可以钓起百斤重的大鱼。

（华觉明）

出矿品位 drawn ore grade 采出矿石中有用成分的含量。以百分率表示。是衡量采出矿石质量的重要指标。保证出矿品位的均衡性和稳定性，可减少矿石质量的波动，有利于提高**选矿回收率**，充分利用矿产资源，获取好的经济效益。出矿品位可采用下式计算：

围岩不含品位：$\alpha'=(1-\gamma)\alpha$

围岩含品位：$\alpha'=(1-\gamma)\alpha+\gamma\alpha''$

式中γ为矿石贫化率；α为矿石品位；α'为采出矿石品位；α''为围岩含矿品位。

提高出矿品位的措施主要有：①加强生产勘探，做好矿石质量的检验与编录。②加强采场出矿管理，提高矿石质量。③做好矿石贫化管理，控制矿石贫化率。④建立矿石质量管理系统和管理制度，实施全面质量管理。

（刘福春）

初期坝 starter dam 用土、石等材料堆筑，作为**尾矿堆积坝**的排渗或支撑体的坝。在**尾矿库**投入运行前建成，供尾矿库初期使用并作为**尾矿坝**的基础设施。初期坝的位置因尾矿筑坝的方式而异，中国以上游法堆筑的尾矿坝居多。为了有利于随后堆筑的尾矿堆积坝的排渗固结，初期坝一般以土石材料堆筑，并作为尾矿堆积坝的排渗棱体和支撑体。因其是尾矿坝建设的基础部分，而且在有些情况下也并非作为堆积坝的排渗棱体和支撑体（中线式及下游式尾矿坝），国际上也称其为基础坝、基本坝。

采用库尾和库中排放的干式堆存尾矿库及中心排放的膏体堆存尾矿库，往往会在下游或周边首先建造土石坝，以拦挡尾矿及水向库外漫流和扩散，并最终成为尾矿堆积体坡脚和支撑体。这种坝在大部分运行期内只具备拦挡的功能，因此经常称之为拦挡坝。

根据其功能要求确定，初期坝可以是透水的，也可以是不透水的。在堆筑上游式尾矿坝时，为使尾矿堆积坝尽快排渗固结，多建成为透水坝；在有防渗要求或不需要排渗的情形下，也可以建成不透水坝。

（岑　建）

穿脉巷道 cross drift 垂直或近似垂直矿体走向且穿过矿体掘进的巷道。在矿体较厚的情况下，常布置穿脉巷道（见图）。按穿脉巷道的功能类型，可分为生产探矿穿脉、采准穿脉、出矿穿脉、运输穿脉等。穿脉巷道参照勘探网度、矿块尺寸等间隔布置，一般需穿过矿体，探明矿体边界，控制矿体形态，后期可作为采矿生产中的采准工程使用。

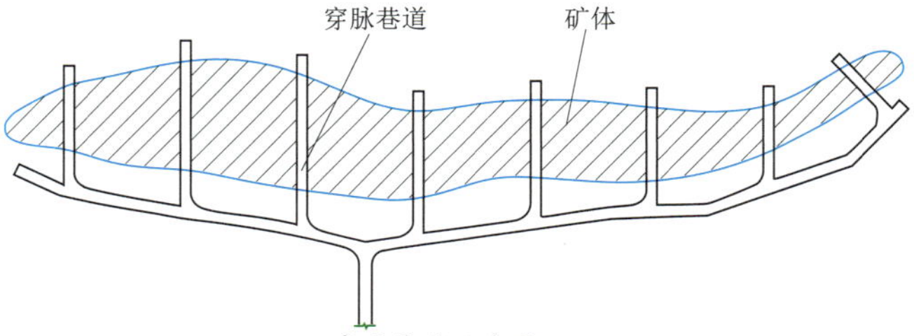

穿脉巷道示意图

（陈　何）

磁场热处理 thermomagnetic treatment 在磁场中于居里温度附近将材料保温若干时间后冷却，或以一定的速度在磁场中冷却的热处理技术。包括磁场退火、磁场淬火、磁场回火、磁场渗氮等。其中磁场淬火对改善材料的组织和性能效果最为明显。磁场淬火的实质是利用外加磁场使奥氏体晶格发生形变（即晶格畸变），形成位错胞，使马氏体细化并增加位错密度，改善力学性能。

磁场热处理既可用于软磁材料，又可用于永磁材料。在一定条件下，磁场热处理都能改变它们的性能。例如，一些软磁材料（如铁－镍软磁合金）经过磁场热处理后，可以提高磁导率，或者改善磁滞回线的矩形比（纵向磁场热处理，即热处理时磁场方向与试样实际使用的磁通方向相同），或者使磁导率在一定磁场范围内保持恒定不变（横向磁场热处理，即热处理时磁场方向与试样实际使用的磁通方向相垂直）；而一些永磁材料（如铝镍钴永磁合金）经磁场热处理后则可提高剩磁和矫顽力。

由于磁场仅仅是改变晶格中原子之间的平衡距离而不改变机械零件的几何尺寸，所以磁场热处理应用范围极其广泛。凡是可通过普通淬火工艺处理的机械零件都可通过磁场淬火提高其强韧化效果，从而延长机械零件的寿命。

扩展阅读

孙忠继.磁场热处理及其应用和发展前景.热处理，2004，19（4）：17-19.

（王晓东）

磁场筛选机 magnetic field screening separator 借助外加弱磁场使强磁性矿粒形成磁团聚，通过筛分提高强磁性矿物含量的**磁选设备**。主要由给矿装置、分选装置、排矿装置三大部分组成。给矿装置由给矿筒、给矿头等部件组成；分选装置由槽体、磁系、筛片及内部支撑等辅助部件组成；排矿装置由螺

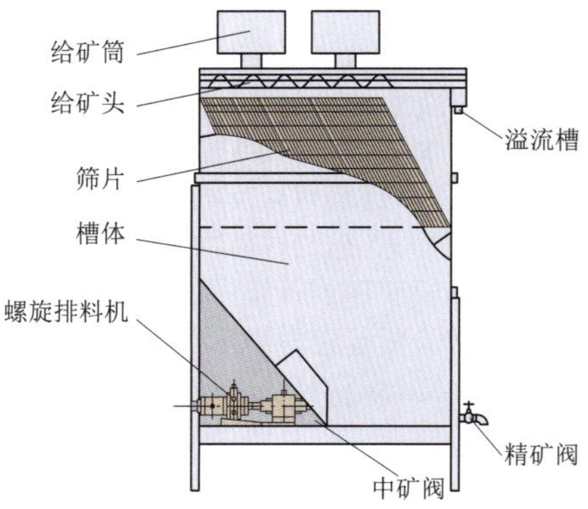

磁场筛选机结构示意图

旋排料机、精矿自动排矿系统和中矿阀组成（见图）。

工作时利用弱磁场将矿浆内的磁性矿物颗粒磁化成链状体，以增大磁性矿与脉石及矿物连生体的尺寸差。磁性矿沿筛面进入精矿箱，脉石及矿物连生体矿粒透过筛孔进入尾矿（中矿）箱，实现强磁性矿粒的分选。磁场筛选机的特点是耗电少；安装方便，无须基础固定；对给矿浓度、流量、粒度等的波动适应性强。适用于不同类型、不同粒度的磁铁矿、钒钛磁铁矿、焙烧磁铁矿等强磁性矿物的精选。

（董天颂）

磁化焙烧－磁选 magnetized roasting-magnetic separation 磁化焙烧与*磁选*的联合处理法。

磁化焙烧 在一定温度和相应气氛下将弱磁性矿物（如赤铁矿、褐铁矿、菱铁矿和黄铁矿等）转变成强磁性矿物（如磁铁矿、γFe_2O_3、磁硫铁矿等）的物理化学反应过程。经过磁化焙烧的矿石即可用最经济和最有效的弱磁场磁选法处理，使铁矿物和脉石矿物得到有效的分离。相对天然磁铁矿而言，通过磁化焙烧形成的强磁性矿物矫顽力强，更易形成磁团聚，在磁选过程中需充分考虑焙烧磁铁矿的高效分散。

按照磁化焙烧原理不同，可分为还原焙烧、中性焙烧和氧化焙烧。①还原焙烧。在还原气氛中进行，适用于赤铁矿和褐铁矿。常用的还原剂有碳、一氧化碳和氢气等。赤铁矿（Fe_2O_3）焙烧的化学反应如下：

$$3Fe_2O_3+C \xrightleftharpoons{570℃} 2Fe_3O_4+CO$$

$$3Fe_2O_3+CO \xrightleftharpoons{570℃} 2Fe_3O_4+CO_2$$

$$3Fe_2O_3+H_2 \xrightleftharpoons{570℃} 2Fe_3O_4+H_2O$$

褐铁矿〔$FeO(OH)\cdot nH_2O$〕在加热过程中首先脱水，成为不含水的赤铁矿，然后按上述反应被还原成磁铁矿。②中性焙烧。适用于菱铁矿。菱铁矿在不通空气或通入少量空气的情况下加热到一定温度（300～400℃）时，被分解变成磁铁矿。不通空气时的化学反应如下：

$$3FeCO_3 \xrightleftharpoons{300\sim400℃} Fe_3O_4+2CO_2+CO$$

通入少量空气时的化学反应如下：

$$3FeCO_3+\frac{1}{2}O_2 \xrightleftharpoons{300\sim400℃} Fe_3O_4+3CO_2$$

还原焙烧和中性焙烧生成的Fe_3O_4，在400℃以下冷却时，与适量氧气接触，可氧化成强磁性的γFe_2O_3，化学反应如下：

$$4Fe_3O_4+O_2 \longrightarrow \gamma Fe_2O_3$$

③氧化焙烧。适用于黄铁矿。多用在稀有金属精矿的提纯上，黄铁矿在氧化气氛（或通入大量空气）中短时间焙烧时被氧化成具有强磁性的磁黄铁矿，化学反应为：

$$7FeS_2+6O_2 \longrightarrow Fe_7S_8+6SO_2$$

如焙烧时间很长，则磁黄铁矿变成磁铁矿，化学反应为：

$$3Fe_7S_8+38O_2 \longrightarrow 7Fe_3O_4+24SO_2$$

按照磁化焙烧方式不同，可分为竖炉焙烧、回转窑焙烧、*流态化焙烧*、斜坡炉焙烧等。①竖炉焙烧。主要处理10～75毫米块矿。②回转窑焙烧。主要处理30毫米以下粉矿。与竖炉相比，回转窑可实现全粒级焙烧，焙烧产品质量较均匀，但投资较高。③流态化焙烧。是在流态化状态下焙烧矿石的方法，包括沸腾炉焙烧、闪速炉磁化焙烧等。沸腾炉焙烧，适于处理0～5毫米粉矿，具有产量高、成本低等优点；相比沸腾炉，闪速炉磁化焙烧具有能量利用率更高、焙烧效果更好的优势，适于处理0～1毫米粉矿。④斜坡炉焙烧。是在浮动床层中焙烧磁化粉矿的方法，具有结构简单、建设快、对原矿粒度和湿度适应性强等特点。

磁选 借助磁场磁力作用，利用不同磁性（强磁性、弱磁性、非磁性）矿物在磁力场中受到的磁力和竞争力（重力、惯性力、离心力、流体阻力等）作用大小的差异而进行分离。分选的必要条件是：

$$(F_c < F_m) > (F'_m < F'_c)$$

式中 F_m 为作用在磁性较强的矿物颗粒上的磁力；F'_m 为作用在磁性较弱的矿物颗粒上的磁力；F_c 为作用在磁性较强的矿物颗粒上的竞争力；F'_c 为作用在磁性较弱的矿物颗粒上的竞争力。

根据磁选机结构和给矿方式的不同，可以有多种磁选方法，但最本质的磁选方法可分为吸出法和吸留法两种。①吸出法磁选是矿物距磁选机一定距离，物料经过磁场时，磁性较强的矿物所受磁力超过竞争力，向磁极偏移并吸附在分选面上，而与其他非磁性或磁性较弱的矿物分离。②吸留法磁选是矿物最初就给在离磁极较近的分选面上，磁性较强的矿物被磁极吸住，其余矿物由于竞争力的作用而抛离分选面。

扩展阅读

陈斌.磁电选矿技术.北京：冶金工业出版社，2007.

张洪恩.红铁矿选矿.北京：冶金工业出版社，1983.

蒋朝澜.磁选理论及工艺.北京：冶金工业出版社，1994.

（陈 雯）

磁化磁选 magnetization and magnetic separation 增强矿物体积磁性或表面磁性以进行*磁选*的方法。通过改变弱磁性矿物的体积磁性（体积磁化）或表面磁性（表面磁化），使其磁性得到增强，进一步扩大其与非磁性矿物之间的磁性差异，然后采用弱磁场磁选机进行分选。

体积磁化 焙烧磁化和热磁化均可改变弱磁性矿物的体积磁性。焙烧磁化是在合适的温度和气氛下，对弱磁性矿物进行一定时间的焙烧，使其转化为强磁性矿物。如弱磁性的赤铁矿、褐铁矿在570℃左右的一氧化碳、氢气、甲烷等还原气氛中焙烧转化成强磁性磁铁矿，弱磁性的菱铁矿在400℃左右的中性气氛下焙烧转化成强磁性磁铁矿，弱磁性的黄铁矿在氧化气氛下焙烧后转化为强磁性的磁黄铁矿。热磁化是通过控制温度变化使矿物磁性差异扩大。温度是影响铁磁性和反铁磁性矿物磁性的重要因素。铁磁性物质在温度超过某一值时，原子磁矩取向混乱，变成顺磁性物质，这一温度转变点即为居里温度；反铁磁性转变为顺磁性的温度即为奈尔温度。因此，对于两种磁性相当而居里温度或奈尔温度差异较大的矿物，可以通过控制温度变化使两种矿物磁性差异变大。

表面磁化 表面磁化是通过改变弱磁性矿物的表面磁性，使弱磁性矿物的表面生成强磁性物质的过程。如菱铁矿的碱浸磁化过程为：粒度微细且含泥量较高的菱铁矿，利用其在碱性溶液中的易溶性和产物的易氧化性等特点进行碱浸磁化。首先使$FeCO_3$在OH^-的作用下溶解浸出，在矿物表面形成亚稳态的$Fe(OH)_2$，然后在氧化条件下$Fe(OH)_2$转化为强磁性的Fe_3O_4和γFe_2O_3，并覆盖于矿物表面。赤铁矿电化学处理磁化过程为：具有一定导电性和含有混合价态的铁、锰矿物，通过电解矿浆释放出的氧气和氢气使矿物表面产生氧化还原反应，达到矿物表面磁化的目的，赤铁矿在电化学作用下，表面氧化还原所形成的$Fe(OH)_3$和$Fe(OH)_2$可相互作用形成Fe_3O_4，实现赤铁矿的表面磁化。

扩展阅读

蒋朝澜.磁选理论与工艺.北京：冶金工业出版社，1994.

（陈 雯）

磁力脱水槽 magnetic dewatering tank 利用重力、磁力和上升水流的综合作用，使强磁性矿物得到分离浓缩的磁选设备。矿浆进入磁力脱水槽，磁性矿粒在磁力作用下加速下沉并吸附在*磁系*表面，从底部排矿装置中排出，成为精矿。非磁性细粒脉石和矿泥在上升水流作用下进入溢流，从而实现磁性与非磁性矿物的分离。根据磁源不同，可将其分为永磁型磁力脱水槽和电磁型磁力脱水槽。

永磁型磁力脱水槽　按磁源在槽体中的位置不同，永磁型磁力脱水槽又可分为底部磁系磁力脱水槽和顶部磁系磁力脱水槽。①底部磁系磁力脱水槽。由倒置的圆锥槽体、塔形永磁磁系、给矿筒、上升水管和排矿装置等组成（图1）。其磁感应强

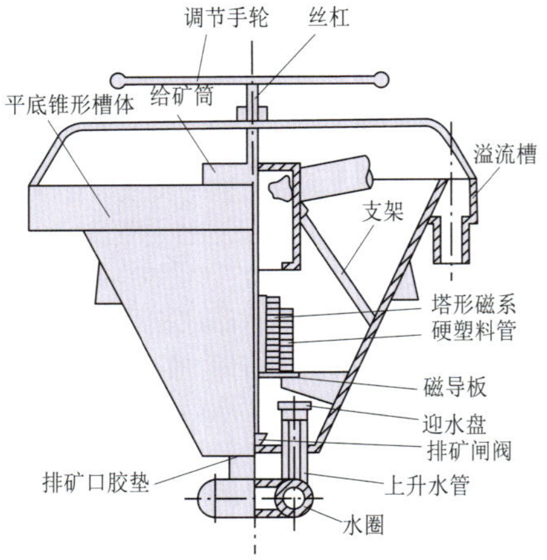

图1　底部磁系磁力脱水槽结构示意图

度沿轴向上弱下强，沿径向外弱中强。等磁感应强度线和塔形磁系表面大致平行。②顶部磁系磁力脱水槽。结构与底部磁系磁力脱水槽相似，区别为顶部磁力脱水槽由上部给水，经空心圆筒下降，遇返水盘

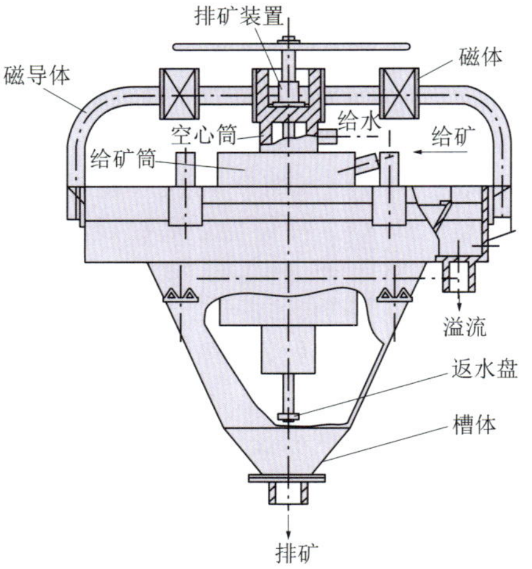

图2　顶部磁系磁力脱水槽结构示意图

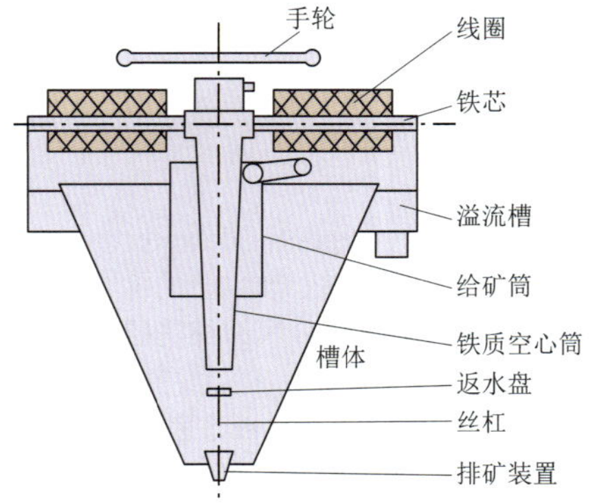

图3　电磁型磁力脱水槽结构示意图

再变为上升水（图2）。

电磁型磁力脱水槽　设备结构与顶部磁系磁力脱水槽基本相似，区别在于电磁型磁力脱水槽磁体为通直流电的圆柱形线圈（图3）。

由于上升水流力可使磁性矿粒呈松散状态，冲洗出夹杂的脉石，提高磁性精矿品位。因此，磁力脱水槽主要用于细粒磁铁矿磁选前的**脱泥**和过滤前磁铁精矿的浓缩。　　（董天颂）

磁流体分选　magnetic fluid separation　以磁流体为分选介质，在外部磁场作用或磁电场联合作用及重力作用下，使不同矿物在磁电场和重力场中按磁性强弱（或电性差异）和密度大小分层悬浮，实现分离的**磁选**方法。磁流体分选可用于分选有色和贵金属矿石（锡、铅、金矿等）、黑色金属矿石（铁、锰矿等）、煤炭、非金属矿石（金刚石、钾盐等）。在岩矿鉴定中磁流体可代替重液进行矿物颗粒的分离。在固体废物的处理和利用中，磁流体分选法占有特殊地位，不仅可分选各种工业废渣，而且可从城市垃圾中分选铝、铜、锌、铅等金属。

简史　20世纪50年代选矿技术开始发展。50年代初，英国人D.李诺夫和A.柯林提出了磁流体动力学理论。1959年，意大利学者T.米切莱蒂指出了磁流体理论用于物料的密度分选的可能性。1965年美国S.S.帕佩尔和1966年日本下饭坂润三分别研制出铁磁流体。60年代，苏联、美国及德国均进行了磁流体分选法的原理、设备及工艺的研究，设计出磁流体分选设备。中国从70年代开始进行磁流体制备和磁流体静力分选的研究，1972年研制出供分离单矿物用的磁流体静力分选仪，1976年以后进入工业应用方面的研究。

原理　磁流体是由分散质和分散媒介构成的液态分散体系。根据分散质的大小和存在状态，磁流体可以是悬浊液、胶体溶液或真溶液。磁流体分选所用的磁流体通常是强电解质溶液、顺磁性溶液和铁磁性胶体悬浮液。磁流体能够在磁场或者磁场与电场联合作用下磁化，呈现似加重现象。似加重后的磁流体密度称为视在密度，可以通过改变外加磁场强度、磁场梯度或电场强度来调节。视在密度高于介质原密度许多倍，介质真密度一般为1.4～1.6克/厘米^3，有的视在密度可高达21.5克/厘米^3。依据磁流体的这一特殊性质，磁流体分选技术可用来分选密度范围较广的物料，主要用于分选弱磁性矿物和非磁性矿物。

磁流体分选利用外磁场或磁电场使分选介质“加重”，加重介质对位于其中的物体的浮力远远超过原介质。磁流体分选基于物料磁性、电性和密度的差异，是重选和磁选联合作用的分选过程。因此，磁流体分选与重选或磁选有相似之处，但又不同于普通的重选或磁选。

分类　根据分选原理及分选介质的不同，磁流体分选技术可分为磁流体动力分选和磁流体静力分选两种。

磁流体动力分选　在均匀或不均匀磁场与电场的联合作用下，以强电解质溶液作为分选介质，根据颗粒之间密度、比磁化率及电导率的差异而使不同性质颗粒分离的方法。其中电场由带电离子运动产生洛伦兹力使液体“加重”；磁场则根据磁场强度所产生的磁场力使液体“加重”。磁场可以是均匀的，也可以是不均匀的；均匀磁场在电解质中各处产生相同“加重”效应，不均匀磁场则产生不同程度的“加重”效应。电场电源一般为直流电，对电磁场中液体有稳定的“加重”效应；也可以供给脉冲电流，使电磁场中液体的“加重”效应周期变化，类似水介质跳汰（利用强烈振动造成垂直交变水介质流，使矿粒按相对密度分层并通过适当方法分别收取轻重矿物，以达到分选目的的**重力选矿**过程），加速物料分层。

强电解质溶液在磁场与电场联合激发的电磁作用下产生一种推力，强化物质的分离。磁流体动力分选基于交叉的磁场和电场联合，在强电解质中产生的电磁推力强化对物料的分离。U.T.安德列斯认为，在外加交叉电场和磁场作用下，浸没在电解质溶液中的单位体积固体颗粒所受的作用力为：

$$f=(\rho'-\rho)g+\frac{3(\sigma'-\sigma)}{2(\sigma'+2\sigma)}jH+\mu_0\Delta X\mathrm{grad}H$$

式中ρ'和ρ分别为固体颗粒和电解质溶液的密度；g为重力加速度；σ'为固体颗粒的导电率；σ为电解质溶液的导电率；j为电解质溶液的电流密度；H为磁场强度；μ_0为真空磁导率；ΔX为固体颗粒与电解质溶液的磁化率之差；$\mathrm{grad}H$为磁场梯度。

磁流体动力分选的主要优点：分选介质是电解液，来源广泛，价格低廉；分选设备简单，处理量大，易于实现工业化生产和大规模应用。根据苏联资料，采用磁流体动力选矿机分选锡石，比用普通重选设备少占地2/3，降低生产成本6%。缺点：分选介质的视在密度较小，一般只有3～4克/厘米^3，分选精度差，只适用于对回收率要求不高的物料进行粗选。一般用于选煤和非金属矿物，有时也用于从金属矿石中分离轻质脉石的粗选。

磁流体动力分选的研究历史较长，技术较为成熟。其研究始于20世纪初，用来分离贵金属和绝缘材料，在煤、锆石、锡石、铁矿、锰矿、钾盐等分选方面均取得较好的结果。

磁流体静力分选　在不均匀磁场中，以铁磁性的胶粒悬浮液或顺磁性流体作为分选介质，根据颗粒之间密度和比磁化率的差异而使不同性质颗粒分离的方法。磁流体静力分选与重液分选有相似之处，都是利用重液（高密度的液体）分离固体；其区别是重液分选只有重力场作用，而磁流体静力分选除重力场作用外，还有磁场作用。

磁流体静力分选采用两种方式：①顺磁性液体。由顺磁性盐制成的水溶液，磁化率一般较低。顺磁性盐主要是锰、铁、镍、钴等金属盐。②铁磁流体。将Fe_3O_4、Fe、Co、Ni、FeCo合金或各种铁氧体等具有铁磁性的极微细粉末分散于液相中制得的极稳定的固液混合液体。铁磁流体既有固态磁性材料的主要磁性能，又有流体的性质，磁性强，稳定性好，即使在重力场、离心力场和磁场作用下也不会出现沉降、凝聚和浓度偏析。

磁流体静力分选过程如图所示。用于分选的磁场由激磁线圈通以直流电产生，在一定磁场梯度的不均匀磁场中，磁流体作为分选介质通过磁场调节密度梯度分布。将矿粒置于磁流体静力分选机的分选介质中，矿粒既受自身重力作用和介质浮力作用，又受磁场力和磁浮力作用，矿粒按照这些力的合力方向运动并分层进而分离。

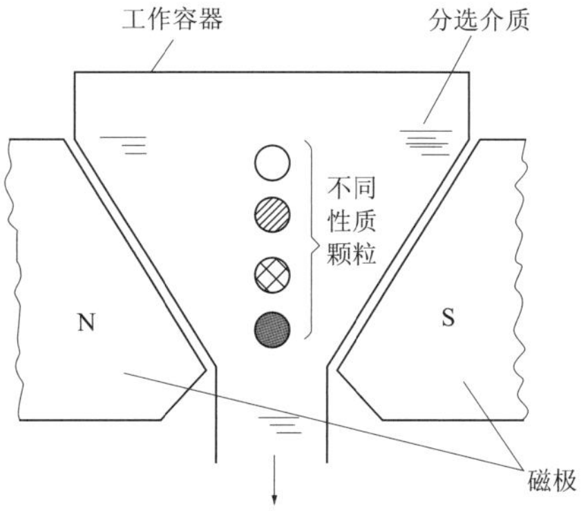

磁流体静力分选示意图

假定在铁磁流体中有一体积为V、密度为ρ_1的固体颗粒，将其置于沿垂直向下磁场梯度增加的磁场中，此时固体颗粒所受作用力可用下式表示：

$$F = V\left[(\rho_1-\rho_2)g-\frac{M\mathrm{grad}H}{4\pi}\right]$$

式中M为固体颗粒所在位置处磁流体的平均磁化强度；ρ_2为铁磁流体的密度；grad$H$为磁场梯度；g为重力加速度。当$F=0$时，固体颗粒悬浮于铁磁流体中；当$F>0$时，固体颗粒下沉；当$F<0$时，固体颗粒上浮。

若用顺磁性盐溶液代替铁磁流体，上式中M值随外磁场线性变化（M以kH表示，k为顺磁性盐溶液的磁化率）。另外，顺磁化率k稍大于通常称作非磁性固体颗粒的磁化率k'，这时单位体积固体颗粒的受力可表示为：

$$F/V=(\rho_1-\rho_2)g+\mu_0(k'-k)H\mathrm{grad}H$$
$$=\Delta\rho g+\mu_0\Delta kH\mathrm{grad}H$$

式中μ_0为真空磁导率；ρ_2为顺磁性盐溶液的密度。

磁流体静力分选方法是20世纪60年代发展起来的，美国、苏联、日本、南非等国家都对其进行了广泛的研究。80年代，一些国家采用铁磁流体作分选介质，配以永磁磁系、多层重叠分选槽、高梯度格栅静力分选系统、静力-离心力联合分选等，研究磁流体分选的应用。美国和日本完成利用该分选方法从废弃物焚烧炉残渣中分离回收有用金属的半工业试验。中国研究磁流体静力分选，主要用于单矿物和金刚石这样极稀贵矿物上；地质矿业部门从70年代开始磁流体静力分选法的研究，研制出供分离单矿物用的磁流体静力分选仪，进而开展在选矿和其他领域的应用研究。

磁流体静力分选的优点是视在密度高，有密度梯度，分选效率和精度高；缺点是设备较复杂，介质的价格贵且回收较困难，设备的处理能力比较小。该分选法已广泛应用于赤铁矿、锰矿、金矿、锡石、锆石、铜矿、铅矿、锌矿、蓝晶石、黄铁矿、毒砂、朱砂、煤、金刚石、钾盐等矿物，可用于从工厂金属废料、电子垃圾或旧汽车中回收有用资源，在岩矿鉴定中代替有毒重液分离。

扩展阅读

王常任.磁电选矿.北京：冶金工业出版社，2008.

（郑　其）

磁团聚分选　magnetic agglomeration separation　细粒强磁性矿物在低弱磁场中受磁力、重力和剪切力作用，选择性地形成的磁团聚体与脉石或矿物连生体分离的磁选方法。由中国王成学等人于1985年发明。利用物料的强磁性，将常规弱磁场磁选机难以分离的含磁铁矿的脉石从磁铁矿精矿中分离出来。

磁团聚分选设备由磁系和切向给水装置或搅拌装置构成。磁系由内外两组同心筒形磁极组成，所产生的磁场在垂直方向不连续，有的空间有磁场，有的空间无磁场或仅有很弱的磁场；有磁场的空间磁感应强度一般为5～30毫特，属于低弱磁场。细粒强磁性矿物在该磁场中被磁化产生磁团聚，团聚体以松散的絮团状或链状存在，团聚体在磁场和重力场综合作用下沉降速度加大，沿切向给入的上升水流对正在沉降过程中的团聚体产生剪切力，使强磁性矿物处于团聚—分散—团聚的动态过程，在此过程中强磁性矿物选择性团聚并不断排除其中的脉石和连生体，而非团聚的弱磁性连生体和脉石在重力和上升水流的综合作用下向上运动，实现目的矿物与脉石和连生体的分离。上升水流的强弱对分选效果有较大影响。

磁团聚分选精度高，适宜磁铁矿特别是嵌布粒度不均匀的磁铁矿精选作业。被广泛应用的电磁磁选柱（有的称淘洗机）的分选机理属于磁团聚分选，用通电线圈在分选空间产生低弱磁场，通过自动控制系统控制各个线圈的电流来改变分选空间的磁场强度、方向和励磁周期。

（刘永振）

磁系　magnet unit　组成磁选机的主要部件。是产生磁场的系统。磁选机的磁场由磁源产生，磁源可以是永磁体也可以是电磁体。磁系由磁源和各种磁性材料组成。通过合理的磁系结构设计可产生所需要的磁场。

磁系设计　设计磁选设备磁系时，结合矿石性质和粒度及对分选指标的要求做全面考虑：①分选致密块状（粒度大于50毫米）强磁性矿石时，由于其粒度较大，形状多呈立方形和多角形，不宜采用沿矿粒移动方向磁极极性交替的磁系，避免“磁翻动”，防止一些磁性矿粒被翻掉进入尾矿中。②分选致密条带状结构的强磁性矿石（如鞍山式磁铁矿石）时，可采用沿矿粒移动方向极性交替的磁系，因为这类矿石经破碎后多成扁平块状，在磁系上方总是力图使其与条带方向一致的最长方向和磁场方向一致，在磁极中线上方直竖起来的矿块极其不稳定，而在磁极其他处上方，矿块的条带方向和磁场方向一致，最为稳定。因此绝大多数矿块是平铺在磁系上方。③分选细粒强磁性矿石时，须采用极性交替磁系以提高磁性产品的质量。④分选弱磁性矿石时，因为矿石的磁性很弱，受磁力很小，“磁翻动”会使磁性矿粒掉入尾矿，不采用上类磁系。矿粒在磁场力较大的区域虽有利于提高回收率，却降低磁性产品质量，特别是干选条件下。但采用选别带很长的极性交替磁系，可提高磁性产品质量。

分类 按照磁极配置的方式，磁系可分为开放磁系和闭合磁系两大类。

开放磁系 磁极在同一侧做相邻配置且磁极之间无感应磁介质。按照磁极的排列特点又可分为平面磁系、圆柱面磁系、塔形磁系3种（图1）。平面磁系多用于带式磁选机和试验设备；圆柱面磁系多用于

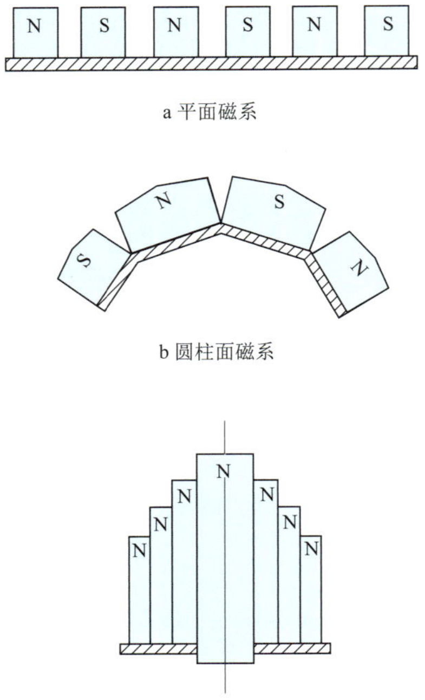

a 平面磁系

b 圆柱面磁系

c 塔形磁系

图1 几种开放磁系

筒式弱磁场磁选机或中磁场磁选机；塔形磁系主要用于永磁脱泥槽。3种开放磁系的共同特点是同侧磁极极性交替排列，磁系极距较大，磁通经过磁极间的空气隙路程长，漏磁通多，磁场强度较低；有较大的分选空间，设备处理量较大。这类磁系只能用于分选强磁性矿石或物料的弱磁场磁选设备中。

闭合磁系 磁极做相对配置、极间间隙小。如果开放磁系磁极之间有磁介质也可称为闭合磁系，磁介质在磁极的磁场中被磁化后成为感应磁极。在闭合磁系中磁极间空气隙较小，磁通通过空气隙路程短，磁路磁阻小，漏磁少，因而分选空间磁场强度大，又由于磁介质具有特殊形状，因而磁场梯度大。这类磁系适用于分选弱磁性矿石的强磁场磁选设备。强磁场磁选设备中常见的闭合磁系如图2所示。

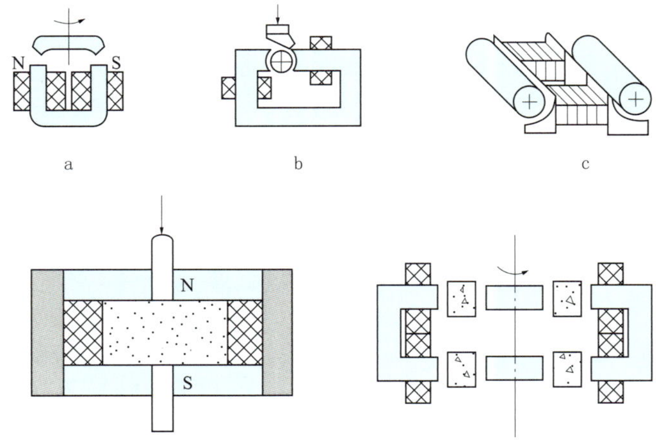

a b c

d e

图2 几种闭合磁系

扩展阅读

王常任.磁电选矿.北京：冶金工业出版社，2008.

（袁致涛）

磁系磁场 magnetic field 磁系周围有磁能存在的空间。

性质 磁系磁场为回收磁性颗粒提供所需要的磁力，磁性不同的颗粒在磁场中受到大小和方向不同的磁力作用。磁场可用磁力线形象地图示。磁力线是由一些无源头的闭合曲线组成的有向曲线族，表明磁场是有旋无散的矢量场。表示磁场性质的物理量包括磁感应强度和磁场强度。

磁感应强度是用来描述磁场性质的物理量，既有大小，又有方向，通常用B表示。磁场中某点的磁感应强度大小，等于该点处的导线通过单位电流所受力的最大值，其方向为放在该点小磁针的N极所指方向。在国际单位制中磁感应强度的单位为特斯拉，在高斯单位制中磁感应强度的单位为高斯。

磁场强度是在任何介质中，磁场中某点的磁感应强度（B）与同一点上磁介质的磁导率（μ）的比值，常用符号H表示，即：$H=B/\mu$。在国际单位制中磁场强度（H）的单位为安/米，在高斯单位制中磁场强度的单位为奥斯特。在国际单位制中μ的单位为亨利/米，在高斯单位制中μ是一个纯数。

在磁分离空间，无磁介质的磁场为背景磁场；当放入磁介质后，磁介质所产生的磁场为感应磁场。在磁极垂直方向，离开磁极一定距离的点达到某一要求的磁场强度，该距离称为磁场深度。

磁场分类 恒定电流（直流）或静止永磁体产生的磁场，大小和方向都不随时间改变，称为恒定磁场，或称静磁场。交变电流或运动永磁体产生的磁场，大小和（或）方向随时间改变，称为交变磁场（磁场大小和方向都改变）或脉动磁场（磁场只有大小改变而方向不变）。磁选设备多采用恒定磁场。恒定磁场有均匀磁场和非均匀磁场。

均匀磁场是磁场中各点的磁场强度大小相等、方向一致，见图1中磁场的中间部分。矿粒在不同磁场中受到不同的作用，但在均匀磁场中只受转矩的作用，转

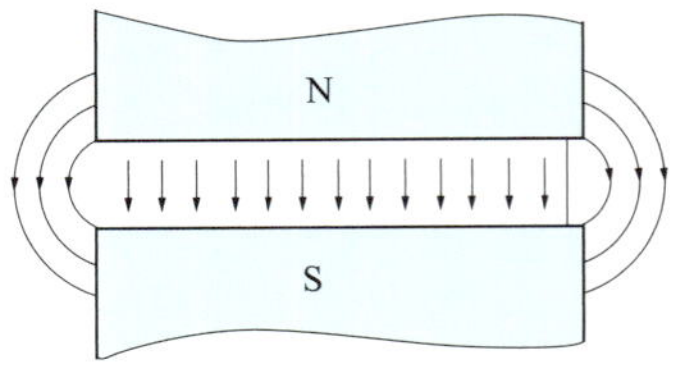

图1 均匀磁场

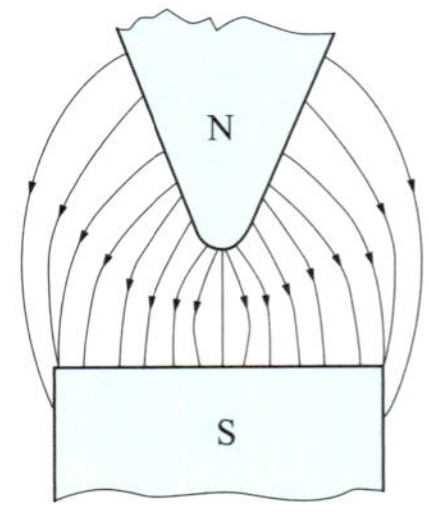

图2 非均匀磁场

矩使其最长方向取向于磁力线方向（稳定）或垂直于磁力线方向（不稳定）。

非均匀磁场是磁场中各点的磁场强度大小方向不同（图2）。在非均匀磁场中磁性颗粒除受转矩外，还受磁力作用，顺磁性和铁磁性矿粒受磁引力作用，逆磁性矿粒受排斥力作用。正是由于这种力的存在，才有可能将磁性矿粒从无磁性矿粒中分离出来。

扩展阅读

王常任.磁电选矿.北京：冶金工业出版社，2008.

魏德洲.固体物料分选学.3版.北京：冶金工业出版社，2015.

（袁致涛）

磁系磁力 magnetic force 在磁选机磁场中，作用在磁性颗粒上，磁荷互相吸引或互相排斥的力。可由磁性颗粒在磁化时所获得的位能来确定，其所获得的位能用下式求出：

$$U=-\int_V \frac{\mu_0 kH^2}{2}dV \qquad (1)$$

式中U为被磁化颗粒的磁位能；μ_0为真空的磁导率；k为颗粒的物质磁化率；dV为颗粒的体积元；H为颗粒体积中的磁场强度（决定颗粒磁化状态的磁场强度），是外磁场强度H_0与退磁场强度H_d的差值。

根据力学定律，作用在颗粒上的磁系磁力（$f_{磁}$）可用磁位能的负梯度值表示，即：

$$f_{磁}=-\mathrm{grad}U=\mathrm{grad}\int_V\frac{\mu_0 kH^2}{2}dV \quad (2)$$

式中负号表示磁力吸引颗粒所做的功导致位能的降低。当颗粒粒度不大时，可假定颗粒的物质磁化率在所占的体积范围内是个常数，其所占的体积内磁场力$H\mathrm{grad}H$也近似为常数，则磁系磁力为：

$$f_{磁}=\mu_0 kVH\mathrm{grad}H \quad (3)$$

式中V为颗粒的体积。

作用于实际磁性颗粒上的磁力应是：

$$f_{磁}=\mu_0 k_0 VH_0\,\mathrm{grad}H_0 \quad (4)$$

式中k_0是物体磁化率；H_0为外磁场强度。

比磁力（$F_{磁}$）是作用在单位质量颗粒m上的磁系磁力，即：

$$F_{磁}=\frac{f_{磁}}{m}=\frac{\mu_0 k_0 VH_0\mathrm{grad}H_0}{\rho V}=\mu_0\chi H_0\mathrm{grad}H_0 \quad (5)$$

式中ρ为颗粒密度；χ为颗粒的比磁化率，$\chi=k_0/\rho$。

扩展阅读

王常任.磁电选矿.北京：冶金工业出版社，2008.

魏德洲.固体物料分选学.3版.北京：冶金工业出版社，2015.

（袁致涛）

磁选 magnetic separation 利用磁性差异，使不同矿物彼此分离的选矿方法。

基本原理 矿物按磁性不同分为强磁性矿物（如磁铁矿）、弱磁性矿物（如黄铜矿）和非磁性矿物（如石英、长石等）。磁性矿物颗粒所受磁力的大小与矿物本身磁性有关，磁性强者，所受磁力大；磁性弱者，所受磁力小。待选别的物料给入磁选机的分选空间后，各种矿粒在磁场中除受磁力作用外还受重力、离心力、水动力及摩擦力等机械力的作用。磁性矿粒所受磁力大于机械力，非磁性矿粒主要受机械力的作用。由于两种矿粒受到不同力的作用，将沿着不同的轨迹运动，最后分离，达到分选目的。

简史 中国早在公元前300年的战国时期已发现磁石（即磁铁矿）吸引铁的现象。11世纪，中国北宋时期的沈括（1031～1095）利用磁石的磁性（具有两个极的极性）发明了航海用的指南针（中国四大发明之一）。17～18世纪开始用手提式永久磁铁除去锡石和其他稀有金属矿石中的铁。1792年，富拉在英国获得用磁铁选别铁矿石的专利。19世纪末，美国和瑞典制造出干法电磁筒式磁选机后，开始在工业上用磁选法分选强磁性的磁铁矿，同期美国制造出电磁带式强磁场磁选机，用于分选弱磁性矿石。

选矿厂磁选车间

磁选的发展主要是磁选机的发展。磁选机主要部件是磁系，弱磁场磁选机多用永磁磁系；强磁场磁选机主要用电磁磁系，如对磁场强度要求不太高时，也可用永磁磁系。20世纪20～60年代，一些国家先后制造出电磁盘式和感应辊式等强磁场磁选机，曾得到广泛应用。但这些磁选机分选空间小，处理能力低，仅用于某些金属矿石的精选。同期，由英国人G.H.琼斯研制的间断作业琼斯型磁选机问世，后由德国洪堡公司做成连续型生产用的强磁场磁选机，即后来中国广泛应用的平环强磁选机。这种磁选机曾广泛应用于赤铁矿等弱磁性铁矿石的分选，但在使用中发现该类型机对稍粗的矿石产生机械夹杂且易堵塞磁场空间，使生产不能正常运行。后经不断改进，中国在80年代研制出立环脉动强磁选机及平环强磁选机。

为分选极微细的弱磁性矿物，70年代以来，根据P.G.马斯顿等人提出的新型磁路结构和H.H.科尔姆把纤维状导磁不锈钢材料作为聚磁介质而设计的高梯度磁选机取得重大进展，出现了周期式和连续作业式的高梯度磁选机。聚磁介质的磁场梯度相当于常规磁选机的10～100倍，而介质的体积只占磁场空间的5%～10%，因此使磁选机的处理能力大为提高。为节能和提高作用于极微细弱磁性矿物颗粒上的磁力，70年代初开始相继出现几种类型的超导磁选机。超导磁选机应用的是超导线绕制的线圈，其在低温下电阻为零，励磁几乎不消耗能量。中国生产的超导磁选机，已经用于生产。

磁选方法 常规磁选是按矿物的天然磁性对其进行分选。此外，在某些情况下，为提高分选效率，可以设法改变矿物的磁性或采取某种特殊的方法使矿物能更有效地分选，如**磁化焙烧－磁选**、**磁种分选**、**磁团聚分选**、**磁流体分选**等。①磁化焙烧－磁选。磁化焙烧与磁选的联合处理，将赤铁矿（Fe_2O_3）在一定温度的还原气氛中焙烧，赤铁矿即变成磁铁矿（Fe_3O_4），磁性大大增强，易于用弱磁场磁选机将其选出。②磁种分选。当被分选矿物磁性极弱或无磁性时，向矿浆中加入强磁性物质（如磁铁矿），再加一定量的絮凝剂，使磁种与被分选的矿物结合，被分选矿物便有了强磁性，从而易于被选出。③磁团聚分选。在低弱磁场中，使磁性细颗粒矿物有选择性地团聚成链状或团状磁聚体而与脉石分离。④磁流体分选。利用物料密度、磁性和电性差异，在磁场或磁－电场联合作用下的磁流体中进行分选。

应用 磁选的应用广泛，凡是在磁场中表现出磁性的物质均可用磁选法处理，是处理铁矿石的主要方法。所有贫磁铁矿石都需要通过弱磁场磁选机除去石英等脉石矿物，提高精矿铁品位。对于弱磁性铁矿石，如赤铁矿矿石等，需采用强磁场磁选和其他分选方法相配合的联合流程处理。中国鞍山钢铁集团公司的一些矿山在早期处理赤铁矿时采用单一方法，如单一浮选或单一强磁选、重选等。自从有立环脉动高梯度磁选机后，多数矿山都改成强磁选加反浮选的联合流程，显著提高分选指标。对含有多种有用矿物的有色金属和稀有金属矿石分选时，常采用重选－浮选－磁选－电选的联合流程，其中磁选主要用于除去磁性矿物。一些非金属矿，如高岭土、硅砂、耐火材料等常含有铁、钛等有害杂质，用磁选，主要是高梯度磁选，可将有害杂质清除，从而提高精矿质量。高梯度磁选能有效处理钢厂废水，回收其中的磁性铁物质，也可以处理生活污水，清除各种有害菌类和固体悬浮物。

（孙仲元）

磁选过程控制 magnetic separation process control 按照**磁选**过程要求，利用自动检测仪表和控制装置，完成磁选作业参数的检测和调节的技术。从控制角度而言，磁选过程本身具有多变量、强耦合的特点，影响精矿品位、尾矿品位指标的因素众多。任何一个因素的变化都可能引起两个品位指标同时发生波动，品位指标与影响因素之间不是简单的线性关系。

磁选过程控制的内容包括磁选机关键

工艺参数的回路控制，如漂洗水流量自动控制、励磁电流控制等；还包括其他相关工序的控制，如磁力脱水槽控制、磁选柱控制等。

漂洗水流量自动控制　漂洗水流量指单位时间内冲矿漂洗水的体积流量，其大小决定了矿粒在磁场区域内所受的水流冲力的强弱，是影响选别过程品位指标的关键工艺参数之一。漂洗水流量过大，会导致更多的磁性矿粒被冲洗到尾矿里，使尾矿品位过高，从而降低金属回收率；漂洗水流量过小，会使过多的非磁性矿粒进入精矿，导致精矿品位降低。漂洗水流量自动控制系统一般由电磁流量计、等百分比流量特性的电动调节阀，以及比例积分微分控制器（简称PID控制器）组成，PID控制器根据漂洗水流量设定值与电磁流量计检测的实际流量值的偏差，控制电动调节阀阀门开度，使水流量跟踪设定值。漂洗水流量控制原理如图1。漂洗水流量的设定值需要根据实际生产工况确定，如果*矿石可选性*较好，可适当降低漂洗水流量设定值，以提高磁选过程的金属回收率；如果矿石可选性较差，可适当提高漂洗水流量设定值，以保证合格的精矿品位。

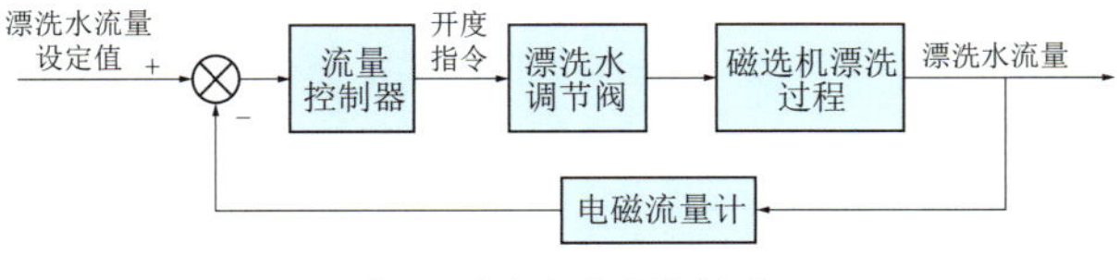

图1　漂洗水流量控制原理

励磁电流控制　励磁电流大小决定了磁选设备磁场区域内磁场强度的强弱，是影响选别过程品位指标的关键工艺参数之一。励磁电流控制系统一般由电流互感器、整流器及PID控制器组成。PID控制器根据励磁电流设定值与电流互感器检测的实际电流值的偏差，控制整流器使励磁电流跟踪设定值。励磁电流控制原理如图2。对于励磁电流的控制已经有比较成熟的励磁整流系统，可以用于为强磁机提供直流励磁电流，并可以方便、稳定地实现励磁电流的调整，如励磁回路可采用单相半控桥可控硅整流器。励磁电流的设定值也需要根据实际生产工况确定，如果矿石可选性较好，可适当提高励磁电流设定值，以提高磁选过程的金属回收率；如果矿石可选性较差，可适当降低励磁电流设定值，以保证合格的精矿品位。

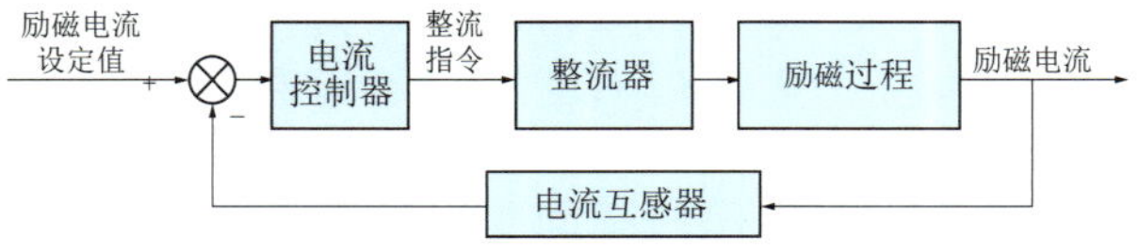

图2　励磁电流控制原理

磁力脱水槽控制　*磁力脱水槽*是磁力和重力联合作用的选别设备，在脱水槽里，矿粒同时受到重力、磁力及上升水流的作用。为了能更好地分开磁性矿粒和非磁性矿粒，应当使磁性矿粒所受的磁力和重力之和大于上升水流动力，使非磁性矿粒所受磁力和重力之和小于上升水流动力。磁力脱水槽内的矿浆浓度是决定脱水槽选别效果的关键参数，磁力脱水槽控制的目标是使磁力脱水槽内的矿层界面高度处在合适范围内。在生产过程中，当生产工况（给矿量、给矿品位、给矿浓度等）相对稳定时，磁力脱水槽选别指标较好；当生产工况变化频繁时，如果不能及时调整排矿电动调节阀阀门开度、加水量等工艺参数，就会导致磁力脱水槽选别指标急剧恶化。磁力脱水槽控制系统一般由界面检测系统、排矿电动调节阀及控制器组成。界面检测系统由铁密度传感器、调制解调电路等组成。控制器根据铁密度传感器反应的界面高度变化情况自动调整排矿电动调节阀阀门开度，从而调节精矿的排出量，保证矿层界面稳定在指定高度范围内。

磁选柱控制　*磁选柱*采用特殊的电源供电方式，在磁选空间内产生特殊的磁场变换机制，对磁选矿浆进行反复多次的磁聚合－分散－磁聚合作用，能充分分离出常规磁选设备生产的产品中夹杂的中、贫连生体及单体脉石，因而采用该设备可以精选磁选过程的中矿及低品位磁选精矿，生产出高品位精矿甚至超纯铁精矿。磁选柱控制系统一般由矿浆浓度传感器、电流变送器等检测仪器，磁场控制模块、电动调节阀等执行机构及磁选柱智能控制器组成，主要对磁选强度、励磁周期、上升水流量、底流排矿浓度等过程参数进行控制。根据检测仪器检测底流和溢流矿浆浓度，调整底流阀门开度、磁场强度、励磁周期、上升水流量等参数，保持分选空间内分选过程处于稳定的状态。通过调节各操作参数，可以控制精矿和尾矿的品位，设定目标值后系统会进行自动调节。

磁选过程控制的目的在于稳定磁选工艺，使磁选过程的精矿品位、尾矿品位控制在目标值范围内，从而保证精矿品位达标，提高有用矿物的回收率。磁选生产过程中的品位指标可以采用在线品位分析仪进行在线检测，也可以通过离线化验获取，还可以通过软测量技术进行在线估计。磁选过程控制需要根据品位指标的情况决定底层控制回路，包括漂洗水流量、励磁电流、给矿浓度等控制回路的设定值，底层控制、回路控制这些工艺参数实际值跟踪设定值，实现磁选过程控制目标。

（刘金鑫）

磁选流程　magnetic separation process　采用**磁选**方法将磁性物料与非磁性物料分离的作业组配和程序。鉴于待处理物料的物理化学性质不同、磁性物料自身的结晶粒度大小不同、磁性物料与非磁性物料间的镶嵌关系不同及不同磁选设备分离特性不同，用不同的磁选设备处理不同的磁性物料时采用不同的磁选流程。对于磁性矿石，由于其成矿地质背景、能量来源和作用性质等成矿条件不同，即使分选同一种磁性矿物采用的磁选流程也不尽相同。因此，合理的磁选流程需要结合工艺矿物学研究结果，通过磁选试验来确定，并绘制磁选作业流程图对磁选流程进行表述。

磁选流程的制定　制定时首先依赖于待处理物料自身的物理化学性质差异，如比磁化率和结晶粒度大小；其次取决于不同磁选机的分离原理差异。待分选物料的物理化学性质差异主要通过工艺矿物学研究确定。对于细粒物料，大多数的磁选为湿式作业，但在极度缺水地区（如中国的新疆、宁夏、内蒙古等地区）也采用干式磁选来分选强磁性物料。由于待分选的磁性物料通常与磁性相近的其他磁性物料共生或与非磁性物料的镶嵌关系复杂、磁夹杂等，通过一次磁选获得质量达标的磁性物料产品的情况很少。通常强磁性物料如磁铁矿、钒钛磁铁矿，采用全磁选流程能得到质量合格的产品；弱磁性矿物如赤铁矿、褐铁矿、菱铁矿、钛铁矿等很难通过单一的磁选流程获得质量合格的产品，磁选作业仅起到在确保回收率的前提下最大限度抛除脉石矿物的目的。磁选粗精矿还需要将浮选、重选等方法与磁选法相结合形成联合流程才能获得质量合格的产品。

磁选流程图　可简单明了地表达磁选流程，形象地反映磁选流程中各作业的组配、顺序、中矿返回地点等细节信息，指导工业设计、工业生产以及技术交流。磁选流程图有方框流程图和线流程图两种表达方式。

以两段磁选流程为例（见图），流程图中以双横线表示磁选作业，作业名称及有关参数标注在横线上方及下方，有时还标注设备名称、规格，用罗马数字及阿拉伯数字分别标注作业及产物顺序；另将分

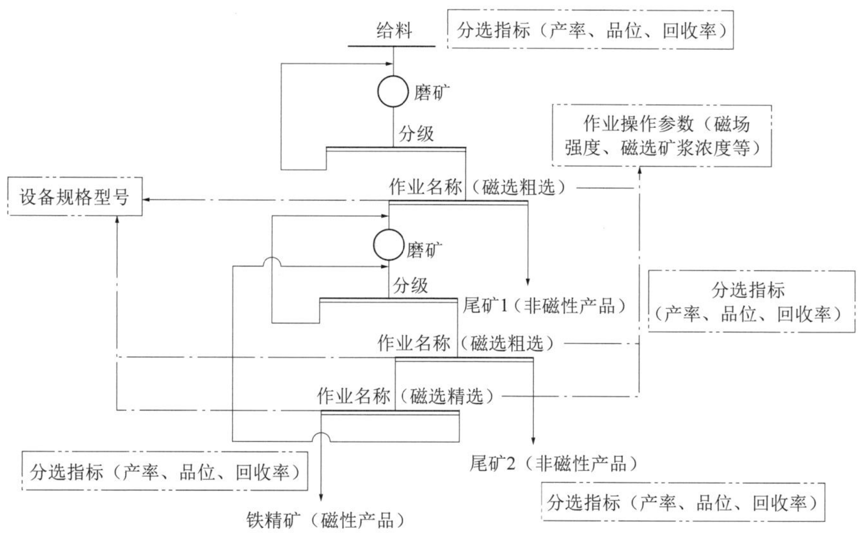

两段磁选作业流程

选指标（品位、产率、回收率等）标在相关产物和作业处；由于磨矿细度与磁选产品的质量密切相关，所以磁选流程中一定要标注磨矿细度。多段磁选作业流程可以在一台设备上进行，也可以由多台设备组合完成。复杂的磁选作业流程由以上基本流程组合而成。（陈　雯）

磁选设备 magnetic separation equipment 利用物料磁性差异实现矿物分选的*选矿*设备。

简 史　17至18世纪，人们即采用手提式永久磁铁从锡石和其他稀有金属精矿中除铁。19世纪末，美国和瑞典研制出第一批用于干选磁铁矿石的电磁筒式磁选机，工业开始应用磁选法选别磁铁矿石。20世纪初，磁铁矿石的磁选工艺与方法得到较大发展，出现的*永磁湿式筒式磁选机*是现代磁选机的雏形。19世纪末，为选别弱磁性矿石，美国研制出闭合型电磁系的强磁场带式磁选机，之后苏联等国家又研制出强磁场盘式、辊式和鼓式磁选机。20世纪60年代，琼斯型强磁选机首先在英国问世；该机器成功利用多层聚磁介质大幅增加选别空间，处理能力有较大提高。70年代末，德国、美国等推出筒式、周期式、往复罐式等多种超导磁选机，磁选技术得到了跨越式发展。

60年代，中国研制出用于干式磁选或湿式磁选的永磁筒式（见*永磁干式筒式磁选机*）、辊式、盘式、带式等磁选设备。70年代初，在琼斯型强磁选机基础上，研制出平环电磁强磁磁选机。80年代末，随着高性能钕铁硼磁性材料的市场化普及，磁选设备的永磁化进程得到快速发展，并向中强磁领域渗透。同期，还研制出电磁立环脉动高梯度磁选机，解决了原有强磁机分选物料频繁堵塞问题。21世纪后，中国针对铁矿山资源的利用难点，又研制成功多种结构或分选原理组合式的新型设备。

分 类　按磁源形式可分为电磁（如*磁选柱*）和永磁两类磁选设备。按作业方式分为干式和湿式两类磁选设备。按结构特征可分为带式、筒式、柱式、盘式、辊式等类别磁选设备。按磁场类型可分为恒定磁场、旋转磁场（见*永磁旋转磁场磁选机*）、交变磁场和脉动磁场磁选设备。经典的磁选设备分类按磁场强度分为3类：①弱磁场磁选设备。磁感应强度为0.1～0.2特斯拉，用来分选强磁性矿物。②中磁场磁选设备。磁感应强度为0.2～0.6特斯拉，用来分选中磁性矿物。③强磁场磁选设备（包括高梯度磁选设备）。磁感应强度为0.6～2.0特斯拉，用来分选弱磁性矿物。1960年后出现的超导磁选机也属于强磁场磁选设备，其磁感应强度可达5特斯拉，甚至更高。

应 用　磁选设备广泛用于磁性矿物的分选。弱磁场磁选机主要用于比磁化率大于1×10^{-6}米^3/千克的矿物，如：磁铁矿、含钒钛磁铁矿、磁黄铁矿等矿物的分选。中磁场磁选机主要用于比磁化率大于3×10^{-8}米^3/千克的矿物（如钛铁矿、铬铁矿、黑云母、黑钨矿、铌铁矿等）的分选。高磁场磁选机主要用于比磁化率小于3×10^{-8}米^3/千克的弱磁性矿物（如褐铁矿、黄铁矿、角闪石、褐钇铌矿、赤铁矿、绿帘石、绿泥石、电气石、独居石等）的分选。（汤玉和）

磁选柱 magnetic separation column 分选柱外加电磁磁场，在磁力、重力联合作用下分选物料的*磁选设备*。属于电磁式弱磁场磁重选淘洗设备，主要由给矿管、溢流槽、分选柱、电磁磁系、底鼓、给水管等组成（见图）。磁选柱内由上至下设多组线圈，借助直流供电系统对线圈由上至下循环激磁，形成时有时无的空间磁场，使铁磁性矿物反复进行团聚、分散。下部进水口自下而上切向供水，水流在柱体内旋转，利用水流的剪切力和上升力不断冲洗被选物料。被选物料中夹杂的连生体和单体脉石被上升水流带至溢流槽排出，形成磁选柱尾矿；强磁性矿物磁团在由上至下循环磁场力和重力的作用下向下运动，在磁选柱底部聚集并由排矿口排出，成为高品位铁精矿。

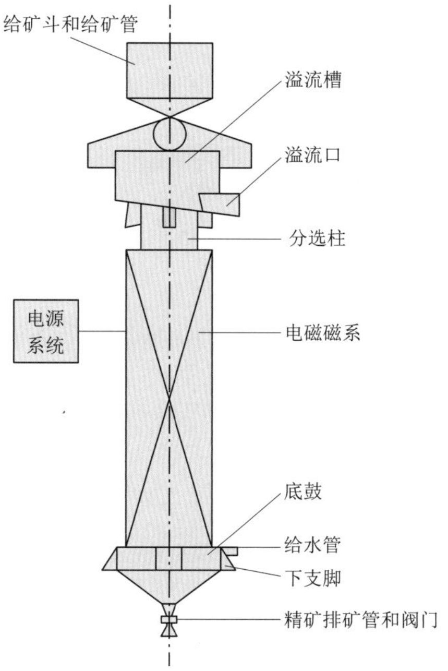

磁选柱结构示意图

磁选柱是一种磁力与重力相结合的弱磁场磁选设备，设备在利用磁团聚的同时施加外力破坏磁团聚，可有效解决单体有用矿物与贫连生体的分离问题。物料在分选柱内被多次精选，中、贫连生体和单体脉石可被有效分选，提高精矿品位。磁团聚对细粒磁性矿物也有一定捕集作用，有利于提高磁性矿物回收率。主要应用于磁选矿厂最后一段精选作业，提质降杂。（张　军）

磁种分选 separation of magnetic seeds 通过物理和化学过程使磁种选择性的黏附于目的矿物或脉石上，使弱磁性或非磁性矿物形成磁性团聚体，进而分离的*磁选*方法。磁种是能选择性地附着于弱磁性或非磁性矿物表面，显著增加矿物磁性的铁磁性或亚铁磁性物质；属于粒度极细的强磁性微粒，通常是细磨的磁铁矿、钛磁铁矿、硅铁和铁屑或人工合成的磁铁矿。

磁种分选通常有凝聚磁种分选、疏水

团聚磁种分选和高分子絮凝磁种分选3种方法，其中应用较广的是疏水团聚磁种分选。①疏水团聚磁种分选。在表面活性剂作用下，目的矿粒与磁种发生疏水团聚，与不团聚矿粒在弱磁选机上进行分离。②凝聚磁种分选。在电解质作用下，目的矿粒与磁种发生选择性黏附，与不附着磁种的矿粒在弱磁场磁选机上进行分离。③高分子絮凝磁种分选。在高分子絮凝剂作用下，目的矿粒与磁种形成絮团，与非絮凝物在弱磁选机上进行分离。

磁种分选能够回收非磁性和逆磁性矿物，扩大了磁选法的分选界限。利用该技术，理论上任何矿物都能用磁选法回收，处理的粒度下限远低于其他磁选或浮选法达到的粒度，为嵌布很细的难选复合矿物分选提供了新途径。

磁种分选仍处于实验室和半工业试验阶段，其作用机理与磁选、浮选、絮凝、表面化学等理论有密切关系，要达到应用阶段还需要进一步研究。

扩展阅读

陈斌.磁电选矿技术.北京：冶金工业出版社，2007.

幸伟中.磁种分选理论与实践.北京：冶金工业出版社，1994.

（刘永振）

粗粒浮选 coarse particle flotation 在较粗粒度下即可单体解离的矿物，通过**浮选**进行分离与富集的过程。在矿粒单体解离的前提下，粗粒浮选可以节省磨矿费用，能处理较大粒度的矿物。在处理不均匀嵌布矿石和大型斑岩铜矿时，可考虑进行粗粒浮选。对于疏水的硫化矿，有时单体解离的粗粒级可达200微米以上，而对于亲水的氧化矿、盐类矿物，有时单体解离的粗粒级只为80微米以上。

粗粒浮选原理是利用不同矿石的润滑性与接触角大小、极性和非极性不同的性质，在矿浆中加入药剂，并进行适当的机械搅拌，使疏水性矿物与更多的空气接触，黏成矿粒团或在其表面上聚集更多的小气泡而浮于水面，而亲水性矿物沉入底部被分离出来。但粗粒浮选的主要问题是：①矿物粒度增大，会造成大量连生体颗粒进入疏水产物而使其品位降低。②粒度过大，降低矿粒与气泡接触概率及黏着概率，使气泡不易矿化。③粒度过大，减弱矿粒与气泡的黏着牢固度，矿粒极易从气泡上脱落。

浮选机内矿浆的强烈湍流运动，是妨碍矿粒与气泡黏着及促使矿粒从气泡上脱落下来的重要原因。因此降低矿浆的湍流强度是保证粗粒浮选的重要措施。改善粗粒浮选的途径有：①采用捕收能力较强的**捕收剂**，并适当增加捕收剂用量，以增加颗粒与气泡的附着强度，有时配合使用非极性油等**辅助捕收剂**。②适当增大充气量，以提供较多的、适宜的气泡，为粗粒浮选创造条件。③选择适用于粗粒浮选的浮选机。为防止粗颗粒在浮选机中产生沉淀，应使用有较大浮升力和较大内循环的浅槽浮选机。④采用较高的矿浆浓度，既可增加药剂浓度，又可使颗粒获得较大的浮升力。⑤尽量缩短矿化气泡的浮升路程，及时排出上浮产品，防止颗粒从气泡上脱落。

为防止粗粒嵌布矿物的过磨并强化粗磨矿物的浮选，许多国家在粗粒浮选设备研究工作中已取得显著成效。粗粒浮选已应用于粗粒硫化矿、碳酸盐矿物、磷钙土、可溶性盐类及煤粒的分选中。

扩展阅读

胡岳华.矿物浮选.长沙：中南大学出版社，2014.

（徐龙华）

淬火 quenching 将钢从高温奥氏体区快速冷却，使过冷的奥氏体产生非扩散性转变产物——马氏体的**金属热处理**工艺。淬火是使钢强化的基本手段之一，将钢淬火成马氏体（M），随后**回火**以提高其韧性，是使钢获得高综合机械性能的传统方法。为了充分发掘钢的强度，必须首先使钢完全转变成马氏体，即必须以足够快的速率冷却，避免**奥氏体**（A）在淬火过程中分解成**铁素体**（F）、**珠光体**（P）或贝氏体（B）一类组织，这一速率称为临界冷却速率，一般也称作临界冷却速度。有些高合金钢如沉淀硬化型不锈钢（17-7PH钢等）、有色金属如硬铝合金（Al-Cu-Mg系合金）等，也都进行类似淬火的快冷处理，但处理目的是为了把高温相（分别为奥氏体和α固溶体）保持到室温，使其呈过饱和状态，之后需另通过时效处理才能使材料硬化，这类淬火称为**固溶热处理**。

从工艺的角度出发，淬火温度和淬火介质是影响淬火效果的重要因素，而这些因素取决于钢和合金的性质。就钢的性质而言，钢在淬火中形成马氏体的能力取决于钢的临界冷却速度（钢的淬透性）。钢的淬透性则是由奥氏体的成分、奥氏体晶粒度、合金元素在奥氏体中分布的均匀程度等因素决定的。确定钢的淬透性至关重要，它是选择淬火工艺参数的重要依据。

淬火加热温度 简称淬火温度，选择标准应以能得到细而均匀的奥氏体晶粒为原则，以便于冷却后获得细小的马氏体。

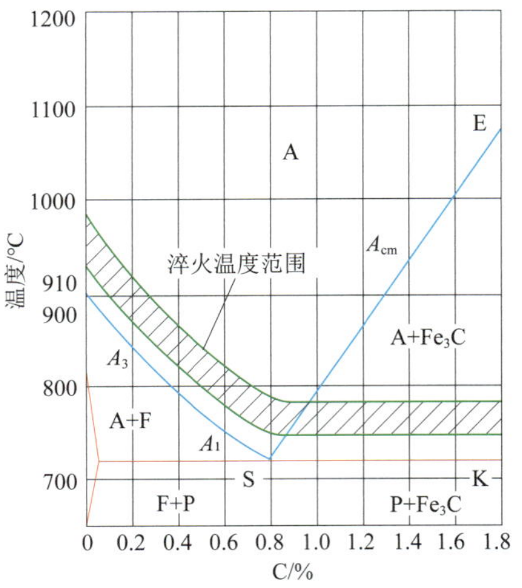

图1 碳钢的淬火加热温度范围

碳钢的淬火加热温度范围如图1所示。一般亚共析钢的淬火温度为A_{c3}以上30～50℃，淬火后获得马氏体组织。如淬火温度选在A_{c1}～A_{c3}之间，一部分先共析铁素体依然存在；在淬火后的组织中，除马氏体外，将混有低硬度的铁素体，降低力学性能。如加热至A_{c3}以上的过高温度，奥氏体晶粒粗化，淬火后获得的马氏体组织也粗大，脆性增加，且淬火变形大，易造成淬火开裂。过共析钢的淬火温度为A_{c1}以上30～50℃，淬火后获得马氏体和未溶的粒状渗碳体组织（Fe_3C），残留奥氏体较少。如加热至A_{cm}以上，先共析渗碳体将全部溶入奥氏体，使奥氏体的碳量增加，奥氏体晶粒长大，马氏体转变起始点M_s和终了点M_f降低；淬火后不仅马氏体粗大，而且有大量残留奥氏体。对于低合金钢的淬火温度，可根据其临界温度A_{c1}和A_{c3}及所含合金元素的性质，参照上述原则确定。

若钢中含有强碳化物形成元素，淬火温度一般应偏高，以加速碳化物的溶解，增大奥氏体中碳和合金元素含量，从而提高过冷奥氏体的稳定性；对于含碳、锰较高的钢，应采用较低的淬火温度，以避免奥氏体晶粒粗化。淬火加热过程中的氧化、脱碳直接影响淬火后工件的使用寿命，为此采用盐浴加热、可控气氛加热或真空加热等方法。

淬火冷却介质 淬火时钢制件中需要得到100%马氏体的部位，其冷却速度（冷却速率）必须大于临界冷却速度，否则不能充分淬硬和达到要求的淬硬深度。但是冷却速度过大，则在奥氏体向马氏体转变过程中将产生巨大的组织应力和热应力，使工件变形并有开裂的危险。为了解决上述矛盾，钢合理的淬火冷却过程通常要求在珠光体转变区或贝氏体转变区等奥氏体最不稳定的区域快速冷却，以防止其分解，通过马氏体转变区域要较缓慢冷却，

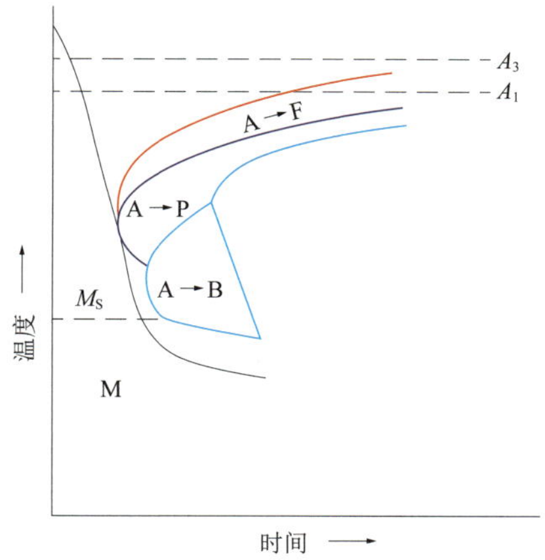

图2　钢的合理淬火冷却过程示意图

以减小奥氏体转变马氏体时出现的应力（图2）。常用淬火介质及其冷却速度如表所示。实际生产中可根据钢种的特性选择冷却介质，如碳钢的临界冷却速度大，应选用水、盐水等冷却能力较强的介质；合金钢的临界冷却速度小，可采用比较缓和的介质，如油等。

由表内可以看到，水在200～300℃区域的冷却速度过大，易于使钢淬裂；油在550～650℃区域的冷却速度过小，不易使淬透性小的钢淬硬。研究中广泛采用冷却能力介于水和油之间的冷却介质，使高温区的冷却能力接近于水，低温区的冷却能力接近于油，如水玻璃、过饱和硝酸水溶液、聚乙烯醇溶液等。

钢的淬透性　淬透性是钢的基本性质之一。它不同于淬硬性，后者指马氏体的硬度值，主要决定于钢中含碳量。淬透性的大小是用理想临界直径（D_I）作为指标来衡量的，它是钢棒在冷却烈度为∞的介质中冷却时，心部形成50%马氏体时的直径。在其他淬火介质（水、油等）中冷却时，所得到的临界直径（D_c）均较D_I小。其中50%马氏体转变量是为了便于测量而人为选定的，可通过金相检验和硬度测量确定。图3中的曲线表示硬化层中含有不同百分数的马氏体时的硬度值和含碳量的关系。一定尺寸的圆棒淬火时，表面和心部的冷却速度显然不同，工件中不同部位的冷却速度与钢的连续冷却转变图的关系见图4；冷却速度（V）超过临界冷却速度（$V_{临}$）的部分转变成马氏体（图5）；小于临界冷却速度的心部则出现非马氏体组织。很明显，淬透层的深度取决于临界冷却速度的大小，因而可通过加入合金元素来降低钢的临界冷却速度，使钢的淬透层深度增加。最常用的确定钢的淬透性方法是顶端淬火试验。

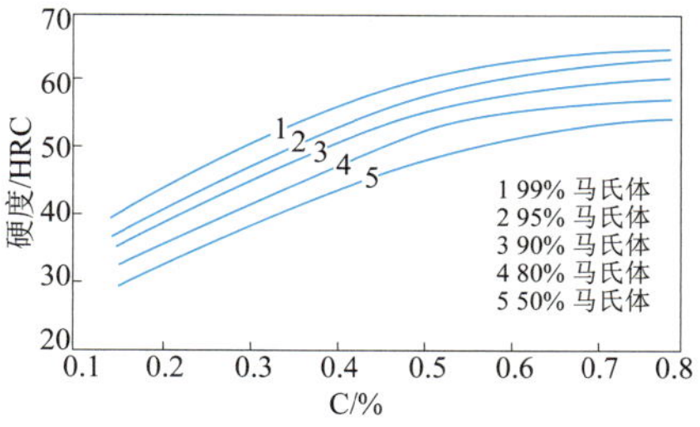

图3　马氏体含量不同时碳含量对淬火硬度的影响

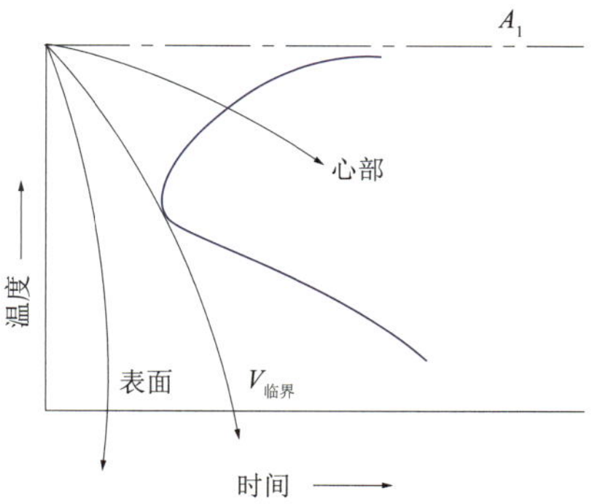

图4　钢棒表面和心部冷却速度与临界冷却速度的关系

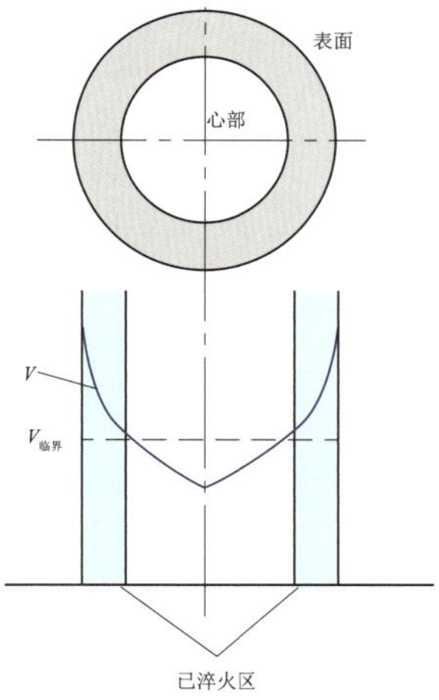

图5　未淬透区示意图

常用淬火介质的冷却速度

淬火介质	冷却速度/（℃/s）	
	550～650℃	200～300℃
水（18℃）	600	270
水（26℃）	500	270
水（15℃）	100	270
水（74℃）	30	200
10%苛性钠水溶液（18℃）	1200	300
10%氯化钠水溶液（18℃）	1100	300
矿质机油	100	20
油水乳状液	70	200

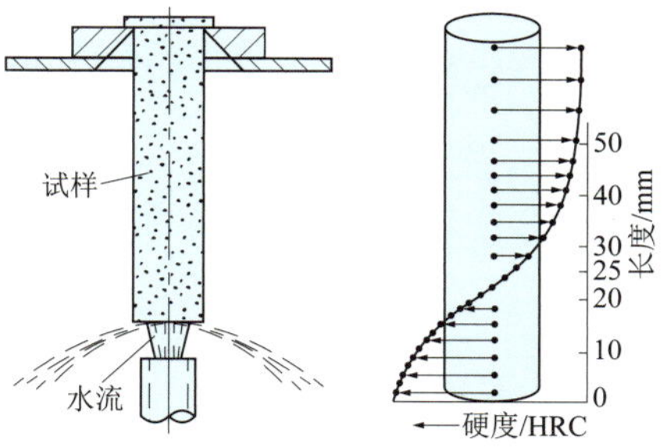

a 将奥氏体化的标准试样在夹具上进行顶端淬火　b 沿淬火试棒长度测出硬度值并绘成淬透性曲线

图6　利用顶端淬火法测定淬透性曲线

顶端淬火试验　是一种测定淬透性的简便方法，在许多国家已标准化。又称Jominy试验。图6a是用标准试样经适当奥氏体化后进行顶端淬火的示意图。顶端淬火时冷却速度由淬火端沿试棒逐渐减小，组织和硬度随之相应地变化，由此得到的硬度变化曲线（图6b）称为淬透性曲线或Jominy曲线。严格地说，这种曲线只对某一炉次的钢有效。对于某一定钢种来说，由于化学成分的差异（成分波动及偏析）、预先热处理工艺的差异（显微组织上的差异），其淬透性曲线可在相当大的范围内波动，形成一个淬透性带（Jominy带），如图7所示。工业用钢

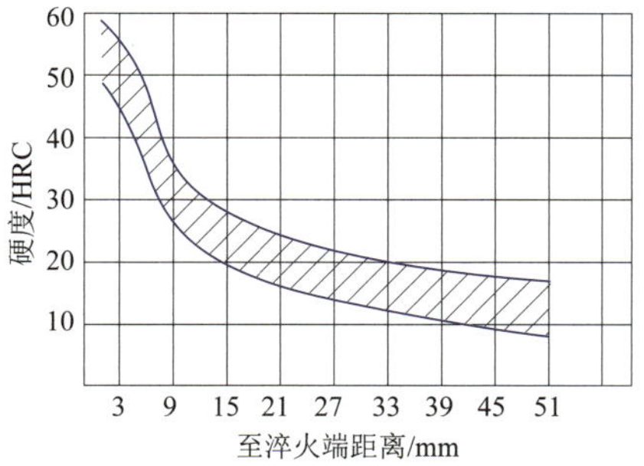

图7　40钢淬透性带（Jominy带）示意图

的淬透性曲线几乎都已测定，并汇集成册供查阅参考。根据Jominy试验结果，钢的淬透性大小可通过下列途径确定。①直接用试棒顶端至半马氏体区的距离J_{50}。②用淬火临界直径D_c表示。淬火临界直径指钢在一定冷却介质（如油或水）中淬火时能淬透（中心形成50%马氏体）的最大直径，生产中常用以表示淬透性的大小，图8为其示意图。D_c可以从不同直径的钢棒由试验得到，该方法为格罗斯曼（Grossmann）法。也可在用顶端淬火试验得出J_{50}后，利用图9查出的某

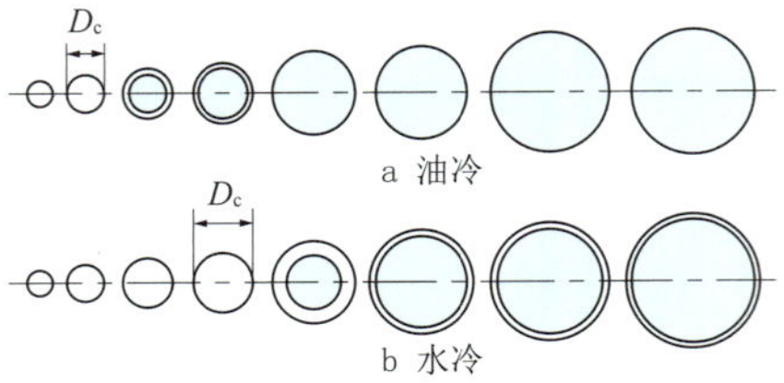

图8　不同冷却介质下的临界直径

种介质中淬火时的临界直径。③用淬火理想临界直径（D_I）表示。淬火临界直径虽然可以在规定介质条件下对钢的淬透性进行定量比较，但仍缺乏普遍意义。因为当淬火介质改变时，虽然钢的淬透性并不改变，但工件的淬透直径却发生了变化。为了定量地表示冷却介质的冷却能力而引入了冷却烈度（H）概念。静止水的烈度规定为1，以作为和其他淬火介质比较的标准。理想淬火介质（淬火时使热的试棒表面立即冷到介质温度）的H值为无穷大，一些常用的实际淬火介质的H值分别为0.02～5不等。这样，钢的淬透性可以简便地用理想临界直径加以表示和进行比较。对于某一定成分的钢，D_I表示一个圆柱形棒在理想淬火条件下，中心形成50%马氏体时的直径。在用顶端淬火试验确定出J_{50}后，利用图10即可确定出这个钢的D_I。图10也可用于查出在不同烈度下（各种淬火介质下）的D_c。

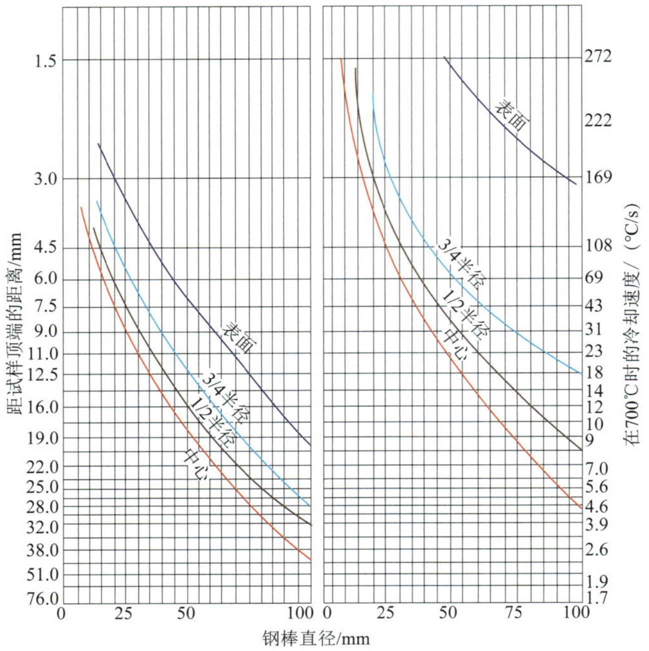

a 淬入缓动的油中　　b 淬入缓动的水中

图9　由淬透性曲线换算为钢棒截面上淬透层深度的曲线

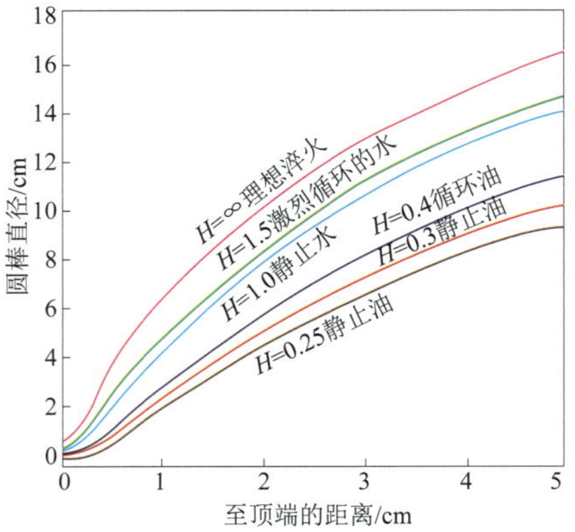

图10　至顶端距离和圆棒直径关系

奥氏体晶粒度和化学成分对淬透性的影响　奥氏体晶粒度和化学成分是影响淬透性最重要的两个因素。钢的淬透性随奥氏体晶粒度增大和晶粒界面面积减小而提高，这是因为可供铁素体和珠光体形核的位置减少，延缓了这些转变的速度。钢中合金元素一般延缓奥氏体分解，使转变曲线（TTT曲线或CCT曲线）右移，从而提高淬透性。为了定量估算它们的影响，曾有一些计算方法被提出，如M.A.格罗斯曼和J.H.霍洛曼所提出的公式，经A.莫泽尔和A.莱格特改进后得到的计算理想临界直径D_I的经验公式为：

$$D_I=D_0\times2.21\%\mathrm{Mn}\times1.40\%\mathrm{Si}\times2.13\%\mathrm{Cr}\times3.275\%\mathrm{Mo}\times1.47\%\mathrm{Ni}$$

式中D_0为基本临界直径，主要决定于奥氏体的含碳量和晶粒度，可由图11查出；列于各元素前面的数字是该元素含量（重量）为1%时的淬透性系数，数值越大，表示对淬透性的贡献越大。这样的计算只能用作对淬透性的粗略估算。

利用工业上积累的Jominy曲线大量实验数据，运用数理统计方法建立了钢中所含元素与J曲线和硬度（HRC）分布的关系，归纳出如下公式：

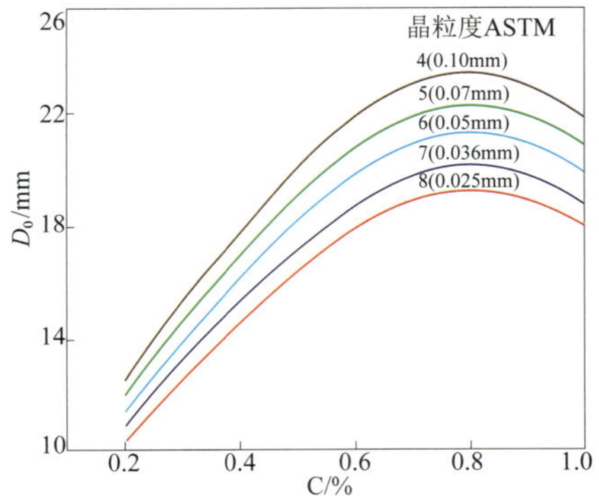

图11　含碳量和晶粒度对基本临界直径的影响

$$J_{8\sim80}=95\sqrt{\mathrm{C}}-0.0028s^2\sqrt{\mathrm{C}}+20\mathrm{Cr}+38\mathrm{Mo}+14\mathrm{Mn}+6\mathrm{Ni}+6\mathrm{Si}+37\mathrm{V}+96\mathrm{P}-0.8K-12\sqrt{s}+0.9s-13\mathrm{HRC}$$

式中$J_{8\sim80}$为距顶端8～80毫米范围内各点的HRC值；s为距顶端距离（毫米）；K为奥氏体晶粒度级别数。这个公式只适用于下列成分范围的钢：C<0.6%，Cr<2%，Mn<2%，Ni<4%，Mo<0.5%，V<0.2%。除了主要合金元素以外，算式也考虑了钢中微量残留元素的作用。这种由合金元素含量计算钢材淬透性曲线的较精确公式已逐步建立起来，并利用电子计算机对钢水实行J曲线的炉前调整。

淬透性和淬火工艺　为了保证工件淬火时得到完全马氏体组织，一般要求选用的钢有足够的淬透性。完全淬透的钢高温回火后，其力学性能沿截面是均匀的（图12a）；如因钢的淬透性低而使心部未能淬透，则心部的力学性能特别是冲击韧性较低（图12b）。对于给定成分的钢，选用烈度（H）高的淬火介质可以更快地降低钢件表面温度，增大临界直径。但这将增大温度梯度，引起工件翘曲变形甚至开裂。因此在实际淬火操作中往往需要采用较缓和的冷却介质，如油或空气流等。这就要求钢有高的淬透性。能在空气中冷却形成马氏体的钢称为空硬钢，如一些高合金

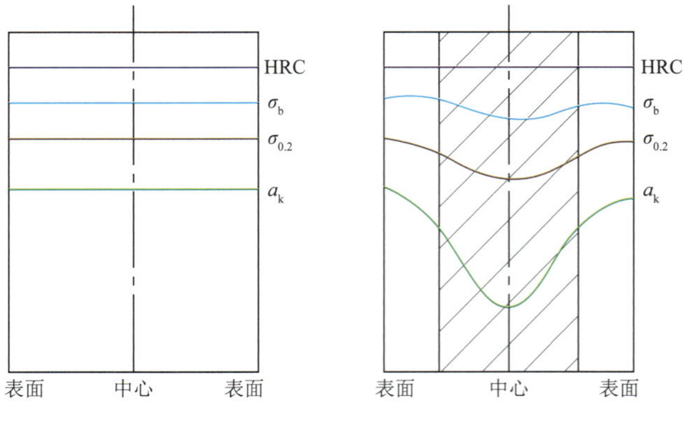

a 完全淬透　　b 未淬透

图12　淬透性不同的钢棒淬火并高温回火后的力学性能

模具钢。对中等淬透性的钢已发展出各种间断淬火方法。某些情况并不要求工件完全淬透，如工具和有些机器部件往往希望高疲劳强度或耐磨的硬表面。表面层淬成马氏体而心部不淬透使表面层中产生压应力，有利于防止疲劳裂纹的形成和阻止在表面所形成的疲劳源的扩展。

（石　霖　汪元章）

错红铜 copper incrustation　古代金属表面的装饰工艺。红铜可与氧化后的青铜形成色彩反差，产生艺术效果。错红铜有镶嵌法和铸镶法两种工艺。镶嵌法是将红铜片或红铜丝嵌入青铜器沟槽内，磨错而成；铸镶法是将准备好的红铜纹饰，预先放到器物的铸范内，当器物铸成后，经过打磨，红铜花纹就显露出来。

中国错红铜出现在商晚期，春秋晚期和战国早期开始盛行。错红铜的图案分为3类：①纹饰为用红铜片镶嵌的鸟兽纹（见图），兽多是龙和鹿的形象，鸟、兽之间界以几何形的云雷纹、菱形纹等，代表器

镶嵌红铜鸟兽纹壶（战国时期，北京怀柔出土）

物有唐山贾各庄出土的镶嵌狩猎壶、豆等器物。②表现社会生活的图案，内容有建筑、宴乐、歌舞、狩猎、水陆攻战、战船、车马、采桑、田作等，代表器物有成都百花潭出土的宴乐渔猎攻战纹壶。③青铜器和错金器上常见有流云纹、云雷纹等，代表器物有陕县后川村出土的匜、鼎等。战国中晚期的错红铜器物虽仍有发现，但数量已经很少，而且与镶嵌绿松石、孔雀石等共用在同一器物上，如湖南湘乡出土的豆，通体饰勾连云纹、镶嵌红铜和绿松石。曾侯乙墓出土的盥、缶、甬钟表面饰红铜花纹，采用了铸镶工艺。

（韩汝玢　李秀辉）

错金银 gold and silver incrustation　中国传统的金属表面装饰工艺。又称金银错。包括错金、错银和金银同错。错金银是利用金、银良好的塑性和鲜明的色泽，锻制成金丝（片）、银丝（片），嵌在金属器物表面预留的凹槽内，形成文字或纹饰图案。多用于铜器表面装饰，也用于铁器装饰。

发展历史　错金银兴起于春秋中晚期。首先出现的是错金工艺，用于错嵌铭文。战国时期错金银工艺水平更加成熟，山东曲阜战国墓出土了金错银带钩、金错铜带钩和金错铁带钩；山西长治分水岭出土的金错夔纹铜豆，通体饰金错夔龙纹、垂叶纹、花瓣纹等。战国晚期错金银工艺使用的范围更加广泛，除了饰于器皿类外，还在铜镜、乐器等上出现。汉继承了战国时代错金银工艺的繁荣，如河北满城汉墓出土有错金博山炉、错金书刀和错银豹、错金银鸟篆文铜壶（见图）等。《汉书·食货志》记载：“错刀以黄金错其文。”

工艺　①制槽。在金属器物表面按花

错金银鸟篆文铜壶（西汉，满城陵山中山靖王刘胜墓出土）

纹、图像、文字铸或刻凹形槽，在槽的底面刻凿出麻点，以使嵌入的金属能牢固地附着。②镶嵌。将金丝或金片凿截成所需要的大小、形状，嵌入槽内，捶打压实。③磨错。用厝石（磨石）将嵌入金属磨平，再用皮革、绒布蘸清水反复磨压，使表面光滑明亮、花纹清晰。错金银工艺还有另外一种方法，即在金属器凹槽内涂以金泥（金汞剂），金泥可以随意加厚，经过几次可以把凹槽涂平；用开水将酸冲掉，在备好的炭火上轻轻地烘烤，使水银慢慢地蒸发，将金泥烤干；器物冷却后，用刷子蘸皂角水清洗，而后用厝石磨细。若金泥欠丰满，刷洗干净后，再进行第二遍操作，直至填满花纹为止。现代修复错金银器物采用了这个方法。

扩展阅读

史树青.我国古代的金错工艺.文物，1973(6)：66-72.

（吴坤仪　李秀辉）

D

大井古矿冶遗址群 Dajing mining sites 中国古代铜矿开采及铜冶炼遗址群。位于中国内蒙古自治区赤峰市林西县官地镇大井村（今大井镇）。经^{14}C测定和出土陶器判断，属于中国辽西青铜时代晚期文化——夏家店上层文化。遗址群于1962年被发现，1976年部分发掘，有采矿坑、冶炼场、工棚建筑遗迹等，占地约2.5平方千米。2001年被公布为国家级文物保护单位。大井矿位于大兴安岭海西褶皱带南端，矿体生成方式为裂隙充填式，系中温热液铜锡共生矿，并伴生有砷、银等元素，铜、锡、银含量较高且成正比关系，砷在矿石中分布普遍但含量变化较大。

在采矿遗迹中，地表可见露天采槽47条，开采长度累积达1570米，最大开采长度200米，最大开采深度20米，最大开采宽度25米。遗址群出土采矿石器约1500件，可分为钎、锤、环、球、盘及研磨器等类型。其中的钎、锤、环又分多种亚型，分别为采矿、选矿工具。石器主要以附近河道中的花岗岩、玄武岩砾石为原料，根据用途打磨成形。所有钎、锤等石器中部都磨有一圈凹槽，以利绑扎木柄。最大石锤重7.5千克。

根据测量的古矿坑数据，遗址中古代开采矿石总量为16万吨。按铜平均品位为2%计，相当于冶炼出了纯铜3200吨。

冶炼遗迹中古冶炼场随山势形成8个平台，每个平台面积约5平方米；共发现12座炼炉遗迹。炼炉分为多孔窑形和椭圆形炼炉两种：①多孔窑形炼炉。直径150～200厘米，上面覆盖的红烧土块层中布满孔口和弯曲的孔道，孔径8～10厘米。在其中的两座炼炉旁发现圆形土坑；土坑直径80～150厘米，深60～80厘米，坑壁近于垂直；土坑内填灰土，并有陶片出土，坑壁上有多个小孔和架设横木的痕迹。圆形土坑紧临多孔窑形炼炉，发掘者认为是鼓风装置的遗迹。②椭圆形炼炉（见图）。红烧草拌泥炉壁高20厘米，厚10～12厘米；拱形炉门高约20厘米，宽约10厘米。遗址中还出土有陶质兽首鼓风管，表明当时已能用人工鼓风掌握炉温。

大井古矿冶遗址椭圆形炼炉

大井古矿冶遗址的矿石仅有少量在当地冶炼，更多的矿石被输往它处。已探明有3条矿石输出路线，分别为输往巴林右旗、翁牛特旗和克什克腾旗等地的10余处冶炼遗址，形成了以大井古矿冶遗址为源头的冶炼遗址群。所有遗址皆以大井铜矿产出的铜锡砷共生矿石为原料，直接冶炼出铜锡砷三元合金。大井古矿遗址的发现，为中国及世界早期冶铜技术研究提供了重要资料。（李延祥）

大气腐蚀 atmospheric corrosion 金属在环境温度下，以地球自然大气作为腐蚀环境发生的腐蚀。金属处于大气环境中时，由于水分（雨、雪、雾等）的直接沉淀，或者是大气的湿度或温度变化及其他原因引起的凝聚作用，在其表面形成了一层极薄的液膜，液膜往往含有水溶性盐类及溶入的腐蚀性气体，进而造成金属的腐蚀。大气腐蚀是由大气中的氧和水参与的电化学腐蚀，阴极主要是氧去极化腐蚀（氧易通过薄液膜到达阴极），阳极过程在薄液膜下会受到较大的阻滞。影响大气腐蚀的主要环境因素是温度、湿度和大气腐蚀性成分。大气湿度是影响金属表面液膜形成的主要因素，通常使用相对湿度来表示大气湿度的相对高低。按照大气污染性或环境特征，大气腐蚀分为工业大气腐蚀、海洋大气腐蚀、城市大气腐蚀和乡村大气腐蚀等。根据相对湿度或降雨量，大气腐蚀分为干大气腐蚀、潮大气腐蚀、湿大气腐蚀。干大气腐蚀是在空气干燥的条件下，金属表面不存在液膜层，大气腐蚀属于化学腐蚀中的常温氧化，大多数金属表面生成一层极薄（1～4纳米）的氧化膜。潮大气腐蚀是当相对湿度足够高（100%以下），金属表面存在着肉眼不可见的薄液膜层，在薄液膜中进行的腐蚀。湿大气腐蚀是当空气湿度接近100%或当水分以雨、雪、水沫等形式直接落在金属表面，在金属表面存在肉眼可见的凝结液膜层时发生的腐蚀。

控制大气腐蚀的方法主要有：①使用耐大气腐蚀材料，如不锈钢、耐候钢和耐大气腐蚀的有色金属。②采用覆盖保护层，油漆或金属镀层等长期性覆盖层或暂时性保护涂层。③控制环境，如充氮封存、采用吸氧剂和干燥空气封存。④使用缓蚀剂，如使用油溶性缓蚀剂、气相缓蚀剂和水溶性缓蚀剂。（李晓刚）

大水矿床开采 extraction of water-contained ore body 对水文地质条件复杂、矿井涌水量大于某一数值的矿床进行的开采。大水矿床在学术界仍没有统一的定义，有人认为矿坑涌水量10 000米³/天以上即是大水矿床，也有人认为矿坑涌水量达1米³/秒才是大水矿床，还有人认为当矿坑涌水量大到开采前必须治理才能开采时，则称为大水矿床。大水矿床的提出，有利于设计和相关科研机构加强地下水害的研究及制定适宜的防治水措施，有利于生产建设单位重视地下水害的防范，以及政府安全生产监督管理部门加强管理，从而促进大水矿床的安全开采。

对大水矿床开采，矿山基建投资大、时间长，开采难度大、成本高，易发生突水淹井、地面岩溶塌陷、地下水资源枯竭及环境地质灾害等。所以，必须预先进行水文地质勘探，并采取措施对水进行治理和预防。

水文地质勘探方法 采用综合手段、综合研究的方法，从完整的水文地质单元出发，在主要含水层中布置专门的水文地质试验工程，充分暴露矿区水文地质、工程地质问题；搞清水文地质边界条件，获取水文地质参数，建立矿区动态观测系统，对矿坑涌水量进行预测评价。常用的探查手段有：详细的水文地质及工程地质勘探、大型抽（放）水试验及连通试验、建立地表井下联合动态观测网，水文物探、化探、同位素技术、遥感技术等。

防治水方法 一般大水矿床地下水的防治遵循先简单、后复杂，先地面、后井下，层层设防的原则。①对于各种可能涌入矿坑的地表水，采取地面防水措施。主要方法是河流改道、河床防渗、留保安矿柱、修建防洪堤坝或调洪水库，开挖截水沟、排水沟等。②为减少矿坑内的涌水量及防止突水淹井，采取井下防水措施。主要方法有预留防水岩柱（矿柱）、防水闸门、挡水墙、超前探放水、突水预报等。③对于多数大水矿床，一般采用疏干为主的防治水措施，并尽量在浅部将地下水拦截。④在水文地质条件适宜、经济技术条件合理时，优先采用矿床帷幕注浆堵水措施。⑤在恢复被淹矿井、处理井下涌水点、封堵局部进水通道时，可采用局部注浆堵水措施。⑥为经济有效地排除地下水，应设计适宜的排水系统。⑦为防止环境地质问题发生，应加强地质环境的治理，主要措施有地面岩溶塌陷防治、露天边坡治理、矿坑污水防治、地下水资源保护等。

大水矿床开拓和采准　大水矿床的开拓和采准工程要根据矿区水文地质条件进行合理的布置，并遵循下列原则：①先开拓水文地质条件简单、贮水量小的矿段，再开拓水文地质条件复杂的块段。②先建立好排水系统，有足够的排水能力后，再往富水地段进行开拓。③对位于互有水力联系，处于同一水文地质单元的各矿井，布置多井同时开拓，进行整体疏干，加快疏干速度，缩短矿区开采期限，以利于分散排水负担。④专用的疏干巷道，一般要垂直地下水的补给方向布置，并与采矿工程密切结合，尽可能为以后的开拓工程所利用。⑤对于大水多泥的矿山，为防止主要运输巷道淤积泥浆，放矿溜井和主充填井要布置在穿脉巷道之内。

开采方法　开采大水矿床时，应加强对开采顺序、顶底板管理、地下水清污分流、水的探测和采掘速度的管理。①开采顺序。在一个阶段里，要先探明和回采水文地质条件简单，涌水量较小的矿体，为开采条件复杂、涌水量较大的矿体创造条件。采矿工作要与地下疏干排水工作相适应。②顶底板管理。矿（岩）体经疏干后，其稳固性均较差，回采时应注意顶板的维护；当矿体与底板承压含水层间有隔水层存在时，要注意底板能否产生底鼓、裂隙而引起突水。③地下水清污分流。井下涌出的清水和生产过程中产生的污水，应按清污分流、各成体系、综合利用、保护环境的原则处理。④水的探测。井下采掘作业接近可能发生强涌水地段时，必须坚持先探后掘的施工原则，探水孔的终孔位置必须超前工作面一定距离。⑤采掘速度。组织快速掘进，缩短开拓时间，实行强化开采，以保证生产安全。一些国家已选用高效率的采矿方法开采大水矿床，如赞比亚孔科拉矿用深孔空场法，波兰鲁德纳铜矿用房柱法和长壁法回采等。

扩展阅读

周爱民，等. 难采矿床地下开采理论与技术. 北京：冶金工业出版社，2015.

刘晓亮，褚洪涛. 我国复杂大水金属矿床的开采现状与发展趋势. 采矿技术，2008，8（2）：3-4，29.

（王　军）

大型电渣熔炼技术　large electroslag melting process　利用电渣重熔技术生成大锻件用巨型钢锭的工艺。巨型钢锭属于特殊制造产品，用于重大装备制造。电渣熔炼技术的大小尚无严格界定，一般认为生产百吨以上的电渣钢锭，或是能生产用以制造百吨锻件的电渣重熔技术即为大型。中国是最早开发大型电渣熔炼技术的国家。1965年，上海重型机器厂与北京钢铁学院合作，研发建成100吨3相电渣炉并成功制造出100吨电渣锭。1981年，上海重型机器厂又建成200吨级电渣炉，1983年生产出核电用207吨电渣锭。此后，大型电渣熔炼技术得到不断发展。德国、意大利、日本和韩国等也先后发展了大型电渣熔炼技术。

大型电渣熔炼技术的基本原理与电渣重熔相同，但由于大型电渣熔炼技术的电流达数万安培，感抗造成网路电压降很大。另外熔炼时间长，一支钢锭的熔炼时间可长达数十小时至上百小时，熔渣成分变化很大。大型电渣熔炼技术装备由炉用变压器、短网、电极升降装置、气体保护系统、

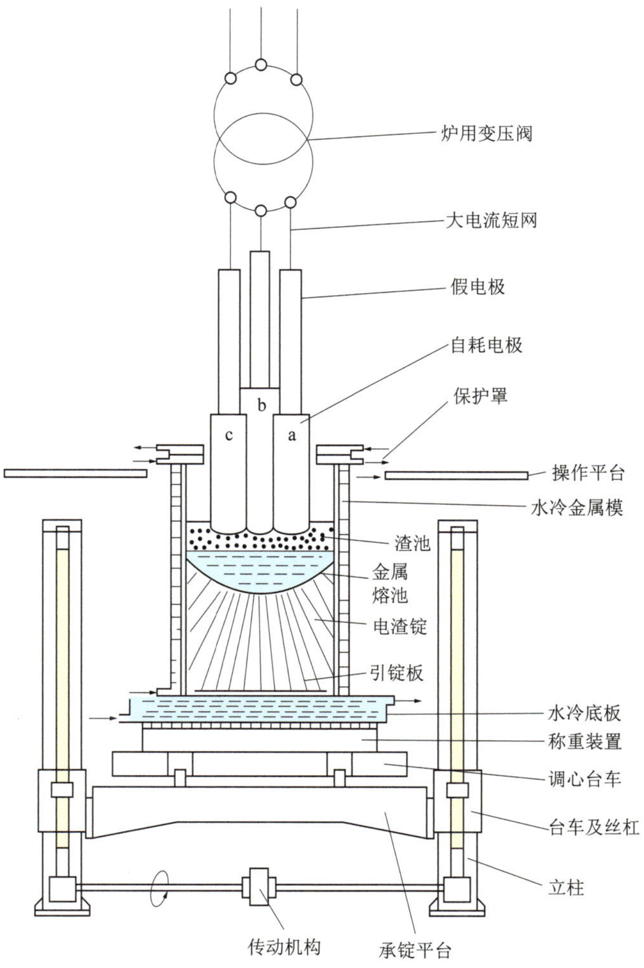

大型电渣熔炼技术示意图

水冷金属模（结晶器）、水冷底板、冷却水系统、重熔操作控制系统等组成（见图）。

大型电渣熔炼技术是在气氛保护下将钢水二次精炼与快速凝固过程同时进行的。熔炼过程是：在气氛保护下的水冷金属模中，电流由浸入渣池的自耗电极流经熔融渣池，利用电阻热维持渣池所需的高温，使自耗电极逐渐熔化，电极金属在熔化滴落过程中被强还原性的熔渣精炼、清洗和净化，精炼过的金属液滴入水冷金属模下部快速凝固成锭。

大型电渣熔炼所用金属自耗电极，其化学成分是在成品钢锭规范的基础上考虑电渣熔炼过程的熔损值制造的。自耗电极可以由电弧炉冶炼、转炉冶炼而成，也可以直接铸造或锻造成形。在气氛保护下的同一个水冷金属模中可熔化若干根自耗电极，使之精炼且不增氢，并快速凝固成锭。

大型电渣熔炼的特点是：①电极以薄膜形式微量熔化，熔滴穿过渣池，渣-钢接触面积极大，渣池活跃，冶金反应进行得迅速、充分，金属得到充分而有效的精炼净化。②熔炼和凝固在保护气氛下的同一个水冷金属模中进行，低氢得到控制，熔渣还原性强，成分调节自由度大，可选用合适的渣系和脱氧制度实现有选择性地精炼。③大型电渣钢锭的每一个凝固瞬间只是钢锭顶部极少量钢液强制冷却的快速凝固，而不是全部钢液自然冷却的缓慢凝固，凝固收缩时又可得到源源不断的熔滴金属补充，从根本上改变了凝固过程。因此，巨型电渣锭组织致密，没有缩孔和疏松，没有区域偏析和沉积锥，夹杂物细化且弥散。④大型电渣锭在凝固过程中，钢锭上部始终有高温渣池加热，底部则受强制水冷，钢锭表面有渣壳保护，表面光洁，适用于后续热加工。⑤工艺过程简单、设备简单、操作也简单，是可控熔化和可控凝固紧密结合的理想冶金技术。

（向大林　李士琦）

《大冶赋》 *A Poem of Daye*　南宋时期记载江南地区有色金属采矿、冶炼等生产的长

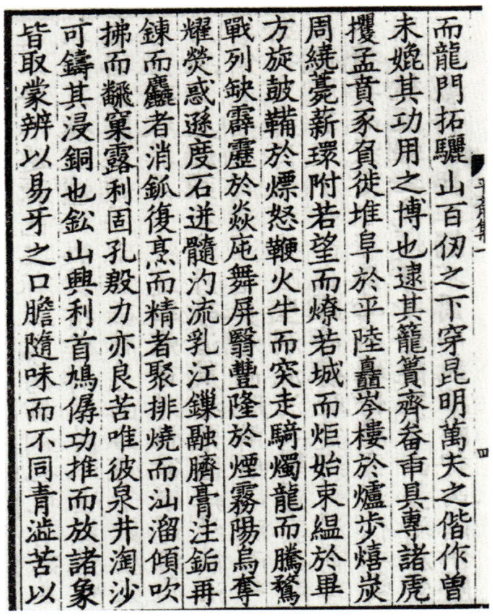
而龍門拓驪山百仞之下穿昆明萬夫之偕作曾
未嬈其功用之博也逮其籠簣齊畚臿具專諸虎
攫孟賁豕負徙堆阜於平陸矗岑樓於爐步嬉炭
周繞蕘薪環附若望而燎若城而炬始束緼於畢
方旋皷韛於熛怒鞭火牛而突走騎燭龍而騰鶩
戰列缺霹靂於焱庬舞屏翳豐隆於煙霧陽烏奪
耀熒惑遜度石迸髓汋流乳江鑠融膟膏注鍩再
鍊而麤者消鎃復烹而精者聚排燒而汕溜傾吹
拂而黳窠露利固孔㲉力亦良苦唯彼泉井淘沙
可鑄其浸銅也鉛山興利首鳩僝功推而放諸象
皆取棠辨以易牙之口膽隨味而不同青溢苦以

《大冶赋》记载火法炼铜技术片段

赋。作者洪咨夔（1176～1236），浙江於潜县（今浙江临安区）人。正文共2671字，写作时间为嘉泰二年至嘉定六年（1202～1213），收录于其著作集《平斋文集》第一卷第一篇。《大冶赋》记载了采金技术、炼银技术、炼铜技术，其中关于火法和水法炼铜技术的记载价值最大。其所记载的火法炼铜技术表明，宋代已经广泛开采铜的硫化矿石，经**焙烧**、冶炼先得到**冰铜**，再由冰铜炼成铜。整个流程要经过“再”“复”“排”等多次的“烧”“炼”“烹”，即多次焙烧、冶炼循环逐次提高冰铜品位，最后才能炼出铜。冶炼后期还使用了加铅勾银，即**灰吹法**，从铜中提取（金）银。记载的水法炼铜技术，即利用铁从胆水（硫酸铜溶液）中置换出铜的化学反应来生产铜；具体工艺又分为“浸铜”和“淋铜”两种，前者使用天然胆水，后者使用低品位硫化铜，经矿石硫酸化焙烧后人工淋洗获得胆水。《大冶赋》还记载了长江中下游地区多处矿冶产地和机构名称，对于研究宋代矿冶场所的地理分布有重要价值。出于体裁的限制，《大冶赋》记载的上述各项技术多属原则流程，未能提供详细的技术数据，显得完整而简略，加之文辞华丽深奥、引经据典，使现代人在阅读方面有一定困难。（李延祥）

带材热轧　hot strip rolling　将铸坯通过热连轧获得带钢或薄（中）板材的**轧制**技术。又称带材热连轧。带材热轧主要有两种方式，即常规带钢热连轧和薄（中）板坯连铸连轧。

常规带钢热连轧　采用厚度200毫米左右或以上的铸坯，经过**加热炉**加热，然后在具有粗轧区和精轧区的生产线上进行轧制成形的工艺。连续成卷、厚度在20毫米左右（最大厚度一般为25.4毫米）或以下、宽度600毫米以下的带钢为窄带钢，超过600毫米的带钢为宽带钢。第一台带钢热连轧机于1905年在美国投产，生产宽200毫米的带钢。1926年，第一台宽带钢热连轧机在美国建成投产，使热连轧带钢生产技术得到快速发展。特别是20世纪60年代后，随着电气传动及计算机自动化控制技术推动，液压传动、**升速轧制**、层流冷却、超快速冷却等技术装备和工艺的应用，使热连轧带钢生产技术发展更为迅速。

带材热连轧生产工艺主要包括原料准备、加热、粗轧、精轧、冷却及卷取等工序（图1）。热连轧作业线装备通常包括加热炉、除鳞装置、粗轧机组、飞剪、精轧机组、卷取机、层流冷却装置、成品收集设备和各种运输辊道等。其中粗轧机组分为半连续式、3/4连续式和全连续式3种：①半连续式粗轧机组。由1台带有立辊的可逆式平辊机架或由1台带有立辊的可逆式平辊机架和1台可逆式平辊机架组成。②3/4连续式粗轧机组。除上述机架外，还有2台串列连续布置机架。③全连续式粗轧机组。由6～7台机架组成。精轧机组均由6～9台成串列式布置的机架组成。为了节约能量消耗，在粗轧与精轧机组之间的中间辊道上有保温罩保温。为满足热轧带钢各种宽度规格的要求，热轧机组上配有立辊轧机或定宽压力机等宽度方向侧压设备。现代带钢热连轧在节约能源，提高产品质量、轧机产量和成材率等方面发展了控制轧制控制冷却工艺（thermo mechanical control process，TMCP），也称为热机械控制工艺，即通过对钢坯加热温度、轧制温度、变形量、变形速率、终轧温度和轧后冷却工艺等诸参数的合理控制，以获得良好的组织，提高材料强韧性。此外，还发展了各种液压自动厚度控制系统（AGC）、精轧微张力控制、板形自动控制等（图2）。

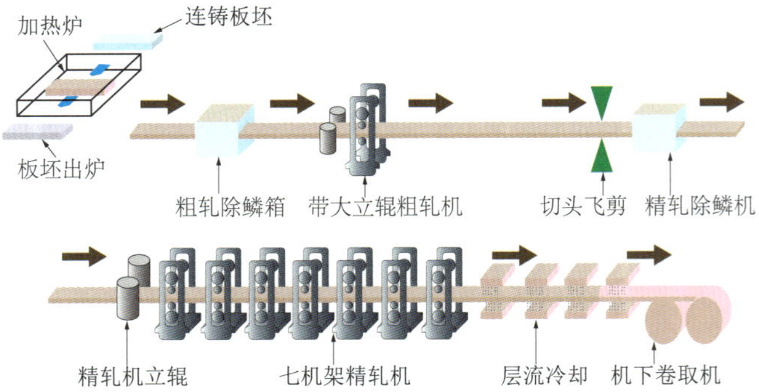

图1　常规带钢热连轧示意图

带钢热轧机按工作辊辊身长度命名，辊身长度在914毫米以上的称为宽带钢轧机。精轧机工作辊辊身长度为1700毫米的，称为1700毫米带钢热轧机，这种轧机能生产1550毫米宽的带钢卷。

带钢热连轧速度高、产量大，成本低、效益高，自动化水平高，各种设备布置形式的生产线数量多，在热轧钢材产品开发生产中占有重要地位。在工业发达国家，利用带材热连轧技术生产的带钢已占板带钢生产总产量的80%左右，占钢材总产量的50%以上。

薄（中）板坯连铸连轧　将连铸获得的薄（中）板坯加热或均热后，直接进行热连轧的工艺。即将薄板坯连铸与轧制进

图2　现代带钢热连轧技术

行链接，实现无间断连铸。薄板坯是厚度为50～90毫米的连铸坯；中等厚度板坯（厚度为100～170毫米）的连铸坯有时也归为薄板坯之列。薄板坯薄而宽、连铸速度快，因而可采用连铸连轧工艺进行热带生产。一般的工艺过程包括连铸、均热或加热、热轧、冷却、卷取等。

薄板坯连铸连轧是20世纪80年代末开发成功的技术。自1989年美国纽柯公司克劳福兹维尔（Crawfordsville）钢厂的第一套薄板坯连铸连轧紧凑式热带钢（compact strip production，CSP）生产线投产以来，该技术得到快速发展。除CSP外，薄板坯连铸连轧还有ISP（inline strip production）、QSP（quality slab production）、FTSR（flexible thin slab Rolling）、ASP（Angang strip production）、ESP（endless strip production）等多种技术形式。薄板坯连铸连轧具有三高（装备水平高、自动化水平高、劳动生产率高）、三少（流程短工序少、布置紧凑占地少、环保好污染少）和三低（能耗低、投资低、成本低）等优点。但受铸坯厚度及铸坯质量等因素的影响，在产品品种开发方面受到一定限制。

扩展阅读

王廷溥，等.现代轧钢学.北京：冶金工业出版社，2014.

中国金属学会热轧板带学术委员会.中国热轧宽带钢轧机及生产技术.北京：冶金工业出版社，2002.

（袁 国）

带式输送机 belt conveyor 利用无极柔性带进行连续输送的设备。

发展历史 带式输送机的历史可以追溯到1830年，开始于锯木厂用平皮带放在钢槽中滑动运输锯末和其他废料。1850年发明了世界第一台谷物输送机，其用辊子代替钢槽，并在辊子两端用弯曲的钢棒使皮革带形成槽形。1891年，美国发明家、电工学家T.A.爱迪生在美国新泽西州奥登伯格铁矿采用带式输送机输送重物料和磨蚀性矿石时，将平皮带改成带有盖胶的棉帆布带，承载帆布带的辊子做成3个独立的圆柱形辊子，在辊子两端安装轴承，制造了第一台现代意义上的带式输送机。

结构与原理 带式输送机是由输送带将分散安装在确定位置的各种部件连接起来组成的连续输送设备。一台带式输送机的长度可达数十千米。带式输送机一般由输送带、托辊、滚筒、传动装置、张紧装置、机架等组成。气垫带式输送机则用气垫床代替托辊。带动输送带运动的滚筒称为传动滚筒，仅改变输送带运动方向的滚筒称为改向滚筒。传动滚筒由电动机通过减速器传动，输送带在传动滚筒与输送带之间的摩擦力作用下随传动滚筒运动。在带式输送机两个端部滚筒之间的输送带由托辊支撑。物料在装载点被装到输送带上随输送带一起运动，在端部改向滚筒处被惯性力抛出，实现卸载。带式输送机可在环境温度－20～40℃范围内工作，可以输送温度低于60℃的各种散状物料，如细粉料、化学剂、矿石、煤炭等，也可以输送成件物品。带式输送机可用于水平及倾斜输送，矿山运输使用的普通型带式输送机倾角范围一般在15°～－12°。带式输送机具有布置灵活、输送能力大、运输成本低、安全可靠、对环境影响小等优点，广泛应用于矿山、冶金、化工、煤炭、港口等行业，在散料输送领域占据主导地位。

分类 带式输送机的种类很多，按传动方式可分为滚筒传动和钢丝绳牵引两类。但钢丝绳牵引带式输送机已经被滚筒传动的钢丝绳芯带式输送机所取代。滚筒传动带式输送机分为普通型和特殊型。普通型滚筒传动带式输送机有通用带式输送机、轻型带式输送机和移动带式输送机；特殊型滚筒传动带式输送机包括U形带式输送机、管形带式输送机、大倾角带式输送机、气垫带式输送机等。管形带式输送机可以大大提高输送机倾角，理论上甚至可以实现垂直输送。大倾角带式输送机采用带有铸胶挡板的挡边胶带，可以使输送机倾角提高到45°。

中国的标准通用带式输送机有DT－Ⅱ型和TD－75型两种，带式输送机采用的输送带包括棉帆布带、钢丝绳芯胶带及合成纤维芯胶带。钢丝绳芯带式输送机可以实现水平、上向、下向运输，并可以在垂直平面和水平面转弯。在中国国家标准《普通用途钢丝绳芯输送带》（GB/T 9770—2013）规定的钢丝绳芯输送带主要技术参数中，钢丝绳芯输送带的宽度为800～3200毫米，输送带强度范围为630～7500牛/毫米。钢丝绳芯胶带的种类有普通输送带、阻燃输送带、耐高温输送带、耐酸碱输送带、耐油输送带、耐寒输送带等。经过多年的发展，中国已成为世界带式输送机制造与消费大国，以合成纤维和钢丝绳芯作骨架的输送带已占输送带产量的80%，达到国际先进水平。按照中国行业标准《煤矿用阻燃钢丝绳芯输送带技术条件》（MT 668—1997）生产的煤矿井下用钢丝绳芯阻燃输送带耐热等级达到250～300℃，处于国际领先地位。

带式输送机

（谢 良）

带式真空过滤机 belt vacuum filter 以移动的环形滤带作过滤介质的真空过滤设备。带式真空过滤机的结构主要是由一条环状橡胶带绕头部驱动辊轮和尾部换向辊轮回转。橡胶带上开横向槽沟，槽沟中心钻有小孔，上覆滤布。滤液从橡胶带上的滤布流经槽沟至中心小孔进入真空盒。从给料端到排料端分布有过滤区、洗涤区和干燥区。滤饼跟随滤布和橡胶带向驱动辊轮方向移动，到达头部驱动辊轮时，滤饼掉落到渣斗中，滤布也与胶带脱开，可以进行清洗再生（见图）。

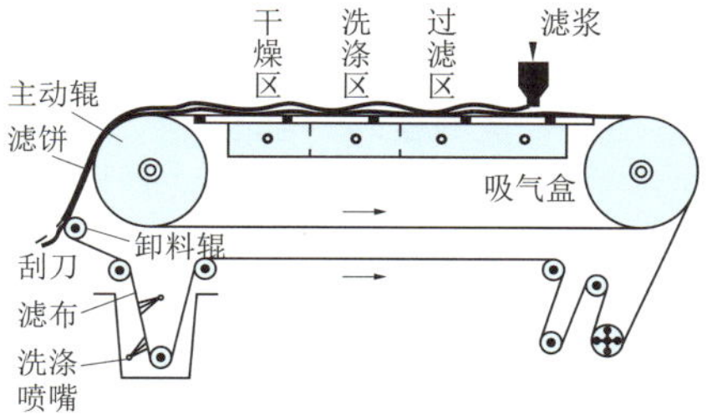

水平带式真空过滤机

带式真空过滤机的优点是：①过滤效率高，滤饼的洗涤效果较好，过滤面呈水平状态，适用于多级逆流洗涤。②滤布保持洁净，因为滤布的两面均受到喷嘴的洗涤，即使滤浆中的固体颗粒很微小，也不致堵塞滤布的孔隙。③滤布可正、反面同时洗涤，操作灵活，维修费用低。④工作周期短，单位过滤面积的处理能力大。即使是大型机台，其工作周期也可控制在1分钟以内。⑤结构简单，容易保养，滤布更换简便。缺点是过滤单位面积占地较多。

带式过滤机适用于含有粗颗粒的高浓度悬浮液及滤饼需要多次洗涤的物料，在浮选精煤方面及城市上下水处理、集尘灰浆处理、工业废水的处理、离子交换用水处理等行业都有应用。

扩展阅读

孙体昌.固液分离.长沙：中南大学出版社，2011.

杨守志，等.固液分离.北京：冶金工业出版社，2003.

（刘殿文）

戴永年 Dai Yongnian（1929-02-09～ ） 中国有色金属真空冶金专家。生于云南昆明。1951年云南大学矿冶系毕业，后留校任教。1954年随云南大学矿冶系调整进入昆明工学院工作。1956年由中南矿冶学院冶金系研究生班毕业，后在昆明理工大学任教。曾任昆明理工大学真空冶金及材料研究所所长，云南省有色金属真空冶金重点实验室学术委员会主任。1999年当选中国工程院院士。

长期从事有色金属真空冶金的教学、科研和工程研究工作。发展了金属真空气化分离理论，形成了有色金属真空冶金理论体系；发明了内热式多级连续蒸馏真空炉和卧式真空炉，并在有色金属行业推广；研制成功粗铅火法精炼新技术，改变了铅精冶炼过程；改革了锡、铅、锌、锂、多晶硅冶金部分传统生产技术，经济效益显著；主持研究的锂离子电池材料实现产业化；率先在中国开设了真空冶金课程和试验。获发明专利和实用新型专利40余项，国家技术发明奖二等奖2项、国家科技进步奖二等奖1项。发表论文百余篇，出版学术专著11部，其中《真空冶金》(1988）获全国优秀科技图书二等奖。

（姜 曦）

单相凝固 single phase solidification 在液固相变过程中，仅由一种液相转变为一种固相的**金属凝固**过程。其反应式可表述为L→a。通常固溶体、金属间化合物、纯金属等的凝固均属于此类。单相凝固是最基本、最重要的凝固方式，主要涉及树枝状初生晶的凝固行为。单相凝固是凝固理论研究的主要对象，诸如溶质再分配、成分过冷、枝晶生长、凝固界面前沿形态演化等理论均是基于单相凝固而建立的。通常将凝固组织为单相固溶体的合金统称为单相合金。单相合金在凝固后期可能发生多相凝固，但凝固初期的单相凝固是决定最终凝固组织的关键。单相合金若以平衡方式凝固，则其凝固过程中固、液相的成分变化可严格按照相图确定。对于一给定合金，温度梯度（G）和生长速度（V）是确定该单相合金凝固后的组织尺度和形态的主要参数。温度梯度与生长速度的比值（G/V）决定了凝固微观组织的形态（平面状晶、胞状晶、柱状晶和等轴晶），而二者的乘积（$G\cdot V$）则决定了凝固组织的尺度大小。

扩展阅读

KURZ W, FISHER D J. Fundamentals of Solidification.4th ed. Switzerland: Trans Tech Publication, 1998.

（王锦程）

单行作业 single-line operation 竖井施工时，将井筒划分为若干段高，自上而下逐段施工，或在同一段高内，按照掘、砌先后顺序交替进行的施工作业方式。又称顺序作业。单行作业需用设备少，上下干扰小，施工组织简单，不受井筒深度与直径的限制。是**竖井**施工中最早使用掘、砌的作业方式。根据掘进段高不同，分为短段单行作业和长段单行作业。

短段单行作业 分段高度一般为2～6米，掘进后直接砌筑井壁，不需要临时支护。当地层不稳定或局部涌水时，可设法封水，分区开挖；在井壁中埋设上、下吊挂竖向钢筋，再砌筑井壁。为便于施工和保护混凝土井壁，爆破后，渣石暂不全部清除。砌壁时，立模、稳模和浇筑混凝土工作都在浮渣上进行。短段单行作业的缺点是井壁接茬多，井筒整体性与封水性差。

如果掘进与砌壁工作在一定程度上互相混合进行，称为掘、砌混合作业。该种作业方式是短段单行作业的发展，如在装岩工作的后期，暂时停止抓岩工作，组立混凝土模板后，再同时进行抓岩及浇筑混凝土永久支护。

长段单行作业 一次掘进的分段高度一般为20～40米，若用锚喷作为临时支护，分段高度可加大到40～60米。自上而下掘进井筒，掘进时用临时支护维护岩帮。掘进到设定井段位置后，利用吊盘作为工作平台砌筑井壁。至该井段掘砌作业完成，再掘砌下一分段。长段单行作业与**平行作业**方式相比，安全性较好。

（张钦礼）

胆铜法 copper hydrometallurgy 中国古代的一种湿法冶铜方法。又称水法炼铜、浸铜法。把铁放在胆水（硫酸铜水溶液）中，铜离子即被铁所取代而使铜沉淀。这一反应的发现最早见于西汉刘安主撰的《淮南万毕术》中，记载有："白青得铁即化为铜。"白青是水胆矾。唐《新修本草》关于石胆（胆矾，$CuSO_4\cdot 5H_2O$）也说"磨铁作铜色，此是真者"。据北宋沈括的《梦溪笔谈》引《丹房镜源》(成书758～762年）记载："信州铅山县有苦泉，流以为涧，挹其水熬之，则成胆矾，烹胆矾则为铜。熬胆矾铁釜，久之亦化为铜。"表明唐代已有胆铜法生产铜。北宋王安石变法由于"理财"需要，促使铜产量成倍增长，推广胆铜法是一项重要的技术措施。绍圣元年（1094），信州铅山场、饶州兴利场（均在今江西）、韶州岑水场（今广东）、潭州永兴场（今湖南）四大铜场，除生产石铜（用矿石冶炼的金属铜）外，都生产胆铜。至徽宗建中靖国元年（1101），胆铜矿床达11处。大观（1107～1110）年间胆铜产量约占铜总产量的15%；南宋乾道（1165～1173）年间胆铜产量占铜总产量的81%。江西饶州人张潜于北宋哲宗(1086～1100）时总结了胆铜法的实践经验，著有《**浸铜要略**》(成书于1094～1098年）一书；今仅存元末危素为此书所作的《浸铜要略序》。胆铜法生产金属铜有胆水浸铜和胆水煎铜两种工艺，南宋洪咨夔在《**大冶赋**》(成书于1202～1213年）中记述了这两种方法。①胆水浸铜。是"以片铁排胆水槽中"，"上生赤煤"(红色粉末)，"数日而出"，"取刮铁煤入炉"，"三炼成铜，率用铁二斤四两而得铜一斤"，"余水不可再用"。因各泉所出胆水含铜浓度不同，浸铜所需时间长短不一。据《浸铜要略序》记载，饶州兴利场共有胆水泉32处，其中浸铜需时5天的有1处，需时7天的有14处，需时10天的有17处，这是因为各泉所出胆水含铜浓度不同。《大冶赋》中总结用口尝胆水浓度、目测铜煤质量的实践经验。②胆水煎铜。此法仅见于信州铅山场。据《宋会要辑稿·食货》卷三三记载：铅山场"古坑……无水处为胆土。胆土煎铜，工多利少，其土无穷"。指先取胆土，再引水淋土，从而获得胆水。由于淋出的胆水浓度很低，必须烹煎浓缩后才能用来浸铜。

宋代四个重要铜场的胆铜生产情况，据《宋会要辑稿·食货》的资料，列表如下：

由表中可以看出，天然胆水浸铜的产

胆铜生产情况统计表

矿场	年份	年收胆铜量
信州铅山场	绍兴三十二年（1162）	38万斤
	乾道二年（1166）	9万余斤
	淳祐（1241）后	逐渐停废
饶州兴利场	绍兴三十二年（1162）	5万余斤
韶州岑水场	绍兴三十二年（1162）	80万斤
	乾道二年（1166）	8万余斤
潭州永兴场	绍兴三十二年（1162）	64万斤
	乾道二年（1166）	3千余斤

量很不稳定。铜场开始产量高，随着胆水的减少，产量下降，几年之后产量大减，逐渐停废。

宋代以后胆铜法生产仍有继续，直到现代江西德兴仍存。欧洲于1752年才在西班牙里奥廷托矿用胆水法炼铜。

（夏湘蓉　朱寿康　杨文衡）

当阳铁塔　cast iron pagoda at Dangyang City　位于湖北省当阳市玉泉山麓玉泉寺门外的中国古代大型铸铁建筑物。又称如来舍利宝塔、玉泉寺铁塔。1982年被定为全国重点文物保护单位。据塔身铭文记载，其建于宋嘉祐六年（1061），耗铁76 600斤。塔高17.9米，塔身稍向东北方倾斜。铁塔底座和13层塔身是宋代铸成；铜塔刹是清道光十五年（1835）后铸造的。塔为八角形仿木结构，外为铁壳，内为砖墙，塔心中空。底座基部周长9.6米；塔身从下至上每层周长和高度逐渐减小，到第十三层塔檐处，周长减至4.3米。底座和塔壁铸有花纹和仪态不同的大小佛像。有8尊铁金刚铸接在底座的8个拐角

当阳铁塔外景

处。铁金刚的头顶有钢柱插入上面的铸件中。铁塔由44块铸件组成：底座为4块，第一层分塔身、塔檐2块，第二层以上每层各有平座、塔身、塔檐3块，顶为莲花盆和塔刹2块。塔系麻口铁铸成，经取样化验，建造铁塔所用的铁中除了铁元素，还包括碳3.66%、硅0.05%、锰0.05%、硫0.022%、磷0.29%等其他化学成分。

（孙淑云）

等静压加工　isostatic pressing technology　将坯料置于密闭高压容器内，在各向均等的压力作用下使之成形的**锻压加工**技术。等静压加工最初是针对传统**粉末冶金**机械压制方法存在制品密度不均的问题而出现的。随着等静压加工设备及控制技术的发展，该技术已不再是粉末冶金专用技术，其应用已经扩大到其他材料技术领域。

等静压加工制品密度高且均匀一致，在高性能粉末冶金，尤其是复杂形状的高熔点、高硬度材料制品制造，内置造孔剂多孔材料预制坯制作，以及处理有毒材料等方面具有明显的优势。随着包套材料的优化、制品质量及尺寸精度控制技术的发展，等静压加工的应用领域必将进一步扩大，其技术优势将产生更广泛的影响。

根据加工温度的不同，等静压加工分为冷等静压、热等静压和温等静压加工。

冷等静压加工　由美国H.D.马登于1913年开发，通常用橡胶或塑料做包套材料，在常温下以液体作为压力介质，工作压力一般为100～630兆帕。典型工艺是将粉末装入具有弹性的软套中（一般用橡胶或塑料制成），软套封口后放入密封的容器（缸体）中，液体介质的压力均匀地作用在包套上，再将压力传递到工件上，实现等静压压制。常用液体介质为水和油的混合乳液或油，所以又分为水静压和油静压。冷等静压多用于粉末冶金，以获取粉末预成形坯料。由于冷等静压压力大，工件受力均匀，特别适宜压制大尺寸的粉末制品。压制的粉末制品具有密度高、密度均匀、压制的粉末不需添加润滑剂等优点。按照容器密封结构不同，冷等静压机可分为螺纹式和框架式两类。螺纹式冷等静压机结构简单，但操作劳动强度大，使用过程螺纹磨损严重，通常为容器（缸体）小的等静压机；框架式冷等静压机，设备虽然复杂，但安全可靠，操作简便，通常为容器（缸体）较大的等静压机。按粉末装入方式不同，冷等静压又分为干袋模压制和湿袋模压制。干袋模压制的成形橡皮袋不浸泡在液体介质中，压毕取出压块和成形模袋，而加压橡皮袋仍留在容器内供下次装料使用；湿袋模压制是装料后模袋放入容器并浸泡在液体介质中，压毕同时取出模袋和坯件。

热等静压加工　在高温和高压同时作用下使制品成形。由美国巴蒂尔研究所于1955年开发出。20世纪60年代初获得工业应用，解决了核燃料元件的扩散黏结问题。早期热等静压又称气体加压黏接、气体加压固结。60年代中期到70年代初期，由于气体雾化和离心雾化制取高性能粉末工艺的出现与应用，使热等静压工艺获得了很大的发展。一般采用氩、氦等惰性气体作为压力传递介质，包套材料通常用金属或玻璃。工作温度一般为材料熔点温度的50%～70%，工作压力通常为100～200兆帕。压坯制品密度高，相对密度可达99.80%～99.99%。热等静压设备通常由装有加热炉体的高压容器、高压气体介质输送、电气、测温和冷却等系统组成。热等静压加工是在高温下加压成形，因而获得的制品孔隙少，密度与熔炼加工材料相近，且晶粒细、各向性能均匀。热等静压的主要应用有：①高性能粉末材料制品的成形，如**粉末冶金高温合金**、粉末冶金高速钢、陶瓷材料等的工业生产，并在制取**粉末冶金钛合金**零件上开展了广泛的研究。②消除**硬质合金**、铸件、构件或使用后的构件的内部缺陷（如气孔、裂纹等），提高铸件、构件质量或使构件重新返回使用，这也是热等静压的重要应用。③应用于同种或异种固态材料的复合，如金属和金属、陶瓷或纤维材料复合。

温等静压加工　主要用于在室温条件下不能成形的材料，压制温度一般在80～600℃，工作压力为300兆帕左右。

扩展阅读

JAMES P J. Isostatic Pressing Technology. Barking: Applied Science publishers, 1983.

ATKISON H V, RIKINSON B A. Hot Isostatic Processing. Bristol: Adam Hilger, 1991.

BOCANEGRA-BERNAL M H. Hot Isostatic Pressing (HIP)Technology and Its Applications to Metals and Ceramics. Journal of Materials Science, 2004, 39(21): 6399-6420.

RAO G A, SANKARANARAYANA M, BALASUBRAMANIAM S. Hot Isostatic Pressing Technology for Defence and Space Applications. Defence Science Journal, 2012, 62(1): 73-80.

（任学平）

等可浮浮选　iso-flotability flotation　在矿物浮选体系中，将自然可浮性相近且易浮的矿物一起浮起作为混合精矿的**浮选流程**。当多金属矿石中有一种矿物可浮性好，而其他矿物又可分为易浮和难浮两部分时，宜采用这种流程。对于矿物可浮性差的部分，可通过改变条件，可强化捕收而继续浮选回收。等可浮浮选的优点是可以降低药剂消耗，消除过剩药剂对分离浮选的影响，有利于提高浮选指标。例如，在浮选硫化铅锌矿石时，锌有易浮和难浮两部分矿物，可采用等可浮浮选流程，即在浮选铅矿物时，将易浮的锌矿物一起浮出，接着再进行铅

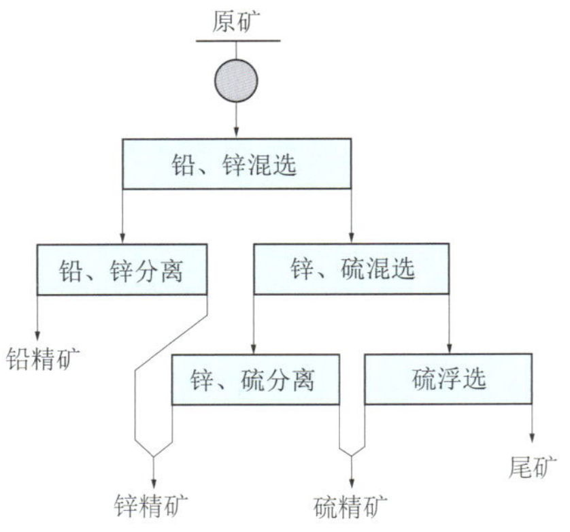

硫化铅锌矿等可浮浮选流程

锌分离及锌的强化浮选（见图）。

扩展阅读

胡岳华.矿物浮选.长沙：中南大学出版社，2014.

（文书明　张　英）

等离子弧重熔　plasma arc remelting　以等离子流作为热源，使金属棒料和块料重新熔化、精炼的技术。采用的设备是等离子弧重熔炉，主要包括等离子枪、电极及其升降装置、合金及其他炉料的加料装置、水冷铜结晶器、抽锭装置、供水和供气系统、电源及供电回路等。

等离子枪的功能是将电能转变为定向高温等离子射流，又称等离子体发生器，为20世纪50年代开始出现的一种高温热源装置，产生的等离子射流有转移弧和非转移弧两类。等离子射流热源的特点是：由于气流的作用，电弧稳定；射流横断面很小，热量高度集中，可以达到非常高的温度。已应用等离子枪的工作温度为5000～20 000℃。等离子枪可以用惰性气体（氩）或还原性气体（氢），以及两者的混合物或其他气体作为介质，从而达到各种不同的冶金目的。等离子射流热源的成本费用相对较高，等离子枪的工作寿命不长。

等离子弧重熔利用等离子枪产生的高温等离子射流熔化金属，液态金属熔滴穿过熔渣层在水冷铜结晶器中凝固，并可进行抽拉制锭。与**真空电弧重熔**和**电渣重熔**相同，熔炼与结晶同时进行。在高温下，金属熔池上形成渣池，锭表面形成一薄层渣壳，使所得的金属锭具有良好的结晶组织，金属的化学成分波动很小，气体和非金属夹杂物的含量很低。

用惰性气体等离子射流，可以熔炼高熔点金属、活泼金属，并对金属或合金（如钢）进行提纯。用氢或含氢气体作介质，可以从金属氧化物获得金属（铁、铝、钴、铌、钽、锆、钨等）。还可用于分解羰基镍，得到极细的镍粉；从金属卤化物得到金属或其氧化物（钛、二氧化钛）等。

（邵象华　李士琦）

等离子弧焊　plasma arc welding　利用等离子弧的热能对金属或非金属进行焊接的方法。又称等离子体弧焊。等离子弧是利用等离子枪将自由电弧进行压缩而形成的具有高温、高电离度、高能量密度及高焰流速度特点的电弧。气体由电弧加热产生电离，在高速通过水冷喷嘴时受到压缩，能量密度和电离度增大，形成等离子弧。电弧压缩来自等离子枪喷嘴孔径形成的机械压缩、水冷喷嘴内壁表面冷气膜形成的热收缩，以及弧柱电流本身磁场对弧柱产生的磁收缩（图1）。

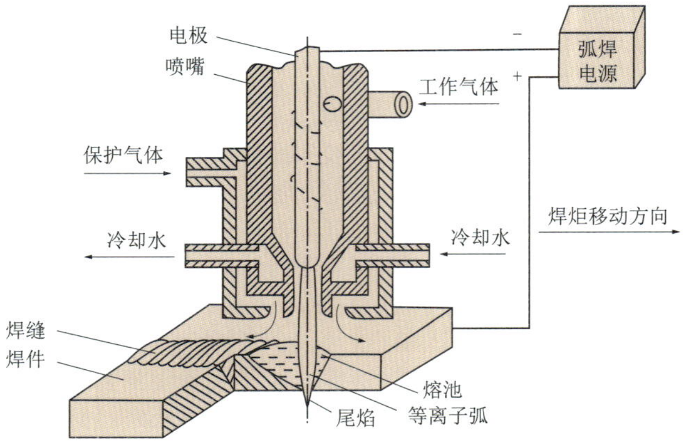

图1　等离子弧焊示意图（穿透焊）

等离子弧可分为非转移型、转移型和联合型3种。非转移型等离子弧建立在电极和喷嘴之间，通过离子气强迫等离子弧从喷嘴孔径喷出。非转移型等离子弧温度最高可达18 000℃，主要用于非金属材料或薄板金属材料的焊接和切割。转移型等离子弧建立在电极与工件之间，温度高（10 000～52 000℃）、热利用率高，主要用于金属材料的焊接和切割（图2）。联合型等离子弧中非转移弧和转移弧同时存在，需要两个独立电源供电。

图2　转移型等离子弧切割

按照电流大小和相应的焊缝成形原理，等离子弧焊可分为穿透焊、熔透焊和微弧焊3种。①穿透焊。又称小孔焊。焊接电流为100～400安。焊接时，熔池前沿有一个穿透小孔。熔池金属向小孔后方流动形成单程双面的全焊透焊缝。厚度2.5～6毫米的绝大多数金属都可获得小孔效应。穿透焊的焊接规范较严，需要自动焊机施焊。当用脉冲弧焊电源时，可以用较小的平均焊接电流实现穿透焊。②熔透焊。又称熔入焊。焊接电流为30～100安。焊接中不出现穿透小孔，而靠熔池的热传导实现焊透。厚度0.8～3毫米的大部分金属对接或搭接接头都可以用此法焊接，可用手工操作。③微弧焊。又称微束等离子弧焊、针弧焊。焊接电流为0.1～30安，所产生的电弧是长针形的。该方法特别适用于厚度为0.02～1.5毫米的薄件的焊接。焊接时，为维持电弧稳定，除电极与焊件间的主电弧以外，还需要用另一个电源在电极与喷嘴间形成一个维持电弧。

等离子弧焊设备可分为手工焊设备和自动焊设备两类。手工焊设备由焊接电源、焊枪、控制电路、气路和水路等部分组成。自动焊设备则由焊接电源、焊枪、焊接小车（或转动夹具）、控制电路、气路及水路等部分组成。等离子弧焊电源应具有陡降特性。

等离子弧焊的特点：①功率密度高，能够达到（0.5～1）×10^9瓦/米^2。②电弧稳定性好，焊接电流小到0.1安时，电弧仍能保持良好的挺度和方向性。③操作方便，允许弧长有较大变化而不致影响焊件的热输入。④电弧穿透力强，不开坡口能一次焊透12毫米不锈钢板或钛板。⑤焊接速度快。⑥焊件残余应力与变形小。⑦钨极端头位于喷嘴口内，焊件不易被钨污染。⑧钨极冷却好，不易被熔化。⑨等离子弧焊需要用氩和氦，与一般电弧焊比，焊接成本较高。

（常保华）

等离子冶金 plasma metallurgy 利用工作气体被电离时产生的等离子体加热物料进行熔炼的电热冶金技术。又称等离子熔炼。最早在20世纪60年代初期用于生产合金钢，后应用于铁、铝、钴、铌、钽、锆、钨、镍等金属的火法熔炼、精炼、金属重熔，以及合金、超细金属粉末和石墨烯等的制备。

等离子冶金的工作原理，是将一种气体或气体混合物从一个小孔高速喷射进产生电弧的空间形成等离子射流，等离子射流可以熔炼高熔点金属、活泼金属，并对金属或合金（如钢）进行提纯。等离子射流主要由阳离子和电子组成，也含有未电离的分子或原子。等离子冶金过程常用的工作气体是氩，由于氩是单原子的惰性气体，容易电离且可保护熔炼物料，工作温度高。产生等离子体的方法主要有气体放电法、射线辐射法、光电离法、热电离法和冲击波法等。根据所加电场频率的不同，气体放电可分为直流放电、低频放电、高频放电和微波放电等多种类型。根据其放电形式的不同，又可以分为汤生、电晕、辉光、弧光和无声（介质阻挡）等离子体。根据气压可分为低压（辉光、微波等）等离子体和常压（电晕、无声等）等离子体。

等离子冶金核心装置为产生等离子体的等离子枪，等离子枪又称为等离子体发生器。等离子枪是20世纪50年代开始出现的一种高温热源装置，其功能是将电能转变为定向等离子射流中的热能。等离子射流作为热源的特点是：电弧稳定、热量高度集中、可以达到很高的温度（5000～20 000℃）。

（马文会 杨 斌）

地下采矿方法 underground mining methods 在地下开采中，依据不同的采矿技术条件，在矿块或采区中由不同的采掘装备、井巷工程、回采工艺和地压管理等互相协调、融合而成的回采矿石的方法。

采矿工艺 主要工艺包括**采准**、**切割**、回采等作业过程。其中，采准工程是按设计方案掘进一系列巷道，为进行切割和回采工作提供条件；切割工作是为回采工作创造爆破自由面和崩下矿石的受矿空间；回采工作是在完成采准、切割工作的矿块内进行崩落矿石（落矿）、运出矿石（出矿）和**地压管理**的过程。采场地压管理是在采场回采过程中控制采场的一系列措施，以矿岩体支撑采场、充填体支撑和维护采场、崩落采场顶板等作为主要技术手段。

方法设计 矿床采矿技术条件千变万化，采矿方法设计也是个创新过程。采矿方法设计应在把握采矿技术条件的基础上，根据**回采工艺**的需要，优化采准、切割和回采巷道的位置、结构与数量，开掘与崩矿方式相适应的切割空间，为高效回采矿石创造良好的条件。

主要类别 由于金属矿床的赋存条件和采矿技术条件非常复杂，几乎每个矿体都是独一无二的，人们在采矿生产实践中创造出了种类繁多的采矿方法。20世纪30年代，美国矿业局依据回采工作面维护原则，提出了自然支撑采矿法、人工支撑采矿法和**崩落采矿法**；20世纪50年代以后，苏联及中国采矿领域研究人员以回采过程中采场地压管理为依据，将采矿方法划分为**空场采矿法**、**充填采矿法**和崩落采矿法三大类。表中列举了这三大类采矿方法中的15种主要方法。21世纪以来极少采用的、已经过时的采矿方法没有列出。

地下采矿方法分类

类别	采矿方法
空场采矿法	全面采矿法
	房柱采矿法
	留矿采矿法
	分段矿房采矿法
	阶段矿房采矿法
充填采矿法	上向分层充填采矿法
	下向进路充填采矿法
	削壁充填采矿法
	房柱采矿嗣后充填法
	分段空场嗣后充填采矿法
	阶段空场嗣后充填采矿法
崩落采矿法	无底柱分段崩落采矿法
	有底柱分段崩落采矿法
	阶段崩落采矿法
	自然崩落采矿法

分类原则 随着采矿科学的发展和采掘装备技术的进步，采矿方法分类也在不断发展和完善。上述采矿方法分类有时会出现类别界限不清、难以归类的情况，导致某些采矿方法归类问题争议较大。例如，国际上有人认为留矿采矿法是利用松散矿石支撑采场顶底盘岩石，以维持采场稳定性，从采场地压管理方法的角度考虑，而把它划归于充填采矿法范畴。然而留矿采矿法中之所以将部分矿石滞后放出，其主要目的是为后续回采提供工作平台，而采场的稳定性主要还是依靠上下盘矿岩自身强度来维持，据此可把留矿采矿法归属于空场采矿法一类。再如分段空场嗣后充填采矿法和阶段空场嗣后充填采矿法是划归为空场采矿法，还是充填采矿法的分类应根据实际情况确定。如果充填工序是采矿工艺环节的有机组成部分，且充填作业必须回采后及时跟进，否则将在很大程度上影响采矿作业连续推进、矿石及时回收和生产作业安全，这种情况划归为充填采矿法；如果充填仅作为防止采空区陷落或利用采空区堆填废石或尾砂的一种措施，这种方法就归属于空场采矿法。

作用 地下采矿方法是采矿工艺技术的主体，它影响着矿山的生产系统，决定着**矿山生产规模**、生产安全、采矿效率、作业成本、经营效益等。随着现代采掘装备和高新技术的应用、传统采矿技术的变革，地下采矿方法也在不断向前发展。进入21世纪，在矿山安全生产、矿区环境保护、矿产资源高效利用等方面提出了更高的要求，将进一步促进采矿方法的创新，推动矿山企业向绿色化、集约化和智能化方向发展。

扩展阅读

解世俊. 金属矿床地下开采. 北京：冶金工业出版社，1986.

王青，任凤玉. 采矿学. 2版. 北京：冶金工业出版社，2011.

张世雄. 固体矿物资源开发工程. 2版. 武汉：武汉理工大学出版社，2010.

李元辉，解世俊. 阶段充填采矿方法. 金属矿山，2006，（6）：13-15.

（古德生）

地下采矿凿岩台车 production drilling rigs 支撑、推进和移动凿岩机进行地下矿体钻凿炮孔，并能够自动行走的凿岩设备。又称地下采矿钻孔台车。是地下采矿采用凿岩爆破法施工的一种凿岩设备。主要由**凿岩机**、钻臂（凿岩机的承托、定位和推进机构）、钢结构的车架、行走机构以及其他必要的附属设备组成。地下采矿凿岩台车钻凿的孔径比**平巷掘进凿岩台车**大得多（通常为76～165毫米），孔深一般也比平巷掘进凿岩台车深，因此也被称为中深孔台车。地下采矿凿岩台车一般只配置一个钻臂（见图）。爆破孔施工时，地下采矿

地下采矿凿岩台车工作示意图

凿岩台车和装载设备的组合可加快施工速度、提高劳动生产率，并改善劳动条件。

按凿岩方式，地下采矿凿岩台车分为地下顶锤式采矿台车和地下潜孔采矿台车。根据采用凿岩机动力的不同，地下顶锤式采矿台车分为液压顶锤式采矿台车和气动顶锤式采矿台车。液压顶锤式采矿台车具有凿岩速度快的特点，在地下矿山广泛应用，逐步取代气动顶锤式采矿台车。根据冲击器动力的不同，地下潜孔采矿凿岩台车分为气动潜孔采矿台车和水压潜孔采矿台车。气动潜孔凿岩台车冲击功大，钻进效率高，钻孔精度高。水压潜孔采矿台车相对于气动潜孔凿岩台车，成孔偏小、无润滑油污染、钻孔速度快。

（周志鸿）

地下多功能服务车 underground multi-functional vehicle 在井下进行多种辅助作业的无轨车辆。一般由通用底盘和工作机构两部分组成，各个工作机构可以快速在通用底盘上更换。通用底盘按规格分为2吨、5吨和10吨等类型，其中5吨的通用底盘应用最为广泛。通用底盘采用风冷柴油发动机、液力机械传动（2吨通用底盘一般采用静液传动）、前后车体铰接结构、双缸转向、四轮驱动，前向驾驶室驾驶员1名，乘员1名，最高速度为25～30千米/小时。通用底盘在液压系统留有相应的液压接口，满足所能更换的工作机构的液压动力需求。

工作机构接口均能与通用底盘对接，使各个功能的工作机构能在底盘上快速更换，组装成辅助运输类、辅助作业类和服务类等特定目的的材料运输车、运人车、加油车、混凝土输送车、喷浆车、装药车、撬毛车等无轨辅助车辆。

地下多功能服务车大大提高了矿山辅助车辆的使用率，简化了矿山设备的管理、使用及维护保养，提高了生产效率，降低了运行成本。

（战 凯）

地下混凝土喷浆车 underground concrete-gunite truck 在对地下矿开采的岩石支护过程中，制备混凝土并将其喷射到岩石表面的**地下无轨辅助车辆**。地下混凝土喷浆车主要由行走底盘、喷浆机、喷浆机械手3部分组成。行走底盘采用传统的铰接式结构，液力机械传动，四轮驱动，具有转向灵活、转弯半径小的优点。喷浆机是利用压缩空气，将混凝土沿管道连续输送喷射到作业面的装置。分为干式和湿式两种喷浆车，广泛用于地下工程、井巷、隧道、涵洞等的衬砌施工。喷浆机械手可以在混凝土喷浆车的整个作业范围灵活运动，准确地将喷射机喷射出的混凝土输送至预定作业面。

（石 峰）

地下开采设计 design of underground mining 通过调查研究，经技术和经济等方面的综合研究和反复比选，确定地下开采主要技术方案，为地下矿山建设和生产提供有技术依据的文件和图纸的活动。

原则：①严格遵守项目所在地的法律、法规及规程、规范。②设计方案技术可行、经济合理、环境友好。③尽可能采用先进技术、设备，提高自动化、智能化水平。④重视安全生产、环境保护、节约能源、节约土地等。⑤安全设施设计必须与主体工程设计同时进行，以便同时施工、同时投产使用。

主要内容：①确定**矿山生产规模**、服务年限、产品方案等。②合理选择矿床开拓运输（见图）、采矿方法、主要矿山设备、地面及地下工程布置、动力供应、给排水和施工组织等方案。③编制基建进度计划和生产进度计划、核算建设投资、编制施工图等。

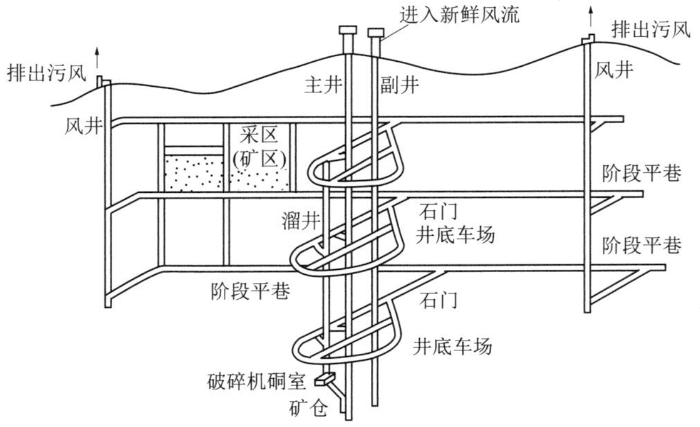

竖井开拓系统立体示意图

（段文权）

地下矿智能调度 underground mine intelligent dispatch 以生产计划、过程监测和智能控制为基础，对地下矿山生产要素（人员、材料、设备）的位置和状态进行监测，实时采集各种生产指标数据，进行生产要素优化配置、任务指标纠偏和预警等工作的智能决策过程。地下矿智能调度能够降低采掘成本、提高生产效率，给出解决方案，并指挥实施作业。20世纪80年代后期，国际上已经开始对地下矿山的生产调度优化系统进行研发。1991年，地下矿铲运机位置监控和调度系统开始在矿山运用，极大提高了采矿设备的生产效率。1993年，井下巷道车辆调度系统，即向地表或地下中央控制站提供地下生产车辆实时信息的功能研发成功，并得到广泛应用。基于无线保真（wireless fidelity, Wi-Fi）网络、超宽带（ultrawideband, UWB）无线定位等技术的井下自动化调度系统的研究和应用也在进行。

中国在地下矿智能调度的发展方面，已开发出基于地图分析可编程控件与空间数据库技术的煤矿生产调度信息管理系统，实现了实时数据采集与动态显示、空间数据和属性数据的一体化管理、生产信息的可视化显示以及矿井救灾决策支持，为调度管理人员指挥安全生产提供了完备的生产调度信息和高效的分析手段。

地下矿智能调度是基于三维可视化平台，实现监测监控、通信和人员定位，以及生产技术管理、安全管理和矿山企业资源计划系统的集成。采用无线综合定位系统、信息提取技术以及可视化操作平台，以模型库、知识库及开采装备的实时动态参数为变量，运用运筹学、统计学等理论，对开采装备实时动态数据进行归类、处理和分析，运用调度优化方法提取隐含的、潜在的和未知的有用信息和模式，在智能生产决策推理的基础上获取最优化调度特征指标，通过调度信息平台和指令发布系统，向采装设备实时发布调度信息。

扩展阅读

孙豁然，徐帅. 论数字矿山. 金属矿山，2007(2)：1-5.

战凯. 中国地下矿山无轨采矿设备现状及发展动态. 世界有色金属，2004(6)：20-25.

BEAULIEU M, GAMACHE M. An Enumeration Algorithm for Solving the Fleet Management Problem in Underground Mines. European Journal of Operational Research, 2006, 33(6): 1606-1624.

（赵兴东）

地下破碎车 underground breaking vehicle 针对采场和掘进过程中遇到的大块矿岩进行二次破碎的移动碎石设备。大块矿岩影响装载、**放矿**和粗破等工艺，必须进行二次破碎。二次破碎有爆破法和机械破碎法。相比而言，机械破碎法更加安全且成本更低。机械破碎法主要是采用地下破碎车进行破碎。地下破碎车基本结构如图所示，由底盘、支臂机构和破碎锤组成，相比**地下撬毛车**，地下破碎车采用更大功率的

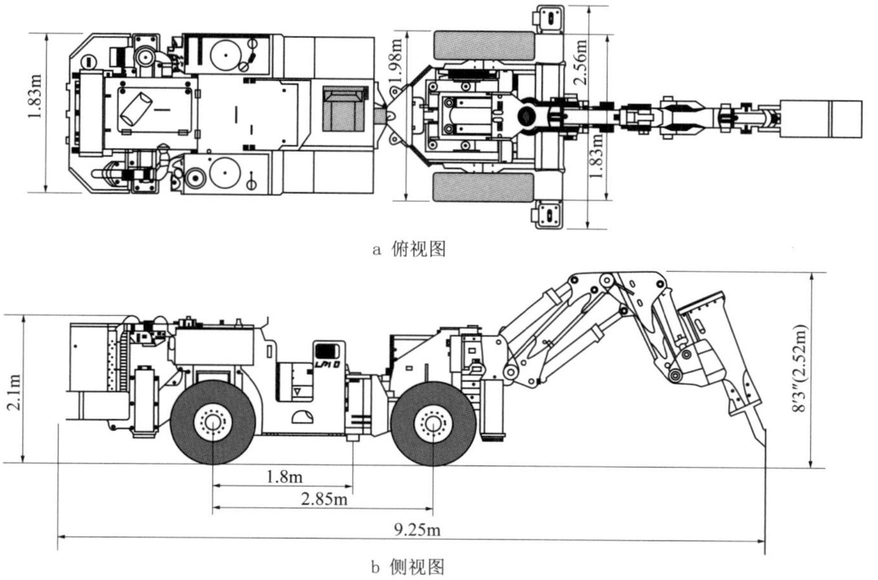

a 俯视图

b 侧视图

地下破碎车基本结构图

破碎锤，破碎效率更高。

（郭　鑫）

地下撬毛车 underground mechanized scaler 在地下金属矿山采掘过程中，针对顶板及边帮的浮石进行清除作业的专用车辆。由手持式撬毛机发展而来，工作终端分为两种：一种针对硬岩浮石，采用液压或气动冲击锤冲凿浮石，这是地下撬毛车的主要工作方式；另一种针对软岩和成层岩，采用镐头进行刮削。部分地下撬毛车可将两种工作终端快速更换。

地下撬毛车（见图）一般由冲击锤/镐头、支臂机构、底盘组成。特点包括：①底盘多带液压支腿，工作时稳定车体。②车前有推土板，用以收集碎石。③支臂机构由三节臂组成，具有水平、上下等多自由度，工作范围大。④有配备支臂遥控器、封闭驾驶室的车型，操作安全、方便。⑤部分车型驾驶室可倾斜，工作视野更好。

（郭　鑫）

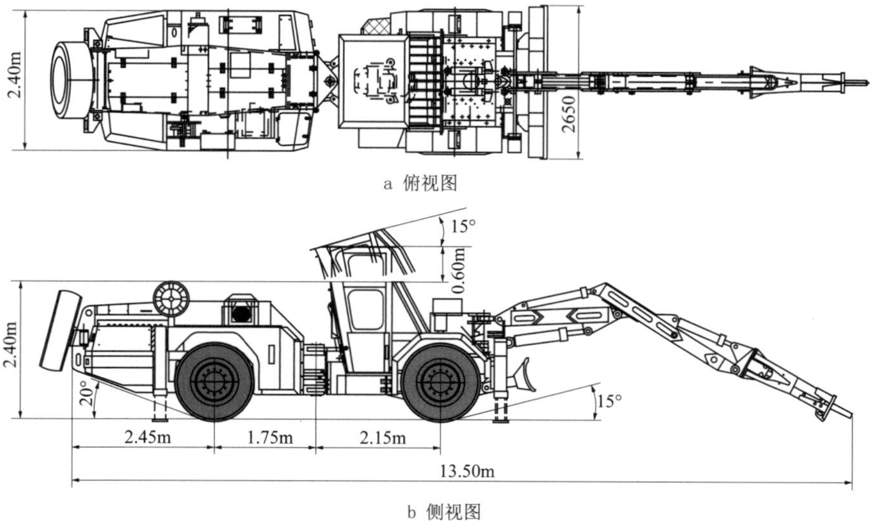

a 俯视图

b 侧视图

常用地下撬毛车外形图

地下水污染防渗 anti-seepage for groundwater pollution 通过防渗工程措施，阻止污染物渗入土壤和含水层，防止地下水水质恶化的过程。矿山地下水污染防渗主要涉及**尾矿库**、**排土场**、堆浸场、水处理设施、危化品贮存设施及工业场地等污染场所。尾矿库和排土场防渗主要是防止尾矿及废石的渗滤液、淋溶水进入土壤和地下水，尾矿和废石为第Ⅰ类一般工业固体废物，尾矿库和排土场防渗常采用局部防渗措施，主要针对尾矿库局部裂隙或砂层采用黏土等防渗材料；尾矿和废石为第Ⅱ类一般工业固体废物，尾矿库和排土场防渗采用库区全防渗措施，防渗层的构筑应达到第Ⅱ类一般工业固体废物处置场的防渗要求；尾矿和废石为危险废物，尾矿库和排土场防渗采用库区全防渗措施，防渗层的构筑应达到危险废物处置场的防渗要求。堆浸场防渗主要为防止湿法堆浸反应过程中的浸矿剂渗透进入土壤和地下水，同时也要防止堆浸场外的其他水进入堆浸场。废水处理设施（池）防渗主要为阻止设施中的废水通过渗漏而造成地下水污染。危险化学品储存设施和工业场地防渗包括装置区和生产单元，按照相应标准要求铺设防渗层，防渗层内设置渗漏液收集系统，将渗漏液集中送至污水处理系统处理。

根据防渗等级，要求地下水污染防治采取分区防护原则。按照包气带防污性能、污染物控制难易程度和污染物特性，可划分为简单防渗区、一般污染防治区、重点污染防治区。不同防渗区的防渗要求不同，一般污染防治区防渗设计要求参照一般工业固体废物储存、处置场污染控制标准；重点污染防治区防渗设计，要求参照危险废物填埋污染控制标准。在重点防渗区和厂区地下水上、下游位置设置地下水水质监测井，加强监管和防控。

地下水污染防渗方法分为：①天然防渗。指矿山生产区域具有天然防渗层，其隔水性能达到防渗要求，不需要利用人工材料进行防渗。②人工防渗。指矿山生产区域的地质条件无法达到天然防渗的要求，而采用人工合成的有机材料（柔性模）与黏土结合作防渗衬层的防渗方法。人工防渗措施分为水平防渗和垂直防渗。水平防渗是较常采用的一种防渗形式。当迎水侧的地形条件允许时，迎水侧台地与天然黏土铺盖或铺盖较薄或工程所在地附近有黏土资源时，可以考虑采用水平铺盖防渗措施。水平铺盖防渗与土坝的斜墙防渗或黏质土坝的坝体相连，共同构成防渗体。垂直防渗是在一相对独立的水文地质单元的前提下采用的一种经济而简便的防渗措施，也适用废弃物简易堆放场地的污染阻断。通常在地下水径流通道出口处设置垂直的防渗设施，垂直防渗采用较多的是帷幕灌浆，浆液主要有水泥浆、黏土加水泥浆、化学药剂加水泥浆、膨润土加水泥浆等。防渗材料主要包括天然黏土、抗渗混凝土、膨润土防水毯和土工膜等。

扩展阅读

王焰新. 地下水污染与防治. 北京：高等教育出版社，2007.

（邓　嫔）

地下无轨辅助车辆 underground trackless auxiliary vehicle 配合地下铲运机、地下凿岩台车和地下自卸汽车等主体无轨设备工作，进行无轨采矿辅助性作业的车辆。20世纪50年代末，随着无轨采矿工艺的发展，主体生产设备性能不断提升，为了保证作业效率和安全生产，地下无轨辅助车辆随之产生。例如，地下矿山采掘过程中要求炸药有更快的装填效率和更高的装药密度，掘进过程中对巷道的快速支护，爆破后对顶板和围岩浮石的安全清除，对众多无轨设备的检修和加油需求等都需要地下辅助车辆完成。

按照具体作业的内容，地下无轨辅助车辆可分为3类：①配合采掘设备进行辅助作业的车辆，如**地下装药车**、**地下撬毛车**、地下锚杆台车、**地下混凝土喷浆车**、地下混凝土搅拌车、**地下破碎车**等。②进行辅助运输的车辆，如地下材料运输车、地下运人车等。③进行通用服务的车辆，如地下升降平台车、地下加油车、**地下多功能服务车**等。

地下无轨辅助车辆种类繁多，总体上有以下共同的特点：①辅助车辆采用的底盘基本相同，多为载重为5吨左右的通用底盘；工作端加装各种不同的工作机构，比如装药器、混凝土搅拌机、升降平台等，组合成为不同的辅助车辆。运输油料、材料或者人员的车辆直接加装车斗、车厢即可，而部分辅助车辆作业时载荷较大或对底盘有冲击，则需要加设液压支腿。②为了保证在地下作业的灵活性，设计的车体较窄，一般地下辅助车辆的车体是地下无轨设备中最窄的。

地下无轨辅助车辆的发展趋势：①功能多用化。采用通用底盘、一机多用是地下无轨辅助车辆发展的一个重要方向。考虑到矿山用户的采购成本，出现了多功能服务车，在工作端预留液压动力接口和标准的安装接口，可根据实际需求快速安装相应的工作机构，成为不同的辅助车辆。②自动化。底盘和工作机构的自动化是未来辅助车辆发展的重要方向。地下无轨辅助车辆的自动化分为底盘行驶的视距遥控功能和自动行驶功能，以及工作机构的自动化操作功能方面。③安全和舒适性。随着科技发展的不断进步，对操作人员的安全性和舒适性的关注也越来越多。故地下无轨辅助车辆正在逐渐普及带空调功能的封闭驾驶室，并且采用驾驶室防车辆翻滚和防重物坠落设计，提高操作人员的驾驶舒适性和安全性。 （战 凯）

地下装药车 underground explosives charging vehicle 矿山掘进和开采中进行爆破作业的专用车辆。由车辆底盘和装药器两部分组成。车辆底盘负责行驶，装药器负责将炸药混装并放入炮孔中。地下装药车是地下矿山采掘机械化的重要配套设备，它实现了装填炸药机械化。根据所装炸药的类型分为两大类：①地下铵油炸药装药车。将散装炸药输送系统放置于带有升降平台的专用运输设备上，工作时，启动动力系统和输送系统，将散装炸药注入地下工程的炮孔中。②地下乳化炸药装药车。装载乳胶基质及添加剂，驶入装药作业现场，将其按工艺要求通过软管泵入炮孔中，乳胶基质和润滑剂在炮孔中混合敏化成乳化炸药。

地下装药车的优点：①装药效率高，爆破效果好。地下装药车上散装的炸药与炮孔有很好的耦合性，不会发生卡孔现象；爆破效果好，爆破后石块块度小且均匀。②安全可靠。装药车集原料运送、炸药混制、炮孔装填为一体，节省时间，减少工作强度。③自动化程度高、计量准确。装药车在制药和装药过程中实现车载自控、装药计量准确，计量误差在2%以内。④生产成本低，经济效益好。

地下装药车爆破效率的提高可以改善炮孔孔网参数、减少炮孔数量、节约钻孔成本。同时，购买原料在装药车上制药比购买成品炸药成本低50%以上。

扩展阅读

石博强，饶绮麟.地下辅助车辆.北京：冶金工业出版社，2006.

（郭 鑫）

地下装载设备 underground loading equipment 在地下巷道和采场内将爆破后的矿石或废石铲起并卸载到运输设备或溜井中的设备。从地下采矿使用机械化开采以来，将爆破后的矿石和废石搬移出矿井的设备一直在围绕着高效、安全发展。其中装载环节从以电耙、装岩机、扒渣机配套的有轨运输工艺，发展到以地下铲运机为代表的无轨运输时代。在中国，以上四大类装载设备在生产中都有应用，其他国家的矿山以地下铲运机作为装载设备。

电耙 利用绞车和铁耙相结合，将爆破后的矿渣耙到溜井或矿仓的机械设备。又称耙矿绞车、电动扒矿机。主要由一台电机驱动的绞车和铸铁制作的铁耙组成。绞车主要部件由主卷筒、副卷筒、操作装置、钢绳导向装置和电动机组成。在绞车的另一端固定有滑轮，钢丝绳绕过滑轮和铁耙连接。用主绳和滑轮的尾绳牵引耙斗往复运动。工作行程时，合上主绳卷筒离合器，主绳牵引铁耙向绞车运动，铁耙借助自重插入矿岩堆扒取矿岩运往溜井或矿仓；空回行程时，由尾绳牵引铁耙返回矿岩堆，如此往复进行矿渣的搬运。电耙运搬距离一般为10～60米，适用于水平和倾角不大的斜坡场合，但不能将矿石提升搬运，适用于矿石量不大或岩石不稳固、地压较大、巷道不易维护的情况。

装岩机 在水平或缓倾斜坑道中，给矿车装载矿石或岩石的机械设备。有多种类型结构，常用的为铲斗式装岩机。工作时机身前进、铲斗下降并依靠装岩机自身的冲击惯性插入岩石堆，然后提升铲斗、机身后退，铲斗将岩石翻倒在挂于机身后的矿车内。工作灵活可靠，适用于地质勘探等小尺寸坑道。

扒渣机 利用机械手将爆破后的岩石扒进输送机，再由输送机向后卸载到运输设备中的机械。又称挖掘式装载机。由机械手与输送机相接合，采用电动液压控制系统和生产装置，适于在狭小空间内作业。动力源为外部引入的工频三相交流电源，分为全液压驱动和液压电机组合驱动两种方式。可以和有轨运输设备，如矿斗矿车、梭式矿车配套使用，也可以和无轨地下汽车配套使用。

地下铲运机 地下铲运机是在装载设备的基础上发展起来的。20世纪60年代初美国瓦格纳公司制成世界上第一台地下柴油铲运机。70年代初出现了电动铲运机，之后又发展了**遥控铲运机**。地下铲运机机身狭长、低矮，以适合地下巷道断面尺寸限制严格，而长度方向比较宽松的特点。按传动方式，分为液力-机械和全液压传动；按卸载方式分为前卸式和侧卸式；按动力可分为柴油铲运机、电动铲运机和混合动力铲运机。

柴油铲运机 使用柴油机作为动力，通过液力或静液传动，重载行星式轮边减速驱动桥，四轮驱动，铰接车身转向。柴油铲运机的安全装置有：行车制动、紧急制动、停车制动功能的弹簧制动液压释放制动系统，手动或自动灭火系统，声光行走倒车报警，防砸撞/防翻滚的驾驶棚，发动机尾气净化装置，发动机高温停机保护等。铲装能力为1～25吨，对应的铲斗容积0.5～10立方米，卸载高度1.8～2.5米。铲运机的铲斗工作机构是由液压泵向液压缸提供压力油，由铲运机司机操作换向阀，交替转动铲斗和提升大臂；在此之前驱动轮已将铲斗插入料堆并一直保持强大的插入力，直到铲斗被装满矿石。随后铲运机后退，将矿石卸入溜井或装进地下运矿卡车。从装矿点到卸矿点，铲运机适合的运行距离是50～200米，100米以内工作效率高、性价比好。

电动铲运机　电力驱动的装、运、卸机械，多为中央铰链、轮胎式机构，作业方式与柴油铲运机相同。按供电方式，电动铲运机分为卷缆式和蓄电池式。①卷缆式电动铲运机。使用三相鼠笼式异步电机作为动力，由拖曳电缆供电。电压有380伏/1000伏两个等级，6吨以下铲运机使用380伏电压，6吨以上使用1000伏电压，用以保证在卷盘上缠绕的电缆直径不超过45毫米。电缆卷盘在设计上要保证和车辆前进后退的行走同步转动，适时地释放或缠绕电缆。电缆卷盘根据转动轴的布置分为横置式和立式两类。铲运机由地面保护配电柜和车上配电柜组合给铲运机供电。卷缆式电动铲运机的优点是对井下空气污染少、噪声低、联合铲装力量大；缺点是拖曳电缆限制了设备的运行距离不超过200米，机动性降低。卷缆式电动铲运机特别适合用于大矿体的分段碰落法、中深孔采矿等大型矿山、深部采矿、通风条件很差的采矿环境。②蓄电池式电动铲运机。其驱动系统分为两类：一类是由蓄电池驱动的电机通过传统的驱动桥驱动车轮行走，由两个电机分别驱动前后驱动桥，或者一个电机通过分动箱驱动前后桥；另一类是蓄电池直接驱动轮端电机，每个车轮一个电机。按照供电原理，蓄电池组更换式电动铲运机每台配置两组蓄电池，每组蓄电池可以支撑铲运机工作一个班次，在交接班时更换电池组以保证铲运机24小时连续作业，更换下来的电池组可以保证数小时的持续充电。架线式供电和离线电池供电相结合，在固定巷道运行时由架线供电并给电池充电，接近工作面铲装时使用电池供电。蓄电池式电动铲运机的运行距离不受拖曳电缆限制，但其车体较重、体积大、功率小、充电时间长，只能用于个别小型铲运机。

混合动力铲运机　以两种以上的动力类型进行组合给铲运机提供驱动动力、液压动力、辅助动力的新能源铲运机。柴油机动力和电力相结合是混合动力铲运机的一种典型结构类型。柴油-电动混合动力铲运机使用柴油机和发电机组发电，形成柴油机-发电机-电能存储器组成的混合动力装置。电能存储器储存的电能通过驱动电机驱动行走机构，完成行走和插入矿堆的功能。液压泵由柴油机或者电机驱动，给液压油缸提供动力完成掘起和举升功能。所用动力的分配和控制由整车控制计算机按照负载需求实时分配，既保证给各个负载提供足够的动力，又保护动力输出总成不会出现超载现象。柴油机作为混合动力铲运机的唯一动力来源，只有同等载荷柴油铲运机装机功率的60%，满负荷时作业节油达到35%以上，是传统柴油铲运机的理想替代产品。

（冯茂林）

地下自卸汽车　underground dump truck; low profile dump truck　专门用于地下巷道中运输岩石的自卸式汽车。简称地下汽车。根据动力类型，地下自卸汽车分为柴油地下自卸汽车、架线式地下电动自卸汽车、纯电动地下自卸汽车。随着新能源技术的发展，也出现了混合动力地下自卸汽车。其中柴油地下自卸汽车处于主要地位，其他动力类型的地下自卸汽车随着新能源技术的发展正在逐步完善当中。根据卸载方式，地下自卸汽车可分为倾卸式和推卸式两类。倾卸式地下汽车用液压油缸将车厢前端顶起，使矿岩从车厢后端靠自溜而卸载。推卸式地下汽车车厢内的矿岩是由液压油缸驱动的卸载推板推出后端而卸载，其卸载高度较低。

地下自卸汽车应用范围主要有两种：第一种是在地下巷道中承担阶段运输，在200～500米范围内将矿石运输到地下储矿仓，汽车的吨位一般在30吨以下；第二种是直接将矿石由地下经过斜坡道运输到地面，运距在1000～4000米或更远，汽车的吨位多为40吨或50吨。

为了适应地下矿山巷道低矮狭窄、环境恶劣、长期斜坡道运行的特殊工况要求，地下自卸汽车的结构具有以下特点：①铰接车身将车体分为前后两部分，中间铰接，车身高度下降同时长度增加，适于地下低矮狭窄巷。同时整体车身采用加强型钢板焊接，减少地下驾驶时的巷道碰撞损坏。②油缸动力转向保证大吨位车辆在恶劣路况下轻便操作。③防翻滚和防砸撞的驾驶室保护驾驶员在帽顶落石事故时的人身安全。也有配置封闭式空调驾驶室，提高驾驶成员的舒适性。④普遍采用弹簧制动液压释放的安全制动系统，保证重型车辆长期在斜坡道运行时制动性能的绝对有效。重型汽车还配置下坡缓速辅助制动系统，以减轻行车制动器的负担。⑤柴油地下自卸汽车采用低污染柴油机并加装废气净化装置。⑥用于地下阶段运输的车辆，驾驶室设计成侧向驾驶，便于双向驾驶操作；用于主巷道长距离运输的大吨位车辆，设计成正向驾驶，提高驾驶操作的舒适度。

（冯茂林）

地压　ground pressure　泛指在岩体中存在的力，包含原岩对围岩的作用力、围岩间的相互作用力、围岩对支护体的作用力。地下工程岩体开挖破坏了原岩应力平衡状态，岩体中应力重新分布，从而使围岩变形、移动和破坏。当围岩产生的次生应力小于其弹性极限时，井巷在不需任何支护的情况下就能在一定时期内维持相对稳定；当次生应力大于围岩强度极限时，为保持井巷的稳定，必须采取支护措施来控制有害的变形和破坏，保障开拓系统的安全。

在矿山生产过程中，需要严格关注的地压主要包括巷道地压、竖井地压、采场地压等。在矿床深部或在构造应力很高的地区开采矿体时，还应注意防范冲击地压的危害。

（李元辉）

地压管理　ground pressure management　在矿体开采过程中，依据不同的开采技术条件和采矿方法，为实现控制地压的目标而进行的决策、计划、组织和控制等活动。

简史　在地下采矿过程中，致使采场和巷道围岩变形、移动和破坏的力称为地压或矿山压力，包括存在于采场、巷道围岩和矿体内的应力，以及作用在人工支护物上的力。在地压理论的研究方面，20世纪初发展起来古典压力理论，认为作用在支护结构上的压力是其上覆岩层的重量。后来，美籍奥地利土力学家K.太沙基提出太沙基理论，俄罗斯科学家M.M.普罗托季亚科诺夫提出普氏理论。50年代，开始用弹塑性力学解决采场围岩控制和巷道支护问题，并提出了悬吊理论、组合拱等理论。60年代，出现了变形地压支护理论并产生了新奥法，提倡主动支护和柔性支护。中国岩石力学与工程学会于1995年专门成立了软岩工程专业委员会，研究形成了钢架支护系列技术、料石砌碹支护系列技术、锚喷网支护系列技术、注浆加固支护系列技术、预应力锚索支护系列技术，以及以上各种支护组合的联合支护系列等。

任务　地压管理主要任务是根据地压显现规律，需从技术上、组织上和管理上采取有效的措施，消除地压带来的负面影响，防止事故的发生。地压管理具有动态性和复杂性的特点，贯穿于地下矿床开采全过程，需在长期的矿山现场调查研究和地压监测、室内实验、理论分析和数值模拟研究的基础上，揭示矿山采场和巷道的地压活动规律，提出合理的地压控制方法，使地压管理具有科学性、针对性和可靠性。

基本方法　地压管理的基本方法有矿柱支撑、人工支护、充填采空区和崩落围岩等。

矿柱支撑　进行矿柱支撑，应先评价采场围岩的变形破坏规律和围岩暴露面的稳定性；然后基于强度理论、可靠性评价理论等，留设合适的矿柱支撑回采工作面，维持工作面的稳定性。

人工支护　采用各种人工支护材料控制回采工作面顶板。支护方式主要有木材支护、锚杆和锚索支护、混凝土砌碹支护、**喷射混凝土支护**、金属支柱（架）支护及联合支护等。

充填采空区　利用尾砂或废石等材料充填采空区，以支撑围岩，维持围岩的稳定性。采空区充填主要有干式充填、水力充填和**胶结充填**等充填工艺。其中胶结充填应用较多，又分为以水泥作为胶结材料的胶结充填和新型胶凝材料的胶结充填。

崩落围岩　在回采过程中或回采结束以后，有计划地采用自然方式或强制方式崩落的围岩填充采空区，以改变围岩应力分布状态，保持邻近围岩的完整性，或减小邻近围岩的变形破坏程度，达到有效控制采场地压的目的。

扩展阅读

解世俊. 金属矿床地下开采. 北京：冶金工业出版社，1986.

王青，任凤玉. 采矿学. 2版. 北京：冶金工业出版社，2011.

刘绍君，胡宪铭. 南非金矿深部开采中的地压管理技术. 中国矿山工程，2013（6）：41－45，52.

孙明伟，盛建龙. 采场地压管理方案优选. 化工矿物与加工，2011（4）：17－21.

戚文革，刘兴科，杨立民，等. 吉林海沟金矿地压管理的实践. 黄金，2005，26（10）：27－28.

（曹树刚）

地压监测　observation of ground pressure　量测**地压**及显现参数的过程。目的是研究地下工程开挖对周围岩体的影响规律，选择合理的巷道布置方式和支护方式，改进采矿方法，实现地下工程安全施工。

现场调研　收集地质和生产技术基础资料（包括数据与图表）。除用仪器观测外，也要用肉眼观测、描绘、记录地压显现的现象。岩爆观测就是这类工作的典型方法，要求将岩爆发生时岩体的破坏时间、位置、破坏程度加以观测和描述；同时要采用人工测试或仪器观测的方式详尽记录岩爆发生时的地质情况和岩体结构信息，包括断层、褶皱和节理裂隙发育程度，以便在积累大量数据的基础上，统计分析出岩爆发生的影响因素。

应力测试　借助测试仪器获得施工过程中及地压灾害发生前后的原岩应力和扰动应力。应力测试是确定工程岩体力学属性、进行围岩稳定性分析、实现岩石工程开挖设计和决策的必要前提条件。对地应力的正确认识需要判断地压灾害的应力来源，基于应力的大小、方向和重新分布规律，调整巷道和采场的断面形状、断面尺寸、布置方式和施工速度等参数，以降低灾害发生风险。应掌握地应力对岩石工程，如坝基、地下建筑物、地下矿山、岩石边坡等方面的影响，充分发挥围岩的自承能力。

变形观测　利用专用的仪器对变形体的变形情况进行持续观测，对变形体的变形形态进行分析，对变形体变形的发展态势进行预测。利用变形体的形状、大小，以及位置变化的空间状态和时间特征，能够对围岩所受应力状态进行判断，为岩体工程的安全运行诊断提供必要的信息，以便及时发现问题并采取措施。同时根据监测结果了解变形机理，提高工程设计的理论，建立有效的变形预报模型。

裂纹监测　采用专门的仪器对岩体外部和内部裂纹进行监测。通过实时捕获岩体内部裂纹产生的时间、位置、大小及能量释放等信息，推断岩体内部应力状态、破坏情况，进而对岩体稳定性及其发展趋势进行分析。由于岩体破坏的本质是裂纹的萌生、扩展直至贯通的过程，因此裂纹的动态观测对于灾害预警具有重要意义。针对具体的开采技术条件和开采方案，通过一定数量的灾害案例分析，采用统计学、神经网络等方法，建立不同等级灾害的预警阈值，可以对地压灾害发生区域、强度和概率进行某种程度的预警，也可为支护措施、施工顺序和安全防护提供依据。

（平寿康　刘建坡）

地质资源数字化　digitization of geologic resources　采用数字化、可视化技术，利用已经获得的勘探信息对地质资源的空间形态和属性进行描述的过程。包括各种勘探信息的加工与处理、样品数据库的建立、地质构造建模、地质属性建模、矿石品位估计、矿床储量和质量报告，以及三维矿床模型、三维矿体模型、地质块段模型的建立等内容。

地质资源数字化是**数字矿山**建设中必不可少的基础环节。借助现代信息技术，快速准确地获取地质资源信息并进行数字化、可视化处理，实时掌握地质资源的消耗速度与更新状况，使地质资源信息在地质、测量、采矿等业务之间实现集成共享和实时交互，是矿山企业科学制定矿山开采规划，合理安排矿山生产，保证生产可持续性的前提和基础。

（胡乃联）

碲冶金　tellurium metallurgy　从含碲矿石或二次资源中制取半金属碲的技术。1782年，德国矿物学家F.J.米勒·冯·赖兴施泰因在金矿石中发现了碲。1798年，德国人M.H.克拉普罗特证实了此发现，并测定了这一物质的特性。元素英文名来源于拉丁文tellus，原意是“地球”。碲属于稀散金属，在地壳中的丰度按质量估计约为地壳的1×10^{-8}，主要以分散状态存在于铜、铅、锌等金属矿，以及煤矿和少量碲矿中。碲有晶体和非晶体两种同素异形体，无定形碲呈细的黑色粉末，经过热处理后也可转变成结晶体。碲结晶体为银白色，呈六方晶格结构。碲是现代高科技新材料中不可缺少的重要组成部分，主要用于半导体器件、太阳能发电、合金材料，以及化工、玻璃等工业材料的添加剂。

碲提取　碲提取方法因所用原料不同而异。工业上可以从处理铅铜阳极泥，铋精炼浮渣，以及电子废料、合金废料中回收碲。处理铅铜阳极泥的主要方法是硫酸化焙烧法、氯化法等，其他方法还包括苏打烧结法、酸性加压氧化浸出法等。工业上提取碲的主要原料是铜电解阳极泥。

以硫酸化焙烧法对含硒碲的铜电解阳极泥进行处理为例，阳极泥干燥后在250℃下进行硫酸化焙烧，然后在700℃时使二氧化硒挥发，碲则留在焙烧渣中。焙烧渣先用水浸出硫酸铜，再用氢氧化钠溶液浸出，得到亚碲酸钠溶液。浸出液用硫酸中和，生成粗氧化碲沉淀。对沉淀物进行净化，过程一般是一次或两次重复沉淀氧化物（先溶于碱中，再用酸中和），将净化后的氧化碲溶解于氢氧化钠溶液中，然后进行水溶液电解，得含98%～99%的碲，其工艺流程见图。

主要化学反应如下：

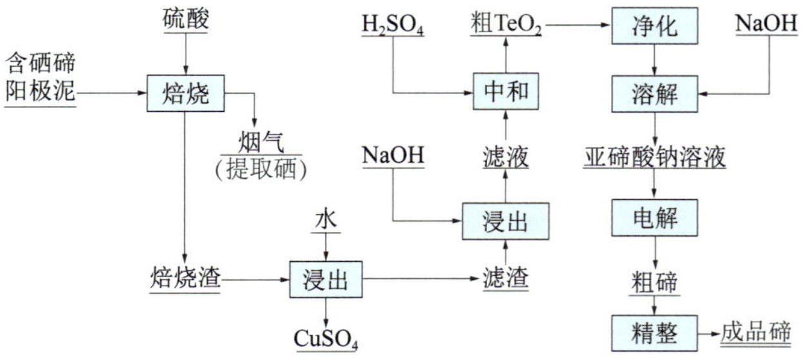

从阳极泥中提取碲工艺流程

硫酸化焙烧，除硒

$$Cu_2Se+6H_2SO_4 \longrightarrow 2CuSO_4+SeO_2\uparrow+4SO_2\uparrow+6H_2O$$

硫酸化焙烧，碲入渣中

$$Cu_2Te+6H_2SO_4 \longrightarrow 2CuSO_4+TeO_2+4SO_2\uparrow+6H_2O$$

浓碱浸出制备亚碲酸钠

$$TeO_2+2NaOH \longrightarrow Na_2TeO_3+H_2O$$

硫酸中和制备氧化碲

$$Na_2TeO_3+H_2SO_4 \longrightarrow TeO_2\downarrow+2Na_2SO_4+H_2O$$

亚碲酸钠电解制备碲

$$Na_2TeO_3+H_2O \longrightarrow Te\downarrow+O_2\uparrow+2NaOH$$

世界上碲产量约50%是采用此方法制造的。氯化法制碲包括火法和湿法两种。由于湿法氯化法操作简单、反应速度快、便于控制，因此也较多获得应用。

高纯碲制取　高纯碲的制备方法很多，主要有电解法、真空蒸馏法和化学法等。以工业碲为阳极，外表面用聚氯乙烯微孔塑料作隔膜，用不锈钢板作阴极，电解液为亚碲酸钠（Na_2TeO_3）溶液，保持TeO_2浓度为168～183克/升，电解温度为45℃，电流密度为200安/米²，在阴极上可获得纯度为99.995%的碲。再以电解碲为原料，在460～500℃真空下精馏提纯，可得99.999%的高纯碲。采用氢气氛水平区域熔炼法，利用氢与硒发生作用而几乎不与碲反应的原理，进一步除去杂质硒，获得纯度为99.999%碲。最后，可用拉晶法提纯，纯度可高于99.9999%。

（严大洲）

《滇南矿厂图略》 *An Illustration of Mining and Smelting in Yunnan Province*　清代关于云南金属矿产开发利用的著作。清云南巡抚吴其濬撰，插图为云南东川知府徐金生绘辑。著者吴其濬，字瀹斋，别号雩娄农，河南固始人。嘉庆二十二年（1817）进士，还著有《植物名实图考》《植物名实图考长编》《滇行纪程集》等书。

道光二十四年（1844）刻本。书分上下两卷。上卷题《云南矿厂工器图略》，分为引、硐、硐之器、矿、炉、炉之器、罩、用、丁、役、规、禁、患、语忌、物异、祭，共16篇。卷首载工器图20面，卷末附宋应星《天工开物》（节录《五金》部分）、王崧《矿厂采炼篇》、倪慎枢《采铜炼铜记》、王昶《铜政全书·咨询各厂对》。上卷记述了康熙、雍正、乾隆、嘉庆四朝云南南部开采的铜、锡、金、银、铁、铅金属矿产分布，矿冶技术和管理制度等。下卷题《滇南矿厂舆程图略》，分为铜厂，银厂，金、锡、铅、铁厂（附白铜），帑，惠（附户部则例），考，运，程（附王昶《铜政全书·筹改寻甸运道移于剥隘议》），舟，耗，节，铸，采（附王大岳《论铜政利病状》），共13篇。卷首载全省图1幅，府、州、厅图20幅。

书中记述滇南铜矿33处、锡厂1处、金厂4处、银厂25处、铅厂4处、铁厂14处，对它们的生产情况介绍甚为详尽。其中有一些矿，如汤丹铜矿、个旧锡矿，是至今仍在继续开采的大矿。书中所附《采铜炼铜记》一文，对"东川式"铜矿的矿石品位、找矿方法、矿体产状和开采技术等均有精辟的论述；总结了前人的经验，有重要参考价值。文中有些矿石和矿体产状的名称仍在沿用。所附王昶《铜政全书》已失传，但其部内容在此书得以保存，为研究采矿史留下珍贵史料。

扩展阅读

严中平. 清代云南铜政考. 上海：中华书局，1948.

（李仲均）

点腐蚀　pitting corrosion　金属材料接触某些溶液，表面上产生点状局部腐蚀，蚀孔随时间的延续不断地加深，甚至穿孔的现象。简称点蚀，也称孔蚀。通常点蚀的蚀孔很小，直径比深度小得多。蚀孔的最大深度与平均腐蚀深度的比值称为点蚀系数。此值越大，点蚀越严重。一般蚀孔常被腐蚀产物覆盖，不易发现，因此往往由于腐蚀穿孔，造成突然性事故。

许多金属材料都能产生点蚀，不锈钢、铝合金等靠钝化来增强耐蚀性的金属材料，也易产生点蚀。环境介质能引起金属材料的点蚀，尤其是含氯离子的溶液。

产生过程　金属表面的电化学不均匀性是导致点蚀的重要原因。金属材料的表面或钝化膜等保护层中常显露出某些缺陷或薄弱点（如夹杂物、晶界、位错等处），这些地方容易形成点蚀核心。金属浸入含有某些活化阴离子（特别是氯离子）的溶液中，只要腐蚀电位达到或超过点蚀电位（或称击穿电位），就能产生点蚀。这是由于钝化膜在溶液中处于溶解及可再度形成的动平衡状态，而溶液中的活化阴离子（氯离子）会破坏这种平衡，导致金属的局部表面形成微小蚀点，并发展为点蚀源。例如不锈钢表面的硫化物夹杂的溶解，暴露出钢的新鲜表面，就会形成点蚀源。

点蚀的发展是一个在闭塞区内的自催化过程。在有一定闭塞性的蚀孔内，溶解的金属离子浓度大大增加，为保持电荷平衡，氯离子不断迁入蚀孔，导致氯离子富集。高浓度的金属氯化物水解，产生氢离子，由此造成蚀孔内的强酸性环境，又会进一步加速蚀孔内金属的溶解和溶液氯离子浓度的增高和酸化。蚀孔内壁处于活化状态（构成腐蚀原电池的阳极），而蚀孔外的金属表面仍呈钝态（构成阴极），由此形成了小阳极/大阴极的活化-钝化电池体系，使点蚀急速发展。

溶液中的氯离子浓度对点蚀有很大的影响，通常是氯离子浓度愈高，温度愈高，产生点蚀的可能性也愈大。

防止措施　①添加适当的合金元素（如在不锈钢中添加钼）。②采取钝化处理及适当的热处理。③降低金属材料中的夹杂物含量。④电化学保护对防止点蚀有效。⑤采用合适的耐点蚀的金属材料。

点腐蚀和缝隙腐蚀的比较　点腐蚀和**缝隙腐蚀**发展阶段的机理是一致的，但是它们的诱发机理和发生过程则有所不同。前者是由于材料的钝态或保护层的局部破坏所引起，通过形成点蚀源而发展起来的；后者则是因介质的电化学不均匀性所引起，腐蚀一开始就在缝隙环境中受闭塞电池的作用。从电极电位来看，发生和发展缝隙腐蚀的电极电位比点蚀更低。从介质来看，缝隙腐蚀在不含氯离子的溶液中也会发生，而点蚀则多在含有特殊的活性阴离子条件下才会发生。

（过家驹　朱日彰）

电磁冶金　electromagnetic metallurgy; electromagnetic processing of materials　以冶金过程物理化学、冶金反应工程学和冶金工艺理论为基础，结合电磁学和现代磁流体力学理论，利用电磁场来改善和优化冶金反应的动力学环境或状态、强化冶金工艺过程控制、提高冶金产品质量的技术。简称EPM。1982年，在英国剑桥大学召开的"磁流体力学在冶金中应用"国际会议上，首次将磁流体力学研究引入冶金工程科学。此后，日本钢铁协会推进了磁流体力学在冶金中应用方面的研究，并将其命名为电磁冶金。电磁冶金方面的研究工作在其他国家同样也引起关注，法国、中国、德国、韩国、俄罗斯等国家在政府科学基金或企业技术投资的支持下均开展了此领域的科学研究和技术开发工作。电磁冶金研究范围已拓展到冶金工艺改进和新材料制备等方面。在材料制备领域，该技术又称材料电磁加工。

在冶金过程的特定阶段，施加不同性质（如交变、恒定、脉冲）的电磁场，适当地调整电磁场的强度和分布等工艺因素，并与冶金工艺合理匹配，可在金属液、**熔盐**等冶金熔体中产生加热、驱动（搅拌）、制动、振荡、悬浮、雾化、形状控制、夹杂物分离、凝固组织控制等物理效应。利用这些物理效应，已在金属的冶炼、精炼、铸造、连铸、检测，以及新材料制备等领域开发出冶金感应熔炼、熔体电磁搅拌、金属液电磁净化、冷坩埚悬浮熔炼、电磁雾化制粉、熔体流动在线测量，连铸中金属液电磁制动、弯月面电磁振荡、液面波动抑制、凝固组织控制，以及无结晶器电磁连铸和软接触结晶器电磁连铸等技术，并逐步在钢铁和有色金属工业中应用。

电磁冶金将电磁学和磁流体力学引入冶金工程，利用电磁场、流体力学理论和计算方法提升了人们对冶金反应过程及反应器内部金属流动的认知水平，为进一步优化冶金工艺奠定了技术基础。同时，利用电磁能非接触式地介入冶金反应和工艺过程，改善了冶金反应的动力学条件，进而提高了冶金产品的质量。随着电磁冶金研究拓展到材料制备领域，必将进一步推动新材料研究及制备技术的发展，提升金属材料制备技术和工艺的科学化与智能化水平。

扩展阅读

韩至成. 电磁冶金学. 北京：冶金工业出版社，2001.

王强，赫冀成，等. 强磁场材料科学. 北京：科学出版社，2014.

（邓　康）

电弧焊　arc welding　以电弧作为热源的**熔焊**方法。简称弧焊。通过电离电极间的气体介质形成强烈而持久的电弧，电弧释放大量热量迅速将被焊工件局部加热到熔化状态，电弧移开被焊工件的熔化位置后液态金属迅速凝固形成焊缝。

简史　连续电弧放电现象发现于19世纪初并被提出可用于焊接，然而19世纪80年代才相继出现了碳极电弧焊和金属极电弧焊。20世纪初药皮电极的出现让电弧更加稳定，20世纪10年代三相电和交流电相继用于电弧焊接中，但是并未得到推广。第一次世界大战中，英国率先将电弧焊技术用于造船业，随后美国也用电弧焊进行船只修复。同时，德国首先将电弧焊技术用于飞机制造中。20年代，英国用电弧焊完成了完全焊接的船体。20年代之后，焊接技术的快速发展使焊接取代铆接成为一种连接金属的主要手段。自动送丝的出现使焊接效率大幅提高，保护气体的运用使焊接质量明显提高。20世纪中叶，大量新型弧焊技术的出现使电弧焊技术有了很大发展。30年代出现的埋弧焊至今仍被广泛应用。同期，电弧焊被成功应用在水下焊接中。经过几十年的发展后，钨极氩弧焊和熔化极气体保护焊均在40年代得到最终完善并开始大范围应用。此外还有50年代出现的二氧化碳气体保护焊、**等离子弧焊**、**电渣焊**和60年代出现的气电立焊等。电弧焊正在向进一步提高质量和生产过程自动化方向发展。

分类　电弧焊是利用电极间的电弧产热使被焊工件熔合在一起。根据所用的电极材料及其功能，可将电弧焊分为非熔化极电弧焊和熔化极电弧焊两大类。前者的电极材料为碳或钨，焊接时仅起导电作用；后者的电极为焊条或焊丝，焊接时它们起导电作用，还会熔化，起填充金属的作用，且与熔化的工件一起形成焊缝。因此，焊条芯或焊丝的金属必须与工件的材料具有冶金相容性。此外，为防止焊接过程中大气对熔化金属的污染，必须采取保护措施。根据保护的方式不同可分为用焊条的电弧焊、有熔剂的埋弧焊和用保护气体的气体保护焊。根据保护气体的性能不同，又可分为惰性气体（氩或氦）和活性气体（二氧化碳）两类保护气体焊。另外，根据焊接时电弧的移动方式和熔化极的送进方式不同，可分为手工焊（图1）、自动焊（图2）或半自动焊。根据电弧电极的数量，可分为单电极电弧焊、双电极电弧焊和多电极电弧焊；若被焊工件不作为电极的一

图1　手工电弧焊

图2　自动电弧焊

极，还可进一步细分出间接电弧焊。根据以上各种分类，从最主要的电弧特点、焊接过程特点、焊接材料冶金特点和焊接工艺特点出发，可组合成许多不同的电弧焊方法。

电弧焊有电弧温度高、热量集中且容易控制等特点。各种金属材料，包括碳钢、低合金钢、耐热钢、高强度钢、铸铁等钢铁材料，镁、铝、铜、镍、钛等有色金属及其合金，钨、钼、钽、铌等难熔金属及其合金等都可选用适当种类的电弧焊进行焊接。

（陈树君）

电弧炉炼钢　electric arc furnace steelmaking　利用炉内电极端部和炉料之间形成的电弧的热效应熔化炉料进行**炼钢**的技术。简称电炉炼钢，其钢产品称为电炉钢。

简史　1879年，K.W.**西门子**用单相电弧直接加热熔化高铁料。1888～1892年，P.-L.-T.**埃鲁**发明三相电弧炉，在20世纪30年代被广泛使用。20世纪中叶以前，电弧炉炼钢方法主要用于冶炼合金钢和特殊钢，但生产规模较小，产量在总钢产量中的占比不足5.0%，1950年的占比仅为6.95%。60年代后，**平炉炼钢**逐渐退出，消纳废钢的任务转给电弧炉炼钢。1967年，**超高功率电弧炉炼钢**技术获得了工业应用，出现了废钢铁料-电弧炉炼钢-全连续铸钢-长材连轧类型的钢厂，这类钢厂被称为小钢厂，生产流程被称为短流程。小钢厂工艺流程简单、投资少、投产快、生产成本低、占地面积小、环境友好。全球电炉钢年产量由1950年的1250万吨增长至2000年的28 352万吨，增长约21.7倍，年均增长约542万吨。2000年，在世界年总钢产量中，电炉钢所占份额已超过33%。中国的电弧炉炼钢在1950年后有较快发展，可大规模生产碳钢、低合金钢、不锈钢等。

原料　电弧炉炼钢以废钢为主要原料，配加部分生铁或其他含碳物料。有些电弧炉采用直接还原的**海绵铁**来代替部分废钢。

电弧炉炼钢所用废钢原料中夹带有一些低熔点的有色金属，其化学活性较低，难以在冶炼过程中去除，对成品钢的性能产生有害影响，这些元素被称为有害残余元素。这些元素只能采取“稀释”的办法降低其含量，即配加有害元素含量较低的钢铁料，主要有**直接还原铁**和生铁。

直接还原铁（DRI）含有10%～20%的未还原的氧化铁，在存储运输过程中易发热、燃烧，甚至引发爆炸。在冶炼过程中，如果炉顶部加料速率过快，未熔化的

直接还原铁在炉内堆积形成“冷堆”，温度升高后会产生“大沸腾”，造成事故。DRI中的氧化铁在冶炼过程中被还原，消耗能量，冶炼过程能耗增高。因此，在DRI中配碳至1%～2%，使之更适合电弧炉炼钢；也可将DRI产品制成尺寸为5～10厘米的热压块（HBI），配入2%左右的碳，与废钢铁料一起放在料篮里加入炉内。

生铁的配入是为了提高入炉金属料中的碳和其他易氧化元素的含量，减少铁的损失，并且碳氧化产生的气体搅拌熔池，能加快传热传质，碳、磷氧化产热，有利于降低电耗。生铁一般用量为15%～20%。20世纪90年代以来，中国的电弧炉炼钢广泛采用配加热铁水为原料，使电弧炉炼钢速率提高、**工序能耗**降低、冶炼成本较低，钢的质量有所改善。但包括炼铁工序在内的总能耗很高，环境负荷大。

基本工艺　炼钢过程所需能量以电力为主，电流通过3个石墨电极输入炉内，电极端部与钢铁炉料之间产生电弧获得高温，加热、熔化炉料，完成各项冶金任务。

传统的电弧炉炼钢具有熔化、氧化、还原3个时期的操作，称三期操作制度。在电弧炉内既要完成熔化、脱磷、脱碳、升温，又要进行脱氧、脱硫、去气、去除夹杂物、合金化以及温度、成分的调整等。现代电弧炉炼钢工艺只有熔化、升温和必要的精炼操作，如脱磷、脱碳，而把其余的精炼过程均移到**钢水二次精炼**工序中进行。现代电弧炉炼钢过程为：①开启炉盖，补加部分渣料，使用炉顶料篮或料罐将固体炉料（按冶炼钢种要求配入的废钢、铁料及少量石灰）加入炉膛。②接通电源，降下电极，以中等电压和中等功率级别起弧，通电1～2分钟。然后以高电压、大功率级别供电，注意避免塌料损坏电极。③在电弧的高温作用下废钢铁料熔化，形成熔池。废钢铁料熔化70%～80%时开启炉盖，二次加料，重复上述操作。使用全冷废钢铁料冶炼的全过程一般需加3次料。钢液成分温度合格，即可出钢。现代电弧炉炼钢一般使用炉底出钢技术，挡住氧化性炉渣进入钢包，以防止带入后步精炼工序。出钢后，补加部分石灰等渣料，炉内留有少量钢水和全部氧化性炉渣，以保护炉底在加入下一炉的废钢铁料时免遭损坏，并有利于新炉料熔化，形成熔池。在冶炼过程前期陆续流渣，补加新渣料，排放脱磷渣；在冶炼过程后期，熔池形成。现代大型电弧炉炼钢过程工作电压高，电弧长度超过500毫米，暴露的高温弧光辐射强烈，热消失大，损坏炉壁和炉顶，为此须造好泡沫渣，在冶炼终点出钢前破坏泡沫渣。

电弧炉炼钢高效化生产技术　20世纪50年代以前，电弧炉炼钢以冷废钢为主要原料，氧化期和还原期之间有扒渣、造还原渣（换渣）操作，冶炼周期一般为3～4小时。随着技术的不断发展，现代电弧炉炼钢的冶炼周期缩短至1小时以内，生产效率大幅提高。其采用的高效化生产技术主要有：①电弧炉炉容大型化。主力电弧炉的炉容量（出钢量或装入量）由3～5吨逐渐增至70～150吨，不仅每炉次的出钢量增加，而且电弧炉的机械化水平和自动化水平大幅提升，非冶金操作时间缩短，能量利用效率提高。②电弧炉炼钢功率级别提升。提高电弧炉炼钢过程的能量输入，配置更大功率的主变压器。按每吨出钢量或装入量分配到的变压器功率值（千伏安/吨），超高功率电弧炉的概念被提出。超高功率电弧炉具有较高的单位功率水平、电弧炉变压器最大功率利用率和时间利用率等特征。90年代以后，主力电弧炉的变压器功率级别已达到800～1000千伏安/吨。③辅助能源技术增加。电弧炉炼钢过程中废钢铁料的熔化需要大量热能，每吨1600℃的钢液其热焓约380千瓦·时，正常电弧炉炼钢过程中每吨合格钢液的总能量需求为600～700千瓦·时，且3个电弧加热不均匀，因此现代电弧炉炼钢采用各种辅助能源技术补充能量。最初采用的是煤氧助熔或油氧助熔，后来辅助能源技术向多样化发展。使用辅助能源技术不仅可以增加能量供应强度，还可强化冶金操作，如切割大块冷废钢、加热熔池冷区、增碳、二次燃烧等。在现代电弧炉炼钢过程中，辅助能量约占总能量的10%，每吨钢用氧30～40立方米。电弧炉炼钢的辅助能源技术还包括余热回收利用，其中主要是废钢预热，并出现了多种带废钢预热的新炉型，如**竖炉电弧炉**、**连续预热废钢电弧炉**、双壳电弧炉等。④非通电时间减少。现代电弧炉炼钢工艺已摒弃了传统的三期操作制度，改进了冶炼工艺，提高了机械化自动化水平，将过程缓慢的还原期移至炉外，吹氧、喷燃料、底出钢、底吹搅拌等炉内冶金操作得以强化。同时发展了多种与废钢预热技术无缝衔接的技术，减少了非通电时间，电炉炼钢呈现出向连续炼钢技术发展的趋势。

测量炼钢炉内温度的操作

特点和发展方向　电弧炉炼钢可以消纳废钢，是一种铁资源回收再利用过程；所用电力是清洁能源；矿物资源、石化能源消耗较少；工艺流程简单，工厂占地面积小；温室气体、固液态废弃物排放量低，重金属等残留物很少。电弧炉炼钢技术发展的方向是：①强化冶炼过程，节能降耗，高效生产。②提高冶金质量，使成品品质洁净化，发展特殊钢和合金钢的冶炼技术。③实现节能环保，生产过程环境友好。

（李士琦　朱　觉）

电弧炉炼钢用氧　oxygen-using technology for electric arc furnace steelmaking　为降低电能消耗、缩短冶炼周期而在**电弧炉炼钢**过程中使用氧气的技术。电弧炉炼钢用氧技术的主要形式有氧燃烧嘴技术、二次燃烧技术、泡沫渣技术和氧气喷吹技术等。各种形式的电弧炉炼钢用氧技术是相辅相成的，在炼钢过程的不同阶段应根据不同的工艺条件将各用氧技术有效地结合，实现电弧炉冶炼过程的优化供氧。

氧燃烧嘴技术　氧燃烧嘴作为电弧炉炼钢过程中的辅助能源输入装置已被普遍采用。氧燃烧嘴安装位置的选择应基于炉内反应特点，以及使用和维修的便利，通常安装于炉壁。此位置可提供穿透冷区的最佳角度，有利于高温火焰熔化冷区的废钢。所用燃料有天然气、柴油、重油和煤粉等。根据使用燃料的不同，氧燃烧嘴技术包括氧气-燃气烧嘴技术、氧气-油烧嘴技术、氧气-煤烧嘴等技术。氧燃烧嘴技术的应用保证了固体炉料的同步熔化，有助于强化一氧化碳的二次燃烧，提高电弧炉的生产效率。

二次燃烧技术　通过向炉内喷吹氧气，使炉内一氧化碳气体进一步氧化生成二氧化碳气体并放出化学潜热。二次燃烧技术的关键是有效控制空气和氧气的喷吹量，提高燃烧效率，以促进燃烧产生的能量向炉料传递，起到降低电耗和缩短冶炼时间的效果。

泡沫渣技术 在吹氧的同时向熔池内喷碳粉或碳化硅粉，加剧碳氧反应，在渣层内形成大量的一氧化碳气体泡沫，使渣的厚度达到电弧长度的2.5～3.0倍，从而减少电弧向炉顶和炉壁的辐射，提高电弧炉的热效率，延长电弧炉的寿命。钢水中含[C]量较高时，决定碳氧反应速率的是氧的供给速率；供氧速率提高，碳氧反应速率高，单位时间产生一氧化碳数量多，有利于炉内产生和保持泡沫渣。泡沫渣技术适用于大容量超高功率电弧炉，特别是电弧较长的直流电弧炉。大型**炼钢电弧炉**的泡沫渣厚度通常在500毫米以上，冶炼每吨钢需喷吹碳粉6～10千克，燃烧这些碳粉需6～10立方米氧气(标准大气压下)。

氧气喷吹技术 包括炉门供氧技术、炉壁供氧技术、偏心炉底出钢氧枪技术、集束射流氧枪技术等。

炉门供氧技术 由早期炉门人工吹氧的方法发展而来。炉门供氧装置分为水冷式炉门氧枪和消耗式炉门氧枪。水冷式炉门氧枪可灵活地实现助熔废钢与造泡沫渣的功能。由于喷枪用套管水冷，水冷式炉门氧枪不可插入钢水熔池，也不能与炉内废钢接触。消耗式炉门氧枪可由机械手驱动插入熔池或直接切割废钢助熔，喷枪则在吹氧过程中被熔化消耗。机械手由主控室遥控，可实现前后、左右、上下移动，将氧枪喷头对准炉内需要的位置，水平角度与垂直角度均可调整，在炉内活动范围大。

炉壁供氧技术 利用炉壁模块化控制氧气喷射，以提高电弧炉的比功率输入与生产效率的技术。炉壁供氧装置是炉壁氧枪，其有助熔、脱碳、二次燃烧及造泡沫渣等功能。炉壁氧枪根据安装方式可分为固定式炉壁氧枪和伸缩式炉壁氧枪。与其他供氧方式相比，炉壁氧枪安装位置更接近熔池，既可提高熔池脱碳速度和氧气利用效率，又可将熔池内的燃烧与熔池上方的燃烧有机结合起来，提高冶炼过程的热效率，还可在炉内实现多点喷射，精确控制吹氧量和碳粉喷吹量，泡沫渣效果更好。

偏心炉底出钢氧枪技术 现代电弧炉为了实现无渣出钢，均采用了偏心炉底出钢（EBT）技术，使得EBT区成为电弧炉炉内冷区之一。EBT区废钢熔化速度较慢，与中心区域成分差别较大。EBT氧枪可对该区吹氧助熔，促进废钢熔化，解决EBT区在出钢时废钢还未完全熔化或熔池温度及成分不均匀等问题。

集束射流氧枪技术 技术核心是在拉瓦尔喷管的周围增加烧嘴，使主氧射流周围环绕保护气流（由燃气和氧气燃烧产生），主氧射流的超音速核心段长度延长，氧气流股的动能损失减小，穿透力和搅拌力增强，形成类似激光束的射流。采用集束射流氧枪技术可实现向熔池高速供氧脱碳，改善炉内热量和成分的均匀性，对促进钢渣反应、均匀钢水成分和温度、提高氧气利用率及金属收得率等有利。

随着中国电弧炉炼钢技术的进步和炉料结构的变化，低热值集束射流、预热式集束射流等多种新型的电弧炉炼钢集束供氧技术逐步得到推广应用。

（朱　荣）

电化学极化 electrochemical polarization 有电化学反应发生时，电极电势偏离平衡电势的现象。又称活化极化。用电极电势与平衡电势的差值——超电势（η）来定量表达此偏离程度。电极电势偏离克服了在界面上得失电子发生转移反应需要的活化能，使氧化反应或还原反应得以优先进行。一种极端情况是很小的电流变化对应很大的电势变化，即很容易偏离平衡，称为理想极化；另一极端情况是很大的电流变化对应很小的电势变化，即基本不偏离平衡，称为理想非极化。在固液界面，溶液中离子发生净还原反应时称作阴极极化，溶液中离子发生净氧化反应时称作阳极极化。电极反应由电化学极化控制（发生法拉第过程）时，其动力学特征是电极电势与对应电极反应速率的电流密度之间服从巴特勒-福尔默（Butler-Volmer）电极动力学公式：

$$i = nFAk^{\circ}\left\{C_{\mathrm{O}}(0,\ t)\exp\left[-\frac{\alpha nF}{RT}(E-E^{\circ})\right] - C_{\mathrm{R}}(0,\ t)\exp\left[\frac{(1-\alpha)nF}{RT}(E-E^{\circ})\right]\right\} \tag{1}$$

式中前项和后项分别表示还原过程和氧化过程对总反应的贡献；i是相应电极反应速率的电流密度；F是法拉第常数，A是电极/溶液界面面积；k°是标准速率常数；$C_{\mathrm{O}}(0,\ t)$是氧化态表面浓度；$C_{\mathrm{R}}(0,\ t)$是还原态表面浓度；α是传递系数；n是反应电子数；R是标准气体常数；E°是正向和逆向反应速率相等时的标准电势；E是电极电势。其中传递系数和速率（度）常数是电极反应动力学的基本参数。
在氧化态、还原态初始浓度分别为C_{O}^{*}和C_{R}^{*}时，可用交换电流密度i°（$i^{\circ}=nFAk^{\circ}C_{\mathrm{O}}^{*(1-\alpha)}C_{\mathrm{R}}^{*\alpha}$）代替$k^{\circ}$，表示普遍使用的电流密度-超电势公式：

$$i = i^{\circ}\left\{\frac{C_{\mathrm{O}}(0,\ t)}{C_{\mathrm{O}}^{*}}\exp\left[-\frac{\alpha nF}{RT}(E-E_{\mathrm{eq}})\right] - \frac{C_{\mathrm{R}}(0,\ t)}{C_{\mathrm{R}}^{*}}\exp\left[\frac{(1-\alpha)nF}{RT}(E-E_{\mathrm{eq}})\right]\right\} \tag{2}$$

式中E_{eq}是电极反应平衡电势。发生氧化反应时，用$E-E_{\mathrm{eq}}$表示超电势；发生还原反应时，用$E_{\mathrm{eq}}-E$表示超电势，这样可以保证超电势总用正值表示。但在实际使用中，有时也用负数表示还原反应时的超电势。阴极极化和阳极极化不对称通常意味着传递系数不等于0.5或氧化反应和还原反应不对称。

通过实验，可用极化曲线表达电流密度对超电势的关系。在某些条件下，也可以表示为电流密度对数对超电势的关系曲线，该曲线被称作半对数极化曲线或塔菲尔曲线，从中可获得电极反应动力学的基本参数：反应电子数、传递系数和交换电流密度。

（董献堆）

电机车 electric-locmotive 矿山铁路运输的牵引设备。又称工矿电机车。按电源种类不同，可分为直流电机车和交流电机车；按轨距不同，可分为标准轨距电机车和窄轨距电机车；按供电方式不同，可分为架线式电机车（见图）和蓄电池电机车。

架线式电机车牵引的列车

架线式电机车由机械部分和电气部分组成，机械部分包括车架和行走装置，电气部分包括电动机、控制系统和受电弓。架线式电机车由井下牵引网络供电。牵引网络由轨道上部的架空滑触线、轨道等组成。机车运行时，受电弓与架空线接触向电机车供电。架线式电机车结构简单、维护方便、效率高、运行成本低，虽然存在需要架设滑触线、不够灵活的缺点，但仍然获得广泛的应用。随着控制技术的发展，中国2000年以后开始使用交流架线式电机车。交流架线式电机车也采用直流供电，电机车上的变流装置将直流电转换为交流电，再供给交流电机，控制系统通过改变交流电压控制电机车的速度。交流电机车对无人驾驶电机车系统适应性更强。架线式电机车在大型露天矿山有轨运输中一般采用准轨，吨位一般在100吨以上。地下矿山井下的有轨运输一般采用窄轨，电机车吨位1.5～30吨，采用的轨距分别为600毫米、762毫米和900毫米。

蓄电池电机车由电气、机械、电源装置等部分组成。由蓄电池向电机供电，蓄电池充满电后才能装到电机车上。电能耗尽的蓄电池集中到专用充电室再次充电，蓄电池可以循环使用。蓄电池电机车比架线式电机车成本高，需要定期充电并配置充电设施，使用不便，一般只在巷道掘进和不方便架线的场合使用。

煤矿需要采用防爆型电机车，非煤矿用电机车不用考虑防爆。

（肖力波）

电解法制粉 electrolytic powder processing 通过电解金属盐电解质而获得金属或合金粉末的技术。电解法制取**金属粉末**的原理是电解质中通过直流电产生电化学反应，金属阳离子得到电子被还原，并在阴极上沉积析出。根据金属盐电解质的形态不同，电解制粉技术主要分为**水溶液电解**、**熔盐电解**两种类型。

水溶液电解　电解金属盐水溶液制取金属粉末的一种方法。水溶液电解法可用于制备铜、镍、钴、银、镉、铁、锌、锰等金属和合金粉末。电解质的种类和浓度、温度、电流密度等都对金属电解沉积及粉末形成过程产生影响。水溶液电解制粉具有粉末纯度高、工艺流程短、固定投资少的特点。然而，电解法消耗电能大，成本较高，且对环境造成一定污染，因而限制了电解法制粉在规模化工业生产中的应用。

熔盐电解　是高温下电解金属熔盐制取金属粉末的一种方法，其工作原理与水溶液电解相似。难熔金属如锆、钍、铍、钽和铌等对氧亲和力大的元素，不能从水溶液中析出，适用熔盐电解法制取。熔盐电解中的电解质是熔点较低的金属卤化物。熔盐电解法制备的粉末易黏附在阴极上，难以从电解槽中取出；在阳极上有氟气或氯气析出，污染环境。

（韦伟峰）

电流效率 current efficiency 电解时，阴极上实际析出的金属量与通过同样电量所得到的理论金属量之比。即阴极电流效率。阳极电流效率是指可溶性阳极实际溶解的金属量与通过同样电量理论上应溶解的金属量之比。电流效率（η）以百分率计算：

$$\eta=\frac{\text{实际析出量}}{\text{理论析出量}}\times 100\%$$

理论析出量根据下面反应式计算：

$$Me^{n+}+ne \longrightarrow Me$$

上式表示，反应进度为1摩尔时，有物质的量为n的电子参加电极反应；1摩尔电子所带电荷为$F=96\,500$库仑·摩尔$^{-1}$，F为法拉第常数。反应进度为1摩尔时，电极通过的电量为：

$$Q=n\times 96500\ \text{库仑}\cdot\text{摩尔}^{-1}$$

当电流强度为I、电解时间为t时，金属理论析出量为：

$$\text{理论析出量}=\frac{M}{n\times 96500}\times It$$

式中M为析出金属的摩尔质量。在冶金的电解生产中，阴极析出物通常是主要的产物，因此电流效率通常是指阴极电流效率。电流效率达不到100%的主要原因是在电极上存在副反应、已析出的金属反熔和电路的漏电和短路等。电流效率是生产上的一个重要技术经济指标。

（舒余德）

电炉 electric furnaces 利用电热效应供热的**冶金炉**。电炉设备通常是成套的，包括电炉炉体、电力设备（电炉变压器、整流器、变频器等）、开闭器、附属辅助电器（阻流器、补偿电容等）、真空设备、检测控制仪表（电工仪表、热工仪表等）、自动调节系统、炉用机械设备（进出料机械、炉体倾转装置等）。大型电炉的电力设备和检测控制仪表等一般集中在电炉供电室。同燃料炉比较，电炉的优点有：炉内气氛容易控制，甚至可抽成真空；物料加热快，加热温度高，温度容易控制；生产过程较易实现机械化和自动化；劳动卫生条件好；热效率高；产品质量好。在冶金工业上，电炉主要用于钢铁、**铁合金**、**有色金属**等的**熔炼**、加热和热处理。19世纪末，出现了工业规模的电炉。20世纪50年代以来，由于对高级冶金产品需求的增长和电费随电力工业的发展而下降，电炉在冶金炉设备中的比额逐年上升。电炉可分为电阻炉、感应炉、电弧炉、等离子炉、电子束炉等。

电阻炉　以电流通过导体所产生的焦耳热为热源的电炉。按电热产生方式，电阻炉分为直接加热和间接加热两种。在直接加热电阻炉中，电流直接通过物料，因电热功率集中在物料本身，所以物料被加热很快，适用于要求快速加热的工艺，例如锻造坯料的加热。这种电阻炉可以把物料加热到很高的温度，例如碳素材料石墨化电炉，能把物料加热到超过2500℃。直接加热电阻炉可做成真空电阻加热炉或通保护气体电阻加热炉。在**粉末冶金**中，常用直接加热电阻炉烧结钨、钽、铌等制品。采用这种炉子加热时应注意：①为使物料加热均匀，要求物料各部位的导电截面和电导率一致。②由于物料自身电阻相当小，为达到所需的电热功率，工作电流相当大，因此送电电极和物料接触要好，以免引起电弧烧损物料，而且送电母线的电阻要小，以减少电路损失。③在供交流电时，要合理配置短网，以免感抗过大而使功率因数过低。

大部分电阻炉是间接加热电阻炉，其中装有专门用来实现电-热转变的电阻体，称为电热体，由它把热能传给炉中物料（图1）。这种电炉炉壳用钢板制成，炉

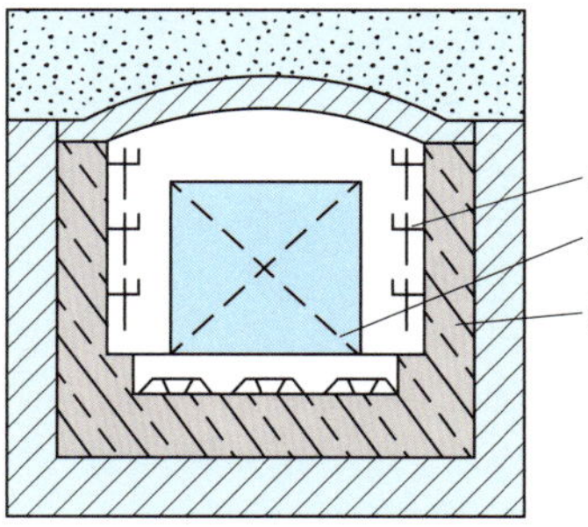

图1　间接加热电阻炉

膛砌衬耐火材料，内放物料。常用的电热体是铁铬铝电热体、镍铬电热体、碳化硅棒和二硅化钼棒。根据需要，炉内气氛可以是普通气氛、保护气氛或真空。一般电源电压为220伏或380伏，必要时配置可调节电压的中间变压器。小型炉（功率小于10千瓦）单相供电，大型炉三相供电。对于品种单一、批料量大的物料，宜采用连续式炉加热。炉温低于700℃的电阻炉，多数装置鼓风机，以强化炉内传热，保证均匀加热。用于熔化易熔金属（铅、铅铋合金、铝和镁及其合金等）的电阻炉可做成坩埚炉，或做成有熔池的反射炉，在炉顶上装设电热体。电渣炉是由熔渣实现电热转变的电阻炉。

感应炉　利用物料的感应电热效应而使物料加热或熔化的电炉。感应炉的基本部件是用紫铜管绕制的感应圈。在感应圈两端加交流电压，产生交变的电磁场，导电的物料放在感应圈中，因电磁感应在物料中产生涡流，受电阻作用而使电能转变成热能来加热物料。所以，也可认为感应电热是一种直接加热式电阻电热。

感应电热的特点是在被加热物料中转变的电热功率（电流分布）很不均匀，表面最大，中心最小。为了提高感应加热的电热效率，供电频率要适宜，小型熔炼炉或对物料的表面加热采用高频电，大型熔炼炉或对物料深透加热采用中频或工频电。感应圈是电感量相当大的负载，其功

率因数一般很低。为了提高功率因数，感应圈一般并联电容器，称为补偿电容。感应圈和物料之间的间隙要小，感应圈宜用方形紫铜管制作，管内通水冷却，感应圈的匝间间隙要尽量小，绝缘要好。感应加热装置主要用于钢、铜、铝和锌等的熔铸，其有加热快、烧损少、机械化和自动化程度高等特点，适合配置在自动作业线上。

工业上应用的感应熔化炉有坩埚炉（无芯感应炉）和熔沟炉（有芯感应炉），见图2。坩埚用耐火材料或钢制成，容量

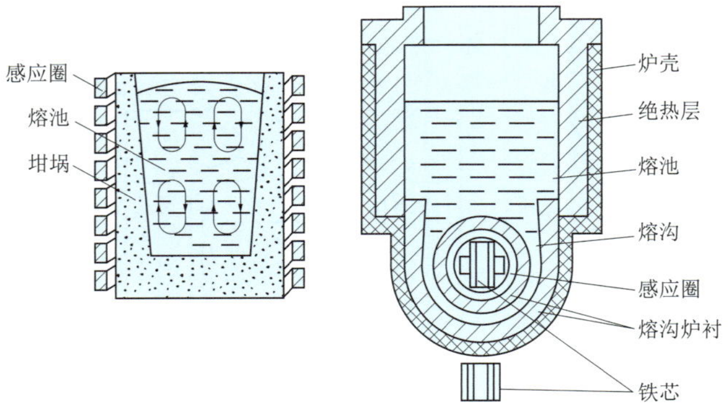

a 坩埚炉炉体　　b 熔沟炉炉体

图2　感应炉炉体结构示意图

从几千克到几十吨不等。其熔炼特点是：坩埚中熔体受电动力作用，迫使熔池液面凸起，熔体自液面中心流向四周而引起循环流动。这种现象称为电动效应。电动效应可使熔体成分均匀，缺点是**炉渣**偏向周边、覆盖性差。与熔沟炉比较，坩埚炉操作灵活、熔炼温度高，但功率因数低、电耗较高。熔沟炉的感应器由铁芯、感应圈和熔沟炉衬组成，熔沟为一条或两条带状环形沟，其中充满与熔池相连通的熔体。在原理上，可以把熔沟炉看作次级只有一匝线圈而且短路的铁芯变压器。感应电流在熔沟熔体中流动，从而实现电热转变。

在生产中，每炉金属熔炼完毕后，不能把熔池放空，一定要保留一部分熔体作为下一炉的起熔体。熔沟温度比熔池高，又承受熔体流动的冲刷，所以熔沟炉衬容易损坏，为便于维修，现代炉子的感应器制成便于更换的装配件。熔沟炉的容量从几百千克到百余吨。熔沟炉供工频电，由于有用硅钢片制作的铁芯作磁通路，所以电效率和功率因数都很高。熔沟炉主要用于铸铁、铜、锌、黄铜等的熔化，还可作为混熔沪，用来贮存和加热熔体。

电弧炉　利用电弧热效应熔炼金属和其他物料的电炉（图3）。按加热方式分为3种类型：①间接加热电弧炉。电弧在两电极之间产生，不接触物料，利用热辐射加热物料。这种炉子噪声大，效率低，渐被淘汰。②直接加热电弧炉。电弧在电

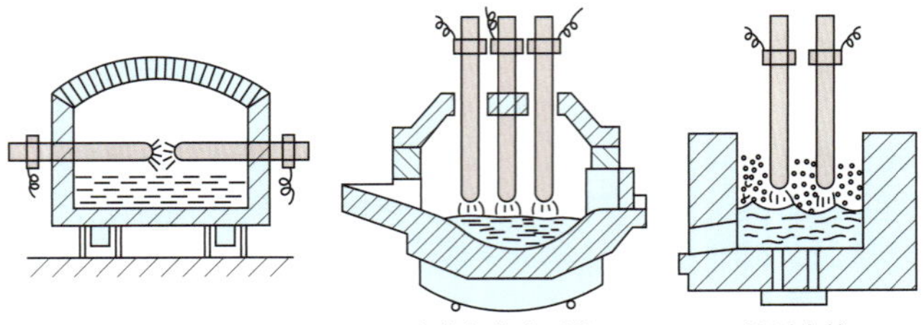

间接加热电弧炉　直接加热电弧炉　埋弧电炉

图3　电弧炉类型

极与物料之间产生，直接加热物料，炼钢三相电弧炉是最常用的直接加热电弧炉（见**电弧炉炼钢**）。③埋弧电炉。又称还原电炉或矿热炉。其电极一端埋入料层，在料层内形成电弧并利用料层自身的电阻发热加热物料。常用于冶炼铁合金（见**矿热炉**），熔炼冰镍、**冰铜**，以及生产电石（碳化钙）等。

真空电弧炉是在抽真空的炉体中用电弧直接加热熔炼金属的电炉。炉内气体稀薄，主要靠被熔金属的蒸气发生电弧，为使电弧稳定，一般供直流电。按照熔炼特点，真空电弧炉分为金属重熔炉和浇铸炉。按照熔炼过程中电极是否消耗（熔化），真空电弧炉分为自耗炉和非自耗炉，工业上应用的大多数是自耗炉。真空电弧炉用于熔炼特殊钢、活泼的和难熔的金属，如钛、钼、铌（见**真空冶金**）。

电弧电热可以认为是弧阻电热。电弧（弧阻）稳定是炉子正常生产的必要条件。交流电弧炉通常采用工频电，为使电弧稳定，炉子供电电路中要有适当的感抗，但是存在感抗会降低功率因数和电效率。降低电流频率是发展交流电弧炉的途径。弧阻阻值相当小，为获得必要的热量，炉子需要相当大的工作电流，因此炉子短网的电阻要尽量小，以免电路损耗过大。对于三相电弧炉，要使三相的阻抗接近一致，以免三相负荷不平衡。

等离子炉　利用工作气体被电离时产生的等离子体加热或熔炼物料的电炉。产生等离子体的装置通常叫作等离子枪，有电弧等离子枪和高频感应等离子枪两类。把工作气体通入等离子枪中，枪中有产生电弧或高频（5～20兆赫）电场的装置，工作气体受作用后电离，生成由电子、正离子及气体原子和分子混合组成的等离子体。等离子体从等离子枪喷口喷出后，形成高速、高温的等离子弧焰，温度比一般电弧高得多。等离子枪常用的工作气体是氩。因氩是单原子气体，容易电离，而且是惰性气体，可以保护物料。等离子炉工作温度可高达20 000℃，用于熔炼特殊钢、钛和钛合金、超导材料等，炉型有配置水冷铜结晶器炉、中空阴极式炉、配置感应加热的等离子炉、有耐火材料炉衬的等离子炉等。

电子束炉　用高速电子轰击物料使之加热熔化的电炉（图4）。在真空炉壳内，

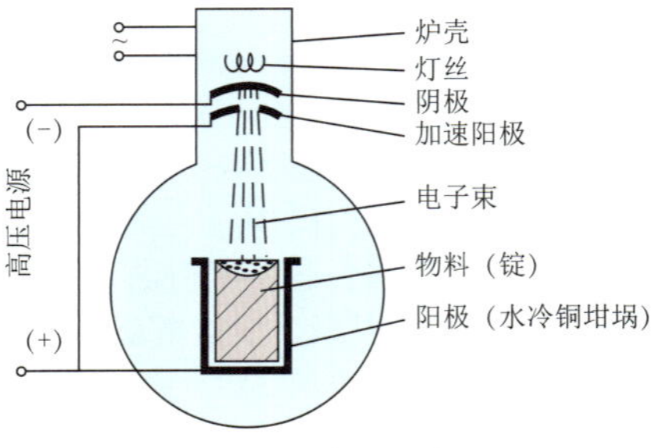

图4　电子束炉示意图

用通低压电的灯丝加热阴极，使之发射电子；电子束受加速阳极的高压电场的作用而加速运动，轰击位于阳极的金属物料，使电能转变成热能。因为电子束可经电磁聚焦装置高度密集，所以可在物料受轰击的部位产生很高的温度。电子束炉用于熔炼特殊钢、难熔和活泼金属。

（郭茂先）

电炉炼钢流程　electric arc furnace production route; mini-mill steelmaking route　以废钢、生铁、**直接还原铁**等为原料，采用电弧炉熔炼，再经**连铸连轧**获得所需钢材的生产过程。俗称短流程。采用电炉炼钢流程的企业常被称为小钢厂。电炉炼钢流程在节能减排、资源循环利用等方面有着显著优势，于20世纪60年代迅速发展。电炉炼钢流程是以电力为主要能源，用电弧炉熔化炉料并冶炼成合格钢液，然后将钢液连铸成坯，再经**轧制**生产出各种形状和尺寸的成品钢材。电炉炼钢流程工序组成为：废钢处理—电弧炉初炼—**钢水二次精炼**—连铸连轧。其特点是工序组成简单、生产流程短、占地面积少、投资强度低、生产能力相对较小。电弧炉炼钢使用的原料最初以废钢为主，由于废钢中往往夹带一些对钢质量有害的有色金属元素，后来世界不同地区的原料向多样化发展，如使用直接还原方法生产的**海绵铁**、直接还原铁、热压块、高炉或熔融还原生

产的铁水。电炉炼钢流程能耗较低，吨钢能耗约为9.6吉焦（**高炉-转炉生产流程**吨钢能耗约为23.3吉焦）。

（徐安军　曲　英）

电偶腐蚀 galvanic corrosion　两种或两种以上不同电极电位的金属处于腐蚀介质内相互接触而引起的电化学腐蚀。又称接触腐蚀、双金属腐蚀、异金属腐蚀。电偶腐蚀原理如图1所示。发生电偶腐蚀时，电极电位较负的金属通常会加速腐蚀，而电极电位较正的金属的腐蚀则会减慢。

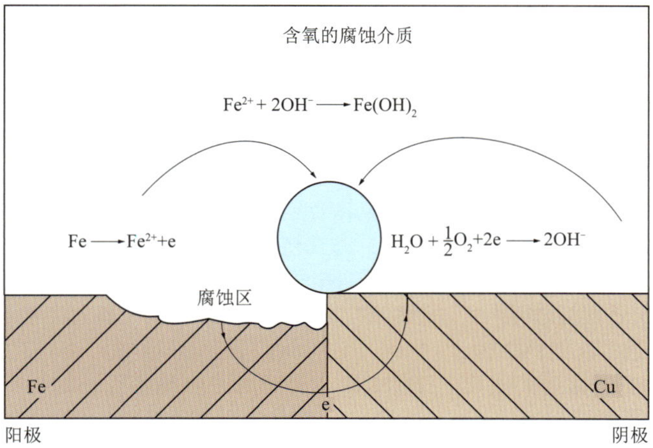

图1　电偶腐蚀原理示意图

合金中呈现不同电极电位的金属相、化合物、组分元素的贫化或富集区，以及氧化膜等也都可能与金属间发生电偶现象，钝化与浓差效应也会形成电偶型的腐蚀现象，这些微区中的电偶现象通常称为腐蚀微电池，不称作电偶腐蚀。

根据电化学理论可以对电偶腐蚀现象做定性判断，但对腐蚀的结果还难以做出动力学分析。各种常见的金属或合金在某些腐蚀介质内的标准电极电位虽已充分了解，但还不能由此确定电偶腐蚀的速度及其结果的实际图像，也就是还不能从电偶中不同金属的可逆电极电位之差直接得到各部位电偶腐蚀速度的定量关系。在工程设计中，需要结合在实际介质中的腐蚀电位和可能掌握的极化曲线特征做出判断，并做必要的实际测定和验证。在腐蚀过程中，随着条件的变化，金属的电偶序有可能发生变化，甚至出现极性倒转。此外，电偶腐蚀的结果也直接与电极的面积大小有关。

影响电偶腐蚀速度的因素主要有：①所形成的电偶间的电极电位差。②腐蚀介质的电导率（图2）。③金属表面的极化和由于阴、阳极反应生成表面膜或腐蚀产物的影响。④电偶间的空间布置（几何因素）。电偶腐蚀速度，在数量上服从法拉

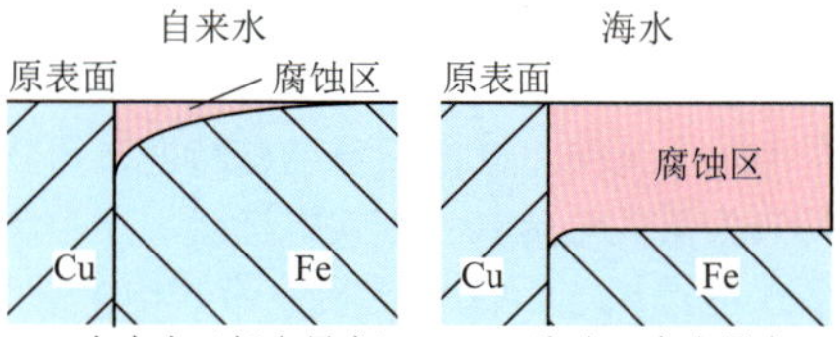

a　自来水（低电导率）　b　海水（高电导率）

图2　腐蚀介质电导率不同时腐蚀区不同分布

第电解定律。两金属之间的电极电位差愈大、电流愈大，则腐蚀愈快。电路中的各种电阻则按欧姆定律影响电偶腐蚀电流，介质的电导率高，则加速电偶腐蚀。

电偶作用有时也会促进阴极的破坏，如等面积的铝（阴极）和镁（阳极）在海水中，电偶作用将加速镁阳极的腐蚀，而在充气条件下阴极表面上的主要产物OH^-也会同时促进铝的破坏，所以电偶中的两极最终都会加剧腐蚀。

电偶腐蚀的主要防止措施有：①尽量选择在工作环境下电极电位接近（最好不超过50毫伏）的金属作为相接触的电偶对。②减小较正电极电位金属的面积，尽量使电极电位较负的金属表面积增大。③尽量使相接触的金属电绝缘，并使介质电阻增大。④充分利用防护层，或设法外加保护电位。选择防护方法时应考虑面积律的影响，以及腐蚀产物的影响等。

（黄子勋）

电位调控浮选 potential controlled flotation　通过调控矿浆电位，增加硫化矿矿物浮选分离效率的强化**浮选**方法。自20世纪80年代以来，人们开始辨识硫化矿矿物体系中的电化学反应，研究矿浆电位对硫化矿可浮性的影响。调控矿浆电位，实现电位、矿浆pH值和药剂浓度的耦合，使硫化矿浮选过程的选择性和参数控制得到新的发展，电位调控浮选开始应用。电位调控可引起硫化矿矿物表面疏水或亲水的电化学反应，是硫化矿矿物浮选加强和抑制的一个控制条件。矿浆电位指铂电极和矿浆之间的界面电位，是混合电位，其高低可以表征溶液中的氧化还原气氛。硫化矿矿物、水、**浮选药剂**（**捕收剂**、**调整剂**）通过电荷转移机理进行反应，每一个反应都与一个电化学电位相对应。这意味着可以通过调整矿浆电位来控制浮选的选择性。

调控电位的方法有化学方法和外加电场法两种。化学方法包括控制矿浆中氧气含量改变电位和添加适宜的氧化剂或还原剂改变电位两类。外加电场法是利用外加电场极化矿浆，使矿浆中矿物颗粒达到浮选电位要求。由于排除化学因素对硫化矿矿物浮选的影响，可以得出硫化矿矿物浮选行为与电位的单一依赖关系。

电位调控浮选在提高浮选选择性和降低药耗方面有一定技术优势，在实践中推广应用将对选矿工艺产生影响。

扩展阅读

王淀佐. 硫化矿浮选与矿浆电位. 北京：高等教育出版社，2008.

HU Y H, SUN W, WANG D Z. Electrochemistry of Flotation of Sulphide Minerals. Beijing: Tsinghua University Press, 2009.

WOODS R. Electrochemical Potential Controlling Flotation. International Journal of Mineral Processing, 2003, 72(1-4): 151-162.

（焦　芬）

电选 electric separation　利用矿物电性质的不同进行选别的过程。由矿物带电过程和分选过程组成。矿物带电方法有外加电场法（如矿物接触带电、矿物感应带电、矿物电晕带电和矿物极化）和摩擦带电法。矿物带电后，进入高压电场可进行分选。导体矿粒（介电常数>12）所获得的电荷经接地极被瞬间传走，带上与接地极相同的电荷被排斥；非导体矿粒被接地极感应后带上与接地极相反的电荷，与接地极产生镜面吸力，紧紧地吸在筒面并随筒转到后方，用压板刷刷下，从而与导体矿粒分开。

简史　1880年，美国T.B.奥斯本发明了用硬橡胶滚筒摩擦生电的电选机。1882～1892年，美国C.C.希尔和T.A.爱迪生发明了不同形式的摩擦电选机，这是电选的初始阶段。其后E.盖茨发明了一种自由落下式电选机，其原理是先使矿粒在带电容器中荷电，再进入电场中分选。1901年，美国人H.M.萨顿与W.L.斯蒂尔将电晕电场与静电场结合，发明了**筒式电选机**，为现代广泛使用的筒式电选机奠定了基础。此后，G.W.皮卡德和H.A.温特沃思又研制出多筒电选机。20世纪60年代后，电选的高压电源和绝缘等问题得到解决，扩大了电选的应用范围。

工艺　分选工艺包括物料准备和分选两部分。物料进入电选前一般要初步富集，即用重选、**磁选**和**浮选**等**选矿**方法处理后得到粗精矿，再将粗精矿按粒度分级并进行加温和表面处理。电选适宜处理粒度为0.1～3毫米。粒度愈均匀，电选效果愈好。

物料加温可除去矿粒表面水，恢复固有电性。最适宜的加热温度为100～200℃。物料分选时影响电选效果的工艺参数为电压、电极结构和分选筒转速等。电压越高，电场强度越大，电选效果越好。分选筒转速需考虑物料经过电场作用区有足够时间荷电。转速还与物料粒度有关，粒度大，要求转速慢；粒度小则要求转速快。转速越慢，导体产品品位越高；转速越快，导体产品品位越低。

方法　按分选介质的不同分为干法电选和湿法电选。大部分电选是干法，只有处理极细粒（小于20微米）难选矿物时才采用湿法。①干法电选。在空气中进行，入选物料要加温干燥并预先筛分、分级。在处理极少数稀贵矿物时，还要用化学药剂处理，清除掉表面杂质或在表面形成某种化合物才能有效分选。电选本身成本很低，特别是耗电低、不污染环境，但在物料加温干燥时，要耗费一定的能量。干法电选一般采用20～60千伏直流电源。②湿法电选。又称介电分选。在介电液体中进行。介电液体常采用四氯化碳和甲醇的混合物或煤油和硝基苯的混合物等。根据需要可采用不同配比，配成不同介电常数的介电液体，使其介电常数处于两种欲分离矿物的介电常数之间。湿法电选一般采用2～5千伏交流电源或直流电源。湿式分选设备有高梯度电选机和筒式介电分选机，主要用作处理介电常数相差较大的细粒物料和油类的净化。但设备处理量小，用于大规模生产还有困难。

应用　电选具有耗电低、不污染环境的特点，主要用于有色金属和稀有金属矿物的分选。如白钨与锡石的分选，黑钨与白钨的分选，钛铁矿、金红石与独居石、锆英石、石英或云母等的分选，黄金与脉石矿物的分选，铁矿、铬矿、锰矿与脉石矿物的分选，非金属矿物中石英、长石、石墨、金刚石、磷灰石、石棉与脉石矿物的分选，钽铌铁矿与独居石、锆英石的分选以及粉煤灰的电选等。

（孙仲元　赵通林）

电选设备　electrostatic separation equipment　根据不同电学性质的矿物在电场中所受电场力及机械力的差异完成分选的**选矿设备**。矿物间电学性质的差别是实现电选分选的基础，电选机电极产生的高压静电场、电晕电场或复合电场是分选的必要条件。

电选机种类较多，常用的分类方式有：①按矿物带电方法，可将其分为传导带电分选机、摩擦电选机、介电分选机和热电黏附分选机。②按电场特征分类，可将其分为静电场分选机、电晕电场电选机和复合电场电选机。③按设备结构特征，可将其分为**筒式电选机**、室式电选机、自由落下式电选机、板式电选机、带式电选机、摇床式电选机和旋流式电选机等。④按分选或处理物料粒度粗细，可将其分为粗粒电选机、中粒电选机和细粒电选机。

随着电选设备在有色、稀有金属、非金属矿及固废资源回收中不断应用，电选设备正向大型化、高效节能、细粒分选等方向发展，主要反映在以下方面：①电选设备应用领域越来越广。电选设备从用于传统的矿种分选扩大到某些化工类矿物及其他物料的分选，如用电选机从谷物中分出啮齿类动物粪便和其他杂物；用于可可豆与壳的分选、粮食中米与壳的分选、面粉与麦皮的分选等。塑料工业中回收非铁金属及塑料也逐步采用电选方法。②电选设备大型化和分离效率的提高。设备大型化使处理量不断增大，分选效率提高。大型自由落下式电选机台时处理能力可达到30～50吨。筒式电选机通过在电极结构、自动控制以及给料、卸料等方面的优化改进，电选机的分选效率可达95%以上。③自动化控制水平越来越高。电选是一个连续、稳定的分选过程，加强电选作业的可视化检测，对电选过程的分选电压、圆筒转速、料仓加热、处理量等参数进行自动控制，实现远程与集中控制，并自动生成生产日报表。对设备故障实现远程检测与断电保护，远程察看设备工作状态。开发出先进可靠的电选机智能控制系统，可有效提升选矿厂日常生产管理水平和效益。④新型细粒电选设备不断研发，已可分选粒度小于5微米的物料。

（龚文勇　张建文）

电冶金　electrometallurgy　应用电能从矿石或其他原料中提取、回收和精炼金属的冶金过程。电冶金、**火法冶金**、**湿法冶金**是冶金生产的3种主要方法，它们各有优缺点及其适用场合。根据电能转化形式的不同，电冶金分为电化冶金和电热冶金两类。

电化冶金　直流电能通过电解池转化为化学能，把金属离子还原成金属的冶金过程。

根据所使用的电解液不同，电化冶金分为**水溶液电解**和**熔盐电解**。但按二者的目的又都可分为电解提取和电解精炼。电解提取可以产出金属；而电解精炼是以粗金属为原料，通过电解产出纯金属。用电化冶金生产和精炼的有色金属的种类很多。如重金属中的铜主要采用火法冶金产出粗铜，再用电化冶金制得纯铜；轻金属中铝、钠和镁等都是先制得金属化合物，再用电化冶金制取金属；稀有金属中的大部分稀土金属及其中间合金都是电化冶金生产的；贵金属中的金和银几乎全都要经过电化冶金才能得纯金属。

电解提取不需经过粗金属生产的中间阶段，可得到纯度较高的金属，所用溶剂还可以再生。电解精炼能一次除去粗金属中的绝大部分杂质，主金属的回收率高，而除去的杂质可作为副产品回收。

电热冶金　利用电能转变为热能而获得冶金所要求的高温，进行金属提取和处理的冶金过程。

电热冶金的主体设备是电炉。按电热转换的方式将电炉分为电弧炉、感应炉、电阻炉、电子束炉、等离子体炉等。与以燃料加热和元素氧化放热等一般火法冶金相比，电热冶金具有可获得高温（一般在2273K以上，等离子体冶金可达5273～20 273K），加热快，热效率高，可在各种气氛、各种压力或真空中作业，金属烧损较少，以及易于实现机械化、自动化操作等优点。广泛用于各种冶金过程，具有非常重要的地位。根据所采用的主体设备——电炉的不同，可分为电弧熔炼、电阻熔炼、电阻－电弧熔炼、感应熔炼、电子束熔炼、等离子冶金等。①电弧熔炼。利用电弧所产生的热熔炼金属的冶金过程。电弧可以由交流电产生，也可以由直流电产生。工业熔炼用的电弧炉（见图）有三相电弧炉、直流电弧炉和真空自耗电弧炉。电弧炉炼钢是现代主要炼钢方法之一。钛、锆、钨、钼、钽、铌等活泼及高熔点金属及其合金也采用真空自耗电弧炉熔炼。②电阻熔炼。利用电流通过电阻所产生的热熔炼金属的冶金过程。可分成直

电弧炉熔炼

接电阻加热和间接电阻加热，前者电流直接通过物料，后者常采用石墨棒作电阻进行加热。用于熔炼易熔金属锡、铅、锌、铝和镁。③电阻－电弧熔炼。又称矿热熔炼。熔炼时电极一端插入炉料，在料层内形成电弧（埋弧）发热，并利用料层自身电阻发热来进行熔炼。主要用于生产铁合金、铜锍、镍锍等。④感应熔炼。利用物料的电磁感应产生的热熔炼金属的冶金过程。按电源频率，可分为工频、中频和高频三种；按电能转换方式和炉体结构，可分为无芯感应熔炼和有芯感应熔炼两种。用于熔炼各种合金钢、铸铁及有色金属等。⑤电子束熔炼。利用高速运动的电子轰击物料，使电能转为热能进行熔炼的冶金过程。用于熔炼特殊钢、难熔和活泼金属等。⑥等离子冶金。利用工作气体被电离时产生的等离子体熔炼的冶金过程。产生等离子体的装置为等离子枪，等离子枪常用的工作气体是氩。氩是单原子的惰性气体，容易电离且可保护物料。工作温度很高，用于熔炼特殊钢、难熔和活泼金属及铁合金等。

（舒余德）

电渣重熔 electroslag remelting 利用熔渣电阻发热，将预制的金属电极熔化精炼的技术。起源于**电渣焊**。20世纪40年代末由美国R.K.霍普金斯首先提出。几乎同时，苏联的巴顿电焊研究所也独立给出了报道。其后，苏联和美国相继建成工业生产用的电渣重熔炉。60年代中期以后，电渣重熔在苏联、西欧、美国获得较快的发展。中国于1960年建成第一座电渣重熔炉，其后此技术得到广泛应用。电渣重熔技术生产的金属产品主要有优质特殊钢、高温合金、精密合金、耐蚀合金，以及铝、铜、钛、银等有色金属的合金。2009年，中国上海重型机器厂设计制造的450吨电渣重熔炉，可生产重达200～400吨的钢锭。

电渣重熔原理如图1所示。主变压器初级接自工业电力电网，次级经短网、把持器接通自耗电极。电流通过渣池、金属熔池、钢锭、底水箱、底电缆至变压器形成回路。自耗电极埋入水冷结晶器内的液态渣池，电流通过熔渣产生电阻热使熔渣保持高温并熔化自耗电极。

电渣重熔所用自耗电极一般是主成分基本合格的铸棒、轧材、锻材或连铸坯，也有采用**有衬电渣熔炼**方法制备的自耗电极。自耗电极端头埋在高温液态渣池中熔化，形成液滴；金属液滴穿过渣池、落入下面金属锭顶部的金属熔池中。在电极端头液滴形成阶段、液滴穿过渣池滴落阶段，以及金属熔池阶段，液态金属与强还原性熔渣充分接触，使脱氧、精炼、非金属夹杂物去除的冶金过程充分进行，所得金属的洁净度很高。

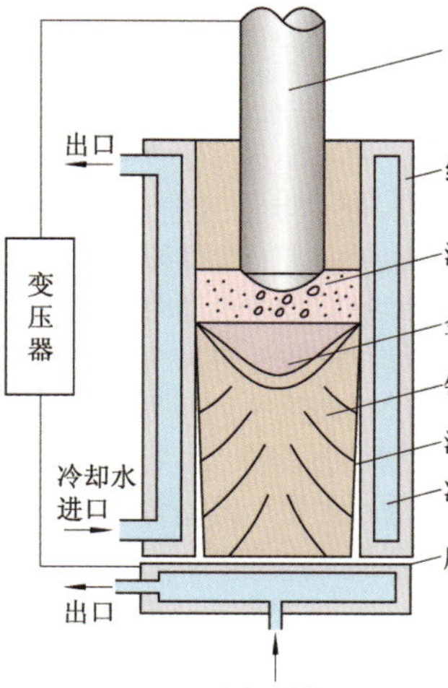

图1 电渣重熔示意图

在重熔过程中自耗电极逐渐熔化、滴落，水冷结晶器中熔渣池下面的熔融金属逐渐冷却、凝固，凝固的金属锭逐渐向上生长，金属锭内的结晶组织非常致密，结晶方向优于普通铸造产品，金属锭逐渐向上生长的过程也有助于将非金属夹杂物等有害杂质排出至顶渣中（图2）。

图2 电渣重熔炉

电渣重熔过程中液态金属始终处于熔态精炼渣池覆盖下，避免了再氧化；又因为重熔过程（熔化、精炼、凝固）始终是在铜制水冷结晶器内完成的，所以避免了耐火材料的污染。金属锭的上面始终保持有高温熔渣池和金属熔池，所有凝固过程中锭顶始终有液态金属补充和熔渣保温，这保证了金属锭凝固组织的致密、无缺陷。先上升的渣池先在结晶器壁内形成一层薄渣壳，后上升的熔融金属在这个渣壳内凝固，其表面光洁。同时渣壳还有绝缘和隔热作用，使更多的热量向下部传导，有利于形成轴向结晶组织。

*炉渣*是电渣重熔技术中的关键，要求所用炉渣应具有：①非常好的脱硫、脱氧、去除非金属夹杂物的精炼能力。②在熔融状态下有合适的电阻率。③在熔融状态下有合适的黏度和流动性。④在冷却过程中能很好地形成渣壳，保护金属锭的表面光滑。电渣重熔用炉渣是$CaF_2-Al_2O_3$渣系，为了适应不同的冶金要求，适当地加入其他成分，可构成三元、四元或五元渣。

电渣重熔的优点是：设备简单、投资少、操作维护方便，成品锭表面质量好、纯洁度高、冶金质量优异，金属成材率高。缺点是：电渣重熔过程电耗较高；通用的渣料中含有氟化钙（CaF_2），在重熔过程中产生含氟气体，危害操作人员健康、污染环境；难以得到氢含量很低的产品。

电渣重熔在实际工业应用中不断发展，出现了许多新技术，如三相交流电渣重熔、抽锭式电渣重熔、直流电渣重熔、**保护气氛电渣重熔**、复合电极电渣重熔等。对于要求特别高的产品可采用双电渣重熔、真空冶炼＋电渣重熔等工艺。

（李士琦 朱 觉）

电渣焊 electroslag welding 利用电流通过焊剂形成的液态熔渣所产生的电阻热，熔化填充金属和工件的**熔焊**方法。熔渣还对熔池起保护和净化作用。电渣焊一般是垂直向上施焊，全过程包括引弧造渣、池内焊接、衰减引出3个阶段。根据采用的电极形状和是否固定，电渣焊可分为丝极电渣焊、熔嘴电渣焊和板极电渣焊。电渣焊一般采用水平外特性的焊接电源，负载持续率100%，输出电压30～50伏可调，额定输出电流在1000安以上。

电渣焊的主要优点有：生产效率高，焊接材料消耗少，焊缝缺陷少，适合焊接碳钢、低合金钢等厚度在20毫米以上的大截面工件，主要用于焊接大型铸焊结构、锻焊结构或厚板拼焊，以及厚壁压力容器、堆焊轧辊和高炉料钟等大型工件。主要缺点有：输入热量大，接头在高温下停留时间长，焊缝金属呈粗大结晶的铸态组织，冲击韧性较低；焊件在焊后一般要进行正火和回火处理。

（栗 滋 撰 都 东 修订）

电子束焊 electron beam welding 利用汇聚的高速电子束轰击工件所产生的热量进行焊接的方法。是一种高能量密度的熔焊方法。在高压静电场作用下，电子枪内的灯丝（阴极）发射电子，电子流汇聚后穿过阳极孔，被磁透镜聚焦成直径很小的电子束，偏转线圈使电子束的方向对准待焊位置，形成的高速（0.3～0.7倍光速）、高功率密度（10^{10}～10^{13}瓦/米^2）的电子束轰击工件以实现焊接。

电子束焊原理如图所示。其过程为：高速电子束撞击到工件表面，电子的动能转变为热能，使金属迅速熔化和蒸发；在高压金属蒸气的作用下，熔化的金属被排开，在熔池内形成小孔，小孔周围被液态金属包围；随着电子束与工件的相对移动，液态金属沿小孔周围流向熔池后部，逐渐冷却凝固形成焊缝。在电子束焊接中，可以通过电场或磁场对电子束的方向进行快速而精确控制。电子束焊接接头质量与电子束电流、加速电压、焊接速度、电子

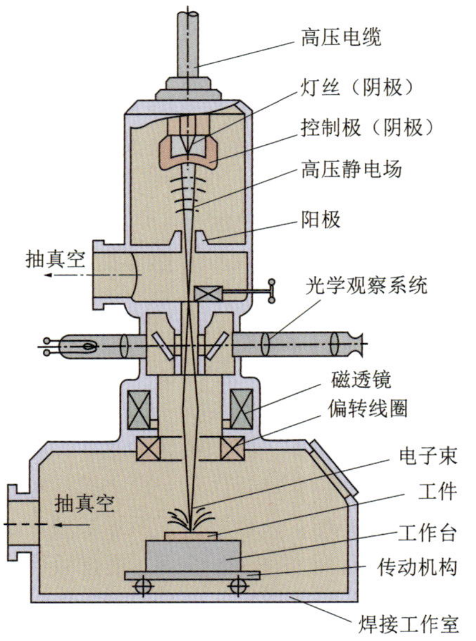

电子束焊原理图

束斑点质量、工作距离及被焊材料的性能等因素相关。一般焊接深度与加速电压、束流强度成正比，与束斑直径、工作距离及焊接速度成反比。

常用的电子束焊接头形式有对接、搭接、端接、角接和T形接。电子束斑点直径小，能量集中，焊接时一般不加焊丝。常用的金属、合金、金属间化合物等都可以采用电子束焊。

根据被焊工件所处的环境的真空度可将电子束焊分为3种：高真空（10^{-4}～10^{-1}帕）电子束焊接，适用于活性金属；低真空（10^{-1}～10帕）电子束焊接，适用于一般金属件焊接；非真空电子束焊接，仅电子枪内保持真空，电子束通过光阑、气阻和若干级真空室到达处于大气压力下的工件表面，其穿透能力减小，工件保护也较差。

真空电子束焊接设备通常由电子枪、高压电源、真空室（工作室）、运动系统、真空系统及电气控制系统等部分组成。根据电子束加速电压的高低，可以分为高压（大于120千伏）电子束、中压（60～100千伏）电子束和低压（小于40千伏）电子束三类。

电子束焊接的优点有：电子束穿透能力强，焊缝深宽比大，可达50∶1，可以不开坡口实现单道大厚度焊接；焊接速度快，热影响区和焊接变形均很小；真空环境可以防止熔化金属受有害气体污染，且有利于焊缝金属的除气和净化，特别适于活泼金属的焊接及真空密封元件的焊接。电子束焊接的缺点是：设备复杂、价格昂贵，焊前对于接头加工和装配的精度要求高，高蒸气压元素在高温下会蒸发损耗，工件尺寸受真空室体积的限制等。

电子束焊在航空、航天、核能、兵器、能源、汽车制造、纺织、机械等许多领域有广泛应用。 （常保华）

电子显微学 electron microscopy 用电子显微镜研究物质结构的一门科学技术。如显微组织、成分和**晶体结构**等。电子显微镜能够将电子束斑照射到样品上，并将其结构细节放大。根据采用电子束斑的特征及成像特点，广泛使用的电子显微镜有透射电子显微镜、扫描电子显微镜和扫描透射电子显微镜。

透射电子显微镜 金属与合金的高分辨电子显微像对于揭示原子尺度的精细结构是非常有意义的，如晶界与相畴界面上的原子排列（见**晶体材料界面**），**非晶态金属**中的原子团或微小晶核，**合金相**中空位的有序分布，拓扑密堆结构中密排层的堆垛与层错，长周期有序结构中不同元素的原子有序化（见**有序无序转变**）等。透射电子显微镜的分辨率随加速电压增高而提高，高压高分辨电子显微镜使用的电压是500～1000千伏，分辨极限可达0.16～0.20纳米。电压增高使穿透率增大，从而能使用厚度为1～2微米的样品。其优点是可以较接近大块金属的情况，样品也较容易制备；可以研究高能电子对金属的辐照效应，以及在环境样品室中研究在一些气氛或介质中金属的组织结构变化；使用高压电子显微镜还可以较方便地进行金属的**范性形变**、**疲劳**、**蠕变**等过程中组织结构变化的动态观察。

构造原理 透射电子显微镜的构造原理与光学显微镜相似，主要由照明系统和成像系统构成（图1）。照明系统包括电子枪和聚光镜。电子枪发射出电子流，经聚光镜形成平行束斑，照射到样品上。成像系统主要包括物镜和投影镜，后者相当于光学显微镜中的目镜。电子束斑与样品相互作用后获得携带样品结构信息的电子

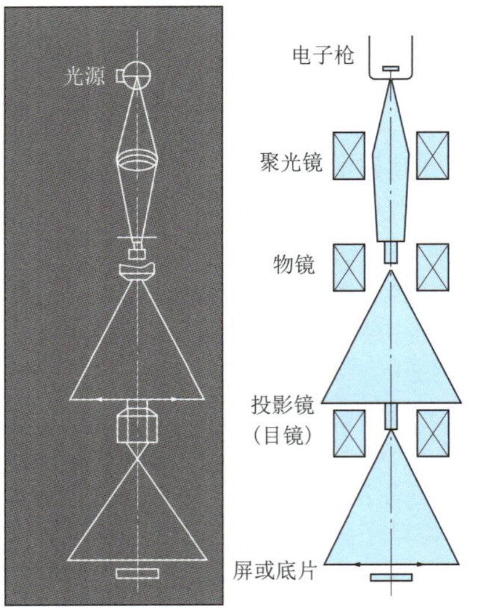

a 光学显微镜 b 电子显微镜

图1 光学显微镜与电子显微镜的对比

波，经过物镜的聚焦成像作用在其像面上产生一次放大像，再经过投影镜在荧光屏上产生二次放大像，可供直接观察或拍摄相片。电子显微镜中所有透镜都是磁透镜，利用电磁场使电子束聚焦。

分辨极限 光学显微镜的分辨极限受所用光波波长的限制，大约相当于波长的一半。可见光的波长为0.4～0.7微米，因此不能观察小于0.2微米的细节，放大倍数不过一两千倍。电子具有波粒二象性，电子束斑的加速电压越高，电子波长越短。常用的一些加速电压与电子波的波长见表。

透射电子显微镜常用加速电压与电子波波长

加速电压/kV	100	200	500	1000
波长/10^{-3}nm	3.70	2.51	1.42	0.87

显然，根据电子波长得出的理论分辨极限远小于0.01纳米，但是由于磁透镜的不完美性、电压与电流的波动、仪器的震动、样品的漂移等，透射电子显微镜的实际分辨本领远逊于此值。1939年第一台商品电子显微镜问世（1932年在实验室中就已研制成功），使用单聚光镜和两个成像透镜，分辨本领优于10纳米。到21世纪电子显微镜普遍采用多级聚光镜和多级成像透镜（在物镜与投影镜之间安装1～2个中间镜），可放大100万倍，分辨本领为0.2～0.3纳米。球差矫正器的发明和应用将极限分辨率减小到0.1纳米以下，可直接观察原子像。由此可见，放大倍数高、分辨极限可以小到原子尺度是透射电子显微镜最显著的特点。

电子衍射图像 是电子波被晶体中的原子散射后发生干涉而形成图像。根据阿贝的光学显微镜衍射成像原理，当一平行

光束照射到一光栅上，除了透射束（0级衍射束）外，还会产生各级衍射束；经过透镜的聚焦作用，在其后焦面上产生衍射振幅的极大值，即图2中的……-1，0，1，……等各级衍射斑。每一个衍射振幅极大值都是一个次级振动中心，由这里发出的次级波在像平面上干涉成像。这个原理完全适用于透射电子显微镜中物镜的成像作用，晶体对于电子束就是一个三维光栅。通过分析透射电子显微镜给出的电子衍射图，可以研究晶体结构和**晶体缺陷**。

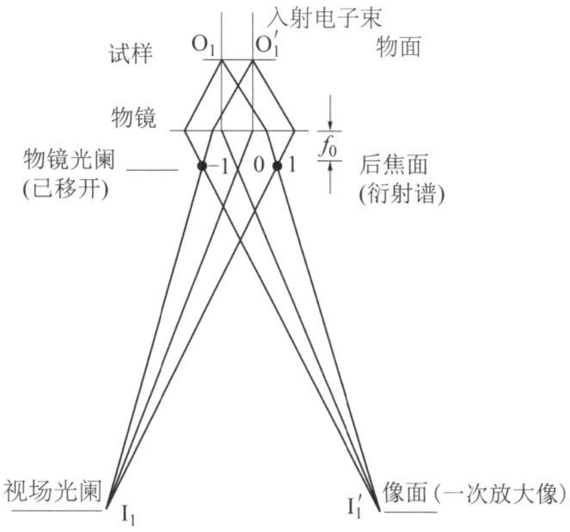

衍射束在物镜的后焦面会聚成衍射谱，以此为光源，在像面上相干成像。用视场光阑选定像I_1I_1'，以此限定物面上的选区O_1O_1'

图2　阿贝衍射成像原理

在电子显微镜中，物镜产生的一次放大像还要经过中间镜和投影镜的放大作用而得到最终的放大像。中间镜的物面与物镜的像面相重，投影镜的物面与中间镜的像面相重。中间镜把物镜给出的放大像投射到中间镜的像面（投影镜的物面）上，再由投影镜把它投射到荧光屏上。根据阿贝的衍射成像理论，在物镜的后焦面上有衍射谱，这就可以通过减弱中间镜电流使其物面与物镜的后焦面相重而得到一次放大的衍射图，再经过投影镜的放大作用，最后得到二次放大的电子衍射图。

图3a是一个$NiCl_2 \cdot 2H_2O$单晶的电子显微像，图3d是中间镜的物面与物镜的后焦面相重而得到的电子衍射图。图3b属于中间镜物面与物镜后焦面相距较远的情况，可以看作不聚焦的多重像，但已显示衍射图的六次对称特征。实际上每个小像就是一个衍射斑点变成的暗场像，中心的透射斑点变成明场像。图3c属于中间镜物面与物镜后焦面相距不远的情况，可以看作不聚焦的衍射图，每个强衍射斑已有和图3a所示的晶体外形相似的雏形。图3b及图3c既有像的特征，又有衍射图的特征。图3中一系列从成像变换到衍射图的照片，清楚地说明了阿贝的衍射成像理论，并为透射电子显微镜进行各种电子衍射和成像实验开辟了途径。

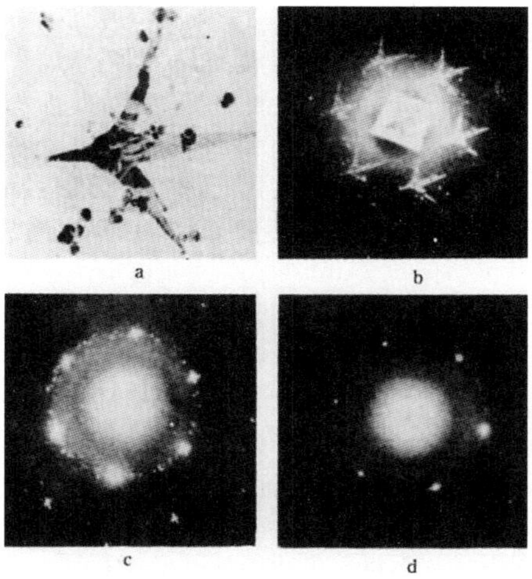

图3　$NiCl_2 \cdot 2H_2O$单晶的电子显微像

为了研究样品上一个较小区域的晶体结构，可在物镜的像面处放置一个视场光阑（图2），大于此的成像电子束就会被视场光阑挡住，不能进入中间镜，相当于在样品上选择了范围为O_1O_1'的视场。通过选择一次放大像的范围可以限制成像或产生衍射的样品范围，如1微米或更小一些，称为选区衍射或小区衍射。

选择衍射成像　晶体在透射电子显微镜中的成像与衍射密切相关，像的衬度也是由衍射的振幅大小决定的，称衍衬。为得到清晰的衬度，可调整晶体样品的取向，使得除透射电子束外，只出现一个很强的衍射束，一般称为双光束情况。可用物镜光阑挡住衍射束，只让透射束成明场像（图4a）；也可用物镜光阑挡住透射束，让一个衍射束成暗场像（图4b）。从图3b可以看出，与明场像正好相反，衍射束成的暗场像的背景是暗的，像是亮的。在图4b中，由于衍射束偏离光轴，暗场像朝一个方向拉长，分辨率不高。图4c是用偏转线圈使入射电子束倾斜一个角度照射到样品上，从而使衍射束与光轴相重，这样得到的暗场像分辨率高。上述成像方法都称为选择衍射成像。

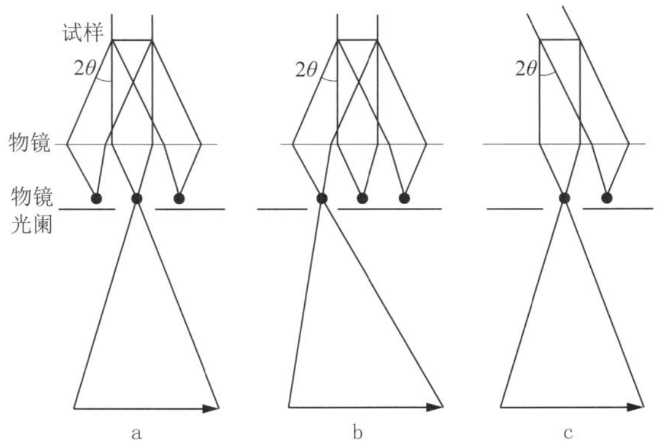

图4　选择衍射成像示意图

薄膜透射　为了直接观察金属薄膜样品，首先要将大块金属轧制或切割成薄片，再经研磨达到几微米或几十微米厚度，然后经化学蚀刻、电解抛光或离子剥离方法减薄到几千埃（Å）的厚度。这种直接观察的优点是可以得到有关金属样品的大量晶体学资料，如晶体取向，第二相的类型，基体中的空位团、**位错**、层错等晶体缺陷。图5是一种镍基高温合

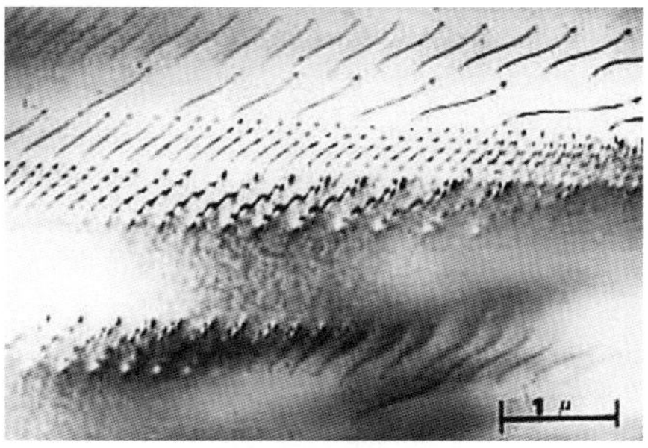

图5　镍基高温合金中位错线的电子显微像

金中的位错线的电子显微像，显然这些位错线排列在平行的{111}滑移面上。利用透射电子显微镜，不但可以观察在形变过程中位错的运动、交互作用和组态，还可以确定位错的柏氏矢量，这对于研究晶体的微观范性形变有重要意义。利用透射电子显微镜还可以观察合金中第二相析出的过程，特别是它们与位错的交互作用，有时第二相在位错线上成核长大；有时第二相的析出产生的畸变会使其周围基体中出现很多位错。位错是一种原子尺度的缺陷，这里观察到的位错线并不是位错线本身，而是其畸变区的衍衬像。尽管如此，这种观察也是很有意义的。

如果金属薄膜的厚度可以减薄到10纳米甚至更薄，而透射电子显微镜的分辨率足够高，就可以直接观察到金属的点阵像甚至单个原子。图6是金膜的（200）点阵平面像，这些条纹间的距离是0.204纳米，相当于金的（200）点阵平面间距。这是选择一列衍射所成的二维点阵像，如果选择更多的衍射成像，甚至还可以观察到单个原子，图7是金原子在（111）点阵平面上的分布。这种非常薄的金属膜，对电子的散射只影响电子波的位相而不影响其振幅，样品称为薄位相体，像的衬度称为位相衬度。这与选择衍射成像

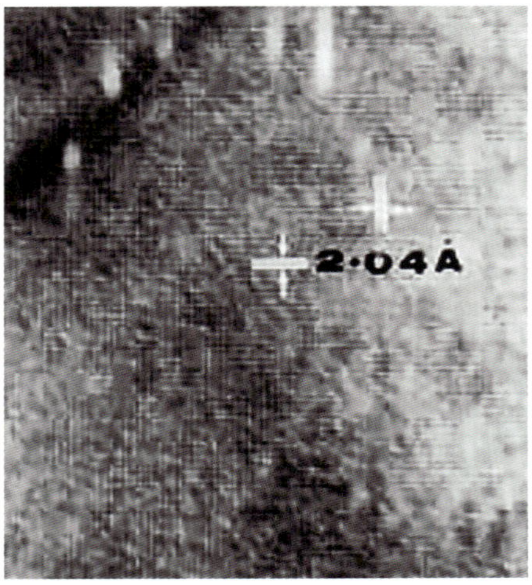

图6 金膜的（200）点阵平面像

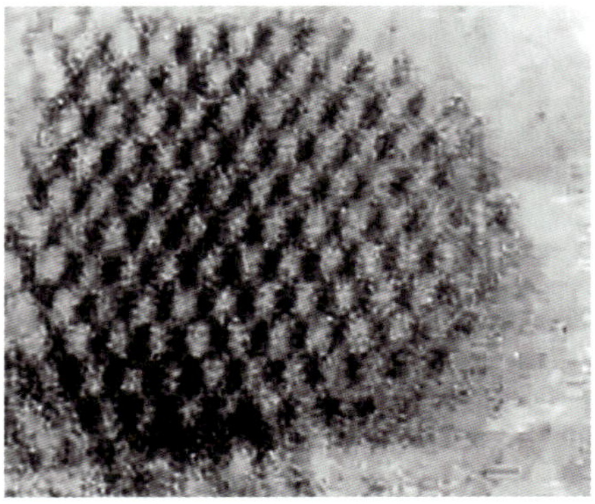

图7 金原子在（111）点阵平面上的分布

中的衍衬是不一样的。

扫描电子显微镜 结构特点是聚焦电子束在样品表面做面扫描，利用由此所产生的二次电子或其他信号调制一个做同步扫描的显像管的发射电流，就会在屏上显示出样品表面上扫描区域的像。像的放大倍数决定于聚焦电子束扫描的线性长度，如为0.1毫米，显像管上像的线性长度为100毫米，则像的放大倍数为1000。因由样品表面发出的二次电子等信号不再经过任何透镜而直接用来成像，所以像的分辨率决定于照射到样品上的聚焦电子束的焦斑大小。电子光学和磁透镜的发展使得缩小电子束焦斑到几十埃甚至几埃都是可能的，但由于电子束的束流和样品发出的信号都随电子束直径的变小而显著减弱（接近于3次方的正比关系），因此提高电子枪的亮度和改进信号接收系统便成为发展和改进扫描电子显微镜的关键。

使用发叉式钨丝做热阴极的扫描电子显微镜的分辨率已优于10纳米。用LaB_6热阴极的电子枪，亮度要比用钨丝热阴极亮一二个量级，且所需要的10^{-4}～10^{-5}帕的真空是不难得到的，已广泛在商品扫描电子显微镜中采用，可将分辨率提高到4～6纳米。场发射电子枪的发射源为点状钨丝阴极，其尖端的曲率半径大约是25纳米。在靠近钨丝尖端处的阳极加5千瓦正电压，使阴极尖端处电场高达10^8～10^9伏/毫米，可借此把电子拉出来（场发射）。场发射电子枪的亮度很高，比用LaB_6的电子枪还要高几十倍。使用场发射电子枪的扫描电子显微镜，分辨率可达3纳米，但需要10^{-7}～10^{-8}帕高真空，并且在使用几小时后就需要真空处理，不方便使用。扫描电子显微镜中最常用的成像信息是二次电子。二次电子是由能量较高的电子与样品中原子产生交互作用而使样品中原子的外层电子逸出，能量大都在50电子伏以下。在二次电子探头前加几百伏的正电压，就可以将样品表面发出的二次电子捕集起来，并与能量较高的背散射电子分离。由于二次电子能量低，仅在样品表面5～10纳米层内产生的二次电子才有可能从表面逸出，因此对样品表面状态非常敏感，显示表面的微观结构非常有效。另外，在这样浅的表面层内，入射电子还没有经过多次散射，产生二次电子的区域与入射电子束的照射面积无多大区别，因此用二次电子成像可以得到较高的分辨率。扫描电子显微镜的焦深长，分辨率高，放大倍数可由20倍直接连续变化到10万倍，在特制的样品台上可以直接观察大到100毫米×100毫米的凹凸不平的样品，并且可以利用多种信息成像，如二次电子、背散射电子、吸收电子、阴极发光、电子束电导、特征X射线等。图8是一种钢的沿晶界断裂的断口像，尽管断口表面不平，奥氏体晶粒还是很清晰。

图8 钢的沿晶界断裂的断口像

电子束照射到样品上，除了产生二次电子外，还会激发出组成元素的特征X射线。对于不同元素，它们的特征X射线的波长和能量并不相同，而且有确定的数值。可利用分析晶体将不同波长的X射线分开，也可以用硅渗锂的探测器与多道分析器把能量不同的X射线光子分别记录下来，给出X射线能谱曲线。图9中，纵坐标是X射线光子数，横坐标分别是能量级别和波长。为了与波长色散谱仪对比，这种按X射线光子的能量展谱的装置称

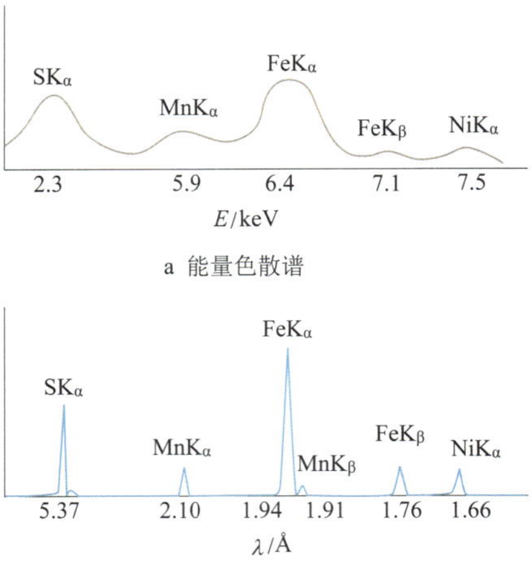

a 能量色散谱

b 波长色散谱

图9 因瓦合金夹杂物的色谱图比较

为能量色散谱仪（能谱仪）。显然，波谱的谱线要比能谱敏锐得多，相邻的谱线可以清晰地分开，这对于定性和定量分析都大有益处。但是为了展谱，谱仪的聚焦圆一般是150～250毫米，照射到分析晶体上的X射线的立体角非常小，利用率很低，不宜在束流低（小于10^{-9}安）的情况下使用。能谱谱线的峰背比低，但是计数率高，在束流低到10^{-11}安时仍能有足够的计数，因此允许使用微细的电子束（如10纳米或更小一些）分析很微小的区域。另外它还有X射线不需聚焦，对样品表面不平不敏感，以及分析速度快（约1分钟）的优点。由于波谱分析和能谱分析相辅相成，因此扫描电子显微镜常同时装备这两种分析仪器。如果成分分析的灵敏度与准确度要求不是很高，绝大多数商业扫描电子显微镜仅配有能谱仪。

扫描透射电子显微镜 在透射电子显微镜中，通过调整会聚镜设置，用电子束代替平行入射光束，形成会聚成点的电子束斑，从而在薄膜样品上面扫描进行成像和分析；在扫描电子显微镜中，为采集从样品表面发出的信号需要安装各种信号的探测器，这样不得不将样品到物镜的距离加大到约10毫米，这使其分辨率停留在几十埃到一百埃的水平上。如果使用薄膜样品，则可以采集透过样品的信号进行成像分析，可将样品移至距物镜较近的位置，显著提高其分辨率。特别是引入球差校正器后，扫描透射电子显微镜的分辨率也已达到小于0.1纳米，在晶体缺陷的衍衬像、晶体的点阵像及单个原子成像诸方面都已达到较高水平。

扫描透射电子显微镜比较突出的进展，是在透射电子显微镜中添加环行暗场电子及X射线探测器，成为微区成分和微区晶体结构分析的有力工具。将电子束

聚焦到样品上，不但能观察0.1纳米的组织形貌细节，还可以从X射线能谱分析及电子能量损失谱中得出微小区域的化学成分，从微区电子衍射得到其晶体结构资料，这是近几年来电子显微学中发展较快的领域，称为分析电子显微学。

扩展阅读

郭可信. 电子光学微观分析仪器概述. 北京：科学出版社，1978.

（郭可信）

电阻焊 resistance welding　通过电极对焊件施加压力，同时利用电流通过接触点产生的电阻热进行焊接的方法。又称接触焊。焊接时，将被焊工件压紧于两个电极之间，通以一定时间的电流，利用电流经过工件接触面及临近区域产生的电阻热，将其局部加热到塑性状态或熔化状态，在加压的状态下形成材料的结合（图1）。其物理本质是利用电流产生的电阻热和在压力作用下的塑性变形，经过一定的时间，使焊接区两个分离表面的金属原子接近晶格距离，形成金属键，在结合面上产生足够量的共同晶粒而形成焊接接头。

图1　电阻焊（点焊）

电阻焊按焊接方法可分为点焊、凸焊、缝焊和对焊4种（图2）：①点焊。将工件搭接在上、下两个电极之间并压紧，通电后工件局部熔化，冷却后凝固形成焊点。②缝焊。采用旋转的圆盘形电极，它能加压、通电并带动工件前进，形成一连串的焊点。③凸焊。是将被焊工件之一在焊前冲出或压出凸点或凸环，用平板电极焊接。④对焊。是把整个工件接触面对接焊合，包括闪光对焊和电阻对焊。按照电阻焊使用电源不同，可分为交流电阻焊、直流电阻焊和脉冲电阻焊。

电阻焊所用设备叫电阻焊机。相应的有点焊机、凸焊机、缝焊机和对焊机等。各类电阻焊机除机架外，主要由电源、电极及其加压机构、控制系统组成。电阻焊机所用电源有交流、直流和脉冲电流3类。交流频率分为低频（3～10赫）、工频（50/60赫）、中频（150～8000赫）、高频（10～500千赫）4种。脉冲电流按产生方

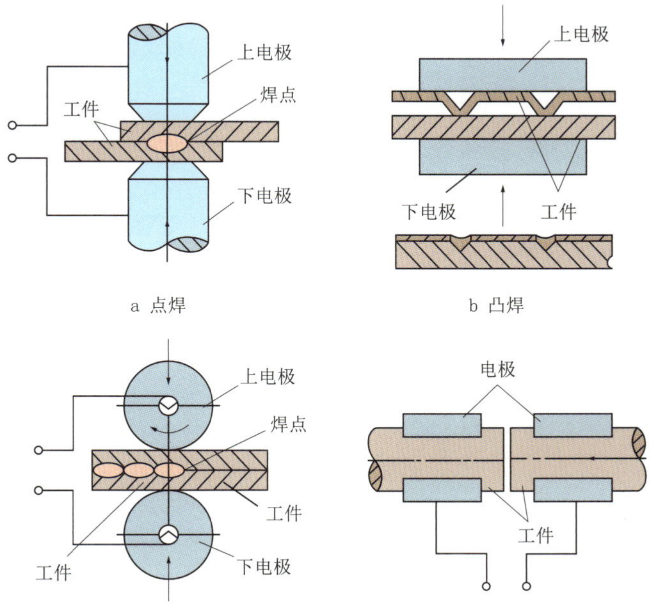

a 点焊　b 凸焊　c 缝焊　d 对焊

图2　电阻焊焊接方法示意图

式不同，有电容储能和直流冲击波两种。各种电源都由380伏低压配电网供电，二次空载电压一般不超过20伏。这类电源的负载是低值电阻，电流大（100～100 000安）而持续时间短。电极一般用高强度铜合金制成，内部（或外部）通水冷却。加压方式可用手动、气压、液压或者伺服电机。控制系统复杂程度依焊接质量要求而定。采用电子或微机控制时，能自动精确控制整个焊接过程。

电阻焊的优点是形成了塑性连接或者熔核被塑性环包围的连接，冶金过程简单，加热时间短、热量集中、热影响区小、应力和变形小，焊接质量较高；不需要填充材料及保护气体，污染小；生产效率高，操作简单、易于实现自动化。电阻焊的缺点是无损检测困难，设备复杂、功率大、一次性投资高。

（赵海燕）

叠铸 stack casting　中国古代发明的一种大批量生产小型铸件的金属铸造技术。又称层叠铸造。在陶范铸造技术的基础上发展而来。是将多层铸型叠合起来，组装成套，从共用的浇口杯和直浇道中灌注金属，一次得到多个铸件。

叠铸技术的起源，有的学者认为战国时期的“齐去化”刀币，是最早用叠铸法铸造而成的器物；有的学者认为，起源于西汉的半两钱是最早用叠铸法铸造的器物。从出土材料来看，早期的叠铸工艺较原始，如河南南阳汉代遗址出土的大泉五十和契刀五百合范，是中心设浇口的叠铸式陶范。它仅简单地分面范、背范，不对称，也没有榫卯结构。叠铸工艺在王莽时期已经成熟并得到广泛使用。考古出土有大量的王莽时期叠铸法铸钱用的铜范母和子泥范，其特点是一块范母的上模与背模及榫卯均是对称排列。这种使用一件范盒制作所有叠铸范片的造型方法，工艺思想巧妙。东汉时期的叠铸工艺已有较高的技术水平，不仅分工细，设有制模、制范、烘范、熔铁、浇铸等作业，而且烘烤、铸模、铸范的制造精密，所用工艺参数与现存叠铸工艺参数相当接近（图1）。在汉代，叠铸法不仅用于铸币，还用来铸造车马器和装饰品。陕西西安、河南温县、山东临淄等地曾多次出土叠铸范片，其中以温县烘范窑的范数量最多、保存最好（图2，图3）。三国到南北朝时期，叠铸技术仍用于铸造钱币和其他小型铸件，并发展

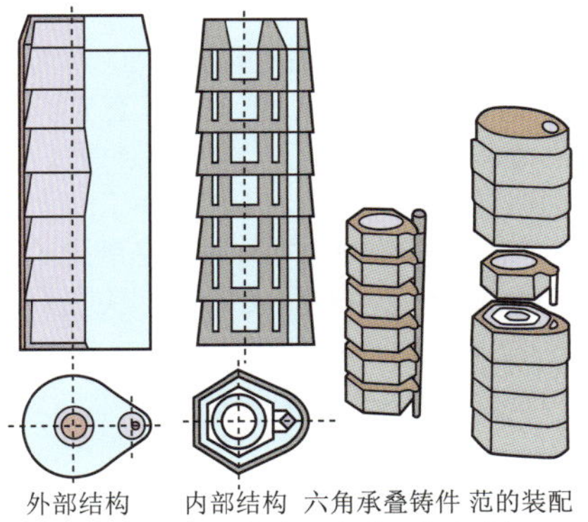

图1　东汉叠铸工艺（六角承范）

图2　叠铸范

图3 温县烘范窑出土的叠铸范

了双面型腔叠铸工艺。唐宋以后叠铸技术仍广泛使用，但已不用于铸造钱币。

叠铸技术至今仍在沿用，广东佛山、江苏无锡、辽宁抚顺和沈阳等地均有采用此技术铸造小型铸件的工厂。

（汤文兴 李秀辉）

顶底复合吹炼转炉炼钢 top and bottom combined blown steelmaking process 由转炉炉口插入顶吹氧枪吹氧，同时由炉底吹入某种气体的转炉炼钢技术。又称复吹转炉炼钢法。是在氧气顶吹转炉炼钢和氧气底吹转炉炼钢的基础上发展起来的。是世界上最主要的炼钢方法，所生产的钢约占总产钢量的60%。底吹所用气体有氩、氮、氧、二氧化碳、一氧化碳及天然气等，或将不同气体结合使用。

简史 顶底复合吹炼转炉炼钢技术于1973年开始试验研究。1978年，法国钢铁研究院（IRSID）和卢森堡阿尔贝德公司（ARBED）在氧气顶吹炼钢转炉上进行顶底复合吹炼炼钢（LBE法）试验并获得成功。日本川崎制钢在Q－BOP底吹氧气转炉炼钢法的基础上，也开发了多种复合吹炼法。之后，日本各大钢厂相继开发成功顶底复合吹炼转炉炼钢技术（如日本住友金属工业公司鹿岛厂250吨转炉），并用于工业生产。

中国于20世纪80年代初开始对顶底复合吹炼转炉炼钢技术进行水力模拟实验、热态实验、工艺试验研究，以及底吹供气元件的研究和开发。首都钢铁公司及新抚钢公司于1982年最先建成6吨顶底复吹转炉，并进行炼钢实验，1983年开始在大中型转炉上进行工业试验及生产。从1984年开始，顶底复吹转炉炼钢技术在中国迅速推广。21世纪10年代，中国80吨以上容量的转炉均已采用顶底复合吹炼工艺。

特点 顶底复合吹炼转炉炼钢是将氧气顶吹转炉炼钢和氧气底吹转炉炼钢的特点相结合，发挥各自优点。利用底吹气流可以克服顶吹氧流对熔池搅拌不均匀、后期搅拌能力不足的缺点，在顶吹氧的同时底部也吹入搅拌气体，使熔池内各反应接近平衡，减少过氧化、降低铁烧损；保留了顶吹氧强度大，控制造渣过程灵活，氧气喷嘴寿命长、便于更换等优点。因此冶炼过程高效、顺畅，技术指标好。

复吹模式 顶底复合吹炼转炉炼钢技术主要有3种复吹模式：①顶吹氧、底吹惰性气体模式。这类技术实质上是改进的氧气顶吹转炉炼钢方法，其底吹供气元件寿命长，操作工艺比较简单，适应钢种范围广，因此被广泛采用。②顶底复合吹氧模式。顶吹氧占90%～95%，底吹氧占5%～10%，是强化吹氧型的复吹方法，多应用于冶炼不锈钢或超低碳钢种。③顶底均吹氧，且炉帽设置氧气喷嘴，向熔池喷粉末状的熔剂和燃料（煤）的复吹模式。这种模式实质上将氧气转炉改造成灵活多功能的反应器，甚至可以用100%废钢为原料炼钢。

熔池搅拌 在复吹转炉中，搅拌熔池的动力来源有顶吹氧、底吹气体和碳氧反应沸腾。除碳氧反应的搅拌力决定于脱碳速率外，顶吹氧和底吹气体的搅拌力都能根据要求灵活调节。顶底复合吹炼时熔池所承受的搅拌能有顶吹超音速氧气流股的动能、底吹气体的搅拌能和脱碳气体产物的搅拌能3个来源。顶吹超音速氧气流股的动能取决于氧枪高度或氧压，主要是供氧流量以及喷嘴出口处氧气流股的马赫数、喷孔口径、喷孔斜度、喷嘴数目；底吹气体的搅拌能取决于气体流量。底吹对改变熔池搅拌比顶吹敏感得多，底吹气体流量在总供气量的20%以下时，改变顶枪高度可以调节对熔池的搅拌能力。但当底吹气体流量超过总供气量的20%，顶吹氧枪高度的变化对熔池搅拌力已没有明显影响。底吹气体流量可以在较宽的范围调节，所以对熔池搅拌的强弱也可以在较宽的范围变化。在冶炼过程中，兑铁水和出钢期间只供极小的底吹气体流量以保证喷出口不被堵塞，强度低于每吨钢每分钟0.15立方米（标准状态）。在大部分吹炼期，因为脱碳反应强烈，底吹供气强度可以很小，每吨钢每分钟仅需供气0.04～0.06立方米。当吹炼接近终点时，底吹气体要改用氩气，用以清洗熔池、脱氧、去除夹杂物，氩气底吹强度应达到约每吨钢每分钟0.1立方米。

顶底复合吹炼转炉炼钢，允许根据冶炼的需要灵活调节顶吹和底吹的供气强度及其比例、改变底吹气体种类。例如，冶炼前期脱磷，要求较低的熔池温度和适当的搅拌；脱碳反应要求较高的温度、较高的供氧强度和较高的搅拌强度；冶炼后期深度脱碳，要求较高的温度、较强的底吹搅拌；冶炼中前期可以用氮气底吹，以节约炼钢成本；冶炼后期需用氩气底吹，以深度脱碳、脱氧、脱氮；对于冶炼超低碳钢甚至要底吹氧。因此，顶底复合吹炼转炉炼钢已具备了某些精炼功能。

（包燕平）

定向凝固 directional solidification 在凝固过程中通过建立单向的温度梯度，使金属熔体沿与热流相反方向发生凝固结晶的技术。凝固原理是：单向温度梯度建立的单向热流，可保持柱状晶垂直于固－液界面持续稳定地生长，同时凝固的固－液界面前沿不能出现新的稳定凝固结晶核，以免其阻断柱状晶定向生长。实现定向凝固的工艺，主要有：①布里奇曼法。又称布里奇曼－斯托克巴杰法、坩埚下降法。主要是坩埚垂直放在炉内，凝固由坩埚一端开始，发生熔体自下而上的凝固过程。也可以发生自上而下的凝固。②提拉法。是半导体工业中生产单晶硅（Si）的主要工艺方法。通过将籽晶浸入熔体，然后向上提拉并旋转籽晶来生长晶体。由于生长的晶体不受坩埚的约束，因此可防止熔体与坩埚发生物理化学反应，获得高质量的单晶体。③区熔法。将材料熔化凝固控制在很窄的范围内进行，通过移动熔区使得整个材料发生凝固结晶。由于经过多次区熔的材料成分纯净，因此能起到提纯的作用。同时也可以借助于液态金属的表面张力来支撑凝固生长的熔区，实现垂直定向凝固。由于没有坩埚，适用于可凝固生长熔点很高的材料或者与坩埚存在化学反应的一类材料。④电渣重熔定向凝固。在高温渣池内实现金属自耗电极熔化，同时在水冷结晶器内发生定向结晶并最终获得所需组织和性能的凝固制品的工艺。其特点是凝固组织洁净均匀致密，同时电渣精炼作用使得夹杂物分布弥散。该技术在难变形高温合金凝固组织控制方面有较好的应用。

定向凝固技术有着广泛应用，可用来生产磁性材料、航空和地面燃气涡轮叶片、自生复合材料以及各种功能晶体。在研究领域，定向凝固是研究金属凝固和晶体生长的基本手段。

扩展阅读

傅恒志，郭景杰，刘林，等. 先进材料定向凝固. 北京：科学出版社，2008.

（李双明）

动态变规格 flying gauge change 在不停轧机的情况下，通过对辊缝、轧制速度、张力等参数的动态调整，把相邻两卷带钢从一种产品规格（钢种、厚度、宽度等）变换成另一种产品规格的轧制技术。简称FGC。动态变规格是**板带材冷轧**中全连续轧机能否实现全连续轧制的关键技术，于1971年在日本福山钢管公司第二冷连轧厂1420毫米全连续冷轧机首次得到应用。随着**薄板坯连铸连轧**技术的发展，动态变规格技术也逐渐用于热轧带钢生产。

动态变规格可将不同规格的原料带钢轧成不同规格的成品带钢，也可将不同规格的原料带钢轧成同一规格的成品带钢，还可将同规格带钢分卷轧成不同规格的成品带钢。在动态变规格轧制过程中，辊缝和辊速需要进行多次和大幅度调整，因此动态变规格必须按照一定的规律进行。以全连续式冷轧为例。动态变规格时，全连续轧机内将存在两种规格带钢及两者间的楔形区或者是同一种规格的带钢，但两者之间存在焊缝，楔形区沿轧制方向前移，而各机架也随着变规格点（楔形过渡区的起始点）的到达进行辊缝和速度的调节，并改变张力设定值。

为了保持前面带钢和变规格后的带钢按设定值稳定轧制，控制时利用各机架间秒流量恒定的原理，当变规格点到达某一机架，并对该机架的辊缝及速度调整时，需同时对其上游或下游各机架进行级联调整。动态变规格控制方式按照变规格点沿连轧生产线各机架辊缝和辊速调整顺序，一般可分为顺流调节和逆流调节两种方式。顺流调节指顺着轧制线方向改变各机架辊缝和辊速等参数，同时还要顺轧制方向调节下游各机架辊缝和辊速，以使这些机架保持前一卷带钢轧制规程所设定的厚度、张力等参数稳定。逆流调节指当变规格点到达某一机架时，调节该机架辊缝和辊速以保证下游机架前一卷轧制规程的稳定，同时要逆着轧制线方向调整上游机架的辊缝和辊速，使其变换到新一卷的轧制规程。逆流调节可以保证下游机架按照原来的规程正常轧制，降低了对传动系统快速响应性的要求，在连轧生产线上得到了广泛应用。 （张殿华）

动态再结晶 dynamic recrystallization 金属在热加工过程中发生的再结晶现象。由于热加工是在高于再结晶温度以上发生的塑性变形过程，故因塑性变形引起的硬化过程和回复再结晶引起的软化过程几乎同时存在。在热加工过程中，金属内部同时进行着加工硬化与回复再结晶软化两个相反的过程，塑性变形所产生的加工硬化将很快被再结晶产生的软化所抵消。

金属发生动态再结晶时的应力－应变曲线（见图），反映了其变化特征。在高

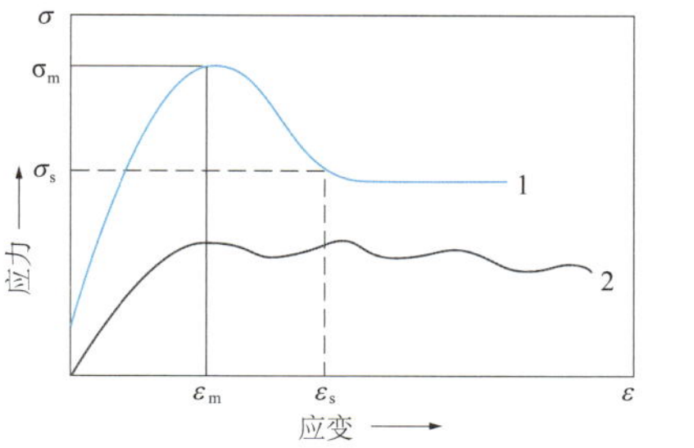

金属中发生动态再结晶时的应力－应变曲线

应变速率情况下，应力（σ）随应变（ε）不断上升，应力达到峰值（σ_m）后又随应变下降，最后达到稳定态曲线1（σ_s）。由此可见，在达到峰值以前，加工硬化占主导地位，金属中只发生部分动态再结晶，硬化作用大于软化作用。当应力达到极大值后，随着动态再结晶的加快，软化作用开始大于硬化作用，曲线下降；当由变形造成的硬化与再结晶造成的软化达到动态平衡时，曲线进入稳定状态。在低应变速率下，由于反复出现动态再结晶—变形—动态再结晶，交替进行软化—硬化—软化，因而其稳定态阶段的曲线呈现波浪形变化（曲线2）。

通常的厚板热轧（变形速度大，但道次压下量较小）时较难发生动态再结晶；而变形速度较小的大型水压机上的锻造、变形程度大的热挤压，以及行星轧机轧制板材等，只要达到一定的温度，动态再结晶就能顺利发生。材料原始晶粒越细，就越能在比较低的变形程度下发生动态再结晶过程。 （刘天模）

冻结凿井法 freezing shaft-sinking method 在开凿井筒前，将井筒周围含水层用人工制冷方法冻结成封闭的圆筒形冻结壁，以抵抗地压并隔绝地下水与井筒的联系，在冻结壁的保护下进行掘砌作业的施工方法。人工制冷是通过冻结站的氨循环系统、盐水循环系统和冷却水循环系统实现。通常使用氨作为制冷剂，利用氨由液态变为气态吸热的原理达到制冷的目的。液态氨吸收蒸发器周围盐水的热量，变为饱和气态氨，经压缩器压缩变为过热蒸气氨，进入冷凝器中与冷却水进行热交换，又变为液态氨，再经调节阀降压后回到蒸发器中重新气化，构成氨的循环系统。

1862年，英国首先将人工制冷方法用

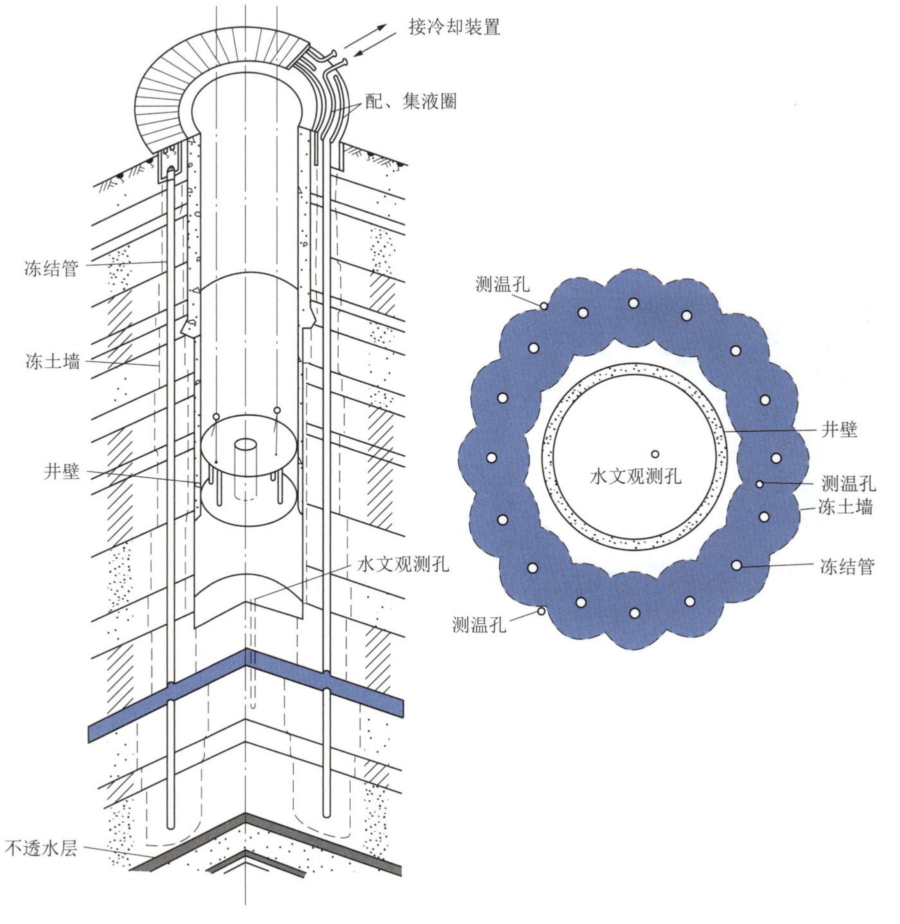

图1 冻结凿井法示意图

于基础工程。1883年，德国最早用人工冻结法开凿**竖井**。德国、英国、波兰、加拿大、比利时等国家冻结法凿井深度均达到600米。1955年，中国和波兰合作，首次在中国开滦林西煤矿开凿风井中应用冻结凿井法。至2016年，应用冻结凿井法施工了900多个竖井井筒，累计冻结井筒延米超过150千米，最大冻结深度950米，最大井筒净直径10.5米。冻结凿井法是中国应用最广泛的井筒特殊施工方法。

冻结凿井法施工方案包括一次冻结全深、差异冻结、局部冻结和分期（段）冻结。施工工序包括钻孔与安装冻结管、制冷及冻结地层形成冻结壁、井筒掘砌。过程为：①在井筒周围钻若干冻结孔，孔内安装由供液管、回液管和底端封闭的冻结管组成的冻结器。②地面冷冻站将制出的低温媒剂（一般为-20～-30℃的盐水-氯化钙溶液）循环输送到冻结器内，吸收地层的热量，使含水层形成以冻结管为中心的冻结圆柱，逐渐扩大与相邻的冻结圆柱连成封闭的冻结壁（图1）。③冻结壁达到设计厚度后，即可进行井筒掘砌作业，直到顺利穿过不稳定地层为止。④掘砌工作完成后，拆除冷冻站，拔出冻结管，充填冻结孔，冻结壁自然解冻，恢复地层初始状态。从冻结开始到井筒周围所有冻土圆柱相交、连接且形成达到设计厚度、强度冻结壁所需的时间，称积极冻结期。掘砌时期须部分供冷，维护冻结壁，称维护冻结期或消极冻结期。

冻结法既能用于不稳定的含水层，又可用于基岩含水层；既可以应用于竖井井筒，又可以应用于**斜井**井筒、**平巷**及风道口工程（图2）。虽然需用设备较多、工期

图2　矿井冻结施工现场

长、工作条件较差、成本较高，但安全可靠，施工技术成熟，被广泛应用于**矿山井巷**工程，并已在城市地铁、港口、桥涵、大容积地下硐室，以及高层建筑物的深基础工程中应用。

（张维廉　巴肇伦　崔广心　徐长磊）

硐室　chamber　为某种专门用途在井下开凿和建造的断面较大或长度较短的空间构筑物。通常应布置在岩石稳固性较好的地段，断面较大或长度较短，不直通地表出口。硐室可分为生产性硐室和服务性硐室两类。生产性硐室是指与提升、运输、通风、排水、动力供应等采矿生产活动相关的硐室。按用途分为提升机硐室、天轮硐室、箕斗装载硐室、卸载硐室、破碎硐室、变电硐室、装矿硐室、胶带驱动装置硐室、通风机硐室、井下水泵房（含水仓）、排泥硐室等。服务性硐室是用于存放备用设备、备品、备件、材料，进行设备维修，服务井下人员的硐室，主要有电机车维修硐室、无轨设备维修硐室、井下爆破器材库、井下储油硐室、信号硐室、防水门硐室、避灾硐室（见图）、排班硐室等。

避灾硐室

（马俊生）

硐室掘进　chamber excavating　采用凿岩爆破方法或机械破岩方法开掘各种**硐室**的施工作业。硐室常与井筒和其他巷道相连接，跨度和高度较大，长度短，因功能不同断面有变化。掘进施工场所的进出口通道狭窄，人员与设施密集，相互干扰大，材料供应、出渣、通风和排水都会受到影响。与**平巷**相比，硐室的形状与规格变化大，施工较复杂。硐室的围岩受力状况、施工条件都比较复杂，通常需要采取临时支护。

根据硐室围岩的稳定程度和断面的大小，掘进施工方法主要有全断面掘进法、台阶工作面掘进法、导硐掘进法。①全断面掘进法。用于围岩稳定及整体性好的岩层。②台阶工作面掘进法。用于比较稳定的岩层。当用全断面一次掘进围岩难以维护，或硐室高度很大，施工不方便时，可选择台阶工作面掘进法。③导硐掘进法。用于不稳定岩层或断面过大的硐室掘进。硐室围岩的稳定性既取决于围岩应力、岩体结构、岩石强度、地下水等自然因素，又与硐室选定的位置、断面形状、尺寸、施工方法、支护方式等因素有关。施工时，应综合考虑其对硐室围岩稳定性的影响，尽量采用光面爆破、喷锚支护等技术。

硐室断面一般较大，通常需要进行支护，支护形式主要有喷锚（网）支护、喷锚网与锚索联合支护、浇筑（钢筋）混凝土支护等（见**巷道支护**）。

扩展阅读

赵兴东. 井巷工程，2版. 北京：冶金工业出版社，2014.

（伍绍辉）

断口分析　fractographic analysis　用肉眼或借助于光学显微镜和电子显微镜观察材料断裂表面的特征，确定断裂性质，分析断裂原因，研究断裂机理，为改进材料提出依据的分析方法。金属破断后获得的一对相互匹配的断裂表面及其外观形貌，称断口。断口总是发生在金属组织中最薄弱的地方，其记录着有关断裂全过程的许多珍贵资料，所以对断口的观察和研究一直受到重视。通过断口的形态分析可研究一些断裂的基本问题，如断裂起因、断裂性质、断裂方式、断裂机制、断裂韧性、断裂过程的应力状态，以及裂纹扩展速率等。如果要求深入地研究材料的冶金因素和环境因素对断裂过程的影响，通常还要进行断口表面的微区成分分析、主体分析、结晶学分析和断口的应力与应变分析等。断口分析现已成为对金属构件进行失效分析的重要手段。随着断裂学科的发展，断口分析同断裂力学等所研究的问题更加密切相关，且互相渗透、互相配合，断口分析的实验技术和分析问题的深度将会取得新的发展。

断口的宏观和微观观察　断口分析的实验基础是对断口表面的宏观形貌和微观结构特征进行直接观察和分析。通常把低于40倍的观察称为宏观观察，高于40倍的观察称为微观观察。

对断口进行宏观观察的仪器主要是放大镜（约10倍）和体视显微镜（5～50倍）等。在很多情况下，利用宏观观察就可以判定断裂的性质、起始位置和裂纹扩展路径。但如果要对断裂起点附近进行细致研究，分析断裂原因和断裂机制，还必须进行微观观察。

断口的微观观察经历了光学显微镜（观察断口的实用倍数是在50～500倍）、扫描电子显微镜（观察断口的实用倍数是在20～10 000倍）和透射电子显微镜（观察断口的实用倍数是在1000～40 000倍）3个阶段。因为断口是一个凹凸不平的粗糙表面，观察断口所用的显微镜要具有最大限度的焦深，尽可能宽的放大倍数范围和高的分辨率。扫描电子显微镜最能满足上述的综合要求，故对断口观察大多用扫

描电子显微镜进行。

断口类型　根据断裂的性质，断口大致可分为几乎不伴随塑性变形而断裂的脆性断口和伴随着明显塑性变形的延性断口。脆性断口的断裂面通常与拉伸应力垂直，宏观上断口由具有光泽的结晶亮面组成。延性断口的断裂面可能同拉伸应力垂直或倾斜，分别称为正断口和斜断口；从宏观来看，断口上有细小凹凸，呈纤维状。对于单轴拉伸断口和冲击断口，在理想情况下，其断裂面是由3个明显不同的区域（纤维区、放射区和剪切唇区）构成。这3个区域实际上是裂纹形成区、裂纹扩展区和剪切断裂区（对冲击拉伸则有终了断裂区），通常称它们为断口三要素。对于同一种材料，3个区域的面积及其所占整个断口的比例随外界条件的改变而变化。例如，加载速率愈大，温度愈低，则裂纹扩展区（即放射区）所占的比例也愈大。如果定义裂纹扩展区对另外两个区面积的比值为R，则通常把$R=1$时的断裂温度称为材料的韧性－脆性转变温度（或延性－脆性转变温度、塑性－脆性转变温度）。如果在同一温度和加载速率下比较两种材料的断裂性质，则R值愈小的材料，其延性（塑性）愈好。

断裂机制　为了阐明断裂的全过程（包括裂纹的形核和扩展，以及环境因素对断裂过程的影响等），提出种种微观断裂模型，以探讨其物理实质，称为断裂机制。在断口的分析中，各种断裂机制的提出主要是以断口的微观形态为基础，并根据断裂性质、断裂方式以及同环境和时间因素的密切相关性而加以分类。根据大量的研究成果，将已知主要的金属断裂微观机制归纳在表1中。

表1 金属断裂微观机制

断裂性质	断裂机制	断裂方式
脆性断裂	沿晶脆性断裂	沿晶界①
	解理断裂	穿晶（沿一定晶面）①
	准解理断裂	穿晶（沿一定晶面）①
	疲劳断裂	沿晶界（较少见）穿晶（常见）②
	热疲劳断裂	沿晶界 穿晶③
	应力腐蚀断裂	沿晶界 穿晶③
	氢脆断裂	沿晶界 穿晶③
延性断裂	纯切变形断裂	单滑移 多滑移 孪晶①
	韧窝断裂	沿晶界 穿晶①
	蠕变断裂	沿晶界 穿晶③

注：①基本断裂机制；②同时间累积因素有关的基本断裂机制；③同时间累积因素有关的环境断裂机制

属于不同断裂机制的断裂，其断口微观结构各具有独特的形貌特征。不同断裂机制的断口具有其典型的微观形貌，其物理本质和断口特征为沿晶脆性断裂、解理断裂、准解理断裂和韧窝断裂。

沿晶脆性断裂　指断裂路径沿着不同位向的晶界（晶粒间界）所发生的一种属于低能吸收过程的断裂。根据断裂能量消耗最小原理，裂纹的扩展路径总是沿着原子键合力最薄弱的表面进行。晶界强度不一定最低，但如果金属存在着某些冶金因素使晶界弱化（例如杂质原子磷、硫、硅、锡等在晶界上偏聚或脱溶，或脆性相在晶界析出等），则金属将会发生沿晶脆性断裂。沿晶脆性断裂的断口特征是：在宏观断口表面上有许多亮面，每个亮面都是一个晶粒的界面。如果进行高倍观察，就会清晰地看到每个晶粒的多面体形貌（图1a），类似于冰糖块的堆集，故有冰糖状断口之称；又由于多面体体感特别强，故在三个晶界面相遇之处能清楚地见到三重结点。

沿晶脆性断裂的发生在很大程度上取决于晶界面的状态和性质。提纯金属、净化晶界、防止杂质原子在晶界上偏聚或脱溶，以及避免脆性第二相在晶界析出等，均可以减少金属发生沿晶脆性断裂的倾向。应用X射线能谱分析法和俄歇电子能谱分析法确定沿晶断裂面的化学成分，对从冶金因素来认识材料的致脆原因，提出改进工艺措施具有指导意义。

解理断裂　属于一种穿晶脆性断裂。根据金属原子键合力的强度分析，对于一定晶系的金属，均有一组原子键合力最弱、在正应力下容易开裂的晶面，这种晶面通常称为解理面。例如，属于立方晶系的体心立方金属，其解理面为{100}晶面；六方晶系解理面为{0001}晶面；三角晶系解理面为{111}晶面。一个晶体如果是沿着解理面发生开裂，则称为解理断裂。面心立方金属通常不发生解理断裂（见**晶体结构**）。

解理断裂的特点是断裂具有明显的结晶学性质，即它的断裂面是结晶学的解理面{*hkl*}，裂纹扩展方向是沿着一定的结晶方向<*uvw*>。为了表示这种结晶学性质，通常用解理系统{*hkl*}<*uvw*>来描述。对于体心立方金属，已观察到的解理系统有{100}<001>、{100}<011>等。解理断口的特征是宏观断口十分平坦，而微观形貌则是由一系列小裂面（每个晶粒的解理面）所构成。在每个解理面上可以看到一些十分接近于裂纹扩展方向的阶梯，通常称为解理阶（图1b）。解理阶的形态是多种多样的，同金属的组织状态和应力状态的变化有关。其中所谓河流花样是解理断口最基本的微观特征。河流花样解理阶的特点是，支流解理阶的汇合方向代表断裂的扩展方向；汇合角的大小同材料的塑性有关，而解理阶的分布面积和解理阶的高度同材料中位错密度和位错组态有关。因此，通过对河流花样解理阶进行分析，就可以帮助寻找主断裂源的位置，判断金属的脆性程度，确定晶体中位错密度和位错容量。

准解理断裂　属于一种穿晶断裂。根据蚀坑技术分析表明，多晶体金属的准解理断裂也是沿着原子键合力最薄弱的晶面（解理面）进行的。例如：对于体心立方金属（如钢等），准解理断裂也基本上是{100}晶面，但由于断裂面上存在较大程度的塑性变形（见**范性形变**），故断裂面不是一个严格准确的解理面。

准解理断裂首先在回火马氏体等复杂组织的钢中被发现。对于大多数合金钢（如镍铬钢和镍铬钼钢等），如果发生断裂的温度刚好在延性－脆性转变温度的范围内，也常出现准解理断裂。从断口的微观形貌特征来看（图1c），在准解理断裂中每个小断裂面的微观形态颇类似于晶体的解理断裂，也存在一些类似的河流花样，但在各小断裂面间的连接方式上又具有某些不同于解理断裂的特征，如存在一些所谓撕裂岭等。撕裂岭是准解理断裂的一种最基本的断口形貌特征。准解理断裂的微观形貌特征，在某种程度上反映了解理裂纹与已发生塑性变形的晶粒间相互作用的关系。因此，对准解理断裂面上的塑性应变进行定量测量，有可能把它同断裂有关的一些力学参数如屈服应力、解理应力和应变硬化参数等联系起来。

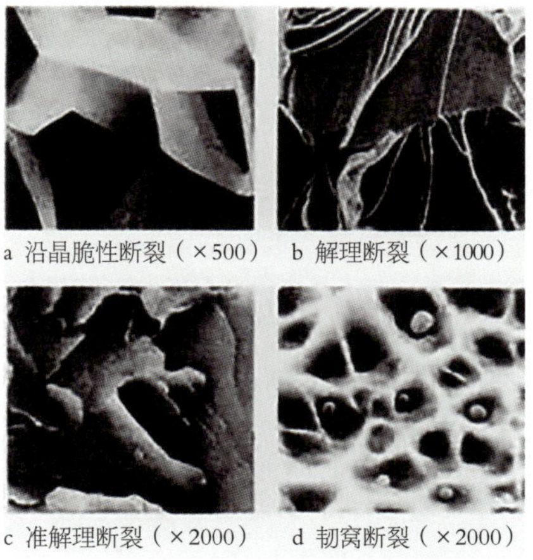

a 沿晶脆性断裂（×500）　b 解理断裂（×1000）

c 准解理断裂（×2000）　d 韧窝断裂（×2000）

图1　基本断裂机制的典型微观形貌

韧窝断裂　金属多晶材料的断裂，通过空洞核的形成、长大和相互连接的过程进行，这种断裂称为韧窝断裂。韧窝断裂属于一种高能吸收过程的延性断裂。其断口特征为：宏观形貌呈纤维状，微观形态呈蜂窝状（图1d）；断裂面是由一些细小的窝坑构成，窝坑实际上是长大了的空洞核，通常称为韧窝。韧窝是韧窝断裂的最基本形貌特征和识别韧窝断裂机制的最基本依据。韧窝的尺寸和深度同材料的延性有关，而韧窝的形状则同被破坏时的应力状态有关。由于应力状态不同，相应地在相互匹配的断口偶合面上，其韧窝形状和相互匹配关系是不同的。如图2所示：a

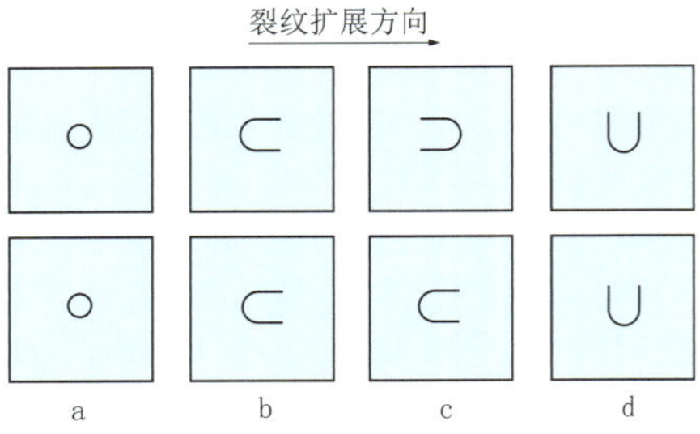

图2　在断口偶合面上韧窝的形状和应力状态关系

为等轴型韧窝，韧窝形成的应力状态为均匀应变型；b为同向伸长型韧窝，伸长方向平行于断裂方向，其应力状态为拉伸撕裂型；c为异向伸长型韧窝，伸长方向平行于断裂方向，其应力状态为刃滑动型；d为同向伸长型韧窝，但伸长方向垂直于断裂方向，其应力状态为螺滑动型。除了上述4种基本的韧窝形状外，还存在混合应力状态下所形成的韧窝，最低限度有14种，其中8种已从实验中观察到。

由于韧窝的形状与应力状态密切相关，故对断口偶合面上相啮合部位的韧窝形状、尺寸和深度进行分析，就可以确定断裂时所在部位的应力状态和裂纹扩展的方向，并对材料的延性进行评价。还有其他断裂机制，如**疲劳**、**蠕变**和**应力腐蚀断裂**等。

断裂微观机制的实际应用　材料断裂韧性指标之一的裂纹扩展阻力（G_c），不但是一个材料常数，而且也同断裂的微观机制有关。例如，当断裂机制是沿晶脆性断裂或解理断裂时，G_c值较小；反之，当断裂机制是韧窝断裂时，则G_c值较大，如表2所示。

表2　断裂微观机制和裂纹扩展阻力的关系

材料类型	断裂的微观机制	G_c^*/（$erg \cdot cm^{-2}$）
中碳高强度钢	沿晶脆性断裂	0.9×10^7
亚共析中高碳钢	解理断裂	1×10^7
中碳高强度钢	准解理断裂	1.8×10^7
中碳高强度钢	韧窝断裂	4×10^7

*为室温典型值

断裂微观机制的分析有可能把断口的形貌分析同断裂力学指标联系起来，其中最重要的成果之一是系统地建立了断裂机制图，这对解决一些工程断裂问题十分有用。断裂机制图，是指选择适当的断裂参数、力学参数或物理参数作为坐标系，用来确立各种可能出现的微观断裂机制的区域，以便发现各类金属断裂的普遍规律。在工程应用上，断裂机制图对工程设计、材料的选择、使用条件的限制，以及失效分析等都能提供十分重要的指导性意见和数据资料。（廖乾初）

锻压加工　forging and stamping　对坯料施加外力，使其产生塑性变形，改变尺寸、形状及改善性能，用以制造机械零件毛坯或工件的塑性加工技术。是**锻造**与**冲压**的总称。属于二次塑性加工。锻压加工是利用一次塑性加工（**轧制**、**挤压**及**拉拔**等）所提供的棒材、板材、型材、管材及线材进行的再加工，但在大型锻件生产时可直接用铸钢锭为原料。在锻造加工中，坯料整体发生明显的塑性变形，有较大量的塑性流动。在冲压加工中，坯料主要通过改变各部位面积的空间位置而成形，其内部不出现较大距离的塑性流动。用棒料及铸锭为原料进行锻压加工时，坯料受力属于三向应力状态，统称为体积成形。用板料、薄壁管作为原材料进行锻压加工时，坯料受力属于平面应力状态（习惯上忽略厚度方向上的应力），统称为板料成形。现代制造业中，锻压加工的零部件结构越来越复杂，精度要求越来越高。锻压成形后直接得到制件不需要再进行切削加工的制造方法称为无屑加工，如标准件制造的冷镦及搓丝。锻压成形后的工件仅需少量加工就可以作为零件使用的成形技术称为近净成形。

早在4000年前就有经锻造的铜棒和锡青铜刀具，3200年前就曾用陨铁锻造斧头。公元960年起就开始用锻造拉拔的方法生产缝纫用针。最初，人们靠抡锤进行锻造，后来出现通过人拉绳索和滑车来提起重锤再自由落下的方法锻打坯料。14世纪以后出现了用畜力和水力落锤锻造。1842年英国的J.内史密斯制成第一台蒸汽锤，使锻造进入应用机械动力的时代。以后陆续出现锻造水压机、电机驱动的夹板锤、空气锻锤和机械压力机，到19世纪末已形成近代锻压机械的基本门类。

早期的冲压只利用铲、剪、冲头、手锤、砧座等简单工具，通过手工剪切、冲孔、铲凿、敲击使金属板材（主要是铜或铜合金板等）成形，从而制造锣、铙、钹等乐器和罐类器具。随着中、厚板材（铜和钢的）产量的增长和冲压液压机和机械压力机的发展，冲压加工也在19世纪中叶开始机械化。1905年美国开始生产成卷的热连轧窄带钢，1926年开始生产宽带钢，以后又出现冷连轧带钢。同时，板、带材产量增加，质量提高，成本降低。结合船舶、铁路车辆、锅炉、容器、汽车、制罐等生产的发展，冲压已成为应用最广泛的成形工艺之一。

在成形技术上，锻压工具的运动方式、施力方式、锻压的材料、锻压的温度和锻压件的形状随时代发生着变化。对应于工具运动方式的变化，相继出现了旋压、摆动辗压、旋转锻造及径向锻造。对应于施力源的变化，相继出现了电磁成形、电液成形、爆炸成形、超声成形、液力成形、气压成形及喷丸成形。对应于变形体材料的变化，除了不同牌号的金属材料，由于新材料不断涌现，相继出现了**粉末成形**、超塑性材料成形、复合材料成形及低熵材料成形。对应于成形温度的不同，相继出现了热锻、冷锻、温锻、近熔点成形、时效成形、蠕变成形与低温成形。对应于被成形件形状的不同，相继出现了齿轮锻造、叶片锻造、轴类件锻造、覆盖件成形。所以，锻压已经是汽车工业、航空航天工业、船舶工业、兵器工业及机车车辆等工业的主体成形技术。

锻压的特点是：①改变金属组织，提高金属性能。铸锭经过热锻压后，原来的铸态疏松、孔隙、微裂等被压实或焊合；原来的枝状结晶被打碎，使晶粒变细；同时改变原来的碳化物偏析和不均匀分布，使组织均匀，从而获得内部密实、均匀、细微、综合性能好、使用可靠的锻件。锻件经热锻变形后，金属是纤维组织；经冷锻变形后，金属晶体呈有序性。②金属塑性流动而制成所需形状的工件。金属受外力后按以下规律产生塑性流动：一是体积不变规律，除有意切除的部分外，其余金属只有相互位置的转移，总体积不变；二是最小阻力规律，金属总是向阻力最小的部分流动。在生产中，常按照这些规律控制工件形状，实现镦粗拔长、扩孔、弯曲、拉深等变形。③工件尺寸精确、有利于组织批量生产。**模锻**、冲压等应用模具成形的尺寸精确、稳定。可采用高效锻压机械和自动**锻压生产线**，组织专业化大批量或大量生产。（王仲仁）

锻压模具　die for forging and stamping　在锻压过程中，通过外力使金属坯料在特定的空间内发生塑性流动、变形或分离，获得所需零件形状的设备。锻压模具一般由上模和下模两大部分组成，安装在成形压力机上，并通过压力机的驱动产生相对运动以成形零件。

分类 按照所成形金属坯料形状的不同，锻压模具可分为锻模和冲模两大类。

锻模 用于块体（圆棒、方块等）金属材料在热态或冷态下成形的模具。按照块体金属材料的流动成形方式不同，又可分为普通锻模和特种锻模两类。

普通锻模是上、下模分别安装在压力机的滑块和工作台上，通过滑块的下行运动闭合形成特定空间，使金属发生塑性流动或分离以获得所需零件形状的模具。按照成形零件的最终状态的不同，还可进一步分为：①开式锻模。在上、下模型腔周边布置飞边槽，以容纳金属充满型腔后多余的材料，形成横向飞边。②闭式锻模。在上下模的闭合过程中，金属充满型腔时多余材料流向上、下凸凹模间隙处，形成纵向小飞边。③闭塞锻模。上、下模先闭合形成封闭的型腔，然后再将上模中的冲头压入，使金属发生塑性流动充满型腔获得所需锻件。④校正锻模。对因回弹、热胀冷缩等所造成的锻件变形进行校正处理。⑤压印锻模。使锻件表层金属发生变形，形成凸凹印纹的。⑥精整锻模。对锻件整个体积或某些表面进行精压变形，以进一步提高锻件尺寸精度或表面光洁度。⑦切边锻模。通过刃口的剪切动作切除模锻件周围飞边。⑧冲孔锻模。通过刃口的剪切动作切除模锻件孔内连皮获得锻件上通孔。

特种锻模是用于辊锻、楔横轧、镦锻、挤压、摆辗等特种成形工艺的模具，主要分为：①辊锻模。由上、下两扇形模块组成并分别安装在辊锻机的两个**轧辊**上，通过两轧辊的反向旋转运动，使金属辊挤/辊轧变形获得所需零件形状。②楔横轧模。由上、下两个楔形模块组成并分别安装在上、下轧辊上，两轧辊以相同方向旋转并带动金属坯料旋转成形，获得所需零件形状。③镦锻模。由夹持棒材并控制金属流动的凹模与镦锻冲模组成，通过冲模对棒材端部的镦粗与挤压，获得所需零件形状。主要用于杆件类或螺母类零件的成形。④挤压模。冲头在一定速度和压力作用下，使金属在三向压应力状态下从封闭型腔内挤出获得所需零件形状。主要用于型材的成形加工。⑤摆辗模。由安装在摆辗机工作台上的型腔凹模以及摆头上的锥体模两部分组成，通过摆头带动锥体模对金属施加滚动或滚动加滑动的作用力，使金属发生局部连续变形获得所需零件形状。

冲模 用于成形金属板料零件的模具。是冲压加工中的必备装备。其上、下模分别安装在压机滑块和工作台上，通过滑块下行闭合形成特定空间，使板料发生变形或分离以获得所需零件的形状。按照冲压工序类型的不同，冲模可分为冲裁模、弯曲模、拉深模、翻边模、精冲模等；按照模具上完成的冲压工序多少及其组合方式的不同，冲模又可分为单冲模、复合模与连续模。单冲模是在压力机一次冲压行程中，只完成一道冲压工序的模具，如冲孔模、落料模、拉深模等。复合模是在压力机一次冲压行程中，完成两道以上冲压工序的模具，如垫圈冲压生产用的落料冲孔复合模、覆盖件成形时的修边冲孔复合模等。连续模是通过在模具上等间距布置不同冲压工序（工位），条料在每次冲压行程后沿工序布置方向送进一个间距，使其在不同工位上逐次成形，最终获得所需零件的模具。如引线框架、接插件等连续冲压成形模具。

发展趋势 随着金属零件整体化、轻量化、精密化、高性能化要求的不断提高，模具将朝着大型化、精密化、复杂化方向发展。例如轿车侧围，采用整体冲压成形制造后，模具尺寸将达6米以上；而引线框架等电子类精密零件则要求模具加工尺寸达到微米级精度。为了提高产品零件的生产效率，模具通常还需要组合多种功能结构，如多工序复合结构、自动化检测和传动结构、模内组装结构等；为了控制金属材料的流动（流线分布）和组织结构（晶粒尺寸与分布）以提高零件性能，模具内还需布置相应的加热/冷却系统或局部施力机构等。与此同时，随着产品更新换代速度的不断加快以及个性化需求的不断丰富，降低模具的研发周期和成本，提高模具质量，也面临着许多新的挑战。数字化/智能化模具设计制造技术将是适应上述发展需求、提高模具设计制造水平的关键，主要包括：基于金属成形过程模拟的模具智能优化设计技术、数控加工技术及其智能化编程技术、数字化高能束加工技术（如3D打印、材料表面激光改性加工）、模具制造执行系统技术、热处理技术等。

（李建军 王新云）

锻压生产线 forging and stamping production line 配备符合锻压工艺要求的设备（一般为多台）与模具，生产出满足设计要求的制件的生产系统。包括锻造生产线（图1）和冲压生产线（图2）两种。锻压生产线已由人工操作向配备锻压机器人或其他自动化操作方式发展。

图1 锻造生产线（大连特钢公司）

图2 冲压、焊装生产线（重庆）

锻造生产线的功能是根据产品工艺需求将锻造生产所需的设备有机结合在一起，构成完整的生产流程，实现锻件连续生产。锻造一般在热态下进行，锻造生产线通常包含的设备有**加热炉**、锻造主机、切边校正设备、传输设备，有些还配有辊锻机、扭拐机等。现代锻造自动化生产线还配备机器人或步进梁式机械手、自动模具喷淋润滑设备及自动换模装置。自动化生产线中呈现出多机器人参与、多品种生产的趋势，采用现场总线控制系统来指挥和协调锻造生产线进行安全、可靠、高效生产，并兼具柔性化、智能化和自诊断能力。

冲压生产线生产一般在室温下进行，具有代表性的是汽车覆盖件冲压生产线，一般由上料拆垛装置、压力机（一般由多台单体压力机排列成线）、尾端工艺设备、机器人或机械手加穿梭小车式输送机构等部分组成，其运动精度高、柔性高、可维护性强，可以实现工件翻转、自动更换端拾器等功能。（蒋鹏 夏汉关）

锻造 forging 利用锻压机械对金属坯料施加压力，使其产生塑性变形以获得具有一定机械性能、一定形状和尺寸锻件的**锻压加工**技术。通过锻造能消除金属在铸造过程中产生的铸态疏松等缺陷，优化微观组织结构；同时由于保存了完整的金属流线，锻件的机械性能较好。一般在承载高、工况严峻的工作条件下，多采用锻件。

分类 按变形温度，锻造可分为热锻（锻造温度高于坯料金属的再结晶温度）、温锻（锻造温度低于金属的再结晶温度）

和冷锻（常温）。钢的开始再结晶温度约为727℃，但普遍采用800℃作为划分线，高于800℃的是热锻，300～800℃的称为温锻或半热锻。

按锻模的形式，锻造主要分为：①**自由锻**，利用冲击力或压力使金属在上、下两个抵铁（砧块）间产生变形以获得所需的几何形状及内部质量锻件的方法。主要有手工锻造和机械锻造两种。现代工业应用的主要是机械锻造。在自由锻时，金属坯料仅有部分表面与工具或砧块接触，其余部分为自由变形表面。自由锻可利用简单的工具在水压机或锻锤上进行，生产的工件加工余量和尺寸公差均较大，材料利用率低，适合于单件、小批量生产。②**模锻**。金属坯料经加热后放入专用模具的型槽中，在撞击力或压力的作用下使坯料产生塑性流动，并充满整个型腔，形成品质高、形状复杂的锻件。模锻件的机械加工余量小，材料利用率高，形状、尺寸精度较高，表面粗糙度较低，生产率高，广泛用于大批量锻件生产中。模锻又分为开式模锻和闭式模锻。其中开式模锻是带飞边的模锻；闭式模锻两模间间隙的方向与模具运动方向平行，在模锻过程中间隙大小不变。由于闭式模锻时不设置飞边槽，也称无飞边模锻。闭式模锻有整体凹模和可分凹模闭式模锻。整体凹模闭式模锻用于形状简单锻件（图1a）；可分凹模闭式模锻也称闭塞锻造，可用于形状复杂锻件（图1b）。

根据锻模的运动方式，锻造又可分为辊锻、摆辗、径向锻造等。其中摆辗和辊锻也可用精锻加工。为了提高材料的利用率，辊锻、径向锻造可用作细长类毛坯和零件的成形。①辊锻。用一对相向旋转的扇形模具使坯料产生塑性变形。坯料被扇形模咬入后，高度方向受到压缩，少部分金属**宽展**，大部分金属沿长度方向流动，成形出变截面锻件，从而获得所需锻件或锻坯（图2）。②摆辗。上模的轴线与被碾压工件（放在下模）的轴线倾斜一个角度，模具一面绕轴心旋转，一面对坯料进行压缩（每一瞬时仅仅压缩坯料横截面的一部分）（图3）。③径向锻造。又称旋转锻造，对轴向旋转送进的棒料或管料施加径向脉冲打击力，获得沿轴向具有不同横截面的制件（图4）。

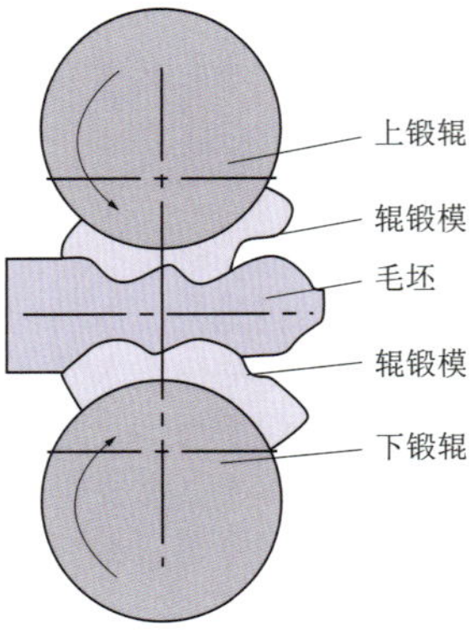

图2　辊锻示意图

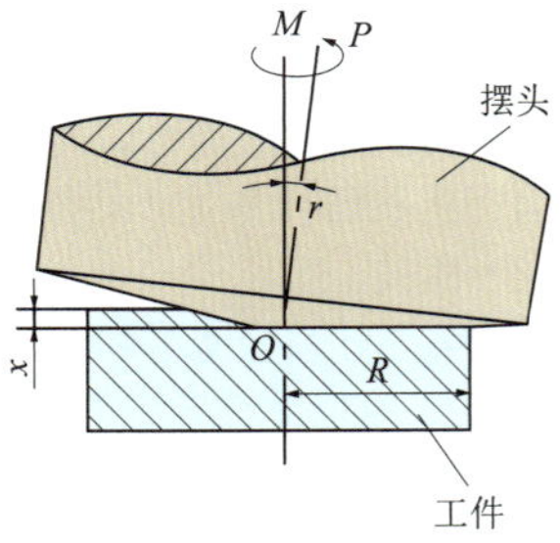

图3　摆动辗压示意图

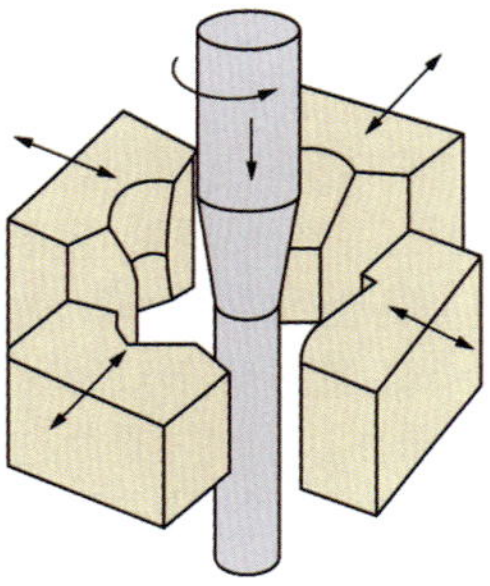

图4　径向锻造示意图

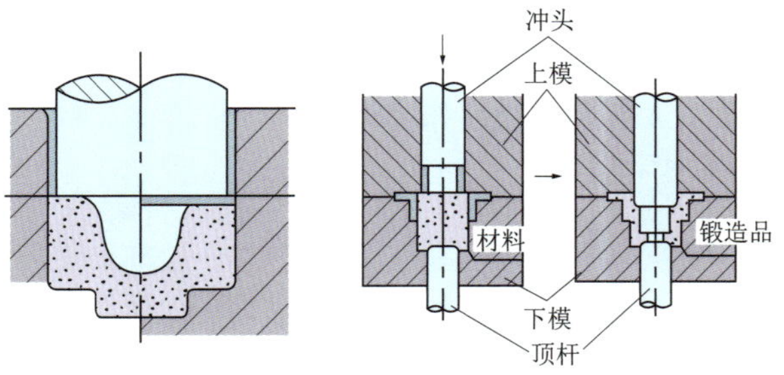

a　闭式锻造　　b　闭塞锻造

图1　闭式模锻示意图

用材和设备　锻造用料主要是各种成分的碳素钢和合金钢，其次是铝、镁、铜、钛等及其合金。此外，铁基高温合金、镍基高温合金、钴基高温合金的变形合金也可采用锻造方式完成。这些合金由于其塑性区相对较窄，所以锻造难度会相对较大。不同材料的加热温度、开锻温度与终锻温度都有严格的要求。

锻造设备主要包括空气锤、蒸汽锤、夹板锤等各种锻锤，以及机械压力机、液压机、辊锻机、辗扩机、加热炉等。

工艺流程　不同的锻造方法有不同的流程，其中以热模锻的工艺流程最长，一般顺序为：锻坯下料→锻坯加热→辊锻备坯→模锻成形→切边→冲孔→矫正→中间检验（检验锻件的尺寸和表面缺陷）→锻件热处理（用以消除锻造应力，改善金属切削性能）→清理（主要是去除表面氧化皮）→矫正→检查。在检查环节，一般锻件要经过外观和硬度检查；重要锻件还要经过化学成分分析，机械性能、残余应力等检验和无损探伤。

（陆　辛）

堆焊　surfacing　为增大或恢复工件尺寸，或使工件表面获得特殊性能，利用焊接方法在金属母材表面熔敷金属覆层的方法。堆焊形成的金属覆层称为堆焊层。堆焊层能在磨损、腐蚀和高低温环境等特定的工况条件下服役并符合使用要求。堆焊所用材料可分为铁基合金、钴基合金、镍基合金、碳化物合金、铜基合金五大类，不同材料有不同性能特点和应用场合。几乎所有的熔化焊接方法都可以用于堆焊，但应根据堆焊件结构特征、堆焊层尺寸特征和经济性等因素进行选择。要求采用的堆焊方法有较小的母材稀释、较高的熔敷速度和优良的堆焊层性能。常用方法有手工电弧堆焊、丝极或带极埋弧堆焊和等离子弧堆焊等。堆焊通常可以节约贵重金属材料，降低生产成本，缩短修理和更换失效零件的时间，提高生产率，广泛应用于矿山、冶金、石油、化工设备以及工具、模具等的制造和修理。

（何方殿　撰　宋　刚　刘黎明　修订）

吨钢可比能耗　comparable energy consumption of per ton steel　钢铁企业在统计期内，生产每吨合格钢的主要工序耗能量和配套生产所必需的耗能量之和。是评价不同钢铁企业之间或不同国家钢铁工业之间能源利用水平的可比指标。由中国冶金工业部在20世纪80年代初提出，目的是在生产结构不同的各企业之间，以及在工业结构不同的国家之间进行能耗对比。

吨钢可比能耗和**吨钢综合能耗**计算方法相同，只是统计范围不同，两者统称为吨钢能耗。吨钢可比能耗在能源消耗量的计算方面有两点规定：①只计入某些规定的主要**工序能耗**。②只计入1吨合格钢配套生产所必须消耗的能源量。规定的主要工序有焦化、烧结、球团、**炼铁**、**炼钢**、连铸和轧钢等生产工序，以及燃气加工、厂内运输和能源亏损等辅助生产环节。其他工序（如**采矿**、**选矿**、**铁合金**、耐火、白灰、机修等）所消耗的能源均不考虑在内。

计算吨钢可比能耗时，各种能源的数量均须折算成标准煤的重量。煤炭、油、天然气均按发热量折算。电与标准煤之间的折算关系曾采用“等价值”和“当量值”两种方法。“等价值”是单位能源产品在其生产过程中所消耗的标准煤量。例如，20世纪80年代初期，中国发电1千瓦·时要消耗0.404千克标准煤量，称0.404千克标准煤每千瓦·时为电的“等价值”。“当量值”是一个计量单位的能源中能够转换为功的那部分能量。例如，电的热功当量为0.1229千克标准煤每千瓦·时，即1千瓦·时电量具有的做功能力，称0.1229千克标准煤每千瓦·时为电的“当量值”。电与标准煤之间的折算关系，中国在2005年以前采用“等价值”，2006年以后采用“当量值”。

吨钢可比能耗作为冶金能耗指标体系的组成部分，在推动钢铁工业节能、完善能源统计和评比工作中发挥了重要作用。但随着钢铁企业生产结构和工艺流程的变化、能源管理的完善、企业之间不可比因素的增多，长期以中间产品（钢）为基准的指标体系将逐渐转向以终端产品（材）为基准，从考核吨钢能耗向考核单位产品能耗等可比指标延伸。

扩展阅读

汤学忠. 热能转换与利用. 2版. 北京：冶金工业出版社，2002.

（蔡九菊）

吨钢综合能耗 comprehensive energy consumption per ton of steel 钢铁企业在统计期内，生产每吨合格钢消耗的能源总量。是综合评价钢铁企业和整个钢铁工业能源利用水平的重要指标之一。吨钢综合能耗的计算式如下：

$$吨钢综合能耗=\frac{能源消耗总量}{统计期内的合格钢产量} \tag{1}$$

式中能源消耗总量是统计期内某钢铁企业所消耗的全部能源量，包括购入的煤炭、油、天然气、电、焦炭等，库存量的变化及外销的能源，亦应估计在内；统计期内的合格钢产量是在统计期内企业所生产的合格锭量、合格连铸坯量和合格铸钢水量之和。

企业外销能源是企业向外销售的购入能源、企业二次能源、燃料、余热，以及非钢铁工业生产消耗的能源量等。能源消耗总量计算公式为：

$$\begin{aligned}能源消耗总量 &= 能源购入量\\ &\pm 库存能源变化量-外销能源量\end{aligned} \tag{2}$$

在计算时，各种能源的数量均须折算成标准煤的重量。煤炭、油、天然气均按发热量折算。而外购电与标准煤之间的折算关系：在2005年以前，是根据电力工业的实际生产水平确定的，1度电折算成0.404千克标准煤，称之为电的“等价标煤量”或“等价值”；2006年以后，则是根据电的“当量值”，即每度电0.1229千克标准煤或3600千焦确定。

为了满足系统节能和能耗分析的需要，中国科学家陆钟武在20世纪80年代初，将吨钢综合能耗计算式展开为：

$$\begin{aligned}吨钢综合能耗 &= p_1e_1+p_2e_2\\ &+p_3e_3+\cdots\cdots+p_ne_n\end{aligned} \tag{3}$$

式中p_1，p_2，……，p_n分别为统计期内各工序（主生产工序和辅助生产工序）的实物产量与同期的钢产量之比，统称为**钢比系数**；e_1，e_2，……，e_n分别为统计期内上述各工序的**工序能耗**，以千克标准煤每单位产品表示。

由式（3）可见，影响吨钢综合能耗的直接因素有两大类：第一类是对应于每吨钢产量的各工序实物产量；第二类是各工序能耗。为了降低吨钢综合能耗必须降低各工序能耗，即节能；必须降低各工序的钢比系数，即降耗，两者缺一不可。

由于各国钢铁工业的生产结构（钢比系数）不同，所以吨钢综合能耗不能作为各国钢铁工业之间或各企业之间的能耗水平直接对比的依据。但在钢产量一定的情况下，吨钢综合能耗降低，整个钢铁工业的总能耗才能降低。所以，降低某个企业或整个国家的吨钢综合能耗，始终是钢铁工业节能降耗的重要方向。

（蔡九菊）

多孔矿物材料 porous mineral material 根据矿物（岩石）的物理化学性质，经提纯、改型、改性、复合等工艺制得的具有多孔结构的**矿物材料**。

分类 按孔道形成方式可分为天然多孔矿物材料和人工合成的多孔矿物材料。

1756年，瑞典矿物学家A.F.克朗斯塔特发现沸石，这是最早发现的天然多孔矿物材料。此后，各种天然沸石不断被开采并命名。天然多孔矿物材料按形态可以分为3类：沸石、硅藻土和某些膨胀矿物材料属三维孔道结构，蒙脱石、蛭石、石墨等属二维层状结构，凹凸棒石、海泡石、石棉等属一维柱状孔结构。矿物材料内部天然形成的孔道结构和形态是多种多样的，主要有两类：矿物表面的微孔，包括台阶、裂缝及1微米至数微米的凹凸和0.1～10纳米的微孔；矿物结构中的孔道，即以低的密度和堆密度为特征、非金属矿物所特有、在天然状态下产出的结构性孔道或孔隙结构。

人工合成的多孔矿物材料是根据不同的应用目的，选择合适的生产工艺进行造孔处理得到的材料。原料方面，人工多孔矿物材料以天然矿物（岩石）为主要原料，通过一定加工工艺制备而成，与工业矿物、工业岩石有本质区别。材料性能方面，多孔矿物材料的主要物理化学性能和使用效能都源于矿物；而其他的多孔材料，如多孔金属材料、多孔高分子材料的物理化学性能与使用效能并不源于矿物本身。材料矿物自身特点方面，多孔矿物材料中的矿物，既包括天然矿物，又包括人工矿物；既包括严格矿物学意义上的矿物，又包括这些矿物的衍生物。材料类型方面，许多多孔矿物材料是由非金属矿物加工制备的具有一定孔道结构的材料，常同时具有无机非金属材料的某些特征，这是多孔矿物材料区别于其他多孔材料的重要特征之一。材料组成方面，多孔矿物材料一般指组成以矿物为主（质量分数大于50%）的材料，同时也包含一些尽管材料的主要成分不是矿物，但矿物对材料的相关性能起决定性作用的材料。

特点 多孔矿物材料具有孔道效应和表面电荷效应。孔道效应主要包括孔道分子筛效应、孔道离子筛效应和孔道内离子交换效应等。每一种多孔矿物材料都对应着一定的孔径区域，随着孔径由大变小，材料的吸附性能、离子交换性能及催化性能等逐渐增强。矿物材料孔结构表面处于高活性状态，呈现表面电荷效应，即阴离子产生的成键轨道被电子填充，阳离子产生的反键轨道被置空。矿物材料表面电荷效应有利于矿物与空气中的氧、碳或氮等迅速发生氧化、碳化或氮化，在表面出现电子态。

应用 多孔矿物材料广泛应用于多种材料中。①过滤材料。微孔的沸石、中孔的硅藻土、大孔的浮石等天然多孔矿物比表面积大，吸附和过滤性能强，工业中广泛应用。环境工程中常用的有石英砂、锰矿砂、无烟煤、卵石、陶粒和人造过滤球等，有时也使用火山灰、火山凝灰岩、沸石、硅藻土等。②吸附剂。多孔矿物材料表面有吸附气体或从溶液中吸附溶质的特性，适合用作吸附剂。如沸石、硅藻土、磷灰石、电气石、石英、磁铁矿等。③离子交换剂。沸石、凹凸棒石、海泡石、蛭石和蒙脱石等矿物是离子交换量大的天然矿物，在脱色、去除重金属、制备抗菌材料等方面有独特功效。矿物接触了过渡金属可溶性盐的溶液，即发生离子交换，可被用于承载过渡金属进行碳纳米管的催化合成。④功能载体。多孔矿物材料具有良好的机械和热稳定性、多孔性、强吸附性等特点，可作为催化剂载体。⑤调湿功能基元材料。多孔矿物材料的调湿能力主要依靠内部孔道与大的比表面产生的水分子吸附、脱附作用，如海泡石等。⑥防噪声功能材料。多孔材料有许多微小的间隙和连续的气泡，可用作防噪声功能材料，如珍珠岩、矿渣棉、明矾石、蛭石、海泡石、蒙脱石、沸石等。⑦自调温节能建筑材料。以多孔矿物材料为功能载体，将具有相变储能特点的材料吸附在其表面或孔道中，利用相变材料的储热特性使建筑增加自调温功能，降低建筑能耗。

扩展阅读

张以河. 矿物复合材料. 北京：化学工业出版社，2013.

（杨华明　杜春芳）

多相凝固　multi-phase solidification　在液-固相变过程中，除一种液相和一种固相外，还有其他相参与的合金凝固过程。工业上使用的合金多为多相合金，其凝固方式也为多相凝固，包括**共晶凝固**、包晶凝固、偏晶凝固等。①共晶凝固。发生共晶反应〔残余液相（L）→初生相（α）+包晶相（β）〕的凝固过程，是二元及多元合金的一种基本凝固方式，广泛存在于许多重要结构材料和功能材料的液-固相变过程中。工业中常用的一些重要结构材料（如Al-Si、Fe-C合金）及功能材料（如光学晶体材料、超导材料）等都涉及共晶凝固。共晶凝固组织可分为规则共晶和非规则共晶。规则共晶组织中两相在空间规则排列、分布形态与完全耦合生长的方式有关；非规则共晶的两相在空间呈非规则排列，在生长过程中也会呈现部分耦合的特点。②包晶凝固。α和L间发生包晶反应（L+α→β），生成包晶相β的凝固过程。由于β在α表面发生异质形核并生长，将α相包裹在中间，故称为包晶反应。许多重要的工业合金存在包晶凝固，如钢（Fe-C）、青铜（Cu-Sn）和黄铜（Cu-Zn）等。③偏晶凝固。由于在平衡相图中存在液相不混溶区，当合金熔体在平衡条件下进入该区时，具有确定成分的液相（L_1），在一定温度下结晶出固相α和另一与L_1不相溶的液相（L_2），即发生偏晶反应$L_1 \rightarrow \alpha + L_2$的凝固过程。偏晶合金具有许多独特的性能，如Cu-Pb合金是很好的轴承材料，Al-Pb合金可作耐磨材料。这类合金在正常凝固中将分离成不同组元富集的两液相，由于密度差别较大将导致相分离，极易产生偏析，严重时会出现组元分层现象，限制了偏晶合金在工业上的应用。

扩展阅读

傅恒志，郭景杰，刘林，等. 先进材料定向凝固. 北京：科学出版社，2008.

（王锦程）

E

颚式破碎机 jaw crusher 工作部件为两块颚板，一块固定、一块活动，利用动颚板周期性地接近固定颚板产生压碎、劈碎、折断和冲击等作用粗碎或中碎各种硬度物料的**破碎设备**。由美国人E.W.布莱克于19世纪50年代发明。颚式破碎机的规格用给料口宽度B和长度L表示，即$B×L$。按照活动颚板的摆动方式不同，可分为简摆颚式破碎机（简单摆动式颚式破碎机）和复摆颚式破碎机（复杂摆动式颚式破碎机）。根据动颚悬挂中心与给料口水平面的相对高度，又可将复摆颚式破碎机分为零悬挂、正悬挂和负悬挂3种结构。随着颚式破碎机的不断改进，出现了其他结构形式的颚式破碎机，主要有外动颚式破碎机和液压颚式破碎机。颚式破碎机以其结构简单、安全可靠的优点广泛应用于矿山、冶金、建材、交通、水利和化工等行业的物料的破碎作业。

简摆颚式破碎机 动颚绕悬挂点做简单摆动。主要由机架、衬板、侧衬板、心轴、偏心轴、肘板、动颚拉紧装置（拉杆、拉杆座）、带轮和飞轮等组成（图1）。固定颚板、动颚板和侧衬板组成破碎腔。固定颚、动颚上都装有衬板。固定颚衬板除用螺钉固定外，下端在机架上焊有钢板，上端有压板，使固定颚衬板不致上下活动。动颚衬板下方支撑在动颚下部的凸台上，上方由楔铁压紧。动颚悬挂在心轴上，可绕心轴对固定颚板做往复摆动。动颚的摆动靠曲柄双摇杆机构实现。曲柄双摇杆机构由偏心轴、前肘板和后肘板组成。偏心轴一端安装带轮，另一端安装飞轮。电动机通过V带带动带轮及偏心轴，偏心轴将偏心运动传递给动颚，使动颚相对固定颚周期性地靠拢与分开。进入破碎腔的物料受到挤压、劈裂和弯曲等方式的联合作用而被破碎，破碎后的物料随动颚的运动由排料口排出。通过调整装置可调节排料口的大小，从而控制破碎产品的粒度。靠推力肘板的断裂实现对破碎机的保护。

早期大型粗碎颚式破碎机（900×1200以上规格）均为此机型。但其结构复杂、笨重。动颚运动轨迹不理想，破碎行程沿

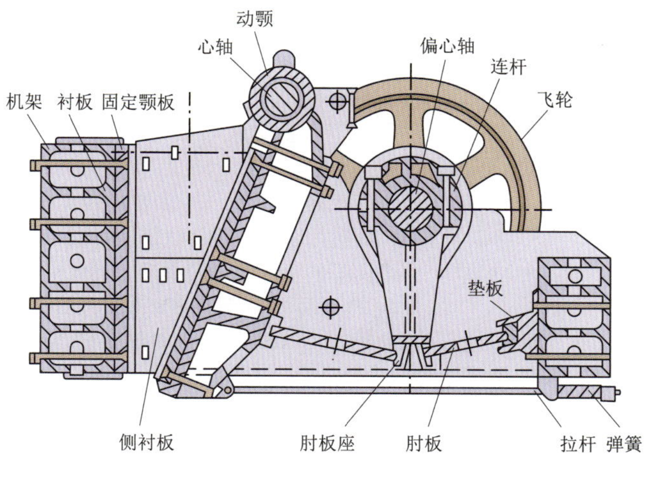

图1 简摆颚式破碎机结构示意图

动颚板由上至下逐渐加大，上部破碎行程小，不能满足破碎大块物料的需要；下部破碎行程大，垂直行程小，不利于排料，处理能力比较低。20世纪90年代以后逐渐被复摆颚式破碎机取代。

复摆颚式破碎机 动颚绕偏心轴转动的同时，还绕同一中心做摆动（图2）。将简摆颚式破碎机动颚悬挂轴和前肘板除去，并将动颚悬挂在偏心轴上，使连杆与动颚合二为一，便构成了复摆颚式破碎机。结构简单，运动可靠，重量轻，安装、调试、维修方便，生产能力强。早期只有中小型破碎机采用此机型，随着加工制造技术的进步，21世纪初在大型机领域也基本取代简摆颚式破碎机。但复摆颚式破碎机的动颚运动轨迹也不理想，因动颚垂直行程大，加剧了颚板与物料间的磨搓，加快颚板的磨损，降低了使用寿命；偏心距大，振动噪声大。

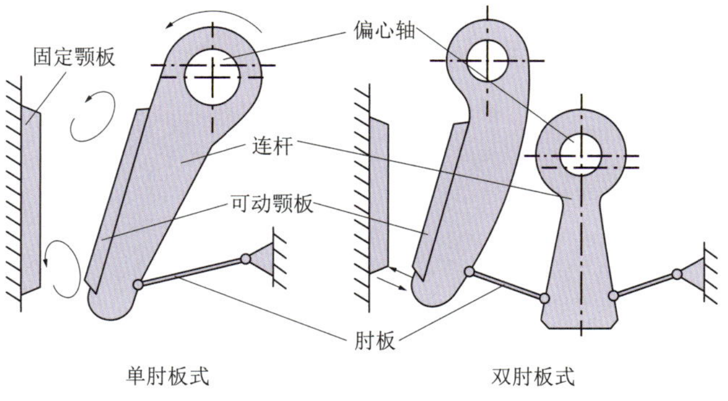

图2 复摆颚式破碎机工作原理

外动颚式破碎机 改变了复摆颚式破碎机的结构，将活动边板作为连杆，将动颚作为连杆的延伸，通过边板将动力传递给外侧的动颚；动颚与连杆的分离，使连杆的运动特性不再约束动颚的运动特性。主要由机架部、动颚部、固定颚部、拉紧部、调整部等组成。电动机通过皮带轮驱动偏心轴，通过边板将偏心轴的偏心转动传到外侧的动颚上，变成动颚的周期性摆动。落入动颚与固定颚组成的破碎腔中的物料受挤压、劈裂和弯曲等作用而被破碎，然后由排料口排出。

外动颚式破碎机具有处理能力大、外形低矮、喂料高度及整机重心低、颚板磨损小、能量消耗低等优点。特别适用于井下、隧道等空间受限制场所。

液压颚式破碎机 使用液压缸作为保险装置，用于排矿口、调节的复摆颚式破碎机。液压颚式破碎机的构造与复摆颚式破碎机基本相同，区别在于：①偏心轴两端配置液压摩擦离合器，皮带轮和飞轮借助于液压摩擦离合器与偏心轴相连。离合器由液压系统控制，实现液压分段启动，以降低破碎机启动时的功率消耗。液压摩擦离合器也可作为破碎机超负荷的保险装置。液压分段启动主要用在大型简摆颚式破碎机上。②用液压缸作为保险装置，同时兼有排矿口的调节功能。液压站提供的高压油由进油口进入油缸高压腔，迫使油缸活塞处于极限伸出位置，活塞通过肘板座支撑肘板。在正常破碎作业状态下，液压系统既定的油压足以使活塞为肘板提供稳定的支撑；当颚口“咬嚼”到不可破碎的物料时，肘板通过活塞将峰荷传到油液系统中，使油压迅速升高到设定值以上，系统中的压力变送器立即发出信号；打开油缸通往油箱的通路，油缸后腔卸压，动颚将在自重及弹簧拉拽下张大排料口，排出不可破碎物。排障动作完成后，隔断油缸与油箱的通路，开通油源通往油缸的回路，动颚在压力油的推动下恢复至原定的开口尺寸，设备又自动进入破碎作业状态。适用于破碎钢渣、铁渣和铜渣等物料，能自动排除不可破碎物，有效解决破碎中的“卡钢”

（工作中，铁块等不可破碎物进入动颚和定颚之间，又称“过铁”）问题，可实现不停机连续生产。

扩展阅读

廖汉元，孔建益，钮国辉. 腭式破碎机. 北京：机械工业出版社，1998.

孙传尧. 选矿工程师手册：第1册，上卷. 北京：冶金工业出版社，2015.

（杨福真）

二次硬化 secondary hardening 添加碳化物形成元素的马氏体钢**淬火**后，在400℃以上进行**回火**时，硬度升高或降低缓慢的现象。当钢中含有碳化物形成元素（如钼、钨、钒、铬、铌、钛等）时，钢中会形成合金碳化物。形成合金碳化物时需要合金元素的扩散和再分配，而这些元素在铁中的扩散系数比碳、氮等元素要低几个数量级，因此长大速度很慢，从而形成弥散细小的合金碳化物。这些析出相阻碍马氏体形变，对基体产生强化作用，使钢的硬度升高。

二次硬化现象主要来源于M_2C型合金碳化物的共格析出。其中，C表示碳原子，M表示钼、钨、钒、铬等合金元素代位原子。在大多数情况下，M_2C在M_3C（**渗碳体**）之后析出。M_2C的晶体结构是密排六方结构，与母相铁素体（α）的位向关系为：$\{0001\}_{M_2C}//\{011\}_{\alpha}$和$<11\bar{2}0>_{M_2C}//<100>_{\alpha}$

M_2C的析出形状为针状，且长轴方向平行于$<100>_{\alpha}$。M_2C可以在原M_3C处形核，也可以在基体的**位错**上或马氏体板条间形核。在基体的位错上或马氏体板条间形核的强化效果要高于在原M_3C处形核的强化效果。随着M_2C相的不断形核长大，原M_3C逐渐溶解消失。M_2C相的化学成分受马氏体基体合金成分的影响。当M_2C在不同成分的马氏体基体中析出时，M_2C析出相的成分可以有很大不同，但合金元素与碳元素的化学计量比总是2∶1。

二次硬化作为一种重要的强化机理，被广泛应用于工具钢、热作模具钢、超高强度钢等的设计上。应用二次硬化机理开发出的超高强度钢有HY－180、AF1410、AerMet100、M54等。一些超高强度钢已经在飞机上用作重要的承力构件。

扩展阅读

PICKERING F B. Physical Metallurgy and the Design of Steels. London: Applied Science Publishers, 1978.

（郭 巍）

二次支护 secondary support 井巷掘进中采用分次支护时，在一次支护完成后再次施工的支护。又称永久支护、后期支护。一般为等强支护，常采用浇筑混凝土或钢筋混凝土进行整体支护，也可采用**喷锚网支护**或喷锚网加锚索支护，喷层为混凝土或纤维混凝土。二次支护在Ⅲ类及以上岩层中按安全储备设计，并在围岩或**一次支护**稳定后进行施工；在Ⅳ类及以下岩层中需按承载结构设计，并及时进行施工。

二次支护分为两种情况：①在一次支护变形基本收敛后或不需采用**超前支护**的地质条件下，可按照在施工阶段不承载的原则考虑。②较长时间内的一次支护变形不收敛，在进行二次支护时，应按照在施工期间承受相应的荷载作用考虑。

（张钦礼）

二次资源开采 secondary recovery of resources 在已结束开采的阶段上或矿山中再次进行的**采矿**作业。是增加矿石产量、充分回收矿产资源和延长矿山企业寿命的重要手段。随着矿石加工和采掘技术的进步及对矿石需求的不断增长，矿山原一次开采时损失的矿石和留下的贫矿等都有进行二次开采的价值。

在二次资源开采时，除要根据开采对象选择开拓方法和采矿方法外，还应满足二次资源开采的安全要求。由于二次开采的矿石种类较多，赋存情况比较复杂，必须做好开采前的可行性研究和评价。评价时应考虑的因素有：①可能采出的矿石量和允许的贫化与损失关系。②采出的矿石能否利用原来的加工工艺。③矿量的分布及与一次开采巷道工程的相互位置。④二次开采与一次开采能否在上下阶段上同时进行生产作业等。

选择二次资源开采的采矿方法，要考虑一次开采时所选择的采矿方法，还要考虑二次资源开采的矿石品位。因二次开采的矿石品位比较低，矿体和围岩等可能发生了变形、移动乃至破坏等，一般采用成本低、采准切割工程小及较安全的采矿方法。

由于一次开采过程打破了原岩体的应力平衡，产生了次生应力场，给残矿、贫矿回采带来安全隐患，因此必须加强岩石移动观测，掌握岩石移动规律。在地面和井下各**中段**布置**地压**观测点，做好预防和预报工作；构建地下开采灾害预警系统，并对采场进行安全稳定性评估，以便采取措施减少地压危害。

（胡建军）

F

翻砂法 sand casting 中国古代创造的一种铸造工艺。又称砂型铸造。工艺过程是：先将模型下半型放在平板上，放砂箱，填型砂，紧实并刮平，下型完成，将造好的砂型翻转180°；再放模型上半型，放上砂箱，填型砂并紧实、刮平，将上砂箱翻转180°；然后分别取出模型上、下半型，再将砂型合箱为铸型。之后将熔化的金属液浇入铸型空腔中，冷凝后把型砂（铸型）打掉，得到金属铸件。此过程被形象化地描述为“翻砂”。制造砂型的材料称为造型材料，习惯上称为型砂；用于制造砂芯的造型材料称为芯砂。通常型砂是由原砂（山砂或河砂）、黏土和水按一定比例混合而成，其中黏土约9%、水约6%，其余为原砂；有时还加入少量如煤粉、植物油、木屑等附加物，以提高型砂和芯砂的性能。

中国古代的翻砂铸造技术可追溯至南北朝时期，用于铸造钱币。山西长治唐代开元通宝铸钱遗址、陕西宝鸡乾元重宝铸钱遗址出土的遗物表明，唐代已经普遍采用了翻砂法铸造钱币。南宋张世南撰写的《游宦记闻》（卷二），记载了蕲州蕲春监铸钱一事，明确指出铸钱使用砂模。明代宋应星撰写的《天工开物》一书，比较具体地记载了古代母钱翻砂铸钱工艺。明代时使用翻砂法铸印。近代，翻砂法铸造是机械制造依赖的基本工艺之一。

翻砂法砂型铸造所用的造型材料价廉易得，铸型制造简便，对铸件的单件生产、成批生产和大量生产均能适应，是近现代铸造生产中的基本工艺。

（李秀辉）

钒铁 ferrovanadium 钒和铁组成的铁合金。钒铁可用作冶炼含钒合金钢和合金铸铁的元素添加剂。钒作为合金剂能提高钢的强度、韧性、耐磨性、承受冲击负荷的能力和抗腐蚀能力等，有85%～90%的钒铁用在钢铁生产上。按含钒量高低，钒铁可分为高钒铁和低钒铁。因钒矿含钒太低，直接用钒矿生产钒铁较困难，一般是先生产五氧化二钒，再用五氧化二钒生产钒铁。

五氧化二钒提取方法 五氧化二钒的提取方法有用钒矿作原料的直接提取法和用钒渣作原料的间接提取法两种，两种方法的生产工艺基本相同。①直接提取法。流程是：先将钒精矿粉碎，同碱性附加剂（纯碱、食盐或无水芒硝）混合，在焙烧炉内氧化焙烧，使钒转化成为可溶性的钒酸盐（如$NaVO_3$），然后浸出，钒转入溶液中与其他组分分离，最后再从溶液中析出五氧化二钒。②间接提取法。先将矿石进行预处理，采用火法冶炼工艺，使钒富集于渣中制得钒渣；再以钒渣为原料，经过同直接提钒法相同的过程制取五氧化二钒。钒铁生产的主要原料是钒钛磁铁矿，所以多采用间接提钒法。矿石经选矿富集后，通过高炉炼出含钒生铁，在雾化炉或转炉吹炼过程中提取钒渣。

钒铁冶炼方法 冶炼钒铁的主要方法有电硅热还原法和铝热法。①电硅热还原法。片状五氧化二钒用75%**硅铁**和少量铝作还原剂，在碱性电弧炉中，经还原、精炼两个阶段炼得合格产品。还原期将全部还原剂与占总量60%～70%的片状五氧化二钒装入电炉，在高氧化钙炉渣下进行硅热还原。当渣中五氧化二钒小于0.35%时，放出炉渣（称为贫渣，可弃去或作建筑材料用），转入精炼期。此时，再加入片状五氧化二钒和石灰，以脱除合金液中过剩的硅、铝等，当铁合金成分达到要求时，即可出渣、出铁合金。精炼后期放出的炉渣称为富渣（含五氧化二钒达8%～12%），在下一炉开始加料时返回利用。此法一般用于冶炼低钒铁（含钒40%～60%），钒的回收率可达98%。②铝热法。用铝作还原剂，在碱性炉衬的炉筒中，采用下部点火法冶炼。先把小部分混合炉料装入反应器中，即行点火。反应开始后再陆续投加其余炉料。通常用于冶炼高钒铁（含钒60%～80%），回收率较电硅热还原法略低，为90%～95%。铝热法对工业五氧化二钒品位要求高，钒的回收率低，成本较高。

（储少军）

钒冶金 vanadium metallurgy 从含钒物料中提取钒化合物并生产金属钒的技术。历史上，钒曾两次被发现。1801年，西班牙A.M.del里奥首先发现了钒元素，当时被误认为是不纯的铬。1830年，瑞典N.G.塞夫斯特穆再次发现了钒，并以斯堪的纳维亚女神Vanadis的名字将其命名为vanadium，以表示钒的化合物在溶液中所呈现的丰富多彩的颜色。同年，德国人F.维勒通过实验证实了里奥发现的就是钒。1867年，英国人H.E.罗斯科用氢还原氯化钒首次制得金属钒。1927年，J.W.马登和M.N.里奇加热五氧化二钒、金属钙和氯化钙的混合物，制得纯度为99.7%的金属钒。

主要原料 含钒物料主要分为：①通常仅用来加工提钒的含钒原料，如绿硫钒矿、硫钒铜矿、钒云母及含钒石煤（钒页岩）等。其中含钒石煤是中国储量丰富的特有含钒原料，为钒冶金工业重要的原料来源。②可提取加工其他成分后再综合利用的含钒原料，如钒钛磁铁矿、含钒铁矿、铀钒矿、磷块岩等。其中钒钛磁铁矿是全球范围内另一主要含钒资源。③二次含钒原料，如石油燃烧后的飞灰、废催化剂等。

钒的生产第一步是从各种类型的含钒矿石中制取钒的氧化物或其他化合物，然后再用以生产钒铁合金或金属钒。为了制取高纯金属钒有时还需增加金属钒精炼环节。

钒化合物的提取 从含钒物料中提取钒产品（主要为钒氧化物或钒铁等）的过程。含钒原料不同，采用的提取工艺技术不同。通常钒化合物的提取可分为湿法提钒与火法提钒，其中湿法提钒工艺应用较为普遍。湿法提钒工艺通过**浸取**工序，将含钒物料中的钒转移至浸取液中，再经净化富集、沉钒及煅烧等工序制得五氧化二钒、三氧化二钒、偏钒酸铵、钒酸钙、钒酸铁等钒化合物。火法提钒工艺通常借助

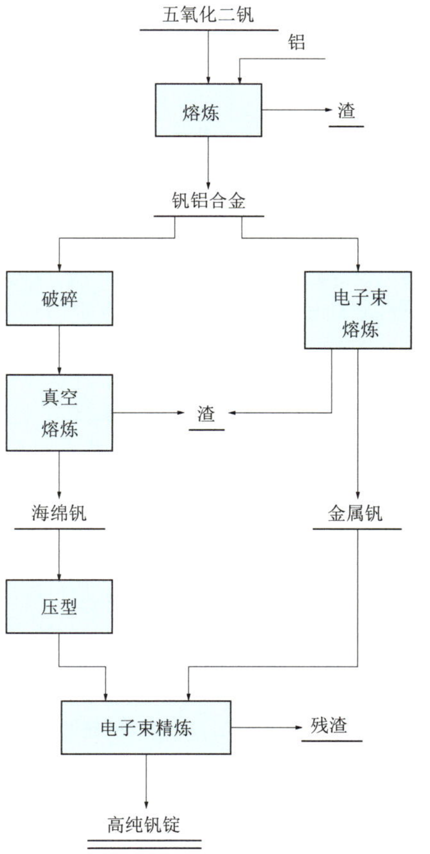

铝热还原法生产钒的工艺流程

高温及添加剂的作用，使含钒物料中的钒以气态形式挥发，收集挥发物获得钒化合物，如钒的氯化挥发提取工艺。

金属钒的制取　主要以五氧化二钒和三氧化二钒或者钒卤化物为原料，通过还原法来制取钒。还原法一般分为用金属还原和非金属还原两种方法。金属还原主要采用钙热还原法、镁热还原法和铝热还原法（见图）；非金属还原主要采用真空碳热还原法和氢还原法。由钙、镁、铝等金属及碳、氢等非金属还原制得的金属钒统称为还原钒。还原钒纯度不够高，需进一步精炼提纯得到高纯度的金属钒，才能满足优质合金、原子能工业、微电子工业等领域的应用要求。还原钒中的杂质，一类是原料中夹杂物的残留引入，另一类是由生产环境（包括反应器、**耐火材料**及气相环境中氮气、氧气等）引入。去除杂质的方法有热真空处理法、高温真空精炼法、电解精炼法以及碘精炼法等。

由于钒原料来源的扩展，新的提钒工艺也随之出现，其中包括从原子能等新兴工业中引进的一些分离提取技术，如萃取、离子交换、铵盐沉钒等，这些技术使钒的产量及纯度都有很大的提高。

扩展阅读

杨守志.钒冶金.北京：冶金工业出版社，2010.

廖世明，柏谈论.国外钒冶金.北京：冶金工业出版社，1985.

（张一敏）

反浮选　reverse flotation　将不需要的脉石矿物浮选到泡沫产品中，而将需要的有用矿物留在槽内产品中的**浮选**过程。根据**捕收剂**类型的不同，一般可分为阴离子捕收剂反浮选和阳离子捕收剂反浮选。反浮选在氧化矿及盐类矿物的浮选中得到应用，如铁矿石反浮选，主要是将石英等脉石矿物作为泡沫产品浮出；铝土矿反浮选，主要是将硅酸盐脉石矿物作为泡沫产品浮出；磷矿反浮选，主要是将方解石、白云石等碳酸盐脉石矿物或硅酸盐脉石矿物作为泡沫产品浮出。特别是阳离子捕收剂反浮选具有耐低温、选择性好、适应性强的特点，在提铁降硅及铝土矿脱硅浮选工艺中得到应用。（蓝卓越）

反挤压　indirect extrusion　金属流动方向与挤压轴（杆）运动方向相反的**挤压**技术。又称反向挤压。通常用于生产一些塑性较差的金属和大直径薄壁管材。反挤压（见图）时坯料与挤压筒无明显的相对运动，降低了用以克服挤压筒与坯料之间的摩擦所做的附加功，挤压力较小，金属流动也比较均匀，成品率较高，但生产效率较低。

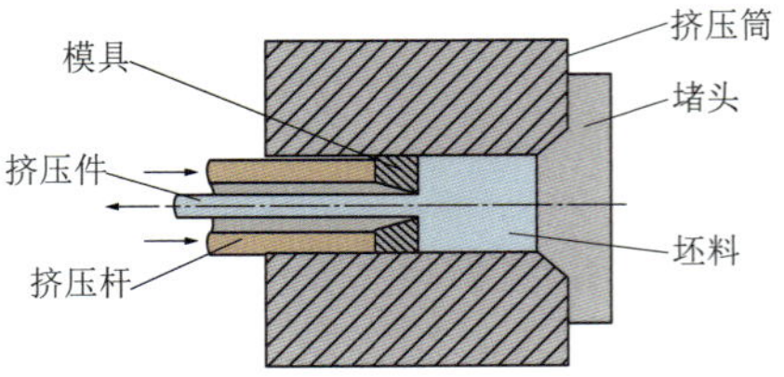

反挤压示意图

由于反挤压工具的设计与制造比较复杂，产品质量不稳定等，其应用范围远不如**正挤压**。但随着专用反挤压机的出现和加工模具结构的改进，反挤压技术的应用范围也在不断扩大。

（谢水生）

反射炉　reverberatory furnac　燃料不直接与炉内原料接触，而靠辐射使原料增温的**冶金炉**。炉内传热方式不仅是靠对火焰的反射，更主要的是借助炉顶、炉壁和炽热气体的辐射传热。就传热方式而言，很多炉型（如**加热炉**、平炉等）都可归于反射炉，但一般指有色金属冶炼用的反射炉。在有色金属冶炼中，反射炉用于干燥、焙烧、熔炼、精炼、熔化、保温和渣处理等工序。

19世纪以来，炼铜反射炉发展较快。现代大型炼铜反射炉（见图）为长方形，其内部尺寸为：长30～36米，宽7～11米，高3～4.5米。采用优质耐火材料砌筑，炉顶有拱式和吊挂式两种。燃烧器设在炉头部，烟气从炉尾排出。炉料由炉顶或侧墙上部加入，浮在熔池面上的**炉渣**连续地从一端溢出，产品**冰铜**（主要成分为Cu_2S和FeS）从侧墙底部放出。宜于处理充分混合、细碎、含铜品位较高的精矿，不宜处理大块物料。采用富氧鼓风和减少漏风的办法，氧气喷吹装置将精矿喷入炉内的办法，以及将反射炉熔炼改为侧墙鼓风的**熔池熔炼**等，都可提高烟气中的二氧化硫浓度，使二氧化硫得到利用。

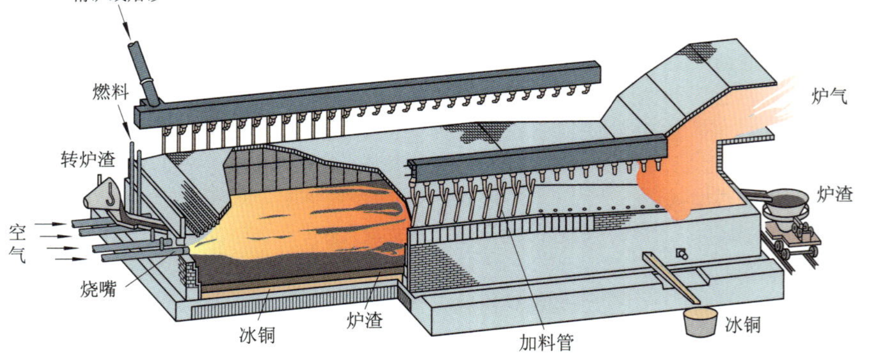

炼铜反射炉示意图

反射炉具有结构简单、对原料及燃料的适应性较好、炉体寿命长、操作方便、容易控制、作业率高等优点，缺点是燃料消耗较大、热效率较低、低浓度二氧化硫烟气污染环境严重。

（周筠清）

反应烧结　reactive sintering　粉末压坯在一定温度下通过固相、液相和气相相互之间发生化学反应进行材料合成，并完成烧结致密化的过程。广义的反应烧结包括：形成化合物的烧结，如反应烧结碳化硅、莫来石、压电陶瓷等；单相粉末只发生晶体结构转变的烧结过程，如煅烧Al_2O_3；形成固溶体的烧结过程，如粉末冶金钢的烧结；液相烧结和瞬时液相烧结等。另外，燃烧合成中金属和陶瓷粉末是依赖物质反应自身放热，在极短的瞬间实现反应合成和反应烧结。

反应烧结的烧结原理和特征为：①在反应烧结过程中，物质迁移发生在长距离范围内，受溶解沉淀、原子扩散、界面结构等控制，反应烧结的温度一般比其他烧结方法要低。②按工艺要求加入的添加剂以原子级直接与各个结晶体结合，不进入晶界，抑制了高温下的晶界软化，使烧结体具有优良的抗高温蠕变性能。③能实现净尺寸烧结，使制品保持生坯的形状、尺寸，烧成收缩率低，可制备大尺寸、复杂形状的部件。

反应烧结时，材料显微组织的形成受反应剂成分、生坯结构和烧结条件等工艺参数的影响。反应剂粉末的连通分布有利于减少孔隙的形成。反应剂粉末的粒度和生坯成形方式（如轧制、挤压或模压）都能改变反应剂的分布。烧结工艺参数如烧结温度、升温速率、烧结气氛、是否加压等均会影响反应烧结时的材料合成、传质传热过程及致密化行为。反应烧结技术已广泛应用于陶瓷和金属间化合物的制备，如碳化硅、氮化硅、铁氧体、TiAl基合金等。（李丽娅）

范 model　铸造金属器物的铸型。古代的铸范按材料不同分为石范、泥范、金属范和砂型。其中金属范又分为铜范和铁范。

石范　用片麻岩、滑石或其他较软的石料制成。甘肃玉门火烧沟遗址出土的铸镞石范是中国年代较早的石范（图1），年

图1　五铢石范

代约为公元前16世纪。石范早期用于铸造简单的生产工具和兵器。中国在二十几个省份均有石范出土，如山西夏县东下冯遗址出土夏末商初时期的铸镈石范，江西吴城商代遗址出土35件石范，河南新郑出土战国刀、削石范，贵州普安铜鼓山遗址出土战国秦汉时期铸造兵器和工具的石范34件。汉代到南北朝期间用石范铸造货币。隋唐以后仍有用石范铸造装饰品的。从考古发掘情况来看，所出石范多为双面范，斧范、钱范等为双面有芯范。石范铸造技术多用于简单的工具、刃具、钱币的铸造，难以铸造较大及结构复杂的器物。

泥范　用经过筛选的黏土和砂制成。焙烧温度高时，接近陶质，亦称陶范。商周时期广泛使用泥范铸造。河南二里头遗址已有用泥范制作的实物出土。西周时期的范由细料和粗料两层组成，这种范既能铸出精美的花纹，又有较高的强度。战国后期陶范的砂比增大，提高了耐高温性能。为使铸件光洁，还在范表面涂黑烟粉、细泥浆、滑石粉等（图2）。汉代陶范中加入熟料，以减少范的开裂。

铜范　用青铜铸成，多用以铸造钱币。西安坡头村和辽宁黑城子都曾出土汉

图2　山西侯马出土的兽头模

代铸钱铜范。其他器具也有铸造，如吉林省前郭县出土金代犁铧铜范，为合范，上下范有定位的凹凸榫卯。

铁范　用铸铁制成，可以反复使用多次。铁范最早发现在战国时期的燕国和赵国。1953年河北兴隆燕国冶铸遗址出土了48副87件铁范，其中60%为农具范（图3）。各式铸型由两合铁范组成，有的空腔器物

图3　河北兴隆出土的铁锄范

还含有铁芯。在河北石家庄、磁县和江西新建等地出土多批战国铁范。到了汉代，铁范的使用范围和地域进一步扩大，河北满城汉墓，河南南阳、郑州、鲁山、镇平，山东莱芜、滕县（今滕州市）、章丘及湖南桑植等地的汉代冶铸遗址或窖藏中都有铁范或铸造铁范的陶模出土，铸造器物的品种比战国时增加。魏晋南北朝时期，铁范的使用范围继续发展和扩大，其品种增加到20种以上。在河南渑池汉魏冶铁遗址中，有许多铁范出土。宋以后，由于铁农具、工具大多改为锻制，铁范的应用范围缩小，但犁铧、犁镜仍在使用铁范铸造。山西阳城犁镜自明清时期开始使用铁范铸造，一直沿用至今。

砂型　以型砂和芯砂为造型材料制成铸型。通常型砂是由原砂（山砂或河砂）、黏土和水按一定比例混合而成。其中，黏土约为9%，水约为6%，其余为原砂。有时还加入少量如煤粉、植物油、木屑等附加物，以提高型砂和芯砂的性能。山西长治唐代开元通宝铸钱遗址、陕西宝鸡乾元重宝铸钱遗址出土的遗物表明，唐代已经普遍采用了砂型铸造（**翻砂法**）生产钱币。

（李京华　李秀辉）

范性形变 plastic deformation　材料所受的应力超过一定值时表现出的不可逆的永久变形。又称**塑性变形**。利用范性形变不仅可以把材料加工成所需要的形状，而且能使金属材料的性能得到改善（见**金属塑性加工**）。金属材料与范性形变相关的宏观力学性质，常用拉伸实验的应力－应变曲线表征。金属范性形变的方式可有以下几种。

滑移　构成晶体的宏观塑性变形的滑移分为单晶体滑移和多晶体滑移两种类型。

单晶体的滑移　研究金属材料范性形变的微观过程，常借助于单晶体拉伸实验。金属晶体范性形变最主要的方式是滑移，也就是晶体的相邻部分在切应力作用下沿着一定的晶面和一定的晶体方向相对移动（图1），这些晶面和晶向分别称为滑移面和滑移方向。滑移时在**晶体表面**出现一些线状痕迹，称为滑移线。实际上它们是滑移面两侧晶体相对移动在晶体表面上造成的台阶（图2）。滑移面经常是原子的最密排面，滑移方向总是原子的最密排方向。一个滑移面和该面上的一个滑移方向合起来称为一个滑移系统。面心立方金属有4种等价的滑移面{111}，每种滑移面包含3个不同的滑移方向<110>，共组成12个滑移系统。

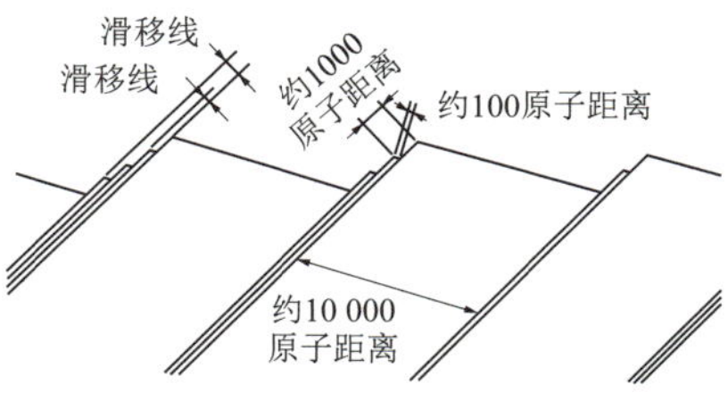

图1　晶体内部的滑移带和显示在晶体表面上的滑移痕迹示意图

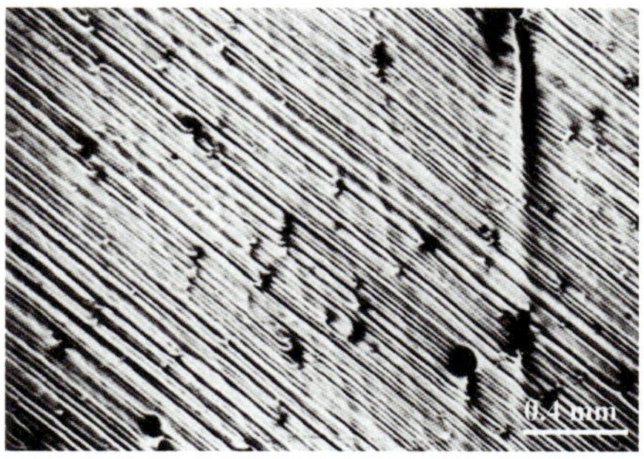

图2　Cu合金形变时滑移的扫描电子显微镜照片

单晶体拉伸实验还表明，只有当某个滑移系统上的分切应力达到一定临界值时，该系统才开始动作。这个最低的应力

称为临界分切应力。根据拉伸屈服应力和滑移系统相对于单晶体拉伸轴的方位，可以测出临界分切应力值。一般常见的纯金属临界分切应力为10^{-5}～$10^{-4}\mu$（μ是材料的切变模量）。晶体成分、温度和形变速度对临界分切应力都有显著影响。

单晶被拉伸时，分切应力最先达到临界值的滑移系统首先开始滑移。但是随着滑移的进行，晶体受到附加力矩的作用发生已滑移系向施力轴方向靠近的转动，使其他各个滑移系统上的分切应力相应变化，以致更多的滑移系统参加滑移。

与弹性形变不同，范性形变在晶体中的分布是不均匀的。滑移线现象说明，晶体的范性形变实际上仅由部分晶面上的滑移承担。不仅如此，即使在一个晶面上，滑移也是先从局部开始，然后再由小到大地逐步扩展滑移面积。从原子角度来看，滑移过程的机制最终归结为**位错**沿滑移面的运动。在此基础上可以想象，范性形变所需的力应该是用于克服位错产生、增殖和运动时所遇到的障碍，而形变速度则决定于单位体积中位错数量的多少，以及位错本身的运动速度。

由于位错附近的原子已经从点阵的平衡位置移动出来，使位错前进一个原子间距，所要求原子的移动距离是很小的，而且随着位错的运动，在一些原子势能升高的同时另一些原子势能降低，总能量变化很小，所以晶体以位错运动的机制逐步滑移，比无位错完整晶体做刚性相对滑移所需的力要小得多；在后一种情况下，要经历滑移面上的全部原子同时向高能位置移动的过程。然而，位错毕竟要克服势垒才能前进，这种来源于晶体周期性结构的阻力称为点阵阻力。点阵阻力与原子间结合键的性质密切相关。金属晶体在范性性质上与共价晶体和多数离子晶体具有显著差异的根本原因，在于点阵阻力较小。晶体中的点缺陷、其他位错、晶粒间界、第二相质点等因素对位错的运动也产生阻力。提高金属抵抗范性形变的能力（宏观表现为提高流变强度），便是以合理地利用这些因素给位错的运动设置障碍作为主要手段。

如果晶体中原来位错很少，或者原有位错因本身结构特殊、受到杂质原子的牢固钉扎而不容易运动，滑移的启动将比较困难，这是共价晶体和体心立方金属有上下屈服点现象的根源所在。与此相反，面心立方金属的屈服就比较顺利。

宏观范性形变的开始，标志着晶体中已经出现了很多可移动的位错；然后随着变形的进一步发展，位错会大量的增殖。例如，强烈的范性形变可以使金属中的位错密度达到10^7～10^{12}厘米$^{-2}$的数量级。范性形变时，伴随着位错的运动、增殖，在它们之间发生复杂的相互作用，这些过程在单晶体应力–应变曲线上可以不同程度地反映出来。图3是面心立方金属单晶体典型的拉伸曲线，图中纵坐标为分切应力（τ），横坐标为切应变（γ）。根据应变硬化系数的变化，可以把曲线分为3个阶段，依次称为易滑移区（Ⅰ）、线性硬化区（Ⅱ）和抛物线硬化区或动态回复区（Ⅲ）。

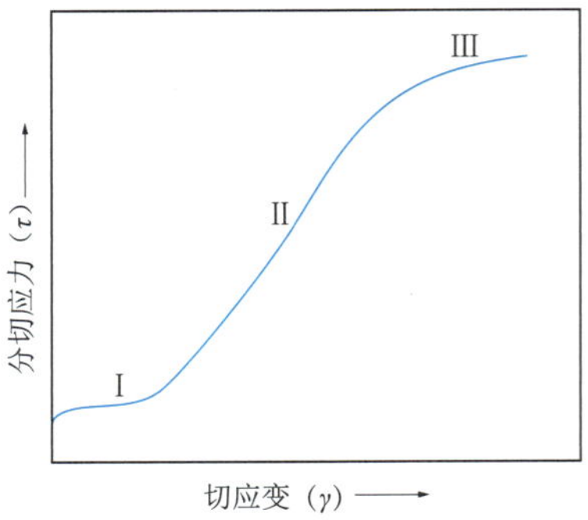

图3　面心立方单晶体的应力–应变曲线

以透射电子显微镜观察变形晶体为主要实验依据的理论认为，在第Ⅰ阶段，晶体中位错密度低，分布均匀，它们可以沿自己的滑移面长距离运动而与其他位错干涉很少，所以应变硬化速率小。当变形进入第Ⅱ阶段的时候，位错密度增大到中等程度，并且逐步形成一种准均匀分布状态，即比较密集的大量位错相互缠结构成胞壁，把晶体分割成为内部位错密度相对稀疏的胞状组织（图4a）。在第Ⅱ阶段，随应变量的增大，位错继续增殖和运动，胞内不断形成新的胞壁，胞的尺寸随之减小（图4b），但位错分布特征保持不变，从而使得应力与应变呈线性关系；最后胞的尺寸减小到胞内不再形成新胞壁，胞的尺寸基本稳定不变，于是便开始了第Ⅲ阶段。至于三个阶段的相对长短，则通过对位错的增殖、运动和相互作用的影响，与晶体成分、位向、初始位错密度和温度等因素有关。其他晶体的范性形变也表现出类似的过程。

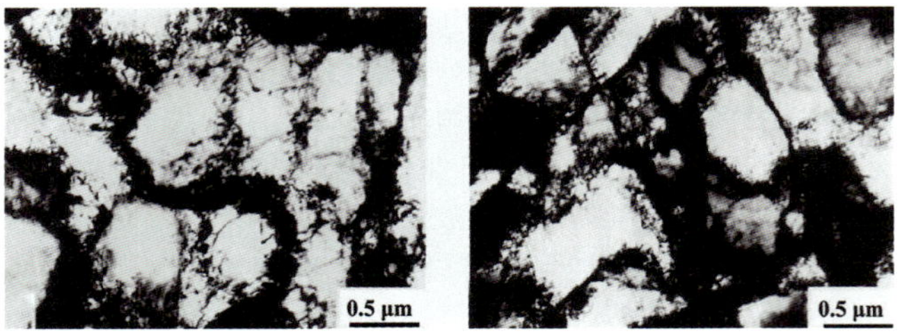

a　应变量7%　　　b　应变量14%

图4　钢中形变时形成的位错胞状组织

多晶体的滑移　在绝大多数情况下，金属以多晶体形式使用。多晶体是由大量称为晶粒的小晶体组成，每个晶粒的取向与其相邻晶粒不同，从而使金属在外力作用下宏观表现为各向同性体。多晶体范性形变时，一个晶粒的变形必须与相邻各个晶粒的变形相协调，否则材料的连续性将不能保持。为了使多晶体通过滑移产生连续性不受破坏的变形，每个晶粒中至少要有5个独立的滑移系统动作。在应变很小的情况下，各个晶粒也明显地在几个滑移系统上滑移，特别是在靠近晶界的区域。由于晶粒间界对滑移的阻碍作用，以及多个滑移系统的位错相互干扰，多晶材料的应变硬化速率比单晶体大许多倍，而且其应力–应变曲线不像单晶体那样表现出明显的阶段性。

在多晶体范性形变过程中，各个晶粒在形状改变的同时也发生转动。经过较大的形变之后，各个晶粒的某一晶体方向逐渐集中到施力轴方向上，这种状态称为**择优取向**，得到的组织称为织构。金属的形变织构依照加工方式的差异具有不同的类型。多晶体中有了织构之后，其性能在一定程度上表现出各向异性。随材料使用场合的不同，这种各向异性可能有害，也可能有益。

孪生　孪生是晶体范性形变的另一种重要方式。与滑移相似，孪生也使晶体产生切变。孪生切变同样沿着一定的晶面和晶向产生，这些晶面和晶向分别称为孪生面和孪生方向。孪生和滑移之间又存在着很大差别。滑移时，相对移动集中在少数原子面上，而每个面上的移动量可以达到点阵间距的很多倍。但是孪生形变时，切变却均匀地分布在孪生区的每一个原子面上，结果使相邻的两部分晶体恰好成为镜像对称关系（图5），即为**孪晶**。在孪晶区中，每个原子面的绝对移动量与该面到对称面的距离成比例，也就是所有相邻原子面的相对位移都相等，并且等于点阵间距的某个分数。

以孪生方式变形一般比滑移变形需要更大的切应力，所以只有在滑移不容易进行的情况下，才产生孪晶。例如密排六方金属由于滑移系少，在取向不适于滑移的情况下会产生孪晶；体心立方金属在低温或形变速度很高的情况下容易产生孪晶；面心立方金属只有在极低的温度下变形才有可能产生孪晶。孪晶往往以极快的速度产生，由于变形突然增加，会在应力–应变曲线上引起锯齿状的波动。孪晶

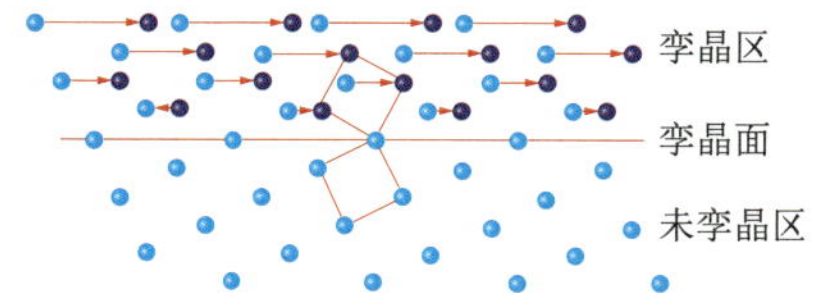

图5　简单立方晶体产生（120）面孪晶示意图
（蓝色小圆为原子初始位置，
紫色小圆为原子最终位置）

的产生过程也可以用位错运动机制说明，但由于孪晶带来晶体取向的改变，产生孪晶的位错是不全位错。

扭折　晶体可以通过扭折发生不均匀的范性形变，图6是镉晶体受轴向压缩时

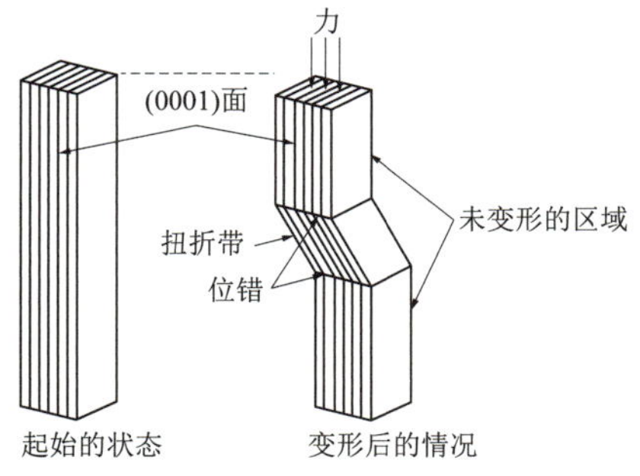

图6　镉单晶棒的扭折

产生的扭折带，带中晶体取向有较大的变化并有点阵的弯曲。

定向扩散形变　在温度足够高同时又有应力加在晶体上时，在应力场和热激活的作用下，间隙原子和比基体原子大的代位溶质原子将从晶体的受压缩部分向膨胀部分迁移；相反，空位和比基体原子小的代位溶质原子将从晶体的膨胀部分向压缩部分迁移，大量原子迁移的结果可引起宏观变形，即定向扩散形变。对于金属晶体，在大多数情况下扩散形变与空位定向流动相关，空位一方面在某些位错、晶粒间界和晶体表面处消亡，同时又可以比较容易地在另一些位错、晶粒间界和晶体表面处产生，从而保持不断的流动（图7），而空位流动的效果便相当于反向的原子流动。

由于位错可以充当空位和间隙原子的源泉及其尾闾，它们将不断地在位错线上产生和消亡，结果导致位错多余半原子面的伸长或缩短，两者都使位错从自己原来的滑移面攀移出来。当位错在滑移面上遇到障碍的时候，位错攀移可以帮助它们绕过障碍，继续滑移更远的路程，这种机制在高温蠕变变形中起着重要作用。

晶界滑动　高温下多晶体晶粒间界处的结合削弱，相邻的晶粒可以在切应力作用下沿着晶粒间界相对滑动。晶界滑动速度缓慢，因此也是在蠕变条件下，即高温度和低应力的情况下才显得重要。晶粒尺寸越小，即单位体积中晶界面积越大，晶界滑动对总应变量的贡献越大。一般需要在晶粒内部有某些位错运动来配合晶界滑动，这是由于大多数晶粒形状不规则，为了在发生晶界滑动时不出现裂隙，晶粒形状必须作相应的变化；位错运动是满足这种要求的主要途径，扩散形变也会有所帮助。在某些情况下，材料可以通过晶粒之间的相对滑动发生高达1000%的形变而不破裂，造成所谓的超塑性，这就要求晶粒十分细小，变形温度和变形速率的限制也较严。有些合金在相变温度附近形变时也出现超塑性现象。

如果在形变同时来得及进行**回复和再结晶**，从而造成应变硬化的消除和范性形变能力的恢复，也可以使材料获得高的变形程度。实践中广泛采用的热加工工艺主要是利用了这种过程。

非晶态材料的范性形变　与晶体完全不同，该形变依赖于原子或分子的扩散及它们的相对移动。　（肖治纲）

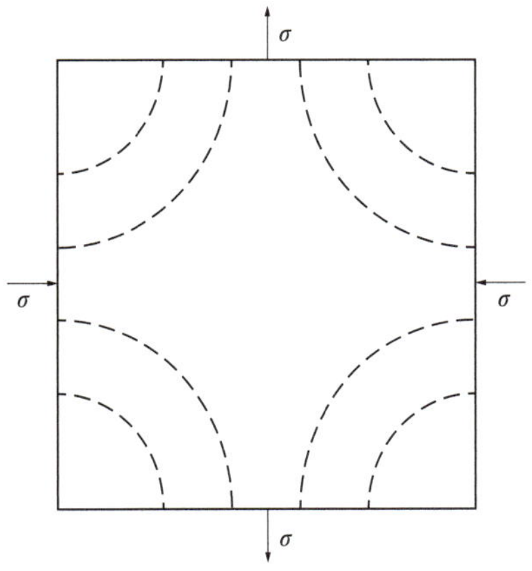

图7　空位在应力场的定向流动

范铸法　mold casting process　用范组合成铸型进行浇铸的方法。早期的范只能铸一件器物，商代中期发展到一范可铸多件器物，春秋时期有可重复使用、器形简单的泥范。范铸法具有铸接、铸焊、铸镶等多种工艺形式：①铸接。在器体上加铸附件，或先铸出附件再和器体铸接，如商代的四羊方尊即其代表作。②铸焊。把分铸的部件用铅锡合金或铜铸焊在一起，成为成形铸件，如春秋时期的莲鹤方壶。③铸镶。将预铸的花纹状红铜片安放在范内，浇铸器件时镶铸在器件表面。经磨砺抛光，铜片呈现和器件不同的色泽，具有装饰效果。

（李京华）

房柱采矿法　room-and-pillar mining method　在矿房回采过程中，利用围岩和留下的规则连续矿柱或间柱维护采场稳定性的**空场采矿法**。简称房柱法。采矿系统回采矿房长轴方向可沿走向或沿倾向布置，在矿块或采区内矿房和矿柱交互布置，矿柱为排列规则的圆形、矩形或条带形，矿房以敞空形式存在。通常矿房宽8～20米，矿柱宽3～7米。顶板稳固性稍差、矿石价值低或开采结束后采空区留作地下建筑物使用时，应采用条带形连续矿柱维护采场稳定性。阶段运输巷道多布置在脉外底板岩石中（也可布置在脉内），矿房下端布置矿石溜井与运输巷道连通（见**矿山井巷**）。回采工作面沿矿房长轴逆倾斜向上推进，回采前先沿矿房长轴掘进切割上山，贯通上下阶段运输巷道，然后在矿房下端开切割槽。薄矿体用浅孔落矿，中厚以上矿体用浅孔分层或垂直深孔落矿。矿石用电耙、装运设备或爆力运搬至溜井，在水平和微倾斜矿体中可用无轨自行设备直接运出。采用上向分层回采顺序时，

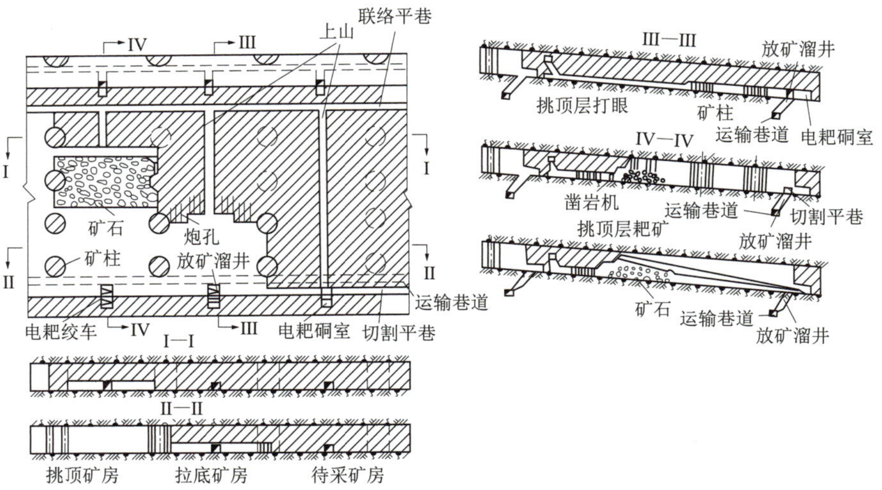

图1　浅孔房柱法示意图

先采最下分层，进行矿房拉底，然后依次回采上部各分层。采用下向分层回采顺序时，上部分层超前，形成下向台阶工作面，用下向垂直或倾斜深孔落矿。矿柱一般不再回采，占矿量的15%～40%。根据不同的崩矿孔深，可以划分为浅孔房柱法（图1）和中深孔房柱法（图2）。

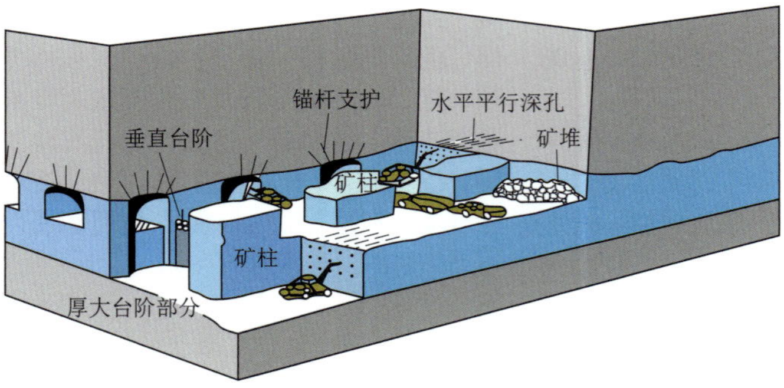

图2　机械化开采的中深孔房柱法示意图

房柱采矿法适于回采矿石价值不高、矿岩稳固的水平或缓倾斜矿体。矿体厚度小于8米，采用浅孔房柱法；矿体厚度8～20米，采用中深孔房柱法和无轨设备出矿。

房柱采矿法的优点主要有：**采准**工作量小、**回采工艺**简单、坑木消耗少、通风条件良好、采矿直接成本低。由于矿体倾角缓，矿岩稳固，回采空间大，便于应用高效率的大型无轨采掘设备，所以，机械化程度高、劳动生产率高、矿块生产能力大。缺点是矿柱矿石损失量大，对于非连续矿柱，矿石损失为15%～20%，对于连续矿柱，矿石损失达40%；在矿体厚度大时，不易检查顶板，安全性差。

随着锚喷支护和各类高效自行回采设备的广泛使用，房柱采矿法开采厚度可超过30米，已使用8立方米铲斗的装运机和50吨自卸汽车。在开采较贵重矿床时，回采部分矿柱可用混凝土柱代替，以降低矿石损失。

扩展阅读

解世俊.金属矿床地下开采.北京：冶金工业出版社，1986.

（胡建华）

房柱采矿嗣后充填法　room-and-pillar mining with subsequent backfill　用*房柱采矿法*进行矿石回采，并用充填料一次性充填采空区以支撑围岩，为间柱或周围采场的回采创造条件的*采矿*方法。一般沿矿体走向将阶段或盘区划分成若干个矿房与矿柱，矿房与矿柱交替布置。矿房的长轴可沿矿体走向、沿倾斜或伪倾斜布置，主要取决于所采用的运搬设备和矿体的倾角。房柱采矿嗣后充填法的**回采工艺**与*房柱采矿法*相同，回采方法根据矿体不同而异。①当矿体厚度小于2.5～3米时，一次采全厚，沿走向或逆倾斜推进。②当矿体厚度大于2.5～3米时则分层回采。分层回采按照回采顺序可分为上行回采和下行回采。上行回采时，先采最下分层，进行矿房拉底，然后依次回采上部各分层；下行回采时，首先用浅孔全面或超前回采切顶层，形成下向台阶工作面，然后钻凿水平炮孔或垂直炮孔进行*落矿*。③当矿体厚度大于8～10米时，应采用中深孔或深孔落矿方法回采

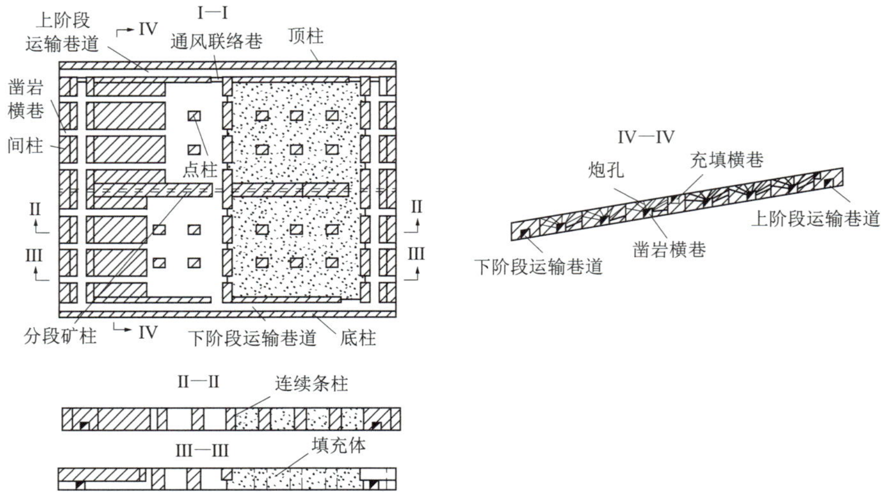

房柱采矿嗣后充填法示意图

矿石。矿石用电耙、装运设备或爆破力运至*溜井*，在水平和微倾斜矿体中可用自行设备直接运出。

房柱采矿嗣后充填法作业安全，生产能力大，采准切割工程量小，矿石损失贫化率低，通风良好，工作组织简单。

（尹升华）

放电等离子烧结　spark plasma sintering　利用石墨模具的上、下模冲和通电电极，将直流脉冲电流和压制压力同时施加于粉末体，通过等离子活化和热塑变形，实现粉末体快速固结成形的烧结技术。又称等离子活化烧结、等离子辅助烧结。简称SPS。20世纪30年代美国科学家就提出了脉冲电流烧结原理。但是直到1965年脉冲电流烧结技术才在美、日等国得到应用。日本获得了SPS技术的专利。1988年日本研制出第一台工业型SPS装置，并推广应用于新材料研究领域。

直流脉冲电流的主要作用是产生放电等离子体、放电冲击压力、焦耳热和电场扩散效应等。在SPS过程中，脉冲电流直接通过上、下模冲和烧结粉体，电极通入直流脉冲电流时产生放电等离子体，使烧结体内部粉末颗粒均匀发热并使颗粒表面活化，实现烧结快速进行。SPS过程可以看作在脉冲电流作用下，粉末颗粒间放电、通电产生焦耳热和加压综合作用的结果。除加热和加压这两个因素外，粉末颗粒间的表面放电可产生局部高温，使表面局部熔化；高温等离子体溅射和放电冲击可清除粉末颗粒表面杂质（如表面氧化物等）和吸附的气体，这些因素均对烧结过程有促进作用。

SPS系统主要由轴向压力装置、烧结模具、脉冲电流发生器和电阻加热设备组成。放电等离子烧结具有在加压过程中烧结的特点，脉冲电流产生的等离子体及烧结过程中的压制压力有利于降低粉末的烧结温度。放电等离子烧结的烧结时间短、冷却迅速、晶粒均匀、材料致密，可用来制备高性能金属、陶瓷、纳米材料、非晶材料、复合材料、梯度材料等。

扩展阅读

阮建明，黄培云.粉末冶金原理.北京：机械工业出版社，2012.

GUILLON O, GONZALEZ-JULIAN J, DARGATZ B, et al. Field-Assisted Sintering Technology/Spark Plasma Sintering: Mechanisms, Materials, and Technology Developments. Advanced Engineering Materials, 2014 (16): 830－849.

（韦伟峰）

放矿　ore drawing　应用*崩落采矿法*时，采下的矿石在崩落围岩覆盖下放至出矿巷道的流动过程与放出作业。为形成崩落采

矿法正常回采条件，并防止围岩大量崩落发生安全事故，一般在崩落矿石层上面覆以岩石层，该岩石层被称为覆盖层。崩落覆盖层的作用是控制地压，形成缓冲垫层和良好的放矿与挤压爆破条件。覆岩下放矿的主要特点是崩落矿石与废石直接接触。为减少矿石的贫化损失，应保持上部矿岩接触面按一定的形状均匀下降，尽量减少侧面的废石混入矿石中。

随着分段和阶段崩落采矿法的广泛应用，20世纪40年代苏联学者首先提出放出体概念，50年代提出椭球体放矿理论，60年代应用了振动放矿技术。60年代以来，许多国家都在利用物理模型法、数学分析法和计算机模拟法研究放矿问题，主要是覆岩下放矿时崩落矿岩的移动规律（包括单孔放出时崩落矿岩移动规律与多漏孔放出时崩落矿岩移动规律）、放矿过程中矿石损失与贫化的机理及降低损失与贫化的技术措施、优选崩落采矿法的合理结构参数和放矿制度、研制高效率放矿设备，以及编制完善的放矿制度，以求降低矿石损失贫化和取得最好的经济效果。

自崩落矿块底部的一个放出孔进行放矿时，放出的散体在矿岩堆里原来占据的位置所构成的形体称为放出体。在无边界条件限制的情况下，因放出体的几何形状近似一椭球体，故称之为放出椭球体。放出椭球体在被放出过程中，其表面仍保持近似椭球状，称此为移动椭球体。随着放出矿石，移动椭球体表面颗粒点同时被放出，其表面上各颗粒点的高度相关系数在移动椭球体的移动过程中保持不变。经过某一时刻从放矿孔放出一定的散体量，该散体量原来在采场里占据的空间位置将由其附近散体下移递补，这样由近及远地引起散体向放出口方向移动。随着投入移动的范围不断扩大，填补该散体所需的散体位移量不断减小，同时移动瞬间物料产生二次松散。二次松散体随矿石放出而扩大，当由二次松散增大的体积量与放出散体量相等时，移动暂时停止。这种在散体堆里发生移动与保持静止的界面构成的形体称为松动体，同样由于松动体的几何形状近似一椭球体，故也称之为松动椭球体。松动椭球体是放矿的瞬态现象，放矿时随着放出量的增多松动体不断扩大，停止放矿后随着时间的推移和受各种机械挠动的影响，松动体边界仍不断扩大，最终松动范围形成移动带。当移动带内散体密度大体上恢复到固有密度时，散体移动（沉实）最终停止，达到稳定状态。在放出矿石过程中，散体内的矿岩接触面逐渐弯曲呈漏斗形，称为移动漏斗，当纯矿石放出体内的矿石全部放出时，弯曲的矿岩接触面的最低点正好到达放出孔，这时的移动漏斗成为降落漏斗。

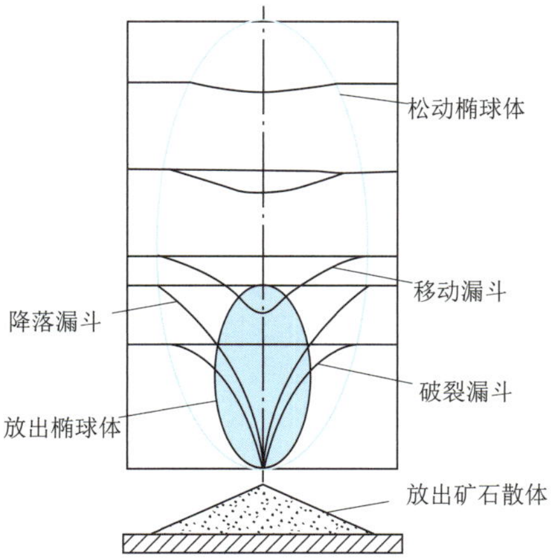

放出椭球体与松动椭球体示意图

多孔放矿时，崩落矿岩移动规律仍以椭球体放矿理论为基础，但各放出孔之间将互相影响。如各放出孔间距相等，矿岩接触面水平，自各放出孔等量顺次放矿时，矿岩接触面可基本保持水平下降，直到某一极限高度。继续放矿，接触面逐渐发生弯曲。弯曲矿岩接触面的最低点到达放出孔时开始贫化。如不采取等量顺次放矿制度，水平矿岩接触面将在到达极限高度前就开始弯曲，这将使贫化提前，矿石损失增大。因此多放出孔放矿时，应选取合理的放矿制度，使矿岩接触面尽量保持水平，均匀下降。

崩落采矿法每一个回采基本单元的矿石回收过程，可以分为纯矿石回收和贫化矿石回收两个阶段。在纯矿石回收阶段，放出的是没有岩石混入的纯矿石，当矿岩接触面到达出矿孔，纯矿石回收阶段结束。若继续放矿，便有岩石（覆岩）混入放出矿石中，放出矿石品位开始下降，放矿进入贫化矿石回收阶段。随着放出矿石量的增加，在单位放出矿石中混入的岩石量也在不断增加，放出矿石的品位不断下降。在当次放出矿石品位下降到放矿截止品位时便停止放矿，转入下一步距回采。

（丁航行）

放射性矿床开采　radioactive deposit mining　对含有铀、镭、钍等天然放射性元素，且具有工业价值*矿床*的开采。放射性矿床开采的基本理论和工艺技术与其他类型矿床的开采没有本质区别，包括地下开采、露天开采等。由于放射性矿床中的天然放射性核素铀-238、铀-235、镭-226、钍-232的半衰期都很长，在衰变过程中产生一系列子体核素，放出α、β、γ射线，因此在放射性矿床开采中有一些特殊要求和特殊方法，主要包括：①开采过程中离不开放射性物探工作，如用放射性物探方法确定矿体的边界和*品位*。②开采中必须重视辐射防护和环境保护工作，严格按照有关标准规定进行，如中华人民共和国国家标准《铀矿冶辐射防护和环境保护规定》（GB 23727—2009）、中华人民共和国核行业标准《铀矿冶工作人员辐射防护管理规定》（EJ 807—94）等。③大多数铀矿床矿体规模小、品位低、埋藏分散，要求开采过程中矿石贫化和损失小，不宜采用中深孔、深孔爆破的采矿方法，需要采用具有上向、下向或倾斜分层回采特点的采矿方法，如*充填采矿法*、*留矿采矿法*、分层崩落采矿法等。④对于渗透性较好的砂岩铀矿，采用原地浸出开采方法（简称地浸），根据浸出试剂的不同又分为酸法地浸和碱法地浸。⑤铀矿生产结束后，必须进行严格的退役治理，尽量恢复到生产前的环境水平。

铀矿开采

扩展阅读

王昌汉.铀矿床开采.北京：原子能出版社，1997.

（谭凯旋）

非工作帮　non-working slope　由非工作台阶组成的采场边帮。非工作台阶主要是露天矿场内已结束了矿山工程的台阶。非工作帮分为两类：①位于采场最终境界的非工作帮，称为最终边帮或最终边坡；②尚未推进至采场最终境界的非工作帮，称为临时非工作帮。

在非工作帮上，常设置供运输用的运

输平台、截拦块石滚落的安全平台和清扫滚落块石的清扫平台。通过非工作帮最上一台阶的坡顶线和最下一台阶的坡底线所做的假想斜面称为非工作帮坡面。非工作帮坡面位于最终境界时称为最终帮坡面或最终边坡面，最终帮坡面与水平面的夹角称为露天矿最终帮坡角或露天矿最终边坡角。（代碧波）

非焦炼铁 non-coking ironmaking 不使用焦炭或少量使用焦炭提炼金属铁的工艺。又称非焦炭炼铁、非高炉炼铁。是*高炉炼铁*之外的炼铁方法。

简史 1770年英国出现了第一个*直接还原炼铁*专利，1873年建成了第一座非高炉炼铁装置，但不久宣告失败。此后几十年非焦炼铁发展缓慢。20世纪20年代，由于电力工业的发展，出现了电炉炼铁。1926年出现了生铁水泥法，在回转窑内用固体碳高温还原处理含硫铁矿石，1931年首先在西班牙投入工业生产。1932年瑞典科学家发明维伯尔（Wiberg）法，在瑞典建成第一座*直接还原铁*生产装置。1934年生产粒铁的回转窑粒铁法（Krupp-Renn）在德国马德堡投入。1957年，墨西哥的希尔萨（HYLSA）公司在蒙特雷投产了第一座年产量95 000吨的希尔法（HYL）气基直接还原装置，标志着现代直接还原炼铁法进入工业化的开始。1969年第一座米德莱法（Midrex）生产装置在美国俄勒冈波特兰建成，使用天然气为一次能源，代表着气基直接还原炼铁技术的重大进步。

20世纪20年代，*熔融还原炼铁*被提出。早期研发的熔融还原炼铁以一步法为主，即在一个反应器内完成全部熔炼过程。由于一步法中还原反应产生的一氧化碳燃烧热不能迅速传递到吸热的还原反应区，迫使熔炼中止而告失败。70年代发展了两步法，即分别在两个反应器内进行固态预还原和熔融态终还原。预还原装置有回转窑、流化床和竖炉等，其中流化床和竖炉居多；终还原装置多为转炉型或电炉型。

工艺 包括直接还原炼铁、熔融还原炼铁、粒铁法、生铁水泥法和电炉炼铁等方法，其中以直接还原炼铁和熔融还原炼铁为主。

直接还原炼铁工艺按照主体设备可以分为竖炉法、反应罐法、流化床法、回转窑法、转底炉法等。按照使用还原剂种类可以分为煤基直接还原炼铁法和气基直接还原炼铁法两类。①煤基直接还原。主要工艺是回转窑直接还原法。回转窑是一个筒型高温反应器，稍呈倾斜放置在几对撑轮（拖轮）上。生产时，回转窑窑体按一定的转速旋转，含铁原料、还原煤（部分或全部）、脱硫剂从窑尾加料段连续加入。随着窑体的转动，固体物料不断翻滚，在窑头排料端设置还原煤喷入装置，提供工艺过程所需的部分热量和还原剂。沿窑身长度方向装有若干支供风管，向窑内供风。燃烧煤释放的挥发分、还原反应产生的一氧化碳和煤中的碳，可补充工艺所需的大部分热量并调节窑内温度分布。物料在移动的过程中，被逆向的高温气流加热，经干燥、预热、碳酸盐分解、铁氧化物还原以及渗碳反应，含铁物料在低于软化温度下转变成直接还原铁。回转窑直接还原法繁多，原料、产品各有差异，但工艺原理和过程基本相同。②气基直接还原。主要工艺是气基竖炉直接还原法。气基竖炉主要由重整器、还原竖炉、炉顶气和冷却气净化装置、直接还原铁处理装置4部分组成。重整器内部装有若干支重整管，管内装有催化剂，其作用在于将天然气转化为由一氧化碳和氢气组成的高温还原气。还原竖炉自上而下分为预热带、上还原带、下还原带、过渡带、冷却带5个带。铁矿石由炉顶加入，经干燥、预热还原成直接还原铁，再冷却到较低的温度。从炉顶排出的气体通过洗涤器进行除尘和冷却，然后由空气压缩机使这些气体再循环；其中1/3气体用作重整器燃烧气，2/3气体加入甲烷进入重整器进行重整。直接还原铁处理装置的作用是出炉的直接还原铁经过热压机和打碎机压成热压块铁。气基竖炉直接还原方法虽多，但工艺过程和原理基本相同。

熔融还原炼铁方法很多，但真正投入工业生产的只有科雷克斯法（COREX）。该法的设备由预还原竖炉、熔融气化炉和其他辅助装置组成。预还原竖炉类似于米德莱法的直接还原竖炉；熔融气化炉类似于*高炉*的炉缸和炉腹。熔融气化炉所用的煤和熔剂由封闭料斗送入加压料仓，再用螺旋给料机加入熔融气化炉。铁矿石（或氧化球团）由预还原竖炉顶部的装料器加入炉内，其受到上升的煤气加热及还原。从还原竖炉排出的预还原矿石金属化率平均为95%。它由螺旋给料机加入熔融气化炉内，在下降过程中被熔化还原为铁水。矿石中脉石和熔剂形成炉渣。炉内生成的渣铁存放在炉缸内定期从炉缸渣铁口放出。

展望 与高炉炼铁相比，非焦炼铁在技术成熟程度、可靠性和生产能力等诸多方面还存在不足，在一定时期内只能成为高炉炼铁的有益补充。但在中国，钢铁工业急需摆脱对焦煤的依赖，实现钢铁生产能源结构的改变。随着环境保护要求的提高，降低总能耗，减少二氧化碳的排放量等环境压力越来越大；改善钢铁产品结构，提高钢铁产品的品质成为钢铁工业发展的重要方向；电炉冶炼纯净钢的发展对高品质、高纯净铁源材料的需要日趋迫切。这些因素决定了非焦炼铁技术将得到发展。

扩展阅读

方觉，等.非高炉炼铁工艺与理论.2版.北京：冶金工业出版社，2010.

张建良，刘征建，杨天钧.非高炉炼铁.北京：冶金工业出版社，2015.

（储满生）

非金属矿产资源 nonmetallic ore resource 分布于地壳，具有经济价值，不具备金属特性，具有满足人类需要的物理、化学性质和工艺特性的矿产资源。非金属矿产资源是矿产资源中的一种，根据工业用途一般分为如下类别：①冶金辅助原料类，如萤石、菱镁矿和耐火黏土等。②化工与化肥原料类，如磷矿、钾盐等。③工业制造业用矿物原料，如石墨、金刚石等。④陶瓷及玻璃原料类，如长石、石英砂、高岭土等。⑤建筑材料原料类，如珍珠岩、花岗岩等。⑥宝石及工艺美术类矿产，如宝石级金刚石、红宝石、蓝宝石、翡翠等。

非金属矿产资源不同于*能源矿产资源*和*金属矿产资源*，其部分资源可直接为人类所利用，如大理岩、土壤等。另外，地下水、二氧化碳气、矿泉水、氦气、氡气等可划分为非金属矿产，也可单独划分为水气矿产。非金属矿产资源概念与其他矿产资源概念有明显的差别，使得根据其特点制定与其他矿产资源不同的勘查和评价规范或标准更为符合实际。

（吴堑虹）

非金属矿物填料 nonmetallic mineral filler 以非金属矿物为主要原料加工而成，具有一定化学性质、颗粒形状和表面特性的填充用粉体材料。是一种常见无机填料，应用于高聚物基复合材料中，用量占5%～80%。非金属矿物填料的使用既可减少树脂用量和降低材料成本，还可赋予材料一定的功能性，如提高材料的强度、刚性、热稳定性、化学稳定性、难燃性、绝缘性等。非金属矿物填料按化学组成可分为氧化物或氢氧化物、碳酸盐、硫酸盐、硅酸盐、碳质及复合矿物填料六大类。非金属矿物填料的填充效果取决于其自身性质，如化学组成、粒度大小和分布、颗粒形状、比表面积、密度、吸油值、白度、硬度、热性能、光性能、电性能、磁性能等，其中化学组成最为重要。

非金属矿物填料的主要作用：①增量。添加廉价的非金属矿物填料以降低制品的生产成本，如在纸张中填充碳酸钙、滑石粉以减少纤维用量。②增强。非金属矿物填料，可有效提高高聚物基复合材料（塑料、橡胶、胶黏剂等）的力学性能（拉伸强度、刚性、耐磨性等）。③赋予功能。非金属矿物填料可赋予填充材料部分功能，如在塑料或橡胶制品中添加水镁石矿物填料，可提高制品的阻燃性。

由非金属矿物加工成满足应用领域要求的非金属矿物填料，一般需经粉碎分级（包括破碎筛分、磨矿分级、超细粉碎、精细分级）、选矿提纯（包括**重力选矿**、**磁选**、**浮选**、**化学选矿**、光电拣选）、表面改性（包括无机表面改性、有机表面改性、机械化学改性）、无机复合、造粒等过程。

非金属矿物填料在工业上的应用领域有：①塑料。薄膜、板片及型材、编织品、包装箱及容器、泡沫塑料、人造革、合成革等塑料制品均需填充非金属矿物填料。②橡胶。主要作为活性填充剂或增量剂，以降低含胶率，降低成本。③造纸。主要用于提高纸品的白度，改善纸品印刷性，降低造纸成本。④涂料。降低生产成本的同时还可提高和改善涂料的耐火性、耐化学腐蚀性、耐湿擦洗性以及流变性等。⑤电子、电力工业。主要用于塑料、橡胶、涂料、油墨、造纸、胶黏剂、电线和电缆、干式电气元器件、集成电路塑封料等方面。此外胶黏剂、化纤、陶瓷、玻璃、耐火材料、胶凝材料、油墨等领域也有应用。

扩展阅读

郑水林.无机矿物填料加工技术基础.北京：化学工业出版社，2010.

（韩跃新）

非晶态金属 amorphous metal 在三维空间不具有周期性排列的固态金属。又称金属玻璃。非晶态金属不存在长程序，只有短程序（无平移对称性），包括非晶态纯金属和非晶态合金。由于非晶态纯金属很难制造，所以非晶态金属一般指非晶态合金，即由两种或两种以上化学元素组成，其中至少一种为金属元素。

非晶态合金按主要化学成分分为过渡金属-类金属系（TM-M）、稀土-过渡金属系（RE-TM）、过渡金属-金属系（TM-M）3类。在第一类中，铁、钴、镍等磁性原子组分一般占70%～84%，类金属硼、硅、碳、磷等占16%～30%。第二类常具有低的饱和磁化强度和很强的各向异性，如作为磁泡材料的钆钴（Gd-Co）薄膜。第三类通常含有过渡金属元素铁、钴、镍等，原子组分约占90%，而金属元素锆、铪等只占约10%；添加硼、硅等元素，可扩大非晶态形成范围和改善磁性，添加铬、钒、钼等金属可获得饱和磁致伸缩系数和趋近于零的合金。

简史 1959年，美国P.杜威兹发明用**快速凝固**方法制备出Au-Si非晶态金属箔，并于1967年首次制备出FePC非晶态合金。1974年，日本增本健等人论述了铁基非晶合金的高强度、高耐蚀性及良好软磁特性，引起全世界关注。1975年，美籍学者陈鹤寿等首次报道用吸铸法可获得尺寸达到毫米级的PdCuSi块体非晶态合金。1978年，日本索尼公司首次利用非晶态合金的软磁特性制造了盒式磁带。1979年，美国联合化学公司发明了利用平面流技术大规模生产铁基非晶态合金连续宽带的方法，并于20世纪90年代建立了万吨级铁基非晶态合金带材生产线，产品厚度0.025毫米、最大宽度213毫米。1995年，日本井上明久等发明了临界冷却速度仅为1～100K/秒的ZrAlTiCu、LaAlNiCu、MgYNiCu等合金系，所制备块体非晶的尺寸可达厘米级。中国于1976年开始非晶软磁合金的开发研究，到1981年已经研制出各类非晶软磁合金并成功获得应用，1990年建成百吨级铁基非晶带材中试线，2010年建成万吨级铁基非晶宽带生产线。

制造方法 主要包括：①将金属熔体以大于其临界冷却速度急速冷却并凝固，即可得到非晶态的固体。高的冷却速度可以抑制液态金属在冷却过程中的结晶成核和长大，此种方法在科研和生产中应用最广泛。②通过蒸发、电解、溅射等方法使金属原子或离子凝聚或沉积成非晶态金属薄膜。③采用激光、喷镀、爆炸、离子注入、机械合金化等方法形成非晶态金属。

特性 主要包括：①磁性。钴基和铁镍基非晶态合金具有较小的磁各向异性常数和磁致伸缩系数，因此具有很高的磁导率，但价格高，多应用于中高频磁性元器件。铁基非晶态合金具有所有非晶态金属中最高的饱和磁感应强度，但磁致伸缩系数大，多应用于中低频磁性元器件。在铁基非晶态合金基础上形成的铁基纳米晶合金，磁致伸缩系数很低，磁导率很高，同时具有较高的饱和磁感应强度和较低价格，应用范围广泛。②力学性能。锆基块体非晶态合金的屈服强度约为1900兆帕，是高强度钢或钛合金的两倍以上；断裂韧性为55兆帕·米$^{-1/2}$，与高强度钢相当。③耐蚀性。添加8%铬的FeP非晶态合金的腐蚀速度为18-8型不锈钢的百万分之一，同时不产生现有不锈钢难以避免的点腐蚀和晶间腐蚀现象。

在结构上，非晶态金属的特征主要包括：①结构上只有短程序，结构缺陷多于晶态合金。②在热力学上属于亚稳态，体系的自由能比对应的晶态材料高，要转变为晶态需克服一定的势垒。③具有非晶态转变温度（T_g）（又称玻璃化温度）。从液态金属到非晶态的转变属二级相变，即吉布斯函数的二阶导数具有不连续性。在低于晶化温度、甚至低于T_g温度下退火，可发生结构弛豫，即非晶金属内部的原子排列随着时间或在退火情况下发生缓慢的变化，逐渐改变成更稳定的原子排列结构。④以金属键作为其结构特征之一，但原子间距离和成键的键角均与晶态合金有差异。⑤合金的非晶形成能力同成分密切相关，金属中添加硅、硼、碳、磷等元素往往有利于非晶形成。

应用 非晶态磁性合金主要作为导磁材料应用于配电变压器、中频变压器、高频变压器，以及互感器中的铁芯和磁屏蔽等。块体非晶态合金作为结构材料的应用前景广泛，从90年代以来一直是研究开发的热点。

（陈文智）

非均匀形核 heterogeneous nucleation 依附于液相中的杂质或外来表面形成新相核心的**金属凝固**过程。又称异质形核、非均质形核、非自发形核。由于杂质颗粒或铸型内壁等外界因素会促进结晶晶核的形成，新相优先在母相中存在的异质基体处形核。依附于这些已存在的表面可使形核界面能降低，进而降低形核阻力，使形核可在较小的过冷度下发生。通常金属凝固形核的过冷度一般不超过20℃，故金属凝固的形核过程大多为非均匀形核。非均匀形核的临界形核半径与**均匀形核**相同，但其临界形核功与晶核及异质基体间的接触角密切相关。接触角越小，临界形核功越小，形核所需的过冷度就越小，进而越易于形核，故当易润湿的外来颗粒出现在过冷熔体中时，极易诱发非均匀形核。而当接触角为180°时，晶核与异质基体间完全不润湿，形核所需的过冷度最大，此时为均匀形核。非均匀形核位置的数量依赖于异质基体的数量和类型，在较小的过冷度下可获得较高的形核率。在工业生产中，通常可在液态金属中加入合适的形核剂，形成可促进非均匀形核的异质基体（形核剂本身或形核剂与液态金属反应的产物），从而达到细化晶粒、改善材料性能的目的。（王锦程）

非小平面生长 non-facet growth 在凝固过程中，液-固界面宏观上表现为光滑且不显出任何结晶面特征的非小平面结构，而在微观上呈现为界面由几个原子间距厚度的过渡层组成的高低不平、粗糙界面结构的晶体生长机制。也称粗糙界面生长或连续生长。大多数金属及一些特殊有机物的凝固生长属于非小平面生长。物质凝固时，由于原子尺度上粗糙的界面总是向从液相来的原子显露大量合适的位置，因此原子可以容易地有序堆积到**晶体表面**的任何位置或台阶，从而使液-固界面趋于保持粗糙并形成微观上的非小平面光滑晶体，其生长可在小的动力学过冷度下进行。晶体的外形主要由毛细作用、热量和质量的扩散所决定，所以非小平面生长的晶体具有宏观上光滑的固-液界面，显示不出任何结晶面的特征。粗糙界面的自由能没有晶体学取向，即各向同性，但仍然存在微弱的各向异性（如界面能）。这类晶体在长大方向上有**择优取向**的倾向，表现在树枝晶主干具有一定的结晶取向，使得晶体在特定的晶体学方向形成枝晶臂（见图）。晶体生长机制不仅取决于所研究的材料，还取决于生长条件，如同一种物质，在熔体中生长时以非小平面生长，而在溶液或气相中生长时则可能表现出**小平面生长**。（王锦程）

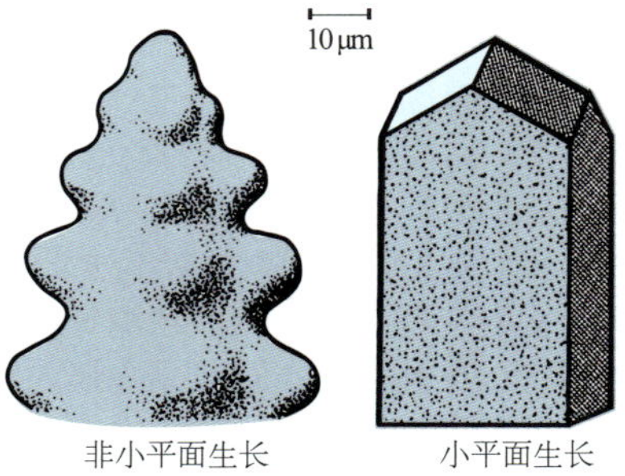

非小平面和小平面生长形态

非氧化物耐火材料 non-oxide refractories 由碳化物、氮化物、硼化物、硅化物、硫化物等难熔化合物单相或复相为主要成分的**耐火材料**。其主要原料和组成包括：碳化硅（SiC）、碳化钛（TiC）、碳化硼（B_4C）、氮化硅（Si_3N_4）、氮化硼（BN）、氮化铝（AlN）、阿隆（AlON）、镁阿隆（MgAlON）、赛隆（SiAlON）、氮氧化硅（Si_2ON_2）、硅化钼（$MoSi_2$）、硼化锆（ZrB_2）、硼化钛（TiB_2）、硫化铈（CeS）等。非氧化物耐火材料通常具有力学性能高、化学稳定性强、热导率高、抗热震性优良等特性。非氧化物耐火材料制备工艺通常包括配料、成形、干燥、烧成等步骤。所用原料绝大多数为人工合成原料。坯体一般采用半干法机压成形或等静压成形，少数采用注浆法成形。成形材料通常在高温非氧化性（如真空、氮气、氩气等）气氛中烧成，部分产品在烧结时需采用气压烧结甚至热压烧结，烧结后再经机械加工处理。

SiC质耐火材料是非氧化物耐火材料中用量最多的，按结合相不同可分为氮化物结合SiC（包括Si_3N_4结合、SiAlON结合、Si_2ON_2结合等）、氧化物结合SiC（包括SiO_2结合、黏土结合、莫来石结合等）、自结合SiC（包括重结晶、βSiC结合、无压烧结）、反应烧结SiC，主要用作铝电解槽侧衬、高炉内衬、干熄炉内衬、垃圾焚烧炉内衬、增压锅炉内衬、锌冶炼炉内衬、金属热处理炉内衬和导轨、陶瓷窑具（棚板、推板、横梁、立柱等）、燃烧器烧嘴、热交换器等。SiC质耐火材料的理化性能详见表1。

其他非氧化物耐火材料基本上都属结构陶瓷，主要用作热电偶保护管、冶炼坩埚、轴承、陶瓷升液管、金属加工刀具、水平连铸分离环、喷嘴等，部分材料的理化性能详见表2。

表1 主要碳化硅耐火材料的理化性能及应用

名称	Si_3N_4结合SiC	SiAlON结合SiC	Si_2ON_2结合SiC	SiO_2结合SiC	黏土结合SiC	莫来石结合SiC	重结晶SiC	βSiC结合SiC	无压烧结SiC	反应烧结SiC
体积密度/($g\cdot cm^{-3}$)	2.71	2.72	2.70	2.78	2.60	2.69	2.70	2.74	3.12	3.05
显气孔率/%	14	14	12	10	16	15	15	13	0	0
常温耐压强度/MPa	200	200	220	180	110	150	400	200	—	1250
常温抗折强度/MPa	48	50	54	50	35	35	90	50	500	300
1400℃抗折强度/MPa	55	50	52	35	15	25	120	45	—	350（1200℃）
20～1000℃线膨胀系数/K^{-1}	4.5×10^{-6}	4.6×10^{-6}	4.5×10^{-6}	4.8×10^{-6}	5.1×10^{-6}	5.0×10^{-6}	4.8×10^{-6}	4.6×10^{-6}	4.3×10^{-6}	4.5×10^{-6}
1000℃热导率/$W\cdot(m\cdot K)^{-1}$	18	16	17	13	12	11	25	23	120（25℃）	40
SiC质量分数/%	74	75	75	88	85	78	99	94	98	88
Si_3N_4质量分数/%	21	—	—	—	—	—	—	—	—	—
βSiAlON质量分数/%	—	20	—	—	—	—	—	—	—	—
Si_2ON_2质量分数/%	—	—	20	—	—	—	—	—	—	—
Si质量分数/%	0.30	0.40	0.50	—	—	—	—	0.30	—	11
SiO_2质量分数/%	—	—	—	8.0	6	6	—	1.0	—	—
Al_2O_3质量分数/%	—	—	—	0.4	6	14	—	—	—	—
Fe_2O_3质量分数/%	0.50	0.50	0.50	0.70	0.80	0.70	0.10	0.40	—	0.20

表2 部分非氧化物耐火材料的理化性能及应用

名称	反应烧结 Si_3N_4	无压烧结 Si_3N_4	βSiAlONn	热压烧结BN	热压 B_4C	热压烧结 ZrB_2	无压烧结 $MoSi_2$
体积密度/($g\cdot cm^{-3}$)	2.60	3.20	3.26	1.88	2.51	5.80	5.60～7
显气孔率/%	18	<0.10	—	5.60	<0.50	—	< 1
抗弯强度/MPa	160	828	945	116	480	460	350～400
断裂韧性/($MPa\cdot m^{1/2}$)	—	5	—	—	3.6	—	3～4
弹性模量/GPa	180	300	300	568	441	343	—
热导率/($W\cdot m^{-1}\cdot K^{-1}$)	18.40 (250℃)	—	22 (25℃)	17.80 (25℃)	—	—	—
20～1000 ℃线膨胀系数/K^{-1}	3.0×10^{-6}	3.2×10^{-6}	3.0×10^{-6}	$2\sim7.5\times10^{-6}$	—	—	$7\sim8\times10^{-6}$

扩展阅读

董文麟.氮化硅陶瓷.北京：中国建筑工业出版社，1987.

（吴吉光）

废钢铁 iron and steel scrap 对钢铁生产过程中产生的不合格产品、钢铁材料应用中加工废弃物及使用后报废回收的钢铁材料的总称。废钢铁按其来源分为自产废钢、社会废钢和进口废钢。自产废钢是钢铁（铸造）企业各个生产工序产生的不合格产品，约占废钢铁资源总量的35%；社会废钢来源于社会和工矿企业回收的机电产品、报废机动车船、报废装备、废弃电器电子产品、报废退役的武器装备、工业生产中的边角余料及其他各种废旧钢铁制品，约占资源总量的60%；在中国进口废钢占资源总量的3%～5%。

废钢铁与铁矿石同为炼钢生产的主要铁素原料。每用1吨废钢铁炼钢比用铁矿石加工成等量生铁炼钢可以节省约0.7吨标煤，约节能60%，可以减少约1.6吨的二氧化碳排放，同时可以减少大量废水、废气、废渣的排放，因此废钢铁又被称为载能资源或绿色资源。

废钢铁在钢铁生产中的应用主要分为电炉用料和转炉用料，电炉用料使用比例为80%～100%，转炉用料使用在10%～20%。废钢铁属再生资源，全球每年废钢铁产生量约6亿吨；中国占比超过25%，

废钢铁回收拆解

约1.6亿吨。

生产生活中产生的废钢铁大都不能直接作为炉料直接入炉，必须经过处理，同时要确保废钢铁本身洁净不含杂质。废钢铁的利用要经过3个环节：回收拆解体系—加工配送体系—炼钢（铸造）应用体系。中国的废钢铁加工配送体系已基本规范，带动了上游废钢铁回收拆解体系规范运作，促进了下游钢厂多使用废钢铁炼钢。

常见的废钢铁加工方式主要是依靠专用设备对废钢铁进行剪切、打包、破碎处理及依靠人工进行火焰切割等。专用加工设备主要有破碎机系列、液压剪切机系列、颚式剪切机系列、移动式剪切机系列、液压打包机系列及压块机系列。

废钢铁国际化贸易很活跃，每年全球进出口贸易量为1亿吨左右，中国是废钢铁的净进口国。国际上对废钢铁没有统一标准，中国进口的废钢铁主要按进口国标准及中国海关的规定进行检验。随着铁矿石资源量的减少，废钢铁资源量不断增加，加之节能减排的需要，废钢铁的利用比例将会逐年上升。（王镇武 李京社）

分步结晶 fractional crystallization 用于分离化学性质相近的金属化合物的方法。依靠化合物间溶解度的微小差别，通过重复操作而达到分离的目的。钽、铌复合氟化物（如 K_2TaF_7 和 $K_2NbOF_5\cdot H_2O$）的分步结晶，锆、铪复合氟化物（如 K_2ZrF_6 和 K_2HfF_6）的分步结晶，铷、钾草酸盐的分步结晶，轻稀土硝酸盐和硝酸铵（或硝酸镁）复盐的分步结晶等，都曾经在工业上应用。分步结晶虽然多被溶剂萃取法和离子交换法所代替，但在某些条件下仍然被应用。（储慰农）

分段空场嗣后充填采矿法 sublevel open stoping with subsequent backfill 用分段空场采矿法回采矿房或矿柱，待阶段回采完毕，用充填料一次性充填采空区支撑围岩，为间柱或周围采场的回采创造条件的*采矿*方法。分段空场嗣后充填采矿法将矿块划分为矿柱和矿房两部分，当矿柱不需要回收而作为永久损失时，由于空场法开采的矿岩条件一般都要求比较稳固，因此采空区可以采用非胶结充填；而当矿柱要求回收时，应按先采矿柱、后采矿房的顺序进行*两步骤回采*。矿柱采用高强度胶结充填，矿房可采用低强度胶结充填或非胶结充填。采场结构及回采工艺与分段空场采矿法基本一致，将矿块在垂直方向上划分为若干分段，当矿体厚度小于15米时，矿房一般沿走向布置，当矿体厚度大于15米时，矿房一般垂直走向布置，同时根据矿体厚度不同可将分段巷道布置为单侧或双侧。由于无轨设备的广泛应用，分段空场嗣后充填采矿法多采用无轨设备出矿的底部结构。

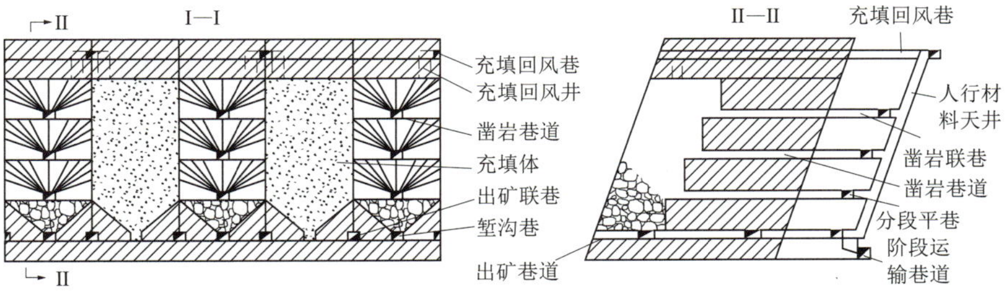

分段空场嗣后充填采矿法

分段空场嗣后充填采矿法的基本使用准则是在完成采矿作业循环（充填）之前，采场能够保持稳定。一般应用于矿岩稳固性较好的倾斜、急倾斜矿体中，当缓倾斜矿体厚度超过30米时，也可以用分段空场嗣后充填法回采。在急倾斜矿体中，也可以应用于薄矿体，最小矿体厚度可以达到3米，但这种情况下要求矿岩界线清楚且规整。

主要优点：利用高效率的无轨设备，灵活性大、采矿效率高；作业安全、通风条件好；矿石回收率高、贫化率低；达产快。主要缺点：*采准*、*切割*工程量大；不能选择性开采，对顶底板变化的适应性较差；当矿体倾角较缓的时候，效率降低，贫化增加。

扩展阅读

王青，任凤玉.采矿学.2版.北京：冶金工业出版社，2011.

甘德清，孙光华，李占金.地下矿山开采设计技术.北京：冶金工业出版社，2012.

（吴爱祥）

分段矿房采矿法　sublevel stoping mining method　沿垂直方向将矿块划分为若干分段，每个分段划分为若干矿房和矿柱，各分段采下的矿石分别从该分段的出矿巷道运出，分段矿房回采结束后，可立即回采本分段的矿柱并同时处理采空区的*采矿*方法。

分段矿房采矿法是自20世纪70年代以来，因无轨采掘设备在井下推广应用后出现的一种技术相对先进、机械化程度高、效率高、安全性好、贫损低的*空场采矿法*（见图）。主要特点包括：①阶段高度一般为40～60米，将阶段再划分若干（3～5）个分段作为回采的基本单元，分段高度为15～25米；每个分段划分为若干矿房和矿柱（顶柱、间柱），各分段的开采工艺基本类似。②各分段采下的矿石从分段出矿巷道运出，通过*溜井*或*斜坡道*等方式运至井下矿仓；分段内一般不留间柱，实行连续回采；多采用自行设备进行开采；若在分段间以及矿房之间留有矿柱，一般在矿房回采结束后立即回收矿柱并及时处理空区。③几乎所有的开采作业均在暴露面较小的巷道及硐室中进行，而不在暴露面积大的矿房内进行，因而安全性好；以分段为独立的回采单元，灵活性高。

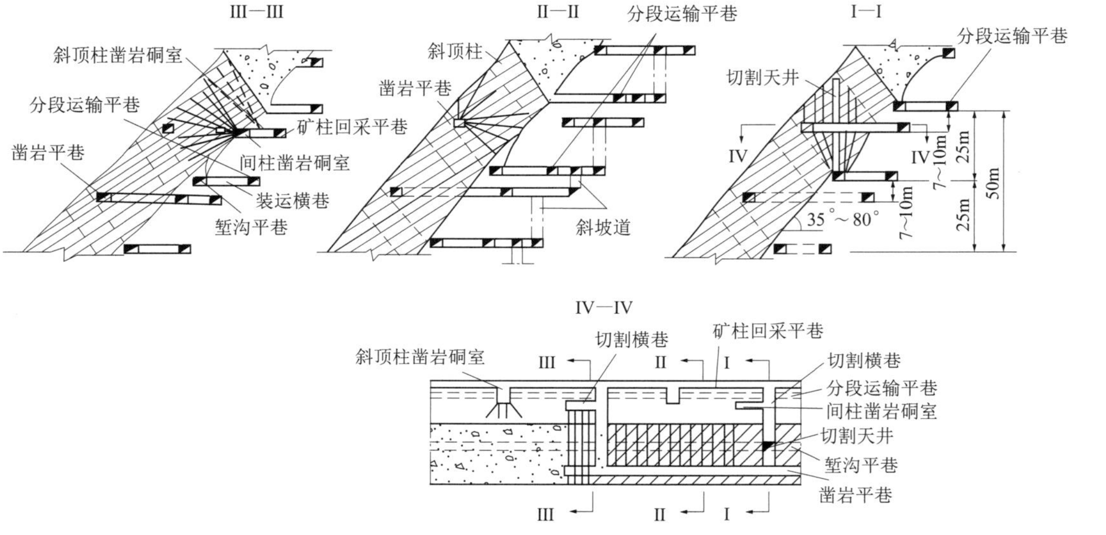

分段矿房采矿法示意图

回采工作一般从切割槽向矿房另一侧进行回采。切割槽位于矿房与间柱交界处，形成方法是在切割巷道中开凿上向或下向炮孔，以切割天井为补偿空间进行爆破。在凿岩平巷中钻环形深孔（或者扇形、垂直深孔），崩下的矿石，从装运巷道用铲运机运到分段运输平巷最近的溜井，然后溜到阶段运输巷道装车运出。采场通风一般是自采准斜坡道（或人行天井）进风，风流经分段运输平巷（或电耙道）到另一端回风天井排至上阶段回风巷道。地压控制主要依靠矿岩自身稳固性与矿柱支撑作用实现，并根据矿岩稳固性合理选择结构参数，及时回采矿柱和处理空区。

分段矿房采矿法主要适用于开采倾斜至急倾斜、薄至中厚的矿体，要求矿石和围岩中等稳固以上。其优点在于多分段同时回采，作业集中；装运设备无轨高效，实施灵活性大；回采强度高，生产能力大；同时，分段矿房采完后，允许立即回采矿柱和处理采空区，既提高了矿柱的回采率，又处理了采空区，并为下分段回采创造了条件。缺点在于采准工作量大，每个分段均要掘分段运输巷道、切割巷道、凿岩巷道。

分段矿房采矿法的发展趋势是不留间柱，实现连续回采；全面推进用人工顶柱代替矿石顶柱；向有底部结构的分段崩落法及*无底柱分段崩落采矿法*过渡。

扩展阅读

涂建平.矿床地下开采.北京：化学工业出版社，2009.

解世俊.金属矿床地下开采.北京：冶金工业出版社，1986.

（刘敦文）

分级设备　classifying equipment　依据不同粒度物料在介质（水或空气）中的沉降速度差异，实现按粒级分离的设备。*选矿设备*的一种。有用矿物常与脉石矿物共生。在选矿过程中，为使有用矿物和脉石矿物完全解离，需将*矿石破碎*或*磨矿*至一定细度，通过分级设备将合格粒级物料分离出来并进入下一选别工艺加以分离富集；将不合格的粗粒级物料返回破碎或*磨矿设备*中。广义而言，分级设备也包括筛分机，但筛分机仅用于粗颗粒物料的分级。粒度不同的矿粒在运动的介质流中沉降速度不同，是实现矿物按粒度分级的主要依据。

分级设备种类较多，按物料受力方式可分为重力水力分级设备和离心力水力分级设备。①重力水力分级设备。是利用不同粒度和密度的固体颗粒在水中的沉降速度差异实现物料分级的设备，可用于部分粒度粗物料的分级、浓缩和洗矿作业。按外形结构分为*螺旋分级机*、圆锥水力分级机、箱式和槽式分级机及*斜板浓缩分级机*。在矿山行业应用较广的是螺旋分级机和圆锥水力分级机。②离心力水力分级设备。是在离心力场作用下，按密度和粒度的差异实现物料分级的设备。按有无旋转部件可分为机身固定的旋转流分级设备和机身旋转的离心分级设备。前者如*水力旋流器*，流体在固定的机身内旋转而产生离心力场；后者如各种沉降离心机或过滤离心机。

按物料所处的介质可分为湿式分级设备和干式分级设备。湿式分级设备。以水为介质（或加水），如螺旋分级机、斜板浓缩分级机、圆锥水力分级机、水力旋流器等，分级效率相对较高，尤其适用于细粒级物料分级。干式分级设备。以空气为介质，如沉降箱、旋风集尘器、布袋集尘器和风力分级机，主要用于非金属矿或易溶于水的物料分级。

随着更多矿产资源的开发利用及对产品质量的要求进一步的提高，分级设备需进一步发展，在有色、黑色、非金属矿和其他有用矿物的处理及二次资源的综合利用方面，分级设备将向大型化、精确化、自动控制、高效节能、低环境污染和更安全的方向发展。

扩展阅读

王淀佐，邱冠周，胡岳华.资源加工学.北京：科学出版社，2005.

（曾志飞）

分支串流浮选　branch series flotation　将两个平行浮选系列的部分泡沫产品进行合理串流的浮选流程。将入选矿浆流分支，将第一支浮选系列的粗选泡沫送至第二支浮选系列的原矿浆搅拌槽，将第二支浮选系列的第一次扫选泡沫返入第一支浮选系列的原矿浆搅拌槽，减去了第一支浮选系列的精选作业。由于第一支粗选泡沫并入第二支，提高了第二支的入选品位。同时，从第一支泡沫中带过来的过剩药剂又可以在第二支起作用，减少了第二支的加药量。第二支的一次扫选泡沫返至第一支原矿搅拌槽，又可起到提高第一支入选品位和充分利用剩余药剂的作用。

分支串流浮选的目的是为改善选别过程及提高选矿指标，其浮选原则工艺流程如图所示。

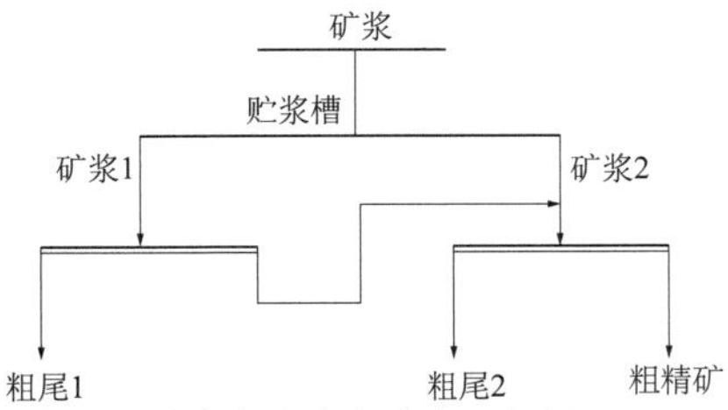

分支串流浮选原则工艺流程

分支串流浮选工艺用于低品位矿石的浮选，生产稳定，操作方便，对原有流程的改造工程量小，投资少。因而，该工艺尤其适用于因原矿品位降低、因采用预选或中间选别作业而导致浮选入选品位降低的脉金、铜、钼、铅锌选矿厂。

（陈　攀）

粉末成形　powder forming　使松散的粉末转变为具有一定形状、尺寸、密度和强度的粉末坯体的工艺过程。是粉末冶金技术的基本工序之一。具有近净成形特点，是实现粉末冶金材料高利用率和少无切削等优点的关键工序。粉末成形前一般要将金属粉末进行粉末预处理，以符合成形的要求。预处理包括粉末退火、筛分、混合、制粒等。混合时，一般须加入一定量的粉末成形添加剂。

粉末成形主要有粉末模压成形、冷等静压成形、粉末注射成形、粉末温压成形、粉末轧制成形、粉末挤压成形和粉浆浇注等技术。此类技术是依靠粉末颗粒间机械啮合方式或依靠黏结剂赋予坯体特定形状。此外，还包括粉末喷射成形、爆炸成形、热等静压成形和锻造成形等技术。此类技术是依靠粉末颗粒间冶金结合，赋予坯体特定形状和使用性能。其中模压成形是成本最低的方法，广泛应用于粉末冶金机械结构零件和切削刀具的生产制造。其他方法是为满足粉末冶金制品对性能、尺寸和形状的更高需求而发展起来的，这些方法推动了粉末冶金材料与制品的高性能化和集成化。

扩展阅读

黄培云.粉末冶金原理.2版.北京：冶金工业出版社，1997.

（熊　翔）

粉末固相烧结　solid state sintering of powder　在烧结体系中，粉末或者压坯在无液相形成的状态下进行的烧结过程。主要机制为扩散，在固相烧结过程中发生尺寸收缩、密度增加、强度提高、合金化、再结晶、晶粒长大等现象。按照烧结体系中组元的多少可分为单元系固相烧结和多元系固相烧结两种。

单元系固相烧结　纯金属、固定成分的化合物、固溶体的松装粉末或压坯在其熔点以下温度（一般为熔点温度的2/3～4/5）进行的粉末烧结。在单元系固相烧结过程中，除发生粉末颗粒之间的黏结、致密化和纯金属的组织变化以外，不存在组织间的溶解，不出现新的组成物或新相，不发生凝聚状态的改变（不出现液相），因而又称为单相烧结。烧结过程大致可分为3个阶段：①低温预烧阶段（$0.25T_{熔点温度}$）。主要发生金属的回复、吸附气体和水分的挥发，成形剂的分解和排除。此阶段压坯体积收缩不明显甚至略有膨胀，烧结体密度基本维持不变，但金属颗粒间接触增加因而导电性有所改善。②中温升温烧结阶段（$0.4～0.55T_{熔点温度}$）。开始出现再结晶，粉末颗粒表面氧化物被完全还原，颗粒界面形成烧结颈，烧结体强度明显提高，但密度增加缓慢。③高温保温完成烧结阶段（$0.5～0.85T_{熔点温度}$）。单相烧结的主要阶段。扩散充分进行并接近完成，孔隙数量减少，烧结体密度明显增加，所有性能逐渐达到稳定不变。

影响单相烧结的因素主要有烧结组元的本性、粉末特性（如粒度、形状、表面状态等）及烧结的工艺条件（如烧结温度、时间、气氛、外加压力等）。在烧结过程中，通过增加粉末颗粒之间的接触面积、改善接触状态、改变物质迁移过程的激活能、增加参与物质迁移过程的原子数量，以及改变物质迁移的方式和途径，均可改善单元系固相烧结过程。

多元系固相烧结　两种组元以上的粉末体系在其中低熔组元熔点以下温度进行的粉末烧结。除发生单相烧结的所有现象以外，还进行同组元或异组元颗粒间的黏结、速度很慢的异组元之间的反应、各组元溶解和均匀化过程。根据系统组元之间在烧结温度下有无固相溶解存在，分为无限固溶系（在合金状态图中有无限固溶区的系统）、有限固溶系（在合金状态图中有有限固溶区的系统）和完全不互溶系（组员之间既不互相溶解又不形成化合物或其他中间相的系统，如假合金）3种。烧结体因组元体系的不同发生收缩或者膨胀。异扩散对合金的形成和均匀化具有决定性作用，一切有利于异扩散进行的因素，例如采用较细的粉末、提高粉末混合均匀性、采用部分预合金化粉末、提高烧结温度、消除粉末颗粒表面的吸附气体和氧化膜等，都能够促进多元系固相烧结过程。在决定烧结体性能方面，多元系固相烧结时的合金均匀化比烧结体致密化更为重要。根据烧结体系的合金状态图，多元系固相烧结后既可得到单相组织的合金，也可得到多相组织的合金。

扩展阅读

黄培云.粉末冶金原理.2版.北京：冶金工业出版社，1997.

（黄伯云）

粉末挤压成形　powder extrusion molding　依靠机械压力，将模腔中的增塑性金属（或合金）粉末，通过挤压模挤压成形为长度几乎不受限制的粉末坯料的粉末成形技术。又称挤出成形。挤压模的形状就是成形坯体的形状。粉末挤压成形始于20世纪40年代，是制取棒材、管材、带材、片材的重要方法之一，广泛应用于硬质合金打印针、印刷电路板钻孔用微型麻花钻、带内螺旋冷却液孔麻花钻产品，以及高温合金、弥散强化材料等方面。粉末挤压成形的特点是制品尺寸偏差小，生产效率高，可以一次成形最接近制品最终形状的坯件（见图）。按照挤压条件不同，粉末挤压成形可分为金属增塑粉末挤压（又称粉末直接冷挤压）和粉末热挤压两种，以增塑粉末挤压成形技术应用最广。

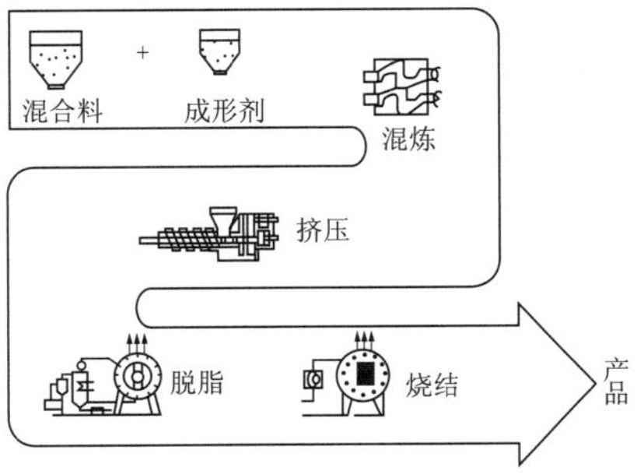

粉末挤压成形流程

增塑粉末挤压成形技术流程包括挤压成形剂的设计与制备、混合料与成形剂的混炼、挤压成形、挤压毛坯的脱脂与烧结。

挤压成形剂要求具有熔点适度、黏性好的特点，并能使挤压料均匀、固体粉末含量高、脱脂时间短，主要有蜡基、甲基纤维素基和塑基三大类。增塑粉末挤压成形的设备主要包括挤压模具和挤压机。挤压模具的挤压嘴和挤压模一般为可拆式。挤压机有两种：一种是连续式螺旋真空挤压机，能连续自动装料，但结构较为复杂；另一种是间歇式柱塞真空挤压机，压机压力大、真空度高，结构简单，容易操作，使用较多。

粉末热挤压是将金属粉末或压坯、烧结毛坯装入包套内，加热到较高温度（500～1000℃）下挤压的技术。其工艺特点是：将成形与烧结结合起来，直接获得物理机械性能较佳的制品；能准确控制制品的成分和合金的内部组织。对包套材料的要求是：具有与挤压材料相适应的热塑性，不与挤压材料形成合金或低熔相，挤压后易于剥离去除，来源广、成本低。

扩展阅读

郭幸华.硬质合金挤压成形剂及生产技术研究进展.稀有金属与硬质合金，2014，42（6）：46-48.

（彭　文）

粉末模压成形　powder mold compaction　在刚性压模（阴模）中，通过模冲对粉末施加压力制造具有特定形状、尺寸、密度和强度坯体的**粉末成形**技术。又称粉末压制成形，是粉末冶金最早采用的粉末成形技术（图1）。粉末模压成形于18世纪末应用于制造铂制品。随着技术不断完善，后被广泛应用于含油轴承、**硬质合金**和机械结构零件等产品的生产。20世纪以来，由于压机设备和模具设计等方面的进步，粉末模压成形实现了对形状复杂的粉末坯体的成形。

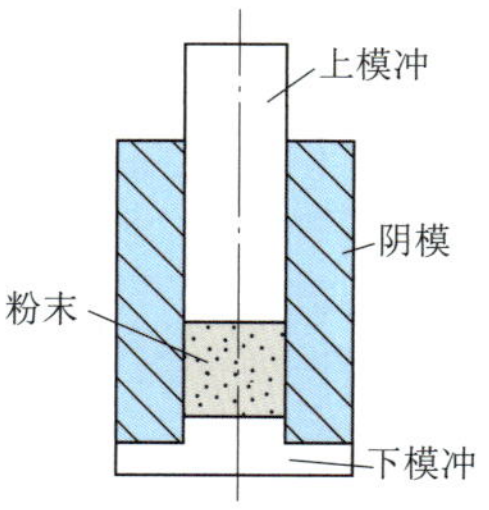

图1　粉末冶金模压成形示意图

粉末模压成形过程通常包括装粉、压制和脱模3个步骤。原始粉末特性、压力施加方式和模具结构设计是决定粉末压坯密度和均匀性的主要因素。

在成形过程中，粉末压坯密度随成形压力的变化可分为3个阶段（图2）。第一阶段是粉末颗粒重排阶段，成形压力使粉末颗粒位移重排，压坯密度随压力增加而急剧升高。第二阶段是粉末弹塑性变形阶段，随着成形压力继续增大，粉末颗粒将

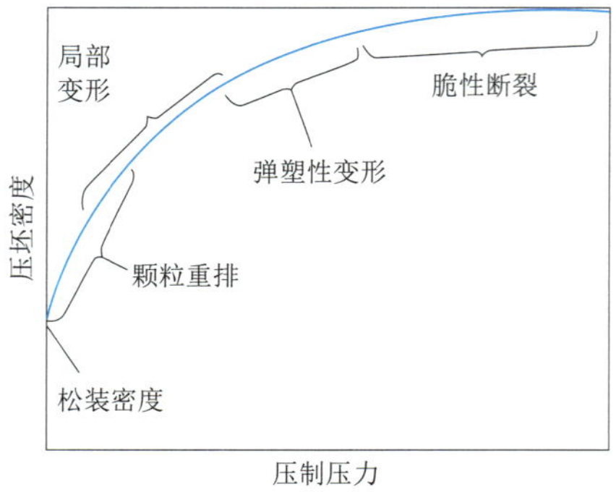

图2　粉末钢模成形过程中的压坯密度-压制压力关系

发生弹塑性变形，压坯密度继续升高。第三阶段是粉末脆性断裂阶段，弹塑性变形后期粉末颗粒将发生加工硬化，压制压力的进一步增大使粉末颗粒发生脆性断裂，压坯密度提高缓慢。粉末颗粒重排和弹塑性变形是粉末模压成形的主要致密化机制。在模压成形过程中，压坯不同部位的密度存在较大的不均匀性。例如，在镍粉单向压制时，在顶部外圆周密度最大，底部外圆周密度最小；离施压模冲头较近的部分密度较大，较远的部分密度较小（图3）。这种压坯密度的不均匀性主要是由粉末颗粒之间的内摩擦和粉末与模壁之间的外摩擦引起的，可采取添加润滑剂、模壁润滑、双向压制以及模具设计优化等措施来改善。

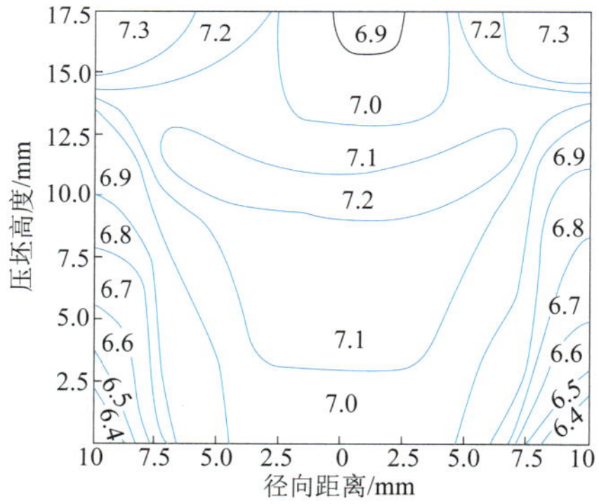

图3　镍粉钢模成形压坯的密度分布图

压坯在除去压力或脱模以后，由于内应力松弛，压坯体积会发生弹性膨胀，这种现象称为弹性后效。弹性后效是设计压模的重要参数。

模压成形的主要设备是压模和压机。压模多为钢模，设计的原则是：①充分发挥粉末冶金少切削和无切削的工艺特点，保证达到压坯质量的几何形状、尺寸精度和光洁度、密度的均匀性3项要求。②合理地选择模具材料和压模结构，提出模具的加工要求。压机分为机械压机和液压机两类。机械压机的特点是速度快、生产率高，但压力较小、冲程短、冲压不够平稳、保压困难，不适于压制较大和较长的制品。与机械压机相比，液压机的特点是压力大、行程长、比较平稳、能实现无级调速和保压，适于压制尺寸较大较长的制品，但速度慢，生产率低。

粉末模压成形的优点主要是近净成形、压坯尺寸精度高、重复性好，适合于批量生产，且生产效率高，已广泛应用于汽车、家电和机械设备等领域的零部件制造。其缺点主要是不适于生产三维形状复杂制品、模具制造成本高。

扩展阅读

阮建明，黄培云.粉末冶金原理.北京：机械工业出版社，2012.

（熊　翔）

粉末温压成形　powder warm compacting-process　将预热的混合粉末（金属粉末和高温润滑剂）在高于室温环境下压制成形，获得高密度制品的技术。是于1994年出现的**粉末冶金**技术。温压成形预热温度一般在100～150℃，主要用于高密度粉末冶金铁基制品生坯的钢模压制。由于压制的温度介于通常的室温和热压温度之间，因而被称之为温压。正确的温压工艺可以将铁基零件的生坯密度由室温压制（600～800兆帕）到7.30克/厘米^3，比传统室温压制生坯密度提高0.15～0.25克/厘米^3。

工艺及影响因素　粉末温压成形的基本工艺流程为：金属粉末和润滑剂→混合→加热并压制成形→烧结→整形→制品。工艺的主要影响因素有零件设计，粉末、润滑剂、模具的正确选择。①零件设计。为了减小由于温度升高而导致的粉末与模壁之间的摩擦，必须注意待压粉末件装粉高度的影响。反映这一影响的参数之一为侧压面积与压制面积之比，定义为温压侧压系数（等于4倍的压坯高度与外径尺寸之比）。温压在所有工艺条件相同的情况下，更适于高径比（H/D）小于等于1的粉末冶金零件。而对于大的高径比，必须采用附加的或其他的润滑方式，如采用外润滑——模壁润滑。②粉末选择。温压工艺对所采用的原料钢铁粉末的要求较严格。一般应使用高压缩性粉末，氧含量小于0.1%，碳含量小于0.01%，氮含量小于0.0013%，酸不溶物小于0.1%，松装密度为2.90～3.00克/厘米^3。石墨的加入会降低生坯密度，应对石墨的灰分含量，粒度和形态有一定要求。对于含钼和镍的预合金化粉末和部分预合金化粉末，温压工艺是有效的。而对于烧结硬化用粉，特别是含锰、铬等合金元素的系列粉，需要改进工艺的某些环节。③润滑剂。其特点是能在温压温度下起到润滑作用，并呈现一定的

流动性，同时这种流动性不影响填充模具所需要的流动性。常用润滑剂有硬脂酸钙、硬脂酸锌、聚乙烯醇、阿克蜡、硬脂酰胺等。为了提高制品密度，减少粉末内润滑剂的含量，可采用模壁润滑。④模具。阴模材料选用硬质合金。在温压温度下，硬质合金可以有较高的耐磨性、耐热性和尺寸公差。由于模具是在100～180℃时使用，可采用冷镶法即将阴模的硬质合金内衬在液氮温度下冷却一定时间，令其收缩一定尺寸，而于室温装入阴模外套，待硬质合金内衬温度恢复到室温时产生体积膨胀而形成外套对内衬的足够的压缩应力。

加热方式　电阻加热是粉末与模具加热的基本方式。温度的选择是温压重要的工艺参数。确定温压温度所考虑的原则是：①大尺寸的、装粉高度高的粉末压坯的温压温度应该低于小尺寸压坯的温压温度。②若采用温压后部分润滑剂仍留在压坯内的温压方式，粉末的温度应高于温压的温度。③要使润滑剂全部渗出压坯，特别对小的装粉高度的压坯，模具温度应高于粉末温度。④可以使温压温度高于润滑剂玻态。

工艺特点和发展　粉末温压成形可以用较低的压制力获得较高的压坯密度和强度，即可利用现有的压机生产截面较大的部件。同时，压坯密度的提高，可以使原来必须烧结后进行的后加工（如钻盲孔和车削螺纹）提前在压制后进行，提高了生产效率。粉末温压成形技术正在被不断地完善和改进，已从只涉及压制的温压发展到同时综合考虑压制、烧结及后处理的温压，压制过程从粉末内润滑发展到同时使用有效的模壁润滑技术与温模压制技术，温压的对象也从铁和钢粉发展到不锈钢粉及复合材料粉等，成功应用于各种形状复杂的高密度、高强度粉末零件的工业化生产。（果世驹）

粉末压力烧结　powder sintering with pressure　采用外部加压方式，使烧结体的孔隙和晶界渐趋减少，最终成为致密多晶合金的烧结技术。又称粉末加压烧结。压力烧结可降低烧结温度，减小晶粒长大趋势，消除材料孔隙，获得全致密的粉末冶金材料。压力烧结分为机械压力烧结、气压烧结、热压、热等静压4种，以气压烧结应用最广。①机械压力烧结。是在高温烧结时对烧结材料施加机械压力，促进材料中各组元结合，消除孔隙，提高烧结密度。②气压烧结。是在烧结体致密化过程完成后增加一个在烧结温度下加压保温的过程。因压力靠气体传递，通常使用氩气，故称为气压烧结。因压力一般为1～10兆帕，气压烧结也被称为低压烧结。现代气压烧结技术已发展到将脱除成形剂、真空烧结、气氛处理和热等静压在同一炉膛中连续进行，并可实现快速冷却（每分钟大于100℃）。③热压。压制和烧结同时进行。将粉末装在热压模中，并向该模通以低压强电流进行加热，同时用液压或机械加载法沿模轴加压。热压特点是粉料处于塑性状态下加压，变形阻力小，易产生塑性流动，成形压力低、时间短，可控制晶粒长大。加热方式有电阻加热和感应加热。对于硬度高、难以成形的粉末宜采用热压方式致密化。④热等静压。是在高温下将高压气体作用于粉末或待压实的烧结坯体上，使粉末体固结，坯体均匀收缩达到理论密度，并完成烧结过程。具体过程是将粉末或粉末压坯装入包套中，将包套真空密封后置于有加热炉的压力容器中，后充入惰性气体至一定压力，压力一般为100兆帕及以上，然后升温至所需温度。在高温、高压共同作用下完成成形和烧结。

（彭　文　张忠健）

粉末压制理论　theory of powder compaction　描述粉末压制时压坯密度与压制压力之间关系的学说。在粉末冶金发展史中，粉末压制理论研究较重要的成果有巴尔申压制理论、川北压制方程、黄培云压制理论等。

巴尔申压制理论　由苏联M.Yu.巴尔申于1938年提出。巴尔申基于弹性体应力-应变关系，假设粉末体为弹性体，不存在加工硬化，忽略摩擦力作用，建立的压制压力与压坯密度变化关系的巴尔申压制方程为：

$$\lg P=\lg P_{\max}-L(\beta-1)$$

式中P为压制压力；$P_{\max}$为压制到全致密时的压制压力；L为压制模数；β为相对体积；$\beta-1$为压坯中孔隙部分的体积。巴尔申方程适合于中等硬度的粉末压制，如铁粉、铜粉等。但由于不考虑摩擦力的作用和金属粉末颗粒的加工硬化，巴尔申方程不适合硬度偏高或偏低的金属粉末压制。

川北压制方程　由日本川北公夫于1956年以经验公式的形式提出，后又经理论推导，于1963年提出理论方程。川北公夫选择硬度较大的金属氧化物粉末作为研究对象，并假设粉末各平行层内各处压力相等；粉末各层压力是外力和粉末内固有内压力之和；考虑粉末的屈服；粉末在压力下的变形与压制压力增加保持一致；钢模中的粉末体积随压制压力减小。建立的压制压力与粉末体积之间的关系方程为：

$$C=ab\frac{P}{1+bP}$$

式中C代表粉末体积；P为压制压力；a、b为压制常数，可由试验测试获得。基于粉末屈服，由川北压制方程表达的粉末体积-压制压力关系对于部分陶瓷粉末是适合的。川北压制方程一个重要的不足是上述方程并非基于理论模型的建立提出的，而是经多种粉末压制试验之后所推导出的经验公式，因此公式中的压制常数a、b没有确定的物理意义。

黄培云压制理论　由中国黄培云于1964年提出，1980年又对理论进行了改进。黄培云考虑到粉末非线性、黏弹性体的特征及压制时应变（绝对压缩应变）大幅改变的现象，并基于应力弛豫和应变弛豫，建立了压制压力与压坯密度关系的数学物理模型为：

$$\sigma+\tau_1\frac{\mathrm{d}\sigma}{\mathrm{d}t}=E\left(\varepsilon+\tau_2\frac{\mathrm{d}\varepsilon}{\mathrm{d}t}\right)n$$

式中σ为压缩应力；τ_1为应力弛豫系数；$\mathrm{d}\sigma/\mathrm{d}t$为应力对时间的微分；$E$为金属粉末体弹性模量；$\varepsilon$为压缩应变；$\tau_2$为应变弛豫系数；$\mathrm{d}\varepsilon/\mathrm{d}t$为应变速率；$n$为非线性指数（表示粉末体具有非线性体性质）。通过数学推导，得到的压制方程为：

$$\lg\ln\frac{(\rho_{\mathrm{m}}-\rho_0)\rho}{(\rho_{\mathrm{m}}-\rho)\rho_0}=n\lg P-\lg M$$

式中ρ_{m}为理论密度；ρ_0为松装密度；ρ为压坯密度；M为压制模数。由于将金属粉末作为黏弹性体，考虑了粉末压制时的应力弛豫和应变弛豫，黄培云压制方程对不同硬度、不同粒度的金属粉末具有较好的适应性。

扩展阅读

费多尔钦科И.М.粉末冶金原理.北京：冶金工业出版社，1974.

（阮建明）

粉末冶金　powder metallurgy　用金属粉末或金属粉末与其他非金属粉末的混合物作为原料，经过成形和烧结制造金属材料、复合材料及各种类型制品的技术。是冶金学的一个分支。

简史　公元前3000年左右，埃及人就用碳还原氧化铁得到海绵铁，经高温锻造制成致密块，再捶打成铁器。3世纪时，印度的铁匠用此方法制造了德里铁柱，重达6.5吨。19世纪初，俄罗斯和英国相继出现将铂粉经冷压、烧结，再进行热锻制得致密铂的技术。1909年，W.D.库利吉发明用粉末冶金方法制造灯泡用钨丝，奠定了现代粉末冶金的基础。此后20年间，用粉末冶金方法制造了钨、钼制品，硬质

合金，青铜含油轴承，多孔过滤器，集电刷、**粉末冶金摩擦材料**等，逐步形成了整套粉末冶金技术。20世纪30年代，粉末冶金工业初具规模。继德国之后，美国、苏联、日本用粉末冶金技术生产硬质合金，旋涡研磨法、固体碳还原法和熔融金属雾化法制取铁粉投入生产，开发了粉末冶金铁基机械结构零件，烧结摩擦材料投产，金属纽扣式离合器片在飞机上应用（图1）。50年代以后，粉末冶金工业和技术发展迅速，生产水平和产品水平提高，产品品种增加，应用领域扩大，粉末冶金成为现代工业的重要组成部分。

图1　粉末冶金加工的机械零件

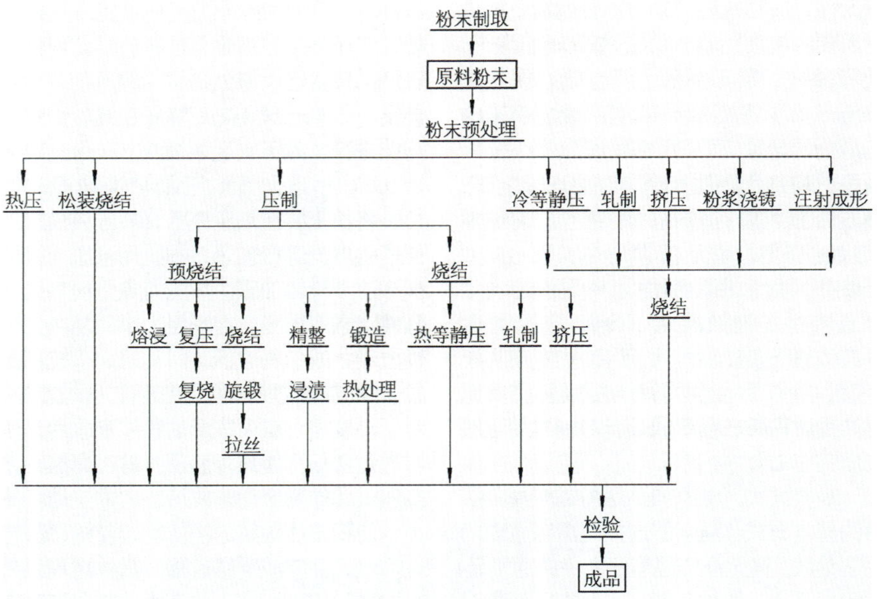

图2　粉末冶金工艺流程示意图

现代粉末冶金发展的重要标志：一是克服了难熔金属（如钨、钼等）熔铸法生产的困难。1909年，通过**钨粉**成形、烧结、再锻打拉丝工艺制造电灯钨丝，为粉末冶金技术应用迈出的重要一步。二是在30年代，用粉末冶金方法制取多孔含油轴承取得成功。这种轴承很快在汽车、纺织、航空等领域得到了广泛应用。继之，发展到生产铁基机械零件，发挥了粉末冶金的少切屑、无切屑工艺的特点。三是向更高级的新材料、新工艺发展。40年代，新型材料如**金属陶瓷**、弥散强化材料等不断出现。60年代末到70年代初，粉末高速钢、粉末冶金高温合金相继出现，粉末冶金锻造已经能制造高强度零件。

中国的粉末冶金工业从1958年以来发展迅速，60年代后，开发出了多种高性能的钨基高比重合金，为中国航天航空和兵器工业提供了高性能材料。

基本工艺　包括粉末的制取、成形和烧结（图2）。烧结或热成形后的坯件或制品，视需要可进行浸渗冷变形加工、热塑性加工、连接、切削加工、热处理和表面处理等后续加工。

粉末制取　粉末制取方法可归纳为机械法和物理化学法两类。具体方法有机械粉碎法、还原法、雾化法、电解法、气相沉积法、液相沉积法、还原-化合法等。其中应用广泛的是**还原法制粉**、**雾化法制粉**和**电解法制粉**等。

粉末成形　目的是制得一定形状和尺寸的压坯，并使其具有一定的密度和强度。粉末成形前要进行粉末的预先处理，包括粉末退火、粉末分级、粉末配料、粉末混合和粉末干燥等。在配料工序加入他种金属粉末或非金属粉末及润滑剂。粉末成形方法有加压成形和无压成形两类。在加压成形中，用得最普遍的是**粉末模压成形**。其他加压成形方式还有等静压成形、粉末轧制、粉末挤压、**粉末注射成形**等。粉浆浇铸和**喷射沉积**属于无压成形。

烧结　粉末冶金的最后一道工序。成形后的压坯通过烧结可以得到所要求的物理和力学性能。烧结分单元系烧结和多元系烧结。不论单元系或者多元系的固相烧结，其烧结温度都比所含金属与合金的熔点低；而多元系的液相烧结，其烧结温度比其中的难熔成分的熔点低，但高于易熔成分的熔点。除了普通的烧结方法外，还有松装烧结、将金属渗入烧结骨架中的熔浸工艺、压制和烧结同时进行的热压和热等静压工艺，以及粉末轧制和粉末锻造，正在开发的有微波烧结和增材制造技术（3D打印技术，图3）等。

图4　3D打印技术制造出的高性能金属零件

压坯烧结后，根据产品具体要求决定是否需要后处理。粉末烧结后处理有多种方式，如精整、机加工、热处理和电镀等。

技术和经济优势　粉末冶金在技术上和经济上具有的优势包括：①粉末冶金技术属于近净成形，可少切屑或无切屑，大量减少了机加工量，节约原材料，降低生产成本，具有绿色冶金和生态友好的特点。②可制造多孔材料及制品，如过滤器、多孔含油轴承及具有多种特殊结构的新型多孔材料等（图4）。③可制造熔铸法不能或难以生产的难熔金属材料及制品，如各种钨基高比重合金、钼喷管和钨-铜发汗材料等。④可制造特种功能材料，如钨-铜假合金型的电触头材料、金属和非金属组成的摩擦材料等。

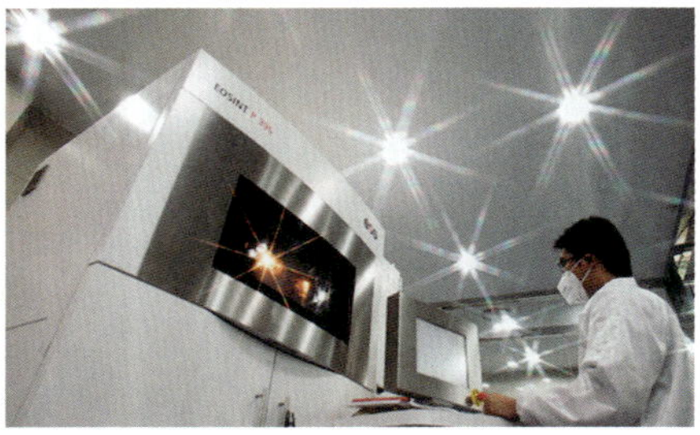

图3　3D打印操作

展望　粉末冶金在国民经济和国防建设中发挥着越来越重要的作用。金属粉末和**粉末冶金材料**已广泛应用于采矿工业、机械制造、仪器仪表、电子通信、医疗器械、石油化工、国防工业、航空航天及核工业等领域。为满足国民经济对粉末冶金的日益增长的需要，必须进一步扩大粉末冶金材料和制品的生产，改进生产工艺，提高产品质量。同时还必须大力发展新的实验技术，解决各种特殊的结构材料、功能材料和复合材料的关键科学技术问题，开发新材料。

扩展阅读

黄培云.粉末冶金原理.2版.北京：冶金工业出版社，1997.

（黄伯云）

粉末冶金材料 powder metallurgy materials 用**粉末冶金**工艺制得的多孔、半致密或全致密材料。具有传统熔铸工艺所无法获得的独特的化学组成和物理、力学性能，如材料的孔隙度可控，材料组织均匀、成分无宏观偏析，并可以实现近终形制造。粉末冶金材料通常以近终形零件呈现和应用。按粉末冶金材料的用途不同，通常可分为7种类型。

粉末冶金结构材料 又称烧结结构材料。能承受拉伸、压缩、扭曲等载荷，并能在摩擦磨损条件下工作。由于材料内部有残余孔隙存在，其力学性能一般比化学成分相同的铸锻件低。通过改进压制方法、强化烧结过程等特殊工艺可使材料的密度提高甚至达到全致密化，其力学性能显著提升，可以达到甚至超过化学成分相同的铸锻件。

粉末冶金工模具材料 包括**硬质合金**、粉末冶金高速钢等。前者是由难熔金属化合物（硬质相）和粘接金属（黏结相）所构成的组合材料。具有硬度高、耐磨性好、抗压强度高等特点。主要用于切削工具、地质矿山工具、模具、结构零件、耐磨零件、耐高温高压用腔体等领域。后者组织均匀，晶粒细小，没有偏析，比熔铸高速钢韧性和耐磨性好，热处理变形小，使用寿命长。可用于制造切削刀具、模具和零件。

粉末冶金减摩材料 又称烧结减摩材料。通过在材料孔隙中浸润滑油或在材料成分中加减摩剂或固体润滑剂制得。材料表面间的摩擦系数小，在有限润滑油条件下，使用寿命长、可靠性高；在干摩擦条件下，依靠自身或表层含有的润滑剂，即具有自润滑效果。广泛用于制造轴承、支承衬套或作端面密封等。

粉末冶金摩擦材料 又称烧结摩擦材料。由基体金属（铜、铁或其他合金）、润滑组元（铅、石墨、二硫化钼等）、摩擦组元（二氧化硅、石棉等）三部分组成。其摩擦系数高，能很快吸收动能，制动、传动速度快，磨损小；强度高，耐高温，导热性好；抗咬合性好，耐腐蚀，受油脂、潮湿影响小。主要用于制造离合器和制动器。

粉末冶金多孔材料 又称多孔烧结材料。由球状或不规则形状的金属或合金粉末经成形、烧结制成。材料内部孔道纵横交错、互相贯通，一般有30%～60%的体积孔隙度，孔径1～100微米。透过性能和导热、导电性能好，耐高温、低温，抗热震，抗介质腐蚀。用于制造过滤器、多孔电极、灭火装置、防冻装置等。

粉末冶金电磁材料 包括电工材料和磁性材料。在电工材料中，用作电触头材料的有金、银、铂等贵金属的粉末冶金材料和以银、铜为基体添加钨、镍、铁、碳化钨、石墨等制成的粉末冶金材料；用作电极的有钨铜、钨镍铜等粉末冶金材料；作电刷的有金属-石墨粉末冶金材料；用作电热合金和热电偶的有钼、钽、钨等粉末冶金材料。磁性材料分为软磁材料和硬磁材料。软磁材料有磁性粉末、软磁复合材料（磁粉芯）、软磁铁氧体、矩磁铁氧体、压磁铁氧体、微波铁氧体、正铁氧体和粉末硅钢等；硬磁材料有硬磁铁氧体、稀土永磁材料、磁记录材料、微粉硬磁、磁性塑料等。用于制造各种转换、传递、储存能量和信息的磁性器件及密封件。

粉末冶金高温材料 包括**粉末冶金高温合金**、难熔金属及其合金、**金属陶瓷**、弥散强化材料和纤维强化材料等。用于制造在高温条件下使用的涡轮盘、喷嘴、叶片及其他耐高温零部件。

（曲选辉 修订）

粉末冶金磁性材料 powder metallurgy magnetic materials 采用**粉末冶金**方法制备的磁性材料。主要包括粉末冶金永磁材料和粉末冶金软磁材料两大类。

粉末冶金永磁材料 又称硬磁材料。用粉末冶金法制备的经技术磁化到饱和并去掉外磁场后仍能保持很强磁性的材料。主要材料类型有1:5型和2:17型稀土钴永磁材料、钕铁硼系稀土永磁材料、烧结铝镍钴永磁材料、钡铁氧体、锶铁氧体等。典型的制备工艺流程包括球磨或气流磨制粉、磁场中压制成形、等静压压制、烧结、固溶处理、热处理、机加工等。粉末冶金永磁材料具有较高的矫顽力和磁能积，广泛应用于电机工程、仪器仪表等领域。

粉末冶金软磁材料 用粉末冶金方法制备的矫顽力低于几百安/米的铁磁或亚铁磁性的材料。粉末冶金软磁材料容易磁化和退磁。主要材料类型有粉末冶金烧结纯铁、铁磷、铁镍、铁钴、不锈钢等金属软磁，锰锌、镍锌等软磁铁氧体材料，铁粉芯、坡莫合金粉芯、铁硅铝粉芯等软磁复合材料。典型的制备流程包括粉末制备、压制成形、烧结、热处理、机加工及后处理等。软磁复合材料无烧结工序。粉末冶金软磁材料具有矫顽力低、磁导率高、铁芯损耗低的特点，广泛应用于电工和电子等设备中。

应用 主要有以下方面：①能制备单晶或单畴尺寸范围的磁性微粒，并通过磁场取向成形，使磁性微粒沿磁场方向定向排列，从而制备出高磁能积的磁体。能实现磁性粉末与绝缘剂、黏结剂等物质的复合，制备具有特定性能的材料。能直接制备接近最终形状的磁体，尤其适合于难加工的硬脆磁性材料。

（易健宏）

粉末冶金电工合金 powder metallurgy alloys for electrical applications 用**粉末冶金**方法生产的，用于电气设备和仪表及某些特殊用途的电工材料或制品。粉末冶金电工合金主要用作电触头材料，此外还用作电阻焊电极和电火花电极材料、金属-石墨电刷材料、电热合金和热电偶材料等。

20世纪初，用粉末冶金技术制成的银-石墨、铜-石墨电刷和纯钨触头，分别在发电机、电动机和继电器、仪表中得到应用。30年代，用粉末冶金技术分别制成的钨-银、钨-铜高压电触头材料和银-镍、银-氧化镉等低压电触头材料，代替纯银、纯铜触头，性能有很大改善。70～80年代，随着真空开关电器的发展，又成功研制出粉末冶金铬-铜系电触头材料。

电触头是各种电力设备、自动化仪表和控制装置中使用的一种关键元件，通过电触头的接通和分断，达到保护电器，传递、承受和控制电流的目的。按使用条件，电触头材料可分为高压（电压大于1千伏）电触头材料、低压（电压小于1千伏，大于毫安级）电触头材料和弱电电触头材料。用粉末冶金技术生产的高压电触头材料多为含钨的复合材料，如铜-钨（钨-铜）材料、银-钨（钨-银）材料和银-碳化钨（碳化钨-银）材料等；低压电触头材料通常为银基材料，如银-镍材料、银-石墨材料和银-氧化锡材料等；弱电电触头材料主要是金、银、铂等贵金属及其合金。此外，电阻焊电极、电火花加工、电极主要采用粉末冶金钨-铜、钨-银等复合材料制备。发热元件采用具有更高发热温度（1200℃以上）的粉末冶金电热合金制成；测量1600℃以上高温的热电偶采用粉末冶金高熔点合金制成。

粉末冶金电工合金的制备过程主要包括粉末的制备、混合、成形、烧结，有些产品还需极少量机械加工。也有采用熔渗法制备电触头材料的，如钨-铜合金、铬-铜合金等。粉末冶金电工合金的出现，对于电气设备及仪表行业的发展具有重要意义。 （易建宏）

粉末冶金多孔材料 powder metallurgy porous materials 采用粉末冶金方法制备的内部存在大量连通孔隙的材料。具有明显的孔隙特征，孔隙度一般为10%～90%，最大可达98%，孔径从纳米级到毫米级（图1）。粉末冶金多孔材料出现于20

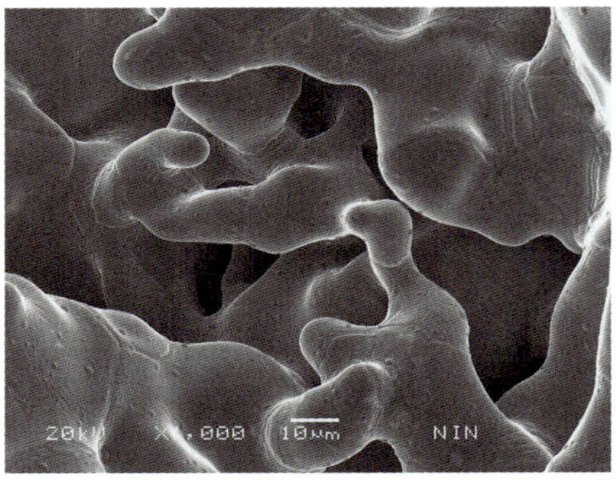

图1 粉末冶金多孔材料内部孔隙扫描电子显微图

世纪20年代，第二次世界大战后得到广泛应用。中国对粉末冶金多孔材料的研究始于50年代，70年代后迅速发展。粉末冶金多孔材料主要有金属粉末多孔材料、金属纤维多孔材料、金属丝网多孔材料及三者之间的复合多孔材料、泡沫金属、多孔金属膜等几大类。早期粉末冶金多孔材料的材质主要有铜、镍、青铜、黄铜等，随着现代工业的发展，相继开发了铜基合金、镍基合金、不锈钢、钛及钛合金、金属间化合物、难熔金属及其化合物。

特点和性能 粉末冶金多孔材料既保持了金属的固有特性，又由于孔隙的存在而呈现出一系列有别于致密材料的特殊功能。粉末冶金多孔材料的特点是：①孔径和孔隙度均可控制。②良好的透过性、选择性的渗透与吸附性，且在使用后可以再生，因而使用寿命长。③导热、导电。④耐高温、耐低温、耐压、抗热震。⑤抗氧化、抗介质腐蚀。⑥比表面积大。⑦可焊接和加工。⑧能量吸收性高。粉末冶金多孔材料性能评价主要有孔隙性能（包括孔隙度、孔径及孔径分布等）、过滤性能（包括透过性能、过滤精度、再生性能等）、物理性能（包括导热、吸声、电磁等）、力学性能（包括拉伸、疲劳、剪切、耐压、焊接强度等）及化学性能（包括抗氧化、耐腐蚀等）。根据不同用途来选择相应的性能参数。

制备和结构 粉末冶金多孔材料（图2）的制备技术可采用传统的粉末冶金工

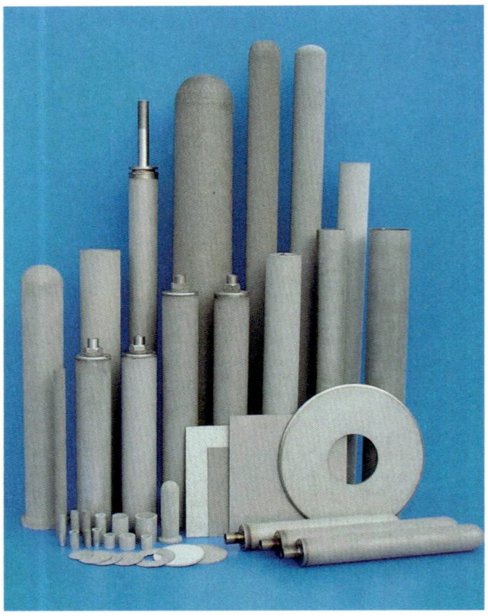

图2 粉末冶金多孔材料制品

艺，包括冷模压成形与烧结、松装烧结、等静压制、粉末轧制、增塑挤压、注射成形等方法。传统的粉末冶金工艺可制备单一、多层或“三明治”结构的金属粉末、纤维及丝网多孔材料。后来粉末冶金多孔材料的制备技术发展了发泡、涂敷、沉积、增材制造等。发泡法可制备网状结构的金属多孔材料；涂敷、沉积方法可制备梯度结构的金属多孔材料；增材制造工艺可制备点阵结构的金属多孔材料。此外，随着技术的不断发展，还出现了自组装、电化学腐蚀及定向凝固等技术，可制备纳米孔或藕状结构的金属多孔材料。根据材料的形状尺寸、结构性能等进行合理选用粉末冶金多孔材料的制备技术。

应用 粉末冶金多孔材料因各具特殊性能而有不同用途，如过滤分离、防撞防震、导热隔热、消声降噪、电磁屏蔽、阻燃防爆、生物移植等特殊功能，可广泛应用于冶金机械、石油化工、食品饮料、能源环保、国防军工、核技术和生物制药等工业过程中。

扩展阅读

宝鸡有色金属研究所.粉末冶金多孔材料.北京：冶金工业出版社，1978.

奚正平，汤慧萍，等.烧结金属多孔材料.北京：冶金工业出版社，2009.

（谈 萍）

粉末冶金发汗材料 powder metallurgy sweating materials 采用粉末冶金方法制备的一类由难熔金属和具有高相变热容、低熔点金属构成的散热材料。由高熔点金属构成多孔的基体，孔隙中渗入低熔点金属；在高温下工作时，低熔点金属蒸发吸热，借以冷却材料的表面。这是依据人体蒸发汗液吸热降低体温的原理设计成的，因而得名。常用于制造耐高温的航天器器件和电器开关触点。

简史 金属发汗材料出现于20世纪30年代，最先获得应用的是用粉末冶金工艺制成的钨银假合金和钨铜假合金，两种金属各以独立、均匀的相存在，不形成合金相，所以被称为假合金。在假合金中，存在于钨基毛细孔中的银或铜在高压电弧所产生的高温下液化蒸发，吸收了大量电弧的能量，降低了电弧区温度，因而这种假合金的烧损量不仅低于低熔点金属银、铜触点的烧损量，而且低于熔点最高的金属（钨）的烧损量。60年代初，R.E.马特和G.戈策尔等人根据“发汗冷却”的概念重新研究了钨银假合金，详细研究了制取工艺对材料性能的影响，以及发汗冷却、抗热震等机理。60年代中期，美国研制出钨银发汗材料（W-10Ag）火箭喷管，装备于“北极星”潜艇的导弹中。其他一些火箭有用钨铜喷管的。

金属发汗材料必须由具有一定强度、耐高温性能的高熔点金属与具有较大熔化、蒸发潜热的低熔点金属组成。两种金属应该不互相固溶，也不形成金属间化合物，而组成各自独立的均匀两相结构。高熔点金属构成多孔骨架，其毛细孔是均匀分布和连通的，有利于充填低熔点金属。因此，金属发汗材料的性质决定于两种金属的特性，如原始粉末的粒度和形状、骨架的密度和强度、毛细孔的形状和大小、毛细孔的分布状况、毛细孔的体积百分比和低熔点金属含量诸因素。

分类 按基体材料分为：①难熔金属基发汗材料。20世纪60年代，人们开始研究制备钨渗铜材料，钨铜（W/Cu）复合材料是由互不相溶的钨和铜两相组成的假合金。铜的加入改善了材料的机加工性能，提高了材料的强度和抗热震性能，而且材料在高温下工作时，铜熔化和蒸发吸收热量起到冷却作用。此后人们还研究开发了钨银（W/Ag）、钼铜（Mo/Cu）等材料，它们与W/Cu类似。钼的熔点比钨低，其机加工性能比W/Cu好，密度仅为W/Cu的50%～75%，因此常用于火箭、导弹的高温部件。②石墨基发汗材料。通用的高强石墨的脆性及对缺陷的敏感性、抗热震性及可靠性的不足，人们开发了石墨渗铜材料。石墨渗铜材料是以粗粒级的高强石墨为基体材料，在高温下对其加压，使铜液渗透到石墨基体的开孔和微裂纹中，形成网状连续相，对材料能起到良好的增韧效果，使材料的强度和导热性能得到大幅提高，抗热震性也得到改善。③陶瓷基发汗材料。基于发汗冷却防热抗烧蚀机理的构想，以高熔点的碳化物、硼化物陶瓷作为基体，以高导热、低熔点和沸点的韧性金属作为发汗剂，在高温下金属相熔化、蒸发带走一部分热量，达到降温效果的复合材料。陶瓷基发汗材料具有密度小（约为钨铜的1/3）、耐高温、抗氧化等性能。

制备方法　主要有：①熔渗法。是制备自发汗冷却材料常用的方法。先将基体粉末压制成压坯，在高温下烧结，得到具有一定孔隙度的骨架，然后利用毛细管力或者外加压力使金属熔体渗入骨架的连通孔隙，得到所需的较致密的复合材料。②混粉烧结法。将高熔点基材粉末和低熔点金属粉末按照一定比例混合、压制，再经一定温度的烧结得到所需材料。自发汗材料的两相之间熔点相差很大，因此一般采用液相烧结。为了提高烧结致密度，经常向原料粉末中添加微量第三种金属元素进行活化烧结。

扩展阅读

王力，张保红，林冰涛，等.自发汗冷却材料的研究现状.宇航材料工艺，2013（3）：19-24.

吉洪亮，张长瑞，曹英斌.发汗冷却材料研究进展.材料导报，2008（1）：1-3.

（范景莲）

粉末冶金复合材料　powder metallurgy composites　采用**粉末冶金**方法将两种或多种不同的粉末或纤维结合在一起，形成具有两相或两相以上组织结构的复合材料。粉末冶金复合材料包括粉末冶金结构复合材料和粉末冶金功能复合材料两大类。①粉末冶金结构复合材料。是作为承力结构使用的材料，由增强体组元与基体组元构成。增强体组元能承受载荷，基体组元既能连接增强体又起传递力作用。其特点是可根据材料在使用中受力的要求进行组元选材设计，在性能上取长补短，产生协同效应。②粉末冶金功能复合材料。一般由功能体组元和基体组元组成。基体组元不仅具有构成整体的作用，而且能产生协同或加强功能的作用。其功能包括导电、超导、半导、磁性、压电、阻尼、吸波、摩擦、屏蔽、阻燃、吸声、隔热中的一种或多种，同时还有可能由于复合效应而产生其他功能。

粉末冶金复合材料按照增强体形状可分为颗粒增强复合材料、层状复合材料和纤维增强复合材料；按基体不同，可分为铝基复合材料、铁基复合材料、铜基复合材料、镍基复合材料、钛基复合材料等。典型的**粉末冶金材料**如WC-Co硬质合金、W-Ni-Fe高密度合金、氧化铝弥散强化铜合金等，都是粉末冶金复合材料。

粉末冶金复合材料具有高比强、耐磨、耐热、高导电、高导热、低热膨胀系数等性能，广泛应用于航空航天、国防工业等领域。

扩展阅读

阮建明，黄培云.粉末冶金原理.北京：机械工业出版社，2012.

（熊　翔）

粉末冶金高温合金　powder metallurgy superalloys　用**粉末冶金**方法制取的高温合金。由于粉末冶金工艺中使用的**金属粉末**颗粒细小、凝固速度快、合金成分均匀，因而产品没有宏观偏析、性能稳定、加工性能良好，而且可以进一步提高合金化程度。粉末冶金工艺中采用热等静压直接成形或超塑性等温锻造成形，可制成接近成品尺寸的制品，提高了金属利用率，减少机械加工量，从而降低成本。粉末冶金技术的缺点是金属粉末易于氧化和污染，对工艺要求严格。

按合金强化方式不同，粉末冶金高温合金可分为沉淀强化型和氧化物弥散强化型两类。

沉淀强化型粉末高温合金　20世纪60年代初，美国开始用普通粉末冶金工艺制取高温合金，未能成功；60年代末，改用惰性气体（或真空）雾化制取预合金粉，并采用热等静压、热挤压和超塑性等温锻造等现代粉末冶金工艺，制成了高温合金。英、美、俄等国研制成的几种粉末高温合金，已用于制造高推重比（推力/重量）发动机的高压压气机盘和涡轮盘。

成分和性能　几种常用沉淀强化型粉末冶金高温合金的化学成分见表1。这些合金与同牌号的用铸造或变形工艺制备的高温合金相比，含碳量较低，可以避免在粉末颗粒边界析出碳化物膜而影响材料性能。表1中的MERL76合金是在IN100合金成分的基础上降低碳含量，并加入强碳化物形成元素铌和铪，这就消除了粉末颗粒表面不良问题，提高了合金强度，并且可以采用直接热等静压成形工艺。

几种常用沉淀强化型粉末冶金高温合金的性能见表2。这些合金的屈服强度和疲劳强度显然高于同牌号的铸造成形和变形高温合金。

表1　几种常用沉淀强化剂粉末冶金高温合金的化学成分

牌号	化学成分/%											
	C	Cr	Co	W	Mo	Al	Ti	Nb	V	Hf	Zr	B	Ni
IN100	<0.1	10	14		3.5	5.5	4.5		1.0		0.05	0.01	基
René95	<0.1	14	8	3.5	3.5	3.5	2.5	3.5			0.05	0.01	基
Astroloy	0.05	15	18		5.0	4.0	3.5					0.03	基
MERL76	0.025	12.5	18.5		3.0	5.0	4.3	1.4		0.4	0.06	0.02	基
APK-1	0.03	15	17		5.0	4.0	3.5				0.04	0.02	基

表2　几种常用沉淀强化型粉末冶金高温合金的性能

牌号	抗拉性能					持久性能			
	t/℃	σ_b/MPa	$\sigma_{0.2}$/MPa	δ/%	ψ/%	t/℃	σ/MPa	r/h	δ/%
IN100（热挤压＋超塑性锻造）	20	16.0	11.0	15	15	732	6.8	23	
	704	12.4	10.7	12	12				
René95（热等静压）	20	16.5	12.8	10	12	650	10.7	25	2
	650	14.8	11.9	8	16				
Astroloy（热等静压＋锻造）	20	12.9	8.6	15	11	732	5.8	23	8
	538	11.5	7.9	15	18				
MERL76（热等静压）	20	15.4	10.7	15	15	732	6.9	23	5
	704	12.2	10.5	12	12				

制造工艺　沉淀强化型粉末冶金高温合金的制造采用了全惰性工艺，即雾化制粉和粉末处理均在氩气保护下或真空中进行，避免了制造过程中合金粉的氧化。工艺步骤如下：①预合金粉的制备。主要采用氩气雾化法、真空雾化法、旋转电极雾化法等。②粉末处理。在氩气保护下进行筛分、混料、去除氧化物夹杂，然后进行真空脱气。③装套和焊封。在真空中将粉末装入软钢、不锈钢或玻璃-陶瓷型包套中，然后焊封。④热压成形和热加工，主要采用热等静压或热挤压，也可再进行热模锻或超塑性等温锻造。⑤超声波检验。⑥热处理和机械加工。

为提高沉淀强化型粉末冶金高温合金的某些性能，还可采用一些特殊工艺，比较重要的有：①快速凝固制粉。粉末冷却速度每秒可以达到10^6℃，因此进一步减少了偏析，使合金的成分和组织更加均匀，同时也扩大了合金的固溶度范围，可以继续提高合金化程度，制造出强度和使用温度更高的合金，用以制作多层薄片式气冷涡轮叶片。②特殊热处理工艺。梯度退火热处理可以使叶片获得定向再结晶的组织，而盘件中心部位获得细晶组织，以制取双重性能盘，满足涡轮盘的使用要求。③热塑加工工艺。将预合金粉预先进行冷加工，使粉末内部储存应变能，从而降低合金的再结晶温度；进而可以在较低的压力和较低的温度下进行热等静压，以获得完全再结晶的细晶组织，使材料具有超塑性，可以进行超塑性等温锻造。热塑加工工艺可以扩大粉末粒度的应用范围，从而提高了粉末的利用率。

氧化物弥散强化型高温合金　以热稳定性高的超细氧化物质点均匀分布在金属或合金基体内，起弥散强化作用的高温合金材料，简称ODS（oxide dispersion strengthening）高温合金。

发展过程　在高温合金中起强化作用的析出相（金属间化合物或碳化物）随温度升高会重新溶入基体。因此，高温合金的最高工作温度必然受强化相溶解温度的限制。为解决这一问题，从20世纪50年代起，美国W.S.克里门斯和E.格雷戈里等人开始了氧化物弥散强化高温合金的研究。60年代初，美国一家公司用化学共沉淀法研制出以氧化钍为弥散相的TD-Ni合金，这种合金抗氧化性差，中温强度低；随后又研制出TD-镍铬、TD-镍钨、TD-镍钼和TD-镍铬钼等合金。同时，相继开展了各种氧化物（如氧化钇、氧化铝、氧化镁、氧化锆及氧化铪等）的弥散强化合金的研究。70年代初，美国J.S.本杰明等人采用高能机械合金化工艺研制成既有金属间化合物沉淀强化又有氧化物弥散强化的新型ODS合金。1972年采用定向再结晶工艺——ZAP（zone aligned polycrystals）对某些ODS合金进行处理，得到晶粒长宽比较大的纤维状晶粒组织，进一步改善了ODS合金的性能。

成分和性能　ODS合金于20世纪70年代迅速发展起来，其中性能较好的有镍基、铁基ODS高温合金，见表3。

ODS高温合金具有良好的抗氧化、抗热腐蚀性能，优异的高温持久强度和疲劳性能。沉淀强化型高温合金加氧化物弥散强化后，工作温度显著提高，已基本具备用于制作1100℃的涡轮叶片的条件。

表3 ODS高温合金的化学成分

牌号	化学成分/%										
	Fe	Ni	Cr	W	Mo	Ta	Al	Ti	C	Zr	B	Y_2O_3
MA6000		基	15.0	4.0	2.0	2.0	4.5	2.5	0.05	0.15	0.01	1.1
MA754	1.0	基	20.0				0.3	0.5	0.05			0.6
MA956	基		20.0				4.5	0.5				0.6
ODS-WAZ1-D	4.3	基		16.5			7.0		0.05	0.95	0.15	2.0

由于氧化物质点颗粒细小，弥散分布均匀，高温稳定性好，ODS合金在高温下具有较高的持久强度。氧化物质点尺寸一般小于50纳米。ODS合金可用于制造喷气发动机、工业燃气轮机的高温部件，如火焰筒、导向叶片及涡轮叶片等。

制造工艺　按合金类型不同，常用的有以下两种：①固溶强化型弥散强化合金。一般采用化学共沉淀法制造。其流程为：首先将金属氧化物制成水溶胶，并同基体各组元金属盐的混合水溶液和沉淀剂三者置于特定的容器中，使之生成以氧化物质点为核心的复合沉淀物，再经过各种热处理制得。②沉淀强化型弥散强化合金。采用机械合金化工艺制造。其流程为：将金属粉末、中间合金粉和氧化物粉置于搅拌式球磨机中，在真空或保护气氛下通过钢球的碾压作用，原料粉被破碎、混合和冷焊合，达到合金化。用此法生产的合金有MA754、MA956、MA6000、ODS-WAZ-D等。机械合金化ODS合金的出现为工作温度更高、性能更好的高温合金的发展开辟了新的前景。

扩展阅读

黄培云.粉末冶金原理.2版.北京：冶金工业出版社，1997.

（李　力　李华林　单秉权　撰　刘祖铭　修订）

粉末冶金合金钢　powder metallurgy alloy steels　采用热等静压或热挤压等热成形技术，将合金钢粉末致密化成坯材，然后经一般热塑性加工制成的合金钢材。这类钢材密度接近或等于理论密度，与铸锻钢相比，有以下特点：①组织细小均匀，消除了铸锭法难以避免的宏观偏析。②合金化范围宽，可不受铸锭热塑性差的限制。因此，这类钢材的力学性能水平相当于甚至优于同类的铸锻钢。世界上已有工业规模的粉末冶金合金钢生产，主要制造粉末高速钢、粉末无缝不锈钢管和粉末高温合金涡轮盘等。这是粉末冶金发展中的一个重大进展。20世纪60年代末，美国采用雾化制粉和热成形工艺制成了粉末高速钢和高温合金，同一时期瑞典也制成粉末高速钢。70年代初，两国相继建厂生产。70年代末，瑞典又研制成功了粉末不锈钢管。中国70年代研制成氮气雾化-包套挤压的粉末高速钢，还开始研究氩气雾化-热等静压或挤压的粉末高温合金。

上述材料都是用雾化法**预合金粉末**来制成。雾化时，熔融金属液滴以相当快的冷却速度被冷凝（冷凝速度为10^2～10^4 K/秒），比一般铸锭的冷凝速度（10^{-2}～10 K/秒）快几个数量级。所得到的粉末具有以下优点：①颗粒之间成分很相近，成分的偏析被限制在粉末颗粒尺寸（10～500微米）范围内。②颗粒的显微组织细小，其中包含的第二相（如碳化物相）分布较弥散均匀，用这种粉末生产的材料和制品，可以消除铸锭材料难以避免的宏观偏析，从而改善了材料的组织和性能。

粉末的致密化主要通过热等静压和热挤压来实现，其典型工艺举例如下。

粉末高速钢生产工艺　非真空熔炼、氮气雾化制粉（氧含量$<10^{-4}$）→粉末装入低碳钢包套、封焊→冷等静压（400兆帕）→热等静压成锭（约1000℃，100兆帕，锭重1.5～2吨）→锻、轧等热加工成材。有时也可省去冷等静压工序。

粉末高速钢的主要特点是碳化物颗粒细小、分布均匀，因而具有下列优点：①可磨削性好，为相同钢种的熔铸高速钢的2～3倍。②韧性好，制成的刀具有良好的抗崩刃性能。③质量均匀，不受断面尺寸影响。④热处理时变形小，尺寸稳定性好。⑤耐磨性好，制成的刀具比熔铸高速钢耐用2～5倍。⑥由于热加工性好，可进一步提高高速钢中的合金含量（如高钒、高碳等），发展高性能的新钢种。因此，粉末高速钢在制造型面复杂的精密刀具和大截面刀具时更显出其优越性。70年代世界上已有十几个牌号的粉末高速钢，年产能力约数千吨。粉末高速钢的成本虽稍高于铸锻高速钢，但如按摊到每个被加工工件上的成本计算，则略低于后者。

粉末无缝不锈钢管的生产工艺　氩气或氮气雾化制粉→将粉装入中空包套，抽真空封焊→冷等静压制管坯（400～500兆帕）→热压成管材（约1200℃）。这一工艺的特点是：①显著提高产品收得率，从传统冶金法的45%提高到70%，降低了成本。②产品成分均匀，组织细小，尤其夹杂物细小、分布均匀（如大于0.5微米的硫化物仅为传统冶金法管材的1/3），其力学和耐蚀性能相当于或优于传统冶金法管材。③可生产异型和多孔道管材。

（王洪海　曹勇家　王恩珂）

粉末冶金机械零件 powder metallurgy mechanical parts　采用**粉末冶金**方法制造的机械零件。又称烧结机械零件。通常包括机械结构零件、含油轴承和摩擦零件等。

简史　含油轴承是最早出现的粉末冶金机械零件。1910年瑞典人V.勒夫恩达尔取得了制造烧结青铜含油轴承的专利。后来美国通用电气公司的E.G.吉尔松实现了这种轴承的工业化生产。20世纪30年代末，美国大量生产和使用烧结铁基油泵齿轮，用以取代铸铁制品，奠定了粉末冶金机械零件与汽车工业密不可分的关系。60年代以来，随着**金属粉末**质量的提高和粉末新品种的开发，以及**粉末成形**技术、成形设备和烧结设备的发展，粉末冶金机械零件的性能不断提高，形状日趋复杂，产量迅速增加。中国1954年开始生产铜基含油轴承；1957年生产铁基含油轴承；到70年代，烧结机械零件在生产上已颇具规模。在烧结有色金属合金方面，发展出了烧结青铜、烧结黄铜、烧结铝合金、烧结钛合金等。在汽车（图1）、工程

图1　汽车用粉末冶金机械零件

机械、办公机械、仪表、纺织、国防军工等方面得到广泛应用。

材质　粉末冶金机械零件的材质体系通常为铁基合金和有色合金（铜基合金、钛基合金与铝基合金等）。粉末冶金机械零件材料和普通铸锻材料的主要差异在于：前者存在一定数量的孔隙度；在两者的成分和显微组织大致相同的条件下，前者的力学性能是孔隙度的函数。材料的孔隙度，孔隙的大小、形状和分布，以及烧结程度对粉末冶金机械零件的力学性能都有重大影响。由于孔隙造成烧结材料的应力与应变集中，通常表现出低的拉伸塑性与低的冲击韧性。通过复压-复烧、熔浸、后续热处理等工艺，可降低粉末冶金机械零件孔隙度，提高力学性能，特别是疲劳强度、冲击韧性和延性，但与相应的铸锻材料的性能水平尚有较大差距，因此限制了烧结机械零件的应用范围。与铸、锻、机械加工技术生产的零件相比，粉末冶金机械零件具有绿色制造的特点，即节能、加工工序少、材料利用率高，尺寸精度一致性高，适于大批量自动化生产。

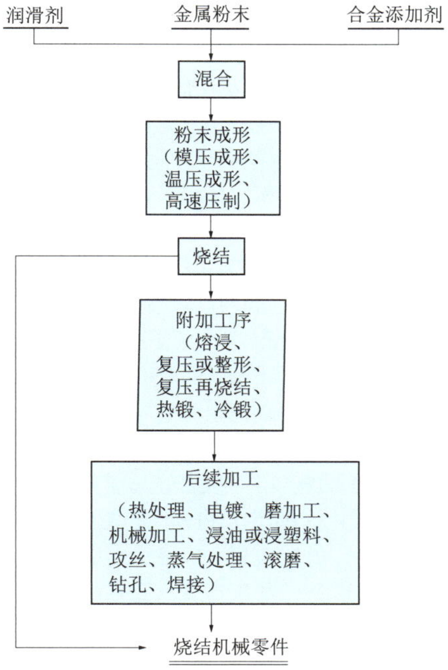

图2　粉末冶金机械零件基本制造工艺图

制造工艺　主要包括原料粉末与润滑剂的混合、成形、烧结和后续加工工艺。为制造密度、力学性能不同的机械零件，发展出多种不同的成形、烧结和后续加工方法。粉末冶金机械零件的基本制造工艺见图2。

扩展阅读

曾德麟.粉末冶金材料.北京：冶金工业出版社，1989.

韩凤麟.铁基粉末冶金结构零件：制造·设计·应用.北京：化学工业出版社，2015.

（曹顺华）

粉末冶金减摩材料 powder metallurgy anti-friction materials　采用**粉末冶金**方法制造，具有低摩擦系数的金属材料，或金属和非金属的复合材料。又称烧结减摩材料。粉末冶金减摩材料具有良好的自润滑性能和较高的耐热性能，因而应用范围比常规铸造金属或塑料减摩材料更为广泛，能在缺油甚至无油润滑的干摩擦条件下，或在高速、高载荷、高温、高真空等极限条件下工作。

发展历史　早在1870年就有关于利用含油的多孔金属制作轴承的专利记载。含油多孔金属轴承是重要的粉末冶金减摩材料制品。在1910年前后出现了用石墨还原氧化铜和氧化锡制成的多孔青铜石墨含油轴承。铜基含油轴承于20世纪20年代开始投入批量生产；至50年代，其品种、产量和应用范围大为扩展，已成为广泛应用的重要减摩部件。60年代以来，科学技术发展对减摩材料的综合性能提出了更高要求，研制了以不同合金为基体、含多种固体润滑剂组元的粉末冶金减摩材料。

分类　按制造方法分为烧结整体减摩材料和烧结双金属材料两大类。

烧结整体减摩材料采用传统压制、烧结法制备，在材料中浸有润滑油或加有固体润滑剂。主要制品有金属多孔含油轴承（图1）、金属-塑料复合减摩材料和金属-固体润滑剂复合减摩材料，应用于轻、中等载荷。采用的固体润滑剂通常有石墨、MoS_2、WS_2、PbS、PbO、FeS、CuS、BN、聚四氟乙烯、铅锡合金、金、银、CaF_2、BaF_2等。润滑剂均匀分布在金属基体中，在相对运动的摩擦面之间形成稳定而连续的润滑膜，使摩擦系数降低。金属多孔含油轴承基体金属以铜基和铁基的产量最大，应用最广，主要有多孔青铜、多孔铁、铅青铜、青铜-石墨、铁-石墨等系列。金属-塑料复合减摩材料是将工程塑料（一般用聚四氟乙烯）渗入烧结金属多孔体中制成，兼有工程塑料的优良减摩性、耐蚀性和金属基体优良的物理力学性能。金属-固体润滑剂复合减摩材料适用广泛，尤其适合于高温、高真空、高载荷、高速以及低温、强腐蚀、强辐照等特殊场合。

图1　铁基含油轴承

烧结双金属材料以钢背为基底，在钢背上烧结一层厚度均匀的减摩材料，再经**轧制**复合而成（图2）。其荷载能力大，应用于重载轴承。依据烧结减摩材料的不同分为铜铅合金（铅青铜）、多孔铜镍

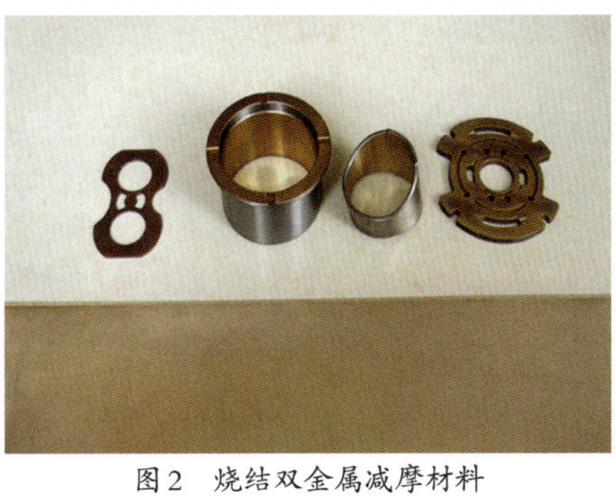

图2　烧结双金属减摩材料

合金（孔隙中浸渍巴氏合金）、多孔锡青铜（孔隙中浸渍低熔点减摩合金）。在此基础上，进一步发展了由钢背、多孔青铜层及塑料覆盖层组成的三层减摩复合材料。以聚四氟乙烯和铅混合物或聚四氟乙烯和二硫化钼混合物做润滑剂的三层减摩复合材料称DU材料，以聚甲醛做润滑剂的三层减摩复合材料称DX材料。这种三层减摩复合材料具有机械强度高、摩擦系数低和使用温度范围宽等优点，已广泛应用于汽车、农业机械和工程机械等。

扩展阅读

阮建明，黄培云.粉末冶金原理.北京：机械工业出版社，2012.

（刘如铁）

粉末冶金铝合金 powder metallurgy aluminum alloys 用粉末冶金方法制成的铝合金制品。具有密度小、比强度高、耐腐蚀和组织结构优良等特点。20世纪40年代，瑞士最早制成烧结铝。1952年，美国铝业公司开发了第一代粉末冶金铝合金材料。70年代，发展了快速凝固法和机械合金化法制取铝合金粉末，获得了高性能的粉末冶金铝合金制品。80年代后，美国、日本等开发了多种牌号的粉末冶金结构铝合金和粉末冶金耐磨铝合金，广泛应用于航空航天工业和汽车工业。

在粉末冶金铝合金的制备过程中，由于铝元素活性高，粉末表面易形成致密氧化膜，阻碍粉末颗粒之间相互的迁移扩散，影响粉末的烧结过程。但通过选择较高的压制压力，添加烧结助剂、采用反应性烧结气氛等方法，可破坏粉末表面的氧化膜、促进粉末之间的扩散烧结，还可采用热加工技术进行二次致密化，进一步提高产品的最终性能。

粉末冶金铝合金可分为普通烧结铝合金和高性能粉末冶金铝合金两种。普通烧结铝合金是通过传统雾化制粉—压制—烧结工艺制成，其工艺简单、性价比高，但产品总体力学强度较低。成分体系主要有铝-铜-镁系、铝-镁-硅-铜系、铝-锌-镁系3种。高性能粉末冶金铝合金在合金成分设计上比较复杂，一般采用快速凝固和机械合金化制得粉末，通过热压、等静压、喷射沉积等方式固结成形，并结合后续挤压、轧制或锻造工艺进行二次致密化，确保产品的高性能。高性能粉末冶金铝合金常采用纤维增强和颗粒增强制成复合材料。由于颗粒增强便于二次加工，简化了工艺，降低了制备成本，具有很好的发展前景。

扩展阅读

阮建明，黄培云.粉末冶金原理.北京：机械工业出版社，2012.

（熊　翔）

粉末冶金弥散强化合金 dispersionstrengthened alloys made by powder metallurgy 以粉末冶金方法制备，用不溶于基体金属的超细第二相（强化相）粒子强化的金属材料。弥散强化的第二相粒子是从外部加入的不溶或难溶粒子，一般为高熔点的氧化物、碳化物和氮化物，其强化作用可保持到较高温度。化合物在固溶体晶粒内呈弥散质点或粒状分布，既可显著提高合金的强度和硬度，又可使塑性和韧性下降不大；并且颗粒越细小，越呈弥散均匀分布，强化效果越好。

简史　1916年，德国首先制造出用二氧化钍强化的钨丝。1919年，这种钨丝在美国工业中开始应用。1946年出现了烧结铝（SAP），1962年制成镍-二氧化钍合金（TD-Ni）。1970年发明了机械合金化方法，粉末冶金弥散强化合金获得较大进展，出现了用弥散强化、时效硬化或固溶强化方法结合起来制成的一系列高温合金。截至21世纪初，实用的弥散强化合金有20多种。中国从20世纪50年代开始研制粉末冶金弥散强化合金以来，已研制出以铝、铜、镍、铁等为基体的弥散强化合金。

强化相　弥散强化的实质是利用弥散的超细微粒阻碍位错的运动，从而提高材料在高温下的力学性能。为此，对弥散的超细微粒有如下要求：微粒尺寸要尽可能小（0.01～0.03微米），微粒的间距要达到最佳程度（约0.1微米），在基体中分布要均匀；微粒与基体金属不相互作用，在高温下微粒相互集聚的倾向性小。弥散强化相含量一般小于10%。应用较多的强化相粒子是氧化铝、氧化钍、氧化锆、氧化钇、氧化铍、氧化铝、碳化铍、氮化铪、氮化锆等。在弥散强化合金中，已投入工业性生产的有铝、镍、铁、钨、铍、铜、铅等金属和合金。

制取方法　粉末冶金弥散强化合金的制粉工艺主要有表面氧化法、内氧化法、化学共沉淀选择还原法和机械合金化法等。

表面氧化法　利用某些活性金属粉末能在颗粒表面形成很薄的难熔氧化物膜，获得弥散强化的效果，如铝的氧化膜厚约100微米。一般采用空气雾化制粉。为破碎氧化膜和增加新氧化表面，需进行机械研磨。通常成形工艺中采用热变形加工以利于进一步破碎氧化膜和金属颗粒间的烧结。

内氧化法　利用合金中某些活性溶质元素的选择氧化，控制温度、时间、氧分压等工艺参数获得强化相弥散均匀的材料。弥散强化铜-氧化铝合金主要用此法生产。采用雾化铜-铝合金粉末，用氧化铜粉作为氧源，约在875℃进行内氧化。粉末装入铜包套中，约在925℃下挤压成材。弥散强化铜-氧化铝合金由于具有较好的高温强度和导电性，主要用于电阻焊电极、白炽灯引线、电动机转子绕组、管式热交换器及部分电真空器件。

化学共沉淀选择还原法　将基体金属与弥散强化相组元（如镍和钍，或镍与铪的盐溶液，或氧化物溶胶），用沉淀剂使它们共沉淀，并热解得到极均匀的混合氧化物，再用氢气还原，得到在被还原的基体金属中均匀弥散的难熔氧化物微粒（氧化铝、氧化镁、氧化钍、氧化铪、氧化锆）。用此方法可制取镍-氧化钍、铜-氧化铝弥散强化合金等。

机械合金化法　通过高能球磨，使粉末颗粒反复产生塑性变形或破碎，导致粉末颗粒中原子扩散而获得合金化粉末。自1969年发明机械合金化技术以来，氧化物弥散强化高温合金得到了快速发展，包括氧化物弥散强化镍基高温合金和铁基高温合金。商业应用的氧化物弥散强化高温合金已经达到20多种，包括先进航空发动机、燃气轮机的耐高温抗氧化部件，核反应堆包壳管，冶金、汽车、石化、玻璃等行业的耐高温抗腐蚀结构件。

通过上述方法制取的合金粉末可经压制成形，烧结成坯料，再热塑性加工成材，也可直接经包套热成形（热等静压、热挤压等）成为致密程度很高的坯材。热加工后经二次再结晶，使挤压、轧制材的晶粒长大，可进一步提高合金高温下的强度。大多数合金再结晶后显微组织呈密集的退火孪晶，这种组织可阻缓裂纹扩展，增加使用寿命。

扩展阅读

黄培云.粉末冶金原理.2版.北京：冶金工业出版社，1997.

KLUEH R L, SHINGLEDECKER J P, SWINDEMAN R W, et al. Oxide Dispersion-strengthened Steels: A Comparison of Some Commercial and Experimental Alloys. Journal of Nuclear Materials, 2005, 341(2-3): 103-114.

（曾炳胜　强劲熙　撰　刘祖铭　修订）

粉末冶金摩擦材料 powder metallurgy friction materials 采用粉末冶金方法制成的、具有高摩擦系数和高耐磨性能的金属和非金属复合材料。又称烧结金属摩擦材料。生产工序包括粉末原料配比设计、粉料混合、模压成形、加压烧结和后续机械加工等。粉末冶金摩擦材料通过相对运动部件接触面间的摩擦作用传递动力或使物体减速运动，是制造各种交通工具（如汽车、火车、飞机、舰船等）及机械设备的制动器、离合器或摩擦传动装置的关键材料。

简史 自动力机械和机动车辆出现以来，在各种传动和制动机构中就使用了摩擦材料。1930年，美国已使用了铜基粉末冶金摩擦材料。20世纪50年代，出现了耐温性能较高的铁基粉末冶金摩擦材料。80年代，随着现代交通工具速度和载荷的不断提高，发展了综合性能更优的新型铜基摩擦材料。

组成 粉末冶金摩擦材料由3类不同作用的组元构成：①基体组元。构成材料的基体，保证材料的物理力学性能。主要为铜、铁等金属及其合金。②固体润滑组元。又称减摩剂。其作用是平稳摩擦过程，防止焊合/卡滞，减小材料磨损。主要有石墨和钼、铜、锌、钡、铁等金属硫化物，以及低熔点金属（铅、锡、铋等）。③摩擦组元。通常称为摩擦剂。其作用是增大运动阻力，提高摩擦系数。主要有硅、铝、铬、锆等金属氧化物，碳化硅和碳化硼，或矿物型摩擦剂。

分类 粉末冶金摩擦材料可在较大范围内调整材料的成分，使其具有优良的摩擦磨损和热物理力学性能，满足不同工况条件下的应用需要。粉末冶金摩擦材料按基体成分可分为铜基和铁基两大类。铁基粉末摩擦材料比铜基粉末摩擦材料有稍高的硬度、强度、摩擦系数，允许承受的工作比压和表面瞬时温度也较高；铜基粉末摩擦材料比铁基摩擦材料有较好的导热性、耐腐蚀性和耐磨损性。为了增加粉末冶金摩擦材料的强度，通常将其黏结在钢背上而成为双金属结构。铜基粉末摩擦材料和铁基粉末摩擦材料大多用于离合器和制动器中。特别是新型的铜基粉末摩擦材料，由于其综合性能优异，已在飞机、坦

飞机刹车盘

克、高速列车、工程机械等装备中得到广泛应用。

特点 同非粉末冶金制作的摩擦材料（如铸铁和铸钢，树脂黏合的多组元粉末材料等）相比，粉末冶金摩擦材料的优点是：能很快吸收动能，制动、传动速度快，磨损小；强度高，耐高温高压，导热性好，即使在高速重载条件下仍能保持较稳定的摩擦系数，且不易与对偶摩擦材料发生咬合，寿命长等。

扩展阅读

黄培云.粉末冶金原理.2版.北京：冶金工业出版社，1997.

（熊 翔）

粉末冶金难熔金属材料 powder metallurgy refractory metal materials 用粉末冶金方法生产的难熔金属及其合金材料。难熔金属一般指熔点高于2000℃的金属材料，包括钨、钼、钽、铌、钒、锆等，其使用温度范围1100～3320℃，远高于高温合金。

1903年，德国W.von博尔顿制得钽丝，并用作为白炽灯丝。1909年，美国W.D.库利吉用粉末冶金方法制得钨丝，从而取代钽丝用于白炽灯。1910年用粉末冶金方法制成钼丝，从而开拓了钨、钼粉末冶金的道路。

制备 难熔金属材料一般采用粉末冶金方法制备。同熔炼工艺比较，粉末冶金工艺的优点是：制成的合金成分和组织均匀，晶粒尺寸小，工艺流程短，能耗低。

粉末冶金烧结技术是制备难熔金属及其合金的关键工序，对产品的最终性能起着决定性作用。常规烧结方法有氢气烧结、真空烧结、热等静压烧结、真空后续热等静压烧结等。新发展的烧结工艺有：①微波烧结。通过电磁场使材料整体加热至烧结温度来实现致密化。微波烧结炉采用微波发生器作为热源。②放电等离子烧结。将直流脉冲电流和压制压力施加于待烧结粉末，经放电活化、热塑变形和冷却过程完成制取高性能材料。

材料特点及应用 由于粉末冶金难熔金属材料具有高熔点、优异的高温力学性能等特点，在航空航天、电子信息、能源、冶金和核工业等国防及民用领域有着广泛的应用。如钨基合金中的W－Ni－Fe高密度合金，被广泛应用于穿甲弹材料、平衡配重元件、惯性元件等；钨、钼及铌制成的合金具有良好的机械性能，可在高温下使用，已成为宇航、火箭和导弹等方面的重要材料；钨铼合金的强度高，抗蚀性能好，可用作原子能和核工程的核燃料贮存器、控制器以及核动力系统中液态金属钠、锂的贮存器。此外，由于钨及其合金对X射线、γ射线的衰减能力很强，是用作各种放射性源的屏蔽元件或容器的一种理想材料，在核工业领域中用作防辐射屏蔽材料。

（范景莲）

粉末冶金烧结 powder sintering 金属粉末或粉末压坯在低于主要组分熔点的温度（或液相体积分数小于40%的超固相线温度）与保护气氛下通过热激活作用使原子发生迁移，实现粉末颗粒间冶金联结的过程。烧结是粉末冶金技术最关键的工序，很大程度上决定着粉末冶金材料或部件的微观结构与综合物理、力学性能。

烧结理论 粉末颗粒之间的烧结，最早可追溯到人类采用黏土烧制建筑用砖块及满足青铜冶炼炉所需耐火材料的制备。但人们对粉末烧结原理的研究则始于20世纪20年代初期，主要集中在烧结热力学与烧结动力学（或烧结机理）两个方面。烧结热力学主要回答粉末为什么能发生烧结的问题，即烧结驱动力问题及其影响因素；烧结动力学主要涉及在烧结过程中物质的原子、离子迁移途径及以该途径进行的速度（定性研究）。第二次世界大战结束后，随着人们对粉末冶金技术和先进粉末冶金材料独特性的深入认识，如汽车用铁基粉末冶金油泵齿轮与钨合金穿甲弹的成功应用，众多学者在烧结动力学模型建立、液相烧结原理等方面取得了大量研究成果，揭示出粉末冶金材料显微结构演化的初步规律。中国粉末冶金学者黄培云于20世纪60年代提出了综合作用烧结理论，认为粉末烧结是扩散、流动和物理化学反应综合作用的结果，建立了烧结密度与温度之间的半定量关系。粉末烧结是一个复杂的物理、化学过程，烧结动力学过程不仅与烧结温度、时间有关，还与金属粉末的物理、化学性质、烧结气氛及粉末压坯初始密度相关。同时，由于在建立相关动力方程时对几何模型及其相关特征参数的近似处理，使得其与实际应用还有一定距离。1974年，英国M.F.阿什比基于与相图类似的原理提出了烧结图概念，比较直观地揭示出烧结机理与烧结温度、烧结阶段及粉末原料颗粒尺寸之间的对应关系，为粉末冶金材料的显微结构（如晶粒尺寸与致密化）控制提供了宏观指导。

分类 金属粉末烧结可分为加压烧结与无压烧结两大类。加压烧结是施加了外压的粉末烧结形式，主要技术特征为应力诱发金属的塑形流动、晶界滑动、蠕变或黏性流动，包括热压与热等静压。无压烧结是在大气压力下进行的烧结，包括粉末固相烧结与粉末液相烧结两大类型。

按相组成的多少，粉末固相烧结被分

为单元系粉末烧结与多元系粉末烧结。①单元系粉末烧结。是在烧结过程中只出现一个相的粉末烧结过程。又称单相烧结。纯金属粉末、固定成分的化合物粉末及固相线温度以下的均匀固溶体粉末是单元系粉末烧结的实例。②多元系粉末固相烧结。是由两个或两个以上组元（或相）的粉末进行固相烧结的过程。根据烧结组元之间的固溶能力，多元系粉末烧结分为无限固溶系粉末烧结（如Cu-Ni、Cu-Au、Ag-Au等）、有限固溶系烧结（如Fe-C、Fe-Ni、Fe-Cu、W-Ni等）、互不固溶系烧结（如Ag-W、Cu-W、Cu-C、Cu-WC、Cu-Mo、Ag-Mo等）。对于互不固溶系烧结，组元间既不溶解，也不形成化合物，形成假合金，其实质是一类结合了各组元优良特性的金属复合材料。一般这类复合材料高熔点相的体积分数应比较低，采用复压-复烧工艺制备。对于高熔点组分体积分数超过50%的情形，一般采用熔浸技术制备。

粉末液相烧结是在烧结过程中有液相发生的粉末烧结过程，包括瞬时液相烧结、稳定液相烧结两大类。①瞬时液相烧结。是烧结初中期出现液相、中后期液相消失的液相过程，如Cu-Sn、Cu-Pb、Ag-Hg、Ag-Ni、Fe-Fe_3P、Fe-Cu_3P、Fe-Ni-Al、Fe-Cu（小于10%）等的烧结。瞬时液相烧结其实也是一种固液合金化现象。②稳定液相烧结。是在保温阶段液相一直稳定存在的一种液相烧结形式，包括固相能有限溶解于液相的液相烧结，如WC-Co、W-Ni-Cu（Fe、Co）、TiC-Ni、Pb-Sn、Fe-Cu（大于10%）等；固相在液相无溶解的液相烧结，如W-Cu、W-Ag、Mo-Cu、Mo-Ag及WC-Cu（Ag）等。

超固相线烧结指预合金粉末在固相线与液相线温度之间的一种烧结方式，如粉末高速钢、粉末不锈钢、超合金、高碳合金钢粉末等的液相烧结。由于粉末颗粒一般由大量晶粒构成，且晶界偏析，晶界上的溶质原子浓度高于粉末材料的平均水平，导致晶界区域的固相线温度降低，液相优先在晶界区域产生，使原始粉末颗粒解体。所以，与普通稳定液相烧结相比较，其固相组分为晶粒，是液相在微区分布更为均匀的稳定液相烧结形式。

随着新型粉末冶金材料体系（如纳米晶材料、梯度复合材料）的不断出现，为了控制纳米结构的稳定性与解决梯度复合材料烧结应力不一致所造成的烧结坯件变形、开裂问题，开发了一系列烧结新技术。如针对纳米晶材料发展了超高压固结技术、微波烧结技术、电固结技术、快速热等静压、放电等离子烧结技术等。

（曹顺华）

粉末冶金钛合金 powder metallurgy titanium alloys 采用**粉末冶金**方法制备的钛及钛合金。粉末冶金钛合金所用原料为钛或钛合金粉末，其制造工艺流程比传统的熔炼加工流程缩短1/3以上，材料的力学性能相当，制备的合金具有组织细小均匀、成分均匀可控等优点。粉末冶金钛合金从20世纪50年代开始研究，70年代得到广泛的应用。粉末冶金钛合金的制备工艺包括粉末制取和粉末致密化。

制粉工艺　工业生产钛及钛合金粉末技术主要有：①氢化脱氢技术。利用钛对氢气的可逆吸收特征制取钛粉。该技术生产的钛粉粒度范围宽、成本低、形状不规则，变形能力强，工艺易实现，易产业化。②雾化技术。将液态金属或合金流破碎成微小熔滴，随后在环境中冷却凝固得到钛粉。雾化技术主要采用离心雾化法和气体雾化法，生产的粉末为球形。离心雾化法是利用旋转所产生的离心力将金属破碎，并以雾状液滴甩出，之后凝固得到高纯度的钛粉。生产的粉末较为致密，流动性好，粉末粒度可通过旋转电极的转速来调整。气体雾化法一般是在坩埚内将原料熔化，通过坩埚底部的喷嘴用高速气体将金属溶液喷射成雾状，冷凝后成为粉末。生产的粉末为细颗粒，粉末收得率较高。③氢化钙还原技术。用金属氢化物氢化钙还原氧化钛生产钛粉。生产的钛粉中有较高的氢含量。④改进后的钠还原技术，即阿姆斯特朗工艺。该工艺实现了钛粉连续还原，钛粉粒度细小，纯度高，但需要进一步降低含氧量。

致密化工艺　根据所用的粉末原料和对制品的使用要求，可采用不同的致密化工艺，主要有：①强化烧结。即采用元素混合法制备钛合金，在烧结时合金元素会出现瞬时液相或提供扩散通道，促进致密化过程。烧结后的钛合金相对密度可达92%～95%。该工艺用于生产耐蚀部件、一般结构件或加工用坯锭。②粉末轧制烧结。生产多孔钛板和致密钛板的有效、经济的加工工艺。③近净成形。主要有热等静压、增材制造、粉末冶金注射成形等。经离心雾化制取的钛合金粉末，采用热等静压成形，所制得产品的密度可接近理论密度，且性能各向均匀。增材制造是根据计算机模型，可直接一次成形形状复杂的最终零部件，其性能介于铸态和锻造态之间。利用粉末冶金注射成形技术可制造高质量、复杂形状的钛合金零件，被认为是最有优势的钛合金成形技术之一。

（刘海彦）

粉末冶金铜合金 powder metallurgy copper alloys 采用**粉末冶金**方法，以铜粉和其他金属粉末为原料制成的铜合金。常用的有粉末冶金铜基摩擦材料、结构零件用铜基合金、电触头材料、弥散强化铜合金等。

粉末冶金铜基摩擦材料　通常由基体金属铜、润滑组元、摩擦组元3部分组成。具有特殊性能的各种质点均匀地分布在连续的铜基体中。铜基体发挥良好的导热性并承受机械应力，均匀分布的质点保证所需的摩擦性能。粉末冶金铜基摩擦材料的优点是摩擦系数高，摩擦系数随温度、压力和速度的变化而产生的变化小，耐高温、抗咬合性好，磨损小，寿命长等，已广泛应用于各类工程机械和机床等的离合器或制动器中。

结构零件用铜基合金　以铜粉为基体，根据需求加入其他金属或非金属合金元素，通过混合、压制、烧结及一些后处理工艺制造成结构零部件。广泛应用于电机减速装置、家电、汽车、纺织机械等领域。与铁基材料结构零件相比，粉末冶金铜基合金结构零件的优势在于：具有高的电与热的传导性，耐蚀性强，良好的轴承特性，外观好、呈典型的铜颜色。铜基结构零件的烧结温度都高于铁基材料的均匀化与**退火**（软化）温度，而且都位于再结晶/晶粒长大范围之内。铜基结构零件都是在软化退火状态出炉，因此材料的延性/伸长率高，强度与硬度较低。可通过改变强化机理来提高粉末冶金铜基结构零件的性能，如固溶强化、沉淀/时效硬化、淬火硬化、相变硬化、有序硬化、微观-双相硬化、亚稳分解等。

电触头材料　粉末冶金铜基电触头材料是各种电器设备和仪表中通断电流的接触部件所用的材料。电触头是电器设备和仪表中的关键元件，通过它传递、承受和断开所规定的电流，保护和控制电器。电触头材料一般要求具有好的导电导热性、高耐电压特性、抗电弧烧蚀、抗熔焊、低截流、抗介质腐蚀、一定的强度和易切削加工等。这些性能往往互相排斥，纯金属或一般合金很难全部满足。利用粉末冶金技术制取的两相结构的复合材料则能较好地满足上述综合性能，如$Cu_{50}W$合金、$Cu_{50}Cr$合金等。

弥散强化铜合金　指用不溶于基体金属的超细第二相（强化相）强化的金属材料。为了使第二相在基体金属中分布均匀，通常用粉末冶金技术制造。第二相一般为高熔点的氧化物或碳化物、氮化物，其强化作用可保持到较高温度。典型的弥散强化铜合金，如Cu-Al_2O_3合金具有高的强度、导电和导热性，特别是高的抗软化温度和再结晶温度，可用于电阻焊机的电极、X射线管、微波管、混合电路封装、换向器、开关部件等。（贾成厂）

粉末冶金硬面材料 hard-facing materials made by powder metallurgy 以提高工件的使用寿命或循环利用为目的，利用**粉末冶金**技术制备的具有耐磨损、耐腐蚀、耐高温、耐氧化等功能的表面材料。采用的粉末冶金方法主要有烧结-破碎、团聚-烧结、熔融-破碎、包覆、雾化等。

按所使用硬面技术的不同，可分为热喷涂材料、堆焊材料、熔渗胎体材料等。

热喷涂材料 采用超音速火焰喷涂、等离子喷涂等硬面技术将其加热到熔融或半熔融状态，并借助高速气流喷射到工件表面，使其与基体界面牢固结合而形成硬面涂层（见图）。热喷涂材料按其成分不同可分为：碳化钨（WC）、碳化铬（Cr_3C_2）基金属陶瓷，铁基、镍基、钴基等合金，氧化铝（Al_2O_3）、氧化钛（TiO_2）、碳化铬（Cr_2O_3）、氧化锆（ZrO_2）及其复合物基等氧化物陶瓷。

WC基热喷涂材料

堆焊材料 采用氧乙炔火焰、等离子转移弧（PTA）、激光熔敷等硬面技术在工件表面将其熔凝、结晶，最终形成硬面涂层。堆焊材料主要包括铁基、镍基、钴基等合金，及其与WC的机械混合物、WC耐磨焊条焊丝等。

熔渗胎体材料 采用熔渗技术将低熔点金属或合金（如Cu合金）加热到熔融状态，充填胎体孔隙形成的硬面材料。熔渗胎体材料主要包括铸造WC、单晶WC、烧结WC和特种WC粉等。该材料主要应用于制备地质钻探用钻头等。

粉末冶金硬面材料已广泛应用于航空、电力、矿山、油气、工程机械等领域的耐磨零部件生产及再制造。

扩展阅读

黄培云.粉末冶金原理.2版.北京：冶金工业出版社，1997.

（李玉玺）

粉末液相烧结 liquid-phase sintering 具有两种或两种以上组分的粉末或粉末压坯，在形成一定液相的状态下进行的烧结过程。由于液相的出现，在粉末压坯中形成的表面张力和毛细管力使液相产生流动，从而促使粉末颗粒产生重排，烧结体密度大幅提高，缩短了烧结时间，并使材料的性能得以提高。同时由于液相的出现，还会发生一些元素的溶解-析出过程，也有利于提高材料的最终性能。在粉末液相烧结中，存在着一直保持固相的组分颗粒和提供液相的黏结相，一般液相量占烧结体体积的15%～35%。液相量过多时，难以保证产品的形状和尺寸；液相量过少时，烧结体内将残留一部分不被液相填充的小孔或固相颗粒，这些固相颗粒因直接接触而过分烧结长大。

烧结阶段 液相烧结的动力为液相的表面张力和固-液界面张力。根据烧结致密化过程进行的程度，可以将液相烧结分为4个阶段：①固相烧结阶段。烧结温度高于烧结材料中某一组元，或高于烧结组元形成的低熔点固溶体和化合物时，烧结体系中即有液相产生。液相形成之前的固相烧结对烧结体致密度有一定的影响。烧结体致密度随着基体粉末在添加剂粉末中溶解度的增加、添加剂粉末分布均匀程度的增加、加热速率的减小及粉末粒度的减小而增加。②液相流动与颗粒重排阶段。一旦出现液相，在颗粒间空隙中液相所形成的毛细管力及液相本身的黏性流动使颗粒不断调整位置并重新分布，使颗粒达到最紧密排布，烧结体密度迅速增大。③溶解-再析出阶段。是通过液相的物质迁移过程。在此过程中，固相颗粒接触部位和凸面上的原子逐渐溶解于液相，扩散之后在临近的凹面上再沉淀出来。最终，小颗粒逐渐减小，颗粒表面趋向平整光滑；大颗粒趋于长大，孔隙被液相进一步填充。④烧结末期。在这一阶段，剩余液相填充固相骨架的间隙，发生孔隙的吞并和长大，以及显微组织的粗化。

分类 液相烧结通常可以分为瞬时液相烧结和稳定液相烧结两类。瞬时液相烧结是在很短的时间内出现很少量液相的烧结，又称过渡液相烧结；稳定液相烧结是在较长时间内有较多液相存在的烧结，如硬质合金和高比重合金的烧结过程。

影响因素 对于某一粉末材料系统，决定烧结过程能否出现液相、液相烧结能否顺利完成（烧结体达到致密化）的关键因素在于：①粉末表面特性。表面特性包括表面物理化学性质及表面能等，它决定了粉末压坯液相烧结时烧结体显微组织的形成和演变。固-液相润湿性良好是液相烧结顺利进行的先决条件之一。②溶解度。稳定的液相烧结过程（特别是当固相体积分数大于65%时），需要固相在液相中有一定的溶解度，这样既可增加烧结时的液相含量，又可促使固相由液相溶解-析出方式进行原子迁移，促进烧结致密化，进而提高烧结材料的力学性能和物理性能。而液相在固相中不溶解，因为这种溶解会随液相向固相颗粒内的扩散而造成固相体积膨胀，同时在液相原来的位置形成难以消除的孔隙。③流动性。液相烧结能够迅速实现致密化和均匀化的一个原因是液相的生成。在毛细管力和表面张力的作用下，液相产生流动，促使粉末颗粒的重排而使坯块的密度提高，进而获得具有高性能的**粉末冶金材料**与制品。

扩展阅读

黄培云.粉末冶金原理.2版.北京：冶金工业出版社，1997.

（黄伯云）

粉末轧制成形 powder rolling forming 将金属粉末引入一对转动方向相反且处于同一平面的两轧辊之间，将其连续轧制成板带坯材的**粉末成形**技术。粉末轧制成形的发明专利诞生于20世纪初，随后得到研究应用。中国从60年代开始研究粉末轧制成形技术。轧制时，粉末利用自重及其与**轧辊**之间摩擦力的作用，被不断咬入轧辊间的变形区内，被连续转动的轧辊连续压制。

按带材出辊方向，粉末轧制可分为垂直轧制、水平轧制和倾斜轧制3种形式。

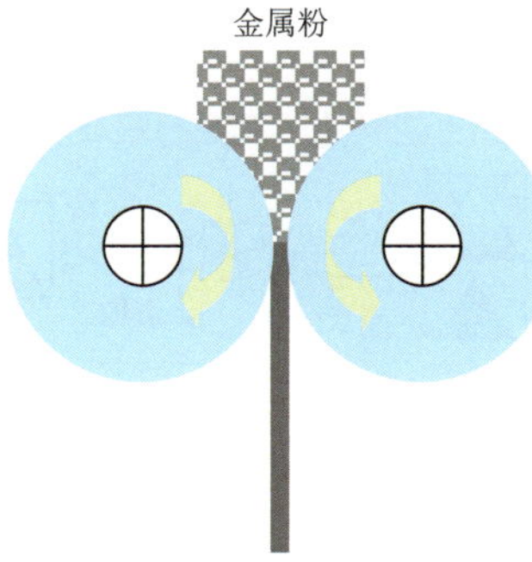

垂直粉末轧制示意图

其中，垂直粉末轧制应用最为普遍（见图）。

粉末轧制的轧机一般为二辊式或四辊式，辊径根据所轧制的生带厚度而设计，轧制宽度多在60～300毫米范围内。粉末轧制技术主要包括：粉末直接轧制、粉末热轧和粉末黏结轧制。①粉末直接轧制。是在室温下通过装料设备，把金属粉末直接送入旋转的轧辊间连续压实成生带。②粉末热轧。是在保护气氛中，把粉末预先加热到一定温度再行轧制。③粉末黏结轧制。是在金属粉末中加入黏结剂制成薄坯，再送入粉末轧机轧成生带。

粉末轧制成形具有生产效率高、工序简单、成本低、能生产特殊结构和性能的材料等优点，但对原料粉末松装密度、流动性、成形性及轧辊表面状态要求较高。粉末轧制成形的粉末冶金制品包括不锈钢、镍、钴、铜、钛及其合金的带材或板材，这些制品已被广泛应用于机械、电子、石油化工、核能和航空航天等领域。

扩展阅读

郭栋，周志德.金属粉末轧制.北京：冶金工业出版社，1984.

奚正平.烧结金属多孔材料.北京：冶金工业出版社，2009.

（陈　刚）

粉末注射成形　powder injection molding　将粉末与热塑性材料（如聚苯乙烯）均匀混合，使其成为在一定温度下具有良好流动性的流态物质，然后用注射成形机将其注入模具内，最终获得成形零件的**粉末成形**技术。简称PIM。粉末注射成形是将现代聚合物注塑成形与**粉末冶金**技术结合而形成的一种粉末冶金近净成形技术，可以制备各种形状复杂、精密的零部件。

简史　粉末注射成形产生于20世纪20年代，用于制取陶瓷零件。最初，PIM集中在陶瓷材料，这是因为细小且能烧结的陶瓷粉末在日常生活中已广泛存在且易于获得。真正的金属注射成形始于70年代末，源于美国人发明的Wiech工艺。它将**金属粉末**与石蜡基黏结剂的混料注射成形，然后通过预烧结去除石蜡，再经烧结

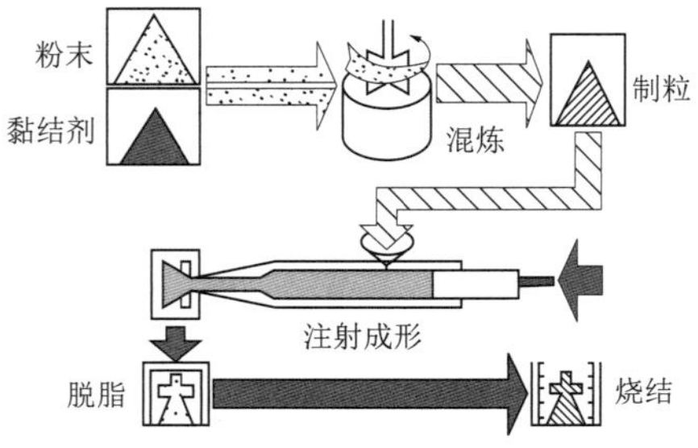

粉末注射成形过程示意图

后得到高密度的金属零件。80年代中期，粉末注射成形得到迅速发展。这一方面归结于在流体力学和气体动力学研究成果的基础上，开发出的超高压水雾化和高压惰性气体雾化技术，使细粉产出率大大提高，原料生产成本大大降低；另一方面，在黏结剂设计理论和脱黏机理等研究成果的指导下，不仅使原来的脱黏时间从数十小时缩短到几个小时，而且使其保形性得到显著改善。进入90年代，PIM进一步得到改进，新材料、新工艺不断出现，逐渐形成了PIM产业。

工艺过程　将细粉与黏结剂混炼，使粉末颗粒被黏结剂均匀包覆，成为具有良好流变性的注射料。注射料经制粒后，在一定温度和压力下，用注射成形机注入模腔。注射料在模中固结后取出，然后进行脱脂。脱脂是将坯块中的黏结剂经溶剂处理或采用专门脱除黏结剂的热分解炉脱除，得到脱脂坯。脱脂坯再进行烧结。通常粉末注射成形的零件经烧结后，制品的相对密度可达到95%以上，线收缩率达到15%～25%。根据需要对烧结制品进行精压、少量加工及表面强化处理等后处理工序，最后得到产品。

特点　粉末注射成形可以快速制造高密度、高精度、高强度、三维复杂形状的结构/功能一体化零件，特别是利用其他方法难以加工、形状复杂的小型零件更具优势，并可实现复杂零件的一次成形。与传统的机加工、精密铸造相比，粉末注射成形生产成本低、效率高，产品密度高、组织均匀、性能优良、尺寸一致性好，材料利用率高。在通信、电子、机械、医疗器械及仪器仪表等领域，具有广泛的应用和独特的优势。

扩展阅读

黄培云.粉末冶金原理.2版.北京：冶金工业出版社，1997.

（黄伯云）

风力分级设备　air classification equipment　根据不同粒级物料在运动的空气中沉降速度的不同进行分离的**分级设备**。风力分级在运动的气流中进行，通过气流将给料送入分级设备。在水平方向疏松物料颗粒的气流需要较高的速度，且所需风速随颗粒密度和粒度的增大而提高。物料在垂直方向主要受到重力的作用，且密度和粒度大的颗粒在垂直方向向下降速度快，可将轻重颗粒依次分开。主要用于处理较细的物料，分级粒度为0.005～1.5毫米。适用于不能用湿法处理的矿物，如滑石、铝矾矿、磷灰石、煤粉等。处理含粉尘多的废气、烟气，对气体进行除尘和集尘时，也常用风力分级设备。为造成空气流动，风力分级设备一般需配置适当的风机。

风力分级设备有重力和离心力两种。①重力风力分级设备。原料从上部给料斗中给入，随空气一起进入分级室，由于过流断面突然增大和挡板的阻滞作用，气流速度减缓，在水平气流作用下，粗粒在重力和惯性的作用下沉落，细粒级被气流带走。被气流带走的细粒级产物需要设置集尘器来收集。具有代表性的重力风力分级设备为上升气流风力分级机（图1）。

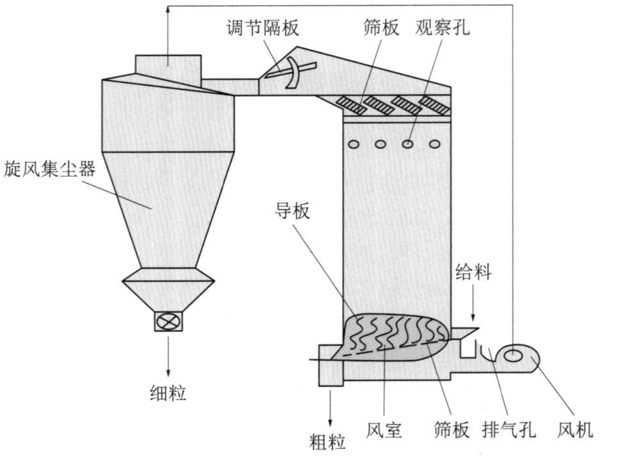

图1　上升气流风力分级机结构示意图

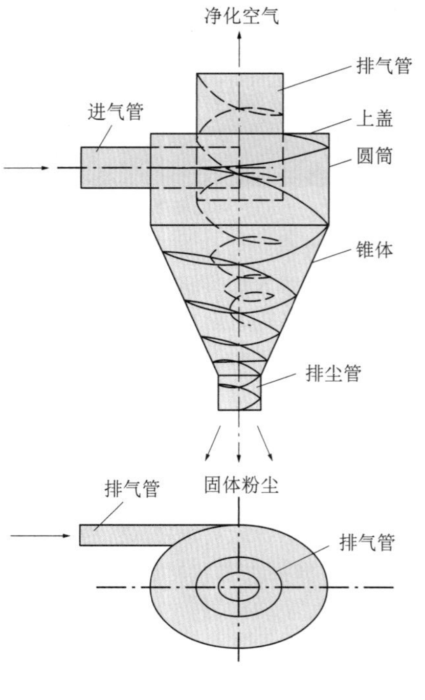

图2　旋风集尘器结构示意图

②离心力风力分级设备。物料与气流一起从底部管道中以18～20米/秒的速度向上供入，进入内筒与外筒之间的环形空间后，因过流断面变大，物料速度降至4～6米/秒，于是粗粒矿物落下，返回磨矿机再磨，其他矿粒被气流带着往上走，呈切线进入内锥，产生回旋运动。在离心力作用下，较粗的矿粒被抛到内锥壁上，然后落下，由排矿管排出，细矿粒随气流从顶部管道中排出，至集尘器中收集。常用的离心力风力分级设备是旋风集尘器（图2），除用于收尘外，也可用于除尘和分级。它的结构与水力旋流器相似，给料与气流一起进入，气流进入的速度是重要的影响因素，它与分离粒度、分级效率和生产率密切相关。

扩展阅读

《选矿手册》编委会.选矿手册：第2卷.北京：冶金工业出版社，2005.

（曾志飞）

风力分选 pneumatic separation　以空气作分选介质，在气流和机械力的作用下，使入选固体矿物原料按密度和粒度进行分离的**重力选矿**方法。又称干式重力选矿。在风力分选过程中，原料给到**选矿设备**倾斜安装的固定或可动多孔表面上，利用间断或连续给入的上升空气流使物料悬浮、松散，利用矿粒的沉降速度差异实现按密度分层。推动粒群悬浮的总压强包括静压强（P_{st}）和动压强（P_{dy}），静压强的大小应达到与床层的重力压强相等，而构成动压强的上升气流速度则超过使粒群松散的最低流速。总压强$\sum P$的表达式为：

$$\sum P = P_{st}+P_{dy} = h\varphi\rho_1 g+\frac{u_{up}^2\rho}{2}$$

式中的h为松散物料层的厚度；φ为松散物料层的固体体积分数；ρ_1和ρ分别是物料和空气介质的密度；u_{up}是使粒群松散的上升气流最低流速。

常用的**风力分选设备**有沉降箱、风力跳汰机、风力摇床、风力尖缩溜槽、离心式分离器和风力吸选装备等，主要用于严寒或干旱地区金矿、稀有金属矿分选，以及要求用干法分选的石棉。

与在水介质中进行的重选过程比较，风力选矿的优点是：①作业不消耗水，产品不需要脱水，冬季运输也不会发生冻结现象。②分选设备结构简单，基建费和生产运营费均较低。存在的缺点是：①分选精确度比湿法重选的低许多，产品质量通常也比较差。②待分选的矿物原料需要预先进行脱尘和分级。③不能处理潮湿的固体物料。④在分选过程中，设备需要严格密封和集尘，扩散的粉尘对环境污染和工人健康危害均较大。

（魏德洲）

风力分选设备 wind separation equipment　以空气为分选介质的**重选设备**。多用于干物料的分级、分选和除尘等。原料被送至选矿设备的倾斜安装的固定或可移动的多孔表面上，用间断或连续给入的上升空气流使物料悬浮、松散。不同密度矿粒存在沉降速度差异，从而达到分选目的。常用的风力分选设备有沉降箱、风力跳汰机、风力摇床和风力尖缩溜槽等。

沉降箱　利用气流速度的变化使不同密度和粒度的固体颗粒产生沉降差异，从而实现分选。沉降箱主要用于粗、中粒粉尘的回收，对于20微米以下的固体颗粒回收效率甚低。主要包括烟道沉降箱、瀑布沉降箱和隔板式沉降箱等类型。①烟道沉降箱。分为水平进气、垂直方向排气结构（图1a）和水平进气、水平方向排气结构（图1b）两种类型。二者的集尘原理基本相同，即在风力管道输送中当流通面积扩大时，气流速度降低，借此使固体颗粒从气流中沉降下来。②瀑布沉降箱。为长方形槽子，其内装有不同长度的挡板，下接锥形料斗（图2）。含尘气体以一定速度进入沉降箱后，由于气流速度骤减，固体颗粒与挡板的碰撞及气流方向多次改变等，促使不同尺寸、不同密度的固体颗粒依次从气流中沉降落入料斗，然后排出。③隔板式沉降箱。其内安装许多间距不大的隔板，可根据要求用调节阀调节进气及排气流量和速度。

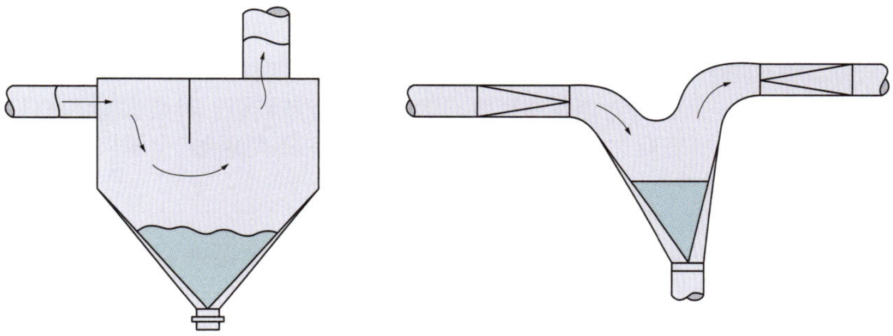

a 水平进气、垂直方向排气结构　　b 水平进气、水平方向排气结构

图1　烟道沉降箱示意图

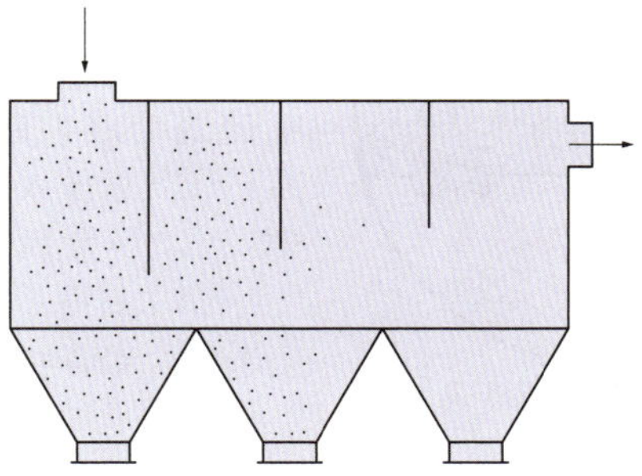

图2　瀑布沉降箱示意图

风力跳汰机　主要由筛板、旋转闸门、间歇供风活门及排料滚轮等部件组成。筛板沿纵向倾斜并分成三段，可得煤矸石、两种中间产品和精矿（图3）。工作时，物料给到跳汰机的多孔筛面上，筛下间歇鼓入的空气使物料松散，并按密度发生分层。常用于分选0.5～13毫米的煤，也可用于分选粒度较小的金属矿石。

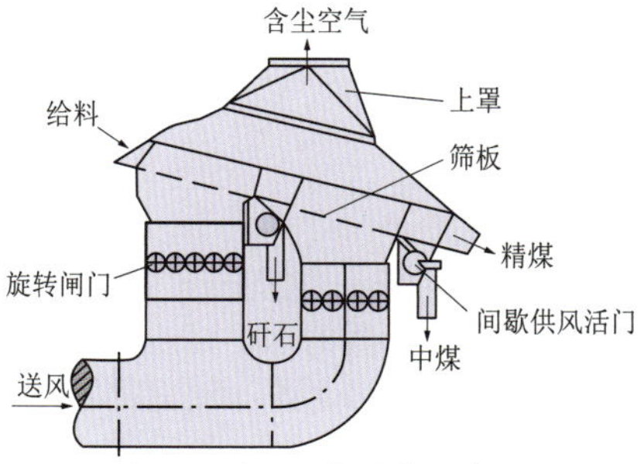

图3　风力跳汰机结构示意图

风力摇床　主要由传动机构、床面及机架组成。物料由给矿漏斗给到多孔床面上。床面的纵向、横向倾角及冲程、冲次均为可调。空气由床面下方给入，形成间断或连续的鼓动气流，使固体床层呈悬浮状态。经过分级的颗粒，在悬浮状态下按密度分层。可分选1～5毫米的含金矿石或其他金属矿石，用于选煤时给料粒度上限可达75毫米。

风力尖缩溜槽　外形为一尖缩状槽体，槽底由微孔材料制成，槽底下面有一个空气室。低压空气由槽的一端引入，通过多孔的槽底向上流动。原料由槽的上

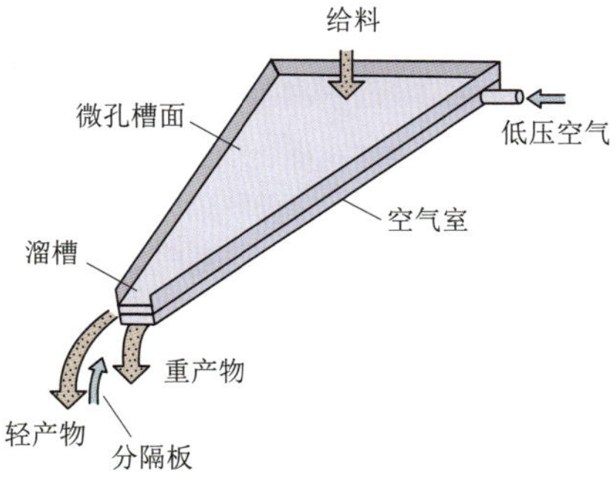

图4　风力尖缩溜槽简图

端给入，在空气室气流吹动下形成流态化床，并在沿槽面运动过程中按密度分层（图4）。用于分选0.074～3毫米的钨、锡、金等矿石及更粗粒的煤。

扩展阅读

魏德洲.固体物料分选学.3版.北京：冶金工业出版社，2015.

（李艳军　王跃林）

封闭圈　closed loop　露天开采最终境界的、地表最低标高的水平面边界闭合曲线。封闭圈标高是露天采场总出入沟口标高。封闭圈标高和总出入沟位置直接影响露天采场排水系统和开拓运输系统。封闭圈以上为山坡露天矿，采用台阶上设置水沟，自流排水；封闭圈以下为凹陷露天矿，采用在坑底设置集水坑，用排水泵排水，水量大或者有可利用的井巷工程时，也可采用井巷排水方式。（王运敏）

缝隙腐蚀　crevice corrosion　在两个连接物之间的缝隙处发生的局部腐蚀。金属和金属间的连接（如铆接、螺栓连接）缝隙、金属和非金属间的连接缝隙，以及金属表面上的沉积物和金属表面之间构成的缝隙，都会出现缝隙腐蚀。

许多金属材料都能产生缝隙腐蚀，不锈钢、铝合金等靠钝化来增强耐蚀性的金属材料也易产生缝隙腐蚀。一般在某些介质中易发生孔蚀的金属，也同样容易发生缝隙腐蚀。环境介质能引起金属材料的缝隙腐蚀，尤其是含氯离子的溶液。

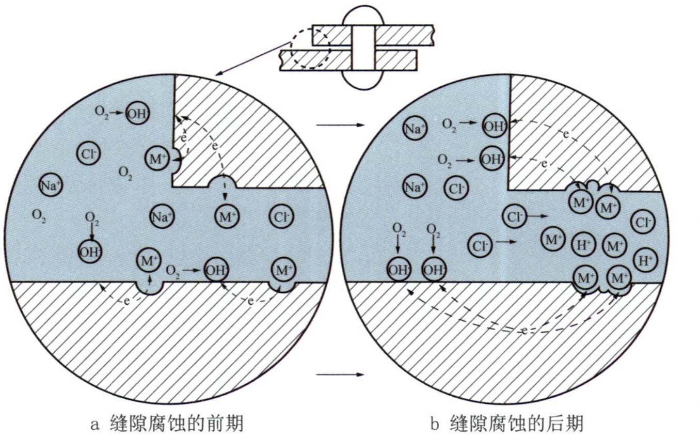

缝隙腐蚀的产生和发展示意图

缝隙腐蚀的产生和发展如图所示。缝隙腐蚀是由缝隙内外介质间物质移动困难所引起的，为此缝隙的宽度应足够狭小。缝隙腐蚀的发展是在一个闭塞区内的自催化过程。例如处在海水等介质中的钢制零部件，在缝隙腐蚀的起始阶段，缝隙内、外的金属表面都发生以氧还原作为阴极反应的腐蚀过程。由于缝隙内的溶氧很快被消耗掉，而靠扩散补充又十分困难，缝隙内氧还原的阴极反应逐渐停止，缝隙内、外建立了氧浓差电池。缝隙外大面积进行的氧还原阴极反应，促进缝隙内金属阳极溶解。缝隙内金属溶解产生过剩的金属阳离子（Me^+），又使缝隙外的氯离子迁入缝隙内以保持电平衡。随之而发生的金属离子水解，使缝隙内酸度增高，又加速了金属的阳极溶解。

防止缝隙腐蚀的主要措施，是在结构中要避免缝隙和能造成表面沉积的几何形状产生，要尽量用焊接代替铆接，采用非吸湿性材料做垫圈。电化学保护对防止缝隙腐蚀有效，例如在海水中采用牺牲锌极或镁极。对某些重要材料可采用合适的耐缝隙腐蚀的金属材料。

（过家驹　朱日彰）

弗拉施采矿法　Frasch method　从钻孔压入过热水溶融地下自然硫，再从同一钻孔排出地表进行加工的采硫法。原理是利用自然硫120～158℃呈溶融液态且流动性最佳（低于119.3℃液态硫开始结晶，高于158℃液态硫黏度急剧增大）的特点，将160℃±5℃的过热水，由钻至矿层底板的深孔沿热水管（外环隙）压入矿床，溶融地下自然硫成为液态硫，再从压气管压入压缩空气，从升硫管（内环隙）将液态硫压出地表（见图）。

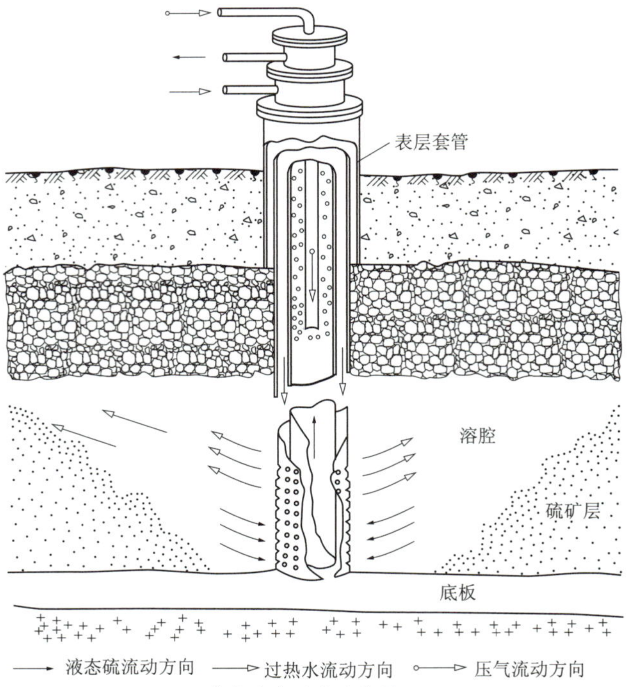

弗拉施采矿法示意图

弗拉施采矿法曾是20世纪采硫的重要方法，最初由德国人H.弗拉施于1894年设计，用于开采美国盐丘型自然硫矿床；1957年，波兰人B.查季威兹将其改良用于开采蒸发盐型沉积自然硫矿床。至1985年，全球用弗拉施采矿法产硫量达到1312万吨（其中美国500万吨、波兰442万吨），随着石油工业回收硫技术的发展，弗拉施采矿法的应用逐年减少，至2000年，美国采用弗拉施采矿法采硫的矿井已全部关闭。

中国化工部长沙化学矿山设计研究院在波兰专家的咨询服务下，曾在山东泰安自然硫矿床进行过弗拉施采矿法半工业性试验，于1984年8月18日第一次提硫成功，试验累计提取粗硫345.4吨（干基硫品位28.2%～94.3%）。

弗拉施采矿法主要优点是生产安全、投资省、建设快、工艺简单、生产效率高、开采深度大、占用农田少、无尾矿及其污染问题；缺点是回采率仅为40%～70%，热效率仅为0.5%～5%，且耗水量大。

扩展阅读

张志泗.溶浸采矿与化工矿产资源的开发.化工进展，1987（4）：11-15.

（侯振才　鲍爱华）

浮选　flotation　根据矿物颗粒表面物理化学性质的差异，有选择性地使矿浆中的目的矿物在气液界面富集，并从矿浆中分离出来，从而实现矿物分选的**选矿**方法。又称浮游选矿。

简史　中国古代利用矿物表面的天然疏水性来净化朱砂、滑石等矿质药物，使矿物细粉漂浮于水面，从而与下沉的脉石分开。淘洗砂金时，将羽毛蘸油黏捕亲油疏水的金、银细粒；这种方法称为鹅毛刮金，迄今仍有应用。明宋应星所著《天工开物》中记载：“凡金箔黏物，他日敝弃之时，刮削火化，其金仍藏灰内，滴清油数点，伴落聚底，淘洗入炉，毫厘无恙”，就是利用矿物表面性质的差异进行分选的方法。该方法虽然有近代表层浮选的影子，但还算不上一门工业技术。19世纪末期，由于人们对金属的需求量不断增加，因而能用重选处理的粗粒铅、锌、铜硫化矿的资源逐渐减少。澳大利亚、美国及一些欧洲国家开始用浮选选别细粒矿石，为冶炼提供精矿（图1）。

图1　浮选车间

初期应用表层浮选法及全油浮选法，前者将矿石粉撒于浮选装置中流动的水面上，疏水性矿物漂浮于表层被回收；后者在矿浆中拌入一定数量的矿物油，粘捕疏水亲油矿粒并浮至矿浆表面回收。1900年，澳大利亚的C.V.波特和荷兰的G.D.德尔普拉特在矿浆中引入空气，形成气泡，提高了气液界面的面积，浮选效率得以显著提高。同时发明了现代泡沫浮选，其特点是利用泡沫携带矿粒上浮，从矿石中分离和富集有价硫化矿物。1922年用氰化物抑制闪锌矿和黄铁矿，发展了**优先浮选**工艺，1925年使用以**黄药**为代表的合成**浮选药剂**，药剂用量由全油浮选时矿石量的1%～10%降至矿石量的万分之几，使泡沫浮选得到了重大发展，并广泛应用于工业生产。同时，浮选理论的研究也迅速发展，早期代表作有1932年美国A.M.**高登**著《浮选》，1933年苏联P.A.列宾捷尔著《浮选过程的物理化学》，1938年澳大利亚I.W.**瓦尔克**著《浮选原理》等。

原理　根据矿物表面性质差异，通常可将矿物分为亲水性矿物和疏水性矿物。在矿浆体系中，亲水性矿物易于被水润湿，而疏水性矿物易于在气液界面富集，较难被水润湿。浮选是根据上述原理，通过加入浮选药剂，有针对性地改变矿物表面的亲、疏水性，使目的矿物具有足够的疏水性，选择性地富集于气液界面，并从液面分离出来，而亲水性矿物则继续留在矿浆中，这样便可实现不同矿物的分离。

工艺　现代浮选主要指泡沫浮选，矿石经破碎与磨矿分级使各种矿物解离成单体颗粒，并使颗粒大小符合浮选工艺要求。向磨矿后的矿浆中加入各种浮选药剂并搅拌调浆，使其与矿物颗粒充分作用，以扩大不同矿物颗粒间的可浮性差别。将调整好的矿浆输送入**浮选设备**，充气搅拌形成气泡（图2）。矿浆中的矿粒与气泡碰撞、接触，疏水性好的矿粒选择性地黏附于气泡并被携带上升至液面，成为气-液-固三相组成的矿化泡沫层，经机械刮取或从矿浆面溢出，再经脱水成为精矿产品。疏水性不足，不能黏附于气泡并同气泡一并浮起的非目的矿物颗粒，随矿浆从浮选设备排出成为本浮选作业的尾矿。有时，将非目的矿物颗粒浮出，有用矿物颗粒留在矿浆中，称为**反浮选**。

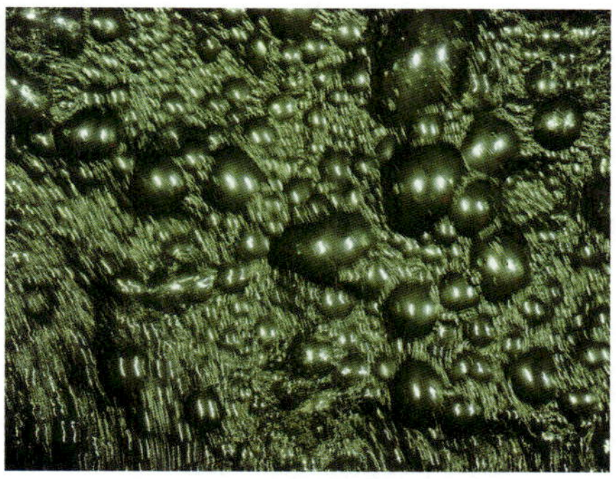

图2　浮选的镍精矿

浮选流程　浮选时浆体流经各作业的总称，包括磨矿、分级、调浆，以及浮选的粗选、精选、扫选作业。

浆体经加药搅拌后进行浮选的第一个作业称为粗选，目的是将给料中的某种或几种目的组分分选出来。对粗选的泡沫产品进行再浮选的作业称为精选，目的是提高最终疏水性产物的质量。对粗选槽中残留的固体颗粒进行再浮选的作业称为扫选，目的是降低亲水性产物中目的矿物的含量，提高回收率。上述各作业组合成浮选流程，如图3所示。

浮选流程是最重要的工艺因素之一，对选别指标有很大影响。浮选流程必须与所处理物料的性质相适应，对于不同的物料应采用不同的流程。合理的工艺流程应保证能获得最佳的选别指标和最低的生产成本。

在确定浮选流程时，首先确定原则流程。原则流程将给出分选工艺的原则方案，其中包括选别段数、目的矿物的回收选别顺序和选别循环数。主要流程有优先浮选流程、**混合浮选流程**、**等可浮浮选流程**、**分支串流浮选流程**等。

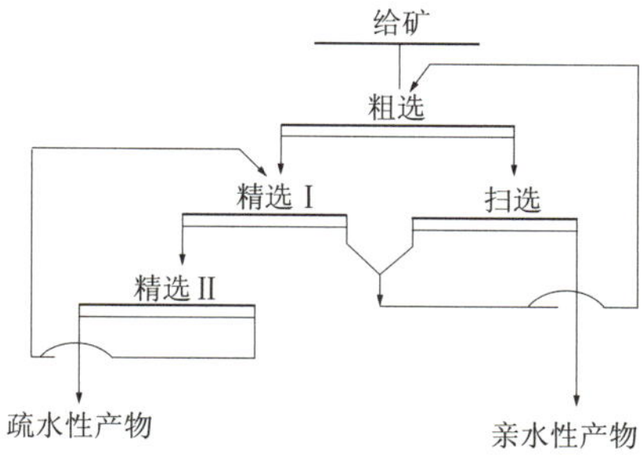

图3　粗选、精选和扫选流程示意图

方法　常规浮选适于选别5～500微米的矿粒。当矿物粒度小于10微米时，浮选效率下降，其具体的可选粒级视矿种而定。对于细粒和微细粒级矿物，除全油浮选、泡沫浮选、表层浮选、离子浮选外，还有一些特殊的浮选方法分选。其中包括泡沫分离浮选，**闪速浮选**，重力浮选，浮选微细粒矿物的**选择性絮凝浮选**、**剪切絮凝浮选**、**载体浮选**、**油团聚浮选**、微泡浮选等。

浮选药剂　浮选时使用不同药剂来调节浮选物料和浮选介质的物理化学特性，以扩大浮选物料间的疏水-亲水性（即可浮性）差异，提高浮选效率。常用浮选药剂分为捕收剂、起泡剂和调整剂三大类。浮选药剂用量随药剂种类、矿石性质、浮选条件及流程特点等因素而变化，一般每吨矿石只用几克、数十克至数百克，也有多达数千克的。

应用　全球每年经浮选处理的矿石和物料有数十亿吨。大型选矿厂每天处理矿石可达数十万吨。几乎所有的矿物都可用浮选分选，如硫化矿：金矿、银矿、方铅矿、闪锌矿、黄铜矿、辉铜矿、辉钼矿、镍黄铁矿；氧化矿：赤铁矿、铝土矿、钛铁矿、白铅矿、菱锌矿、异极矿、锡石、黑钨矿、孔雀石、稀土矿物、铀矿；非金属矿：磷灰石、萤石、云母、石墨、硫黄、长石、重晶石、金刚石、石英；可溶性盐类矿物：钾盐、岩盐等。此外，浮选另一重要用途是用于煤的提纯，降低细粒煤中的灰分和从煤中脱除细粒硫铁矿。

浮选还适于处理细粒及微细粒物料，用其他选矿方法难以回收的小于10微米微细矿粒，也能用浮选法处理。浮选还可选别火法冶金的中间产品，挥发物及炉渣中的有用成分，处理湿法冶金浸出渣和置换的沉淀产物，回收化工产品以及废水中的无机物和有机物等。

扩展阅读

FUERSTENAU M C, JAMESON G J, YOON R H. Froth Flotation: a Century of Innovation. New York: SME Publications, 2007.

（胡岳华）

浮选电化学 electrochemistry of flotation 主要研究浮选矿物（电极）-电解质溶液界面电化学反应的一般规律及其应用的学科。

简史 发展历程分为3个阶段：①20世纪30～50年代。泡沫浮选迅速推广，在实践中发现硫化矿表面氧化后浮选困难，而有新解离表面的硫化矿矿物则易浮选。因此，人们认为硫化矿表面氧化不利于浮选，工业实践中曾考虑采用氮气浮选。但也有学者认为，氧是硫化矿矿物表面和捕收剂之间发生化学反应所需要的一种成分，矿物先被氧化成氧-硫产物，然后该产物与溶液中的黄药类捕收剂离子交换，在表面形成金属黄原酸盐。②50～80年代。随着浮选理论研究的不断深入，发现浮选过程中有许多经典浮选理论无法解释的现象，特别是发现氧是硫化矿浮选过程中不可缺少的物质并参与反应。1953年英国S.G.萨拉米、1954年英国J.C.尼克松均用电化学测试方法，研究硫化矿矿物电极表面浮选药剂的反应机理，解释硫化矿矿物表面捕收剂产物的生成机理，指明捕收剂、氧、硫化矿矿物三者的作用方式，开创了浮选化学研究领域的新方向——浮选电化学。50～70年代，众多学者进一步研究了硫化矿浮选电化学中氧在浮选中的作用、黄药类捕收剂的作用机理以及硫化矿的天然可浮性。同时开始采用新的电化学测试技术研究硫化矿浮选电化学问题，如循环伏安法、旋转圆盘电极等方法，并认为这些问题都与矿浆的氧化还原作用有关。③80年代以后。开始辨识硫化矿浮选体系中的电化学反应，研究矿浆电位对硫化矿可浮性影响的本质。调控矿浆电位，实现电位、矿浆pH值和药剂浓度的耦合，使硫化矿浮选过程的选择性和参数控制得到新的发展。

内容 浮选电化学理论认为：在硫化矿浮选体系中，阳极反应为捕收剂（黄药）与硫化矿矿物作用形成捕收剂金属盐或捕收剂的二聚物（双黄药），阴极反应则是矿浆中的氧接收阳极反应给出的电子而被还原，捕收剂、硫化矿矿物、氧三者通过电化学反应在硫化矿矿物表面形成疏水性产物，导致其可浮。主要内容有：①捕收剂-硫化矿矿物的电化学反应。在浮选过程中，当硫化矿捕收剂（包括黄药、黑药、硫氮类药剂）与硫化矿矿物表面接触时，在适当条件下捕收剂在矿物表面的阳极区被氧化，氧化剂则在阴极区被还原；硫化矿矿物本身也可能被氧化。②静电位对浮选过程电化学反应的影响。处于矿浆中的硫化矿矿物表面在无静电流通过时的电极电位，被定义为该矿物在此矿浆溶液中的静电位。只有当矿物-捕收剂溶液静电位大于相应的双黄药生成的可逆电位时，黄药类捕收剂才会在其表面氧化；在静电位低的硫化矿矿物表面，则形成金属黄原酸盐。至于是生成疏水的二硫化物，还是生成疏水的捕收剂金属盐，不仅与矿物种类有关，还与所用的捕收剂种类有关。③矿浆电位对浮选的影响。硫化矿矿物在浮选矿浆中发生一系列氧化还原反应，当所有反应达到动态平衡时，溶液所测得的平衡电位称为混合电位，通常所说的矿浆电位即混合电位。改变矿浆电位，可以改变硫化矿矿物表面和溶液中的氧化还原反应，从而显著影响浮选过程。

应用 硫化矿的浮选是一系列氧化还原反应的综合结果，包括硫化矿的氧化、捕收剂的氧化及氧的还原。而这一系列氧化还原反应的结果又与硫化矿/矿浆界面电位有密切联系，不同的界面电位导致不同的表面产物。在此发现的基础上，综合电极过程动力学、热力学理论、半导体能带理论及分子轨道理论，形成了浮选电化学理论。在浮选电化学理论指导下，把电位的调节和控制应用到浮选过程，标志着硫化矿的浮选发展到一个新层次——电化学调控浮选阶段，利用矿浆电位、矿浆pH值和药剂浓度的匹配，调节和控制硫化矿表面疏水性或亲水性，从而达到浮选分离。

电位调控下无捕收剂浮选 无捕收剂浮选是当表面纯净的硫化矿矿物浮选时，在适当的矿浆电位下，不需添加任何捕收剂，硫化矿矿物就能被很好地浮选。由于硫化矿矿物具有导体或者半导体性质，有一定传导电子的能力，因此在矿浆中，硫化矿矿物表面可以发生一系列氧化还原反应。在一定条件下，硫化矿矿物表面可形成具有天然可浮性的元素硫（S^0）。利用调节矿浆电位的方法来控制硫化矿矿物表面的氧化还原性质，使矿物表面形成疏水物质，增加矿物疏水性，实现无捕收剂浮选。如在一定的氧化电位下，0～0.3伏（相对于氢标电极）和0.1～0.6伏可以分别实现方铅矿、黄铜矿的无捕收剂浮选；而在还原电位或过高的氧化电位下，两种矿物均被抑制。不同硫化矿矿物具有不同的无捕收剂浮选能力，有学者对不同硫化矿矿物的无捕收剂浮选能力进行排序，其顺序为：黄铜矿 > 方铅矿 > 磁黄铁矿 > 镍黄铁矿 > 铜蓝矿 > 斑铜矿 > 闪锌矿 > 黄铁矿 > 毒砂。

电位调控下捕收剂浮选 当巯基类捕收剂与硫化矿矿物表面接触时，捕收剂在矿物表面的阳极区被氧化，氧化剂在阴极区被还原，构成共轭的氧化还原反应，硫化矿矿物充当反应的电极。在某个电位下，阳极氧化反应的速率与阴极还原反应的速率相等，该电位称为混合电位。

混合电位模型可以用来阐明捕收剂的疏水作用机理，有两类混合电位模型与两类硫化矿矿物的性质对应。第一类硫化矿矿物以黄铁矿为典型代表，其表面的疏水产物是捕收剂二聚物（X_2）。第二类硫化矿矿物以方铅矿为典型代表，其表面的疏水产物为金属黄原酸盐（MX_2）。

澳大利亚学者A.伍兹等人利用控制硫化矿矿物电极电位方法，测定了黄药类捕收剂在矿物表面的吸附量及其对矿物表面疏水性的影响，对黄铁矿-黄药体系的研究发现，只有当黄铁矿的静电位高于黄药氧化成双黄药的可逆电位时，黄铁矿表面才开始疏水。

电位调控下抑制 根据硫化矿矿物与巯基类捕收剂相互作用的电化学机理和混合电位模型，可以从4个方面抑制浮选：①加入还原剂，如亚硫酸盐、二氧化硫气体等，或减少矿浆中的氧含量，氧的还原电流降低，氧化反应难以进行，同时矿物表面其他不利于捕收剂吸附的化学反应发生，捕收剂不能在矿物表面形成疏水产物，矿物可浮性下降。②提高捕收剂与矿物作用的氧化电位（如降低捕收剂浓度），使捕收剂氧化需要更高的电位，则浮选难以进行，矿物受到抑制。③浮选过程中加入比捕收剂更易氧化的药剂，与氧气形成共轭反应，消耗氧，也可降低矿物的可浮性而使矿物受到抑制。④硫化矿矿物表面预先氧化形成亲水物质，捕收剂难以吸附，浮选受到抑制。

扩展阅读

冯其明，陈荩.硫化矿物浮选电化学.长沙：中南工业大学出版社，1992.

胡岳华，印万忠，张凌燕，等.矿物浮选.长沙：中南大学出版社，2011.

覃文庆.硫化矿物颗粒的电化学行为与电位调控浮选技术.北京：高等教育出版社，2001.

王淀佐.硫化矿浮选与矿浆电位.北京：高等教育出版社，2008.

Hu Y H, SUN W, WANG D Z. Electrochemistry of Flotation of Sulphide Minerals. Beijing: Tsinghua University Press, 2009.

WOODS R. Electrochemical Potential Controlling Flotation. International Journal of Mineral Processing, 2003, 72(1－4): 151－162.

（焦　芬）

浮选工艺参数　flotation process parameters　影响浮选工艺过程或浮选指标的一系列基础参数或指标。主要包括：①磨矿细度。浮选时不但要求物料单体解离，而且要求适宜的入选粒度。浮选粒度上限因物料密度不同而异。如硫化矿物一般为0.2～0.25毫米，非硫化矿物为0.25～0.3毫米，煤为0.5毫米。在一般情况下，小于0.005毫米或大于0.1毫米的颗粒可浮性明显下降，只有中等粒度的颗粒才具有最好的可浮性。②矿浆浓度。矿浆浓度的变化影响矿浆的充气程度、矿浆在浮选机中的停留时间、药剂的体积浓度及气泡与颗粒的黏着过程等。浮选高密度粗颗粒物料宜采用高浓度矿浆；反之则采用低浓度矿浆。粗选时采用高浓度矿浆可保证获得高回收率和节省药剂；精选时采用低浓度矿浆，有利于提高最终疏水性产物的质量。③充气量。在浮选过程中，须保证矿浆中充入足够量的空气，并尽量弥散整个槽内，空气弥散越细越均匀，矿粒与气泡接触的机会越多，浮选效率越高。④搅拌程度。矿浆在搅拌槽中的搅拌是为加速矿粒与药剂的相互作用，搅拌时间的长短由药剂在水中分散的难易程度及其与矿粒作用的快慢来确定；矿浆在浮选机中的搅拌是为促进矿粒的悬浮及其在槽内的均匀分散，促进空气很好地弥散并在槽内均匀分布。适当加强对浮选机中矿浆的搅拌，有利于浮选；过分搅拌会产生气泡兼并，使精矿质量下降、槽内矿浆体积减小、电能消耗增加、机械磨损加快等。⑤矿浆pH值。各种矿物在采用不同浮选药剂进行浮选时，都有一个浮与不浮的pH值。这个值为临界pH值。控制临界pH值，即能控制各种矿物的有效分选。⑥矿浆温度。加温可以加速分子热运动，有利于药剂的分散、溶解、水解、分解，以及提高药剂与颗粒表面作用的速度，同时也促进药剂的解析，促使颗粒表面氧化等。⑦浮选药剂制度。浮选过程中对所添加的药剂种类、药剂用量、添加方式、加药地点及加药顺序等内容的规定。药剂制度对浮选指标有重大影响，是浮选过程最重要的影响因素之一。⑧浮选时间。浮选时间长短，要根据目的矿物的可浮性及对精矿质量、回收率、含杂等项的要求而定。

（罗思岗　吴卫国）

浮选过程检测控制　flotation process measurement and control　对浮选生产过程中的浮选机、加药机、鼓风机等关键设备，以及浮选液位、充气量、矿浆pH值、药剂添加量等关键参数进行的检测和控制。浮选过程涉及液态、固态、气态三相物质的混合分离，运行机理复杂，影响因素众多。因此，必须对浮选过程的重要工艺参数进行在线或重复地离线检测，以便随时掌握浮选工艺过程中各种因素的变化信息，适时地进行调节和控制，使整个工艺过程控制在预定的操作条件下正常运转。浮选过程检测控制的主要目标是保持合格的最终精矿品位、提高有用成分的回收率、降低药剂等原材料的消耗量。

在浮选生产过程中，需要在线检测的变量包括浮选液位、充气量、各加药点的药剂添加量、矿浆pH值等。对于经济条件许可的企业可采用矿浆品位在线分析设备，以便更加精确地了解生产效果，及时调整生产。

在实现自动检测的基础上，通常要操控相关执行机构实现浮选液位控制、浮选充气量控制、浮选加药自动控制。①浮选液位控制。通过在线调整浮选槽出口的调节阀门的开度，保持浮选槽液位在期望的液位目标上并且保持稳定。②浮选充气量控制。通过控制鼓风机的频率和挡板开度，以及浮选机充气量调节阀，保证浮选的充气量在工艺要求的目标范围之内并保持稳定。③加药添加量自动控制。使用自动加药机或药剂调节阀对浮选药剂添加过程的药剂加入量进行实时调节。

在浮选过程控制的基础上，可以进一步实现浮选过程优化控制，即根据浮选过程工艺技术指标要求，在浮选给矿量、给矿粒度、给矿品位、矿浆浓度等给矿性质和边界条件变化的情况下，采用智能控制方法和控制策略，对浮选过程中的浮选液位、充气量、加药量等过程变量进行优化设定，设定出适合当前浮选给矿性质和条件变化情况下各过程控制变量值，实现浮选过程各控制参数稳定跟踪各优化设定值，将浮选过程各工艺技术指标控制在目标值范围内，从而实现浮选过程优化控制。

（岳　恒　耿增显）

浮选过程优化控制　flotation optimal control　通过人工智能与运筹学的优化方法，对浮选过程中浮选液位、浮选充气量、浮选药剂添加量等变量进行优化设定和调节，实现浮选精矿品位、尾矿品位、回收率等指标优化控制的过程。在对浮选过程控制的基础上，依据浮选过程工艺技术指标在线实时检测值、浮选过程工艺技术指标要求，以及在浮选给矿量、给矿粒度、给矿品位、矿浆浓度等给矿性质和边界条件变化的情况下，采用智能控制方法和控制策略，对浮选过程中浮选液位、浮选充气量、浮选药剂添加量等变量进行优化设定，设定出适合当前浮选给矿性质和条件变化下各过程控制变量设定值。各过程控制回路根据给定的优化设定值，采用先进的控制策略和方法，实现浮选过程各控制参数稳定跟踪此设定值，将浮选过程各工艺技术指标控制在目标值范围内。

浮选过程优化控制的关键在于实现浮选工艺技术指标的在线监测或快速监测，从而根据浮选给矿性质和边界条件变化，由智能优化设定控制策略设定出符合当前运行条件的各控制变量优化设定值。

随着在线检测技术、计算机技术的发展，可以实现在线检测或者快速检测，如物料品位、粒度等浮选过程工艺技术指标，以及采用浮选泡沫图像分析浮选效果，都为实现浮选过程优化控制奠定了基础。

（岳　恒　耿增显）

浮选活化剂　flotation activator　能够增强矿物表面对捕收剂的吸附能力的浮选调整剂。旧称浮选活性剂。生产中常用的浮选活化剂有金属离子、硫酸铜、硫化钠、无机酸、无机碱、有机化合物等。①金属离子活化剂。在使用黄药类捕收剂时，能与黄原酸形成难溶性盐的金属阳离子，如Cu^{2+}、Ag^{+}、Pb^{2+}可用作活化剂；在使用脂肪酸类捕收剂进行浮选时，能与羧酸形成难溶性盐的碱土阳离子，如Ca^{2+}、Mg^{2+}、Ba^{2+}等可用作活化剂。②硫酸铜活化剂。是生产中最常用的活化剂，可以活化闪锌矿、黄铁矿、磁黄铁矿等硫化物矿物。硫酸铜的用量要控制适当，过量会活化硫化铁矿物，使浮选的选择性降低，又会使泡沫变脆。③硫化钠活化剂。以黄药为捕收剂进行浮选时，可作为孔雀石、铅矾、白铅矿等有色金属含氧盐矿物的活化剂。原理是因硫化钠的作用，在矿物表面形成了硫化物薄膜，使之可以与黄药发生作用。④无机酸和无机碱类活化剂。包括硫酸、盐酸、碳酸钠、氢氧化钠等，可用于被石灰抑制过的黄铁矿的活化。⑤有机化合物活化剂，主要有草酸、二乙胺磷酸盐等，用于活化被石灰抑制的黄铁矿及氧化铜矿。

活化剂通过以下几种方式使矿物得到活化：①在矿物表面生成难溶的活化薄膜。例如，难以用黄药浮选的白铅矿是经硫化钠作用后在矿物表面生成了硫化铅薄膜而变得容易用黄药浮选。②活化离子吸附在矿物表面，增加活化点，即扩大捕收剂吸附固着的区域。例如，硫酸铜对闪锌矿的活化是Cu^{2+}在闪锌矿表面固着，增加了对黄药离子的吸附，从而强化闪锌矿的浮选过程；石英颗粒表面吸附Ca^{2+}、Mg^{2+}、Pb^{2+}、Al^{3+}、Mn^{2+}、Fe^{3+}等金属阳离子后，增加了脂肪酸的吸附活性区域。③清洗亲水薄膜，即消除位于固体表面阻碍捕收剂吸附作用的抑制薄膜。例如，由于黄铁矿易氧化或在强碱介质中矿物表面上生成$Fe(OH)_3$薄膜，而不能用黄药浮选，但用酸处理后，消除了黄铁矿表面的亲水薄膜，可改善其可浮性。④消除矿浆中有害离子的影响，提高捕收剂的有效作用。例如，用脂肪酸作捕收剂浮选萤石、白钨矿时，矿浆中的Ca^{2+}、Mg^{2+}与捕收剂作用，降低了捕收剂的有效浓度。在浮选前常加入碳酸钠，以沉淀Ca^{2+}、Mg^{2+}，然后再用脂肪酸浮选，则可使捕收剂的作用得到充分发挥。

（朱一民）

浮选加药自动控制 flotation reagent automatic control 在浮选过程中，根据工艺技术指标要求和浮选给矿条件，自动计算浮选过程所需的浮选药剂量，并对加入的浮选药剂流量进行控制的过程。通过浮选加药自动控制，可以为浮选过程顺利进行创造合适的浮选条件。合适的浮选药剂能够活化浮选过程，获得较为理想的浮选效果。过小或者过大的浮选药剂，都不利于浮选过程的进行，难以获得合格的精矿品位和尾矿品位。由于浮选过程给矿品位、给矿粒度、给矿流量、给矿浓度等给矿条件的变化，因此要根据工艺条件变化实时对浮选药剂进行调整，从而达到稳定浮选过程、提高浮选效率、提高浮选过程精矿品位（尾矿品位）和金属回收率，同时减少浮选药剂用量的目的。

浮选生产过程通常使用自动加药机，以实现各加药点药剂添加量的精确控制。执行机构有两种加药计量方式：①药剂泵方式。利用变频调速技术，通过变频器控制药剂交流泵。根据变频器与交流泵转速之间的正比关系、交流泵转速与药剂流量之间的正比关系，标定出变频器输出频率和药剂流量的线性关系模型，通过上位机给变频器发送的给定频率值，实现药剂流量的准确计量。但这种药剂计量方法控制装置较为复杂，成本高。②电磁阀方式。给定的药剂流量值通过软件设计调制成对应占空比的脉冲输出，通过脉冲控制电磁阀回路中晶闸管的通、断来控制电磁阀的开、关。当电磁阀通电时，药剂流出；断电时，没有药剂流出。这样通过改变在一个脉冲周期内的占空比就可以调整药剂的流量。电磁阀方式成本低、控制简单、安装维修方便，虽然药剂流动的断续性会给系统带来一定的影响，但是如果控制结构设计合理，而且误差又在系统允许的范围之内，可以满足工艺要求。电磁阀方式的限制是要求给药箱保持液位恒定，才能保证给药精度。

由于选矿厂工作环境较差，外部干扰多，因此增强整机的可靠程度，降低故障率，对自动加药机正常运行尤为重要。完善操作检查制度也是自动加药机正常运行的重要保证。在药箱与药管的进口处设置隔渣板或网，及时清除药渣，以免堵塞或影响流量精度。同时需要定期校正标定，做到合理准确加药。自动加药机内部自带可编程逻辑控制器（programmable logic controller, PLC）控制系统，完成药剂流量的检测、累计、量程转换及药剂添加量的控制。在采用集散控制系统（distributed control system, DCS）的选矿厂中，自动加药机通过内部的PLC和主控室的DCS实现通信，接受主控室发来的药剂添加指令，并将实际的药剂流量数值反馈给主控室。

除自动加药机外，有些浮选生产过程也采用调节阀加流量计构成常规闭环控制的方式，实现药剂的自动添加。

（岳　恒　耿增显）

浮选泡沫图像分析处理 flotation froth image analytical processing 采用高速摄像机在稳定的光源条件下摄取浮选泡沫运动的图片，通过千兆以太网传输到计算机系统，利用图像分析算法识别泡沫的色差、位移、大小的变化趋势，然后以数字信号形式传输到集散控制系统（DCS）的技术。浮选是回收有色金属资源的关键选别工艺流程。入选矿石经过充分研磨后，矿物单体解离度达到浮选要求，在一定的流体动力学和化学环境条件下，浮选药剂与矿物颗粒有效混合和碰撞，使有价矿物被捕捉并形成气泡，然后由空气运动推送到浮选矿浆表面，形成泡沫层。浮选机设计有刮板或者其他助力装置推动泡沫层向溢流堰外流动，形成泡沫产品，通过进一步选别或经浓缩脱水后形成最终精矿产品。

工业背景　浮选泡沫形态直接反映了浮选效果，即有价金属的富集程度，能直观地反映浮选生产状况。传统的浮选生产操作是操作工人肉眼观察泡沫的颜色、亮度、大小、流动速度，再结合操作工人的经验，对浮选生产状况做出判断，进而决策如何调整浮选操作参数。由于人工经验的差异性、发散性和不可实时性，这种操作模式往往导致生产操作的滞后调整，进而造成生产波动大、产品质量稳定性差等后果。利用图像分析技术，可以实时采集泡沫图像并进行特征分析，根据泡沫特征值的变化与液位控制、充气量控制和药剂添加量调节形成闭环控制，成为选矿智能化技术的主要内容和课题之一。

应用方向　浮选泡沫图像分析处理技术研究历史悠久，主要的应用方向有：①根据泡沫图像的特征参数预测浮选过程的技术指标，在线监控浮选过程的变化趋势。②矿浆中颗粒的凝聚或分散状态分析，在线预测分级粒度的变化趋势。③识别不同矿物的色差，诊断矿物组成变化趋势，或监控精矿产品质量。

发展瓶颈及趋势　浮选泡沫图像分析处理技术是实现浮选生产过程自动化、智能化的主要手段，但是工业推广应用一直进展不大，主要是由于浮选工艺的复杂性和泡沫特征参数的多样性。①泡沫特征是由入选矿浆的浓度、粒度、品位，以及浮选设备的结构、搅拌强度、空气分散程度、药剂添加量和混合均匀程度等因素综合形成的，产生泡沫特征的输入条件多变且多样；对应的泡沫特征值，如颜色、气泡尺寸、形状、纹理、结构、气泡的运动方向及速度、气泡的生存期、稳定性、破裂性等输出变量也是多变且多样的，而且很难从输入与输出变量之间寻找到稳定的线性关系。②矿物种类千变万化，泡沫图像处理技术与选矿工艺的结合只能因矿而宜，即使在某一个工业场合或者某一时间段应用成功，仍然需要定期根据不同的工业场合或者原料的变化进行控制策略的调整。

浮选泡沫图像分析处理应用技术是实现矿山生产变革和技术提升的关键技术之一，应该采取以应用促开发的思路，加大工业推广和应用力度。其创新开发的主导思想是以工艺矿物学分析和矿浆在线品位分析等生产数据为基础，主动吸纳和提炼生产先验知识，合理应用于生产实践之中。

（周俊武）

浮选起泡剂 flotation frother 在选矿中，具有起泡功能，并能维持泡沫稳定性的浮选药剂。通常是异极性表面活性剂，分子亲水的一端为极性基，一般是羟基、醚基以及羧酸酯等基团；分子亲气的一端为非极性基，在气-液界面上成定向排列，使水的表面张力降低，在搅拌充气条件下形成大小适宜、稳定性合适的泡沫。在浮选过程中，经**捕收剂**作用的疏水性矿物颗粒与气泡黏附形成矿化气泡，并借助气泡的浮力上升至矿浆表面，从而达到与亲水性矿物颗粒分离的目的。

起泡剂与捕收剂结构的相似之处是两者都是异极性分子；主要区别在于，捕收剂的极性基是亲固基，可吸附于固-液界面使矿物表面疏水，而起泡剂的极性基是亲水基，一般是在气-液界面吸附。由于很多亲固基也是亲水基，如羧酸、磷酸、羟肟酸及黄原酸等，因此许多捕收剂也具有起泡能力，特别是氧化矿捕收剂。常用的起泡剂有松醇油（中国俗称二号油）、甲酚酸、混合脂肪醇、异构的己醇或辛醇、醚醇类及各种酯类等。

性能要求　浮选起泡剂性能直接影响浮选指标，所以对起泡剂要求是：①在较小的耗量下形成泡沫数量多、气泡大小分布合理、韧性适中、黏度不高等。②药剂本身具有良好的流动性和适当的水溶性，无毒、无臭味、无腐蚀性，便于运输和添加等操作。③起泡性能不受或少受矿浆pH值的影响或矿浆中其他组分（如难免杂质离子、其他浮选药剂）的影响。④不具捕收作用并且不影响捕收剂的选择。⑤价格、来源等工业应用条件合适。

性能评价　主要是对起泡剂的气泡性能评价和稳定性评价，评价指标包括泡沫高度和泡沫半衰期。①泡沫高度。即泡沫层厚度（见图）。从进气口通入流量大小

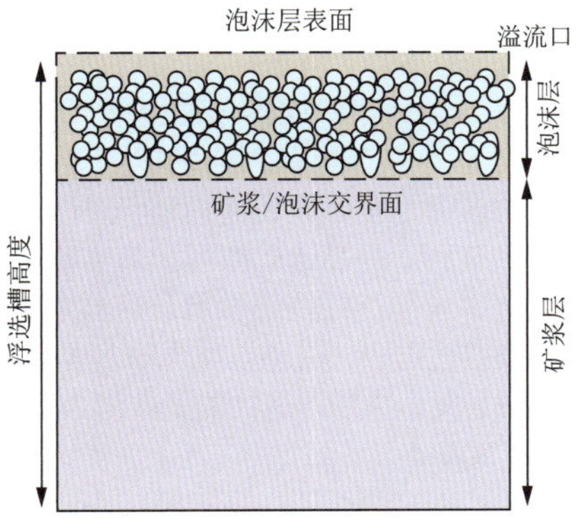

泡沫层厚度示意图

相同的空气，从刻度尺上读出泡沫达到稳定时泡沫层表面高度，用泡沫稳定时的高度减去加入液体的高度（矿浆层）即得到泡沫的高度。泡沫高度与使用的浮选机种类、矿石性质、药剂制度等因素有关，尤其与浮选起泡剂种类密切相关。在其他条件不变的情况下，通过测量泡沫高度可评价不同起泡剂的起泡性能。②泡沫半衰期。通常指停止充气后浮选泡沫高度衰减至一半的时间。其大小反映了泡沫的稳定程度，半衰期越大，浮选泡沫越稳定，消泡越困难。影响浮选泡沫半衰期的主要因素有表面张力、溶液化学环境、矿物颗粒特性等。调节液相的表面张力，是控制泡沫稳定性最直接有效的方法，可通过添加起泡剂（减小表面张力）的方式来实现。起泡剂的种类与用量对浮选泡沫半衰期影响显著。在自然矿物的浮选中，水中的无机盐离子影响着浮选体系中的气泡兼并现象。多数起泡剂能使水的表面张力大为降低，增加空气在矿浆中的弥散，改变气泡在矿浆中的大小，当被浮矿粒愈大和矿物密度愈大，要求气泡也应随之增大。气泡相对稳定，能够防止气泡的兼并，并在矿浆表面形成浮选需要的矿化泡沫。

扩展阅读

徐振洪，朱建华，张荣曾.浮选起泡剂泡沫稳定性的评价方法研究.化工学报，1999，50（3）：399-403.

（朱一民）

浮选溶液化学　solution chemistry of flotation　研究浮选剂和矿物在溶液中的平衡关系及其对矿物**浮选**影响的学科。

简史　早期研究内容通常是浮选化学、浮选中的化学反应等。浮选发生在固-液-气三相界面，首先是浮选剂与矿物在矿浆中的相互作用。因此，浮选体系以无机化学、有机化学、分析化学、表面化学为基础，早期的浮选研究者以这些化学基础知识来讨论**浮选药剂**与矿物的相互作用及其行为。20世纪50年代以来，特别是进入70年代后，越来越多的浮选工作者认识到，只用某一化学反应平衡式讨论浮选现象不能圆满地解释浮选剂与矿物相互作用的机理、最佳条件的确定等问题，于是开始采用图解方法，并考虑多种平衡关系，如阳离子的水解、阴离子的加质子、药剂与矿物离子的络合及沉淀反应等。随着浮选理论研究的深入，溶液化学的知识起着越来越重要的作用，从解释浮选机理、浮选现象，到确定浮选最佳条件，都可以应用溶液化学的知识，因而浮选溶液化学的研究越来越受重视。1980年前后，“浮选溶液化学”这个名词开始被采用，随后中国的**王淀佐**、胡岳华等将浮选溶液化学用于其研究工作。

研究内容　主要包括矿物-溶液平衡，浮选剂-溶液平衡、浮选剂/矿物相互作用溶液平衡3个方面。

矿物-溶液平衡。矿物的溶解度、溶解组分对**矿物表面电性**及浮选有一定影响。通过平衡计算可确定矿物表面零电点及表面电荷分布。矿物颗粒与水接触时会发生溶解，溶解量依矿物种类和药剂的浓度而定；溶解的矿物离子又能进一步反应，如水解、络合、吸附甚至沉淀。所有这些反应的复杂平衡可用于解释和理解矿粒的表面性质及其浮选行为。

浮选剂-溶液平衡。包括浮选剂在溶液中的酸碱平衡、解离平衡、缔合平衡，以及在各界面的吸附平衡、无机离子的水解水化平衡和大分子浮选剂在溶液中的平衡。计算出一定浓度的某种药剂对介质pH值改变的大小，对实验室研究及浮选厂生产过程中矿浆pH值调节，以及药剂相互作用的调控都有重要意义。

浮选剂/矿物相互作用溶液平衡浮选过程是多组分参与的复杂体系，浮选药剂与矿物之间的相互作用对矿物的浮选具有重要的影响。包括矿物表面离子与浮选药剂沉淀作用、络合作用，不同pH值条件下溶液中离子的优势组分与浮选药剂的作用等。在硫化矿浮选及无捕收剂浮选研究中，电化学平衡愈来愈重要，包括药剂溶液的电化学行为、矿物溶解过程的电化学、药剂同矿物作用的电化学平衡及电位-pH图。

浮选吸附理论认为，捕收剂离子吸附于矿物的金属原子格点上，形成的捕收剂金属盐溶度积越小，吸附反应就越易发生。另外，在矿物表面还发生捕收剂离子与抑制剂离子的竞争吸附。因此，影响浮选剂作用的主要因素是决定药剂解离程度的pH值和金属离子浓度。

研究意义　确定浮选剂对矿物具有浮选活性的有效组分、浮选剂与矿物相互作用的最佳条件都具有重要意义，进而确定矿物浮选或抑制的最佳条件都具有重要意义。同时，也可为合理选择药剂制度提供理论依据。

扩展阅读

王淀佐，胡岳华.浮选溶液化学.长沙：湖南科学技术出版社，1988.

胡岳华，王毓华，王淀佐.铝硅矿物浮选化学与铝土矿脱硅.北京：科学出版社，2004.

（蒋　昊）

浮选设备　flotation equipment　以气泡为载体，利用矿物表面润湿性的差异对矿物进行分选的**选矿设备**。19世纪末期，浮选作为一种选矿方法被明确提出，各类浮选设备也随之产生。主要包括浮选机和浮选柱两大类。

浮选机　浮选机通常由槽体部件、充气搅拌装置、刮泡器、放浆阀和液面控制机构等组成。常由单槽或多槽串联组成浮选作业（粗选、扫选和精选），进而组成

浮选系统（图1）。浮选机的种类繁多（见

图1　选矿厂浮选车间

浮选机分类

分类依据	浮选机类型
进气方式	自吸式、充气式
给料方式	直流槽、吸浆槽
槽体深度	深槽型、半深槽型、浅槽型
泡沫排出方式	单边排泡沫、双边排泡沫、周边排泡沫
槽体形状	四边形、多边形、圆形
使用场合	闪速浮选机、精选浮选机、粗扫选浮选机
粒级范围	常规浮选机、细粒浮选机、粗粒浮选机、宽粒级浮选机
选别物料	氧化矿专用/水处理

表）。根据矿浆供气方式的不同，工业上主要有自吸气机械搅拌式浮选机和充气机械搅拌式浮选机。

自吸气机械搅拌式浮选机依靠机械搅拌产生负压吸入空气。主要特点是自吸空气、无须外加充气装置、吸气量调节范围窄、不能精确控制。适用于充气量范围较宽的矿物选别。

充气机械搅拌式浮选机，又称压气机械搅拌混合式浮选机。气体由外力给入，机械搅拌器（转子–定子组）仅起搅拌、混合、分散空气等作用。主要特点是充气量可按需要进行精确调节，无须通过叶轮（转子）产生负压吸入气体，转速较低，能耗较小。应用范围广，涉及铜、铅、锌、镍、钼、硫、铁、金、铝土矿、磷矿、钾盐等有色金属、黑色金属和非金属矿的选别。适用于充气量要求小且变化范围窄的矿石，如铝土矿、胶磷矿。

根据入料方式，浮选机可分为直流槽和吸浆槽。直流槽浮选机不能抽吸矿浆，具有磨损小、电耗低的特点；吸浆槽浮选机具有抽吸给矿和中矿的能力，可与直流槽浮选机配套使用。中矿返回不设泡沫泵，可简化选矿厂浮选机配置。

随着有色金属、黑色金属、稀贵金属、非金属和其他矿物处理需求的不断增加，浮选机向大型化、自动化、多样化、低能耗、跨界应用、低污染和更安全的方向发展，提高资源的综合回收效果。①大型化。随着选矿厂处理量的增大，单槽容积大于100立方米的浮选设备已经大量进入工业应用。大型浮选机在提高指标、减少占地面积、降低单位功耗和节约人力成本等方面有明显优势。②自动化。浮选工艺过程需要连续、稳定，避免前一作业对后一作业的影响，自动化控制技术可保证浮选流程协同相关性。浮选机大型化，容积增大，矿浆波动周期长，液面控制和充气量控制要求更加精准，设备可靠性要求更高，对浮选作业的过程自动化控制和设备控制提出了更高的要求。③多样化。根据矿石性质的差异，作业时可选择不同类型的浮选机，如闪速浮选机、粗粒浮选机、细粒浮选机等；根据作业的差异，可选择适合粗扫选和精选作业的浮选机。④节能降耗。浮选机作为矿山企业的主要设备，应尽可能节能降耗。在叶轮、定子及槽体结构方面进行优化设计，提高浮选效率，降低浮选机的单位能耗，减少浮选机部件的磨损。根据实际矿石性质和数质量流程进行选型计算，确定合适型号和规格的浮选机，保证单位容积能耗最低。⑤应用领域拓展。浮选机传统意义上的应用领域正在发生改变，不仅适用于常规金属、非金属矿山的选矿，还可用于造纸、农业、食品、医药、微生物、环保等行业产品或废弃物的回收。

浮选柱　无机械搅拌的柱式浮选设备。广泛应用于有色金属、黑色金属、非金属、煤炭、环保、化工等行业。

浮选柱通常由喷淋水组件、给矿系统、柱体组件、充气系统及排矿系统组成。柱体结构以高径比大为特征，横截面为方形或圆形。工业应用规模柱式浮选设备直径0.4～6.0米，高3～15米。工作时，来自空压机的高压空气（0.5～0.7兆帕）经浮选柱柱体下部的充气系统进入柱内，在矿浆剪切作用下产生大量细小气泡。或矿浆与空气混合物经混合系统高速喷入浮选柱内，在柱内形成大量细小气泡。同时，新鲜矿浆经给矿系统均匀分配后进入柱体，矿物颗粒与气泡在柱体内发生碰撞，附着到气泡上（矿化）的矿物上浮到泡沫区，经过二次富集后作为产品从泡沫槽流出；未矿化的矿物颗粒随矿浆流经排矿系统排出。

柱式浮选设备种类较多，主要有以下几种分类方法：按气泡发生方式划分，可分为空气直喷式、矿浆–空气混流式（图2）和水–空气混流式；按矿气混合方式

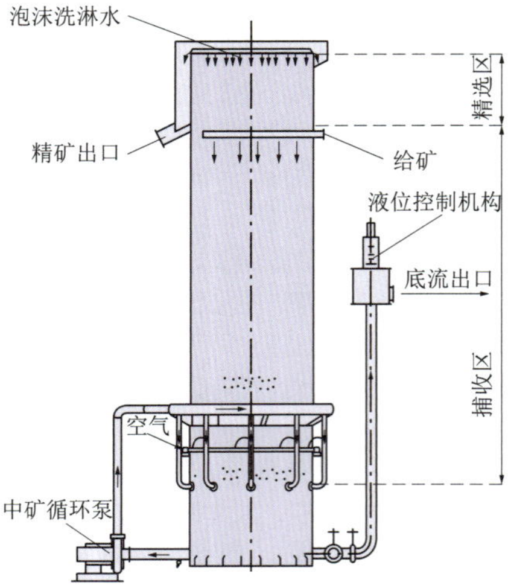

图2　矿浆–空气混流式浮选柱结构简图

划分，可分为逆流式、顺流式和逆流–顺流混合式；按柱体高度划分，可分为高柱式和矮柱式；按产品数量划分，可分为多产品和单产品形式；按作业流程划分，可分为精选浮选柱、粗选浮选柱和扫选浮选柱等；按有无充填介质划分，可分为填充介质浮选柱和非填充介质浮选柱；按施加力场的方式划分，可分为磁浮选柱、超声波浮选柱和离心浮选柱等。

浮选柱发展趋势主要体现在以下4个方面：①入选粒级范围不断扩大，由微细粒选别向粗颗粒选别延伸。浮选柱由浮选流程向磨矿分级回路中的闪速浮选或半自磨排矿分选直接抛尾流程推进。采用流态化浮选柱快速回收大颗粒目的矿物，减少后续作业的入磨量，降低功耗和运行成本。②由精选作业向粗扫选作业扩展，促进工艺流程变革。浮选柱与浮选机联合配置技术日益成熟。③浮选柱由单一型号向多种型号联合配置方向发展。多种浮选柱的出现，满足了不同作业浮选柱选型需要，有利于提高选矿指标和节省能耗。④复合力场浮选柱快速发展。旋流力场、超声波空化作用、磁场与浮选动力学相结合促进了复合力场浮选柱的多样化。

扩展阅读

胡为柏.浮选.北京：冶金工业出版社，1983.

王淀佐，邱冠周，胡岳华.资源加工学.北京：科学出版社，2005.

RUBINSTEIN, J B. Column Flotation: Processes, Designs and Practices. Basel, Switzerland: Gordon and Breach Science Publishers, 1995.

（沈政昌　张跃军　史帅星）

浮选双电层理论　electron double layer theory in flotation　在浮选中，荷电的矿物界面吸引水溶液中符号相反的离子，在其表面形成双电层的理论。在浮选矿浆中，由

于矿物颗粒、气泡载体表面基团的解离或自溶液中选择性地吸附某种离子而带电，形成带电表面。带电表面层的离子称为定位离子。处在溶液中的带电表面，由于静电吸引力的存在，必然需要吸引等电量的带有相反电荷的离子环绕至带电颗粒表面周围。在浮选过程中，带电表面通过静电作用和溶液中自由离子的热运动，将溶液中电荷相反的自由离子吸引至周围，被吸引的离子称为反离子。反离子的电荷总量与定位离子的电荷总量相等而符号相反，带电表面和反离子构成双电层（图1）。

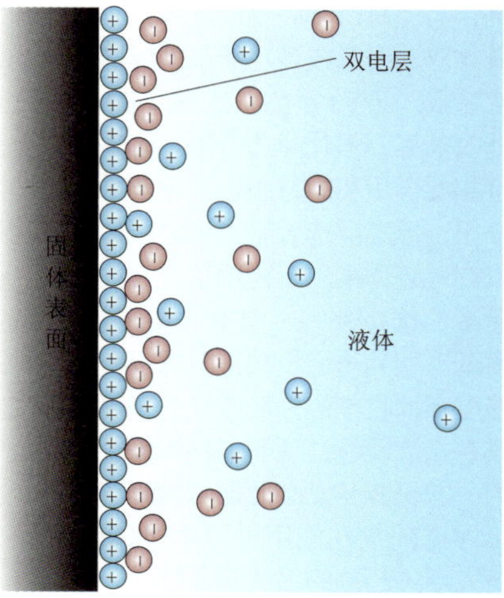

图1　浮选双电层理论图解（以带负电固体表面为例）

浮选双电层电位　有关双电层电荷的分布，带电表面附近不同带电粒子相互作用的情况，数学模型的建立及模型在浮选过程中的应用构成了整个浮选双电层理论。

用于模拟双电层的结构模型有多种，其中在浮选理论研究中应用广泛的是斯特恩（Stern）双电层结构模型（图2）。双电

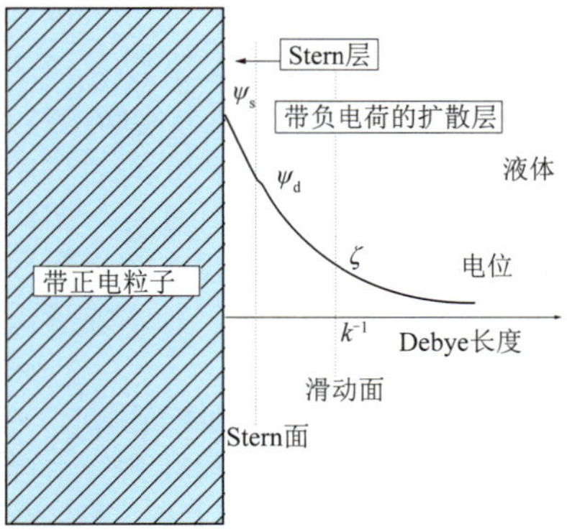

图2　Stern双电层模型及双电层中的电位

层由3部分组成：固体表面层(包括内层吸附的离子)构成内层；紧贴固相表面有一薄层，将内层与扩散层分开，称为Stern层或紧密层；在固体外部吸附的反离子，一方面受固体表面电场的作用，另一方面由于吸附平衡，被吸附的反离子因解吸作用，可向溶液中扩散，构成外部扩散结构，称为扩散层。固体、气体或油相颗粒在溶液中运动时，Stern层随其一起运动。紧密层与扩散层之间存在一个滑动面，可视为高低不平的曲面。固体表面电位，即固体表面与溶液之间的电势差以ψ_s表示；Stern面上的电位，即紧密层与扩散层的分界处与溶液之间的电势差以ψ_d表示；滑动面上电位与溶液之间的电势差，称为电动电位（也是实际测得的溶液中微细颗粒的动电位值），用ζ表示。固体表面与Stern层之间，随距离增大，电位直线下降。虽ψ_d和ζ电位含义不同，但数值相差较小，实际浮选过程中，采用测试所得的ζ电位代替Stern面上的电位ψ_d。双电层有效厚度（$1/k$）称为Debye长度。扩散层厚度随溶液中电解质浓度而变，可以延伸得很厚，一般认为可以用离子氛的厚度来估算。

对于大多数表面来说，氢离子和氢氧根离子是表面电性的决定性离子，因此ζ电位通常由溶液的pH值决定。当ζ电位为零时，此时溶液的pH值称为所测试微细颗粒的零电点（PZC）或者等电点（IEP）。PZC和IEP是颗粒表面电性质的重要特征参数。

应用　浮选双电层理论结合经典DLVO理论，用于控制同种待选微细颗粒或不同种颗粒之间的分散或凝聚。根据浮选DLVO理论，在溶液中微细颗粒存在分子间引力和颗粒表面的静电作用力两种相互作用力。待浮选微细颗粒表面带正电，则能吸附**阴离子捕收剂**；颗粒表面带负电，则能吸附**阳离子捕收剂**。当溶液pH值等于待浮选微细颗粒的等电点时，则可使用中性捕收剂。通过测试待浮选颗粒表面ζ与溶液pH值之间的关系，调节介质的pH值和溶液中电解质浓度，控制待浮选微细颗粒表面的荷电状态，选择适当的浮选药剂，控制目的矿物的上浮或抑制，实现有效浮选。

扩展阅读

胡岳华.矿物浮选.长沙：中南大学出版社，2014.

王淀佐，邱冠周，胡岳华.资源加工学.北京：科学出版社，2005.

王淀佐，胡岳华.浮选溶液化学.长沙：湖南科学技术出版社，1988.

（周　芳）

浮选调整剂　flotation regulator　在选矿过程中，用以控制矿物颗粒与捕收剂作用的**浮选药剂**。按照在浮选过程中的作用，浮选调整剂可分为以下几类：①**pH值调整剂**。调节矿浆的酸碱度，用以控制矿物表面特性、矿浆化学组成以及其他各种药剂的作用条件，从而改善浮选效果。常用pH值调整剂有硫酸、盐酸、硝酸、磷酸、石灰、碳酸钠、氢氧化钠等。②**浮选活化剂**。能增强矿物同捕收剂的作用能力，使难浮矿物受到活化而上浮。常用浮选活化剂有金属离子、硫酸铜、硫化钠、无机酸、无机碱、有机化合物等。③**浮选抑制剂**。破坏和削弱矿物对捕收剂的吸附，增强矿物表面的亲水性，从而使其可浮性受到抑制。一般分为无机抑制剂和有机抑制剂。常用的无机抑制剂有石灰、硫酸锌、亚硫酸、二氧化硫、水玻璃等，常用的有机抑制剂有淀粉、单宁酸等。④**选矿絮凝剂**和选矿凝聚剂。使矿物细颗粒聚集成大颗粒，加快其在水中的沉降速度或进行絮凝—脱泥及絮凝—浮选。当药剂为无机电解质时称为凝聚剂，当药剂为有机高分子化合物时称为絮凝剂。常用凝聚剂有硫酸、硫酸铝、石灰等，常用絮凝剂有聚丙烯酰胺淀粉等。⑤**矿浆分散剂**。阻止细矿粒聚集，使其处于分散状态，其作用与絮凝剂相反。常用的矿浆分散剂有水玻璃、磷酸盐等。

（朱一民）

浮选药剂　flotation reagent　在浮选过程中，为了改变矿物表面物理化学性质和矿浆溶液化学性质而添加的**选矿药剂**。

简史　1860年全油浮选方法的出现，使烃油捕收剂开始用于矿物浮选，并于1898年实现工业应用，自此浮选药剂研究开始起步。1905年出现的泡沫浮选方法，降低了捕收剂的用量，促进了其他浮选药剂的发展。例如，1909年使用松油、桉叶油及油酸作为**浮选起泡剂**；1912年在闪锌矿浮选中，用重铬酸钠作方铅矿的**浮选抑制剂**；1913年在硫化铅矿浮选中，使用二氧化硫作抑制剂；1922年使用氰化物作为浮选方铅矿的抑制剂，石灰作为浮选抑制剂和**浮选活化剂**，酸碱作为**浮选调整剂**等。这些药剂的发展为浮选复杂多金属矿奠定了基础。1924年出现脂肪酸皂类浮选药剂，用于浮选金属氧化矿及非金属矿物，使浮选工艺推广到非金属及碱土金属矿物的分离应用。1925年和1926年，**黄药**和**黑药**用作**硫化矿捕收剂**后，使药剂用量和生产成本降低，促进了浮选工艺的发展，是浮选药剂的一大进步。1934年和1935年，又分别采用烷基硫酸钠和脂肪胺作为捕收剂，使浮选效果大幅度提升。

20世纪50年代以来，以乙硫氨酯和乙二醚醇等药剂的制备为起点，进一步扩大了浮选药剂的来源，丰富了浮选药剂的种类，之后制备出黄原酸酯、黑药酯、硫氮、硫脲、胂酸、膦酸、羟肟酸、醚胺等大量选择性较好的捕收剂，聚丙烯酰胺及其衍生物等絮凝剂，以及羧甲基纤维素、

腐植酸盐等有机抑制剂。

中国从20世纪40年代开始研究浮选药剂，50年代开始生产液体乙基黄药、液体丁基黄药、固体乙基黄药、固体丁基黄药、**白药**、黑药等，60年代生产仲丁基黄药、异丙基黄药和丁铵黑药等，70年代生产混合脂肪胺、羟肟酸、56号起泡剂（$C_{5\sim6}$脂肪酸乙酯）和59号起泡剂（$C_{5\sim9}$脂肪酸乙酯）等。21世纪，发展出烃氧羰基硫氨酯、烃氧羰基硫脲等选择性捕收剂。

分类 浮选药剂种类很多，根据药剂用途不同，可分为**捕收剂**、浮选调整剂、选矿起泡剂、浮选消泡剂、乳化剂等。其中捕收剂根据极性基团结构不同，可分为**阴离子捕收剂**、**阳离子捕收剂**、**两性捕收剂**、非离子极性捕收剂、**螯合捕收剂**和**烃类油捕收剂**；调整剂依据浮选作用，可分为**pH值调整剂**、**矿浆分散剂**、浮选抑制剂和浮选活化剂等。根据药剂在浮选过程中所起的作用性质，浮选药剂可分为矿物表面作用的药剂、气-水界面作用的药剂和在液相中作用的药剂。

研究内容 主要是研究浮选药剂结构（组成）-性能关系及应用方法，具体包括浮选药剂分子设计、浮选药剂的制备与表征、浮选药剂的性能评价、**浮选药剂制度**的建立、浮选药剂与矿物的作用机理等方面。

浮选药剂分子设计 包括结构设计和配方设计。新结构药剂的研究一般从浮选药剂分子结构设计开始，对药剂的极性基和非极性基进行设计与组装，设计出性能预期优于已有药剂的新药剂。新配方药剂的配方设计既包含利用已有药剂进行配方设计，也包括利用新结构药剂与已有药剂或其他新结构药剂进行配方设计。配方设计能够使药剂整体上达到优化，提高药剂的应用性能。

浮选药剂的制备与表征 对已有药剂提出更加经济高效的绿色制备工艺，如采用溶剂法黄药合成技术，可以提高原料转化率和黄药产品质量，改善黄药生产与使用环境。对新结构药剂，进行合成路线设计、合成试验和结构鉴定。对新配方药剂，根据需要确定复配的方案，如在采用溶剂法黄药合成技术制备混合黄药中，使用混合醇为原料进行生产。

制备出药剂后，需要确定药剂的外观、常温常压下的物理状态，测定其熔点、沸点、溶解度、酸碱性、碘值、挥发性、毒性等物理和化学性质，还要根据相关国家、行业标准及选矿实践的需要，制定出产品的质量标准。

浮选药剂的性能评价 包括浮选性能、经济可行性和环境影响性评价。一般通过单矿物浮选试验、人工混合矿浮选试验、实际矿石小型浮选试验、浮选半工业试验、浮选工业试验、经济分析、环境影响评价等步骤进行。在实际评价过程中，也可能省略单矿物浮选试验、人工混合矿浮选试验和浮选半工业试验等。①单矿物浮选试验。在实验室进行。矿样用量一般每次不超过5克。取较纯的天然矿物加工制成符合浮选粒度的矿样，考察药剂用量、矿浆pH值等条件对浮选回收率的影响，评价药剂的浮选性能。②人工混合矿浮选试验。在实验室进行。在单矿物试验的基础上，人为将两种以上的单矿物按不同的比例混合，考察药剂对人工混合矿的分离性能。③实际矿石小型浮选试验。在实验室进行。一般为间歇试验，矿样用量每次为300～1500克。取实际矿石进行小型浮选试验，评价药剂的浮选性能。一般需要确定适宜的浮选药剂制度和浮选工艺流程。浮选药剂的研究与浮选工艺的建立是相辅相成的，药剂的发展促进工艺的发展，新药剂需要建立与之相适应的浮选工艺，才能发挥最优的效果。④浮选半工业试验。以小型试验为基础。取矿山或选矿厂实际矿石进行浮选试验，考察药剂的浮选性能，确定适宜的药剂制度。试验一般是连续进行。⑤浮选工业试验。以小型试验或半工业试验为基础，取矿山或选矿厂实际矿石进行浮选试验。试验一般是连续进行，规模与生产规模相当，这是考察试验试剂作为浮选药剂应用的关键步骤。在进行浮选半工业试验、浮选工业试验的过程中，有可能根据实际需要，对浮选药剂制度和工艺流程进行适当调整。⑥经济分析。对浮选药剂和浮选工艺进行经济性分析，确定其经济效益，评价经济可行性。⑦环境影响评价，考察浮选药剂在精矿、尾矿、选矿废水中的分布、迁移规律和降解性能，评估其环境影响和潜在风险。

浮选药剂制度的建立 浮选药剂制度是浮选工艺对添加药剂的种类和数量，加药顺序、地点和加药方式的规定。其与矿石性质、工艺流程、要得到几种选矿产品等因素有关，需要经过矿石的可选性试验或半工业性试验来确定。

浮选药剂与矿物的作用机理研究 采用化学基础理论和现代分析仪器手段，研究浮选药剂与矿物的作用机理。一般通过药剂与矿物的溶液化学计算、ζ-电位分析等手段研究药剂、矿物在矿浆中的存在形式及其影响因素，以及溶液化学对药剂浮选性能和矿物可选性的影响。通过药剂与矿物作用前后红外光谱分析和X光电子能谱分析，测定药剂在矿物上的吸附量，确定药剂与矿物作用的活性位点及吸附动力学和热力学机理。

发展趋势 为适应日益贫、细、杂化的矿石和环境保护的要求，浮选药剂主要在以下几个方向发展：①利用量子化学计算、计算机辅助分子设计方法、浮选药剂同分异构原理等研究浮选药剂分子结构设计与调控方法，建立浮选药剂的分子结构-浮选性能的定量构效关系，开发具有特异选择性的捕收剂、起泡剂及抑制剂，实现对目的矿物的选择性分离；开发具有双功能基或多功能基的浮选药剂，如双硫脲、双硫氨酯、硫脲-硫氨酯复合捕收剂等，强化浮选效果。②采用组合药剂和混合用药的方法，利用药剂间的协同作用，提高浮选效果。如烃氧羰基硫脲捕收剂对硫化铜矿、铜钼矿及其伴生金、银元素的选择性好，但难于在矿浆中分散，将苯乙酯油与烃氧羰基硫脲组合使用，既能提高捕收剂的分散性能，又可使捕收剂具有起泡性能，从而提高捕收剂的捕收能力。③研究开发高效低毒的浮选药剂，减少浮选药剂在使用过程中对环境的影响；研究浮选药剂的绿色制备技术，减少浮选药剂在生产过程的污染；研究浮选药剂在矿浆中的流向及其分布；研究浮选药剂的降解性能、对矿山生态环境以及在水体中迁移所产生的影响等。

扩展阅读

朱玉霜，朱建光.浮选药剂的化学原理.长沙：中南工业大学出版社，1996.

张泾生，阙煊兰.矿用药剂.北京：冶金工业出版社，2008.

（钟 宏）

浮选药剂制度 flotation reagent system

在**浮选**过程中，对加入的药剂种类、药剂用量、加药方式、加药地点与加药顺序的规定。浮选药剂制度对浮选指标有重大影响，是影响**选矿厂**技术经济指标的重要因素之一。

药剂种类 浮选药剂按其用途，主要分为捕收剂、浮选起泡剂和调整剂。浮选调整剂又可分为**pH值调整剂**、**矿浆分散剂**、**浮选抑制剂**和**浮选活化剂**等。浮选采用的药剂种类与矿石性质、工艺流程及产品方案等因素有关，通常根据矿石的可选性试验或半工业与工业试验的研究结果确定。

药剂用量 各种浮选药剂应适量添加，用量不足或过量都会对选矿指标有影响。在一定范围内，增加捕收剂和起泡

剂的用量，可以提高浮选速度和改善浮选指标，但用量过大会恶化浮选过程，增加选矿成本。一般在浮选前添加药剂总量的60%～70%，其余的分批于适当地点添加。

加药方式　通常有集中添加与分段添加两种方式。一般对易溶于水的、不易被泡沫带走的、不易失效的药剂采用集中添加;对难溶于水的、容易被泡沫带走的、容易与细泥及可溶性盐类作用而失效的药剂，应采用分段添加。

加药地点　为充分发挥浮选药剂的作用效果，根据药剂在浮选中所起作用、用途和溶解度，确定加药地点。选矿厂的加药地点通常为**球磨机**、浮选机、**搅拌槽**、砂泵等。

加药顺序　原矿浮选加药顺序一般为pH值调整剂→抑制剂或活化剂→捕收剂→起泡剂，被抑制过的矿物浮选加药顺序一般为活化剂→捕收剂→起泡剂。

扩展阅读

张强.选矿概论.北京：冶金工业出版社，1984.

（吴卫国　罗思岗）

浮选抑制剂　flotation depressant　破坏或削弱矿物对捕收剂的吸附，增强矿物表面亲水性的**浮选调整剂**。一般分为无机抑制剂和有机抑制剂。无机抑制剂主要有石灰、硫酸锌、二氧化硫、亚硫酸及其盐、硫化钠、水玻璃、磷酸盐和氰化物等。①石灰。可用于硫化铜矿石和铅锌矿石浮选，抑制硫化铁矿物。②硫酸锌。是闪锌矿的抑制剂，通常在碱性条件下使用，且pH值愈高，抑制作用愈明显。当单独使用硫酸锌时，其抑制效果较差，通常与硫化钠、亚硫酸盐、硫代硫酸盐、碳酸钠等配合使用。③二氧化硫及亚硫酸（盐）。主要用于抑制黄铁矿和闪锌矿。当使用二氧化硫、硫酸锌等联合抑制剂时，方铅矿、黄铁矿和闪锌矿受到抑制，而黄铜矿不但不被抑制，反而被活化。④硫化钠。在浮选作业中作为硫化矿的抑制剂使用，如在选钼的生产中利用硫化钠抑制黄铁矿。⑤水玻璃。是石英、硅酸盐、铝硅酸盐矿物的常用抑制剂，也具有一定的分散作用。⑥氰化物。主要是氰化钾和氰化钠，有时也用氰化钙，是闪锌矿、黄铁矿和黄铜矿的有效抑制剂。由于氰化物是剧毒药剂，所以使用受到严格限制。有机抑制剂主要有淀粉、糊精、羧甲基纤维素、羧乙基纤维素、单宁酸、腐植酸、木质素、草酸、乙二胺等。

浮选抑制剂的作用机理主要有：①抑制剂在矿物表面发生化学吸附，形成亲水薄膜。硫化钠对多种硫化物矿物的抑制、氢氧根离子对氢氧化物矿物和氧化物矿物的抑制、氰化物对硫化物矿物的抑制、有机抑制剂的抑制作用均基于这一机理。②消除矿浆中的活化离子。在浮选硫化物矿物时，最常见的活化离子有Cu^{2+}、Pb^{2+}、Zn^{2+}等，消除这些离子常用的方法是使它们生成难溶沉淀物或配合物。③解吸矿物表面已吸附的捕收剂，使其受到抑制。

（朱一民）

浮选DLVO理论　flotation DLVO theory　利用胶体化学理论中的DLVO理论，解释和研究浮选体系中微细矿物颗粒间的相互作用，以及预测颗粒之间分散与凝聚状态的理论。胶体化学理论中的DLVO理论是关于胶体稳定性的理论，是带电胶体溶液理论的经典描述分析，由苏联B.V.德加根（Derjguin）和L.兰多（Landau）于1941年，荷兰E.J.弗韦（Verwey）与J.T.G.奥弗比克（Overbeek）于1948年分别提出，因而以四人名字首字母组合命名。

内容　浮选DLVO理论包括经典的DLVO理论和扩展的DLVO理论。经典的DLVO理论是基于胶体或颗粒间的静电力和范德瓦耳斯力的综合作用能来预测胶体或颗粒之间的存在状态。静电排斥能（V_{ER}）和范德瓦耳斯力吸引能（V_{WA}）的总和（V_T）表示为：

$$V_T=V_{ER}+V_{WA}$$

式中，当$V_T>0$时，胶体或颗粒以分散（稳定）状态存在；当$V_T<0$时，胶体或颗粒以凝聚状态存在。

经典的DLVO理论曾被用来解释浮选体系中矿粒间的凝聚与分散行为，但后来的研究发现，在亲水或疏水粒子间存在诸多特殊的相互作用力，这些作用力对矿物分散体系的稳定性具有重要作用，经典的DLVO理论不解释这些体系的凝聚与分散行为，进而提出了扩展的DLVO理论。扩展的DLVO理论是在胶体分散体系中考虑了各种可能存在的相互作用力，在粒子间相互作用的DLVO理论的势能曲线上加上其他相互作用项，即粒子间相互作用总能（$V\frac{ET}{T}$），由下式给出：

$$V\frac{ET}{T}=V_{ER}+V_{WA}+V_{HR}+V_{HA}+V_{SR}+V_{MA}$$

式中V_{HR}为水化相互作用排斥能；V_{HA}为疏水相互吸引能；V_{SR}为空间稳定化作用能；V_{MA}为磁吸引势能。

对于亲水体系：

$$V\frac{ET}{T}=V_{ER}+V_{WA}+V_{HR}$$

对于疏水体系：

$$V\frac{ET}{T}=V_{ER}+V_{WA}+V_{HA}$$

V_{SR}和V_{MA}取决于体系性质，若有这两项作用时需加到上述两式中。在亲水性矿物体系中，范德瓦耳斯力、静电作用力及水化相互作用排斥能起作用。在大多数情况下三者表现为排斥能。在疏水性矿物体系中，范德瓦耳斯力、静电作用力及疏水相互吸引能起作用。前两者表现为排斥能，而疏水相互吸引能是疏水矿粒在水中产生的一种很强的疏水作用势能，作用距离为10纳米，其数值通常比范德瓦耳斯力或静电作用力大1～2个数量级，是疏水体系作用的关键势能。

应用　主要应用于解释微细矿物颗粒间、颗粒与气泡间的相互作用。例如，铝土矿脱硅浮选中硅酸盐矿物的分散与团聚，赤铁矿、石英、磷灰石等矿物浮选的相互作用能，矿物颗粒在浮选药剂溶液中的疏水凝聚行为等。

扩展阅读

邱冠周，胡岳华，王淀佐.颗粒间相互作用与细粒浮选.长沙：中南工业大学出版社，1993.

胡岳华.矿物浮选.长沙：中南大学出版社，2014.

（刘　建）

辐照腐蚀　irradation corrosion　金属材料在辐照作用下发生的腐蚀过程。辐照是利用不可见的短波长射线照射物质并使其分子结构发生改变进而使得材料性能发生变化。当波长降低时，辐照的作用更加明显。紫外线对高分子材料的辐照腐蚀作用明显；中子、α粒子、γ射线、带电粒子（如质子，氦核，或碳、镍之类的重离子）等对金属材料的辐照腐蚀作用明显。

辐照腐蚀是辐照改变了材料电极过程的动力学的平衡，进而加快了介质对材料的化学与电化学作用速度，即增加了腐蚀速度，特别是在核辐照条件下。在辐照过程中，一方面金属材料的晶格发生振动，甚至材料内的原子离位、晶格产生畸变。原子离位后产生空位或微孔洞、部分原子发生团聚、部分**位错**发生运动，进而改变了材料的微观结构与组织，使材料性能发生退化，如材料的硬度提高、强度和脆性增加，导致**蠕变**和肿胀，韧脆转变温度降低，**疲劳**与断裂等力学性能降低。另一方面，辐照促进腐蚀介质的水解，例如在中子、α粒子、γ射线、β射线等作用下使水分解，产生的氧化剂（H_2O_2、O_3、HO_2、OH）和还原剂（H、H_2），使得腐蚀介质的活性增加，从而改变了水与材料的交互作用过程，包括增加了氧化膜晶格内的缺陷、增大氧化膜的电导率、引起金属表面双电层区域的参数变化等。

（韩恩厚）

辅助捕收剂　auxiliary collector　能够强化*捕收剂*对矿物捕收能力的有机化合物。辅助捕收剂本身对矿物不具有捕收能力或捕收能力较弱，但与捕收剂能产生协同效应，可大幅度降低捕收剂的用量，提高*选矿回收率*。辅助捕收剂主要有酯类化合物和烃油，如磷酸三丁酯用作羟肟酸的辅助捕收剂，煤油用作8-羟基喹啉、油酸的辅助捕收剂。

辅助捕收剂的化学结构中没有与矿物表面作用的活性功能基，为了提高捕收剂的捕收能力，其必须有足够的疏水性。

对辅助捕收剂的作用机理研究较少，普遍认可的是：当捕收剂在矿物表面吸附后，辅助捕收剂通过氢键和非极性基之间的亲和力（色散力）随捕收剂吸附在矿物的表面，增加矿物颗粒的疏水性，达到提高矿物可浮性的目的。

（戴子林）

腐蚀成本　corrosion cost　因材料腐蚀而导致的成本增加的总量。20世纪20年代，英国针对钢铁锈蚀问题进行了一次腐蚀成本调查。1949年，美国计算了美国的年腐蚀成本。60年代末至70年代初，英国剑桥大学进行了一次全国范围的腐蚀成本调查研究，至此腐蚀成本的概念被广泛认知。

腐蚀成本分为直接成本和间接成本。直接成本指为控制腐蚀而产生的成本增量，包括对锈蚀或老化的设备或部件等进行加固、维护、维修、更换的费用，耐蚀材料费用，涂料涂装费用，电化学保护费用，腐蚀监测、检测费用，腐蚀裕量费用，药剂费，人工酬劳和科研、培训及教育费用等。间接成本指因对腐蚀引发的其他问题进行处理而产生的成本增量，包括因腐蚀导致的停工停产损失，人员伤亡损失，对环境造成污染而产生的费用，因公共设施腐蚀使得供水、交通、通信等受到影响而产生的费用等。腐蚀成本因行业不同而具有明显的差异，例如，在海洋石油平台中，腐蚀成本主要包括腐蚀裕量、涂料涂装、电化学保护和设备设施更换；在汽车行业中，腐蚀成本主要来自镀锌钢板、铝合金等耐蚀材料以及喷漆工艺和防锈油等。

扩展阅读

HOAR T P. Report of the Committee on Corrosion and Protection (A Survey of Corrosion and Protection in the United Kingdom). London: Her Majesty's Stationery Office, 1971.

UHLIG H H. The Cost of Corrosion to the United States. Corrosion, 1950, 6 (1): 29－33.

（侯保荣）

腐蚀监测　corrosion monitoring　对处于各种环境条件下的构筑物、设备、腐蚀试样等进行连续或间断的测量，以确定材料的腐蚀状态、腐蚀速率、腐蚀防护效果、腐蚀相关环境参数的监测工作。腐蚀监测一般由腐蚀传感器、信号传输系统、数据采集和处理系统组成。腐蚀监测技术主要有物理方法（如挂片法、警戒孔监视法）、电化学法（如电化学阻抗法、线性极化法、电化学噪声法）、化学分析法（如渗氢检测法、介质分析法）、无损检测法（如超声波法、涡流检测法）等。不同的监测技术具有不同特点（见表）。

各主要腐蚀监测技术特点

监测方法		方法和特点
物理方法	挂片法	根据腐蚀前后试样质量变化测平均腐蚀速度。可观察腐蚀形貌，确定腐蚀类型，但无法检测短期或偶发腐蚀
	警戒孔监视法	通过监测腐蚀裕量来监视设备腐蚀。所需仪器简单，不适用于易燃易爆和有毒的介质
电化学方法	电化学阻抗法	用理想电化学元件来说明非均态物质的微观性质分布。测量速度快，对试样干扰小
	线性极化法	利用极化曲线在腐蚀电位附近的斜率与腐蚀电流的关系求得腐蚀速率。响应快，不适用于导电性差的介质
	电化学噪声法	利用电极试样表面电位或电流的随机自发波动分析腐蚀过程。测量简单，仪器要求低，可判断腐蚀类型，但谱图不易解析
化学分析方法	渗氢检测法	通过对氢气量的测定来测量腐蚀速度。不能反映孔蚀型局部腐蚀
	介质分析法	通过分析物料中的腐蚀性成分、缓蚀剂浓度等，评价腐蚀状况。不适于局部腐蚀
无损检测法	超声波法	利用超声波脉冲反射来测量管道等腐蚀后的厚度。不受壁厚限制，数据简单准确，但检测时需声波传播介质
	涡流检测法	利用电磁感应原理测量腐蚀状况。可用于测厚和腐蚀损伤，探测全面和局部腐蚀。不适用于形状复杂的零件，结果易受干扰

通过腐蚀监测能够实现腐蚀对象剩余寿命预测和寿命延长策略的确定，并对材料选择、防腐蚀方案的优化设计起指导作用。随着计算机和无线传输技术的发展，腐蚀监测向集成化、远程监测等方向发展。

（王秀通）

腐蚀疲劳　corrosion fatigue　由腐蚀介质（一般不包括空气）和循环应力的联合作用而发生的对材料的破坏现象。见*疲劳*。

复合拉拔　compound drawing　利用*拉拔*成形方法将两种或两种以上的材料复合在一起，形成层状复合材料的加工技术。复合拉拔可用于金属/金属复合材料，如铜/铝、铜/钢、钢/不锈钢、钛/不锈钢，也可用于金属/非金属复合材料，如铜/碳纤维。

按照变形特点，复合拉拔可分为缩径复合拉拔与扩径复合拉拔两种（见图）。缩径复合拉拔是管坯在夹头的作用下，通过成形用的模具，内外管同时发生缩径变形，进而实现管层的配合。扩径复合拉拔是内管和外管在拉挤模的作用下发生胀形扩径，进而实现管层的紧密配合。复合拉拔的制品按是否中空可分为实心材与空心材；按断面形状复杂程度可分为简单断面材与复杂断面材；按包覆程度可分为全包覆材与半包覆材。

复合拉拔的特点是：①由于复合拉拔时变形程度和压力都不宜过大，且复合拉拔通常在常温下进行，故其各组元之间的界面难以直接获得高质量的冶金结合，一

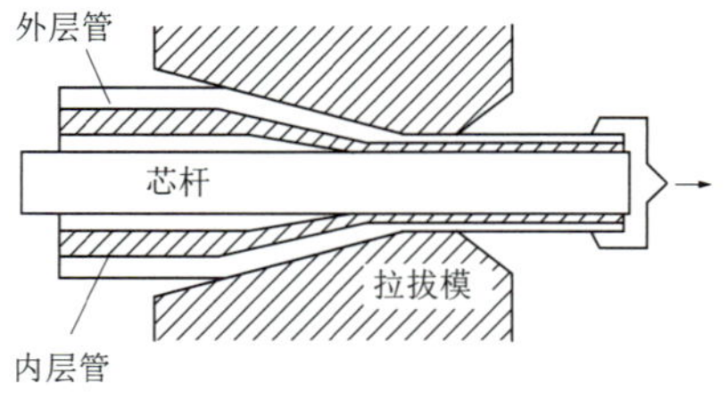

a 缩径复合拉拔法

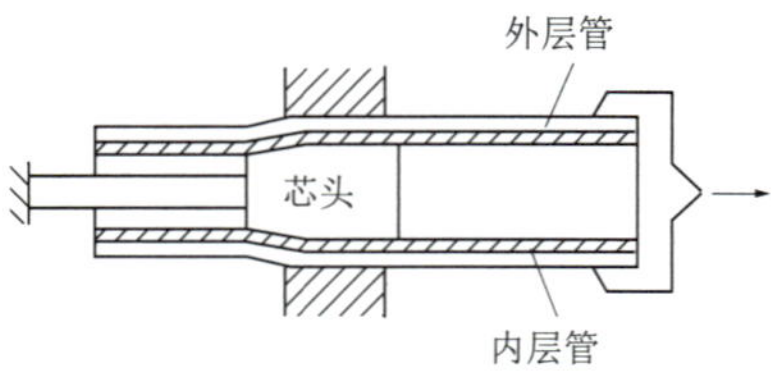

b 扩径复合拉拔法

缩径和扩径复合拉拔示意图

般通过扩散热处理予以改善。②在复合拉拔时，由于变形过程各组元的塑性变形能力不同，故其制品中存在残余应力，一般通过热处理予以消除。

扩展阅读

谢建新，等.材料加工新技术与新工艺.北京：冶金工业出版社，2004.

（赵鸿金）

复合热源焊接　hybrid welding　将两种或两种以上焊接热源组合在一起对材料进行焊接的方法。利用热源之间优势互补或者热源之间的相互增强作用，可获得优质高效焊接效果。与单一热源焊接相比，复合热源焊接可以通过改变热源功率密度在时间与空间上的分布、热源与材料的作用过程，来提高热源的能量利用率及焊接过程稳定性。复合热源焊接方法主要包括：①同种能级热源复合焊接，如激光束、等离子弧及电子束等高能束热源之间复合，各种电弧热源之间的复合等。②不同能级热源复合焊接，如激光束、电子束和等离子体弧分别与电弧之间复合。③其他热源复合焊接，如高频与激光束、等离子弧、电弧等热源的复合。

复合热源焊接在生产上能够获得大于两个单独热源的能量效应之和的焊接加工效果。复合热源焊接方法实现了镁合金、铝合金、钛合金等有色金属，各种钢、镍基合金等黑色金属，以及异种金属材料之间的优质高效焊接。以多电弧复合热源焊接、激光－电弧复合热源焊接为代表的复合热源焊接方法已经应用于船舶、汽车、压力容器的生产制造中，应用前景广阔。

（宋　刚　刘黎明）

副井　service shaft　*矿山*生产中，主要用于提升人员、材料、设备、废石的*竖井*或*斜井*。通常也兼有进风功能并作为安全出口。根据提升机布置的位置，副井提升设施布置一般有塔式布置和落地式布置（图1）两种类型。副井内的设施一般有提升设施、梯子间、罐道、罐道梁、电缆、供风管、供水管、排水管和排泥管等（图2）。

提升设施　当副井为竖井时，主要提升容器为罐笼（图2）。副井作为井下的一个安全出口，井筒内装有两部在动力上互不依赖的罐笼设备，且提升机均应为双回路供电。如果只有一部罐笼设备，则井筒内应装备完好的梯子间。当副井为斜井时，用串车、人车、材料车或索道作为提升装备，斜井中须设人行道。

梯子间　井筒中装设梯子及其平台，以栏栅隔离可作为人员上下通道的隔间。

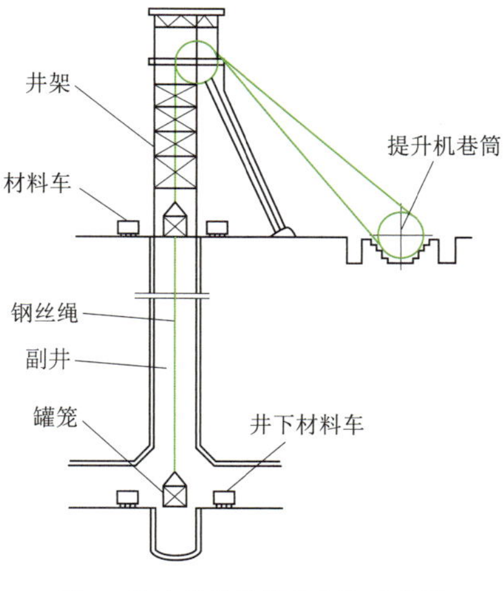

图1　落地式副井提升系统示意图

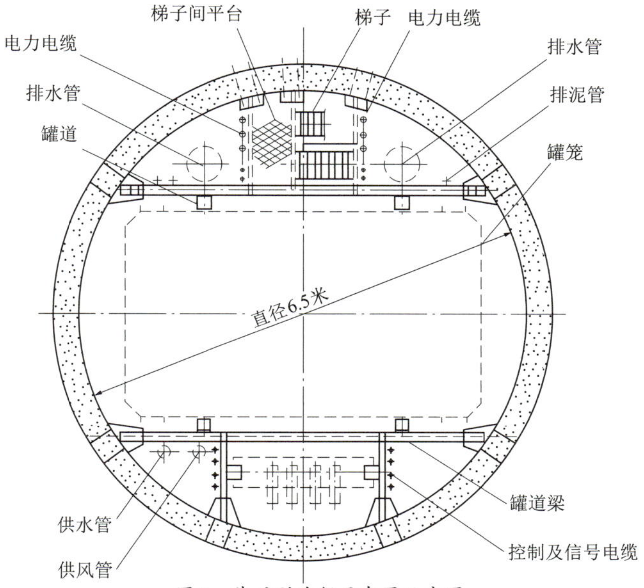

图2　某矿副井断面布置示意图

为避免行人不慎坠井，在梯子和平台周围设置金属或玻璃钢栅栏。梯子间的作用是在井下发生事故、副井内的提升系统不能正常工作时，工作人员可以借此安全逃离井下。此外，梯子间还可以用于副井内设施的检修。

罐道　提升容器运行的导向设施。作用是为避免罐笼上下运行期间横向摆动幅度过大造成安全事故。罐道可分为柔性罐道和刚性罐道，柔性罐道是用钢丝绳作为导向装置的罐道；刚性罐道是用木材、钢轨、型钢或组合型材等刚性材料做成的罐道。

罐道梁　固定于井壁或井筒围岩上用以支撑罐道和楔形罐道的钢梁。罐道梁沿竖井井筒纵向间隔布置，一般间距为5米左右。材料一般为金属，截面形式一般为工字钢和槽钢。

电缆　为井下生产提供电力和通信的线缆。包括电力电缆和信号电缆。因副井内有乘人的提升设施，为便于生产期间的检查和维修，一般将电缆布置在副井内。

供风管　向井下供给压缩空气的管路。井下许多设备在工作时以压气为动力，例如凿岩机、混凝土喷射机、装药器等。另外当井下发生事故，有工作人员被困到井下时，也可通过供风管向被困人员供给新鲜空气，延长有效救援时间。

供水管　向井下供给生产和生活用水的管路。井下凿岩用水、降尘洒水和饮用水均通过供水管进入井下各个需水点。一般主供水管布置在副井内，便于检查和维修。

排水管　将井下的地质涌水和生产回水排出地表的管路。在地下矿山生产中，随着井巷开挖和采场回采，岩体地质结构受到破坏后，岩体中赋存的地下水会涌出，进入新开挖的巷道中。为维持井下正常生产，必须将涌水排出地表。另外生产中还有凿岩用水、降尘洒水和充填滤水等也需要与地质涌水一起通过排水管及时排出地表。

排泥管　将井下水仓中沉淀的淤泥稀释后排出地表的管路。由于采矿作业的影响，进入水仓的水流中会含有大量的泥沙，特别是在采用充填采矿法生产的矿山中，少量充填料浆会随着水流进入水仓。为保证水仓始终保持足够的有效容积，需要定期清理淤泥。常见的水仓清泥方法是将淤泥进行稀释搅拌后通过泥浆泵和排泥管路排出地表。

（夏长念）

富氧底吹炉　oxygen bottom-blowing furnace　从炉体底部的氧气喷嘴把氧气吹入炉内进行金属熔炼的*冶金炉*。是卧式可转动的圆筒形反应器。筒体由30～50毫米耐热钢板卷绕焊接而成，两端采用弧形封头形式与筒体焊接，内衬为350～460毫米厚度的*耐火材料*。筒体上部设置加料口、排烟口和一个开炉烧嘴；下部设置虹吸金属放出口和出渣口；底部有一排或多排氧气喷枪。炉体端部设置燃烧器。反应器设有驱动装置，生产过程中可沿轴线旋转近90°，以防止在停止吹炼操作时氧枪被熔体堵死，也便于更换氧枪。

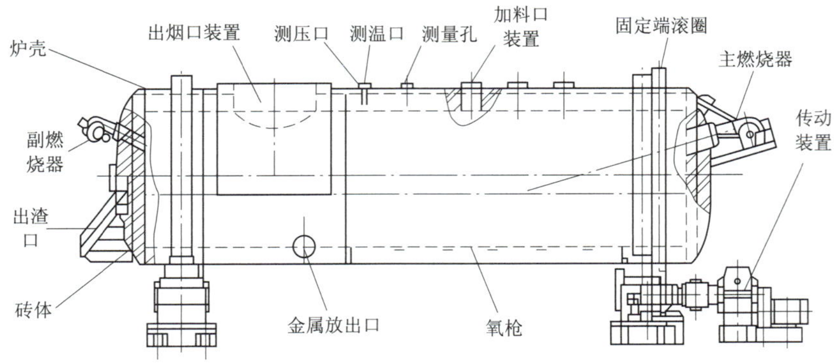

典型的铜精矿富氧底吹炉结构示意图

炉料经计量、配料和制粒后，由皮带给料机输送至富氧底吹炉上方加料口连续加入。富氧及燃料（粉煤、天然气、重油）通过炉底的氧气喷枪喷入，在炉内形成剧烈翻腾的熔池，被卷入的炉料迅速发生熔化、氧化或还原、造渣等物理化学反应。熔炼生成的粗金属和炉渣在澄清区沉降分层后，粗金属由虹吸放出口放出。炉渣由溢流出渣口间断排出。熔炼烟气经余热锅炉和电收尘器冷却、收尘后送净化工序。

按照反应气氛不同，富氧底吹炉可分为氧化熔炼炉和还原熔炼炉。氧化熔炼炉包括铜精矿的氧化熔炼炉、硫化铅精矿的氧化熔炼炉及铜锍或铅冰铜的吹炼炉。氧化熔炼炉喷枪的供气压力为0.6～1.0兆帕，喷枪由不同内径的套管套合而成，内管为氧气通道，内管与外管之间夹缝为冷却通道，冷却介质为氮气和水。为使冷却介质分布均匀，冷却通道被制作成槽形，一般分为8～14个槽。还原熔炼炉包括液态高铅渣还原炉和**阳极泥**的熔融还原炉等。还原熔炼炉喷枪的供气压力为0.35～0.5兆帕，喷枪套管包括氧气通道、还原剂和燃料（粉煤或天然气）通道及冷却介质通道。

富氧底吹炉具有备料过程简单、原料适应强的特点，既可处理粉状的硫化物精矿，也可处理粒径小于50毫米的块料，入炉物料含水8%～10%。

扩展阅读

李卫峰，贾著红.硫化铅精矿富氧底吹及富氧顶吹熔炼技术.长沙：中南大学出版社，2010.

（何　静　陈永明）

富氧底吹熔炼法 oxygen enriched bottom blowing smelting process 以**富氧底吹炉**为反应器，喷枪配置于炉子底部，空气富氧浓度高的强化**熔池冶炼**技术。由中国恩菲公司等单位联合开发，研发起始于20世纪80年代。最先应用于硫化铅精矿直接熔炼，此后又拓展应用于硫化铜精矿**造锍熔炼**、液态高铅渣**还原熔炼**、铜锍连续吹炼等**火法冶金**过程。21世纪初已发展成成熟的熔池熔炼技术之一。所用设备为富氧底吹炉。炉体是圆筒形，外壳为16MnR钢板，两端采用弧形封头，与筒体焊接，内衬优质铬镁砖。熔体及烟气出口有水套保护。氧枪砖结构及材质特殊。熔炼区下部配置2排共9根氧枪。加料口在炉子顶部与氧枪对应位置，其中心线在两排氧枪中心线中央。

以铜造锍熔炼为例，混合矿料无须干燥、磨细，配料后直接由皮带运输，连续从炉顶加料口加入炉内高温熔体中。氧气和空气通过炉底氧枪连续喷射入炉内熔炼区冰铜层中。烟气经余热回收、收尘后净化制酸。炉渣定期从炉子端面排渣口排入渣包中，运输至渣处理厂缓冷后选矿处理。冰铜定期从炉子侧面或与渣口相对的另一端的面冰铜口排入包中，吊运至P-S转炉吹炼。主要技术指标为：①富氧浓度70%～75%。②冰铜品位55%～60%。③炉渣铁与二氧化硅质量比约1.8。④熔池温度1180±20℃。⑤氧枪出口气体压力0.5～0.6兆帕。⑥炉渣含铜量2%～3%。⑦选矿尾渣含铜量0.2%～0.3%。⑧炉出口烟气二氧化硫浓度20%～25%。⑨烟尘率约2.5%。⑩总回收率铜约97.98%，金约98%，银约97%。

扩展阅读

邱定蕃，柴立元.有色冶金与环境保护.长沙：中南大学出版社，2015.

（刘志宏）

覆土复垦 soil-covering land reclamation 以覆盖客土实现矿山废弃场地复垦的土地复垦方法。包括全面覆土复垦和部分覆土复垦。覆土方式分为机械客土（图1）和人工客土（图2）两种，随着工程机械设备的发展，机械客土因操作效率高，逐渐取代了人工客土成为覆土复垦的主要方式。土源是覆土复垦的前提和基础。在矿山开发过程中，要求将占地范围的表土资源进行单独剥离、单独保护性堆存，作为矿山后续复垦的土源。如矿山建设时未将表土单独剥离堆存，需寻找复垦土源。寻找复垦土源需对土源质量、土源可靠性、运输经济性等进行调查和评估。覆土复垦的实施一般依据复垦规划设计、植被工程设计、土壤改良工程设计及管护工程设计等进行。不同的复垦方向对覆土厚度有明确的要求。土壤是植被生长的基质和养分提供者，因此覆土复垦是实现土地复垦目标的重要基础保障。

图1　机械客土

图2　人工客土

（王　琼）

G

钙冶金　calcium metallurgy　从含钙矿物中提取金属钙的冶金技术。1808年，英国化学家H.戴维将湿润的生石灰和氧化汞按3∶1的比例混合后进行电解，得到钙汞合金。把钙汞合金经蒸馏后就得到了银白色的金属钙。自然界钙分布很广，资源十分丰富。主要的含钙矿物有石灰石（$CaCO_3$）、白云石〔$Ca,Mg(CO_3)_2$〕、石膏（$CaSO_4$）、萤石（CaF_2）、磷灰石〔$Ca_5(PO_4)_3F$〕、石棉（$CaSiO_3 \cdot 3MgSiO_3$）等。成分为$CaCO_3$的矿物，除石灰石外，还有白垩、方解石和冰洲石等。20世纪初，金属钙开始实现工业化生产，主要生产方法有铝热还原法和氯化钙电解法。

铝热还原法　通常以石灰石为原料，经煅烧成氧化钙，以铝粉作还原剂。粉碎的氧化钙与铝粉按一定比例混合均匀，压制成块；在真空小于10帕和1050～1200℃温度下反应，生成钙蒸气和铝酸钙，其化学反应为：

$$6CaO+2Al \longrightarrow 3Ca+3CaO \cdot Al_2O_3$$

还原出来的钙蒸气在400～750℃下结晶。结晶钙再在氩气保护下熔融铸锭，得到致密的钙锭。用还原法生产钙的回收率一般在60%左右，产品纯度较高（99%），是生产金属钙的主要方法。铝热还原法的工艺流程见图1。

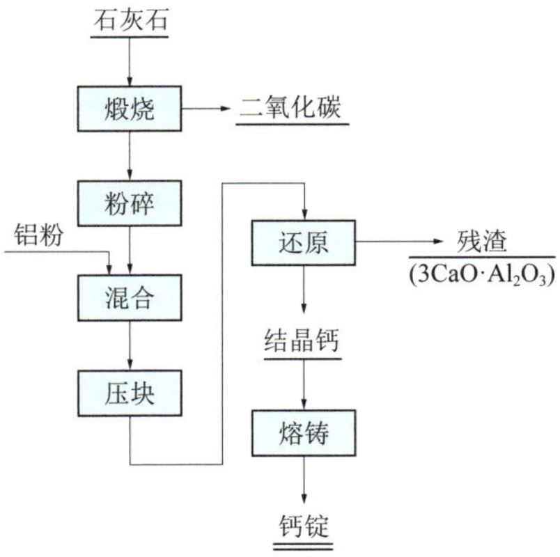

图1　铝热还原法工艺流程

氯化钙电解法　采用熔盐电解法生产金属钙所用的原料是无水氯化钙。无水氯化钙是从石灰石矿经盐酸浸出并除杂、蒸发和干燥后获得的。

氯化钙电解法以铜钙合金（含钙10%～15%）作为液体阴极，石墨电极作阳极。电解析出的钙沉积在阴极上，电解质采用氯化钙和氯化钾的混合物。选择铜作液体阴极的合金成分，是因为铜钙相图中在高钙含量区域内，存在着非常广泛的低熔点区域，可以在低于700℃制取含钙60%～65%的铜钙合金。同时由于铜的蒸气压小，在蒸馏时容易分离。此外，含钙60%～65%的铜钙合金的密度较大，可与电解质很好地分层。工业上生产金属钙的电解槽电流强度为7600～8000安，槽电压为9.5～10.5伏，电解质温度670～700℃，阳极电流密度为1.9～2.1安/厘米^2，电解质成分控制在$CaCl_2$∶KCl=（78%～82%）∶（22%～18%）。阴极合金中钙含量不超过62%～65%。电流效率约为70%。

电解法生产的铜钙合金，在小于10帕真空和750～800℃温度条件下进行第一次蒸馏，以除去易挥发的钾、钠等杂质。然后在1050～1100℃温度条件下进行第二次真空蒸馏，钙在蒸馏罐上部冷凝、结晶，

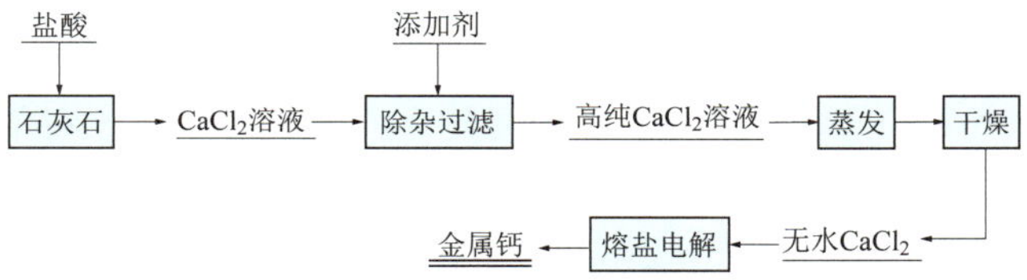

图2　电解法主要生产工艺流程

而含钙10%～15%的铜钙合金返回电解槽使用。取出的结晶钙即为工业钙，品位为98%～99%。如原料氯化钙中的钠、镁总含量小于0.15%，则经过一次蒸馏即可得到含量不小于99%的金属钙。其主要工艺流程见图2。

钙精炼　工业钙再经高真空蒸馏处理可得纯度为99.9%～99.99%的高纯度钙。高纯度钙经挤压或轧制成棒和板，或切成小片，分装在密闭容器中保存。

（刘凤琴）

干将　Gan Jiang　传说中的中国春秋末年吴国的铸剑名匠。夫名干将，妻名莫邪。据成书于东汉末年的《吴越春秋》记载，干将"采五山之铁精，六合之金英"，以铸铁剑。三月不成。莫邪"断发剪爪，投于炉中，使童男童女三百人鼓橐装炭，金铁乃濡，遂以成剑"。制成两柄剑，分别被称为"干将""莫邪"。剑身均有花纹，干将剑"作龟文"，莫邪剑"作漫理"（水波纹），这在一定程度上反映了战国和两汉时代的制剑工艺。

（何堂坤）

干涉沉降　hindered settling　矿粒在有限范围的悬浮粒群中的沉降。是矿粒在介质中的沉降形式之一。在干涉沉降条件下，矿粒的沉降速度除了受**自由沉降**时的影响因素支配，还有如下的影响因素：①粒群中任意一个矿粒的沉降，都将导致周围介质的运动，由于存在大量的固体矿粒，又会使介质的流动受到某种程度的阻碍。宏观上相当于增加了流体的黏性。②当矿粒在有限范围的悬浮粒群中沉降时，将在矿粒与矿粒之间或矿粒与器壁之间的间隙内产生一股上升流，使矿粒与介质的相对运动速度增大。③固体粒群与流体介质组成的悬浮体密度大于介质的密度，因而使矿粒所受浮力作用比在纯净流体介质中要大。④矿粒之间的相互摩擦、碰撞，也会消耗一部分矿粒的运动动能，使粒群中每个矿粒的沉降速度都有一定程度的降低。

各因素的影响结果，使得矿粒的干涉沉降速度小于自由沉降速度。其降低程度随悬浮体中固体矿粒密集程度的增加而增加，因而矿粒的干涉沉降速度并不是一个定值。

在生产实践中，矿物矿粒的沉降过程多数属于干涉沉降。矿粒在干涉沉降时，由于所受的阻力较大，所以与自由沉降相比，其沉降速度较慢。矿粒的干涉沉降等降比是表征干涉沉降过程的重要参数。干涉沉降等降比的计算式为：

$$e_{hs} = \frac{d_1}{d_2} \qquad (1)$$

（1）式中e_{hs}为干涉沉降等降比；d_1、d_2为具有相同干涉沉降速度的低密度矿粒和高密度矿粒的粒度。

根据干涉沉降速度计算公式，对于干涉沉降等降矿粒，则有：

$$v_{01}\varphi_1^{n_1} = v_{02}\varphi_1'^{n_2} \qquad (2)$$

（2）式中φ_1为低密度矿物矿粒群悬浮体中分选介质的体积分数；φ_1'为高密度矿物矿粒群悬浮体中分选介质的体积分数；v_{01}、v_{02}分别为斯托克斯阻力和牛顿阻力条件下低密度矿物矿粒和与高密度矿物矿粒的自由沉降末速；n为与阻力有关的常数。对于球形矿粒，在斯托克斯阻力区n为4.7，在牛顿阻力区n为2.39。

在斯托克斯阻力范围内的干涉沉降等降比的计算式为：

$$e_{hsS} = \sqrt{\frac{\rho_1'-\rho}{\rho_1-\rho}}\sqrt{\left(\frac{\varphi_1'}{\varphi_1}\right)^n} = e_{0S}\left(\frac{\varphi_1'}{\varphi_1}\right)^{2.35} \qquad (3)$$

在牛顿阻力范围内的干涉沉降等降比

的计算式为：

$$e_{\text{hsN}}=\frac{\rho_1{}'-\rho}{\rho_1-\rho}\left(\frac{\varphi_1{}'}{\varphi_1}\right)^{2n}=e_{0\text{N}}\left(\frac{\varphi_1{}'}{\varphi_1}\right)^{4.78}\quad(4)$$

（3）和（4）式中$\rho_1{}'$、ρ_1为高密度矿粒和低密度矿粒的密度；ρ为分选介质的密度；$e_{0\text{S}}$、$e_{0\text{N}}$分别为斯托克斯阻力和牛顿阻力条件下低密度矿物矿粒与高密度矿物矿粒的自由沉降等降比。（沈岩柏　崔宝玉）

干勇　Gan Yong（1947-08-03～　）中国冶金材料专家。生于四川内江。1970年毕业于东北工学院（今东北大学）热能工程专业。1982年于上海工业大学获硕士学位，

1987年获钢铁研究总院工学博士学位。1994年起，历任连铸技术国家工程研究中心主任，钢铁研究总院副院长、钢铁研究总院院长，中国钢研科技集团有限公司董事长，中国工程院副院长，十二届全国政协委员及人口、资源与环境委员会副主任，国务院新材料产业领导小组专家咨询委员会主任。兼任中国科学技术协会第八届委员会常委、中国稀土行业协会会长、中国稀土学会理事长、中国金属学会理事长、国家“863”战略专家委员会副主任等职。中国共产党第十六次、十七次全国代表大会代表。2001年当选中国工程院院士。

长期从事冶金、新材料及现代钢铁流程技术研究。首次提出了亚快速凝固的CET（Columnar to Equiaxed Transition）自由晶粒的半定量计算公式；建立了伺服振动系统两级固定匹配控制模型，结晶器电磁约束、电磁制动工程分析计算方法，结晶器弯月面综合计算模型，带液芯压下过程的传热及应力变形耦合模型并做出仿真软件；研制成功中国首台半工业化和工业试验薄板坯连铸机组，在椭圆双曲面结晶器理论设计、水口及保护渣方面，对薄板坯连铸技术发展有进一步创新；主持高效连铸关键装备及系统技术的开发，形成了具有自主知识产权的高效连铸软硬件配套工程技术，推广了以独特的连续锥度结晶器、板簧导向振动、连续矫直为核心的方坯高效连铸技术。

先后获国家科技进步奖二等奖2项、省部级科技进步奖一等奖5项，获发明专利15项。1996年被评为国家级有突出贡献中青年专家，“八五”科技攻关计划全国先进工作者和“九五”科技攻关计划全国突出贡献者。发表论文140余篇，出版著作3部。（姜　曦）

干燥设备　drying equipment　通过加热或利用真空以降低物料中湿分的**选矿设备**。又称干燥器、干燥机。一直以来，人类就习惯于用天然热源和自然通风来干燥物料，完全受自然条件制约，生产能力低下。随着生产的发展，自然干燥方式逐渐为人工可控制的热源和机械通风除湿手段所代替。近代干燥设备开始使用的是间歇操作的固定床式干燥器。19世纪中叶，洞道式干燥器的使用标志着干燥器由间歇操作向连续操作方向发展。回转圆筒干燥器则较好地实现了颗粒物料的搅动，干燥能力和强度得以提高。一些行业则分别发展了适应本行业要求的连续操作干燥器，如纺织、造纸行业的滚筒干燥器。20世纪初期，乳品生产开始应用喷雾干燥器，为大规模干燥液态物料提供了有力的工具。从40年代开始，随着流化技术的发展，高强度、高生产率的沸腾床和气流式干燥设备相继出现。冷冻升华、辐射和介电式干燥设备为满足特殊干燥要求的行业提供了新的手段。从60年代开始，发展了远红外和微波干燥器。在深入研究干燥机理和物料干燥特性的基础上，开发大型化、高强度、高经济性，以及对原料的适应性强、产品质量高的干燥设备是其发展趋势。

干燥原理　在干燥过程中需要同时完成热量和质量的传递，保证物料表面湿分浓度高于外部空间中的湿分浓度，保证热源温度高于物料温度。热量从高温热源以各种方式传递给湿物料，使物料表面湿分汽化并逸散到外部空间，从而在物料表面和内部出现湿含量的差别。内部湿分向表面扩散并汽化，使物料湿含量不断降低，逐步完成物料整体的干燥。

分类　干燥设备可按操作过程、操作压力、加热方式、使用介质等不同特征进行分类。

按操作过程不同，干燥设备可分为间歇式和连续式两类。

按操作压力不同，干燥设备可分为常压和真空干燥器两类。在真空条件下操作可降低空间的湿分蒸汽分压而加速干燥过程，且可降低湿分沸点和物料干燥温度，蒸汽不易外泄，如真空冷却干燥机，所以，真空干燥器适用于干燥热敏性、易氧化、易爆和有毒物料，以及湿分蒸汽需要回收的场合。

按加热方式不同，干燥设备可分为对流式、传导式、辐射式、介电式等类型。①对流式（直接）干燥器。利用热的干燥介质与湿物料直接接触，以对流方式传递热量，并将生成的蒸汽带走。一般在常压下操作，工业上应用最广，包括气流干燥机、喷雾干燥机、流化干燥机等。②传导式（间接）干燥器。利用传导方式，由热源通过金属间壁向湿物料传递热量；生成的湿分蒸汽可用减压抽吸、通入少量吹扫气等方法除去。热效率较高，产品不受污染，干燥能力受金属壁传热面积的限制，结构复杂，常在真空下操作。包括转筒干燥机、真空冷却干燥机等。③辐射式干燥器。利用各种辐射器发射出一定波长范围的电磁波，电磁波被湿物料表面有选择地吸收后，转变为热量使物料干燥，如微波干燥机。④介电式干燥器。利用高频电场作用使湿物料内部发生热效应进行干燥，包括高频干燥机、微波干燥机。

按使用介质种类不同，干燥设备可分为空气、烟道气、过热水蒸气、惰性气体干燥器等类型。（周兴龙）

坩埚炼铁　crucible iron smelting　中国古代用坩埚冶炼生产生铁的工艺。又称坩埚冶铁。将煤和铁矿石按一定比例混合，置于坩埚中，加热至一定温度，得到生铁产品。是古代直接还原法生产生铁的代表。坩埚炼铁工艺主要流行于明清时期的山西地区，其后传入山东、辽宁等地，近代在山西晋城、长治、阳泉等地区还有使用。最早记载坩埚炼铁技术的文献是孙廷铨于清康熙三年（1664）编著的《颜山杂记》。由于地域的资源特征和技术不同，坩埚炼铁工艺可分为一步法和两步法：一步法是经一次性冶炼，把坩埚内的矿石还原为铁，并实现渣铁分离；两步法是分两次在不同的坩埚内完成矿石的还原和渣铁分离。矿石含铁量低且还原性好、还原剂含硫量低的地区宜采用一步法；矿石品位高且还原性差、还原剂硫含量高的地方宜采用两步法。坩埚炼铁对原料、鼓风要求较低，工艺过程可控性强，在煤、铁资源结合较好的地方能获得好的经济效益。但由于冶炼温度低，产品碳含量较高，渣铁分离不完全，铁中杂质较多，产出的生铁硫、磷含量较高，出铁率低，燃料消耗高。（潜　伟）

感应炉熔炼　induction furnace melting　在感应炉中利用电磁感应在金属物料中产生涡流发热来熔炼金属的过程。又称感应熔炼。感应炉熔炼适用于熔炼优质合金钢、优质铸铁、高温合金、电工合金等，也适用于熔炼铜、铝和锌等有色金属及其合

金。也常用于铸造行业，包括铸铁的熔化、保温、球化，铸钢件的熔化、保温、合金化等。

熔炼设备　感应炉的主体部件有感应圈、炉体、电源和控制系统等。感应圈是由水冷铜管盘成的螺旋空心圆柱，内径与高度之比为1∶2～1∶3。一般螺旋中各匝的螺距相等，匝间留有足够的空隙，且有绝缘。感应炉的感应圈（包括炉内炉料）具有很高的电感，必须并联相应的电容器。因随炉内炉料的升温、熔化，其电磁性质和表现出的感抗随之发生变化，并联电容器的容量也应随之调整，才能保证整个冶炼过程都能以高的功率因数和高电效率状态运行。

根据电源工作频率不同，感应炉分为高频（10～300千赫）感应炉、中频（0.15～10千赫）感应炉和工频（50赫或60赫）感应炉。感应产生的交流电具有集肤效应，越靠近物料表面产生的热量越多，而物料中心部产生的热量最少，因此炉容量较小的感应炉相应的电源工作频率应较高。小容量的感应炉（或对炉料的表面加热）使用高频电源，大容量的感应炉（或对物料深透加热）则使用中频或工频电源。

根据感应圈内是否有铁芯发热体，感应炉分为有芯感应炉（以闭槽式为主）和无芯感应炉（坩埚式）两种。有芯感应炉在感应圈内侧有耐火材料制成的坩埚，坩埚中设有铁芯。交流电通过感应圈，在铁芯中感应产生涡流，发热熔化金属。有芯感应炉内设有铁芯，故漏磁少，功率因数和电热效率较高，但工作温度较低，只适用于有色金属等熔点较低的金属。无芯感应炉的坩埚中没有铁芯，坩埚内部为中空圆柱状，径深比为1∶3～1∶5，坩埚底部为球冠状。为保证电磁感应效率，坩埚壁较薄，内侧承受高温钢液的侵蚀和压力。无芯感应炉的炉衬（坩埚）有酸性、碱性两种。酸性炉衬用含二氧化硅大于98%的石英砂制成，其熔点较低，稳定性较差，主要用于有色金属、铸铁的熔炼和保温；碱性炉衬用含氧化镁大于85%的镁砂制成，用于特殊钢、镍基合金的冶炼。坩埚一般使用打结炉衬，采用干法或湿法把粒度配比适当的耐火材料逐层打实而成。新炉衬冶炼第一炉时升温须缓慢，以免炉衬产生裂纹。无芯感应炉漏磁较严重，电热效率较低，但熔炼温度高，在工业上应用广泛，也被称为普通（空气）感应炉。

40吨中频无芯感应熔炼炉

熔炼过程　感应炉熔炼过程较为简单，以冶炼合金钢为例。前一炉出钢后，首先对炉体进行维护，包括清理残渣、检查侵蚀情况和修补炉衬等。然后准备炉料，再装料熔炼。炉料尺寸要适当，装料时先在炉底加少量石灰，再加钢铁炉料，其后通电熔化。炉料在熔化过程中体积减小，继续补加钢铁炉料和渣料，以便尽早在炉料顶部形成熔渣层，保护熔池少氧化、少散热。钢铁炉料全熔后，根据成品要求，分批加入脱氧剂（硅铁粉、硅钙粉、铝粉等）和合金料调整成分，必要时需取样分析。成分合格、脱氧良好时，即可倒炉出钢。

大容量的感应炉电功率强大、工作电压较高，感应圈匝间距和匝间绝缘，以及感应圈与炉料间的绝缘很重要。耐火坩埚内和炉底都不得夹带含铁物质或使用铁质材料。小容量感应炉电功率较小、工作电压较低，但是高频电的绝缘难度较难处理需予以重视。感应炉冶炼过程中液态高温金属流动强烈，冲刷、侵蚀炉壁，使炉衬变薄，严重时能造成穿孔、漏钢而烧坏水冷感应圈引起重大事故。因此，耐火坩埚的冶金品质和机械强度是决定冶金过程顺畅和炉容量大小的一个重要因素。

特点　与电弧炉冶炼相比，感应炉熔炼的优点是：不使用碳质电极和电弧加热，熔池在冶炼过程中不会增碳、不吸气；交变磁场的电磁搅拌作用能使金属液的温度和成分均匀，利于除去金属中的气体和夹杂物；电磁感应在金属内部产生热量，易挥发和易氧化元素的烧损较少；功率调节简便，炉温便于控制，容易实现真空或特殊气氛下的熔炼过程；对供电电网不产生强烈的电冲击和谐波干扰，熔炼过程平稳而安静。缺点是：热量产生于金属熔池内部，熔池上表面覆盖的炉渣没有加热热源，炉渣温度低，难以发挥熔渣的冶金作用；感应炉的炉衬（坩埚）内部高径比很大，钢-渣接触比面积小，不利于熔池-炉渣间的物理化学反应；高温液态金属流动时冲刷、侵蚀炉壁，容易使炉衬变薄，严重时能造成穿孔、漏钢、烧坏水冷感应圈而引起重大事故。

发展情况　发展到21世纪，由于电源技术和炉衬耐火材料品质的提高，感应炉熔炼的机械化、自动化水平有了很大的进步，炉容已达到40吨以上。感应炉熔炼工艺中配以二次精炼和连铸，已形成一定的生产能力，冶金质量也大为提高。

（李士琦　李伟立）

钢　steel　以铁为主要元素，碳含量通常在2.11%以下，并可含有其他合金元素的合金材料。钢具有强度和韧性配合良好且可在很大范围内变化、加工成形性好、原材料资源丰富、冶炼容易、价格便宜、环境友好等优点，是生产应用最为广泛的金属材料。

简史　中国在春秋末期（前476年以前）已出现人工锻炼的钢。到西汉时期（前2世纪）掌握了**炒钢**技术（西汉楚王武库），随后又开发了**百炼钢**及**灌钢**技术。钢的工业生产最早采用坩埚法，其产量低、成本高，难以满足工业发展的需要。1856年，英国人H.贝塞麦发明了**转炉炼钢**。其原理是将空气直接吹入钢液中，使碳、锰、硅等元素被氧化脱除。转炉炼钢速度快、能耗少、成本低，可满足工业上的一般应用需要。1856～1864年，英国的K.W.西门子和法国的P.-É.马丁发明了**平炉炼钢**，钢的冶金质量优于转炉钢。1899年，法国的P.-L.-T.埃鲁又发明了**电弧炉炼钢**，主要以废钢为原料，脱除硫、磷、氧的条件好，合金成分容易调整，冶炼速度比平炉快，适宜于生产各类优质钢。20世纪后半叶，氧气转炉及各种炉外精炼技术的发展改善了钢的冶金质量，使得氧气转炉钢完全取代了平炉钢；而真空除气、**电渣重熔**、钢包精炼、真空熔炼及大功率电弧炉等技术的发展，使钢的品质更加纯净，生产效率明显提高，转炉炼钢和电炉炼钢成为钢铁冶炼生产的主要方式。

分类　钢的分类方法有多种。按冶炼方法，钢分为平炉钢、转炉钢和电炉钢；按化学成分，钢分为非合金钢（碳钢）和合金钢；按冶金质量等级，钢分为普通钢、优质钢和特殊质量钢；按大类用途，钢分为工程结构钢、机械结构钢、工具钢和特殊用途钢；按性能和具体用途，钢分为建筑钢、容器钢、桥梁钢、海洋工程钢、矿用钢、石油管线钢、石油平台钢、低温钢、船舶钢、汽车钢、齿轮钢、弹簧钢、轴承钢、车轮钢、钢轨钢、轧辊钢、模具钢、量具钢、刃具钢、高速钢、不锈钢、耐热钢、电工钢等；按室温平衡态金相组织不同，钢分为亚共析钢（包括无间隙原子钢、铁素体钢、铁素体珠光体钢）、共析钢、过共析钢、莱氏体钢、奥氏体钢和铁素体奥氏体钢等；按使用态金相组织不同，钢分为铁素体钢、铁素体珠光体钢、珠光体钢、贝氏体钢、马氏体钢、奥氏体钢和双相钢等。

特性　铁是钢的基本组成元素，具有两种晶体结构：一种是体心立方点阵（存在于两个温度范围内，912℃以下称α铁，1394℃以上称δ铁）；另一种是面心立方点阵（存在于912～1394℃，称γ铁）。碳是钢中另一主要组成元素，对钢的组织和性能起着重要作用。碳在钢中主要有两种存在形式：一种是溶入铁中，与铁形成固溶体；另一种和铁形成铁碳化合物Fe_3C，称渗碳体。碳固溶于α铁中称铁素体，室温时其溶解度只有0.008%；碳固溶于γ铁中称奥氏体，最大溶解度达2.11%。工业用钢中的含碳量一般都高于在铁素体中的固溶量。在钢的冷却过程中，过饱和的奥氏体发生分解，形成铁素体和渗碳体。这两种分解产物，呈游离状态，称为游离铁素体和游离渗碳体。如果铁素体和渗碳体组成的混合物呈片状、有规则地相间排列，则称为珠光体；根据片层的粗细，可分为粗珠光体、细珠光体和极细珠光体。在回火或等温转变中形成的铁素体和渗碳体的混合组织，较细的又称索氏体，极细的又称屈氏体。一般非合金钢在室温下的金相组织基本上是由铁素体、珠光体和渗碳体组成，其性能也随这些组成相的体积分量和分布情况而变化，一般是碳含量增加，钢的强度增加，塑性下降。

非合金钢中添加适量合金元素，可制成各种合金钢。科学合理的合金化设计及相应的热处理工艺设计，可促使发生某些相变或抑制某些相变，使钢得到不同的组织从而获得不同的性能，如高的强度和韧性的配合，良好的工艺性能（焊接性、冷加工性、热加工性和被切削性等），以及某些特殊的物理、化学性能（耐热、耐蚀等性能）。

较高的弹性模量是钢的另一重要特点，这可保证钢制作的构件具有较高的刚度。

生产与应用　钢是现代工业发展的基础，是重要的结构材料，很多钢还是重要的功能材料，在人类的生产与生活中有非常广泛的应用，各种基础设施构件、绝大部分的机械零部件和大量的日常生活用品广泛采用钢制作。（雍歧龙）

钢包加热电磁搅拌精炼法　ASEA-SKF process　在钢包内对钢液进行电弧加热、电磁搅拌和真空处理的炉外精炼技术。又称电弧加热电磁搅拌钢包精炼法。又译ASEA-SKF法。由瑞典通用电机公司（Allmanna Svenska Electriska Aktiebolaget，ASEA）与滚珠轴承公司（Svenska Kullager-Fabriken，SKF）于1965年合作开发。所用设备称为ASEA-SKF钢包精炼炉，整体结构多为台车（钢包车）式。生产过程为：在初炼炉（电弧炉、感应炉或转炉等）内熔化或加热钢料，进行脱磷、脱碳，必要时调整镍、钼等成分含量，在温度合适时出钢；然后将初炼钢液注入ASEA-SKF钢包精炼炉进行精炼。钢包精炼炉所在的钢包车上设有低频电磁搅拌线圈，可以随时对钢水进行电磁搅拌，同时钢包精炼炉底部装有吹氩用多孔透气塞，也可以用氩气搅拌钢水；在真空炉盖上还有吹氧管，根据不同的精炼要求，可以在减压下吹氧脱碳；根据精炼钢水的温度变化，钢包精炼炉可移至电弧加热炉盖下进行常压电弧加热，补加合金。ASEA-SKF法具有去气、脱氧、脱硫、去夹杂、脱碳、调整成分等多种精炼功能，在炼钢过程中可以提高钢质量，增加钢产量，扩大钢品种。

ASEA-SKF法的主要优点有：①钢液温度能很快均匀，有利于钢纯净度提高与铸坯（或铸锭）表面质量的改善，并减少耐火材料的损耗。②使加入的合金熔化快，成分均匀、稳定。③电弧加热提高熔渣的流动性，加快钢渣反应速度，有利于脱氧去除夹杂。④电磁搅拌可提高真空脱气的效率。（朱苗勇）

钢包真空脱气法　vacuum degassing process　将钢包置于真空罐中进行抽真空，同时对钢包底部进行吹氩搅拌的钢液真空处理技术。又称芬克尔法、真空罐内钢包脱气法。简称VD法。由联邦德国和苏联于1952年开发，主要用于脱除钢液中的氢和氧。当时没有专门搅拌工具，脱气时间长，效果差。1958年，美国芬克尔父子公司（A. Finkl & Sons）进行了改进，将钢包吹氩与真空脱气结合，把转炉或电炉的初炼钢水置于真空环境中，同时用塞棒型管吹氩（见图）。之后VD法进一步向多功能化和高效化发展。

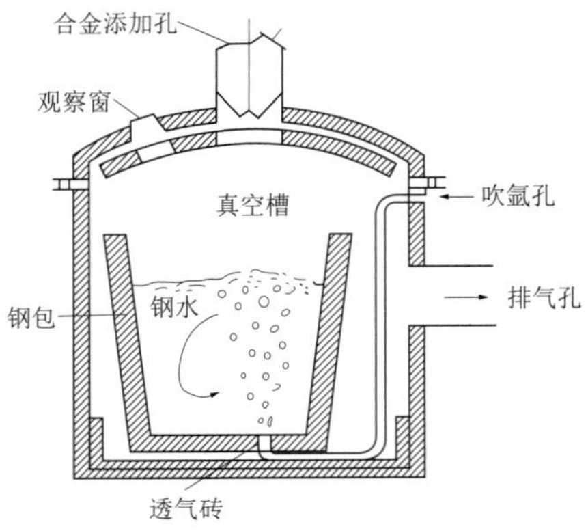

VD法工作原理图

VD法可进行脱碳、脱气、脱硫、去除杂质、合金化，以及用于均匀钢水温度和成分等处理。其主要设备由真空系统、真空罐系统、真空罐盖车及加料系统组成。适于生产各种合金结构钢、优质碳钢和低合金高强度钢。在VD炉上增加顶吹氧系统，就可构成VOD（真空吹氧脱碳法）炉，此法可进行吹氧强制快速脱碳。VD法一般不单独使用，经常与具有加热功能的LF炉双联。（朱苗勇）

钢比系数　steel ratio coefficient　钢铁生产流程各组成工序的实物产量与钢产量的比值。20世纪90年代初，由中国科学家陆钟武在剖析吨钢能耗影响因素的过程中提出。

$$\text{吨钢综合能耗} = p_1e_1 + p_2e_2 + p_3e_3 + \cdots\cdots + p_ne_n \quad (1)$$

式中e_1，e_2，e_3，……，e_n为各道工序的能耗；p_1，p_2，p_3，……，p_n为统计期内各工序实物产量与同期的钢产量之比，即钢比系数，分别称作矿石钢比、铁精矿钢比、烧结矿钢比、焦钢比、铁钢比、连铸坯钢比、材钢比、耐火材料钢比、铁合金钢比、运输钢比等。例如：

$$\text{铁钢比} = \frac{\text{统计期内的生铁产量}}{\text{同期钢产量}} = \frac{p_{\text{铁}}}{p_{\text{钢}}} \quad (2)$$

由吨钢能耗的计算式可知，工序钢比系数p_i是影响钢铁企业吨钢能耗的重要因素之一。一般在工序能耗一定的情况下，钢比系数越小，吨钢能耗就越低。但钢比系数在衡量企业整体用能效率上有一定局限性，主要体现在炼钢工序和轧钢工序。炼钢工序的钢比系数（钢钢比）恒等于1，但是炼钢工序内部的转炉、电炉两种炼钢方法的比例，对于吨钢能耗是有影响的。轧钢工序因工艺不同，钢比系数也不同，如热轧工序，热轧材的钢比系数等于$p_{\text{热轧}}/p_{\text{钢}}$（$p_{\text{热轧}}$为热轧材产量）。钢比系数越小则成材率越低，所以必须提高轧钢工序的钢比系数，而不能单纯从节能观点出发使其降低。（蔡九菊）

钢锭浇铸 steel ingot teeming　钢液经钢包注入铸模凝固成钢锭的过程。钢液在炼钢炉中冶炼完成后，须铸成一定形状的锭或坯，以便用于其他加工。钢液在铸模中凝固成钢锭的工艺过程常简称为铸锭或模铸，用**连续铸钢**方法铸成坯的工艺过程常简称为连铸。

钢锭的种类　钢锭因后续加工方式不同，分为**轧制**用钢锭和**锻造**用钢锭。

轧制用钢锭　因浇铸前钢液中含氧量的不同，又分为镇静钢、沸腾钢和半镇静钢3种基本类型（图1）。

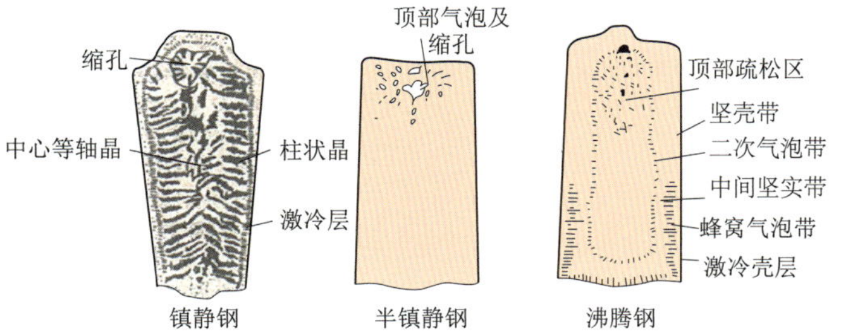

图1　镇静钢、半镇静钢和沸腾钢钢锭的特征

镇静钢　凝固过程中钢液内氧含量低到不会与钢中碳反应生成一氧化碳气泡，又称全脱氧钢。镇静钢浇注过程中不发生碳氧反应，钢水在模内平静上升而无沸腾现象。

典型的镇静钢钢锭内部结构由表面至中心分别为细小等轴晶的激冷层、柱状晶带和锭心粗大的等轴晶带，5吨以上大型碳素钢钢锭在柱状晶带与锭心等轴晶带之间，还可以区分出过渡晶带。钢锭各结晶带的形成主要取决于凝固前沿的冷却强度。钢锭凝固过程中，首先形成激冷层，它由无取向的细小等轴晶组成，其厚度通常为几毫米到十几毫米；随后形成柱状晶带，其宽度因铸锭条件的不同，可从数十毫米到数百毫米；其后，形成等轴晶的过度晶带（或称分枝柱状晶带），最后形成锭心粗大的等轴晶带。

镇静钢钢锭均有缩孔，必须用带保温帽的锭模浇铸，并广泛采用发热保温帽和隔热板保温帽等，以提高成坯率。轧制后经过切头，钢锭成坯率为85%～89%。要求成分均匀、组织致密的钢材须采用镇定钢钢锭。实际应用中，全部合金钢、大部分低合金钢以及许多碳素钢钢材品种，都是由镇静钢钢锭轧制而成。镇静钢钢锭成分比较均匀，组织比较致密，轧成的钢材具有良好的综合机械性能，得到最为广泛的应用。但镇静钢钢锭头部有缩孔，开坯时切头损失大，成材率低，而且炼钢耗用的脱氧剂较多，浇注时增加保温帽耐火材料的额外消耗，钢锭成本较高。

沸腾钢　钢液中含氧量较高（0.02%～0.04%），在锭模中发生强烈碳氧反应，逸出一氧化碳气泡，使钢液在模中沸腾而得名，又称未完全脱氧钢。未完全脱氧钢水注入锭模内，伴随着结晶发生碳和氧的富集，引起$C+O \longrightarrow CO$反应，析出的大量CO气体带动钢水沿凝固前沿上升，再由锭心下降，形成对流并沸腾。注毕继续沸腾一段时间后，钢锭顶面加上盖板使钢水被强制凝固封顶，阻止气泡继续逸出。钢锭液芯部分残余钢水在较大压力下继续结晶，直至完全凝固。

典型的沸腾钢钢锭内部结构自表面至中心分别由坚壳带、蜂窝气泡带、中间坚实带、二次气泡带和锭心带5个区域组成。此外，在钢锭上部有疏松区。前3个带系钢水自由沸腾期间所形成，又统称沸腾层。就**晶体结构**而言，沸腾钢钢锭由细小等轴晶、柱状晶及粗大等轴晶3带构成。但由于沸腾钢钢锭在凝固过程中钢水的沸腾作用，形成了其特有的气泡带结构、成分偏析和大型非金属夹杂物的聚集带。沸腾钢钢锭中的各类气泡容积的总和，可以抵消钢水的冷凝收缩，钢锭中不产生集中的缩孔，钢锭头部一般略有上涨和上凸。

沸腾钢钢锭一般采用上小下大敞口钢锭模或瓶口钢锭模浇注。沸腾钢钢锭成坯率高达90%～92%，主要用于生产低碳钢。

半镇静钢　介于镇静钢和沸腾钢之间的钢种，又称半脱氧钢。半镇静钢的脱氧程度介于镇静钢和沸腾钢之间，钢水含氧量接近或略高于与碳平衡的含量，浇注过程中一般不析出气体。当顶部自然凝固封顶后，由于钢液中碳和氧的富集和温度降低，促使在钢锭顶部产生少量一氧化碳气泡，发生短时间的微弱沸腾。残留于钢锭中的气泡容积大体上抵消钢的冷凝收缩，无集中缩孔，且形成微凸的顶部。

半镇静钢钢锭的内部气体少，结构接近于镇静钢，因此，可得到与沸腾钢相近的钢锭成坯率。半镇静钢铸模一般为敞开式上小下大型，主要用于中等碳含量和中等质量的结构钢。用半镇静钢代替镇静钢，由于切头减少，成坯率可提高7%～10%，还可以节约脱氧用硅铁和铝1/2～1/3。由于它的偏析较小和轧制废品少，成材率可接近沸腾钢，钢材性能却比沸腾钢好。半镇静钢钢锭浇注无须强制封顶，又特别适宜于快速上浇，使铸锭生产能力比沸腾钢更高。

锻造用钢锭　供水压机锻造用的钢锭。这种钢锭锭型较大，一般为数十吨直至数百吨，其浇注方法和生产工艺与供轧制用的钢锭均有不同。

锻造钢锭由冒口、锭身和锭尾3部分组成（图2），3部分的重量比例直接影响

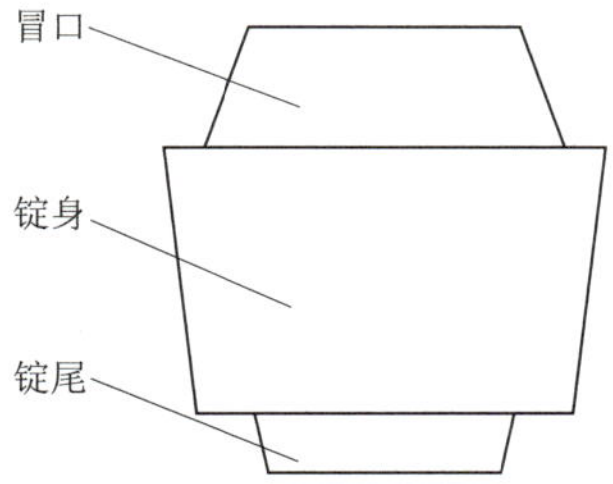

图2　锻造用钢锭示意图

着钢锭质量和钢锭的锻造利用率。一般情况下，各部分占钢锭总重量的比例为：冒口12%～25%，锭身70%～85%，锭尾3%～5%。冒口呈上小下大的圆台形，其作用主要是在浇注以后以冒口的钢水填补锭身钢水凝固时产生的体积收缩，使缩孔集中于冒口部分，而不深入锭身。同时冒口还将疏松上移和减少疏松的体积，以获得结构致密的锭身。冒口在锻造过程中，先锻成“钳口”，做锻造操作时把持之用。锭身是钢锭的主体，在锻造中除切去冒口端和锭尾端的少部料（切头和切尾）以及火耗外，其余的锭身部分被锻成锻件。一般锻造实心锻件，锭身可利用70%～75%。

锻造钢锭还有一些特殊形式，如空心钢锭（中空钢锭）和无冒口钢锭。空心钢锭外形与一般锻造钢锭相同，只是钢锭的中心部分从上至下是空的，呈筒形。无冒口钢锭只有锭身部分，而无冒口和锭尾部分。这两种钢锭适用于锻造筒形锻件，可以减少工序和提高钢锭利用率。

由于钢液真空处理等炉外精炼和保护浇注的手段日益完善，锻造钢锭的吨位逐渐增大。2012年中国第一重型机械集团公司生产出619吨钢锭。

钢锭大小取决于很多因素，如炼钢炉容量，初轧机开坯能力，钢材尺寸和钢种特性等。用于生产棒材和型材的钢锭一般为正方形断面，称为方锭；生产板材的钢锭一般为长方形断面，称为扁锭；生产锻压材的钢锭有方形、圆形和多角形。

钢锭凝固机理　钢液在锭模中的凝固过程伴随有各种物理化学现象，如热的传导、体积收缩、钢液流动、碳氧反应、成分偏析等，由此形成不同的结晶结构和成分分布。

钢液在铸模中的凝固层厚度与凝固时间的平方根成正比，在冷却和凝固过程中

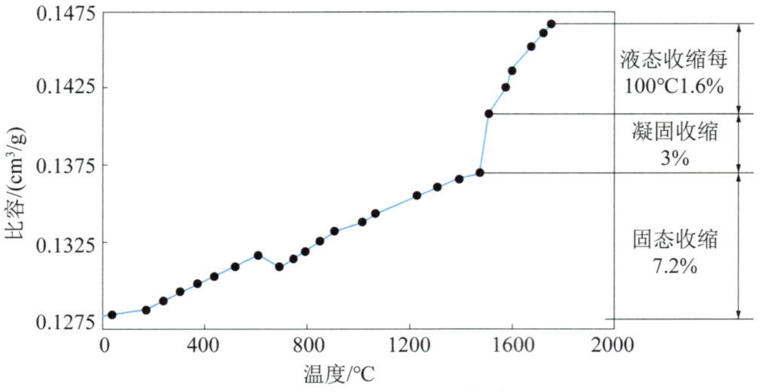

图3 钢的收缩与温度关系

产生体积收缩，收缩与温度的关系见图3。

钢锭各部位的成分与钢液成分的差异称作偏析，这是由于凝固过程中各种成分的选分结晶所造成的。钢锭愈大，偏析愈严重。这种成分的不均匀性直接影响钢的力学性能，因此要求偏析程度愈小愈好。

钢锭的缺陷 在铸锭过程中，由于操作不当或注速、注温控制不好，会使铸成的钢锭产生多种缺陷。常见的缺陷有：钢锭表面结疤、重皮、纵裂纹、横裂纹，内部的残余缩孔、皮下气泡、疏松和偏析，混入钢中的耐火物和炉渣、灰尘造成的夹杂等。这些缺陷会大大降低钢锭的成坯率，甚至使整个钢锭报废。

浇注方法 按钢水注入钢锭模的方位可分为上注法（图4）和下注法（图5）。吨位较小的钢锭多采用下注，吨位较大的钢锭采用上注；对表面质量要求严格的不锈钢、硅钢、薄板等钢种采用下注；沸腾钢较适于下注，半镇静钢较适于上注。按钢锭模、底板整备作业流程可分为车铸和坑铸。采用何种浇注方法，一般根据钢锭的大小、钢种特点和车间生产条件等进行选择。车铸可上注，也可下注，适合于大型炼钢厂的小型钢锭浇注（多为下注）和重型机械厂锻造钢锭的浇注（多为上注）。

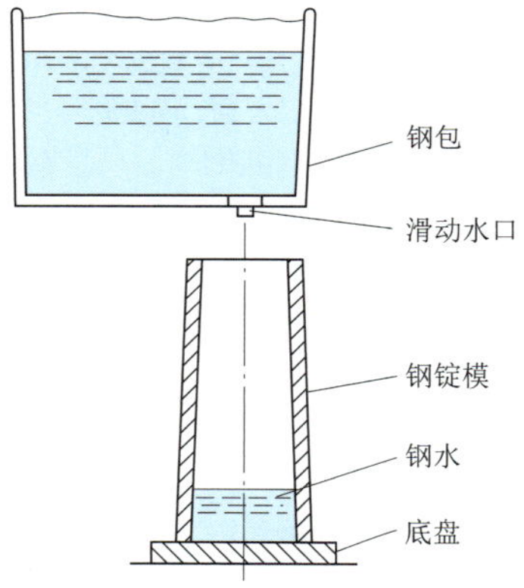

图4 上注钢锭示意图

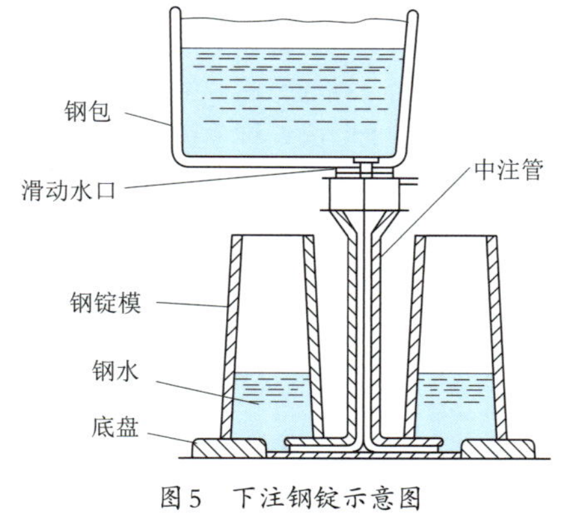

图5 下注钢锭示意图

下注 由钢包的水口流出的钢水经中注管及流钢砖从下部同时注入多支钢锭模的浇注方法。下注的优点是：①可以同时浇注若干支钢锭，适合于小钢锭浇注；②浇注时模内钢水上升平稳，飞溅少，不易产生结疤等缺陷，钢锭表面质量好。下注的缺点是：①准备工作较复杂，钢水收得率较低，耐火材料消耗大，钢锭成本较高；②由于钢水流经中注管、流钢砖时对耐火材料的侵蚀作用，可能使钢中大型夹杂物增加。

上注 由钢包水口流出的钢水直接（或经中间包）从钢锭模上口注入模内的浇注方法。上注的优点是：①准备工作简单，耐火材料消耗少，钢水收得率高，成本较低，夹杂物含量一般也较低；②由于模内钢水高温区始终位于钢锭上部，有利于减少翻皮、钢锭缩孔等缺陷。上注的缺点是：①一次只能浇注1～3支（采用中间包）钢锭；②钢包水口启闭次数较多；③开浇时容易引起钢水飞溅，造成钢锭结疤，皮下气泡等缺陷。

车铸 底板和钢锭模等置于铸锭车上，浇注、脱模、整模各工序的操作均由机车牵引至各自的车间进行。这种方法生产效率高，劳动条件好，适合于大型钢铁联合企业采用。与坑铸相比车铸占地面积大，基建投资较多。

坑铸 底板和钢锭模等置于专用的铸坑内，整模、浇注和脱模等操作都在固定的铸坑内进行。其主要优点是设备简单、占厂房面积小、基建投资少，但劳动条件差，生产率低。有些小型钢厂提高了车间轨面标高，把坑铸改为平地浇注，即把底板放置在地平面上进行整模、浇注和脱模等操作，在一定程度上改善了劳动条件。

浇注操作技术 保证浇注操作顺行和钢锭质量的操作要素主要有镇静时间、注温、注速、脱模时间等。

镇静时间 从钢水出炉完毕到开始浇注，钢水在钢包内的静置及传输时间。必要的镇静时间，能促进钢水中的脱氧产物及出钢时混入钢水的炉渣、耐火材料等上浮排出，同时还起到调节注温的作用。镇静时间一般不少于10分钟。对于有钢包精炼作业的生产流程，则不必规定镇静时间。

注温 开始浇注时钢包内的钢水温度。合适的注温是保证钢水顺利浇注成合格钢锭的前提条件。注温过低使浇注困难，钢液入模后表面立即凝固，会造成短锭、回炉等废品和表面夹砂、重接、翻皮等钢锭缺陷；注温过高可造成熔断塞棒或烧穿滑板、底板跑钢、钢锭焊模等事故，并促使钢锭产生裂纹、缩孔、成分偏析等缺陷。合适的注温是根据钢种、钢包容量、锭型、浇注方法等因素综合确定的。在实际生产中，注温的波动区间在高于液相线温度（即过热度）40～100℃范围，浇注小钢锭或下注时采用高限。

注速 浇注时钢水流进钢锭模的速度。通常以单位时间模内钢水面的上升高度（米/分）或注入模内的钢水质量（称质量浇注速度，千克/分）表示。有的工厂直接用钢锭本体和冒口部的浇注时间表示。注速是浇铸的一项重要工艺参数。它既关系到铸锭车间的生产能力，又影响钢锭的内部质量和表面质量。适宜的注速应根据浇铸方法和钢种特点确定。上注的注速明显高于下注。热裂敏感性强的钢种（如20钢、硫易切削钢等）宜慢注，而含易氧化元素（如稀土、钛、铝等）较多的钢种宜快注。注速还要与注温相配合，注温高时慢注，注温低则快注。镇静钢保温帽部位宜慢注，以利于补缩，下注时注速通常为0.2～0.4米/分，小钢锭采用高限；上注注速通常为1～2米/分，最高注速（半镇静钢）可达7米/分。

脱模时间 钢锭浇注完毕后，待内部完全凝固方可脱模。钢锭浇注完毕到允许脱模的时间称为脱模时间。钢锭的完全凝固时间随钢锭的大小和钢种的不同而不同，因此脱模时间也不同。对小型钢锭，浇注完成后1小时就可以脱模；对大型钢锭，往往需要几小时才可以脱模。

（关玉龙 撰 吴夜明 修订）

钢结硬质合金 steel bonded carbide 以难熔金属化合物为硬质相，钢为黏结相，采用粉末冶金方法制备的硬质合金。钢结硬质合金组织特点是硬质相晶粒均匀分布于钢基体中。硬质相除传统的碳化钛（TiC）和碳化钨（WC）外，还有新型硬质相，如氮化钛（TiN）、碳氮化钛（TiCN）、碳化铌（NbC）、碳化铬（Cr_3C_2）、碳化钒（VC）、硼化钛（TiB_2）、钼铁硼合金（Mo_2FeB_2）、碳化钼（Mo_2C）、碳化钨－钴（WC－Co）等；黏结相的钢种有各种成分的碳钢、合金钢、工具钢、高速钢、高锰钢、耐热钢和不锈钢等。钢结硬质合金的成分范围很宽，合金中钢基体含量一般为50%～90%（质量分数）。钢结硬质合金的综合性能优异，通过选择不同钢种和成分作黏结剂，可制取具有高耐磨、高冲击韧性等特定性能的合金材料，在热作模具领域以及高性能刃具领域有着广阔的使用前景。

钢结硬质合金按其硬质相材质可分为：TiC、WC和新型钢结硬质合金3类，其中以TiC和WC钢结硬质合金为主。TiC钢结硬质合金具有比重小、硬度高、抗氧化、耐腐蚀、热稳定性好、摩擦系数极低等特点，广泛用于制作各种工具与模具、耐磨零件与机器零件等。WC钢结硬质合金具有高硬度、高耐磨性、高强度和高韧性，适用于制造具有一定剪切、冲裁功能的工具与模具、耐磨件、刃具，以及对耐磨性和抗冲击性要求更高的地矿工具。

扩展阅读

株洲硬质合金厂.钢结硬质合金.北京：冶金工业出版社，1982.

熊拥军，李溪滨，赵福安.钢结硬质合金材料的研究进展.硬质合金，2005，22（2）：121-124.

（赵声志）

钢筋锈蚀 reinforcement corrosion 混凝土中钢筋发生锈胀腐蚀破坏的现象。混凝土中水泥水化后在钢筋表面形成一层致密的钝化膜，钝化膜能够阻止混凝土中钢筋的锈蚀。但外界环境中有二氧化碳、氯盐等物质作用时，混凝土的中性化（主要是碳化反应）或者离子直接作用使钢筋表面钝化膜发生破坏。钝化膜一旦遭到破坏，在有足够水和氧气的条件下，钢筋开始发生锈蚀。影响钢筋锈蚀速度的因素主要有pH值、氯离子浓度、温度、杂散电流、孔隙水饱和度、钢筋应力状态等。钢筋锈蚀在房屋、建筑、公路、桥梁、大坝等混凝土结构中普遍存在，是混凝土结构耐久性破坏的主要形式之一。

机理与过程 混凝土结构中的钢筋锈蚀可分为自然电化学腐蚀和**杂散电流腐蚀**。对于预应力混凝土结构，还可能发生应力腐蚀或**氢脆**。其中自然电化学腐蚀较普遍。脱钝后，钢筋锈蚀的电化学腐蚀包括4个基本过程：

阳极反应过程：

$$Fe \longrightarrow Fe^{2+} + 2e$$

电子传输过程：阳极区释放的电子通过钢筋向阴极区传送。

阴极反应过程：

$$O_2 + 2H_2O + 4e \longrightarrow 4OH^-$$

腐蚀产物生成过程：

$$Fe^{2+} + 2OH^- \longrightarrow Fe(OH)_2$$

$$4Fe(OH)_2 + O_2 + 2H_2O \longrightarrow 4Fe(OH)_3$$

$$2Fe(OH)_3 \longrightarrow Fe_2O_3 + 3H_2O$$

$$6Fe(OH)_2 + O_2 \longrightarrow 2Fe_3O_4 + 6\,H_2O$$

钢筋锈蚀一方面使钢筋有效截面减小，另一方面，锈蚀产物体积膨胀使混凝土保护层胀裂甚至脱落，钢筋与混凝土的黏结作用下降，破坏它们共同作用的基础，从而严重影响混凝土结构物的安全性和正常使用性能。

混凝土中钢筋锈蚀过程可分为预备阶段和发展阶段（见图）。预备阶段是从浇

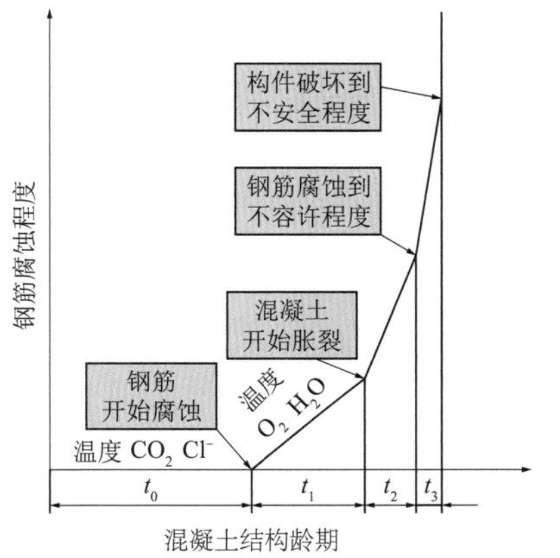

混凝土中钢筋锈蚀过程示意图

筑混凝土到混凝土碳化层深达钢筋，或氯化物侵入混凝土已使钢筋去钝化，即钢筋将开始腐蚀为止，以t_0表示。发展阶段是从钢筋开始腐蚀发展至严重腐蚀，以致结构破坏到不能再安全使用时止。在发展阶段，环境侵蚀介质入侵加速，所以腐蚀不断加剧，这一阶段又可细分为下列3个时期：①初期，从钢筋开始腐蚀发展到混凝土表面因钢筋腐蚀膨胀而显示破坏现象（如顺筋开裂、层裂或剥落等）。以t_1表示。②中期，从混凝土表面因钢筋腐蚀膨胀开始破坏发展到混凝土普遍严重胀裂、剥落破坏，即已达到不可容忍程度，必须全面大修为止。以t_2表示。③后期，钢筋腐蚀已扩大到使结构区域性破坏，致使结构不能安全使用。以t_3表示。

控制措施 钢筋锈蚀控制措施分为基本措施和附加措施两类。①基本措施主要包括结构设计中考虑的结构选型、细部设计、裂缝控制等；选择优质掺合料、低水灰比、最佳胶凝材料用量、充分湿养护等措施配制高性能混凝土；提高混凝土保护层厚度等。②附加措施主要包括使用钢筋阻锈剂、涂装防腐涂料、使用环氧涂层钢筋和耐蚀钢筋、钢筋的阴极保护等。

（孙丛涛）

钢水二次精炼 secondary refining of molten steel 将炼钢炉（**转炉**、**电炉**）中初炼过的钢液移到另一个容器中进行精炼的技术。又称二次炼钢、钢包冶金。炼钢炉的初炼是将炉料（铁水、废钢）在氧化性气氛下（吹入纯氧），进行熔化、脱碳、去除杂质（硫、磷）、升温和主合金化等。精炼是将初炼的钢液在真空、惰性气体或还原性气氛的容器中完成脱碳、脱氧、脱硫、脱气和去除夹杂物、控制夹杂物的形态、合金化和成分微调，以及升温和温度均匀化等冶金操作。这样分两步炼钢，可以提高钢的质量，增加品种，缩短冶炼时间，提高生产率，调节炼钢炉与连铸的生产节奏，并可降低炼钢成本、提高经济效益。

简史 钢水二次精炼不但有很长的历史，而且种类繁多。1933年，法国R.佩兰发明用高碱性渣对钢水进行“渣洗脱硫”。20世纪50年代，由于真空技术的发展和大型蒸汽喷射泵的研制成功，为钢液的大规模真空处理提供了条件，开发出了各种钢液真空处理方法，如钢包除气法、倒包处理法（BV法）等。较为典型的方法是1957年联邦德国开发的真空提升脱气法（DH法）和钢液**真空循环脱气法**（RH法）。

20世纪60年代和70年代是钢水二次精炼多种方法发明的繁荣时期。在这个时期，二次精炼技术形成了真空和非真空两大系列。①真空处理技术。1965年联邦德国开发的用于超低碳不锈钢生产的**真空吹氧脱碳法**（VOD法）和1967年美国开发的**真空电弧脱气法**（VAD法）；1965年瑞典开发的用于不锈钢和轴承钢生产的有电弧加热、带电磁搅拌和真空脱气的钢包精炼炉法；1978年在日本开发的用于提高超低碳钢生产效率的RH吹氧法（RH－OB法）。②非真空处理技术。1968年在美国开发，用于低碳不锈钢生产的氩氧脱碳精炼法（AOD法）；1971年在日本开发，配合超高功率电弧炉，代替电炉还原期对钢水进行精炼的钢包炉（LF），以及后来配套真空脱气法发展起来的LF－VD法。**喷射冶金**技术有：1976年瑞典开发的氏兰法（SL法）、1974年联邦德国开发的蒂森法（TN法）、日本开发的川崎喷粉法（KIP法）。此外，还有喂合金包芯线技术，如1976年日本开发的**喂丝法**（WF法）；加盖或加浸渣罩的吹氩技术，如1965年日

本开发的密封吹氩法（SAB法）和带盖钢包吹氩法（CAB法）、1975年日本开发的成分调整密封吹氩法（CAS法）。

20世纪80年代以来，钢水二次精炼已成为现代钢铁生产流程高水平和钢铁产品高质量的标志，并朝着功能更全、效率更高、冶金效果更佳的方向发展和完善。这一时期发展起来的技术主要有RH顶吹氧法（RH-KTB法）、RH多功能氧枪法（RH-MFB法）、RH钢包喷粉法（RH-IJ法）、RH真空室喷粉法（RH-PB法）、真空川崎喷粉法（V-KIP法）和吹氧喷粉升温精炼法（IR-UT法）等（见图）。

钢水二次精炼作业区（东北特钢集团大连基地）

分类　按有无补偿加热装置，钢水二次精炼分为钢包处理型炉外精炼和钢包精炼型炉外精炼。①钢包处理型炉外精炼。特点是精炼时间短（10～30分钟），精炼任务单一，设有补偿钢水温度降低的加热装置；工艺操作简单，设备投资少，设有钢水脱气、脱硫、成分控制和改变夹杂物形态等装置。真空循环脱气法、钢包真空吹氩法（Gazid法）、钢包喷粉（CaSi或其他粉剂）处理法（IJ法、TN法、SL法）等均属此类。②钢包精炼型炉外精炼。特点是精炼时间长（60～180分钟），具有多种精炼机能，有补偿钢水温度降低的加热装置，适于各类高合金钢和特殊性能钢种（如超纯钢种）的精炼生产。真空吹氧脱碳法、真空电弧脱气法、**LF炉精炼和钢包加热电磁搅拌精炼法**（ASEA-SKF法）等，均属此类。与此类似的还有**氩氧脱碳法**。

操作工艺　根据作用方式，钢水二次精炼所采用的基本操作工艺包括搅拌、抽真空、添加精炼剂、加热、渣洗、喷吹及喂丝等，或是这些工艺的不同组合。

搅拌　钢水二次精炼最基本、最重要的作用方式。它是采取某种措施给金属液提供动能，促使它在精炼反应器中对流运动。常用的搅拌方法有机械搅拌、气体搅拌和电磁搅拌。金属液搅拌可改善冶金反应动力学条件，强化反应体系的传质和传热，加速冶金反应，均匀钢液成分和温度，有利于夹杂物聚合长大和上浮排除。

抽真空　生产中常采用的40余种钢水二次精炼方法中，将近有三分之二配有抽真空装置。具备真空手段的各种炉外精炼方法，其工作压力均大于50帕，对脱气、碳脱氧、脱碳等反应产生较为明显的影响。广泛应用于生产的有真空循环脱气法、真空提升脱气法、**钢包真空脱气法**（VD法）、真空吹氧脱碳法等。

添加精炼剂　钢水二次精炼中，钢水精炼剂有两类：一类是以钙的化合物（氧化钙或碳化钙）为基的粉剂或合成渣；另一类为合金元素，如钙、镁、铝、硅及稀土元素等。将这些精炼剂加入钢液，可起到脱硫、脱氧、去除夹杂物、夹杂物变性处理以及合金成分调整的作用。精炼剂的添加方法主要有合成渣洗法、喷吹法和喂丝法。

加热　目的是增强精炼不同钢种的适应性及灵活性，使精炼前后工序（如精炼前炼钢炉的初炼和精炼后的连铸）之间的配合能起到保障和缓冲作用，以及能精确控制浇注温度，精炼装置的精炼时间不再受钢液降温的限制。为此，在设计炉外精炼装置时，出现了带有加热功能的炉外精炼方法。常用的加热方法有电加热和化学加热。电加热是将电能转变成热能加热钢液。这种加热方法主要有电弧加热和感应加热。电弧加热原理与电弧炉相似，采用石墨电极，通电后，在电极与钢液间产生电弧，依靠电弧的高温加热钢液。由于电弧温度高，在加热过程中，需控制电弧长度及造好发泡渣进行埋弧加热，以防止电弧对耐火材料产生高温侵蚀。感应加热是利用金属熔体在交变磁场中的电磁感应现象进行加热。化学加热是利用放热反应产生的化学热加热钢液。常用的方法有硅热法、铝热法和一氧化碳二次燃烧法。化学加热时吹入氧气，氧与硅、铝、一氧化碳反应，才能产生热量。

渣洗　在出钢时利用钢流的冲击作用使钢包中的合成渣与钢液混合进行精炼，可有效脱硫、脱氧和去除夹杂物，提高钢的内在质量。

钢包喷粉和喂丝　把合金粉料（如钙-硅粉）或合成渣料（如氧化钙加氟化钙粉）加入至钢水深部，使其有较大的界面而提高反应效率，进行钢水脱硫、脱氧及夹杂物形态控制等。喷粉是用喷枪从钢包顶部插入钢水接近包底，以氩或氮气作载气，把粉末喷入钢水进行脱硫、脱氧、夹杂物变形处理，生产洁净钢。喂丝是用喂丝机把铝线或含有不同芯料的包芯线以一定速度插入钢包深部，达到脱氧、脱硫、夹杂物变形及合金成分微调等目的。

（朱苗勇）

钢铁企业能源平衡　energy balance in steel plant　通过基于钢铁企业的生产计划、检修计划及生产过程中发生的事件预测未来一段时间内能源的生产与消耗状况，从而实现各种能源介质收入与支出的数量平衡，消耗与有效利用及损失的数量平衡。根据时间周期的不同，钢铁企业能源平衡一般分为静态平衡和动态平衡两类。

静态平衡　基于生产计划、检修计划预判钢铁企业未来较长一段时间内（一般以天、周、月为计量单位）的能源供需状况，进而对能源生产、消耗与回收等环节进行调整，从而实现钢铁企业能源供需在较长周期内的平衡。能源静态平衡可以全面系统地预测未来一定时期内钢铁企业能源的加工转换、输配、储备、使用、回收的全貌，可以预判钢铁企业能源利用水平和节能方向，对于编制能源规划、加强能源科学管理、分析能源供需状况、组织能源生产等工作具有基础支撑作用。钢铁企业的能源静态平衡一般表现为一张遵循能量守恒定律的能源平衡表。在表中，统计期内各种能源介质的消耗量与各能源使用单位的能源消耗量存在平衡关系。此外，在表中，单项能源介质的生产与使用数量上也存在平衡关系，如煤、电、氧气、蒸汽等。

动态平衡　在综合考虑影响能源转换、储存、使用、回收的长周期因素（如设备生产/消耗特性）、短周期因素（如原燃料、偶然事件、热工操作等短期变化）的基础上，建立能源预测与平衡调度模型（见图），进而预测未来较短时间（小时或分钟）内能源供需平衡情况，并实现以能源供需平衡和经济价值最大为主要目标的能源平衡调度（确定能源转换、储存、使用单元的开/限/停等）。

能源动态平衡对于实现能源供需平衡，减少能源放散，提高能源利用率，降低吨钢能耗，减少环境污染，提高钢铁企

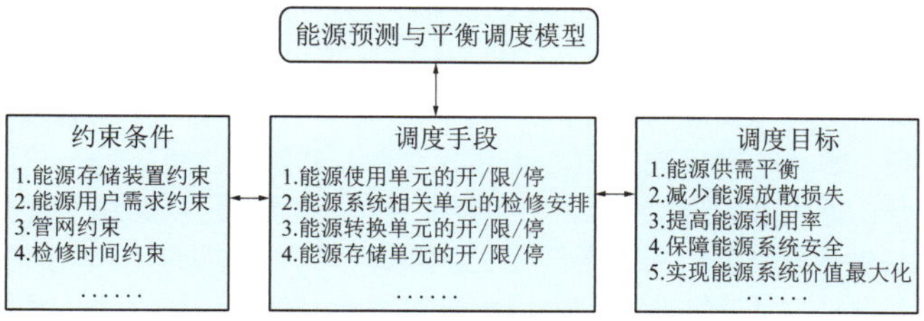

能源预测与平衡调度模型示意图

业经济效益和综合竞争力具有重要意义。

扩展阅读

陆钟武，蔡九菊.系统节能基础.沈阳：东北大学出版社，2010.

汤学忠.热能转换与利用.2版.北京：冶金工业出版社，2002.

（王建军）

钢铁冶金 ferrous metallurgy 研究以铁矿石或返回利用的铁资源作为主要原料，通过熔化、造渣、熔炼、精炼、凝固成形、塑性加工等工序，组合成多工序协同作业的生产钢铁材料的学科。在钢铁工厂中，又大体分为**炼铁**、**炼钢**和轧钢3个区段。钢铁冶金业的特征是流程型制造。

炼铁 自1709年**高炉**开始用**焦炭**代替木炭炼铁以来，**高炉炼铁**一直是主要的炼铁工艺。高炉是一个竖式的连续反应器，原料、燃料、熔剂等由炉顶加入，向下运行；预热空气由下方的风口鼓入，和下行的料柱进行换热和化学反应，属逆流式操作，所以热效率和反应效率都相当高。由于高炉炼铁工艺技术成熟，能耗合理，产品质量好，生产稳定，高炉炼铁占世界产铁总量的90%以上。

高炉炼铁过程是**还原熔炼**，其冶金反应的热力学原理已被充分认识。随着料柱的下降，达到400℃就被一氧化碳和氢按$Fe_2O_3 \rightarrow Fe_3O_4 \rightarrow FeO \rightarrow Fe$逐步从高价铁还原到低价铁直至金属。这种由气体还原剂一氧化碳和氢还原出铁的过程称为间接还原。间接还原反应是可逆反应，为使反应向生成金属铁的方向进行，必须有过量的一氧化碳或氢。当料柱降低到850～1000℃的高温区，矿石中的氧可被固体碳所还原，这就是直接还原。直接还原反应是不可逆反应，但它是吸热反应，需要燃烧更多的焦炭来补偿反应的吸热量。研究和生产经验表明，高炉内直接还原和间接还原最好按一定比例配合进行，一般直接还原占20%～30%、间接还原占70%～80%效果最好。

高炉料柱是一个具有极大高度的移动床，其中的上升气流是否均衡分布对于操作效果和效率有重大影响。因此各种固体料特别是焦炭的力学性能（强度、耐磨性等），以及装料时料层的分布对炼铁操作尤为重要。粉状物料不应装入高炉（粒度小于5毫米的在3%以下）。经过**选矿**富化处理的矿粉要经过**铁矿粉造块**制成人造富矿。铁矿粉造块主要采用烧结或球团工艺。烧结的优点是可以制成高碱度、还原特性好的烧结矿，而且力学性能好。但烧结工序产生的气体含二氧化硫等，而且有形成二噁英的条件，是钢铁工厂损害环境的一个待解决的问题。现代高炉原料以烧结矿为主，搭配一定比例的球团矿。高炉使用的焦炭不仅是燃料和还原剂，而且作为料柱的支撑物以保证透气性，使炉内气流顺畅。**炼焦煤**的资源是各种煤炭中最稀缺的，减少焦炭用量是高炉技术进步的重要方面。**高炉喷吹煤粉**可以代替部分焦炭。理想情况是焦炭和煤粉用量各占一半。

现代高炉已经达到4000～5000立方米的巨大容积。大型高炉的装备和建设资金投入较大，所以高炉要有很长的寿命。为此要采取一系列技术措施，如设计时选择合理的炉型、选用优良的**耐火材料**、在冷却件表面造成一层渣皮进行保护、抑制炉壁边缘的高温气流等。一般**高炉一代炉龄**为15年左右，长寿高炉可在20年以上。

除高炉炼铁外，还发展了两种不用焦炭的炼铁法：直接还原和熔融还原。**直接还原炼铁**已有百余年历史，是在低于熔化温度的条件下还原成多孔的金属铁块称为**海绵铁**（DRI）。为防止其再氧化，可以热压成块状称为热压块铁（HBI）。直接还原成的铁含碳低，可作为**电弧炉炼钢**的优质原料，以稀释废钢带入的残余金属（铜、铅、砷、锑等）。20世纪中叶以后，随着电弧炉炼钢比例的提高，直接还原炼铁的产量也显著增加。**熔融还原炼铁**的目标是以煤代焦并且可以直接用矿粉炼出铁水，在钢铁生产流程中消除炼焦和烧结两个污染环境较重的工序，所以很受冶金界的重视。但由于技术难度大，还未能做到完全不用焦炭。

炼钢 18世纪中叶，主要的金属材料是炒炼的熟铁，最早期建设的铁路采用**普德林法**生产的熟铁制成铁轨。当时虽有坩埚法可以炼成液态钢，但产量小，而且是高碳钢，只满足制造加工工具的需要。近代炼钢法是从1856年**贝塞麦转炉炼钢**开始的。紧接着**平炉炼钢**和**托马斯转炉炼钢**诞生。从19世纪中后叶到20世纪中叶，是碱性平炉炼钢为主的时代，1930～1960年，世界产钢量的80%是平炉钢。电弧炉炼钢法诞生于20世纪初，因可以进行还原精炼，成为生产合金钢和特殊钢的又一炼钢法。

20世纪中叶，炼钢技术的面貌又发生了巨大的变化。1952年世界第一个**氧气顶吹转炉炼钢**在奥地利的林茨投产，开创了氧气炼钢法的新时代。氧气炼钢的开拓者是柏林工业大学的R.杜雷尔，他在20世纪20年代末期，液化空气分馏制氧技术成功后，立即倡导吹氧炼钢，并进行实验室实验，直到1948年在2.5吨转炉中间实验中取得一系列经验教训，才使氧气顶吹炼钢生产得以顺利实现。1972年世界第一个全连铸车间投产成功，促成了多级间歇操作方式和连续操作方式相串联构成的准连续炼钢生产线出现，从而使整个钢铁工厂按照连续操作的规律运转，生产面貌和能源消耗发生极大的变化。相应地，电弧炉炼钢实现了超高功率变压器供电，并逐渐提高化学能的使用强度，加快了废钢熔化，并把还原精炼功能转移到钢包二次精炼中进行。这样，电弧炉也逐渐成为快速、高效率的间歇操作。电弧炉炼钢再串联小方坯连铸和小型连轧机，形成了以废钢为主要原料的又一类连续/准连续流程，用以生产长材。这样，现代炼钢生产流程演化成为**高炉-转炉生产流程**（高炉-转炉-连铸连轧）和**电炉炼钢流程**（电弧炉-连铸连轧）两种模式，平炉炼钢迅速退出历史舞台。

图1 高炉前的工作环境

炼钢过程属于氧化精炼操作，铁水中的碳被氧化生成一氧化碳气体而脱除；硅、锰、磷等成分也先后被氧化。脱碳反

图2 转炉炼钢

应不仅是降低含碳量，更是产生大量一氧化碳气泡使金属熔池呈活跃沸腾状态，以强化其中的物质和能量传递，同时去除其中的非金属夹杂物和氢、氮等气体。熔池中液体金属的流动加速了渣-钢反应。因此，电弧炉炼钢必须配加一定量的碳，使废钢熔化后有适当的含碳量进行氧化精炼。金属料中的磷和硫依靠碱性渣来脱除。**冶金过程热力学**研究表明，脱磷和脱硫的条件并不一致，甚至有矛盾，因而脱硫作业应尽可能在铁水倒入炼钢炉之前完成；脱磷作业在炼钢炉内完成还是在铁水中预先进行，需要依据钢种要求、生产规模、设备条件等来决定。炼钢的最后一步是脱氧和合金化。因为钢中碳氧含量的乘积在一定温度、一定压力下是常数，碳含量降低则氧含量升高。往钢水中加入铁合金可达到脱氧目的。在钢包中进行钢水的还原精炼，脱氧效果更好，也有利于钢水的脱硫。因此，炼钢生成的氧化渣尽量在出钢时和钢水分开，避免落入钢包。习惯上人们把炼钢过程简称为“四脱二去”，即脱碳、脱磷、脱硫、脱氧、去气体、去夹杂。

连铸 炼钢过程生产的液态钢无法直接加工和应用，必须凝固成固态的钢。20世纪中叶以前，采用钢锭模铸工艺制备钢材，即钢液凝固成一块一块的钢锭，冷却后再加热软化经压力加工制成。随着生产规模的增大，钢锭的单重和断面尺寸也增大，需要经过初轧机开坯，再经过下一步的轧机轧制成材。这种钢锭模铸-初轧工艺金属收得率低，能耗高。1949年利用结晶器振动的**连铸设备**获得初步成功。之后**连续铸钢**（简称连铸）在许多国家进行研究，并于1952年首次实现工业化。1972年世界第一个全连铸车间在日本的新日本制铁公司投产，即实现了该车间连铸钢坯产量在粗钢总产量（钢锭+连铸坯）中所占比为百分之百，钢锭模铸-初轧工艺逐渐被取代。连铸工艺的凝固工序成为炼钢和轧钢之间重要的衔接点。20世纪70年代开始迅速发展的连铸坯**热送热装工艺**和**直接轧制**技术使连铸节能效果更加显著，并优化了连铸与轧钢的界面衔接技术，对节能减排、提高生产效率、钢材质量和改变钢厂生产模式等产生了重大影响。

钢液的凝固不单纯是物质聚集状态的转变。凝固过程中会发生一系列的物理化学变化：结晶生成和长大、热量传导和传递、成分偏析、体积收缩和线收缩、奥氏体-铁素体相变、成分过饱和析出成为气泡和夹杂物。钢锭模铸工艺主要依靠经验控制，连铸工艺则利用计算机进行自动化控制。连铸生成的钢坯在运动过程中进行凝固，因此要对钢坯表面加以润滑，减轻摩擦和断裂的危险，并改进钢坯的表面质量，避免浇铸过程中的二次氧化。润滑剂是结晶器保护渣，其性能和功能对连续铸钢的成功具有重要意义。

根据生产钢材的品种需要，连铸坯断面形状可为板坯、方坯、小方坯、矩形坯、圆坯、异型坯等。20世纪80年代以来，薄板坯连铸技术逐渐登上钢铁冶金领域的舞台。同时期，板坯连铸实现了高温铸坯直接轧制技术。于是连铸和轧钢紧密连接达到了一体化作业的新水平。中国已经建设投产了14条薄板坯连铸坯生产线，是世界上发展最快的地区。

轧钢 钢的塑性加工成形工艺有轧制、锻压、挤压、冷拔、钣金加工（如**冷弯成形**）等方法。其中轧制钢材（简称轧钢）是最主要的一种生产方式。早在17世纪末英国就有平辊轧制熟铁板的工坊。1783年用瓦特蒸汽机驱动的轧机开始运转，同时期发明了用孔型轧制熟铁棒的方法，开辟了**型材轧制**的工艺路径。

19世纪中叶，由于大规模生产液态钢方法的出现，推动了轧钢的生产方式和技术不断向前发展。轧钢机是钢铁厂中的精密机械装备，美国制造了多种类型的轧钢机，如三辊劳特式轧机（1871）、四辊可逆式中厚板轧机（1891）、窄带钢热连轧机（1905）、大型宽边工字钢万能轧机（1908）、冷弯型钢轧机（1910）、宽带钢连轧机（1920）、四辊带钢连轧机（1926）、行星轧机（1948）等。大型钢铁厂装备多种轧钢机可以灵活生产不同品种的钢材以供应市场。但也容易造成物流路线交叉干扰，钢锭、钢坯反复加热，运输不畅。20世纪下半叶，带钢轧机、中厚板轧机可以和板坯连铸机组合，带钢轧机还可以和薄板坯连铸组合，成为一体化生产线，并进一步向紧凑化或小型化发展。棒线材轧制也广泛使用连轧，棒材连轧机、高速线材轧机、型钢轧机等和方坯连铸、小方坯连铸组合成另一类生产线。钢铁生产逐渐按产品类型分为板材和长材两大类，分别成为专业性生产模式，冷弯型钢和焊接钢管成为板材的衍生产品。无缝钢管是特种钢材品种。1885年德国的曼内斯曼兄弟发明二辊斜轧穿孔机，1891年又发明周期轧管机，1903年瑞士的R.C.施蒂费尔发明顶头式轧管机，以后又出现连续轧管机和顶管机等各种延伸机，开始形成无缝钢管工厂。20世纪后叶，由于焊接技术的改进，焊接钢管质量提高，可以取代部分无缝钢管。

钢的冶金质量 钢中含有多种有害杂质元素，主要分为3类：①通常含有的有害元素磷、硫、氧、氮、氢。②偶然带入的痕量有害元素铅、锡、锑、铋、砷。③废钢带入的残留有色金属铜、镍、铬、钼等。钢铁冶金的主要任务之一是降低磷、硫、氧、氮、氢5种有害元素的含量，生产洁净钢。磷、硫、氧、氮、氢元素含量常用ppm（1mg/kg，$1ppm=1\times10^{-6}$）作为浓度单位。高水平的炼钢厂，钢中这5元素的总量可达100ppm以下，甚至50ppm。碳在钢中一般作为合金元素看

图3 连铸机产出钢坯

待，但对于深冲性能优良的超低碳钢（例如IF钢），碳含量也应降到ppm级。有些元素如铅、砷等在凝固过程中有强烈的偏析于晶界倾向，对钢的韧性危害很大。它们来源于铁矿石或废钢，在冶金过程中不能去除。有色金属元素如铜来源于废钢，也很难氧化去除，成为电弧炉炼钢的难题，只有利用优质的球团或直接还原铁冲淡其浓度。但废钢的循环利用，又使它们在钢中积累而增大含量。

钢的冶金质量的一个主要问题是洁净度，即**钢中非金属夹杂物**的颗粒大小和形态、夹杂物数量及分布、夹杂物的变形特性及有害元素的含量等。洁净钢是满足加工和使用性能要求的钢，不同钢种对洁净度的要求不同，因而洁净钢是一个相对概念。非金属夹杂物问题是现代炼钢生产水平和钢质量的关键。然而，对夹杂物评价不仅是它的平均含量，还有大于某临界尺寸的夹杂物（大型夹杂物）有多少。非金属夹杂物是钢中游离存在的非均相物体。在温度下降的过程中，溶解于钢液中的氧、硫溶解度下降达到过饱和状态，析出而形成非金属夹杂物，这些夹杂物更容易在已有的夹杂物表面上生成。不同颗粒的夹杂物随钢液流动相互碰撞而长大。对于影响钢材性能的夹杂物临界尺寸，还没有很清晰的最终的认识，有待进一步研究。

钢的成分是钢材性能的基础，每炉钢的具体成分和其冶炼炉号随着钢材提供给用户。钢的质量和成分范围有关，普通用途的钢成分可在较宽范围内变动，如普通碳素钢的含碳量在0.08%左右波动，优质碳素钢碳的波动范围是0.06%左右，如果碳含量在0.03%以下，钢的性能必然更为稳定、可靠。钢的成分控制需要炼钢、二次精炼和浇铸生成更精准的操作；同时成分分析检验也要求有更小的误差。对于特别重要用途的钢材，尤其在服役过程中需要经历严格考验，而且难以维修和检查的特殊钢材，必须按照用户要求有针对性地特殊供应。

扩展阅读

BIRAT J-P. Innovation Paradigms for the Steel Industry of the 21st Century. Future Directions for Steel Industry and Continuous Casting. Revue De Métallurgie, 2002, 99 (11): 957-979.

殷瑞钰.节能、清洁生产、绿色制造与钢铁工业的可持续发展.钢铁，2002，37（8）:1-8.

（曲　英）

钢铁冶金基本原材料　basic raw material of iron and steel metallurgy　实现**钢铁冶金**流程中产品制造、能源转换、废弃物消纳等功能必备的基本原料和基本材料的统称。基本原料是含有可构成钢铁产品成分组成的含铁、含碳和其他合金元素的物料，如铁矿石、煤炭、锰矿石、铬矿石、废钢等。传统上也把金属矿经过选分、**焙烧**、还原等加工的产品（如烧结矿、球团矿、**直接还原铁**、铁水和生铁块、**铁合金**等）称作基本原料。基本原料经冶炼、凝固、加工后制成各类钢铁产品，供各行业应用（如机械制造、化工、交通、建筑等）。在钢铁生产环节产生的钢铁废弃物和在完成使用生命周期任务后被废弃的钢铁制品，都产生废钢，可在生产过程和社会回收加工后，重新作为基本原料，用于再生产新的钢铁制品。

基本材料是不构成钢铁产品组分的非铁、非合金类物料，它们是保证钢铁高温冶金加工工艺和装备高效、稳定、安全运行必备物料。1990年，中华人民共和国冶金工业部把过去俗称的辅料更名为基本材料。这有两个重要的含义：一是强调它们不是原料；二是强调基于对钢铁生产的必要性和重要性。

基本材料可分为**冶金熔剂**、增碳剂、脱氧剂、冶金焦、**耐火材料**、**冶金气体**、其他七个大类。其中冶金焦既起燃料、还原剂的重要冶金工艺作用，又是钢铁产品组分中碳的重要来源之一。其他如增碳剂、脱氧剂和冶金气体等材料，在某种情况下将分别因工艺和产品质量需要，其中的有用成分将补充为钢铁产品的成分组分，实际具有基本原料的作用。例如，冶金气体中的氮气，是一种有害元素，在大多数情况下钢铁产品应尽可能减少含氮量，但是在含氮不锈钢生产中，氮气却是在冶炼过程中要尽量保证的重要原料，它不但可保证钢中必要的氮含量，而且是一种比添加含氮合金原料更经济、高效的方法。这是基本材料与基本原料功能交叉的体现。

随着技术进步，钢铁冶金基本原材料的种类、同种原材料的构成范围在不断变化和扩大。尤其是钢铁冶金流程废弃物消纳功能的拓展和开发，使一些过去只能作为污染环境的废物、弃之不用的物料（如含铁尘泥、氧化铁皮等），可经现代技术处理变成钢铁冶金基本原料加以利用。例如，熔剂中的连铸保护渣在20世纪50年代连铸技术工程化以后发展成一种复合型基本熔剂，对现代钢铁产品的质量优化起到了重要的保证作用。

大多钢铁冶金基本原材料的应用不具备唯一性，与其他学科多有交叉。如铜铁共生矿是炼铜原料，但其中铁成分经处理后又可作钢铁冶金的原料用；石灰既是钢铁冶金材料，又是建材化工的原料；钢渣既可返回作熔剂的补充代替材料，又是建材用经济优质的替代原料，甚至是农业或海洋生物的生长原材料等。

（苏天森）

钢中非金属夹杂物　non-metallic inclusions in steel　在**炼钢**过程中，少量炉渣、耐火材料及冶炼中的反应产物进入钢液而形成的第二相粒子。非金属夹杂物独立相存在于钢中，破坏了钢基体的连续性，加大了钢中组织的不均匀性，严重影响了钢的各种性能。例如，非金属夹杂物导致应力集中，引起疲劳断裂；数量多且分布集中的夹杂物会明显降低钢的塑性、韧性、焊接性以及耐腐蚀性；钢中网状的硫化物会造成热脆性。因此，夹杂物的数量和分布被认定为衡量钢材质量的重要指标，并且被列为优质钢和高级优质钢出厂的常规检测项目之一。

根据非金属夹杂物（以下简称夹杂物）的来源，通常把夹杂物分为外来的和内生的两大类。①内生夹杂物。脱氧产物或是钢水冷却凝固过程中的析出物。主要包括脱氧产物、在钢水冷却和凝固过程中产生的沉淀析出夹杂物。此类夹杂物的特点是：尺寸小、结构单一、形状较为规则、数量多、在钢中均匀弥散分布。②外来夹杂物。主要是钢水和外界（卷渣及耐火材料侵蚀）之间偶然的化学和机械作用产物。主要包括：二次氧化产生的外来夹杂物、卷渣造成的外来夹杂物、包衬耐火材料侵蚀/腐蚀造成的外来夹杂物和化学反应产生的外来夹杂物。此类夹杂物的特点是：尺寸大、复合成分及多相结构、形状不规则、数量较少、在钢中零星分布、对钢性能危害更大。

钢中非金属夹杂物按化学成分可以分为氧化物、硫化物和氮化物。①氧化物系夹杂。简单氧化物有CaO、MnO、SiO_2、Al_2O_3、MgO和TiO_x等。在铸钢中，用铝脱氧时，生成的夹杂物主要为Al_2O_3，钢液钙处理后，夹杂物主要为$CaO-Al_2O_3$。用硅锰脱氧的钢中，夹杂物主要为SiO_2-MnO和$Al_2O_3-SiO_2-MnO$。②硫化物系夹杂。主要是MnS和CaS等。铸态钢中硫化物夹杂的形态通常分为3类：形态为球形，这种夹杂物通常出现在用硅铁脱氧或脱氧不完全的钢中；呈链状的极细的针状夹杂，主要是钢中硫和锰含量浓度过高；呈块状且外形不规则，在过量铝脱氧时出现。③氮化物系夹杂。当钢中加入与氮亲和力较大的元素时形成AlN、TiN和VN等氮化物。在出钢和浇铸过程中钢液与空气接触，氮化物的数量显著增加。

按夹杂物的塑性变形能力可分为4类。①脆性夹杂物。热加工时该类夹杂物的形状和尺寸都不发生变化，但可能沿加工方向成串排列或呈点链状。属于这类夹杂物的有Al_2O_3等。②塑性夹杂物。热变形时该类夹杂物具有良好塑性，沿变形方向延伸成条带状。属于这类的有硫化物及硅锰酸盐等。③球状不变性夹杂物。热加工后保持球状不变。属于这类夹杂物的有SiO_2及含SiO_2较高的硅酸盐等。④半塑性夹杂物。各种复相的铝硅酸盐夹杂。基体铝硅酸盐有塑性，但是其中包含着的不变形析出相如氧化铝等是脆性的，热加工后基体硅酸盐夹杂物被轧碎、但析出相仍保持原状或只是拉开距离。

（张立峰）

高纯氧化物耐火材料 high purity oxide refractories 以高纯度氧化物为原料，用高温陶瓷工艺方法或其他特殊工艺方法制成的**耐火材料**制品。又称高纯氧化物陶瓷。主要包括氧化铝、氧化镁、氧化锆和氧化铬等。一些主要的纯氧化物耐火材料的成分和性能见表。

①氧化铝属中性氧化物材料，对酸、碱、盐都有很好的抗侵蚀性，化学稳定性好，适于在氧化、还原、真空或保护气氛条件下使用。氧化铝耐火材料分薄壁制品和厚壁制品两大类，薄壁制品有管、坩埚、乳钵、压棒、承受架及电子陶瓷；厚壁制品有大型套管、陶瓷大砖等。②氧化镁在还原气氛和真空条件下易挥发、分解，抗碱性渣侵蚀性能优良，多用于冶炼贵金属、重金属和稀有金属的设备。③氧化锆在不同温度下会发生相变，需氧化钙、氧化镁或氧化钇等稳定剂加以稳定。氧化锆耐火材料制品有氧化锆耐火砖、氧化锆坩埚和氧化锆探头等，特点是耐高温和导热系数低。④氧化铬材料烧成过程难以致密化，需要在还原气氛下烧成，抗侵蚀能力强，但抗热震性能差。

通常的制造工艺包括原料制备、成形和烧成等工序。将原料进行预烧或预合成，以除去挥发性物质，或使矿物相稳定，保护其高温体积稳定。按形状和性能要求可采用多种方法成形，主要有注浆法、挤压法、热压法、等静压等。成形后的坯体经低温干燥进行烧成。对外观尺寸要求准确的制品，干燥后还需经800～1000℃轻烧，然后进行加工再最后烧成，或者烧成后再进行加工。烧成温度视品种、工艺而定，一般为1600～1900℃。

高纯氧化物耐火材料具有优良的耐高温特性，应用于贵金属、钢铁、机械、玻璃纤维和人工晶体等领域。

（耿可明）

主要氧化物耐火制品性能

名称	烧结氧化铝制品	烧结氧化镁制品	稳定化氧化锆制品	烧结氧化铬制品
化学成分	Al_2O_3 98.8%	MgO 98.8%	ZrO_2+HfO_2 95% CaO 4%	Cr_2O_3 95%
熔点/℃	2030	2800	2600	2350
显气孔率/%	3～7	3～7	3～10	12
真密度/(g/cm³)	3.97	3.56	5.60	6.5
热导率/[W/(m·K)]（20～1000℃）	5.86	6.70	2.09	4.6
热膨胀系数/(×10^{-6}/℃)（20～1000℃）	8.6	13.5	10.0	8.6
抗热震性	好	差	较好	差
最高使用温度/℃	1900	1900	2400	1800

高登，A.M. Antoine Marc Gaudin（1900-08-08～1974-08-23） 美国选矿工程专家和教育家。生于土耳其伊兹密尔，卒于美国波士顿。于1916年和1917年分别获得巴黎大学和普罗旺斯大学学士学位。1917年移居美国，进入哥伦比亚大学工程与应用科学学院学习。1921年获学院矿山工程师学位。曾在矿山任职工程师、哥伦比亚大学任教。1926年加入美国国籍。1926～1929年在犹他大学任教，1929～1939年任蒙大拿矿业学院教授，1939～1966年任麻省理工学院教授。是美国国家工程院25位创始院士之一。美国矿业界的最高成就奖以高登命名。

在硫化矿**浮选**、氧化矿浮选、表面疏水性在浮选中的作用、**黄药**作用机理等方面研究成果卓著，是矿物浮选理论的主要奠基人之一。研究开发的从超低品位铀矿石中浸出提取铀的技术，为美国的核技术发展作出了重要贡献，并因此获得美国矿冶工程师学会里恰兹奖（Robert H.Richards Award）；倡导和研究开发的细粒锡矿石浮选技术为美国国防工业作出贡献。同时在教育生涯中，为世界矿物加工科技发展培养了一大批优秀人才。著有《浮选》（*Flotation*，1932、1957）和《选矿原理》（*Principles of Mineral Processing*，1939），在促进选矿向工程科学发展方面起了重要作用。1976年美国矿冶工程师学会出版高登论文集，以纪念高登并概括其浮选的成就。

（宋少先）

高炉 ironmaking blast furnace 以铁矿石为原料连续冶炼生铁的立式熔炼炉。又称炼铁炉、鼓风炉。冶炼生铁的主要设备（图1）。也可用于生产铅、铜和其他金属。高

图1 现代高炉外景

炉的工作过程是：炉料通过炉顶装料设备装入炉内，随着冶炼过程进行，炉料向下移动，渣、铁从炉缸下部渣口、铁口排出；热风通过热风围管、送风装置由风口鼓入炉内，并与炉料中**焦炭**发生燃烧反应，生成煤气；煤气向上运动，从炉顶煤气导出管排出，进入除尘装置。高炉由高炉本体和高炉附属系统组成。

高炉本体 包含气、固、液三相的逆向高温、高压反应器，直立圆筒形。其内部空间形式称为高炉内型。高炉组成包括

炉体外部结构、高炉基础、炉壳、高炉内衬和冷却设备。

高炉内型　组织炉料与煤气两股逆流运动并进行矿石冶炼的空间，又称高炉炉型，自上而下分为炉喉、炉身、炉腰、炉腹、炉缸5部分（图2）。①炉喉呈圆柱形，

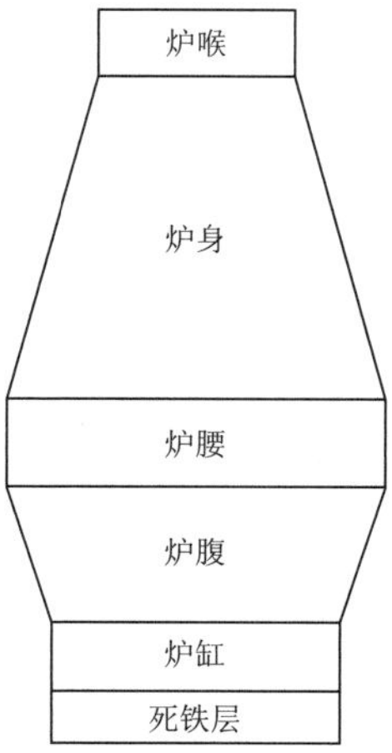

图2　高炉内型结构示意图

接受装料装置布入炉内的炉料。②炉身呈截锥台形，上小下大，其形状适应炉料下降过程中因加热而体积膨胀，在此段进行炉料的加热、分解，铁氧化物的间接还原和矿石内部的固相反应。③炉腰呈圆柱形，直径为高炉内最大的部分，是由炉身到炉腹的过渡部位，在此段进行各种元素的直接还原。④炉腹呈倒锥台形，其形状是为了适应炉料熔化成液体滴落后的体积收缩，此段是软熔带的根部，对边缘煤气流分配起着重要作用，进行元素的直接还原。⑤炉缸呈圆柱形。上部沿周边均匀设风口，热风通过热风围管、支管和弯头、直吹管由风口鼓入炉内，是煤气的发源地；下部为容纳冶炼形成的液态渣铁，进行渣铁间的反应，如脱硫，已还原的硅、锰的氧化等；中部设有渣口，周期性地排走部分炉渣（上渣）；底部设有铁口，周期性地排放铁水和炉渣。现代大型高炉一般不设渣口。

在炉缸以下还有死铁层，由倒锥台形逐步改变成圆柱形，作用是保护炉底不受炉渣和碱金属侵蚀，并减轻铁水环流对炉缸侧壁造成的破损，其深度约为炉缸直径的20%，高者达25%以上。由于死铁层在铁口中心线以下，所以它的容积不计入高炉的有效容积。炉喉之上设置装料设备。

高炉内型的各部分尺寸要根据原料、燃料、高炉容积和操作等条件设计。设计炉型时采用合理炉腹煤气量或煤气量指数确定炉缸直径（d）：

$$d=0.03\sqrt{\frac{P\upsilon}{\chi}}\quad 或\quad d=1.13\sqrt{\frac{\upsilon}{\chi}}$$

式中P为高炉日产量（吨/昼夜）；υ为炉腹煤气量（米^3/吨）；χ为炉腹煤气量指数，一般取58～66米/分。

高炉内型各部分尺寸比例为D/d=1.1～1.2，d_1/D=0.62，d_1/d=8.7，炉身角为80°～81°，炉腹角74°～75°。D、d_1分别为高炉的炉腰直径、炉喉直径。设计的高炉内型要与生产中的高炉内型对比，参考容积近似的其他高炉进行尺寸修改。小于750立方米高炉一般设一个铁口，大型高炉增至2～4个铁口，一般不设渣口。对于冶炼特殊矿，渣量大的高炉，根据实际情况设置渣口。风口数目可根据经验按炉缸圆周大小来确定，一般两个风口的中心距（沿炉缸内壁圆周上）不应小于1000毫米。

炉体外部结构　主要有自立式、炉缸支柱式、框架支柱式、框架自立式4种。早期小高炉多是自立式，中型高炉采用炉缸支柱式或框架支柱式（图3），现代大型高炉都采用框架自立式。现代大型高炉鼓风压力高，炉体外壳钢板加厚，壳内喷涂**耐火材料**，防止热应力和**晶间腐蚀**引起开裂和变形。风口平台有较宽敞的操作空间；取消渣口，改用矮式泥炮；风口平台连成一片，以便叉车和换风口机行走。

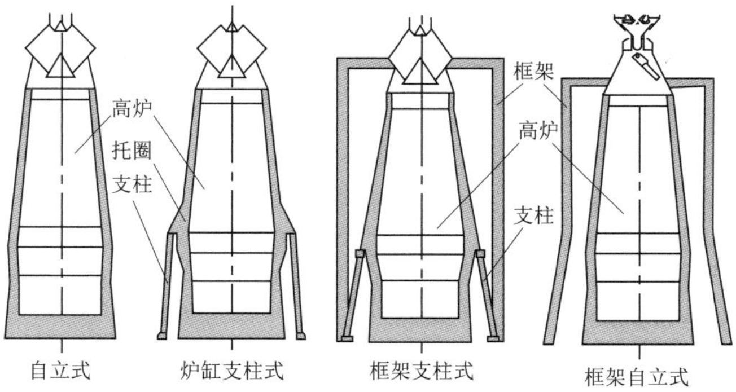

图3　高炉炉体结构

高炉基础　高炉基础承受高炉本体、高炉内炉料、耐火材料冷却设备、炉顶装料设备、炉体外部钢结构、热风围管、多层平台等的静负荷。在生产中还承受炉内崩塌料、人工出料和煤气爆炸形成的动负荷。现代高炉基础所承受的静负荷按平均每立方米炉容5～6吨考虑，动负荷则用安全系数来考虑。采用钢筋混凝土的高炉基础，由耐高温（1000℃以上）的基墩和承重的基座组成。耐高温基墩用耐火砖块作骨料、耐火黏土熟料和耐火砖粉作掺合料，以硅酸盐水泥作胶结料砌筑而成。基座则用钢筋混凝土以正多边形状建在岩石、筒式桩或钢管桩（内灌混凝土）上。海滨建厂的大型高炉基础采用长几十米的钢管桩作底座。

炉壳　承重的钢结构，在高温高压下承受着炉内炉料、渣铁的重力、煤气的压力、内衬的膨胀力，同时还支撑着安装在上面的冷却器、炉顶装料设备和煤气上升管等构件。炉壳上设有风口孔、冷却器安装孔、冷却水管进出口孔等。炉壳要求采用具有足够强度和可焊性好的钢板制造，一般为高强度低合金钢，对应于不同部位采用不同的厚度。大型高炉的炉壳厚度一般是炉缸、炉腹处为50～60毫米，炉腰、炉身处为40～50毫米，炉喉处为30～40毫米。炉壳、冷却设备和内衬组成高炉炉墙，三者相互保护，相互依存。

高炉内衬　高炉炉壳内部垒砌的一层厚耐火砖衬。高炉内衬可以减少炉壳散热量，耐火砖与炉壳之间设置冷却设备防止炉壳变形。高炉各部分砖衬损坏机理不同，为了防止局部先损坏而缩短高炉寿命，必须根据损坏、冷却和高炉操作等因素，选用不同的耐火砖衬。高炉炉缸、炉底耐火砖大多用碳素耐火材料；炉腹、炉腰和炉身下部受到下降炉料和上升高温煤气流的机械冲刷磨损，以及各种化学侵蚀，会造成砖衬疏松剥落，强度降低，因此砖衬要采用具有良好的耐磨性、抗热冲击性和抵抗化学侵蚀能力的耐火材料；炉身上部和炉喉砖衬要求具有抗磨性和热稳定性的材料，以磷酸浸渍致密黏土砖为宜。现代高炉炉腹、炉腰、炉身多为薄壁结构，采用砖壁一体的全覆盖冷却壁结构，而不再另砌砖衬。

冷却设备　高炉冷却介质有水、风、汽水等混合物，最普遍用的是水。水冷却设备从结构上分有喷水冷却、冷却板（箱）和冷却壁；从材质上分有铸铁冷却壁、铸钢冷却壁、铜冷却壁、铸铁冷却板、铜冷却板、焊钢冷却板等。因高炉各部分热负荷不同，冷却方式也不同。高炉炉底多采用水冷，以水冷管作为冷却设备，也有采用风冷的。炉喉对于采用冷却壁结构的高炉，炉底、炉缸采用光面铸铁冷却壁；炉腹、炉腰、炉身下部可采用镶砖球墨铸铁或铜冷却壁，炉身上部采用镶砖球墨铸铁冷却壁。对于采用冷却板结构的高炉，炉腹、炉腰和炉身下部多采用铜冷却板，左右间距250～300毫米，上下间距约300毫米，炉身上部可采用各种形式的冷却设备，一般用铸铁或钢板焊接的冷却水箱。对于采用板壁结合

冷却结构的高炉，在炉腹、炉腰、炉身下部采用“品”字形布置冷却壁和冷却板。冷却介质由工业水发展为软水和纯水。直流或露天循环供水系统已被强制循环供水系统所代替，后者的优点是热交换好、无沉淀、消耗水量少等。在高炉风口、渣口、热风阀等处也有专用水设备冷却。

高炉附属系统　分为**高炉供料系统**、**高炉鼓风系统**、喷吹燃料系统、渣铁处理系统和除尘系统。供料系统的作用是将炉料及时、准确、均衡地送入装料高炉；鼓风系统的作用是将加热到1100℃以上的热风连续、可靠、安全地鼓入高炉；喷吹燃料系统的作用是向高炉内均衡地喷吹气体（如天然气）、液体（如重油）或固体燃料（如煤粉），强化冶炼；渣铁处理系统的作用是及时处理从炉内排放出来的渣、铁，使高炉生产能正常进行；除尘系统包括**高炉煤气**的除尘和环保除尘等，作用是保证高炉煤气满足用户对含尘量的要求（5～10毫克/米^{3}以下）和生产环境对排放烟气等的要求（30～100毫克/米^{3}以下）。

（李马可　张　波）

高炉出铁场　casting house of blast furnace　承担**高炉**出铁、出渣，进行渣铁分离的场所和设施。高炉出铁场设置有铁沟、渣沟、泥炮、开铁口机、摆动流嘴或固定罐位、吊车、铁口除尘罩及沟盖等设施。铁沟分为主铁沟和支铁沟。现代高炉主铁沟有贮铁式、半贮铁式和非贮铁式。大中型高炉主沟一般采用贮铁式，坡度为1°～3°，小高炉一般采用半贮铁式或非贮铁式，半贮铁式坡度为3°～5°，非贮铁式坡度大于5°。渣沟坡度一般为大于6°。早期泥炮、开铁口机有气动、电动，20世纪70年代后，开始使用液压泥炮、液压开铁口机，其体积小、能力大、寿命长、易于维修。摆动流嘴是铁沟到铁水罐车的过渡设备。渣、铁从铁口流出，通过主铁沟末端的撇渣器进行渣、铁分离。铁水经支铁沟流经摆动流嘴或固定罐位流入位于高炉出铁场平台下的铁水罐中，通过火车或汽车运往炼钢或浇铸车间；**炉渣**经渣沟流入渣处理系统或渣罐。

高炉出铁场有矩形和环形两种，其中矩形出铁场高炉炉体平台环境较好，应用较多。现代高炉出铁场一般为架空结构，下层走铁水运输车辆及布置工艺管道等，上层布置出铁场设施。根据高炉大小，出铁场上设置1～4个铁口及配套设施。600立方米以下高炉一般设置1个矩形出铁场、1个铁口；600～2000立方米高炉一般设置2个矩形出铁场、2个铁口；2000～

高炉出铁场一角

3200立方米一般设置2个矩形出铁场、3个铁口；3200立方米以上高炉一般为4个铁口。但根据场地布置情况也有例外，如中国江苏沙钢集团5800立方米高炉设置了3个铁口。

高炉出铁场是高温、多粉尘环境，必须设置除尘系统进行负压抽风除尘。渣、铁沟上设置盖板，防止烟尘外溢、高温辐射及人员安全受到危害。大型高炉出铁场设有汽车引桥，方便各种物料的运输和炉前设备的检修。

高炉铁口是间断工作制，因此高炉出铁场中的主要工作是开、堵铁口，铁口维护，渣、铁沟维护与维修，以及渣、铁取样分析等。

（全　强）

高炉供料系统　charging system of raw materials for blast furnace　由**高炉**原料的储存、筛分、称量、输送等设备所组成的整体设施。

高炉矿焦槽系统　经过预处理的铁矿石、焦炭和辅助原料分别从原料场、烧结厂、炼焦厂用火车或带式输送机送到高炉贮矿槽和贮焦槽。贮焦槽、贮矿槽及槽下称量、运输、筛分设备组成矿焦槽系统，其功能是保持高炉连续运行所需的原料缓冲储备量，同时对铁矿石、焦炭和辅助原料分别在槽下进行筛分、称量，并按照高炉生产的需要将准备好的原料、燃料一批一批装入炉顶装料设备。贮焦槽约为高炉容积的0.9倍，贮焦8～10小时；贮矿槽约为高炉容积的1.5倍，贮矿10～14小时；辅助原料贮存应大于12小时。原料、燃料由振动筛进行筛分，经称量斗称量后，卸入槽下胶带机，再经上料带式输送机（图1）或料车装入炉顶。20世纪上半叶大多使用斜桥上料，70年代后，大型高炉使用带式输送机上料。输送带宽度1.4～2.2米，斜倾角10°～12°，速度2米/秒左右。

图1　上料带式输送机

炉顶装料设备　早期小高炉炉顶为敞口式，由人工装料，后来发展为封闭式。1850年出现单钟炉顶，1907年出现双钟炉顶，20世纪60年代以后出现三钟炉顶和带密封阀的双钟炉顶，70年代出现了无钟炉顶（图2）。由于无钟炉顶具有的优势，钟式炉顶被逐渐取代，并出现了多种改进形式。

钟式炉顶的大钟斜度50°～60°，一般为53°，采用二段斜倾角，外加护板，寿命为5～7年。高炉大型化以后，大钟太大，运输不便，且造成炉顶的布料径向不匀。60年代联邦德国设置可调炉喉导料板，改进布料，煤气利用率提高，焦比降低约30千克/吨生铁，并能保护炉身砖衬。日本有带导料板和密封阀双钟炉顶的高炉。

现代高炉多采用无钟炉顶。这种炉顶是1970年由卢森堡的保罗·伍尔斯公司开发，1972年在联邦德国试验成功。无钟炉顶有带密封阀的炉顶料罐和旋转溜槽，其优点是：①可选择多种布料方式，如圆环

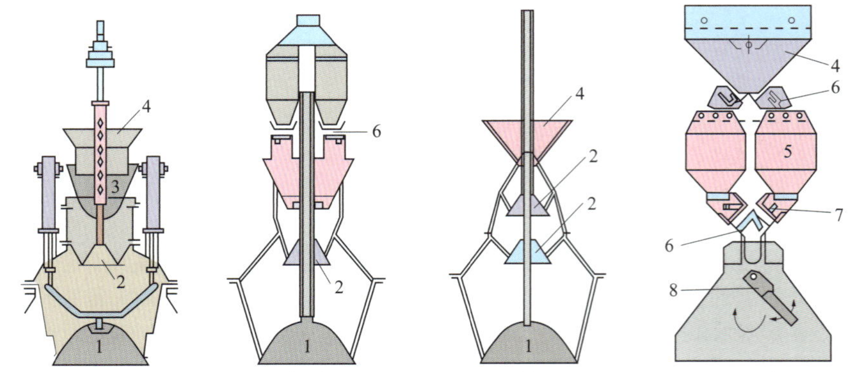

双钟式　双钟双阀式　三钟式　无钟式

1 大钟　2 小钟　3 布料器　4 受料漏斗
5 料仓　6 密封阀　7 料流控制阀　8 布料溜槽

图2　炉顶装料设备

布料、扇形布料、螺旋布料、定点布料等，实现最佳布料，充分利用煤气能量，并能防止炉内布料偏斜现象和堵塞局部气流通道。②原料、燃料混合层较少，对高炉使用球团和型焦有利。③设备重量较一般钟式炉顶减轻约一半，大型高炉炉顶吊车可由230吨改为50吨，炉顶框架可降低，节省投资。④维修方便，更换溜槽的时间仅为4～8小时（有钟炉顶换大钟需要2～7日），提高高炉作业率，延长高炉寿命。⑤炉顶设备密封性能好，可采用更高的炉顶压力。

无钟炉顶要求炉料必须进行整粒，使粒度均匀，否则粒度偏析较大，且容易堵塞料闸。（邹忠平）

高炉鼓风系统 blast system of blast furnace 为高炉冶炼提供足够含氧空气的整体设施。高炉生产的重要组成部分。由高炉鼓风机、热风炉、冷风管和热风管组成。工作过程是：通过空气过滤器收集的干净空气，由高炉鼓风机加压后经热风炉进风口，然后送入高炉。空气经热风炉进行加热后由高炉下部经风口吹入，供给高炉中焦炭燃烧和喷吹燃料燃烧所需要的氧气。同时鼓风要有一定的风压来克服送风系统和料柱的阻力，并使高炉保持一定的炉顶压力。

高炉鼓风机 18世纪中叶开始用往复式蒸汽鼓风机，后来使用煤气内燃机式鼓风机、蒸汽涡轮鼓风机和同步电动鼓风机。20世纪30年代前使用离心式鼓风机较多，50年代开始使用轴流式鼓风机。轴流式鼓风机比离心式鼓风机效率高、结构轻、风量大、特性曲线陡，适于定风量操作。缺点是叶片易受灰尘磨损，影响风量，且噪声大。其中静叶可调轴流电动鼓风机已经成为大型高炉的主要选择，鼓风量每分钟达到10 000立方米，风压0.57兆帕，功率70兆瓦。

热风炉 一般采用蓄热式。蓄热式热风炉由提供高温烟气的燃烧器、燃烧室，以及放置蓄热体的蓄热室组成。一般采用耐火格子砖作为蓄热体。

冷风管和热风管 鼓风通过冷风管进入热风炉加热，再经热风管送到高炉风口进入高炉。经压缩后的冷风温度可达200～280℃，冷风管设置隔热层以达到节能的效果。综合鼓风，还应在冷风管路上设置富氧设施和蒸汽加湿设施（采用低压氧气富氧时，氧气应从鼓风机吸风口处加入）。热风管由热风主管、围管和支管组成，管道内需衬砌致密耐火砖和轻质隔热砖，要考虑耐火材料的膨胀和合理设置管道波纹管吸收金属管道的膨胀。围管固定于框架上。热风主管和围管、主管和支管的各连接处应采用组合砖砌筑，以保证砌体的稳定性，提高耐火材料的使用寿命。热风主管上设有“倒流休风管”，以阻止休风时自高炉倒流的煤气。

（李马可 撰 邹忠平 修订）

高炉可视化技术 visualization of blast furnace ironmaking 采用摄像仪、热像仪、激光器等设备，使操作人员能够直接观察高炉内料面和风口实时影像的方法。作用是在线观察炉况，并主动进行高炉调控操作。主要包括炉顶摄像技术、激光探测技术和风口摄像技术。

炉顶摄像技术 在高炉炉顶安装水冷和氮气防护的摄像仪或热像仪以获取炉内影像，使操作人员随时了解高炉的运行状况，及时发现炉内“管道行程”（高炉断面某局部气流过分发展的表现）、炉料塌料等异常炉况，实时观察到探尺重锤倾倒、布料溜槽不转、炉顶打水枪漏水等设备故障。将采集到的炉内图像传输到计算机，经过处理得到料面温度的相对数值和分布曲线，可用于分析煤气流的分布状况，进而进行炉况调节。

激光探测技术 在炉顶安装激光器，向炉内发射激光，用专用摄像仪获取激光在料面上的影像。此技术可使工作人员观察高炉内发生“管道行程”、塌料等异常炉况时料面形状的变化。经过计算机采集和处理，在线得到料面形状的图像、曲线和数据，然后高炉操作人员根据料面的平台宽度和漏斗深度等数据改进高炉布料操作，改善高炉技术经济指标。

风口摄像技术 在高炉风口安装带有分光器的摄像仪，获取风口和煤粉喷枪工作的影像。操作人员在监视器上可实时了解所有风口的工作状况，并观察到喷枪烧穿时的异常图像。用计算机采集和处理各个风口的图像，得到风口温度分布和喷煤量的相对数值及变化趋势曲线，在出现异常情况时发出报警信号。

（高征铠）

高炉冷却壁 cooling stave of blast furnace 为了延长高炉炉体寿命而设置于炉壳与炉衬之间的降温设备。安装于高炉的炉身、炉腰、炉腹、炉缸等部位，冷却介质为工业水或软水。

沿革 1884年以前，高炉都是只用耐火材料砌筑而没有冷却设备，使用寿命极短。最早采用水冷却的美国高炉，是在炉腰和风口带设置环管喷水冷却炉壳。从20世纪40～50年代开始，高炉冷却出现了两种倾向：以苏联高炉为代表，推广应用了普通灰铸铁冷却壁；西方国家的高炉广泛采用铜质冷却板。铸铁冷却壁的优点是可以获得平滑的高炉操作内型，而且保证了炉壳良好的密闭性能。但由于普通灰铸铁在本体温度超过400℃时将出现不可逆的体积膨胀，使得在高炉高温区使用寿命较短，在一代炉役期内不得不对炉身高热流强度区的冷却设备和耐火材料进行一次更新。60年代，日本、西欧等从苏联引进了铸铁水冷却壁技术后，对高炉进行改造。将冷却壁的本体材料改为铁素体球墨铸铁，将汽化冷却系统改为软水密闭循环冷却系统，高炉炉身寿命得到了明显的延长。之后，高炉冷却壁的研究继续发展，使用材质和结构不断改进。

分类 现代高炉使用的冷却壁按材质主要分为铸铁冷却壁、钢冷却壁和铜冷却壁。

铸铁冷却壁 由冷却壁本体和镶铸在内部的冷却水管组成。根据使用区域分为光面冷却壁和镶砖冷却壁。光面冷却壁结构简单、导热性好，热面为光面；镶砖冷却壁结构为条状间隔排列的镶砖与铸铁筋板，热面为平面。根据材质又可分为普通灰铸铁光面冷却壁、低铬铸铁光面冷却壁和球墨铸铁镶砖冷却壁。①普通灰铸铁光面冷却壁的本体材质一般为普通灰铸铁，本体内不镶嵌耐火材料，允许使用温度不高于400℃，适合于在热流强度较小而稳定的炉底、炉缸和风口带使用。②低铬铸铁光面冷却壁是在普通灰铸铁的基础上加入少量的铬（$Cr \leqslant 0.6\%$），提高允许使用温度的极限。③球墨铸铁镶砖冷却壁的本体材料中，金相组织（单铸试样断面）铁素体不低于85%，其余为珠光体；石墨球化率不低于85%。它的导热率比普通铸铁略低，但允许使用温度较高，当冷却壁受高温作用发生裂纹时不向热影响区以外传播。冷却壁本体内通常镶嵌75～115毫米碳化硅砖或其他耐火材料，镶砖面积约50%。球墨铸铁冷却壁镶砖的作用是有利于挂渣并阻隔热量的传递，减小冷却壁本体的热交换量。球墨铸铁镶砖冷却壁一般用于高炉炉腹、炉腰和炉身部位。为了支撑高炉砖衬，在炉腰和炉身部位使用的冷却壁还带有用水冷却的凸台。在炉衬被完全侵蚀的条件下，球墨铸铁冷却壁在有渣皮存在时，尚可维持正常工作，一旦由于炉况波动造成渣皮脱落，冷却壁本体的工况温度将超过球墨铸铁的760℃极限使用温度，冷却壁受到损坏。

钢冷却壁 材质为低合金钢，使用温

度较球墨铸铁高，但制造工艺复杂，难于保证产品质量的均一性，主要用于部分中小容积高炉，在大容积高炉上尚未得到推广应用。

铜冷却壁　联邦德国最早研制铜冷却壁，1979年起在高炉上开始试用铜冷却壁，取得了满意结果，因而得到迅速推广应用。

铜冷却壁是用铜作为冷却壁本体材质，导热性能好，不仅降低了冷却壁本体的温度，而且有利于形成能够保护冷却壁自身的渣皮。在高炉正常操作条件下，铜冷却壁的工作温度只有60℃左右。在渣皮脱落条件下，短期的峰值热流密度值达到30千瓦·时/米^2，其最高工作温度也可低于150℃。铜冷却壁本体材质选择时，不仅要考虑材质的导热率，还应考虑它的含氧量。含氧铜内的氧很少固溶于铜，但易与铜反应生成Cu_2O。含氧铜冷凝时，氧呈共晶体（$Cu+Cu_2O$）析出，分布在铜的晶界上。由于铜冷却壁在高炉内有氢气气氛的高温条件下工作，氢可以还原铜中的氧化铜，产生高压的水蒸气使铜破裂，因此，必须严格控制铜冷却壁的含氧量。

对铜冷却壁本体材质化学成分的要求：铜≥99.95%；硫≤0.005%；磷≤0.003%；氧≤0.003%；磷/氧≥0.8%；导电率（%IACS）≥98%。

铜冷却壁有轧制无氧铜板钻孔冷却壁、铸铜板坯钻孔冷却壁和铸铜冷却壁，高炉广泛应用的是轧制无氧铜板钻孔冷却壁。

高炉冷却壁在炉腹、炉腰和炉身下部工作，由于受到高而多变的热流强度的冲击，需要有稳定的渣皮来保护。与此同时，还应该具备合理的炉型设计和操作制度来延长使用寿命。

扩展阅读

项钟庸，王筱留，等.高炉设计——炼铁工艺设计理论与实践.北京：冶金工业出版社，2007.

张福明，程树森.现代高炉长寿技术.北京：冶金工业出版社，2012.

（吴启常）

高炉炼铁　blast furnace ironmaking　在高炉中把铁矿石还原成液态生铁的连续冶金工艺。由古代竖炉炼铁发展和改进而来。在中国，高炉因呈直立筒形，炉体细高而得名；在其他国家，因生产中采用鼓风机而广泛称为**鼓风炉**。高炉还可生产炼钢所需的锰铁和硅铁等。高炉炼铁的主要产品是生铁，副产品为高炉**炉渣**和**高炉煤气**。生铁按成分和用途可分为炼钢生铁、铸造生铁和特殊生铁。高炉炉渣以水渣或干渣形式用于制造水泥和其他建筑材料。高炉煤气是钢铁联合企业能源系统的重要组成部分。与其他炼铁技术相比，高炉炼铁技术经济指标良好，工艺简单并成熟、劳动生产率高、设备折旧率低、能耗低、产量大，是现代炼铁的主要方法。

简史　早期高炉使用木炭或煤作燃料，18世纪改用**焦炭**，19世纪中叶改冷风为热风（见**冶金史**）。20世纪初，高炉使用煤气内燃机式鼓风机和蒸汽涡轮式鼓风机后，高炉炼铁得到迅速发展。中国在清朝末年开始发展近代钢铁工业。1890年开始筹建汉阳铁厂，1908年组成了包括大冶铁矿和萍乡煤矿的汉冶萍公司。1949年以前，中国炼铁工业技术水平及装备落后，发展缓慢，生铁年产量只有25万吨。1949年至20世纪80年代初，是**中国现代钢铁工业**大规模发展奠定基础的阶段。其间，中国炼铁学习苏联技术，扩建了鞍山钢铁公司，新建了武汉钢铁公司、包头钢铁公司，自主开发了**高炉喷吹煤粉**、重油及钒钛磁铁矿冶炼等技术。80年代后，中国钢铁企业进行了大规模的扩建和技术改造，高炉炼铁已经发展得比较成熟，实现了高炉炉体结构的标准化，高炉原、燃料质量要求的定量化，高炉操作制度的规范化，高炉技术经济指标得到很大改善（图1）。进入21世纪，中国炼铁技术发展进入自主创新阶段，如自主设计建设的首钢京唐钢铁联合有限责任公司5500立方米高炉。

工艺流程　高炉冶炼过程是在一个密闭的逆流式反应器和热交换器的竖炉内进行，在炉料与煤气逆流运动的过程中完成复杂的物理变化和化学反应。高炉冶炼是从炉顶装入含铁氧化物的原料（烧结矿、球团矿等）、焦炭、造渣用熔剂（石灰石），从位于炉体下部沿炉周的风口吹入预热空气。在高温下，焦炭（有的高炉也喷吹煤粉、重油、天然气等辅助燃料）中的碳同吹入炉内空气中的氧反应生成高温煤气（一氧化碳、氮气、氢气），煤气在炉内上升过程中加热下降炉料，并同时与铁矿石中的氧反应，从而还原出铁。铁矿石中未被还原的杂质与石灰石等熔剂结合生成炉渣，铁与炉渣经高温煤气加热熔化成铁水和熔渣，并周期性地从铁口（过去部分炉渣还从渣口）排出。产生的煤气从炉顶导出，经除尘后，作为**热风炉**、**加热炉**、**炼焦炉**、锅炉等的燃料（图2）。中、小高炉一般设1个铁口，1或2个渣口；大型高炉（2000～4000立方米以上）采用多铁口（2～4个），不设渣口，渣、铁均从铁口排出。

图1　现代高炉炼铁系统

高炉结构　由高炉本体和高炉附属系统组成。在高炉建设上的投资，高炉本体占15%～20%，附属系统占85%～80%。在高炉本体构造中，高炉内部工作空间形状称为高炉内型，一般由炉喉、炉身、炉腰、炉腹、炉缸5段组成。这个工作空间由耐火砖衬、冷却器和炉壳组成的炉墙围成。高炉附属系统主要包括**高炉供料系统**、**高炉鼓风系统**、喷吹燃料系统、渣铁处理系统和除尘系统。随着钢铁工业的发展，高炉本体和附属设备不断改进和大型化。20世纪初，高炉最大容积为几百立方米，

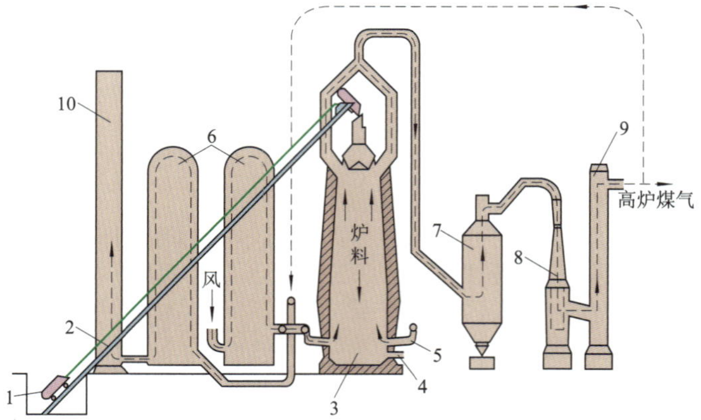

1料车　2上料斜桥　3高炉　4铁、渣口　5风口　6热风炉
7重力除尘器　8文氏管　9洗涤塔　10烟囱

图2　高炉冶炼流程示意图

60年代为2000～3000立方米，70年代达到4000～5000立方米，21世纪初最大为韩国浦项高炉，达到6000立方米。高炉大型化带来了技术指标先进、劳动生产率高和生产成本低的效果。在工艺操作和功能方面，高炉容积的大小，很大程度上取决于钢铁厂规模及矿石和燃料的质量。大型高炉要求焦炭强度高，矿石的强度、还原度、品位等也要高，而且要求成分稳定、粒度均匀。

原、燃料 高炉炼铁主要原、燃料有铁矿石、熔剂、焦炭、煤粉等。

铁矿石是高炉炼铁生产使用的主要原料。铁矿石中铁元素多以氧化物形态赋存，根据铁矿石中铁氧化物的主要矿物形态，铁矿石可分为赤铁矿、磁铁矿、褐铁矿和菱铁矿。铁矿石中除了含铁的有用矿物外，还含有其他化合物，统称为脉石。脉石中常见的氧化物有氧化镁、氧化铝、二氧化硅、氧化钙等。铁矿石原料分为天然块矿、烧结矿、球团矿和压团矿。铁矿石中富块矿经破碎和筛分预处理后可直接入炉；贫矿需要富选成精矿粉，再与采矿和处理产生的富矿粉经过**铁矿粉造块**后供高炉使用，即经过烧结、球团或压团工艺过程。

熔剂是高炉炼铁生产的辅助原料，由高炉造渣制度所需。常见的熔剂有石灰石（$CaCO_3$）、白云石〔$Ca(Mg)CO_3$〕等。

焦炭是高炉炼铁的主要燃料，还作为高炉冶炼的还原剂、骨架和渗碳来源。高炉所用焦炭要求常温和高温强度高、固定碳高、灰分含量低、硫含量低、成分及性能稳定和粒度均匀等。

煤粉是高炉炼铁的辅助燃料，可置换部分焦炭，降低生铁成本。喷吹煤粉要求灰分含量低、硫含量低、可磨性好、粒度细、爆炸性弱、燃烧性和反应性好、煤的灰分熔点高等。

炼铁产品 高炉炼铁主要产品有高炉铁水，副产品有高炉炉渣、高炉煤气。

高炉铁水主要含有铁、碳及其他少量元素（硅、锰、磷、硫等）的液态熔体。铁水中碳的质量分数随其他元素含量的变化而变化，一般范围为2.5%～5.5%。

高炉炉渣是高炉炼铁的副产品之一。每吨生铁的产渣量随入炉原料中含铁量、燃料比，以及焦炭和煤粉灰分含量的不同而差异较大。大型高炉吨铁的渣量在250～350千克，小高炉吨铁的渣量在450～550千克。一般高炉炉渣的主要成分范围是：氧化钙为35%～44%，二氧化硅为32%～42%，氧化铝为6%～16%，氧化镁为4%～12%。

高炉煤气也是高炉炼铁的副产品之一。高炉冶炼每吨普通生铁所产生的煤气量随焦比水平的差异及鼓风含氧量的不同而差别很大，低者每吨铁只有1400立方米，高者可超过2500立方米。不同高炉煤气的成分差别很大，可燃物一氧化碳波动在16%～24%，氢气波动在1.5%～5%，煤气的热值随可燃物的含量高低波动在3200～4200千焦/米^3。

操作制度 一般包括装料制度、送风制度、造渣制度、热制度。

装料制度是炉料装入炉内方式的总称，决定着炉料在炉内块状带分布的状况。炉料在横断面上的分布状况对煤气流在炉子上部的分布有重大影响，进而对炉料下降状况、煤气利用程度乃至软熔带的位置和形状产生影响。利用装料制度的变化来调节炉况，称为上部调节。

送风制度是通过风口向高炉内鼓送具有一定能量的风的各种控制参数的总称，包括风量、风温、风压、风中氧含量、湿度、喷吹燃料种类，以及风口直径、风口中心线与水平面的倾角、风口端伸入炉内的长度等。调节风的各种控制参数及喷吹量称为下部调节。通过下部调节控制风口燃烧带的状况和煤气流的初始分布。送风制度与装料制度相配合是控制炉况顺行、煤气流合理分布和提高煤气利用的关键。

造渣制度要根据冶炼条件和生铁品种确定。选择使炉渣的流动性、稳定性，以及软熔带的温度区间都能满足高炉冶炼需要的炉渣组分。造渣制度包括造渣过程和终渣性能的控制。造渣过程控制是控制软熔带，使软熔带的宽度和位置合理、料柱透气性良好、煤气流分布合理。终渣性能控制是使炉渣具有良好的热稳定性和化学稳定性，以保证良好的炉缸热状态和合理的渣铁温度，同时控制好生铁成分，主要是生铁中的[Si]和[S]。

热制度是在工艺操作上控制高炉内热状态方法的总称。高炉内热状态指炉体各部位具有足够的相应温度以满足冶炼过程中加热炉料和各种物理化学反应需要的热量需求，以及具有使过热液态产品达到要求的温度。通常用热量是否充沛、炉温是否稳定来衡量。一般以炉缸热状态的部分参数作为热制度调节的依据。各种操作制度中操作参数变化都对热制度产生影响，生产者主要通过选择合理的操作制度，并结合上部调节焦炭用量，下部调节送风参数等控制炉内热状态（图3）。

图3 高炉炼铁工人处理渣铁

高炉炼铁技术 主要采用精料技术、高压操作技术、高风温操作技术、喷吹燃料技术、富氧鼓风技术、高炉长寿技术等。

精料技术，即改进原、燃料的质量，从而降低焦比和提高冶炼强度技术。高炉炼铁对原、燃料质量的要求是高、净、匀、稳、少、好。高是含铁品位要高，一般高炉应达到58%，超大型高炉要达到59%～60%或更高；净是炉料粉末含量少，含铁料<5毫米的应小于5%，超大型高炉应小于3%；匀是各种炉料的粒度均匀，烧结矿入炉平均粒度在18～20毫米，粒度>40毫米的要小于10%；稳是炉料的化学成分和性能稳定；少是非铁元素和有害元素杂质少；好是炉料的冶金性能要好。

高压操作技术，即提高炉顶压力，使整个高炉内的煤气处于高压状态，从而提高冶炼强度、增加产量、降低焦比的操作技术。大高炉高压操作的炉顶压力在200～300千帕，部分炉容小于1000立方米的高炉炉顶压力也超过了120千帕。在现代高炉上，顶压每提高10千帕，可提高产量、降低燃料比2%。

高风温操作技术，即借助热风炉将鼓风风温加热到1200℃以上的操作技术。是高炉降低焦比和强化冶炼的重要措施。采用鼓风加热技术，高炉风温可提高到1300℃。在现代高炉上，每提高风温100℃，可节焦3%并提高相应的产量。

喷吹燃料技术。即将气体、液体或固体燃料通过专门的设备从风口喷入高炉，以取代高炉炉料中部分焦炭的一种高炉强化冶炼技术。作用是改善高炉操作，提高生铁产量，扩大高炉冶炼所用的燃料品种和来源，降低生铁成本。喷吹燃料的种类主要有重油、天然气和煤粉。

富氧鼓风技术是向高炉鼓风中加入工业氧，使鼓风氧含量超过大气氧含量，强化风口区燃料燃烧，从而提高冶炼强度，增加生铁产量。随着高炉冶炼技术的进步，高风温、富氧和喷吹燃料三者结合对高炉强化冶炼具有很大意义。

高炉长寿技术是提高高炉炉龄的综合技术措施。设计合理的高炉内型，采用无过热冷却体系和纯水（软水）密闭循环冷却技术，优化高炉炉缸炉底内衬结构，设置完善的高炉自动化监测与控制系统，是实现高炉生产稳定顺行、高效长寿的重要特征。大型高炉设计寿命均为20～25年，高炉一代炉龄每立方米容积产铁量应达到15 000～20 000吨。

重要经济指标　评价高炉炼铁生产的主要技术经济指标包括：①高炉有效容积利用系数。指在规定的作业时间内，每立方米高炉有效容积平均每昼夜生产的合格铁水的吨数，如4000立方米的高炉，日产10 000吨生铁，则有效容积利用系数为2.5吨/（米^3·日）。高炉有效容积是炉喉上限平面至出铁口中心线之间的炉内容积。一般小高炉的有效容积利用系数为3.5～4.0吨/（米^3·日），大高炉有效容积利用系数为2.4～2.6吨/（米^3·日）。②高炉炉缸面积利用系数。指在规定工作时间内，每平方米炉缸面积每昼夜生产的合格铁水数量。比如4000立方米的高炉，日产10 000吨生铁，炉缸直径为13.5米，则高炉炉缸面积利用系数为70吨/(米^3·日)。一般小高炉的高炉炉缸面积利用系数为65～70吨/（米^3·日），大高炉的高炉炉缸面积利用系数为70～73吨/（米^3·日）。③焦比、煤比、燃料比。冶炼每吨生铁消耗的干焦千克数、煤粉千克数、消耗燃料量的总和。④生铁合格率。指生铁化学成分符合标准的总量占生铁总产量的百分数。⑤冶炼强度。即每昼夜每立方米高炉有效容积燃烧的干焦量。⑥高炉炉腹煤气量指数。指单位时间、单位炉缸断面积上通过的炉腹煤气量。炉腹煤气量是在风口循环区的燃烧产物进入焦炭床后形成的还原气体量。炉腹煤气量与鼓风量、富氧量、湿分、喷吹物数量及成分有关。炉腹煤气量指数一般为每分钟58～66米。⑦生铁成本。指生产每吨合格生铁所用原料、燃料、材料、动力、人工等费用的总和。⑧高炉炉龄。指两代高炉大修之间高炉运行的时间。一代炉龄超过15年的为长寿高炉，小于10年的为短寿高炉。衡量高炉炉龄工作效率的指标，一是高炉的一代炉龄，二是一代炉龄内每立方米炉容的累计产铁量。

展望　进入21世纪以来，中国冶金设备的大型化、现代化进步很快，但设备落后、污染严重、能耗水平高的小高炉、小烧结机、竖炉球团、小焦炉还大量存在。在钢铁工业结构调整过程中，以污染水平、能耗水平为标准淘汰落后的冶金设备应是重要任务。此外，中国不同层次的节能环保技术共存，导致中国高炉炼铁的燃料比水平和环保水平远低于国际先进水平。采用和普及节能环保技术，是中国高炉炼铁工业良性发展不可忽视的因素。

扩展阅读

王筱留.钢铁冶金学：炼铁部分.3版.北京：冶金工业出版社，2013.

张寿荣，于仲洁.中国炼铁技术60年的发展.钢铁，2014，49（7）：8－14.

（杨永宜　杜鹤桂　吴　铿　张建良）

高炉炼铁造渣　slag-forming in blast furnace ironmaking　**高炉炼铁**过程中，熔剂同矿石中脉石和焦炭的灰分相互作用，将不进入生铁和煤气的物质溶解、汇集和熔化成液态渣的过程。在高炉内，**炉渣**和生铁同时形成，因此，提高生铁质量并保证高炉顺行，必须造好渣。液态高炉渣要求具有良好的流动性，保证渣铁良好分离。

高炉渣的形成过程主要分3步：初渣→中间渣→终渣。①初渣。形成于软熔带上沿，流动至软熔带下沿开始滴落。初渣的生成包括固相反应、软化、熔融、滴落几个阶段。初渣中含有较多的氧化铁。②中间渣。初渣到终渣的中间过程渣。从软熔带下沿滴落开始直至炉缸，形成的中间渣在滴落下降过程中，随着温度升高，化学成分和物理性质不断发生变化。氧化铁不断被还原而减少，流动性随温度升高而增加。实际上，中间渣就是在风口水平以上，软熔带以下，正在滴落过程中的炉腹渣。中间渣能否顺利滴落通过焦炭层，取决于原料成分和炉温的稳定。③终渣。炉缸积存的渣，从渣口或铁口放出到炉外，其成分和性质已基本稳定。一般所说的高炉渣就是指终渣。

造渣过程必须保持稳定，若出现剧烈波动，必然导致炉况不顺，严重时出现炉况难行、悬料等现象。造成高炉造渣过程不稳定的原因主要是原、燃料品种有变化，质量不稳定，以及高炉操作制度参数波动或发生设备故障等引起炉内软熔带位置、厚度和形状的波动或变化，从而破坏炉况顺行和煤气流的合理分布。在高炉内，从开始软化到生成自由流动的炉渣的区间（软熔带）要小，以减小气流通过的阻力，有利于高炉炉料的顺行和强化冶炼，同时要求造渣量要小，以减少熔剂和燃料的消耗，改善料柱下部的透气性。

碱性熔剂中的氧化钙和氧化镁能同脉石和焦炭成分中的二氧化硅、三氧化二铝结合成低熔点化合物，在高炉内熔化，形成流动性良好的炉渣。由于相对密度的差异，高炉渣与铁水分开，高炉得以正常运行。通过造渣可控制炉渣的成分和性质，使之具有保证生铁质量要求的性能。如造碱性渣脱硫，调节炉渣碱度，控制硅、锰的还原和排碱等。高炉造渣具有促进有益元素和抑制有害元素还原的功能，如高炉冶炼铁合金时提高锰的回收率，还能利于在炉墙上结成渣皮，保护炉墙以延长高炉寿命。

扩展阅读

王筱留.钢铁冶金学：炼铁部分.3版.北京：冶金工业出版社，2013.

傅连春，毕学工，冯智慧，等.高炉初渣形成过程及其性能优化研究.武汉科技大学学报：自然科学版，2008，31（2）：113－117.

李福民，吕庆，李秀兵.高炉喷吹煤气对成渣过程的影响.钢铁，2007，42（5）：12－15.

（吴　铿）

高炉炼铁专家系统　expert system of blast furnace ironmaking　模拟人类专家解决**高炉炼铁**过程中问题的计算机程序系统。是根据钢铁冶金领域一个或多个专家提供的知识和经验，应用人工智能和计算机技术进行推理和判断，模拟人类专家的决策过程，解决高炉生产过程的自动化控制问题。

发展状况　在现代高炉炼铁技术发展进程中，专家系统的研究与应用经历了3个不同发展阶段。①静态控制模型阶段（1970年以前）。主要是在物料平衡和热平衡基础上发展起来的静态数学模型，通过相应的数学模型，计算出原、燃料及操作参数的变化对焦比等生产指标的影响，这种方式既不能对工况的发展趋势进行预报，也不能提示失常炉况，主要还是依靠工长的经验，结合实际生产工况采取相应操作措施。②动态控制模型阶段（1975～1985）。相对于静态控制模型，结合专家经验的动态控制模型为操作提供了警示信号，避免了人为因素造成的炉况误判，从而提高了高炉生产水平。但具体的操作措施仍由工长决定，并未实现高炉的最优化生产。③高炉专家系统控制阶段（1985年后）。是在动态控制模型的基础上，运用人工智能和知识库开发出的高炉专家系统，汇集了专家经验和理论研究成果，融入了模式识别和人工神经元网络等人工智能技术，对炉况的发展趋势做出预报，并提供最佳的操作方法。相对于前两个阶段，高炉专家系统对一般炉况的预报在炉况相对稳定的前提下准确率较高。高炉炼铁专家系统在世界各国主要高炉炼铁厂都有运行，并还在继续发展。

构成　高炉炼铁专家系统是协助高炉操作的计算机软件，它包括一般专家系统所具有的知识库、推理机、综合数据库、解释器和接口及知识库管理系统等部分（见图）。①知识库。用于存储**钢铁冶金**领

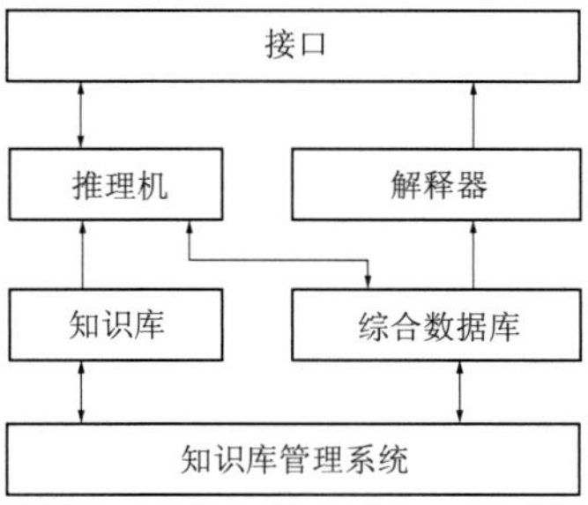

专家系统结构图

域专家的知识经验，包括事实、可行操作与规则等。知识库中的知识主要来源于书本和专家多年的实践经验，然后将这些知识归纳表达为系统可运用的形式。成熟的数学模型也可进入知识库。②推理机。使用知识库进行推理并解决问题的程序，所以推理机就是专家的思维机制，即专家分析问题、解决问题的一种算法表示和机器实现。知识库和推理机构成专家系统的基本框架。③综合数据库又称全局数据库或动态总数据库。用于存储高炉炼铁过程中的初始数据和推理过程中得到的中间数据（信息）。④解释器。能够向操作人员解释专家系统的行为，包括解释推理结论的正确性以及系统输出其他候选解的原因。⑤接口又称界面。能够使系统与高炉操作人员对话。一方面，操作人员通过这个界面向系统提出或回答问题，或向系统提供原始数据和事实等；另一方面，系统通过这一界面向操作人员提出或回答问题，并输出结果以及对系统的行为和最终结果做出适当的解释。⑥知识库管理系统。知识库的支持软件，是对知识库进行类似于数据库对数据的操作，功能包括知识库的建立、删除以及知识的获取、维护、查询、更新等。

功能和作用　不同的高炉炼铁专家系统控制的侧重点不同，主要功能包括炉况监测与控制、布料控制、热状态预测、煤气分布控制、热风炉燃烧控制、设备故障诊断等。对于高炉操作的主要作用有：通过及时的异常炉况分析与操作指导，有效避免异常炉况的发生；通过炉热趋势判断及炉温预报，及时地掌握炉热变化趋势；通过炉料质量控制，减少有害元素对炉况顺行造成影响；通过炉型管理，及时掌握炉型变化，为采取有效的护炉措施提供依据，延长高炉寿命；优化高炉操作、减轻劳动强度。 （杨天钧）

高炉炉顶煤气余压发电　top pressure recovery turbine unit of blast furnace ironmaking　通过透平膨胀机，将**高炉**炉顶煤气的压力能和热能转化为机械能，并用于驱动发电机发电的余能回收技术。又称高炉炉顶煤气余压透平发电，简称TRT。高炉炉顶煤气余压发电装置是一种二次能源回收的节能装备，是高炉系统的一项附属设备。

简史　早期采用高压操作的高炉上没有回收炉顶煤气压力能，炉顶的高压煤气通过减压阀组调压后直接进入管网，压力能变成噪声，浪费能源还污染环境。1962年，苏联首先建成了一套6000千瓦的TRT装置，为半干式轴流冲动式结构，解决了这些问题。之后，法国、日本等国家相继发展了高炉炉顶煤气余压发电技术。

中国首都钢铁公司于1981年从日本引进，并于1983年建成投产了第一套装机容量为5700千瓦的TRT装置。1984年，中国研发的第一套TRT装置在上海梅山冶金公司投产，装机容量1700千瓦。此后，TRT技术在中国得到逐步推广应用，取得了良好的节能效果。

设备构成　TRT装置由透平主机、大型阀门系统、润滑油系统、液压伺服系统、给排水系统、氮气密封系统、高/低发配电系统、自动控制系统8部分组成。装置的调速方式从调速阀调节发展到利用透平的静叶进行调节；结构形式从径流式发展到轴流式，从冲动式发展到反动式。

分类　根据高炉煤气除尘系统中净化方式的不同，TRT装置有干式、湿式和干湿两用式三大类。用水来降低煤气温度和除尘并设置TRT装置的工艺为湿式工艺流程，采用干式除尘（布袋或电除尘）并设置TRT装置的工艺为干式工艺流程，干湿两套装置互为备用并分别与TRT配合运行的工艺为干湿两用式工艺流程。对于相同高炉，干式TRT的发电能力可比湿式的增大30%左右。

技术参数　TRT装置的发电量与**高炉煤气**的压力、温度和流量有关，一般吨铁发电量为30～40千瓦·时，且温度每升高10℃，会使透平机出力提高10%。TRT装置一般在容积大于或等于1000立方米的高压高炉上设置。高压高炉炉顶压力设计范围为0.12～0.25兆帕（表压），煤气发生量每小时为10万～70万立方米，TRT以后的干管压力一般为0.01～0.02兆帕。

技术优点　TRT技术优点主要有：①实现二次能量回收。除必要的运行成本外，不需消耗新的能源。通过TRT机组，可以将煤气余压转换成电能，并获得一定的经济效益。②能更好地控制顶压。一般通过TRT机组的静叶来调整高炉顶压，比减压阀组控制更稳定，对高炉操作和稳定生产有着积极的作用。③降低噪声。由于减压阀组全部关闭，煤气从透平通过，噪声和振动以做功的形式转化为电能，可以减低减压阀组的噪声。

（王　立）

高炉煤气　blast furnace gas; top gas　**高炉炼铁**过程中产生的可燃气体。钢铁联合企业中一种重要的气体燃料。纯净的高炉煤气无色无味，密度约为1.3千克/米^3。高炉煤气的成分和发热值与高炉所用的燃料、所炼生铁的品种及冶炼工艺有关。高炉煤气主要成分为CO、CO_2、N_2、H_2、CH_4等，其中CO_2、N_2不参与燃烧产生热量。高炉煤气发热值估算式为：

$$Q_d=(126.4CO+107.6H_2+359.2CH_4+231.5H_2S)\times 100$$

式中Q_d为高炉煤气低发热量；CO、H_2、CH_4、H_2S为高炉煤气中各种气体的体积分数。高炉煤气发热值一般为3200～4200千焦/米^3。

高炉煤气可以单独使用，也可以与其他煤气混合使用，如可与**焦炉煤气**混合，提高气体燃料的发热值。高炉煤气发生量可根据鼓风量估算，两者关系为：

$$V_{煤气}=(1.34\sim1.45)\ V_{鼓风}$$

式中$V_{煤气}$为煤气量；$V_{鼓风}$为鼓风量。净化后的高炉煤气可供炼焦炉、热风炉、加热炉、烧结点火器、锅炉等设备使用，也可以用于火力发电。为回收高压高炉煤气所具有的压力能量，现代的大中型高炉一般都采用高压炉顶操作，通过**高炉炉顶煤气余压发电**（TRT）装置使高炉煤气经透平膨胀，驱动发电机发电。

高炉生产过程产生的煤气含有大量粉尘，称为荒煤气，不能直接使用。高炉煤气作为燃料，含尘量要小于10毫克/米^3，因此在供给工业窑炉使用前需进行净化。煤气净化分为干法除尘和湿法除尘两种。

高炉煤气有毒易燃，在使用过程中需预防人畜中毒和着火、爆炸等事故的发生。

（温作丁　沈峰满）

高炉煤气除尘系统 gas dedusting of blast furnace ironmaking 对高炉煤气进行除尘和净化处理，使高炉煤气达到回收使用要求的工艺及其装置。按照除尘粒度范围，高炉煤气除尘包括粗除尘和精除尘。粗除尘主要设备是重力除尘器和旋风除尘器，精除尘设备包括洗涤塔和溢流文丘里管、布袋除尘器或干式静电除尘器等。高炉煤气中含有许多细小颗粒的炉尘，一般每标准立方米含尘量为10～40克，粗煤气经粗除尘后，高炉煤气中的大部分粗颗粒粉尘被去除，粉尘含量可降至6～12克。但经粗除尘的高炉炉顶煤气，仍不能直接回收使用，会造成煤气管道和炉顶煤气余压回收设备的磨损和煤气管道和燃烧器的堵塞，侵蚀耐火材料、缩短耐火材料使用寿命，降低换热器或蓄热器效率，因此必须经过进一步的精除尘净化处理，使高炉煤气含尘量降低到10毫克/米^{3}以下。

高炉煤气除尘系统有湿法除尘和干法除尘两类工艺流程，两类流程装置通常与**高炉炉顶煤气余压发电**（TRT）设备配合运行。

高炉煤气湿法除尘 主要是用水作为高炉煤气清洗净化的介质，利用雾化后的液滴捕集煤气中的尘粒，从而脱除煤气中的粉尘。20世纪50年代至80年代初期，高炉煤气除尘主要以湿法除尘为主，在精除尘阶段由最初的洗涤塔、电除尘器和减压阀组系统演变为以文丘里管为精除尘设备的洗涤塔–文丘里管或双文丘里管（串级文丘里管）系统。后又出现用串级文丘里管系统中的第二级文丘里管代替减压阀组控制高炉炉顶压力的比肖夫（Bischoff）装置，此系统又称为环缝洗涤系统（图1）。环缝洗涤系统包括环缝洗涤塔和旋流脱水器及相关的给排水设施。环缝洗涤塔分为煤气预洗涤段和环缝段（煤气精洗涤段）。供水分两路供给环缝段和预洗涤段下部，通过再循环全部由预洗涤段排入沉淀池，污水经过处理后再循环使用。环缝洗涤塔的阻力损失大于25千帕，耗水量为1.8～2.2升/米^3。经过环缝洗涤塔净化处理后的净煤气每标准立方米含尘量小于5毫克，含水量小于10克，温度约为55℃。

由于高炉煤气湿法除尘耗水量大、动力消耗高、需要污水污泥二次处理等问题，新建或大修改造的高炉已较少采用湿法除尘。

高炉煤气干法除尘 在精除尘阶段采用无水的干式除尘装置脱除煤气中的粉尘，在20世纪80年代初开始研究开发并应用，分为高炉煤气干法布袋除尘和干法静电除尘工艺，其中高炉煤气干法布袋除尘得到广泛推广。典型工艺流程如图2所示。

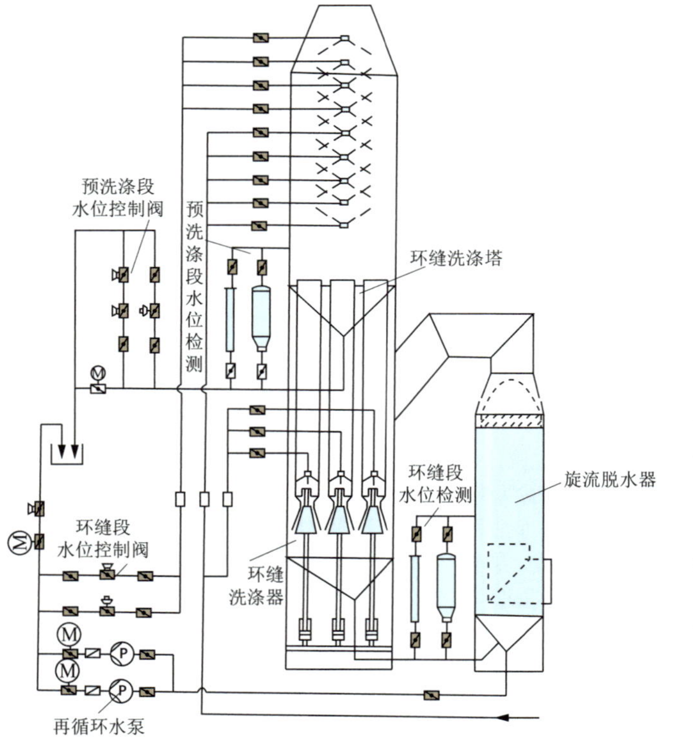

图1 环缝洗涤系统工艺流程

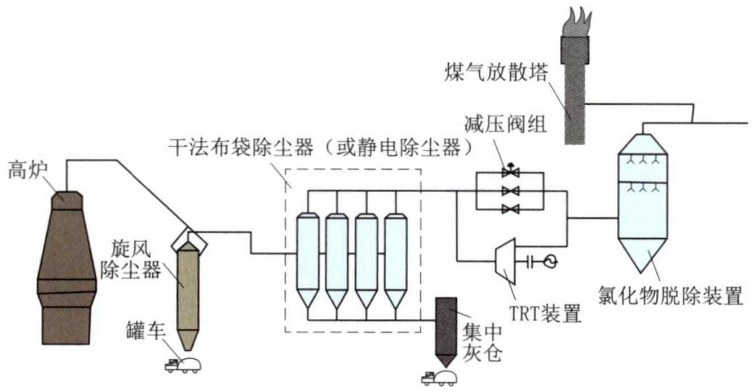

图2 典型高炉煤气干法除尘工艺流程

布袋除尘器内设置若干条由高孔隙率的织布或滤毡制作而成的布袋，以布袋作为滤料，当高炉煤气流经除尘器时，布袋对高炉煤气进行过滤净化，捕集煤气中的粉尘和颗粒，附着在布袋上的粉尘通过脉冲反吹或加压反吹等方式进行清灰，以保证布袋的正常工作。布袋除尘器的除尘效率在99%以上，阻力损失小于1000～3000帕，净煤气每标准立方米含尘量可达到5毫克以下，温度为80～150℃，在高炉煤气干法除尘中被广泛使用。

静电除尘器由产生电晕电流的放电极和收集带电尘料的集电极组成。高炉煤气流经除尘器在两个电极之间通过时，在强电场的作用下高炉煤气中的粉尘被静电吸附，从而达到除尘净化的目的。静电除尘器的除尘效率可达99%以上，阻力损失小于500帕。由于技术等原因，静电除尘器在高炉煤气除尘中采用得较少。

发展趋势 高炉煤气除尘系统的技术发展是推广应用干法除尘方法，进一步降低水耗和能耗，减少环境污染，提高能源回收利用效率，具体包括延长除尘布袋的使用寿命，开发研制新型过滤材料，除尘灰高值转化和资源化利用等。

（张福明）

高炉喷吹煤粉 pulverized coal injection of blast furnace ironmaking 将粉状煤从风口直接吹入**高炉**炉缸，代替高炉炉料中部分**焦炭**的冶炼技术。

简史 始于1840年S.M.班克斯喷吹焦炭和无烟煤的设想。现代第一次大规模的工业高炉喷煤粉试验由国际钢铁联合会于1961年在北美汉纳公司2号高炉上完成。1964年，中国的鞍山钢铁公司和首都钢铁公司也开始了工业试验。20世纪70年代由于石油成本降低，**高炉炼铁**喷吹煤粉技术的持续发展遇到困难，直到1973～1979年两次石油危机之后才得到快速发展。

高炉喷吹煤粉特性 包括基础性能（灰分、硫分、固定碳）和工艺性能（着火点、爆炸性、可磨性、灰熔点、燃烧性和反应性），是高炉喷吹煤粉技术选用煤种的重要判定依据。①灰分是煤粉在规定条件下完全燃烧后的残留物，为煤中矿物质在一定条件下经分解、化合等复杂反应形成的复杂氧化物。灰分越高、煤粉置换比越低。②硫分为有机硫和无机硫，燃烧后生成二氧化硫和三氧化硫危害人体健康，同时还损害炼焦设备，影响生铁和钢的质量，所以煤粉中硫含量越低越好。③固定碳是煤种选择的主要依据之一，高炉喷吹用煤粉要求应具有较高的固定碳含量及碳氢比。④着火点是在有氧化剂（空气）和煤粉共存条件下，把煤加热到开始燃烧的温度，也称燃点、着火温度。高炉喷吹煤粉要求着火点低，但低着火点的煤粉仓贮时易着火爆炸，因此选用煤种和设计煤粉喷吹系统时，需要综合考虑煤粉的利用和安全两方面因素。⑤爆炸性与煤粉的可燃基挥发分含量及煤粉粒度有关。一般认为煤粉无灰基挥发分含量小于10%基本无爆炸性，大于10%为有爆炸性，大于25%为强爆炸性。煤粉粒度越小，爆炸性越强。⑥可磨性是煤研磨成粉的难易程度，是评价磨煤机出力和耗电量等设计参数的基础，一般用可磨性指数表征。若煤的可磨性差，将给制粉工艺带来一定困难，增加磨煤的动力消耗，同时也会影响喷吹设备和喷枪寿命。一般煤粉的哈氏可磨性指数在60～90为宜。⑦灰熔点是煤粉灰分开始熔化的温度。灰熔点低会导致风口或喷枪前结渣，对高炉喷吹不利。另外煤粉颗粒燃烧时若被低熔点灰分包裹将影响煤粉颗粒的燃烧过程。⑧燃烧性是煤粉与氧化剂（空气）在高温下快速着火、失重及燃尽的性能。高炉喷吹煤粉要求有较高的燃烧性，减少炉内未燃烧煤粉的含量，提高煤焦置换比。同时高炉喷吹煤粉燃烧性能受到煤质、风温、富氧、粒度及喷煤比的影响。⑨反应性表示在一定温度下煤中碳与二氧化碳进行还原反应的能力。煤的反应性与煤的气化和燃烧有密切关系，直接反映了煤在高炉内的作用情况。要求高炉喷吹煤粉具有较高的反应性，从而可减少高炉内焦炭的气化反应，起到保护焦炭的作用。

高炉喷吹工艺系统　主要由原煤储运、干燥气体制备、煤粉制备、煤粉输送、煤粉喷吹、供气系统组成（见图）。此外还

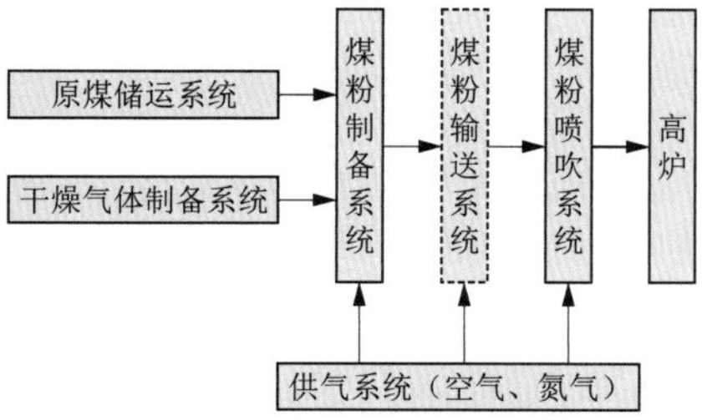

煤粉喷吹系统工艺流程

有控制整个喷吹煤粉系统的计算机控制中心。①原煤储运系统包括综合煤场、煤棚、贮运设施。综合煤场一般储备20～40天煤量来稳定生产，可以分别堆放两种或两种以上原煤及其他喷吹物，并进行存取或按工艺需求进行**配煤**作业；煤棚主要用于原煤的风干，以便制粉，储存煤量按生产7～8天考虑；煤场和煤棚之间通常采用火车、汽车或皮带运输，煤棚和制粉车间通常采用皮带运输。②干燥气体制备系统包括烟气引风机、燃烧炉、助燃风机和烟气管道等。以燃烧炉干燥气与冷空气混合成温度为20～300℃的气体为干燥介质，送入磨煤机干燥煤粉。磨制烟煤时，还需要引入热风炉烟道废气，以制取氧含量小于10%、含水量低的干燥气。③煤粉制备系统包括原煤仓、插棍阀、封闭式自动称重给煤机，磨煤机、布袋收粉器，主排烟风机、系统管道、阀门等。主要任务是将原煤安全加工成符合喷吹要求的粉煤。主要粒度要求为：无烟煤小于0.074毫米达到80%以上，烟煤小于0.074毫米达到60%以上，水分含量低于2.0%。在烟煤制粉中，还必须设置相应的惰化、防爆、抑爆及监测控制装置。④煤粉喷吹系统包括煤粉仓、仓下分配煤粉装置、喷吹罐、煤粉分配器、煤粉喷枪等。根据高炉喷吹煤粉工艺流程布置方式可以分为直接喷吹和间接喷吹。直接喷吹是煤粉制备系统和煤粉喷吹系统合在一起直接向高炉喷吹；间接喷吹是煤粉制备系统和煤粉喷吹系统分开，通过罐车或气动输送管道将煤粉从制粉车间输送到靠近高炉的喷吹站，再向高炉喷吹。根据喷吹罐组的布置方式可以分为串罐式和并罐式。系统主要功能是安全、可靠、连续地把煤粉喷入高炉，并按照高炉要求随时调节喷入高炉煤粉重量，实现高炉圆周均匀喷吹和煤粉在风口回旋区域充分燃烧。⑤煤粉输送系统仅存在于高炉间接喷吹煤粉工艺系统中。多用于有多座高炉并采用集中制粉的企业，或本厂不设煤粉制备系统而外购成品煤粉的企业。其中管道气力输送依据粉气比的不同可以分为浓相输送（粉气比大于50）和稀相输送（粉气比为10～30）。⑥供气系统主要包括压缩空气、氮气、氧气和热风炉烟气。压缩空气主要用于煤粉的输送和喷吹；氮气和热风炉烟气主要应用于系统的安全正常运行，如制粉系统惰化和煤粉干燥；氧气应用于高炉富氧鼓风和氧煤喷吹。

高炉冶炼过程影响　高炉炼铁喷吹煤粉后由于入炉焦炭数量的减少，吨铁煤气量及煤气成分改变，使高炉冶炼过程发生变化。①炉缸煤气量增加，鼓风动能增加，燃烧带扩大。煤粉含碳氢化合物高，在风口前气化，产生大量氢，使炉缸煤气量增加。部分煤粉在直吹管和风口内就开始裂解和燃烧，在入炉前形成高温热风和燃烧产物混合气流，流速和动能大于全焦冶炼时的风速和动能。鼓风动能的增加，以及氢相对一氧化碳有较强的穿透能力等因素扩大了燃烧带区域。②理论燃烧温度下降，炉缸中心温度略有上升。理论燃烧温度降低主要原因有煤粉挥发分含量高，风口前燃烧产物数量增加；煤粉中碳氢化合物分解吸热，燃烧放出的热量降低；与达到风口回旋区焦炭（1500℃）相比，煤粉进入循环区时的温度一般在80℃左右，带进的物理热少。炉缸中心温度升高主要原因有煤气量及鼓风动能增加；高炉上部炉料还原得到改善，中心部分热支出减少；高炉热交换改善，进入炉缸物料和产品温度升高。③料柱阻损增加，压差升高。主要原因是喷吹煤粉造成单位生铁焦炭消耗量减少，高炉料柱的矿/焦比增加，炉料透气性变差；喷吹煤粉后单位生铁煤气量增加，煤气流速加快，阻力加大。④促进间接还原，降低直接还原。主要原因是喷吹煤粉后煤气中还原性成分（$CO+H_2$）的浓度增加；单位生铁的还原气体量增加；焦比降低减少了焦炭参与CO_2反应的表面积，降低直接还原反应速度；喷煤后单位生铁的炉料容积减少，炉料在炉内停留时间增长。

扩展阅读

杨天钧，苍大强，丁玉龙.高炉富氧煤粉喷吹.北京：冶金工业出版社，1996.

（张建良）

高炉全氧炼铁　full-oxygen blast furnace ironmaking　*高炉炼铁*过程中，向高炉内鼓入氧气，结合喷吹煤粉作为燃料等冶炼技术。工艺介于*熔融还原炼铁*和传统高炉炼铁之间，于20世纪70年代提出。90年代初，俄罗斯和日本分别进行了高炉全氧炼铁的工业化试验，理论分析和试验结果表明全氧鼓风和大量喷吹煤粉在工艺上可行，具有节约焦炭和降低燃料消耗的优势。但是由于当时制氧和二氧化碳脱除等技术尚不成熟，生产成本较高，最终未能实现工业化生产。中国对高炉全氧炼铁的研究从20世纪80年代开始。

高炉全氧炼铁采用全氧鼓风操作取代预热空气鼓风操作，在炉顶装入矿石（球团矿、烧结矿或块矿）和少量焦炭，在高炉风口鼓入常温工业氧气并喷吹大量煤粉。促进了煤粉在风口前端快速燃烧，在高置换比条件下将高炉喷煤量提高到250千克/吨以上，大幅度降低了焦比。由于高炉喷煤量超过焦炭消耗量以及炉顶煤气的循环利用，这一工艺可以看作以氧气和煤粉为主要能源的炼铁技术。与传统高炉炼铁流程相比，高炉全氧炼铁有以下特点：①可减轻环境污染，提供清洁能源。②可提高生产效率。③可增加喷煤量，降低焦

比。④可发展间接还原，降低直接还原，燃料比接近理想值。⑤可改善炉顶煤气质量。⑥炉顶煤气可循环利用。⑦可优化高炉冶炼过程。

高炉全氧炼铁的提出和实施，意味着50%以上的焦炭可被煤粉代替，高炉对炼焦过程的依赖程度大幅降低，将有利于提高高炉炼铁工艺竞争能力。

（张建良）

高炉冶炼钒钛磁铁矿 melting of vanadium titano-magnetite using blast furnace 用高炉冶炼铁、钒、钛共生的特种矿石的工艺流程。钒钛磁铁矿是一种典型的多金属有价元素共伴生矿，与一般铁矿相比，其含铁量较低。中国有较为丰富的钒钛磁铁矿资源，主要分布在四川攀枝花-西昌地区和河北承德地区。俄罗斯、美国、南非、芬兰、挪威、印度、坦桑尼亚、澳大利亚等国家和地区也有钒钛磁铁矿资源。钒钛磁铁矿的提取冶金技术路径可根据赋存元素的特点，采用不同的工艺路线，中国主要采用高炉-转炉生产流程。

钒钛磁铁矿需经选矿富集后，获得铁精矿和尾矿，尾矿再进行选矿可从中获得钛精矿。铁精矿经过烧结或球团造块后，进入高炉冶炼。高炉冶炼过程中钒氧化物被大部分还原进入铁水，获得低钒生铁，经转炉吹炼，得到半钢和富钒炉渣。半钢经转炉炼钢进一步脱碳而成钢水，富钒炉渣经钠化焙烧、浸出、过滤和沉淀得到V_2O_5提钒，或用于冶炼钒铁合金。

高炉冶炼钒钛磁铁矿的特点是冶炼过程中炉渣变稠，出现泡沫渣。造成炉渣变稠的主要原因是矿石中的TiO_2还原生成[Ti]、TiC、TiN和Ti(C、N)，它们以微小颗粒悬浮于铁水和炉渣中。因此，高炉冶炼钒钛磁铁矿的关键是控制钛的过还原来抑制TiC、TiN、Ti(C、N)的生成量。根据生产经验，高炉冶炼依据炉渣中TiO_2的含量范围分为低钛渣（≤10%TiO_2）、中钛渣（10%～20%TiO_2）和高钛型炉渣（≥20%TiO_2）冶炼。由于TiO_2和SiO_2性质相似，以铁水中[Si]+[Ti]含量作为控制生成TiC、TiN、Ti(C、N)的标志。

因历史原因，高炉冶炼钒钛磁铁矿技术的整体资源综合利用水平不高，特别是钛资源未能得到很好利用，多种改进的新工艺和新技术正在研发之中。

扩展阅读

杜鹤桂.高炉冶炼钒钛磁铁矿原理.北京：科学出版社，1996.

（白晨光）

高炉一代炉龄 blast furnace campaign life for a continuous period 高炉从点火投产到停炉大修期间的实际运行时间。点火投产表示高炉一代炉龄的开始，即新建或经大修后的高炉重新开始连续生产。当高炉炉衬尤其是炉缸侧壁与炉底拐角处受损严重或冷却壁大面积损坏，使高炉生产难以为继或无法安全运行，生产技术指标严重下降时，必须进行停炉大修，表示这一代炉役结束。高炉一代炉龄与一代炉龄内单位炉容产铁量是衡量高炉寿命的一对重要指标。随着高炉炼铁技术的进步，高炉一代炉龄不断延长，20世纪后叶，高炉一代炉龄仅5～6年。进入21世纪，高炉的设计炉龄已达15～20年。影响高炉一代炉龄的主要因素有：高炉炉型及炉体结构设计，炉身、炉腹、炉缸、炉底等部位的冷却形式和冷却制度，高炉耐火材料质量和高炉建设尤其砌砖时的施工质量，高炉正常生产时的原、燃料质量，以及高炉操作制度和采用的各种护炉措施等。

（沈峰满）

高炉-转炉生产流程 BF-BOF integrated steelmaking route 采用高炉铁水接转炉炼钢、连铸连轧，获得所需钢材的生产过程。俗称“长流程”，是钢铁生产的主要流程，其产钢量占世界钢总产量的60%以上。采用高炉-转炉钢铁生产流程的企业称为钢铁联合企业。高炉-转炉生产流程使用烧结矿及球团矿和部分铁矿石为原料，在高炉内用焦炭作为燃料和还原剂（常用部分煤炭代替焦炭），将铁矿石还原、冶炼成液态生铁，再在转炉内将液态生铁和废钢炼成液态钢水，经钢水二次精炼得到合格的成品钢液。钢液连铸成钢坯，再轧制成各种形状和尺寸的成品钢材。采用高炉-转炉钢铁生产流程的钢铁联合企业一般设有炼焦厂和相应的化工厂，部分企业还设置一些后部工序，如表面处理、冷轧、冷拔、热处理等。20世纪70年代以前，高炉-转炉生产流程的工序组成为：高炉—转炉—模铸—初轧/开坯—轧钢成材。之后由于技术进步、工序集成优化，高炉-转炉钢铁生产流程的工序结构逐步演变成由高炉炼铁—铁水预处理—转炉炼钢—钢水二次精炼—连铸连轧组成的流程。高炉-转炉钢铁生产流程的优势是：生产规模大、能力强，有大量的煤气等能源输出，伴生多种有用副产品，能大量消纳社会废弃物。主要缺点是：流程长，大量消耗原材料和能源，温室气体排放量大，污染物排放多，建厂条件要求高且复杂，投资大，生产工序占地面积较多，生产灵活性较低等。

（徐安军　曲　英）

高铝砖 high-alumina brick 氧化铝（Al_2O_3）含量大于48%的硅酸铝质耐火材料制品。按Al_2O_3含量可分成48、55、65、75（%）等多种牌号，炼钢电炉顶用高铝砖可分成65、75、80（%）等牌号；按用途可分为高炉高铝砖、电炉顶高铝砖、热风炉高铝砖、盛钢桶高铝砖、铸锭高铝砖、一般高铝砖等。生产高铝砖的原料主要有高铝矾土，也有用蓝晶石、红柱石、硅线石以及天然刚玉与工业氧化铝等。生产工艺流程为生产原料加入适量黏土等结合剂，混匀后干压成形，干燥后高温烧成。采用高铝矾土为原料时必须经过高温煅烧成熟料后才能使用。高铝矾土在煅烧过程中，根据温度可分为分解阶段（400～1200℃）、二次莫来石化阶段（1200～1400℃）、烧结阶段（大于1400～1500℃）。二次莫来石化是指高铝原料中部分水铝石（$Al_2O_3 \cdot H_2O$）与高岭石（$Al_2O_3 \cdot 2SiO_2 \cdot 2H_2O$）分解后生成莫来石（$3Al_2O_3 \cdot 2SiO_2$）。二次莫来石化阶段伴有约10%的体积膨胀，使颗粒间的空隙增大而影响烧结，其对制品的显气孔率和高温结构强度有直接影响。高铝砖具有较高的耐火度和高温结构强度，较强的抗酸性或碱性熔渣的侵蚀性，热震稳定性也不错，可广泛用于冶金工业的电炉炉顶、高炉炉缸与炉底、平炉水套、盛钢桶内衬、热风炉格子砖、蓄热室内衬，以及水泥回转窑烧成带、隧道窑窑顶等部件。中国高铝矾土资源丰富，品位优良，主要产于山西、河北、河南、山东、贵州和广西等省区，为中国发展和生产各种优质高铝砖开创了得天独厚的有利条件。

（孟贞杰）

高频焊 high frequency welding 利用高频电流，将工件待焊区表层加热到热塑性或局部熔化状态，在外部机械压力作用下，实现金属结合的压焊方法。高频焊的实质是借助高频电流集中沿导体表面和沿感抗最小的通路流过的原理，将电流集中于工件表层，控制高频电流的传导路径、位置和范围，使工件待焊区表层金属快速加热到所需温度，并通过机械挤压使高温待焊区相邻界面通过变形达到原子或分子间结合，从而实现焊接。高频焊常用的电流频率范围为60～500千赫。高频焊设备主要由高频电源、电极（或感应线圈）和挤压装置等组成。根据高频电流在工件中生热方式的不同，高频焊可分为高频电阻焊和高频感应焊（见图）。高频电阻焊时，

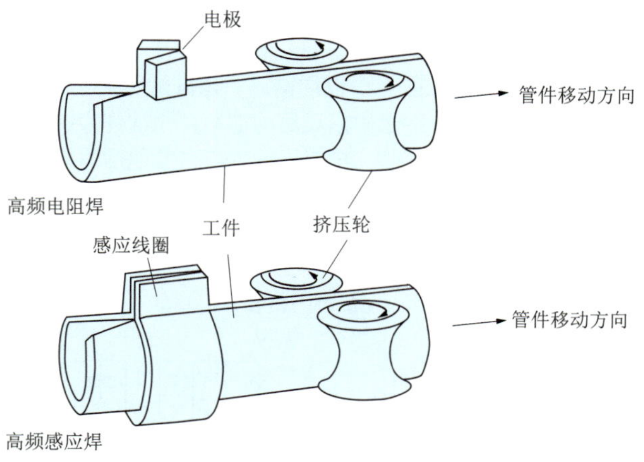

高频焊原理图

电流通过电极与工件的机械接触导入工件；高频感应焊时，高频电流通过工件外部感应线圈的耦合作用在工件内部产生感应电流/涡电流以实现对工件的快速加热。影响高频焊质量的主要因素包括高频电流的频率、功率、工件成形角、挤压力、电极（或感应线圈）与挤压辊之间的距离和焊接速度等。高频焊质量稳定，生产率高，成本较低。适用于焊接低碳钢、低合金高强钢、不锈钢、铝合金、钛合金、铜合金和镍、锆等金属管型件焊接，以及具有各种截面形貌的结构型材焊接。

（周文瑛　撰　李永兵　楼　铭　修订）

高山高寒矿床开采　plateau alpine deposit exploitation　对标高达2500米以上或高纬度地区，并具有高山效应的矿床进行的*采矿*作业。高山效应的特点是缺氧，气压、氧分压和水的沸点均低，人到了这样的环境，身体因不适应高海拔造成的气压差、含氧量小、空气干燥等变化，工作能力下降，重者甚至患上高山病。设备在这种地区运转效率低，使用寿命短。

高山高寒矿山多数处于高山地形区，其特点是山势陡峭险峻、岩石风化强烈、山谷比高，山体滑坡、坍塌、泥石流时有发生。这样给矿山工业场地、生活区以及道路的布置带来不少的困难。气候寒冷也是这些矿山的特点之一。由于温度很低，对矿床的开采带来一定影响，表现在对永久冻层矿床的开采上。正常采矿方法在永冻层中应用会受到一定程度的制约，主要原因是水的冻结和采下的矿石结冻，不但影响了生产的正常进行，而且由于存窿矿石结冻，采下的矿石损失较大。例如，湿式充填采矿法应用困难较大；*崩落采矿法*在凿岩过程中会发生冻孔现象，即使完成凿岩工作，时间稍长，钻孔也会结霜，孔径变小，装药难度大。

高山高寒矿床开采要求：①材料消耗少。该类矿山离城市远，交通不便，运输费用高，材料供应困难，因而选用材料消耗少的采矿方法，并尽量选用当地能提供的材料。②高山高寒地区人口少，外地人难以适应，因此尽量选用劳动力消耗少的采矿方法。③尽量采用机械化程度高的采矿方法。高山高寒矿山常用的采矿方法有*阶段矿房采矿法*、分段采矿法和*留矿采矿法*，矿岩不稳固采用分段崩落采矿法和充填采矿法。

（胡建军）

高熵合金　high enropy alloy　由5种或5种以上的元素组元，按照等原子比或接近于等原子比合金化制备的合金材料。又称多主元高熵合金。其混合熵高于合金的熔化熵。20世纪70年代，多主元合金一词在英国B.坎托指导的本科生毕业论文中出现。2002年，多主元高熵合金概念被正式提出，相关研究成果在2004年正式发表。2010年后高熵合金的研究广泛开展，研究的典型合金有以钴、铬、铜、铁、镍为代表的面心立方固溶体结构的合金，以铝、钴、铬、铁、镍为代表的体心立方固溶体结构的合金等。

高熵合金一般会形成简单结构的固溶体，大量不同种类的原子相互固溶，会导致严重的晶格畸变，从而产生很强的固溶强化效应。另外，根据热处理条件不同，合金在冷却或*退火*过程中，还可能生成一定量的金属间结构相、纳米相、非晶相等，这些第二相一般尺寸很小，并且弥散分布，可以产生第二相弥散强化的作用。

根据吉布斯相律原理，组元数越多，相的个数就越多。但5个以上组元的合金，却可以形成单相无序固溶体或非晶相结构，而不是多相复杂相。许多研究者认为，这种无序相的形成是由于高混合熵稳定的结果。高熵合金的熵值一般大于1.5R（R为气体常数）。根据热力学公式，吉布斯自由能$G=H-TS$，其中H为混合焓，T为热力学温度，S为混合熵。高熵意味着TS这一项很高，如果在T很高时，TS一项在降低吉布斯自由能方面非常突出。吉布斯自由能低，相结构会更加稳定。高的混合熵使合金倾向于形成固溶体而不是金属间化合物。

高熵合金在性能上非常独特。元素间不同的尺寸和结合力，导致了合金具有晶格畸变和缓慢扩散效应，使合金硬度大、强度高；凝固过程中保留的大量缺陷和能量，使得铸态的合金保留了很大的残余能量，有利于*孪晶*等的发生，从而使合金出现一系列优异的和特殊的力学行为；多种主元使合金的钝化层复杂，耐腐蚀性能提高。高熵合金在机械性能、耐磨损性、磁学性能、抗辐照、低温性能等方面也表现优异。

高熵合金的制备依据其初始相（液相、固相以及气相）的不同有不同的制备方法。常用液相制备方法有电弧熔炼、感应熔炼和布里奇曼凝固法等。固相制备法，一般先采用高能球磨产生机械合金化，再将制得的粉末进行*粉末冶金烧结*或者*放电等离子烧结*。气相制备方法主要包括溅射法和原子束外延法。这些方法能精确地控制不同元素的成分。另外还有热喷涂、激光熔敷和电沉积等方法。

高熵合金的研究还处于初级阶段，其形成理论是合金化理论的突破。多主元的设计理念及高混合熵效应使其有丰富的应用潜能。如在制作高速切削刀具，用作耐火材料、发动机材料，以及在交通运输与航空航天领域有很好的应用前景。此外，高熵合金在抗辐照材料、选择性吸附涂层、低温结构材料、热电材料、超导材料、大磁熵材料和高熵软磁材料等方面的运用也在不断研究探索。

（杨海林）

高压氢还原　high pressure hydrogen reduction　从金属盐的水溶液（中性、酸性、碱性或氨性）中用氢气还原提取金属的*湿法冶金*方法。用于溶液中金属离子的分离，以及形貌和物理性质可控的球形粉末制备。工业上主要用于制备超细、球形及球形包裹粉体材料，如钴粉、镍粉、铜粉、氧化镍粉、钴（镍）包碳化钨包覆粉。高压氢还原可用下式表示：

$$M^{n+}+\frac{n}{2}H_2 = nH^{+}+M$$

在工业上，高压氢还原一般分两步进行，首先在适当温度下加入生核剂促使金属前躯体从溶液中生成一次金属粉末，其粒度范围是2～8微米，然后以所得粉末作晶种，进行多次长大还原，达到需要的粒度后结束一个生产循环。生产中必须使用高压设备和催化剂。

在高压釜中氢还原分离制取铜、镍、钴金属粉是比较成熟的技术，如弱碱性条件下高压氢气还原$Co(OH)_2$前躯体得到超细钴粉。高压氢还原还用于分离回收电镀污泥氨浸产物中的铜、镍、锌等有价金属，其过程是依次在氨浸液中用氢气还原分离铜粉、酸性溶液中氢气还原提取镍粉、沉淀回收尾液中的锌，有价金属的回收率达98%～99%。与其他方法相比，高压氢还原流程简单、能耗较低，产品质量好、产值较高，可以通过控制生产条件，获得不同纯度、不同粒度的产品。此外，生产过程不封闭，不存在杂质积累问题，还原尾液中主要重金属离子含量可控制在极低的范围内，实现达标排放，具有良好的环境和经济效益。　　（陈永明　何　静）

膏体充填　paste backfill　将一种或多种矿山固体废弃物与水制备成具有一定稳定性、流动性、可塑性的牙膏状浆体，在外加力（泵压）或重力作用下以结构流的形态，通过管道输送到井下进行采空区充填的工艺与技术。随着*采矿*技术的不断进步，膏体充填技术得到较快的发展，但有关“膏体”的定义却一直不够清晰，通常认为，膏体须具有“三不”特性，即不离析、不沉淀、不脱水。各国学者从不同方面对膏体概念进行了探讨，但其定义及其工程检验方法都有一定的局限性。中国采矿领域通常采用塌落度和分层度指标来表征膏体，认为膏体的塌落度为15～25厘米，分层度小于2厘米。在总结各国学者对于膏体定义及表征方法的基础上，中国学者吴爱祥等人认为膏体是具有足够细颗粒含量，使得流场的黏滞力大于惯性力并且达到饱和的结构流浆体。

膏体充填技术主要包括充填准备、物料贮备、尾矿浓密、膏体制备和膏体输送5个工序。①充填准备。包括井下采场准备与制备站准备。在矿石清理完毕后，在采场所有出口架设隔墙，以防料浆外泄；同时，在采场附近架设充填管道，使膏体只能流向准备好的采场。制备站要保证水、电、气路通畅，并制订充填计划。②物料贮备。主要包括胶凝材料与集料的贮备。胶凝材料由汽车或者罐车运至制备站，通过压气输送到胶凝材料贮料仓内。集料由汽车或者输送带输送到集料仓。絮凝剂按一定的浓度配制成溶液，以备后用。③尾矿浓密。将制备好的絮凝剂溶液与选厂输送来的尾矿浆在浓密机内混合，使尾矿在浓密机内快速沉降。开启浓密机与循环机构进行搅拌，防止尾矿在浓密机内过度压实而板结，既实现了尾矿的高效浓缩，又保证了浓缩物具有良好的流动性。④膏体制备。将胶凝材料、尾矿浆、集料按一定比例经过控制装置、计量装置、运输装置送入搅拌机中均匀混合。对于金属矿山而言，常采用连续搅拌方式；对于煤矿而言，常采用间歇搅拌方式。⑤膏体输送。将制备好的膏体经管道输送至井下采场。输送方式可为泵送式或自流式。充填倍线较大时采用泵送式，加压泵一般为正排量泵；充填倍线较小时可采用自流式。

膏体充填技术优势主要有：①绿色环保。膏体充填技术可最大限度地减少固体废弃物（全尾砂、炉渣、废石）的排放，使矿山固体废弃物利用率提高至50%～100%；井下不脱水，地表不扬尘，有害金属离子被胶结封存于充填采场而不被析出，满足环评要求。②安全可靠。膏体充填料浆浓度高；不分层、不离析；在水泥配比相同的情况下，具有强度大、接顶率高等特点，能有效控制岩层移动。③经济高效。膏体充填性价比高，达到相同充填体强度所需水泥耗量最小，充填成本最低；膏体充填体固结时间短，缩短采场回采周期，最大限度降低采矿贫化率和损失率，实现强化开采。膏体充填主要缺点为：一次性基建投资大，设备数量多，自动化水平要求高。　　（吴爱祥）

锆冶金　zirconium metallurgy　从含锆矿石原料中提取锆并制备成锆产品的冶金技术。1789年德国人M.H.克拉普罗特在锆石中发现了一种新的氧化物，并命名为zirconia。1824年瑞典人J.J.贝采利乌斯用钾还原K_2ZrF_6制得金属锆，其含杂质多，为脆性的黑色粉末。1914年德国人D.莱利等用高纯钠还原提纯的四氯化锆制得韧性的金属锆。1925年A.E.van阿克尔和J.H.德布尔在电热丝上解离四碘化锆获得延展性更好的金属锆。1944年美国矿务局在W.J.克劳尔的指导下，研究成功延性锆的规模较大的生产方法。

有工业价值的锆矿物是斜锆石（ZrO_2）和锆英石（$ZrSiO_4$），其中锆英石是锆冶炼的主要矿物原料。所有的锆石中都含有氧化铪（HfO_2）和放射性物质。锆英石也称锆石，是硅酸锆矿物的统称，经选矿富集后的锆石，通常称为锆英砂或锆砂。核级锆的生产主要包括四氯化锆制取、锆铪分离、海绵锆生产、精炼纯化等步骤。由锆石制取金属锆的典型工艺流程见图1。

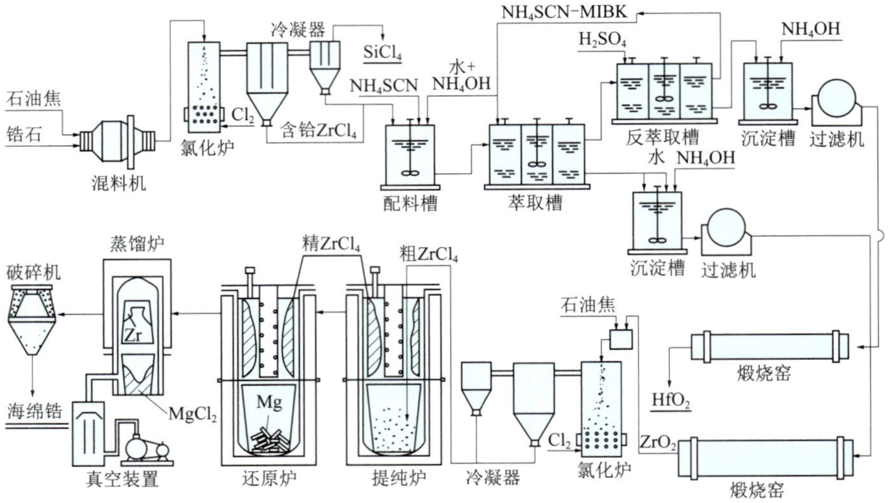

图1　锆石制取金属锆的典型工艺流程

四氯化锆制取　在还原剂碳存在时，高温下氯化锆英石、二氧化锆或直接氯化碳（氮）化锆制取四氯化锆。原料为Zr(N)C或$ZrSiO_4$。制取工业级锆不需锆铪分离，仅需氯化一次。制取原子能级锆需要经过前后两次氯化，第一次氯化原料为Zr(N)C或$ZrSiO_4$，第二次氯化原料为无铪ZrO_2。在第一次氯化时，主要化学反应为：

$$ZrSiO_4+4Cl_2+4C \longrightarrow ZrCl_4+SiCl_4+4CO$$

早期四氯化锆生产采用的是固定床氯化，后发展了$ZrSiO_4$流化床加碳还原氯化。该法省去了电弧炉熔炼，产能远高于固定床氯化，同时得到四氯化硅副产品。

锆铪分离　利用锆和铪化合物之间存在的微小性质差异，通过物理或化学的方法实现锆与铪分离的过程。锆铪分离是制备核级锆、铪的关键工序，比较典型的工艺方法有*分步结晶法*、离子交换法、氯化物选择性还原法、精馏法以及溶剂萃取分离法等。其中溶剂萃取法是锆铪分离的主要方法，经典的萃取体系有：①MIBK－NH_4SCN体系。萃取剂为甲基异丁基酮（MIBK）。用MIBK在硫氰酸盐中萃取分离锆铪是基于锆和铪与SCN^-生成的配合物稳定性不同而分离。铪的硫氰酸盐的配合能力比锆强，其与SCN^-生成的配合物比锆配合物稳定，所以铪优先被萃入有机相，锆留在水相中。②TBP－HNO_3和TBP－HNO_3－HCl体系。用磷酸三丁酯（TBP）为萃取剂萃取分离锆、铪是中国生产核级海绵锆最早采用的方法。使用TBP－HNO_3体系，锆、铪在萃取时生成的配合物分别为$Zr(NO_3)_4 \cdot 2TBP$和$Hf(NO_3)_4 \cdot 2TBP$；使用TBP－HNO_3－HCl体系，锆、铪在萃取时生成的配合物分别为$Zr(NO_3)_2Cl_2 \cdot 2TBP$和$Hf(NO_3)_2Cl_2 \cdot 2TBP$。由于$Zr^{4+}$的离子半径比$Hf^{4+}$小，所以$Zr^{4+}$与TBP的萃取能力比$Hf^{4+}$强，形成的配合物稳定性大，锆能够优先被萃取而溶解于有机相中。在相同的条件下，铪则很少被萃取，从而达到分离锆、铪的目的。③胺类萃取剂体系。所用萃取剂为三辛胺（国际商品名称为alamine 336，中国称为N235）。在硫酸体系中三辛胺优先萃取锆。锆铪分离系数的大小与体系中游离酸浓度有关，随硫酸浓度增加分离系数增加。

海绵锆生产 以四氯化锆为原料，用金属钠、镁、钙作为还原剂，采用**金属热还原**法制备金属锆的工艺过程。海绵锆的生产主要采用镁热还原法：在充满氩气的密闭反应罐内四氯化锆蒸气与熔融金属镁在800～900℃的温度下反应，生成海绵状的金属锆，然后在高温下真空挥发氯化镁和剩余的镁得海绵锆。海绵锆生产过程的主要化学反应为：

$$ZrCl_4+2Mg \longrightarrow Zr+2MgCl_2$$

锆粉生产 以金属锆为原料采用氢化－脱氢法制备金属锆粉或以锆的化合物为原料采用金属热还原法或**熔盐电解**法制备金属锆粉的工艺过程。依据锆粉产品对纯度、粉末的粒形及粒度分布的要求，选择不同的制备方法。

氢化－脱氢法 金属锆在600～700℃的温度下与氢反应生成氢化锆块状物，氢化锆块状物在乙醇中磨细筛分后，经真空脱氢得细粒锆粉。该方法具有工艺简单，生产成本低等优点。

钙（氢化钙）还原法 以二氧化锆为原料，采用图2和图3所示的工艺流程制备金属锆粉。主要化学反应为：

还原反应

$$ZrO_2+2CaH_2 \longrightarrow ZrH_2+2CaO+H_2$$

$$ZrO_2+2Ca \longrightarrow Zr+2CaO$$

酸浸和脱氢反应

$$CaO+2HCl \longrightarrow CaCl_2+H_2O$$

$$Ca+2HCl \longrightarrow CaCl_2+H_2$$

$$ZrH_2 \longrightarrow Zr+H_2$$

锆氟酸钾钠还原法 用金属钠还原锆氟酸钾制备锆粉。该方法的优点是设备简单，锆氟酸盐不易吸潮，反应生成的氟化钠易于水洗分离。还原反应时析出的金属锆粉分散在熔盐中，不易被空气氧化，因而可在敞口设备中进行。还原反应为：

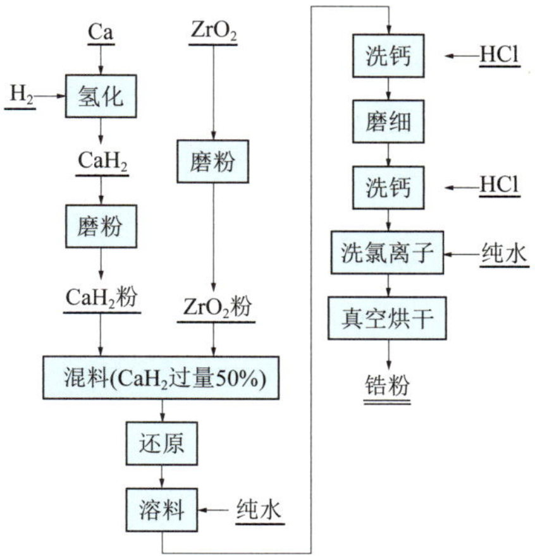

图2 氢化钙还原法制取锆粉工艺流程

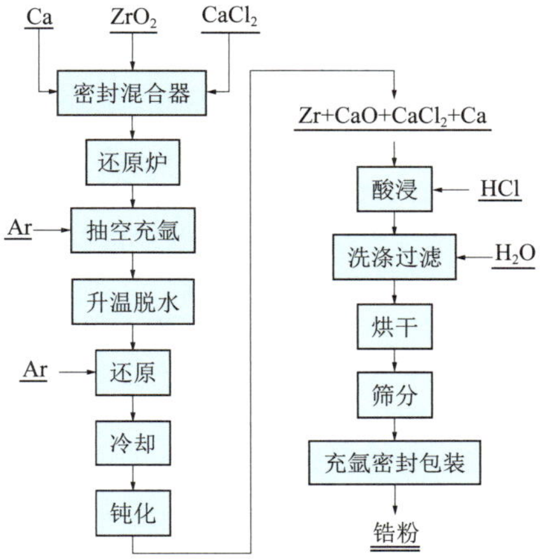

图3 钙还原二氧化锆制备锆粉工艺流程

$$K_2ZrF_6+4Na \longrightarrow Zr+4NaF+2KF$$

过量的金属钠可采用饱和氯化铵溶解，反应为：

$$2Na+NH_4Cl+H_2O \longrightarrow NaCl+NaOH+NH_3+H_2$$

锆氟酸钾熔盐电解法 制取锆粉常用的工业生产方法，主要化学反应为：

阴极反应

$$ZrF_6^{2-}+4e \longrightarrow Zr+6F^-$$

阳极反应

$$4F^-+4NaCl\ (KCl)\ -4e \longrightarrow 4NaF\ (KF)\ +2Cl_2$$

（王明玉）

隔热耐火材料 thermal insulating refractories; light weight refractory 气孔率高、体积密度小、热导率低以及热容量小的**耐火材料**。又称轻质耐火材料。隔热耐火材料通常是指轻质耐火材料制品和不定形轻质耐火材料。

类别 隔热耐火材料有多种分类方法。①按化学矿物组成。可分为黏土质轻质耐火材料、高铝质轻质耐火材料、硅质轻质耐火材料、硅藻土轻质耐火材料、蛭石轻质耐火材料等。②按使用温度。可分为：使用温度600～900℃为低温轻质材料，如硅藻土轻质砖、膨胀蛭石制品、硅钙板等；900～1200℃为中温轻质耐火材料，如黏土质轻质耐火砖；超过1200℃的为高温轻质耐火材料，如高铝轻质耐火砖、硅质轻质耐火砖、氧化铝空心球砖等。③按体积密度。可分为：体积密度在0.4～1.3克/厘米^{3}的为轻质耐火材料，低于0.4克/厘米^{3}的为超轻质耐火材料。④按制品形状。可分为：不定形轻质耐火材料，如轻质耐火浇注料等；定形轻质耐火材料，以砖形制品最为普遍，因而一般又称为轻质砖。⑤《定形隔热耐火材料制品·分类》(ISO 2245—2006)。以加热线变化率不大于2%的试验温度对隔热耐火材料进行分级，分为800℃、900℃、1000℃、1200℃、1400℃、1600℃、1800℃等。

生产工艺 常见的隔热耐火材料的生产工艺有烧尽加入物法、多孔材料法、泡沫法、化学法。①烧尽加入物法。在制砖的泥料中，加入容易烧尽的加入物，如锯木屑、聚苯乙烯、烟煤等。烧成时这些加入物被烧尽而使制品具有较高的气孔率。②多孔材料法。用天然的硅藻土、粉煤灰漂珠、多孔的黏土和高铝熟料、氧化铝和氧化锆空心球等多孔原料制取轻质耐火砖。③泡沫法。在制砖的泥浆中，加入诸如松香皂、角皂素等泡沫剂，并以机械方法使之起泡，经烧成后获得多孔的制品。泡沫法的优点是可以生产体积密度小的轻质制品，多用于生产超轻质耐火制品。④化学法。利用可产生气体的化学反应，于制砖过程中获得多孔制品。通常是在泥浆中加入碳酸盐（如白云石、菱镁矿）和无机酸作发泡剂，再以半水石膏或水硬性物质（如水泥）作稳定剂。

性质和用途 隔热耐火材料热导率低、热容量小、质量轻，一般用作工业窑炉的轻质保温层，高级别的轻质材料用于窑炉工作层；它既能减少炉窑的散热损失，又能降低炉窑的蓄热损失，节省燃料，以隔热耐火制品替代一般致密耐火制品作筑炉材料，能够减少蓄热和散热损失40%～90%；同时，由于窑炉可以快速升温和冷却，能提高设备生产效率，特别是对不连续性的热工设备更有效；还能减轻炉体重量，简化窑炉构造，降低环境温度，改善劳动条件。但是轻质耐火材料的机械强度、抗渣侵蚀性、耐磨损性较差，气孔率高，不宜用于窑炉的承重结构以及与熔渣、液态金属、炉料直接接触的部位。

（刘汉武 彭西高）

镉冶金 cadmium metallurgy 从含镉物料中提取金属镉的冶金技术。1817年德国人F.施特罗迈尔从碳酸锌中发现一种新元素，与此同时K.S.L.赫尔曼和J.C.H.罗洛夫也从氧化锌中发现了这种元素。根据拉丁文cadmia（菱锌矿）将其命名为cadmium，即镉。

自然界中没有单独的镉矿床，也没有单质镉存在，镉（Cd）主要以硫化物（CdS）的形态与锌矿、铅锌矿和铜铅锌混合矿共生。在**选矿**时大部分镉进入精矿，精矿含镉一般在0.06%～0.5%之间，个别锌精矿含镉达1%～3%。金属镉的生产原料主要来源于锌、铅、铜冶炼的副产物，如铜镉渣（Cd3%～10%）、焙烧与熔炼过程收集的烟尘（Cd1%～8%）、锌精馏过程产出的高镉锌（Cd5%～20%）等。镍镉和铁镉蓄电池的极板等各种工业废料也是提取镉的二次原料。

金属镉的冶炼方法主要有电解沉积法、置换法、镉烟尘联合法、常压精馏法等。①电解沉积法（见图）。所用的原料是湿法炼锌厂产出的铜镉渣。主要包括浸出、**置换沉淀**海绵镉、海绵镉溶解、镉液净化、电解沉积等工序。电解沉积得到的阴极镉一般含有微量的锌、铜、铁等杂质，需进一步熔化精炼，精炼得到的镉产品纯度为99.99%。②置换法。主要用于处理湿法炼锌厂净化时所产出的镉渣。镉渣中含镉比较高（15%～38%），经浸出、净化、置换、海绵镉压团、熔化和精炼制得精镉。③镉烟尘联合法。中国火法炼锌厂和铜铅冶炼厂常用的方法之一，主要用于处理含镉烟尘。镉尘先经焙烧脱去砷、锑等杂质，得到浸出性能良好的焙砂，再用稀硫酸浸出。浸出液经氧化水解脱去铁、砷，有时还加碳酸锶（$SrCO_3$）脱铅。净化后的含镉溶液用锌粉置换得到海绵镉，然后加压成团，在铸铁锅中于熔融烧碱保护下，铸成粗镉锭。将粗镉加入精馏塔内精馏提纯，杂质从塔的下部渣锅中排出；精镉由塔顶镉蒸气冷凝产出，纯度在99.99%以上。④常压精馏法。一般用于在粗锌精馏过程中从镉塔产出一种含镉在15%～30%或5.6%～20.8%的高镉锌。采用精馏塔分离镉与其他高沸点的杂质，制得粗镉，然后加氢氧化钠和碳酸钠进行碱性精炼除去残余的锌得到纯镉。

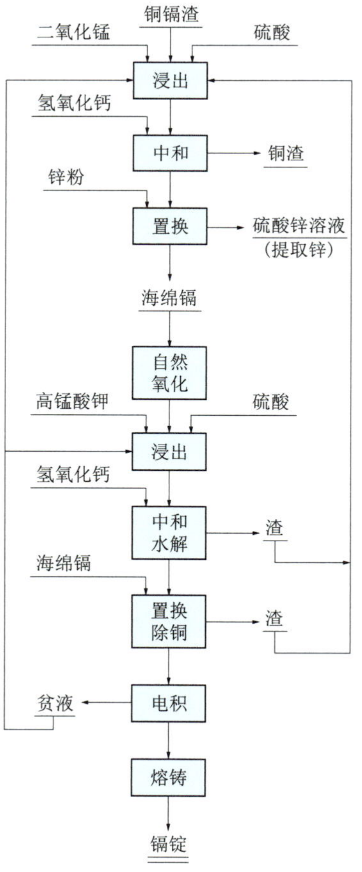

电解沉积法提镉流程

粗镉精炼提纯普遍采用真空蒸馏法，所需蒸馏温度低，杂质去除效果较好。

扩展阅读

王吉坤.铅锌冶炼生产技术手册.北京：冶金工业出版社，2012.

（杨　斌　邓　勇）

铬铁 ferrochrome 铬与铁组成的**铁合金**。铬铁是**炼钢**的重要合金添加剂。铬在钢中可显著改善钢的抗腐蚀性和抗氧化能力，提高耐磨性和保持高温强度。除了主要成分铬与铁外，铬铁还含有碳、硅及少量其他元素。依据碳含量不同，分为高碳铬铁（碳素铬铁）、中碳铬铁、低碳铬铁、微碳铬铁。在铬系铁合金中常用的还有**硅铬合金**、金属铬、氮化铬铁等。

高碳铬铁　主要用作含碳较高的滚珠钢、工具钢和高速钢的合金剂，铸铁的添加剂，无渣法生产硅铬合金和中、低、微碳铬铁的含铬原料，电解法生产金属铬的含铬原料，吹氧法冶炼不锈钢的原料。

高碳铬铁的冶炼方法主要有**高炉法**和**矿热炉法**。所用原料有铬矿、**焦炭**和硅石。优质冶金级铬矿要求Cr_2O_3>48%，S<0.1%，P<0.1%，Cr_2O_3/FeO>3。高炉法只能生产含铬量在30%左右的特种生铁。含铬高的高碳铬铁大多采用熔剂法在矿热炉内冶炼。由于矿石和合金的熔点高，要求的炉温也高，所以采用高的二次电压和电极电流密度进行冶炼。

中、低、微碳铬铁　中、低碳铬铁用于生产中、低碳结构钢、铬钢和合金结构钢等，微碳铬铁主要用于生产不锈钢、耐热钢和耐酸钢等。

中、低、微碳铬铁（统称为精炼铬铁）一般以硅铬合金、铬铁矿和石灰为原料，采用电硅热还原法冶炼。用1500～6000千伏安电炉精炼脱硅，采用高碱度炉渣操作（CaO/SiO_2为1.6～1.8）。这些铬铁的含碳量越低，对原料的要求越高。

中、低碳铬铁冶炼还采用吹氧法，即将氧气直接吹入液态高碳铬铁中使其脱碳。吹炼时向熔池中加入少量石灰、萤石造渣，出铁前加硅铬合金或**硅铁**以回收渣中的铬。吹氧法是将液态高碳铬铁从电炉出炉后，装入**转炉**，进行吹氧脱碳精炼，故又称转炉法。

低、微碳铬铁冶炼还大规模地采用热兑法进行生产，即生产时用两台电炉，一炉冶炼硅铬合金；另一炉熔化由铬矿和石灰组成的熔渣。脱硅精炼反应分两个阶段在两个盛桶内进行：①熔渣炉的熔渣注入第一盛桶后，把另一盛桶中已经初步脱硅的硅铬合金兑入，由于熔渣氧化剂过剩量很大，脱硅充分，可获得含硅低于0.8%、含碳低达0.02%的微碳铬铁。②第一盛桶内反应后的熔渣（含Cr_2O_3约15%）移至第二个盛桶后，把硅铬电炉熔炼的硅铬合金（含硅45%）热兑入渣内，反应后得到初步脱硅的硅铬合金（含硅约25%），兑入第一盛桶进一步脱硅，熔渣含Cr_2O_3低于3%可抛弃。

微碳铬铁冶炼还有真空固态脱碳法，即将高碳铬铁磨碎成粉，配入适当的氧化剂，经混料、压型、干燥和真空冶炼生产，得到含碳量低的微碳铬铁。所用设备为真空电阻炉。

（柳国启　储少军）

铬冶金 chromium metallurgy 从含铬物料中提取铬化合物、金属铬及合金的冶金技术。1797年N.-L.沃克兰从西伯利亚红铅矿（铬铅矿$PbCrO_4$）中首先发现这一元素。铬的英文名来源于希腊文chroma，意思为“颜色”，因为铬的化合物色彩各异。

铬在地壳中的含量为0.006%～0.035%，属于分布较广的元素之一。具有工业利用价值的含铬矿物为铬尖晶石类矿物，化学通式为$(Fe, Mg)(Cr, Al, Fe)_2O_4$或$(Fe, Mg)O\cdot(Cr, Al, Fe)_2O_3$，其中三氧化二铬（$Cr_2O_3$）含量为18%～62%。铬尖晶石矿物主要包括：铬铁矿（$FeCr_2O_4$）、镁铬铁矿〔$(Fe, Mg)Cr_2O_4$〕、铝铬铁矿〔$Fe(Cr, Al)_2O_4$〕、富铬尖晶矿〔$(Fe, Mg)(Cr, Al)_2O_4$〕4种。由于这些矿物都是由铬铁矿中部分铁或铬被镁或铝等异质同晶物取代而成，在实际冶炼中一般将含铬高的铬尖晶石矿物统称为铬铁矿。

铬化合物生产　主要是铬盐和铬氧化物的制取。

铬盐制取　铬盐的主要产品为重铬酸钠（$Na_2Cr_2O_7$）和铬酸酐（CrO_3）。

重铬酸钠的工业生产方法主要是铬铁矿氧化焙烧法，包括有钙焙烧法和无钙焙烧法，原则工艺流程如图1所示。生产过程为：铬铁矿磨细后配加纯碱和石灰石（有钙焙烧法）或返渣（无钙焙烧法），于950～1250℃下氧化焙烧，获得铬铁矿氧化焙烧熟料。熟料用水逆流浸出和过滤，获得含铬酸钠溶液。加硫酸调整铬酸钠溶液的pH值，使溶液中溶解的含铝杂质以氢氧化铝形式析出除去，中和除铝后的溶液经除钒，再用硫酸酸化获得重铬酸钠溶液，蒸发浓缩溶液到约含$Na_2Cr_2O_7 \cdot 2H_2O$ 1100克/升时，冷却滤出硫酸钠结晶，再将溶液浓缩到含重铬酸钠1500～1550克/升，并于90～100℃保温8小时，然后冷却结晶出重铬酸钠。中和除铝也可采用碳分法，即向铬酸钠溶液中通入二氧化碳或氧化焙烧的窑气使氢氧化铝沉淀析出。铬酸钠转化成重铬酸钠也可用碳酸法，即在1.5～1.6兆帕的压力下通入二氧化碳气体，使铬酸钠转化为重铬酸钠，同时析出碳酸氢钠的沉淀，碳酸氢钠可以循环用于铬铁矿的氧化焙烧。

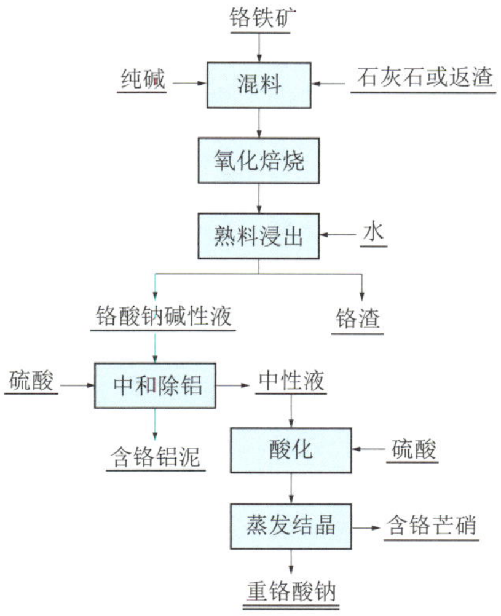

图1　氧化焙烧法铬盐生产原则工艺流程

有钙焙烧法生产重铬酸钠，铬的回收率一般为75%左右，生产吨重铬酸钠排放铬渣2.5～3吨，铬渣中含有微溶性的铬酸钙，难以处理，易造成严重的环境污染，此法工业上已被淘汰。无钙焙烧法与有钙焙烧法的生产过程基本相同，但氧化焙烧过程不使用含钙填料，而是将熟料浸出渣分选获得的粗渣（返渣）配入炉料作为填料。无钙焙烧法生产重铬酸钠，铬的回收率在90%以上，吨重铬酸钠排出铬渣0.6～0.8吨，渣中铁含量高，可用作炼铁原料，在工业上广泛采用。

为降低含铬废渣对环境的污染，重铬酸钠等铬盐生产过程产生的铬渣一般用作炼铁原料，含铬芒硝一般采用碳还原法生产硫化钠产品，含铬铝泥则经洗涤分离铬后用于生产氢氧化铝或氧化铝。

铬酸酐一般以重铬酸钠为原料进行生产，生产方法主要为硫酸法。把重铬酸钠（或生产重铬酸钠时的蒸发结晶母液）加入反应锅中，注入浓硫酸，在约200℃下重铬酸钠与硫酸反应生成铬酸酐：

$$Na_2Cr_2O_7+2H_2SO_4 \longrightarrow 2CrO_3+2NaHSO_4+H_2O$$

静置后铬酸酐和硫酸氢钠的熔融物分成两层，上部为硫酸氢钠，下部为铬酸酐。从底部放出铬酸酐，并冷却切片获得铬酸酐固体产品。

氧化铬制取　三氧化二铬的制备方法主要有：①硫酸铵或硫黄还原法。即在重铬酸钠晶体中配入一定量的硫酸铵或硫黄，混匀后在还原炉中于700～800℃还原，然后洗去Na_2SO_4，过滤获得三氧化二铬滤饼，经过干燥、破碎获三氧化二铬。用此法获得的三氧化二铬呈墨绿色，纯度高，适合做颜料。但该方法生产工序多，并产生有害气体SO_2。②煅烧铬酸酐法。即将铬酸酐在800～950℃下煅烧分解，过滤获得三氧化二铬。此法工序少，但产品杂质含量较高。③煅烧氢氧化铬法。将生产重铬酸钠过程中熟料浸出得到的含铬酸钠溶液加温至95℃以上，加入纯净的硫化钠或硫黄溶液，搅拌后生成氢氧化铬〔$Cr(OH)_3$〕沉淀。氢氧化铬在回转窑中于1300℃煅烧分解为三氧化二铬。此法工序少，产品成本低，纯度高，但颗粒细，易损失，生产的三氧化二铬大多用于热还原法生产金属铬，也可用于颜料级氧化铬绿。此外，也有用氢气或糖类有机物还原重铬酸钠生产三氧化二铬的方法。

金属铬生产　制取方法主要是热还原法和电解法。

热还原法　热还原法生产金属铬的原料一般是三氧化二铬，还原剂采用铝、镁、碳等，其中铝热还原是工业上采用的主要方法。铝热还原生产金属铬以铝粒为还原剂，主要反应为：

$$Cr_2O_3+2Al \longrightarrow 2Cr+Al_2O_3$$

由于反应生成的主要是含三氧化二铝（Al_2O_3）的高熔点炉渣，使反应放出的热量不足以使渣和铬完全分离，需要添加硝石或氯酸钾等发热剂来补充热量。铝热还原生产金属铬过程对原料的要求为：三氧化二铬≥94%、硫≤0.01%、砷≤0.001%，二氧化硅<0.6%，粒度<3毫米；铝粒中铝>98.5%，硅≤0.2%，铁<0.25%，铅、砷≤0.0005%，粒度0.1～10毫米的应大于90%，1～3毫米的应小于10%；硝石要求硝酸钠>98.5%，不得受潮结块，如用氯酸钾要求含氯酸钾≥99.5%。

铝热还原冶炼金属铬的还原反应，一般在内砌**镁砖**的圆锥形炉筒内进行。先在炉内加入部分混合炉料，在料面中心加引火剂（由硝石、铝粒及镁屑组成），点燃炉料开始反应，并用溜槽连续送入其余炉料。反应终止，冷却至室温，拆开炉筒取出金属锭，喷砂清除表面夹渣和氧化膜。待金属锭呈现金属本色时，用落锤砸开金属锭进行精整、称重、取样和包装入库。铝热还原可获得纯度大于98.5%的金属铬，其中含铝不大于0.5%。渣中含三氧化二铝高达90%，可作研磨材料。

电解法　按使用电解质不同，分为铬铵矾电解法、铬酸酐电解法、**熔盐电解法**。熔盐电解法尚处于试验研究阶段，而铬酸酐电解法虽可得到含氧量较低的产品，但电流效率很低，还难以工业生产。铬铵矾电解法生产金属铬的工艺流程如图2所示，整个过程可以分为两个部分，铬铵矾制备和电解。

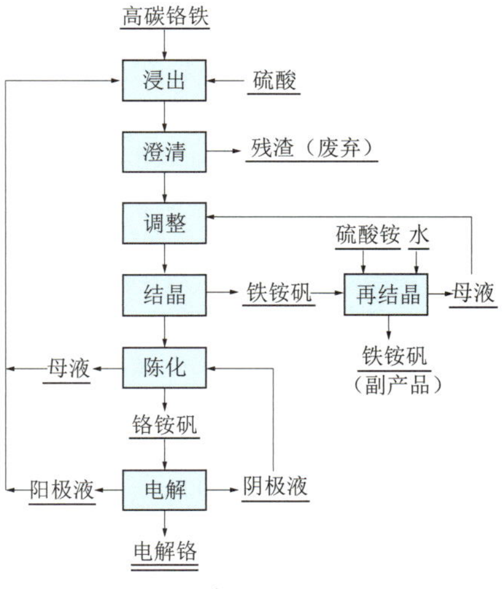

图2　铬铵矾电解制取金属铬工艺流程

铬铵矾制备一般以碳素铬铁为原料。把碳素铬铁粉碎，加入电解阳极返回液、结晶母液和硫酸的混合溶液中，使铬铁中的铬和铁溶解形成硫酸铬〔$Cr_2(SO_4)_3$〕和硫酸亚铁（$FeSO_4$）。浸出后过滤除去硅酸盐等残渣，得到硫酸铬和硫酸亚铁溶液。根据溶液中铁、铬与铵的含量加入硫酸铵并除铁。将溶液冷却至5℃以下，铁以铁铵钒〔$FeSO_4\cdot(NH_4)_2SO_4\cdot6H_2O$〕结晶析出。除去铁铵矾晶体的母液保持在30～35℃之间陈化13～15日，结晶析出铬铵矾〔$Cr_2(SO_4)_3\cdot(NH_4)_2SO_4\cdot24H_2O$〕。陈化过程铬的结晶率约83%，陈化结晶母液返回浸出工序。

铬铵矾电解是铬铵矾溶于热水送入隔膜电解槽电解。电解总反应为：

$$3Cr(SO_4)_3+9H_2O\longrightarrow 6Cr+9H_2SO_4+\frac{9}{2}O_2$$

电解槽用不锈钢或铝板作为阴极，铅银合金（1%银）作为阳极，用隔膜将阳极液与阴极液分开。阴极室内不断地补充铬铵矾溶液以维持阴极液中铬的浓度，阳极液则不断地排出金属铬以维持恒定的pH值。电解过程中，阴极液pH值为2.2～2.4，温度52～54℃，电解槽电压6～7伏，阴极电流密度800～1000安/米^2；平均电流效率45%～60%，电耗为11 000～18 500千瓦·时/吨。

电解产品为纯度99.2%～99.4%的片状金属铬，含氧0.3%～0.5%，呈脆性。

金属铬的精炼　铝热还原法和电解法生产的金属铬中仍含有相当高的氧、碳、氮等杂质，在室温下产品呈脆性，仅可满足生产不锈钢、耐蚀铝合金、焊条等要求。在需要获得高韧性的金属铬时，需要进一步精炼去除其中的氧。铬精炼的方法有高温真空法、氢还原法、碘化法、钙精炼法等。高温真空法是将金属铬放入真空电阻炉中进行真空热处理，在温度高于1300℃时，金属中的氧和碳发生氧化反应，使碳和氧以一氧化碳的形式脱除。经过高温真空精炼金属铬中的氧可降低至0.08%。氢还原法是将金属铬碎片放入封闭式的电炉中加热，通入干净的氢气，加热到1200～1500℃，金属铬中的氧可大幅降低，且氮含量也有所下降。经过氢还原处理的金属铬表面含氧可降低至0.005%，含氮量降低至0.001%。碘化法和钙精炼法获得的金属铬价格贵，产量低，还处于试验研究阶段，未在工业生产中广泛应用。

铬铁生产　**铬铁**是以铬和铁为主要成分的**铁合金**，是**钢铁冶金**的重要原料。冶炼铬铁的原料是铬铁矿。电炉法是生产铬铁的主要方法，不同种类的铬铁所用工艺不同，高碳铬铁大都采用碳热还原法在电炉内冶炼，中低碳铬铁主要采用电硅热还原法。

（齐天贵　刘桂华）

工程地质条件　engineering geological condition　工程建筑物所在场地与工程建筑有关的各种地质环境因素的总称。

影响工程地质条件的主要因素　①地层的岩性。最基本的工程地质因素，包括地层成因、时代、岩性、产状、成岩作用特点、变质程度、风化特征、软弱夹层和接触带以及物理力学性质等。②地质构造。主要包括褶皱、断层、节理构造的分布和特征。③**水文地质条件**。主要包括地下水的成因、埋藏、分布、补给类型、动态及化学成分等。④地表地质作用。现代地表地质作用的反映，主要包括滑坡、崩塌、岩溶、泥石流、风沙移动、河流冲刷与沉积等，对评价建筑物的稳定性和预测工程地质条件的变化意义重大。⑤地形地貌。平原区、丘陵区和山岳地区的地形起伏、土层厚薄和基岩出露情况具有不同的特征，这些因素都直接影响到建筑场地和路线的选择。⑥建筑材料。结合工作区具体情况，选择适当的材料作为建筑材料，因地制宜，合理利用，降低成本。

工程地质条件的复杂程度划分　根据复杂程度，将工作区工程地质条件划分为3个类型：简单型、中等型和复杂型。

简单型工程地质条件：①抗震设防烈度等于或小于6度，或对工程抗震有利的地段；②不良地质作用不发育；③地质环境基本未受破坏；④岩土种类单一、均匀、性质变化不大；⑤无特殊性岩土；⑥地下水对工程影响小。

中等型工程地质条件指除工程地质条件简单型和复杂型以外的工程地质条件类型。

复杂型工程地质条件需满足下列条件之一：①工程抗震危险的地段；②不良地质作用强烈发育；③地质环境已经或可能受到强烈破坏；④岩土种类多，性质变化不大；⑤特殊性岩土对工程影响大；⑥地下水对工程影响大。

工程地质条件的获取是通过工程地质勘查来实现的，勘查方法主要有工程地质测绘、工程地质勘探、现场实验、室内分析试验和长期观测等。

工程地质条件的评价　主要包括以下内容：①场地稳定性与适宜性分析、评价；②地质灾害（含地震）影响，工程建设、使用诱发地质灾害可能性；③地表水影响和防治；④地下水影响和防治；⑤岩土物理力学参数；⑥工程设计、建设和使用需要注意的工程地质问题。

扩展阅读

李智毅.工程地质学概论.武汉：中国地质大学出版社，2010.

胡广韬，杨文远.工程地质学.北京：地质出版社，2005.

（钟兆泓）

工程复垦　engineering measures for mined land reclamation　根据**采矿**工艺过程及受采矿影响形成的废弃地的地貌特征，按照复垦后土地利用与生物复垦的要求，采取回填、平整、覆土、防洪、排涝、控制水土流失及环保治理等一系列的工程措施及其实施过程。**矿山土地复垦**工程措施主要包括充填、地形重塑、边坡拦挡、边坡加固、污染阻隔、土壤重构、土壤改良、植被重建、监测管护等。工程复垦程序包括地形勘测、工程规划与设计、概预算、施工、监理与验收等一系列过程。复垦类型分为与采矿工艺相结合的工程复垦技术、采后土地整治与地形重塑技术、与复垦活动相关的环保治理、水土保持和排灌工程。复垦措施包括采矿与排土一体化、客土回填、土地平整等。利用**矿山固体废物**，如废弃岩土、尾矿等回填塌陷坑或**露天矿**采场，排土场削坡整形、塌陷坑修筑梯田、复垦区域建设防洪排涝设施，为防止酸性岩石及其他污染物下渗而设置隔离层等都属于工程复垦措施。工程复垦为生物复垦奠定基础。充分利用采矿设备、优化采矿工艺可以减小工程复垦成本、缩短采矿对土地的占用时间或复垦工程的周期；削坡等措施可有效防止滑坡、水土流失等灾害；设置隔离层或分层堆放可有效阻隔污染物进入水体、土壤环境。

（卞正富）

工序能耗　process energy consumption　各道冶金生产工序（如烧结工序、焦化工序、**炼铁**工序、**炼钢**工序、轧钢工序等）在统计期内所消耗的能源量与该工序同期生产的合格实物产品量的比值。是冶金生产流程各组成工序能量利用水平的数量特征，为工序区段性指标，是评价冶金能耗高低的重要指标之一。在中国，国家每年统计工序能耗一次，企业每月统计一次，常用千焦每吨或千克标准煤每吨产品表示。计算式如下：

$$\text{工序能耗}=\frac{\text{耗能总量}-\text{外供能源量}}{\text{合格产品产量}}$$

式中，耗能总量指在统计期内某工序直接消耗的能源量，包括消耗的煤、油、天然气和电等企业购入的能源，以及消耗电力、热力、**焦炭**、煤气、氧气和压缩空气等企业自产的能源；外供能源量指该工序产出的能源副产品和回收供给工序外部使用的能源（如煤气、蒸汽、电等），应从工序的耗能总量中扣除。

计算时，各种能源的数量须折算成标准煤的重量。煤炭、煤气、天然气、燃料油均按发热量折算，而电力、蒸汽、氧气、压缩空气、鼓风等与标准煤之间的折算关系是根据这些耗能工序的实际生产水平确定。如1981年，中国冶金工业部颁布了《钢铁企业能源平衡表及能耗指标计算办法的暂行规定》，规定了电的等价值为0.404千克标准煤每千瓦小时。2006年，中国国家统计局发文规定工业企业所耗电力折算成标准煤的系数使用当量值，即1万千瓦小时电力折合1.229吨标准煤。

工序能耗指标及其计算方法在冶金工业节能、能源统计和能源管理工作中发挥了重要作用。实现各工序能耗的逐年降低是钢铁企业可持续发展的重要方面。

扩展阅读

陆钟武.冶金工业的能源利用.北京：冶金工业出版社，1986.

（蔡九菊）

工作帮 working slope *露天矿*中由工作台阶或临时非工作台阶组成的边帮。通过工作帮最上一台阶的坡底线和最下一台阶坡底线所做的假想斜面称为工作帮坡面，工作帮坡面与水平面的夹角称为工作帮坡角。工作帮坡角φ的计算公式为：

$$\varphi=\arctan\frac{(n-1)h}{(n-1)h\cot\alpha+\sum_{i=1}^{n-1}W_i}$$

式中n为台阶个数；h为台阶高度；α为台阶坡面角；W_i为*工作平盘*宽度。工作帮坡角的大小与台阶高度正相关，与工作平盘宽度负相关。

一般情况下，工作帮坡角越缓，露天矿前期剥离量越大，基建投资越高，由于资金的时间价值，前期剥离量的增加会降低矿山的经济效益，因此，增大工作帮坡角能明显提高露天矿的经济效益。20世纪80年代以来，露天矿山逐步采用陡帮开采方式，增大工作帮坡角。

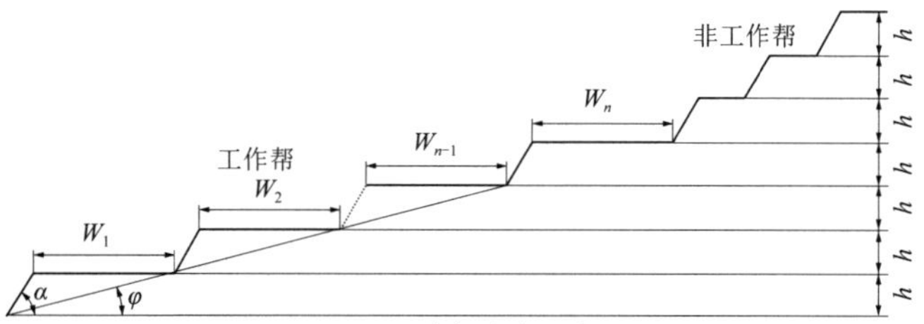

工作帮坡角示意图

（代碧波）

工作平盘 working berm 在工作帮上进行*采矿*或剥离作业的平台。又称工作平台。工作平盘是进行穿孔、爆破、采装、运输的场地。保持必要的工作平盘宽度是实现采区正常工作的必要条件。工作平盘宽度主要取决于采运设备的作业技术参数、采装方式、线路布置和供车方式等。仅按布置采运设备和实现正常采装运输作业考虑所必需的工作平盘宽度，称为最小工作平盘宽度。

对于汽车运输，采用单向行车、不掉头供车的平行采掘方式时，最小工作平盘宽度为：

$$W_{\min}=G+B+\frac{d}{2}+e+s \qquad (1)$$

式中G为挖掘机站立水平挖掘半径；B为最大卸载高度时的卸载半径；d为汽车车体宽度；e为汽车到安全挡墙的距离；s为安全挡墙宽度。汽车运输的最小工作平盘宽度组成如图1所示。

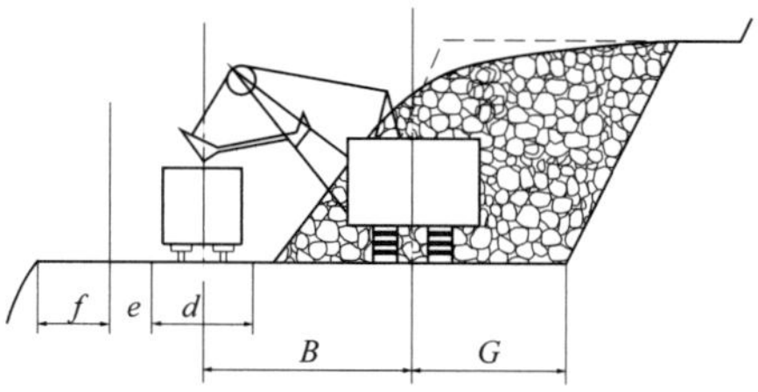

图1 汽车运输最小工作平盘宽度组成示意图

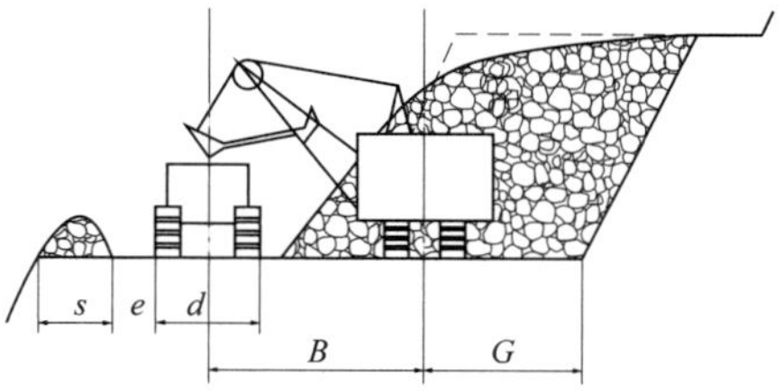

图2 机车运输最小工作平盘宽度组成示意图

对于机车运输，最小工作平盘宽度为：

$$W_{\min}=G+B+\frac{d}{2}+e+f \qquad (2)$$

式中G为挖掘机站立水平挖掘半径；B为最大卸载高度时的卸载半径；d为机车车体宽度；e为机车到动力电杆的距离；f为动力电杆至台阶坡顶线距离。机车运输的最小工作平盘宽度组成如图2所示。

*露天矿*实际工作平盘宽度通常大于最小工作平盘宽度。当实际工作平盘宽度小于最小工作平盘宽度时，意味着正常的生产关系被破坏。

扩展阅读

王青，任凤玉.采矿学.2版.北京：冶金工业出版社，2011.

（代碧波）

公路运输开拓 road transportation development 采用公路坑线建立地面至采场各工作水平，以及各工作水平之间的矿岩运输通道的开拓方式。又称汽车运输开拓。公路运输开拓是广泛应用于露天矿、特别是有色金属矿的一种开拓方式。公路运输开拓的特点：①机动灵活，运输组织工作简单；②对地形的适应能力强；③可多设出入口进行分散运输和分散排土，便于采用移动式坑线开拓，有利于强化开采；④汽车能耗大，单位成本较高，在露天开采中，汽车运输费用占矿石开采成本的40%～60%。

公路运输开拓根据坑线的布置形式可分为直进式坑线开拓、回返式坑线开拓和螺旋式坑线开拓，以及两种或两种以上坑线联合开拓。当山坡露天矿高差不大、地形较缓、开采水平较少时，可采用直进式坑线开拓；当露天矿开采相对高差较大、地形较陡时，采用直进式坑线开拓困难，可采用回返式坑线开拓；深凹露天矿一般可采用螺旋式坑线开拓。由于露天采场空间的变化性，坑线一般不采用单一布置形式，而采用两种或两种以上的布置形式，即联合坑线开拓。

随着矿床开采深度的增加，矿岩的运距增大，汽车的台班运输量降低，运输费用增加，因此，汽车运输开拓受合理运距的影响，汽车运输载重量增大，合理运距随之增加。凹陷露天矿中，考虑到汽车上坡运行至地面卸载点的距离，在合理运距范围内可折算出汽车运输开拓的合理开采深度。当采用载重量为200～300吨级的自卸汽车时，合理开采深度为200～300米。

（廖江南）

功能耐火材料 functional refractories 通过精密工艺生产的能用于特殊部位的、能满足某些特殊功能的*耐火材料*。可作为单个部件或与一些辅助耐火制品组合使用，如连铸用浸入式水口、整体塞棒、长水口，滑板，透气砖，定径水口等。

连铸用浸入式水口、整体塞棒、长水口由一种或多种含碳耐火材料一体复合制得。将各种原料按一定比例配料、高速混炼、干燥后获得具有一定挥发分的坯料，装入模具经等静压成形后送入干燥室中进行固化处理，然后在非氧化气氛中进行800～1300℃热处理，最后质检、涂层、包装入库。用在炼钢连铸，起防止钢液氧化、控制钢液流量及分布等作用。

滑板是钢包、中间包直接控制钢水开关以及流量调整，决定滑动水口功能的部件，是滑动水口的关键组成部分。在使用过程中，滑板需要长时间承受高温钢液的化学侵蚀和物理冲刷，激烈和反复的强热冲击，材料间的机械磨损作用，所以其使用条件极为苛刻。为了保证精确的控流功能，滑板具有高强度、耐磨损、耐渣蚀和热震稳定性好等特性。依据浇铸钢种不同，滑板有铝碳材料、铝锆碳材料、锆质、碱性材料、金属复合不烧滑板等多种材质。滑板以各类氧化物和碳素（如石墨、石油焦和炭黑等）为主要原料，添加少量的防氧化剂，如金属、合金、碳化物等，以酚醛树脂为结合剂，经混炼、干燥、成形、埋碳烧成、沥青浸渍和焙烧、磨制等工艺制成。

透气砖又称供气砖，是钢包、氧气转炉、电炉等高温容器实现吹气搅拌的重要功能部件，按吹气形式分弥散式、狭缝式、直通式、复合型等不同类型。主要材质有刚玉-尖晶石质、刚玉质以及铝镁（铬）质等。刚玉-尖晶石质透气砖的生产工艺是按一定比例配料，加水混合搅拌、浇铸成形，然后干燥、高温热处理后进行组装、焊接，最后拣选、包装、入库。

定径水口主要用于小方坯中间包无塞棒浇铸系统，起控制钢水流量、稳定拉坯速度等作用。定径水口必须具备良好的耐侵蚀性和抗热震性，在使用时不允许出现堵塞、脱落开裂和扩径。定径水口一般为锆质材料，采用稳定氧化锆和天然斜锆石为主要原料，加入一定结合剂，经混炼、成形、高温烧制而成。

（李红霞　刘国齐）

功指数　work index　在*选矿*作业中表示*矿石破碎*或矿石*磨矿*难易的一种指标。初始定义为将粒度为无限大的单位质量物料粉碎至粒度为100微米的产物所消耗的功W_i。数学表达式为：

$$W_i = \frac{W}{\frac{10}{\sqrt{P}} - \frac{10}{\sqrt{F}}}$$

式中W为粉碎单位质量物料所消耗的能量；F和P分别为物料破碎前后的粒度（筛下产率为80%所对应的筛分粒度，微米）。在给定的粉碎流程下，根据实际生产作业的W、F和P值计算得到的功指数称为作业功指数。一般作业功指数不仅取决于物料特性，还与所采用的粉碎设备及其作业条件有关。作业功指数可用于评价各种操作变量对粉碎效率的影响。对于一个给定给矿粒度和产物粒度的工业粉碎流程，作业功指数值越高，粉碎效率越低。

功指数是*选矿厂设计*时重要的物料参数，用于确定碎磨设备的规格、台数、驱动功率、磨矿介质尺寸等。在新厂设计时一般无实际生产数据可参照，设备选型计算时是利用实验室测试获得的试验功指数。

鉴于工业粉碎过程是分阶段进行，而且不同阶段采用的设备不同，美国学者F.C.邦德提出了邦德功指数概念，从实用角度将功指数划分为球磨功指数（邦德球磨功指数的简称）、棒磨功指数和破碎功指数，并分别提出相应的在实验室利用少量矿样进行试验测定的方法。邦德提出的这些试验测定方法已作为标准测试方法得到广泛应用。

自磨功指数是邦德功指数概念的一种延伸，一般特指根据某种小型或半工业/工业自磨试验的W、F和P数据，利用邦德关于矿石粉碎能耗原理的裂缝学说计算得到的作业功指数。在这类试验中，麦克弗森小型自磨闭路连续试验是用得较多的一种。此试验得到的功指数又称麦克弗森自磨功指数。

20世纪90年代后出现的半自磨功指数（SPI）是一种在概念上与邦德功指数完全不同的表示矿石半自磨所需能耗大小的物料参数。在矿石半自磨粉碎特性的表征和快速测定上，半自磨功指数及其试验方法得到一定程度的推广应用。21世纪初出现的标准自磨设计试验是对半自磨功指数试验的扩展，将经过改进的半自磨功指数试验和传统的球磨功指数试验结合，提供了可作为半自磨-球磨回路设计依据的小型试验方法。

（刘建远）

汞冶金　mercury metallurgy　从辰砂、黑辰砂、硫汞锑矿等硫化矿中提取金属汞的冶金技术。汞能与许多金属形成合金，称为汞齐。汞的发现很早。中国古代的*鎏金*器物可证明当时已用汞制作汞齐。汞在古代广泛应用于炼丹术。有关汞同硫合成丹砂、汞同铅形成铅汞齐等记载，见于汉代魏伯阳《参同契》、晋代葛洪《抱朴子》等著作。宋代的《金华冲碧丹经秘旨》和明代的《天工开物》，均记述了炼汞技术及其设备。1949年以来，中国炼汞业有了较大发展，炼汞设备从瓦片炉、直井炉发展到流态化焙烧炉、回转蒸馏炉。1952年中国形成了*高炉*炼汞工艺流程。1958年建成了较大容量的高炉，日处理精矿达30～60吨，汞冶炼回收率由初期小高炉的80%提高到90%。70年代后，中国开发出重选、浮选-蒸馏法处理浮选汞精矿工艺，成为中国汞冶炼的主要生产方法。地中海沿岸国家炼汞的历史也较早。亚里士多德称汞为“液银”。希腊作家迪奥斯科里德斯叙述了提取汞的某些方法，其中有蒸馏法。到10世纪末期，罗马人用汞齐法提取黄金已很普遍。在欧洲，古代炼汞以西班牙的阿尔马登（Almadēn）最著名。G.*阿格里科拉*也对炼汞工艺做了叙述。

资源　世界上汞资源分布较广，主要集中在地中海沿岸、美洲西海岸、俄罗斯和中国西南等地区。汞矿物常见的有辰砂（HgS，三方晶系）、黑辰砂（HgS，等轴晶系）、天然汞、硫汞锑矿（$HgS \cdot 2Sb_2S_3$）和汞黝铜矿（$2Cu_2S \cdot HgS \cdot Sb_2S_3$）。作为炼汞原料的矿物主要是辰砂，其他矿物的量均甚少。铅锌硫化矿也常伴生汞矿物。

冶炼　汞的冶炼技术主要有火法和湿法两种。火法炼汞（见图）是在450～800℃温度下，将汞矿石或精矿进行焙烧，直接将汞还原为气态，而后冷凝成液态汞。炼汞过程中生成的由小汞珠、细矿尘、砷锑氧化物、碳氢化合物、水分、硫化汞、硫酸汞等组成的疏松物质称为“汞炱”。处理汞炱时主要是破坏这层薄膜，将汞放出，汞炱处理后的残渣还含有少量的汞，一般均送回炼汞炉处理。火法炼汞工序比较简单，技术经济指标较高，是传统的炼汞方法。常用的焙烧设备有回转窑、多膛炉、流态化焙烧炉和回转蒸馏炉等。

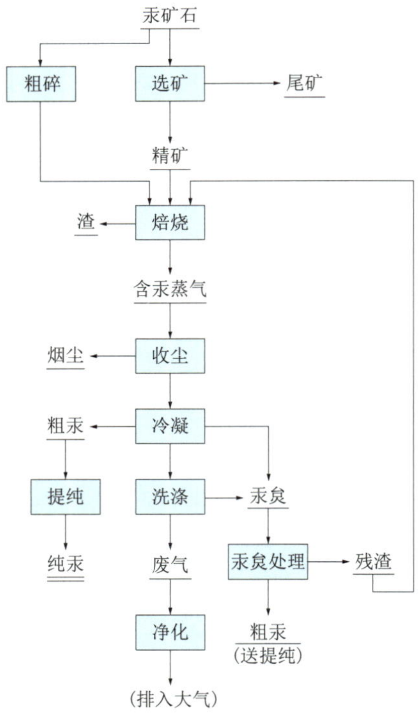

火法炼汞生产流程

中国广泛采用的炼汞法是在回转蒸馏炉中、低于炉料熔化温度下焙烧汞精矿，使其中的硫化汞氧化生成汞蒸气而与脉石分离。生产流程适应性大，工艺较为稳定，蒸馏冶炼汞的回收率为99%以上，废气、废渣量很少。中国贵州汞矿还建有双层单稀相流态化焙烧炉，用来处理含汞0.1%以下的低品位粉碎矿。

湿法炼汞是用硫化钠或次氯酸盐溶液浸出汞精矿，浸出液净化后用电解或置换等方法获得金属汞。湿法冶炼的技术经济指标不如火法，因而未被广泛应用。

提纯　火法和湿法炼汞所得粗汞，需进一步进行汞精炼以制取纯汞和高纯汞。精炼方法有过滤法、化学精炼法、电解精炼法和真空蒸馏精炼法。高纯汞制取需要在精炼的基础上做进一步的处理，如再用酸、碱液洗涤，可获得纯度为99.995%以上的汞。若再进一步用臭氧氧化，在真空或惰性气氛中蒸馏或用电解法，可制取99.9999%以上的高纯汞。

扩展阅读

徐采栋.炼汞学.北京：冶金工业出版社，1960.

赵天从，汪健.有色金属提取冶金手册（锡锑汞）.北京：冶金工业出版社，2005.

（伍继君　杨　斌）

共晶凝固　eutectic solidification　熔态合金转变为共晶体的凝固过程。二元合金的共晶凝固是在恒温下进行的，三元合金的共晶凝固则是在一个温度区间进行的。

共晶凝固过程中所发生的反应为共晶反应，反应产物为共晶体。共晶反应指一个液相直接生成两个或多个固相的反应，$L \rightarrow \alpha+\beta$。又称共晶转变。最简单的共晶反应是在二元合金系统中具有共晶成分的液体L，在共晶温度下同时凝固形成两固体相α和β**共晶组织**，通常用公式$L=\alpha+\beta$表示。在此共晶反应温度下，出现L、α及β三相共存。偏离共晶成分的合金组织为亚共晶或过共晶。在冷却过程中，这些合金首先从液体中析出树枝状的先共晶组织，然后在枝晶间的液体凝固成共晶组织。对于偏离共晶成分的熔体，可通过高的冷却速度或液固界面高的温度梯度来抑制先共晶组织的形成，使液体可以直接共晶凝固，并可调节α及β相的体积分量与液体的成分相适应。通常这种共晶组织又称为伪共晶。

共晶凝固形成的合金为共晶合金。共晶合金凝固时温度范围很小，改善了其铸造流动性，并可抑制热缩孔、疏松及成分偏析。共晶合金具有细而分隔的多相显微组织，其熔点低、熔化工艺相对比较简单、成本低，可以认为是具有各种特殊性能的复合材料。根据此原理，已开发出镍基和钴基共晶合金，用作抗蠕变材料，可制作喷气发动机叶片。

共晶凝固过程中相的转变可用共晶相图表示。常见的是二元共晶相图。二元共晶相图（binary eutectic phase diagram）有两种基本形式：一种是在固态时二组元完全不相互溶解，另一种是在固态时二组元有限溶解。后一种形式是常见的共晶相图。金属材料中具有共晶相图的合金系有Pb－Sn、Cu－Ag、Al－Si、Al－Sn、Pb－Bi、Fe－C等。

典型Pb－Sn二元共晶相图如图所示。在Pb中加入组元Sn后（Pb熔点在A，Sn熔点在B），熔点沿线AE随成分逐渐下降，

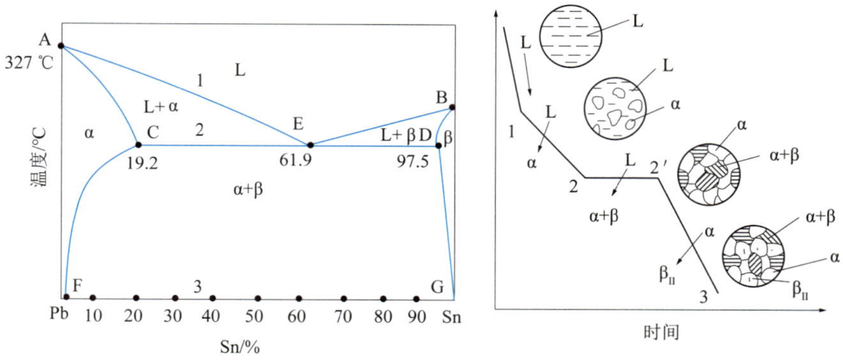

典型Pb－Sn二元共晶相图

直到E点，两相同时结晶，称为共晶点。具有E点成分的液相，在一定的温度下，同时结晶出一定成分的两个固相，即C点成分的α相和D点成分的β相。（α+β）两相混合组织称为共晶组织。折线AEB为液相线，CED为固相线，两条线将共晶系统分为四相，即液相线以上为液相区，固相线以下为固相区，在液相线和固相线之间的区域为其他两相区，α+L、β+L分别对应α相、β相与液相的混合物。

（夏明许）

共晶组织　eutectic structure　共晶反应中，从同一均匀液相中同时或交替析出的、紧密相邻的两个或者多个固相所形成的合金组织。由于**共晶凝固**的组织与组成相的特性及两相耦合情况有关，并受凝固条件影响，因而比单相合金的凝固组织复杂得多。为便于研究，对共晶生长理论的研究主要针对二元合金展开。根据组成相的形貌特征可将共晶组织分为规则共晶和非规则共晶。

在规则共晶中，两个相通常以层片状或纤维状的形式形成规则的共晶组织。规则共晶的两个组成相多由金属与金属或金属与金属间化合物（非小平面－非小平面相）组成。它们具有低的熔化熵，固液界面在原子尺度上是粗糙的，热流方向和合金组元在液相中的扩散是其生长的决定因素。凝固过程中两固相的生长相互依赖，通过溶质的横向扩散进行搭桥式的生长，因此其固液界面的等温面基本是平直的，典型体系如银铜共晶组织等。

在非规则共晶中，一个固相以颗粒或板块的形状杂乱不规则地分布在另一个基体固相中。非规则共晶多由金属与非金属相（非小平面－小平面相）组成。其中小平面相具有大的熔化熵，且生长有很强的各向异性，固液界面往往对应特定的晶面。虽然共晶过程也靠溶质的横向扩散合作生长，但固液界面不是平面，而是参差不齐的，其等温面也不是平直的。典型体系如铝硅及铁碳共晶组织等。

共晶体形貌还取决于凝固条件，如凝固过冷度等。研究发现，随过冷度的增大，共晶体存在着由规则共晶向反常共晶的转变，且随着过冷度的增大，反常共晶组织所占的体积分数渐渐增大，直至试样完全由反常共晶组织组成。

共晶组织结构中两相或多相的相间分布，赋予材料良好的综合性能，共晶合金因此被广泛用作结构和功能材料。典型代表有铸铁、现代汽车工业中占有基础性地位的铝硅合金、大多数电子焊料等。

扩展阅读

WEI X X, LIN X, XU W, et al. Remelting-induced Anomalous Eutectic Formation During Solidification of Deeply Undercooled Eutectic Alloy Melts. Acta Materialia, 2015 (95) : 44－56.

LIU L, LI J F, ZHOU Y H. Solidification of Undercooled Eutectic Alloys Containing a Third Element. Acta Materialia, 2009, 57(5) : 1536－1545.

HAN X J, WEI B. Microstructural Characteristics of Ni-Sb Eutectic Alloys Under Substantial Undercooling and Containerless Solidification Conditions. Metallurgical, 2002, 33(4) : 1221－1228.

（孔令体）

共析分解　eutectoid decomposition　一种固溶体中同时生成两种或多种晶体相的相变过程。又称共析转变、共析反应。其为

合金中扩散型**固态相变**之一。二元合金中的高温固相在一定的温度下，分解为在该温度下稳定的两个新**合金相**。新合金相可以是两个固溶体（或纯组元），也可以是一个固溶体（或纯组元）和一个化合物或两个化合物。在相图上母相与两个新相平衡存在的温度称为共析温度。在共析温度发生共析分解的高温相或合金的化学成分称为共析成分。在多元合金中也存在一个高温相分解为几个低温相的共析分解转变。

共析分解的一个典型实例是碳钢的**奥氏体**分解为**珠光体**。1863年，H.C.**索比**在光学显微镜下观察到碳钢经浸蚀后的组织，他分辨出这是碳化物与**铁素体**的片层状组织，并认为是高温相的分解产物，称为珠泽组织。后来H.M.豪定名为pearlite（中文译称珠光体）。1930年，E.C.贝茵及E.S.达文波特发表了奥氏体在临界点A_{C1}以下恒温分解为珠光体的动力学曲线。随后R.F.梅尔等对珠光体转变机制做了系统的研究。

碳钢中的珠光体是由互相平行的铁素体片与渗碳体片相间组成。在原来的奥氏体与新相铁素体、渗碳体之间，以及在铁素体与渗碳体之间存在着一定的晶体学取向关系。相同取向的一组铁素体–渗碳体片称为珠光体领域。随着形成温度的降低，珠光体领域内铁素体片与渗碳体片的层间距减小，渗碳体片逐渐变得不平直，有时呈扇骨状。低于平衡温度形成的珠光体，其碳含量可以偏离共析成分。

珠光体转变是扩散型相变。在转变过程中，化学成分均匀的奥氏体分解为高碳的渗碳体和低碳的铁素体时，不仅需要铁原子点阵的重构，而且需要碳原子的重新分配。这种重新分配是由碳原子的长程扩散来实现的。在合金钢中还需要合金元素的重新分配和合金元素原子的扩散。所以共析分解的过程受到原子扩散的控制（见**金属中的扩散**）。

珠光体转变过程是以形核和长大的方式进行的。按照梅尔模型，一个珠光体领域是通过铁素体片、渗碳体片的侧向相间形核和边向长大方式形成的。新相的晶核往往首先在奥氏体晶界上产生。这个晶核可以是渗碳体，也可以是铁素体，晶核与母相奥氏体应具有一定的晶体学取向关系，形成的晶核向奥氏体晶粒内长大。梅尔认为，晶核是渗碳体，渗碳体核长大使周围奥氏体中碳浓度降低，降低到一定程度后在渗碳体片侧面产生铁素体核。铁素体核长大使周围奥氏体中碳浓度增高，增高到一定程度，在铁素体片侧面又产生渗碳体核。如此便组成渗碳体–铁素体的片层状排列。与此同时，这组渗碳体–铁素体片边向长大，平行地向奥氏体晶粒中推移。这样就形成了一个珠光体领域。这个过程的示意图如图1。无论最初的晶核是渗碳体，还是铁素体，转变机制没有改变。

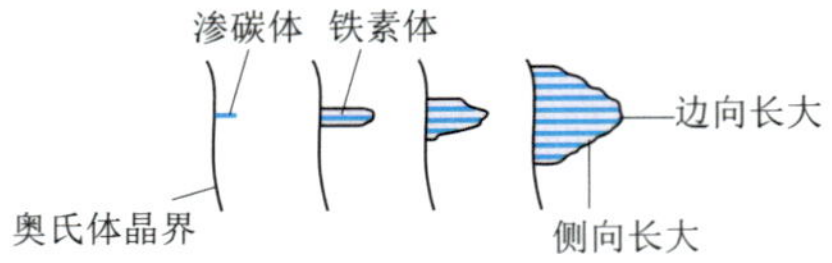

图1　珠光体领域的形成示意图

在一个珠光体领域的长大过程中，珠光体领域与奥氏体的界面上，可以产生另一取向的渗碳体核（或铁素体核），于是开始形成另一个珠光体领域。这样，逐渐形成由多个领域组成的珠光体团，其半径对时间的导数就是长大速度。假定珠光体生核是随机的，则在珠光体团互相接触以前（即自由长大），珠光体恒温转变量分数$f(t)$与体积形核率（N_V）、长大速度（G）及转变时间（t）之间的关系可用下式表达：

$$f(t)=1-\exp\left(-\frac{\pi}{3}N_V G^3 t^4\right)$$

这个表达式是在转变温度靠近共析温度，珠光体团接近球形的条件下适用，并可用图2的曲线来表示。另外，合金成分对珠光体转变也产生影响，实验得出：钼、镍等元素降低形核率和长大速度，因而降低珠光体的形成速度；钴则增高形核率和长大速度，促进珠光体转变。珠光体的形核率和长大速度又随转变温度的降低先增大而后又因原子扩散困难而降低。因此，形成珠光体的速度达到极值后又减小。在达到给定转变量时，珠光体转变的温度、时间曲线呈C字形。

亚共析钢中奥氏体分解时，在发生珠光体转变以前，先析出铁素体；过共析钢中则先析出碳化物（见**过冷奥氏体转变图**）。珠光体转变与钢的淬透性有密切关系。为了在淬火时得到马氏体，必须在冷却到马氏体点以前避免先发生共析铁素体析出和珠光体转变。

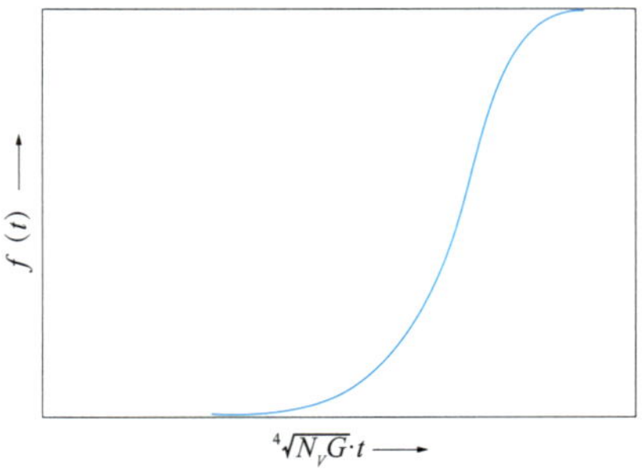

图2　在一定形核率和长大速度条件下，珠光体转变量与时间的关系

共析分解也在铜、钛、锌、锆及铀等合金中发生。有的合金在共析分解时形成的金相组织不是片状，而呈颗粒状，甚至形成非珠光体型的组织。　　（章守华）

古代砷铜　arsenic copper　古代出现的铜砷二元合金。又称砷青铜。是人类历史上第一种被大规模使用的铜合金。人类古文明多数经过了红铜—砷铜—锡青铜的冶金技术发展历程。具有典型意义的最早砷铜制品为伊朗高原的小件铜饰品（前4100）。公元前4000年以后，砷铜得到迅速而广泛的使用，在很多地方逐渐取代了红铜。砷铜具有固溶强化、加工硬化特性，延展性好等特点，使其能够取代红铜成为重要的铜合金为古代人所使用。在近东地区，直到青铜时代晚期，锡青铜才代替砷铜。砷铜冶炼方法主要有：含砷的氧化矿直接冶炼，得到砷铜制品；对含砷的硫化矿进行直接还原或共熔还原冶炼；向熔融金属中加入砷单质和砷的氧化物进行合金化。

砷铜的分布范围非常广泛，古代砷铜制品在世界各地发现的早晚有较大差别，并且不少还与红铜或锡青铜同时使用。砷铜对人类文明历史有重大影响，在冶金史上占有重要的地位。

扩展阅读

潜伟，孙淑云，韩汝玢. 古代砷铜研究综述. 文物保护与考古科学，2000，12（2）：43–50.

（陈坤龙）

古代冶金鼓风装置　ancient blowers for smelting　早期冶金可能使用自然通风，冶炼炉常建在山坡或岗顶。随冶金需用的温度提高，发展成强制鼓风。鼓风装置对助燃和形成高温有重要作用。鼓风设施的使用和改进，同冶金技术的发展关系极大，为了便于操作，增加风量、风压，并得到稳定的风流，古代工匠创造了多种形式的鼓风器具。

扇、吹管和皮囊　最早用于强制鼓风的器具是扇和吹管。埃及金匠曾使用陶质风嘴的吹管，印加人有时用8～12根铜管同时吹炼。稍后，发明了用兽皮制作的鼓风皮囊，囊的两端分设风管和由操作者手控的进风口。这种简陋的鼓风器在近代仍在一些地区使用。埃及第十八王朝勒克米尔（约公元前1450）墓的壁画中，已绘有罐状脚踏鼓风器的图像。进风时，操作者用绳索拽起皮囊，随后踩下，将风鼓入炉内，每炉配备鼓风器4具，两人相向操作（图1）。

橐籥　中国古代把鼓风器和风管称作

图1 勒克米尔墓壁画中的冶铸场面

“橐籥”，商代前期能熔铸近百千克的大鼎，估计已使用鼓风装置。考古发掘表明，至迟在西周已有一座炉配置4具鼓风器的实例。《墨子》载：“橐以牛皮、炉有两瓶，以桥鼓百十”，桥应是用来驱动鼓风器的杠杆机构。山东滕县（今滕州市）宏道院东汉画像石，刻绘了一种颇具特色的鼓风装置。横置的橐由若干悬杆吊挂，橐端有把手、进风口，另一端设出风口和风管，并由构架固定，使橐只能循着悬杆摆动方向运动。和原始的皮囊相比较，它的结构已相当复杂（图2）。

图2 东汉画像石冶铁图

随着金属熔炼的发展，炉身增高，炉容增大，鼓风器也相应加大和增多。为此，除用人力外，还使用畜力和水力鼓风，在中国称为“马排”与“水排”。

折叠式鼓风器 欧洲中世纪主要使用皮、木结构的折叠式鼓风器，为获得持续风流，常常两具联用。水力鼓风在西方始于公元13世纪。G.阿格里科拉在《论冶金》一书中，详细描述了人力和水力驱动的各类鼓风机械的形状、结构、尺寸、制作和操作的方法（图3）。

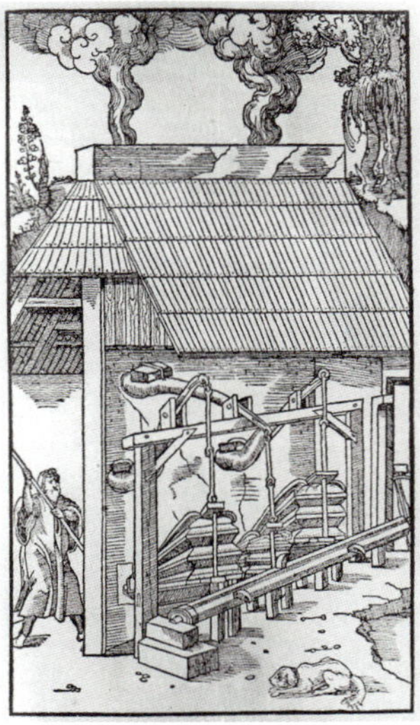

图3 欧洲中世纪所用的水力鼓风机械

悬扇式鼓风器 和欧洲不同，中国在公元5～15世纪时，冶铸作坊主要是使用称为“木扇”的悬扇式鼓风器，其形状最早见于北宋《武经总要前集》和西夏壁画。这种做摆动运动的木扇，实际上起活塞的作用。由于这种鼓风器全用木制或采用木、石结构，比皮、木结构的鼓风器耐用。

风箱 悬扇式鼓风器的进一步发展，导致名为“风箱”的箱形和筒形双向动作的活塞式鼓风器的发明，其始用年代不迟于明代。中国首创这种鼓风器，通过风道和活门的巧妙设计，正、逆行程均为有效，可以连续供风，大风箱需4～6人推挽（图4）。日本古代所用名为“蹈鞴”的足踏鼓风器，也可以连续供风（图5）。中国古时也有称风扇为鞴的。

图4 《天工开物》中的铸鼎图所用风箱

图5 日本的蹈鞴

（华觉明）

古德生 Gu Desheng（1937-10-13～ ）中国采矿工程专家。生于广东梅县。1960年毕业于中南矿冶学院矿区开采与经营专业，后留校任教。曾任教研室主任、系主任、研究所所长，中国矿业联合会高级资政，全国高校地矿学科教学指导委员会主任，金属矿山安全技术国家重点实验室学术委员会主任等。第九届、第十届全国政协委员。1995年当选中国工程院院士。

长期从事采矿设备和工艺教学、科研工作。开创了中国振动出矿技术和地下金属矿连续采矿技术；发明了颤振型振动出矿机和单质体超共振型振动运输列车；创造了与振动连续作业机组配套的无间柱连续采矿法，创下采场日产矿石1463吨的记录；针对松软破碎矿体的开采条件，发明了“开采环境再造深孔诱导崩矿嗣后充填”采矿法。首创具有中国特色的“区域矿山”建矿新模式，创建了矿群集约开发的设计理论，为中小矿床规模化开发走出了一条新路。针对深部矿床“三高”的特殊开采环境，首先提出“深部矿床大矿段多采区作业链协同智能连续采矿”模式。

先后完成科研项目30余项，获国家科技进步奖一等奖1项、二等奖1项，国家技术发明奖三等奖1项，省部级科技进步奖一等奖8项、二等奖11项。获中国工程院光华工程科技奖、首届叶剑英奖、王丹萍科学技术奖。被评为国家级有突出贡献中青年专家、中国有色金属工业劳动模范等。发表论文160余篇，主编《振动出矿技术》(1989)、《现代金属矿床开采科学技术》(2006)、《采矿环境再造理论方法及应用》(2012)、《区域矿山创建与集约开采》(2014)等。

（谭丽龙）

《古矿录》 *Notes on the Ancient Mines* 关于中国古代矿产资源的一部著作。由近代地质学家章鸿钊收集古籍中有关矿物产地的材料，按照地区和种类汇编而成，是研究中国古代矿产资源的重要参考书，1954年出版。《古矿录》所录，远自西汉《史记·货殖列传》，近至1934年的《归绥县志》。

（高武勋）

古荥冶铁遗址 Guxing smelting site 中国汉代冶铁和制造铁器遗址。属于汉代河南郡所辖的第一号制铁作坊，简称“河一”。位于河南省郑州市西北古荥镇。1965年发现，遗址南北长400米，东西宽300米，总面积12万平方米。根据同出的器物，断定使用时间为西汉中后期至东汉。1984年在古荥冶铁遗址成立了郑州市古荥汉代冶铁遗址保护管理所，2011年更名为郑州市古荥汉代冶铁遗址博物馆。2001年公布为第五批全国重点文物保护单位。

遗址中发现炼铁炉基两座（图1），东西并列，间隔14.5米。其中东部1号炉炉缸为椭圆形，长、短径分别是4米、2.7米，面积为8.5平方米。炉缸建成椭圆形，是当时鼓风能力有限的条件下，扩大容积的一种方法。炉缸下部基础与炉前工作面基础相连。炉基坐落在3米深的“凸”字形坑上。坑基是用红黏土掺加矿石粉、炭末、1～3厘米的卵石和石英砂的耐火土夯筑。基础夯砸结实，夯面工整。这种筑炉结构，满足了重载和高温作业的要求。炉底和炉壁使用耐火土夯筑而成。炉壁厚约1米。炉腹高约80厘米。据复原，炉身呈直筒形，炉子有效高度约6米，容积约50立方米，是已知的汉代容积最大的炼铁竖炉。2号炉存留下部基础，和炉前工作面基础也连成“凸”字形，建筑风格和方法与1号炉基相同。炉基周围有积铁10余块，总重百余吨。重达20余吨的有3块，其中一个椭圆形积铁块的主要部分形状和尺寸与1号炉炉缸底部相近。这个积铁块各部位成分不均匀（碳4%～4.5%，硅0.2%～0.3%，锰0.2%～0.3%，磷0.24%～0.38%，硫0.06%～0.11%），内部具有典型灰口铁组织，推断是1号炉在冶炼过程中发生故障停炉后扒出的竖炉积铁。

图1　古荥炼铁高炉模型

炉渣有两种，一种是正常渣，断口呈玻璃质，是酸性渣，测定的熔化温度是1030～1090℃，流动性好，加有一定数量的石灰石作为助熔剂。另一种是失常渣，颜色发黑，约占渣堆一半，又存在数块积铁，说明炉况运转有时不正常。

遗址中遗留有大量陶质鼓风管。管分直筒和弯头两种，均一端粗一端细，可以套接使用。鼓风管外糊草拌泥，有烧熔现象。鼓风设施的运用，有利于提高生产效率，体现了古代劳动人民的智慧。遗址中发现大量铸造铁范用的陶模。模正面遗留浇铸痕迹，背面和周边遗留有清晰的夯窝、加固泥和捆绑痕迹。有犁模、犁铧模、铲模、凹行锸（臿）模、一字形锸模（图2）等。

图2　郑州古荥汉代冶铁遗址出土的铁锸和制作铁锸使用的外模、内模

在有的陶内膜壁上阴刻有“河一”铭文。还有直接浇铸成器的陶范，计有铺首范、耳范、鼎足范等。此外还发掘出用于烧制陶器、烘烤铸范的窑，以及与冶炼有关的附属设备，如水井、水池、四角柱木架坑等。冶炼燃料是用栎木烧成的木炭，还有原煤和煤饼。

遗址出土的铁器有农具、工具、兵器、生活用具、车马器、梯形铁板6种，共300余件。其中2/3是铸造农具。这批铁器包括了除现代合金铸铁以外的所有生铁品种，即白口铁、灰口铁、麻口铁、韧性铸铁和铸铁脱碳制品。受当时冶炼条件和技术水平的影响，铸造生铁中碳高、硅低、磷低。

古荥冶铁遗址布局合理，经济实用，展现了2000年前中国汉代冶铁的规模和技术水平。　（韩汝玢）

钴冶金　cobalt metallurgy　从含钴资源中提取金属钴或其化合物的冶金技术。1735年瑞典化学家G. 布兰特制出金属钴。1780年瑞典化学家T. 伯格曼确定钴为元素。长期以来钴的矿物或钴的化合物一直用作陶瓷、玻璃、珐琅的釉料。到20世纪，钴及其合金在电机、机械、化工、航空和航天等工业领域得到广泛的应用，并成为一种重要的战略金属。中国于50年代开始从钴土矿、镍矿和含钴黄铁矿中提钴。

已知的含钴矿物约100种，主要为：硫钴矿（Co_3S_4）、纤维柱石（$CuCo_2S_4$）、辉砷钴矿（CoAsS）、砷钴矿（$CoAs_2$）、钴华（$3CoO \cdot As_2O_5 \cdot 8H_2O$）等。世界上主要钴矿有4种：①铜钴矿，以刚果（金）、赞比亚储量为最大，刚果（金）的产钴量占全世界产量的一半以上。②镍钴矿，包括硫化矿和氧化矿。③砷钴矿。④含钴黄铁矿。这些钴矿含钴均较低。海底锰结核是钴的重要远景资源。从含钴废料中回收钴也日益受到人们的重视。

中国已探明的钴储量最多的是甘肃金川硫化镍矿中伴生的钴，云南的硅酸镍矿以及四川、山东、湖北、山西、广东等地的黄铁矿中也含有钴。

钴矿物的赋存状态复杂，矿石品位低，所以提取方法很多而且工艺复杂，回收率低。一般先用火法将钴富集或转化为可溶性状态，然后再用湿法使钴进一步富集和提纯，最后得到钴化合物或金属钴。主要提钴工艺流程如图所示。

硫化镍矿提钴　硫化镍精矿一般含镍4%～5%，含钴0.1%～0.3%。镍的火法熔炼过程中，由于钴对氧和硫的亲和力介于铁镍之间（见氧势图），在转炉吹炼高冰镍时，可控制冰镍中铁的氧化程度，使钴富集于高冰镍或富集于转炉渣，再分别用下述方法提取：①富集于高冰镍中的钴，在镍电解精炼过程中，钴和镍一起进入阳极液。在除钴过程中，钴以高价氢氧化钴的形态进入钴渣，钴渣含钴6%～7%，含镍25%～30%。从钴渣提取钴的一种方法是：将钴渣加入硫酸溶液中，通二氧化硫使之溶解，制得含硫酸镍、硫酸钴和少量铜、铁、砷、锑等杂质的溶液；再用活性镍粉置换除去铜；通空气，氧化水解除去铁，通氯气氧化，加苏打中和沉淀钴，若所得氢氧化钴含镍较高，可再次溶解、沉淀分离钴镍，使其含镍小于1%；经煅烧制得氧化钴产品，也可将氧化钴制成粗金

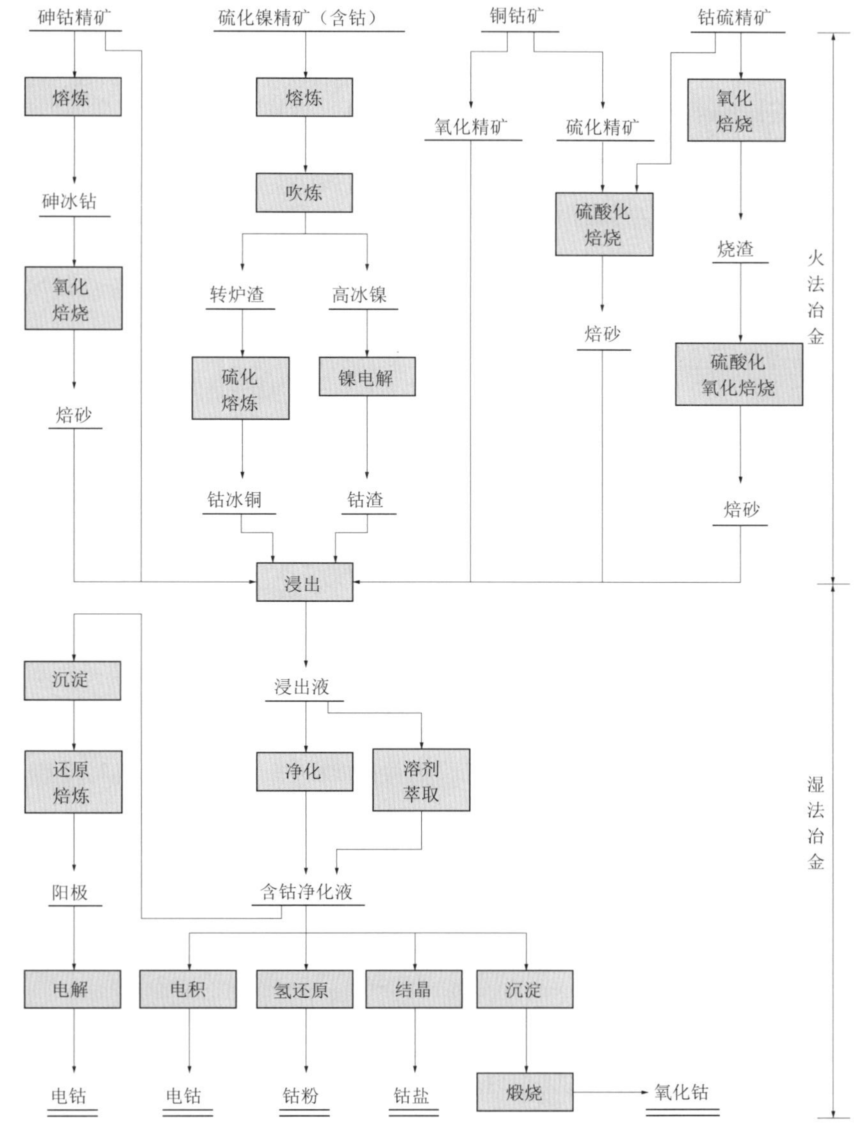

提钴工艺流程

属钴，经电解精炼得电解钴。从钴渣提取钴的另一种方法是，以亚硫酸钠作还原剂，将钴渣溶解于硫酸溶液中，得到含硫酸镍、硫酸钴和少量铜、铁、锰、锌等杂质的溶液，而后用黄钠铁矾法除去溶液中的铁，用烷基磷酸类，如二-2-乙基己基磷酸（D-2-EHPA）或其他烷基磷酸酯类萃取剂萃取其中的铜、铁、锰、锌等，并分离钴镍。萃取过程中获得的氯化钴溶液，用氟化铵除钙、镁后，再用草酸铵沉淀钴。所得草酸钴在450℃下煅烧，得到的氧化钴粉，可作为最终产品，也可用氢还原法制取金属钴粉。②富集于炼镍转炉渣中的钴，在还原硫化熔炼过程中，与镍一起转入钴冰铜（见**锍**）。转炉渣成分一般为钴0.25%～0.35%，镍1%～1.5%；钴冰铜成分一般为钴1%～1.5%，镍5%～13%。钴冰铜可以直接**浸取**（常压或加压酸浸），也可以将钴冰铜焙烧成可溶性化合物后再酸浸。浸出液可按钴渣提钴工艺流程处理。

加拿大舍利特高尔顿矿业公司（Sherritt Gordon Mines Ltd.）用高压氨浸法处理硫化镍精矿和高冰镍时，钴留于镍的氢还原尾液中，通硫化氢于尾液，得硫化钴和硫化镍的混合沉淀物。此混合物用硫酸高压浸出、净化除杂质后，通氧、加氨、加压，使二价钴氧化成可溶性的$[Co(NH_3)_5 \cdot H_2O]_2(SO_4)_3$，而镍则以镍铵硫酸盐形态沉淀出来，实现镍钴分离，溶液用**高压氢还原**产出钴粉，也可用萃取法净液、分离出镍后电积得电钴。

含钴黄铁矿提钴　从含钴黄铁矿中提钴较有代表性的工厂是芬兰科科拉钴厂（Kok-kola Cobalt Plant）。其工艺过程是精矿焙烧脱硫后，再配以部分精矿在流态化炉内进行硫酸化焙烧，再经浸出、浓密、洗涤，浸出液通硫化氢使钴呈硫化钴沉淀；再利用上述舍利特高尔顿的高压浸出法和高压氢还原法生产钴粉。中国含钴黄铁矿的钴品位较低，仅为0.02%～0.09%。浮选产出的钴硫精矿含钴0.3%～0.5%，硫30%～35%，铁35%～40%。钴硫精矿在流态化焙烧炉内于580～620℃下进行硫酸化焙烧，使钴、镍、铜等金属转化为可溶性的盐类。焙砂用水或稀硫酸浸出，用氯酸钠将浸出液中的铁氧化成高价铁后，用脂肪酸钠依次萃取铁和铜。然后，通入氯气使钴氧化，加碱水解生成高价氢氧化钴沉淀，从而与镍分离。在反射炉内使氢氧化钴脱水、烧结，烧结块配以石油焦和石灰石在三相电弧炉内还原熔炼成粗金属钴。粗钴浇铸成阳极，进行隔膜电解，得到纯度较高的金属钴。钴硫精矿也可先经900～950℃氧化焙烧，再配以氯化钠或氯化钙以及少量的钴硫精矿于680℃下进行硫酸化氯化焙烧。焙砂按上述流程提钴。

砷钴矿提钴　砷钴矿经选矿得到含钴10%～20%的精矿，其中含砷20%～50%。处理砷钴矿的方法主要有两种：一种是先用火法熔炼产出砷冰钴，再用湿法提钴。另一种是用加压浸出法制得含钴溶液，再从中提取钴。中国采用前者，其工艺过程是：将精矿配以**焦炭**和熔剂在反射炉或电炉内熔炼，使部分砷呈三氧化二砷挥发，产出砷冰钴（旧称黄渣），如原料含硫高，还产出部分钴冰铜。砷冰钴和钴冰铜磨细后焙烧，进一步脱砷和硫；焙砂用稀硫酸浸出，用次氯酸钠氧化浸出液中的铁，再用苏打调整pH值为3～3.5，使铁成为氧化铁和砷酸铁沉淀。滤液用铁屑置换除铜后，用次氯酸钠使钴氧化，加碱水解生成高价氢氧化钴沉淀而与镍分离。所得氢氧化钴在反射炉内于1000～1200℃下煅烧，获得氧化钴，并使其中的碱式硫酸盐分解，将硫除去。然后配入木炭，在回转窑内于1000℃左右还原成金属钴粉。也可将氢氧化钴熔炼成粗金属钴，再进行电解得电钴。焙砂的浸出液也可和前述硫化镍矿提钴一样，采用萃取法净液分离提钴。

加压酸浸法处理砷钴精矿是将精矿用稀硫酸浆化，用高压釜浸出，操作压力0.35兆帕，温度190℃，浸出时间3～4小时，钴的浸出率95%～97%。浸出液除砷、铁、铜、钙等杂质后，加入液氨，使钴形成钴氨络合物，在高压釜内，用氢还原得到钴粉，操作压力0.5～0.55兆帕，温度190℃。此法流程简单，回收率高，劳动条件好。

铜钴矿提钴　铜钴矿经选矿获得氧化精矿和硫化精矿。氧化精矿品位为铜25%，钴1.5%；硫化精矿品位为铜45%，钴2.5%。首先将硫化精矿在流态化焙烧炉内进行硫酸化焙烧，然后将焙砂和氧化精矿用铜电解废液浸出。氧化精矿中的钴主要呈三价氧化物形态，在硫酸中溶解度很小。但在铜电解废液中可由其中的亚铁离子将钴还原，溶于电解废液中，Co^{3+}（不溶性）$+Fe^{2+} \longrightarrow Co^{2+}$（可溶性）$+Fe^{3+}$。

钴的浸出率可达95%～96%。含钴和铜的浸出液用电解法析出铜，而钴和其他金属杂质留在溶液中。除杂质后，将溶液中的钴用石灰乳沉淀为氢氧化钴，再溶于硫酸中，得到高浓度的硫酸钴溶液，最后用不溶阳极电积金属钴（见**水溶液电解**）。刚果（金）的卢伊卢厂（Luilu Cobalt Plant）是世界上最大的铜钴矿冶炼厂。

镍红土矿提钴 采用冶金工艺处理镍红土矿、在提取镍的同时提取钴，并制取钴产品。镍红土矿是重要的氧化物类镍矿产资源，钴与镍伴生其中，使镍红土矿成为重要的钴资源。

随着**湿法冶金**技术的发展和镍钴分离技术的进步，从镍红土矿提取钴成为钴的重要来源。

镍红土矿提取钴的技术主要有湿法和火-湿联合法，包括以下3种工艺。①高压酸浸（HPAL）工艺。将处理后不大于1毫米的矿石制成矿浆。固含量40%的矿浆在240～270℃和高压条件下进行酸浸出、固液分离，然后经除杂、净化和P204萃取除杂、P507萃取镍钴分离，制得镍、钴产品。镍钴浸出率达95%以上，总收率达90%以上。HPAL工艺始于1959年。采用该工艺处理镍红土矿的工厂有古巴莫阿湾镍厂（Moa Bay）、澳大利亚穆林穆林红土镍矿厂（Murrin Murrin Lateritic Nickel）、考斯镍钴厂（Cawse Nickel/Cobalt）等。②还原焙烧-氨浸工艺（Caron工艺）。矿石经粉碎、筛分，将不大于3毫米的矿石入炉，并在720～730℃进行选择性还原焙烧。将镍和钴全部还原成金属态、三价铁还原成磁铁矿及部分金属态。焙砂经保护性隔氧冷却，用氨-碳酸铵混合溶液经三段逆流浸出。经浓密处理，溢流富液经除杂、净化和镍钴分离，再分别制取镍、钴产品。Caron工艺专利1924年公布，20世纪中叶工业化生产。采取该工艺处理镍红土矿的公司有澳大利亚雅布鲁镍厂（Yabulu Refinery）、古巴尼加罗镍厂（Nicro Nickel Smelter）、菲律宾苏里高镍厂（Surigao Nickel Plant）等。③造锍-氨浸工艺。矿石经破碎、筛分、还原硫化焙烧、熔/吹炼、水淬、氨浸、镍/钴分离，制得镍、钴产品。

广泛使用的提钴工艺为高压酸浸工艺和还原焙烧-氨浸工艺。高压酸浸工艺适用于处理褐铁矿型和过渡混合型镍红土矿；还原焙烧-酸浸则较适用于处理硅镁镍矿型镍红土矿。

大多数运行的、在建的处理镍红土矿的工厂都采用酸浸湿法工艺，并都采用硫酸作为浸出剂。出于对钴提取和降低成本的考虑，用其他酸（如盐酸和其他各种有机酸）作浸出剂的酸处理工艺正在试验和发展中。研究表明，盐酸处理镍红土矿具有更好前景，其优点是：①浸出液很容易通过直接溶剂萃取分离，且有多种萃取体系选择。②分离得到的氯化物溶液（如镍、铁或镁氯化物）可以通过喷雾热分解的方法生产氧化镍、氧化钴、氧化铁和氧化镁，并回收盐酸。

扩展阅读

YOUNG R S. Cobalt, It's Chemistry, Metallurgy and Uses. New York: Reinhold, 1960.

陈维东，等.国外有色冶金工厂·镍与钴.北京：冶金工业出版社，1977.

（毛月波 马文源 撰 李新海 修订）

鼓风炉 blast furnace 具有鼓风装置的**冶金炉**。竖炉的一种。由炉顶、炉身和炉缸或本床组成。炉顶设有加料口和排烟口；炉身下部两侧各有向炉内鼓风的风口若干个；炉缸设有熔体排出口和放空口；本床只设一个排出口。炼铁鼓风炉通称**高炉**；鼓风炉则一般指有色金属的熔炼竖炉。

鼓风炉可用于铜、镍、钴等金属的造锍熔炼和铅、锌等金属的**还原熔炼**，还可用于熔化杂铜和处理其他物料。鼓风炉的炉料一般为块状，燃料为焦炭。炉料分批从炉顶加入，形成料柱。空气由下部风口鼓入，焦炭在风口区燃烧，形成高温熔炼区；炉料在此激烈反应，不断熔化。还原熔炼时，熔体在炉缸内澄清，分别放出金属和**炉渣**，造锍熔炼时，熔体经本床流入前床，澄清分离出**冰铜**和炉渣。热烟气穿过炉料上升至炉顶排出过程中，使炉料预热（熔炼混捏精矿时，还使精矿烧结），并发生部分熔炼化学反应（见图）。所以鼓风炉的传热、传质条件好，热效率高，单位面积日生产能力（即床能率）大。

近代炼铜鼓风炉多处理烧结块，烟气SO_2浓度低。20世纪50年代改为处理混捏精矿和部分块料，并采用料封炉顶，提高了烟气SO_2浓度，精矿中的硫得到较好的利用。1981年苏联公布了硫化铜矿鼓风炉富氧自热熔炼的专利，以低品位块矿或精矿制成的团块（或粒）为原料，鼓入含氧24%～45%的富氧空气，实现自热熔炼，产出冰铜；烟气回收单质硫后，还可制取硫酸。1950年，英国建成铅、锌鼓风炉，处理铅、锌混合矿，同时获得金属铅和锌。

鼓风炉炉身横断面多为长方形，小型炉一般为圆形或椭圆形。炉内的风口部位叫风口区，风口区横断面积为衡量炉子大小的尺度。长方形鼓风炉风口区的宽度一般为1～1.5米，长度3～10米。风口至料面的距离称为料柱高度。炉顶料面上的温度为炉顶温度。鼓风炉熔炼的操作分高料柱（3.6～5.5米）冷炉顶（100～200℃）和低料柱（2.5～3.5米）热炉顶（300～500℃）两种。还原熔炼多用高料柱，造锍熔炼多用低料柱。鼓风炉的燃料为焦炭。还原熔炼时，焦炭兼作还原剂，焦率较高，如炼铅鼓风炉焦率10%～13%；造锍熔炼，焦率较低，炼铜鼓风炉焦率8%～10%。鼓风炉风压与料柱高度和炉料块度有关，高料柱操作，一般为80～150毫米汞柱（表压）；低料柱操作，一般为50～80毫米汞柱（表压）。鼓风炉风口区为熔炼区，温度最高，炼铅炉约为1250℃，炼铜炉约为1350℃。鼓风炉的床能率以风口区单位面积计，炼铅鼓风炉一般为50～70吨/（米^2·日），熔炼铜精矿的鼓风炉一般为40～50吨/（米^2·日）。鼓风炉是传统的冶金设备之一。19世纪末，炉身开始采

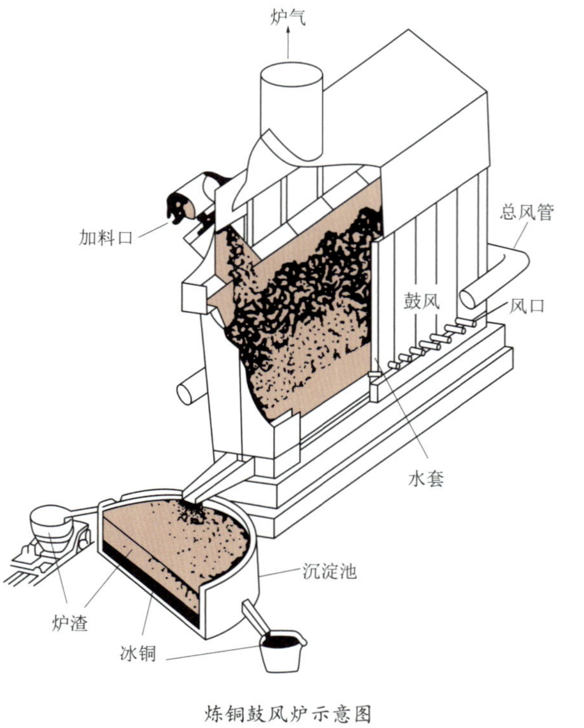

炼铜鼓风炉示意图

用局部水冷装置，后来发展成全水套炉身；现代已发展为汽化冷却，生产低压蒸汽。

扩展阅读

赵天从. 重金属冶金学. 北京：冶金工业出版社，1981.

（李维熹　马茵华）

固溶热处理　solution heat treatment　将合金加热到适当温度，保持足够长的时间，使一种或几种相（一般为金属间化合物）溶入固溶体中，然后快速冷却到室温的热处理技术。简称固溶处理。经过固溶热处理的合金，其组织可以是过饱和固溶体或通常只存在于高温的一种固溶体相，因此在热力学上处于亚稳态，在适当的温度或应力条件下会发生**脱溶**或其他转变。

有些观点认为固溶热是含义更广泛的一种**淬火**。这是因为固溶热处理工艺采取了快速冷却的操作。一般情况下，固溶热处理是一种预先热处理，它的作用是为合金随后的热处理准备最佳条件。因此，不同合金的固溶热处理尽管在操作上基本相同，但是其目的却可以有很大的差异。固溶热处理的3个典型实例如下。

①铝铜二元系中，铜在铝中的固溶度随温度有显著的变化（图1），548℃时为

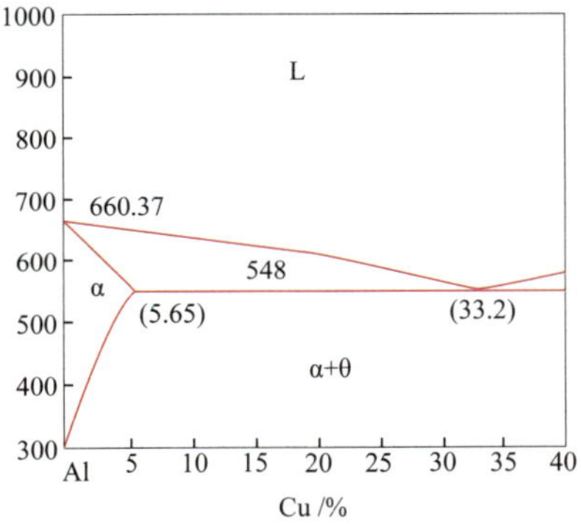

图1　铝铜二元相图靠铝的一角

5.65%，而在250℃时则仅为0.1%～0.2%。含4%铜的铝铜二元合金在退火状态下的组织为铝基α固溶体和比较粗大的θ（$CuAl_2$）相颗粒，此合金经过固溶处理，即加热到α单相区内，保持足够长的时间，使θ相溶解，得到基本均匀的固溶体，然后快冷，可以在室温得到过饱和的α固溶体。在室温放置一段时间后，由于过饱和固溶体脱溶分解，合金的硬度和强度明显提高，这一过程又称自然时效。许多能够产生沉淀硬化的工业铝合金（如铝－铜－镁、铝－镁－硅、铝－锌－镁－铜等合金系的合金），其最终热处理都要先进行固溶处理，然后根据合金的特性及使用要求，再进行自然时效、人工时效或更复杂的处理（如分级时效等）。

②含1.2%碳、13%锰的Mn13高锰钢（即Hadfield钢）经过固溶处理，即加热到1050～1100℃，保持足够长的时间，使碳化物M_3C溶入**奥氏体**（图2），然后淬

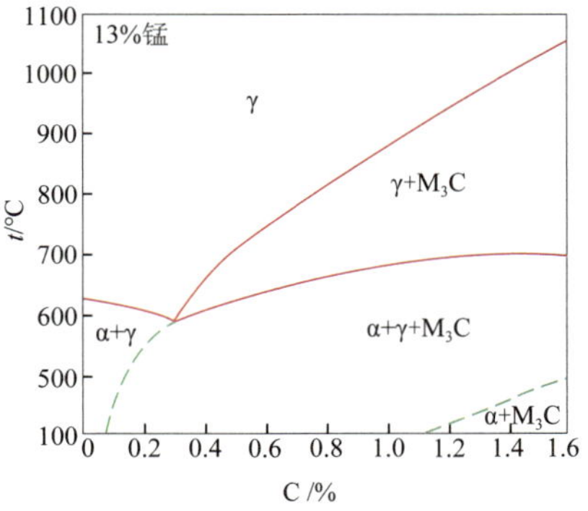

图2　铁－锰－碳三元系含13%锰垂直截面的一部分

入水中，可以在室温得到单相奥氏体组织，其硬度值很低（约为HB200），但是具有很高的加工硬化能力以及优良的耐磨性和韧性。应用这种钢制造的铁路道岔，其磨损面经使用过程中的加工硬化，硬度值可增加到HB495～535。

③含0.07%碳、17%铬、7%镍、1.15%铝的17－7PH沉淀硬化不锈钢，经过固溶处理，即加热到1065℃，保持数分钟，然后在空气中冷却，可以在室温得到单相奥氏体组织，具有良好的塑性和成形性。随后进行调整处理及**深冷处理**，即加热到955℃，保持10分钟，在空气中冷却到室温，再冷却到－73℃，保持8小时，使奥氏体转变为马氏体，最后在510℃进行时效处理1小时，使金属间化合物NiAl析出，产生沉淀硬化。与固溶处理后相比，屈服强度由275兆帕（1兆帕≈10.2千克力/厘米^2）提高到1520兆帕，抗拉强度由900兆帕提高到1620兆帕，伸长率由35%降低到6%（见**金属强化**）。

（谢希文）

固态相变　phase transformations in solids　研究各种固体组织结构的形成及其稳定性的学科。当一组原子或分子的集聚体具有均一的原子或电子组态时，这一集聚体称为相。它具有一系列热力学性质特征，如体积、压力、温度及能量。两相之间具有明显的界限，相界两侧的微观结构、成分（或两者兼而有之）发生不连续变化。当一种固相由于热力学条件（如温度、压力）或作用于该固体的电场、磁场等发生变化而变得不稳定时，如果没有相变障碍，该固相将会通过相结构（原子或电子组态）的变化，转变成更为稳定或平衡的状态，此即发生“固态相变”。在**金属学**中，相变常指一种组织在温度或压力变化时，转变为另一种或多种组织的过程，如多晶型转变、珠光体相变等。

人类对材料的使用决定于能够得到和利用某些特定结构的微观组织和分布，借以获得在使用条件下（如应力分布、磁场等）所需要的此种材料的加工或使用性能。这种组织结构包括电子组态、原子键合性质、原子或分子组态、构成的**晶体结构**及其中的**晶体缺陷**、晶体的形状和分布（晶粒和金相组织），也包括它们当中的组织缺陷。因此，研究固态相变对控制金属、合金以及某些非金属材料性能有极为重要的理论和实践意义。

固态相变的研究包括下列几个方面，并可据以将相变进行分类。

相变晶体学　研究相变前后相的结构，这些结构的相互关系，相界面两侧晶体原子排列、匹配的程度，生成相在原来的母相中析出的晶体平面（即惯析面），以及母相与新相之间的晶体学取向关系。如果相变时具有热效应，吸热相将具有较高的内能，键合有所减弱，从而影响一个原子的最近邻和次近邻原子的组态。M.J.伯格根据结构变化涉及的是最近邻、次近邻或更远的原子，以及重组时是否需要原子重新组合，将相变进行分类，并指出需要原子位置的重组和键的破坏的相变，如低碳钢从**奥氏体**中形成**铁素体**，将需要较高的激活能，相变的速度较小；而当相变时只发生相对位移、转动或键的畸变时，如奥氏体**淬火**时转变为马氏体，相变将具有较高速度。

相变前后的晶体学取向关系（如相互平行的晶面和晶向）和新相析出的形态及其在母相上的析出平面（惯析面），对相变后合金的性能有重要影响。

相变金相学　宏观材料相变产物的性质，特别是对组织敏感的性质，如强度、断裂韧度、延性、超塑性等，除了取决于晶体本身结构、所包含的晶体缺陷（继承母相的或相变时产生的）以及它们所具有的性质外，还取决于相变后组成相中晶粒之间的相互关系、它们的形状大小及其在母相中的分布等因素，如钢中珠光体的粗细（即珠光体中**渗碳体**和铁素体的厚度）将影响钢的性能。相变后产物的金相组织，即新相的分布与母相的残留量及分布，由母相及新相的晶体结构，相变的动力学（特别是相变的温度、新相形成的速度）及合金的成分等因素所控制。研究相变的这些方面及其相互关系是控制合金材料组织和性质的重要手段。金相组织及其性质还受母相的成分不均匀性，溶解或偏

聚的杂质，析出的夹杂物及其分布，存在的晶体缺陷（如晶粒间界、位错、层错），以及加热、冷却和形变产生的缺陷等的影响。

相变热力学 相变的发生是由于某一个固相在给定的热力学条件下成为不稳定的物系，该固相就会具有通过结构或成分的变化使物系的自由能下降的趋势。从原子或分子的组态变化来考虑，相变可以有3个基本方式：①结构变化，如熔化、凝固、多晶型转变、马氏体相变、块状转变。②成分的变化，如具有溶解度间隔的物系中一个相分为两种与原来结构相同而成分不同的相。③有序程度的变化，如黄铜的有序化。大多数转变则兼具两种或三种过程。这些变化都伴有相应的自由能变化（见合金热力学）。

在相变时，物系的自由能保持连续变化，但其他热力学函数，如体积、焓、熵等发生不连续变化。根据吉布斯自由能（即自由焓G）高阶导数发生不连续的情况（阶数），可将相变相应地分级：相变时体积及熵变化间断的相变为一级相变，如多晶型相变，它们伴有结构变化和相变潜热；焓、热膨胀与压缩系数发生突变的相变为二级相变，如某些有序、无序转变。实际上除了超导转变外，一般相变并不严格符合这些定义，而是介乎两者之间。许多铁磁体的居里点则属于二级相变点。

相变热力学主要研究相变发生的条件，其驱动力来源与大小，相变的终点和相变产物的相对稳定性。由于相变潜热比点阵能小得多，相变点及平衡线的理论计算是复杂而困难的。

相变动力学 研究相变的发生和发展，相变速度和停止过程，以及影响它们的因素。许多相变在临界温度（即两相自由能相等的温度）以下用形核及长大的方式进行。在母相中经过一定孕育时间，产生新相的核。这些核常以一定速率增多，在一定温度下，每个核以一定速率长大，一直到受阻或自由能条件变为不利。由于新相形核时单位体积的自由能减少，而新相表面的表面自由能增加，矛盾统一的结果是新相的晶核必须具有或超过一定临界尺寸（r^*）才是稳定的，即成为临界晶核。临界晶核继续长大才能导致体系的自由能下降。

临界晶核是由原子热运动引起新相组态的起伏所产生，如N表示单位体积母相中的新相形核地点的总数，n_c为具有临界尺寸的晶核数，ΔG^*为形成临界晶核单位体积的自由能，k为玻耳兹曼常数，T为转变温度，则

$$n_c = N\exp(-\Delta G^*/kT)$$

临界尺寸的晶核出现后，有的长大，有的缩小，为了获得能够长大的晶核，邻近原子必须向临界晶核表面上跃迁，使其尺寸超过r^*。若这种跃迁的激活能为E_a，则形核率R为：

$$R = A\exp[(-\Delta G^* + E_a)/kT]$$

温度、压力、成分、形变等对形核率都有重要影响。上述形核方式假定形核地点均匀分布于母相之中，称为均匀形核。如果母相存在晶体缺陷及界面（包括晶粒间界及孪晶界）、成分偏析、第二相及各种夹杂物，那它们有可能提供有利的形核条件，使晶核在某些地点优先形成，称为非均匀形核。

新相晶体的长大通过临界晶核的增大进行，原子从母相通过界面转移到新相。这种转移可以通过扩散实现，也可用非扩散位移改变近邻原子位置来完成，或兼而有之。晶核的长大可以由体扩散、界面扩散或沿位错扩散控制，这时长大率$V_D = \frac{d\bar{r}}{dt}$，$\bar{r}$为球状新相的平均尺寸。当体扩散为主要原子输运方式时，$\bar{r} \propto t^{1/3}$；当由表面或界面扩散所控制时，$\bar{r} \propto t^{1/2}$；当由位错扩散控制时，则$\bar{r} \propto t^{1/5}$。如晶核长大由相界面的运动控制时，长大速度V_F与长大时间t呈线性关系，$V_F \propto t$。但此种线性关系并不一定表征长大系界面运动控制，如枝晶长大或共析体的长大与时间也具有线性关系。

新相的形状决定于长大速度的方向性，它受晶面的界面张力、表面或界面杂质吸附、温度和浓度梯度等影响。如生铁中石墨若沿基面方向长大，成为片状石墨；若沿垂直于基面方向长大，则成为扇形石墨的复合体，即球状石墨。

新相的生成量则取决于新相的形核数和长大终止的尺寸。在某些情况下，母相可以完全转变为新相（如珠光体相变，见共析分解），或转变一部分（如脱溶分解）；也可以由于新相被晶界、新相周围的母相中产生的应力、范性形变或成分的变化所限制，终止长大，使新相的增加在达到化学平衡以前停止。

相变的进程受许多因素影响，如温度、静液压、应力和应变、晶体缺陷、形变速度，以及电场、磁场、重力场等。它们通过不同机理影响相变进程，如温度影响两相自由能的变化，扩散速度，获得相变激活能的概率等；晶体缺陷则影响新相生核的地点、扩散通道和扩散机理以及新相长大的助力和阻力等。

没有成分变化的相变，如铁镍合金的马氏体相变，可以在导致相变的外界条件（如温度）反转时发生逆转，但由于来程相变时能量的消耗或晶体中相变阻力的增加（如晶体缺陷增加），可以使逆转出现滞后现象。

相变机理学 研究相变的方式和分类。由于机理不同，相变有许多种方式。

扩散型相变 相变以形核和扩散长大方式进行，相变中发生基体原子扩散和成分的变化。这种相变可以有各种形式：①从过饱和固溶体中析出新相，即脱溶。新相析出时，在新的热力学稳定相生成前可以经过各种介稳状态，如铝铜合金中析出稳定的$CuAl_2$相以前形成原子异相聚集体，即GP区（Guinier－Preston区）。这种相变称为连续脱溶。②过饱和相分解时，可以从母相内局部开始，向前扩展。其中一相是经过脱溶及再结晶的母相，另一相为新相，称为不连续脱溶。③如母相具有二元（或三元）共析成分，则在共析分解温度以下转变为两个或三个以上新相。一般具有两相（或三相）相间的共析组织，在钢、铜铝合金中，共析组织经蚀刻后在显微镜下观察具有珠母光泽，称为珠光体，这种相变称为珠光体相变。这些分解产物在升温时，通过固溶反应在相变点以上转变成为高温相。

无扩散型相变 又称马氏体型相变，即相变过程中不发生扩散，只通过材料的一定体积的切变，以很高的速度发生晶体结构变化，各原子或分子只有相对位移。这种相变大多数在降温时发生，但也有在恒温下进行的。它不仅在某些纯金属及许多合金如钢中及无机化合物中发生，也在有机化合物中出现，如聚乙烯在应力作用下的斜方晶系向单斜晶系转变。

贝氏体型相变 介于扩散型相变与无扩散型相变之间的相变。在这种相变过程中，基体以类似无扩散相变的方式进行，但一部分组元如钢中奥氏体内的碳，发生扩散，从新相的基体脱溶，在新相内析出，或扩散到奥氏体中，或从基体的母相中以形核长大方式析出第二相。由于局部扩散，相变可以在恒温下发生。在温度较低区域，基体的原子运动更接近马氏体（下贝氏体），在较高温度时原子的运动尚有待进一步研究（见贝氏体相变）。

块状转变 在某些纯金属或合金中，如纯铁和β黄铜，母相原子以扩散方式发生结构变化转入新相，而不发生成分变化，新相长大速度很快，并可以越过母相晶粒界。这种热激活多晶型性相变的产物成块状。1939年，A.B.格雷宁格在研究铜铝合金β→α相转变时发现高温β相

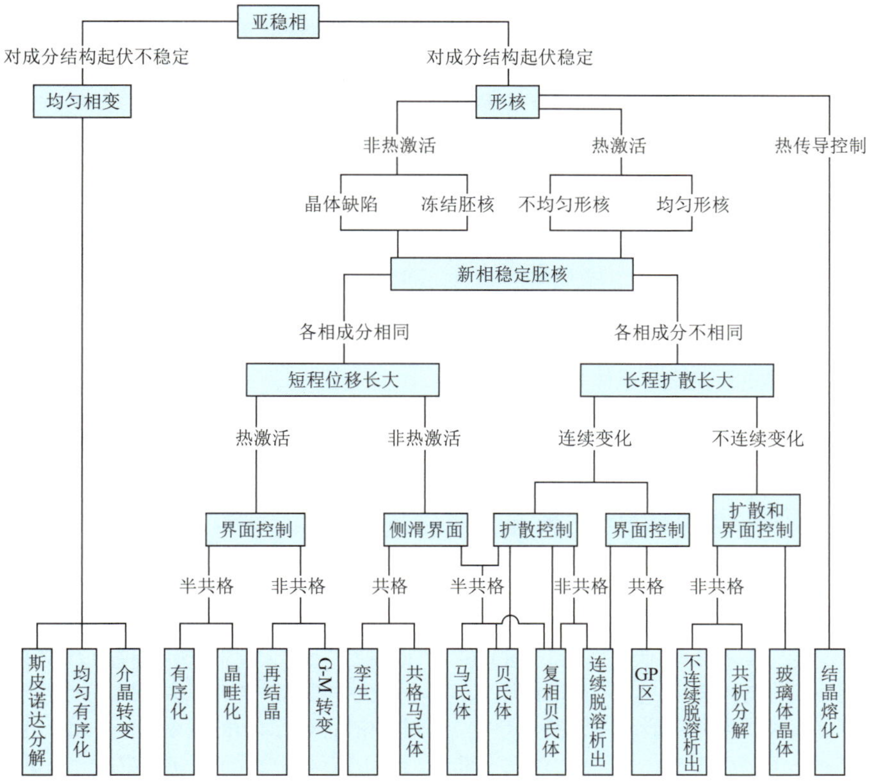

相变机理示意图

（富Cu）经快速冷却得到块状形态α相，定名为块状组织。后来由T.B.马萨尔斯基等进行了较细致的研究，所以称为G-M（Grininger-Massalski）相变。在英文文献中称为块状转变。

有序无序转变 这种转变一般有3种类型：①位置无序化，固体中原子排列可以完全有序、完全无序或两者之间。在有序态时，一个组元的原子均占有晶胞中一定位置，而无序态时则处于任意位置。②取向无序化。③电子或粒子自旋无序化，如磁转变（铁磁–顺磁）等（见**有序无序转变**）。

晶体中的缺陷亦可发生位置的有序化，如空位的有序排列。形变后晶体在受热回复时，位错重组为规则排列，导致晶粒中产生晶畦，这种晶畦化现象也可以认为是这个类型。

斯皮诺达分解 在二元系合金及玻璃体中，当自由能对成分的二次导数小于零，自由能对成分曲线向下弯时，任何成分起伏将导致自由能下降，这时将自发地发生**上坡扩散**，形成成分不同的尺寸为几十埃至几百埃的区域，区域大小随分解温度下降而缩小。美国物理学家J.W.吉布斯称自由能对成分的二次导数等于零为亚稳限。后来被描述为斯皮诺达（spinodal），即有两弧相交的尖点曲线，因而这种转变被称为斯皮诺达分解（spinodal分解）。其译名有多种，也可以称为亚稳分域。

玻璃态及介晶态固体的转变—— 晶化液体过冷形成玻璃体，即非晶态固体，通过其他途径，如辐照、气相沉积等也可以形成非晶态固体。非晶态固体在一定温度下会转变为热力学参数更为稳定的晶体或微晶。非晶态及微晶的金属和非金属材料具有许多特殊性能和用途。

某些物质，主要是具有高度不对称形状的长链有机化合物，在完全液化前经过一系列介晶态。它们具有晶体的**X射线衍射**现象和液体的不能承受剪切力的流变行为，因此，也称为液晶。在介晶态时，长链分子可以平行排列，但链端与链端的键合削弱，使晶体具有层状性质，称为层列相。在更高温度，层列消失，但保留了链的取向排列，成为向排列。温度继续升高，在一定温度完全液化。有些化合物，可以经过几个层列间相变。

相变机理示意图 对于合金中各类相变，J.W.克里斯琴曾根据它们的原子运动的异同，图示了它们的关系，附图是经过略有增改的示意图。它适用于原子或分子组态发生变化的相变，但不包括电子组态变化的相变。

相变预效应及软模 在扩散相变中，相变发生以前，固溶体中空位发生原子聚集，或与位错及其他晶体缺陷结合形成络合体或过渡相。软模指固体点阵的振动模。由于振动能量量子化的结果，在温度邻近相变点时，其频率的平方接近于零。在有些马氏体相变前，观察到点阵的失稳，即声子模的软化现象。软模也可以在其他相观察到，如磁转变（如$KCoF_3$）、铁电转变（如$SrTiO_3$）、超导转变（如Nb_3Sn）、金属态–绝缘体相变（如MoO_2）。这些效应可以用弹性常数、电阻、弥散X射线衍射、中子散射、拉曼谱、正电子湮没等进行研究，其结果有助于对相变机理的了解。

相变的应用 相变伴随有物理（包括磁学、电学及介电性质）、力学、化学性质，甚至外形（如形状记忆合金）的变化。可通过这些变化进行相变的研究，而利用相变可以控制材料的性能，并可以利用相变时材料性质的变化制成器件。

扩展阅读

CHRISTIAN J W. The Theory of Transformation in Metals and Alloys, 2nd ed., Part I. Oxford: Pergamon Press, 1975.

HILLERT M. The Mechanism of Phase Transformations in Crystalline Solids. Monograph and Report Series No.33. London: Institute of Metals, 1969.

DOMB D. Phase Transitions and Critical Phenomenα. New York: Academic Press, 1972.

RAO C N. Phase Transitions in Solids. New York: McGraw-Hill, 1978.

HAASEN P. Physical Metallurgy. Cambridge: Cambridge University Press, 1978.

HONEYCOMBE R W K. Steels: Microstructure and Properties. London: Edward Arnold, 1981.

（柯　俊）

固体电解质 solid electrolyte 固体中的离子在电场作用下发生远程迁移而导电的物质。其中离子电导率很高的又称快离子导体或超离子导体。大多数固体化合物中，原子或离子基本固定在它们的格位上，并不能移动。但固体电解质的晶格中含有较多的离子空位或间隙，甚至构成开放的隧道或开放层，离子可以穿过它而移动，因而在电场的作用下，离子作为电荷载流子可以发生远程迁移而导电。

发展史 1913年C.塔班特发现碘化银在147℃的电导率高达1.3西/厘米，并且证明导电性是由银离子的迁移引起，电子电导率可以忽略。后来**X射线衍射**结构测定，147℃时碘化银由β相转化为α相，碘离子由六方密堆积转变为体心立方密堆积，电导率增大近万倍。这是由于在碘离子构成的立方密堆积中，两个银离子平均分布于42个相互连通的可能位置。后来中子衍射研究表明，两个银离子随机分布于12个四面体位，沿110方向向邻近的6个八面体位扩散，而且碘离子容易极化变形。因此在α相碘化银中，银离子可以容易地远程迁移导电。1926年Ya.I.弗仑克尔首先将质量作用定律应用于固体中的间隙和空位。1930年C.瓦格纳和W.肖特基发现碱金属卤化物中的肖特基缺陷，这是固体中离子导电性理论的出发点。1967年J.N.布莱德雷合成出$RbAg_4I_5$，其室温电导率为0.27西/厘米，是已知室温下电导率最高的一种固体电解质。1967年洪尧本等人合成出钠离子的快离子导体NASICON，组成为$Na_{1+x}Zr_2P_{3-x}Si_xO_{12}$（$0\leqslant x\leqslant 3$）。自20世纪70年代以来，对固体电解质的研究活动快速增加，已形成了介于物理学、化学和材料科学之间的交叉学科——固体离子学，专门研究固体中离子的运动规律及其应用。固体离子学学科除了主要研究纯离子导体，对离子、电子混合导体也进行了广泛研究。

性质　固体电解质材料具备的结构特征：①有足够多的某种可迁移离子。②有大量的空位和间隙，可供迁移离子跃入。③上述空位和间隙连接成二维或三维通道。④空位和被占据格位的势能相近，而且相邻位置跃迁时，激活能垒较低。⑤固定不动离子容易被极化。

种类　按材料种类可分为无机离子导体和聚合物离子导体；按结晶状态可分为晶态离子导体和非晶态离子导体；按导电离子种类，可分为阴离子导体（如O^{2-}和F^-）和阳离子导体（如Li^+、Na^+、Ag^+和Cu^+）。除上述的银离子导体外，重要的离子导体还有氧离子导体、钠离子导体、锂离子导体、质子导体。

氧离子导体　ZrO_2在常温下是单斜晶系，在ZrO_2中加入一定数量的阳离子半径与Zr^{4+}相近的氧化物（如CaO、MgO、Y_2O_3、Sc_2O_3等），形成置换式固溶体，一方面可以使掺杂的ZrO_2**晶体结构**从低温到高温均稳定为萤石型立方晶系，另一方面由于掺杂离子的价态低于锆离子价态，为保持晶体的电中性，晶格中将产生氧离子的空位。这样的结构在较高的温度下，氧离子就容易通过空位远程移动，因而掺杂的氧化锆就成为氧离子导电的固体电解质。

钠离子导体　β氧化铝的组成是$Na_2O\cdot 11Al_2O_3$，早年发现时被误认为是氧化铝的一种晶型，因此命名为βAl_2O_3，一直沿用至今。βAl_2O_3的组成为$Na_{1+x}Al_{11}O_{17+x/2}$（$0.20\leqslant x\leqslant 0.30$），具有层状结构的二维钠离子导体，电导率表现出各向异性，垂直于c轴方向的电导率约为1.4×10^{-2}西/厘米（25℃），而平行于c轴的电导率要低几个数量级。NASICON是另一种重要的钠离子导体，可以看作$NaZr_2(PO_4)_3$和$Na_4Zr_2(SiO_4)_3$的固溶体。其中$NaZr_2(PO_4)_3$具有离子传导的三维结构，但它的电导率并不高，因为Na^+的格位都被占据且被固定住。当形成固溶体后将只有一半的格位被占据，从而具有较高的电导率。当x为2时电导率达到最高，在300℃时为2×10^{-2}西/厘米。

锂离子导体　所有的卤化锂LiX（X为F、Cl、Br和I）都是NaCl型的结构。除LiI外，其他的都是离子晶体且是绝缘体，LiI表现出一定程度的共价性质，且I^-具有较大的极化性，因此LiI的电导率要比其他的LiX高。它是Li/I_2电池的固体电解质。在LiI中添加Al_2O_3粉末可提高其离子电导率。Li_3N是具有高电导率的锂离子导体，它的电导率比LiI高4个数量级，比$LiI-Al_2O_3$高2个数量级。但其分解电压较低，只有0.445伏。$La_{1/2}Li_{1/2}TiO_3$在室温下离子电导率高达1×10^{-3}西/厘米，是室温下离子电导率最高的锂离子导体。固体聚合物电解质是一类碱金属盐（如$LiCF_3SO_3$）与聚环氧乙烷（PEO）或聚环氧丙烷（PPO）组成的物质。聚合物电解质的优点是可以制成薄膜，且具有较好的机械强度和韧性。可作为一些固体离子器件的固体电解质。

质子导体　全氟磺酸膜（Nafion膜）是质子交换膜燃料电池中常用的聚合物电解质膜。当含有10%（重量）左右的水时其质子H^+电导率可达1×10^{-2}西/厘米，H^+在其中的传导和在酸溶液中的类似，是介于固体电解质和酸液之间的一种物质。钙钛矿结构的复合氧化物$SrCeO_3$和$SrCe_{0.95}Yb_{0.05}O_{3-\delta}$在高温（1000℃）和空气中为p型半导体，但在水蒸气的气氛下则成为质子导体，虽然H^+的含量较低，但在900℃时，其质子电导率可达1×10^{-2}西/厘米。

应用　对固体电解质的研究，很大程度上源于它在固体离子器件中的应用。研究得最多、已获得应用的器件是锂离子电池、燃料电池和传感器。锂电池的发展经历了从负极提供锂源（以金属锂为负极）的锂电池到正极（如$LiCoO_2$、$LiNiO_2$、$LiMn_2O_4$等）提供锂源的锂离子电池（俗称锂电池）的发展过程。锂离子电池的正负极材料都是插层化合物，是离子和电子的混合导体。充电时Li^+脱离正极活性材料的晶格，嵌入负极石墨层中，放电时过程相反。锂离子电池是综合性能最好的可充电电池，比能量和比功率均很高，不污染环境，自放电很少，无记忆效应，低温特性好。小功率电池的工艺已很成熟，动力电池正在研究和开发中。燃料电池比如质子交换膜燃料电池（PEMFC）和固体氧化物燃料电池（SOFC），后者在1000℃时电动势可达1.0伏，电池的总反应就是氢氧反应生成水。以$ZrO_2(Y_2O_3)$作为固体电解质的氧传感器已应用于大气检测、钢水定氧以及汽车尾气检测（λ感器）。除了以体材料或薄膜材料为基础的，固体离子学也正在向纳米离子学发展。

（陈立泉）

固液分离　solid-liquid separation　将矿浆或悬浮液中的固体和液体分离的作业。**化学选矿**过程中，浸出矿浆和化学沉淀悬浮液常需要进行固液分离来获得澄清溶液和固体产物，以满足后续工艺的要求。

化学选矿中的悬浮液（或矿浆）具有腐蚀性，其中的固体颗粒细，且含某些胶体微粒。因此，化学选矿过程的固液分离一般比物理**选矿产品脱水**困难。化学选矿过程中固液分离后的固体部分（如底流或滤饼）常机械夹带一定量的溶液，为了提高金属回收率和防止产品污染，要求对固体部分进行充分洗涤。固液分离过程应根据待分离矿浆的性质及后续工序的要求选择适当的设备，再确定工艺流程和操作条件。

浸出矿浆可用沉降-倾析、过滤或分级的方法进行固液分离，沉淀悬浮液的固液分离采用沉降-倾析和过滤法。分离后固体部分的洗涤方法依分离目的而异，若回收溶液而抛弃固体，一般采用逆流洗涤法，以保证较高的洗涤效率和浸出液中较高的目的组分含量；反之，若回收固体而丢弃溶液，则用错流洗涤法以提高洗涤效率。

固液分离常用设备有沉淀池、浓缩机、流态化塔、**压滤机**、**水力旋流器**和离心机等。设备材质依介质性质而定，一般中性和碱性介质可用碳钢和混凝土制作设备；酸性介质则要求采用耐腐蚀材料或进行防腐蚀处理，通常可用不锈钢，或衬以耐酸砖、耐酸橡胶、耐酸塑料、耐酸瓷片、环氧玻璃钢或辉绿岩等。

（车小奎）

固液分离过程检测控制　measurement and control for solid-liquid separation process　对**选矿**生产过程中，固液分离工序中的关键设备，以及设备底流矿浆浓度、底流矿浆流量、泥层界面高度等关键参数进行检测和控制的过程。在选矿生产中，固液分离过程包括浓缩过程和过滤过程，常用设备主要是浓密机和过滤机。浓密机一般应用于精矿矿浆、中矿矿浆和尾矿矿浆的浓缩，通过重力沉降作用将低浓度的矿浆浓缩为高浓度的矿浆；过滤机一般应用于精矿产品的过滤，将精矿矿浆进行过滤，滤除水分后成为固态的精矿（含有少量的水），通常送精矿库储存。

过程检测　浓缩过程的检测主要涉及浓密机底流浓度检测、浓密机底流流量检测、浓密机泥层界面高度检测及浓密机溢流水浊度检测。①浓密机底流浓度检测。通常采用核子浓度计或者差压式浓度计（见*矿浆浓度检测*）。②浓密机底流流量检测。采用电磁流量计进行实时检测。浓密机底流流量检测需要与浓密机底流浓度检测配套，其目的是通过体积流量、矿浆比重，计算浓密机的干矿排矿量，从而满足工艺质量平衡考察的需要。③浓密机泥层界面高度检测。对浓密机浓缩层浆体厚度的检测，用来诊断浓密机的沉降状态和负荷状态。采用超声波物位测量。当超声波穿过不同介质的分界面时会产生反射和折射现象，而反射波的强弱，取决于分界面上不同介质的声阻抗（声速与介质密度的乘积），两种介质声阻抗相差较大的界面反射波越强，几乎为全反射。通过自然沉降作用或添加絮凝剂来加速沉降，都会在浓密机内部的浆体高度方向形成浓缩层、混浊层和澄清层3个不同沉降段。浓密机泥层界面高度检测的关键技术是超声波探头要根据浓密机的沉降状态选择合适的发射频率和发射功率，保证发射功率能够穿透澄清层和混浊层，但不能穿透浓缩层。④浓密机溢流水浊度检测。对由于溢流水携带的不溶性矿物颗粒引起溢流水透明度变化进行检测。检测方法分为透射光测量法和散射光测量法。透射光测量法是根据水样中存在浊度颗粒引起的透明度的降低，即测量透射光强度降低程度来测定浊度；散射光测量法是根据测量水样中浊度颗粒物质产生的散射光来测定浊度。

过程控制　*浓缩过程控制*的核心是根据不同的工作状态及时调整底流放矿速度。配有絮凝剂添加的场合，还要及时调整絮凝剂的添加量，从而获得最佳的沉降速度，使得底流排矿速度和排矿浓度在最佳的匹配区间。浓缩过程控制时，首先是以底流渣浆泵作为执行机构，以底流浓度为被控参量的闭环控制。其次是监控溢流水澄清度，当浓密机发生跑浑现象时，如果刮泥耙尚未过载，则应调整絮凝剂添加量，加快沉降分层；如果已经接近刮泥耙的额定负荷，那么在调整絮凝剂添加量的同时，则应采取提高底流放矿速度，一方面消除过载危险，另一方面为颗粒创造更大的沉降空间，改善浓密机沉降效果。

过滤过程通常要求检测精矿产品的含水量。过滤机本身的控制比较复杂，通常自带可编程逻辑控制器实现其内部各设备、部件的顺序控制。

（李小平　李海波）

管材拉拔　tube drawing　在拉拔力的作用下将金属坯料从模孔拉出，以生产管材的塑性加工技术。以生产圆管为主，也可*拉拔*椭圆形、矩形和其他截面形状的管材。通常，管材拉拔后管壁将增厚，当不希望管壁厚度变化或需要管壁厚度变薄时，拉拔过程中要加芯头（插进管体内部同轧辊等构成环形孔型使管材成形用的工具）。

管材拉拔的常规方法有无芯头拉拔、浮动芯头拉拔、短芯头拉拔、长芯头拉拔、顶管、扩径拉拔6种。①无芯头拉拔。拉拔时管坯内部不放芯头的拉拔。又称空拉。管坯通过模孔后外径减小，壁厚一般略有变化。无芯头拉拔后管材内表面粗糙，多次拉拔后更加明显，严重者产生裂纹，适于小直径管材、异型管材、盘管拉拔，以及减径量很小的减径拉拔与整形拉拔。②浮动芯头拉拔。拉拔时管坯内芯头不固定，依靠其自身的形状、芯头与管接触面间力平衡，使之保持在变形区中的拉拔方式。又称游动芯棒拉拔。游动芯头拉拔道次延伸系数比较大，为1.4～1.8，拉拔力比固定芯头小。由于游动芯头拉拔要求有良好的润滑条件，管材表面质量好，工具的使用寿命长，适于长管与盘管拉拔。③短芯头拉拔。通过芯杆将芯头固定在模孔适当的位置，使管坯通过模孔，实现减径和减壁。拉拔时芯头表面与管坯内表面产生摩擦，其摩擦力的方向与拉拔方向相反，因而使轴向应力增加，拉拔力增大。同时，管坯内部有芯头支撑，其内壁上的径向应力不等于零。因此，管坯内层与外层的径向应力差值小，变形比较均匀。固定短芯头拉拔的管材内表面质量比空拉好，但不适于小直径管材和长尺寸管材。④长芯头拉拔。在管坯内套入一根长芯杆，使芯杆与管材一同拉出模孔，实现减壁与减径。因拉拔时管材与芯杆之间无相对运动，使管材内表面的光洁度下降，每次拉拔后必须使用专用设备将管材从芯杆上脱下，增加了辅助工序，主要用于薄壁管或塑性较差的钨、铝合金管材的加工，一般管材生产中较少采用。⑤顶管。将芯杆套入带底的管坯中，操作时管坯连同芯杆一同由模孔中顶出，实现减径和减壁，适于大直径管材生产。⑥扩径拉拔。将扩径芯头装入直径较小的管坯中进行拉拔，适于小直径管坯生产大直径管材。

（赵鸿金）

管材轧制　tube and pipe rolling　生产圆形和各种异形断面中空管状金属制品的*轧制*技术。在管材轧制中，根据管坯的变形温度不同，可分为热轧和冷轧。

管材热轧　主要用于无缝钢管（图1）。

图1　250毫米限动芯棒连轧管机组（天津无缝钢管公司）

热轧无缝管过程包括3个主要变形工序：穿孔、轧管和定减径。这3个工序的不同组合形成了热轧无缝钢管的各类机组形式。机组形式不同，其产品技术要求不同，工艺流程也不同，但通常都包括坯料轧前准备，管坯加热、穿孔、轧制、定减径，钢管冷却，钢管切头尾、分段、矫直、探伤，人工检查、喷标打印和打捆包装等基本工序。热轧无缝钢管机组名称以该机组品种规格和轧管机类型来表示，如168连轧管机组指其产品的最大外径为168毫米、轧管机形式为连续轧管机。

穿孔　将实心的管坯或钢锭穿制成空心毛管的过程。根据穿孔机的结构和穿孔过程变形特点的不同，分为*斜轧*穿孔和压力挤孔。

斜轧穿孔　穿孔机*轧辊*同一方向旋转，轧辊轴线与轧制线倾斜成一定角度，管坯受到轧辊摩擦力带动，做与轧辊旋转方向相反的旋转，同时又沿轴向移动，即边旋转边前进，呈螺旋运动。斜轧穿孔是广泛应用的穿孔方法，主要设备有曼内斯曼穿孔机、狄塞尔穿孔机、锥形辊穿孔机和三辊斜轧穿孔机。

曼内斯曼穿孔机左右两个轧辊同向旋转，辊型呈桶形，上下垂直布置的两个导板固定不动，中间有一个随动顶头，轧辊轴线和轧制线相交成一个斜角。曼内斯曼穿孔机穿孔对心性好，毛管壁厚较均匀；一次延伸系数较大（1.25～4.5），可以直接从实心圆坯穿制成较薄的毛管。但这种加工方法变形复杂，容易在毛管内外表面产生和扩大缺陷，所以对管坯质量要求较高，一般采用锻、轧坯。

狄塞尔穿孔机是由上下两个轧辊和左右两个主动旋转的导盘以及顶头组成的二辊桶形辊穿孔机。导盘旋转的切线速度在变形区压缩带比轧辊切线速度在轧制轴线上的分量大20%～25%，给轧件施加了一个轴向送进力，从而减少了轧件的轴向阻力。孔喉椭圆度可调近1.0，这样使最大延伸系数达到5.0，轴向金属滑动系数增加，毛管内外表面质量大为改善，从而提高了生产率。导盘磨损小，使用寿命长，不必经常更换，有利于提高生产率。增加了对毛管的轴向拉力。

锥形辊穿孔机是在狄塞尔穿孔机结构特点的基础上演变而来，是具有主动旋转导盘、大送进角的锥形二辊斜轧穿孔机（图2）。锥形辊的直径沿穿孔变形区逐渐增加，因此，在很大程度上减少了管坯变形过程中的切向剪切应力，抑制了旋转横锻效应，改善了毛管内外表面质量，使得许多难穿的高合金钢管坯都可以顺利轧制。轧辊轴线与轧制线间除了有18°左右的送进角β外，还有一个15°左右的辗轧角γ，该类型穿孔机最大延伸数可达6.0。

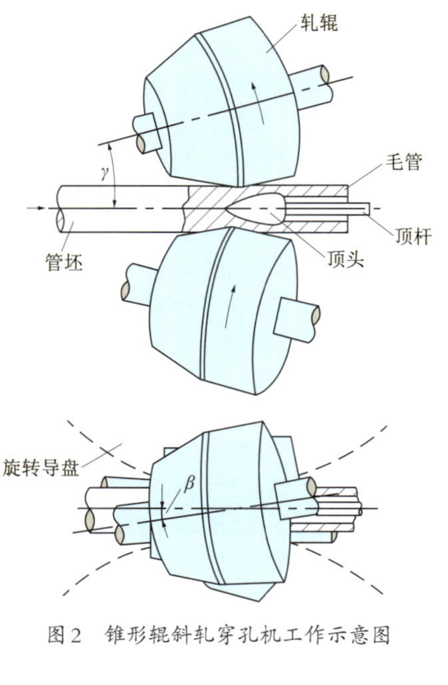

图2　锥形辊斜轧穿孔机工作示意图

压力挤孔　将方形或多边形钢锭放在挤压缸中，用压力机驱动带有冲头的挤压杆，将管坯挤成中空杯体的工艺过程。这种加工方法的坯料中心处于不等轴全向压应力状态，外表面承受着较大的径向压力。因内、外表面在加工过程中不会产生缺陷，可用于钢锭、连铸方坯和低塑性材料的穿孔，其穿孔比（空心坯长度与内径比）可达8～12。主要缺点是生产率低，偏心率较大。

轧管　通过轧管机将穿孔之后的空心毛管减壁、延伸，达到接近或等于成品管外径和壁厚尺寸的荒管。轧管机的种类繁多，依据变形原理和设备特点的不同，主要有连续轧管机、二辊斜轧轧管机、三辊斜轧轧管机、周期轧管机、顶管机、自动轧管机和挤压机。

连续轧管机　将毛管套在长芯棒上，经过多机架顺次布置且相邻机架辊缝互错90°的连轧机。主要包括全浮动芯棒连轧管机、限动芯棒连轧管机、少机架限动芯棒连轧管机、三辊限动芯棒连轧管机等。①全浮动芯棒连轧管机。轧制过程中对芯棒速度不加以控制，芯棒由被轧制金属的摩擦力带动，自由跟随管子通过轧机，芯棒的运行速度不受控。轧制过程中芯棒的运行速度随着各机架的咬入、抛钢有波动，从而引起管子壁厚的波动。轧制结束后，芯棒松开，随荒管至连轧机后的输出辊道。全浮动芯棒连轧管机一般设有7～9个机架，长芯棒轧制，钢管内表面质量好；便于机械化、自动化生产，轧制节奏快，效率高。但壁厚均匀性不理想，存在竹节现象；设有脱棒机，其工艺流程较长，芯棒较长，接近于管子的长度，使制造费用加大，制造困难；同时长芯棒的重量很大，在辊道上运行时会导致钢管表面损伤。②限动芯棒连轧管机。轧管时芯棒的运行速度是限动、可控的。轧制的整个过程芯棒速度恒定不变，均低于所有机架的轧制速度，这样避免了不规律的金属流动和轧制条件的变化，从而确保管子壁厚的精度。轧制不同的管子时芯棒的速度可在一定范围内调节。轧制结束后，芯棒停止，由脱管机将荒管从芯棒前端抽出，芯棒快速返回，取消了脱棒机，生产时只需四五根芯棒为一组循环使用。限动芯棒连续轧管机生产的产品质量好，尺寸精度高；扩大了产品的生产范围；由于缩短了芯棒长度，减少了同时运转的芯棒根数，所生产的钢管规格范围得以扩大；机组产量高，单位产量投资低；金属收得率高。主要缺点是回退芯棒延误时间，降低生产率，适合生产中等规格的无缝钢管。③少机架限动芯棒连轧管机。在保持限动芯棒连续轧管机轧制特点的前提下，通过减少机架数量和采用相应的技术措施，以达到减少建设投资为目的的轧管机。与限动芯棒连轧管机相比实现了用更短的芯棒轧制长钢管，芯棒的工作段长度比限动芯棒连轧管机少2～3米，芯棒总长度可缩短5米左右。芯棒可以整体制成，两端都有限动头，可两头使用。少机架限动芯棒连轧管机增加了生产的灵活性，扩大了使用领域。④三辊限动芯棒连轧管机。由4～7架三辊可调式机架组成，采用限动芯棒操作方式的连轧管机。轧制结束后，即荒管尾部出精轧机后，芯棒停止前进，荒管在脱管机内继续前进，由脱管机将荒管从芯棒中抽出，芯棒穿过脱管机后，拨出轧制线，再回送循环使用。三辊限动芯棒连轧管机**孔型设计**减小了孔型槽底与轧槽侧壁之间的圆周速度差异，从而使金属变形均匀，轧管过程更平滑、稳定，管子壁厚精度高；凸缘面积有所减小，即减少了流向凸缘的金属量，能够避免或减少管端折叠和飞翅的形成；生产的钢管，壁厚偏差在±3%～6%，外径偏差在±0.2%～0.4%。

二辊斜轧轧管机　主要包括狄塞尔轧管机和精密轧管机（Accu－Roll轧管机）。

狄塞尔轧管机主要用于生产高精度薄壁管，外径与壁厚比可达30，壁厚公差可控制在＋3%～5%。缺点是生产率低，轧制钢管短。20世纪70年代以来，由于增大导盘直径，改小辊面锥角，增大送进角到8°～12°，采用限动芯棒等措施，使生产率有所提高，毛管轧制长度达到14～16米。

Accu－Roll轧管机是在狄塞尔轧管机基础上开发的二辊斜轧轧管机。采用锥形轧辊，大导盘，增加了辗轧角，使沿变形区长度方向的孔型封闭性增加，改善了变形条件，使最大延伸率达到3.0，外径与壁厚比达到35，产品的表面质量、尺寸精度均有提高。

三辊斜轧轧管机　3个轧辊绕轧机中心线相隔120°配置，轧辊轴线与轧制线倾斜成一定角度，工作辊安装在两个机架上，其中一个机架是固定不动的，另一个可以绕轧机中心线转动，实现送进角的调整。毛管在变形区中经咬入、减壁、平整和归圆而成为荒管。三辊斜轧轧管机主要是阿塞尔轧管机（图3），它是长芯棒轧制，轧机调整方便，产品表面质量高、尺寸精度高。但是生产效率低，生产薄壁管时易出现尾三角缺陷。主要用来生产轴承管和枪炮等高精度厚壁管。壁厚公差可控制在＋3%～5%，外径差为＋0.5%。

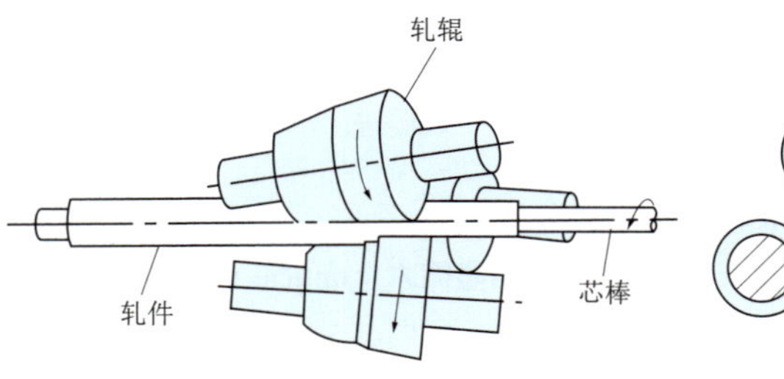

图3　阿塞尔轧管机轧制方式

周期轧管机　操作特点是锻轧，轧辊旋转方向与轧件送进方向相反，轧辊孔型沿圆周为变断面，轧制时轧件反送进方向运行，又称皮尔格轧机。送料由做往复运动的芯棒送进机构完成。这种轧制形式的延伸系数为7～15，可用钢锭直接生产。但生产效率低，辅助操作时间占整个周期的25%；孔型不易加工；芯棒长，生产规格不宜过多。为减少辅助操作时间，皆采用线外插芯棒锻头，再送往主机轧制。主要用于生产大直径厚壁管、异形管，利用锻轧的特点还可生产合金钢管。生产的规格范围外径为114～665毫米，壁厚2.5～100毫米。

顶管机　将方形管坯在压力挤孔机上冲制成一端封闭的空心坯，在空心坯内插入芯棒，推过一系列环模而达到减径、减壁、延伸的目的从而制成钢管。现代顶管机为三辊或四辊构成辊模，在压力挤孔后增设斜轧延伸机。这种轧机的主要优点是单位重量产品的设备轻、占地少、能耗低；可用方形坯；操作较简单易掌握，适于生产碳钢、低合金钢薄壁管，但是坯重轻，一般在500千克左右，生产的管径、管长都受到一定限制；杯底切头大，金属消耗系数高。

20世纪70年代末，为提高坯料重量，在欧洲出现了以斜轧穿孔代替压力挤孔的顶管生产方法，即CPE（cross piercing and elongating）法。此法是将斜轧穿透的荒管，用专设的器械挤压或锻打收口，成为缩口的顶管坯。CPE顶管工艺提高了产量，使管坯重量加大；荒管的长度加长，大大提高了轧机产量；提高了钢管壁厚精度。

自动轧管机　主机是二辊不可逆纵轧机，在工作辊后装有一对高速反向旋转的回送辊的轧管机。轧后的管子靠回送辊自动送回到前台。其轧制过程是：将前台的毛管先推入主轧机，通过由轧辊孔型和顶头组成的变形区进行减径、减壁的延伸轧制，钢管轧后停留在后台，然后由二辊式回送辊将钢管返送回前台，即完成一道轧制。返回的钢管在前台翻转90°，再如上述过程进行下一道轧制，两次总延伸系数不大于2.3。自动轧管机的主要优点是：机组全部采用短芯头，生产中换规格时安装调整方便，易掌握，产品的品种、规格范围广，对市场的适应性强。缺点是：轧管机延伸率低，只能配以允许延伸较大的穿孔机；轧管孔型开口处毛管沿纵向的壁较厚，其后必须配以斜轧均整机；轧制管体长度受到顶杆的限制；管体内表面质量差，尺寸精度差，辅助操作的间隙时间长，占整个周期的60%以上。

挤压机　首先将剥皮圆坯进行穿孔或扩孔，再经感应加热或盐浴加热，并在内表面涂敷润滑剂送入挤压机，金属通过模孔和芯棒之间环状间隙被挤成管材。主要用于生产低塑性的高温合金管、异型管及复合管、有色金属管等。挤压机的生产范围广，但产量低。

管材定减径　空心管的定减径是热轧无缝钢管生产中的最后一道荒管热变形工序，主要作用是消除前道工序轧制过程中造成的荒管外径不一，以提高热轧成品管的外径精度和真圆度。定减径按照张力大小分为定径、减径和张力减径。定径的目的是在较小的总减径率和小的单机架减径率条件下将钢管轧成具有一定要求的精度和椭圆度的成品管。其工作机架数较少，一般3～12架。减径的目的除了起定径作用外，还要求有较大的减径率，以实现大管料生产小口径钢管的目的，因而机架数较多，一般9～24架。张力减径除了减径任务外，还要达到利用各机架间建立的张力来实现减壁的目的，因而机架数更多，一般为12～24架，多至28架。定减径机按照主机架轧辊数目分为二辊式和三辊式，三辊式应用最广，传动方式有集中传动、单独传动和差动传动等。

管材冷轧　在室温下用轧制方式对管材进行的冷加工。属于无缝管和焊接管的二次加工。它可以获得直径更小、壁厚更薄、尺寸精度更高、表面粗糙度更低和性能更好以及多种断面形状的管材，如二辊式周期冷轧机一道次可减壁75%～85%，减径65%，可改善来料的性能、尺寸精度和表面质量。

管材的冷轧管机根据轧机结构的特点分为二辊式冷轧管机、多辊式冷轧管机、冷连轧管机和多排辊冷轧管机。其中应用最广的是二辊式冷轧管机，以二辊式周期冷轧管机为主。二辊式周期冷轧管机在轧制过程中，钢管在变断面的圆轧槽和不动的锥形顶头所组成的环形孔型中往复轧制，生产规格范围为：外径4～250毫米，壁厚0.1～40毫米，并可生产外径与壁厚比等于60～100的薄壁管。

扩展阅读

王廷溥，等.现代轧钢学.北京：冶金工业出版社，2014.

康永林.轧制工程学.北京：冶金工业出版社，2004.

（高秀华）

灌钢　co-fusion　中国古代史书记载的一种生铁制钢方法。把生铁和熟铁按一定比例配合冶锻制成钢。又称团钢。其工艺可成为代替百炼钢的一种更高效的制钢方法。中国国家博物馆藏品——东汉永寿二年错金钢刀，铭文有“永寿二年二月濯龙造，廿蘁百辟，长三尺四寸把刀”。这里“蘁”同“灌”，说明中国东汉时已发展有灌钢技术。中国古代关于灌钢的记载始见于东汉晚期。东汉王粲的《刀铭》中有“灌襞已数，质象已呈”。之后西晋张协的《七命》中有“乃炼乃铄，万辟千灌”。这里的“灌”与“辟”都是制钢工艺的操作过程。

灌钢技术在南北朝时应用广泛。南朝陶弘景记述道：“钢铁是杂炼生鍒作刀镰者。”这里“生”指生铁，“鍒”指熟铁，当时灌钢已被用来制作刀镰类的用具。《北史》中记载北齐的綦毋怀文“造宿铁刀，其法烧生铁精以重柔铤，数宿则成刚”。这里的“宿铁”含义与上述“杂炼生鍒”基本相同。宋代沈括的《梦溪笔谈》对灌钢技术做了较全面的记述：“世间锻铁所谓钢铁者，用柔铁屈盘之，乃以生铁陷其间，泥封炼之，锻令相入，谓之团钢，亦谓之灌钢。”明代灌钢技术进一步提高。宋应星的《天工开物》记述：“凡钢铁炼法用熟铁打成薄片如指头阔，长寸半许，以铁片包尖紧，生铁安置其上，又用破草履盖之，泥涂其底下。烘炉鼓鞴，火力到时，生钢先化，渗淋熟铁之中，两情相投。取出加锤，再炼再锤，不一而足。俗名团钢，亦曰灌钢者是也。”唐顺之的《武编·前编》、李时珍的《本草纲目》、方以智的《物理小识》也有灌钢的记述。明代灌钢技术与宋代的不同点有二：其一是改泥封为涂泥草履覆盖，使生铁在还原气氛下逐渐熔化；其二是将熟铁制成薄片，渗淋生铁时可增加接触面积，使熟铁加快增碳得到含碳均匀的钢材。根据灌钢工艺的操作温度是否达到生铁熔点，可分为低温灌钢和高温灌钢。

苏钢和生铁淋口工艺是灌钢技术的进一步发展。苏钢又称芜钢，明朝时流传于安徽芜湖等地，后来传播到湖南、四川等地。苏钢在制作时改善了生、熟铁的接触条件，使两者均处于运动状态，由人工控制，以保证质量。生铁淋口工艺是用生铁作为增碳剂，以提高农具的刃口硬度。

（潜 伟 韩汝玢）

罐笼提升 cage hoisting 利用罐笼提升井下矿石、废石，升降人员、设备、材料等的过程。是**矿山的竖井提升**方式之一，也是人员、设备、材料下井最便捷的方式。罐笼提升主要设备包括提升机、天轮（或导向轮）、钢丝绳、罐笼（平衡锤）等；辅助设备包括摇台、安全门、阻车器、推车机等。

罐笼分为单绳罐笼和多绳罐笼。按照层数，罐笼又可分为单层罐笼、双层罐笼或多层罐笼。罐笼提升方式有单绳罐笼提升（图1）和多绳罐笼提升（图2）。单绳罐笼提升灵活性好、提升能力小，适用于

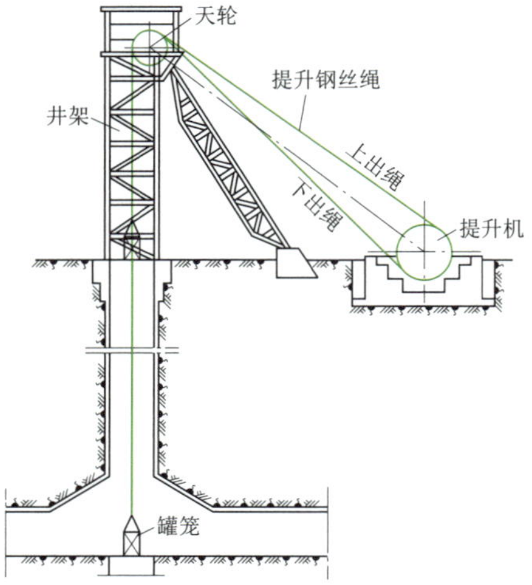

图1 单绳罐笼提升

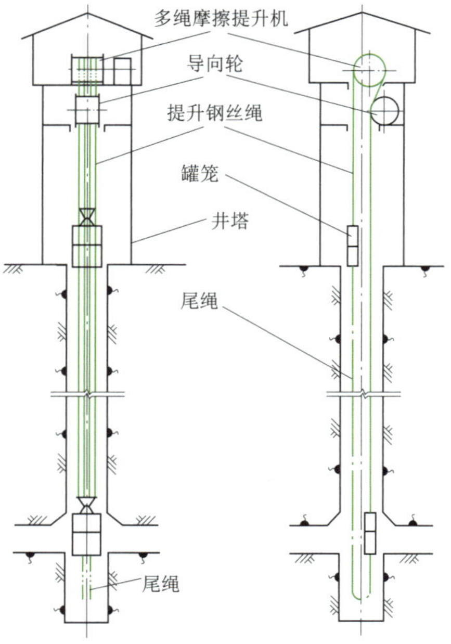

图2 多绳罐笼提升

小型矿山多中段生产，单绳双罐笼提升可用于单中段提升和多中段提升。多绳双罐笼提升一般用于单中段生产。

罐笼提升广泛用于小型矿山的主提升和大、中型矿山的辅助提升。罐笼用作主提升时，矿石和废石在井下装入矿车，由罐笼提升到地表。矿车进、出罐笼需要采用人工或机械推车。0.7立方米以下的矿车常采用人工推车，这种方式效率低、安全性差、工人劳动强度高。0.7立方米以上的矿车一般采用机械推车进出罐笼，以提高工作效率和安全性、降低劳动强度。罐笼作为主提升，其能力较小，一般用于年产量小于30万吨、井深300米左右的小型矿山。用作辅助提升的罐笼尺寸要满足辅助提升任务的要求。随着地下矿山向大规模深井开采方向发展，井下设备规格和相应的罐笼规格越来越大。如中国安徽冬瓜山铜矿的副井罐笼规格为5.8米×3.0米，一次可以提升170人，最大载重12吨；南非帕拉博拉铜矿副井的罐笼规格为9.1米×3.4米，一次可以提升225人，最大载重35吨。煤矿使用的罐笼更大，如中国内蒙古石拉乌素煤矿的罐笼尺寸达8.82米×3.804米，一次可以提升336人，最大载重60吨；南非库塔拉煤矿的双层罐笼尺寸为12.2米×5.0米，一次可提升800人，最大载重60吨。

（罗政书）

光分选法 photoelectric separation 利用矿物在可见光照射下的特性差异，实现有用矿物与脉石矿物分离的**选矿**方法。矿物的反射、折射、颜色、透明度、光泽度等光学性质，均可作为光拣选的参数依据，其中普遍应用的是矿石对光的反射能力的差异。矿石表面对入射光的反射，分为漫反射和镜面反射，漫反射应用较广。通常规定碳酸镁矿物的反射率为100%，其他矿物的反射率以此为基准，若矿物之间相对漫反射率差大于5%～10%，即可采用光分选实现分离。

矿石在运行中通过光拣选机被检测分选。光拣选机的检测机构设有光源、背景板和检测探头等。光拣选的照射光源有白炽灯、荧光灯、石英卤素灯及激光等。照射光源的光谱特性对全光谱分选无显著影响，光源稳定、均匀即可。单光谱及双光谱光分选时，光源的光谱特性应与被拣选物料的光谱特性相适应。光拣选时背景板颜色应与物料中大多数矿物的光谱特性一致。背景板颜色可在一定范围内消除粒度的影响，并改善分选效果，一般分为彩色系列和黑白系列。全光谱光分选一般只用黑白系列背景。光分选最早应用于金属矿的分选，之后推广至非金属矿和建筑材料的分选。20世纪末，由于采用了固体摄像器件，有效促进了光选矿的发展。

（邱显扬）

光学金相显微术 optical microscopy 根据金属样品表面上不同组织组成物的光反射特征，用金相显微镜在可见光范围内对这些组织组成物进行光学研究并定性和定量描述的一种技术。1841年俄国人P.P.阿诺索夫就在放大镜下研究了大马士革钢剑上的花纹。至1863年，英国人H.C.**索比**把岩相学的方法，包括试样的制备、抛光和腐刻等技术移植到钢铁研究上，发展了金相技术，后来还拍出一批低放大倍数的**珠光体**和其他组织的金相照片。索比和他的同代人德国人**A.马滕斯**及法国人**F.奥斯蒙**的科学实践，为现代光学金相显微术奠定了基础。至20世纪初，光学金相显微术日臻完善，并普遍推广使用于金属和合金的微观分析，迄今仍然是**金属学**领域中的一项基本技术。

金相显微镜 用可见光作为照明源的一种显微镜，可显示500～0.2微米尺度内的金属组织特征，分立式（图1）和卧式。它们都包括光学放大、照明和机械3个系统。

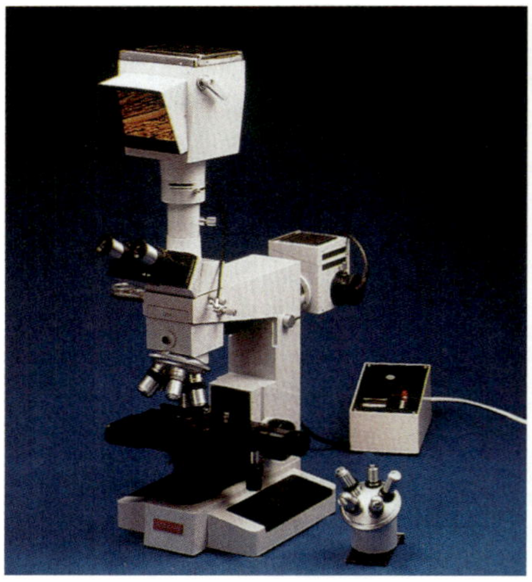

图1 立式显微镜

放大系统 是影响显微镜用途和质量的关键，主要由物镜和目镜组成。其光路见图2。显微镜的放大率为：

$$M_{显} = \frac{L}{f_{物}} \times \frac{250}{f_{目}} = M_{物} \times M_{目}$$

式中$M_{显}$为显微镜放大率；$M_{物}$、$M_{目}$和$f_{物}$、$f_{目}$分别表示物镜和目镜的放大率和焦距；L为光学镜筒长度；250为明视距离。长度单位皆为毫米。

分辨率和像差 透镜的分辨率和像差缺陷的校正程度是衡量显微镜质量的重要标志。在金相技术中分辨率指的是物镜对

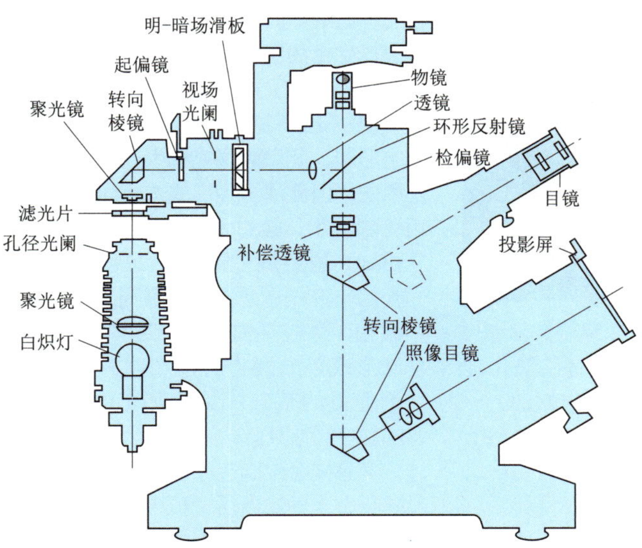

图2 金相显微镜光路

目的物的最小分辨距离。由于光的衍射现象，物镜的最小分辨距离是有限的。德国人E.阿贝提出了最小分辨距离（r）公式：

$$r=\frac{0.612\lambda}{n\sin\alpha}$$

式中λ为光源波长；n为样品和物镜间介质的折射系数（空气：$n=1$；松节油：$n=1.5$）；α为物镜的孔径角之半。

光学信息显示 对经磨平、抛光，以及腐刻的金相样品进行分析观察时，常用的分析方法可分为常规分析方法和特殊分析方法。

常规分析方法 由于样品制备简单，显微镜不需特殊的附件，操作简便，是观察和研究金属微观组织形貌的最常用方法。常规分析时直接使用垂直反射光的振幅及波长信息，样品经磨平、抛光、腐刻后即可置于显微镜下观察分析。按照明方式有直射（即明场）和斜射（即暗场）两种。明场为照明光线直射到样品上观察；暗场是采用了从物镜外斜射照明，样品的镜面呈现暗的视野，使表面上的微小浮凸的反射光产生足够大的对比而被显现出来。

特殊分析方法 光学金相显微镜除利用垂直反射光的振幅信息反射成像外，还可利用在特殊照明条件下产生的不同的光学信息来显示样品中的组织组成物，它们的发展为光学金相显微术增添了一系列特殊分析方法（图3）。

①偏振光显微术。主要特点是利用平面偏振光照射到试样表面上，考察目的物对平面偏振光的椭圆化效应。这种效应可反映目的物有关光学对称性的信息，从而判断它是晶体各向同性或各向异性。照明用的平面偏振光经起偏镜得到；椭圆化效应则用检偏镜检查。它主要应用于辨认各向异性晶体不同取向的区域，或透明夹杂物的透视颜色。如果在垂直照明器和检偏镜之间放入一个灵敏色辉板，样品的各个晶粒就可以由它们的特征颜色辨认。色辉板可以用来测定晶体**择优取向**程度并进行**回复和再结晶**的研究，也可以对多相合金进行相分析及对非金属夹杂物进行鉴定。在特定条件下还可以研究磁畴结构。

②干涉显微术。其特点是在显微镜光学系统中增加了特殊

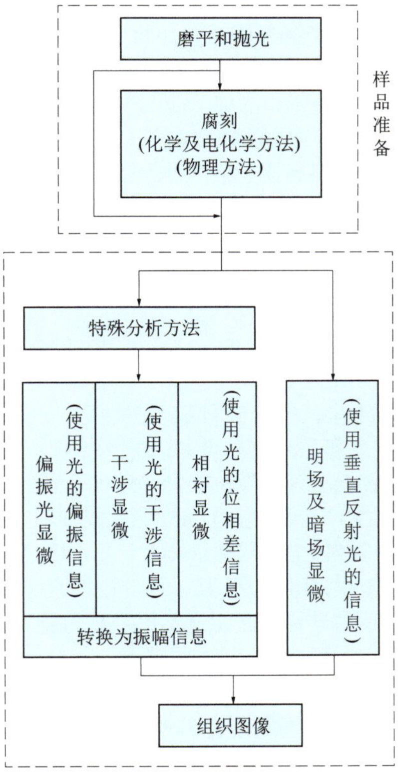

图3 金相样品准备和组织显示程序

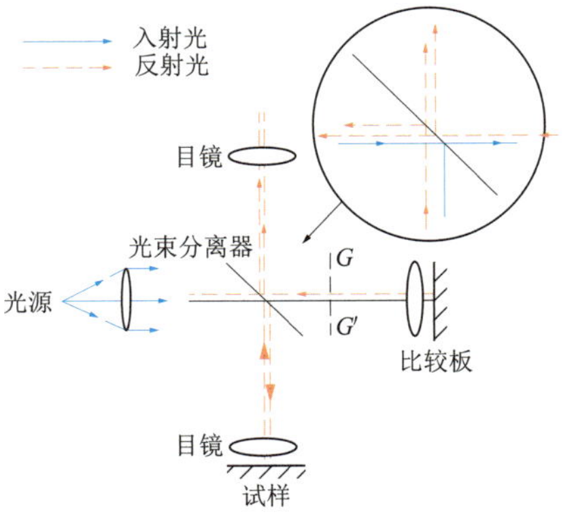

图4 干涉显微镜光路示意图（Linnik装置）

设计的光学装置，使光线通过时被分成两束，一束光通过物镜，在试样上反射返回，重新穿过光束分离器进入目镜；另一束光从一个比较板上反射进入目镜。这两束反射光在光束分离器上相遇时会发生干涉，利用所产生的干涉条纹的形状，可以判断轻微浮凸的空间形态，并可根据条纹位移量和相邻条纹间距之比，定量给出浮凸高度。多光束干涉的发展使干涉条纹更为窄锐，从而提高了测量高度差的灵敏度（图4）。

③相衬显微技术。利用相位差信息（样品表面由细微浮凸导致相位差），将反射光减弱到和衍射光振幅相近，并改变反射光的相位，使其和衍射光同相或相差π。其装置是在普通显微镜物镜和目镜之间的适当位置上放一个环形的相位差板，将反射光减弱并移相，再安放一个相应的环形光阑，就可以把表面细微高低不同引起的光学相差转换为振幅差，提高各组织间的衬度（图5）。新发展的微差干涉技术，把

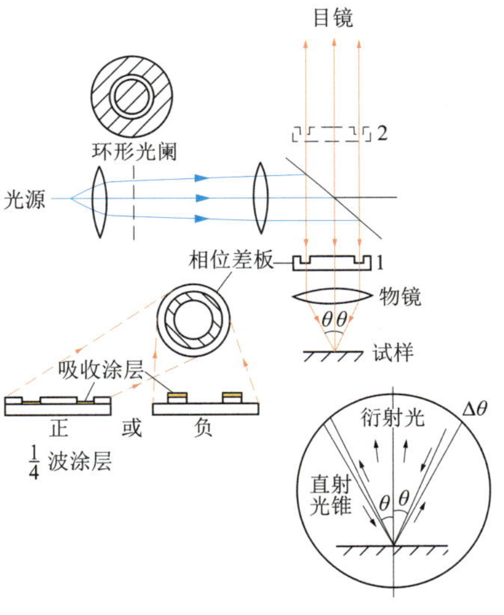

图5 入射照明相衬显微镜光路示意图

相衬和显微干涉技术结合起来，能把细微的浮凸表现为色彩对比，更有效地提供表面细微组织的信息。

（张维敬 郭蕴宜）

规则溶液 regular solution 混合焓不为零，混合熵与**理想溶液**混合熵相同的溶液。又称正规溶液。规则溶液理论是1927～1929年由美国科学家J.H.希尔德布兰德提出，用来对真实溶液做近似描述的一种简单模型，又称溶解度参数理论。热力学推导指出，规则溶液具有下列性质：

溶液中组分i的偏摩尔焓$\overline{H}_i$与纯i组分的摩尔焓H_i°之差$\Delta\overline{H}_i$（即偏摩尔混合焓）等于$RT\ln\gamma_i$，即：

$$\Delta\overline{H}_i=\overline{H}_i-H_i^{\circ}=RT\ln\gamma_i$$

式中R为气体常数；T为热力学温度；γ_i为i组分的活度系数。可以证明$RT\ln\gamma_i$不随温度而变，即$\ln\gamma_i$与温度成反比。因此，若已知某一温度下的活度系数，即可求出另一温度下的活度系数。

对A－B二元规则溶液，其活度系数γ_A、γ_B与摩尔分数N_A、N_B的关系为：

$$\ln\gamma_A=\alpha N_B^2=\alpha(1-N_A)^2$$

$$\ln\gamma_B=\alpha N_A^2=\alpha(1-N_B)^2$$

1摩尔溶液的混合热为：

$$\Delta H=N_A\Delta\bar{H}_A+N_B\Delta\bar{H}_B=\alpha RTN_AN_B$$

式中α在一定温度下是常数。

混合前后的体积不变，即$\Delta V_{mixing}=0$

式中ΔV_{mixing}为溶液混合前后体积的变化量。

利用规则溶液理论来处理金属溶液、熔盐、熔渣，可以简化其热力学性质与组成的关系。（车荫昌）

硅铬合金　ferrosilicochromium　主要由元素硅、铬、铁组成的复合**铁合金**。又称硅铬铁合金。主要用作电硅热法生产中、低、微碳铁的中间合金，**炼钢**中用作脱氧剂（代替**硅铁**）和铬添加剂。硅铬合金除含硅、铬、铁外，还含有碳、硫、磷等元素，在中国国家标准（GB/T 4009—2008）中，按合金中元素含量可分为5个牌号，含铬量不小于30%，且含硅量不小于35%。

硅铬合金生产包括有渣法（一步法）和无渣法（二步法）两种。均是在**矿热炉**中采用电热埋弧操作及碳质还原剂还原熔炼连续生产。对设备的要求与熔炼硅铁的要求基本一致。依据冶炼方法的不同，生产硅铬合金原料有所区别：有渣法所用原料为铬铁矿、硅石、焦炭；无渣法为高碳铬铁、硅石、焦炭和钢屑。

有渣法是将铬铁矿、硅石和焦炭一起加入矿热炉冶炼硅铬合金，冶炼一步完成。无渣法分两步完成，第一步是将铬铁矿和焦炭加入一台矿热炉，冶炼出高碳铬铁；第二步是将高碳铬铁破碎（或已被粒化），与硅石、焦炭、钢屑一起加入另一台矿热炉，冶炼硅铬合金。

（储少军）

硅铁　ferrosilicon　铁和硅组成的**铁合金**。硅铁主要作为**炼钢**的脱氧剂和合金添加剂，还用于铸造、选矿、焊条、轻金属工业和作为冶炼某些金属的还原剂。

硅铁品种按硅含量不同有含硅90%的硅铁、含硅75%的硅铁、含硅65%的硅铁、含硅45%的硅铁等。有的国家以生产含硅75%的硅铁为主，有的国家以生产含硅45%的硅铁、含硅65%的硅铁

硅铁产品

为主。冶炼硅铁的主要原料是二氧化硅矿石（石英、硅石），矿石中的SiO_2一般要求高于96%，冶炼高硅硅铁时高于98%，矿石中的P_2O_5一般不应超过0.02%、Al_2O_3不应超过1.5%。

低硅硅铁（含硅10%～15%）可在**高炉**中用铁矿石配加矿石冶炼，需要较高的焦比和风温。运行中炉顶温度高，煤气含尘多，生产操作困难，20世纪70年代几乎都改用电炉生产。高硅硅铁，在碳质炉衬的还原电炉中冶炼，采用硅石、钢屑（或铁鳞）、焦炭作原料。电炉硅铁是无渣法冶炼，原料必须干净，不得混有泥砂和其他杂质，炉料中配加木片和煤可改善炉料性能。冶炼进程中，料面易结壳、“刺火”（料面喷火），必须经常“捣炉”。炉子每隔2～4小时出一次硅铁，在锭模中铸成厚度小于100毫米的锭块。炼制硅铁多采用矮烟罩半封闭式电炉，便于回收热能和消烟除尘；生产高硅硅铁（含硅75%以上），大多采用旋转电炉以减少捣炉。大型硅铁电炉容量为10 000～96 000千伏安，硅铁生产电耗约为：45%硅铁，5000千瓦·时/吨；75%硅铁，9000千瓦·时/吨；90%硅铁，14 000千瓦·时/吨。为满足电工钢对硅铁的含铝量不得过高的要求，可采用吹氧或吹氯等方法精炼。

硅铁储运过程中，在一定条件下容易粉化。这是因为含硅34%左右和含硅50%～60%的FeSi和$FeSi_2$的相变引起体积膨胀所造成的。杂质中的磷、硫、钙、铝，以及潮湿的大气会促使硅铁粉化，硅铁锭缓冷时由于偏析也易导致粉化。硅铁粉化时放出的氢气、磷化氢和砷化氢等气体可引起爆炸，且后两种气体有毒，所以硅铁储运必须通风良好，防止受潮。

（柳国启）

硅冶金　silicon metallurgy　从硅矿原料还原得到工业硅，及以工业硅为原料制备多晶硅的冶金技术。在自然界中硅通常以化合物的形式存在，最简单的是硅和氧的化合物硅石，即二氧化硅。石英、水晶等是纯硅石的变体。矿石和岩石中的硅氧化合物统称硅酸盐。硅有结晶型和无定型两种。

1787年法国化学家A.-L.拉瓦锡发现硅存在于岩石中。1811年，法国化学家J.-L.盖－吕萨克用钾还原四氟化硅制得无定形硅，此后的研究和生产均采用金属还原法，但此法因生产成本高导致推广应用受到限制。硅的元素名silicon来自拉丁文silicis，原意是“燧石”。20世纪初，人们开始研究用碳还原硅石制备工业硅；50年代初，建成规模化生产装置；60年代，全球形成年产20万吨硅产能。工业硅是硅产业链的基础，以工业硅（含硅纯度98%左右）为原料，经提纯后，得到多晶硅。多晶硅经定向生长可制得单晶硅。单晶硅具有半导体性质，可用于制作集成电路、电子器件和太阳能电池。

硅的冶炼　工业硅冶炼是以硅石为原料，采用碳质还原剂，在电弧炉中（温度1800℃左右）还原制得工业硅。硅石中二氧化硅含量要求在98.5%以上，并严格限制砷、硫、磷、硼等杂质含量。碳质还原剂主要包括石油焦、半焦（低温焦）、低灰分烟煤、木炭（或木块、玉米芯等）。工业硅冶炼主体流程见图1。

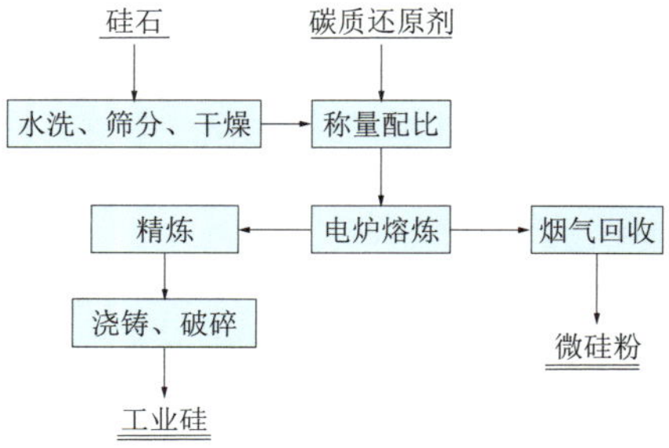

图1　工业硅冶炼主体流程

主要化学反应如下：

$$SiO_2+2C \longrightarrow Si+2CO$$

所产生的硅液在电炉底部汇集，定期排出并浇铸成锭，然后冷却、破碎、分选、包装得到工业硅产品。还原生成的废气（主要含一氧化碳、一氧化硅）从炉顶排出，经加氧或空气燃烧、余热回收发电或制蒸汽，粉尘回收处理后，尾气达标排放。还原过程的电耗、炭耗以及硅石消耗是影响生产成本的主要因素。

多晶硅（超纯硅）制备　以工业硅为原料，通过一系列的化学、物理过程提纯，得到高纯材料多晶硅，其纯度可达99.999 99%～99.999 999 999 99%，即7N～13N。多晶硅是制造太阳能电池、电子器件和集成电路的基础原材料。

1955年西门子公司成功研发出用氢气还原三氯硅烷（$SiHCl_3$）并在硅芯发热体上沉积高纯硅的技术，1957年开始了工业规模的生产，俗称西门子法。此后，各公

司在此基础上，通过增加还原尾气干法回收技术、四氯化硅氢化技术、副产物和副产热能综合利用等技术，实现了物料闭路循环、能量综合利用，形成了满足大规模化生产高纯多晶硅的方法（三氯氢硅法）。2015年，此方法生产的多晶硅产量约占世界年总产量的90%，是主要的生产工艺。

1956年英国标准电讯实验所成功研发出了硅烷（SiH_4）热分解制备多晶硅的方法，即硅烷法，也成为多晶硅工业化生产的重要方法。

三氯氢硅氢还原法　又称改良西门子法。其工艺过程是：工业硅与氯化氢反应生成三氯氢硅和四氯化硅，工业硅中的各种杂质也分别生成对应的氯化物，根据沸点差异，采用吸附、蒸馏等技术分离各种杂质，得到高纯三氯氢硅。氢气经提纯后用于还原高纯三氯氢硅，硅直接沉积在约1050℃的硅芯发热体上，制得高纯多晶硅。其制造流程见图2。

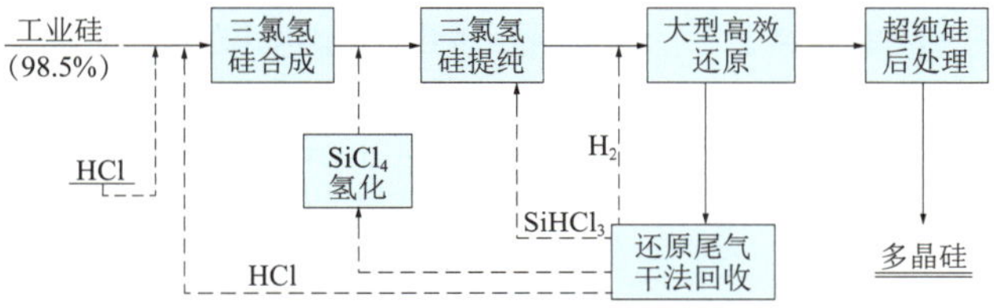

图2　三氯氢硅氢还原法工艺流程

主要化学反应如下：

制备三氯氢硅

$$2Si+7HCl \longrightarrow SiHCl_3+SiCl_4+3H_2$$

还原制备多晶硅

$$SiHCl_3+H_2 \longrightarrow Si+3HCl$$

分解制备多晶硅

$$4SiHCl_3 \longrightarrow 3SiCl_4+Si+2H_2$$

副产物四氯化硅氢化转化为原料三氯氢硅

$$3SiCl_4+Si+2H_2 \longrightarrow 4SiHCl_3$$

三氯氢硅在还原炉内的硅棒上沉积，达到设定直径后，停电、冷却、停炉，收获、整理、包装得到多晶硅产品。还原尾气（含四氯化硅、三氯氢硅、氯化氢和氢气等组分）经干法回收系统分离，再经吸附或精馏提纯后返回系统使用；副产物四氯化硅利用氢化技术，将其转化为三氯氢硅原料，分离提纯后也返回系统使用，形成闭路循环工艺，还原过程的电耗、物耗构成生产成本的主要因素。（图3）

高纯三氯氢硅与氢气也可在流化床反应器（FBR）还原或分解沉积为粒状多晶硅，实现连续生产。由于三氯氢硅分解温度较硅烷高，故该方法没有明显低电耗优势。

硅烷法　由于硅烷含硅比例高，分解温度低、分解较三氯氢硅彻底，所以硅烷法制备多晶硅也是工业化生产的重要方法。硅烷的制备方法多，成本差别大，主要方法是三氯氢硅歧化法，即四氯化硅在氢化反应器中约500℃、3兆帕条件下与硅、氢气反应生成三氯氢硅。三氯氢硅经提纯后，在催化剂条件下歧化生成二氯二氢硅，二氯二氢硅再进一步歧化生成硅烷，硅烷经加压低温精馏提纯或吸附提纯后，输送至化学气相沉积（CVD）炉或流化床反应器，分别在800～900℃或600～750℃的条件下，制得棒状或颗粒状多晶硅。硅烷法典型工艺流程见图4。

图3　三氯氢硅氢还原法生产多晶硅车间（中国青海日晶光电有限公司）

主要化学反应如下：

氢化制备三氯氢硅反应

$$3SiCl_4+Si+2H_2 \longrightarrow 4SiHCl_3$$

歧化制备二氯二氢硅反应

$$2SiHCl_3 \longrightarrow SiH_2Cl_2+SiCl_4$$

歧化制备硅烷反应

$$3SiH_2Cl_2 \longrightarrow 2SiHCl_3+SiH_4$$

硅烷分解制备多晶硅反应

$$SiH_4 \longrightarrow Si+2H_2$$

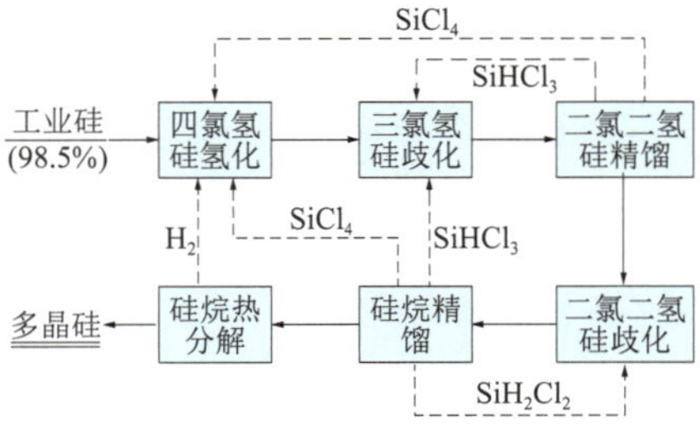

图4　硅烷法典型工艺流程

硅烷在化学气相沉积炉内的高纯硅芯上沉积，生长棒状多晶硅。当硅棒达到一定直径后，停炉、冷却、收获及洁净处理，得到棒状多晶硅。由于硅烷沸点低，与杂质易分离，用此法可在化学气相沉积炉内生产超高纯多晶硅产品，用作区熔单晶硅原料。

硅烷在流化床反应器内分解生产粒状多晶硅。其过程是：硅烷经预热后从流化床反应器底部加入，细粒状多晶硅晶种自流化床反应器上部加入，加热后的硅烷在此晶种上分解、沉积，形成粒状多晶硅，当粒径达到1～5毫米后，分离、取出，得到产品。由于硅烷易分解，用流化床反应器可以连续生产粒状多晶硅，能耗低，有成本优势。此外，在下游硅片制备过程中，粒状多晶硅可用于填缝或连续加料，有利于提高石英坩埚装载量和利用率，降低硅片制造成本，是三氯氢硅法制备多晶硅的良好补充。

硅烷极易燃易爆，即使在−180℃温度下也会与氧产生异常激烈的反应，硅烷泄漏到空气中会立即自燃，达到爆炸极限会立即爆炸，硅烷爆炸极限为0.8%～98%。因此，硅烷法生产多晶硅时，要特别关注各个环节的安全问题。

单晶硅制备　单晶硅通常是以高纯多晶硅或无定形硅为原料，采用直拉法（czochralski method，简称CZ）或悬浮区熔法（float-zone technique，简称FZ）从熔体中生长出棒状单晶硅。

直拉法单晶　用直拉法制单晶硅的单晶炉，炉内有炉室和拉制室，两室中间有闸阀。一般使用电阻加热，温度和晶体直径均采用自动控制，在纯氩气氛下进行常压或减压拉晶。减压拉晶工艺不但能改善晶体生长条件，而且有助于降低晶体中碳的含量。晶体掺杂方法有两种：制备中、高阻单晶采用母合金掺入法；制备重掺杂的单晶（如掺锑的外延衬底单晶）则直接加入掺杂的元素（n型单晶掺磷、碲、砷，p型单晶掺硼）。要制造良好（晶体完整）的硅单晶体，应在拉晶炉内建立合理的热场，选择拉晶条件，找到最好的动态热场，得到平坦微凹向熔体的固液界面，并严格控制籽晶的拉速与转速以及坩埚转速等技术条件。现代的直拉单晶炉能生产直径大于300毫米的单晶硅。直拉法因为使用石英坩埚而掺入氧，通常都要经过热处理以消除氧对电阻率的影响。根据原始氧含量及器件热处理温度，氧沉淀（Si_xO_y）可以成为吸除缺陷中心。为了获得稳定的吸除缺陷能力，氧原子含量须控制在（8～11）×10^{17}个/厘米^3。氧可以增加硅片强度，但氧含量过多会导致硅片翘曲。单晶硅中碳原子含量在每立方厘米5×10^{15}～5×10^{16}个，碳含量高对器件性能有害。

区熔单晶　制备工艺过程中不使用容器，称为悬浮区熔法。区熔过程对多晶硅中分凝系数小的杂质有一定的提纯作用，但对分凝系数大的杂质如硼则不起作用。多晶硅能用化学方法提纯（如三氯氢硅精馏及氢还原）得到很高的纯度，因此区熔工艺在生产中一般作为制作单晶硅的手段，而不作为提纯手段。在区熔炉炉室内，将多晶硅原料用上下夹头固定、保持垂直，下面用固定晶向的籽晶生长单晶硅，晶体生长过程需真空或氩气条件下，用高频（2～3兆赫）感应线圈加热，使多晶硅棒局部熔化，依靠硅的表面张力及高频线圈的电磁托浮力，可以保持一个稳定的悬浮熔区，熔区缓慢上升，达到制成单晶或提纯的目的。高频感应加热线圈是区熔工艺中的关键部件，起非常重要的作用。现代大型区熔炉能拉制直径200毫米及以下直径的单晶硅。掺杂方法主要是使用气相掺杂法，掺磷化氢或乙硼烷。如要制取电阻率均匀性好的区熔单晶硅，可用中子嬗变法（核嬗变掺杂法），把单晶硅置于原子反应堆中辐照，使单晶硅中自然丰度为3%的同位素^{30}Si转变为^{31}Si，以达到掺杂的目的。中子辐照后的单晶硅须经过热处理，以消除中子辐照过程中高能粒子轰击造成的晶格损伤。

（严大洲）

硅砖　silica brick　二氧化硅（SiO_2）含量不低于93%的酸性**耐火材料**制品。制造硅砖的原料为硅石。硅石中二氧化硅含量越高，耐火度也越高，其中的有害杂质，如氧化铝、氧化钾、氧化钠等，会降低耐火制品的耐火度。制造硅砖时，以二氧化硅含量不小于96%的硅石为原料，加入矿化剂（如铁鳞、石灰乳）和结合剂（如糖蜜、亚硫酸纸浆废液），经混炼、成形、干燥、烧成等工序制得。

硅砖属**酸性耐火材料**，具有良好的抗酸性渣侵蚀的能力，荷重软化温度高达1640～1670℃，在高温下长期使用体积比较稳定。

硅砖的矿相组成主要为鳞石英和方石英，还有少量石英和玻璃质。鳞石英、方石英和残存石英在低温下因晶型变化，体积有较大变化，因此硅砖在低温下的热稳定性很差。使用过程中，在800℃以下要缓慢加热和冷却，以免产生裂纹，所以不宜在800℃以下有温度急变的窑炉上使用。

硅砖的性质和工艺过程同二氧化硅的晶型转化有密切关系，因此，真比重是硅砖的一个重要质量指标。一般要求在2.38以下，优质硅砖应在2.35以下。真比重小，反映砖中鳞石英和方石英数量多，残余石英量小，因而残余线膨胀小，使用中强度下降也少。

硅砖主要用于砌筑焦炉的炭化室和燃烧室的隔墙，玻璃池窑的窑顶、池墙，高炉热风炉，硅酸盐制品的烧成窑等。

（周川生）

贵金属冶金　precious metals metallurgy　从天然矿产资源、有色冶金副产品或二次资源中提取贵金属的冶金技术。贵金属包括金（Au）、银（Ag）、铂（Pt）、钯（Pd）、铑（Rh）、铱（Ir）、锇（Os）和钌（Ru），共8个元素。后6个元素又称为铂族金属。由于它们的物理和化学性质极为稳定，色泽瑰丽，在地球上资源稀少而且分散，富集分离和提纯难度大且成本高，因而得名。贵金属冶炼的原料主要有3种：第一种是贵金属矿石，如金银矿和铂族金属矿等；第二种是铜、镍和铅等重金属电解精炼的阳极泥，如铜阳极泥、铅阳极泥和镍阳极泥等；第三种是废旧贵金属二次资源，如首饰、镀件和催化剂等。贵金属因原料不同采用的提取方法也不尽相同，冶金工艺流程主要包括富集、分离和精炼3个过程。

含金、银矿石通常采用直接浸出的方法提取金、银，典型的金矿氰化提金工艺，在黄金生产过程具有不可替代的优势。铜、镍和铅等重金属电解精炼阳极泥提取金银，遵循不断富集原则，采用火法熔炼－银电解－金提纯工艺或湿法溶解－氯化分金－氨浸分银工艺。废旧金银二次资源性状不同则提取方法各异，通常采用选择性溶解工艺提取金银。

铂族金属矿石提取贵金属需要经过选矿，初步富集产出重选精矿或浮选精矿。重选精矿铂族金属含量高，可直接进行铂族金属的相互分离与提纯；浮选精矿中杂质含量高，通常利用铜或镍的造锍熔炼过程将铂族金属捕集在金属相或锍相中，最终再富集在重金属电解精炼的阳极泥中，采用选择性沉淀或溶剂萃取等方法实现铂族金属的相互分离与提纯。二次资源中铂族金属含量高，可直接进行铂族金属的相互分离与提纯。

扩展阅读

卢宜源，宾万达. 贵金属冶金学. 长沙：中南大学出版社，2004.

（杨天足）

辊磨机　roller mill　利用两个或多个滚压的滚压面之间或滚压着的研磨体（球、辊）和一个轨道（平面、环、盘）之间的压力粉碎物料的**磨矿设备**。辊磨机以若干磨辊作为工作组件，磨辊沿磨环或磨盘滚动，使其间夹持的物料粉碎。磨矿区域位于封闭的机箱内，颗粒形成物料层，受压力和剪切力作用，具有处理量大、产品粒度便于调节、易与干式微细分级机组成整体设备等优点，广泛应用于化工原料、非金属加工、耐火材料等行业中，适于莫氏硬度6以下的矿物原料（如滑石、轻烧镁粉、高岭土、硅灰石、石膏、石灰、膨润土等）的干式细磨，产品粒度可在10～100毫米之间调节。

辊磨机基本结构包括磨辊、研磨体、力的产生和传递机构、空气的流动和方便更换易换件的装置。可分为立式辊磨机、卧式筒辊磨机、高压辊磨机、雷蒙磨机及柱磨机等。

立式辊磨机　基本结构包括机体、磨盘装置和传动装置，并立式布置。机体与磨盘装置之间设有确定回转中心的定心结构，磨盘装置底部设有回转导轨，磨盘装置通过回转导轨可回转支撑在机体上。磨盘装置与传动装置连接（图1）。磨辊和磨盘的组合形式有锥辊－平盘式、锥辊－碗式、鼓辊－碗式、双鼓辊－碗式、圆柱辊－平盘式、球－环式等。

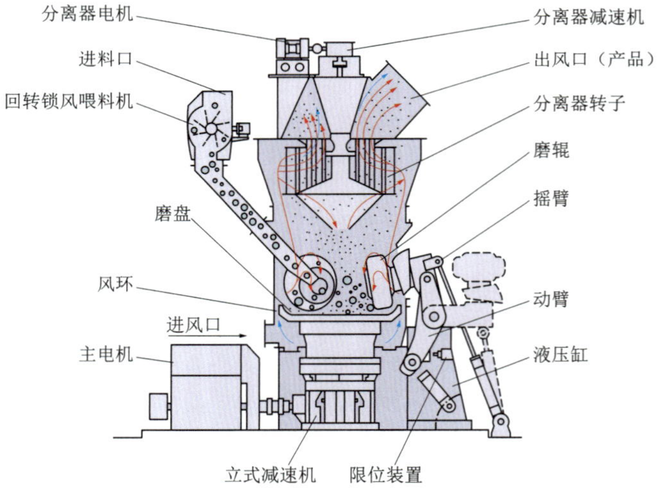

图1　立式辊磨机结构示意图

工作原理：电动机通过减速机带动磨盘转动，物料经锁风喂料机从进料口落在磨盘中央，同时热风从进风口进入磨机内。随着磨盘转动，物料在离心力作用下向磨盘边缘移动，经过磨盘上环形槽时受磨辊碾压而粉碎。粉碎后的物料在磨盘边缘被风环高速气流带起，大颗粒直接落到磨盘上重新粉磨，气流中物料经过上部分离器时，在旋转转子作用下，粗粉从锥斗落到磨盘重新粉磨，合格细粉随气流出磨机，通过收尘装置收集，即为产品。含水分物料在与热气流接触过程中被烘干，通过调节热风温度，能满足不同湿度物料的要求。通过调整分离器，可达到不同产品所需的粗细度。

立式辊磨机具有能耗低、产量高、易维修等优点，已在水泥、钢铁和电力行业，非金属矿超细微粉制备和锰矿的细磨等领域得到广泛应用。

卧式筒辊磨机　辊面与辊筒均为卧式布置。由法国研制，并于1993年应用于生产。结构原理如图2所示。工作时，被磨

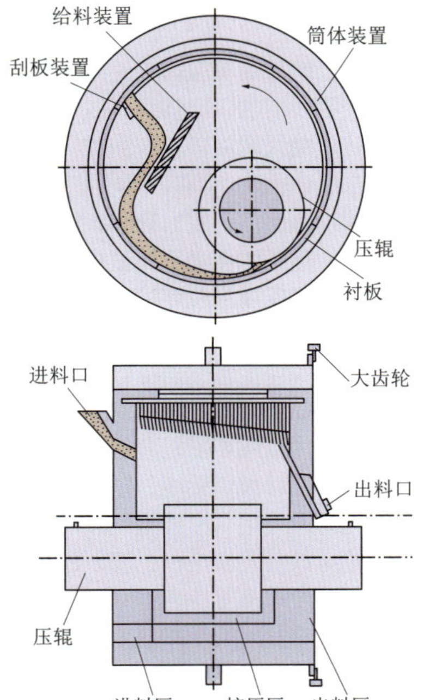

图2　筒辊磨机结构原理图

物料依靠重力经进料口进入到水平回转的圆柱形筒体内，在离心力作用下均匀分布于圆柱形筒体内表面，旋转压辊在液压系统的作用下对物料进行挤压粉磨。物料在挤压区完成一次粉磨作业后，随筒体旋转，经刮板装置刮下后，落到给料装置上。物料通过带有倾角的给料装置实现向磨矿机出口方向运动，并再次进入筒体与压辊构成挤压区，又完成一次挤压粉磨作业。经多次挤压粉磨后的物料从出料口排出磨矿机。

卧式筒辊磨机与其他磨矿设备最大的区别在于，以回转中空圆柱体的内壁作为挤压面对物料造成挤压。立磨为“柱面＋平面”，辊压机为“柱面＋柱面”，筒辊磨的挤压通道接触形式为“柱面＋内环面”，因而挤压通道收缩率最小。这样一方面能形成较宽的压力区，使压力分布均匀；另一方面，被挤压物料在通道内流变行为较稳定，可采用较高的磨辊辊面速度，从而改善机械的功率输入性能和磨辊轴承工况。

高压辊磨机　基于料层粉碎原理开发的磨矿设备。又称辊压机、挤压磨。1984年设计成功。1985年第一台高压辊磨机应用于水泥行业。至2015年广泛应用于铁矿石、锰矿石、水泥生熟料、石灰石、高炉炉渣、煤等各类金属和非金属矿物。高压辊磨机主要由给料系统、工作辊（一个定辊、一个动辊）、传动系统（主电机、减速机、皮带轮、齿轮轴）、液压系统、机架、横向防漏装置、排料装置、控制系统等部分组成。

工作原理：物料由给料机给入两个平行的、相向同步转动的辊子之间，受到50～300兆帕的高压作用，成为密实的料饼从机下排出（图3）。排出的料饼含有一

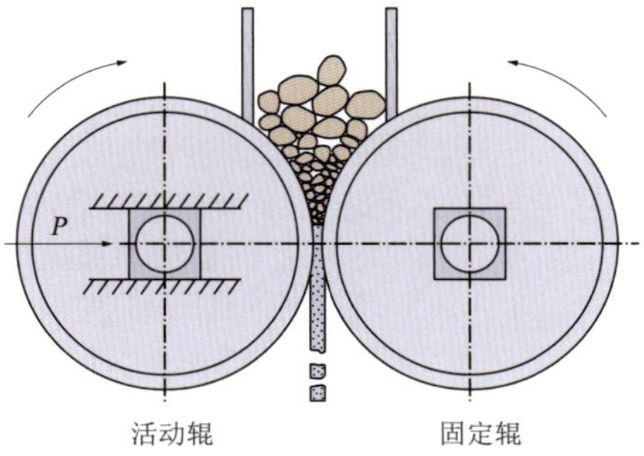

图3　高压辊磨机工作原理示意图

定比例的细粒成品，非成品颗粒的内部也有大量裂纹。

雷蒙磨机　由中心主轴带动梅花架上安装的多个磨辊在离心力的作用下向外摆动，压向安装在机壳内壁上的磨环，使物料粉磨的辊磨机。简称雷蒙磨。

雷蒙磨机主要由梅花架、辊子、磨环、铲刀、给料部、返回风箱、排料部等组成。梅花架上悬有3～5个辊子，每个辊子前面都有一把倾斜安装的铲刀（图4）。辊子

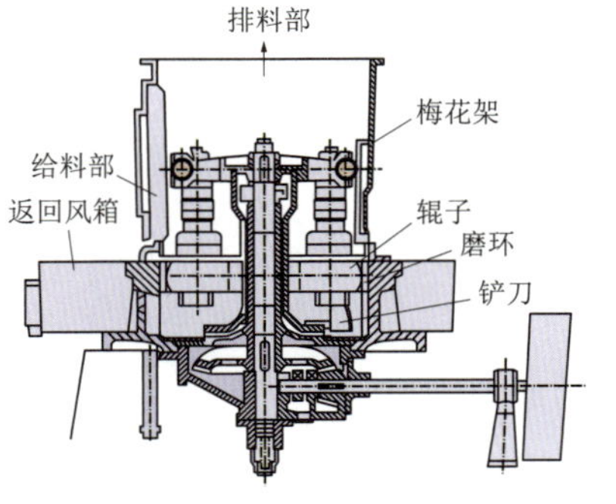

图4　雷蒙磨机结构简图

在传动装置带动下绕机体中心轴线快速公转，同时做自转运动。公转产生的离心力使辊子向外张开，压紧于圆盘的磨环上。经机体侧面的给料机和溜槽给入的物料一部分落到盘底，由铲刀铲起并送入辊子与圆盘之间，由辊子磨碎。铲刀与梅花架连接，随梅花架和辊子一同转动。

物料研磨后，风机将风吹入主机壳内，吹起粉末，经置于研磨室上方的分离器分选，粗物料再次落入研磨室重磨，粒度符合要求的随风流进入旋风收集器，收集后经出粉口排出，即为成品。风流由大旋风收集器上端的回风管回入风机，风路为闭路，风在负压状态下流动。循环风路的风量增加部分经风机与主机中间的废气管道排出，进入小旋风收集器，进行净化处理。

雷蒙磨机是一种中等速度的细磨设备，根据辊子数目，可将其分为三辊（3R）、四辊（4R）、五辊（5R）3种结构。它们的工作情况基本相同，其中以四辊最为常用。雷蒙磨主要用于磨碎煤炭、非金属矿石、玻璃、陶瓷、水泥、石膏、农药和化肥等物料，产品粒度为0.045～0.125毫米。

柱磨机　利用高速、中压和连续反复碾压粉磨的立式磨机。由皮带轮、变速箱、主轴、进料装置、出料装置、撒料盘、箱体、辊轮和衬板组成。机器上部的减速装置带动主轴旋转，主轴带动数个辊轮在环锥形内衬中碾压并绕主轴公转和自转（辊衬间隙可调）。物料从上部给入，靠自重和推料在环锥形内衬中形成自行流动的料层。料层受辊轮的反复碾压，最后从磨矿机下部自动卸料并输送至分级设备。细粉成为成品，粗粉返回柱磨机再磨。由于辊轮只做规则的公转和自转，且料层所受的作用力主要来自弹性加压机构，从而避免了辊轮与衬板因撞击而产生的能耗、磨损及机件损伤。另外辊轮与衬板的材质为耐磨钢，最大限度地减少了易损件的磨耗。

柱磨机具有结构简单、运转平稳、高效节能和维护方便等优点，广泛应用于金属和非金属矿石的碎磨作业，产品粒度可小于5毫米或更细。

扩展阅读

曾凡，胡永平.矿物加工颗粒学.徐州：中国矿业大学出版社，1995.

张国旺.超细粉碎设备及其应用.北京：冶金工业出版社，2005.

郑水林.超细粉碎工程.北京：中国建材工业出版社，2006.

（肖　骁　黄礼龙）

过冷奥氏体转变图　transformation diagram of undercooled austenite　钢中过冷奥氏体转变产物和转变量与温度、时间关系的综合动力学曲线图。它描绘出一个钢

种加热形成**奥氏体**后，以不同冷却工艺制度冷却下来的过程中，随着时间和温度的改变所发生的分解转变现象。这种图以温度为纵坐标，时间的对数值为横坐标。图上标有所用试验钢样的钢种（号）、化学成分、原始金相组织或状态、奥氏体化温度及保温时间、奥氏体的实际晶粒度等，并绘有转变开始、终了或停止转变的温度–时间曲线，有时也标明不同转变产物的硬度和转变量的百分数等。图上一般标有钢的平衡临界温度A_1和A_3或升温临界温度A_{c1}和A_{c3}，马氏体转变开始及终了温度M_s和M_f，或贝氏体转变开始温度B_s等（见**铁碳相图**）。

等温转变曲线　20世纪30年代初，这种转变图最先由E.S.达文波特和E.C.贝茵做出。他们将共析碳素钢奥氏体化后，迅速冷却到各选定的温度保温，测定其在该温度相转变开始和终了的所需时间，转变终了后产物的硬度，并检查其金相显微组织，然后根据所得数据绘制成图（图1）。

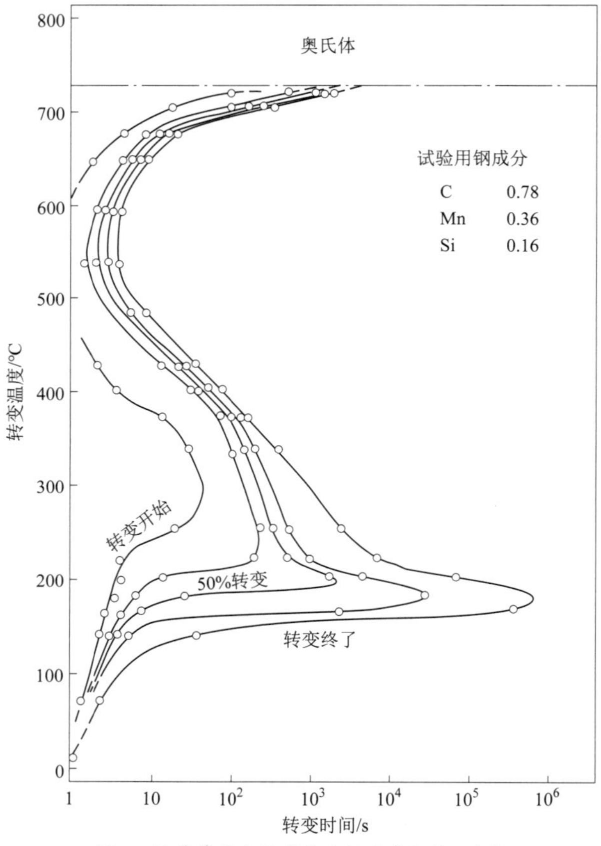

图1　贝茵等首次绘制的共析碳素钢的S曲线

图上的曲线称为时间–温度转变曲线（time-temperature transformation curve），简称TTT曲线。最初由于其形状接近字母S，也叫作S曲线。后来经过对多种合金钢的测试，证明这种曲线实际上是由上、下两组C形曲线和一组与横坐标平行的直线所组成（图2），因而也常称之为C曲线。由于这种

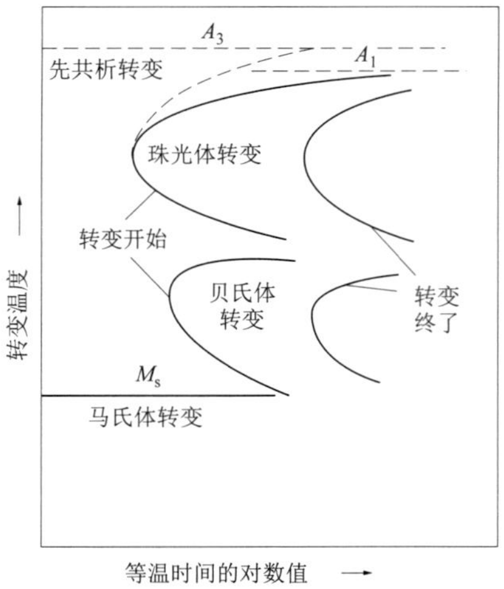

图2　合金钢的典型等温转变曲线（TTT曲线）

图是根据各恒定温度（等温）转变数据所绘制，更确切地应称之为等温转变曲线图（isothermal–transformation diagram），简称IT曲线图。在图中上一组C曲线所占温度范围内的转变为珠光体转变（见**共析分解**）；下一组C曲线所占温度范围内的转变为贝氏体转变（见**贝氏体相变**），横线下温度的转变则为马氏体转变（见**马氏体相变**）。

连续冷却转变曲线　为更好地了解钢在热处理时，在不同冷却速度连续冷却过程中发生的转变，40年代中期又有人研究制定了连续冷却转变曲线图（continuouscooling transformation diagram），简称CCT或CT曲线图。其测定、制作是综合顶端淬火法、热膨胀法及磁性法等试验结果，并测定顶端淬火试样上不同位置各点在顶端淬火试验时的冷却曲线（见**淬火**）。将这些冷却曲线画到以温度为纵坐标、时间的对数值为横坐标的图上，标定这些冷却曲线上的各转折点的位置。这些转折点分别标志着过冷奥氏体发生各种转变的开始、终了或停止点。通过金相显微组织检验，可以明了它们的含义。将各条冷却曲线上意义相同的各点连接起来，就绘成了所测钢种的连续冷却转变曲线图（图3）。图上一般还注明以各种冷却速度冷至室温后的显微组织，有时还注明其硬度值。

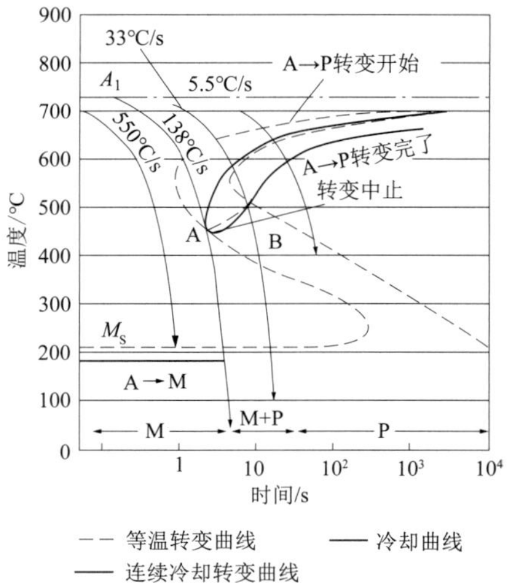

图3　共析碳素钢的连续冷却转变曲线

将同一钢种的等温转变曲线图和连续冷却转变曲线图加以比较，可以看出，连续冷却转变曲线图中各转变曲线与相应的等温转变曲线相比，均有不同程度向右下方移动的趋势；移动的方向和大小与钢的化学成分、奥氏体化情况及试样在试验过程中的实际奥氏体晶粒度等有关；对于碳素钢，甚至有抑制或完全阻止了贝氏体转变的现象。

连续冷却转变曲线图和等温转变曲线图，各有其优越性和不足之处。由于其横坐标均为时间对数值标度，应用起来不方便，因此有人改用以不同直径圆柱形试样的直径的对数值为横坐标标度，令试样中心轴线上的冷却速度符合连续冷却转变曲线图中各冷却曲线的冷却速度，这样得出如图4所示的改进型的连续冷却转变曲线图。从这种连续冷却转变曲线图上很容易查出一定尺寸的工件热处理时，以及在空气中冷却或在油或水中淬火后其中心组织状态，并估计工件的性能。绘制改进型连续冷却转变曲线图比一般的连续冷却转变曲线图更为复杂和困难。

应用　过冷奥氏体转变图对了解钢奥氏体化后冷却过程中的变化具有重要的意义，它是各钢种技术资料的重要组成部分。从等温转变曲线图可以大致估计钢的淬透性、奥氏体化后在不同温度分解转变的产物及其性能等。从连续冷却转变曲线图上，则可定性地、甚至半定量地估计在热处理过程中工件因尺寸不同，奥氏体以不同冷却速率冷却后的性能。过冷奥氏体转变图的其他用途主要有以下几个方面：①正确制定淬火的冷却制度和选择淬火剂。淬火时冷却过快易使工件开裂和产生扭曲变形；冷却过慢又不易淬透，难于达到预期的效果。由过冷奥氏体转变图可以查到避免与图上转变开始曲线相交的最

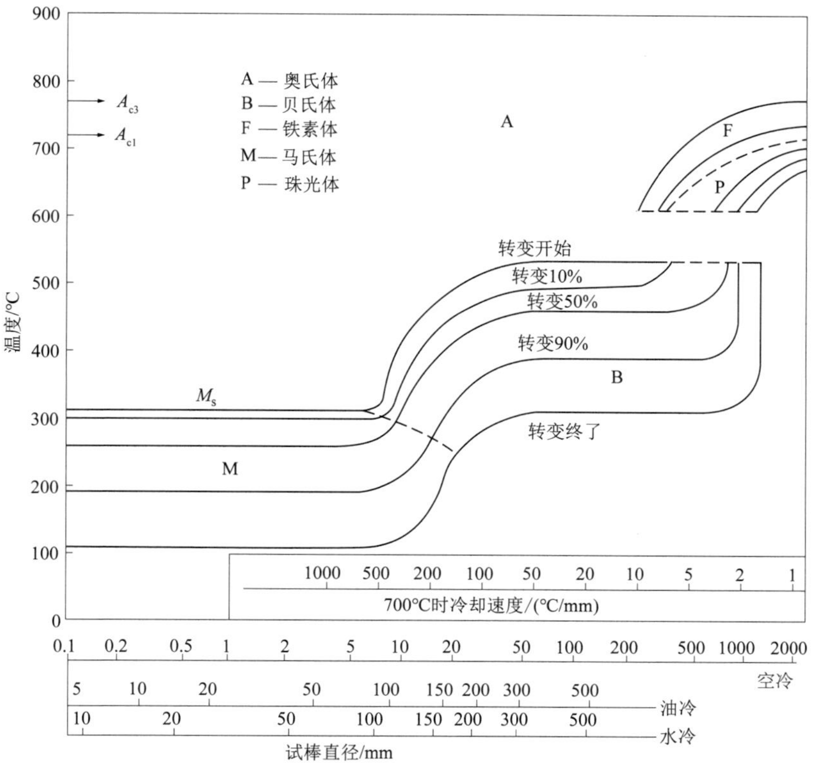

图4 40CrNiMo钢的改进型连续冷却转变曲线

低淬火冷却速度，从而选定合适的淬火剂。如果因钢的淬透性过低或工件过大，而与转变开始曲线相交时，则利用连续冷却转变曲线图亦可估计工件不同部位产生的转变产物的类型和大致含量，从而粗略预测工件不同部位淬火后的性能。②制定分级淬火规范。从等温转变曲线图（或连续冷却转变曲线图）可以直接读出钢的等温转变开始曲线上最左点（习惯上叫它“鼻子”）的位置和M_s点。根据这两者就可以选择适当的淬火剂和淬火剂温度。淬火剂应能在淬火冷却过程中，使工件的冷却曲线避免与等温转变开始曲线相交。淬火剂温度则应选择在M_s点附近。淬火时，工件冷至淬火剂温度后保温一定时间，然后取出，令其在空气中冷却，使工件全部获得马氏体组织，但又不产生过大的淬火应力，以避免工件开裂和产生扭曲变形的危险。在淬火剂温度的保温时间不宜过长，应不大于等温转变开始曲线在该温度的时间坐标所示的时间，以防止贝氏体的产生。③制定等温淬火制度。参考等温转变曲线图或连续冷却转变曲线图上的M_s和B_s点选择等温淬火温度，并根据在所选定的等温条件下，转变开始的时间及开始和终了两曲线的时间间距，确定等温时间。等温保温终了后将工件在空气中冷却。这样，既可保证能获得全部贝氏体组织，又可经济有效地确定等温保温时间。④制定经济合理的**退火**工艺制度。退火的目的之一是使过冷奥氏体在高温分解，发生转变，因而需要缓冷。从转变图上可以查得或估计过冷奥氏体在高温转变终了所需的最短时间，实行等温退火，待转变终了后即可较快地冷却下来，避免出现常规退火制度中采用的一直缓冷到较低温度时所需时间过长的情况。这样，既可提高热处理设备的利用率，又可节约热能。⑤识别实际淬火过程中产生的转变分解产物的类型并粗略估计其性能。实际生产过程中，工件淬火时其温度连续下降，工件的内、外部温度不一致，因而过冷奥氏体的分解转变是在不同温度下连续发生的；工件的内、外部发生的转变也因冷却速率不同而有差异。结果是，工件中各种类型的转变产物常混合存在于工件不同部位，各种转变产物的含量也各不相同。因此，要辨认其中各种类型的组织比较困难。等温转变曲线图中，在各温度时等温转变的产物及其组织形态是比较单纯的，可以作为对照标准，用来比照辨认淬火工件中的各种不同组织，从而估计工件的性能。

（孙珍宝）

过滤设备 filtrating equipment 利用多孔过滤介质截留固液混合物中的固体颗粒实现固液分离的设备。**选矿设备**的一种。最早的过滤大多为重力过滤，后来采用加压过滤、真空过滤，提高了过滤速度。20世纪初发明的转鼓真空过滤机实现了过滤操作的连续化。此后，各种类型的连续过滤机相继出现。

按获得过滤推动力的方法不同，可将其分为重力过滤设备、真空过滤设备、加压过滤设备和离心过滤设备。重力过滤设备借助悬浮液的重力和位差在过滤介质上形成的压力作为过滤推动力，一般为间歇操作，如砂滤器。真空过滤设备和加压过滤设备又称为表层过滤设备。主要以滤布、滤网、烧结材料、粉体为过滤介质，悬浮体中的固体颗粒停留并堆积在过滤介质表面。在过滤操作开始阶段，可能有少量小颗粒穿过介质而混入滤液中，同时在网孔处形成颗粒的架桥现象，并逐步堆积成滤饼。表层过滤适用于含固体量较大的物料，一般为浓缩后的料浆。浓度过低的悬浮液易使过滤介质堵塞，增加过滤阻力，影响过滤效果。真空过滤设备主要为连续式真空过滤，如**圆盘真空过滤机**、**带式真空过滤机**、转台真空过滤机、**陶瓷过滤机**等。加压过滤设备分为间歇式和连续式两种，间歇式的如压滤机、加压叶滤机；连续式的如转鼓加压过滤机。

（刘殿文）

H

哈德菲尔德，R.A. Robert Abbott Hadfield（1858–11–28～1940–09–30） 英国冶金学家。生于英格兰约克郡谢菲尔德，卒于伦敦。曾就读于谢菲尔德学院，后在其父创办的铸钢厂工作。1882年开始系统研究硅钢和锰钢，制出含锰12%～14%的高锰耐磨钢。1883年取得生产锰钢工艺的专利。1889年制成电工用硅钢片。他还研究过5世纪初锻造的印度德里铁柱，是用实验手段研究古代冶金的开拓者之一。1914～1920年任法拉第学会主席，1909年当选为英国皇家学会会员。著有《冶金学及其对现代的影响：附教育与研究述评》（1925）和220多篇技术论文。

（施莘善）

哈斯拉赫尔，F.A. Franz Anton Hasslacher（1838–12–28～1921） 德国选矿学家。生于科布伦茨。中学毕业后，当过矿工，就学于柏林矿冶学院。曾在德国南部、奥地利、比利时、法国和英国工作，于1864年在波恩获得采矿工程毕业证书。1871年任萨尔布吕肯矿山总局局长助理，1880年任矿务部领导成员，兼任柏林矿冶学院讲师。1886～1895年任政府矿务高级顾问。主编多种矿业期刊，发表过大量学术论文，特别是在选矿学、矿山法、矿井安全研究和萨尔地区矿山开发方面，是普鲁士矿务局中最有贡献的人士。

（赵锡霖）

铪冶金 hafnium metallurgy 从含铪矿物中提取金属铪的冶金技术。1923年德国人D.科斯特和匈牙利人在研究几种锆精矿的X射线谱时指出其中有一新元素，并以发现地点哥本哈根（Copenhagen）的拉丁名Hafnia将其命名为hafnium。

所有含锆的矿物中都含有铪。工业上常见矿物中锆和铪的比例约为100∶2。铪主要是在生产锆的过程中回收。铪的冶炼与锆基本相同。

矿石分解 有3种方法：①锆石氯化得（Zr，Hf）Cl_4。②锆石的碱熔。锆石与NaOH在600℃左右熔融，有90%以上的（Zr，Hf）O_2转变为Na_2(Zr，Hf)O_3，其中的SiO_2变成Na_2SiO_3，用水溶除去。Na_2(Zr，Hf)O_3用HNO_3溶解后可作锆铪分离的原液，但因含有SiO_2胶体，给溶剂萃取分离造成困难。③用K_2SiF_6烧结，水浸后得K_2(Zr，Hf)F_6溶液。

锆铪分离 铪因与锆物理化学性质相似且在矿物中共生，提取过程不易分开。因此锆铪分离技术既是提取锆的主要方法，也是提取铪的主要方法，可分为火法分离和湿法分离两大类。①火法分离锆铪。主要是锆铪熔盐精馏法。其基本原理是，利用氯化铪与氯化锆在熔融盐铝氯酸钾中饱和蒸气压的差异，在精馏塔中进行锆铪分离。②湿法分离锆铪。主要有**分步结晶法**、离子交换法和溶剂萃取法等。其中溶剂萃取法由于具有分离彻底、可连续操作、劳动条件好等优点，在锆铪分离中占有重要地位。溶剂萃取法可用盐酸–MIBK（甲基异丁基酮）系统和HNO_3–TBP（磷酸三丁酯）系统，利用高压下$HfCl_4$和$ZrCl_4$熔体蒸气压的差异而进行

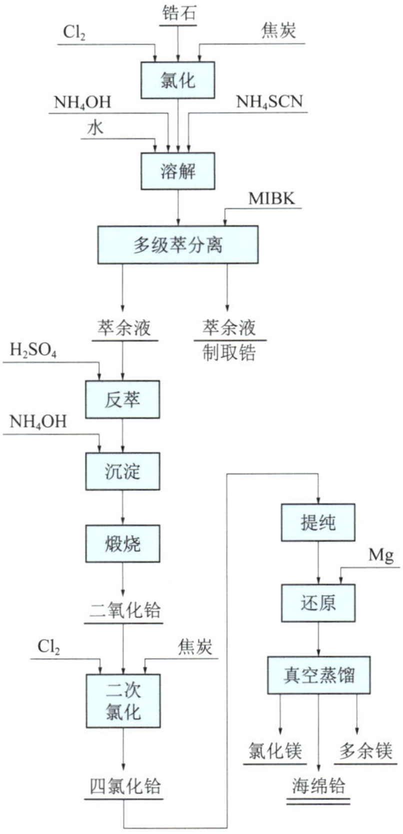

铪生产工艺流程

多级分馏，可省去二次氯化过程，降低成本。锆铪分离因方法不同可获得物化性状不同的铪原料物，但均为铪的化合物，如HfO_2、$HfCl_4$和K_2HfF_6等。根据冶炼采用的原料的特性不同，铪冶炼的工艺也不同，通常和锆冶炼工艺及设备大同小异，只是规模较小。用于锆冶炼的生产工艺基本上都可用于铪冶炼，如镁还原$HfCl_4$、钙（钠）还原HfO_2、K_2HfF_6电解等。

制取海绵铪 对HfO_2进行二次氯化，以制得还原用粗$HfCl_4$。粗$HfCl_4$的提纯和加镁还原与$ZrCl_4$的提纯和还原相同，所得半成品为粗海绵铪。粗海绵铪经真空蒸馏，除去$MgCl_2$和回收多余的金属镁，所得成品为海绵金属铪。其生产流程见图。

从全流程图中可以看出，原子能级HfO_2是制造原子能级ZrO_2时同时得到的产品。从二次氯化起，提纯、还原、真空蒸馏等过程同锆的工艺流程几乎完全一样。

海绵铪的进一步提纯与钛和锆一样，主要方法有熔盐电解精炼、碘化精炼、电子束熔炼和电子束区域熔炼等。

（钟 晖）

海滨砂矿开采 mining of beach placer 在海滨地区开采富集于海底松散沉积物中矿产资源的作业。海滨砂矿开采主要用**采砂船开采**，采砂船是一种开采水下砂矿的浮动式采选联合装置，利用安装在船上的机构采掘水下砂矿，并提升至船上的料仓，经圆筒筛碎散、洗涤、分筛后，筛下含矿的细粒物自流进入粗选溜槽或跳汰机粗选，尾矿经尾矿溜槽排于船后采空区，圆筒筛上的废石经带式输送机或砾石溜槽排于船尾后的尾矿堆。

步骤 海滨砂矿开采工作步骤依次为基建开拓、采准、回采。

基建开拓 为采砂船的建造组装准备工业场地，并使船建成后能处于漂浮工作状态，接近矿体进行回采。开拓方法有基坑开拓法、筑坝开拓法和阶段开拓法。

采准 主要包括采区清理，表土剥离，采区供水、供电和**生产勘探**。在严寒地区需预防冻结和解冻。

回采 主要有桩柱式扇形回采、首绳式平行回采和首绳桩柱联合回采3种：①桩柱式扇形回采。采砂船的后部安装有两根桩柱，工作时用其中一根插入尾矿，并以此为中心做横向扇形摆动，以获得横向进给，达到回采的目的。②首绳式平行回采。用首绳采砂船进行回采的一种工艺，以安装在艏绞车上的首绳牵引，依靠采砂船上的四根横移钢绳使采砂船产生横移进行回采。③首绳桩柱联合回采。采用首绳–

桩柱式采砂船进行回采，即在首绳船后部增加一根固定锚桩和尾矿带式输送机。

方法　通常按采砂船移动方向相对矿床走向的关系以及采池中布置工作面的数目进行采砂船开采方法的分类。主要方法有单工作面开采法和多工作面开采法，以及联合开采法，又可以细分为单幅纵向、单幅横向、双幅纵向、双幅横向、多幅纵向、多幅横向开采法等。

扩展阅读

张世雄.固体矿物资源开发工程.武汉：武汉理工大学出版社，2010.

（褚洪涛）

海绵铁　sponge iron　采用*直接还原炼铁*法得到的内部含有海绵状孔隙的铁。海绵铁是在回转炉、竖炉或反应器内，由铁矿石经低温还原制得。由于还原温度低于矿石熔化温度，铁矿石在固态还原后仍保持矿石外形，具有多孔低密度的海绵状结构，故名海绵铁。古代的块炼铁亦属海绵铁。海绵铁不能直接使用，须经粉碎、磁选、压制成块后，作为冶炼钢铁的金属炉料。

海绵铁中能氧化发热的元素如硅、碳、锰含量很少，不能大规模用于转炉炼钢，可以代替废钢用于电弧炉炼钢。海绵铁的主要质量指标包括金属化率、二氧化硅（SiO_2）含量、含碳量、磷（P）含量和硫（S）含量等。金属化率（即所含金属铁占全铁的百分率）对电弧炉炼钢能耗和生产海绵铁自身能耗均有影响，一般控制在88%以上。二氧化硅含量是决定炼钢渣量的主要因素，一般要求不高于3%。二氧化硅含量与电炉能耗和耐火材料消耗成正比。含碳量可根据金属化率和冶炼的钢种调整在0.5%～2%。磷、硫是海绵铁中的主要有害元素，其中磷含量不得高于0.06%，硫含量不高于0.03%。

海绵铁炼钢的主要特点为：①海绵铁比较纯净，在电弧炉炼钢炉料中增加海绵铁的配比，可以改善钢的质量。②可采用连续进料方法，炉料熔化快、操作平稳、冶炼周期短、产量高。但过多地使用海绵铁时，熔渣较多，且需要还原氧化铁，会增加能耗。（储满生）

海洋采矿　seabed nodule mining　开采赋存于海洋底部和海底岩层中的固体、液体和气体矿床的*采矿*方法。海洋固体矿产资源，按赋存条件和开采方式分为浅海海底堆积砂矿、海底岩层中固体矿床、深海海底堆积的锰结核和多金属软泥。截至21世纪初，主要开采前两者，深海采矿还处于研究和试采阶段。

浅海海底砂矿开采　开采的主要砂矿见表。其中开采规模较大的是建筑用砂和砾石、锡石、金刚石、铁矿砂和金矿砂等。主要用链斗式、水力式、压气升液式和抓斗式采砂船开采。前两者较常用。①链斗采砂船（图1）。见*采砂船开采*。这种设备抗风浪性能差，通常用于开采深度小于50米的砂矿。②水力采砂船（图2）。利用砂泵或水射流将海底砂矿以砂浆形式通

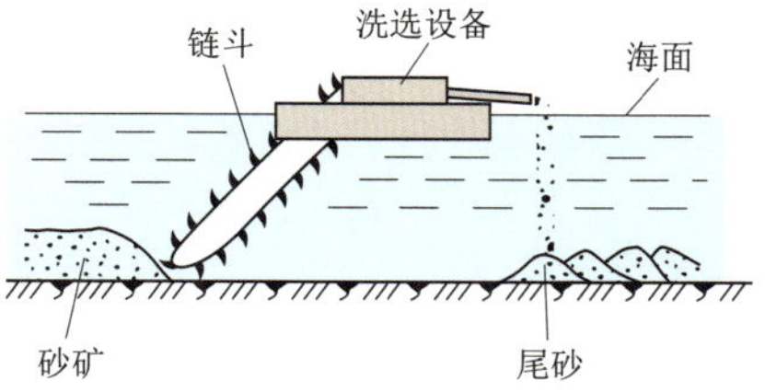

图1　链斗采砂船开采

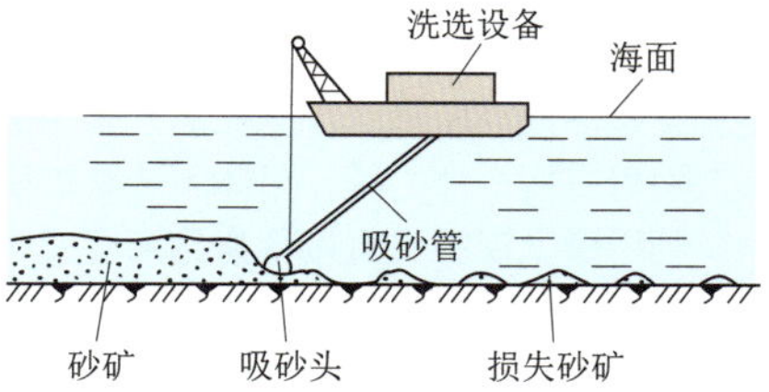

图2　水力采砂船开采

过管道吸至采砂船的洗选设备中。水浅时砂泵装在船上；水深时砂泵置于水中或与水射流联合使用。胶结砂层用高压水射流器或装有旋转刀具的挖头预先松散。泵吸式水力采砂船的作业深度一般为9～27米；与水射流联合使用时作业深度可达68米。常用于开采建筑用砂和砾石。③压气升液采砂船（图3）。将压气送入吸砂管下部，使气泡与管内砂浆混合，降低砂浆比重，利用管内外压差举升砂浆。它不仅用于浅海，还可用于深海开发。对胶结砂层须预先松散。④抓斗采砂船（图4）。这种采砂船受深水深度影响小，灵活性高，可采海底不平和粒度不匀的砂矿，但生产

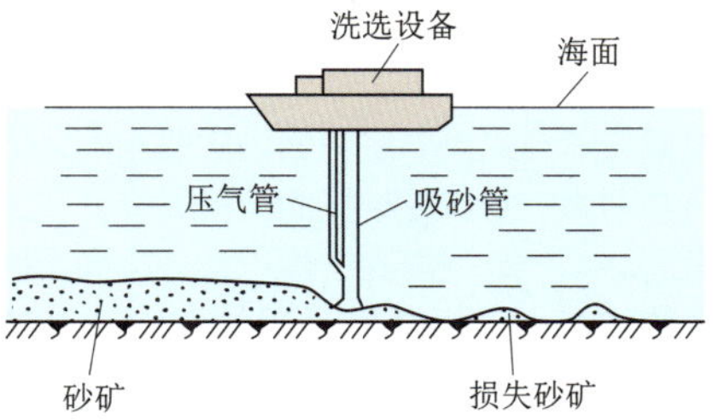

图3　压气升液采砂船开采

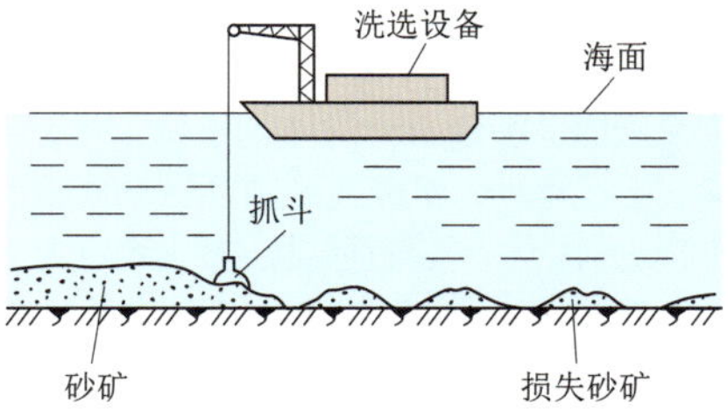

图4　抓斗采砂船开采

能力低。也常用于海底取样。

浅海海底主要矿产

非金属砂矿	建筑用砂和砾石、石灰质砂和贝壳、硅质砂、次等宝石、磷钙土、霞石、海绿石
重矿物砂矿	磁铁矿、锡石、钛铁矿、铬铁矿、独居石、金红石、锆石
贵重砂矿	金刚石、铂、金

浅海海底基岩中固体矿床的开采　在浅海大陆架基岩中，与陆地一样，也赋存各类固体矿床。主要开采岸边矿床延伸至海底的部分。常用的开拓方法是自陆地开掘井巷通至海底。海水不深时可堆造人工岛构筑立井。中国和英、日、加、美、智利等很多国家都在开采海岸附近的海底矿床。所用采矿方法应保证顶底板岩层不产生通至海底的裂隙，以防止海水涌入。此外，还须加强顶底板监测和水质化验工作，以便及时采取安全措施。美国在墨西哥湾成功地用*弗拉施采矿法*在平台上开采海底的自然硫矿。

深海海底矿产的开采　*深海金属矿产资源*有多金属结核、富钴结壳和多金属硫化物。多金属结核俗称锰结核（图5）、锰矿球、铁锰结核和结核等。

图5　海底多金属矿藏——锰结核

深海锰结核开采研究起步于20世纪50年代末，60年代展开广泛研究。1960年美国加利福尼亚大学J.L.梅罗提出拖斗采矿法。1967年日本孟田善雄提出了连续索斗法（CLB），并于1970年在南太平洋塔希里提岛海域（水深3760米）进行了1∶10比例的开采试验，取得了成功。70年代，多金属结核开采研究达到高潮。70年代末，几个国际财团的中间试验获得初步成果，标志着深海锰结核开采的基本技术已初步具备，为向商业开采过渡打下了基础，从而达到开采高潮。80年代，深海锰结核开采进入低谷，国际财团相继退出深海采矿活动，仅一些研究单位和大学在进行相关理论研究。90年代，环境研究备受重视，亚洲新兴国家积极介入。鉴于80年代发达国家对深海富钴结壳进行了大量调查，到90年代已初步圈定了预期的矿区，同时鉴于多金属硫化物矿产调

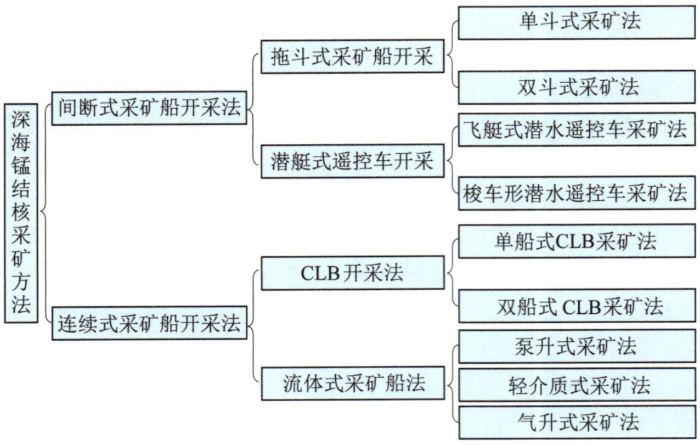

图6 深海锰结核采矿方法分类

查取得很大进展，刺激了人们转向其他大洋多种资源开发的研究。

深海锰结核的采矿方法按结核提升方式不同分为间断式采矿方法和连续式采矿方法（图6）；按集矿头与运输母体船的连接方式不同可分为有绳式采矿法和无绳式采矿法。

拖斗式采矿船开采 深海开采锰结核的最简单方法，主要分为单斗式采矿法和双斗式采矿法。

单斗式采矿法 其原型来自深海采样船的取样拖斗。拖斗式采矿系统由3部分组成，即采矿船（图7）、拖缆和铲斗。在

图7 深海采矿船（建造中，2017年）

采矿船上装有锰结核开采所需的绞车、发电装置、采矿拖斗系统、受矿装置及维修设施，此外有供作业人员生活所需的设施。拖斗既是结核的采集器，又是洋底结核的储运仓。生产过程按照下放拖斗、采集锰结核、提升、洗选的流程进行。单斗式采矿法的优点是投资少，设备简单，技术可靠，操作简单，对采矿船的要求不高，旧船改造即可，节省大量的投资并尽快投入生产。缺点是间断式工作，拖斗在海底无法控制，回采率低，生产效率低。随开采深度增加，提升周期延长，生产效率下降，作业成本提高。

双斗式采矿法 为提高生产效率，降低作业成本，在单斗采矿法基础上开发出双斗式采矿法。双拖斗采矿系统与单拖斗系统基本相同，由采矿船、拖缆和两只拖斗构成。采矿船上安装一个绞车或两个互联式绞车，绞车滚筒上缠绕着一根总长度大于海水深度的钢绳，钢绳的两端各悬挂一个拖斗。采矿时一个拖斗上升，另一个拖斗下降，部分抵消提升过程中拖斗的自质量，减少提升的动力损耗。与单拖斗系统相比生产能力与作业效率可提高一倍，且可节省投资，降低开采成本。

潜艇式遥控车开采 主要发展有两种形式。

飞艇式潜水遥控车采矿法 利用廉价的压舱物，借助自重沉入海底采集锰结核，装满结核后抛弃压舱物浮出海面。其采矿车上附着有两个浮力罐，车体下装有贮矿舱，利用操纵视窗可直接观察到海底锰结核赋存与采集情况，待贮矿舱装满结核后，利用浮力罐内的压缩空气的膨胀排出舱内压舱物而产生浮力，使采矿车浮出水面。

梭车形潜水遥控车采矿法 车靠自重下沉，以蓄电池作动力。压舱物贮存在结核仓内，当采矿车快到达海底时，放出一部分压仓物以便采矿车徐徐降落，减小落地时的震动。采矿车借助阿基米德螺旋推进器在海底行走，一边采集锰结核，一边排出等效的压舱物。因采矿车由浮性材料制成，所以采矿车在水中的重量接近零。当所有压舱物排出时，结核仓装满，在阿基米德螺旋推进器作用下返回海面，采矿车在锰结核采集过程中均采用遥控和程序进行控制，可潜深度在6000米以上，并可以从海上平台遥控多台采矿车工作。

连续索斗法 主要分为单船式和双船式。

单船式 由采矿船、无极绳斗、绞车、万向支架及牵引机组成。采矿船及其船上装置与拖斗式采矿法中的采矿船相同，但绳索则为一条首尾相接的无极绳缆，在绳索上每隔一定距离固结着一系列类同于拖斗的铲斗；无极绳斗是锰结核收集和提升的装置；万向支架是绳索与铲斗的联结器，能有效防止铲斗与绳索的缠绕；牵引机是提升无极绳的驱动机械。

开采锰结核时，采矿船前行，置于大海中无极绳斗在牵引机的拖动下做下行、采集、上行运动，无极绳的循环运动使索斗不断达到船体，实现锰结核矿的连续采集。

双船式 系统构成与单船式基本相同。双船作业时，绳索间距由两船的相对位置确定，因而绳斗间距不受影响，不管多大的绳斗间距均可以通过调节船体的相对位置来确定。

流体式采矿船法 采用不同的提升方式进行开采。

泵升式采矿法 深海锰结核开采中较具发展前景的采矿方法，用各类水泵（比较成功的是砂泵）将海底集矿机采集的锰结核通过管道抽取到采矿船上。提升管道中的流体是锰结核固液两相流，当固液两相流流速大于锰结核在静水中的沉降速度时，锰结核就可能达到海表采矿船上。

气升式采矿法 流体式采矿船法的主要方法之一。设有一条注气管道，用压力将空气注入提升管。压气由安装在船上的压缩空气机产生，通过供气管道注入充满海水的提升管道中，在注气口以上管段形成气水混合流，当空气量比较少时，压气产生小气泡，逐渐聚集成大气泡，最终充满管道整个断面，使海水只沿管道内壁形成一圈环状薄膜，从而使气体和流体形成断续状态，这种状态称为活塞流。

由于气水混合流的密度小于管外海水密度，从而使管内外存在静压差，其静压差随空气注入量的增加而加大，当压力差大到足以克服提升管道阻力时，管中海水便会向上流动并排出海面。若将继续增大注气量，则管内海水流速增加，当流速大于锰结核沉降速度时，就可将集矿机所采集的锰结核提升到采矿船上。

由于气升法是依赖管道内三相流实现锰结核提运的，因此也称为三相流提升法。

轻介质式采矿法 提升原理与气升式采矿法原理完全相同，不过是用煤油等密度低于海水的轻介质取代了压缩空气。在可用的密度低于海水密度的提升媒介中有煤油、塑料小球、氮气等，该类采矿船上具有轻介质与海水、锰结核的分离能力，船下有轻介质压送管及垂直运输管道，以及注入轻介质的混合管。海底集矿头利用铰链接头与管道相连，能随海底起伏进行作业。 （郭利杰）

海洋腐蚀 marine corrosion 各种构筑物在海洋环境中发生的腐蚀。引起海洋腐蚀的原因是多方面的，但主要的途径是电化学腐蚀。海水导电性强，含氧量高，对处于海洋环境中构筑物的腐蚀性比处在陆地环境的构筑物受到的腐蚀性要高得多，使构筑物的寿命明显缩短。因此，对于各种构筑物来说，海洋环境是一种严酷的腐蚀环境（见图）。

根据腐蚀区域不同，海洋环境分为海洋大气区、浪花飞溅区、潮差区、海水浸泡区和海泥区5个区带。不同区域的腐蚀速

钢结构海洋腐蚀

率存在差别。浪花飞溅区的腐蚀速率最高。①海洋大气区是指在海平面以上由于海水的蒸发，形成含有大量盐分的大气环境。环境中盐雾含量较高，盐粒在构筑物表面薄液膜下沉积，氧气在薄液膜下发生溶解，导致构筑物腐蚀。②浪花飞溅区是指在海水平均高潮位以上，浪花和海水微粒飞溅所能波及的部分。该区域中海水周期性润湿，氧供应充分，盐分浓缩，加之光照、风吹及海水的协同作用，导致腐蚀最为严重。③潮差区是指处在平均低潮位与平均高潮位之间的海水区域。涨潮时，构筑物受到海浪和海水共同作用，落潮时，露出海水的构筑物表面由残存的海水液膜所覆盖，液膜的厚度随时间延长而减薄，构筑物表面会产生盐沉积，或被过饱和的海水液膜覆盖，形成较为苛刻的腐蚀环境。④海水浸泡区是指完全浸没于海平面以下的区带。该区带构筑物的腐蚀受温度、盐度、溶解氧、pH值、流速、海洋生物等环境因子影响。⑤海泥区是指由海底沉积物构成的含有固、液两相的特殊的土壤环境，盐度高、电阻率低，腐蚀性比陆地土壤高。海底沉积物的物理性质、化学性质和生物性质随海域和海水深度不同而不同。

海洋腐蚀不仅会造成各种基础设施、设备和构筑物的腐蚀损坏和功能丧失，缩短材料和构筑物的使用寿命，造成资源、材料和能源的巨大浪费，而且还会导致突发性的灾难事故，如引发油气泄漏，污染海洋环境等，甚至造成人身伤亡。因此，根据不同构筑物所处的海洋环境特征，需要针对性地采取及时有效的防护措施进行控制。（侯保荣）

含矿系数 ore-bearing coefficient *矿床*或矿体、矿段、块段及单工程中的工业可采部分与整个矿床或矿体、矿段、块段及单工程之比。含矿系数一般无量纲，采用百分数或小数表示，有时也采用单位体积内矿石重量作为其单位，如堆积型铝土矿的含矿系数常用千克/米^{3}作为单位。含矿系数又称含矿率，石棉矿床又称含棉率。它是对有用组分分布不均匀、矿化连续性差、矿体规模小、按单个矿体计算资源储量和分采有困难的汞矿、石棉、石膏、云母以及堆积型铝土矿、钴土矿、铁矿、锰矿等的一项工业指标。

含矿系数（γ）分为线含矿系数、面含矿系数、体含矿系数、重量含矿系数：用长度之比（$\Sigma l/L$）确定的含矿系数称为线含矿系数，用面积之比（$\Sigma s/S$）确定的含矿系数称为面含矿系数，用体积之比（$\Sigma v/V$）确定的含矿系数称为体含矿系数，用重量之比（$\Sigma g/G$）确定的含矿系数称为重量含矿系数。其中Σl、Σs、Σv、Σg分别为矿体中各工业可采部分的长度、面积、体积、重量之和；L、S、V、G分别为整个矿体（包括工业可采部分和无工业价值部分）的长度、面积、体积、重量。

体含矿系数和重量含矿系数最具代表性，但勘探中绝大多数情况下，不能直接确定。而沿走向、倾向或厚度方向的线含矿系数及走向或倾向横断面的面含矿系数较易确定。

矿化连续的矿体其含矿系数为1或近于1；含矿系数愈小，矿化愈不连续。对于一些矿化连续程度很低、工业可采地段分布极不规则、在勘探和资源储量计算时难以分别圈定的矿体，则必须引用含矿系数来校正矿产储量，使其比较切合矿床的实际情况。

扩展阅读

侯德义.找矿勘探地质学.北京：地质出版社，1984.

杨言辰，叶松青，王建新，等.矿山地质学.北京：地质出版社，2009.

（莫晓东）

焊接变形 welding deformation 焊接过程中焊件（结构）受到不均匀温度场的作用而产生的形状、尺寸变化。根据焊接变形发展的时序不同，可分为瞬态（过程）焊接变形和残余焊接变形。当焊接引起的不均匀温度场尚未消失时，焊件中存在的变形称为瞬态焊接变形；当焊接作业完成，温度场回复均匀后，焊件中残存的变形称为残余焊接变形（焊接残余变形）。焊接残余变形又分为面内变形和面外变形。面内变形主要有焊缝纵向收缩、焊缝横向收缩和回转变形，面外变形主要有角变形、弯曲变形、扭曲变形和失稳波浪变形。*焊接应力*和焊接变形成对孪生、相伴而成，共同存在于焊接构件中。因此，焊接变形与焊接应力一样，分布较为复杂，其大小和分布同样受控于焊接材料、结构类型和尺寸、焊接接头形式、焊接方法和工艺参数、施焊顺序和方向等。焊接残余变形的存在会造成安装偏差和坡口间隙增大，使制造过程困难，影响焊件的质量；同时，焊件中过大的残余应力，也会使其在使用过程中出现应力松弛，带来附加变形，影响焊接尺寸精度，降低结构的承载能力；损害焊接结构的美观。因此，焊接残余变形是焊接设计和制造中必须考虑的问题。

焊前及焊接过程中减小和控制焊接变形的主要方法有：①选择合理的焊接顺序。②尽可能用对称焊缝（如工字形截面）。③采用反变形法。④采用小锤锤击中间焊道。⑤利用工卡具刚性固定。⑥分析回弹常数。⑦采用合理的焊接参数，减小热输入。⑧焊前预热。在实际焊接过程中，还应根据焊接结构特点和变形类型采取具体的防变形措施。

焊后矫正焊接变形的方法主要有：①机械矫正法。采用压力机、矫正机或手工锤击等机械方法产生新的塑性变形，以使原来缩短的部分得以延伸，达到矫正变形的目的。其中多辊平板机利用窄轮碾压焊缝及其两侧使之延伸来消除变形，用于焊缝比较规范的薄壳结构。②火焰矫正法。利用火焰加热时产生的局部压缩塑性变形，使较长的金属在冷却后缩短来消除变形。方法简单，机动灵活，适用面广。在使用时应控制温度和加热位置。对低碳钢和普通低合金钢常采用600～800℃的加热温度。（雷永平）

焊接钢管生产 welded tube and pipe process 将管坯（钢板或钢带）用各种成形方法弯卷成要求的横断面形状，然后用不同的焊接方法将接缝焊合成钢管的过程。焊接钢管简称焊管，生产工艺中成形和焊接是基本工序。焊管生产工艺简单；产品精度，尤其是壁厚精度高；生产效率高，品种规格多；设备投资少，主体设备简单，占地少，投资少，见效快；生产上可以实现连续化作业，甚至*无头轧制*；生产灵活，机组的产品范围宽。但焊接钢管强度一般低于无缝钢管。20世纪30年代以来，随着优质带钢连轧生产的迅速发展以及焊接和检验技术的进步，焊缝质量不断提高，焊接钢管的品种规格日益增多，并在越来越多的领域代替了无缝钢管。

焊管的生产方法种类繁多（见表）。

焊管的主要生产方法

类别	生产方法	基本工序	
		成形	焊接
直缝焊管	连续炉焊机组	在连续加热炉中加热管坯，出炉后用辊式连续成形机成形、焊接	
	连续成形电焊机组	辊式连续成形机	高频电阻与感应焊、惰性气体保护电弧焊*
		排辊成形机	高频电阻与感应焊、埋弧焊、惰性气体保护电弧焊
		履带式成形机	高频电阻与感应焊、埋弧焊、惰性气体保护电弧焊
	UOE电焊机组	UOE压力成形机	埋弧焊、惰性气体保护电弧焊
螺旋焊管	螺旋成形电焊机组	螺旋成形机	埋弧焊、高频电阻焊、惰性气体保护电弧焊

* 惰性气体保护电弧焊包括钨极电弧焊（TIG）和金属极电弧焊（MIG）

按焊缝形态不同分为直缝焊和螺旋焊。直缝焊管生产工艺简单，生产效率高，成本低，发展较快。螺旋焊管的强度一般比直缝焊管高，能用较窄的坯料生产管径较大的焊管，还可以用同样宽度的坯料生产管径不同的焊管。按热源和成形方式不同，可分为炉焊、电焊、埋弧焊和其他焊接方法。炉焊分为断续炉焊和连续炉焊。断续炉焊已经淘汰，大多采用连续炉焊。电焊管分为交流焊和直流焊。交流焊根据电流波形的不同又分为正弦波焊和方波焊；根据频率的不同分为低频焊、中频焊、超中频焊和**高频焊**。埋弧焊大多用于生产中直径管及大直径管。其他焊接方法有钨极惰性气体保护焊（TIG）、金属电极惰性气体保护焊（MIG）、高频焊接惰性气体保护焊、等离子体焊、**电子束焊**、**钎焊**等，用来生产有色金属管、高合金管、不锈钢管、锅炉管、石油管以及双层卷焊管等。从成形手段来看主要有辊式连续成形、履带式成形、UOE成形、排辊成形、螺旋成形等。

辊式连续成形机 成卷带钢经卷、平整、头尾剪切后将前后带卷对焊。带材先经活套，然后在辊式成形机上连续弯曲成具有一定形状和尺寸的管筒，再焊接成管材。中、小型直缝电焊钢管基本上都采用辊式连续成形生产。加热方法有接触焊和感应焊两种。几种典型产品的工艺流程如图1所示。辊式连续成形机架的排列与布置形式基本有两种：一种是水平辊和立辊交替布置，另一种是在封闭孔前成组布置立辊群。在第一种布置形式中，水平辊承担主要的带钢变形，立辊主要是用于导向，并保持带钢在水平辊中已形成的形状，防止变形带钢的回弹。第二种布置形式中，立辊不仅有导向作用，而且参与带钢的主要变形。通过立辊对管坯边缘进行侧面压缩，降低成形过程中边缘的附加张应力，避免在闭口孔之前过分延伸，防止焊缝附近起鼓包或波纹。

履带式成形机 不需要成形辊，主要部分是两个侧面的V形槽和三角模板。当带材进入倾斜的三角板和V形槽构成的孔型后，在Ⅰ段，带材比三角板窄，未接触V形槽面；进入Ⅱ段，带材开始宽于三角板压出弯边；而后依次通过各段形成管材。履带式成形机用于生产壁厚0.5～3.25毫米、外径12～150毫米的各种薄壁管和一般用管（图2）。

履带式成形优点：①变换管径方便，只要调整V形槽的开口度和角度，三角板的位置和相应的形状即可，适于多品种生产。②可生产辊式连续成形不能生产的较大直径的薄壁管。③变形区可以短一些，设备简单、轻巧，维修容易，占地面积小，消耗动力少，成本低廉。④成形后管材本身残余应力小。⑤可用于锥形管的成形焊接。

UOE压力成形机 以厚钢板作原料，经刨边、开坡口和预弯边，先在U形压力机上压成U形管坯，后在O形压力机上压成圆形管，然后预焊，内外埋弧焊，最后扩径以矫正焊接造成的管体变形，达到要求的真圆度和平直度，消除焊接热影响区的残余应力。UOE压力成形机可生产直径为406～1620毫米，壁厚6.0～40毫米、长达18米的钢管。但其生产的最大直径受到板材能够生产的最大宽度的限制。

排辊成形机 成形过程中，利用三点弯曲原理，在导向片辊前采用一组或多组位置可调、成排的被动小辊机架，管坯按照所设计的孔型系统变形，即钢带粗成形后，进入排辊成形，通过大量小直径被动排辊使钢带逐渐形成圆状，然后再焊接。

螺旋成形机 将钢带或者钢板按一定的螺旋线的角度弯卷成管坯，然后将管缝焊接起来制成钢管。可以用较窄的带钢生产大直径的钢管。螺旋成形焊管机组工艺流程如图3所示。螺旋成形机优点是可以用同样宽度的坯料生产管径不同的焊管。但是与相同长度的直缝管相比，焊缝长度增加30%～100%，而且生产速度较低。因此，较小口径的焊管大都采用直缝焊，

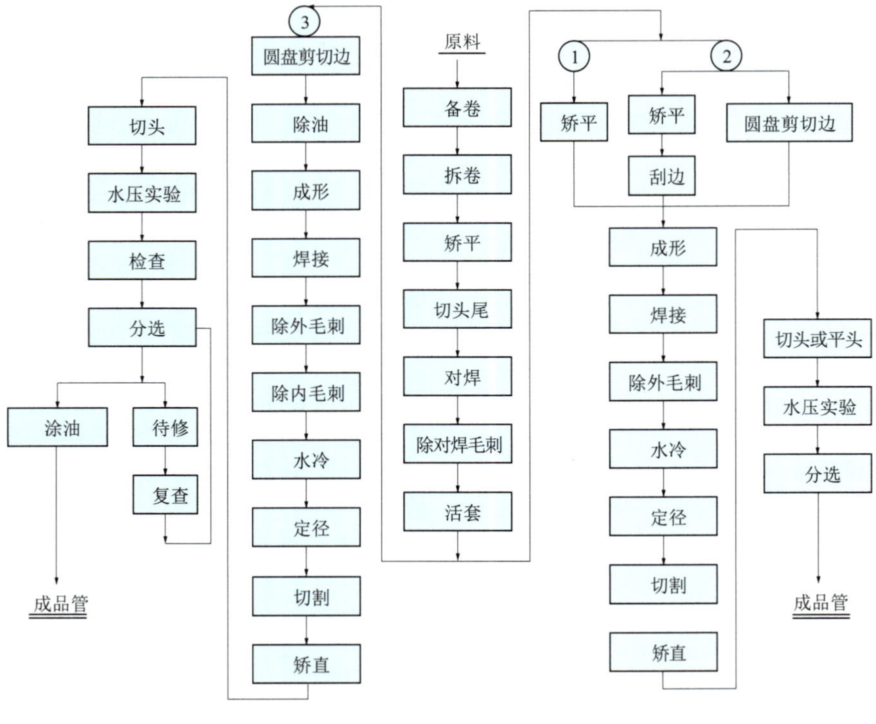

① 水煤气管 ② 一般结构管和输油管 ③ 汽车传动轴管

图1 辊式连续成形机的几种典型产品工艺流程

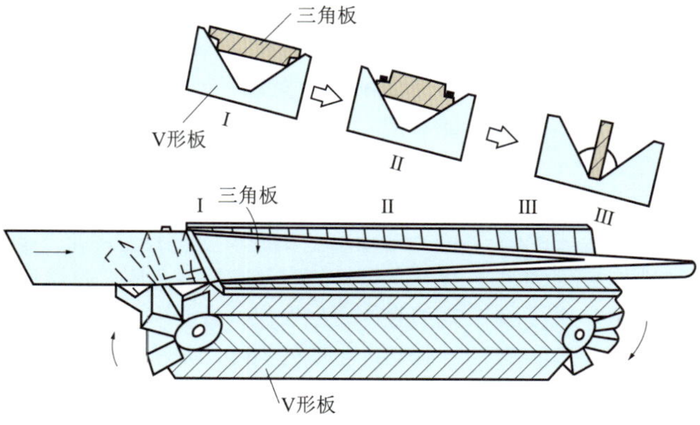

a 一般成形过程

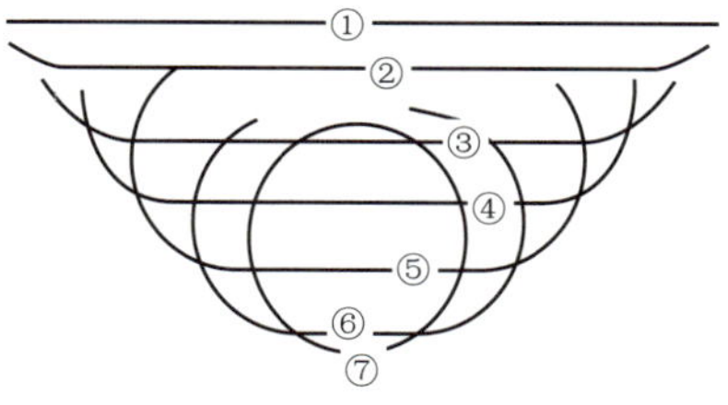

b 板带的变形过程

图2 履带式成形机工作示意图

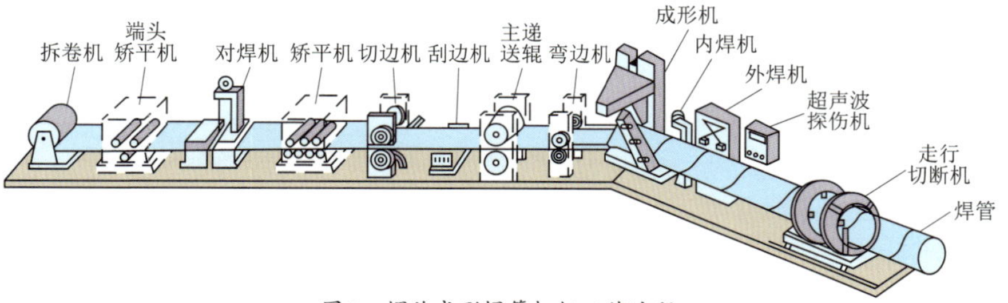

图3 螺旋成形焊管机组工艺流程

大口径焊管则大多采用螺旋焊。

扩展阅读

首钢电焊钢管厂.高频直缝焊管生产.北京：冶金工业出版社，1982.

王廷溥，等.现代轧钢学.北京：冶金工业出版社，2014.

（王先进　撰　高秀华　修订）

焊接结构 welded structure 采用焊接加工成形制造的金属结构件（体）。

分类　由于焊接结构的种类繁多，其分类方法也不尽相同。按半成品的制造方法可分为板焊结构、冲焊结构等；按照结构的用途可分为锅炉、压力容器与管道、建筑焊接结构、铁路车辆焊接结构、船舶与海洋工程焊接结构、起重设备与动力机械焊接结构、桥梁焊接结构、矿山与工程机械焊接结构、汽车焊接结构、航空航天运载器焊接结构等。根据焊件的材料厚度可分为薄壁结构和厚壁结构；根据焊件的材料种类可分为钢制焊接结构、铝制焊接结构（见图）、钛制焊接结构等。

通用的焊接结构分类方法是根据焊接基本构件或结构的工作特性来分类，主要有：①梁类结构。工作特点是组成梁系结构的元件在其主平面内承受弯矩和剪切力，有时还要承受弯、剪、扭的联合作用。当由多根梁通过刚性连接组成梁系结构（或称框架结构）时，各梁的受力情况将变得较为复杂。设计焊接梁类结构时首先根据受力特点选择合理的截面形式，再根据强度、刚度、局部稳定和经济条件等因素确定梁截面尺寸。梁类结构是金属构件中的基本单元，应用面广、量大。②柱类结构。按受力特点不同，焊接结构可分为轴心受压柱（轴压构件）和偏斜受压柱（压弯构件）；按截面形式可分为实腹式柱和格构式柱。实腹式柱的构造和制作比较简单；格构式柱制作费工时，但能节省材料。柱类结构的断面形状多为工字形、箱形和管式圆形。柱类结构也常用各种型钢构成虚腹虚壁式组合截面。采用这些形式可增大惯性矩，提高结构的稳定性，同时也节约材料。柱类结构也是金属构件中的基本单元。③桁架结构。焊接结构是由一系列受拉或受压杆件组合而成。各杆件在节点处通过焊接相互连接组成能

铝制焊接结构

承受横向载荷的各种形状结构。桁架结构中大部分杆件只承受轴心力作用，可做成各种几何外形，满足各种不同的使用要求。焊接桁架结构广泛应用于建筑、桥梁、起重机械、塔架等结构中。④壳体结构。焊接结构承受较大的内部压力，所以要求焊接接头具有很好的气密性，如现代锅炉、压力容器和管道等。现代锅炉、压力容器与管道已成为典型的全焊结构，建立起了比较完善的设计、制造和检验标准体系。⑤框（骨）架结构。焊接结构外形呈架构形，如同人体骨架。多用于起重、矿山、工程机械，如转台、车架、转向架等。通常承受动载荷，甚至冲击载荷，要求它具有最小的重量和较大的刚度。船体骨架、动车车体骨架、客车棚架及白车身骨架等也均属此类结构。框架和骨架结构的原材料多为各种型钢。⑥机器和仪器的焊接零件。焊接零（部）件适用于交变载荷或多次重复性载荷工作条件。这类结构零件要求具有较高的尺寸精度，以保证加工出的主要部件或仪表零件的质量。属于该类结构的有机座、机身、机床横梁以及齿轮、飞轮、轴承座、连杆、摇臂和仪表枢轴等。这类结构可采用钢板焊接或铸焊、锻焊联合工艺，以解决铸锻设备能力不足的问题，并可缩短制造周期。

设计　焊接结构设计的基本方法主要有许用应力设计法和可靠性设计法两种。设计时要统筹考虑实用性、可靠性、工艺性和经济性基本要求，遵循的设计原则有：①合理选择和利用材料。②合理设计结构形式。③有利于实现机械化和自动化焊接。

制造　焊接结构制造的关键是保证焊接质量和尺寸精度要求。在制造焊接结构时，应采用与钢材性能相匹配的焊接材料，选用合适的焊接方法和工艺，焊后应严格检验焊接质量。在焊接接头的各种缺陷中，以焊接裂纹对焊接接头的强度影响最大，其次是咬边和未焊透的影响，气孔的影响较小。各种焊接缺陷都会不同程度地降低焊接接头的疲劳强度和冲击韧性，因此超过允许尺寸的缺陷都必须消除。降低或消除焊接残余应力能提高焊接结构的低温抗脆断能力。

特点　焊接结构在设计上比较灵活，结构类型多，易于根据使用条件和环境的变化更改或改型；焊接接头密封性好，可用于制造对密封性有要求的壳体结构；具有重量轻、便于自动化施工、制造耗时少等优点；在同一焊接结构中可根据各个部位的使用要求，采用不同材料获得复合结

构，发挥各种材料的性能特点。

（雷永平）

焊接热循环 welding thermal cycle 在焊接过程中，随着焊接热源的移动，焊件上某点的温度由低到高，达到最大值后，又由高到低随时间变化的过程。焊接热循环对焊接结构在焊接过程中产生应力和变形的大小有直接影响，可用于描述焊接过程中热源对被焊金属的热作用。离焊缝越近的点受到热源作用越强，加热速度越大，峰值温度越高。焊接热循环主要有4个参数（见图）：①加热速度。焊接热循环加热阶段某点的瞬时温度增长率。焊接时的加热速度快，受到的影响因素也较多，如焊接方法（热源种类）、被焊材料类型、焊件的厚度、焊接速度及热输入等。②加热的峰值温度（T_M）。焊接热循环过程中所达到的最高温度。距离焊缝远近不同的点，其达到的峰值温度不同。通过研究焊接热循环的峰值温度，可以了解焊接热影响区的组织及性能变化。③相变温度（T_H）以上的停留时间（t_H）。该时间由加热过程的停留时间（t'）和冷却过程的停留时间（t''）组成。对于有奥氏体相变的钢材，停留时间越长，越有利于奥氏体的均质化过程，增加奥氏体的稳定性。对低碳钢和低合金钢来说，当温度超过1100℃以上，即使停留时间不长，也会产生严重的晶粒长大。④冷却速度（v_c）。焊接热循环冷却阶段C点的瞬时温度T_C下降率。冷却速度是决定热影响区组织性能的最重要参数之一。实际应用中，为了便于分析和测量，常选取相变的主要温度区间500～800℃、300～800℃或冷却时间来替代瞬时冷却速度。

焊接热循环对焊缝附近的材料相当于进行了局部热处理，但具有其特殊性：加热速度极快，电弧焊时每秒钟达到几百摄氏度，高能束的最高加热速度每秒钟可达上千摄氏度。高温停留时间短，大约在几秒到几十秒。冷却速度快，由于是局部加热，焊后自然冷却，很难控制冷却速度。

（冯吉才）

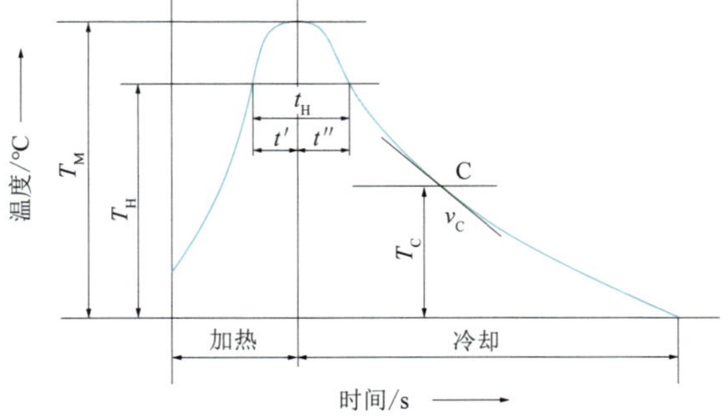

焊接热循环示意图

焊接冶金 welding metallurgy 在熔化焊接过程中发生的“气体—熔渣—金属”之间的物理、化学变化，熔化金属的结晶凝固，以及由于焊接热循环造成的焊接热影响区内金属组织和性能变化的过程。包括化学冶金和物理冶金。焊接冶金具有一定的特殊性，是焊缝及热影响区金属在电、磁、热、力复合能场作用下发生的非平衡凝固及快速冷却状态下的组织转变。

化学冶金 焊接过程中，在由电弧、保护区气氛、熔渣、熔滴、熔池组成的焊接高温区（图1）内发生的物质之间的相互作用。化学冶金的反应体系包括气态（气体及金属蒸气）、液态及高温固态。化学冶金包括：①气体与金属的冶金反应。焊接区的气体来源于保护气体、杂质气体、侵入的空气、金属蒸气，以及焊条或焊剂中的造气物质分解。氮气不论是与液态金属反应形成氮化物还是固溶在金属晶格中，都将降低焊缝的塑性和韧性，特别是使低温韧性急剧下降。氢气和金属反应生成脆性的氢化物等，是造成焊缝或熔合区氢脆的主要原因；固溶在金属晶格间隙中的氢，扩散能力非常强，特别是残余氢的含量较高时，是形成氢致裂纹的主要因素之一。氧除了和铁反应以外，还极易和合金元素发生化学反应，形成各种氧化物，造成合金元素的烧损，降低接头的强度、塑性及韧性。此外，气体的溶入是焊缝形成气孔的主要原因。②熔渣与金属的冶金反应。熔渣是熔化焊时的主要保护方法之一，是焊条药皮、焊剂等在焊接热源作用下经过一系列物理化学反应形成的，可分为氧化物型、盐型、氧化物-盐型3种类型。熔渣的作用是保护焊缝区，以液膜的形式（冷却后形成熔壳）覆盖在熔池及高温焊缝金属的表面；通过高温液体金属与活性组分反应，改变液体金属的化学成分，从而实现化学冶金的调控。此外，熔渣还可以改善焊接工艺，减少飞溅，利于电弧的引燃和维持，并可通过化学反应达到脱氢、脱硫、脱磷等目的。熔渣与金属的反应根据渣系而不同，氧化物型熔渣容易向焊缝金属过渡氧，使焊缝金属发生氧化；盐型熔渣通过反应减少焊接区金属的氧化，并从液态金属中排出氧气。③焊缝金属的合金化。通过熔池金属和添加材料的作用，将所需的合金元素添加到焊缝金属中，以弥补合金元素的烧损、改善焊缝组织、提高焊缝性能或者获得具有特殊性能的堆焊层。

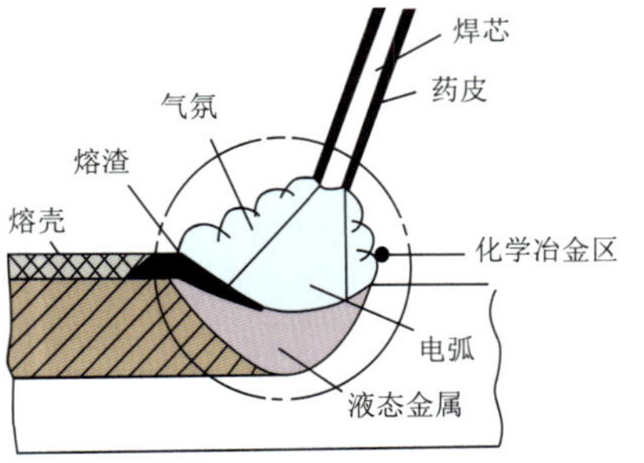

图1 发生化学冶金的高温区

物理冶金 焊接中发生在焊接区到母材热影响区内的物质流动、结晶凝固、固态相变、组织转化等物理变化过程。如图2所示，焊缝区的物理变化主要与液态金属的凝固有关。通过熔池中生成的固态晶核和焊缝边沿的金属结晶，开始由液态向固相转变。同时伴随着晶粒的逐步长大，偏析及裂纹等缺陷也在焊缝中产生。熔合区的物理变化主要是部分母材发生熔化，在冷却时发生凝固，同时出现晶粒粗化、裂纹、偏析、碳迁移等问题。该区的化学成分、组织及性能等非常不均匀，也是应力集中的区域，极易出现液化裂纹及氢致裂纹。热影响区的物理变化比较复杂，不同种类的母材发生不同的变化，主要有固态转变、回复、再结晶、裂纹产生等。该区的组织转变具有非平衡及不均匀的特性，各元素的分布也具有不均匀性，容易出现软化、硬化、脆化问题，降低了接头的耐腐蚀性和疲劳性能。

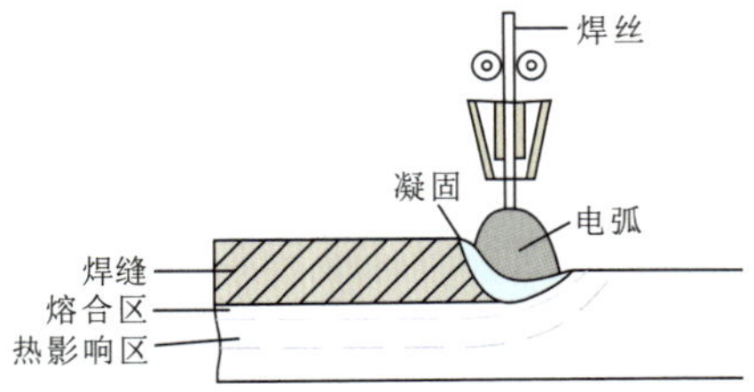

图2 物理冶金示意图

扩展阅读

黄继华.焊接冶金原理.北京：机械工业出版社，2015.

中国机械工程学会焊接学会.焊接手册：材料的焊接.2版.北京：机械工业出版社，2008.

（冯吉才）

焊接应力 welding stress 焊件经焊接加工而产生的内应力。在没有外力作用下，焊件中的焊接应力是自平衡的。焊接过程中温度场的不均匀性，以及由此引起的局部塑性变形和比容不同的组织是产生焊接应力的根本原因。焊接应力的大小和分布一般比较复杂，与焊接材料、结构类型和尺寸、焊接接头形式、焊接方法和工艺参数、施焊顺序和方向等有关。

分类 根据焊接应力在被焊工件中的方位不同，可将焊接应力分为纵向应力、横向应力和厚向应力。实际上，焊接应力都是三维应力。但对于薄板，厚向应力相对较小，可按二维应力处理。根据焊接应力发展的时序不同，可分为瞬态（过程）焊接应力和残余焊接应力。瞬态（过程）焊接应力是当焊接引起的不均匀温度场尚未消失时，焊件中存在的应力；残余焊接应力是当焊接作业完成，温度场回复均匀后，焊件中残存的应力。残余焊接应力的存在，在一定条件下会影响焊件使用性能，因此，焊接残余应力是焊接设计和制造中必须考虑的问题。

影响 在设计或服役过程中，焊接残余应力的大小和分布，需要通过实验测定或数值计算的方法来获得。焊接残余应力对焊件力学性能和使用性能的影响，主要表现在以下6个方面：①对强度的影响。如果在高残余拉应力区中存在严重的缺陷，而焊件又在低于脆性转变温度下工作，则焊接残余应力将使静载强度降低。在循环应力作用下，如果在应力集中处存在着残余拉应力，则焊接残余拉应力将使焊件的疲劳强度降低。②对刚度的影响。焊接残余应力与外载引起的应力相叠加，可能使焊件局部提前屈服产生塑性变形，焊件的刚度会因此而降低。③对受压焊件稳定性的影响。焊接杆件受压时，焊接残余应力与外载荷所引起的应力叠加，可使杆件局部屈服或使杆件局部失稳，杆件的整体稳定性将因此而降低。残余应力对稳定性的影响取决于杆件的几何形状和内应力分布。残余应力对非封闭截面（如工字形截面）杆件的影响比封闭截面（如箱形截面）的影响大。④对加工精度的影响。如果焊件在加工前的初始状态存在残余应力，机械加工过程会使原始残余应力得到释放，平衡状态被破坏，使焊件产生新的变形，最终导致加工精度下降。焊件的刚度越小，加工量越大，对精度的影响也越大。⑤对尺寸稳定性的影响。焊接残余应力随时间发生一定的变化，焊件的尺寸也随之变化，即焊件的尺寸稳定性受残余应力稳定性的影响。⑥对耐腐蚀性的影响。焊接残余应力能导致应力腐蚀开裂。

措施 为了消除和减小焊接残余应力，在焊接结构设计阶段、焊接制造过程及焊后应采取相应的措施和方法。在设计阶段，要降低焊缝的拘束度、避免焊缝的密集布置和交叉等。在焊接制造过程中应采取合理的焊接顺序和方向，尽量先焊接收缩量大的焊缝，后焊接收缩量小的焊缝；焊前预热；焊接时采取降低焊件的刚度和焊缝拘束度的工艺措施；反变形法补偿焊缝收缩量；在焊件的适当部位局部加热，使焊缝能比较自由地收缩等。焊后热处理（高温回火）是消除焊接残余应力的常用方法。整体消除应力的热处理效果一般比局部热处理好。焊后利用机械或冲击的方法也能减小残余应力，如锤击焊缝区、滚压焊缝区、振动时效、喷丸处理等。

（雷永平）

焊接再制造 welding remanufacturing 采用焊接技术和工艺对废旧失效零部件进行几何尺寸和力学性能恢复和升级的过程。焊接再制造的本质是对机械产品中那些易损坏零部件进行焊接修复或补焊，恢复零部件的使用性能，保证设备的生产运行。焊接再制造的基本要求：①失效零件本身必须具有环保性。②再制造成本必须低于制造新零部件成本。③再制造的零部件使用寿命至少维持一个生命周期。④再制造的零部件在配合精度及机械强度上要达到原件标准。

常用的焊接再制造技术主要包括补焊、堆焊、钎焊和热喷涂。①补焊主要应用于裂纹、破断、磨损、气孔、熔渣杂质的修复（见图）。补焊对象主要包括铸铁件、有色金属件和钢件，常用的补焊方法为气焊和电弧焊。②堆焊既可以用来修复材料因服役而导致的失效部位，也可以用于强化材料或零件的表面。常用的堆焊方法为氧－乙炔火焰堆焊、焊条电弧堆焊、埋弧自动堆焊、激光堆焊。③钎焊具有温度

挖掘机挖斗补焊

低、对焊接件组织和力学性能影响小、接头光滑平整、工艺简单、操作方便等优点，适于对强度要求不高的零件裂纹或断裂的再制造，尤其是低速运动零件的研伤、划伤等局部缺陷的修复。根据热源不同可分为火焰钎焊、炉中钎焊、高频钎焊等。④热喷涂是利用热源将金属或非金属材料熔化、半熔化，并以一定速度喷射到设备或其零部件表面形成涂层的方法。可以恢复产品零件的尺寸，还可以显著提高零部件的表面性能，已广泛应用于设备零部件的再制造与维修中。常用的热喷涂方法有火焰喷涂、电弧喷涂、等离子体弧喷涂、激光喷涂等。

焊接再制造技术已应用于曲轴、气缸体主轴承孔、舰船钢板、大型发酵罐、发动机凸轮轴、燃气轮机叶片等领域，取得了显著的经济和社会效益。

（宋 刚 刘黎明）

巷道地压 ground pressure around openings 巷道围岩内的应力和作用在支架上的力。巷道顶板、两帮和底板岩石作用在支护体上的力分别称为顶压、侧压和底压。深部岩体巷道的开挖破坏了原岩应力的平衡，使巷道周围的原岩应力场重新分布，形成次生应力场，当围岩中产生的次生应力场的应力小于岩石极限强度，巷道不需支护即能保持稳定，否则需人工支护来维持巷道的稳定性。

分类 巷道地压分为散体地压和变形地压。

散体地压 破裂松散岩石作用在支架上的力。又叫松脱地压。散体地压发生在土层或脆性节理发育岩体中，其大小主要取决于脱落岩石的自重。在脆性节理发育围岩中，岩体冒落空间的形状与大小不能确定，主要由结构面与围岩表面的空间组合特征决定，可通过结构面的调查统计与赤平极射投影方法预测最可能冒落的岩体范围。

变形地压 围岩在不失整体性状况下由位移引起的地压。变形地压主要发生在塑性岩体中，支护体承受的地压大小和围岩岩体发生的位移由围岩和支架的力学特性共同决定。解决变形地压的有效方法之一是新奥地利施工法，即先用喷层封闭并允许围岩产生适量的位移，以减少地压，同时监测围岩位移，待位移速度降到一定值后，再进行高强度二次支护。

控制技术 巷道地压控制的主要技术途径有：①保持和提高围岩强度，采用光面爆破技术，用钻井机和掘进机掘进巷道，减少对周边围岩的破坏。②控制围岩

应力，正确选择巷道的断面形状，尽量使巷道周边不出现拉应力或集中的压应力，将巷道布置在不受或少受采动影响的岩体中。③选用合理的支护手段，在地质条件不良区，应采用锚喷与可缩性金属支架联合支护技术，在坚固岩层条件下，则采用锚杆支护，充分利用巷道有效断面。④对各类巷道的围岩进行分类，提出相适应的支护形式，形成规程，使支护标准。

扩展阅读

林韵梅. 地压讲座. 北京：煤炭工业出版社，1981.

（李世平　李元辉）

巷道支护　drift support and reinforcement　为保持巷道与**硐室**围岩稳定，对巷道和硐室进行的支护作业活动。在公元前500年前后的春秋战国时期，中国矿山就曾用木材、竹材、荆笆等制成的简易支架，支护巷道。20世纪50年代后期，为节约木材，先后采用过料石砌碹、金属支架、预制混凝土砌块、整体浇灌混凝土衬砌等不同支护结构形式。60年代后，新型的锚喷支护得到广泛应用，对维护各种巷道与硐室的稳定性都取得较好的效果。常用的支架主要有梯形支架、拱形支架、**喷射混凝土支护**、**锚杆支护**或者锚杆与喷射混凝土（或砂浆）**联合支护**等。

梯形支架　多用在地压小、服务年限短的巷道中，由木材、金属或钢筋混凝土构成。木支架由顶梁、两柱和背板组成，为最古老的支架方式。强度小，不防水，易腐朽，应用日益减少。金属支架一般以矿用工字钢制成，为一梁二柱。支架外围用木或钢筋混凝土背板锲紧。强度大，能防火，使用时间较长，可回收复用，是一种经济实用的支架。装配式钢筋混凝土支架用钢筋混凝土制成可装配的立柱和预应力顶梁。构件截面为矩形，梁和柱用相互咬合的“亲口连接”，接头处应垫有防腐的木板，以增大支架的可缩性。在梁柱和围岩之间还应装钢筋混凝土背板，支架间设撑杆，以增加支架在巷道轴线方向的稳定性。

拱形支架　由抗压大的材料，如料石、混凝土、特制型钢等制成，用于地压大，服务年限长的巷道与硐室中（图1）。支架顶部呈拱形，受力以压应力为主，弯矩较小，可更好地发挥拱形支架抗压能力大的特点。石材支架用料石或混凝土砌筑，由拱、墙和基础组成，又名碹。拱形有半圆拱、圆弧拱和三心拱3种。半圆拱属高顶拱，抗压能力大，施工方便，但开掘量大，断面利用率低。圆弧拱受力性能和半圆拱相近，开掘量较小，用于岩石较稳定、断

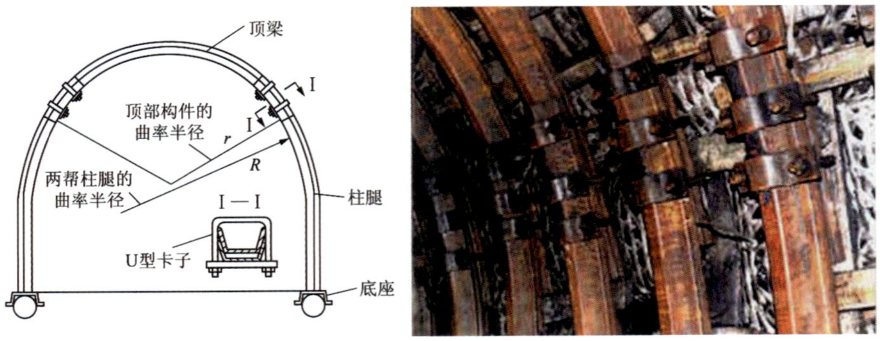

图1　可缩性拱形金属支架结构

面较大的巷道和硐室中。三心拱属低顶拱，易在大圆和小圆接茬处破裂。可缩性金属支架是采用特殊型钢加工成的具有可压缩性的拱形支架，除具有金属梯形支架优点外，特别适用于在动压影响下围岩变形大的巷道。

通过松软和具有膨胀性岩层的巷道采用圆形或马蹄形断面时，四周地压均较大，可用料石、混凝土砌块或现浇混凝土砌筑成受力好的圆形或马蹄形碹。地压特大时，在掘进巷道过程中向岩帮挖若干压力释放槽，在支架与围岩间充填一定厚度的锯末或炉渣，或在碹体砌块间加木板，使作用到支架上的应力得到缓解。中国矿山应用这种让压技术，支护效果良好。

锚喷支护　使支架与围岩结合成整体的承载结构，也可单独使用锚杆或喷射混凝土进行支护。锚喷支护结构简单，巷道断面利用率高，易机械化施工，进度快，

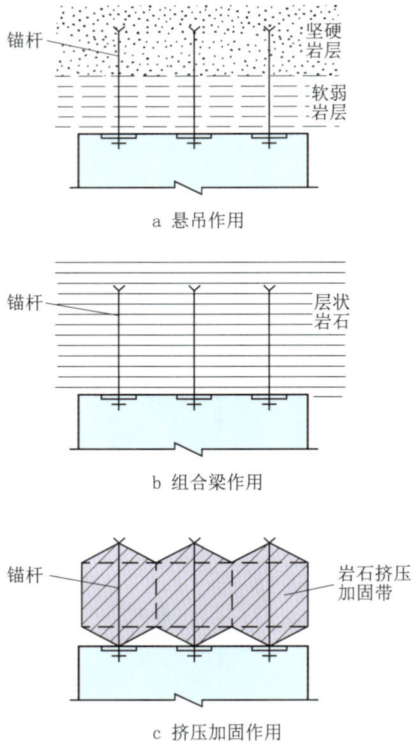

图2　锚杆支护作用机理

造价低，有利于快速施工，是普遍采用的支护方式，支护作用机理如图2所示。常用的有：①锚杆支护；②喷射混凝土支护；③锚杆与喷射混凝土联合支护；④锚杆加金属网与喷射混凝土联合支护（简称**喷锚网支护**）。

锚喷支护技术的出现是巷道支护技术的重大进步，其施工工艺和支护原理与传统的被动支护迥然不同，具有施工工艺简单，机械化程度高，施工速度快，便于组织巷道快速施工，利于减轻劳动强度和提高工效等优点，广泛应用于**矿山井巷**硐室工程。

扩展阅读

陈炎光，陆士良. 中国煤矿巷道围岩控制. 徐州：中国矿业大学出版社，1994.

（马光第　段康廉　撰　赵兴东　修订）

合金热力学　thermodynamics of alloys　应用热力学的方法研究金属和合金中的相图、相变、扩散、化学反应、金属腐蚀等问题的学科。如果研究的是广泛的冶金现象，又称冶金热力学；如果强调用能量的观点处理有关合金的问题，又称合金能量学；如果特别关注相变过程或化学反应的驱动力、方向和限度，又可分别称相变热力学或化学热力学等。将研究对象推广到不限于金属和合金的材料体系时称为材料热力学。

理论基础　经典热力学　经典热力学是现象理论，它所依据的是从无数经验归纳出的3个基本定律，然后由此演绎出许多描述物质平衡性质的关系式。

热力学第一定律是力学中机械能转换和守恒定律的延伸。若环境对体系做功W，体系又从环境吸热Q，则体系的内能增加ΔU为：

$$\Delta U=W+Q \quad (1)$$

或

$$dU=\delta W+\delta Q \quad (1a)$$

由于U是状态函数，可以写为全微分；W及Q随过程而有所不同，不能写为全微分。

各种类型的功及各种体系的第一定律

体系（过程）	强度性质（Y_k）	广度性质（X_k）	功（δW）	第一定律
任何体系（膨胀）	压强（p）	体积（V）	$-pdV$	$\delta Q=dU-pdV$
金属丝（拉伸）	拉力（F）	位移（l）	$F\cdot dl$	$\delta Q=dU-F\cdot dl$
表面膜（扩大面积）	表面张力（γ）	表面积（A）	γdA	$\delta Q=dU-\gamma dA$
可逆电池（供电）	电势差（ε）	电量（Z）	εdZ	$\delta Q=dU-\varepsilon dZ$
磁性物质（磁化）	磁场强度（H）	磁化强度（J）	$H\cdot dJ$	$\delta Q=dU-H\cdot dJ$

热力学第二定律指出了过程方向，它的一种表达方式就是熵增原理：

$$d\boldsymbol{S}_{(总)}=(d\boldsymbol{S}_{(体)}+d\boldsymbol{S}_{(环)})\geqslant 0 \quad (2)$$

式中$d\boldsymbol{S}_{(体)}$、$d\boldsymbol{S}_{(环)}$及$d\boldsymbol{S}_{(总)}$分别表示体系、环境和总熵的全微分，(2)式中“=”表示平衡关系，“>”表示过程方向。熵的概念是在19世纪研究热机效率时提出的：从状态1到状态2的热量变化是随途径而异的，而可逆过程的$\int_1^2 \delta Q_r/T$则与途径无关。人们定义熵S的全微分为：

$$dS\equiv\delta Q_r/T \quad (3)$$

式中δQ_r为可逆过程的热量变化；T为热力学温度。由于S是状态函数，故可写为全微分。

热力学第三定律是为了计算熵的绝对值。凝聚系的熵在恒温过程中改变，ΔS随热力学温度降低而趋于零。即：

$$\lim_{T\to 0}(\Delta S)_T=0 \quad (4)$$

从(3)式得到：

$$S=S_0+\int_0^T\frac{\delta Q_r}{T} \quad (5)$$

从(4)式可以证明S_0是一个绝对常数，一般选择$S_0=0$。

热力学第一及第二定律分别引入体系的状态函数U及S，为了分析问题的方便，定义了焓H、自由能F及自由焓G：

$$H\equiv U+pV \quad (6)$$

$$F\equiv U-TS \quad (7)$$

$$G\equiv H-TS \quad (8)$$

式中p及V分别是体系的压强和体积。合并第一及第二定律，可以获得关闭体系(与环境没有物质交换)的平衡条件(=)及过程方向(<)为：

$$(dU)_{V,S}\leqslant 0 \quad (9)$$

$$(dH)_{p,S}\leqslant 0 \quad (10)$$

$$(dF)_{V,T}\leqslant 0 \quad (11)$$

$$(dG)_{p,T}\leqslant 0 \quad (12)$$

由于p、V、T、S、U、H、F、G都是状态函数，借助于微分方程，可以导出许多表述物质平衡现象的关系式。例如，考虑可逆过程的膨胀功(pdV)，则合并第一定律(1)式及第二定律(3)式得到：

$$dU=TdS-pdV \quad (13)$$

利用上式及H、F、G定义，可以分别得到：

$$dH=TdS+Vdp \quad (14)$$

$$dF=-SdT-pdV \quad (15)$$

$$dG=-SdT+Vdp \quad (16)$$

若再考虑可逆过程的其他功(见表)，则与$-pdV$相对应的有$F\cdot dl$、γdA、εdZ、$H\cdot dJ$，因而广义焓的定义为：

$$H=U+\sum X_kY_k \quad (17)$$

式中Y_k为与体系的物质总量无关的“强度性质”，如表中p、F、γ、ε、H；X_k为与体系的物质总量有关的“广度性质”，有时将Y_k和X_k分别叫作“广义力”和“广义位移”。因此

$$\delta W=\sum Y_k dX_k \quad (18)$$

$$dU=\delta Q+\sum Y_k dX_k \quad (19)$$

利用(19)式及表中公式，可以处理广泛的物理和化学现象。

由于在液态和固态金属的研究中，p和V常变化较小，可以忽略不计，所以G和F的判据常可互换使用。

经典热力学是热学的一部分，而热学的特有实验技术是测温(T)及量热(Q)。从(1)和(6)式得到：

$$\Delta H=Q+W+p\Delta V+V\Delta p$$

若体系只做可逆膨胀功($-p\Delta V$)，则在恒压($\Delta p=0$)下的热效应Q_p是ΔH：

$$\Delta H=Q_p \quad (20)$$

恒压下热容C_p，即使体系升高1℃所需的热为：

$$C_p=\left(\frac{\partial H}{\partial T}\right)_p \quad (21)$$

或

$$dH=C_pdT \quad (22)$$

C_p易于测定，一般具备如下形式：

$$C_p=a+bT-cT^{-2} \quad (23)$$

式中a、b及c是随体系而异的系数。合并上列两式便可从实验上确定ΔH；而应用第二定律(3)式及实验测定的δQ_r，便可获得ΔS；再利用F及G的定义〔(7)(8)式〕，便可获得ΔF及ΔG。

化学热力学　化学热力学是研究体系化学变化过程的热力学问题。应用经典热力学处理化学问题时，需要两个新的概念：成分和相。一般用摩尔数n_i或摩尔分数x_i来表示组元的成分：

$$N=\sum_{i=1}^{k}n_i \quad (24)$$

$$\sum_{i=1}^{k}x_i=\sum_{i=1}^{k}\frac{n_i}{N}=1 \quad (25)$$

式中N为k元系中的摩尔总数。引入i组元的化学势μ_i：

$$\mu_i\equiv\left(\frac{\partial U}{\partial n_i}\right)_{S,V,\Sigma n_j}\equiv\left(\frac{\partial H}{\partial n_i}\right)_{S,P,\Sigma n_j}\equiv\left(\frac{\partial G}{\partial n_i}\right)_{T,p,\Sigma n_j} \quad (26)$$

式中括号外右下角的Σn_j表示除i组元外，其他组元都不变的情况。在k元系中两相($\alpha+\beta$)平衡时，每一个组元在α及β相中的化学势必须相等：

$$\mu_i^{\alpha}=\mu_i^{\beta} \quad (27)$$

对于二元(A及B)系中的两相(α和β)平衡，可用图所示的公切线图解法求出平衡时α相的成分x_α和β相的成分x_β。

化学势也可用于判断过程的方向，当：

$$\mu_i^{\alpha}>\mu_i^{\beta} \quad (28)$$

则i组元可自发地从α相迁移到β相。

对于如下的化学反应：

$$a\text{A}+b\text{B}+\cdots\cdots \longrightarrow l\text{L}+m\text{M}+\cdots\cdots \quad (29)$$

式中A、B、……是反应物，L、M、……是反应产物；a、b、……，以及l、m、……是A、B、……和L、M、……的摩尔数，恒温恒压平衡时($\Delta G_T=0$)的关系为：

$$-\Delta G_T^{\circ}=RT\ln\frac{a_\text{L}^{l}\cdot a_\text{M}^{m}\cdots\cdots}{a_\text{A}^{a}\cdot a_\text{B}^{b}\cdots\cdots}=RT\ln K \quad (30)$$

式中ΔG_T°为温度T时标准自由焓变化；a_A，a_B，……，a_L，a_M，……分别为A，B，……，L，M，……的*活度*；K为平衡常数。知道了ΔG_T°及反应物的活度，便可计算反应产物的活度，从而得到过程进行的程度。

活度a也称为有效浓度：

$$a_i=\gamma_i x_i \quad (31)$$

式中γ_i为活度系数，可以实验测定。

统计热力学　经典热力学的优点是它的高度可靠性和应用的普遍性。但它不考

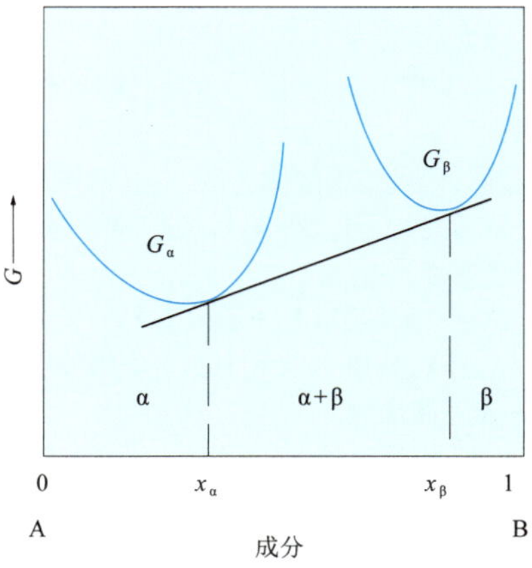

公切线法求相平衡时各相的成分

虑物质的结构，不给出物质的具体知识，只是一种宏观的现象理论。统计热力学弥补了经典热力学的这个缺点，它从体系的具体结构计算热力学函数。例如，利用下式可以计算体系的组态熵：

$$S=k\ln W \tag{32}$$

式中k为玻耳兹曼常数；W为热力学概率或叫状态数。又如：

$$F=-KT\ln Z \tag{33}$$

$$U=\frac{kT^2}{Z}\left(\frac{\partial Z}{\partial T}\right)_V \tag{34}$$

$$Z=\sum_i \exp(-\varepsilon_i/kT) \tag{35}$$

式中Z为配分函数；ε_i为i态能量。因此，借助于（32）～（35）式，可从体系的结构计算S、Z、F及U。例如，可以计算原子占据晶格阵点的组态熵，以及各种微观粒子（分子、原子、电子等）和能量单元（声子、光子、磁子等）分布所导致的运动熵。

典型问题举例　合金热力学的研究在不断发展，其典型问题包括平衡结构、失稳条件和过程进度等。

平衡结构　主要研究合金内部几个组元之间达到平衡时的结构形式，如是形成理想固溶体或有序固溶体，还是形成金属间化合物等。

在处理平衡结构问题时，可依据具体情况，选择（9）～（12）式的平衡判据。一般都用自由能F来描述变化的平衡，以（11）式为平衡判据，并以自由能最小作为变化的平衡条件。具体步骤如下：选定所要研究的成分或结构参量X（例如饱和固溶体的成分、有序固溶体的有序度、纯金属的空位饱和浓度、晶界区的平衡浓度、磁畴壁的厚度等），然后计算U和S与X的关系，代入（7）式，得到：

$$F=f(X,\ T) \tag{36}$$

利用平衡系统的自由能为最小的条件：

$$\mathrm{d}F/\mathrm{d}X=f'(X,\ T)=0 \tag{37}$$

$$\mathrm{d}^2F/\mathrm{d}X^2=f''(X,\ T)>0 \tag{38}$$

便可从（37）式求出平衡时X和T的关系。

以二元代位固溶体为例。由统计物理学公式（32），可以得出系统的摩尔混合熵（组态熵）S_m：

$$S_m=-R(X_A\ln X_A+X_B\ln X_B) \tag{39}$$

式中X_A、X_B分别为A和B组元的摩尔分数；R为气体常数。

当已知固溶体的结构为完全无序排列，用统计物理方法还可计算二元固溶体内能变化：

$$U_m=\lambda X_AX_B \tag{40}$$

$$\lambda=\frac{1}{2}Nz(2w_{AB}-w_{AA}-w_{BB}) \tag{41}$$

对凝聚系$\Delta U_m=\Delta H_m$（ΔH_m为溶解热），式中λ为原子间交互作用参数，可由实验测定。N为阿伏伽德罗常数；z为晶体中原子的配位数；w_{AB}、w_{AA}、w_{BB}分别代表异类原子及同类原子间的键能，于是根据（39）式及（41）式，可得二元规则固溶体的混合自由能：

$$F_m=\lambda X_AX_B+RT(X_A\ln X_A+X_B\ln X_B) \tag{42}$$

整个固溶体的自由能与纯组元自由能F_A、F_B关系为：

$$F_m=X_AF_A+X_BF_B+\lambda X_AX_B+RT(X_A\ln X_A+X_B\ln X_B) \tag{43}$$

令$X_A=X$，则$X_B=1-X$，并利用上式及（11）式，可得：

$$\frac{\mathrm{d}F}{\mathrm{d}X}=\lambda(1-2X)+RT\ln\frac{X}{1-X} \tag{44}$$

$$\frac{\mathrm{d}^2F}{\mathrm{d}X^2}=-2\lambda+RT\left(\frac{1}{X}+\frac{1}{1-X}\right) \tag{45}$$

根据（44）式和（45）式，由$\lambda\leqslant 0$或$\lambda>0$，可判断合金固溶体在平衡状态的性质：

当$\lambda=0$，即$w_{AB}=\frac{1}{2}(w_{AA}+w_{BB})$，表明异类原子间的键能等于同类原子键能，合金为理想固溶体。

当$\lambda<0$，即$w_{AB}<\frac{1}{2}(w_{AA}+w_{BB})$，表明异类原子间的键能小于同类原子间的键能，异类原子容易偏聚。在组元间电化学因素相差较小的情况下，合金在低温下倾向于形成有序固溶体。如组元间电化学因素相差较大，则合金倾向于形成金属间化合物。

当$\lambda>0$，即$w_{AB}>\frac{1}{2}(w_{AA}+w_{BB})$，可分3种情况：①当$2RT>\lambda>0$，溶液仍为单相固溶体。②当$\lambda=2RT$，$\frac{\mathrm{d}^2F}{\mathrm{d}X^2}=0$，此时形成两个固溶体的临界分层点。③当$\lambda>2RT$，$\frac{\mathrm{d}^2F}{\mathrm{d}X^2}<0$，此时体系将开始形成以A或B为基的两个固溶体，形成相区界限。

令（44）式为零，则

$$\frac{\mathrm{d}F}{\mathrm{d}X}=\lambda(1-2X)+RT\ln\frac{X}{1-X}=0,$$

可以得到二元稀固溶体的饱和固溶度x与热力学温度T的关系，即：

$$x=\exp\left(\frac{\Delta S_v}{R}\right)\exp\left(\frac{\Delta H}{RT}\right) \tag{46}$$

式中ΔH为溶解热；ΔS_v为溶解时振动熵的变化。

失稳条件　恒温恒压下，状态失稳的必要条件是自由焓的下降，即$\Delta G<0$〔（12）式〕。以液-固结晶为例，若在液相中形成半径为r的球形晶核，并以液相为参考态，则这时的G为：

$$G=\frac{4}{3}\pi r^3G_V+4\pi r^2\gamma \tag{47}$$

式中G_V是单位体积液相转变为固相的自由焓变化，凝固时G_V为负值；γ是单位面积固液界面的能量，称为表面张力或比界面能，为正值。求G对r的一阶及二阶导数：

$$\frac{\mathrm{d}G}{\mathrm{d}r}=0 \tag{48}$$

这时的r记为r^*：

$$r^*=-\frac{2\gamma}{G_V}>0 \tag{49}$$

这时的G记为G^*：

$$G^*=\frac{16\pi\gamma^3}{3G_V^2}>0 \tag{50}$$

而

$$\left(\frac{\mathrm{d}^2G}{\mathrm{d}r^2}\right)_{r^*}=-8\pi\gamma<0 \tag{51}$$

因此，G随r的变化，在r^*处有一个极大值，当$r\geqslant r^*$后，r的继续增大才会使G继续下降。这里的r^*称为晶核的临界尺寸，G^*称为形核功。这个状态的失稳条件便是（49）式及（52）式。

恒容绝热时，状态失稳的必要条件是内能的下降，即$\Delta U<0$〔（9）式〕。以裂纹体的裂纹失稳扩展导致断裂为例，可导出英国A.A.格里菲思的断裂理论基本方程式。

过程进度　应用（30）式，可以研究反应的进行程度。例如，考虑奥氏体（A）转变为马氏体（M）的相变，转变温度（T_r）愈低，$\Delta G_{A\text{-}M}$愈负，则形成的马氏体量的体积分数（f）愈多。

扩展阅读

徐祖耀.金属材料热力学.北京：科学出版社，1981.

肖纪美.合金能量学.上海：上海科学技术出版社，1985.

GASKELL D R. Introduction to the Thermodynamics of Materials. 5th ed. New York and London: Taylor, 2008.

GLEBON G, JOU D, CASAS-VÁZQUEZ J. Understanding Non-equilibrium Thermodynamics. Berlin: Springer-Verlag, 2008.

（肖纪美　李长荣）

合金相　alloy phases　当一种或多种元素加入金属中组成合金时，随着各组元晶体结构类型、相对含量、电化学性质、原子相对尺寸、电子浓度和合金的温度等因素的不同，得到的不同结构或不同原子排列方式的相的统称。绝大多数实用的金属材料都是由一种或几种合金相所构成的合金。合金相的结构和性质以及各相的相对含量，各相的晶粒大小、形状和分布对合金的性能起着决定性的作用。

合金相根据在相图中所处的位置，可以分为固溶体和中间相（或称金属间化合物）两大类。以二元合金为例，在相图的两个端部分别与纯组元连续相接的单相区，称为固溶体或初级固溶体。但当第二种元素浓度超过一定限度时，可能形成通常称为中间相的新相。有时将具有很大成分范围的中间相称为次级固溶体，而将只在很窄成分范围具有同一结构的相称为金属间化合物。图1为Ag-Zn二元相图，示出初级固溶体和中间相在相图上的形成位置。

固溶体 第二组元的原子作为溶质原子完全溶解于固态金属溶剂中所形成的合金相。固溶体的一个特点是成分可以在一定范围内连续变化，这种变化不引起原来溶剂金属的点阵类型发生改变。

固溶体是金属结构中最常见的合金相类型。绝大多数金属材料或是由固溶体组成，或是以固溶体为基，其中分布一定的

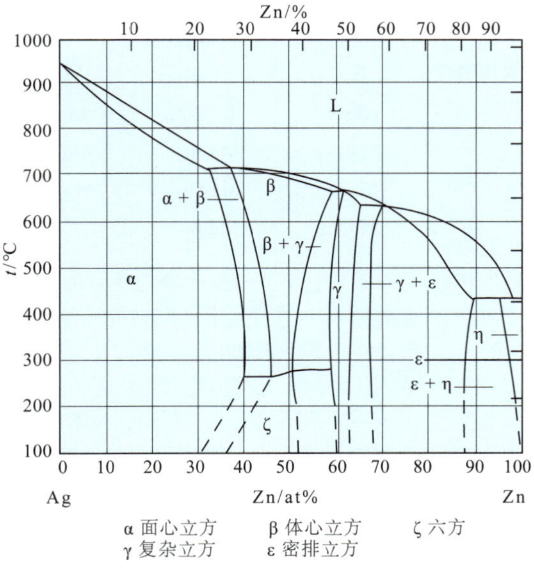

图1 Ag-Zn系相图（表示出两个初级固溶体α和η，中间相β、γ、ζ和ε的存在范围）

金属间化合物。在固溶体点阵中，原子之间的结合基本上是金属键。和固态纯金属一样，固溶体内存在着各种各样的**晶体缺陷**，如空位、离位原子、**位错**、亚晶界和晶粒间界等。这些缺陷引起固溶体点阵的畸变。此外，由于异类原子的溶入也造成点阵的畸变。这些畸变对金属的性能产生重大影响，如提高合金的强度和电阻率等。

固溶体有多种分类方式。按照溶剂不同，可分为一次固溶体、二次固溶体；按固溶度不同，可分为有限固溶体、无限固溶体；按溶质原子在晶体中所占位置不同，可分为代位固溶体、间隙固溶体、缺位固溶体（可以归类到代位固溶体）；按溶质原子与溶剂原子的相对分布，可分为有序固溶体、无序固溶体，若有序化的结果引起结构类型的变化，则可将有序固溶体列入中间相。

代位固溶体 固溶体中如果溶质原子半径和溶剂原子半径相近，则溶质原子将取代溶剂原子分布在后者的位置上形成代位固溶体，也称置换固溶体（图2a）。

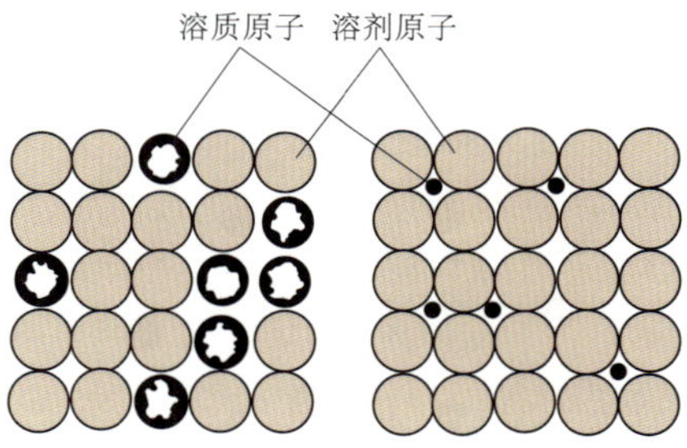

a 代位固溶体　　b 间隙固溶体

图2 固溶体中的原子分布

形成条件 代位固溶体的形成受下列因素的控制：①组元点阵类型的异同。两组元点阵类型相同是形成连续代位固溶体的先决条件，如果两组元的点阵类型不同，组元的固溶度只能是有限的。②组元原子半径的相对差别。当组元原子半径相差很大时，形成代位固溶体会使点阵发生严重畸变，从而引起点阵畸变能增高；当这种点阵畸变和畸变能达到一定数值时，原来的点阵便变得不稳定，于是就达到了固溶度极限。一般当溶质原子的半径与溶剂原子的半径相差在14%～15%时，才有可能形成固溶度相当大的代位固溶体。③组元的电化学性相对差别。组元的电化学性质可用元素的电负性来量度。在元素周期表中位置相近的元素具有相近的电负性，这两个元素有可能形成无限固溶体。一般元素周期表中相距很远的元素电负性差别大，元素的电化学性相对差别越大，所形成的化合物越稳定，也就越不易形成代位固溶体。④电子浓度。一个晶胞内价电子总数与原子总数的比值称为电子浓度C_e：

$$C_e=\frac{V(100-x)+U\cdot x}{100}$$

式中V为溶剂金属的原子价；U为溶质元素的原子价；x为溶质元素的原子百分数（at%）。当形成固溶体时，电子浓度不能超过一定的数值。根据能带理论的近似计算，对于一价的、具有面心立方点阵的溶剂金属，这个极限数值是1.36；对于一价的、具有体心立方点阵的溶剂金属是1.48。当向一价金属中加入二价以上的元素时，随溶质元素浓度增加，固溶体的电子浓度也将增加并逐渐达到电子浓度的极限数值。只有与一价溶剂元素同价的溶质元素或具有零价的过渡族元素才有可能与一价金属形成无限固溶体。而二价或二价以上的元素在一价金属中只能有限固溶。溶质元素的原子价越高，在一价金属中的固溶度也就越小。⑤组元的相对熔点。若两组元的熔点不同，则高熔点组元在低熔点组元中固溶度较大，而低熔点组元溶入高熔点组元的固溶度较小。⑥温度。在大多数情况下，固溶度随温度的升高而增大。但也有相反的情况，例如锌在铜中的固溶度随温度的升高而减小。

溶质原子的分布 溶质原子在固溶体中的分布可以是完全无序、部分有序或者出现偏聚。当固溶体中原子A和B是完全无序分布时，B原子的某一个近邻位置为A原子所占据的概率P_A应当恰好等于A原子在固溶体中的浓度x_A，因而$\frac{P_A}{x_A}=1$。在一般情况下，固溶体溶质原子的分布不是完全无序的，即P_A不完全等于x_A，这时可用参数α来表示溶质原子的分布偏离完全无序的程度，α称为短程序参数：

$$\alpha=1-\frac{P_A}{x_A}$$

当$P_A>x_A$时，即当B原子以异类原子作为近邻的趋势较大时，α为负值；当$P_A<x_A$，即当B原子以同类原子作为近邻的趋势较大时，α为正值。这相当于出现同类原子偏聚的情况。

一些合金固溶体中偏离完全无序的程度不大，如Au-Ni固溶体（表1）；但在另外一些合金固溶体中，可以达到很高的有序度（短程序），或出现很大程度的偏

表1 Au-Ni合金的短程序

Ni/at%	α	围绕一个Au原子的Ni原子数		围绕一个Ni原子的Au原子数	
		无序溶液	测量数值	无序溶液	测量数值
0.30	−0.020	3.6	3.7	8.4	8.7
0.50	−0.030	6.0	6.2	6.0	6.2
0.75	−0.040	9.0	9.4	3.0	3.1
0.90	−0.032	10.8	11.2	1.2	1.2

聚（α为正值）。一般只有在稀固溶体中，或在较高温度下，溶质原子才呈完全无序（任意）分布。

间隙固溶体 间隙固溶体的晶体中，溶质的原子不是取代溶剂原子在晶体点阵结点上的位置，而是填入溶剂晶体点阵原子间的间隙位置（图2b）。过渡族金属和一种或几种原子半径较小的非金属元素，如碳、氢、硼、氮、氧等结合在一起，能形成间隙固溶体。这些非金属元素的原子半径都小于1Å（1Å=0.1纳米，表2）。

表2 部分非金属元素的原子半径

元素	H	O	N	C	B
原子半径/Å	0.46	0.60	0.71	0.77	0.97

对于常见的面心立方、密排六方和体心立方金属结构，间隙位置只有两种，即四面体间隙和八面体间隙。它们在一些金属晶体中的尺寸如表3所示。可以看出，

表3 一些金属晶体中的间隙尺寸

金属	原子半径/Å	八面体间隙半径r_8/Å	四面体间隙半径r_4/Å
Cu（fcc）	1.28	0.53	0.29
Ag（fcc）	1.44	0.60	0.32
Au（fcc）	1.44	0.60	0.32
Fe（fcc）	1.27	0.53	0.29
Ti（hcp）	1.45	0.60	0.33
Zr（hcp）	1.60	0.66	0.36
Hf（hcp）	1.58	0.65	0.36
Ti（bcc）	1.42	0.22	0.41
Zr（bcc）	1.57	0.24	0.46
Hf（bcc）	1.55	0.24	0.45
V（bcc）	1.33	0.21	0.39
Nb（bcc）	1.44	0.22	0.42
Th（bcc）	1.43	0.22	0.42
Fe（bcc）	1.24	0.19	0.36

注：fcc面心立方；hcp密排六方；bcc体心立方

除氢外，氧、氮、碳、硼原子尺寸一般都比金属晶体中的间隙位置大。当这些原子溶入金属时，常优先占据晶体中尺寸较大的间隙位置，并使金属晶胞胀大。但已发现碳和氮在体心立方的α铁中不是占据较大的四面体位置，反而占据较小的八面体位置。这是因为八面体间隙只要移动两个最近邻铁原子，可减轻应变，而四面体间隙则有四个最近邻铁原子，移动它们需消耗更多的应变能。间隙固溶体的固溶度受点阵类型的影响，如α铁中最大间隙的半径比γ铁（面心立方）中最大间隙的半径要小得多，因而碳在α铁中的固溶度（最大固溶度0.02%）比它在γ铁中的固溶度（最大固溶度2.11%）小得多。密排六方点阵也能提供大的空隙，所以大多数间隙固溶体具有面心立方和密排六方结构。

固溶体是代位式的或间隙式的，可通过实验求出固溶体的晶胞原子数n，并与溶剂元素的晶胞原子数n_0相比较，如$n=n_0$，固溶体为代位式；$n>n_0$，则为间隙式。

缺位固溶体 只在化合物的基础上形成。在这种固溶体中，溶质元素的原子占据晶体点阵正常位置，而溶剂原子的某些位置是空缺的。例如，在维氏体（氧在FeO中的固溶体）的晶体中，氧原子应当占据的位置都被填满，而一部分铁原子应当占据的位置是空缺的（图3）。

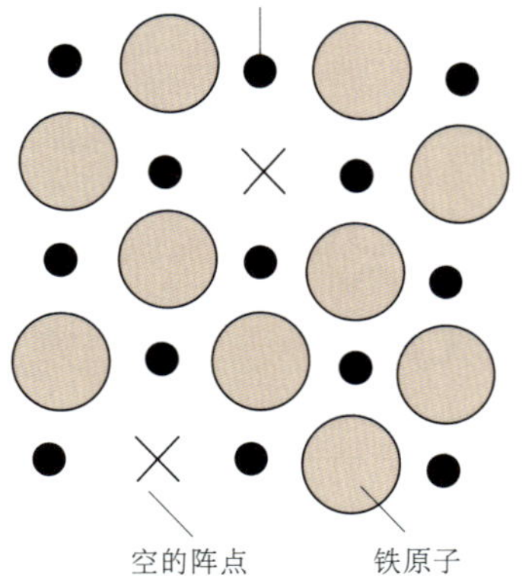

图3 维氏体（Wüstite）晶体（100）面上原子分布情况

无序和有序固溶体 无序固溶体和有序固溶体是相对的。在一般代位固溶体中，溶质和溶剂原子任意地、统计性地分布在点阵结点上，是无序固溶体。但是某些合金在缓冷过程中，或在低温经过一定时间**退火**后，不同类的原子进行重新排列，可形成有序的结构（见**有序无序转变**）。如铜和金形成的连续固溶体（面心立方），在**淬火**状态下，Cu-Au合金的行为是正常的，即遵循一般固溶体的规律，合金的电阻率随着成分的改变连续发生变化，其极大值出现在成分相当于分子式CuAu处；但是，当合金从高温缓慢冷却时，在成分相当于分子式Cu_3Au或CuAu处，合金的电阻率显著下降。缓冷却后的电阻率只相当于急冷时的1/2到1/3。这种现象是由于原子重新排列引起的。以Cu_3Au合金为例，Cu_3Au合金具有面心立方的**晶体结构**，在高温面心立方点阵的每个结点上，可能被铜的原子所占据，也可能被金的原子所占据，如果从高温缓冷下来，铜原子只占据面心的位置，金原子占据立方体的顶角位置，形成有序的结构。这样，在X射线粉末照片上就会出现一些新的衍射线条，如100、110等，110在无序面心立方点阵中由于消光而不出现。伴随着有序化，固溶体的物理性质发生变化，例如电阻率急剧降低，电阻温度系数和硬度增加，范性和点阵常数下降等。在有序化时，固溶体的电化学性质和化学稳定性也有改变。

中间相 合金系统形成连续固溶体的情况是不多的，在平衡图上会出现各式各样的中间相。习惯上中间相也称金属间化合物。这些中间相的晶体结构一般与组元金属的晶体结构不同，物理、化学和力学性质也各异。很多中间相并不服从化学价定律，成分可以在相当宽的范围内变化。形成金属间化合物的组元中通常至少有一种是金属元素。根据电负性、电子浓度和原子尺寸对中间相的形成及晶体结构的影响，可将中间相分为正常价化合物、电子化合物、与原子尺寸因素有关的间隙化合物和拓扑密堆相等几大类。

正常价化合物 服从正常的化合价规则，有固定成分（一般有A_2B、A_3B_2和AB这3种类型）的化合物。有些金属元素，例如Mg和周期表中第ⅣA、ⅤA和ⅥA族元素结合形成的化合物就属于这一类（表4）。在相图中正常价化合物用垂线表示，它们通常有较高的形成热和熔点，质硬而脆。

表4 Mg和ⅣA、ⅤA、ⅥA族元素形成的正常价化合物

ⅣA	ⅤA	ⅥA
Mg_2Si	Mg_3P_2	MgS
Mg_2Ge	Mg_3As_2	MgSe
Mg_2Sn	Mg_3Sb_2	MgTe
Mg_2Pb	Mg_3Bi_2	

第Ⅳ、Ⅴ、Ⅵ族元素的电负性，随其在周期表中位置向上和向右而逐渐增大。电负性大的元素和电正性强的金属组成稳定的化合物。正常价化合物实际上可表现出一系列不同的特性，视组成元素电化学性质的不同而定。例如硫的电负性很强，MgS为典型的离子化合物，具有很高的电阻率。锡的电负性比硫弱，故Mg_2Sn的电阻率虽高，但其电导率却随强度的增加而增大，具有典型的半导体晶体性质。铅的电负性更弱，所以Mg_2Pb的电阻率比Mg_2Sn小得多，具有典型的金属性质。

正常价化合物中的离子化合物，具有和某些化学化合物（离子晶体）相同的晶体结构，如NaCl结构（如MgSe、SnTe），或CaF_2结构（如Mg_2Si、Mg_2Sn），也有以共价键结合的化合物，如AlSb、GaAs和ZnSe等。

电子化合物 电子化合物不遵循化合价规则，其特征是化合物中价电子数和原

子数的比值（e/a）为一定值，即有一定的电子浓度（C_e）。这类化合物首先由**W. 休谟-饶塞里**所发现，它是由过渡族金属IB族（铜、银、金），一些ⅧB族（铁、镍、钴）和ⅡB、ⅢB、ⅣB等族金属所组成，以金属键结合。例如，铜和锌、铝、锡分别形成的二元合金中的β、γ、ε相都是电子化合物（表5）。β相的共同特点是它们

表5　Cu和Zn、Al、Sn形成的电子化合物

合金系	β相	γ相	ε相
Cu-Zn	CuZn	Cu_5Zn_8	$CuZn_3$
Cu-Al	Cu_3Al	Cu_9Al_4	Cu_5Al_4
Cu-Sn	Cu_5Sn	$Cu_{31}Sn_8$	Cu_3Sn

的电子浓度均等于3/2（21/14），可有3种点阵结构：体心立方，如CuZn、Cu_5Sn和FeAl；密排六方，如Cu_3Ga；复杂的βMn结构，如Cu_5Si、Ag_3Al。γ相的电子浓度均等于21/13，呈复杂立方的γ黄铜结构，如Cu_5Zn_8、$Cu_{31}Sn_8$。ε相的电子浓度均为7/4（21/12），呈密排六方结构，如$CuZn_3$、Cu_3Sn。电子化合物在相图中有一定的成分范围。有些三元化合物也服从电子浓度规则，如$MgSnNi_2$，电子浓度为3/2，呈β黄铜结构。

除电子浓度外，其他因素如组元的原子半径和电化学性质等，也有影响，并由此使少数电子化合物的结构出现例外的情况。

间隙化合物　氢、碳、氮、硼等原子半径比较小的元素，可与过渡族金属形成间隙固溶体。当这些间隙元素的量超出固溶度时，也能与之结合形成化合物，即为间隙化合物。间隙化合物具有两种不同的晶体结构。当组元间原子半径之比$r_X/r_M<0.59$（M为过渡族金属，X为间隙元素）时，形成结构简单的间隙化合物；如果$r_X/r_M>0.59$，则形成具有复杂结构的间隙化合物。过渡族金属的氢化物和氮化物都是结构简单的间隙化合物，如TiH_2、ZnN、Fe_2N等，而硼化物一般为结构复杂的间隙化合物。碳的情况分两种，尺寸较大的过渡族金属的碳化物如WC、VC属于结构简单的间隙化合物，而Fe_3C、Cr_7C_3则为结构复杂的间隙化合物。

在结构简单的间隙化合物中，金属（M）原子一般形成面心立方或密排六方结构，少数情况下也有体心立方及简单六方结构；非金属原子（X）则充填在金属原子之间的间隙位置。其组成一般可以用简单的化学式表示，如MX、M_2X、M_4X、MX_2等，但其成分可以在一定范围内变化。间隙化合物之间也可以互相溶解，具有相同结构的间隙化合物甚至可以互溶形成连续固溶体。这类间隙化合物一般具有高熔点（如TaC为3800℃、NbC为3760℃、ZrC为3530℃）、高热电势、高强度和高硬度，以及良好的热稳定性和化学稳定性。其中虽含有50%～60%非金属原子，但是具有明显的金属特性，如有金属光泽、能导电等。在某些情况下，这些化合物的导电性质接近于其金属组元的导电性质，如TiN、ZrH_2的电导率分别接近Ti及Zr的电导率。和金属导体一样，其电阻率也随温度的下降而降低。在低温条件下，几乎所有研究过的这类间隙化合物都由常态转变为超导态。

拓扑密堆相　简称TCP相。由两种或多种原子所构成的一类中间相，其利用原子大小不同做适当配合，构成了空间利用率和配位数（CN）都很高的复杂结构。这类复杂结构具有拓扑特征，堆垛获得的配位数比12大，致密度也大于0.74。

从刚性球模型看，同类型原子最紧密堆垛的配位数只能是12，致密度为0.74，即大约有1/4的空间浪费了。这种紧密堆垛结构堆垛效率低的原因是其中存在四面体及八面体间隙。如果由两种或更多种原子（离子）组成晶体结构，因原子尺度不同，利用两种原子大小不同做适当组合进行堆垛，即可出现更为紧密的堆垛，其致密度比0.74大。

过渡族金属可生成种类繁多的拓扑密堆相。表6列出在过渡族金属的合金中发现的拓扑密堆相及其结构特征。拓扑密堆相的特点是：一方面可以看作由配位数12、14、15、16的配位多面体堆垛而成；另一方面可看作原子半径小的原子构成密排层，其中镶嵌有原子半径大的原子。TCP相是高度密排的结构，其形成除了尺寸因素影响外，又受电子浓度（C_e）因素的影响。相的组成元素及其成分可在较大范围内变化，但其电子/原子比值（e/a）变化的范围很小。几种常见的拓扑密堆相有Laves相、σ相、μ相等。很多金属的二元以及三元合金系有通式为AB_2的化合物，其借助于两种不同大小的原子配合排列成密堆结构。在许多Laves相（AB_2）中，过渡族金属一般为组元B，但有时也可以

表6　过渡族金属合金中出现的拓扑密堆相

相	典型例子	点阵	晶胞/原子数	晶格常数/Å			原子具有不同配位数的/%				
				a	*b*	*c*	12	14	15	16	15+16
Cr_3Si（β-W，A15）	Cr_3Si	立方	8	4.558	—	—	25	75	—	—	—
$MgZn_2$（Laves相，C_{14}）	$TiFe_2$	六方	12	4.760	—	7.831	67	—	—	33	33
$MgCu_2$（Laves相，C_{15}）	$TiCo_2$	立方	24	6.706	—	—	67	—	—	33	33
$MgNi_2$（Laves相，C_{36}）	$MgNi_2$	六方	24	4.815	—	15.80	67	—	—	33	33
σ	$Cr_{46}Fe_{54}$	四方	30	8.800	—	4.544	33	53	13	—	13
Zr_4Al_3	Zr_4Al_3	六方	7	5.433	—	5.390	43	28	28	—	28
μ	Mo_6Co_7	六方	39	4.762	—	25.61	54	15	15	15	30
		（斜方）	13	8.970	α=30° 47′						
M	$Mb_{48}Ni_{39}Al_{13}$	正交	52	9.303	16.27	4.933	44	15	15	15	30
P	$Cr_{18}Mo_{42}Ni_{40}$	正交	56	9.070	16.98	4.752	43	36	14	7	21
R	$Cr_{18}Mo_{31}Co_{31}$	六方	159	10.90	—	19.34	51	23	11	15	26
		（斜方）	53	9.011	α=74° 27.5′						
δ	MoNi	正交	56	9.108	9.108	8.852	43	36	14	7	21
υ	$Mn_{81.5}Si_{18.5}$	正交	186	16.99	28.63	4.656	40	43	11	6	17
χ（α-Mn，A12）	$Cr_{21}Mo_{17}Fe_{62}$	六方	58	8.920	—	—	41*	—	—	17	17

* 41%的位置具有不规则的13配位数

起组元A的作用。理论上Laves相的A原子和B原子半径比值r_A/r_B为1.255，实际上该比值在1.05～1.68范围内。有研究者分析了164种Laves相，除了26种外，其他相的r_A/r_B均在1.1～1.4之间。

金属间化合物的实际应用 金属间化合物（中间相）是许多工业合金中重要的组成相，在多种金属材料中能提高强度、硬度、抗磨性、耐热性和热强性，如铝合金中的$CuAl_2$、$MgZn_2$、$CuMgAl_2$，轴承合金中的Cu_3Sn、SbSn，高温合金中的Ni_3（Al，Ti），合金钢中的$Cr_{23}C_6$、W_2C等。金属间化合物一直是硬质合金刀具材料的主要组织构成，由WC、TiC和Co制成的刀具具有良好的切削性能。由于金属间化合物本身具有优异独特的性质，已在很多领域得到直接的应用，如GaAs、GaP、InSb等半导体材料，Nb_3Sn、V_3Ga等超导材料，稀土金属化合物中RCo_5（R为稀土金属）为基的永磁材料和RNi_5储氢材料，$TbFe_2$磁致伸缩材料等。其他如NiTi是已投入应用的形状记忆材料，LiAl用于大功率蓄电池，Zr_3Al用于反应堆作结构材料，Zr_3Al_2则用作吸气剂，Ni_3Al和Ti_3Al是很有前途的喷气发动机和高温下工作的结构材料。

扩展阅读

HUME-ROTHERY W, RAYNOR G V. The Structure of Metals and Alloys. London: Institute of Metals, 1956.

余永宁.材料科学基础.2版.北京：高等教育出版社，2012.

郭可信.高合金钢与高温合金中的相.金属学报，1978，14（1）.

（庄育智 惠希东）

合金相图 alloy phase diagrams 表示材料或物质系统中各种相的平衡存在条件，以及各相之间平衡共存关系的图。合金相图反映在一定条件下，环境约束（如温度和压力）、组分、稳定相态及相组成之间的关系。当系统中包含组分（又称组元）的数目分别为1、2、3、4时，对应的相图依次称为单元系或一元系、二元系、三元系、四元系相图，依次类推。

由于合金相图所表示的相一般为平衡状态（外界条件不变时，这种状态不随时间而变化），因此也称平衡图。仅仅表示一定状态（而不是严格的平衡相）的图，则称状态图。由于平衡图是系统在热力学平衡条件下相关系的几何描述，从而既可以实验测定，又可以基于**合金热力学**进行相图的计算与评估。

简史 自美国J.W.吉布斯于1876年创建相律后，1900年H.W.巴基乌斯-洛兹本首先将相律应用于合金组成的研究，这对合金相图应用有重大意义，合金相图的测定和理论研究从此逐步展开。1897～1905年，C.T.海科克和F.H.内维尔曾测定一些二元系由液相开始凝固为固相的平衡温度。1903～1915年，德国G.H.J.A.塔曼学派发表了许多合金系的平衡图。1932年，G.马辛以德文出版了《三元系》一书，是有关相图的第一部专著。1935年，J.S.马什出版《相图原理》。1936年M.汉森出版《二元系相图》一书。之后相图测试技术逐步完善，相图的热力学探讨不断加深。迄今编制的较完整的二元合金相图已达数百种。美国金属学会历次出版的《金属手册》中都比较完整地刊载了经过逐年修改和补充的二元系和三元系相图。除印刷出版的合金相图外，还有通过只读光盘和互联网等方式传播和共享的数字化的相图数据库等。1986年合金相图国际委员会的成立，以及20世纪70年代相图计算技术（CALPHAD）的问世等，都在进一步促进着合金相图领域的国际性合作以及相图数据库的扩展和完善。

单元系相图 组分（组元）数为1，大多数情况下以压强和温度为坐标。纯金属相图属单元系相图，图1为多数纯金属

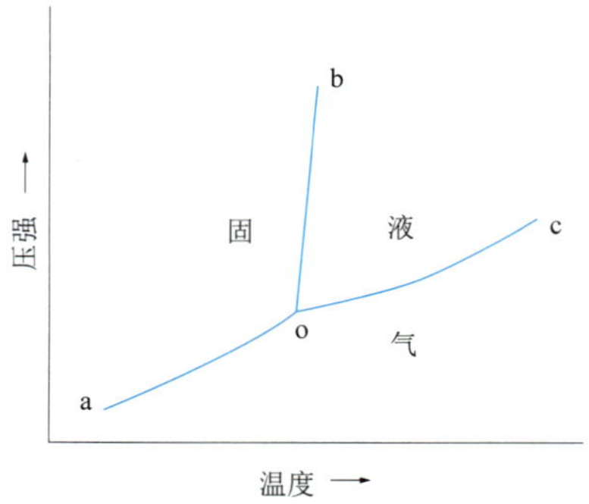

图1 单元系相图示意图

相图的示意图。由图可见，在一定温度和压强下，系统中所具有的固相、液相或气相分别占有独立的相区。在ob线上为液、固两相平衡（共存）；oa线上为固、气两相平衡；oc线上为液、气两相平衡。在o点上为固、液、气三相平衡，这只有在一定的温度和压强下才能得到，o点称为三相点，它的自由度数为零。两相平衡线上的自由度数为1，在单相区内自由度数为2。ob线的斜率为正值，这表示金属由液相变为固相时体积收缩；极少数金属（Sb、Ga）的单元系相图和水系相图相似，其ob线的斜率为负值，表示凝固时体积膨胀。

具有同素异构的金属，其相图要复杂些。图2为纯金属Fe的单元系相图的两种

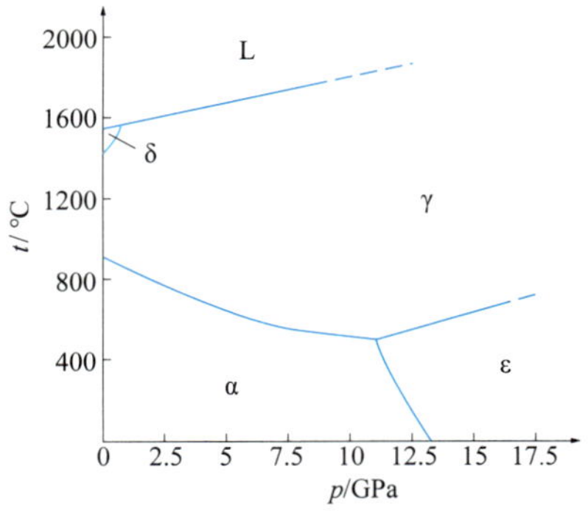

图2 纯金属Fe的单元系相图：压力与温度均可变化

表达形式。如图2所示，当压力和温度均可变时，纯金属Fe相图的两个坐标轴为压力p和温度t；在不同的压力与温度范围的组合条件下，铁有可能以液相L与铁的δ、γ、α和ε相4种同素异构体形式存在。图3则是常压下Fe的单元系恒压变温相图（等同于**铁碳相图**左侧的温度轴）。常压下ε相不会出现。

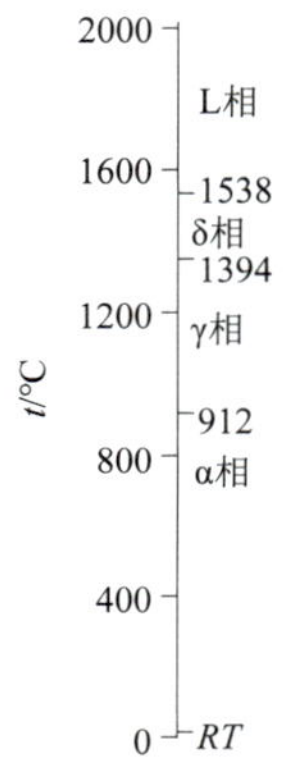

图3 纯金属Fe的单元系相图：常压下的恒压相图

二元系相图 二元合金相图是多元合金相图的基础，是合金开发研究最具参考价值的资料之一。在二元系相图中，纵坐标为温度，横坐标为浓度，压强一般为常压（如压强作为变量，就成为立体图形）。二元合金相图有下列几种基本类型。

两组元在液相和固相都完全互溶的二元系相图 如图4所示，Cu-Ni和Sb-Bi相图就属于这一类。在这类相图中，有一

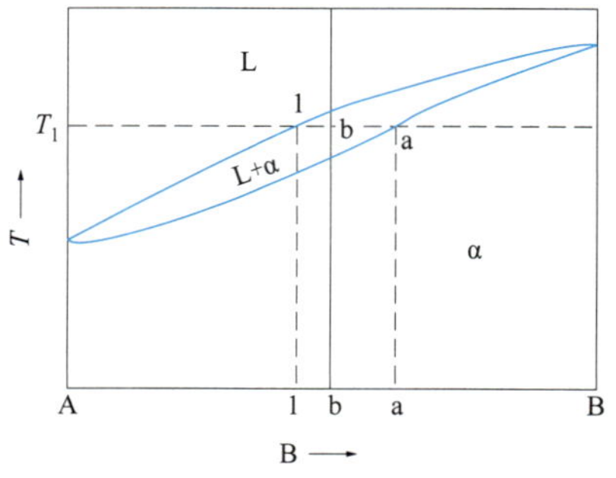

图4 两组元在液相和固相都完全互溶的相图

个液相区，标以L；有一个固溶体区，标以α；有一个两相区（L+α）。（L+α）区与液相区L相隔的线，称为液相线，在这线以上为液相。当一定成分的合金在高温时，液相平衡（缓慢）冷却到液相线温度时就出现固相，即开始凝固。两相区（L+α）和固相α相隔的线称为固相线，在这线以下为固相（固溶体α）。一定成分的合金平衡（缓慢）冷却到固相线温度时，凝固完成。在一定温度（如图4中$T=T_1$）时，合金进入两相区，合金成分为l的L相和成分为a的α相形成平衡。如合金成分为b，在温度T_1时，则成分为l的L相和成分为a的α相，为求得这两相的平衡相对量，需应用杠杆法则，即把lba当作一个杠杆，合金成分点b作为支点，求得含液相的百分数$L_l\%$和含固溶体相的百分数$\alpha_a\%$为：

$$L_l\% = \frac{ba}{la}\times 100 \qquad (1)$$

$$\alpha_a\% = \frac{lb}{la}\times 100 \qquad (2)$$

以（1）（2）式求平衡相的相对量称为相图的杠杆法则。

共晶反应二元系相图　两组元在液相完全互溶，在固相仅部分互溶，即在A组元中溶解一定量的B组元，形成固溶体α；在B组元中溶解一定量的A组元，形成固溶体β。当合金中含B组元量或含A组元量超过它的溶解度时就有α和β两相共存，形成两相区，如图5所示。相图中除

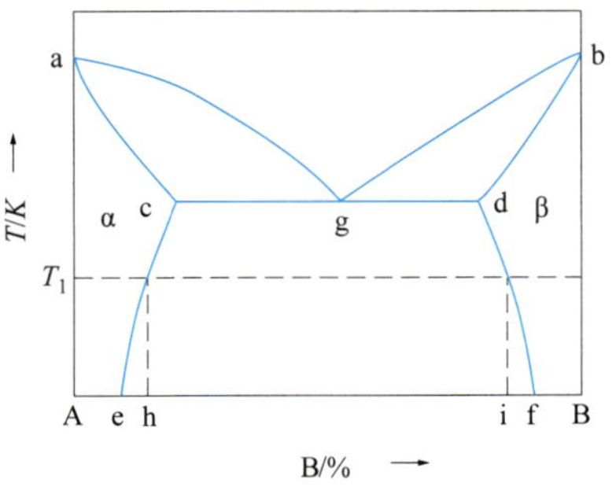

图5　具有共晶转变的二元相图

单相区L、α和β，两相区（L+α）、（L+β）和（α+β）外，还有一条水平线，它表示在一定温度下具有下列反应：

$$L \underset{\text{加热}}{\overset{\text{冷却}}{\rightleftharpoons}} \alpha+\beta$$

这反应称为共晶反应（共晶转变），这条水平线称为共晶转变线。在这条线上具有三相（L、α和β）平衡。图中除液相线ag和bg，固相线ac和bd外，还有共晶反应的水平线cgd和固溶解度曲线ce和df。ce和df分别表示不同温度下B溶于A的溶解度和A溶于B的溶解度，如温度T_1时，α相中B的溶解度为h。Al－Si、Al－Sn、Pb－Bi等相图都属这种类型。在任何两相区内，在一定温度下平衡相的浓度和成分都可根据相图按杠杆法则决定。

包晶反应二元系相图　两组元在液相完全互溶，在固相部分互溶，具有包晶反应的相图。如图6中aPb水平线表示一定温度下（T_P）的包晶反应：成分为a的α（a）固相和成分为b的L（b）液相反应，形成成分为P的β（P）固相，表示为：

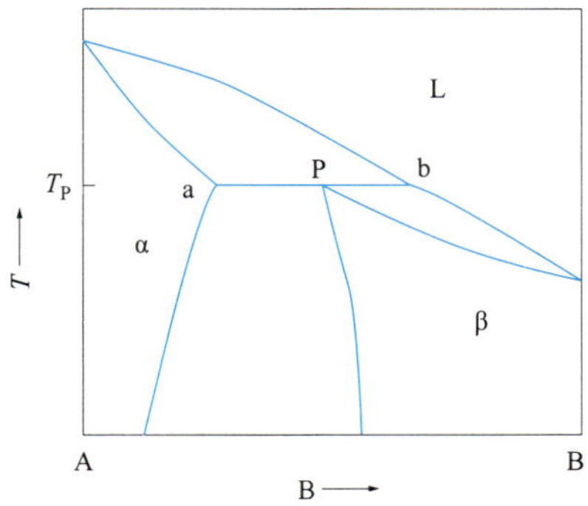

图6　具有包晶反应的二元相图

$$L(b)+\alpha(a) \underset{\text{加热}}{\overset{\text{冷却}}{\rightleftharpoons}} \beta(P)$$

Cu－Zn、Fe－C等相图都具有包晶反应。

偏晶反应二元系相图　两组元在液相和固相都呈部分互溶并具有偏晶反应的相图，如图7所示。成分在M～b之间的合金，在液相时呈部分溶解，虚线表示L_1和L_2的溶解度曲线。在溶解度线以上呈单个液相。图7中在一定温度T_M时，成分为a的α固相和成分为b的L_2液相与成分为M的L_1液相形成平衡，称为偏晶反应，可表示为：

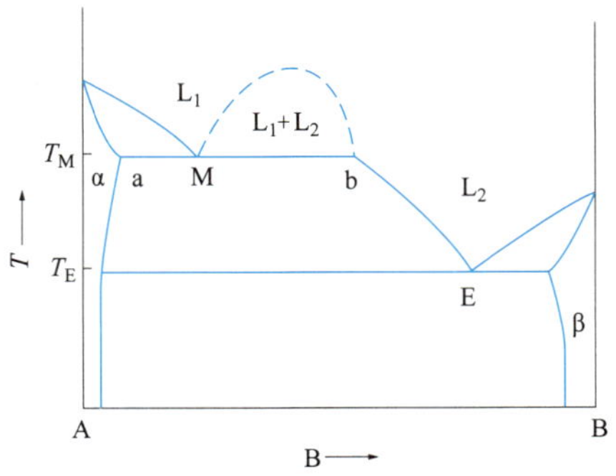

图7　具有偏晶反应的二元相图

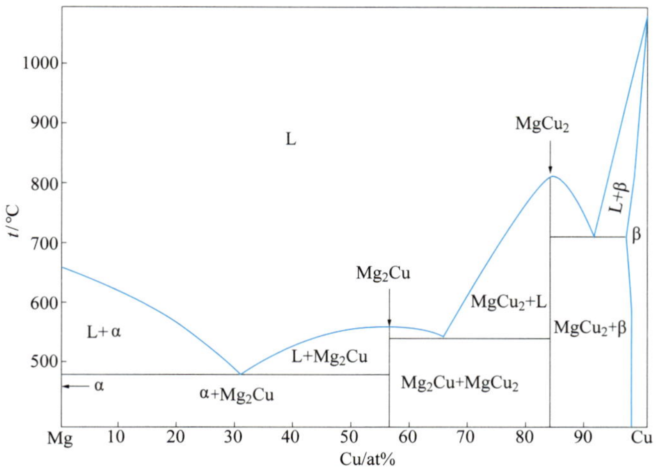

图8　Mg－Cu合金相图

$$L_1(M) \underset{\text{加热}}{\overset{\text{冷却}}{\rightleftharpoons}} \alpha(a)+L_2(b)$$

此外，图7中在T_E时还具有共晶反应：

$$L_2(E) \underset{\text{加热}}{\overset{\text{冷却}}{\rightleftharpoons}} \alpha+\beta$$

Cu－S、Cu－C、Cu－Pb、Fe－Cu等合金系相图都具有偏晶反应。

具有中间化合物或中间相的二元系相图　Cu－Mg合金系中具有金属间化合物Mg_2Cu和$MgCu_2$。由Mg－Cu合金相图（图8）可见，Mg_2Cu的熔点为568℃，它和纯Mg（α）及液相具有共晶反应。$MgCu_2$的熔点为820℃，它和Mg_2Cu及液相也形成共晶反应，$MgCu_2$和β相（Mg溶入Cu的固溶体）及液相也具有共晶反应。

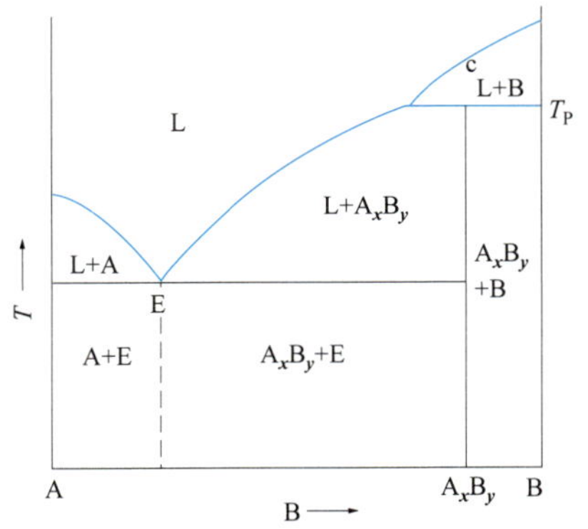

图9　具有不稳定化合物的相图

图9表示A和B组元能形成化合物A_xB_y，但它不是一个稳定的化合物，它没有明显的熔点，在加热到T_P温度时进行包晶反应$A_xB_y \rightleftharpoons L+B$而分解，它的熔点可能在c点。这类化合物在加热未到熔点时就熔化，称为不稳定化合物。图9中除上述包晶反应外，还具有共晶反应：$L \rightleftharpoons A+A_xB_y$。

图10为Fe－Cr相图，Fe－Cr形成中间相σ（σ相很脆，在工业应用Fe－Cr合金时需避免出现σ相）。由Fe－Cr相图可见，约在815℃以上为α相，由$\alpha \rightleftharpoons \sigma$，这是

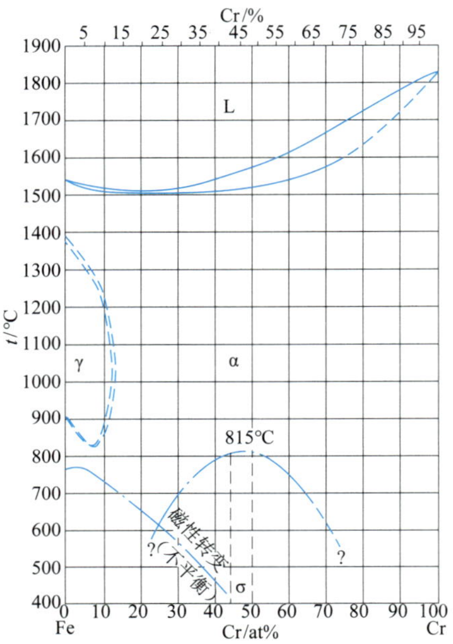

图 10　Fe－Cr 合金相图

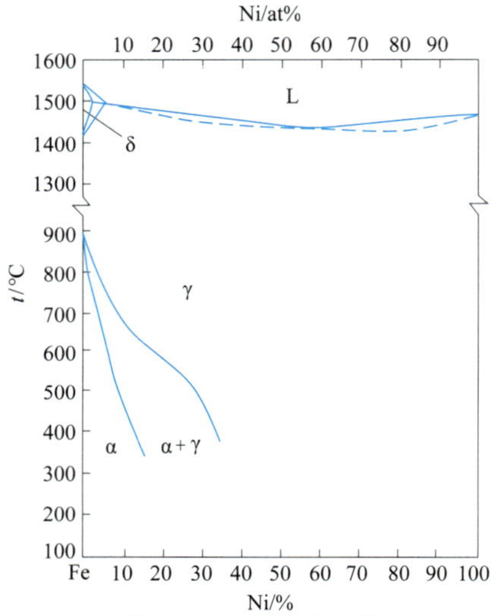

图 11　Fe－Ni 合金相图

一个由固溶体转变为中间相的固态相变。

固态相变二元系相图　相图中除上述外，主要还具有以下固态相变：①固溶体多晶型相变，如图11的Fe－Ni相图中具有γ$\rightleftharpoons$α的多晶型固态相变，其中γ为面心立方点阵，而α为体心立方点阵。②共析转变，如Fe－C（Fe－Fe_3C）相图中（见铁碳相图）的γ$\rightleftharpoons$α＋Fe_3C转变，它和共晶反应相似，只是γ为固相。③包析转变，图12是Ag－Al相图的一部分，其中具有α＋γ$\rightleftharpoons$β的包析反应，它和包晶反应相似，只是三相都为固相。④磁性转变，如图10的Fe－Cr相图中点划线部分表示α相的磁性转变。Fe－C相图中770℃的虚线表示αFe的磁性转变，230℃虚线表示Fe_3C的磁性转变。在虚线以上为顺磁性，虚线以下呈铁磁性。磁性转变属二级相变。

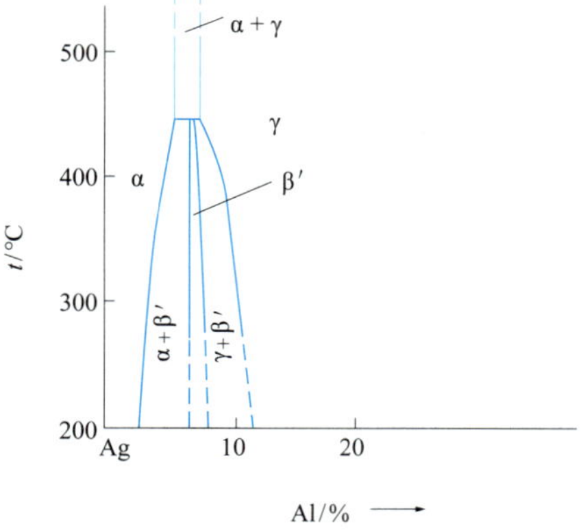

图 12　Ag－Al 合金相图

三元系相图　工业生产中广泛应用多元合金，而三元以上合金的相图却又过分复杂，因此常将多元系简化成三元系（如将四元合金中取一个组元和两个化合物构成赝三元系；或把四元系中一个组元的浓度固定，构成一个赝三元系），做成相图。

若以等边三角形表示浓度，以纵坐标为温度，则构成立体的三元系相图。

浓度表示法　以等边三角形的三个顶点分别表示三个纯组元A、B和C；三角形的三条边分别表示三个二元系的浓度；三角形内部的点表示某一特定三元合金的浓度，把表示三元合金浓度的点称为示态点。从示态点分别做三条边的垂线，垂线的长度分别表示含不同组元的百分数浓度，这三条垂线的长度之和为100%。但采用这种浓度表示法（Gibbs法）不方便，一般采用洛兹本（Roozeboom）法决定示态点含三个组元的浓度。如图13所示的等边三角形，也称浓度三角形。AC边正对顶点B，从示态点o做AC边的平行线ob，做正对顶点A的BC边的平行线oa，做正对顶点C的AB边的平行线oc，则oa＋ob＋oc＝AC＝AB＝BC＝100%，而oa或Ac的截距表示组元C的浓度，ob或Ba的截距表示组元A的浓度，oc或Cb的截距表示组元B的浓度。由几何学可以证明：①图14中ac线上各点含B组元的百分数浓度均为Cc或Aa，是个恒值。②通过浓度等边三角形任一顶点的直线上各点，所含其他两个组元量之比为恒值，如图14中BE线上各合金含A%和C%之比为常数。③通过顶点做垂线至正对顶点的边，如图14中BD线，在这条线上各合金组元A和C的百分浓度相等。

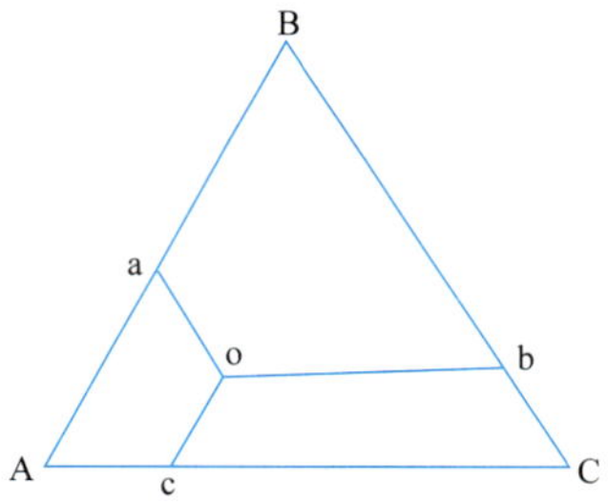

图 13　浓度等边三角形表示三元合金o的浓度

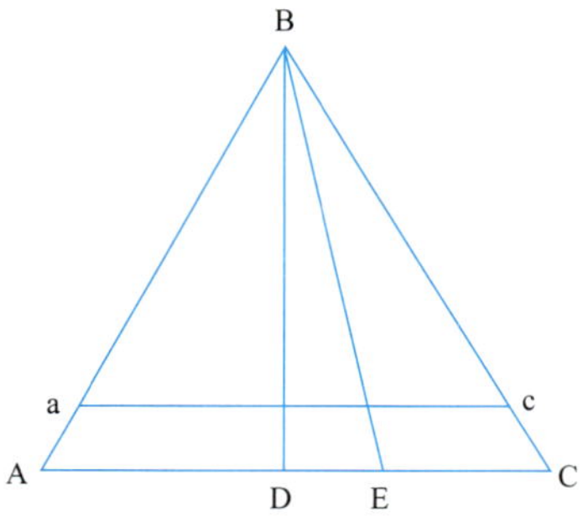

图 14　以等边三角形表示浓度的特点

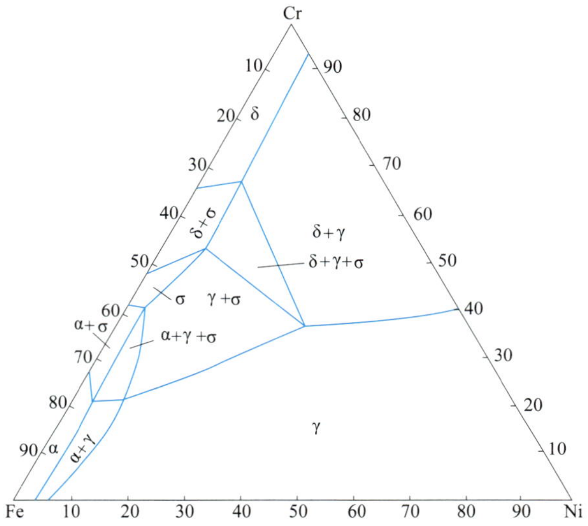

图 15　Fe－Cr－Ni 合金相图

图15表示Fe－Cr－Ni合金相图的650℃等温截面。由图可见，Cr－Ni不锈钢在650℃时所存在的各相，是为避免σ相形成，仅含单相γ的钢（奥氏体不锈钢）应具有的成分、含高Cr的α不锈钢的成分以及（α＋γ）双相不锈钢的成分。

有时将等边三角形中的一块面积切出来表示各合金在一定温度（等温）下所具有的相，如在Cu－Al－Mg三元系中仅切出510℃时含Cu最大至10%，含Mg最大至16%的一块面积来研究各合金所具有的相（图16）。图16中虚线为室温时的等温截面。此时，仍需要按洛兹本法来确定合金的浓度。有时还将一边或两边标尺放大，

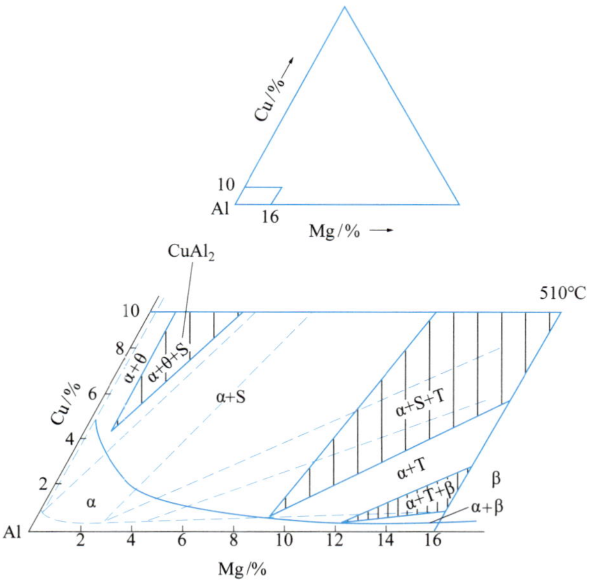

图16　Cu-Al-Mg三元系510℃等温截面的一部分

便于明显地表示某一浓度区域的情况，也有用直角坐标来表示三元系的浓度，这不是从浓度三角形中切出来的，而是重新按在一定温度下不同合金浓度所处的相绘制而成。如图17表示钨钢（Fe-W-C合金）

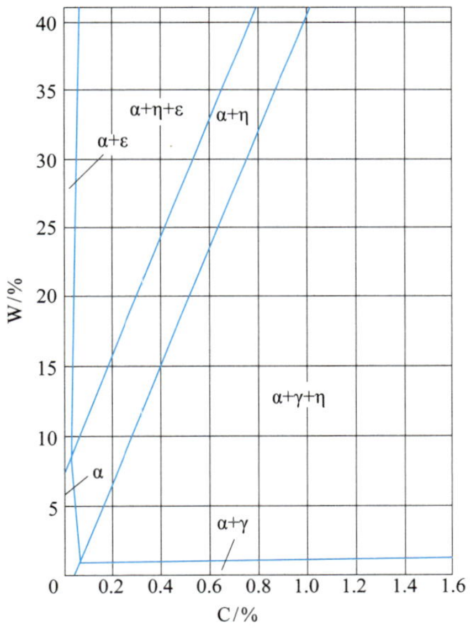

图17　Fe-W-C合金直角坐标形式的部分等温图

在一定温度下的部分相图，由两个坐标上分别读得含W和含C的浓度，余下的就是Fe的浓度。

三元系相图示例　三组元在液相和固相都完全互溶的三元系相图如图18所示。二元系相图中具有液相线和固相线，在三元系相图中则具有液相面和固相面。三元系相图中的液相面由各二元系的液相线在空间伸展组成，固相面则由各二元系的固相线在空间伸展组成。将液相面上等温线（水平温度平面和液相面相交截的弧线，如图18中T_3温度平面交截液相面得L_1L_2等温线）和固相面上等温线（水平温度平面和固相平面相交截的弧线，如图18中T_3温度时交截固相面得S_1S_2的等温线）分别以实线和虚线投影到浓度三角形底面上，如图19所示。分别取一定温度T_1、T_2……时液相面及固相面的等温线可得一系列的等温截面。图20a表示低于B组元熔点T_B而高于A组元熔点T_A的一个等温截面，图20b表示低于T_A但高于C组元熔点T_C的一个等温截面。

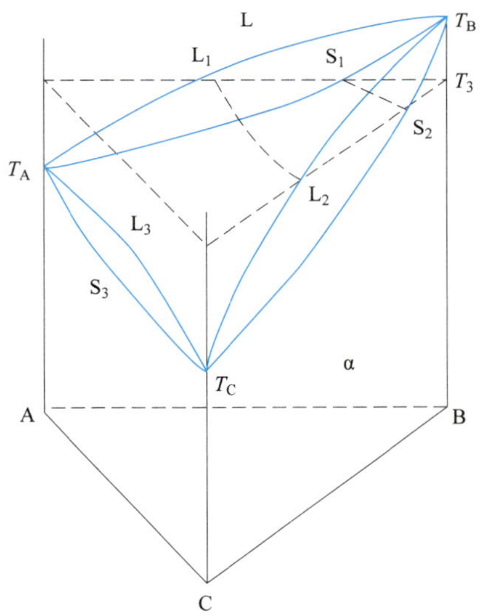

图18　三组元在液相和固相都完全互溶的三元系相图

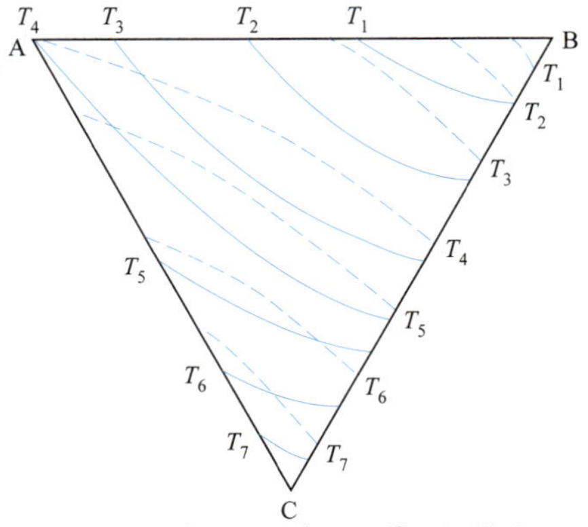

图19　液相面和固相面上等温投影图

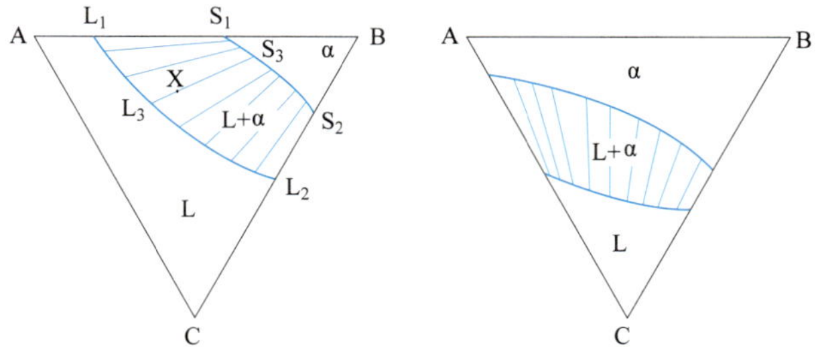

a $T_B>T>T_A$　　b $T_A>T>T_C$

图20　三元系相图的两个等温截面

由等温截面可以知道不同浓度的合金在一定温度下的平衡相。在两相区内两个平衡相的浓度可连成一直线，称为连结线。如图20a中，浓度为X的合金在此温度下，可分解成具有浓度为L_3的液相和浓度为S_3的固相。L_3、X和S_3三者同在一条直线上，称直线法则。因此当已知平衡相之一的浓度时，通过X做连结线可得另一平衡相的浓度。一定合金在一定温度下具有两相平衡时，平衡相的相对量可由杠杆法则求得。

为表示浓度三角形内任何一条直线上一系列合金在各温度下所存在的相，可截取垂直截面，图21表示n-k直线上（含

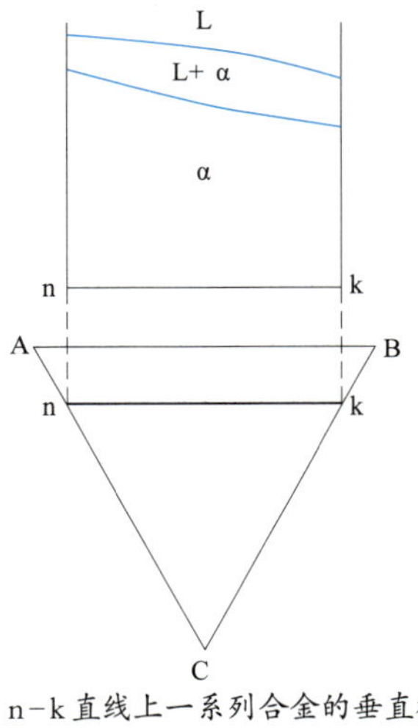

图21　n-k直线上一系列合金的垂直截面

一定浓度组元C）一系列合金的垂直截面。由垂直截面可见到一系列合金在不同温度下所处的平衡相。

在两个组元间具有共晶反应时，在三元系相图中往往出现三元的三相平衡共晶反应，如L$\rightleftharpoons$α+β，它在一段温度范围内进行；当两个组元间具有包晶反应时，所组成的三元系，其相图中就出现三元的三相包晶反应，如L+α$\rightleftharpoons$β，它在一定温度范围内进行；也会出现三元的四相平衡反应，如四相共晶反应L$\rightleftharpoons$α+β+γ，四相包晶反应L+α$\rightleftharpoons$β+γ或L+α+β$\rightleftharpoons$γ等。实用的三元合金相图常常是较复杂的。

组元数大于3的多元系相图　一个完

整的恒压四元相图必须要有能表示出温度变量和3个独立成分变量的坐标系，所以无法在三维空间绘出。对于组元数大于3的多元系，多采用其二维截面图或投影图来表达系统中各种相的平衡存在条件以及各相之平衡共存关系。图22所示即为常压下Fe-W-Cr-C四元系相图在固定W和Cr质量分数下的变温截面图（C_1和C_2分别表示不同类型的碳化物）。

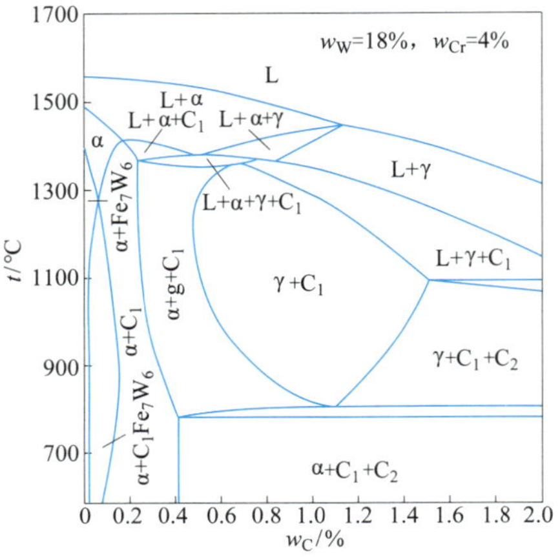

图22 Fe-W-Cr-C四元系相图在固定钨和铬质量分数下的变温截面图

组元个数更大的合金系统中的相平衡关系，随着相图计算技术的成熟与发展，也已经可以根据需求进行科学计算并采用不同方式进行表达（图形或其他方式），如图23所示的某铝基六元合金系统的计算相图的一个等成分变温截面图。

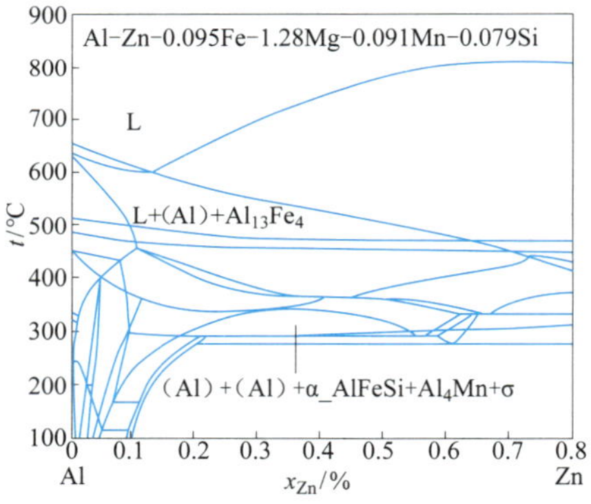

图23 某Al基六元合金系统的计算相图的一个等成分变温截面

合金相图的测制与计算 20世纪90年代以前，相图的确定仍以实验测定为主，主要是实验测定其中平衡条件下的临界点、线、面等。一级相变时具有热效应和体积效应，因此利用热分析法和膨胀变化来测定相变点。常用的热分析方法是做温度-时间的冷却曲线，由于相变的放热，在冷却曲线上呈现相变点。图24是由一系列浓度不同的Pb-Sn合金的冷却曲线得到的相变点做成的Pb-Sn二元相图。在测定合金固态相变点时，热分析法不够灵活和准确，因此尚需应用金相法、热膨胀法、电阻法、X射线分析法和电子探针（测定平衡相的浓度）等；在测定磁性转变时，应用磁性法。

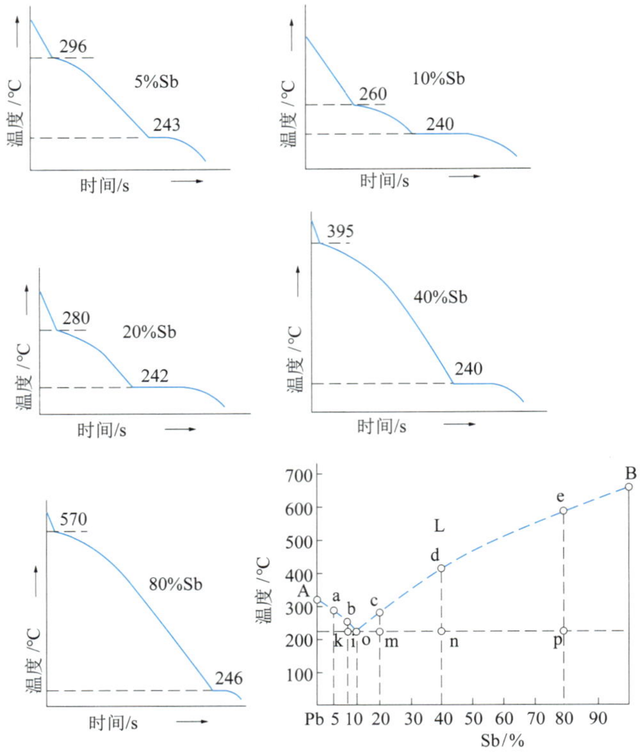

图24 用热分析法测制二元合金相图实例

由于实验手段和具体方法等的限制以及待测定相图数量巨大，相图测制从数量和质量上仍不能满足需求，特别是对于三元和更多组元组成的多元系和处于极端条件下的系统。1970年，美国L.考夫曼提出"相图计算技术（calculation of phase diagrams, CALPHAD）"，即相图热力学计算技术，其核心是理论模型与**热力学数据库**的计算机耦合，从低组元体系相图及相应热力学数据来计算多组元体系。该技术经过多年来的发展完善，已成为利用实验相图和其他所有热力学实验信息建立现代相图最成熟的一种计算技术，尤其是为获得三元和更多组元系统的相图开辟了一条途径。

用途 合金相图可以帮助人们系统地了解材料在不同条件下可能出现的各种相或相的组合、条件改变时可能发生的相变的方向和限度、材料的化学组成和外界条件（如温度、压强）对材料组织和性能的影响规律等。与动力学研究手段有机结合，则可用于设计和优化材料的化学成分和工艺。例如，新合金成分的配制和设计，已有合金性能的提高（如Fe-Cr合金中避免出现脆性的相）均需参考相关相图。相图也为**金属热处理**、铸造、塑性加工和焊接等工艺提供了必要的理论基础。所以，相图是研究金属和合金的成分、组织和性能的关系的基础，不断扩展和完善的合金相图数据库正在推动相图在各个领域的应用。

扩展阅读

徐祖耀.金属学原理.上海：上海科学技术出版社，1964.

余永宁.金属学原理.2版.北京：冶金工业出版社，2013.

RHINES F N. Phase diagrams in metallurgy: Their development and application. New York: McGraw-Hill, 1956.

PRINCE A. Alloy Phase Equilibria. Amsterdam: Elsevier, 1966.

HILLERT M. Phase Equilibria, Phase diagram, and Phase Transformation: The Thermodynamic Basis 2nd ed. Cambridge University Press, 2008.

徐祖耀，李麟.材料热力学.2版.北京：科学出版社，2000.

WEI X. CALPHAD-Based Integrated Computational Materials Engineering Research for Materials Genomic Design. JOM, 2015, 67(8): 1864-1865.

（徐祖耀　刘国权）

何季麟 He Jilin（1945-09-01～） 中国冶金与材料专家。生于河南开封。1969年毕业于北京钢铁学院（今北京科技大学）冶金物理化学专业。历任宁夏有色金属冶炼厂技术员、钽粉车间主任、副厂长、总工程师、厂长，西北稀有金属材料研究院院长、总工程师，宁夏东方钽业股份有限公司董事长，兼任中国有色金属学会副理事长、稀有金属学会副主任、钽铌学会主任，国际钽铌研究中心（TIC）执行委员。中国共产党第十六次全国代表大会代表。2001年当选中国工程院院士。

长期从事稀有金属钽、铌、铍冶炼与加工技术的研究，率先研究出固液、液液、汽液、DP、外加料5种适应不同产品的钽粉生产工艺，并在掺杂、降氧、钝化、造

粒及电池保护等技术方面有重大创新，解决了钽粉杂质高、比容低、漏电流大、流动性差等难题。采用外加料双项可控搅拌钠还原工艺，研制成功了10 000～70 000微法拉/克系列出口高比容钽粉；研究出连续涂层多模拉拔钽丝生产工艺，解决了钽丝线径粗而不均、抗拉强度低、表面光洁度差、漏电流大、折丝次数少、垂直度等问题；开发出直径0.25～0.15毫米系列细径钽丝。先后主持开发多项钽、铌、铍金属深加工产品，组织超高比容钽粉、中高压高比容钽粉、钽电解电容器阳极引线用钽丝等多项国家级重大技术改造项目，形成了46个系列206个品种的产品；推广和开拓国际市场，使中国的钽金属产品在国际市场具备了较强的竞争力。

获国家火炬计划奖一等奖1项，国家科技进步奖二等奖2项、三等奖2项。申报并授权发明专利9项。发表论文、专著40余篇（部）。1995年被评为全国劳动模范，2001年获“全国杰出优秀科技人才”称号。（王东新）

何杰 He Jie（1888-02-15～1979-12-20）中国矿业教育家。生于广东番禺，卒于广州。1906年入唐山路矿学堂学习采矿。1909年考取公费留学于美国科罗拉多矿业学院，1913年获该校采矿工程师学位，1914年获美国理海大学理科硕士。同年回国后从事矿业教育60余年，先后任北京大学工科教授兼工科主任及地质系主任、北洋大学采矿学教授兼矿冶系主任及教务长、中山大学地质学教授兼地质系主任及理学院院长、交通大学唐山工程学院采矿学教授兼矿冶系主任、重庆大学采矿学教授兼矿冶系主任、广西大学采矿学教授兼矿冶系主任及教务长、中国矿业学院教务长及副院长，还兼任过两广地质调查所所长、湖南煤矿局杨梅山矿矿长兼总工程师、广西稀有金属矿产勘探队队长等职。曾绘制广东、广西多种矿产地质图，主编两广地质调查所年报，勘探广西若干地区的铀矿和钍矿，为探明广东、广西的矿产资源作出了贡献。（李进尧 吴培儒）

黑药 dialkyl dithiophosphate; aerofloat 硫化矿浮选捕收剂。化学名为二烷基二硫代磷酸（盐）。结构式为：

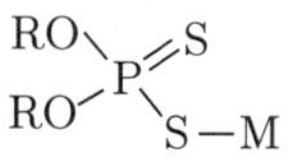

式中R为芳基或烷基；M为氢（H）、钠（Na）或氨（NH_4）。R为芳基时称为酚黑药，R为烷基时称为醇黑药。M为H成为酸式黑药，酸式黑药用氨中和可制成铵黑药（M为NH_4），用氢氧化钠或者碳酸钠中和可制成钠黑药（M为Na）。酸式黑药在水中的溶解度较小，铵黑药或钠黑药在水中的溶解度较大。常用的酚黑药包括15#和25#黑药，由甲酚和五硫化二磷制成，因制备时五硫化二磷的含量分别为15%和25%而得名。常用的醇黑药为丁铵黑药。

物理化学性质 主要有：①可被氧化成双黑药。黑药较黄药稳定，在酸性矿浆中不易分解，也较难氧化，但能被氧化成双黑药。例如，碘与黑药作用生成双黑药，反应方程式如下：

$$2(RO)_2PSS^- + I_2 \longrightarrow (RO)_2PSS - PSS(RO)_2 + 2I^-$$

黑药在有Cu^{2+}、Fe^{3+}，或黄铁矿、辉铜矿的存在下，能部分被氧化成双黑药。

$$Cu^{2+} + 2(RO)_2PSS^- \rightleftharpoons (RO)_2PSSCu(S) + \frac{1}{2}(RO)_2PSS - SSP(OR)_2$$

$$Cu(OH)_2 + 2(RO)_2PSS^- + 2H^+ \rightleftharpoons (RO)_2PSSCu(S) + \frac{1}{2}(RO)_2PSS - SSP(OR)_2 + 2H_2O$$

②酸式黑药呈弱酸性，在水溶液中可部分电离。反应方程式为：

$$(RO)_2-\overset{\overset{\displaystyle S}{\|}}{P}-SH \rightleftharpoons (RO)_2-\overset{\overset{\displaystyle S}{\|}}{P}-S^- + H^+$$

随着烷基的不同，电离常数亦有不同，如乙基、正丙基、异丙基、异丁基黑药的电离常数分别为2.4×10^{-2}、1.78×10^{-2}、1.5×10^{-2}、1.00×10^{-2}。③黑药与部分金属离子作用生成难溶盐。反应方程式为：

$$M^{n+} + n(RO)_2PSSH \longrightarrow [(RO)_2PSS]_nM\downarrow + nH^+$$

式中M^{n+}代表某些一价、二价或三价的金属阳离子，n可以是1、2或3。黑药与金属离子能生成难溶盐，是黑药用作捕收剂的重要原因。

制备方法 黑药用醇或酚与五硫化二磷反应制得，改变醇或酚的种类可以制出很多种黑药，反应式如下：

$$P_2S_5 + 4ROH \longrightarrow 2(RO)_2-\overset{\overset{\displaystyle S}{\|}}{P}-SH + H_2S$$

同时也会发生如下反应：

$$P_2S_5 + 2ROH \longrightarrow (RO)_2-\overset{\overset{\displaystyle S}{\|}}{P}-SH + HPS_3$$

$$HPS_3 + 2ROH \longrightarrow (RO)_2-\overset{\overset{\displaystyle S}{\|}}{P}-SH + H_2S$$

反应温度过高时，二分子酸式黑药会脱去一分子硫化氢而成为硫代磷酸酐衍生物。温度达到250～300℃时，会分解成硫酚。故制造黑药时，要根据所制造黑药的品种，采用合适的反应条件。

应用 黑药在硫化矿浮选中的应用仅次于黄药。因黑药金属盐的溶度积大，故黑药的捕收能力比黄药差，特别是对硫铁矿捕收力较弱，但选择性好。在含硫化铁高的铜及铅锌硫化矿浮选中可用作优先浮选捕收剂。黑药对金的捕收性能较好，常用作金矿及伴生金银的硫化矿的捕收剂。黑药起泡能力强，常作为黄药的辅助捕收剂。

扩展阅读

王淀佐.浮选剂作用原理及应用.北京：冶金工业出版社，1982.

朱玉霜，朱建光.浮选药剂的化学原理.长沙：中南工业大学出版社，1996.

（刘广义）

横轧 cross rolling 轧件的延伸方向与原料的纵轴方向相垂直的轧制方式。即轧辊轴线与轧件轴线相互平行，毛坯在旋转方向相同的轧辊中间，边绕自身轴线旋转，边成形。是金属塑性加工中一种常用的轧制方式。横轧一词来自俄语поперечная прокатка。横轧的轧制成形有两种：一种是轧辊径向进给，轧辊孔型沿轴向不变而沿圆周方向呈周期变化，轧件主要靠径向变形来成形，如齿轮轧制和螺纹轧制等；另一种是轧辊孔型沿轴向逐渐加宽而形成楔状，称为楔横轧。

横轧主要用于轧制圆形截面产品，可轧制各种阶梯轴、丝杠等，也可用于中厚板轧制。在中厚板轧制中，主要涉及横轧的工艺有综合轧制法（图1）和全横轧法（图2）。

综合轧制法，主要用横轧进行展宽，使板坯的宽度延伸到所需的板宽。优点是板宽不受钢板宽度的限制，可以根据原料

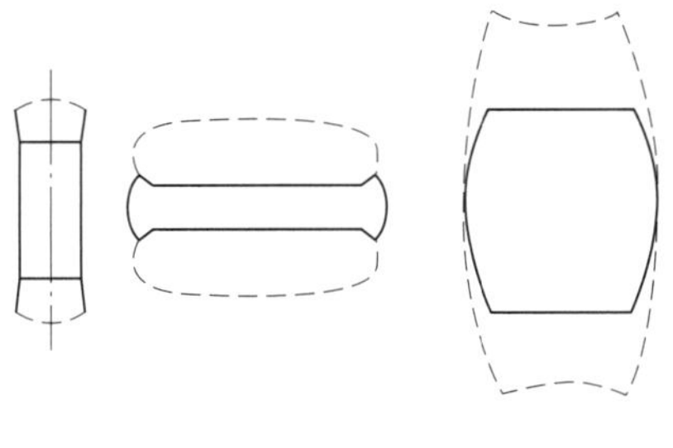

图1 综合轧制法

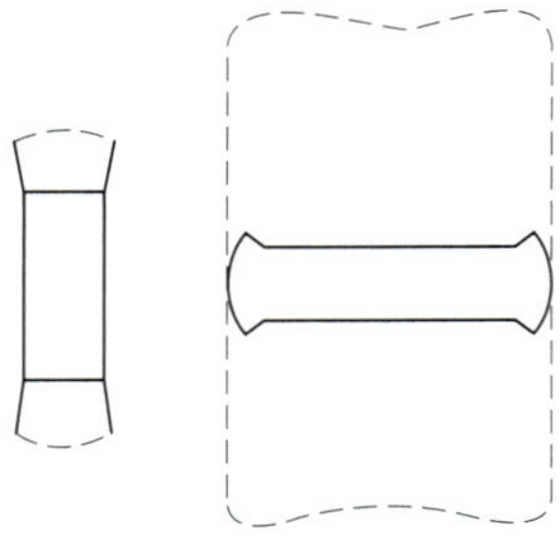

图2　全横轧法

情况任意选择，比较灵活。由于轧件在横向有一定的延伸，因此，改善了钢板的横向性能。

全横轧法轧制时，即将板坯进行横轧直至轧成成品。此方法只能用于板坯长度大于或等于钢板宽度时的轧制。当用连铸板坯做原料时，采用全横轧法会造成钢板组织性能明显的各向异性。但如果用初轧板坯做原料，由于初轧时轧件的延伸方向与厚板轧制时的延伸方向相垂直，使用全横轧法可以改善钢板的各向异性，显著改善钢板的横向性能。因此全横轧法常用于以初轧坯为原料的中厚板生产。但由于受到钢坯长度规格数量的限制，全横轧法调整钢板宽度的灵活性较小。

扩展阅读

庞玉华.金属塑性加工学.西安：西北工业大学出版社，2011.

（张树堂　撰　王昭东　修订）

红土镍矿炼镍　nickel laterite metallurgy　以红土镍矿为原料，生产金属镍或其他含镍产品的**镍冶金**技术。镍（Ni）在自然界中主要以硫化矿和氧化矿两类矿物存在。氧化镍矿含铁较高，属红土矿类，因而通常被称为红土镍矿。陆基镍资源以红土镍矿为主，资源量12.6亿吨，平均含镍1.28%，占镍资源总量的72%；硫化镍矿资源量10.5亿吨，平均含镍0.58%，占镍资源总量的28%。早期由于硫化镍矿易于选矿富集，精矿适宜冶炼生产金属镍，故得到了优先开发利用，成为早期镍冶金的主要原料。20世纪70年代以来，随着硫化镍矿资源储量的日趋减少，新的资源勘探、开发难度加大，以及镍需求量的增加，红土镍矿得到广泛开采冶炼，其镍产量已超过硫化镍矿，成为镍冶金的主要原料。

红土镍矿是由含镍超基性岩，在热带和亚热带气候条件下，经长期风化淋滤变质而形成的，矿床主要分布在赤道两侧，如古巴、新喀里多尼亚、印度尼西亚、菲律宾、巴布亚新几内亚、澳大利亚、多米尼加等国家。中国基本没有红土镍矿资源，主要靠进口。

红土镍矿矿床上部矿石一般含铁（Fe）较高，硅（Si）、镁（Mg）含量较低，为褐铁矿型，含镍较低，通常在1%左右，但含有一定量的钴（Co）；矿床下部矿石主要为硅酸盐，含镁、硅较高，含铁偏低，为腐殖土型，也称为硅镁镍矿型，含镍可达2%左右，但含钴较少。介于两者之间的为过渡型。3种类型矿石典型成分如下表所示。不同类型矿石的镍、钴、铁、镁和硅等含量上的差异，决定了其各自适宜于不同的冶炼工艺。

红土镍矿中镍元素以离子浸染方式赋存于其他矿物晶格中，难以选矿富集，在开采和炼前矿石预处理阶段，可通过抛杂、洗矿和分级等手段，使其含镍品位适度提高，但仅适用于部分情况。因此，红土镍矿一般不经选矿直接冶炼。冶炼方法有火法、湿法和火法与湿法联合法。火法适宜于处理腐殖土型红土镍矿，其技术成熟、应用较广的工艺为回转窑－矿热电炉法。湿法适宜于处理褐铁矿型红土镍矿，代表性工艺为高压酸浸法。其他方法还包括还原造锍熔炼法、还原焙烧－氨浸法、回转窑还原焙烧－选矿法、常压酸浸法等。

回转窑－矿热电炉法　简称RKEF法。RK代表回转窑（rotary kiln），EF代表电炉（electric furnace）。RKEF法以腐殖土型红土镍矿为原料，一般镍含量应在2%以上，经济上才较为可行。此外，镍/铁质量比宜在6～10，以利于生产较高品位的镍铁；氧化镁/二氧化硅质量比宜在0.55～0.65，这样可产出熔点较低的自熔渣。

红土镍矿含水通常在30%～40%，RKEF法首先采用回转干燥窑，将其干燥至含水20%～22%。然后配入一定量的煤粉作为还原剂，在另一回转窑内还原焙烧。干燥和焙烧采用粉煤、天然气或油为燃料。还原焙烧过程有3方面的功能：①彻底脱除红土镍矿中的游离水和结构水。②使镍和铁部分还原为金属，即所谓预还原。③实现电炉热装料，即将焙烧炉料在800℃左右温度下加入矿热电炉，这样可使电炉还原熔炼能耗极大降低。电炉还原熔炼是RKEF法的核心工序，电炉内除趁热加入的焙烧炉料外，还根据镍铁品位要求，配入一定量的块煤作为还原剂，炉料在电炉内发生熔化和还原，氧化镍优先还原为金属，而氧化铁仅部分还原，其量由加入还原剂煤的多少决定，从而也就决定了镍铁品位。红土镍矿品位低，为了控制渣量，一般不加熔剂，采用自熔渣熔炼，保留部分氧化亚铁在炉渣中，也有利于降低炉渣的熔点。还原熔炼得到的镍铁熔滴，从炉渣熔体中沉降分离，镍铁和炉渣熔体分别定期从电炉内排出。镍铁经钢包精炼脱除硫、磷等杂质后，铸锭或浇注成粒状销售，用于不锈钢生产；炉渣经INBA系统水淬后堆存。干燥、焙烧和熔炼过程中产生的烟尘，制粒后返回回转窑焙烧。电炉熔炼能耗较高，大致在500千瓦·时/吨炉料，镍回收率在90%～95%。

RKEF法于20世纪50年代由法国埃肯（Elkem）公司在新喀里多尼亚的多尼安博厂开发成功，此后经过不断改进完善，逐步取代**鼓风炉**发展成为主流的红土镍矿火法冶炼技术，具有产品质量好、生产效率高、节能环保等优点，在世界上被广泛应用。中国已建成一批RKEF法工厂，其中标志性工程为中国恩菲工程技术有限公司设计和中国有色矿业集团有限公司在缅甸建设的达贡山镍矿项目。该项目干燥采用两台直径5.0米、高40米回转窑；焙烧采用两台直径5.5米、高115米回转窑；还原熔炼采用2台72 000千伏安矩形交流矿热电炉遮弧熔炼。该电炉有6根直径为1.4米的自焙电极直线排列，渣线面积为288平方米，采用高电压、低电流操作，侧墙渣线部分安装有冷却铜水套。RKEF法直接生产镍铁，因此不能单独回收钴，对含钴高的原料并不适用。此外，对电力和燃料供应要求较高。

火法生产镍铁还有烧结－高炉还原熔炼、烧结－电炉还原熔炼等工艺方法，但这些方法生产规模小、能耗高、环保差，将逐步淘汰。加拿大鹰桥公司在多米尼加的一个冶炼厂采用矩形截面竖炉焙烧制团的红土镍矿，然后采用电炉还原熔炼。

RKEF法的发展趋势是：①设备的大型化，以提高效率和单套系统产能。②采用能直接处理烟尘的直流电炉取代交流电炉。③采用效率更高的闪速干燥与焙烧取代回转窑，与能处理粉料的直流电炉配合组成生产系统。④镍铁与不锈钢

红土镍矿典型成分/wt%

类型	Ni	Co	Fe	MgO	SiO_2	Cr_2O_3	提取工艺
褐铁矿型	0.8～1.5	0.1～0.2	40～50	0.5～5	10～30	2～5	湿法
过渡型	1.5～2.0	0.02～0.1	25～40	5～15	10～30	1～2	火法和/或湿法
腐殖土型	1.5～3.0	0.02～0.1	10～25	15～35	30～50	1～2	火法

生产组成联合生产系统，以降低成本、提高竞争力。

高压酸浸法　简称HPAL（high pressure acid leaching）法。HPAL法适宜处理褐铁矿型红土镍矿，一般要求含镁小于5%，以避免酸耗过大。这类镍矿含镍一般在0.8%～1.5%，含钴在0.1%～0.2%。采用HPAL法，镍、钴回收率均在95%左右。

HPAL法包括矿石准备，高压酸浸，中和洗涤，溶液中镍、钴回收等工序。

矿石准备是通过对矿石进行浆化、球磨、分级、浓密等操作，为高压酸浸准备成分、粒度、固含量（不挥发物含量）合格的矿浆原料。

高压酸浸是在温度240～270℃、压力4～6兆帕、停留时间30～100分钟的条件下，采用稀硫酸水溶液，对红土镍矿进行浸出，使镍、钴浸出进入溶液。褐铁矿型红土镍矿中，主要矿物为针铁矿（FeOOH）、勃姆石（AlOOH）、蛇纹石，镍、钴主要伴生于针铁矿中，浸出过程主要反应为：

$$2FeOOH+2H^+ \longrightarrow 2Fe^{3+}+2H_2O+O_2$$

$$2Fe^{3+}+3H_2O \longrightarrow Fe_2O_3+6H^+$$

$$Fe^{3+}+SO_4^{2-}+H_2O \longrightarrow FeOHSO_4+H^+$$

$$2FeOHSO_4+H_2O \longrightarrow Fe_2O_3+2SO_4^{2-}+4H^+$$

$$2AlOOH+2H^+ \longrightarrow 2Al^{3+}+2H_2O+O_2$$

$$3Al^{3+}+2SO_4^{2-}+7H_2O \longrightarrow (H_3O)Al_3(SO_4)_2(OH)_6+5H^+$$

$$Al^{3+}+SO_4^{2-}+H_2O \longrightarrow Al(OH)SO_4+H^+$$

$$2Mg_3Si_2O_5(OH)_4+12H^+ \longrightarrow 6Mg^{2+}+4SiO_2+10H_2O$$

浸出中，铁、铝等通过溶解-沉淀机理，主要以赤铁矿、碱式硫酸铁、明矾石、碱式硫酸铝等进入浸出渣，且使硫酸得以再生；部分蛇纹石中的氧化镁溶解以硫酸镁进入溶液。因此，酸耗高低主要取决于矿石镁含量，HPAL法仅适用于低镁原料。高压酸浸在钢衬钛复合板材质的卧式反应釜中进行，釜中设有隔板，沿长度方向将釜内空间分隔成多个隔室，每个隔室设有一套机械搅拌桨。矿石准备阶段产出的浓密矿浆，固含量在30%～40%，采用高压浸出矿浆闪蒸蒸汽，经多级（一般为2～4级）直接热交换预热至200℃左右，然后用隔膜泵泵入高压釜第一隔室，加入硫酸和蒸汽浸出。浸出过程连续进行，矿浆从第一隔室流动到最后一个隔室，完成浸出过程。从最后一个隔室排出的高温高压浸出矿浆，经多级（一般为2～4级，与预热级数相同）闪蒸降温至100℃以下，送入中和洗涤系统。

中和洗涤是以石灰石和石灰浆液为中和剂，控制pH值除去浸出中溶解的少量铁和铝，并经过多级逆流沉降洗涤，减少镍、钴随渣损失，实现液固分离。浸出液中可能含有锌、铜等杂质，采用硫化沉淀、离子交换等方法进行净化。

溶液中镍、钴回收有硫化沉淀、中和水解沉淀、萃取、电积、氢还原等多种方法，可生产镍钴混合中间产品或金属镍、钴产品。

HPAL法于20世纪50年代问世于古巴莫阿湾（Moa Bay）厂。该厂采用立式浸出釜，属第一代HPAL技术，且仍在生产，镍、钴年产量已扩大至3万余吨。莫阿湾厂红土镍矿原料成分为：铁48%、铝5%、二氧化硅4%、镍1.4%、镁<1%。粒度小于20目、固含量45%的矿浆，加入4个串联的浸取槽中，采用硫酸连续浸出60～90分钟。硫酸在第一槽加入，消耗量为290千克/吨矿。浸出液成分为：镍6、钴0.6、镁3、铝2、硫酸30（克/升）。浸出矿浆经中和、逆流沉降洗涤、液固分离后，浸出液中镍钴采用硫化沉淀回收。

20世纪90年代，在澳大利亚西部相继建成了布隆（Bulong）、考斯（Cawse）和穆林穆林（Murin Murin）3家HPAL法生产厂，设计镍产能分别为4.5万吨、0.9万吨、0.9万吨，属第二代HPAL技术。进入21世纪后，又有一批采用该技术的工厂建成投产，镍年总产能达20余万吨，这些工厂均采用第三代HPAL技术，在设备材质、结疤控制等方面均有所突破，投产较顺利。

中国应用HPAL技术的代表性工程为由中国恩菲公司设计、中国冶金集团公司在巴布亚新几内亚建设的于2012年投产的瑞木厂，年处理矿石量为321万吨，产品为镍钴混合氢氧化物，年镍、钴产量分别为3.26万吨和0.3万吨。该厂有3套高压浸出系统，高压釜材质为钢（118毫米）衬钛（钛合金Gr.17，8毫米）复合板，规格为直径5.5米、高39.2米，采用3级闪蒸、3级预热。HPAL已发展成为处理褐铁矿型红土镍矿的主流技术，装备、控制和生产技术均已趋于成熟。但由于矿石性质和工厂所在地配套条件的多样性，每一个生产厂在工艺流程、技术参数和产品方案上，都有其独到之处。新厂的建设应以资源特性评价为基础。

还原造锍熔炼法　以腐殖土型高品位红土镍矿为原料，在有硫化剂存在下进行还原熔炼，使镍富集产出镍锍的技术。硫化剂可采用石膏、黄铁矿和硫黄等。这一技术早在20世纪30年代即得到工业应用，是最早的红土镍矿冶炼技术。最初采用鼓风炉进行还原造锍熔炼，后逐渐采用电炉。还原造锍熔炼得到的低镍锍，经进一步吹炼产出高镍锍，可直接铸造成阳极精炼生产电镍，也可氧化焙烧后作为生产不锈钢或羰基镍的原料。采用这一方法生产的镍，存在能耗高、回收率偏低，产品不能直接利用等不足，21世纪以后已基本被RKEF法取代。

还原焙烧－氨浸法　由M.H.卡龙（Caron）于20世纪20年代发明，因此又称为Caron法。将红土镍矿干燥后，采用多膛炉进行还原焙烧，将镍、钴氧化物及约20%的氧化铁还原为金属形态，然后对焙烧炉料采用氨和碳酸铵混合溶液、在空气氧化作用下浸出，使金属镍、钴和铁与氨形成配合物溶解进入溶液。溶解的铁经氧化为Fe^{3+}水解沉淀的同时会造成较多的钴损失。最初从溶液中回收镍、钴的工艺为：蒸发除铁后液中的氨，产出碳酸镍沉淀，煅烧得到氧化镍作为产品销售，钴从蒸氨后液中采用硫化沉淀回收。后来又发展了采用萃取法从氨浸液中回收镍的技术。

还原焙烧-氨浸法于20世纪40年代最先用于古巴尼加罗厂，共有4家工厂先后应用，由于生产过程能耗高，镍、钴回收率仅能达到75%和45%等，在1970年以后基本没有采用该法建设新的工厂。

回转窑还原焙烧-选矿法　最初由德国克虏伯（Krupp）公司开发的克虏伯－雷恩（Krupp-Renn）法直接炼铁工艺移植而来。日本冶金公司大江山冶炼厂（Ohiyama Smelter）从20世纪30年代开始采用这一方法生产镍铁。该厂有5条回转窑生产线，年产镍铁含镍1.3万吨。腐殖土型红土镍矿原矿经干燥、破碎、筛分后，与熔剂、还原剂混合制团；团矿在回转窑中干燥、高温还原，镍和部分铁还原生成海绵状镍铁；还原料经水淬、破碎、磨细后，采用磁选或重选，分离出1～20毫米的镍铁颗粒。这种镍铁颗粒仅含少量杂质，无须精炼可直接用于不锈钢生产。该法能耗较低，吨矿煤耗仅150～160千克，但操作不够稳定，炉料在回转窑中易于熔融黏结，工艺过程控制难度较大，故后期未得到推广。

常压酸浸法　红土镍矿常压浸出技术设备较为简单，但由于浸出中大量铁进入溶液，使得流程复杂，影响镍、钴的回收，与HPAL法比较并不占优势。此技术仅有一些研究和工业化试验。

扩展阅读

马明生.红土镍矿火法冶炼工艺现状.中国有色冶金，2013，42（5）：57-60.

（刘志宏）

后母戊鼎 Houmuwu cauldron 中国商代晚期青铜礼器。又称司母戊鼎。1939年自河南安阳殷墟西北岗王陵区商代大墓出土，重832.84千克，通高133厘米，器口长110厘米、宽78厘米，是迄今所见形体最大的青铜器（见图），现藏中国国家博物馆。

后母戊鼎（商，河南安阳出土）

鼎为长方形口，直腹，口沿上有两立耳，腹下为四圆柱形足。腹四壁各饰两组兽面纹和夔文，鼎足各饰一组独立兽面纹，鼎耳外缘饰虎食人图案，耳侧缘饰鱼纹。鼎腹内侧近口处铭有“司（后）母戊”三字，其中“母戊”为商王武丁或武乙配偶的庙号。也有学者释为“姤（后）戊”，“后”即商王配偶之称。后母戊鼎用陶范铸造。铸型由腹范、芯和底座及浇口范组成。耳的内侧孔洞是固定鼎耳泥芯的部位。也有人认为鼎耳先于鼎体铸造，然后嵌入铸型内和鼎体铸接。鼎的合金成分为铜84.77%、锡11.84%、铅2.76%、其他0.8%。此鼎反映了商代青铜冶铸业的高超水平，是商周青铜器的代表作之一。 （华觉明）

厚度控制 gauge control 在板带材轧制过程中，通过调整辊缝、轧制速度、张力和润滑条件等，使产品厚度达到设定目标的控制功能。板带厚度精度是外形尺寸精度指标之一，所以厚度控制成为板带轧制过程中质量控制的重要内容。厚度控制技术从人工操作阶段逐步发展至自动控制阶段，现代主要采用厚度自动控制系统（automatic gauge control，AGC）。

轧制过程厚度变化的基本规律 轧制过程中，由于受轧制力作用，轧机的机架、轧辊、轴承等部分产生弹性变形从而引起轧缝变化的总和称为轧机弹跳。带钢的实际轧出厚度h与预设定辊缝S_0和轧机弹跳值ΔS之间的关系可用弹跳方程描述：

$$h=S_0+\Delta S=S_0+\frac{P}{K_m}$$

式中P为轧制力；K_m为轧机刚度。

带钢的实际轧出厚度主要取决于S_0、K_m和P三个因素。在轧制过程中，随着轧机压下位置的改变，S_0将发生变化。同时，因轧辊热膨胀、轧辊磨损或轧辊偏心而引起的辊缝变化，也会引起S_0改变。这都导致带钢轧出厚度发生变化。K_m随轧制速度、轧制压力、带钢宽度、轧辊的材质和凸度的变化而变化，当K_m增大，轧出厚度减小。所有影响轧制力的因素都会影响带钢轧出厚度，包括来料厚度、金属变形抗力、摩擦系数等。

厚度自动控制的基本形式 厚度自动控制是通过仪器对板带实际出口厚度连续地进行测量，并根据实测值与设定值比较后的偏差信号，利用控制回路和装置或计算机的功能程序，调整压下、张力、轧制速度，进而实现厚度控制。根据调节方式不同，厚度自动控制系统可分为：反馈式、前馈式、张力式、液压式和金属秒流量式等。

反馈式厚度自动控制系统 板带从轧件中轧出之后，利用测厚仪测出实际厚度，并与设定厚度值相比较，得到厚度偏差Δh。当相等时，厚度偏差运算器的输出为零；若实测厚度值与设定厚度值比较出现厚度偏差Δh时，便将偏差值反馈给厚度自动控制装置，计算出辊缝调节量ΔS，并变换为辊缝调节的控制信号，输出给执行机构，由压下电动机带动压下螺丝做相应的调节，以消除此厚度偏差。厚度差Δh与辊缝调节量ΔS关系的数学模型为：

$$\Delta S=\frac{M+K_m}{K_m}\Delta h$$

式中M为轧体塑性系数。

前馈式厚度自动控制系统 用装设在轧机入口处的测厚仪，在钢带进入本机架之前测出其入口厚度H，并与给定厚度值H_0相比较。当有厚度偏差ΔH时，便预先估计出可能产生的轧出厚度偏差Δh，并往前馈送给轧机，在预定时间内提前确定所需的辊缝调节量ΔS。Δh、ΔH与ΔS的关系为：

$$\Delta S=\frac{M+K_m}{K_m}\Delta h$$

$$=\frac{M+K_m}{K_m}\left(\frac{M}{M+K_m}\right)\Delta H=\frac{M}{K_m}\Delta H$$

张力式厚度自动控制系统 原理是通过改变前后机架间张力改变轧件塑性曲线的斜率，以此对板带进行厚度控制。由测量仪器直接测出轧钢轧出的厚度偏差，根据厚度偏差来微调机架之间（例如热连轧精轧机组最后两个机架）钢带上的张力T。张力微调可以通过调节精轧机的速度或调节活套机构的给定转矩来实现。张力变动所引起的厚度变化，可以用弹跳方程与轧制力方程的增量形式来表达：

$$\Delta h=\frac{K_m}{K_m-\frac{\partial P}{\partial h}}\Delta S+\frac{\frac{\partial P}{\partial T}}{K_m-\frac{\partial P}{\partial h}}\Delta T$$

当辊缝保持不变时，即$\Delta S=0$时，则有：

$$\frac{\Delta h}{\Delta T}=\frac{\frac{\partial P}{\partial T}}{K_m-\frac{\partial P}{\partial h}}$$

采用张力控制厚度，由于可以使轧制力不变，因此可以保持板形不变。但是，为了得到一定的厚度调节量，应有较大的张力变化。例如，欲使冷轧带钢厚度变化1.0%，而张力可能就需要变化10.0%。所以，为了保证轧制过程稳定地进行，以及使钢卷能卷得整齐，在厚度变化较大时，不能把张力作为唯一的调节量。一般张力调节法只用于调节小厚度偏差的情况，或作为精调，或用于因某种原因不能用辊缝作为调节量的情况。热轧厚度较薄的带钢，为了防止拉窄或拉断，张力的变化也不宜过大。所以，热轧厚度控制过程中，张力调节往往是与辊缝调节配合使用的。当厚度波动较大时，就采用辊缝调节的方法，而厚度波动减小时，便可采用张力微调进行厚度控制。

液压式厚度自动控制系统 依据轧机刚性可变控制的原理来实现厚度控制。为了消除厚度差，可以通过调节轧机液压系统中液压缸的流量来控制轧辊的位置，补偿因来料厚度差所引起的轧机弹跳变化量，此时液压缸所产生的轧辊位置修正量Δx，应与轧机的弹跳变化量成正比，但方向相反：

$$\Delta x=-C\frac{1}{K_m}\Delta P$$

式中C为轧辊位置补偿系数，轧机经过此种补偿后，带钢的轧出厚度差便不是Δh，而是变小了，其变化量$\Delta h'$为：

$$\Delta h'=\Delta h+\Delta x=\frac{\Delta P}{K_m}-C\frac{\Delta P}{K_m}=\Delta P/\frac{K_m}{1-C}$$

只要改变辊缝补偿系数C的数值，就可以达到轧机刚度可控的目的。

金属秒流量式厚度自动控制系统 利用金属在轧制前后体积不变原理来计算带材出口厚度，并加以控制的方法。根据轧制前后秒流量相等原则，并忽略宽展，可

以得到带钢出口厚差的表达式：

$$\Delta h=\frac{V_{\text{in}}}{V_{\text{out}}}\times(H^*+\Delta H)-h^*$$

式中H^*为入口设定厚度；h^*为出口设定厚度；ΔH为入口厚度偏差；V_{in}为入口秒流量，V_{out}为出口秒流量。根据出口厚度偏差可计算出辊缝的调节量，并用来消除这一出口厚度偏差。

厚度自动控制系统中的补偿控制 厚度补偿控制是厚度自动控制系统中不可缺少的组成部分，一般包括：支撑辊偏心对补偿控制、油膜厚度的补偿、板带宽度的补偿控制、轧制速度补偿、带钢尾部补偿等。

厚度检测装置 用于轧机中的测厚仪可以是接触式也可以是非接触式的。接触式的测厚仪适用于离线测量；非接触式测厚仪一般用于在线测量，包括光学测厚仪、同位素测厚仪和X射线测厚仪。

（邱洪双　龚殿尧）

胡为柏 Hu Weibo（1922-11-26～2001-03-22） 中国选矿工程专家。生于江西玉山县，卒于湖南长沙。1945年毕业于国立交通大学唐山工程学院矿冶系。1948年赴美国犹他大学冶金研究院攻读硕士，1949年8月获冶金学硕士学位，毕业后赴加利福尼亚大学伯克利分校任教。1950年9月回国，先后任北洋大学冶金系副教授及北京工业学院冶金系教授。1952年参与筹备组建中南矿冶学院，先后任中南矿冶学院、中南工业大学教授、选矿系主任、矿山系主任。

中国矿物加工工程学科的奠基者和开拓者之一。参与建立了中国选矿人才培养的教学体系。翻译出版了《选矿厂设计》（1954）、《选煤厂设计》（1957）、《固体表面化学》（1966）等。主编了《中国的铜铅锌》（1953）、《近代跳汰理论》（1962）、《浮选过程的动力学》（1962）、《数学模型在矿物工程中的应用》（1983）、《浮选》（1989）等。1961年开始培养研究生，是改革开放以后中国第一位选矿工程专业博士生指导老师，积极倡导微细粒选矿、选矿数学模型等领域的研究，培养了一大批选矿专业的高级人才，为中国选矿事业作出了重要贡献。

（邱冠周）

胡熙庚 Hu Xigeng（1912-11～2001-06） 中国选矿工程专家。生于江苏武进，卒于湖南长沙。1939年毕业于北洋大学工学院矿冶系，获工学学士学位。1949年从美国犹他大学毕业，获硕士学位。1949年担任玻利维亚可罗可罗铜矿选矿厂副厂长。1952年回国，先后在清华大学与中南矿冶学院任教，任中南矿冶学院选矿系副主任。

长期致力于钨、锡、铅、锌、锑、铁、镍、汞、铝等选矿方面的研究。1953～1954年担任中苏合作科研项目——大冶铁矿选矿试验的中方课题负责人。1970年在湖北大冶铁矿成功采用废铁从含铜溶液中置换铜，并在生产上推广应用。1976年参加凡口铅锌矿无氰浮选试验获得全国科学大会奖、冶金部与湖南省科技奖。1987～1990年承担国家自然科学基金项目——硫化铜铅矿物分选及其应用理论研究。研究成果获国家科技进步奖个人特等奖、中国有色金属总公司科技进步个人特等奖、国家科委与中国有色金属工业总公司优秀成果一等奖。

著有《有色金属硫化矿选矿》（1987）、《锑矿选矿》和《汞矿选矿》（《选矿手册》第8卷，1990）、《浮选理论与工艺》（合著，1990）等，发表论文100多篇。

（胡岳华）

胡正寰 Hu Zhenghuan（1934-07-18～　） 中国冶金机械专家。祖籍湖北孝感，生于黑龙江哈尔滨。1956年毕业于北京钢铁学院（今北京科技大学）。曾任北京科技大学冶金机械教研室主任、机械工程系副主任、研究所所长，国家高效零件轧制研究与推广中心主任。兼任中国塑性工程学会理事长、中国特种轧制专业委员会主任委员、北京市政府专业技术顾问等职务。1997年当选中国工程院院士。

中国零件轧制技术的主要开创人。领导课题组将中国第一台自行设计制造的大型钢球轧机应用于工业生产，首次将快速加热、精密热斜轧一次成形技术应用于穿甲弹的钢芯生产。主持研究的斜轧与楔横轧生产线被国家计委和冶金工业部列为国家重点推广项目。所领导的课题组在全国27个省市推广零件轧制生产线近300条，其中16条出口到美国等国家。开发投产的零件500多种，累计生产500多万吨，使中国的轴类零件轧制技术进入世界先进行列。

获国家级奖5项，省部级一、二等奖10多项，获中国机械工程学会科技成就奖1项，发明专利10多项。1986年被评为国家级有突出贡献中青年专家，获全国五一劳动奖章。1992年被评为全国优秀科技工作者。发表论文150多篇，出版专著5本。

（姜　曦）

化学迁移反应 chemical transportation reaction 凝聚态物质与气体结合生成气态化合物，迁移到另一温度与压力的环境，又自行分解，达到物质的提纯或改变物理状态（或二者兼有）的反应。如凝聚相物质M（单质或化合物）与气体A（单质或化合物）在一定温度t_1及压力p_1下结合生成气态化合物M_xA_y：

$$x\mathrm{M}_{(\text{固与液})}+y\mathrm{A}_{(\text{气})}\underset{t_2,p_2}{\overset{t_1,p_1}{\rightleftharpoons}}\mathrm{M}_x\mathrm{A}_{y(\text{气})}$$

此气态中间产物M_xA_y迁移到另一温度为t_2、压力为p_2的环境，由于物理条件的变化又自行分解为M及气体A。化学迁移反应在冶金中具有代表性的应用有碘化法、羰基法和歧化反应等。

碘化法 以碘化法提纯锆为例：

$$\mathrm{Zr}_{(\text{固})}+4\mathrm{I}_{(\text{气})}\underset{1350\sim1450^\circ\mathrm{C}}{\overset{200\sim280^\circ\mathrm{C}}{\rightleftharpoons}}\mathrm{ZrI}_{4(\text{气})}$$

提纯过程在真空下有炽热灯丝的碘化炉内进行（见图）。碘蒸气与反应器周边的原料粗锆在200～280℃下反应生成气体ZrI_4，后者扩散到用电流加热到1450℃的

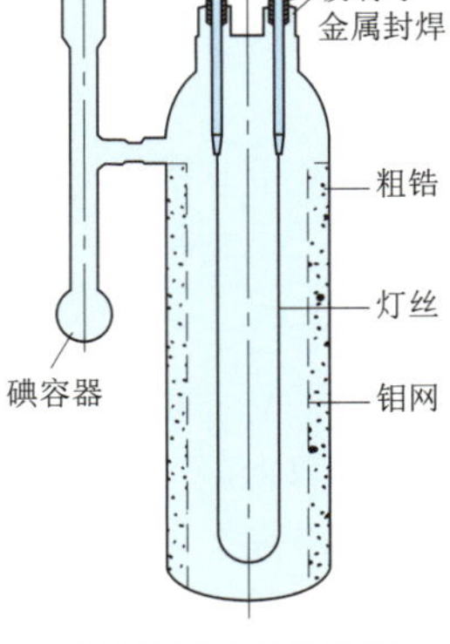

碘化法提纯锆示意图

化学迁移反应与转化温度

迁移反应	条件	ΔG° 或 ΔG/J	转化温度/℃	金属迁移方向
$Zr_{(固)}+4I_{(气)} \rightleftharpoons ZrI_{4(气)}$	标准状态 $p_{ZrI_4}=1\times10^2$帕 $p_I=1\times10^2$帕	$-789\ 500+331.8T$ $-789\ 500+504.0T$	2106 1293	由低温向高温
$Ni_{(固)}+4CO_{(气)} \rightleftharpoons Ni(CO)_{4(气)}$	标准状态 $p_{Ni(CO)_4}=2\times10^7$帕 $p_{CO}=2\times10^7$帕	$-160\ 750+418.1T$ $-160\ 750+286.0T$	111 289	由低温向高温
$2Al_{(液)}+AlCl_{3(气)} \rightleftharpoons 3AlCl_{(气)}$	标准状态	$369\ 780-242.4T$	1252	由高温向低温

钨丝上进行分解，将纯锆沉积在钨丝上，成为“结晶棒”。碘化法还用于提纯钛、铪、钒、铌、钽、钍等金属。

羰基法　用羰基法制备不同形态的高纯镍，采用了化学迁移反应原理：

$$Ni_{(固)}+4CO_{(气)} \underset{300℃}{\overset{180\sim200℃}{\rightleftharpoons}} Ni(CO)_{4(气)}$$

使气相产物羰基镍在不同于生成时的条件下分解，可获得不同粒度的纯镍粉、镍丸、镍薄膜、镍表面覆盖层或镍单晶等。羰基法制取纯镍粉已有工业规模生产。羰基法还用于制备纯铁、钴、铬、钼、钨等金属粉，也可以制备一定组成的合金粉。

歧化反应　用铝的一价氯化物的歧化反应从铝或铝合金（如铝铁或铝硅合金）中提取纯铝：

$$2Al_{(液)}+AlCl_{3(气)} \underset{600℃}{\overset{1300℃}{\rightleftharpoons}} 3AlCl_{(气)}$$

化学迁移反应是一个可逆反应，它必要的热力学条件是：①生成气相中间产物的反应自由焓表达式$\Delta G=A+BT$中A与B的符号必须相反。②反应向逆方向进行的转化温度$T=(\frac{A}{B})$必须是一个便于操作的温度。如果温度太高，则可采用真空以降低此温度。高压操作可提高反应速度，改善动力学条件。被迁移物质M的迁移方向取决于生成气相中间产物反应的焓变ΔH（即A）的符号（见表）。

（冀春霖　车荫昌）

化学热处理　thermo-chemical treatment　利用化学反应、有时兼用物理方法改变钢件表层化学成分及组织结构，以便得到比均质材料更好的技术经济效益的**金属热处理**工艺。由于机械零件的失效和破坏大多数都萌发在表面层，特别在可能引起磨损、**疲劳**、**金属腐蚀**、氧化等条件下工作的零件，表面层的性能尤为重要。经化学热处理后的钢件，实质上可以认为是一种特殊复合材料。心部为原始成分的钢，表层则是渗入了合金元素的材料。心部与表层之间是紧密的晶体型结合，它比电镀等表面保护技术所获得的心、表部的结合要强得多。

目的　主要是：①提高零件的耐磨性。采用钢件渗碳淬火法可获得高碳马氏体硬化表层，合金钢件用渗氮方法可获得合金氮化物的弥散硬化表层，用这两种方法获得的钢件表面硬度分别可达洛氏硬度HRC58～62及维氏硬度HV800～1200。另外在钢件表面形成减磨、抗黏结薄膜以改善摩擦条件，同样可提高耐磨性。例如，蒸汽处理表面产生四氧化三铁薄膜有抗黏结的作用；表面硫化获得硫化亚铁薄膜，可兼有减磨与抗黏结的作用。多元共渗工艺，如氧氮渗、硫氮共渗、碳氮硫氧硼五元共渗等，能同时形成高硬度的扩散层与抗黏或减磨薄膜，有效地提高零件的耐磨性，特别是抗黏结磨损性。②提高零件的疲劳强度。渗碳、渗氮、软氮化和碳氮共渗等方法，都可使钢零件在表面强化的同时，在零件表面形成残余压应力，有效地提高零件的疲劳强度。③提高零件的抗蚀性与抗高温氧化性。例如，渗氮可提高零件抗**大气腐蚀**性能；钢件渗铝、渗铬、渗硅后，与氧或腐蚀介质作用形成致密、稳定的Al_2O_3、Cr_2O_3、SiO_2保护膜，提高抗蚀性及高温抗氧化性。

通常，钢件硬化的同时会带来脆化。用表面硬化方法提高表面硬度时，仍能保持心部处于较好的韧性状态，因此它比零件整体淬火硬化方法能更好地解决钢件硬化与其韧性的矛盾。化学热处理使钢件表层的化学成分与组织同时改变，因此它比高、中频电感应、火焰淬火等表面淬火硬化方法效果更好。如果渗入元素选择适当，可获得适应零件多种性能要求的表面层。

类别　化学热处理的方法繁多，多以

化学热处理类别及效用

类别	表面硬度	耐磨性	抗疲劳性	抗氧化性	抗蚀性	适用钢种
渗碳	HRC56～62	良	良			低碳钢及低碳低合金钢
渗氮	HV600～1200	优	良		良	含铬、钼、铝、钒、钨的合金结构钢或工、模具钢
碳氮共渗	HRC56～63	良	良		略提高	低、中碳钢及低、中碳低合金钢
渗硼	HV≥1200	特优			优	工、模具钢及结构钢
渗硫		优				工、模具钢
渗硅				优	优	耐热钢、钨钼合金
渗铝				优	优	耐热钢、不锈钢
渗铬	HV200～600	优		优	优	工、模具钢，耐热钢，不锈钢，结构钢
碳化物涂覆（Ti、V、Nb）	HV2400～3000	特优			优	工、模具钢，硬质合金
硫氮或硫碳氮共渗	HV600～1200	优	良		良	同渗氮
硼硅或硼氮碳共渗	HV>1200	优	良			同渗硼
铬铝、铬硅或铬铝硅共渗		优		优	优	同渗铬

渗入元素或形成的化合物来命名，例如渗碳，渗氮，渗硼，渗硫，渗铝，渗铬，渗硅，碳氮共渗，氧氮化，硫氰共渗和碳、氮、硫、氧、硼五元共渗，以及碳(氮)化钛覆盖等。各种化学热处理的效用和适用钢种见表。

应根据零件的性能要求以及工艺的易行性与经济指标，合理地选用工艺类型。例如，渗碳与渗氮可提高零件的耐磨性，但渗碳是在高温（900～1000℃）下进行，在不太长的时间内（6～10小时）可获得可观的渗层，故一般要求硬化层较深（0.9～2.5厘米）的耐磨零件多采用渗碳处理，既可满足性能要求，又较经济。当零件尺寸变形要求很严时，采用低温（500～600℃）进行的渗氮处理，可保证零件尺寸精度；但渗氮层增厚缓慢，渗氮时间常需十几甚至几十个小时，是一种不经济的方法。

化学热处理的基本过程 化学热处理包括3个基本过程：①化学渗剂分解为活性原子或离子的分解过程。②活性原子或离子被钢件表面吸收和固溶的吸收过程。③被渗元素原子不断向内部扩散的扩散过程。

分解过程 化学渗剂是含有被渗元素的物质。被渗元素以分子状态存在，它必须分解为活性原子或离子才可能被钢件表面吸收及固溶，很难分解为活性原子或离子的物质不能作为渗剂使用。例如普通渗氮时不用氮而用氨，因为氨极易分解出活性氮原子[N]：

$$2NH_3 \rightleftharpoons 3H_2 + 2[N]$$

根据化学反应热力学，分解反应产物的**自由能**必须低于反应物的自由能，分解反应才可能发生。但仅满足热力学条件是不够的，在生产中实际应用还必须考虑动力学条件，即反应速度。提高反应物的浓度和反应温度，虽然均可加速渗剂的分解，但受材料或工艺等因素的限制。在实际生产中，使用催化剂以降低反应过程的激活能，可使一个高激活能的单一反应过程变为由若干个低激活能的中间过渡性反应过程，从而加速分解反应。铁、镍、钴、铂等金属都是使氨或有机碳氢化合物分解的有效催化剂，所以钢件表面本身就是很好的催化剂，渗剂在钢件表面的分解速率比其单独存在时的分解速率可以提高好几倍。

吸收过程 工件表面对周围的气体分子、离子或活性原子具有吸附能力，这种表面的物理或化学作用称为固体吸附效应（见**晶体表面**）。气体分子或者被钢件表面吸附，并且由于铁的催化作用而使其加速分解为活性原子；或者先分解为活性原子或离子，再被钢件表面吸附。以上两种情况何者为主，视工艺而定。被吸附的活性原子或离子在钢件表面溶入铁的晶体点阵内，形成固溶体。如果被渗元素的浓度超过了该元素在铁中的固溶度，则形成相应的金属间化合物（见**合金相**），这些过程称为吸收过程。

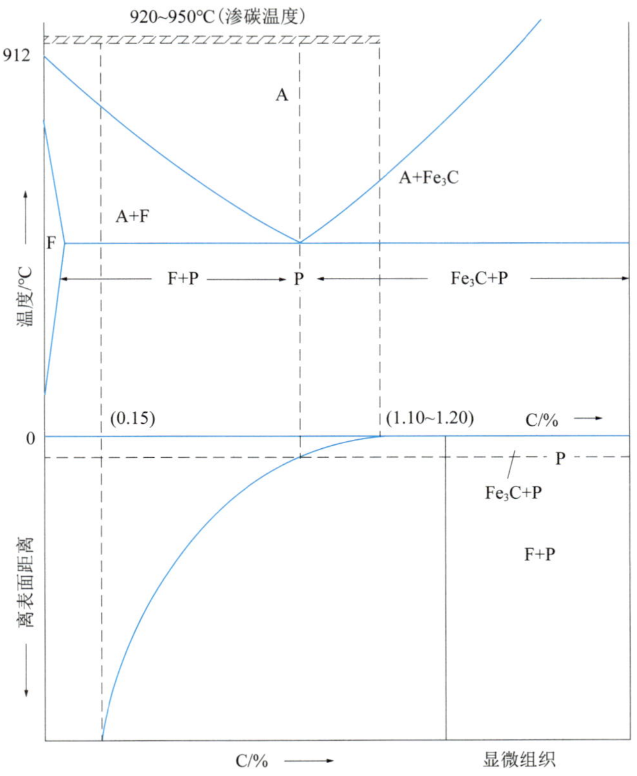

图1 铁碳合金相图与渗碳层缓冷组织和碳浓度变化关系（P为珠光体 F为铁素体 A为奥氏体）

扩散过程 渗入元素的活性原子或离子被钢件表面吸收和溶解，必然不断提高表面的被渗元素的浓度，形成心部与表面的浓度梯度。在心、表部之间浓度梯度的驱动下，被渗原子将从表面向心部扩散。在固态晶体中原子的扩散速率远低于渗剂的分解和吸收过程的速率，所以扩散过程往往是化学热处理的主要控制因素。这就是说强化扩散过程是强化化学热处理生产过程的主要方向。由扩散方程（见**金属中的扩散**）可知，提高温度，增大渗入元素在金属中的扩散常数，减小其扩散激活能的因素均可加速扩散过程。由于化学热处理的3个过程是相互联系的，在某些具体条件下分解与吸收两个过程也有可能成为主要控制因素。

渗层组织的形成规律 对一定的渗入温度，在缓慢冷却的情况下，渗层组织的形成遵循**合金相图**的规律；在化学热处理后进行淬火的情况，则要考虑淬火组织的特点。但不论何种情况，渗层均可当作含有较高渗入元素浓度的材料来考虑，需要注意的是渗入元素的浓度是有梯度的。

以比较简单的渗碳层为例。经渗碳后，表面碳浓度一般为0.9%～1.2%，其浓度变化曲线如图1所示。在渗碳温度（920℃）时，渗碳层为高碳奥氏体，心部为低碳奥氏体。总之，整个截面是单相奥氏体组织。如果缓慢冷却到室温，那么其组织基本上遵循铁碳平衡图的规律变化。碳浓度超过共析浓度的最表层将会沿奥氏体晶界析出**渗碳体**，其组织相当于过共析钢的退火组织；碳浓度为共析浓度的次表层，其组织相当于共析钢的退火组织；碳浓度从共析浓度降至心部浓度的过渡层，其组织相当于相应碳浓度的亚共析钢的退火组织。通常渗碳后需重新加热进行淬火及低温回火，这时各层的组织则是相应碳浓度的钢的淬火及低温回火组织。

再以复杂的渗氮为例。渗氮温度较低，在520～580℃范围。从铁氮合金相图（图2)可以看到，渗氮是在铁素体相中进行的。这是由于：①氮在体心立方点阵的铁素体中的扩散系数D_N^F比在面心立方点阵的奥氏体中的扩散系数D_N^A大得多，例如在600℃时，D_N^F为1428×10^{-11}厘米^2/秒，而D_N^A则只有0.70×10^{-11}厘米^2/秒。②在这个温度范围钢件表面具有更好的吸附氮的能力。③超过580℃时，渗氮层硬度将显著降低。由于氮在铁素体中的溶解度很小，渗氮过程中表面的氮浓度很快就会超过其溶解度而形成铁氮金属间化合物。这种在渗入温度就有形成新相的化学反应发生的扩散过程，称为反应扩散。从铁氮合金相图可知，铁与氮可以形成以下几种相：α为N溶解在αFe中的间隙固溶体（即含氮铁素体）；γ为N溶解在γFe中的间隙固溶体（即含氮奥氏体）；γ′为Fe_4N金属间化合物；ε为$Fe_{2\sim3}N$金属间化合物；ζ为Fe_2N金属间化合物。在渗氮过程中，当表面氮浓度超过氮在αFe中的溶解度时，就形成γ′相（Fe_4N），继而γ′相的层厚增加，γ′相的氮浓度也增加。当γ′相的氮浓度超过氮在γ′相中的最高溶解度时，就形成ε相（$Fe_{2\sim3}N$），继而ε相的层厚增加，

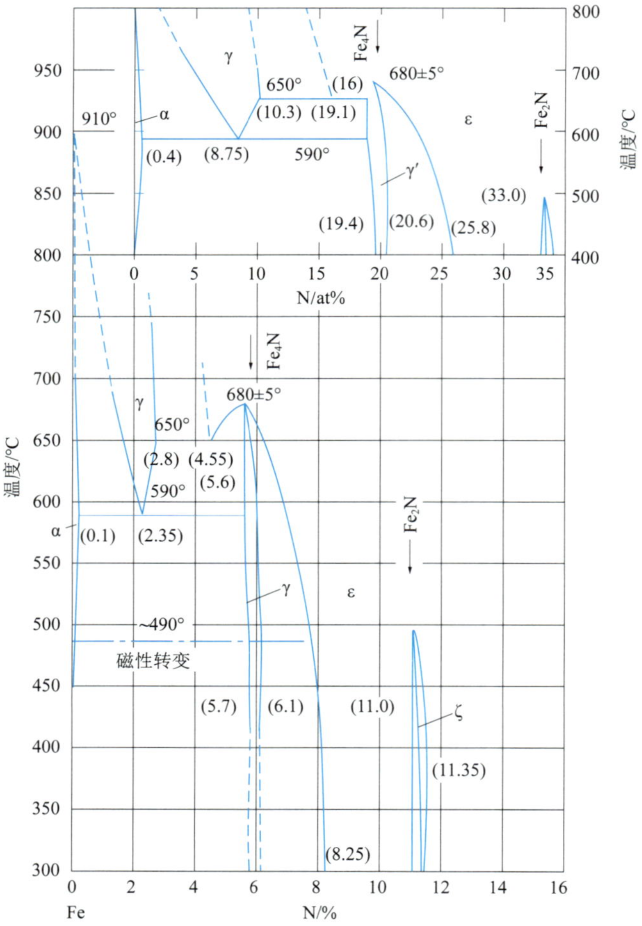

图2 Fe-N系相图

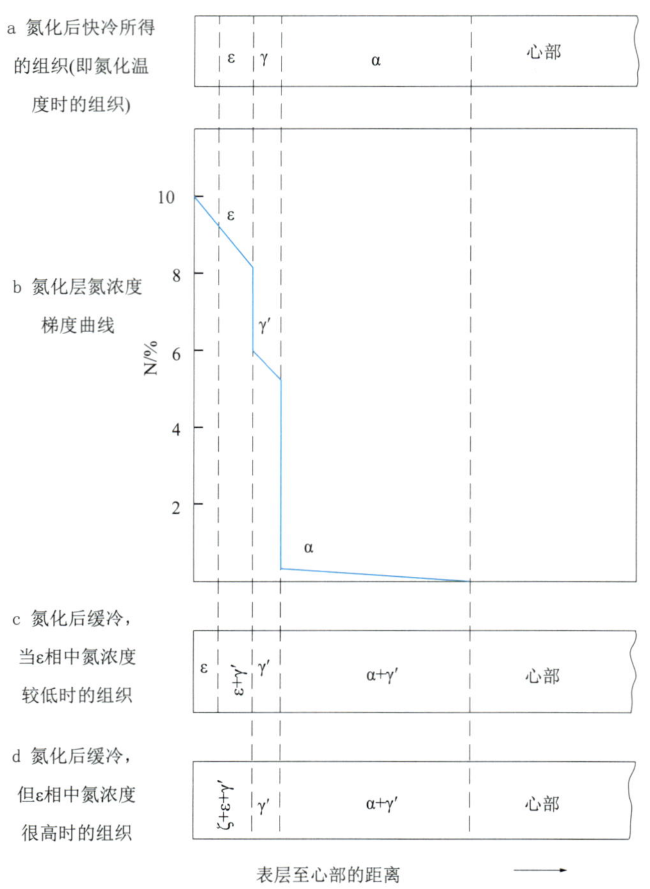

图3 在500～590℃进行氮化时氮化层组织和氮浓度变化示意图

ε相的氮浓度也增加。此时从表及里的组织依次为：ε→γ′→α（图3a）。氮浓度变化的曲线具有浓度突变特征（图3b）。如果渗氮后缓慢冷却至室温，那么由于溶解度随温度变化而变化，所以可在ε相中析出γ′相，α相中析出γ′相，此时的渗氮层组织由表及里将依次为：ε→ε+γ′→γ′→α+γ′（图3c）。渗氮后不需重新加热淬火就能获得极高的表层硬度。如果钢中含有铝、铬、钼等其他与氮的亲和力更大的合金元素，那么渗氮层就存在相应元素的氮化物，可以获得更高的硬度。

化学热处理工艺 化学热处理工艺包括渗剂的化学组成和配比、渗剂分解反应过程的控制和参数测定、渗入温度和时间、工件的准备、渗后的冷却规程及热处理、化学热处理后工件的清理以及装炉量等。无论何种化学热处理工艺，若按其渗剂在化学热处理炉内的物理状态分类，则可分为固体渗、气体渗、液体渗、膏糊体渗、液体电解渗、等离子体渗和气相沉积等工艺。

固体渗 所用的渗剂是具有一定粒度的固态物质。它由供渗剂（如渗碳时的木炭）、催渗剂（如渗碳时的碳酸盐）及填料（如渗铝时的氧化铝粉）按一定配比组成。这种方法较简便，将工件埋入填满渗剂的铁箱内并密封，放入加热炉内加热保温至规定的时间即可，但质量不易控制，生产效率低。

气体渗 所用渗剂的原始状态可以是气体，也可以是液体（如渗碳时用煤油滴入炉内）。但在化学热处理炉内均为气态。对所用渗剂的要求是：易于分解为活性原子、经济、易于控制、无污染、渗层具有较好性能。很多情况下可用其他气体（如氢、氮或惰性气体）将渗剂载入炉内，例如渗硼时可用氢气将渗剂BCl_3或B_2H_6载入炉内。等离子体渗法是气体渗的新发展，即辉光离子气渗法，最早应用于渗氮，后来被应用于渗碳、碳氮共渗、硫氮共渗等。气相沉积法也是一种气渗的新发展，主要应用于不易在金属内扩散的元素（如钛、钒等）。主要特点是气态原子沉积在钢件表面并与钢中的碳形成硬度极高的碳化物覆盖层，或与铁形成硼化物等。

液体渗 渗剂是熔融的盐类或其他化合物，由供渗剂和中性盐组成。为了加速化学热处理过程的进行，附加电解装置后成为电解液体渗。在硼砂盐浴炉内渗金属的处理法，主要应用于钛、铬、钒等碳化物形成元素的渗入。

（李承基 关卓明 撰 李 伟 修订）

化学选矿 chemical mineral processing 利用矿物间化学性质的差异，采用化学处理或化学处理与物理选矿相结合的方法，使矿物原料中的有用组分得到富集或提纯，以获得精矿或单独产品的过程。处理贫细杂等难处理矿物原料、矿冶三废及保护环境的重要方法之一。

简史 中国西汉初年（前2世纪）已采用铁屑从胆水中置换铜。著于公元前1世纪至公元1世纪的《神农本草经》中曾有水银提金的记载。10世纪开始用胆铜法生产铜。1887年开始用氰化法从矿石中浸出金银，这开辟了近代化学选矿的道路。20世纪40年代以来，世界各地出现了铜浸取工厂，生产镍、钴的化学选矿厂和铀浸取工厂等。60年代后**焙烧**、**浸取**和溶液净化分离工艺飞跃发展，特别是溶剂萃取和离子交换技术的应用，使过去难于解决的、性质非常相近的许多稀有和稀土金属分离问题得以解决。20世纪70年代以来，在处理难选矿石时越来越趋向于采用化学选矿与物理选矿相结合的流程，以综合利用矿物资源。

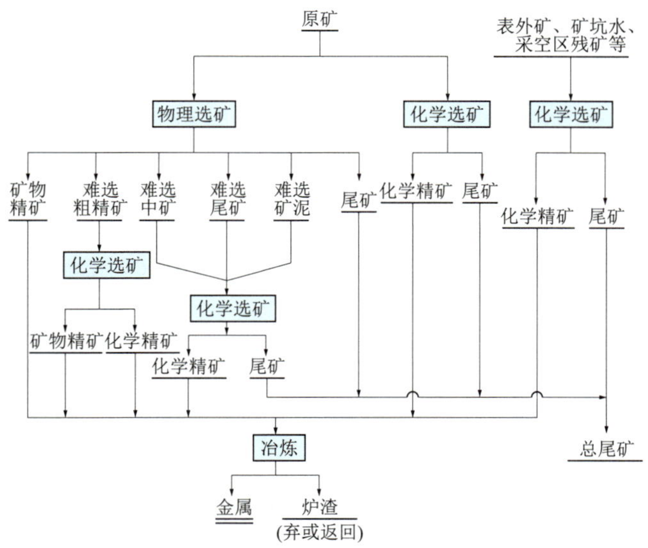

图1 化学选矿与物理选矿及冶金的关系

特点 化学选矿除处理难选***原矿***外，还可有效处理物理选矿的***中矿***、***尾矿***、***粗精矿***、混合精矿及三废产物。

化学选矿与***火法冶金***和***湿法冶金***关系密切，均是利用矿物之间的化学性质差异，用无机化学、有机化学、分析化学、物理化学、电化学和化工等学科的基本原理解决各自学科所遇到的工艺问题，但处理对象、产品的形态及工艺细节又有差异（图1）。化学选矿一般用于处理有用组分含量低、杂质组分含量高的矿物原料，产出的为化学精矿（人造有用组分富集物）或粗金属。而各种冶金方法处理的是化学选矿或物理选矿得到的精矿，有用组分含量高，杂质组分含量低，产品一般为金属成品。所以，化学选矿必须采用有别于冶金的工艺和方法，才能在处理难选矿物原料中达到经济上合理、技术上可行的目标。

由于化学选矿过程需消耗大量的化学试剂，生产成本较高，通常应尽可能利用生产成本较低的物理选矿法处理矿物原料，仅在物理选矿法无法处理或达不到合格的技术经济指标时，才考虑采用化学选矿工艺。采用化学选矿工艺时，应尽可能采用物理选矿和化学选矿的联合流程，物理选矿作业可位于化学选矿作业之前，也可位于其间或其后。采用化学选矿工艺时，应尽可能采用闭路循环流程，以使试剂再生回收和水循环使用，防止化学选矿过程的二次污染。

工艺 化学选矿的基本工艺过程包括矿物原料准备、矿物原料预处理、***矿物原料浸出***、浸出矿浆的***固液分离***、浸出液的净化和富集、制取化学精矿。典型的化学选矿原则流程如图2所示。

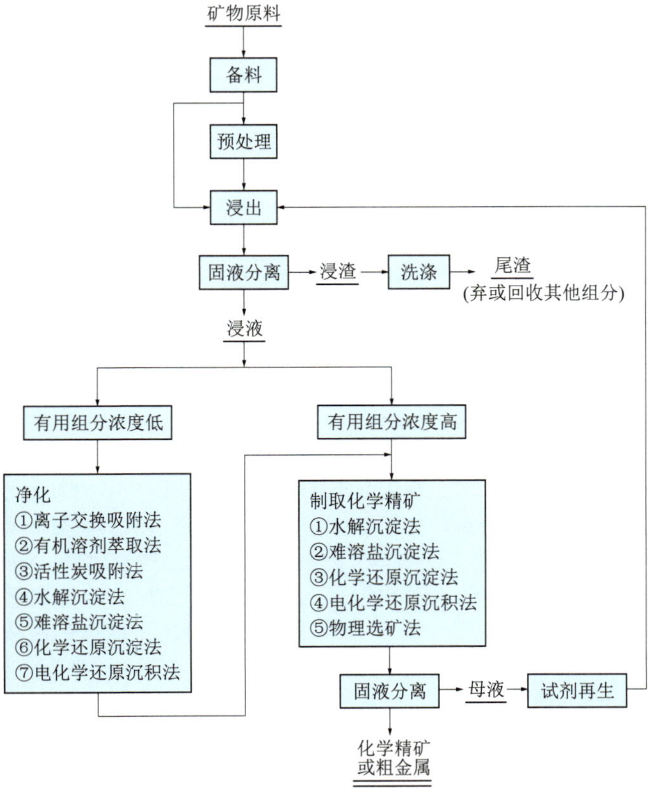

图2 化学选矿原则流程

矿物原料准备 包括矿物原料破碎筛分、磨矿分级等作业。其目的是使矿物原料碎磨至一定粒度，为后续作业准备细度、浓度合适的物料或混合料，以提高矿物原料的分解率。有时还需采用物理选矿法预先除去矿物原料中的某些有害杂质，提高有用组分含量；有时需将矿物原料与化学试剂配料、混匀等。

矿物原料预处理 采用焙烧、热压浸出、生物氧化等对矿物原料进行预处理，使目的组分矿物转变为易浸或易于物理分选的形态，使部分杂质矿物分解挥发，使包体裸露，使脉石转变为难浸的形态，改变矿物原料的结构构造，使其疏松多孔。

矿物原料浸出 采用相应浸出工艺使目的组分或杂质组分选择性地溶于浸出剂中，使有用组分与杂质组分或各有用组分相分离，通常浸出含量少的组分。浸出原料可为矿物原料、矿物原料预处理产物或物理选矿后的粗精矿、难选中矿或尾矿等。可采用相应方法从浸出液或浸出渣中回收有用组分。

浸出矿浆的固液分离 常采用沉降倾析、过滤和分级等方法进行浸出矿浆的固液分离，以获得供后续作业处理的澄清溶液或含少量细矿粒的稀矿浆。固液分离方法除用于处理浸出矿浆外，还常用于化学选矿的其他作业，使沉淀物与溶液分离。化学选矿中的固液分离，不仅使固体和液体分离，而且要求对沉淀物（滤饼）进行彻底洗涤，以提高有用组分回收率。

浸出液的净化和富集 为了产出高质量的化学精矿，常采用离子交换吸附法、活性炭吸附法、有机溶剂萃取法、难溶盐沉淀法、化学还原沉淀法、电化学还原沉积法和物理选矿法等对矿物原料浸出液进行净化和富集，以除去某些杂质或使有用组分相互分离，产出有用组分含量较高的净化液。

制取化学精矿 常采用***水解沉淀***法、难溶盐沉淀法、化学还原沉淀法、电化学还原沉积法和物理选矿法等从净化液中沉淀析出化学精矿。也可采用炭浸法、树脂矿浆法、矿浆直接电积法或物理选矿法等直接从浸出矿浆中提取有用组分，省去或简化固液分离作业。有时可将浸出、净化和制取化学精矿等作业组合在一起进行，以提高化学选矿过程的技术经济指标。

应用 化学选矿用于处理难选的有色金属、非金属矿物原料，如铁、锰、钛、铜、铅、锌、钨、钼、铼、锡、金、银、钽、铌、钴、镍、铀、钍、稀土金属、铂族金属、磷、铝、石墨、金刚石、高岭土、石英等矿物原料的化学选矿。除大规模用于从难选原矿、物理选矿粗精矿、物理选矿难选中矿、物理选矿尾矿、表外矿、废石、废旧材料（含金、银、铂族金属等）等固体矿物原料中回收某些有用组分或除杂提纯外，还可从矿坑水、洗矿水和海水中提取某些有用组分。

（黄礼煌）

化学选矿药剂 chemical mineral processing reagent 在焙烧、浸出、固液分离、浸出液的净化及制取化学精矿等*化学选矿*过程中添加的药剂。

简史 早在公元前2世纪，中国有采用铁置换硫酸铜溶液中铜的记载，这是化学选矿中沉淀剂的应用实例。宋时已利用微生物浸出剂浸矿进行铜的生产。1752年，西班牙也发现酸性氧化铜矿石堆中有铜浸出的现象。1887年，氰化物开始作为浸出剂浸金使用。20世纪40年代，酸性浸出剂和碱性浸出剂开始用于铀矿的浸出，磷酸三丁酯等萃取剂开始用于铀的萃取。1964年，美国合成了商品名为LIX63的萃取剂，1965年又合成LIX64的萃取剂，首先在工业中应用于铜的萃取。60年代以后，化学选矿药剂实现广泛应用，已经用于难处理矿石、冶金废渣处理，以及物理选矿的*尾矿*、*中矿*、难处理精矿等的化学选矿，粗精矿的除杂，矿坑水、废水及海水中有用成分的提取等。

作用和要求 化学选矿药剂是使矿石中的有用组分转化为易于物理分选的矿物形态或可溶性化合物，并采用溶剂选择性地溶出有用组分，再利用溶液中各组分物理化学性质的差异使有用组分得到分离富集。化学选矿药剂处理的对象一般为当前技术条件下采用物理选矿难于处理的低品位矿石、粗精矿、尾矿、废石、冶炼渣等矿物原料，要求化学选矿药剂对目标元素具有强的作用能力和好的选择性。化学选矿过程中涉及大量的化学添加剂和一系列的化学反应，因此应尽量选用无毒或低毒药剂，降低对环境的影响。

分类 化学选矿药剂主要分为焙烧添加剂、浸出剂、萃取剂、离子交换与吸附剂、沉淀剂等。

焙烧添加剂 主要作用是使难处理矿物原料中的目的矿物组分转化为易于提取的物相，促进矿石分解，脱除杂质，降低焙烧温度等。焙烧添加剂按照功能作用，可分为氧化剂、还原剂、氯化焙烧添加剂、钠化焙烧添加剂、熔剂、燃料等。按照化合物类型，可分为气体，无机酸、碱、盐及矿物类，有机添加剂，炭类添加剂，硫黄等。同一种添加剂在焙烧过程中可能起到一种或多种作用。焙烧添加剂可以在焙烧时添加，也可以提前与矿石混合，或在造块时添加。

气体 主要包括氧气（空气）、一氧化碳、氢气、水煤气、氯气等。其中氧气（空气）可以使硫化矿物在焙烧过程中全部或部分脱硫转化为金属氧化物或金属硫酸盐；一氧化碳、氢气和水煤气可将金属氧化物还原为低价金属氧化物或金属；氯气可使银、汞、铜、铅、锌、镉等的氧化物氯化。

无机酸、碱、盐及矿物类添加剂 无机酸、碱、盐主要包括浓硫酸、氢氧化钠、碳酸钠、氯化钠、硫酸钠等。浓硫酸可以使稀土精矿等目的矿物组分分解转化为硫酸盐；氢氧化钠、碳酸钠、氯化钠、硫酸钠等钠化合物可以使目的矿物组分转化为可溶性钠盐；氯化钠、硫酸钠还可以使目的矿物组分转化为可溶性氯化物或硫酸盐。矿物类添加剂包括生石灰、消石灰、石灰石、白云石等熔剂，也包括含有某些化学成分、可使焙烧矿物发生化学转化或分解的矿物。

有机添加剂 主要包括淀粉、木质素、纤维素及其衍生物等高分子化合物。它们可以还原矿石中的高价氧化物，如二氧化锰等，同时还能起到黏结剂和燃料的作用。

其他添加剂 煤和焦炭等炭类添加剂主要起到燃料的作用，其本身及焙烧过程中产生的一氧化碳具有还原作用。硫黄也有燃料和还原剂的作用，与一些矿物还可以反应生成硫酸盐。

浸出剂 主要用于化学浸出过程，包括酸性浸出剂、碱性浸出剂、盐类浸出剂以及微生物浸出剂等，应用较多的是酸性浸出剂。

酸性浸出剂 主要用于浸出碱性金属氧化物，如金属氧化矿或金属硫化矿的焙砂。为避免酸性浸出剂的损耗，要求矿石含有较多的酸性脉石。常用的酸性浸出剂有硫酸、盐酸、硝酸、氢氟酸、亚硫酸、王水、氯气（液氯）、二氧化硫等。酸性浸出剂应用最广的是稀硫酸，常用于铜、镍、钴、磷等氧化物的酸浸，或配合微生物浸出剂、高价铁盐、氧气等氧化剂用于低品位铜、镍、钴等有色金属硫化矿、含砷硫化矿、铀矿、金矿的生物浸出或氧化浸出。

碱性浸出剂 主要包括氨水、氢氧化钠、碳酸钠、碳酸氢钠、硫化钠等，多用于处理含硫化矿较少、含碱性脉石较多的矿石。

盐类浸出剂 主要包括氯化钠、硫酸铵、氯化铵、次氯酸钠、氰化钠、氰化钾、碳酸钠、硫化钠等无机盐。氰化浸出金、银所用的浸出剂主要是氰化钠。由于氰化物浸出剂有剧毒，逐渐发展出了硫代硫酸盐浸出剂、硫脲浸出剂、石硫合剂等非氰浸出剂。

微生物浸出剂 包括细菌、真菌和藻类。微生物浸出剂可用于低品位硫化铜矿、难处理金矿、矿山酸性废水的处理以及煤的脱硫等。微生物浸出剂最早应用于低品位硫化铜矿的化学选矿，在浸出过程中，硫铁矿和硫化铜矿均可分解而进入浸出液，再经萃取、电积得到金属铜。难处理金矿中的金被包裹于黄铁矿、白铁矿、毒砂、磁黄铁矿等含硫、砷矿物中，可以利用细菌氧化解离硫化矿，使金颗粒暴露出来，再用氰化物或非氰浸出剂浸出金。

萃取剂 按化学性质可分为酸性萃取剂、碱性萃取剂、中性萃取剂和螯合萃取剂4种类型。

酸性萃取剂 也称液体阳离子交换剂。主要包括羧酸、磺酸及含磷类萃取剂。在萃取过程中，萃取剂活性基的氢与金属离子发生交换，其萃取机理为阳离子交换机理。如P204是一种二烷基磷酸酯，主要成分为二（2-乙基己基）磷酸酯，它可以从磷酸溶液中提取铀，分离钴、镍、稀土等。

碱性萃取剂 主要包括伯胺、仲胺、叔胺与季铵盐。用作萃取剂的有机胺多是具有较长碳链或支链的高分子胺类，其相对分子量通常在250～600之间。相对分子量小于250的烷基胺在水中的溶解度较大，使用时会导致萃取剂在水相中溶解损失，不宜作为萃取剂；相对分子量大于600的烷基胺一般是固体，在有机溶剂（稀释剂）中溶解度较小，萃取时分层困难，萃取容量低，因此也不适宜作为萃取剂。应用较广的碱性萃取剂主要有N235（主要成分是三烷基叔胺）和N263（成分为氯化甲基的一种季铵盐）等，用于萃取铀、金等多种金属离子。

中性萃取剂 包含有溶剂化作用的萃取剂。其萃取过程特性是，萃取剂和被萃物质均为中性分子，萃取产物即金属萃合物也是中性配合物。中性萃取剂有两种，一种是含有碳-氧键的有机萃取剂，如醚、酯、醇和酮等；另一种是磷与氧或硫键合的萃取剂，如烷基磷酸酯或烷基硫代磷酸酯。

螯合萃取剂 在萃取剂分子中同时含有两个或两个以上配位原子（或官能团），在萃取过程中与金属离子生成具有螯环状萃合物，即螯合物。如羟肟类化合物（LIX64等）的分子中同时含有羟基（-OH）和肟基（-NOH），具有良好的萃取选择性和较快的动力学速度。

离子交换与吸附剂 分为无机离子交换与吸附剂和有机离子交换与吸附剂。无机离子交换与吸附剂主要包括活性炭、硅胶、沸石、黏土、多孔陶瓷等；有机离子交换与吸附剂主要是离子交换树脂、吸附树脂和天然有机高分子吸附剂。化学选矿中使用的主要是活性炭和离子交换树脂。离子交换与吸附剂通常为球形、圆柱形或无定形的颗粒或粉末，具有较大的比表面积，对吸附质具有较大的吸附能力，具有良好的吸附选择性和再生性、足够的强度和耐磨性等。

活性炭　具有丰富的孔道和较大的比表面积，表面能较大，依靠分子间力（主要是范德瓦耳斯力）吸附微小粒子或离子。活性炭可用于炭浆法、炭浸法以提取氰化浸出液中的金、银。

离子交换树脂　一类具有三维交联结构和固定功能基的高分子聚合物，其功能基和吸附质发生离子交换而达到吸附效果。螯合树脂和氧化还原树脂通常也被归类为离子交换树脂。螯合树脂具有特定的功能基，能与吸附质发生螯合作用形成稳定的螯合环；氧化还原树脂带有具氧化或还原作用的功能基，与吸附质发生氧化还原反应。离子交换树脂广泛应用于金、银、钨、钼、铼、铀、稀土等的分离富集。

沉淀剂　主要包括化学沉淀剂和置换沉淀剂两大类。

化学沉淀剂　包括氢氧化物沉淀剂、硫化物沉淀剂、碳酸盐沉淀剂、钡盐沉淀剂、卤化物沉淀剂、有机物沉淀剂等。在化学沉淀剂的作用下，溶液中某种离子与沉淀剂结合后形成难溶化合物沉淀析出。

置换沉淀剂　主要是一些化学活性较强（标准还原电势小）、价格较低的金属，将它们加入另一种活性较弱（标准还原电势大）的金属盐溶液中后，能使后一种金属沉淀，沉淀出来的金属通常黏结在加入的金属表面。例如用铁屑置换铜，用锌粉置换金、银等。

扩展阅读

张泾生，阙煊兰.矿用药剂.北京：冶金工业出版社，2008.

黄礼煌.化学选矿.2版.北京：冶金工业出版社，2012.

杨松荣，邱冠周，胡岳华，等.含砷难处理金矿石生物氧化工艺及应用.北京：冶金工业出版社，2006.

切尔尼亚科A C.化学选矿.郑飞，译.北京：中国建筑工业出版社，1982.

（王　帅）

还原法制粉　reduction techniques of powders　利用还原剂还原氧化物及相应盐类制取**金属粉末**的技术。这是一种历史悠久的粉末制备技术。早在5000年前，古埃及人就利用此种技术成功制备了粉状**海绵铁**，其化学反应方程式是：

$$MeO+X \longrightarrow Me+XO$$

式中Me为生成氧化物MeO的任何金属；X为还原剂。还原剂的选择必须满足还原剂对氧的亲和力比相应金属对氧的亲和力大这一热力学必要条件，才能将金属氧化物还原。常用的还原剂有气体还原剂（氢、分解氨、煤气和转化天然气）、固体还原剂（碳、钠、镁和钙等）。

用固体碳作还原剂可以制取**铁粉**和**钨粉**。固体还原法制取铁粉主要是用木炭、焦炭、无烟煤还原铁鳞制取。瑞典利用固体碳还原再加上二次精还原工艺生产优质海绵铁粉。用钠、钙、镁等金属固体作还原剂还原金属的氧化物或卤化物，可制取钽、铌、钛、锆、钍、铀等稀有金属粉末。

气体还原法也可制取各种金属及合金粉末。用氢或者分解氨作还原剂，可以制取钨、钼、铁、铜、钴、镍等粉末；用转化天然气作还原剂，可以制取铁粉等。气体还原法中以流动层还原法生产效率最高，特别在制取铁粉过程中已被广泛采用。如以赤铁矿粉为原料，在480～540℃，用氢气还原4小时，就能获得纯度为98.5%的还原铁粉。

除热力学条件外，升高温度对还原过程中还原产物晶体形核和导致晶粒长大的原子扩散等动力学因素，具有十分重要的影响。选择既有利于还原反应，又能控制还原产物晶粒长大的温度是制备还原粉末的关键因素。

还原制粉技术生产的金属粉末粒度范围较宽，可从纳米级到微米级。根据需要可以制成针状，也可制成球状及复合粉末。

扩展阅读

黄培云.粉末冶金原理.2版.北京：冶金工业出版社，1997.

（范景莲）

还原熔炼　reduction smelting　在熔融状态下的还原性气氛中或加入还原剂的条件下，金属氧化物发生还原反应，产生熔融金属和熔渣的**火法冶金**过程。还原熔炼广泛用于钢铁、**铁合金**，以及重金属铅、锌、锡、锑、铋等的生产，如**高炉炼铁**或铁合金、腐殖土型红土镍矿电炉还原熔炼生产镍铁、密闭鼓风炉处理铅锌混合物料生产铅锌、澳斯麦特炉炼锡、液态高铅渣还原等。还原熔炼属熔池熔炼过程。

一般以金属氧化矿、硫化矿氧化焙烧或熔炼产物为原料，采用焦炭、煤或天然气等炭质还原剂作为还原剂和燃料，主要反应为：

$$C+O_2 \longrightarrow CO_2$$

$$CO_2+C \longrightarrow 2CO\text{（布多尔反应）}$$

$$MO+CO \longrightarrow M+CO_2$$

炉料中的焦炭或煤，既是燃料又是还原剂，具有双重功能，因为C部分燃烧为CO所释放的热量，仅占其完全燃烧成CO_2的1/3，因此，在维持热平衡和实现强的还原气氛之间存在矛盾。为了解决这一问题，部分难还原、需强还原气氛的金属生产，如高炉炼铁和密闭鼓风炉炼铅锌，采用科珀斯式热风炉预热鼓风的方式，使热平衡问题得以解决。还原熔炼原理如图所示。

由图可见，不同的金属氧化物还原所需的还原气氛强弱不同，铅、锡较易还原，而铁、锌还原难度较大，且随着温度的提高，ZnO变得比FeO易于还原。生产过程中，还原气氛的强弱，可通过控制C/O比调节。

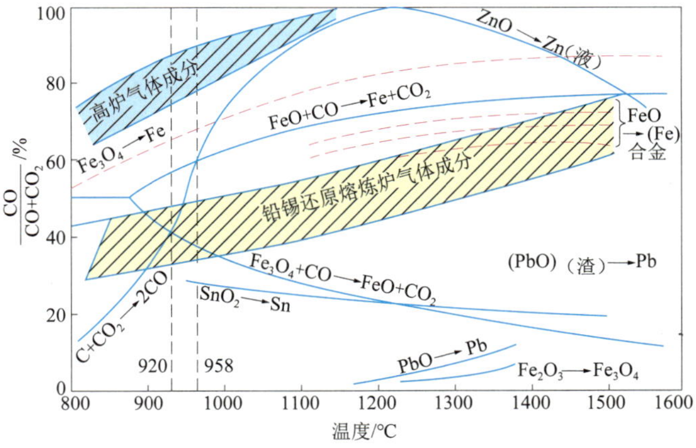

还原熔炼原理图

还原熔炼中，还原得到的金属，不与氧化物炉渣互溶，单独形成金属相，未还原的金属氧化物，形成炉渣相，与金属相分离。因此，对铁及铁合金还原熔炼，炉渣属$CaO-Al_2O_3-SiO_2$体系；铅、锡等有色金属冶炼炉渣，与铜、镍造锍熔炼炉渣相同，均属铁橄榄石渣系，即$CaO-FeO-SiO_2$体系。金属在炉渣中的损失，主要是以MO形式存在，但不排除在少数情况下，有已还原的金属因未能沉降分离而夹杂于炉渣中。渣含金属的高低，与MO还原难易程度、温度、还原气氛强弱、炉渣组成、反应过程动力学及渣与金属分离条件等多方面因素相关。

还原熔炼温度在1200～1500℃。锌的沸点仅有907℃，在密闭鼓风炉炼铅锌过程中，还原的锌随炉气从炉顶排出，采用铅雨冷凝器捕集回收。部分铁矿石含有少量锌，在高炉炼铁中，锌也会还原挥发进入炉气，经收尘富集于瓦斯灰中。

高炉炼铁和密闭鼓风炉炼铅锌，所需的还原气氛较强，炉气中除氮气外，主要为CO，因此称之为低热值煤气，可用作燃料或用于发电。

采用新型冶炼炉强化冶炼过程，是还原熔炼过程的发展趋势。例如铅、锡冶金中，新的富氧熔池熔炼炉，如浸没式顶吹炉、**富氧底吹炉**、**瓦纽科夫炉**等，已全面取代了传统的**鼓风炉**、**反射炉**。

扩展阅读

任鸿九，等.有色金属熔池熔炼.北京：冶金工业出版社，2001.

（刘志宏）

还原-氧化反应 reduction-oxidation reaction 有电子得失（化合价改变）的化学反应。在一个氧化还原反应中，一种物质被氧化，必然伴随着另一种物质被还原。例如：

$$FeO+C \longrightarrow Fe+CO \quad (1)$$

$$Zn+Cu^{2+} \longrightarrow Zn^{2+}+Cu \quad (2)$$

$$AlCl_3+2Al \longrightarrow 3AlCl \quad (3)$$

式(1)中，碳氧化为CO；FeO则还原为铁。式（2）中锌氧化为Zn^{2+}；Cu^{2+}则还原为铜。式（3）中，铝氧化为AlCl；$AlCl_3$则还原为AlCl。式（3）称为歧化反应（见**化学迁移反应**）。冶金工作者习惯上根据反应的主要目的或手段，给某个冶金过程命名为氧化过程或还原过程。例如，**高炉炼铁**过程中虽然有碳的氧化，但冶炼的目的是将铁矿石还原成铁，所以将高炉炼铁划入还原过程。又如白冰铜吹炼成铜的反应：

$$Cu_2S+O_2 \longrightarrow 2Cu+SO_2 \quad (4)$$

尽管有Cu_2S还原为铜，但吹炼的基本目的是用氧将白冰铜中的硫氧化除去以获得粗铜，所以称之为氧化吹炼。这种命名方法反映了冶金工作者在设计、研究和生产工艺上所侧重考虑的方面。

还原反应　冶金过程中常见的还原反应有3种：

碳热还原　碳为还原剂，被还原物来自氧化矿的矿石及其精矿粉的烧结块或球团，或硫化精矿的烧结块或焙砂。如高炉炼铁，**鼓风炉**炼铅，竖罐炼锌，电炉炼制**硅铁**、**锰铁**等均属此类型。

金属热还原　还原剂为金属，如Al、Si（更常用含Si75%的Fe-Si合金）、Mg、Ca、Na等。被还原物为氧化物或氯化物。如用铝热还原法生产钒铁，克劳尔（Kroll）法中用镁还原$TiCl_4$生产海绵钛等（见**金属热还原**）。

气体还原　还原剂为H_2、CO、CH_4、水煤气或其他气态碳氢化合物。如粉末冶金工业经常用氢还原氧化物以制取金属粉（如W、Mo、Fe等），再压制成形，烧结成产品。**湿法冶金**常在金属盐溶液中，采用**高压氢还原**法制取金属钴等。在高炉炼铁、鼓风炉炼铅中，除固体碳参加还原反应外，也有大量CO参加反应。

此外，利用不溶阳极或可溶粗金属阳极进行金属盐的酸性**水溶液电解**时，在阴极上析出金属（如Cu、Zn、Cd、Co、Ni等）的反应，以及高温**熔盐电解**生产铝、镁等的阴极反应，也可属于还原反应之列。

氧化反应　作为氧化反应来看待的冶金过程有4种：

氧化焙烧（包括烧结）　利用空气或富氧空气对硫化矿或其精矿粉焙烧去硫，形成金属氧化物或硫酸盐，例如：

$$ZnS+1\frac{1}{2}O_2 \longrightarrow ZnO+SO_2 \quad (5)$$

$$ZnS+2O_2 \longrightarrow ZnSO_4 \quad (6)$$

氯化焙烧　利用氯化剂在氧化气氛下对硫化矿焙烧去硫，得到金属氯化物，例如：

$$Cu_2S+4NaCl+2O_2 \longrightarrow 2CuCl_2+2Na_2O+SO_2 \quad (7)$$

上列反应是湿法冶金提取铜使用的氯化焙烧反应。

氧化吹炼　以纯氧气顶吹、底吹或顶底复合吹在转炉内由生铁炼成钢的过程中，脱硅、脱锰、脱碳及脱磷都是氧化反应；在**卧式转炉**内利用空气或富氧空气吹炼铜锍（冰铜）得到粗铜也是氧化反应。上述吹炼均属自热过程。

氧化精炼　利用氧化性炉渣或铁矿石为氧化剂，在平炉或电炉内炼钢，脱去杂质，其氧化反应和**转炉炼钢**时的反应相同。粗铜在反射炉内精炼，利用空气脱去粗铜内的Fe、Zn、Co、Sn、Pb、S等杂质。

此外，粗金属铸成阳极在其盐的酸性水溶液中的电化溶解，形成金属阳离子，如Ag^+、Au^{3+}、Cu^{2+}、Pb^{2+}、Ni^{2+}、Co^{2+}等，也可属氧化反应之列。

还原-氧化顺序　当有许多氧化物同时被还原或许多元素同时被氧化时，则存在还原氧化顺序的问题，也即选择性还原与氧化的问题。进入高炉的原料（矿石、熔剂及燃料）除Fe_2O_3外，尚含有CaO、MgO、Al_2O_3、SiO_2、MnO、P_2O_5等氧化物，也可能含有其他氧化物如R_xO_y（R表示稀土金属）、TiO_2、Nb_2O_5、V_2O_3、Cr_2O_3、Cu_2O、NiO、SnO、As_2O_5等。何种元素能被还原进入生铁，何种元素不能被还原而以氧化物进入炉渣？通过热力学分析可以回答此问题。从元素氧化的自由焓ΔG°对温度T的关系图（见**氧势图**）可看出，在高炉炉缸的温度范围（1300～1600℃）内，以图中部C氧化为CO的ΔG°线的位置为界，该图可分为3个区域。中间区域有若干元素如Mn、V、Nb、Cr等，其氧化反应的ΔG°线和碳氧化反应的ΔG°线相交。下部区域有若干元素如Ca、Mg、Ce、Al等，其氧化反应的ΔG°线在碳氧化反应的ΔG°线之下，而不与之相交。上部区域有若干元素，如Cu、Ni、P等，其氧化反应的ΔG°线在碳氧化反应的ΔG°线之上，也不与之相交。根据图内ΔG°线的位置得知：①在高炉的操作条件下，CaO、MgO、Al_2O_3及R_xO_y不能被还原而全部进入炉渣；Cu、Ni、Sn、P及As全部被还原，进入生铁。②MnO、Nb_2O_5、V_2O_3及Cr_2O_3则大部分被还原进入生铁，部分进入炉渣。③硅被还原进入生铁的部分则取决于高炉的操作条件，炉缸温度高，将使较多量的硅进入生铁。

炼制合金钢时，合金原料加入电弧炉的先后顺序取决于元素与氧的亲和力。根据元素在铁液中氧化的ΔG°与温度T关系图，可以按氧化反应自由焓变量的大小确定加料先后的顺序。

自由焓计算可以提供还原-氧化反应的理论分析依据。例如，根据式（8），硅在低于2470K时，不可能还原MgO：

$$Si_{(固)}+2MgO_{(固)} \longrightarrow 2Mg_{(气)}+SiO_{2(固)} \quad (8)$$

$$\Delta G^\circ=523000-211.71T\ (焦)$$

皮江法火法炼制纯镁采用白云石为原料：

$$Si_{(固)}+2(CaO\cdot MgO)_{(固)} \longrightarrow 2Mg_{(气)}+Ca_2SiO_{4(固)} \quad (9)$$

$$\Delta G^\circ=396640-216.73T\ (焦)$$

此时最低还原温度根据式（9）降低为1830K。当采用真空操作时，自由焓计算证明，在压力小于32毫米汞柱时，在1200℃即可顺利操作得到金属镁。这说明运用热力学分析能提供较合适的冶炼操作条件。

扩展阅读

HABASHI F. Principles of Extractive Metallurgy. New York: Gorden, 1970.

（魏寿昆）

环形加热炉 annular furnace 坯料在环形转动的炉底上边移动边加热的转底式*加热炉*。首尾相接的连续加热炉。小型锻造和热处理用的转底式加热炉通常是盘形炉，大型的通常是环形炉（见图）。

环形加热炉

环形加热炉由转动炉底、炉墙、炉顶、密封结构、传动装置以及燃烧、排烟、余热回收等系统构成。转动炉底与炉墙之间的缝隙采用水封装置密封。炉墙、炉顶和烟道等固定不动，坯料随转动炉底由进料口依次经过预热段、加热段和均热段后移送到出料口，完成加热过程。坯料的装炉与出炉由炉外的装、出料机来完成。

环形加热炉每装一批次坯料，炉底转动一个角度，然后再装下一批次坯料，装炉和出炉同时进行。转动炉底一般采用机械或液压传动形式驱动，炉底设有支撑辊和纠偏辊，用于支撑转动炉底并确保其平稳运行。燃烧装置一般安装在炉子的侧墙上，也可安装在炉顶；炉顶一般设置吊挂式隔墙；炉子的排烟口设在装料口附近，烟气流动与炉底转动方向相反，有利于高温烟气预热新入炉的料坯。

环形加热炉一般用于要求加热温度均匀和无法在其他机械化炉加热的异型坯的加热和热处理，如轧管车间圆形管坯加热、车轮和轮箍坯加热与热处理、模锻前异型坯等的加热等。对于规格品种多、长短不一、加热制度变化大的坯料的加热与热处理也常采用环形炉。

环形加热炉也应用于取向硅钢高温*退火处理*、*直接还原铁*生产、钢铁厂固废尘泥综合处理及复合矿的综合利用等领域。

扩展阅读

陆钟武.火焰炉.北京：冶金工业出版社，1995.

（蹇军强）

黄伯云 Huang Boyun（1945-11-24～ ）中国材料与粉末冶金专家。生于湖南南县。1969年毕业于中南矿冶学院特种冶金系。1980年赴美留学，先后获艾奥瓦大学工学硕士、博士学位。1986年进入美国田纳西大学从事材料学博士后研究工作。

1988年回国后，历任中南工业大学粉末冶金研究所教授、总工程师、副所长、所长，中南工业大学副校长、校长，中南大学常务副校长、校长。中国材料研究学会第五届、第六届理事长。中国科学技术协会第七届、第八届全国委员会副主席，中国人民政治协商会议第十一届全国委员会委员，中国共产党第十六次、第十七次全国代表大会代表，第十二届全国人民代表大会常务委员会委员。1999年当选中国工程院院士。

长期从事先进复合材料、高温结构材料、*粉末冶金材料*等方面的研究。主持研究极端服役条件下轻质高强材料和粉末冶金材料的设计与制备瓶颈，取得了包括"高性能炭/炭航空制动材料的制备技术"等一批标志性成果，为中国高性能航天发动机、"神舟"载人飞船、先进战机等国防武器装备提供了性能优异的关键材料和结构部件；主持创建了粉末冶金国家工程研究中心、炭/炭复合材料国家工程技术研究中心、轻质高强材料国防科技重点实验室和有色金属先进结构材料与制造协同创新中心等创新基地，培养了一批创新人才，为大飞机工程、载人航天与探月工程、航空武器装备等提供了支撑。

获得国家技术发明奖一等奖1项、二等奖1项，国家科技进步奖二等奖1项、三等奖1项，国家教学成果二等奖3项。2005年获何梁何利基金科学与技术进步奖。2006年当选全国优秀共产党员，获全国五一劳动奖章。专著有《钛铝基金属间化合物》（1998）、《粉末注射成形流变学》（2001）、《生物材料学》（2004）、《高性能炭/炭航空制动材料的制备技术》（2010），发表论文700多篇。

（刘祖铭）

黄金冶金 gold metallurgy 从金矿石、金精矿或其他含金物料中提取金及其化合物的冶金技术。黄金是最早被发现和使用的金属之一。元素符号来源于拉丁文aurum，原意是"光辉的黎明"。在新石器时代，人类已识别了黄金。埃及、美索不达米亚等地区于公元前第3千纪已采集黄金，制作饰物，到公元前第2千纪已达到很高的工艺水平。中国至迟在商代中期（前14～前13世纪）已掌握了制造金器的技能，在河南安阳等地出土的殷商文物中即有金箔。

金在自然界中以游离金和碲化物矿形式存在，如碲金矿（$AuTe_2$）、针碲金银矿（AuAgTe）和碲金银矿〔$(Au,Ag)_2Te$〕。金矿床分原生脉金矿床和次生砂金矿床。脉矿中的金叫山金（脉金），砂矿中的金叫砂金。

金提取 黄金提取的原料主要有金矿石和重金属冶炼副产物*阳极泥*，原料不同采用的提取方法各有不同，主要有重选法、混汞法、氰化法和非氰化法。

重选法 通常所说的"淘金"就是最简单的重选法。根据金与其他矿物的密度不同，在水中直接选别回收金，即*重力选矿法*。重选法在砂金生产中占有非常重要的地位。常用的*重选设备*有*跳汰机*、*摇床*和*溜槽*。现代水上开采砂金的设备是装有采矿、选矿、排除尾矿等机械的采金船。

混汞法 一种古老的提金方法，其原理是利用金与汞形成汞齐的特点，使金同其他金属矿物和脉石分离。整个生产工艺包括汞齐化、汞膏洗涤、汞膏压滤和汞膏蒸馏4个过程。金粒被汞润湿后向其内部扩散形成合金汞膏；用水洗涤汞膏以分离其中的重砂矿物、脉石和物理夹杂；汞膏经压滤除去汞膏中多余的汞并产出硬汞膏；再将硬汞膏蒸馏使汞以气态挥发并冷凝回收，而汞膏中的金银以固态残存在蒸馏罐内，成为含金60%～80%的海绵金。由于氰化法提金技术获得迅速发展，加之汞对环境有危害作用，一些国家已经限制混汞法的使用。

氰化法 在碱金属氰化物水溶液中用空气氧化浸出矿石中金银的方法，是现代应用最普遍的技术。其原理是在碱性金属氰化物溶液中，用氧气将矿石中的金氧化，生成金氰配合物，化学反应为：

$$2Au+4NaCN+H_2O+\frac{1}{2}O_2 \longrightarrow 2NaAu(CN)_2+2NaOH$$

工艺过程包括氰化物浸出、活性炭吸附、解吸、电解沉积或锌置换、金泥熔炼等。用含氰化钾或氰化钠0.03%～0.3%的溶液就可浸出金矿石中97%～98%的金。在浸出液经活性炭吸附后，再将吸附金的载金炭进行解吸，解吸液经电解沉积得到粗金粉。正在发展的氰化法提金技术还有用树脂代替活性炭的树脂浆法（RIP），以及将金矿石筑成堆用氰化物溶液喷淋浸出的堆浸法。

非氰化法 采用非氰化物试剂浸出矿石中金的方法。实质上是选择一种不含氰的根离子，且能与金离子形成配合物的试剂进行金提取。主要方法有硫脲法、硫代硫酸盐法、多硫化物法、氯化法、溴化物法、碘化物法及硫氰酸盐法等，其中硫脲法的研究较多。非氰化浸金是黄金提取的重要发展方向之一，但存在选择性差、试剂消耗量大和工艺不成熟的缺点，限制了其工业化应用。

复杂含金矿石的处理　难处理金矿又称难浸金矿、顽固金矿，即使经过细磨，金的氰化浸出率仍然低于80%。这主要是因为细粒金或次显微金呈包裹或浸染状存在于黄铁矿、毒砂和磁黄铁矿等硫化矿中。难处理金矿提取金需要在氰化法提金之前对其进行预处理，以打开包裹，消除影响金氰化浸出率的因素。工业应用的难处理金矿预处理方法主要有两段焙烧法、加压氧化法和细菌氧化法。其中两段焙烧法具有工艺简单和处理成本低的优点，得到了广泛应用。

阳极泥的处理　存在于铜、铅矿中的金，在铜、铅电解精炼时留在阳极泥中。阳极泥经过预处理富集产出贵金属富集渣，再通过火法处理或湿法处理分离产出金银合金或粗银粉，最后在贵金属提纯过程中产出金、银和铂族金属产品。

金精炼　从各种原料提取所得粗金，须进一步精炼提纯，得到纯金。纯金指纯度在99.9%以上的金。金精炼方法有氯化法、化学法、电解法和萃取法，其中电解法应用较多。电解法以粗金作为阳极，纯金或钛板作为阴极，含金水溶液为电解质，通直流电后，粗金阳极溶解，在阴极上析出纯度更高的金。析出的阴极金洗净后，熔铸成金锭。电解法具有操作简便、原材料消耗少、生产效率高和产品纯度高的优点。

（刘伟锋）

黄墨滨　Huang Mobin（1922-06～2017-06-01）中国钢铁工程专家。生于湖南华容，卒于湖北武汉。1940～1945年在延安自然科学院大学部地矿系读书。曾任晋冀鲁豫军工部八厂总工长、工程科长，北京重工业部矿冶研究所军代表，唐山钢厂厂长，天津钢厂书记兼厂长，石景山钢铁厂副厂长、厂长，太原钢铁公司副经理、经理，包头钢铁公司经理，武汉钢铁公司经理。

建立并完善了以岗位责任制为中心的一整套规章制度，并初步形成以全面质量管理为核心的现代化生产经营管理体系，实现了均衡稳产的良性循环。进行了企业领导体制、干部制度、劳动制度、分配制度和内部承包责任制等各项改革，改善了企业的经营机制。在中国大型企业中率先实施以全面质量管理为核心的现代化生产经营管理体系改革，主持武汉钢铁公司一米七轧机工程建设，带领企业走“质量效益型道路”。曾获第二届全国优秀企业家（金球奖，1989）、全国五一劳动奖章等荣誉。

（姜　曦）

黄培云　Huang Peiyun（1917-08-23～2012-02-06）中国金属材料学家、粉末冶金学家。生于福州，卒于长沙。1938年毕业于清华大学。1945年获美国麻省理工学院博士学位。1946年回国。1947年在武汉大学任教授、矿冶系主任。1952年参与筹建中南矿冶学院（今中南大学），担任副院长。1956年作为冶金专家代表参加国家《1956～1967年科学技术发展远景规划纲要》的制定工作，并兼任中国科学院长沙矿冶研究所副所长。1994年当选中国工程院院士。

国际上最早采用粉末流变学理论来研究粉末压制的学者之一，创立了**粉末压制理论**和烧结理论，称为“黄氏粉末压制理论”。研制成功多种用于核、航天、航空、电子等领域的**粉末冶金材料**。提出了非规则溶液活度系数的计算模型、二元系参数计算三元系参数的方法及模型和多级快速凝固制取非晶、**准晶**和微晶金属粉末理论。他所创建的粉末冶金研究所1988年被国家科委和国家计委确认为国家粉末冶金重点实验室，1993年被国家计委确定为国家粉末冶金工程中心。曾获国家科技进步奖一等奖、国家自然科学奖三等奖。著有《粉末冶金原理》(1980，1982)，发表学术论文60余篇。

（姜　曦）

黄药　xanthate; alkyl dithiocarbonate　硫化矿浮选**捕收剂**。化学名为黄原酸盐或烷基二硫代碳酸盐。结构式为：

$$R-O-\overset{\overset{\displaystyle S}{\|}}{C}-S-M$$

式中R为烷基；M为钠（Na）或钾（K）。

黄药英文源于希腊文，意为黄色。黄药在1815年被合成出来，1876年被用作镍离子的分析试剂，1902年被用于定量测定铜离子，随后陆续用于测定钴、钼、砷等。1925年美国科学家C.H.凯勒将黄药作为捕收剂用于硫化矿浮选中。

分类　当黄药为黄原酸钠盐时，称钠黄药；为黄原酸钾盐时，称为钾黄药。工业上使用的黄药中，当R中碳原子数小于4时，称为低级黄药；当R中碳原子数为4及以上时，称为高级黄药。黄药又分为甲基黄药、乙基黄药、丁基黄药、异丙基黄药、异丁基黄药、戊基黄药、己基黄药、仲辛基黄药等。

物理化学性质　黄药工业品一般为淡黄色至橘红色粉末或颗粒，有刺激性臭味，易溶于水，可配制成1%～15%质量浓度的水溶液使用。低级黄药无起泡性，黄药的表面活性随烃链增长而增强。黄药能溶于酒精、丙酮等极性有机溶剂，但不溶于乙醚、石油醚等非极性溶剂。

黄药在水中会发生电离、水解、分解等反应，其水溶液的稳定性受到溶液pH值以及氧化作用的影响。黄药在酸性溶液中会生成黄原酸，其解离常数(pK_a)为2～3，黄原酸不稳定，可快速分解为醇和二硫化碳。在碱性条件下，黄药性质相对稳定，其分解速度变慢。

黄原酸钠电离：

$$ROCSSNa \rightleftharpoons ROCSS^- + Na^+$$

黄原酸根水解：

$$ROCSS^- + H_2O \rightleftharpoons ROCSSH + OH^-$$

黄原酸电离：

$$ROCSSH \rightleftharpoons ROCSS^- + H^+$$

黄原酸分解：

$$ROCSSH \rightleftharpoons CS_2 + ROH$$

在pH值为7～12时，黄药在水溶液中会被氧化成双黄药：

$$4ROCSS^- + O_2 + 2H_2O \rightleftharpoons 2ROCSS-SSCOR + 4OH^-$$

黄铜矿、方铅矿、黄铁矿等硫化矿物及Fe^{3+}等过渡金属离子对黄药的氧化反应有催化作用。

黄药的捕收能力与其分子中非极性基的烃链长度、异构有关。通常烃链增长捕收能力增强，带有支链的同系异构体较直链的捕收作用强。

黄药能和许多重金属、贵金属离子生成难溶性化合物。某金属黄原酸盐越难溶，其相应的硫化矿物越易为黄药所捕收。

由于黄药性质不稳定，存储时宜放在通风、阴凉干燥的地方，防止与氧化剂以及重金属等化合物接触，避免药剂分解失效。

制备方法　黄药由脂肪醇、氢氧化钠(或氢氧化钾)和二硫化碳发生化学反应生成。反应式为:

$$ROH+NaOH \rightleftharpoons RONa+H_2O$$

$$RONa+CS_2 \rightleftharpoons RO-\overset{\overset{\displaystyle S}{\|}}{C}-SNa$$

总反应式为:

$$ROH+NaOH+CS_2 \rightleftharpoons RO-\overset{\overset{\displaystyle S}{\|}}{C}-SNa+H_2O$$

黄药的合成是一个剧烈的放热反应,在较高反应温度下,不仅会使黄原酸盐分解,还会导致副反应的发生:

$$6NaOH+3CS_2 \longrightarrow 2Na_2CS_3+Na_2CO_3+3H_2O$$

黄药在工业上的制备方法主要有混捏法和溶剂法。

混捏法工艺简单、效率高、成本低,生产过程无废水排放。醇、氢氧化钠和二硫化碳基本上按1∶1∶1的理论摩尔比进行配料,反应温度以10～30℃为宜,最高温度不高于40℃,混捏机外部采用－15℃的盐水冷却。加料方式有两种:一种是正加料法,即在混捏机中先放入醇,再加入氢氧化钠粉末,然后分批加入二硫化碳;另一种是反加料法,即先将醇和二硫化碳按计量比一次性加入混捏机,然后分批加入氢氧化钠粉末。由于反加料法可利用加碱的快慢有效地控制反应温度,其反应时间短、生产效率高,且产品质量更好,因此,在工业上应用广泛。混捏法合成的黄药一般含有水分,产品稳定性较差,不能存放过久。同时,混捏法难以做到全封闭生产,生产过程中有少量二硫化碳挥发损失,特别是黄药产品具有难闻的异味,对周边环境有一定影响。

溶剂法合成黄药是使醇和烧碱在有机溶剂中制成醇钠,再与二硫化碳作用,生成的黄药在溶剂中结晶析出或蒸除溶剂得到黄药产品。所用的溶剂可以是苯、甲苯、煤油、二氯乙烷、二甲苯、乙苯、汽油等有机溶剂,也可以是参与反应的醇或二硫化碳。溶剂法不需要制碱系统,且化学反应始终在液相内进行,过程中加入的氢氧化钠或氢氧化钾很容易分散开,同时溶剂能及时移走反应热,醇的转化率高,黄药的收率和纯度高。溶剂法生产过程可实现封闭生产和自动控制,溶剂可以实现回收利用,对环境污染少,但溶剂回收能耗较高,增加了生产成本。

应用　黄药是最常用的浮选捕收剂之一。甲基黄药碳链短,疏水性差,在浮选中没有实际应用价值。乙基黄药和丁基黄药是使用最为广泛的两种黄药,它们的捕收能力与选择性较好,合成原料乙醇和丁醇来源广泛,价格较低。5个碳及以上的高级黄药如戊基黄药、己基黄药和辛基黄药捕收力强,比较适用于难选矿的浮选,对提高金属回收率具有良好效果。同碳数的黄药同分异构体,如正丁基黄药、异丁基黄药和仲丁基黄药,其浮选性能基本相同。

扩展阅读

见百熙.浮选药剂.北京:冶金工业出版社,1981.

朱玉霜,朱建光.浮选药剂的化学原理.长沙:中南工业大学出版社,1996.

(刘广义)

灰吹法　cupellation　古代炼银过程中分离银、铅的技术方法。银常与其他有色金属共生,而且银矿一般含银量很低,需要加以分离和提纯。灰吹法既可用于从银矿中提取白银,也可用于提纯含有杂质的低品位白银。由于铅和银完全互溶,而且熔点较低,所以古代炼银时加入铅,使银溶于铅中,实现银的富集;然后吹以空气,使铅氧化;并利用银与氧化铅表面张力的差别使氧化铅进入炉灰中,从而使银分离出来。此外,如果白银中含有铜等杂质,可以先向白银中混入铅,再通过灰吹法氧化铅,同时将杂质一并氧化带出,提高白银纯度。通过对比灰吹法前后银的重量差别,可以检测白银的纯度,这也是现代火法试金的基础。古代灰吹法所用的反应容器多以炉灰、骨灰等高钙材料制作,而不用陶器等黏土类材料,其原因在于氧化铅极易与硅酸盐反应形成低熔点的铅玻璃,进而堵塞孔隙使得剩余的氧化铅无法被吸收分离。

世界范围内最早的灰吹法遗物发现于伊朗和叙利亚,年代均在公元前第4千纪。希腊、罗马直至文艺复兴时期的灰吹法遗物在欧洲大陆和英伦三岛的许多地区都有发现,普林尼(老)的《博物志》与**G.阿格里科拉**的《**论冶金**》中都对此法有过记载。1533年灰吹法技术传播到了日本,开启了16～17世纪日本石见银山的大规模白银生产。在石见银山遗址已经发现了多处灰吹法炼炉以及铁质的灰吹法坩埚。灰吹法还曾用于美洲白银的开发。在玻利维亚已经发现土著印第安人以及欧洲殖民者曾使用灰吹法提取白银。

中国已知最早的银器发现于甘肃火烧沟四坝文化遗址,距今3400～3900年,相当于夏代晚期至商代早期。战国已有错银器物及银质布币。《魏书·食货志》提到:长安骊山银矿"二石得银七两",恒州白登山银矿"八石得银七两"。这是关于银矿品位的最早记载。东汉以后中国出现了明确的关于灰吹法的记载,其中东汉方士狐刚子的《出金矿图录》中,记载了使用灰吹法提纯低品位白银,并提到利用灰坯作为反应容器。明代陆容《菽园杂记》转录的南宋陈百朋《龙泉县志》中,有一段关于炼银过程的详细记载:"次就地用上等炉灰,视铅驼大小,作一浅灰窠,置铅驼于灰窠内,用炭团叠,侧扇火不住手,初银铅混,泓然于灰窠之内。望泓面有烟云之气,飞走不定。久之稍散,则雪花腾涌。雪花既尽,湛然澄彻。又少顷,其色自一边先变浑色,是谓窠翻。烟云雪花,乃铅气未尽之状。铅性胃灰,故用灰以捕铅。铅既入灰,唯银独存。自辰至午,方见净银。铅入于灰坯,乃生药中密陀僧(氧化铅)也。"这就是对灰吹法提银的描述。宋应星《天工开物》中也有类似记载,并有附图,反映从采矿到灰吹法提银的情况(见图)。中国发现的古代灰吹法实物证据较少,已经发表的仅见陕西西安何家村出土的一块唐代灰吹法过程中产生的密陀僧。

《天工开物》中的"沉铅结银"图

(朱寿康　刘思然)

回采工艺　extracting; stoping　从已完成**采准**、**切割**工作的矿块内采出矿石的地下采矿作业。主要包括**落矿**、**矿石运搬**和**地压管理**3种作业。落矿是通过爆破等方法按一定块度从矿体上采下矿石的作业;矿石运搬是将采下矿石从工作面运搬到运输水平的过程;地压管理是在采矿过程中通过相应技术手段控制或利用采场地压实现高效安全采矿的过程。各种采矿方法因矿石性质、矿体条件、所用设备及采矿方法等不同,这3项作业采用的技术手段不完全相同。

回采工艺对矿产资源开采效益影响很大,矿石的损失率、贫化率也与回采工艺直接相关。因此,为确保回采工作的安全高效,降低矿石的损失贫化,必须选择合适的回采工艺,并通过设备和工艺改革提高回采工艺水平。

扩展阅读

解世俊.金属矿床地下开采.北京：冶金工业出版社，1986.

张世雄.固体矿物资源开发工程.武汉：武汉理工大学出版社，2009.

陈国山，翁春林.金属矿地下开采.北京：冶金工业出版社，2008.

（王贻明）

回采预留矿柱　ore pillar for mining　为保护地表地貌、地面建（构）筑物和主要井巷，分隔采区或矿段，以及防水等而留设不采或暂时不采的部分**矿体**。煤矿中也称煤柱。矿柱的形状和尺寸是根据矿体埋藏深度、矿体倾角、矿岩性质、采矿方法、被保护对象和所需时间等因素确定。按矿柱的作用和性质分为：①**保安矿柱**。作用是保护地表地貌、地面建筑、构筑物和主要井巷，分隔矿段、含水层及破碎带，包括井筒保安矿柱、境界保安矿柱、防水矿柱、断层破碎带矿柱。②盘区矿柱。当矿体走向长度较大时，就需要沿矿体走向划分盘区，每个盘区由一定数量的矿块组成，在盘区之间留设盘区矿柱。作用是分隔盘区，支撑采区范围上部覆盖围岩荷载，控制地压。③采场矿柱。作用是保护采场巷道、隔离已采空区、支撑采区范围的上部覆岩荷载，控制地压，确保采矿作业安全，按其作用和性质采场矿柱分为顶柱、底柱、间柱和支撑矿柱。

（黄仁东）

回复和再结晶　recovery and recrystallization　经**范性形变**的金属或合金在不同温度加热后，所发生的结构、组织和性能的变化。通常在较低温度发生回复；温度较高时发生基体的再结晶和晶粒长大。通过回复和再结晶，金属或合金从热力学上不稳定的冷变形状态转变为热力学上较稳定的新的组织状态。

回复　经范性形变的金属或合金在室温或不太高的温度下退火时，金属或合金的显微组织几乎没有变化，然而性能却有不同程度的改变，使之趋近于范性形变之前的数值，这一现象称为回复。由于加热温度比较低，回复时原子或点缺陷（见**晶体缺陷**）只在微小的距离内发生迁移。回复后的光学显微组织中，晶粒仍保持冷变形后的形状，但电子显微镜显示其精细结构已有变化；由范性形变所造成的形变亚结构中，位错密度有所降低，同时胞状组织逐渐消失，出现清晰的亚晶界和较完整的亚晶。回复时形成亚结构主要借助于点缺陷间彼此复合或抵消，点缺陷在位错或晶界处的湮没，位错偶极子湮没和位错攀移运动，使位错排列成稳定组态，如排列成位错墙而构成小角度亚晶界（见**晶体材料界面**），此即所谓“多边形化”。回复过程的驱动力来自变形时留于金属或合金中的贮能。回复后宏观性能的变化决定于退火温度和时间。温度一定时，回复速率随退火时间增加而逐渐降低。力学性能（硬度、强度、塑性等）的回复速率通常要较物理性能（电阻、磁性、内应力等）的回复速率慢（图1）。

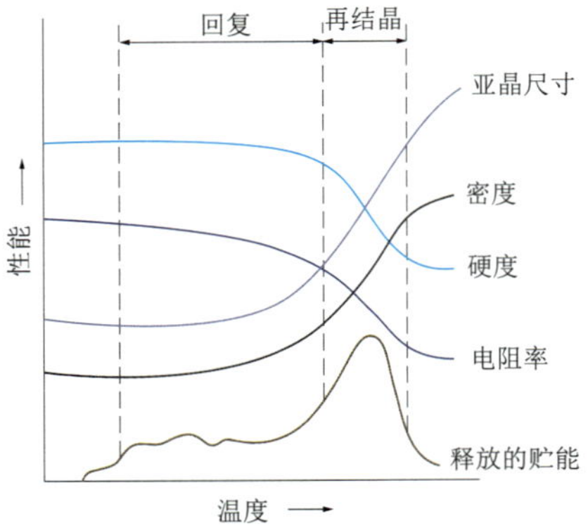

图1　回复和再结晶过程中组织性能的变化示意图

再结晶　当退火温度足够高、时间足够长时，在变形金属或合金的显微组织中，产生无应变的新晶粒——再结晶核心。新晶粒不断长大，直至原来的变形组织完全消失，金属或合金的性能也发生显著变化，这一过程称为再结晶。过程的驱动力也是来自残存的形变贮能（图1）。与金属中的固态相变类似，再结晶也有转变孕育期，但再结晶前后，金属的点阵类型无变化。

再结晶核心一般通过两种形式产生。其一是原晶界的某一段突然弓出，深入至畸变大的相邻晶粒，在推进的这部分中形变贮能完全消失，形成新晶核。其二是通过晶界或亚晶界合并，生成一无应变的小区——再结晶核心。四周则由大角度边界将它与形变且已回复了的基体分开。大角度边界迁移时，核心长大。核心朝取向差大的形变晶粒长大，故再结晶过程具有方向性特征。再结晶后的显微组织呈等轴状晶粒，以保持较低的界面能。再结晶没有一个热力学意义上明显的临界温度，所谓再结晶温度是一个动力学意义的温度，一般定义为：经过冷加工变形（变形量大于70%）的金属，保温1个小时刚好完成（常用完成95%以上）再结晶的温度。

晶粒长大　再结晶完成后，随退火温度的升高或保温时间的延长，金属或合金显微组织中有新晶粒通过晶界的迁移而将相邻的其他新晶粒吞并掉，发生了形成更大尺寸的再结晶晶粒的过程，这个过程称为晶粒长大。晶粒长大的驱动力是晶界能。晶粒长大的过程是金属或合金单位体积中晶界能不断减小的过程。通常有两种情况，即晶粒的正常长大和晶体的异常长大。前者以晶粒长大速率较均匀、长大时晶粒的形状和尺寸分布基本不变为特征；后者则以基体的某一小范围内只有很少几个晶粒发生快速长大为特征。为区别起见，将正常长大称为聚合再结晶，异常长大称为二次再结晶，异常长大前则称一次再结晶或加工再结晶。晶体的正常长大多出现于纯金属或单相合金中。若金属基体中含有第二相弥散质点，或很强的单一取向结构时，则发生异常长大。

应用　金属或合金进行范性形变时的温度，可低于或高于再结晶温度。前种变形常称冷作、冷变形或冷加工；后者称热加工。金属或合金在热加工的同时伴有回复、再结晶或晶粒长大等过程，这些也可能产生于变形后的保温或冷却过程中。热加工过程中所伴生的回复和再结晶，称动态回复与**动态再结晶**。

工业上常借助回复完成消除应力的退火，提高合金的抗腐蚀性；借助再结晶消除形变组织，使合金具有某种特定的性能，如一些经受大变形的软磁合金即可借此获得有利的再结晶织构而有最佳的磁导率。金属的再结晶和晶粒长大是制定合理的热加工工艺规范的重要依据。工业上还称金属或合金在指定时间内（一般0.5～1小时）完成或达到规定程度的再结晶所需要的最低温度为再结晶温度。由于在1小时内完成再结晶过程所需的温度范围很窄（在典型情况下，提高退火温度10℃，再结晶过程所需时间便可缩一半），所以往往将其看作某一固定的温度：高于它可完成再结晶；低于它则无再结晶。但实际上它受时间、材料断面尺寸等因素影响，不应视为金属的一种特性。对特定材料于1小时的保温条件下，描述再结晶退火后晶粒尺寸、变形量和退火温度三者关系的再结晶图，是制定生产工艺的重要参考依据。图2是纯铁退火1小时的再结晶图，由图可知：温度一定时，当范性形变量达到某一临界值（称临界形变度，一般在2%～10%）时会出现晶粒的急骤长大，在**金属塑性加工**的生产中通常力求避免这种临界形变度；有时也可利用这种特性生产大晶粒（甚至单晶）材料。一般形变量越大，晶粒越小；形变量一定时，温度越高，晶粒越大。

回复过程常用的检验方法有硬度法、

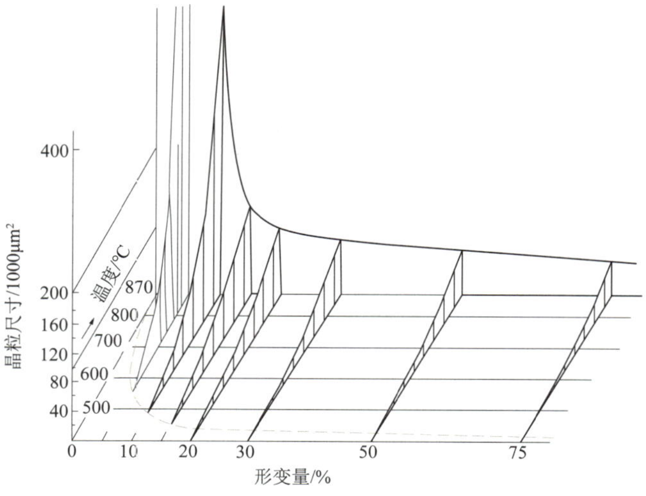

图2 纯铁退火1小时的再结晶图

密度法、电阻法等，检验再结晶的方法有强度法、金相法、X射线衍射法等。

（颜鸣皋 王庆绥）

回火 tempering 将淬火后的钢件重新加热到低于临界点温度A_{c1}的某一温度，保温一段时间，然后在空气、水或油介质中冷却至室温的**金属热处理**工艺。回火是钢件淬火后必不可少的工序。公元前13世纪晚期，在古埃及加利利地区出土的镐斧中发现了最古老的回火马氏体组织。随着时代变化，人们逐渐认识到回火过程在热处理工艺中的独特作用，1889年英国冶金学家W.C.罗伯茨-奥斯汀为了区分长期混淆的淬火、回火两个概念而定义了“回火”一词。

回火的目的：①消除淬火应力，提高韧性，避免开裂，特别是对于大型锻件。②提高淬火组织的稳定性，以保证工作中钢件几何尺寸和使用性能的稳定。如一定的回火操作能消除残余奥氏体，防止其在工件的使用过程中发生应力诱发相变而导致尺寸的不稳定。③获得要求的力学性能，符合钢件的工作应用技术要求和提高使用安全性。一般钢件回火时硬度和强度下降，塑性和韧性提高，回火温度越高，这些力学性能的变化越大。有些合金元素含量较高的合金钢，在某一温度范围回火时，会析出一些颗粒细小的特殊碳化物，使强度和硬度上升，这种现象称为**二次硬化**。

回火过程随着温度的升高可以划分为5个阶段：①马氏体中碳、氮原子的偏聚阶段。碳、氮原子短距离向微观缺陷处偏聚或形成碳、氮原子团，该阶段发生在0～80℃。②马氏体分解与亚稳碳化物形成阶段。马氏体发生明显的分解，其碳浓度降低、正方度减小，同时具有六方晶体结构的亚稳定ε碳化物从马氏体组织中析出，该阶段发生在80～250℃。③残余奥氏体转变阶段。残余奥氏体分解为过饱和**铁素体**和薄片状ε碳化物的两相组织，该阶段发生在200～300℃。④碳化物转变阶段。伴随着马氏体的继续分解，形成比ε碳化物更稳定的**渗碳体**，该阶段发生在250～400℃。⑤碳化物聚集长大与基体回复、再结晶阶段。随着温度升高，渗碳体明显聚集长大，基体中的**位错**发生重新排列，亚晶粒逐渐长大，直至铁素体形态成为等轴状，该阶段发生在400℃～A_{c1}。

用途不同的工件应在不同温度下回火，以满足其使用要求。①150～250℃低温回火，回火后的组织为回火马氏体。主要用于各种工具、量具、冷作模具、滚动轴承以及渗碳件等，使工件尽量保持高硬度、高强度和耐磨性的同时，消除淬火应力，降低脆性。②250～500℃中温回火，回火后的组织为回火屈氏体。普遍用于各类弹簧及刀杆、轴套等高强度钢件，保证获得高的弹性极限和屈服强度，同时改善塑性和韧性。③500～650℃高温回火，回火后的组织为回火索氏体。淬火加高温回火的热处理工艺常称为调质，广泛用于各种重要机器零件，特别是受动载和复合应力的联杆、轴、齿轮件等，保障良好的综合力学性能。对于具有强碳化物形成元素铬、钼、钨、钒的高合金钢经过高温回火后析出特殊碳化物，使得工件的硬度和韧性得到提升，这种高温回火的特殊现象称为回火的二次硬化，基本用于热作模具、冷作模具和高速钢等。

钢铁材料在250～400℃回火时，脆性常常增大，这种现象称为第一类回火脆性，一般应避免在此温度区间回火。某些中碳合金结构钢在450～650℃回火后，如果缓慢冷至室温，也易于变脆，这种现象称为第二类回火脆性。在钢中加入钼，或回火时在油或水中冷却，都可以防止第二类回火脆性。将出现第二类回火脆性的钢件重新加热至原来的回火温度然后在油中快冷，便可以消除这种脆性。

（吴晓春）

回转窑 rotary kiln 在回转的圆筒状窑体中完成对固体原材料的高温热处理的热工设备。俗称旋窑，又称回转炉。是一种连续式炉窑。回转窑（见图）主要由筒体与窑衬、滚圈、支撑装置、传动装置、窑头罩、密封装置、集尘室、燃烧装置及热烟室等部分构成。筒体呈圆筒形，采用厚钢板焊接制成，筒体内砌筑**耐火材料**，称为窑衬，起保护筒体和减少热损失的作用。窑体横架在支撑装置的滚圈上，稍倾斜（2%～5%）。筒体长度与直径之比为6∶1～30∶1。窑头罩位于筒体的低端（窑头）。燃烧器（使用粉煤、重油或煤气）位于出料端，安装在固定的窑头罩上。操作时筒体匀速转动。生料自高端（窑尾）给入，由于窑体的倾斜和转动，物料由高处逐渐移向低处。物料在运动过程中逐渐升温，经过干燥、预热、分解、煅烧过程及冷却过程生成熟料，由窑头卸出。回转窑的温度一般控制在窑内物料熔点以下。

窑内气体的运动方向与窑内物料相反。燃料自窑头引入窑内燃烧，生成的气体流向高端，在此过程中与物料进行热交换。烟气从进料端排出，经窑尾罩及后续设备进入集尘室排出。

按处理物料不同可分为水泥窑、冶金化工窑和石灰窑等。水泥窑主要用于煅烧水泥熟料，分干法生产水泥窑和湿法生产水泥窑两大类。冶金化工窑则主要用于冶金行业铁矿石球团的氧化焙烧或者还原，铬、镍铁矿的直接还原，氧化铝矿物的焙烧、黏土矿物的焙烧，以及各种散状原料的焙烧挥发、离析和干燥作业。石灰窑（即活性石灰窑）用于焙烧钢铁厂、铁合金厂用的活性石灰和轻烧白云石。

回转窑的优点是在均匀转动的筒状窑体中进行固体物料的加热，固体物料与气体逆流运动，加热均匀，传热效率较高；装备大型化，运行连续化程度高，生产规模大；产品质量稳定；能源消耗较低，环

回转窑外观

境污染较小；特别适用于粒度较小物料的加工处理。缺点是回转窑内部容易结圈；设备体积庞大，占地面积较大；窑衬寿命较短。（张福明）

混合浮选 bulk flotation 在浮选体系中，将两种或两种以上可浮性相近的有用矿物一起浮选出作为混合精矿的流程。包括部分混合浮选和全混合浮选。根据需要，得到混合精矿可再经过浮选或其他方法进行分离获得单一精矿。例如，硫化铅锌矿石先通过部分混合浮选（图1）获得铅锌

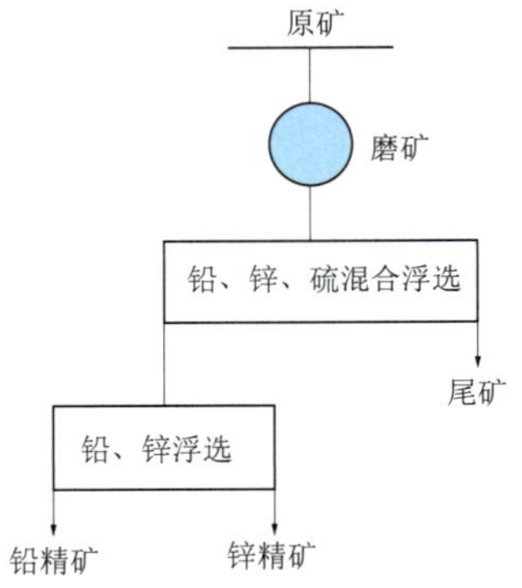

图1 硫化铅锌矿石的部分混合浮选流程

混合精矿，再进行浮选分离获得铅精矿和锌精矿；铜铅锌硫矿石的全混合浮选流程（图2），先通过全混合浮选获得铜铅锌硫

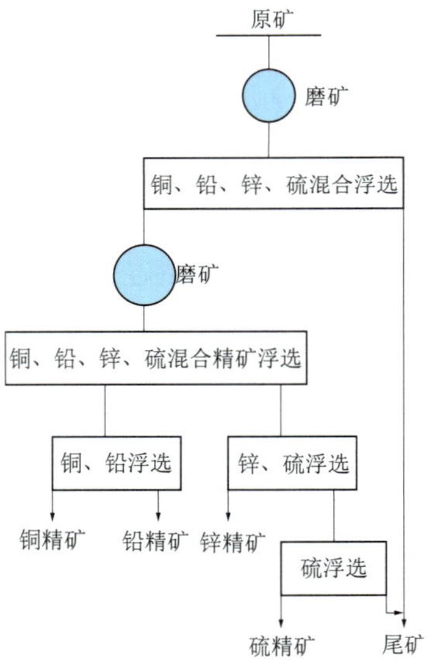

图2 铜铅锌硫矿石的全混合浮选流程

混合精矿，然后进行浮选分离获得铜铅混合精矿和锌硫混合精矿，再进行铜铅浮选分离和锌硫浮选分离，获得铜精矿、铅精矿、锌精矿和硫精矿。

适于处理有用矿物呈集合体嵌布，粒度较粗，矿物可浮性接近的多金属矿石。混合浮选有时可以在粗磨条件下进行，浮选后能丢弃大量的脉石，使进入后续作业的矿量大为减少，可降低磨矿费用，具有节省设备投资、降低电耗并节省药剂用量的优点。但由于混合精矿表面吸附有捕收剂，矿浆中也存在过剩的捕收剂，会给下一步分离带来一定困难。混合精矿浮选分离中，有时脱药成为需要解决的关键问题之一。（文书明 罗溪梅）

活度 activity 为使理想溶液（或极稀溶液）的热力学公式适用于真实溶液，用来代替浓度的一种物理量。

活度系数 绝大多数的冶金反应都有溶液（固溶体、冶金熔体及水溶液）参加，而这些溶液经常都不是理想溶液。要进行定量的热力学计算和分析，溶液中各组分的浓度必须代以活度。活度是组分的有效浓度（或称热力学浓度）。组分的浓度必须用一系数校正，方能符合于若干物理化学定律（例如质量作用定律、拉乌尔定律、亨利定律、分配定律等等），此校正系数称为活度系数。

$$a_i=\gamma_i N_i \qquad (1)$$

式中 a_i 为溶液中组分 i 的活度；N_i 为溶液中组分 i 的摩尔分数；γ_i 为溶液中组分 i 的活度系数。

由拉乌尔定律及亨利定律计算活度 溶液是由两种或两种以上的物质（称为组分）组成的均一相。如果异种质点（原子、分子或离子）间的作用力和同种质点间的作用力相同，则此溶液称为理想溶液，而服从拉乌尔定律，也即溶液中组分 i 的蒸气压 p_i 与其以摩尔分数表示的浓度 N_i 成正比，比例常数是纯组分 i 的蒸气压 p_i°：

$$p_i=p_i^\circ N_i \qquad (2)$$

真实溶液中各组分的质点有的相互吸引，有的有排斥倾向，导致质点间的作用力不同。只有对组分的浓度加以校正，表示蒸气压关系的拉乌尔定律才能适用：

$$p_i=p_i^\circ(\gamma_i N_i)$$

也即符合于真实溶液的拉乌尔定律应写为：

$$p_i=p_i^\circ a_i \qquad (3)$$

活度系数反映有效浓度和实际浓度的差异。

对浓度很稀的真实溶液，一般其溶剂服从拉乌尔定律，其溶质组分 i 则服从亨利定律，以式（4）表示：

$$p_i=kN_i \qquad (4)$$

亨利定律与拉乌尔定律的区别在于比例常数 k 不等于纯组分 i 的蒸气压 p_i°。

式（4）经常写成式（5），式中 C_i 代表溶质的浓度：

$$p_i=kC_i \qquad (5)$$

对化学工作者，C_i 通常以溶质的重量摩尔浓度 m_i，也即1000克溶剂中溶质的摩尔数来表示：

$$p_i=km_i \qquad (6)$$

对冶金工作者，C_i 则以溶质的质量百分数或摩尔百分数 x_i 来表示：

$$p_i=kx_i \qquad (7)$$

在真实溶液绝大部分的浓度范围内，组分 i 既不服从拉乌尔定律，又不服从亨利定律。对组分 i 的活度可按拉乌尔定律计算，得到 a_R，其活度系数用 γ_i 表示，浓度用 N_i 表示；也可按亨利定律计算，得到 a_H，其活度系数根据冶金工作者的惯例用 f_i 表示，浓度用 x_i（即百分数）表示：

$$a_{i(R)}=\frac{p_i}{p_i^\circ}=\gamma_i N_i \qquad (8)$$

$$a_{i(H)}=\frac{p_i}{k}=f_i x_i \qquad (9)$$

根据拉乌尔定律计算的活度 a_R 其标准态为纯物质，即当 $N_i=1$，$a_i=1$，因之 $\gamma_i=1$。

根据亨利定律计算的活度 a_H，其标准态为1%浓度（对钢铁溶液，采用重量1%浓度；对有色金属溶液，一般采用摩尔1%浓度）的溶液，即当 $x_i=1$，$a_i=1$，因之 $f_i=1$。

两种标准态的活度系数的关系式为：

$$\gamma_i=\gamma_i^\circ f_i \qquad (10)$$

式中 γ_i° 是两种标准态的活度系数 γ 与 f 的比值。可以证明，γ_i° 是1%浓度标准态溶液中溶质 i 按拉乌尔定律计算的活度系数。

由于活度有不同标准态，所以计算出的标准溶解自由焓随所用活度标准态的不同而有不同值。但无论用哪种活度标准态，对已定条件下的冶金反应，算出的自由焓变量 ΔG 将永有同一值。

多组分溶液的活度相互作用系数 对多组分的溶液，计算活度时必须知道活度的相互作用系数。

设溶液中有1, 2, 3, ……, i, j, ……m, 组分，其中组分1为溶剂，则组分 i 的活度系数 f_i，按1%浓度溶液作标准态，为：

$$f_i=f_i^2\cdot f_i^3\cdots\cdots f_i^i\cdot f_i^j\cdots\cdots f_i^m \qquad (11)$$

式中 f_i^j 为组分 j 对组分 i 活度系数的影响。

测定 f_i 有两种方法，即同一浓度法及同一活度法。做出 $\lg f_i$ 对 $[\%j]$ 的曲线，在原点对曲线做切线，其斜率称为组分 i 的活度相互作用系数，以 e_i^j 表示。

f_i^j 用同一浓度法测定所得的 e_i^j 值和用同一活度法测定所得的 e_i^j 值有所不同。但对服从亨利定理的很稀溶液，两者相等，也即：

$$e_i^j=\frac{\partial \lg f_i^j}{\partial[\%j]} \qquad (12)$$

联系 e_i^j 将式（11）写成通式，得：

$$\lg f_i = \sum_{j=2}^{m} e_i^j [\%j] \qquad (13)$$

式（13）中包括e_i^i一项，也即组分i本身的活度作用系数。

采用纯物质为活度标准态，相应地得以下二式：

$$\varepsilon_i^j = \frac{\partial \ln\gamma_i}{\partial N_j} \qquad (14)$$

$$\ln\gamma_i = \ln\gamma_i^\circ + \sum_{j=2}^{m} \varepsilon_i^j N_j \qquad (15)$$

式（13）中右边也有$\lg f_i^\circ$一项，由于服从亨利定律，$f_i^\circ=1$，故从略。

e_i^j与ε_i^j的关系式见式（16）：

$$e_i^j = \frac{1}{230}\left[(230\varepsilon_i^j - 1)\frac{M_1}{M_j} + 1\right] \qquad (16)$$

e_i^j与e_j^i的关系式见式（17）：

$$e_i^j = \frac{1}{230}\left[(230e_j^i - 1)\frac{M_i}{M_j} + 1\right] \qquad (17)$$

式中M_1为组分1即溶剂的分子量；M_i为组分i的分子量；M_j为组分j的分子量。

式（13）及（15）的线性关系只适用于很稀的溶液。对浓溶液（如合金熔体及固溶体）由于$\lg f_i$与[%j]不是线性关系，须采用二级相互作用系数。

活度相互作用系数与温度有关。一般按规则溶液处理，有e_i^j与温度T的倒数成正比。

发展　活度的概念首先由G.N.路易斯于1907年提出，迅速被应用于电化学，以测定水溶液中电解质的活度系数。30年代中期J.奇普曼将活度概念引用于冶金熔体，并提出金属溶液中以1%浓度溶液为活度标准态，此建议迅速为冶金物理化学工作者所接受而推广采用。C.瓦格纳于1952年建议$\ln\gamma_i$按麦克劳林（McLaurin）级数展开，奠定了冶金熔体中多组分活度系数计算的基础。50年代中期E.T.图克道根对同一浓度法与同一活度法测定f_i进行了比较和研究。50年代末期H.申克及其合作者首先导出e_i^j与ε_i^j以及e_i^j与e_j^i准确的相互关系式［即式（16）及（17）］。50～60年代活度及活度相互作用系数的测定研究工作非常活跃，主要采用化学平衡及溶解度法，已逐步发展自成体系，成为经典的实验方法。60年代末期固体电解质定氧电池开始作为测定黑色及有色金属熔体中氧的活度及相互作用系数的良好手段。70年代，黑色冶金的金属液及熔渣的活度数据已测出不少，但尚不完全。对有色金属，特别是熔锍及熔盐等的活度数据，则待做的工作更多。

活度不能解决冶金熔体的结构问题。它能指出组分在真实溶液与理想溶液中热力学作用上的偏差，但不能提供造成偏差的原因。纵然如此，50～60年代随着活度数据的积累，不少学者指出铁液中某些元素i的ε_i^j与组分j的原子序数有关，特别是以碳饱和的铁液中碳的ε_i^j与组分j的原子序数有明显的周期的线性关系。由于在高温实验条件下测定活度数据的困难，长期以来不少学者提出组分相互间的结构模型，借助于统计热力学进行计算，企图导出一系列公式以之对组分的活度系数进行预测，这对某些二元合金取得了一定的成功，但这些半经验公式只适用于某一特殊体系的物质，或某一体系的特殊的浓度范围，迄今尚未能找出适用于不同类型的普遍的合金体系的通用表达式。同样地，对二元系炉渣也有较好的模型，但尚很不成熟，不足以适用于所有不同类型的二元系炉渣。对三元系或多元炉渣的应用则更谈不到了。

通过浓度坐标的适当转换，对某些二元合金稀溶液的企图得到活度参数与浓度参数线性关系的尝试，也尚未获圆满的成功。

总之，活度应用于冶金过程，使得冶金反应能定量地进行热力学计算和分析，在阐明多种反应能否选择地进行，在控制调整产物能否达到最大产率，在控制冶炼操作如何在最优化条件下进行等等方面，已经起了并将继续起到应有的作用。冶金溶体（包括固溶体及水溶液）中组分活度的测定，利用活度探索熔体结构，以及从设想的结构预测组分的活度及其他热力学性质等，将仍是今后较长期的较重要的研究课题。

（魏寿昆）

活化烧结　active sintering　采用物理或化学措施，降低烧结活化能，使烧结温度降低、烧结时间缩短、烧结体性能提高的粉末冶金烧结技术。活化烧结可分为物理活化烧结和化学活化烧结。物理活化烧结是依靠周期性改变烧结温度，施加机械振动、超声波等促进烧结的过程。化学活化烧结包括：①预氧化烧结。粉末或粉末压坯在空气或蒸汽中进行低温处理，使粉末表面形成适当厚度的氧化膜，然后在还原性气氛中烧结。该法适用于铜基和铁基机械零件的烧结生产。②改变烧结气氛的成分和含量。如在蒸汽饱和的“湿氢”中进行钼和钨的低温烧结；在气氛或填料中添加卤素化合物，使铁族金属活化烧结；用氢化物（TiH_2、ZrH_2）在烧结时离解产生活性原子，实现钛、锆的烧结等。③粉末内添加微量元素。如在钨粉中加镍等Ⅷ族金属，可使钨在1200℃下烧结到接近理论密度状态。④使用超细粉末、高能球磨粉末进行活化烧结。

活化烧结过程是一个物理化学反应过程，其烧结反应速度常数K可表示为：

$$K = A\exp(-Q/RT)$$

式中A为频率因素常数；Q为烧结过程活化能；T为烧结温度。活化烧结是降低烧结活化能Q的烧结技术。

活化烧结主要从以下方面来实现：①改变粉末表面状态，提高粉末表面原子活性和原子的扩散能力。②改变粉末颗粒接触界面的特性，以改善原子扩散途径。③改善烧结时物质的迁移方式。

活化剂的选择原则为：①活化剂在烧结过程中能形成低熔点液相。②活化剂在基体中的溶解度应低，而基体组元在活化剂中的溶解度要大。③活化剂应在烧结过程中偏聚在基体颗粒之间，为基体组元间的物质迁移提供通道。

活化烧结主要用于钨、钼、铼、铁、钽、钒、铝、钛和硬质化合物材料等的烧结。

（贾成厂）

火法冶金　pyrometallurgy　利用高温从冶金原料中提取金属或其化合物或进行精炼的冶金过程。由于过程中没有水溶液参与，故又称干法冶金，是提取冶金的主要方法之一。高温对于冶金过程有利，表现在：金属的生产可以液态或气态形式进行，使金属更易于和渣滓分离；有些反应原不可以进行，而在较高温度却能自发进行；高温化学反应快，许多过程很快可以完成，因此反应是趋于平衡的。这有利于应用冶金热力学理论进行分析。高温所需的热源有矿物燃料的燃烧，如焦炭、石油产品、天然气等的燃烧；转化为热能的电能；过程中进行的放热反应，如硫化矿物和金属的氧化等。参与物质有固体、气体、熔体，如固体的精矿、熔剂、燃料，气体氧化剂的空气、工业氧，熔体的金属液、熔渣、锍、黄渣等；产物也有液、气、固三态，所以火法冶金是高温、多相的复杂反应体系。

生产工艺　一般包括原料预处理、熔炼和火法精炼3个步骤。

原料预处理　为得到最适于下一步金属提取或富集所要求的化学组分和性状而设置的工序，包括选矿、煅烧、焙烧、烧结等。根据原材料和企业条件的不同采用不同操作，也可根据需要进行组合。

熔炼　实际上是把炉料装入高温炉

进行熔融与冶炼，将欲提取的金属由化合物状态还原为粗金属或富集于中间产物——锍或黄渣中，同时炉料中的脉石和杂质形成熔渣分离出去，如氧化矿的还原熔炼、硫化矿经预处理变为氧化矿后进行的还原熔炼和造锍熔炼等。

火法精炼　在高温下进一步处理粗金属，去除其所含杂质以提高其纯度的过程。熔炼所得到的粗金属很少直接作为金属材料使用，几乎全部需要进一步精炼方可使用。精炼主要利用所炼金属与杂质的物理化学性质的差异，如利用主金属与杂质的熔点之差、二者的蒸气压之差和杂质与氧、硫、氯的亲和力比主金属强；添加第三种金属以降低主金属中的杂质浓度；添加碱金属或碱土金属氧化物以生成由杂质和碱金属或碱土金属所构成的更稳定的复合氧化物等特性；通过改变温度、压力、添加剂等手段使主金属与杂质分别富集到不同相中。

综合利用和环境保护　火法冶金过程除产出成品金属外，还副产大量烟气和炉渣。烟气和炉渣除含有污染环境的物质外，还含有有价值的组分，必须经过处理，综合回收有价值的组分，消除对环境的危害。需要利用高新技术优化火法生产流程，达到节能、降耗、高效生产的目的，并发展清洁生产技术，提高资源综合利用率，走可持续发展道路。

特点　和**湿法冶金**相比，火法冶金的优点有：高温下反应快；单位设备生产率和劳动生产率高；投资省，经营费用低；利用炉料本身能量充分，可以实现自热熔炼，单位产品能耗低；高温炉渣组成稳定，便于堆存和利用；有色金属中间产物锍及金属产物能很好地富集金、银等有价值成分，便于综合利用，以提高经济效益。因此，金属由矿石到精炼整个生产流程可以完全采用火法冶金（如钢、锡、锌）；也可以只有主要提炼工艺采用火法冶金而精炼采用其他方法（如铜、镍）；还可以在以其他工艺为主导的流程内采用一些孤立的火法冶金工艺。冶金生产中全部的钢、铁，几乎全部的铅、锡、锑、钛，85%的铜，20%的锌和大部分的镍都采用火法冶金。

（李士琦）

霍尔，C.M.　Charles Martin Hall（1863-12-06～1914-12-27）　美国化学家。生于俄亥俄汤普森，卒于佛罗里达代托纳比奇。与法国冶金学家P.-L.-T.**埃鲁**各自独立发明冰晶石-氧化铝电解制铝法。在奥伯林学院学习化学时，受到启发，致力于探求炼铝法，以代替费用昂贵的用钠置换铝的化学方法。他利用S.C.德维尔的电解熔融氯化铝钠复盐（$NaCl \cdot AlCl_3$）制铝法的原理，研究利用萤石、氟化镁，最后用冰晶石（$3NaF \cdot AlF_3$）为氧化铝的熔剂，在碳坩埚中进行电解实验，1886年电解制铝成功，获得专利，并在两年中建立了公司（后发展成为美国铝业公司）。这项发明使铝发展成为仅次于铁的重要金属材料。

（常乃懂）

J

机械合金化法制粉 mechanical alloying 用高能研磨机或球磨机实现金属固态合金化的技术。简称MA。可制备特殊合金粉末。原理是：在机械研磨或**球磨**过程中，**金属粉末**、合金粉末或金属粉末与合金粉末的混合物，同磨球高频撞击，产生反复变形、焊合和断裂，形成复合粉末。随着球磨继续进行，机械能转化为热能，粉末体系温度升高，在力和温度的共同作用下发生原子扩散或固态反应，在固相状态下实现合金化，形成合金粉末。

机械合金化是1969年美国的J.S.本杰明等人发明的，最初被称为“球磨混合”，但在第一个专利申请中被称为“机械合金化”。20世纪70年代主要用于制备氧化物弥散强化镍基高温合金，后被用于制备氧化物弥散强化铁基高温合金。

机械合金化被广泛应用于新材料的合成制备，特别是采用传统的熔炼铸造技术难以制备的材料，包括生成热为正值、组元在液相和固相均不互溶的材料体系，组元熔点相差悬殊的材料体系，高熔点合金体系。采用机械合金化技术制备的材料，具有均匀细小的显微组织和弥散的强化相，力学性能一般优于传统工艺制备的同类材料。机械合金化也是合成细晶、纳米晶合金粉末材料的一种方法，被广泛用于非晶态合金、过饱和固溶体材料、金属间化合物、硬质材料、磁性材料、金属储氢材料、陶瓷，以及其他结构、功能材料的制备。

机械合金化设备主要包括振动式、行星式、搅拌式和滚筒式球磨机等。需要控制的主要工艺参数包括球磨速度（球磨机转速）、球磨时间、球料比、填充率、球磨气氛、磨球尺寸、球磨温度等。

扩展阅读

EL-ESKANDARANY M S. Mechanical Alloying for Fabrication of Advanced Engineering Materials. New York: Noyes Publications / William Andrew Publishing, 2001.

黄培云.粉末冶金原理.2版.北京：冶金工业出版社，1997.

（刘祖铭）

箕斗提升 skip hoisting 用箕斗作为提升容器的一种间歇式的物料提升方式。箕斗提升有单箕斗平衡锤提升和双箕斗提升两种形式。在日提升能力相同的情况下，双箕斗提升的一次装载量只有单箕斗平衡锤提升的一半，箕斗尺寸和重量、提升机规格、提升钢丝绳直径都可以减小，而电机功率不变；双箕斗提升的装卸载设施比单箕斗平衡锤提升要复杂一些，由于采用两个箕斗，井筒直径会稍大。

箕斗提升在装卸载处都要设置储料仓。采用单绳缠绕式提升机时，可以采用翻转式箕斗，装载矿石块度可达500毫米。翻转式箕斗卸载时，提升系统会出现失重现象，有可能引起多绳摩擦提升钢丝绳打滑。箕斗多绳摩擦提升一般采用底卸式箕斗，矿石块度控制在350毫米以内，一般需要设置坑内破碎站破碎矿石。在装载站采用计重漏斗或者计重带式输送机自动控制箕斗装载量，在卸载站采用固定卸载曲轨或活动卸载直轨使箕斗卸载。

与**罐笼提升**相比，箕斗提升能力较大。大、中型矿山多采用箕斗提升矿石和废石。随着井筒深度增加和提升能力的提高，箕斗一次装载量不断增大，提升速度不断提高。例如，南非马尤巴矿箕斗一次装载量达到64吨；加拿大阿戈利**主井**提升速度达到20.3米/秒，采用低速直联交流电机，功率为2×6600千瓦；中国金川集团有限公司二矿区24行上盘主井箕斗一次装载量31吨，提升速度达到16米/秒，功率为5800千瓦，采用交直交变频控制系统。

（肖尚武）

激光焊 laser beam welding 利用高功率密度的激光束照射工件使被焊金属熔合的焊接方法。

作用机理 激光焊接过程（图1）中激光与物质相互作用，涉及反射、吸收、加热、熔化、气化等现象。激光束照射在工件表面时，一般都存在强烈的反射。金属对激光的反射能力与它所包含的自由电子密度有关，自由电子密度越大（即电导率越大），反射越强。对同一种金属而言，反射率还与激光的波长有关。波长较长的红外线，主要与金属中的自由电子发生作用，而波长较短的可见光和紫外光，除与自由电子作用外，还与金属中的束缚电子发生作用，使反射率降低。因此，对同一金属，波长越短，反射率越低，吸收率越高。一旦激光光子入射到金属晶体，光子即与电子发生非弹性碰撞，光子将其能量传递给电子，使电子由原来的低能级跃迁到高能级。同时，金属内部的电子间也在不断地互相碰撞。吸收了光子而处于高能级的电子将在与其他电子的碰撞以及与晶格的互相作用中进行能量的传递，光子的能量最终转化为晶格的热振动能，引起材料温度升高。激光焊接时，材料达到熔点所需的时间为微秒级；当功率密度为10^9瓦/米^{2}时，达到沸点的时间为几毫秒；当功率密度为10^{10}瓦/米^{2}时，被焊材料会产生急剧的蒸发。由于蒸发的存在，蒸汽压力和蒸汽反作用力等能克服熔化金属表面张力及液体金属静压力而形成小孔。小孔类似于黑体，有助于对光束能量的吸收。焊接过程中，工件与激光束做相对运动。小孔后方液体金属由于传热的作用，温度迅速降低，凝固形成焊缝。

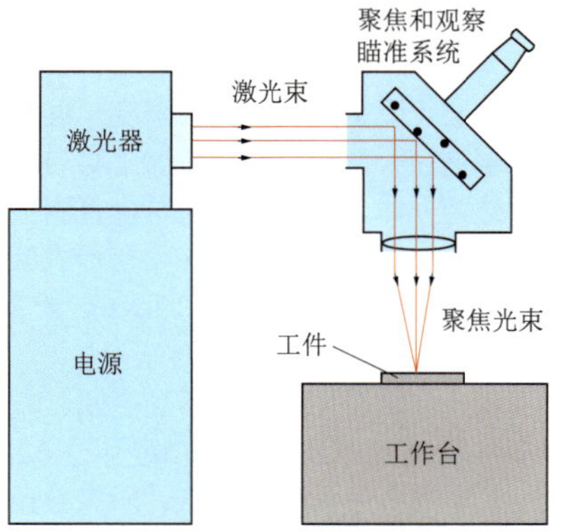

图1 激光焊接示意图

分类 根据激光对工件的作用方式，激光焊接可分为脉冲激光焊和连续激光焊。脉冲激光焊时，输入到工件上的能量是断续的、脉冲的。脉冲激光可通过脉冲激光器获得，也可通过连续激光器实现。

根据实际作用在工件上的功率密度，激光焊接可分为热传导焊（功率密度小于10^9瓦/米^2）和深熔焊（功率密度大于10^9瓦/米^2）。①热传导焊时，工件表面温度不超过材料的沸点。工件吸收的光能转变为热能后，通过热传导将工件熔化，无小孔效应发生。焊接过程与非熔化极电弧焊相似，熔池形状近似为半球形。②深熔焊时，金属表面在光束作用下，温度迅速上升到沸点，金属迅速蒸发形成的蒸气压力、反冲力等能克服熔化金属的表面张力及液体金属的静压力而形成小孔。由此激光束可直接深入材料内部，从而形成深宽比大的焊缝（图2）。

影响因素 影响激光焊接质量的焊接因素有激光功率、光斑直径、焊接速度、离焦量、保护气体的种类及流速、材料的焊接性等。①激光功率主要影响熔深。当光斑直径保持不变时，熔深随激光功率的增加而变大。光束从激光器到工件的传输过程中存在能量损失，作用在工件上的功率总是小于激光器的输出功率。激光功率

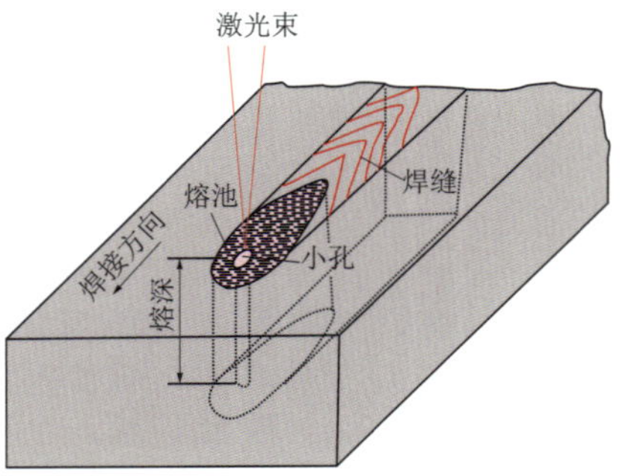

图2 激光深熔焊示意图

一定的条件下，光斑直径决定了功率密度的大小。②光斑直径与聚焦前的光斑直径、激光波长、聚焦镜焦距等因素有关。采用短焦距的聚焦镜可使光斑直径变小。③焊接速度会影响焊缝熔深和熔宽。深熔焊时，熔深与焊接速度基本上成反比。焊接速度过高，会导致焊不透；速度过低，又会使材料过量熔化，焊缝宽度急剧增加，甚至导致烧损和焊穿。④离焦量会改变工件表面光斑直径的大小，也会改变光束的入射方向，因而对焊缝形状、熔深和横截面大小有较大影响。⑤保护气体的作用有两个：一是保护工件被焊部位不被氧化，二是在深熔焊时抑制小孔上方等离子体或羽焰对激光的衰减作用。激光焊接中保护气体常用氩气、氦气和氮气。在一定流量范围内，熔深随保护气体流量的增加而增加，超过一定值后，熔深则基本维持不变。⑥影响材料激光焊焊接性的因素除了材料本身的冶金特性以外，还包括材料的光学性能，即材料对激光的吸收能力。吸收能力强的材料易于焊接，吸收能力差（反射率大）的材料，如铝、铜等，焊接较困难。

设备 激光焊接设备主要由激光器、光学准直和聚焦系统、工作台和控制系统组成。用于焊接的激光器主要分为固体激光器和气体激光器两类。固体激光器有红宝石激光器、光纤激光器、钕玻璃激光器和YAG激光器（钇铝石榴石激光器）。气体激光器主要是二氧化碳气体激光器（图3）。

优缺点 与其他焊接技术相比，激光焊的优缺点：

图3 二氧化碳气体激光器

优点：①激光束能聚焦成极小的光点（可达微米量级），功率密度高（可达10^{11}～10^{16}瓦/米^2），加热集中，热输入小，热影响区窄，**焊接变形**小，适于精密焊接和**微连接**。②焊缝深宽比大，焊接厚度大的工件可以不开坡口一次成形。③适用于难熔金属、热敏感性强的金属及热物理性能相差悬殊、尺寸和体积差别大的工件的焊接。④可通过光学透明介质对密闭容器内的工件进行焊接，可在空气、惰性气体和真空中进行焊接。⑤可通过光路设计或光纤传输使激光束达到一般焊接方法无法施焊的部位，可达性好。⑥激光束不受电磁干扰，无磁偏吹现象，适用于磁性材料焊接。⑦不需要真空室，不产生X射线，观察及对中方便。⑧加工速度快，生产效率高。

缺点：①设备的一次投资大。②对高反射率的金属直接进行焊接比较困难。③在激光焊接过程中，过量的激光辐射会对人体眼睛、皮肤等造成伤害，必须采取措施，做好对激光危害的工程控制。

（常保华）

激光烧结 laser sintering 借助计算机辅助设计与制造技术，利用高能激光束的热效应，有选择地分层烧结固体粉末而获得三维实体零件的烧结技术。又称选择性激光烧结，是一种增材制造技术。典型工艺过程是：①将零件三维CAD模型文件沿高度方向按设定的层厚进行分层切片，获得每层二维截面信息。②在工作台上铺一薄层含有低熔点材料的混合粉末，激光在计算机控制下，根据各层截面数据，有选择地对粉末层进行扫描，在被激光扫描的区域，低熔点粉末发生软化或熔化而黏结成形，未被激光扫描的粉末仍呈松散状，可作为支撑。③一层加工完成后，工作台下降一层（设定的层厚）的高度，再进行下一层铺粉和扫描，同时新加工层与前一层黏结为一体。④重复上述过程直到整个三维实体加工完成为止。⑤将初始成形件取出，并进行适当后处理（如清粉、打磨、浸渗等），获得最终三维零件。

激光烧结可用于高分子、金属、陶瓷等多种材料的成形，成形精度可达0.2毫米。其中高分子材料熔点低，所需激光功率小，粉末可通过软化黏结成形，甚至可以完全熔化成形，因此激光烧结工艺最早在高分子材料成形中得到应用。由于金属和陶瓷材料熔点较高，激光烧结零件通常为通过低熔点黏结剂黏结成形的毛坯。这种毛坯强度和致密度低，因而需要进行适当的后续处理工艺（如脱脂、高温烧结、熔渗金属、等静压或浸渍树脂等）。

扩展阅读

GIBSON I, ROSEN D W, STUCKER B. Additive Manufacturing Technologies. London: Springer, 2010.

（王 建）

集束拉拔 bundled drawing 将两根以上断面为圆形或异型的坯料同时通过圆的或异型孔模具的**拉拔**技术。用于生产超细线材和复合线材。集束拉拔适合于塑性好的金属，生产效率高，成本低。集束过程中，多根坯料同时在一个模具中拉拔变形，待拉至所需的直径后，剥去包覆管，把芯丝分离开来，能制作出直径小于1微米的长纤维。

集束拉拔工艺由F.迪普伊等首先在铜（Cu）-铌（Nb）线材上应用，并于1995年在法国图卢兹国家脉冲磁场实验室成功制备了第一代Cu-Nb复合线材。20世纪90年代，中国西北有色金属研究院首次成功采用集束拉拔制备的Cu-Nb导线，Nb纤维数最多达到了5.22×10^7根。集束拉拔技术广泛应用于锡化铌（Nb_3Sn）、钛化铌（NbTi）等低温超导材料的制备。如把多根圆线捆装入管子中，进行拉拔，可获得六角形的蜂窝形断面型材。集束拉拔可生产不锈钢超细丝、铁铬铝超细丝。图为生产不锈钢超细丝的集束拉拔示意。

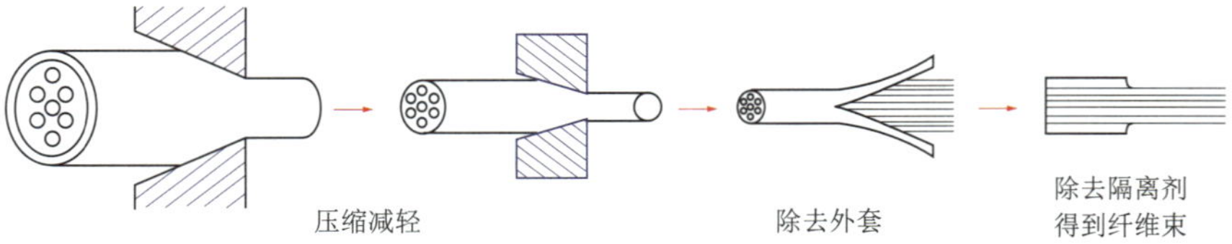

集束拉拔流程示意图

将不锈钢线坯放入低碳钢管中进行反复拉拔，从而得到双金属线，然后将数十根这种线集束在一起再放入一根低碳钢管中进行多次的拉拔。在这样多次的集束拉拔之后，将包覆的金属层溶解掉，则可得到直径为0.5微米的超细不锈钢丝。

集束拉拔法制备超细丝价格低廉，但是将这些丝分成一根根地使用困难，丝的断面形状有些扁平呈多角形。

（张迎晖）

集中运输水平 main haulage level 在地下矿山生产中，将多个**中段**或分段采出的矿石集中搬运至破碎站、**竖井**或**斜坡道**的输出作业水平。又称主要运输水平。根据矿体的赋存条件，通常将两个及以上的中段或多个分段采出的矿石经出矿**水平**，通过采场或盘区溜井下放至集中运输水平（见图）。集中运输水平的运输方式通常分

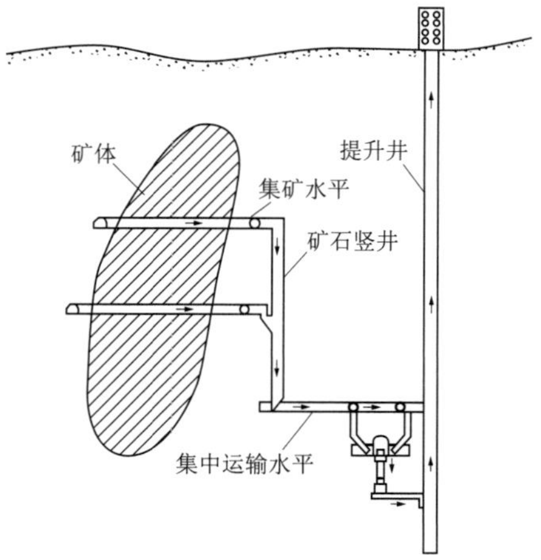

集中运输水平关系图

为有轨电机车矿车运输、无轨卡车运输和胶带运输。集中运输是相对于分中段运输而言，是否采用集中运输通常需要结合矿体赋存条件和整体开拓系统布置，进行技术经济分析确定。

集中运输的优缺点　优点：①运输水平集中，可减少运输水平的数量，从而减少巷道、**石门**、附属硐室等的开拓工程量。②可将矿废石提升、排水等作业集中，生产管理简单。③可减少地下破碎站的设置与迁移，便于使用大型机械和提高机械化、自动化程度，降低成本。④如中段资源量不大，可增加开拓水平层的开采年限。

缺点：①增加了矿石溜放至集矿中段的费用。②可能增加中段上部矿石提升或排水费用。③初期基建工程量较大。④当矿石含泥较多时，不适合集中运输。

选取集中运输水平的原则　确定集中运输水平时，应考虑：①为了保证矿山投产达产后正常、均衡地进行生产，集中运输水平服务的矿石资源量应满足开拓矿量大于3～5年的要求。②考虑采场出矿设备类型，并结合采场溜井的布置确定集中运输水平。③围岩条件较差，溜井施工困难的矿山，将不利于主要中段运输水平的选择。④从经营管理上考虑集中运输水平的基建工程量、投资等综合因素。

（朱瑞军）

挤压　extrusion　对放在挤压筒内的金属坯料施加外力，使之从挤压模的模孔中流出，获得与模孔具有相同断面形状和尺寸的产品的塑性加工技术。17世纪法国人用手动螺旋压力机挤压出铅管，用作水管，是为挤压加工之始。19世纪末实现了锌、铜和铜合金的冷挤压，20世纪初期扩大到铝和铝合金的挤压，使挤压技术得到快速发展和广泛应用。20世纪30年代，德国人发明磷化、皂化的表面减摩润滑处理技术，使钢的冷挤压获得成功，用于挤制钢弹壳。第二次世界大战后，钢的冷挤压推广到其他国家，并扩大了应用范围。50年代开始采用熔融玻璃润滑法，钢的热挤压遂在冶金和机械工业中得到应用和发展。

特点　挤压时，金属处于三向压缩状态，有利于提高金属的变形能力，获得大变形量，同时可改善金属的组织，获得综合性能高的产品；通过改变挤压模的结构和形状，可以生产各种断面形状复杂的实心或空心型材，以及各种管材、棒材和线材，生产灵活性大；工艺流程简单、厂房面积小，投资少。但也存在一些缺点，如工模具承受高温、高压和高摩擦作用，寿命短，其成本占挤压生产成本的30%～40%；大多数情况下为非连续挤压，生产效率较低。

分类　挤压有多种分类方法。按挤压轴移动方向与被挤金属流动方向之间的关系可以分为正向挤压（简称**正挤压**，见图a）、反向挤压（简称**反挤压**，见图b）、侧向挤压（又称径向挤压，见图c）和复合挤压；按坯料温度分为热挤压、温挤压和冷挤压；按挤压时坯料与挤压筒和模具表面之间的润滑状态分为润滑挤压（如铝合金热挤压等）、玻璃润滑挤压（见图d）和**静液挤压**（见图e）；按产品断面形状分为型材挤压（又分实心型材挤压和空心型材挤压）、管材挤压和棒材（线材）挤压。为满足挤压产品的应用还发展了连续挤压、**半固态挤压**等工艺。

大多数情况下的挤压生产是不连续的，是一个一个坯料挤压的，因而挤压产品也是一根一根的。但连续挤压的坯料采用成卷的杆坯，挤出产品通常也是成卷的线材、管材或包覆线材（如铝包钢线等，见图f）。

挤压力　提出凹模强度要求和选择挤压机公称压力的主要依据。挤压时，根据金属的流动特点，挤压力的变化一般可分为3个阶段：①开始挤压阶段，又称为填充挤压阶段，挤压力逐渐增加，直至挤压力达到突破压力（高峰压力），金属开始从模孔流出的瞬间；②基本挤压阶段，也叫平稳挤压阶段，正挤压时此阶段中挤压力随着坯料的长度减少而下降；③终了挤压阶段，或称紊流挤压阶段，在此阶段中挤压力有重新增加的现象，此时应结束挤压。

影响挤压力的主要因素包括：①被挤压材料的力学性能。材料的强度越高，冷作硬化的敏感性越强，所需的挤压力越大。②挤压的变形方式和温度。正挤、反挤和复合挤压的单位挤压力不同，提高坯料变形时温度能大大地降低挤压力。③挤压的变形程度。④模具和工件的几何形状。毛坯的几何形状，毛坯的高径比会影响到变形速率，从而对挤压力也会产生影响。⑤润滑条件。润滑对挤压力的影响很大，尤其是冷挤压。热挤压铝合金、铜合金等有色金属时单位面积挤压力一般低于1000牛/毫米^2，冷挤压碳钢和合金钢时的单位面积挤压力可高达2000～3000牛/毫米^2。

模具　模具是挤压生产的核心技术，是决定挤压产品断面的形状、尺寸和精度，影响挤压生产效率的关键。冷挤压时一般多采用2～3层组合式预应力模（习惯称为凹模），以提高模具的强度，满足高挤压压力的要求。冷挤压模内层可以用

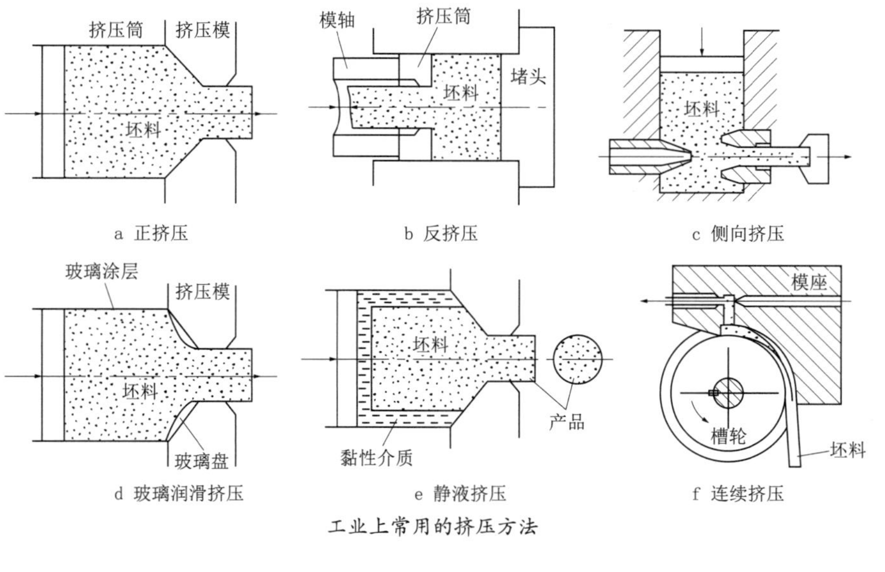

工业上常用的挤压方法

耐磨、能承受很大压应力而不能承受拉应力的硬质合金制造，其外层用韧性好的合金钢制造。当挤压模磨损严重或损坏时，只需更换内层。用钢丝或钢带缠绕的凹模是一种新型的预应力模具，其外径尺寸比同类多层套凹模小。

热挤压时一般采用H13等热作模具钢制造挤压模具。热挤压模具经淬火－回火处理后，可在500℃长时间、600～700℃短时间的条件下工作。大多数热挤压模具的模孔形状复杂、尺寸精度要求高，采用线切割、电火花等方法加工。

压力机　小件挤压一般使用机械压力机、液压机（通常是油压机），也有的用螺旋压力机进行冷挤压、温挤压或热挤压。大型挤压件和长杆型挤压件多使用专用的挤压压力机进行热挤压，这类压力机以液压传动的较多，吨位（公称挤压力）从几百吨到几万吨不等。

应用　挤压广泛应用于铝合金、镁合金、钛合金、铜合金、特殊钢等金属材料的型材、管材、棒材和线材的大规模工业生产，以及各种复合材料、粉末材料、高性能难加工材料等新材料和新产品的制备与加工。其中产量最大、应用最广的是铝合金挤压产品，如各种铝合金门窗型材、建筑幕墙型材、高铁车辆的车体和底盘型材、各种导弹和鱼雷管材、壁板等飞机关键结构材料。　　　（谢建新）

加热炉　reheating furnace　把金属加热到轧制、挤压或锻造温度的工业炉。金属热处理用的加热炉另称为热处理炉。初轧前加热钢锭或使钢锭内部温度均匀的炉子称为均热炉。广义而言，加热炉也包括均热炉和热处理炉。加热炉用于完成物料的加热，通过提高物料温度来改变其物理机械性能或实现部分组成成分的物理分离，在此过程中物料本身不发生相态的转变。

加热炉的燃料随着燃料资源的开发和燃料转换技术的进步而变化，由采用块煤、焦炭、煤粉等固体燃料逐步改用发生炉煤气、伴生煤气、城市煤气、天然气、燃料油等气体或液体燃料，并研制出与所用燃料相适应的各种燃烧装置，如调焰烧嘴、平焰烧嘴、蓄热烧嘴、高速喷嘴、自身预热烧嘴、低氧化氮烧嘴、脉冲烧嘴等。

单位时间内单位炉底面积的加热能力称为炉子生产率。炉子升温速度越快、装载量越大，则炉子生产率越高。在一般情况下，炉子生产率越高，则吨钢的燃耗越低。因此，为了降低能源消耗，应满负荷生产，尽量提高炉子生产率，同时对燃烧装置实行燃料与助燃空气的自动比例调节，以防止空气量过剩或不足。此外，还要减少炉墙蓄热和散热损失、水冷构件热损失、各种孔洞的辐射热损失、出炉烟气带走的热损失等。

分类　加热炉的类型很多，主要有连续加热炉和室式加热炉。

连续加热炉　包括推钢式炉、步进式炉、转底式炉、分室式炉等连续加热炉，但习惯上常指推钢式加热炉。连续加热炉多数用于轧制前加热金属料坯，少数用于锻造和热处理（图1）。主要特点是：料坯在炉内依轧制的节奏连续运动，炉气在炉内也连续流动。一般在炉料的断面尺寸、品种和产量不变的情况下，炉子各部分的温度和炉中金属料的温度基本上不随时间变化而仅沿炉子长度变化。

图1　连续加热炉

按炉温分布，炉膛沿长度方向分为预热段、加热段和均热段。进料端炉温较低为预热段，其作用在于利用炉气热量，以提高炉子的热效率。加热段为主要供热段，炉气温度较高，以利于实现快速加热。均热段位于出料端，炉气温度与金属料温度差别很小，保证出炉料坯的断面温度均匀。用于加热小断面料坯的炉子只有预热段和加热段。习惯上还按炉内安装烧嘴的供热带划分炉段，依供热带的数目把炉子称为一段式、二段式，以至五段式、六段式等。

连续加热炉所用燃料有气体燃料、重油或粉煤，有的烧块煤。为了有效地利用废气热量，在烟道内安装预热空气和煤气的换热器，或安装余热锅炉。

在锻造和轧制生产中，钢坯一般在完全燃烧火焰的氧化气氛中加热。采用不完全燃烧的还原性火焰（即自身保护气氛）来直接加热金属，可以达到无氧化或少氧化的目的。这种加热方式称为明火式或敞焰式无氧化加热，成功地应用于转底式加热炉和室式加热炉。

推钢式加热炉　靠推钢机完成炉内运料任务的连续加热炉。料坯在炉底或在用水冷管支撑的滑轨上滑动，在后一种情况下可对料坯实现上下两面加热。炉底水管通常用隔热材料包覆，以减少热损失。

步进式加热炉　靠炉底或水冷金属梁的上升、前进、下降、后退的动作把料坯一步一步地移送前进的连续加热炉。炉子有固定炉底和步进炉底，或者有固定梁和步进梁。前者称为步进底式炉，后者称为步进梁式炉。轧钢用加热炉的步进梁通常由水冷管组成。步进梁式炉可对料坯实现上下双面加热。20世纪70年代以来，由于轧机的大型化，步进梁式炉得到了广泛应用。同推钢式加热炉相比，它的优点是：运料灵活，必要时可将炉料全部排出炉外；料坯在炉底或梁上有间隔地摆开，可较快地均匀加热；完全消除了推钢式炉的拱钢和黏钢故障，因而使炉的长度不受这些因素的限制。

转底式加热炉　炉身固定，炉底转动，放置在炉底上的料坯随炉底转动由进料口移送到出料口。根据炉底形状，转底式加热炉可分为环形炉和盘形炉两种。冶金厂轧钢车间多用环形炉（图2），一般用于要求加热温度比较均匀的料坯和无法在其他机械化炉底加热的异型坯，如圆坯、车轮和轮箍坯、模锻前的异型坯，以及品种多和长短不一的料坯等。硅钢生产的钢

图2　环形加热炉

卷高温热处理也多用环形炉。缺点是炉底面积利用率低，炉底单位面积产量通常为300～450千克/（米²·时）。

分室式快速加热炉　由若干个摆在一条线上的加热室所组成。加热室和加热室之间设间室，传送料坯的辊子设在间室内，料坯单根（或双根）地通过各加热室和间室而被加热。每个加热室与相邻的间室构成一个“炉节”，所以又称节式炉。这种加热炉能快速加热，氧化和脱碳少，适用于加热圆形料坯和钢管。与行星轧机相配合，可用来加热连铸板坯；也可对某些钢材进行局部加热。缺点是单位炉长的生产能力低，炉子热效率较低。

室式加热炉　用于金属坯或锭锻压前的加热。物料加热时不移动；炉内不分段，要求各处炉温均匀，对于大钢锭加热采用周期性的温度制度（即炉温按时间分为预热期、加热期、均热期等）。室式加热炉有固定炉底室式炉和车底式炉两种。

固定炉底室式炉　炉底面积一般为1～10平方米，装出料多靠人工或简单机械。加热较大工件的室式炉，也有用专门装出料机的设备。燃料为煤、重油或煤气。有的室式炉在炉墙上开一缝隙，料坯由缝隙送入炉内加热，称为缝式炉，常用于小件加热或长料坯的端头或局部加热。这类炉的炉底单位面积产量通常为300～400千克/（米²·时），单位热耗每吨钢为（4.0～6.0）$\times 10^6$千焦。

车底式炉　用于重量为十几吨至几百吨的大钢锭在锻压前的加热，炉型为室式或隧道式。加热物件放置在台车上，炉外进行装卸料，由车间吊车或其他牵引装置把台车拽入或拖出炉膛，大钢锭加热要求炉温分布均匀，所以车底式炉常采用分散供热和分散排烟（烧嘴和烟道口分散地布置在炉子侧墙上）。

发展趋势　为提高加热炉生产效率和热效率，加热炉节能技术及发展趋势有：①利用钢铁制造流程界面技术进行系统节能。②调整燃料结构，用油、气取代煤等固体燃料。③优化连铸坯热送热装技术，探索与不同结构加热炉衔接。④进一步开发、完善燃烧技术，重点是CO_2的减排和封存问题，余热回收及低热值燃料充分利用研究。同时降低燃烧过程NO_x的生成和排放，努力实现高效清洁燃烧。⑤设计合理的炉型结构，使燃料燃烧尽可能在炉膛内发生，减少出炉膛的烟气热损失；将尽可能多的**烟气余热回收**到炉膛中，提高炉子的燃料利用系数；尽量减少炉膛各项固定热损失，提高炉子热效率。⑥采用汽化冷却或无水冷却代替全水冷，实现加热炉节能和提高坯料加热质量。⑦砌筑将向整体化和轻型化方向发展，采用新型耐火材料，用耐高温陶瓷和陶瓷纤维代替耐火砖，使炉子升温快、热损失小。⑧完善燃烧和温度控制系统，采用智能化调控技术，实现加热炉燃烧和加热过程的自动化、智能化。⑨余热梯级回收与利用。根据余热热源性质的不同和温度的高低，将汽化冷却、空气预热和余热锅炉合理组合为一体，最大限度地回收工序余热，充分降低排烟温度，减少工程投资。⑩采用节能涂料。利用远红外辐射原理，将涂料喷涂在各种加热炉的耐火材料表面，提高光谱发射率，增加炉膛换热。⑪发展黑体强化辐射传热节能技术。根据红外物理的黑体理论，制成集增大炉膛面积、提高炉膛发射率和增加辐射照度三项功能于一体的空腔结构元件，安装于炉膛内壁适当部位，实现多重增强对工件的辐射传热。⑫加强管理节能。高效组织生产，加强设备维护，发挥设备的能力，使炉子高效运行。提高操作水平，加强计划调度，并对能源使用过程中造成的跑、冒、滴、漏等能源浪费现象进行检查和处理，有效杜绝各种能源损失。

（宁宝林　撰　张福明　修订）

加温浮选　hot flotation　通过矿浆加热强化浮选药剂的溶解、分散、吸附、解吸或改变矿物表面氧化还原条件，从而改善浮选效果的**浮选**方法。矿浆温度是影响浮选过程的一个重要的因素，提高矿浆温度，可以提高浮选速度并获得较高的浮选指标。提高矿浆温度的方法有蒸汽直接加热、热水直接加热、蒸汽蛇形管间接加热、电热管间接加热等。工业上使用较为普遍的是蒸汽直接加热法。在使用某些难溶的并且其溶解度随温度升高而提高的捕收剂（如油酸）时，矿浆加温是有利的。例如，在使用**脂肪酸类捕收剂**进行氧化矿浮选的过程中，遇到水温很低时，捕收剂溶解度和分散性都不好，影响浮选效果，通过矿浆加热可以提高捕收剂的溶解度和分散性，从而提高浮选效果。

一般在温度升高时，活化剂和抑制剂的作用也会加强、加快。例如，在白钨矿浮选过程中，常采用浓浆高温法使白钨矿与萤石、方解石分离，即将含有萤石和方解石的白钨矿粗精矿浓缩至质量百分浓度60%～70%，然后加入抑制剂水玻璃，将矿浆加热至80℃，搅拌保温30～60分钟，再用水稀释，在室温下浮选，使白钨矿与萤石、方解石分离。浓浆加温搅拌法可以除去部分重晶石。在铜-铅混合精矿的分离浮选中，加热可以改善铜铅分离的效果，矿浆直接加热、二氧化硫-矿浆加热、亚硫酸-蒸汽加热及硫酸-矿浆加热均能改善铜铅分离浮选的技术指标。铜-钼混合精矿的加温浮选分离方法有硫化钠-蒸汽加温法、石灰-蒸汽加温法、氰化物加温法及组合用药（$NaHS/Na_2SO_3+NaCN$）-矿浆加温法。

（文书明　张　英）

夹钢　clamp steel　强化工具、刃具刃口的一种工艺。包括嵌入工艺和贴敷工艺。在刃具刃口部位锻焊嵌入或贴敷一块硬度较高的钢（中碳或高碳钢），使刃口锋利耐用，本体钢用低碳钢或熟铁制成，两者在固态下锻接在一起。本体钢质软，在锻造时易加工变形，用以制作各种工具外形。吉林榆树老河深墓葬（公元2世纪）出土的直背环首刀和矛，制作时采用了贴敷工艺，刃口为含碳0.7%的钢与低碳的本体钢存在明显的分界，两种材质的组织中，晶粒大小有明显差异，在分界附近有的地方的夹杂物数量明显增多。夹钢工艺在制作时，对本体钢和刃钢锻接的要求较高，要有熟练的技巧和丰富的经验，因为将两种含碳量不同的材质锻焊在一起，必须掌握好温度，否则在接合处会出现裂缝。

北宋沈括《梦溪笔谈》比较明确地记载了夹钢工艺的应用：“古人以剂钢为刃，柔铁为茎干，不尔则多断折。剑之钢者，刃多毁缺，巨阙（古剑名）是也，故不可纯用剂钢。”明代宋应星《天工开物》（1637）明确记载有夹钢方法，此种工艺至今仍在中国应用于生产小农具和工具。

（李秀辉）

镓冶金　galium metallurgy　从含镓物料中提取金属镓的冶金技术。1871年俄国人D.I.门捷列夫曾根据元素周期律预言，自然界存在一种和铝性质相近的元素，称之为“类铝”。1875年法国P.É.L.de布瓦博德朗在闪锌矿中找到了“类铝”这个元素，并于1875年11月提取了这种新金属，证明了它像铝。为了纪念他的祖国，他将这个元素命名为gallium（源于gallic，意为“法国的”）。

自然界中的镓矿物有硫镓铜矿（$CuGaS_2$）。镓和铝、锌、锗的离子半径相近，化学性质相似，所以镓常和这3种元素的矿物共生。如铝土矿中含镓0.002%～0.01%，闪锌矿中含镓0.01%～0.02%，而锗石中含镓0.1%～0.8%。此外含锗的煤中也含镓。因此，镓金属的提取也分别与这几种金属冶金有关。

从氧化铝生产流程中回收镓　氧化铝生产过程中的循环母液是生产镓的主要原料。世界上90%以上金属镓的生产来自氧化铝工业。生产工艺中，镓以$NaGa(OH)_4$的形态进入铝酸钠溶液，回收镓主要生产方法有：①汞齐电解法。以汞为阴极，电解含镓溶液获得镓汞齐，然后从镓汞齐中回收镓。1955年匈牙利首先使用该方法从拜耳法生产氧化铝的循环铝酸钠溶液中提取镓。但由于该方法使用有剧毒的汞，所以现已被禁用。②石灰乳法。用石灰乳处理氧化铝生产的循环铝酸钠溶液，使镓与铝分离，然后回收富集的镓。由美国铝业公司于1952年研究成功，中国和苏联于1957年用于工业生产。这种方法的缺点是，使循环碱液中的氢氧化钠转化为碳酸氢钠及碳酸钠，需要使用大量石灰苛化后才能返回氧化铝生产流程，现也不再使用。③溶剂萃取法。通过有机萃取剂将铝酸钠溶液中的镓萃取出来，再用反萃取剂进行反萃。溶剂萃取法所用的萃取剂昂贵，且萃取剂长期与强碱性铝酸钠溶液接触，溶解损失较大，溶解于种分母液中的萃取剂对后序工艺中的电解也有不利影响，因此未得到工业推广。④离子交换法。在拜耳法生产氧化铝过程中，种分母液与吸附镓性能良好的离子交换树脂接触，使镓被树脂选择性吸附并与其他杂质分离，然后通过解吸把镓从树脂上转移至溶液中，对含镓溶液进行处理后电解，即可得到金属镓。采用离子交换法回收金属镓，无须往铝酸钠溶液中加任何试剂，不会影响氧化铝生产工艺本身，且其工艺流程短，周期作业，易于实现自动化操作，成本较低，在工业中实现了大规模生产。

从炼锌副产品中提取镓　焙烧含镓较高的硫化锌精矿，镓进入焙砂。用酸浸出锌时，大部分镓进入渣中，可从中提取镓。其主要方法有：①还原焙烧磁选法。通过强化浸锌渣的还原过程，使镓定向富集于金属铁中，然后采用磁选的方法从焙烧渣中分离富集的镓金属。②络合吸附法。在一定条件下，单宁和镓生成有色的络合物，利用活性炭从盐酸体系中提取镓，使单宁－镓络合物吸附在活性炭上。通过过滤分离和灼烧滤渣，得到含镓较高的灰分。③乳状液膜萃取法。将亚铁氰化钾〔$K_4Fe(CN)_6$〕、三烷基氧磷（TPRO）、磺化煤油和表面活性剂（CMS）混合，形成乳状液膜体系。

含有三烷基氧磷和磺化煤油的萃取剂为油膜，作流动相，含有亚铁氰化钾的反萃剂为内水相。将此体系与含镓溶液混合，油膜中的萃取剂萃取溶液中的镓，同时油膜中的镓又被内水相反萃取，并与亚铁氰化钾作用生成沉淀，从而使镓从水相转入内水相。

从粉煤灰中提取镓　在煤的燃烧过程中，煤中的镓以氧化物形式富集在烟尘中。从煤燃烧烟尘中提取镓的方法有：①沉淀法。将煤灰烟尘与三氯化铝、氧化钙等熔剂混合，氧化镓通过高温熔融转化为水溶性镓酸盐，用碳酸钠浸出镓，再经三次碳酸化得到富镓沉淀，用氢氧化钠溶液溶解该沉淀后再经过电解法即可得到金属镓。②萃取法。用酸性溶液直接从烟尘中浸出镓，再用萃取剂从浸出液中回收镓。③还原熔炼萃取法及碱熔化法。首先对粉煤灰粗筛选后进行焚烧，粉煤灰酸浸过滤后得到含镓滤液，然后用吸附塔吸附此滤液，用碱性络合淋洗剂淋洗后再电解，即可得到镓金属。

超纯镓的制备　作为制备化合物半导体的超纯金属，镓的纯度要求达到99.9999%～99.99999%。采用化学处理、电解精炼和拉晶提纯等方法，可以制得超纯镓。

在纯度为99.99%的粗镓中，杂质集中于表层氧化膜，用高纯盐酸在60～70℃下酸洗处理，除去锌、铝、铁、钙、镁等杂质，可得纯度为99.995%的镓，供进一步提纯。

在进行碱性电解提纯时，首先采用高电流密度进行预电解，使电解液中的杂质在阴极先析出，然后再用净化的电解液进行电解。电解槽用有机玻璃制成，阳极和阴极均用铂丝，外有套管，中有隔板，阳极和阴极的电流密度为200安/米²，槽电压为2～3伏，温度为40～50℃。精炼得到的镓纯度能达到99.999%以上。

进一步提纯使用拉晶提纯法，籽晶杆用水冷却，用红外加热器加热熔体，严格控制温度，并在熔体表面覆盖一层5%～10%的超纯盐酸，采用低速拉晶可以达到较好的提纯效果。拉晶提纯对除去微量的铜、锌、银、镍、锡等杂质有明显的效果，镓的纯度能提高到99.9999%以上。

（刘风琴）

钾冶金　potassium metallurgy　从钾盐或者钾化合物中提取金属钾的冶金技术。1807年英国化学家H. 戴维用电解氢氧化钾的方法制得金属钾，这是世界上首次获得金属钾。由于钾是从草木灰（potash）中提取的，所以命名为potassium。

钾在熔盐中的溶解度很大，又能渗透到石墨层间，严重地侵蚀石墨电极，它还极易同氧和一氧化碳生成爆炸性的超氧化钾和羰基钾，所以不能用电解氯化钾的方法制取钾。

金属钾通常是从钾盐还原得到的。钾盐矿存在于地壳表层或将要干涸的湖泊和海洋的卤水中，通过提纯可以生产出纯度较高的钾盐。具有工业价值的钾盐主要有氯化钾（KCl）、钾石盐（KCl·NaCl）、光卤石（$KCl\cdot MgCl_2\cdot 6H_2O$）等。钾在海水中的含量为380毫克/升，盐湖中也含有大量钾盐。工业上通常用钠置换法制取钾。利用钾的沸点低于钠的特点，用金属钠与氯化钾熔盐在真空条件下反应，获得钾蒸气。主要化学反应如下：

$$KCl+Na \longrightarrow NaCl+K$$

当体系达到平衡时，只有一小部分钾生成。但钾的沸点比钠低得多，如果将钾蒸气不断从体系中分离出去，就能实现钠与钾的分离，使反应持续进行。工业上使用的生产方法有间歇法和连续法两种。①间歇法。先将干燥后的氯化钾和钠块加入密闭反应釜内，通氮气置换釜内空气后，抽真空至残压1.33×10^4帕左右，加热到680～720℃进行化学反应。反应产生的钾蒸气上升到塔顶的冷凝器中，经冷凝后部分至精馏柱，其余经支管流出，冷凝收集得到纯度在98%以上的金属钾。②连续法。工艺流程见图。主要过程在不锈钢塔内进行，体系在氮气正压下操作。塔的上部为精馏区，下部为反应区，内充不锈钢环。从塔底部导入的液体钠，经反应塔旁的叉管加热并汽化后，沿反应塔上升。熔融的氯化钾由塔中部加入，与上升的钠蒸气反应生成钾钠合金。经过精馏区分离，钾蒸气冷凝成液体，部分作回流液返回，部

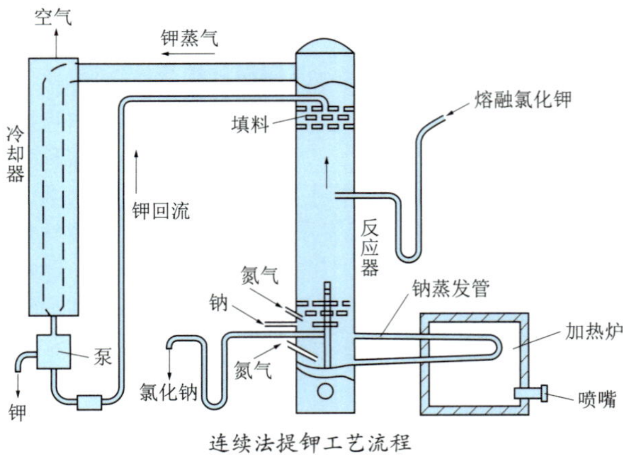

连续法提钾工艺流程

分取出为成品，反应物氯化钠通过塔底不断排出。

工业金属钾的纯度为96%以上，经真空蒸馏，可制得99.99%以上的高纯钾，高纯钾一般要保存在充氩气的密闭容器中。（刘凤琴）

拣选 ore sorting 利用矿石表面光性、发光性、放射性、导电性、磁性等物理特性的差异进行分选的特殊**选矿**方法。拣选法处理的矿石和物料有黑色金属矿石、有色金属矿石（包括稀有金属矿、贵金属矿），非金属矿石、放射性矿石、煤炭、建筑材料、种子、食品等。拣选在矿产资源的开发利用中具有重要意义，在采矿阶段或矿石粗碎阶段采用拣选法尽早地抛弃大量废石，是提高选矿技术经济指标的有效途径。拣选分为手选和机械拣选。

简史 拣选最初是从手选发展起来的，随着人类生产的需求和科技的发展，手选应用已逐渐被机械拣选所取代。1905年奥地利研究了利用物料表面颜色的差异进行分选的光拣选法，并试制出光分选机。20世纪30年代末期，已开始利用X射线照射金刚石后所发射的强荧光进行金刚石矿床的勘探和分选；40年代开始利用含铀矿石本身的γ射线放射性，将其与废矿石分开。20世纪80年代后，由于各国矿产资源大都有下降趋势，为保持平衡，对采、选、冶的要求相应有所提高，而拣选的成本较低，使拣选的理论和设备研究工作得到发展。中国从20世纪50年代末开始进行拣选技术的研究，应用拣选的矿石主要有钨矿、金刚石、铀矿和石膏矿等。

分选方法和过程 机械拣选利用入选物料的光学性质、磁性、导电性、放射性等差异进行选别，拣选方法可分为**光分选法**、**射线分选法**、放射性分选法、电-磁性分选法等。

手选时，人眼只能鉴别物料色泽和透明度的差异，适用于粒度大于40毫米的有限种类物料，但由于投资少、简单，迄今仍有应用。

为了提高拣选效率，需先对入选物料进行**洗矿**、分级和除尘等准备作业。经准备作业处理过的物料送到拣选机给料斗中，然后通过电振给料机给到主皮带或圆盘上，使物料呈单层或单行排列，矿块之间拉开一定距离，送到检测区，接受检测探头的逐粒检测。当物料中某颗粒的特征被检测器件接收后，此特征信号被输出，再经过放大处理，最后驱动气阀或电磁铁打板，使欲选出的矿粒偏离原来轨迹，落入产品料斗中，另一部分，按原来轨迹下落到另一料斗中，达到分选目的。

流程 拣选流程主要有：直接拣选流程、分级-拣选流程、破碎-分级-拣选流程、多次拣选流程等。

直接拣选流程 采出的矿石无须破碎筛分即可从原矿中直接拣选，除去废石，粗精矿送至下一步选矿（图1）。

分级-拣选流程 经筛分作业将采出矿石分成几个粒级，可去除不能进行拣选的部分，还可根据需要将粗粒级矿石分成几个范围较窄的粒级分别进行拣选，提高拣选效率（图2）。

破碎-分级-拣选流程 对采出的矿石进行筛分，将粒度大于拣选粒度上限矿石进行破碎，然后对破碎后的矿石进行分级、拣选（图3）。对大块矿石进行破碎还可防止其砸坏拣选设备。

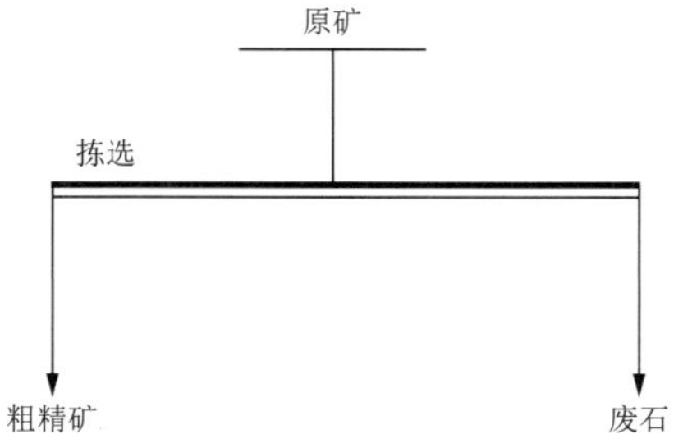

图1 直接拣选流程

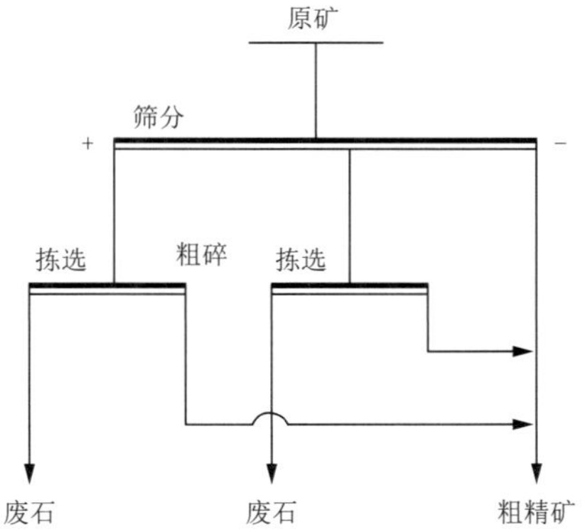

图2 分级-拣选流程

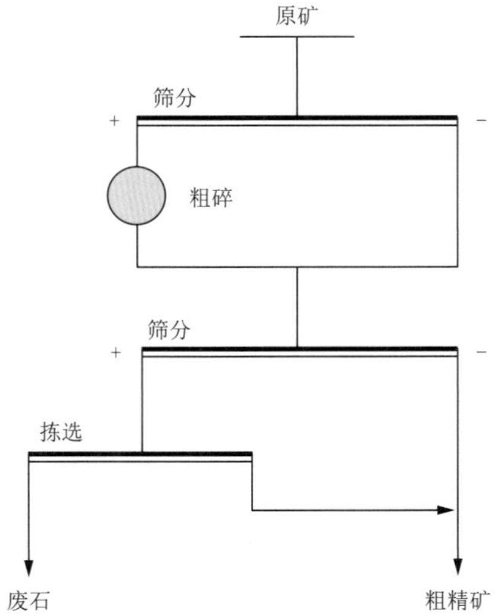

图3 破碎-分级-拣选流程

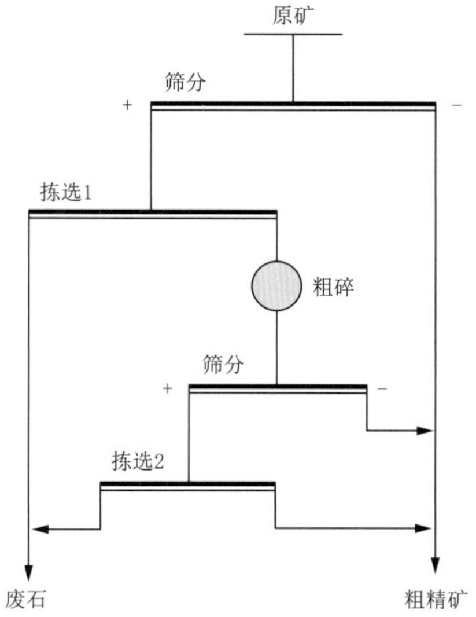

图4 多次拣选流程

多次拣选流程 对于部分矿山的矿石，对第一次拣选后所得的粗精矿进行破碎，可使有用矿物与废石进一步解离，然后通过筛分分级后再次拣选。多次拣选可去除更多的脉石矿物（图4）。

拣选设备 拣选机种类很多，主要由4部分组成：①给料系统。由料槽、滑槽、输送带等组成，保证物料呈单层或单行排列，物料流有固定的下落轨迹，物料量稳定且运送均匀。②检测系统，通过敏感元件对给料进行逐颗粒检测，并将颗粒的特征值转换成电信号。③处理系统，将检测系统得到的微弱信号进行放大、鉴别、延时和逻辑运算，排除干扰，使之成为足以驱动执行机构准确动作的有用信号。④执行系统，根据处理系统的命令将欲拣出颗粒从主料流中分离出来。

根据检测系统不同，拣选机有光电分选机、磁-光分选机、放射性分选机、激光光电分选机、X射线分选机、无线电波（电导-磁性）分选机、γ散射法分选机、γ吸收法分选机等。

应用条件 拣选常用于矿石的初步富集，也可用于矿石的粗选和精选。适于处理金属矿和非金属矿，也用于建筑材料和化工原料的分选。被拣选的矿块之间应有较明显的品位差；矿石有足够大的粒度，可进行分选的粗粒级矿石有较高的产率；矿石之间依性质的差异被检测分离出来。拣选粒度上限可达300毫米，下限可小至0.5毫米。

扩展阅读

孙传尧.选矿工程师手册.北京：冶金工业出版社，2015.

袁楚雄，等.特殊选矿.北京：中国建筑工业出版社，1982.

（李成必）

剪切絮凝浮选　shear-flocculation flotation　利用对矿浆进行强烈搅拌而产生的剪切力和**捕收剂**在矿粒表面吸附所产生的疏水键合力，使微细粒物料形成絮团，进行分离回收的聚团**浮选**方法。又称剪切絮团浮选或疏水絮团浮选。

原理　在强湍流搅拌条件下，微细粒物料碰撞的平均能量远大于热能，使微细粒物料比在布朗碰撞条件下更容易接近。如果碰撞发生在疏水颗粒之间，疏水颗粒之间液体减薄，最终被排除的阻力比亲水颗粒间碰撞的小，则捕收剂的疏水缔合能有助于絮团的形成，再通入气泡就可使絮团上浮。剪切絮凝浮选工艺与单一浮选工艺的主要区别为：剪切絮凝浮选的搅拌强度高于单一浮选。其优点为过程简单，易于控制，有成熟的**浮选药剂制度**可供借鉴。在对原矿生产流程不做较大改动的情况下，可使回收率有一定幅度的提高。

剪切絮凝的目的在于增大欲选微细粒物料尺寸，使之有利于浮选回收。较强烈的搅拌和使用长烃链捕收剂是剪切絮凝的两个必要条件。剪切絮凝浮选的影响因素主要有欲选物料的大小、表面电性和疏水性、捕收剂的种类、矿浆搅拌时间和速度、矿浆浓度以及**搅拌槽**和搅拌叶轮的几何形状和尺寸等。

应用　剪切絮凝浮选是20世纪70年代后期出现的一种回收微细粒物料的方法，是以颗粒的选择性疏水化为基础的疏水性絮凝分选，被许多学者应用于白钨矿、黑钨矿、赤铁矿、菱锰矿、石英及磷灰石等矿物的研究。埃及曾用剪切絮凝浮选工艺对小于15微米颗粒质量占40%～70%的白钨矿进行半工业试验，与单一浮选相比，白钨矿精矿品位提高1%，回收率提高9%。瑞典耶卡斯约贝格（Yxsjoberg）选矿厂在工业上首次成功应用剪切絮凝浮选回收白钨矿。

扩展阅读

卢寿慈，翁达.界面分选原理及应用.北京：冶金工业出版社，1992.

（谭　欣）

简根贤　Jian Genxian（1914-02-26～1985-07-15）　中国采矿工程专家。生于广东南海县（今佛山市南海区），卒于长沙。1935年毕业于交通大学唐山工学院采矿系。先后在开滦矿务局、平绥铁路局任实习员，在重庆国民政府资源委员会滇北矿务局、茉莉坪矿任工程师、主任工程师等职。1945年赴美国犹他州州立大学读研究生。1947年回国，先后在南京国民政府资源委员会钨锡公司、金属矿业管理处、广州办事处、香港办事处等单位任工程师。中华人民共和国成立后历任华东工业部铜官山工程处总工程师、副主任，长沙有色金属矿山科学研究所（今长沙矿山研究院）副所长、总工程师、技术顾问，采矿学术委员会副主任委员。

1949年参加香港护产起义，为保护在港的资金、资源、设备等财产并将其归还人民政府做出了重要贡献。主持设计并建设了中国第一座大型地下铜矿山——安徽铜陵铜官山铜矿。1956年组建中华人民共和国最早的采矿科学研究机构——长沙有色金属矿山科学研究所，并长期负责研究规划制定与科研管理工作，建成了爆破、凿岩、相似材料和拖动实验室与试验巷道等，从根本上解决了中国**矿用炸药**的供应问题。在工业爆破器材领域，领导和支持了近20个项目的研究，包括铵油炸药、5号抗水浆状炸药、RJ系列乳化炸药、多孔粒状铵油炸药、黏性粒状炸药、可泵送浆状炸药等的研制，为建立中国工业炸药体系和推动矿用炸药的发展作出了重大贡献。主持编译了大量无轨采矿技术和垂直后退式（VCR）采矿法等相关资料，并组织撰写中国第一部充填采矿专著——《充填采矿方法》。

（鲍爱华）

碱腐蚀　alkaline corrosion　金属材料在碱液中的腐蚀。碱腐蚀的本质是溶液中的氧还原与金属溶解的共轭电化学反应，是氧去极化导致的腐蚀，阴、阳极反应分别为：

$$O_2+2H_2O+4e \longrightarrow 4OH^-$$

$$M \longrightarrow M^{n+}+ne$$

一般金属的碱腐蚀比酸腐蚀程度轻，这是因为在碱液中金属表面易发生钝化或生成难溶的氢氧化物或氧化物而抑制腐蚀。碱的腐蚀性与碱金属的种类有关，金属的原子量越大，腐蚀性通常越强，即腐蚀性按LiOH、NaOH、KOH、RbOH、CsOH的顺序渐次增强。

不同金属或合金在不同碱腐蚀环境中的耐蚀性能不同。如铁从中性到pH=9附近，由于氧的去极化而发生碱腐蚀，在pH=10以上发生钝化。当NaOH浓度大约为45%时铁开始发生过钝化，以FeO_2^{2-}的形式溶解。铸铁在浓度大于50%的沸腾碱液中耐蚀。钢在40℃、浓度小于50%的氢氧化钠中耐蚀，但在高温下易发生应力腐蚀破裂，称为“碱脆”。奥氏体不锈钢在100℃以下、浓度低于50%的氢氧化钠中是耐蚀的，并随着钢中镍含量的增加，耐蚀性进一步提高。镍与镍合金在碱液中有优良耐蚀性，对于高温、高浓度碱而言，镍及其合金（如因科乃尔、蒙乃尔等合金）是优良的耐蚀材料。奥氏体不锈钢和镍基合金在高温碱中均有可能发生应力腐蚀破裂，但镍基合金的破裂敏感性较小。常用金属，如铝、锌、锡等两性金属以及铅和铜均遭受显著的碱腐蚀。镁在常温、低浓度碱液中耐蚀，随碱浓度、温度升高而耐蚀性变差。钛在小于10%的碱液中有较好的耐蚀性，但随着碱浓度增大，温度升高，钛的耐蚀性变差。锆在温度低于100℃、浓度小于73%的碱液中是耐蚀的，而钽、铌却不耐碱腐蚀。

非金属材料中，碳和糠醇、糠酮或环氧树脂浸制的不透性石墨以及聚四氟乙烯能耐180℃以下各种浓度的碱液腐蚀，橡胶、聚乙烯、聚丙烯、聚氯乙烯等在其正常服役温度下耐碱性也较好，陶瓷、玻璃和搪瓷可用于低温稀碱液，但不适用于高温（>70℃）、高浓度（>20%）腐蚀环境。

（左　禹）

碱性耐火材料　basic refractories　主要以氧化镁（MgO）、氧化钙（CaO）或二者的混合物为主要成分的**耐火材料**。碱性耐火材料主要有镁质耐火材料、镁钙质耐火材料（包括镁白云石砖、烧成油浸镁白云石砖）、白云石质耐火材料、碱性含碳耐火材料（包括MgO-C砖、MgO-CaO-C砖、$MgO-Al_2O_3-C$砖等）、钙质耐火材料（又称石灰质耐火材料）、镁橄榄石质耐火材料、镁铬质耐火材料、镁尖晶石质耐火材料等。

简史　1878年德国用焦油白云石砖作炼钢转炉内衬。1881年奥地利发现菱镁矿，镁质耐火材料开始用于高温工业，20世纪30年代**镁铬砖**用于平炉炉顶。中国于1954年开始生产烧成**镁砖**，20世纪60年代和80年代分别开始生产再结合镁砖和直接结合镁砖。1956年中国根据菱镁矿和铝土矿资源丰富的特点研制镁铝砖，并成功应用于平炉炉顶，1962年中国有90%以上的碱性平炉炉顶均采用镁铝砖。1970年日本发明**镁碳砖**，这是一种含**碳复合耐**

火材料，最初用于超高功率电炉热点部位，后来用于转炉、钢包衬体等。中国从20世纪80年代初开始研制镁碳砖，80年代中期镁碳砖在中国钢铁公司推广使用，转炉炉衬使用寿命迅速提高，达到数千炉次。

性能　碱性耐火材料具有抗碱性渣侵蚀能力强的特点，对冶金炉渣、水泥熟料、玻璃窑配料和灰分有良好的抗侵蚀性能。不同热介质对碱性砖的影响不同。如在重有色冶金炉中，碱性耐火材料抵抗氧化亚铁–二氧化硅（$FeO-SiO_2$）渣的能力大小：镁铬砖＞镁砖＞镁尖晶石砖＞镁白云石砖。与其他耐火材料相比，碱性耐火材料耐火度高，都在2000℃以上。各碱性砖的荷重软化温度、高温体积稳定性和高温抗蠕变性能随着制砖原料致密度增大、杂质含量减少和烧成温度的提高而优化。碱性砖的荷重软化温度多数在1600℃以上。碱性耐火砖的热膨胀率比其他制品高，这也是通常碱性砖抗热震性能差的原因。另外，碱性耐火材料的热导率和比热容较大，耐水化性差。钙质耐火材料除了具有上述性能外，还具有除磷、除硫，净化钢水的作用。

应用　碱性耐火材料已广泛应用在转炉、电炉、炉外精炼、钢包、有色金属冶炼炉、水泥窑等领域。由于镁铬质耐火材料存在环境污染问题，使用比例逐渐减少。（石　干）

溅渣护炉技术　slag splashing technology　利用氮气吹溅出钢后留下的终渣使其凝固在炉衬内表面形成保护层，以提高炼钢转炉炉龄的工艺。转炉出钢后留渣、加氧化镁、使氧化镁过饱和，用氮气吹溅使其凝固在炉衬内表面形成保护层。溅渣形成的保护层能减轻炼钢过程中对炉衬材料的侵蚀、抑制炉衬砖表氧化脱碳，从而保护炉衬砖体，降低耐火材料损耗速率，减少喷补材料消耗，延长炉衬寿命，提高转炉炼钢作业率。

溅渣护炉技术最先是在美国大湖钢厂实施，但并没有得到推广。1991年美国印第安纳港钢厂用溅渣作为全面护炉的部分措施；1994年容量232吨的氧气顶吹转炉炉衬寿命达到15 658炉次，喷补料成本节省66%，转炉作业率由78%提高到97%。此后，美国、加拿大、英国、日本等一些钢厂相继投入试验和试应用，但也有钢厂未能正常应用。

1994年中国开始试用转炉溅渣护炉技术，取得理想的效果，后在大、中、小各种容量的转炉炼钢都获得成功的应用。至2002年，中国95%以上的转炉炼钢都使用了溅渣护炉技术，大型转炉平均炉龄达到10 182炉次，中型转炉平均炉龄达到15 298炉次，部分小型转炉钢厂的平均炉龄达到10 316炉次。炼钢转炉的一个炉役期达到1年左右，维护转炉炉衬的周期有可能与维修转炉炉体、管路和制氧等机械设备的周期相互协调进行，大幅度提高转炉炼钢的作业率和生产能力。

转炉炼钢溅渣护炉技术特点是：操作简便，根据炉渣黏稠程度调整成分后，改供氧气为供氮气，即可降枪进行溅渣操作；成本低，充分利用了转炉高碱度终渣和制氧厂副产品氮气，加少量调渣剂就可进行溅渣操作，还可以减少石灰消耗；溅渣操作时间短，一般只需3～4分钟即可，不影响生产节奏；溅渣均匀覆盖在整个炉膛内壁上，基本上不改变炉膛形状；工人劳动强度低，无环境污染；炉膛温度较稳定，炉衬砖无急冷急热的变化；炉龄提高，节省修砌炉时间，有利于提高钢产量和平衡、协调生产组织；转炉作业率和单炉产量提高，为实现“二吹二”或“一吹一”生产模式创造了条件；更换转炉炉衬的周期有可能和转炉倾动机械、制氧机等机械的维护周期相协调，改善维修效率。（刘　浏）

胶结充填　cemented backfill　在充填料中加入胶凝材料，充入采场后能形成具有力学强度充填体的矿山充填方式。胶结充填于20世纪60年代初期开始在金属矿山应用。初期均为传统的混凝土充填，效率较低，成本较高。70年代开始采用细砂胶结充填，80～90年代开始应用废石胶结充填、高水固化胶结充填、全尾砂胶结充填、膏体胶结充填等一系列胶结充填技术。

胶结充填常用的集料有尾砂、废石、磨砂、天然砂等。胶凝材料一般为水泥和矿渣胶结料等。进行胶结充填时可加入粉煤灰等物料改善胶结性能和输送特性。

胶结充填形成的充填体具有良好的整体力学性能，无论在地压管理或满足回采工艺要求等方面都能发挥较好的作用，促进地下资源的充分回收，保护环境，保证矿山可持续发展。（李向东）

焦化工序能源利用　energy utilization in coking process　钢铁冶金焦化工序中，冶金能源消耗、转化、回收及提高利用效率的过程。焦化（炼焦化学）工序是一次能源炼焦煤经高温干馏转化成二次能源（焦炭、焦炉煤气、煤焦油等）的生产和能源转换的过程，能耗占钢铁冶炼总能耗的20%左右，是钢铁冶炼节能的重要环节。

能量输入　焦化工序中冶金能量输入项包括炼焦用煤、加热煤气等。

炼焦用煤　一次能源炼焦煤占焦化工序能耗的50%以上，在满足焦炭质量前提下优化配煤工艺，减少稀缺主焦煤用量，是焦化工序重要节能措施。煤调湿、煤干燥、型煤等技术可增加入炉煤比重，降低入炉煤水分，水分每降低1%可减少焦炉加热用煤气5%。

加热煤气　焦炉加热用煤气占焦化工序能耗的20%左右，加热煤气为焦炉1000℃高温干馏提供燃料。采用多段加热、蓄热室分格、废气循环、合理控制空气过剩系数等技术可有效降低焦炉加热用煤气量，提高焦炉热效率。

能量输出　能量输出项主要是焦炭带出热量、焦炉煤气带出热量、焦炉加热废气带出热量和炉体散热等。

焦炭带出热量　焦炭出炉温度900℃左右，带出的热量占炼焦能耗的37%左右。采用高温高压干熄焦技术可回收80%以上红焦的热量，吨焦可产生550千克左右的蒸汽或发电130千瓦·时及节水440千克。干熄焦技术是中国焦化企业必备的节能环保措施，已被广泛使用。

焦炉煤气带出热量　炼焦过程产生的粗煤气在上升管处温度为800℃左右，带出的热量占炼焦能耗的36%左右。焦化工作者正积极探索如何利用该热量的方法，至2018年，已在导热油蒸馏和煤干燥及高温裂解重整制氢等方面取得初步应用成果。

焦炉加热废气带出热量　焦炉加热后排出的废烟气到达烟囱处温度为300℃左右，带出的热量占炼焦能耗的17%左右。利用焦炉烟道废气余热生产低压蒸汽，每吨焦炭可生产0.8兆帕饱和蒸汽0.1吨，工序能耗可降低5%左右。利用焦炉烟道废气余热蒸氨、硫铵干燥、煤调湿。结合焦炉排放废气脱硫脱硝技术合理利用焦炉烟道废气余热。

炉体散热　炉体散热带出热量占炼焦能耗的10%左右。采用性能好的新型隔热材料提高炉体严密性和隔热性，可减少5%以上炉体散热量。

提高利用效率的措施　提高焦化工序能源利用效率的主要措施有：①采用配煤专家系统合理利用炼焦煤资源。②采用大型化炼焦炉技术提高炼焦技术装备水平。③采用捣固炼焦技术节省优质炼焦煤资源。④采用焦炉自动化及加热优化串级控制提高炼焦热效率。⑤提高焦炭的干熄率，最大限度回收红焦热量。⑥合理配置煤气净化工艺流程，如采用负压蒸馏技术，减少直接蒸汽用量；利用循环氨水、初冷器上段冷却水的热量蒸氨和作为生产低温水的热源；管式炉废气利用；焦化废水深度处理回用等。⑦加强研发焦炉煤气及化工产品提质提效的技术应用，如焦炉煤气制氢、制甲醇、制天然气（LNG），粗苯加氢、煤焦油加氢等。⑧提高设备负荷率，合理选择电机容量，减少设备空转率；炼焦炉地面除尘站风机、煤气净化鼓风机等大型电机采用变频调速技术，节电降耗。

发展方向　现代化焦化企业能源利用的核心是优化利用、高效回收焦化过程的能量流，改善能源介质的品质，提高能量流的内部循环利用率。合理利用炼焦煤、提高炼焦生产效率、加强焦化生产自动化控制是节能降耗的有效措施，高效回收利用余热、余压是焦化工序能源利用的发展方向。

扩展阅读

姚昭章，郑明东.炼焦学.3版.北京：冶金工业出版社，2005.

（李顺弟）

焦化流程绿色化　greenization of coking process　以冶金流程工程学基本理论为工具，通过对焦化（炼焦化学）流程的物质流、能量流、信息流及其对应的过程状态等进行解构和剖析，在推动物质流价值序重组，能量流效率重构和信息流智能重建，物质流、能量流和信息流耦合匹配的基础上，提出的开发洁净工艺、生产洁净产品、创造洁净环境、创新过程价值，以及提高焦化企业系统能效和价值的理念与方法。焦化流程绿色化主要实现4个目标：①通过构建焦化流程分布式能源系统与能量流网络重构融合，实现过程低碳洁净化。②通过工艺优化与流程再造融合，优化配置煤气净化流程和碳、氢资源，实现流程伴生煤气枝化生产，实现过程成本最小化与过程价值最大化。③通过废弃物减量化与再资源化融合，开发炼焦化学过程废水、废气、废渣（三废）的源头削减、过程控制消纳和末端资源化回收利用网络化模式，实现过程废弃物及废水的资源化利用和近零排放。④通过焦化流程过程管控模式的结构优化，实现焦化流程的智能管控和智能制造。

炼焦化学工业是能源转换的流程工业，传统焦化生产流程突出了焦炭产品的制造功能及价值，以焦炭的产量、质量，煤气的净化质量为主设置，忽视生产过程的系统匹配和耦合运行，导致物质流与能量流的转化效率低下，转化形式单一，造成大量污染物排放和余热余能浪费。因此，焦化流程绿色化对实现焦化流程的洁净、高效、低碳、绿色发展，以及焦化企业绿色转型至关重要。

实现废水、废气、废渣资源化利用的炼焦炉（内蒙古庆华集团）

扩展阅读

殷瑞钰.冶金流程工程学.2版.北京：冶金工业出版社，2009.

殷瑞钰.冶金流程集成理论与方法.北京：冶金工业出版社，2013.

（上官方钦　温燕明）

焦炉煤气　coke oven gas　炼焦煤在炼焦炉炭化室干馏时产生的气体混合物。简称焦炉气。在炼焦炉中产出焦炭和焦油产品的同时所产生的一种可燃性气体，为炼焦产品。

组成　广义上焦炉煤气包括粗煤气、净煤气和城市煤气。粗煤气是炼焦煤干馏过程中产出的未经净化处理的焦炉气体，净煤气是净化过程中粗煤气除去所含有的各种杂质得到的焦炉煤气，城市煤气是净煤气净化后达到城市供应标准的焦炉煤气。狭义上的焦炉煤气专指粗煤气。

表1　干煤气组成

名称	H_2	CH_4	CO	N_2	CO_2	C_nH_m	O_2
组成 /%（体积百分数）	55～60	25～30	5～7	2.5～3.5	2～3	2～3	0.3～0.5

注：CH_4 同系物中的 C_2H_6 及 C_3H_8 约占 2%；C_nH_m 中以 C_2H_4 为主（约占 80%）

粗煤气又称荒煤气。从每个炭化室逸出的粗煤气组成随各自炭化室中不同的炭化时间而变化。虽然单孔炭化室运行是不连续的，但由于炼焦炉整体操作是连续的，所以整个炼焦炉组产生的粗煤气组成基本是均一和稳定的。粗煤气组成复杂，有干煤气、水气和各种伴生的有机与无机物质。

表2　粗煤气中杂质含量

杂质	焦油	粗苯	萘	硫化氢	氨	氰化氢
含量/（$g\cdot m^{-3}$）	35～45	30～40	5～7	4～8	6～10	1～2.5

注：表中单位体积指粗煤气中的干煤气标准体积

干煤气是焦炉煤气的主要组成部分，其中主要成分是 H_2 和 CH_4。干煤气的组成及产率取决于炼焦煤质量（如挥发分等）及炼焦操作条件（如炭化温度、炉顶空间温度及气体在炉顶停留时间等）。干煤气组成如表1所示。

粗煤气中的水气含量取决于炼焦煤水分带入量和热解水（也称化合水）生成量，这些水分将决定煤气净化系统的剩余氨水量。装炉煤水分一般在10%左右，热解水的生成量主要取决于煤料含氧量，一般为干煤量的2%～4%。

在粗煤气中，除干煤气、水气以外的有机和无机物质称为杂质，成分复杂，主要包括煤焦油、粗苯、萘、氨、硫化氢、氰化氢等化合物及粉尘固体物。这些杂质的含量（产率）也与装炉煤质量和炼焦操作条件等因素有关，其含量见表2。

应用　在炼焦炉中产生的粗煤气经净化后方可使用。焦炉煤气的热值较高，一氧化碳含量偏低，使用相对安全，适合作为民用燃气的气源。焦炉煤气在焦化企业内部作为焦炉和煤气净化工艺流程中的加热燃料，在钢铁联合企业内部作为炼钢、烧结、轧钢等过程中的燃料。由于焦炉煤气中的氢气和甲烷含量较高，一般利用焦炉煤气制取氢气，或集成炼钢煤气的CO及制氧的氮气制取甲醇、合成氨和天然气。剩余的焦炉煤气还可以用来燃烧发电。

安全　焦炉煤气和空气混合，能够形成爆炸性混合气，遇到明火或受热超过600℃即能爆炸。爆炸界限一般下限约5%、上限约30%（指空气和焦炉煤气的混合气中焦炉煤气所占的体积百分数）。

扩展阅读

何建平，李辉.炼焦化学产品回收技术.北京：冶金工业出版社，2006.

（郝　鹏　张素利）

焦炉煤气净化 coke oven gas purification 粗煤气通过工艺处理，除去杂质得到净煤气，同时回收各种化学产品的技术。炼焦化学工艺过程之一。在生产中，焦炉煤气净化系统也称炼焦化学产品回收系统。粗煤气是炼焦煤在炼焦炉中干馏时产生的汽气混合物，不能直接使用，必须经净化处理。净化后得到的焦炉煤气称为净煤气，其主要成分是氢、甲烷和一氧化碳等，可供钢铁联合企业内部或其他工业部门作气体燃料。焦炉煤气净化还包括净煤气深度净化处理，以进一步除去萘和硫化氢等杂质并脱除水分，用作城市煤气，也可作为化学合成的原料气。

简史 焦炉煤气净化技术是随着煤气制造技术的发展和煤气工业的兴起诞生的。1792年，苏格兰人W.默多克发明用铁甑干馏烟煤，产生的粗煤气经过集气管和初冷器冷却回收煤焦油和氨水后，用鼓风机送往用户。1809年，英国人发明了用氢氧化钙脱除煤气中硫化氢的方法。1848年改用氢氧化铁脱除硫化氢，这一方法至今仍在使用。19世纪60～80年代，炼焦技术取得了重大进展，不仅生产焦炭，还生产净煤气、煤焦油和浓氨水等化学产品。19世纪末，开发了从焦炉煤气中回收氨并用以制造硫酸铵和从煤气中回收粗苯等技术。20世纪60年代，美国发明了用焦炉煤气回收的氨制无水氨的弗萨姆法。随后各国开发了许多焦炉煤气脱硫脱氰工艺，如日本开发的萘醌二磺酸法和苦味酸法、德国开发的氨水法、美国开发的单乙醇胺法。

中国的焦炉煤气净化技术于20世纪80年代后得到迅速发展。在脱硫脱氰方面，采用了氨水法、萘醌二磺酸法、苦味酸法、单乙醇胺法、HPF法和真空碳酸盐法等工艺；在回收氨方面，采用了水洗氨法、酸洗塔法、喷淋式饱和器法制硫酸铵和弗萨姆法等工艺。

净化流程 基本包括初冷、脱硫脱氰、脱氨、终冷、脱苯（具有脱萘功能）、剩余氨水处理和焦化废水处理等工序。粗煤气脱硫脱氰时，能回收硫黄或硫酸；脱氨时，能制取硫酸铵、无水氨或浓氨水，也可以将氨分解为低热值的尾气，兑入焦炉煤气中；脱苯时采用洗油吸收煤气中的苯，再将吸收苯的洗油蒸馏，得到粗苯或轻苯等。洗油蒸馏工艺可以采用水蒸气蒸馏的正压脱苯工艺，也可以采用负压脱苯工艺。采用不同的净化装置时还能制取重苯、硫氰酸铵（钠）、硫代硫酸铵（钠）、黄血盐钠等产品。

煤气净化工艺有多种形式和装置，可以根据需要组合成多种工艺流程，其选择主要以脱除硫化氢和氨为中心。

HPF法脱硫焦炉煤气净化流程 HPF是一种醌、钴、铁类复合型催化剂。HPF法是以氨为碱源、HPF为催化剂的湿式氧化法工艺。从焦炉集气管引来的粗煤气，经气液分离器分离出焦油氨水后进入横管初冷器，经两段冷却温度降至21～22℃。同时煤气在初冷器内经喷洒的焦油氨水洗涤，含萘量降至露点以下，然后进入电捕焦油器。除去焦油雾的煤气通过鼓风机经预冷塔送入HPF脱硫塔脱除硫化氢、氰化氢后，进入脱氨单元。用硫酸吸收氨制取硫酸铵或用磷酸吸收氨制取无水氨。煤气随后进入终冷塔，降温至25℃后进入洗苯塔，用洗油吸收煤气中的粗苯得到富油，富油送粗苯蒸馏装置回收粗苯。脱苯后的富油称为贫油，冷却后送洗苯塔循环使用。洗苯后的煤气作为合格产品供用户使用。由气液分离器分离出来的焦油氨水再在焦油氨水分离单元分离出焦油渣、焦油和氨水。焦油渣送入配煤装置；焦油送焦油贮槽；氨水中的大部分送焦炉集气管作为循环氨水，小部分剩余氨水经过滤器除去焦油后送入蒸氨塔蒸氨。此流程中，剩余氨水进入蒸氨塔内，蒸馏得到的氨气经过凝缩后，兑入预冷塔前，蒸氨废水送至焦化废水处理装置。

氨水法脱硫配合水洗氨法焦炉煤气净化流程 煤气鼓风机前的单元过程与HPF法脱硫焦炉煤气净化流程相同。除去焦油雾的煤气经鼓风机送入脱硫塔，用富氨水洗涤进行脱硫脱氰。吸收了硫化氢和氰化氢的富氨水称为富液，富液送脱酸塔和蒸氨塔处理。脱硫脱氰后的煤气进入洗氨塔，首先用气提水在洗氨塔洗涤煤气回收氨，剩余氨水也从下部送入洗氨塔回收氨。洗氨塔下部排出的富氨水送入脱硫塔。回收氨后的煤气进入洗苯塔，洗苯塔后的煤气即为净煤气，供用户使用。由脱硫塔出来的富液先进入脱酸塔，脱去硫化氢和氰化氢等酸性气体而成为贫液，其中一部分冷却后送入脱硫塔循环使用，另一部分送入蒸氨塔。水蒸气先送入蒸氨塔下部用以蒸出贫液中的氨气，再进入脱酸塔将富液中酸性气体蒸出。塔顶排出含氨、硫化氢和氰化氢的酸气进入脱氨单元，用硫酸吸收氨制取硫酸铵或用磷酸盐吸收氨制取无水氨，排出的硫化氢和氰化氢等酸气进入硫酸装置用以制造硫酸，脱氨后的酸气也可用以制造硫黄。当回收氨产品不经济时，还可以选择将脱酸塔塔顶排出的含氨酸性气体引入复合克劳斯炉中，获取优等品硫黄和低热值尾气。当输送煤气的鼓风机布置在流程的末端时，称为全负压煤气净化流程。这一流程的全部净化系统都在负压下操作，由于没有鼓风机所造成的升温，省略了终冷过程，节省了制冷水，但这种流程的吸收传质推动力小，煤气体积增加导致设备规格变大，鼓风机电耗明显增加。

焦炉煤气脱硫脱氰项目作业区

真空碳酸盐法脱硫焦炉煤气净化流程 煤气鼓风机前的单元过程与前两种净化流程相同。煤气由鼓风机送入脱氨单元，用硫酸吸收氨制取硫酸铵或用磷酸吸收氨制取无水氨后，煤气进入终冷塔和洗苯塔。回收粗苯之后的煤气进入真空碳酸盐脱硫单元，在脱硫塔内用解吸塔送来的富含碳酸盐的贫液脱除硫化氢和氰化氢，之后作为净煤气外送。根据煤气中硫化氢的含量高低，碳酸盐可以选择碳酸钾或碳酸钠。脱硫塔底的脱硫液称为富液，经换热后送入解吸塔，在真空条件下通过外加热的方式进行解吸，解吸塔底得到贫液，供循环使用，塔顶得到酸气。酸气经过冷凝冷却后，经真空泵加压送往后续的硫酸或硫回收单元。此流程中，剩余氨水经蒸馏后得到的氨气送入脱氨单元前。

净煤气的深度净化系统 整个系统一般包括煤气加压、冷却、精脱萘、精脱硫和脱湿等工艺。为克服深度净化系统的阻力和保证城市煤气管网所需的压力，净煤气首先进入加压鼓风机，使煤气压力升高，然后进入冷却器用冷却水冷却，降低煤气加压时的升温。煤气冷却后进入精脱萘塔，用不含萘的轻柴油作吸收剂脱萘，塔后煤气含萘在标准状态下可降至50毫克/米^{3}以下。然后煤气进入精脱硫塔，塔后煤气含硫化氢在标准状态下可降至20毫克/米^{3}以下。精脱硫后的煤气采用低温冷却方法除去水分，进入城市煤气管网。

（张素利　李　超）

焦炭 coke 炼焦煤料经过高温干馏得到的可燃固体产物。中国古代称为“礁”。焦炭质地坚硬、多孔、有裂纹、呈银灰色至暗灰色，其有机质中碳含量高于96%(质量)，挥发分0.8%～1.0%(质量)，热值约29兆焦/千克。按用途通常分为冶金焦、气化焦、电石用焦和民用洁净焦等。

冶金焦 以炼焦煤为主要原料，在室式焦炉中隔绝空气的条件下加热到950～1050℃时得到的高温焦炭（见图），包括

高温焦炭

高炉焦、铸造焦、铁合金焦和有色金属冶炼用焦等。

冶金焦主要用于高炉炼铁，起供热、供碳、作还原剂和料柱骨架的作用，也称为高炉焦。挥发分是冶金焦成熟程度的主要标志，要求挥发分不大于1.8%。冶金焦灰分增加可使高炉焦比上升，生铁产量降低，成本提高，所以要求灰分小于13.5%，最大不超过15%。抗碎强度和耐磨强度是冶金焦重要的物理性质，若强度低，在高炉内易碎裂并产生过多的粉焦，使料柱透气性变差，影响炉况顺行。焦炭反应性及反应后强度是焦炭热态性质的重要指标，对高炉风口区焦炭性能及炉况顺行影响巨大。

其他冶金焦，如铸造焦由室式或热回收焦炉生产。铸造焦是冲天炉熔铁的主要燃料，起熔化炉料并使铁水过热、支撑料柱保证其良好透气性和供碳等作用，应具备块度大、固定碳高、反应性低、强度高和气孔率低的特点。铁合金焦是主要供冶炼铁合金的埋弧式还原电炉（矿热炉）用的焦炭，它在矿热炉中作为固体还原剂参与还原反应。有色金属冶炼用焦主要用于铜、铅、锌、钛、锑、汞等有色金属的鼓风炉冶炼，起还原剂、发热剂和料柱骨架的作用。

气化焦 可由室式焦炉生产得到。气化焦主要用作固态排渣的固定床煤气发生炉原料，生产以CO和H_2为主要成分的煤气。气化焦具有灰分低、灰熔点高、气化反应性高、块度适当和均匀的特点。

电石用焦 在生产电石的电弧炉中作原料、导电体和发热体的焦炭。加入电弧炉中的电石用焦，在电弧热和电阻热的高温（1800～2200℃）作用下，与石灰石发生反应生成熔融状态的碳化钙（电石）。电石用焦具有灰分低、反应性高、电阻率大和粒度适中等特点。

民用洁净焦 用于替代散烧煤的民用无烟燃料，主要用在直燃立式小锅炉及居民用小火炉。民用洁净焦着火温度低，易燃；低硫，低挥发分；火力持久，火焰高度满足直燃立式小锅炉及居民用小火炉要求；一般发热量大于23兆焦/千克。

扩展阅读

姚昭章，郑明东.炼焦学.3版.北京：冶金工业出版社，2005.

（孟庆波 徐秀丽）

搅拌槽 agitating tank 通过叶轮旋转产生强制对流，使液体、固体颗粒、药剂得以混合、分散均匀的选矿辅助设备。用于选矿、冶金工艺过程的混合（如矿浆悬浮、矿浆调和、药剂乳化、药剂分散）、传质（如溶解、结晶、浸出）和传热（矿浆、药剂加热）。搅拌槽按作用类型分为调浆搅拌槽、提升搅拌槽、储存搅拌槽、药剂搅拌槽。

调浆搅拌槽 用于浮选前均匀混合矿浆与药剂。主要由驱动装置、槽体、循环筒、叶轮等部件组成（图1）。工作过程中叶轮旋转排出的流体在循环筒内向下运动，在循环筒外向上运动，形成浆体循环。矿浆调浆搅拌槽搅拌强度大，叶轮和循环筒内壁常采用耐磨材料，如橡胶衬层、聚氨酯涂层、棕刚玉耐磨涂层、耐磨钢板等。对于酸性或者碱性的矿浆，与矿浆接触的表面均需有保护层，常用材料有橡胶、聚氨酯、棕刚玉涂层。设备特点：①可有效控制矿浆流场，防止矿浆混合短路，提高混合效率。②循环流量大，混合速度快。③可排除粗颗粒矿物，防止沉槽、压槽现象。④通常从中部和顶部给矿，溢流出矿，

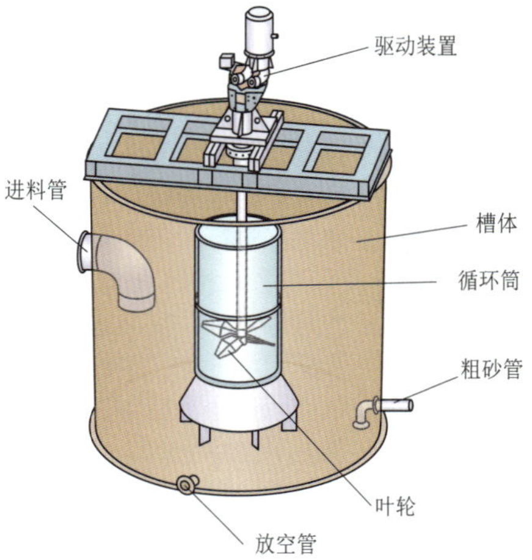

图1 调浆搅拌槽

槽内液位基本稳定。

提升搅拌槽 用于提升矿浆液位的搅拌设备。主要由驱动装置、叶轮、进料管、盛浆体等部件组成（图2）。电机带动主轴

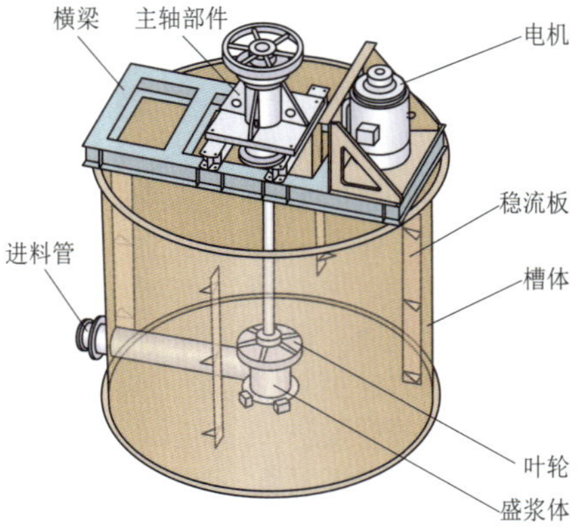

图2 提升搅拌槽

和叶轮旋转，高速旋转的叶轮将其内部的矿浆沿径向连续甩出，浆体动能在槽体内转化为势能，实现搅拌槽内液位的提升。同时盛浆体内的矿浆不断补充流入叶轮，盛浆体内部形成负压，从进料管吸入矿浆。叶轮上部的径向叶片部分对矿浆有搅拌作用。提升搅拌槽一般由底部给矿，溢流出矿，槽内液位高度基本稳定。

储存搅拌槽 用于缓冲矿浆、储存并保持颗粒悬浮的搅拌设备。主要由驱动装置、槽体、叶轮等部件组成（图3），作用

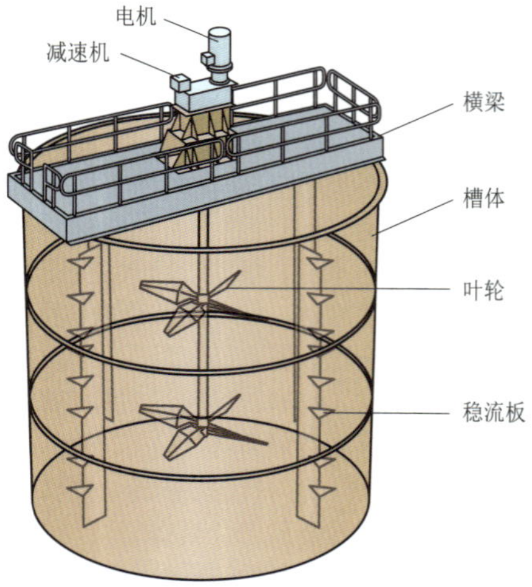

图3 储存搅拌槽

是防止槽体底部颗粒沉积，使具有一定沉降速度的颗粒完全离开槽体底部，便于矿浆从底部排出。小型矿浆储存搅拌槽采用单叶轮搅拌即可使矿浆均匀悬浮，大型的矿浆储存搅拌槽需采用双叶轮或多叶轮搅拌。叶轮旋转推动矿浆向下运动，在叶轮上部产生负压，因此矿浆向上部叶轮中心流动，向下流动的矿浆成为下叶轮的给矿。设计适宜的叶轮间距，即可避免矿浆流动短路，形成矿浆从底到顶的大循环流

动，保障矿浆均匀悬浮。

矿浆储存搅拌槽一般叶轮直径大，转速低，叶轮排量多，能耗低，在**选矿厂**广泛应用于精矿、尾矿缓冲储存搅拌。

药剂搅拌槽　用于药剂稀释、乳化、溶解的设备。主要由驱动装置、槽体、叶轮等部件组成（图4），叶轮一般采用径向

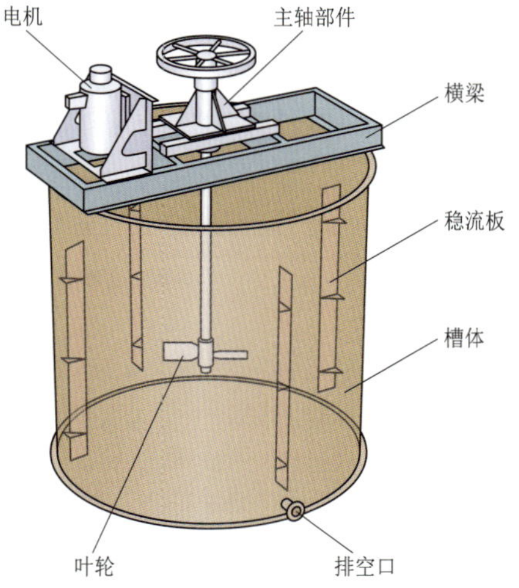

图4　药剂搅拌槽

或涡轮式单叶轮结构，搅拌转速高。槽体上的稳流板可改变流体运动方向，防止液体在槽体内打旋，增强混合效果。强剪切或高度湍流状态有助于均匀混合。药剂搅拌槽通常从顶部加水、加药，间歇作业，混合均匀的药剂从槽体底部经泵排出。

部分药剂腐蚀性较强，需采取防腐蚀措施。常见的防腐蚀材料有不锈钢、橡胶、棕刚玉耐磨涂层、聚氨酯和聚烯烃、聚乙烯衬塑。

（王青芬　张建辉）

搅拌磨机　stirred mill　利用搅拌装置带动研磨介质运动产生研磨、冲击、剪切作用粉磨物料的设备。1928年美国A.赛格瓦力用一把鹅卵石、一个金属汽油桶、一台小型钻床制成一台简易设备，用来将硫搅拌至所需分散度，是世界上第一台搅拌磨机。

结构与特点　搅拌磨机主要由电机、传动系统、搅拌器、筒体、给矿口、排矿口等组成。工作时，电动机通过减速及传动装置带动筒体内的搅拌器旋转，研磨介质和物料在搅拌器的带动下在筒体内无规则翻滚，由研磨介质螺旋回转及重力产生的挤压力对物料进行摩擦、冲击和剪切，最终磨碎物料。研磨介质可为大小不同的钢球、陶瓷球、玻璃球或砂砾等。由于通过搅拌装置直接将动力作用于研磨介质和被磨物料，能量有效地用于研磨，减少了不必要的损耗，因此能量利用效率高。搅拌磨机依靠高强度搅拌作用，有效带动小的研磨介质，形成多个压缩的旋转介质层，产生压力和扭转力，比**球磨机**中产生的冲击力和研磨力对物料的粉碎作用更有效。在磨碎物料的同时兼具搅拌和分散功能，是一种兼具多种功能的高效粉碎设备。

分类　搅拌磨机种类较多，按搅拌器结构可分为盘式搅拌磨机、环式搅拌磨机、螺旋搅拌磨机、棒式搅拌磨机（图1）；

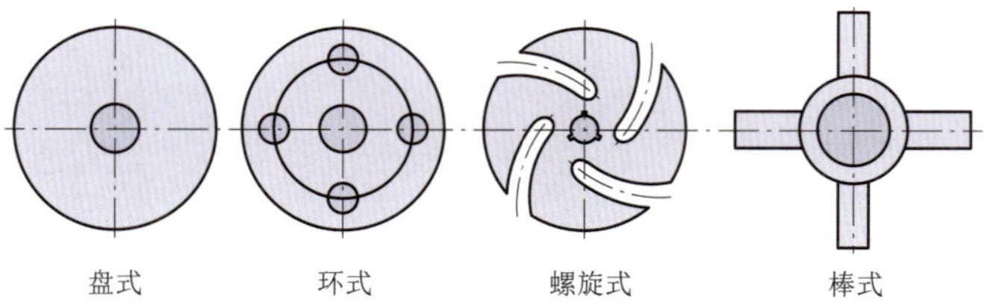

图1　不同结构的搅拌器

按作业模式可分为干式搅拌磨机、湿式搅拌磨机；按产品粒度可分为超细搅拌磨机、纳米搅拌磨机；按安装方式分为立式搅拌磨机和卧式搅拌磨机。

立式搅拌磨机　筒体、搅拌装置及动力装置均为垂直安装的搅拌磨机（图2）。

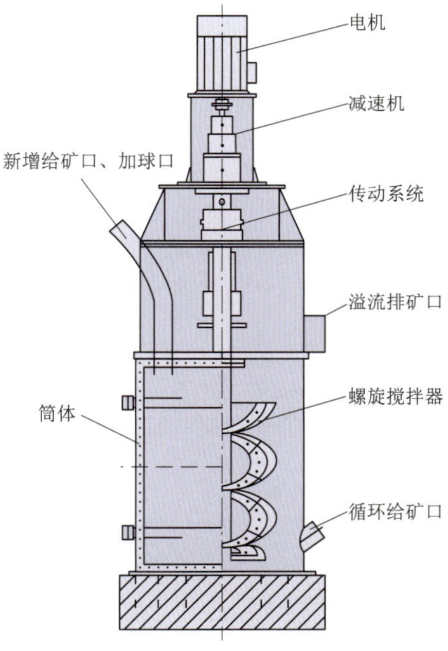

图2　立式搅拌磨机结构示意图

采用垂直安装，磨矿过程中重力参与做功，占地面积小、磨矿效率高，广泛用于铁矿、铜矿、铅锌等金属矿山以及碳酸钙、高岭土、石墨等非金属矿行业的再磨、细磨、**超细磨**工艺中。筒体多为敞开式，出料以溢流方式排出。部分立式搅拌磨出料口装有格栅，避免研磨介质从筒体排出。立式搅拌磨机自身没有分级装置，多与**水力旋流器**组成闭路，以获得合格粒度产品。

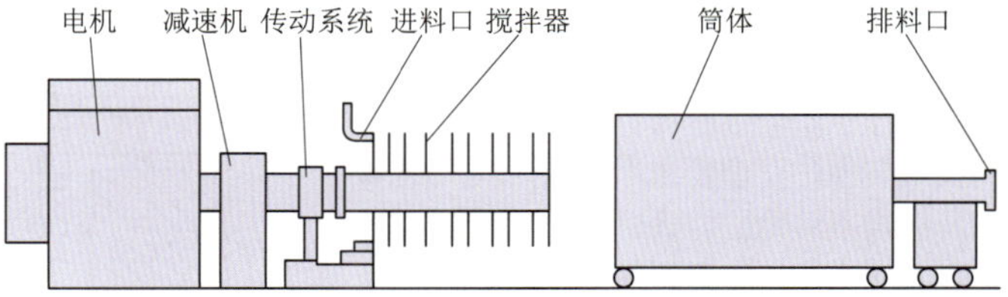

图3　卧式搅拌磨机结构示意图

搅拌器形状不同时，搅拌器转速也不同，立式螺旋式搅拌磨为中低转速，而棒式、盘式搅拌磨机为高转速。应用最多的为立式螺旋式搅拌磨机，采用螺旋叶片式搅拌器，研磨介质常为12～30毫米的钢球，转速30～120转/分，主要用于铁、铜、铅锌、钼等金属矿的再磨、细磨、超细磨工艺中，其工作原理是待磨物料在一定的给矿压力下从筒体下端进入筒体后，在螺旋搅拌器作用下沿螺旋切线方向做螺旋上升和下降运动，同时做自旋运动，从而达到磨矿效果。立式螺旋式搅拌磨机最大给矿粒度可达6毫米，产品粒度2～74微米，最适宜的、磨矿效率最高的给矿粒度小于2毫米，产品粒度20～65微米。

卧式搅拌磨机　研磨筒体、搅拌装置及动力装置均为水平布置的搅拌磨机（图3）。

卧式搅拌磨机为高速搅拌磨机，电机功率一部分用于驱动搅拌器搅动研磨介质和被磨物料，另一部分则用于使研磨介质和被磨物料流态化，因此能量利用效率不及立式搅拌磨机。但由于其转速高，可获得更细的产品粒度（可获得纳米级产品）。

出料端常设分级装置，具备分级功能，可获得粒度分布较窄的产品。筒体端面需采用密封装置，对制造的要求较高。艾萨磨机为卧式搅拌磨机的典型机型，搅拌器采用盘式结构，主要由筒体、机架、传动机构、磨盘和产品分离器等组成。电机经过减速箱带动磨盘转动，转速可高达1000转/分以上，磨盘梢速度为15～20米/秒，使研磨介质与物料呈流态化运动。产品分离器将研磨介质控制在磨机里，将合格产品顺利排出。卧式搅拌磨机主要用在矿物超细磨工艺领域，用于微、纳米材料，涂料，食品，药物等的制备。

扩展阅读

刘树英.破碎粉磨机械设计.沈阳：东北大学出版社，2001.

杨家文.破碎与磨矿技术.北京：冶金工业出版社，2006.

（张国旺 肖 骁）

阶段崩落采矿法 block caving mining method 利用深孔或者中深孔凿岩爆破工艺将阶段内矿石一次崩落的*采矿*方法。矿块布置和回采工艺大体与*有底柱分段崩落采矿法*相似，落矿需要借助凿岩爆破的外力。属于一步骤回采。主要特点是整个阶段高度一次落矿，不再划分分段。阶段崩落采矿法分为设有补偿空间的阶段强制崩落法与连续回采的阶段强制崩落法两种开采方案，以及水平深孔落矿与垂直深孔落矿两种落矿方法。

设有补偿空间的阶段强制崩落法采用水平深孔爆破落矿（见图）。落矿时须形成与落矿范围相适应的水平补偿空间，以掘进凿岩天井和凿岩硐室。在凿岩天井或硐室中钻水平深孔需搬运凿岩设备，作业条件差。补偿空间设在崩落矿块的下面，当

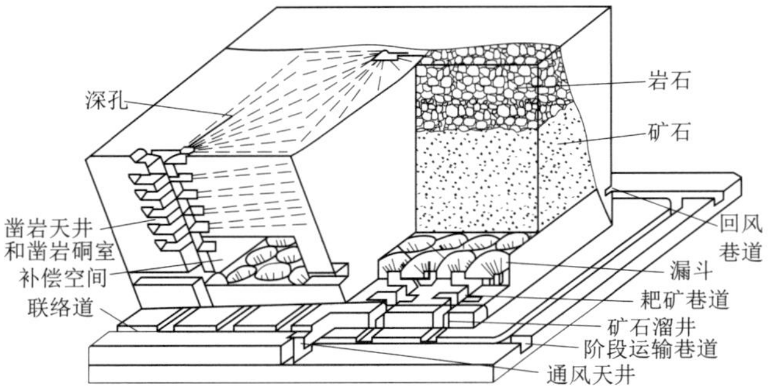

设有补偿空间的阶段强制崩落法

采用垂直扇形深孔（或中深孔）爆破时，可将补偿空间开掘成立槽形式，该方法为自由空间爆破，补偿空间体积为同时爆破矿石体积的20%～30%，多以矿块为单元进行回采，出矿时采用平面*放矿*方案，力求矿岩界面均匀缓慢下降；连续回采的阶段强制崩落法可以沿阶段或分区连续进行回采，常常没有明显的矿块结构，一般采用垂直深孔挤压爆破崩矿，采场下部一般设有底部结构，在俄罗斯还有端部出矿方法。

阶段崩落采矿法适用于开采矿石比较稳固、无自燃性和黏结性且形状比较规则的厚大矿体。主要优点是：矿块的生产能力大、*采准*工程量小、劳动生产率高、成本低和作业安全性好等；主要缺点是：生产技术与放矿管理要求严格，大块产出率高及矿岩不够稳固时底柱维护困难等。在实际应用中连续回采阶段强制崩落法使用范围逐渐增大，矿块的采准、*切割*、回采以及确定矿块尺寸的原则，基本上与*有底柱分段崩落采矿法*相同。

（任凤玉）

阶段空场嗣后充填采矿法 stage open stoping with subsequent backfill 用阶段空场法回采矿房或矿柱，并用充填料一次性充填采空区支撑围岩，为间柱或周围采场的回采创造条件的*采矿*方法。阶段空场嗣后充填采矿法主要根据矿体厚度确定采场布置方向，设置顶底柱及间柱。在采场结构及*回采工艺*方面与常用的*阶段空场采矿法*相似，适用于开采矿岩稳固的急倾斜中厚—极厚矿体。

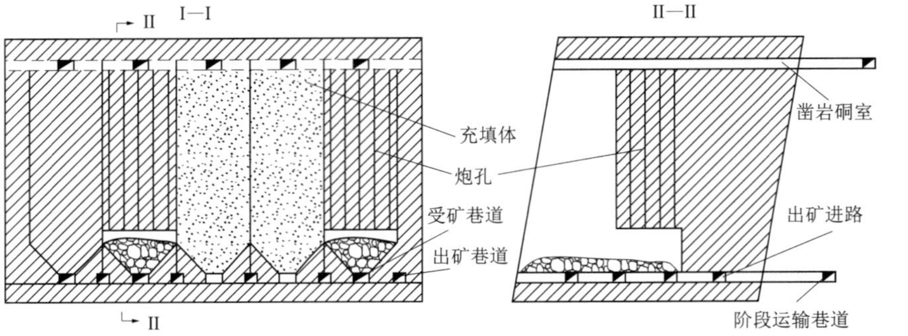

阶段空场嗣后充填采矿法

阶段空场嗣后充填采矿法采用的炮孔直径较大，装备水平要求较高，且工艺上采用先采矿柱后采矿房的回采步骤，回采矿柱完成后进行高强度*胶结充填*，然后回采矿房，回采结束后及时充填采空区（见图）。阶段空场嗣后充填采矿法根据*落矿*方式不同可分为水平深孔落矿和垂直深孔落矿，前者要求在矿房底部进行拉底，而后者不仅需要拉底，还需在矿房的全高开出垂直切割槽。由于垂直深孔设备的快速发展，矿山绝大多数采用垂直深孔落矿。采矿过程中，在矿块的垂直方向划分若干阶段，阶段高度在中国一般取50～60米，凿岩条件允许时可加大阶段高度，国际上普遍采用70～80米，个别达到150～200米。

阶段空场嗣后充填采矿法具有回采强度大、生产能力高、采矿成本低、回采作业安全等特点。与*分段空场嗣后充填采矿法*相比省去了分段巷道，采切工程量少，炮孔直径和深度大，生产能力较大。

扩展阅读

甘德清，孙光华，李占金.地下矿山开采设计技术.北京：冶金工业出版社，2012.

王青，任凤玉.采矿学.2版.北京：冶金工业出版社，2011.

（吴爱祥）

阶段矿房采矿法 stage room stoping mining method 把矿块规则地划分为矿房和矿柱，先用深孔采矿法回采矿房，后用适当方法回采矿柱的*空场采矿法*。回采过程中，

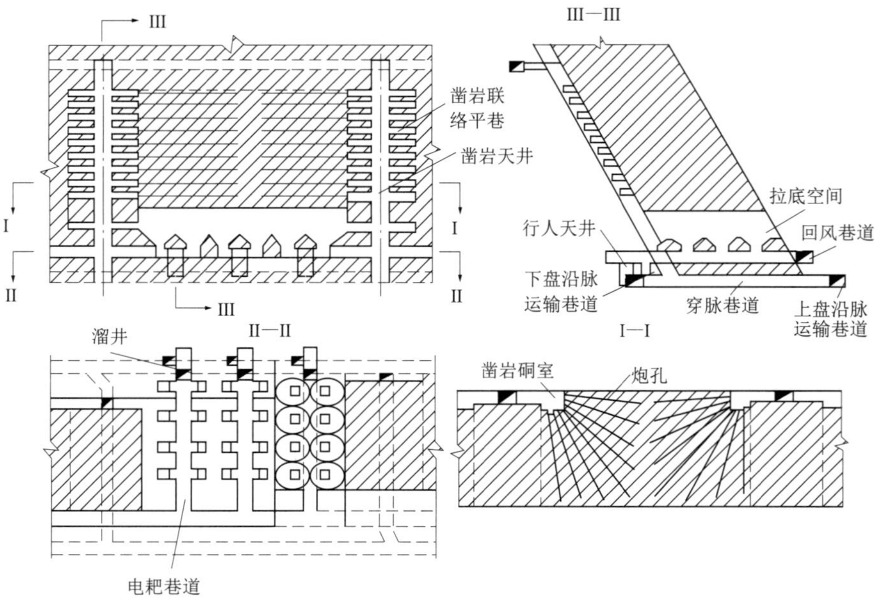

图1 水平深孔落矿阶段矿房采矿法

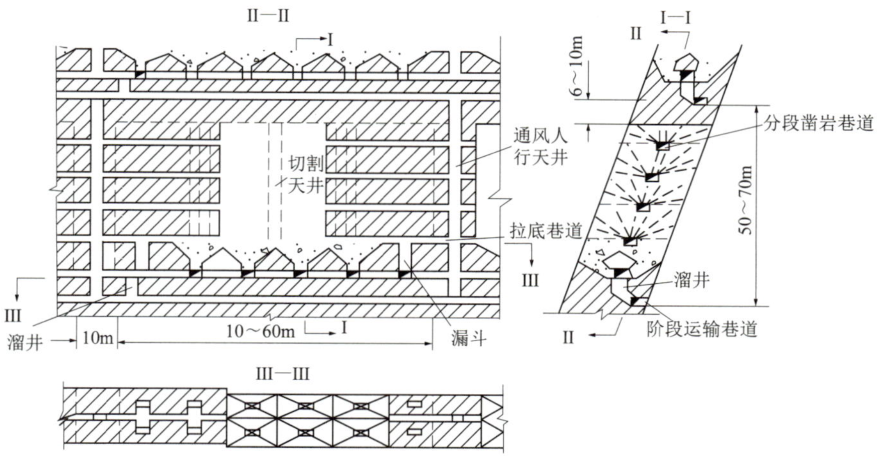

图2 沿走向布置的分段凿岩阶段矿房采矿法

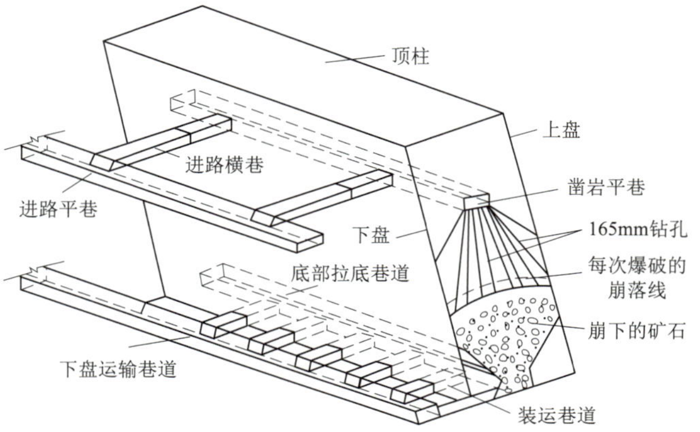

图3 垂直扇形深孔球状药包落矿阶段矿房采矿法

暂留阶段矿房高度的空区，在巷道内进行回采作业，矿石借自重全部溜到矿块底部的阶段出矿巷道集中出矿，作业人员和设备不进入空区。

分类 按落矿方法，阶段矿房采矿法可分为水平深孔阶段矿房采矿法、分段凿岩阶段矿房采矿法、垂直深孔阶段矿房采矿法、垂直深孔球状药包落矿阶段矿房采矿法（简称VCR采矿法）等，典型采矿方案分别如图1、图2和图3所示。

发展情况 20世纪30年代苏联开始使用分段落矿阶段矿房采矿法，50年代开始使用水平深孔阶段矿房采矿法。西欧、北美国家于70年代开始使用垂直深孔阶段矿房采矿法。中国铜山铜矿和金岭铁矿等于50年代开始使用分段落矿阶段矿房采矿法，60年代大吉山钨矿和红透山铜矿等开始使用水平深孔阶段矿房采矿法，80年代凡口铅锌矿等开始使用VCR采矿法和垂直深孔阶段矿房采矿法。

适用条件 水平深孔阶段矿房采矿法和VCR采矿法要求在矿房下面拉底自下而上分层（段）回采。分段落矿阶段矿房采矿法和垂直深孔阶段矿房采矿法，除需要拉底外还要沿矿房全高拉切割槽以垂直分层崩落矿石。

阶段矿房采矿法适用于开采矿石和围岩都稳固的急倾斜中厚、厚矿体或任意倾角的极厚矿体。一般要求矿体形状较规整，含夹石少，矿石品位较均匀。当采取了围岩加固措施时，可适当放宽对围岩稳固性的要求。

优缺点 阶段矿房采矿法优点：作业安全，通风条件好，落矿出矿效率高，生产能力大，机械化程度高，工人劳动强度低，劳动效率高。缺点：矿柱矿量占比大，且矿柱回采贫损率高，深孔不易控制矿体边界，不能分采和剔除夹石，矿块底部结构比较复杂且容易受到破坏。

发展方向 阶段矿房采矿法的主要发展方向：寻求高效、廉价且可靠的岩层加固技术，以扩大矿房尺寸，减小矿柱矿量所占比重；优化凿岩爆破参数，以提高落矿效率和落矿质量；研究大直径深孔爆破技术，提高装药效率。

（刘敦文）

阶段磨矿阶段浮选 stage grinding and stage separation 矿石中有用矿物嵌布粒度不均匀时，采用*磨矿*与*浮选*交替进行方式进行矿物分段解离和分段浮选的过程。当矿石中有用矿物嵌布粒度不均匀时，一段磨矿只能解离出部分有用矿物的情况下，采用磨矿与浮选结合，进行磨矿-浮选-再磨矿-再浮选方式，避免矿物的过磨。如在第一段粗磨条件下，浮选回收有用矿物单体和连生体，抛弃大部分脉石矿物，对得到的浮选精矿进行再次磨矿和浮选获得有用矿物精矿。采用这种流程处理嵌布特性较复杂的矿石时，不仅可以节省磨矿费用，而且可以改善浮选指标。阶段磨矿阶段浮选已有广泛应用，其流程种类较多，如何选择与应用主要由矿物嵌布和泥化特性来决定。以两段流程为例，可能的方案有3种：①精矿再磨（图a）。适用于有用矿物嵌布粒度较细，但呈有用矿物结合体产出的矿石，该流程在多金属矿浮选时较为常见。②尾矿再磨（图b）。适用于有用矿物嵌布不均匀，容易氧化或泥化的矿石。③中矿再磨（图c）。适用于有用矿物以细粒和微细粒连生体形式存在的中矿处理。

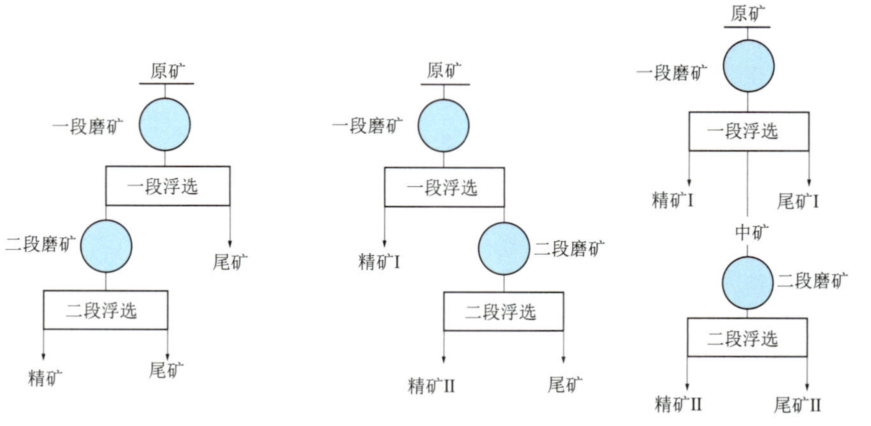

a 精矿再磨流程　b 尾矿再磨流程　c 中矿再磨流程

两段流程阶段磨矿阶段浮选

（柏少军）

杰尔卡奇，V.G. Victor Grigorievich Derkach; Виктор Григорьевич Деркач（1907～1968） 苏联选矿工程专家。生于

科利沃罗格。1930年毕业于科利沃罗格采矿学院。1931年起在米哈诺布尔工作，曾担任米哈诺布尔黑色金属矿选矿负责人。**磁选**理论奠基人之一。开发了多种**磁选设备**，装备了几乎所有俄罗斯和独联体国家的磁选厂。研发了弱磁矿物（锰矿和有色金属矿）分选机。领导专家团队，对不同结构的磁选机进行了持续改进。作为黑色金属矿选矿专家，曾研发了一系列矿山的矿物加工流程。

共发表了73篇学术著作，特别是强磁、弱磁矿石选别和特别选矿方法等方面的著作。创建了磁选流派，培养了大批学生。被授予苏联劳动红旗和荣誉勋章，两次获得苏联国民经济成就展览奖。

（吴卫国　张京京）

洁净钢冶炼　clean steel smelting　对超低杂质元素含量的钢和非金属夹杂物的数量、尺寸等得到严格控制的钢的炼制工艺和过程。洁净钢概念于20世纪60年代提出，反映了人们对钢质量越来越高的要求。钢中的杂质元素一般是指硫、磷、氮、氢、氧等。杂质元素随钢种变化，有的元素对于某钢种是有害杂质，对于另一种钢种危害程度较低甚至是有益的。洁净钢冶炼要根据品种和用途要求，对整个炼钢过程严格控制，配备精准的计量检测系统和完善的全流程质量控制系统。冶炼工艺关键技术主要有：①采用铁水脱硫技术，在炼钢之前将铁水中的硫含量降至0.003%～0.005%以下。②采用合理的炼钢工艺，保证炼钢终点钢水中氧的**活度**很低。③采用有效的出钢挡渣技术，带入钢水包内的炉渣层厚度少于50毫米，必要时采用扒渣操作。④在钢水包内进行炉渣改性处理，将带入钢水包内的炉渣氧化铁含量降低到4%以下，甚至低至2%。⑤采用合理的**钢水二次精炼**技术，如IF（无间隙原子钢）等超低碳钢采用**真空循环脱气法**（RH）强制脱碳精炼，低、中碳钢采用RH轻处理和夹杂物变性处理。⑥采用钢水包下渣自动检测技术。⑦采用严格的保护浇铸技术，包括钢水包长水口密封、钢水包长水口自然引流开浇、中间包开浇前的氩气清扫、长水口浸入开浇、中间包-结晶器之间浸入式水口密封及合适的渣覆盖等。⑧采用**中间包冶金**技术，包括采用大中间包（50～80吨容量）、设计合理的内型结构及全碱性化等。⑨严格控制炼钢炉渣，防止炼钢炉渣由钢水包带入中间包，进而由中间包带入结晶器。⑩采用连铸结晶器内钢水流动控制，液面控制、电磁制动、FC结晶器（强制外循环结晶器）等，促进钢水内夹杂物上浮并防止保护渣卷入凝固坯壳内部。

（李京社　张立峰）

结晶器振动制度　oscillation mode of mould　在**连续铸钢**过程中，为防止铸坯的初生坯壳与结晶器内壁间发生黏结而导致拉裂，使结晶器的润滑剂进入坯壳与内壁的间隙进行润滑而采取的工艺措施。20世纪30年代，连续铸钢发展初期，最先使用的是固定式结晶器。在试验过程中，由于金属与内壁黏结，使拉坯过程不断出现拉漏（钢）事故。经多种试验，如采用间断拉坯、不断往结晶器中注油、采用石墨结晶器等，都未取得明显效果。直到40年代初，德国S.容汉斯和美国I.罗西把有色金属连铸中应用的结晶器振动方式引入连续铸钢，才得以试验成功，并使得在工业中大规模应用连铸技术成为现实。

结晶器与铸坯间按一定规律进行往复相对运动。在结晶器上下振动的周期（T）中，有一段时间下降速度大于**拉坯速度**。这段时间通常称为负滑脱时间。在负滑脱时间里，由于新生成的坯壳与结晶器内壁之间相对运动速度较小，使坯壳能够持续生长到足够厚度，还可以使被拉断的坯壳得以焊合，因此黏结拉漏现象减少。另外由于结晶器上下振动，周期地改变液面与结晶器壁的相对位置，有利于润滑剂在结晶器壁的渗透，可改善润滑状况，减少拉坯时的摩擦阻力和黏结的可能，有助于拉坯顺利进行。

结晶器振动首先是确定结晶器的振动方式，再据此选定结晶器振动机构和振动参数。结晶器振动方式有同步振动、负滑动振动、正弦式振动（见图）和非正弦式振动等。

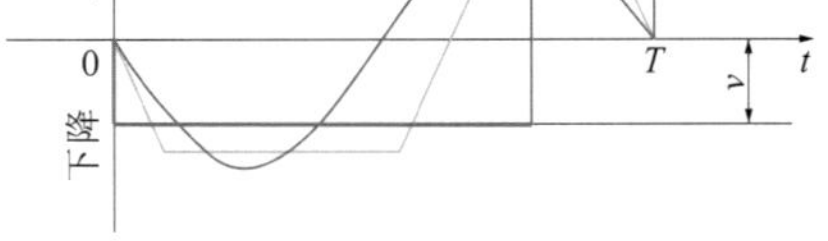

振动特性曲线

同步振动　最早采用的一种振动方式，按其同步振动的曲线形状称为云岗式振动。振动曲线如图中曲线所示，设v为拉坯速度，v_m为结晶器的振动速度，结晶器下降时与铸坯同步，然后以约3倍的拉速上升，如此往复振动。这种振动方式的优点是能够满足连铸工艺要求，实现同步运动；缺点是用机械连锁或用电气控制来实现严格的同步要求，装置都比较复杂，速度变化时机构中冲击力也较大。

负滑动振动　同步振动的一种改进型。负滑动振动的下降速度大于拉坯速度5%～10%，使铸坯在向下振动时与结晶器壁产生滑动；负滑动振动的上升速度是拉坯速度的2～3倍。这种振动方式在结晶器下降时对坯壳有压合作用，有利于拉裂坯壳的愈合，并可适当提高拉速。

正弦式振动　振动速度随时间按正弦规律变化。这种振动方式的速度变化平稳、冲击力小；能有效实现负滑动，可适当提高拉坯速度；易于改变振动频率和振幅，实现高频率小振幅的要求，以改善铸坯表面质量；用偏心轮实现振动，结构简单，易于制造且安装、维修方便。

非正弦式振动　结晶器向上振动速度慢，上升时间长，下降速度快，下降时间短，对坯壳的压合时间短，结晶器与坯壳间的摩擦阻力小。结晶器内壁和坯壳间的摩擦阻力正比于结晶器和铸坯间正滑动的速度差，由于非正弦式振动的上升速度慢，故有较小的摩擦阻力，同时向上振动时间长，有利于润滑剂或保护渣覆盖于结晶器内壁上，加强了润滑效果，更减小了摩擦阻力。非正弦式振动负滑动时间短，坯壳的振痕浅，铸坯表面质量好；负滑动量较大，有利于拉裂坯壳的愈合。非正弦式振动通常采用液压振动机构或数字电动机构来实现。

扩展阅读

蔡开科.连续铸钢.北京：科学出版社，1990.

（吴夜明）

捷尔皮戈列夫，A.M.　Aleksandr Mitrofanovich Terpigorev; Александр МитроФанович Терпигорев（1873-11-09～1959-11-08）　苏联采矿学家和教育家。生于俄国坦波夫，卒于莫斯科。1897年毕业于圣彼得堡矿业学院。1897～1899年在顿巴斯矿区工作，1899～1959年从事矿业教育工作，1906年任教授。1935年当选为苏联科学院院士，后兼任苏联科学院矿山研究所固体矿物开采工艺部主任，领导该领域科学研究工作。20世纪20年代在矿业院校首先设置了矿山工作机械化课程，并于30年代首先组建了矿山机械教研室。主要著作有《顿巴斯煤田开采》《有用矿物地下开采》《矿山工作机械化和自动化》《矿山机械设计》《井下运搬和运输》《水力开采机械化》《地下煤气化》，还主编了《金属矿采矿手册》(3卷)、《苏联矿业大百科全书》(11卷)。1943年获苏联国家奖。

（平寿康　解世俊）

介质充填率 charge volume of grinding mill 磨矿机静止时磨矿介质的几何容积（包括介质间空隙在内）占磨矿机有效容积的百分数。又称装球率。反映研磨介质在磨机中充填量的多少。对于不同的**磨矿**方式、磨矿机结构、操作条件和研磨介质形状，介质充填率均对应有适宜范围，过高或过低都会影响磨矿效果。在磨矿机临界转速以内操作时，介质充填率通常是40%～50%。**棒磨机**的介质充填率一般比同直径的**球磨机**低约10%。在选矿厂，磨矿机的介质充填率通常采用测量静止磨矿机中磨矿介质表面到磨矿机筒体的最高点距离来估算。

（吴彩斌）

金箔 gold foil 利用金的延展性能加工而成的薄的片材。一直沿用的古代手工打制金箔的方法，称作捶金箔。从事这种手工业的作坊称为捶金作。先将金锭打成薄片，逐层夹入乌金纸中，每叠达二千余张，外裹绷纸，在青石砧上用铁锤锤击三万多次，即成金箔。为防止黏结，在纸上涂滑石粉。

中国生产金箔有悠久的历史。最早使用金箔始于商代。河北藁城台西商代墓葬出土的漆器上贴有金箔。商代金箔形制多样，有方形、长方形、圆形、三角形和虎、人面等形状，用于金属器、木、漆、玉石的表面装饰。河南安阳殷墟出土的商代金箔厚0.01毫米，据金相考察证明在加工过程中曾进行**退火**。湖北战国初期曾侯乙墓出土的940片金箔，最厚为0.378毫米，最薄为0.037毫米，其余在0.1～0.2毫米，对部分金箔进行检测，发现金箔中均含银，含量为8%～13%，说明制作金箔的金料来源是不同的。南京、苏州、绍兴、佛山是中国金箔的主要传统产地。清代曾向美洲出口。中国最早关于金箔加工的文献记载是明代宋应星《天工开物》："凡造金箔，既成薄片后，包入乌金纸，竭力挥捶打成""凡乌金纸，由苏杭造成，其纸用东海巨竹膜为质，用豆油点灯，闭塞周围，止留针孔通气，薰染烟光，而成此纸"。金箔用于建筑物的装饰，佛像贴金，印刷制墨、印泥，还可入药。由金箔制成的金线可织造云锦，用于服饰、工艺美术。在现代电子工业中，混响器、验电器、录像磁头的隙缝等也要用到金箔。

世界文明古国都有制造金箔的高超技艺。古埃及法老陵墓发掘的文物证明，埃及很早就掌握了金箔加工技术。在撒哈拉的一座公元前1500年的墓葬中发现过金箔制品，公元前1450年的墓葬发掘物上有打金箔的形象。在欧洲，中世纪时汉堡、维也纳等地已有金箔加工业。亚洲各国中，日本金箔制造技艺精湛，产品优良，主要产地是石川县的金泽市。

捶金作还可以生产锡箔、铜箔等，加工方法同金箔。

（王克智　韩汝玢）

金属材料微观分析 microanalysis of metals 对金属与合金中各种相的形貌（形状、大小和分布等）、晶体结构、化学组成等微观结构研究的统称。金属与合金的性能与其微观组织密切相关。随着微束分析仪器的不断发展，对金属与合金的分析也逐渐深入，由过去的毫米、微米尺度正在进入纳米（1纳米$=10^{-9}$米$=10$埃）尺度。在某些特殊情况下，甚至可以直接观察单个原子，并确定其原子序数。根据微束源不同，微观分析仪器可分为光子束、电子束和离子束3大类（图1）。此外中子衍射也有所应用。

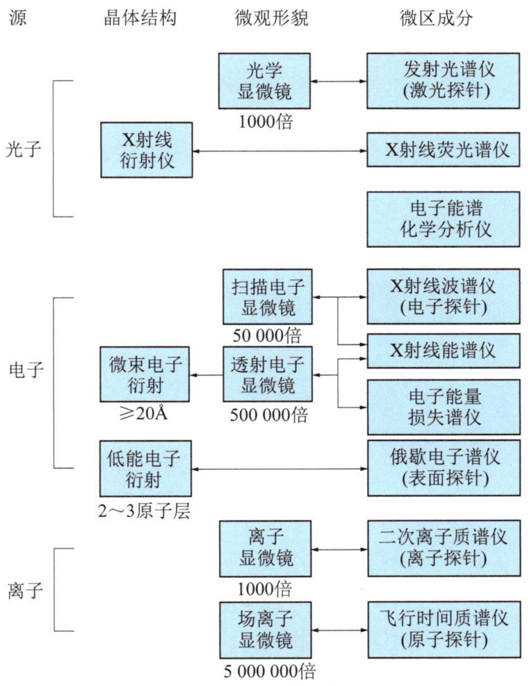

图1 金属与合金的微束分析仪器的配合

光束微观分析 人们最早是使用光学显微镜观察钢的相变及各种相的形貌，在此基础上形成了**金相学**这门学科（见**光学金相显微术**）。后来又用X射线衍射研究**晶体结构**（见**X射线衍射**），曾以此证明β铁与**铁素体**相同，不是一种新相。到了20世纪30年代，这种晶体结构研究阐明了电子化合物的晶体结构类型与电子浓度间的关系，发现了固溶体在预沉淀阶段中溶质原子偏聚成的GP区，确定了金属晶体在塑性形变中的滑移面与滑移方向，并在此基础上发展出位错概念和其几何模型（见**晶体缺陷**）等。这种X射线金相研究的建立为金属学奠定了基础。

过去，合金中的第二相颗粒的化学成分，主要是用化学或电化学方法先将它们从基体中分离出来，再用常规化学分析方法测定，如过渡族金属在铝合金中与铝形成的化合物和在合金钢中与碳形成的合金碳化物等（见**合金相**）。应用激光技术，在光学显微镜中安装激光源，使激光通过透镜中心孔射到金相试样上选好的第二相颗粒上，测定所含各元素的发射光谱，进而可以测定微区成分。但是激光束的直径在10微米以上，因此这种激光探针只适用于分析如钢中夹杂物、矿物及炉渣中较粗大的颗粒。

电子束微观分析 电子显微镜的问世把放大倍率由光学显微镜的一千多倍提高到扫描电子显微镜（SEM）的几万倍或透射电子显微镜（TEM）的几十万倍（见**电子显微学**）。不仅如此，电子显微镜还发展成为一个全面的微束分析仪器，既能观察几个埃（Å）的微观细节，还能进行几十埃范围的晶体结构分析（选区或微束电子衍射）和成分分析（X射线谱或电子能量损失谱）。

X射线波谱仪和电子探针 聚焦的电子束照射到试样上，使试样中的原子失掉核外电子而处于激发的电离态（图2a），这种状态是不稳定的，外层电子会迅速填补内层电子空位而使能量降低（图2b）。释放出来的能量（在图中是$E_{K}-E_{L_2}$）可以产生该元素具有特征波长或能量的特征X射线谱。根据这些X射线的波长不同，经分析晶体展谱（X射线波谱，wave dispersive spectroscopy，简写为WDS）或根据X射线光子能量不同由半导体探测器等展谱（X射线能谱，energy dispersive spectroscopy，简写为EDS）。X射线波谱仪的构造原理与X射线荧光谱仪基本相同，只不过是用电子而不是用X射线作为激发源。X射线波谱仪的特点是分辨率高，因此分析的精度高而检测极限低。此外，根据布拉格定理$2d\sin\theta=\lambda$，采用晶面间距d的分光晶体，可以分析标识X射线波长为λ的硼、碳、氮、氧等轻元素。它的缺点是分光晶体接受X射线的立体角小，X射线的利用率低；此外，试样要求像金相试样那样表面平整光洁，不能分析凸凹不平的试样。

电子探针（electron microprobe，简写为EMP）是由几个电磁透镜组成的照明系统与X射线波谱仪结合在一起的微束分析仪器，电子束焦斑直径一般是0.1～1微米。将金相试样置于电子探针仪中，用静止的电子束可以得到定点的分析结果，也可以用扫描电子束得到一些元素在一条直线上的一维分布或一个面上的二维分布。电子探针在分析合金中第二相的成分、偏析、晶界与表层成分方面用途很广（见**晶体材料界面**）。

X射线能谱仪　主要由半导体探测器及多道分析器或微处理机组成（图3），用以将在电子束作用下产生的待测元素的特征X射线按能量展谱（图4）。X射线光子

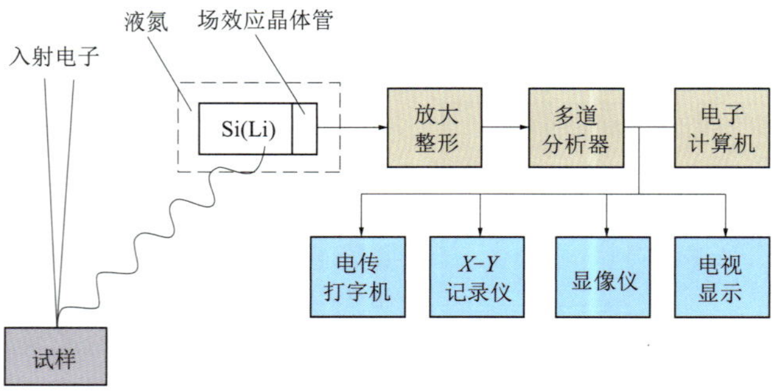

图3　X射线能谱仪结构示意图

由硅渗锂Si（Li）探测器接收后给出电脉冲信号。由于X射线光子能量不同，产生脉冲的高度也不同，经放大整形后送入多道脉冲高度分析器，按脉冲高度也就是按能量大小分别进入不同的记数道，然后在$X-Y$记录仪或显像仪上把脉冲数-脉冲高度（即能量）的曲线显示出来。图4为一个含钒、镁的硅酸铁矿物的X射线能谱图，纵坐标是脉冲数，横坐标的道数表示

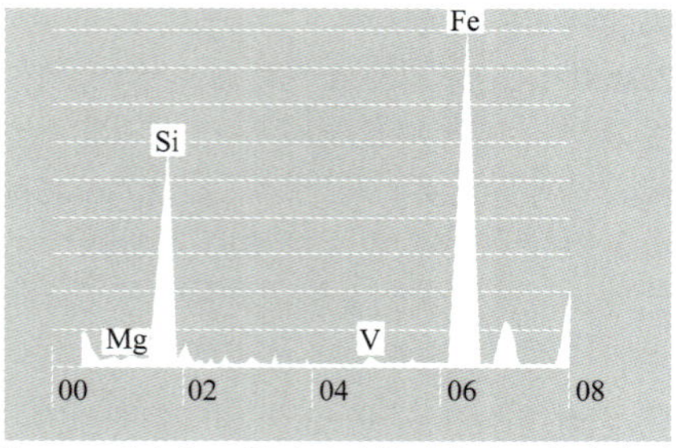

图4　一种含钒、镁的硅酸铁矿物的X射线能谱

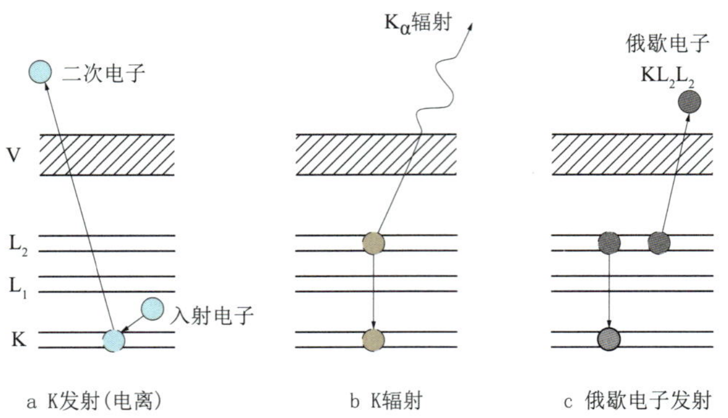

图2　处于K激发态的原子产生K_α射线或KL_2L_2俄歇电子的示意图

脉冲高度或X射线光子的能量。X射线能谱仪的分辨率及分析的精度不如根据波长经晶体分析的波谱仪，但是它没有运动部件，适于装配到电子显微镜中，而且探测器可以直接插到试样附近，接受X射线的效率很高，适于很弱的X射线的检测。此外，它可以在一二分钟内将所有元素的X射线谱同时记录或显示出来。X射线能谱仪配到扫描电子显微镜上，可以分析表面凸凹不平的断口上的第二相的成分；配到透射电子显微镜上可以分析薄膜试样里几十埃范围内的化学成分，如相界、晶界或微小的第二相粒子。因此X射线能谱仪已在电子显微学中得到广泛应用。

X射线能谱分析的弱点是尚不能分析原子序数为11（钠Na）以下的轻元素，因为这些元素的标识X射线波长较长，容易为半导体探测器上的铍窗所吸收。正在试制无铍窗及薄铍窗的探测器，以检测碳、氮、氧等轻元素。

电子能量损失谱仪　能量为E的入射电子与试样中原子的非弹性碰撞使后者电离而处于较高能量的激发态（图2a中是K激发态、能量为E_K），入射电子损失的能量为$E_K+\Delta E$，ΔE为二次电子的逸出功。由此可见，对于不同元素，电子能量损失有不同的特征值。使透射电子显微镜中的成像电子经过一个静电或电磁能量分析器，按电子能量不同分散开来。除了有一个很强的无能量损失的弹性电子能量峰外，还会出现一些与试样中各元素相对应的较弱的具有特征能量损失的峰。尽管这些峰不很明锐（较好的水平是2～3电子伏），定量分析还存在一定困难，但由于它有下列两个显著优点而在透射电子显微术中逐渐得到广泛应用：一是可以分析硼、碳、氮、氧等轻元素；二是将电子束聚焦到几十埃就可以测出微小区域的组成。显然，入射电子由于产生标识X射线而损失一定能量（图2a、图2b），可见电子能量损失谱和X射线能谱有着密切关系。

俄歇电子谱仪　图2中所描述的K电子复位所释放出来的能量$E_K-E_{L_2}$，除了产生K_α辐射这种可能性外，还有一种可能性是继续产生电离，使另一核外电子脱离原子变成二次电子。如$E_K-E_{L_2}>E_L$，这就有可能使L_2、L_3、M、N层以及导带V上的电子逸出，产生相应的电子空位（图2c）。图2c中的二次电子称为KL_2L_2电子，它的能量等于$E_K-E_{L_2}-E_{L_2}-\Delta E$（$\Delta E$为电子逸出功），因此也有固定值，随元素不同而异。这种具有特殊能量的电子是P.-V.俄歇首先发现的，因此称为俄歇电子。既然俄歇电子有特征能量值，所以也可以用来进行元素分析，称为俄歇电子谱。俄歇电子的能量很低，一般是几百电子伏，因此其平均自由程非常短，一般小于10埃。大于这个距离，俄歇电子就要损失能量，不再有特征能量值，即具有特征能量的俄歇电子的来源仅限于表面二层、三层原子。因此，俄歇电子谱绘出的是表面二或三个原子层的成分，用离子枪逐层剥离表面上的原子层，还可以分析几十到几千埃深度内的成分变化。轻元素的荧光（X射线）产额低而俄歇电子产额高，因此俄歇电子谱宜于用来检测表面或界面上的轻元素。但俄歇电子的信号是很微弱的，需要用灵敏度高的镜筒（能量）分析器及锁定放大器将它挑选并检测出来，这是俄歇谱仪的关键部件。此外，试样还需要在超高真空中制备，以免表面上吸附气体分子使分析结果不真实。图5是一种铬钼钒钢在

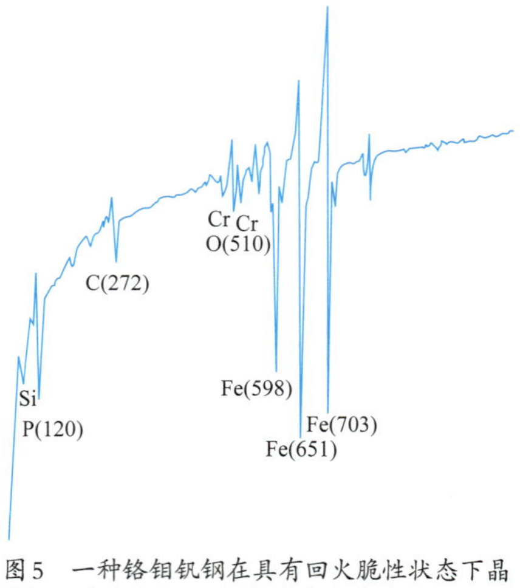

图5　一种铬钼钒钢在具有回火脆性状态下晶界断口的俄歇电子谱（括号内数字为电子伏数）

具有回火脆性状态下晶界断口的俄歇电子谱，磷峰很明显，相当于晶界上单原子中有8%是磷原子。用离子枪从断口表面剥离几个原子层后，磷峰即迅速减弱，说明在具有回火脆性的钢中，磷在晶界的偏析也仅是几个原子层，但浓度很高，这是产生沿晶界脆断的原因。除了界面偏析外，俄歇电子谱仪还可以用来研究金属与合金

的氧化、腐蚀、催化作用等表面化学反应。将电子束聚焦到微米量级并在试样上扫描，配上俄歇电子谱仪进行成分分析，就构成一台扫描俄歇电子谱仪。它可以检测出表面和界面上化学成分的变化，并可显示出组成元素的二维分布，因而也称扫描俄歇显微镜。

低能电子衍射只反映表面几层原子的分布，也就是表面的二维晶体结构。低能电子衍射与俄歇电子谱结合在一起是研究**晶体表面**结构和成分的有力工具。

电子能谱化学分析 利用光子或X射线光子（如铝的K_α或镁的K_α）照射试样，使其中的原子电离产生光电子。这种电子有特征能量，一般在20～1500电子伏，可以用来分析4～20埃厚的表面成分。X射线光子不能聚焦，因此试样上的照射面积比较大，不能像俄歇电子谱那样分析微区的表面成分。由于电子的结合能与元素的价态有关，这种电子谱可以给出表面原子的化学结合状态（键），因此称为电子能谱化学分析。这对于研究金属与合金的氧化、腐蚀、催化作用等也是很有利的。将电子能谱化学分析仪、俄歇电子谱仪、二次离子质谱仪等表面分析仪器组合在一起，形成多功能表面分析仪。

离子束微观分析 场离子显微镜是结构简单而放大率可达几百万倍的显微镜。其原理是利用施加到试样上的高压，在试样尖端处（曲率半径为几百埃）产生强电场使附近的惰性气体原子电离，离子射向荧光屏产生试样的场离子像。其放大倍数由投影距离和试样尖端半径之比确定。图6是钨的场离子像，反映试样尖端的原子排列，图像中的亮点是表面处于凸出位置的原子。原子在一些平行的原子平面上排列，形成许多台阶，这里场强最大，容易产生气体离子并成像，因此比较容易观察到原子平面边缘处的一圈一圈的原子。但是在一些原子排列稀疏的平面上，可以观察到整个原子平面上诸原子的规则排列。由此可见，场离子显微镜是研究空位等晶体缺陷及固体表面结构的重要手段。场离子显微镜的缺点是试样难于制备，并且要观察大量试样才能得到要观察的视场。

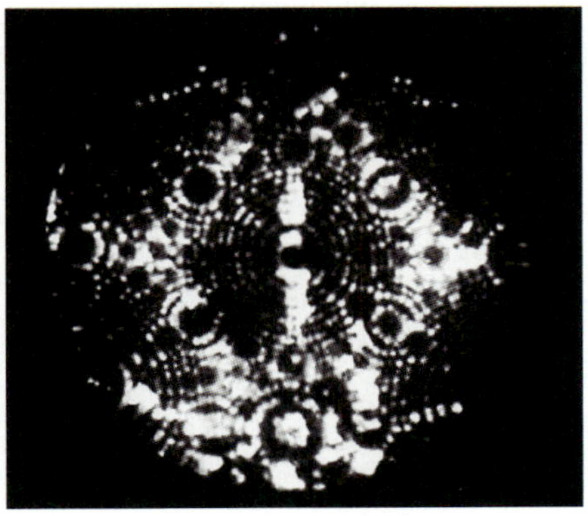
图6 钨的场离子像

原子探针 将场离子显微镜配上飞行时间质谱仪，测定表面上原子的种类与数量，就构成一台原子探针。除原来施加在试样上的高压外，再利用短时间（几微秒）的脉冲电压使试样尖端表面上的原子电离和蒸发并离开表面飞向检测器，由它将飞来的离子逐个地接收记录下来。不同离子的质量与电荷比不同，达到检测器的飞行时间也不同，据此可以鉴定原子类型及数量。此外，还可将试样尖端各种原子的分布图像直观地显示在荧光屏上。图7是金属钼中Mo^{2+}离子及O^+离子的图像。从钼离子图像可以看出在这个视场内有3个晶粒形成的一个三重结点晶界，而氧离子图像说明晶界处有氧的富集，这可能就是钼变脆的原因。此外，还可以在原子探针内将试样表面的原子逐层剥除，研究金属表层内的成分在垂直表面方向的变化。

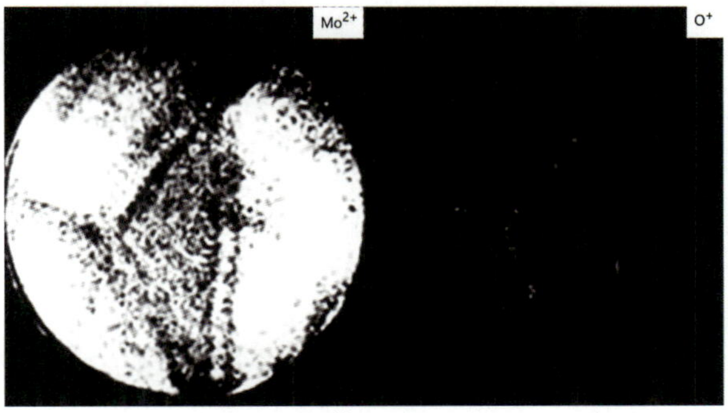

图7 金属钼中Mo^{2+}离子及O^+离子的图像

离子探针 用能量为1～30千电子伏（keV）的一次离子束轰击试样表面，也可以使表面原子电离变成离子溅出，用双聚焦质谱仪检测并分析这种二次离子就可以得出试样表面4～20埃的成分及其随深度的变化，这就是二次离子质谱。如果将一次离子束聚焦到1微米甚至更小，并令其在试样上扫描，就可以得到表面上定点的微区成分分析或二维的成分图像。这种微束二次离子质谱仪称为离子探针。二次离子质谱的特点是：①可以分析包括氢在内的各种同位素，如用离子探针可检测出钢中夹杂物内吸附的氢，以及氢在钛的晶界上的偏聚。②灵敏度极高（$10^{-5}\%$），可以分析半导体中的杂质及注入元素的深度。③可以进行同位素的丰度分析。缺点是图谱比较复杂，不易辨识，最好与其他分析手段结合在一起使用。为了进行表面及深度分析，又常使用大焦斑（≥100微米）的一次离子束。如果使一次离子束在试样表面扫描，可直接得到离子束照射范围内的二次离子像，得出有关原子分布的信息。这种离子探针也称为离子显微镜。

扩展阅读

HREN J J, GOLDSTEIN J I, JOY D C. Introduction to Analytical Electron Microscopy. New York: Plenum Press, 1979.

PHILLIPS V A. Modern Metallographic Techniques and Their Applications. New York: John Wiley & Sons, 1971.

NEUNTES K. Ber Metallkundliche Analyse. Berlin: Springer, 1978.

AMELINCKX S. Diffraction and Imaging Techniques in Material Science. Microporous, 1978, 172 (2): 190–199.

（郭可信）

金属二次资源 metal secondary resource 含各类金属的再生资源。常见的金属二次资源主要包括工业部门中损坏、报废的金属构件及零部件，金属机械加工等产出的废料、废件，日常生活用品的金属废物以及金属在冶炼过程中产生的废渣、烟尘或废水等。在自然矿产资源不足、能源短缺的严峻形势下，金属二次资源的有效回收在金属生产中占有重要地位。同时，从二次资源回收金属具有能耗低、污染少等优势，可产生显著的社会经济效益。

金属二次资源的回收工艺主要包括**火法冶金**、**湿法冶金**及火法与湿法联合处理方法。因金属二次资源的成分相对复杂，其物料需经过分类、解体、分选等预处理工艺后才可进入回收工艺流程。

废旧金属回收

（郭学益）

金属防腐蚀技术 corrosion protection technology for metal 对金属腐蚀体系施加影响以减轻腐蚀损伤的技术。除少数惰性金属外，金属材料及其制品在不同环境中使用时，均需使用相应的防腐蚀技术，以延长金属制品的使用寿命，保证工艺设备的安全运行。金属防腐蚀技术主要有合理选材、防护层防腐、腐蚀环境处理、电化学保护、防腐结构设计等。金属防腐蚀一般需要多种技术并举，综合考虑。

合理选材　选用对环境介质具有耐蚀性的金属及合金材料。选材时首先需要了解环境因素和腐蚀因素，包括介质的种类、浓度、温度、压力、流动状态、杂质种类和数量、含氧量，以及有无固体悬浮物和微生物等；按实际条件进行模拟试验，以获得选材的可靠数据，由此了解材料的耐蚀性能及其工艺特性；综合考虑材料的耐蚀性和经济性，选择合适的防腐蚀措施。

防护层防腐　通过在表面涂覆防护层，将金属材料及其制品与环境分隔开的一种防腐蚀技术。防护层主要有金属镀层、无机涂层、有机涂层、无机－有机复合涂层。金属镀层可分为两种情况：当金属镀层的耐蚀性优于金属基体时，镀层对基体起物理屏障作用；当金属镀层的耐蚀性低于金属基体时，镀层对基体除了起到物理屏障作用外，还起到阴极电化学保护作用。无机涂层与有机涂层主要起到物理阻挡（屏障）作用。

腐蚀环境处理　改变起腐蚀作用的介质的性质，以防止或减轻介质对金属制品或设备腐蚀的技术。腐蚀环境处理技术只能在腐蚀性介质的体积有限的条件下使用。腐蚀环境处理可分为两类：一类是除去或减少介质中的有害组分，如去湿、除氧、防尘、脱盐等；另一类是使用缓蚀剂，即在腐蚀溶液中加入少量能显著降低金属腐蚀速度的物质，或采用气相缓蚀剂（如防锈纸等）来防止大气对金属制品的腐蚀。

电化学保护　根据电化学原理，通过外加电流的方法来控制金属在电解质溶液中的腐蚀，包括阴极保护和阳极保护。其中，阴极保护法通过牺牲阳极或外加电流的方式降低被保护金属的电极电位，抑制金属的腐蚀。阳极保护通过外加电流进行阳极极化，使金属发生钝化，从而降低腐蚀速度。

防腐结构设计　通过结构形状的优化、残存水或腐蚀介质的去除、电偶腐蚀的隔绝和涂料隔离防护等结构设计，避免金属服役中的腐蚀。

（张鉴清）

金属粉末　metal powder　尺寸小于1毫米的金属离散颗粒群。金属粉末包括单一金属粉末、合金粉末以及具有金属性质的某些难熔化合物粉末，是粉末冶金的主要原材料。

沿革　金属粉末的制取和应用已有很长的历史。古代曾用金、银、铜、青铜及其某些氧化物粉末做涂料，用于陶器、首饰等器具的着色和装饰。20世纪初，美国人W.D.库利吉采用氢还原氧化钨生产钨粉以制取钨丝，是近代金属粉末生产的开端。此后应用化学还原法制取了铜、钴、镍、铁、碳化钨等多种粉末，促进了早期粉末冶金制品（含油多孔轴承、多孔过滤器、硬质合金等）的发展。此时，还发明了羰基法制取铁粉和镍粉。30年代，先后开发出涡流研磨法、固体碳还原法和熔融金属雾化法制取铁、铝、锡等粉末。50年代，开始用高压水雾化法制取合金钢和多种合金粉末。60年代，研究出多种雾化方式生产高合金粉末，促进了高性能粉末冶金制品的发展。70年代以来，出现了多种气相和液相物理化学反应方法，用于制取具有重要用途的包覆粉末和超细粉末。

粉末性能　金属粉末通常分为粗粉、中等粉、细粉、微细粉和超细粉5个等级。金属粉末属于松散状物质，其性能综合反映了金属本身的性质、单个颗粒的性状及颗粒群的特性。一般将金属粉末的性能分为化学性能、物理性能和工艺性能。化学性能是指金属含量和杂质含量；物理性能包括粉末的平均粒度和粒度分布，粉末的比表面和真密度，颗粒的形状、表面形貌等；工艺性能是一种综合性能，包括粉末的流动性、松装密度、振实密度、压缩性、成形性等。此外，对某些特殊用途还要求粉末具有其他的化学和物理特性，如催化性能、电化学活性、耐蚀性能、电磁性能等。金属粉末的性能在很大程度上取决于粉末的生产方法及其制取工艺。粉末的基本性能可用特定的标准检测方法测定。

制取方法　金属粉末既可通过将固、液、气态金属直接细化获得，又可通过将不同状态的金属化合物还原、热解或电解等方法制取。难熔金属的碳化物、氮化物、硼化物、硅化物一般可采用直接化合或还原化合法制取。粉末具体的制取方法主要有还原法制粉、雾化法制粉、电解法制粉、机械合金化法制粉、羰基法制粉等。这些方法通常按作用原理分为机械法和物理化学法两类。因制取方法不同，同一种粉末的形貌、粒度等特性常常差别很大。

用途　金属粉末可作为粉末冶金制品的原料，也可应用于其他行业。用作粉末冶金制品原料的金属粉末主要有铁、钨、钼、铜、钴、镍、钛、钽、铝、锡、铅等粉末。金属粉末的其他应用包括：①焊条、火焰切割工艺用铁粉。②喷涂、喷焊、熔烧焊用镍－铬－硼－硅、铁－铬－硼－硅、钴－铬－钨等合金粉末和镍包铝或三氧化二铝、镍或钴包碳化钨等包覆粉末，用于提高工件表面的耐磨、耐热和耐蚀性能。③火箭固体燃料用超细铝粉。④催化剂用镍、铁、钴粉。⑤离合器、录音带、复印机用磁性粉末，如铁基合金粉等。⑥炸药、焰火用铁、镍、钴、锰、镁、铝、铝镁合金等粉末。⑦脱氧剂、化学试剂、金属热还原剂、置换剂等用铝、镁、铁粉等。⑧表面着色、装饰、涂料颜料、油漆、导电浆料用铝、锌、铜、银粉末等。

扩展阅读

阮建明，黄培云.粉末冶金原理.北京：机械工业出版社，2012.

（高一平　胡云秀　王恩珂　撰　李松林　修订）

金属粉末锻造　powder forging　金属粉末烧结体或挤压坯经高温锻造实现致密化的技术。主要目的是获得达到或接近理论密度的粉末冶金材料，以及通过改变材料中的晶粒结构和织构，提高材料的加工性能和力学性能。金属粉末锻造始于20世纪40年代，最先用于铁粉粉末锻造，主要是制备汽车和农用柴油机传动齿轮、发动机连杆等动力传输机构部件。与此同时，钨、钼等一系列难熔金属加工也广泛采用粉末锻造技术消除孔隙实现致密化，以便进一步加工成微米级直径的金属丝。60年代，金属粉末锻造又被用于粉末弥散强化材料锻造，以获得全致密高性能飞机涡轮盘部件。80年代后金属粉末锻造进入产业化阶段，可以批量生产汽车用粉末锻造零件。

金属粉末锻造主要分为模锻和旋锻两种。

模锻是将粉末烧结件加热至高温后，放入钢模中锻造，获得具有设计形状的粉末冶金零部件。这一过程将粉末冶金与精密锻造结合，首先通过粉末冶金成形提供材料产品的形状，再经模锻进一步提高材料产品密度，从而得到所需要的产品性能。模锻中预成形坯的设计和制造是粉末锻造的关键步骤之一，同时还需要设计合理的锻模工艺，确定合理的锻造温度。

旋锻是将粉末烧结件加热至高温后，放入专门的旋锻机中经锤头直接打击，在实现致密化的同时，改变烧结件晶粒组织的微观结构。旋锻的主要目的是消除烧结件中的孔隙，提高产品密度。旋锻温度一般取材料的1/2～2/3熔点温度，高温下材料屈服强度显著下降，塑性变形能力提高，可获得完全致密化的粉末冶金材料产品。旋锻工艺中要正确设置旋锻温度和变形道次，以及每道次变形量，避免形成微裂纹。

金属粉末锻造时由于保压时间短，其中有一部分金属粉末还未能充分扩散结合，后续可再经退火、再次烧结或热等静压等方法进行加工处理。

与常规锻造相比，金属粉末锻造的压力小、温度低、材料利用率高，可以制造形状复杂、尺寸精确、表面光洁、组织均匀的零件，广泛应用于汽车等运输机械领域。

扩展阅读

GERMAN R M. Powder Metallurgy Science. New York: Plenum Press, 1984.

韩凤麟，马福康，曹勇家.粉末冶金技术手册.北京：化学工业出版社，2009.

（阮建明）

金属粉末增材制造 additive manufacturing of metal powder 利用计算机辅助设计与制造，以**金属粉末**为原料，根据目标零件二维分层截面信息，将金属粉末逐层固化、累加，获得三维实体零件的技术。特征是无模、快速、数字化，适合于个性化、复杂结构金属零部件制造。根据材料堆积方式的不同，金属粉末增材制造可分为：①激光熔融沉积。利用高能激光束在基体上辐照，形成熔池的同时将金属粉末送入，随着熔池的移动实现材料在基体上的沉积。典型工艺过程是激光束在计算机控制下，用同步送粉激光熔覆的方法将金属粉末材料按照一定的填充路径，在一定的基材上逐点填满给定的二维形状，重复这一过程逐层堆积形成三维实体零件。激光熔融沉积可实现全致密、高性能整体金属结构件的近净成形，主要用于大型复杂金属构件的直接制造或修复。②高能束选区烧结/熔化。利用高能激光束或电子束有选择性地烧结或熔化金属粉末，通过逐层累加实现三维零件的成形。典型工艺过程是首先在工作台上铺一层粉末材料，激光或电子束在计算机控制下，有选择性地对粉末层进行扫描，在被扫描的区域，粉末颗粒发生烧结或熔化而黏结成形，重复上述过程直到整个三维实体加工完为止。高能束选区烧结/熔化主要用于精密复杂金属构件的成形，其中激光选区烧结制造的金属零件中一般存在大量的孔隙，型坯强度和致密度较低，需要进行后续处理工艺，以保证较高的强度和致密度。③立体喷印。利用黏结剂有选择性地黏结金属粉末，通过逐层累加实现三维零件的成形。典型工艺过程是：首先将粉末材料平整地铺设成一层极薄的粉层，然后用相配的黏结剂在粉末层表面按需**喷射沉积**，从而黏结成三维实体的某一个截面的轮廓，通过重复铺粉和液滴沉积，所有截面之间黏结成形，最终堆积成三维实体制件。立体喷印主要用于产品设计原型验证和工艺模型的快速制造。对于致密度和强度要求较高的领域，所得制件需要进行后处理。

（汤慧萍 王 建）

金属辐照损伤 radiation damage of metal 金属受到高能粒子辐照时由于高能粒子和金属的晶体点阵原子发生一系列碰撞，从而在金属内部产生大量点缺陷（空位和间隙原子）的初始微观过程。辐照损伤所产生的初始微观过程是很短的，约在$1×10^{-11}$秒之内就结束了。

机理 为了表明高能粒子相互碰撞产生这些缺陷的行为，通常模拟核反应堆条件下的中子场，采用的实验研究方法有中子辐照和高能带电粒子辐照两种。中子辐照是用核反应堆或特制的中子源进行；高能带电粒子辐照是用超高压电子显微镜作电子辐照源和用高速离子加速器产生轻、重离子作离子辐照源进行。以中子辐照为例，其辐照损伤的各种过程如下：①当中子和晶体点阵内的某一靶原子的核（靶核）相碰撞，中子就将其能量的一部分传递给靶原子，如果所传递的能量达到某一离位阈能（E_d）的阈值（约为25电子伏），被击原子就脱离它的平衡位置，成为一个初级击出原子，并在原地留下一个空位。初级击出原子还可以和点阵中的其他原子相碰撞得到次级击出原子。依此类推，构成了一个串级过程，称为级联反应。其结果是在晶体内产生一系列点缺陷（空位和间隙原子）以及组态（图1）。需要说明的是，这个模型中假定的碰撞现象是孤立的，每次碰撞只涉及点阵原子间相互作用，而忽视金属内部原子排列的方向性。②入射粒子或点阵原子相互作用时，可以是小角度的低能传递。这时点阵原子并不发生离位，而在其平衡位置附近产生振动，并将这一振动迅速传递到周围去。其效果有如金属内部的一个微观区域被迅速加热和冷却，这个瞬时过程称作热峰。热峰的温度可能在10^{-11}秒的时间内达到几千摄氏度。③入射粒子可与点阵原子核发生核蜕变反应产生新元素，成为杂质原子。如不锈钢中的镍元素可以通过$^{59}Ni+n \longrightarrow {}^{56}Fe+{}^{4}He$反应生成铁和氦。④金属内原子呈有序排列，因而沿某一晶向的一列原子可能发生连串的连续对撞，从而有换位碰撞、聚焦碰撞或动力挤子，如图2所示。这些受到晶体学影响的碰撞过程使得点缺陷总的产额要比前述简单模型所估计的低一些，而且使缺陷产生的地点可以远离初始碰撞的位置。⑤当入射粒子或击出原子的能量下降到某一程度（约几千电子伏），碰撞的概率变大，碰撞之间的平均自由程接近于点阵原子间距，这时所产生的点缺陷不再是孤立的，而是集中在一个区域。此区域的中心有很多空位，而在边缘上被一些间隙原子所包围。这个不稳定的缺陷浓集区称作位移峰。位移峰边缘的间隙原子受聚焦碰撞的作用向外推动，又形成了一个新的空位密集区，称贫化区，如图2所示。

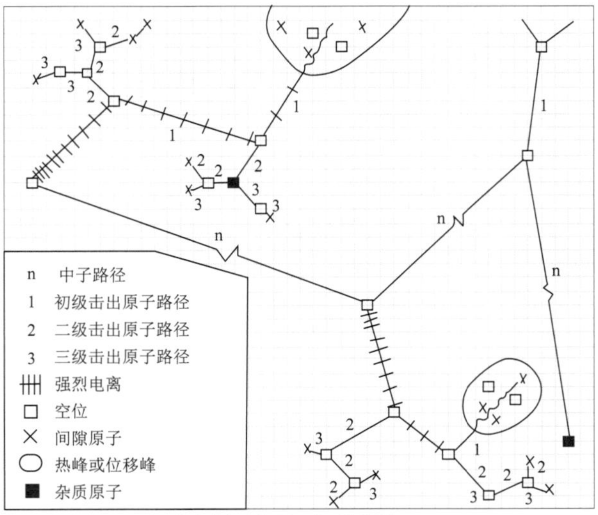

方格交点代表靶原子的平衡位置

图1 中子与靶原子的级联反应示意图

中子辐照损伤过程所发生的种种效应也适用于带电粒子，所不同的是带电粒子（如电子辐照期间）无气体原子产生，也没有级联碰撞效应。另一不同的是带电粒子和点阵原子碰撞的概率比中子大，射程也较短。因而损伤区集中而且损伤率要比中子辐照大得多。反之，由于中子不带电荷，不发生库仑碰撞，所以它可以有很大的平均自由程和射程，足以造成分布整个金属中的损伤。

现象 金属辐照后种种缺陷的形成必然会使金属的性能发生变化，从而出现辐照肿胀、辐照偏析、辐照析出、辐照蠕变、辐照硬化和辐照脆化等辐照损伤现象。

辐照肿胀 当金属受到很高的中子注量，金属晶体中**位错**优先吸收间隙原子，从而有利于空位优先聚集，若空位聚集成三维空洞，则引起体积肿胀，或称空洞肿胀。由于核蜕变反应产生微量的氦，会促使空洞形成，增加辐照产生空洞浓度，加剧辐照肿胀。

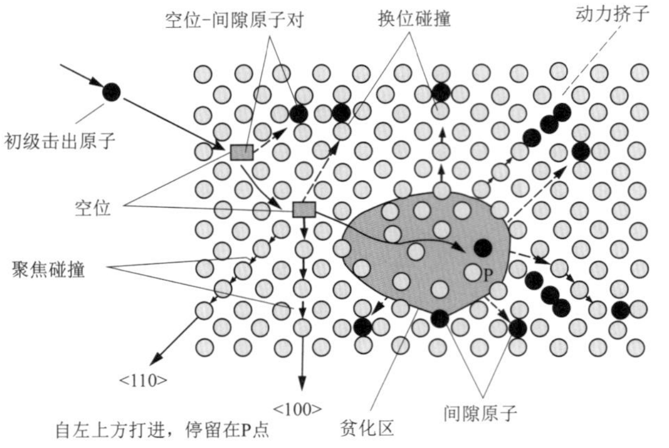

图2　面心立方晶体的贫化区及其周围原子排列状况的二维示意图

奥氏体不锈钢辐照肿胀现象是1967年在DFR（dounreay fast reactor）核反应堆上发现的。这种肿胀会使冷却剂流道尺寸发生变化，也会影响控制棒自由运动，并且会使燃料-包壳发生接触，在包壳中产生应力，缩短材料服役寿命、降低燃料导热率。辐照肿胀是核材料独特的重要问题。

辐照偏析　经辐照，合金中产生大量空位和间隙原子，它们在向尾闾移动过程中与不同尺寸的溶质原子发生相互作用。合金中大尺寸溶质原子（如Cr、Mn、Ti等）以换位方式优先与空位相互作用，可降低点阵畸变，空位移向尾闾而消失，而大尺寸溶质原子从尾闾离开造成晶界上溶质贫化。反之，小尺寸溶质原子（如Ni、Si）以哑铃状型与间隙原子相互作用，间隙原子拖曳小尺寸溶质原子一起向晶界迁移，结果导致溶质富集于晶界。在奥氏体不锈钢中，辐照偏析造成晶界贫Cr而富集Ni，诱发辐照晶间腐蚀。

辐照析出　辐照可使热平衡相图中未饱和固溶体合金诱起种种析出相。辐照诱起析出有两种析出形态：均匀析出和不均匀析出。前者是点缺陷和溶质原子相互作用，使得微小溶质原子浓度涨落起伏而形成析出相核心，促进析出相出现；后者是辐照诱起晶界、位错环、空洞等点缺陷尾闾处溶质原子浓度高于固溶线以上浓度而形成析出相。如316不锈钢经粒子注量1.5×10^{26}米$^{-2}$（能量$E>0.1$兆电子伏）、700℃中子辐照后，在晶界出现铁素体α相，而在其邻边析出$M_{23}C_6$和η相，辐照促进新相的析出。

辐照蠕变　可分为两种类型，即辐照引发热蠕变和辐照引起热蠕变速率增加的辐照加速蠕变。辐照蠕变的特征随快中子通量的变化而改变。发生辐照蠕变的原因是：在应力作用下辐照产生的点缺陷将择优聚集，表现为位错的定向攀移或位错环应力定向形成，从而产生辐照蠕变。

辐照硬化和辐照脆化　辐照产生的缺陷团如位错环、贫化区、空洞、氦泡、析出物等，作为障碍物阻碍晶体中位错继续运动，使屈服强度提高（图3），发生金属辐照硬化；也会使体心立方金属韧性-脆性转化温度上升（图4），形成辐照脆化。辐照诱发的核蜕变反应使氦泡长大，并相互连接，造成晶间断裂之前延伸率降低，从而也导致金属脆化。

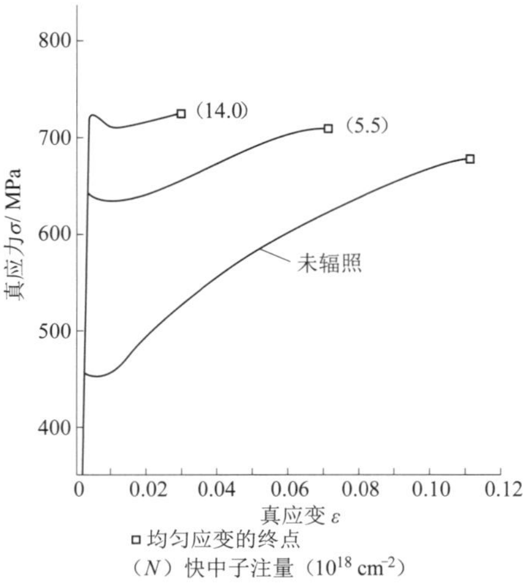

图3　A302-B钢应力应变关系

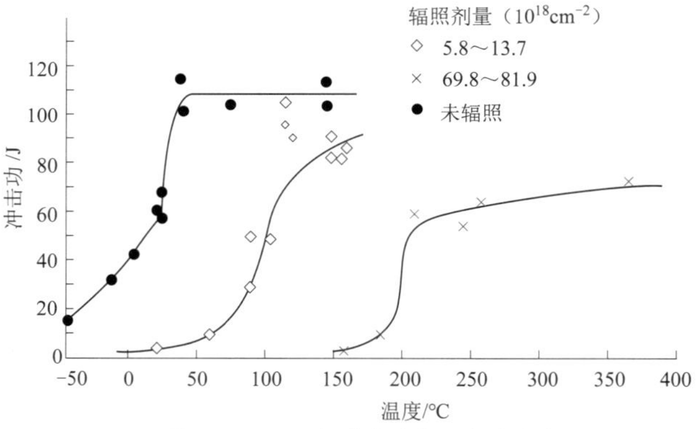

图4　A302-B钢冲击功和温度的关系

扩展阅读

CHADDERTON L T. Radiation Damage in Crystals. London: Methuen, 1965.

OLANDER D R. Fundamental Aspects of Nuclear Reactor. Washington D.C.: N.P.Technical Information Center, Office of Public Affairs, 1976.

石野栞.辐照损伤.东京：东京大学出版社，1980.

KASAHARA S, NAKATA K, TAKAHASHI H. Effect of Mn Addition on Decrease of Cr Depletion at Grain Boundary in Austenitic Alloys Irradiated with Electrons. Journal of Nuclear Materials, 1996(239): 194-199.

（胡本芙　李恒德）

金属辐照效应　radiation effect of metal　当金属受到高能粒子辐照后所产生种种宏观性质的变化。辐照效应所涉及的点缺陷迁移变化过程比**金属辐照损伤**过程要长些，需要若干毫秒甚至几个月。

辐照损伤的作用是产生多种形式的**晶体缺陷**和点阵畸变，然后这些点缺陷将在一定条件下发生扩散、迁移、聚集消失或者转化成其他形式缺陷，结果使金属的性质发生变化，这就构成辐照效应。辐照损伤发生在金属宏观性能变化之前，所以辐照效应与辐照损伤是密切相联的，难以分割。

辐照损伤缺陷的转化很大程度上取决于辐照温度。温度很低时，缺陷可保留初始状态，在电镜下呈现为黑斑（缺陷团）。温度高时，缺陷可以聚集成弗兰克（Frank）型位错环，又可分为间隙型和空位型位错环。Frank型位错环不能沿它的伯格斯矢量运动，但环可以通过吸收和放出点缺陷来变化它的直径，也可以通过环面上、下两部分晶体的相对滑动而使层错消除。故去层错后的环成为棱柱位错。除此以外，辐照损伤产生的空位可以聚集成空洞，辐照产物He^{2+}还可以进入空洞聚集成氦泡。

粒子辐照后种种缺陷的形成必然会使金属的性质和行为发生变化。例如，粒子辐照会造成金属表面发生溅射，使金属表面形成锥形凸起和沿晶向隆起波峰（见图）现象。这些都是聚变堆最常见的第一壁（即聚变堆最靠里面的首先和等离子体区相

40keV Ar^{+}轰击铜表面形成的锥形结构

接触的容器壁）材料的辐照效应问题。

核反应堆中，强烈辐照条件下造成辐照损伤进而影响金属宏观性能变化的辐照效应是很重要的问题。

（胡本芙　李恒德）

金属腐蚀 corrosion of metal　金属材料与周围环境发生化学、电化学和物理等作用而引起的变质和破坏。金属的锈蚀是最常见的腐蚀形态。腐蚀时，在金属的界面上发生了化学或电化学多相反应，使金属转入氧化（离子）状态。这会显著降低金属材料的强度、塑性、韧性等力学性能，破坏金属构件的几何形状，增加转动件间的磨损，恶化电学和光学等物理性能，缩短设备的使用寿命，甚至造成火灾、爆炸等灾难性事故。1975年美国由于金属腐蚀造成的经济损失为700亿美元，占当年国民经济生产总值的4.2%。据工业发达国家的统计，每年由于金属腐蚀造成的钢铁损失占当年钢产量的10%～20%。至于金属腐蚀事故引起的停产、停电等间接损失就更无法计算。

简史　早在公元前3世纪，中国已采用金汞齐鎏金术在金属表面镀金以增加美观并可防腐蚀。在秦始皇陵墓中发掘出来的箭镞有的迄今仍毫无锈蚀，在这些箭镞表面上有一层致密的黑色氧化层，其中含铬2%左右，而青铜基体本身并不含铬。这一现象尚待研究。1830～1840年，英国M.法拉第确立了阳极溶解的金属量与所通过电量的关系，提出了关于铁的钝化膜生长和金属溶解过程的电化学本质的假设。后来又有人在锌溶解于硫酸的研究中，明确地提出了微电池理论。这些研究对电化学腐蚀理论的发展都极为重要。

20世纪以来，石油工业、化学工业等的蓬勃发展，促进了不锈耐酸钢、镍基耐蚀合金的研究和应用。英国U.埃文斯及同事揭示了金属腐蚀的电化学基本规律，奠定了金属腐蚀的理论基础。50年代以来，随着金属学、金属物理、物理化学、电化学、力学等基础学科的发展，在核能、航空、航天、能源、石油化工等工业技术迅猛发展的推动下，金属腐蚀学逐渐发展成为一门独立的综合性边缘学科。

金属腐蚀学科的研究内容包括两个方面：①金属腐蚀过程的基本规律和机理的研究。②防腐蚀技术的探索和实施，以及金属腐蚀试验方法和检测技术。

耐蚀性　金属材料在腐蚀性环境中抗腐蚀的能力称为耐蚀性。它们在一些条件下，即在一定介质组分、浓度、温度、流速等条件下，可能是耐蚀的，而在另外一些条件下，则可能是不耐蚀的。例如，铝在动水和空气中是耐蚀的；而在碱性溶液、许多酸性溶液及海水中是不耐蚀的。金在许多强腐蚀性环境中（例如在高温下的盐酸、硫酸、硝酸溶液中）是非常耐蚀的，而在盐酸和硝酸的混合溶液中是不耐蚀的。一些黄铜在静海水中是耐蚀的，而在流速快的海水中则不够耐蚀。

通常用腐蚀速度来评价金属在某一特定环境和条件下的耐蚀性。腐蚀速度常用在单位时间（小时）内从单位表面积金属上转变为腐蚀产物所引起的金属重量的变化（增加或减少）来表示，也可用单位时间内金属腐蚀深度来表示。为便于比较提出了6类10级评定金属材料耐蚀性等级的标准（表1）。在表2中根据10级标准列出了在化工仪表、机械制造、造船工业、工业及民用建筑领域中常用金属材料的耐蚀性。应当指出，这种评定金属材料耐蚀性的方法只适用于均匀腐蚀，对局部腐蚀是不适用的。

表1　金属材料耐腐蚀性分类评级标准

耐蚀性分类	耐蚀性级别	腐蚀速度/（mm/a）
Ⅰ 完全耐蚀	1	<0.001
Ⅱ 相当耐蚀	2	0.001～0.005
	3	0.005～0.01
Ⅲ 耐蚀	4	0.01～0.05
	5	0.05～0.1
Ⅳ 尚耐蚀	6	0.1～0.5
	7	0.5～1.0
Ⅴ 不耐蚀	8	1.0～5.0
	9	5.0～10.0
Ⅵ 不耐蚀	10	>10.0

分类　金属腐蚀可按产生的机理分为化学腐蚀和电化学腐蚀；也可按产生腐蚀的环境分为大气（乡村大气、工业大气、海洋大气等）腐蚀、海水腐蚀、淡水腐蚀、土壤腐蚀、生物和微生物腐蚀、工业介质（如酸、碱、盐、工业水、熔盐、燃气等）

表2　按10级评定标准金属材料在20℃水溶液中的耐蚀性等级

金属材料	20%的溶液				海水
	HNO_3	H_2SO_4	HCl	KOH	
铝（99.5%）	7～8	6	9～10	10	5
镁（99.9%）	7～8	6～7	10	3～4	10
锌（99.99%）	10	10	10	10	6～8
铁（99.9%）	10	8～9	9～10	1～2	6
碳钢（0.3%C）	10	8～9	9～10	1～2	6～7
铸铁（3.5%C，2.5%Si，1.0%Mn）	10	8～9	10	1～2	6～7
不锈钢（12%Cr，0.3%C）	6	8～9	10	1～2	6～7
不锈钢（17%Cr，0.2%C）	4	8～9	10	1～2	5～6
不锈钢（27%Cr）	3	8～9	10	1～2	4～5
不锈钢（18%Cr，8%Ni，0.1%C，3%Mo）	3	7	6～7	1～2	1～3
铜	10	4～5	9～10	2～3	5～6
铝黄铜（10%Al）	8～9	3～4	7～8	—	4～6
铅	8～9	3～5	10	8～9	5～6
锡	10	—	6～7	6	—
镍	9～10	7～8	6～7	1～2	3～4
镍铬合金（20%Cr）	4	—	6～7	1～2	3～4
镍铬钼合金（20%Cr，20%Mo）	—	2～3	6	1～2	1
蒙乃尔合金（27%Cu，2%Fe，1.5%Mn，余Ni）	4～5	5～6	6～7	1～2	3～4
钛	1～2	1～2	—	—	1～2
银	10	3～4	1～3	1～2	1～2
金	1～2	1～2	1～2	1～2	1
铂	1～2	1～2	1～2	1～2	1

的腐蚀；还可按腐蚀的破坏形态分为全面腐蚀和局部腐蚀，前者包括均匀的全面腐蚀和不均匀的全面腐蚀，后者常见的类型有电偶腐蚀（异金属接触腐蚀）、点腐蚀和缝隙腐蚀、晶间腐蚀、应力腐蚀（见应力腐蚀断裂和氢脆）、腐蚀疲劳（见疲劳）、冲蚀、磨蚀、选择性腐蚀、杂散电流腐蚀、空泡腐蚀等。这些分类方法，虽然不够完备，但能相辅相成，对研究腐蚀机理及其防护措施有一定的作用。

化学腐蚀　金属在不导电的液体（非电解质）如汽油、苯、润滑油等或干燥的气体中的腐蚀称为化学腐蚀。这种腐蚀遵循多相反应的化学热力学和化学动力学基本规律，金属的高温氧化即属此类。在化学腐蚀的过程中，由于界面反应在金属表面形成氧化膜，它把环境和金属隔开，氧化的速度就受反应物通过膜的扩散速率所控制，扩散速率主要取决于膜的结构。

电化学腐蚀　金属与电解质溶液作用所发生的腐蚀称为电化学腐蚀，它是由于金属表面产生原电池作用而引起的。如果把铜和锌两块金属直接接触在一起并浸入电解质溶液中（如硫酸），将发生类同原电池的变化（图1）。此时，锌和铜可视为

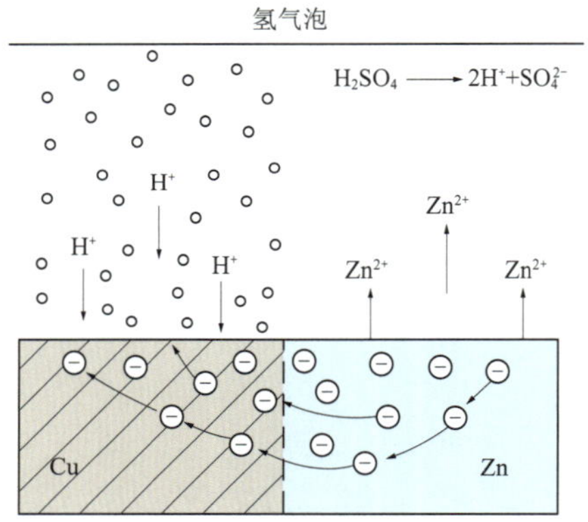

图1　直接接触的锌与铜在硫酸中溶解的示意图

电池的两极，锌为阳极，所失的电子流到与锌相连接的铜（阴极）并在其表面上为溶液中的H^+离子所接受，于是锌不断地变成Zn^{2+}离子转入溶液中进而遭受腐蚀。这种原电池称为腐蚀原电池或腐蚀电池。

同一块金属，不与其他金属相接触，单独置于电解质溶液中也会产生腐蚀电池。例如，工业锌中含有少量杂质（如杂质Fe以$FeZn_7$的形式存在），杂质的电位较锌的电位高。此时，锌为阳极，杂质为阴极，于是形成腐蚀电池（图2）。结果锌遭受腐蚀，氢则成为气泡在杂质（阴极）表面逸出。金属在电解质溶液中，其表面上形成的这种微小的原电池称为腐蚀微电池。引起这类微电池的原因是化学成分、

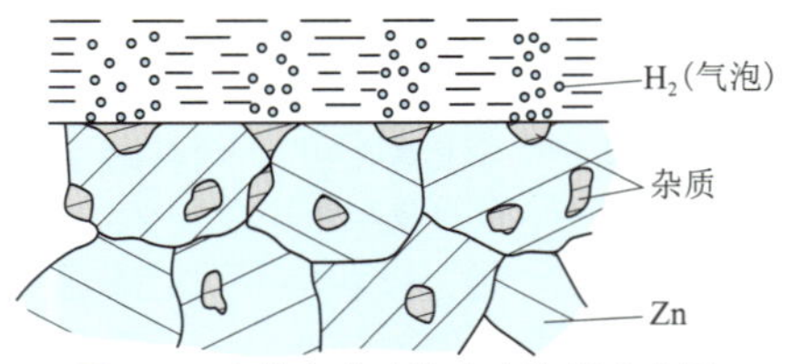

图2　工业锌在硫酸溶液中溶解示意图

金属组织结构、金属表面膜和金属物理状态的不均匀性等。

即使同一块金属置于同一电解质溶液中，由于溶液浓度、温度、流速不同也能产生腐蚀电池。电位E可由能斯特公式求出：

$$E = E^{\circ} + \frac{RT}{nF}\ln C$$

式中C为溶液中的该金属离子的浓度；E°为标准电极电势；R为气体常数；F为法拉第常数；T为溶液热力学温度；n为电子迁移数。可以看出，金属的电位与溶液中金属离子浓度有关，如果电解质溶液是含有金属本身离子的溶液，那么溶液愈稀，金属的电位愈低；溶液愈浓，电位也愈高，从而构成腐蚀电池。

氧浓差电池是金属腐蚀中最有意义的腐蚀电池，它是由金属与含氧量不同的溶液相接触而形成的。溶液中氧的浓度愈大，氧电极电位愈高。因此，如果溶液中各部分的含氧量不同，在氧浓度较小的地方，金属的电位较低，成为腐蚀原电池中的阳极，此处金属常遭受腐蚀。

综上所述，电化学腐蚀是由于腐蚀电池引起的；而腐蚀电池的驱动力是存在于阴、阳极间的电位差；腐蚀过程的继续进行，是因为有适当的去极化剂。电化学腐蚀过程包括3个环节：①阳极过程。在阳极上金属溶解，变成金属离子进入溶液$Me \longrightarrow Me^+ + e$。②电子由阳极流到阴极。③阴极过程。去极化剂在阴极上接受从阳极流过来的电子发生阴极反应，如$2H^+ + 2e \longrightarrow H_2$。这3个环节相互联系，缺一不可。控制上述任何一个环节都可以控制或阻止腐蚀。（张文奇　朱日彰）

金属焊接　welding of metal　通过一定的物理化学过程，使被焊金属间达到相互结合的工艺手段。金属焊接时，借助加热、加压或两者并用的工艺手段，通过连接界面上的物理化学过程，使被焊金属达到原子（分子）间的结合，并在微观组织上形成一体。随着金属焊接工艺的发展，其应用范围也在不断扩大。除用于各种金属外，也应用于非金属材料以及金属与非金属异种材料的连接。有些金属焊接工艺（如堆焊）还可用来改变材料表面层的成分、组织和性能，以及修复零件磨损表面和其他缺陷，甚至用作材料快速成形。

简史　金属焊接已有几千年发展历史。铸焊、锻焊和钎焊是最早使用的几种金属焊接方法。中国早在商代就用铸焊制造铁刃铜钺；战国时期制造刀剑时用锻焊连接钢刃和熟铁，当时曾侯乙墓中的蟠龙建鼓铜座上的龙是用钎焊连接的。铸焊和锻焊由于工艺落后、应用范围窄，已基本被淘汰；但钎焊的应用仍很广，并有很大的发展。

很长一段时间，金属焊接技术停滞不前，直到19世纪末20世纪初，随着工业的迅速发展，焊接技术才有新的突破。当时出现的气焊和电弧焊由于以新的高温集中热源取代原始的炉火加热方式，使焊接技术发生根本性的变化，它能将被焊金属的连接部位迅速加热熔化后冷却凝固为一体。19世纪末出现的焊接方法有电阻焊和铝热焊，而早于此出现的电弧焊直至20世纪30年代出现优质焊条后，才开始用于制造业，并逐步取代铆接成为一种基本的加工手段。20世纪40年代以来，随着新热源和新材料的应用，以及机械化、自动化技术的发展，焊接进入了蓬勃发展的时期，涌现出很多新的焊接方法。如40年代的埋弧自动焊和惰性气体保护电弧焊，50年代的电渣焊、二氧化碳气体保护电弧焊、等离子弧焊、电子束焊、超声波焊、爆炸焊、摩擦焊和真空扩散焊等，60年代的激光焊，90年代的搅拌摩擦焊等。焊接已成为一种先进的材料加工技术，广泛应用于现代工业和高科技领域（图1）。

工艺　为使被焊金属（母材）连接界面处的原子间形成牢固的结合，必须使界面上的原子间距近到足以发生相互作用，并产生结合力的程度。但是，即使经过精

图1　焊接机器人焊接

密加工的材料表面实际上还是凹凸不平，而且很难避免表面氧化膜的阻挡作用。焊接时为达到待焊表面紧密接触并形成原子间结合，可采用两种工艺措施：①向被焊界面施加压力，通过破坏表面氧化膜和局部塑性变形，达到紧密接触和原子间的结合。②将待焊部位加热到高温塑性状态，促使氧化膜破坏，减小变形阻力和增强原子活力，以便降低所需的焊接压力；或将待焊界面局部加热到熔化，在不加压的情况下形成液相连接，冷却凝固后达到固态下的原子结合。焊接方法按机理可归纳为**熔焊**、**压焊**和钎焊3类。

熔焊　属于液相焊接，一般在不加压的情况下将待焊界面处的局部加热熔化，利用材料液态时的互溶性形成液相连接，经冷却凝固后达到固态结合（图2）。故金

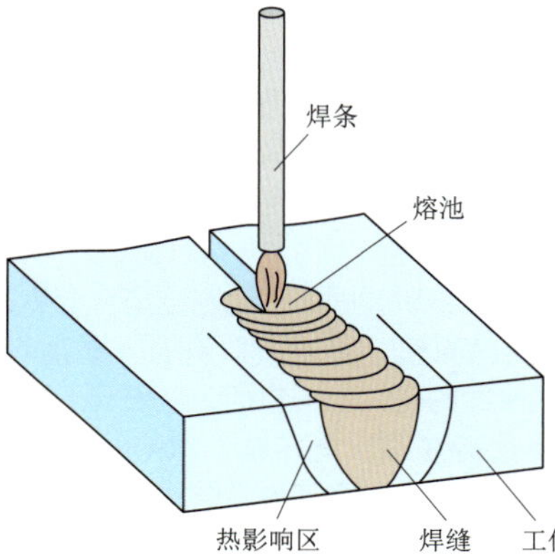

图2　熔焊示意图

属熔焊时连接部位（焊缝）具有明显的铸态组织特征。这类焊接方法用得最广，种类最多，可按热源的类型进行分类：①用氧和燃气（如乙炔）混合后燃烧产生的高温火焰为热源的气焊和用金属氧化物（氧化铁）与还原剂（铝）之间氧化还原反应产生的高温为热源的铝热焊（又称热剂焊），均属利用化学反应热的焊接方法。②以电弧为热源的电弧焊是熔焊中用得最广的一大类。根据焊接时保护方式的不同又可分为用焊条的手工电弧焊、用焊剂的埋弧自动焊、用各种保护气体的电弧焊和药芯焊丝电弧焊等。另外，还有一种特殊的等离子弧焊。③利用电阻热作为热源的焊接方法有电渣焊和电阻点焊、缝焊。电阻点焊和缝焊是一类较为特殊的加压熔化焊，焊缝是由液相凝固而成的，具有明显的铸态组织，故属于熔焊。但工件局部熔化时需通过电极施加一定压力，因此也可归入压焊。④以高能束为热源的焊接方法，如电子束焊和激光焊。

压焊　属固相焊接，凡在固态下通过加压产生塑性变形使被焊金属界面处原子相互接近和结合的焊接方法，无论是否加热均属压焊。根据加热情况可将压焊分为三大类：①在不加热的室温下进行压焊的方法称冷焊。此时，为使被焊界面处产生大量塑性流变来破坏和排除氧化膜达到紧密接触和原子间的结合，必须要求被焊金属的延性很好，而且焊接所需的界面局部压力较被焊材料的屈服强度高许多倍。②将待焊部位加热到高温塑性状态下进行压焊的方法。此时，焊接所需的压力较材料室温屈服强度低得多。这是一类典型的压焊，其中包括古老的锻焊，用电能加热的电阻对焊与扩散焊，用机械能加热的摩擦焊、超声波焊和爆炸焊等。③将待焊界面迅速加热到表面轻微熔化状态，并在压力作用下将液相连同氧化物一起挤掉后，使洁净的固态表面通过塑性变形达到紧密接触和原子间结合的方法。在这类压焊方法中虽有液相出现，但并未形成焊缝，只起净化连接界面的作用，焊接部位无铸态组织。这是一类特殊的固相焊接。利用电阻热的闪光对焊和**高频焊**以及用火焰加热的气压焊均属此类方法。

钎焊　在被焊材料的连接界面既不熔化又不直接接触的情况下，借助于中间液相进行焊接的方法，属固-液相焊接。钎焊时，熔点低于母材的钎料熔化成液相，并充满接缝间隙，凝固后与固态母材形成原子间结合。根据所用热源和保护方式，钎焊有很多种方法，是焊接中的一大分支。

焊接接头　**焊接结构**的安全可靠性不仅与被焊金属（母材）的结合区（焊缝）性能有关，而且取决于整个焊接区（焊接接头）的性能。焊接区的组成与所用焊接热源有关。当采用高温集中热源时，焊接接头中除焊缝外，还包括焊缝周围母材中受焊接热作用后组织和性能发生变化的区域（焊接热影响区）。其宽度和组织性能变化的特点与所用热源的集中程度、焊接时加热到的温度以及母材的冶金特性有关。热源的集中程度愈大（如高能束焊接）以及母材对热的敏感性愈小（如晶粒长大倾向小和不易淬硬的钢材），则热影响区愈窄，组织性能变化愈小，焊接质量愈好。此外，即使采用集中热源，在焊接温度低于母材发生组织和性能变化的温度时（如软钎焊）也不会出现热影响区。采用整体加热的焊接方法（如炉中扩散焊和钎焊），由于焊件受到整体均匀加热，因此焊接接头中也不会出现热影响区。但在异种金属扩散焊和用中间层材料的扩散焊以及钎焊时，虽采用整体加热，但在焊缝周围的母材内也可能出现扩散区。这种扩散区不同于一般的热影响区，不仅组织和性能不同于母材，而且成分也有变化。扩散区宽度和组织性能除与构成接头的材料有关外，也与焊接温度和时间有关。由此可见，焊接接头是一个组织性能不均匀的复合体，是焊接结构中的薄弱环节。即使是同一种母材，由于焊接方法和工艺不同，所得的焊接接头的组织和性能也都不同，因此正确选择焊接方法和工艺非常重要。另外，从焊接结构设计出发，根据焊接接头的几何形状可将焊接接头分为对接接头、丁字（T形）接头、角接接头和搭接接头等几种基本形式（图3）。

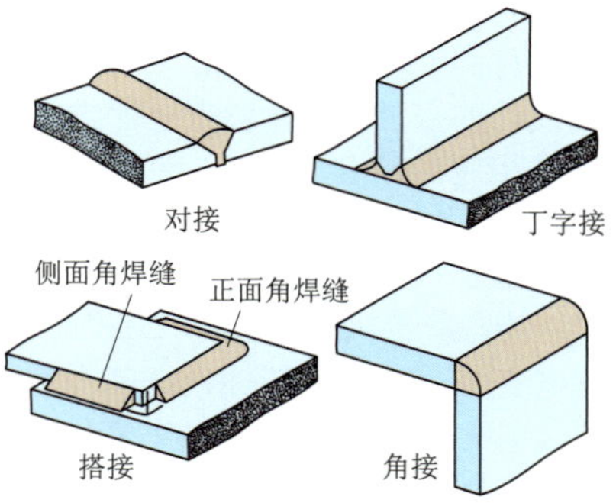

图3　焊接接头的几种形式

应用　焊接可以在金属结构的制造中取代铆接，也可以在各类重型设备的制造中采用拼焊结构取代整体的大型铸、锻件，从而简化生产工艺，节省材料和大型生产设备的投资，降低生产成本。如中国早在20世纪50年代末和60年代初就采用拼焊结构制造成12 000吨水压机。在发达国家中，焊接结构用钢已达到其钢产量的50%～60%。焊接广泛应用于机械制造、车辆、船舶、桥梁、建筑、石油化工、航空、航天、核能、海洋工程和微电子等工业领域。造船工业中，船体就是一个巨型的焊接结构，如一艘27 000吨集装箱船的船体焊缝总长约359千米，焊接工时占船体建造工时的30%～40%。大跨度的钢结构桥梁需要焊接，如216米大跨度栓焊式九江长江大桥是由厚度超过50毫米的钢板焊接而成的。石油化工和核反应堆中的大型压力容器都是一些内壁堆焊不锈钢的低合金钢厚壁锻焊结构，如年产500万吨炼油厂的热壁加氢反应器为直径超过3米、厚210毫米、重560吨的大型锻焊结构；120万～130万千瓦核电站压力壳为内径4.5～5.0米、壁厚220～250毫米、高12～14米的锻焊结构。在飞机制造中，一台先进的喷气发动机实际上就是一台熔焊、钎焊和电阻焊完成的精密复杂组合结构，焊缝长达320米，焊点近8000个，钎焊面积近2000平方厘米。

展望　金属焊接作为一种先进的材料加工技术，在现代科学技术的发展中起着

越来越重要的作用，同时也在高新技术的带动下不断向前发展。从优质、高效、低耗和灵活等要求出发，应利用电子、计算机、信息和自动化技术等方面的新成就研究开发各种焊接专家系统、智能焊接机器人、焊接工艺的计算机辅助设计和制造以及柔性生产线，实现焊接生产过程的自动化和智能化；利用数值模拟技术研究和解决焊接过程中复杂的冶金问题和热学、力学问题；随着宇宙探索、海洋开发和核能利用等方面的发展，需要研究开发太空、水下和核辐射等极端恶劣条件下的焊接技术。从焊接结构的大型化、重型化和高参数化的发展趋势出发，应重视焊接结构设计的合理性，开发安全评定技术并制定相应的标准。此外，为适应材料科学与工程的发展，除研究开发一些特种材料的焊接新技术外，还应利用焊接技术的某些特点发展新的交叉学科，例如，建立在电渣焊、等离子弧焊和电子束焊基础上可以实现材料的精炼和提纯的特种**电冶金**技术，利用热喷涂、**堆焊**和高能束焊接技术发展材料表面改性及增材制造技术，以及利用爆炸焊和扩散焊技术发展复合材料的制造技术等。

（何方殿　撰　常保华　修订）

金属焊接性　weldability of metal　金属材料对焊接加工的适应性。又称可焊性。表征金属材料在一定的焊接工艺条件下获得优质焊接接头的难易程度，是金属材料的基本工艺性能之一。对多数金属材料而言，焊接性主要指熔化焊的焊接性。焊接性包括两方面的内容：①接合性能。金属材料在一定焊接工艺条件下，形成焊接缺陷的敏感性。决定接合性能的因素有工件材料的物理性能（如熔点、导热率和热膨胀系数）、工件和焊接材料在焊接时的化学性能和冶金作用等。当某种材料在焊接过程中经历物理、化学和冶金作用而形成没有焊接缺陷的焊接接头时，这种材料就被认为具有良好的接合性能。②使用性能。金属材料焊接接头对使用要求的适应性，也就是焊接接头承受载荷的能力（如承受静载荷、冲击载荷和疲劳载荷等），以及焊接接头的抗低温性能、抗高温性能、抗氧化和抗腐蚀性能等。

焊接过程中，焊件经历焊接热过程、冶金反应，以及**焊接应力**和变形的作用，其化学成分、金相组织、尺寸和形状等发生变化，因此焊接接头的性能往往不同于母材，有时甚至不能满足使用要求。为了获得能够满足性能要求的焊接接头，对焊接性不好的材料，需要采取特殊的工艺、材料、设备等措施。例如，铸铁在焊接时容易开裂，需要预先将焊件加热，或采用特种焊条焊接；铝合金焊接时用普通手工电弧焊法难以获得优质焊缝，须采用惰性气体保护电弧焊方法；含碳量和合金元素含量较高的钢材，由于硬度和强度较高，焊接时容易产生裂纹，需要采用预热、缓冷等措施；对于许多活性金属或难熔合金，宜采用特殊焊接方法，如真空**电子束焊**或**激光焊**，以便获得优质接头。工件材料、焊接方法和产品的使用条件，都会影响金属焊接性。材料制成优良焊接接头所需的设备条件越少、难度越小，则此材料的焊接性越好；反之，需要复杂而昂贵的焊接方法、特殊的焊接材料和工艺措施，则说明这种材料的焊接性不佳。

制造焊接产品或构件时，必须首先对所用材料的焊接性进行测试，从接合性能和使用性能两个方面评定所选用的结构材料、焊接材料和焊接方法等是否适当。评定材料焊接性的方法很多，每种方法只能说明焊接性的某一方面，因此需要进行一系列试验后才能全面确定焊接性。焊接性试验方法可分为模拟型和试验型。前者模拟焊接加热和冷却特点或受载情况，后者则按实际施焊条件进行试验。试验内容主要是检测母材和焊缝金属的化学成分、金相组织、机械性能、焊接缺陷，测定焊接接头的低温性能、高温性能、抗腐蚀性能和抗裂纹能力等。焊接性试验方法的选择原则是应该尽量接近实际焊接条件和使用条件，并力求经济、准确、方便。

扩展阅读

陈伯蠡.金属焊接性基础.北京：机械工业出版社，1982.

（常保华）

金属矿产资源　metallic ore resource　通过工业化工艺技术可以规模性地提取金属的矿产资源。按照金属元素的性质和主要工业用途可分为：①黑色金属矿产，如铁、锰、铬、钒等。②有色金属矿产，如铜、铝、铅、锌、锡、铋、锑、汞、镍、钴、钨、钼等。③贵金属矿产，如金、银、铂等。④放射性矿产，如铀、钍等（也可归于能源矿产）。⑤稀有及分散元素矿产，如锂、铍、铌、钽、稀土、锗、镓、铟、镉等。

投入工业利用的金属矿产资源主要是固体，科学家们也在尝试从生物、水体等中进行金属的提取。由于人类对金属需求量的变化，金属的市场价格会影响到金属矿产资源的规模和质量，金属矿产资源概念的提出，可以更好地将其与其他矿产资源区分，以根据其特点制定与其他矿产资源不同的勘查和评价规范或标准。

（吴堑虹）

金属凝固　solidification of metal and alloy　金属或合金由液态转变为固态的相变过程。凝固是一种极为普遍的物理现象，广泛存在于自然界和工程技术领域。从铸锭浇注到各种零件的铸造，以及各种功能材料的液相生长，均涉及凝固过程。凝固是涉及热量、质量、动量传输以及界面动力学的复杂物理过程。金属凝固一般经历结晶形核、长大及粗化等阶段，最终形成具有不同微观组织形态的固体。凝固过程在很大程度上控制着材料的后续加工工艺及其使用性能，是决定铸造、焊接和其他凝固产品组织和性能的关键因素。凝固过程常伴随发生潜热释放、体积收缩、溶质再分配、气体逸出、第二相析出、溶质及热对流等物理化学现象，这将导致凝固组织产生偏析，造成铸件产品形成热裂、缩松、缩孔、气孔等**凝固缺陷**。正确有效地控制金属凝固过程的上述现象是获得高品质凝固产品的关键。

研究金属凝固的理论基础是合金热力学、传输原理、相变原理、传质与扩散等。金属凝固的研究范围包括：从宏观上研究铸锭及铸件的宏观结构、缺陷及宏观偏析；从微观上研究其显微结构，包括晶粒大小、取向和形状，晶内树枝晶结构，以及非金属夹杂物、显微疏松和其他微观缺陷；从原子尺度上研究**晶体缺陷**（如**位错**、空位、晶界等）的形成，晶粒形核与长大的原子堆垛过程等。按照不同的分类方式，金属凝固可分为自由生长凝固、强制生长凝固、**单相凝固**、**多相凝固**，以及普通凝固、**快速凝固**等。

（王锦程）

金属强化　strengthening of metal　通过合金化、塑性变形和热处理等手段提高金属材料强度的工艺方法。强度是材料对塑性变形和断裂的抗力，用给定条件下材料所能承受的应力来表示。随试验条件不同，强度有不同的表示方法，如室温准静态拉伸试验所测定的屈服强度、流变强度、抗拉强度、断裂强度等；压缩试验中的抗压强度；弯曲试验中的抗弯强度；疲劳试验中的疲劳强度（见**疲劳**）；高温条件静态拉伸所测的持久强度。每一种强度都有其特殊的物理本质，所以金属强化不是笼统的概念，而是具体反映到某个强度指标上。一种手段对提高某一强度指标可能是有效的，而对另一强度指标未必有效。影响强度的因素有很多：最主要是材料本身的成分、组织结构和表面状态；其次是受力状态，如加力快慢、加载方式，是简单拉伸还是反复受力，都会表现出不同的强度；此外，试样几何形状和尺寸及试验介质也都会产生很大的影响，有时甚至是决定性的，如超高强度钢在氢气氛中的拉伸强度可能明显下降。

强化是金属材料的室温流变强度，即光滑试样在大气中按给定的变形速率，在室温下拉伸时所能承受应力的提高。应强调指出：提高强度并不是改善金属材料性能的唯一目标，即使对金属结构材料来说，除了不断提高强度，还必须注意材料的综合性能，即根据使用条件，要有足够的塑性和韧性以及对环境与介质的适应性。

强化的理论基础 在本质上，金属强度来源于原子间结合力。如果一个理想晶体在切应力作用下沿一定晶面和晶向发生滑移形变，根据计算，此时金属的理论切变强度一般是其切变模量的1/30～1/10。而金属的实际强度只是这个理论强度的几十分之一，甚至几千分之一。例如，纯铁单晶的室温切变强度约为50兆帕，而按铁的切变模量（59 000兆帕）来估算，其理论切变强度应达6500兆帕。造成这样大差异的原因曾是人们长期关注的课题。直到1934年，E.奥罗万、M.波拉尼和G.I.泰勒分别提出晶体**位错**的概念。位错理论的发展揭示了晶体实际切变强度（和屈服强度）低于理论切变强度的本质。在有位错存在的情况下，切变滑移是通过位错的运动来实现的，所涉及的是位错线附近的几列原子。而对于无位错的近完整晶体，切变时滑移面上的所有原子将同时滑移，这时需克服的滑移面上下原子之间的键合力无疑要大得多。金属的理论强度与实际强度之间的巨大差别，为金属的强化提供了可能性和必要性。可以认为实测的纯金属单晶体在**退火**状态下的临界分切应力表示了金属的基础强度，是材料强度的下限值；而估算的金属理论强度是经过强化之后所能期望达到的强度的上限。

强化途径和方法 金属材料的强化途径有两个：①提高合金的原子间结合力，提高其理论强度，并制得无缺陷的完整晶体，如晶须。已知铁的晶须强度接近理论值，可以认为这是因为晶须中没有位错，或者只包含少量在形变过程中不能增殖的位错。但当晶须的直径较大时（如大于5微米），强度会急剧下降。有人解释为大直径晶须在生长过程中引入了可动位错，一旦有可动位错存在，强度就急剧下降了。②向晶体内引入大量晶体缺陷，如位错、点缺陷、异类原子、晶界、高度弥散的质点或不均匀性（如偏聚）等。这些缺陷阻碍位错运动，也会明显地提高金属强度。事实证明，这是提高金属强度最有效的途径。对于工程材料，一般是通过综合的强化效应以达到较好的综合性能。具体方法有固溶强化、形变强化、沉淀强化和弥散强化、细化晶粒强化、**择优取向**强化、复相强化、相变强化和纤维强化等，这些方法往往是共存的。材料经过辐照后，也会产生强化效应，但一般不把它作为强化手段。

固溶强化 结构用的金属材料很少是纯金属，一般都要合金化。合金化的主要目的之一是产生固溶强化，另外，也可能产生沉淀强化、细化晶粒强化、相变强化和复相强化等，这取决于合金元素的作用和热处理条件。合金元素对基体的固溶强化作用取决于溶质原子和溶剂原子在尺寸、弹性性质、电学性质和其他物理化学性质上的差异，此外，也和溶质原子的浓度和分布有关（见**合金相**）；固溶强化主要通过溶质原子与位错的交互作用实现。这些交互作用可分为4种。

弹性交互作用 在固溶体中，无论是固溶原子或是位错，在其周围都存在着应力和点阵畸变，两个应力场之间的作用就属于弹性交互作用。这种弹性交互作用力代表固溶原子所提供的阻碍位错运动的力。其最大值取决于溶质原子的大小、浓度和分布，特别是使点阵发生畸变的对称程度。

在代位固溶体中，固溶原子与溶剂原子的尺寸差异（原子尺寸错配）愈大，固溶原子与位错的弹性交互作用就愈大，强化作用也愈显著，如钨在钢中的强化作用比钼要高，就是因为钨原子和铁原子尺寸的差异要比钼与铁原子的差异大。在间隙固溶体中，间隙原子会引起晶胞体积的改变（晶胞体积错配），如果间隙原子引起了非对称性点阵畸变，如碳、氮原子溶入体心立方点阵金属时，则固溶原子与位错的作用特别强，因而强化作用格外明显；而当间隙原子引起对称畸变时，如碳、氮在具有面心立方点阵的γFe或镍中，所引起的交互作用要弱得多，强化作用也就不明显。

弹性交互作用还可因固溶元素与溶剂金属在弹性模量上存在差异（模量错配）而引起。即用一种弹性模量不同的原子去置换原来的溶剂原子会引起固溶原子与位错所组成的系统的能量改变，从而产生交互作用能并导致交互作用力。计算表明，这种弹性模量错配所引起的交互作用力的最大值和原子尺寸错配所引起的弹性交互作用力大致相近，但其作用力是近程的，随溶质原子与滑移面的距离增大，衰减变快。

电学交互作用 晶体中的自由电子分布对应力有敏感性，电子会较多地集中到受张应力的区域。例如，在刃位错的受胀区，电子浓度较高，具有电负性；相反，在受压地区，浓度较低，具有电正性。由于电子浓度分布不均而使刃位错相当于电学上的一个电偶极子。这种电偶极子与溶质原子的电荷产生静电作用，从而引起溶质原子与位错的交互作用而产生强化。一般电学交互作用比弹性交互作用要弱，如铜在锌、镓、锗或砷中固溶后，电学交互作用能最多只有弹性交互作用能的1/6～1/3。但在某些情况下，电学交互作用也可以是主要的，如银溶于铝中，点阵变化很小，但银对铝的强化作用却是可观的，反映出此时电学交互作用成为决定性的因素。

化学交互作用 在密排点阵金属晶体中，经常出现堆垛层错。层错边界为不全位错，层错的宽度和数目由层错能的大小来决定。在层错能较低的金属中层错数目多，层错的宽度大。层错结构与基体不同，在面心立方点阵中，层错为密排六方排列；在密排六方点阵中，层错为面心立方排列。一般固溶原子在两种不同的密排点阵结构中的溶解度不相同；在热力学平衡状态下，溶质原子在层错区和正常基体中的浓度也不一样。当晶体发生滑移时，不管是沿着这些层错扩张的平面，或是这些层错发生束集和截割，都要打破平衡状态；也就是说，位错运动要求外界提供更大的能量，从而表现出强化作用。

几何交互作用 固溶体中的溶质原子有时会出现有序化现象，当存在短程序时，塑性变形将改变原来的有序排列而增加势能，表现为短程序强化作用。

在有长程序的固溶体中，位错倾向于两两相随地通过晶体。第一个位错通过时，使有序结构中跨越滑移面的不同类原子对A-B改变为同类原子对A-A和B-B，引起能量升高；当后随的一个位错经过时，A-A和B-B原子对又恢复为A-B对，能量又降下来。在前后相随的两个位错之间的这段距离上，A-A和B-B原子对尚未恢复，形成所谓反相畴界。为减少反相畴界的能量，两相随位错倾向于尽量靠近；但当两个同号位错靠近时，它们之间的斥力急剧上升。在这两个因素的共同作用下，两个位错间有一个平衡距离，它与两个不全位错间存在的层错很相似。在塑性变形过程中，有序合金的反相畴界的面积不断增加，从而提高了体系的能量，表现为长程序引起的强化作用。

此外，无论是代位原子或是间隙原子，在条件合适的情况下，都可能发生原子偏聚而形成气团。对于代位点阵，当溶质原子比溶剂原子的直径大时，溶质原子有富集在刃位错受胀区的趋向，反之，富集于受压区。间隙原子则总是向受胀区富集。这种靠扩散在位错附近富集的现象，称为柯氏气团。柯氏气团对位错有钉扎作用，特别是间隙原子，对位错的钉扎作用更为强烈，由此成功地解释了低碳钢的屈服现象，因为间隙原子比代位原子容易扩散，所以间隙原子气团的形成温度也较低。

在位错应力场的作用下，引起晶体的非对称点阵畸变而使间隙原子产生有序化的排列称为斯氏气团。例如，碳原子在αFe中就形成这种应力感生有序化，即当沿c轴方向有拉伸应力时，碳原子处于体心立方点阵与c轴平行的各晶胞棱边的一半处，引起晶胞沿c轴方向膨胀而产生强化作用。因为碳原子的扩散距离较短，而且是在应力作用下进行的，因此斯氏气团的形成温度比柯氏气团更低一些。

形变强化 随着塑性变形（或称**范性形变**）量增加，金属的流变强度也增加，这种现象称为形变强化或加工硬化。形变强化是金属强化的重要方法之一，它能为金属材料的应用提供安全保证，也是某些**金属塑性加工**工艺所必须具备的条件（如**拉拔**）。

金属的形变强化可通过应力-应变曲线来描述。对多晶金属来说，应力-应变曲线可以经验地表示为：

$$\sigma=K\phi_{\varepsilon}^{n}=K\varepsilon^{n}$$

式中σ为室温拉伸真应力；ϕ_{ε}与ε分别为拉伸过程中的真实面积收缩率和真实延伸率；K为形变强化系数；n为形变强化指数。可以证明，在拉伸过程中，缩颈开始发生时的最大均匀形变量在数值上就等于材料的“形变强化指数”。同时，人们把开始形成缩颈时的强度命名为抗拉强度，也就是材料在塑性失稳时的流变强度。

形变强化是位错运动受到阻碍的结果。人们对金属单晶体的形变强化机制已有一定了解，特别是对面心立方纯金属研究较为深入。多晶金属情况比较复杂，除晶界以外，晶粒取向也多种多样，对其形变强化的细节仍不是很清楚。

面心立方金属单晶的典型应力-应变曲线见图1。可以看出，它分为3个阶段。单晶所受应力达到临界分切应力（τ_0）时，

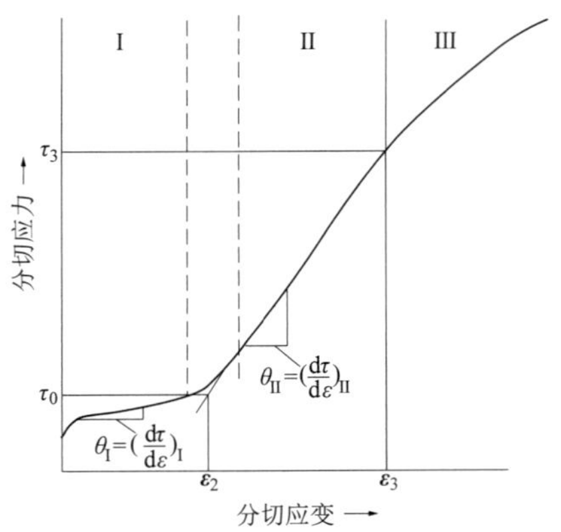

图1 一个面心立方金属单晶的典型应力-应变曲线

发生屈服。随着切变量的增加，流变强度缓慢上升，其形变强化率$\theta_{\mathrm{I}}=(\frac{d\tau}{d\varepsilon})_{\mathrm{I}}$，$\frac{\theta_{\mathrm{I}}}{\mu}\approx10^{-4}$，$\mu$为切变模量，这就是形变强化的第一阶段，一般称为易滑移阶段。这个阶段的主要特征是单系滑移，在试样表面可观察到滑移线，这些滑移线的间距和长度不变，只是随着应变量的增加，台阶高度变大，如Cu和Ni-Co合金便是如此。在阶段Ⅰ，位错的分布形式主要是位错偶带。临界切应力的大小（τ_0），与晶体的取向，以及材料和纯度有关。在阶段Ⅰ的后期，曲线的斜率增大，直到又变为一条直线而继续升高，这就是形变强化的阶段Ⅱ，其强化率（θ_{II}）最大，典型的$\frac{\theta_{\mathrm{II}}}{\mu}$数值为$\frac{1}{300}$，比$\frac{\theta_{\mathrm{I}}}{\mu}$大几十倍。从结构变化来看，向阶段Ⅱ的过渡是从次系滑移的出现开始的。在阶段Ⅱ新形成的滑移线的长度越来越短，也就是由一个位错源产生的“位错圈”越来越小，位错圈与**晶体表面**交截部位越来越短，螺位错平均运动距离越来越小，或者说晶体中阻止位错运动的障碍在不断增加，同时流变强度在不断提高。在阶段Ⅱ的初期，由主系位错偶带和联结它们的少数次系位错形成位错栅栏。随着形变量的增加，平行于主滑移面出现了一些位错密度较高的区域称为位错席。如果形变量再提高，晶体中便全形成胞状组织。

为了说明形变强化的物理实质，必须了解在形变过程中位错的产生、分布和运动与流变强度的关系。阶段Ⅰ的强化可以认为是通过形成位错偶使大量位错受到羁绊而阻滞，但位错偶中正负号位错的长程应力场在很大程度上互相抵销，因而位错偶只提供很小的阻止位错运动的应力场，导致阶段Ⅰ的强化效应微弱。阶段Ⅱ的强化模型很多，如位错塞积群长程应力强化模型（1952）、位错林强化模型（1959）、位错割阶强化模型（1960）、网眼长度强化模型（1962）、流变应力统计强化模型（1966）及高位错密度区强化模型（1967）等，每一种模型都解释一部分实验现象，但也存在不少问题。其中以A.西格根据F.莫特所提出的位错塞积群长程应力强化模型比较经典，可得出流变强度与位错密度的线性关系式，同时推算的$\frac{\theta_{\mathrm{II}}}{\mu}$和实验结果也比较符合。形变强化的阶段Ⅲ应力-应变曲线呈抛物线形，即强化效应逐渐下降，这是因为在高形变量下出现大量交滑移及异号位错兼并的缘故。由于应力的提高，有些位错可能绕过障碍前进，这些都减少了强化效应。也就是说，在阶段Ⅲ有动态回复出现。

在多晶金属的加工硬化过程中，阶段Ⅱ强化起决定性作用。为了保持多晶体塑性变形的连续性和协调性，每个晶粒发生变形时，必须有5个以上的滑移系统同时开动。所以，在多晶体里实际上不存在像单晶那样的阶段Ⅰ单系滑移和强化。

总之，形变强化决定于位错运动受阻，因而强化效应与位错类型、数目、分布、固溶体的晶型、合金化情况、晶粒度和取向及沉淀颗粒大小、数量和分布等有关。温度和受力状态有时也是决定性的因素。

一般退火单晶的位错密度为10^6/厘米^2，变形量很大的金属可在10^{12}/厘米^{2}以上。层错能低的金属比层错能高的金属加工硬化更为显著。细晶粒、有沉淀相、高速形变和低温形变都表现出较高的形变强化效应。

沉淀强化与弥散强化 过饱和固溶体随温度下降或在长时间保温过程中（时效）发生脱溶分解。时效过程是很复杂的，如铝合金在时效过程中先产生GP区，继而析出过渡相（θ″及θ′），最后形成热力学稳定的平衡相（θ）。细小的沉淀物分散于基体之中，阻碍着位错运动而产生强化作用，这就是“沉淀强化”或“时效强化”。为了提高金属，特别是**粉末冶金材料**的强度，往往人为地加入一些坚硬的细质点，弥散于基体中，称为弥散强化。从弥散质点引起强化这一点来说，沉淀强化与弥散强化并没有大区别。但是，前一情况是内生的沉淀相，后一情况为外加质点；而且在时效前期，沉淀相和基体之间往往保持共格或半共格关系，在每个细小沉淀物附近存在着一个较大范围的应力场（图2），与位错发生交互作用，产生十分显著的强化作用。如果时效温度提高或时间延长，

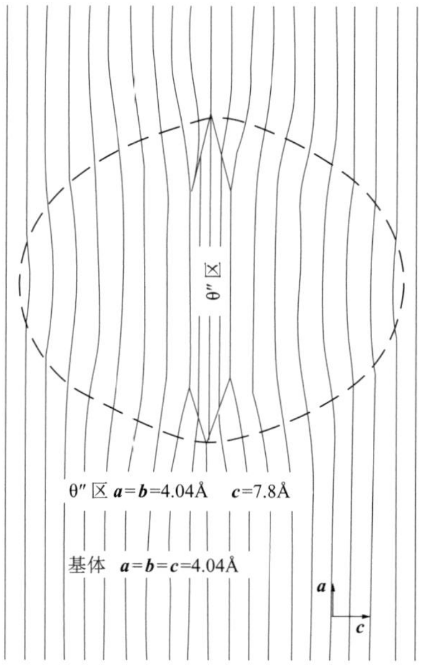

图 2 铝铜合金前期共格沉淀应力场的示意图

则出现非共格产物，强化效应下降，以致合金强度降低，称为“过时效”；最后产生平衡相。因为沉淀引起合金元素的贫化，此时合金材料的强度甚至低于固溶体状态。弥散强化时，外加的质点在高温使用过程中也会聚集、长大以减少颗粒的表面能，同样会引起软化。

晶体中的位错在外力作用下产生运动，在运动过程中首先遇到的是第二相质点周围的应力场，对其产生阻碍作用，它属于长程作用。继而有两种可能，一是位错切割质点而过，二是位错以某种方式绕过质点（图3）。两者都需做功，因而产生

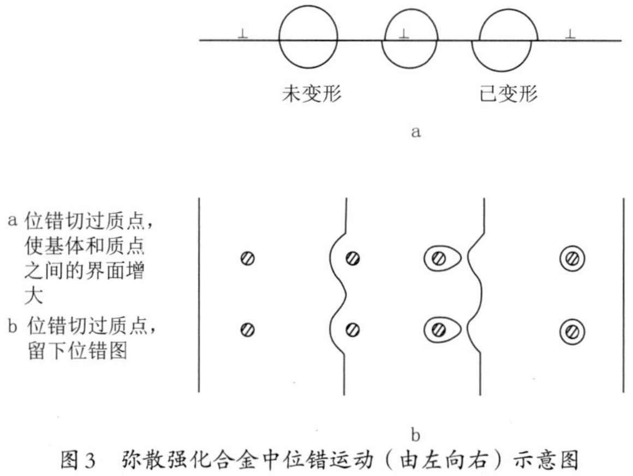

图 3 弥散强化合金中位错运动（由左向右）示意图

强化效应。前者的功耗方式主要有：①位错切过质点，使基体和质点之间的界面增大，增加表面能（图3a）。②改变第二相结构，第二相具有长程有序结构时（如高温合金中的γ′相），位错通过后增加了反相畴界，对无序系统来说，有可能改变层错宽度。③析出相和基体之间切变模量不同，也会引起强化作用。位错绕过质点的方式是多种多样的：位错可以发生弯曲（弓弯机理）从质点间通过，在质点周围留下位错圈而进一步强化（图3b）；位错可以交滑移进人另外的滑移面，绕过质点；在温度较高时，位错也可以通过攀移绕过质点等。这些都是当位错靠近第二相质点之后发生的，属于近程作用。

上述质点强化随质点大小、分布、数量和质点性质而不同。研究结果指出，在以切割机理强化时，因强化而产生的剪切屈服应力τ的增加，与质点半径r，质点体积分数f的关系为$\Delta\tau\propto f^{(1\sim1/3)}r^{1/2}$，$f$幂次随合金中质点结构的不同，取不同数值（1～1/3）。在以弓弯机理强化时，则$\Delta\tau\propto f^{1/2}r^{-1}$。由此可以看出，在质点半径很小时，位错以切割质点的方式通过，此时的强度取决于切割机理。在时效（脱溶）的初期，随f和r不断增加，合金强度相应地升高。当脱溶接近完成时，f增长变缓，但r继续增大，这时合金强度仍有提高，而强化的趋势下降。随着时效进一步发展，质点进一步增大，位错主要绕过或按弓弯机理越过质点；第二相质点继续变大，强度相应明显下降，这就是合金的过时效阶段。

细化晶粒强化 从位错塞积或其他模型可以推导出多晶金属的屈服强度（σ_y）与晶粒直径（d）的关系，表示为：

$$\sigma_y=\sigma_0+k_y d^{-1/2}$$

称为霍耳-佩奇（Hall-Petch）关系式。式中σ_0、k_y均为材料常数。对αFe来说，k_y值与位错钉扎情况有关，位错被钉扎得愈牢，k_y值愈大；在严重钉扎情况下，k_y可达20兆帕。据此进行计算，低碳钢的晶粒度每提高两级（即晶粒直径减少一半），屈服强度可提高约28兆帕。如果低碳钢的晶粒度从ASTM标准的0级细化到12级，即其平均直径由0.359毫米降至0.005 61毫米，则屈服强度可提高160兆帕左右。而且随着晶粒的细化，断裂强度比屈服强度有更大幅度的提高，同时冲击韧性也得到改善，如同属体心立方金属的低碳钢和钼，晶粒每细化一级，韧性-脆性转变温度可分别降低10～20℃及24℃。

在所有金属强化方法中，细化晶粒是可以做到既提高强度，又改善塑性和韧性的方法，所以细化晶粒工艺受到高度重视和广泛应用。细化晶粒强化的原因有两方面：①晶界所占比例较大，晶界结构近似非晶态，在常温下具有比晶粒更高的强度。②细小晶粒使位错塞积所产生的正应力随之降低，不容易产生裂纹，从而表现为提高强度而不降低塑性。但细晶粒金属的高温强度下降，这是因为在高温下晶界强度降低了，特别在变形速度很低的情况下（**蠕变**），这种效应更为突出。

相变强化 通过相变而产生强化效应也是常见的金属强化方法。相变的种类很多，上述的沉淀相的形成和析出就是其中之一。以应用最普遍的**马氏体相变**强化为例。马氏体相变是一种以剪切方式进行的非扩散型相变，相变产物与基体间保持共格或半共格联系，在其周围也存在很大的内应力，甚至使周围的**奥氏体**发生形变而出现形变强化。

从马氏体本身来看，其结构有两种类型：一种常见于低碳钢和18-8不锈钢中，主要是板条马氏体（或称位错马氏体）。这种马氏体中存在大量位错，其密度在10^{11}～10^{12}厘米$^{-2}$，与经过大量冷加工的金属的位错密度相近。另一种常见于高碳和Fe-Ni-C合金中，主要是针状马氏体（或称孪晶马氏体），马氏体针由大约100埃大小的孪晶所构成。这种孪晶组织随碳含量增加而增加，当铁中的碳含量为0.1%时，没有孪晶组织，当碳为0.8%时，孪晶达100%。马氏体中位错或孪晶的出现与相变过程中的形变量和温度有关。一般由于马氏体相变而产生的局部形变量可高达10%。这种形变如果发生于较高温度（即马氏体点M_s高时），则增殖位错以缓和内应力；如果发生在较低温度（即M_s低时），且形变速度高，就会产生孪晶。碳含量愈高，相变应力愈大，孪晶量也愈多。细小的孪晶相当于晶粒的细化，产生强化效应。

钢中马氏体相变强化的另一个主要原因是碳原子在相变过程中的有序化，即碳原子转移到体心立方的1/2，0，0位置使其沿一个方向（c）伸长而成为体心正方结构。碳原子所引起的强化作用，可用下式表示：

$$\sigma=2.1\times10^2(\%C)^{1/2}$$

钢经**形变热处理**后强度进一步提高，而韧性却不下降，这主要是因为奥氏体在M_s点以上形变后，马氏体针更为细小；同时，M_s明显下降，马氏体中的孪晶大幅度增加。此外，如含碳量为0.48%的钢在形变热处理后全部是孪晶马氏体，但经一般热处理的同一钢种却只有一半孪晶马氏体。根据这个情况，碳含量低的钢在形变热处理后强度的提高比高碳钢更为明显，主要是因为后者孪晶增加的幅度不大。

纤维强化 根据断裂力学观点，高强

度材料可容许存在的临界裂纹尺寸很小，一旦出现裂纹就很快扩展，容易发生断裂。而将细纤维排在一起，黏结起来，可免除上述缺点，是解决脆性高强材料用于实际结构的一个重要途径。因为经过复合之后，不但解决了纤维的脆性问题，也提高了材料的比强度、比模量和疲劳性能。

纤维强化的复合材料的力学性质，可根据纤维和基体（黏合剂）的体积分数计算出来，如弹性模量（E）：

$$E_c=E_fV_f+E_mV_m$$

式中E_c、E_f和E_m分别为复合材料、纤维和基体的弹性模量；V_f和V_m为两相的体积分数。由于纤维和基体的泊松比不同，可引起的误差达百分之几。对抗拉强度来说，也可得出类似方程。但由于纤维和基体的强度和塑性不同，其间的结合力也不一样，还有其他许多影响因素使问题复杂化。

在高温下使用的纤维强化复合材料，必须要考虑纤维和基体间的热稳定性。因为在高温、长期工作过程中，两相发生互扩散，最后纤维被溶解，失去强化作用。改善的途径有：①在纤维与基体间涂上一层防扩散层，如铂、钽等。②采用定向共晶生长，使纤维在热力学平衡状态生长出来，增加热稳定性。这种途径受合金系统的限制，局限性很大。

择优取向强化　金属在凝固过程、冷加工或退火过程中都会发生晶体的择优取向，力学性质因取向不同而有区别。金属可以利用择优取向而得到较高的强度。

辐照强化　由于金属在强射线条件下产生空位或间隙原子，这些缺陷会阻碍位错运动，从而产生强化效应（见**金属辐照损伤**和**金属辐照效应**）。

（师昌绪　宋沂生）

金属热处理　heat treatment of metal　利用金属固态相变规律，采用加热、保温、冷却的方法，改变其内部组织结构，改善金属物理、化学、力学或工艺性能的热加工工艺。主要的工艺有**淬火**、**回火**、**退火**、**正火**、时效和渗碳等。利用各种物理的、化学的和机械（力学）的作用，可以创造新的热处理工艺。

简史　金属产品的生产工艺主要包括金属的制取、成形和热处理3部分。在公元前4000年前，波斯（今伊朗）已能由冶炼经铸造、冷加工和退火制成铜器，最早采用了热处理（退火）。约公元前3000年前在两河流域，以及稍后的古埃及和西亚土耳其出现了青铜器。中国也在夏朝（约公元前22世纪末建朝）以前开始冶铸青铜，且发展较快，到商周时期（前1600～前800）已普遍用于制造兵器、礼器、食器和用具等，进入使用青铜器的极盛时代。同时产生了早期的科学思维。成书于春秋战国时期的《周礼·考工记》，其中关于青“六齐”（“齐”为“剂”的假借）规律的总结，表明当时的人已开始认识到青铜成分（组织）、性能和用途之间的关系。这是世界上最早的**金属学**意识，对包括热处理在内的金属工艺的发展有深远的影响。

热处理的发展更多、更直接地与钢铁的出现和发展有关。春秋战国时期（前770～前221），逐渐大量使用铁器并开始应用热处理工艺。洛阳出土的春秋战国之交的铁锛和铁铲是经表面脱碳和心部石墨化退火处理的黑心可锻铸铁。河北易县燕下都出土的战国中晚期钢铁剑戟为经过淬火得到马氏体组织的兵器，其中有些经过正火和淬火后回火处理。随着钢铁冶炼技术和产量的提高，热处理技术不断进步。河北满城出土的西汉佩剑和书刀，心部为低碳钢，而表面为高碳层，进行过渗碳处理。东汉时期用从矿石中直接炼出的自然钢制作的中国剑，在东方各国享有盛誉并传入了欧洲。到17世纪的明代，中国是世界上最大的钢铁生产国，在热处理方面积累了更丰富的经验，这在明宋应星所著的《天工开物》中有详细的记载。但这时的热处理，基本上仍处于工匠、艺人的经验水平阶段。

进入18世纪后，经过工业革命，西欧及俄国的钢铁工业迅速发展，相应的科学技术进步很快。1841年俄国工程师P.P.阿诺索夫和1863年英国学者H.C.**索比**最先使用显微镜研究钢的结构，创造了金相分析技术。1868年，俄国学者D.K.**切尔诺夫**最先提出钢的性能决定于其结构，加热和冷却时在一定的临界温度点结构发生突变；而临界温度与碳含量有关，并绘出了最早的铁碳状态图（后经数以百计的各国学者长期实验研究，基本上确定了最终的图形与数据）。铁碳状态图成为钢铁热处理的第一个理论依据。1930年美国学者E.C.贝茵和1935年苏联学者S.S.斯坦因贝尔格几乎同时系统研究了钢中过冷奥氏体等温转变动力学，建立了钢的等温转变图（TTT图）。不久，1941年以前又出现了更有实际指导意义的连续冷却转变图（CCT图）。这两个图也成为钢铁热处理另外的最重要的理论依据。1906年，德国学者A.维尔姆发现硬铝合金和其时效硬化现象。时效硬化处理亦成为一种新的较普遍的热处理工艺。

进入20世纪第一个10年，**X射线衍射**技术得以发明与应用，50年代末电子显微镜技术的发展，以及之后大量现代化仪器分析技术的应用，使热处理中的许多重要相和组织的本质及其转变机制等问题得到阐明，热处理技术提高到以科学理论为基础的新阶段，同时发展了大量新的热处理工艺。

工艺制度的制定　主要确定热处理的加热温度、保温时间和冷却方式。

加热温度　按照工艺的目的和要求，依据**合金相图**，选定合理的加热温度范围，以获得规定的高温相或组织。加热速度取决于合金的成分、工件的尺寸和形状。加热快可节约能源，减轻表面氧化，并有利于细化组织，提高工件的力学性能。但过快时热应力大，会引起工件变形甚至开裂，特别是对导热性差的高合金钢和大型工件。

保温时间　工件加热到规定温度后，保温一定时间，以使工件心部也达到工艺要求的温度，以保证整体的成分均匀化和高温组织完全形成。保温时间的确定要考虑工件和装炉的情况，但主要决定于工艺的目的与要求。对于某些最终热处理，如正火和淬火，保温时间应短，以免组织粗化，降低工件的强度和韧性。对于一些中间性的、基于充分扩散的热处理，例如消除内应力的退火、球化退火、成分均匀化的扩散退火、温度较低的回火和时效等，保温时间应比较长。

冷却方式　对于钢，主要依据**过冷奥氏体转变图**特别是连续冷却转变图的分析来选定冷却介质，以保证工件按工艺要求的冷却速度和规律进行冷却，获得要求的

大型铸钢件的热处理炉

组织以及性能，而且变形等缺陷小，无开裂。要充分考虑工件的材料、尺寸和形状。通常钢件的淬火和有色金属合金的固溶处理要求快速冷却，多在水中冷却。碳和合金元素含量较高的钢和铸铁在油中淬火。作为亚共析钢件最终热处理和过共析钢件预先热处理的正火，规定在空气中冷却。各种金属材料为了消除应力、降低硬度或均匀化组织，加热退火后多随炉冷却。

种类 通常分为整体热处理、表面热处理和其他热处理新工艺3类。

整体热处理　为一般热处理，只利用温度的变化来改善整体金属的组织和性能。主要有：①退火。将金属加热到临界点以上温度，保温，转变为高温相，然后缓慢冷却，使金属在接近平衡的条件下进行相变，得到接近于平衡状态的组织，改善铸造、锻压、焊接后或前热处理后的组织。也可将金属加热到临界点以下温度，保温，缓慢冷却，以消除金属中的内应力，或降低经冷变形后的硬度。②正火。将金属加热到临界点以上温度，保温，转变为高温相，然后在空气中或以较快的速度冷却，得到与退火相同但较细的组织，既具有与退火相近的效果，还可提高力学性能。③淬火。将金属加热到临界点以上温度，保温，转变为高温相，然后急速冷却，得到亚稳相。对于钢，这种相就是马氏体。它的硬度很高，是钢淬火强化的基础。如果加热时基体不发生相变，只有第二相的溶解，而急冷时高温相能保留到室温，则这种淬火叫作固溶处理，多为预处理工艺。④回火。将淬火后的金属加热到临界点以下的不同温度，保温一定时间后冷却，使淬火组织分解成不同程度趋近平衡的组织，以满足使用性能要求。钢淬火后高温回火的工艺叫作调质，是获得最好综合力学性能的复合热处理工艺。⑤时效。将固溶处理后的金属加热到一定温度或在室温下保持相当长时间，使基体弥散析出硬质第二相，造成强化效应的工艺。固溶时效处理为一种特有的强化复合热处理工艺。

表面热处理　目的是改善金属表面一定深度层的成分、组织和性能。最常用的方法是：①表面加热处理。应用最广的是表面感应电加热淬火、回火，即利用感应电涡流的集肤效应，将金属一定表面层迅速加热到临界点以上、且较一般淬火高的温度，以转变成较细的高温相，不保温，立即水冷得到马氏体，再低温回火，或利用淬火余热进行自回火。除了感应电加热淬火以外，还有接触电阻加热淬火、电解加热淬火，以及火焰加热淬火等。②化学热处理。将金属置于特定的介质中加热，使其表面渗入特定的元素，以改变表层的化学成分和组织结构，然后进行热处理，得到要求的表面组织，提高金属表面的使用性能。常用的化学热处理工艺有渗碳、渗氮、渗硼、碳氮共渗、渗硫、渗铝、渗铬、渗硅、渗钒、渗钛以及多元共渗等。

其他热处理新工艺　①形变热处理。将塑性变形与热处理结合起来，有效利用形变强化和相变强化的动态交互作用，控制金属组织，以提高金属的综合力学性能的水平。实际上这是一种新的复合热加工工艺。②可控气氛热处理。在正确选用和控制的炉气氛中实施的整体热处理和化学热处理。③真空热处理。在真空条件下完成的整体和化学热处理。④激光热处理。利用高能量激光束加热金属表面，使表面薄层发生熔凝和相变，而后自激快冷形成微晶或非晶态结构，造成表面强化，激光加热还可以实现表面合金化和表面气相沉积。

发展方向 主要为：利用各种工艺余热和一切可用因素发展节能热处理，如自行回火和自冷淬火，特别是新的复合热处理工艺，包括形变热处理等；推广和发展无公害、高质量、高性能的环保型工艺，如可控气氛热处理、真空热处理等；发展磁场热处理、电场热处理、高密度电流脉冲技术等，以强化工艺过程，提高特定性能；充分利用具有发展潜力的离子注入技术，开拓新的表面处理工艺；进一步提高高密度能量表面技术的应用水平，稳定获得微晶、纳米晶或非晶态结构，满足特殊高性能的要求，如激光热处理、电子束热处理等；加快计算机辅助和控制的精密热处理工艺的发展。

（郑明新）

金属热还原 metallothermic reduction 用活性较强的金属（或其合金）作还原剂还原活性较弱的金属化合物的过程。被还原的金属化合物可以是氧化物、硫化物、氯化物、氟化物，或这些化合物的精矿等。依据氧化物、硫化物或卤化物的氧势图、氯势图、硫势图选择还原剂，常用的还原剂有硅、铝、镁、钙、钠等活泼金属。金属热还原得到渣和另一种金属，而后采用蒸馏或浸出等方法使渣与金属分离。反应过程中常放出大量的热。放出的热足以维持反应所需的温度，反应能继续进行的过程称为自热还原。如果放出的热量过多，反应会过于激烈，则须加入惰性物料以降低反应速度。若放出的热量不足以维持反应继续进行时，则须添加适量发热剂。根据还原剂的种类，金属热还原分为硅热还原法、铝热还原法、镁热还原法、钠热还原法、钙热还原法等。金属热还原法已广泛应用于活泼金属、高熔点金属、稀土金属和铁合金的生产，如硅热还原法生产金属镁；镁热还原法生产钛、锆、铪；钠热还原法生产钽、镧、铈；钙热还原法生产钐、铕；铝热还原法生产金属钙以及钼、钒、钛、铌等合金。

（徐宝强　杨　斌）

金属塑性变形 plastic deformation of metal 固体金属在外力作用下产生非断裂的永久变形的现象。又称金属范性形变。

简史 人类很早就利用塑性变形进行金属材料的加工成形，但直到一百多年以前才开始形成塑性变形理论。1864～1868年，法国工程师H.特雷斯卡提出产生塑性变形的最大切应力条件。1911年美籍匈牙利力学家T.von卡门在三向流体静压力的条件下，对大理石和砂石做了轴向抗压试验。1914年，德国学者R.伯克尔对铸锌做了同样的试验。他们的试验结果表明：固体的塑性变形能力不仅取决于其内部条件（如成分、组织），而且与外部条件（如应力状态）有关。1913年，奥地利空气动力学家R.von米泽斯提出了产生塑性变形的形变能条件。德国学者W.洛德于1926年、英国力学家G.I.泰勒和H.奎尼于1931年分别用不同的试验方法证实了上述结论。

金属晶体塑性的研究始于金属单晶的制造和X射线衍射的运用。早期的研究成果记述在英国学者C.F.伊拉姆、德国学者E.施密特、美国学者C.S.巴雷特等人的著作中，主要研究了金属晶体内塑性变形的主要形式，之后的工作是运用晶体缺陷理论和高放大倍数的观测方法研究塑性变形的机理。利用塑性变形不仅可以把材料加工成所需要的形状，还能使金属材料的性能得到改善。金属材料与塑性变形相关的宏观力学性质，常用拉伸实验的应力-应变曲线来表征。

金属塑性变形理论　发生塑性变形的金属在外力撤销之后其形状的改变可保留下来。金属塑性变形理论因研究目的和方法的不同可分为两类：①根据宏观测定的力学参数，从均质连续体的假设出发，研究塑性变形体内的应力和应变，以解决材料的强度设计和塑性加工变量的问题。这类理论常被称为塑性力学或塑性理论。②研究金属晶体的塑性变形与晶体结构的关系以及塑性变形机理。这类理论常称为晶体塑性学。

金属塑性变形理论应用于两个领域：

①解决金属的强度问题，包括基础性的研究和使用设计等。②探讨塑性加工，解决施加的力和变形条件间的关系，以及塑性变形后材料的性质变化等。

金属塑性变形主要形式　金属塑性变形的主要形式有滑移和孪晶变形。

滑移是晶体的相邻部分在切应力作用下沿着一定的晶面和晶体方向相对移动。这些晶面和晶向分别称为滑移面和滑移方向。滑移时在**晶体表面**出现一些线状痕迹，称为滑移线。实际上它们是滑移面两侧晶体相对移动形成的若干位错线在晶体表面造成的台阶。滑移面经常是原子的最密排面，滑移方向总是原子的最密排方向。一个滑移面和该面上的一个滑移方向合起来称为一个滑移系统。

在绝大多数情况下，金属以多晶体形式使用。多晶体是由大量称为晶粒的小晶体组成，每个晶粒的取向与其相邻晶粒不同，从而使金属在外力作用下在宏观上表现为各向同性体。多晶体塑性变形时，一个晶粒的变形必须与相邻各个晶粒的变形相协调，否则材料的连续性将不能保持。理论分析表明，为了使多晶体通过滑移产生连续性不受破坏的变形，每个晶粒中至少要有5个独立的滑移系统动作。即使在应变很小的情况下，各个晶粒也明显地在几个滑移系统上滑移，特别是在靠近晶界的区域。由于晶粒间界对滑移的阻碍作用，以及多个滑移系统的位错相互干扰，多晶材料的应变硬化速率比单晶体大许多倍，而且其应力-应变曲线不像单晶体那样表现出明显的阶段性。

孪生与滑移相似，也使晶体产生切变。孪生切变同样沿着一定的晶面和晶向产生，这些晶面和晶向分别称为孪生面和孪生方向。孪生和滑移之间又存在着很大差别。滑移时，相对移动集中在少数原子面上，而每个面上的移动量可以达到点阵间距的很多倍。但是孪生形变时，切变却均匀地分布在孪生区的每一个原子面上，结果使相邻的两部分晶体恰好成为镜像对称关系，称为孪晶。孪晶区中每个原子面的绝对移动量与该面到对称面的距离成比例，即所有相邻原子面的相对位移都相等，并且等于点阵间距的某个分数。

以孪生方式变形一般比滑移变形需要更大的切应力，所以只有在滑移不容易进行的情况下，才产生孪晶。例如，密排六方金属由于滑移系少，在取向不适于滑移的情况下会产生孪晶；体心立方金属在低温或形变速度很高的情况下容易产生孪晶；面心立方金属只有在极低的温度下变形才有可能产生孪晶。孪晶往往以极快的速度产生，这时，由于变形突然增加，会在应力-应变曲线上引起锯齿状的波动。孪晶的产生过程也可以用位错运动机制来说明，但由于孪晶带来晶体取向的改变，产生孪晶的位错应该是不全位错。

此外，晶体还可以通过扭折发生不均匀的塑性变形，如镉晶体在受轴向压缩时会产生扭折带，带中晶体取向有较大的变化并有点阵的弯曲。

（孙　梁　撰　张晓明　邸洪双　修订）

金属塑性加工　plastic working of metal　通过塑性变形使固体金属成为所需形状的加工技术。又称金属压力加工，此名源于俄语 обра-ботка металлов давлением。金属塑性加工同金属切削加工相比，有以下优点：①成形过程无切屑，金属损耗较少。②在取得所需形状的同时，改善材料的组织和性能，成品能够直接使用或者便于加工。③适于专业化的大规模生产。主要缺点是：①某些脆性材料和形状复杂的制品不适于塑性加工。②专业化生产时需要专用的设备和工具。

金属塑性加工类别　按照加工施力情况分为4类：①靠压力作用使金属产生变形，如**锻压加工**、**挤压**和**轧制**。②靠拉力作用使金属产生变形，如**拉拔**、冲压（拉延）和拉伸成形。③靠弯曲作用（弯矩）使金属产生变形，如金属矫直、**冷弯成形**。④靠剪切作用（剪力）使金属成形，如冲裁、剪切。

按成形方式又分为基本成形方式和组合成形方式（见图）。

基本成形方式　包括以下几种。①锻压。把坯料放在成对工具之间，由冲击或静压使工件高度缩短而得到预期形状的工件。分**自由锻**（冶金厂常用的镦粗和延伸工序）和**模锻**。锻压加工的优点是适应性强，既能生产形状复杂的各种材质的多种制品，又能锻压特大工件，如各种轴类、曲柄和连杆等。对于改善合金钢组织，特别是消除网状碳化物来说，锻压的效果通常优于轧制。锻压的缺点是能耗大、生产效率低、成本高。②轧制。坯料通过转动的**轧辊**而产生变形。可分为**纵轧**、**横轧**和**斜轧**。纵轧时，工作轧辊旋转方向相反，轧件的纵轴线与轧辊轴线垂直；横轧时，工作轧辊旋转方向相同，轧件的纵轴线与轧辊轴线平行；斜轧时，工作轧辊旋转方向相同，轧件的纵轴线与轧辊轴线成一定的倾斜角。用轧制法可生产板带材、简单断面和异型断面型材与管材、回转体（如变断面轴和齿轮等）、各种周期断面型材、丝杠、麻花钻头和钢球等。轧制的优点是生产率、成材率、机械化和自动化程度都很高，能耗低，适于大规模生产，是冶金工业使用最广的塑性加工方法。缺点是生产品种和批量受限制。③挤压。把坯料放在挤压筒内，在挤压轴推动下使之从一定形状和尺寸的模孔中挤出，从而获得制品。又分为正挤压和反挤压两种。正挤压时挤压轴的运动方向和从模孔中挤出制品的前进方向一致；反挤压时挤压轴的运动方向和从模孔中挤出制品的前进方向相反。用挤压法可生产各种断面的型材和管材。挤压加工的优点是能够加工低塑性材料，还可挤压出形状复杂、尺寸比较精确的工件。挤压的主要缺点是成材率低、生产率低、单产投资和成本高。④拉拔。用拉拔机的夹钳把金属从一定形状和尺寸的拉模中拉出而获得制品，可生产各种断面的型材、线材和管材。拉拔大多数为冷拔，都属于二次加工，只能用于特定的产品，而且往往这种方法是唯一可行的。拉拔工

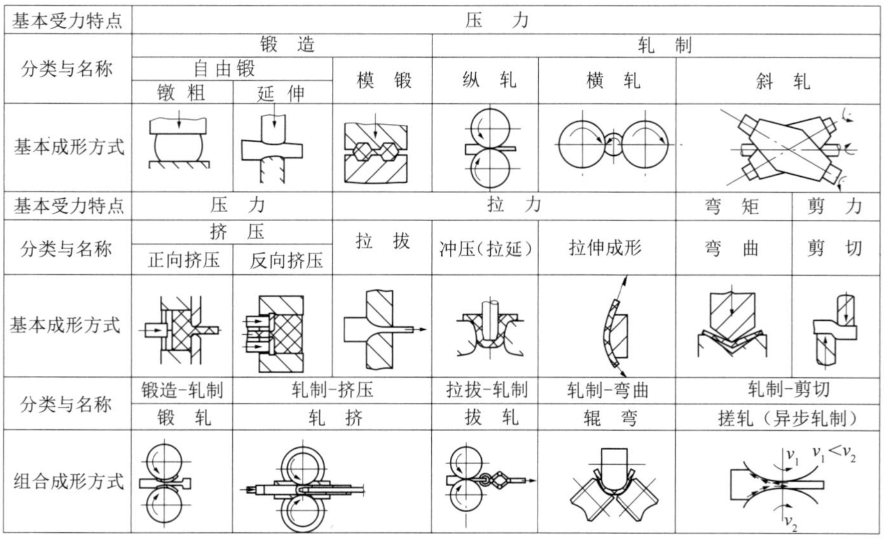

金属塑性加工的受力特点与成形方式示意图

艺的特点是平均单位压力低，制品尺寸精度高，但不适用于低塑性材料。⑤冲压。靠压力机的冲头把板料冲入凹模中进行拉延从而得到制品，可生产各种杯件和壳体（如汽车外壳等）。⑥弯曲。在弯矩作用下成形，如板带弯曲成形和金属材的矫直等。⑦剪切。坯料在剪力作用下进行剪切变形，如板料的冲裁和金属料的剪切等。

组合成形方式　为了扩大品种和提高生产效率，常常把上述基本成形方式组合起来，形成新的组合成形过程。以轧制为例，锻造和轧制组合的锻轧过程，可生产各种变断面零件以扩大轧制品种和提高锻造加工效率；轧制和挤压组合的轧挤过程，可以生产铝型材；拉拔和轧制组合的拔轧过程，其轧辊不用电机驱动而靠拉拔工件带动，能生产精度较高的各种断面型材；轧制和弯曲组合的辊弯过程，使带材通过一系列轧辊构成的孔型进行弯曲成形，可生产各种断面的薄壁冷弯或热弯型材；铸造和轧制组合的液态铸轧，可直接生产出不锈钢、电工钢以及铝和铜板带产品等。此外，还有粉末冶金和轧制组合的粉末轧制等新的组合成形过程，已能生产出有一定强度和韧性的板带材。

塑性加工方式的选择　金属塑性加工的实际应用要考虑3方面因素的影响。

材料的可成形性　即材料在某种加工过程中所能容许的变形程度。它不仅取决于材料本身的性质和具体的变形条件（如温度、应变速率和应力状态等），而且与材料被破坏的方式有关，因为材料断裂并非是不能继续加工的唯一原因。例如，在拔制和深冲时，如果材料的加工硬化性不足，可能引起塑性失稳产生颈缩而失效。正因如此，通常认为室温下塑性极好的铅和锡，由于没有加工硬化，所以拔制或冲压加工性很差。同样，也可能由于其他方式的塑性失稳，使加工过程失败，这种情况可发生于镦粗、深冲和拉伸过程中。

塑性加工大多是因为工件产生裂纹或断裂而无法继续进行。裂纹按形成部位分为在自由表面上的裂纹，如镦粗时形成的桶形裂纹，轧制时产生的侧边裂纹；在摩擦力特强部位的裂纹，如挤压时靠近模子处的龟裂；内裂，如拔棒时生成的中间裂口。

材料的塑性加工性可用多种方法测定。这些方法既是研究的手段，又是加工后检验产品的手段。测定的试验方法可分为两类：一类同普通材料试验相似，测定材料在拉、压、弯、扭等情况下的表现，主要用于探讨变形条件（温度、应变速率等）对塑性的影响；另一类是模拟实际加工条件的试验，如测定板的冲压成形性用液压胀形试验、杯突试验，以及顶锻、楔形轧制、旋锻试验等。

设备和工具　塑性加工需要有足够的强度和刚性的工具向工件施力。一般说来，设备和工具的弹性变形应有一定的限度，超出限度就得不到合格的产品。

技术经济比较　同一制品有多种加工方法，各种方法在经济技术上互相竞争，如初轧和连铸、无缝管和焊管、热轧型材和*冷弯型材*等。选择加工工艺和设备时要根据产品的品种、质量、批量和总产量，以及原料、劳动力等条件，并充分考虑到现有条件，进行多方面的比较。

扩展阅读

赵德文.材料成形力学.沈阳：东北大学出版社，2002.

DIETER G E. Mechanical Metallurgy. 2nd ed. New York: McGraw-Hill, 1976.

（潘继庆　李克斌　撰　张晓明　邸洪双　修订）

金属陶瓷　cermet　采用*粉末冶金*方法，由至少一种金属相和至少一种通常为陶瓷性质的非金属相制备的复合材料。金属陶瓷中的金属相主要是过渡族元素及其合金，陶瓷相是具有高熔点、高硬度的碳化物、氮化物、氧化物、硼化物或硅化物。广义的金属陶瓷还可包括难熔化合物合金、*硬质合金*、金属黏结的金刚石工具材料。

金属陶瓷起源于第二次世界大战期间的德国，生产以金属镍黏结TiC的金属陶瓷，主要目的是替代镍基高温合金以制造喷气发动机的涡轮叶片，但由于韧性太低未能实用化。20世纪60年代初将钼添加到金属陶瓷中，形成TiC－Mo_2C－Ni体系，其显微组织表现为环形相的结构特征。钼的加入提高了镍黏结相对TiC硬质相的润湿性，降低了合金中的孔隙度，提高了材料的韧性。20世纪60年代末引入氮化物，改单一相为复合相，并通过添加钴元素改善黏结相，形成了Ti(C，N)基金属陶瓷。Ti(C，N)基金属陶瓷在高温下的硬度和抗弯强度更高，抗氧化性能和抗蠕变性能更好。随着Ti(C，N)粒度的减小，获得的显微组织更加均匀，细小的晶粒镶嵌在大的环形结构中，保持部分共格而结合牢固，强化和韧化了金属陶瓷。

根据金属陶瓷中主要非金属相的种类，金属陶瓷可分为5种类型：①碳化物基金属陶瓷。以TiC、SiC、WC等为基体，以金属钴、镍、铬、钼、钨等为黏结相，具有高硬度、高耐磨性、耐高温等特点。②氮化物基金属陶瓷。以TiN、BN、Si_3N_4等为基体，具有硬度高、蠕变低、抗热震性好等特点。③氧化物基金属陶瓷。以Al_2O_3、ZrO_2等为基体，以金属钨、铬或钴为黏结相，具有耐高温、抗化学腐蚀、导热性好、机械强度高等特点。④硼化物基金属陶瓷。以TiB_2等为基体，具有很高的硬度、熔点和优良的导电性、耐腐蚀性。⑤硅化物基金属陶瓷。典型的是以$MoSi_2$为基体的金属陶瓷，具有更高的红硬性、耐磨性、耐热性及更低的摩擦系数。

生产工艺因品种不同而略有不同，例如：氧化物基的金属陶瓷的制造，是将制备好的*金属粉末*和氧化物原料经球磨混碾到合适的粒度，用陶瓷成形方法注浆、挤压、半干压或等静压成形，干燥，然后在真空、还原气氛或惰性气氛中烧结而成。

金属陶瓷主要用于汽车工业及通用加工领域的切削刀具，适用于碳钢、不锈钢、球墨铸铁等的高速精加工或半精加工，可保证较好的尺寸精度与表面粗糙度，尤其是在高端装备及难加工材料的高速铣削方面得到了广泛应用。此外金属陶瓷也用于制作高温轴承、密封环、拉丝模套、发动机叶片、导弹喷管衬套、熔炼坩埚等。

扩展阅读

周书助.硬质材料与工具.北京：冶金工业出版社，2015.

（陈响明）

金属学　physical metallurgy　研究金属及其合金的组成、组织结构和性能之间的内在联系，以及在各种条件下的变化规律，为有效使用金属材料和发展具有特定性能的金属材料而服务的一门应用学科。金属学是从*冶金学*的一个分支——*金相学*直接演变而来的。金属学一词，在中国始见于20世纪50年代初，是从俄文**Металловедение**翻译过来的，字义与德文的Metallkunde一词相当，科学内容与英文的physical metallurgy（物理冶金）大致相当。

简史　19世纪，冶金学在蓬勃发展的生产力推动下也得到了重视，到20世纪30年代发展衍生出若干分支学科，金属学或物理冶金就是其中之一。19世纪末至20世纪前半叶，钢的一般成分化学分析方法已经建立，观察大于微米级的显微组织的金相学技术已普遍应用，通过物理性能测定或热分析方法研究相变已积累了一定经验，用*相律*指导相图的工作大量开展，这些都为金属学的发展提供了条件。1863年，英国地质学家H.C.*索比*发明了金相技术，为研究合金中的相组成和显微组织提供了有力工具。1868年，俄国冶金学家D.K.**切尔诺夫**观察到钢必须加热到超过某个临界温度才能淬火硬化，揭示了相变的存在和作用。1887年，法国金相学家F.**奥斯蒙**利用差热分析方法系统地研究了钢的相变。1899年，英国冶金学家W.C.**罗伯茨–奥斯汀**指出钢在临界温度以上的相是固溶体，并绘制出第一张**铁碳相图**（旧称"铁碳平衡图"）。1900年，德国科学家H.W.巴基乌斯–洛兹本在此基础上应用吉布斯相律修订了铁碳相图。相图的出现，是金属学发展的一个里程碑。

20世纪以来，在金相学的基础上，金属学继续结合物理学、物理化学、材料力学、热力学、晶体学以及电子理论、分子动力学等学科领域的有关发展成就，内容日益丰富充实。美国科学家E.C.贝茵和E.S.达文波特从1929～1930年开始研究钢中**奥氏体**在不同恒温条件下的转变过程及其产物，创造了S曲线，后来改称C曲线（见**过冷奥氏体转变图**），阐明了钢热处理的一般原理，对钢的发展和有效利用有重要指导意义。**X射线衍射**分析在金属学发展中也起了重要作用。通过应用X射线，各种合金相结构包括马氏体的结构及其与碳含量的关系明晰了；金属冷加工形变及其在**退火**过程中的**择优取向**被提示了；铝铜合金的时效硬化机理也得到阐明。**位错**理论的提出，不但成功地指出了材料实际强度和理论强度相差千百倍的原因，而且正确地说明了金属的形变和加工硬化现象。这些，都是第二次世界大战以前的重要成就。20世纪50年代，金属物理、固体物理的发展，特别是电子显微镜的应用以及薄膜透射技术的成功及衍衬理论的建立，为金属的微观结构如位错的存在和运动等研究，提供了有力的工具，从而使金属学中很多关键问题得以澄清。

经过多年研究，对钢和其他合金的成分、组织结构与性能的内在联系的研究工作不断深入，性能优越的新钢种和新合金不断涌现。高温合金的发展便是这方面最突出的成就之一。对有关合金相的形成规律，各种元素及超微量杂质在金属中的作用的研究也愈趋深入，对选择、处理和使用金属材料的盲目性已大为减少。通过材料计算设计方法，已经可以大幅度地缩短研发新材料所需的时间，并降低研发成本。

研究内容　金属学以金属电子论、晶体学及**合金热力学**为理论基础，依靠物理、化学的微观和宏观检测技术，扩展了金相学的内容，保持应用科学的传统，其研究内容主要可分为两大方面：①联系成分、处理过程对金属组织结构和性能的影响，研究合金相结构和组织的形成规律，包括：研究合金相的形成、相图原理及其测定、合金元素及微量元素在合金相中的分布等合金组成的规律；研究晶体中原子的扩散过程；研究晶体重构的相变过程，包括金属的凝固与温度压力变化下的**固态相变**；研究**晶体缺陷**和金属形变过程中的位错运动；研究成分及杂质对金属性质的影响，包括超微量元素以及微观和宏观偏析。②联系金属材料的使用，研究材料结构强度和断裂行为；研究金属材料在各种不同使用条件下的特性变化等，如**范性形变**、**疲劳**、**蠕变**、**应力腐蚀断裂**和**氢脆**；研究金属的强化原理。

至于那些虽以金属为对象，或虽与金属有关，但主要研究晶体缺陷和金属电子结构，以及它们之间或它们与各种射线之间的交互作用等微观过程；研究金属和合金的物性本质，或纯属探索自然规律的领域，则另列入金属物理，属凝聚态或固体物理的分支。

研究进展　金属材料是极为重要的基础材料，金属材料的发展与需求极大促进着金属学的发展，金属学的发展又引导和助力新金属材料的设计研发和传统材料质量水平的提升。由于材料设计、制备与表征新实验技术、计算技术和数据技术的不断发展，新材料、新工艺不断出现对金属学的新需求，乃至材料科学与工程学科及不同学科之间的协同交叉发展，促使金属学出现了不少新的突破，使金属学呈现了从经验上升到理论、从定性走向定量化、实验与计算仿真有机结合、新的学科分支不断出现的发展趋势。例如，电子显微镜分辨能力不断提高，可以直接看到单个电子的分布，加深了人们对金属材料微观结构的认识；电子背散射衍射（electron backscattering diffraction，简称EBSD）技术于20世纪90年代初成功商品化，成功用于揭示晶体材料微区结构与取向（差），成为最基本的金属材料分析方法之一；显微组织结构的三维成像、三维重建和三维仿真等技术，使三维材料科学逐渐形成一个重要的新方向。计算材料科学已经成为一个新的研究热点，其中**合金相图**计算技术的发展使高阶多元合金相图的预测和确定得以实现，成为材料设计与材料基因组研究的重要组成部分。各种相变、组织演变理论研究和组织–性能关系研究不断深入发展，使相变诱发塑性（TRIP）钢、孪晶诱导塑性（TWIP）钢、新型高温合金、微晶和纳米晶合金、非晶态合金等一系列新型金属材料问世与应用。材料数据库（含相图数据库）、材料数据共享与数据挖掘等新技术，使金属学者更容易获得更多权威可靠的数据并据此发现新的规律。

金属学在历史上曾有力地推动冶金学的发展，现在仍是广义的冶金学和金属材料领域中最活跃的学科之一，处于不断发展和完善的过程中。

扩展阅读

康R W.走进材料科学.杨柯，等译.北京：化学工业出版社，2008.

CAHN R W, HAASEN P, KRAMER E J. Materials Science. New York: VCH, 1993.

（李　熏　撰　刘国权　修订）

金属氧化　oxidation of metal　金属与氧反应，化合为氧化物的过程。即 $M+\frac{n}{2}O_2 = MO_n$。广义的金属氧化是指金属失去电子从而正原子价升高的过程，即 $M = M^{n+}+ne$。金属的氧化能否发生，取决于热力学条件。

金属的氧化膜　金属氧化在金属表面生成的覆盖物，称为氧化膜。在金属氧化的初始阶段，膜的增厚与时间呈线性关系。达一定程度后，膜如果有裂纹，或疏松多孔，则无保护性，金属的氧化继续进行，膜的增厚曲线保持原来的直线形；膜如果比较致密，具有一定的保护性，氧化受到阻滞，膜的增厚曲线转为抛物线形；膜如果非常致密，便具有良好的保护性，氧化基本停止，膜的增厚曲线转为对数曲线形（见图）。在温度升高的情况下，化学反应以及金属和氧通过膜的扩散均将加速，氧化也就会加速。钯、银、汞等金属的氧化物由于热力学上的不稳定，在高温下会分解。环境气氛中含有水蒸气或硫化物时，将加速氧化，尤以硫化物为严重，这种情况被称为硫化腐蚀。

完整的氧化膜才能保护金属，因此，膜的体积（V_{MO}）必须大于氧化消耗掉的金属的体积（V_M），这一规律称为皮林–贝德沃斯（Pilling-Bedworth）定律。V_{MO}/

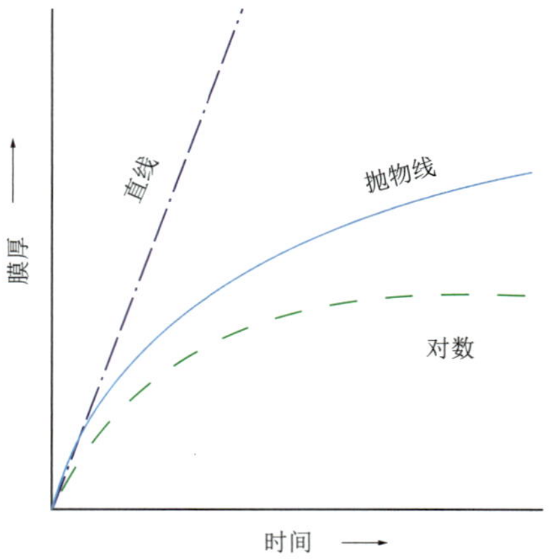

几种主要的氧化动力学曲线

V_M的比值称为皮林-贝德沃斯比，比值大于1的金属（如Cr、Al、Si、Ti等），氧化膜的增厚曲线为抛物线或对数曲线形；比值小于1的金属（如Ca、Mg、Na、K等），氧化膜的增厚曲线为直线。比值大于1是能够形成完整而有保护性氧化膜的必要条件而非充分条件。比值远大于1时，膜中存在的应力会导致膜的开裂而失去完整性，也就不能起保护作用。

绝大多数的金属氧化物是非化学计量关系的化合物。有金属离子不足的（点阵中有阳离子空位，如Cu_2O、NiO），也有一些是金属离子过剩的（点阵中有间隙金属离子或阴离子空位，如ZnO），前者称为p型，后者称为n型。膜的点阵中存在缺陷有利于金属和氧通过膜进行扩散，因而有利于氧化的进行。一般说来，当氧的分压增高时，p型的电导率和氧化速度增加，而n型的电导率和氧化速度减小。

合金的氧化　根据合金的成分还难以定量地推测它的氧化行为。但从热力学观点来看，氧化物的吉布斯自由能更负的合金元素会先氧化。

如果在合金中氧的扩散比合金元素的扩散快，则合金中可能生成颗粒状氧化物，这种现象称为内氧化；晶界的氧化也属于内氧化范畴。

如果合金基本元素的氧化物为p型，加入少量原子价较低的合金元素常能阻滞氧化，而加入少量原子价较高的元素常能加速氧化；如这种氧化物为n型，则效果正好相反。这一规律称为豪费（Hauffe）定律。

防止措施　防止金属氧化的主要措施有：①调整合金成分。目的是形成致密氧化膜，提高合金的抗氧化能力。加入的合金元素的皮林-贝德沃斯比值应大于1。合金元素的吉布斯自由能应较基体金属为负，能先氧化。合金元素应根据豪费定律选择。②外加保护层。采用渗铝、渗铬、渗硅或铬-铝、铝-硅多元共渗等**化学热处理**工艺，使工件的表层合金化；或溅射、**熔焊**、包镀耐蚀合金，形成耐蚀表面。③改变环境介质条件。如采用控制气氛以防止氧化。

（石声泰）

金属中的扩散　diffusion in metals　金属晶体中平衡位置上快速振动的原子利用热激发获得能量、克服势垒而迁移到近邻位置的现象。金属中的扩散区别于离子晶体中的离子扩散和高分子材料中长链大分子的扩散。因为热能的定域涨落是随机的，所以由热激发引起的原子迁移也是随机漫步型的布朗运动。扩散是固体中唯一的一种传质过程。绝大多数高温固态反应，如固溶、沉淀、相变、再结晶、晶粒长大、**蠕变**、烧结、**压焊**等都是借固态扩散过程完成的。完整晶体中的原子不能扩散，扩散过程必伴随着点缺陷（包括点阵空位、自间隙原子、间隙杂质原子）的输运。空位和自间隙原子可由热激发产生，所以常称为热缺陷，它们也会在较低温度下辐照或范性形变时产生，并冻结在晶体之中。

扩散方程　图1所示为晶体具有单位截面积时，扩散原子A沿扩散方向x的浓度分布。在扩散区内和x轴正交的两个相邻原子面Ⅰ和Ⅱ上，分别有n_{A_1}和n_{A_2}个A原子（单位面积上A原子的浓度）。若A原子每次可以任意向$+x$或$-x$方向跳跃，跃迁距离沿x轴的分量为Δx，跃迁频率为Γ，则每秒自Ⅰ跳到Ⅱ的A原子数为$\frac{1}{2}\Gamma n_{A_1}$，自Ⅱ跳到Ⅰ的A原子数为$\frac{1}{2}\Gamma n_{A_2}$，净流过中间虚拟平面S的扩散通量为$J_{A_x}$，则：

$$J_{A_x}=\frac{1}{2}\Gamma(n_{A_1}-n_{A_2})=\frac{1}{2}\Gamma(\Delta x)^2\left(\frac{\partial C_A}{\partial x}\right)=-D_{A_x}\frac{\partial C_A}{\partial x} \tag{1}$$

式中C_A为每单位体积中的A原子数；$\frac{\partial C_A}{\partial x}$为浓度梯度；负号表示扩散流朝向浓度低处；$D_{A_x}=\frac{1}{2}\Gamma(\Delta x)^2$为扩散系数。上式表明：每秒流过与扩散流正交的单位截面的扩散物质的量，正比于垂直这个截面的浓度梯度，这是斐克（Fick）第一定律。

图2示出在具有单位截面的试样中A原子的浓度分布。在体积元dx内，A原子的积聚速率为$\frac{\partial C_A}{\partial t}dx$；而流过平面Ⅰ和Ⅱ的扩散通量之差则为$J_{A_x}-J_{A(x+dx)}$。按照质量守恒定律，两者应相等。将$J_{A(x+dx)}$用泰勒级数展开，取其领先两项得：

$$J_{A_x}-J_{A(x+dx)}=-\left(\frac{\partial J_{A_x}}{\partial x}\right)dx \tag{2}$$

故

$$\frac{\partial C_A}{\partial t}=-\frac{\partial J_{A_x}}{\partial x} \tag{3}$$

代入式（1）得：

$$\frac{\partial C_A}{\partial t}=\frac{\partial\left(D_{A_x}\frac{\partial C_A}{\partial x}\right)}{\partial x} \tag{4}$$

上式是有浓度梯度存在时的扩散方程，也就是斐克第二定律，此时扩散伴随着宏观的质量输运。D是浓度的函数，称为化学扩散系数或互扩散系数，常用符号$\tilde{D}$表示。

在没有浓度梯度存在的情况下，如纯金属A加热后，也可根据热激活的A原子的随机漫步，推导出扩散方程：

$$\frac{\partial C_A}{\partial t}=D_{AA}\frac{\partial^2 C_A}{\partial x^2} \tag{5}$$

式中D_{AA}为随机漫步（无浓度梯度）的扩散系数，称为真扩散系数。

扩散方程的解法　斐克第一定律是根据扩散漫步过程推导出来的流量方程，第二定律实质上仅为流量连续方程，式（5）是经典的导热方程。历史上曾经将热视为物质粒子，热自高温区向低温区的传导，则被看成物质粒子自高浓区向低浓区的流动，所以扩散方程和导热方程在数学上是没有区别的。按照斐克第二定律，若

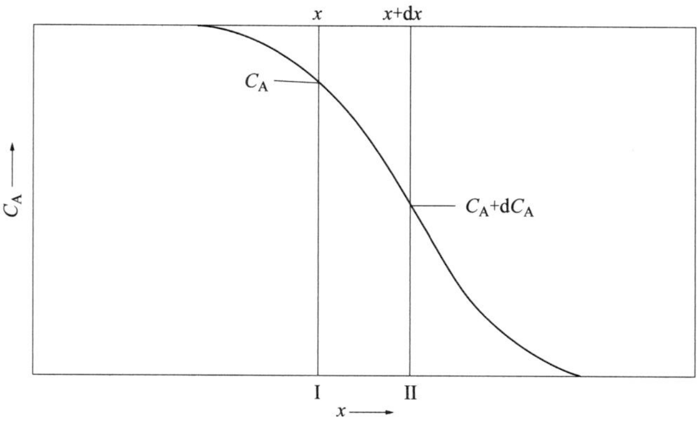

图2　在具有单位截面积的试样中A原子的浓度分布

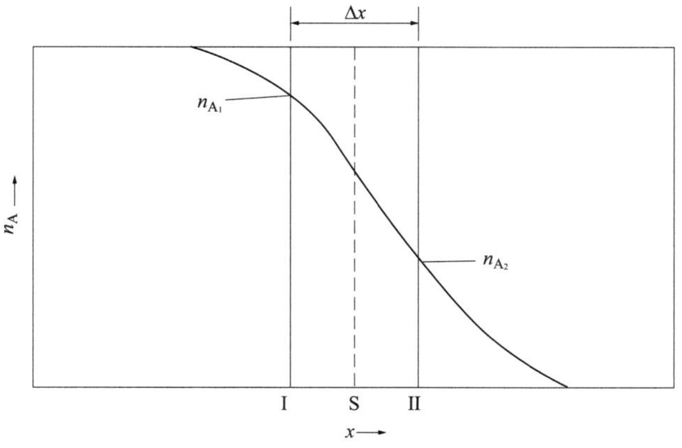

图1　在单位截面积晶体中，扩散原子A沿扩散方向x的浓度分布

初始的浓度分布C（x，0）已知，若能测出扩散热处理t秒后的浓度再分布C（x，t），则可以根据具体的初始条件和边界条件，用式（4）或（5）解出扩散系数D。

在测自扩散系数或测稀固溶体中溶质的化学扩散系数时，D和浓度无关，可用式(5)求解。实验时在长棒一端面上(x=0)镀一极薄层总量为M的放射性同位素，扩散热处理t秒后切成很多薄片，测出每片的放射性活度（正比于浓度C），每片中心至端面的距离为x。初始条件t=0：$C=C_0$，当$x<0$；C=0，当$x>0$。扩散沿$+x$方向进行，经时间t后，示踪原子所扩散的距离（$4Dt$）$^{1/2}$≤1毫米≪试棒长度。这样的实验条件称为一维的半无限大扩散（平面源）。有边界条件$t>0$：C=0，当$x=+\infty$〔即$x\gg$（$4Dt$）$^{1/2}$〕。此时式（5）之解为：

$$C=\frac{M}{A(\pi Dt)^{1/2}}\exp\left(-\frac{x^2}{4Dt}\right) \qquad (6)$$

即

$$\ln C=-\frac{x^2}{4Dt}+\ln\frac{M}{A(\pi Dt)^{1/2}}$$

用$\ln C$对x^2作图，得一直线，其斜率的负数为$\frac{1}{4Dt}$，已知t，可求D。

在浓固溶体中，溶质的化学扩散系数是浓度的函数，因此须用式（4）求解D。一个经典的方法是玻耳兹曼-俣野(Boltzmann-Matano)解法。先用玻耳兹曼的坐标变换，令$\eta=x/t^{1/2}$，将C（x，t）变换成C（η），式（4）成：

$$-\frac{\eta}{2}\left(\frac{dC_A}{d\eta}\right)=\frac{d\left(D\frac{dC_A}{d\eta}\right)}{d\eta} \qquad (4a)$$

实验时用AB合金（$C_A=C_0$）和纯金属B（C_A=0）焊成扩散偶，扩散热处理t秒后，使扩散距离（$4Dt$）$^{1/2}$≪扩散偶长度，即成为一维无限大扩散偶，测得扩散区的浓度分布曲线如图3所示。此时的边界条件（$t>0$）：扩散区之外〔$|x|\gg$（$4Dt$）$^{1/2}$〕，$x=-\infty$，$C=C_0$，$dC/dx=0$；$x=+\infty$，$C=0$，$dC/dx=0$。用俣野图解法求D，将（4a）变换回x坐标，并以浓度积分无限大扩散的边界条件给出：

$$-\frac{1}{2}\int_0^{C'}x\,dC_A=Dt\left[\frac{dC_A}{dx}\right]_{C'}\quad (C_0>C'>0)$$

$\int_0^{C_0}x\,dC=0$，因此可定出x=0平面的位置，此平面（俣野界面）左边流出之A原子数，等于流入界面右边的A原子数（图中界面两边画斜线的两块面积相等）。图解法积分后，浓度为C'的扩散系数为：

$$D(C')=-\frac{1}{2t}\left(\frac{dx}{dC}\right)_{C'}\int_0^{C'}x\,dC \qquad (7)$$

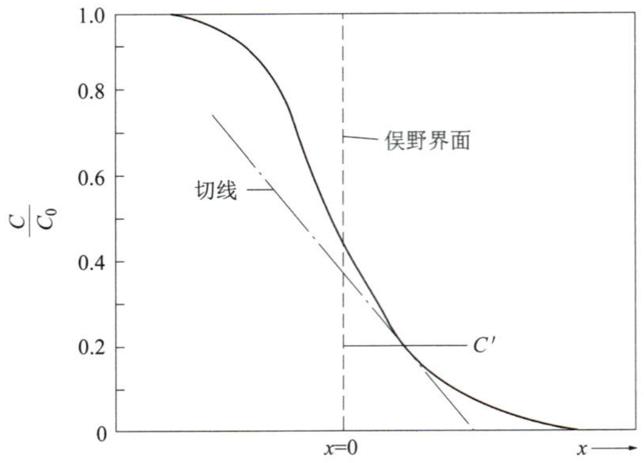

C'点的浓度取0.2C

图3　俣野图解法求D

$\left(\frac{dx}{dC}\right)_{C'}$为曲线上浓度为$C'$点的切线斜率的倒数，$\int_0^{C'}x\,dC$为交叉线块的面积，$t$已知，故由式（7）可求出任一浓度$C'$的扩散系数$D$（$C'$）。

扩散机制　设扩散原子有Z条跃迁途径，则立方晶系的扩散系数可表示为：

$$D_{A_x}=\frac{1}{6}Z\lambda^2\Gamma$$

式中λ为跃迁途径的长度；Z、Γ和λ与晶体种类、扩散原子品种和扩散机制有关。实验证明，固态金属中有两种扩散机制，即间隙机制和空位机制。

间隙机制　在间隙固溶体中，尺寸小的溶质原子占驻间隙位置（见**合金相**）。在体心立方金属中，间隙溶质原子处于八面体间隙，如图4中，1、2、3、4、5、6这6个原子所围成八面体的间隙A。A到1、2原子和到3、4、5、6这4个原子的距离不等。溶质原子只需将1、2原子挣开，3、4、5、6原子便自发地做泊松收缩，以便和溶质原子接触。溶质原子在此位置上的势能很低，有两类对等的八面体间隙位置，即图4中的A（$\frac{1}{2}$，$\frac{1}{2}$，0）和C（0，$\frac{1}{2}$，0），图中○表示的都是八面体间隙。扩散时溶质原子在这两种间隙中交叉跳跃前进。八面体间隙有4个最近邻位置，跃迁途径Z=4，跃迁距离$\lambda=\frac{1}{2}a$，a为晶胞边长，所以$D=\frac{1}{6}a^2\Gamma$。

面心立方金属中的间隙溶质原子处于晶胞的体心和12条棱边的中点，有12个最近邻位置（Z=12），相距$\frac{\sqrt{2}}{2}a$，所以$D=a^2\Gamma$。立方晶系的扩散系数$D=\frac{1}{6}Z\lambda^2\Gamma$，各种扩散系数列于表中。立方晶系的$D$是标量，所以此时扩散是各向同性的。

立方晶系的各种扩散系数表

类型	间隙扩散		空位扩散	
	体心立方	面心立方	体心立方	面心立方
λ	$\frac{1}{2}a$	$\frac{\sqrt{2}}{2}a$	$\frac{\sqrt{3}}{2}a$	$\frac{\sqrt{2}}{2}a$
Z	4	12	8	12
D	$\frac{1}{6}a^2\Gamma$	$a^2\Gamma$	$a^2\Gamma$	$a^2\Gamma$

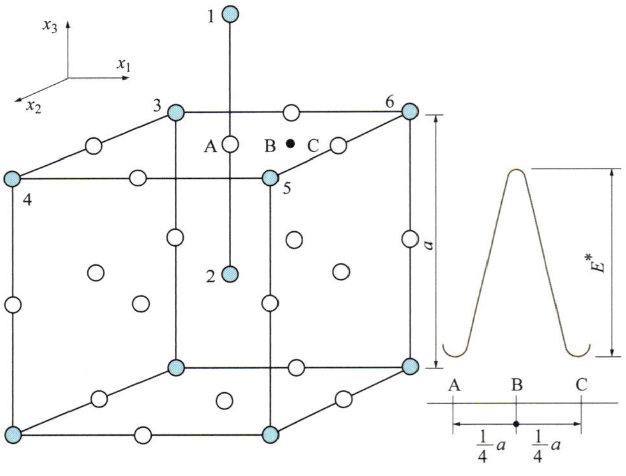

a 间隙扩散模型　　b 沿扩散路程的势能

图4　体心立方金属中的间隙扩散

在体心立方金属中（图4a），间隙溶质原子自A向C迁移时，逐渐和5、6原子接近，势能逐渐升高，到AC的中点B，便和1、2、5、6这4个原子等距离，即溶质原子处于1、2、5、6的四面体间隙中。在此位置上，它必须同时顶开4个角原子，因此势能很高（图4b）。B点的位置称为扩散路程中的鞍点，势能最高。B和A两位置的势能差E^*是扩散时必须越过的势垒，此能量由热骚动供给。若原子的振动频率为ν，其中振动热能每秒超过E^*的次数为$\nu\exp$（$-E^*/kT$），此即为扩散原子跃迁的频率Γ，k为玻耳兹曼常数。在间隙杂

质的扩散中，E^*便是扩散激活能Q，故

$$D=\frac{1}{6}a^2\nu\cdot\exp(-Q/kT) \qquad (8)$$

同理可推出面心立方金属中的间隙扩散系数：

$$D=a^2\nu\cdot\exp(-Q/kT) \qquad (9)$$

空位机制　代位合金或纯金属都借空位机制扩散。图5a为体心立方金属的空位扩散模型，V代表空位，S代表代位原子，扩散时后者跳入空位。当S跳到1/3λ路程时，到达由1、2、3这3个原子构成的三角形的中心，这时它和1、2、3这3个原子挤得最紧，但它必须挣开这3个原子，方得继续前进，因此这一点是鞍点；当S原子跳到2/3λ路程，又遇到4、5、6原子围成的另一个鞍点。沿扩散路程的势能变化，示于图5b，有高为E^*的双势垒。

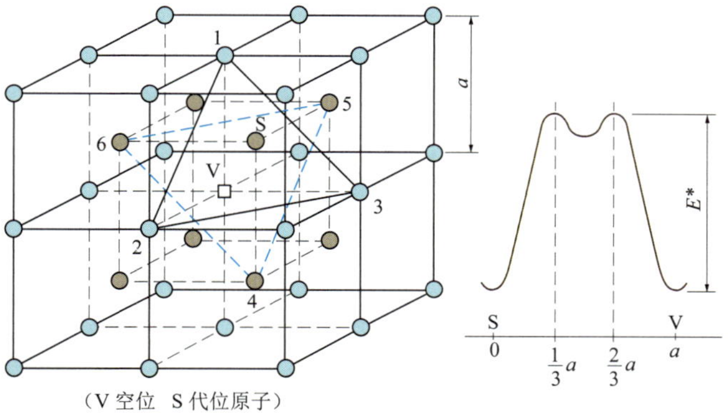

（V空位　S代位原子）

a　空位扩散模型　　　b　沿扩散路程的势能

图5　体心立方金属中的空位扩散

有8条跃迁途径，跃迁时S原子的最近邻必须有空位存在。任一结点出现空位的概率等于空位浓度n_V：

$$n_V=\exp(S_V^f/k)\cdot\exp(E_V^f/kT)$$

式中S_V^f和E_V^f为空位形成熵和形成能，扩散系数D为：

$$\begin{aligned}D&=a^2n_V\nu\cdot\exp(-E^*/kT)\\&=a^2\nu\cdot\exp(S_V^f/k)\cdot\exp(E_V^f/kT)\\&\quad\cdot\exp(-E^*/kT)\\&=a^2\nu\cdot\exp(S_V^f/k)\cdot\exp(-Q/kT)\end{aligned} \qquad (10)$$

扩散激活能Q包括空位形成能E_V^f和空位迁移能E^*，面心立方金属的空位机制扩散系数D的表达式和上式相同。

在六方晶系金属中，扩散时有两种跃迁途径：在同一个底面上跃迁和向它的上下两相邻原子面上跃迁。两种跃迁途径的长度不同，鞍点环境状态不同，所以λ和Γ都不同。有两个扩散系数，平行于c轴的$D_{\parallel}$和正交于c轴的$D_{\perp}$，$D_{\parallel}\neq D_{\perp}$，所以扩散呈各向异性。就空位机制而论，可得：

$$\frac{D_{\perp}}{D_{\parallel}}=\frac{2}{3}\left(\frac{a}{c}\right)^2\left(1+3\frac{\Gamma_{\perp}}{\Gamma_{\parallel}}\right) \qquad (11)$$

对密排六方金属，$\frac{a}{c}=\frac{1}{2}\sqrt{\frac{3}{2}}$，若$\Gamma_{\perp}=\Gamma_{\parallel}$，则$D_{\perp}=D_{\parallel}$。事实上密排六方金属的$\Gamma_{\perp}>\Gamma_{\parallel}$，所以一般$D_{\perp}>D_{\parallel}$。

关联效应　间隙溶质原子在体心立方金属中扩散时，自图4的A位跳到C位后，近邻环境起了变化。从伸长x_3、缩短x_1和x_2，改变为伸长x_2、缩短x_1和x_3，即改变了四方对称轴的取向，以适应自身挤入两种八面体间隙，过程中还含着缺陷近邻原子的弛豫。扩散原子跃迁的频率$\Gamma=\nu\cdot\exp(-E^*/kT)$，已知$\nu=10^{13}$秒$^{-1}$，设$E^*=1$电子伏，则当$T=500$K时，$\Gamma\approx10^3$秒$^{-1}$，即间隙原子每振动$10^{10}$次，其中只有一次能冲过势垒顶进入C位。所以，原子在连续两次跳跃之间，相隔着10^{10}次振动，足够清除它原先在A位的记忆。下一次自C位起跳时，该原子跳入4个最近邻间隙的概率均等，足见连续两次跳跃的方向是不关联的。

纯金属A以空位机制自扩散时，第一次A原子跳入空位，和空位交换位置；第二次跳跃时，空位的任一个近邻A原子跳入空位的概率均等，所以，A原子连续两次跳跃的方向是不关联的。空位跳n次的位移均方值，和A原子跳n次的位移均方值相等，即空位的扩散系数等于A原子的真扩散系数D_{AA}。

代位合金原子以空位机制扩散时，情况则不同。第一次合金原子跳入空位，和空位交换位置。第二次跳跃时，要使合金原子连续两次跳跃的方向不关联，必要的条件是合金原子的各最近邻位置出现空位的概率均等。这要求能将空位迁移到合金原子的任一个最近邻位置上去，须由溶剂原子跳入空位来完成，这就需要一个等待的时间，此时间与合金原子做连续两次跳跃的间隔同一个数量级，所以合金原子第二次跳跃时，空位仍留存原位的概率很大，合金原子很易跳回原位。这样，它连续两次跳跃的方向是关联的，对扩散没有贡献。

示踪原子的空位机制扩散是有关联效应的。因为既然标记出示踪原子，就是将它们作为另一品种的原子来辨认，因此和代位合金原子一样，有关联效应。

各种扩散系数之间的关系　自扩散系数和真扩散系数　示踪原子A^*在纯金属A上做扩散实验，可从A^*的放射性活度分布中求得A^*的扩散系数$D_{A^*A^*}$，称为自扩散系数。当示踪原子以空位机制扩散时，$D_{A^*A^*}$有关联效应，而纯金属A的真扩散系数D_{AA}是没有关联效应的，所以$D_{A^*A^*}=D_{AA}-D_{A^*A}$，交叉项$D_{A^*A}$是由关联效应引起的。$D_{A^*A^*}=fD_{AA}\approx(1-\frac{2}{Z})D_{AA}$，式中$f$为关联因子，$f<1$，交叉项$D_{A^*A}\approx\frac{2}{Z}D_{AA}$，$Z$是最近邻原子数。

化学扩散系数和本征扩散系数　以铜锌二元系的互扩散为例，用30%锌的黄铜和铜扩散偶，界面上排列细钼丝做标桩，均匀化扩散后标桩向黄铜一边推移，这个现象称为**克肯达耳效应**。原因是锌和铜两种原子沿相反方向扩散时，锌原子比铜原子扩散得快，即$|J_{Zn}|>|J_{Cu}|$，而$J_{Zn}+J_{Cu}+J_v=0$，故有多余空位流J_v流向黄铜一边，由此引起的体积收缩，促使标桩向这边推移。所以二元合金互扩散时，组元的分扩散系数（即本征扩散系数）不相同。从扩散实验测出组元的浓度分布，可用玻耳兹曼-俣野法求出各种浓度梯度及其相应的化学扩散系数$\tilde{D}$，$\tilde{D}=N_{Zn}D_{Cu}+N_{Cu}D_{Zn}$，$\tilde{D}$是浓度的函数，式中$N_{Zn}$、$N_{Cu}$各为锌、铜的摩尔分数浓度，$N_{Zn}+N_{Cu}=1$；$D_{Zn}$、$D_{Cu}$各为锌、铜的本征扩散系数。可以看出，虚拟的俣野界面以恒定速率向黄铜一边推移，相应于标桩移动的速率$v=(D_{Zn}-D_{Cu})\times\frac{\partial N_{Zn}}{\partial x}$，此速率可实验测出，扩散过程中标桩平面的浓度守恒，不随时间而变。已知v和$\tilde{D}$，可以用上面公式解出本征扩散系数D_{Zn}和D_{Cu}。

扩散驱动力和上坡扩散　化学扩散的驱动力并不是浓度梯度$\frac{\partial C}{\partial x}$，而是化学势梯度$\frac{\partial\mu}{\partial x}$，热平衡时合金中化学势处处相等，否则原子要从高势能区扩散入低势能区。多元合金中组元i的化学势：

$$\mu_i=\left(\frac{\partial G}{\partial C_i}\right)_{p,T,C_1,C_2,\cdots\cdots,C_{i-1},C_i,C_{i+1},\cdots\cdots}$$

$$G=w(N_i,p,T)-kT\left(N\ln N-\sum N_i\ln N_i\right)$$

式中N为阿伏伽德罗常数，$N_i=NM_i$，M_i为组元i的摩尔分数；w为紊乱度；右边第二项由混合熵引起，组元i的化学势：

$$\mu_i=\frac{\partial G}{\partial N_i}=\frac{\partial w}{\partial N_i}+kT\ln M_i \qquad (12)$$

因$M_i<1$，第二项恒为负值。

以AB二元合金为例，设溶质A的浓度高，无序固溶体中A原子可与B原子相邻产生A-B键，也可与A原子相邻产生

A–A键，A原子的点阵能是A–A和A–B两种键能的平均值。A原子在富A区的A–A键数较在贫A区多，若A–A键的结合能远大于A–B键结合能，则富A区的$\frac{\partial w}{\partial N_i}$比贫A区低。在较低温度下，式(12)第二项两区的差别小，这就有可能使富A区的μ_A比在贫A区小，此时A原子趋于富集，即A原子自贫区扩散到富区。这样的扩散称为上坡扩散。固溶体的**共析分解**必含有上坡扩散过程。

在合金中，组元i的本征扩散系数$D_i = B_i kT\times\left(1+\frac{\partial \ln\gamma_i}{\partial \ln M_i}\right)$，其中$B_i$为组元$i$的迁移率，即在单位驱动力的作用下，$i$原子的扩散速率；$\gamma_i$为组元$i$的活度系数。上坡扩散的条件是$(1+\frac{\partial\ln\gamma_i}{\partial\ln M_i})<0$，相当于$\frac{\partial^2 G}{\partial M_i^2}<0$。

扩展阅读

SHEWMON P G. Diffusion in Solids. New York: McGraw-Hill, 1963.

（吴自良）

金属中气体　gases in metals　通常指金属中的氢、氮、氧等气体。其分子均为双原子（H_2、N_2和O_2）。它们常以分子形式被物理吸附在固态金属表面，但当其原子与金属表面间的结合力大于气体分子内部的结合力时也会发生化学吸附，在金属表面形成薄层。吸附在金属表面的气体分子可以分解成原子从金属表面扩散入内部。由于氢、氮和氧的原子半径r_X都很小，分别为0.046、0.071和0.07纳米，在固态过渡族金属中，它们往往占据晶体点阵的间隙位置，形成间隙固溶体。当气体含量超过固溶极限时，会析出金属化合物（即氢化物、氮化物和氧化物），弥散于晶粒内或存在于晶界上。同样，由于原子半径r_X较金属原子半径r_M小($\frac{r_X}{r_M}<0.59$)，氢和氮在形成的金属化合物中仍占据间隙位置，多数形成结构简单的间隙相。常见的金属氧化物多为化合物。当金属中存在微孔隙时，过饱和气体也能以气体分子形态析出到这些微孔隙内。

气体在金属中的溶解度　气体在液态或固态金属中的溶解度s与金属的温度及气体的分压p有关。当温度不变时，s与p的平方根值成正比：

$$s=k\sqrt{p}$$

即西韦特（Sievert）定律，式中k为常数。当气体分压固定，溶解度s与温度T的关系可用下式表示：

$$s=C\cdot e^{-\frac{Q}{2RT}}$$

式中C为常数；Q为气体的溶解热；R为气体常数；T为热力学温度。

氢、氮和氧在各种金属元素中的可溶性见表1。气体在金属中的溶解度在金属相变温度和金属熔化时出现突变。图1反映了氢和氮在固态铁和液态铁中溶解度的变化。

氢在铁、钴、镍、铜和锰等金属中的溶解是吸热过程，溶解度（C）随温度升高而增大；反之，氢在过渡金属、稀土金属和钍中的溶解是放热过程，溶解度随温度升高而减小（图2）。许多金属在熔融状态能溶解大量氧，大多数金属在凝固时析出氧化物。由于氧的浓度很低，一般在ppm（百万分数）数量级甚至更低，测定氧的溶解度也比较困难。

气体在过渡族金属中的溶解度随其电子结构的不同而不同，ⅤB族金属（V、Nb、Ta）中氢、氮和氧的溶解度较高，而ⅥB族金属（Cr、Mo、W）则甚低，如表2。

这些间隙原子在金属中的含量超过溶解度时，就会使金属变脆。通过提纯来提高韧性，对钒、铌、钽来说，比较容易做到；而对铬、钼和钨来说就很难，这3种金属在冶炼和加工上的困难也与此有关。

气体对金属性能的影响　一般来说，固溶的氧和氮都能增大金属的点阵常数，提高其强度和硬度，但会降低其塑

表1　氢、氮和氧在金属元素中的可溶性

周期表族	元素	H	N	O
ⅠA	Li，Na，K，Rb，Cs	形成离子氢化物RH，可能溶解	不溶	R_2O，可能稍溶
ⅠB	Cu	溶解	不溶	Cu_2O，溶解
	Ag	溶解	不溶	Ag_2O，溶解
	Au	不溶	不溶	不溶
ⅡA	Be	可能稍溶		
	Mg	溶解		
	Ca，Sr，Ba	形成离子氢化物RH_2，可能溶解		RO，可能溶解
ⅡB	Zn，Cd	可能稍溶	不溶	
	Hg	不溶	不溶	不溶
ⅢA	B	形成共价氢化物BH_3，可能不溶		
	Al	溶解	不溶	不溶
	Ga，In，Tl	不溶		
ⅢB	Sc，Y，稀土	易溶解→RH_3		
	U	形成氢化物UH_3	溶解	
	Th	易溶解→RH_2或RH_3	易溶解→RN或R_3N_4	易溶解
ⅣA	Si	形成共价氢化物SiH_4，可能不溶		
	Ge	形成共价氢化物GeH_4，可能不溶		
	Sn，Pb	稍溶	不溶	SnO，PbO，稍溶
ⅣB	Ti，Zr，Hf	易溶解→RH_2或RH_3	易溶解→RN或R_3N_4	易溶解
ⅤA	As，Sb，Bi	形成共价氢化物RH_3		
ⅤB	V，Nb，Ta	易溶解→RH	易溶解→RN	溶解
ⅥB	Cr，Mo，W	稍溶	RN，可能稍溶	
ⅦB	Mn	溶解	Mn_3N_2，溶解	
Ⅷ	Fe，Co，Ni	溶解	溶于Fe和Co	RO，溶解
	Ru，Rh，Pd	溶解	不溶	
	Os，Ir，Pt	溶于Pt	不溶	不溶

注：其中R表示元素

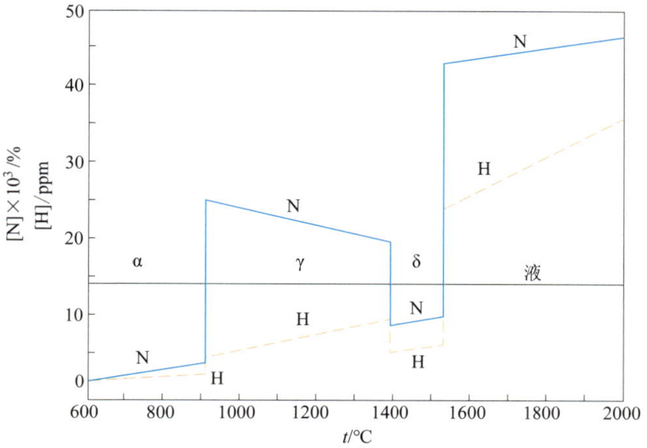

图1　在一个大气压分压时温度对氢和氮在铁中溶解度的影响

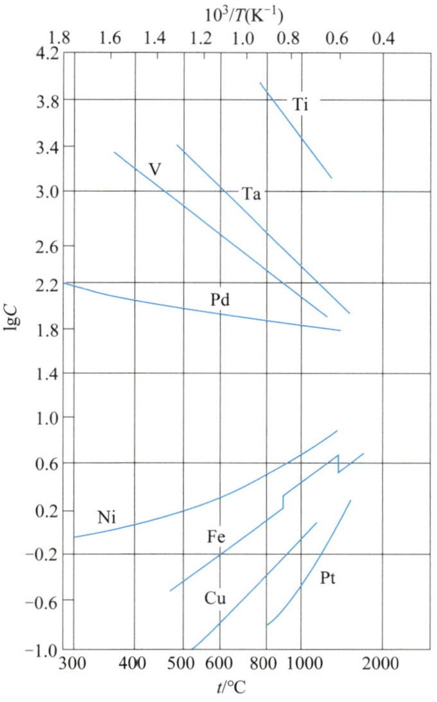

图2　在一个大气压分压时温度对氢在不同金属中溶解度的影响

性和韧性，并使金属的电阻率增加、磁化率减小。氢、氮和氧能降低铌和钽的超导临界温度。过量的氧会在铌、钽、钨和钼的晶界上析出氧化物，使其断裂强度下降。氧和氮降低钼和钨的再结晶温度。氧增加铍的脆性，金属铍表面有一层氧化铍薄膜，使铍的硬度提高到能划破玻璃。微量氧使铷的高温抗腐蚀能力下降。氧能在多种金属和合金表面与金属元素发生作用，生成保护性氧化膜。

表2　金属中氢、氮和氧的溶解度（ppm）

元素		H	N	O
ⅤB	V	10 000	5000	3000
	Nb	9000	300	1000
	Ta	4000	1000	200
ⅥB	Cr	0.1～1	0.1	0.1
	Mo	0.1	1	1
	W	测不出	≪0.1	1

氮是导致钢产生蓝脆的主要原因。在金属的熔炼浇注和凝固过程中，氧和氮与金属反应形成金属氧化物和氮化物，在**金属凝固**后继续保留在金属中，形成金属中非金属夹杂物，对金属性能产生重大影响。氧一般不作为有利元素加入金属内。氮有时被加到钢中起合金元素的作用，如铬锰氮耐热不锈钢中氮代替了镍铬不锈钢中的镍；氮在渗氮结构钢中形成铬和铝的氮化物，可提高钢的耐磨性和抗蚀性；钢或金属表面采用离子镀工艺镀上氮化钛层，可延长材料的使用寿命，金黄色的氮化钛还可制成仿金装饰品。

氢在金属中的作用见**金属中氢**。

（陈文琇）

金属中氢　hydrogen in metals　金属中存在氢对金属的性能和使用影响很大。自20世纪30年代在重轨钢中发现白点、低合金高强度钢中发现内部裂纹等以后，氢在金属中的作用日益受到重视。在近代工业和新技术发展中，大量的实践证明，几乎所有的金属材料都有不同程度的**氢脆**倾向，高强度钢含氢不到ppm（百万分数）量级就能引起滞后破坏。氢是石油化工工业中的重要原料和工作介质，钢材长期和氢接触，不但可能变脆，而且在较高设备操作温度下还可能被氢腐蚀。氢又是理想的二次能源，燃值高，无污染，资源丰富，很有发展前途，贮氢材料作为氢燃料储存和输送的重要媒介，正在发展阶段。因此，深入研究氢在金属中的行为便成为**金属学**最活跃的研究领域之一。

氢在金属中的存在状态及其行为　氢在金属中可能形成固溶体、氢化物、分子状态氢气，也可能与金属中的第二相进行化学反应而生成气体产物存在于金属中。例如，铜合金由H_2与CuO反应生成的高压水蒸气、钢中氢与碳反应生成的CH_4气体等。

氢溶入金属　氢在金属中的溶解度随金属相结构的不同而变化。如当900℃一个大气压时，在α铁中氢的溶解度约为每100克金属3毫升，而在γ铁中约为每100克金属4.7毫升（见**金属中气体**）。氢在铁、镍、锰、铜、铬等金属中的溶解为吸热反应，温度愈高溶解度愈大，这些金属由高温急冷至室温时，可能在晶体缺陷或孔隙处形成高压气体，钢中白点就是在此高压气体和应力（热应力或组织应力）的联合作用下形成的。氢在某些活性金属如稀土或ⅣB、ⅤB族金属中的溶解是放热反应，它们极易生成氢化物。

氢与金属中的点缺陷、**位错**、溶质原子、晶界、碳化物等会发生复杂的交互作用，但这些缺陷或夹杂物与氢原子间的结合能大小不同，在不同条件下可以固定或释放氢原子，这就是所谓陷阱（trapping）理论。根据结合能的大小可将陷阱分为可逆性及不可逆性两种。前者如位错、溶质原子等，它们与氢原子的结合能较小（0.2～0.5电子伏），有时可作为氢原子的陷阱，有时又可释放氢原子；后者如钢中形成的某些活性元素（如稀土、钒、钛、铌等）的碳化物或氮化物，它们与氢原子有较大的结合能（0.8～0.95电子伏），可形成不可逆陷阱，容易将氢原子固定在其周围，减弱氢的危害作用。

氢在金属中的扩散　研究氢在金属中的扩散及迁移是确定氢在金属中行为的一个重要方面。氢在金属中扩散系数的测定方法一般有电解渗膜法、热萃取法、内耗法及弹性后效法等。在氢浓度高时，则采用穆斯堡尔谱法及中子衍射等方法来测定。氢的扩散遵从阿伦尼乌斯（Arrhenius）方程：

$$D=D_0\exp(-\frac{Q}{RT})$$

式中D为扩散系数；D_0为扩散常数；Q为克分子氢的扩散激活能；R为气体常数；T为热力学温度。

氢原子直径较小，在金属点阵内以较高的速度扩散，扩散系数在10^{-8}～10^{-5}厘米^2/秒。图1是氢、氧、氮3种间隙原子在纯铌中扩散系数（D）的比较。可以看出，在室温附近时，$D_H=10^{-5}$厘米^2/秒，比相同温度下氧的扩散系数高15个数量级。

用弹性后效法对钒、铌、钽等金属中氢及其同位素的扩散系数的测定表明，氘与氚在这些金属中的扩散行为与氢相似，其扩散系数随质量的增加而降低，而扩散激活能力则随之而增加，即符合经典的扩散理论$D_1/D_2=\sqrt{m_2/m_1}$。但在低温时（<－50℃）的实验结果并不符合这一规律，这是扩散机制改变所致。测定氢在铁中的扩散系数具有特别重要的意义，但不

同研究者所得的数据（0～200℃）有的竟相差达几个数量级。原因之一是多数实验测量受样品表面状态的影响，弹性后效法虽与样品表面状态无关，数据比较可靠，

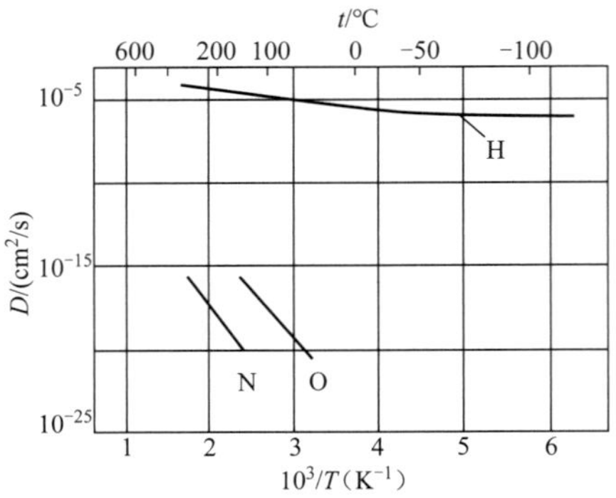

图1 氢、氧、氮在纯铌中扩散系数（D）的比较

但对那些氢溶解度较小的金属（如α铁）中氢扩散系数的测定，在技术上还存在一定的困难；另一重要原因是氢在金属中的扩散系数与金属本身的纯度关系极大，当铁中存在氧、氮等杂质原子后，由于这些原子对氢原子的陷阱作用，将严重降低氢的扩散系数。

由于氢在晶体点阵中有极高的活动性和扩散速度，氢在溶解状态的行为与一般气体或液体的行为颇为相似。因此阿勒费尔德学派提出了点阵气体模型（lattice gas model）。晶体点阵被看作氢原子的一个不连续空间容器，氢原子在点阵间隙中的自由运动跟一般的气体或液体一样。如果把氢原子浓度用点阵气体的密度来表示，那么此时的相图就可以看作一个单组元的气-液-固的相平衡。氢处在固溶状态看作气相（α），低氢化物看作液相（α′），高氢化物看作固相（β）。如果一个含30%氢原子的铌氢合金，从高温急冷至α+α′两相区，将产生斯皮诺达分解（spinodal分解），它将分解成低氢浓度的相α（共格）及高氢浓度的α′（非共格）。α+α′两相区可以看作高压低温条件下气液两相共存区。

氢脆 又称氢致开裂或氢损伤，是由于金属材料中氢引起的材料塑性下降、开裂或损伤。金属的氢脆可分为两类：第一类氢脆的敏感性随形变速度的提高而增加，第二类氢脆的敏感性随形变速度的提高而降低。两类氢脆的主要差别是前者在材料加载荷前已经存在氢脆源，后者在加载荷之前并不存在氢脆源，而是氢与应力产生交互作用后才形成的。

第一类氢脆 表现有以下3种情况：①氢蚀（hydrogen attack）。主要表现在石油高压加氢及液化石油气的设备中。其作用机理是，在300～500℃温度范围内，由于高压氢与钢中碳作用在晶界上生成高压CH_4而使材料脆化。实验证明要降低氢蚀宜采用经充分球化处理的低碳钢，钢液不宜采用铝脱氧（其脱氧产物Al_2O_3易成为CH_4气泡的核心），并尽可能加入钒、钛等元素使碳固定。②白点。在重轨钢及大截面锻件中易出现这类氢脆。这是由于钢在冷凝过程中氢溶解度降低而析出大量氢分子，这些氢分子在锻造或轧制过程中形成高压氢气泡，在较快速度冷却时来不及扩散到表面逸出，于是在高压氢分子和应力（热应力或组织应力）的共同作用下造成白点等缺陷。采用缓冷或在钢中加入稀土、钒、钛等元素可减轻这类氢脆。③氢化物氢脆。ⅣB族（钛、锆、铪）和ⅤB族（钒、铌、钽）金属极易生成氢化物而导致脆性。由于氢化物是一种脆性相，它与基体存在较弱的结合力且二者间弹性和塑性不同，因此在应力作用下形成脆断。

第二类氢脆（可逆性氢脆） 这种静载荷持久试验所产生的脆断可用图2表示。含氢材料在持续应力作用下，经过一定孕育期后形成裂纹，存在一个亚临界裂纹的扩展阶段，当外界应力低于某一极限值时，材料将长期不断裂，此极限值与疲劳极限十分相似。

可逆性氢脆（滞后破坏）的发生与金属的晶体结构无关。其特征是：只在一定温度范围内（−100～100℃）发生；氢脆敏感性与形变速率有关，形变速率愈大，敏感性愈小，当超过某一临界速率，则氢脆完全消失；氢脆断口平滑，多数是沿晶断裂。可逆性氢脆可以在含氢的材料中发生（内部氢脆），也可在含氢介质中发生（环境氢脆）。二者实验条件不同，但表现出的氢脆特征是相同的。环境氢脆内容十分广泛，环境介质除H_2、H_2S、H_2O外，还有各种碳氢化合物及各种水溶液。因此，广义的环境氢脆包括各种水溶液的应力腐蚀。

环境氢脆实际上是断裂力学、表面科学及材料科学的综合研究领域。环境氢脆的脆化过程可用图3表示。它包括气体（H_2、H_2O、H_2S）在气相中的扩散、物理吸附、化学吸附、氢原子溶入金属及氢在点阵中扩散至断裂区等步骤。大量的实验结果表明，不同金属材料（高强钢、钛合

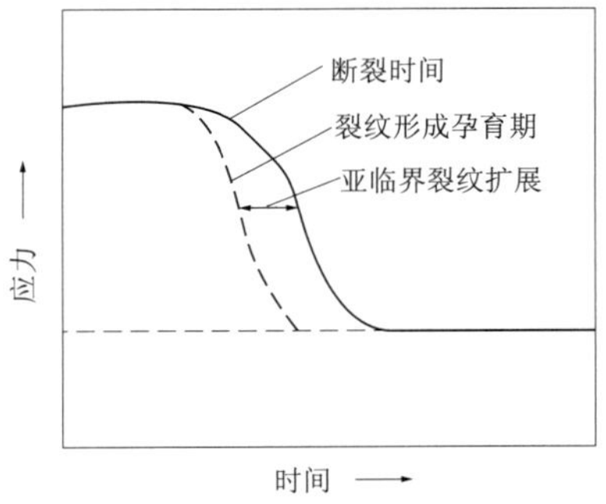

图2 滞后破坏示意图

金、铝合金）在环境介质下的裂纹扩展都具有如图4所示的共同特征。裂纹扩展存在3个阶段：第一阶段裂纹扩散速率$(\frac{da}{dt})_{\mathrm{I}}$与应力场强度因子$K$有关，但与温度无关，这一阶段的裂纹扩展速度主要取决于力学因素，存在一个裂纹开始扩展的阈值（即K_{th}）；第二阶段$(\frac{da}{dt})_{\mathrm{II}}$与应力场强度因子$K$无关，而与介质及试验温度有关，表现出热激活特性；第三阶段即为裂纹扩展的失稳阶段。上述3个阶段中，$(\frac{da}{dt})_{\mathrm{II}}$具有特殊的重要意义，因为它与应力的大小无关，而只与介质的性质及试验的温度有关。第2阶段的裂纹扩展速率取决于图4各过程中最慢的一个过程。利用图4中的$(\frac{da}{dt})_{\mathrm{II}}$与实验温度的倒数（$1/T$）作图，得一直线，由直线的斜率可求出裂纹扩展激活能。有人用此法求得的40CrNi2Mo高强钢在蒸馏水中的裂纹扩展激活能与高强钢和水蒸气反应的激活能（8千卡/摩）很接近，从而断定高强钢在蒸馏水中的裂纹扩展速度取决于水蒸气与裂纹表面的化学反应生成氢原子的速度，即$Fe+H_2O = FeO+2H$。

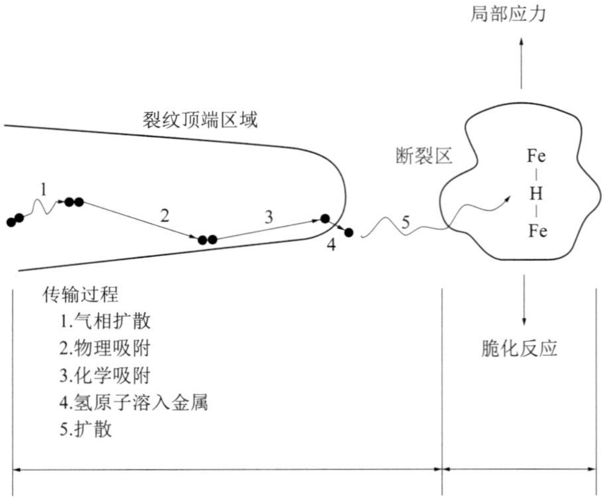

图3 环境氢脆的脆化示意图

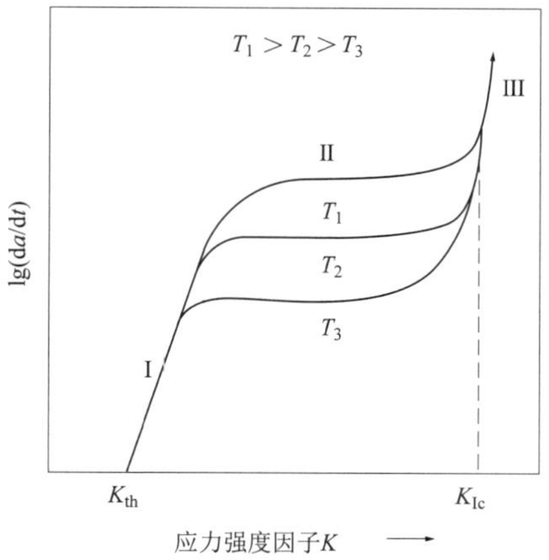

图4　环境氢脆裂纹扩展示意图

金属氢化物　某些金属在一定条件下可以形成金属氢化物：

$$M+\frac{x}{2}H_2 \rightleftharpoons MH_x$$

式中x为金属氢化物的贮氢能力。这是一个放热反应，升温时，有利于反应向左方进行，氢气又释放出来。利用这个反应可发展贮氢材料。

形成氢化物的金属，其四面体间隙空间半径必须大于0.046纳米，氢与金属原子间以共价键结合。采用中子衍射、核磁共振等方法测定了稀土钴氢化物$(RCo_5)_2H_4$的结构，在每个晶胞内有2个稀土原子、10个钴原子及4个氢原子。

扩展阅读

ALEFELD G, VÖLKL J. Topics in Applied Physics : v.29 : Hydrogen in Metals. Berlin: Springer-Verlag, 1978.

CARTER T J, CORNISH L A. Hydrogen in Metals. Engineering Failure Analysis, 2001, 8(2): 113-121.

（万晓景　戚震中　撰　孔令体　修订）

金相学　metallography　研究金属及合金内部组织结构的学科。是**金属学**形成的先导，是金属学形成和发展的基础，也是金属学的重要组成部分。在金属学或**物理冶金学**中主要采用显微镜（光学和电子显微镜）和X线衍射等技术开展材料微观及宏观组织分析研究。

简史　metallography一词在1721年首次出现于牛津《新英语字典》中，当时的含义是金属及其性能的学问，并未涉及组织结构。作为金属材料组织研究和观测分析手段的金相技术，始于19世纪初。金相学的兴起是从研究钢铁的显微组织开始的。英国H.C.索比于1860年首次用光学显微镜观察经抛光并腐刻的钢铁试片，1864年以论文形式发表了其在锻铁中观察到的魏氏组织。他发明了光学显微镜的“普通照明”技术，进一步完善了抛光制样技术，可以检测不透明材料的抛光断面，并用显微镜对钢的微观组织进行了系统的观察和研究，包括**铁素体**、**渗碳体**、**珠光体**，以及石墨、夹杂物等。由此，索比被公认为金相学的创建人。其后，德国**A.马滕斯**用自制的显微镜观察了铁的金相组织，并于1878年发表了《铁的显微镜研究》；法国**F.奥斯蒙**于1885年独立运用显微镜观察了钢铁的显微组织，并发展了抛光腐蚀技术。金相学发展到20世纪初已基本成熟。

研究内容和方法　以金相检验方法学研究及其应用作为其主要内容，以图像或数字的形式，实现材料微观及宏观组织乃至缺陷的定性和定量表征。金相学在材料科学、材料工程、材料工业和制造业生产过程与质量控制、考古学等领域广泛应用，是易行有效的材料微观组织研究和检验的方法学。其他领域中亦有矿相学、岩相学、瓷相学等类似学科。

金相分析一般多包括如下步骤：取样（选取有代表性的或特定意义的样品）；样品制备（光学金相样品、电子显微镜样品、断口样品等的制备方法不同）；组织样品图像的显示（采用化学浸蚀、显微镜、微计算机断层扫描等成像方法）；图像采集处理（摄影摄像、图像处理等）；材料的相组成物、组织组成物、夹杂物、宏观微观缺陷、失效分析断口表面上的韧性或脆性区等或其他特征物的辨识确认；定量分析与表征（人工金相测量、自动图像分析、体视学分析等）；分析结果的报告和延伸应用（用于材料的质量判定、相变过程与机理分析、建立组织-性能定量关系等）。

金相学发展了多种应用技术，如光学金相学或光学显微学、彩色金相学、X射线金相学、**电子显微学**、体视金相学（定量金相学）、断口金相学、高温金相学、钢铁金相学、钛合金金相学、焊接金相学、微观金相分析和宏观金相分析等。由于金相学起始于光学显微镜在钢铁材料微观组织观测分析中的使用，若无专门说明，金相学常用于指代光学金相学，即运用光学显微镜及相关技术分析研究金属材料的微观组织。例如，某种铸铁制备成金相样品后在光学金相显微镜下采集的显微组织照片（又称金相照片），可以清楚地分辨出该金相组织由显示为白色的铁素体基体相和黑色的石墨相两相组成，并可以看到铁素体基体由若干小晶粒组成，而石墨相具有自身特定的形貌和尺寸、空间分布等（见图）。

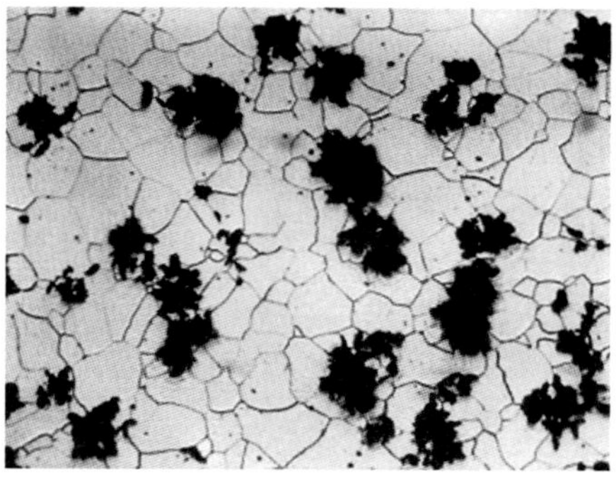

展性铸铁的光学金相组织照片

金相学的拓展　随着光学显微镜的不断改进和定量表征技术的发展，金相学也在不断拓展。例如，采用共聚焦显微镜可进行显微组织的三维重建和三维直接观测；体视学与金相学的交叉融合形成了体视金相学；金相学与计算机技术、图像分析技术的融合加速了金相分析检验自动化技术的发展。

随着新的组织观测表征技术的不断出现，以及金相学与相关学科之间的交叉融合，材料组织的观测表征能力亦得以不断拓展。例如，配合扫描电子显微镜、电子背散射衍射（EBSD）、三维取向成像（3D-OIM）等技术，金相学不但可以观测晶粒组织的形貌，同时可以获得金属材料组织中晶体学取向等信息；现代电子显微镜技术不但提高了显微组织观测的分辨率，还可结合电子衍射技术来鉴定物相。金相学与计算机断层扫描技术的结合运用，正成为材料缺陷和组织结构的三维重建、可视化观察以及直接分析的另一重要途径。

（刘国权）

紧凑式热带钢生产工艺　compact strip production　由施罗曼-西马克公司开发的一种**薄板坯连铸连轧**工艺技术。通常称为CSP工艺。1985年，联邦德国的施罗曼-西马克公司（SMS）对在布施（Busch）钢厂的立弯式连铸机进行了改进，第一次成功地在传统连铸机上浇铸出50毫米厚的薄板坯。1989年，美国纽柯公司采用了施罗曼-西马克公司开发的薄板坯连铸连轧工艺技术，建成世界第一条工业化的CSP生产线。随后CSP工艺迅速在全世界获得广泛推广应用，在韩国、墨西哥、西班牙、印度、马来西亚、中国、荷兰、埃及等国家，先后建成工业化的CSP连铸连轧生产线。

CSP工艺的一般流程为：**电炉**或**转炉**→钢包精炼炉→薄板坯连铸机→切断剪→均热（保温）炉→事故剪→除鳞机→立辊轧机→精轧机组→层流冷却→地下卷取机（图1）。

典型连铸连轧过程是：钢包内精炼钢

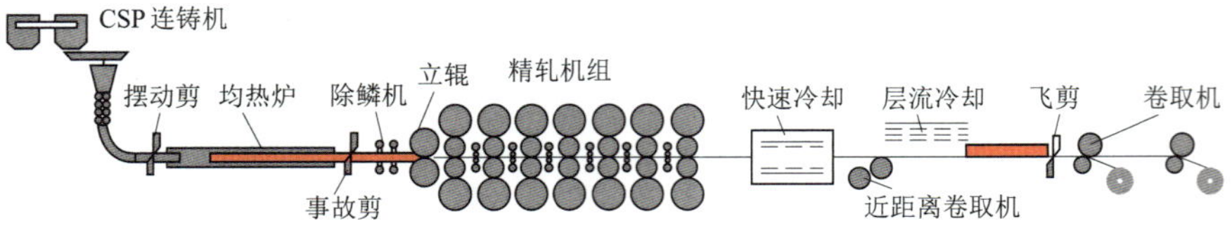

图1　典型CSP生产线布置

水注入中间包，然后通过浸入式水口，进入CSP漏斗形结晶器；结晶器出口的铸坯厚度为70～90毫米，铸坯以3～6米/分的拉坯速度拉出结晶器进入二冷区；铸坯在连铸机的二冷区经过液芯压下，从连铸机拉出时的厚度为50～70毫米。薄板坯经剪切后进入长度为160～200米的辊底式隧道加热炉进行加热保温。满足轧制温度的薄板坯出炉后，经由高压水除鳞，再通过4～7架精轧机轧成0.8～1.25毫米厚的热轧带钢。输出辊道设置层流冷却装置，带钢经冷却后，由飞剪切成所要求重量进入卷取机。如果设置近距离卷取机，需要在最后一架轧机和飞剪之间设置快速冷却系统，以保证卷曲温度。

CSP工艺所用的漏斗形结晶器上口宽边两侧均有一平行段，中部为向外张开50～60毫米的圆弧，形成鼓肚形的上口截面（图2）。漏斗区自上而下逐渐变小，

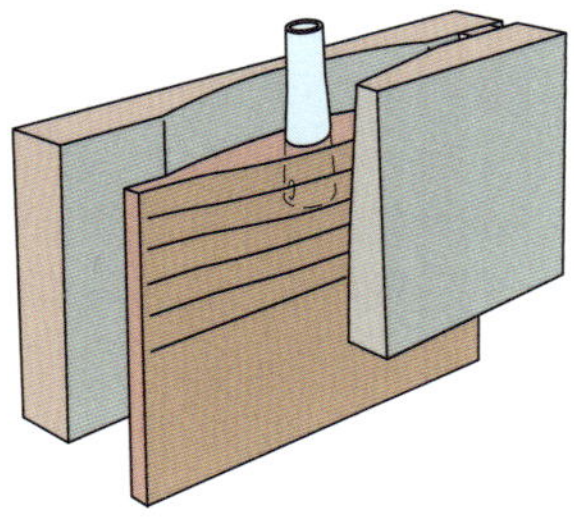

图2　漏斗形结晶器示意图

在结晶器的两宽面板间形成了一个垂直方向带锥度的空间。在结晶器出口，宽边两侧成为平行板。这种结晶器在形状上满足了浸入式水口插入、保护渣熔化和薄板铸坯的厚度要求。

CSP工艺采用了漏斗形结晶器、液芯压下技术、液压振动装置、电磁闸技术、高压水除鳞装置、**板形控制**技术等，全过程自动化控制，具有流程紧凑，投资少，能耗低，生产简便、稳定等优势。

（吴夜明）

浸没式顶吹炼铜法　top submerged lance process　以浸没于熔体中的顶置喷枪为特征，用于铜冶炼的**熔池熔炼**技术。常简称为TSL法。

简史　1971年任职于澳大利亚联邦科学与工业研究组织（Commonwealth Science and Industry Research Organazition，CSIRO）的J.M.弗洛伊德，提出该技术的构想并开展研究，因此早期的中文文献中，该法被称为“悉罗法”。在该技术工业化试验初步成功后，澳大利亚政府授权艾萨（ISA）、澳斯麦特（Ausmelt）两家公司，分别独立应用和推广该技术，所以该技术在工业应用中又分别称为艾萨法和澳斯麦特法。这两种技术方法的原理、设备等基本相同，但在炉体与喷枪结构、技术细节上有所区别，并均于20世纪90年代实现工业化生产。自澳斯麦特公司被奥图泰公司控股经营后，澳斯麦特法改称奥图泰-澳斯麦特法。TSL法自问世以来，已广泛应用于铜、镍、铅、锌、锡等金属冶金。

设备构成　图1为TSL炉示意图。炉体为竖式圆柱体固定炉，炉体直径3.5～5米，高12～16米，熔体深度1～2米。炉体为耐火砖砌筑，部分炉子在渣线附近装有铜水套保护炉衬。奥图泰-澳斯麦特炉和艾萨炉熔体排出方式不同。前者采用堰坝结构连续排出；后者设有两个排出口，间断排出。早期TSL炉体寿命较短，在改进炉体结构、冷却方式、操作水平后，其寿命已达2年以上。

TSL炉采用单根顶置钢制喷枪，工作状态下喷枪前端插入熔体深度约为0.3米，可根据炉子工作状况调节。图2为奥图泰-澳斯麦特法喷枪结构示意。奥图泰-澳斯麦特喷枪为套筒结构，内管材质为中碳钢，以输送燃料，底端距熔体面1米；外管材质为不锈钢，直径0.3～0.5米，头部浸入熔体。富氧空气通过内外管间夹套喷入炉内熔体中。为使富氧空气与内管加入的燃料良好混合燃烧，同时改变喷入熔体气流的流形，喷枪中上部夹套内置螺旋导流叶片。喷枪插入熔体部分，在旋流气体冷却下挂渣得到保护。浸入熔体的外管寿命为1周或更长，损坏后更换，更换时间小于1小时。喷枪总长15～25米，当需要修理或更换时，设于炉顶的提升机构将其从炉内完全提出。因此，TSL法要求厂房高度大于炉体及喷枪高度之和，高达50米左右。

工艺过程　在铜精矿造锍熔炼中，含水约8%的炉料混合造粒后，通过加料皮带从炉顶加料口连续加入炉内熔体中，富

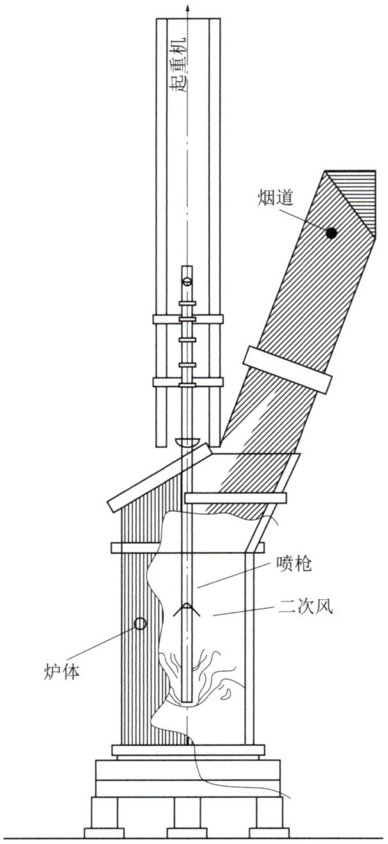

图1　TSL炉示意图

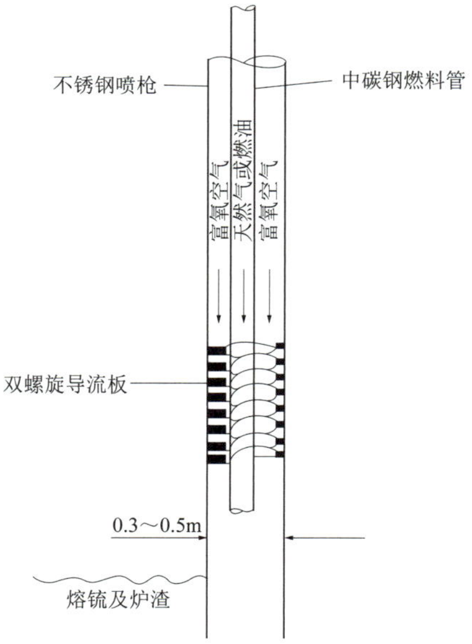

图2　奥图泰-澳斯麦特法喷枪结构示意图

氧空气、燃料经浸没于熔体中的钢制喷枪喷入熔体中，强烈搅动熔体，熔炼的物理化学过程在气、液、固三相乳状体中剧烈发生，生成的冰铜（硫化铜和硫化亚铁的共晶体）和炉渣间断（艾萨法）或连续（奥图泰-澳斯麦特法）排入燃料加热的卧式炉（艾萨厂）或电炉中分离。品位为60%的冰铜送P-S转炉吹炼；炉渣含铜0.6%～0.8%，水淬弃掉。浓度为25%的二氧化硫烟气经回收余热、收尘后送制酸。炉膛

上部通入少量氧气，以消除硫元素的不利影响。喷枪头部挂渣保护。喷枪损坏后提出，将损坏部分割掉，焊接上新枪头，重新使用。

艾萨铜厂曾对炉内搅拌混合效果进行研究，结果为炉内混合时间小于1分钟，反应时间小于2分钟，炉料平均停留时间为35分钟，氧利用率100%；体系氧势10^{-9}标准大气压，熔池内最大温度梯度小于20℃。由此可见，TSL炉动力学条件良好，属于较为高效的高温冶金反应器。此外，熔体强烈搅拌可避免四氧化三铁沉积，因此适应炉渣铁、二氧化硅质量比较大的条件。

技术指标　TSL法用于铜造锍熔炼时，主要技术指标如下：①富氧浓度45%～90%。②冰铜品位50%～65%。③炉渣铁、二氧化硅质量比1.17～1.54。④熔池温度1150～1200℃。⑤炉渣含铜量（电炉贫化后）0.6%～0.8%。⑥炉出口烟气二氧化硫浓度30%～35%。⑦烟尘率1%～1.5%。

扩展阅读

邱定蕃，柴立元.有色冶金与环境保护.长沙：中南大学出版社，2015.

FLOYD J M. Converting an Idea into a Worldwide Business Commercializing Smelting Technology. Metallurgy and Materials Transaction B, 2005, 36(5): 557－575.

（刘志宏）

浸取　leach　用适当的溶剂处理固体物料（如矿石、精矿或焙砂等），选择性地溶解其中一种或几种有价金属，使之与固体物料中不溶解的组分分离的过程。又称浸出、固液萃取。这是一般**湿法冶金**流程中的第一步作业。

浸取剂　常用的工业浸取剂有酸、碱、氨和盐类等的水溶液。根据所用的浸取剂的不同可分为酸浸、碱浸、氨浸、氰化物浸取、氯化物浸取和有机溶剂（如乙二胺、乙腈）浸取等。浸取剂的选择主要考虑被处理原料的特性、浸取的效果和经济因素等，既要达到浸取率高和选择性好，又要使用方便、经济和能再生循环使用。例如，含酸性脉石为主的铀矿石应采用酸浸，而含碱性脉石为主的铜矿则宜采用氨浸。

浸取的化学热力学　在湿法冶金中，浸取不仅是溶解过程，常常伴随有氧化、还原等化学反应，而且大多数涉及液、固、气三相的多相反应。从物理化学观点看，浸取过程应在化学热力学因素较有利的条件下进行。

在浸取的化学热力学中，常用水溶液的电势－pH图研究浸取反应中各组分平衡的条件及存在范围。在水溶液中，铜的各种形态稳定存在的热力学条件，可用25℃时的Cu－H_2O系电势－pH图说明（见图）。因为氧线（a）在铜线之上，所以当有氧存在时，铜在整个pH范围内都能被氧化，并分别在不同的pH下可得到不同的氧化产物。如果要使铜呈稳定的Cu^{2+}形态进入溶液，显然要在有氧或其他氧化剂存在的条件下尽可能使浸取液保持较小的pH。由于氢线（b）在铜线之下，所以当有氢存在时，所有呈氧化态的铜都能被氢还原为金属铜。

在湿法冶金浸取过程中，除使用Me－H_2O系电势－pH图外，还发展了Me－L－H_2O系电势－pH图。其中Me表示金属，L表示NH_3、Cl^-或CN^-等。除室温（25℃）

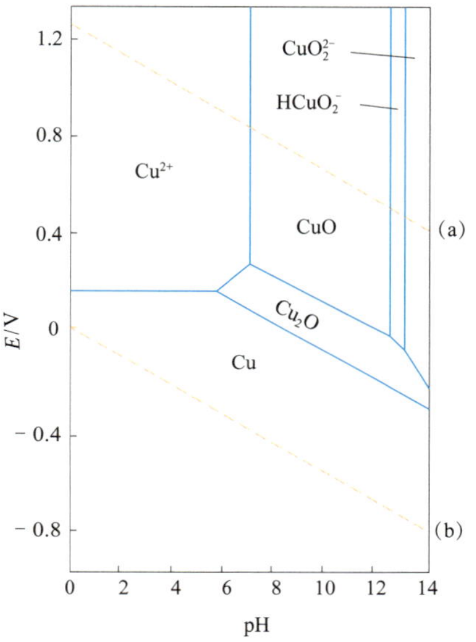

Cu^{2+}的活度为10^{-6}时的Cu－H_2O系电势－pH图（25℃）

下的电势－pH图外，还绘制了高温（100～300℃）电势－pH图，以满足高温加压浸取的需要。

浸取过程动力学　影响浸取速度的因素有很多，包括浸取物料的组成、结构和粒度，浸取剂浓度，温度，搅拌速度和矿浆黏度等。研究浸取过程的速度和反应机理，属于化学反应动力学的范畴。目的是要查明影响浸取过程的主要因素或控制步骤，探索强化浸取的途径。

浸取反应速度取决于反应进行的扩散传质过程，还是取决于反应进行的动力学过程，一般可通过实验确定。例如进行浸取温度效应试验，测定反应表观活化能数值，可以作为判别依据之一。总的说来，扩散传质过程较慢，往往成为浸取过程的控制步骤或决定性因素。如果浸取速度由固液界面的反应控制，则应减小颗粒的粒度。如受外扩散，即颗粒外围流体边界层的扩散控制，则应加强搅拌速度。

结合浸取动力学开展反应工程学的研究，建立浸取过程的数学模型，目的是便于在工程上应用、设计放大和进行自动化控制。

浸取过程的强化　浸取过程一般可以在常压和低于100℃的温度下进行。为强化浸取过程，发展了加压浸取技术，即在密闭的反应容器内进行加压高温浸取，主要特点是：①提高浸取温度，加快浸取速度，从而大大地缩短浸取时间。②加压浸取能使一些在常温常压下不能进行的化学反应成为可能。③加压可以使某些气体（如氧气）或易挥发的试剂（如氨）在浸取时有更高的分压，使反应可能在更有利的条件下进行。在处理铝矿、铀矿和镍矿时，工业上已经采用加压浸取技术。

湿法冶金所用的加压浸取，一般温度为100～200℃，压力为0.1～5兆帕。还有在更高温度和压力下的浸取反应，如在加压碱浸铝土矿时，把温度提高到300℃和压力提高到10兆帕左右，反应可以在几分钟内完成。

浸取方法　浸取的方法较多，如就地浸取、细菌浸取（见**生物浸出**）、堆浸和槽浸等。工业上广泛使用的是槽浸，即先将矿石磨细，有时需要先经氧化或还原焙烧，然后在搅拌槽内加入溶剂浸取。浸取流程可以是一次或多次并流浸取，也可以是多级逆流浸取。浸取设备有浸滤槽和搅拌槽等，后者又分机械搅拌、气体搅拌和管道反应器等。

浸取方面的研究工作　主要包括以下几种：①将固体物料进行超细振动研磨，把颗粒磨细到几微米再进行浸取。②寻找新的催化剂以加速浸取过程，如发现银离子对某些硫化铜矿浸取有催化作用。③硫化矿的活化浸取，使矿物晶格破坏或转变后再浸取。④阳极电溶解和阴极电还原析出金属产品。⑤将有机溶剂或非水溶液用于浸取过程。

（柯家骏　陈家镛）

《浸铜要略》　*A Primary Note on Copper Hydrometallurgy*　宋代关于湿法炼铜的一部著作。北宋哲宗时（1086～1100）张潜（1025～1105）所撰，成书于1094～1098年，记述从含铜矿水（或称胆水）提取铜，见于《宋史·艺文志》著录。元代，著者的后裔张理将此书献于朝廷。元末明初危素（1303～1372）为此书作《浸铜要略序》，称赞此书所述胆铜法具有“用费少而收功博”的优点。原书已佚，尚存危素《浸铜要略序》可考。（朱寿康）

靳树梁　Jin Shuliang（1899-04-01～1964-07-05）　中国炼铁专家、冶金教育家。字栋华。生于河北徐水，卒于辽宁沈阳。先后就读于河北公立工业专科学校应用化学科、天津北洋大学采冶系。1920～1939年历任六河沟炼铁厂、大渡口钢铁厂和云南钢铁厂工程师。1937年赴德国柏林工业大学学习，并在克虏伯公司保贝克钢铁厂、莱茵村钢铁厂炼铁车间实习。1940年起负责组建威远钢铁厂并任厂长。1946年任鞍山钢铁公司第一协理。1948～1950年任鞍山钢铁公司顾问、本溪钢铁公司总工程师。1950～1964年任东北工学院院长及教授、兼任建校委员会主任。1956年任中国科学院东北分院副院长。1955年当选中国科学院学部委员（院士）。

长期从事高炉强化理论研究，开拓了小型高炉技术、承德钢铁公司钒钛磁铁矿高炉冶炼新工艺。在解决高炉结瘤、总结高炉强化经验、研究高炉风口区降料理论等方面作出了贡献。参加重庆大渡口钢铁厂的规划工作，并负责设计一座20吨小型高炉。完成了云南钢铁厂50吨高炉的设计工作。参加组建鞍山钢铁有限公司。完成本溪一铁厂2号高炉的修复工程。主编了第一本反映中国高炉冶炼理论与实践经验的专著《现代炼铁学》(1959)。1943年因创造新型高炉炉喉而获中国工程师学会奖。论文《小型炼铁炉布料之特征及炉喉设计之演进》(1943)于1944年获中国工程师学会论文奖。

（王之玺　冀春霖　撰　姜　曦　修订）

晶间腐蚀　intergranular corrosion　在某些环境中，晶界的溶解速度远大于晶粒本身的溶解速度时，产生沿晶界进行的选择性局部腐蚀。绝大多数金属和合金是多晶体，在它们的表面上显露出许多晶界。晶界是原子排列较为疏松、紊乱的区域，容易产生杂质原子富集、晶界吸附、第二相的沉淀析出等现象，因此晶界存在着显著的化学、物理不均匀性。在腐蚀介质中金属和合金的晶界的溶解速度和晶粒本身的溶解速度是不同的。受热（如敏化处理）、受力（冷加工形变）而引起晶界组织结构的不均匀变化，对晶间腐蚀也有很大影响（见金属腐蚀）。

晶间腐蚀发生后，金属和合金表面虽然仍保持一定的金属光泽，也看不出被破坏的迹象，但晶粒间的结合力已显著减弱，强度下降，因此设备和构件容易遭到破坏。晶间腐蚀隐蔽性强，突发性破坏概率大，有严重的危害性。不锈耐酸钢、镍基耐蚀合金、铝合金等金属材料都有可能产生晶间腐蚀。尤其在焊接时，焊缝附近的热影响区更容易发生晶间腐蚀。

20世纪30年代以来，相关学者对晶间腐蚀进行了大量研究，所提出的贫化理论，特别是对奥氏体不锈钢的贫铬理论已得到证实，并将贫化理论应用到铝铜合金的贫铜及镍钼合金的贫钼等方面。前者在晶界上析出了$CuAl_2$，后者在晶界上析出了Mo_2C。

腐蚀机理　贫铬理论是奥氏体不锈钢晶间腐蚀（图1、图2）的主要理论。从相图得知，不锈钢中碳在奥氏体里的固溶度随着温度的升高而增加，500～700℃时，1Cr18Ni9钢中碳在奥氏体里的平均固溶度不超过0.01%。奥氏体不锈钢经固溶处理快速冷却后，奥氏体中的碳处于过饱和状态。当这种钢在敏化温度范围（427～816℃）内受热时，奥氏体中过饱和的碳会迅速地向晶界扩散。在晶界上，碳消耗了晶界周围的铬，与铬形成铬的碳化物。由于铬的扩散速度太慢而得不到及时的补充，结果在晶界周围形成严重的贫铬区（图3）。1Cr18Ni9奥氏体不锈钢的贫铬区宽度为200纳米左右，贫铬区的含铬量低于9.28%，亦即低于钝化所需要的含铬量。贫铬区和晶粒本身的电化学性能的差异，使贫铬区（阳极）和处于钝化态的基体（阴极）之间建立起一个具有很大电位差的活化-钝化电池。贫铬区的小阳极和基体的大阴极构成腐蚀电池，使贫铬区受到晶间腐蚀。同样，由于晶界区析出σ相而引起的晶界贫铬区，也可用贫铬理论来进行解释。贫铬理论适用于在弱氧化性介质中发生的晶间腐蚀。

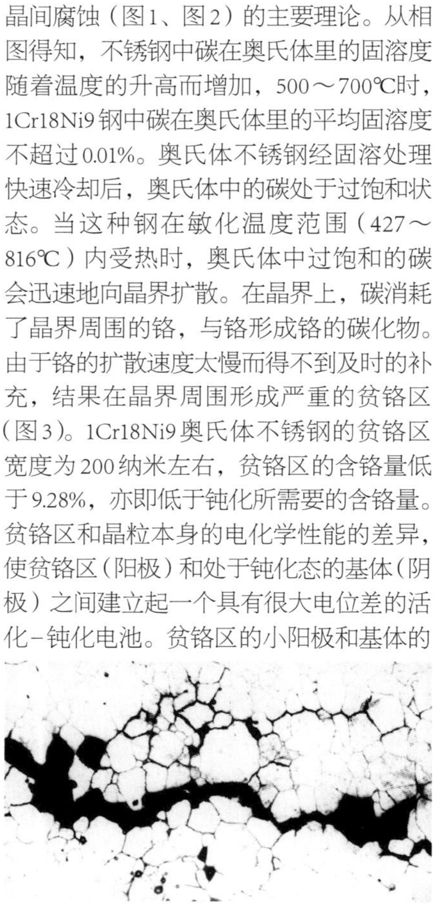

图1　1Cr18Ni9不锈钢晶间腐蚀金相图像

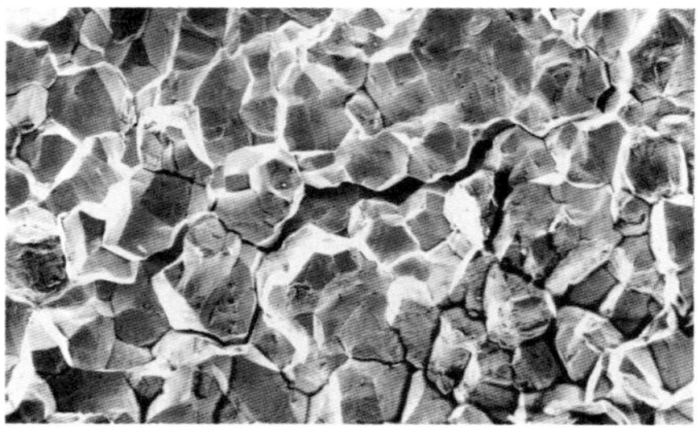

图2　1Cr18Ni9晶间腐蚀扫描电镜图像

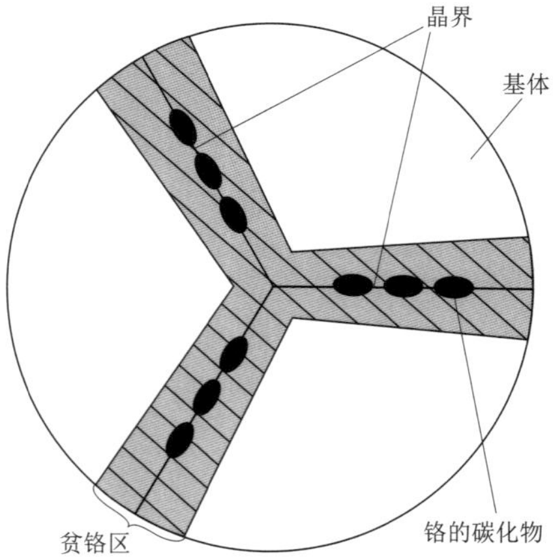

图3　敏化后奥氏体不锈钢的晶间腐蚀示意图

不锈钢在强氧化性介质（如在含六价铬离子的硝酸溶液）中的腐蚀电位处于过钝化电位区。有些敏化态的不锈钢不易产生晶间腐蚀，而固溶态的不锈钢却产生晶间腐蚀，这不能用贫铬理论来解释。固溶态的不锈钢之所以产生晶间腐蚀，主要原因是在晶界上发生杂质元素或析出相的选择性溶解。

铁素体不锈钢也会发生晶间腐蚀，但敏化处理和避免这种类型腐蚀的热处理制度则与奥氏体不锈钢相反。铁素体不锈钢从925℃以上快冷后对晶间腐蚀敏感，但经650～815℃短时间回火后，便可消除这种敏感性。在铁素体不锈钢的焊接件与奥氏体不锈钢焊接件上产生晶间腐蚀的部位也有所不同。前者产生于紧靠焊缝部位，后者则产生于距焊缝较远的部位。这主要是由于在铁素体不锈钢的晶界上，碳化铬的析出速度很快，一般的冷却速度无法抑制这种析出。由于铬在铁素体不锈钢的扩散速度较快，所以通过缓冷或回火可以消除贫铬现象。

评定试验　中国已制定GB/T 4334—2008《金属和合金的腐蚀　不锈钢晶间腐蚀试验方法》国家标准。标准中规定了5种晶间腐蚀试验方法：①10%草酸浸蚀法，是通过观察不锈钢的显微组织，将晶界的状态进行分类评定的试验方法。②硫酸-硫酸铁腐蚀试验法，是将奥氏体不锈钢在硫酸-硫酸铁溶液中煮沸后，以腐蚀率来评定晶间腐蚀倾向。③65%硝酸腐蚀试验法，是将奥氏体不锈钢浸在65%硝酸溶液中煮沸后，以腐蚀率来评定晶间腐蚀倾向的试验方法。④硝酸-氢氟酸腐蚀试验法，是将奥氏体不锈钢浸在70℃的10%硝酸－3%氢氟酸溶液中试验，以腐蚀率来评定晶间腐蚀倾向的方法，适用于评定含钼的奥氏体不锈钢的晶间腐蚀倾向。⑤硫酸－硫酸铜腐蚀试验法，适用于检验奥氏体不锈钢在加铜屑的硫酸－硫酸铜溶液中煮沸后，试样弯曲部分的表面是否有晶间腐蚀裂纹，以评定晶间腐蚀倾向。

防止措施　晶间腐蚀的防止措施有：①改变介质的腐蚀性。②采用适当的工艺措施以尽量避免金属或合金在不适宜的温度下受热，或在可能条件下重新进行固溶处理或其他合适的热处理工艺。③采用低碳和高纯的不锈钢或合金，把碳、氮等含量降到合理水平。④在不锈钢中添加钛、铌等强碳化物形成元素，形成碳化钛和碳化铌，以减少晶界贫铬现象。

扩展阅读

肖纪美.金属及合金的晶间腐蚀问题//1964年全国腐蚀与防护科学技术会议报告集.北京：科学出版社，1966.

张德康.不锈钢局部腐蚀.北京：科学出版社，1982.

（朱日彰　过家驹）

晶体表面　crystal surface　晶体和外部空间分界处的一个过渡层。晶体内部原子的排列具有三维的周期性。这个过渡层中包括了所有不具有这种周期性的原子层，因此，此层可以包含分界面以下数个原子层的区域。

表面弛豫和再构　晶体表面的原子所处的环境和体内原子不同，受力不对称，因此最表层原子的原子层之间的距离和电荷分布可能改变，这种现象称为表面弛豫。对于许多半导体和少数金属，表面层原子有比较复杂的重新排列现象，键合的方式也有变化，因此最表面原子排列的周期性并不是体内的简单延伸。这种表面层中排列和键合情况的变化称为表面再构。

表面吸附和脱附　外来原子或分子附着或脱逸晶体表面的现象。

吸附，依照吸附粒子和晶体表面原子间相互作用的强弱不同，可分为物理吸附和化学吸附两种。吸附是放热过程，所放出的热量称为吸附热。物理吸附过程的吸附热小，一般只有4.18千焦/摩，吸附粒子和表面的结合是通过比较弱的范德瓦耳斯力，如惰性气体低温时在晶体表面的吸附。化学吸附过程的吸附热大，吸附粒子与表面原子之间可形成离子键、共价键和类似金属的键合，并可在晶体表面形成有序的覆盖层。当吸附粒子接近于表面时，受到一个吸附势，因此吸附粒子放出能量而吸附在晶体表面势能具有最小值的位置上。吸附原子之间的相互作用会改变表面的势能分布，从而改变有序的结构，当吸附层的原子之间的相互作用很强时，甚至可形成和衬底的周期性完全没有联系的覆盖层。

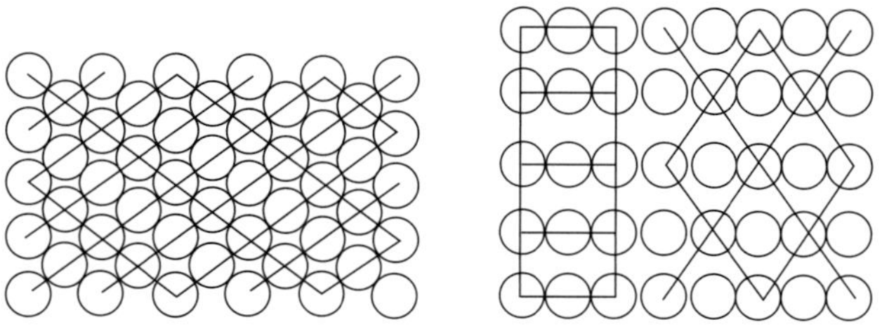

a 体心立方结构　　b 面心立方结构

圆圈代表衬底原子，线条代表由于覆盖原子或由于表面弛豫所形成的再构原胞

图2　体心立方晶格和面心立方晶格（110）晶面表面原胞示意图

脱附，与吸附现象相联系，是个吸热过程。当对表面加温，施以光照，或有其他粒子入射时，吸附粒子可离开表面而逸去，但也有可能向晶体内部扩散。这些过程之间的热平衡决定了吸附在表面的粒子的多少和形成一个单原子厚的覆盖层所需的时间。

表面晶体学　为了研究晶体表面原子结构以及吸附层的有序性，发展出表面晶体学。如果某个晶体M的晶面是（*hkl*），常用如下方式表示表面或吸附物s的结构：

$$\mathrm{M}(hkl)-(\frac{\boldsymbol{b}_1}{|\boldsymbol{a}_1|}\times\frac{\boldsymbol{b}_2}{|\boldsymbol{a}_2|})\alpha-\mathrm{s}$$

式中$\boldsymbol{a}_1$和$\boldsymbol{a}_2$为晶体衬底表面原胞的基矢，$\boldsymbol{b}_1$和$\boldsymbol{b}_2$为具有再构的晶体表面的基矢，α是两个原胞之间的夹角，如果表面没有吸附，可以略去s。对于没有再构的表面可表示为（1×1）。图1绘出（2×2）再构的原胞示意图。如果$\boldsymbol{b}_1$与$\boldsymbol{a}_1$平行，常在括号之前加上字母p，如图2a所示。对于在表面原胞中心有一个原子的情况，则加字母c，如图2b所示的c（2×2）。图2a代表在体心立方结构晶体（110）面上的p（2×1）表面原胞和衬底的原胞平行，只是有一个边的边长是原来边长的2倍。图2b是面心立方结构晶体（110）面上可能形成的p（2×1）和c（2×2）两种表面原胞。如果是由弛豫引起的再构，图中直线交点处的原子与其他原子不在一个水平面上。如果由于表面具有有序的覆盖层，覆盖原子

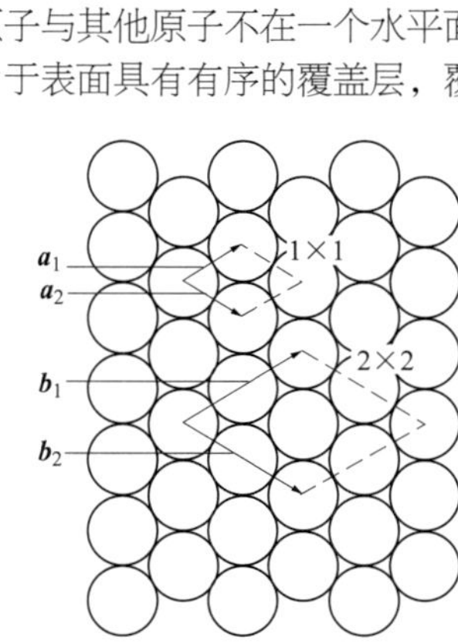

图1　表面原胞示意图

可能位于直线的交点，也可能位于空位或桥位上。

如果由于表面具有有序的覆盖层，覆盖原子可能位于直线的交点，也可能位于空位或桥位上。

表面晶体学主要的探测手段包括扫描隧道显微术（STM）、反射高能电子衍射（RHEED）、低能电子衍射（LEED）、氦原子散射（HAS）、俄歇电子能谱（AES）和场离子显微镜（FIM）等。由于确定晶体表面结构的复杂性，实空间探测技术（如STM）与倒易空间探测技术（如LEED）的相结合逐渐成为表面晶体学研究最有效的方式。

将能量为10～500电子伏的低能电子束垂直入射至光滑的样品表面，电子受到晶体中规则排列原子的散射，并相干形成丰富的LEED衍射斑点。衍射斑点带有样品表面原子排列的信息，通过对斑点的分析，可确定表面原胞的形状、尺寸和相对于衬底的取向等信息。在能量维度上，改变入射电子的能量（V），同时测量衍射斑点的强度（I），可得到相应的I-V曲线，称为LEED谱。对LEED谱的拟合可获得表面原子排布诸如键长、键角以及表面弛豫等更精确的信息，最终确定晶体表面结构。

20世纪80年代发展起来的STM，使得在实空间触摸原子成为现实。将金属探针与测量表面的距离可控地缩小至纳米量级，探针尖端的电子波函数会与样品表面的电子波函数相交叠，进而发生两者之间电子的交换。参与交换的电子称为隧穿电子。这样的针尖－样品结构称为隧道结。给隧道结之间提供较小的偏压，就会导致隧穿电子的定向移动，形成隧道电流（通常为nA量级）。STM通过探测隧道电流的强弱可以感知垂直样品表面方向上的微小高度差Δz（小于0.01纳米）。记录Δz的同时，在样品平面方向（xy方向）以小于0.1纳米的精度移动探针，可以实现对样品表面原子的成像。STM技术的发展得益于压电效应对针尖与样品的相对位置的精确

控制。

金属表面结构　通过对多种金属表面结构的分析得出，在清洁的金属表面，第一和第二原子层之间的键长相对于体内来说，一般有缩短的趋势。对于排列不是特别紧密的表面更是如此。当有外来原子吸附时，吸附后键长一般恢复到原来的数值或略有伸长。吸附粒子与金属之间的键长与它们形成分子或化合物时的键长大致相近。

在金属表面，吸附粒子往往位于具有高度对称性的，或者能和周围原子形成较多价键的位置上，在金属和吸附粒子之间有电荷转移，因此金属表面的逸出功函数随表面的吸附而有相应的变化。

半导体表面结构　由于在晶体表面可能存在的大量的未饱和悬挂键，半导体的表面结构比较复杂。以硅（Si）为例，其解理面（111）在25℃时是（2×1）结构，当加热到300～400℃，并经**退火**后，（2×1）转变为（7×7）的热力学稳定相。如果在800℃，对Si（111）进行**淬火**，即可得到高温的（1×1）相。图3给出一种比较简单的模型示意图。空心圆代表垂直于表面向上弛豫的原子，实心圆则代表向下弛豫的原子。

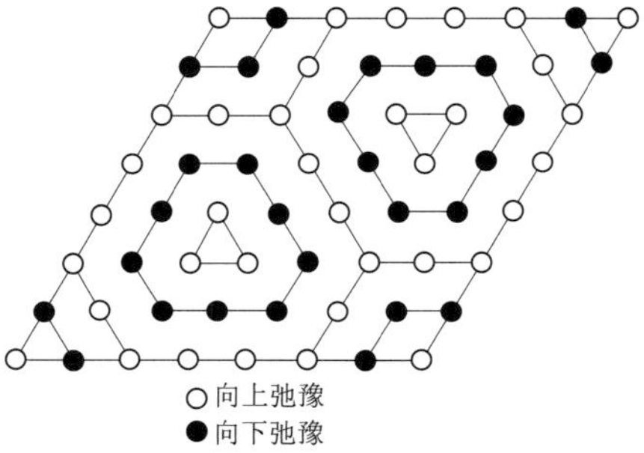

图3　一种Si（111）7×7再构模型示意图

表面形貌　实验还表明，对于新解理的晶面或在高温吸附的晶面，常存在着与原来晶面有一定倾斜度的小面，可通过引入表面能的概念来解释上述现象。表面能是形成单位表面所需要的能量。利用热力学的概念可知，晶体表面往往可以通过形成几个小的取向不同的表面而使表面能降低，以便达到更加稳定的状态。因此，在解理面上常出现小面或台阶，即表面能的大小对于决定表面的形貌起着重要作用。图4给出具有台阶表面的示意图。图4a给出由台阶组成的具有一定倾角的近真面，台阶的平台上的原子排列最密，有最高的近邻数。在图4b的阶壁上的原子近邻数较少，在折曲处的原子的近邻数则更少，一般情况下，表面还可能有空位或外来原子。

研究的实际意义　为了弄清表面层与外界的相互作用，除表面结构外，还需要知道表面的原子成分、表面的电子状态等。上述相互作用对于了解与诸如润滑、腐蚀、催化等现象有关的微观过程有着重要的意义。此外，超大规模集成电路工艺和金属-半导体、绝缘体-半导体以及金属-绝缘体等界面有着极其密切的联系，

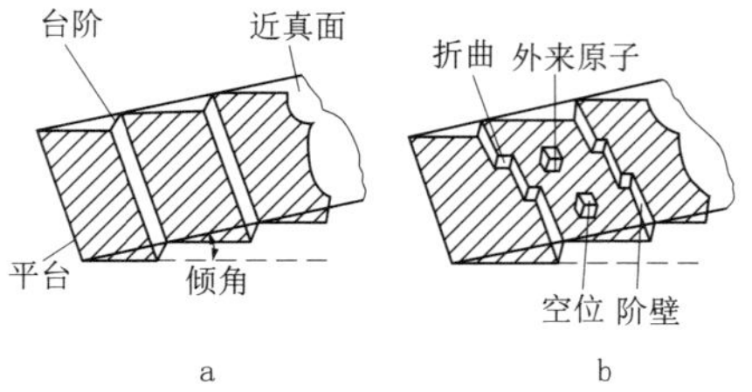

图4　台阶表面示意图

因此，金属和半导体晶体的表面研究也是受到重视的领域。

（谢希德　撰　薛其坤　修订）

晶体材料界面　interfaces of crystalline materials　晶体之间的分界面。这种分界面具有和它两边晶体不同的结构和性质。物体界面原子和内部原子受到的作用力不同，它们的能量状态不一样，化学成分也往往不同，这是一切界面现象存在的原因。多数工程材料是多晶体，晶体间界面的结构和性质对材料性能影响很大。当界面两侧晶体为同相而取向不同时，称为晶界。同相系统中的界面由于非对称性平移形成的界面，称畴界，如有序合金中的反相畴界。界面两侧晶体为异相，称为相界。

不同晶体的交接处，界面附近原子排列方式与晶体内部不同，这部分原子所处的区域属于界面层。由于界面层内原子间的相互作用与晶体内部原子间的相互作用不同，材料系统往往因为界面的存在而能量升高。界面能是在系统总原子数一定的条件下，含界面系统与不含界面系统的自由能量之差。一些元素在界面处富集（或贫化）会使系统自由能下降，因此界面层成分通常与两侧晶体成分都不同，这称为界面偏聚（或负偏聚）。界面的性质、界面能和界面成分均与界面的结构密切相关，而界面结构在很大程度上取决于界面几何。

界面几何　确定界面几何所需的最少几何变量数称为几何自由度，包括宏观几何自由度和微观几何自由度。

宏观几何自由度　宏观几何自由度主要包括下列两方面参数。①界面两侧晶体之间的位向关系。位向关系是两晶体对称轴之间在空间的取向关系。对于晶界，其两侧晶粒间的位向关系也称位向差或取向差。常见金属材料中晶粒间的位向差可以用转动描述（不以中心反演对称的晶体，需加一个与晶体属性相关的宏观自由度），其几何变量包含转角（一个自由度）和描述转轴的单位矢量（两个自由度），共三个宏观自由度。由于晶体的对称性，这种位向差的描述并不唯一，一般取最小转角作为位向差描述。对于相界，两相之间的位向关系往往用两对晶向或晶面的平行关系来描述，如钢中**奥氏体**和**铁素体**之间的位向关系经常描述为以下K-S位向关系：$(111)_{fcc}//(110)_{bcc}$，$[\bar{1}01]_{fcc}//[\bar{1}11]_{bcc}$。一对独立的平行关系会约束位向关系的两个自由度，而第二对平行关系不是独立的，可以理解为绕第一对平行矢量转动的一个自由度，结果同样约束三个自由度。当两相之间的位向关系不能以平行关系描述时，可以用相对某个平行关系的转动偏离或用更为严谨的位向关系矩阵描述。②界面的取向。界面法向以参照界面某一侧（或两侧）的单位矢量描述，有两个自由度。因此，界面的宏观几何总共有5个自由度。

微观几何自由度　界面微观几何自由度是对界面微观结构的描述。如果界面结构具有严格的周期性，那么一个晶体相对于另一个晶体的刚体位移定义了三个微观自由度。如果某个晶体点阵的基元大于单原子，会增加一个界面位置的微观自由度，这种情况下界面的维观几何总共有4个自由度。不过实际界面结构的微观几何是由界面松弛过程所决定的，对应一个宏观几何，微观几何一般不独立发生变化，因此通常界面只用宏观几何描述。此外，当界面微观结构不具有严格的周期性时，界面结构各处不同，刚性位移会造成界面结构区域的转移，对整体结构描述没有实际意义。

界面结构　关于界面结构研究已经有上百年。早期人们认为界面层类似于非晶态的胶将晶粒黏在一起（某些陶瓷相之间的确存在较厚的非晶态层，但对于金属材料，该模型可能适用高温下蠕变时晶界可以滑动的情况）。当前透射电子显微镜技术已经可以表征界面原子尺度结构及其元素种类。实验结果表明（主要指室温下观察），金属材料中界面层一般很薄，晶界处原子排列过渡区只有2～3个原子厚度的薄层。界面结构的模型主要是几何模型，下面介绍的模型涵盖不同界面。这些几何模型都忽略了不同元素原子的分布，但要注意界面结构可能由于成分差异而改变，界面附近的合金元素偏聚，会形成不同元素原子有序分布的二维周期性结构（complexion）。随着表征技术的进步，原

子层次的界面成分和结构的认识正不断加深，为通过改变界面实现调控性能的途径（即界面工程）提供科学依据。

结构单元模型　结构单元是界面结构的基本组成单元，结构单元模型以有限种类的结构单元的堆砌描述界面结构。由一种结构单元堆砌的晶界被称为择优单元晶界。取向差在两个择优单元晶界之间的晶界上会同时出现这两个晶界中的择优结构单元。例如，根据A.P.萨腾和V.维特克计算得到的铝（Al）中以[1$\bar{1}$0]为转轴的对称倾转晶界中，(115)(31.59°)和(113)(50.48°)界面是择优单元界面，分别含A和B结构单元。根据界面取向差相对于(115)和(113)晶界取向差从小到大的偏离，界面上A和B单元此消彼长。图1a中为Al中(3，3，14)(33.72°)对称倾转晶界的松弛结构。该界面的一个周期内包括五个A单元（实线）和一个B单元（虚线）。图1b中为上述界面附近的应力场，表明不同结构单元相遇处内应力较大，因此晶界能可以表达为结构单元组成的晶界芯能和内应力造成的弹性场能的加和。这种模型可以预测某些界面结构单元序列。随着旋转轴往高指数方向改变，模型的预测能力相应地下降。

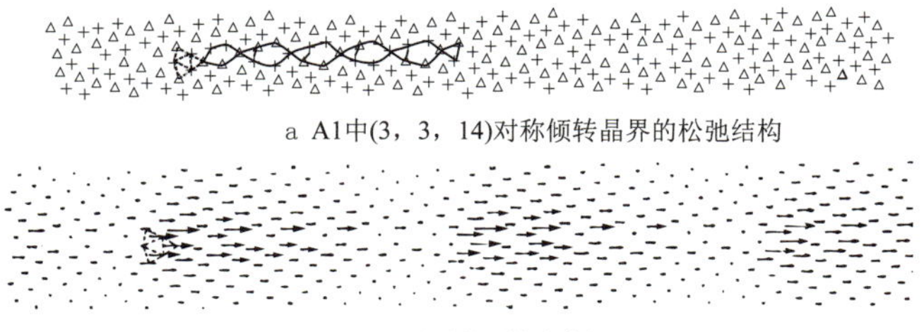

a Al中(3，3，14)对称倾转晶界的松弛结构

b 界面附近的应力场

图1　Al中（3，3，14）对称倾转晶界的松弛结构及界面附近应力场

多面体单元模型　以三角多面体的维堆砌来描述金属晶体之间的任意晶界，或以其他密堆原子团簇构成的多面体阵列来描述晶界芯。该模型不考虑晶界面结构的周期性和平直度，通过局域配位数最大化，避免产生原子重叠导致的排斥，使系统的能量最小。多面体单元模型的前提是金属键合具有形成密堆结构的趋势，界面附近原子间作用力使界面局域空间体积最小。主要缺点是它只能用于描述已经通过实验或模拟确定的界面结构，而不能用于结构的定量预测。

重合位置点阵（CSL）模型　两个立方结构同相晶粒之间的某些特殊转动能够使一个点阵中的一组阵点与另一个点阵中的一组阵点完全重合，这组重合阵点构成了一个重合位置点阵，简称重位点阵，又称相符点阵。由于重位点阵对界面几何的要求，这个模型仅适用于特殊宏观几何附近的界面。对于含任意**晶体结构**的同相或异相体系，不一定能通过改变位向关系得到三维的重位点阵，但可能得到一维、二维重位点阵，或者近似重位点阵。假设存在三维重位点阵，标识重位点阵特征的重要参数为Σ值，它是重位点阵原胞与晶体原胞的体积之比，Σ值可以理解为重位点密度的倒数。对于立方点阵，绕轴[*HKL*]旋转的Σ值可以由以下瑞格纳商（S.Ranganathan）公式初步计算：

$$\Sigma' = n^2+m^2(H^2+K^2+L^2)$$

式中*n*，*m*为整数。对于立方点阵，Σ必须是奇数，因此最终$\Sigma=\Sigma'/2^k$。相应的位向差转角为：

$$\tan\theta/2 = m(H^2+K^2+L^2)^{\frac{1}{2}}/n$$

一些界面的特殊性与界面上重位点的密度有关，具有特殊性能的大角度位向差晶界，往往对应低Σ值，一般认为Σ29为特殊晶界的上限。辨识特殊大角度晶界已经成为背散射电子衍射检测技术的程序化功能，测试中能够归类为特殊大角度晶界有一个最大偏差角的布兰登（D.G.Brandon）判据，即$\Delta\theta_{max}=\theta_0\Sigma^{-1/2}$，其中$\theta_0$取15°，是小角度晶界的上限。

有些研究也利用背散射电子衍射检测技术表征界面取向。

一个与重位点阵模型应用密切相关的点阵是DSC点阵，又称完整图形平移点阵。DSC点阵的一个几何意义是，只有经任意DSC点阵的点阵平移矢量（简称DSCL矢量）平移，才能保持重位点阵的图形不变。因此重位点阵模型也常称CSL/DSC模型。根据H.格里默尔的推导，正空间的重位点阵与倒易空间的DSC点阵互为倒易关系，正空间的DSC点阵与倒易空间的重位点阵互为倒易关系。图2为两个简单立方（100）面上Σ5重位点阵和DSC点阵的例子。图中实心点和空心点分别为点阵1和点阵2的阵点，它们之间的转角为36.87°，实线和虚线格子分别为CSL和DSC点阵。

松弛后的界面结构一般不会正如重位点阵模型所示，但是其周期性仍然保留。如择优界面上周期性分布的结构单元等价于要求界面含二维重位点阵，前面例子中的（115）和（113）对称倾转晶界分别对应Σ27和Σ11。重位点阵模型的应用不限于通过位向关系调整得到严格的重位点阵

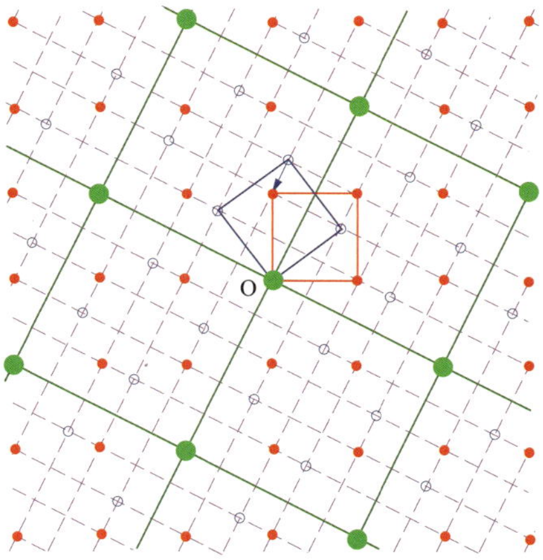

图2　Σ5重位点阵和DSC点阵的示意图

的体系，也可应用于当晶体结构不允许通过转动得到严格的重位点阵的晶界（如密排六方晶体之间的特殊大角度晶界）以及相界面（尤其是两相晶体常数差异很大的体系）。将某一个点阵加以少许变形便得到所谓强制的重位点阵。重位点阵模型提供的方法可以用来计算潜在特殊界面的几何，可以用来解释或预测含全部或者局部周期性结构的择优界面的宏观几何，强制重位点阵模型与位错模型配合可以定量计算复杂界面的位错结构。

位错模型　如材料形成周期性晶体结构一样，当界面几何和晶体常数允许时，金属材料中的界面结构会以择优结构单元形成周期性结构。当界面几何和晶体常数不允许形成完整的周期性结构时，这些结构会维持在尽可能大的区域，即使携带少量畸变。这些周期性结构区域的边界便是位错。上述周期性结构为界面位错的参考结构，被认为是配"对"的结构。当界面不能完全匹配时，这种失配或错配会导致畸变。界面位错抵消了失配引起的长程应变场，因此一般称呼相界面上周期性分布的位错为失配位错。位错之间择优结构单元多选性反映了位错模型中参考结构的多样性。W.博尔曼建议将与晶体结构不同的参考结构统称二次择优态，其周期性可以用重位点阵描述，相应的界面位错为二次位错。与晶体结构相同的参考结构便为一次择优态，但一般不称呼其界面位错为一次位错。某一种参考结构都是周期性结构，实际界面上局部维持这种周期性结构是应用位错模型的前提，因此位错模型只适用于一部分界面结构的描述。小角度晶界结构是界面位错模型的典型例子，其参考结构是界面两侧任一晶体结构，要维持位错两旁参考结构晶体学等价，位错的柏氏矢量必须是参考结构的平移矢量。如果参考结构用重位点阵描述，要维持位错两旁参考结构晶体学等价，位错的柏氏矢量

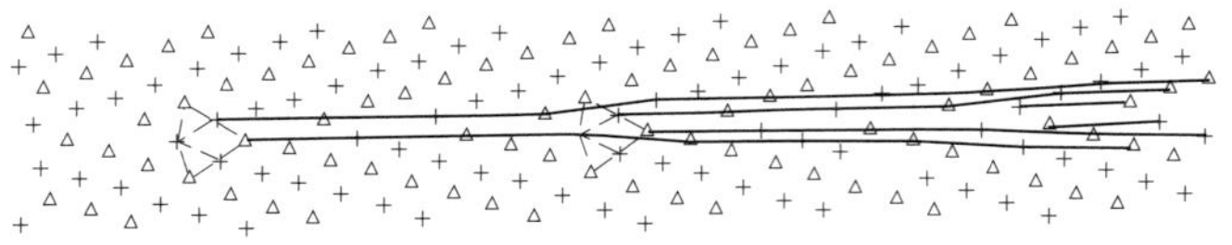

图3 Al中(229)对称倾转晶界的松弛结构
〔实线显示成对的(115)面进入晶界并且在B单元终止〕

必须是DSC点阵的平移矢量。如图3中Al(229)晶界的松弛结构，根据结构单元模型晶界结构表示为|AAAB|，其中A和B单元与图1中相同。分立的B单元可以看成位错芯的位置。位错之间周期性重复的A单元结构为该界面的参考结构，可以由∑27(115)对称倾转晶界代表，位错的柏氏矢量为$\frac{2}{27}[115]$，是∑27的DSCL矢量。采用位错模型可以很好地描述松弛晶界的应力场(图1b)以及透射电镜下可以观察到的位错周围的应变衬度。

界面分类 界面的分类方法很多，各方法有所重叠。按照在界面的共格程度，通常将界面分为3类：共格、半共格、非共格。如果两侧点阵在界面上保持处处连续，称该界面为共格界面。在晶体常数不满足严格共格的情况下，共格界面可能处于强制共格状态，因此界面周围可能伴随着晶格畸变。典型的共格晶界是共格孪晶界；典型的共格相界是面心立方结构/密排六方结构之间密排面共用的共格界面。如果上述共格特征只在界面的局部区域维持，而这些共格区域由位错隔开，则该界面称半共格界面。非共格界面并不是完全没有共格关系的界面，而是可以存在一些离散的和无序的共格位置。非共格界面有两种情况。一种指界面结构为无序状态的界面，由于界面宏观几何的限制，界面上不能在局部出现周期性结构单元。另一种指界面两侧晶体维持本身结构，不松弛成为局域周期性结构单元。该结构一般不出现在金属相间的界面上。上述3类界面不能全面涵盖界面参考结构与两侧晶体结构不同的情况，因此有必要增加完全重位共格界面和半重位共格界面分类。完全重位共格界面含严格周期性分布的、不同于两侧晶体的择优结构单元，可以用重位点阵描述其两侧晶格在部分位置的周期性连续，而半重位共格界面含有二次位错隔开的重位共格结构。

人们还根据界面过渡的陡缓度分为陡界面和缓界面。通常情况下，界面层很薄，这类界面称陡界面。一些特殊体系中界面处过渡平缓，如调幅分解相变得到的界面，这类界面称缓界面。此外，还根据界面能性质的特点，把界面分为奇异界面、邻位界面和普通界面。奇异界面是界面处于能量关于任意五个宏观几何自由度变化的局域极小值，极小值附近的界面能梯度使奇异界面抵制其关于特定界面几何的变化，如对应界面取向改变出现界面能极小值的奇异界面会自发形成界面取向稳定的刻面，完全共格界面是奇异界面的典型例子。邻位界面的宏观几何在奇异界面附近，其结构包含奇异界面结构区域以及这些区域之间的缺陷。普通界面的结构对界面几何改变不敏感，其界面能通常可以取常数。

对于晶界，按照位向差大小可分为小角度晶界和大角度晶界。小角度晶界是晶粒之间位向差通常小于15°的晶界，其结构为半共格，亚晶界也属于小角度晶界。大角度晶界是晶粒之间位向差往往大于15°。金属材料中多数大角度晶界是普通晶界，具有非共格结构。大角度晶界中典型奇异晶界可以描述为完全重位共格或完全共格(如孪晶界)结构，它们宏观几何附近的邻位晶界上含二次位错。平行于低指数晶面的大角度晶界以其无台阶的奇异特征也可能成为奇异晶界，改变界面取向的邻位晶界增加台阶缺陷。晶界还可根据界面与转轴的关系分类，这多用于小角度晶界。当转轴垂直于晶界时，该界面称扭转晶界；当转轴平行于晶界时，如果界面对于两侧晶体是对称的，则称对称倾转或倾侧晶界，否则是非对称倾转晶界。

对于相界，同样分为奇异、邻位和普通界面。许多沉淀相与基体相之间具有平直的界面，最宽界面常称为惯习面，这些具有稳定几何的界面符合奇异界面的性质，因为它们通常对应特定位向关系和界面取向。关于这些界面结构知识是理解其位向关系和沉淀相形貌的基础。当界面平行于两相的低指数晶面时，为有理取向界面，简称有理界面，否则是无理界面。当两相皆为金属固溶体时，沉淀相经常为板条状，其惯习面经常具有无理取向。奇异界面的结构可以是完全或半共格、完全或半重位共格。虽然它们可以含台阶或位错等缺陷，但是它们必须具有局域奇异的特征，即在它们的邻位界面上会局部维持奇异界面的结构，并且这些区域由其他种类的缺陷分隔。与普通大角度晶界类似，一些普通相界的结构是无序的，而另一些普通相界也可能含位错，该界面的取向几何远离奇异界面。这类似普通小角度晶界，它们可以用位错模型描述，但是没有奇异或邻位特征。

界面位错计算方法 在计算界面位错时，假设界面没有长程应力，并知道位错之间的参考结构(即界面的择优态)、两侧晶体的晶体常数、界面的宏观几何。根据位向关系和晶体常数可计算出相对于参考结构的偏离，即错配场；根据择优态可知位错的柏氏矢量集；在这个基础上输入界面取向，便可计算界面错配和位错分布。W. 博尔曼在20世纪60年代末提出的O点阵(O-lattice)理论提供了通过矩阵运算计算界面错配分布和位错结构的普适方法。他假设两侧点阵互相穿插，三维空间中O点阵中的O单元(O-element)是理论上没有错配的位置，这些位置(可以是点、线或面)由错配最严重的O胞壁(O-cell wall)隔开，柏氏矢量与O胞壁一一对应。界面所截O单元的位置是位错之间择优态区的中心，包围该区的O胞壁的截线是潜在位错的位置。当错配场是一维或二维而错配位移方向与柏氏矢量不吻合时，周期性O点阵可能不存在，但是不均匀错配分布仍然存在，位错同样会在错配最严重的位置形成，此时可以用近期发展的广义O点阵方法计算位错结构。一个长矢量所穿过所有位错的净柏氏矢量也可以通过法兰克-毕尔比(Frank-Bilby)公式计算，但是除非对特殊界面，该方法难以将净柏氏矢量值唯一分解到各个位错。上述方法适于任何界面位错，对于特殊界面有如下计算位错间距的简单公式：

小角度晶界位错间距计算公式是假设转轴垂直于含2或3个柏氏矢量的密排面，位向差转角为小角度θ，对称倾转晶界含一组平行于转轴的刃位错，非对称倾转晶界含一组以上平行于转轴的刃位错，扭转晶界含与界面上柏氏矢量数量相同组的螺位错。扭转晶界和对称倾转晶界上的位错间距D可以由$D=b/[2\sin(\theta/2)]$计算，其中b为位错柏氏矢量的长度。因为角度小，上式可以简化为$D\cong b/\theta$。一般取向的晶界上的位错结构可以通过O点阵计算，这种情况下O点阵为周期性分布的2或3组O线。可以用蜂窝比喻分割O线的O胞壁构造，任何取向的平界面或曲界面切过O胞壁的迹线便是位错的位置。

各向同性错配系统的位错间距计算公式，经常应用于外延生长晶体与基体间的理论位错结构的计算，前提是界面两侧晶体结构类似，晶体常数有稍微差异。可以简化成一维模型处理，定义错配为

$\delta_\alpha = (b_\alpha - b_\beta)/b_\alpha$，设$b_\alpha > b_\beta$，其中$b_\alpha$和$b_\beta$分别为界面两侧不同相的柏氏矢量长度。位错间距为$D = b_\beta/\delta_\alpha$，或$D = b_\alpha b_\beta/(b_\alpha - b_\beta)$，注意错配度的值受分母选择的影响，但是位错间距不受其影响。

上述简单晶界和相界的位错间距可用基于O胞壁得到的统一公式计算，一组界面位错可用两侧晶体的一对相关柏氏矢量b_α或b_β描述，这组位错间距为$D=1/|\Delta b^*|$，其中$\Delta b^* = b_\alpha^* - b_\beta^*$，而$b_\alpha^*$和$b_\beta^*$为倒易柏氏矢量，分别由下式定义：$b_\alpha^* = b_\alpha/|b_\alpha|^2$和$b_\beta^* = b_\beta/|b_\beta|^2$。

扩展阅读

BOLLMANN W. Crystal Lattices, Interfaces, Matrices. Geneva: Bollmann, 1982.

SUTTON A P, BALLUFFI R W. 晶体材料中的界面. 叶飞，顾新福，邱冬，等译. 北京：高等教育出版社，2016.

（张文征）

晶体结构 crystal structure　晶体的微观结构，即晶体中实际质点（原子、离子或分子）的具体排列情况。自然界存在的固态物质可分为晶体和非晶体两大类。固态的金属与合金大都是晶体。晶体与非晶体的最本质差别在于组成晶体的原子、离子、分子等质点（结构基元）在空间呈不随时间变化的规则的三维周期排列（长程序），而非晶体中的这些质点除与其最近邻外，基本上无规则地堆积在一起（短程序）。金属及合金在大多数情况下都以结晶状态使用。晶体结构是决定固态金属的物理、化学和力学性能的基本因素之一。

空间点阵及其周期性　晶体是各向异性的均匀物体。生长良好的晶体，外观上往往呈现某种对称性（图1）。从微观来看，

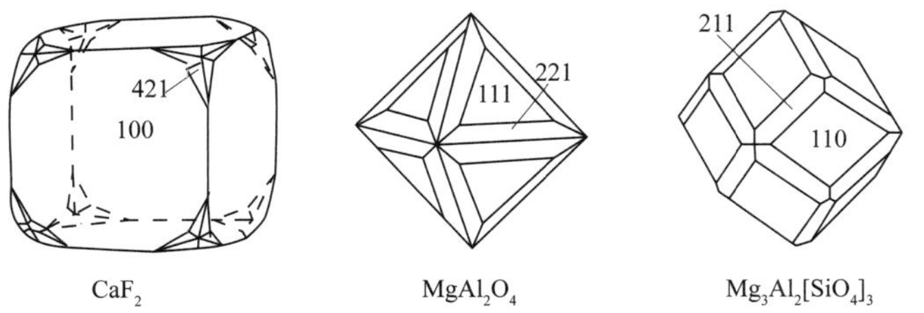

图1　几种晶体外形所呈现的对称性

组成晶体的原子在空间呈周期重复排列。即以晶体中的原子或其集合为基点，在空间中3个不共面的方向上，各按一定的点阵周期，不断重复出现。

在研究结构基元周期排列的规律性时，结构基元往往抽象为一个几何点，其中每一个点都和其他所有的点具有相同的几何和化学环境（等同点）。结构基元的三维周期排列就被抽象为点的三维周期排列，这个点的阵列称空间点阵（图2）。当

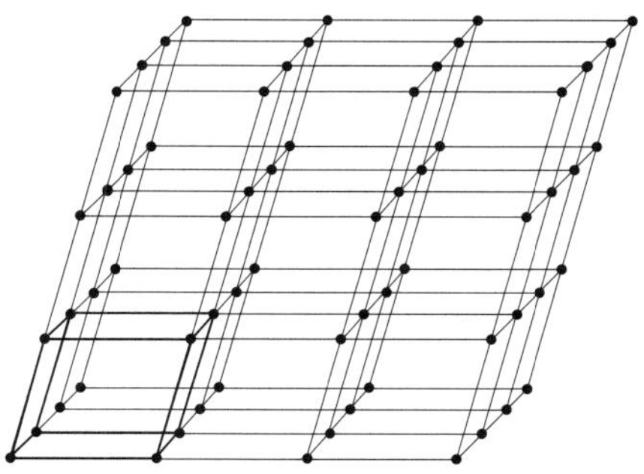

图2　空间点阵的一部分

空间点阵的每个点放上结构基元便是真实的晶体，这时空间点阵的简单格子就是晶体点阵的一个基本单元，也称为晶体结构的单位晶胞，简称晶胞。所以，晶体结构可表达为：空间点阵＋结构基元。放在阵点的结构基元不同，就得到千差万别的晶体结构。

空间点阵中任意两个点连接的矢量称为点阵平移矢量。对于一维点阵，选取连接最近邻的两个点的矢量作为初基平移矢量来描述点阵；对于二维点阵，则必须选择两个不共线的方向上连接最近邻点的矢量$\boldsymbol{a}$、$\boldsymbol{b}$以及两个初级矢量的夹角$\boldsymbol{\gamma}$作为初基矢量来描述点阵，这两个初基矢量构成的平行四边形称为单位格子，又称初基单胞或P单胞。$\boldsymbol{a}$、$\boldsymbol{b}$和$\boldsymbol{\gamma}$是二维点阵的点阵常数（图3a）。对于三维点阵，可以选择非共面、非共线的三个方向上的最近邻点

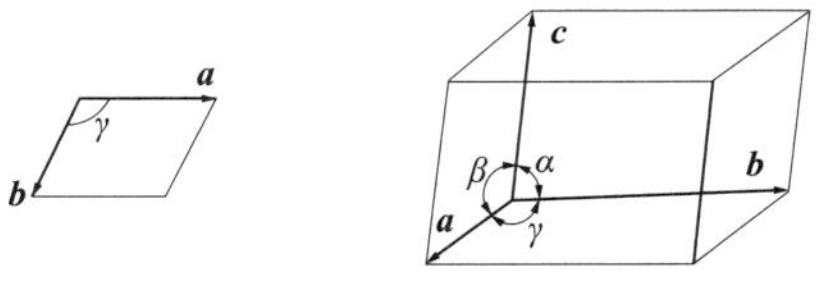

a　二维点阵　　　b　三维点阵

图3　晶体点阵参数示意说明

的矢量$\boldsymbol{a}$、$\boldsymbol{b}$、$\boldsymbol{c}$以及初基矢量之间的夹角$\boldsymbol{b}\wedge\boldsymbol{c}$（$\alpha$）、$\boldsymbol{c}\wedge\boldsymbol{a}$（$\beta$）、$\boldsymbol{a}\wedge\boldsymbol{b}$（$\gamma$）来描述点阵，这3个初基矢量构成的平行六面体称为简单格子或P单胞，$\boldsymbol{a}$、$\boldsymbol{b}$、$\boldsymbol{c}$和α、β、γ是三维点阵的点阵常数（图3b）。不论是一维、二维或三维点阵，初基格子（P单胞）及初基矢量选择的原则都是：简单格子只包含一个阵点，简单格子的非平行边是初基矢量。以一个阵点作为原点，以简单格子（单胞）做周期平移，可以覆盖整个点阵。包含不止一个阵点的格子，是非简单格子，称为复格子。

点阵方向指数和点阵平面指数　晶体点阵中各个阵点直线以及各个阵点平面上原子（分子）的排列是不同的，晶体的性质是各向异性的。从一个阵点引向任何一个阵点的点阵直线称点阵方向，阵点组成的平面称点阵平面。因为点阵的周期性，所有平行的点阵直线的阵点排列是相同的，所有平行的点阵平面的阵点排列是相同的。所以对一组平行的点阵直线只需定出一个指数，称点阵方向指数；对一组平行的点阵平面也只需定出一个指数，称点阵平面指数。

以单胞3个晶轴$\boldsymbol{a}$、$\boldsymbol{b}$、$\boldsymbol{c}$为参考坐标轴，点阵直线上两个相邻阵点的坐标分别为p_1、p_2、p_3和p'_1、p'_2、p'_3，将$(p'_1-p_1$、$(p'_2-p_2$、(p'_3-p_3)简化为3个互质的整数u、v、w，写进方括号内为$[uvw]$，它就是由p_1、p_2、p_3阵点指向p'_1、p'_2、p'_3阵点的方向指数。如果u、v、w这3个数中有负数，在写方向指数时，在这个数字上面加一横线（图4）。由于点阵的对称性，使得一些非平行的阵点直线经对称操作后完全重合，这些阵点直线在几何上是完全等价的。把等价的点阵直线合归为同一种点阵直线类型，称为方向族，用<uvw>表示。点阵的对称性越高，归属于同一个方向族的点阵直线的数目就越多。

一个点阵平面与参考坐标轴相交的截距分别是p_1a、p_2b和p_3c，把倒数$1/p_1$、$1/p_2$和$1/p_3$简化为3个互质的整数h、k、l，写进圆括号（hkl），它就是这个点阵平面的平面指数（图5）。h、k、l的几何意义是点阵平面的单位法线$\boldsymbol{n}$与3个晶轴点乘之比$h:k:l=\boldsymbol{a}\cdot\boldsymbol{n}:\boldsymbol{b}\cdot\boldsymbol{n}:\boldsymbol{c}\cdot\boldsymbol{n}$。如果$h$、$k$、$l$这三个数中有负数，在写方向指数时，在这个数字上面加一横线。一些非平行的点阵平面经对称操作后完全重合，这些点阵平面在

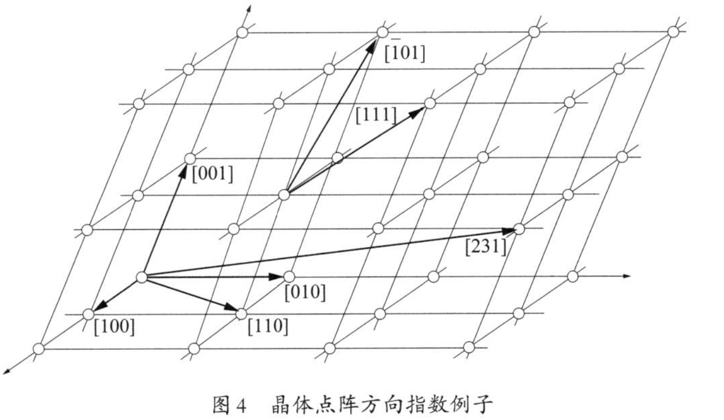

图4　晶体点阵方向指数例子

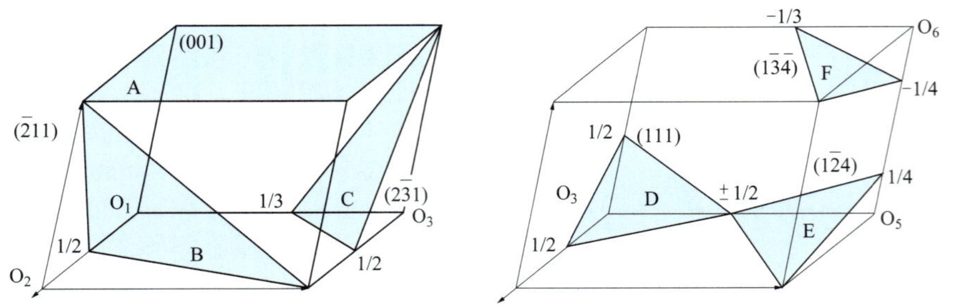

图5　晶体点阵平面指数例子

几何上也是完全等价的。把等价的点阵直线合归为同一种点阵直线类型，称为面族，用{hkl}表示。

晶体对称性　在晶体的外形以及其他宏观表现中还反映了晶体结构的对称性。晶体的理想外形或其结构都是对称图像。这类图像都能经过不改变其中任何两点间距离的操作后复原。这样的操作称为对称操作。表示对称操作的符号有两种：国际符号和熊夫利斯符号。

晶体对称分宏观对称与微观对称。宏观对称是研究晶体的外形（有限的，外部表现）和其宏观性质的对称性。宏观对称要素的特点是点式对称操作，晶体中有一点保持不动。不动的点、线或面称点对称元素。点式对称操作包括：①旋转。以一个不动的轴旋转$2\pi/n$的角度，旋转轴是对称元素，n=1、2、3、4、6是旋转轴的轴次。n=1相当于没有任何操作，称恒等操作，国际符号是1，熊夫利斯符号是E。从旋转的角度看，恒等操作等价于对任何轴旋转了0°或2π。晶体结构中不会存在5次旋转对称轴。旋转对称操作的国际符号是n，熊夫利斯符号是C_n，若连续操作了m次，则国际符号是n^m，熊夫利斯符号是C_n^m。②反映。操作结果是使操作前后的两个物体互为镜像。在镜面上所有点都不动，镜面就是对称元素。平面反映操作的国际符号是m，熊夫利斯符号是σ。③反演，又称对称中心、倒反。空间任一点过规定的中心点连线并延伸，延伸到和原来的点到中心点距离相等的距离处取一点，这两个点与规定的中心点具有反演对称关系。在操作过程中，这个中心点的位置保持不变，它就是反演（对称中心）的对称元素。反演操作的国际符号是$\bar{1}$，熊夫利斯符号是i。④旋转一反演。先进行旋转操作，再进行反演操作，这种复合操作的国际符号是$\bar{n}$，熊夫利斯符号是I_n。

微观对称是研究晶体内部质点及其排列（无限的）的对称性。晶体的宏观对称元素在微观对称中也存在。因为晶体结构是其结构单位（晶胞）在空间的无限排列，所以晶体微观结构一定具有宏观对称不能出现的对称元素，所以又称非点式对称操作。非点式对称操作包括：①螺旋轴。螺旋轴操作是旋转与平移的组合。先旋转360°/n，然后平移$\tau=ts/n$（t为与平移矢量τ相平行的单位基矢），s是小于n的整数。螺旋轴的国际符号为n_s。②滑移面。滑移面操作由镜面和平移组合，基本操作可表示为{$m\cdot\tau$}。晶体中有3种不同的滑移面，分别是轴向滑移、对角线滑移和金刚石滑移。

对称操作符合一定规律的组合就形成一个对称操作群。点对称操作组成的对称群称为点对称操作群，简称为点群。晶体中的点群共有32种，其中具有中心对称的有11种，非中心对称的有21种。由于晶体尺寸远大于原子间距，因而微观上可以有非点式对称操作，由此可导出230种对称操作群，称为空间群。

晶系　同一种晶体点阵，可以有无限多种划分简单晶胞的方式，但首要原则是这个晶胞必须能充分反映出晶体点阵的对称性。在满足这个条件的前提下，再使晶胞的棱和棱之间的角度尽可能为直角，最后考虑选取简单晶胞的体积为最小。这些原则由法国晶体学家A.布拉菲提出。根据布拉菲的原则，把旋转对称从低对称到高对称引入点阵，讨论它对晶体点阵参数的限制，从而得到二维晶系和三维晶系。二维晶系有斜方、正交、正方和六方4种。斜方晶系两个基矢$\boldsymbol{a}$和$\boldsymbol{b}$的长度、夹角γ不受任何限制，$a\neq b$，$\gamma\neq 90°$；正交晶系两个基矢$\boldsymbol{a}$和$\boldsymbol{b}$的长度不受任何限制，基矢夹角$\gamma=90°$，$a\neq b$；正方晶系两个基矢$\boldsymbol{a}$和$\boldsymbol{b}$的长度相等，基矢夹角$\gamma=90°$，$a=b$；六方晶系也称菱方点阵，两个基矢$\boldsymbol{a}$和$\boldsymbol{b}$的长度相等，基矢夹角$\gamma=120°$，$a=b$。三维晶系共有三斜、单斜、斜方、四方、六方、三方和立方（等轴）7个晶系，分属于低级、中级和高级3个晶族。

典型金属晶体结构　金属原子通过金属键结合而形成金属晶体。在晶体结构中把原子看作一个球，两个最近邻原子中心的距离定义为*原子半径*。晶体中每个原子与其周围等距离的最近邻的原子数目称配位数。

典型的金属晶体结构有3种：面心立方、体心立方和密排六方。它们的结构符号分别是A1、A2和A3。除上述3种典型的晶体结构之外，金属元素还有其他几种结构，如正交结构（如镓、铀）、四方结构（如铟、钯）、菱面体结构（如钾、锑、铋）等。

面心立方（face-centered cubic, fcc, A1）结构中，面心立方晶系单胞是全面心F晶胞。这种结构的最密排面是{111}，晶体结构是以密排面{111}按ABCABCABC……顺序堆垛起来的。矢量[111]的长度恰好是3个（111）面的面间距。因为这种结构是同类原子球的最紧密堆垛，所以其配位数CN=12。即任何一个原子都有12个最近邻原子。图6a是晶胞的杆-球模型，图6b是配位数的说明。

fcc单胞含4个阵点，在单胞中的位

7种三维晶系的特征对称性、点阵常数间的关系

晶系		特征对称元素	轴长关系	轴夹角关系
低级晶系	三斜	1（E）或$\bar{1}$（i）	$a\neq b\neq c$	$\alpha\neq\beta\neq\gamma$
	单斜	2（C_2）或$\bar{2}$（σ）	$a\neq b\neq c$	第一种定向 $\alpha=\beta=90°\neq\gamma$ 第二种定向 $\alpha=\gamma=90°\neq\beta$
	正交	相互垂直的镜面或两个（2或$\bar{2}$）	$a\neq b\neq c$	$\alpha=\beta=\gamma=90°$
中级晶系	三方（菱方）	3（C_3）或$\bar{3}$（S_6^5）	①与六方晶系相同 ②$a=b=c$	①与六方晶系相同 ②$\alpha=\beta=\gamma\neq 90°$
	四方	4（C_4）或$\bar{4}$（S_4^3）	$a=b\neq c$	$\alpha=\beta=\gamma=90°$
	六方	6（C_6）或$\bar{6}$（S_3^5）	$a=b\neq c$	$\alpha=\beta=90°$ $\gamma=120°$
高级晶系	立方	4个3或按立方体对角线取向	$a=b=c$	$\alpha=\beta=\gamma=90°$

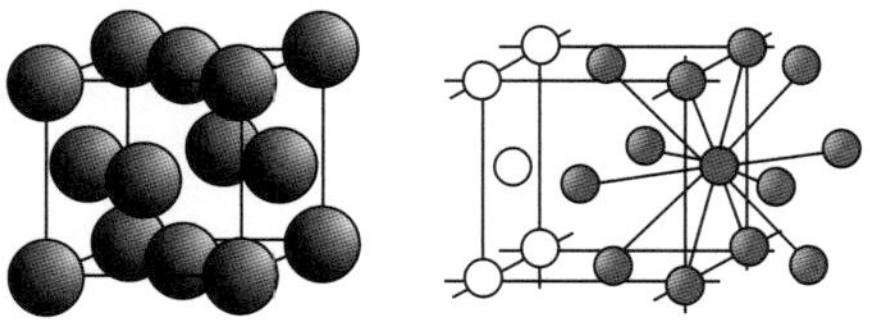
a　　　　　　　　b

图6　fcc晶胞的杆-球模型及配位数的说明

置是：[0，0，0]，[0，1/2，1/2]，[1/2，0，1/2]，[1/2，1/2，0]。fcc的最密排方向是[110]，[110]的长度等于两个原子直径，所以原子半径$r=a\sqrt{2}/4$。

虽然面心立方金属原子是最紧密堆垛，但原子不能填满空间，留下的空间称间隙。fcc结构有两种间隙：八面体间隙和四面体间隙。

体心立方（body-centered cubic，bcc，A2）结构中，体心立方晶系单胞是体面心I晶胞。这种结构的较密排面是{110}，晶体结构是以较密排面{110}按$\alpha\beta\alpha\beta\alpha\beta\alpha\beta$……顺序堆垛起来的。矢量$a\langle 110\rangle/2$的长度恰好是两个{110}面的面间距。bcc结构中每个原子有8个最近邻原子，例如晶胞中心的原子与晶胞的8个顶角原子是最近邻，原子间距为$a\sqrt{3}/2$，故配位数为8。另外，它与和晶胞6个面相邻的6个晶胞中心原子为次近邻，原子间距为a。最近邻与次近邻的间距相差不是很大（约15%），因此往往要考虑次近邻的作用，所以，体心立方的配位数也表示为8+6，即有效配位数大于8。图7a是晶胞的杆-球模型，图7b是配位数的说明。

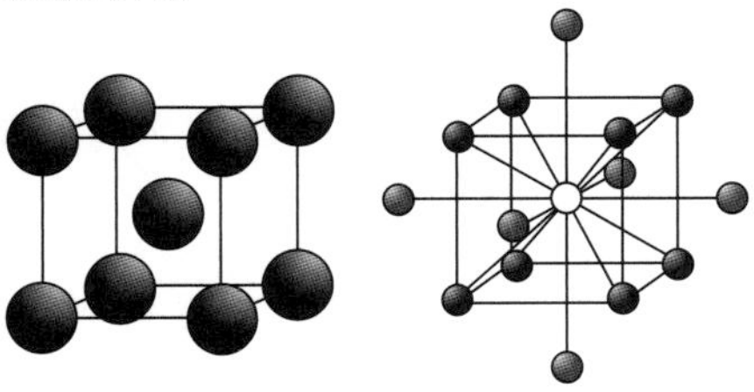
a　　　　　　　　b

图7　bcc晶胞的杆-球模型及配位数的说明

bcc单胞含2个阵点，在单胞中的位置是[0，0，0]、[1/2，1/2，1/2]。bcc的最密排方向是[111]，[111]的长度等于两个原子直径，所以原子半径$r=a\sqrt{3}/4$。bcc结构有两种间隙：扁八面体间隙和四面体间隙。

密排六方（close-packed hexagonal，hcp，A3）结构中，密排六方晶体的单胞是P单胞，密排面是（001），这个面的原子排列与fcc的（111）面相同，都是最密排面。晶体结构是以密排面（001）按ABABAB……顺序堆垛起来的，图8a是密排六方晶胞的杆-球模型示意图。为了显示其对称性，往往给出另一种六面棱柱体的晶胞（图8b），但这不是一个晶体学定义的晶胞，其中粗黑线画出的六面体（灰色部分）才是密排六方的布拉菲P单胞。单胞的点阵常数$a\neq c$，c/a称轴比，（001）面称基面，（100）及其等效面称棱柱面。一个单胞含2个原子，这两个原子构成一个结构基元。

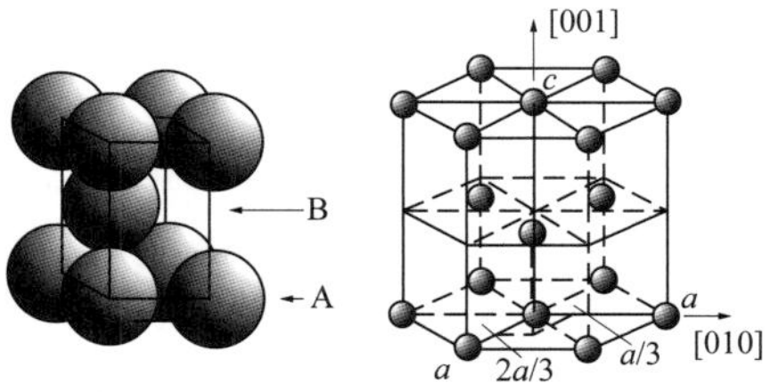

a hcp晶胞　　　　b 六面棱柱体晶胞

图8　hcp晶胞的杆-球模型

hcp单胞的2个阵点位置是：[0，0，0]，[2/3，1/3，1/2]。理想情况是同类原子球的最紧密堆垛，轴比$c/a=1.633$，原子半径$r=a/4$，配位数CN=12，空间填充率$\eta=0.74$。事实上大多数密排六方金属的轴比在1.58（铍）～1.89（镉）之间，配位数CN变为6+6，空间填充率都小于0.74。原子半径和空间填充率的大小因轴比c/a不同而异。hcp结构有两种间隙：八面体间隙和四面体间隙。

（余永宁）

晶体培育　crystal growth　物质在特定的物理和化学条件下由气相、液相或固相形成晶体的过程。又称晶体生长。晶体培育主要研究晶体，特别是单晶体生长方法和晶体生长机理的化学、物理学及晶体学，以及晶体质量的检验和控制等。单晶体通常是指在宏观尺度范围内不包含大角度晶界的晶体。在自然界中存在着许多大的单晶体，如水晶、方解石、金刚石等。但多数金属、氧化物、盐类等均不以单晶体的形式存在，这些物质的单晶往往需要用人工的方法加以培育。随着现代科学和工程技术的发展，单晶在理论上和实用上都占有重要的地位，例如：许多半金属（锗、硅等）和Ⅲ-Ⅴ族、Ⅳ-Ⅵ族化合物单晶是制作电子、激光和红外器件的材料。在金属物理和材料科学领域内，如金属强度、形变、相变、晶体缺陷和扩散等，单晶也是重要的研究对象。由于研究的内容不同和实际应用的差别，对晶体的大小和质量的要求也各不相同，因此出现许多培育晶体的方法。

从熔体中培育单晶　主要有提拉法、区域熔炼法、布里奇曼法等。①提拉法。将金属或合金在保护气氛下加热熔化，然后用一定取向的籽晶引提熔体，一面旋转，一面按一定速度上升，熔体在上升过程中逐渐凝固结晶成单晶。这种方法是1918年由波兰J.丘克拉斯基首先提出的，故称为丘克拉斯基法。该方法的工艺流程为：坩埚内原料的熔化→籽晶浸入熔体→籽晶回熔→建立一定的温度场→籽晶杆旋转并提升→最终形成一定尺寸的单晶。该工艺的优点为通过精密控制温度梯度、提拉速度、旋转速度等，可以获得优质大单晶；通过籽晶制备不同晶体取向的单晶。由于这种方法比较简便，能生长质地优良的近完整单晶，特别是美国W.C.达什提出缩颈-细颈工艺之后，能生长无位错和少位错大直径单晶。在没有籽晶时，也可慢速拉成细颈使得某一晶粒充分发育，以至细颈仅包含一个晶粒，这样继续生长也可得到单晶。现在此法在控制单晶体的质量、制取大直径单晶和自动化操作方面取得很大进展。然而，这种方法也存在相应的缺点：由于使用坩埚容易污染；对于蒸气压高的易挥发组分不容易控制成分；不适用于具有固态相变的晶体。②区域熔化法，简称区熔法，是培育单晶的另一类方法。该方法在整个生长过程中的任何时刻都只有一部分原料被熔融，熔区由表面张力支撑，故又称浮区法。所用原料一般先制成烧结棒。将烧结棒用两个卡盘固定并垂直安放在保温管内。利用高频线圈或聚焦红外线加热烧结棒的局部，使熔区从一端逐渐移至另一端以完成结晶过程。该方法不需要坩埚，生长出的晶体质量高，常用于材料的物理提纯，也用于生长晶体。③布里奇曼（Bridgman）法，是模子中的液态金属缓慢进入低温区而结晶成单晶。

在固态下培育单晶　根据形变量较小（相当于某临界值）的多晶材料在再结晶退火时，可以获得很大晶粒的原理，发展了形变-再结晶退火固态培育单晶的方法。其要点是把多晶材料制成一定形状（一般为丝状或长的薄片状），给其一定的形变量后，在再结晶温度下进行长时间退火，可以得到单晶。

日本东北大学2013年提出通过对多晶Cu-Al-Mn合金反复升降温热处理可得到厘米级别单晶。该方法为形状记忆合金、磁性材料单晶的制备提供了一种简单的方法。Cu-Al-Mn合金在升降温的过程中存在高温β相与低温α相的析出与溶解的固态相变。高温β相与低温α相之间存在半共格关系，因此在此固体相变过程中将伴随大量的亚晶粒结构出现。亚晶粒结构在高温重结晶过程中对大角度晶界有吞噬作用，从而得到大尺度单晶材料。

在气态下培育单晶　气相生长晶体是将拟生长的晶体材料通过升华、蒸发、分解等过程转化为气相，然后通过适当条件下使它成为饱和蒸气，经冷凝结晶而生长晶体。

许多金属的卤化物在高温下分解出金属蒸气，也可以用蒸发、溅射等方法获得金属或合金的蒸气。如果在金属蒸气中引入籽晶并使其保持一定温度，同时控制蒸气浓度，籽晶可以从蒸气中吸取金属原子而继续长大。如果籽晶呈棒状，且仅沿径向长大，则可得到棒状单晶，称为气相生长单晶；如果籽晶为片状，且仅在片的一个表面生长，称为气相外延生长。由于蒸气来源和衬底籽晶不同，因此外延方法多种多样。如果外延层与衬底物质相同，称为同质外延，否则称为异质外延。如果外延层与衬底物质不同，但**晶体结构**相同，虽然点阵参数的差别使界面附近存在点阵错配，但仍可获得单晶外延层。如果外延层与衬底物质不同，晶体结构也不同，则只能在某些有较好匹配关系的晶面上外延，得不到单晶外延层。外延膜的取向关系和晶体完整性与衬底的关系取决于晶体结构、原子间距、热膨胀系数。特点是纯度高、完整性好、生长速度慢。

晶须培育　晶须是一种在一定条件下生长的细丝状单晶。金属晶须直径小到1微米时，它的强度比普通大块金属晶体的强度高100倍以上。有自然生长的晶须，但可供研究的晶须多用人工方法培育。常用的有金属蒸气凝聚法和金属卤化物还原法。前一种方法通过过饱和金属蒸气在较低温度的凝聚头上凝聚，开始时生长端向前（轴向）生长的速度远大于横向（径向）生长速度，至达到晶须的最后长度，即当径向开始生长时应停止培育。

后一种方法是把卤化物装入一瓷舟中，放在通氢气的炉内，经化学反应，便可从中生长出长度达几厘米、直径由几微米到几十微米的晶须。此外，还有各种沉淀（包括由熔态、溶液、电解槽中及固态中沉淀）的方法。　（杨传铮　肖　飞）

晶体缺陷　crystal defects　实际晶体中原子规则排列遭到破坏而偏离理想结构的区域。又称晶格缺陷。具体表现为晶体结构中局部范围内，质点的排布偏离周期性重复的空间格子规律而出现错乱的现象。根据缺陷引起严重畸变的范围大小，可分成点缺陷、线缺陷、面缺陷和体缺陷。晶体缺陷的存在对晶体的性质会产生明显的影响。

简史　1914年，C.G.达尔文首先提出嵌镶组织来描述不很完整的实际**晶体结构**。20世纪20年代，Ya.I.弗仑克尔提出点缺陷理论。为了解释金属晶体的实际强度远低于理论强度，1934年G.I.泰勒、E.奥罗万、M.波拉尼几乎同时提出线缺陷–位错模型。1939年J.M.伯格斯将**位错**概念普遍化，并发展了位错应力场的理论。1949年F.C.弗兰克的螺位错促进晶体生长的预言得到实验证实。1953年F.L.沃格尔等在锗单晶中观察到规则的腐蚀斑，成功验证小角度晶界的位错理论。1956年W.博尔曼和P.B.赫希等分别用透射电子显微镜观察到金属薄膜中的位错和面缺陷–堆垛层错。特别是1956年J.W.门特观察到铂钛花青晶体薄片中刃位错结构的像，与20多年前泰勒等的模型一致。至此，位错这个线缺陷得到普遍接受。

点缺陷　线度仅在几个原子间距之内的结构缺陷。最简单的是晶格空位和间隙原子。空位是正常晶格格点上的原子空缺，称为肖特基缺陷（图1a）。而间隙原子是落在晶格格点之间的间隙位置上的原子。如果空位与间隙原子相距较近又处于近平衡状态，它们合起来称为弗仑克尔缺陷（图1b）。晶体温度T一定时，产生一个肖特基缺陷（空位）的能量为U，热平衡时肖特基缺陷的数目n为：

$$n=N\exp(-U/kT)$$

式中N为晶格的格点数目；k为玻耳兹曼常数。对于弗仑克尔缺陷，若U是产生一对空穴和间隙原子所需的能量，则弗仑克尔缺陷数为：

$$n=\sqrt{NN'}\exp(-U/kT)$$

式中N'为晶体中间隙位置数目。金属在700℃时，大约每10万个格点有一个是空

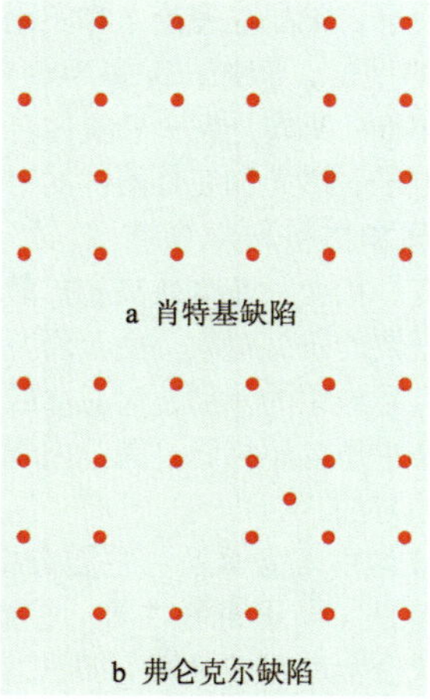

a 肖特基缺陷

b 弗仑克尔缺陷

图1　晶体中的点缺陷

位。固体中点缺陷担负着原子或杂质的扩散或迁移。将固体加热再冷却或辐射或加应力都可能增加固体中点缺陷的浓度。

离子晶体中点缺陷是带电荷的。间隙离子带它本身的电荷。正离子空位则带负电荷，负离子空位带正电荷。在没有外加电场时，点缺陷的无规运动不产生宏观电流。加外电场后，带负电荷的点缺陷朝正电极迁移占优势，带正电荷的点缺陷倾向于向负极迁移，从而形成定向的离子电流。

线缺陷　晶格结构完整性在某一方向上遭破坏的缺陷。又称位错。位错有刃型位错和螺型位错两种基本形式。刃型位错的结构见图2。有1个多余的原子面插进晶体某一部分，其边缘线便是刃型位错。螺型位错（图3）是另一种线缺陷，垂直于某一方向的晶格平面族发生变形成为一个连接起来的螺旋面，其螺旋轴就是螺型位错。或者沿完整晶体某一晶面一刀切进去，内边缘是一直线。沿此直线切开的两

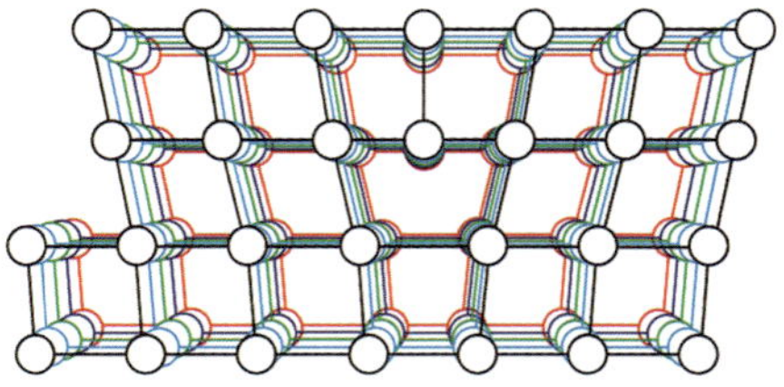

图2　立方系晶体刃型位错附近的原子排列

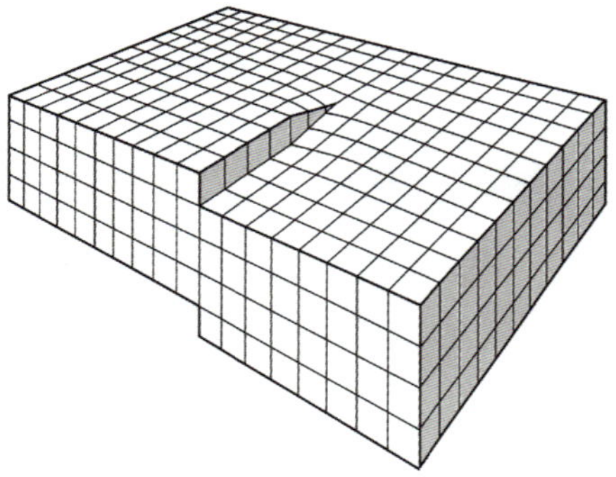

图3　螺型位错

侧上下位移一个晶格周期距离b，并重新贴紧。垂直于此直线的晶面族便连成一个螺旋面，该直线便是螺型位错。位错会使晶体发生范性形变所需的临界切应力大大降低。螺型位错形成的螺旋面提供晶体生长中一个永远填不满的台阶，促进在低于饱和条件下的晶体的生长。

面缺陷　晶体内部结构完整性被破坏的一些面。二维晶格缺陷（面缺陷）基本上分为晶粒间界和堆垛层错两类。①晶粒间界。界面两边的晶体取向略有差别，这界面可认为是由一系列互相平行的刃位错构成的（图4）。②堆垛层错。原子层不按

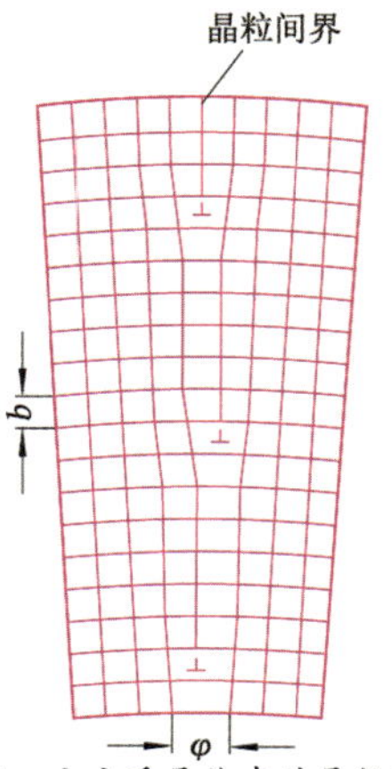

图4　立方系晶体中的晶粒间界

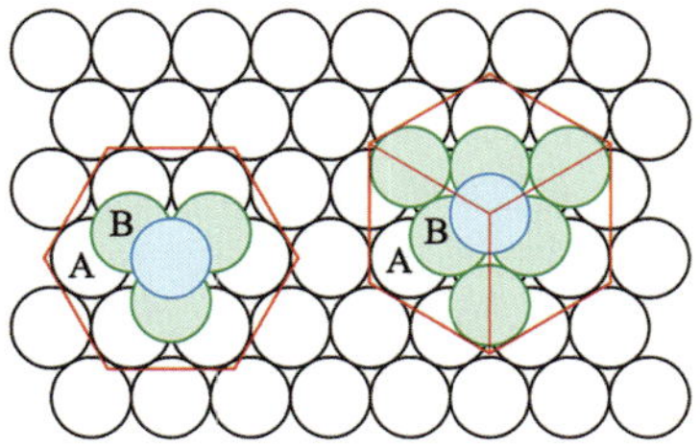

图5　六角密堆积（层的顺序为ABAB……）

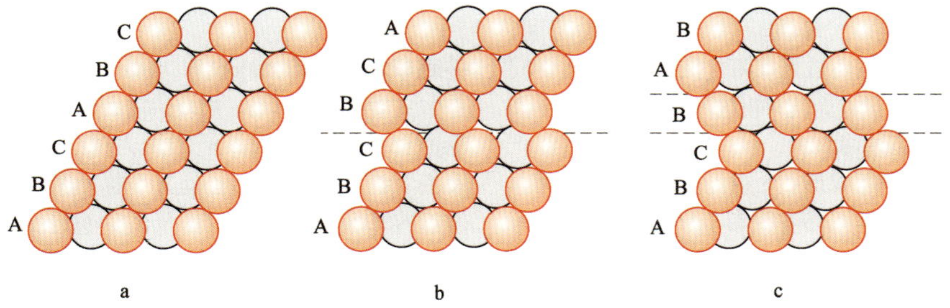

图6　立方密堆积结构中的层错

规则顺序而堆积的产物。这在密堆积结构（图5）的晶体中最为显著。六角密堆结构沿6重对称轴的堆垛顺序是ABABABAB……如果排成ABABCABAB……这里多一个C层便是层错。立方密堆结构就是面心立方晶格，堆垛的轴向是体对角线，堆垛正常顺序为ABCABCABC……（图6a）如果排成ABCBCABC……（图6b）堆垛时缺了一个A层便是层错，或者排成ABCBABC……（图6c）这里多出一个B层也是层错。在层错出现的位置，晶体结构异于完整晶格。在这局部区域其能量较完整晶体的能高出的部分为层错能。金属的层错能为10^{-2}焦/厘米^{2}量级。

体缺陷　三维方向上尺寸都比较大的缺陷，例如沉淀相、晶粒内的气孔和第二相夹杂物等。

（陆　栋）

精矿　concentrate　经分选获得的高质量产品或有用成分富集的产品。每一个选别设备、选别作业或选别过程，都可得出自己的精矿。精矿是**选矿厂**的主导产品，它的矿物化学组成、粒度及含水量均需满足冶炼厂或其他工业过程的要求。不同的矿产对精矿有不同的质量要求，各国也不尽相同。精矿与**尾矿**中间的产品称**中矿**。

（范象波）

精密塑性成形　precision plastic forming　使坯料通过塑性加工后，所得到的制件达到或接近最终成品形状和尺寸的**锻压加工**技术。是传统的塑性成形技术结合现代材料技术、模具技术、自动化技术、计算机和信息技术等发展起来的塑性加工方法。具有节能节材、高效、高精度等特点，在汽车、航空航天、军工、家电和能源等产品的关键零件以及基础零部件的制造中广泛应用。

按成形温度的不同，精密塑性成形可以分为热精锻、冷精锻、温精锻和等温精锻等；按成形方法的不同，可以分为精密模锻、复合精锻、辊锻、超塑成形、半固态成形、板料精密冲裁、内高压成形等。

热精锻　**锻造**温度在再结晶温度之上的精密锻造工艺，主要有闭式模锻、热挤压等。热精锻材料变形抗力低、塑性好，容易成形比较复杂的工件，但因强烈氧化作用，工件表面质量和尺寸精度较低。热精锻工艺广泛用于环形件、法兰类锻件、管接头、阀体、联轴节、十字轴等的批量生产，零件越复杂，其节材率越高。

冷精锻　在室温下进行的精密锻造工艺，具有工件形状和尺寸较易控制、可避免高温带来的误差、工件强度和精度高、表面质量好等优点。但因成形温度低，变形抗力大，材料塑性和流动性差。20世纪70年代冷锻技术得到突破和发展，相继开发了闭塞锻造、浮动凹模锻造、预制分流锻造等冷精锻工艺。冷精锻广泛应用于汽车齿轮和齿形类零件的生产，齿轮精度可以达到DIN7级。

闭塞锻造　在封闭凹模内通过一个或两个冲头单向或双向挤压金属一次成形，获得无飞边精锻件的成形工艺。锻造过程中坯料处于强烈的三向压应力状态，坯料塑性好，可以一次成形形状复杂的零件，生产效率高，且金属流线沿锻件外形连续分布，锻件的力学性能好。闭塞锻造主要用于生产圆锥齿轮、等速万向节、管接头、十字轴、伞齿轮等产品。

浮动凹模锻造　由上下凹模先闭合形成封闭型腔，同时对闭合凹模施加足够强大的压模力，再由挤压凸模从一个方向或多个方向对金属坯料进行挤压，一次成形，获得无飞边的近净成形精锻件。是在单动压力机上实现闭塞锻造的一种工艺，其原理如图1所示。在锻造过程中闭合的凹模和上冲头一起向下运动，下冲头固定不动，从而实现上下冲头从两个方向挤压坯料。主要用于枝丫类形状复杂难成形类零件的生产，如十字轴、三叉轴和换挡拨叉等。

预制分流锻造　在毛坯或模具的成形部分建立一个材料分流腔或通道，在成形过程中，材料在填充型腔的同时，部分材料流向分流腔或通道形成分流，有利于难成形部位的充填或只填充希望成形的部位。分流锻造避开了封闭状态，可以降低成形力，提高模具寿命。在生产中通常和其他工艺相结合完成锻造过程，主要用于正齿轮和螺旋齿轮的生产。

温精锻　变形温度范围在室温以上、再结晶温度以下的锻造工艺。与冷精锻相比，金属的变形抗力明显降低，与热精锻相比，氧化和脱碳程度大大减小，其锻件的尺寸精度、表面粗糙度和力学性能与冷锻件接近，特点介于冷精锻和热精锻之间。温精锻应用于轴承套圈、锥齿轮、变速箱齿轮毛坯和等速万向节等汽车零件的生产。

等温精锻　坯料在趋于恒定的温度下

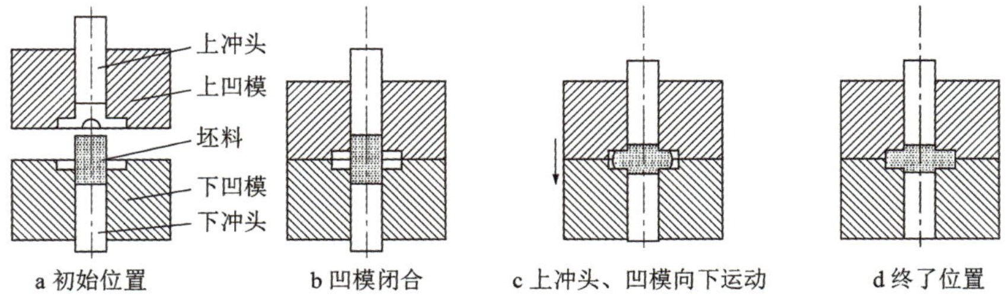

图1　浮动凹模锻造原理图

模锻成形。为了保证恒温成形的条件，模具必须加热到与坯料相同的温度。等温锻造时金属塑性显著提升，锻件流线完整、力学性能好、精度高、无残余应力。等温模锻常用于航空航天工业中的钛合金、铝合金、镁合金等难变形材料的精密成形，也用于汽车和机械行业中的有色金属精密成形。

精密模锻　在模具的作用下制造出近形或近净形锻件的成形工艺。精锻件的尺寸精度高可以达到IT12～IT15（公差等级），表面粗糙度Ra3.2～Ra1.6微米，锻件可以直接使用或预留少量的机加工余量。精密模锻对坯料的下料质量和表面质量、控制坯料的加热氧化、预锻件的设计、锻造的润滑、锻后冷却和热处理以及模具的制造精度等都提出了更高和更严格的技术要求。精密模锻已广泛应用于汽车、航空航天、军工、能源等领域的各种齿轮、叶片、盘类件等锻件的制造。

复合精锻　将不同种类的锻造方法组合起来，或将其他金属成形方法（如铸造、粉末冶金等）和锻造加工方法结合起来的工艺。它可利用不同工艺的优点，扩展加工对象，既可获得高精度锻件，也可以降低能耗、降低生产成本。复合精锻工艺主要用于生产各种齿轮、管接头、汽车前轴等高强度零部件。

超塑成形　利用金属在特定条件下所具有的超塑性来进行塑性加工的方法。超塑性是材料在一定的内部组织条件（如晶粒尺寸及形状、相变等）和外部环境条件（如温度、应变速率等）下，呈现出异常低的流变抗力、异常高的流变性能（如大的延伸率）的现象。按实现超塑性的条件一般分为细晶超塑成形和相变超塑成形。①细晶超塑成形。利用某些超细晶粒金属材料，在一定的温度和变形速率下具有的超塑性进行塑性加工的方法。细晶超塑性需要具备3个条件：材料具备稳定的等轴细晶组织，通常晶粒尺寸小于10微米；变形温度$T>0.5T_m$（T_m为材料熔点的热力学温度）；应变速率范围在1×10^{-5}～1×10^{-2}/秒。②相变超塑成形。将金属材料在相变温度附近进行反复加热、冷却并使其在一定的速率下变形时能呈现高塑性、低流动应力（变形抗力）和高扩散能力等相变超塑性或动态超塑性特点而进行塑性加工的方法。相变超塑成形不要求材料有超细晶粒，但需具有固态相变，在一定的温度和负荷条件下经过多次的循环相变或同素异形转变获得较大的延伸率，如碳素钢和低合金钢。

超塑成形工艺广泛应用于航空航天、汽车、铁路、军工、生物医疗、信息家电等行业。

辊锻　将轧制变形引入锻造生产中的一种成形工艺。在辊锻变形过程中，坯料在高度方向经辊锻模压缩后，除一小部分金属横向流动外，大部分金属沿坯料的长度方向流动（图2）。因此，辊锻变形的实质是坯料在压力下的延伸变形过程，适用于减小坯料截面，如轴类件的拔长、板坯的碾片等。

辊锻在汽车、轨道、煤机等行业应用广泛，多与机械压力机或螺旋压力机配套生产连杆、前轴、曲轴、销轨等。对于截面形状复杂、厚度较大的锻件，如前轴、连杆等，采用成形辊精密制坯或局部终成形辊锻，再配置小吨位的模锻设备进行整形或局部模锻。

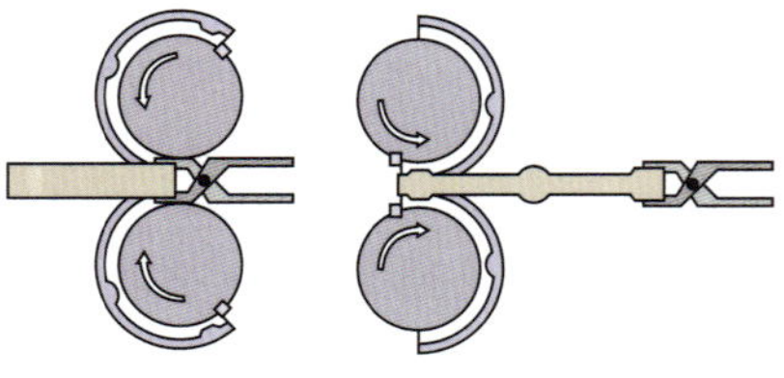

a 辊锻开始阶段　b 辊锻终了阶段

图2　辊锻原理图

半固态成形　利用金属从液态向固态或固态向液态转变时具有的流变特性进行加工的技术。在合金相图上，半固态成形的温度位于固相线和液相线之间。由于半固态金属浆料中的初生晶粒通常以近球状形式存在，具有较好的流变性和触变性，因此半固态成形通常采用流变成形和触变成形两种工艺。

在金属凝固过程中，对其施以剧烈的搅拌作用，充分破碎树枝状的初生固相，得到的液态金属母液中均匀地悬浮着一定球状初生固相的固-液混合浆料（固相组分一般为50%左右），即流变浆料。利用这种流变浆料直接进行成形加工的方法称为半固态金属的流变成形。将流变浆料凝固成锭，按需要将此金属锭切成一定尺寸，然后重新加热（即坯料的二次加热）至金属的半固态温度区，这时的金属锭一般称为半固态金属坯料。利用金属的半固态坯料进行成形加工，这种方法称为触变成形。

板料精密冲裁　通过精冲模具，板料在三向压应力状态下进行纯剪挤分离，获得二维或三维的扁平类零件的加工技术。应用于仪器仪表、电器开关、重型机械、汽车、摩托车等制造业。

内高压成形　通过内部加压和轴向加力补料把管坯压入模具型腔使管坯成形的成形工艺。有时需要把管坯预弯成接近零件形状，然后加压成形，具有节省材料、降低成本、提高强度和刚度等优点。内高压成形适用于制造航空航天、汽车行业的沿构件轴线变化的圆形、矩形截面或异型截面空心构件，如汽车的排汽系统异型管件、非圆截面空心框架如副车架、仪表盘支架、车身框架（占汽车总重量的11%～15%）和空心轴类件、复杂管件等。

扩展阅读

夏巨谌.金属材料精密塑性加工方法.北京：国防工业出版社，2007.

王忠雷，赵国群.精密锻造技术的研究现状及发展趋势.精密成形工程，2009，1（1）：32-38.

苑士剑，郎利辉，王仲仁.内高压成形技术研究与应用进展.哈尔滨工业大学学报，2000，32（5）：60-63.

（海锦涛　贺小毛）

井底车场　shaft station; pit bottom　连接矿井中主要提升井筒和中段运输大巷的一组巷道和硐室的总称。是转送人员、矿岩、设备、材料的场所，也是井下排水和动力供应的转换中心。井底车场的通过能力应不小于中段运输能力的1.2～1.3倍。车场线路结构应力求简单和调车方便，尽可能地保证车辆运行安全和缩短调车时间。根据井筒类型，井底车场形式分为竖井井底车场（图1）和斜井井底车场两种。

竖井井底车场由车辆运行线路的布置形式而定。车辆运行线路由行车线、储车线和辅助线路组成。行车线有空车运行线、重车运行线、连接主副井空重车运行线的绕道、调车场支线、马头门线路等。储车线有储放主副井空车线路、重车线路和材料车支线等。辅助线路为通往各硐室和水仓的专用支线。车辆运行线路按矿车运行方式和要求的通过能力，组成环形式、折返式和尽头式3种线路，也称环形式、折返式和尽头式井底车场（图2）。

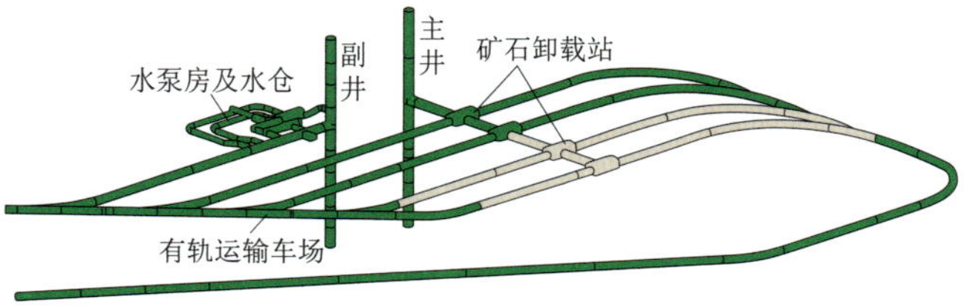

图1　竖井井底车场示意图

斜井井底车场按车辆的运行路线分为折返式和环形式两类。斜井井底车场与斜

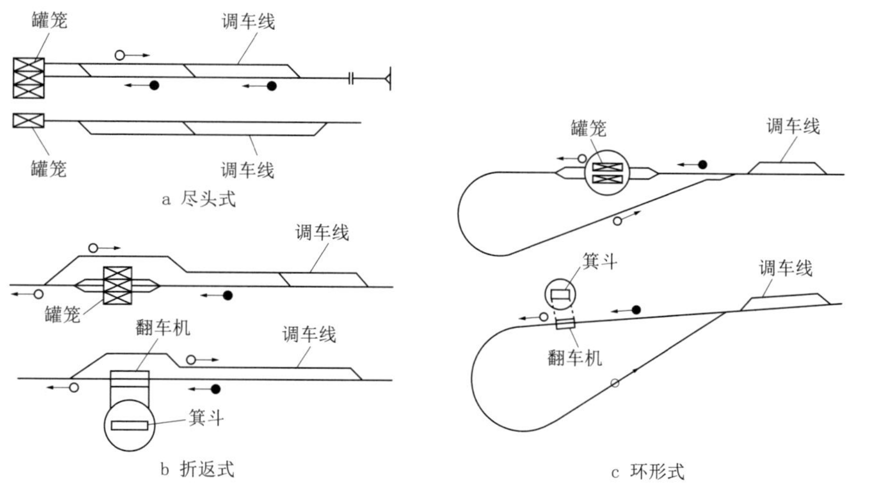

图2　竖井车场形式示意图

井的连接方式有甩车道、吊桥和平车场3种。甩车道式也称旁甩式，即由井筒一侧或两侧开掘斜井甩车道，使斜井内的线路由斜变平进入储车线。吊桥式是用吊桥引渡斜井中的矿车进入斜井顶板上方的储车线并将储车线中的矿车引渡到斜井中。平车场式是车场位于斜井井底，斜井中的运输线路到车场变平进入储车线。环形式车场一般用于箕斗提升或带式提升的大、中型矿井。折返式车场一般用于中、小型金属矿山串车提升的斜井。

井底车场形式选择的影响因素：①矿山的生产能力。②井筒与主要运输大巷的相互位置关系。③主要运输巷道的运输设备。如采用固定式矿车时，矿车运行不受方向限制，调车灵活；当采用底卸式矿车时，矿车头尾在调车过程中不能倒置，可采用折返式井底车场。对无轨开采中段，不设主井储车线，井底车场相对简单。

在竖井（副井）旁的车场一般采用预埋钢轨的混凝土地面车场，使轨面与巷道的底板齐平；其他位置车场采用正常的轨枕铺轨的形式，轨面要高出巷道底板。

（吴春平）

井巷掘进与支护　drifting and support　为开采地下矿体而进行井筒、平巷（硐）和硐室等的开凿与支护的作业活动。又称井巷工程。在矿床开采之前，先进行开采工程设计，按照生产规模、开采工艺和技术等要求，确定矿山合理、经济的开拓方式，依据开拓方式进行井巷布置。矿山井巷包括各种井筒工程（如竖井、斜井、斜坡道等）、平巷及硐室工程。硐室用于安装机电设备（如水泵房、变电所、破碎站、装矿硐室等），进行设备维修（如无轨设备维修硐室等），作为工作场所（如值班室、调度室、等候室等）和存储空间（如水仓、消防材料库、炸药库等）。硐室断面尺寸一般较大，有些还须设起重设施用于设备安装和检修维护。井巷掘进破岩主要采用凿岩爆破法。随着材料和制造技术发展，机械破岩设备价格和施工成本的下降，井巷掘进中使用机械破岩的比例在逐渐加大。20世纪50年代后，中国井巷掘进技术得到迅速发展，施工机械化程度不断提高，井巷施工速度逐步加快。

金属矿山或煤矿矿井的建设，包括井巷、土建和机电设备安装。其中，井巷工程因受井下同时掘进工作面数量、工程地质条件和水文地质条件的限制，是影响矿井建设总工期的主要方面。井巷工程量依据矿体的埋藏深度和赋存条件、矿井生产规模、开拓方式、开采方法等的不同而变化。提高矿井施工速度，抓住建井连锁工程，做好三类工程的综合平衡，是保证矿井早日投产的关键。随着开采技术和装备水平的发展，地下采矿在向地层深部、大规模持续发展，开采的地质条件日趋复杂，高应力、高地温、高水压、破碎和软岩体等问题使施工难度日益增大；采用有效、经济、快速和安全的方法，破碎岩体和开凿井巷并维持井巷工程断面外的围岩稳定性，是井巷工程需要研究和解决的重大技术问题。

凿井　在地层中挖掘竖井的作业活动即为凿井。竖井井筒是矿井的咽喉工程。截至2016年，中国金属矿山已建成竖井深度超过1500米，南非竖井深度已达到2991米。采用竖井开拓的矿山，竖井工程量占井巷工程总量的5%～10%，而竖井工期却占矿山建设总工期的30%～55%。平巷、斜巷工程量一般占井巷工程总量的90%左右，其中平巷工程量约占井巷工程总量的70%，应选择合理的施工方案，组织快速掘进，以缩短建设工期。竖井井筒施工，根据其工程地质条件和水文地质条件的不同，采用普通凿井法或特殊凿井法。前者用于稳定、含水量较小的地层；后者用于不稳定的含水地层和含水量大的稳定岩层。

进入21世纪以来，中国的凿井技术得到快速发展，主要有以下特点：①使用大型凿井井架（ⅣG型、Ⅴ型和Ⅵ型），配置两套甚至三套提升系统及5～8立方米大容积吊桶。多套提升系统保证有足够的提升能力，缩短了出渣时间；大型凿井井架可以满足伞钻进出、座钩式卸渣台装置和废石溜槽的布置要求及使用大容积吊桶。②使用5～40吨系列绞车，悬吊多层吊盘、吊泵、模板、抓岩机、安全梯及管缆等。绞车实行集中控制。③使用大型伞钻凿岩，采用中深孔光面爆破技术。扇形钻架配液压凿岩机或气动凿岩机可钻凿直径42～55毫米、深度3.2～5.0米的炮眼，凿岩效率高，一次爆破深度大；高威力炸药和高精度雷管的使用，为中深孔光面爆破技术提供了保证。④使用抓斗容积0.4立方米、0.6立方米、1.0立方米的大型抓岩机，抓岩能力大，节省了出渣工作时间。⑤使用MJY型系列整体式金属模板。⑥对井下涌水采取排、堵结合的综合治理措施。⑦辅助设施配套，缩短辅助作业时间。⑧装备全面的监视系统，使凿井作业可视化并可远程实时查看，保障了作业安全和工效。

普通凿井法　根据井筒围岩稳定程度、井筒直径、井筒深度、涌水量大小、施工设备条件等因素，选取作业方式：①长段单行作业。②长段平行作业。③短段单行作业。④掘、砌、安一次成井等。单行作业所需掘砌设备较少，组织管理较简单，适用性较广；平行作业设备较多，组织管理较复杂，但成井速度较快。

绝大多数井筒在施工中都会遇到含水层，当基岩涌水量小于30米^3/小时，一般不需治水，可加强排水、强行掘砌通过后再进行壁后注浆堵水；涌水量大于30米^3/小时且埋深大时，需采用工作面预注浆进行治水。井筒掘砌到底后，若井内涌水量超过规定，须对出水部位进行壁后注浆堵水。为了加快施工进度，保证井壁浇筑混凝土的质量，遇到含水层时应先治水，实现打干井。

特殊凿井法　根据临时加固井筒围岩或隔绝井筒涌水方式和破岩特点，特殊凿井方法分为降低水位法、板桩法、冻结法、注浆凿井法、矿山钻井法、沉井法、混凝土帷幕法等。特殊凿井法的选择，取决于井筒所穿过的含水层深度、涌水量大小、土层或岩层赋存状况及物理力学性质、施工设备的技术条件等，有时也可用两种特殊凿井法配合施工。除钻井法外，其他特殊凿井法以加固围岩、治水、护壁为目的，还需采用普通凿井法的工艺、设备配合完成井筒施工。

巷道掘进 广泛采用一次成巷法，即将掘进、永久支护和水沟掘砌在一定距离内（50～100米）顺序完成。有条件时还应铺设永久轨道、安装永久管线。对于含水量大、破碎的不稳定围岩，需预注浆治水、加固或进行超前临时支护，之后再进行开挖。

井巷掘进通常采用凿岩爆破法施工，其工序包括凿岩（钻眼）、装药爆破、通风、装岩、转载运输、提升等。

支护 井巷开挖后，如围岩不稳定，须进行支护。根据围岩稳定程度、涌水量、断面形状和大小、服务年限等因素，选择喷射混凝土、锚杆、锚杆金属网、喷锚网、锚索、浇筑混凝土或钢筋浇筑混凝土、支架等支护形式。

20世纪50年代后，中国井巷掘进技术得到迅速发展，施工机械化程度不断提高，井巷施工速度逐步加快。1973年竖井最高月成井174.82米，1974年斜井最高月成井705.3米，1977年岩巷最高月成巷1403.6米。

（沈季良　吴理云　安建英）

井筒延深 shaft deepening 多水平开拓的矿井中，将生产竖井延深到新水平的施工工艺。竖井通常不是一次掘进到最终开采深度，而是先掘到上部某一水平，进行开采生产。在此水平开采的后期，就要延深原有井筒，及时准备新的生产水平，以保证矿井生产持续。竖井延深应充分利用原有生产系统，减少延深施工对生产的影响，加快施工速度。为保证施工安全，在生产井筒底部须留保护岩柱或构筑人工保护盘，将生产井筒与延深井筒隔开。岩柱或保护盘的强度应能承受提升容器满载时坠落所造成的冲击。井筒延深通常有利用辅助水平延深、利用延深间延深和反井延深3种方式。

利用辅助水平延深 在原有最低生产水平之下，通过辅助盲井布置临时辅助水平。利用保护岩柱或保护盘将原有井筒与延深井筒隔开，在辅助水平布置凿井措施工程和施工设备，自上而下全断面延深井筒至井底。在井筒装备完成后拆除保护设施，连通上下两段井筒。

若主井和副井同时延深，则可主、副井分设辅助水平或主、副井共用一个辅助水平。①主、副井分设辅助水平，可将副井辅助水平布置在主井辅助水平之上，两个井筒共用一条辅助盲井。特点是盲井掘至副井辅助水平后，下部可与副井辅助水平同时施工，缩短副井延深工期；主、副井延深干扰少，但辅助工程量大；施工材料不便相互调节。②主、副井共用一个辅助水平，辅助工程量少，管理集中。但副井保护岩柱过长，破除岩柱对生产影响大，只有两个井筒井底标高相差不大时才宜选用。

利用辅助水平延深与矿井生产相互影响小。井筒断面均可布置施工设备，掘进速度快，施工安全。但辅助工程量大，延深准备期长，费用高。

利用延深间延深 原有竖井设计和施工时，已经考虑了延深的要求，在井筒内专门设置了延深位置。井筒延深时，在延深段的顶部设置保护岩柱或保护盘，将原井筒与延深井筒隔开，用依附在生产井架旁侧的临时井架和临时提升机形成提升系统，从上至下全断面掘砌成井，并完成井筒装备的安装，然后拆除保护设施，连通上下两段井筒。

采用延深间延深井筒时，提升机和卸渣台可以均布置在地面，也可提升机布置在地面、卸渣台布置在生产水平或辅助水平。前者卸渣、下料等主要工序在地面作业，能充分利用地面运输线路、生产设备和场地，地面辅助人员少，井下临时工程量小，与生产干扰少。但由于提升高度大，提升能力小，出渣速度慢，影响施工进度，适用于提升高度小于500米的延深井筒。后者提升高度小，出渣时间短，施工速度快。但井下需要增加辅助工程量，渣石需经生产水平转运到地面，运输环节多，易干扰矿井正常生产。适用于地面布置卸渣台和运输线路受到限制，或吊桶提升能力小，满足不了快速延深井筒要求的条件。

利用延深间延深井筒，施工设备及管路一般分别在地面、生产水平和延深辅助水平多层悬吊。吊桶及稳绳的悬吊位置由提升机和卸渣台的位置确定。压风、排水、供电等管道线缆尽量采用井壁固定方式，绞车布置在延深辅助水平或井底车场的硐室中。

利用延深间延深井筒，井下辅助工程量小，延深准备时间短；由于延深间断面和提升容器小，延深速度慢；延深间只在延深时使用，井筒断面利用率低。

反井延深 从延深井井底水平自下而上掘进小断面反井至临时辅助水平后，然后自上而下按设计断面扩大井筒并砌筑井壁至井底，完成井筒装备的安装，最后拆除保护设施，连通上下两段井筒（见图）。

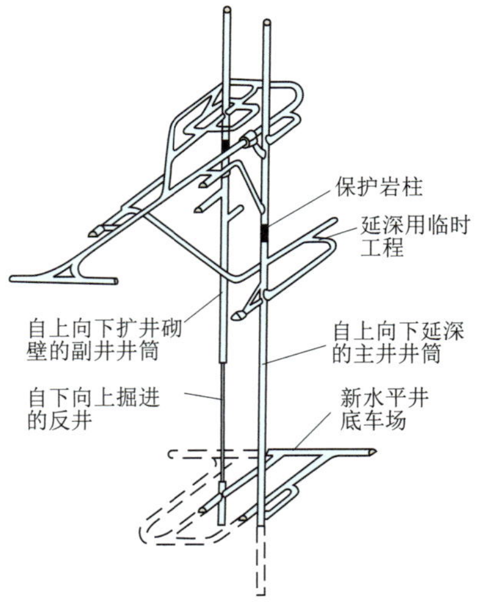

井筒延深示意图

反井施工通常采用反井钻进法或吊罐法。钻进法机械化程度高，速度快，安全性好。利用反井刷大井筒的优点：①渣石通过反井从井底巷道运出，可以与刷扩施工平行作业，提高施工速度，减小提升机的规格型号。②井筒内涌水对施工速度和混凝土质量的影响都降低。③通风效果好。利用反井作自由面，不需要布置掏槽眼，爆破效率高，但须控制爆破后渣石块度，防止堵塞反井。

采用反井延深方法，必须提前形成辅助水平和延深井的井底水平，当延深井深度比较大时，还需要形成中间的中段水平，以满足反井施工、渣石运输、排水等的需要。

（周文安　李红辉）

井下供水管网 underground water supply system 向矿山井下输送清洁水的管路和设施组成的网络。井下供水用于防尘、消防、设备维护以及井下人员生活等。井下供水管网一般为枝状结构，由源自清洁水池的主水管、井下各中段的分支水管以及其他辅助设施等组成。中国的矿山根据国家标准《金属非金属矿山安全规程》（GB 16423—2006）要求，向井下供水的水池容量不小于200立方米。井下供水管网一般由地表高位水池引出主管，通常经由副井、管缆井、斜坡道或者其他井筒敷设下井，经过中段马头门接至各中段水平，再由中段巷道分支管路连通至各用水地点。井下凿岩设备供水水压一般为0.4兆帕左右。当管网内水压不能满足生产要求时，常在中段马头门处设置减压阀或增压泵等调节水压。一般供水主管中流速为1.0～2.0

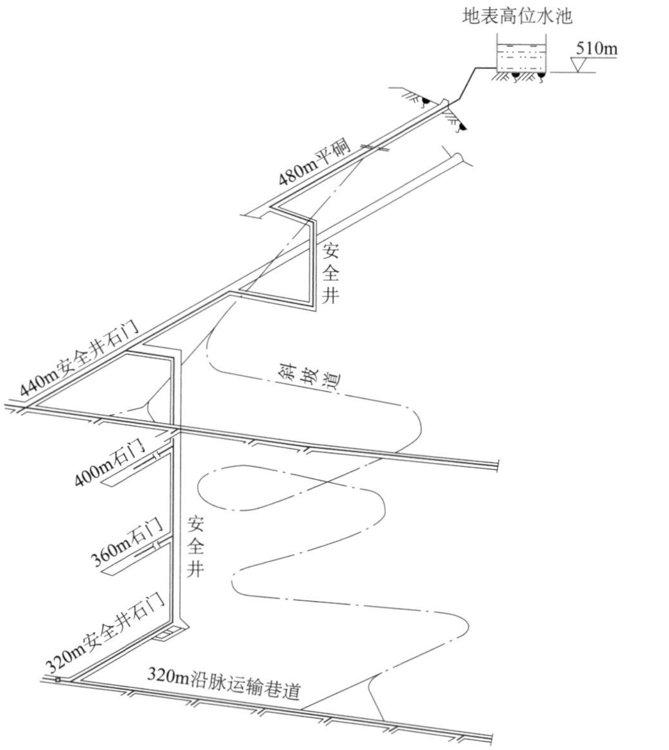

井下供水管网系统

米/秒，中段干管及支管取0.5～1.2米/秒。管道一般采用无缝钢管或者其他具有同等强度、满足环保要求的阻燃材料管道。在主运输巷道、*井底车场*和*硐室*要设消防用水管路，每隔50～100米设支管和供水接头。在井下采掘作业场所、紧急避险设施、爆破时撤离人员集中的地点敷设供水管路，为井下提供紧急施救水源。紧急施救与防尘、消防一般共用一套管网系统，施救水源须满足生活饮用水的水质要求。

（尧金才）

井下排泥系统 sluge disposal system 清理、排除沉积在井下水仓的泥沙和细颗粒物的辅助生产设施。排泥是指用人工或机械设备排除沉淀在水仓底部的泥沙的工作。井下排泥系统指机械排泥系统。地下矿山涌水经过采掘工作面和巷道时，夹带大量泥沙流入水仓；充填法采矿的充填物料中的细颗粒随充填废水流出，最终也沉淀在水仓内。沉淀在水仓底部的泥沙和细颗粒会占据水仓的有效存水容积、磨损排水设备、降低设备效率，所以必须清理和排除。

中国矿山井下排泥经历了很长的发展过程。1970年以前，井下排泥主要采用人工。当水仓内沉积较多的泥沙时，工人进入水仓用铁锹将泥沙装入铁桶运走。这种方式工人劳动强度大、效率低。之后人们想了很多办法排泥，以减轻工人劳动强度，提高工作效率，如压气罐排泥、泥浆泵排泥、铲运机排泥、密闭泥仓排泥、压滤机压滤排泥等。大中型矿山排泥系统中以泥浆泵排泥居多。泥浆泵排泥系统由高压水枪、潜污泵、搅拌槽、排泥泵和排泥管路组成。高压水枪的作用是搅动泥浆，常以水泵房排水作为高压水源。潜污泵的作用是为搅拌槽喂料。搅拌槽将泥水搅拌均匀，有利排泥泵工作。排泥泵是排泥系统的核心设备，其工作参数需要满足矿山的特定要求。排泥泵房一般设在主排水泵房旁侧，排泥管路和排水管路敷设在同一个井筒。一般排泥系统在水仓底部设置一定的坡度，以便泥沙可以集中到某一区域。排泥时先用高压水枪将水仓底部淤泥搅动起来，再用潜污泵将泥水送入搅拌槽搅拌后送入往复式泥浆泵，通过管路送到地表的选厂浓缩池或者其他合适的地方。

扩展阅读

张富民.采矿设计手册：矿山机械卷.北京：中国建筑工业出版社，1988.

（蔡华发）

井下人员定位与跟踪 personnel locating and tracking in underground mine 对井下人员所处位置进行定位，对人员移动路径进行跟踪管理的技术和系统。井下人员的跟踪定位一般是通过红外线定位技术等无线方式，经过漏泄电缆传输到地面，地面的计算机对接收到的数据进行处理，从而判断井下人员所在的地段。用于井下人员跟踪定位的技术和系统包括：射频识别（radio frequency identification，RFID）、紫蜂协议（zigbee）、无线保真（wireless fidelity，Wi-Fi）、超宽带（ultrawideband，UWB）和蓝牙（bluetooth）等。

井下人员定位与跟踪系统由跟踪定位基站、人员标识卡、数据传输网络、地面中心软件系统及服务器组成。标识卡发出代表人员身份信息的射频信号，经定位基站接收并通过数据传输网络上传到地面中心软件系统，经过分析处理后在显示终端实时显示各种信息。

井下人员定位与跟踪对于保障井下人员安全和灾后及时施救具有重要意义。

（贾明滔）

井下涌水 mine water pouring 井下*采矿*过程中，揭露破坏了含水层、隔水层和导水断层，引起围岩岩层移动和地表塌陷，产生地下水和地表水等向地下井巷、*硐室*、采场等场所涌出的现象。又称矿井涌水。井下涌水恶化井下环境，给建井、掘进、开采以及机电设备的管理等都带来一定的困难。

来源 井下涌水来源主要有大气降水、地表水、地下水、采矿废水、老采空区水和充填体渗水等，井下涌水量的大小是评价矿井建设技术、经济、安全可行性的重要指标。研究涌水量大小和特征，是合理设计矿井建设与生产方案、设计矿井防排水系统、制定防治措施的主要依据。以大气降水为主要充水水源的井下涌水，涌水量具有季节性和周期性，其大小与降水性质、强度、持续时间及入渗条件等关系密切。以地表水为主要充水水源的井下涌水，涌水量随地表水的丰枯呈季节性变化，同时还与井巷、硐室、采场等到地表水体间的距离和岩性与构造条件等有关。以地下水为主要充水水源的井下涌水，涌水量与充水层的孔隙及其富水程度、充水层厚度和分布面积、岩溶发育与岩溶水情况有关。以老采空区水为主要充水水源的井下涌水，涌水量具有水量大和水压高等特点。

治理措施 大气降水、地表水导致井下涌水的主要治理措施有：①井口标高应高于当地历史最高洪水位。②填堵地表水渗入井下的通道。③井口修筑排（截）水沟。④加强防排水管理，雨季加强防排水设施的维护，做好夏季防汛。

地下水、老采空区水导致井下涌水的主要治理措施有：①在井巷掘进过程中，采取超前探水措施，根据勘探情况，对断裂破碎带进行注浆堵水预处理，留设足够的保护矿柱等。②遇不良封孔的钻孔时，采取卸压封孔措施，将不良钻孔封闭，隔断地下水的导流途径。③对井下车场、排水泵房、变电所、破碎站等安装防水闸门，增设可靠的防排水设备，加大矿井水仓及排水力度，形成有效的排水系统，保证矿井水及时排出矿井，防止淹井。

特点 井下涌水水质受地质年代、地质构造、矿物成分、环境条件等因素影响，其污染程度较其他工业废水轻，有机污染物较少，主要污染指标有pH值、悬浮物、硫酸盐、氟化物等。井下涌水按污染物类型一般分为洁净矿井水、含悬浮物矿井水、高矿化度矿井水、酸性矿井水和含特殊污染物矿井水等。井下涌水处理根据水质不同，采取不同的处理方法：悬浮物井下涌水一般采用混凝沉淀法处理，高矿化度井下涌水一般采用离子交换法或膜分离法处理，酸性矿井水一般采用中和法处理。

扩展阅读

虎维岳.矿山水害防治理论与方法.北京：煤炭工业出版社，2005.

王国际，黄小广，高新春.矿井水灾防治.徐州：中国矿业大学出版社，2008.

（傅开彬）

井下有轨运输 underground track transportation 机车牵引有轨车辆在井下运输人员或物料的运输方式。井下有轨运输系统由牵引机车、运输车辆、装载设施、卸载设施、运输轨道等组成，用于运输矿石、废石、人员、设备、材料。井下有轨运输具有线路灵活、运量大、无污染、能耗低、安全可靠、维修简单方便等优点，是矿山井下主要的运输方式。牵引机车有架线**电机车**、蓄电池电机车和内燃机车：架线电机车需要设置牵引变电所和牵引网络以获取电能，应用最为广泛；蓄电池电机车无须架线，但需要设置充电站，且能力较小，充电频繁，一般只在有电源的地方使用；内燃机车用于坑内运输，对环境污染严重，已经很少使用。井下有轨运输车辆包括矿车、人车、平板车和材料车：矿车有固定式、翻转式、侧卸式、底卸式和底侧卸式，矿车容积有0.7立方米、1.2立方米、2立方米、4立方米、6立方米、10立方米和20立方米等；人车一般为18人座或者12人座；平板车用于运输设备；材料车用于运输材料。井下运输轨道的轨距有600毫米、762毫米和900毫米3种。钢轨分为轻轨和重轨：轻轨规格为12千克/米、15千克/米、18千克/米、22千克/米、30千克/米，重轨规格为38千克/米、43千克/米和50千克/米。线路坡度常采用

井下有轨运输巷道

3‰，一般不超过5‰。线路分支通过道岔来实现。一般小规模矿山采用单轨线路运输，大规模矿山采用双轨线路或者环形线路运输。井下有轨运输列车有单机牵引列车和双机牵引列车两种：双机牵引列车一般用于牵引底卸式矿车或者底侧卸式矿车；其余矿车采用单机牵引。20世纪80年代，瑞典的基鲁纳铁矿采用双电机车牵引底侧卸式矿车运输，实现了列车遥控装载、无人驾驶自动运行和自动卸载。2012年8月，中国冬瓜山铜矿首次实现了井下无人驾驶电机车运输系统的成功运行。

（杨需帅）

井下装矿设备 underground ore loading equipment 用于井下运输、装载的设备。根据结构形式，井下装矿设备分为移动式装矿设备和固定式装矿设备。

常用移动式装矿设备有装岩机和铲运机。①装岩机结构简单紧凑、坚固耐用、操作维修方便，但需在轨道上行走，灵活性较差，常用于巷道、**硐室掘进**时装矿车，前装后卸的铲斗式装岩机最为常用。②铲运机是集铲、装、运、卸功能于一体的无轨设备，广泛用于出矿、出渣，也用于装载坑内运输卡车等。

常用固定式装矿设备主要有振动给矿机、板式给料机、装矿闸门等。①振动给矿机由振动电机、槽体、支架等部件组成，以振动电机为动力源。振动电机连续振动带动槽体振动，槽体内物料跳跃前行。振动给矿机出矿效率高、出矿均匀、设备制造简单、适应性强，常安装于**溜井**或矿仓底部，应用广泛。振动给矿机分为坐式和悬吊式两种，溜井底部**放矿**多采用坐式，矿仓底部多采用悬吊式。②板式给料机由传动装置牵引链板连续运行，将堆积在链板上的矿石向前输送，分为轻型、中型和重型3种。板式给料机生产能力大、运行可靠、可水平或者倾斜安装，但设备尺寸和重量大、造价高，常用于向大型破碎机、带式输送机给料。③装矿闸门主要用于溜井放矿，安装在溜井底部，通过闸门启闭来控制矿流。装矿闸门分为指状闸门、链式闸门、扇形闸门等，井下装矿车主要采用指状闸门。装矿闸门控制方式分为手动、气动、电动和液压等形式，其中液压控制是发展趋势。（杨需帅）

静脉产业 vein industry 以生产、流通、消费、废弃过程中产生的废弃物作为二次资源进行资源再生的产业。又称静脉经济、第四产业。静脉产业一词最早由日本学者提出。在日本，人们把将废弃物转换为再生资源的企业形象地归入静脉产业。20世纪90年代中期，静脉产业开始作为实践性概念出现于德国和美国。中国于2006年9月实施《静脉产业类生态工业园区标准（试行）》（HJ/T 275—2006），标志着中国静脉产业作为一门独立产业开始发展。

静脉产业是相对于动脉产业而言的，就像人体通过静脉回收旧血液并再造新血液一样。静脉产业是对应废弃物回收、分类、运输、资源化的产业，其实质就是贯彻循环经济的基本指导原则，有机协调废物大量产生和资源短缺两大共同难题，通过废物的再循环和资源化利用，促使自然生态系统进入良性循环状态。

静脉产业的特点：①具有独特的领域。静脉产业从事的是对生产和生活过程中产生的废弃物进行收集、分类、运输、加工处理和资源化的活动，是第一、二、三产业生产过程所没有从事或者较少从事的活动，与它们从事的领域有明显差异。②具有自身的特征。静脉产业从事的工作内容具有相似性、环保性，即对废弃物进行再加工、资源化、环保化。③具有发展的持久性。只要人们进行生产和生活，就需要发展静脉产业，以便保证人类社会的可持续发展。

（郭学益）

静液挤压 hydrostatic extrusion 金属挤压变形过程中，坯料不直接与挤压筒内表面产生接触，而是完全被高压介质（黏性液体等）包围，坯料借助于挤压筒内高压介质的压力，将其从挤压模的模孔中挤出，获得所需形状和尺寸制品的**挤压**技术。在静液挤压（见图）中，坯料与挤压筒内壁之间没有摩擦。因此，挤压压力较低，材料变形较均匀，有利于挤压加工塑性较差的金属材料。按挤压时的温度不同，可分为冷静液挤压和高温静液挤

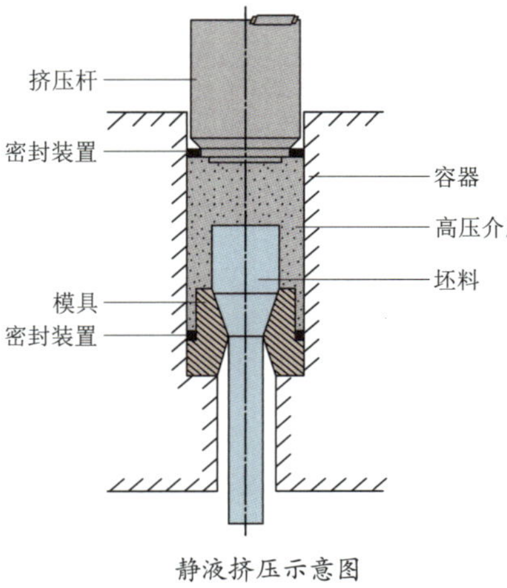

静液挤压示意图

压两种。

静液挤压所使用的高压介质，一般有黏性液体和黏塑性体。前者如蓖麻油、矿物油等，主要用于冷静液挤压和500～600℃以下的温、热静液挤压；后者如耐热脂、玻璃、玻璃-石墨混合物等，主要用于较高熔点金属的热静液挤压（坯料加热温度在700℃以上的挤压）。高压密封技术是静液挤压，特别是热静液挤压的关键技术之一。（谢水生）

绝缘矿物材料 insulating mineral material 以云母、石棉、硅微粉、煅烧高岭土等为主要组分制备的具有电绝缘功能的材料。

分类　根据用途不同可分为电工电器绝缘材料、电子绝缘材料和电线电缆绝缘护套料。根据原料可分为云母绝缘材料、石棉绝缘材料、硅质绝缘材料、煅烧高岭土绝缘材料等。云母绝缘材料又可分为云母带、云母板、云母箔以及耐热云母纸、合成云母纸制品等；石棉绝缘材料又可分为石棉绝缘纸、绝缘带、绝缘橡胶板、绝缘套管等；硅质绝缘材料又可分为结晶型、熔融型和球形硅微粉绝缘材料。

加工　云母绝缘材料以碎云母或云母粉为原料，经制浆、抄造、成形、压榨等工艺制成。石棉绝缘纸由石棉纤维和黏结材料经打浆、抄取、成形、整理制成。石棉绝缘带由两组垂直的石棉线或石棉纱在织带机上交织而成。石棉绝缘橡胶板以石棉、橡胶为主要原料制成。电子塑封料以硅微粉为主要绝缘功能填料、环氧树脂为基体、酚醛树脂为固化剂，添加阻燃剂、硅烷偶联剂等助剂制成。绝缘护套料以有机高聚物为基料，煅烧和表面有机改性高岭土为主要填料，加入阻燃剂及其他助剂制成。

性能与应用　云母绝缘材料或云母纸具有厚度均匀、介电强度波动小、电晕起始电压高且稳定、导热性好等特性，主要用于电机和电器。石棉绝缘材料具有承受电压高、耐高温和体积电阻率大、使用方便等特点，主要用于电机（特别是直流电机）、电器开关和仪表等。以硅微粉为主要填料的电子塑封料与芯片和电子元器件匹配性好，绝缘性能好，热膨胀系数低，化学稳定性和机械性能优异，是集成电路和微电子器件的主要塑封料。绝缘护套料不仅在干燥环境下电绝缘性能好，在潮湿环境下，其电绝缘性能也因材料的疏水性能而不会下降，体积电阻率高达1×10^{12}欧姆·米以上，且材料拉伸强度、断裂伸长率等力学性能和稳定性能好，广泛应用于电线电缆，特别是地下和跨江/海电缆。（郑水林）

均热炉 soaking pit　在初轧前把钢锭加热或保温一定时间，通过热扩散使钢锭内部温度均匀而适于金属塑性加工用的坑式*加热炉*。是初轧生产中加热钢锭的设备。炉膛为长方体形，钢锭在炉内竖放。通常由几个炉坑组成一组，共用一套控制系统。多数使用气体燃料加热，也可用重油。均热炉是周期性工作，其温度制度和供热制度随时间变化。均热炉主要用于均热脱模后的热钢锭，也可加热冷钢锭。在炼钢和初轧生产不能互相衔接时，均热炉在炼钢和轧钢之间又起着贮存钢锭的缓冲作用。在充分利用钢锭潜热的情况下，单位热耗可为（0.21～0.29）$\times10^{6}$千焦/吨。

按结构特点，均热炉可分为蓄热式、换热式和电均热炉。

蓄热式均热炉炉坑两端有蓄热室，预热空气和煤气。缺点是来回换向、温度不均匀，影响加热质量，特别是炉坑长度受温度差容许范围的限制，不能适应大钢锭、大轧机的要求。

换热式均热炉有中心供热、四角供热和上部双侧或单侧供热。中心供热换热式均热炉，炉坑内钢锭靠墙放置，烧嘴在炉底中央，火焰垂直向上。在炉坑两侧有换热器，预热空气。缺点是底部中心烧嘴及其围墙占用炉底面积，并易受钢锭碰撞和炉渣浸蚀；陶质空气换热器漏风严重。中国从20世纪60年代起将许多这种均热炉改为上部四角供热的换热式均热炉，消除了中心烧嘴所带来的缺点，但结构较为复杂。上部单侧供热的换热式均热炉（见图），烧嘴在长方形炉坑一个端墙上，火焰呈U形，烟气由供热端烧嘴下面的排烟口排出进入换热器。优点是单位主跨间的生产率高，可缩短运锭距离，适应于初轧机大型化的要求，是60年代以来国际上新建均热炉的主要炉型，中国新建的均热炉多为这种炉型。主要问题是较难保持沿炉坑长度上的温度均匀性，采用火焰长度和射

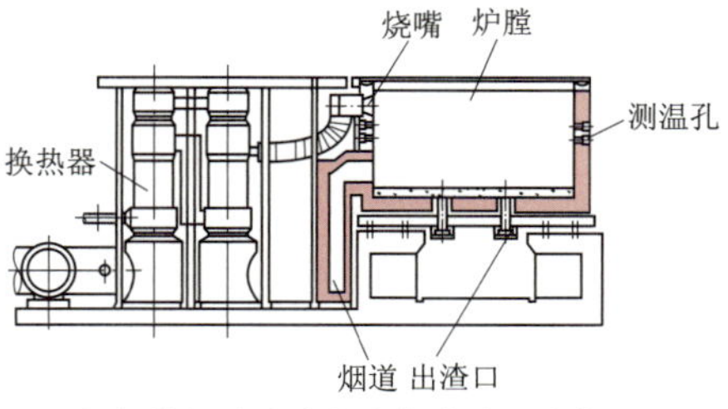

上部单侧供热的换热式均热炉结构图

程可调的烧嘴是解决这一问题的有效措施。

电均热炉电热体为填充有焦炭的碳化硅槽。炉内的金属氧化率不超过0.2%～0.3%（其他均热炉约为1%）。如果使用保护气氛（加入少量煤气或重油），还可达到无氧化和无脱碳加热，用来加热某些特殊钢锭。（宁宝林）

均匀腐蚀 uniform corrosion　在接触腐蚀介质的全部表面或大部分表面几乎以相同速度进行的腐蚀。是最常见的腐蚀形态。均匀腐蚀是相对于不均匀腐蚀或局部腐蚀而言的。金属均匀腐蚀表现为整体减薄，最后的破坏是使结构穿孔或发生类似于超载引起的破坏。

从宏观上来看，均匀腐蚀在整个金属/电解质界面的电化学性质是均匀的，表面各部分都遵循相同的溶解动力学规律的腐蚀。从微观上来看，金属表面各点随时间有能量起伏，能量高时（处）呈阳极，能量低时（处）呈阴极，腐蚀原电池的阴、阳极面积小，而且微阳极和微阴极的位置随时间变换不定，因而金属表面都遭到近似相同程度的腐蚀。

均匀腐蚀的特点是：①腐蚀原电池的阴、阳极面积小，用微观方法无法辨认，而且微阳极和微阴极的位置随机变化，由微观腐蚀电池组成。②整个金属表面在溶液中处于活化状态，只是各点随时间（或地点）有能量起伏，从而使整个金属表面遭受均匀的腐蚀。③均匀腐蚀时金属的腐蚀损耗最为严重，但其技术与安全管理的难度最小，可以方便地估计寿命，比较容易测量和预测。④容易对材料进行表面处理，合理选择耐腐蚀材料以及使用缓蚀剂等防护，造成灾难性失效事故相对较少。⑤均匀腐蚀的发展可以为局部腐蚀的形成创造条件，导致严重的局部腐蚀类型的发生。

评价均匀腐蚀的速度，常用的表示方法有：①重量法，即失重法和增重法，根据质量变化评定腐蚀速度的方法，用单位时间和面积的失重或增重表示。②厚度法，评价腐蚀深度或构件腐蚀变薄的程度，用每年腐蚀多少深度或厚度表示。③体积法，用于金属在不含溶解氧的非氧化性酸中的均匀腐蚀，采用析出腐蚀产物氢气的体积变化表示。

对于不同的腐蚀情况，可采用不同的腐蚀速度表示方法。如对于密度相近的金属，采用失重表示，而对于密度不同的金属，采用厚度变化表示。

（李晓刚）

均匀形核 homogenous nucleation 在均一液相中，直接通过液相本身的结构起伏和能量起伏形成新相核心的金属凝固过程。也称自发形核、均质形核。1946年，美国D.特恩布尔在实验中发现液态金属在较小的过冷度下形成固相，常常与存在灰尘等异质颗粒有关；当把液态金属分散成很小的液滴时则可以获得很大的过冷度，发生均匀形核。均质形核中新相晶核是在母相中均匀生成的，即晶核由液相中的一些原子集团直接形成，不受杂质颗粒或铸型表面的影响。均质形核过程中，体系的体积自由能降低为形核驱动力，而晶胚构成新的表面而引起的固－液界面能增加则为形核阻力，因此液相必须处于一定的过冷条件下才能形核。液体中客观存在的结构起伏和能量起伏是促成均质形核的必要因素。临界晶核半径由体系过冷度及固－液界面能共同决定。形成此临界晶核所需的能量为临界形核功，均质形核的临界形核功相当于晶核表面自由能的1/3。均质形核的形核率为单位时间内单位体积的液相中所形成的晶核数量。形核率受形核驱动力和原子从液相向晶胚扩散速率的共同控制。液态金属发生均质形核所需的过冷度很大，约0.2T_m（T_m为熔点），甚至更大。除非在特殊的实验条件下，如深过冷，否则液态金属凝固中一般不会出现均质形核。均匀形核也存在于**固态相变**中，是合金沉淀强化理论的重要基础。

（王锦程　疏　达）

K

卡尔多转炉　Kal-Do converter furnace　氧气顶吹旋转冶金炉。1956年由瑞典B.卡林试验成功，并在多姆纳维特厂（Domnavet）投产，取两者的第一个音节Kal和Do命名。曾用来处理高磷高硫生铁和废钢。其成品质量比平炉炼钢好。20世纪60年代开始用于处理氧化铅精矿、硫化铅精矿、废杂铜、镍阳极泥、镍精矿和回收贵金属（图1）。镍高锍精矿吹炼成金属镍，铜精矿吹炼成粗铜，吹炼含铋、锌高的高品位铜锍等也采用此方法。

图1　熔融金属从卡尔多转炉倒入容器中

卡尔多转炉由炉体及炉体支架、炉体旋转装置、炉体倾翻系统和紧急倾翻系统、精矿喷枪和氧油喷枪、直升烟道和环保烟罩组成。其结构如图2所示，炉体由两个支撑圈倾斜置于一对或两对托圈内圆滚上。炉身可绕纵轴线回转，旋转速度可达40转/分钟，使炉体前后做360°圆周倾动（操作者可根据加料、冶炼或排料的需要调整炉体的角度），增加了液态金属和液态渣的接触，提高了反应速度。炉内衬底砖（125毫米）和工作层砖（400毫米）全部用铬镁砖砌筑，由于炉体旋转，炉衬受热均匀，侵蚀均匀，有利于延长炉子寿命。精矿由料管加入，较粗的炉料由烟罩内的移动溜槽加入。加料时移开烟罩，倾动炉口至炉前进料位置，由料包倒入液体锍，大块冷料亦可用吊斗倒入。喷枪一般设置有两支。一支是氧气喷枪，多用单孔收缩型喷头经炉口斜插炉内；另一支是氧油喷枪，一般做成收缩型或拉瓦尔型。氧气喷枪还能做一定角度内的摆动。

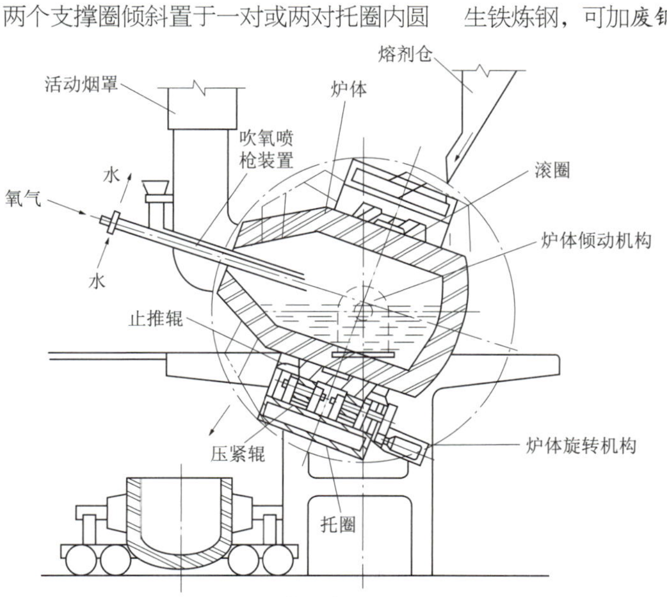

图2　卡尔多转炉结构

卡尔多转炉是间断操作的，具有对原料的变化适应快的特点，特别适应于处理含铅、锌、铜、铋、锑、金、银等废杂物料和各种原料，包括复杂铜精矿、氧化矿、各种品位的二次原料、烟灰、浸出渣、废旧金属等。

扩展阅读

舒见义.卡尔多炉炼铅工艺在国外的生产应用.工程设计与研究，2006(121)：14-16.

董晓伟，何醒民.卡尔多炉炼铅工艺的思考.铜业工程，2014(128)：35-38.

（何　静　陈永明）

卡尔多转炉炼钢　Kal-Do process　炉身倾斜并可沿倾斜的轴线连续回转，氧气由炉口倾斜吹入炉内熔池，使铁水冶炼成钢的转炉炼钢方法。又称氧气斜吹回转炉炼钢法。1956年由瑞典人B.卡林发明，在多姆纳维特（Domnavet）钢厂首先建成投产，故得名。卡尔多转炉炼钢法用于高磷生铁炼钢，可加废钢铁为原料。

卡尔多转炉炼钢法曾被认为是使用高磷生铁炼钢最好的方法。1966年中国北京钢铁学院曾建一座200千克的试验炉，进行了多次吹炼高磷生铁的试验；中国马鞍山第二钢铁厂曾建一座8吨卡尔多炉，但未投产。卡尔多炉炼钢的炉龄仅能达到50～100炉次，且机械设备较为复杂，未能得到推广。已建成的卡尔多炼钢转炉均关闭。20世纪60年代末，卡尔多转炉开始用于有色金属镍、铜、铅等粗金属的熔锍吹炼。

卡尔多转炉在正常炼钢过程中炉体与水平线呈15°～20°倾斜，以每分钟40转的速度绕炉体纵轴连续回转，也可沿耳轴前后倾动到不同位置兑铁、加渣料和出钢。氧枪从炉口插入与熔池液面成22°～30°，氧枪可在±5°范围内上下摆动，并可前后移动，以保证氧气流股能覆盖整个熔池表面，也可在主氧枪上方装一根副氧枪供氧，将炉气中的一氧化碳氧化燃烧成二氧化碳。吹炼时间一般为40分钟左右。

卡尔多转炉炼钢的特点是：可借助于炉体回转速度的变化来控制成渣反应；由于钢渣界面不断更新，脱碳速率较高；脱磷效果良好；80%的一氧化碳在炉内燃烧，过程热效率较高，可更多地消纳冷废钢。

（包燕平）

卡斯腾，D.L.G.　Dietrich Ludwig Gustav Karsten（1768-04-05～1810-05-20）　德国矿物学家。生于梅克伦堡州毕卓县。1787年在弗赖堡矿业学院获博士学位。1789年发表两卷矿物学文集，该文集被誉为德国开纪元的矿物大全。曾任柏林矿冶学院讲师、矿冶高级工程师，1803年任政府矿务高级顾问，并发表《矿物图册》。曾为柏林科学院院士及其他15种专业学会成员。先后发表了50余篇有关矿物、采矿工程等论文，对德国矿物学和采矿工程学有杰出贡献。

（赵锡霖）

开采过程模拟　mining simulation　利用计算机技术，对矿产开采环境和过程进行模拟和仿真的虚拟开采仿真系统。开采过程模拟主要有两种，即基于虚拟现实技术的模型模拟和结合专业软件与数学方程的数值模拟。利用虚拟现实技术，呈现开拓、采准、回采、充填等矿山开采过程，除了能将开采场景逼真地呈现给用户外，还能与用户进行互动。通过计算机的运用，可在该模拟系统中进行采前演示和虚拟操作，使工作人员迅速熟悉矿山开采过程，避免实际工作中的错误。矿山数值模拟首先是将对象抽象化，建立一个简单的物理模型，再结合矿山对象的岩体物理力学参数、地应力测试、强度准则、几何模型、边界条件等一系列数值和方程在计算机上进行模型计算，最终确定开采方案和分析开采过程。矿山数值模拟主要应用于围岩稳定性控制、采空区处理、边坡稳定性分析等方面。

开采过程模拟就是提前对开采过程进行计算分析，然后根据分析结果进行可行性研究，解决可能面临的开采安全问题和技术经济可行性问题，对提高生产过程的管理能力和经济效益大有裨益。

（陈　结）

开采回采率　ore recovery ratio of mining　当期采出的纯矿石量（资源储量）占当期消耗的矿产资源储量的百分比。开采回采率可采用下式计算：

$$K=\frac{Q_c}{Q}\times100\%=\frac{Q-Q_s}{Q}\times100\%=(1-S)\times100\%$$

式中K为开采回采率；Q为当期消耗的**矿产资源储量**；Q_c为当期采出矿石量（资源储量）；Q_s为损失资源储量；S为**矿石损失率**。

在金属、非金属矿床开采过程中，开采回采率是评价矿产资源开发利用水平和矿产资源开发利用现有技术的重要指标；对充分利用矿产资源，延长矿山生产服务年限，具有非常重要的意义。当开采回采率降低时，必然导致采出矿石量减少，从而使采出矿石基建费用增加，采出矿石成本提高。同时开采过程中损失的矿石中的大量金属会溶析于矿坑水、废石堆场淋滤水之中，进而会给矿山环境及矿区外围带来严重的污染。因此，提高矿山开采回采率，是提高矿山经济效益和社会效益的重要环节。

（刘福春）

开采技术条件　technical condition of mining　影响矿床开采方式、采矿方法、生产规模、开拓系统等主要技术方案选择的矿体赋存状况、水文地质、工程地质、环境地质等因素的总称。

矿体赋存　包括：①矿体的规模。分为大型、中型、小型。②矿体的形态。分为层状、脉状、透镜状、囊状。③矿体的产状。分为水平、缓倾斜、倾斜、急倾斜。④矿体厚度。分为极薄、薄、中厚、厚、极厚。⑤矿体的埋藏深度。分为浅、深、超深。

水文地质　主要指矿区所处水文地质单元的位置，矿区地下水的补给、径流、排泄条件，区域地下水对矿区的补给关系，主要进水通道及其渗透性，矿区含（隔）水层的岩性、厚度、产状、分布范围、埋藏条件，含水层的富水性，矿床顶底板隔水层的稳定性，对矿床开采有影响的地表水体的水文地质特征等。根据矿区水文地质条件的复杂程度划分为简单型、中等型、复杂型3种水文地质条件的矿床。

工程地质　矿岩稳固性可分为极不稳固、不稳固、中等稳固、稳固、极稳固5种。矿石的黏结性指采下矿石遇水或受压一段时间后产生黏结现状的程度。矿石的氧化性指采下的硫化矿石在水和空气的作用下发生氧化的性质，氧化后的矿石**选矿回收率**会降低。矿石自燃性指采下的高硫矿石（含硫18%～20%以上）在空气的作用下发生氧化并放出热量，一定时间后温度升高引起自燃的性质。

环境地质　主要指区域及附近地震活动情况、新构造运动特征，矿区稳定性，矿区内岩溶、岩崩、滑坡、泥石流等自然地质现象，区内地表水、地下水的质量及其他有害物质含量等。研究内容一般包括区域稳定性分析、矿区社会环境及自然地理环境评价、矿区水环境评价及矿区不良地质条件的分析等。

（朱建国）

开拓井巷布置　layout of development opening　确定开拓井巷工程位置的过程。工程布置原则：①满足生产的需要，基建工程量小、投资省、时间短。②地表与地下运输联系方便，矿石运输动力消耗最小。③主要开拓井巷选择在工程地质及水文地质条件较好的岩层，避免在含水层、断层、破碎带、岩溶发育地层或流沙层中开掘。④地震烈度6度及以上地区的矿山，主要井巷地表出口考虑抗震设计。⑤竖井、斜井、斜坡道及主平硐的出口布置在矿床开采最终移动范围之外。当条件所限，必须布置在矿床开采最终移动范围以内时，应采取保护措施。井口、硐口位置有足够面积的生产工业场地和施工工业场地；其标高在历年最高洪水位1米以上；其建（构）筑物不受地表滑坡、滚石、雪崩、山洪和泥石流的危害，并符合保护带要求。⑥改扩建矿山尽量利用原有井巷和有关的建（构）筑物。⑦进风井井口位置避开有害物质污染区，布置在当地主导风向上风侧；回风井井口位置远离居民区和生产区，布置在当地主导风向下风侧。

影响开拓井巷布置的因素主要包括矿床开采技术条件、基建与生产费用、工业场地位置、掘进条件、地表地形条件、矿山的生产规模、选择的采矿方法等。

（段文权）

凯利，W.　William Kelly（1811-08-21～1888-02-11）　美国铁器制造商，**转炉炼钢**发明人之一。生于宾夕法尼亚匹兹堡，卒于肯塔基路易斯维尔。1846年在肯塔基州从事钢铁业。

1851年发明一种炼钢法，即凯利空气吹炼法——向转炉内吹入空气使生铁脱碳变成钢。他建立小型转炉进行生产，1857年得到美国专利。关于发明转炉炼钢法的专利权，凯利与H.**贝塞麦**发生争执，双方几经诉讼，最后凯利在美国胜诉。该法在美国称为凯利-贝塞麦法，在欧洲习惯仍称贝塞麦法。

（常乃憧　施苹善）

克肯达耳效应　Kirkendall effect　二元合金中两个组元扩散速度不同而导致扩散偶原始界面漂移的现象。又译柯肯达尔效应。由美国化学家和冶金学家E.O.克肯达耳和他的学生在1947年通过黄铜与铜的扩散偶实验首先发现。这个经典的实验被称为克肯达耳实验。

克肯达耳实验过程为：用黄铜棒（70%铜-30%锌）作核心，用惰性标记物钼丝将其缠绕（图a），再将纯铜电镀在其

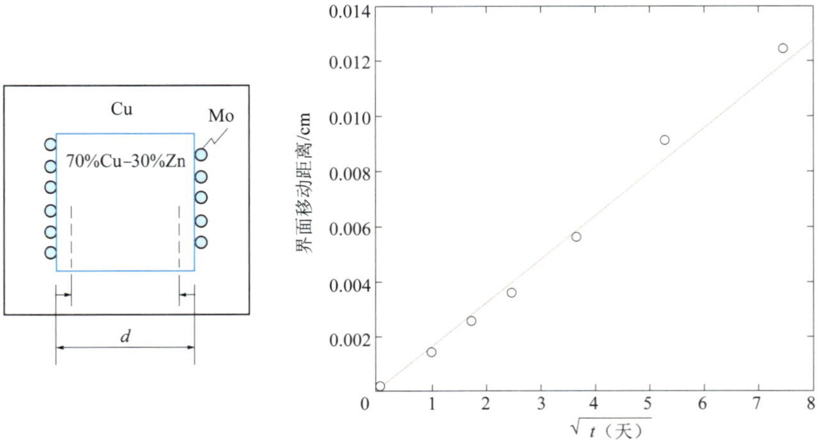

a 实验试样　　b 界面移动距离与时间的平方根的关系

克肯达耳实验

外部，组成扩散偶。惰性标记物钼丝便于测量观察，并可防止本身参与扩散过程而造成干扰。扩散实验在785℃下经56天完成。在整个实验中，样品的横截面被6次切开测定。随着内层的锌从黄铜中扩散出并向外层纯铜中扩散，两侧钼丝标记物相向移动，即图a中的d减小，由此说明随着扩散的进行，黄铜与纯铜之间的界面向黄铜侧移动。

在克肯达耳效应发现以前，置换式固溶体中的原子扩散模型认为原子的运动是通过与相邻原子的交换完成的。这种机制意味着两个不同材料之间扩散进行时，材料之间的界面不会运动，因为两侧原子交换数目相等。而克肯达耳效应证明了扩散的空位机制。由于界面两侧不同原子扩散系数不同，扩散快的原子留下更多的空余位置，扩散慢的原子不能完全补充扩散快的原子留下来的空余位置，导致标记物向扩散快的原子一侧发生漂移运动，所以标记物的移动证明了置换固溶体的空位扩散机制。

在关于克肯达耳效应的文章发表不久，美国L.S.达肯使用类似于克肯达耳实验的方法，通过分开标记物和界面两侧物质实际流量，导出了标记迁移速度公式：

$$v=(D_1-D_2)\frac{\mathrm{d}N_1}{\mathrm{d}x}$$

式中D_1和D_2为两种组元的扩散系数，又称禀性扩散系数；N_1为原子分数。该式表明，界面或标记的运动距离正比于时间的平方根，与克肯达耳发现的实验关系相同。达肯还提出另一个重要的方程：

$$\tilde{D}=N_1D_2+N_2D_1$$

它将两个组元的扩散系数与化学扩散系数（$\tilde{D}$，又称互扩散系数）联系在一起。禀性扩散系数是组元相对点阵坐标架而言的，D_1和D_2数值一般是不同的；互扩散系数则是相对实验坐标架而言的，只有一个。上两式合称达肯方程。当从实验中测定$\tilde{D}$以及v，则可求出禀性扩散系数；互扩散系数可用玻耳兹曼－俣野方法确定（见金属中的扩散）。

扩展阅读

DARKE L S. Diffusion, Mobility and Their Interrelation Through Free Energy in Binary Metallic Systems. Trans. AIME, 1948(175): 184－201.

KIRKENDALL E O, SMIGELSKAS A D. Zinc Diffusion in Alpha Brass. Trans. AIME, 1947(171): 130－142.

（杨　平）

坑探　drift exploration　为了揭露地质现象及矿体产状，从地表或在地下掘进的各种类型小断面竖井和坑道的勘探。又称坑探工程。是采矿工程的一个分支。坑探过去曾称作“山地工作”，因含义不确切，现已不用。坑探的主要作用是：①供地质人员进入坑道内直接观察研究地质构造与矿体产状，进行地质素描。②直接采集样品，为探明高级储量，以及后续的矿山设计、采矿、选矿和安全防护措施提供依据。③若干有色和稀有贵重金属矿床必须用坑探工程验证物探、化探和钻探资料。④部分坑道用于探采结合。

坑探的掘进方法常根据岩层稳定程度和涌水量的不同分为一般掘进法和特殊掘进法。根据采用的掘进动力和工具不同分为手工掘进和机械掘进。按照掘进工艺程序分为凿岩、爆破、装岩、运输、提升、通风、排水、支护等工序。

特点是：①断面小，机掘水平坑道一般为1.8米×2.0米至2.2米×2.2米，手掘一般为1.2～1.5平方米。②坑道一般都比较短浅，因筹建、搬迁较频繁，宜于使用小型轻便、自行式机械设备。③为防止有害气体逸出、人畜掉入和保护矿山完整，坑探任务完成后，要充填或封闭坑道。

坑探应用在地质工作各个阶段：①在区域地质调查阶段，以施工探槽、浅井为主，用于揭露基岩、追索矿体露头，圈定矿区范围，为地质填图提供直观资料。②在矿产普查阶段，以地下工程为主，掘进较短的水平坑道和倾斜坑道（称短浅坑道），查明地质构造，采取岩、矿样和进行地质素描等，以提高地质工作程度，做出矿床评价。③在勘探阶段，常需掘进较深的水平、倾斜和垂直坑道（称中深坑道），以探明矿床的类型、矿体产状、形态、规模、矿物组分及其变化情况等，以求得高级矿产储量。

坑探工程除在稀有金属、贵金属、有色金属等普查勘探中发挥重要作用外，已拓展到隧道、采石、小矿山采掘和砂矿探采等领域。

（饶希践　刘广志）

坑线　ramp　为建立地面与开采水平之间或各开采水平之间的运输联系而掘进的倾斜沟道。坑线布置受矿山地形条件和露天矿开拓方式影响，并且直接影响基建剥离量、基建时间、基建投资、总平面布置的合理性，以及坑线在生产期间安全可靠程度。按照坑线在开采期间的固定性分为：①固定坑线。山坡露天矿一般采用固定坑线，坑线随地形条件变化布置，由于剥采工作从采场最高水平开始，故坑线需一次建成。随着开采水平的下降，运输距离逐渐缩短。在凹陷露天矿，固定坑线布置在开采境界的最终边帮上，一般多设在底帮，采掘工作线能较快接近矿体。②移动坑线。出入沟布置在靠近矿体与围岩接触带的上盘或下盘，在开采过程中，出入沟随工作线的推进而移动，直至开采境界的最终边帮时才固定下来。

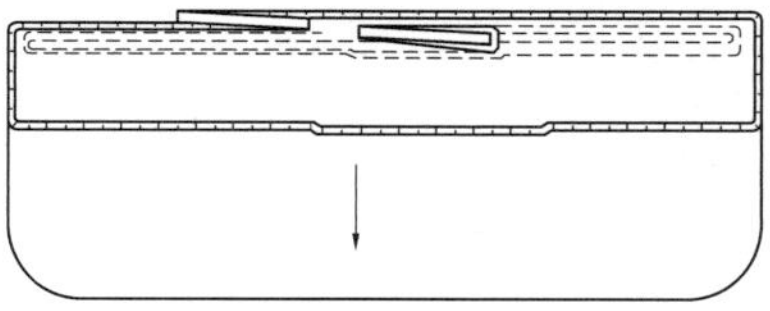

固定坑线布置

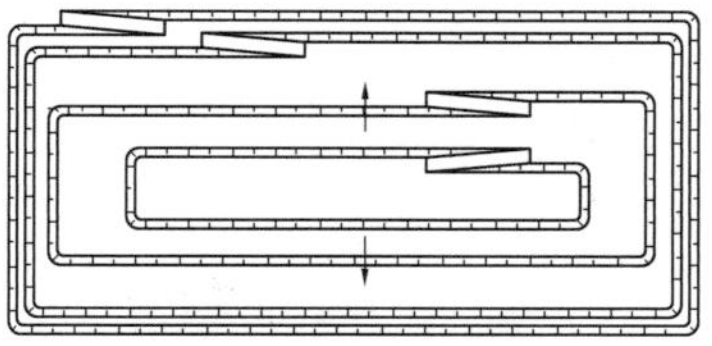

移动坑线布置

坑线布置示意图

（汪为平）

空间焊接　welding in space　在空间环境（也称太空环境）下进行的材料焊接及连接。主要应用于航天飞行器在轨维修及空间工作站建造，以及在其他星球上建设永久性实验基地时的焊接加工等。1964年乌克兰的巴顿电焊研究所开始提出空间焊接计划，在1965～1990年进行了大量的研究工作，研制出空间焊接用的多功能电子束焊接设备，利用航天器搭载多次进行了空间焊接实验及宇航员舱外太空焊接实验（见图）。21世纪初，随着深空探测及空间开发的发展，美国、日本、欧洲、中国等国家也相继开展了空间焊接地面模拟的研究工作。

在空间进行的焊接实验采用的是电子束焊接方法。电子束焊枪可以在不用添加材料（不送丝）的情况下完成焊接工作；配合小体积的送丝机械，也可使电子束焊枪在送丝情况下进行焊接，还可以在太空中进行电子束送丝增材制造。空间焊接时，熔池内的液态金属不易流动，即使是薄板焊接，也能得到很大尺寸的熔池，烧穿的危险性也比较小。空间焊接的主要缺陷是气孔率高和未熔合，原因是没有重力的作用，缺乏自然流动，蒸汽和气体在熔池中会形成气泡。

空间环境对焊接质量和焊接过程有很大的影响：①微重力环境。对焊接的影响主要表现在焊接传热、传质、液态金属的凝固等方面，不能依靠密度的不同来划分固－液相，熔滴不能靠重力过渡，液态金属中的气体不能上浮，表面引力和附着力

宇航员舱外焊接实验

的作用显著增大。②高真空。虽然地面的许多焊接工作都可以在真空设备中实现（如地面的电子束焊接、真空扩散焊和真空钎焊等），但太空中的气体分子瞬间进入自由空间，太空原子氧具有强氧化性，会引起熔池中活泼金属元素的氧化与损失，对焊缝微观组织和服役性能带来不利影响。③空间环境下的热作用（冷热循环）。明暗界线处具有很大的温度梯度，焊接构件在很近的距离内存在较大的温度差，焊接结构将产生热变形或致焊接质量不稳定。④微重力环境。焊接操作变得非常困难，操作者用力时会使人体向反方向运动，焊接工具及待焊构件也处于漂浮状态。此外，操作者必须穿特制的舱外航天服，完成准确的焊接操作及运动变得非常困难。（冯吉才）

孔型设计 pass design of section 为使钢锭或钢坯在轧机上经过若干道次轧制变形，获得所要求的断面形状、尺寸及性能的产品而对一系列孔型进行的设计和计算工作。孔型设计包括3个方面：①断面孔型设计。根据原料和成品的断面形状和尺寸及对产品性能的要求，确定孔型系统、轧制道次和各道次的变形量，以及各道次的孔型形状和尺寸。②轧辊孔型设计。又称配辊。根据设计出的断面孔型，确定孔型在各机架上的分配及其在轧辊上的配置形式，以保证轧件能正常轧制、操作方便、成品质量好、轧机产量高。③轧辊辅助设计，即导卫装置设计。应保证轧件能按照需要的状态进出孔型，或者使轧件在孔型以外发生一定的变形，或者对轧件起矫直或翻转作用等。

孔型设计是轧钢生产的重要环节，对成品质量、轧机生产率、设备安全、生产成本等都有很大的影响。

（赵宪明）

空场采矿法 open stope mining method 在回采过程中将矿块划分为矿房和矿柱，分两步骤回采，在回采矿房过程中采场以敞空方式存在，主要靠矿岩本身强度和矿柱支撑能力维护采场稳定性的采矿方法。又称自然支护采矿法。该方法也可用其他人工支架（木柱、石垛等）或采下矿石来辅助或临时支撑采空区顶板围岩。矿房回采后，及时回采矿柱和处理采空区，一般情况下矿柱回采与处理采空区同时进行。

空场采矿法在中国应用最早、最广泛，在技术上也最成熟。随着深孔凿岩爆破技术的发展和无轨采掘设备的使用，出现了各种高效率的深孔空场采矿法。根据采矿方法结构和回采工艺特点，空场采矿法主要有全面采矿法、房柱采矿法、留矿采矿法、分段矿房采矿法和阶段矿房采矿法等。

空场采矿法的回采工艺简单，容易实现机械化和规模化开采，劳动生产率高，采矿成本低。采空区虽在一定时间内允许有较大的暴露面积，但应采用充填、隔离或强制崩落围岩的技术工艺及时处理。空场采矿法在开采条件较好的矿山应用广泛，但在开采中厚以上矿体时，需留大量矿柱、矿石支撑采空区，矿石回收率低，因此采高价矿床时应用较少。由于地压随开采深度的增加而加大，在深部矿床开采时其应用也受到限制。

（熊国华　胡建华）

控温铸型连铸 controlled temperature mould continuous casting 对铸型进行加热精确控温与在铸型出口附近进行强制冷却相结合，使金属液在铸型内或出口处完全凝固，获得表面光洁、具有异向性多晶组织或单晶组织铸坯的连铸技术。控温铸型连铸是与冷型连铸（通过水冷铸型直接强制冷却金属熔体）相对应的，主要包括热型连铸技术、两相区连铸技术和温型连铸技术等。

热型连铸技术　由日本大野笃美于1978年发明，又称大野连铸法（Ohno continuous casting，简称OCC法）。是一种将铸型温度加热至金属液相线温度以上的连铸技术，主要用于连铸纯金属、共晶合金或固液两相区较窄的合金。其工艺过程是：坩埚中的金属液流入加热铸型，通过加热器将加热铸型的温度控制在金属液相线温度以上，在加热铸型出口附近冷却器的强冷作用下，金属液在加热铸型内或出口处完全凝固形成铸坯，通过牵引机构将铸坯持续拉出实现连续铸造。热型连铸能够连续制备表面光洁，具有连续柱状晶或单晶组织的铸坯。

两相区连铸技术　由中国刘雪峰于2010年发明，又称刘氏连铸法（Liu continuous casting，简称LCC法）。是一种将铸型温度控制在合金固液两相区温度范围内的连铸技术，主要用于连铸固液两相区较宽的合金。其工艺过程是：坩埚中的合金液流入两相区铸型，通过加热器将两相区铸型的温度控制在合金的固液两相区范围内，部分合金液在两相区铸型内发生凝固形成固液混合体，在两相区铸型出口附近冷却器的强冷作用下，固液混合体在两相区铸型内或出口处完全凝固形成铸坯，通过牵引机构将铸坯持续拉出实现连续铸造。两相区连铸能够连续制备表面光洁、具有包晶组织的铸坯。

温型连铸技术　由中国刘雪峰于2013年发明。是一种将铸型温度控制在金属固相线温度以下且高于金属的冷型连铸铸型温度以上的连铸技术。其工艺过程是：坩埚中的金属液流入低热铸型，通过加热器将低热铸型的温度控制在金属的固相线温度和冷却铸型的温度之间（例如温型连铸纯铜时可以将低热铸型的温度控制在900℃），在低热铸型及其出口附近冷却器的双重冷却作用下，金属液在低热铸型内完全凝固形成铸坯，通过牵引机构将铸坯持续拉出实现连续铸造。温型连铸能够连续制备表面光洁，具有异向性非连续柱状晶组织的铸坯。（石章智）

控制冷却 controlled cooling 在钢材的轧制生产过程中，对轧件进行轧后在线冷却，以获得理想组织，并提高力学性能的冷却技术。早期的控制冷却一般指轧后加速冷却，随着冶金生产技术不断进步，控制冷却则更多强调对冷却路径的控制。通常控制冷却与控制轧制相配合效果更好，简称控轧控冷（thermo-mechanical controled process，TMCP）。

简史　控制冷却技术于20世纪50年代兴起。60年代第一套层流冷却系统应用于英国432毫米窄带钢热轧机。1980年日本钢管公司福山厚板厂首次研制成功第一套中厚板加速冷却装置，即在线快速冷却设备，并在日本福山厚板厂投产。进入21世纪以来，很多在线冷却技术和装备得到发展，冷却能力、控制精度以及冷却均匀性等方面都有大幅提高。

热轧带钢、中厚板、棒线材以及H型钢等都可以进行控制冷却，其中以热轧带钢和中厚板的控制冷却应用得最为广泛，技术也最为成熟。关于无缝钢管的控制冷却技术和装备也正在研究之中。

控制机理　钢材化学成分不同，性能要求不同，控制冷却的组织控制机理也各不相同。

对于大多数低合金铁素体/珠光体钢，控制轧制和控制冷却的目的是细化铁素体晶粒，提高钢材的强度和韧性。实际生产上应用得最为广泛的是未再结晶控制轧制和轧后加速冷却。由图1可见，当在温度较低的奥氏体未再结晶区控制轧制时，奥氏体呈加工硬化状态，晶粒被拉长、压扁，晶界面积增加，晶粒内部会出现大量变形带，位错、空位等缺陷密度也大大增加，这样过冷奥氏体分解过程中铁素体相变的形核部位就得以增加，从而使铁素体晶粒得到细化。

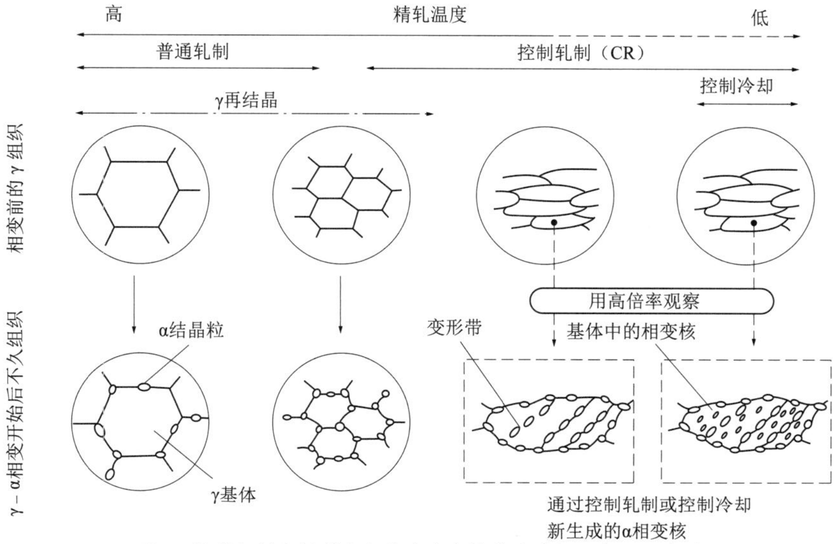

图1　控制轧制和控制冷却奥氏体和铁素体的组织变化示意图

对于含有微合金元素的微合金钢，如果在晶粒细化的基础上还需要利用析出相的沉淀强化，需要在控制冷却过程中考虑微合金第二相的析出。对于热轧带钢，要将卷取温度控制在适合于第二相析出的范围内；对于中厚板生产则需要控制终冷温度，以使微合金第二相能够充分析出；对于那些对强韧性要求比较高的钢材，如高级别的管线钢等，微观组织是针状铁素体或低碳贝氏体，则要求轧后进行较强的冷却，同时终冷温度也要求控制得较低，以保证获得针状铁素体和贝氏体等低温转变产物；对于强度要求更高的中厚板产品，可以在轧制后进行直接淬火，这样就省去了后续的离线再加热热处理工程，这同样要求冷却装置具有很强冷却能力和冷却均匀性。

对于微观组织比较复杂的双相钢（DP钢）、相变诱发塑性钢（TRIP钢）等先进高强钢，轧后冷却过程需要采取精确的、比较复杂的路径控制。图2为冷却路径对先进高强钢（AHSS）组织影响的示意图。这种情况下要求在线冷却装置具有很强的冷却能力和控制精度，一些装备有先进超快速冷却装置的热连轧生产线更适合于这类产品的生产。

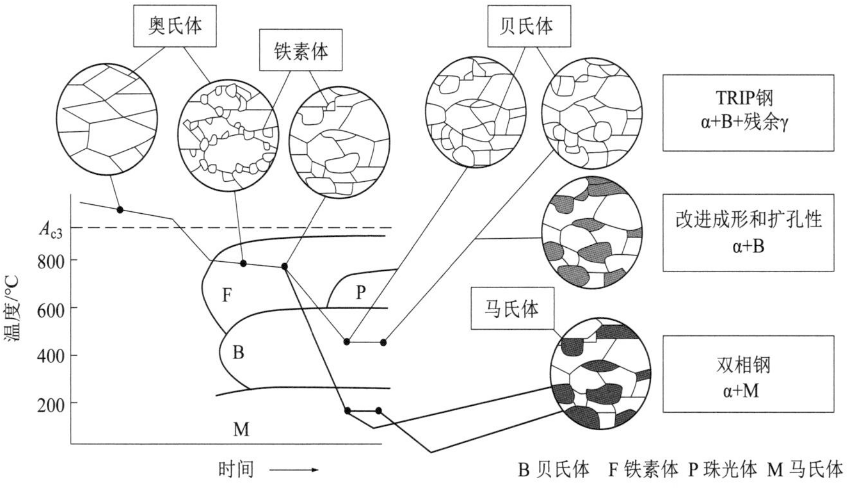

图2　冷却路径对先进高强钢（AHSS）组织影响示意图

对于过共析的高碳钢和合金钢，控制冷却常用来消除网状碳化物。如在轴承钢轧制生产中，轧后实行快速冷却，可以使轴承钢轧件迅速通过网状碳化物析出温度区间，尽量减少在此区间的停留时间，因而可以抑制碳化物在奥氏体晶界呈网状析出，得到尺寸小且分布均匀的碳化物。同时，轧后采用快速冷却，过冷度增大，还有减小珠光体团直径和细化珠光体片层间距的作用。快速冷却降低组元的扩散系数，也会有助于减小碳化物厚度尺寸。

当轧制生产线轧后冷却装置具有超快速的冷却能力时，相应的控制轧制和控制冷却的技术思路也有相应的变化，这被称作新一代的控轧控冷，即NG-TMCP。图3为新一代控轧控冷与常规控轧控冷在一般品种钢生产上冷却方式的区别。

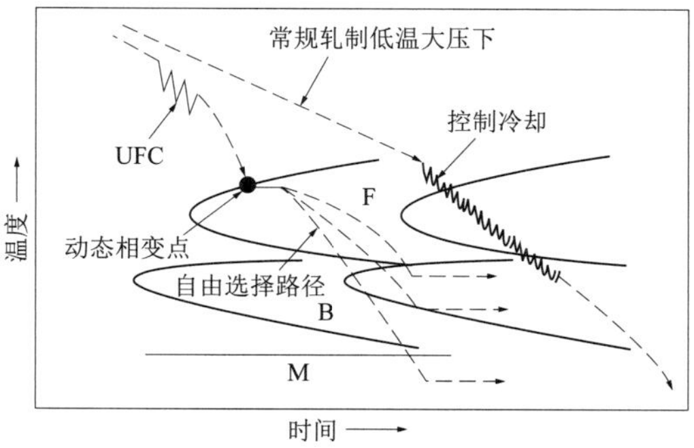

图3　常规TMCP与NG-TMCP冷却路径对比示意图

新一代TMCP的核心思想主要体现在如下3方面：①在奥氏体区可以不采用传统的低温大压下工艺，而是在适于变形的温度区间完成连续大变形和应变积累，得到能量状态较高的奥氏体组织状态。②轧后立即进行超快冷，使轧件迅速冷却并保持奥氏体的高能量状态。③在γ-α相变的动态相变点处终止快速冷却，后续冷却依照材料组织和性能的需要自由选择冷却途径（见图3，其中F为铁素体，B为贝氏体，M为马氏体）。这样既可以保证在较高的终轧温度下轧制，又能保证轧后钢板的组织性能。超快速冷却（ultra fast cooling，UFC）之后实施自由冷却策略，根据不同性能需要选择不同冷却途径，可以得到不同的终冷组织，从而可以在更宽的范围内对材料力学性能进行控制。

在钢材强化机制的选择和实现上，新一代TMCP也有独特的技术优势。如在晶粒细化上，由于轧后实施超快速冷却，大大增加了相变的过冷度，所以可以获得更好的晶粒细化效果。在微合金析出相控制上，采用高温变形和超快速冷却避免碳氮化物在高温大量析出，使轧件迅速冷却至低温铁素体相变区，此时碳氮化物由于具有很大的析出驱动力而可以在铁素体晶内大量、弥散地析出，使铁素体基体得到强化。在相变强化上，采用超快速冷却可对终冷温度进行控制：若终冷温度处于铁素体相变温度区间，称为UFC-F；若终冷温度处于**贝氏体相变**温度区间，称为UFC-B；若终冷温度处于**马氏体相变**温度以下，称为（UFC+ACC）-M，或者DQ。对于UFC-F、UFC-B和DQ，后续还可以采用不同的热处理方式，可以通过对加热速率、加热温度以及冷却速率等热处理参数的调整，得到不同的微观组织和力学性能。

冷却方式　钢材轧制生产在线冷却装备技术经过了一个不断发展和完善的过程，而且这种发展和完善还在不断地进行当中。以热轧板带钢在线冷却装置为例，水幕和管层流冷却是早期常用的冷却方式。水幕冷却也称为板层流冷却，它通过改变水压或者改变平面喷嘴的缝隙来调节流量，从而使低压水流从平面喷嘴流出，形成层流状的水幕。由于水幕冷却形式保持了普通管层流冷却的优点，实现了横向的均匀冷却，冷却能力大大提高，缩短了冷却区长度，而且设备和控制都比较简单。因此，水幕冷却系统在板带材的早期控制冷却中得到了较为广泛的应用。图4是水幕冷却及其冷却冲击区示意图。

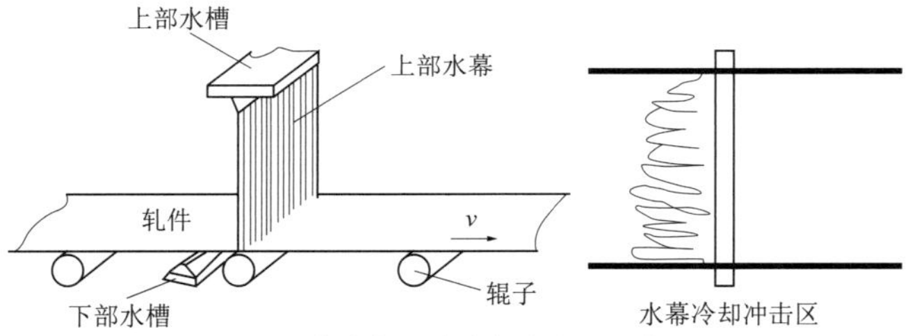

图4　水幕冷却及其冷却冲击区示意图

管层流冷却是应用管层流冷却装置进行冷却。根据其上集管的冷却形式，可分为U型管冷却和直集管冷却，如图5所示。

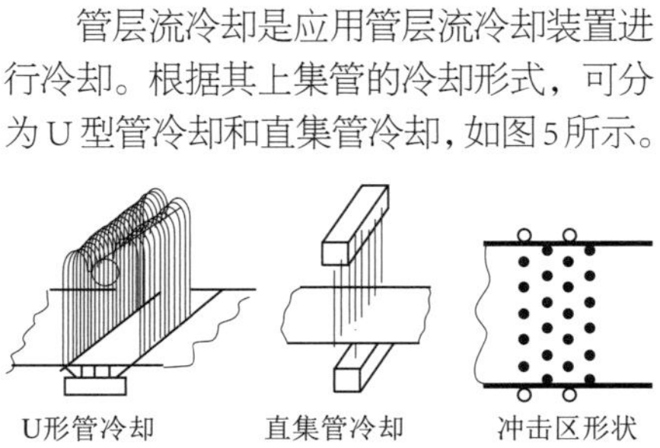

图5　管层流冷却示意图

两种冷却形式的圆柱形水流均可以平稳地落到钢表面，使钢板表面覆盖一层处于层流状态下的冷却水。由于冷却水几乎不产生反溅，从约1.5米的高度平稳落下的冷却水可以冲破薄薄的水膜，使得冲击区的钢板表面始终和新水接触，具有良好的热交换效果。管层流冷却方式在热轧板带生产线上应用广泛。

上述两种冷却方式均属于层流冷却，其局部换热区情况如图6所示。集管冷却水落到高温钢板的表面以后，在水流下方形成具有层流流动特性的单相强制对流区域（区域Ⅰ），也称为射流冲击区域。该区域内由于流体直接冲击换热表面，因此换热强度高。随着冷却水的径向流动，流体逐渐由层流向湍流过渡，流动边界层和热边界层厚度增加，同时接近平板的冷却水由于被加热开始出现沸腾，形成范围较窄的核态沸腾和过渡沸腾区域（区域Ⅱ）。随着加热面上稳定蒸汽膜层的形成，钢板表面出现薄膜沸腾强制对流区域（区域Ⅲ），该区域内由于热量传递必须穿过热阻较大的汽膜导热，因此换热强度远小于水与钢板之间的换热强度。随着液体沸腾汽化，在膜状沸腾区之外，冷却水在钢板表面聚集形成不连续的小液态聚集区（区域Ⅳ）。小液态聚集区的水最终或者被汽化，或者从钢板的边缘处流下。在小液态聚集区之外，为高温钢板与外界环境间的辐射和对流换热区域（区域Ⅴ）。

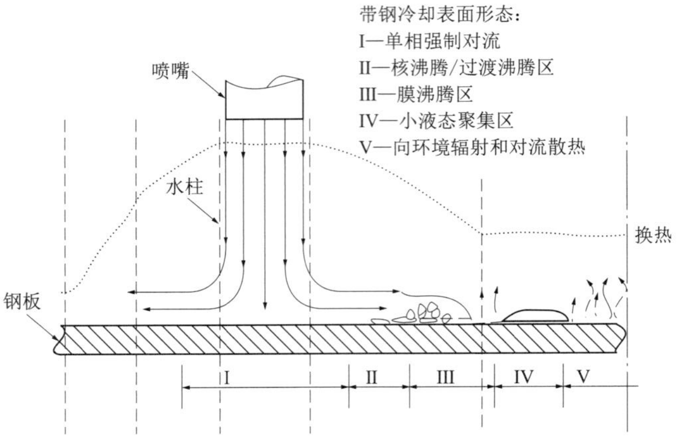

图6　高温钢板层流水冷过程局部换热区示意图

由于普通层流冷却设备集管的纵向间距较大，通常为1.6米，冷却水落到高温钢板的表面以后，在实际冷却过程中会造成膜状沸腾的换热区域（区域Ⅲ）远大于射流冲击的换热区域（区域Ⅰ）。常规层流冷却系统的冷却能力较差，而且冷却不均匀性比较严重，还容易引起板形问题。

从换热强度的角度，射流冲击换热和核态沸腾换热均具有很高的换热强度，是满足高温钢板高强度冷却的热交换方式，这也就是先进的超快速冷却技术所采用的冷却方式，如图7所示。通过合理的喷嘴设计、喷嘴布置方式以及在整个冷却区内的水流量分配，使带有一定压力的冷却水以一定角度冲击到钢板表面，通过消除钢板表面残存气膜，实现新水直接接触钢板表面，钢板表面残水形成有序壁面射流，从而获得高的冷却强度。同时，倾斜喷射的有压水通过有效减少膜态/过渡沸腾状态，实现钢板表面残留水的有序流动，扩大高温钢板冷却过程中的射流冲击换热区，尽量减小膜态沸腾、过渡换热过程的热交换区域及作用时间，实现钢板高强度冷却过程中微观换热过程的稳定性和均匀性，从而实现高温钢板的高强度均匀化冷却。

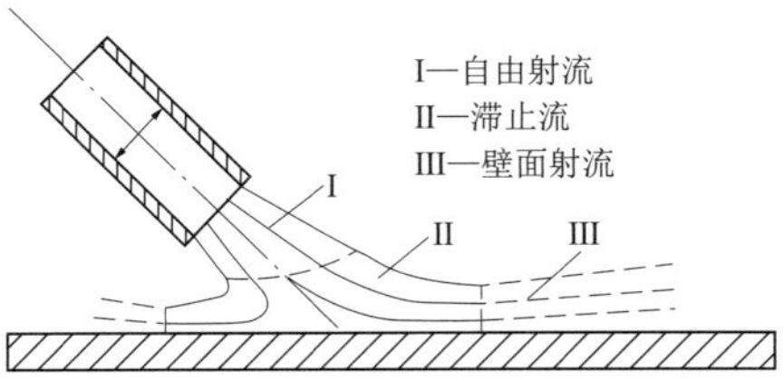

图7　射流冲击钢板的流动结构示意图

这种基于射流冲击换热和核沸腾换热冷却的超快速冷却技术已经在热轧中厚板、带钢、棒线材和型钢等生产线得到了实际应用。

扩展阅读

小指军夫.控制轧制·控制冷却：改善材质的技术发展.北京：冶金工业出版社，2002.

李曼云，孙本荣.钢的控制轧制和控制冷却技术手册.北京：冶金工业出版社，1990.

王有铭，李曼云，韦光.钢材的控制轧制和控制冷却.北京：冶金工业出版社，2009.

田村今男.高强度低合金钢的控制轧制与控制冷却.王国栋，刘振宇，熊尚武，译.北京：冶金工业出版社，1992.

王占学.塑性加工金属学.北京：冶金工业出版社，1991.

王磊.材料的力学性能.沈阳：东北大学出版社，2005.

王国栋.新一代控制轧制和控制冷却技术与创新的热轧过程.东北大学学报（自然科学版），2009，30（7）：913-922.

田勇，王丙兴，袁国，等.基于超快冷技术的新一代中厚板轧后冷却工艺.中国冶金，2013，23（4）：17-20，34.

（杜林秀）

控制轧制 controlled rolling 在热轧过程中，通过对金属材料的加热温度和加热时间、轧制温度和轧制压下率进行合理控制，使塑性变形与固态相变过程相结合，获得钢材优良的内部组织和优异的综合性能的轧制技术。控制轧制需要和轧制后的冷却过程，即**控制冷却**相配合，才能更好地发挥作用，所以通常所说的控轧控冷就是控制轧制和控制冷却的配合使用。国际上广泛使用TMCP（thermo-mechanical controlled process）表示控轧控冷技术。

简史 20世纪20年代，开始研究钢在热加工时的温度和变形量等条件对显微组织和力学性能的影响。1925年，德国人H.哈内曼在实验室和轧钢厂进行了轧制温度和压下量对钢材力学性能影响的试验研究。第二次世界大战中，荷兰、比利时、瑞典等国一些没有热处理设备的轧钢厂，把钢材终轧温度控制在900℃以下，并且对压下率进行了控制，生产出了具有良好韧性的钢材。1958年，发现含有微量铌的低碳钢通过适当的轧制工艺，可提高强度和韧性，使控制轧制技术得到进一步发展。20世纪60年代中期，英国钢铁研究协会对控制轧制技术进行了一系列研究，提出降低钢的含碳量以改善延性和焊接性，采用控制轧制法可保证钢的韧性，还发现了铌对奥氏体再结晶的抑制作用及其对细化晶粒的效应，为未再结晶区控制轧制奠定了理论基础。60年代后期，日本用控制轧制法生产出低温韧性良好的钢板，发展出一系列新的生产工艺。1968年，美国采用控制轧制法生产出性能良好的含铌钢板，用来制造大口径输油管。澳大利亚和加拿大用控制轧制法生产出输油管和其他结构用的高强度钢板。70年代末至80年代初，控制轧制技术发展成为控制轧制加控制冷却，即经控轧的钢板利用余热进行在线加速冷却，主要用控轧改善钢的韧性，用控冷提高钢的强度，进一步提高钢的综合性能，并能降低碳当量和合金含量。

控制轧制已经发展成为从轧前的加热到最终轧制道次结束为止的整个轧制过程的最佳控制。控制轧制所适用的钢种一般是低合金结构钢，特别是微合金钢。但随着钢材轧制技术装备和工艺的不断进步，控制轧制所应用的钢材产品领域在不断扩大。某些合金钢，如轴承钢、弹簧钢等也可以利用控制轧制和控制冷却技术进行某些方面的组织控制，如抑制网状碳化物、细化组织等。控制轧制和控制冷却已经是现代轧钢生产中不可或缺的重要技术，在钢材生产中发挥着越来越重要的作用。

微观组织变化 按照控制轧制的定义，加热和轧制变形均属于控制轧制的内容。在实际轧制生产过程中，钢坯的加热要保证坯料充分软化，以利于轧件的变形。同时，加热过程还要使奥氏体晶粒尽可能不过分长大，微合金元素尽可能充分溶解，以利于在后续轧制变形过程中对微观组织进行控制。对于低合金结构钢，特别是微合金钢，轧制过程进行组织控制所依据的**物理冶金学**基础是高温变形过程中微观组织的演变规律，包括奥氏体的再结晶、微合金元素的析出、变形过程中的动态相变等。

钢材高温轧制过程中奥氏体会发生再结晶。变形过程中发生的再结晶称为**动态再结晶**，轧制道次之间发生的再结晶称为静态再结晶。动态再结晶可以通过对试样变形过程的应力应变曲线进行研究（图1）。变形过程发生再结晶时应力应变曲线呈现有一个应力峰值的形状，在变形速率很小时曲线呈现波浪状。变形过程可以分为3个阶段：阶段Ⅰ为加工硬化阶段，也就是随着变形量的增加，变形抗力迅速上升；阶段

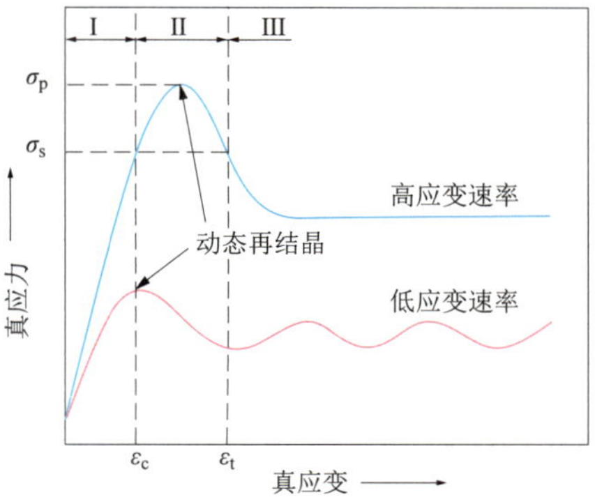

图1 发生动态再结晶的应力应变曲线示意图

Ⅱ为动态再结晶开始阶段，应变达到临界值 ε_c 之后，动态再结晶开始发生，超过峰值应变之后，动态再结晶的软化作用逐渐超过加工硬化，应力随应变增加而下降；阶段Ⅲ为稳定流变阶段，也就是随着应变的增加，加工硬化和动态再结晶引起的软化趋于平衡，流变应力趋于恒定。

变形温度和变形速率对奥氏体的再结晶过程有很大影响。变形温度提高时，变形抗力下降，发生动态再结晶的临界应变量减小，也就是动态再结晶容易发生，反之动态再结晶则不容易发生；变形速率减小，变形抗力下降，发生动态再结晶的临界应变量减小，也就是动态再结晶容易发生，反之动态再结晶则不容易发生，其影响规律与温度的影响相同。所以常用Z（Zener-Hollomon）参数，即温度补偿变形速率因子，来反映变形温度和变形速率对动态再结晶的影响。Z参数的表达式如下：

$$Z = \dot{\varepsilon}\exp(Q/RT)$$

式中T为变形温度；$\dot{\varepsilon}$为变形速率；Q为再结晶激活能。

图2为变形之后等温过程微观组织变化，也就是静态再结晶发生示意图。由图可见，变形之后一段时间，再结晶核心首先在晶界处形成，进一步保温，再结晶完成，之后发生晶粒长大。轧制道次之间静态再结晶可以通过双道次压缩实验进行研究。实验过程记录双道次压缩的应力应变曲线，计算等温过程的软化率，并绘制与时间的关系曲线，这种软化率与时间的关系曲线就反映了静态再结晶的动力学过程。研究发现，变形温度强烈影响形变奥氏体的静态再结晶过程。变形温度升高，静态再结晶容易发生；变形温度下降，静态再结晶就不容易发生。

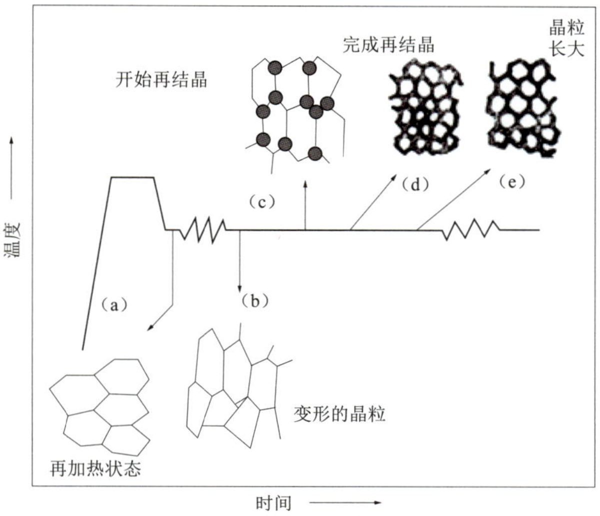

图2 变形之后等温过程静态再结晶示意图

微合金元素铌对奥氏体的再结晶过程有强烈的抑制作用，其机理是奥氏体中析出的铌的碳氮化物对奥氏体晶界具有很强的钉扎作用，同时固溶于奥氏体中的铌原子对于晶界的迁移还具有“溶质拖曳”作用，所以在钢的轧制生产时常常利用铌来抑制奥氏体的再结晶，以增强控制轧制的效果。其他两个微合金元素钛和钒对奥氏体再结晶过程的阻碍作用虽然不如铌强烈，其在钢中的作用也主要在于沉淀强化，但是它们在奥氏体中的析出对于整个过程的组织控制也是非常重要的。所以，微合金元素在奥氏体中的析出行为也是控制轧制理论研究中的一个重要方面。

此外，当变形温度接近于钢的相变点A_{r3}时，变形过程中就会发生铁素体相变，这种相变称为动态铁素体相变，或**形变诱导铁素体相变**，这也是轧制过程组织变化的一个重要方面。

过程 根据轧制过程微观组织变化的特点，控制轧制可以分为3个阶段：奥氏体再结晶区控制轧制、奥氏体未再结晶区控制轧制以及两相区控制轧制（图3）。

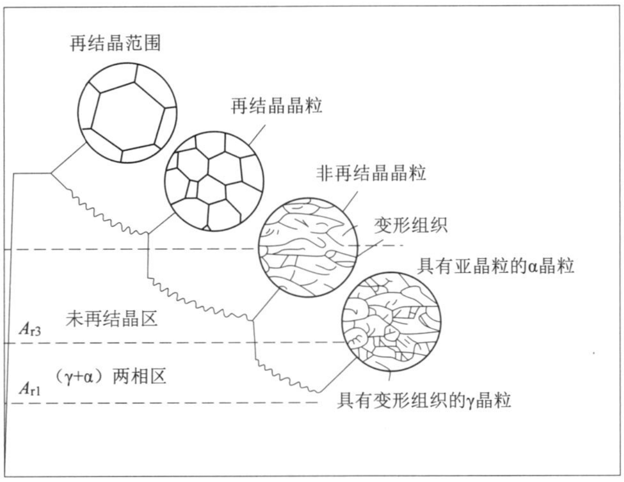

图3 控制轧制的3个阶段

奥氏体再结晶区控制轧制 奥氏体再结晶区控制轧制一般在温度比较高的区域进行，奥氏体变形过程可能发生动态再结晶，轧制道次之间还要发生静态再结晶，加热后粗大的初始奥氏体晶粒通过多道次轧制，奥氏体晶粒再结晶过程反复进行而得到细化，从γ→α相变后得到细小的α晶粒。虽然不同的钢种奥氏体再结晶的温度范围有所不同，但是大多数低合金结构钢在950℃以上进行的轧制即属于再结晶区控制轧制。

奥氏体未再结晶区控制轧制 奥氏体未再结晶区控制轧制一般在温度相对低的区域进行，由于温度比较低，所以奥氏体变形过程不发生动态再结晶，轧制道次之间的静态再结晶也不能够发生，奥氏体呈变形后的加工硬化状态，即奥氏体晶粒沿着轧制方向被拉长、压扁，晶界面积大大增加，晶界还会由于变形而形成凸阶，晶粒内部会出现大量变形带，并且位错、空位等缺陷密度也大大增加，这样增加了过冷奥氏体分解过程中铁素体相变的形核部位，从而使铁素体晶粒得到细化。奥氏体未再结晶区间一般在950℃～A_{r3}。

两相区控制轧制 当轧制温度降低至A_{r3}点附近及以下时，轧件的微观组织由奥氏体和铁素体组成，所以称为两相区控制轧制。此时未相变的奥氏体变形更加严重，已经相变的铁素体晶粒也同时发生变形，铁素体晶粒内部形成大量亚晶，还有可能发生少量再结晶。经两相区轧制后，室温下金相组织比较复杂，有极细小的等轴状铁素体，也有压扁的具有亚晶结构的变形铁素体，还有珠光体。两相区控制轧制可以在一定程度上提高强韧性，但是钢材组织和性能的各向异性比较严重。

特点 在钢材生产过程中采用控制轧制技术可以显著细化钢材组织，从而提高钢材的强韧性。控制轧制与控制冷却技术相结合，可以替代大部分的正火，甚至调质处理等热处理工序，不仅提高生产效率，而且降低能源消耗。此外，利用控制轧制与控制冷却技术生产的钢材与同等性能的热处理钢材相比，合金含量可以降低很多，所以可节省资源，而且还有利于改善钢材的焊接性能。

扩展阅读

小指军夫.厚钢板的材质上诸问题.东京：日本钢铁协会，1975.

田村今男.高强度低合金钢的控制轧制与控制冷却.王国栋，刘振宇，熊尚武，译.北京：冶金工业出版社，1992.

小指军夫.控制轧制·控制冷却：改善材质的轧制技术发展.李伏桃，陈岿，译.北京：冶金工业出版社，2002.

王国栋.新一代TMCP技术的发展.中国冶金，2012，29（12）：1-5.

（杜林秀）

库尔纳科夫，N.S. Nikolai Semenovich Kurnakov（1860-12-06～1941-03-19） 苏联化学家、冶金学家。生于诺林斯克（今属基洛夫州），卒于巴尔维哈（今属莫斯科州奥金佐夫区）。1882年毕业于圣彼得堡矿业学院。1913年为圣彼得堡科学院院士，后为苏联科学院院士。曾任苏联科学院化学协会主席。1893年发表关于复合金属络合物的论文，总结了络合物化学的研究成果。发展

合金和溶液理论，提出了贝托莱体化合物和道尔顿体化合物的概念。所发明的自动记录测温仪是对热分析法的大改进。参加并建立了二元系成分及其性能研究工作。在金属体系研究中，发现了一系列化合物，并阐明固溶体相变时产生金属互化物的条件。他的研究成果促进了铂的精炼、铝和镁等金属的冶炼、高电阻合金的制造等。他还培养了大批化学家和冶金学家。曾获列宁奖（1928）和苏联国家奖（1941）。

（常乃懂 施苹善）

块炼铁 wrought iron 古代在较低的冶炼温度下，铁矿石固态还原获得的铁块。又称锻铁。在西南亚地区，公元前1200～前1000年，块炼铁的使用已达到一定规模。公元前800年，冶炼方法传到中欧；公元前500年，传到英国。在欧洲等地区，直到14世纪炼出生铁之前，块炼铁一直是主要的炼铁方法。冶炼块炼铁，一般是在平地或山麓挖穴为炉，装入高品位的矿石和木炭，点燃后，鼓风加热。温度达到1000℃左右，矿石中的氧化铁还原成金属铁，而脉石成为渣子，要通过锻打挤出。块炼铁在锻打前由于疏松多孔，也被称为**海绵铁**。

块炼铁含碳极低，质地柔软，适于锻造成形。块炼铁在反复锻打的加热过程中，同炭火接触，有可能渗碳变硬，成为块炼钢。用它制作兵器和工具，其性能可赶上甚至超过青铜。块炼铁生产时间长，燃料耗量大，效率不高，但却以其冶炼工艺条件低、产品锻造性能好而在古代冶铁业中占有一定地位。

中国考古出土最早的块炼铁是公元前14世纪的甘肃省临潭县陈旗乡磨沟遗址的铁条。公元9世纪后，人工冶铁铁器在各地普遍出现，发现用块炼铁法制作的铁器逐渐增多，一直到汉代被炒钢法替代。

（傅祚华 韩汝玢）

块状转变 massive transformation 由母相经扩散型形核、长大（原子跃过母相/新相界面）转变成同成分新相（块状相）的相变。又称块形相变。是介于长程扩散型相变与马氏体相变之间的材料相转变（见图）。1930年，A.J.菲利普斯在Cu-Zn合金中首先观察到高温β相经盐水冷却出现未有成分变化的α相。1939年，A.B.格雷宁格在研究Cu-Al合金β→α相变时，发现高温β相经快速冷却得到块状形态α相，定名为块状组织。1958年，T.B.马塞尔斯基系统地研究了块状转变的界面特征、热力学和动力学相关理论。后来在Ti-Al、Ag-Zn、Fe-

Co、Fe－C等许多合金系统中都观察到了明显的块状转变。

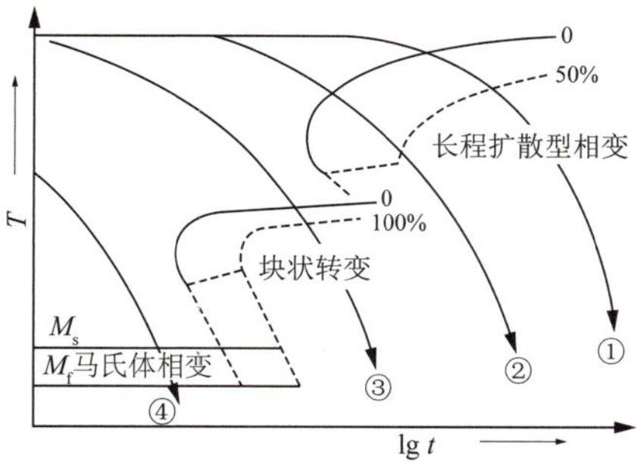

①缓冷 ②较快冷却 ③快速冷却 ④最高冷却速度

具有块状转变的连续冷却转变曲线图

块状转变常发生在母相快速冷却过程中。母相转变为一种或多种成分与初始相相同而**晶体结构**不同的新相。转变过程中，冷却速率快，能充分抑制长程扩散导致的脱溶析出，但没有快到能发生**马氏体相变**（切变）的程度。块状转变基本特征是无成分变化，母相通过相界面处原子的热激活跃迁而形核并长大，界面迁移速率比扩散型相变高很多，与母相之间具有不规则界面，形貌为非等轴晶块状。

块状转变发生的温度区间和晶体学存在争议。一般认为，块状转变的控制过程是形核，一旦形核完成，新相很快推进，穿越数个母相晶粒。同时母相中存在低界面能位向关系的形核位置对于发生块状转变是很关键的。（金学军）

快冷微晶合金 rapidly solidified microcrystalline alloys 在快速凝固条件下获得的晶粒尺寸为纳米至微米数量级的金属或合金。液态金属以普通铸造方法凝固时的冷却速率通常在1℃/秒以下。为了获得微晶结构，一般要求凝固冷却速率大于10^2～10^5℃/秒。快速凝固可以扩大多数合金的固溶范围，大幅度地减小偏析以及显著地细化晶粒尺寸。此外，快速凝固还能使合金中产生异常的亚稳相和特异结构，它们的存在对合金材料热处理性能有着极为重要的影响。

制备方法 制备快冷微晶合金的基本原理是把液态金属的热量尽快地传导出去，以达到快速凝固的效果。这样快冷条件所得到的微晶合金是尺寸很小的粉末、薄片或薄层。快冷微晶合金制备方法很多，概括起来可以分为3类：①雾化法，如气体雾化、超声气体雾化、离心雾化等。其原理是把金属液流雾化成小液滴并使其快速凝固成粉末。②熔体快淬法，即把液态金属喷射到热容量大、导热性好的快速旋转金属辊轮上而得到微晶条带或薄片。有些合金也可用此方法先制成**非晶态金属**的条带，再经过热处理晶化成微晶材料。③金属自基底快冷法，又称上釉，即用激光、电子束或等离子体等技术，快速加热、熔化金属（合金）的表面薄层，然后依靠金属本身未熔的基底导热，使表面的液态金属薄层快速凝固，形成微晶合金层。上述各种制备方法，除表面上釉可以直接用于工程材料的表面处理，获得高强度、高硬度和耐磨蚀的表面外，其他方法得到的快冷微晶粉末或薄片，都要经过热挤压或热等静压加工等工艺制成工程实用零件。

结构特征 微晶金属或合金的主要结构特征有：①晶粒细化。快冷微晶金属（合金）最突出的特点是它的微晶性。金属的晶粒尺寸通常随冷却速度的提高而细化，细化的程度视金属的不同而异。具有微米数量级晶粒的微晶金属，其晶粒尺寸一般在0.1～10微米，有的甚至可达3纳米。金属材料的强度随晶粒尺寸的减小而提高，符合霍尔－佩奇（Hall-Petch）关系：

$$\sigma_s=\sigma_i+\frac{K}{\sqrt{D}}$$

式中σ_s为屈服强度；D为晶粒尺寸；σ_i、K为材料常数。快冷微晶的铁素体比普通铁素体的硬度约高3倍。图1为纯铁（铁素体组织）晶粒尺寸和硬度之间关系的实验结果。用快冷方法获得的微晶合金，再处于高温下时晶粒长大倾向也很小。如用离心雾化法制备的某些合金钢粉末，经热

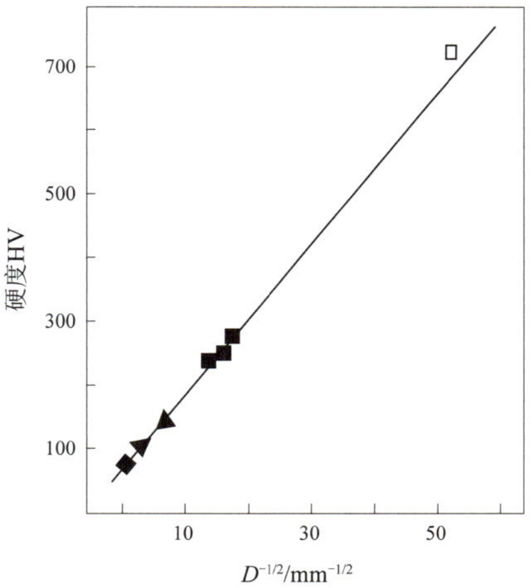

图1 纯铁（铁素体组织）晶粒尺寸和硬度之间关系

挤压后在1200℃长时间退火，其奥氏体晶粒尺寸仍然保持在20微米左右，而普通方法生产的钢，奥氏体晶粒却长到几百微米。此外，有些具有超细晶粒的微晶材料还具有极好的超塑性，从而有可能采用超塑性成形工艺制造复杂形状的零件。②扩大固溶范围。快速凝固能有效地扩大绝大多数合金系的固溶范围，遏制溶质元素或富含溶质元素的第二相在凝固过程中析出。快冷对不同合金系扩大固溶范围的效果与原子的尺寸因子和点阵轴之比c/a有关。快速凝固对各种元素在铁中固溶极限的影响见表1。对某些在铁中溶解度极小

表1 快速凝固对各种元素在铁中固溶极限的影响

溶质元素	相	快冷方法	固溶极限（at%）	
			快冷	平衡
Cu	γ	喷枪法	15	7.2
Ga	α	喷枪法	50	18
Ti	α	锤砧法	16	9.8
Rh		喷枪法	100	～55
Mo			40.6	26
W			20.8	13
W		激光扫描	18	13

的元素，如硼，快冷可以使其固溶度大大提高。特别是在奥氏体钢中硼的固溶度可以提高3个数量级。因此，快速凝固为提高合金的固溶强化效果、发展新型材料提供了新的手段。③减少偏析。快速凝固可以大幅度地减少合金的偏析。主要是减小枝晶间距，即两相邻初级枝晶轴间的距离。图2为一种铝合金枝晶间距与冷却速

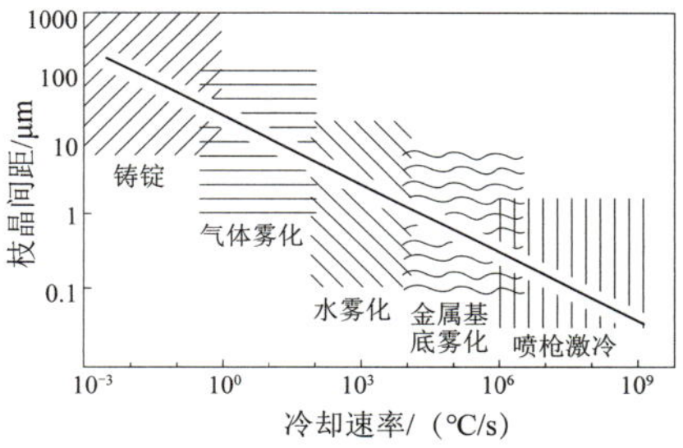

图2 铝合金枝晶间距与冷却速率的关系

率之间的关系。随着冷却速率（R）的提高，枝晶间距（d）减小，可用下式表示：

$$d=aR^{-n}$$

式中a、n为常数，其数值视合金的不同而改变（表2）。

表2 不同合金的a、n值

合金	一次枝晶 二次枝晶	a	n	R/（℃/s）
Ni－27%Mo	一次	—	—	10^{-1}～10
	二次	43.6	0.55	
300级马氏体时效钢	一次	—	—	10^{-1}～10^3
	二次	39.8	0.30	
Al－4.5%Cu	一次	—	—	10^{-5}～10^3
	二次	40	0.39	
Sn－15%Pb	一次	59.7	0.494	5×10^{-3}～10
	二次	23	0.346	

微晶合金的偏析结构形态随着冷却速率的不断提高而按以下次序改变：树枝状晶→胞状（蜂窝状）晶→无特征晶粒，其偏析程度也依此次序减少。其中树枝状

晶和胞状晶两种晶粒形态也存在于普通冷却条件下，而无特征晶粒是只在快冷微晶合金中存在的特异结构。如20Cr25Ni奥氏体钢，当冷却速率为每秒10^8℃时，晶粒形态基本上看不到任何特征；当冷却速率为每秒10^5℃时，出现明显的树枝晶偏析结构；冷却速率介于二者之间时，则得到胞状晶结构。

此外，快冷微晶合金还具有快速凝固造成的高浓度的点缺陷和亚稳相等微观特征。所有这些特征都将对此后热处理中的**固态相变**过程及材料性能产生重要影响。

应用　在铝合金中，各种元素的固溶度都很低，并随温度的降低而急剧下降，但如果采用快速凝固，使冷却速率高于每秒10^3℃时，固溶度大大提高。如用金属基底激冷法（冷却速率约每秒10^6℃）得到的含锂1%～3%的2024铝合金薄层，具有极细的显微结构，可克服用普通铸锭法制造的这类合金中存在的严重偏析；与标准成分的2024合金相比，不仅强度和抗疲劳性能显著提高，而且韧性也得到改善。此外由于弹性模量的提高和密度的减小，比弹性模量可提高30%。如果采用喷雾法，可望制造出含锂量更高的铝合金，使铝合金的发展向前推进一步。

用于核聚变反应器壁的不锈钢，在工作过程中因环境产生的氦气扩散到其内部的晶界并聚成气泡而使其变脆。如果通过快冷将其制成不锈钢粉末，用**粉末冶金**方法成形后，不但晶界面积大，可容纳较多的氦气，而且细微弥散的碳化钛颗粒也成为氦气的汇聚中心，从而使材料可以长期工作而不变脆。

高温合金的合金化程度很高，合金元素的偏析往往形成有害合金相，从而使合金性能下降。快冷可以提高合金化程度，增加合金的稳定性，并可控制合金的组织结构，因而用快冷微晶粉末制成高温合金是很有前途的一种工艺。用这种材料制造涡轮叶片比现有高温合金制造的叶片使用温度提高100℃以上。

铁基纳米晶（超微晶）软磁合金，是采用熔体快淬方法，将熔体金属以每秒10^6℃的冷却速率凝固先获得非晶态合金，然后通过晶化退火，得到具有异软磁特性的纳米晶和非晶双相组织。铁基纳米晶软磁合金具有软磁特性：①由10～20纳米的纳米晶与非晶构成的双相结构具有极低的各向异性，进而具有很低的矫顽力和高磁导率。铁基纳米晶合金的初始相对磁导率高达8×10^4以上，矫顽力低于2安/米。②纳米晶合金具有低于2×10^{-6}的饱和磁致伸缩系数，因此与普通的铁基非晶态合金相比其软磁特性对于外部应力相对不敏感。③纳米晶合金不含有或少量含有钴或镍，材料成本大大低于传统的晶态铁镍合金。

纳米晶钕铁硼黏结磁体，是在惰性气体保护下，将熔融的合金喷射到高速旋转的辊轮表面，使其以每秒10^5～10^6℃的冷却速率快速凝固，直接获得纳米晶薄带；再将薄带破碎成粉末后通过黏结制成各向同性的磁体。纳米晶钕铁硼磁体由于具有细小的晶粒，耐腐蚀性大大优于烧结钕铁硼磁体。

此外，激光上釉也是一种很有实用价值的表面处理技术，它不仅可以获得细晶粒结构的表面层，而且可以在处理过程中加入合金元素使表面重新合金化，从而得到具有特殊性能的表面。试验过程是采用激光熔化合金丝料，然后一层一层地堆熔到金属基底上来获得厚截面的具有微晶结构的快冷金属件。

扩展阅读

MEHRABIAN R, KEAR B H, COHEN M. Rapid Solidification Processing-Principles and Technologies. Louisiana: Claitor's Publishing, 1980.

CANTOR B. Rapidly Quenched Metals Ⅲ, Proceedings of 3rd International Conference on Rapidly Quenched Metals. London: The Metals Society, 1978.

MASUMOTO T, SUZUKI K. Proceedings of 4th International Conference on Rapidly Quenched Metals. Sendai: Japan Institute of Metals, 1982.

（董远达　撰　金学军　修订）

快速凝固　rapid solidification　采用快速冷却或深度过冷获得很高冷却速率的凝固技术。快速凝固的冷却速率一般为每秒10^3℃以上。当合金凝固冷却速率达到一定程度，偏离近平衡凝固时，可以获得普通凝固条件下无法获得的凝固组织和相结构，如非平衡相和非晶组织等。快速凝固冷却速率较大，一般只能在中小尺寸试件中实现，如果要实现大尺寸试件的快速凝固，可通过深过冷的方法来大幅度降低合金凝固过程产生的结晶潜热。

小尺寸试件的快速凝固是通过快速导出凝固结晶潜热来实现的，其工艺方法有雾化法、熔甩法、激光表面熔敷法等。①雾化法。将液态金属分散成液滴，使得散热的比表面积增大，冷却速率提高，实现快速凝固的方法。通过雾化法获得快速凝固金属液滴，进一步沉积成一定尺寸的试件，可制备快速凝固大尺寸制品。②熔甩法。采用高速旋转的激冷圆辊将合金液流铺张成液膜，并在激冷作用下实现快速凝固的方法。该方法冷却速率极高，是制备非晶合金的常用方法。③激光表面熔敷法。利用激光束的高能流密度实现材料表面快速加热，由于材料表面吸收的热量在短时间内积聚在材料表面，使得材料表面温度迅速升高，但材料内部温度在激光束扫过的瞬间基本不受影响。随后，由于表面附近极大的温度梯度，使得基体材料对表面起到激冷作用，实现快速凝固。例如，利用激光选材熔敷的3D打印技术，就是利用激光高能流密度快速熔化和凝固的特点，来实现材料的快速凝固。

深过冷快速凝固是采取一定的措施抑制合金液中固相的形核，从而达到很大的过冷度，使得合金凝固过程中释放的结晶潜热被过冷熔体所吸收，这样可减少凝固过程中需要导出的热量，获得很大的凝固速率。实现熔体的深过冷，必须抑制合金液中的异质形核，通常从两个方面入手：①合金液净化。将一定体积的合金包裹在熔融玻璃中熔化，使得合金液中的异质结晶核心与熔融玻璃发生物理化学反应并去除，然后缓慢冷却来获得深过冷。②采用悬浮熔炼法去除坩埚对合金液形核的影响，来实现液态金属的深过冷。

扩展阅读

周尧和，胡壮麒，介万奇.凝固技术.北京：机械工业出版社，1998.

（李双明）

快速凝固连铸　rapid solidification continuous casting　金属液冷却速度在10^3℃/秒以上的连铸技术。可以连续制备晶态或非晶态的金属线材和薄带材。典型的金属线材**快速凝固**连铸技术有玻璃包覆熔融纺线工艺和连续式旋转水纺线工艺。①玻璃包覆熔融纺线工艺，即将金属原料置于玻璃管内，处于玻璃管底部的金属被加热器加热熔化，金属液的热量使紧贴的玻璃管壁软化，在拉力作用下软化的玻璃管被拉成毛细玻璃管，金属液依靠润湿作用流入毛细玻璃管中，经过冷却装置快速冷却凝固，然后带有金属液的毛细玻璃管通过绕线导管和绕线装置被缠绕成卷。该工艺方法的冷却速度可达10^5～10^6℃/秒，能够制备晶态或非晶态的玻璃包覆金属微丝。②连续式旋转水纺线工艺，即在高速旋转的鼓内通入冷却水，在离心力的作用下冷却水在旋转鼓内壁形成旋转的水池，金属液通过喷嘴喷入冷却水中快速冷却成为线材，然后通过卷取机绕线成卷，实现连续生产。

典型的金属薄带材快速凝固连铸技术有单辊、溢流和甩出等工艺方法。单辊法分为自由喷射甩出法和平流铸造法。二者的相同之处是都采用高速旋转的激冷辊（线速度为20～30米/秒）将金属液铺展成薄膜并快速凝固，得到厚度为10～100微米的薄带材，冷却速度可达10^4～10^7℃/秒。二者的不同之处是前者的喷嘴离激冷辊较远，金属液在气压的作用下喷射到激冷辊上；后者的喷嘴离激冷辊很近，喷嘴与激冷辊表面间形成一个熔池缓冲金属液流，从而得到厚度更均匀的金属薄膜。溢流法和甩出法的原理与单辊法近似。溢流法采用坩埚边沿溢出金属液的方式取代喷嘴喷射；甩出法采用高速旋转的飞轮直接将坩埚中的金属液高速甩出。

（刘雪峰）

宽度控制 width control 在板带钢**轧制**生产线上，采用压力机调宽、立辊调宽等方法，将中间坯及精轧出口带钢的宽度控制在公差范围内的技术。宽度控制的目的是减少带钢宽度波动和鱼尾现象，提高金属的收得率。1975年开始在热轧宽带钢轧机上采用自动宽度控制技术，简称AWC（automatic width control）。

宽度控制由以下部分组成：①粗轧带钢目标宽度的确定。②粗轧各立辊开口度的预设定及其轧后修正。③精轧宽度的控制。④宽度控制及其自适应。⑤短行程控制。⑥宽度前馈控制。⑦自动宽度控制。

宽度控制完成的功能包括在精轧机架间实现微张力、恒张力的控制，即确保带钢在精轧机架中轧制时不会由于大张力轧制产生带钢颈缩，进而致使宽度变窄或由于张力不稳定而使带钢宽度波动。这就意味着精轧成品宽度控制主要在粗轧机中实行，所以在考虑到精轧**宽展**对宽度的影响以及宽度附加值等因素后，需将精轧机组末机架后的目标宽度折算为粗轧末道次目标宽度。这样，对粗轧带钢的宽度进行控制，也就达到了控制精轧带钢宽度的目的。

粗轧带钢的宽度控制主要靠各机架前的立辊的侧压来实现，由粗轧末道次出口的宽度目标值出发，根据宽度的负荷分配，在道次数最少的前提条件下，考虑经水平轧辊机架的宽展和狗骨宽展，计算出各立辊在各道次的侧压量。根据上一个道次轧制的实际值，修正下一个道次或以后各道次的设定值，使后续道次的宽度设定值更接近于实际工作点。这样，一边轧制，一边实时与目标值进行比较和修正，使得宽度在粗轧轧制过程中一直控制在设定点附近，从而使粗轧末道次出口板宽始终保持在目标宽度。

采用立辊调宽的侧边压下量可达100～150毫米，但是其变形不够深入，易于形成狗骨形断面，调宽效率低，切头尾损失大。20世纪30年代中期和40年代早期，长锤头调宽压力机得到使用，这种调宽压力机设备结构庞大、投资大，安装维修不方便，没有得到广泛的应用。80年代出现了短锤头调宽压力机，连续式短锤头调宽压力机的锤头在侧压的同时与轧件同步沿轧制方向移动，使调宽压力机的调宽能力可达350毫米。

扩展阅读

金兹伯格V B.高精度板带材轧制理论与实践.姜明东，王国栋，等译.北京：冶金工业出版社，2000.

王昭东，王国栋，张强，等.调宽压力机——热轧板带调宽技术的新进展.上海金属，1993，15（2）：11-15.

（邸洪双）

宽展 lateral spread 在**轧制**过程中，轧件轧前和轧后横向尺寸的变化。又称宽展量。轧制时，金属在塑性变形前后的体积基本保持不变，当轧件在厚度方向承受轧辊压缩作用，压缩后的体积将按照最小阻力法沿着纵向和横向移动。在实际生产中，通常将轧件在宽度方向上尺寸的变化即绝对宽展，称为宽展。虽然用绝对宽展不能正确反映变形的大小，但是由于其简单、明确，在生产实践中得到非常广泛的应用。

在轧制过程中，掌握宽展的变化规律是保证轧制产品断面质量的重要环节。如在孔型轧制时，若计算宽展大于实际宽展，孔型充填不满，造成很大的椭圆度；若计算宽展小于实际宽展，孔型充填过满，形成耳子。以上两种情况均会造成轧件报废（见图）。

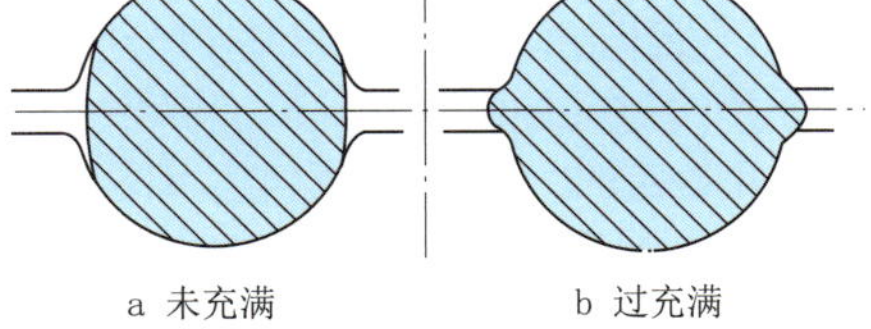

由于宽展估计不足产生的缺陷

在不同的轧制条件下，坯料在轧制过程中的宽展形式是不同的。根据金属沿横向流动的自由程度，宽展可分为自由宽展、限制宽展和强迫宽展。

轧制时，如果金属流动仅受轧辊和轧件间的摩擦阻力，不受其他外部阻碍与限制，这种情况称为自由宽展；如果金属横向流动除受接触摩擦的影响，还承受孔型侧壁的限制，此时产生的宽展称为限制宽展；如果金属质点横向移动不仅不受任何阻碍，而且还受强烈的推动作用，使轧件宽度产生附加的增长，此时产生的宽展称为强迫宽展。

影响金属在变形区内沿纵向和横向流动的数量关系的因素很多，但这些因素都是建立在最小阻力定律及体积不变定律的基础上。经过综合分析，宽展的影响因素可归纳为两方面：一是高向移动体积；二是变形区内轧件变形的纵横阻力比，即变形区内轧件应力状态中的σ_3/σ_2关系（σ_3为纵向压缩主应力，σ_2为横向压缩主应力）。

宽展的计算只有在深入分析轧制过程的基础上，正确考虑主要因素对宽展的影响后，才能获得比较完善的公式。已有的很多公式是按经验数据整理的，使用起来有很大局限性。在实际生产中多数是按经验估计宽展量。

扩展阅读

王廷溥，等.现代轧钢学.北京：冶金工业出版社，2014.

（贺毓辛　撰　张晓明　修订）

矿产勘探 mineral exploration 对经普查、详查已确定的具有工业价值的**矿床**，应用有效的手段和方法，为矿山建设设计提供必需的矿产储量和地质技术经济资料而进行的地质工作。又称矿床勘探。矿产勘探主要是为矿山建设设计在确定矿山建设规模、产品方案、开采方式、开拓方案、选择采矿方法、矿石选（冶）或加工技术方法，以及矿山建设总体布置、远景规划和未来矿山企业的经济社会效益等方面提供基础资料和依据。

勘探任务　为提供上述基础资料，矿产勘探应当完成的任务要求有：①勘探和圈定矿体总的分布并计算其储量。对勘探范围内矿体的数量、形状、产状、空间位置和分布，要有一定数量的勘探工程，按照勘探储量级别条件要求进行相应的勘探控制。对地质构造、火成岩和矿体中的夹石及其对矿体的破坏或影响，也要进行必要的勘探控制和研究。对露天开采的矿床，要求圈定矿体的四周边界和露天采场所及的矿体底界，它们是确定露天采场边界的重要依据。对地下开采的矿床，要求控制矿体走向的端部和上下界线及其延深情况。这些是确定开采井口位置、开拓巷道和采场布置等所必需的地质资料依据。②测定并研究矿石物质组成。要求查明矿石的矿物组分和化学成分，粒度，结构、构造，有用、有益、有害组分含量，赋存状态及其分布，划分矿石的自然类型或工业类型和品级。为研究矿石的选矿或冶炼加工技术方案和未来矿山产品方案提供基础资料和依据。③试验研究矿石的选矿（或冶炼）加工技术性能。根据矿石物质组成和选（冶）加工难易程度，矿产勘探阶段一般需在前期工作基础上进行矿石的实验室流程试验，难选的或属新类型的矿石需进行半工业试验或工业试验。它既是矿山建设设计在矿石选（冶）加工技术方面的基础资料和依据，也是进行**矿床技术经济评价**的资料依据。④综合勘探和综合评价。在勘探主要矿产的同时，对勘探区范围内具有工业价值的共生矿产和伴生组分，要根据资源条件、国家建设或市场需求和一个工程发挥多用的原则，进行综合勘探和综合评价。对属于伴生组分的矿产，要测定并研究其含量、赋存状态、分配值和分布规律，并进行选（冶）加工技术试验，以评价其综合开采、综合回收的技术经济条件和效益。⑤勘探并研究矿区水文地质条件。在研究区域水文地质条件的基础上，查明未来矿坑的充水因素、地表水和地下水的水力联系、地下水的补给排泄条件、含水层和隔水层、水质、污染源，并按不同采矿深度（标高）计算未来矿坑涌水量。为矿山选择开采方案，排水、供水设计提供依据。⑥勘探并研究矿床工程地质、环境地质及其他**开采技术条件**。测定并研究矿石（体）及其顶底板岩石和夹石的物理机械性能、裂隙发育程度、断层、褶皱构造的破坏或影响情况，有无开采时对人体有害的物质成分，以及可能存在的地热害、岩溶、瓦斯、滑坡、泥石流等，收集影响本地区区域稳定性的地震资料等。这些均是为矿山安全生产和计算矿石开采损失、贫化以及选择采矿方法、井巷布置或确定露天采坑边坡角等从事矿山设计所必需的。⑦测绘或编制各类地质图件。要求矿产勘探工作提供不同比例尺的各类地形地质图件供矿山设计利用，主要有区域、矿区和矿床地质图，水文地质、工程地质图，勘探线剖面图和储量计算图以及各项地质编录和某些综合图件。⑧矿床技术经济评价。在地质勘探研究的基础上，对矿床的技术经济条件做出全面评价，预测未来矿业开发的经济社会效益，对矿床合理开发利用建设方案提出意见和建议。对工业指标的论证是勘探阶段进行矿床技术经济评价的重要内容之一。工业指标的制定关系到矿产储量的多少，资源是否得到充分、合理利用，乃至未来矿山企业的建设规模、生产服务年限和经济效益等一系列问题。

为了完成上述任务，矿产勘探阶段将大量动用**钻探**和**坑探**工程，取样工作量很大，有时也采用物探和化探。勘探阶段的投资比普查、详查阶段大为增加。为了达到勘探工作的最优化，即以较少时间和人力物力的投入，满足勘探任务的需要，必须有正确的勘探方法、合理的勘探程度和施工管理。具体包括：勘探工程的选择和合理布置，矿体特征和勘探工程间距与求取储量精度（级别）的关系，采样方法，样品采集点布置、间距，样品的代表性和可靠性，正确的样品加工和测试分析，勘探工程合理施工顺序，对勘探工程的编录采样及样品加工的质量管理，工业指标的确定及矿体的正确圈定，合理的矿产储量计算方法等一系列问题。这里对部分重要问题加以阐述。

勘探工程的选择和布置 这取决于矿体的大小、形态、产状、埋藏深度，矿石和围岩物理性质的差异，矿区地形条件和勘探任务。实践表明，按剖面布置工程能最好地阐明矿床构造、矿体形态产状、矿体内部构造、矿石品级分布等问题，也为矿山建设设计所采用。勘探剖面一般要布置在垂直矿体总体走向方向上，剖面上的单一钻孔或坑道要尽量沿矿体厚度方向布置，因为在这些方向上矿体形态和物质组分常常变化最大，应有连续的取样。随矿体形态和产状的不同可以有垂直剖面、水平剖面，或两者兼用。

勘探工程间距和矿床勘探类型 合理的工程间距是勘探工程数量多少和所探求储量精度的决定因素。中国现行的矿产储量分级划分出能利用储量（平衡表内储量）和暂不能利用储量（平衡表外储量）两类，并按工程对矿体和地质构造的勘探控制程度、矿石质量等的研究程度，将储量分为A、B、C、D四级。A级由矿山生产部门求得作为开采依据，一般情况下地质勘探阶段只探求B、C、D级储量作为矿山建设设计依据。对于探求某一级别储量所采用的勘探工程间距是按矿床所属的勘探类型确定的。而矿床勘探类型则是在总结以往各类矿产勘探经验的基础上，按矿床地质复杂程度和勘探难易程度划分的。划分矿床勘探类型的依据是矿体规模的大小、形态结构的复杂性、厚度稳定性和主要组分分布的均匀程度以及地质构造的破坏或影响的复杂程度等。根据上述因素，将每类矿产分为若干勘探类型，对每种类型求取某种级别储量时的工程间距做了具体规定，供矿床勘探时参照使用。这项规定也是矿产储量委员会验收勘探地质报告时衡量对矿体（床）勘探控制程度的要求和依据。20世纪70年代后期中国对十多种矿种进行了开采结果与勘探成果的对比，总结了过去勘探工作的经验和教训，编制和修订了相应的矿种地质勘探规范，作为划分勘探类型和确定合理工程间距的参照依据。

矿产取样 从矿体或某些地质体中采集一小部分矿石或岩石，用以进行分析、测试、鉴定，达到研究矿石质量、岩石特点和性能的专门性工作。

根据取样目的不同可分为以下几种：①化学分析取样。目的是对矿石进行化学分析，以确定矿石中的主要有用组分、伴生组分、有害组分含量，用以圈定矿体边界、划分矿石类型及工业品级，是最为常见的一种取样。②技术取样。是为研究某些非金属矿如云母、石棉等的技术工艺性能，圈定矿体边界或品级以及对岩石的物理性质进行测定，对矿山开采技术条件做出评价的取样工作。③加工技术取样。是为确定矿石选矿、冶炼性能而进行的工作。④岩矿鉴定取样。目的是对矿石及岩石进行矿物学、矿相学及岩石学研究，确定其矿物组成、结构构造，为研究**矿石加工技术性能**、综合利用可能性及矿床成因提供依据。

取样的关键问题在于取样的可靠性及代表性。可靠性是指单个样品采集、加工、测定的正确程度，即技术性误差大小。代表性指抽取的样品对该被取样对象的代表程度。影响取样代表性的因素，除了矿体本身变化大小，还包括样品数量、分布和间距以及样品的几何特征。经济有效地获得具有一定可靠性和代表性的结果是取样工作的核心问题。

矿产取样的工作程序一般包括：样品采集（采样），样品加工及样品的分析、鉴定和测试。

采样方法随勘探工程不同而异。岩心钻探时对所取岩（矿）心劈取一半做样品，一半保留。样品连续采取于矿化部位，每样长一般1～2米以上。露头及山地工程中采样时，有刻槽法、方格法、剥层法、全巷法、拣块法、打眼法等。刻槽法最为常用，它是在矿体上按一定规格断面（一般宽×深为5×2～10×5平方厘米）刻出规则的长槽，将刻出物全部作为样品。为了保证样品有代表性，在横切矿体的穿脉坑道中，在一壁或两壁以1～2米样长，水平连续采样，在顺矿体走向的沿脉坑道中则在掘进掌子面上采样，探槽中样品多布置在槽底。剥层法是在矿体上剥下一薄层矿石做样品。全巷法是在矿体内所掘进坑道掘进过程中按一定进尺将全部矿石作为样品。方格法是依一定网格，在交叉点上取大致相同大小的矿石块，合并作为一个样品。后几种方法应用较少。拣块法是在爆破的矿堆上，按方格网拣块合并为一个样品。打眼法是在坑道掘进过程中收集打炮时的岩粉或岩泥作为样品，它们只用于矿山生产探矿。

实验室测试对样品重量和粒度有专门要求，对所采样品要做专门加工处理。对化学分析样品，要经过多次破碎、过筛、拌匀、缩分的专门加工程序，以保证其加工质量和代表性。

矿产勘查中样品测试、鉴定和试验研究，由专门的实验室或测试研究单位承担。化学分析样品要按专门的规定抽取一定比例的样品进行内部检查及外部检查分析以保证化验的可靠性。

随着科学技术的发展，可以不采样，而以地球物理探矿方法在矿体露头或探矿工程中直接测定矿石有用组分含量的方法正在发展，如用磁法研究磁铁矿矿石质量，用放射性测量法求铀矿品位，用X射线放射性测量法测定铅、锌、钨、钼等元素的含量等。

矿床合理勘探程度　勘探过程中对整个矿床的地质、技术和经济问题研究所达到的最合理的详细程度。它决定了勘探投资的多少和时间长短以及未来矿山企业投资回收的风险度。矿床勘探提供矿山设计利用的各级储量的级别构成或其合理比例。前述矿床勘探研究程度的8项要求以及矿床勘探深度，是衡量合理勘探程度的客观标准。前述8项要求是针对矿床整体的，各级储量的构成或其合理比例则是体现在矿床（体）某一局部块段的，整体和局部既有区别又有联系；至于矿床的勘探深度既取决于矿床地质体赋存情况，还与矿山建设规模、服务年限或大矿需分期分段建设有关。而分布于先期开采地段的高级储量，能保证矿山企业的如期投产和投资的回收。中国在矿产地质勘探规范中对此有明确的要求。

扩展阅读

赵鹏大，李万亨，等.矿床勘查与评价.北京：地质出版社，1988.

（段承敬）

矿产资源储量　mineral resources and reserves　根据地质勘探资料和数据计算出来的矿产资源蕴藏量的总称。矿产资源量和矿石储量的统称。

简史　矿产资源储量因揭示程度不同有不同类别，差别很大。矿产资源储量的划分标准，世界上亦无统一规范。在美国，“储量”和“资源”是两个概念。储量指目前技术和经济条件下能够采出的那部分矿产，资源指尚未发现或虽经探明但在目前技术经济条件下不能采出的那部分矿产。储量又进一步分为三级：证实储量、概算储量和可能储量。苏联采用“储量”一个词，并将储量分为A、B、C_1、C_2四级。

中华人民共和国成立初期，采用苏联1953年的储量分级方案。1959年中国制定了第一个矿产储量分类暂行规范（准则），将矿产储量分为四类（开采储量、设计储量、远景储量和地质储量）五级（A_1、A_2、B、C_1和C_2），A_1为开采储量，A_2、B和C_1为设计储量，C_2为远景储量。1977年将固体金属及非金属矿产储量划为A、B、C和D四级，并对各级储量的条件提出了对应的要求。此阶段，资源储量统称为储量。1990年地质矿产部颁发的《固体矿产成矿预测基本要求（试行）》，将资源量划分为E、F、G三级，对预测的矿产资源进行分类。1992年国家技术监督局颁发了国家第一部涵盖整个固体矿产的勘查规范《固体矿产地质勘探规范总则》（GB 13908—92），将矿产资源分为能利用储量和暂不能利用储量两类，其中能利用的储量依据地质可靠程度进一步划分为A、B、C、D四级。1999年颁布的国家标准《固体矿产资源/储量分类》（GB/T 17766—1999）将矿产资源储量分为储量、基础储量和资源量。

从发展史可以看出，在1990年以前，衡量矿产资源数量概念上只有储量，没有资源量，在1990年以后，开始引用资源量概念，表示矿产资源数量和可靠程度。到1999年，将矿产资源量根据地质可靠程度、可行性研究阶段和经济意义区分为资源量和储量，开始使用资源储量概念，但采用“资源量/储量”形式表示。之后，逐渐采用资源储量表示矿产资源量和矿石储量。

分类　按照地质可靠程度，矿产资源储量可分为查明的矿产资源量，预测的矿产资源量。查明的矿产资源按其地质可靠程度，进一步分为探明的、控制的和推断的资源量。根据可行性评价分为概略研究、预可行性研究和可行性研究3个阶段。根据经济意义矿产资源储量分为经济的（数量和质量是依据符合市场价格的生产指标计算的）、边际经济的（接近盈亏边界）、次边际经济的（当前是不经济的，但随技术进步、矿产品价格提高、生产成本降低，可变为经济的）、内蕴经济的（无法区分是经济的、边际经济的还是次边际经济的）、经济意义未定的（仅指预查后预测的资源量，属于潜在矿产资源）。依据地质可靠程度和技术经济的可行性研究结果，矿产资源储量可分为：储量、基础储量和资源量三大类十六种型（见表）。①储量是基础储量中的经济可采部分，又可分为可采储量、探明的预可采储量及控制的预可采储量3个类型。②基础储量是查明矿产资源的一部分，是经详查、勘探所控制的、探明的并通过可行性研究、预可行性研究认为属于经济的、边际经济的部分。经济基础储量是每年的内部

固体矿产资源储量分类和编码表

地质可靠程度 / 经济意义 \ 分类类型	查明矿产资源			潜在矿产资源
	探明的	控制的	推断的	预测的
经济的	可采储量（111）	—	—	—
	基础储量（111b）	—	—	—
	预可采储量（121）	预可采储量（122）	—	—
	基础储量（121b）	基础储量（122b）	—	—
边界经济的	基础储量（2M11）	—	—	—
	基础储量（2M21）	基础储量（2M22）	—	—
次边界经济的	资源量（2S11）	—	—	—
	资源量（2S21）	资源量（2S22）	—	—
内蕴经济的	资源量（331）	资源量（332）	资源量（333）	资源量（334？）

注：表中所用编码（111-334），第1位数表示经济意义：1=经济的，2M=边际经济的，2S=次边际经济的，3=内蕴经济的，？=经济意义未定的；第2位数表示可行性评价阶段：1=可行性研究，2=预可行性研究，3=概略研究；第3位数表示地质可靠程度：1=探明的，2=控制的，3=推断的，4=预测的。b=未扣除设计、采矿损失的可采储量。

收益率大于行业基准内部收益率，并扣除设计和采矿损失之前的那部分，分为3个类型，探明的（可研）经济基础储量、探明的（预可研）经济基础储量、控制的经济基础储量。边际经济基础储量是平均内部收益率介于行业基准内部收益率与零之间的那部分，分为探明的（可研）边际经济基础储量、探明的（预可研）边际经济基础储量、控制的边际经济基础储量。③资源量是查明矿产资源的一部分和潜在矿产资源，可分为3部分，即内蕴经济资源量、次边际经济资源量和预测资源量。

中国采用国际通行的资源储量三轴分类方法（实际相当于2.5轴，因为经济意义轴与可行性研究是相关联的，可行性研究轴只相当于半个轴），即以资源储量的经济意义、可行性研究阶段和地质控制程度为轴进行资源储量分类和编码（见图）。

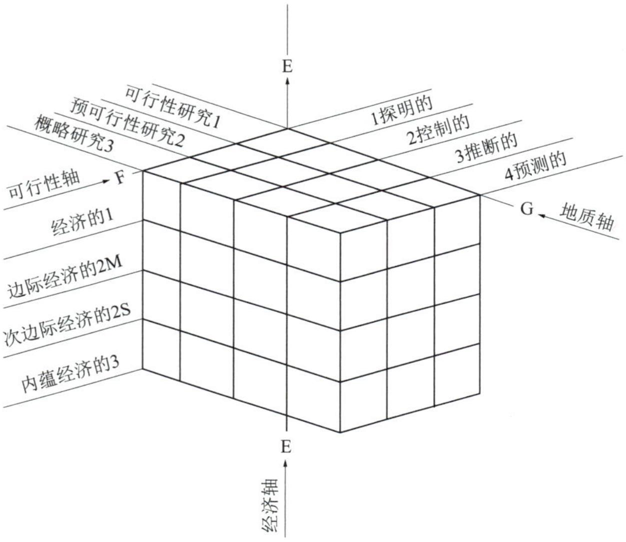

资源储量分类图

作用和影响　在对矿产资源开发进行可行性或预可行性研究时，国际上通常只利用探明的和控制的资源量，推测的资源量不能参与可行性或预可行性研究。但在中国标准中推测的资源量类与国际上的有较大的差别，中国推测的资源量经常有一定网度控制或是高级别类资源有限外推部分。因而，在进行矿业权评估阶段利用矿产资源储量估算时，对推测的资源量按可信度系数0.5～0.8进行利用；在进行可行性或预可行性研究和矿山设计时，对推测的资源量根据矿床赋存特征和勘探工程控制程度选取可信度系数0.5～0.8估算设计利用资源量储量。

矿产资源储量并不是一成不变的，随着技术进步，人文政治、社会环境、经济和政策变化，资源储量也是变化的。例如，矿产品价格上涨，原来开采不经济的可变成经济的；选矿技术的改进，原来不能利用的矿石可变成有用的。

扩展阅读

阳正熙，高德正，严冰.矿产资源勘查学.北京：地质出版社，2011.

（汤自权）

矿尘　mine dust　在矿山，悬浮于气体（空气）介质中，与气体共同组成的分散系统中的固体颗粒。又称矿物性粉尘。有时只指矿山生产过程（如凿岩、爆破、装运、破碎等）中产生的能长时间悬浮于空气中的矿石与岩石的细微颗粒。

分类　按照其存在状态，矿尘可分为浮游矿尘和沉积矿尘两种。浮游矿尘是悬浮于空气中的矿尘，简称浮尘；沉积矿尘是已沉落的矿尘，简称落尘。按产生矿尘的矿岩种类及其性质，矿尘可分为硅尘、铁矿尘、煤尘、石棉尘、放射性矿尘、爆炸性矿尘和有毒性矿尘等。按颗粒大小，矿尘可分为粗尘、细尘、微尘和超微尘。粒径大于40微米为粗尘，在静止空气中极易沉降；粒径10～40微米为细尘，在明亮的光线下直观可见；粒径0.25～10微米为微尘，在光学显微镜下可见；粒径小于0.25微米为超微尘，在电子显微镜下可见。

表示参数　表示工作场所空气中矿尘状况的基本参数。主要有矿尘浓度和分散度。

矿尘浓度　矿尘浓度的表示方法：①重量法，单位体积空气中含有的粉尘重量（毫克/米³）。中国矿山常采用重量法表示矿尘浓度。②计数法，单位体积空气中含有的尘粒数（粒/米³）。

分散度　每种粒度矿尘的重量百分比称为矿尘的重量分散度。矿尘的分散度指矿尘整体组成中各种粒度尘粒所占的百分比。矿尘分散度的表示方法有：①质量分散度，即各粒级尘粒的质量占总质量的百分比。②数量分散度，即各粒级尘粒的颗粒数占总颗粒数的百分比。中国矿山常采用数量分散度。一般划分为4个计测区间（小于2微米、2～5微米、5～10微米、大于10微米）。矿尘组成中，小颗粒所占百分数大（称为高分散度粉尘），对人体的危害性大。在生产性粉尘的采样监测与接触限值制定上，通常将矿尘分为总粉尘与呼吸性粉尘两种类型。总粉尘指可进入整个呼吸道（鼻、咽和喉、胸腔支气管、细支气管和肺泡）的粉尘，简称总尘。呼吸性粉尘指吸入人的肺泡区的粉尘，简称呼粉，可引起尘肺病，对人体危害最大。

矿尘

工作场所空气中粉尘（硅尘）容许浓度

游离 SiO_2 含量	时间加权平均容许浓度/（$mg \cdot m^{-3}$）	
	总尘	呼尘
＜10%	8	—
10%～50%	1	0.7
50%～80%	0.7	0.3
＞80%	0.5	0.2

危害与容许浓度　矿山的各生产过程都有可能产生大量的矿尘，如无防尘措施进行凿岩时，作业地点矿尘浓度接近1克/米³；爆破后的工作面附近达1克/米³以上，有时还更高。矿山机械化程度越高，矿尘的生成量越大，防尘工作就越为重要。矿尘能引起职业病，如尘肺病；有的矿尘能引起职业性皮炎、角膜炎等；砷、铅、汞、铬等有毒矿尘能引起慢性中毒；放射性矿尘产生放射性危害。在一定条件下，煤尘、硫化矿尘和油页岩尘能爆炸或燃烧。矿尘浓度高的场所能见度低，易发生工伤事故。中国国家标准《金属非金属矿山安全规程》（GB 16423—2006）规定：入风井巷和采掘工作面的风源含尘量，应不超过0.5毫克/米³。工作场所空气中粉尘容许浓度见表。

扩展阅读

叶镇杰.矿山环境工程.长沙：中南工业大学出版社，1987.

王英敏.矿井通风与防尘.北京：冶金工业出版社，1993.

（李孜军）

矿床　mineral deposit; ore deposit　地壳中由地质作用形成的、所含有用矿物集合体的质和量在当前的经济和技术条件下能被开采和利用的地质体。导致有用元素或矿物高度富集的地质作用称为成矿作用。发生明显矿质聚集（矿化现象）的地点叫矿点。有开采价值的矿点是矿床。矿床是自然界中分散存在的矿质富集到一定程度的产物。例如，铁在地壳中平均含量约为5%，铁矿石最低可采品位为25%，说明铁必须富集5倍以上才能成为矿床；铜在地壳中的平均含量为0.005%，铜矿的最低可采品位约0.4%，铜必须富集80倍才能形成矿床。矿床产于某一特定的地质环境中，由矿体及其周围的岩石（如围岩、脉石、矸石等）组成。矿床是地质作用的产物，但又与一般的岩石不同，它具有经济价值。

基本条件　一个地质体具备矿床的基本条件是：①有用元素或矿物的含量要达到最低可采品位。②矿石工艺性质。包括有用组分的赋存状态，它决定着产品、加工工艺的生产成本。以铝为例，虽然铝在霞石和高岭石中的含量比较高，也能提取铝，但工艺复杂，生产成本很高，所以主要从铝土矿中提取铝。③矿体的形状和内部结构。指有用组分在岩石中的分布是均匀还是局部地段集中，如成为矿脉或矿层。矿体的形状和产状对矿床开采难易和成本影响很大，因而也对确定矿床的最低可采品位有重要影响。④矿床规模。指可采矿石的储藏量。矿床规模大，则矿山建设投资大，建设时间长，便于大规模机械化开采；矿床规模小而品位高，则投资小而见效快。矿床的规模决定着矿山的生产规模和可采时间长短。⑤获得矿产品的全部费用。采矿、选矿、运输、设备、人员工资等是影响矿山经济效益的因素，也会影响到矿床的最低可采品位。矿石开采、加工工艺的技术进步，运输条件的改善等，都会使生产成本降低，所以就总的趋势而言，矿床的最低可采品位随着科学技术进步和社会发展而逐步降低。19世纪含铜高于5%的矿床才有开采价值，而20世纪末已降低到0.4%以下。因此，上述条件的综合分析和评价，决定了一个具体矿床的经济价值。

分类　矿床种类繁多，固体矿床分布最广，液态矿床有石油、卤水和地下水等，气态矿床有天然气、煤成气、二氧化碳（CO_2）气等。按矿产性质和工业利用情况可分为：金属矿床（包括黑色金属、有色金属、稀有和稀土金属、贵金属、放射性金属、分散元素等矿床）、非金属矿床（包括冶金辅助原料、化工原料、建筑材料、宝玉石等矿床）及能源矿床（包括石油、天然气、煤成气、天然气水合物、煤、油页岩、泥炭、热干岩等矿床）。按矿床与围岩形成的时间先后，同时或近于同时形成的称同生矿床，矿体明显晚于围岩形成时间的称后生矿床。上述分类都是初始的、简单的分类。矿床是地球演化的地质作用－成矿作用形成的。按照成矿作用和地质环境进行成因分类，则能反映矿床的特征和研究水平，以利于矿产勘查实践。2011年，中国矿床学与区域成矿学家翟裕生等把矿床按成因分为内生矿床、外生矿床、变质矿床和叠生矿床四大类（见表）。

矿床成因分类表

1级分类	2级分类	3级分类
内生矿床	岩浆矿床	岩浆分结矿床
		岩浆熔离矿床
		岩浆爆发矿床
		岩浆凝结矿床
	伟晶岩矿床	
	接触交代（夕卡岩）矿床	
	热液矿床	岩浆热液矿床
		层控热液矿床
	火山成因矿床	火山岩浆矿床
		火山气液矿床
		火山－沉积 矿床
外生矿床	风化矿床	
	沉积矿床	机械沉积矿床
		蒸发沉积矿床
		胶体化学沉积矿床
		生物－化学沉积矿床
	生物化学能源矿床	
变质矿床	接触变质矿床	
	区域变质矿床	
	动力变质矿床	
	混合岩化矿床	
叠生矿床		

该分类以成矿作用为主要依据，适当考虑了成矿地质环境，尽可能考虑了成矿物质来源。1级划分与3大地质作用相对应，2级划分按照一定地质环境下的主要成矿作用系列，3级则是根据各类矿床的重要特征和标志，按成矿方式、含矿建造、成矿环境等加以区分。其中，叠生矿床成矿作用比较复杂，大都经历了两种以上的成矿作用叠加，属多成因矿床。矿床成因分类反映了人们对矿床的认识水平。随着科学的进步和人们认识水平的提高，成矿理论及矿床类别划分会得到不断完善。

扩展阅读

冯钟燕.矿床学原理.北京：地质出版社，1984.

斯米尔诺夫 V I. 矿床地质学.《矿床地质学》翻译组，译.北京：地质出版社，1985.

EVANS A M. An Introduction to Ore Gelogy. 2nd ed. Oxford: Blackwell Scientisic publishing, 1987.

（蔡克勤　撰　于耀先　修订）

矿床地下开拓　underground mine development　为开发地下矿床，从地表向地下掘进一系列井巷通达矿体，使地表与矿床之间形成一条完整的运输、提升、通风、排水、动力供应等生产服务系统的地下工程。简称矿床开拓。公元前13世纪，中国在湖北铜绿山就采用地下方法开采铜矿（见中国古代采矿选矿技术）。已发掘出的18个古代井下采区遍及铜绿山矿区的各个矿体，展示了不同时期铜绿山井下采矿规模和风格多样的井下采矿技术。铜绿山古铜矿井下采矿基本是采取竖井、斜井、平巷联合采矿方式，采用间隔榫接木井框及密集式搭接方框支护。

开拓井巷　按用途分为主要开拓井巷和辅助开拓井巷。主要开拓井巷是为全矿井、全中段或若干采区服务的主要矿山井巷，包括竖井、斜井、斜坡道、平硐、井底车场、中段运输巷道、主溜井、主要硐室等。辅助开拓井巷是除主要开拓井巷以外的所有开拓井巷，如各种类型的副井、风井、主回风巷、充填井、石门、马头门及各种硐室等。

开拓系统　开拓井巷在平面及空间上的布置系统，即开拓井巷的类型、数量、位置及其相互配合。矿山开拓系统决定井巷开拓工程的工程量和维护量、投资和建设周期及资源回收等重大问题，决定矿床地下开拓方法的选择，对矿山建设和生产有着长远的影响。合理的开拓系统，应满足生产安全、工程量和维护量少、投资省、经营费低、不留或少留回采预留矿柱、不占或少占土地特别是农田、管理方便等要求。在确定开拓系统主要井巷的位置时，应着重考虑以下几个方面：①井口和平硐位置应保证其建构筑物不受地表塌陷、滑坡、泥石流、岩崩和雪崩的危害，井口标高应在历年最高洪水位1米以上。②主要井巷位置尽可能避开含水层、断层或断层影响带，特别应避开岩溶发育的地层和流砂层，应尽可能选择在稳固的岩层中。③主要井巷和主要设施原则上应位于开采岩石移动范围以外，否则应留保安矿柱。④要有足够大的工业场地面积，总体布局合理。⑤选择井口位置应考虑地表的土石方工程量少和坑内掘进工程量少、有利于加快基建进度的因素。⑥工业场地的布置应考虑周围环境的影响，既要减少对周围居民生活的影响，又要考虑少受周边的干扰。应让污风处于年主导风向的下风向。在重要的风景区或森林公园，不能破坏当地的景观，应尽量使建设设施和当地景观协调一致。

开拓方法分类　按照主要井巷与矿床的相对位置，矿床开拓可分为下盘开拓、上盘开拓及侧翼开拓。一般采用下盘开拓和侧翼开拓的较多，因为井筒（或斜井、斜坡道、平硐）布置在下盘或侧翼时，联络井筒和矿体之间的巷道较短，可减少开拓工程量，建设时间短，另外矿体开采对下盘围岩的影响范围小，有利于井筒的布置。当上盘岩石稳固性好且对工程有利，并允许布置开拓系统时，也可以布置在上盘。

按照采用一种或多种井巷形式进行开拓，矿床开拓可分为单一开拓和**联合开拓**。单一开拓是指采用一种形式的井巷进行矿床开拓的方法，主要有**平硐开拓**、**斜井开拓**、**竖井开拓**、**斜坡道开拓**等。联合开拓是指采用两种或两种以上井巷形式进行矿床开拓的方法，如斜井与竖井联合开拓法，平硐与竖井或盲竖井联合开拓法、平硐与斜井或盲斜井联合开拓法、竖井或斜井与盲竖井或盲斜井联合开拓法等。

开拓方案确定　一般要经过开拓方案初选和技术经济综合比较两个步骤：①开拓方案初选。在充分研究矿体赋存条件、工程地质、水文地质、地形、外部环境和技术经济资料的基础上，到现场进行实地考察，提出技术上可行、经济上比较合理的开拓方案，确定开拓巷道的类型、位置、数目、断面尺寸及有关设备，绘出各方案相关图纸。②技术经济综合比较。对各方案的基建投资、基建时间、达产时间、经营费用、后期可比投资、优缺点等进行技术经济综合比较。由于受矿体赋存条件、工程水文地质条件、地形条件、周边环境和外部运输条件等各种因素的约束，在技术和经济上难于判断优劣时，用技术经济综合比较方法确定最佳方案。

（王家廉　郭春林　刘育明）

矿床技术经济评价　technical and economic evaluation of deposit　根据矿产勘查各阶段所获得的资料，按照相应的法律法规及政策，选取合理的技术经济参数，对矿床未来工业开发利用的经济效益和社会效益进行评价的技术工作。目的是为适应市场经济发展的需要，使矿产勘查工作与矿山建设紧密衔接，减少矿产勘查和矿山开发投资的风险，提高矿产勘查和开发的经济、社会效益。包括概略研究、预可行性研究和可行性研究3个阶段。

概略研究　对矿床开发经济意义的概略评价。通常是在收集分析该矿产资源在市场供需状况的基础上，分析已取得的地质资料，类比已知矿床，推测矿床规模、矿产质量和开采利用的技术条件，结合矿区的自然经济条件、环境保护等，以中国类似企业的技术经济指标或按扩大指标对矿床做出技术经济评价，从而为矿床开发有无投资机会、是否进行详查阶段工作、制定长远规划或为工程建设规划的决策提供依据。

一般普查阶段应做概略研究，详查或勘探阶段的矿床，也可只进行概略研究。

预可行性研究　对矿床开发经济意义的初步评价。预可行性研究需要比较系统地对该种资源、储量、生产、消费进行调查和初步分析；还需对市场的需要量、产品品种、质量要求和价格趋势做出初步预测。根据矿床规模和矿床地质特征以及矿区地形地貌，借鉴类似企业的实践经验，初步研究并提出项目建设规模、产品种类、矿区总体建设轮廓和工艺技术的原则方案；参照价目表或类似企业开采对比所获数据估算的成本，初步提出建设总投资、主要工程量和主要设备等，进行初步经济分析，并估算不同的矿产资源/储量类型。

通过市场调查和预测资料，综合矿区资源条件、工艺技术、建设条件、环境保护以及项目建设的经济效益等各方面因素，从总体上、宏观上对矿山建设的必要性，建设条件的可行性以及经济效益的合理性做出评价，为是否进行勘探阶段地质工作以及推荐项目和编制项目建议书提供依据。

预可行性研究应在详查工作的基础上进行。

可行性研究　对矿床开发经济意义的详细评价。可行性研究首先需要认真对该矿种资源、储量、生产和消费进行调查、统计和分析；对市场的需要量、产品品种、质量要求、价格、竞争能力进行分析研究和预测。工作中对资源（或原料）条件要认真进行分析研究；充分考虑地质、工程、环境、法律和政府的经济政策的影响，对企业生产规模、开采方式、开拓方案、选冶工艺流程、产品方案、主要设备的选择、供水供电、总体布局和环境保护等方面，进行深入细致的调查研究、分析计算和多方案进行比较，并依据评价当时的市场价格确定投资、生产经营成本、销售收入、利润和现金流入及流出等。判定项目的技术经济数据能否满足投资有关各方的审查、评价需要，从而得出拟建工程是否应该建设以及如何建设的基本认识。

通过可行性研究的论证和评价，为上级机关或主管部门投资决策、确定工程项目建设计划等提供依据。

可行性研究应在勘探工作基础上进行。

（李小罗）

矿床开采安全管理　mining safety management　针对矿床开采过程中存在的危险因素，运用有效资源，进行安全决策、计划、组织和控制等方面的活动。矿床开采安全管理要实现矿床开采过程中人与机器设备、物料、环境的和谐，达到矿床安全开采的目标。矿床开采是一个高危行业，存在的危险有害因素主要有物体打击、车辆伤害、机械伤害、起重伤害、触电、淹溺、灼烫、火灾、高处坠落、坍塌、冒顶、片帮、透水、放炮、火药爆炸、锅炉爆炸、容器爆炸及有毒有害气体等，特别是井下坍塌、冒顶、片帮、透水、有毒有害气体等极易引发群死群伤的安全事故。矿床开采安全管理是矿山企业管理的重要组成部分，是职工生命安全、身心健康及矿山矿床开采正常进行的重要保障。

原则：①安全第一、预防为主、综合治理。②以人为本、风险控制、持续改进。③生产必须管安全。④专管群治全员管理。⑤安全具有否决权。

主要内容：安全生产管理机构和安全生产管理人员、安全生产责任制、安全生产管理规章制度、安全生产策划、安全教育培训、监督检查、工艺技术管理、设备设施管理、作业环境和条件管理及安全生产档案管理等。

矿床开采安全管理的基本对象是企业的员工，涉及矿床开采中的所有人员、设备设施、物料、环境、财务、信息等各个方面。

扩展阅读

朱慧星.非煤矿山安全生产管理须知.北京：机械工业出版社，2009.

（陈建双）

矿床开采设计　deposit mining design　矿床开采项目建设前及建设过程中开展的设计工作的总称。

主要内容　矿床开采设计包括设计前期工作、设计工作和设计后期工作。

设计前期工作　主要包括：①进行矿床开采项目的投资机会研究，寻找有价值的矿床开采投资机会。②编制有潜在价值的**矿区开发规划**。③对选定有投资价值的矿床开展初步可行性研究，进行项目初步的技术、经济分析和社会、环境评价，判断项目是否值得投入更多的资金进行可行性研究。

可行性研究是项目决策分析与评价、深入调查研究和多方案比选的过程，其报告可作为投资决策和筹措资金的依据。为获得政府主管部门行政许可而编制的矿床开采项目申请报告、矿产资源开发利用方案等，也可纳入设计前期工作。

设计工作　在矿床开采设计前期工作，特别是可行性研究的基础上进行，一般分为：①初步设计。依据的相关资料要满足矿床开采的有关规范要求，地质报告应经评审、备案。初步设计的内容与可行性研究报告基本相同，涉及地质、*采矿*、*矿山机械*、总图运输、土建、给排水、电力、通信、机修、汽修、环境保护、节能、安全设施、工业卫生、水土保持、土地复垦、概算、技术经济等。初步设计一般应选定全部技术方案和技术经济指标，能为开展施工图设计、主要设备和材料订货、土地征购或租赁和居民搬迁、控制建设投资等提供依据。②施工图设计。主要内容包括对初步设计的主要内容进行复核和验算；建筑物、构筑物的结构详图；井巷及其连接处的详图；硐室结构详图；设备和井巷安装图；采矿方法施工图；施工图说明；施工图预算等。

设计后期工作　主要是施工图设计交底，解决施工过程中遇到的技术问题，参加试车、投产、交工和竣工验收，设计回访等。

设计原则　中国投资建设矿床开采项目的主要设计原则：①遵守《中华人民共和国矿产资源法实施细则》《中华人民共和国矿山安全法》《中华人民共和国矿山安全法实施条例》《中华人民共和国环境保护法》《建设工程勘察设计管理条例》等法律、法规，*矿山生态环境*保护与污染防治技术政策及有关矿床开采设计的标准、规程、规范。②充分回收和合理利用矿产资源，采取合理的开采顺序、开采方法，采矿回采率、贫化率应符合相关行业准入条件等。在开采主要矿产的同时，对具有工业价值的共生和伴生矿产应统一规划、综合开采、综合利用、防止浪费；对暂时不能综合开采或必须同时采出而暂时还不能综合利用的矿产，应采取有效的保护措施。③露天开采矿山宜推广剥离—排土—造地—复垦一体化技术；地下开采矿山宜推广应用充填采矿工艺技术，利用尾砂、废石充填采空区，推广减轻地表沉陷的开采技术；水力开采的矿山，宜推广水重复利用率高的开采技术；有条件的矿山，宜研究推广溶浸采矿工艺技术，发展集采、选、冶于一体，直接从矿床中获取金属的工艺技术。④结合设计矿山的具体条件，积极采用国内外行之有效的新工艺、新技术、新设备、新材料，不断提高矿山信息化、数字化、智能化水平。⑤体现建设资源节约型和环境友好型矿山设计理念，促进中国矿业可持续发展。

（刘放来）

矿床开采优化　mining optimization　采用系统工程理论和方法对矿山开采规划和采矿设计方案进行优化的过程。内容主要包括：①矿山总体规划。采用运筹学以及投入产出分析等方法，综合安排各矿区的建设顺序及生产规模，使经济效果最佳。②矿山生产能力确定。综合考虑投资及生产成本，使矿山的规模最合理。③*露天开采境界*优化。深入研究矿床中每一矿块的开采效益，合理确定露天开采境界。④矿山采掘进度计划优化。在满足各种开采技术要求下，寻求经济上最优的采掘进度计划。⑤矿山开采设备优选。充分考虑生产中的各种因素，合理确定设备的类型和数量。⑥地下开拓运输系统优化。综合考虑矿岩、材料及风流的输送，使井下巷道系统最合理，运输效率最佳，费用最小。⑦采矿方法优选。在方案优化、结构优化及参数优化的基础上，确定最合理的采矿方法。

（陈　鑫）

矿床露天开采　surface mining　用采矿装备从敞露的空间，按设计有序采出有用矿物的活动。矿床露天开采是采矿业的主要开采方式，开采过程中需剥离大量土岩，以揭露*矿体*。剥离量与采矿量的比值称*剥采比*，是衡量露天开采经济效益的重要指标（单位：米^3/米^3、米^3/吨）。

发展简史　露天开采具有悠久的历史。50万年前，生活在北京周口店地区的北京猿人选取片石制造简单的工具，开始了人类历史上最早、最原始的露天开采。公元前5000多年，人类用石器、木具和青铜制造的挖掘工具开采天然铜矿的露头，用水和火交替作用进行*矿石破碎*。相传距今5300多年前，中国炎帝神农氏就在陕西一带“采峻岭之铜以为器”。中国1973年开始发掘和研究湖北*铜绿山矿冶遗址*，经考古鉴定，发现7个古代露天采场。近现代露天开采技术的发展始于19世纪的工业革命，空气压缩机的出现使动力机械*凿岩*开始代替手工凿岩，欧洲科学家发明的高速炸药广泛用于矿岩破碎，蒸汽机的出现为露天矿山采装、运输带来革命性变化。20世纪初，露天矿山进入机械化大规模开采时代。

开采过程　露天采场内的矿岩通常划分为一定高度的分层，每个分层构成一个台阶，以进行剥离和采矿。生产过程由矿岩松碎、采装、运输和卸载（卸矿和排土）组成。较松散的矿岩可直接用采装设备挖掘。台阶开采时划分为一定宽度的采掘带进行采掘作业。为进行正常生产，工作台阶须有足够的宽度，以布置穿孔、爆破、采矿、运输设备。露天采矿场采装作业及机车运输现场如图1、图2所示。

图1　露天采矿场采装作业

图2　露天矿机车运输

特点　与地下开采相比，露天开采的优点主要有：①矿山生产能力大。据2015年统计，中国德兴铜矿的年产矿石量超过4000万吨。②机械化程度高。受开采空间限制小，易于实现机械化和设备大型化，劳动生产率高。③安全和作业条件好。不受透水与冒顶等灾害的威胁。④矿石损失贫化小。损失率和贫化率一般不超过3%～5%。⑤开采成本低。一般为地下开采成本的30%～50%，有利于大规模开采低品位矿石。⑥基建期短。约为地下开采的一半。露天开采的缺点主要有：①对环境影响较大。②占用土地较多。③受气候条件影响较大。

技术进展　露天采矿技术取得的进展有：①出现了间断－连续（半连续）、连续开拓运输方式。随着露天矿开采深度的增加，单一开拓运输方式存在的*新水平准备*周期长、开采强度小、运输效率低、采矿成本高等问题凸显。自20世纪80年代以来，中国鞍钢大孤山、东鞍山、齐大山铁矿，首钢大石河及水厂铁矿先后采用间断–连续开拓运输工艺，建成了矿岩破碎–带式输送系统；形成了陡帮开采工艺优化技术，加陡露天矿开采工作帮坡角，控制生产剥采比，降低开采成本。②矿山装备水平不断提高。牙轮钻机在大型露天矿山广泛使用，钻孔直径可达380～444毫米，穿孔效率高；铲装设备铲斗容量不断增加（图3）；露天矿用汽车的载重量不断增加，

图3 75立方米矿用电铲

电动轮汽车在露天矿山使用普遍；陡坡铁路运输系统（坡度40‰～50‰）成功应用于铁矿运输。③矿山数字化、智能化程度不断提高。利用成熟的GPS、无线电通信技术，以计算机及网络技术为手段，通过快速、准确的信息采集与处理，建立全方位生产管理系统，使矿山生产进入智能化控制时代。

相关学科　露天开采是一个复杂的系统工程，它与许多学科有关联，所涉及的学科有地质、岩石力学、测量、机械工程、电气工程、土木工程、系统工程、安全工程、环境与生态工程、人机工程、计算机、经济以及管理等。这些学科的发展对研究解决露天开采中的技术和管理问题，并优化露天矿生产过程起到了积极的作用。

扩展阅读

夏湘蓉，李仲均，王根元.中国古代矿业开发史.北京：中国地质出版社，1980.

古德生，李夕兵.现代金属矿床开采科学技术.北京：冶金工业出版社，2006.

李宝祥.金属矿床露天开采.北京：冶金工业出版社，1992.

（王运敏）

矿床露天开拓　surface development of deposit　建立地面至露天采场内各工作水平，以及各工作水平之间矿岩运输通道的活动。目的是保证采矿场、受矿点、废石场、工业场地之间的运输联系，形成开发矿床的合理运输系统，并及时准备出新的生产水平。开拓方法有沟道和地下开拓井巷两种。矿床露天开拓方式与运输方式密切相关。

按运输方式不同，矿床露天开拓可分为**公路运输开拓**、**铁路运输开拓**和**露天矿联合开拓**。①公路运输开拓按运输干线的布线形式，可分为直进式坑线开拓、回返式坑线开拓、螺旋式坑线开拓。公路运输开拓是现代露天矿广泛应用的一种开拓方式，主要设备是汽车。②铁路运输开拓按机车轨距不同，分为准轨线路和窄轨线路。由于公路运输及其他开拓方法的发展，单一铁路运输开拓法在金属露天矿特别是在深露天矿使用的比例逐渐减少。当采用铁路运输开拓露天矿时，在转入深部开采时，可改为联合运输开拓。③联合开拓又可分为铁路—公路联合运输开拓、公路（铁路）—破碎站—带式输送机联合运输开拓、公路（铁路）—斜坡箕斗联合运输开拓和公路（铁路）—平硐溜井联合运输开拓。联合运输开拓是露天矿常用的一种开拓方式。

按开拓坑道布置形式，可分为固定坑线开拓和移动坑线开拓。固定坑线开拓是坑线沿露天矿**非工作帮**布置，采矿工作向下延伸时，运输干线不做移动，只向下延伸。移动坑线开拓是出入沟不设置在非工作帮上，开采过程中出入沟随工作线移动，直至开采境界边帮。

中小型矿山的开拓方式以公路运输开拓为主；大型露天矿的主要开拓方式是联合运输开拓，一般仅在开采初期采用单一运输开拓方式。

扩展阅读

高永涛，吴顺川.露天采矿学.长沙：中南大学出版社，2010.

（廖江南）

矿床疏干　mineral deposit drainage　采用各种疏水构筑物及其附属排水系统，疏排地下水，以保障矿山安全生产的防治水技术措施。对水文地质复杂的大水矿床，按照开采设计的要求，分期、分段预先将含水层的水位降至矿井主要工程层位标高以下，从而避免矿井在开拓和生产过程中含水层突然涌水而淹没矿井，保障矿山安全开采。**露天矿**也必须疏干，以稳定边坡和提高生产率。

充水水源　矿坑充水水源主要包括大气降水、地表水、地下水和老空区积水。

疏干方法　中国自20世纪50年代以来，对北方矿山的奥陶系灰岩，南方矿山的石炭系岩溶含水层以及其他强含水层进行疏干，保证了一批矿山的安全生产。矿床疏干之前应基本查清矿区水文地质条件，主要为含水层的类型、空间分布、排泄与补给，以及水文地质计算参数等。疏干工程要尽量利用采矿井巷，以减少投资。疏干方法主要有地表疏干、井下疏干、联合疏干。

地表疏干　在地面构筑疏水工程和疏水设施。在地面布置成排抽水井，内装潜水泵或深井泵抽水。井径一般为300～500毫米，潜水泵扬程一般为300～400米，潜水泵每小时扬水量为600～700立方米，每小时最大约1000立方米。井位、井距和井数要根据井的集水能力、设备性能、允许残余水头和季节性水位变化等因素确定。该法优点是施工简便安全，井内装有过滤器，水质好，地表沉陷小。缺点是在非均质含水层中，经常出现集水能力不足，酸性水腐蚀管道，使水泵不能发挥作用，甚至使抽水井报废。地表疏干已实现了水位遥测和多井集中遥控。随着高扬程大流量的深井泵和潜水泵的出现、深井钻井技术和设备的进步，地表疏干的应用范围将日益扩大。

井下疏干　采用在隔水层或弱含水层中的安全地带，布置疏干巷道和疏干硐室，向强含水层或断裂带、溶洞群、地下河、采空区积水等处打钻孔，将含水层中的水有控制地导入矿井，然后利用专门的井下排水系统（经过地下水仓和排水、排泥设施）将水排至地面。放水钻孔有水平或倾斜的丛状孔和从地表向疏干巷道打沟通含水层的放水孔。疏干硐室的间距和每个硐室的钻孔数，根据钻孔出水量和硐室间的允许残余水头等条件确定。放水孔均装有特殊加固的孔口管和阀门，以便控制放水量。该法优点是疏干能力大，能形成较陡的水位降落漏斗，适应性强，疏干效果可靠。在有条件的矿山，还可利用井巷疏干，投资省，建设快，排水集中，维修管理方便。缺点是在基建施工中，如果安全措施不力，有可能发生突然涌水。井下水若无沉淀、排泥和清、浊水分排设施，可能引起环境污染；岩溶地区的地表沉陷较大。

联合疏干　上部用地表疏干，下部用井下疏干（见图）。含水层深度大，透水性上强下弱，宜用联合疏干。含水层分布

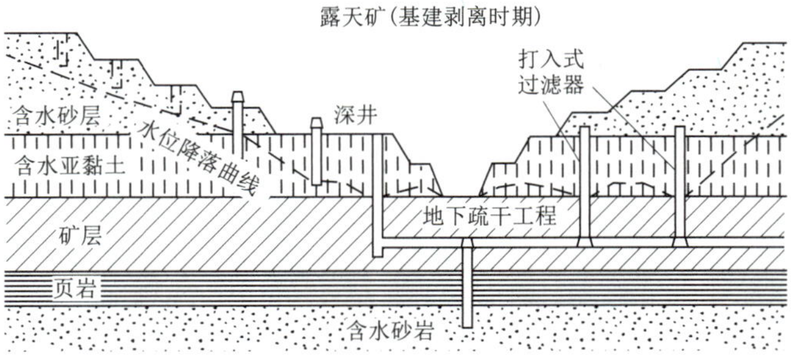

联合疏干示意图

广，透水性上强下弱，疏干前不具备安全下掘井巷的条件时，也可用联合疏干。联合疏干分为3种方式：①地表井下联合疏干。在同一矿井（区内），同时采用地表疏干和井下疏干两种方式。②多矿井联合疏干。在同一个矿区或同一个水文地质单元内，采用两个以上的多个矿井联合疏水，即多个矿井协同作业，相邻矿井之间的疏水系统互相协调，形成对统一含水层的整体疏水系统。③供疏结合疏干。为了解决矿区供水与矿井排水之间的矛盾，利用矿区供水水源地直接作为矿井疏放水系统，或者将矿井疏水系统直接用作矿区供水水源地，实现输供水结合。

扩展阅读

虎维岳.矿山水害防治理论与方法.北京：煤炭工业出版社，2005.

（付士根）

矿浆分散剂 pulp dispersant 使矿石颗粒均匀分散于介质中，形成稳定悬浮体的*浮选调整剂*。矿浆分散剂的主要作用是使矿浆中的微粒或微滴间的黏合力降低，防止絮凝或附聚发生。矿浆分散剂一般分为无机分散剂和有机分散剂两大类。无机分散剂有硅酸盐类（如水玻璃）和碱金属磷酸盐类（如三聚磷酸钠、六偏磷酸钠和焦磷酸钠等）。有机分散剂包括三乙基己基磷酸、十二烷基硫酸钠、甲基戊醇、纤维素衍生物、聚丙烯酰胺、古尔胶、脂肪酸聚乙二醇酯和聚醚，以及有机硅酮和硅油等。在选矿工艺中，矿浆分散剂是与*捕收剂*、*浮选起泡剂*或者*选矿絮凝剂*相匹配使用的一类调整剂。

矿浆分散剂一般用来分散矿泥，使目的矿物与脉石有效地分离。例如，在精选高岭土时，为剔除石英、铁、钛等杂质矿物，加入分散剂六偏磷酸钠等，可使高岭土呈高度悬浮的稳定状态，然后添加选择性絮凝剂，使其中的一种矿物（高岭土或杂质矿）形成絮团沉降，另一种依然充分分散，从而实现分选，并提高高岭土精矿的品位和自然白度。在硫化矿浮选工艺中，采用适量的水玻璃等作分散剂，可分散脉石细泥，使硫化矿与药剂更好地作用，从矿浆中浮出，提高精矿的品位。矿浆分散剂的用量要适度。过量会造成欲选矿物的损失，甚至不起分散作用，而起抑制作用。（朱一民）

矿浆腐蚀 slurry corrosion 发生在选矿设备与矿浆输运载体（如管道）上的腐蚀。矿浆腐蚀是矿石在疏水—亲水化过程中，在电化学腐蚀和机械磨损的共同作用下发生的腐蚀，包括流动加速腐蚀、多相流腐蚀、冲刷腐蚀、*磨损腐蚀*等。此外，矿浆腐蚀还会存在电偶腐蚀（如硫化矿浮选中）、应力腐蚀（如矿浆自蒸发器环焊缝部位等）。

在输送过程中，运动中的矿浆与输运载体相互作用，腐蚀介质包括固相、液相与气相。矿浆腐蚀损失量受固相在介质中的比例（矿浆浓度）与颗粒尺寸分布、矿石硬度、流动速度、流态、介质种类、介质成分与酸碱度，以及输运载体材料等的影响。

控制矿浆腐蚀的方法包括控制矿浆浓度、改变流动速度（存在临界流速）、添加酸碱中和剂与表面活性剂（缓蚀剂）、提高材料耐腐蚀和磨损的性能（包括提高材料硬度）等。（韩恩厚）

矿浆混合电位 mixed potential of ore pulp 硫化矿矿物在*浮选*矿浆中发生氧化还原反应达到动态平衡时，所测得的溶液平衡电位。矿浆混合电位的高低可以表征溶液中的氧化还原气氛，影响硫化矿矿物表面状态、捕收剂膜在硫化矿矿物表面的产物形式及稳定性。通过控制矿浆混合电位可以实现硫化矿矿物的上浮和抑制，从而实现不同矿物的分离。

由于硫化矿矿物具有导体或半导体性质，因此在矿浆中，硫化矿矿物的表面可发生一系列氧化还原反应。每个氧化还原反应都由各自的阳极氧化反应和阴极还原反应组成。当这些电位达到动态平衡时，即阳极氧化反应的速率与阴极还原反应的速率相等时，溶液所测得的平衡电位即为矿浆混合电位。

通过对不同静电位（处于某种溶液介质中的硫化矿矿物表面在无静电流通过时的电极电位）下硫化矿矿物与黄药作用的产物进行检测发现，如果矿物的静电位高于捕收剂氧化的可逆电位，则在矿物表面生成捕收剂的双聚物，这种类型的矿物有黄铁矿、毒砂、铜蓝等。反之则生成捕收剂盐，这种类型的矿物有方铅矿、斑铜矿等。用*乙硫氮*和*黑药*进行类似的研究，得出相似结论。这些研究结果奠定了硫化矿*浮选电化学*矿浆混合电位模型的基础。

按照硫化矿矿物与捕收剂作用的矿浆混合电位模型，认为硫化矿矿物与捕收剂的作用反应为电化学反应，其阳极过程是由捕收剂转移电子到硫化矿矿物或硫化矿矿物直接参与阳极反应而产生疏水物质；其阴极过程为氧气从矿物表面接收电子而还原。

扩展阅读

王淀佐.硫化矿浮选与矿浆电位.北京：高等教育出版社，2008.

胡岳华，印万忠，张凌燕，等.矿物浮选.长沙：中南大学出版社，2011.

（焦　芬）

矿浆粒度在线测量 on-line slurry particle size distribution analysis 综合物理检测方法与回归建模技术，检测矿浆所含有的固体矿石颗粒的粒级组成技术。又称矿浆粒度分布分析。目的是检测矿石通过研磨后是否达到一定的*矿物解离度*，满足后续矿物分离或者选别的条件。因此，矿浆粒度在线测量是检查*磨矿*产品质量的主要手段。

分类　按照测量原理划分，在线测量矿浆粒度主要有机械位移、超声波吸收、激光衍射3种类型的分析仪器。按照分析仪器与选矿工艺的结合方式，这3种原理的分析仪器都属于载流型分析仪器，即需要从选矿工艺流程中取得具有代表性的矿浆样品，输送到仪器里进行测量，测量完毕的矿浆再返回到工艺流程中。因此，矿浆的取样技术十分重要，只有具有代表性的矿浆样品，才能保证仪器测量的可靠性。

机械位移矿浆粒度分析仪器　工作原理：矿浆样品被输送到分析仪器的稳流箱，通过稳流箱的液位检测保证满足测量需要的矿浆样品量，并使样品以相对稳定的速度自上而下流经机械位移测量头。在测量头内部设计有专用的测量通道，通道正下方为一静态测量触头，通道正上方为一动态测量触头，两个触头垂直对中。当被测矿浆样品通过该通道时，上下运动的动测量触头触及矿浆颗粒，与静触头形成一定距离，该距离经位移传感器变换成标准的测量信号，由专用的测控系统采集、存储，并进行回归分析，进而计算出矿浆中颗粒大小的分布情况。该类型粒度分析仪器不受矿浆黏度、温度、浓度、含气量、磁性等参数的影响。

超声波吸收矿浆粒度分析仪器　工作原理：矿浆样品流经超声波测量探头时，一侧的超声波发生端发出一定频率和强度的超声波，穿过测试区域，到达信号接收端。当颗粒通过测试区域时，由于不同大小的颗粒对声波的吸收程度不同，在接收端得到的声波衰减程度也不一样。根据颗粒大小同超声波强度衰减之间的关系，得到颗粒的粒度分布，同时还可测得矿浆的固含量。

激光衍射矿浆粒度分析仪器　工作原理：矿浆样品需要经过一次和二次取样器

在稀释单元内用水稀释到一定浓度，以保证激光能够有足够量穿过样品，然后样品再流经测量探头部分。激光粒度的检测部分由固态二极管激光发射器、样品流槽、透镜、环状光束接收器组成。被稀释的样品流过两侧装有平行钢化玻璃窗的矿浆流槽，该流槽使矿浆呈紊流状态，以使样品的最大粒度很好地显露出来。发射器发出一组相关光束穿过样品，经透镜放大后被环状光学探测器接收，以检测被散射的激光分布状况，从而判断粒度的分布情况。

载流型分析仪器工业应用效果影响因素 影响载流型分析仪器工业应用效果的因素很多，一方面是仪器测量性能的稳定性和可靠性，决定了原始物理信号测量、采集、存储的实时性和可靠性。这方面的因素比较容易量化和调整。另一方面是生产工况对分析模型的影响，包括矿物性质、取样代表性、矿浆样品输送能力和稳定性，以及生产工艺参数调整、设备磨损等。生产工况的变化有着很强的不确定性，因此对模型的代表性影响很大，而且无法预判。当新的粒度组成与建模时的粒度组成发生较大差异时，分析模型会失去代表性，此时就需要重新取样筛分，获得一组新的有代表性的样品数据，对分析模型进行修正。中国矿产资源性质复杂多变，生产工艺波动频繁，是载流型分析仪器工业应用需要克服的主要瓶颈。

发展趋势 随着对工艺、设备机理的深入研究和数学建模技术的不断发展，矿浆粒度的软测量技术得到了发展和应用。可以从碎磨机理建模仿真和分级设备建模仿真入手进行研究和开发粒度软测量仪器。前者重点预测*磨矿设备*的排矿浓度和粒度，后者重点预测水力旋流器的分级粒度。

矿浆粒度在线测量只是解决了检测的问题，还需要通过选矿过程的优化控制使之与磨矿生产的处理量、负荷平衡等指标结合起来，才能发挥更大的工业价值。

（周俊武）

矿浆浓度检测 measurement of ore slurry density 采用在线检测仪表，对矿浆中的固体矿粒含量（百分比）进行的检测。矿浆浓度直接影响*选矿*工艺的各项技术经济指标，因此，在选矿过程中把握好矿浆浓度尤为重要。

矿浆浓度的表示 矿浆浓度一般表示为矿浆的质量百分比浓度：

$$C=\frac{Q_1}{Q}\times 100\%=\frac{Q_1}{Q_1+Q_2}\times 100\%$$

式中C为矿浆的质量百分比浓度；Q为矿浆的总重量；Q_1为矿浆中固体的重量；Q_2为矿浆中液体的重量。

矿浆浓度除了用百分比浓度表示外，还常用液固比R表示，即矿浆中所含液体的重量Q_2和矿浆中所含固体重量Q_1的比值，即：

$$R=\frac{Q_2}{Q_1}$$

检测方法 在线检测仪表为浓度计。常见浓度计有射线浓度计、超声波浓度计、差压法浓度计等。①射线浓度计检测。放射源发出的射线经过管壁、液体（矿浆）而衰减，并随着液体（矿浆）浓度增加而减少。传感器（探头）收到信号，放大后送交数据处理单元，数据处理单元通过合理的计算处理，最后输出及显示实时浓度。一般采用γ射线源，以及专用的接收器进行矿浆浓度的放射性检测。这种检测方法稳定可靠，测量精度高，量程大，维护量小，但由于可能存在放射性污染，所以在制造、使用、维护、报废、回收等环节中，需要严格遵守国家关于放射性物质的管理规程。②超声波浓度计检测。超声波（矿浆）浓度计的工作原理是基于超声波在悬浮液中传播时，与悬浮粒子相遇，在界面处被散射而衰减，一部分超声波入射到粒子内被吸收而衰减，接触界面的超声波又受到黏滞而衰减，最后到达接收端。各种衰减的机理非常复杂，但都是由悬浊粒子所引起的。在一定条件下衰减量和悬浮液浓度是成比例的，在接收端测出超声波穿过被测悬浮液时的衰减量就可推算出被测悬浮液的浓度。但超声波会受气泡影响，过多的气泡会影响测量结果的准确性。③差压法浓度计检测。差压法浓度计可以根据液体内部压强公式$P=\rho gh$，可以在高度h、压强P一定的情况下，计算出当前密度值ρ。差压式浓度计是一种性价比高、简单实用、经济准确、维护量小、运行稳定可靠的浓度测量仪表。

（芮国斌）

矿浆品位在线分析 slurry element grade on-line analysis *选矿*过程中，对矿浆金属元素含量的实时分析。矿浆品位是反映金属选矿生产经济效益的关键指标。对于一个完整的金属选矿流程，给入物料称为*原矿*，经过选别后得到的最终产品称为*精矿*或*尾矿*。原矿、精矿、尾矿是最基本的品位在线分析测点，原矿品位在线分析用于指导*浮选药剂*、充气量、液位等工艺参数的操作，进而达到较好的选别效果。精矿品位在线分析用于监控产品质量是否达标；尾矿品位在线分析用于监控有价金属的流失。在较为复杂的多金属选矿工艺流程中，还需要对中间矿浆产品进行品位在线分析，从而监控整个浮选过程的金属回收状况。

基本原理 矿浆品位在线分析以X射线荧光光谱分析为主。基本原理是利用X射线管（源）发出的一次X射线（又称源级X射线）激发样品，致使样品中所含有的元素辐射特征X射线（又称X射线荧光或二次X射线）。然后，根据谱线波长和强度对被测样品中的元素进行定性和定量分析。X射线荧光光谱分析仪器主要有波长色散型和能量色散型两种基本形式，在实际开发过程中，这两种基本形式可以结合使用。

波长色散X射线荧光光谱 基本原理是采用X射线激发源激发出被测样品的特征X射线，根据不同元素的特征X射线波长之间的差异，采用分光晶体器件将被分析元素的特征X射线按一定角度分离出来，并在其方向上探测。在一定条件下，元素特征X射线的强度和该元素的含量成正比，因此，通过测量强度大小，即可计算该元素在样品中所占份额（品位）多少。

能量色散X射线荧光光谱 基本原理是采用脉冲幅度分析器将不同能量的脉冲分开并测量。高分辨率光谱仪通常采用液氮冷却的半导体探测器，如硅（锂）和高纯锗探测器等，也可采用电制冷的半导体探测器。低分辨率便携式光谱仪常采用正比计数器或闪烁计数器为探测器，它们不需要液氮冷却。

检测仪器 按照矿浆品位在线分析仪器与选矿工艺的结合方式划分，可以分为载流型和浸入式这两种产品。载流型分析仪器需要从选矿工艺流程中取得具有代表性的矿浆样品，输送到仪器里进行测量，测量完毕的矿浆再返回到工艺流程中。浸入式分析仪器是将独立的探头浸入到矿浆内进行测量。按照一次X荧光射线的发射源划分，可以分为X荧光光管激发和放射性同位素激发两种。对于矿浆品位在线分析来讲，无论采取哪种方式，矿浆条件的稳定性都至关重要。对于载流型分析仪器来讲，矿浆条件稳定才能保障取样代表性的稳定；对于浸入式分析仪器来讲，矿浆条件稳定才能保障建模的稳定性和代表性。从以往工业应用的普及程度来看，采用X光管激发射线的载流型分析仪器应用更为广泛。

在实际的工业应用中，矿浆品位在线分析精度与生产工况的关系非常密切，需要工艺、自动化控制等多个专业协同分析和管理，才能保证仪器的有效运转率和测量结果的有效应用。

应用 工业应用证明矿浆品位在线分析对监控选矿过程波动、稳定产品质量、提高金属回收率能够发挥重要的作用。中国有色金属矿产资源以贫细杂为主，导致选矿工艺复杂、生产流程长，更需要通过矿浆在线品位分析及时监控和调整选矿操作条件，保证最佳的生产效率和经济效益。

（周俊武）

矿井地压灾害 mining pressure induced hazards 开采过程中由于围岩压力异常变化导致的地下矿井工程灾害。

产生原因 矿井地压及其不同形式的显现特征是地下矿井开采中的工程现象，是井巷工程设计的依据，也是造成井巷工程围岩变形、支护结构失稳破坏、采空区失稳冒落、地面开裂乃至塌陷等一系列工程现象的力学根源。当地压变化的规模或速度超过一定界限而失去有效控制时，则会演化为地压灾害。

分类 矿井地压灾害有多种表现形式。按照发生的速度可分为突发型地压灾害和渐发型地压灾害。按照发生的规模可分为局部性地压灾害和系统性地压灾害。

影响因素 导致矿井地压灾害的因素，有矿井的构造环境、矿床赋存条件、原岩应力场特征、地下水、工程岩体性质等地质因素，也有采矿方法、开采顺序、采空区处理方式、采空区大小形状及其分布状态、采空区自身相互关系及其与矿山工程的相互关系、爆破震动与冲击作用等工程因素，还有累积开采时间、空区存留时间等时间因素。在某些情况下，这些因素之间既相互关联，又互为因果，共同导致矿井地压灾害的发生。

在不同矿山和不同开采区域内，导致矿山地压灾害的原因、地压灾害的表现形式、剧烈程度和地压活动持续时间不尽相同。由于长期开采而形成的未经充填处理的大量连续采空区，对大面积地压活动的产生起着相当重要的作用，也是造成大范围地压活动和大规模地压灾害的主控因素。

随着开采深度的增加，地应力、孔隙水压力、地温都显著增高。因此，与浅部开采相比，开采扰动作用所导致的采场与工程围岩的移动范围、移动规律都发生显著变化，地压活动的规律也显示很大变异性。

危害 灾害作用于承灾体而导致的不良后果称为危害。在矿山，遭受矿井地压灾害的承灾体不同，产生的危害也就不同。轻则可能导致巷道围岩变形、破裂、支架变形、破坏，重则可能导致巷道、采场等工程的严重毁坏。更有甚者，当地压灾害以冲击性形式发生时，就形成冲击地压灾害，危害极大。

防治措施 矿井地压灾害的防治有被动方式与主动方式。被动式防治，就是根据地压显现的大小和方式，有针对性地采取地压支护措施，如增设支架，安装锚杆、锚索，采用注浆加固围岩等手段，被动式地增加或提高工程围岩和工程对象对地压的承受能力，防治地压灾害发生。主动式防治，就是根据地下工程的埋藏深度、围岩条件、地应力大小、工程形状等特点，系统优化地下工程的形状、采场的空间布局、开采或开挖顺序，主动地改善地下工程围岩的应力分布，避免出现应力集中，从根本上降低或减轻地压幅度，从而防止地压灾害的发生。

扩展阅读

叶粤文.金属矿山地压灾害发生机理研究.有色金属：矿山部分，2006，58（1）：7-10.

颜荣贵，曹杨，方建勋，等.矿山系统压力研究——重大地压灾害的创新研究策略.矿冶工程，2003，23（6）：7-10.

（纪洪广）

矿井火灾 mine fire 发生在矿山井下、危及矿山生产安全并形成灾害的非控制性燃烧。

危害 矿井火灾往往造成人员伤亡和财产损失。可造成井下工程中的风流结构和通风系统的风流状态破坏；资源、材料、设施、设备和工程建筑烧毁；引起瓦斯或硫化矿尘爆炸，刺激人的感官，阻碍人的视线，使污染区域的人员被烧伤、患热病、中毒和窒息；破坏正常的生产、生活秩序等直接危害。还可造成人们产生恐惧心理、降低工作效率等间接危害。

分类 按引火源不同分为内因火灾和外因火灾两类。

内因火灾 又称为自燃火灾，主要是由矿物本身的物理和化学反应发热并积聚热量，发展到自燃而引起的火灾。常见的内因火灾主要有煤自燃和硫化矿石自燃。

煤自燃 煤因长期与空气中的氧接触而发生物理、化学作用的结果（图1）。煤自燃主要分为3个阶段：自燃潜伏期、自热期、自燃期（图2）。①有自燃倾向的煤

图1 煤矿火灾

在常温下吸附空气中的氧，在表面上生成不稳定的氧化物。煤开始氧化时发热量少，能及时散发，煤温并不增加，但煤的化学活性增大，着火温度稍有降低，这一阶段为自燃潜伏期。②随后，煤的氧化速度加快，不稳定的氧化物先后分解成水、二氧化碳和一氧化碳，氧化发热量增大，当热量不能充分散发时，煤温逐渐升高，这一阶段称为自热期。③煤温继续升高，超过临界温度（通常为80℃左右），氧化速度剧增，煤温猛升，达到着火温度即开始燃烧，这一阶段为自燃期。在到达临界温度前，若停止或减少供氧，或改善散热条件，则自热阶段中断，煤温逐渐下降，趋于冷却风化状态。

煤的化学成分和碳化程度是影响煤自燃倾向的重要因素。褐煤最易自燃，烟煤、长焰煤和气煤较易自燃，无烟煤则不易自燃。碳化程度低、含水量大的煤，水分蒸发后易自燃；碳化程度高的煤，水分对自燃的影响不明显。煤成分中的镜煤、丝煤吸氧能力强，着火温度低，其含量越多，煤越易自燃。实验室鉴定煤的自燃倾向的方法很多，主要采用吸氧法，模拟煤的氧化过程，以其氧化能力作为判定依据。

硫化矿石自燃 硫化矿石暴露在空气中时，会发生氧化反应而放出大量热，在一定的外界条件下极可能引发自燃，是硫

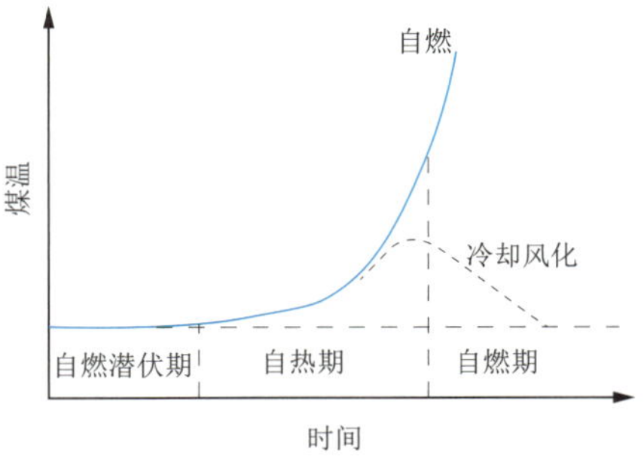

图2 煤自燃发展过程

化矿床开采过程中的重大灾害之一。

预防自燃措施　预防自燃的基本原则是减少矿体的破坏和碎矿的堆积，以免形成矿石氧化和热量积聚的漏风条件。主要预防措施有：①选择正确的开拓开采方法。合理布置巷道，减少矿层切割量，少留矿、煤柱或留足够尺寸的矿、煤柱，防止压碎，提高回采率，加快回采速度。②采用合理的通风系统。正确设置通风构筑物，减少采空区和矿柱裂隙的漏风，工作面采完后及时封闭采空区。③预防性灌浆。在地面或井下用土制成泥浆，通过钻孔和管道灌入采空区，泥浆包裹碎矿、煤表面，能隔绝空气，防止氧化发热，是防止自燃火灾的有效措施。根据生产条件，可边采边灌，也可先采后灌。前者灌浆均匀，防火效果好；自燃发火期短的矿井均采用。泥浆浓度（土、水体积比）通常取1∶4～1∶5。在缺土地区，可考虑将页岩等矸石破碎后代替黄土制浆，粉煤灰或无燃性矿渣也可作为一种代用品。④均压防火。用调节风压的方法降低漏风风路两侧压差，以减少漏风，抑制自燃。调压方法有风窗调节、辅扇调节、风窗–辅扇联合调节、调节通风系统等。⑤阻化剂。使用防止矿石氧化的化学制剂，如氯化钙、氯化镁、熟石灰等，将其溶液灌注到可能自燃的地方，在碎矿石或碎煤表面形成稳定的抗氧化保护膜，降低矿石或煤的氧化能力。

外因火灾　由于外界热源引燃可燃物而引发的火灾。一切产生高温或明火的器材设备，如果使用管理不当，即可点燃易燃物，引发火灾。

引起矿山火灾的外因主要有：①明火引起的火灾，包括火柴点火、吸烟等。②爆破作业引起的火灾。③焊接作业引起的火灾。④电气设备使用或管理不善引起的火灾。⑤机械作用引起的火灾，包括摩擦、震动冲击等。

预防外因火灾的主要措施有：①矿山井下禁止吸烟和明火照明。②电气设备和器材的选择、安装与使用必须严格遵守有关规定，配备完善的保护装置。③机械运转部分要定期检查，防止因摩擦产生高温。④易燃物和炸药、雷管的运送、保管、领发和使用均应遵守有关规定。⑤尽量用不燃材料代替易燃材料。⑥一些主要巷道和机电硐室必须砌碹或用不燃性材料支护。⑦有些地点要设防火门等。

矿井灭火方法　矿井灭火方法可分为4类：直接灭火法、隔绝灭火法、联合灭火法、均压灭火法。火灾初起时，可用水、砂或化学灭火器直接灭火，有时还要配合挖除火源。火势较大，不能接近火源时，可用高倍数泡沫灭火机灭火。在采空区内发生自燃火灾，或井巷中发生火灾，无法直接灭火时，可用隔绝灭火法。在火源进风、回风两侧合适地点修筑密闭墙严密封闭火区，可使火源缺氧熄灭。常用的封闭材料有泥、木、砖、石等。使用液态高分子材料就地发泡成形，或用塑料、橡胶气囊充气修筑临时密闭墙，均可减轻劳动强度，缩短修筑时间。有瓦斯涌出的火区，要考虑在封闭过程中发生瓦斯爆炸的危险，通常应先用砂、土袋修筑隔爆墙，在其掩护下建立密闭墙。火区封闭后，当少量漏风使火区内氧浓度维持在3%以上时，火源可能长期阴燃不熄。为了加速灭火，防止漏风，可采用联合灭火法。向封闭的火区灌注黄泥浆最有效，也可灌注氮气或二氧化碳。均压灭火法是设置调压装置或调整通风系统，以降低漏风通道两端的风压差，减少漏风量，使火区缺氧而熄灭火源。用调压装置调节风压的具体做法有风窗调压、局扇调压、风窗–局扇联合调压等。

火区管理与启封　火区封闭后，要经常检查密闭墙的严密性。定期测定墙内空气成分和温度。对于煤矿，墙内一氧化碳浓度稳定在0.001%以下，气温30℃、水温25℃以下，氧气浓度低于2%时，才能认为火已熄灭。对于硫化矿山，也有相应规定。启封火区时应将火区回风流直接引向回风道。在有瓦斯、煤尘爆炸危险的矿井，应切断与火区相连地点的电源。启封工作应由*矿山救护队*进行。启封时要在防止新鲜风流进入火区条件下，从回风侧进入侦察。确认火已熄灭，再打开进风侧密闭墙，逐步恢复通风，排除有害气体，清理巷道，清除火灾残迹后，才能恢复生产。

扩展阅读

张兴凯.地下工程火灾原理及应用.北京：首都经济贸易大学出版社，1997.

（吴中立　张兴凯）

矿井热害　underground thermal pollution　矿井中的高温热源放热导致矿内温度环境恶化的现象。矿井热害导致作业人员劳动效率降低，事故频率增加，健康受损，甚至中暑休克。

导致矿井热害的原因　地表大气　井下的风流是自地表流入矿井的，因而当地面气温升高时，其地表大气中所蕴含的热量和水蒸气必然流入井下，引起井下热量增加。

空气的自压缩　在重力场作用下，当可压缩的气体沿着井巷向下流动时，其压力与温度都会有所上升，这是由于空气的位能转换为热能的结果，称为“自压缩”过程。在自压缩过程中，如果气体同外界不发生换热、换湿，气体流速也没有发生变化，称为“纯自压缩”或“绝热自压缩”过程。根据能量守恒定律，风流在纯自压缩状态下，当高度差为1000米时，其温升可达9.76℃。同理，风流沿井筒或倾斜巷道向上流动时，风流因减压而膨胀，风温要下降，其数值同自压缩增温相似，不过符号相反而已。

围岩放热　井下未被扰动岩石的温度（原始岩温）是随着与地表的距离加大而上升的。当围岩的原始岩温与井巷中流动空气的温度存在温差时，就要产生换热。根据温差的正负，热流自风流传向岩体或自围岩传给风流。即使在不太深的矿井里，原始岩温也要超过该处的风温，因而热流一般来自围岩。在深矿井里，热流值相当大，甚至会超过其他热源热流量的总和。

在大多数情况下，围岩主要以传导方式将热传给巷壁。当岩体向外渗流、喷水时，则存在着对流传热。如果水量很大且温度很高，其传热量可能相当大，甚至会超过传导传递的热量。

机电设备放热　机电设备从馈电线路上接受的电能主要做有用功和转换为热能。就矿井而言，由于动能甚小略而不计，所以机电设备所做的有用功是将物料或液体提升到较高的水平，即增大物料或液体的位能。而转换为热能的那部分电能，几乎全部散发到流经设备的风流中。

矿石氧化放热　矿石氧化放热是一个相当复杂的问题，很难将它与其他的热源分离开单独计算。当矿石含硫较高时，其氧化放热可能达到相当可观的程度。当井下发生火灾时，根据火势的强弱及范围的大小，形成大小不等的热源，但一般属于短时的现象。在隐蔽的火区附近，则有可能使局部岩温升高。

其他热源　如内燃机废气排热、爆破热、人体散热等都对矿内热环境有影响。

矿井热害防治　改善矿内气候条件的措施归纳起来有两个方面：①采用非人工制冷降温措施。②采取人工制冷冷却风流措施（即矿井空气调节）。对于开采深度大，或氧化剧烈及地处炎热地区的浅矿井或隧道，只有采取人工冷却风流的措施才有效。

矿井非人工制冷降温措施通常包括：①通风降温。主要包括加大风量通风，改革通风方式，优化通风系统等。②控制热源降温。主要是控制岩壁放热，热水及管道放热，机械设备放热，爆破放热。③特殊方法降温。主要有采用压气动力，减少巷道中的湿源，预冷煤层等。④个体防护。即让矿工穿上冷却服，常见的冷却服有冰水冷却服和干冰冷却服。

扩展阅读

岑衍强，侯祺棕.矿内热环境工程.武汉：武汉工业大学出版社，1989.

余恒昌.矿山地热与热害治理.北京：煤炭工业出版社，1991.

吴超.矿井通风与空气调节.长沙：中南大学出版社，2008.

（胡汉华）

矿井水灾 mine floods 矿山在建设和生产过程中，因人为因素（如影响、揭露或破坏含水层、隔水层和导水断层，引起围岩岩层移动和地表塌陷等）和自然因素（如地表河流决堤、水库溃坝、山洪暴发、暴雨等），使不同形式、不同水源的水通过各种通道进入矿井，造成矿井涌水超出矿井正常排水能力，给矿山建设和生产带来不利影响及灾害的过程和结果。是矿山常见的一种主要灾害。

发生条件 发生矿井水灾必须具备两个基本条件，即存在涌水水源和涌水通道。涌水水源主要是井口范围内的地面水和地下水；涌水通道是水源流入矿井的通路（渠道），如井筒、塌陷坑、裂缝、钻孔和溶洞等。

原因 发生矿井水灾的原因：①地面防洪、防水措施不当或管理不善，地表水大量灌入井下。②水文地质情况不清，井巷接近老空积水区、充水断层、陷落柱、强含水层，以及打开隔离煤柱，未执行探放水制度，盲目施工，或者虽然进行了探水，但措施不当。③井巷位置设计不当。将井巷置于不良地质条件中或过分接近强含水层等水源，导致施工后，因地压和水压共同作用而发生顶板或底板透水。④井巷施工质量差，致使矿井井巷严重塌落、冒顶、跑砂导致透水，或在固井止水前工程钻孔误穿巷道，导致顶板含水层透水。⑤测量错误，导致巷道穿透积水区。⑥井下无防水闸门，或有闸门而管理、组织不当，造成透水时无作用而淹井。⑦出现透水预兆未觉察、未被重视或处理不当造成透水。⑧排水设备能力不足或设备不完好。⑨排水设备平时维护不当。如水仓不按时清挖，储水能力不足而淹井。

防治措施 地面防水措施 井口（平硐口）及工业广场应高于历年最高洪水位，否则需建筑可靠的堤坝或防洪渠道以作保护。当矿体上部无足够厚度的隔水地层（如黏土层）时，地表要建引洪渠网或堤坝，截断地表径流，或封堵地面裂隙通道，以防地表水通过塌陷区和裂隙流入井下；或将有关河流改道或裁弯取直，消除或减少对矿区的影响；在河流（或泄洪冲沟）不宜改道的情况下，可在地表水的漏失地段用黏土及料石或水泥铺砌不透水的人工河床段，以有效阻止或减少河水向井下的漏失。对面积较大的塌陷区，要修筑疏水沟渠和围堤，有时还需配备水泵，以便及时拦水、排水。废钻孔、古井等要用黏土、水泥、堵漏材料等妥善充填、封闭。当矿区内的地表河流对矿井的开采造成影响，而其他防治方法又不宜采用时，可采用地面注浆帷幕截流的方法，切断河水对矿坑的渗漏与倒灌。排出的矿井水要防止再度流入井下和对环境污染。

井下防水措施 ①规划。井下防水首先应进行合理布局，科学开采，充分认清和利用自然条件，防止或减少地下水进入矿坑，这是最基础的，也是统筹合理的积极防水措施。一般地，矿层开采顺序和井巷布置应从**水文地质条件**简单地段开始。井筒及**井底车场**应布置在地层完整且不易突水处。在强含水层或地表水下采矿时，应先开采深部，后采浅部；而在高压含水层之上采矿时，则应先采浅部，后采深部；对于处于同一水文地质单元的煤层，应该多矿井相互配合开采，整体疏干。为减少顶板的破坏，在强含水层或地表水体下采煤时，应尽量采用房柱法或充填法等，避免采用大跨度的崩落法，减小或控制顶板冒裂带的发育高度等。②隔水。保留部分矿体（煤层）隔断水源。在井下受水害威胁地带，为防止水突然涌人，在矿井设计时保留一定厚度暂不采动防水矿柱，起隔水作用。③探水。采掘前用超前钻孔来查明周围水体。当采掘工作接近可能导水或积水的岩溶（溶洞）、废弃采空区或巷道、富水的含水层（如流沙层、石灰岩层）、断层破碎带时，坚持有疑必探、先探后掘的原则，必须超前打钻，探水前进。探水的起点、钻孔的布置和超前距离，根据水文地质资料及其可靠程度而定。一般在离可疑水源75～150米处开始打钻，孔径不宜大于75毫米，既便于堵水，又可用以放水。④放水疏干。老空区、采空区、含水层积水量不大时，可用探水钻孔放水，使水自行泄出；在水量大、水压高时要另打放水孔。降低含水层的水位或水压，减少向巷道涌水量，以防井下突水。放水孔口要加固，并安设带阀门和压力表的放水套管，钻杆通过套管钻进。⑤截水。在探查到水源，因条件限制无法放水，或放水不合理时，采取隔离水源或堵截水流的防水措施。在可能出水区和主要巷道之间的适宜地点，修防水墙或防水闸门，使局部地点的涌水不波及其他区段。防水墙筑在需要截水而不需通行的地点。在需通行的巷道中，修筑防水闸门。一旦透水，拆除路轨，关闭闸门。⑥注浆堵水。当井巷必须通过涌水量大的含水层、断层或岩溶等有突水或可能突水的地方，察明水情后，可从地面或井下向井巷的四周打钻注浆，堵塞涌水通道。减少或消除矿井涌水量。注浆用的材料有砂子、黏土、水泥、水玻璃等。

扩展阅读

王秀兰.矿井水防治.徐州：中国矿业大学出版社，2010.

虎维岳.矿山水害防治理论与方法.北京：煤炭工业出版社，2005.

代革联.矿井水害防治.徐州：中国矿业大学出版社，2016.

（刘敦文）

矿井提升容器 mine hoist conveyance 与提升钢丝绳终端连接，在矿井中升降人员、材料、设备和物料的专用容器。提升容器分为竖井提升容器和斜井提升容器。矿山生产中使用的竖井提升容器有箕斗、罐笼，凿井期间使用的竖井提升容器为吊桶；斜井提升容器有斜井箕斗、斜井人车、斜井（斜坡）台车，在斜井串车提升中将矿车作为提升容器使用。

箕斗 竖井中专用于提升物料的容器。又称竖井箕斗。按照卸载方式，分为底卸式箕斗和翻转式箕斗。底卸式箕斗既可用于单绳提升，也可用于多绳提升；翻转式箕斗一般用于单绳提升。按提升方式，分为多绳箕斗和单绳箕斗。多绳箕斗一般采用张力自动平衡首绳悬挂装置连接提升钢丝绳，箕斗底部用尾绳联结器悬挂尾绳；单绳箕斗一般采用桃形环或楔形绳环连接提升钢丝绳。

罐笼 竖井中用于提升人员、设备和材料的提升容器。按照层数，罐笼分为单层、双层和多层罐笼。按照提升机，罐笼分为单绳罐笼和多绳罐笼：单绳罐笼按防坠方式又分为木罐道罐笼和钢丝绳罐道罐笼。多绳罐笼则有木罐道罐笼、型钢罐道罐笼、钢轨罐道罐笼和钢丝绳罐道罐笼。随着技术的发展，钢轨罐道已经很少使用，多绳罐笼的木罐道有被型钢罐道取代的趋势。罐笼的大小一般以底板面积表示，如5000毫米×3000毫米。单绳罐笼必须安设防坠器以确保安全，一旦断绳，防坠器动作，防止罐笼坠落。木罐道罐笼防坠器靠制动爪刺入木罐道制动。钢丝绳罐道和钢罐道罐笼防坠器利用抓捕器的滑楔抓捕制动钢丝绳实现制动。多绳罐笼由于采用多根钢丝绳共同承担载荷，一般不会发生多根钢丝绳同时断绳的情况，所以多绳罐笼上不设防坠器。

吊桶　竖井井筒开凿期间提升废石、升降人员和材料的提升容器。分为挂钩式、座钩式和底卸式。挂钩式吊桶容积一般为0.5～2.0立方米，座钩式吊桶容积一般为2.0～5.0立方米，底卸式吊桶容积为1.0～2.4立方米。凿井施工中挂钩式吊桶和座钩式吊桶使用较多。

斜井箕斗　斜井中用于装载和提升物料的容器。斜井箕斗由轮轴、斗箱和卸载机构组成。斜井箕斗的卸载方式有翻转式（前翻式）、后卸式和底卸式3种。翻转式斜井箕斗结构简单，重量小，但卸载困难。后卸式斜井箕斗卸载装置简单，动载荷小，但结构复杂。斜井箕斗必须适应斜井的倾角，斜井倾角越小，斜井箕斗的有效装载系数越小。斜井箕斗使用的倾角一般为25°～35°。

斜井人车　斜井中专门用于升降人员的提升容器。按照断绳制动方式，分为抱轨式斜井人车和插爪式斜井人车。斜井人车由主牵引杆、车厢和断绳制动机构组成。当提升钢丝绳断裂时，制动机构自动制动保证人员安全。斜井人车适应的井巷倾角为10°～40°。斜井人车的轨距与矿山窄轨铁路轨距相同，为600毫米、762毫米和900毫米。

斜井台车　斜井中用于提升设备和材料的提升容器。台车顶面为水平面，台车的轮轴所在平面与斜井轨道倾角一致。可以将设备或者矿车直接放在斜井台车上提升或者下放，矿车可以空载或装满物料。

（谢　良）

矿井通风　mine ventilation　向井下连续输送新鲜空气，稀释并排出有毒有害气体和粉尘，以及调节井下气候的过程。井下采矿生产过程中会不断产生有毒有害气体，如一氧化碳、二氧化碳、氮氧化物、二氧化硫、硫化氢等，如果不排除这些气体，人们在井下进行生产时就无法保证安全生产。另外井下受地温等因素的影响，需要通风对井下恶劣气候条件进行调节。

矿井通风具有悠久历史，是从一开始矿井纯自然通风逐渐发展到人力或畜力通风，直至现代的机械通风。由于矿井自然通风现象总是存在的，因此机械通风实际上也包含了自然通风。

古人采矿时一开始是不自觉地利用了自然通风现象。根据德国矿物学家G.阿格里科拉撰写的巨著《论冶金》记载，古希腊劳临（Laurium）银矿古采矿始于公元前600年，当时的采矿古人已经知道采矿需要通风风路。中国古代采矿历史悠久，但有文字记载的可见于宋应星1637年撰著的《天工开物》中的《燔石》章。该章节对矿井自然通风利用和方法就有专门的描述。在工业革命时代以前，当人们意识到矿井需要通风时，由于当时没有发动机动力，为了加强通风就用人力或畜力来转动鼓风机等向井下通风。到了近代，由于蒸汽机和电动机等的发明，机械通风开始流行起来，并发展成为必须使用的通风动力方式。

矿井通风的基本任务：供给井下足够的新鲜空气，满足人员对氧气的需要；稀释并排除井下有毒有害气体和粉尘，保证安全生产，增强矿井的抗灾能力；调节井下气候，创造良好的工作环境，提高劳动生产率。因此，矿井通风是矿井生产环节中最基本的一环，它在矿井建设和生产期间始终占有非常重要的地位。

矿井通风系统　矿井通风系统与井下各作业地点相联系，对矿井通风安全状况具有全局性影响，是搞好矿井通风与空调的基础工程。无论新设计的矿井或生产矿井，都应建立和完善矿井通风系统。一个通风系统至少要有一个进风井和一个出风井。

矿井通风系统由通风网路、通风动力和通风控制设施3大部分构成。通风网路是由风流流经的所有井巷构成，相互关联、复杂、网状的井巷集合体。通风动力是为矿井风流流动提供能量的主扇、辅扇、局扇、自然风压等动力源组成的动力体系。用于全矿井、一翼或一个分区供风的，称为主要通风机，简称主扇；用于矿井某些分支风路中调节风量，帮助主扇工作的，称为辅助通风机，简称辅扇；用于矿井局部地区（主要是独头掘进井巷）通风的，称为局部扇风机，简称局扇。通风控制设施是控制有害漏风，并使供入井下的风流按生产需求进行分配的风门、风窗、风墙、风桥、辅扇、空气幕、导风板等一系列调节控制设施和通风自动检测监视设施等。

根据系统格局，矿井通风系统可分为：①统一通风。一个矿井构成一个整体的通风系统。②分区通风。划分成若干个独立的通风系统，风流互不干扰。

根据进风井与回风井的布置方式，矿井通风系统可分为：①中央式通风。进回风井均布置在井田走向的中央，风流在井下的流动路线呈折返式的通风方式。②对角式通风。进风井布置在矿体一端，排风井在另一端，或进风井布置在中央，两翼各设一个回风井的通风方式。③混合式通风。井田中央和两翼边界均有进、出风井的通风方式。

根据主要通风机的工作方式及井下压力状态，矿井通风系统可分为：①抽出式通风。主要通风机安装在矿井总回风井口，自矿井向外抽风，使整个通风系统处于比当地同标高大气压低的负压状态，各作业地点的污风向回风道集中排出。缺点是当地面塌陷区分布较广，并和采空区相沟通时，会把塌陷区积存的有害气体抽到井下，同时造成风流短路，减少矿井有效风量。②压入式通风。主要通风机安装在进风井口，向矿井内压风，使整个通风系统处于比当地同标高大气压高的正压状态，一部分风流能从塌陷区把有害气体排到地面。缺点是一旦风机停转，有害气体涌出、浓度加大，可能引起窒息或瓦斯爆炸。为防止漏风须在进风段设置风门，影响运输。③混合式通风。进、出风井口都装有主要通风机，同时向矿井内压风并向外抽风。根据风流的输送与调控方式，可分为主扇－风窗、主扇辅助通风机（辅扇）、多级机站、单元调控，以及上述4种类型的不同组合。

矿井风量计算　根据矿井类型和规模不同，总风量从每分钟几百至几万立方米不等，各国计算风量都有各自的依据。中国矿井确定总风量的根据是：按井下同时工作的最多人数和井下各用风地点实际需风量的总和乘以风量备用系数。每人供风标准为4米^3/分，井下用风地点有采矿（煤）工作面、掘进工作面、硐室和其他工作地点，其实际需风量按瓦斯等有害气体涌出量、气温、炸药爆破量和工人数等因素分别进行计算，并取其最大值，然后进行风速校验，保证用风点空气质量符合矿山安全规程的规定。

当进风井或井底车场及其附近发生火灾或瓦斯、煤尘爆炸时，大量有害气体随风流带到各作业地点，危及人员安全。如能使风流反向，即可避免这种危险。故反风是防止灾害扩大和抢救人员而采取的迅速倒转风流的措施。主要通风机均应装有反风设施。方式有：①利用反风道和改变反风门位置反风。②轴流式主要通风机还可用电动机换相的方法，反转反风。③中国有的矿井用两台通风机并列，一台备用，一台做抽出式运转，反风时改变反风门的位置后，用另一台通风机将风流压送入井下。

扩展阅读

王英敏.矿井通风与防尘.北京：冶金工业出版社，2007.

（吴　超）

矿井通信　communications in underground mine　满足矿井特殊环境，实现矿山生产、安全与调度信息传输的通信技术与系统的总称。矿井通信包括总线通信、有线电话通信、工业以太网通信和无线通信等。

总线通信　主要应用在自动化控制系统和安全监测自动化系统中。

有线电话通信　以电话电缆为传输信道，常用于全矿性通信。一般在地面调度室设总机，井上、井下各主要地点设分机，井下采用防爆或矿用本安型电话机。

工业以太网通信　工业以太网源于普通以太网，可满足控制系统各个层次的要求，利于管控一体化。工业以太网在技术上与电气电子工程师学会（Institute of Electrical and Electronics Engineers, IEEE）制定的IEEE802.3标准兼容，但在产品设计、材质、强度、稳定性和实时性等方面能够满足工业现场、环境、可靠性、安全性等要求。

无线通信　主要包括漏泄电缆系统、无线保真通信系统、紫蜂协议通信系统等。①漏泄电缆系统。漏泄电缆是一种专门用于漏泄通信的高频电缆，其内部传输的一部分信号可以漏泄到外部空间，外部无线信号也可以进入漏泄电缆内部。漏泄电缆与基地台或控制主机构成的漏泄通信系统，可用于沿线一定范围内的移动电话通信，同时可用于井下人员和设备的跟踪定位。②无线保真（wireless fidelity, Wi-Fi）通信系统。其基于传输控制协议/网际协议（transmission control protocol/internet protocol, TCP/IP）和Wi-Fi技术，由Wi-Fi基站、工业光环网、专用小交换机（private branch exchange, PBX）网关和配套系统管理软件等构成，形成一套完整的以矿井工业以太网为传输主干、宽带无线信号进行空间覆盖的宽带无线通信系统，是矿山采用较为广泛的新一代矿井多媒体综合通信系统。20世纪90年代，随着网状网技术的发展，在局部地段采用网格（mesh）基站实现设备的全无线级联，解决了作业现场不便布线的难题。③紫蜂协议（zigbee）通信系统。与Wi-Fi通信系统架构方式类似，不同的是通信基站采用zigbee技术和协议，其无线带宽较小，主要用于无线电话和跟踪定位信号的传输。

发展趋势　通信系统从特定部门应用向全矿范围应用转变，从单一语音功能向语音、视频、数据同网传输的综合通信转变，从固定点有线通信向有线/无线综合通信转变。

（贾明滔）

矿井突水　mine water-bursting　在矿山建设及采矿生产过程中，因影响和破坏了矿层围岩或顶板、底板含水层而造成大量地下水瞬时溃入矿井的现象。是诱发矿井水灾的主要形式。

原因　导致矿井突水的原因主要有：①工作面揭露或接近具有较强导水性的断裂或构造破碎带时，地下水沿断层溃入矿井。②井下防治水设施工程质量差，隔水层厚度不均，较薄部位不能满足安全条件，周围水体在矿压、水压作用下易溃入矿井。③工作人员的安全意识水平不高，对于突水以前出现的预兆现象（采掘工作面矿岩体表面挂红、挂汗、水叫，掘进工作面区域空气变冷、出现雾气、有害气体增加，顶板淋水加大、底板鼓起，水色发浑、有臭味，裂隙出现渗水等）不了解，遇到上述情况后没有及时停止工作，最终掘穿水体（江河湖水、地下水体、富水溶洞、老空区积水等），导致突水。

危害　矿井突水危害取决于水文地质及采掘现场条件。①突水量小于矿井最大排水能力，地下水形成稳定的降落漏斗，迫使矿井长期大量排水。②突水量超过矿井最大排水能力，造成矿井淹没，甚至造成人员伤亡。

预防措施　为预防矿井突水灾害，就要掌握矿井水源的识别技术与方法，并结合矿山工程实际，进行矿井突水预测预报。

水源识别主要方法有：①地质、水文地质分析法。②突水点位置和突水形态分析法。③突水携出物分析法。④地下水动态分析法。⑤水化学法。

中国矿井突水预测预报方法主要有：突水系数法、“下三带”理论预测法、突水概率指数法、模糊数学预测法、神经网络预测法、突变理论分析法等。在采掘过程中必须坚持“有疑必探，先探后掘”的原则，采取疏水降压、预防断裂出水、注浆改造、加强地压管理、人工放顶、缩短工作面斜长等工程预防措施，落实“防、堵、疏、排、截”综合防治，减少矿井突水灾害的发生。

（刘敦文）

矿内空气　mine atmosphere　矿井内各种气体、蒸汽和矿尘混合物的总称。当矿内空气成分与地面空气相同或近似时，称为矿内新鲜空气。地面空气进入矿井后，由于井下生产过程产生的各种有毒有害物质，往往会使矿内空气成分发生一系列变化。主要表现为：氧含量降低，二氧化碳含量增加，并混入矿尘和有毒有害气体（如一氧化碳、氮氧化物、硫化氢、二氧化硫、氢气、甲烷等）。空气的温度、湿度和压力也会发生变化。一般来说，空气在井巷流动过程中，在经过用风地点以前往往受污染程度较轻，属于新鲜空气；经过用风地点以后，回风巷道内的空气受污染程度较重，属于污浊空气。

与地面空气相比，矿内空气在性质上存在许多差异，但其主要成分仍然是氧气、氮气和二氧化碳。其中氮气为惰性气体，在矿井内变化很小。当空气中氧浓度降低时，人体就可能产生不良生理反应，出现种种不适症状，严重时可能导致缺氧死亡。当空气中二氧化碳的浓度过高时，空气中的氧浓度即相对降低，轻则使人呼吸加快，呼吸量增加，严重时可能造成人员中毒或窒息。中国国家标准《金属非金属矿山安全规程》（GB 16423—2006）规定：井下采掘工作面进风流中的空气成分（按体积计算），氧气应不低于20%，二氧化碳应不高于0.5%。

污浊空气中含有大量有毒有害气体，给矿山安全生产带来威胁。《金属非金属矿山安全规程》（GB 16423—2006）规定：井下作业地点的空气中，有害物质的接触限值应不超过《工业场所有害因素职业接

矿内空气常见有毒有害气体的主要来源、危害性和接触限值

名称	主要来源	危害性	接触限值/（$mg \cdot m^{-3}$）		
			时间加权平均容许浓度	短时间接触容许浓度	最高容许浓度
一氧化碳	燃烧、爆炸、爆破、内燃机	中毒、爆炸	20	30	—
二氧化氮	爆破、内燃机	中毒	5	10	—
二氧化硫	爆破，含硫矿物的氧化、自燃或水解，火灾	中毒	5	10	—
硫化氢	含硫矿物的氧化、自燃，有机物腐烂，火灾	中毒、爆炸	—	—	10

触限值》(GBZ 2—2007）的规定。矿内常见有毒有害气体的主要来源、危害性和接触限值见表。

保证矿内空气质量最普遍采用的措施是加强矿井通风。此外，还应采取以下综合措施：①防止进风污染。②改进生产工艺和设备。③加强采空区密闭，防止有害气体涌出。④防止发生火灾和爆炸事故。⑤用水或化学品水溶液吸收可溶性有害气体。

扩展阅读

吴超.矿井通风与空气调节.长沙：中南大学出版社，2008.

王英敏.矿井通风与防尘.北京：冶金工业出版社，1993.

（李孜军）

矿区建设条件 construction conditions of mining area *矿床*开发建设和生产运营依赖的环境。矿床开发建设和生产运营需要人力、物力和财力的支持，建设场地状况、电力和能源供应、水源获取、原材料采购、物资和产品运输、员工素质及招募等都将影响矿床开发建设的经济性。因此，矿区建设条件对矿床开采具有十分重要的意义。矿区建设条件主要有：①矿区地理交通位置，公路、铁路、水路、航空等交通运输设施。②能源供应现状及远景，工业和生活用水来源，建筑材料来源，生产、生活物资供应。③矿区现有的工业、农业及其他资源状况。④矿区科技、教育和人民生活状况及劳动力来源等。

（于长顺）

矿区开发规划 mine area development plan 根据国家和企业经济发展的需要、矿产品的市场需求、矿区的地理环境和外部建设条件以及矿区的资源条件，经过技术经济综合研究所制定的矿区开发总部署。编制原则：①矿区开发模式、规划的发展方向应具有前瞻性。②体现总体规划，重点布局，优先发展的原则，坚持以市场为导向，以经济效益为中心，优先规划经济效益好的项目。③体现技术先进的原则，依靠科技攻关和技术创新，采用先进的工艺技术，提高生产效率，降低生产成本。④创建矿产资源节约、安全环保型企业。⑤明确总目标和分期建设目标。

内容包括：①明确规划编制依据、规划原则、规划的指导思想。②综合评价矿区矿产资源条件，提出补充勘探要求；对矿区资源伴生矿物，提出综合开采和利用的意见。③初步分析矿区原辅材料供应和水、电、交通等外部建设条件的现状和发展趋势，提出需要与政府相关部门的协作项目和协作条件以及协商意见。④提出矿区开发模式、矿区划分、生产规模、产品方案、厂址方案、生产工艺流程、矿区开发建设步骤、建设进度安排等矿区规划方案。⑤按照矿区规划建设规模，合理配置矿区交通运输系统、供电系统、给排水系统、矿区环境保护和环境治理等辅助设施的初步规划方案。⑥匡算采掘（剥）工程量、地面建筑设施工程量，设备、钢材、木材、水泥需用量和建设投资。⑦提出矿区开发人力资源初步规划方案，匡算矿区年产量、生产成本、产值、利润等主要经济指标，初步测算经济效益。⑧提出实现矿区开发规划目标的保障措施，指出矿区开发规划存在的风险。⑨必要的附图及附件。

（刘福春）

矿区总平面布置 general layout of mining area 根据生产、安全、卫生、环保等要求，综合利用环境条件，合理确定矿区场地所有建（构）筑物、交通运输线路、工程管线、绿化和美化等设施的空间位置的工作。矿区总平面布置的内容包括生产设施、动力公用设施、修理设施、运输设施、仓储设施、生产管理及其他设施的布置。

矿区总平面布置原则：①总平面布置要符合总体布置的要求，统一确定场地内建（构）筑物的位置，综合处理平面与竖向的关系，解决地上地下、交通运输的布置以及场地内部与外部的联系。②建（构）筑物的布置应避开滑坡、断层、溶洞、泉眼、塌陷区及较软土层等不良地段，并满足生产流程的要求。③建（构）筑物的布置力求紧凑合理，管线尽可能共杆共沟，有效地利用场地。④合理布置运输线路，使货流和人流线路短捷，作业方便，避免繁忙的货流与特殊的货流及主要人流的互相交叉，减少货物倒运。⑤各类动力供应设施，如变电所、锅炉房、煤气站、空气压缩机房等的布置，应接近负荷中心或主要负荷之一。动力输送距离应经济合理，减少动力输送的损失。⑥因地制宜，充分利用场地地形。平整场地应根据不同的地形选择适宜的标高，尽量使土石方及建筑工程量最小，并利于场地的防洪与排水。⑦总平面布置应符合卫生、防火、防爆、防振、防噪、防腐等要求。建（构）筑物的布置应保持良好的通风和采光条件，避免有害因素的干扰。⑧实用、经济，在可能条件下注意美观，创造良好的劳动环境。建（构）筑物的布置与空间处理应相互协调。场地布置整齐，并为矿区绿化和美化创造条件。⑨处理好矿山近期建设与远期发展的关系。总平面布置应以近期为主，远近结合。⑩对于改扩建矿山，场地总平面布置应尽量做到不影响或少影响原来矿山的生产，不破坏或少破坏原来的生态环境，不拆除或少拆除原来的建（构）筑物。

（陈建双）

矿热炉 submerged arc furnace 利用电极端部的电弧热和炉料或炉渣的电阻热，采用焦炭或其他炭质还原剂将有用金属元素从矿石或氧化物中还原出来的熔炼炉。电热冶金的主体设备，主要用于金属氧化矿石的还原冶炼，所以又称矿热还原电炉。此外，由于矿热炉的电弧大多是深埋于炉料之中，又称埋弧电炉。矿热炉除用于铁合金生产外，还广泛用于电石、黄磷、刚玉等产品生产。

简史 矿热炉诞生于19世纪末，当时炉容量很小，只有0.1～0.3兆伏安，而且是单相、间歇操作，生产技术处于萌芽阶段。1909年，挪威C.W.索德伯格发明了自焙电极，此后相继采用了敞口式矿热炉、低烟罩式的半密闭矿热炉，电炉容量得以扩大。第二次世界大战以后，挪威和联邦德国先后发明了埃肯（Elekm）型和德马格（Demag）型密闭炉。此后世界上许多国家均采用这两种形式设计并建造密闭矿热炉。20世纪末，随着生产工艺的更新、设备的不断完善，工业发达国家的单台矿热炉容量已经达到105兆伏安，并且连续加料、连续生产。

分类 按照电源分类，矿热炉可分为交流电炉、直流电炉、低频电炉。交流电炉中根据电极相数又可分为单相单电极电炉和三相三电极电炉；直流电炉根据电极数量可分为单电极、双电极和三电极电炉。按照矿热炉机械设备结构，有密闭电炉（图1）、敞口电炉、矮烟罩半密闭电炉3种类型，炉体结构又分为固定式和旋转式两种。敞口式电炉因劳动条件差，污染环境，已被淘汰。封闭式电炉能回收电炉

图1 生产铁合金的密闭电炉

煤气，但炉子结构比较复杂，不易维护，建设成本高，有些品种不能采用封闭式电炉生产。冶炼过程需要进行料面作业的铁合金产品（**硅铁**、金属硅等）生产，通常采用矮烟罩半封闭电炉。此外还有矩形电炉、圆形电炉、炉底旋转电炉、分体旋转电炉等。

结构 矿热炉由炉用变压器、大电流导体（短网）、电极等供电系统（图2），

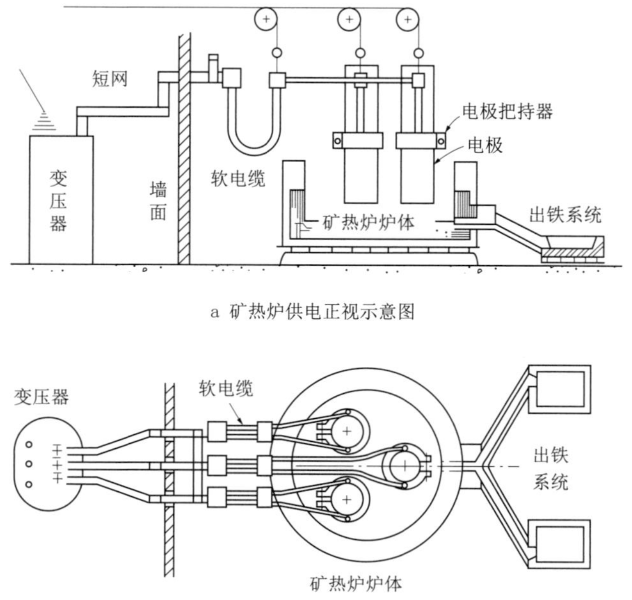

a 矿热炉供电正视示意图

b 矿热炉供电俯视示意图

图2 典型的三相三电极圆形电炉供电系统示意图

电炉本体，以及冷却系统、加料系统、出料系统、除尘系统等组成。

根据生产不同的铁合金产品，炉用变压器的入炉二次电压应能合理调整。从变压器低压侧到电极把持器的馈电线路通称短网，由硬母线束、软母线束和铜管组成。三相变压器和短网的布置形式可分为正三角或倒三角，设计和安装时应该尽量减小导电母线长度，即变压器尽量靠近矿热炉。大型电炉的变压器还可以采用三台单相变压器组成，二次绕组多数通过短网在电极上完成三角形接线。

电极系统是矿热炉设备的核心部件，由电极及其把持器、升降机构和压放装置等组成。由于炉内反应区温度很高，采用的电极材料必须能承载大电流，同时又能耐高温，故多为碳材料电极。常用的电极有石墨电极、炭素电极和自焙电极。自焙电极是在铁壳里面填充电极糊，在运行中电极糊利用电流通过时产生的热量和炉热的传导辐射自行焙烧。随着电极的消耗，电极壳要相应逐节焊接，并向壳内充填电极糊。电极把持器由导电铜瓦、铜管、电极夹紧装置、保护套、冷却水路、吊挂件等组成，作用是将电流输向电极，并将电极夹持在一定的高度上，还可以调节电极糊的烧结状态。电极升降和压放装置吊挂着整根电极，用以调整电极插入深度。按照把持器对电极的夹持方式可分为压力环把持器、电极组合把持器和锥形环把持器。

电炉本体由炉壳、炉盖和耐火炉衬组成。炉衬有碳质炉衬和镁质炉衬。为延长炉衬寿命，矿热炉开始采用水冷炉衬，即采用低热阻耐火材料砌炉并配备冷却设施（淋水冷却炉壁与强风冷却炉底）。

冷却系统是以冷却水经分水器对处于高温条件下工作的构件（包括短网、压力环、保护大套、炉壳、烟罩、烟囱）进行冷却。加料系统采用振动输送加料车，将配好的炉料输送至矿热炉加料口，或采用自动加配料系统进行远程控制。出料系统包括开口机、铁水包等，其中开口机有机械式、液压式、烧穿器等多种形式。除尘系统一般采用袋式除尘器。

操作过程 通过加料系统间断加料入炉，捣炉机维护料面。电极插入炉料进行埋弧操作，利用电弧的能量及电流通过炉料时产生的电阻热来熔化金属。熔化的金属和**炉渣**集聚在炉底，通过出铁口定期分别放出。金属液运输至模具进行浇注，冷却后，经精整破碎加工，产品入成品库。

（储少军）

矿山 mine 有完整独立的生产系统的矿产品生产单位。地下开采的矿山称地下矿（即矿井），露天开采的矿山称**露天矿**。按矿产品种类可分为金属矿山、非金属矿山、煤矿等。矿山多以所在地的地名命名，其面积一般有几平方千米至几十平方千米不等，特大型煤矿可达百余平方千米。金属矿山面积较小，不乏小于一平方千米的矿山。矿山边界划分主要依据矿体赋存空间及分布规律、矿产储量、地质构造、**开采技术条件**、地貌等因素，经多种方案的技术经济比较与论证后确定。矿山规模以年设计生产能力（矿产品产量）分为大型、中型、小型3种。

（叶敦和）

矿山安全 mine safety 以矿产资源开采过程中的各种风险因素为研究对象，主要研究矿山各类事故发生、发展规律及控制措施，以避免和控制矿山开采中人为、技术、自然因素所带来的危险、危害、意外事故和灾害，降低矿山事故风险，减少矿山事故损失的理论和技术。是安全科学的一个重要分支。

主要内容 矿山安全按开采方式不同，分为露天开采矿山安全、地下开采矿山安全、露天－地下联合开采矿山安全；按矿产资源开采类型不同，分为煤矿安全、金属非金属矿山安全、石油天然气开采安全。矿山安全涉及矿山生产的全过程，主要包括矿山安全技术和矿山安全管理两大方面：①矿山安全技术是预防和控制矿山各种事故的专门知识与技能，按专业及生产工序可分为矿山通风安全、爆破安全、冒顶片帮防治、掘进与回采安全、运输提升安全、防水、防火、防爆、瓦斯防治、救护、矿山安全监测等。②矿山安全管理指矿山事故预防的组织活动，主要包括矿山安全生产法规、**矿山安全监督**管理制度、管理体系建设、风险管理、隐患管理、事故应急救援与调查处理、统计分析、矿山安全教育等。

发展 根据铜绿山古矿冶遗址考古发现，早在公元前13世纪，中国在夏朝时期就开始了铜矿的开采和冶炼。古代工匠为掘取铜矿石，开凿**竖井**、**平巷**与盲井等，采用了提升、通风、排水等技术，并用木质框架支护。1637年出版的中国古代科学著作《天工开物》中也记载了煤矿矿井处理瓦斯和顶板的矿山安全技术。

中华人民共和国成立后，中国矿山安全生产的发展历程可以分为：初创时期、“文化大革命”时期、恢复和创新发展时期。

初创时期（1949～1965） 1952年召开的第二次全国劳动保护工作会议明确要求坚持“安全第一”的方针和“管生产必须管安全”的原则。该时期设立了煤炭工业部、冶金工业部等专门的矿山安全具体管理部门，建立了矿山安全管理工作制度，矿山安全状况从根本上得到了改善。这一时期，为满足中国矿业生产发展的需要，国家成立了煤炭科学研究总院、长沙矿山研究院、北京矿冶研究总院、劳动部劳动保护研究所、冶金部安全技术研究所、煤炭部抚顺煤炭科学研究所、重庆煤炭科学研究所等矿山安全技术专业研究机构，发展了矿山安全技术研究。

“文化大革命”时期（1966～1977） 这一时期，矿山安全生产规章制度被视为“管卡压”，政府和矿山安全管理一度失控，矿山管理受到严重冲击，导致事故频发。

恢复和创新发展时期（1978～ ）该时期可划分为三个明显的阶段：①恢复和整顿提高阶段（1978～1991）。治理经济环境和整顿经济秩序，为加强矿山安全创造了较好的宏观环境。在此期间，中国相继出台并实施了《矿山安全监察条例》等法规，成立了劳动保护科学研究所（今中国安全生产科学研究院）等多个进行矿山安全研究的科学研究中心、院、所。②适应建立社会主义市场经济体制阶段（1992～2002）。为发挥企业的市场经济主体作用，1993年国务院决定实行“企业负责、行业管理、国家监察、群众监督”的安全生产管理体制。相继颁布了《矿山安全法》以及工伤保险、重特大伤亡事故报告调查、重特大事故隐患管理等多项法规。2002年《安全生产法》出台，标志着矿山安全开始纳入法制管理的轨道。2001年初组建了国家安全生产监督管理局，对煤矿安全监察实行统一垂直管理。但这一阶段由于经济体制转轨，工业化进程加快，特别是民营小企业的迅速发展等，使矿山安全出现了一系列新情况、新问题，安全状况出现较大反复。③创新发展阶段（2003～ ）。坚持“以人为本”的理念，在法制、体制、机制和投入等方面采取一系列措施加强矿山安全工作（图1），使事故死亡人数连年上升的势头得到遏制。

图1　矿工岗前安全宣誓

中华人民共和国成立以来，中国矿山安全技术取得了长足的发展，制定了相关的法律法规、标准、规程。通过长期的研究，在瓦斯防治、地压活动规律、地压控制及边坡治理技术、爆破安全技术、矿山通风防尘技术、提升运输安全技术、矿山风险管理、应急救援（图2）等方面取得了重大成果，建立了自己的理论体系，矿山本质安全化水平有了显著提高。

学科建设　中国的安全科学发展源于中华人民共和国成立初期劳动保护技术的研究工作，中国从苏联引入了劳动保护概念。在劳动保护人才培养方面，唐山工学院（今西南交通大学）、东北工学院（今

图2　矿山事故应急救援

东北大学）、中南矿冶学院（今中南大学）、北京钢铁学院（今北京科技大学）等高等院校组建了矿山通风与安全教研室，并开始从事有关矿山劳动保护的研究和培养研究生。1953年，东北工学院通风安全教研室首次招收了中国第一届矿山通风安全专业的研究生。1954年国家创立北京劳动干部学校，1956年2月正式开学，该校设立劳动保护、锅炉检查和劳动经济3个专业。1958年，北京劳动干部学校升格为北京劳动学院（今首都经济贸易大学），开设工业安全技术和工业卫生技术本科专业。另外，1957年，煤炭工业部所属西安矿业学院（今西安科技大学）开设矿山通风与安全专业，成为中国第一批开设矿山安全类专业的高校。

改革开放以后，中国安全科学得到了巨大的发展，从劳动保护转变为安全科学，从劳动安全卫生转变为职业安全卫生。中国于1984年在高等教育专业目录中第一次设立了安全工程本科专业。

1992年发布的中华人民共和国国家标准《学科分类与代码》（GB/T 13745—1992）中，将安全科学学科正式定名为安全科学技术，其下二级学科有安全工程、安全管理工程等，一些高等院校相继开设了以矿山安全为主要方向的安全工程专业。在矿山安全技术方面，将矿山安全列为一门二级学科，位于一级学科矿山工程技术下。

研究意义　随着社会经济的发展，矿产资源开发强度越来越大，使得矿山潜在威胁越来越多，事故发生率逐年增长，并使**矿山环境**受到严重破坏，严重威胁到矿山正常的开发利用。开展矿山安全研究有利于保障矿山正常的开发利用，对保持社会稳定和促进地区经济发展，减少生命财产损失具有重大作用。

（张兴凯）

矿山安全监督　mine safety inspection　为保障矿山安全生产而对矿山企业进行的监察与督促。矿山安全监督是国际上通行的做法。19世纪，英国煤矿最早出现“视察员”制度。1947年，国际劳工组织通过《工商业劳动监察公约》（国际劳工公约第81号），明确提出劳动监察制度。大多数发达国家的矿山安全监察机构一般设在劳动部门，设立国家矿山安全监察机构。1982年，中国颁布《矿山安全条例》和《矿山安全监察条例》，并在劳动部门设立矿山安全监察机构，开始建立国家矿山安全监督制度。

中国矿山安全监督的主体是各级政府，矿山企业自我监督、矿工监督、社会监督是重要的补充。国务院负责安全生产监督管理的部门依照《中华人民共和国矿山安全法》《中华人民共和国安全生产法》对全国矿山安全生产工作实施综合监督管理；县级以上地方各级人民政府负责矿山安全生产监督管理的部门，依照该法对本行政区域内矿山安全生产工作实施综合监督管理。矿山企业必须遵守有关安全生产的法律、法规加强安全生产管理，建立、健全安全生产责任制度，完善安全生产条件，确保安全生产。

矿山安全监督的基本要求是“国家监察、行业管理、群众监督、企业负责、劳动者遵章守纪”。矿山安全监督的主要内容包括：依法监督检查矿山（含地质勘探）行业生产经营单位贯彻执行安全生产法律法规情况及其安全生产条件、设备设施安全情况，组织相关建设项目安全设施的设计审查和竣工验收，承担矿山企业安全生产准入管理工作，指导监督相关安全标准化和不具备安全生产条件的非煤矿矿井关闭工作，参与相关行业事故调查处理和应急救援工作。

（高玉坤）

矿山安全设施设计　safety facility design of mining　针对矿床开采过程中存在的危险因素，在矿床开采初步设计阶段编制的关于确定矿山安全设备、设施、装置、构（建）筑物设计的技术方案和其他安全技术措施设计的专题技术文件。矿山安全设施设计遵照国家有关安全法规和标准执行，包括露天矿山安全设施设计和地下矿山安全设施设计等。

编制原则：①贯彻“安全第一、预防为主、综合治理”的方针。②符合国家、地方有关法律、法规、规章和国家标准、行业标准、技术规范的规定。③以人为本、风险控制、持续改进。④安全设施与主体工程同时设计、同时施工、同时投入生产和使用。⑤采用先进适用的工艺、技术和可靠的设备、设施。

主要内容：设计依据；工程概述；本项目安全预评价报告及前期开展的科研情况；安全设施设计；安全管理和专用安全设施投资；存在的问题和建议；附件

与附图。

在建设期间，出现下列情况时，已经批准的矿山安全设施设计需要变更：①开采范围或设计规模发生变化。②采矿方法或**回采工艺**发生变化。③开拓运输系统发生变化。④地下矿山通风、排水系统发生变化。⑤废石场或排土场发生变化。⑥地下矿山地表截排洪系统发生变化。⑦**工程地质条件**或外部环境发生重大变化，并对矿山开采产生重大影响的其他情况，应当编写矿山安全设施重大变更设计，并报原批准部门审查同意。未经审查同意的，不得开工建设。（陈建双）

矿山安全生产管控　management and control of safety production in mine　综合利用通信、传感器、定位，以及计算机等软硬件技术和系统，实现对矿山采矿生产过程和生产环境安全状态的自动化监控与管理。由于矿山作业环境恶劣，作业过程离散，作业场所动态变化，因此采用安全生产管控系统对矿山生产进行实时监控具有重大意义，坚固耐用的电子监控设备与装置是系统安全稳定运行的基础保障。矿山安全生产管控经历了单一功能监控向多功能监控、基于组态的模拟场景管控向基于虚拟现实场景的真三维管控等发展阶段。

地下矿安全生产管控　在统一的三维可视化软件平台下，实现矿山有毒有害气体和地压的在线监测、人员与设备的跟踪定位、视频监控，以及通风、排水、提升、运输等系统的自动计量和自动化控制。

露天矿安全生产管控　在统一的三维可视化软件平台下，实现露天边坡和排土场稳定性在线监测、视频监控，以及铲装配矿和卡车运输系统的自动化调度与控制等（见图）。（贾明滔）

露天矿安全生产管控系统界面

矿山爆破　mining blasting　爆破技术在矿山生产中的运用。目的是利用炸药在矿岩中爆炸所产生的压缩、松动、破坏及抛掷作用，达到预期工程目的，是矿山采掘作业的主要工序。

简史　早在6～7世纪，中国就发明了黑火药。17世纪初，欧洲开始用火药进行采矿，矿山爆破技术由此诞生。19世纪下半叶，威力较大的硝化甘油炸药、雷管和凿岩机相继出现，形成了近代爆破技术。20世纪30年代，开始在地下开采中使用深孔爆破。50年代起，各国先后采用控制爆破技术。中国矿山在50年代采用了深孔落矿，一次爆破用药量达几十吨，爆落矿岩几十万吨。同时，在中国矿山的基建工作中开始采用**硐室**大爆破，一次爆破用药量达万吨。1956年，甘肃白银厂露天铜矿一次生产爆破就用了9314.7吨炸药，是当时采矿界规模最大的一次爆破。

爆炸反应　物质在瞬间释放出大量的气体和能量，并对周围的物质膨胀做功。系统的势能快速地转变为机械功、声和热等多种形式。爆炸时，在爆炸点周围的介质中压力急剧突跃，从而对周围介质产生破坏作用。

爆破作用　若将一个球形药包埋在无限深的均质岩体中爆破，随着距药包中心距离的不同，药包周围的岩体将承受不同的爆破作用，呈现不同的破碎特征（图1）。直接与药包接触的岩体将受到超高压冲击波的冲击和压缩作用。若岩体具有可塑性，将被强烈压缩，形成压缩圈。对于大多数坚硬岩石，可压缩性很小，岩体受到强烈冲击和压缩后将被压碎，形成压碎圈，其半径一般为药包半径的2～3倍。压碎圈以外的岩体，受到衰减后应力波的径向压缩作用而引起切向拉伸，当拉伸应力超过岩体的抗拉强度时，便在药包周围产生放射状裂隙，爆炸产生的高压气

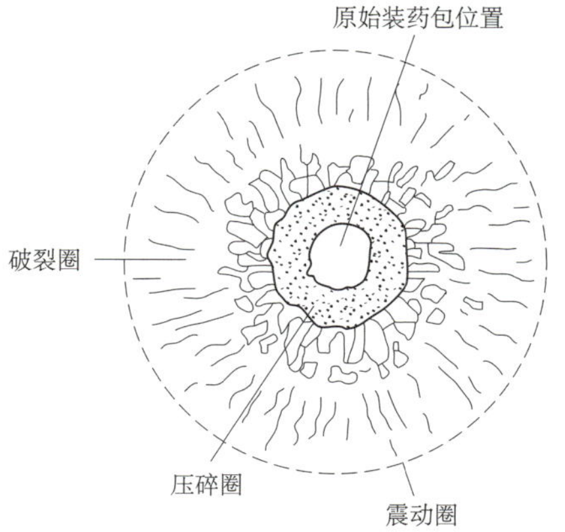

图1　无限均质岩体中的爆破作用

体挤入裂隙中，促使裂隙进一步扩大和延伸。应力波通过后，受压缩的岩体迅速卸载，发生反向的径向运动，产生环状的拉伸裂隙；径向与环状裂隙相互交错，将岩体割裂破碎，形成破裂圈。由于应力波的急剧衰减，破裂圈以外的岩体只能做弹性震动，形成震动圈。

若将药包埋在岩体内一定深度，使爆破破碎作用能达到自由面时，爆破后岩体将被破碎，且部分岩块被抛掷，形成一个漏斗状凹坑，称为爆破漏斗（图2）。爆破漏斗的构成要素有最小抵抗线、爆破漏斗半径、爆破作用半径和爆破漏斗深度。被破碎岩体与空气的接触面称为自由面。爆破漏斗半径与最小抵抗线之比n，称为爆破作用指数。$n<0.75$时，称为松动爆破；$0.75<n<1$时，称为减弱抛掷爆破或加强松动爆破；$n=1$时，称为标准抛掷爆破；$n=1～3$时，称为加强抛掷爆破。随着n值的增大，炸药消耗量增加，岩块的抛掷率也增大。松动爆破的单位炸药消耗量较小，只导致岩体破裂和松动，几乎没有抛掷作用，适用于井巷掘进和采矿。

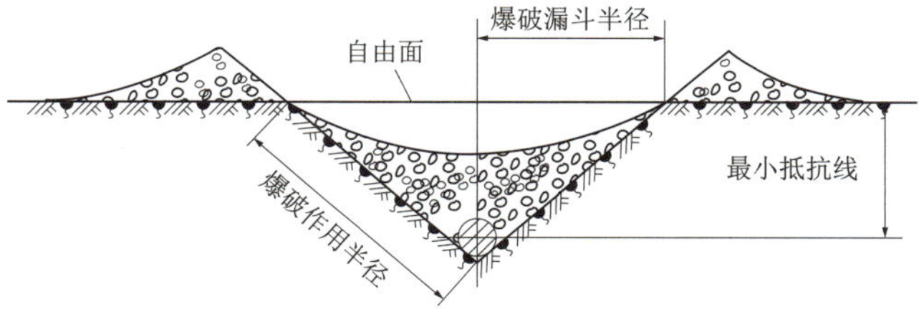

图2　爆破漏斗

爆破方法　在金属矿山中，通常使用浅眼爆破、深孔爆破和硐室爆破3种爆破方法。浅眼爆破是将炸药装在深度小于5米、直径小于50毫米的炮孔内进行爆破。特点是操作简单、大块产出率较低、灵活方便。适用于井巷掘进、浅眼采矿和二次破碎等。深孔爆破是将炸药装在深度大于5米、直径大于50毫米的炮孔内进行爆破。特点是每米炮孔崩矿（岩）量大、效率高、成本低、作业条件比较安全。广泛用于采

矿和剥离。硐室爆破是将炸药装在专用的装药巷道或硐室内进行爆破。一次爆破的规模大，能缩短工期，施工所需的机械设备较简单。若与定向抛掷爆破相结合，可大大减少土石方装运工作量。但岩体破碎不均匀，大块率高，爆破引起的震动和破坏较大。主要用于露天矿剥离、修筑尾矿坝、平整场地和形成废石垫层等。爆破产生的大块，常须进行补充爆破破碎，称为二次爆破。

另外，矿山爆破中还会用到控制爆破方法。控制爆破是对岩体破碎过程、裂隙发展方向、岩块抛掷和爆破危害等进行控制的爆破技术。主要包括微差爆破、挤压爆破、光面爆破、预裂爆破、定向抛掷爆破。①微差爆破。以毫秒级的时间间隔，按一定顺序起爆的技术。可降低爆破地震效应，减少炸药消耗量，改善岩体的破碎质量。微差间隔时间由毫秒延期雷管或毫秒延时仪器实现，中国矿山已广泛采用。微差爆破的效果主要取决于微差间隔时间，这个间隔靠实践经验或试验确定。在深孔爆破中，一般控制在15～75毫秒范围内；在井巷掘进的浅眼爆破中，控制在50～150毫秒范围内。微差爆破的起爆顺序有多种：单排孔爆破采用孔间微差起爆；多排孔爆破采用各排间微差起爆，炮孔排数一般为3～6排，多的可达10排以上。②挤压爆破。在待爆岩体前方堆有松碎岩块的条件下进行爆破。岩体爆破时，挤压前方松碎岩块使之补充破碎，改善爆破质量。露天采矿时，还可限制岩块抛掷，提高装载效率。一些矿山将微差爆破与挤压爆破联合使用，可进一步提高爆破效果。③光面爆破。较精确地按设计轮廓线爆裂岩石，使巷道或开挖面比较平整，围岩不受明显破坏，在岩壁上留有清晰可见的半个炮孔痕迹（图3）。20世纪50年代初，

图3 光面爆破效果图

瑞典首先应用光面爆破技术。60年代起，中国将光面爆破技术广泛应用于掘进井巷、硐室和露天矿边坡工程。光面爆破用低威力炸药和不耦合装药结构，合理布置炮孔并同时起爆。不耦合装药结构的药包直径远小于炮孔直径，药包与炮孔壁之间留有一定空隙，以抑制炸药爆炸时爆轰波的峰值压力，避免在药包周围形成压碎圈和过多的径向裂缝。④预裂爆破。原理与光面爆破相似。它是使沿设计开挖轮廓线布置的炮孔首先起爆，沿预裂炮孔中心连线形成一定宽度（1～2厘米）的贯穿裂缝，把开挖区与保留区岩石分开，以减弱开挖区爆破对保留区岩体的破坏作用和地震效应。主要用于露天矿最终边坡和井巷工程光面岩壁的形成。其效果取决于正确选择孔距、线装药密度和不耦合系数，还要严格控制炮孔偏斜率。⑤定向抛掷爆破。将大量岩块按预定方向抛掷到要求位置，并堆积成一定形状。按照最小抵抗线指向原理，利用天然地形的凹面或人工预先挖成的定向坑实现爆破，可节省土石方运输量和缩短施工工期，适用于露天矿剥离。1960年开始，中国曾数次利用定向抛掷爆破技术堆筑*尾矿坝*，效果良好。

根据爆破目的和环境，矿山爆破也可分为巷道、竖井和天井掘进爆破，地下采场爆破和露天矿山爆破。①掘进爆破。巷道、竖井和天井都属于掘进爆破。要求掘进断面符合设计要求、周壁平整、循环进尺大、炮孔利用率高、块度均匀、爆堆集中、材料消耗少、成本低、对围岩的损伤小、稳定性好。特点是只有一个自由面，因此夹制作用大、单位炸药消耗量大，施工中需要进行掏槽爆破，以补充自由面，改善爆破效果。此外，由于施工场地相对狭小，进而影响循环进尺、炮孔利用率和施工效率。掘进爆破工作面的炮孔主要有掏槽孔、辅助孔和周边孔。掏槽孔采用超量装药并最先起爆，从工作面上将一部分岩石破碎并抛出，形成一个槽型空洞，为辅助孔爆破创造补充自由面，从而提高爆破效率；辅助孔位于掏槽孔的外圈，在掏槽孔之后起爆，以便进一步扩大自由面并崩落大量岩石，为周边孔创造条件；周边孔最后起爆，作用是控制隧道的断面形状、尺寸和方向，使其符合设计要求。②地下采场爆破。通过爆破方式崩落矿石，达到预期生产目的。按孔径和孔深的不同一般分为浅孔和深孔爆破。特点是具有两个或两个以上的自由面，炮孔数量多，崩矿面积和爆破量都比较大，炸药单耗低，爆破方案的选择和起爆网路的设计比较复杂，所以爆破时的组织工作显得更为重要。要求爆破作业安全、每米炮孔崩矿量大、大块少、二次爆破量小、粉矿少、矿石损失贫化小、材料消耗量低。③露天矿山爆破。分为露天浅孔爆破、露天深孔爆破、裸露药包爆破和硐室爆破。露天浅孔爆破指炮孔直径不超过50毫米、钻孔深度不超过5米的爆破方法，是工程爆破的主要方法之一，主要用于露天石方开挖，优点是施工简单，适应性强，施工组织较容易。对于爆破工程量较小、开挖深度较浅的工程，该方法可以获得较好的经济效益。露天深孔爆破指炮孔直径大于50毫米、钻孔深度大于5米的爆破方法，特点是机械化程度高、爆破效果好、爆破量大。裸露药包爆破是将药包直接放在大块或根底上爆破，简单省力，但炸药消耗量大，飞石远，不宜多采用，一般用于个别无法钻孔的部位。硐室爆破的基本方法是在需要爆破的地方（一般是山头）开掘硐室，在硐室内装填炸药爆破，特点是一次爆破量大，但爆破效果差，大块多。

扩展阅读

李夕兵.凿岩爆破工程.长沙：中南大学出版社，2011.

王玉杰.爆破工程.武汉：武汉理工大学出版社，2007.

郭学彬，张继春.爆破工程.北京：人民交通出版社，2007.

（陶 明 龙维祺 孙学忠 陈玉鑫 胡 峰）

矿山爆破振动 mine blasting vibration
采矿时炸药爆炸释放的能量把矿岩剥落并破碎成一定块度的过程中，大量能量传递给周围介质，造成振动、空气冲击波等危害的现象。

矿山爆破对近区、中远区和远区的结构物影响不同。近区主要受冲击波及其钝化后形成的应力波的影响。冲击波作用范围内岩石呈高塑性状态。应力波作用范围内，在岩体结构面上产生投射和反射现象，可能造成自由面上部岩体失稳、崩落，应力波传播一定距离后衰减为地震波。中远区和远区主要受地震波影响，其影响范围内质点振动产生位移影响结构应力分布，可能造成结构破坏。爆破振动强度的影响因素主要有爆破参数、传播介质、传播距离、高程、装药量、爆破时间。控制措施主要采用微差控制爆破技术、光面

矿山爆破

控制爆破技术、岩石定向断裂控制爆破技术、预裂控制爆破技术等。爆破振动是矿山主要环境污染源之一，进行有效控制不仅可以减轻振动对矿山工作人员的影响，也可以使矿山周边环境免受振动和冲击波影响。（周连碧）

矿山测量 mine survey　测绘和测设矿山各种工程的位置和几何要素，研究矿山开发过程中各种空间几何关系的一门应用技术。公元前15～16世纪，埃及按比例尺绘制了巷道图。公元17～18世纪，欧洲的矿山测量获得迅速发展。中国于1949年后采用先进的测量仪器，观测和研究地表和岩层移动，对矿产资源开发进行监督。

矿山测量的主要任务　主要包括：①建立矿区井上、井下测量控制，测绘矿用地形图和各种采掘工程图。②根据设计将各种采矿工程的几何要素、测设到现场并进行检查监督。③测定矿体的埋藏形状及其空间分布。④对合理开发矿产资源进行管理和监督。⑤观测和研究地表岩层移动和边坡稳定。⑥提供编制采矿计划的资料。

矿山测量精度　在矿区建立地面控制网，作为各种测量的基础。矿区内已有国家控制点时，则用插网、插锁等方法布设加密网，否则可建立独立网。矿区首级网的等级依矿区面积大小而定：1000平方千米以上的为二等；200～1000平方千米的为三等；200平方千米以下的为四等。采用航空摄影、地面摄影、平板测量等方法，测绘1∶1000到1∶500比例尺的地形图和其他矿用图。矿区井上、井下的坐标必须一致，通过定向和导入高程，将地面坐标系传递到井下。

矿山测量的内容　几何定向　包括：①一井定向。多采用三角形连接法（图1）。井上、井下临时点C和C′与挂在井筒中的两条垂线A和B的连线，构成平面三角形ABC和ABC′。观测各角和边长，已知地面D点坐标和DE边方位角，可解算出井下D′点坐标和D′E′边方位角。②两井定向。至少有两个立井，且在定向水平两立井间有能进行测量的巷道相通。在每一井筒中各挂一根垂线，在井上、井下分别连测这两根垂线，通过解算即可将地面坐标系传递到井下。

物理定向　利用高速旋转陀螺轴在地球自转影响下，绕子午面往复摆动的特性制成陀螺仪，与经纬仪组成陀螺经纬仪进行定向，不占用井筒，方法简便。

导入高程　将地面高程控制点的标高传递到井下的高程起始点上，经平硐、斜

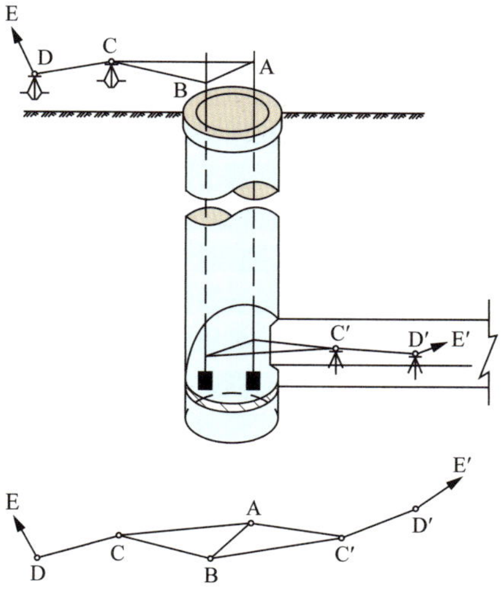

图1　一井定向图

井时，用水准测量或三角高程测量，通过立井时，用钢尺、钢丝或光电测距仪测量。沿主要巷道布设首级经纬仪导线网，作为井下基本平面控制；布设井下一级水准网，作为井下高程控制。为减少误差积累，每隔一定距离要加测一条陀螺定向边。次要巷道及采场可用精度较低的规定测量方法。

露天矿的基本控制网　建立在周围固定帮上，在平台上以小三角、线形锁、断面线、方格网、交会或经纬仪导线等方法，布设工业控制点。用经纬仪视距测量、平板仪测量或地面摄影测量等方法验收采矿场或岩矿量。

标定中腰线和贯通测量　井巷施工时，用挂线法或激光指向仪标定中腰线，以指导掘进。按一定位置与另一井巷接通称贯通，所进行的测量称贯通测量（图2）。

岩层和地表移动观测　在地面、岩层内和井下，设立一系列固定点，定期观测受采动影响引起的岩层与地表移动。

除上述内容外，在回采过程中，测定采掘空间，以垂直断面法或水平断面法计算采矿损失和贫化，进行三级矿量管理等。（桑光灿　邢永昌）

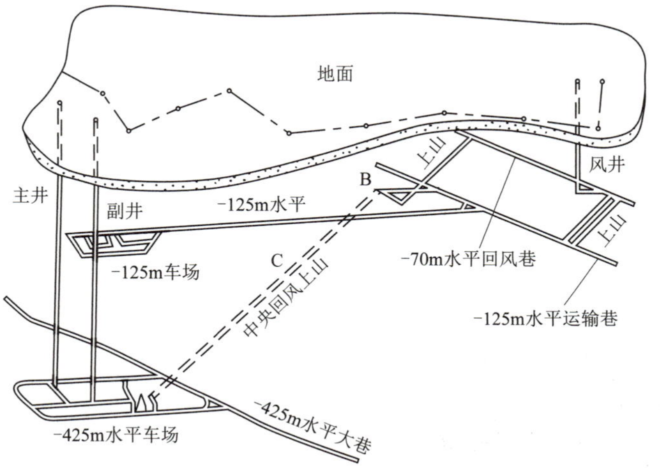

图2　巷道贯通

矿山充填 mine backfill　将固体物料制备成可输送的浆体或散体，输送到井下并充入采空区形成散体集合体或固结体的作业过程。

发展简史　矿山充填历史悠久，可追溯到周朝至汉代，从**铜绿山矿冶遗址**可看到当时已采用废石或低品位的铜矿石回填方框棚子。最初主要采用干式充填的方式处理废弃物，随后逐渐与采矿工艺相结合，成为**充填采矿法**的主要工艺环节。但因这一工艺效率低、劳动强度大，难以满足采矿工业快速发展的需要。其后，经过近百年的发展，矿山充填在充填材料、制备工艺、输送方式等方面取得巨大进步，形成了多种多样的矿山充填方式。20世纪80年代后，充填料浆制备和输送技术取得快速发展，充填料浆浓度接近或超过最大沉降浓度，形成高浓度结构流充填或**膏体充填**。

分类　根据3种主要分类依据对矿山充填进行一级分类：①按充填料输送方式，分为干式充填和水力充填。②按充填集料类型，分为尾砂充填、废石充填、细砂充填。③按加入胶凝材料，分为非胶结充填和胶结充填。这3种分类可按不同组合细分二级或三级分类。21世纪后，应用较广的主要类型有分级尾砂充填、全尾砂胶结充填、废石胶结充填、膏体泵送充填和细砂充填。

充填集料　矿山充填的集料主要是就近选取，常用的有选矿厂尾砂、采掘废石、煤矸石、天然沙、戈壁集料及磷石膏等矿山固体废弃物。胶凝材料多为普通水泥，以及矿渣胶凝材料、高水速凝材料和赤泥等。

工序　矿山充填通常包含取料、储存、制备、输送、充填等主要工序。但针对不同的充填材料其工艺方法差别较大。针对不同充填料有溜井重力输送、机械运搬、管道自流输送、管道泵送等输送工艺，以及机械连续搅拌、机械间断搅拌、重力混合等制备充填料的方式。

作用　矿山充填的主要作用：①作为充填采矿法的必要

工序，形成充填体进行地压管理和构建采场。②作为采空区处理的一道工序，通过充填消除采空区。③作为绿色开采的必要工序，大宗量消除矿山固体废物。其中第三种作用往往同时发挥前两种作用。

矿山充填是充填采矿法的必要工序，对绿色开采具有不可或缺的支撑作用，其发展应用前景广阔。

扩展阅读

周爱民.矿山废料胶结充填.2版.北京：冶金工业出版社，2010.

彭续承.充填理论及应用.长沙：中南工业大学出版社，1998.

（李向东）

矿山粗破碎站 primary crushing station 对矿（岩）进行初次破碎的设施。又称粗碎站。根据矿山开采工艺，矿山粗破碎站分为露天粗破碎站和地下粗破碎站。

露天粗破碎站可分为固定式粗破碎站、半移动式粗破碎站和移动式粗破碎站。①固定式粗破碎站常设于露天采场境界外或者中间阶段平台，也有设在选矿厂的，具有服务年限长、基建时间长等特点。采用固定式粗破碎站时，矿石运输距离较远，运输成本高，但生产过程中不用移动，不需要二次建设费用，方便生产管理。②半移动式粗破碎站（图1）多设在露天

图1 半移动式粗破碎站

采场工作平台间或溜井上口，随着开采水平变化向下移设，特点是建设工程量较小、移设对生产影响不大。20世纪80年代开始出现模块化的半移动式粗破碎站，由汽车卸载栈桥、给料仓、破碎机、矿仓、排料胶带机、液压碎石锤等组成。移设时，

图2 移动式粗破碎站

利用专门的移动设备——履带式或轮式运输车行驶到破碎机架下，将破碎机和机架顶起，移至新的位置。采用半移动式粗破碎站可以有效减小矿石的运输距离和运输成本。③移动式粗破碎站（图2）最早出现在50年代的石灰石矿，一般设在采场工作面附近，随采掘作业推进而移动。移动式粗破碎站一般包括破碎机、给料装置、卸料装置、维修系统、行走机构等。采用的破碎机有颚式、旋回式等。移动式粗破碎站与带式输送系统相结合，可减少汽车运距，节约矿山开采费用，还可以减少粉尘和废气，改善**矿山安全**状况。但移动式粗破碎站价格昂贵。中国的露天矿粗破碎站以固定式和半移动式为主，移动式粗破碎站因为价格昂贵，应用较少。

地下矿山粗破碎站（图3）一般为固

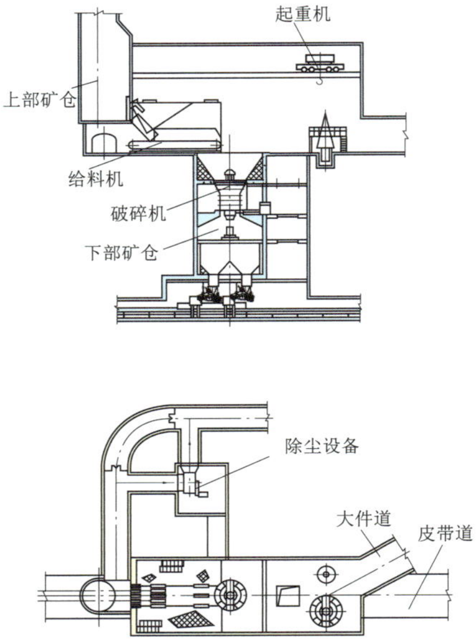

图3 地下矿山粗破碎站

定式，通常设在箕斗井旁侧，具有服务年限长、基建时间长等特点。粗破碎站的主要设备包括破碎机、给料机、除尘设备、起重设备等。粗破碎机主要有旋回式破碎机、**颚式破碎机**、锤式破碎机等。粗破碎站除自身建筑物和设备外，还需要配套设施，如上部矿仓、下部矿仓、皮带道、大件道、通风天井、除尘硐室、操作硐室和计量硐室等。（刘铁军）

矿山大气环境 mine atmosphere environment 矿山及其周围空气的物理、化学特性。物理特性主要包括空气的温度、湿度、风速、气压和降水等，化学特性主要为空气的化学组成。矿山大气污染物主要包括一氧化碳、氮氧化物、硫化氢、二氧化硫等有毒气体，烟雾和矿尘。矿山企业在**采矿**、**矿石破碎**、**筛分**、转载、废石和**尾矿堆存**以及生活过程中，向矿区地面（见图）

矿山大气环境污染

和井下空间排放各种无机或有机的气体、烟雾、矿尘。矿山开采过程中粉尘等进入矿区大气，经足够的时间，达到足够的浓度时会使矿区环境空气质量恶化，从而危害人们的生活和身体健康，破坏矿区的大气环境。

矿山大气环境的影响因素复杂多样。露天采场的影响因素主要有开采方案、矿岩性质、地形地貌、气象条件等；井下开采的影响因素主要有井下巷道的污风收集及净化方法；堆场的影响因素主要有堆场物料的粒度、含水率、表面覆盖方式及环境风速等。

矿山大气污染防治采用源头控制和末端治理相结合的方法进行。在矿山采掘和选矿加工过程中会产生各种有害气体和粉尘，为了合理利用自然环境，防治环境污染和生态破坏，矿山首先应该做到通风防尘、抑制尘源、降尘、排尘、加强个体防护。针对矿山大气环境问题，需着重研究有害成分和污染防治措施，并分析气体成分中的有害物质含量；收集井下污风并进行除尘；采取堆场洒水抑尘，及时碾压，及时覆土并恢复植被等。

（宁 平）

矿山地质工作 mine geological work 矿床经过找矿评价、地质勘探后，从矿山设计、基建、生产至矿山闭坑全过程所进行的一系列地质工作。

发展简史 矿山地质工作是与采矿工业一起发展起来的。但直到20世纪30年代才形成一门学科，出版了矿山地质学专著。70年代后，矿山地质工作利用现代技术得到迅速发展。如中国许多矿山找到新的工业矿体，有的矿山资源储量甚至翻番；利用矿山建模软件和互联网技术，实现了矿山资源储量动态管理和监管，提高了矿山资源利用率。

任务 主要任务有：①进一步查明矿体地质特征和矿床**开采技术条件**，为采矿工程设计和采矿作业提供地质依据。②对资源储量进行管理，保证矿山正常生产。③对矿区周边进行探边摸底，扩大矿山资

源，延长矿山寿命。④矿山闭坑时编写矿山闭坑地质报告。⑤对矿区进行综合地质研究，总结成矿规律，分析评价勘查手段的有效性，指导新矿床的找寻和勘查，为新的矿山开展地质工作提供依据。

工作阶段 矿山地质工作按时间节点可划分为：设计阶段地质工作、基建阶段地质工作、生产阶段地质工作和闭坑阶段地质工作。

设计阶段 主要包括：①深入掌握矿山地质勘查资料，对地质勘查的程度和工作质量进行评价，并评价矿山开发中存在的地质风险。②加工整理满足采选规划或设计所需要的地质资料。③进行矿山基建勘探施工图设计。④对不能满足规划或设计要求的地质资料做出补充地质工作建议，如有些需要补充**矿石加工技术性能**试验，有些**水文地质条件**未能查明的复杂或大水矿山需补充水文地质勘查。

基建阶段 主要包括：①通过基建勘探进一步查明基建范围矿体地质特征，详细查明首采地段矿体的空间位置、产状、厚度及其变化，以及矿石类型，有用有害组分含量及其变化。②进一步查明矿床开采技术条件。③重新估算基建范围内资源储量，满足矿山生产对三级矿量（备采矿量、采准矿量和开拓矿量）储备的要求。④进行资源储量对比分析，查明资源储量变动因素，为将来的矿山地质工作策划提供依据。⑤开展矿山地质综合研究，解决与地质因素有关的问题，如为研究矿岩稳定性、地质环境、矿产综合利用或水文地质等问题所进行的专门性地质工作。

生产阶段 主要包括：①通过**生产勘探**，提高储量级别，以便为各项开采技术工作（如采矿方法设计或采掘计划编制等）提供相应级别的储量和有关地质资料。②对开采工程所揭露的地质现象进行经常性的调查研究，系统地收集有关采掘的地质资料，指导采掘工程。③解决生产中出现的与地质因素有关的特殊问题，如为研究岩体稳定、环境地质、矿产综合利用或水文地质等问题所进行的专门性地质工作。因此必须经常进行地质编录、取样、样品测试、储量计算、综合研究等工作。④对采出的矿石取样分析，确定生产矿石的品位，同时检验采矿方法的先进性。⑤对矿山资源储量进行动态管理。矿山地质工作人员需及时计算矿山各类各级别资源储量，掌握其分布情况，为矿山生产和工作计划编制提供依据。当可采基础储量发生改变时，地质工作人员应及时调整资源储量估算参数，重估矿山资源储量，以利于矿山生产调整，充分利用资源，发挥资源的最大效益。⑥开展矿产资源综合利用研究，主要是对已发现矿体周边小矿体的勘查工作，也就是通常所说的探边摸底，确定其开采价值；查明矿石中伴生的有用和有益组分。

闭坑阶段 矿山资源开采枯竭或布局规划调整，需要停止开采并将矿山永久关闭，称为闭坑。闭坑阶段地质工作主要是编写固体矿产矿山闭坑地质报告，工作内容包括：总结和综合研究矿床地质特征；分析评价生产技术指标；评估**矿山环境**；估算剩余的资源储量，核销矿山已采资源储量；对剩余资源储量的处理、废弃矿坑的利用和环境及地质灾害治理提出建议。

扩展阅读

侯德义，李志德.矿山地质学.北京：地质出版社，1998.

（陈希廉 郑之英 凌益煌 撰 汤自权 修订）

矿山地质环境 mine geological environment 采矿活动所影响到的岩石圈、水圈、生物圈相互作用的客观地质体。采矿活动不断改变其自然平衡状态的地质环境，是一个地质环境问题较多、地质灾害较突出的工程活动。矿山地质环境主要涉及以下内容：①**矿山地质灾害**问题。包括地表变形、地裂缝、地面沉降、地面塌陷、山体开裂与崩塌、露天采场滑坡、**排土场滑坡**及泥石流、岩溶塌陷、**矿震**、尾矿库溃坝等问题，井下矿山地质灾害包括冒顶、片帮、突水、突泥、井下热害、矿震、岩爆、自燃、油气井管套损坏等。②地下含水层破坏问题。由矿山开采引起含水层的破坏，导致矿区甚至区域地下水位下降、井泉干枯、地表水体漏失、水质恶化等。③地形地貌景观破坏问题。矿山原始地形地貌景观破坏，造成土地损毁、山体破损、岩石裸露、植被破坏等现象。

矿山地质环境保护，坚持预防为主、防治结合，谁开发谁保护、谁破坏谁治理、谁投资谁受益的原则。矿山地质环境保护措施包括：①**矿山地质环境调查**。调查的范围应包括采矿登记范围和采矿活动可能影响到的范围；资料收集包括矿山概况，矿山自然地理，矿山地质环境条件，矿山地质环境问题调查等。②矿山地质环境影响评估。按照一定的标准和方法，定性或定量地评价和估量采矿活动对地质环境的影响程度。依据评估区域地质环境条件复杂程度和矿山开采规模将评估区重要程度划分为重要区、较重要区、一般区三级；依据发生地质灾害、含水层破坏、地形地貌景观与土地资源破坏的程度将矿山地质

矿山地质环境恢复治理现场

环境影响程度划分为严重、较严重、较轻三级。常用的评估方法有工程类比法、层次分析法、加权比较法、相关分析法、模糊综合评判法等。③矿山地质环境保护与治理恢复方案制订并实施。④矿山地质环境监测。对主要矿山地质环境要素与矿山地质环境问题进行的监视性测定。⑤常见矿山地质环境防治工程措施包括削坡降坡处理、压坡处理、边坡加固、挡渣墙、排水沟、充填、覆盖等措施。

矿山地质环境以环境科学、矿山地质、环境工程、岩体力学、流体力学、灾害力学等为理论基础，主要研究矿山地质灾害与环境破坏的分类、产生机理、治理与防治措施，以及相应的法律法规等。实现以最小的环境代价获得最大的资源开采，达到矿山绿色开采的目标。

（宋子岭）

矿山地质环境调查 mine geological environmental survey 通过资料收集、遥感解译、野外调查、样品采集与测试、探槽及浅井等方法手段，查明矿山地质环境问题的类型、分布、危害状况，并进行分析评价的活动。

矿山地质环境调查的目的 在掌握调查区地质环境条件的基础上，查明矿山地质环境问题的类型、分布及危害状况，评价矿山资源开发对地质环境的影响，分析矿山地质环境变化趋势，从矿山地质环境方面论证矿山建设生产的适宜性，对矿山地质环境保护与治理恢复提出建议，保护矿山地质环境。

矿山地质环境调查的任务 开展地质环境背景补充调查，基本掌握调查区地质环境条件；开展矿山基本概况调查，掌握矿山开发历史、矿体分布、开采方式、生产能力、矿业活动范围等；矿山地质环境问题及危害调查，查明矿山地质环境问题的类型、分布及规模等。

矿山地质环境调查的基本要求 调查范围应包括矿山采矿登记范围和矿业活动明显影响到的区域。矿山地质环境调查比例尺不小于1:50 000，矿山地质环境问题

集中发育区、危害程度较严重以上的区域，调查比例尺应不小于1∶10 000。矿山地质环境背景调查应以收集资料、实地调查为主，补充调查为辅，野外调查综合采用遥感解译、地面调查、山地工程、样品采集、地球物理勘查等方法手段。矿山地质环境影响评价宜采用定量或半定量的方法，按照影响严重、较严重和一般3个等级进行评价。应按照规定格式，编写成果报告，编制相关图件，建立调查数据库。

矿山地质环境调查的主要内容　调查区地质环境条件调查主要包括：气象与水文调查、地形地貌调查、地层岩性与地质构造调查、水文地质调查、工程地质调查、土地利用调查、其他人类工程活动调查。

矿山地质环境问题调查主要包括：崩塌调查、滑坡调查、泥石流调查、地面塌陷（地裂缝）调查、含水层破坏调查、地形地貌景观破坏调查、土地资源破坏调查、水土环境污染调查。

矿山地质环境调查方法　矿山地质环境调查的方法主要有资料收集与分析、遥感调查、地面调查、山地工程、物探、样品采集与测试等。

矿山地质环境影响评价内容　主要从两个方面进行评价：①矿山建设和生产活动受不利矿山地质环境的影响程度和受地质灾害的威胁程度。②矿山建设和生产活动可能引发的矿山地质环境问题以及地质灾害对矿山地质环境的破坏程度。

重点是分析评价：①**矿山地质灾害**（包括崩塌、滑坡、泥石流、地面塌陷和地裂缝）的形成、发展趋势、规模、影响程度及其防治方案。②地下水系统破坏情况、发展趋势、影响程度及其保护或防治方案。③地形地貌、景观的破坏程度及其保护方案。④土地资源破坏和土壤污染情况及其恢复治理。

扩展阅读

潘懋，李铁锋.地质环境学.修订版.北京：高等教育出版社，2003.

（钟兆泓）

铁矿山地表塌陷

矿山地质灾害　mine geological disaster　在矿山开采活动中引发的采掘井巷破坏与岩土体变形、矿区地质与水文地质条件及自然环境的严重变化，危害人类生命财产安全，破坏采矿工程设备与矿区资源环境，影响采矿生产的灾害。又称采矿地质灾害。矿山地质灾害是地质灾害的一个分支，是人类开采矿山而直接诱发的人为地质灾害，与矿山规模、开采方式、矿产类型及发生位置等特点相关。根据发生位置不同将矿山地质灾害分为地面矿山地质灾害与井下矿山地质灾害两种。地面矿山地质灾害包括地面塌陷、地面沉降、地裂缝、滑坡、崩塌、泥石流、地下含水层破坏、地下水位下降、井泉干枯、地表水体漏失、水质恶化等。井下矿山地质灾害包括冒顶、片帮、突水、突泥、**矿井热害**、**矿震**、**岩爆**、井下矿石自燃、矿坑水污染等。

金属矿存在不同程度的矿山地质灾害。矿山地质灾害不但破坏采矿设施、设备，影响采矿生产，危害矿工生命安全，而且会对土地资源、水资源和矿区环境造成影响。

（赵晓亮）

矿山放射性　mining radioactivity　矿山生产活动产生的原矿、中间产品、精矿、废石、尾矿、废水等及矿山生产场所出现的钍、铀、氡及氡子体等放射性物质或者α、β、γ射线。放射性物质主要为不稳定的核素，它能自发地发生衰变而成另一种不稳定的核素（或稳定的元素），在衰变过程中同时放出不同射线，主要有α、β、γ射线。α射线穿透能力很弱，一张纸就可挡住；β射线较强，可被5毫米铅板挡住；γ射线穿透能力很强，需要10厘米厚铅板才能挡住。矿山放射性主要分为铀（钍）矿、伴生放射性矿产资源和非铀矿产资源的放射性。铀（钍）矿和伴生放射性主要来自矿石开采产生的废水、废气、固废。根据中国《非铀矿产资源开发利用辐射安全监督管理办法》，非铀矿产资源的放射性是专指含有较高水平天然放射性核素浓度，即其原料（矿）、中间产品、尾矿（渣）或残留物中所含的天然放射性核素活度浓度超过1贝可/克（Bq/g）的矿产资源。1贝可表示放射性核素每秒有一次核衰变。如果放射性核素活度浓度低于1贝可/克，则认为该矿产资源放射性较低。放射性危害主要分为3种类型，第一种是直接辐射，主要是γ射线；第二种是吸入放射性粉尘残留在体内；第三种是氡气及其子体产物的吸入。

放射性危害以皮肤、眼晶体等单个器官或组织、人体的年剂量当量来评价。西弗特（Sv）是衡量辐射对生物组织伤害的单位，每千克人体组织吸收1焦耳为1西弗特。通常相关标准中规定工作人员的年有效剂量当量限值为20～50毫西弗特，眼晶体的年剂量当量限值为150毫西弗特，其他单个器官或组织的年剂量当量限值为500毫西弗特。公众成员的年有效剂量当量限值为1毫西弗特，皮肤和眼晶体的年剂量当量限值为15～50毫西弗特。矿山放射性评估可准确定位放射源所在的工艺环节、场地位置及影响方式，从而能够提前做好放射性的个人防护措施和环境防护措施。

（李　青）

矿山废水处理　mine wastewater treatment　使矿山废水达到排入某一水体或者再次使用的水质要求，对其进行净化的过程。矿山废水包括矿山范围内从采掘点、**选矿厂**、**排土场**、**尾矿库**和生活区等地点排放的废水。主要包括酸性废水、重金属废水、含氰废水等。主要污染物有悬浮物、重金属离子、有机污染物（**浮选药剂**）和酸碱离子等。

矿山废水的来源和成分比较复杂，一般要经过实验研究后，再确定其处理方法。处理方法可分为物理处理法、化学处理法、物理化学处理法和生物处理法。物理处理法比较简单，主要通过沉淀、过滤、**浮选**（或气浮）等物理手段，去除废水中的悬浮固体物质，常用方法有筛滤法、过

矿井排出的废水处理

滤法、沉淀法和气浮法等。化学处理法是通过化学反应的作用来分离废水中的污染物质，或改变污染物的性质，使其变成无害，处理对象主要是废水中无机的或有机的（难生物降解的）溶解物质或胶体物质，常用的处理法有化学混凝法、中和法、化学沉淀法和氧化还原法等。物理化学处理法是利用物理化学的原理和化工单元操作以去除水中的杂质，处理对象主要是废水中无机的或有机的（难生物降解的）溶解物质或胶体物质，尤其适用于杂质浓度很高的废水（用作废水回用）或是杂质浓度很低的废水（用作废水的深度处理），常用处理方法有吸附法、离子交换法、膜析法（包括渗析法、电渗析法、反渗透法、超滤等）、萃取法等。生物处理法是通过微生物的新陈代谢作用，将废水中有机物的一部分转化为微生物的组织细胞物质，另一部分转化为比较稳定的化学物质（无机物或简单有机物）的方法。生物处理的主要作用者是微生物，特别是其中的细菌。根据生化反应中氧气的需求，分为好氧生物处理法、厌氧生物处理法和兼氧生物处理法。

矿山废水处理方法的选择因处理后废水的去向而不同，回用于矿山企业生产用水系统的以不影响生产指标为前提；排放于外界环境的废水必须达到相关排放标准方可排放。 （吴兆清）

矿山服务年限 life of mine 矿山设计可采储量的可开采时间。是投产年限、稳产年限和减产年限之和。从投产起，矿山实际生产规模达到设计生产规模的年限称为投产年限，大、中型矿山投产年限不应大于3年，小型矿山不应大于1年。矿山实际生产规模达到设计生产规模的年限称为稳产年限，稳产年限应大于合理服务年限的2/3。矿山在生产后期，随着可采矿量或矿块数的减少，实际生产规模达不到设计生产规模的年限称为减产年限，减产年限不应大于3年。

矿山合理服务年限是按经济合理的*矿山生产规模*确定的矿山服务年限。一个矿山从投产到开采完的时间周期，在探明矿床的工业储量及设计采用的采矿方法一定时，矿山的合理服务年限决定于经济合理的矿山生产规模。如果设计或生产的矿山生产规模过大，将使矿山寿命过短，导致矿山建设投资增大，机械设备利用周期小于其经济寿命期，从而使已形成的生产规模得不到充分发挥，会降低投资效益。反之，设计或实际的矿山生产规模过小，矿山经济寿命虽延长，但单位矿石成本则因摊入的基建投资和生产管理费用增大而提高，同样也会降低矿山经济效益。因此，矿床（储量）规模、矿石质量、市场需求状况、矿山企业投资效益目标及开采技术水平等因素共同决定着矿山生产规模与矿山服务年限之间的经济合理组合。

（陈建双）

矿山辐射防护 radiation protection in mine 为防止井下工作人员受放射性物质辐射影响而采取的防护措施。在许多矿山均发现有不同的放射性物质，特别是在铀矿或钍矿等开采中，作业工人可能受到α或β射线的外照射或吸入放射性粉尘，同时皮肤和衣服也受到放射性矿物质的污染。

当矿石中铀含量小于0.5%时，井下γ射线照射量和矿尘的α放射性危害不大。而放射性物质的危害主要来自氡（Rn）及其子体含量高的空气，长期吸入这种空气，会引发肺癌。氡子体比氡更有害。

氡的来源及最大容许值 Rn有多种同位素，在井下造成放射性危害的主要是^{222}Rn，钍矿中则有^{220}Rn，一般说的氡指的是前者。在标准状态下，氡是^{226}Ra的衰变产物，是无色、无味、无臭、透明的惰性气体，有α放射性，半衰期3.825天，重率9.79克/升，是铀系成员之一。氡还要连续进行衰变，形成一系列氡的子体，其中半衰期较短的那部分被称为氡子体，是极细微的金属颗粒。井下空气中氡的来源有：以扩散和气载氡渗流形式从岩体表面析出，从采空区和井下堆存岩石析出，地下水流出岩体后释放。井下空气中的氡子体由进入空气中的氡衰变而来。地面大气中普遍含有氡及其子体，但浓度甚低，一般为10^{-13}居里/升（Ci/L）级。井下空间狭小，通风不良或不通风区域的氡浓度可达10^{-10}居里/升级，铀矿井可达10^{-8}居里/升级。井下空气中氡的最大容许浓度为10^{-10}居里/升。氡子体α潜能是1升空气中氡子体完全衰变为^{210}铅（但不包括^{210}铅的衰变），所发射α粒子能量的总和，其最大容许值为4×10^{10}电子伏特/升。人的感官不能直接察知氡及其子体的存在，需靠仪器检测。中国生产出多种适合井下使用的测氡仪、测氡子体仪和取样仪。如果测得氡及其子体浓度不超过最大容许值的10%，可认为无放射性危险；如果超过该值的30%，需进行常规监测，采取降氡措施。

防护措施 最经济、最有效的降氡措施是机械通风。若矿岩中的铀含量不超过3×10^{-5}居里/升，一般不必为降氡增加风量。隔绝氡源和利用通风压力控制氡的析出是重要措施。对岩石裂缝多、气体渗透性好、采空区多的老矿山尤为重要。压入式通风有利于减少氡的析出量。对个别通风困难的工作面，可采用空气净化方法，降低氡子体浓度。矿工下井一定要戴高效口罩。对氡及其子体浓度超过最大容许值的矿山，应进行个人累积剂量测量。所有矿井在基建和投产初期，均应检测井下大气质量，防止过量照射。

扩展阅读

国际放射防护委员会.铀矿山及其他矿山的辐射防护.陈兴安，译.北京：原子能出版社，1981.

（张 哲 胡家国）

矿山工程数字化 digitization of mine engineering 将矿山设计图件或工程验收测量图件所包含的信息转变为可以度量的数字、数据，再以这些数字、数据建立适当的数字化模型，进行统一存储与处理的过程。对于以纸质形式存档的矿山工程设计或工程验收图件，通常采用扫描仪或数码相机将图件转化为图像，对图像进行校准后，采用图像处理软件进行文字识别和图形矢量化处理，完成图件的数字化，并以计算机辅助设计（computer aided design，CAD）文件的格式进行保存。采用CAD软件设计或以CAD格式保存的设计/实测工程图件，通常是以平面图或剖面图的形式存在，在工程的数字化过程中需要对这些图件进行坐标变换或高程处理，形成真正的三维工程数据，最后采用三维工程建模软件生成三维工程模型。

对于矿山设计工程，在工程设计中心线的所有控制点处放置工程设计断面轮廓线，进行三维矿山设计工程建模；对于采用传统测量技术得到的矿山工程实测数据，可以采用测量导线数据和细部轮廓测量之间的拓扑关系，通过对工程断面轮廓的拟合，进行三维矿山实测工程建模；对于采用三维激光扫描仪测量获得的矿山测量数据，可以采用点云重建方法生成三维工程模型。 （王李管）

矿山工作制度 mine work system 根据气候条件、开采方式、生产规模等因素研究确定的矿山企业年、日、班作业时间。中国矿山企业有连续和间断两种工作制度。连续工作制是矿山生产不间断，人员轮休，并考虑设备集中检修时间；间断工作制是不单独考虑设备集中检修时间，按法定假日休假，休假期间矿山停止生产。

地下矿山年工作制度通常采用306或330个工作日，每日工作3班、每班工作8小时；小型矿山可采用每日2班，每班8

小时的工作制度。露天矿山年工作制度通常采用330个工作日，每日工作3班、每班工作8小时。因特殊气候需季节性工作的露天矿山，年工作天数可适当降低。

（陈建双）

矿山公园 mine park 以展示矿产地质遗迹和矿业生产过程中探、采、选、冶、加工活动的遗迹、遗址和史迹等矿业遗迹景观为主体，体现矿业发展历史内涵，具备研究价值和教育功能，可供人们游览观赏、科学考察的特定地域空间。联合国教科文组织于1972年在巴黎总部通过《世界文化和自然遗产保护公约》，1975年正式生效，根据文化遗产遴选标准，波兰、法国、玻利维亚、墨西哥、德国等国家的部分*矿山*列入《世界遗产名录》，作为矿山公园，成为保护对人类文明发展具有普遍价值和重要意义的矿山遗址的典范。中国矿产资源丰富，类型众多，分布广泛，具有悠久的开发历史。从殷周的铜矿、春秋战国的铁业和秦汉的井盐，到魏晋的煤矿和天然气，以及隋唐以后的矿业繁荣和近现代矿业开发，中国许多珍贵矿山遗址和遗迹遭受自然和人为的破坏，甚至荡然无存。1987年中国地质矿产部以部门法规的形式提出对包括采矿遗址在内的地质遗迹建立保护区，2000年中国国土资源部将“具有特殊学科研究和观赏价值的岩石、矿物、宝玉石及其典型产地”作为地质遗迹景观主要内容之一。中国矿山公园设置国家级矿山公园和省级矿山公园。国家矿山公园由国土资源部审定并公布。至2015年中国在建和正式授予的国家矿山公园共有几十处，如湖北黄石国家矿山公园、福建紫金山金铜矿国家矿山公园、甘肃金川矿山地质公园、河北唐山开滦煤矿国家矿山公园、浙江遂昌金矿国家矿山公园、景德镇高岭国家矿山公园、山东沂蒙钻石国家矿山公园、四川丹巴白云母国家矿山公园、贵州万山汞矿国家矿山公园等。矿山地质公园包括矿业开发史籍、矿业生产遗址、矿业活动遗迹、矿业制品、与矿业活动有关的人文景观、矿产地质遗迹等内容。矿山公园可以充分展示社会文明史的客观轨迹和文化，为人们提供游览观赏景观，为科学活动提供考察和研究对象，矿山公园是使不可再生的重要矿业遗迹资源得到保护和永续利用的有效途径。

中国盱眙象山国家矿山公园

扩展阅读

林海.矿业环境工程.长沙：中南大学出版社，2010.

（祝怡斌）

矿山固体废物 mine solid waste *矿山*开采、选别过程中产生的废石、*尾矿*等废物。矿山固体废物包括基建及生产时期产生的废石、尾矿（图1）、除尘灰（泥）、废水处理污泥等，主要是废石和尾矿。矿山开采和选别生产过程中将产生大量的固体废弃物，对环境的影响主要表现为：①废石、尾矿露天堆放，占用大量的土地，破坏地貌和植被。②废石、尾矿长期露天堆放，受风吹日晒，产生扬尘，污染大气。③废石、尾矿经过雨水的淋溶，有害物质溶出进入淋溶水，淋溶水进入矿区周边地表水及地下水，造成水体污染，进入周边的土壤，造成土壤污染。④*排土场滑坡*、尾矿坝溃坝等地质灾害，引发二次环境污染。

中国对矿山固体废弃物处理遵循减量化、资源化、无害化原则。减量化通过工艺优化，减少固体废物的产生，如采用*充填采矿法*等。资源化利用是指从废石和尾矿中回收有用的物质，如尾矿再选，回收有用矿物；废石和尾矿用于道路路基建设、加工成新型建筑材料（图2）等；尾矿作为充填料充填井下采空区等。无害化处置是根据废石、尾矿的属性进行分类贮存处置，并满足相应的标准要求。

图1 铜尾矿露天堆放（美国亚利桑那州）

图2 尾矿页岩砖生产线

（欧阳坤）

矿山环境 mine environment 矿山及其周围的自然和社会条件。自然条件主要指大气、水、土壤、植物、动物、微生物等因素，社会条件主要包括交通、社区、教育、卫生、经济等。

矿山环境问题 自18世纪60年代兴起第一次工业革命以后，社会生产力迅速发展，机器广泛使用，矿产资源开采实现工业化与规模化，矿山环境问题随之出现。矿山环境问题与矿业工程紧密相关。矿业工程包含采矿工程和选矿工程。矿山采选生产过程中产生的有毒有害气体、粉尘、废水、废石、*尾矿*等如未得到妥善处理和处置，将造成矿山周边水体、空气、土壤污染，从而对生态环境产生影响。矿山生产场所主要包括露天采场、堆浸场、原位浸矿采场、地下采矿场、回风井、井口工业场地、选厂、*排土场*、*尾矿库*、尾矿管线、办公生活区等场所。露天采场主要环境问题是*凿岩*、铲装、运输等作业产生的粉尘，爆破烟尘，矿坑涌水，设备噪声，爆破振动，土地挖损，地形地貌变化，景观变化等；堆浸场主要环境问题是筑堆运输、卸载产生的粉尘，浸矿剂挥发产生的废气，浸矿剂渗漏污染地下水，设备噪声，土地压占，地形地貌变化，景观变化等；原位浸矿采场主要环境问题是浸矿剂渗漏污染地下水、土地挖损等；地下采矿场主要环境问题是*井下涌水*抽排、采空区引起地表变形等；回风井主要环境问题是井下污风排放污染空气；井口工业场地主要环境问题是提升设备噪声等；选厂主要环境问题是破碎、*筛分*、转载产生的粉尘，设备噪声，*精矿*、尾矿浓缩溢流水，冲洗地坪水等；排土场主要环境问题是运输、卸载产生的粉尘，风蚀扬尘，排土场淋溶水渗漏污染地下水和地表水，土地压占，地形地貌变化，景观变化等；尾矿库主要环境问题是干滩风蚀扬尘、尾矿库溢流水、尾矿库排洪水、尾矿库渗漏污染地下水、尾矿库溃坝危险等；尾矿管线主要环境问题是尾矿泄漏、占地等；办公生活区主要环境问题是生活垃圾、生活污水等。

矿山环境影响 影响具有不可逆性、长期性、累积性等特点。矿山的露天采场、堆浸场、排土场、尾矿库等工程对土壤、水环境、植被、景观的破坏是不可逆的；

矿山生产服务年限一般较长，有的达上百年，露天采场、堆浸场、排土场、尾矿库等工程对环境影响是长期的；金属矿山矿石、废石和尾矿往往含有重金属元素，矿山排放的含重金属粉尘、废水对矿山周边土壤、生态环境的影响具有累积性。

20世纪60年代，环境科学成为正式学科，随着学科的发展，矿山环境作为采矿学科的一个分支学科逐渐形成。主要研究方向包括**矿山可持续发展**、**矿山水体环境**、**矿山大气环境**、矿山土壤环境、**矿山固体废物**、矿山声环境、矿山振动、**矿山放射性**、**矿山生态环境**、**矿山地质环境**、矿山社会经济环境等。矿产资源为不可再生资源，矿山可持续发展主要对**矿山清洁生产**、循环经济、绿色开采、闭矿后土地资源二次开发利用等进行研究。矿山水体环境包括矿山地表水环境和地下水环境。地表水环境主要是井下涌水、矿坑涌水、尾矿库排洪水、排土场淋溶水、尾矿库渗漏水、矿山跑冒滴漏等排水对地表水质的影响以及因沉陷或疏排水需要而引起的河流改道等。地下水环境主要是堆浸场渗滤水、原位浸矿采场渗滤水、排土场淋溶水、尾矿库渗漏水等对地下水质的影响，以及井下涌水、矿坑涌水抽排对地下含水层的影响。矿山大气环境主要是露天采场凿岩、铲装、运输粉尘，爆破烟尘，地下开采回风井排放污风，选厂破碎、筛分、转载粉尘，排土场、尾矿库无组织扬尘等对空气环境的影响。矿山土壤环境主要是**矿尘**、废气、废水排放，废石尾矿处理处置对矿山及周边土壤环境的影响。矿山固体废物主要是矿山废石、尾矿的堆存引起的占地、扬尘、淋溶污染和景观破坏。矿山声与振动环境重点是采矿爆破、采选设备噪声对周边居民的影响。矿山放射性环境主要是原矿、废石、尾矿、废水等的放射性对人健康的影响。矿山生态环境主要是露天采场、堆浸场、原位浸矿采场、地下采空区、排土场、尾矿库等对土地、地形地貌、景观、生物等的影响。矿山地质环境主要是采矿地裂缝、采矿塌陷坑等采矿地表变形，**排土场滑坡**，尾矿库溃坝等地质灾害引起的二次环境污染。社会经济环境主要是矿山开发对附近居民就业、生活、公共设施、社区发展等的影响。

矿山环境污染防控　主要是矿山废水、废气、噪声、土壤、固体废物、土地损毁等的控制及土地复垦（图1）。矿山废水污染防控重点是井下涌水、矿坑涌水、排土场淋溶水、尾矿库溢流水、选矿废水的收集、处理、利用和达标排放，难点是矿山酸性水处理、重金属废水处理、含氰废水处理、含残留选矿药剂废水处理、排土场淋溶水和尾矿库渗漏水对地下水污染控制。矿山废气污染防控重点是爆破烟尘，采矿的凿岩铲装运输作业粉尘预防控制，选厂破碎、筛分、转载作业粉尘控制，尾矿库、露天采场和排土场无组织扬尘控制。**矿山噪声**振动污染防控重点是爆破振动，凿岩、铲装、破碎、筛分、球磨、通风等设备噪声的防控。矿山固体废物防控重点是废石和尾矿的安全贮存、处置及二次污染控制。矿山放射性防控重点是含放射性矿床开采矿山的作业场所的放射性防护和个体防护措施。**矿山土地复垦**主要是针对露天采场、堆浸场、排土场、尾矿库、塌陷地、污染土壤等采取整治与利用措施，对损毁土地实施再利用。

图1　矿山土地复垦

矿山环境监管　包括**矿山环境监测**和**矿山环境管理**（图2）。①矿山环境监测。对矿区及周边的地表水、地下水、空气、土壤、声、振动、生态、放射性环境等进行监测、调查评估，包括建设前期的环境质量本底值监测调查评估、生产运行期的跟踪监测调查评估、服务期满后的跟踪监测调查评估。②矿山环境管理。政府环保管理部门、矿山企业在矿山环保规划、矿山环境影响评价、矿山环保验收、矿山环保措施日常运行、矿山土地复垦、矿山环境风险应急、矿山环境监测、矿山环境政策与标准等方面建立环境管理制度体系，保障矿山可持续发展。

图2　矿山景观修复后

扩展阅读

林海.矿业环境工程.长沙：中南大学出版社，2010.

蒋仲安.矿山环境工程.2版.北京：冶金工业出版社，2009.

（周连碧）

矿山环境管理　mine environmental management　政府、行业主管部门及企业运用法律、技术、经济、行政、教育等手段，减缓矿产资源勘查、开发对矿区及周边的地表水、地下水、空气、土壤、声、振动、生态等环境产生的破坏和污染，实现矿业与环境和谐发展的管控措施。矿山环境管理包括政府部门的监管和企业内部的日常管理。中国政府部门的矿山环境监管体系为环保部门、国土部门、水利部门分工协作型。环保部门负责监管矿山企业环境影响评价、环境监理、竣工环保验收、环境影响后评价制度执行情况，并负责矿山环保措施执行情况及其环境影响的日常检查；国土部门负责监管**矿山土地复垦**、地质环境保护与恢复治理等行为；水利部门负责监管矿山水土保持等工作。中国已形成环境影响评价、环境保护设施设计、施工期环境监理、竣工环保验收、环境影响后评价、环保日常监督检查的全过程环境监管制度体系。矿山环境管理贯彻“污染防治与生态保护并重，生态环境保护与生态环境建设并举；以及预防为主、防治结合、过程控制、综合治理”的指导方针。企业环境管理内容包括建立矿山环境管理机构、环保培训、环保设备运行台账、环保设备管理、“三废”与排污口管理、生态保护与恢复管理、环保档案管理、矿山风险事故环境管理等。

（薛生国）

矿山环境监测　mine environmental monitoring　采用特定的环境监测仪器和设备，依照国家规定的环境监测技术方法，间断地或连续地测定影响**矿山环境**质量因素污染物排放的代表值的活动。矿山环境监测按监测目的分为：①监视性监测，又称常规监测或例行监测。②特定目的的监测，包括污染事故监测、仲裁监测、考核验证监测、咨询服务性监测、再生资源监测、健康监测等。③研究性监测，又称科研监测。④矿山内部日常监测。矿山环境监测方法依据环境空气、地表水、地下水、土壤、声、放射性、废水、废气、固体废物等国家有关的取样监测技术规范。矿山环境监测内容包括污染源监测和环境质量监测，污染源监测主要是矿山废水、废气、噪声、振动、放射性、固体废物等污染源及处理设施效果监测，环境质量监测包括地表水环境、地下水环境、空气环境、土壤环境、声环境、生态环境等的监测。矿山环境监测仪器包括自动监测仪器、在线监测仪器、手动监测仪器。

通过开展矿山环境监测，进一步认识

矿山环境问题及其危害，掌握矿山环境的动态变化，预测矿山环境发展趋势，为合理开发矿产资源、保护矿山环境、开展矿山环境综合整治、恢复与重建矿山生态环境、实施矿山环境监督管理等提供基础资料和科学依据。（彭长宏）

矿山机械 mining machinery 矿山采矿、选矿机械设备的总称。主要包括钻孔设备、凿岩设备、挖掘设备、装药设备、运输设备、破碎设备、提升设备、排水设备、空气压缩设备、通风设备、磨矿设备、分离设备、选别设备、脱水设备、干燥设备等。不同的地质和地理条件、采选规模、矿物的物理化学特性、管理水平和技术经济的合理性，决定其采矿和选矿的方法不同，使用的设备也不同。另外，由于露天矿和地下矿作业环境完全不同，采矿设备又分为露天开采设备和地下采掘设备。在工程设计咨询机构中，矿山机械主要指矿山机械专业负责的提升运输设备、粗破碎设备、排水设备、空气压缩设备、通风设备以及由这些机械设备组成的生产或者辅助系统。

提升运输设备 主要包括运输设备、竖井提升设备、斜井提升设备、带式输送机和架空索道等。①运输设备。分为无轨运输设备和有轨运输设备：无轨运输设备包括各种适用于矿山环境的柴油车辆和电动车辆；有轨运输设备包括各种矿用牵引机车和运输车辆。②竖井提升设备。主要有单绳缠绕式提升机、多绳摩擦式提升机和布莱尔提升机。竖井提升是井下矿山的主要提升方式。在中国，多绳摩擦式提升机使用最多。③斜井提升设备。主要用于一些开采规模不大、矿体埋藏较浅、倾角较缓的矿山。斜井提升包括斜井箕斗提升、斜井串车提升、斜井台车提升、斜井人车提升。④带式输送机。一种散料连续输送设备，输送带种类主要有帆布带、橡胶带、复合材料带和钢丝绳芯胶带。矿山运输用带式输送机主要是通用带式输送机和钢丝绳芯带式输送机：通用带式输送机一般长度不超过400米，功率不超过200千瓦；钢丝绳芯带式输送机长度可达到10千米以上，总功率可以达到10兆瓦，输送能力可以达到10 000吨/小时，根据需要可以实现平面和垂直转弯。⑤架空索道。由架空的钢索（钢丝绳）作为行车轨道以输送物和人的运输机械。

粗破碎设备 对采场采出的矿石进行第一次破碎的机械。粗破碎设备将矿石破碎到350毫米以下，以满足箕斗提升或者输送带运输要求。金属矿山矿石粗破碎主要分为旋回破碎机和颚式破碎机：旋回破碎机破碎能力大，颚式破碎机破碎能力较小。有些露天矿山采用由旋回式破碎机或者颚式破碎机为粗破碎设备的移动破碎站或者半移动破碎站。

排水设备 用于露天采矿场或者井下水泵房排出积水。主要有多级离心式水泵和潜水泵：多级离心式水泵一般用于主排水泵房，潜水泵主要用于矿坑底或井底排水以及矿山抢险。

空气压缩设备 主要有螺杆式、活塞式和离心式空气压缩机。矿山使用的空气压缩机以螺杆式和活塞式为主，也有大型矿山采用离心式空气压缩机。

通风设备 主要有轴流式通风机和离心式通风机：轴流式通风机通风量大，可以通过反转产生反风，更适合在矿山使用；离心式通风机通风量相对较小，且只能单方向运行，反风设施较复杂，矿山应用较少。

扩展阅读

李仪钰.矿山机械：提升运输机械部分.北京：冶金工业出版社，1980.

李炳文，万丽荣，柴光远.矿山机械.徐州：中国矿业大学出版社，2010.

毋虎城，裴文喜.矿山运输与提升设备.北京：煤炭工业出版社，2004.

（谢 良）

矿山基础地理信息 fundamental geographic information of mine 矿山开采环境中各种地理特征和现象的知识表达。矿山基础地理信息的主要表征是地理环境中要素的数量、质量、形态、分布特征及其规律，包括空间位置信息、属性特征信息及时域特征信息3个部分。矿山基础地理信息是数字矿山的主要组成部分，为数字矿山提供统一时空框架。它具有统一性、精确性和基础性的特点。

矿山基础地理信息从数据内容上可分为矿区地面地理信息、矿山地质信息和矿井地理信息3个方面。①矿区地面地理信息。指矿区地面控制测量信息、矿区地形地貌，道路、水系、境界，民用建筑、工业广场、矿区地籍与土地管理，以及开采沉陷信息、露天矿测量信息等，用于表示矿山基本地貌，并作为各种专题信息空间定位的载体。②矿山地质信息。指矿体、岩体、构造、水文等地质体及地质现象，包括地质勘查的钻探、坑探及物化探原始基础信息，以及利用数学模型和图形图像方式表达矿体的空间形态与空间关系、矿产属性的空间分布。③矿井地理信息。包括地下开采形成开采环境的人工工程及其关系，由这些人工工程连接而成的三维网络结构，即所形成的运输系统、通风系统、给排水系统、供电系统及出矿系统。人工工程包括竖井、斜坡道、平硐、联络道、硐室、采场、溜井、凿岩巷道、出矿巷道等。

矿山基础地理信息应用于矿山勘查、设计、建设和生产经营的各个阶段，研究矿区地面与地下空间、资源和环境及其变化，为矿产和土地资源的合理开发、利用，区域环境监测、治理和可持续发展，安全生产及应急救援提供空间要素信息支持。

（毕 林）

矿山基础数据中心 fundamental data center of mine 矿山企业直接与地质、测量、采矿及其过程相关的时空数据数字化集合，以及存储和应用这些数据的计算机及网络环境。矿山基础数据中心储存矿山的基础数据，是矿山基础信息的集散中心，矿山基础信息资源的处理、存储和备份中心，是矿山应用系统数据共享与交互平台。其表现形式除了信息网络、服务器、存储设备以及相关的机房环境外，还包括企业专用或通用数据库和对数据实施收集、加工分析处理、管理、存储保护以及查询检索服务的企业信息应用系统。

矿山基础数据中心包括数据实体、数据整理建库管理的一系列技术规范标准，以及核心数据库管理系统。数据实体是核心数据库的主要内容，是矿业各专业或业务数据库系统、应用系统数据的综合。为了便于管理和更新，从逻辑上将数据划分为：①基础层。是基础地理数据，重点是以基础地理框架为基底的地面控制测量信息、矿区地形地貌、道路、水系、境界、民用建筑、工业广场、矿区地籍与土地管理等基本地理环境数据。②专业层。是地质、测量、采矿等专业在生产计划中产生的数据，主要是由点、线、面、体要素组成的空间数据图层。③感知层。是矿山生产过程中实时采集的数据，一般通过传感器、采集终端、通信网络，感知、传输而获得数据。④管理层。是矿产资源等管理过程产生的数据，随管理业务实时更新，主要是由坐标串构成的空间数据及统计表格组成的属性数据。

各数据层具有一定的相关性。基础层是所有数据的基础，各类数据都以基础层为统一的空间参考。专业层反映的是矿山开采全生命周期的专业数据，是管理层的本底。感知层是矿山开采过程的现实数据，体现的是过程与现状，是管理层的支持层。管理层是矿山开采管理过程及行为的记录，是管理过程及结果在专业层上积累的信息。

数据整理、建库和管理的一系列技术标准规范包括数据整理、质量检查、命名规则、数据转换、数据入库、数据管理、数据更新及其应用接口开发等，确保所有的数据按照统一的空间数据数学基础，统一数据分类代码、数据格式、命名规则和统计口径，实现分类分层管理。

核心数据库管理系统是针对数据中心的数据实体建立相应的数据库管理系统，在数据整理、建库和管理的规范标准技术基础上进行数据标准化检查和批量入库、数据更新、数据处理、数据维护及权限和日志管理等，最终实现核心数据库的高效管理，为应用和服务提供有效支撑。

（毕　林）

矿山井巷 mine shaft and drift　为采矿提升、运输、通风、排水、动力供应等维持矿山正常生产需要而掘进的通道和空间。根据井巷轴线与水平面的关系，分为直立井筒、倾斜巷道和水平巷道。此外还有**井底车场**和**硐室**。井底车场由井筒和石门或阶段运输平巷之间的一组巷道组成；硐室有井底、水仓、水泵房、变电所、火药库、调度室等。

直立井筒　主要是**竖井**，包括明竖井和盲竖井。明竖井是指由地表直通井下的竖井，盲竖井是指出口不直接与地表相通的竖井。竖井一般按照功能来进行分类，主要有**主井**、**副井**、混合井、通风井、溜井、天井及其他辅助井筒等。

倾斜巷道　包括**斜井**、**斜坡道**、上山和下山等。斜井通常是指倾角较大、无轨设备不能行走的斜巷，包括卷扬机提升的斜井、带式输送机斜井。斜坡道通常是指无轨设备运行的斜巷，包括直线式斜坡道、螺旋式斜坡道和折返式斜坡道。上山和下山指煤层开采中不与地面直接相通的倾斜巷道。上山位于开采水平以上，是为本水平或采区服务的倾斜巷道，用于开采某水平以上的矿体或煤层；下山位于开采水平以下，是为本水平或采区服务的倾斜巷道，用于开采某水平以下的矿体或煤层。

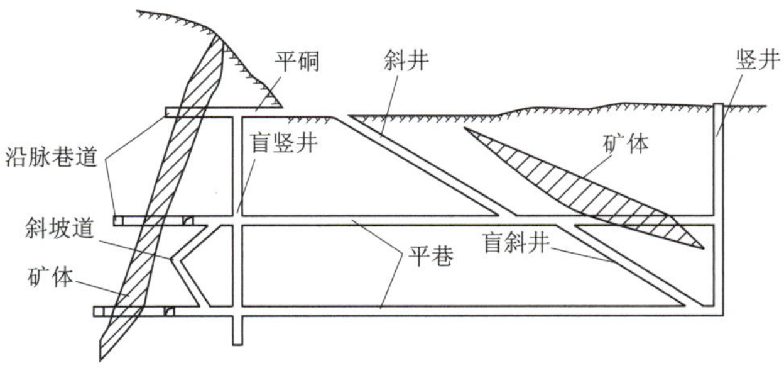

矿山井巷示意图

水平巷道　简称平巷，包括平硐、石门、**沿脉巷道**和**穿脉巷道**等。按照用途可分为运输巷道、出矿巷道、凿岩巷道、通风巷道、探矿巷道等。

（陈冀飞　马俊生）

矿山救护队 mine rescue team　处理和抢救矿井火灾、矿山水灾、瓦斯与煤尘爆炸、瓦斯突出与喷出、爆破炮烟中毒等矿山灾害的职业性、技术性、军事化的专业队伍。也是矿山发生灾害时，能迅速赶赴现场抢救人员和处理灾害的专业救护组织。

简史　19世纪前半叶，英国、德国从工人中选拔志愿人员参加矿山救护队，以后逐步建立了职业性的矿山救护队。中国矿山救护事业在1949年后得到蓬勃发展。《煤矿安全生产规程》规定：矿务局（矿）和正在建设的新矿区，都必须建立矿山救护队，由局（矿）长和总工程师领导。生产矿井还专门设有不脱产的辅助矿山救护队。

职责　矿山救护队的职责是处理各种灾害，抢救遇难人员；参与审查矿井灾害预防和处理计划并检查其实施情况；参加排放瓦斯、震动性爆破、启封火区、反风演习和其他需要佩用氧气呼吸器作业的安全技术性工作；负责培训辅助矿山救护队；协助做好矿工自救教育，使矿工掌握防止灾害扩大、自救和急救的知识；做好矿山安全生产预防性检查，控制和处理矿山初期事故。

特性　矿山救护队的特性有：①职业性。矿山救护队经常处于战备状态，时刻保持高度警惕，常备不懈，平时下井熟悉巷道路线，检查消除隐患，并有不少于6人的当值小队执行昼夜值班，一接到事故警报，要在1分钟内登车出动。②技术性。矿山救护队指战员必须熟悉矿井采掘、通风、机电各专业知识；熟练掌握急救、抢险、救人灭灾的技术业务知识；了解救护技术装备的性能、构造、维修、保养，并能熟练操作，排除故障；掌握各种救灾工艺技术，在窒息区抢救时能得心应手。③军事化。矿山救护队实行军事化管理，即严格管理，严格训练，统一行动，统一指挥。为了保证做到令行禁止、一切行动听指挥，矿山救护队实行军事化对衔制度。

组成　矿山救护队分大队、中队、小队三级组织，大队由2个以上中队组成，中队由3个以上小队组成，小队由至少8～9人组成。中队是独立作战单位，小队是基层作战单位。

矿山救护队队员准备下井

（刘　建）

矿山开采闭坑 mining closure　矿山按设计开采完毕或因意外原因而需要终止开采的活动。在批准的开采范围内终止一切**采矿**活动，关闭全部生产系统并提出处理方案，消除安全隐患，提出地质环境保护与治理恢复方案。矿山闭坑必须依法申请和审批。申请闭坑的条件为开采范围内的一切采矿、出矿活动即将结束；经地质勘探和**生产勘探**证实开采范围内无后备资源并经主管部门审查批准。因技术、经济、安全和管理等原因损失的矿产储量，经论证无开采和复采可能性，并按审批权限办理注销报销手续。拟关闭的矿坑（井）应在结束生产前一年，由矿山企业向主管部门提出闭坑申请，提交闭坑地质报告和闭坑矿山生态治理工程设计，并由矿山企业主管部门初审。矿山闭坑地质报告的审批是矿山关闭的前提条件。申请闭坑的矿山企业必须按有关规定向地矿主管部门提交经初审的矿山闭坑地质报告。闭坑地质报告的主要内容：拟关闭矿山的建设情况、开发简史；矿床地质概况及**开采技术条件**；储量管理机构批准勘探报告的储量及圈定矿体的工业指标及主要结论；拟关闭矿山的地质工作情况及评价；各种矿产累计探明储量、累计开采量、累计损失量、尚有保有储量、各种损失量的分析及非正常损失储量的报销情况，综合开采和综合回收情况；开发本矿床的经验、教训，尚遗留问题及建议；关闭矿山的原因和时间。

闭坑矿山生态治理工程设计的主要内容是说明并评估矿山建设及生产活动造成的环境问题及其危害，治理区地质环境问题，确定恢复治理工程量；合理划分治理单元，科学设计不同治理单元的技术措施，按照当地实际，编制工程造价预算，合理作出预算安排。

矿山企业应在闭坑地质报告和闭坑矿山生态治理工程设计被批准后按规定办理关闭矿山审批手续。获准关闭的矿山应在闭坑生态治理工程实施后，由矿山企业主管部门组织有关部门现场验收。获准关闭的矿山办理采矿许可证注销手续，注销后各种依采矿权产生的权利和义务即行消失。未经批准闭坑的矿山企业不得拆除生产设施和废弃生产系统，如发现擅自闭坑者，要依法追究法律责任。

矿山闭坑的监督管理是生产矿山监督的最后一个环节。监督检查主要内容：①是否按规定将资料整理归档，并汇交闭坑地质报告、闭坑矿山生态治理工程设计及其他有关资料。②是否完成矿山地质环境保护和土地复垦、劳动安全、水土保持工作，或缴清环境保护和土地复垦的相关费用。③闭坑后是否治理到位，是否依法申请注销。监督检查措施主要为现场踏勘、查阅档案资料，对闭坑矿山情况开展检查，对执行未到位的矿山企业责令限期整改，并组织再次检查，限期整改后仍达不到要求的矿山企业不予办理注销登记。

（朱建国）

矿山开采动力灾害 mining dynamic disaster 矿山开采过程引发的呈现冲击性和动力学特征的矿山灾害的统称。矿山开采动力灾害有岩爆、井水突出、顶部冒落、矿柱失稳、地表塌陷，在煤矿中还有冲击地压、煤与瓦斯突出等。这类灾害的显著特征是突发性、冲击性和破坏性。矿山开采动力灾害是诱发矿震的主要原因，而矿震有时也诱发次生的动力灾害。形成矿山开采动力灾害的原因和机理相当复杂，主要因素有地质构造环境、原岩应力条件、矿山岩体物理力学性能以及瓦斯、地下水等流体介质的含量、赋存状态等。同时，采场覆岩、工程围岩在开采扰动作用下的变形、移动和破坏特征等工程动力响应，矿山开采的扰动作用引起的采动应力场时空演化、矿压显现、能量积聚等，都是导致矿山开采动力灾害发生的重要因素。除此之外，大规模的动力灾害也与区域应力场、构造活动有关。

在矿山生产中，对矿山开采动力灾害的防控主要采取开采布局调整、开采顺序优化、开采速度控制等主动性控制措施，其次是通过强化支护、强化探测、实施瓦斯预抽放、卸压调压、适当避让等综合防控措施，实现对动力灾害的被动防护。通过灾变前后的动力响应特征信息监测（包括压力变化监测、变形位移监测、微震监测、声发射监测和电磁辐射监测等），获取动力灾害演化过程的动态信息，把握其活动规律，实现对开采动力灾害的灾前预警和灾后评价。

进入深部开采以后，随着地层中应力水平的增高，地层岩体处于强压缩状态，岩体对工程扰动更加敏感，开挖或开采扰动作用引起的动力学响应更加剧烈，诱发各种动力灾害的危险性显著增加。同时，不同动力灾害的相互诱发、触发作用也显著增强。

（纪洪广）

矿山可持续发展 mine sustainable development 以矿产资源可持续利用和良好生态环境为基础，以经济可持续发展为前提，以谋求社会全面进步为目标的发展。

发展简史 可持续发展的思想萌芽可以追溯到20世纪60年代。1987年，挪威政治家、物理学家G.H.布伦特兰发表了报告《我们共同的未来》，正式使用了可持续发展概念："能满足当代人的需要，又不对后代人满足其需要的能力构成危害的发展。"2002年8月，在南非约翰内斯堡举办的可持续发展峰会上，很多国家对矿业领域给予了更多关注，提出需要采取一系列行动确保和加强矿业对可持续发展的贡献，并成立了领导全球矿业和可持续发展的国际政策论坛（Intergovernmental Forum，IGF）。2003年11月，第19届世界采矿大会在印度新德里召开，提出矿业必须加速技术创新，坚持可持续发展，以应对进入21世纪后全球矿业界面临的诸多挑战，满足全球对矿物原材料不断增长的需求，解决环境、社会、道德和安全等方面的问题。

特性 矿山可持续发展由矿业自身特性所决定，其特性表现在：①矿业的发展对社会经济的决定性。②矿产资源的不可再生性。③资源开发利用对生态环境产生很大的破坏性。

研究内容 矿山可持续发展研究内容包括：①矿产资源可持续开发利用。能进行矿产资源的合理开发和综合利用，实现矿产资源向其替代资源的顺利过渡。②经济可持续增长。经济效益能稳定增长，其增速不低于社会各产业的平均增长速度。③生态环境可持续利用。矿产资源开发利用对环境不造成不可逆的影响，即对生态环境的损害不超过环境的承载力。④社会效益可持续增长。保障矿区社会稳定，促进社会不断进步。

指标体系 建立测度发展可持续性的指标体系是实施可持续发展战略的一个重要前提。矿业可持续发展指标体系涉及资源、经济、社会和环境4大基础系统。资源系统包括资源综合利用率、储采比、地质勘探程度和人均资源占有量等；经济系统包括工业总产值、工业增加值、投资回收期、内部收益率和固定资产增长率等；社会系统包括职工就业人数、矿业职业病发病率、职工受教育程度和矿区社会保障体系完善程度等；环境系统包括矿业水资源循环利用率、废气废水治理率、固态废物排放量、土地复垦面积和矿区大气质量等。

意义 可持续发展从理论上结束了长期以来把经济发展同保护环境与资源对立起来的错误观点。自然资源的可持续利用是可持续发展的重要方面，可持续发展的核心是发展，要求在严格控制人口、提高人口素质和保护环境、自然资源永续利用的前提下进行经济和社会的发展。可持续发展观提出以来，对各国资源领域的发展模式、秩序建设和资源法律的冲击很大，矿产资源法律从单纯注重经济发展的"人类中心主义"逐步转变为注重生态价值的"自然生态中心主义"，确立了科学的立法指导思想和理论基础。可持续发展也已成为国际矿业发展的重要理论基础和矿业发展新秩序的价值选择。

扩展阅读

古德生，李夕兵.现代金属矿床开采科学技术.北京：冶金工业出版社，2006.

（顾晓薇）

矿山排水 mine drainage 排除矿山涌水的方法和设施。开发矿藏时，大气降水、地表水、地下水和生产用水等涌入矿井的水量，称为矿井涌水量。矿井涌水量是设计矿井排水能力、排水系统及其相配套的防治水工程的重要依据。

矿井涌水量呈季节性周期变化，雨季（或融雪期）达到高峰，最大涌水量有时可以达到正常涌水量的1.5～3倍或更多。为防止矿山水灾，露天和地下开采均须有良好的排水系统和设备。矿山排水系统包括露天矿山排水系统和地下矿山排水系统。除了排水系统之外，矿山排水还采用井下水仓和矿用水泵。

露天矿山排水系统 露天矿山排水系统分为露天排水（明排）和地下排水（暗排）两大类。对水文地质条件简单和涌水量小的矿山，适合采用露天排水方式；对雨多含泥多的矿山，可采用地下排水方式。

地下矿山排水系统 地下矿山排水系统按水平方向可分为分区排水和集中排水系统，按垂直方向可分为直接排水和分段（接力）排水系统。直接排水的设备投资和运转费用较少，且管理方便，在条件允许的情况下应优先采用。

若矿区范围不大，则通常采用集中排水系统；若矿区范围较大，井筒较多，可用分区排水系统。若矿井开采水平不多，且下部水平的涌水量大于上部水平涌水量时，通常采用一段式直接排水，即将水泵房建在最下水平，一次将水排至地表。采用一段式直接排水，系统简单，开拓工程量小，基建投资和管理费用低。当矿井生产中段较多或者矿井较深，上部水平涌水量大于下部，则可将下部涌水先排至上部水平，再由上部水平排至地面，即采用分段接力式排水系统。

井下水仓　由两个独立的巷道系统组成。在涌水量较大的矿井中，每个水仓的容积应能容纳2～4小时的井下正常涌水量。一般矿井主要水仓总容积应能容纳6～8小时的正常涌水量。防水门是大水矿山的防淹没设施，可在巷道的适当位置设置，并使之能关闭自如。

矿用水泵　矿井必须装备工作、备用和检修3套同类型水泵。工作水泵的能力，应能在20小时内排出矿井一昼夜的正常涌水量。工作水泵和备用水泵的总能力应能在20小时内排出矿井一昼夜的最大涌水量。对于水文地质条件复杂的矿井，还要在主泵房内预留增设水泵的位置。井筒内应装设两条相同的排水管，其通过能力分别与工作水泵和备用水泵相适应，使两水泵能同时开动，以保证雨季排水。

矿用水泵按使用特点可分固定式和移动式。固定式水泵安装在泵房内，多用卧式离心泵，如主排水泵、区域水泵和辅助水泵。主排水泵和区域水泵均为多级离心泵；辅助水泵一般是单级悬臂泵。排酸性水时需用耐酸泵。移动式水泵用于井巷掘进和被淹没矿井的排水。为适应不同的工作条件，所用水泵种类甚多，除常用的卧式离心泵和立式离心吊泵外，还有往复泵、蜗杆泵、喷射泵（压力扬水器）、气升泵（压气扬水器）和潜水泵等。矿山排水要能有效地预防矿井被淹没，保障矿山的安全生产。

扩展阅读

虎维岳.矿山水害防治理论与方法.北京：煤炭工业出版社，2005.

于润沧.采矿工程师手册.北京：冶金工业出版社，2009.

（付士根）

矿山清洁生产　mine cleaner production　通过不断采取改进设计、使用清洁能源和原料、采用先进的工艺技术与设备、改善管理、综合利用等措施，从源头削减污染，提高资源利用效率，减少或者避免生产、服务以及产品使用过程中污染物的产生和排放的矿山开采过程以及矿产品加工过程。1960年，清洁生产起源于美国化学行业的污染预防审计。1981年，英国通过立法规定，闭矿之后采矿者依然要对矿区进行一定时段的护理。1994年，中国提出了《中国21世纪议程》，将清洁生产列为重点项目之一。

矿山清洁生产指标分为生产工艺与装备要求、资源能源利用指标、污染物产生指标（末端处理前）、废物回收利用指标和环境管理要求5类。矿山清洁生产技术主要包括：①对于露天开采的矿山，推广剥离一排土一造地一复垦一体化技术。②对于有色、稀土等矿山，研究推广溶浸采矿工艺技术，发展集采、选、冶于一体，直接从矿床中获取金属的工艺技术。③采取修筑排水沟、引流渠，预先截堵水，防渗漏处理等措施，防止或减少各种水源进入露天采场和地下井巷。④采取灌浆等工程措施，避免和减少采矿活动破坏地下水均衡系统。⑤研究推广酸性矿坑废水、高矿化度矿坑废水和含氟、锰等特殊污染物矿坑水的高效处理工艺与技术。⑥采用安装除尘装置，湿式作业，个体防护等措施，防治凿岩、铲装、运输等采矿作业中的粉尘污染。⑦对采矿活动所产生的固体废物，应使用专用场所堆放，并采取有效措施防止二次环境污染及诱发次生地质灾害。

矿山清洁生产可以提高矿山企业的整体素质；通过节能、降耗、减污、降污，降低矿产品成本和三废处理费用，提高矿山企业的经济效益；可以使矿山员工不再在有污染的生产环境中工作和操作，避免对矿山员工健康造成的威胁；大大减少矿山企业因环境污染所造成的经济损失。

（顾晓薇）

矿山三维可视化　three-dimensional visualization of mine　利用三维数据显示、描述和解释地矿信息的图像显示技术。20世纪80年代以来，随着计算机数据处理、图像显示技术的综合发展，产生了三维可视化技术，矿山三维可视化是三维可视化技术在矿山领域的应用。

矿山三维可视化技术能够把地矿信息的数据转化为图形和图像，辅以颜色、透视、动画和视点观察等视觉表现形式，将人们难以观察和无法观察的对象通过计算机操作得以呈现。矿山三维可视化的关键技术在于三维地质模型的建立。矿山三维地质建模是利用计算机软件，在提供的操作环境中，将空间信息管理、空间分析预测、地质解译、地学统计、实体内容分析和图形可视化工具结合起来，运用于地矿分析的技术。矿山三维地质模型包括地质数据库、矿体模型、地表模型、井巷模型、品位模型等，建立目的是将矿体的空间分布形态在计算机上显示，提供准确、直观的矿体信息，用于量算、分析及相关的设计等。

矿山三维可视化模型广泛用于资源评估、矿山生产设计、矿体动态圈定等，已成为矿山数字化的一个重要方面，在矿山工程设计和生产管理中的应用日益普及。

（陈　结）

矿山生产规模　output of mine　矿山企业正常生产时期单位时间内采出的矿石量。影响生产规模的主要因素：①市场需求因素。国民经济和社会需要，产品市场范围、容量和销售条件，国内、国外市场状况等。②矿床开采技术条件。③矿床的勘探程度和资源储量。确定矿山企业生产规模，必须建立在可靠的地质勘查资料和有足够的规定级别的资源储量的基础上。④工艺技术和装备水平。⑤外部建设条件。包括材料供应、供电、供水、交通运输等供给条件以及环境生态的承受能力等。

确定矿山生产规模的原则：①匹配原则。矿山生产规模、矿山服务年限与储量规模相匹配原则。②政策原则。必须符合国家政策，符合国家、地区和区域总体发展规划的要求，符合社会经济可持续发展和生态环境保护的要求。③市场原则。必须符合国家经济和社会发展的需要，产品要有可靠的市场。④技术先进可行原则。所确定的生产规模必须与现有技术相结合，在现有技术条件下必须能够达到，同时也要体现技术的先进性。⑤经济原则。经济合理，能获得良好的经济效益和社会效益。

（陈建双）

矿山生态成本　mine ecological cost　矿山生产对生态系统的破坏和损害所造成的生态功能的价值损失，以及矿山企业为恢复生态功能而支出的各种费用。矿山生态（环境）成本的研究始于20世纪70年代。2007年，中国学者朱学义提出在矿山企业建立矿区成本（生态成本、安全成本、资源成本和转产成本）补偿机制，让矿山企业承担起应尽的社会责任。2012年，中国学者王青等基于矿山生态足迹计算模型，构建了矿山生态成本计算模型。

矿山生态成本划分为5部分：①复垦成本。指把矿山生产所破坏的各类土地，按复垦方案中确定的复垦方向，恢复到具有破坏前或期望的生态生产力所需要的费用，包括复垦工程结束后一个时期的养护费用。②环境治理成本。矿山生产中发生的环境治理成本主要是污染治理和检测费用。③直接经济价值损失。征地成本是矿山企业从土地所有权或使用权人征得土地使用权的费用，它是被占用土地的直接经济价值损失的体现，所以可以用征地价格表示直接经济损失。④外部生态价值损失。由于土地被破坏而失去的土地可提供的除了带来直接经济价值的生态服务之外的其他生态服务的价值。⑤能源消耗的生态成本。矿山生产需要消耗柴油、汽油、煤等石化能源，排放大量废气，根据碳吸收法，产生的二氧化碳需要用林地来吸收，即需要造出一定规模的林地以吸收矿山生产过程中排放的二氧化碳，这部分造林成本即为能源消耗的生态成本。

在矿山项目评价和矿山设计中，矿山生态成本是一个重要的决策因子。把生态压力转化为生态成本，以成本的形式纳入矿山项目的评价和设计优化之中，使外部成本内部化，是实现矿山项目和设计方案的“经济—生态一体化”评价的基础。

扩展阅读

王青，任凤玉.采矿学.2版.北京：冶金工业出版社，2011.

（顾晓薇）

矿山生态环境 mine ecological environment 矿山采矿、选矿活动范围内及周边的土地、地形地貌、景观、植被、动物栖息地等综合性环境因素。矿山生态环境问题一般包括矿山生产活动引起的土地损毁、地形地貌变化、景观变化、土壤退化、土壤污染等。矿山生产工艺方法不同，产生的生态环境影响特点不同。矿山典型的生态环境影响工程包括露天采场、堆浸场、原位浸矿采场、*排土场*、*尾矿库*、塌陷地、尾矿管线、选厂、井筒等。露天采场土地损毁形式为挖损，形成阶梯状、基岩裸露的陡峻山坡、采坑等人造景观；堆浸场土地损毁形式为压占，形成阶梯状、岩石裸露的人工堆积山；排土场土地损毁形式为压占，形成阶梯状、废石块度极不均匀的人工堆积山；尾矿库有山谷型、平地型、截河型等，无论哪一种类型，尾矿库都会改变原有地形地貌；露天采场、堆浸场、排土场和尾矿库将彻底破坏占地范围内的土地、植被、动物栖息地，地形地貌和景观完全改变。原位浸矿采场土地损毁形式为挖损，对土地、植被、动物栖息地造成局部破坏，地形地貌和景观基本不改变。而塌陷地属地下采空区诱发的土地损毁，严重的塌陷地呈不规则的漏斗状、凹坑形状，塌陷范围内的土地、植被、动物栖息地受到损毁，地形地貌和景观完全改变。尾矿管线土地损毁形式属于压占损毁，破坏占地范围内的土地、植被、动物栖息地，一般不改变地形地貌，形成线状景观。选厂和井筒土地损毁形式属于压占，破坏占地范围内的土地、植被、动物栖息地，形成工业建筑景观。

矿山生产形成的露天采场、堆浸场、排土场、尾矿库、塌陷地等场地对土地、地形地貌、景观、土壤、植被、动物栖息地等的破坏仅靠自然恢复，时间漫长，少则几十年，多则几百年，有的甚至不可能自然恢复。因此，必须采取人工修复措施进行修复。*矿山生态修复*是对露天采场、堆浸场、排土场、尾矿库、塌陷地等场地通过工程措施恢复植被，重建动物栖息环境，重建人工生态系统，进而对废弃地进行二次开发利用。

矿山生态环境是*矿山环境*的重要研究内容之一。矿山开发是以生态环境影响为主的工业活动，矿山工程建设对土地、地形地貌、景观、植被、动物栖息地等造成的不可逆影响，必须通过生态修复措施重建人工生态系统。（周连碧）

矿山生态修复 mine ecological rehabilitation 对矿山生产建设扰动的生态系统，遵循自然生态演替规律，适时适度采取人工干预措施，恢复、改进或重建其结构与功能的过程。生态修复可追溯到19世纪30年代，但将它作为生态学的一个分支进行系统研究是1980年J.Jr.凯恩斯主编的《受损生态系统的恢复过程》一书出版以后才开始的。在生态修复的研究和实践中，涉及的相关概念有生态恢复（ecological restoration）、生态修复（ecological rehabilitation）、生态重建（ecological reconstruction）、生态改建（ecological renewal）、生态改良（ecological reclaim）等。

矿山生态修复包括废弃矿山资源再开发、矿山废弃地再利用等内容。废弃矿山资源再开发指矿山关闭后留存的废弃矿井、露天采场、*排土场*、*尾矿库*等典型采矿迹地，是一类非常重要的废弃资源，这些物质和非物质文化资源具有极高的市场、历史、社会、建筑和科技、审美价值，因此需要对这类具有采矿工业历史记录作用的矿山遗产进行保护性开发利用，如矿井水净化作灌溉和景观用水、矿业遗迹旅游资源开发等。矿山废弃地再利用是通过地形重塑、土壤重构、土壤改良、植被重建等措施，将矿山废弃地因地制宜开发为农业、林业、渔业、牧业、建筑、旅游等用途。

矿山生态修复重点是露天采场、堆浸场、排土场、尾矿库、塌陷地等矿山废弃地的生态修复，这些场地缺乏植物生长所需要的土壤及营养元素，对这种严重退化的矿山场地进行生态修复，需采取地形重塑、土壤重构、土壤改良，对土壤进行物理处理，添加营养物质，去除有害物质，种植适应性强的先锋物种。矿山生态修复应着眼于长远的景观建设和生态平衡，是一个长期的、发展的、客观的动态过程，是实现*矿山可持续发展*的重要内容之一。

（周连碧）

矿山生态压力 mine ecological stress 矿山生产对土地、水体、大气和生物等造成破坏和损害。又称矿山环境压力和矿山生态冲击。1935年英国生态学家A.G.坦斯利提出生态系统的概念。生态系统所承受的来自人类活动的压力即为生态压力。生态压力评价是衡量区域生态安全、生态系统自我维持能力和人类干扰程度的主要方法之一。矿山生态压力评价方法包括专家判读法、层次分析法、指数衰减法、加权法等。

生态压力研究是生理生态学、系统生态学和人类生态学研究的主要内容之一。矿山生态压力的测度方法可以分为多指标法和综合指标法。①多指标法通过多个指标表征生态压力，每个指标测度生态压力的一个重要侧面。多指标法的优点是能够反映不同类型的生态冲击的性质和危害性；缺点是不便在不同的研究对象间进行比较。②综合指标法用一个综合性指标测度生态压力。该指标把生态压力的不同侧面通过某种方法统一到同一量纲，优点是便于在不同的研究对象间比较；缺点是统一到同一量纲后难以表征不同类型的生态冲击的性质和危害性的差异。对于一个给定矿山，其生态压力不仅包括发生在该矿区的对生态系统的直接破坏和损害，还包括间接破坏和损害，如能源和材料消耗。能源消耗一方面排放二氧化碳等废气，产生温室效应和空气污染，另一方面开采能源矿物同样产生生态压力。各种材料几乎都来自矿物质和生物质，其开采和加工也都伴随着生态压力的产生。

（顾晓薇）

矿山生态足迹 mine ecological footprint 为提供矿石生产过程中所消耗和破坏的资源以及吸收所排放的废弃物需要的生态生产性土地的面积。自可持续发展的概念提出以来，作为一种全新的发展理念和模式受到各国重视。实施可持续发展战略的一个关键而又困难的问题在于如何测度可持续发展的程度。有些国际组织和学者针对此问题提出了一些富有价值的评价方法和指标体系，生态足迹分析法就是其中具有代表性的方法之一。2010年，中国学者刘建兴等借鉴生态足迹计算原理，对中国金矿资源开发利用效率与环境压力做定量研究。2012年，中国学者王青等基于生态足迹理论和方法，构建了露天矿生态足迹计算模型。

矿山生态足迹是为生产矿石而产生的生态压力的一个综合度量方法和指标，分为土地直接占用足迹、能耗足迹、污染足迹和携带足迹4部分。

生态足迹的计算方法有综合法和成分法两种。综合法以各类物质的宏观统计量为基础，计算一个地域或群体对各类物质的整体消费及其对应的生态足迹，适合于全球、国家和区域层次的生态足迹研究。成分法以构成消费成分的单体测量为基础，计算研究对象的物质消费量和生态足迹，适合于小单元对象的生态足迹计算，如城镇、村庄、公司、学校、个人或单项活动等。

矿山生态足迹计算范畴是因矿石生产而存在的资源消耗、破坏和废弃物排放。虽然矿山职工是为矿石生产服务的，但其生活消费（食物等）不计算在内，因为这种消费不是由于矿石生产而存在的，即使他们为别的企业工作，这种消费也存在；矿山的专用办公楼和机修设施的占地需计算在内，因为如果不开采矿石它们就不会存在。（顾晓薇）

矿山水体环境 mine water environment 在矿山范围内，由采矿场、**选矿厂**、**排土场**、**尾矿库**、办公生活等地点排出的废水，矿区地表径流和地下水等共同组成的水环境系统。这3类水的水质和水量相互影响。矿山废水来源主要是采矿场废水、选矿废水、排土场废水、尾矿库排水和办公生活污水等。采矿场废水来源于露天采场矿坑涌水和地下采矿排出的**井下涌水**；选矿废水来源于破碎筛分除尘水、精矿浓缩过滤水和尾矿浓缩上清液；尾矿库排水来源于尾矿库的溢流水和排洪水；排土场废水来源于排土场在自然条件下由于物理、化学和微生物作用产生的淋溶水；办公生活区的废水来源于办公生活排出的生活污水。矿区地表径流主要来源于雨水冲刷矿区范围内裸露地表未渗入地下的水；地下水主要来源于矿区渗入地下的各种类型的水。

不同的矿山由于矿石类型和规模不同，矿山水体环境中各种类型水的组成和所占比例亦不同，但共同的特点是存在不同程度的有机、无机和生物污染物，排放地分散，影响范围较广。采矿场、选矿厂、排土场、尾矿库产生废水的主要污染物有悬浮物、重金属离子、有机污染物（浮选药剂）和酸碱，但它们各自的污染物浓度有所不同。通常情况下，含有硫化矿的矿山产生的废水pH值偏低、重金属离子浓度较高，采用浮选工艺的矿山产生的废水有机污染物浓度较高。地表径流和地下水中的污染物主要有重金属离子和有机污染物。生活污水主要污染物有悬浮物、有机污染物、氨氮和磷等。

要保证矿山地表水和地下水体的环境质量，需要对矿山生产、生活各环节排出的废水进行处理和回用，中国规定有色金属矿山的水重复利用率要求达到75%以上。废水处理方法需要根据废水水质和回用水质要求进行选择。常用的处理方法包括自然沉淀法、中和法、硫化法、高浓度泥浆法、离子交换法、离子浮选法、铁氧体法、微生物法、膜分离法等。废水利用途径主要是回用于采矿场和选矿厂相关生产环节。有的废水可直接回用，有的废水需经处理后回用。矿山水体环境研究主要包括矿山水体环境中水的迁移规律、水体中各种类型污染物的迁移转化规律、矿山各工艺环节排出的废水处理工艺与装备、矿山废水“分质收集、分质处理、分质回用”技术、矿山酸性水污染阻控技术等。

矿山水体环境中的各种排水均含有不同浓度的有机和无机污染物，若不加以处理和回用，将会对矿山周边地表水、地下水和土壤产生污染。采矿场地下水疏干将导致矿区周边地下水位下降等危害。

扩展阅读

韦冠俊.矿山环境工程.北京：冶金工业出版社，2001.

（林 海）

矿山土地复垦 mine land reclamation 对矿山生产建设过程中，因挖损、压占、塌陷等原因造成的土地破坏，采取整治措施，使其恢复到可供利用状态的活动。可供利用状态指可作为农业、林业、牧业、水域、建筑、景观、旅游等用途。

发展简史 20世纪50年代末，一些国家的矿区已系统复垦绿化。60年代许多国家加速复垦规划的制定和复垦工程实践活动，进入了科学复垦时代。70年代以来，矿山土地复垦技术逐渐形成一门多学科、多行业、多部门联合协作的系统工程，许多企业自觉地把土地复垦纳入采矿设计、施工和生产过程中。中国“土地复垦”一词最早称为“造地覆田”“复田”“垦复”“复耕”“复垦”“综合治理”等，20世纪50年代末为了克服自然灾害带来的吃粮困难，矿山职工自发地在**排土场**、尾矿场上垫土种植蔬菜和粮食。随着时代的发展，土地复垦的内涵在扩展，即土地复垦后的用途不再仅仅是种植农作物，也可以植树造林，进行水产养殖，或作为建设用地。1988年中国颁布的《土地复垦规定》对土地复垦进行了比较科学的定义。

原则 矿山土地复垦遵循“宜农则农、宜林则林、宜牧则牧、宜渔则渔、宜建则建”的原则。对矿山拟复垦场地进行可垦性评价，是依据生态适宜性、政策规划符合性、主要限制因子适用性等级、安全要求、复垦基础条件、工程经验类比、公众意见等方面综合分析，确定可行的复垦方向。复垦方向包括农业、林业、牧业、渔业、建筑、旅游等用地。露天采场上部平台一般复垦为草地和有林地，台阶边坡一般进行稳定化处理，坑底一般复垦为水面。尾矿库透水初期坝复垦一般采用片石压坡，保留原样；尾砂堆积坝一般复垦为草地和灌草地；尾矿库干滩一般复垦为有林地；库尾一般复垦为水面和有林地。排土场边坡一般复垦为有林地；平台一般复垦为有林地和耕地。对于具有潜在污染（酸性水、重金属）的露天采场、尾矿库、排土场，一般复垦为林草地。塌陷地一般复垦为有林地、草地、农用地或水域。矿山土地复垦的难点是露天采场高陡边坡土地复垦，潜在污染的露天采场、尾矿库、排土场的土地复垦，塌陷坑土地复垦等。

分类 矿山土地复垦按工程类型分为**工程复垦**、**生物复垦**和**微生物复垦**，按覆土情况分为**覆土复垦**和**无土复垦**，按场地分为露天采场复垦、排土场复垦、尾矿库复垦、塌陷地复垦等。复垦方法主要包括全面覆土复垦、穴状整地覆土复垦、等高线整地覆土复垦、无土复垦、充填复垦、挖深垫浅复垦、阻隔覆土复垦等。全面覆土复垦是复垦场地全部覆盖一定厚度的表土再建立植被，适用于土源充足、施工方便的矿山废弃地复垦。穴状整地覆土复垦是采用挖一定规格大小的植树穴，穴内客土、栽植植被，在土源不足或采用全面覆土施工困难的矿山废弃地复垦常用此法，如排土场复垦。等高线整地覆土复垦是沿等高线开挖一定宽度平台和一定深度沟槽，沟槽内客土、栽植植被，适用于土源不足或采用全面覆土施工困难的矿山废弃

图1　复垦前的土地

图2　地形重塑后的土地

图3　复垦施工中的土地

地复垦，如排土场边坡复垦。无土复垦是在废弃地加入一定肥料或土壤改良剂直接进行植被重建。矿山废弃地潜在污染风险小、土源不足的矿山废弃地一般用此法复垦，如含土较多的排土场复垦、铁矿尾矿库复垦等。充填复垦是采用建筑垃圾、废石等一般工业固体废物作充填料先充填塌陷坑、地裂缝，再覆土、建立植被，地下开采形成的塌陷坑、地裂缝一般用此法复垦。挖深垫浅复垦是将塌陷地底部的土体挖出堆置在塌陷地边缘，深部形成坑塘，周边为农林用地，适用于地下开采形成的塌陷盆地复垦。阻隔覆土复垦是在废弃地表面敷设一定厚度阻隔层（高密度聚乙烯膜、黏土等），再覆盖一定厚度表土，最后建立植被。矿山尾矿和废石为第Ⅱ类一般工业固体废物或危险废物，尾矿库和排土场复垦须采用阻隔覆土复垦。

矿山土地复垦使矿山废弃地得到再利用，生态系统得到恢复重建，**矿山环境**得到恢复治理，是实现**矿山可持续发展**的重要内容之一。

扩展阅读

周连碧，王琼，代宏文，等.矿山废弃地生态修复研究与实践.北京：中国环境科学出版社，2010.

（祝怡斌）

矿山物联网　internet of things in mine　在**矿山**安全生产中，利用规范的通信和业务接口，通过智能传感器将人员、设备、环境联系在一起，形成人与人、人与物、物与物数据共享的网络。1991年，麻省理工学院K.阿什顿首次提出物联网概念。物联网是一个庞大的网络，系统可以自动、实时地对物体进行识别、定位、追踪和监控。物联网在矿山的应用就形成了矿山物联网，矿山物联网就是将实用的物联网技术应用在信息化、自动化的系统上，使矿山企业实际经营过程中的生产、安全、运输、销售、机电、物资、供应、统计、人力等相关应用系统进行集成，通过对各类相关信息的统一管理和资源共享，实现对矿山整体数据的综合采集、存储和分析，进而提供相关决策信息和系统解决方案，完成矿山企业信息资源的精准化采集、网络化传输、规范化集成、可视化展现和自动化操作。

组成体系　矿山物联网是一套庞大的产品体系，包括网络传输设备、传感器体系、标准和接口等。①网络传输设备。主要包括：互联网协议与通信技术的自组网设备，无线传感网关键通信控制设备，传感节点自组网技术及相关设备，应急通信设备，光纤通信设备及控制分站，文件、图像、语音、信息、数据等交互处理设备，以及通用服务器、伺服器、集群、传感网智能路由器等矿山专业信息处理设备。②传感器体系。构建完善的感知系统和传感器体系，重点应从以下几方面入手：环境感知、设备控制、有线传感器以及无线传感器。③标准和接口。矿山物联网是适应矿山需要的新体系，要具有相关的技术标准，主要包括矿山物联网平台模块化标准、子系统及其接口标准、网络地址分配标准、互联网协议与技术矿山应用标准、传感器分类及标准、实时通信互联协议、控制标准、管理标准等。

实际意义　矿山物联网概念的提出，可以解决现有矿山企业的信息化、自动化难题，实现矿山企业的全面感知、智能控制和综合管理，在一定程度上解决现有产品只满足表面主体功能需求，而细节方面较差的问题，消除矿山企业的信息孤岛现象。

扩展阅读

孙利民，李建中，陈渝，等.无线传感器网络.北京：清华大学出版社，2005.

（赵兴东）

矿山信息模型　mining information model　基于对**矿山**开采资源环境、工程对象、业务流程的数字表达和信息共享构建的模型。矿山信息模型的内容包括地理信息、地质与工程对象的几何和空间关系、资源数量与品质，以及项目管理、设备设施管理、开采过程规划与管理。目的是使矿山全生命周期内的各参与方能够信息共享、协同工作，解决矿山行业的信息孤岛问题，提高矿山开采的效率与质量。

组成　由矿山信息模型、模型应用及业务流程3个既独立又相互关联的部分组成。

矿山信息模型　矿山信息模型是矿山开采资源环境、开采工程对象、业务流程的数字化表达，是矿山资源开发相关方的共享知识资源，为矿山全生命周期内所有业务提供可靠的信息支持。

模型应用　矿山信息模型应用是矿山在全生命周期内建立和应用矿山数据进行资源勘探、开采设计、基建施工、开采过程管理等业务过程，允许所有相关方在不同阶段、不同任务、不同专业之间通过不同技术平台的数据互用，在同一时间应用相同的信息。

业务流程　业务流程是指利用矿山信息模型支持矿山全生命周期信息共享的业务流程组织和控制过程。通过该流程实现集中和可视化沟通，更早进行多方案比较、可持续分析、高效设计、多专业集成、作业过程控制、竣工资料记录等。

与建筑信息模型比较　矿山信息模型来源于建筑信息模型，但又不同于建筑信息模型。两者的核心理念是一致的，即模型信息全生命周期的集成与管理。不同之处在于模型的特征及业务流程。从全生命周期来看，矿山模型是增强改变式，而建筑模型是增加叠加式。矿山开采的业务流程通常包括资源勘探、开采设计、基建施工、开采过程管理、闭坑与复垦，其中开采过程管理是持续时间最长、最重要的环节；建筑行业的业务流程包括策划与规划、勘察与设计、施工与监理、运行与维护、改造与拆除5个阶段，其中运行与维护持续时间最长，但其重要性并不突出。

（毕　林）

矿山虚拟现实　virtual reality of mine　基于虚拟现实技术创建和体验**矿山**开采及相关活动的计算机仿真系统。矿山虚拟现实是利用计算机生成虚拟矿山环境，使用户在该环境中能够与计算机实现多源信息的交互式体验。

矿山虚拟现实得益于计算机技术的快速发展，是仿真技术、计算机图形技术、人机交互技术、网络技术、多媒体技术、立体显示技术等多种科学技术在矿山领域的综合应用。这种技术能够提供一种虚拟的环境，通过视、听、触等多感知行为使得用户产生一种沉浸于虚拟环境的感觉，并可以与虚拟环境相互作用而引起虚拟环境的实时变化。虚拟现实从曾经的三维空间仿真逐步发展到五维时空仿真，新增了时间的仿真和对自然环境的交互式仿真。虚拟现实系统由5部分构成：虚拟世界、计算机环境、虚拟现实软件、输入设备和输出设备。虚拟现实的概念由美国计算机科学家J. 拉尼尔在1989年首次提出，指的是一个不真实的、虚拟的环境，通过人工构建并产生于计算机内部，用户通过计算机平台以自然的方式置身于这个环境中。虚拟现实技术的3I特征是：交互性（interactivity）、沉浸性（immersion）和构想性（imagination）。

矿山虚拟现实为矿山科学技术的发展提供了强大的动力，能够对已经发生过的事件进行实验模拟，对未来的事件进行预测，广泛应用于矿山安全培训、教学、运输、通风、事故救援和事故过程分析等方面。

（陈　结）

矿山压缩空气系统 compressed air system for mine　为矿山风动设备和风动工具提供动力源的生产设施。也可兼作有氧气源的安全设施。矿山压缩空气系统由空气压缩机站、供气管网、油水分离器、阀门等组成。通常是全矿集中设置一个系统，也有分区域布置的。使用压缩空气动力源的机械效率较低，但过负荷能力和环境适应性强。供气管网是输送压缩空气的网络，一般为树枝状结构，气源引自空气压缩机站，送至各设备用气点及采掘作业场所、紧急避险设施、爆破时撤离人员的集中地点等。供气管网由主管及支管等组成，管道布置应考虑长度短、拐弯少，且应避免急弯。主管每隔500～600米，在低洼处设置油水分离器。管道通常采用无缝钢管。压缩空气在管道中流速一般为5～10米/秒，自空气压缩机站至最远供气点的压力损失一般不超过0.1兆帕。

（彭加宁）

矿山应急救援基地 mine emergency rescue base　在规划服务区域内设置的用于开展矿山灾害、事故救援工作的基础地点。矿山应急救援基地可分为国家级、区域级和行业级3类。国家级应急救援基地在国家安全生产监督管理总局（自2018年3月起为中华人民共和国应急管理部）的指挥调度下，参与全国矿山重特大事故的应急救援工作，是国家矿山事故应急救援的骨干力量。主要任务是为全国矿山特大事故和复杂事故提供装备、技术支持，必要时参与救援。各省（区、市）根据实际需要建立省(市）级矿山应急救援基地，由各级指挥中心组织调度参与矿山事故的应急救援工作，为行业级救援队伍提供支援。企业根据自身实际情况成立救护队与医疗队，在事故发生后第一时间参与救援，减少人员伤亡与财产损失。

矿山应急救援基地具备矿山事故应急救援的人才、技术、装备、物资储备的功能，同时提供矿山应急救援培训、演练服务，承办大型综合性救援技术比武和其他竞赛活动，能够满足实现信息报送、指令接收和下达、现场音频视频传输、辅助决策、总结评估功能以及安全仪器、仪表检验功能的需要。

矿山应急救援基地应配备个体防护、灾区作业、检测检验、信息通信、医疗急救、交通运输、培训演练、应急保障等装备器材，使用的装备、器材、防护用品和安全检测仪器应符合国家标准、行业标准和矿山安全有关规定，具有成套性、先进性、实用性和可靠性等特点。

（金龙哲）

矿山应急救援体系 mine emergency rescue system　实施矿山应急救援所需的组织、管理、人力、物力及其调配关系的总和。是应对矿山安全生产事故风险和事故灾难，开展事故发生后救援工作，最大限度减少人员伤亡和财产损失，在最短时间内使矿山企业生产恢复正常的重要保障。美国、德国、南非等国家已有较完善的矿山应急救援体系，中国在2003年之后逐步建立矿山应急救援体系。中国的矿山应急救援体系由矿山应急救援管理系统、组织系统、技术支持系统、装备保障系统、通信信息系统5部分组成。

矿山应急救援体系的总目标是通过有效的应急救援行动尽可能地减少人员伤亡及财产损失，其基本任务包括营救受害人员、控制事态、消除危险后果、查清事故原因。

矿山应急救援体系运行的基本程序：当矿山发生灾变事故时，应以企业自救为主，企业救护队和医院在进行救助的同时，报上一级矿山救援指挥中心（部门）及政府；当企业救援能力不足以有效抢险救灾时，应立即向上级矿山救援指挥中心提出救援要求；各级矿山救援指挥中心对接到的事故报告要迅速向上一级汇报，并根据事故的大小、处理的难易程度等决定调用重点*矿山救护队*或区域矿山救援基地以及矿山医疗救护中心实施应急救援。省内发生重特大矿山事故时，省内区域矿山救援基地和重点矿山救护队的调动由省级矿山救援指挥中心负责；国家矿山应急救援指挥中心负责调动区域矿山救援基地进行跨省区应急救援。

（金龙哲）

矿山运输 mine transportation　将采掘物运出或将人员、设备、材料等运入、运出露天采场或矿井的各种作业。矿山运输的特点是运量大、品种多、环境和运输线路复杂、设备维护检修困难、安全要求高。矿山运输可以分为有轨运输、无轨运输、带式输送机运输、无极绳运输和架空索道运输等。

有轨运输　金属矿山井下运输的主要方式。基本任务是运送矿石、废石、材料、设备和人员等。有些大型露天铁矿山也采用有轨运输系统运输矿石和废石。有轨运输的优点是运距不受限制、运输成本低、便于分类运输；缺点是运输不连续、轨道坡度适用范围小。*井下有轨运输*轨道坡度一般为3‰～5‰，露天矿山一般为1.5%～4%，最大可达6%～8%。有轨运输的主要设备有牵引设备、矿车、装载设施、卸载设施、运输轨道和其他辅助设施等。井下有轨运输的牵引设备一般为架线电机车，个别采用蓄电池电机车。露天矿有轨运输采用架线电机车或者内燃机车牵引。

无轨运输　露天矿山的主要运输方式，主要是指汽车运输。一般经济合理的运输距离在3千米以内。井下矿山采用无轨设备运输始于20世纪60年代初。美国和瑞典等国首先在地下采场采用柴油驱动的胶轮铲运机运输。70年代，欧美国家在一些矿山的阶段运输中采用自卸汽车运输。中国地下矿山80年代开始采用胶轮铲运机，后在中段运输中采用自卸汽车。铲运机在中、短距离内使用较经济，通常用于采场搬运和短距离运输，当运距增加时，运输能力显著下降。地下汽车运输主要用于阶段运输矿石或直接通过斜坡道运输矿石到地面，并可兼作其他辅助运输。

带式输送机运输　利用传动滚筒驱动连续输送带运输的一种运输方式。具有输送能力大、运输效率高、适应倾角大、自动化程度高、安全可靠、设备维护检修方便等特点。比汽车运输能耗低，比有轨运输适应能力强、运输能力大。矿山常用的带式输送机为通用带式输送机，其中包括钢丝绳芯带式输送机。大规模、长距离输送一般采用钢丝绳芯胶带输送机。带式输送机可做水平、上向和下向运输，也可平面转弯运输，单机长度可达数十千米。

无极绳运输　采用闭环钢丝绳牵引车辆在轨道上运行的一种连续运输方式。利用钢丝绳的循环运动牵引固定在钢丝绳上的车辆或其他装备运行。适用于距离长、线路坡度变化大的井下运输。

架空索道运输　利用架空钢丝绳运输物料的系统。它的优点是可以直接跨越较大的河流和沟谷、翻越陡峭的高山，缩短运输距离，建设和运行成本低；缺点是运输能力有限。适用于陡峭山区、规模较小矿山的地表运输。

扩展阅读

毋虎城，裴文喜.矿山运输与提升设备.北京：煤炭工业出版社，2004.

洪晓华.矿井运输提升.徐州：中国矿业大学出版社，2005.

（陶平凯）

矿山噪声　mine noise　*矿山*在*采矿*和*选矿*作业中，生产、运输等机械设备的振动、空气涡动等产生的刺激人体听觉的声音。20世纪50年代，噪声被列为主要环境污染之一。1963年，英国等国家相继制定了一些有关矿业方面的噪声法规和政策。90年代，中国颁布了《国家工业企业噪声卫生标准》《工业企业噪声设计规范》等标准、规范对噪声进行限制。

矿山噪声源有采矿噪声和选矿噪声。按照设备类型分为固定设备噪声、移动设备噪声、运输设备噪声，固定设备噪声包括通风机、破碎机、*球磨机*、*振动筛*、空压机等设备产生的噪声；移动设备噪声包括凿岩机、转载机、电铲等设备产生的噪声；运输设备噪声包括材料供应、矿石、废石、人员运输的机车和卡车等设备产生的噪声。矿山噪声大都呈高、中频，容易给矿山工作人员听力造成损害，可造成心理和生理上的多种疾病，降低劳动生产率。

主要从声源控制、传播途径控制、个体防护3方面进行控制，采用低噪声设备，采用室内密闭，采取吸声、隔声、消声、减振等措施。噪声是*矿山环境*污染之一，矿山噪声的有效控制不仅可以避免矿山工作人员听力损害，也可以使矿山周边环境免受噪声污染。

（周连碧）

矿山钻井法　shaft boring　用钻井机钻凿竖井井筒的*特殊凿井法*。在地面采用大直径钻井机向地层钻进竖井，以洗井液护壁并排渣，悬浮下沉预制井壁作为永久支护，实现人员不下井的机械化凿井方法。

简史　1850年德国工程师肯特用改造的冲击钻机钻进了世界上第一个井筒。1894年德国工程师霍尼希曼研制成分次扩孔旋转钻机，为现代钻井法奠定了基础。美国于1910年引进钻井法，到20世纪50年代迅速发展，钻井直径多为1.5～4.5米，钻井深度达1708米。中国于1969年开始使用钻井法，至2016年已施工井筒90多个，累计钻井长度超过20千米，最大钻井深度662米，最大钻井直径达10.8米。钻井法在掘进和支护两个主要工序上实现了凿井综合机械化和一定程度的自动化，工人不下井操作，作业安全，劳动生产率高。钻井法凿井成井速度30～40米/月。

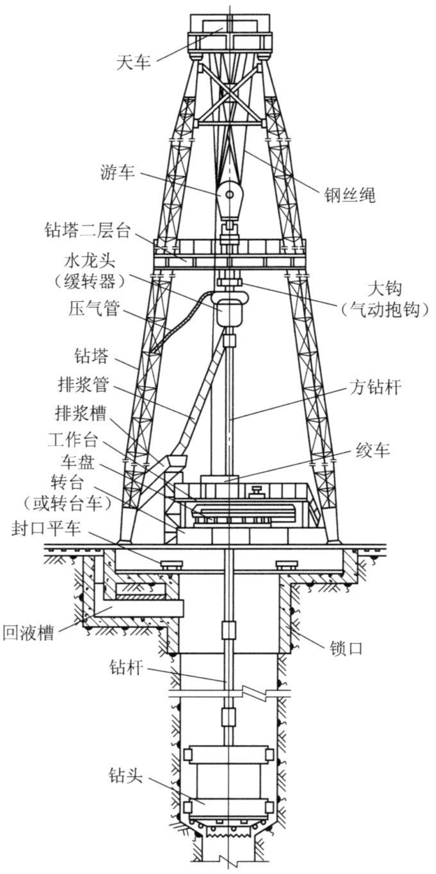

钻井机与钻进示意图

钻井机　包括钻具、提吊系统、旋转系统、洗井系统及其他辅助设施。钻具由钻头和钻杆组成，用于破岩和传递转矩，钻头刀盘上镶嵌不同形式的刀具。钻具由钻塔和*提升设备*组成的提吊系统下放或提吊。旋转系统通过转盘转动钻杆。洗井系统驱动洗井液循环流动，冲洗岩渣并保护井壁。此外还有起重、打捞和测井仪表等辅助设备。钻井的主要工序是钻进、洗井和支护。中国矿山钻井机起初由石油钻机改装而成，在20世纪70年代陆续研制出第二代大型钻机。为满足深厚冲积层和中国西部软岩地层大直径井筒施工的需要，相继研制出了一批大功率钻井机。

钻进　根据钻井机能力和井筒直径的不同，分为一次全断面钻进和先钻超前小孔然后分级扩孔钻进。在松软冲积层中多用刮刀或长齿滚刀，软岩中用楔齿滚刀，硬岩中用盘形滚刀和球齿滚刀。刀具在钻头自重作用下压入岩石，旋转、挤压、剪切、破坏岩石。影响钻进速度的主要因素是钻压、转速和洗井净度。钻头重量作用在刀具上的垂直压力称钻压，其大小由刀具压入岩石的条件决定。通常楔齿滚刀常用长度比压，即刀具与岩石接触的单位长度上的压力；球齿滚刀常用面积比压，即刀具与岩石接触的单位面积上的压力。为保证钻井垂直度，常使钻头处于半悬吊状态，仅用钻头在洗井液中重量的40%～60%作为钻压钻进，称减压钻进。刀具破岩的速度随钻头转数的增加而加快。转数受钻头外缘线速度、刀具允许自转速度与转盘扭矩约束。钻头外缘线速度因护壁要求，在流砂层一般小于或等于0.7米/秒，土层中小于或等于1.5米/秒，基岩一般小于3米/秒。

洗井　为减少岩渣重复破碎，提高钻井效果，要求较好的洗井净度。洗井液的性能、流量、流体的压力和钻头结构形式等都对洗井净度有直接影响。表土层钻进用泥浆作洗井液，其密度为1.15～1.25克/厘米^3，黏度17～25帕·秒，失水量每30分钟6～12立方厘米，泥饼厚0.5～1.5毫米，pH为7～9，胶体率≥97%，含砂量≤2%～3%。在岩石中钻进时可用清水作洗井液。洗井分为正循环洗井、反循环洗井和混合法洗井。一般采用洗井液自钻杆内流出的反循环方式，有的国家采用混合循环，正循环洗井仅用于小直径井筒钻进。反循环时由压气排液器（也称空气吸泥机）驱动洗井液循环流动，把岩屑带出井筒外。

支护　使用预制钢筋混凝土井壁、钢板井壁、预制丘宾筒井壁或钢板-混凝土复合井壁等。常用悬浮下沉法下放井壁。通过一个特制的井壁锅底与井壁连接。各节井壁用钢制法兰盘和螺栓联结，法兰盘外侧焊接密实并涂以防水涂料，以防漏水。井壁下沉时，井筒内要适量灌水，以控制下沉速度。井筒外侧也要注水，以减小下沉时的摩擦阻力。井壁不断接长，下沉至井底后，再进行壁后注浆充填。深井可分段下放井壁，分段注浆充填或在最后一次性充填。

（崔广心 巴肇伦 撰 王建中 修订）

矿石 ore 从*矿体*中开采出来的、在现有技术和经济条件下能从中提取有用组分（元素、化合物或矿物）的矿物集合体。矿石是在各种成矿作用过程中形成的。不同的成矿作用和成矿作用不同阶段形成的矿石有不同特征。矿石研究应包括矿石产出特征、矿石类型、矿石品位、工艺特性，以及矿石中的矿物组成、矿石结构构造、矿物共生组合关系等。对矿石的全面研究可以帮助分析成矿的物理化学环境、成矿作用特点、成矿过程以及矿床的次生变化等，还可以为矿石的工业评价、选择最佳的技术加工方法和*选矿*流程等提供基础资料。

矿石组成 矿石一般由矿石矿物和脉石矿物组成。矿石矿物是指矿石中可被利用的金属或非金属矿物，又称有用矿物。如铜矿石中的黄铜矿、斑铜矿、辉铜矿和孔雀石等含铜矿物，石棉矿石中的蛇纹石石棉。脉石矿物是指与矿石矿物相伴的、暂不能利用的矿物，又称无用矿物。如铜矿石中的石英、绢云母、绿泥石，石棉矿石中的白云石和方解石等。脉石矿物主要是非金属矿物，但也包括因含量极少而没有综合利用价值的金属矿物，如铜矿石中少量的黄铁矿、方铅矿和闪锌矿。矿体中矿石矿物和脉石矿物的比例随不同矿种的矿石类型而异，在同一种矿石中亦随矿物贫富品级不同而有差别。矿石中按矿物含量的多少可分为：①主要矿物。指矿石中含量较多、在某一矿种里起主要作用的矿物。②次要矿物。指矿石中含量较少、对矿石品位（品级）不起决定作用的矿物。③微量矿物。指矿石中含量很少的矿物。如镍矿石中微量铂族元素矿物和含钴矿物，其含量甚微，但有较高的综合利用价值。这类微量矿物和含有微量特征元素的矿物具有较大的经济意义。矿石中除主要组分外，还伴生有益组分和有害组分。有益组分是可回收的伴生组分或能改善产品性能的组分，如镍矿石中的铂、钴等元素，铁矿石中伴生的锰、钒、钴、铌和稀土金属元素等。有害组分对矿石质量有很大影响，如铁矿石中含硫高会降低金属抗张强度，使钢在高温下变脆；磷多了又会使钢在冷却时变脆。因此，矿石研究可供冶炼之前采用正确的选矿工艺，弃去脉石矿物和有害组分。在研究矿石的矿物组成时，还应区分矿物的成因（原生的、次生的、变质的）和矿物的工艺特性（易选冶的、难选冶的）等。矿石概念是相对的，随着人类对新矿物原料要求的不断增长和工艺技术条件的不断进步，无用的矿物也可成为有用矿物。确定矿与非矿的主要因素是对矿石品位的要求。

矿石品位 矿石中金属元素或有用组分的含量。大多数金属矿床的矿石，如铁、铜、铅、锌等矿石，是以其中的金属元素含量的重量百分比表示；有些金属矿石是以其中的氧化物〔如三氧化钨（WO_3）、五氧化二钒（V_2O_5）〕等的重量百分比表示。大多数非金属矿物原料以其中有用矿物或化合物的重量百分比表示，如钾盐、明矾石等；有些非金属矿物则取决于矿物本身的物理、化学性质和其工业用途，如熔炼石英、压电石英和宝石类；贵金属矿石以克/吨表示；原生金刚石矿石以克拉/吨或毫克/吨表示（1克拉＝0.2克）；砂矿以克/米^{3}或千克/米^{3}表示。在矿产勘查中，常用的边界品位是指划分矿与非矿界线的最低品位。工业品位则是指当前能开采利用的矿段或矿体的最低平均品位，又称最低工业品位。达此品位才能计算矿床工业储量。不同矿种的矿石工业品位要求是不同的；矿种虽相同，但矿石类型不一，工业品位要求也有差别。矿石的工业品位随经济技术进步而改变，一般取决于矿床规模、开采条件、矿石综合利用的可能性、矿石的工艺条件，以及矿产品的市场价格等。

矿石构造和结构 矿石构造是指组成矿石的矿物集合体的形态、相对大小及其空间上相互的结合关系等所反映的分布特征。如铬铁矿矿石，当矿石90%以上由铬铁矿组成时，称为块状构造；当矿石中铬铁矿的集合体成为延长条带状，并与其他硅酸盐矿物集合体相间分布时，称条带状构造。矿石结构是指矿石中矿物结晶颗粒形态、大小及其空间相互的结合关系等所反映的形态特征，也包括矿石中的结晶颗粒与矿石中的不同矿物集合体之间的结合关系。如浸染状铬铁矿矿石的铬铁矿多呈自形晶粒状结构（图1）；块状或浸染状钒钛磁铁矿矿石中常见钛磁铁矿集合体充填胶结脉石矿物斜长石晶体，构成海绵陨铁结构（图2）。

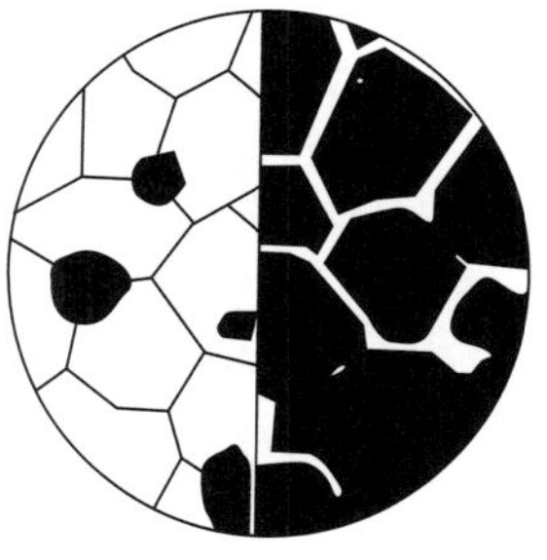

左 矿石矿物铬铁矿自形晶体（黑色）嵌布于脉石矿物（白色）之间

右 脉石矿物集合体（白色）充填胶结矿石矿物铬铁矿自形晶体（黑色）

图1 自形晶粒状结构（据袁见齐等，1985）

左 矿石矿物钒钛磁铁矿集合体（黑色）包裹脉石矿物斜长石半自形晶体（白色）

右 矿石矿物钒钛磁铁矿集合体（黑色）充填胶结脉石矿物斜长石半自形晶体（白色）

图2 海绵陨铁结构（据袁见齐等，1985）

矿石的构造既可用肉眼观察，也可用显微镜观察。矿石的结构主要在显微镜下观察，个别粗大颗粒也可用肉眼观察。矿石的结构和构造统称为矿石组构。通过矿石组构研究，可以科学地认识矿床成因，对矿床进行正确的工业评价。

矿石建造 指一种由一定成因或地质成矿作用以及特征的矿物集合体构成的矿石类型。又称矿石族。它是矿床类型进一步分类的单元名称。矿床除由单一成因外，也可由不同成矿作用叠加和改造而成，因而每一矿床可由单一或一种以上矿石建造类型构成。例如，火山热液矿床按成因可分为4类：陆相火山－喷气矿床、陆相火山－热液矿床、陆相次火山－热液矿床、海相火山（次火山）－热液矿床。根据建造不同，海相火山（次火山）－热液矿床又可分为：①绿色凝灰岩建造中的“黑矿”矿床。②细碧角斑岩建造中的含铜黄铁矿型矿床。③流纹岩－安山岩建造中的菱铁矿矿床。④基性岩中火山岩建造中的赤铁矿－磁铁矿矿床。根据矿石建造主要组分不同，又可将细碧角斑岩建造中的含铜黄铁矿型矿床分为黄铁矿矿床、黄铁矿型铜矿床、黄铁矿型多金属硫化物矿床。将矿床类型细分为矿石建造类型进行研究，有利于矿床地质学研究的不断深入和发展。一定的成因或地质成矿作用以及一定特征的物质成分是建立矿石建造的基础。矿石建造表现的形式包括矿石的矿物组成、化学成分、结构构造、地质产状、矿石与矿石建造、矿石建造与围岩、矿石建造与矿石建造的关系等。世界各国的地质专家提出了10余种矿石建造的分类方案，每种分类方案划出的建造类型

也不相同，多者达200余种，少者不超过30种。多数学者认为这种分类太复杂，应做到繁简适宜，符合实际，便于利用。

（蔡克勤　岳树勤　熊曾熙　撰　于耀先　修订）

矿石加工技术性能　technological feature of ore processing　与*矿石*加工利用的方法、步骤、工艺流程和技术经济效果有关的矿石性质和特点。主要包括矿石的矿物成分和物理性质、有用及有害组分的含量及变化情况、矿石的结构构造以及各种类型或品级矿石的分布情况等。是矿床技术经济评价、工业指标制定和选冶设计前期的一项重要研究内容。为确定矿石加工技术性能，矿床普查－勘探阶段和矿山建设前期应进行矿石选冶试验。矿石选冶试验包括*选矿试验*和冶炼试验。凡是原矿有用组分含量低，或采出矿石须经选矿之后才能获得满足冶炼要求的精矿或商品矿石，都必须进行与矿石性质复杂程度相当的选矿试验。对原矿品位高，可直接冶炼的矿石，或当前的选矿方法不能获得良好回收效果的某些矿石（如硅酸镍矿、钒钛磁铁矿等），以及某些不经过选矿直接进行冶炼即可获得良好效果的矿石（如水冶方法处理离子吸附型稀土矿石等），往往需要进行冶炼试验。

选矿试验的方法一般包括手选、*浮选*、重选、*磁选*、*电选*、光电选、摩擦选等，以及前述两种以上选矿方法的联合法。冶炼试验方法一般分火法和湿法两种。火法冶炼试验包括*熔炼*、熔烧、*铁矿粉造块*（烧结、球团、铁焦压块等），湿法冶炼试验包括化学药剂萃取、离析等。

矿石选冶试验按试验程度（试验深度、广度和规模）分为可选（冶）性试验、实验室流程试验、实验室扩大流程试验、半工业试验和工业试验5类。①可选（冶）性试验。目的是初步评定矿石的可选（冶）性及工业利用的可能性，以判别试验对象是否可作为工业原料。主要内容是确定矿石矿物组成及其化学成分；初步确定有用组分的选（冶）方法和可能达到的指标（精矿品位、尾矿品位、回收率等），以及伴生有益或共生有用组分综合利用的可能性。②实验室流程试验。目的是进一步确定矿石的加工工艺、合理流程和技术经济指标。主要内容是详细确定矿石的矿物和化学组成、矿石结构构造、*矿物嵌布特征*及其共生关系，单*矿物解离度*及其连生体的特征，*矿物粒度*组成和比表面，矿石的物理和化学性质，有用组分和有害杂质的赋存状态及呈各种化合物存在的某种物质的含量等；确定矿石的工艺性质，如粒度、密度、摩擦角、堆积角、可磨度、硬度、水分、比磁化率及表面性质等；确定合理的选矿方法及工艺流程，考虑综合回收方法；确定混合处理不同自然类型矿石的可能性和混合比例；提出工业矿物选矿指标及其产品中综合利用组分的含量指标。③实验室扩大流程试验。针对前一阶段已做试验所推荐的工艺流程和选矿指标进行校核和验证，或进行新工艺的探索。主要内容包括矿石的物质组成和物理化学性质的研究，若经小型探索性试验检验，证明与原实验室流程试验所做矿石性质基本相同，可不重做，只需做光谱分析、化学分析、物相分析即可，必要时在原有基础上做若干补充项目；试验的选别方案、流程条件，应按矿石性质和原有试验室流程试验推荐的选别方案、流程和条件拟订。若矿石性质与原有实验室流程试验样有出入，必须做补充校核试验和调整。④半工业试验。由于矿石选、冶工艺流程复杂，在实验室试验中难以充分查明工艺特性及设备的某些关键环节，而且可能因这些技术环节的可靠性不高而影响技术经济指标时，须通过半工业试验来提高试验的模拟程度。半工业试验一般是作为建设前期的准备而进行的试验，它为新建选（冶）厂设计提供依据。半工业试验要求模拟生产操作状态进行，其设备处理矿石量一般要达到：选矿10～20吨/天，*火法冶金*50～100吨/天，*湿法冶金*2～10吨/天。⑤工业试验。为确定矿石性质极为复杂的大型选矿厂的工艺流程和技术经济指标，或为验证工艺流程和技术经济指标的合理性，或为采用新设备、新工艺提供依据。工业试验的数据资料，作为矿山设计建厂和生产操作的基础和依据。工业试验要求按生产操作状态进行，试验内容深度及操作技术条件都应与实际的生产情况尽量一致。

（李小罗）

矿石可磨度　ore grindability　指定*磨矿*条件下矿石被磨碎的难易程度。又称矿石可磨性。分为相对可磨度和绝对可磨度。相对可磨度是待测矿石与已知可磨度的标准矿石，在同样测试方法和测试条件下获得的可磨度的比值，通常以石灰石作为标准中硬石。绝对可磨度是在规定的测试方法和测试条件下测得的矿石可磨度值。两者测试方法不同，表征方法也不同。常见的绝对可磨度表征方法有单位生产率、邦德功指数、汤普森功指数、磨矿效率和哈德格罗夫指数等。

矿石可磨度主要用于计算与选择磨矿机规格、型号、处理能力和台数，以及判断磨矿机操作条件是否合适，是*选矿厂设计*和生产中重要的原始数据。

（吴彩斌）

矿石可选性　ore beneficiability　*矿石*可选程度的工艺评价。从矿石中选出有价成分的难易程度，受到矿石物质组成、矿石结构、有价和有害成分的赋存状态、技术水平和对选矿产品的质量要求（精矿品位及含杂量等）等制约。矿石可选性是这些因素在选矿工艺指标上的综合反映。原来认为不可选的矿石或难选矿石，在技术发展后可能会变为可选或易选矿石。因此矿石可选性的难易是对一定的选矿技术水平和选矿产品的质量而言的，是有条件的。

矿石可选性研究的目的是确定该矿石选别技术上的可能性，用于地质储量评价或用于矿床开发前的试采性研究。对常见、易选的矿石，可选性研究结果有时也可作为*选矿厂设计*的依据之一。研究方法是在查明矿石的物质组成、结构、有价成分在矿石中的赋存状态等的基础上，对矿石样品进行选矿方法、选矿条件和选矿流程的试验，以得到最佳的设计选矿工艺指标。矿石可选性通常以有价成分的回收率（见*选矿回收率*）、精矿产率（见*选矿产品产率*）、精矿及尾矿品位对某分选因素的函数关系表示。矿石可选性研究，多数只做实验室规模的试验。

（罗　蒨）

矿石粒度　ore particle size　矿石颗粒大小的量度。表明物料粉碎的程度，以毫米或微米为单位。

单个矿粒的平均直径　对于单个矿粒，矿石粒度即为颗粒的尺寸。若颗粒形状规则，则用其特征尺寸表示，如球体颗粒的粒度用直径表示，立方体颗粒的粒度用边长表示。若颗粒形状不规则，则需要测定出单个颗粒的长、宽、厚3个垂直方向的尺寸，用其平均值表示直径；也可将与矿物颗粒具有相同行为的某一球体直径作为该颗粒的等效直径。

粒群的平均直径　对于粒群，矿石粒度一般用平均粒度表示。单一粒级的平均粒度d是其上限尺寸d_1和下限尺寸d_2的算术平均值。

由多个粒级组成的物料粒群，可以看作一个统计集合体，平均粒度一般用统计学中求平均值的方法来计算。依据采用的计算方法，可将计算出的平均粒度分为加权算术平均粒度$d_{算}$、加权几何平均粒度

$d_{几}$、调和平均粒度$d_{调}$。对于同一个碎散物料粒群，用不同的统计计算方法计算出的平均粒度一般不尽相同，其数值的大小顺序为$d_{算}>d_{几}>d_{调}$，而且计算时粒级分得越多，计算出的结果越准确，三种平均粒度的数值也越接近。在实践中，当每个粒级的上限粒度与下限粒度之比不大于$\sqrt{2}$时，常采用加权算术平均粒度表示碎散物料粒群的平均粒度。

矿石粒度特性　*选矿*过程所处理的矿石均是大小不一且形状各异的碎散矿粒群，技术上常采用粒级、粒度组成及粒度均匀性等概念来描述其特征。

粒级。用某种分级方法（如*筛分*）将粒度范围较宽的碎散矿粒群分成粒度范围较窄的若干级别，这些级别就称为粒级。以粒级中颗粒的上限尺寸d_1和下限尺寸d_2表示，例如d_1～d_2、d_1+d_2、d_2～d_1等。

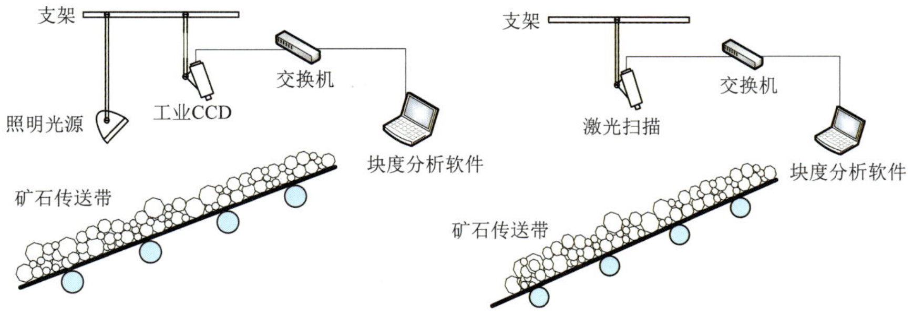

a　工业CCD传感器方案　　b　激光扫描传感器方案

机器视觉传感器系统工作原理示意图

粒度组成。碎散矿粒群中各个粒级的质量分数或累计质量分数。把碎散矿粒群的各个粒级用称量法确定其质量，并计算其在整个矿粒群中所占的质量分数或累计质量分数，得出混合物料中各粒级的相对含量，即为该粒群的粒度组成。确定矿石粒度组成的测试分析方法主要有筛分分析法、水力沉降分析法、显微镜分析法和激光粒度分析仪分析法等，其分析结果可采用表格法和矿石粒度特性曲线表示，也可采用矿石粒度分布方程表示。

粒度均匀性。描述物料中颗粒粒度的均匀程度，通常用偏差系数$K_{偏}$来表示：

$$K_{偏}=\frac{\sigma}{d_{算}}\times 100\%$$

式中σ为标准差，$\sigma=\sqrt{\sum(d_i-d_{算})^2\gamma_i}$；$d_i$为粒群中某一粒级的平均粒度；$\gamma_i$为平均粒度为$d_i$的粒级在粒群中的质量分数。$K_{偏}<40\%$是均匀粒群，$K_{偏}=40\%$～$60\%$是中等均匀粒群，而$K_{偏}>60\%$则是不均匀粒群。

矿石粒度特性的研究是选矿过程中的一个重要方面，这不仅因为矿石颗粒在很大程度上决定选别方法、流程和设备的选择，而且颗粒加工效率、选别指标在很大程度上也与矿石粒度特性有关。

（王泽红）

矿石粒度在线检测　online measurement of ore size　通过机器视觉等非接触式技术，对传送过程中通过固定检测点的矿石粒度进行连续检测的过程。矿石粒度在线检测系统一般由机器视觉传感器系统和块度分析软件组成。*矿石粒度*是原矿经爆破、破碎后形成的碎块大小程度，一般以块度分布作为量化度量值。

机器视觉传感器系统包括两种实现方案：①利用高速工业电荷耦合器件（charge coupled device，CCD）传感器和人工光源获得被测矿石的灰度图像，如图a所示。②利用激光扫描传感器获得被测矿石的深度点云图像，如图b所示。工业CCD传感器的硬件成本较激光扫描传感器低，但是易受光源系统老化、粉尘因素影响，导致检测精度下降。激光传感器可直接获得矿石表面深度信息，其检测精度较CCD图像更稳定，且无须光源，易于维护。

块度分析软件的主要功能包括：对机器视觉传感器采集的矿石灰度图像或者点云图像进行预处理，分割图像中每个矿石颗粒；统计图像中矿石颗粒个数和每个矿石颗粒的粒径；根据预先建立的统计模型估计当前图像的矿石粒度分布。

机器视觉传感器通常安装在传送带上方，采集传送带表面的矿石图像。但传送带上底层矿石受到表面矿石的遮挡，其完整图像无法被采集到。由于位于传送带表面和底层矿石的块度分布不均匀，仅根据表面矿石图像估计当前传送带位置上总体矿石粒度的误差较大。一种缓解遮挡问题的方法是将机器视觉传感器安装在矿仓下料口两侧，采集下料口矿石散落过程图像。但矿石下落速度过快以及矿石下落过程中激起的粉尘也会干扰获取图像的质量。

（卢绍文）

矿石贫化率　ore dilution rate　矿床设计利用资源储量品位与采出矿石品位之差占矿床设计利用资源储量品位的百分比。简称贫化率。

分类　矿石贫化分为采矿贫化和出矿贫化。采矿贫化又称一次贫化，是指在开采过程中，由于矿体上下盘围岩或夹石的混入等综合因素的影响，使采出矿石品位较未采前*设计利用资源储量*品位降低。出矿贫化又称二次贫化，是指在出矿过程中，采场上下盘或溜井壁片落的围岩（因矿石的放出而引起）再次混入及运输过程中倒运而导致的贫化。

计算方法　采矿贫化率越低，采出矿石品位越高。一般采用直接法和间接法计算矿石贫化率。

直接法　直接法适用于围岩不含品位时计算矿石贫化率：

$$\gamma=\frac{R}{Q+R}\times 100\%$$

式中γ为采矿贫化率；R为废石混入量；Q为*设计可采储量*。

间接法　间接法适用于围岩不含品位和围岩含品位两种情况的矿石贫化率计算：

$$\begin{cases}\gamma=\left(1-\dfrac{a'}{a}\right)\times 100\%\ （围岩不含品位）\\ \gamma=\left(1-\dfrac{a'-a''}{a-a''}\right)\times 100\%\ （围岩含品位）\end{cases}$$

式中γ为采矿贫化率；a为设计利用资源储量矿石品位；a'为采出矿石品位；a''为围岩含矿品位。

（褚洪涛）

矿石破碎　ore crushing　用外力对大块固体矿石进行折断、劈裂、挤压、冲击、研磨等，使大块矿石物料碎裂而减小粒度的过程。矿石破碎为后续的*磨矿*、选别或冶炼作业提供适合的物料粒度，是选别或冶炼作业前的准备工序。广泛应用于金属矿选矿、冶金、化工、建材、煤炭、火力发电等国民经济领域的基础行业。

在人类利用矿产资源的初期，为将采出矿石破碎，人们用简易的击碎或锤碎，后来逐渐研究*破碎设备*。1858年美国E.W.布莱克设计出第一台*颚式破碎机*，随后又设计了对辊破碎机，到20世纪初出现*圆锥破碎机*和*旋回破碎机*。20世纪下半叶，矿石破碎技术得到迅速发展，设备也多种多样，研制出反击式破碎机、辊式破碎机、高压辊磨机、旋盘式破碎机和超细碎圆锥破碎机等。

破碎方法　矿石破碎方法一般包括：机械外力破碎、电热照射法破碎、液电效应破碎、超声波破碎、热力破碎、高压水射流粉碎等。其中机械外力破碎为主要方

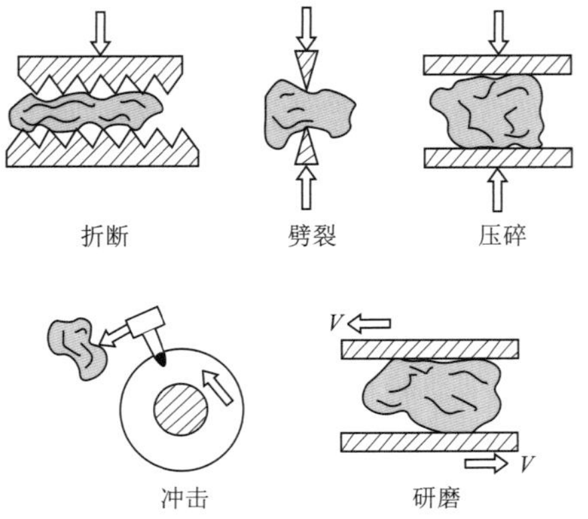

图1　机械外力破碎主要方法

法，有折断、劈裂、挤压、冲击、研磨等破碎方式（图1）。电热照射法是矿石在高频及超高频电磁场的作用下，物料表面受高热，产生巨大张力而破碎。液电效应破碎是在液体内部进行高压和瞬时脉冲放电，放电区域内产生极高压力使物体破碎。超声波破碎是利用超声高频振荡的冲击力使物料破碎。热力破碎是将物料加热，改变其周围压力而使之破碎。高压水射流粉碎是利用射流高压水的压力从颗粒内部使内裂纹扩张而导致破碎。

破碎工艺　矿石破碎工艺包括矿石粗碎、矿石中碎、矿石细碎、矿石超细碎4类。

矿石粗碎是将给矿粒度为500～1500毫米的矿块破碎到125～400毫米的过程。粗碎的最大破碎比在3左右。矿石粗碎过程作用力以压碎为主，典型的粗碎设备有颚式破碎机、旋回破碎机以及辊齿破碎机。

矿石中碎是将给矿粒度为125～400毫米的矿块破碎到50～100毫米的过程。中碎的最大破碎比在4左右。矿石中碎过程作用力以压碎和冲击为主，适合于中碎作业的主要设备有颚式破碎机、标准型圆锥破碎机、中型圆锥破碎机，有些特殊的用途也可采用对辊破碎机和锤式破碎机。

矿石细碎是将给矿粒度为50～150毫米的矿块破碎到5～25毫米的过程，细碎的最大破碎比在5左右。适用于细碎作业的主要设备有细碎型颚式破碎机、短头型圆锥破碎机、高压辊磨机等。

矿石超细碎。给矿粒度一般为5～25毫米，大约破碎至小于6毫米的颗粒占60%。矿石超细碎设备主要有高压辊磨机、惯性圆锥破碎机、冲击式破碎机、水冲圆锥破碎机及其他超细破碎设备等。

破碎作业常与筛分作业联合进行。矿石每经过一次破碎机称为一个破碎段，是破碎流程的最基本单元。破碎段数的不同以及破碎机与筛子的组合不同，便有不同的破碎流程。在待破碎的给料中，经常含有一些小于该破碎阶段要求达到的粒度的矿块，在给入破碎机前，需预先用筛子将它筛出，称预先筛分。破碎后的产品中常含有一定量的过大颗粒，也常用筛子筛出进行再破碎，称检查筛分。因此破碎机常与筛子构成闭路系统工作（如图2第三段细碎）。闭路破碎的产品粒度由检查筛分的筛孔尺寸控制，而开路破碎的产品（如图2第一段粗碎、第二段中碎）中常含有大于规定粒度的过大颗粒。

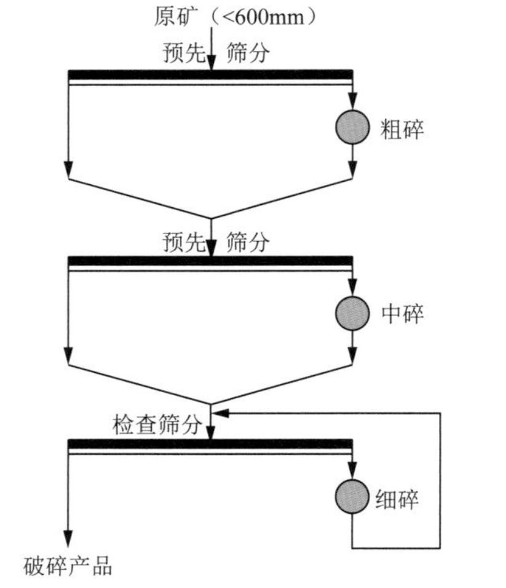

图2　常用三段破碎流程

破碎过程的能耗　破碎过程消耗大量的机械能。大部分能量消耗在物料的变形和裂缝的形成，仅一小部分用于形成固体自由表面。1867年德国P.R.von雷廷格尔提出“面积说”，认为“破碎过程的功耗与破碎过程中物料新生成的表面积成正比”。1874年俄国V.L.基尔皮乔夫、1885年德国F.基克提出“体积说”，认为“破碎时的功耗与被破碎物料的体积或重量成正比”，适用于粗碎作业。1950年美国F.C.邦德提出了“裂缝说”，认为“破碎过程功耗与物料在破碎过程中所形成的裂缝长度成正比”，成为广泛应用的破碎“第三理论”，适用于中、细碎作业。

矿石和物料的破碎难易度，取决于其物理–机械性质和本身的裂隙。通常以可碎性表示。方法有两种：①可碎性系数法。可碎性系数为破碎机在同样条件下破碎待定矿石的处理能力和破碎机破碎中硬矿石的处理能力的比值，通常以石灰石作为标准中硬矿石，其可碎性系数为1。②功指数法。用双摆锤式冲击试验机测定矿石或物料的冲击破碎功指数，并用功指数大小表示其可碎性。

存在的问题及发展趋势　矿石破碎在选矿厂中具有举足轻重的作用，且破碎矿石电耗与金属消耗仅次于磨矿。碎矿工艺优劣对选矿厂节能降耗有重大影响。矿石破碎存在的主要问题是：①破碎过程能耗损失较高。②破碎比大的设备产能较小。③采用“多碎少磨”的工艺不能达到节能目标。矿石破碎发展趋势：①研发高效破碎机，提高细碎机能量转化率。②开发大破碎比、大产能的破碎机。③研发高产能的超细碎设备。

扩展阅读

杨松荣，蒋仲亚，刘文拯.碎磨工艺及应用.北京：冶金工业出版社，2013.

张强.选矿概论.北京：冶金工业出版社，2006.

（孙春宝）

矿石损失率　ore loss rate　矿床设计利用资源储量与采出的纯矿石量的差值占矿床设计利用资源储量的百分比。是评价矿山生产技术及管理水平的指标。

分类　矿床开采过程中，由于某些原因造成一部分矿石未能采出以及采下的未能全部运出而损失于井下、露天坑或剥离的废石中，导致矿石损失。矿石损失包括采下损失和未采下损失。

计算方法　一般采用直接法和间接法计算金属矿床矿石损失率。

直接法　凡采矿以后，地测人员能够进入采场进行工作的矿山（如采用浅孔留矿采矿法、全面采矿法、充填采矿法的矿山及露天矿山），应采用直接法计算矿石损失率：

$$\rho=\frac{Q-Q_c}{Q}\times 100\,\%$$

式中ρ为矿石损失率；Q为设计利用资源储量；Q_c为设计可采储量。

间接法　凡采用阶段和分段崩落采矿法的矿山，采矿后地测人员难以进入采场进行工作时，应采用间接法计算矿石损失率：

$$\begin{cases}\rho=\left(1-\dfrac{Ta'}{Qa}\right)\times 100\,\%\ \text{（围岩不含品位）}\\ \rho=\left(1-\dfrac{T}{Q}\,\dfrac{a'-a''}{a-a''}\right)\times 100\,\%\ \text{（围岩含品位）}\end{cases}$$

式中a为设计利用资源储量矿石品位；a'为采出矿石品位；a''为围岩含矿品位；T为采出矿石总量（含废石混入量）。

（褚洪涛）

矿石运搬　ore handling　将矿石从回采工作面运搬到运输水平的作业过程。根据运搬过程中矿石所受到的主要作用力和所用的运搬设备不同，矿石运搬分为重力运搬、机械运搬、爆力运搬和水力运搬等方式。前两种应用较多，爆力运搬应用范围有限，而水力运搬应用极少。重力运搬的放矿方式分为普通漏斗放矿和振动出矿机放矿。机械运搬又分为电耙运搬、自行设备运搬和连续设备运搬等。

矿石运搬方式和采矿方法密切相关，并在选择采矿方法时同时确定。矿石运搬系统的经济性、连续性是矿山技术管理的重要内容。一般情况下，矿石运搬在回采过程中占有重要地位，其效率的高低决定回采强度的大小以及回采作业的集中程度。采场作业成本中，矿石运搬成本占30%～50%，仅次于*落矿*成本。

扩展阅读

解世俊.金属矿床地下开采.北京：冶金工业出版社，1986.

门建兵，匡勇，骆贞江.浅谈矿石运搬方法.科技创新导报，2013，20：117.

唐秀伟，李建文，韦志兴，等.大新锰矿西北重叠矿体矿石运搬工艺系统优化.金属矿山，2015（5）：12-15.

（黄　滚）

矿石重选可选性判据　concentration criterion of ore　体现采用重选方法对矿石进行分选难易程度的指标。可依据待分选矿石中高密度矿物和低密度矿物的密度以及分选介质的密度进行计算，其具体计算式为：

$$E=\frac{\rho'_1-\rho}{\rho_1-\rho}$$

式中E为矿石重选可选性判据指标；ρ_1'和ρ_1分别是待分选矿石中高密度矿物和低密度矿物的密度；ρ是介质的密度。$E>2.50$时，分选极易进行，有效分选粒度下限可达到0.019毫米，但0.019～0.038毫米级的分选效率已较低。$E=1.75$～2.50时，分选容易实现，有效分选粒度下限可达到0.038毫米左右，但0.038～0.074毫米级的分选已较困难。$E=1.50$～1.75时，分选难易程度属中等，有效分选粒度下限一般为0.5毫米左右。$E=1.25$～1.50时，分选比较困难，重选法只能处理粒度在数毫米以上的矿石，且分选效率一般不高。$E<1.25$时，分选极其困难，不宜采用重选法分选。采用重选方法对矿石进行分选的难易程度与颗粒粒度也有一定关系，通常是矿石的粒度越细越难选。一般来说，粒度小于0.03毫米的矿石不适合采用重选方法进行分选。

（沈岩柏）

矿体　ore body　赋存于地壳中含有足够数量矿石、具有开采价值的地质体。矿体有一定的形状、产状和规模。矿体周围无经济意义的岩石是矿体的围岩。矿体与围岩的界限有的清楚，有的则逐渐过渡，具体边界只能靠采样分析结果，按工业指标加以圈定。矿体内部的无用岩石，称为夹石或脉石。

形状　根据矿体在三维空间延伸长度比例的不同，可将矿体形状分为3类(图1)：

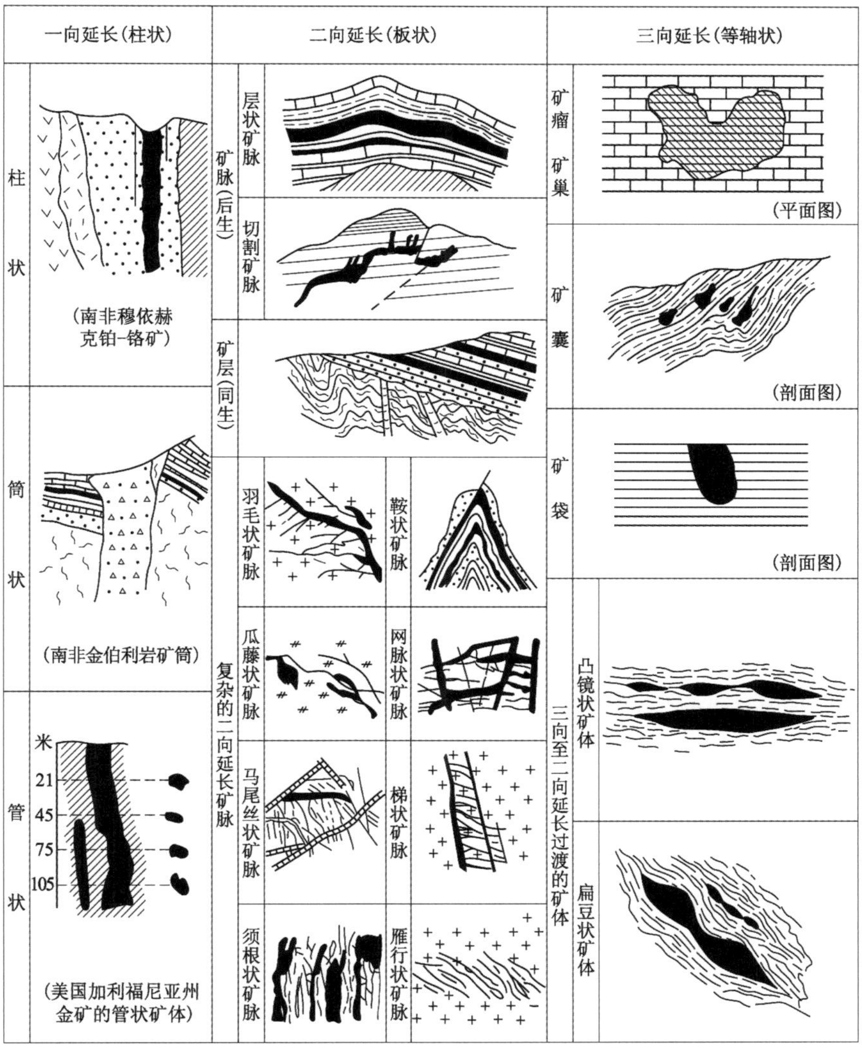

图1　矿体形状图

①等轴状矿体。指三维空间大致均衡延伸的矿体。按其规模又有不同名称，直径达数十米以上的称矿瘤；直径只有几米的称为矿巢；直径更小的称为矿囊和矿袋。如果矿体在一个方向上较短，并且中厚边薄，则称为凸镜状或扁豆状矿体。②板状矿体。长度和宽度延伸较大，而厚度较小的矿体，称为矿脉或矿层。按照矿脉与围岩的产状关系又可分为层状矿脉和切割矿脉。层状矿脉是指与层状岩石的层理相一致延伸的矿脉，它们是成矿物质顺地层充填或交代作用形成的矿体；切割矿脉指在块状岩石中的矿脉和切割层状岩石的矿脉。矿层一般是指与上下围岩层理产状一致的矿体，矿层的厚度比较稳定，延展也大，其走向延长可达数千米至数十千米以上，沿倾斜方向延伸可与长度相仿，厚度也常达数米至数百米。③柱状矿体。指一个方向延伸很长，另外两个方向延伸很短且大致相等的矿体，包括矿柱、矿筒、矿管等。实际上，许多矿体的形状介于上述3类之间，甚至有些矿体的形状极不规则，如鞍状、梯状、网脉状等复杂形状的矿体。

产状　矿体产出的空间位置和产出的地质环境状态。包括以下基本内容：①矿体的产状要素。一般用走向、倾斜方向和倾角来表示（像标定地层产状那样），但对于柱状矿体和凸镜状矿体等，还要测定它们的侧伏角和倾伏角，以便确定它们向深部的偏斜情况（图2）。侧伏角（∠*abc*）是矿体最大延伸方向（即矿体轴线）与走向之间的夹角。倾伏角（∠*dbc*）则是矿体最大延伸方向与其水平投影线之间的夹角。倾角（∠*bfe*）是矿体真倾斜线与其在水平面投影线之间的夹角。确定矿体的产状要素对矿床的勘探和开采都有重要的实际意义。②矿体的埋藏情况。矿体出露

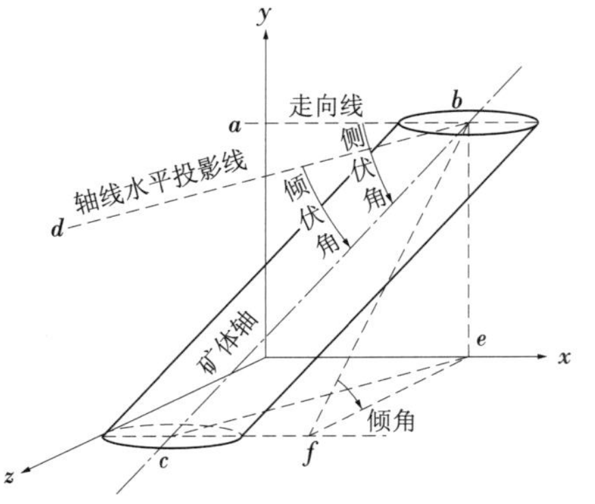

图2 矿体产状要素示意图

地表还是隐伏地下、埋藏深度等。如矿体大部分出露地表，或由于产出浅，经剥离后可以开采的，称为露天矿体。埋藏于地下，未出露地表的矿体，称为盲矿体。③矿体与岩层的联结关系。矿体沿围岩层的层理、片理作整合状产出时，为整合矿体。矿体交切层理、片理产出，为不整合矿体或切层矿体。④矿体与火成岩体的空间位置关系。指矿体产于岩体内部，或在岩体接触带上，或在周围的围岩中。产于接触带中的矿体其总体的产状与接触带产状一致，但局部不稳定，变化大。⑤矿体与地质构造的空间关系。指矿体产于构造中的部位。如矿质沿背斜轴部的虚脱空间充填时，可形成顺脊部延伸的层状矿脉，而在背斜的垂直剖面上的矿体则呈鞍状。矿质在岩石的网脉状裂隙中充填交代，常形成密集分布、相互交错的网脉状矿体，是构造和含矿热液反复活动的产物。有些矿体的矿脉经常有膨胀、狭缩、分支、复合、尖灭（矿体逐渐变薄以至消失）、再现（尖灭的矿体在其尖灭点的延长方向上一定距离内重新出现）等。矿体形成后，又有构造变动、岩浆侵入体扰动或风化作用等原因，矿体原始产状将受到改造甚至破碎，以及原来位置经过移动（如原生露头矿变为残坡积矿）等。影响矿体形状、产状的地质因素，主要是成矿的地层、构造、岩性条件、成矿方式、成矿后的构造活动等。

（蔡克勤）

矿物 mineral 自然作用形成的，具有相对固定化学组成和确定晶体结构的均匀固体。岩石和*矿石*是由矿物构成的。矿物是最小的地质体，是构成固体地球的基本单元。地球上发现的矿物超过5000种。

概述 矿物的概念源于人类的生产实践活动。早期的原始概念中，矿物泛指从矿山采掘且未经加工的天然物体。随着人类对自然认识的深入以及科学技术水平的提高，矿物概念的内涵也在不断地发展。

矿物的天然性。早期曾将矿物产出的天然性局限于地球上的地质作用。现代强调矿物是自然作用的产物，一些特殊来源的矿物，如来自月球或火星的陨石、星际尘埃物质、人工活动（如采矿坑道、煤矸石堆），乃至人体中所含的矿物等都被纳入矿物的范畴。为了强调来源，有时还特别将来自月球和火星陨石所含的矿物称为月岩矿物和火星矿物，或统称宇宙矿物。强调矿物产出的天然性，主要目的是与在工厂或实验室中的人工制备产物相区别。那些由人工合成的、各方面特性与天然产出的矿物相同或相似的产物，可以称为合成矿物或人造矿物，如合成金刚石、合成石英等；而那些在无自然界对应矿物的人工合成物，则不能称为合成矿物，例如钛酸锶、钇铝榴石等。

矿物必须是均匀的固体。这一方面排除了天然产出的气体和液体，它们可以是自然资源，但不属于矿物，如以往被作为矿物的液态自然汞；另一方面也与岩石和矿石区分开来。矿物，作为组成岩石和矿石的基本单元，应该是各部分都是均一的，不能用物理的方法把它分成化学成分上更为简单的不同物质。像花岗岩，它由长石、石英及云母等在化学成分和物理性质上都互不相同的多种物质组成，可以机械地分离出长石、石英、云母等矿物，所以花岗岩不是一种矿物，而是由几种不同造岩矿物组成的岩石。

矿物都有相对固定的化学成分，可用化学式表达。例如，金刚石、闪锌矿和方解石，其化学成分可分别用化学式C、ZnS和$Ca[CO_3]$表示。但是，由于类质同象等因素的存在，矿物成分可以在一定范围内变化。例如闪锌矿中经常含有Fe，它以离子的形式替代闪锌矿内部结构中的Zn，Fe的含量最高可达26%(重量百分比)。这种变化在矿物中往往是有约束的。如闪锌矿，尽管有Fe替代Zn，使其成分在一定范围内发生了变化，但Zn和替代它的Fe等一起，与S仍保持1∶1的定比关系，化学式可表示为（Zn，Fe）S。矿物成分在一定范围内的变化，会引起矿物性质上的一些变异，并能反映形成时的条件，但是这种变化不改变该矿物的固有特征，如结构等。

矿物还必须具有确定的结晶结构。在自然作用过程中形成的具有相对固定化学组成，但无确定*晶体结构*的均匀固体，称为准矿物或似矿物。如蛋白石，化学组成可写为$SiO_2 \cdot nH_2O$，蛋白石内部则是由数百纳米直径的二氧化硅微球以六方或立方密堆积形式堆垛而成。蛋白石的内部结构形式，不属于传统意义上的“晶体结构”，因此，传统上将蛋白石归属为准矿物而非一个矿物种。自然界的准矿物数量有限，较常见的有蛋白石、水铝英石以及某些放射性矿物或含放射性元素矿物的变生非晶质，如变生方钍矿、变生褐帘石、变生锆石等。天然非晶质的火山玻璃，因无一定的化学成分，不属准矿物之列。在矿物历史上，准矿物曾作为非晶质矿物的特例而归属为矿物，但由于非晶质体虽然外观呈凝固态，其实质却是过冷却液体，因此为避免出现将水、火山喷气等液体乃至气体也都归属于矿物的混乱，现代矿物概念的范围限定为晶体，同时又建立了准矿物的概念。准矿物仍是矿物学研究的对象，而且在一般情况下往往并不把准矿物与矿物加以严格区分。

任何矿物都稳定于一定的物理化学条件范围内，超出这个范围，原来的矿物会发生变化，生成新条件下稳定的矿物。如还原条件下形成的黄铁矿，当其与空气和水接触，会氧化分解，形成氧化条件下稳定的针铁矿。

矿物种及其命名 矿物种是指具有一定的化学组成和确定晶体结构的矿物，是矿物分类的基本单位。对于类质同象系列的矿物种，如果是完全类质同象系列，按“50%的原则”分为两个矿物种，如$Mn[CO_3]-Fe[CO_3]$系列，$Mn[CO_3]$摩尔数大于50%者即为菱锰矿，$Fe[CO_3]$摩尔数大于50%者则为菱铁矿。对于不完全类质同象系列，只有一个矿物种。如含Fe的闪锌矿，只有闪锌矿一个矿物种，铁闪锌矿（Zn，Fe）S是一个亚种。但对于那些历史上广泛使用已久的个别类质同象系列既有的划分规定，一般仍予保留，如斜长石系列就有钠长石、奥（更）长石、中长石、拉长石、培长石和钙长石6个不同的矿物种。但按上述“50%的原则”，斜长石也可分为钠长石和钙长石两个端员矿物种，其中钠长石包含钠长石、奥长石、中长石3个矿物成分亚种，钙长石包含拉长石、培长石、钙长石3个矿物成分亚种。对于同质多象变体，由于它们的晶体结构有明显的差别，因而各自分属不同的矿物种。但对于同一矿物的不同多型，尽管可能属于不同的晶系，但其间的差异仅是晶体内部结构层的堆垛顺序不同，它们仍被作为同一个矿物种，如石墨-2H和石墨-3R，都属于同一矿物种石墨。

每个矿物种都有各自独立的名称。矿物种的命名方法主要包括：①以化学成分命名。如钙钛矿（$CaTiO_3$）、银金矿（Au，Ag）等。②以物理性质命名。如重晶石（密度大）、孔雀石（孔雀绿颜色）、方解石（菱面体解理）等。③以形态特点命名。如十字石（双晶呈十字形）、石榴子石（形状如石榴籽）等。④结合两种特征命名。如磁铁矿（Fe_3O_4，强磁性，含铁）、红柱石（肉红色，柱状形态）等。⑤以地名命名。如高岭石（中国江西高岭地区）、香花石（发现于中国湖南香花岭）等。⑥以人名命名。如为纪念中国东汉科学家张衡而命名的张衡矿（zhanghengite）等。此外，还有一些是按其他形式命名的，如独居石（英文monazite，源于希腊文，因在首次发现地该矿物产出稀少）、暧昧石（英文griphite，源于希腊文，因最初搞不清其化学成分）等。

在矿物命名方面，中国有着悠久的历史。如水晶、雄黄等名称，在两千多年前的古籍《山海经》中就有记载，至今仍在使用。在中国所用的矿物名称中，还沿用着一些古代矿物名称的字尾，如“矿”“石”“玉”“晶”“砂”“华”“矾”等。一般有金属光泽或者可以从中提炼金属的矿物，称某“矿”，如磁铁矿、黄铜矿；非金属光泽的矿物，称某“石”，如重晶石、萤石；可作为宝石的矿物，称某“玉”，如刚玉、软玉；透明的晶体称某“晶”，如水晶、赛黄晶；经常以细小颗粒出现的称某“砂”，如辰砂、硼砂；地表次生的呈松散状的称某“华”，如钴华、镍华；易溶于水的称某“矾”，如胆矾、水绿矾。

除沿用中国传统矿物名称和由中国研究者发现并命名者外，还有不少根据外文名称翻译而来。中文译名大多根据矿物成分，间或考虑一些形态、物理性质等特点来翻译，也有采用音译的，其中包括一些以外国地名和人名命名的矿物。此外，还有一些看似矿物名称，如铝土矿（bauxite）、褐铁矿（limonite）、长石（feldspar）、云母（mica）、辉石（pyroxene）、角闪石（amphibole）等，它们并不是矿物种的名称，而是包括了若干成分和特征相似的矿物种的统称。有的在矿物分类上，可以作为矿物族名。

世界上已知的矿物已超过5000种，且种类繁多，成分复杂。由于历史上的种种原因，迄今在矿物名称中还存在着某些混乱和不当之处。这给矿物学研究和学习都带来了不便，甚至可能造成错误。中国新矿物及矿物命名委员会于1982年对3000余个矿物种和少数矿物族的中文名称进行了全面审订，并出版了《英汉矿物种名称》（科学出版社，1984），以便以后有统一的名称可以遵循。

成因与产状 矿物是化学元素通过自然作用过程发生运移、聚集而形成。从地质过程角度，矿物可在内生作用（由地球内部热能导致形成矿物的各种地质作用，包含岩浆作用、伟晶作用和热液作用等）、外生作用（发生于地球表层，主要在太阳能作用下，岩石圈、水圈、大气圈和生物圈相互作用过程中形成矿物的各种地质作用，主要有风化作用和沉积作用等）或者变质作用（已形成的矿物，受到岩浆活动和地壳运动的影响，发生结构或成分改造，导致矿物形成的地质作用，包括接触变质作用和区域变质作用等）条件下形成。这几种地质作用存在着互相渗透或叠加。

形成过程 矿物的形成可以是同时的，也可以有时间上的先后。这种矿物形成时间上的先后关系，称为矿物的形成顺序。矿物的形成顺序可通过矿物间的接触关系、矿物晶体的自形程度以及矿物在地质体中的空间位置进行综合判断。同一个地质体中，同种矿物有时也会先后多次形成，这种同种矿物形成的先后关系称为矿物的世代。矿物的世代是与一定的成矿阶段相适应的。一个地质体的形成不是一个成矿阶段完成的，在较长时间内，成矿溶液可以多次活动，相应地出现多个成矿阶段。不同成矿阶段所形成的同种矿物分属不同的世代，按形成时间的先后而依次分为第一世代、第二世代等。由于各成矿阶段间均有一定的时间间隔，其成矿介质和形成条件不可能一样，因此不同世代的同种矿物，在成分、物理性质、形态等方面往往会有差异。

矿物组合和标型性 不同种矿物在一个空间内共同存在的现象称为矿物组合。其中成因相同、同一成矿期（或成矿阶段）的矿物组合称为共生；不同成因或不同成矿阶段的矿物组合为伴生。如黄铜矿上散布着次生的孔雀石，就是常见的伴生关系。对矿物共生组合的研究，在探索矿物成因及指导找矿勘探上具有重要意义。此外，进行*矿物鉴定*时往往也需要矿物共生组合的知识。

矿物的标型性是指能反映一定成因信息的矿物学标志，包括矿物的成分、结构、形态或物理性质等。就同一种矿物而言，在不同的条件下形成时，其标型性显示出不同的特征，称为矿物的标型特征，而这种能显示出标型特征的矿物则称为标型矿物。

分类 对矿物进行科学分类是一个基础性问题。矿物的分类方法很多，早期曾采用纯以化学成分为依据的化学成分分类，后来有人采用以元素的地球化学特征为依据的地球化学分类，以及以矿物的工业用途为依据的工业矿物分类等。矿物学中广泛采用的是以矿物成分、晶体结构为依据的晶体化学分类，它既考虑矿物化学组成，也考虑晶体结构，在一定程度上也反映了自然界元素结合的规律。

矿物晶体化学分类采取的是“大类—类—族—种”的分类方法，依据化合物类型将矿物分为如下大类：自然元素矿物（如自然金、金刚石等）、硫化物及其类似化合物（黄铜矿、辉锑矿等）、卤化物矿物（萤石、石盐等）、氧化物及氢氧化物矿物（石英、金红石、水镁石等）、含氧盐矿物（包括硅酸盐矿物、硼酸盐矿物、碳酸盐矿物、磷酸盐矿物、砷酸盐矿物、钒酸盐矿物、硫酸盐矿物、钨酸盐矿物、钼酸盐矿物、硝酸盐矿物、铬酸盐矿物等）。

矿物的变化 矿物形成之后，在后来的地质作用中，由于物理化学条件的改变超出矿物的稳定范围时，矿物就会发生成分或结构上的变化，形成新的矿物。矿物变化的方式多种多样，最普遍的是化学成分的变化。例如，在风化作用中由于CO_2和H_2O的加入，钾长石（$KAlSi_3O_8$）转变为高岭石（$Al_4Si_4O_{10}[OH]_8$）；失水作用使芒硝（$Na_2SO_4 \cdot 10H_2O$）在干燥空气中失去其10个结晶水而转变为无水芒硝（Na_2SO_4）；水化作用使硬石膏（$CaSO_4$）转变为石膏（$CaSO_4 \cdot 2H_2O$）。

矿物结构也可以发生变化。如含放射元素铀或钍的矿物，由于受到铀、钍放射蜕变发出能量的作用，晶体结构遭受破坏，由结晶质转变为非晶质，即非晶化作用。另外，一些非晶质准矿物在地质历史中会逐渐变为结晶质，如蛋白石转变为石英，火山玻璃脱玻化为长石、石英，这种作用称为晶质化或脱玻化。已经形成的矿物，在不同的物理化学条件（温度、压力、介质）下可以形成结构各异的不同矿物种，这一现象称为同质多象。如辉石结构的$MgSiO_3$，在地幔温度、压力条件下，转变为密度更高、配位数更大且具有钙钛矿结构的布里奇曼石。

矿物的变化往往会留下种种痕迹，详细研究这些痕迹对于追溯矿物演化历史、了解矿物变化与介质条件改变间的关系具有重要意义。

形态特征 单个矿物或者矿物的聚集体显示出一定的外形，称为矿物的形态。矿物无一例外都是晶体，而晶体的基本特性之一就是自范性，即具有自发形成凸几何多面体的特性。对单个矿物晶体而言，矿物可能的几何外形种类只有47种，但这47种几何单形之间可以按照一定的规律进行组合，使单个晶体的外形复杂而多变。但从几何角度大致可分为三向等长（如粒状）、二向延展（如板状、片状）和一向伸长（如柱状、针状、纤维状）3种类型。从矿物颗粒大小角度，肉眼或用一般的放大镜可见的称为显晶，如果需借助显微镜或电子显微镜辨认的，则称为隐晶。

矿物的集合体，通常根据矿物单体形态特征分为三向等长集合体、二向延展集合体和一向伸长集合体，但也存在一些特殊的集合体形态。如对于显晶集合体而言，有放射状集合体、晶簇集合体、树枝状集合体等；对隐晶集合体而言，有结核状集合体、分泌体状集合体、钟乳状集合体等。

矿物单体间有时可以产生规则的连生，同种矿物晶体可以彼此平行连生，也可以按一定对称规律形成双晶。非同种晶体间的规则连生则称为衍生。

物理性质 矿物的物理性质主要受矿物的化学组成和晶体结构控制，同时也受形成时环境条件的影响，因此既可以借此鉴别矿物，又可以作为标型特征揭示矿物的形成条件。此外，矿物的许多物理性质也具有重要的用途。主要从光学、力学、电学和磁学角度区分矿物的物理性质。

光学性质 颜色 矿物在白光照射下呈现的颜色。矿物受白光照射时，会对光产生吸收、反射及透射等各种光学作用，综合作用后的电磁波在刺激视神经时，人就会有矿物颜色的感应。传统上将矿物的颜色分为3类：①自色，矿物固有的颜色。②他色，由外来杂质（机械混入物、晶格缺陷等）引起的颜色。③假色，物理光学效应引起的颜色，如光的干涉（锖色、晕色）、衍射（变彩）、漫反射（蛋白光）等。矿物的呈色是固体物理中的一个复杂问题。总体上矿物呈色机制可分为：①白色光通过矿物时，由于色素离子或者晶格缺陷形成“色心”的存在，内部发生电子跃迁过程而引起对不同色光的选择性吸收所致。②物理光学过程所致。

条痕 矿物粉末的颜色。通常是将矿物在白色无釉瓷板摩擦后粉末痕迹的颜色。条痕可以消除假色的干扰，减轻他色的影响，常可作为彩色或金属色矿物的鉴定依据。

透明度 矿物允许可见光透过的程度。肉眼鉴定矿物时，一般是隔着约1厘米厚的矿物观察，如果能清晰地辨别出物体的轮廓和细节，则称为透明矿物；如果可看到物体的存在，但轮廓和细节无法分辨，则为半透明矿物；如果观察不到其后面的物体，则为不透明矿物。在使用矿物显微镜鉴定时，一般以薄片所用的标准0.03毫米为标准厚度，薄片厚度下能透光者为透明矿物，不透光者为不透明矿物。影响矿物透明度的因素还有矿物表面的光滑程度、粒度的粗细、致密程度、有无包裹物或裂缝等。

光泽 矿物表面反射可见光的能力。根据平滑表面反光程度由强而弱分为4级，分别是金属光泽（状若金属抛光面上所呈现的光泽，如方铅矿）、半金属光泽（状若一般金属表面的反光，如磁铁矿）、金刚光泽（状若钻石的反光，如金刚石）和玻璃光泽（状若玻璃板的反光，如石英）。此外，若矿物的反光面不平滑或呈集合体时，还可出现珍珠光泽、丝绢光泽、油脂光泽、蜡状光泽、土状光泽等特殊光泽类型。一些矿物被加工成特殊的形状时会出现猫眼光、星光等特殊光学现象。

发光性 矿物受外加能量激发发出可见光的性质。根据发光激发源不同，可分为光致发光、热致发光、电致发光、摩擦发光、化学发光等。根据发光持续时间，分为荧光和磷光。荧光指激发一停止，发光现象迅速消失；磷光指激发停止后，发光现象还可持续一段时间。矿物发光性可用于矿物鉴定、找矿和选矿。

力学性质 密度 矿物与同体积水在4℃时的密度之比称为矿物的相对密度。矿物的相对密度无量纲，数值与矿物密度相同。矿物的相对密度取决于组成元素的原子量和晶体结构的紧密程度。不同矿物的相对密度差异很大，如冰晶为0.92、自然铱为22.7。相对密度值可以实测，也可以根据化学成分和晶胞体积进行理论计算。肉眼鉴定和重砂分析时，通常将相对密度小于2.5的称为轻矿物，相对密度大于4的称为重矿物，而介于之间的称为中等矿物。

硬度 矿物抵抗外力作用（如刻划、压入、研磨）的机械强度。矿物学中最常用的是莫氏硬度。莫氏硬度是相对硬度，是通过与标准硬度的矿物相互刻划比较而得来。10种标准硬度的矿物组成了莫氏硬度计，从1度到10度分别为滑石、石膏、方解石、萤石、磷灰石、正长石、石英、黄玉、刚玉、金刚石。为了简便还可以用指甲（2.5）、小钢刀（5～5.5）、窗玻璃（5.5）作为辅助标准，粗略定出矿物的莫氏硬度。另一种硬度为维氏硬度。维氏硬度是压入硬度，用显微硬度仪测出，以千克/毫米^{2}表示。矿物的硬度与晶体结构中的化学键类型、原子离子半径、电价以及结构致密程度等密切相关。

解理、裂理与断口 矿物在外力作用下，沿晶格中特定方向的面网发生破裂的固有性质。因解理裂开的平面称解理面。解理面平行于晶体结构中键力最强的方向，一般也是原子排列最密的面网，并服从晶体的对称性。根据解理产生的难易和解理面完整的程度将解理分为极完全解理（如云母）、完全解理（如方解石）、中等解理（如普通辉石）、不完全解理（如磷灰石）和极不完全解理（如石英）。对矿物解理的描述应包括完好程度及方向性。完好程度指解理面完整的程度，而方向性则用相应矿物晶体的单形符号或单形名称来表示。裂理也称裂开，是矿物晶体在外力作用下沿一定的结晶学平面破裂的非固有性质。它外观极似解理，但裂理往往是受到含杂质夹层或双晶等影响，而并非某种矿物所必有的因素所致。矿物在外力作用下（如敲打），沿任意方向产生的各种断面称为断口。断口依其形状主要有贝壳状、锯齿状、参差状、平坦状等。

弹性、挠性、延展性与脆性 矿物受外力作用时，能发生弯曲形变而不断裂，外力撤除后，又能恢复原状的性质称为弹性；而外力撤除后，不能恢复原状的性质称为挠性。弹性和挠性在一些片状和纤维状矿物上表现明显，如云母、石棉等具有弹性，而石墨、辉钼矿等具有挠性。矿物在外力拉引或锻压下，能形成细丝或薄片而不断裂的性质分别称为延性和展性，两者在矿物中几乎总是并存，所以一般合称为延展性。矿物在外力作用下容易破碎的性质叫脆性。

磁学性质 矿物受外磁场作用时，因被磁化而呈现出能被外磁场吸引或排斥，或对外界产生磁场的性质。根据矿物内部所含原子或离子的原子本征磁矩的大小及其相互取向关系的不同，它们在被外磁场所磁化时表现的性质也不相同。根据物体在外磁场中被磁化的强弱首先分出强磁性和弱磁性两类。其中强磁性又分出铁磁性（如自然铁）和亚铁磁性（如磁铁矿）；弱磁性则包括抗磁性（如石盐）、顺磁性（如黑云母）和反铁磁性（如赤铁矿）。强磁性矿物易被磁化，本身还能对外界产生磁场；而弱磁性矿物在外磁场中磁化弱，其中顺磁和反铁磁性矿物只能被电磁铁吸引，而抗磁性物体因磁化方向与外磁场相反，会被外磁场微弱排斥。矿物的磁性常被用于探矿和选矿。

电学性质 当矿物在某方向受到压应力或张应力作用时，因变形效应使垂直于应力的两边表面上荷电的性质称为压电性。只有具有异极对称型的晶体才有可能具有压电性，如石英、电气石等。而当环境温度变化导致在矿物晶体的结晶轴方向产生荷电的性质称为焦电性，焦电性主要存在于无对称中心、具有极性轴的矿物晶体中，如电气石、异极矿等。

化学组成 矿物的化学组成是每个矿物种的基本特征，决定了矿物形态和物理性质，不仅是矿物分类的依据，也是矿物综合利用的根本出发点。

化学元素是组成矿物的物质基础。地壳中各种元素的平均含量（克拉克值）差异巨大，最多与最少的元素含量相差达10^{17}倍。氧（O）、硅（Si）、铝（Al）、铁（Fe）、钙（Ca）、钠（Na）、钾（K）、镁（Mg）这8种元素就占了地壳总质量的97%以上，其中氧几乎占了一半，硅占四分之一强，故地壳中上述元素的氧化物和氧盐（特别是硅酸盐）矿物的分布最广。它们构成了地壳中各种岩石的主要组成矿物。其余丰度相对低的元素，由于其地球化学性质不同，有的趋向聚集，有的趋向分散。某些元素如锑、铋、金、银、汞等克拉克值甚低，均在千万分之二以下，但仍聚集形成独立的矿物种，有时并可富集成矿床；而某些元素如铷、镓等的克拉克值虽远高于上述元素，但趋于分散，不易形成独立矿物种，一般仅以混入物形式分散于某些矿物成分之中。

结构 矿物都是晶体，即组成矿物晶体的质点（原子、离子或分子）在晶体内部三维空间呈周期性重复排列，探讨这些质点分布的规律性是晶体结构研究的主要内容。维系质点相互之间的作用力称为键力。晶体结构中的键力主要有离子键、共价键、金属键、分子键和氢键几大类。在非共价键的矿物（如自然金属、卤化物及氧化物矿物等）晶体结构中，原子、离子通常服从密堆积原理，配位数（原子或离子周围最邻近的原子或异号离子数）取决于阴阳离子半径的比值。当以共价键为主时（如硫化物矿物），配位数和配位形式取决于原子外层电子的构型，即共价键的方向性和饱和性。对于同一种元素而言，其原子或离子的配位数还受矿物形成时的物理化学条件的影响。矿物晶体结构可以看成是配位多面体（把围绕中心原子并与之成配位关系的原子用直线联结起来获得的几何多面体）共角顶、共棱或共面联结而成。已知化学组成的矿物，完整描述其晶体结构需要的最基本的参数包括对称性（即空间群）、晶胞、单胞分子数、质点的原子坐标等。

矿物的化学组成一般采用晶体化学式表达。它既表明矿物中各种化学组分的种类、数量，又反映原子结合的情况。如铁白云石Ca（Mg，Fe，Mn）$[CO_3]_2$，圆括号内按含量多少依次列出相互成类质同象替代的元素，彼此以逗号分开，方括号内为络阴离子团。当有水分子存在时，常把它写在化学式的最后，并以圆点与其他组分隔开，如石膏$Ca[SO_4]\cdot 2H_2O$。

（秦 善）

矿物表面半胶束吸附 hemi-micelle adsorption on mineral surface 当溶液中长烃链表面活性剂的质量分数较高时，吸附于矿物表面的表面活性剂分子或离子在范德瓦耳斯力的作用下，非极性基互相缔合，形成具有二维空间的胶束的吸附。当表面活性剂的浓度较低时，其在溶液中以单个分子形式存在。由于具有亲水性和亲油性，这些分子聚集在水的表面，使空气和水的接触面减少，引起水的表面张力显著降低。当表面活性剂浓度逐渐增大时，溶液表面上聚集的表面活性剂增多而形成单分子层，溶液体相内表面活性剂的分子以憎水基互相靠拢，排列成憎水基向里的聚集物，称为胶束。当溶液中长烃链的捕收剂浓度较高时，吸附在矿物表面的捕收剂非极性基在范德瓦耳斯力作用下发生相互缔合，这一现象与溶液中胶束的形成相似。但与溶液中形成的胶束不完全相同，只有二维空间，故称这类吸附为半胶束吸附。

利用矿物表面半胶束吸附原理，在矿浆中添加长烃链的中性分子，可节省捕收剂的用量。例如用胺类浮选石英时，加入十二醇可以减少胺的用量，还可提高石英浮选回收率，原因是中性分子与捕收剂分子间产生共吸附作用。

（黄万抚 冯 博）

矿物表面电性 mineral surface electrical properties 水溶液中矿物受水分子及水中其他离子的作用发生表面选择性吸附、电离而使其带上一定符号和数量电荷的特性。产生原因可分4种：①矿物表面组分的选择性解离或溶解作用。离子型矿物在水介质中细磨时，断裂表面上正、负离子的表面结合能及受水偶极子的作用力不同。会发生离子的非等量解离或溶解作用，有的离子从矿物表面选择性地优先解离或溶解而进入液相，结果使表面荷电。若阳离子的溶解能力比阴离子大，则固体矿物荷负电，反之，矿物表面荷正电。阴、阳离子的溶解能力差别越大，矿物表面荷电就越多。②矿物表面对溶液中正、负离子的不等量吸附作用。矿物表面对水溶液中阴、阳离子的吸附往往是非等量的，当某种电荷的离子被矿物吸附偏多时，即可引起矿物表面荷电。如当溶液中正定位离子较多时，矿物表面因吸附较多的正定位离子而使表面荷正电，反之荷负电。因此，矿物固－液界面的荷电状态与溶液中离子的组成密切相关。③矿物表面生成两性羟基化合物吸引H^+或OH^-。某些难溶极性氧化物，如石英等，经破碎、磨碎后与水作用，在界面上生成含羟基的两性化合物，此时矿物表面电性与矿物零电点（point of zero charge，PZC）有关。矿物零电点是在水溶液中矿物界面双电层的表面电荷密度为零时溶液中定位离子活度的负对数值。当pH值小于PZC时，矿物表面因电离较少H^+而呈正电性。pH值大于PZC时，矿物表面因强电离呈负电荷。④晶格置换。一些硅酸盐矿物由铝氧八面体和硅氧四面体组成，铝氧八面体中的Al^{3+}会被低价的Mg^{2+}、Ca^{2+}等取代，而硅氧四面体中的Si^{4+}被Al^{3+}取代，从而使晶格因正电荷不足而带负电。为维持电中性，矿物表面就会吸附一些低电价阳离子，如K^+、Na^+等，以补偿电荷。

除此之外，一些电中性矿物表面的低价金属阳离子，如K^+、Na^+等，在水溶液中易溶于水，从而使矿物表面荷负电。

（印万忠）

矿物表面改性 mineral surface modification 利用物理、化学方法对矿物粉体表面进行处理，根据需求改变矿物表面的物理化学性质，如表面能、表面润湿性、表面电性、表面吸附性、表面反应活性、表面功能特性等，从而提高矿物粉体与其他物质间的相容性，或赋予矿物粉体新的功能，以满足现代新材料、新工艺和新技术发展需要的方法。工业上常用的方法主要有表面化学包覆改性、沉淀反应改性、机械化学改性和复合改性。①表面化学包覆改性。利用表面改性剂在矿物粉体表面吸附或发生化学反应实现改性，是最常用方法。常用表面改性剂主要有偶联剂、表面活性剂、有机低聚物、不饱和有机酸、有机硅烷、水溶性高分子、金属氧化物及其盐等。②沉淀反应改性。利用化学沉淀反应将表面改性物沉淀包覆在被改性颗粒表面，如粉体表面包覆纳米二氧化钛（TiO_2）、氧化锌（ZnO）、碳酸钙（$CaCO_3$）等无机物的改性。③机械化学改性。借助机械化学效应对材料进行表面改性，一般通过冲击、粉碎、研磨、摩擦等机械方法，促使粒子在机械力的作用下发生晶体结构畸变、表面相互附着或化学反应。基本原理是利用机械能使固体原料的晶格发生位移、内能增大，增强其表面活性，进而使粒子温度升高、熔解或热分解来诱发化学反应和诱导材料组织、结构和性能的变化，以此对材料进行改性处理。④复合改性。利用多种物理、化学和机械等方法，改变颗粒的表面性质以满足应用的需要。

矿物表面改性的作用主要有：①改善矿物的应用特性。针对矿物粉体在有机高分子和聚合物材料中分散性低、相容性差导致复合材料制品的强度低、加工困难的缺点，利用表面改性剂对矿物粉体进行表面改性处理，改变矿物粉体的表面化学性质，提高矿物粉体与有机聚合物、高分子树脂等的相容性，改善其在有机聚合物及树脂中的分散性及应用特性，提高上述有机高分子复合材料的强度、加工性能和使用效能。②降低矿物的毒害性。为了保护环境，满足健康法规的要求，对有害健康的原料（如石棉）进行表面处理，用对人体无害和对环境不造成污染、不影响其使用性能的其他化学物质覆盖、封闭其纤维表面的活性点，以消除其对人类健康的危害。③提升矿物的功能特性。为充分发挥矿物粉体本身的特性，通过化学方法将某些具有特性功能的纳米粒子负载或包覆到矿物粉体表面，赋予矿物新的功能特性，实现协同增效。

将无机氧化物或氢氧化物沉积在矿物粉体表面，形成一层或多层“改性层”，可制备出矿物粉体所不具备的新型功能材料，如以云母为基体制备云母珠光颜料。石墨经过层间化学处理制成的层间化合物；在活性炭、硅藻土、氧化铝、硅胶、海泡石、沸石等粉体表面负载金属氧化物、碱或碱土金属、稀土氧化物以及铜、银、金、钼、钴、铂、钯、镍等金属或贵金属，可以制备具有吸附和催化功能的复合材料等。

扩展阅读

张以河.矿物复合材料.北京：化学工业出版社，2013.

郑水林，王彩丽.粉体表面改性.3版.北京：中国建材工业出版社，2011.

（杨华明）

矿物表面化学吸附 chemical adsorption on mineral surface 吸附质通过化学键力的作用在矿物表面发生的吸附。吸附特征为：①吸附作用力强，吸附能高，吸附的热效应大且与化学反应热大体接近。②发生化学吸附时，吸附质从一个吸附中心移往另一个吸附中心时需要活化能，需在一定温度条件下才易进行，其吸附进行速度较慢。③具有较强的选择性和不可逆性或只有缓慢的可逆反应，不易解吸。④矿物表面化学吸附的产物通常是单分子层表面化合物，不破坏矿物晶格，也不能脱离矿物表面存在，即表面化合物不是单独的新相，而是晶体在表面的延伸。

矿物表面化学吸附对大多数矿物的*浮选*具有决定性作用。例如：用*黄药作捕收剂*浮选方铅矿时，黄药在方铅矿表面发生化学吸附，黄药分子中的极性基通过活性硫原子与矿物表面的铅原子牢固键合，而非极性烃基朝向水中，形成定向排列，使方铅矿表面疏水，能够与气泡黏附。捕收剂黄药可与铜、铅、锌、铁等金属的硫化矿物发生化学吸附，却难以与方解石、石英等矿物发生化学吸附。

（黄万抚　冯　博）

矿物表面物理吸附 physical adsorption on mineral surface 吸附质通过范德瓦耳斯分子引力或静电引力作用在矿物表面发生的吸附。吸附特征是：①吸附作用力弱，吸附质与吸附剂联结不牢固，易于解吸。②吸附进行速度快，易于达到平衡，吸附与脱附的可逆性强。③吸附过程不需要活化能，在低温条件下也可以进行。④由于吸附质之间具有一定的作用力，在第一层吸附之上还可以发生多分子层吸附，但不一定要等第一层完全吸附满之后才吸附第二层。⑤吸附质从吸附剂空白区域开始吸附至吸附满第一层，其间为动平衡关系，同样在第一层与第二层或第二层与第三层之间亦为动态平衡关系，由于第一层吸附主要依靠范德瓦耳斯力或静电力，而第二层以上主要依靠吸附质间的引力，这两类作用力不同，发生吸附的热效应也不同。

矿物表面物理吸附是非定点性质的吸附，即不一定吸附于矿物表面某一质点位置上，缺乏选择性。如胺类捕收剂可以通过静电作用吸附在荷负电的矿物表面，使荷负电的矿物与荷正电的矿物分离，但不能分离两种均荷负电的矿物。

（黄万抚　冯　博）

矿物材料 mineral material 以天然矿物或岩石为主要原料，经加工、改造获得的材料。矿物材料是人类利用最早的材料。考古表明，原始人使用的石斧、石刀等就是用石英岩、花岗岩等坚硬的非金属矿物或岩石加工而成的。现代矿物材料科学研究始于20世纪80年代，中国矿物材料学科建立于2000年前后。现代科技革命、产业发展、社会进步、健康环保与生态产业的兴起开创了矿物材料研究与发展的新时代，2000年之后以功能填料和颜料、环境治理材料、生态与健康材料、电子信息材料、节能与新能源材料、摩擦与减摩材料、高温高压与高腐蚀环境密封材料等为特色的功能矿物材料产业呈现快速发展态势。

矿物材料虽然也是以天然矿物为原料，但不同于从矿物原料角度进行开发的采选和初加工，它是从材料科学与应用角度研究天然矿物的结构、理化特性与功能及应用性能，其目的不是简单地为相关产业部门提供原料，而是研究如何更好地使用矿物原料或矿产品，如何通过加工、改造优化矿物的结构、理化特性与功能，从而提升其应用价值，以满足应用领域技术进步和产业发展的需求，并开拓其新的应用领域，引领新的市场需求，高值和高效利用矿产资源。

与其他学科和现代产业的关系　矿物材料学科涉及矿物学、矿物加工工程、材料科学与工程、化学与化工、生物医药、环境科学与工程、机械工程、电力工程与微电子、能源科学与工程、交通与通信工程等学科，并与现代高技术新材料、传统产业和环境保护与生态修复产业密切相关。

膨胀石墨、石墨烯、*球形石墨*、胶体石墨等石墨材料以及高纯石英、超细硅微粉等矿物材料与电子信息产业、光伏等新能源产业相关；硅藻土吸附剂与助滤剂、凹凸棒脱色剂、高纯蒙脱石、珍珠岩助滤剂、沸石抗菌剂矿物材料等与生物和健康产业有关；石墨与石棉密封材料、石墨隔热材料、高纯石英材料等与航空航天产业有关。

现代造纸工业大量使用高白度*矿物颜料*和填料；工程塑料、塑钢型材、管材等高聚物基复合材料每年需要上千万吨的超细和表面改性非金属矿物填料；汽车面漆、内墙涂料以及防腐蚀和防辐射、道路发光等特种涂料需要大量超细和高白度矿物填料和颜料以及黏土矿物凝胶和流变特性调节矿物材料；隔热保温、调湿、吸附环保、防火等功能矿物材料与新型建材，如石膏板材与饰面板、人造石材、硅藻矿物材料、膨胀珍珠岩复合材料等密切相关；石化工业需要沸石分子筛、催化剂载体以及钻井泥浆材料；机电工业需要云母、石英类绝缘材料；化工需要石棉和膨胀石墨类耐腐蚀、耐高温和高压密封材料；高温高压高速机械润滑需要石墨润滑材料。

硅藻土、沸石、蛋白土、蛭石矿物材料以及膨润土、凹凸棒石、海泡石等黏土矿物材料及复合材料具有选择性吸附和可持续降解有机和无机污染物以及固沙、保湿、保肥等功能，而且本身环境友好，广泛应用于环境污染治理和生态修复。

研究内容　包括矿物材料物理化学、

矿物材料结构与性能、矿物材料加工、矿物材料应用等。矿物材料物理化学涉及矿物材料及其原料的物理化学性质、热力学与相变特性，材料加工或制备过程的物理化学原理等。矿物材料结构与性能涉及矿物材料的物相与*晶体结构*、微观结构、孔结构、颗粒大小与形状，比表面积和材料的热、电、磁、声、力、化、流变等特性，以及材料结构、性能的表征方法和材料结构与性能的关系等。矿物材料加工涉及矿物材料的加工工艺和装备、原材料配方、工艺参数对矿物材料结构和性能的影响及矿物材料制备过程的智能控制等。矿物材料应用涉及矿物材料的应用性能、配方、相关工艺与设备以及检测、评价技术、产品技术标准、检测表征方法与仪器设备等。

分类　矿物材料的种类很多，主要有按材料功能分类、按矿物材料成分结构和加工特点分类两种方法。

按矿物材料功能可分为矿物填料和矿物颜料、力学功能材料、热功能材料、电磁功能材料、光学矿物材料、吸波与屏蔽材料、*保温隔热矿物材料*、*绝缘矿物材料*、润滑矿物材料、*阻燃矿物材料*、催化剂载体矿物材料、过滤脱色材料、生态环境矿物材料、健康矿物材料、流变调节矿物材料、黏结矿物材料、装饰材料、生物（药用）功能材料等。

按矿物材料成分结构和加工特点可分成天然矿物材料、加工改造矿物材料、复合矿物材料和人工合成矿物材料4类。天然矿物材料是直接利用其物理、化学性能的矿物或岩石，或经过物理加工未改变其原料成分和结构的一类矿物材料，如建筑或装饰用的天然石材、天然宝玉石、药用天然矿物、天然水晶等。加工改造矿物材料是经过提纯、超细粉碎与精细分级、界面或表面改性、*矿物改型*等深加工制备的矿物组成、化学成分、结构和功能相对矿物原料得到优化或提升的矿物材料，如超细与表面有机改性或表面无机纳米粒子包覆改性的煅烧高岭土、电子塑封用针状硅灰石、超细重质碳酸钙、珠光云母等非金属矿物填料和颜料，纳米硫酸钡、硅微粉等*纳米矿物粉体材料*，有机膨润土、柱撑膨润土、膨胀石墨等插层矿物材料，膨胀蛭石、膨胀珍珠岩、硅藻土等保温隔热矿物材料，沸石分子筛、硅藻土吸附剂、活性白土、海泡石与凹凸棒土吸附剂、硅藻土负载纳米TiO_2复合材料等生态环境矿物材料，饮料食品过滤与脱色矿物材料，调湿壁材、防霉剂、抗菌剂等*调湿矿物材料*和健康矿物材料，半水石膏、膨润土凝胶、钻井泥浆材料、累托石凝胶等胶凝与流变调节矿物材料，胶体石墨、超细硫化钼等润滑矿物材料，膨润土型砂黏结材料、冶金球团黏结剂等黏结矿物材料，膨润土颗粒型防渗矿物材料。复合矿物材料是以一种或多种矿物原料为主要组分，与有机组分及其他无机组分复合制备的功能性矿物材料，如石棉复合摩擦材料、石棉及石墨复合密封材料、矿物纤维增强制动材料、云母纸和云母板等绝缘矿物材料、石墨复合导电材料、重晶石导电复合材料、膨润土防水毯和防水板、纳米TiO_2/多孔矿物材料等。人工合成矿物材料是模拟天然矿物和岩石生成原理、人工合成的矿物材料，如人造水晶、人造金刚石、人造石英石、人造大理石、人造晶须、合成沸石等。

发展趋势　矿物材料是伴随高新技术与新材料产业发展、传统产业结构调整和优化升级、健康环保、节能与新能源等产业兴起的新研究领域。功能化是矿物材料的主要发展趋势，将重点发展与航空航天、海洋开发、生物化工、电子信息、新能源、节能节水、环境保护、生态修复、新型建材、特种涂料、快速交通工具等相关的功能性矿物材料，如石墨烯、石墨密封材料、石墨润滑材料、球形石墨、柔性石墨、高纯石英材料、高纯超细石墨粉、云母珠光颜料、高温润滑材料、辐射屏蔽材料、触媒和催化剂载体材料、高性能吸附过滤材料、新型环保与健康功能材料、高分子材料增强填料、抗菌填料、阻燃填料、隔音与吸波材料、轻质节能矿物材料、人造石材等矿物材料。矿物材料发展中将采用先进技术手段进一步深化矿物微观结构和材料界面结构及其与性能关系的研究；交叉融合矿物与岩石学、结构化学、物理化学、固体物理、现代化学与化工、矿物加工、材料科学与工程、机械、电子、信息科学、现代仪器分析与表征科学等相关学科，不断优化矿物材料的制备或加工改造工艺，不断发掘和提升矿物材料的功能和应用性能；同时，构建先进的矿物材料性能表征平台和矿物材料标准体系，强化矿物材料的应用研究，使矿物材料更好地适应和引领相关应用产业的进步和发展。

扩展阅读

韩跃新，印万忠，王泽红，等.矿物材料.北京：科学出版社，2006.

邱冠周，袁明亮，杨华明，等.矿物材料加工学.长沙：中南大学出版社，2003.

（郑水林）

矿物插层　mineral intercalating　利用层状结构的矿物颗粒晶体层之间结合力较弱、存在可交换阳离子的特点，通过离子交换、插层或化学反应，改变层状矿物粉体层间结构和界面性质的改性方法。由于层状*矿物材料*在二维层结构的法线方向上具有可膨胀的层间结构，客体物质可以可逆地进入层间，同时主体材料的结构保持不变。具有层状结构的矿物，如云母、黏土（高岭土、蒙脱石等）、石墨等，是常见的矿物插层材料的主体。被插层的无机小分子、离子、有机小分子和有机大分子称为客体或插层剂。由插层作用形成的化合物（或混杂物）称为插层复合物或层间化合物。插层改性可使层状矿物的层间距增大，有利于矿物以剥离或插入的形式存在，而且有利于将无机离子或有机离子引入层状矿物的片层空间。

方法　主要有机械力插层法、熔融插层法、液相插层法等。①机械力插层法。通过机械搅拌、研磨、压缩、剪切、摩擦、抽滤等作用，对插层剂施加机械能，诱发物理、化学变化，从而实现插层改性。②熔融插层法。将表面处理过的黏土与插层剂在软化点以上通过热、化学力等作用，使聚合物大分子进入层状矿物片层之间，并使片层间距增大，或使矿物片层解离成为纳米片层，形成纳米复合矿物材料。③液相插层法。把插层剂溶解于适当的溶剂中，然后加入层状结构矿物粉体，在溶液状态下直接把插层剂嵌入矿物层间，再除去溶液，从而得到纳米复合材料。

此外，在传统改性工艺上辅以浸泡、加压、离心沉降、加热、搅拌、抽滤、研磨等物理手段，或者加入催化剂等化学方式，可促进插层改性。

插层复合材料　利用插层法可制备多种有机-无机插层复合材料。①层状矿物的片层中通常存在着大量的可交换离子，因此可通过离子交换的方法将无机离子或有机离子引入层状矿物的片层空间，形成离子插层复合材料。②以纳米粒子为客体，可制备纳米粒子插层复合材料，适用于负载窄粒径和高分散性的纳米半导体或贵金属粒子，不仅可避免纳米粒子的团聚，还可以提高其稳定性。在纳米粒子插层中，纳米粒子既可以预先制备好再插层，也可以在片层间原位生成。③以有催化活性的酶或蛋白质为客体，可制备生物分子插层复合材料。④以药物为客体，可制备出药物分子插层复合材料，在一定条件下实现药物的控制释放。⑤将聚合物单体或聚合物分子链插入层状矿物的晶体层间，利用聚合物的热效应或剪切力将层状矿物层间距离增大甚至剥离，使其以纳米基体单元或微区均匀分布于聚合物基体中，可形成聚合物插层复合材料。

（杨华明）

矿物磁化 mineral magnetization *矿物*由无磁性变为有磁性的过程。矿粒磁化后才能进行*磁选*。原子是有磁性的，由原子或分子组成的矿粒也具有磁性。原子或分子产生的磁效分别称为原子磁矩或分子磁矩。物体在不受外磁场作用时，分子的热运动使得分子磁矩的取向分散，其矢量和为零，物体不显示磁性。当把物体置于磁场中时，分子磁矩沿外磁场方向取向，其矢量和不等于零，物体显示出磁性，这是物体被磁化的实质。不同磁性的物体在相同的磁场中被磁化时，由于分子磁矩取向程度不同，使其磁性有强弱之分。非磁性物体，只是这种物体中的分子磁矩在磁场中的取向程度极小，并不是绝对没有磁性。假如将其置于极强的外磁场中，也可能显示出较强的磁性。

矿物被磁化的程度用磁化强度M表示。磁化强度是单位体积矿物的磁矩，在不考虑矿物形状和尺寸比影响时，表示为：

$$M=\frac{\Sigma P_m}{V}$$

式中ΣP_m为矿物中各原子（或分子）磁矩的矢量和；V为矿物的体积。

矿物磁化时所产生的磁化强度与磁化它的磁场强度之比称为磁化率。即：

$$k_0=\frac{M}{H_0}$$

式中k_0为矿物磁化率；M为矿物磁化强度，安/米；H_0为外磁场强度，安/米。由于矿物的质地通常是不均匀的，其内部常存在一些空隙，因而对于同一性质、体积相同的两矿物在相同的外磁场中被磁化时，可以有不同的磁化强度，即有不同的k_0，这主要是由于矿物内存在的空隙影响的结果，空隙越多，取向的分子磁矩数量越少，矿物的磁性也越弱。为消除矿物中空隙的影响，需要用单位磁场强度在单位质量物体上产生的磁矩，即矿物比磁化率χ来表示物体磁性，即：

$$\chi=\frac{\Sigma P_m}{V\rho H_0}=\frac{K_0}{\rho}$$

式中ρ为矿物的密度，千克/米^3。

（袁致涛）

矿物磁性 mineral magetization *矿物*和磁场相互作用的性质。物质最基本的属性之一。自然界中各种物质都具有不同程度的磁性。按磁性可分为顺磁性物质、逆磁性物质和铁磁性物质3类。

顺磁性、逆磁性物质的磁化强度和磁化场强度之间保持着简单的直线关系，而铁磁性物质的情况比较复杂，磁化强度开始变化很快，然后趋于平缓，最后达到磁饱和。

根据矿物比磁化率大小可分成强磁性矿物、弱磁性矿物和非磁性矿物。矿物磁性受很多因素影响。不同产地、不同矿床的矿物磁性通常不同，有时甚至有很大差别，这是由于矿物生成过程的条件不同，杂质含量不同，结晶构造不同引起的。另外，各类磁性矿物和非磁性矿物矿物比磁化率范围的规定，特别是弱磁性矿物和非磁性矿物的界限规定不是很严格，随磁选机磁场力的提高非磁性矿物也可能变成弱磁性矿物。所以上述分类是大致分类，对于具体矿物，其磁性大小应通过矿物磁性测定才能准确得出。

强磁性矿物　矿物比磁化率（χ）大于3.8×10^{-5}米^3/千克，在磁场强度H_0达120千安/米的弱磁场磁选机中可以被回收。主要有磁铁矿、磁赤铁矿（γ赤铁矿）、钛磁铁矿、磁黄铁矿和锌铁尖晶石等，大都属于亚铁磁性物质。

弱磁性矿物　矿物比磁化率（χ）等于1.26×10^{-7}～7.5×10^{-6}米^3/千克，在磁场强度H_0为800～1600千安/米的强磁场磁选机中可以被回收。包括大多数铁锰矿物，如赤铁矿、镜铁矿、褐铁矿、菱铁矿、水锰矿、硬锰矿、软锰矿等；一些含钛、铬、钨矿物，如钛铁矿、金红石、铬铁矿、黑钨矿等；部分造岩矿物，如黑云母、角闪石、绿泥石、绿帘石、蛇纹石、橄榄石、柘榴石、电气石、辉石等。以上矿物大都属于顺磁性物质，有的属于反铁磁性物质，如赤铁矿。

非磁性矿物　矿物比磁化率（χ）小于1.26×10^{-7}米^3/千克。在目前的技术条件下，不能用磁选法回收。包括部分金属矿物，如方铅矿、闪锌矿、辉铜矿、辉锑矿、红砷镍矿、白钨矿、锡石、金等；大部分非金属矿物，如自然硫、石墨、金刚石、石膏、萤石、刚玉、高岭石、煤等；大部分造岩矿物，如石英、长石、方解石等。这类矿物有些属于顺磁性物质。也有些属于逆磁性物质，如方铅矿、金、辉锑矿、石英和自然硫等。

在生产实践中常用磁性率衡量矿石磁性的强弱。如果矿石物质组成较简单，铁矿石中硅酸铁、硫化铁、铁白云石等含量小于3%，主要的铁矿物又为磁铁矿、赤铁矿和褐铁矿时，磁性率是矿石中氧化亚铁（FeO）含量和全铁（TFe）含量的百分比（$\frac{FeO}{TFe}\times100\%$）。纯磁铁矿的磁性率为42.8%。铁矿石的磁性率低，说明其氧化程度高，磁性弱。工业上把磁性率≥36%的铁矿石划为磁铁矿石，磁性率为28%～36%的铁矿石划为半假象赤铁矿石，磁性率＜28%的铁矿石划为假象赤铁矿石。

扩展阅读

王常任.磁电选矿.北京：冶金工业出版社，2008.

魏德洲.固体物料分选学.3版.北京：冶金工业出版社，2015.

（袁致涛）

矿物改型 mineral retrofit technology 通过离子交换、表面吸附、热处理及酸碱处理等手段对矿物结构进行有目的的调整，并适当重组新的结构获得新型材料的方法。常见的矿物改型技术包括：离子交换改型、插层改型、高温煅烧改型、化学浸出和结构重组改型等。有时几种方法可以联合使用。①离子交换改型。常用于具有层状结构的石墨、硫化矿、硅酸盐及相关的非金属矿物。例如，蒙脱石的离子交换改型是晶层间所吸附的阳离子与溶液中的其他阳离子进行等物质量的交换。这种交换是同电性离子间的等电量的交换作用，符合电荷守恒定律，并且离子间的交换和吸附是可逆的。②插层改型。有机分子利用溶剂作用或机械剪切等物理作用直接插入具有片层结构的矿物。例如，高岭土插层制备纳米级高岭土，高岭石结构单元是通过一层铝氧八面体的羟基和一层硅氧四面体的氧原子形成氢键而结合在一起的，一些有机小分子能够破坏其层与层之间的氢键插入其层间，撑大层间距使其剥离，然后根据不同需要掺杂到各种基体中，达到在纳米尺度上以剥离状态均匀分散。在插层过程中，有机分子在层间的排列趋向更加有序，在热力学上为熵减过程，需一定条件才能进行。③高温煅烧改型。将矿物在高温下热处理一定时间，使其*晶体结构*、物理化学性质产生一定变化，以满足工业应用要求。高岭土的高温煅烧是高温煅烧改型的典型例子。脱羟、脱水反应是高岭土煅烧过程中发生的主要化学变化，从低温到高温煅烧的过程中，高岭石晶相发生变化。④化学浸出和结构重组改型。常用于制备多孔材料，原料多为层状硅酸盐矿物。化学浸出时采用酸、碱等化学试剂将矿物中的易溶离子浸出，目的在于提纯、提高矿物本身活性位点，并为结构重组提供合适原料以制备新型**矿物材料**。多孔材料制备中，氢离子通过化学浸出层状硅酸盐矿物中的八面体层离子，所留空位即微孔区域。硅氧四面体层通过结构重排、缩聚形成介孔材料，最终形成多孔材料的梯度孔结构。层状硅酸盐矿物本身化学成分及层状类型的不同使其在制备过程中结构及孔性能变化行为有所不同，最终导致所制备多孔材料性能上存在差异。所制备的多孔材料通常具有大的比表面积、孔容以及梯度孔结构，因而具有良好的吸附性、催化性，同时可以作为催化剂载体应用到多个工业领域。以层状硅酸盐矿物制备的多孔材料为基体，可负载功能纳米粒子，或通过原位组装实现纳米粒子在孔道中的均匀分布，从而获得比单个客体和主体更优异的性能，拓展其应用范围。（杨华明）

矿物鉴定 mineral identification 根据**矿物**的物理、化学性质差异，利用肉眼或借助仪器对组成矿石的矿物进行鉴别和测定的活动。矿物鉴定必须宏观与微观相结合，多种鉴别方法相互验证，以确保矿物鉴定正确。宏观鉴定主要是从外表观察识别矿物，根据矿物的颜色、光泽、形态、硬度、密度、条痕（粉末的颜色）、解理、断口及其他性质（如**弹性**、脆性、挠性等）进行肉眼或借助放大镜、实体显微镜鉴定。微观识别矿物常用光学显微镜分析、矿物微束分析、矿物结构分析和矿物热分析等方法进行。

光学显微镜分析　依据矿物的光学性质来观察、鉴定矿物和测定矿石的矿物学参数的一种矿物相分析方法。光学显微镜结构简单、操作方便、适用性较强，是矿物鉴定的重要工具，主要包括偏光显微镜分析和体视显微镜分析。①偏光显微镜分析。对于透明矿物，需磨制成厚度为0.03毫米的薄片，采用偏光显微镜的透射光系统观察矿物形状、解理、颜色、多色性、糙面、突起、折射率、干涉色、光性正负及轴性等特性来鉴定矿物；对于不透明矿物（以金属矿物为主）需磨制光片，采用偏光显微镜的反射光系统观察矿物形状、反射率、反射色、硬度、多色性、非均性、内反射等光学性质来鉴定矿物。**选矿产品检查**时还可应用油浸法在偏光显微镜下鉴定透明矿物。②体视显微镜分析。以立体放大效果区别于一般放大镜，主要用于观察矿物的外观形状、大小、颜色、表面特征、光泽等，以此识别和鉴定矿物，也可用于观察矿石手标本的外观状态。通常采用玻璃板盛载矿砂置于体视显微镜载物台上观察，也可用尖嘴镊子在玻璃板上挑拣矿物。

矿物微束分析　利用具有一定能量的聚焦微电子束、微离子束、微光子束或其他微粒子束对矿物样品进行激发，将入射束与样品交互作用产生的各种信号加以分离、收集和检测，从而获得矿物微区的化学成分和形貌特征。常用的方法有电子探针分析、透射电子显微镜分析和扫描电子显微镜分析等。①电子探针分析。通常应用于直径和深度不小于1微米范围内、原子序数在4以上的元素。常规分析的典型检测相对灵敏度为万分之一，在有些情况下可达十万分之一。②透射电子显微镜分析。透射电子显微镜的分辨率可以达到0.1纳米，放大倍数为几万至百万倍，适合对微细粒矿物、隐晶质矿物、黏土矿物的形貌及结构进行分析。③扫描电子显微镜分析。用细聚焦的电子束轰击样品表面，通过收集、分析电子与样品相互作用产生的二次电子、背散射电子等对样品的表面或断口形貌进行观察。扫描电镜若配有X射线能谱仪或波谱仪，在观察矿物微观结构的同时，还可对矿物进行微区元素成分分析。

矿物结构分析　利用晶体对高能量电磁辐射的衍射效应来研究矿物晶体结构（如晶体的晶胞参数、空间群、各原子在晶胞中位置等）的矿物分析方法。按入射源和激发过程的不同，主要可分为X射线衍射分析和电子衍射分析。①X射线衍射分析。利用晶体形成的X射线衍射，对物质进行内部原子在空间分布状况的结构分析方法，主要用于鉴别晶质、非晶质矿物，确定晶质矿物所属晶系和对称型，查定矿石中矿物相，也可进行半定量或定量分析，并可区别同质异象及类质同象。②电子衍射法分析。通过记录和分析入射电子束与试样物质发生相干弹性散射而形成的电子衍射图像，可以确定晶体的点阵结构，测定点阵常数，分析晶体取向和研究与结构缺陷有关的问题。电子衍射与X射线能谱配合可进行物相分析。

矿物热分析　利用矿物在加热过程中的热效应或质量、体积的变化来鉴定矿物的方法。矿物的热分析有差热分析、热重分析、差示扫描量热分析、逸出气体分析和热膨胀分析等。在**选矿工艺矿物学**研究中应用较广的主要为差热分析和热重分析。①差热分析。利用矿物的热效应来鉴定矿物。矿物在加热过程中会发生的吸热、放热效应。热效应不同，可获得形态不同的差热曲线。差热分析有一定的局限性，只适用于能产生热效应的矿物，如碳酸盐类矿物、黏土矿物及含水或其他挥发分的矿物。②热重分析。通过测定矿物在加热过程中质量变化来鉴定矿物的方法。一些矿物在加热过程中，因脱水或分解释放出挥发分而失重，记录不同温度下矿物失重的百分数，以鉴定矿物在加热过程中的变化。特别是黏土矿物、碳酸盐矿物在加热时失去水分或放出二氧化碳气体等，使矿物重量减少；而硫化矿物在受到氧化时重量增加。一般将热重分析和差热分析配合使用。（肖仪武）

矿物解离度 mineral liberation degree **矿物**的单体解离的颗粒数与含该矿物的连生颗粒粒数及该矿物的单体解离颗粒数之和的比值。表征某种矿物解离为单体的程度。

表示方法　可用某种矿物单体含量与该矿物总含量比值的百分数来表示。计算公式如下：

$$F=\frac{f_1}{f_1+f_2}\times 100\%$$

式中F为某矿物解离度；f_1为该矿物的单体含量；f_2为该**矿物连生体**的含量。

测定方法　取代表性试样缩分出一定量的样品，用环氧树脂或冷杉胶进行嵌固并磨制成砂光片，然后通过光学显微镜或基于扫描电镜的矿物自动分析系统测量。

测样品中矿物已单体解离的量和连生体的量，即矿物中单体与连生体的体积比。受技术条件限制，尚无法测量矿物的体积。根据体视学原理，体积比近似等于面积比，也近似等于线段长比。面积比比线段长比更接近实际，误差更小，因此，矿物单体解离度的测量方法主要有面积法和线段截取法。主要通过光学显微镜和基于扫描电镜的矿物自动分析系统测量。

光学显微镜测量。根据矿石特性、目的矿物的含量可采用线测法或面测法测定统计。测定时分别统计矿物单体颗粒和各种不同比率连生体颗粒的数量，连生体颗粒的连生比依据所测矿物占颗粒的面积百分量或分数表示，一般划分为>3/4、1/2～3/4、1/4～1/2、<1/4四级；矿物单体数量占该矿物总量的百分率即为矿物解离度。

基于扫描电镜的矿物自动分析系统。将扫描电镜、能谱分析和图像分析功能结合在一起，通过灰度区分矿物，通过能谱分析鉴定识别矿物，通过图像分析结果获得各目标矿物解离度。连生体颗粒的连生比可以按任意比例划分。

基于扫描电镜的矿物自动分析系统可直接测量出各粒级样品中目的矿物解离度，全试样中目的矿物解离度由各粒级目的矿物解离度乘以粒级产率以及目的矿物的矿物含量加权计算得到。计算公式为：

$$F_A=\frac{\sum_{i=1}^{n}\gamma_i\cdot W_{iA}\cdot f_{iA}}{\sum_{i=1}^{n}\gamma_i\cdot W_{iA}}$$

式中 F_A 为全试样中A矿物解离度；γ_i 为粒级产率；W_{iA} 为 i 粒级产品中A矿物的含量；f_{iA} 为 i 粒级产品中A矿物的解离度。

由于试样中颗粒粒度分布不均，利用环氧树脂胶结时易产生重力分异现象。为使测量结果更符合实际，应预先把试样分成若干粒级，通常按筛分的级别产物进行划分，一般分成＞0.074毫米、0.038～0.074毫米、＜0.038毫米3个粒级。尽管这样做会使得解离度测定过程复杂化，但它具有同时测定试样的颗粒粒度分布和各粒级矿物解离度的优点，可增大测定结果的实用价值。

利用环氧树脂光片测量矿物解离度时，平面光片中被随机切割的连生体颗粒可呈现为单体颗粒，而单体颗粒永远不能切割为连生体颗粒。因此，其实测结果常是连生体偏少，单体解离度偏高，因而对具体矿物应有相应的连生体校正系数。

制样和测定要求　粉状样品制备环氧树脂光片时，一方面要保证取样均匀，有代表性；另一方面要控制胶的浓度和样品与胶的比例，充分搅拌，以使颗粒分开，避免将已解离又聚集在一起的单体颗粒误认为连生体，产生解离度测定误差。

矿物解离度测定时需统计的颗粒数一般依矿物量而定：矿物量大于10%，统计颗粒数一般需大于500颗；矿物量为1%～10%，统计颗粒数一般需大于300颗；矿物量为0.1%～1%，统计颗粒数一般需大于100颗；矿物量为0.01%～0.1%，统计颗粒数一般需大于50颗。

影响因素　主要有：①矿物的结晶粒度大小。②矿物的颗粒形状（自形、半自形、他形等）。③矿物颗粒间的界面特征（直线、犬牙交错、弯曲等）。④矿物的硬度、脆性、矿物相对可磨性等。⑤磨矿方法、磨矿时间、磨矿介质和充填率、球磨机装球大小和球的配比、矿物的选择性裂解等。

应用　矿物单体解离度分析是确定合理的破碎和磨矿细度、进行选矿理论指标预测、评价选矿效果的重要手段，对于制订选矿原则流程、改进工艺、提高选矿技术经济指标起着重要的作用。

扩展阅读

周乐光.工艺矿物学.北京：冶金工业出版社，2002.

张志雄，等.矿石学.北京：冶金工业出版社，1981.

（肖仪武）

矿物粒度　particle size of mineral　矿物单晶或集合体颗粒大小的度量。是一个数学统计的结果，通常用粒度分布表或粒度分布曲线表示。

分类　自然条件下的矿物粒度无论通过何种方式测量，都是一组随机的数值，需要用“粒级”将这些随机的粒度数值划分成若干区间，使其具有使用价值。粒级区间将矿物颗粒的粒度划分为极粗粒、粗粒、中粒、细粒、微粒和极微粒6个等级。从工艺矿物学与选矿工艺角度考虑，矿物的粒级范围划分应选择与通用标准筛相一致，以保持与*矿石粒度*级别的一致性，矿物粒级的区间划分与类型见下表。国际上通常采用泰勒筛制与国际标准化组织ISO 656—1972主序列筛。泰勒筛以200目筛网为基筛，以$\sqrt{2}$=1.414为公比的等比数列；国际标准筛以1毫米孔径筛网为基筛，以$(\sqrt[20]{10})^3$=1.413为公比的等比数列。

矿物粒度的粒级区间划分与类型

粒级划分	粒径范围/mm	粒度值/mm（公比为$\sqrt{2}$时）	粒度值/mm〔公比为$(\sqrt[20]{10})^3$时〕
极粗粒	＞10		
粗粒	1～10	6.680	5.380
		4.699	3.840
		3.327	2.740
		2.362	1.960
		1.651	1.400
		1.168	1.000
中粒	0.1～1	0.833	0.714
		0.589	0.510
		0.417	0.364
		0.295	0.260
		0.208	0.186
		0.147	0.133
		0.104	0.095
细粒	0.01～0.1	0.074	0.068
		0.053	0.048
		0.037	0.035
		0.026	0.025
		0.017	0.018
		0.013	0.013
		0.009	0.009
微粒	0.003～0.01	0.007	0.006
		0.005	0.005
		0.003	0.003
极微粒	＜0.003	＜0.003	＜0.003

测量　矿物颗粒一般体积微小，几何形态复杂多变，不同矿物颗粒又彼此包埋，很难直接观察到矿物颗粒的三维空间形态。常用的测量方法是将矿石切片并对截面抛光，获得矿物颗粒在二维截面上的几何参数，如面积比或线段比，从而推算矿物颗粒在三维空间的粒度大小。但矿物颗粒的二维截面形态无法完全等同于三维空间的真实形态，无论采用哪种测量方法，其结果都有一定的误差。

在工艺矿物学中，矿物的粒度因研究对象的不同可分为单晶粒度、集合体粒度、工艺粒度等，其中矿物的工艺粒度与选矿工艺的关系最为密切。工艺粒度的测量需选取有代表性的原矿矿石样品，一般从选矿大样中随机选取矿石样品。如果矿石中需测量的目标矿物数量比较多，分布比较均匀，可以适当取少量矿石样品进行测量；反之，则需要测量较多的样品。对测量目标矿物粒度变化大、空间分布不均匀的矿石，为增强矿石样品的代表性，一般将其破碎至2毫米左右，进行缩分取样，用环氧树脂镶嵌制成砂光（薄）片进行测量。

工艺粒度的测量方法主要有面测法（面积测量法）和线测法（线段测量法）。采用的设备主要为光学显微镜。测量前需要标定目镜测微尺或测微网的格值。若选择的标准目镜测微尺的格值为10微米，则目镜测微尺的格值w=(物镜测微尺的格数×10）微米/目镜测微尺的格数。此外，显微镜测量工艺粒度需要先划分粒级范围，根据颗粒的大小选择合适的放大倍数(目镜和物镜的组合)。最小颗粒最好不小于目测微镜尺的一格，然后按目镜测微尺的格子数来划分粒度区间的节点，如1、2、4、8、16格等，粒度区间的节点值选择等比数列。若选择格值为10微米目测微镜尺时，粒度区间的节点为10微米、20微米、40微米和80微米等。

（李　波）

矿物连生体 locked particles 在*选矿*的各种产品中未解离的含两种或两种以上矿物的复合颗粒。连生体的数量和特征是决定产品是否还需要再细磨的关键因素。1939年A.M.*高登*在著作《选矿原理》中，根据连生体的分选性质和组成矿物解离的难易程度，将含有2种矿物的连生体分为Ⅰ、Ⅱ、Ⅲ、Ⅳ 4种类型。根据4种类型在组成矿物共生形式上各自具有的形貌特征，通常称之为毗邻型、细脉型、壳层型和包裹型（见图）。

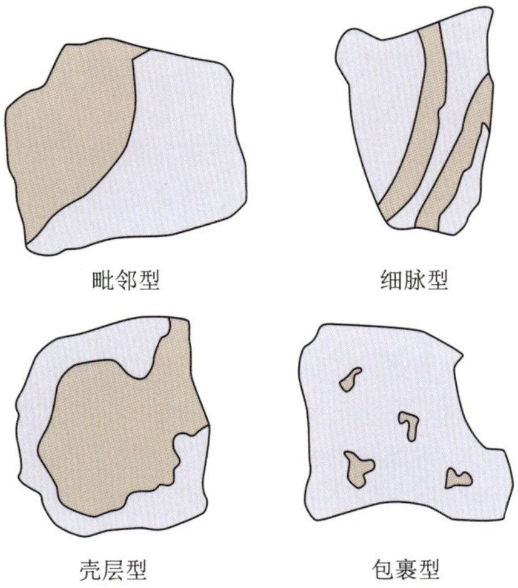

矿物连生体类型

毗邻型 连生体中最常见类型。组成的矿物连生边界平直、舒缓，边界线呈线性弯曲状。这类连生体稍加粉碎，就会有矿物单体解离出来。

细脉型 较常见的一种连生类型。一种矿物（常为有用矿物）呈脉状贯穿于含量较高的另一种矿物（多为脉石矿物）中。只有当粉碎颗粒粒度明显小于脉状矿物的脉宽时，该脉状矿物才能从连生体中解离出来。

壳层型 在连生颗粒矿物中，含量较低的矿物以薄厚不一的似壳层状，环绕在主体矿物外周边。多数情况下，中间的主体矿物只被外壳层局部覆盖。完全的封闭包围甚为稀少。一般组成矿物软硬差别大的矿石，易于在碎、磨作业时产生壳层型连生体。壳层型连生体受到进一步粉碎时，其二次*磨矿*产物常含有边缘相矿物的细粒单体、粗粒连生体以及中间主体矿物的粗粒单体等。

包裹型 一种矿物（多为有用矿物）以微包体形式镶嵌于另种（载体）矿物中，包体粒径一般在5微米以下，含量常不及总量的5%。是尾矿中金属流失的重要原因。

（肖仪武）

矿物嵌布特征 mineral associations *矿石*中*矿物*形态及矿物之间的结合关系。主要包括矿物的嵌布粒度、颗粒形状，矿物之间的结合关系及其空间分布特征。矿物颗粒是同种矿物聚合在一起的整体。可以是一个单晶体的矿物，也可以是若干同种矿物的集合体。嵌布粒度包括结晶粒度和工艺粒度。结晶粒度是矿物单晶体粒度，主要用于矿物成因研究，在指导找矿和利用矿物资源方面均具有重要意义；工艺粒度是选矿工艺过程中满足矿物分选要求的矿物或矿物集合体所占有的空间尺寸，是决定矿物单体解离度的重要因素，也是选择破碎、磨矿作业工艺参数的主要依据之一。矿物颗粒的形状有粒状、柱状、针状、放射状、纤维状、片状、鳞片状及树枝状等。

矿物结合关系体现在矿石中目的矿物与其他矿物结合的界面形态上。从破碎分离的难易程度可概括为两类：①光滑平直结合面。具有自形晶粒结构和他形粒状结构的矿物往往呈现这种结合关系，如区域沉积变质铁矿中的磁铁矿或赤铁矿和石英之间。②不规则结合面。在矿物结合关系中占多数，典型代表有锯齿状、放射状、港湾状等。交代作用形成的有色金属矿石，矿物之间绝大多数呈现这种不规则结合界面，只有破碎成细粒级，才能实现矿物间的有效分离。

矿物空间分布是矿石中目的矿物分布的均匀程度。用矿物在矿石中的分散与集结的稠密程度表述。相邻两个有用矿物（或矿物集合体）中心间的平均距离与该矿物（或矿物集合体）的平均直径之比，称为该矿物的稠密度。实际考察中，根据比值大小可将矿物的稠密度划分为单一矿物（比值大于30）、极稀疏分布（比值10～30）、稀疏分布（比值4～10）、较稠密分布（比值2～4）、稠密分布（比值1.5～2）和极稠密分布（比值1～1.5）6种类型。

矿物嵌布特征直接决定着破碎、磨矿工艺过程，体现了有用*矿物解离度*及连生体特性，对合理充分的利用矿产资源、选择最优的矿石碎磨工艺方案具有重要指导意义。

扩展阅读

周乐光.工艺矿物学.3版.北京：冶金工业出版社，2007.

（赵毕文）

矿物天然可浮性 mineral natural flotability 不添加任何浮选药剂情况下矿物的浮游性。矿物的天然可浮性与矿物解理面、矿物表面及内部的价键性质、晶体结构密切相关。

不同矿物的天然可浮性差异 ①由分子键构成分子键晶体的矿物，沿较弱的分子键层面断裂，其表面不饱和键是弱分子键。此时矿物表面以定向力、诱导力为主。其极性及化学活性较弱，对水分子吸引力较小，不易被水润湿，称疏水性表面。疏水性表面的接触角大，天然可浮性好。但矿物断裂面的边缘、棱角、端头等处，不一定呈现疏水性。这类矿物表面对水分子引力弱，接触角在60°～90°之间，划分为非极性矿物。如辉钼矿、叶蜡石、滑石等。②凡内部结构属于共价键晶格和离子晶格的矿物，其破碎断面通常呈现原子键或离子键，这类表面有较强的偶极作用或静电力，为强不饱和键。这类矿物表面极性和化学活性强，对极性水分子有较大吸引力，因而表现出强亲水性，称亲水性表面。这种表面易被润湿，接触角小，天然可浮性较差。具有强共价键或离子键表面的矿物称极性矿物。如方解石、重晶石、磷灰石等。

矿物可浮性调整 天然可浮性好的矿物很少，要实现矿物的*浮选*分离，主要借助添加捕收剂或调整剂来改变矿物的可浮性。

捕收剂分子的一端具有极性，朝向矿物表面，可以满足颗粒表面未饱和的键能；另一端具有类似石蜡或烃类物质的疏水性，朝外疏水，造成固体表面疏水性增加，从而提高其浮选回收率。对于具有一定天然可浮性但又不希望其上浮的颗粒，经常使用具有选择性的抑制剂，抑制其上浮。通过药剂调整不同矿物之间的浮游差，从而达到良好的分离效果。

扩展阅读

胡岳华.矿物浮选.长沙：中南大学出版社，2014.
魏德洲.固体物料分选学.2版.北京：冶金工业出版社，2009.

（印万忠）

矿物颜料 mineral pigment 天然矿石经粉碎、选矿提纯、研磨、分级等工艺加工制备的着色材料。又称石色。主要有赤铁矿、朱砂、石黄、空青、石青、粉锡、蜃灰、白云母、炭黑等。①赤铁矿（见图）。又称赭石，主要成分为Fe_2O_3，暗红色，在自然中分布很广，被利用的历史最早。②朱砂（HgS）。中国利用朱砂的历史久远。用于染色，也可用于浸染丝线而后织锦，或用于织物上绘画形成图案纹样。东汉以后出现了人工合成硫化汞，称银朱或紫粉霜。③石黄。被利用较早的另一种矿物颜料。黄色为红光黄，色相丰满纯正，光泽度好。分雌黄（As_2S_3）和雄黄（As_4S_4）。

赤铁矿颜料

④空青。又称石绿，是结构疏松的碱式碳酸铜〔$CuCO_3 \cdot Cu(OH)_2$〕，即铜器表面生成的铜绿。⑤石青。研制石青（曾青）色粉的原料主要有青金石和蓝铜矿。⑥粉锡。即铅白，碱式碳酸铅，在中国俗称“胡粉”。是较早出现的用化学方式生产的白色颜料（染料），在古代的彩绘服饰和绘画中普遍应用，也是现代涂料工业主要的原料之一。⑦蜃灰。传统的白色颜料，既用于织物，也用于祭祀礼器。在涂绘或绘画中用作底色或勾边，使纹样绚丽突出。⑧白云母、绢云母。薄片状矿物颜料，含硅酸钾铝〔$KAl \cdot (AlSi_3O_{10})(OH)_2$〕，因富有丝绢光泽而得名。研磨成极细的颗粒后，有良好的附着性和渗透性，是具有良好覆盖性能的白色染料。白云母研磨成细粉后有珍珠般的光泽，也能分剥成有弹性的透明薄片，电绝缘性和耐热性好，常用于电器工业。⑨炭黑。包括结晶形的石墨和松而极细的无定形粉末状松烟。炭黑制成的墨是中国的古代文房四宝之一，也是绘画的重要黑色颜料，覆盖性能好，色光和牢度良好。

矿物颜料品种繁多，但多含有对人体有害的重金属，不适于纺织品的染色，而赤铁矿制成的氧化铁颜料不仅有悠久的使用历史，而且颜色比较鲜艳，对人体无害甚至有利于健康。氧化铁颜料主要指铁红、铁黄、铁黑、铁棕、铁橘黄和透明氧化铁。由于其具有颜色多、色谱广、成本低、稳定性好、无毒性等优点，所以广泛用于混凝土建筑材料、涂料、橡胶、塑料、造纸、油墨、美术颜料、化妆品、工业化学品、磁性记录材料等工业中。

扩展阅读

郑水林.非金属矿物材料.北京：化学工业出版社，2007.

（高惠民）

矿物原料焙烧　roasting of mineral raw material　在适宜的气氛和低于*矿物*原料熔点的温度条件下，使矿物原料中目的组分的矿物发生物理和化学变化的工艺过程。矿物原料焙烧作为*选矿*的准备作业，使目的组分转变为易于浸出或易于物理分选的形态。焙烧作业产出焙砂或烧结块和烟尘，再用相应方法从各产物中回收目的组分。

焙烧过程在焙烧炉内完成，在控制一定的温度和气氛条件下，矿物原料与炉内气体在固气界面发生多相化学反应，并遵循热力学第二定律和质量作用定律，反应过程自由能的变化可用下式表示：

$$\Delta G=\Delta G^{\circ}+RT\ln Q=-RT\ln K+RT\ln Q$$

式中ΔG为指定条件下的过程自由能变化，单位是焦/摩尔；ΔG°为标准状态下的过程自由能变化，单位是焦/摩尔；Q为指定条件下各组分的活度熵；K为反应平衡常数；T为热力学温度，单位开（K）；R为理想气体常数，当温度为273.15K时，每摩尔任一气体值为8.3143焦。

从上式可知，ΔG为过程反应温度和活度熵的函数，而ΔG°仅是反应温度的函数。但恒温恒压条件下反应过程自动进行的真正判据是ΔG，ΔG°可为预测反应能否自动进行提供最基本的条件。

焙烧过程是多相化学反应过程，分为气体的扩散和吸附化学反应两个步骤。温度低时，总反应速度主要取决于界面的化学反应速度，与气流速度无关，温度高时总反应速度决定于扩散速度。扩散分为内扩散与外扩散。反应初期反应速度主要与外扩散有关。外扩散速度主要取决于气流的运动特性（层流与紊流）。气体做紊流运动时，可大幅度提高扩散速度，但固体表面仍保持一层流气膜层，气体分子通过此层流气膜层进行缓慢扩散，并最终限制外扩散速度。反应进行一定时间后，固体表面有固体反应物生成，反应产生的气体经解吸后也在固相外面形成一层气膜。此时反应气体分子须通过气膜和固体反应物层才能到达固气表面，此扩散称为内扩散。因此，反应进行一定时间后，通常起决定作用的是内扩散。内扩散速度与表面固体产物层的厚度成反比。

影响焙烧的主要因素包括：气相中反应气体的浓度、气流的运动特性（层流与紊流）、温度及物料的物理和化学性质（如粒度、孔隙度、矿物组成和化学组成等）。

根据焙烧的气氛条件及过程中目的组分发生的主要化学变化，可将矿物原料的焙烧过程分为氧化焙烧、硫酸化焙烧、还原焙烧、硫化焙烧、氯化焙烧、氯化离析、钠盐焙烧、钠盐烧结、煅烧等。

扩展阅读

黄礼煌.化学选矿.2版.北京：冶金工业出版社，2012.

孙传尧.选矿工程师手册.北京：冶金工业出版社，2015.

（贺　政）

矿物原料浸出　mineral material leaching　用化学试剂或水选择性地浸出*矿物*原料中目的组分的工艺过程。矿物原料浸出过程中，用于浸出的化学试剂称为浸出剂，常用的浸出剂包括酸、碱、盐、水以及有机溶剂。浸出过程所得的含目的组分的溶液称为浸出液，浸出后的残渣称为浸出渣。实践中常用有用组分或杂质组分的浸出率、浸出过程的选择性、试剂耗量等指标来衡量浸出过程的效率。

分类　根据浸出过程中物料的运动方式，浸出过程可分为：①渗滤浸出。浸出试剂在重力作用下自上而下或在压力作用下由下而上通过固定物料层进行浸出的过程。又可分为地浸、矿堆渗滤浸出（或堆浸）和槽渗滤浸出（或槽浸、池浸）等。渗滤浸出只用于某些特定的条件。②搅拌浸出。将磨细的物料与浸出试剂在*搅拌槽*中进行强烈搅拌的浸出过程，搅拌浸出使用较普遍。

根据浸出体系的压力条件，浸出过程可分为：①常压浸出。体系压力为标准大气压的室温或升温条件下的浸出过程。②热压浸出。体系压力高于常压和升温条件下的浸出过程。常用的有热压氧酸浸、热压氧氨浸、热压无氧浸出。热压浸出的浸出速度快，浸出率高，但设备材质要求高，操作要求比常压浸出高。*化学选矿*原料浸出中常用常压浸出。

根据浸出剂，浸出过程可分为：①水溶液浸出。采用无机化学试剂（酸溶液、碱溶液、盐水溶液）或水做浸出剂，根据所用化学试剂类型可将浸出过程分为酸浸、碱浸、盐浸和水浸等，如氯化浸出、碳酸钠浸出、氢氧化钠浸出、硫化钠浸出、氰化浸出、非氰浸出、氨浸等均属于水溶液浸出。②非水溶液浸出。采用有机溶剂（酸化或碱化）做浸出剂的浸出过程。工业上矿物原料浸出主要采取水溶液浸出。

浸出流程　根据被浸物料和浸出试剂运动方向的差别分为顺流浸出、错流浸出和逆流浸出3种流程。渗滤槽浸采用顺流、错流或逆流浸出流程，堆浸和地浸常采用顺流循环浸出流程。连续搅拌浸出一般采用顺流浸出流程，若要采用错流或逆流浸出，则各级之间均应增加*固液分离*作业。间断作业的搅拌浸出一般为顺流浸出，但也可用错流或逆流浸出的流程，只是每次浸出后要进行固液分离。

浸出设备　不同的浸出方法所采用的

浸出设备不同。渗滤浸出常采用渗滤浸出槽、堆浸场、地浸场等；常压搅拌浸出常用机械搅拌槽、压缩空气搅拌槽或压缩空气搅拌塔和流态化浸出塔等；热压浸出采用高压釜作为浸出设备。

影响因素　影响浸出过程的主要因素为矿物原料的矿物组成和化学组成、矿浆固液比、磨矿细度、试剂浓度、搅拌强度、浸出温度和浸出时间、浸出压力等工艺参数。原料的矿物组成和化学组成是选择浸出剂和浸出方法的主要依据。

浸出过程常用于处理难选的原矿、表外矿、物理选矿的难选中矿、混合精矿、粗精矿和尾矿等原料。

扩展阅读

黄礼煌.化学选矿.2版.北京：冶金工业出版社，2012.

《浸矿技术》编委会.浸矿技术.北京：原子能出版社，1994.

（冯其明）

矿冶大数据　big data for the mining and metallurgy industries　在矿业和冶金领域内，具有海量的数据规模、快速的数据流转、多样的数据类型等特征的数据集合。矿冶大数据包括*矿石*与*矿物*特性数据、矿产资源数据、加工设计数据、试验数据、设备与流程数据、生产物资数据、生产运行数据、安全与环保数据等。这些数据无法用单台计算机进行处理，需要采用分布式架构，依托云计算的分布式处理、分布式数据库和云存储等技术。建设矿冶大数据平台，是实现矿冶智能制造的必要途径，主要内容包括：

矿冶大数据采集。采集矿冶资源分布、资源储量、*品位*、开采条件等矿产资源数据；收集研究院所矿物加工实验所做的工艺矿物学研究报告；收集和采集庞大的*矿石可选性*试验研究、矿石工艺矿物学研究、矿物加工设计与实验的数据；采集矿冶企业的厂矿、生产设备、流程等生产资料数据；采集矿冶企业的主要材料、辅材、燃料、动力、工具、备件等物资数据；应用生产过程在线检测与智能感知系统采集海量生产运行数据。

矿冶大数据存储。通过矿冶设备网、工业以太网、管理局域网及互联网的融合互联技术，以及建立云计算中心，实现矿冶大数据的分布式云存储。

矿冶大数据应用。通过矿冶大数据平台，整合矿冶生产全生命周期数据，提供针对矿物特性分析、矿山矿产资源分析、故障预测分析、矿冶建模仿真分析、矿山安全预警分析等全方位的数据分析方法和工具，为矿冶企业提供矿冶生产设计、矿产资源管理、过程控制与运行优化、智能运维、安全环保监控等增值业务服务。

矿冶大数据的平台建设与应用目标是为终端用户提供所需的数据资源和技术服务，缩短矿冶企业设计周期，降低能源及资源消耗，降低成本，促进矿冶行业的健康和可持续发展。

（周俊武）

矿冶云服务　cloud services for the mining and metallurgy industries　利用云计算、物联网等信息技术，促进矿冶生产制造工业化与信息化的深度融合的服务模式。利用基于云服务的远程智能监测、故障诊断与控制，矿冶装备和流程运行优化、智能服务推送等技术，实现矿冶工业生产智能优化制造模式创新与生产运营管理创新。目标是为矿冶工业开发工程整体解决方案，以及为企业提供全生命周期的技术支撑、技术创新、技术验证、技术衍生等服务的公共技术服务平台；服务中小企业，全面提升有色行业的信息化、智能化水平，推动行业的转型升级。

矿冶云服务的主要内容有：①关键生产装备的技术服务。包括移动的矿山车辆设备，碎磨、选别、浓缩脱水设备，工艺矿物学分析、矿浆品位分析、溶液离子浓度分析等高端分析仪器。云平台将提供设备的性能评价、性能优化、智能维护保养的解决方案。②生产过程控制与系统优化的技术服务。基于设备仿真和流程模拟建立实体工业的数学模型和仿真器，对生产控制策略、作业条件和作业规程、工艺流程匹配水平和生产指标进行预测、评价、优化和虚拟环境的测试，提供优化技术工具。③工程技术整体解决方案。针对工程项目进行整体解决方案的设计、模拟、比较和优化，有机整合设备、工艺、药剂及其他物耗材料，能源及资源消耗、控制系统等生产资料，为建设单位提供最佳的工程解决方案，提高工程设计的准确性和时效性。

（周俊武）

矿业循环经济　mine recycling economy　在矿产品生产、流通和消费过程中，将废物直接作为产品或者经修复、翻新、再制造后继续作为产品使用，或者将废物的全部或者部分作为其他产品的部件予以使用，将废物直接作为原料进行利用或者对废物进行再生利用，减少资源消耗和废物产生的生产运营模式。循环经济首先由美国经济学家K.E.鲍尔丁在20世纪60年代提出，主要指在人、自然资源和科学技术的大系统内，在资源投入、企业生产、产品消费及其废弃的全过程中，把传统的依赖资源消耗的线性增长经济，转变为依靠生态型资源循环来发展的经济。2008年中国颁布了《中华人民共和国循环经济促进法》，要求开采矿产资源应当统筹规划，制订合理的开发利用方案，采用合理的开采顺序、方法和选矿工艺；矿山企业在开采主要矿种的同时，应当对具有工业价值的共生和伴生矿实行综合开采、合理利用；对必须同时采出而暂时不能利用的矿产以及含有有用组分的*尾矿*，应当采取保护措施，防止资源损失和生态破坏。

矿业循环经济的核心是矿产资源的综合利用。依照循环经济的反馈式流程的模式，将循环经济的理念运用到矿业，这一流程可以表述为“矿产勘查—矿产资源—产品—再生矿产资源—最终排放”。在这不断进行的循环过程之中，所有的矿物质和能源得到合理和持久的利用，因此矿产资源消耗量大幅度降低，尽可能地减少矿产资源活动对自然环境所带来的消极影响，形成“两低一高”，即低开采、低排放、高利用，使得经济系统内部在进行矿物质交换的时所采取的为互联的方式而非传统的线性方式，尽可能使产品产业链得以延长，提高矿物质的综合回收率，在资源、环境、社会、经济等方面寻找到一个良好的平衡点。在矿业实施循环经济，主要的着眼点在生产加工的不同环节，对矿产资源进行综合勘查、综合评价、综合开发和综合利用。在矿产资源勘探环节，注意综合勘探、综合评价；在矿产资源的开采过程中，实施清洁生产，研究和开发采矿、选矿方面的新工艺，并努力加以完善和改进。这种新的工艺应该能够与中国矿产资源特点相适应，实现“两个提高”“一个降低”“一个拉长”（*开采回采率*和*选矿回收率*提高，采矿贫化率降低，矿山使用期限拉长）；在对废弃物进行处理的过程中，加强对尾矿、废石等废弃物的综合利用。

矿产资源具有耗竭性和不可再生性，采用科学的资源观、环境观、发展观指导开展矿产资源的综合利用和矿业循环经济发展的研究，是改造传统资源产业、解决环境问题、转变经济增长方式的途径。较之传统的矿产资源的开发利用模式，矿业循环经济模式关键之处在于通过矿产资源的循环利用，使之能够满足经济发展的需求。循环经济在矿业的应用可以有效地缓解和解决矿产资源供需矛盾突出等问题，以及处理好经济增长与矿产资源消耗、环境等之间的关系，保障经济的顺利运行和可持续发展。矿业在整个工业体系乃至整个国民经济中都起着不可或缺的作用，矿业发展循环经济对于整个循环经济体系的构建具有重大的意义。

扩展阅读

赵涛，徐凤君.循环经济概论.天津：天津大学出版社，2008.

于红霞.冶金矿山循环经济的研究.矿业工程，2010，8（1）：53-54.

（顾晓薇）

矿用钢丝绳 steel rope for mine 适合矿山生产使用的钢丝绳。矿用钢丝绳包括矿井提升钢丝绳、矿山货运索道钢丝绳、无级绳运输钢丝绳等。中国矿山所用的矿用钢丝绳主要指矿井提升钢丝绳。

矿井提升钢丝绳包括单绳缠绕式提升系统使用的提升钢丝绳、多绳摩擦提升系统使用的提升钢丝绳和平衡钢丝绳、罐道钢丝绳、制动钢丝绳和隔离钢丝绳等。由于矿山使用环境恶劣，矿用钢丝绳对钢丝、绳芯、防腐润滑油脂等有特殊要求。中国矿山采用按照《重要用途钢丝绳》（GB 8918—2006）标准生产的钢丝绳，有些矿山采用按照国际标准、德国工业标准、英国标准等生产的进口矿用钢丝绳。

钢丝的材质对钢丝绳的性能至关重要。矿用钢丝绳采用高强度优质钢丝制造，中国生产钢丝绳的钢丝抗拉强度可达到1960兆帕。钢丝绳的绳芯起支撑作用，分为天然纤维芯、合成纤维芯和钢芯。天然纤维芯储油多，钢丝绳工作时，内部足够的润滑，能减缓钢丝的腐蚀；合成纤维芯强韧性好，不吸水，耐酸、耐碱、耐腐蚀，耐挤压，钢丝绳在动载荷使用中不易变形，直径均匀稳定。绳芯浸含和保持足够的油脂可以提高钢丝绳的使用寿命。单绳提升钢丝绳一般在高湿度、腐蚀性强的环境中使用，钢丝绳之间磨损严重，常采用天然纤维芯（fibre core，FC）或者合成纤维芯、外层钢丝较粗的线接触钢丝绳，典型结构为6×19+FC圆股钢丝绳（有6股，每股19根丝，绳芯为纤维芯）。多绳提升钢丝绳使用环境和单绳提升钢丝绳一样，钢丝损坏以疲劳断丝为主，一般采用天然纤维芯或者合成纤维芯、外层钢丝较粗的异型股钢丝绳或面接触钢丝绳，典型结构为6V×19+FC、6V×37+FC钢丝绳（V表示绳股的断面形状为三角形）。深井提升多采用多层股不旋转钢丝绳，典型结构为18×7、34×7钢丝绳。

罐道钢丝绳、隔离钢丝绳一般采用表面积大、耐磨性能好的半密封钢丝绳。制动钢丝绳一般采用6×19+FC圆股钢丝绳。钢丝绳出厂前一般要涂油防止腐蚀，多绳提升钢丝绳在挂绳时一般要进行表面除油，防止钢丝绳和摩擦衬垫发生打滑现象。在腐蚀性环境中使用的钢丝绳表面需要涂特殊的增摩防腐油脂，防止腐蚀和打滑。

为了保证矿山生产和人员生命安全，《金属非金属矿山安全规程》（GB 16423—2006）中规定：对于单绳缠绕式提升钢丝绳悬挂时的安全系数，专作升降人员用的，不低于9；升降人员和物料用的，升降人员时不低于9，升降物料时不低于7.5；专作升降物料用的，不低于6.5。对于多绳摩擦式提升钢丝绳悬挂时的安全系数，专作升降人员用的，不低于8；升降人员和物料用的，升降人员时不低于8，升降物料时不低于7.5；专作升降物料用的，不低于7。作罐道或者防撞绳的钢丝绳安全系数不低于6。升降人员或升降人员和物料用的钢丝绳，自悬挂时起，每隔6个月检验一次，有腐蚀性的矿井，每隔3个月检验一次。升降物料用的钢丝绳，自悬挂时起，第一次检验的间隔时间为1年，以后每6个月检验一次。使用中的钢丝绳定期检验时，安全系数为下列数值的应予以更换：专作升降人员用的，小于7；升降人员和物料用的，升降人员时小于7，升降物料时小于6；专作升降物料用的小于5。

扩展阅读

李炳文，万丽荣，柴光远.矿山机械.徐州：中国矿业大学出版社，2010.

（谢 良）

矿用绞车 mine winch 借助于钢丝绳牵引，完成小型矿井提升或者辅助提升及运输任务的设备。矿用绞车分为提升绞车（见图）、凿井绞车（稳车）和辅助绞车。①提升绞车为小型缠绕式提升设备。标准的提升绞车有单筒和双筒两种，卷筒直径有1.2米和1.6米两种，钢丝绳最大静张力为45千牛，最大静张力差为30千牛。单层缠绕最多可缠绕220米钢丝绳，双层最多可缠绕490米钢丝绳，三层最多可缠绕760米钢丝绳。提升绞车的缠绕层数需满足《金属非金属矿山安全规程》的要求。矿用提升绞车为矿井提升、矿山辅助提升运输和井巷掘进等工作提供了丰富的选择，在矿山生产中有不可替代的作用。②凿井绞车是凿井时悬吊吊盘等**凿井设施**用的绞车，有缠绕式和摩擦式两种。绞车的直径为630～1250毫米，容绳量为600～2500米，钢丝绳速度一般低于10米/分，以3米/分和6米/分最为常见，钢丝绳的最大静张力为50～400千牛。③辅助绞车主要有调度绞车、耙矿绞车、回柱绞车、运

提升绞车

输绞车、无极绳绞车、风门绞车等，分为缠绕式和摩擦式两种。

矿用绞车按照动力又可以分为手动绞车、电动绞车和液压绞车3类。实际应用中主要使用电动绞车。

（张步斌）

矿用炸药 mining explosives 爆破矿岩的各种炸药。6～7世纪，中国发明了黑火药。13世纪末，黑火药传入欧洲，17世纪20年代，开始用于**采矿**业。1866年瑞典A.B.诺贝尔发明了以硅藻土为吸收剂的硝化甘油炸药，随后又研究成功胶质硝化甘油炸药，成为新一代矿用炸药，后来相继出现了以硝酸铵为主要成分的各种粉状炸药。20世纪50年代，先后发明铵油炸药和浆状炸药。20世纪70年代，研制成乳化油炸药。液氧也曾作为炸药被某些矿山应用。

矿用炸药要求炸药的安全性好、威力高、材料来源广、成本低、加工工艺简单、便于机械化装药，还要求爆炸生成的有害气体符合爆破安全规程。采矿工业广泛采用硝铵类炸药，按使用条件分为普通矿用炸药和煤矿安全炸药：前者适用于**露天矿**和无瓦斯或煤尘爆炸危险的矿井，其中有的炸药品种只能用于露天矿；后者含有一定量的消焰剂，适用于有瓦斯或煤尘爆炸危险的矿井。进行爆破作业时，必须严格按照矿井瓦斯涌出量等级和其他开采条件，选择炸药品种。中国矿山使用的炸药主要有铵油炸药、铵松蜡炸药、浆状炸药（水胶炸药）、乳化油炸药、粉状乳化炸药、液体炸药等。

铵梯炸药 20世纪60年代前曾是主

要的矿用炸药，由硝酸铵、梯恩梯、木粉等组成，有露天、地下、煤矿专用和抗水等品种。缺点是防水性差，易吸湿结块，且成本较高，常用于中硬以上岩石爆破。现已被铵油炸药、浆状炸药和乳化油炸药等取代。

铵油炸药　由多孔粒状或粉状硝酸铵（94%～95%）与柴油（5%～6%）混合制成。加工简便、成本低、不易结块、流散性好、便于就地配制和机械化装药，但敏感度较低，须用起爆药柱起爆。用粉状硝酸铵时，为防结块，须加适量木粉。这种炸药广泛应用于无水深孔爆破。

铵松蜡炸药　由硝酸铵、松香、石蜡和木粉混合而成。有的品种添加少量柴油。威力接近铵梯炸药，有一定防水性，在中国不少矿山使用。

浆状（水胶）炸药　由水、氧化剂、敏化剂、胶结剂、起泡剂（或多孔物料）、交联剂等组成。氧化剂为硝酸铵和硝酸钠；敏化剂为梯恩梯、铝粉或甲醛胺硝酸盐等；胶结剂有田菁胶、聚丙烯酰胺和古尔胶等；起泡剂为亚硝酸钠；交联剂用重铬酸钾或硼砂。浆状炸药具有抗水性强、安全性好、密度高、稠密度可调、体积威力大等突出优点。广泛应用于露天坚硬岩石和有水炮孔爆破。在寒冷地区，应用抗冻浆状炸药。

乳化油炸药　由水、氧化剂、燃料、起泡剂（或多孔物料）、乳化剂等主要成分组成。氧化剂为硝酸铵和硝酸钠，油相材料为矿物油等，起泡剂为亚硝酸钠。乳化油炸药的爆炸威力高、密度大、加工使用安全，抗水性能优于浆状炸药，起爆敏感度较高，可用雷管直接起爆，是一种有发展前途的硝铵抗水炸药，应用最为广泛。

扩展阅读

郭学彬，张继春.爆破工程.北京：人民交通出版社，2007.

李夕兵.凿岩爆破工程.长沙：中南工业大学出版社，2011.

王玉杰.爆破工程.武汉：武汉理工大学出版社，2007.

（陶　明　林德余　胡　峰）

矿用自卸汽车　mining dump truck　能够自动举升卸料的矿山专用汽车。矿用自卸汽车转向半径小，爬坡能力强，适用于矿体分散而需要分采的露天矿场。装有矿用翻斗，装载量大（常见的为40～150吨，最大的有400吨），都为两轴、4×2结构、巨型轮胎、最高车速较低（40～70千米/时）。常用单边驾驶室。前后轴用油气悬架或其他特殊悬架。

矿用自卸汽车

矿用自卸汽车按倾卸方式分为后卸式汽车、底卸式汽车和侧卸式汽车3种，其中后卸式汽车在矿山使用普遍。按动力传动形式分为机械传动式、液力机械传动式和电传动式3种。机械传动式基本被淘汰；液力机械传动式多用于30～100吨车型；电传动式被广泛用于100吨以上的车型。按驱动桥（轴）形式分为后桥驱动、中后桥驱动（三轴车）和全桥驱动3种形式。后桥驱动形式仅单后桥为驱动桥；中后桥驱动形式由两个后桥作驱动桥；全桥驱动形式是所有车桥都是驱动桥。按车身结构分为铰接式和刚性两种。铰接式汽车比刚性汽车灵活，路面适应能力强，特别是在无路的情况下可以发挥较大的优越性。刚性汽车直线稳定性好，行驶速度高，适合在较好的路面上行驶，因此运输效率较高。

随着露天矿山规模的扩大和开采深度的增加，矿用自卸汽车的工作环境和运输条件发生了较大变化，正向着大型化和智能化方向发展。

扩展阅读

王运敏.中国采矿设备手册.北京：科学出版社，2007.

（张文明）

矿震　mine earthquake　*采矿*诱发的地震。在地下开挖矿井时形成大面积空洞，受局部构造应力、采挖附加应力和大地应力场变化的影响，于局部地带形成高应力集中区。在一定的诱发条件下，应力会急剧而猛烈地释放出来，引起强烈的地面晃动和摇动，形成矿震。矿震是*矿山*主要环境问题之一，也是导致地面沉陷的重要原因。矿震震源浅，面波丰富，属于诱发地震。矿震的周期比天然地震长，这与矿震所激发的地震波在较浅的地层传播有关。截至2018年，全球发生的最大矿震震级为5.5级。

煤矿矿震是矿震中发生次数最多的一种。煤矿矿震通常震级小，一般为2～3级，波及范围不大，但造成的灾害往往比较严重，破坏程度随井巷深度而增加，往往引起矿区断层复活。随着煤矿矿震的发生，矿区塌陷、*岩爆*、岩石突出等现象增多。矿震时，在强大的地应力作用下，岩层或煤层突然脱离母体向采空区闪射，同时产生强大气流，造成井巷破坏和人员伤亡。

（高建国）

矿柱回采　pillar robbing　在综合考虑矿山地压显现规律、矿柱的承压能力、各回采步骤的产量分配以及经济效益等各方面因素的基础上，进行矿柱资源回收的方法及其技术工艺。

主要方法　金属矿山矿柱回采主要方法有抽柱法、削柱法、替柱法、分段或阶段崩落法、充填法和垂直深孔落矿阶段矿房法等。因各矿的矿体赋存条件、矿岩稳固程度、地表是否允许塌陷、矿房采用的回采方法、矿柱类型和采空区状态等不同，矿柱回采方法也有所不同。

回采过程　*矿房敞空的矿柱*　矿房敞空的矿柱（*房柱采矿法*、*留矿采矿法*和分段或阶段*矿房采矿法*所留的矿柱，以及缓倾斜薄矿体用*全面采矿法*开采所留不规则矿柱等）回采方法有：①用抽柱、削柱和替柱法选择性地回采房柱法所留的顶、底、间柱和矿房内圆形或方形矿柱。②用崩落法回采留矿法所留的矿柱。在呈脉状产出的钨、锡、铅、锌矿床中使用广泛。在矿房暂留矿石或矿房敞空条件下主要采用中深孔崩落法回采。③用崩落法回采分段或阶段矿房法所留矿柱。分段或阶段矿房法的矿柱一般占矿块矿量的45%左右，个别矿山高达50%～60%。因崩落法具有工艺简单、强度大、效率高、成本低等优点，矿石品位不高和地表允许陷落的矿山主要用崩落法回采，但存在矿石贫化损失大、大块率高等缺点。

矿石品位较高或易自燃矿山的矿柱　矿石品位较高或易自燃的矿山，主要用*分段矿房采矿法*和*充填采矿法*进行矿柱回采，是在矿房采空后一次*胶结充填*的条件下进行的。

矿房充填的矿柱　矿房充填的矿柱回采有3种形式：矿房胶结充填的矿柱回采，矿房有混凝土隔墙的矿柱回采和矿房用废石或水砂充填的矿柱回采。矿房用废石或水砂充填，矿柱一般采用分段崩落采矿法

回采，如铜官山铜矿的顶底、间柱同时用分段崩落回采或顶底柱、间柱分别用分段崩落回采。如果矿房用松散充填料，则不宜采用空场法和上向分层充填法回采。当矿石品位不高时，不宜采用高成本的下向分层充填法。

特殊情况　金属矿床地下开采，基本上是采用**两步骤回采**的采矿方法。作为第二步骤回采的矿柱，矿量占矿房矿量的15%～40%不等。此外为了保护地表建筑物、河流、湖泊以及井巷工程，一些矿山还需留**保安矿柱**。

扩展阅读

解世俊.金属矿床地下开采.北京：冶金工业出版社，1986.

（周科平）

扩散连接 diffusion bonding　同种或异种材料在温度和压力的作用下，使相互接触的材料表面局部发生塑性变形，原子间产生相互扩散而形成接头的连接方法。又称扩散焊。是一种精密连接方法。

特点　扩散连接特点是精度高、变形小，接合区域无凝固（铸造）组织，不生成气孔、宏观裂纹等熔焊时的缺陷，可以进行大面积板及圆柱的连接，适合异种金属材料、金属与非金属材料、陶瓷、金属间化合物、非晶态及单晶合金等材料的接合，在航空、航天、仪器仪表及电子、机械、化工及汽车制造等领域广泛应用。

分类　根据有无中间层，扩散连接可以分为直接扩散连接和添加中间层的扩散连接。根据连接环境不同，可分为真空扩散连接和保护气氛环境下的扩散连接。根据连接过程不同，可分为固相扩散连接、液相扩散连接和超塑性成形–扩散连接。

连接过程　①固相扩散连接过程大致可以分为3个阶段。第一阶段为变形和部分界面的形成。高温下微观不平的表面，在外加压力的作用下，局部接触点首先达到塑性变形，在持续压力的作用下，接触面积逐渐扩大，最终使整个接合面达到可靠接触。第二阶段是相互扩散和反应阶段。在温度和压力的作用下，紧密接触的界面上发生元素扩散、晶界迁移和化学反应，使微孔消除和形成新的反应相，并在界面形成牢固的结合层。第三阶段是结合层的成长阶段。该阶段主要是结合层逐渐向体积方向发展，微孔消除并形成可靠的连接接头。各阶段相互交叉进行，最终在连接界面处由于扩散、再结晶等生成固溶体及共晶体，有时生成金属间化合物，形成可靠的连接接头。②液相扩散连接采用较低熔点的中间层，连接过程大致可分为中间层熔化产生的液相生成、等温凝固和成分均匀化3个阶段。③超塑性成形–扩散连接是把成形与连接过程相结合，在一次加热、加压过程中完成超塑成形和扩散连接两道工序。

连接工艺　由于平板、圆筒、管、中空构件等结构都可进行扩散连接，所以连接接头有多种形式（见图）。

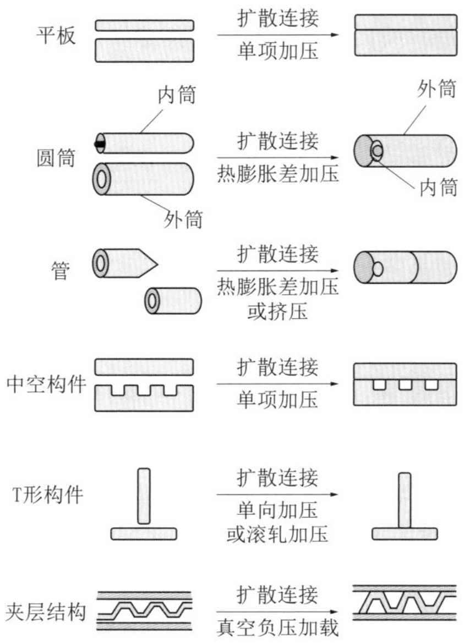

扩散连接的接头形式

扩散连接工艺参数主要有温度、连接时间、连接压力、气氛环境、试件的表面状态和中间层的选择，这些因素之间相互影响、相互制约，在选择焊接参数时应统筹考虑。此外，若为添加中间层的扩散连接，还需要考虑中间层材料的选择。

温度。连接温度愈高，扩散系数愈大，金属的塑性变形能力愈好，连接表面达到紧密接触所需的压力愈小。但是，加热温度受到再结晶、低熔共晶和金属间化合物生成等因素的影响。连接温度一般选择0.5～0.8倍母材熔化温度，对瞬时液相扩散连接温度的选择，常在可生成液相的最低温度附近。温度过高将引起母材的过量溶解，同时元素之间反应越激烈，生成反应相的种类也越多，反应层也越厚。

连接时间。主要决定原子扩散和界面反应的程度，也称保温时间。连接时间不同，所形成的界面产物和界面结构不同。要求接头成分均匀化的程度越高，保温时间就越长。实际扩散连接工艺中保温时间从几分钟到几小时，甚至达到几十小时。但从提高生产率考虑，保温时间越短越好。缩短保温时间，必须相应提高温度与压力。

连接压力主要是促使连接表面产生塑性变形及达到紧密接触状态，使界面区原子激活，加速扩散与界面孔洞的弥合及消失，防止扩散孔洞的产生。扩散连接规范中应用的压力范围很宽，瞬时液相扩散连接时压力一般在1兆帕以下，固相扩散连接时压力为10～30兆帕。

气氛环境。扩散连接可以在真空、非活性气体（氩气、氮气）或大气气氛环境下进行。一般真空扩散连接的接头强度高于在非活性气体和空气中连接的接头强度。真空中的材料在温度升高时，气体会从零件和真空室内壁中析出，保证连接表面达到一定的清洁度，从而确保实现可靠连接。

试件的表面状态。扩散连接材料的表面应光滑平整，一般先进行机械加工，然后去除加工表面的油、锈及表面氧化物。

中间层选择。除了能够无限互溶的材料以外，异种材料、陶瓷、金属间化合物等多采用中间层进行扩散连接，以实现中间层与两侧材料较好结合。在添加中间层的扩散连接中，中间层材料起着重要作用：可以改善表面接触，减小扩散连接时的压力；改善冶金反应，避免或减少形成脆性金属间化合物和有害的共晶组织；降低连接温度，减少扩散连接时间；控制接头应力，提高接头强度。中间层材料可以在液相扩散连接和固相扩散连接中应用，采用多种方式添加，如薄金属垫片、非晶态箔片、粉末（对难以制成薄片的脆性材料）和表面镀膜（如蒸镀、电镀、离子镀、化学镀、喷镀、离子注入等）。中间层选择时要求材料具有良好的塑性变形能力；含有扩散速度快的元素，如硼、硅等；与被焊接材料电化学匹配，防止电化学腐蚀；不与母材产生不良的冶金反应，如不产生脆性相等。

（冯吉才）

L

拉拔 drawing 在外加拉拔力作用下，使坯料穿过相应形状的模具，使之产生塑性变形，获得相应形状与尺寸制品的塑性加工技术。又称拉伸、拔制。

拉拔工艺 拉拔主要有线（丝）材拉拔、棒料拉拔、型材拉拔和**管材拉拔**。一般包括打尖、热处理、酸洗、涂润滑剂、干燥、拔制、矫直、切断、涂油和包装等工序。冷拔过程中，由于存在加工硬化，冷拔材的硬度、抗拉强度和屈服强度提高，塑性和韧性降低。受金属抗拉强度的限制，拉拔每道次的截面积减缩率一般小于40%，因此从原料到成品需经多道次拉拔。拉拔1～2道后需进行一次中间退火。退火产生的氧化皮需经酸洗去除，同时涂上润滑剂以利于再拔制。

拉拔坯料 一般用轧制材、挤压材或锻材作坯料。生产毛细管时，也可用薄板冲压成的杯形坯料；生产管和丝用的坯料形状多数为圆形；生产棒和异型材用的坯料有圆形、方形、扁形或异形。拉拔成丝材的直径范围为6毫米（粗丝）到0.001毫米（极细丝）。拉拔成管材的外径一般从200毫米到0.1毫米，壁厚最薄到0.01毫米，外径与壁厚之比可达2000∶1，长度可达100米。拉拔成棒材的直径一般为3～80毫米。

模具 拉拔时，使金属变形的工具称为模具。拔丝或棒时只有外模具（拉模），金属通过拉模中心的模孔成形（见图）。拔管时还采用内模具（芯棒），以压缩壁厚。

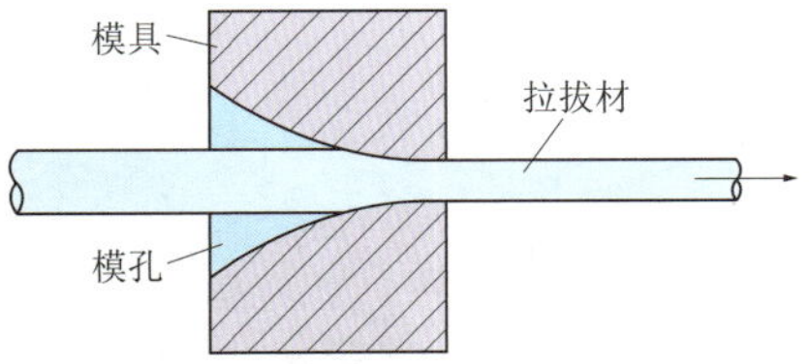

拉拔过程示意图

拉拔力 拉拔过程克服金属的变形抗力和金属与模壁的摩擦力的合力。拉拔时金属在变形区内处于复杂的应力状态，又必须考虑到材料的加工硬化。因此，计算拉拔力很复杂，一般都用简单的经验公式计算：

$$P=K\ (F_0-F_1)$$

式中P为拉拔力；F_0、F_1为拉拔前、后截面积；K为拉拔系数，取决于被拉拔金属的材质和拉拔方式。影响拉拔力的主要因素是金属的材质、变形量、工具形状、摩擦系数（润滑剂）、拉拔速度和后张力等。

拉拔设备 通常管棒材用直拉，广泛采用链式拉拔机。拉拔时用夹钳小车钳口咬住管棒材的头部，小车尾钩挂在传动链条上被牵引向前。拉拔机的拉拔能力以许可的最大拉拔力表示。通常的链式拉拔机的拉拔力为5～1500千牛，额定拉拔速度为每分钟15～40毫米，拉拔材的直径为5～200毫米，同时拉拔根数为1～3根，拉拔材最大长度为9～12米。拉拔机除链式以外，还有液压式、齿条式、卷筒式和联合式拉拔机等。

拉拔技术的发展 为了提高拉拔效率，发展了高速多线大吨位自动化冷拔机。拔管的最高速度达每分钟135米，同时拔3根，最大拉拔力有7000千牛。出现了多模、连续、辊式、超声和热拔等拉拔方法，拉丝的最高速度已达每分钟2000米。还出现了水冷、等温、反张力和熔融金属直接拉丝等方法。

现代化拉丝生产中，还将热处理和酸洗以及镀层（先镀后拔的钢丝）等工序联合组成多线开卷连续生产作业线，也可用机械去除铁皮代替酸洗来拉拔半成品钢丝。 （杨 斌）

拉拔配模 drawing draught 根据**拉拔**设备的类型、参数、被拉金属的特性、成品的性能要求（有时包括坯料尺寸）等，确定拉拔道次及各道次所需模孔形状、尺寸的工作。又称拉拔道次计算。拉拔配模分为单模拉拔配模和多模连续拉拔配模。①单模拉拔配模。拉拔机上坯料只通过一个模子的拉拔而确定每道次所需的拉模尺寸和形状。单模拉拔配模较简单，主要考虑保证产品质量和拉拔安全系数的要求。在满足此要求的前提下，应尽量采用大的加工率，提高生产效率。单模拉拔主要用于管棒型材生产。②多模连续拉拔配模。一台拉拔机上坯料连续通过分布在牵引绞盘之间的数个或几十个模子的拉拔而确定所需的拉模尺寸和形状。多模连续拉拔配模比较复杂。当坯料由一个模子到另一个模子时，坯料直径依次减小而速度相应增加。对于连续多模拉拔，拉拔过程中前后模子间互相影响，配模时要考虑各模孔通过被拉拔材料的秒体积流量相等及绞盘与坯料滑动特性的要求。

拉拔配模设计的原则：①最少的拉拔道次，要求充分利用金属的塑性，提高生产率、降低能耗，减少不均匀变形程度。为此，在保证拉拔稳定的条件下，尽可能增大每道次的延伸系数。②要求拉拔变形尽量均匀，产品具有最佳的表面质量、精确的尺寸和性能。③产品具有合格的力学性能。④要与现有设备参数（模数、速度）、设备能力（拉制范围、生产率）等相适应。

扩展阅读

温景林.金属挤压与拉拔工艺.沈阳：东北大学出版社，1996.

（赵鸿金）

拉坯速度 casting speed 把铸坯从结晶器中拉出的速度。简称拉速。以连铸机每一流每分钟拉出的铸坯长度（米）表示，是**连续铸钢**过程中的一个工艺参数和技术指标。正确控制拉速可以保证浇铸顺利进行，充分发挥连铸机生产能力，改善铸坯质量。拉速对铸坯质量有很大的影响。在整个浇铸过程中，保持稳定的工作拉速是连铸工艺操作的重点。

拉坯速度可分为最大拉速和工作拉速。最大拉速是连铸机设备本身所允许达到的最大拉坯速度，又称理论拉速，是衡量连铸机最大生产能力的依据。最大拉速受连铸机的冶金长度、安全坯壳厚度及矫直点延伸变形率所限制。对于全弧形连铸机，铸坯液芯达到最后一组拉矫辊时所具有的拉速为连铸机的最大拉速。

工作拉速是在连铸操作中能实现顺利浇铸、保证铸坯质量稳定的平均拉速，小于最大拉坯速度。工作拉速由铸坯断面、钢种、浇铸温度、结晶器出口坯壳厚度、钢水量、冶炼－连铸时间匹配等因素决定。从结晶器注入钢水到开始起步拉坯要有一定的时间间隔，起步拉速低于工作拉速，一般为工作拉速的50%～80%。然后缓慢增加拉坯速度，逐渐调整到工作拉速。

（吴夜明）

拉丝 wire drawing 在外力作用下实现金属丝**拉拔**成形的塑性加工技术。又称线材拉拔。是一种古老的塑性加工技术。1880年制成的纵列拉丝机实现了拉丝生产连续化。20世纪20年代发明的硬质合金拉丝模，辅以润滑，不但能稳定地连续拉丝生产，而且能拉拔粗、中、细规格的钢丝。至2018年，最细的拉拔金属丝直径小于0.01毫米。

按照成品丝材横截面形状的不同，可分为圆形丝和异形丝，其中以圆形丝为主。

使金属坯料改变形状尺寸的工具称为拉丝模。正方形、三角形、六角形、椭圆形、矩形等各种非圆形的丝材统称为异形丝。对应拉拔这种丝材所用的模具也称为圆形拉丝模和异形拉丝模。由于圆形拉丝模使用普遍，所以拉丝模一般指圆形拉丝模。

拉丝过程中，根据坯料尺寸及金属丝尺寸确定拉拔道次、拉丝模模孔尺寸及形状。当拉拔工艺确定后，保证生产顺利进行的三大要素是冷却、模具、润滑。按照使用润滑剂的不同，拉丝分为干式拉丝和湿式拉丝。干式拉丝使用干燥粉粒状润滑剂；湿式拉丝使用水溶性或油溶性液体润滑剂。按拉拔时金属的温度分为冷拔、热拔和温拔。冷拔是在再结晶温度以下的拉拔；热拔是在再结晶温度以上的拉拔；温拔是在高于室温低于再结晶温度之间的拉拔。其中冷拔是生产中应用最广泛的拉拔方式。按拉拔过程中金属丝同时通过的模具数量分为单模拉拔和多模连续拉拔。单模拉拔只通过一个模具进行单道次拉拔，线速低，生产力及劳动生产率低，常用于大丝径、低塑性及异形丝材和线材的拉拔。多模连续拉拔是线坯依次连续通过多个模具，进行多道次连续拉拔，一般用于较细线材的生产，总加工率大，速度快，自动化程度高，是拉丝生产的主要方式。

用拉丝方法加工的黑色及有色金属的丝材，具有尺寸精确、表面质量高、容易变换品种规格、加工设备简单、操作方便等特点，其产品广泛应用于轻工业、建筑业、运输业、机械电机制造业、现代电力通信业、汽车及轮船制造业等，是各行业的重要材料和部件。

扩展阅读

于仁伟，谢铁桥.拉丝模与润滑剂.北京：中国轻工业出版社，1991.

（汪 航）

莱氏体 ledeburite 含碳4.3%的铁碳二元系合金于1148℃发生共晶转变所形成的**奥氏体**和碳化物（或渗碳体）的共晶体。钢铁材料基本显微组织中的组成相之一。一般用符号Ld表示。为纪念德国冶金学家A.莱德堡而命名。莱氏体中的奥氏体继续冷却时，进一步转变为**珠光体**（共析转变）。奥氏体转变后的莱氏体称为变态莱氏体，一般用符号Ld′表示。

通常，高硅含量的铁碳合金快冷时，因未发生石墨化而形成的白口铸铁具有莱氏体组织。在铁碳合金中加入合金元素硅，将使共晶成分左移。如含硅为2.4%的铁碳合金，其共晶成分由原来的碳含量4.3%左移至3.5%处。当一定成分的铸铁快冷时，所形成的**共晶组织**是由共晶**渗碳体**及由奥氏体共析转变所形成的珠光体所组成。莱氏体是一种介稳定的组织，硬度比较高，性能较脆。在高于奥氏体转变温度下进行较长时间的保温，渗碳体可发生分解并形成**铁素体**及团絮状石墨，这种热处理称为可锻化退火。经此处理过的铸铁称为可锻铸铁，与白口铸铁相比，其硬度降低，但韧性提高。

合金元素含量较高的高速钢（如W18Cr4V）及高碳高铬钢（如Cr12，Cr12MoV）在浇铸时，可得到以合金碳化物为骨架的鱼骨状莱氏体组织。在轧制及锻造过程中将这些合金中的碳化物打碎，并经过适当热处理后，可制成具有高红硬性的切削刀具及高耐磨性的模具。

在铸铁成分中加入较高的铬元素（约15%），可形成莱氏体共晶组织，这种铸铁称为高铬白口铸铁，广泛用作耐磨材料。

（汪复兴）

铼冶金 rhenium metallurgy 从含铼矿物中提取金属铼的技术。1872年俄国D.I.门捷列夫根据化学元素周期律预言，在自然界中存在一个尚未发现的原子量为190的“类锰”元素。1925年德国化学家W.诺达克用光谱法在铌锰铁矿中发现了这个元素，并以莱茵河的名称Rhein将其命名为rhenium。

铼属稀散金属，主要分布在伟晶花岗岩和气成矿床中。自然界中铼常以微量的形式伴生于钼、铜、铅、锌、铂、铌、铀等矿物中。具有经济回收价值的含铼矿物主要是辉钼矿和硫化铜矿。这些矿中铼以二硫化铼或七硫化二铼的形式存在。在含铼的辉钼矿中，铼的含量一般在0.001%～0.031%，但从斑岩铜矿选出的含铼钼精矿中，铼的含量可高达0.16%。另外还有少量的铼是从含铼废催化剂、含铼废液中回收得到。

针对不同的含铼原料，有不同的提取冶金方法。一般先提取纯的铼化合物，然后制得铼粉，再用**粉末冶金**方法加工成材。

铼化合物的制备 吸收了辉钼矿精矿焙烧烟道气的湿法捕集器的溶液中，以及焙烧产物的氨浸出液中，都含有高铼酸和高铼酸盐，过滤除去不溶性的粉尘后，在溶液中加入氯化钾使高铼酸钾（$KReO_4$）析出。对于含铼量很低的溶液，则需要用离子交换树脂加以吸收富集或用磷酸三丁酯萃取富集，然后再将铼转变为高铼酸钾。

金属铼的制备 主要方法有高铼酸铵氢还原法、电解法、等离子法及气相沉积法等。其中高铼酸铵氢还原法是工业上生产金属铼的主要方法。以高铼酸钾或高铼酸铵为原料，反应在多温带多管还原炉中进行。通过控制还原温度、氢气流量、料层厚度、原料粒度等参数，制备不同规格的金属铼粉。其化学反应为：

$$2KReO_4+7H_2 \longrightarrow 2Re+6H_2O+2KOH$$

金属铼粉的制取是铼材料产业中重要的环节。采用该方法生产的金属铼粉一般颗粒较粗（粒径几微米到几十微米），形貌和纯度受原料影响大，粉末流动性能较差，振实密度低。但该工艺设备简单，容易规模化生产。

铼的加工 金属铼熔点高，一般采用粉末冶金方法进行加工，通过压制烧结，加工成器件或合金。现代粉末冶金工艺，如**粉末注射成形**等，在生产形状复杂，加工精度高的器件时，要求粉末颗粒为球形，流动性好，振实密度高，抗氧化性能强，粒度较细（小于10微米），且分布均匀等。

（刘智勇）

兰炭 semi coke 低阶烟煤、褐煤或泥煤等在干馏炉内经低温（500～750℃）干馏得到的固体产物。又称半焦。通常，半焦还是煤转化为液体和气体燃料过程中的副产品或中间产物。

性质 主要成分为碳，根据粒度不同，分为块状兰炭、粉状兰炭。外观呈黑灰色至灰色，着火点低，比电阻高。与焦炭相比，密度低、挥发分含量高（7%～20%）、孔隙率大而机械强度低。与二氧化碳、蒸气或氧具有较强的反应活性。兰炭的性质取决于原料煤性质和干馏工艺。

兰炭运送

兰炭的生产原料多为低灰、低硫、低磷的低阶煤，故还具有高固定碳、低灰、低硫、低磷的特点。兰炭多具有较大的比表面积，吸附性能有的可接近活性炭或碳分子筛。

生产设备和工艺 兰炭的生产设备主要为干馏炉。干馏炉根据供热方式不同，可分为外热式干馏炉、内热式干馏炉和内外混热式干馏炉；根据炉体结构不同，可分为直立炉、**回转窑**、水平炉和流化炉等干馏炉。

兰炭生产原料以不黏煤或弱黏煤等非炼焦煤为主，不需要**配煤**。生产工艺根据热载体不同，可分为气体、固体和气固热载体干馏工艺。典型炉型和工艺有：英国的伍德炉工艺，德国的鲁奇三段炉工艺、考伯斯炉工艺、鲁奇－鲁尔（L-R）工艺，美国的托斯科（TOSCOAL）工艺、低阶煤转化提质（LFC）工艺和COED（coal oil energy development）工艺，中国的内热式直立炉工艺、外热式直立炉工艺、回转窑工艺等。伍德炉工艺由英国开发，采用连续外热式直立炉，主要用于生产城市煤气。鲁奇三段炉工艺由德国鲁奇公司设计开发，采用连续内热式干馏炉，用于黏结性不大的块煤和型煤干馏。L-R工艺由联邦德国研究成功，以循环热半焦粉为热载体，粉煤在干馏器中与循环热半焦粉混合后快速干馏成半焦。考伯斯炉工艺由德国开发，可用贫煤气或富煤气加热的复热式连续直立炭化炉，为上下交替加热的一种外热式炉型。TOSCOAL工艺由美国提出，弱黏结煤在热解鼓中被热陶瓷球加热干馏成半焦。LFC工艺由美国设计开发，煤料在干燥、干馏两个旋转炉内两步被惰性气体热载体干燥、干馏成半焦。COED工艺由美国于1962年提出，粉煤在4个连续的流化床中被载热气体逐段干馏成半焦。内热式直立炉工艺由中国中钢集团鞍山热能研究院设计开发，块煤自上而下与高温气体逆流接触，经预热段和干馏段最终干馏成半焦。外热式直立炉工艺由中国鞍山焦耐设计研究院开发，采用连续直立炭化炉，为复热式上下交替加热的一种外热式炉型，以块煤为原料。回转窑工艺由中国北京煤化所开发，煤料在回转窑中受热最终干馏成半焦。

用途 块状兰炭可用于**铁合金**和电石等行业作还原剂，还可作气化焦、民用无烟燃料。粉状兰炭可用作高炉喷吹燃料、烧结燃料、锅炉燃料，还可用作炼焦配煤的瘦化剂、型煤/型焦的原料。兰炭可直接用作吸附材料，低灰兰炭可用于制活性炭、碳分子筛。经碱处理过的褐煤兰炭可代替木炭用于二硫化碳（CS_2）的生产等。

扩展阅读

姚昭章，郑明东.炼焦学.3版.北京：冶金工业出版社，2005.

（孟庆波　姜　雨）

冷等静压成形 cold isostatic pressing forming 用水或油作为压力传递介质，在室温环境下，对装填粉末的橡胶或塑料等弹性模具施加各向均等压力的**粉末成形**技术。目的是为后续烧结、**锻造**或热等静压等工序提供成形坯体。由美国H.D.马登于1913年发明。

冷等静压成形时，液体介质向各个方向传递相等的压力，通过弹性模具均等地传递到模具中的粉料上，粉料受力均匀，密度均匀性高。同时，冷等静压成形还可成形外形结构较为复杂的坯体。按照粉料装模方式及受压形式，冷等静压成形分为湿袋式冷等静压成形和干袋式冷等静压成形。

湿袋式冷等静压成形是将装有粉料的模袋浸泡在液体介质中，通过高压泵对液体施压实现压制成形，压制完成时取出模袋和坯料（见图）。湿袋式冷等静压成形

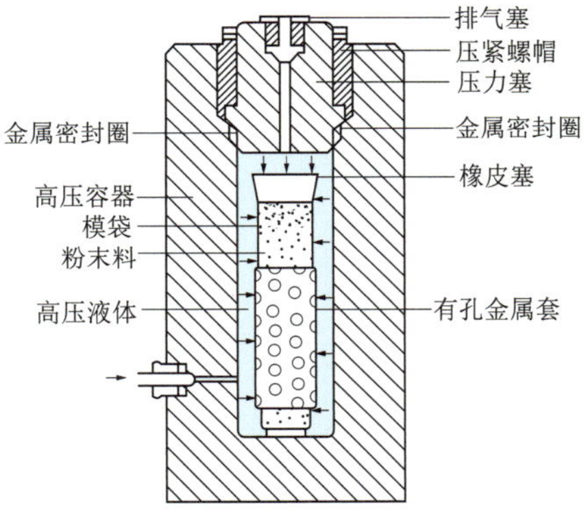

湿袋式冷等静压成形示意图

可同时成形多种形状、尺寸或不同种类粉料的坯体，但其粉料装袋和脱模耗时长，且难以自动化，生产效率低。

干袋式冷等静压成形是将装有粉料的内模具放入主模具后，对主模具进行液体加压，成形过程中内模具不与液体接触。特点是生产率高、易于实现自动化、模具寿命长等，但加压主模具不易经常更换，产品灵活性受到限制。

冷等静压装置主要由弹性模具、高压容器、液压系统和辅助设备组成。其中高压容器是粉末压制成形的工作室，是粉末冷等静压成形的主体设备，一般设计为螺纹式或框架式。

冷等静压成形能够制备出外形尺寸大，密度高且均匀的粉末坯体。可显著提高产品质量，适用于大高径比粉末坯体的成形，其应用领域还包括特种陶瓷、碳素石墨制品。

扩展阅读

阮建明，黄培云.粉末冶金原理.北京：机械工业出版社，2012.

（熊　翔）

冷坩埚连铸 cold crucible continuous casting 在被循环水冷却的铜坩埚中熔炼金属的连铸技术。被水冷却的坩埚在连铸过程中保持低温，因此坩埚本身对熔炼的金属不造成污染。冷坩埚连铸技术主要有冷坩埚电磁连铸技术和冷坩埚连续**定向凝固**技术。加热方式一般为感应加热，利用金属在交变电磁场中产生的涡流热熔化金属。主要用于高纯度金属和高活性金属的加工制造。

冷坩埚电磁连铸技术采用分瓣式水冷坩埚。坩埚瓣内通冷却水，瓣间缝隙中填充耐火材料，坩埚外环绕水冷螺旋式感应线圈。通入交变电流后，感应线圈产生交变电磁场，使得两个相邻并彼此绝缘的水冷铜坩埚瓣在瓣间缝隙中产生强电磁场，对周围金属产生感应加热和电磁压力。铜坩埚瓣受循环水冷却保持低温，坩埚内的金属原料被熔化并与坩埚内壁软接触或非接触，在此状态下进行连续铸造（图1）。

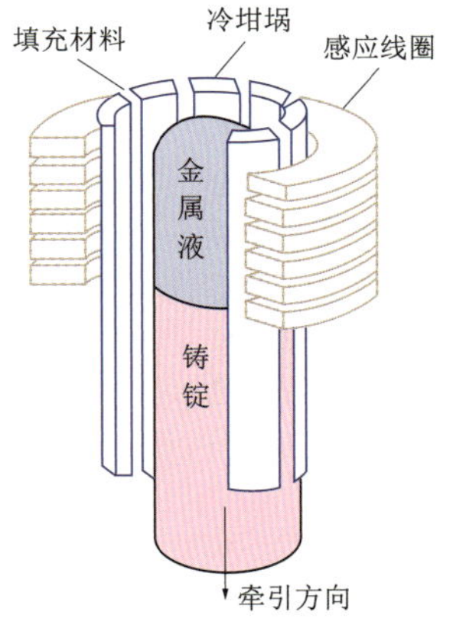

图1　冷坩埚电磁连铸原理示意图

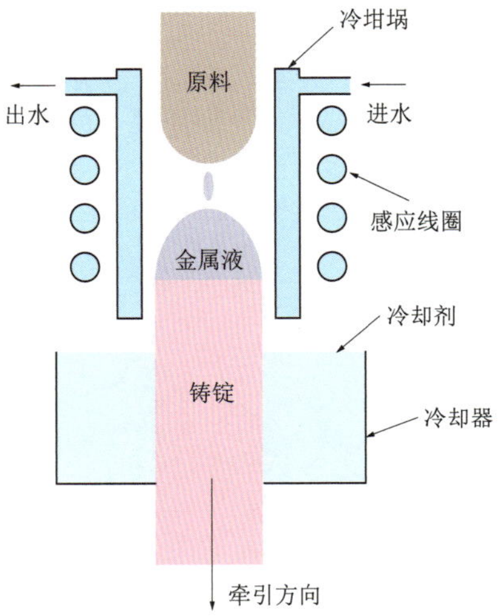

图2　冷坩埚连续定向凝固原理示意图

冷坩埚连续定向凝固技术综合了电磁冷坩埚、定向凝固和连铸的优点。金属原料被感应加热熔化，形成金属液熔池，然后在引锭杆的作用下拉离冷坩埚。引锭杆或已凝固铸坯穿过装有冷却剂的冷却器，在冷却剂（例如液态金属）强冷却作用下，后续金属液在向下流动过程中沿引锭杆或已凝固铸坯将热量连续导出，使金属沿拉铸方向连续凝固，从而获得沿这一特定方向生长的微观组织以及相应的异向性能（图2）。（刘雪峰）

冷弯成形 cold roll forming 在室温下，通过顺序配置的多架装有特定轮廓轧辊的轧机，对带卷或薄板等金属板带材连续不断地进行弯曲变形，以制成所需均一断面型材的塑性加工技术。又称滚轧成形、辊轧成形、辊弯成形、滚压成形、滚轮成形或冷轧成形。其产品称为冷弯型材。

简史 冷弯成形技术诞生于19世纪，20世纪中叶开始在中国得到广泛应用。冷弯成形技术的发展大致分为3个阶段：1838～1909年是探索和试制阶段，在此阶段冷弯成形理论和冷弯成形技术的研究进展缓慢。1910～1959年是创立和逐步推广辊式冷弯成形技术的阶段。1960年后是冷弯成形技术迅速发展的阶段，特别是进入21世纪后，实际应用中对冷弯型钢的品种、规格和质量等方面不断提出更高的要求，使冷弯成形技术获得更快发展。

过程及特点 冷弯成形过程中主要发生的是金属板带材的横向弯曲变形。除金属板带材弯曲角局部有轻微减薄外，金属板带材的厚度在成形过程中基本保持不变，其工艺过程如图1所示。

冷弯成形采用一组连续机架把金属板带材一次变形轧成所需断面形状的型材。一般每个机架装有两个或多个**轧辊**，每个机架的轧辊可连续使金属变形，直到获得所需的最终形状。如果产品的形状复杂，最多可用36个机架；产品的形状简单，可用2～4个机架。冷弯成形是一种节材、节能、高效的金属板料成形技术，特别适合于外形纵长、批量较大的高精度型材加工，产品形状为闭合断面。冷弯成形过程中可以将打孔、压印、冲裁、切口等辅助加工工序结合起来。冷弯成形生产线主要分为开口冷弯型钢生产线、闭口冷弯型钢生产线、宽幅冷弯型钢生产线和带有冲孔冷弯型钢生产线。采用冷弯成形工艺生产的**冷弯型材**，产品质量高，开发周期短，可提高生产效率及产品的市场竞争力。

工艺 冷弯成形工艺一般分为4种，即单张（或单件）成形、成卷成形、连续成形和组合成形。每一种工艺都可分为3个阶段，即成形前坯料准备阶段、成形加工阶段、型材精整阶段（图2）。

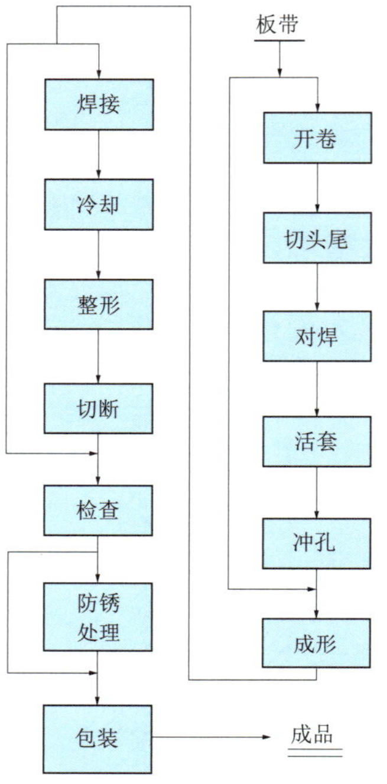

图2 冷弯型材的生产工艺过程

单张（或单件）成形，是预定尺坯料的成形工艺方法。这种方法在坯料成形之前将坯料切成定尺长度，然后用选料辊将坯料送进冷弯机，成形后的型材不必经剪切即可收集入库。单张成形工艺的冷弯机速度一般较低，主要应用于小批量、成形后型材锯切比较困难的情况。单张成形工艺的冷弯机组的设备简单、工具费用少、投资低，但采用这种生产工艺得到的型材边部纵向拉伸较大，因而只有利用侧立辊才能得到比较精确的产品形状。

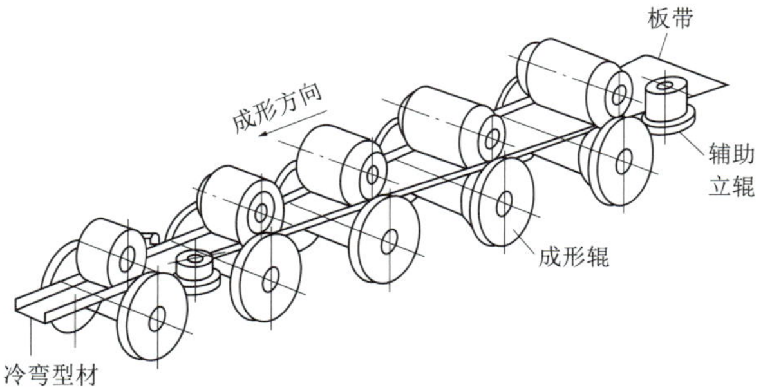

图1 辊式连续冷弯成形示意图

成卷成形和连续成形，两者工艺基本上相同。所不同的是，连续成形时前一卷带材的尾部与后一卷带材的头部经过对焊，使坯料带材连续不断地进入冷弯机进行成形；而成卷成形时带卷头尾不对焊，进行单卷供料成形。与单张成形工艺相比，这两种成形工艺更加高效、高产、通用。

组合成形，主要用于加工具有特定要求的冷弯型钢，如高强度冷弯型钢、闭口焊接冷弯型钢、热处理强化冷弯型钢、周期波纹板、冲孔冷弯型钢和涂层冷弯型钢等。组合成形工艺所采用的冷弯机组设备复杂、投资高。根据产品的要求，这种机组可包括直缝焊机、对焊机、辊式冲孔机、辊式压印机、涂层机和热处理设备等。

在空心方、矩形钢管生产中，有两种不同的冷弯成形工艺：一种是先成圆再变方或矩形；另一种是直接成方或矩形。直接成方或矩形的工艺比先成圆再变方或矩形的工艺成形效果要好，在冷弯成形过程中基本不会对材质造成破坏，能很好地保持原材料的力学性能和物理性能。而先成圆再变方或矩形的工艺对金属带卷或板材材质的损伤大。（刘雪峰）

冷弯型材 roll-formed shape; formed section 以热轧或冷轧的金属带卷或薄板等金属板带材为原材料，用冷弯机制成的具有各种形状横断面的轻型经济型材。

简史 1838年，俄国已用压力机冷弯制成型材。19世纪中叶，美、英等国也先后采用冲压机或拉拔机生产单件冷弯型材，但劳动强度大，生产效率低。1910年，美国发明了辊式**冷弯成形**工艺，建造了世界上第一套冷弯型材机组，世界从此进入了大规模工业化生产冷弯型材的阶段。用冷弯型材代替热轧型材可以取得既节约金属材料又节省能源的双重效果，所以冷弯型材的发展受到了高度重视。20世纪70年代末，全世界冷弯型材年产量约800万吨，其中美国约占一半。进入21世纪，冷弯型材的品种规格已经超过10 000种，产品的展开宽度为10～2500毫米，厚度为0.1～32毫米。中国的冷弯型材生产始于20世纪30年代，50年代末期制成辊式冷弯机。截至2014年，中国的冷弯型材品种超过3700种，主要包括焊管、彩钢和异型材3类。

种类和应用 冷弯型材品种繁多，按横断面形状可分为开口的、半闭口的和闭口的；按加工和组合可分为焊接的、冲孔的、压花和镶物的；按材质可分为碳钢的、合金钢的、不锈钢的和铝的、铜的等；还有纵向周期断面的冷弯型材。主要产品有槽型材、角型材、帽型材、Z型材、V型材、方管、板桩、波纹板和瓦垄板等。规格范围按板带材尺寸计算，厚度为0.1～25.4毫米，宽度为20～2500毫米。通常生产的冷弯型材厚度在6毫米以下，宽度在500毫米以下。冷弯型材广泛用于汽车、铁路车辆、矿山、建筑、农业机械、桥梁、石油化工、轻工、电子、电梯、货架、输电铁塔、工程机械、电气设备和家具等领域（见图）。

部分冷弯型材

特点　冷弯型材的主要特点是：①断面经济合理，节省材料。在同样重量和断面面积下，冷弯型材的断面系数高于热轧型材。在同样负荷下，可减轻构件重量，节约材料。冷弯型材用于建筑中可比热轧型材节约金属38%～50%，用于农用机械和车辆可节约15%～60%。②品种多样，可生产热轧型材所不能生产的壁厚均匀、断面复杂的薄壁型材。③断面尺寸精确，平面度好，表面光洁，外观好。④生产中可与冲孔等工序相配合，满足不同的需要。随着冷轧和热轧带钢价格的下降，冷弯型钢生产得到发展，品种增加，连续化自动化程度不断提高，辊式冷弯机成形速度最高已达每分钟250米。

生产方法　冷弯型材生产通常在室温下进行，主要有辊弯、压弯、拔弯和折弯，以辊式连续弯曲应用最为普遍。板带材经过2～36架辊式冷弯机沿纵向逐步弯曲变形，形成各种形状的型材。板带材在弯曲变形过程中只有断面几何形状的变化，断面面积在理论上不变。

（刘雪峰）

离心分选设备　centrifugal separation equipment　利用离心力使不同密度和粒度的颗粒实现分层和分离的设备。离心分选设备的选别原理是利用离心力来强化重力作用：通过离心机转鼓的高速旋转产生较大的离心力，使具有微小密度差的矿物颗粒在离心力场中也产生较大的运动差异。

按设备的结构形式、运动方式和流层厚度，离心选矿设备可分为以下几类：①鼓壁回转的离心流膜选矿设备。包括卧式离心选矿机、立式离心选矿机及离心盘选机等。矿浆在转鼓内壁连续受到剪切变得松散，适于处理微细粒级（粒度小于0.01毫米）矿物。②附以轴向振动的离心流膜选矿设备。主要有离心摇床、振动离心机等。轴向振动增强了床层松散作用，可处理稍粗粒级矿石。③有压给矿厚层回转流选矿设备。如短锥旋流器、水介质旋流器及虹吸旋流分选器等。设备本身不运转，靠压力给矿造成回转运动，适于处理2毫米或更粗粒级矿石。④无压给矿厚层鼓动回转流选矿设备。主要指各种形式的离心跳汰机。矿浆做回转运动的同时受径向鼓动作用，可处理细粒和微细粒级矿石。试验型设备较多，工业上尚无应用。

按离心设备转鼓数可分为单转鼓离心分选设备和双转鼓离心分选设备；按转鼓锥度可分为单锥度离心分选设备、双锥度离心分选设备和三锥度离心分选设备。

离心分选设备单位面积处理量大，回收下限粒度小。微细粒矿物颗粒也可采用重选方法分离，扩大了重选的应用范围。已广泛用于中国锡矿、钨矿和赤铁矿选别。

（李文博）

离子液体冶金　ionic liquids metallurgy　利用离子液体从*矿石或金属二次资源*中提取金属及其化合物的冶金过程。离子液体是由有机阳离子和无机（或有机）阴离子构成，在室温或近于室温下呈液态的熔盐体系。常见的有机阳离子有咪唑盐离子、季铵盐离子、吡咯盐离子等；阴离子有卤素离子、BF_4^-、PF_6^-、$(CF_3SO_2)_2N^-$等。离子液体具有电化学窗口宽、操作温度低（室温～100℃）、结构性质可调、导电性良好、挥发性小、溶解能力强、选择性溶解性能好、易于循环利用等优点，可作为溶剂用于电化学冶金和*湿法冶金*，在有色金属及其合金的电解沉积、矿物或冶金烟尘的浸出方面展现出良好的应用前景。

离子液体作为电解质用于电化学冶金，不仅可在低于100℃的温度下电解制备出铝、镁、钛、硅、镧、钐等活泼金属以及铝－钛、铝－锆、铝－铪、铝－镁、铝－锰、锌－钛、镍－镁、镍－镧、铝－锰－钛、铝－钼－锰、铝－钨－锰等金属合金，还可电解精炼铝。如用氯化-1-丁基-3-甲基咪唑-$AlCl_3$（BMIC-$AlCl_3$）离子液体作为电解液，在实验室条件下进行了铝的电解精炼，从含铝仅为75%的废铝中电解出纯度达99%的阴极铝，电耗仅为3.6～6.7千瓦·时/千克，同时还可电沉积出铜、钴、锌、镍、金、铂等常见有色金属和贵金属，且没有析氢等副反应。此外，用离子液体作为电解质，可将金属氧化物原位电化学还原为多孔结构的金属或直接电解脱氧得到金属粉体。如在氯化胆碱－乙二醇（ChCl-EG）离子液体中，将块状PbO和CuO分别原位还原为微/纳孔结构的泡沫铅和多孔铜；在氯化胆碱－尿素（ChCl-urea）离子液体中，使PbO、ZnO、Cu_2O、Sb_2O_3等金属氧化物实现低温电解脱氧，获得了微米铅粉、致密锌、纳米铜粉以及纳米锑粉。

离子液体作为电解质用于金属及合金电沉积制备、金属氧化物直接电解还原等领域，拓宽了电化学冶金的应用范围。除了作为电解质外，离子液体还可作为添加剂用于金属电沉积，不仅能提高电流效率、降低能耗，还可显著改善沉积金属品质。例如，在以咪唑系列离子液体为添加剂用于锌和铜的电沉积过程中，向常规电解液中添加5～10毫克/升的1-丁基-3-甲基咪唑硫酸氢盐[BMIM]HSO_4离子液体可获得平整、光滑、致密的阴极锌和铜沉积层，并可提高锌电沉积的电流效率，降低电能单耗，有效抑制铁、钴、镍、镉、锑、铅、锰等金属杂质离子对阴极产物的污染，提高金属品质。

离子液体作为溶剂用于湿法冶金，可选择性溶出矿石或冶金烟尘中的氧化锌、氧化铜、氧化铅、稀土氧化物等有价金属氧化物，而对氧化铁、氧化铝、氧化硅等常见的脉石成分几乎不溶。例如，将ChCl-urea离子液体作为溶剂可从炼钢烟尘中回收锌，实现烟尘中锌和铁的有效分离；将三氟甲基磺酰亚胺（$HbetTf_2N$）离子液体作为溶剂用于处理赤泥或铝土矿残渣，稀土的浸出率达到70%～85%，而铁的浸出率小于3%，钛和硅则完全不溶，实现了稀土的选择性提取，明显提高了稀土的提取效率。离子液体体系还可选择性溶解硫化矿中的金和银，而对其他金属（如铜、锌、铅及铁）的溶解性比较低。

（徐存英）

黎明 Li Ming（1927-11-20～ ）中国冶金企业管理专家。生于天津。1946年考入北京市高级工业学校机械科。1948年12月参加革命。1949年后历任鞍钢生产处副处长、生产办公室副主任，攀钢炼钢厂副厂长、总工程师，冶金工业部副部长，宝钢总厂工程指挥部总指挥、总厂厂长，宝钢集团董事长。兼任中国金属学会理事长、中国工业协会副会长、中国企业管理协会副会长、中国集团公司促进会会长、中国企业文化研究会副会长等。

中国实现大高炉冶炼钒钛磁铁矿和雾化提钒的推动者。领导了攀钢建设，使攀钢成为第一个全部使用国产设备冶炼钒钛磁铁矿的大型钢铁联合企业。领导宝钢完成一、二、三期工程建设，是宝钢现代化工程建设和现代化管理的领导者。

（姜 曦）

李东英 Li Dongying（1920-12-14～2020-09-22）中国稀有金属冶金及材料专家。生于北京。1948年毕业于北京辅仁大学，获理学学士学位。历任中央重工业部有色金属研究所副所长，冶金部有色金属研究院（今北京有色金属研究总院）总工程师、副书记、副院长，冶金部科技办负责人，中国有色金属工业总公司常务董事、科技部主任，中国有色金属学会副会长兼秘书长，国务院稀土专家组首席专家等职。1995年当选中国工程院院士。

1949年研究成功液体乙基黄药和固体黄药，为中国选矿工业作出了贡献，该成果1978年获得全国科学大会奖。中国稀有金属工业创始人之一，提出了以研究主流程为主，系统开发中国稀有金属的技术路线和一整套技术方案与技术政策，主持研制出中国当时尚属空白的钛、锆、铪、锂、铍、钽、铌等30余种稀有金属的生产方法，保证了“两弹一星”“09工程”和大规模集成电路等尖端技术所需材料。长期从事中国钛应用推广和稀土开发应用的科技工作；率先提出并组织实施稀土微量元素用于农业生产实际的科学研究和应用。是攀枝花、包头、金川三大资源综合利用方案制订的参与者和组织实施者之一，同时参与中国钨、锡、铝工业的科技开发和政策研究，在充分利用中国有色金属矿产资源方面起到了重要的推动作用。主持将技术、经济和政策融于一体的《中国技术政策》材料工业部分和《全国科技长远规划》有色金属部分的前期研究和制定工作，其中《国家十二个重要领域技术政策的研究》于1987年获得国家科技进步奖一等奖，《1986—2000年全国科技长远规划前期研究》于1989年获得国家科技进步奖一等奖。主持编写了大型丛书《有色金属进展》共40卷。2012年获中国工程院光华工程科技奖。

（李 兵）

李凤楼 Li Fenglou（1934-11-10～1998-04-19）中国选矿工程专家。生于黑龙江拜泉，卒于北京。1958年从东北工学院选矿专业毕业，后到北京矿冶研究总院选矿研究室工作，曾任研究室副主任、主任。

在有色金属硫化矿以及白钨、磷和黄金选矿领域承担过40余项科研任务，尤其是在铜铅锌多金属硫化矿选矿领域有很深的造诣，推动了中国铅锌行业整体的选矿技术的进步。曾负责白银有色金属公司铜矿、小铁山铅锌矿、武山铜矿、凡口铅锌矿、浑江铅锌矿、西林铅锌矿、锡铁山铅锌矿、乌拉嘎金矿、金川有色金属公司以及蒙古国额尔登特铜矿等企业的选矿试验研究和工程转化，对中国的选矿科技进步作出了贡献。获得国家级科技进步奖4项、省部级科技进步奖9项。

领导组织了北京矿冶研究总院电化学控制浮选研究室工作，开展了电化学控制浮选的选矿科技攻关，并在西林铅锌矿工业生产中首获成功，获国家科技进步奖二等奖。

著作有《国外铅锌选矿厂》（1983）等。1988年评为国家级有突出贡献中青年专家。1989年被中国有色金属工业总公司、中国机械冶金工会授予全国有色金属工业特等劳动模范，同年被评为全国先进工作者。

（孙传尧）

李公达 Li Gongda（1905-01-10～1971-03-04）中国冶金学家。原名李德芳，又名李达。生于湖北罗田，卒于北京。1928年毕业于南开大学；1931～1935年在美国密歇根大学研究院学习，获化学工程硕士学位、冶金工程博士学位。曾任北洋大学教授兼矿冶系主任、重庆协和炼铁厂主任工程师、四川新威矿冶公司总工程师兼威远铁厂厂长、重庆中国兴业公司炼铁厂厂长、冶金工业部钢铁司炼铁处处长兼钢铁研究院炼铁研究室主任等职。

中国钢铁脱硫研究的先驱。李公达设计建造了一座改良土窑进行炼硫试验，使回收率从50%提高到75%以上。在高炉冶炼方面，提倡重点采用“高风温”“高压炉顶”“调节鼓风湿度”“强化冶炼”等新技术和措施。创造出“扒瘤”“炸瘤”“化瘤”等不同除瘤方法。组织并直接领导了“回转窑直接还原与海绵铁的熔炼”研究和半工业试验，总结出“高充填率”“较高还原温度”及“加强翻动”等强化回转窑生产的若干技术措施。是攀枝花钒钛磁铁矿高炉冶炼和综合利用研究的开拓者和组织者之一。

（姜 曦）

李松堂 Li Songtang（1908-07-30～1993-12-10）中国轧钢专家。生于江苏睢宁，卒于鞍山。1935年6月毕业于国立同济大学机电系，1937年入德国柏林工业大学冶金系留学，并到克虏伯钢铁厂实习。曾任兵工署重庆第二十四兵工厂第二轧钢部主任，重庆资渝钢铁厂轧钢厂主任，鞍山钢铁公司轧钢部总工程师、设计院副院长等职。第三、第五、第六届全国人民代表大会代表。

1935～1941年，负责修复在当时被视为禁区的南京金陵兵工厂复线机床——600毫米直径轧机，成功仿制进口枪筒来复线机床6台。1941～1946年，在资渝钢铁厂负责设计、制造、安装了一套430型钢轧机，产品质量被美国专家誉为中国最佳。中华人民共和国成立后，先后组织鞍钢三大工程（大型轧钢厂、无缝钢管厂、七号高炉）的技术工作、中板厂的设计工作、鞍钢十号高炉的全套设计工作，以及焊管厂的镀管车间改造和半连轧厂现代化改造设计。同时协助本溪、抚顺两个特殊钢厂恢复生产。著有《实用轧钢机械学》（1952），发表学术论文十余篇。

（姜　曦）

李维格　Li Weige（1867～1929）　中国近代钢铁专家。字一琴。祖籍江苏吴县（今江苏吴中和相城区），生于上海，卒于上海。幼年随父在上海读书。稍长，先后到英国学习英文和法文，随后又到日本和美国学习“政教技业”（即技术科学知识）。中日甲午战争后回国，曾任上海南洋公学西文总教习、监督，上海江南制造局提调，汉阳铁厂总翻译，汉冶萍公司协理兼汉阳铁厂总办、高级顾问，大冶铁厂厂长。

中国**钢铁冶金**界的先驱。推动了汉阳铁厂、大冶铁矿、萍乡煤矿合并，于1908年成立汉冶萍煤铁厂矿有限公司（简称汉冶萍公司）。他根据中国**矿石**、**焦炭**资源情况，废弃**贝塞麦转炉炼钢**法而改用马丁碱法炼钢，解决了汉阳铁厂的钢质量问题，扭转了汉阳铁厂建厂以后年年亏损的局面；规划、组织了1904～1910年汉阳铁厂的改造和扩建工程，使汉阳铁厂成为当时亚洲最大的钢铁厂；规划了大冶铁厂的建厂方案和厂址选择；创办了扬子机器制造厂和湖南常耒锰矿；兴办了汉阳铁厂第一座技术学堂，为中国近代钢铁事业的建设和发展作出了贡献。著有《汉冶萍公司历史说略》。

李维格不仅兴办实业，也捐资助学。他病逝后，将其产业三分之一捐资东吴大学（今苏州大学），设立科学奖学金。后又兴建东吴大学男生宿舍——维格堂。今苏州大学有李维格铜塑像。

（姜　曦）

李文采　Li Wencai（1906-09-09～2000-03-01）　中国钢铁冶金学家。原名李文彩，别名竞。生于湖南永顺，卒于北京。1931年毕业于上海交通大学。毕业后，赴湘鄂西苏区电台从事技术工作。1933年留学德国，1939年获德国德累斯顿高等工业大学工学博士学位。同年回国，曾任重庆巴山石墨制品公司经理、武汉大学冶金系教授、天津中国工业原料公司总经理、华东财经委员会重工业处副处长。1949年参加上海重工业企业接管工作，组建上海国营钢铁公司，并规划沪、杭、宁电力网工程。后历任西南军政委员会工业部副部长、轻工业部重庆工业试验所所长、冶金部钢铁综合研究所所长、冶金部钢铁研究总院副院长等职。是教授级高级工程师、博士生导师、中国金属学会理事、中国仪器仪表学会常务理事。1955年当选中国科学院学部委员（院士）。

长期从事冶金工业的研究工作，并学习、推广苏联氧气转炉、钢水真空处理、**连续铸钢**等新工艺。20世纪50年代中后期，在中国最早开展了当时世界上钢铁工业的三大新工艺技术试验，即半吨氧气顶吹转炉的炼钢试验、80毫米圆坯半连续铸钢试验、钢水真空处理和真空铸钢试验。完成型焦实验和太原钢铁厂等型焦半工业性试验。在首都钢铁公司、包头钢铁公司等进行熔融铁矿用炭还原制取铁水的试验。60年代提出优化、连续化、自动化和防止公害的“三化一防”标准，开发了钢铁冶金新工艺。主张中国在新建、扩建钢铁企业之前，开发由各种新工艺组成的系列生产线，使中国钢铁生产能够赶上和超过世界先进水平。

（苏天森　姜　曦）

李薰　Li Xun（1913-11-20～1983-3-20）　中国冶金学家。生于湖南邵东，卒于赴昆明途中。1936年毕业于湖南大学矿冶工程系。1937年入英国谢菲尔德大学冶金学院，1938年获该校白朗敦奖章和奖金。1940年获哲学博士学位。毕业后留院任研究员，后担任研究部负责人。1951年获谢菲尔德大学冶金学博士学位。同年回国。历任中国科学院金属研究所研究员、所长，中国科学院沈阳分院院长，中国科学院副院长，中国金属学会副理事长。1955年当选中国科学院学部委员（院士）。

1951年回国后在沈阳创建了中国科学院金属研究所。他对中国新型金属材料的开拓性研究，对中国钢铁工业、航空航天工业及原子能工业的发展，都作出了贡献。早期从事合金钢质量，特别是钢中含氢问题的研究，全面地阐明了合金结构钢中发纹的发生机制，提出解决措施和有关扩散除氢温度范围等工艺参数，在1956年获国家自然科学奖。他重视基础理论与应用技术的研究，在中国金属学、金属物理和高温物性测试等方面做了大量的组织与研究工作。他是中国金属学会创始人之一，《金属学报》创刊人和主编，《中国大百科全书·矿冶》卷的冶金编辑委员会副主任。

（姜　曦）

李毓康　Li Yukang（1916-03-18～2008-03-10）　中国选矿工程专家。生于天津杨柳青镇，卒于北京。1943年毕业于武汉大学矿冶系。1943～1948年任经济部矿冶研究所技佐、技士，代理选矿研究室主任。1949～1971年先后任重工业部矿冶研究所、重工业部有色金属综合试验所和冶金部有色金属研究院选矿室主任、工程师。1971～1987年任北京有色金属研究院稀土研究室工程师、重有色金属选冶研究室主任、院副总工程师、学术委员会副主任。

中国有色金属选矿工业创始人之一。1949～1951年，主持了水口山矿务局重选铅锌尾矿浮选回收再利用工艺研究，开创了中国利用选矿技术对有色金属尾矿进行回收再利用的成功范例。1959～1971年，组织并主持多项复杂稀有金属矿选矿工艺研究，先后取得多项科研成果，其中19项工艺研究成果用于新建选矿厂，6项药剂研究成果用于工业生产，为中国国防军工及高技术急需的稀有金属提供了技术支持。1972～1979年组织领导了多项铜镍金银选冶科研工作，并转化为生产力，为中国镍基地的生产发展起到了推动作用。

1992年被授予省级“有突出贡献专家”称号。参与《选矿手册》《稀有金属手册》等编写工作。

（张忠汉）

李元元　Li Yuanyuan（1958-10-03～　）　中国粉末冶金和铸造专家。生于广东梅县。1982年毕业于湖南大学机械系铸造专业，

获工学学士学位。1987年和1998年毕业于华南理工大学，分别获工学硕士和工学博士学位。历任华南理工大学铸造及复合材料研究室副主任、机电工程系副主任、副校长、校长，吉林大学校长，华中科技大学校长。中国材料研究学会理事长，第九届、第十二届全国人民代表大会代表。2013年当选中国工程院院士。

长期从事**粉末冶金**和有色合金材料制备、成形理论与技术的应用基础和工程化研究。发展和创新了粉末冶金温压成形理论和技术、电磁热力多场作用下粉末成形固结一体化理论和技术，研制出多种高性能粉末冶金新材料和重要零件；研发出高性能铝青铜合金、白铜合金、锌合金、挤压铸造铝合金、变形铝合金及其制备成形技术等。先后主持国家级项目12项，国防军工项目12项。

获国家科技进步奖二等奖2项，省部级科技一等奖5项、二等奖3项、三等奖3项，国家级教学成果一等奖1项、二等奖2项。获授权发明专利55项、实用新型专利7项、软件著作权3项。发表科研学术论文220余篇，出版专著《金属材料卷·新型材料科学与技术》(2012)、《金属粉末温压成形原理与技术》(2008)。

（姜　曦）

李正邦　Li Zhengbang(1933-05-07～2017-10-24)　中国钢铁冶金专家。生于江苏南京，卒于北京。1958年毕业于哈尔滨工业大学机械系，分配到冶金工业部建筑研究院装备所。1964年初调入冶金工业部钢铁研究总院。1999年当选中国工程院院士。

开创并发展了中国的电渣冶金。首先发现电渣重熔提纯净化发生在电极端头的机理，开发出电渣熔铸技术。设计了中国第一批工业电渣炉，用以生产许多不锈钢产品，并对液渣启动、液位控制、连续抽锭和二次冷却进行创新。研制成功电渣熔铸发动机涡轮盘、潜望镜管、火炮身管及炮尾、飞机起落架、曲轴等产品。开发了以白云石为基的无污染无氟渣，使电渣重熔效率提高一倍，电耗降低48%，炉前大气含氟、含尘达标。提出了采用酸性渣改变钢中夹杂物形态从而提高轴承钢疲劳寿命的工艺，开展了由钨精矿、钼精矿、氧化钒等矿物直接合金化代替**铁合金**冶炼合金钢的基础研究和工业试生产。

获国家技术发明奖3项，国家科技进步奖2项，科学大会奖2项，国家火星奖1项。获得部级一等奖及二等奖15项。1988年被评为国家级有突出贡献中青年专家。发表论文205篇，出版专著5部。

扩展阅读

干勇，钱伟长.20世纪中国知名科学家学术成就概览·化工、冶金与材料工程卷：冶金工程与技术分册（二）.北京：科学出版社，2015.

（姜　曦）

里恰兹，R.H.　Robert Hallowell Richards(1844-08-26～1945-03-27)　美国选矿工程专家、冶金学家和教育家。生于缅因州加德纳。1868年毕业于麻省理工学院。毕业后留校执教，担任化学助理，1869年任分析化学讲师，1870年任分析化学助理教授，1871年任矿物学和分析化学教授，1873年任矿业工程教授，1884年起兼任冶金学教授，1886年担任美国矿冶工程师学会主席，1914年退休，1915年被美国矿业工程师学会授予金质奖章。

发明了一种用于化学和物理实验室的喷射抽吸器和一种用于视距测量的棱镜。创建了美国第一个矿冶实验室，将理论与实践相结合的方法引入教学。测定并绘制了颗粒物料在水中的沉降曲线，由此建立起矿石物料在**跳汰机**及其他**重选设备**中分选的基本原理。发明的分选机被用于处理休伯里奥湖铜矿、弗吉尼亚铁矿以及美国西部的多种矿石。

对重力选矿的基础——沉降过程的研究较深。1895～1900年研制了多种分级及重选设备。发表多部专著和学术论文100多篇，最为著名的是4卷专著《选矿学》(*Ore Dressing*，1903)和随后出版的教材《选矿学教程》(*Text Book of Ore Dressing*，1909)。

（刘建远）

理想溶液　ideal solution　溶液中的任一组元在全浓度范围内都遵循拉乌尔(Raoult)定律的溶液，即$p_i=x_ip_i^*$。式中p_i为该溶液上方i组元的蒸气压；x_i为溶液中i组元的摩尔分数；p_i^*为纯组元i在相同温度下的蒸气压。对理想溶液进行描述的拉乌尔定律，是由法国化学家F.-M.拉乌尔于1887年在研究溶液蒸气压实验的基础上提出的。理想溶液的微观结构特征是溶液中各种组元分子的大小和结构相同，并且各种分子间作用力也相同。例如，由A、B两种组元构成的溶液体系，A-B、A-A和B-B之间的相互作用力完全一样。

理想溶液的热力学性质如下：

理想溶液中任一组元的化学势为：

$$\mu_i^{\text{solution}}=\mu_i^*+RT\ln\frac{p_i}{p_i^*}$$

式中μ_i^*为相同温度和压力下纯组元i的化学势；R为摩尔气体常数；T为溶液的热力学温度。

构成理想溶液的组元混合前后的体积不变，也没有热效应，即$\Delta V_{\text{mixing}}=0$；理想溶液的混合焓$\Delta H_{\text{mixing}}=0$。

理想溶液的混合吉布斯(Gibbs)自由能为：

$$\Delta G_{\text{mixing}}=n_iRT\sum_i x_i\ln x_i$$

式中n_i为溶液中组分i的物质的量。

理想溶液的混合熵为：

$$\Delta S_{\text{mixing}}=nR\sum_i x_i\ln x_i$$

多数实际溶液都是偏离理想溶液的。为了使拉乌尔定律可以适用于实际溶液，采用了拉乌尔定律修正式：

$$p_i=a_ip_i=\gamma_ix_ip_i^*$$

式中a_i为i组元活度；γ_i为i组元活度系数。活度系数表达了实际溶液对理想溶液的偏离度。

理想溶液模型是针对溶液体系建立的最简单的溶液热力学模型。一些分子结构与性质相近的液体混合而成的溶液具有(或近似具有)理想溶液的特征。可以近似看作理想溶液的体系有：同位素化合物的混合溶液、光学异构体的混合溶液、立体异构化合物的混合溶液等。对于某些实际溶液，在一定浓度区间的某些性质常表现得很接近理想溶液。利用理想溶液模型，可以建立起溶液组元i的化学势与组元i摩尔分数的相关性，从而得到溶液中各个组元的化学势随组元浓度变化的数学表达式。

虽然大多数的实际溶液偏离理想溶液，但它为溶液理论的发展奠定了基础。在理想溶液模型的基础上，人们又发展了正规溶液模型、亚正规溶液模型以及似正规溶液等溶液模型。

扩展阅读

ENGEL T, REID P. 物理化学.北京：机械工业出版社，2013.

（许　茜）

锂冶金　lithium metallurgy　从含锂矿物中提取金属锂的技术。1817年瑞典人J.A.阿尔费德松在研究透锂长石时首次发现锂，并以希腊文lithos（石头）命名。1818年英国化学家H.戴维电解碳酸锂制得少量金属锂。1855年德国人R.W.本生和英国人A.马提生电解熔融氯化锂制得了较大量的金属锂。

具有工业价值的锂矿主要有：锂辉石（$Li_2O \cdot Al_2O_3 \cdot 4SiO_2$）、锂云母〔$(Li, K)_2Al_2(SiO_3)_3(F, OH)_2$〕、透锂长石（$LiAlSi_4O_{10}$）等。世界各地还有大量的盐湖卤水、油井水、气田水和温泉水中含有锂。海水中含锂0.1～0.17毫克/升。锂冶金包括锂的化合物制取和金属锂制取。

锂化合物的制取　从伟晶岩硅酸盐矿石提取锂化合物，是先将含锂原矿进行重选和浮选，得到锂辉石精矿或锂云母精矿，然后按硫酸法或石灰法工艺流程处理。

硫酸法制取碳酸锂　将锂辉石（α型，属单斜晶系，密度3.15克/厘米^3）精矿在**回转窑**内于1000～1100℃**焙烧**，使α锂辉石转变为β锂辉石（属四方晶系，密度2.4克/厘米^3），冷却后磨细到−100目，与相当于锂当量过剩35%的浓硫酸混合，于另一钢质转窑中在250℃下焙烧，酸中的氢离子置换β锂辉石中的锂离子，生成硫酸锂，其化学反应为：

$$Li_2O \cdot Al_2O_3 \cdot 4SiO_2 + H_2SO_4 \longrightarrow H_2O \cdot Al_2O_3 \cdot 4SiO_2 + Li_2SO_4$$

焙烧产物用水浸出，得到硫酸锂溶液；加入石灰石粉以中和过剩的硫酸，经过滤得到不含铁、铝的硫酸锂（约10%）溶液；再加消石灰和碳酸钠，除去少量的镁和钙。滤液加硫酸调整pH值为7～8，经蒸发浓缩，得到含硫酸锂约20%的溶液。然后加入28%的碳酸钠溶液，生成碳酸锂沉淀，再经离心分离、洗涤、干燥得较纯的碳酸锂。将固液分离后的母液冷却到0℃，析出十水芒硝（$Na_2SO_4 \cdot 10H_2O$），剩余母液返回浸出过程。

碳酸锂和盐酸反应，可制得氯化锂，经浓缩、结晶和干燥后用于电解生产金属锂。

石灰法制取碳酸锂　该法适用于从锂云母中提取锂。锂云母精矿配入石灰石，磨细到−200目，于950℃焙烧。烧结块用水急冷，经湿磨浸出，得到氢氧化锂溶液，再经过蒸发、结晶和重结晶提纯，得到单水氢氧化锂。结晶母液中残留30%～40%的锂，通入二氧化碳，生成碳酸锂沉淀。

从矿石提取锂化合物的方法还有硫酸钾法、氯化焙烧法和碱压煮法等。

卤水制取碳酸锂　某些卤水中含有较高浓度的锂，经过熬制食盐，回收硼、钾、碘、溴之后，母液中锂可能富集到2克/升，经蒸发浓缩析出大部分的氯化钠后，加入碳酸钠，可沉淀出碳酸锂。

熔盐电解制取金属锂　锂的电解一般在电解槽内进行。槽体可由耐火砖砌成，内衬经过磷酸处理的石墨，以软钢作阴极，石墨作阳极，极间距7～9厘米。槽电压保持8.3～9伏，于450～490℃下进行电解，阳极析出氯气，阴极析出金属锂。锂的比重小于电解质而上浮，沿导管流出槽外，在液体石蜡中固化成锭，所得金属锂的纯度不低于99%。

电解锂在670℃真空蒸馏，可以获得含钠小于0.005%的高纯锂。真空蒸馏对降低氧、氮、磷含量也很有效。

（刘风琴）

利亚先科，P.V.　Pyotr Vladimirovich Lyashchenko; Пётр Владимирович Лященко（1886-02-22～1942-12-06）　苏联选矿科学家。1912年毕业于圣彼得堡矿业学院。1912～1916年在东西伯利亚黄金矿山工作。1916～1918年在彼得格勒（今圣彼得堡）米哈诺布尔设计研究局工作。1922～1930年任职于莫斯科矿山科学院。1930～1942年任职于莫斯科矿业学院。1930年晋升教授，1940年获技术学博士学位。

重力选矿理论的创始人之一，编写了第一部这一学科的高等教育教科书《重力选矿》，建立确定矿物颗粒**干涉沉降**速度的方法，阐明了微细矿物颗粒在水流中的运动规律，通过悬浮实验验证了按悬浮体密度分层学说。

（魏德洲）

砾磨机　pebble mill　利用砾石等作为研磨介质的**磨矿设备**。在金属矿选矿工业中，作为研磨介质的砾石一般粒度为40～80毫米。砾磨机一般置于**棒磨机**或**自磨机**之后，作为第二段磨机。

砾磨机与**球磨机**结构相同，但由于砾石介质密度远低于金属介质，导致砾磨机单位容积的产量较低，处理能力远低于球磨机。砾磨机均采用格子型排矿而非溢流型的原因是：矿浆面低，可充分发挥介质的冲击作用；排矿快，可减少过磨现象；矿量及介质量变化时，排矿亦较均衡，不会涌出大块矿石。砾磨机的**介质充填率**比球磨机略高，介质耗量较大，**磨矿浓度**比球磨机略低，磨机转速较高（转速率为80%～90%）。砾石一般有3种来源：由破碎作业专门制取；自磨过程中产生的难磨颗粒；其他方式获取，如取自天然卵石。

砾磨机筒体衬板可用瓷砖、硅砖等非金属材料，但采用橡胶衬板尤为适宜。当砾石介质的粒度小于90毫米时，砾磨机使用橡胶衬板比钢质衬板更为经济。

砾磨机主要应用于：①严禁被磨物料混入铁质金属，以免影响产品质量或下步加工的工序，如化工、陶瓷等工业。②有用矿物较软，采用金属磨球作为研磨介质易造成过粉碎的作业，如钼精矿或中矿的再磨作业。③二段磨矿需要尽可能地降低矿物受污染程度和运行成本的作业情况。

扩展阅读

刘树英.破碎粉磨机械设计.沈阳：东北大学出版社，2001.

（张国旺　石　立）

粒度分配曲线　particle partition curve　表示原料中各个粒级在沉砂或溢流中的分配率随粒度变化的曲线，是表达分级效率的一种图示方法。曲线左侧和右侧的纵坐标分别为原料各粒级在溢流中的分配率（$\varepsilon_{溢流}$）和沉砂中的分配率（$\varepsilon_{沉砂}$）。通过粒度分配曲线（见图），可查得分离粒度值，据此还可评价分级效率。

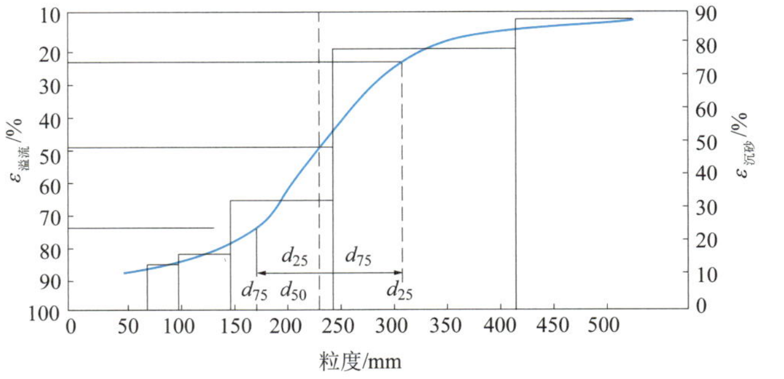

粒度分配曲线图

在绘制粒度分配曲线之前，需对沉砂和溢流产物的代表性矿样进行粒度分析和相应数据处理，具体步骤为：①通过对分级产物计量或依据分级产物的品位计算出沉砂和溢流产物的产率。②对沉砂和溢流产物分别进行粒度分析，获得各粒级在两产物中的产率分布。③将各粒级在两个产物的产率分别乘以沉砂和溢流产率（须以小数代入），以折合为对原料产率，再将同一粒级在沉砂和溢流中的产率（对原料）加和，就得到该粒级在原料中的产率。④将各粒级在溢流和沉砂产物中对原料的产率分别除以该粒级在原料中的产率，便得到各粒级分别在溢流和沉砂中的分配率。

粒度分配曲线的形状反映了分级效率，即曲线的中间部分愈陡，表明分级愈精确，分级效率就愈高。理想分级结果的分配曲线，中间部分应是在d_{50}（分配率为50%处的粒度值）处垂直于横轴的直线。因此可用实际分配曲线的中间线段偏离垂线的倾斜程度来评定分级效率，常用的评定指标是可能偏差E_f。其计算式为：

$$E_f=\frac{d_{25}-d_{75}}{2}$$

式中的d_{25}和d_{75}是在溢流中分配率为25%和75%对应的粒度值。

（高淑玲）

连续采矿 continuous mining 在地下金属矿山中，实现采矿作业连续推进（*一步骤回采*）和采矿工艺过程连续化的采矿模式。

主要内容 由连续采矿发展起来的矿山开采技术主要包括4个层次：矿房的连续回采、矿体（床）的连续开采、矿石的连续运送及全工艺过程的连续化。矿房的连续回采是指在采场的回采过程中*落矿*、出矿、*矿石运搬*工艺的连续作业。矿体（床）的连续开采是指在矿体（床）的开采过程中，不留或少留矿柱，尽可能采用一步骤回采的开采模式。矿石的连续运送是指井下矿石的转载、运输、提升等环节的连续作业。全工艺过程的连续化是指掘进、落矿、出矿、运输等过程的连续化作业，是最高层次的连续开采。

分类 地下金属矿山的连续采矿方式可分为两类：①单一采矿机的连续采矿；②采装运机组与一步骤回采方法配套的连续采矿。

单一采矿机的连续采矿 是基于非爆破破岩条件下的连续采矿理念，借助机械切割破岩，采矿机的作业是直行采掘方式，破岩（落矿）、转载（出矿）、运矿工艺在同一空间平行连续进行。基于爆破破岩的广义连续采矿理念，是一步骤回采的采矿方法和高效率的采、装、运设备组成的采矿系统。在大矿段中采用阶段连续推进（不留间柱）的回采顺序，回采过程中，采、装、运工艺在不同空间平行连续进行。

采装运机组与一步骤回采方法配套的连续采矿 该采矿方式有两种模式：①一步骤回采的采矿法与无轨采掘装运设备构成的连续采矿系统，是在大矿段一步骤回采、阶段连续推进（不留间柱）的采矿系统的基础上，采用以无轨采掘、装运设备为主导的采掘、落矿、出矿（转载）、运矿机械化作业线。②一步骤回采的采矿法与连续作业机组构成的连续采矿系统，是在大矿段一步骤回采、阶段连续推进（不留间柱）的采矿系统的基础上，几种不同功能设备组成的出矿（装载）、运矿连续作业线与采场出矿工作面直接衔接。对于第二种模式，中南大学与北京矿冶研究总院分别创造了两种由连续作业机组实现的连续采矿方案：大矿段侧向深孔落矿、振动连续作业机组出矿、一步骤回采的阶段矿房法回采系统；大阶段束状深孔落矿、绳架式带式输送机连续作业机组出矿、一步骤回采的阶段矿房法回采系统。

作用与意义 实现连续采矿是金属矿地下开采技术的一个重大变革，可从根本上解决长期以来因*两步骤回采*所留间柱带来的资源损失问题；实现金属矿高效、高强度、大规模的集中强化开采，有效改善作业条件和作业环境，提高劳动生产率；缩短采场回采周期，有利于采场地压的控制，对于围岩稳固性稍差，特别是地压较大的深部矿床开采，将是一种有效的开采方式。

随着科学技术的发展，采矿作业系统始终朝着连续化、规模化和自动化方向发展，地下金属矿连续采矿把采矿工艺系统的变革与采矿综合机械化、自动化紧密结合，充分体现了采矿技术发展的大趋势。

扩展阅读

古德生，李夕兵.现代金属矿床开采科学技术.北京：冶金工业出版社，2006.

罗周全，古德生.地下矿山连续开采技术研究进展.湖南有色金属，1995(2)：10－12.

（吴爱祥）

连续挤压 continuous extrusion 采用连续挤压机，在压力和摩擦力的作用下，把金属坯料连续不断地送入挤压模的*挤压*技术。是改进传统间断式挤压生产的一种新方法。又称康夫姆法。又译conform。挤压筒由旋转轮上的矩形断面槽和固定模座（挤压靴）组成，即该环形通道起到普通挤压法中挤压筒的作用。当槽轮旋转时，借助于槽壁上的摩擦力不断地将坯料送入而实现连续挤压。连续挤压借助摩擦和变形产生的热能使金属加热，变形区温度可达400～700℃，使金属的变形抗力大大降低，可实现金属*动态再结晶*和挤压成形过程。坯料以成卷的坯杆提供，挤出产品大多数情况下也是成卷的线材、管材或包覆线材（见图）。

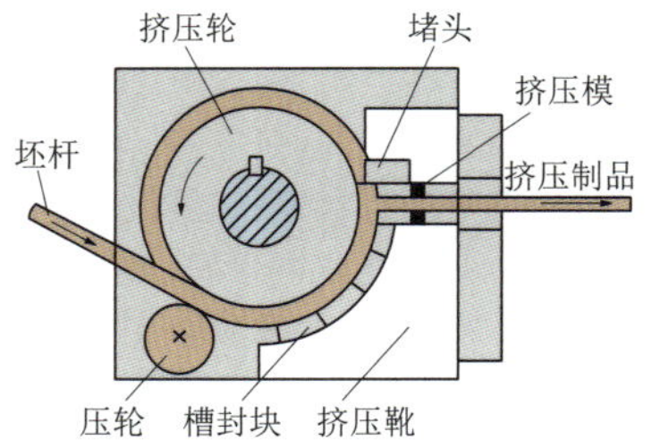

连续挤压示意图

连续挤压靠摩擦和变形热能使挤压坯料升温，可比常规正挤压的能耗降低30%以上；大幅度地减少挤压压余、切头尾等废料；提高制品沿长度方向组织、性能的均匀性；设备紧凑，占地面积小，设备造价及基建费用较低。最适合于小断面尺寸的铝及铜合金线材、管材、型材的成形。但对坯料预处理（除氧化皮、清洗、干燥等）的要求高，挤压制品的断面尺寸受到限制，对工模具材料的耐磨耐热性能要求高，工模具更换比常规挤压困难。

中国对该技术的发展起到很大的促进作用，特别是在铜的连续挤压方面作出了重要贡献，实现了铜及合金棒、型、线材多品种的连续挤压。至2018年，中国铜连续挤压技术和装备已位居世界领先水平。

扩展阅读

钟毅.连续挤压技术及其应用.北京：冶金工业出版社，2004.

（谢水生）

连续退火炉 continuous annealing furnace 用于带钢连续退火的*热处理炉*。连续退火炉的主要加热方式有直燃式加热、辐射管

图1 立式连续退火炉

加热、感应加热、电阻加热等；冷却方式有气体喷射冷却、辊冷、高氢喷射冷却、气－水冷却、水冷淬、热水淬等。连续退火炉具有生产效率高、生产周期短、产品质量好、机械化和自动化程度高、能耗低、占地面积少、劳动定员少等优点。

分类　连续退火炉按炉型分为立式炉（图1）和卧式炉（图2）两种类型。

图2　卧式连续退火炉

立式炉的炉体为立式，有带钢单程和带钢多程（塔式）之分。炉体钢结构由炉室壳体和炉用机械支撑结构（简称平台框架）两部分组成。带钢在炉内垂直运行，与炉辊呈180°包角，带钢运行速度高，炉子分段多，炉子有效长度超长，常用于产量大、机组速度高的热处理线。产品处理表面质量、板型较好，但处理厚度受到一定限制。

卧式炉的炉体为水平式，也有带钢单程的（直通式）和带钢多程的（折叠式）之分。带钢在炉内呈水平状态，边加热边前进，与炉辊为线接触，炉辊仅起支撑作用，热处理带钢厚度基本不受限制。因受到占地面积影响，炉长不宜太长。卧式炉内易实现较小张力控制，可用于冷轧硅钢等易脆钢种的完全退火、脱碳退火、中间退火、渗氮等热处理工艺，但处理带钢表面易受炉辊划伤。

工艺　带钢以一定的速度在退火炉内连续运行，依次经历炉子的预热段、加热段（包括加热、保温）、冷却段等完成退火工艺。连续退火炉无封口，炉内通入氮气（N_2）/氢气（H_2）保护气氛。炉内各段温度恒定，不随时间变化，但是在炉子长度方向上各段的温度不同。各段的结构满足该段的工艺和热工要求，使带钢的金属变形晶粒重新转变为均匀等轴晶粒，同时消除加工硬化和残留内应力。

应用　连续退火炉主要用于冶金的冷轧宽带钢、硅钢带、不锈钢带、带钢热镀锌镀锡等热处理，通常与开卷机、焊机、机械除磷、酸洗、涂镀、拉矫、卷取等设备共同组合成一条生产作业线（机组）。

按照钢品不同，常采用不同类型的连续退火炉。冷轧宽带钢连续退火线常采用立式炉；无取向硅钢及取向硅钢连续退火线采用卧式炉；不锈钢带退火－酸洗作业线可采用卧式炉或立式炉；不锈钢光亮退火线常用立式炉；冷轧带钢连续镀锌线年产量≥3×10^5吨应采用立式炉，年产量≤2.5×10^5吨应采用卧式炉；冷轧带钢连续镀锡线宜采用立式炉。

选型　连续退火炉选型主要考虑因素有：①产品的规格和品种；②退火炉的生产能力；③带钢热处理的要求；④带钢表面质量的要求。

（苗为人）

连续预热废钢电弧炉　Consteel electric arc furnace　配备有连续预热废钢系统的超高功率电弧炉。又称康斯迪电弧炉。整套设备包括连续加料系统、连续预热废钢系统、后燃烧系统和电弧炉。电弧炉结构和常规电弧炉差异不大，同样有可互换的或分离式炉壳、水冷炉壁、水冷炉盖等。电弧炉炉壳以加料孔圆心为旋转轴线倾动，无论电弧炉倾动到什么位置，都不影响向炉内连续加料。连续加料系统主要用来运送废钢及造渣材料，运输机长50～80米。运输机是一个摆动的强制振动器，传动装置上的偏心轴对运输机的盘架施加一个不均匀的内部荷载，使运输机进行周期性的慢进、快回动作，利用物料的惯性将炉料及渣料送入预热段和电弧炉。

连续预热废钢系统能够将预热过的废钢水平连续加入电弧炉，组成结构包括预热器、预热段运输机、连接小车和动态密封装置（见图）。预热器有两种结构，一种外壳为钢结构，分段内衬耐火材料；另一种为水冷管式结构，不砌筑耐火材料。

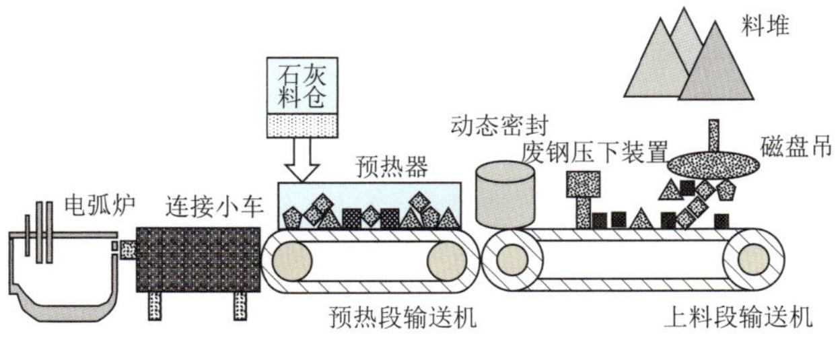

连续预热废钢电弧炉结构图

预热器运输机的运行寿命约1年。在预热段运输机的出料端和电弧炉间设置水冷连接小车，其长约4米。连续加料时连接小车前部的“盘”插入电弧炉，停止加料后，连接小车的液压缸将“盘”从电弧炉缩回。每个连接小车3个月更换一次。在预热段运输机和上料段运输机交界处设置动态密封装置，主要是防止预热器内的有毒气体外泄，污染大气环境。

后燃烧系统包括后燃烧室和布袋除尘器以及烟气排放管道等。预热器内有机物燃烧产生的有害气体通过设在动态密封装置前的管道送入后燃烧室进行焚烧，烟尘经布袋除尘器净化后排放。

连续预热废钢电弧炉可以实现**电弧炉炼钢**过程中各环节的连续运转，同时为废钢连续加料和满负荷连续冶炼创造条件。作为熔化钢和钢水初炼的设施，与钢水二次炉外精炼设施组成一个完整的炼钢系统，能够生产除不锈钢以外的各个钢种。

（李京社）

连续铸钢　continuous steel casting　将液态钢水浇铸进连铸机，经冷凝、切割后直接得到铸坯的工艺。简称连铸。是**炼钢**和**轧制**之间的一道工序。连铸生产出来的钢坯是热轧厂生产各种产品的原料。连铸是20世纪钢铁工业发展的最关键技术之一，它的出现从根本上改变了一个世纪以来占统治地位的模铸－初轧工艺。连铸技术的发展，提高了炼钢生产过程的机械化、自动化水平，使得钢铁产能大幅提高，并成为钢铁行业降低生产成本、提高竞争力的主要手段。

简史　连续铸钢技术的发展大致可分为4个阶段：①1840～1930年，连铸金属液思想的启蒙阶段。1840年，美国G.E.塞勒斯获得了连续铸铅专利；1857年，德国R.M.戴伦提出了与现代连铸机相似的**连铸设备**，包括上下敞开的结晶器、液态金属注入、二次冷却段、引锭杆和铸坯切割装置。②1940～1949年，钢的连铸特征技术的开发阶段。代表人物为德国S.容汉斯。试验连铸机上采用了振动水冷结晶器、浸入式水口、结晶器保护渣等技术，为现代连铸机奠定了基础。③1950～1976年，传统连铸技术发展成熟阶段。出现了5000多个有关连铸的专利。④20世纪80年代以来，常规连铸技术的优化发展及近终形连铸技术的开发与应用阶段。连铸比不断上升，铸机作业率、生产率、铸坯质量、**拉坯速度**、连浇炉数都在不断增长，浇注品种扩大，生产成本不断降低，铸钢的连铸工艺完全取代模铸。

优点　与模铸工艺相比，连铸工艺具有如下优点：简化了铸坯生产的工艺流程，流程基建投资可节省40%，占地面积可减少30%，操作费用可节省40%，耐火材料的消耗可减少15%；金属收得率提高8%～14%；降低能源消耗，生产1吨合格铸坯，可节约能源消耗400～1200兆焦（图1）。

连铸比　合格连铸坯产量占合格连铸坯与合格钢锭总产量的比例，是一个国家钢铁工业综合水平的重要指标，也是一个国家钢铁竞争力的衡量尺度。20世纪90年代，不少工业发达国家的连铸比已接近或达到100%。2000年，日本与欧共体的连铸比分别为97.3%和96.3%，美国紧随其后。这些国家的非连铸产品只限制在压铸和特殊钢。2010年以后，中国的连铸比高于99%。

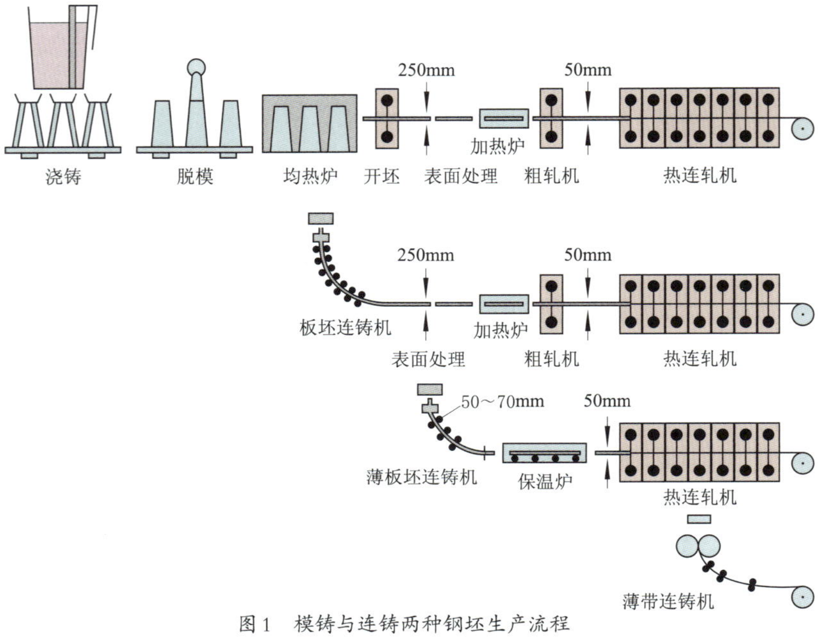

图1　模铸与连铸两种钢坯生产流程

连铸机机型　连铸机机型有多种分类。①按连铸机铸流形态分类有立式连铸机、立弯式连铸机、弧形连铸机、水平连铸机、轮式连铸机。②按浇注铸坯断面分类有方坯连铸机，断面小于或等于150毫米×150毫米的称为小方坯，大于200毫米×200毫米的称为大方坯；板坯连铸机，铸坯厚度大于120毫米，其宽厚比一般在3以上；矩形坯连铸机，铸坯断面为矩形；圆坯连铸机，铸坯断面为圆形，直径60～400毫米；异型坯连铸机，浇注异型断面，如工字梁；薄板坯连铸机，浇注断面（50～90）毫米×（900～1680）毫米；薄带连铸机，生产2～5毫米厚的薄带。③按连铸机在共用一个钢包下所能浇铸的铸坯流数分类有单流、双流或多流连铸机（图2）；在一台连铸机上，根据生产要求，

图2　多流连铸机

既可浇铸板坯又能同时浇铸几流方坯的方/板坯复合连铸机。④为了区分连铸机所能浇铸的钢种，有的在铸机前冠以特殊钢方坯连铸机或不锈钢板坯连铸机，以示与浇普通钢连铸机的区别。

近终形连铸技术　使所得连铸坯的断面尺寸在保证钢材性能条件下尽量接近最终钢材断面尺寸的技术。已经开发应用的有薄板坯连铸、薄带坯连铸、异型坯连铸等技术。

薄板坯连铸技术　1989年6月美国纽柯公司第一条采用薄板坯连铸技术的**紧凑式热带钢生产工艺**（CSP）生产线投产，到2012年，全世界已有62条**薄板坯连铸连轧**生产线投产。还有**在线热带钢生产工艺**（ISP）等不同技术的薄板坯连铸机成功用于生产。与常规流程连铸相比，薄板坯连铸工艺的优点见表1。

已经成熟的薄板坯连铸连轧生产工艺包括CSP工艺、ISP工艺、**灵活式薄板坯轧制工艺**（FTSR）、连铸坯直接轧制工艺（CONROLL）、住友连铸坯连铸连轧生产工艺（QSP）、薄板坯生产技术（TSP）、鞍钢带钢连铸连轧工艺（ASP）、带钢无头连铸连轧工艺（ESP）。截至2012年，世界上已建成投产的和部分在建的各种不同类型的薄板坯连铸连轧生产线见表2。

薄带坯连铸技术　把钢水直接铸成带坯（<10毫米），不经热轧或稍经热轧作为成品或作为冷轧坯料生产薄带产品，这是连铸技术上的又一次革新。其优点是简化工序，减少投资，节约能源，成品质量好，环保好。

异型坯连铸技术　异型坯指方坯、板坯、圆坯、矩形坯以外具有复杂断面的连铸坯，主要形式为H型坯。20世纪60年代初，英国钢铁协会炼钢部开发的异型坯连铸技术，首先在加拿大阿尔戈马公司进行工业性生产，于1968年5月建成世界上第一台生产H型钢坯生产线。此后日本、美国、卢森堡、中国等也先后建成生产线。

异型坯连铸机与方（矩）形坯连铸机的结构形式基本相同，主要区别在于结晶器（图3）的内腔形状和二冷区支撑辊的分配布置形式。异型坯连铸机的支撑导向段应有效支撑H型铸坯，以防止鼓肚变形。异型坯刚拉出结晶器时，坯壳较薄容易鼓肚，所以足辊及二冷区最初几组支撑辊的辊径和辊距应尽可能小，各组支撑辊的布置应尽可能接近异型坯的形状。在连铸机二冷区下部，由于异型坯翼板两端的冷却条件好，几乎完全凝固，因此侧翼两

表1　薄板坯连铸与常规流程连铸工艺对照

连铸工艺	薄板坯连铸	中板坯连铸	厚板坯连铸
铸坯厚度/mm	40～70	90～150	200～300
结晶器现状	漏斗形	平行板形	平行板形
拉速/（m/min）	高，最大6.0	中，最大5.0	低，最大2.5
轧制线主要设备	精轧机4～6机架	粗精轧机1～2机架+卷曲箱+精轧机4～6机架	粗精轧机1～3机架+精轧机7机架
品种	以低碳钢为主	与传统工艺相当	多
质量	较低（特别表面）	与传统工艺相当	高
投资	小	中	大

表2 世界薄板坯连铸连轧生产线统计

工艺	生产线数	铸机流数	生产能力/(万吨/年)	产能比例/%	技术供应厂商
CSP	33	54	5791	53.88	德国西马克（SMS）
ISP	6	9	805	7.49	德国曼内斯曼－德马克公司（MDH）
FTSR	9	15	1770	16.47	意大利达涅利公司（Danieli）
QSP	3	4	510	4.75	西门子公司（SMI）
CONROLL	4	4	330	3.07	奥钢联（VAI）
TSP	2	2	212	1.97	美国蒂金斯－韩国三星（Tippins-Samsum）
ASP	2	8	1000	9.30	中国鞍钢
ESP	2	2	330	3.07	阿尔维迪－奥钢联（Arvedi-VAI）
合计	61	98	10 748	100	

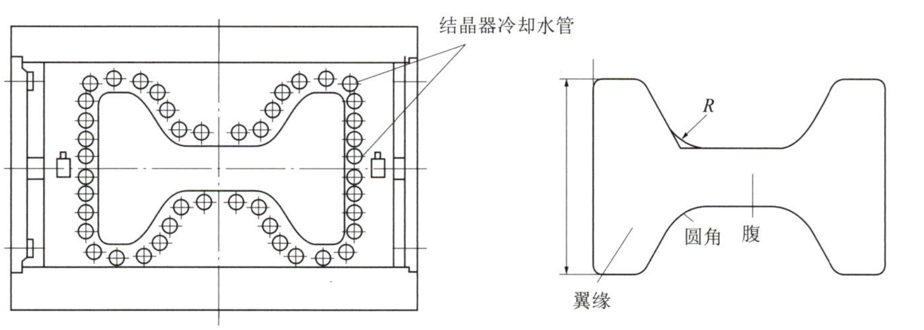

图3　异型坯连铸结晶器示意图

端的4个支撑辊可以取消。

异型坯连铸技术将炼钢、精炼、异型坯连铸机和轧机紧凑式布置，形成钢梁生产工艺。该工艺将异型坯直接热装入加热炉，与传统方坯冷装相比具有节省投资、降低能耗、简化操作、提高成材率、轧制加工量小等优点。

扩展阅读

殷瑞钰.中国钢铁工业的崛起与技术进步.北京：冶金工业出版社，2004.

（吴夜明）

连铸保护浇注 shrouded casting　对连续铸钢过程中裸露于空气中的钢液采取保护，避免钢液被空气二次氧化的技术措施。实质上是在隔绝空气的条件下实施浇注，故又称无氧化浇注。连铸钢水的二次氧化是钢中大型夹杂物的重要来源。特别是在连铸不锈钢和铝镇静钢等含有较高的易氧化元素的钢时，如不采取保护浇注措施，将导致严重的二次氧化，致使最终产品出现条痕、发纹、分层及冷轧板卷开裂等缺陷，同时降低合金元素，特别是铝的回收率。

保护浇注包括钢包至中间包注流的保护、中间包液面的保护、中间包至结晶器注流的保护、结晶器液面的保护。中间包内钢液面采用覆盖剂进行保护，结晶器内钢液面采用保护渣进行保护。

钢包至中间包注流的保护　主要方法包括保护管式、保护罩式、气体保护式等。①保护管式（图1a、图1b）。主要是长水口保护浇注，在钢包滑动水口的下水口与中间包液面之间加装耐火保护套管，即钢包长水口。钢包长水口下部伸入中间包的钢液中，隔绝空气，避免钢包注流吸气造成钢水的二次氧化，并减少钢包注流对中间包液面的冲击，有利于夹杂物的上浮。为了克服高速注流产生的负压导致滑动水口的下水口与中间包接缝吸气，需要在接缝处放置密封垫；或者可向保护套管的连接处通入氩气密封，使注流始终处于低氧含量的保护气氛之中。保护管式（长水口）与中间包浸入式水口类似，由于它操作简便，费用较低，因而受到世界各国的普遍重视，应用广泛。保护管的材质主要有熔融石英和铝碳（Al_2O_3–C）质两种。材质的选择可根据浇注钢种和操作条件而定。②保护罩式（图1c）。在钢包水口至中间包盖之间加装保护罩，使注流和钢水液面置于保护罩内，然后向罩内通氩气，防止钢水二次氧化。③气体保护式（图1d、图1e）。在钢包滑动水口下面直至中间包内钢水液面之间加装隔绝大气的套管，然后向套管内通氩气，防止钢水二次氧化。保护罩式和气体保护式虽然可以获得良好的效果，但要消耗大量的氩气（每小时50～100毫升）。

保护浇注的效果主要依据保护气氛中的含氧量评定。一般含氧小于1.0%，其最高目标值为0.2%。其次，良好的保护应使钢中酸溶铝损失减少，含氧降低，并能防止钢液增氮。

中间包至结晶器注流的保护　主要采用浸入式水口保护渣浇注。浸入式水口安装于中间包底部，插入结晶器钢水液面以下，可以防止钢水二次氧化、飞溅，调整钢水流速和股流方向。对小断面铸坯，由于使用浸入式水口困难，可使用氩气或氮气等惰性气体保护。为实现气体保护，需要使用密封管或保护管对中间包下的注流实行保护。但使用密封管或保护管后，对观察结晶器液面、捞取液面上的浮渣、处理钢流的各种异常现象等均有所不便。中间包到结晶器注流的各种保护形式可以根据具体情况加以适当组合应用（图2）。

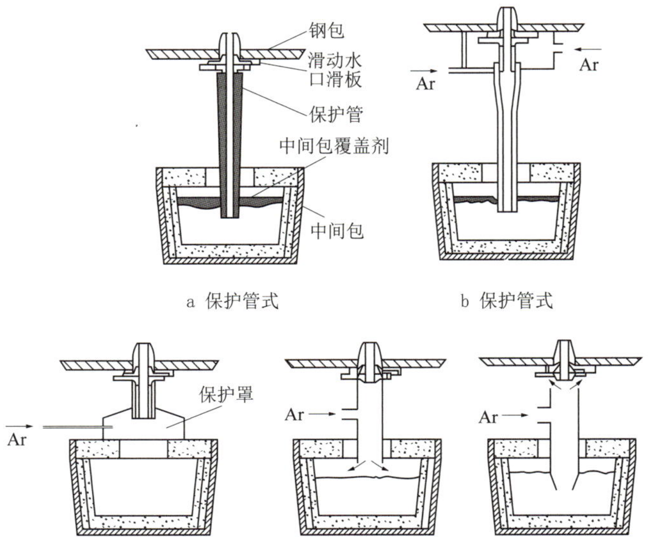

a 保护管式　b 保护管式
c 保护罩式　d 气体保护式　e 气体保护式
图1　钢包注流保护的各种形式

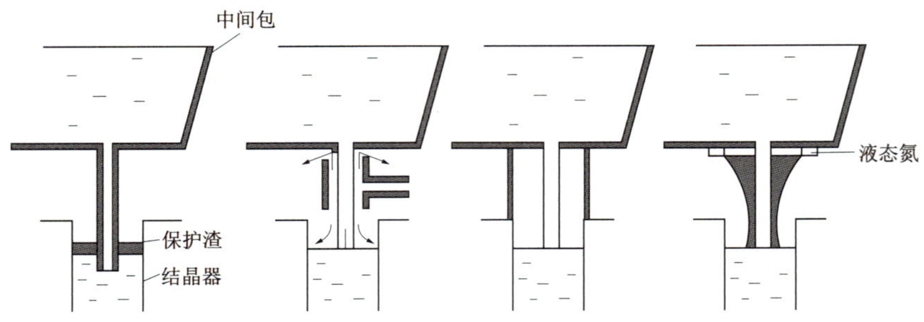

图2 中间包注流保护的各种形式

扩展阅读

蔡开科.连续铸钢.北京：科学出版社，1990.

（吴夜明）

连铸电磁冶金 electromagnetic metallurgy in continuous casting 以磁流体力学和**金属凝固**理论为基础，利用金属熔体在电磁场作用下的感应现象，以及由此产生的热、力行为，在连铸过程中形成有利于金属凝固与相关冶金反应的动力学环境，从而改善连铸坯质量，提高生产速率的技术。连铸电磁冶金的研究和试验可追溯到20世纪60年代，如对结晶器内钢水进行的电磁搅拌试验，以及苏联发明的铝坯电磁铸造（无结晶器）等。连铸电磁冶金技术的大规模研究和工业推广是在1982年“磁流体力学在冶金中应用”国际会议之后。

连铸电磁冶金技术的功能包括：①有效改善连铸中金属熔体的流动状态，调整板坯结晶器内金属熔体上、下回流的流量分配，减轻金属热流对结晶器壁面处初始凝固坯壳的冲刷，有利于金属熔体中夹杂物颗粒上浮（排除）和液面保护渣的熔融和渗流。②可均衡金属熔体内温度与合金成分的分布，有助于消除或减少铸坯热裂、宏观偏析等工艺缺陷，并促进形成凝固等轴晶组织。③在连铸坯电磁力约束成形过程中，电磁力可抵消（对于无结晶器电磁连铸）或部分抵消（对于软接触结晶器电磁连铸）金属液的静压力，从而消除或降低铸坯表面与结晶器壁的摩擦力，使铸坯表面光洁或减轻热裂、振痕等表面缺陷。④将脉冲电磁场作用于连铸初始凝固阶段，可对形核中的金属液产生强烈电磁振荡效应，导致熔池内出现“结晶雨”现象，使铸坯形成凝固细晶组织。将交变电磁场的感应加热功能作用于厚板坯或超厚板坯连铸的初始凝固坯壳区域，有助于解决该类铸坯在低拉速工艺下表面振痕粗大，严重时发生角部横向热裂等问题。

连铸电磁冶金在生产中的主要应用有连铸过程的电磁搅拌、电磁制动、电磁净化和连铸坯电磁力约束成形等。①电磁搅拌。在**连续铸钢**过程中，连铸坯通过外界电磁场时感应产生的电磁力对铸坯内未凝固的钢液产生搅拌效应的技术。作用是改善金属熔液流动状态，影响铸坯内部凝固传热、传质过程，进而改善铸坯凝固组织与结构，提高铸坯质量。为借助电磁力使铸坯液芯产生不同的流动状态，可以使用不同类型的电磁搅拌器，安装于铸流的不同位置（见图），还可以在同一铸流的不

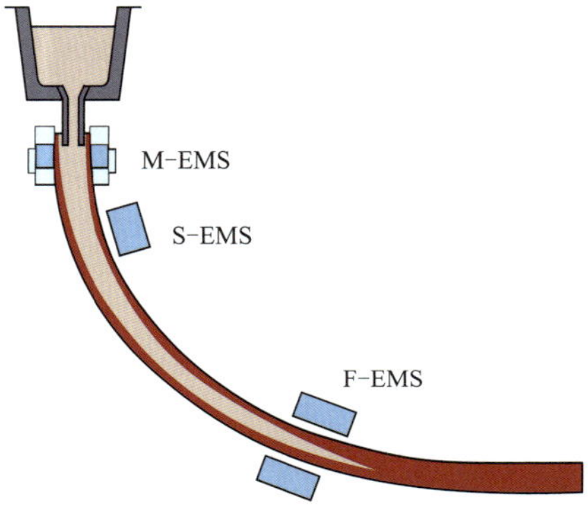

电磁搅拌器的安装位置

同位置分别安放不同的搅拌器进行复合搅拌。按电磁搅拌器在连铸机上的安装位置可分为结晶器电磁搅拌（M-EMS）、二次冷却段电磁搅拌（S-EMS）和凝固末端电磁搅拌（F-EMS）。安装于结晶器位置的称为结晶器电磁搅拌；安装于二次冷却段的称为二次冷却段电磁搅拌；安装于铸流液芯直径小于40毫米的区段，称为凝固末端电磁搅拌。位于交变电磁场中的金属熔液内部会产生感应电流。连铸电磁搅拌在生产特殊钢、合金钢、高品质钢的连铸机上广泛使用，成为保证连铸坯质量的重要措施之一。②电磁制动。使金属熔体流过恒定磁场，切割磁力线形成与流动反向的电磁力，进而控制金属熔体流动的技术。主要用于控制连铸结晶器不同区域内钢水的流速和流量，使之满足工艺要求。作用是：降低连铸水口出流（射流）在结晶器内的穿透深度，减弱其对板坯结晶器窄壁处凝固坯壳的热冲击和冲刷，防止铸坯角部热裂甚至拉漏；改善结晶器中金属熔体上、下回流的流量分配，调节金属液面的温度并抑制波动、卷渣等行为；促进金属熔体中的夹杂物上浮，防止其被凝固坯壳俘获而成为铸坯内部缺陷。连铸电磁制动技术适用于薄板坯连铸（如**紧凑式热带钢生产工艺**）生产。③电磁净化。利用金属熔体与非金属夹杂物在电导率方面的差异实现两者分离的技术。作用是去除金属液中无法过滤的液态夹杂物、细微夹杂物，以及密度与金属液相近而无法上浮的夹杂物。电磁净化可用多种方法实施，如施加行波电磁场、交变电磁场，以及在恒定磁场的基础上施加直流电流等。电磁净化的效果取决于电磁场（或恒定磁场）的强度和均匀性。当金属熔体中电磁场（或恒定磁场）不均匀时，所形成的不均匀电磁力会使熔体呈紊流态，进而扰乱夹杂物的迁移行为，使净化效果减弱。④连铸坯电磁力约束成形。利用电磁力约束金属熔体或铸坯初始凝壳形状，使铸坯无模成形或降低其与结晶器间的摩擦力的技术。主要应用于无结晶器电磁连铸和软接触结晶器电磁连铸中，目的是提高铸坯质量，满足**连铸连轧**和高速连铸的需要。

将电磁冶金应用于连铸，是电磁冶金技术应用最重要的发展之一，对实现高速连铸、无缺陷铸坯生产起到了重要作用。

（邓　康）

连铸二次冷却 secondary cooling of continuous casting 连铸坯从结晶器出口到连铸机出口间所进行的强制均匀冷却。这个冷却区间称二次冷却段或二次冷却区，简称二冷区。在方坯连铸机中，二冷区是从结晶器出口到拉矫机的区间；在板坯连铸机中，二冷区是从结晶器出口到扇形段出口的区间。

结构组成　在二冷区内设有喷水系统和按直线（立式连铸机）或弧线（弧形连铸机）排列的一系列夹辊装置。二次冷却装置的主要结构形式分为箱式和房式两大类。①箱式结构。所有的支撑导向部件和冷却水喷嘴都装在封闭的箱体内，箱体内部相通，一个箱体成为二冷区中的一段。箱式结构刚性好、排蒸气容易，但结构复杂，加工量大。②房式结构。在二冷区用钢板构成封闭的房室，夹辊全部布置在敞开的牌坊结构的支架上，整个二次冷却区封闭在一个罩内，内设有蒸气排出风机管道。房式结构简单，加工量小，观察设备和铸坯方便。

二次冷却的作用　二次冷却的作用是对铸坯表面进行强制、均匀冷却，使铸坯在较短时间内凝固；对未完全凝固的铸坯

起支撑、导向作用，防止铸坯变形。带液心的铸坯从结晶器中拉出后，经过冷却凝固送入拉矫区。如果采用直结晶器的弧形连铸机，二冷区的第一段要把直坯弯成弧型坯；采用多辊拉矫机时，二冷区的部分夹辊又是驱动辊，起到拉坯作用。

冷却方式　二冷区铸坯的冷却方式有喷水冷却、气－水喷雾冷却和干式冷却。①喷水冷却，通过喷嘴将水雾化成细滴，以较高的速度打到铸坯上。②气－水喷雾冷却，采用气－水喷嘴，借助压缩空气的能量将水滴雾化成更加细小的雾滴，并以更高的速度喷射到铸坯表面，使之均匀地冷却。与喷水冷却相比，采用气-水雾化时水滴直径更小，喷射流覆盖面积加大，连铸坯表面温度更加均匀，冷却效率更高，冷却水流量调节范围更宽，并且气-水喷嘴不易堵塞，便于维护。③干式冷却，二冷区不喷水，只依靠导辊间接冷却，是一种弱冷方式。干式冷却用的导辊为水套式螺旋焊辊，冷却水流过水套间接冷却铸坯。

铸坯离开结晶器进入二冷区上段时，内部尚未完全凝固，坯壳薄、热阻小，需要进行高强度的冷却。随着铸坯的下行，坯壳厚度增加，热阻加大，要逐渐减小铸坯的冷却强度。在二冷区的后段，不再需要喷水冷却，铸坯冷却主要通过铸坯表面向空气辐射传热。为了控制和调节铸坯的冷却强度，采用分段递减的方式，将二冷区分为几个段，各段分别安装不同种类和数量的喷嘴，以不同的喷水量对铸坯进行冷却。

比水量是连铸机二冷区单位时间内消耗的总水量与单位时间内通过二冷区铸坯质量的比值，以升／千克为单位。它是连铸二次冷却喷水强度的指标。比水量大小会影响铸坯在二冷区表面的温度分布，其值主要取决于浇铸钢种，一般为0.5～1.5升／千克。低碳钢或裂纹不敏感的钢种可取值较高些，高碳钢、高锰钢、合金钢或对裂纹敏感的钢种可取值较低些。

为避免铸坯表面局部的剧烈降温而出现裂纹，在二冷区要求铸坯表面纵向和横向得到均匀冷却，冷却速度每米小于200℃，铸坯表面温度回升速度每米小于100℃。为了避开700～900℃的铸坯脆性温度区，应控制铸坯表面冷却至900℃以上进行矫直。

控制方法　二次冷却的控制方法有仪表控制和计算机控制两类。前者是通过仪表控制二冷水量，适用于较低档次的铸坯品种和尺寸单一的连铸机；后者是根据二冷铸坯实际温度来改变二冷水量的自动控制方法。通过计算机来有效调控二冷水量，即使操作不稳定，也能获得较为稳定的铸坯质量。

扩展阅读

蔡开科.连续铸钢.北京：科学出版社，1990.

（吴夜明）

连铸过程自动控制　automation of continuous casting　连铸计算机系统按照预定的程序运行，实现自动检测、信息处理、分析判断、操纵控制连铸过程的技术。一般分为三级控制，即基础自动化级、生产过程控制级及区域协调控制级（图1）。

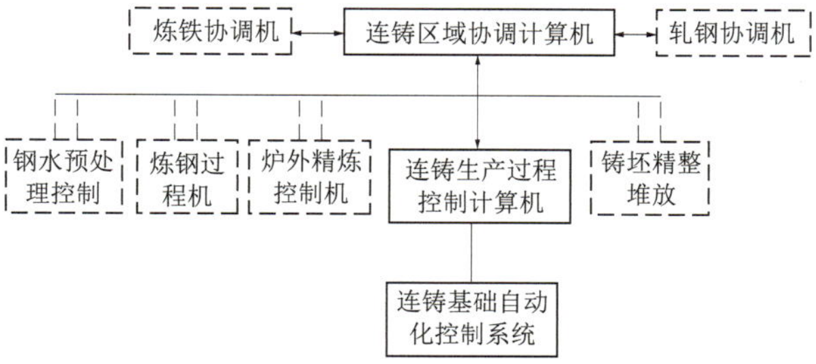

图1　连铸自动化计算机系统示意图

基础自动化级　功能是执行生产过程控制级的操作指令，通过设备网或输出点去控制具体的现场生产设备，同时通过设备网或输出点将采集的信息传输给生产过程控制级。控制装置一般用分布式控制系统（DCS）或可编程控制器（PLC）。连铸基础自动化可分为以下8部分：①工艺参数自动检测及控制。包括钢水重量称量、钢水温度测量、钢水含氧量测量、钢水成分分析、钢包的熔渣流出检测、结晶器保护渣层厚度测量、结晶器冷却水测量和控制、结晶器振动频率和振幅测量、二次冷却水流量及压力测量和控制、二冷段铸坯表面温度测量、拉矫辊压力测量及报警、铸坯重量称量等。②钢水液面控制。液面控制装置运行时一般用单独一套控制器以保证运行可靠和不受其他因素影响。中间包液面控制一般采用称量中间包重量的方法。在中间包车的支撑装置上有称重传感器，可以测量钢水重量，然后通过液压伺服机构或电动执行机构控制滑动水口或塞棒的开口度，使钢水重量在一定范围内波动。结晶器液面控制方式是：小截面方坯连铸通过调节**拉坯速度**来保持液面恒定，大截面板坯连铸或高质量钢种通过油压伺服阀控制中间包水口开口度来维持钢水液面稳定。有时调节拉坯速度和控制中间包水口开口度配合使用。③拉速控制及引锭跟踪。连铸生产过程要求拉速保持一定，以便使铸坯有稳定的热交换。拉矫机上有速度调节系统，可以保证拉速稳定。当结晶器液面超过上限，液面调节系统无法调节时，为防止钢水外溢需要加快拉速；同样，如果结晶器中钢水低于下限，为防止漏钢则需要减慢拉速。在这两种情况发生时均有报警，并会做出相应处理。引锭跟踪是自动跟踪引锭杆的位置，装引锭杆时准确停车，浇铸开始后引锭杆头部通过拉矫辊自动脱开，并存放于预定地点。④漏钢预报。连铸最大的生产事故是漏钢。大部分漏钢起因于结晶器内铸坯表面与结晶器黏结所导致的坯壳拉裂。测量结晶器内层铜板温度变化，经运算后可以预报黏结性漏钢。⑤铸坯定长切割控制。将连铸坯切割成一定的长度以便**轧制**。控制系统包括检测切割机与铸坯位置的检测装置、切割控制装置、参数输入装置等。为避免最后出短坯，增加钢水的收得率，可根据铸坯尺寸、钢水量、

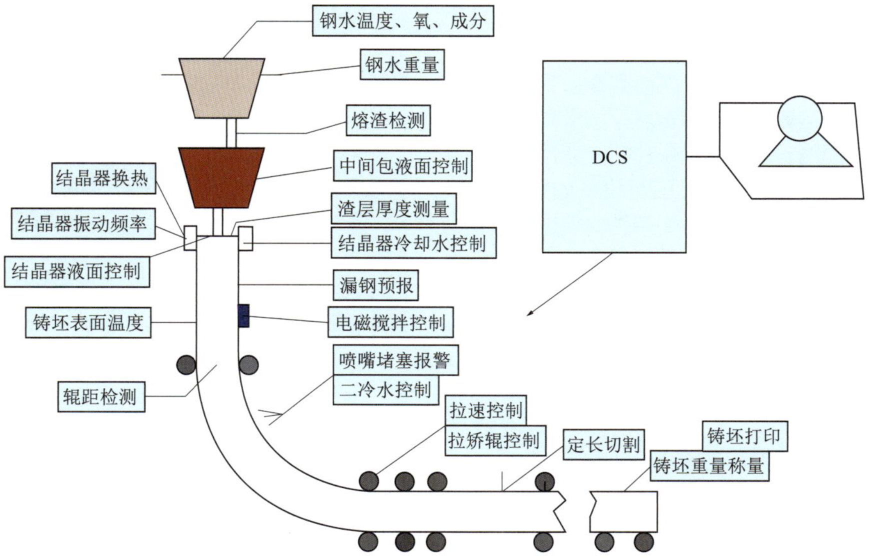

图2　连铸基础自动化控制系统

拉速和允许的铸坯长度范围来计算最佳切割长度。到铸锭后期还可进行修正，以保证最后的铸坯长度合适。⑥铸坯打印。为了后部工序的管理和对铸坯的观察清楚，多采用喷涂、热金属型、钢印打字等方式在铸坯上印字。⑦辊缝自动检测。为保证铸坯在铸机内不因辊缝（夹辊开口度）异常的影响而产生裂纹，需要定期检查辊缝。辊缝自动检测装置有两种：一种是装在引锭头部，检测时运行引锭杆；另一种是可以单独运行的，有自己的传动机构。用差动变压器作为检测元件，检测装置通过每对辊子时，便可测得辊缝、辊子的偏心状况等。⑧显示、报警和打印报表。基础自动化部分可将各工艺参数在屏幕上显示，并具有超限值的报警及打印报表等功能。

生产过程控制级 用工业控制计算机来实现，主要功能有：①数据采集、打印报表和历史数据显示。②二冷水模型计算。二冷段冷却好坏对铸坯质量影响很大，有多种数学模型，选定一种模型后即以此进行计算，并将设定值送基础自动化级。③结晶器液面位置设定。根据钢种、质量要求、钢水温度和铸坯尺寸，选择钢水液面在结晶器中的位置。④结晶器调宽控制。大型板坯连铸机根据用户订货的要求，或是轧机轧辊的状况，需要改变铸坯的宽度。为不影响产量，可在连铸机生产过程中，改变结晶器的宽度。由计算机根据区域协调机的信息，经运算后，确定调宽开始时间和调宽尺寸，然后按预定步骤，由结晶器调宽装置执行。⑤压缩浇铸控制。采用压缩浇铸的连铸机，辊子压缩力的设定由过程机运算后送控制装置。⑥电磁搅拌控制。结晶器或二冷段的电磁搅拌要根据钢种、铸坯尺寸、质量要求选择电磁搅拌的参数，过程机经运算后将设定值送电磁搅拌控制装置。⑦质量评估。由过程计算机根据记录的工艺参数和质量评估模型进行运算，并跟踪铸坯，记录和打印需要处理的铸坯。⑧设备诊断。连铸机在高温状态下运行，保证铸机设备的完好状态，是优质、高产的必要条件。根据铸机本身的参数及记录得到的工艺参数，由设备诊断模型运算，预告设备检修及更换的时间和部件名称，以及设备故障预报警。随着工业自动化技术的进步，过程控制逐步发展成专家系统，过程控制向智能控制发展。

区域协调控制级 连铸协调管理区包括**铁水预处理**、炼钢生产、炉外精炼、连铸及铸坯精整堆放管理。这一级的任务主要是根据生产管理机的指令，协调本区生产。有的工厂将此级计算机与管理计算机合并，但大型现代化工厂均设立这一级并作为纯生产性的管理。

（吴夜明）

连铸连轧 continuous casting and continuous rolling 将连铸机生产出来的高温铸坯，经过短时间均（加）热和保温处理，直接送入热连轧机组进行塑性变形的工艺技术。全称连续铸造连续轧制。将连铸和热连轧两个工艺紧凑连接成一条生产线，将连铸机生产出来的高温铸坯，经过短时间均（加）热和保温处理，直接送入热连轧机组进行塑性变形的工艺技术。连铸是连续铸钢的简称，将高温钢水连续不断地浇注到一个或一组实行强制水冷铜模结晶器内，待钢水凝固到具有一定厚度的坯壳后，引导铸坯连续不断地从结晶器中拉出的铸坯工艺。连轧是连续轧制的简称，在串列式轧机上，一根轧件同时在两个或两个以上的机架中以相等的金属秒体积流量进行的连续轧制（图1、图2）。

图1 连轧机组

图2 方坯走向连轧机

轧制方法 按轧制时铸坯温度不同，分为液芯（半凝固态）轧制和凝固态轧制。①液芯轧制又称连铸坯带液芯压下，是连铸坯芯部还未完全凝固时进行的塑性加工。连铸坯在液芯状态下轧制压下，缩减拉出结晶器的铸坯厚度，并使其液芯焊合，铸坯完全凝固后再给予适度的轧制，为其后的热连轧提供合适厚度的坯料。液芯（半凝固态）轧制时轧制条件和钢种受到严格的限制。薄带铸轧是典型液芯轧制。②凝固态轧制，是在铸坯中心完全凝固后轧制。一般在轧制前设置**加热炉**，使铸坯保持足够高的温度，在消除温度不均匀的条件下进行轧制，使铸坯组织得到显著改善。凝固态轧制法包括**薄板坯连铸连轧**、长材连铸连轧等工艺。按轧制时铸坯长度不同，连铸连轧工艺分为单坯轧制、**半无头轧制**和**无头轧制**。单坯轧制指连铸坯出连铸机后经切断，然后一块一块地进入热连轧机组进行轧制的技术。该技术主要应用于传统的薄板坯连铸连轧生产中。半无头轧制指采用相当于普通板坯最大长度4～6倍的板坯，实现连续轧制，再由卷取机前的飞剪将其分切成所要求重量钢卷的轧制技术。无头轧制指连铸坯出连铸机后不经切断，而连续不断地通过热连轧机组的轧制技术。该技术主要应用于型材、盘条和板带材的连续轧制生产中。

连铸与连轧紧凑联结方法 有连铸坯**直接轧制**和**热送热装**工艺两种。①连铸坯直接轧制工艺，即由连铸机出来的高温铸坯只对边棱进行轻度的补充加热、均温就直接送往连轧机连轧成材。②连铸坯热送热装工艺，即连铸机生产的铸坯不经冷却而在高温状态下送入加热炉中加热、均温，之后在连轧机上进行轧制。直接轧制和热装热送的关键是连铸机能否按轧制的要求，连续、均衡地向轧机供应高温、稳定、铸坯尺寸连续可调的无缺陷铸坯，两个生产工序协调一致，物流合理。

薄板坯连铸连轧 以近终形连铸技术发展为前提，与工艺成熟、控制手段完善的热带连轧生产技术有机地结合而形成。代表性的薄板坯连铸连轧工艺有：①**紧凑式热带钢生产工艺**，简称CSP（compact strip production）工艺。②**在线热带钢生产工艺，简称ISP（inline strip production）工艺。③灵活式薄板坯轧制工艺，简称FTSR（flexible thin slab rolling）工艺。④连铸坯直接轧制工艺，简称CONROLL（continue rolling）工艺。⑤住友连铸坯连铸连轧生产工艺，简称QSP（quality slab production）工艺。

长材（棒、线材）连铸连轧　连铸和连轧工序之间的连接形式分为柔性连接和刚性连接。采用的焊接无头轧制或半无头轧制技术是柔性连接形式；无头连铸连轧技术是刚性连接形式，即直接将钢水通过无头连铸—轧制—在线热处理—表面精整和在线检查，成为最终轧材。

工艺特点　①生产无缺陷铸坯。连铸连轧要求生产高度连续化，铸坯必须是无缺陷的（或虽然有缺陷，但在轧制过程中可以消除或削弱，且对成品性能无害）。②板坯温度稳定合理。要求板坯断面温度均匀，且保证有足够的轧制温度。③生产过程的均衡与稳定。炼钢—连铸—轧制的通过能力要均衡，即整个生产过程内金属流量要一致。（王有铭　吴夜明）

连铸坯拉矫　withdrawal straightening unit of continuous casting slab or billet　把钢坯从弧形连铸机的结晶器中以一定的**拉坯速度**拉出并矫直的工艺过程。是现代**连续铸钢**的基本工艺之一，由拉矫机完成。其作用是矫正钢坯平整度，并提高其加工性能。

拉坯　由设置在铸流轨迹沿线的驱动夹辊来实现。根据驱动夹辊布置的位置和夹辊的数量，拉坯方式有集中拉坯和多辊分散拉坯两种。①集中拉坯。把拉坯驱动辊集中放在矫直拐点近旁，并与矫直辊装配在一起，组成固定的拉矫机（如三辊、五辊拉矫机），弧形区内不再设置拉坯驱动辊。这种集中拉坯同时又矫直的方式，在小方坯连铸机上采用单点矫直时使用较多。②多辊分散拉坯。即把多个拉坯驱动夹辊分散地布置在弧形区中部以下的整个冶金长度沿线上（包括矫直区和水平段在内）。一般是在每一个扇形段内设一个或一对驱动辊，总数可多达20个辊子以上，拉坯传动分散到多组辊上。这种多辊分散拉坯方式多在板坯连铸机上采用，有利于采用多点矫直、**轻压下**、液芯矫直、压缩矫直、连续矫直和上装短引锭等技术。铸坯通过导向辊装置沿铸流轨迹运动时，要承受拉坯阻力和拉坯辊的拉伸应力。当采用多辊分散拉坯方式时可把拉坯过程变为夹送铸坯向前运动的推坯过程，这时铸坯将只受压缩应力，而不承受或可减轻拉伸应力。多辊传动时每个驱动辊付出的拉力相对较小，因此，传动装置也较小，可以通用化和标准化。

铸坯从结晶器中出来，经过导辊装置按铸流轨迹以一定的拉坯速度被拉出时，将受到结晶器内的摩擦阻力、鼓肚变形的阻力、辊子轴承的摩擦阻力、铸坯自重下滑力、辊子矫直阻力等，拉坯的目的就是要克服这些阻力并保持连铸机的正常拉坯速度。

矫直　弧形连铸机要对铸坯进行矫直。矫直是使弧形铸坯在外力作用下产生塑性变形，成为平直的过程。连铸坯矫直按照矫直时铸坯凝固状态分为全凝固矫直和带液芯矫直，按矫直辊布置方式分为单点矫直、多点矫直和连续矫直。若铸坯通过一次矫直，称单点矫直；若通过两次以上的矫直称多点矫直。

小方坯、小矩形铸坯厚度较薄，铸坯全部凝固时间较短，液芯长度较短，在进入矫直区时已全部凝固，在这种情况下矫直称全凝固矫直（或固相矫直）。由于铸坯已全部凝固，强度较高，能承受较大的应变，可以采取单点矫直。对于板坯、大方坯，由于铸坯厚度较大，铸坯全部凝固时间较长，液芯长度也较长，如采用固相单点矫直，其铸机半径需要很大。为了减小铸机半径，需要在仍有液芯的情况下进行矫直。由于铸坯两相区强度很低，为了防止单点矫直时应变过大而产生内裂，须采取多点矫直，即带液芯多点矫直。带液芯矫直还可采取连续矫直的方式，即在矫直区内铸坯被连续矫直变形，因此铸坯应变和应变率都很低，可极大地改善铸坯受力状态，有利于提高铸坯质量。现代高速连铸机，一般采用带液芯矫直。

各种矫直方法的发展都是为尽可能减小变形和应力，达到使金属的高温强度可以承受的程度，以杜绝矫直裂纹的产生。（吴夜明）

连铸设备　continuous casting installation　使金属液凝固并连续生成铸坯的设备统称。又称连铸机。主要包括钢包支撑装置、钢包加盖机械装置、钢包长水口安装机构、中间包、中间包车、中间包烘烤装置、浸入式水口烘烤装置、结晶器、结晶器振动装置、电磁搅拌装置、铸坯导向装置、拉矫机、引锭杆、引锭杆存放装置、切割设备、打印或喷印机、去毛刺机、输送辊道、横向移动设备、冷床等，以及相关的蒸气排出装置、液压和气动设备、相关的维修设备等组成。连铸机还必须设置钢平台和二冷室以构成完整的在线设备。

钢铁企业经常根据连铸机的某些特征对连铸机分别归类。按照铸坯断面形状划分主要分为板坯连铸机、方坯连铸机、矩形坯连铸机、圆坯连铸机、异型坯连铸机、薄板坯连铸机。按照连铸机生产的钢种，分为普通钢连铸机、特殊钢连铸机、不锈钢连铸机等。特殊钢和不锈钢对产品的质量要求较高，连铸机大多配备有保护浇铸装置、电磁搅拌器等设备。不锈钢连铸机还要配备带有铁粉喷吹供给系统的不锈钢铸坯火焰切割机。按照铸流形态划分，连铸机的形式主要有立式连铸机、立弯式连铸机、弧形连铸机、水平连铸机等。

立式连铸机　最早用于工业生产，浇铸和铸坯凝固的全部过程都是在垂直状态中进行的连铸机。立式连铸机的中间包、结晶器、二次冷却支导装置、拉矫机、铸坯切割设备等一系列设备和操作均布置在一条垂直的中心线上（图1）。主要工艺

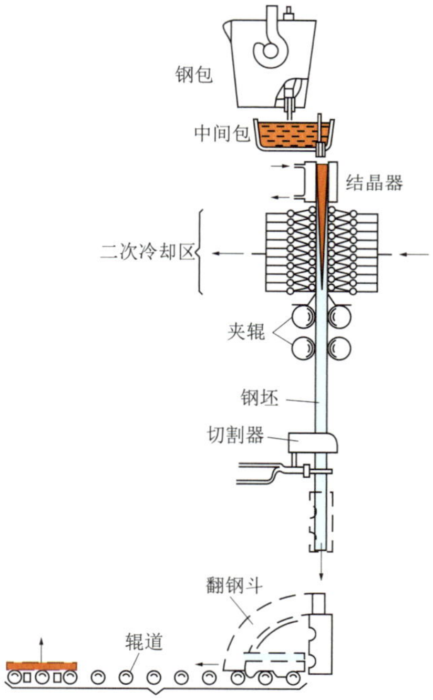

图1　立式连铸机示意图

特点是：①钢液从中间包注入直立的结晶器，钢液中大颗粒夹杂物及部分小夹杂物有可能上浮到表面，使用保护渣浇注时，夹杂物可被保护渣吸收，而残留在铸坯内的夹杂物分布较均匀，不会出现弧形连铸时铸坯内夹杂物在内弧面的积聚现象。②铸坯的冷却均匀，凝固组织对称性好。③铸坯在凝固过程及在铸机内不受弯曲、矫直等外力的作用，铸坯内部不会有机械应力引起的裂纹缺陷，且由于钢水静压力较大，易于凝固补缩，所以立式连铸适宜于浇注合金钢及裂纹敏感性高的钢种。但立式连铸设备总高度大，基建工程量大，

厂房或地坑的建设费用高。此外铸坯的运出较麻烦，一旦铸造过程出现故障、铸机只能停止工作。20世纪60年代弧形连铸机问世以来，立式连铸机基本上被弧形连铸机替代。

立弯式连铸机　浇铸在垂直状态进行，铸坯未全部凝固之前呈垂直状态，全部凝固后进入矫弯系统弯曲90°，呈水平状态输出的连铸机（图2）。立弯式连铸机保

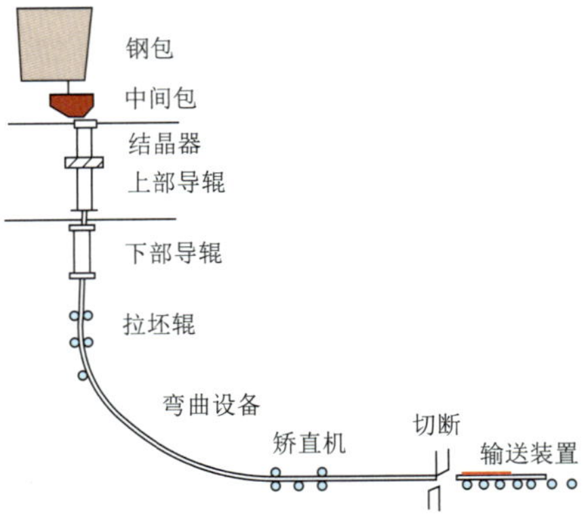

图2　立弯式连铸机示意图

留了立式连铸机的部分优点，铸坯冷却均匀，钢水中大型夹杂物在结晶器有上浮机会，残留夹杂物在铸坯内分布，不产生局部积聚现象。由于铸坯弯曲后向水平方向输出，所以切割设备可以布置在水平位置，使铸坯切割的定尺长度不受设备高度的限制。立弯式连铸机只适用于浇铸断面小于100毫米×100毫米的铸坯，且铸坯要经受顶弯和矫直两次变形，易产生裂纹。立弯式连铸机均为高架式。出坯在地平面上，铸机的总高度与立式连铸机差不多，但是多一套庞大的弯坯机构，因此造价比立式连铸机高。立弯式连铸机是连铸技术发展过程中的一种过渡机型，现已很少采用。

弧形连铸机　二次冷却装置布置在圆弧曲线上，钢水垂直注入结晶器，铸坯通过圆弧曲线逐渐转为水平，铸坯矫直后从水平方向出坯的连铸机。弧形连铸机是在立弯式连铸机的基础上发展来的。这种连铸机的主要特点是：铸机的高度基本上等于圆弧半径，高度比立式、立弯式要低，设备重量较轻，投资费用较低；铸坯在凝固过程中承受的钢水静压力相对较小，由此而产生的鼓肚现象随之减少；由于水平方向出坯，铸坯的定尺长度可不受限制。弧形连铸机可浇铸最小断面为70毫米×70毫米的方坯，也可浇矩形坯和板坯。根据结晶器结构和圆弧曲线形态，弧形连铸机分为全弧形、直弧形和椭圆形等类型。①全弧形连铸机是一种单点矫直的弧形连铸机，特点是结晶器及二次冷却装置布置在同一半径的圆弧上，二次冷却区夹辊安装在1/4圆弧内，铸坯在垂直中心线切点位置经过矫直后，从水平方向出坯，再经切割车切成定尺（图3）。②直弧形连

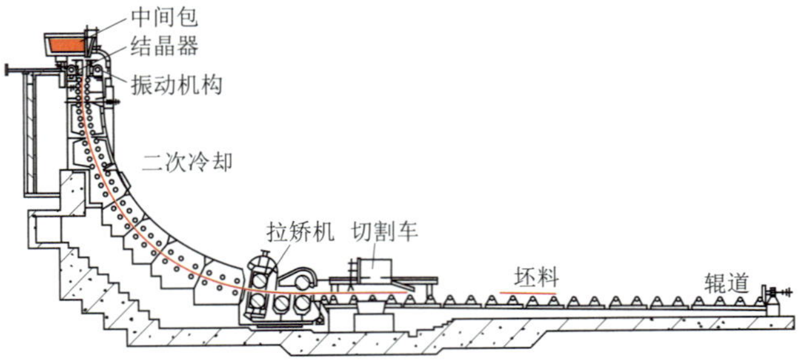

图3　弧形连铸机示意图

铸机是带直线段的，多点弯曲、多点矫直的弧形连铸机。工艺特点是钢水注入垂直放置的直型结晶器，在结晶器下有2～3米的垂直铸坯导向段，带有液芯的铸坯经直线段，而后被连续多点弯曲成弧形，经过二次冷却区逐渐凝固但仍带有液芯，铸坯再被连续多点矫直，水平方向出坯，并被切成定尺。③椭圆形连铸机，也称超低头连铸机，是一种多点矫直的弧形连铸机。特点是分段改变圆弧部分的曲率半径，使结晶器和二次冷却区夹辊布置在1/4椭圆形圆弧上。这种结构的机型除了弧形区，都采用多个半径，其基本特点和全弧形连铸机相同。由于起始半径（结晶器的圆弧半径和二次冷却区上段半径）小，连铸机总高度低，适宜于建设在低高度的厂房内。但由于它是有多个半径的，铸机安装调整较复杂，维护也较困难。

水平连铸机　钢水由水平方向注入水平放置的结晶器内，铸坯凝固过程和在铸机内运动直至到达冷床均呈水平状态的连铸机（图4）。水平连铸机的特点是：①连铸机的高度很低、投资省、建设速度快，可以在低矮厂房或旧厂房内安置，适合于小企业技术改造。②适宜于浇铸小断面方坯或圆坯，最小断面可铸出直径为4毫米的圆线。水平连铸机浇铸断面直径大多是70～180毫米，最大不超过300毫米，生产板坯有一定困难。③中间包与结晶器密

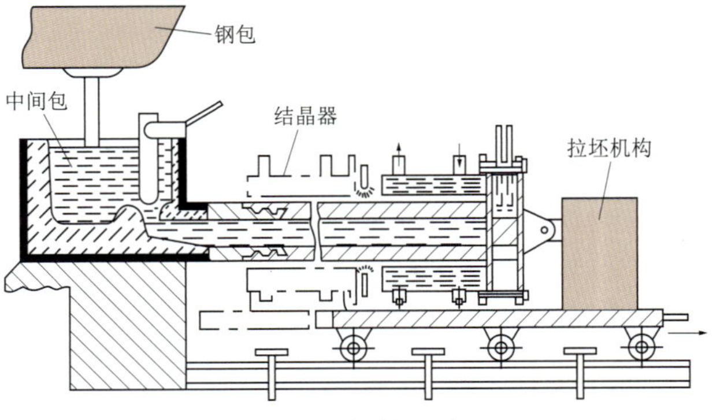

图4　水平连铸机示意图

封连结，可避免钢流二次氧化，有利于保持钢水的纯洁度。铸坯在铸机内没有弯曲、矫直过程，可避免出现弯曲或矫直应力引起的裂纹缺陷。④生产能力低，一个中间包一般只能连接两个流道，生产能力较低，铸坯断面较小，作业率较低。⑤铸坯生产成本较高，辅助材料（分离环、石墨段结晶器等）价格高。⑥铸机水平放置、钢水静压力小，凝固过程中，钢水补缩不力，铸坯中心易出现缩孔。

（吴夜明）

联合开拓　combined development of underground mine　采用两种或两种形式以上的井巷进行**矿床地下开拓**的方法。任何单一开拓方法都有其局限性，在很多情况下，需要采用多种形式的井巷进行开拓以适应矿床开采的复杂性和解决矿山建设和生产的需要。由于井巷形式有多种，因此可以组合形成多种联合开拓方法。常见的联合开拓方法有**平硐**与**井筒**（**竖井**或**斜井**）联合开拓、明井与盲井联合开拓、**斜坡道**与竖井联合开拓等。

平硐与井筒（竖井或斜井）联合开拓　采用**平硐开拓**的矿山，如果在平硐水平以下尚有一部分矿体时，则需用竖井或斜井（包括盲竖井或盲斜井）进行下部矿床开拓。

明井与盲井联合开拓　明竖井与盲竖井联合开拓　主要适用于矿体走向长、厚度大、延伸较深的急倾斜矿体。由于深部开采第一期竖井延深困难或因**石门**过长，需另掘一盲井与原有竖井接力转载联运。

明竖井与盲斜井联合开拓　该开拓方法一般上部用通地表的竖井，深部采用盲斜井。其适用条件：主要井筒开凿在下盘，矿床开采深度很大，且深部矿体变缓；主要井筒开凿在上盘，而矿床的倾向方向在深部改变为反向倾斜；矿床上部用侧翼井筒开拓，矿床深部侧翼倾斜变缓，开采深度较大；竖井井筒部位的深部工程地质条件较差，而靠近矿体的上、下盘工程地质条件较好。

适合上述条件时，均可采用明竖

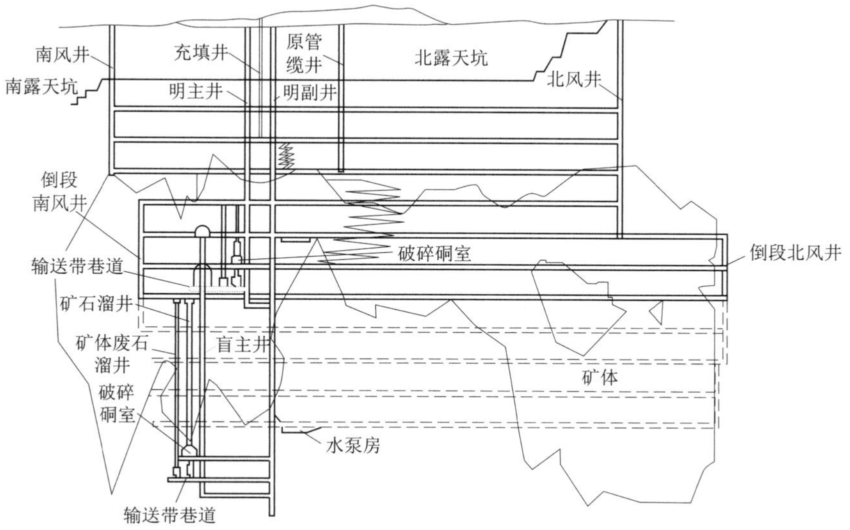

铜绿山铜铁矿明竖井与盲竖井联合开拓系统图

井与盲斜井联合开拓法。目的是尽量减少石门工程量及寻找良好的井巷工程部位，降低井巷造价及维护费。

明斜井与盲竖井联合开拓　该方法是从地表用明斜井开拓，深部矿体采用盲竖井开拓的联合开拓法。

适用条件：只在特殊条件下采用。矿床深部矿体变陡易于用竖井开拓而不易继续延伸通至地表的斜井；深部发现盲矿体且倾角又陡；采用盲竖井开拓经济效益好；延深斜井可能遇到不良工程地质构造；斜井断面大，所受地应力作用较大。上述条件都可采用盲竖井进行深部矿床开拓。

明斜井与盲斜井联合开拓　适用于倾角不大，原为斜井开拓而矿体倾向延伸较长的矿体。直接延伸通至地表的斜井往往在技术上遇到困难。例如，遇有溶洞区富含水层，或工程地质条件极为不良或延伸斜井将影响上部斜井生产；或延伸斜井长度太大，单绳提升矿车有困难。或由于矿床勘探不足，深部又发现新的缓倾斜矿体。以上都可采用盲斜井进行深部开拓。

斜坡道与竖井联合开拓　适用条件：①适用埋藏较深的大中小型矿山。②竖井用来提升矿石，斜坡道用于无轨设备出入、人员材料运输。③大中型矿山井下无轨设备较多，为了设备出入井下以提高作业机械效率和方便人员、材料的运输等，斜坡道可直通地表。④对于某些深井矿山，其竖井井筒直径较大，提升能力有富余时，斜坡道可不必通地表，只在**中段**运输巷道之间设一条起联络作用的斜坡道。⑤当下部矿体变小变缓，储量又不大，或为了开采边缘零星矿体，且延伸竖井在经济上不合理时，一些矿山采取上部为竖井下部为斜坡道的开拓方式。

联合开拓方法在中国矿山应用很广泛，如金川二矿区和龙首矿的西二采区、安庆铜矿、凡口铅锌矿、会宝岭铁矿等矿山，均采用该开拓方法。

（刘育明）

联合支护　combined support　采用两种或两种以上支架形式共同维护围岩稳定的支护。为适应各种复杂的**工程地质条件**，特别是在软岩中的工程，为使支护方式更为合理或因施工工艺的需要，往往需要同时采用几种支护形式，才能完成施工并保障工程的长期稳定性。联合支护有多种组合，如锚喷（索）与U型钢支架、锚喷与大弧板或与石材砌碹、喷锚网或U型钢支架与砌碹等联合支护，可为临时支护，也可为永久支护。

当巷道与**硐室**顶板为破碎岩层时，由于岩层自稳时间短，可能没有足够时间进行高质量的支护作业。在此情况下，可利用喷锚支护作用迅速的优势，在工作面开挖后立即实施先喷后锚支护，在顶板得到控制的条件下，再按设计施以锚注、U型钢或大弧板等支护。也有先施工U型钢支架，再立模浇筑混凝土或喷射混凝土，构成联合支护。

金属矿山常用的喷锚支护、**喷锚网支护**也属于联合支护范畴。巷道或硐室开挖后，先喷射一层混凝土，喷射厚度50～100毫米，然后安装锚杆或悬挂钢筋网。大断面硐室，为保证支护质量，安装锚杆后需再喷射一层混凝土。

联合支护先实施柔性支护（喷浆支护或喷网支护），待围岩收敛变形速度每日小于1.0毫米后，再进行刚性支护，防止先用刚性支护因变形量过大而造成的破坏。

（张钦礼）

炼钢　steelmaking　将生铁、海绵铁和废钢等原料通过高温冶金过程炼成钢的过程。

基本原料　炼钢所用原料主要是生铁、废钢和**直接还原铁**。全世界生铁产量与钢产量之比长期维持在0.7∶1.0左右。生铁和直接还原铁以自然界的铁矿石为原料，属于一次资源；废钢是再循环资源，属于二次资源。铁资源可以最大限度的再循环使用，是炼钢工业的重要优点之一。

主要炼钢方法的发展概况　古代使用反复加热、炒炼和锻打来获取优质的铁制品。18世纪中叶欧洲使用**普德林法**炒炼熟铁。当时也存在冶炼液态钢的坩埚法，但产量很小。大规模液态钢冶炼方法是1856年以后出现的。1856～1952年，炼钢方法主要是**转炉炼钢**、**平炉炼钢**、**电弧炉炼钢**，以平炉炼钢法占主导地位。20世纪90年代以后，平炉炼钢法消亡，炼钢方法主要是转炉炼钢、电弧炉炼钢。转炉钢、电弧炉钢之比约为7∶3。还有许多特种炼钢方法（如**感应炉熔炼**、等离子熔炼、**电渣重熔**等），用以冶炼特殊用途、具有特殊性能的金属材料，但产量较少。

空气转炉炼钢法　1856年，英国人H.**贝塞麦**发明了酸性空气底吹转炉炼钢法，又称**贝塞麦转炉炼钢**法。贝塞麦转炉炼钢法是将冷空气吹入铁水中进行氧化反应冶炼成钢。冶炼过程中所需的热量，来自原料铁水物理热及所含硅、碳及其他元素的发热氧化反应，因此不用另外的燃料，就能达到钢水浇铸所要求的高温。贝塞麦法由于冶炼过程快，而且能耗低，发明以后迅速得到推广，基本上取代了原有的熟铁搅炼炉和坩埚炉炼钢法。但贝塞麦转炉炼钢法的炼钢炉使用酸性炉衬，不能脱硫脱磷，只适用于低磷低硫原料。1878年，英国人S.G.**托马斯**发明了碱性底吹转炉炼钢法，使用**碱性耐火材料**砌筑炉衬，吹炼过程中加入石灰造渣，可脱除铁水中的磷、硫，被称为托马斯转炉炼钢法，适用高磷铁水炼钢。

平炉炼钢法　1856年，英国人K.W.**西门子**发明了蓄热室式的火焰炉。1864年，法国人P.-É.**马丁**用蓄热室式火焰炉将冷生铁和冷废钢等原料熔化、精炼，成功炼出了液态钢，此法被称为平炉炼钢法或西门子-马丁炉炼钢法。平炉炼钢法的优点是：①可大量使用冷废钢，以冷生铁或热铁水为原料，原料配比灵活。②对铁水成分的适用范围较宽，可使用当时转炉不能用的普通生铁为原料。③能冶炼的钢种较多，而且质量较好。20世纪中叶，平炉炼钢产量占世界炼钢总量的80%。

氧气转炉炼钢法 20世纪20年代末，空气深冷分离制氧法获得工业应用，使氧气炼钢成为冶金工作者追求的目标。经20余年的研究，纯氧顶吹转炉炼钢法于1952年开发成功。氧气转炉炼钢热效率高、不需要外加热源，生产速率高，钢质优良，逐步取代了空气转炉和平炉炼钢方法，在世界范围内得到迅速推广，成为现代炼钢的主要方法。奥地利称**氧气顶吹转炉炼钢**为LD法，美国称为BOF法。1970年后，法国、德国和美国分别开发了碱性底吹纯氧转炉炼钢法，其后又成功开发了碱性顶底复吹纯氧转炉炼钢法。顶底复吹转炉炼钢法可以高效地生产低硫、低磷及低氮等高品质钢。现代纯氧转炉炼钢采用合理的保护炉衬技术，使一代炉衬的服役期达到1年左右，大大提高了转炉炼钢的生产效率，减少了生产损耗，降低了炼钢成本。纯氧转炉炼钢向装备大型化、机械化、自动化、智能化发展。现代主力炼钢转炉炉容量为80～300吨、每年每吨公称炉容产钢约1.5万吨。20世纪末，平炉炼钢方法退出了历史舞台。

电弧炉炼钢法 以电能作热源，可以在隔绝大气的条件下进行**还原熔炼**，主要用来生产特种钢和合金钢。1888～1892年，法国P.-L.-T.**埃鲁**发明了工业性电弧炉，用于冶炼电石和**铁合金**，1900～1910年应用于炼钢。20世纪50年代以后，纯氧转炉炼钢法逐渐取代平炉炼钢方法，**废钢铁**的回收再生任务转由电弧炉炼钢方法完成，电力生产技术的进步也为电弧炉炼钢方法的发展提供了强大的支持。1967年美国联合碳化物公司提出超高功率电弧炉炼钢概念，以每吨钢分配得到的主变压器功率作为超高功率电弧炉炼钢的指标，最大限度地提高了炼钢电弧功率。在超高功率的基础上炼钢过程采用吹氧、喷煤、喷碳、喷天然气等辅助能源措施，以及熔化与氧化期合并、炉外精炼等工艺，还原熔炼操作被移到出钢后的炉外精炼时完成，使电弧炉炼钢周期降至1小时以内。电弧炉装备向大型化、机械化、自动化、智能化发展。现代主力**炼钢电弧炉**炉容量为80～150吨，每年每吨公称炉容产钢达到0.8万～1.0万吨。电弧炉炼钢成为以废钢为原料的大规模生产钢的冶炼工艺，在世界钢产量中超过20%。

直接还原铁制造技术发展迅速，其产物中铁的还原度很高、金属铁含量高，有的还配加2%左右的碳，产品的块度合适，尤其是其中低熔点的有害金属元素含量极低，符合电弧炉冶炼优质钢的要求。

中国炼钢情况 1949年以前，中国炼钢技术落后，最高年产钢量仅为90多万吨。中华人民共和国成立后，扩建、新建了一些新型平炉和许多小型碱性空气侧吹转炉。20世纪60年代，先后新建或改建了多座中小型氧气顶吹转炉和氧气侧吹转炉。1980年中国的钢产量达到3712万吨，各炼钢法所占的比重约为：转炉44%、平炉33%、电炉23%。90年代，平炉炼钢逐渐被淘汰。中国主要是转炉炼钢法和电弧炉炼钢法。2008年，转炉钢比达到90%以上。2013年世界年产钢量超过16亿吨，其中中国钢产量超过8亿吨。中国产钢量在世界钢产量中所占份额达到一半左右，而中国铁矿石需要大量开采和进口，钢铁冶炼需消耗大量能源，对环境的影响显著。因此，控制产能过快增长，淘汰落后产能将是中国炼钢发展在相当一段时间内的重要任务。

冶炼过程 把生铁炼成钢的基本过程是氧化、升温、造渣。氧化过程的作用是去除硅、磷、碳等多余元素，而且碳的氧化产生大量一氧化碳气泡，使钢水沸腾，使钢中有害气体和非金属夹杂物得以去除，保证钢的冶炼质量。所以，即使以废钢作为主要原料，也要配入必要的生铁来增加碳含量，使炼钢时产生沸腾现象。随着碳的去除，钢熔点升高，所以必须升温。平炉和电炉的升温靠外加能源，转炉的升温只靠元素氧化反应放热即够，氧气转炉的放热量尚有富余，可用于熔化废钢。造渣的目的是去除磷和硫，所以炉渣要保持必要的碱度和氧化性。还原性渣有利于脱除氧、硫和合金化。在电炉还原期和钢包二次精炼时要造还原性渣进行还原熔炼。用生铁为主要原料炼钢时，最经济有效的脱硫工序是在炼钢之前进行**铁水预处理**。所以，现代的炼钢厂是由铁水预处理—炼钢—**钢水二次精炼**—**连续铸钢**构成合理分工、协调运转的生产流水线，而不仅着眼于某一种炼钢炉。

冶金操作 以热铁水为原料的转炉炼钢。最主要的冶金操作是脱除生铁中的碳、硅、磷等有害杂质元素。生铁中的碳含量一般为4.0%左右，冶炼终点钢液中碳含量一般要求低于0.1%。若用16分钟吹炼200吨铁水，总脱碳量达8吨，即每分钟需脱半吨碳，过程反应激烈，冶炼强度非常高。硅、磷等有害杂质的去除在脱碳操作之前、熔池温度较低的情况下造碱性渣进行。当硅、磷、碳、铁等元素氧化放热，熔池温度升高后，再进入主脱碳期。金属熔池中碳含量降低，其液相线温度随之升高，如果熔池温度升高速度慢于液相线温度随之升高的速度，就会造成事故。一般氧气转炉炼钢过程中各元素氧化所释放出的能量大于过程所需的能量，所以需要采取降温措施，如加冷废钢等冷却剂。

氧气转炉炼钢基本上是氧化过程，脱硫能量不强。熔池在超音速氧气射流的冲击下和脱碳生成的一氧化碳气泡搅拌下，熔池剧烈沸腾，钢中有害气体和非金属夹杂物得到去除，有利于保证钢的冶金质量。转炉炼钢过程中温度高、物料量大、速率快、冶金任务复杂，必须采用完善可靠的全程控制和精准的终点控制。为减轻转炉炼钢过程中的冶金负荷、合理分配冶金功能，脱硅、脱磷、脱硫操作应移至转炉炼钢之前，在铁水罐中进行铁水预处理，甚至安排专用脱磷转炉，而将深度脱氧、脱硫操作移至转炉炼钢之后进行钢水二次精炼处理，由此炼钢转炉简化为脱碳炉。现代大型氧气转炉炼钢的冶炼（周期）时间已降至40分钟以内，生产效率提高，顶底复吹转炉炼钢法能够顺利地生产超低磷、超低硫高品质钢。

以废钢铁为原料的电弧炉炼钢。最主要的冶金操作是供能、升温、熔化、精炼。在原料中适当配碳，利用碳氧化产生一氧化碳气泡搅拌熔池，促进传热、升温，以及脱磷、脱硫、去气、去除夹杂物。电弧炉炼钢供能以电能为主，采用供氧和喷炭、喷燃料等辅助能源加速熔化和冶炼进程。电弧炉炼钢将还原期操作移至炉后，在钢包内进行的钢水二次精炼工艺，减短了冶炼时间，有利于提高冶金质量。现代大型电弧炉炼钢的冶炼（周期）时间已缩短至60分钟以内。电弧炉炼钢方法得益于电力工业发展，是使用清洁能源炼钢的技术，也是回收废钢铁料最有效的冶金技术，过程能耗低、环境负荷较轻。

现代炼钢技术的钢水二次精炼。操作是将初炼钢水还原精炼，其过程包括脱氧、脱硫、去除夹杂物、合金化和微调成分，以及升温和温度均匀化等。二次精炼已成为炼钢的在线化工艺，是提高钢水质量的必需操作，是炼钢衔接后序连铸、连轧的柔性制造环节。

能量回收和环境增值。现代炼钢技术包括过程能量回收和环境增值技术。炼钢过程中产生的烟气温度较高、携带大量粉尘，且含有丰富的一氧化碳，已有多种烟气物理热回收利用技术；除尘后清洁的转炉炼钢烟气（**转炉煤气**）有较高的热值，一般并入全厂煤气系统予以回收利用，能够补偿炼钢操作所消耗的能量。此外，还有多种其他能量回收技术，如利用电弧炉炼钢产生的烟气预热废钢铁料，或使用余热锅炉产生蒸气，但炽热炼钢炉渣的余热回收利用技术尚未成熟。现代炼钢工艺广泛采用除尘技术脱除烟气中的粉尘，回收其中的铁元素作为**炼铁**原料。炼钢过程还产生许多固体废弃物，现代冶金生产正努力将之循环再利用。

发展趋势 现代炼钢过程生产速率非常高，温度高达1500～1600℃以上，处理物料量巨大，涉及的原材料、产品众多，面临的资源环境问题广泛。数学模型、计算机控制、人工智能等现代化信息技术在现代炼钢过程中的应用使冶炼工艺不断优化。炼钢以后的铸钢工序不再使用铸锭的方法（少数特殊情况除外），连续铸钢工艺给炼钢技术的发展带来重大影响。连续铸钢的连续生产模式使炼钢节奏更符合其生产速率（炼钢工序前的**高炉炼铁**，炼钢工序后的**连铸连轧**都是连续操作模式，只有中间的炼钢是周期性操作模式），加快了平炉炼钢方法的消亡，促使转炉炼钢、电弧炉炼钢的冶炼周期缩短，从而使炼钢向标准化操作、规范化操作，过程精准控制方向发展。 （包燕平　李士琦）

炼钢电弧炉 electric arc furnace for steel-making 以电弧为热源的炼钢熔炼炉。1888～1892年法国人P.-L.-T.埃鲁创制工业用电弧炉，1900～1910年应用于炼钢。20世纪中叶以前，炼钢电弧炉（图1）的

图1 110吨电弧炉

炉容量，即出钢量或装料量较小，一般为1～5吨；50年代以后逐渐增大，70年代初已有炉容400吨的电弧炉投入生产。

炼钢电弧炉有三相交流炼钢电弧炉（图2）、直流炼钢电弧炉、真空电弧炉3类。三相交流炼钢电弧炉应用广泛；直流炼钢电弧炉在20世纪90年代得到应用，但未得到推广；真空电弧炉用于冶炼特殊钢和合金，应用范围较小。

现代炼钢所用三相交流电弧炉是按埃鲁式电弧炉原理制造的，所以又称埃鲁电

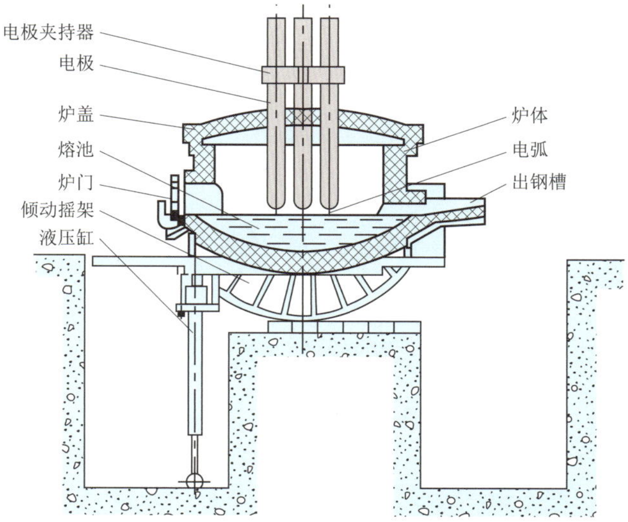

图2 三相交流电弧炉示意图

弧炉，一般由炉体（机械结构）、主电路、辅助设备、自动化系统四部分组成。炉体包括炉身、炉门、炉盖和出钢系统。炉身底部为水冷钢壳，内衬为耐火材料，炉内熔池呈不规则的圆形碟状，直径6～7米。炉身上部是由水冷钢管制成的水冷炉壁，在冶炼过程中依靠喷溅的熔渣在炉壁内侧冷却、凝固、附着，保护炉壁不受电弧辐射侵蚀、减少热量损失，又称水冷挂渣炉壁。炉壁一侧开有炉门，供炉前操作之用。炉盖呈圆拱形，承受电弧高温辐射，热负荷非常大。炉盖开有3个电极孔，电极区热负荷更高，强大的机械力、热应力、电磁力反复集中作用，极易损坏，故多专设小炉盖。冶炼加料需开启炉盖，由上方吊入料篮装料。在3个电极孔之外，炉盖还开有第四孔和第五孔。第四孔用于陆续加入石灰萤石等辅料或补加粒状的**直接还原铁**（DRI），第五孔用于将炽热的炉气导出至炉气余热回收系统和除尘系统。

主电路中的电炉变压器是炼钢电弧炉的心脏。大型电弧炉的主变压器容量超过100兆伏安，电弧工作电流超过50 000安。主变压器的一次侧通过高压电路与公共供电电网相搭接，需要串接电抗器或应公共供电电网要求连接适当的补偿设备，如早期的大容量电容器，以及后来常用的动态无功功率补偿（SVC）。主变压器的二次侧通过短网向石墨电极供电，三根石墨电极按等边三角形（顶视）竖直穿过炉盖电极孔，电极末端与金属炉料之间产生电弧，三相交流电电路在金属炉料中闭合。

炉壳内径（熔池直径）与3根石墨电极组成的等边三角形所构成的极心圆和石墨电极的直径，以及这3个直径的相互比例是炼钢电弧炉的重要结构参数。

炼钢电弧炉的辅助设备主要由喷煤、喷油、喷碳和供氧系统构成。各种供料运输装置，出钢、出渣系统，冷却水循环系统，环保系统等也属于辅助设备。中国的炼钢电弧炉因多以加热铁水为原料，一般配备专用的热铁水装置。

炼钢电弧炉自动化系统中首先是电极调节装置。炼钢电弧炉中的石墨电极直径多在700毫米以上，加上电极把持器等，整个运动系统非常沉重。为了能在复杂的冶炼过程中保证电弧稳定燃烧，电极调节装置必须具备优异的机电品质。其次是过程数学模型、过程控制、能量管理、智能电弧炉等。 （李士琦）

炼钢工序能源利用 energy utilization in steelmaking process **钢铁冶金**炼钢工序中，冶金能源消耗、转化、回收及提高利用效率的过程。炼钢工序按照工艺流程可分为转炉炼钢和电炉炼钢两种。在中国，转炉炼钢比例占炼钢总产量的80%以上。

转炉炼钢能源利用 **转炉炼钢**工序由**铁水预处理**、转炉冶炼、炉外精炼和连铸四个单元工序组成。转炉炼钢工序能源输入项主要有电能、煤气、天然气和其他能源介质（氮气、氧气、压缩空气、氩气、蒸气等）。各类能源介质消耗占比基本为：氧气18.68%、氮气7.69%、电20.01%、氩气0.19%、压缩空气0.76%、蒸气5.19%、煤气44.71%和水2.77%等。能源输出项是产生的大量余能和余热，包括**转炉煤气**、连铸坯显热（约为20.47千克标准煤/吨）、钢渣显热（约为5.12克标准煤/吨）、烟气显热（约为7.17克标准煤/吨）。

转炉工序为“负能炼钢”过程。工序不需外部能源，利用铁水中元素氧化的化学反应对铁水进行升温，在大幅度缩短炼钢冶炼周期的同时，工序能耗显著降低。此外，连铸技术逐渐取代模铸技术，使炼

钢工序实现优化集成、动态有序和协同连续，大幅度降低了炼钢工序的能耗。

提高工序能源利用效率的措施主要有：①采用钢包加盖技术，降低钢水运输过程的辐射热量损失，进而降低出钢温度。②应用转炉煤气干法除尘技术，提高转炉煤气品质和回收量，降低除尘系统的能耗。③开发和应用“一罐到底”铁水直接运输工艺和连铸坯热送热装工艺等界面技术，充分利用铁水和连铸坯的显热，达到节能目的。④通过冶金炉汽化冷却系统回收利用烟气显热，将水加热为饱和蒸气。

炼钢工序通过建立工序内部能源流网络来提高自产能源的高效化利用。转炉冶炼所回收的蒸气可部分用于真空循环脱气、钢包真空脱气、真空吹氧脱碳等真空精炼装置抽真空使用，减小蒸气长距离输送而引起的热量耗散。回收的转炉煤气作为燃料用于钢包烘烤、焙烧活性石灰等领域。

在构建工序能源流网络的同时，富余的二次能源再次被加以利用。如蒸气可用于发电或供海水淡化使用；转炉煤气可用于轧钢加热炉、发电，以及作为化工原料生产乙醇等高附加值化工产品。

电炉炼钢能源利用　电炉炼钢工序主要由电炉冶炼、炉外精炼和连铸3个单元工序组成。能源输入项主要有电能、煤气、氧气、氮气、压缩空气和水等。各类能源介质消耗占比基本为：电52.26%、焦炉煤气36.55%、氧气10.69%，以及氮气、氩气和水等。电和煤气是电炉工序的主要能源消耗。

电炉冶炼所产生的高温烟气，其显热占电炉炼钢总能耗的10%以上，对电炉烟气余热进行回收利用，吨钢可回收蒸气量为140～200千克；利用电炉烟气余热预热废钢，可以有效提高废钢温度，降低电耗。电炉优化供电技术有利于提高电炉炼钢电能利用效率，以降低电炉冶炼能耗。

发展方向　随着工艺装备的技术进步和节能降耗技术的推广应用，转炉“负能炼钢”已经成为现实。但炼钢工序对显热能源的利用还不够充分，钢渣显热利用仍处于研究探索阶段；连铸过程钢水相变所释放的能量还没有得到充分利用；低温余热资源的回收、利用效率不高。进一步降低工序能耗，提高炼钢二次资源的回收和利用率，提高能源转换效率，实现物质流和能量流高效协同运行，将会是当前和未来一定时期内炼钢工序能源利用的发展方向。

扩展阅读

殷瑞玉.冶金流程工程学.2版.北京：冶金工业出版社，2009.

陆钟武，蔡九菊.系统节能基础.沈阳：东北大学出版社，2010.

（张福明）

炼焦　coking　煤在隔绝空气的状况下加热转化为焦炭（或半焦）、煤焦油、粗苯、焦炉煤气等产物的工艺过程。是炼焦化学工艺过程之一。见炼焦化学。

炼焦化学　coking chemistry　研究以煤为主要原料，在隔绝空气条件下加热，经过热分解和结焦等物理化学作用转化为焦炭（或半焦）和粗煤气，并将粗煤气净化分离获得煤焦油和各类化学产品这一过程的相关理论、技术、工艺和装备的学科。简称焦化。根据加热终温不同，炼焦化学过程可分为高温干馏、中温干馏和低温干馏3类。高温干馏温度为900～1100℃；中温干馏温度为700～900℃；低温干馏温度为500～700℃。通常所说的炼焦指高温干馏，以焦炭为主要目标产品，而中、低温干馏则以获得半焦（又称兰炭）、煤焦油为主要目标产品。

简史　高温炼焦在16世纪已开始发展，逐步完成了从土法炼焦到机械化炼焦的进化。18世纪中叶，由于工业革命的进展，炼铁用焦炭的需求量大增，炼焦化学工业应运而生。18世纪末，开始采用烟煤干馏法生产民用煤气，用于欧洲城市街道照明。1840年，由焦炭制取发生炉煤气用于炼铁。1881年，德国建成第一座回收化学产品的炼焦炉。1919年，中国第一批现代焦炉在鞍山建成投产。1925年，在石家庄建成了中国第一座炼焦化学厂。

中、低温干馏技术始于19世纪，主要用于制取灯油（或称煤油）和蜡，后因电灯的发明于19世纪末趋于衰落。1920～1930年，煤的中、低温干馏发展较快，所得半焦可作为民用无烟燃料，煤焦油进一步加氢生产液体燃料。第二次世界大战前夕及大战期间，德国建立了大型低温干馏厂，以褐煤为原料生产低温干馏煤焦油，再高压加氢制取汽油和柴油。

随着能源危机的加剧，世界各国日益重视回收炼焦化学产品，以得到化学工业的原料，生产品种最多的可达500种以上。煤炭成为化学肥料工业生产的主要原料。以煤为原料生产的甲醇和以电石为原料生产的氯乙烯占很高比例，萘、蒽等产品则全部来自炼焦化学工业。到21世纪10年代，炼焦化学工业已发展为煤化工领域中规模和体量最大的行业。

原料　主要分为高温炼焦用煤和中、低温干馏用煤。①高温炼焦用煤，要求具有一定的黏结性，在炼焦条件下可以黏结成焦，获得一定质量的焦炭。炼焦用煤主要包括中国煤炭分类标准中烟煤的8小类，即贫瘦煤、瘦煤、焦煤、肥煤、1/3焦煤、气肥煤、气煤、1/2中黏煤。各类煤的性质不同，在配煤中的作用也不同，合理配合后，可提高焦炭质量和炼焦化学品产量，降低生产成本。②中、低温干馏用煤，主要包括褐煤、长焰煤和高挥发分的不黏煤、弱黏煤等低变质程度煤。中国低变质程度煤储量较大，多产于西北和内蒙古地区，由于其挥发分较高，因此进行中、低温干馏时可获得相对较多的煤焦油和煤气。

成焦机理　煤转变为焦炭的过程是一个复杂的过程，受到化学、物理和物理化学等因素的影响。煤的成焦过程包括：煤的干燥和预热（<200℃）、开始分解（200～350℃）、胶质体生成（350～450℃）、胶质体固化（450～550℃）、半焦收缩（550～650℃）和焦炭形成（650～1000℃）。上述过程基本分为两个主要阶段，即黏结阶段和收缩阶段，其对应以下两种成焦机理。

黏结机理　从煤到形成半焦为结焦的第一阶段，即黏结阶段，具有黏结性的煤在干馏过程中都有胶质体形成。烟煤加热到350～500℃时，煤中有机质分子激烈分解，侧链断裂并进一步分解，形成相互渗透的气、液、固三相物组成的胶质体。温度升高至450～550℃时，液相产物进一步分解，一部分呈气态析出，另一部分与固态颗粒融为一体，发生热缩聚而固化成半焦。数量足够、流动性适宜和热稳定性好的胶质体是煤黏结成焦的必要条件。

收缩机理　当温度进一步升高到550～1000℃时，半焦进一步分解，气体不断析出，无液相产物生成，碳网继续缩聚，体积变小，焦质变硬，形成多孔的焦炭。由于半焦和焦炭内各点的温度和升温速度不同，使收缩量和收缩速度不均，产生内应力，形成焦炭裂纹（图1）。

工艺流程　炼焦工艺流程主要有：高温干馏和中、低温干馏。

高温干馏工艺流程　一般包括：备煤、炼焦、煤气净化（化学产品回收）、焦炭处理等工序（图2）。

备煤工序是将各种炼焦原料煤经过配煤、粉碎、煤调湿等处理制备成配比准确、粒度适当、质量均一、符合炼焦要求的煤料，并将煤料送至炼焦炉煤塔。

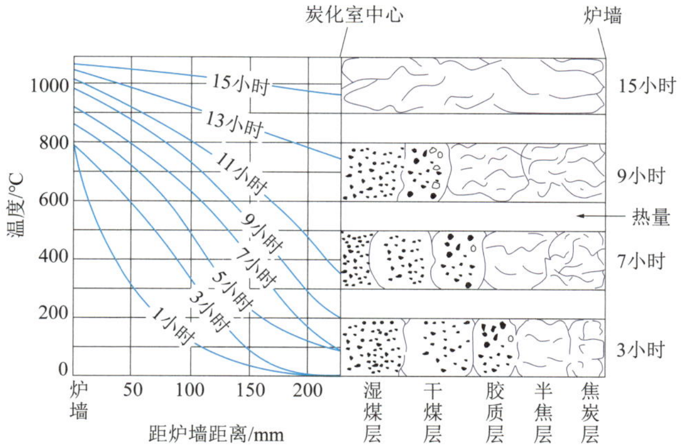

图1 不同成焦时间炭化室内各层煤料的温度和状态

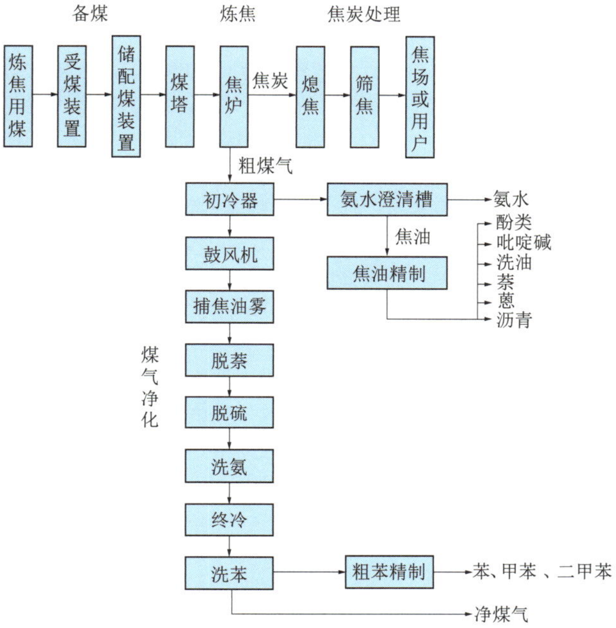

图2 高温干馏工艺基本工艺流程

图3 高温焦炭推入熄焦车

炼焦工序是将已经制备好的煤料从煤塔放入装煤车，并装入焦炉各炭化室，煤料在隔绝空气的条件下通过两侧燃烧室高温加热干馏，变成固相的焦炭和气相的粗煤气。

煤气净化（化学产品回收）工序是将炼焦产生的粗煤气由焦炉集气系统管道导出后，经过一定顺序的冷却、净化、吸收、提纯等物理化学处理，转变为焦油、氨、萘、硫化氢、吡啶、粗苯及净焦炉煤气等产品。

焦炭处理工序是在焦炭成熟后，由推焦机和拦焦机打开炭化室两侧炉门，推焦机将高温焦炭从炭化室内推入熄焦车或焦罐车（图3），送往熄焦塔内用水喷淋进行湿法熄焦，或送往干熄焦站用惰性气体进行干法熄焦。熄焦后用带式输送机将焦炭送往筛焦站筛分，筛分后的焦炭送往贮焦仓贮存或直接送至用户。

中、低温干馏工艺流程 一般包括：备煤、炭化、半焦处理、煤气净化与利用、废水处理等工序（图4）。

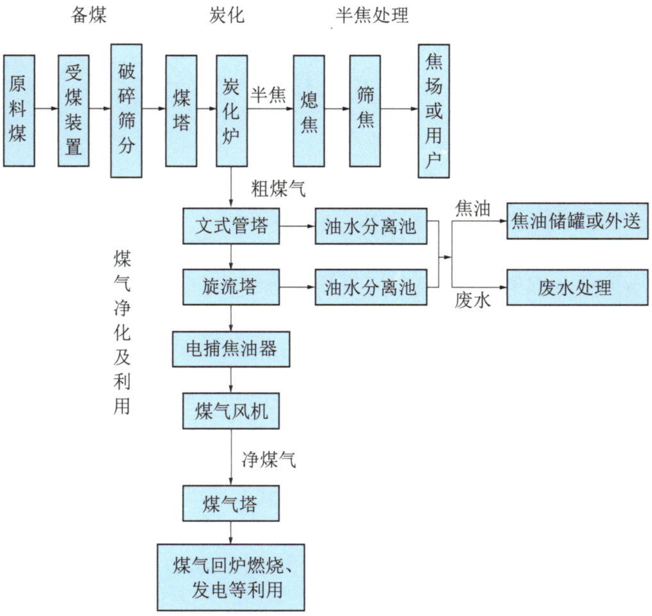

图4 中、低温干馏基本工艺流程

备煤工序是为保证生产工艺要求，对进厂的原料煤进行破碎和筛分，制备合适粒度的生产用煤。

炭化工序是将生产用煤装入炭化炉，将煤隔绝空气加热至一定温度（一般为500～800℃），将煤分解为固相的半焦和气相的粗煤气。

煤气净化与利用工序是将炭化炉生产的粗煤气进行多级冷却、净化、脱硫等处理，分离出煤焦油、水和净煤气等产品，以供煤气回炉燃烧或下游发电等利用。

半焦处理工序是将炭化炉生产出的高温半焦进行熄火、降温冷却、烘干等处理，一般采用水熄焦或蒸气熄焦等方式进行熄焦处理，并筛分成不同粒度级的半焦产品以满足不同用户需要。

废水处理工序是将生产产生的污水进行净化处理，满足工艺回用或者环境排放标准的要求。

设备 根据炼焦工艺，炼焦设备也分成高温炼焦设备和中、低温干馏设备两类。

高温炼焦设备，核心热工设备为炼焦炉，是由耐火砖和耐火砌块砌成的窑炉，用于使煤炭转化为焦炭。历史上先后出现过蜂巢式焦炉（成堆干馏式窑）、倒焰炉、废热式焦炉及现代的蓄热式焦炉等。现代焦炉是以生产冶金焦为主要目的、可以回收炼焦化学产品的水平室式焦炉，由炉体和附属设备构成。焦炉炉体包括炉顶、燃烧室和炭化室、斜道区、蓄热室等部分，并通过烟道和烟囱相连。现代焦炉基本结构大体相同，但由于装煤方式、供热方式和使用的燃料不尽相同，又可以分成许多类型。根据装煤方式可分为顶装式焦炉和侧装式焦炉。

炼焦炉的装煤、推焦、熄焦和筛焦组成了炼焦生产操作的全过程。生产操作主要由焦炉机械完成。顶装式焦炉的焦炉机械主要包括装煤车、推焦机、拦焦机、熄焦车、电机车、焦罐车等。侧装式焦炉的焦炉机械主要包括捣固机、装煤推焦机（或捣固装煤推焦一体机）、拦焦机、熄焦车、电机车、消烟车、燃烧导烟车等。

煤气净化（化学产品回收）主要设备包括冷凝鼓风装置、煤气中间冷却装置、脱硫装置、硫酸/硫铵/硫黄等装置、氨水装置、洗苯装置、粗苯蒸馏装置、焦油蒸馏装置及相关配套设施等。

中、低温干馏设备，主要热工设备为炭化炉。炭化炉的种类比较多，包括**回转窑**、内热式直立炉、外热式直立炉、辐射炉、链条炉、固体热载体炉、移动床热解炉等十余种，工业应用中主要为内热式直立炉，由结构件和耐火材料砌筑而成。

煤气净化的主要设备包括冷凝鼓风装置、油水分离装置、酚氰污水处理装置、焦油蒸馏装置及相关配套设施等。

产品 高温炼焦主要产品及产率（质量百分数，以干煤计）为：焦炭70%～80%；粗焦油3%～5%；粗苯0.8%～1.1%；氨0.2%～0.35%；硫化氢0.1%～0.5%；吡啶0.015%～0.025%；焦炉煤气300～380米^3/吨干煤（相当于15%～19%）。焦炭广泛应用于高炉冶炼、化铁炉冶炼、**铁合金冶炼**和有色金属冶炼等工艺过程中，也是生产电石、发生炉煤气及化学合成等领域的原料；氨可用来制造硫酸铵、浓氨水、无水氨等；粗苯精制加工后，可制取苯、甲苯、二甲苯等；煤焦油中含有上万种化合物，可分馏出各种芳香烃、烷烃、酚类等化学产品，煤焦油可以作为重质燃料或经过加氢生产汽油、柴油等；沥青经改质处理可得到中间相炭微球、碳纤维和针状焦等高级碳材料。炼焦化学产品广泛应用于化工、医药、燃料、耐火材料、合成纤维、橡胶和国防等领域，是重要的化工原料来源之一。

中、低温干馏主要产品及产率（质量百分数，以干煤计）为：半焦（兰炭）50%～70%；初焦油5%～10%；煤气10%～15%。半焦是一种高固定碳含量固体物质，一般具有高固定碳、高比电阻、高反应活性和低灰、低硫、低铝等优点，广泛应用于冶金、化工、清洁燃料、型焦、吸附型碳材料等领域；煤焦油可以作为燃烧用油、化学产品生产原料等；煤气可用于发电、燃气、化工合成等下游工序。

环境影响 炼焦化学工业的历史悠久，由最开始的粗放式生产已经逐步转化为机械化、自动化程度较高，流程较为完善的生产活动。但是，作为能源转换的工业过程，仍然面临污染物排放源多、污染物排放种类多的问题。炼焦化学工业废水主要来自工艺过程的洗涤水、冷却水和煤热解化合水等，其中含有酚、氨、氰、硫化氢和油类等物质，组成复杂、有害物浓度高、处理困难，主要通过物理法、化学法、生物法等多种方法复合进行处理，以达到相应的工艺复用或环保要求。粉尘污染贯穿于炼焦用煤的准备到成品焦炭运输的整个生产过程；烟气污染主要来源于炼焦过程挥发性有机物的逸出、化产回收过程化学反应和分离操作的尾气、焦炉加热排放的烟气及熄焦蒸气等。主要控制措施是加强对污染物散发设施的密闭，以减少污染物向周围环境的散发量，同时利用成熟的烟尘治理系统对散发的污染物进行治理，包括使用各种除尘设备、进行脱硫脱硝处理等。工业废渣包括废水处理产生的污泥，煤气净化、化工产品精制及除尘系统所排出的废渣（如焦油渣、精制系统酸焦油及集尘脱水器的煤焦粉尘等废液及残渣）等，可以通过处理将废渣重新添加到炼焦煤料中炼制焦炭，避免有害物质对环境的污染。中国针对炼焦化学工业各项污染物的排放均有严格的限定标准，焦化企业在环保方面的投入也在不断加大，依靠大量的技术创新和设备投入来减少和避免污染物排放，实现炼焦化学工业的绿色、清洁生产。

扩展阅读

郭树才，胡浩权.煤化工工艺学.北京：化学工业出版社，2012.

（张 飏 曲思建）

炼焦炉 coke oven 用煤炼制**焦炭**的窑炉。简称焦炉。是**炼焦**的主要热工设备。

简史 19世纪60年代以前，焦炭是用成堆干馏窑或蜂窝焦炉（图1）生产的。其环境污染严重，热效率低下，成焦率低，焦炭产率最高只能达到煤料的55%。

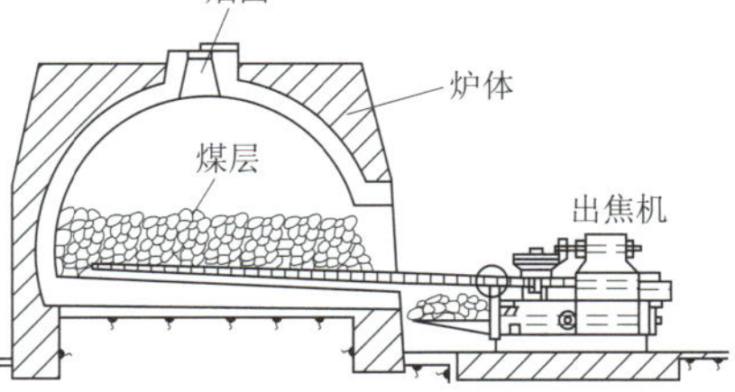

图1 机械化出焦的蜂窝式炼焦炉

19世纪60年代，比利时人E.科佩等开发了炭化室和燃烧室分开的倒焰式炼焦炉（图2），又称外热式焦炉，即将煤料在炭化室中产生的煤气导入燃烧室，并由炉顶吸入空气，煤气在燃烧室中燃烧，通过炉墙传热在炭化室内进行炼焦，其焦炭产率可达75%。这种焦炉逐步取代了蜂窝式焦炉。1856年，法国人C.克纳布建造了从煤气中回收煤焦油和氨的焦炉。1882年，德国人C.奥托建造了回收**炼焦化学产品**的焦炉，并得到推广。1883年，德国人C.奥托和G.霍夫曼一起创建了纵蓄热室式焦炉，开始回收焦炉热废气中的余热。由于技术原因，对减少炼焦用煤气的消耗作用不大，仅能剩余10%左右的**焦炉煤气**。1904年德国人H.考伯斯创建了带有横蓄热室的焦炉，使剩余的焦炉煤气量达到了煤气产量的一半左右。从此，焦炉向前发展了一大步。1910年考伯斯和A.维尔茨创造了既可使用高热值的富煤气又可使用低热值的贫煤气加热的复热式焦炉，可以替代并产出更多的焦炉煤气供应其他用户，这种焦炉特别适合钢铁厂和城市煤气厂使用。

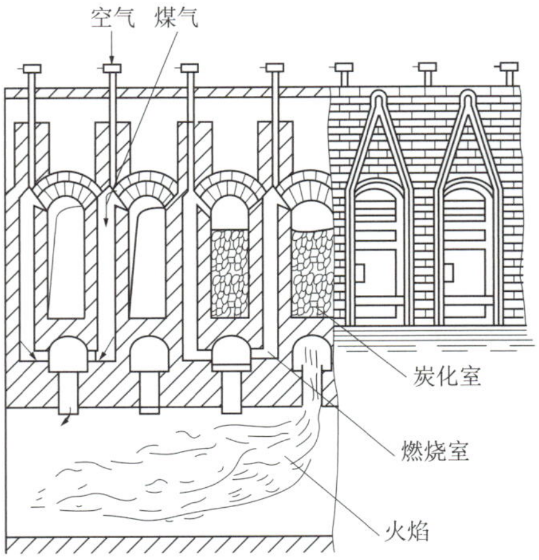

图2 倒焰式炼焦炉

在砌筑焦炉的耐火材料方面，1830年开始，焦炉用**黏土砖**砌筑。1870年以后，逐步改用酸性黏土砖（半硅砖）砌筑，使用性能虽有改善，但砖的荷重软化点低、导热性能差。当时焦炉的结焦时间长达30小时以上，焦炉使用寿命也只有十余年。1908年，考伯斯在美国首先用硅砖砌筑焦炉的主要部位，从而使焦炉能承受更高的加热温度，结焦时间大为缩短，焦炭质量得到改善，焦炉生产效率提高。至此，炼焦炉进入了现代焦炉阶段（图3）。

从这一时期开始，各种类型的焦炉结构蓬勃发展，先后出现了炭化室高4～4.5米、5米、6米、7米等大容积焦炉。随着

图3 现代焦炉

炭化室高度不断增加，焦炉生产效率日益提高。

中国于1919年在鞍山建成第一批现代焦炉，此后又在石家庄、北京、本溪、大连和吉林等地相继建成数座焦炉。中国于1957年开始独立设计炼焦炉，1965年起开始研究设计大容积炼焦炉。

炼焦炉结构 现代焦炉由炉体和附属设备构成。炉体由炉顶、燃烧室和炭化室、斜道区、蓄热室等部分组成。最上部是炉顶，炉顶之下为相间配置的燃烧室和炭化室，斜道区连接燃烧室和蓄热室。每个蓄热室下部的小烟道通过废气开闭器与烟道相连，整座焦炉砌筑在混凝土基础上，烟道设置在焦炉基础内或基础两侧，烟道末端通向烟囱。一座焦炉有几十个炭化室和燃烧室相间配置，用耐火材料（硅砖）隔开。

燃烧室和炭化室 燃烧室是煤气燃烧的地方，热量通过两侧炭化室炉墙向炭化室提供热量。装炉煤在炭化室内经高温干馏变成焦炭。

燃烧室分成许多立火道，立火道的形式因焦炉炉型不同而各异。立火道由立火道本体和立火道顶两部分组成，煤气在立火道本体内燃烧。

炭化室主要结构尺寸有长、高、宽、锥度和中心距。一个炭化室称为一个炉孔，一座炼焦炉由数十个炉孔组成。焦炉的生产能力随炭化室长度和高度的增加而成比例地增加。为便于推焦，炭化室长向须设置一个锥度。

蓄热室 为了回收利用焦炉燃烧废气的热量来预热贫煤气和空气，在焦炉炉体下部设置蓄热室。在蓄热室中放置格子砖，以充分回收废气的热量。蓄热室下部有小烟道，其作用是向蓄热室交替导入冷煤气和空气或排出废气。

斜道区 位于燃烧室和蓄热室之间，它是连接燃烧室和蓄热室的通道。不同类型焦炉的斜道区结构有很大差异。斜道区承受焦炉上部的巨大重量，同时处于1100～1300℃的高温区，所以也用硅砖砌筑。

炉顶 位于炼焦炉炉体最上部。设有为立火道测温用的看火孔、煤料装入用的装煤孔和从炭化室导出粗煤气用的上升管孔等。在多雨地区，炉顶面设有坡度，以便排水。炉顶厚度按保证炉体强度和降低炉顶温度的要求确定。

炼焦炉分类 现代焦炉基本结构大体相同，但由于装煤方式、供热方式和使用的燃料不同，可以分成许多类型。①按装煤方式，可分为顶装炼焦炉和侧装炼焦炉。侧装炼焦炉又称捣固炼焦炉，先将装炉煤用捣固机捣成煤饼，然后从焦炉机侧将煤饼送入炭化室内。顶装炼焦炉是将装炉煤从炉顶经装煤孔装入炭化室，又可分为装煤车装煤炼焦炉、管道化装煤炼焦炉和埋刮板装煤炼焦炉。②按加热用煤气种类，可分为复热式炼焦炉和单热式炼焦炉。③按空气和加热用煤气供入方式，可分为侧入式炼焦炉和下喷式炼焦炉。④按气流调节方式，可分为上部调节式炼焦炉和下部调节式炼焦炉。⑤按燃烧室火道形式，可分为水平火道式炼焦炉和直立火道式炼焦炉。根据垂直火道的组合方式，又可分为双联火道式炼焦炉、四联火道式炼焦炉、过顶火道式炼焦炉、两分火道式炼焦炉和四分火道式炼焦炉。⑥按拉长火焰方式，可分为多段加热式炼焦炉、高低灯头式炼焦炉、废气循环式炼焦炉、分段加热和废气循环相结合式炼焦炉、上下交替加热式炼焦炉和强化辐射式炼焦炉。⑦按是否有化产回收技术，可分为带化产回收炼焦炉和热回收炼焦炉。

2009年在中国宝钢梅山投产的JNX3-70型复热下调式焦炉，炭化室高7米、有效容积为55.6立方米，结构特点是蓄热室分格、贫煤气（高炉煤气、混合煤气或发生炉煤气等低热值煤气）及空气下调、空气与贫煤气分段供入、双联火道废气循环、富煤气（焦炉煤气等高热值煤气）下喷。采用单集气管，设装煤、出焦除尘地面站。每个炭化室有4个装煤孔，在机侧设有一个上升管。上升管水封盖、水封阀盘及高低压氨水切换用三通球阀实现中控室远程控制气缸进行开闭，也可由装煤车上的液压缸进行开闭及现场手动开闭。

7米焦炉加热系统具备富煤气加热、贫煤气加热自动切换功能，可缩短两种加热煤气切换的时间、降低人员劳动强度、提高生产安全。

砌炉和烘炉 炼焦炉主要部位由硅砖砌成。为使密封性好，要采用异型砖砌筑。通常一座大型炼焦炉要使用700种以上的砖，甚至超过1000种。一座60孔有效容积为55.6立方米的炼焦炉需用耐火材料约26 100吨。要按照严格质量标准施工，并应在烘炉时充分考虑硅砖的性质，以保证运行良好并延长寿命。焦炉烘炉后，炭化室区域的膨胀近230毫米。炉体的日膨胀率一般采取不大于0.035%，烘炉天数约为60天。因炼焦炉烘炉时有较大的膨胀，某些与炉体相连接的设备和结构，要在烘炉末期炉体膨胀基本结束后，才最终进行连接、固定和密封。

炼焦炉调温 调温是为了最大限度地发挥炼焦炉的生产能力和最好的热工效率。调温分为3个阶段：刚投产时，炉温有较大波动，调温工作的主要内容是监督全炉燃烧室的温室保持均衡，调整某几个温度过高或过低的燃烧室。当结焦时间逐步缩短到设计结焦时间，就转入正式的调温阶段。这时以焦饼（炭化室中的整个焦体）沿高向和长向均匀成焦和焦饼中心温度达950～1050℃为依据，调节全炉加热系统的温度和压力，制定合理的加热制度并把它稳定下来。此阶段的调温工作时间为3～6个月时间。此后过渡到经常性的调温阶段，根据煤料、加热煤气和大气条件等情况的变化，及时调整供热，使各炭化室的焦饼在规定的结焦时间内沿长向和高向均匀炼成焦炭。炼焦炉的耗热量是评定焦炉热工管理的重要指标。一般用焦炉煤气加热时，每千克干煤的耗热量约为2250千焦；用高炉煤气加热时约为2550千焦。

护炉 炼焦炉烘炉阶段由于硅砖的膨胀是非线性的，上下部位膨胀速度不一，有被拉成阶梯裂纹的可能。正常生产过程中，由于炭化室的周期性装煤和出焦，炉温波动很大，砌体也会产生一定程度的胀缩变化，再加上各种机械设备对砌体的撞击，均可能导致砌体变形和开裂。因此要利用可调节的弹簧势能，通过护炉设备连续不断地向砌体施加数量足够、分布合理的保护性压力，使砌体从烘炉、开工到正常生产的整个过程中始终保持完整和严密，一直到焦炉停产，均应维持这种保护性压力，并定期检查、调整。由于硅砖的残存膨胀和不可避免地产生裂缝，将导致炉长逐年膨胀，正常的年膨胀量应不大于炉长的0.035%。炉长的总膨胀量是炉体衰老的标志之一。

炼焦炉的一代炉龄一般为25年左右，

图4 现代焦炉工作场景

在操作、维护好的情况下可达40年以上（图4）。　　（杨俊峰　杨　华）

炼焦煤　coking coal　具有一定的黏结性，在炼焦条件下可以结焦，用于生产一定质量焦炭的原料煤。炼焦煤是由上亿年前埋入地下的大量植物残骸经过复杂的生物化学、地球化学、物理化学作用后转变而成，主要成煤年代是古生代的石炭纪和二叠纪、中生代的侏罗纪和白垩纪。

炼焦煤堆

分类和特性　中国按变质程度将煤分成褐煤、烟煤和无烟煤三大类，其中烟煤分成12小类。炼焦煤包括烟煤中的8小类，即贫瘦煤、瘦煤、焦煤、肥煤、1/3焦煤、气肥煤、气煤、1/2中黏煤（见表）。①贫瘦煤。变质程度最高的炼焦煤，黏结性差，一般不能单独结焦，在炼焦配煤中常作为瘦化剂使用。②瘦煤。变质程度仅次于贫瘦煤，挥发分低，炼焦时产生的胶质体数量较少。单独炼焦得到的焦炭耐磨强度较差，但块度大、裂纹少、抗碎强度较好，是炼焦配煤常用煤种之一。③焦煤。结焦性最好的炼焦配煤基础用煤，具有中等挥发分与中等胶质层厚度，加热时能产生热稳定性很高的胶质体。单独炼焦时能获得块度大、裂纹少、抗碎强度和耐磨强度很高的焦炭，但由于膨胀压力大，易造成推焦困难。④肥煤。黏结性最强的炼焦配煤基础用煤，加热时能产生大量胶质体。单独炼焦时能产生熔融性好、强度高的焦炭，但焦炭的横裂纹多，气孔率高，多与黏结性较弱的气煤、瘦煤或弱黏煤等配合炼焦。⑤气肥煤。一种挥发分和胶质层厚度都很高的特殊肥煤，结焦性介于肥煤和气煤之间，单独炼焦时能产生大量的气体和液体化学产品。在炼焦配煤中使用，可以增加焦化化学产品的产率。⑥1/3焦煤。具有中高挥发分和强黏结性的特点，单煤种炼焦时能生成熔融性好、强度较高的焦炭。⑦气煤。一种变质程度较低的炼焦煤，加热时能产生较多的挥发分和焦油。单独炼焦得到的焦炭抗碎强度和耐磨强度较差。焦炭多呈细长条状、易碎，并有较多的纵裂纹。在炼焦配煤中使用，可起减小膨胀压力和增大焦饼收缩的作用，并能增加产气率和化学产品回收率。⑧1/2中黏煤。具有中等黏结性和中高挥发分，变质程度较低。单独炼焦得到的焦炭质量较差，可作为炼焦配煤的原料。

炼焦煤分类

类别	符号	干燥无灰基挥发分/%	黏结指数	胶质层最大厚度/毫米	奥阿膨胀度/%
贫瘦煤	PS	10.0～20.0	5～20		
瘦煤	SM	10.0～20.0	20～65		
焦煤	JM	10.0～28.0	>50	<25.0	<150
肥煤	FM	10.0～37.0	>85	>25.0	>150
1/3焦煤	1/3JM	28.0～37.0	>65	<25.0	<220
气肥煤	QF	37.0以上	>85	>25.0	>220
气煤	QM	28.0以上	>35	<25.0	<220
1/2中黏煤	1/2ZN	20.0～37.0	30～50以上		

炼焦配煤　炼焦前的一个工序。将两种以上的单种炼焦煤煤料，按照工艺要求，以适当比例均匀配合，充分发挥各煤种某一方面或某几方面的优势，制得满足质量要求的焦炭。通过炼焦配煤可以合理利用煤炭资源，节约优质炼焦煤，使用一些弱黏结性甚至没有黏结性的长焰煤、无烟煤、石油焦等进行配合炼焦，以提高焦炭质量和炼焦化学品产量，降低生产成本。

扩大炼焦煤源的途径　中国炼焦煤品种虽然齐全，但分布不均衡，以气煤、1/3焦煤为主，焦煤、肥煤和瘦煤三者之和仅占40%左右，低灰低硫的优质炼焦煤更为紧缺，因此，必须合理利用弱黏结性、无黏结性等非炼焦煤资源。采用的途径主要有煤预热炼焦、煤干燥与煤调湿技术、捣固炼焦、配型煤炼焦、配加物共炭化炼焦技术（黏结剂或惰性物）等。

扩展阅读

虞继舜.煤化学.北京：冶金工业出版社，2000.

（商铁成　王利斌）

炼铁　ironmaking　将铁矿石中铁氧化物提炼成金属铁的过程。地球的地壳中铁贮量丰富，按元素总量计占4.2%，居第4位。在地球的自然界中不存在天然的纯金属铁，绝大多数是铁的氧化物（Fe_2O_3、Fe_3O_4、Fe_xO），也有少量硫化物或碳酸盐化合物。人类使用铁至少已有5000多年历史，最早使用的是陨铁。铁陨石中含铁90.85%，是铁和镍、钴的混合物。2500年前人类便开始人工炼铁。

基本原理　利用与氧结合能力强于铁的元素，同铁氧化物反应，将铁从氧化物中还原出来，成为金属态铁。铁氧化物还原过程的还原剂以碳为主。碳在铁的冶炼过程中燃烧放热，可作为炼铁过程的热源，同时碳燃烧的产物之一——一氧化碳又是铁氧化物的还原剂。人类炼铁使用的碳最早是煤、木炭，现代使用焦炭及煤粉。

自然界中铁的氧化物主要有赤铁矿、磁铁矿和方铁矿3种，它们的物理化学特性见表。

赤铁矿、磁铁矿和方铁矿物理化学特性

名称	赤铁矿	磁铁矿	方铁矿
分子式	Fe_2O_3	Fe_3O_4	Fe_xO或$Fe_{0.95}O$或$FeO_{1.05}$
理论含铁量/%	30.06	27.64	23.16～25.60
比容/$cm^3\cdot g^{-1}$	0.190	0.193	0.176
结晶结构	菱形晶系刚玉型	立方晶系尖晶石型	立方晶系氯化钠型

铁氧化物的还原是由高价氧化物、低价氧化物到金属铁逐级变化：

高于570℃时，

$$Fe_2O_3 \longrightarrow Fe_3O_4 \longrightarrow Fe_xO \longrightarrow Fe$$

低于570℃时，

$$Fe_2O_3 \longrightarrow Fe_3O_4 \longrightarrow Fe$$

铁氧化物的还原反应包括间接还原和直接还原。

间接还原　用气态CO作为还原剂，产物为CO_2。

高于570℃时，

$$3Fe_2O_3 + CO \longrightarrow 2Fe_3O_4 + CO_2$$

$$Fe_3O_4+CO \longrightarrow 3FeO+CO_2$$
$$FeO+CO \longrightarrow Fe+CO_2$$
低于570℃时，
$$3Fe_2O_3+CO \longrightarrow 2Fe_3O_4+CO_2$$
$$Fe_3O_4+4CO \longrightarrow 3Fe+4CO_2$$

在工业生产中，还原性气氛中大部分都会含有氢气（H_2），也可还原铁氧化物，其还原反应类似于CO还原，同属间接还原，产物为H_2O。间接还原中Fe_3O_4、FeO的还原是可逆反应，为使反应向所要求的方向进行，需要有过量的还原剂来保证，因此还原剂消耗量多。但是，FeO还原反应是放热反应，可节省热量消耗。

直接还原 用固态碳作为还原剂，还原产物为CO。
高于570℃时，
$$3Fe_2O_3+C \longrightarrow 2Fe_3O_4+CO$$
$$Fe_3O_4+C \longrightarrow 3FeO+CO$$
$$FeO+C \longrightarrow Fe+CO$$
低于570℃时，
$$3Fe_2O_3+C \longrightarrow 2Fe_3O_4+CO$$
$$Fe_3O_4+4C \longrightarrow 3Fe+4CO$$

直接还原中所有反应都是不可逆反应，所以还原剂消耗少，但直接还原是吸热反应，需要外供很多热量。在炼铁工艺中，如**高炉炼铁**，需利用间接还原与直接还原的特点，找到两者最佳的配合。

工艺 早期的炼铁是用地炉或竖炉，将铁矿石和煤块或木炭放进炉内将铁还原出来。基本反应是直接还原。由于炉内温度较低，还原出来的产物均为固态，渣与铁不能分离，需要将炉拆掉，将渣铁掏出。渣铁经反复捶打，挤出渣子并渗碳才能使用。这种工艺能耗高、产量低，不能直接生产出可用的铁，后来被高炉炼铁所取代。

现代炼铁工艺分为高炉炼铁和非高炉炼铁两大类。

铁水浇铸

高炉炼铁 工艺流程是：将**炼焦煤**装入**炼焦炉**，经高温干馏，炼成质量符合高炉冶炼要求的焦炭，将矿山开采的铁矿石经过破碎、筛分、选矿、造块和混匀等处理，生成高炉冶炼所需的炼铁原料，然后将焦炭、炼铁原料及熔剂按一定配比装入高炉，并从其下部风口鼓入热风，高炉内进行燃料燃烧、矿石还原和熔化过程，进而生产出铁水。铁水大部分供给炼钢，少部分铸造生铁供机械制造业使用。现代高炉炼铁工艺技术成熟，产量高、能耗低、产品质量好，设备大型化、自动化、长寿化，在钢铁生产中占主导地位。

非高炉炼铁 又称**非焦炼铁**，主要包括**直接还原炼铁**和**熔融还原炼铁**。

直接还原炼铁是铁矿石在低于熔化温度情况下，还原生成固态多孔含铁物（俗称海绵铁）的生产过程。由于是低温还原，得到的**直接还原铁**未能充分渗碳，因而含碳量低（小于2%），矿石中的脉石成分（SiO_2、Al_2O_3、CaO、MgO）既不能熔化造渣脱除也不能被还原，因而直接还原铁几乎保留了铁矿石中的全部脉石杂质。实际生产过程中，直接还原铁需要电弧炉熔化精炼成钢，但电弧炉精炼的作用主要是熔化脱除杂质和调整钢的成分，而不是氧脱碳。世界上可进行工业规模化生产的直接还原炼铁方法有10多种，按照使用能源可以分为气基、煤基和电热直接还原炼铁法；按照主体设备可以分为竖炉法、罐式法、流化床法、回转窑法、转底炉法等。

熔融还原炼铁是不使用高炉炼铁方法生产液态生铁的冶炼工艺。熔融还原按照有无预还原单元分为一步法和二步法。一步法熔融还原只有熔态还原，矿石预还原率接近零，主要工艺有苏联的Romelt；二步法包含预还原和终还原两段，主要包括科雷克斯法（COREX）熔融还原技术、FINEX粉矿熔融还原技术等。其中COREX工艺实现了工业化，但技术还有待完善，其他工艺都进入了半工业化阶段。按照主体能源的种类分为煤基流程、焦基流程和电热流程；按照熔炼炉形式可分为铁浴炉、竖炉、煤基流化床、电弧炉和等离子炉等。欧洲钢铁联盟根据工艺模式将熔融还原炼铁分为三段式、二段式、一段式和电热式4种类型。三段式熔融还原流程分为还原部分和熔炼造气两大部分。还原部分是还原段，熔炼造气部分是在一个设备中包含了熔炼造气段和煤气转化段。二段式熔融还原流程没有煤气转化段，由还原部分和熔炼造气部分组成，因此又与三段式统称为二步法。一段式只有熔炼段，没有还原段。三段式由煤基流程和焦基流程组成。两段式和一段式由煤基流程组成。由煤基流程组成的三段式、二段式和一段式又称氧煤流程；电热式以电力为主要能源，称为电煤流程。

为了摆脱焦煤资源短缺对炼铁发展的羁绊，适应日益提高的环境保护要求，降低钢铁能耗，非高炉炼铁技术有了较大的发展，但在生产效率、能量利用和经济性上较高炉炼铁工艺流程仍有一定的差距。

扩展阅读

刘云彩.现代高炉操作.北京：冶金工业出版社，2016.

王筱留.钢铁冶金学：炼铁部分.3版.北京：冶金工业出版社，2013.

（张建良）

炼铁高炉布料 burden distribution of blast furnace **高炉炼铁**过程中，入炉原料在高炉炉喉的分布配置。高炉炼铁过程中需要连续不断地向炉内供料，由炉顶装料设备将运来的炉料入炉并合理分布到炉内。炉顶装料设备主要有双钟式和无钟式。控制布料是高炉操作的重要手段，习惯上称为上部调剂。通常高炉炉料是分批装入高炉的。根据经验或理论确定一批料的矿石量或焦炭量组成料批，通过布料设备装入炉喉。从炉体纵剖面上看，矿石与焦炭呈分层重叠结构。高炉是一种逆流反应器，煤气在高炉下部产生，而后上升穿过料层；炉料从上部下降与煤气作用，完成加热、还原、造渣、熔化等冶炼过程。测定证明，炉料在炉内由上而下，温度逐渐升高，直到熔化前，大体保持炉喉布料的层状结构。矿石层和焦炭层透气性不同，矿石层的阻力比焦炭层大10～20倍。实践证明，焦炭多的地方煤气流较发展，因而炉料温度升高快。从高炉料柱纵剖面上看，煤气发展的地方高炉软融带的位置也较高，可见高炉布料对煤气分布以及软融带的形状和位置等有重要影响。正常的高炉行程在炉内圆周方向上，煤气与炉料的分布都是均匀或基本均匀。高炉布料规律根据高炉炉顶装料设备中布料器形式的不同，主要有大钟布料和无钟布料两种。

大钟布料规律 布料装置为双钟式顶装料设备，大钟打开，炉料从大料斗内沿大钟斜面流下落到炉内料面上，形成环形料堆，从纵剖面上看炉料沿料面向高炉中心和炉墙两侧滚动、滑动、堆积，形成斜坡。炉料斜坡的坡面与水平面的夹角称为堆角（图1）。不同炉料的堆角不同，一般情况下焦炭堆角大于矿石堆角（这一性质将影响炉料分布）。料堆的顶点称为堆尖，

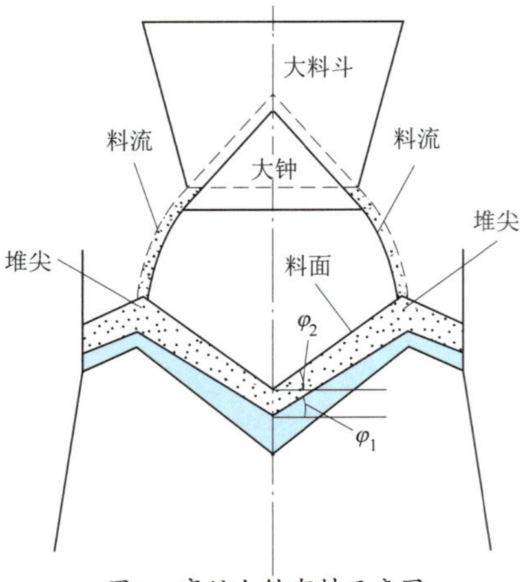

图 1 高炉大钟布料示意图

堆尖在半径方向上的位置，可以标示炉料分布情况。影响炉料分布的因素很多，主要有料线深度、装料次序、批重等。

料线深度 高炉内的料面是不断下降的，当料面降低到一定程度时就要加料，此时料面距布料器下缘的高度即料线深度，或简称料线。料线深度对炉料分布的影响以堆尖在半径方向上的位置为特征，它们的关系可用式（1）表示：

$$h = \mathrm{tg}\beta L_x + \frac{Q-P}{4Q\eta\cos^2\beta}L_x^2 \quad (1)$$

式中h为料线深；β为大钟角度；Q为炉料重量；P为煤气对炉料的浮力；L_x为炉料堆角位置距大钟边缘或溜槽末端在x轴方向的水平距离；η为修正系数。由式（1）可以看出炉料分布与料线的关系是：在其他条件一定时，料线越深（h值越大），堆尖越靠近边缘（L_x值越大），边缘分布的炉料越多。

装料次序 使用大钟布料器，装料次序是常用的调剂方法。装料次序有正同装、正分装、倒同装和倒分装等多种形式。正同装为大钟打开后，矿石和焦炭同时装入炉内；正分装为大钟打开两次，矿石和焦炭分别装入炉内；倒同装为焦炭在前矿石在后同时装入高炉；倒分装为焦炭在前矿石在后分别装入高炉。各种装料次序对布料的影响可用料层厚度，以及矿石层和焦炭层厚度之比来判断。

批重 批重对布料的影响主要是料层厚度。两者的关系可用式（2）表达：

$$W = \rho V = \pi\rho\left[\left(\frac{n}{2}d_1^2 - \frac{d_1^3}{12} - \frac{2}{3}n^3\right)(\mathrm{tg}\varphi_2 - \mathrm{tg}\varphi_1) + \frac{d_1^2}{4}y_0\right] \quad (2)$$

式中ρ为炉料堆密度；W为批重；V为一批料的体积；d_1为炉喉直径；y_0为一批料在高炉中心线处的料层厚度；n为炉料堆尖位置距高炉中心线的水平距离；φ_1、φ_2为料面堆角；π为圆周率。从公式（2）可以看出批重的作用。批重有一个临界值，当批重大于临界值时，随矿石批重增加而加重中心，过大则炉料分布趋向均匀；当批重小于临界值时，矿石分布不到中心，随批重增加而加重边缘或没有明显影响。

无钟布料规律 主要用溜槽角度控制炉料分布，并有多种不同的布料方式。用公式（3）可以具体算出不同β角和不同料线深度，炉料堆尖位置的分布。

$$n = \left[l_0^2\cos^2\beta + 2l_0\cos\beta L_x + \left(1 + \frac{4\pi^2\omega^2 l_0^2}{C_1^2}\right)L_x^2\right]^{\frac{1}{2}} \quad (3)$$

式中C_1为炉料在溜槽末端的速度；l_0为溜槽长度；β为溜槽工作角度；ω为溜槽旋转速度；n为炉料堆尖位置距高炉中心的水平距离。

依炉喉直径不同，将炉喉断面分成均匀的8～12等份或更多，溜槽角度对应每等份，溜槽角度确定后，依据布料需要，选用具体的布料角度。同样，在无钟布料规律中，影响炉料分布的因素也包括料线深度和批重。

料线深度 料线一般是固定不变的，只是在其他手段调剂失灵时才改变料线。频繁地改变料线容易导致料线深度的准确性变差。其他条件一定，料线愈深，炉料堆尖愈靠近边缘，边缘分布的炉料愈多。在生产中为加重边缘，可适当降低料线，但深料线会加重炉料对料面的冲击。装入炉料碰到炉墙处叫碰点。当料线选在碰点以下时，炉料撞到炉墙后，反弹到炉内，不仅炉料多碰摔一次，增加粉末量，而且会破坏布料规律，使煤气流分布紊乱。料线过深，料面以上的高炉容积不能充分利用，浪费高炉空间，并且当炉顶温度高，一旦有塌料发生，顶温会更高，加速炉顶设备的损坏。所以，正常操作是料线选在碰点以上，加料后余500毫米即可。

批重 一批料加到炉内，分布是规则的。炉料在边缘和中心的料层厚度之比，反映这种炉料在炉内分布的特点，因此叫批重特征数。这个值越大，表示这种炉料在边缘越多。图2是根据某中型高炉的生产数据算得的矿石批重W_K与批重特征数D_K的关系。从图中看出，批重有3个不同的特征区：激变区、微变区和缓变区。在激变区，批重少许变化，边缘料层厚度与中心料层厚度之比会发生急剧变化；在微变区，不论批重增加或减少，对炉料分布影响不大；在缓变区，批重变化对炉料分布的影响介于两者之间。所以，为保持高炉稳定顺行，高炉最大批重应选在微变区。

批重大，矿焦之间界面少，两者混合

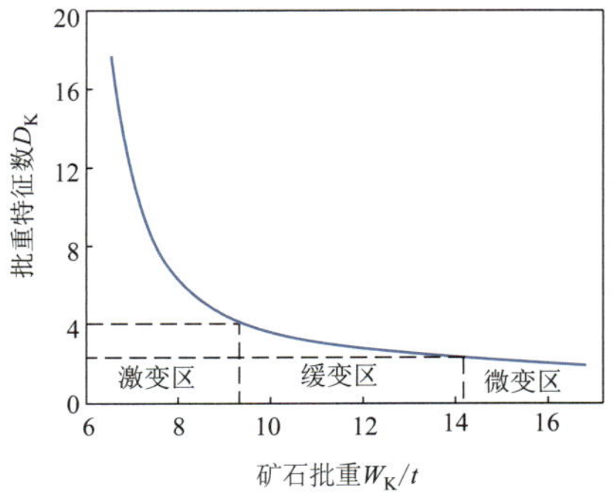

图 2 批重特征曲线

机会少，有利于煤气穿过；但批重过大，料面趋向平坦，对煤气阻力增加，如果炉料强度和粒度不很理想，超大批重，高炉很难接受。所以，一定的原料条件，批重相应有个合适范围。过大易造成煤气两头堵，高炉冶炼进程很难稳定。

无钟布料与大钟布料的区别 ①无钟布料灵活，可以把炉料布到炉喉平面任何地方；一般大钟角度β=50°～53°，是固定的，布料位置受到限制。高炉直径越大，这种限制越明显。②无钟布料，一批料要转8～12圈或更多，比大钟放料时间长5～10倍，炉料在缓慢流动中，粉末易在落点料面处集中，形成粒度偏析，因此粒度差别较大的炉料组成，要用多环布料以减少偏析。大钟布料，一批料一次放入炉内，时间短，偏析较无钟布料小，但炉料冲击料面较无钟严重。③无钟布料因溜槽旋转产生离心力，在堆尖外侧的炉料炉内堆角较内侧的小，形成不对称的炉料分布。所以，采用多环布料，使料面形成平坦的台阶，而不是明显的锯齿状。④与大钟布料相比，无钟布料所形成的炉内堆角比较大。（刘云彩）

炼铁工序能源利用 energy utilization in iron making process **钢铁冶金**炼铁工序中，冶金能源消耗、转化、回收及提高利用效率的过程。炼铁是将铁矿石中的铁氧化物还原成生铁的过程。现代炼铁工艺包括**高炉炼铁**、**直接还原炼铁**和**熔融还原炼铁**。其中高炉炼铁是最主要的炼铁工艺流程。

高炉炼铁能源利用 高炉炼铁工序能耗占钢铁冶炼过程总能耗的45%～60%，是钢铁工业节能的重点。高炉炼铁能源输入项主要包括焦炭、喷吹燃料、电、鼓风、氧气、压缩空气等。

焦炭。高炉炼铁工序中，焦炭具有燃料、还原剂、渗碳剂和料柱骨架的作用，焦炭带入的能量占总能量收入的55%～60%。碳与氧气反应生成一氧化碳（CO）和二氧化碳（CO_2），并释放热量。焦炭

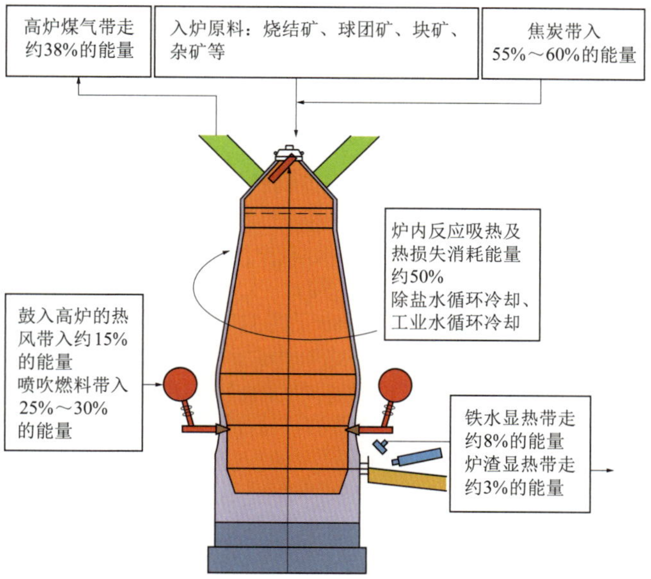

高炉炼铁能源输入与输出示意图

质量对高炉稳定顺行、节能降耗、高炉长寿至关重要，对2000立方米以上大型高炉的影响更大。高炉用焦炭必须具有较好的理化性能，包括冶炼过程中的热态性质。

喷吹燃料。高炉可喷吹天然气、重油及煤粉等。**高炉喷吹煤粉**是节约资源、降低焦比和低碳减排的重要措施，主要选择无烟煤和属于烟煤的贫煤、瘦煤、贫瘦煤和长焰烟煤等弱黏煤、不黏煤。进入高炉的煤粉约有70%在风口循环区燃烧，剩余部分参加高温区的碳素溶解、渗碳、硅锰还原反应。中国高炉炼铁以喷吹煤粉为主。喷煤带入的能量占高炉炼铁总能量收入的25%～30%。

鼓风。鼓入高炉的热风带入的能量占高炉炼铁总能量收入的15%左右，其中2.5%～3%是鼓风机将电能转化为气体的压力能和热能，其余12.5%左右是由**热风炉**提供的热能。鼓风机出口的气体压力是0.35～0.60兆帕，鼓风机出口的气体温度是150～200℃，经热风炉加热后，气体温度达到1150～1300℃，送入高炉与焦炭、煤粉等燃料发生反应。

能量输出项包括高炉内的反应吸热、铁水带走热量、炉渣带走热量、煤气带走能量等。

高炉内反应吸热及热损失占能量输出的50%左右。高炉内反应吸热包括铁还原耗热，少量其他元素如硅、锰、磷的还原耗热，生铁和炉渣熔化耗热，碳酸盐分解耗热等。热损失包括炉体冷却水带走的热量、炉体散热损失。氧化铁还原分为间接还原和直接还原，间接还原是铁氧化物与CO反应生成CO_2和低价铁氧化物或铁（Fe），或铁氧化物与氢（H_2）反应生成水和低价铁氧化物或Fe。直接还原是铁氧化物与碳反应生成Fe和CO。直接还原发生在高温区（约850℃开始）。直接还原比间接还原耗热大得多，因此在高炉内应尽可能提高中温区的间接还原率，降低焦比和燃料比。

铁水带走热量。高炉铁水出炉温度一般为1400～1550℃，铁水带走热量占能量输出的8%左右。现代钢铁厂利用“一罐到底”工艺将铁水直接运送到炼钢厂，有效减少热损失，可节约8%左右的能量。

炉渣带走热量。高炉渣的温度比铁水温度一般高30～70℃，炉渣显热占能量输出的3%左右。炼铁工作者正在积极探索高效回收利用这部分能量的方法，已取得一定进展。

高炉煤气带走能量。高炉煤气带走的能量占能量输出的38%左右，包括煤气潜热、煤气显热以及煤气压力能。高炉煤气是钢铁联合企业重要的二次能源，占可回收二次能源的45%左右，占全厂购入能源总量的20%左右。通过高炉炉顶气余压发电回收高炉煤气余压。热风炉以高炉煤气为燃料，燃烧后预热高炉鼓风，剩余高炉煤气进入管网，供钢铁厂其他用户使用，如发电或气动鼓风。

直接还原炼铁和熔融还原炼铁能源利用　直接还原炼铁工艺按还原剂的种类可分为气基直接还原和煤基直接还原。其中气基竖炉直接还原工艺最具代表性，其能源消耗主要为天然气（或煤气）、电、氧气、压缩空气和水等。能源回收利用的主要技术是**直接还原铁**至电炉的**热送热装工艺**、采用炉顶气循环工艺进行余能的回收利用等。

熔融还原炼铁与高炉炼铁最重要的区别在于不使用焦炭。能源主要消耗包括煤、电、氧气、氮气、压缩空气等。能源回收利用的主要技术是炉顶气余压和余热的回收利用，如科雷克斯法炼铁中炉顶气可以用于发电或者作为气基竖炉直接还原的还原气体，HIsmelt法炼铁中炉顶气用于余热回收，生产蒸气等。

提高工序能源利用效率的主要措施　主要措施有：①降低燃料比，即降低冶炼每吨生铁消耗的焦炭量和煤粉量。炼铁能耗主要由燃料消耗引起，占能耗收入的85%。一般通过采用精料技术，提高原料和燃料质量；提高风温、增加喷煤量、降低入炉焦比；优化高炉操作，提高煤气利用率，实现高炉稳定顺行等技术措施。②设置余能回收利用装置或直接利用。设置热风炉余热回收利用装置，回收热风炉烟气余热；发展优化**高炉炉顶煤气余压发电**；回收利用高炉冲渣水的余热用于取暖；回收炉顶均压、排压煤气；回收利用热风炉充风的风量。③对鼓风管道采取保温措施，减少高炉鼓风的热量散失。

发展方向　进一步提高技术装备水平，在大型化、现代化、长寿化的基础上，实现绿色化和智能化。在降低燃料和能源消耗的前提下，解决好能源的消耗、转换和回收问题。不断降低能源消耗，提高能源利用效率和转换效率，充分回收二次能源，进一步提高风温和喷煤量；加强高炉熔渣显热的回收。同时，加强工序能源流流程网络的构建和管理，通过智能化调控措施，实现物质流和能量流高效协同运行，以进一步降低炼铁工序能源消耗，提高能源利用率。

扩展阅读

王筱留.钢铁冶金学：炼铁部分.3版.北京：冶金工业出版社，2013.

（张福明）

两步骤回采　two step mining　在回采过程中，将采区或矿块划分为矿房和矿柱，第一步骤回采矿房，第二步骤回采矿柱的回采方式。采场非连续推进的**充填采矿法**和矿柱需要回采的**空场采矿法**，属于两步骤回采法。

充填采矿法实行两步骤回采时，第一步骤回采矿房后，采用充填料充填采空区管理采场地压。第二步骤回采矿柱也常用充填采矿法（见图）。

空场采矿法实行两步骤回采时，将矿块划分为矿房和矿柱。先采矿房，并在其回采过程中形成逐步扩大的空场，通过矿柱和围岩进行采场**地压管理**。第一步骤回采后，有计划地实施第二步骤**矿柱回采**和**采空区处理**。第二步骤回采矿柱可以采用充填采矿法或**崩落采矿法**。当第二步骤采用充填采矿法回采矿柱时，需要先充填第一步骤回采后留下的采空区；当第二步骤采用崩落采矿法回采矿柱时，采空区处理与矿柱回采可以同时实施。第二步骤回采的作业条件差，矿石损失与贫化大。如果矿柱留下不回采，应封闭采空区。

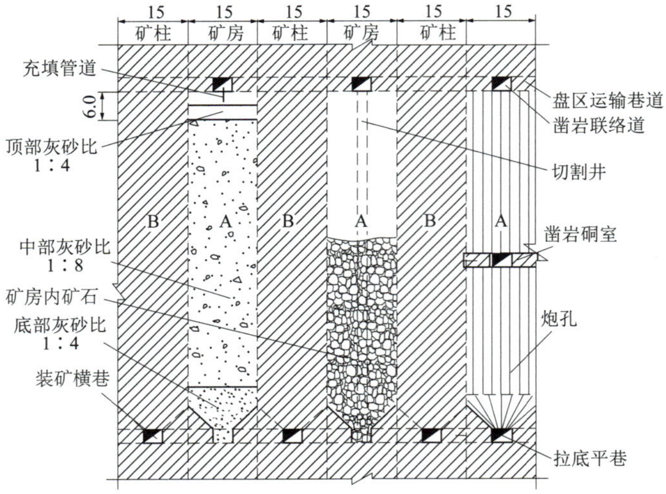

阶段空场嗣后充填两步骤回采示意图

扩展阅读

王青，任凤玉.采矿学.2版.北京：冶金工业出版社，2011.

解世俊.金属矿床地下开采.北京：冶金工业出版社，1986.

（褚洪涛）

两性捕收剂 amphoteric collector 分子中既有阴离子功能基，又有阳离子功能基的一类**捕收剂**。两性捕收剂的分子结构通式为$R^1X^1R^2X^2$。式中R^1为碳链较长的烷基，起主要的疏水作用，R^2是碳链较短的烃基。理论上X^1、X^2可以是各种结构的阴阳极性功能基，但实际上**选矿药剂**中X^1为阳离子功能基（一般为胺基），X^2为阴离子功能基（一般为羧酸基、磺酸基或膦酸基）。

两性捕收剂有阴阳两种离子极性功能基，均可能与矿物表面发生作用。两性捕收剂在碱性溶液中其酸根成盐，分子呈阴离子状态；在酸性溶液中其阳离子成盐，分子呈阳离子状态；在特定的pH下分子呈中性。因此，两性捕收剂具有以下特性：①捕收剂分子中有多个不同性质的极性功能基，可以在矿物表面有多个作用点，在矿物表面的吸附牢固。②捕收剂分子本身的电性可调，在适合的pH条件下，可促进与电性相反的目的矿物的接触与吸附，从而控制其与电性相同的非目的矿物的接触与吸附，提高捕收剂的选择性。③可以改善类似烷基羧酸熔点高、难以在矿浆中分散的缺陷。

两性捕收剂多为**氧化矿捕收剂**，可用于各种金属氧化矿和盐类矿物的**浮选**。两性捕收剂具有特殊的性能，但由于生产成本较高，研究较少。常见的两性捕收剂有：①N–烷基氨基羧酸，化学结构式为$R^1NH_n(R^2COOH)_{2-n}$，式中n为0或1。②N–烷酰基氨基羧酸，化学结构式为$R^1C(O)NH_n(R^2COOH)_{2-n}$，式中$n$为0或1。③N–烷基氨基次甲基双膦酸，化学结构式为$RN(CH_2PO_3H_2)_2$。④N–烷基氨基磺酸，化学结构式为$R^1NH_n(R^2SO_3H)_{2-n}$，式中n为0或1。⑤N–烷酰基氨基磺酸类，来源于表面活性剂（洗涤剂）工业，分子结构比较复杂，作为捕收剂的有美狄兰、夷洁漂和磺丁二酰胺酸四钠盐3种，可用于浮选萤石、赤铁矿、黑钨矿和锡石。

扩展阅读

朱玉霜，朱建光.浮选药剂的化学原理.长沙：中南工业大学出版社，1996.

（戴子林）

列奥米尔，R.-A.F.de René-Antoine Ferchault de Réaumur（1683-02-28～1757-10-17） 法国科学家。生于拉罗谢尔，卒于圣于连–迪泰鲁克斯。以数学、生物学、钢铁及其他工业技术研究和确定列氏温标而闻名于世。18世纪炼钢采用渗碳法，即将小块熟铁与木炭混合加热二或三星期，使碳渗入铁的表面而成为高碳钢。他首先寻求最佳渗碳剂，经过大量实验，发现烟囱油烟、木炭、炉灰和食盐的混合剂是最好的渗碳剂。尤其重要的是他认识到钢与铁的某种区别。他曾试图阐明钢的热处理，特别是**回火**过程。他还注意到将钢的试样打断，根据断口组织可以判断钢的质量。他用7种物质的硬度作为标准，测定金属的相对硬度。1720年他修建了第一座连接式炼铁炉。这种工艺至今仍是熔炼灰铸铁的最经济，也是最常用方法。他的另一重要贡献是在1722年生产可锻铸铁。他用氧化铁粉包裹铸铁放入坩埚加热，几天后发现铁已变软，被称为欧洲可锻铸铁或白心可锻铸铁。此法中国在战国初期（公元前5世纪）就已发明，并广泛应用，在欧洲19世纪才被大规模推广。1734年发表《昆虫志》(1734～1742）的第1卷，此书后来又出版5卷，虽未完成，但仍为昆虫学史上的划时代之作。他发现了小龙虾失去附肢的再生现象。

（常乃慷 施莘善）

灵活式薄板坯轧制工艺 flexible thin slab rolling 由意大利达涅利公司开发出的一种**薄板坯连铸连轧**工艺技术。简称FTSR工艺，后改称为FTSC工艺。是比较灵活的生产高质量产品的薄板坯连铸连轧工艺。1997年，世界上第一条FTSR工艺生产线在加拿大的阿尔戈马苏圣玛利厂建成投产，两流铸机年生产能力为200万吨。中国第一条FTSR工艺生产线于2002年12月在唐钢建成投产，两流铸机年生产能力为250万吨。

FTSR工艺的典型流程为：炼钢炉→炉外精炼炉→薄板坯连铸机→旋转式除鳞机→隧道式加热炉→二次除鳞机→立辊轧机→粗轧机→保温辊道→三次除鳞装置→精轧机→输出辊道和带钢冷却段→地下卷取机。

FTSR工艺技术特点是：①采用H^2结晶器（图1)。达涅利公司于1990年设计制造了用于薄板坯连铸工艺的高拉速、高质量的双高（H^2）长漏斗形结晶器，又称全鼓肚形结晶器、凸透镜形结晶器。结晶器鼓肚形状自上而下贯穿整个铜板，结晶器漏斗区的长度延长到二冷段第6个支撑辊，目的是减小凝固壳的应力。此外，结晶器内较大的容量和**轻压下**技术的运用，增强弯月面的稳定性，为提高拉速和铸坯表面质量创造了条件。同时，H^2长漏斗形结晶器的内部空间较大，可使用厚壁浸入式水口，延长了使用寿命。②采用厚壁浸入式水口。这种水口有较大的钢水通过速度（1.0～5.0吨/分），能防止钢水散流，从而使结晶器内液面波动最小（图2）。浸入式水口的特殊形状可保证在任何拉速下都能提供与之相适应的控制流场作用，基本消除坯壳再熔化和搭桥现象，避免夹渣发生。此外，这种水口可适应各种工作位置，加之最优化的磨损分布，延长了使用寿命。与H^2结晶器配合，使得浇铸时间可持续12小时，节省了投资和生产成本。③采用轻压下和液芯控制系统。铸坯进入二冷区扇形段后，通常可根据冶金要求和钢种情况在扇形0段或延伸至连铸机整个扇形段进行轻压下。扇形段的设计是使铸

图1 H^2结晶器结构示意图

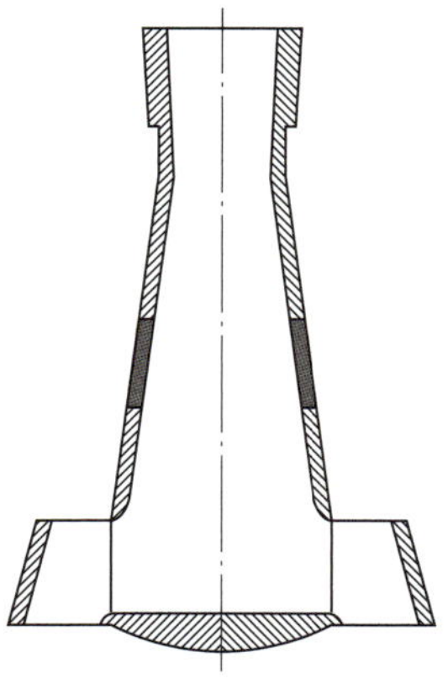

图2 FTSR特征浸入式水口示意图

机内弧（或称活动侧）能对应其外弧（或称固定侧）而移动。铸机的拉速是变化的，浇铸的钢种更是多样的，动态轻压下均可与之相适应。轻压下装置带有液芯控制系统，可以控制铸坯压下过程。④采用漏钢预报系统。在H^2结晶器的整个宽面上安装热电偶，并将温度检测结果以结晶器铜板温度云图的形式显示出来。该系统可减小漏钢事故发生率，具有较高的可靠性和极小的出错率。利用这一系统还可以获取结晶器内的热交换信息、结晶器内保护渣流动状况、结晶器窄面锥度对铸坯质量的影响情况，从而为质量控制收集必要的数据。⑤采用直弧形连铸机，铸机的冶金长度加长，可满足高拉速和较厚规格铸坯的生产。⑥浇铸钢种范围较宽，主要包括低碳钢、包晶钢、中高碳钢、低合金高强度钢等；板坯的宽度、厚度范围较大；直接轧制过程的操作灵活。

扩展阅读

田乃媛.薄板坯连铸连轧.北京：冶金工业出版社，2004.

（张　慧）

溜槽 chute　使密度不同的物料在倾斜浅槽体中借助重力和摩擦力等实现分层、分带的斜面流分选设备。古代用淘洗方法选收重砂矿物，使用的工具即为原始的溜槽。19世纪中叶出现了机械传动的带式溜槽和圆形溜槽，成为当时有色金属细粒矿石的主要选别设备。***跳汰机***和***摇床***的出现使溜槽的应用相对减少。

根据槽体的形状和配置方式，可将其分为直线溜槽、***螺旋溜槽***、尖缩溜槽（见图）、皮带溜槽等。根据处理的***矿石粒度***和处理方式，可将其分为3类：①粗粒溜槽，给矿粒度在3毫米以上，最大可达100～200毫米。②矿砂溜槽，处理2～3毫米粒级矿石。③矿泥溜槽，又称微细粒溜槽，给矿粒度小于0.074毫米。

溜槽选矿时，矿浆送至有一定倾斜角

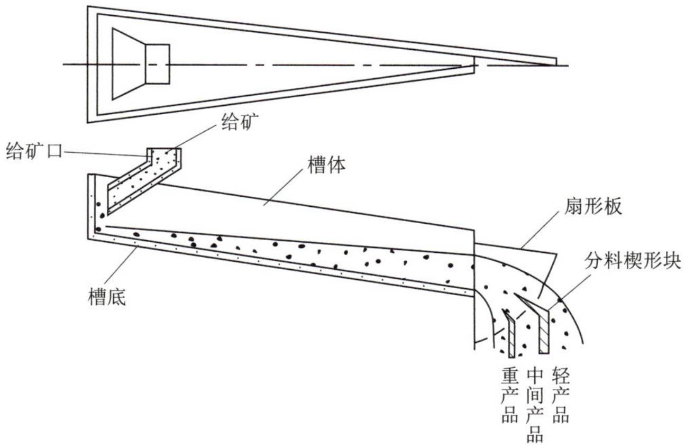

尖缩溜槽示意图

度的斜槽或斜面上，在水流推动下，矿粒松散并按密度分层，上层密度小的矿物迅速排出槽外，下层密度大的矿物则滞留在槽内或以低速自下部排出，从而完成分选。溜槽的主要优点是设备结构简单，投资和生产费用低廉，粗、中粒溜槽处理能力较强。缺点是分选精确性较低，适合作粗选设备使用。广泛应用于处理钨、锡、金、铂、铁及部分稀有金属矿石，在处理低品位砂矿方面应用更多。

扩展阅读

魏德洲.固体物料分选学.2版.北京：冶金工业出版社，2009.

（李艳军）

溜槽分选 sluicing　在***溜槽***中，利用颗粒在沿斜面运动的水流中所产生的运动状态差异进行分选的***重力选矿***方法。19世纪中叶，出现了机械传动的带式溜槽，成为当时细粒级有色金属矿石的主要分选设备。随着***跳汰机***和***摇床***的相继出现，溜槽分选的应用相对减少。20世纪40年代出现的螺旋选矿机、50年代出现的尖缩流槽、60年代制造出的圆锥选矿机和摇动翻床等，开辟了溜槽分选的现代化道路。溜槽分选因其处理量大，生产成本低等优点，被广泛应用于选矿生产中。

在溜槽内，不同密度的矿粒在水流的流动动力、自身重力（或离心惯性力）、矿粒与槽底间的摩擦力等作用下发生分层，密度大的矿粒集中在下层，以较低的速度沿槽底向前运动，从溜槽的末端排出，或者滞留于槽底，经过一段时间后，间断地排出槽外；低密度的矿粒分布在上层，以较大的速度被水流带走。矿粒的粒度和形状对溜槽分选的精确度具有一定影响。

根据溜槽适宜处理的物料粒度，可大致分为粗粒溜槽和细粒溜槽两类。①粗粒溜槽通常是由木制或钢板焊成的斜槽，在槽底装有挡板或粗糙的铺物，槽中水层厚度10～100毫米，水流速度较快，给最大矿粒度通常为数毫米到数十毫米。这种溜槽主要用于分选金、铂、锡以及一些稀有金属的砂矿。②细粒溜槽的槽底上一般不设挡板，少数情况铺置粗糙的纺织物或带格的橡胶板，多数则直接在木制底板、塑料板或水泥板面上进行分选。槽内水深较薄，大者数毫米，小者1毫米左右，矿浆呈层流或弱湍流流动。细粒溜槽主要用于处理细粒级矿石。

多数溜槽分选过程在重力场中进行，仅有少数溜槽分选过程除受重力作用外，

溜槽种类一览表

溜槽种类	溜槽名称	适宜的给矿粒度/mm	适用作业	工作情况	操作方法
粗粒或矿砂溜槽	选钨粗粒溜槽	10～1.0	粗选	间断	人工
	选金粗粒溜槽	10～1.0	粗选	间断	人工
	扇形溜槽	2.5～0.037	粗、扫选	连续	机械
	圆锥选矿机	2.5～0.037	粗、扫选	连续	机械
	螺旋选矿机	2.0～0.037	粗、扫选	连续	机械
细粒或矿泥溜槽	匀分槽	0.074～0.027	粗、扫选	间断	人工
	铺布溜槽	0.074～0.027	粗、扫选	间断	人工
	螺旋溜槽	0.074～0.030	粗、精、扫选	连续	机械
	皮带溜槽	0.074～0.010	精选	连续	机械
	离心选矿机	0.074～0.010	粗、扫选	连续	机械
	振动皮带溜槽	0.074～0.020	粗、精、扫选	连续	机械
	摇动翻床	0.074～0.010	粗、扫选	连续	机械
	横流皮带溜槽	0.040～0.010	精选	连续	机械

还同时受离心惯性力的作用，如螺旋选矿机、**螺旋溜槽**及离心选矿机等。这些设备更适宜处理细粒级矿石及矿泥。溜槽分选中应用较多的溜槽如上表所示。

扩展阅读

张一敏.固体物料分选理论与工艺.北京：冶金工业出版社，2007.

谢广元.选矿学.徐州：中国矿业大学出版社，2001.

（刘 涛）

溜井 ore pass 用于自重转运、贮存矿石或废石的井筒。结构主要由溜上部受矿口（放矿溜口）、井身、下部结构（矿仓和放矿口）3部分组成。溜井按照外形特征可分为直溜井和斜溜井。①直溜井。井身呈一条铅垂线的溜井。②斜溜井。井身呈一条斜直线的溜井，倾角大于矿石的自然安息角，一般大于50°。贮矿段倾角应大于矿石的粉矿堆积角。溜放有黏结性的矿石时，不宜采用斜溜井。

按转运方式可分为单段式溜井、分段控制式溜井和阶梯式溜井（见图）。

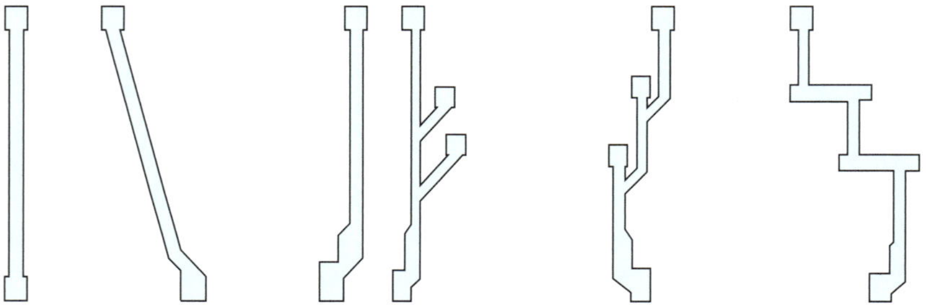

a 直溜井　b 斜溜井　c 单段式溜井（单阶段和多阶段）　d 分段控制式溜井　e 阶梯式溜井

溜井结构形式示意图

①单段式溜井。井身自上而下呈一条直线的溜井。根据同时出矿的阶段数不同，可分为单阶段卸矿和带有分支斜溜道的多阶段同时卸矿两种，分支斜溜道也称分支溜井，主要适用于矿体急倾斜厚大，围岩坚硬稳固、整体性好的矿山。单阶段卸矿时尽可能在溜井中贮满矿石，这样可以调节出矿水平和运输水平之间的运输不平衡，保证矿山连续正常生产。单段式溜井结构简单，使用可靠，管理方便，但放矿冲击力大，井壁磨损较大。溜井较深时，在溜井底部设贮矿段，生产中贮存一定高度的矿石，以缓解上部矿石对溜井底部结构的冲击。②分段控制式溜井。井身上下分段错开一定距离的溜井。当矿山多阶段同时出矿时，为降低矿石在溜井中的落差，调节各阶段的出矿量，减轻矿石对溜井的冲击、磨损，将整个溜井按阶段分设闸门和转运硐室，以便控制各阶段矿石的溜放。分段控制式溜井工程量较大，生产管理环节多，维修量大。③阶梯式溜井。井身上下分成几段，上下段之间错开较大距离，上段矿石需要由中间巷道转运至下段的溜井。阶梯式溜井适用于岩层条件复杂的矿山，以避开不稳固的地段；有时也用于缓倾斜矿体，以缩短出矿点至溜井的运距。其工程量大，增加了投资和转运环节，生产管理复杂。

按用途可分为采场溜井和主溜井。①采场溜井。用于运输转运采场内的矿石的溜井。一般位于采场附近，数量较多，其布置间距主要取决于出矿设备的有效运距和单个溜井能够负担的矿石量。采场溜井通常不需要支护，但是如果所处位置的岩石条件很差时也应进行支护。②主溜井。用于将一个或多个**中段**的矿石集中转运、贮存的溜井。一般距离采场较远，需要通过运输设备将矿石运至主溜井内将矿石进行集中溜放。主溜井通过的矿石量较大，一般需要采取合适的支护方式进行加固。

（郭 雷）

溜井掘进 ore pass development 采用凿岩爆破或机械破岩的方法，形成**溜井**（或天井）所进行的掘进作业。见**天井掘进**。

刘宝琛 Liu Baochen（1932-07-20～2017-06-21） 中国岩土工程专家。生于辽宁开原，卒于湖南长沙。1950年参加中国人民解放军。1952年考入东北工学院（今东北大学）采矿工程专业，1956年毕业后到中国科学院长沙矿冶研究所工作。1957年被选派到波兰科学院岩石力学研究所读博士研究生，1962年初在科拉克夫矿冶大学获技术科学博士学位。回国后到长沙矿冶研究院工作，历任室主任、副院长。2001年由长沙矿冶研究院转入中南大学任教。1994年当选波兰科学院外籍院士，1997年当选中国工程院院士。

长期从事采矿工程及岩土工程研究，致力于岩石流变学及岩石力学实验研究。于1978年在国内首次获得岩石应力-应变全图，提出了裂隙岩石通用力学模型，形成了采矿工程影响下的地表移动及变形计算方法，并开发了有关微机软件；发展了时空统一随机介质理论。20世纪80年代，在随机介质理论与方法研究中，进一步完善了三维随机介质理论系统的预计与反分析方法。该成果应用于“三下”（建筑物下、河流下及铁路下）开采的地表保护工程，使太子河矿多采煤达上百万吨，并在铁矿、金矿、磷矿开采，以及北京地铁建设预疏水地表沉降预测中得到成功的应用。90年代以来，又开发了一系列微机化的预计及反分析软件，使相关理论和方法的应用，从采煤工程发展到金属矿采矿工程、边坡工程、地铁工程和深基坑工程等。

先后获国家科技进步奖三等奖1项，省部级科技进步奖多项。2000年被授予“全国先进工作者”称号。出版《煤矿地表移动的基本规律》（1965）、《实验断裂、损伤力学测试技术》（1994）等多部专著，发表科技论文160余篇。

（乔世范）

刘嘉禾 Liu Jiahe（1921-09-14～2008-07-28） 中国合金钢专家、冶金学家。生于山东益都（今山东青州），卒于北京。1943年毕业于交通大学唐山工学院（今西南交通大学）矿冶系。曾任湖北大冶华中钢铁公司炼钢厂副总工程师。中华人民共和国成立后，历任冶金工业部钢铁研究总院副院长、特殊钢学会理事长、中国机械工程学会无损检测学会理事长等职。

20世纪50年代初负责将鞍山钢铁公司炼钢厂预炼炉改造为炼钢平炉，1956年组织试验平炉吹氧冶炼新技术获得成功。主持了中国50年代中期低合金钢16Mn和无镍铬水面舰艇壳体用“901”“902”钢的研制和开发工作，是中国无镍稀土装甲

钢的主要发明人之一，核潜艇动力反应堆压力壳材料研制的组织者和技术负责人。提议组建并亲自领导中国第一个专门从事低合金高强度钢课题的研究小组，试制出一些强度与塑性均好于碳素钢的新钢种。参与制定中国低合金钢和合金钢产品标准、生产技术规程、科学发展规划，编写国家低合金钢发展技术政策蓝皮书。

曾获国家技术发明奖和国家计委、国家科委、国家经委工业新产品一等奖，国防科委、国防工办重大技术改进二等奖，国防军工协作会议先进个人荣誉证书和飞马纪念品。

（姜　曦）

刘玠　Liu Jie（1943-11-22～　）中国冶金自动化专家。生于安徽舒城。1967年北京钢铁学院轧钢机械专业研究生毕业。历任武汉钢铁公司热轧厂厂长，武汉钢铁公司第一副总经理兼总工程师，鞍山钢铁集团公司总经理、党委书记。第九届、第十届全国人民代表大会代表，第十一届全国政协委员，第十五届、第十六届中共中央委员会候补委员。1997年当选中国工程院院士。

长期从事冶金工业计算机控制系统和数学模型的研究与开发，致力于冶金工厂技术改造和重大冶金装备国产化的创新与实践。在武钢工作期间，主持并参与“武钢一米七轧机系统新技术开发与创新”“武钢一米七热轧机控制新系统”“太钢1549毫米热连轧工程三电系统”“武钢热冷连轧机自产钢数学模型的研究”“武钢热轧厂精轧机轧制压力数学模型的研究”等重大项目，分别获得国家科技进步特等奖1项，国家科技进步一等奖1项、二等奖1项、三等奖2项。在鞍钢工作期间，推进管理体制、经营机制创新，建立了与市场经济体制相适应的现代企业制度，并从事工程总体技术方案的决策、关键技术的开发和大型装备的国产化研制等工作。建成中国第一条1700毫米中薄板坯连铸连轧生产线和我国第一条1780毫米大型宽带钢冷轧生产线，分别荣获国家科技进步一等奖1项、二等奖1项。获得何梁何利基金科学与技术进步奖、“九五”国家重点科技攻关计划突出贡献者称号、第八届国家级一等企业管理现代化创新成果奖、“九五”国家重点科技攻关重大科技成果奖、冶金科学技术特等奖。

著有《带钢热轧计算机控制》（1997），主编《冶金自动化丛书》（2006）。

（王　龙）

刘炯天　Liu Jiongtian（1963-01-20～　）中国选矿工程专家。生于河南南阳。1979～1983年在东北工学院选矿工程专业学习；1986～1989年在中国矿业大学煤综合利用系攻读，获硕士学位；1995～1999年在中国矿业大学北京研究生部攻读，获博士学位。1983～2013年历任中国矿业大学副教授、教授、教研室主任、煤综合利用系副主任、化工学院院长、副校长；2013年起担任郑州大学校长。2009年当选中国工程院院士。

长期致力于选矿分离过程强化与微细粒矿物分选、矿山废水净化与循环利用、低品质矿产资源开发方面的理论研究与工程实践。发明旋流-静态微泡柱分选方法与设备，打破浮选柱“静态”矿化的传统理念，创造性地把旋流矿化、管流矿化等高紊流矿化方式置入浮选柱中，形成逆流矿化、旋流矿化、管流矿化3种矿化方式的有序集成，建立煤脱硫与超纯制备示范工程，形成具有中国特色的细粒煤分选技术。提出了聚沉煤泥水，使难沉降煤泥水变成易沉降煤泥水的思路，发明矿物-硬度法煤泥水澄清方法，构建起两种硬度的循环煤泥水溶液化学体系，形成水质硬度调控的煤泥水处理技术，实现了难沉降煤泥水的高效循环利用。创立多流态梯级强化浮选理论，发明“两段式柱式选矿”短流程工艺，形成贫杂难选的低品质矿产资源分选技术体系。

主持国家“973计划”、国家杰出青年科学基金、国家科技支撑计划项目等国家及省部级项目20余项。研究成果获国家技术发明奖二等奖2项、国家科技进步奖二等奖3项。2004年被评为全国模范教师，2010年获全国优秀科技工作者奖，2011年获全国五一劳动奖章。发表论文160余篇，授权发明专利20余项。主编《试验研究方法》等教材及《中国洁净煤》《煤炭提质技术与输配方案的战略研究》《煤炭工业“三废”资源综合利用》等专著。

（曹亦俊）

刘业翔　Liu Yexiang（1930-09-01～　）中国有色金属冶金专家、新能源材料专家。生于湖北武汉。1953年毕业于中南矿冶学院（今中南大学）有色金属冶金专业，留校任教。历任教研室主任、副教授、教授、系主任、副校长、校长等职。曾在挪威科技大学和日本名古屋大学留学和做高级访问学者。1997年当选中国工程院院士。

长期从事轻金属冶金，熔盐电化学，功能电极材料，新能源材料及冶金过程模拟、控制与优化等方面的研究与产学研实践。研究了高温氟化物熔盐电解过程电催化，开发出适用于铝电解炭素阳极的高温电催化剂，有效降低了阳极过电位。将铝电解理论及工艺与现代控制理论及技术相结合，研究开发出铝电解槽智能控制系统，广泛应用于中国铝电解行业。致力于可彻底变革铝电解工业的铝电解惰性电极及电解新工艺的攻关，开发出具有自主知识产权的金属陶瓷惰性阳极和二硼化钛（TiB_2）惰性可湿润阴极。研发出锂离子电池正极材料、负极材料，动力电池，**固体电解质**，超级电容器材料与器件，太阳电池材料与器件等。其中锂离子电池正极材料和动力电池技术已获产业化应用。

获得国家科技进步奖一等奖1项、省部级一等奖2项、中国工程院光华工程科技奖及发明专利40余项。发表学术论文300余篇，出版了《飞行的金属》（1970）、《功能电极材料及其应用》（1996）、《现代铝电解》（2008）等学术专著。

（赖延清）

留矿采矿法　shrinkage stoping mining method　将矿块划分为矿房、矿柱，先采矿房，后采矿柱，自下而上分层回采，每次采下矿石靠自重放出1/3左右，剩余矿石留在矿房内作为继续上采的工作平台；矿房全部采完后，再将留在矿房中的矿石进行大量放矿的一种**采矿**方法。由于随回采工作的推进，矿房以敞空形式存在，靠围岩的稳固性和矿柱来维护顶板稳定，因此属于空场采矿法的一种。留矿采矿法根据矿床的开采厚度分为极薄矿脉留矿采矿法（矿体厚度小于1米，图1）和薄矿脉留矿采矿法（矿体厚度1～5米，图2），采场沿走向布置，长40～60米，阶段高度一般也是40～60米。

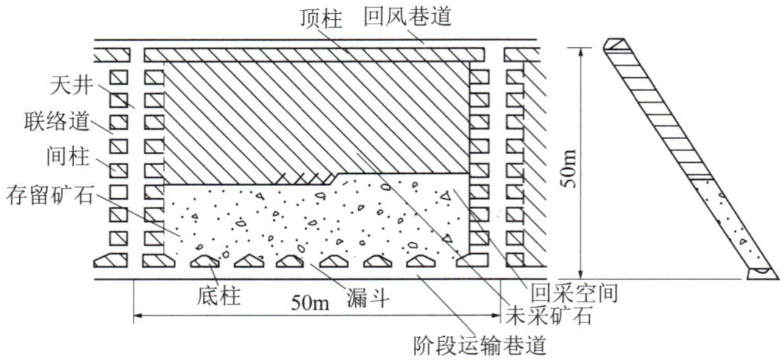

图1　极薄矿脉留矿采矿法示意图

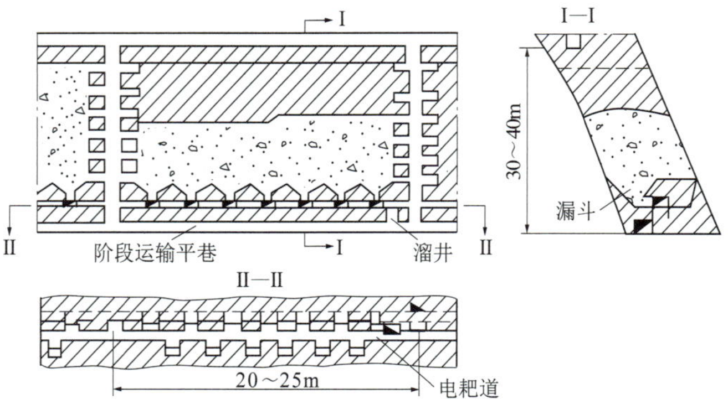

图2　底部电耙出矿的薄矿脉留矿采矿法示意图

留矿采矿法回采工作自下而上分层进行，分层高度一般为2～3米。回采工作面多呈梯形分布，每分层的**回采工艺**包括凿岩、爆破、通风、局部放矿、撬顶平场、不留间柱时要加高顺路天井等。如此循环，采至顶柱边界后进行大量放矿。对于厚度较大，稳定性不够的矿体要及时进行支护。放矿过程中留矿堆出现空洞也要及时治理。

留矿采矿法具有较严格的使用条件。一般要求矿体倾角大于55°，大于60°更为有利；矿石和围岩在中等稳固以上，否则需在采场进行支护；矿石无氧化、结块和自燃性；留矿法采场不宜过大，防止留矿被压实。

留矿采矿法具有结构及生产工艺简单，管理方便，可利用矿石自重放矿，采切工程量较小等优点。缺点是工人在较大暴露面下作业，安全性差；平场工作繁重，难以实现机械化，劳动强度大；积压大量矿石，影响生产企业资金周转。

扩展阅读

解世俊.金属矿床地下开采.北京：冶金工业出版社，1986.

张世雄.固体矿物资源开发工程.武汉：武汉理工大学出版社，2010.

于润沧.采矿工程师手册.北京：冶金工业出版社，2009.

（邓红卫）

流态化焙烧　fluidized roasting　强化焙烧方法。又称沸腾焙烧。将所处理的固体破碎、研磨成细粉，增加固体与气体的接触面积，缩短颗粒内部的传递和反应距离。自下而上流经这些粉料的气体，在达到一定速度时，会将固体颗粒悬浮起来，使之不断运动，犹如流体，故称流态化。

在图1中用u_f来表示临界流态化速度。若将流速u增至超过临界值，即$u>u_f$，一部分气体会形成气泡，使整个料层具有沸腾着的液体的状态。上升气泡的尾迹中裹有一部分固体颗粒，随之夹带而上，使上下的物料混合，有利于整个料层温度的均匀化。如此，可避免其他常用设备中的不利现象：部分地区因温度偏低，反应不足；部分地区因温度偏高，易引起烧结等。若再进一步增加流速，气泡增多、加大，逐步汇合成一连续气固混合相；而另一部分颗粒却团聚为时而形成、时而解体的絮状体。如此，再次强化颗粒与气体之间的接触。但是，不是所有的物料在达到临界流速u_f后都进入沸腾状态。有些易于相互黏附、流动性不好的颗粒，特别是较细的粉末，在流速达到临界值后会形成沟渠，使部分气体短路流出，减弱气、固之间的接触。对这种内聚性强的物料，只有当流速很大时才形成颗粒团絮的第二种流型。上述的流型，总称为聚式流态化：气体汇聚成气泡，颗粒汇聚成絮团。与这些不同的是颗粒物料在液体中的流态化。在液-固体系中，随着流速的增加，颗粒相互离散而单独运动，不具什么明显的泡和团的现象。这种流态化称为散式流态化，如图1所示。

工艺　流态化焙烧已广泛应用于矿冶工业，具有多种形式。空气焙烧黄铁矿是一个放热反应，采用如图2的装置，使冷空气通过一个多孔板将焙烧着的黄铁矿粉料喷吹至沸腾状态，与氧反应生成二氧化硫。一般流态化焙烧炉中需设水冷管或水冷箱，除去多余的热量。

$$2FeS_2 + 5\frac{1}{2}O_2 \longrightarrow Fe_2O_3 + 4SO_2$$

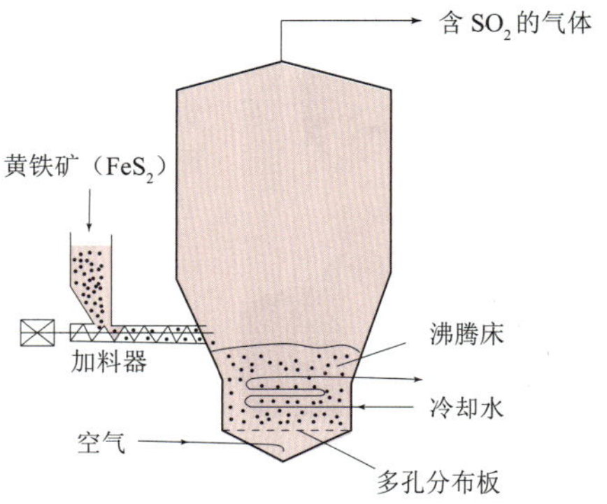

图2　自热焙烧

图3表示了一个吸热反应的流态化焙烧装置。这一工艺将铁精矿用氢气还原至

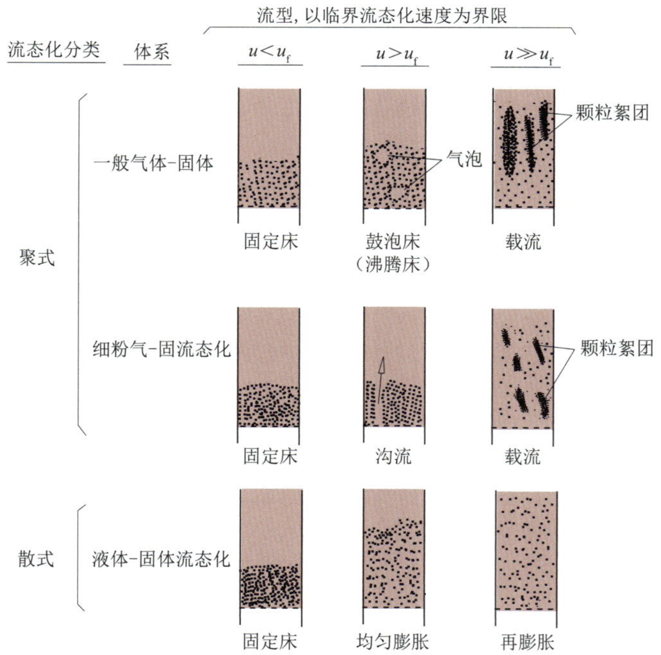

图1　沸腾焙烧原理及操作范围

金属铁粉。用氢还原氧化铁是个吸热反应，所需热量由进入焙烧反应器的高温氢气提供。为了提高氢的利用率，采用多层床流态化焙烧反应器，使最下层排出来的气体与上段的物料接触，进行预还原；最后，将预还原后的气体用于加热和干燥从反应器顶部加入的铁精矿。

$$(1)\ \begin{cases}3Fe_2O_3+H_2\longrightarrow 2Fe_3O_4+H_2O\\ Fe_3O_4+H_2\longrightarrow 3FeO+H_2O\end{cases}$$

$$(2)\ \begin{cases}Fe_3O_4+H_2\longrightarrow 3FeO+H_2O\\ FeO+H_2\longrightarrow Fe+H_2O\end{cases}$$

$$(3)\ FeO+H_2\longrightarrow Fe+H_2O$$

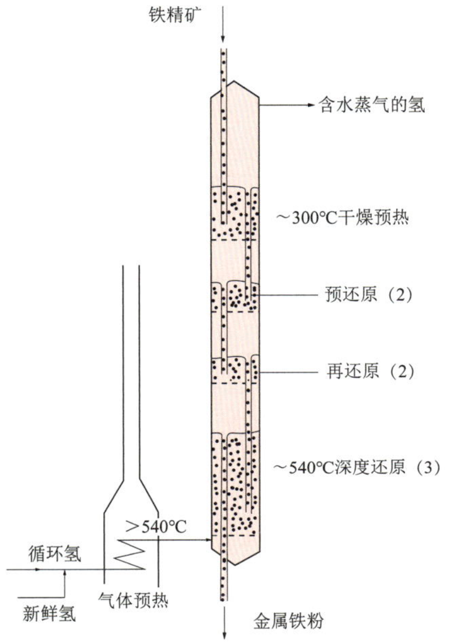

图3　气体热载体焙烧——多段化原理

对于吸热反应，所需的热量也可用固体物料带入反应区，如图4所示。这是一个贫铁矿的磁化焙烧工艺，将贫铁矿中的Fe_2O_3还原至有磁性的Fe_3O_4，然后用磁选法与脉石分离。用于反应的氢很少，但加热贫铁矿的热量却很大。所以，这一工艺将还原后的废气用空气燃烧，在稀相流态化状态下使加入的贫铁矿预热至略高于反应温度；然后进入还原段，与煤气中的氢和一氧化碳反应，生成Fe_3O_4。

$$(1)\ \begin{cases}H_2+\frac{1}{2}O_2\longrightarrow H_2O\\ CO+\frac{1}{2}O_2\longrightarrow CO_2\end{cases}$$

$$(2)\ \begin{cases}3Fe_2O_3+H_2\longrightarrow 2Fe_3O_4+H_2\\ Fe_3O_4+H_2\longrightarrow 3FeO+H_2O\end{cases}$$

上述过程中，热载体为加入的固体炉料。对于吸热较多的反应，热量往往还不够，因此，要采用不断循环固体的方法，增加载入的热量。例如图5所示的从黄铁矿制浓二氧化硫气体的工艺。这一工艺依靠Fe_2O_3与FeS_2的固-固反应，生成SO_2。在反应中，Fe_2O_3被还原至Fe_3O_4，在一个提升管中用空气再氧化至Fe_2O_3，

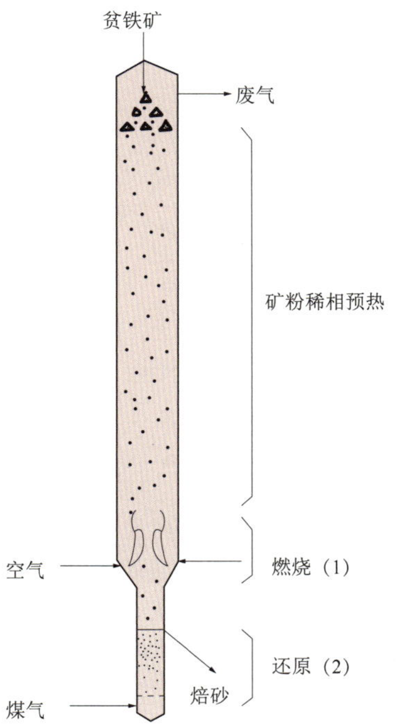

图4　固体热载体焙烧——一次载热

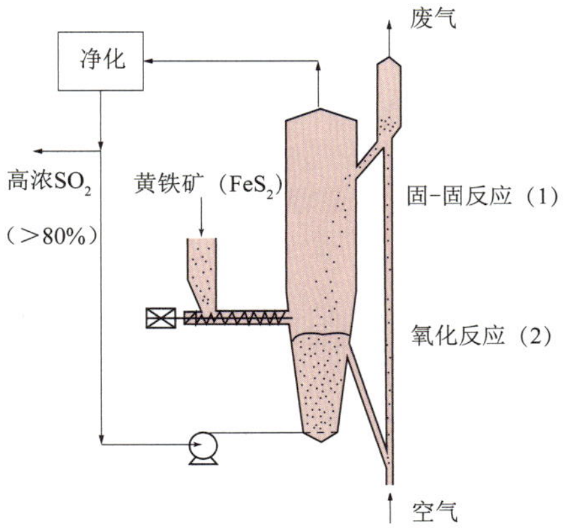

图5　固体热载体焙烧——循环热载

在这氧化过程中固体的温度上升。这一工艺因用于氧化的空气与生成的SO_2隔绝，可制成含SO_2大于80%的气体，除制硫酸外还适用于直接制取液态SO_2。

$$(1)\ FeS_2+16Fe_2O_3\longrightarrow 11Fe_3O_4+2SO_2$$

$$(2)\ 2Fe_3O_4+\frac{1}{2}O_2\longrightarrow 3Fe_2O_3$$

吸热反应所需热量也可靠耦合一个放热反应，在同一个流态化焙烧装置中进行。例如图6所示的Al（OH）$_3$吸热脱水制Al_2O_3的工艺，在一个快速流态化床中与油或粉煤燃烧同时进行。所谓的快速流态化床指的是图1中$u \gg u_f$的沸腾状态。此时气体和固体的接触和混合都比经典的鼓泡型沸腾床更为优越。但是，为了保证床中有足够量的固体料，必须将快速床顶部被气体携带出的颗粒物料经旋风器捕集后返回床底。

为了进一步阐明图1所示流态化焙烧的气-固流型的范围，图7表示了与流态

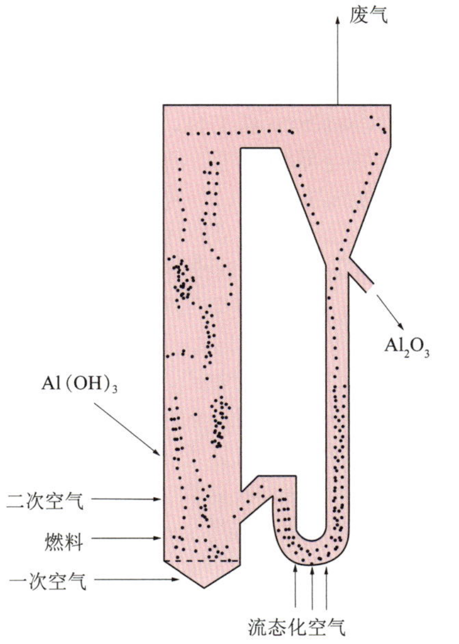

图6　吸热-放热耦合焙烧——快速流态化

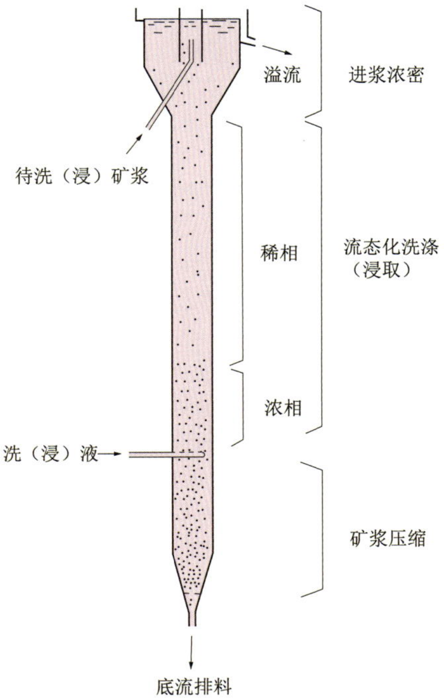

图7　流态化浸取和洗涤

化焙烧毗邻，但与之不同的在颗粒散料的浸取和洗涤中应用的散式流态化。以矿浆为例，在顶部加料，与中部加入的浸洗液逆流接触；从顶部周围溢流中回收来自固体颗粒中的溶质，浸完的矿渣于底部排出。这种流态化浸洗过程能将逐级逆流倾析工艺在单一塔形设备内进行，且可采用极低的液固比，从而可自贫料获得较浓的溢流溶液。

流动规律　散式流态化流动规律　具有最简单流动规律的流态化体系是以液体-固体为代表的散式流态化。如图8左下方所示，在低流速时，床层为固定床，其压降在对数坐标上随液体的流速线性上

升，而其空隙度维持一常数ε_0。所谓空隙度ε为床层中未被颗粒所占的空间体积与床层总体积之比。在流速u达到某一临界值u_t时，颗粒开始流态化，被液体所悬浮。从开始到全部流态化的流速区间一般很短。在达到流态化以后，所有颗粒被流体所悬浮，因此，从力的平衡考虑，流体通过颗粒料层的压降与物料在液体中的有效重量相等，于是，压降不再随流速增加而增大，维持恒值。但是，颗粒床层却随着流速而上涨，空隙度加大。床层的上涨说明，随着流速的加大，颗粒自动拉开其间距，容许更多流体流通而不增加阻力。对液-固体系而言，在对数坐标上，空隙度也随着流速而近似线性上升，直至线速达到颗粒的自由沉降速度u_t时，$\varepsilon=1$，也即是说，此时，单个颗粒被悬浮于无穷大的液体中。

若将液-固流态化中颗粒开始至全部流态化的间距看作零，即可将之称为临界流态化"点"。这一临界流速u_f截然划分出左方的固定床区和右方的流态化区。在右方，压降Δp等于单位面积上料层的有效重量：

$$\Delta p=(\rho_s-\rho_f)(1-\varepsilon)H$$

式中ρ_s和ρ_f分别为固体颗粒和流体的重度；H为床高。再进一步，可将空隙度随流速u在对数坐标上的近似线性关系写成线性，即：

$$u=u_t\varepsilon^n$$

式中空隙度指数n为这线性关系的斜率。

以上两个近似处理，可将一般的液-固流态化的规律抽象为理想流态化。理想流态化这一概念为许多复杂的工程问题提供了简化的途径。例如对于同时加入和送出固体颗粒的流态化系统，就可采用液、固相对速度代替上式中的流速u，从而形成广义流态化的关系式：

$$u-u_d\left(\frac{\varepsilon}{1-\varepsilon}\right)=u_t\varepsilon^n$$

式中u_d为固体的速度。从这一关系，可以定量地描述流体向上或向下、颗粒向上或向下、稀相或浓相、受阻沉降或移动床输送等多种流态化操作，甚至包括加速运动。

聚式流态化流动规律　以气体-固体为代表的聚式流态化体系的行为与液-固散式流态化有本质上的不同。如图1所示，在开始流态化后，固体床层起伏不已，床层压降波动频繁。图8右下方用波动范围的虚线代表这一不稳定的流动。超过临界流态化的气体大部分以气泡通过床层，因此床层的膨胀远小于散式流态化。这种聚式流态化床又称为鼓泡床，俗称沸腾床。当气速再进一步增大时，气泡逐步消失，

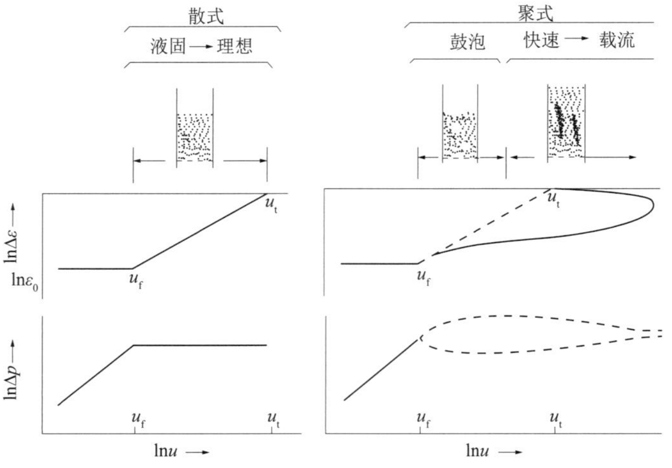

图8　不同流态化体系中床层孔隙度和压降随流速的变化

而床中出现絮状的固体密集体，时而形成，时而消失。这一状态可见于快速流态化和载流过程中，此时，床层一般呈下部浓上部稀。图8右中的凸形空隙度曲线表明，在同一流速下，床中同时存在浓、稀两个相。

由此可见，上述现象可以归纳为两种聚式流态化：①在鼓泡床中，气体聚集为气泡，成为非连续相，散布于周围连续的乳相中。②在较高流速下，絮状体成为非连续相，分散于连续的稀相中。显然两者之间的过渡，可看作聚式流态化的一种倒置过程。

鼓泡床中气体和颗粒的流型远比散式流态化复杂。气体从分布板孔中射出，先形成长形空穴，如图9a所示，待其长大后，即与底板脱离，成为悬浮于周围浓相或乳相中的单泡。除了基本上不含颗粒的空穴外，气泡周围有一外壳，如图9b所示，其中的气体在泡底进入泡内，在泡顶回入外壳。这一外壳称为"晕"。泡底一般向上隆起，带有从气泡生成区的颗粒，随着气泡尾迹在乳相中上升。在达到床顶部界面时，气泡破裂，如图9c所示，尾迹中的颗粒一般形成环状结构，撒于床面。气泡尾迹中所夹带的颗

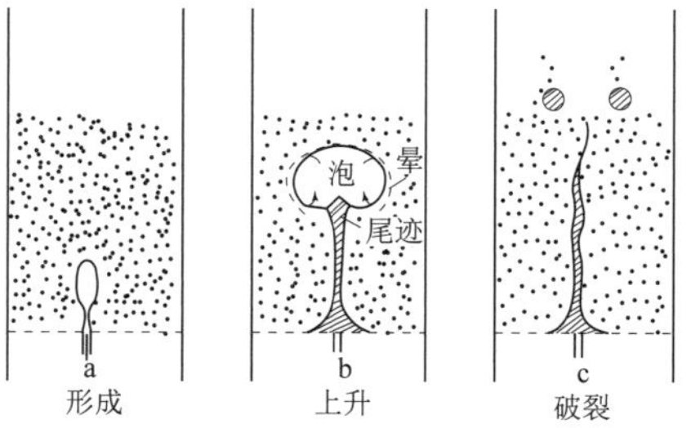

图9　鼓泡流态化床中的气体和颗粒流型

粒，在上升过程中不断脱落，形成指形料柱。撒于料面的环状体夹带颗粒，则在气泡周围的乳相中再度下沉。鼓泡床中这种颗粒的流动混合机理，与散式流态化中以单独颗粒为主、随机行走产生离散的现象，完全不同。

流动模型及其数学模拟　基于上述流型，提出了许多数学模型，用于定量地描述这一现象。最简单的是将鼓泡床分割为气泡区和乳相区的两相模型。图10表示了包括晕的三相模型，即泡相、晕相和乳相。进入流态化床的气流分为3部分，分别以u_B、u_C和u_E的速度流入泡相B、晕相C和乳相E。泡相中颗粒甚少，气-固反应一般可以忽略。在晕相和乳相中气体按不同流型和固体反应。因此，在相邻地区这三相中的气体成分也不相同。泡相和晕相之间的气体进行交换，在一定程度上使气体成分趋于接近。同时，晕相和乳相之间的气体以及固体颗粒也相互交换。按这一物理模型，即可写出一组描述鼓泡床中气-固行为的公式，为设计这种反应器提供方法。

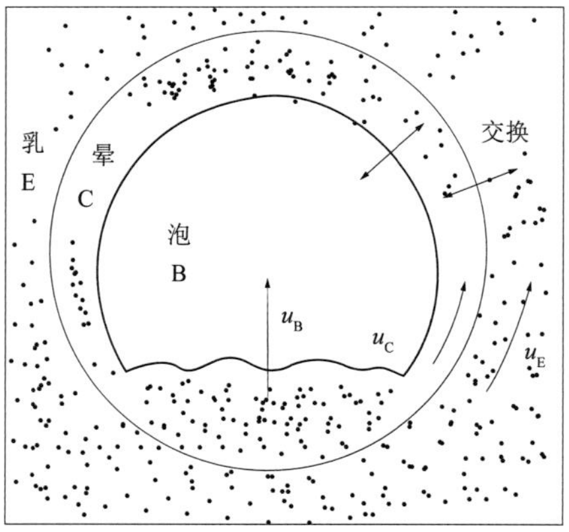

图10　鼓泡床的三相流动模型

具有颗粒集聚的快速流态化和载流过程中的气体和颗粒的流动，又与鼓泡床截然不同。在这种聚式流态化中，床内的颗粒下浓上稀，已如前述。图11左方表示出不同流速下这种空隙度分布。在中流速下，显然下部有浓相床、上部有稀相床。在低流速下，浓相区变稠，空隙度下降，床面上移，甚至可超出设备顶部。同样，在高流速下，浓相区稀释，床面可下移至设备底部以下。图11右方表示了用于数学模拟的物理模型。在任意床高z处，颗粒的密集体在下部的浓相区按扩散规律向上转移，而一旦进入上部较稀床层后，这些密集体又按重力而下沉、离析。在稳态下，

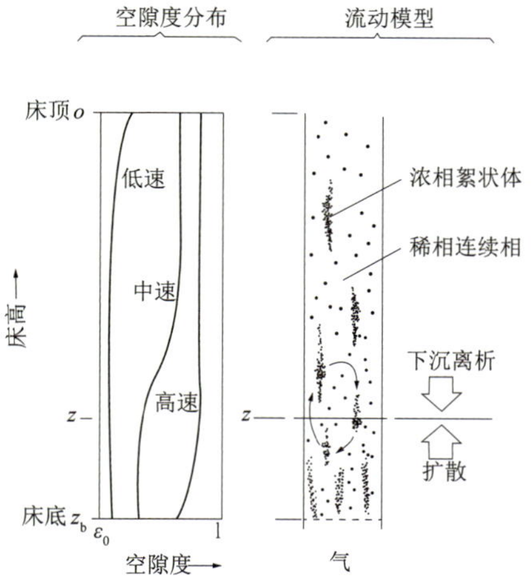

图 11　快速流态化的流动模型

向上的扩散和向下的离析的通量相等，由此可推导出空隙度随床高的分布。

焙烧反应器的设计和研制　流态化焙烧反应器的设计，与其他异相反应装置一样，必须依靠对颗粒与气体之间反应机理和速率、颗粒内部以及颗粒与气体之间热量和质量的传递，以及颗粒和流体的流型的了解。简单的设计包括对反应器及其尺寸的选择以及操作制度的确定。较高级的设计则包括对某种特定矿物及其加工工艺，从化学和工程原理出发研制合理的焙烧反应器。

基本的异相化学反应的考查始于单粒矿物，如图12左方所示。单一矿物本身不具孔隙，因此称为坚粒。矿物反应

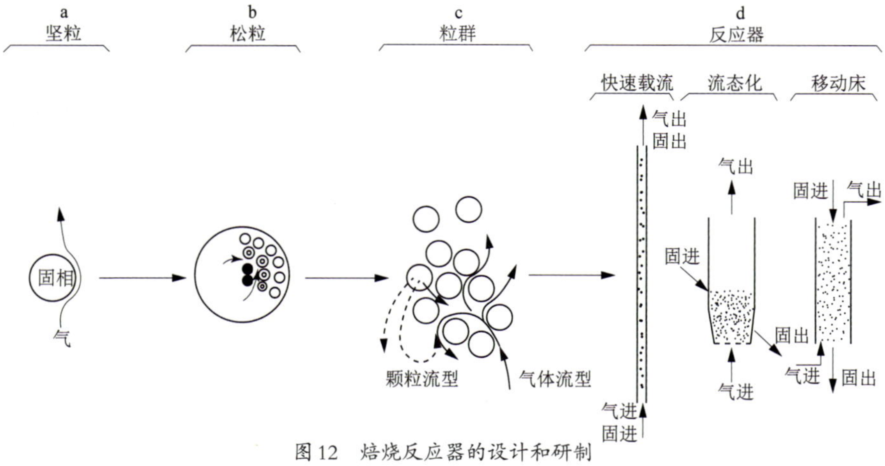

图 12　焙烧反应器的设计和研制

的产物可为气态物质或固态物质。后者或从外部剥落，不断暴露新的反应界面，或者包裹在其外部，要求反应的气体通过这产物层，向内扩散至反应界面，进行反应。外围的气体又需通过矿粒周围的气膜层向内扩散。设计中的一个重要问题是确定，整个单粒反应过程的主要阻力为化学反应还是气体通过气膜（或产物层）的扩散，也即是说，反应速度是化学反应控制还是扩散控制。只有在明确这一前提后，才能选择合适的数学模型。一个常用的判据式为以下的无量纲数 D_a：

$$D_a = \frac{kR^2}{2D_e}$$

式中 k 为不包括扩散的本征反应速率系数；D_e 为扩散系数；R 为颗粒的半径。一般来说，若 $D_a > 25$，需考虑由于扩散而带来的阻力。

若矿粒本身为若干矿物的团粒，可将上述坚粒的基本模型组合成具有坚粒与坚粒之间有空隙扩散的松粒，如图12b所示。这样，在坚粒的气膜和产品层之外，还需加上坚粒之间的扩散。可以设想，接近团粒外围的坚粒由于粒间扩散离气体主流近，要比位于内部的坚粒反应得更快，如图12b所示。

在焙烧反应器中的众多矿石颗粒，各自带着它们内部的坚粒，还与周围的气体一起，进行着具有各自特征的，但并不是相互无关的运动，如图12c所示。这种运动对反应器设计带来新的粒群问题：反应不全的颗粒可能提前从连续操作的反应器中排出，而反应完全的颗粒却可能留着不走。对于返回混合的气体，也存在着类似的停留时间分布的问题。

（郭慕孙）

硫氨酯　thionocarbamate　硫化矿浮选捕收剂。化学名为O-烷基-N-烷基硫代氨基甲酸酯，又称一硫代氨基甲酸酯、硫羰氨基甲酸酯。化学结构式为：

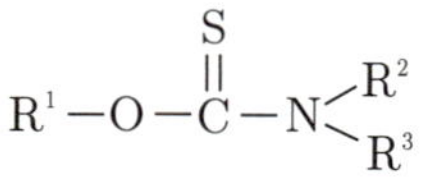

式中 R^1、R^2 为烃基；R^3 为氢（H）或烃基。

常见硫氨酯的化学名称、简称与结构式

化学名称	简称	结构式
O-乙基-N-乙基硫代氨基甲酸酯	（乙）乙硫氨酯	$C_2H_5-O-C(=S)-NH-C_2H_5$
O-异丙基-N-乙基硫代氨基甲酸酯	（异丙）乙硫氨酯	$CH_3-CH(CH_3)-O-C(=S)-NH-C_2H_5$
O-乙基-N-丙基硫代氨基甲酸酯	（乙）丙硫氨酯	$C_2H_5-O-C(=S)-NH-C_3H_7$
O-丁基-N-丁基硫代氨基甲酸酯	（丁）丁硫氨酯	$C_4H_9-O-C(=S)-NH-C_4H_9$

硫氨酯是黄药的一种衍生物，于1946年开始用作浮选捕收剂。其合成原料中，脂肪胺的烃基 R^2 对硫氨酯的捕收性能影响较大，习惯上以脂肪胺的烃基来命名硫氨酯，如乙硫氨酯、丙硫氨酯、丁硫氨酯等。黄药的烃基 R^1 可以用括号括注，加在脂肪胺的烃基前面，如（异丙）乙硫氨酯。

物理化学性质　硫氨酯呈黄色或淡黄色油状液体，具有特殊气味，密度略低于水，在水中的溶解度较小；在酸、中性介质中呈分子“硫逐”(C=S)形式，在碱性介质中以硫醇型存在，相互之间可转化，具有弱酸性。

$$R^1OC(=S)-NHR^2 \rightleftharpoons R^1OC(SH)=N-R^2$$

（酸性或中性介质）　　（碱性介质）

制备方法　主要包括一步催化法、黄药酯化胺解法和一氯乙酸法。

一步催化法　采用黄药与烷基胺在催化剂的作用下直接合成硫氨酯。反应温度为70～80℃，所用催化剂一般为可溶性钯盐、镍盐或者其他稀有金属盐。其反应方程式如下：

$$R^1-O-C(=S)-S-M + R^2-NH_2 \xrightarrow{催化剂} R^1-O-C(=S)-NH-R^2 + M-SH$$

式中M为钠或钾。

一步催化法工艺简单易操作，但产率较低，仅为70%左右，催化剂不易回收，

污染严重，工业上已经很少采用。

黄药酯化胺解法　采用黄药为原料，通过酯化、胺解两步反应制备。黄药烃基主要包括乙基、异丙基、丁基及戊基，而脂肪胺则以乙胺、丙胺和丁胺为主。首先将黄药与氯代烃在25～70℃下进行酯化反应生成黄原酸酯，然后再与脂肪胺在15～70℃下进行氨解反应生成硫氨酯并副产硫醇，其反应式如下：

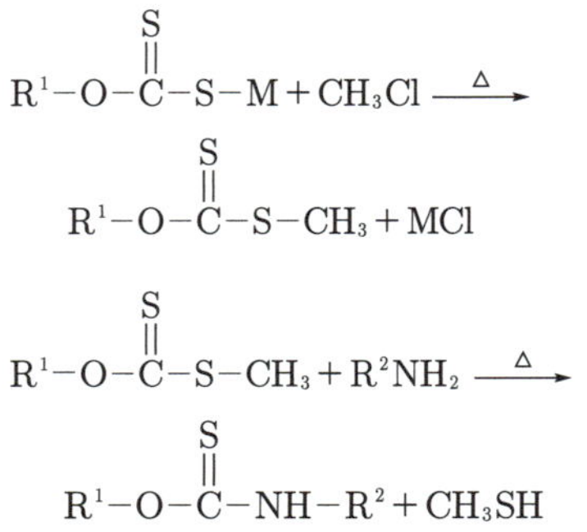

由于产品中硫氨酯含量只有50%～90%，杂质二硫代氨基甲酸酯、黄原酸酯、三硫代碳酸酯等不易提纯，因此工业较少采用该法。

一氯乙酸法　在传统黄药酯化胺解法基础上发展起来的方法，采用一氯乙酸代替氯代烃进行酯化制备硫氨酯。主要合成反应如下：

$$2ClCH_2COOH + Na_2CO_3 \longrightarrow 2ClCH_2COONa + H_2O + CO_2$$

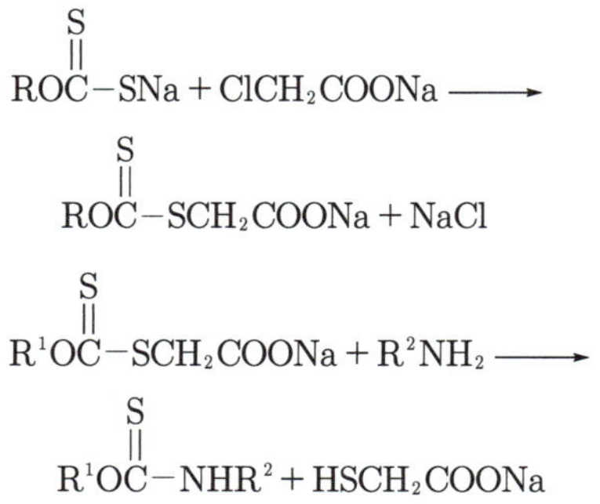

一氯乙酸法的产品收率及纯度均较高，收率达95%以上，产品纯度达96%以上；副产品可用于铜钼分离抑制剂，也可精制后用于制备巯基乙酸异辛酯。一氯乙酸法在工业上普遍采用。

应用　硫氨酯作为螯合试剂使用，1946年开始用作捕收剂。因其选择性强、用量少，广泛用于各种铜矿、金矿、铅锌矿的浮选。对黄铁矿的捕收能力较弱，适用于黄铜矿与黄铁矿分离，同时对锌、硫的分离也能得到较好的效果。在矿浆中具有良好的分散性，可直接加入浮选槽或搅拌槽中使用。硫氨酯在酸性介质中比较稳定，有较强的起泡性。在弱碱性条件下仍具有良好选择性，可减少石灰用量。

扩展阅读

张泾生，阙煊兰.矿用药剂.北京：冶金工业出版社，2008.

朱玉霜，朱建光.浮选药剂的化学原理.长沙：中南工业大学出版社，1996.

王淀佐.浮选剂作用原理及应用.北京：冶金工业出版社，1982.

（王　帅）

硫化矿捕收剂　sulfide ore collector　主要用于硫化矿物浮选的**捕收剂**。是一类异极性有机化合物。硫化矿捕收剂对硫化矿物有捕收作用，对氧化矿物如氧化铅锌矿、赤铁矿等捕收能力很弱，对盐类矿物如萤石、方解石等无捕收作用，对脉石矿物如石英也无捕收作用。因此，使用硫化矿捕收剂容易实现硫化矿物与氧化矿物及脉石矿物的浮选分离。

1925年，美国科学家C.H.凯勒首次使用**黄药**浮选硫化矿物，开辟了使用硫化矿捕收剂的先河。

常用的硫化矿捕收剂按照不同的活性功能基可分为：①黄药类，即黄原酸盐及其酯，如黄药、双黄药、黄药酯、胺醇黄药（N，N-二烷基胺基黄药）等。②**硫氨酯**类，即O-烷基-N-烷基硫逐氨基甲酸酯。③**黑药**类，即二烃基二硫代磷酸盐及其酯，如黑药、双黑药、胺黑药、黑药酯等。④硫氮类，即N，N-二烷基二硫代氨基甲酸盐及其酯。⑤硫醇类，如烷基硫醇和硫酚。⑥硫脲类，如**白药**。⑦其他类，如二异丁基二硫代次膦酸钠。

硫化矿捕收剂的分子结构中，极性功能基含有二价硫原子，疏水基是（环）烃基或芳烃基。由于硫化矿具有一定的天然表面疏水性，所以疏水基碳链比较短，碳链长度一般不大于8。

硫化矿捕收剂中的二价硫原子与硫化矿物的金属离子有特殊的亲和力。但捕收剂中的二价硫原子还原性很强，容易被氧化。硫化矿物在矿浆中的物理化学行为非常复杂，也很容易被氧化，有微量的矿物金属离子溶解在矿浆中，某些硫化矿物对捕收剂还有催化反应的作用等。所以，硫化矿捕收剂与硫化矿的作用机理也很复杂，不同的捕收剂与不同的矿物的作用机理不尽相同，但都是以化学吸附或表面化学反应为主。

扩展阅读

见百熙.浮选药剂.北京：冶金工业出版社，1981.

王淀佐.浮选剂作用原理及应用.北京：冶金工业出版社，1982.

（戴子林）

鎏金　gilt　用涂抹金汞齐的方法镀金的一种金属表面加工工艺。又称火镀金、汞镀金。鎏金技术在中国起始于战国，兴盛于两汉。汉代时称为“金涂”或“黄涂”。鎏金是将金和**水银**（汞）合成金汞齐，涂在铜（银）器表面，然后加热使水银蒸发，金就附着在器物表面不脱落。以银汞齐为原料，其工艺即为鎏银。

关于金汞齐的记载，最初见于东汉炼丹家魏伯阳的《周易参同契》。南朝陶弘景记载有鎏金技术：“水银……能消金、银使成为泥，人以镀物是也。”明代方以智《物理小识》中对鎏金工艺有详实的描述：“以汞和金，涂银器上成白色，入火则汞去而金存，数次即黄。”早期的鎏金实物以小型鎏金铜器为多，如山西长治分水岭战国墓中出土的鎏金车马饰、河南信阳长台关楚墓出土的鎏金带钩、山东曲阜战国墓的鎏金长臂猿。在浙江、湖南、湖北、安徽等地也都有战国鎏金器出土。到汉代，鎏金技术已发展到很高水平，且出土鎏金器物的地域较广，数量也较多，不仅是小件器物，也出现大件的铜器。如河北满城汉墓中出土了很多精美的鎏金器物，其中鎏金长信宫灯以其优美造型和精湛的鎏金技术著称于世（见图）。隋唐时

长信宫灯（西汉，满城汉墓出土）

代鎏金器物数量更多。江苏镇江丹徒区出土的950件器物中，鎏金器物占10%，多为银胎的盘、盒、碗、瓶等。自有鎏金器物以来，无论在中原地区或边远地区，也不管历史朝代的长短，均有数量不等的鎏金器物出现，说明鎏金这一金属表面装饰工艺具有很强的生命力，被广泛应用在兵器、车马器、礼器、生活用具、玺印、饰品及宗教造像等方面。

根据装饰部位不同，鎏金工艺可分为通体鎏金和局部鎏金。通体鎏金与金器

很难区别，鉴别器物表面是否鎏金，主要看其表层是否含有汞；局部鎏金通常在器物的花纹部分鎏金。

鎏金工艺分为4步：①配制金汞齐并用酸、碱溶液清理器物表面。金汞齐配法是先将黄金打薄剪碎，放入已经预热的坩埚内，再注入水银，使之合成膏状。金汞比为1∶5～1∶7。②抹金。将配好的金汞齐用推压法均匀地涂覆在器物表面。③开金。即烘烤镀件，促进汞挥发，使黄金保留下来。④压光。目的是使镀层更为致密光亮。操作得当，镀层的颜色可长久不变。

鎏金技术一直沿用至今，如中国人民革命军事博物馆塔顶上的五星军徽、人民英雄纪念碑上毛泽东和周恩来的题字、毛主席纪念堂的题字等均有采用。

（李秀辉　吴坤仪）

锍　matte　铜、镍、铅等金属的硫化物和硫化亚铁形成的共晶熔体。有色重金属冶炼流程中的一种中间产品。最先被人们了解的是硫化铜和硫化铁的共晶体，其固态晶体呈白色，形态与冰相似，故又被称为冰铜。推广到镍、铅熔炼过程，也有冰镍、铅冰铜等名称出现。然而这些硫化物凝固后都不再呈白色，用“冰”来形容就不确切了。20世纪50年代初中国冶金学者创造了一个新汉字“锍”，表示它们都是金属和硫的化合物。炼铜过程中的锍称铜锍，属Cu_2S-FeS系；炼镍过程中的锍有镍锍（Ni_3S_2-FeS系）和铜镍锍（$Cu_2S-Ni_3S_2-FeS$系）；铅熔炼过程有时能得出铜铅锍（$Cu_2S-FeS-PbS$系）。

锍是利用某些金属和硫之间有强的化学亲和力，优先生成硫化物而得到的。锍的熔点比*炉渣*的熔点低，熔锍的密度（约4400千克/米³）比熔渣密度（3000～3700千克/米³）大，而熔锍的黏度不大，所以在熔炼时可在渣层下面形成流动性良好的熔锍层，将矿石中的金属变成硫化物而吸收其中，使金属和脉石分离。熔锍还可将95%～98%的贵金属和硒、碲等吸收进来，成为富集贵金属的重要措施。下一步工序是用空气（或氧气）吹炼熔锍。硫氧化生成SO_2并释放大量的热，使吹炼成为不需外加能源的自热过程。铁也比铜优先氧化。吹炼的第一期末尾，锍中含FeS很低，称为白铍（或白冰铜）。但残余少量的FeS可以保护铜不被氧化。含有两种有色金属的锍还可以用浮选法将它们分离。

锍的形成是有色重金属冶金中的基础反应和冶炼手段。

（曲　英）

六齐　six prescriptions on copper-tin alloys　中国古代冶炼青铜的六种铜锡配比。“六齐”一词最早见于《考工记》：“金有六齐：六分其金而锡居一，谓之钟鼎之齐；五分其金而锡居一，谓之斧斤之齐；四分其金而锡居一，谓之戈戟之齐；三分其金而锡居一，谓之大刃之齐；五分其金而锡居二，谓之削杀矢之齐；金锡半，谓之鉴燧之齐。”把这段文字中的“金”理解成青铜或纯铜，相应地对“六齐”所说的含锡量也可有两种不同的解释。对古代青铜器进行化学分析的结果与“六齐”所载并不完全一致，其中**铜镜**的成分与“鉴燧之齐”完全不符。这可能与古代冶炼技术条件和金属原料纯度不一有关。但从原理上看，“六齐”的出现表明在战国时期人们对合金成分、性能和用途之间的关系已经有所认识。

（孙淑云）

炉渣　slag　*火法冶金*过程中生成的，以氧化物为主的混合物。有的渣还含有硫化物、氟化物、碳化物。炉渣是钢铁、*铁合金*、*有色金属*冶炼和精炼的参与者。它和金属、锍及炉气等物相之间发生各种物理化学反应，达到所要求的冶金目的，其重要的作用有：①吸收脉石中的和混入的氧化物杂质，使之和金属或锍分离。②脱除钢铁中的硫、磷等有害成分。③富集有用的金属氧化物。④形成泡沫状态，包围电极电弧，使更多的热量传入金属而减轻对炉衬的辐射。⑤在连铸结晶器中形成的保护渣，增加铸坯和结晶器壁间的润滑，并可吸收一些非金属夹杂物。

炉渣的性质决定于其成分比例。渣中氧化物呈碱性的为CaO、MgO、MnO、FeO等，呈酸性的为SiO_2、P_2O_5、TiO_2、Fe_2O_3等。由于**钢铁冶金**常用碱性熔炼法，所以炉渣碱度是其主要特征。炉渣碱度是渣中碱性氧化物含量和酸性氧化物含量的比。通常碱性渣的碱度在2以上。在有色重金属熔炼中，渣的酸碱性用酸性物质中的氧量和碱性物质中的氧量的比表示，称为硅酸度。炼钢炉渣的氧化性用其中FeO和Fe_2O_3的多少来表示，含FeO、Fe_2O_3多的称为氧化渣，含FeO、Fe_2O_3极少（0.5%以下）的称为还原渣。

不仅炉内冶炼过程需要渣的参与，炉外精炼、*铁水预处理*、钢的连铸都离不开渣。炉渣这个习惯的名称已不够确切，但仍在应用。在高温下熔化成液态的渣称为熔渣。熔渣是冶金熔体的一种。熔渣冷凝成为岩石状或玻璃态物质，可看作工艺岩石。

冶金过程中产生的渣数量很大，弃置而不利用要占用土地、污染环境，而且损失许多资源。有色金属熔炼渣中含有的金属（如铜）是必须回收的。钢铁冶金渣中含有的氧化铁、氧化锰等也是值得回收的资源。渣的利用情况随国家环境政策、企业经营理念而有很大差别，可由接近于100%到接近于0。一般高炉炼铁渣的利用程度高，大多作为制造水泥的原料。炼钢渣可以作为铁源返回生产流程再循环利用，但渣中P_2O_5随着循环次数的增加而积累起来，使铁中磷增高。所以炼钢渣的再循环利用率大多在20%以下。英国谢菲尔德地区把钢渣破碎成石料，在破碎时保持合适的湿润度以使渣中CaO占比稳定，制成的钢渣石料可以达到高速公路路面材料的要求。英国的这种钢渣利用方法已经使用了100多年，不仅节省填埋渣的土地，而且减少采石量，保护了山林。中国太原等地成功研究用钢渣制造水泥，但还未形成产业。有色金属冶炼渣除返回生产流程再循环利用以回收金属资源外，其他利用方法还较少。增大炉渣利用率是保护环境必须解决的课题。

（曲　英）

卤化冶金　halogenation metallurgy　将矿石与卤化剂混合，在一定条件下进行反应得到金属卤化物，将金属卤化物与其他化合物及脉石分离，再进一步提取金属的方法。卤族元素，如氯、氟、碘的化学性质都非常活泼，易与金属反应生成金属卤化物。不同金属卤化物的性质和生成的难易程度差别明显，多数金属卤化物具有熔点低、沸点低、易溶于水及其他溶剂的特性，易被还原成金属。化工行业的快速发展为冶金行业提供了廉价的卤化剂。卤化剂主要有氯、氟、碘及其化合物，因此卤化冶金又可分为氯化冶金、氟化冶金和碘化冶金。从矿石到金属的卤化冶金工艺流程，包括原料预处理、卤化、卤化物的分离提纯、从卤化物提取金属，以及卤化物的再生等过程。

随着设备防腐技术的快速发展，卤化冶金，特别是氯化冶金得以广泛应用。氯化冶金主要包括氯化过程、氯化物分离、从氯化物中提取金属3个基本过程。其中氯化过程大致分为以下几类：①氯化焙烧，如石煤提钒过程中以NaCl为添加剂进行焙烧。②离析法，如难选氧化铜矿石的离析反应。③粗金属熔体的氯化精炼，如铅中的锌、铝中的钠或钙都可以通入氯气到熔融粗金属中去除。④氯化浸出（包括盐酸浸出、氯盐浸出），在水溶液介质中进行的一类氯化过程，也称为湿法氯化过程。

氯化冶金尤其适用于处理某些复杂多金属矿石或低品位、难选矿石，在综合利用矿物资源方面占有很重要的地位。

（赵中伟）

陆钟武　Lu Zhongwu（1929-10-02～2017-11-27）　中国冶金热能工程专家和工业生态学专家。祖籍上海川沙，生于天津，卒于辽宁沈阳。曾在南京中央大学、山西大同大学化学工程系学习。1950年毕业于山西大同大学，获学士学位。1953年毕业于东北工学院（今东北大学）冶金炉专业研究生班。曾任东北工学院院长、中国金属学会副理事长、全国青年联合会副主席，美国《工业生态学》编委，荷兰《资源节约与循环》编委。1997年当选中国工程院院士。

在炉窑热工方面，参照势流理论提出了竖炉气体力学理论，利用高炉炉身静压，成功地判断了炉内的主要变化。推导出了火焰炉热工特性的基本方程式，并成功用于炉子节能改造；查明了普通平炉改为内倾式平炉后指标下降的原因，指导各厂采取相应措施彻底解决了问题；成功研发出以压下式炉头为结构特征的新炉型。创造了按Q-P方程直接在线控制炉子供热的方法。在系统节能方面提出了“载能体”概念、能耗的e-p分析法、基准物流图分析法等，创立了系统节能理论和技术。在工业生态学方面，提出中国钢铁工业废钢资源严重短缺的主要原因；揭示了新型工业化道路在环境与发展之间关系的基本特征；提出物质流“跟踪观察法”，成功地用于中国几种金属循环的研究工作；导出资源消耗、废物排放与经济增长的脱钩指数和脱钩曲线图；阐明钢产量的增长机制，建立了钢铁行业宏观调控网络图，以及中国钢铁行业宏观调控的关键比值和基本原则。领导并建立了国内第一个冶金炉专业。

曾获国家科技进步奖二等奖、中国工程院光华工程科技奖、乌克兰雅罗斯拉夫智慧奖。主编了《冶金炉理论基础》（1959）、《冶金热能工程导论》（1991）、《火焰炉》（1995）、《工业生态学研究》（2015）等著作16部，发表论文230余篇。

（杜　涛）

露天顶锤式凿岩钻机　surface top-hammer drill rig　在露天矿山使用的采用顶锤冲击式钻凿岩孔的机械设备。又称露天凿岩台车。20世纪40年代后期，露天顶锤式凿岩钻机首先用于凿岩工程。50年代中期，液压技术开始应用于露天顶锤式凿岩钻机。70年代初，全液压露天顶锤式凿岩钻机的出现使凿岩技术进入新的发展阶段。

由**凿岩机**、推进器、钻臂、底盘、司机室组成。主要用于硬或中硬岩石的钻孔作业，可钻凿直径33～230毫米、深度达15～30米的炮孔。露天顶锤式凿岩钻机是一种装机功率与整机重量都较小的多用途露天穿孔设备。在中小露天矿生产中，可作为主要穿孔设备；在大型露天矿生产中，又可作为边坡处理、二次破碎、扫除孤丘和消除根底辅助作业的钻孔设备。露天顶锤式凿岩钻机因其具有多用途、钻速快、机动灵活、钻孔方位多、爬坡能力强、动力消耗低（折算到每立方米矿岩的能耗只是潜孔钻机的1/3和牙轮钻机的1/2）等优点，所以得到了较快的发展。

按工作动力可分露天液压顶锤式凿岩钻机（见图）和露天气动顶锤式凿岩钻机。

露天液压顶锤式凿岩钻机

其中，露天液压顶锤式凿岩钻机是一种集机电液为一体的技术密集型产品，在市场数量上占有绝对优势，而露天气动顶锤式凿岩钻机的使用已经越来越少。

扩展阅读

王运敏.中国采矿设备手册.北京：科学出版社，2007.

（马　飞）

露天境界优化　open-pit ultimate optimization　在露天矿山实体模型、块体模型和相应经济参数的基础上，运用运筹学理论或最优化方法进行最终境界优选的过程。露天境界优化的方法主要包括浮动圆锥法、动态规划法、LG图论法和网络最大流法等。

浮动圆锥法　1965年，有研究者提出浮动圆锥法；1966年，首次将浮动圆锥法应用于铜矿露天最优境界的圈定。浮动圆锥法算法流程如下：将**露天开采境界**近似看作一个由倒置的圆锥体形成的锥台阶几何体，将锥体倒置在矿石价值块上，圆锥的母线与水平线形成的夹角等于露天矿的最终边坡角；从矿床范围内选取经济价值为正的块段，建立一个初始的倒置圆锥，以此作为初始位置，利用移动圆锥进行搜索；计算每一个圆锥体范围内的矿岩净利增量，若净利增量为正，则将该锥体圈入最终开采境界，反之则不计；最终得到一个净利最大的圆锥集合，即最优开采境界。

动态规划法　1951年，有研究者提出解决多阶段决策问题的动态规划理论和方法。20世纪60年代起，动态规划广泛应用于矿山系统工程。动态规划确定最优开采境界的思路为：将露天矿分割为许多开采块段，然后将每个开采块段视为决策阶段，进行多阶段决策；在决策序列中求得总盈利最大的最优方案，即最优开采境界。

LG图论法　1965年，有研究者提出LG图论法，是具有严格数学逻辑的最终境界优化方法。将价值模型中的块段抽象为节点，在块段模型下方添加一个虚拟的根节点作为搜索起点，通过一组有向弧连接起点至各节点形成有向图。构成一个可行的开采境界需满足几何约束条件，即从被开采节点出发引出的弧的所有节点也属于被开采之列。形成可行的开采境界的子图称为可行子图，也称为闭包。最大闭包是具有最大开采价值的开采境界，因此求最优开采境界实质上就是在价值模型所对应的图中求最大闭包。

网络最大流法　1956年，有研究者指出最大流的流值等于最小割集的容量，并根据这一原理设计了用标号法求最大流的方法。60年代以来，网络最大流方法开始应用于露天最优境界圈定。使用网络最大流法求解最优开采境界的流程为：根据矿床经济模型将露天矿离散为矿岩块段模型；构建矿岩网络图，利用网络最大流算法寻找盈利最大的块段组合，即最优开采境界。

露天境界优化及其动态管理，是生产矿山在原设计基础上，依据变化的条件，挖掘边坡潜力，优化境界，使其生产实践更优化，经济效益最大化。

扩展阅读

高永涛，吴顺川.露天采矿学.长沙：中南大学出版社，2010.

（陈　鑫）

露天开采境界　surface mining limits　露天矿开采终了时或某一时期所形成的采场空间边界。它由露天采场的地表境界、底部境界和周围边坡组成。露天矿采用分期开采时，有分期境界，开采结束时形成最终境界。露天开采境界的大小决定露天矿的可开采储量和剥离岩量。露天开采境界的位置和演化与露天矿开拓、采剥程序、生产能力以及基建工程量密切相关，并直接影响矿床开采的总体经济效果。

影响露天开采境界的因素　影响露天开采境界的因素很多，归纳起来有3个方面：①自然因素。包括矿体埋藏条件、矿石和围岩的物理力学性质及工程地质条件、水文地质条件和矿区地形地貌。②经济因素。包括矿床勘探程度及储量等级、矿石的质量和价值、原矿和精矿成本及售价、基建投资、基建期、国家及地区经济发展的方针及政策等。③技术组织因素。主要是指露天开采的技术水平、装备水平、管理水平及其发展趋势，以及制约和促进其应用推广的技术与组织条件。以上各种因素，对不同地区、不同矿床、不同开采时期所起的作用是不同的。因此，在确定露天开采境界时，必须全面分析和综合考虑各种因素，分清主次关系。

确定露天开采境界的原则　1927年，苏联A.I.斯捷申科提出境界剥采比和平均剥采比都不大于经济合理剥采比来确定急倾斜矿床露天开采深度的理论。这一理论经发展和完善已为世界各国广泛采用。

中国露天矿山开采境界确定的原则主要有：①境界剥采比不大于经济合理剥采比。该原则是常用的一种设计原则。原则实质是露天开采境界向下延深时，露天开采的边界经济效益不劣于地下开采经济效益。②平均剥采比不大于经济合理剥采比。该原则针对露天开采境界内的全部矿岩量而言，要求露天开采的总体经济效果不劣于地下开采。圈定露天开采境界时，选取两项中一项为主要原则，另一项进行校核。③生产剥采比不大于经济合理剥采比。该原则的理论依据是露天矿任一生产时期按正常工作帮坡角进行生产时，其生产成本不超过地下开采成本或允许成本。因设计方法的可操作性较差，这个原则很少被采用。

圈定露天开采境界的方法　圈定露天开采境界的方法有手工设计和动态优化设计。

手工设计是在地质剖面图和分层平面图上进行，用求积仪量取图形面积。其圈定步骤是：①确定露天矿底部最小宽度和位置。②选取最终边坡角。③确定开采深度。④绘制露天矿开采终了平面图。20世纪80年代，以计算机辅助设计软件为平台，按照手工圈定露天开采境界的步骤，用计算机辅助绘图和圈定露天开采境界在中国开始应用。

动态优化设计的研究在中国始于20世纪末。动态优化设计方法有浮动圆锥法、LG（Lerchs-Grossmann）图论法、动态规划法和网络最大流法等，应用较广泛的是浮动圆锥法和LG图论法。动态优化设计在实践中得到较广泛的应用。

扩展阅读

李宝祥.金属矿床露天开采.北京：冶金工业出版社，1992.

王青，任凤玉.采矿学.2版.北京：冶金工业出版社，2011.

（王运敏）

露天开采设计　open-pit mining design　确定矿床露天开采的技术方案，并为露天矿山开发建设和开采生产提供有技术依据的文件和图纸的活动。设计原则：①严格遵守项目所在地的法律、法规及规程、规范。②以经济效益为中心，坚持采剥并举，保证稳定出矿。③尽可能采用先进技术、设备，提高自动化、智能化水平，节约资源和能源。④安全设计必须与工程设计同时进行，以便同时施工、同时投产使用，确保生产安全。⑤保护环境应放在优先位置，最大限度采用安全环保的工艺设备，以降低环境影响。

主要内容：①圈定、优化露天开采境界。②选择确定最终帮坡和工作帮坡参数。③确定并验证生产规模。④比较选择开拓运输方式、采剥方法和采剥工艺。⑤比较选择采剥设备，并计算主要设备数量。⑥编制基建和生产采剥进度计划、废石排弃计划等。⑦比较确定露天采场防洪、排水方案及所需设备。

（刁　泳）

露天矿　open pit　采用露天开采方式采掘矿石的矿山。开采所形成的采坑、台阶和露天沟道的总称为露天矿场。露天矿的主要生产系统有开拓和运输系统、穿孔爆破和采装系统、排土系统、防水和排水系统，以及破碎、选矿、机修、汽修、供电、供水、炸药制备、尾矿库等生产车间。按地形和矿床埋藏条件，露天矿分为山坡露天矿、凹陷露天矿和深凹露天矿。

山坡露天矿　位于露天采场封闭圈以上的露天矿（图1）。其特点是：①开拓运输道路自地表至山坡最上一个开采水平一次形成，随着开采水平的下降，运输道路自上而下依次废弃或消失，运输距离逐渐缩短。②在运输道路上一般重载下行。③受地下水影响小，且能利用地形自流排水。④出入沟和开段沟以单壁沟为主。⑤生产过程中产生的大气污染物能靠自然风流排除。

图1　大孤山露天矿

凹陷露天矿　位于露天采场封闭圈以下的露天矿。其特点是：①开拓运输坑线随开采水平延深逐渐形成。②运输设备在运输坑线上重载上行，随运距的增加，运输能力下降，运输成本增加。③随开采深度增加，岩体完整性越来越高，硬度越来越大，爆破成本越来越高。④矿坑涌水需用排水设施排出，水文地质条件复杂时对开采影响较大。⑤出入沟和开段沟为双壁沟，新水平准备工程量较山坡露天矿大。⑥生产过程中产生的大气污染物扩散及排除较慢。

深凹露天矿　开采深度超过一定值（一般认为深度达150米以上）时的凹陷露天矿（图2）。其特点是：①深凹露天矿多采用联合运输方式，以充分发挥各种运输方式的优势。②采场上部边坡长期暴露，边坡稳定性的控制和维护难度大，边坡维护成本增加。③生产过程中产生的大气污染物扩散及排除慢，有时需采用机械通风方式。④随着采场的降深，采场空间尺寸逐渐缩小，开拓运输和新水平准备的困难

图2 深凹露天矿

增加，影响矿山生产能力。

（王运敏）

露天矿爆破 open pit blasting 在露天采场中将矿用工业炸药和起爆器材按一定的要求装入炮孔中，利用炸药爆炸产生的化学能将矿岩破碎至一定块度的作业。是露天矿开采的主要工艺之一。爆破质量的优劣直接影响采装和运输作业的效率，它不仅与矿岩性质、地质条件（不连续面状况、地下水条件等）和炸药性能有关，而且与所采用的爆破方法、起爆方法、布孔方式和参数等有关。露天矿爆破方法包括浅孔爆破、深孔台阶爆破、硐室爆破和控制爆破。采用的控制爆破方法主要是微差爆破、挤压爆破、光面爆破和预裂爆破。露天矿采用深孔台阶爆破较广泛。

露天铜矿爆破（赞比亚堪萨斯州）

露天矿使用的工业炸药主要是乳化炸药、铵油炸药，并普遍采用非电导爆管雷管起爆网路。它能实现毫秒延时分段起爆，改善爆破质量，减小爆破飞石、爆破震动等危害。

（章 林）

露天矿边坡稳定 open-pit slope stability *矿床露天开采*时，为使采掘作业正常进行而要求采场边坡岩体应具有的稳定性。露天矿边坡稳定与否直接制约着矿山的安全，是影响矿山经济效益的关键因素之一。露天矿边坡的特点是：①边坡较高，走向长，揭露的岩层多，岩体结构复杂。②人工开挖使得边坡岩体较破碎，一般不加维护，易受风化作用影响。③边坡常受频繁爆破作业和开采设备运行的震动影响。④最终边坡由上至下逐渐形成，上下部边坡稳定性因服务年限而不同。⑤不同地段的边坡要求达到的稳定程度不同。⑥边坡是随着露天开采作业而形成的，其稳定性不断发生变化。

露天矿边坡的影响因素包含露天矿边坡岩层力学性质和结构特征、地质构造的复合交错、地下水位的变化、残余构造应力的存在、采场内的爆破震动、*开采技术条件*和边坡几何形状的变化、气候以及人为因素的影响等。有些因素的影响，短期内难于准确估计，有些因素则尚难进行定量分析。

采矿过程中边坡岩体在自身重力和外界作用力下失去原有平衡，出现边坡解体、崩落、滑落等现象，称为露天矿边坡失稳。露天矿边坡变形和失稳受本身地质条件和外部环境等多方面因素的影响，这些因素的复杂性、多样性及其变化的随机性导致不同边坡的位移和变形趋势有可能存在较大的差异。露天矿边坡失稳可分为以下几种基本形态：①剥落。台阶坡顶面附近的松散、破碎岩体因风化、生产爆破、运输机械等震动作用形成碎块，顺坡面滚落，堆积在台阶坡底。此现象虽属不可避免，但采用控制爆破并及时清理，可无碍生产。②滑动。完整的边坡岩体沿其内部的结构面或软弱破碎带，或边坡上部的松散堆积土岩沿其基底面（或带）做整体移动，规模可达几千至数百万立方米，即通常所说的滑坡。③崩落。边坡上大量陡立柱状或棱块状的岩块向下倾倒、坍塌、高速度滚动坠落，有如自然山崩，多发生于边坡岩体内存在倾角较大的岩体结构面。④流动。饱水的松软土岩以4°～6°甚至更缓的坡角沿台阶表面、基岩面或地面沟谷呈流体移动，如泥石流。此外，还有边坡上原状的松散多孔土岩或排弃土岩，在其自重或上部机械设备重力作用下产生的一种垂直下沉变形。上述破坏形式也可能同时发生在同一边坡，形成复合破坏现象。露天矿边坡稳定性分析往往需要通过工程地质调查，确定其可能破坏模式，进而采取相应的分析方法。

扩展阅读

孙玉科，杨志法，丁恩保，等.中国露天矿边坡稳定性研究.北京：中国科学技术出版社，1999.

（杜竞中 杨成祥）

露天矿采剥方法 mining and stripping of open pit 按照一定的开采顺序，露天矿中剥离岩石、采出矿石的方法。*露天矿开采*中，剥离岩石和采出矿石的工艺区别不大，一个工作*台阶*上的设备既可进行开采，又可进行剥离。采剥方法是露天矿开采过程中的中心环节，它决定着露天矿的开采方式、技术装备、矿床的开采强度和经济效果。按照工作台阶开采方式划分为缓帮开采和陡帮开采；按工作线布置方向和开采推进方向分为纵向工作线采剥方法、横向工作线采剥方法、扇形工作线采剥方法和环形工作线采剥方法等。

陡帮开采 加陡露天矿剥岩*工作帮*所采用的工艺方法。把剥岩工作帮上的台阶分为工作台阶和临时非工作台阶，工作台阶的*工作平盘*宽度不小于最小工作平盘宽度，而临时非工作台阶则可按保证安全及运输通道的要求，尽量减小宽度。因此，陡帮开采是通过控制临时非工作台阶数并减小它们的宽度来减小整个剥岩工作帮上台阶所占平盘宽度来实现加陡剥岩工作帮坡角的。陡帮开采在保持相同采矿量的前提下，用加陡剥岩工作帮坡角的工艺方法把部分岩石推迟到后期剥离。其加陡的程度，从大于一般缓工作帮坡角（8°～15°），直到接近最终边坡角。陡帮开采方式有组合台阶开采、倾斜分条开采和追尾式开采。就其工艺实质而言，倾斜分条是组合台阶开采的特例，追尾式开采是横向推进方向的组合台阶开采。①组合台阶开采，将工作帮上的开采台阶划分成组，每组由若干个台阶组成，在一组台阶内只有一个工作台阶，其他均为临时非工作台阶，在一组内自上而下逐台阶进行剥岩作业。组合台阶的穿爆、采装、运输工艺配合的核心问题是开采过程中岩石运输系统、辅助设备的通路始终保持畅通。解决这一问题的方式不同，其开采工艺的方法也不尽相同。如果临时非工作平台作为辅助运输路使用时，其工艺方法较为简单，穿爆和采掘工艺的配合与缓帮开采相同。②倾斜条带开采，把工作帮上的所有台阶作为一个作业区，从上而下逐个台阶尾随式开采，对工作帮高度没有严格要求（图1）。当工

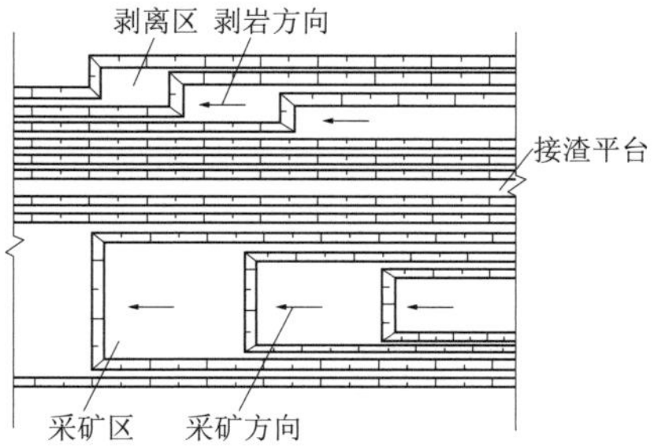

图1　倾斜条带开采

作帮构成要素相同时，倾斜条带开采的帮坡角比组合台阶的帮坡角陡，相对下部采矿区的安全性较组合台阶开采差，因而在应用中，需要在工作帮下部设置较宽的接渣平台。③追尾式开采，一台挖掘机尾随另一台挖掘机向前推进，组内有若干台挖掘机同时作业（图2）。当采用台阶尾随开

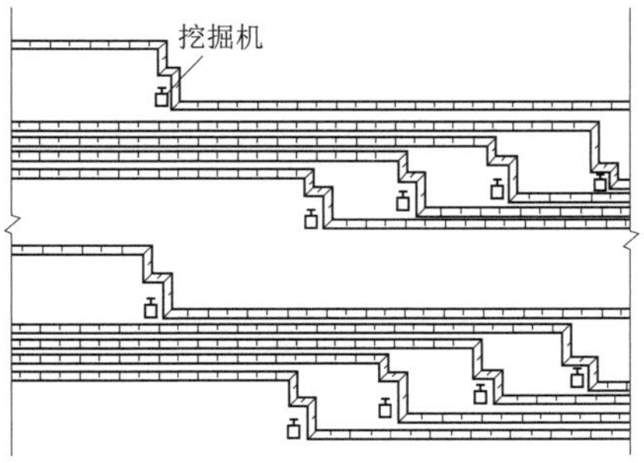

图2　追尾式开采

采方式时，在工作帮任何一个垂直剖面上，组内只有一个台阶在作业，它保留工作平盘宽度，而其他台阶只留运输平台，故可以加陡工作帮坡角，实现陡帮开采。

缓帮开采　相对于陡帮开采而言，它的特点是每一个未到界台阶均为工作台阶，所有工作台阶同时作业，且其平台宽度大于最小工作平台宽度。缓帮开采的矿山，初期生产剥采比高、后期生产剥采比低，影响了矿山即时经济效益和总体经济效益。尽管可以在编制采剥进度计划时进行一些调整和均衡，但由于工艺特点，仍然出现较高的剥离高峰值，造成矿山开采初期剥岩量大、设备和人员增多、基建投资大、生产成本高等问题。

横向工作线采剥方法　采剥工作线垂直矿体走向布置，沿矿体走向方向推进（图3）。采剥时一般沿矿体走向掘沟，垂直于矿体掘短段沟形成初始工作面，或不掘段沟直接在出入沟底端向四周扩展，扩

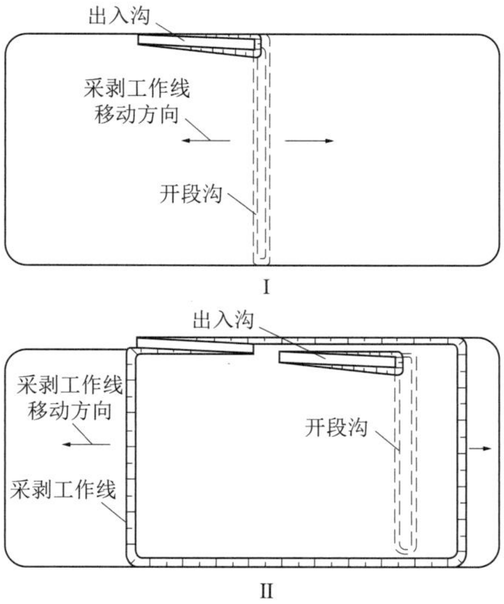

图3　横向工作线采剥方法

成垂直矿体的工作面，沿矿体走向一端或两端推进。

纵向工作线采剥方法　采剥工作线沿矿体走向布置，垂直矿体走向移动（图4）。纵向工作线采矿法的开段沟，可沿矿

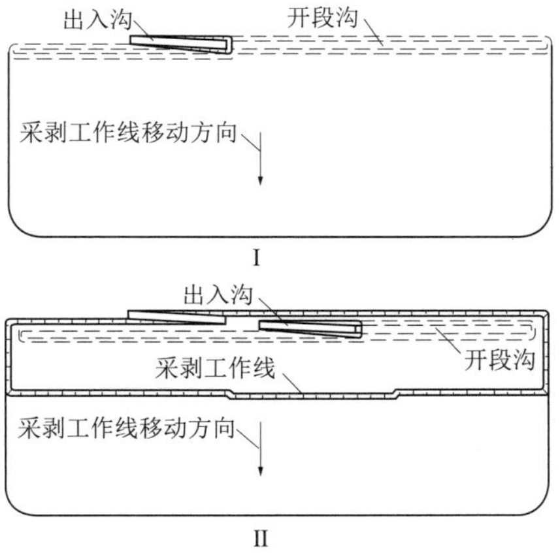

图4　纵向工作线采剥方法

体上盘或下盘的最终境界开掘形成单侧的工作帮，再向下盘或上盘推进，亦可沿矿体或上下盘围岩接触带掘进，形成两个工作帮，分别向顶、底帮境界推进。

扇形工作线采剥方法　初始工作线沿最终境界线挖掘一定距离后，以开段沟的起点为中心，向台阶的对侧回转推进（图5）。台阶工作线各点的推进速度不同，台

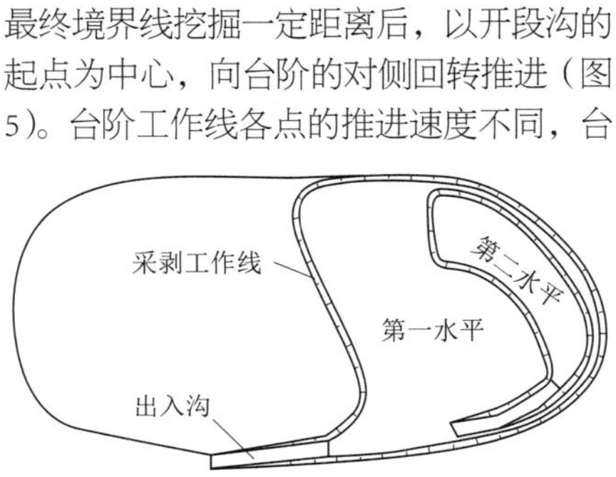

图5　扇形工作线采剥方法

阶工作线的长度随时间而变化，工作平盘的宽度沿工作线纵向各点均不相同。

环形工作线采剥方法　台阶工作线呈环形布置，工作线向四周扩散推进或向中心收缩推进（图6）。适用于开采赋存在孤

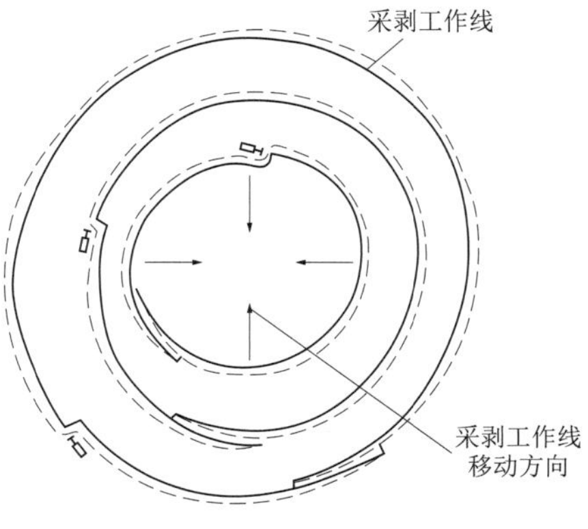

图6　环形工作线采剥方法

立山包中的短而厚的矿体和赋存在环抱谷底的群山中厚大矿体。环形工作线采矿法采用移动**坑线**开拓。

扩展阅读

王青，任凤玉.采矿学.2版.北京：冶金工业出版社，2011.

（李家泉）

露天矿采剥顺序　mining and stripping order of open pit　露天采场内剥离岩石、采出矿石的顺序。露天矿采剥顺序主要包括露天矿开采中的剥离及采矿工程的顺序。不同的采剥顺序将直接影响矿山年产量、生产剥采比和矿山的经济效益。露天矿采剥顺序是按照基建工程量的大小，有用矿物的产量、品种和质量的均衡，采场内的运输距离，矿产资源的合理利用，生产的安全保证来确定。采剥顺序可分为全境界开采、分期开采、分区开采。

全境界开采　采剥工程在水平方向上连续扩展到最终境界，在垂直方向上连续向下延深至最终开采深度的采剥顺序。全境界开采有较大的生产能力，生产组织管理工作相对简单。但要求在设计时一次性确定最终开采境界，因此需要对矿山进行详细勘探，其勘探工程量大。全境界开采方案对有利部位的优先开采选择性较差，造成基建工程量大，初期投资大，**剥离洪峰**值出现较早，影响矿山开采特别是初期开采的经济效果，尤其是缓帮开采时，对矿山经济效益的影响甚大。

分期开采　露天矿在开采期间或最终境界内以开采深度或平面范围划分不同的区段，按一定的顺序依次进行的开采。将最终开采境界划分成几个小的中间境界，台阶在每一分期内只推进到相应的分期境界。当某一分期境界内的矿岩即将采完时，开始向下一个分期境界扩帮过渡，逐步过渡到下一分期境界内的正常开采（见图）。

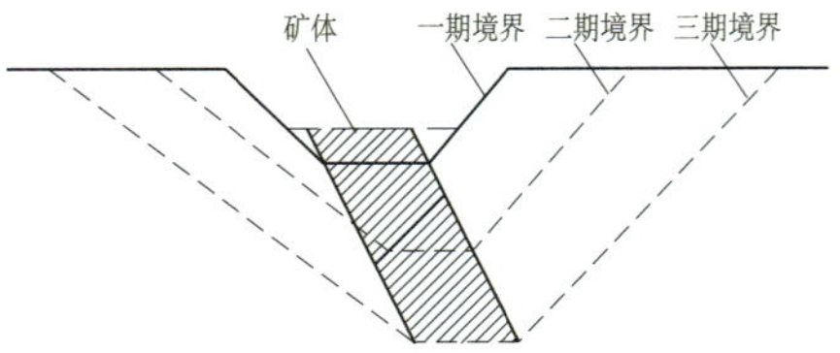

分期开采示意图

采矿工作延深到分期开采境界底部水平的时间是分期扩帮过渡结束的最迟期限，即分期内正常生产的**工作帮**与扩帮过渡的工作帮形成统一工作帮。扩帮工作可从下一个分期的境界开始，由外向采场内进行，也可以从本分期的境界开始，由采场内向下一个分期境界推进。根据分期开采的具体技术特征，可分为长分期开采和短分期开采。长分期开采是在最终开采境界内分期的次数比较少，每个分期时间比较长，过渡期较长。短分期开采分期次数较多，每一分期开采时间短，在水平方向的扩帮宽度较小。各分期之间衔接紧密，为保证正常生产，可提前一期或两期剥岩。分期开采的目的主要是优先开采矿石品质好、建设条件好的区域，减少基建剥离量，降低前期投资和生产剥采比，提高经济效益。

分区开采　将露天矿在平面上划分成若干个小的开采区域，针对每个开采区域条件，按一定先后顺序或者各个区域同时进行开采。分区开采与分期开采的相同点：都划分了开采区域。不同点：分区开采是在平面上划分开采区域，可以同时或按先后顺序开采；分期开采是在深度上划分开采区域，按先后顺序进行开采。分区开采主要与矿体赋存条件密切相关，同时与矿石性质有关。对于同一露天采场内进行分区开采的目的主要是区分不同矿石性质分别开采，或者为了提高产能增加开采作业面。

扩展阅读

王运敏.现代采矿手册.北京：冶金工业出版社，2012.

王青，任凤玉.采矿学.2版.北京：冶金工业出版社，2011.

（李家泉）

露天矿采掘带　cutting zone of open pit　**矿床露天开采**时，将工作台阶划分为若干个具有一定宽度的条带。采掘带宽度是**露天矿工作面**的主要参数之一，是挖掘机一次采掘的宽度。当矿岩松软不需要爆破时，采掘带宽度等于采区宽度；对于需要爆破的矿岩，采掘带宽度为一次采掘的爆堆宽度。

采掘带过宽，铲装采掘带边缘部分时挖掘机满斗系数降低，残留矿岩较多，清理工作量大，挖掘机回转角增大，挖掘机生产能力降低；采掘带过窄，挖掘机移动频繁，行走时间多，作业时间减少，降低挖掘机生产能力。

对于机车运输，采掘带宽度受挖掘机技术规格和线路移设的限制，通常采掘带宽度应保持挖掘机向里侧回转角不大于90°，向外侧不大于30°。对于汽车运输，由于其机动灵活、转弯半径小、爬坡能力大，采掘带宽度与挖掘机技术规格、调车方式、运输通道和安全距离有关。

（王运敏）

露天矿采装　open pit loading　用采掘设备将矿岩从实体或爆破破碎的爆堆中挖出，装入运输设备的作业。是**露天矿**开采的主要工艺之一。采装工作是露天矿开采工艺过程的中心环节。装车方式按工作面与采装设备站立的水平位置关系分上装、下装和平装。金属露天矿采装主要分为单斗挖掘机采装、装载机采装、索斗挖掘机采装、轮斗挖掘机采装和露天铲运机采装。露天矿山主要采用挖掘机（图1）和装载机采装（图2）。

图1　挖掘机采装

图2　装载机采装

挖掘机采装　用挖掘机将矿岩从实体或经过爆破破碎的爆堆中采掘出来并装入运输设备的作业。

挖掘机类型　露天矿山适用的挖掘机种类很多，一般按其铲装方式、传动和动力装置、设备规格及用途不同进行分类。按铲装方式不同分为正铲、反铲、刨铲和拉铲等机型。按传动装置不同可分为机械传动式、液压传动式和混合传动式。按动力装置不同可分为电力驱动式、内燃驱动式和复合驱动式。按行走装置不同可分为履带式、迈步机构、轮胎和轨道等形式。

作业方式　挖掘机作业方式可根据运输设备的相对位置不同分为上装车和平装车两种（图3）。上装车是运输设备位于台

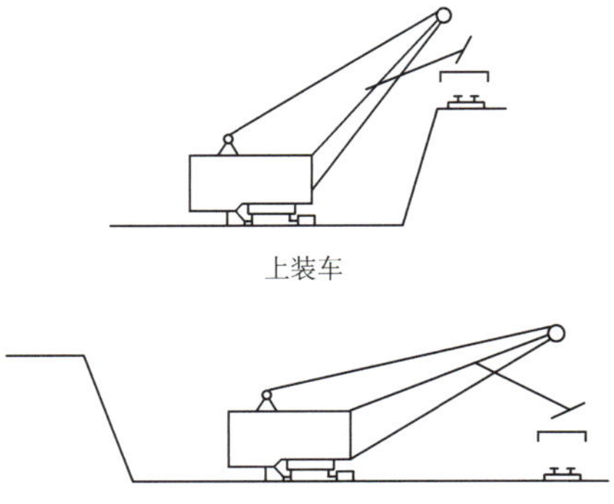

图3　挖掘机作业方式

阶的上部平台，平装车是挖掘机与运输设备都位于台阶的下部平台上。为了充分发挥挖掘机的装载效率，装载工作面的爆堆高度、采掘带宽度和采区长度等参数应与挖掘机的规格和工作参数相适应。

技术生产能力　挖掘机在某一工作环境下进行1小时不间断作业所能达到的生产能力，即挖掘机从工作面挖掘并装入运输容器中的矿岩石方体积或重量。综合考虑采装作业中的铲斗满斗系数、矿岩松散系数和工作循环时间后计算挖掘机在给定条件下可能达到的最大生产能力。计算公式为：

$$V_i = \frac{3600}{t} E K_i$$

式中V_i为挖掘机技术生产能力；t为铲斗一斗的工作循环时间；E为铲斗容积；K_i为实方满斗系数。

实际生产能力　考虑挖掘机工作时间利用率后的生产能力。在实际采装中，挖掘机因进行辅助作业和等车、设备故障、机车运输时的移道工作等原因，不太可能进行连续作业，因此挖掘机的实际生产能力计算公式为：

$$V_0 = V_i T \rho$$

式中V_0为挖掘机台班实际生产能力；T为班工作时间；ρ为班工作时间利用系数。

设备台数计算　露天矿生产配备的挖掘机台数一般不考虑备用数量，但不应少于2台。如果采矿和剥离作业的工作制度不同、设备型号以及生产效率相差较大，可以分别计算采矿和剥离作业所需的挖掘机台数。矿山所需挖掘机台数计算公式为：

$$N = \frac{Q}{q}$$

式中N为挖掘机台数；Q为年采剥量；q为挖掘机台年效率。

装载机采装　用装载机将矿岩从实体

或经过爆破破碎的爆堆中采掘出来的作业。装载机是一种具备采装、短距离运输能力的多功能工程机械。装载机可与汽车配合完成装运过程，也可独立完成装、运、卸过程。露天矿使用的装载机多为轮胎行走式，与土石方工程中的轮胎式装载机结构相似。采用履带行走的装载机，因其机动灵活性差，在露天采场很少应用。轮式装载机行走速度快，工作循环时间短，装载效率高，适用于露天矿山开拓剥离、铁路筑基和修铺道路等工程中的装载、堆排土作业。

生产能力　装载机仅作为向运输车辆装载使用时，其生产能力Q_z计算公式为：

$$Q_z=\frac{3600}{T_1}EKV_j$$

式中V_j为铲斗的几何容积；K为铲斗的满斗系数；E为短时作业时间利用系数斗容积；T_1为装载机一次作业循环时间。

设备台数计算　按矿山设计生产能力计算装载机台数。已知露天矿山设计生产能力，生产所需的装载机数量N_z计算公式：

$$N_z=\frac{K_jA_n}{ZmQ_b}$$

式中A_n为矿山年剥离总量；K_j为工作不均衡系数，一般取1.10～1.20；m为前装机工作天数；Z为前装机日工作班数；Q_b为装载机班生产能力。

与汽车配合作业方案　装载机与汽车配合作业方案布置形式主要有3种：①装载机与汽车斜交。汽车与工作面布置成30°～45°角，装载机与汽车相互斜交，当装载机向工作面前进和驶往汽车卸载时，必须转向才能达到目的。②装载机与汽车直交。待装汽车往返地平行于工作面前进和后退。该方案作业循环时间长，主要适用于带刚性车架结构的轮胎式装载机或履带式装载机，以及工作面狭窄或装载机不可能转向的作业场所。③装载机与汽车平行。装载机挖掘方向与汽车行驶方向平行，汽车可以布置在干线上。该方案增加了装载机工作过程的运行距离，避免了汽车在不好的工作面运行。

扩展阅读

王运敏.现代采矿手册.北京：冶金工业出版社，2012.

王青，任凤玉.采矿学.2版.北京：冶金工业出版社，2011.

（章　林）

露天矿穿孔　drilling in surface mining　在露天矿采场内穿凿用于实施爆破法分离并破碎原生态矿岩的孔眼的作业。是露天矿开采的主要作业之一。穿孔工作是露天矿开采的第一道工序，其穿孔质量对之后的爆破、采装等工作有很大影响。整个露天矿开采过程中，穿孔费用占生产成本的10%～15%。

岩石的可钻性是决定穿孔作业效率的基本因素。影响**岩石可钻性**的主要因素包括：岩石的力学性质、矿物成分、结构构造、密度、孔隙度、含水性及透水性。影响岩石可钻性的技术条件有：钻探设备的类型、钻孔直径和深度、钻进方法、碎岩工具的结构和质量等。影响岩石可钻性的工艺因素主要有：施加在钻头上的压力、钻头的回转速度、冲洗液的类型及孔底岩粉排出情况等。

露天矿山多采用牙轮钻机、潜孔钻机和顶锤式钻机进行穿孔，如图1、图2和图3所示。

牙轮钻机是大中型以上矿山常选用的穿孔设备，具有穿孔效率高、作业成本低、机械化和自动化程度高等优点，适合各种硬度的矿岩穿孔作业。

潜孔钻机是中小型露天矿主要钻孔设备，适用于中等硬度矿岩穿孔，具有机动灵活、设备重量轻、价格低、穿孔角度变化范围大等优点。

顶锤式钻机用于岩石硬度大的小型露天矿，或者用于大型露天矿修整最终边坡。

（章　林）

图1　牙轮钻机

图2　潜孔钻机

图3　顶锤式钻机

露天矿防水　open pit proofing　在露天开采工程中防止地表水和地下水涌入采场的措施和设施的总称。对部分**露天矿**来说，尤其是凹陷露天矿，其客观上具备汇集大气降水、地表径流和地下涌水的条件。露天矿如发生涌水危害极大，不但影响生产，甚至会导致不堪设想的后果。因此，在露天矿全过程生产期间，甚至在基建期间都必须采取有效的防水措施。

防止地表水和地下水涌入采场的主要措施有：①通过修筑截（排）水沟、河流改道、调洪水库、拦河护堤等工程设施，防止和减少大气降水和地表水涌入采场。②通过设防水墙、留防水矿柱、注浆防渗帷幕、修筑地下连续墙等工程设施，防止和减少地下水涌入采场。

扩展阅读

高永涛，吴顺川.露天采矿学.长沙：中南大学出版社，2010.

（许利生）

露天矿工作面　working face of open pit　**露天矿**采掘矿岩的工作场所。工作面参数以其使用的采掘设备不同而异。挖掘机采掘时，工作面参数主要包括工作面高度、采掘带宽度、工作平盘宽度和采区长度。

工作面高度　挖掘不需要爆破的矿岩时，工作面高度即是**台阶**高度；挖掘需要爆破的矿岩时，工作面高度指爆堆高度。为保证采装效率，工作面高度一般不小于挖掘机推压轴高度的2/3，其上限考虑采装作业安全，视矿岩破碎程度而异。

采掘带宽度　挖掘机一次采掘的宽度

（见露天矿采掘带）。

工作平盘宽度　主要取决于爆堆宽度、采运设备规格、采掘与供车方式、动力管线的配置方式以及作业的安全宽度等（见工作平盘）。

采区长度　把工作台阶划归一台挖掘机采掘的工作线长度。当采用汽车运输时，采区长度一般不小于150～200米；当采用机车运输时，采区长度一般不得小于列车长度的2～3倍。对于需要分采和在工作面配矿的露天矿，采区长度应适当增加（见图）。对于中小型露天矿，开采条件困难并需要加大开采强度时，采区长度可适当缩短。

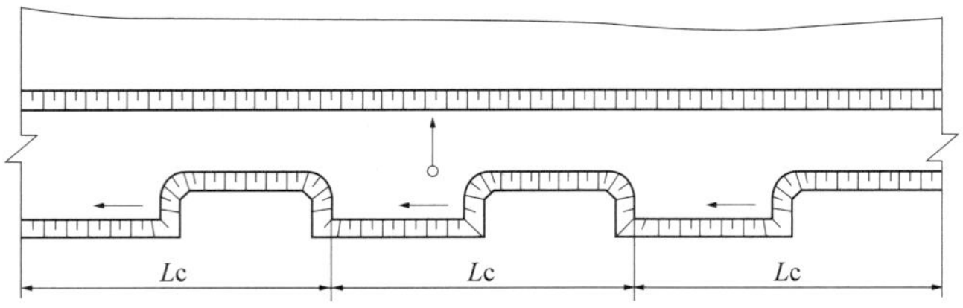

露天矿工作面、工作线

（王运敏）

露天矿工作线　pit working line　露天矿中具备采运条件的采掘带。露天矿工作线长度等于各个台阶工作线长度之和，表示露天矿具备生产能力的大小。露天矿工作线长，可布置采装设备数量多，露天矿可达到的生产能力大。工作线年移动距离，表示露天矿的水平推进速度。

按工作线方向与矿体走向的关系，工作线的布置方式分为纵向、横向、扇形和环形四种。纵向布置时，工作线的方向与矿体走向平行；横向布置时，工作线方向与矿体走向垂直；扇形布置时，工作线与矿体走向不存在固定的相交关系，而是呈扇形向四周推进；环形布置时，工作线向四周扩散推进或向中心收缩推进。

采用机车运输时，受运输线路坡度及转弯半径的影响，工作线一般采用纵向布置方式；采用汽车运输时，由于汽车运输机动灵活、适应性强，可根据实际需要采用上述四种方式。生产过程中亦可根据矿体赋存条件的变化改变工作线布置方式，提高工作线布置方式对矿体赋存条件的适应性。

（王运敏）

露天矿卡车调度　open-pit truck dispatch　露天矿在生产过程中，利用计算机、通信等技术，建立智能调度管理系统，对运输设备进行实时监控和优化管理，实现电铲、卡车等装运设备优化调度的过程。露天矿卡车调度最初采用传统的人工调度，由于固定配车方法无法实时掌握设备的位置、状态，难以及时发现和处理生产中存在的问题，生产调度指挥存在盲目性和滞后性，严重影响矿山的生产效率和经济效益。随着通信设备及计算机技术的迅速发展，运用计算机技术控制卡车调度，可最大限度提高电铲、破碎机和汽车的利用率，以最低成本提高露天矿的生产能力。20世纪70年代，美国、加拿大、南非等国开始使用计算机对露天矿卡车进行调度管理，计算机控制卡车调度系统于70年代末实施成功。80年代，中国出现了一些采用卡车自动调度的露天矿山。90年代中期，全世界已有60余座矿山采用自动化卡车调度系统。截至21世纪10年代，其发展经历了有线卡车调度、无线通信自动化调度、GPS定位卡车调度等阶段。基于全球定位系统/地理信息系统（global positioning system/geographic information system，GPS/GIS）的露天矿卡车调度系统可以借助安装在卡车、电铲等设备上的终端设备收集各种数据，通过无线通信系统将这些数据实时传送到调度中心，由计算机进行快速决策运算，并将调度命令发送给各装运设备，从而实现动态的优化调度。

露天矿卡车调度主要由最佳运行路线的确定、车流规划模型、实时调度模型3个部分组成。①最佳路线确定，是为适应矿山配置形态变化而进行的，它解算出矿山道路网中所有两点间的最短路线。②车流规划模型，在满足数个约束条件下使优化的运输量最小，其变量是从卸载点到电铲和从电铲到卸载点每条路线的目标流率。③实时调度模型，是在车流规划的基础上，应用适当的实时调度准则，根据当前系统的运行情况，对卡车进行实时调度，给出每台卡车优化的运行方向。

露天矿卡车调度能够有效提高矿石的铲装和运输效率，确保露天矿安全高效开采。

（赵兴东）

露天矿联合开拓　combined development of open pit　同时采用两种或两种以上的开拓方式建立地面至露天采场内各工作水平，以及各工作水平之间的矿岩运输通道。采用联合开拓的目的是为了适应某种复杂地形、解决地形高差或开采深度大的技术问题，提高开采能力，降低开采成本。常见的联合开拓方式包括：铁路－公路联合开拓、公路（铁路）－破碎站－带式输送机联合开拓、公路（铁路）－斜坡箕斗联合开拓、公路（铁路）－平硐溜井联合开拓等。

铁路－公路联合开拓　铁路－公路联合开拓，转载站是中间环节。转载站一般采用转载平台、中间堆场和矿仓方式。将汽车运输的矿石在转载平台上直接向铁路车辆转载；或者将汽车运输的矿石卸入中间堆场经挖掘机转载；或者将汽车运输的矿石卸入中转矿仓，再通过板式给矿机向铁路车辆转载并运输至卸载点。

公路（铁路）－破碎站－带式输送机联合开拓　矿岩通过汽车或铁路运输卸入破碎站，破碎后向带式输送机供料，由带式输送机运输至卸载点。采用公路－破碎站－带式输送机联合开拓是20世纪90年代以来大型金属露天矿普遍采用的开拓方式。

公路（铁路）－斜坡箕斗联合开拓　以箕斗为主要的运输容器，由转载站、斜坡沟道、地面卸载站和提升机装置4个基本部分组成。采场内部需用汽车或铁路与之建立运输联系，形成以箕斗斜坡沟道为开拓中心环节，包括采场内部运输（多用汽车）、地面运输与转载等多环节的联合开拓运输系统。由于在采场内和地表多次转载，转载站的移设和箕斗道的延伸，使露天矿的生产能力受到限制，且箕斗提升系统形成后，再扩大生产能力很困难，故使用斜坡箕斗开拓的矿山不多。

公路（铁路）－平硐溜井联合开拓　通过开拓溜井与平硐来建立露天采矿场与地面之间的运输通道。适用于地形复杂、矿床地面高差大的山坡露天矿。

（李建雄）

露天矿排土　waste disposal of open pit　将露天采场剥离的表土和岩石用专用设备运到排土场，以一定方式进行排放的作业。是露天矿开采的主要作业之一。露天矿排土工作包括合理选择排土场的位置，组织排土工作，排土场的安全保障、生态环境保护、复垦规划等方面。

按排土场与露天矿采场的相对位置可分为内部排土和外部排土。内部排土是将剥离的表土和岩石直接排弃在采空区内，是一种比较经济的排土方法，但仅适用于开采矿体倾角小，并能一次开采矿体全厚的矿床，或具有两个以上不同开采深度的采场。外部排土是将剥离的表土和岩石运输至露天采场外的排土场。

按排土机械不同可分为推土机排土、

挖掘机排土、排土机排土等。

推土机排土　用推土机堆置和排弃土岩。推土机排土主要适用于汽车运输的露天矿，称汽车－推土机排土（图1）。推土机排土作业过程包括：汽车运输至排土场翻卸土岩，推土机推排废石、平整场地和整修排土公路。推土机排土有周边排土法和平推排土法。周边排土法是用推土机将土岩向四周推到斜坡下面。平推排土法是在排土平台上，汽车翻卸土岩，推土机推卸土岩并平整场地。为保证汽车卸载安全，在卸土平台边缘用推土机修筑挡车岩堆。

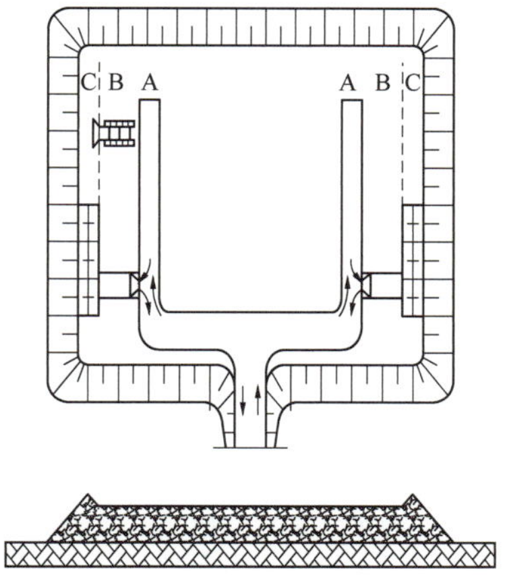

A 公路宽度　B 调车入换部分的宽度　C 卸土带宽度

图1　汽车－推土机排土

推土机排土具有灵活、工艺简单、安全性好、基建量少、投产快、排土台阶高度大等优点，在露天矿山使用广泛。

挖掘机排土　用挖掘机堆置和排弃废石的作业（图2），也称挖掘机排岩。挖掘机主要与机车运输相配合，称机车运输－挖掘机排土。作业过程是机车进入排土线后，依次将废石卸入临时废石坑，再由挖掘机转排。排土台阶分为上下两个台阶，挖掘机站在排土下部台阶的中间平台上，将列车卸下的废石向它所站立平台的前、后和外侧转排、堆垒。其中向前方和侧方堆置为挖掘机推进而形成下部台阶，向后堆置上部分台阶为新排土线修筑路基。

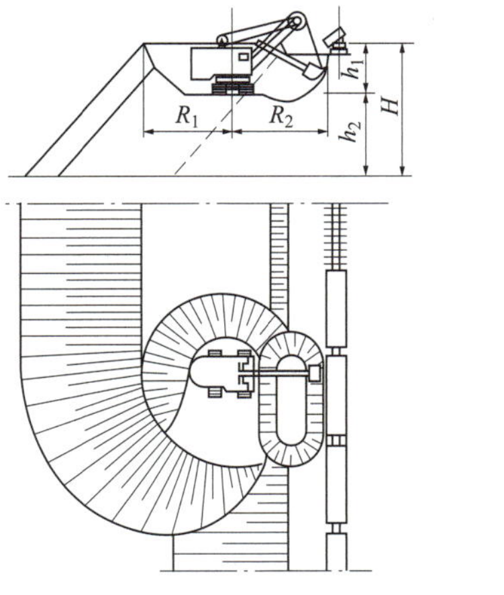

H 台阶高度　h_1 上部台阶高度　h_2 下部台阶高度
R_1 最大卸载半径　R_2 最大挖掘半径

图2　挖掘机排土

挖掘机排土移设步距大，线路质量好，堆置高度大，受气候的影响小。存在的缺点是挖掘机设备投资高；运输机车需要定位翻卸废石和等待挖掘机转排，设备利用率低。

排土机排土　用排土机堆置和排弃废石的作业（图3）。排土机是露天矿连续或半连续运输开采的配套辅助设备，位于带式排土运输系统的终端。排土机排土的流程是：使用汽车将剥离的废石运输至采场最终边帮上的固定或移动破碎站进行粗碎。粗碎后的废石进入带式输送机输送到排土机的接收臂一端，由卸载臂排入排土场。当一个台阶高度排满后用推土机平整场地，然后移置带式输送机和排土机，进行下排形成下部排土台阶，再将带式输送机向另一方向移置便可排弃第二台阶。在形成第二台阶期间，由推土机平整下排分台阶的表面，然后带式输送机移动一个步距，如此排土过程循环下去，便形成排土台阶，如图4所示。

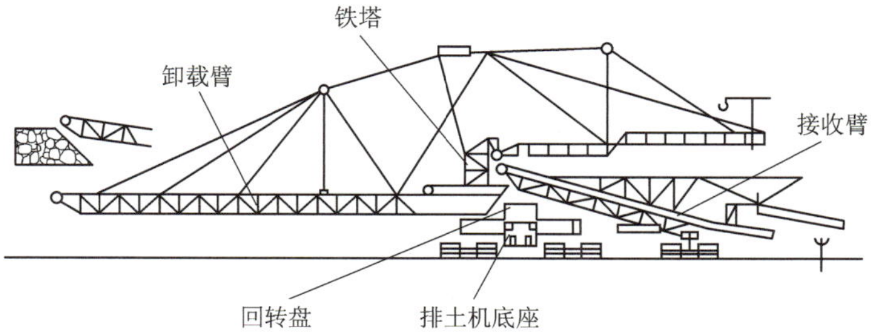

图3　排土机结构示意图

图4　带式输送机将剥离土送到排土场

排土机与移置式带式输送机配套使用形成的连续作业系统，排土能力大，带式输送机爬坡能力强，可增大排土场容量，提高劳动生产率，降低经营成本。

扩展阅读

王青，任凤玉. 采矿学. 2版. 北京：冶金工业出版社，2011.

（汪为平）

露天矿生产能力　production capacity of open pit　*露天矿*在单位时间内开采出来的矿石量或采剥出来的矿岩总量。露天矿生产能力一般包括两项指标，即矿石生产能力和矿岩生产能力。矿岩生产能力与矿石生产能力可以通过生产剥采比进行换算，如下式：

$$A_k = (1 + n_s) A$$

式中 A_k 为矿岩生产能力；A 为矿石生产能力；n_s 为生产剥采比。

露天矿生产能力是露天矿的主要技术经济指标，直接影响到矿山的设备选型、设备数量、劳动力及材料需求、基建投资、生产经营成本和经济效益等。因此，露天矿生产能力是设计中一个重要参数。

影响露天矿生产能力的主要因素有：①资源条件，即资源储量、矿体分布情况。②*开采技术条件*，即工程地质条件、水文地质条件及环境地质条件等。③开采工艺技术及装备水平。④市场及经济效益，即矿产品的市场需求、产品价格及投资回收期。⑤外部建设条件，即外部供水、供电及原材料供应等条件。

验证露天矿可能达到生产能力的主要参数有可布置的挖掘机工作面数目和矿山工程延深速度。

（廖江南）

露天矿运输　transportation of open pit　用运输工具将露天采场的矿石和废石分别运往指定卸矿点和*排土场*，以及将生产人员、设备和材料运送到工作地点的作业。是*露天矿*开采的关键环节。露天矿运输设备及配套设施的投资占露天矿建设投资的50%～60%；运输作业成本占矿山开采总成本的40%～60%；运输作业能源消耗占矿山开采总能耗的40%～60%；运输作业的劳动量占露天矿开采总劳动量的一半以上。

分类　按照线路和设备不同，露天矿运输分为露天矿汽车运输、机车运输、汽车－机车联合运输，以及带式输送机、提升机、平硐、溜井（槽）等分别与公路或铁路相联合的联合运输。按照物料运输连续性程度，分为间断运输、半连续运输和连续运输。选择运输方式时，应根据矿区的地形、地质、气候条件，矿石和围岩的物理力学性质以及运输距离、运输量等因素进行。

间断运输　用运输工具将露天采场的矿石和废石通过间断方式分别运往指定卸矿点和排土场的作业。露天矿间断运输方式有自卸汽车运输、机车运输、自卸汽车-机车联合运输、自卸汽车（机车）-箕斗联合运输等。相比半连续运输和连续运输，间断运输更加灵活，基建投资少，不会因为局部故障使整个运输系统停运。

半连续运输　用运输工具将露天采场的矿石和废石通过间断-连续组合方式分别运往指定卸矿点和排土场的作业。露天矿半连续运输主要指汽车-带式输送机运输。半连续运输以间断作业的运输方式将各工作水平的矿岩运至转载站，经破碎（筛分）后通过连续运输方式如带式输送机运往指定卸矿点和废石场。这种方式充分发挥了间断运输的灵活性和连续运输运距长、运输量大、成本低的优势。

连续运输　用连续作业的采装运输方式将工作面的矿岩直接运至指定的卸矿点或排土场的作业。根据使用的采装运输设备的不同，又可分为连续挖掘机开采和露天采矿机开采两种类型。连续挖掘机开采是使用斗轮挖掘机或链斗挖掘机，对松软的矿岩直接挖取，然后经工作面带式输送机和干线带式输送机分别运至矿石卸载点或排土场。这种全连续开采工艺多用于不含巨大砾石的砂矿床开采以及表土剥离。对坚硬矿石，爆破后可用斗轮挖掘机和链式挖掘机对爆堆进行连续开采，用带式输送机运至目的地。露天采矿机开采是由装在露天采矿机滚筒周边的切齿破碎剥离物，将其收集并用配套的带式输送机进行装载运输（见图）。

带式运输机连续输送矿物

特点　包括：①矿岩运输的物流单向性。②运输强度高、运量大。③矿岩硬度大、大块矿岩装卸有冲击作用。④装卸地点不固定，运输线路移动频繁、坡度大，路面条件差。⑤当矿石需要配矿时，运输组织工作复杂。

扩展阅读

高永涛，吴顺川. 露天采矿学. 长沙：中南大学出版社，2010.

（江鹏飞）

露天矿最终边坡角　angle of final open pit slope

通过*露天矿*最终境界最上一个台阶的坡顶线和最下一台阶的坡底线所做的假想斜面与水平面的夹角。又称非工作帮边坡角、露天矿最终帮坡角。

影响因素　露天矿边坡角对*剥采比*有很大的影响，从经济效果来考虑，边坡角应尽可能大些。然而，过大的边坡角将导致边坡失稳，影响矿山正常生产。从安全角度考虑，应减缓边坡角。最终边坡角的选取，应考虑如下因素：①岩石物理力学性质，主要有岩石硬度、内聚力、内摩擦角等。②地质构造，主要是由破碎带、断层、节理裂隙和层理面等形成的弱面。③地应力变化，矿岩的采掘引起地应力发生变化，会对边坡稳定性产生较大影响。④水文地质条件，应考虑地下水活动对岩体稳定性的影响。⑤气候条件，高寒地区应考虑冻融对岩体稳定性的影响。⑥区域稳定性，强烈地震区应考虑地震的影响。

计算方法　露天矿最终边坡由台阶坡面和安全平台、清扫平台、运输平台、*坑线*组成，最终边坡角的计算公式为：

$$\beta=\arctan\frac{nh}{nh\cot\alpha+\sum_{i=1}^{n_1}a+\sum_{i=1}^{n_2}b+\sum_{i=1}^{n_3}c+\sum_{i=1}^{n_4}d}$$

式中 n 为台阶个数；h 为台阶高度；α 为台阶坡面角；a、b、c、d 分别为安全平台宽度、清扫平台宽度、运输平台宽度、坑线宽度；n_1、n_2、n_3、n_4 分别为安全平台、清扫平台、运输平台、坑线的数目。

边坡要素　包括安全平台、清扫平台和运输平台（见图）。

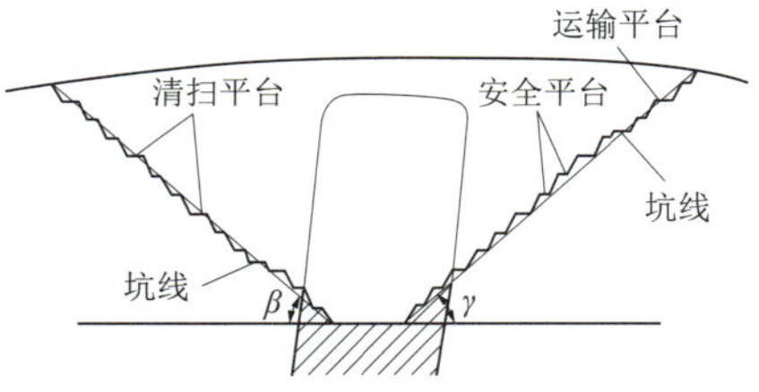

露天采场边坡构成要素

安全平台　为保证露天采场最终边坡的稳定和下部水平的作业安全，在露天采场边坡上设置供拦截滚石的平台。安全平台是露天采场最终边坡构成要素之一。安全平台宽度不宜小于5米。

清扫平台　露天矿最终边帮上用于阻截滑落岩石并用清扫设备或人工进行清理作业的平台。通常每隔2～3个安全平台设一个清扫平台。清扫平台的宽度决定于清扫作业方式。人工清扫时，清扫平台宽度不应小于6米；机械清扫时，清扫平台宽度应按设备要求确定，但不应小于8米。

运输平台　露天矿*非工作帮*上通过运输设备的平台。运输平台的位置由开拓系统的运输线路而定，宽度与纵坡由所采用的运输方式、线路数目，以及运输设备类型、规格决定。

（代碧波）

露天潜孔钻机　surface down-the-hole drill rig

以冲击器潜入孔内直接冲击钻头破岩，而回转机构在孔外带动钻杆旋转，向矿岩进行钻进的钻孔机械。1932年潜孔钻机首次用于地下矿钻凿深孔，后用于*露天矿*。1964年中国生产出第一台露天潜孔钻机，随即成为矿山主要钻孔设备。20世纪70年代以后，高风压潜孔冲击器及球齿钻头的出现，使得露天潜孔钻机产品性能和质量有了较大提升。

潜孔钻机利用压缩空气和液压的动能，经过机体转换成机械冲击和回转能，通过钻具对岩石进行冲击破碎，并将岩粉排出形成炮孔。潜孔钻机由冲击器、回转机构、提升机构、加压装置、行走机构、排渣系统、钻架和钻杆组成。潜孔冲击器一般都是以压缩空气为动力，称为气动潜孔钻机。少数采用以高压水为动力，称为水压潜孔钻机。按使用气压分为低气压潜孔钻机（0.5～0.7兆帕）、中气压潜孔钻机（1.0～1.4兆帕）和高气压潜孔钻机（1.7～2.5兆帕）。按行走方式分为非自行支架式、轮胎式和履带自行式。露天潜孔钻机具有结构简单、机动灵活、工作噪声低、钻孔倾角可调的优点，在中硬岩石的中、小型露天矿山广泛使用。发展趋势是配置高风压空压机，采用高风压驱动潜孔冲击器。

（张文明）

露天牙轮钻机　surface rotary blasthole drill rig

以牙轮钻头为工具，以碾压原理破碎岩石，在钻杆顶部回转和加压推进的履带自行式钻孔设备。1952年，美国比塞洛斯（Bucyrus）公司生产出第一台电动型牙轮钻机。20世纪90年代以来，露天牙轮钻机技术不断进步，形成多种系列化产品。

露天牙轮钻机按回转和加压方式分为卡盘式、转盘式、滑架式；按钻机加压载荷分为小型、中型、大型、特大型。作业时需完成旋转、加压、升降、排粉及换位等工作。露天牙轮钻机主要由工作机构、行走机构、动力设备、操纵系统和辅助设施等部分组成。工作机构包括钻具、回转机构、加压提升系统、钻架、压气排渣和除尘系统。其中钻具包括钻头、稳杆器和钻杆，钻头以三牙轮钻头居多，用合金钢制成，其上的凿刃用硬质合金，钻头的结构、形状、尺寸视矿岩性质而定。行走机构主要为履带车。牙轮钻机具有钻孔效率高、生产能力大、自动化程度高等优点，一般在中硬及中硬以上的岩石中钻孔，广泛适用于矿山及其他钻孔场所。其发展方向是大型化、全自动化、智能化、液压化。

扩展阅读

王运敏.中国采矿设备手册.北京：科学出版社，2007.

（张文明）

露天与地下联合开采 surface and underground combined mining 在同一矿床范围内，既有露天开采又有地下开采，且二者在时间和空间上形成一个有机整体的开采方式。根据露天和地下开采在时间上和空间上结合方式的不同，通常分为露天与地下同时开采、*露天转地下开采*、地下转露天开采。

联合开采方式的选择主要取决于矿床的赋存特点及开采技术和装备的发展水平。无论是露天转地下开采还是地下转露天开采，在过渡期内都存在露天与地下同时开采。露天与地下联合开采方式，其工艺系统的核心是根据矿床的赋存特点，通过露天和地下两种开采方式的协同共存和转换，统筹考虑开拓系统和开采工艺系统，共用地表工业场地生产辅助设施和生活福利设施，以实现安全开采和矿山经济效益的最大化。（廖江南）

露天转地下开采 transition from surface mining to underground mining 前期用露天采矿法开采矿床上部矿体，然后过渡到用地下采矿法开采矿床下部矿体的开采方式。大多用于矿体延深较大而覆盖层较薄的倾斜、急倾斜矿体，上部采用露天开采，下部转为地下开采。

适用条件：①露天采场在深度或水平方向延伸时，*剥采比*大于经济合理剥采比。②露天采场附近有风景名胜或者需要保护的重点文物及重要设施时，采用露天开采对其构成严重威胁而没有合理的保护措施。③露天采场边坡已经严重垮塌，难以恢复正常露天开采生产。④围岩稳固性差，边坡维持困难，改用地下开采技术可行且合理。

特点：①矿床的上部已用露天开采多年，并已形成了*露天矿*完整的生产服务设施，地下开采可以充分利用。②地下开采的工程量相当于新建一个地下矿山，建设周期长。

需要关注的主要问题：①过渡期产能的稳定，在过渡期内采用技术和组织措施确保产能，在露天采场生产进入减产期时，地下开拓系统应当基本形成，并承担露天采场减少的产量。②过渡期长，补勘、规划和技术攻关须先行。③*地压*复杂，需进行地表边坡稳定和地下岩移控制等有关地压的相关研究。④露天、地下开采的工程及生活设施须有机结合。⑤涌水量大，防洪排水措施须周密。

（廖江南）

露天装载设备 mining shovels; excavator 铲挖土壤、矿岩、煤炭等物料，并实现装卸的设备。又称挖掘机。挖掘机对*露天矿*的生产规模、进度、效益等有直接的影响，是露天采矿的重要设备。1833～1836年，美国人W.S.奥蒂斯设计和制造了第一台蒸汽机驱动、铁木混合结构、半回转、轨行式的单斗挖掘机，生产率为35米^3/时，但由于经济性差没有实用。19世纪70年代经过改进的蒸汽铲正式生产并应用于露天矿剥离。1910年出现了第一台电机驱动的单斗挖掘机。20世纪50年代以后，挖掘机进入液压化和大型化阶段。中国矿用挖掘机的生产始于50年代，主要以机械式为主，斗容量为4～75立方米。

挖掘机按照驱动方式分为机械式挖掘机和液压挖掘机；按照行走方式分为履带式、轮式和迈步式，露天矿多用履带式；按照工作机构的方式分为正铲（图1）和反铲式（图2）；按照工作机构的数量分为多斗挖掘机和单斗挖掘机，露天矿一般采用单斗挖掘机。

图1　正铲挖掘机

图2　反铲挖掘机

机械式单斗挖掘机　工作机构采用电力驱动、机械传动，又称为电铲或机械正铲。常见的为正铲挖掘机，其行走方式多为履带式，是露天矿中的主要采装和剥离设备。主要由工作装置、回转装置和行走装置三大部分组成。单斗挖掘机的工作过程由多次重复的工作循环和移动机体所组成。作业循环包括铲装、满斗提升回转、卸载、空斗返回。单斗挖掘机只能组成间歇式的采掘工艺，而不能进行连续开采。挖掘机在工作时，首先机器靠近工作面，使铲斗的挖掘起始点位于推压机构下方的工作面底部，斗齿与工作面的交角一般为45°～50°；铲斗通过提升绳和推压机构的联合作用，使其做自下而上的弧形曲线的强制运动，使斗齿插入土壤（料堆）铲取物料，随着铲斗的升举，推压速度下降，待斗齿处于与推压机构同一水平高度时，推压速度降为零，铲斗的提升钢丝绳拉力几乎保持一个定值。斗齿的切入深度由推压机构通过斗柄的伸缩和回转来调整。挖掘后的平台回转角度取决于工作面的布置和运输车辆的待装位置，往往顺着一个方向回转360°返回。铲斗从挖掘终点位置转到卸载位置时，铲斗的提升运动和转台的回转运动是同时进行的，这就要求回转速度、推压速度和提升速度之间保持一定的关系。

机械式单斗挖掘机具有挖掘力大、生产率高、作业安全、采矿成本低等优点，适用于高强度作业，广泛用于金属、非金属矿及煤炭露天矿的各种土质和软硬矿岩的产装作业，也可用于水利、建筑修路等工程的产装、排土和倒堆作业。

液压单斗挖掘机　在动力装置与工作装置之间采用了容积式液压传动系统（及采用各种液压元件），直接控制各系统机构运动状态。这种挖掘机是在机械式挖掘机的基础上发展而来的，由工作装置、回转装置和行走装置3部分组成。它与机械式挖掘机的主要区别在于传动和控制装置的不同。液压单斗挖掘机采用容积式液压传动来传递动力，其结构由油泵、油缸、控制阀及油管等液压元件组成，采用控制阀来控制各机构的运动。液压挖掘机的工作原理与机械式挖掘机的工作原理基本相同。一般情况下液压挖掘机的工作装置及回转装置是液压传动，行走机构既可为液压传动，也可为机械传动。根据工作装置的工作原理及铲斗与动臂的连接方式，液压挖掘机主要分为正铲和反铲两类。在矿山使用较多的是正铲，因为正铲液压挖掘机在挖掘时有较大的推压力，可挖掘坚实的硬土和装载经爆破的矿石。

液压挖掘机可以分为通用式和专用式两类。通用式单斗挖掘机在露天矿、城市建设、工程建筑、水利和交通等工程中都有应用，故称为万能式挖掘机。专用式单斗挖掘机又分为剥离型、采矿型和隧道型等。采矿型挖掘机多为正铲挖掘机。剥离用的单斗挖掘机其工作尺寸和斗容量都比较大，适用于露天采场和表土剥离工作。隧道用的挖掘机可分为短臂式和伸缩臂式两种，用于开挖隧道时的出渣作业。

液压挖掘机的铲斗具有良好的运动轨迹。通过油缸的协调动作可以使铲斗平行向前推移，也可以使铲斗按曲线或圆弧轨迹挖掘。而机械式挖掘机只能依靠推压和提升动作进行近似的圆弧挖掘。液压挖掘机的这一特点适合于选择开采，并且能够自行平整和清理停机工作面，从而提高矿石的回收率，减少工作面上的辅助设备，降低开采成本。液压挖掘机的移动性能好，行走牵引力与机重之比高于机械式挖掘机，爬坡能力大。采用液压独立行走装置，结构简单紧凑，可使两条履带反方向运动，实现原地转弯。

（刘　立）

吕德斯带　lüders band　在承受拉伸时，试件或工件表面一部分所出现的、与拉伸轴向大致呈45°角的屈服带。含有微量间隙原子的体心立方金属（如**退火**或**正火**的低碳钢或低合金钢），在从弹性变形到塑性变形的过渡过程中，将产生屈服降落现象。应力-应变（σ-ε）曲线中，屈服降落现象表现为当外力达到上屈服点（A）时，应力突然降低到下屈服点（B），并在相对恒定的应力作用下，伴随着不均匀的塑性变形。吕德斯带会沿着试样长度方向逐渐扩展，当吕德斯带布满整个试样长度时，屈服伸长结束，试样进入均匀塑性变形阶段（见图）。

吕德斯带的产生是位错运动过程中不断遇到阻力又不断克服阻力的结果。在低碳钢中，位错被碳、氮等间隙原子钉扎，形成柯垂尔气团。在塑性变形时，位错必须挣脱气团的钉扎才能运动，需要加大外力才能引起屈服，从而出现了上屈服点；当位错挣脱气团的钉扎就可在较小应力下运动，从而出现下屈服点，即在一个低

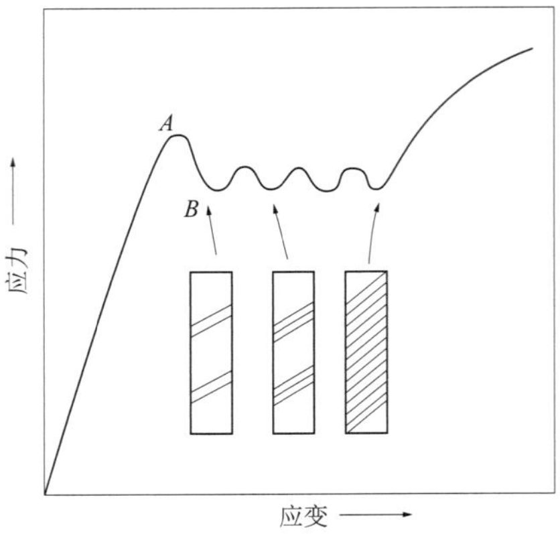

吕德斯带示意图

应力水平（下屈服点）下继续变形。由于这种不均匀的屈服变形，将会使低碳钢冲压件表面产生皱褶现象。吕德斯带会导致产品特别是冲压件表面质量降低，造成废品、次品。

鉴于吕德斯带的产生条件和危害，在进行冲压工艺设计时，可采取如下预防措施：①口部退火时，尽量缩短退火区长度，降低斜肩附近区域的热影响温度，提高该区域的变形抗力，减小局部屈服的倾向性，可有效预防吕德斯带的产生。②降低末次拉伸的口部加工率，取消一次口部退火工序，压底工序完成后直接进行缩口，使容器斜肩部位处于连续两次冷加工硬化状态，这样缩口时变形部位无屈服现象，可杜绝吕德斯带的产生。此方法只适用于缩口加工率较低的产品。对于口部壁厚在1毫米左右的无斜肩薄壁制品，缩口加工率很低，即使采用上述措施，仍难收到良好效果。若取口部壁厚过小，其径向变形抗力过低，缩口时会产生通体折叠。对于此类制品，可采用的措施包括增加末次拉伸的长度，缩短一次口部退火变色区长度。采取这种措施可防止缩口时产生通体折叠，至于产生的吕德斯带，因其集中在口部退火变色区内，可在以后的机加工工序中切除。③改进原材料的浇铸工艺，以减少原材料中气体原子特别是氮原子的含量。氮是随炉料进入钢中的。在冶炼过程中，钢液也从炉气中吸收一部分氮，因此钢中不可避免地存在一些氮。对于原材料的浇铸，建议采用真空浇铸技术，对钢液进行脱气处理，以减少钢中气体含量，使钢液更纯净、组织更致密，从而提高钢液质量。在条件允许情况下，直接选用无间隙原子钢（IF钢）作为原材料，可杜绝吕德斯带的产生。④在产品技术要求允许的情况下，取消二次口部退火工序，可有效地预防成品在使用过程中产生吕德斯带，若成品能在时效期内使用，也能有效防止吕德斯带的产生。

以上措施若能在设计工艺时综合利用，可有效防止吕德斯带的产生。

（盛光敏）

吕永信　Lü Yongxin（1931-01-03～2006-01-22）　中国选矿工程专家。生于辽宁安东（今丹东东港），卒于北京。1948～1949年在丹东科学院机电系学习，1949年到沈阳工学院选矿专业学习，1952年于东北工学院本科毕业。之后分配到东北工业部有色金属管理局设计处，参加恢复、建设**选矿厂**的设计工作。1956年调入重工业部有色金属选矿研究设计院从事选矿科研工作。1956～1958年被派往苏联列宁格勒选矿研究设计院学习。1958年起历任北京矿冶研究总院第三选矿研究室（稀有金属选矿室）副主任、第一选矿研究室（有色金属选矿室）副主任、选矿研究室主任。

从事稀有金属硅酸盐和氧化物的选矿技术研究，提出了胶态矿泥（俗称自生水玻璃）与有害金属钙和铁等多价金属阳离子可以作为锂铍矿物浮选特殊调整剂的理论，发明了简化、低温、碱法锂辉石正浮选工艺，于1965年获国家发明奖。1965年在新疆可可托海8859选矿厂突破了锂铍浮选工业分离技术难关，开创了锂辉石、绿柱石浮选分离并综合回收钽铌矿物的生产先例。发明了微细物料连续排矿**射流离心选矿机**，首次向流膜引入高压水射流的逆坡逆流冲击作用，形成了全新的射流冲击、离心沉降及拜格诺力联合分选力场，其特有的动态水力堰及流膜跳汰效应强化了分选过程。该项成果于1985年获国家技术发明奖三等奖。

专著有《微细与超细难选矿泥射流流膜离心分选法》（1994），并发表多篇学术论文。

（孙传尧）

铝板带连续铸轧　continuous cast-rolling of aluminum plate and strip　液体铝连续通过旋转的结晶器制成毛坯，同时轧制成板带的一种金属铸轧技术。1955年美国制成第一台铝带坯连续铸轧机，此后出现了多种其他类型的铝板、铝带连续铸轧机。

铝板带连续铸轧的优点是：能源消耗少，设备投资小，生产周期短，有利于回收废料，运输费用少，生产成本低。缺点是：产品的力学性能较差，铸轧品种少，每台机组产量小等。连续铸轧的产品主要用于食品、建筑、汽车等民用工业。连续铸轧大多使用工业纯铝和含镁量低的铝镁合金为原料，生产带坯厚度一般为6～10毫米，再经冷轧生产出成品板带及箔材。

铝板带连续铸轧工艺有多种类型，主

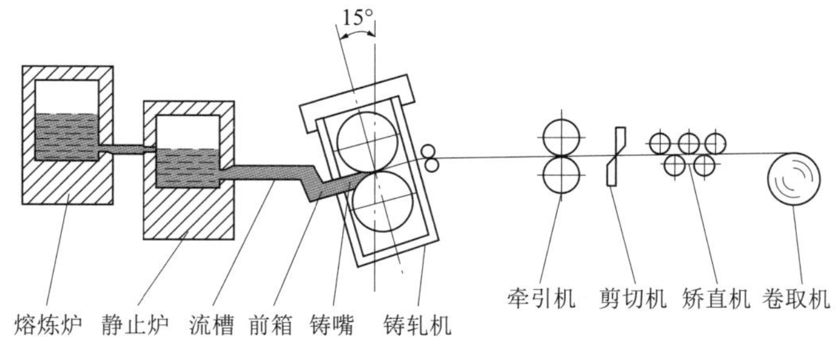

图1 典型的双辊倾斜侧注式工艺流程

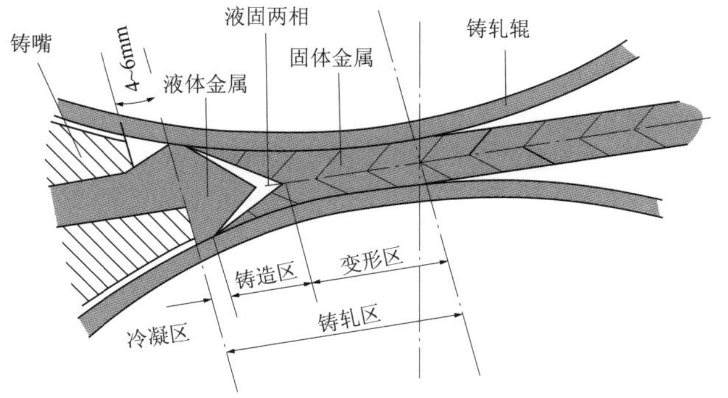

图2 二辊铸轧金属铸轧区示意图

要差别是结晶方法不同和结晶器的构造不同，因此辅助工序和设备结构也就不同。连续铸轧工艺是指液态金属在辊式结晶器中凝固并进行塑性加工（**轧制**）；而**连铸连轧**工艺则是金属在结晶器中凝固后，在后续的轧机上进行轧制。但一般并不严格区分这两个名词，时有混同。典型的双辊倾斜侧注式工艺流程见图1。液体金属由静止炉通过流槽进入可控制液面高度的前箱中。前箱底部设有联通横浇道，使液体金属经过分配器进入铸嘴，并使金属均匀分布成所要求的宽度。液体金属由铸嘴流出即与铸轧机冷却的辊面接触开始结晶，同时发生15%左右变形，随后经过矫直卷取成卷。图2是二辊铸轧金属铸轧区示意图。铸轧时两辊之间有一个近似梯形的区间。在此区间要瞬时完成铸和轧两个过程，因此必须严格控制铸轧区长度、浇注温度、冷却和铸造速度、结晶瞬间液体金属的供给量和液体金属的膨胀压力等工艺因素。

铝合金的各种连续铸轧方法正在研究发展中。履带式连铸连轧机已用于工业生产，可连续铸轧厚14～25毫米、宽1750毫米带坯，经两机架四辊轧机连轧可得到3～6毫米厚带坯。（高云震 吴元翼）

铝杆连铸连轧 aluminum rod continuous casting and rolling 在一条连续生产线上，铝液先通过连铸机凝固成铝杆坯，然后通过连轧机组轧制成铝杆的连续生产技术。**连铸连轧**是生产铝杆的主要工艺。1948年，意大利康梯纽斯（Continuus）公司首先建成铝杆连铸连轧生产线。之后，美国、法国也相继建成生产线。20世纪70年代初，中国自行设计建造了第一条铝杆连铸连轧生产线。铝杆连铸连轧设备组成主要包括熔化保温炉、除气过滤装置、连铸机、连轧机组、在线冷却装置和卷取机。基本工艺流程是：熔化后的铝液（也可用电解铝液）精炼后，经过除气过滤装置进入连铸机进行连铸，制备出的连铸铝杆坯进入连轧机组被轧制成铝杆，经过在线冷却装置的在线冷却后，由卷取机卷取成卷。铝杆连铸连轧工艺省去了传统工艺中铝锭轧制前的加热和热轧开坯等工序，缩短了工艺流程，降低了生产成本。

扩展阅读

侯波，李永春，李建荣，谢水生. 铝合金连续铸轧和连铸连轧技术. 北京：冶金工业出版社，2010.

（石章智）

铝热焊 thermit welding 利用化学反应热作为热源的焊接方法。又称热剂焊。铝热焊可用氧化剂包括氧化铁、氧化铜、氧化锰等，可用还原剂包括铝、镁、硅、硼、碳等，但应用最广泛的是铝，因此这种方法被称为铝热焊。

铝热焊材料和装置通常包括：①铝热焊剂。其中焊接钢轨的铝热焊剂主要由氧化铁、铝粉、铁粉组成，焊接铜导体及铜与钢柱的铝热焊剂主要由氧化铜、铝粉、铜粉组成。②铸型。用来形成焊缝、预热及浇注系统等部分的型腔。③坩埚。用来容纳焊剂进行铝热反应。④浇注孔、堵片（又称衬管）。浇注孔与坩埚下口相通，孔的直径和高度由浇注金属量确定。孔高越大，金属流速越大，对工件表面的冲刷作用越强。自熔堵片的尺寸应与孔径相配，其作用是当铝热反应达到一定温度时，堵片熔化，实现自动浇注，堵片厚度决定着自动浇注的起始时间。

焊接时，预先把待焊两工件的端头固定在铸型内，然后把铝热焊剂放在坩埚内加热，使之发生还原放热反应，成为液态金属（铁）和熔渣（主要为三氧化二铝），注入铸型。液态金属流入接头空隙，形成焊缝金属，熔渣则浮在表面上。

铝热焊主要有以下优点：①设备简单，投资少，焊接操作简便，不设电源，适合于野外作业。②热容量大，焊接时大量过热高温液态金属在较短时间（10秒左右）内注入铸型，焊缝具有较高热容量，可使焊接区实现缓慢冷却，对含碳量较高的钢轨亦不会造成淬火硬化。③接头平顺性好，由于没有顶锻过程，焊接接头的平顺性仅取决于焊前焊件的装配精度。缺点主要是：焊缝金属为较粗大的铸造组织，韧性、塑性较差，一般通过焊后热处理调控接头组织，改善焊接接头性能。铝热焊主要用于铁路钢轨及铜导线的现场焊接、石油管道接地线的焊接，以及大断面铸件的焊接、修复等。（曹 健）

铝冶金 aluminium metallurgy 用含铝物料提取不同纯度铝的冶金技术。铝的英文名为Aluminium，衍生于古罗马语alumen（明矾），即硫酸复盐〔$KAl(SO_4)_2 \cdot 12H_2O$〕。1746年，德国J.H.波特从明矾中制得一种氧化物，即氧化铝。法国A.L.拉瓦锡认为这是一种未知金属的氧化物，它与氧的亲和力极大，以致不可能用碳或当时已知的其他还原剂将它还原出来。1807年，英国H.戴维试图采用电解法从熔融的氧化铝中分离获得金属，没有成功，但他将这种想象中的金属命名为alumium，后来改为aluminium。

金属铝的获得最初采用化学法。1825年，丹麦H.C.奥斯特利用稀的钾汞齐还原无水氯化铝，第一次得到几毫克与锡具有相同颜色和光泽的**金属粉末**，但未能加以鉴定。1827年，德国F.维勒用钾还原无水氯化铝，得到少量金属颗粒；1845年他将氯化铝气体通过熔融金属钾的表面，得到一些铝珠，每颗重10～15毫克，并对铝的密度和延展性做了初步测定，指出其熔点不高。1854年，法国S.C.德维尔用钠代替钾还原$NaAlCl_4$络合盐，制得金属铝，并于同年在巴黎附近建成第一座炼铝厂，生产出一些铝制头盔、餐具和玩具。当时铝的价格比黄金贵，并被称为“泥土中的银子”。1865年，俄国N.N.别凯托夫提议用镁还原冰晶石来生产铝，这一方法后来被德国一家铝镁厂采用。

1886年，美国C.M.**霍尔**和法国P.-L.-T.**埃鲁**几乎同时获得用冰晶石-氧化铝熔盐电解法制取金属铝的专利，此法命名为霍尔－埃鲁（Hall-Héroult）法。1888年，美国匹兹堡建立第一家电解铝厂，铝的生产从此进入大规模生产阶段。之后，其他各国相继采用冰晶石-氧化铝熔盐电解法炼铝。自电解法炼铝技术应用后，化学法炼铝便逐渐停止，并最终在19世纪末被淘汰。与化学法炼铝相比，冰晶石-氧化铝熔融盐电解法炼铝成本低、产品质量高，成为工业炼铝的主要方法。1956年，全球铝产量超过铜而居有色金属首位；2018年超过了6400万吨。

资源 自然界中含铝矿物有250种左右，约40%为各种铝硅酸盐，其中铝土矿是氧化铝生产的主要矿石资源。通常所说的铝土矿（bauxite）实际上指工业上能利用的，以氧化铝水合物为主要矿物组成的矿石的统称。自然界中的氧化铝水合物有三水铝石、一水软铝石和一水硬铝石，它们的物理性质和化学性质差别很大。因此，按其中氧化铝水合物的矿物形态，铝土矿分为三水铝石型、一水软铝石型、一水硬铝石型及各种混合型。铝土矿是生产氧化铝和金属铝的最佳原料，也是最主要的应用领域，其用量占世界铝土矿总产量的90%以上。

世界铝土矿资源量为550亿～750亿吨。已探明储量约为280亿吨，主要分布在几内亚、澳大利亚、巴西、中国、希腊、圭亚那、印度、印尼、牙买加、哈萨克斯坦、俄罗斯、苏里南、委内瑞拉、越南及其他国家。中国铝土矿查明资源储量为42.3亿吨，主要分布在山西、贵州、广西和河南4省。此外，中国还有丰富的明矾石矿、霞石矿以及高铝粉煤灰等含铝资源。这都可以综合利用来生产氧化铝。

铝的化学性质很活泼，极易氧化，而其氧化物很难还原，其冶炼方法与铁、铜等金属不同，不能用碳还原氧化铝，也不能用电解铝盐水溶液的方法来获得金属铝。铝的生产包括氧化铝的生产和由氧化铝电解制取金属铝。

氧化铝的生产 从铝土矿或其他含铝原料中提取氧化铝有多种方法，可以分为4类：碱法、酸法、酸碱联合法和热法。由于技术和经济方面的原因，用于工业生产的方法几乎全部为碱法，包括拜耳法、碱石灰烧结法、拜耳－烧结联合法等，其中拜耳法一直是生产氧化铝的主要方法，其产量占全世界氧化铝总产量的90%以上。

拜耳法 奥地利K.J.拜耳于1889～1892年提出，其工艺包括两个主要过程：一是Na_2O与Al_2O_3摩尔比为1.8的铝酸钠溶液，在常温下添加氢氧化铝晶种析出$Al(OH)_3$，这就是铝酸钠溶液的晶种分解过程；二是析出大部分氢氧化铝后的铝酸钠溶液，在加热时又可以溶出铝土矿中的氧化铝水合物，这就是利用种分母液溶出铝土矿的过程。交替使用这两个过程处理铝土矿，得到纯氢氧化铝，构成拜耳法循环。煅烧氢氧化铝，便得氧化铝成品。简要化学反应如下：

$$Al_2O_3\cdot(1或3)H_2O + 2NaOH \underset{种分}{\overset{溶出}{\rightleftharpoons}} 2NaAl(OH)_4$$

拜耳法生产过程包括如下主要生产工序：原料制备、预脱硅、溶出、溶出矿浆稀释、赤泥分离和洗涤、晶种分解、氢氧化铝分级与洗涤、氢氧化铝焙烧、母液蒸发及苏打苛化。拜耳法生产工艺流程见图1。

拜耳法在处理低硅铝土矿，特别是在处理三水铝石型铝土矿时，流程简单，作业方便，产品质量高，经济性好。由于三水铝石、一水软铝石和一水硬铝石的结晶构造与性质不同，它们在苛性钠溶液中的溶解性能有很大差异，所以不同类型的矿石需要不同的溶出条件。通常三水铝石型铝土矿溶出性能好，可在低温（125～150℃）低碱浓度条件下溶出；一水软铝石型铝土矿需要在200～230℃下溶出；一水硬铝石型铝土矿溶出性能差，需要高温（250～280℃）和高碱浓度条件下，添加石灰（3%～7%）才可充分溶出。

拜耳法生产氧化铝技术成熟，并已实现：①生产设备大型化和连续操作，单条生产线年产量已达100万吨。②生产过程自动化。③生产过程高效、节能。④氧化铝产品砂状化，以满足铝电解和烟气干式净化的需要。

拜耳法生产的经济效果取决于铝土矿的质量，主要指矿石中的活性SiO_2含量，通常以矿石的铝硅比，即矿石中的Al_2O_3与SiO_2质量百分含量的比值来表示。因为在拜耳法的溶出过程中，活性SiO_2会发生反应转变成方钠石型的水合铝硅酸钠（$Na_2O\cdot Al_2O_3\cdot 1.7SiO_2\cdot nH_2O$），随同赤泥排

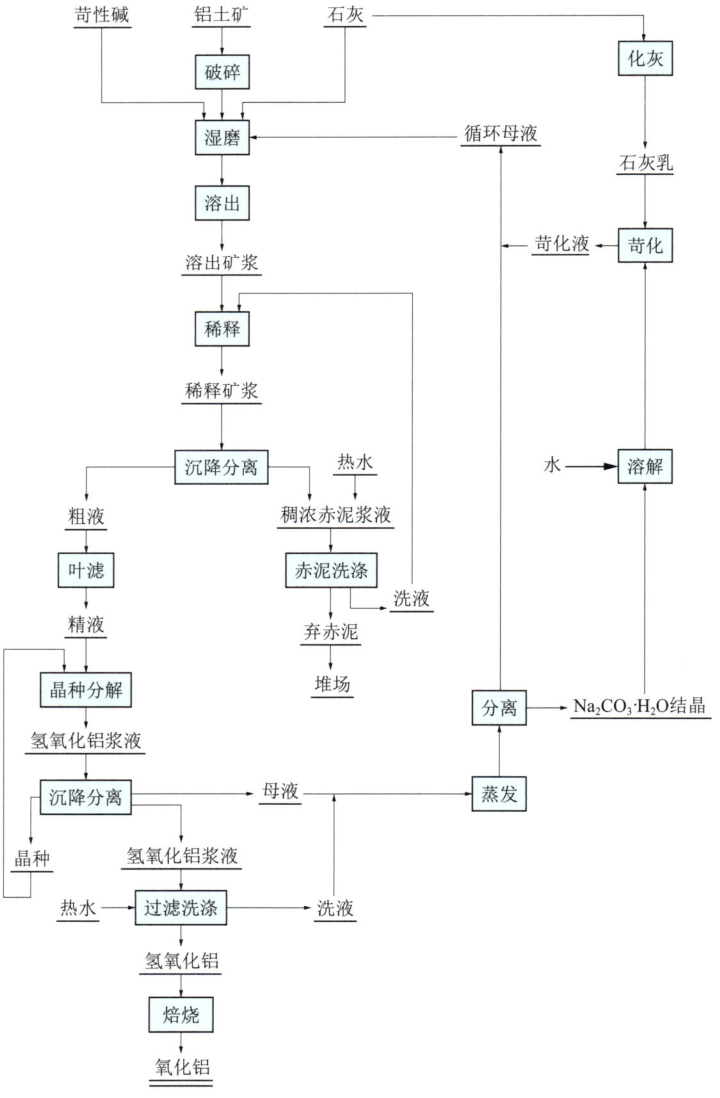

图1 拜耳法生产工艺流程

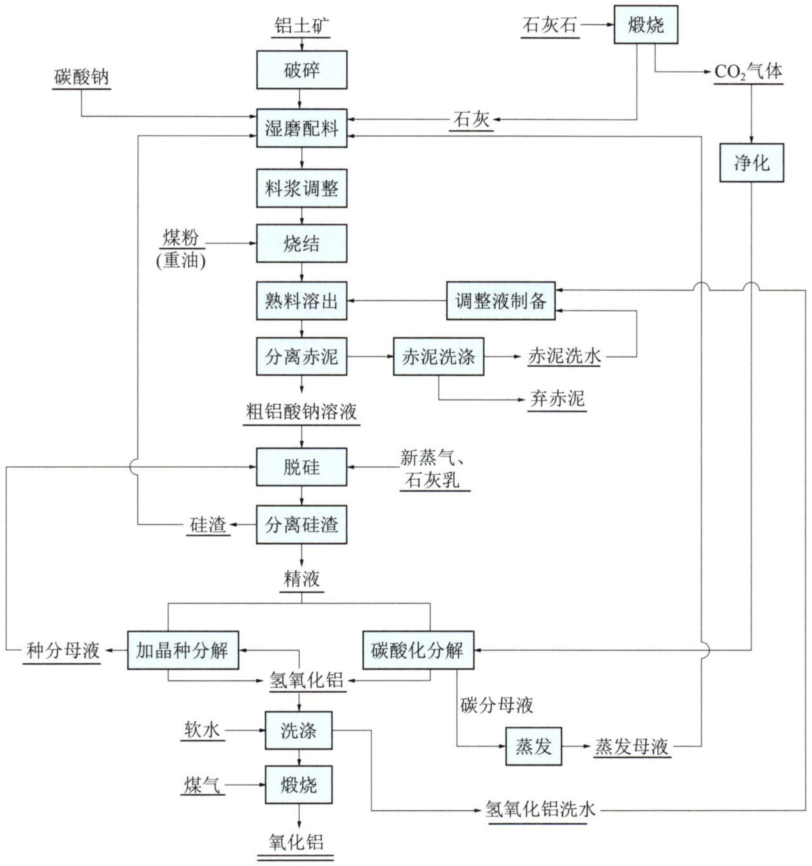

图2　碱石灰烧结法生产工艺流程

出。矿石中每千克活性SiO_2大约要造成1千克Al_2O_3和0.8千克NaOH的损失。铝土矿的铝硅比越低，拜耳法的经济效果越差。拜耳法处理低品位矿时，可在溶出过程中添加较常规相比适当过量的石灰，并控制工艺条件，使进入赤泥的水合铝硅酸钠（$Na_2O\cdot Al_2O_3\cdot 1.7SiO_2\cdot nH_2O$）部分转变为水合铝硅酸钙〔$3CaO\cdot Al_2O_3\cdot xSiO_2\cdot(6-2x)H_2O$〕，从而降低生产碱耗。随着氧化铝工业的迅猛发展，高品位铝土矿资源迅速消耗，拜耳法所处理的铝土矿的铝硅比正在逐年下降。为此，相继开发了石灰拜耳法、选矿－拜耳法等生产工艺。

碱石灰烧结法　适用于处理高硅铝土矿、霞石、高铝粉煤灰以及拜耳法赤泥。其原理是：将高硅含铝物料与适量的石灰石、碳酸钠按一定比例配成混合炉料，在回转窑内进行高温烧结。烧结过程中，氧化铝与碳酸钠反应转变成铝酸钠（$Na_2O\cdot Al_2O_3$），氧化铁与碳酸钠反应转变为铁酸钠（$Na_2O\cdot Fe_2O_3$），氧化硅与石灰石反应转变为原硅酸钙（$2CaO\cdot SiO_2$），氧化钛与石灰石反应转变为钛酸钙（$CaO\cdot TiO_2$）。然后烧成熟料用稀碱溶液浸出，铝酸钠进入溶液，铁酸钠水解为NaOH（进入溶液）和$Fe_2O_3\cdot H_2O$（沉淀），如果溶出条件控制适当，原硅酸钙不会大量地与铝酸钠溶液发生副反应，而与钛酸钙、$Fe_2O_3\cdot H_2O$等组成赤泥排出。溶出熟料得到的铝酸钠溶液经过专门的脱硅过程，溶液中的SiO_2形成水合铝硅酸钠（称为钠硅渣）或水化石榴石〔$3CaO\cdot Al_2O_3\cdot xSiO_2\cdot(6-2x)$〕$H_2O$沉淀析出（其中$x\approx 0.1$），而使溶液净化。脱硅后得到的精制铝酸钠溶液通入$CO_2$进行碳酸化分解，析出氢氧化铝，氢氧化铝经煅烧成为氧化铝成品，碳分母液经蒸发浓缩返回配料工序。碱石灰烧结法生产工艺流程见图2。

与拜耳法相比，碱石灰烧结法流程复杂，投资和成本都较高，产品氧化铝质量较差，能耗高。但适合处理拜耳法不能经济利用的低铝硅比铝土矿，并且可以同时利用赤泥进行水泥生产，有利于资源的综合利用。

拜耳－烧结联合法　通常情况下，采用拜耳－烧结联合法可获得比单一方法更好的经济效益，且能使铝土矿资源得到充分利用，但也存在流程更复杂、设备投资大、能耗高等缺点。这种方法有多种形式，均以拜耳法为主，而辅以碱石灰烧结法。按联合法的目的和流程连接方式不同，又可分：①串联法。先用拜耳法处理铝土矿，提取大部分氧化铝；再用碱石灰烧结法处理拜耳法赤泥，进一步提取其中的氧化铝和碱，所得铝酸钠溶液并入拜耳法。该方法适用于中等品位铝土矿或低品位易溶的三水铝石矿，可保证较高的氧化铝回收率，且可用较廉价的纯碱代替烧碱，克服铝土矿中有机物和碳酸盐含量高带来的问题。但该方法对拜耳法赤泥的烧结过程比较困难，且维持整个生产的均衡稳定也有困难。②并联法。用拜耳法处理低硅铝土矿，用碱石灰烧结法处理高硅矿，平行作业。但碱石灰烧结法只占总生产能力的10%～15%，用碱石灰烧结法流程转化产生的NaOH补充拜耳法流程中NaOH的消耗。该方法可以做到高、低品位矿同时处理；同时取消拜耳法碳酸钠苛化工序，减轻有机物对拜耳法的不良影响；生产中的碱消耗全部用价格较低的碳酸钠补充。但该方法工艺流程比较复杂。③混联法。前两种联合法的综合，其中碱石灰烧结法同时处理低品位矿和拜耳法赤泥。该方法解决了串联法处理低品位矿时补碱不足的问题，但流程更为复杂，设备繁多，投资成本大，能耗高。

铝电解　以氧化铝（Al_2O_3）为原料、冰晶石（Na_3AlF_6）为熔剂，碳素材料为阳极和阴极，在920～950℃温度下使电解质溶液中的氧化铝在直流电作用下分解为铝和氧。因液态金属铝与电解质的密度差异，阴极析出的铝液汇集于电解槽槽底，而阳极上产生二氧化碳和一氧化碳气体。电解槽底的铝液采用真空吸出，经过净化除去氢气、非金属和金属杂质并澄清后，铸成各种铝锭（图3）。

铝电解过程的电化学反应　由氧化铝和冰晶石组成的Al_2O_3–Na_3AlF_6的熔液具有离子结构。其中，阳离子为Na^+；阴离子包含有F^-、AlF_4^-、AlF_5^{2-}、AlF_6^{3-}和Al–O–F络合离子（如$Al_2OF_6^{2-}$、$Al_2OF_4^{2-}$等）。当熔体的温度为1000℃时，钠在阴极析出的电位比铝负约250毫伏。正常电解条件下，由于阴极上离子放电不存在大的过电压，因此，阴极反应为：

$$Al^{3+}_{(络合的)}+3e \longrightarrow Al_{(液)}$$

而阳极反应为：

$$6O^{2-}_{(络合的)}+3C-12e \longrightarrow 3CO_{2(气)}$$

总反应式为：

$$2Al_2O_3+3C \longrightarrow 4Al+3CO_{2(气)}$$

由于阴极析出的铝可溶解进入电解质熔体中，并被阳极产生的气体CO_2/CO所氧化，从而引起铝的二次损失，降低**电流效率**。铝的二次损失的反应为：

$$2Al_{(液)}+3CO_{2(气)} \longrightarrow Al_2O_{3(液)}+3CO_{(气)}$$

$$2Al_{(液)}+3CO_{(气)} \longrightarrow Al_2O_{3(液)}+3C_{(固)}$$

此外，电解过程金属钠的生成与再氧化、铝的不完全放电与其他离子放电、电子

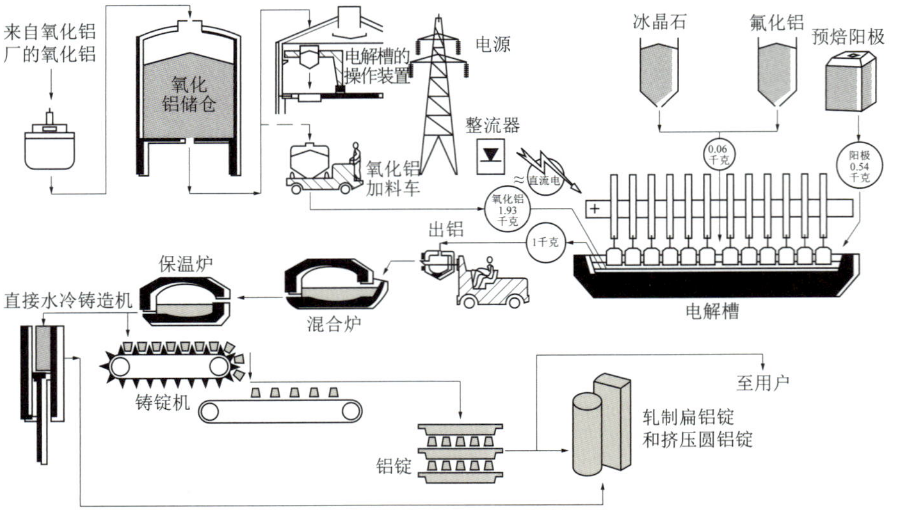

图3 铝电解流程

导电和Al_4C_3生成等也会造成电流效率的下降。

在Na_3AlF_6–Al_2O_3的熔液中，Al_2O_3的浓度一般维持在2.0%～2.5%，为了改善电解质的物理化学性质，通常添加铝、镁、钙和锂的氟化物。

工业铝电解槽 自Hall-Héroult法提出以来，铝电解的原理沿用至今，铝电解技术的发展和进步主要集中在电解槽和烟气净化等方面。工业铝电解槽大致分为侧插阳极棒自焙槽、上插阳极棒自焙槽和预焙阳极槽3种。预焙阳极电解槽又分为边部加料槽和中间加料槽两种。

19世纪末开始用小型预焙阳极电解槽生产，电流在8000安以下，直流电耗高达42 000千瓦·时/吨。1923年以后，这种槽型为侧插阳极棒自焙槽所代替，到20世纪30年代末，电流强度最高达25 000安，直流电耗为20 000～25 000千瓦·时/吨。侧插阳极棒电解槽的特点是技术装备简单，投资较少。但缺点是烟气处理比较困难，机械化程度较差，不易大型化等。

为了提高电解槽的机械化操作水平，改进烟气收集和净化的方法，50年代，法国开始使用上插阳极棒自焙槽；到60年代，直流电耗达14 500千瓦·时/吨，并大大提高了劳动生产率。80年代的上插阳极棒自焙槽又得到了改进，直流电耗降低到13 800千瓦·时/吨左右，并由于阳极工艺的改进，采用了“干阳极糊”（用高软化点沥青、低沥青配比的阳极糊）大大减少了沥青烟气的散发，改善了环境保护的条件。上插阳极棒电解槽的优点是机械化水平较高。缺点是不易大型化，烟气处理也比较困难。

现代化的大型电解铝厂多数采用中间加料大型预焙槽（典型实例见图4），其槽的电流强度很大，不仅自动化程度高，能耗低，单槽产量高，而且满足了环保法规的要求。90年代，法国开发出500千安规模的预焙阳极铝电解技术。中国于1999年开发出320千安预焙铝电解槽，此后400千安、500千安以及600千安规模的现代化预焙槽相继开展工业试验和产业化，直流电耗为12 400～13 000千瓦·时/吨。

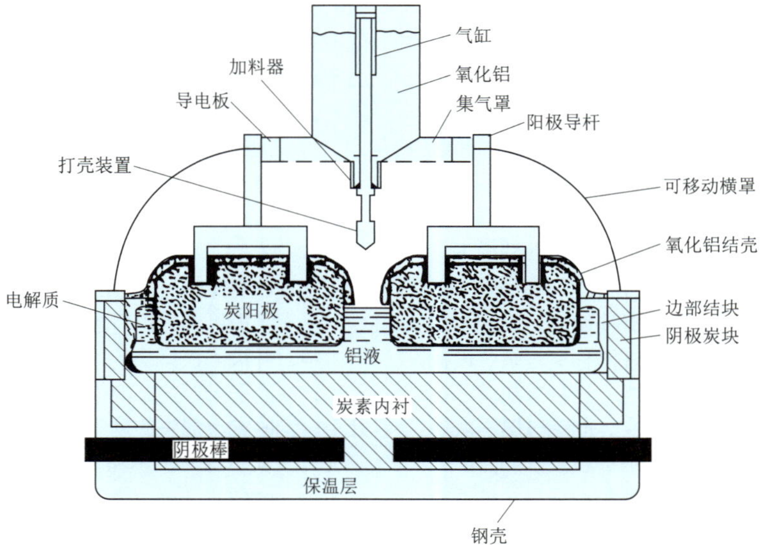

图4 预焙阳极铝电解槽示意图

铝电解烟气净化 铝电解过程产生的环境负荷最大，除散发出大量固态粉尘外，阳极气体中还含有有害成分，例如氟化氢、冰晶石粉尘等，严重地污染环境，所以阳极气体需要净化。净化方法有湿法和干法两种。

湿法净化是用5%的苏打溶液洗涤含氟气体，生成碳酸氢钠和氟化钠：

$$Na_2CO_3+HF \longrightarrow NaF+NaHCO_3$$

苏打溶液在洗涤塔内循环使用，直到其中NaF含量达到25～30克/升为止。然后，把$NaF+NaHCO_3$溶液送至冰晶石合成槽与铝酸钠溶液作用，合成冰晶石：

$$6NaF+4NaHCO_3+NaAlO_2 \longrightarrow Na_3AlF_6+4Na_2CO_3+2H_2O$$

冰晶石经干燥后，供电解用。

干法净化中用氧化铝作吸附剂。受吸附的HF与Al_2O_3发生化学反应，生成表面化合物AlF_3：

$$Al_2O_3+6HF \longrightarrow 2AlF_3+3H_2O$$

所用的氧化铝通常是砂状氧化铝。载氟的氧化铝经布袋收尘器回收，再送往电解槽去电解。

预焙阳极电解槽的铝厂均采用氧化铝化学吸附氟化氢的干法净化技术。其与湿法技术比较，主要是消除了污水的二次污染，但能耗较高。

铝的精炼 随着铝纯度的提高，它的抗蚀性、可塑性、导电性、反光性等性能愈好。精铝（纯度一般为99.95%～99.996%）或高纯铝（纯度一般为99.999%～99.999 96%）供许多特殊部门使用。可以实现原铝精炼的工艺包括：①铝液的直接净化。实际上是铝的初级精炼，通常在铝电解过程中出铝时或在铝的铸造前采用，目的主要在于去除铝中的非金属固态夹杂物和气态夹杂物，并同时除掉部分金属杂质。常用的工艺方法按处理过程的连续性可分为静置法和连续净化法；按外加的物理化学手段可分为熔剂净化法、气体净化法、磁场净化法、真空净化法等。②三层液电解法。由于密度差的原因，所采用的精炼体系可分为精铝、电解质和阳极合金三层熔体，并因此而得名。1901年由美国人W.胡普斯发明，1932年法国人对此法加以改进，并成功制得99.99%纯度的精铝，是工业生产高纯度铝的最主要方法。③偏析法。在金属精炼中常用的一种工艺方法，是将二元金属组成的液体缓慢冷却至略高于其最低熔点之上，使主体金属以较纯的固体晶体析出，而杂质元素富集于液体中，然后将液体与固体分离。重复该过程就可得到较纯的金属。该方法具有投资省，能量消耗低的特点。④区域熔炼法。属于加热熔析熔炼，基本原理是利用杂质元素在液态金属铝和固态金属铝中的分配差异来分离杂质。利用该方法可以将铝的纯度提高到99.9999%以上。⑤有机溶液电解法。与三层液电解法相同，是一种电化学精炼技术，以$NaF \cdot 2Al(C_2H_5)_3$为铝源，通过有机电解可以获得纯度99.999%的铝，电能消耗仅为2～3千瓦·时/千克。但电流密度很小，难以工业化生产。

其他炼铝方法　除了Hall-Héroult熔盐电解炼铝工艺外，人们还广泛地研究了其他铝冶炼新工艺，主要包括氯化铝熔盐电解工艺、Al_2O_3碳热还原工艺。

氯化铝熔盐电解法　其原理是以铝土矿或Al_2O_3为原料获得$AlCl_3$，在多室电解槽内，$AlCl_3$溶解于氯化物熔盐体系中，通入直流电后得到金属Al和Cl_2。Cl_2回收返回氯化工序制备$AlCl_3$。该工艺曾被认为具备比传统Hall-Héroult工艺能耗降低30%的潜在优势。但该方法需要增加氯化工艺，且氧化铝吸水性极强，易在电解槽产生沉淀。同时，原材料$AlCl_3$制备中的腐蚀和成本较高等问题还未得到解决。

Al_2O_3碳热还原法　又称高炉炼铝法，其碳热还原过程的总反应方程式可表达如下：

$$\frac{1}{2}Al_2O_3+\frac{3}{2}C \longrightarrow Al+\frac{3}{2}CO$$

该法可分为两种工艺：一种是通过碳热还原Al_2O_3直接得到金属铝；另一种是通过碳热还原含铝矿物（比如铝土矿和铝硅酸盐）得到含铝合金，然后再精炼合金得到金属铝。其工艺的缺点在于操作温度高达2000℃以上，并且排放大量的CO和CO_2。

废铝再生　再生铝又称二次铝，它是由含金属铝的废旧材料熔炼回收所得的金属铝或铝合金。原铝经过加工、制造成为产品，产品使用后成为废旧物品（废铝），废铝经收集、处理、熔炼和加工成为再生铝，这个全过程就是再生铝生产，如图5所示。

铝及其合金制品的再生日益得到重视，是解决铝工业资源保障问题的有效途径。由于铝的熔点低，热焓值小，废铝再熔所需的能量仅为从矿石制取原铝的5%左右，资源环保效益显著。废铝再生主要采用重熔再生工艺：经预处理的废铝在炉内熔化后，添加$ZnCl_2$、$MnCl_2$或碱金属

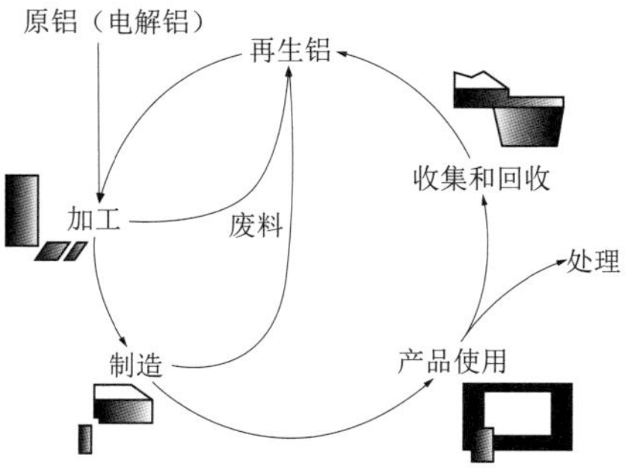

图5　铝的制造和再生循环

盐类混合物等精炼剂进行净化，达到回收铝的目的。通过进一步加工可提高再生铝的质量，但能耗、成本较高。

铝冶炼过程能耗　铝工业是一个高能耗产业，在中国，铝冶炼能耗成本占原铝总成本的1/3以上。据统计，从铝土矿开采到原铝产出，所需能耗平均在182～212兆焦/千克，其中电解过程所占比例在64%左右，各工序在原铝生产过程中的能耗比例如图6所示。图中A代表铝土矿开

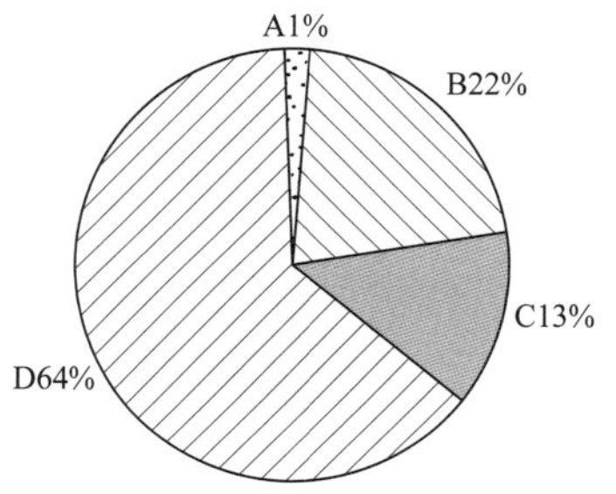

图6　铝工业生命周期各工序能耗比例

采，B代表氧化铝生产，C代表阳极生产，D代表铝电解。

（彭志宏　田忠良）

绿色矿山　green mines　矿产资源开发全过程中，严格实施科学有序的开采，对矿区及周边环境的扰动控制在环境容量范围内的*矿山*。对于矿山开发必须破坏扰动的工程，通过科学合理设计、采取有效预防控制措施，确保矿山建设、生产直至闭矿，对环境的损伤不超出环境承载力，始终与周边环境相协调。19世纪初，英国、美国等国家就提出了绿色矿山的概念，早期仅仅停留在单纯的对矿区植被的保护，以及对矿区周边环境的美化。19世纪中叶，绿色矿山概念已经从单纯的环境保护延伸至资源的综合利用。20世纪末至21世纪初，“以人为本”已经成为全世界共同认可的基本准则，成为绿色矿山的内涵。

中国的绿色矿山内涵包括依法办矿、规范管理、资源综合利用、技术创新、节能减排、环境保护、土地复垦、社区和谐、企业文化9方面内容。要求矿山企业严格遵守法律法规，积极加入并自觉遵守《中国矿业联合会绿色矿业公约》；大力开展矿产资源综合利用，不断改进和优化工艺流程，淘汰落后工艺与产能，发展循环经济；采用无废或少废工艺，矿区及周边自然环境得到有效保护；制定并落实矿山环境保护与治理恢复、矿山土地保护和土地复垦方案与措施；履行矿山企业社会责任，与当地社区建立磋商和协作机制，社区关系和谐；企业职工文明建设和职工技术培训体系健全，职工物质、体育、文化生活丰富。

绿色矿山建设是一项复杂的系统工程，代表了一个地区矿业开发利用总体水平和可持续发展潜力，以及保护生态环境的能力。它在科学、有序、合理的开发利用矿山资源的过程中，对其必然产生的污染、*矿山地质灾害*、生态破坏，要最大限度地予以恢复治理或转化创新。

（周连碧）

孪晶　bicrystal　以一个公共晶面构成镜面对称的取向关系的一对晶体的总称。公共晶面称孪晶面。图中是面心立方晶体以（111）面为镜面构成的孪晶原子排列的示意图。孪晶可以在形变过程形成，称形变孪生或机械孪生；可以在晶体生长时形成，称自然孪晶；可以在*退火*过程形成，称退火孪晶；可以在相变过程形成，称相变孪晶。

晶体一部分沿着某个晶面均匀切动，这个平面既不改变形状又不改变位置，称第一不畸变面，以K_1表示。孪生的切动方向称孪生方向，以η_1表示，称第一不畸变方向。垂直于K_1面并包含η_1方向的平面称为切面。通常把K_1和η_1的组合表达为孪晶系统（孪晶系）。

孪生切动后，有一个垂直于切面并在切动前后形状和尺寸不发生改变的面，这个面称第二不畸变面，以K_2表示，K_2和切面的交线也是切动前后不发生畸变的晶向，这个方向称第二不畸变方向，以η_2表示。K_1、K_2、η_1和η_2是表述孪生几何的重要参量，称孪生要素（见图）。按照孪生要素的性质，可把孪晶分成4类。①Ⅰ类孪晶，K_1和η_2具有有理指数，K_2和η_1具有无理指数，孪晶取向是以K_1面的法线轴转动180°得来。②Ⅱ类孪晶，K_2和η_1具有有理指数，K_1和η_2具有无理指数，孪晶取向是以η_1轴转动180°得来。③倒易孪晶，若有另一个孪晶，它的孪生要素是K'_1、K'_2、η'_1和η'_2，它和原孪晶的孪生要素的关系是$K'_1=K_2$、$K'_2=K_1$、$\eta'_1=\eta_2$和$\eta'_2=\eta_1$，则称这个孪晶是原来孪晶的倒易孪晶，反过来也是如此。④混合型或有理

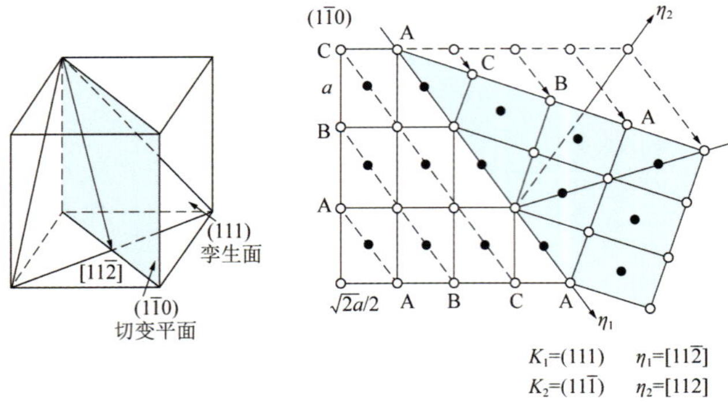

孪晶原子排列示意图

型孪晶，4个孪生要素均是有理指数。对称性较高的**晶体结构**（如多数金属晶体）的孪晶一般都属于混合型孪晶。

面心立方晶体的孪生要素是：

$K_1=\{111\}$，$K_2=\{11\bar{1}\}$，$\eta_1=\langle 11\bar{2}\rangle$，$\eta_2=\langle 112\rangle$。孪晶系是$\{111\}\langle 11\bar{2}\rangle$。

体心立方的孪生要素是：

$K_1=\{112\}$，$K_2=\{11\bar{2}\}$，$\eta_1=\langle 11\bar{1}\rangle$，$\eta_2=\langle 111\rangle$。孪晶系是$\{112\}\langle 11\bar{1}\rangle$。

密排六方晶体的孪晶系有多种，当$c/a>1.633$时，只在$\{10\bar{1}2\}\langle 10\bar{1}1\rangle$一个孪晶系发生孪晶；而当$c/a<1.633$时，则可以在多个孪晶系发生孪晶。常见的孪生面$K_1$是$\{10\bar{1}2\}$，$\eta_1$是$\langle 10\bar{1}1\rangle$，$K_2$是$\{\bar{1}012\}$，$\eta_2$是$\langle 10\bar{1}0\rangle$。密排六方孪生时，点阵中的有心化原子还需要做一些移动，调整到孪晶要求的位置。密排六方晶体的孪生是有极性的，c/a以$\sqrt{3}$为分界，使孪生切动的方向相反。

有序固溶体中有些反相畴界，它两侧的晶体取向也有孪晶位相关系，这种孪晶不同于形变孪晶，它不引起形状改变。

孪晶影响晶体的力学、电学和光学性质，制作各种固体电子器件往往要消除孪晶。但有些情况下需要在晶体中引入孪晶，如纳米孪晶材料制备。

（余永宁）

《论冶金》 *De Re Metallica* 欧洲最早全面论述矿冶技术的著作。也译作《金属学》或《论金属》。作者G.**阿格里科拉**，出版于1556年，影响西方冶金业达两个世纪之久。原书是用拉丁文写的，共12卷，附有生动的木刻插图292幅，内容极为丰富，涉及矿物成因、采矿技术、矿井通风排水、职业病及其防护、矿石成分检测、冶炼方法及设备等方面。该书一问世立即引起了人们极大的兴趣。次年（1557）就被译成德文；1563年又被译成意大利文；1912年完成英译本；1968年出版日译本；明代天启元年（1621）传到中国，并由汤若望等人于明崇祯十三年（1640）全文译出，书名为《坤舆格致》。《论冶金》可分为三个部分。第一部分为采矿，包括第一至六卷，内容有对矿业师的要求、矿山建设、矿脉成因、矿床测量、各种金属及其矿物、采矿技术、采矿工具和设备、排水通风、矿山职业病等。第二部分为选矿和冶炼，包括第七至十一卷，内容有矿石成分检测、**矿石破碎**及煅烧、**重力选矿**、混汞法提取黄金、冶炼炉建造、各种金属的冶炼工艺、收尘装置、金和银铜的分离、**灰吹法**和熔析法提银等。第三部分是第十二卷，内容有盐类、碱、明矾、矾石、硫黄、沥青、玻璃等的制取方法。

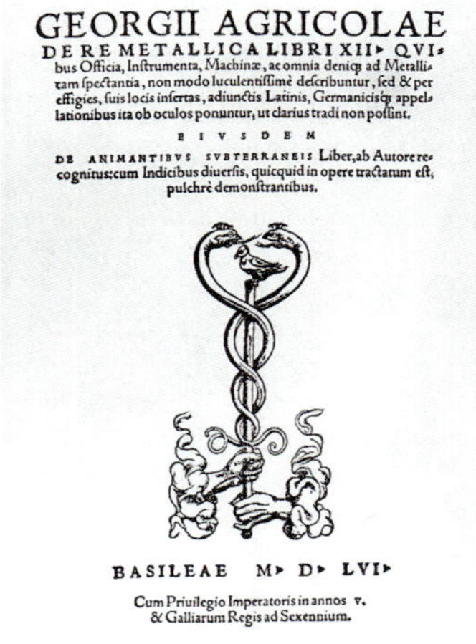
GEORGII AGRICOLAE
DE RE METALLICA LIBRI XII▸ QVIbus Officia, Instrumenta, Machinæ, ac omnia deniq; ad Metallicam spectantia, non modo luculentissimè describuntur, sed & per effigies, suis locis insertas, adiunctis Latinis, Germanicisq; appellationibus ita ob oculos ponuntur, ut clarius tradi non possint.
EIVSDEM
DE ANIMANTIBVS SVBTERRANEIS Liber, ab Autore recognitus: cum Indicibus diversis, quicquid in opere tractatum est, pulchrè demonstrantibus.
BASILEAE M▸ D▸ LVI▸
Cum Privilegio Imperatoris in annos v. & Galliarum Regis ad Sexennium.

《论冶金》扉页

（施莘善）

罗伯茨-奥斯汀，W.C. William Chandler Roberts-Austen（1843-03-03～1902-11-22） 英国冶金学家。生于萨里肯宁顿，卒于伦敦。18岁进入皇家矿业学院，后在造币厂从事金、银和合金成分的研究。1880～1902年任伦敦皇家矿物学院冶金学教授。他用量热计法测定银铜合金的凝固点，并首先用"冰点"曲线表示其实验成果。1876年与J.N.洛基尔一起用光谱仪做定量分析，以辅助传统的试金法。1885年他开始研究钢的强化，同时着手研究少量杂质对金的拉伸强度的影响，并在1888年的论文中加以阐述，成为早期用元素周期表解释一系列元素特性的范例。他采用铂/（铂-铑）热电偶高温计测定了高熔点物质的冷却速率，创立共晶理论。他用显微镜照相研究金属的金相形貌。为纪念他，把γ铁及其固溶体的金相组织命名为**奥氏体**。他曾参加英国国家物理研究所的筹建工作。所著《冶金学研究入门》一书很有影响。1875年当选英国皇家学会会员。

（常乃懂 施莘善）

螺旋分级机 spiral classifier 根据物料沉降速度的差异，利用螺旋搅拌和输送实现物料分级的设备。是重力水力分级设备的一种。螺旋分级机规格以螺旋的个数和螺旋的直径表示。底部呈半圆形，上部呈长方形，钢板制槽子倾斜安装，槽下端封闭，上端敞开，槽底倾斜12°～19°，槽内沿纵向装有一根或二根固定有螺旋叶片的长轴，长轴上端装有电机和传动机构。矿浆由下部一侧的上方连续给入，在槽下部形成一矿浆池，分级在池中进行。沉降速度慢的矿粒随液流越过溢流堰，成为溢流产物；沉降快的粗颗粒沉到底部后，被旋转的螺旋叶片沿倾斜的底面带出矿浆池，经过一段脱水行程，由上端排出，成为沉沙。沉沙排出的位置高，浓度大，可直接返回磨矿机再磨。

按螺旋轴的数目，螺旋分级机可分为单螺旋分级机和双螺旋分级机。按分级面积大小可分为浸没式、高堰式和低堰式。①浸没式螺旋分级机下端的螺旋叶片全部浸没在矿浆面之下，分级面积最大，适于处理较细的物料。②高堰式螺旋分级机下端的螺旋叶片部分暴露在液面之上，分级面积较小，螺旋的搅拌作用较强，适用于处理较粗物料或密度较大物料。③低堰式螺旋分级机分级面积最小，搅拌作用强，多用于处理密度大或者分离粒度粗的物料，适用于**洗矿**。

螺旋分级机结构简单，操作方便，槽体安装坡度较大，便于配置，沉沙连续排出，但沉砂中常混杂有单体的重矿物，需返回磨机再磨，易造成过粉碎，降低**选矿效率**。由于螺旋分级粒度相对较粗，因此广泛应用于一段或二段磨矿分级作业，也可用于洗矿作业。

扩展阅读

孙玉波.重力选矿.北京：冶金工业出版社，1993.

（曾志飞）

螺旋溜槽 spiral sluice 槽体垂直布置，呈螺旋状斜面流的矿物**重选设备**。主要由螺旋槽、给矿分配器、给矿槽、截矿槽和接矿斗等组成（见图）。螺旋槽槽体横断面一般呈抛物线形或椭圆形，主体由2～

4头螺旋槽（每头3～5圈）组成，螺旋槽在纵向（沿矿浆流动方向）和横向（径向）上均有一定倾斜度。

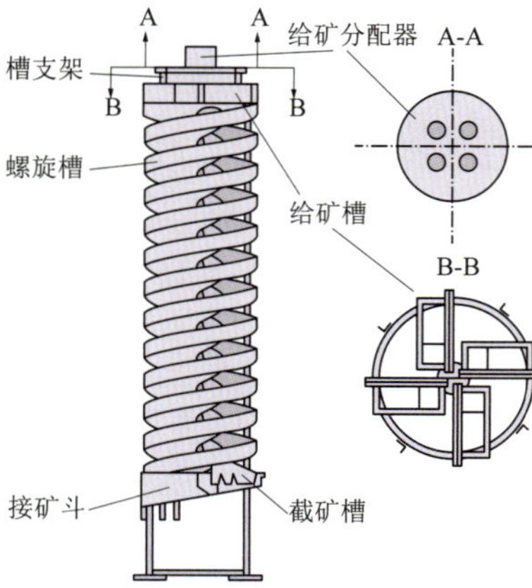

螺旋溜槽结构示意图

生产应用中除常规螺旋溜槽外，还有以下几种特殊螺旋溜槽：①磁力螺旋溜槽。在普通螺旋溜槽的槽面上附加磁场，可促进磁性物料的有效回收。②多段螺旋溜槽。将每圈螺旋作为一段作业，在设备内各头、各圈之间形成流程结构的螺旋溜槽。③旋转螺旋溜槽。螺旋槽绕竖轴旋转的螺旋溜槽。

矿浆在螺旋槽内做离心回转运动，物料颗粒在离心力、重力及摩擦力的联合作用下实现按密度分层、分带分选。矿浆在重力作用下沿螺旋槽向下做回转运动，同时在离心作用和横向倾角作用下，在螺旋槽内横向做环流运动，称二次环流。在二次环流作用下，上层液流向外侧流动，下层液流则向内侧流动，最终高密度颗粒富集在螺旋槽内缘，低密度颗粒分布在螺旋槽的外缘，微细矿泥则悬浮在最外侧。分选产物从螺旋槽的末端排出。选别过程中可不加冲洗水。

螺旋溜槽具有无须动力、选别过程稳定、容易配置和操作、给矿浓度允许变化范围大、富集比高、回收率高、占地面积小、耗水量少、结构简单、处理量大、安装简易等优点，主要用于硫铁矿、赤铁矿、褐铁矿、铬铁矿、钨矿、锡矿、钛铁矿、钽铌矿、海滨砂矿、金矿、砂金矿、银矿、铅锌矿、铜矿、煤矿、独居石、蓝宝石、重晶石、金红石、锆英石、硅钞等矿物的选别。

扩展阅读

魏德洲.固体物料分选学.3版.北京：冶金工业出版社，2015.

（李艳军）

落矿 ore break down 回采过程中将矿石以一定块度从矿体分离下来的过程。根据矿床的赋存条件、矿石性质等不同，落矿可分为凿岩爆破落矿、自然崩落落矿、机械落矿、水力落矿和溶解落矿等。凿岩爆破落矿主要应用在硬岩金属、非金属矿山，通常包括浅孔爆破落矿、中深孔爆破落矿、深孔爆破落矿和硐室爆破落矿等。自然崩落落矿适用于裂隙发育、稳固性差、厚度大、有良好覆岩的矿体，利用矿石自重和上部覆盖岩层的压力使矿石冒落并碎裂成一定块度。机械落矿适合开采硬度不大的盐和钾盐等矿石。水力落矿是利用高压水射流，将脆而软的矿石破碎，再用水或其他方式运出破碎矿石的方法。溶解落矿是利用水作溶剂，将有用矿物溶于水中，然后抽出溶液，再从中提取有用矿物的方法，如岩盐水溶开采。

落矿要求：①工作安全。②设计范围内矿岩崩落完全。③矿石块度均匀。④尽量减小需要二次破碎的大块。⑤满足矿块生产能力的要求。⑥费用尽可能低。

评价落矿效果的指标主要包括每米炮孔崩矿量、实际落矿贫损指标、矿石破碎质量等。每米炮孔崩矿量为采场爆破炮孔的实际落矿量；实际落矿贫损指标是指实际炮孔爆破范围与设计落矿范围的偏差，可用矿石回采率与废石混入率来衡量；矿石破碎质量主要用不合格大块产出率表示。（王贻明）

落重试验 drop weight test 用下落重锤冲击矿石颗粒的方法测定*矿石破碎*特性的试验。由澳大利亚昆士兰大学朱利叶斯·克鲁兹尼特矿物研究中心（Julius Kruttschnitt Mineral Research Centre，JKMRC）于20世纪90年代中期设计的一种单颗粒高能冲击破碎试验，后在矿业领域推广。试验在落重试验机（见图）上进行。静置于砧座上的矿石颗粒受到由一定高度沿导杆下落的重锤冲击而被破碎，通过改变重锤的质量和下落高度可获得不同能耗条件下的冲击破碎结果。完整的落重试验需要对5个

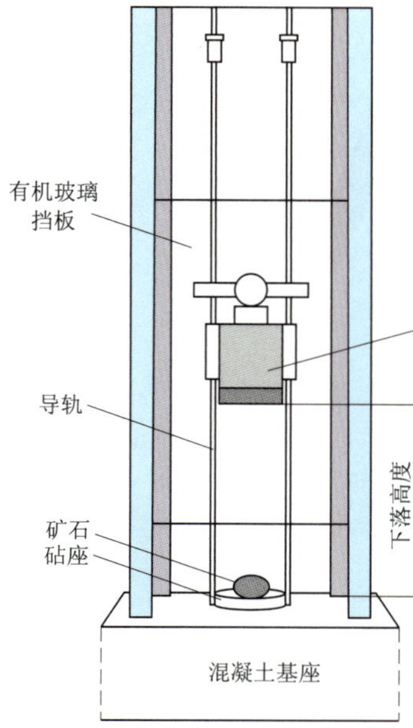

JK落重试验机示意图

窄粒级物料进行单粒冲击破碎，每个粒级根据施加的比能耗不同分为3组。比能耗是单位质量矿石的能耗，等于重锤传递给被碎颗粒的能量除以颗粒质量。标准落重试验规定的5个窄粒级为：53～63毫米、37.5～45毫米、26.5～31.5毫米、19～22.4毫米、13.2～16毫米。比能耗变化为0.1～2.5千瓦·时/吨。每个组合需要破碎10～30个颗粒。将相同试验条件下获得的碎块产物收集合并后进行筛分分析，得到15组不同粒度-比能耗组合条件下碎块产物的粒度分布数据。用t_{10}值作为表征原始颗粒被碎程度的指标，t_{10}是碎块产物中粒度小于原始颗粒1/10的那部分物料所占的重量百分数。JKMRC采用指数函数来表达t_{10}与比能耗E_{cs}的关系：

$$t_{10}=A\ (1-e^{-b\cdot E_{cs}})$$

式中A和b为物料特性参数。根据试验获得的15组$t_{10}=f(E_{cs})$数据，用回归拟合方法求出这两个参数。A和b的乘积可作为矿石抗冲击破碎强度的一个衡量指标，乘积越大，给定比能耗条件下获得的碎块产物越细，即矿石抵抗冲击破碎作用的能力越弱。

落重试验主要为矿石破碎数学模型提供物料特性参数。在利用自磨/半自磨机模型进行破碎过程模拟时，A和b作为物料参数用于确定受冲击破碎作用颗粒的碎块粒度分布。（刘建远）

M

马丁，P.-É.　Pierre-Émile Martin（1824-08-18～1915-05-23）　法国工程师，**平炉炼钢**发明人之一。生于布尔日，卒于富尔尚博。早年在法国矿业学校学习。在**K.W.西门子**发明的带有蓄热室的炼钢炉的基础上，1864年马丁取得在平炉中采用生铁-废钢炼钢法的专利。这种方法以适量废钢铁和生铁为原料，控制含碳量，以炼出所需要的钢。由于利用废钢铁作原料，降低了成本，近百年来平炉钢长期居于世界钢产量的首位，直到20世纪50年代，平炉炼钢才开始为**氧气顶吹转炉炼钢**所代替。　（常乃懂　苏天森）

马格尼特法　Magnetherm process　在硅热法炼镁原料中添加少量铝土矿，使还原渣熔点降低并且液态熔渣可导电加热炉料，在高温、真空条件下还原出镁蒸气的**镁冶金**技术。又称熔渣导电半连续法炼镁、半连续硅热法炼镁。属于内热式硅热法。这种镁冶炼技术的还原反应器装料量大，一个还原周期可产粗镁数吨。1964年由法国人马格尼特（Magnetherm）发明，因此得名。也译作马格内姆法。随后在法国PUK电冶金公司建成采用这种工艺的马利纳（Marinac）镁冶炼厂。20世纪70年代后，法国、美国、巴西和南斯拉夫等国家先后成功建成了马格尼特法镁冶炼厂。90年代后期，因冶炼成本无法与中国镁冶炼所用的**皮江法**竞争，各国的马格尼特法镁冶炼厂先后停产。80～90年代，南非和加拿大有研究者基于马格尼特法的原理分别开发了常压下运行的熔渣导电半连续法，并各自命名为MTMP法和朱里阿尼法，但二者均未能实现工业化应用。

用马格尼特法炼镁时，将煅烧后的白云石、硅铁、铝土矿按一定比例配制成炉料装入电炉式还原反应器内。与皮江法相比，不需要将炉料制成球团，可以是粉末，也可以是直径5～15毫米的颗粒料。混合后炉料在温度1500～1600℃、压力4000～5000帕的真空条件下，发生如下化学反应：

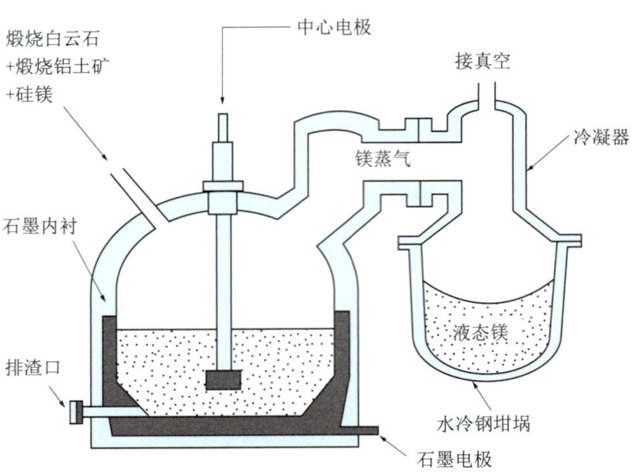

马格尼特法炼镁工艺过程示意图

$$2(CaO \cdot MgO)+Si(Fe)+nAl_2O_3 \longrightarrow 2Mg+2CaO \cdot SiO_2 \cdot nAl_2O_3+Fe$$

还原出的镁蒸气经冷凝器冷却成液态镁，流入水冷钢坩埚中。向还原反应器内充入氩气破真空，然后进行排渣、加料。镁液经过精炼除杂后浇铸成镁锭，**炉渣**经冷却水系统冷却后可用于生产水泥。其工艺过程如图所示。

该工艺产能大，1台4500千伏安的电炉日产粗镁7～9吨，可以实现连续加料、间断排渣、间断出镁的半连续化作业，提高了劳动生产率及产能。其缺点是还原温度高导致炉衬使用寿命短，粗镁含硅、铝等杂质较高，对白云石的理化性能要求较高，还原反应能耗明显高于燃料加热的外热式硅热法，生产成本较高。　（张少军　车玉思）

马氏体时效　maraging　应用于马氏体时效钢的一种热处理技术。马氏体时效钢是以无碳（或微碳）马氏体为基体，时效时能产生金属间化合物沉淀硬化的超高强度钢，其碳含量极低，但含有较高的合金元素。主要合金元素为镍（15wt.%～20wt.%），其他合金元素一般为钴、钼、钛和铝。这种钢通过无碳马氏体析出金属间化合物得以强化。

马氏体时效的工艺过程为：①在820℃左右对工件材料组织进行奥氏体均匀化。为了保证获得均匀的奥氏体组织，对于薄壁件要保温15～30分钟；对于厚壁件或大尺寸工件，每增加25毫米的厚度保温时间增加1小时。②将工件空冷到室温，这时工件材料组织为高位错密度的板条状马氏体。③在480～500℃温度区间进行时效处理，使细小弥散的金属间化合物由马氏体中的位错附近析出，从而获得马氏体时效钢的力学性能。析出的金属间化合物为Ni_3（X，Y），其中X和Y代表钢中加入的其他合金元素。如果时效时间过长，先出现的亚稳的共格析出物会再次溶解于基体，同时析出半共格的拉维斯相，比如Fe_2Ni/Fe_2Mo。如果进一步延长时效时间，马氏体将发生分解并重新转变为奥氏体。

马氏体时效钢在具有高强度和高硬度的同时具有较好的塑性变形性。在时效处理之前马氏体时效钢可以进行90%的冷变形量而不产生裂纹。由于碳含量极低，这种钢还具有优良的机械加工性和焊接性，但是焊后要对热影响区进行时效处理以恢复焊前的性能。马氏体时效钢经过热处理产生的变形量很小，所以在热处理前就可以将工件加工到最终的尺寸。马氏体时效钢具有优良的性能，但同时生产成本也较高，所以主要应用于航天工业和国防工业。　（金明江）

马氏体相变　martensitic transformation　晶体中无成分变化、以晶格畸变为主的位移型相变。马氏体（Martensite）是将**钢**加热到一定温度（形成**奥氏体**）后经迅速冷却（**淬火**）得到的能使钢变硬、增强的一种淬火组织。马氏体最初是在钢（中、高碳钢）中发现的。1895年法国人**F.奥斯蒙**为纪念德国金相学家**A.马滕斯**，把这种组织命名为马氏体。人们最早只把钢中由奥氏体转变为马氏体的相变称为马氏体相变。20世纪以来，对钢中马氏体相变的特征累积了较多的知识，又相继发现在某些纯金属和合金中也具有马氏体相变，如Ce、Co、Hf、Hg、La、Li、Ti、Tl、Pu、V、Zr和Ag-Cd、Ag-Zn、Au-Cd、Au-Mn、Cu-Al、Cu-Sn、Cu-Zn、In-Tl、Ti-Ni等。故现把基本特征属马氏体相变型的相变产物统称为马氏体（见**固态相变**）。

相变特征和机制　马氏体相变具有热效应和体积效应，相变过程是形核和长大的过程。但核心如何形成，又如何长大，尚无完整的模型。马氏体长大速率一般较快，有的甚至高达10^5厘米/秒。人们推想母相中的**晶体缺陷**（如位错）的组态对马氏体形核具有影响，但研究的实验技术还无法观察到相界面上位错的组态，因此对马氏体相变的过程尚不能看到其全貌。

马氏体相变是无扩散相变之一，相变时没有穿越界面的原子无规行走或顺序跳跃，因而新相（马氏体）承袭了母相的化学成分、原子序态和晶体缺陷。马氏体相变时原子有规则地保持其相邻原子间的相对关系进行位移，这种位移是切变式的（图1）。原子位移的结果产生点阵应变（或形变）（图2）。这种切变位移不但使母相

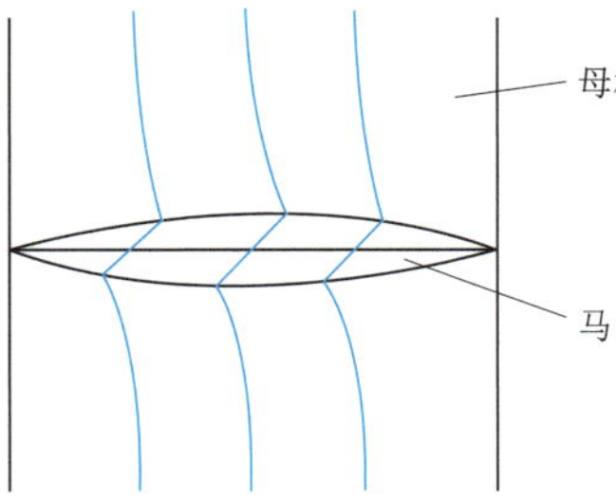

图1　切变式位移示意图

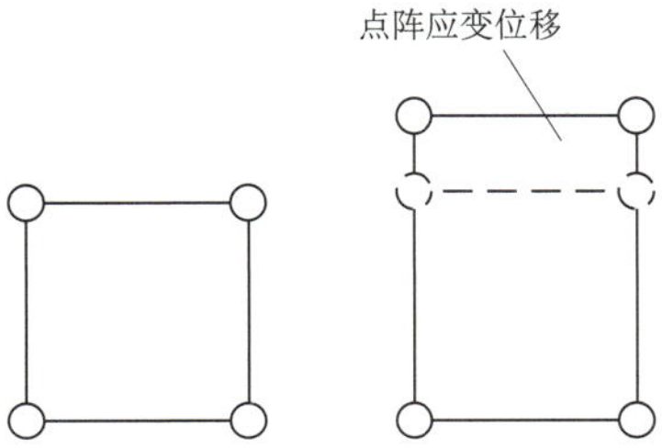

图2　原子位移产生点阵应变

点阵结构改变，而且产生宏观的形状改变。将一个抛光试样的表面先划上一条直线，如图3a中的PQRS，若试样中一部分（$A_1B_1C_1D_1-A_2B_2C_2D_2$）发生马氏体相变（形成马氏体），则PQRS直线就折成PQ、QR′及R′S′3段相连的直线，两相界面的平面$A_1B_1C_1D_1$及$A_2B_2C_2D_2$保持无应变、不转动。这种形状改变称为不变平面应变（图3b）。形状改变使先经抛光的试样表面形成浮突。由图4可以见到，高碳钢马氏体的表面浮突，其状态可由图5示意。马氏体形成时，在与马氏体相交的表面上发生倾动，在干涉显微镜下可见到浮突的高度，以及完整尖锐的边缘（图6）。

马氏体的惯习（析）面　马氏体相变时在一定的母相面上形成新相马氏体，这个面称为惯习（析）面，它往往不是简单的指数面，如镍钢中马氏体在奥氏体（γ）的{135}上最先形成。马氏体形成时和母相的界面上存在大的应变。为了部分减低这种应变能，会发生辅助的变形，使界面改变，如图7中由{135}变为{224}面。图7中马氏体呈透镜状，它具有中脊面，是孪晶密度很高的面，即$\{135\}_{\gamma}$面，这些马氏体内部的孪晶是马氏体内的亚结构。在铁基合金的马氏体中存在孪晶或（和）位错，在非铁合金中一般存在孪晶或层错。由图7还可见到，在马氏体周围的母相（奥氏体）中形成密度很高的位错，这是在马氏体相变时，母相发生协作形变而形成的。

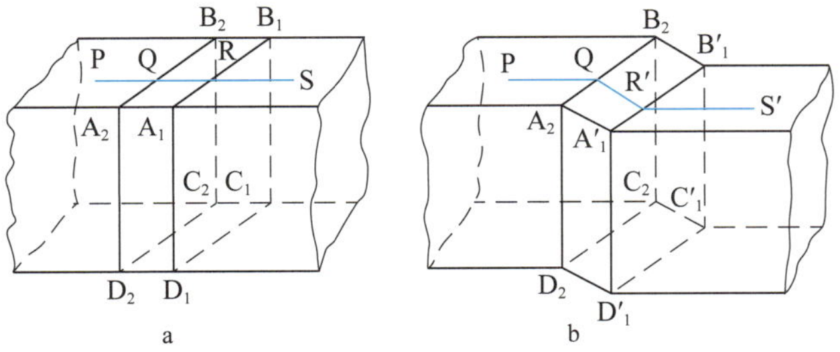

图3　马氏体相变时的形状改变

图4　高碳钢中马氏体的表面浮突　×600

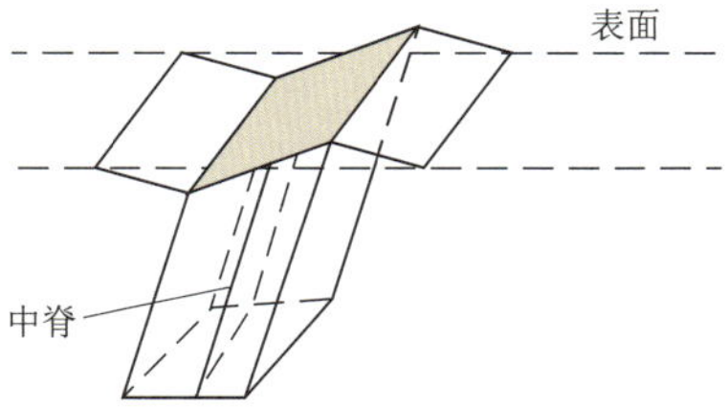

图5　表面浮突示意图

图6　Co-30.5Ni合金形成六方马氏体时产生的表面浮突干涉图像

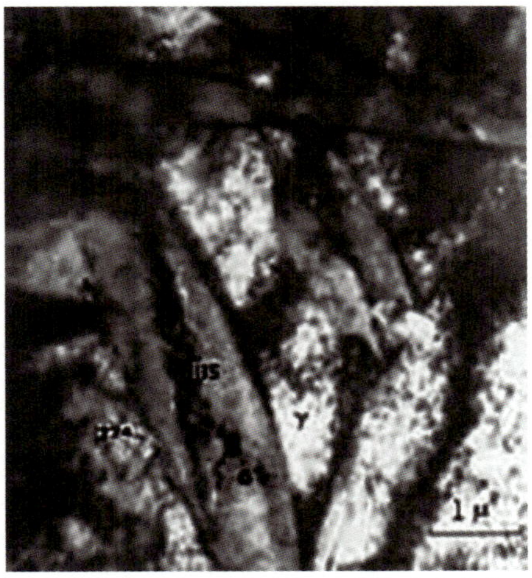

图7　Fe-25Ni-0.3V-0.3C钢中的马氏体及其周围的奥氏体

由于马氏体相变时原子规则地发生位移，使新相（马氏体）和母相之间始终保持一定的位向关系。在铁基合金中由面心立方母相c变为体心立方（正方）马氏体M时具有著名的Курдюмов-Sachs关系（简称K-S关系，$\{111\}_{\gamma}//\{011\}_M$，$\langle 01\bar{1}\rangle_{\gamma}//\langle \bar{1}11\rangle_M$）和西山关系（$\{111\}_{\gamma}//\{110\}_M$，$\langle 211\rangle_{\gamma}//\langle 110\rangle_M$）。由面心立方母相P变为六方马氏体ε时，则有$\{111\}_P//\{001\}_{\varepsilon}$，$\langle 110\rangle_P//\langle 110\rangle_{\varepsilon}$。

马氏体相变的可逆性　马氏体相变具有可逆性。当母相冷却时在一定温度开始转变为马氏体，把这个温度标为M_s，加热时马氏体逆变为母相，开始逆变的温度标为A_s。图8中表示Fe-Ni和Au-Cd合金的M_s和A_s，它们所包围的面积称为热滞面积，可见Fe-Ni马氏体相变具有的热滞大，而Au-Cd则很小。相变时的协作形变为**范性形变**时，一般热滞较大；而为弹性形变时，热滞很小。像Au-Cd这类合金冷却时马氏体长大、增多，一经加热又立即收缩，甚至消失。因此这类合金的马氏体相变具有热弹性，称为热弹性马氏体相变。

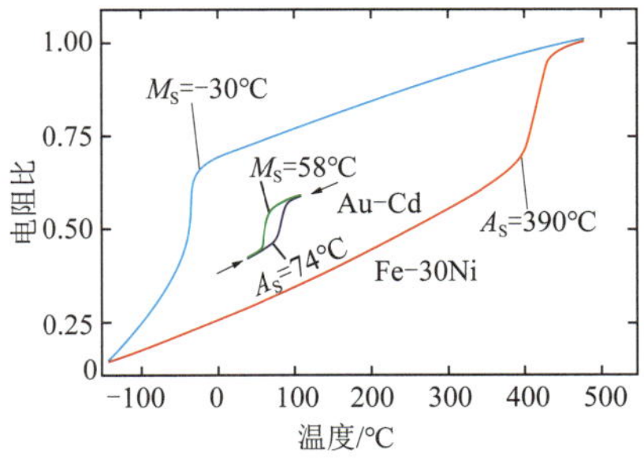

图8　Fe-Ni和Au-Cd合金的相变热滞

马氏体转变的温度-时间关系　在一般合金的马氏体相变中，马氏体形成量只是温度的函数，即随着温度的下降，马氏体的形成量增大，称为变温马氏体的形成，如图9所示（图中f为马氏体形成量、T_q为淬火介质的温度）。但在有些合金（Fe-Ni-Mn）中马氏体的形成量却是时间的函数，即在一定温度下，随着时间的延长，马氏体形成量增多，称为等温马氏体的形成，如图10所示（图中%指马氏

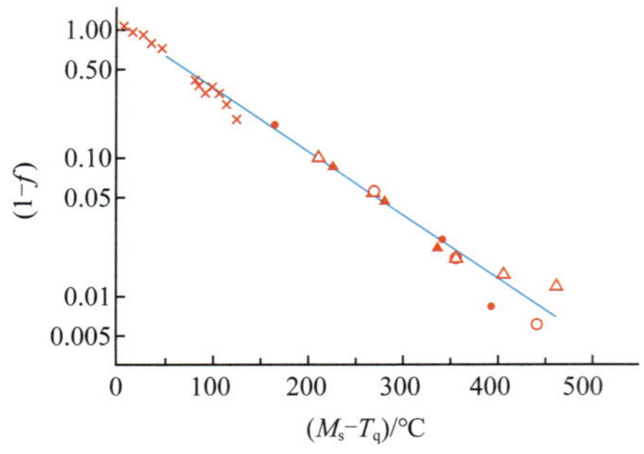

图9　碳钢变温马氏体的形成

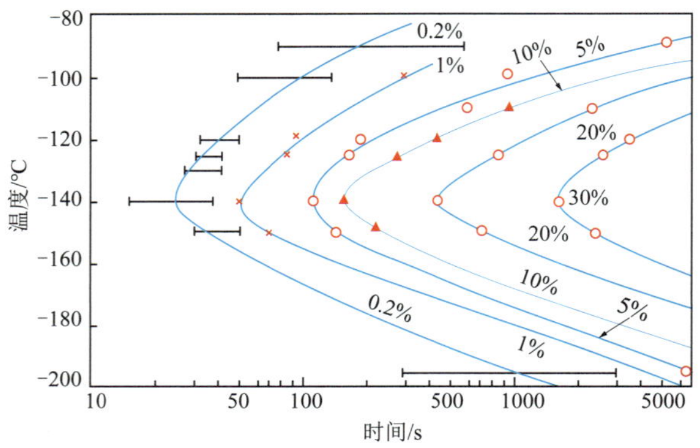

图10　Fe-Ni-Mn合金等温线马氏体的形成

体形成量）。一些高碳高合金钢，如高速钢、轴承钢，主要形成变温马氏体，但在一定条件下也能形成等温马氏体。这两类马氏体在本质上可能是一致的，不过在变温马氏体形成时母相不易继续相变（稳定化），必须降温，增加相变的驱动力才能继续形成马氏体。一定的应力和形变作为附加的驱动力，会促使马氏体的形成，但过量的形变又会阻碍马氏体相变的进行（力学的稳定化）。

工业应用　马氏体相变规律在工业上的应用已具显著效果。除马氏体强化普遍应用于钢铁外，在钢铁热处理中还利用相变规律来控制变形，以及改善性能。具备位错亚结构的低碳型（条状）马氏体有一定的强度和良好的韧性，具备孪晶亚结构的高碳型（片状）马氏体有很高的强度但韧性很差。按此，低碳马氏体已在工业上有较大量的应用。**形变热处理**的应用，以及马氏体时效钢（含碳约0.02%）的创制都是利用低碳马氏体的良好韧性。

有些合金如Au-Cd、In-Tl等在受一定应力时会诱发形成马氏体，相应地产生应变，应力去除后马氏体立即逆变为母相，应变回复。这种现象称为伪弹性。图11所示为Ag-Cd合金的伪弹性现象。具有热弹性和伪弹性的部分合金中还具有形状记忆效应，即合金经马氏体相变后经过形变使形状改变，但经过加热逆变后对母相原来的形状有记忆效应，会自动回复母相的原来形状，图12为合金的形状记忆效应示意图。有的合金不但对母相形状有记忆效应，而且再次冷却时对马氏体形状也具有记忆效应，称为双程记忆效应。利用这种双程记忆效应制成的形状记忆合金，已获得工业应用。

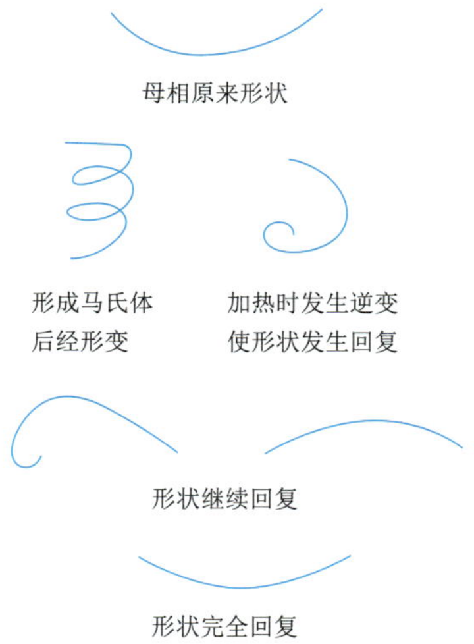

图12　形状记忆效应示意图

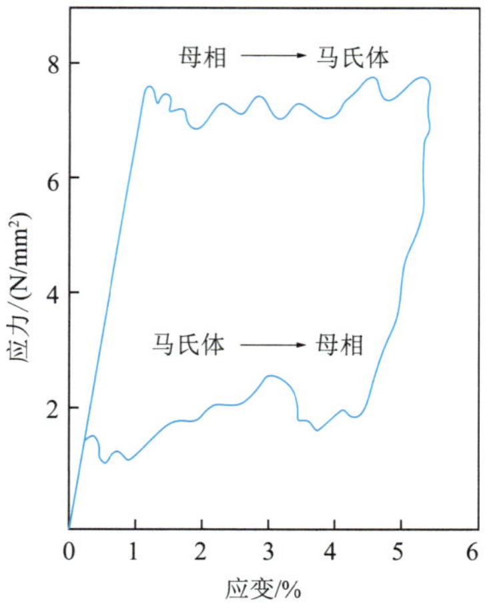

图11　Ag-Cd合金在拉伸时的应力-应变图

马氏体相变的研究　对马氏体相变的研究从表象逐步深入到相变的本质，但是对一些根本性问题还认识得不很完整。马氏体相变时母相和新相成分相同，因此可以把合金作为单元系进行相变的热力学研究。用热力学处理来计算M_s温度以及验证相变过程的工作还处于发动阶段。虽然从实验上可以得到相变的惯习（析）面、取向关系以及应变量，但相变过程中原子迁动的过程尚未被了解。晶体学的表象理论是应用数学（矩阵）处理，预测马氏体相变过程的形状改变是均匀点阵形变、不均匀形变和刚性转动的结果；这只在Au-Cd、Fe_3Pt及高镍钢和高铝钢中得到验证，大多数合金还不完全与实验结果相符合。在某些马氏体相变前已观察到物理性质异变（如弹性模量下降），揭示了相变前母相点阵振动（声学模）的软化，预相变和软模。马氏体相变研究历史较久，对金属和非金属的马氏体相变正在进行统一的研究。　　　（徐祖耀）

马松模型　Masson's model　二元硅酸盐熔体结构模型之一。又称全链结构型。由加拿大科学家C.R.马松在1965年提出，1970年又做了某些改进。这个模型假定熔体中离子**活度**等于其离子分数；硅和氧结合成SiO_4^{4-}，$Si_3O_{10}^{8-}$，……，$Si_nO_{3n+1}^{2(n+1)-}$等复杂负离子；这些离子之间会发生一系列聚合反应并达到平衡。第一个聚合反应为：

$$SiO_4^{4-}+SiO_4^{4-} \rightleftharpoons Si_2O_7^{6-}+O^{2-}$$

反应平衡常数为K_{11}；第二个聚合反应为：

$$SiO_4^{4-}+Si_2O_7^{6-} \rightleftharpoons Si_3O_{10}^{8-}+O^{2-}$$

反应平衡常数为K_{12}；第n个聚合反应为：

$$SiO_4^{4-}+Si_nO_{3n+1}^{2(n+1)-} \rightleftharpoons Si_{n+1}O_{3n+4}^{2(n+2)-}+O^{2-}$$

反应平衡常数为K_{1n}。还假定各聚合反应的平衡常数相等，即$K_{11}=K_{12}=\cdots\cdots=K_{1n}$。由这些假定可以得出各种复杂离子浓度的理论分布曲线，并导出熔体中金属氧化物MeO的活度a_{MeO}与SiO_2的摩尔分数N_{SiO_2}之间的关系式。对直链型：

$$\frac{1}{N_{SiO_2}}=2+\frac{1}{1-a_{MeO}}-\frac{1}{1+a_{MeO}\left(\frac{1}{K_{11}}-1\right)}$$

对全链型：

$$\frac{1}{N_{SiO_2}}=2+\frac{1}{1-a_{MeO}}-\frac{3}{1+a_{MeO}\left(\frac{3}{K_{11}}-1\right)}$$

马松利用MeO-SiO_2二元硅酸盐熔体已有的MeO活度数据计算得出K_{11}值，见表。

中国科学家邹元燨等根据他们对CaO-SiO_2熔体实验测得的更为可靠的

马松模型中K_{11}值

氧化物	CaO	PbO	MnO	FeO			CoO	NiO
温度/℃	1600	1000	1600	1300	1600	1900	1450	1700
K_{11}	0.0016	0.196	0.25	0.7	1	1.35	2.6	46

CaO活度数据检验了马松模型，发现K_{11}并不守常，$\lg K_{11}$与N_{SiO_2}成直线关系，因此对马松模型的基本假定提出了疑问。此外，马松模型用于三元系还有困难。把正离子和负离子视为**理想溶液**也与实际不尽相符。（车荫昌　冀春霖）

马滕斯，A.　Adolf Martens（1850-03-06～1914-07-24）　德国材料试验和金相学家。生于梅克伦堡，卒于柏林。早期从事铁路桥梁工作，接触到正在兴起的材料检验方法。他用自制的显微镜观察铁的金相组织，1878年发表《铁的显微镜研究》，阐述金属断口形态及其抛光和酸浸后的组织图像。他观察到生铁在冷却和结晶过程中的组织排列很有规则，预言显微镜研究必将成为最有用的分析方法之一。曾担任柏林皇家工业大学附属机械工艺研究所所长，该所1903年发展成为柏林皇家材料试验所，建立了第一流的金相实验室。1895年国际材料试验学会成立，任副主席。为纪念马滕斯，钢**淬火**后的硬化组织被命名为马氏体。

（常乃懂　施莘善）

马希特父子　David and Robert Forester Mushet　马希特家族是英国冶金世家。D.马希特（1772～1847）及其子R.F.马希特（1811-04-08～1891-01-19）对18世纪末19世纪初的**高炉**研究多有贡献，又曾从事坩埚钢研究，发明了高锰钢。R.F.马希特对钢的显微组织研究后认为，贝塞麦钢脆断的原因是有硫和磷。他提出在铁水中加镜铁（含锰30%以下的**锰铁**）以除硫，使贝塞麦法得以广泛应用。R.F.马希特的另一重要贡献是1868年发明锰钨系自硬钢。（常乃懂　施莘善）

毛新平　Mao Xinping（1965-06-01～　）　中国金属压力加工专家。生于湖北鄂州。2006年毕业于北京科技大学，获博士学位。历任冶金工业部武汉钢铁设计研究总院总设计师、副总工程师，广州珠江钢铁有限责任公司总工程师、副总经理，武汉钢铁股份有限公司副总工程师，武汉钢铁（集团）公司研究院常务副院长。2015年当选中国工程院院士。

长期从事**薄板坯连铸连轧**技术和低成本高性能钢铁材料研究。主持设计了中国第一个薄板坯连铸连轧工程——珠钢薄板坯连铸连轧工程，以及中国第一个以**半无头轧制**工艺为主要特征的第二代薄板坯连铸连轧技术的代表工程——涟钢薄板坯连铸连轧工程。系统研究了薄板坯连铸连轧流程含钛析出物的析出规律，提出了钛微合金钢的控制轧制技术，开发出450～700兆帕级系列钛微合金化高强钢。解决了速度极限和负荷极限条件下，薄规格热轧钢板轧制过程中多个关键技术问题，集成薄规格热轧板带成套制造技术，开发出系列薄规格产品，推动了热轧板带的“以热代冷”。提出基于薄板坯连铸连轧流程生产高品质高碳热轧宽带钢的技术路线，研究了**快速凝固**条件下的偏析规律、直接轧制条件下的脱碳机理，以及薄板坯大压下条件下的组织演变规律，开发出系列高碳热轧宽带钢，广泛应用于汽车、工程机械等领域。

获得国家科技进步奖二等奖3项、省部级科技进步奖一等奖8项、国家优秀工程设计银质奖1项、中国专利优秀奖1项；获得2011年何梁何利基金科学与技术创新奖、中国工程院2010年光华工程科技奖、首届杰出工程师奖和2015年魏寿昆冶金青年奖。发表论文160余篇。出版专著《薄板坯连铸连轧微合金化技术》（2008）、《钛微合金钢》（2016）。（姜　曦）

锚杆支护　rock-bolt support　矿山开采中，通过钻孔将杆状体锚固在岩体内并维护其稳定的支护结构。能够充分利用岩体自身的承载能力，改善围岩受拉、受剪的状态，借此抵抗围岩所承受的载荷。锚杆主要由杆体和托板（垫板）组成，当露头段设有螺纹时，还包括紧固螺母（图1）。

在最早使用支架维护巷道稳定的过程中，人们逐渐认识到支架被动支护的缺陷。1872年英国首先发明锚杆，将杆状物伸入到围岩内部，主动加固围岩，使维护措施发生根本的变革。19世纪90年代锚杆支护最早引入矿山，20世纪20年代在美国圣·约瑟夫铅矿得以应用，在40年代晚期被应用到美国和澳大利亚**巷道支护**中。1956年以来，中国也开始使用锚杆支护。

图1　锚杆

锚杆支护理论主要有悬吊理论（图2a）、组合梁理论（图2b）、组合拱（压缩拱）理论（图2c）等，还有后来发展的最大水平应力理论和巷道锚杆支护围岩强度强化理论。悬吊理论认为，锚杆支护的作用是将巷道顶板较软弱岩层悬吊在稳定岩层上，以避免较软弱岩层的破坏、失稳和塌落，锚杆所受的拉力来自被悬吊的岩层重量。组合梁理论认为，在没有稳固岩层提供悬吊支点的薄层状岩层中，可利用锚杆的拉力将层状地层组合起来，形成组合梁结构进行支护。组合拱理论认为，在沿拱形巷道周边布置锚杆后，在预紧固力的作用下，每根锚杆都有一定的应力作用范围，只要采取合理的锚杆间距，其应力作用范围会互相重叠，从而形成连续的挤压加固组合拱，有效地抵抗围岩应力。最大水平应力理论认为，当垂直应力增大后，岩层由于泊松效应产生侧向变形，造成岩层之间沿摩擦力很低的层面出现相对滑动形成附加水平应力作用于顶板岩层。巷道锚杆支护围岩强度强化理论认为，锚杆支护的作用在于改善围岩的受力状态，沿锚轩的轴向对被锚固岩体施加围压，从而提高被锚固岩体的峰值强度和残余强度。锚杆支护设计方法主要有工程类比法、理论计算法、计算机模拟法和监测分析法等。

锚杆支护或独立使用，或与金属网、喷射混凝土等联合使用，主要形式有锚网支护、锚喷支护、锚喷网支护、锚网梁支护等。在地下岩体工程支护设计应用中，主要依据地下岩体工程特点，选取合适的支护理论、设计方法，选择锚杆支护形式，进行支护参数计算，并在工程实践中不断优化支护参数设计，进而选取合理的支护结构参数。

锚杆支护对巷道围岩强度有强化作

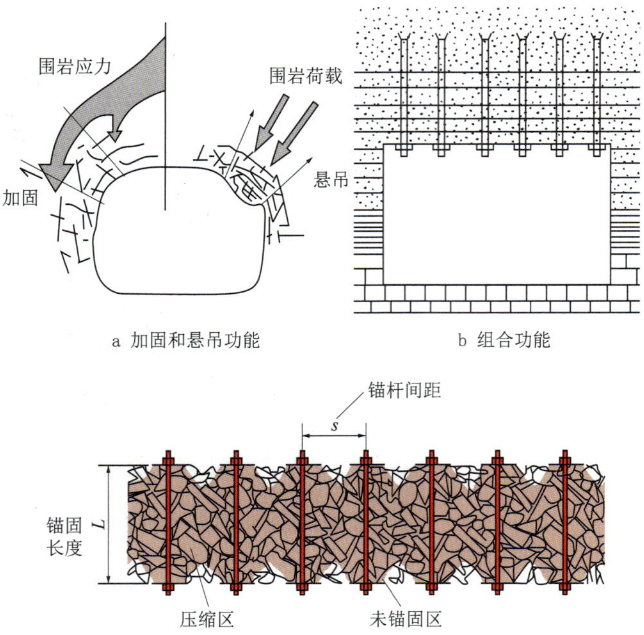

a 加固和悬吊功能　b 组合功能

c 锚杆挤压加固作用

图2 锚杆支护理论示意图

用，可显著提高围岩的稳定性，充分发挥围岩自承能力，减少支护结构材料。另外，锚杆支护工艺简单、支护效果好、材料消耗和支护成本低、运输和施工方便、作业环境和安全生产条件好。因此，锚杆支护已成为世界各国矿井巷道及其他地下岩体工程的一种主要支护形式。

锚索支护是通过深孔将钢绞线、精轧螺纹钢等锚固在围岩深部维护其稳定而形成的加固支护结构，常与其他支护结构联合使用。锚索承载能力大，一般在300千牛以上，可以加固较大范围内的岩体。在高应力矿山、大跨度断面和对冒顶区域的支护上相对常规支护来说，锚索支护具有较大的优越性。

扩展阅读

侯朝炯，郭励生，勾攀峰.煤巷锚杆支护.徐州：中国矿业大学出版社，1999.

华安增.矿山岩石力学基础.北京：煤炭工业出版社，1980.

（赵兴东）

煤气燃烧器 gas burner 将煤气的化学能通过燃烧转变成热能的冶金炉燃烧装置。又称煤气烧嘴。通常燃用**高炉煤气**、**焦炉煤气**、天然气和其他气体燃料。

种类 煤气燃烧器种类较多，根据煤气燃烧过程的控制因素可分为有焰燃烧器和无焰燃烧器。①有焰燃烧器。煤气和空气经燃烧器的不同喷口流出，然后在燃烧室（或炉膛）中逐渐混合、燃烧。由于煤气在高温下热解析出碳粒，被加热到高温的碳粒辐射可使火焰光亮可见，因而得名有焰燃烧。燃烧速度和火焰长度取决于煤气和空气两股射流的混合速度。为得到不同的火焰长度和火焰形状，可采用不同的烧嘴结构（图1）。有焰燃烧器的火焰稳定性较好，不会回火，也不易脱火，火焰的黑度较大，煤气和空气的预热温度不受限制。有焰燃烧器广泛应用于**热风炉**、**加热炉**、**热处理炉**、**均热炉**和各种窑炉。②无焰燃烧器。又称预混合燃烧器，是将煤气和空气在燃烧器内预先混合均匀。由于不再需要混合过程，所以燃烧速度极快，没有碳粒析出，火焰透明，因而得名无焰燃烧。无焰燃烧器的容积燃烧强度大，空气系数小，燃烧温度高。喷射式无焰燃烧器（图2）是这类燃烧器的基本结构形式，其特点是在一定的运行工况下可以自动保持燃料量与空气量的比例不变。喷射式无焰燃烧器可分为冷风型和热风型。冷风型燃烧器煤气喷出后可直接引射助燃空气，不设空气管道

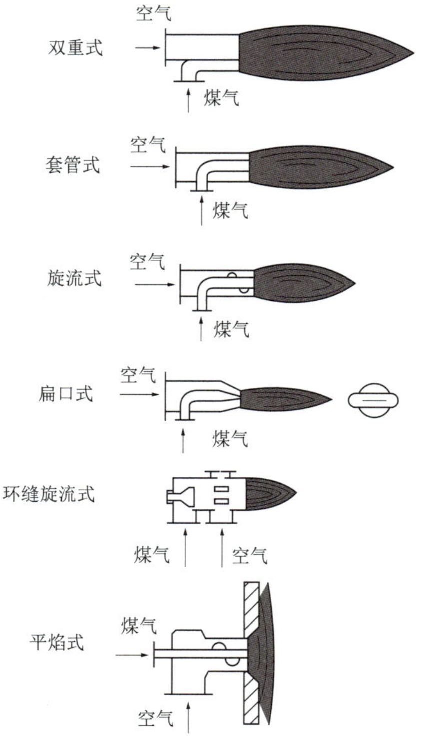

图1 有焰燃烧器基本类型

（图2a）；热风型燃烧器设有热风管道（图2b），煤气与空气在混合管内混合，再经扩张和收缩管以一定速度喷入燃烧坑道燃烧。这种燃烧器要求有较高的煤气压力，并且空气预热温度受煤气着火温度和烧嘴燃烧稳定性的限制，一般在350～500℃以下，以免发生回火。无焰燃烧器可用于轧钢加热炉、锻造炉和热处理炉等。

此外，按煤气发热量高低，煤气燃烧器可分为高发热量、中等发热量和低发热量燃烧器，按空气供入方式可分为自然引风式和鼓风式燃烧器。

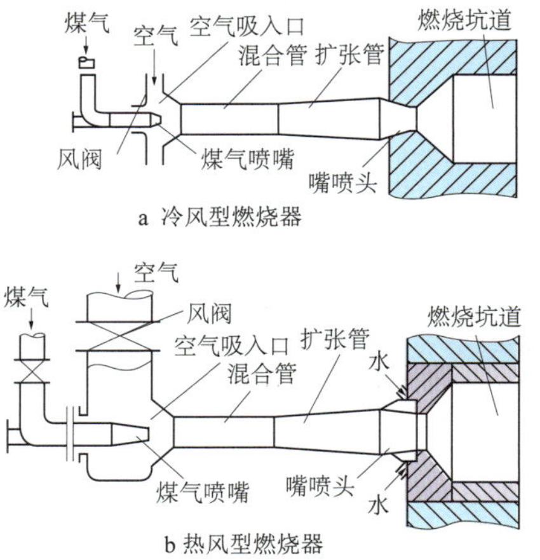

a 冷风型燃烧器

b 热风型燃烧器

图2 喷射式无焰燃烧器示意图

燃烧器烧嘴 为满足炉子的某些特殊要求，煤气燃烧器还发展出多种专用烧嘴。主要有：①高速烧嘴。在燃烧装置的燃烧室中组织高强度燃烧，然后使喷出的火焰速度每秒达100米以上，用以强化炉内的对流传热或气体循环，也可在引射过量空气后，得到中温火焰。②低氮氧化物（NO_x）烧嘴。采取烟气再循环、分段燃烧等措施降低火焰高温区温度和氧浓度，抑制NO_x的生成，以减少燃烧污染物排放。③燃气辐射管。将煤气的燃烧和烟气的流动全部安排在耐热钢管内进行，以钢管外壁的高温辐射进行无氧化加热的燃烧装置，有换热式和蓄热式两类，形状有直管、U形和W形等多种。④催化燃烧器。借助催化剂的催化作用使可燃气体在较低浓度和较低温度下实现完全氧化燃烧的装置，可用来进行低浓度甲烷及挥发性有机物的燃烧和无害化处理，也可以作为远红外辐射加热，用于干燥、采暖等。

扩展阅读

韩昭仓.燃料及燃烧.北京：冶金工业出版社，1994.

同济大学，重庆大学，哈尔滨工业大学，等.燃气燃烧与应用.北京：中国建筑工业出版社，2000.

（王 恒）

煤调湿 coal moisture control; CMC 将炼焦煤料在装炉前进行轻度干燥，使装炉煤水分稳定在6%～8%的煤料预处理工艺。是装炉煤水分控制工艺的简称。煤调湿源于20世纪80年代日本推出的煤轻度干燥工艺。煤调湿设备包括煤干燥器、除尘装置和输送装置。有两种组合形式，一种是煤调湿工艺设备设置在炼焦配煤与粉碎之后，即对配合煤进行干燥处理；另一种是设置在炼焦配煤与粉碎之前，即对单种煤进行干燥处理。由于干燥煤在配煤与粉碎过程中有大量粉尘逸散，所以前一种组合应用较广。干燥器有转筒干燥器、直立管气流式干燥器、流化床干燥器（沸腾床干燥器）等多种形式。干燥装炉煤使用的热源有导热油、蒸汽、焦炉烟道废气和高温热水等。

煤调湿工艺是利用导热油或其他热源在干燥器中对湿煤料进行间接或直接加热，使装炉煤适度脱水、干燥，然后排料进入输送装置，装炉炼焦。

煤调湿的作用是：①可以改善焦炭质量或增加8%～10%高挥发分弱黏结性煤的配用量。②装炉煤水分降低，使焦饼中心温度在100℃左右的停留时间缩短，于是结焦速度加快、炼焦耗热量减少，并可减少焦化废水。③使装炉煤水分稳定，利于焦炉操作稳定，避免焦炭不熟或过火。④煤调湿后装炉煤流动性改善，煤颗粒之间的间隙容易相互填满，装炉煤散密度增大。⑤可提高焦炉生产能力。

（祝仰勇 齐 嫿）

镁钙砖 magnesia calcia brick 以氧化镁（MgO）和氧化钙（CaO）为主要成分的碱性耐火材料制品。又称镁白云石砖。镁钙砖化学成分中MgO含量为60%～85%，CaO含量为10%～35%。同时含有一定量的三氧化二铝（Al_2O_3）、氧化铁（Fe_2O_3）、二氧化硅（SiO_2）杂质。镁钙砖主要有烧成镁钙砖、烧成油浸镁钙砖、不烧镁钙砖。镁钙砖在20世纪60年代由日本首次研发，并成功用于氧气转炉。中国在20世纪70年代开始研发并应用，显著提高了氧气转炉的使用寿命。镁碳砖产品出现后，转炉及炉外精炼等装置所用镁钙砖大部分甚至全部被镁碳砖取代。

制砖工艺 制作镁钙砖的原料主要是镁钙砂。配料时镁钙砂全部采用镁白云石合成砂，也可在基质料中引入部分或全部高纯镁砂，以便提高其抗渣性（尤其氧化铁高的炉渣）和抗水化能力。镁白云石合成砂采用二步煅烧法生产。镁白云石合成砂要求杂质总含量（$SiO_2+Al_2O_3+Fe_2O_3$）不大于3%，体积密度不小于3.15克/厘米^3。以石蜡或无规聚丙烯作结合剂，石蜡需经加热脱水，并在80～100℃下保温。生产镁钙砖过程需要有防水化措施，采用高压成形，在1550～1600℃下烧成。烧成后的镁钙砖通常用塑料薄膜将砖进行密封。

烧成油浸镁钙砖是烧成镁钙砖在沥青液中真空浸渍，使沥青进入砖内填充气孔、覆盖砖体表面。这样既能起防水化作用，也能提高抗渣蚀性能。也可将烧成后的镁钙砖在常压下进行浸蜡处理，使镁钙砖与外界水分隔绝，防止水化。

不烧镁钙砖以合成镁钙砂、电熔镁砂或烧结镁砂为主要原料，以无水树脂或改性沥青为结合剂制备而成。

性能和用途 镁钙砖具有良好的耐高温性、抗热震性、抗酸性渣和碱性渣性能，还具有脱硫性能。镁钙砖主要用在转炉、不锈钢冶炼转炉和钢包、炉外精炼炉、水泥回转窑等，如在炉渣碱度为0.1～3.0的氩氧脱碳炉渣线区、真空吹氧脱碳炉渣线区使用。

（石 干）

镁铬砖 magnesia chrome brick 以氧化镁（MgO）和三氧化二铬（Cr_2O_3）为主要成分，方镁石和尖晶石为主要矿物组分的碱性耐火材料制品。根据制品所用原料和工艺特点，镁铬砖可分为普通镁铬砖、直接结合镁铬砖、电熔再结合镁铬砖、电熔半再结合镁铬砖、不烧镁铬砖和熔铸镁铬砖。

普通镁铬砖、直接结合镁铬砖、电熔再结合镁铬砖和电熔半再结合镁铬砖属于烧成砖。①普通镁铬砖，又称硅酸盐结合镁铬砖，以普通烧结镁砂和铬铁矿为原料，在1550～1600℃下高温烧成。普通镁铬砖的耐火物晶粒之间由熔点低的硅酸盐结合在一起。②直接结合镁铬砖，以高纯烧结镁砂（或电熔镁砂）和铬精矿为原料，通过高温烧制而成。直接结合镁铬砖显微结构发生变化，方镁石、尖晶石等高温相之间直接结合，硅酸盐等低熔点相为孤岛状分布。因此，与普通镁铬砖相比，直接结合镁铬砖提高了砖的高温强度和抗渣性。③电熔再结合镁铬砖，以电熔合成镁铬砂为主要原料，再经高温烧成的耐火制品。电熔再结合镁铬砖显微结构均匀，直接结合程度高，具有良好的抗侵蚀性和抗腐蚀性。④电熔半再结合镁铬砖，以部分电熔合成镁铬砂和镁砂、铬铁矿或预反应镁铬砂为原料，在1750℃以上烧制而成。

烧成镁铬砖工艺过程：镁铬砂和铬铁矿经破碎、粉碎后，按适当比例配合、混炼、成形、干燥后于氧化气氛中高温烧成。在烧成过程中，为了消除MgO和Cr_2O_3、三氧化二铝（Al_2O_3）或铁的氧化物反应生成尖晶石时膨胀而引起的松散效应，可采用合成镁铬砂制备镁铬砖。合成镁铬砂分烧结合成镁铬砂和电熔合成镁铬砂两种。烧结合成镁铬砂通常采用轻烧镁砂与精选铬矿粉按Cr_2O_3含量要求进行混合压球、高温煅烧制得，其煅烧温度应在1750～1800℃。电熔合成镁铬砂是用电弧炉将按比例混合的菱镁矿与铬矿进行电熔制取。

不烧镁铬砖，又称化学结合镁铬砖，所用原料和制砖工序与烧成镁铬砖基本相同，只是不经高温烧成，在配料中加入化学结合剂，经混炼成形、干燥、低温处理制得。常用的化学结合剂有聚磷酸盐等。不烧镁铬砖生产工艺简单，成本低，热稳定性也好，但高温强度远不及烧成砖。

熔铸镁铬砖以镁砂和铬铁矿为主要原料，经电熔、浇铸制成。熔铸镁铬砖强度高、耐腐蚀、对温度变化敏感。

镁铬砖的耐火度高，高温强度大，抗碱性渣侵蚀性强，热稳定性优良，对酸性渣也有一定的适应性。镁铬砖主要用在冶金工业窑炉，如构筑炉外精炼炉以及各种有色金属冶炼炉。此外，镁铬砖还用在水泥回转窑烧成带和玻璃窑的蓄热室等部位。由于用后砖可能产生的Cr^{6+}对环境造成污染、对人体健康有害，镁铬砖的使用受到限制，逐渐被其他的材料所替代。

（陈人品 石 干）

镁尖晶石砖 magnesite-spinel brick 以方镁石和镁铝尖晶石为主要矿物相的耐火材料制品。又称镁铝尖晶石砖。方镁石主要成分为氧化镁（MgO）；镁铝尖晶石主要成分为氧化镁（MgO）和氧化铝（Al_2O_3），缩写MA。镁尖晶石砖属MgO－MA系材料。镁铝尖晶石是MgO－Al_2O_3二元系相图中的一个中间化合物，熔点为2135℃。20世纪50年代由中国研发的镁铝砖是镁尖晶石砖的前身。这种镁铝砖称为第一代镁尖晶石砖。镁铝砖采用镁砂和矾土熟料细粉或工业氧化铝生产，Al_2O_3含量5%～10%。采用高纯镁砂和合成镁铝尖晶石砂为原料生产的耐火砖称为第二代镁尖晶石砖。

镁尖晶石砖经配料、混炼、成形、干燥、高温烧成等工艺生产。合成镁铝尖晶石砂的制备有电熔法和烧结法两种。电熔合成法是用工业氧化铝（或铝矾土）和轻烧氧化镁按比例配合，在电弧炉中高温熔融而成；烧结法是用上述的原料配比，经磨细、混匀、成球，在回转窑或竖窑中高温煅烧而成。镁尖晶石砖中烧结镁砂、电熔镁砂、镁铝尖晶石等原料的加入，使在基质中高膨胀性镁砂骨料与低膨胀性镁铝尖晶石骨料复合，两种骨料产生的微裂纹可以缓冲热应力，提高耐热震性。

镁尖晶石砖强度大，耐火度高，热震稳定性、耐磨性、化学稳定性好，与**镁铬砖**相比，镁尖晶石砖对还原气氛、游离二氧化碳、游离二氧化硫/三氧化硫及游离氧化钾/氧化钠的抗化学侵蚀性强。镁尖晶石砖作为高级耐火材料应用于大型水泥回转窑、玻璃窑炉蓄热室、炉外精炼以及其他强化操作的热工设备。

（石　千）

镁碳砖　magnesia carbon brick　以镁砂和石墨为主要原料制成的不烧含碳复合**耐火材料**。由日本九州耐火公司渡边明于1970年发明，主要用于超高功率电炉热点部位，炉衬寿命由2～3天提高到2～3周，电炉炼钢生产效率显著提高。20世纪70年代末，镁碳砖开始用于转炉炉衬。中国从20世纪80年代初开始研制镁碳砖，80年代中期镁碳砖在中国钢厂推广使用，转炉炉衬使用寿命达到数千炉次，21世纪初低碳镁碳砖技术开始研究应用。

镁碳砖是一种复合结构，以氧化镁和碳为主要成分。生产原料主要是镁砂、石墨、结合剂、添加剂。镁砂包括烧结镁砂、电熔镁砂；石墨主要是鳞片状石墨；结合剂主要使用酚醛树脂，并添加适量沥青粉；防氧化添加剂多使用铝、硅、铝－硅合金等。镁碳砖为不烧制品，生产中按一定比例配料、混炼、成形后，砖坯送入干燥室中进行固化处理，最后质检、包装入库。

石墨的导热性使其具有良好的抗热震性，并且石墨对钢水和炉渣的不润湿作用可阻止炉渣渗透，抗剥落性和抗渣性较好。但碳易被氧化，影响砖的使用寿命，可通过添加防氧化剂来改善。镁碳砖广泛用于电炉、转炉、钢包、RH精炼炉等冶金行业高温容器的关键炉衬部位。

（刘国齐）

镁冶金　magnesium metallurgy　从含镁矿物中提取金属镁的技术。1808年英国H.戴维将电解汞和氧化镁的混合物制得镁汞齐，第一次获得金属镁，并按当时取得氧化镁的地方——希腊的Magnesia城将其命名。后来，欧洲科学家先后又发明了钠还原无水氯化镁（$MgCl_2$）制备金属镁、采用氯化镁氯化钾（$KCl\cdot MgCl_2$）的二元氯化物熔盐体系电解法炼镁、采用$KCl\cdot MgCl_2$与氯化钠（NaCl）混合熔盐体系电解炼镁，以及用光卤石电解法制镁等技术方法。20世纪30年代开始，热还原法炼镁技术得到了较快发展，人们开发了**金属热还原**法、碳热还原法及碳化物还原法。因此，现代金属镁的冶炼方法主要分为**熔盐电解**法和热还原法。

镁是地壳中含量高、分布广的元素之一。具有工业价值的镁矿物有：菱镁矿（$MgCO_3$）、白云石（$MgCO_3\cdot CaCO_3$）、光卤石（$KCl\cdot MgCl_2\cdot 6H_2O$）、水镁石〔$Mg(OH)_2$〕、镁橄榄石〔$Mg_2(SiO_4)$〕等。世界各地还有很多含镁的盐湖、地下卤水和盐矿床。中国辽宁、山东产菱镁矿，各省都有白云石矿，青海有盐湖卤水和光卤石，沿海盐场的副产品卤水，均可作炼镁的原料。

熔盐电解法　熔盐电解法包括氯化镁的生产及电解制镁两大步骤。

氯化镁生产　按使用原料的不同可分为以下4种方法：①菱镁矿或氧化镁加碳氯化法，包括氯化炉料的制备、氯化炉料在氯化炉中的氯化以及$MgCl_2$熔体自氯化炉中排出等步骤。氯化炉料由镁质组分与碳质组分构成，镁质组分是菱镁矿、菱苦土（MgO）或碱式碳酸镁中的一种或几种；碳质组分是石油焦、木屑或褐煤中的一种。氯化炉料制备时通常还会加入卤水或食盐。氯化炉通常为圆柱形竖式电炉，电炉中通常装配有两组电极，电极之间借助炭素格子砖构成通路。加碳氯化过程所发生的主要化学反应如下：

$$MgO+C+Cl_2 \longrightarrow MgCl_2+CO$$

$$2MgO+C+2Cl_2 \longrightarrow 2MgCl_2+CO_2$$

$$MgO+CO+Cl_2 \longrightarrow MgCl_2+CO_2$$

②氯化镁水合物脱水法，氯化镁水合物是生产无水氯化镁的重要原料，可从海水或盐湖的卤水中获得。氯化镁水合物在受热脱水过程中，由于发生水解而生成Mg(OH)Cl和MgO，两者都是电解过程的有害杂质。为了消除这种产物，开发出了氯化氢保护气氛下脱水、氯气熔融氯化脱水、有机溶剂络合－氨螯合脱水等方法。氯化氢保护气氛下脱水是在一定温度下的脱水体系中维持适当的氯化氢浓度，以避免氯化镁水解或使水解降至最低程度。氯气熔融氯化脱水，是用氯气来氯化氯化镁熔体中的Mg(OH)Cl或MgO，原理类似于氧化镁加碳氯化。有机溶剂络合－氨螯合脱水是先将氯化镁水合物与有机溶剂络合，然后将络合产物与氨螯合以脱除有机溶剂，最后将螯合产物脱氨得到无水氯化镁。③天然钾光卤石脱水法，脱水前通常需通过冷却结晶等方法将其中过高的氯化钠去除，得到化学式大致符合$KCl\cdot MgCl_2\cdot 6H_2O$的人造钾光卤石。人造钾光卤石脱水分两步进行。第一步是在沸腾炉或回转窑中一次脱水，得到的产物中还有一定数量的水分与氧化镁；第二步是在较高的温度下（通常800～850℃）进行二次脱水与氯化，通常在氯化器中进行。④人造铵光卤石脱水法，首先合成铵光卤石液，即按$NH_4Cl:MgCl_2=1:1$（摩尔比）往除杂的卤水中加入氯化铵，将溶液加热到60～70℃后即得铵光卤石液；然后将铵光卤石液通过一次沸腾脱水、二次沸腾氨化脱水与熔融脱铵即可获得无水氯化镁熔体。

电解制镁　以无水氯化镁为原料、在熔融电解质体系中进行电解获得金属镁。镁电解采用多组分氯盐作电解质，常用的电解质体系包括$MgCl_2-NaCl-CaCl_2$、$MgCl_2-NaCl-KCl$和$MgCl_2-NaCl-CaCl_2-KCl$等。为了达到使电解镁更好汇集的目的，通常还会在电解质体系中加入CaF_2、MgF_2、LiCl或$BaCl_2$等组分。电解过程的两极反应为：

阴极　$Mg^{2+}+2e \longrightarrow Mg$

阳极　$2Cl \longrightarrow Cl_2+2e$

阴极产生的液态镁因比电解质的密度小而浮于表面；阳极产生的氯气则通过氯气罩排出。

镁电解槽自应用于生产后，其结构已发生了很大变化。初期的镁电解槽是一种简单的无隔板槽，结构简单，极距可以调整，但不能密封，氯气不易收集，电流效率与电能效率均较低。20世纪30年代后，这种电解槽被有隔板槽取代，电解过程的指标得到改善。40～60年代，工业上出现了一种新型的无隔板槽，80年代出现了双极性镁电解槽。新型无隔板槽与双极性槽的出现，使电解法炼镁技术达到了一个新的水平。①新型无隔板槽，由电解室与集镁室组成，阳极与阴极都在电解室，集镁室收集由电解室来的金属镁。根据镁进入集镁室的方式，无隔板槽可分为两种槽型，第一种槽型是电解质在电解质与集镁室之间循环流动，借此循环流动，镁从电解室进入集镁室；第二种槽型是阴极析出的镁在电解质浮力的作用下，上浮顺着倒镁槽进入集镁室。倒镁槽集镁的无隔板槽又称阿尔肯型无隔板槽。新型无隔板槽具有阳极气体氯气浓度高、电流效率高等优点。②双极性槽，由众多双极性电极组成。双极性电极指插在阴阳极之间的导体，面向阴极的一面为阳极，面向阳极的一面为阴极。对双极性槽中所采用的双极性电极的要求较高，既要它适合于氯的析出，还要适合于镁的析出。与单极性电解槽相比，具有双极性槽的电解室结构紧凑，单位槽底面积的产能高、电耗低，氯气浓度更高等优点。

热还原法 热还原法炼镁通常是将含镁原料、矿化剂、造渣剂按适当比例混合、磨粉，再压制成球团作为炉料，装入真空或常压还原反应器；用燃料从反应器外部或用电力从反应器内部将炉料加热至反应温度以上，从而还原出气态镁；镁蒸气在结晶器内被冷凝成固态镁，产出固态粗镁。

根据还原剂主要成分的不同，可分为硅热法、碳热法、碳化物热法等。根据加热方式的不同，热还原法炼镁可分为内热法和外热法。①内热法，又称内热式炼镁法。常见有内热式硅热法、内热式碳热法等，通过布置在还原反应器内部的电加热元件使炉料受热，其特点是炉内温度均匀、反应速度快。典型的内热式硅热法工艺有**马格尼特法**和波尔扎诺法。②外热法，又称外热式炼镁法。是用燃料从还原反应器外壁加热反应器内的炉料，常见的外热法为外热式硅热法，代表性工艺有**皮江法**（横罐法）和竖罐法。外热法炼镁的还原反应所需的高温和真空工艺条件使还原反应器的寿命较低，不能长期使用，即使还原反应器选用特殊耐热钢制成，通常寿命也只有60～90天。因此，还原反应器材质的高温力学性能研究也是外热式炼镁法的重要研究内容。

热还原法炼镁常用的矿产资源有白云石矿（$MgCO_3 \cdot CaCO_3$）和菱镁石矿（$MgCO_3$）两种，矿石经煅烧分解出二氧化碳后的产物作为冶炼原料。

粗镁精炼 熔盐电解法与热还原法直接得到的粗镁中均含有金属杂质（如K、Na等）与非金属杂质（如MgO、CaF_2等），一般要求精炼除杂、使镁的纯度高于99.85%后才能满足用户的要求。粗镁经过精炼除杂后，浇铸成为符合标准的商品镁锭。精炼粗镁的主要方法是熔剂精炼法。所采用的熔剂有基础熔剂（$MgCl_2$38%、KCl37%、NaCl8%、$CaCl_2$8%、$BaCl_2$9%），精炼溶剂（基础熔剂＋氟化钙），撒粉熔剂（基础熔剂＋硫黄粉）等。更高纯度的镁可通过真空蒸馏、用活性金属（如钛、锆等）或其氯化物精炼提纯，得到99.99%～99.999%的高纯镁。化学成分合格的镁锭必须进行表面处理，以防止氧化腐蚀。表面处理的方法有重铬酸盐镀膜、阳极氧化、酚醛树脂涂层和油纸包装等。

（周向阳）

镁砖 magnesia brick 以氧化镁（MgO）为主要成分（含量90%以上），方镁石为主要矿物相的**碱性耐火材料**制品。按照生产工艺的不同可分为烧成镁砖和不烧镁砖两类。烧成镁砖分为硅酸盐结合镁砖、直接结合镁砖和再结合镁砖。不烧镁砖分为化学结合镁砖和沥青结合镁砖。

制砖工艺 制造镁砖的主要原料是烧结镁砂和电熔镁砂。烧结镁砂的氧化镁含量在83%～98%，电熔镁砂的氧化镁含量在96%～99%，其中氧化镁含量在98%～99%的为高纯镁砂。高纯镁砂除了要求尽量减少低熔点杂质以外，还必须有较高的体积密度。烧成镁砖的制造过程和其他耐火砖相同，经过破碎、粉碎、配料混合、成形、干燥和烧成等工序（见图）。镁砖烧成可以在倒焰窑或隧道窑中进行，烧成温度较**高铝砖**高，一般为1550～1600℃，高纯镁砂制品的烧成温度约1750℃。镁砂中如氧化钙含量较高，制砖泥料须经困料，以消除氧化钙的有害作用。不烧镁砖除不经过烧成工序外，其他工艺和烧成镁砖大体相同。

性质和用途 镁砖的耐火度较高，可达2000℃以上，有较高的荷重软化温度（见表），有很好的抵抗含有氧化铁等碱性熔渣的化学侵蚀性能。但热稳定性较差。镁砖大部分用在冶金工业的设备上，如转炉、电弧炉等。电熔再结合镁砖多用在电炉、炉外精炼炉和有色金属冶炼炉中侵蚀严重的关键部位。

镁砖正在出窑

（石 干）

锰硅合金 ferrosilicomanganese 主要由锰、硅、铁三种元素组成的复合**铁合金**。是**炼钢**生产中常用的复合脱氧剂与合金剂，也是生产中、低碳锰铁及金属锰的原材料。在中国国家标准《锰硅合金》（GB/T 4008—2008）中，按锰、硅及其杂质含量的不同分为FeMn64Si27（锰60%～67%、硅25%～28%）、FeMn67Si23（锰63%～70%、硅22%～25%）、FeMn68Si22（锰65%～72%、硅20%～23%）、FeMn62Si23（锰60%～65%、硅20%～25%）、FeMn68Si18（锰65%～72%、硅17%～20%）、FeMn62Si18（锰60%～65%、硅17%～20%）、FeMn68Si16（锰65%～72%、硅14%～17%）和FeMn62Si17（锰60%～65%、硅14%～20%）8个牌号，锰含量在60%～72%、硅含量在14%～28%范围内。

生产锰硅合金可使用一种锰矿或几种锰矿（包括富锰渣）的混合矿，以石灰或白云石做熔剂，在**矿热炉**中用碳质还原剂还原锰矿（包括富锰渣）和硅石炼成。采用的冶炼设备和操作方法与电炉冶炼高碳锰铁基本相同。由于硅比锰还原所需的温度高，加之所用的矿石品位低，需要比冶炼高碳锰铁高的炉温，因此常用比冶炼高碳锰铁略高的二次电压和电极电流密度。

（储少军）

镁砖的理化性能

名称	指标								
	M-98	M-97A	M-97B	M-95A	M-95B	M-93	M-91	M-89	M-87
MgO/%≥	97.5	97	96.5	95	94.5	93	91	89	87
SiO_2/%≤	1.0	1.2	1.5	2.0	2.5	3.5	—	—	—
CaO/%≤	—	—	—	2.0	2.0	2.0	3.0	3.0	3.0
显气孔率/%≤	16	16	18	16	18	18	18	20	20
体积密度/（$g \cdot cm^{-3}$）	3.00～3.20	3.00～3.20		2.95～3.15		2.90～3.10		2.85～3.05	
常温耐压强度/MPa ≥	60	60		60		60	60	50	50
荷重软化开始温度/℃ ≥	1700	1700		1650		1620	1560	1550	1540
加热永久线变化（1650℃×2h）/%	0～-0.2	0～-0.2		0～-0.3		0～-0.4	0～-0.5	0～-0.6	—

锰铁 ferromanganese 锰和铁组成的**铁合金**。在**炼钢**中用作脱氧剂和合金添加剂，是用量最多的铁合金。锰铁含锰量为65%～93.5%，按含碳量不同分为高碳锰铁（又称碳素锰铁，碳＞2%～8%）、中碳锰铁（碳＞0.7%～2%）、低碳锰铁（碳＞0.15%～0.7%）和微碳锰铁（碳≤0.15%）；按生产工艺不同，分为电炉锰铁和高炉锰铁。在中国国家标准（GB/T 3795—2014）中，按锰和杂质含量不同，电炉锰铁分为13个牌号，高炉锰铁分为4个牌号。在锰系铁合金中常用的还有硅锰合金、镜铁、金属锰和氮化锰铁等。

冶炼所用锰矿的质量，即锰、铁、磷的含量与脉石的成分很重要。不同品种的锰铁对锰矿的锰含量、锰铁比、磷锰比的要求不同，同一品种采取不同冶炼方法时，对锰矿的要求也不同。

高碳锰铁　生产方法有高炉法和电炉法。①高炉冶炼，把锰矿、**焦炭**和石灰等料分别加入高炉进行冶炼，一般采用1000立方米以下的高炉，设备和生产工艺大体与炼铁高炉相同。锰矿石在由炉顶下降的过程中，高价的氧化锰（MnO_2、Mn_2O_3、Mn_3O_4）随温度升高，被一氧化碳逐步还原到氧化锰。由于氧化锰只能在高温下通过碳直接还原成金属，所以冶炼锰铁需要较高的炉缸温度。为此，炼锰铁的高炉采用较高的焦比（约1600千克/吨）和风温（1000℃以上）。为降低锰损耗，炉渣应保持较高的碱度（$CaO/SiO_2>1.3$）。②电炉冶炼，一般采用矿热炉，方法有熔剂法（又称低锰渣法）和无熔剂法（高锰渣法）两种。熔剂法原理与高炉冶炼相同，只是以电能代替加热用的焦炭。通过配加石灰形成高碱度炉渣（CaO/SiO_2为1.3～1.6）以减少锰的损失。无熔剂法冶炼不加石灰，形成碱度较低（$CaO/SiO_2<1.0$）、含锰较高的低铁低磷富锰渣。此法渣量少，可降低电耗，且因渣温较低可减轻锰的蒸发损失，同时副产品富锰渣（含锰25%～40%）可作冶炼锰硅合金的原料，获得较高的锰的综合回收率（90%以上）。现代工业生产大多采用无熔剂法冶炼高碳锰铁，并与锰硅合金和中、低碳锰铁的冶炼组成联合生产（见图）。

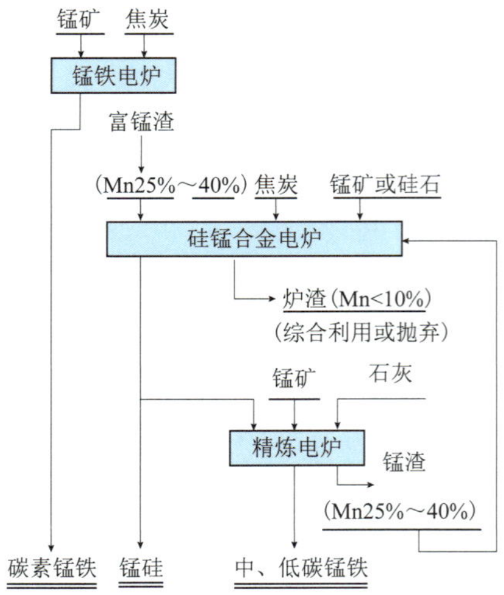

锰铁联合生产流程

中、低、微碳锰铁　中碳锰铁含碳0.7%～2%、低碳锰铁含碳小于0.7%，微碳锰铁含碳不大于0.15%。是不锈钢、高锰耐热钢、合金钢、结构钢、工具钢和电焊条的重要原料之一。中、低、微碳锰铁的消耗量占铁合金总消耗量的5%～6%。

制取中、低碳锰铁有电硅热还原法、摇包法和吹氧法3种。所有方法均采取间断式操作。①电硅热还原法，把锰矿、锰硅合金和石灰加入电炉中，主要依靠电热使炉料熔化，并对锰硅合金进行精炼脱硅而得到中、低、微碳锰铁。就加入的炉料状态不同，电硅热还原法又分冷装法和热装法。冷装法是加入的炉料全部以冷料进入精炼电炉，通电加热冶炼；热装法是将锰矿和石灰以冷料、锰硅合金以液态装入精炼电炉，通电加热冶炼。②摇包法，把预热过的锰矿、石灰和液态锰硅合金加入摇包中，然后进行摇动，借炉料的显热和反应热使炉料熔化并进行精炼脱硅而得到中、低、微碳锰铁。锰矿和石灰可用竖窑、**回转窑**或在摇包中以煤气或其他燃料加热至500～1000℃。该法在预热的炉料和液态锰硅一次加入并反应后，中途需倒出部分炉渣，并重新补加预热的锰矿和石灰，继续摇动。有时需如此反复进行几次，直至合金含硅合格为止。使用摇包是为了使熔体在反应时得到搅拌。也可以用两个铁水包来回倾倒，或者用底部装有喷嘴的铁水包，借吹入气体实现搅拌来代替摇包。③吹氧法，把液态高碳锰铁倒入吹氧转炉中进行吹氧，以除去其中的碳或硅而得到中、低碳锰铁。此法是利用碳和硅等元素的氧化放热而使过程进行下去。

镜铁　一种含锰较低（30%以下）的锰铁，断面很亮，主要采用高炉碳热还原冶炼得到。现在镜铁已经很少生产和使用。

（储少军）

锰冶金 manganese metallurgy 从含锰矿物原料中提取金属锰及其化合物的技术。1774年瑞典化学家C.W.舍勒在鉴定软锰矿中发现了锰这一新的元素。同年瑞典矿物学家J.G.甘恩和T.伯格曼各自几乎同时用碳还原软锰矿制得金属锰，同年由舍勒和伯格曼确认命名。锰的英文名来源于意大利文manganese，是希腊文magnēsia的误称，原意是“镁氧矿”。

1856年英国R.穆舍特把锰用在**炼钢**过程中，得到锰钢。1898年K.戈尔德施密特采用铝热法获得不含碳的铁合金和金属锰。但由于铝热法生产成本高，因此，又研制出在电炉中氧化含硅合金的精炼法。1920年英国的A.J.奥尔曼德和A.N.坎贝尔用陶瓷隔膜槽制得高纯度电解锰。1935年美国矿山局的R.S.迪安用碳酸锰矿石加硫酸制得硫酸锰，进而采用隔膜槽连续电解48小时成功获得金属锰，从此确立了电解金属锰的工业生产方法。

自然界锰矿石中的锰大多以氧化物、碳酸盐和硅酸盐形态存在，具有工业价值的锰矿物主要有软锰矿（MnO_2）、硬锰矿（$mMnO\cdot MnO_2\cdot nH_2O$）、水锰矿（$Mn_2O_3\cdot H_2O$）、褐锰矿（$Mn_2O_3$）和黑锰矿（$Mn_3O_4$），另外还有菱锰矿（$MnCO_3$）和蔷薇辉石（$MnO\cdot SiO_2$）等。世界锰矿资源中，二氧化锰等高价锰矿石的储量占总储量的80%左右，低价锰矿石（MnO、$MnCO_3$）约占20%，其中富锰矿主要分布在南非、加蓬、巴西、澳大利亚等国，而低品位锰矿则分布于乌克兰、印度、格鲁吉亚及缅甸等国。中国锰矿资源主要分布在广西、贵州、湖南、云南、重庆等省区市。

金属锰的冶炼方法可分为**火法冶金**和**湿法冶金**两大类，其中火法冶金主要有铝热法和硅热法，湿法冶金主要是电解法。

铝热法　以铝为还原剂，在镁质炉衬的竖炉中将氧化锰（MnO_2、Mn_2O_3、Mn_3O_4和MnO）还原成金属锰。反应进行的剧烈程度取决于原料中锰的氧化态及活性氧含量。锰的氧化态以Mn_2O_3和Mn_3O_4较为适宜，反应过程易于控制，释放的热量可维持过程自热进行。MnO_2活性氧含量过高，反应几乎是爆发式进行，通常需在1000℃下预热分解成Mn_3O_4。MnO活性氧含量为零，反应较难进行。铝热法因反应过程激烈，具有生产设备及工艺简单等优点，但耗铝多，成本高。此外，由于还原过程不能除杂质，必须采用优质锰矿甚至电解MnO_2为原料，所得产品通常含有磷、铝等有害杂质。此法在工业中应用较少。

硅热法　以硅作为原剂，先用锰矿配加少量焦炭在电炉中进行控制还原，炼得低铁、低磷的富锰渣（锰＞45%，磷＜0.030%，铁＜0.80%）。富锰渣用木炭作还原剂，得到低磷碳素锰铁，再加硅石、木炭，炼得高硅**锰硅合金**（硅＞30%）。最后将高硅锰硅合金和富锰渣配加石灰，在电弧炉内进行脱硅精炼，得到含锰93%～97%的金属锰。硅热法的主要优点是生产成本较低，但工艺流程长，操作比较复杂，需要使用优质锰矿为原料。美国、日本等多采用此方法。

电解法　即锰矿石浸出-净化-硫酸锰电解法。所用锰矿石主要为菱锰矿和软锰矿。采用菱锰矿作原料时，直接用稀硫酸浸出。采用氧化锰矿为原料则须先经还原焙烧，把锰转化为可溶的MnO。浸出剂一般为电解后的阳极液，配加硫酸后调节pH值到2.5左右。浸出液经澄清过滤后用氨水、MnO_2（可用**阳极泥**）或石灰乳中和到pH值为6.5，沉淀出氢氧化铁、氢氧化铝、二氧化硅、砷、钼和镍等杂质。滤液加入硫化铵或硫化氢，将剩余的微量铁、砷、铜、锌、镍等再沉淀除去。同时加入少量硫酸亚铁除去胶体及硫化物。

虽然锰的电动势达－1.05伏，但由于氢在金属锰上的过电压，锰仍可从中性溶液析出到固体阴极上。在阳极上有 $Mn^{2+}+2H_2O-2e \longrightarrow MnO_2+4H^+$ 反应发生，所以必须采用隔膜电解槽。电解槽用不锈钢作阴极，用铅板（一般含银1%）作阳极。电解液经阴极室通过隔膜流入阳极室，带有二氧化锰的阳极液从槽底流出。电解技术条件为：入槽新液含锰36～40克/升，阴极液含锰14～15克/升、硫酸铵100～120克/升、二氧化硒（以硒计）0.03～0.04克/升，pH值为7.0～7.2；阴极电流密度350～400安/米^2，阳极电流密度600～700安/米^2，槽电压4.2～4.6伏；温度控制在38～44℃。从阴极取下的产品为2～3毫米的碎片，含锰99.9%以上。电解锰可直接作为合金添加剂使用；也可以使之在氮气流中加热到1000℃，得到含氮6%～7%的锰，用于炼高氮钢；还可以与铝压制成锰铝块，用于制造铝合金。

（李运姣）

米勒，J.D.　Jan Dean Miller（1942-04-07～　）美国矿冶工程专家。生于怀俄明州杜波依斯市。1964年宾夕法尼亚州立大学冶金学士毕业。1966年和1969年分别获得科罗拉多矿业大学冶金硕士和博士学位。1978年后在美国犹他大学冶金工程系任教。1993年当选为美国国家工程院院士。是中国科学院过程工程所名誉研究员（2011）、中南大学名誉教授（2007）。

长期致力于矿业工程领域的研究和开发，如浮选化学、空气喷淋水力旋流工艺；颗粒工程领域，如X射线CT颗粒结构分析，超微颗粒流动、混合、分离工艺；湿法冶金领域，如浸出、固化、吸附、萃取过程中的物理化学研究，磁化碳的合成与应用，氰的处理和回收利用；胶体及表面化学领域，如浮选过程中界面结构的原位电化学和光谱学研究；环境工程领域，如气提法处理有机废水、臭氧/氯喷射处理废水、塑料回收利用、**矿山废水处理**。

在浮选表面化学领域，对高分辨率X射线显微层析（HRXMT）的软件开发及应用，气式水力旋流器的研究与应用，利用红外、频光谱（SFG）和分子动力学模拟（MD）对矿－水界面的研究，以及纳米级泥土表面电性的研究等方面作出了原创性突出贡献。

获得了多项专业协会/机构奖，如1989年获美国犹他大学杰出研究奖、1992年获美国矿冶和石油工程师学会会员杰出成员奖、1997年获美国采矿工程师学会矿业工程教育奖、2006年获美国犹他州政府科学与技术勋章、2015年获犹他大学罗森布拉特杰出奖（Rosenblatt Prize for Excellence）等。主持科研项目180余项，参与和主编专业书籍9部，获专利34项，发表论文650余篇。

（胡岳华）

模锻　die forging　在锻造设备提供的压力下使金属坯料在模具内产生塑性变形并充满锻模模膛（模具型腔），从而获得所需外形尺寸和组织性能的锻件的**锻造**技术。模锻所需的模具称为锻模，包括成形用模具、制坯模、切边冲孔模、校正模等。

模锻最常用的原材料是各种牌号的钢，钢质模锻件的重量通常为0.5～50千克，重型模锻件可达200～300千克。铝合金、钛合金和铜合金等有色金属也在扩大应用。模锻可以高效率、大批量地生产锻件，在现代汽车工业中应用最为广泛。铁路、矿山、电力、航空、航天、船舶等工业领域的应用也在明显增加。

分类　模锻一般分为开式模锻和闭式模锻。开式模锻是模膛周围有飞边槽，锻造时金属流入模槽，成形后多余的金属流入飞边槽，最后将飞边切除。闭式模锻是无飞边模锻。在整个锻压过程中，金属变形时受封闭模槽的限制不能向外流出。

按锻造变形温度不同可分为热模锻、温锻、冷锻。按锻造设备不同又可分为锤模锻、热模锻压力机模锻、螺旋压力机模锻、液压机模锻等。

锤模锻　锻模分上下两块，分别固定在锤模锻的锤头和砧座上，靠锤头上的上模向砧座上的下模打击（无砧座模锻锤是上下砧对击）使锻件成形。坯料常要经过若干制坯工序，为此在锻模上设有相应的多个模膛。锻造时，先将坯料加热到始锻温度再由人工将锻坯按工序移置于相应的模膛中，接受锻锤依次打击，并在终锻模膛中最后成形。典型的锤模锻经过6个工序（图1中无镦粗工序）：①镦粗，用来减小坯料高度，增大横截面积。②拔长，将坯料绕轴线翻转并沿轴线送进，用来减小坯料局部截面，延长坯料长度。③滚压，操作时只翻转不送进，可使坯料局部截面聚集增大，并使整个坯料的外表圆浑光滑。④弯曲，用来改变坯料轴线形状。⑤预锻，改善锻件成形条件，减少终锻模膛的磨损。⑥终锻，使锻件最终成形，决定锻件的形状和精度。在终锻模膛的四周开有飞边槽。模锻锤的打击速度快，冲击能量较大，打击的轻重可以由操作者随意控制，所以对锻件的适应性好，可以锻1千克到200千克的各种复杂形状的锻件，如发动机连杆、曲轴，汽车万向节、前梁和各种齿轮。锤模锻的生产率高，设备投资少。缺点是振动和噪声大，操作技术不太容易掌握，工人劳动条件差，劳动强度大。另外，模锻锤一般没有顶出装置，锻件需要较大的模锻斜度，模具的寿命较低。

热模锻压力机模锻　热模锻压力机一

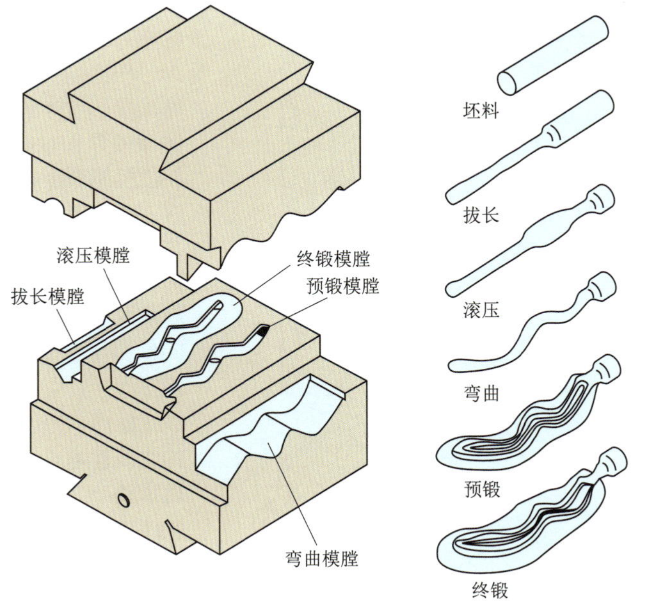

图1　锤模锻基本工序

般是曲柄式机械压力机，锻造过程中振动和噪声比锤模锻小，操作技术也比较容易掌握，生产率高，便于采用机械手实现自动化生产。热模锻压力机的刚性好，滑块导向精度高，有锻件顶出装置，可以用较小的模锻斜度。但其行程是固定的，不能代替辊锻机或其他设备来完成相应的制坯操作，也不能像锻锤那样利用冲击惯量来成形锻件。为了使锻件充满模膛，往往需要增加预锻的次数，使坯料在几个模膛内逐渐接近锻件形状，因此模具的结构比较复杂。热模锻压力机模锻适用于大批量锻件生产。

螺旋压力机模锻 螺旋压力机的特点是比锻锤冲击惯量大，机械压力机导向好，有顶出装置，不需要蒸汽动力，是比较万能的模锻设备。锻造时只出少量飞边，出模角很小，锻后由顶杆将锻件顶出。形状复杂的锻件可在其他设备上预先制坯，然后在螺旋压力机上终锻。螺旋压力机具有工作平稳、无固定下死点、打击能量大、通用性强等优点，缺点是生产效率较低、偏载能力较差。螺旋压力机有多种结构形式，如双盘摩擦压力机、离合器式螺旋压力机、电动螺旋压力机等。电动螺旋压力机价格合理、结构简单、使用故障率低，是中国选用最多的热模锻设备。

液压机模锻 模锻液压机分为普通模锻液压机和多向模锻液压机两类。前者用于有色金属模锻（主要是大型模锻），后者用于各种中空复杂黑色金属零件的模锻。多向模锻由两个或多个凸模（或凸模芯）自不同方向同时或先后对毛坯进行模锻与挤压，使结构形状复杂锻件成形（图2）。液压机模锻适用于模锻大型钢、钛合金、铝合金和镁合金锻件，特别是大型航空锻件，如飞机框架、起落架大梁。

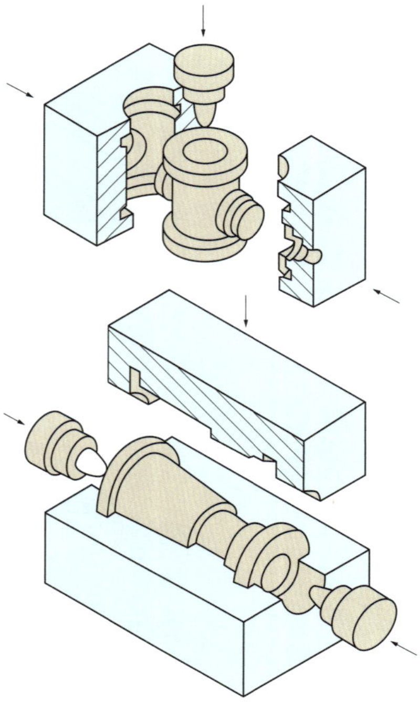

图2　多向模锻示意图

特点 模锻工艺的特点为：①有模膛引导金属的流动，可以成形出尺寸准确、形状复杂的锻件。②可以改善内部组织形态，用锻件加工的零件力学性能好，使用寿命长。③操作简单，生产效率高，易于实现机械化、自动化。④模具成本较高，需有专用的模锻设备，不适合单件或小批量生产。

发展方向 模锻技术发展目标是提高模锻工艺水平，以提高模锻件质量和材料利用率、延长锻模寿命、降低生产成本。环保节能的绿色制造和智能制造是模锻生产技术的主要发展方向。（蒋 鹏）

摩擦焊 friction welding 利用焊件相对摩擦运动产生的热量，使接触面及其附近区域达到热塑性状态，在压力的作用下实现同种或异种材料连接的焊接方法。属于压焊的一种。焊接时，待焊材料之间产生相对摩擦使界面及其附近温度升高并达到热塑性状态，然后迅速顶锻，随着顶锻力的作用，界面氧化膜破碎，材料发生塑性变形与流动，通过界面元素扩散及再结晶而形成接头。

分类 摩擦焊的种类很多，根据焊件的相对运动和工艺特点分为连续驱动摩擦焊、相位控制摩擦焊、惯性摩擦焊、轨道摩擦焊、搅拌摩擦焊、嵌入摩擦焊、第三体摩擦焊和摩擦堆焊。连续驱动摩擦焊、相位控制摩擦焊、惯性摩擦焊和轨道摩擦焊，统称传统摩擦焊，它们的共同特点是靠两个待焊件之间的相对摩擦运动产生热能。而搅拌摩擦焊、嵌入摩擦焊、第三体摩擦焊和摩擦堆焊是靠搅拌头和待焊件之间的相对摩擦运动产生热量而实现焊接。在实际生产中，连续驱动摩擦焊、相位控制摩擦焊、惯性摩擦焊和搅拌摩擦焊应用的比较普遍。①连续驱动摩擦焊，由电动机带动一个工件旋转，同时把另一工件压向旋转工件，使其接触面相互摩擦产生热量和一定塑性变形，然后停止旋转，同时施加顶锻压力完成焊接。焊接质量与转速、摩擦时间、摩擦压力、顶锻压力和工件顶锻变形量有关。②相位控制摩擦焊，要求工件焊后棱边对齐、方向对正或相位满足要求，主要靠机械同步、插销配合或同步驱动保证焊件的相位相同。机械同步相位控制摩擦焊在焊接前压紧校正凸轮，调整两工件相位并夹持工件，将静止主轴制动后松开并校正凸轮，然后开始进行摩擦焊接（图1）。摩擦结束时，切断电源并对驱动主轴制动，在主轴接近停止转动前松开制动器，此时立即压紧校正凸轮，使工件间的相位得到保证。插销配合摩擦焊的相位确定机构由插销、插销孔和控制系统组成。同步驱动摩擦焊采用两个电动机驱动，两主轴通过齿轮、同步杆和花键做同步旋转，保持工件相位关系不变。③惯性摩擦焊，由电动机驱动飞轮达到要求的转速，然后把一个工件压向夹持在飞轮轴上的转动工件，工件间的摩擦阻力使飞轮减速，并将飞轮的动能转换成焊接所需的热能。焊接质量与飞轮惯性矩、转速和顶锻力有关，可通过更换飞轮或不同尺寸飞轮的组合而改变飞轮的转动惯量，从而改变加热功率。④搅拌摩擦焊，利用高速旋转的搅拌头与金属摩擦产生大量的摩擦热，使被焊件连接处产生金属塑性软化区。该塑性软化区金属在搅拌头的作用下受到搅拌、挤压，并随着搅拌头的向前移动，金属沿焊缝向后流动而形成固相焊接接头（图2）。焊接质量与搅拌头转速、焊接速度、搅拌头倾角和轴向压力或轴肩压入深度等有关。

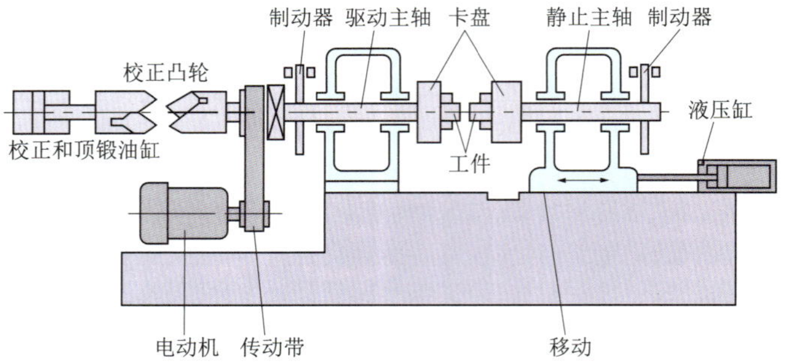

图1　机械同步相位控制摩擦焊示意图

特点 主要有以下方面：①焊接施工时间短，生产效率高。例如，发动机排气

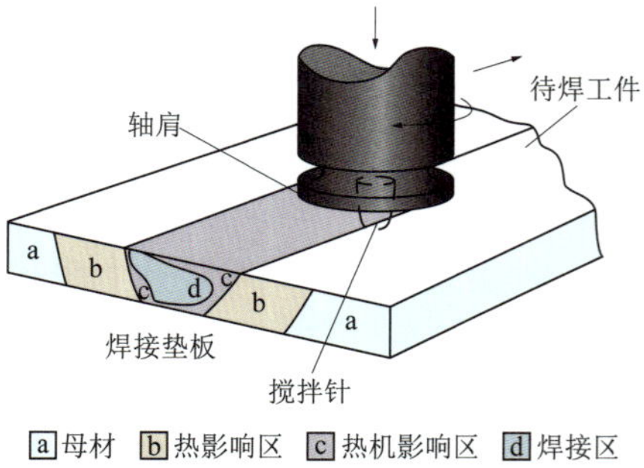

图2　搅拌摩擦焊接示意图

门双头自动摩擦焊机的生产率可达每小时800～1200件；对于外径127毫米、内径95毫米的石油钻杆与接头的焊接，连续驱动摩擦焊仅需要十几秒钟。②因焊接热循环引起的焊接变形小，焊后尺寸精度高，不用焊后校形和消除应力。③机械化、自动化程度高，焊接质量稳定。④适合各类异种材料的焊接，常规熔焊难以进行的铝－钢、铝－铜、钛－铜、金属间化合物－钢等都可以进行焊接。⑤可以实现同直径及不同直径的板材、棒材和管材的焊接。⑥焊接时不产生烟雾、弧光及有害气体等，不污染环境。摩擦焊的缺点是对非圆形截面、盘状薄零件和薄壁管件、形状及组装位置已经确定的构件很难实现焊接。

（冯吉才）

磨机负荷检测　mill load measurement　磨矿过程中，对磨机内部瞬时的全部装载量的检测。检测内容包括磨矿机内的物料（矿石）量、研磨介质（如钢球）量和水量。准确地检测磨矿机的负荷，对实现磨矿过程运行优化和运行控制具有重要意义。

操作参数　与磨机负荷相关的操作参数包括：①料球比，静止状态下物料体积与钢球空隙体积之间的比值。②磨矿浓度，磨机中物料质量与物料和水的质量之和的百分比。③充填率，磨机静止时，磨机内球、料及水负荷的体积之和占整个磨机内腔体积的百分率。④介质充填率，磨机静止时，磨机内钢球体积与钢球之间的空隙体积之和占整个磨机内腔体积的百分率。

实际工业生产中，介质充填率在磨机运转的短时间内变化不大，磨矿过程的建模和磨机负荷的控制等研究中常把24或48小时内的介质充填率当作常量处理。

磨机负荷相关参数的计算公式如下：

$$\varphi_{mw}=L_m/(L_m+L_w) \tag{1}$$

$$\varphi_{mb}=V_m/V_\mu=(L_m/\rho_m)/[(\mu/1-\mu)V_{ball}] \tag{2}$$

$$\varphi_{bf}=V_{fill}/V_{mill}=(V_\mu+V_{ball})/V_{mill} \tag{3}$$

$$\varphi_{bmw}=(V_m+V_w+V_{ball})/V_{mill}=(L_m/\rho_m+L_w/\rho_w+L_b/\rho_b)/V_{mill} \tag{4}$$

式中L_b为钢球负荷；L_w为水负荷；L_m为物料负荷；φ_{mb}为料球比；φ_{mw}为磨矿浓度；φ_{bf}为介质充填率；φ_{bmw}为充填率；ρ_b为钢球密度；ρ_m为物料密度；ρ_w为水的密度；μ为介质空隙率，一般取0.38；V_{mill}为磨机的有效容积；V_m为磨机内物料体积；V_μ为钢球空隙体积；V_{fill}为磨矿介质的几何容积；V_w为磨机中水负荷的体积；V_{ball}磨机中钢球的体积。

料球比、磨矿浓度、充填率、介质充填率等相关参数能够准确反映磨机负荷状态，如料球比过大、磨矿浓度过高均会导致磨机过负荷。磨机过负荷而又操作不当会造成磨机堵磨、胀肚，甚至发生停产事故。磨机欠负荷会引起磨机空磨，使钢球直接冲击磨机衬板，造成钢耗增加、设备损坏。尽管许多科研单位都对磨机的研磨过程进行了大量研究，但磨机内部的研磨机理仍不清晰。研究表明，磨机负荷不仅与磨机中的矿浆和钢球量有关，还与磨机内部物料和钢球的粒径大小及分布、钢球和磨机衬板的磨损及腐蚀、钢球表面罩盖层厚度的矿浆黏度等因素有关。

检测方法　磨矿过程的综合复杂动态特性、外界干扰因素的不确定性等原因，导致难以依据物料和金属平衡建立磨矿过程机理模型解析计算磨机负荷。磨机连续旋转运行的工作方式和磨机内部恶劣的工作环境使得采用直接检测方法检测磨机负荷实施困难。所以工业上通常利用磨机研磨产生的振动、振声、电流等外部响应信号间接检测。①电流法检测，灵敏度低，钢球损耗、物料自身特性等因素对磨机功率的影响非常显著，空载与满载时功率变化范围小，且存在极大值。工业应用中，该方法多作为辅助手段，与其他磨机负荷检测方法或过程变量结合使用。②振声法检测，优点是运行费用低、结构简单、易于控制等；缺点是易受磨机本身特性、物料特性及临近设备噪声信号的影响，通用性差，而且高负荷时测量灵敏度降低，调试结果只适合本台磨机一定时间范围内运行，仅能有效检测磨机内部的料球比。③振动检测，轴承振动信号振幅强度减弱、噪声降低、灵敏度降低，无法区分是否有磨机机械故障信息；高负荷时灵敏度较低，易受电网频率波动、磨机转速波动、研磨介质损耗等干扰的影响，受磨机自身特性的影响，其通用性受到限制。

开发以灵敏度高、抗干扰性强的磨机筒体振动信号为主的检测仪表是研究热点之一。21世纪10年代，出现了应用于选矿过程半自磨机的直接分析磨机筒体振动信号的检测方法，如澳大利亚联邦科学与工业研究组织（Commonwealth Scientific and Industrial Research Organization，CSIRO）开发的在线筒体振动检测系统，已经作为产品在工业界出售。中国北京矿冶研究总院与清华大学合作研发了筒壁振动检测系统，用于在有色金属磨矿生产过程中识别磨机负荷状态。针对广泛应用于铁矿等选矿行业的磨机，基于筒体振动的研究多在试验磨机上进行。

扩展阅读

汤健，田福庆，贾美英，等.基于频谱数据驱动的旋转机械设备负荷软测量.北京：国防工业出版社，2015.

（周俊武　汤　健）

磨矿　ore grinding　使矿石粒度进一步减小及分散的过程。在选矿工业中，是矿石经破碎后进行分选前的粒度准备作业。除处理某些砂矿的选矿厂外，选矿厂几乎都有磨矿作业。主要通过磨矿介质（钢棒、钢球、砾石或矿块本身）的冲击和磨剥作用将物料粉碎，使之符合分选作业要求。产品粒度一般都小于5毫米。磨矿产品按其粒度大小分为粗粒、中粒、细粒、微细粒、超细粒。按磨矿产品粒度范围，磨矿过程分为粗磨矿、中粒磨矿、细粒磨矿、微细粒磨矿和超细磨矿。

磨矿方式及流程　按物料传输方式磨矿分为干磨、湿磨和润湿磨。干磨靠气力输送，磨矿产品的分级系统、供气系统均较复杂，应用较少；湿磨靠水力输送，磨矿过程易于调节和控制，不污染环境，在选矿厂应用最多；润湿磨是一种特殊磨矿方式，制备冶炼用球团时采用。按研磨介质的特点磨矿主要分为球磨、棒磨和自磨。

矿石磨矿流程分为开路磨矿和闭路磨矿。开路磨矿的磨矿产品直接进入下步工序处理，不返回磨矿机；闭路磨矿的产品经分级后，粗颗粒返回磨矿机再磨。

磨矿机类型　矿石磨矿在磨矿机的筒体中完成。筒体中装有一定数量的磨矿介质。筒体旋转时，磨碎介质的升落翻滚产生冲击和研磨作用。按排矿方式，磨矿机分为溢流型、格子型、周边排矿型。根据所装磨矿介质不同，磨矿机分为：①球磨机。应用最广泛，几乎所有物料都可用球磨机磨碎。②棒磨机。给料粒度在30毫米以下，产品粒度为3毫米左右时磨机效率较高，且产品粒度较均匀，过粉碎现象轻。因此，这种磨矿机多用于球磨机前一段的粗磨，或用于脆性物料及力求避免过粉碎的物料的磨碎，如钨、锡矿石重选前过程。③自磨机。磨矿机旋转时物料本身互相冲击、研磨而被粉碎，分干式自磨机和湿式自磨机。干式自磨机比湿式自磨机的选择破碎作用强，产品粒度均匀，自磨机单位生产能力高，适于干旱缺水和严寒地区，对于石棉矿、金刚砂等物料的磨碎更为适合；湿式自磨机的应用较干式广泛，尤其适用于含泥多的矿石（可省去洗矿）和多雨地区。为提高自磨机（特别是湿式自磨机）的处理能力并降低电耗，可向自磨机中加少量钢球（占自磨机容积2%～12%）构成半自磨机。也有的磨矿机如碾磨矿机、盘磨矿机等没有磨矿介质，物料的破碎主要靠设备的运动部件所产生的剪切力，产品粒度较细，其破碎过程也归入磨矿。

作业指标　磨矿作业质量的指标主要有：①磨矿细度，即矿石被磨碎后排出产品中小于指定粒级的百分含量。②磨机作业率，即磨机实际工作的时间占同期日历时间的百分数。③磨机台时生产能力，即在一定给矿和产品粒度条件下，单位时间内磨机能够处理的原矿量；磨机利用系数，指单位时间内每立方米磨机有效容积处理的原矿量。④磨矿效率，指矿石磨碎时每耗费1千瓦·时电能所获得的某指定粒级的矿石量。

影响因素　影响磨矿作业的因素包括：磨矿机结构参数，包括磨矿机规格、型号、长径比、排矿方式、衬板形式；磨矿机工作时的各项参数，主要包括**磨矿机转速率**、磨矿机充填率、**磨矿浓度**、**磨矿循环负荷**等；被磨物料性质，包括**矿石可磨度**、给矿粒度等。由于矿石磨矿过程中能耗及钢耗巨大，对后续选别作业指标影响较大，因此合理选择磨矿机类型和磨矿工艺至关重要。

扩展阅读

段希祥，肖庆飞.碎矿与磨矿.3版.北京：冶金工业出版社，2012.

孙传尧.选矿工程师手册：第1册.北京：冶金工业出版社，2015.

（吴彩斌）

磨矿产品分级　classification of grinding products　根据**磨矿**产品颗粒在介质中沉降速度的差异，将宽粒度级别的磨矿产品分成若干窄粒度级别产品的过程。是**选矿厂**的一个重要准备作业。分级过程中，一般尺寸粗大或密度大的颗粒沉降速度快，多进入下部，这部分产品称"底流"或"沉砂"；尺寸细小或密度小的颗粒多随流体从上部流出，这部分产品称"溢流"。

分类　磨矿产品分级使用的介质有空气和水，使用空气作为分级介质称为干式分级；使用水作为分级介质称为湿式分级。在湿式分级中，根据作业目的和使用设备的不同，又分为水力分级和机械分级。

干式分级　又称气流介质分级。机理主要包括：利用颗粒沉降速度与气流的平衡进行分级；颗粒受横切气流作用，利用不同颗粒具有不同的运动轨迹进行分级；离心分级，即处于离心力场中的颗粒，利用径向速度的平衡进行分级。干式分级主要用于超细粉体的分级。作用于颗粒的力有阻力、浮力、重力、离心力、科里奥利力、惯性力、静电力、磁力、对撞力和附着力等。分级机即是利用这些力中的一种或几种不同的力组合而制成。

水力分级　按矿石颗粒在水流中的沉降速度不同而分级。工业生产中一般用来处理1毫米以下的细粒级物料。物料的沉降速度不仅与**矿石粒度**有关，还与矿石的密度和形状有关。根据两相流流体力学理论，球状矿石颗粒在介质中沉降时，在重力、浮力和介质阻力的作用下，经过很短一段加速运动后，很快变成匀速，此后便以这个速度向下沉降。该速度称为矿物颗粒的沉降末速，以v_0（厘米/秒）表示，则：

$$v_0=\sqrt{\frac{\pi/d(\delta-\rho)g}{6\psi\rho}}$$

式中d为球形矿石颗粒的直径；δ为矿石颗粒的密度；ρ为介质的密度；ψ为阻力系数，无因次；g为重力加速度。从式中可以看出，当介质一定时，颗粒在介质中的沉降末速不仅与粒度有关，还与颗粒密度和形状有关。颗粒粗、密度大的球形颗粒在介质中沉降速度快；颗粒细、密度小、形状不规则的颗粒，沉降速度慢。不同粒度、密度和形状的颗粒在一定条件下可具有同一沉降速度。这种具有相同沉降速度，但性质不同的颗粒之直径比称为等降比。分级所得到的产品实际上是等降颗粒。

机械分级　其原理与水力分级相似，不同的是机械分级增加了相应的机械力场。如**螺旋分级机**增加了螺旋搅动装置（见图），**水力旋流器**增加了离心力场。

分级效率　将任一矿石颗粒群按某一粒度进行分级，分级过程完成后，若在粗粒级中未混入小于该粒度的颗粒，同时在细粒级中也未混入大于该粒级的颗粒，此时，按粒度的分级进行得很完全，称为理想分级，分级效率为100%。但在实际分级时不能严格按颗粒尺寸大小分离，溢流和沉砂中将产生粗、细颗粒相互混杂现象，由此出现了评价分级效率的不同指标和方法。常用的分级效率指标有：分级量效率，即某指定粒级在分级溢流或沉砂中的回收率；分级质效率，是粗粒级和细粒级在沉砂中的回收率之差，或细粒级和粗粒级在溢流中的回收率之差；分级总效率，即分级溢流量效率和沉砂量效率之和；分级修正效率，指分级沉砂中粗粒级量效率减去未经分级而进入其中的原料量所得的效率。

螺旋分级机分级

扩展阅读

谢广元.选矿学.徐州：中国矿业大学出版社，2001.

杨松荣，蒋仲亚，刘文拯.碎磨工艺及应用.北京：冶金工业出版社，2013.

威尔斯 B A，纳皮尔·马恩 T J. 矿物加工技术.7版.印万忠，丁亚卓，刘杰，等，编译.北京：冶金工业出版社，2011.

（孙春宝　寇　珏）

磨矿分级检测控制　measurement and control for ore grinding and classification　对磨矿分级生产过程中的关键设备以及关键参数（给矿量、磨机负荷、分级机溢流浓度、旋流器给矿泵池液位、旋流器给矿压力、旋流器给矿浓度等）进行检测和控制的过程。磨矿分级过程所用设备包括磨矿机与**分级设备**，主要有给矿机、带式输送机、磨机、分级机、自动加球机、泵池、渣浆泵等。其首要任务就是要把矿石中的有用组分完全或基本达到单体分离，为后续选别作业提供粒度合格、浓度合格的入选矿浆，为回收矿石中的有用成分创造条件。根据矿石可磨性的难易程度和对磨矿产品粒度的要求不同，磨矿分级生产过程可以在开路条件下进行，也可以在闭路、半闭路或局部闭路条件下进行。选矿厂选别指标的优劣在很大程度上取决于磨矿产品的质量，磨矿产品粒度指标应满足不同选矿方法对入选粒度的要求，以确保获得高质量精矿和有用矿物的充分回收。

参数检测　磨矿分级过程的主要参数检测有磨机给矿量检测、**磨机负荷检测**、

矿浆浓度检测、*矿浆粒度在线测量*、泵池液位检测、矿浆流量检测等。相应地，检测这些参数的仪表有皮带秤、粒度仪、浓度计、流量计、物位计、电耳、负荷检测仪等。

过程控制　采用自动化控制技术，完成对磨矿分级过程中的生产设备运行状态的监控，以及关键工艺参数的调节和控制，实现磨矿分级过程的连续、稳定、安全运行。主要包括磨机新给矿控制、磨矿浓度控制、磨机负荷控制、泵池液位控制、旋流器给矿浓度和压力控制、旋流器溢流浓度和粒度控制等。

磨矿分级过程是一个机理复杂的动态循环系统。该过程存在多变量输入输出耦合特性，生产过程缓慢，滞后时间长，且具有非线性时变特性，不确定参数多、随机扰动变化大等综合复杂性。

磨矿分级过程控制系统，需要根据选矿厂的实际要求定制设计。它可以按主要被控量和控制量分为一些基本的单变量控制回路，如磨机给矿量、加水量、旋流器给矿浓度、给料压力、泵池液位的控制回路等。考虑到回路间的相互影响和控制难度，可以采用人工智能技术实现*磨矿分级智能控制*。针对磨矿过程的粒度指标和磨机负荷等关键工艺指标，可以通过在线优化基础控制回路设定值的方法，实现更高层的优化控制。

（李小平　赵大勇）

磨矿分级流程　grinding-classification circuit　由*棒磨机*或*球磨机*与分级作业组成的单个*磨矿*回路或多个磨矿回路的统称。在选矿厂中，分级作业和磨矿作业组成一个磨矿回路，所有磨矿回路的总和构成磨矿分级流程。在常规磨矿流程中，棒磨机或球磨机的给矿粒度F_{80}（进入磨矿机物料的粒度80%能够通过某个筛孔）一般为12～25毫米，单位处理能力的能耗较高。20世纪80年代后，兴起了以“多碎少磨”为指导的新常规磨矿分级流程。采用新型高效*圆锥破碎机*或高压辊磨机，取代了弹簧圆锥破碎机或单缸液压圆锥破碎机，将棒磨机或球磨机的给矿粒度F_{80}降为7～8毫米或≤6毫米甚至更小，因而在同等条件下单位处理能力的碎磨能耗较传统的常规碎磨流程低约7%。

根据矿石嵌布粒度特性所决定的磨矿产品粒度要求不同，磨矿分级流程类型很多，依据作业特点有不同的名称，如物料靠风力运输时称为干式磨矿分级流程，以水力运输时称为湿式磨矿分级流程。按照磨矿设备的不同分为棒磨分级流程、球磨分级流程、自磨/半自磨分级流程、砾磨分级流程、棒磨－球磨分级流程、球磨－棒磨分级流程、棒磨－砾磨分级流程等。按磨机串联运用情况，又分为一段、两段、三段或多段磨矿分级流程。在两段、三段或多段磨矿分级流程中，受矿石性质及后续工艺的要求影响，又可分为连续磨矿流程、阶段磨矿流程，以及将粗精矿或中矿进行单独磨矿处理的再磨流程。自磨机与其他磨机及分级设备所组成的磨矿流程统称为自磨流程，如干式自磨分级流程、自磨/半自磨－球磨分级流程等。

一段磨矿分级流程　由磨机与分级作业组成的单个磨矿回路，适于磨矿产品粒度要求P_{80}≥106微米（相当于通过0.074毫米筛的颗粒质量小于65%）时采用。常用的一段磨矿分级流程有4种类型（图1）：预先分级和检查分级合一的一段闭路磨矿流程（图1a）；一段闭路磨矿流程（图1b），应用最广泛；一段闭路磨矿加预先分级流程（图1c），适用于待磨矿石中粒度合格粒级大于15%的情况；带控制分级的闭路流程（图1d），适用于要在一段磨矿条件下得到较细的产物，或必须利用一段磨矿流程进行阶段选别的情况。

两段磨矿分级流程　由磨机与分级作业组成的两个磨矿回路，可得到较细的磨矿产物（磨矿产品粒度P_{80}为55～106微米，相当于小于0.074毫米，即200目矿粒占总磨矿产品重量的65%～90%）。根据第一段磨矿机与分级设备配置方式的不同，两段磨矿流程又可分为第一段完全开路（图2a）、第一段完全闭路（图2b）和第一段局部闭路（图2c）3种类型。

三段或多段磨矿分级流程　由磨机与分级作业组成的三个或多个磨矿回路，在处理细粒嵌布或嵌布粒度不均匀的矿石，需要进行细磨或超细磨（最终磨矿粒度55微米）时采用。三段或多段磨矿分级流程又可分为连续磨矿分级流程和阶段磨矿分级流程。①连续磨矿分级流程。将破碎后的矿石一次性磨至后续生产工艺需要的产品粒度。主要适用于处理嵌布粒度均匀且偏细的矿石，如选矿厂采用一段棒磨、二段球磨、三段球磨的连续磨矿分级流程，一次性将破碎后的矿石磨至小于0.074毫米，即200目矿粒占总磨矿产品重量的90%以上。②阶段磨矿分级流程。将破碎后的矿石分阶段磨至后续生产工艺需要的不同的产品粒度，在不同的产品粒度下分别进行选别。主要适用于处理嵌布粒度不均匀的矿石，为避免有用矿物的大量泥化，粗磨后，先收取部分已单体解离的有用矿物，然后再细磨、选别，以提高精矿回收率和品位。该流程主要应用在铁矿、钨矿、锡矿等嵌布粒度极度不均匀的矿物回收中。如铁选矿厂采用一段球磨、二段球磨选别、三段细筛筛上矿石再进入球磨的阶段磨矿分级流程（图3）。再磨分级流程属于阶段磨矿分级流程的一种形式，在处理嵌布粒度偏细和共生关系很复杂的有色金属矿石时，为避免有用矿物的泥化或共生矿的解离，通常将获取的局部粗精矿或中矿进

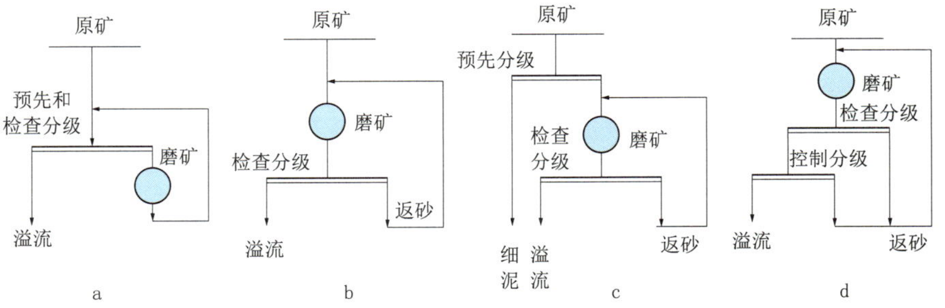

图1　一段磨矿分级流程

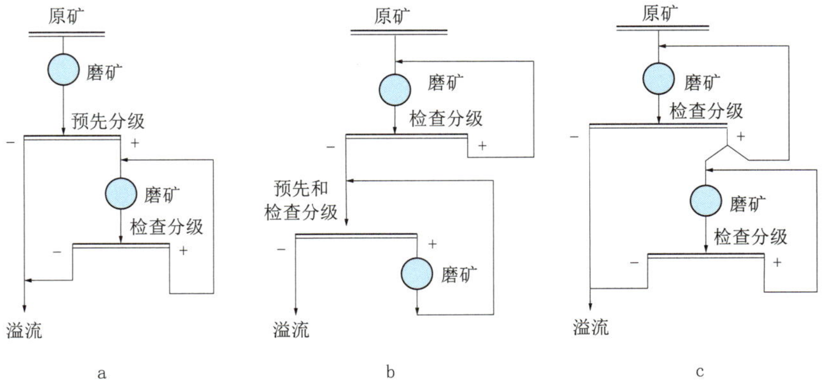

图2　典型两段磨矿分级流程

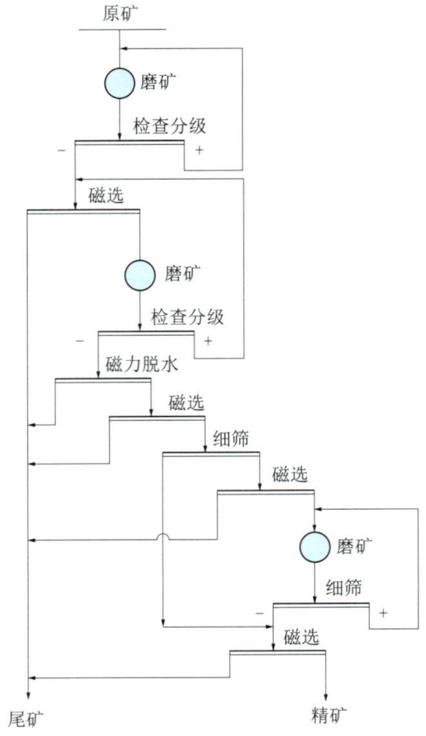

图3　阶段磨矿分级流程

行单独再磨处理，以提高产品的精矿品位或回收率。

干式自磨分级流程　小于500毫米的原矿石或经粗碎后的小于300毫米的原矿石，经矿仓和给矿机给入干式（气落式）自磨机磨碎后，用风力分级机进行分级。干式自磨机和风力分级机等在负压条件下运行。按风路系统中气流运动方式的不同，可分为开路式系统和闭路式系统。闭路式系统中运送物料的气流循环使用，为控制粉尘的漫逸，需另增设单独的净化装置，进一步将气流净化后排入大气；而开路式系统中气流不返回，全部气流经净化后排入大气。

自磨/半自磨-球磨分级流程　原矿粗碎后经矿仓或堆场给入自磨机或半自磨机，自磨/半自磨机与振动筛形成闭路，筛上物料返回自磨/半自磨机，筛下物料

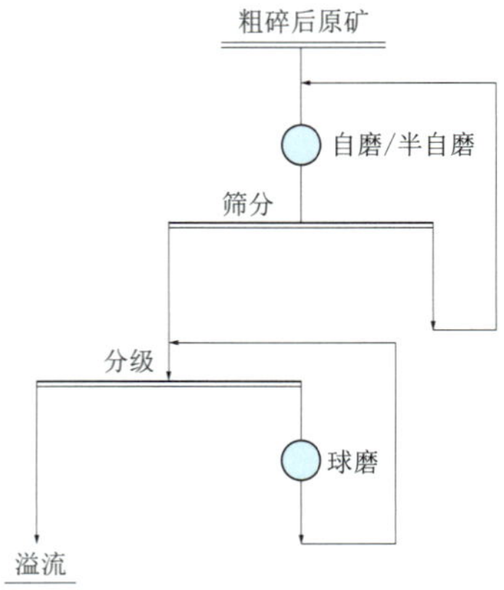

图4　自磨/半自磨-球磨分级流程

流入泵池，泵给水力旋流器分级，旋流器溢流进入后续作业，旋流器底流进入球磨机构成闭路（图4）。适于处理中等硬度、有用矿物嵌布粒度较细（平均在0.1毫米以下）的矿石。磨矿产品粒度在70%～80%（小于0.074毫米，即200目矿粒占总磨矿产品重量的百分比）。由于自磨/半自磨-球磨流程简单、灵活性好、适应性强，已成为选矿厂碎磨工艺设计的主要方案。

（余　浔　冯裕果）

磨矿分级智能控制　intelligent control for grinding and classification process　应用人工智能的理论与技术和运筹学的优化方法，在无人干预的情况下，自主驱动磨矿分级过程，实现预定控制目标的控制技术。磨矿分级是矿物加工的关键工序，是一种典型的高能耗、低效率的生产过程。磨矿分级过程流程长、滞后大、耦合强、影响因素众多，其运行的动态特性受到设备运行状态、矿石成分与性质等多种未知动态干扰的影响，具有强时变性，且难以建立有效的精确数学模型。

磨矿分级过程控制经历了从经典控制到智能控制的发展过程。早期磨矿分级过程主要采用底层基础回路的比例积分微分控制（proportional plus integral plus derivative control，PID）并结合上层人工监督的控制策略。为了获得令人满意的过程整体运行性能，通常需要现场操作人员或技术专家，根据实时观测的关键设备与过程整体运行工况，对基础控制回路进行人工设定和调节。

随着选矿厂自动化水平的提高和人工智能技术的发展，自适应控制、模型预测控制、模糊控制、专家系统等智能控制方法逐渐应用于磨矿分级控制领域。例如，应用于在底层基础回路控制的模糊PID控制器、智能切换控制器；在关键生产指标预测中，融合人工神经网络、模糊逻辑和统计学习等智能建模技术的软测量方法；针对过程运行的整体控制，融合运行数据和操作知识，集成案例推理的智能运行反馈控制。

磨矿分级智能控制的发展趋势是磨机等关键生产设备智能化，海量运行数据分析与挖掘，以及过程操作知识自动化。磨矿分级智能控制技术也将从单点的应用发展为整体集成开发。

（王焕钢）

磨矿机转速率　fraction of critical speed for grinding mill　磨矿机实际转速与其理论临界转速的比值。表示磨矿机转速的相对高低。磨矿机转速率（ψ）的表达式为：

$$\psi = \frac{n}{n_c} \times 100\%$$

式中n为磨矿机实际转速；n_c为磨矿机理论临界转速，$n_c = \frac{42.4}{\sqrt{D}}$；$D$为磨矿机筒体有效内径。

实际生产中，常将转速率低于76%的磨矿机视为低转速磨矿机，76%～88%的视为适宜转速率磨矿机，大于88%的视为高转速磨矿机。磨矿机转速率通常用于评价磨矿机的运行状况，也应用在计算磨矿机功率、磨矿效率等磨矿工艺参数中。磨矿机转速率、装球率（反映磨矿介质在磨矿机中充填量的多少）和球层半径之间的关系，决定了钢球做泻落或是抛落运动。

（吴彩斌）

磨矿浓度　grinding concentration　矿石*磨矿*时，磨矿机中矿石的重量占整个矿浆重量的百分数。矿浆是由矿石、矿土等固体形式的原料加入水以及其他辅助剂料形成的液态混合物。矿石含量越多，磨矿浓度越大，流动性愈小，矿石通过磨矿机的速度就较慢。采用高磨矿浓度的矿浆磨矿，钢球受到浮力较大，有效比重变小，打击效果差。但由于浓矿浆中含的固体矿粒较多，被钢球击打的物料也较多。矿浆太浓时，磨矿机里的粗粒沉落较慢，如果使用溢流型磨矿机，容易跑出粗砂；使用格子型磨矿机，因有格子阻挡，太粗的砂不易跑出。采用低磨矿浓度的矿浆磨矿，情况恰好相反。如果使用溢流型磨矿机，产物比较细，过粉碎较大；使用格子型球磨机，稀矿浆便于把细的或稍粗的矿粒冲出格子孔，过粉碎比较小。

磨矿浓度影响磨矿效率，矿浆愈浓，黏性愈大。对于中等转速的磨矿机，粗磨矿（磨矿细度在0.15毫米以上）或被磨矿石密度大时，磨矿浓度较大，为75%～82%（固）；细磨矿（磨矿细度在0.10～0.075毫米）或被磨矿石密度较小时，磨矿浓度降低，通常为65%～75%（固）。磨矿机转速较高时，磨矿浓度应适当降低。

磨矿浓度随矿石性质而定，包括矿石硬度、密度及含泥量。适宜的磨矿浓度值需在生产中通过试验确定。一般对于给矿粗、硬度大、密度大的矿石，应用高磨矿浓度矿浆。

（吴彩斌）

磨矿设备　grinding equipment　借助介质（钢球、钢棒、砾石等）和矿石本身的冲击、剪切、磨剥作用，使破碎后的块状或

粒状矿石粒度进一步减小，变成粉状物料的一种**选矿设备**。古代人们用硬石碰撞，用金属锤子敲打来实施**矿石破碎**、磨细作业。1512年出现了湿法捣磨机进行**磨矿**作业，采用它将金矿磨细后再用混汞法回收黄金。1790年出现了第一台辊磨机。19世纪初期，出现了现在广泛使用的**球磨机**。在球磨机的基础上，1870年发展出排料粒度均匀的**棒磨机**；1908年又研制出不用研磨介质的**自磨机**。自此，磨矿设备得到快速发展。1920年美国申请了**搅拌磨机**专利。1977年德国K.施耐德（Schönert）研制成功高压辊磨机等。

磨矿设备的分类方法很多，通常按施力方式不同分为滚筒型球磨机、搅拌磨机、辊磨机、振动磨机、**气流磨机**等。其中滚筒型球磨机又可根据磨矿介质不同划分：采用钢球的为球磨机，采用钢棒的为棒磨机，以被磨矿石本身为介质的为自磨机，加少量钢球和被磨矿石本身为介质的为半自磨机，以矿石或砾石为介质的为**砾磨机**。

搅拌磨机用于再磨细磨作业或超细磨矿作业；辊磨机用于干式细磨作业；振动磨机用于易燃、易爆以及易炭化等固体原料的细磨或超细磨作业；气流磨机用于非金属物料超细磨作业。棒磨机用于粗磨作业；球磨机用于细磨作业，也常用于粗磨作业；自磨机一般用于矿石破碎后的粉磨作业，可代替中碎、细碎及粗磨作业。

（张国旺）

磨矿循环负荷 grinding cycle load 闭路**磨矿**流程中，磨机排出的、经分级后返回磨矿机中的稳定返砂重量。用绝对值表示的磨矿循环负荷，称为返砂量，常用S表示，单位为吨/时；用相对值表示的磨矿循环负荷，为返砂量与新给矿量的比值，称为返砂比，常用C表示，为百分数。

磨矿循环负荷值可能比新给矿量大几倍，通常不低于2倍。磨矿循环负荷值与新给矿量之和应小于磨矿机通过能力，否则会堵塞磨矿机。磨矿循环负荷适宜值与矿石的性质、给料及产品的粒度、磨矿机操作条件、磨矿机结构形式及**分级设备**特性有关。

测定返砂比的方法有两种，一是测定进入分级机的矿流（或磨矿机排矿）、分级机溢流和分级机返砂中某一指定粒级的含量，配合磨矿机的新给矿量，根据物料平衡原理，推算返砂比；二是测定进入分级机的矿流（或磨矿机排矿）、分级机溢流和分级机返砂中的含水量，配合磨矿机的新给矿量，按物料平衡原理，推算返砂比。

（吴彩斌）

磨损腐蚀 erosion-corrosion 腐蚀环境中摩擦表面出现的材料流失现象。简称磨蚀。是一种以化学腐蚀作用为主，并伴有机械磨损的腐蚀形式。磨损腐蚀一般为中等程度的腐蚀，但在一定条件下，特别是在高温或潮湿的环境中也可以产生严重的危害。磨损腐蚀有时先产生化学反应，然后才因机械磨损的作用引起被腐蚀的物质脱离本体；有时先产生机械磨损，生成磨损颗粒以后紧接着产生化学反应，出现腐蚀。磨损腐蚀包括与流体运动相关的冲刷腐蚀、空泡腐蚀、摩擦副磨损腐蚀和微动腐蚀。

冲刷腐蚀 流体的冲刷与腐蚀协同作用的结果（见**冲蚀**）。

空泡腐蚀 一种特殊形式的冲刷腐蚀，是由于金属表面附近的液体中空泡溃灭造成表面粗化、出现大量直径不等的火山口状的凹坑，最终丧失使用性能的一种破坏。空泡腐蚀常常发生在高速的湍流状态下，特别是液体流经形状复杂的表面，液体压强发生很大变化的场合，如汽轮机叶片、船用螺旋桨、阀门及换热器的集束管口等。

摩擦副磨损腐蚀 摩擦副接触表面的机械磨损与周围环境介质发生的化学或电化学腐蚀的共同作用，导致表层材料流失的现象。常发生在**矿山机械**、工程机械、农业机械、**冶金机械**等接触部件或直接与砂、石、煤、灰渣等摩擦的部件上，如磨煤机、矿石破碎机、**球磨机**、**溜槽**等。摩擦副磨损腐蚀很少发生在苛刻的腐蚀介质条件下，大多在大气或天然水中。

微动腐蚀 两个相互接触、名义上相对静止而实际上处于周期性小幅相对滑动（通常是振动）的固体表面因磨损与腐蚀交互作用所导致的材料表面破坏现象。产生微动腐蚀的相对滑动极小，振幅一般为2～20微米。反复的相对运动是产生微动腐蚀的必要条件，在连续运动的表面上并不产生微动腐蚀。微动腐蚀一般使金属表面出现麻坑或沟槽，并且周围往往有氧化物或腐蚀产物。在有交变应力的情况下，还可因微动腐蚀诱发疲劳裂纹形核、扩展，以致断裂。

（李晓刚）

钼钒分离 separation of molybdenum and vanadium 从含钼、钒的混合溶液中分离钼和钒的冶金技术。在某些低品位钼矿物资源（如镍钼矿、钒钼铅矿）和钼二次资源（如含钼钒废催化剂）中都含有一定量的钒。由于钼和钒的性质相似，**钼冶金**过程中得到的钼酸钠、钼酸铵或其他钼酸盐溶液中也含有一定浓度的钒。钒是钼产品的有害杂质，但同时又是一种可回收的有价元素。因此，钼钒分离过程成为含钒的钼资源提取冶金中的一个重要步骤。钼钒分离方法主要有化学沉淀法、离子交换法和溶剂萃取法。

化学沉淀法 主要包括铵盐沉淀法和锰盐沉淀法。21世纪初，在工业上得到广泛应用的方法是铵盐沉淀法。该方法利用偏钒酸铵在水中溶解度较小，调节钼酸盐溶液pH值范围为7.0～9.0，并向其中添加铵盐使钒以偏钒酸铵结晶析出。该方法适用于从高钒含量的钼酸盐溶液中初步除钒。因受偏钒酸铵溶解度的限制，铵盐沉钒后的含钼溶液中仍含有五氧化二钒0.3～1.0克/升，为获得高纯度的钼酸铵产品，铵盐沉钒后的钼酸盐溶液还须进行深度除钒。

离子交换法 利用离子交换树脂在一定条件下对钼和钒的亲和力不同进行选择性吸附，从而实现钼钒深度分离的方法。采用的离子交换树脂有螯合树脂和阴离子交换树脂，其中阴离子交换树脂因除钒效果好而在中国获得工业应用。在pH值为6.5～8.5钼酸盐溶液中，钒和钼分别以$V_3O_9^{3-}$和MoO_4^{2-}的形态存在，阴离子交换树脂对$V_3O_9^{3-}$的亲和力大于对MoO_4^{2-}的亲和力，在交换过程中$V_3O_9^{3-}$优先被吸附，从而实现钼酸盐溶液中钼与钒的深度分离。离子交换法操作方便，广泛应用于从含微量钒的钼酸盐溶液中深度除钒。但由于阴离子交换树脂吸附钒的容量有限，对含钒较高的钼酸盐溶液来说，常先采用铵盐沉钒除去大部分钒，然后再采用离子交换法深度除去微量钒。

溶剂萃取法 溶剂萃取法分离钼钒既可在酸性溶液中进行，也可在碱性溶液中进行。酸性溶液中的钒钼萃取分离方法主要有两种：①在酸性较强的条件下通过选择性萃取钼实现钼与钒的分离。采用的萃取剂有酸性含磷萃取剂和叔胺类萃取剂。②在酸性较弱的条件下先使钼钒共萃，再用酸选择性反萃钒实现钼钒的分离。采用的萃取剂包括酸性含磷萃取剂，如二（2-乙基己基）磷酸（D2EHPA），pH值为6，羟肟类萃取剂如5，8-二乙基-7-羟基-十二烷-6-肟（LIX63），pH值为2。在碱性条件下，通常采用季铵盐为萃取剂，优先萃取含钒钼酸盐溶液实现钒钼分离，钒在3.5<pH<9范围被大量萃取，当pH>8时，钼基本不被萃取。因此，可在8<pH<9弱碱性范围内选择性萃取钒，从而实现钼钒分离。

扩展阅读

HU J, WANG X, XIAO L, et al. Removal of Vanadium from Molybdate Solution by Ion Exchange. Hydrometallurgy, 2009 (95): 203–206.

肖超，肖连生，曹佐英.特种离子交换树脂从钼酸铵溶液中深度分离钒.有色金属（冶炼部分），2010（6）：41–45.

（张贵清）

钼铁 ferromolybdenum 钼和铁组成的铁合金。用作炼钢的合金添加剂。钼能提高钢的淬透性、耐磨性，与铬、镍、钒等元素配合使用，可使钢具有均匀的细晶组织，提高强度、弹性极限等性能。钼铁含钼量为55%～75%，熔化温度为1800～1900℃，密度约9克/厘米^3。钼铁成本较氧化钼高，在使用效果上，一些钢使用氧化钼对钼的回收率并无有害影响，所以氧化钼也已代替部分钼铁作合金添加剂使用。

冶炼钼铁的原料主要为辉钼矿（含MoS_2）。冶炼前通常把钼精矿用多膛炉进行氧化焙烧，获得含硫小于0.07%的焙烧钼矿。钼铁冶炼一般采用炉外法。炉子是一个放置在砂基上的圆筒，内砌黏土砖衬，用含硅75%的硅铁和少量铝粒作还原剂。炉料一次加入炉筒后，用上部点火法冶炼。在料面上用引发剂（硝石、铝屑或镁屑），点火后即激烈反应，然后镇静、放渣、拆除炉筒。钼铁锭先在砂窝中冷却，再送冷却间冲水冷却，最后进行破碎、精整。金属回收率为92%～99%。

（张桂耕 撰 储少军 修订）

钼冶金 molybdenum metallurgy 从含钼矿石原料中提取金属钼的技术。中世纪就已使用辉钼矿（MoS_2），因其外观很像石墨，当时被误认为是变态的石墨而用来制作铅笔芯。1778年瑞典化学家C.W.舍勒用硝酸分解辉钼矿，从中发现了一种新元素，并以希腊文molybdos（似铅）将其命名为molybdenum。1782年瑞典化学家P.J.耶尔姆首次制得金属钼。

用于钼冶金的含钼矿物主要为辉钼矿（含MoS_2），其开采量占世界钼矿石开采量的98%以上。钼的其他工业矿物还有钼铅矿、钼镍矿、铁钼华、钼酸钙矿和钼华等。辉钼矿钼冶炼工艺过程主要包括钼矿分解、含钼溶液净化、纯钼化合物和钼粉制取、致密钼制取等（见图）。其他钼原料如钼镍矿的处理采用焙烧、湿法浸出等工艺，并随原料成分不同，净化提纯工艺及组合也不同。

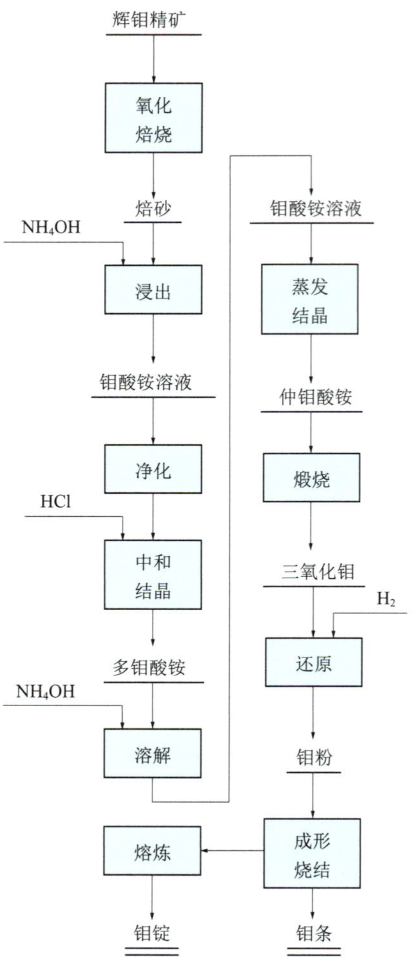

金属钼生产典型流程

钼矿分解 钼矿分解主要包括氧化焙烧和湿法氧化浸出工艺。

氧化焙烧 辉钼矿氧化焙烧的化学反应为：

$$2MoS_2+7O_2 \longrightarrow 2MoO_3+4SO_2$$

氧化焙烧设备主要有**回转窑**、多膛炉、**反射炉**、沸腾炉等。氧化焙烧法适宜处理合格的辉钼精矿，在焙烧过程中，矿物中的二硫化钼被氧化为三氧化钼焙砂。焙砂可直接用于炼钢或经净化提纯后制取纯三氧化钼。氧化焙烧得到的三氧化钼焙砂一般采用氨浸得到粗钼酸铵溶液：

$$MoO_3+2NH_3\cdot H_2O \longrightarrow (NH_4)_2MoO_4+H_2O$$

辉钼精矿氧化焙烧存在着低浓度SO_2污染的问题，且焙烧过程铼的回收率低。因此，自20世纪50年代后，研究人员开展了大量的辉钼矿湿法氧化浸出研究。

湿法氧化浸出 主要有高压酸氧分解法、高压碱氧分解法、硝酸常压分解法、次氯酸钠浸出法和电解氧化浸出法等。湿法氧化浸出得到的含钼溶液采用离子交换或溶剂萃取的方式富集和转型得到粗钼酸铵溶液。

高压酸氧分解法，辉钼矿经硝酸催化氧压煮，使二硫化钼转化为易溶于氨水的钼酸沉淀物和硫酸，其他可溶于硫酸的杂质进入压煮液中，从而实现钼与可溶性杂质的分离。主要化学反应如下：

$$MoS_2+6HNO_3 \longrightarrow H_2MoO_4+2H_2SO_4+6NO$$

$$MoS_2+8HNO_3 \longrightarrow MoO_2^{2+}+2NO_3^-+4H^++2SO_4^{2-}+6NO+2H_2O$$

$$4NO+3O_2+2H_2O \longrightarrow 4HNO_3$$

高压碱氧分解法，在高压容器中将苛性钠溶液与辉钼精矿混合并通入高压氧进行氧化反应，使钼转化为钼酸钠进入溶液。主要化学反应如下：

$$MoS_2+6NaOH+4.5O_2 \longrightarrow Na_2MoO_4+2Na_2SO_4+3H_2O$$

硝酸常压分解法，主要反应与高压酸氧分解法类似。与高压酸氧分解法的不同在于：高压酸氧分解法中硝酸为催化剂，氧为氧化剂；而硝酸常压分解法中硝酸为氧化剂，故硝酸常压分解法硝酸消耗较大，而且分解过程会产生一氧化氮。

次氯酸钠浸出法，采用次氯酸钠溶液氧化辉钼矿，使钼以钼酸钠的形式转入溶液中。

电解氧化浸出法，将辉钼矿矿浆加入装有氯化钠溶液的电解槽中，然后通直流电进行电解。

钼溶液净化 粗钼酸铵溶液的净化通常采用硫化物沉淀法，其他的净化方法还有离子交换法、溶剂萃取法和活性炭吸附法。

纯钼化合物和钼粉制取 经净化后的钼酸铵溶液采用蒸发结晶的方式制备仲钼酸铵或二钼酸铵，或采用酸沉结晶的方式制备四钼酸铵。

后续的钼金属制品的制备工艺基本上都是采用钼酸铵产品作原料。钼酸铵经煅烧后产出氧化钼（三氧化钼或二氧化钼），再经还原后得到金属钼粉。工业上主要应用氢还原法。

致密钼的制取 主要有粉末冶金法和熔铸法。①粉末冶金法，将钼粉压制成坯条或坯块，然后将坯条进行预烧结，随后使用垂熔炉、电阻炉、感应电炉或电子束炉等设备再进行高温烧结，得到致密金属钼坯条。②熔铸法，一般是将已烧结的钼条进行真空自耗电弧重熔，可以得到重达数吨的钼锭。为了制取高纯钼锭，可采用真空电子束熔炼法和区域熔炼法。

扩展阅读

向铁根.钼冶金.长沙：中南大学出版社，2002.

张启修，赵秦生.钨钼冶金.北京：冶金工业出版社，2005.

（赵中伟 张贵清）

N

纳米矿物粉体材料 nano-mineral material 具有纳米尺度（粒度小于100纳米）的矿物颗粒或含有纳米结构单元，并在应用时显示纳米材料特性的矿物粉体材料。许多矿物具有优异的纳米结构和属性，采用化学反应、物理相转变（如高能加热蒸发）等方法可制备粒度为1～100纳米的矿物粉体材料。根据某些由纳米结构单元构成的天然矿物的结构和解理特性，通过结构改造、解聚、分散和磨剥等手段，可制备由矿物纳米单元或其集合体（尺度为纳米）构成的矿物粉体。按照结构改造和处理后的形态，可制得含上述纳米结构单元，并在应用时展示纳米材料特性的前驱体矿物材料。

天然纳米矿物粉体 以天然矿物为原料，根据其结构和解理特性，采用一定加工手段制备的纳米矿物材料。如利用凹凸棒石的纳米纤维单元集合体特征，通过粉碎、解聚和分散等加工手段制备纳米粉体；利用高岭石1∶1型层状结构中硅酸盐片层单元之间连接程度弱，以及沿平行片层方向易解理特性，经机械剥离制备高岭石纳米片。天然纳米矿物粉体可实现纳米材料的低成本大批量产出。

人工合成纳米矿物粉体 主要有纳米氧化物、纳米氢氧化物和纳米碳酸盐等，如纳米二氧化钛（TiO_2）和纳米二氧化硅（SiO_2）、纳米氢氧化镁〔$Mg(OH)_2$〕、纳米碳酸钙（$CaCO_3$）等。特点是具有显著的纳米尺度效应，在光学、力学、热学和电学等方面特性优异。如纳米金红石型TiO_2具有强烈的吸收屏蔽紫外线性能，锐钛矿型TiO_2具有紫外光催化功能，纳米SiO_2补强性能好，纳米$Mg(OH)_2$的无机阻燃功能强于普通粉体等。其制备方法分为物理方法，如超微粉碎、激光汽化或高温电阻蒸发等；化学方法，如化学合成法、溶胶－凝胶法、超声沉淀法等。

天然纳米单元前驱体矿物粉体 蒙脱石等层状结构硅酸盐矿物经有机插层剂插层后，片层单元间的层间距扩大，片层间的结合力弱化，并形成有机表面性质的纳米矿物粉体。将天然纳米单元前驱体矿物粉体作为填充物时，片层可剥离并分散在聚合物中，力学性能提高，形成聚合物/层状硅酸盐纳米复合材料。天然纳米单元前驱体矿物粉体可在一定程度上解决纳米材料应用时难以分散的技术问题。

扩展阅读

曹明礼，曹明贺．非金属纳米矿物材料．北京：化学工业出版社，2006.

（丁 浩）

钠冶金 sodium metallurgy 从含钠物料中提取金属钠的技术。1807年英国化学家H.戴维用电解氢氧化钠的方法制得几滴金属钠。因钠是由碱（拉丁文soda）中提取，所以命名为sodium。1890年英国人H.Y.卡斯特纳在英国建厂，用电解氢氧化钠的方法生产金属钠。1921年美国人J.C.东斯研究成功电解熔融氯化钠制取金属钠，并于1925年投产，使金属钠的生产成本大幅度下降。钠元素广泛分布于自然界，主要以食盐（NaCl）的形态存在于海水、盐湖之中。其他矿物有芒硝（Na_2SO_4）、天然碱（Na_2CO_3）等。中国的内蒙古、青海等地出产天然碱和芒硝。

由于钠是活泼金属，一般采用电解方法制取，主要包括卡斯特纳法和东斯法。

卡斯特纳法 1925年前主要采用此法生产金属钠。以镍为阳极，铁为阴极，在电极之间设置镍网隔膜，电解电压4～4.5伏，在350℃下电解熔融的氢氧化钠（NaOH）。其化学反应为：

$$4NaOH \longrightarrow 4Na + 2H_2O + O_2$$

由于电解时在阳极生成的水与电解质中的钠又发生反应，生成NaOH和氢气，所以电流效率不超过50%。此方法为后来的电解氯化钠法（即东斯法）所取代。

东斯法 通过电解氯化钠获得金属钠和氯气，是工业上钠的主要生产方法。其化学反应为：

$$2NaCl \longrightarrow 2Na + Cl_2$$

为尽可能降低电解温度，熔盐体系通常配入其他氯化物，如氯化钙、氯化钡等，形成低熔点的二元体系或三元体系，使电解温度降低到580～600℃。电解出的粗钠还需要精制脱除杂质获得精钠。

电解氯化钠制金属钠通常在电解槽里进行，虽然各种形式的电解槽都有自己的特点，但基本上沿用了东斯槽的结构形式。

东斯电解槽为钢制圆形壳体，内衬耐火砖，中间有一石墨阳极，周围为环状钢制带斜孔的阴极。阳极和阴极间隔有铁丝网或开孔的薄钢板制成的隔膜，使在阴极生成的钠不与阳极生成的氯气相遇。阳极和阴极间的间隙应保持在40～50毫米。钠从阴极析出后，因密度小于熔融电解质，沿阴极上浮，进入一个倒置环状的钠收集罩，并沿上升管进入收集罐中。上升管的温度控制在200℃左右，使在电解时与钠同时析出的钙在此管内结晶析出。上升管中装有定时转动的刮刀，将附在管壁上的钙刮下，返回熔体中，并发生$Ca + 2NaCl \longrightarrow CaCl_2 + 2Na$反应，以增加钠的产量，保持电解质成分的稳定。

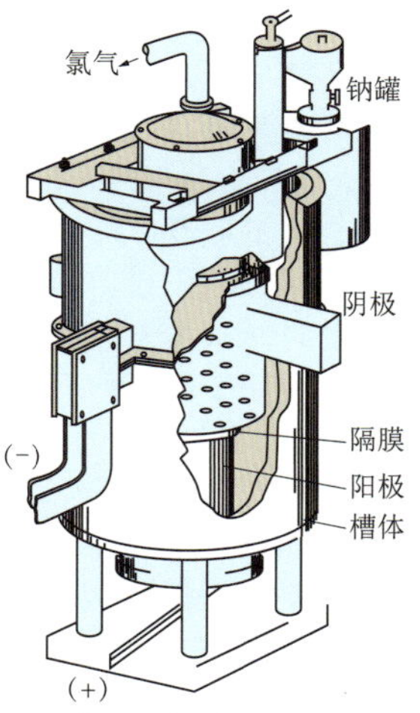

东斯电解槽结构图

氯气在阳极析出，从阳极室导出。通用的电解质组成（重量）为氯化钙58%，氯化钠42%；操作温度580～600℃，槽电压6～7伏，阴极电流密度为9600安/米^{2}左右，电流效率可达80%以上。原料氯化钠无须经过脱除钙、镁和硫根等精制过程。

所制得的粗钠夹杂有氯化物、氧化物和钙，在液体石蜡保护下，加热至110～130℃，加压过滤，能除去大部分杂质；所得金属钠送铸钠机铸锭及包装。工业金属钠的纯度在99.6%以上，含钙小于0.04%，含氯化物0.005%。将工业钠在13.3帕、400℃下真空蒸馏，在氮或氩气保护下，可制取99.95%的高纯钠产品。

（刘凤琴）

耐火材料 refractories 能满足高温条件下使用要求的无机非金属材料。如热工设备中的内衬结构材料，高温容器材料，高温装置中的元件、部件材料等。通常规定耐火材料的耐火度在1580℃以上。

简史 耐火材料与高温技术相伴出现。古代耐火材料大致起源于青铜器时代中期（约公元前18世纪），使用经过简单加工的天然耐火原料。如直接采用天然耐火岩石（泡沙石等）或以黏土（单独的或与碳混合的）夯打筑炉（见**冶金史**）。19世纪上半叶，先后制成了**黏土砖**和**硅砖**，在炼铁**高炉**和炼钢炉中使用，这是近代耐火材料的开端。到20世纪上半叶，黏土砖和硅砖等的质量不断提高，品种日益增多。这个时期发展出铬质、铬镁质、镁质和高铝质等耐火材料。20世纪50～80年代研制的耐火材料有：①优质高效新品种，包括所谓的“直接结合”砖、电熔再结合砖、**镁碳砖**、熔铸砖等以碱性和高铝为中心的耐火制品，适应冶金和其他高温新技术发展的需要。②**不定形耐火材料**，其产量和品种快速发展，在中国这类材料约占耐火材料总产量的38%。③特殊耐火材料，以适应现代冶金新技术、原子能、宇航技术的发展。④**耐火纤维**材料为主的一系列纤维类轻质耐火材料，以适应节能的需要。20世纪80年代中期以后，**碳复合耐火材料**、**非氧化物耐火材料**、**功能耐火材料**快速发展；氧化物微粉技术的应用促进不定形耐火材料的性能提高，也增加不定形耐火材料的品种，如喷射耐火浇注料、自流耐火浇注料等；纳米技术应用于耐火材料制品，如纳米复合含碳材料，改善和提高了材料性能。

分类　耐火材料品种繁多，有多种分类方法。

按化学特性分类可分为：①以氧化硅为主要成分的**酸性耐火材料**。②以氧化镁、氧化钙为主要成分的**碱性耐火材料**。③以氧化铝、三氧化二铬和碳为主要成分的**中性耐火材料**。

按产品的化学-矿物组成分类可分为：①硅质制品和硅酸铝质制品，如硅砖、熔融石英制品、黏土砖、半硅砖、**高铝砖**等。以氧化铝和氧化硅为基本化学组成的耐火材料中，通常可以根据制品中氧化铝和氧化硅含量分为硅质制品（氧化硅大于93%）、半硅质制品（氧化铝占15%～30%）、黏土质制品（氧化铝占30%～48%）、高铝质制品（氧化铝占48%～90%）和刚玉砖（氧化铝大于90%）。②镁质、镁铬质和白云石质制品，如**镁砖**、镁铝砖、**镁铬砖**、白云石砖等。③碳质制品，如碳砖、石墨黏土制品等。④锆质制品，如锆英石砖、锆莫来石砖、锆刚玉砖等。⑤**特种耐火材料**，如纯氧化物、碳化物、氮化物、硼化物等制品。

按制品耐火度高低分类可分为普通耐火材料（耐火度1580～1770℃）、高级耐火材料（耐火度1770～2000℃）和特殊耐火材料（耐火度大于2000℃）。

按生产时的热处理方式分类可分为烧成制品、不烧制品、熔融（铸）制品。

此外，可按制品形状和尺寸分为标型砖、异型砖和特异型砖，按制造工艺分为定形耐火材料和不定形耐火材料。

性能　耐火材料的性能主要有结构性能、力学性能、热学性能及使用性能等。结构性能包括气孔率、吸水率、气孔孔径分布、体积密度、真密度等。力学性能包括常温耐压强度、抗折强度、弹性模量、扭转强度、耐磨性等。热学性能包括热膨胀性、导热性等。耐火材料最重要的是高温使用性质，包括耐火度、荷重软化温度、高温体积稳定性（即加热线变化）、抗热震性、高温蠕变性、抗侵蚀性、抗氧化性等。这些是衡量和检验耐火材料质量的重要技术指标。

耐火原料　耐火原料可分为天然的和人工合成的两大类。天然耐火原料主要有以结晶或胶结硅石为主的硅质耐火原料，以硬质或软质黏土为主的耐火黏土，以高铝矾土为主的高铝原料。此外，还有菱镁矿、白云石、铬铁矿、锆英石、石墨等。中国有丰富的天然耐火原料资源，特别是菱镁矿、高铝矾土和石墨，为中国发展优质高效的耐火材料提供了有利条件。

20世纪90年代末以来，中国人工合成耐火原料的发展较快，品种较多。主要有电熔镁砂、电熔尖晶石、电熔刚玉、电熔锆刚玉、烧结刚玉、合成莫来石、碳化硅、氮化硅等。人工合成原料质地纯净，组织结构致密，化学成分可以调节，用于制造各种优质高效和特殊耐火材料。

耐火原料还包括耐火辅助原料。辅助原料分为结合剂和添加剂。结合剂的作用是使耐火材料坯体在生产与使用过程中具有足够的强度。常用的有亚硫酸纸浆废液、沥青、酚醛树脂、铝酸盐水泥、水玻璃、磷酸及磷酸盐、硫酸盐等。有些耐火原料本身又具有结合剂的作用，如结合黏土。添加剂的作用是改善耐火材料生产或施工工艺，或强化耐火材料的某些性能，如稳定剂、促凝剂、减水剂、抑制剂、发泡剂、分散剂、膨胀剂、抗氧化剂等。

生产工艺　分为定形耐火材料制品生产工艺和不定形耐火材料生产工艺。其生产工艺流程见图。定形耐火材料制品生产工艺主要包括以下7项工序：①原料煅烧。

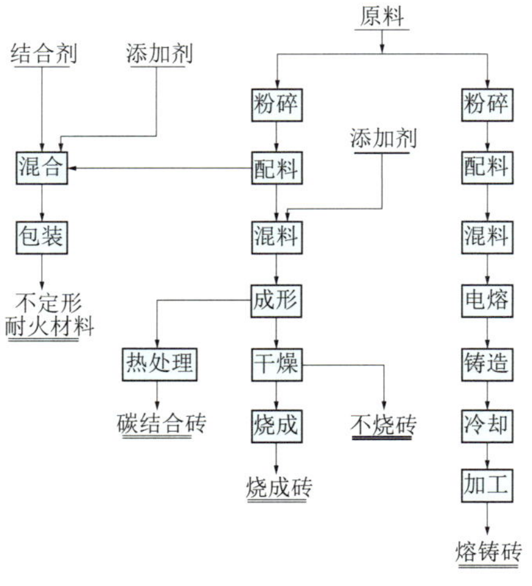

耐火材料生产主要工艺流程

多数天然耐火原料在用来制砖前需经过煅烧处理，获得熟料。这类原料主要有硬质黏土、高铝矾土、白云石、菱镁矿等。煅烧温度视原料种类可在1300～1800℃较大范围内波动。②原料加工。包括原料拣选、破碎、筛分和细磨等。将原料中的杂物拣选后，加工制备成具有一定粒度组成的颗粒，以供配料用。③坯料制备。包括配料、混炼和困料等工序。将各种组合料、结合剂和少量添加剂等精确称量配合，混合混炼均匀，使混炼好的泥料有良好的成形性能。④成形。借助外力（压力）将制备好的泥料制成一定形状、尺寸和密度的坯体。成形方法主要有机压成形、可塑成形、注浆成形、等静压成形、振动成形、捣打成形、挤压成形等。⑤干燥。干燥的目的在于提高坯体强度，减少搬运和码坯时的破损，以及避免由于砖坯水分过高而烧成开裂。干燥温度和时间随制品种类和尺寸而异。干燥方式分为自然干燥、气体介质强制对流干燥、微波干燥、电干燥等。⑥烧成。对砖坯进行高温热处理，使其达到烧结。坯体在高温作用下密度和强度提高，形成高温稳定晶相，并产生体积变化。烧成设备主要有隧道窑、倒焰窑和梭式窑。⑦砖的后加工和浸渍处理。对少数特殊用途的砖，还需对烧后砖进行后加工，如切、铣、刨、车、钻、磨等，使其外形尺寸更为精确。此外，有时为了提高某些制品的抗侵蚀性，还需在真空-加压条件下浸渍沥青，以提高使用寿命。

不定形耐火材料生产工艺的前几个工序与定形耐火材料基本相同，但不经过成形、干燥和烧成等工序，工艺较简单。

使用　耐火材料必须具备在高温使用条件下，能够抵抗各种物理、化学以及机械作用的性能。正确选用耐火材料，对高温设备的长时间正常运转有重要意义。选用耐火材料的基本原则是：①技术合理性。选择与使用条件相适应的、能保证设备正常运转、寿命较长、不易损毁的耐火材料。②综合经济效果。不仅要考虑耐火材料自身价格，而且还要考虑由于选用耐火材料而影响到的技术经济指标和生产能力等综合经济效果。

耐火材料在各产业部门的消费比例大致如下：钢铁60%，有色金属4%，机械5%，水泥、玻璃、陶瓷等13%，化工4%，其他14%。钢铁工业消费的耐火材料占总产量一半以上，耐火材料的生产和发展同钢铁工业密切相关。随着耐火材料质量提高，高级优质品种增多，保障了钢铁工业向大型化、自动化、连续化方向发展。如炼钢使用镁质干式料中间包、快速更换定径水口和浸入式水口技术，使钢水连铸时间增加到30小时以上。

耐火材料的品种和质量对高温技术尤其是冶炼技术的发展起重要作用。如转炉炉衬用耐火材料的发展，镁碳砖的使用，转炉炉龄由采用烧成油浸镁白云石砖的数百、一千多炉次提高到数千炉次；**连续铸钢**采用浸入式水口和保护渣浇铸，对解决板坯纵裂，提高钢坯质量起了很大作用；透气装置等功能元件的采用促进了炉外精炼技术的发展；铝电解槽碳化硅耐火材料替代碳素材料促进了电解铝产业的技术进步；高铬炉衬材料保障水煤浆气化炉稳定运行。大量事例说明，现代冶炼新技术的发展有赖于优质耐火材料的开发。

耐火材料既是高温热工装备的基础材料，同时也是高温热工装备降低能耗、提高能效的基本条件和重要因素。**耐火纤维制品**、轻质莫来石砖、氧化物空心球砖、纳米微孔复合板等轻质耐火材料的推广应用，对发展轻型结构窑炉、降低工业炉能源消耗起着重要作用。

（钟香崇　郑安忠　苏云卿　李红霞）

耐火纤维　refractory fibre　适用于800℃以上用作隔热材料的人造矿物纤维。又称耐火陶瓷纤维。耐火纤维热导率低、热容小、耐腐蚀、热震稳定性好，可以进一步加工成各种纸、线、绳、带、毯和毡等**耐火材料**制品，被广泛应用于冶金、化工、机械、建材、造船、航空、航天等工业部门。

按显微结构不同，耐火纤维可分为非晶质和多晶质两类。

非晶质耐火纤维　包括硅酸铝耐火纤维和碱土硅酸盐耐火纤维。

硅酸铝耐火纤维由高温熔液在纤维化过程中骤冷制得，呈非晶质的玻璃态结构。硅酸铝耐火纤维耐热性能好、质量轻、蓄热小，抗机械振动和抗热震性强，通过提高Al_2O_3含量，减少Na_2O、K_2O或Fe_2O_3含量，可以提高其使用温度。硅酸铝耐火纤维按其化学成分和使用温度分为：①普通硅酸铝耐火纤维。Al_2O_3含量45%～48%，SiO_2含量50%～53%，使用温度1000～1200℃，用天然原料（如焦宝石、矾土熟料等）制成。②高纯硅酸铝耐火纤维。Al_2O_3含量53%～64%，SiO_2含量35%～45%，氧化铝和氧化硅总含量大于99%，使用温度1100～1300℃，用纯氧化铝和氧化硅作原料制成，加入氧化锆、氧化铬时可有效提高纯硅酸铝耐火纤维在高温下的体积稳定性，提高使用温度。③含铬（Cr_2O_3含量4%）和含锆（ZrO_2含量15%）硅酸铝耐火纤维。使用温度1300～1400℃。④高铝耐火纤维。氧化铝含量60%左右，以工业氧化铝和高纯硅石作为主要原料制备，使用温度1200～1400℃。

碱土硅酸盐耐火纤维以氧化钙、氧化镁等碱土金属氧化物和二氧化硅为主要成分，在人体体液中有一定溶解性，又称生物可溶性陶瓷纤维。碱土硅酸盐耐火纤维耐热性较硅酸铝耐火纤维差，可用于防火布、防火绳、防火带等材料制备。

非晶质耐火纤维的制造采用熔融法，分为喷吹法和甩丝法两种。将原料在2000℃以上电弧炉或电阻炉内熔融，然后用压缩空气或高压蒸汽喷吹熔液流股，或借助高速旋转转盘的离心力将其甩出，使之纤维化，得到直径1微米至数微米、长达250毫米的玻璃质纤维。喷吹法容易形成直径小、细而均匀的短纤维，柔软性好；甩丝法成纤率较低，生成的纤维直径较粗、较长，渣球含量低。

多晶质耐火纤维　主要包括多晶氧化铝纤维和氧化锆纤维（ZrO_2和Y_2O_3总含量大于99%，使用温度大于1650℃）。多晶氧化铝纤维按其成分和使用温度又分为：莫来石纤维，Al_2O_3含量70%，使用温度小于1350℃；高氧化铝纤维，Al_2O_3含量80%，使用温度小于1400℃；纯氧化铝纤维，Al_2O_3含量在95%左右，使用温度小于1600℃。这类纤维是微晶结构，晶粒尺寸在几十纳米的居多。

多晶质耐火纤维的制造方法有胶体法和先驱体法，但工业规模生产一般采用胶体法。①胶体法，包括胶体制备、胶体纤维化和热处理3个阶段。例如，制备多晶氧化铝纤维是将$AlCl_3$水溶液与铝粉混合加热反应，制得透明的母液，经过滤再加入硅溶胶、硼酸、磷酸和稳定剂，加热浓缩形成具有一定黏度的胶体。在20～50℃用压缩空气喷吹或用甩丝法生成纤维坯体，干燥后再将坯体在800～1300℃下热处理制得多晶质耐火纤维。②先驱体法，以黏胶丝等有机纤维、布等作为成形介质。例如，制备氧化锆纤维是将成形介质在含有稳定剂的锆盐水溶液中浸渍，使锆盐渗入到有机纤维中，然后用离心法或挤压法去掉有机纤维表面黏附的溶液后干燥，在350～1300℃下热处理，使其经过一系列的脱水、分解、反应和结晶生长过程，得到稳定的氧化锆多晶纤维。

多晶氧化铝纤维和氧化锆纤维具有优越的耐高温性能，可应用在1400℃以上的高温设备上。

（彭西高）

耐火纤维制品　refractory fibre products　用**耐火纤维**为原料，加工制成的各种隔热耐火制品。用熔融法和胶体法等制成的耐火纤维称为原棉。原棉用挤压、吸滤、纺织等加工工艺可制成不同形状和柔软度的耐火纤维制品，主要有以下几种：①毯、毡和板。采用干法加工工艺，不加或加微量黏结剂制成的制品称为耐火纤维毯。采用针刺工艺（一种通过带有倒钩的针在纤维毯表面上下勾刺的方法）可提高耐火纤维毯的抗张强度和抗气流冲刷性。采用湿法加工工艺，加入有机或无机结合剂制成的柔软片状制品称为耐火纤维毡。硬质的平板状制品称为耐火纤维板。将毯或毡浸渍氧化铝或氧化硅胶体溶液等，封装在塑料袋内保持湿润，称为湿毡。通常用在难以施工的形状复杂部位，干燥后表面硬化，有良好的抗气流冲刷性能。②纸。通常加入少量有机纤维和黏结剂，用一般造纸方法制造。耐火纤维纸具有厚薄均匀、渣球少、体积密度小、热导率低、电绝缘性好等特点，采用缠绕和冲切等加工处理，适用于高温下的密封、衬垫、绝缘、吸音、过滤等。③绳和带。在耐火纤维中加15%～20%有机纤维，纺成线，再制成绳和带状制品。④异型制品。在耐火纤维中加入结合剂，采用真空吸滤成形或机压成形，按照使用要求制成各种异型制品。

耐火纤维制品同其他**耐火材料**相比，具有容重小、热导率和热容量低（约为轻质砖的1/3）、热稳定性和抗机械震动性能优良的特点，为工业炉的节能和轻型化提供了优良材料。

主要用于工业炉内衬、高温气冷原子反应堆内衬、高温衬垫、高温过滤材料及催化剂载体等。在应用技术方面，发展了多种施工方法，耐火纤维毯、毡采用层铺法、叠堆法和贴面法等进行施工，也可以用纤维喷涂机喷涂在窑炉或热工设备的工作面上形成整体耐火纤维内衬。耐火纤维制品的应用，简化了炉体基础和钢结构的设计，并提高了窑炉生产效率。但气流速度高、受炉料或炉尘严重摩擦、接触熔融金属或炉渣等场合，一般不宜使用耐火纤维制品。

（张宗泰　李贵勤　彭西高）

难溶化合物沉淀　precipitation of insoluble compounds　采用适当措施使溶液中目标金属生成难溶物质并过饱和，从而以固体形态析出的过程。在湿法冶金流程中的应用主要包括：①从溶液中脱除有害杂质，使目标金属保留于溶液中；②从溶液中析出目标金属的纯化合物，而使杂质保留于溶液。难溶化合物沉淀具有操作简单、成本低廉的优点。

难溶化合物沉淀工艺主要包括：①水解沉淀法。通过加入碱性化合物或调节pH值，并控制适当的反应条件，选择性地使溶液中目标金属生成氢氧化物或碱式盐沉淀析出。如硫酸锌浸出液中和水解沉铁和黄钾铁矾法沉铁，镍钴混合溶液中氧化中和沉钴，以及稀土混合溶液中氧化中和沉铈等。②硫化物沉淀法。通过加入硫化氢或其他硫化剂，选择性地使溶液中目标金属生成硫化物沉淀析出。如镍钴混合溶液中硫化沉铜，钼酸铵溶液中硫化除杂，硫化沉淀法制备硫化镉粉末等。③卤化物沉淀法。基于某些卤化物，特别是氟化物的溶解度差异，可实现溶液中目标金属的选择性沉淀。如硫酸锌溶液中钙（镁）盐脱除氟离子等。④弱酸盐沉淀法。基于某些弱酸盐（草酸盐、砷酸盐、磷酸盐、碳酸盐等）在水中溶解度很小的性质，控制适当条件，使目标金属或杂质从溶液中选择性沉淀。如稀土离子溶液中草酸盐法沉淀稀土，钨酸钠溶液中磷酸盐沉淀法除磷，含砷溶液中砷酸盐沉砷，以及碳酸盐沉淀法制备镍钴锰三元前驱体粉末等。⑤有机化合物沉淀法。通过加入有机酸或其碱金属盐、胺类化合物，使目标金属生成难溶性的有机酸盐或离子缔合物，从而实现选择性沉淀析出。如硫酸锌溶液中黄药除钴和β－萘酚除钴等。

（陈永明　何　静）

内耗　internal friction　物体做机械振动时，由于内部的原因使机械振动能不可逆地耗散为热能的现象。在工程上称为阻尼本领（damping capacity）。它是各种阻尼材料的重要性能指标。内耗作为机械振动吸收能谱（声吸收谱），是固体能谱的一个分支，能灵敏地反映固体的微结构及其运动变化，是材料科学和固体物理的一种重要研究工具。

产生内耗的原因是物体在交变应力（σ）的作用下，除了产生一个相应的弹性应变外，还由于内部的原因（微结构的运动变化）产生一个附加的非弹性应变，从而导致应变（ε）落后于应力。对于一个完全弹性体，应变对于每个应力水平的响应是线性的、单值的和瞬时的。这样，应变总是与应力同位相，不会产生内耗。而在应变落后于应力的情况下，在应力－应变（$\sigma-\varepsilon$）曲线上就出现了滞后回线，它所包围的面积就表示振动一周内的能量消耗（见图）。

量度和测量方法　内耗（Q^{-1}）最基本的量度是试样在振动一周内所消耗的能量（ΔW）与试样的总振动能量（W）之比。也可以用应变落后于应力的位相差（φ）作为内耗的量度。这两种量度，在φ是小量（≤0.1）的情况下，有如下关系：

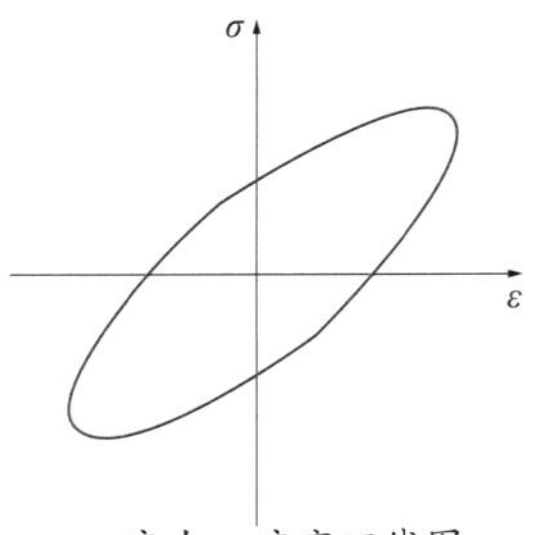

应力－应变回线图

$$Q^{-1}=\frac{\Delta W}{2\pi W}=\tan\varphi \quad (1)$$

在内耗测量中，通常不可避免地叠加着由于振动物体与外界摩擦而引起的外耗。因此，在实验中要尽可能地减小这种外耗（如在真空中测量），并把它作为背景予以扣除。

内耗的测量方法可以根据频率范围、试样尺寸、内耗大小等因素做适当选择。常用的方法有以下5种：①自由衰减法。由振幅的对数衰减测出内耗。广泛采用的工具是葛庭燧创造的扭摆，它最适宜于测量低频范围（1赫量级）的内耗。②强迫振动法。改变测量频率使试样强迫振动，由共振频率和共振曲线的宽度测出内耗。常用于声频范围（千赫，即千周量级）。③超声脉冲法。在兆频范围（兆赫，即兆周量级以上）由超声脉冲在材料中的衰减测出内耗。④滞后回线法。当应力和应变较大时，可在应力－应变曲线图上直接测量滞后回线的面积，以求出内耗。⑤位相角法。当内耗较大时，可直接测量应变落后于应力的位相角φ。

类型和内耗源　按照非弹性应变的性质，固体内耗可分为滞弹性内耗、滞静后型内耗和黏滞性内耗。

滞弹性内耗　又称弛豫型内耗。根据滞弹性体的特征（即在施加或撤除应力后，应变要经过一个弛豫过程才能达到它的平衡值），导出滞弹性内耗表达式：

$$Q^{-1}=\Delta\frac{\omega\bar{\tau}}{1+\omega^2\bar{\tau}^2} \quad (2)$$

式中ω为振动圆频率（$\omega=2\pi f$，f是频率）；$\bar{\tau}$为平均弛豫时间；Δ为弛豫强度。

$$\Delta=\frac{M_u-M_r}{\sqrt{M_uM_r}} \quad (3)$$

式中M_u为未弛豫模量；M_r为弛豫模量。由式（2），滞弹性内耗是振动频率的函数。当频率很高，即$\omega\bar{\tau}\gg1$时，在振动一周内实际上不发生弛豫，故内耗很小。当频率很低，即$\omega\bar{\tau}\ll1$时，应力的变化很慢，以至于在每一瞬间应变都接近平衡值，故内耗也很小。当$\omega\bar{\tau}=1$时，内耗出现极大值。

若弛豫过程是受热激活过程控制的，则：

$$\tau=\tau_0\exp\left(\frac{H}{kT}\right) \quad (4)$$

式中τ_0为常数；H为激活能；k为波耳兹曼常数；T为热力学温度。当测量频率不变，改变温度测量时，也可以在$\omega\bar{\tau}=1$处出现一个内耗峰。用不同的频率测量内耗－温度曲线，就可由内耗峰位置的移动求出激活能。

引起滞弹性内耗的微观机制极为广泛，研究较多的有以下几个方面：①点缺陷内耗。例如，间隙原子在体心立方晶体中应力感生再取向引起的内耗峰，其代表为斯诺克弛豫；面心立方晶体中替代式原子应力感生再取向引起的内耗峰，其代表为曾讷弛豫等。②位错内耗。例如，内禀位错引起的内耗峰，其代表为波多尼弛豫；位错与点缺陷交互作用引起的内耗峰，其代表为桥口隆吉弛豫、寇斯特弛豫；阻尼共振型的位错内耗，其代表为格拉那陀－吕克模型。③界面内耗。例如，多晶材料中晶界弛豫引起的内耗峰，其代表为葛庭燧峰，还有孪晶界面和相界面引起的内耗峰。④热弛豫和磁弛豫。由于交变应力导致的热扩散和磁通量扩散而引起的弛豫型内耗。⑤电子阻尼、外加应力与晶体点阵中的电子组态的交互作用而引起的内耗。

滞静后型内耗　材料在施加应力时发生了不可回复的变化，使得在撤除应力后应变不能完全回复所产生的内耗。滞静后型内耗与频率无关，但与振幅有关。某些共格界面引起的内耗有此特征。

黏滞性内耗　如果引起阻尼的非弹性应变服从牛顿的黏滞性方程：$\sigma=\eta\dot{\varepsilon}$（$\eta$是黏滞系数，$\dot{\varepsilon}$是应变速率），则由此导出的内耗与频率成反比。这种黏滞性内耗已在许多高聚物中观察到，范性形变过程中测出的动态内耗也有此特征。

扩展阅读

冯端，等.金属物理学：第3卷.北京：科学出版社，1993.

NOWICK A S, BERRY B S. Anelastic Relaxation in Crystalline Solids. New York: Academic Press, 1972.

（孔庆平）

能源矿产资源　energy mineral resource　赋存于地表或地下、由地质作用直接形成、具有现实或未来可利用能源价值的固态、气态和液态的矿产资源。能源矿产资源属于矿产资源的一种，以具有能源特点而与其他矿产资源相区别，包括已发现的，其数量、质量、空间位置、经济价值等特征已确定的能源矿产，也包括至今尚未发现、但基于理论进行预测和推断的能源矿产。

能源矿产资源主要组成：①固体能源矿产，如煤、油页岩等。②气体能源矿产，如天然气、煤成气等，包括天然气可燃冰。③液体能源矿产，如石油、天然沥青等。④地热能源矿产，包括地下热水、干热岩资源。⑤放射性能源矿产，如铀、钍等。由于太阳能、风能、潮汐能等资源的形成与地质作用没有直接关系，因此暂未列于能源矿产资源范畴。

由于能源矿产资源与其他矿产资源在价值、质量及载体上有较大的不同，因此可以为矿产勘查和评价提供依据，使人们可以制定出与其他矿产资源勘查和评价不同的规范或标准，同时也有利于将能源矿产与其他矿产进行区分。

（吴堑虹）

铌铁 ferroniobium 铌和铁组成的**铁合金**。用作炼钢的合金添加剂。铌在钢中起细化组织及在高温下阻止晶粒长大的作用，可提高钢在常温特别是高温下的强度，并能改善结构钢的焊接性能。铌铁含铌量在50%～80%，还含有铝、硅、碳、硫、磷等杂质。用铌钽矿生产的铁合金含有钽，称铌钽铁。

铌铁的生产方法主要有电碳热法、电硅热法和金属热法3种。生产铌铁的原料有工业五氧化二铌、铌精矿、提钽渣等物料。电碳热法是以碳作还原剂，在电炉中还原得到高碳铌铁。此法只能用于生产低品位铌铁。电硅热法是以硅作还原剂，一般采用含硅量大于75%的硅铁合金，在电弧炉内用硅还原制取铌铁。此法铌的回收率低，合金中含硅高。金属热法以硅或铝作还原剂进行冶炼。由于反应将生成高含量的二氧化硅和三氧化二铝等高熔点黏稠炉渣，不易与铌铁合金分离，需往铌料中配加适量的造渣剂，如石灰。金属热法在生产中应用较广泛。

（储少军）

铌冶金 niobium metallurgy 用含铌物料提取金属铌的技术。1801年，英国化学家C.哈切特在分析矿石时发现了一种新元素，并将其命名为columbium（钶）。1844年，德国化学家H.罗泽宣称他发现了一种新元素，因其性质和钽（tantalum）相似，在自然界和钽共生，钽是按希腊神话人物Tantalus（坦塔洛斯）命名的，于是就按Tantalus女儿Niobe（尼俄柏）的名字，给新元素定名为niobium。1866年确定钶和铌是同一个元素；1951年，国际纯粹化学与应用化学联合会（IUPAC）决定将其名称统一为niobium（铌）。

1866年，C.W.布洛姆斯特兰德首次用氢还原氯化铌得到金属铌。20世纪30年代开始，铌以**铁合金**（**铌铁**）形式用于炼钢和用碳化铌制造高速切削工具。第二次世界大战中，含铌的高温合金用于制造燃气轮机，此后还研究了铌合金的各种性能和用途。中国于60年代初建立铌冶金工业。

铌和钽的物理化学性质相似，在自然界矿物中多为共生。含铌矿物主要有烧绿石〔$(Ca,Na)_2(Nb,Ta,Ti)_2O_6(OH,F)$〕和铌铁矿〔$(Fe,Mn)(Nb,Ta)_2O_6$〕。其他还有褐钇铌矿〔$(Y,Er,Ce,Fe)(Nb,Ta,Ti)O_4$〕、钽铁矿〔$(Fe,Mn)(Ta,Nb)_2O_6$〕、黑稀金矿〔$(Y,Ca,Ce,U,Th)(Nb,Ta,Ti)_2O_6$〕和钛铌钙铈矿〔$(Na,Ce,Ca,Sr)(Ti,Nb)O_3$〕等。铌、钽酸盐的砂矿也有工业开采价值。中国某些炼钢炉渣和熔炼锡渣也是提取铌的重要资源。

铌的冶炼包括分解精矿、分离钽铌、制取化合物和金属、精炼等过程。铌的生产工艺流程与钽大致相同。金属铌通常是通过还原铌的化合物（铌的氧化物或氯化物）来制取。还原方法一般可分为**金属热还原**、非金属热还原和**熔盐电解**还原法。其中以氧化铌为原料的非金属碳热还原法、金属铝热还原法是工业上大批量生产金属铌的方法。

氧化物还原制取金属铌 氧化铌是比较稳定的化合物，只有还原性很强的金属（如钾、钠、钙、镁、铝）和非金属（碳、氢）等才能还原氧化铌。用金属还原制取的金属铌中还原剂金属含量高，要用真空电弧炉或电子束炉熔炼进行提纯。

碳热还原法 碳热还原五氧化二铌生产金属铌的化学反应为：

$$Nb_2O_5+5C \longrightarrow 2Nb+5CO$$

碳热还原五氧化二铌的过程存在着一系列氧化物、碳化物以及气相CO之间的多相平衡关系。在CO分压低和还原温度高的条件下才有利于还原反应的进行。碳热还原法的成品率高（>96%），所用还原剂价格低，缺点是需要采用结构复杂的高温真空设备。

工业上一般有直接还原和间接还原两种工艺，其中间接还原法是先将氧化铌与碳反应生成碳化铌，然后将氧化铌与碳化铌混合压条，在真空下还原生成金属铌。直接还原工艺是用碳在高温、高真空下直接还原五氧化二铌获得金属铌（见图），制得的金属铌粉呈海绵状，表面积较大，

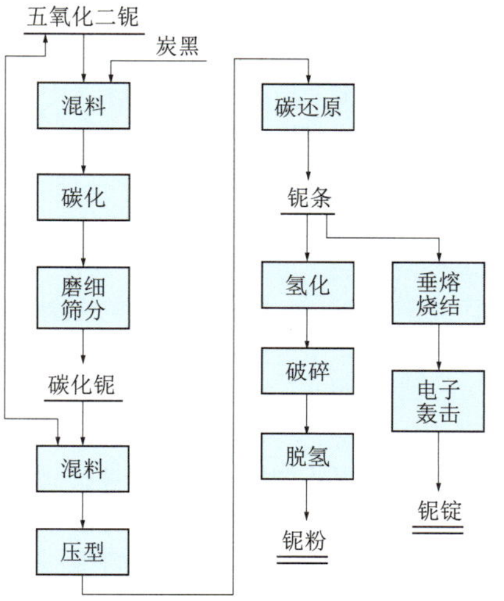

碳热还原法制取金属铌工艺流程

金属杂质与氮含量较低。两种工艺相比，间接还原法获得的金属铌含铌量高，生产周期短，还原炉的生产效率高。

铝热还原法 将五氧化二铌用铝还原成金属铌，其化学反应为：

$$3Nb_2O_5+10Al \longrightarrow 6Nb+5Al_2O_3$$

反应的热效应大，足以保证还原过程自发地进行。高温下金属和反应渣熔化，从而金属相与渣相分离。制得的铌含有一定量的铝，将其破碎后在高温真空炉或真空电子束炉中进行提纯，可使铝等杂质元素挥发去除，且随着熔炼次数的增加其纯度也会提高。

铝热还原法生产金属铌是比较经济的方法，具有生产工序短、生产规模大，设备简单等特点。

氯化物还原制取金属铌 铌的氯化物可以通过金属（如钾、钠、钙、镁、铝）和氢还原制取金属铌。与铌的氧化物相比，铌的氯化物金属热还原具有的特点是：还原温度较低，可在常压下进行；还原产物容易分离，因为产出的氯化物更易溶于水；还原副产物易挥发，有利于铌金属的进一步提纯。

镁还原法 工艺流程包括氯化铌的镁还原、粗铌真空蒸馏、烧结、铌的电子束炉精炼。还原过程要求连续不断向熔融的镁中添加五氯化铌粉末，并定期从反应罐中清理出反应渣。真空蒸馏是在1100℃的真空条件下除去粗铌包裹的副产品氯化镁和未反应的金属镁。

氢还原法 五氯化铌的氢还原分两步进行，第一步是五氯化铌还原成三氯化铌，第二步是三氯化铌还原或歧化成金属铌。氢还原氯化铌能够在比金属热还原法所需低得多的温度下进行。

熔盐电解法制取金属铌 熔盐电解法在铌的早期工业生产中得到应用。铌的氧

化物、氯化物、氟化物的理论分解电压表明用熔盐电解可以制得金属铌。铌的电解是在混合电解质组成的熔融盐体系中进行的，目的是降低操作温度和提高电解质的导电性。在这些熔盐体系中，电解质的分解电压必须高于铌化合物的分解电压才能获得纯金属铌，一般采用碱金属氯化物、氟化物作电解质。此方法获得的铌金属质量的影响因素主要有：电解质成分、电解温度、电流密度等。电解所制得阴极铌经水洗和盐酸洗，再水洗、烘干。

致密金属铌制备 为获得具有延性的致密金属铌，通常采用**粉末冶金法**（真空烧结）、电弧熔炼法或电子束熔炼法，对还原法或熔盐电解法获得的金属铌进行精炼提纯，再进行压力加工。要获得铌单晶还采用区域熔炼法。

（何季麟　白掌军　鲁　东　颉维平）

倪桐材 Ni Tongcai（1900-01-16～1984-05-20） 中国选矿工程专家。字任贤。生于江苏松江（今属上海），卒于山东济南。1924年毕业于天津北洋大学矿冶系。1927～1937年在唐山开滦煤矿任煤师。1937～1941年先后筹建河南宜洛煤矿、湖南恩洪煤矿。其后任广西平桂矿务局工务室主任，从事资源勘查和冶炼工作。1941年，任云南个旧锡矿选矿厂厂长，1945年兼任个旧新厂锡矿矿长和工务室主任。1946年任云南锡业股份有限公司总工程师。同年，赴伦敦参加世界锡业会议，并到加拿大、美国考察，成为美国采矿协会会员。1950年任云南锡业公司总工程师，负责探、采、选、炼等方面的技术领导工作。1956年以后任云锡中心实验所主任，专门从事**选矿**技术工作。

在采矿、选矿、冶炼领域都有所建树，特别是在**重力选矿**设备研制方面的贡献更为突出。设计、研制和改进的连续水析器、矿浆计量器对强化选矿厂的生产技术管理起了很大作用。1943～1944年发明了摇床床面新涂料。20世纪50年代后期先后研制出匀分槽、翻床、六层摇床等**重选设备**，使中国的细粒锡矿重选达到当时世界先进水平。1951～1953年主持设计建成了老厂—大屯索道（全长16千米，是当时中国最长的索道）和大屯氧化矿选矿厂，此厂投产后效果良好。为恢复发展云南锡业生产和培养技术力量作出了重要贡献。提出的重力选矿流膜理论，对选矿理论的发展产生了重要的影响。发表论文主要有《土法选矿及其改善办法》（1945）、《云锡翻床》（1958）、《二十层翻床》（1960）、《锡矿矿泥处理》（1964）、《连续水析器》（1966）等。

（张木铎　余仁焕）

黏土砖 chamotte brick; fire-clay brick 以黏土熟料作骨料，耐火黏土作结合剂制成的氧化铝（Al_2O_3）含量为30%～48%的**耐火材料**制品。黏土砖是历史最久、应用最广泛的耐火材料。制造黏土砖的原料是黏土质矿物。天然耐火黏土一般可分为硬质黏土和软质黏土，在耐火材料制造工艺中，前者大多数经煅烧后用作熟料；后者加水后，塑性好，容易烧结，多用作结合剂。中国山东等地焦宝石（硬质）和苏州黏土（软质）都是优质的耐火黏土。黏土矿物主要有高岭石（$Al_2O_3\cdot2SiO_2\cdot2H_2O$）和少量地开石（成分与高岭石相同，但晶格常数不同）等。

黏土砖Al_2O_3含量一般多在40%～48%，氧化铁（Fe_2O_3）含量小于2.0%～2.5%。配料中熟料为65%～85%，结合黏土为15%～35%。将粉碎的结合黏土和磨细的熟料混磨，再与颗粒熟料一起配制成半干泥料，机压成形，在1250～1400℃烧成，即制得黏土砖。黏土砖在高温下呈弱酸性，抗碱性熔渣侵蚀能力稍差，但随Al_2O_3含量提高而增强。热稳定性较**硅砖**、**镁砖**（镁质砖）等为好。还有特殊性能的黏土砖，如低气孔黏土砖（如气孔率小于15%）、低蠕变黏土砖（1100～1250℃高温下的蠕变率小于1%，50小时保温）等。

黏土质耐火材料原料丰富，加工简便，价格低廉，因此比其他任何耐火材料使用得更为广泛，多用于**高炉**、**热风炉**、化铁炉、盛钢桶、浇钢系统、**均热炉**、加热炉、有色金属熔炼炉、硅酸盐工业和化学工业用窑炉以及所有热工设备的烟囱和烟道等。

（张元圣）

黏土砖生产

镍白铜 copper-nickel alloy 中国古代以铜镍二元合金和铜镍锌三元合金形式存在的铜合金制品。呈银白色，有金属光泽。据东晋常璩所著《华阳国志》记载："螳螂县因山名也，出银、铅、白铜、杂药。""螳螂县"在今云南会泽巧家一带，附近东川产铜，四川会理力马河、青矿山有古镍矿遗址。此后，至迟在明代，已知将金属锌加入铜镍合金得到似银合金。明清时期镍白铜大规模生产，四川会理、云南牟定等地曾为重要镍白铜产地。16世纪开始，白铜作为重要商品传入欧洲。18～19世纪是中国镍白铜生产、发展和向欧洲传播的兴盛期，镍白铜大量传入欧洲，随后引发了各国研究仿制的浪潮。19世纪20年代，德国与奥地利实业家实现了中国镍白铜的仿制品的商业化和工业化生产。之后逐渐发展为"德国银"。欧洲德国银生产大规模兴起，并返销中国，中国镍白铜产业逐渐没落。中国镍白铜和德国银的判别标准是：镍白铜成分范围铜40%～55%、镍5%～15%、锌35%～45%、铁1%～2%及少量锡和铅；德国银成分范围铜55%～65%、镍15%～25%、锌20%～25%。

（陈坤龙）

镍铁 ferronickel 镍和铁组成的**铁合金**。主要用作炼钢的镍添加剂，用于生产不锈钢和耐热特殊钢，以及低合金铸铁和铸钢。镍可以提高钢的抗弯强度和硬度，在铸铁中使其结构均匀、密度提高。镍铁除含镍、铁外，还含有碳、磷、硫、硅、铜、铬等元素。根据含碳量和含磷量，可分为高碳（碳1%～2.5%）、中碳（碳0.03%～1%）和低碳（碳≤0.03%）镍铁，以及低磷（磷≤0.02%）与高磷（磷<0.03%）镍铁。在中国国家标准《镍铁》（GB/T 25049—2010）中，按合金中镍和杂质含量分为12个牌号，主要有5类：FeNi20（15%～25%Ni）、FeNi30（25%～35%Ni）、FeNi40（35%～45%Ni）、FeNi50（45%～65%Ni）和FeNi70（60%～80%Ni）。

镍铁冶炼原料主要为硫化铜镍矿和红土氧化镍矿。

硫化铜镍矿冶炼 硫化铜镍矿经过选矿得到硫化铜镍精矿。硫化铜镍精矿采用火法冶炼获得镍铁，工艺过程为：①熔炼。硫化铜镍精矿经干燥脱硫后送入**电炉**（或**鼓风炉**）熔炼，使铜镍的氧化物转变为硫化物，产出低冰镍（铜镍锍），同时脉石造渣，低冰镍进行吹炼。吹炼的目的是除去铁和一部分硫，得到含铜和镍70%～75%的高冰镍。②磨浮。将高冰镍破碎后细磨，用**浮选**和**磁选**分离，得到含镍67%～68%的镍精矿，同时选出铜精矿和铜镍合金，分别回收铜和铂族金属。③电解精炼。镍精矿经**反射炉**熔化得到硫化镍，硫化镍送电解精炼或经电炉（或反射炉）还原熔炼得到粗镍铁。粗镍铁中除含铜、钴外，还含有金、银和铂族金属，还需电解精炼回收这些金属。

红土氧化镍矿冶炼　主要有高炉法、回转窑直接还原法、回转窑-矿热炉联合法。原料有红土镍矿、焦炭和石灰。红土矿中含有大量化合水，入炉冶炼前需要进行焙烧脱水。

高炉法是将矿石脱水后烧结造块，再把烧结矿、焦炭块和熔剂（英石）放入高炉熔炼，产出粗镍铁，然后精炼脱除硅、碳、硫、磷，得到镍铁。高炉法所得镍铁品位较低，生产过程环境污染严重。

回转窑直接还原法是将红土镍矿烘干后，与含碳物料和熔剂石灰石混合，制球后连续给入回转窑。在回转窑中，物料与煤燃烧所产生的热气流逆流运动，进行干燥、还原和熔炼。烧成的物料熔块从回转窑排出冷却，并经破碎、磨细后，用磁选机将镍铁分离出来。

回转窑-矿热炉联合法生产含镍较高的镍铁合金。工艺流程是:原矿干燥及大块破碎—**配煤**及熔剂进回转窑彻底干燥并进行预还原—矿热炉还原熔炼—镍铁铁水铸锭及熔渣水淬—产出镍铁锭（或水淬成镍铁粒）和水淬渣。

（储少军）

镍冶金　nickel metallurgy　从镍矿物和二次资源中提取金属镍的技术。古代埃及、中国和巴比伦人都曾用含镍量很高的陨铁制作器物。中国古代云南出产的白铜中含镍很高，在欧洲曾称白铜为“中国银”。到1751年，瑞典矿物学家A.F.克朗斯塔特才分离出金属镍。

世界上开采的镍矿有硫化矿和氧化矿。海底锰结核中也赋存镍。二次镍资源日益占有重要地位。硫化矿中最主要的镍矿物为镍黄铁矿〔$(Ni, Fe)_9S_8$〕和含镍磁硫铁矿〔$(Ni, Fe)_xS_y$〕，通常伴生有黄铜矿（$CuFeS_2$）。此外，硫化镍矿物常伴生不同数量的钴（Co）、金（Au）、银（Ag）和铂（Pt）族金属。中国、加拿大、俄罗斯、澳大利亚、博茨瓦纳都有较大的硫化镍矿，其中以加拿大的硫化镍矿为最大。

镍氧化矿主要指红土镍矿，是含镍超基性岩在热带或亚热带气候条件下，经长期风化、淋滤和变质而形成的，主要分为褐铁矿型和腐殖土型两类。前者含量中铁（Fe）高镁（Mg）低，含镍1%左右，还含有一定量的钴，适宜湿法如高压酸浸法处理，后者镁高铁低，含镍在2%左右，含钴低，适合**火法冶金**，如回转窑-矿热炉法冶金。古巴、印度尼西亚、菲律宾、澳大利亚、巴布亚新几内亚、多米尼加等国家红土镍矿储量较多。世界上以红土镍矿为原料生产的镍，已超过硫化镍矿，占总量的50%以上。

镍冶金冶炼工艺繁复，涉及火法、湿法和电化学冶金等多种方法，综合回收的有价元素多达近20种，在**有色金属冶金**领域具有重要地位。中国镍冶金起步于20世纪50年代，到21世纪初，产业规模已达世界第一。

硫化镍矿炼镍　硫化镍矿开采品位一般为0.3%～2%。通常用**浮选**法选出含镍4%～8%的铜镍混合精矿。有些工厂将混合精矿再分选出镍精矿（含镍10%左右）、铜精矿和磁硫铁精矿。镍精矿和混合精矿通常用火法冶炼，产出中间产品高冰镍，使铜和镍以硫化物的形态富集，然后湿法冶炼高冰镍，生产金属镍或其他镍产品，并综合回收铜（Cu）、钴和稀贵金属。

火法冶炼　以镍精矿或镍、铜混合精矿为原料，生产中间产品高冰镍，主要应用矿热炉法冶炼、直接熔炼和奥图泰一步熔炼3种工艺方法。

矿热炉法　属传统工艺。加拿大萨德伯里（Sudbury）、汤普森（Thompson）和俄罗斯诺里尔斯克（Norilsky）、佩琴加（Pechenga）等镍冶炼厂仍应用该工艺。中国金川有色金属公司原采用这一工艺，1992年带贫化电炉的奥图泰型闪速熔炼炉（合成炉）建成投产，矿热炉熔炼被逐步取代。矿热炉法包括焙烧、熔炼和吹炼3个工序。①焙烧，使精矿中部分硫化铁氧化为氧化铁，脱除40%～70%的硫，放出大量热，基本上是自热过程，可用流态化焙烧炉（沸腾炉）、直线烧结机等炉窑。加拿大萨德伯里冶炼厂采用两座沸腾炉焙烧，烟气二氧化硫（SO_2）浓度为11%～13%，净化后制酸；汤普森冶炼厂也采用沸腾炉焙烧，烟气SO_2浓度为25%，未制酸，通过烟囱排空。俄罗斯诺里尔斯克和佩琴加两家镍厂，采用直线烧结机焙烧，烟气SO_2浓度为1%～2.2%，未制酸、通过烟囱排空。②矿热炉熔炼，将焙烧矿和熔剂加入矿热炉中加热熔化，将焙烧矿中的氧化铁和石英熔剂造渣除去，并脱除部分其他杂质。焙烧矿中的二硫化三镍（Ni_3S_2）、硫化亚铜（Cu_2S）和硫化亚铁（FeS）形成低冰镍，贵金属也进入其中。上述4家工厂均采用长方形电炉，6根电极直线排列，电耗为440～770千瓦·时/吨炉料。③吹炼，采用P-S转炉（**卧式转炉**）吹炼低冰镍。把空气鼓入低冰镍溶液中，使其中的FeS氧化成氧化铁（FeO和Fe_3O_4），与加入的石英（SiO_2）熔剂造渣除去，产出Ni_3S_2和Cu_2S组成的高冰镍。其主要成分为镍和铜（70%～75%），硫（20%～25%）。根据吹炼制度的不同，铁含量为0.5%～3%。如铁含量降得更低，低冰镍中的钴大部分进入转炉渣，可从其中回收钴。有的工厂选择残留较多的铁，以便使更多的钴保留在高冰镍中，再从净化电解液所得钴渣中回收钴。

直接熔炼法　采用**闪速炉**或熔池熔炼炉，将硫化镍精矿直接熔炼为低冰镍，然后采用P-S转炉吹炼为高冰镍。中国金川有色金属公司、澳大利亚卡尔古利（Kalgoorlie）炼镍厂、俄罗斯娜缇娅（Nadezda）冶金厂、博茨瓦纳BCL冶炼厂采用奥图泰型闪速炉，加拿大国际镍公司（INCO）铜崖厂（Copper Cliff）采用INCO型闪速炉，中国金川有色金属公司和吉恩镍业公司采用澳斯麦特炉冶炼低冰镍。在采用奥图泰型闪速炉熔炼的4家工厂中，前两家采用带贫化电炉的闪速炉型，后两家采用外设电炉或保温炉贫化炉渣。

中国金川有色金属公司镍闪速炉（图1）主要结构参数为：精矿喷嘴1个；反应塔直径6米、高度7米；沉淀池熔池深度1.5米、渣线长度35.8米；贫化区变压器5000/6300千伏安、电极排布为三角+直线；上升烟道出口截面积14平方米；炉体总重3681吨，其中钢结构687吨、铜水

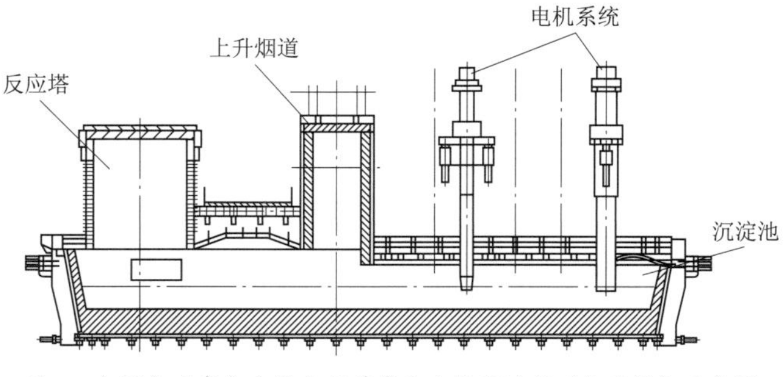

图1　中国金川有色金属公司带贫化电炉闪速炉（合成炉）示意图

套460吨、耐火材料2534吨。其主要工艺技术指标为：反应塔鼓风量33 926米^3/小时、反应塔鼓风氧浓度48%～65%、反应塔烟气流速2.5米/秒、烟气在反应塔停留时间2.8秒；精矿处理量120吨/小时、精矿品位（Ni+Cu）13.4%、石英熔剂率18.75%、烟尘率6%；低冰镍品位（Ni+Cu）44.04%、低冰镍产出率23.09%、炉渣产出率79.31%；炉渣含Ni0.25%、Cu0.28%、Co0.11%，Fe/SiO_2质量比1.15；低冰镍温度1220℃、炉渣温度1370℃；闪速炉脱硫率71.87%、出炉总烟气量57 896米^3/小时、出炉烟气温度1400℃、出炉烟气中SO_2浓度20.95%。

加拿大国际镍公司铜崖厂有两座INCO炉生产低冰镍，炉子规格为长30.51米，宽8.23米，高6.9米，年产镍13.4万吨。镍精矿采用流态化干燥窑干燥，然后通过炉子两侧喷枪加入炉内，采用工业纯氧熔炼，产出的低冰镍品位（Cu+Ni+Co）为47%。

中国金川有色金属公司和吉恩镍业公司，采用澳斯麦特浸没式顶吹炉熔炼镍精矿生产低冰镍，年产镍分别为6万吨和1.5万吨。金川有色金属公司通常将这一方法称为富氧顶吹法（Oxygen enriched top blowing process，图2）。其使用的澳斯麦

图2 富氧顶吹生产镍（中国金川有色金属公司）

特炉规格为：内径5米，高16.5米；主喷枪直径0.5米，富氧浓度60%，有分别以油或煤为燃料两种类型喷枪，可根据生产需要更换;炉子标称处理量（干基）为147吨/小时。含水分8%～10%的炉料，采用圆盘制粒机造粒，然后皮带输运加入炉内熔炼，产出低冰镍和炉渣排入电炉内沉清分离。炉渣温度为1280～1320℃，低镍锍温度1250～1300℃，低镍锍品位40%～50%。富氧顶吹法的优点是开、停炉较为简便，适应于低品位、高镁复杂镍原料处理。

奥图泰一步熔炼法　采用奥图泰型闪速炉冶炼镍或镍铜混合精矿，直接生产高冰镍的方法，通常称为DON（Direct Outotec Nickel）法。由芬兰奥图泰公司开发。

这一方法已在芬兰和巴西的冶炼厂得到应用。芬兰哈贾瓦尔塔（Harjavalta）厂年产镍3.8万吨，所用闪速炉反应塔直径4.6米、高7.6米；采用单一中央扩散型喷嘴，以重油为辅助燃料，富氧浓度60%～90%；产出的冰镍品位为70%，含铁4.8%，含硫22%。炉渣采用电炉贫化，产出合金化高冰镍。闪速炉产出的高冰镍以硫化物为主，电炉产出的高冰镍金属含量高，两种高冰镍均采用湿法进一步处理，但其浸出方法和技术条件有所不同。

高冰镍处理　镍或镍铜硫化精矿火法冶炼产出的高冰镍，进一步经过磨浮-电解精炼法、硫酸加压浸出法、氯化浸出法、加压氨浸法和羰基镍法等工艺处理，生产金属镍或其他镍产品，并综合回收其他有价元素，主要包括铜、钴、贵金属等。

磨浮-电解精炼法　吹炼转炉产出的液态高冰镍，经缓慢冷却3天左右，其中的硫化镍、硫化亚铜和少量铜镍合金分别结晶离析。然后将高冰镍磨细到小于280目，先用磁选法分出少量“合金”，再用浮选法分离，得到硫化镍和硫化亚铜精矿。90%左右的铂族金属富集在铜镍合金中。浮选所得硫化镍可制成金属镍阳极或硫化镍阳极进行电解精炼。①金属镍阳极电解，将硫化镍焙烧成氧化镍，用电炉或反射炉熔炼产出粗镍，以其为阳极，纯镍片作阴极，在隔膜电解槽内进行电解。电解液为硫酸镍（$NiSO_4$）和氯化镍（$NiCl_2$）的混合液。为防止阳极溶解的杂质在阴极析出，阴、阳极用隔膜分开。电解时，阴极新液送入阴极室，利用隔膜两侧的液面差，通过隔膜渗透到阳极室，从阳极室流出的阳极液经净化后，返回阴极室，循环使用。电解过程中所减少的镍离子可用氯水或硫酸浸出残阳极或用电解的方法造液补充。②硫化镍阳极电解，将硫化镍直接熔铸成阳极，在隔膜电解槽中进行电解，阳极中硫化物的硫被氧化成单质硫，留在阳极泥中，而镍离子进入溶液，然后在阴极沉积成金属镍。硫化镍阳极电解的阴、阳极电流效率相差较大，需往电解液中补充较多的镍离子。其他过程与金属镍阳极电解相同。中国金川有色金属公司采用硫化镍阳极电解（图3），电解液成分为：Ni^{2+}>60克/升，SO_4^{2-}90～150克/升，Na^+20～60克/升，Cl^-35～70克/升；电流密度200～250安/米^2；阳极泥含硫70%～95%，熔融脱硫后可返回熔炼，也可从其中回收贵金属；阴极镍含镍99.95%以上。

磨浮-电解精炼法存在金属分散、工艺流程复杂、回收率偏低等缺点，20世

图3 硫化镍阳极电解（中国金川有色金属公司）

纪70年代以后新建的湿法处理高冰镍工艺，均未采用这一方法。此法在中国、俄罗斯和加拿大仍有工业应用。

硫酸加压浸出法　采用常压和高压氧浸两段逆流浸出，实现硫化镍的高效浸出和铜镍初步分离，再对浸出液进行净化后，电积生产金属镍。净化中，镍、钴分离可采用萃取法或黑镍沉淀法。硫酸加压浸出法在中国金川、阜康和吉恩镍业等公司得到工业应用。芬兰哈贾瓦尔塔冶炼厂也采用该方法，工艺过程如下。

采用奥图泰型闪速炉产出两种高冰镍。第一种为闪速炉高冰镍，典型成分为Ni71%，Cu6%，Fe3%，S19%，Co0.5%；第二种为渣贫化电炉产出的合金化高冰镍，其典型成分为Ni50%～55%，Cu5%～7%，Fe30%～35%，S6%。针对原料特点，对浸出工艺进行调整，并采用溶剂萃取除钴净化，再电积生产金属镍产品。具体工艺为：①浸出。闪速炉高冰镍在球磨机中湿磨，然后进行两段逆流常压氧化浸出，浸出温度85℃，从浸出釜底部通入氧气，镍浸出率70%，浸出终点pH值为3，浸出液含铁小于1克/升。常压浸出渣一部分送加压釜氧化浸出，使其中铜、镍完全溶解，从而维持常压浸出液中有一定的铜离子浓度；另一部分送非氧化加压浸出，镍浸出进入溶液，铜以硫化铜保留在浸出渣中，送铜冶炼处理。电炉高冰镍在专门的浸出工序以硫酸溶液浸出。高冰镍在球磨机中磨细，然后在强氧化条件下常压浸出，再在加压釜中氧化浸出，使其中铜镍钴完全溶解，铁以赤铁矿形式沉淀。浸出渣送镍熔炼。两种高冰镍浸出液混合后，送净化、电积处理。②萃取分离镍、钴及除杂。以二（2，4，4-三甲基戊基）次膦酸（Cyanex272）为萃取剂，对浸出液进行四段逆流萃取，钴及其他微量杂质被萃入有机相，萃余水相为纯净的硫酸镍溶液，有机相采用硫酸水溶液反萃，通过控制pH值，按铁、锌、铜、钴顺序反萃出有机相中的金属离子，从而实现镍钴分离和除杂。③电积。除钴后液含镍约120

克/升，送活性炭交换柱除去有机物。然后，一部分镍溶液送电积，电积阳极为铅银合金，阴极为镍始极片，套在隔膜袋中，镍在阴极沉积得到金属镍产品，电积产生的硫酸再用于浸出。电积技术条件及指标为，电解新液含镍120克/升，pH值3；电解后液含镍70克/升，硫酸50克/升；同名极距132毫米；电流密度200安/米^2；槽电压3.6伏。其余净化后的硫酸镍溶液，采用氢气还原产出金属镍粉，并压制烧结为镍丸产品。氢还原后液含镍约1克/升，真空蒸发回收硫酸铵。部分硫酸镍采用氢气还原的目的，在于维持湿法精炼系统硫酸平衡。

硫酸浸出法是一种较为先进的湿法处理高冰镍的工艺方法，其优点是金属分离效果好，流程较为简单，有利于贵金属回收，设备及安全问题易于解决，但在金属回收率等方面，不及氯化浸出法。

氯化浸出法　以氯气为氧化剂，采用盐酸浸出高冰镍，控制浸出条件实现铜镍分离，萃取或其他方法分离镍钴后，氯化镍水溶液电积产出电镍，阳极产生的氯气返回浸出。由于氯化物溶解度大、氯离子能与镍等金属形成配合物离子促进浸出，以及氯气的强氧化作用，氯化浸出反应迅速，能在常压下进行。20世纪70年代以来，氯化浸出法先后在法国勒哈佛尔桑多维尔厂、鹰桥镍矿业公司克里斯蒂安松镍精炼厂、日本住友金属矿业公司新居滨厂等多家企业得到应用。典型氯化浸出法工艺：①浸出。高冰镍磨细浆化后，经置换和氯气两段逆流浸出，置换浸出过程除去氯化浸出液中的铜，产出不含铜浸出后液送净化工序，置换浸出渣进氯气浸出，使镍全部溶解，浸出液中的铜通过高电流密度电积法，以铜粉形式从溶液中除去，电积脱铜后液送置换浸出。置换浸出的条件：温度70～80℃，pH值3.0～4.5，浸出时间6小时。氯化浸出的条件：温度109～110℃，pH值0.5～1.5，浸出时间4小时。两段浸出后，镍总浸出率达99.5%以上。电积脱铜温度65℃，电流密度350安/米^2。②净化。利用氯气和碳酸镍除去钴、铁。溶液pH值和镍离子浓度调至电解所需范围。净化工艺的条件：温度60～65℃，pH值3.8～4.5，反应时间2.5小时；净化后液含Co0.002克/升、Fe0.001克/升、Cu<0.001克/升，净化渣Ni/Co质量比为3.5。③电积。在高电流密度下从氯化镍溶液中电积生产电镍，电积过程中阳极所产生的氯气回收并返回氯气浸出和净化工序。电积技术的条件为：温度65℃，电流密度267安/米^2，电解液Ni^{2+}浓度70～75克/升，pH值1.5，电流效率97%～98%，槽电压3.0～3.1伏。阴极镍（Ni+Co）达99.99%。

加压氨浸法　浸出为三段串联。粒状高冰镍磨细后，用富含硫酸铵的三段浸出液浆化，于加压釜中在85℃、900千帕下，与空气和氨反应浸出。浸出料浆采用浓密机液固分离，第三段浸出液返回第一、二段浸出，第一、二段浸出液合并后送净化处理。经三段浸出后，镍浸出率达99%以上。第三段浸出渣送选矿厂处理。

浸出液首先进行蒸氨除铜，蒸发的氨回收利用，溶液中的铜离子与硫代硫酸根反应生成硫化铜沉淀。除铜后液加入管式反应器中，于245℃、4100千帕下，与空气接触30分钟以上，使溶液中的硫代硫酸根和氨基磺酸根氧化水解为硫酸根。在此过程中，必须保持高的硫酸铵浓度和稳定的镍氨摩尔比，以避免镍氨配合物离子水解。

在200℃、2800千帕下，用氢气还原净化后液中的镍，生成金属镍粉，每一批料液还原结束后，镍粉沉积于釜底，不含镍的还原后液从釜中抽出，又加入一批新的净化后液进行还原。这一过程持续5天，重复60～80次，目的在于产出颗粒粗大致密的镍粉。控制氢还原条件，可实现镍钴有效分离，约90%的钴保留在母液中，采用硫化沉淀回收。还原得到的镍粉，直接或经压制烧结为块状后销售。

在加压氨浸中，铂（Pt）、钯（Pd）、铑（Rh）与氨配合进入溶液，金部分与硫代硫酸根配合溶解，在除铜过程中进入硫化铜渣，在铜冶炼中回收。

羰基镍法　利用羰基镍〔$Ni(CO)_4$〕的生成及其分解反应$Ni+4CO \longrightarrow Ni(CO)_4$，制备金属镍及其制品的工艺方法（见*羰基法*）。

红土镍矿炼镍　以红土镍矿为原料，采用火法或湿法冶炼，生产金属镍或其他镍产品的冶金技术。

扩展阅读

WARNER A E M, DÍAZ C M, DALVI A D, et al. JOM World Nonferrous Smelter Survey Part 4: Nickel: Sulfide. Journal of the Minerals, Metals, 2007, 59(4): 58-72.

李国成.奥托昆普哈贾瓦尔塔冶炼厂镍的加压浸出工艺.甘肃冶金，2005，27（1）：23-25.

（刘志宏）

凝固偏析　solidification segregation　合金凝固过程中呈现的化学成分不均匀现象。产生的原因是合金凝固过程中发生非平衡凝固。在冷却较快的条件下，合金的液相和固相各成分不可能充分进行扩散，结果在固－液界面处发生溶质再分配，从而使先凝固的部位与后续凝固的部位成分有所不同形成偏析。根据化学成分出现不均匀的尺度范围，可分为宏观偏析和微观偏析。

宏观偏析　在较大尺寸范围内所表现的化学成分不均匀现象，有时也称为区域偏析。通常有正偏析、逆偏析、V形偏析、A形偏析、带状偏析和比重偏析等。①正偏析，对平衡溶质分配系数$k<1$的合金来说，溶质再分配使得凝固过程中固－液界面处的溶质成分逐渐富集，随凝固温度的降低，后凝固部分的溶质含量将大于先凝固的部分，结果造成成分偏析，这种偏析称为正常偏析，即正偏析。②逆偏析，对平衡溶质分配系数$k>1$的合金，凝固外表层的成分分布与正偏析正好相反，呈现先高后低的现象。③V形偏析，一般特指厚大钢锭铸件上呈V形的点阵状偏析。这种V形的偏析带中常发生硫、碳等元素的正偏析。V形偏析的形成与等轴晶生长、游离与凝固收缩引起枝晶骨架撕裂和枝晶间液相流动有关。④A形偏析，是由于密度小、溶质浓度高的金属液沿固－液界面上升所引起的。另一种观点是，当铸锭中央部分在凝固过程中下沉时，侧面向斜下方产生拉力，在其上部形成逆V形裂缝，且被低熔点溶液所填充，形成逆V形偏析。⑤带状偏析，指平行于凝固界面的周期性成分偏析带。对单相合金来说，带状偏析形成通常与不同的界面形态相对应，如果凝固速率变化造成凝固界面形态发生平界面－枝状界面周期性变化，由于平面晶和枝晶所含溶质不同，结果造成溶质浓度周期性变化形成带状偏析；对于两相合金，如包晶合金，其凝固过程也能形成初生相和包晶相不同的周期性组织，由于初生相和包晶相成分不同，也会形成所谓带状成分偏析。⑥比重偏析，又称重力偏析、密度偏析，主要是固－液两相密度不同，特别是先结晶的固相密度较小，在浮力的作用下上浮造成凝固后合金化学成分不均匀。此外，互不相溶的两液相之间也因密度差易产生分层，凝固后合金各个部位出现成分差别。

微观偏析　又称为显微偏析，主要包括晶内偏析、晶界偏析和胞状偏析。①晶内偏析，一般指枝晶偏析。由于固溶体合金多按枝晶方式生长，枝晶凝固中发生溶质再分配，即先凝固的枝晶与后凝固枝晶间存在成分差别，而且分枝本身（内外层）、分枝与分枝间的成分也是不均匀

的。这种偏析属于一个晶粒范围的成分不均匀。②晶界偏析，发生在晶粒之间的成分偏析，即最后晶粒发生相遇时，晶粒之间的液相富集溶质元素和低熔点的杂质元素，最终凝固下来形成这些元素成分富集区。③胞状偏析，在成分过冷不大的情况下，固溶体合金结晶时会出现胞状结构，胞状结构晶界为最终凝固的区域，同样也会形成一些元素成分富集区。胞状偏析是一种亚晶界偏析。

微观偏析体现在晶粒尺度为微米级。铸件中的微观偏析是非平衡结晶的结果，在热力学上是不稳定的，因此可以通过均匀化退火减轻或消除微观偏析。

扩展阅读

周尧和，胡壮麒，介万奇.凝固技术.北京：机械工业出版社，1998.

祖方道，袁晓光，梁维中.铸件成形原理.北京：机械工业出版社，2013.

（李双明）

凝固缺陷　solidification defect　凝固过程中形成的气孔、夹杂、缩孔、缩松、热裂等偏离理想结构，内部结构完整性受到破坏的区域。消除凝固缺陷，对于提高铸锭（铸件）的可靠性和寿命以及降低其使用成本有十分重要的作用。

气孔缺陷　根据气体的来源和形成原因可分为析出型气孔、侵入型气孔和反应型气孔。①析出型气孔，形成的主要原因是液态金属溶解的气体含量大于固态金属，凝固中溶解气体过饱和析出，如果析出的气体不能及时排出，则会在固态金属中形成气孔缺陷。②侵入型气孔，一般是铸型中气体侵入金属液中，金属凝固后形成的。此外，浇注系统中卷入气体形成的气孔也为侵入型气孔。③反应型气孔，液态金属与铸型发生反应或者液态金属元素之间发生反应生成的气体溶解在金属液中，金属凝固后形成的。

夹杂缺陷　一般指不在成分和性能所允许范围内的非金属相。如溶解在钢液中的硫、氧、氮等杂质元素在凝固枝晶间富集，当达到过饱和且满足反应热力学条件时即形成非金属相（如MnS、Al_2O_3、AlN等），它的存在一般会增加合金的热裂倾向。

缩孔、缩松缺陷　金属凝固中液-固两相密度不同，如果固相密度大于液相，则凝固过程中体积会发生收缩，收缩得不到补缩，就会在最后凝固部位产生孔洞，其中容积大而集中的孔洞称为缩孔，细小而弥散分布的孔洞称为缩松。缩孔往往出现在纯金属、共晶合金成分及结晶温度间隔范围较窄的合金中。缩松常出现在结晶温度间隔范围较宽的合金中，通常分布在缩孔附件或凝固组织中的枝晶间。缩孔和缩松的存在会严重削弱材料的力学性能，因此在生产实践中一般可采用强化补缩（如加保温冒口）等方法来控制缩孔和缩松的形成。

热裂缺陷　液态金属冷却到固相线附近的高温区时所产生的开裂现象。形成原因为合金在凝固末期，枝晶间存在液膜及凝固收缩受阻产生拉应力，当拉应力或合金塑性超过该温度下合金的强度或极限伸长率时，即产生凝固热裂纹。控制合金凝固中的热裂可通过改变合金的凝固方式（如将合金糊状凝固改变为逐层凝固），或合理改进合金件结构以减小凝固中产生的收缩应力等。

扩展阅读

祖方道，袁晓光，梁维中.铸件成形原理.北京：机械工业出版社，2013.

（李双明）

牛河梁炼铜遗址群　sites of the copper mine at Niuheliang　中国古代铜冶炼遗址群。位于中国辽宁省凌源市和建平县交界处牛河梁遗址范围内。牛河梁遗址于1983年开始发掘，因发掘出大规模红山文化遗迹并建有红山文化保护区而闻名。至21世纪初，已在牛河梁遗址范围内的转山子、小福山、小北山、封山等10余处遗址上发现炼铜炉壁、炉渣等遗物，形成牛河梁炼铜遗址群。研究显示，牛河梁炼铜遗址群中的炼铜遗物属于夏家店下层文化时期（距今4300～3600年），代表了一种以使用氧化矿石为原料，炼炉炉壁上设有两排鼓风孔的（见图）冶炼红铜技术。牛河梁炼铜遗址群中仅见炼铜炉壁、炉渣等遗物，未见进一步合金配制和铸造铜器的证据，其所炼红铜输往何处、制造何物都有待进一步研究揭示。牛河梁炼铜遗址群对探讨中国辽西地区冶金技术的起源和早期铜冶炼面貌具有重要研究价值。

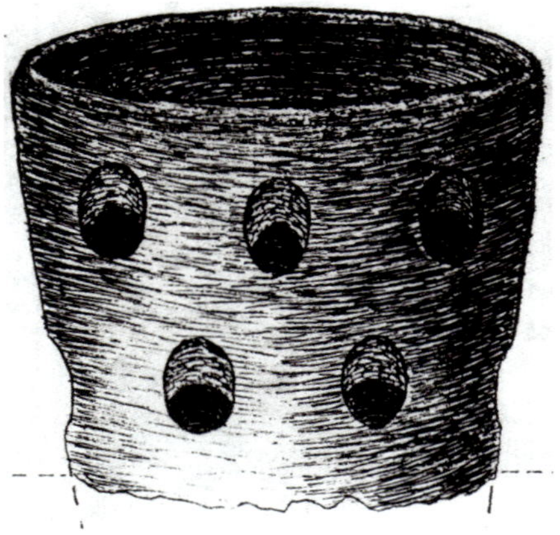

牛河梁炼铜炉上部复原示意图

（李延祥）

浓密机底流浓度控制　thickener underflow concentration control　由安装在浓密机底流管道上的浓度计进行在线的实时检测，通过改变浓密机底流泵转速来进行浓密机底流矿浆浓度的调节与控制。底流浓度是衡量浓密机浓缩效果的关键参数，会直接影响耙子扭矩。底流浓度过高，会导致压耙的生产事故，严重时会造成底流矿浆管道堵塞；底流浓度过低，会降低浓密机生产效率，易出现浓密机溢流水跑浑现象。

浓密机底流浓度控制的执行机构一般为变频器，通过调整变频器的输出频率调节矿浆泵的转速。当检测到的底流浓度偏离其设定值时，及时调整相关变频器的频率指令，使得浓密机底流浓度稳定在其设定值附近，从而保持浓密机底流浓度的平稳。

通常采用单回路控制策略（见图）实

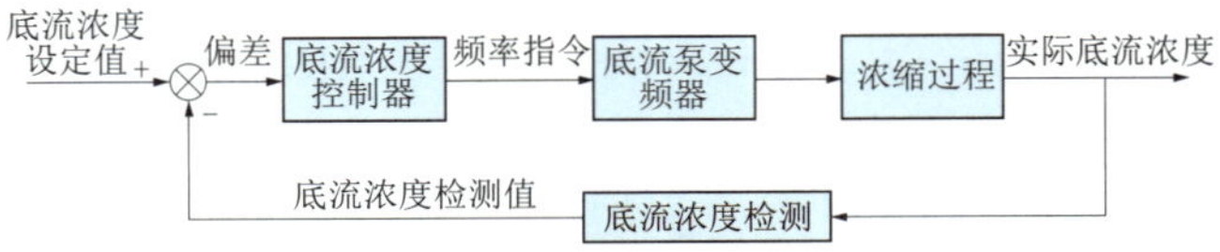

底流浓度控制原理

现浓密机底流浓度控制，将检测到的底流浓度与设定值相比较，根据偏差的情况，通过一定的控制算法，确定变频器的频率指令。其控制算法一般采用比例积分微分（proportional plus integral plus derivative，PID）控制算法，也可以根据具体情况采用模糊控制或者其他控制算法。

底流浓度的设定值通常由操作员根据生产运行情况确定，一般要考虑后续生产过程对底流浓度的要求。

（李小平　李海波）

浓密设备　thickening equipment　固体颗粒与介质在重力场、离心力场作用下实现分离的设备。又称浓缩设备。选矿设备的一种。浓密设备广泛用于冶金、化工、煤炭、电力、环保等领域的各种料浆或废水的沉降分离。根据作用力不同可分为重力沉降设备和离心沉降设备。

重力沉降设备是利用物料的固体颗粒与介质（水或液体）的密度差进行固液分离的浓密设备，结构类型有多种。按设备的操作形式，可分为间歇式沉降设备和连续式沉降设备。间歇式沉降设备是将矿浆注入沉降槽，静止状态停留一定时间，使浆液的固体颗粒沉降到槽底，再将上部澄清液倾析出来，沉渣用人工或机械取出，或者从槽的底流排放口排出。连续式沉降设备则是注入矿浆，排出澄清液和沉渣都是连续进行的。按悬浮液流动方向分为平流式、辐流式和竖流式3种。①平流式，如平流沉淀槽，一些小型矿山和个体采矿业主常用。②辐流式，如辐流式沉降槽（浓密机），选厂精矿和尾矿浓缩常采用浓密机进行第一段脱水。③竖流式，如竖流沉淀槽，水析仪和分泥斗等。按传动形式不同，又分为中心传动浓密机和周边传动浓密机。此外，随着固液分离技术的进步，还发展了深锥浓密机、倾斜板（或倾斜管）浓密机、向心辐流式浓密机等多种高效浓密机。重力沉降设备的槽体形状有方形、圆形和锥形等，特点是结构简单，操作简单，应用范围广。

离心沉降设备是利用离心力或与重力复合作用的浓密设备。主要包括**水力旋流器**和沉降离心机。沉降离心机根据其结构不同分为管式离心分离机、室式离心分离机、无孔转鼓离心分离机、螺旋卸料沉降离心机、碟式（盘式）离心分离机等类型。特点是设备体积小，处理量小，分离出的液体含有微细颗粒，适用于处理难沉降的物料，在化工、医药、农业、生物等行业应用较多。

浓密设备有以下发展趋势：①添加絮凝剂以加快固体颗粒的沉降速度。②设倾斜板以缩短矿粒的沉降距离，增加沉降面积。③发挥泥浆沉积浓相层的絮凝、过滤、压缩的作用。④配备完整的自控设施。

（周兴龙）

浓缩过程控制 thickening process control 在保证浓密机安全、连续、稳定运行的前提下，保障和提高浓密机固液分离指标的控制策略和控制方法。浓密机沉降机理十分复杂，固体颗粒的粒度组成、质量浓度，以及矿物黏度不同，矿物沉降特性就不同，而且受**选矿药剂**、酸碱度的影响，矿物沉降特性也会不断变化。沉降特性直接影响沉降速度。固体沉降速度越快，矿浆在浓密机内停留时间越短，泥层增长速度越快，泥耙的扭矩和电流快速提升，如果控制不及时，很容易出现过载停机；沉降速度越慢，矿浆在浓密机内停留时间越长，浓密机处理能力下降，为不影响整个选矿厂流程的流通能力，浓密机不得不在底流浓度不够时就进行放矿，造成水资源流失和增加**过滤设备**的工作量。浓缩过程控制的核心是根据不同的工作状态及时调整底流放矿速度。配有絮凝剂添加的场合，还要及时调整絮凝剂的添加量，从而获得最佳的沉降速度，使得底流排矿速度和排矿浓度在最佳的匹配区间。

浓缩生产的主要指标，首先是底流矿浆浓度，浓度越高，则说明固液分离效率越高；其次是溢流水的澄清度，澄清度越高，说明沉降效果越好。溢流水的澄清度受到浓密机内部沉降分层的影响，如果泥层过高或者矿物沉降速度慢，矿浆中的固体颗粒会弥漫在澄清区内沉降不下去，从而造成浓密机跑浑。

浓缩过程控制时，首先是以底流渣浆泵作为执行机构，以底流浓度为被控参量进行闭环控制。其次是监控溢流水澄清度，当浓密机发生跑浑现象时，如果刮泥耙尚未过载，则应调整絮凝剂添加量，加快沉降分层；如果已经接近刮泥耙的额定负荷，那么在调整絮凝剂添加量的同时，则应采取提高底流放矿速度，一方面消除过载危险，另一方面为颗粒创造更大的沉降空间，改善浓密机沉降效果。

（李小平　李海波）

O

欧冶子 Ou Yezi 传说中的中国春秋末年越国铸剑匠师。《越绝书》记载，欧冶子曾为越王铸作铜剑五柄，名湛卢、巨阙、胜邪、鱼肠、纯钧。据说巨阙十分锋利，“可穿铜釜，绝铁鑩（鬲）”。它的花纹，“手振拂扬，其华捽如芙蓉始出，观其釽，烂如列星之行”。《淮南子》高诱注说，鱼肠剑纹理屈辟，如同鱼肠。《越绝书》还记载欧冶子应楚王之邀，与干将一起制作铁剑三柄，名为龙渊、泰阿、工布，剑身也有花纹。

（何堂坤）

P

排土场　waste dump　矿山采矿废石集中排放的场所。又称废石场。习惯上称露天开采剥离的岩土排放场所为排土场，地下开采的废石集中排放场所为废石场。排土场参数包括堆置总高度、**台阶**高度、台阶边坡角、平台宽度等。排土场设计时，这些参数要满足安全生产的要求。排土场按设置地点分内部排土场和外部排土场，按存放时间分临时排土场和永久排土场，按地形分平地排土场和山地排土场，按台阶数量分单层排土场和多层排土场。排土场形成高陡边坡，易发生滑坡、泥石流等事故；在雨水淋溶下，有毒有害元素溶出随淋溶水进入地表水和地下水体，污染水体环境；在不利气象条件下产生扬尘，对周边大气环境造成污染。针对排土场的事故风险和形成的二次污染，其防护措施主要包括合理选择排土场场址，优化排土工艺，排土场周围设置截排水沟，下游设置挡拦坝，及时碾压，及时覆土，及时复垦。

（彭文胜）

排土场滑坡　waste dump landslide　矿床开采过程中被剥离、堆存于专设场所（**排土场**）内的岩土体由于受内在、外在的因素影响，沿着一定的软弱面或者软弱带，整体或分散地顺坡向下滑动的现象。排土场滑坡的内在因素通常与**岩体力学性质**和排土场的边坡参数有关，如内摩擦角、黏聚力和边坡高度、边坡角度等，这些因素决定了排土场滑坡的类型和规模。外在因素通常包括地震、降雨、台风等自然因素和排土工艺、爆破震动、乱采乱挖等人为因素两部分。这些因素通常通过内在因素，对排土场的稳定性起破坏作用，促使排土场发生边坡变形甚至滑坡。

排土场滑坡按照其产生的机理可分为4种类型：①内部滑坡。当排弃的散体岩土强度较低时，排土场的高度增加后，岩土体内部容易产生孔隙压力失衡，排土场内部发生位移变形，牵动土场上部滑动，形成抛物线形的滑坡。②沿基底接触面的滑坡。当散体岩土与地基接触面之间的摩擦强度小于堆排岩土体内部的抗剪强度时，岩土体沿接触面发生整体滑动。③沿基岩软弱层的滑坡。排土场地基含有软弱夹层时，在排土荷载和降雨等因素影响下，发生基底塑性变形，软弱层向外鼓出来释放应力，此时上部岩土下滑来补充基底的鼓出空间，进而导致排土场滑坡。④基底岩层滑坡。软岩层基底上的岩土体的压力，破坏了基底岩层的稳定性，引起基底岩层和上覆岩土体发生整体滑动。

排土场滑坡会对矿山生产乃至周边生态环境和人民的生命财产产生重大而深远的影响。在工程实践中，通常是采用极限平衡法、数值分析法等方法对其稳定性进行分析，进而判断发生滑坡的可能性，对可能发生滑坡的排土场，通过边坡加固、支护等措施来保障其稳定性。

（李克庆）

配煤　coal blending　将两种以上**炼焦煤**按适当比例均匀配合得到所需配合煤的过程。是炼焦前煤料的准备工序。配煤既可保证焦炭质量符合要求，又可合理利用煤炭资源。

简史　19世纪50年代以前，炼焦多以单种强黏结性煤为原料。20世纪初，由于冶金工业对**焦炭**的产量和质量要求提高，强黏结性煤短缺，配煤炼焦在世界各国得到应用。20世纪中叶，随着各种评价煤炼焦特性指标、测试方法及配煤指标的日臻完善，形成了炼焦配煤技术。50年代，苏联I.N.阿莫索夫首次将煤岩学指标用于炼焦配煤，使配煤技术更为科学可靠。

中国的炼焦配煤起步于20世纪50年代初，以气煤、肥煤、焦煤和瘦煤4种煤按一定比例配合，控制配合煤挥发分和胶质层指数在一定范围内，以生产出满足一定要求的焦炭。由于炼焦煤资源分布不均衡，60年代开始开展区域配煤研究，打破4种煤的配煤原则，扩大了炼焦煤资源。在此期间开始探索煤岩配煤，70年代开展用煤岩学指标研究焦炭强度预测和煤岩配煤方法。

配煤原理　依据不同成焦机理形成了不同的配煤原理：①胶质层叠加原理。要求配合煤中各单种煤胶质体的软化温度区间能较好地搭接，使配合煤能在较宽温度范围内处于塑性状态，改善黏结过程，保证焦炭结构均匀。②互换性配煤原理。通过溶剂抽提，煤的有机质可分为黏结组分和纤维质组分两大类。要制得强度好的焦炭，配合煤的黏结组分和纤维质组分应有适宜的比例，且纤维质组分应有足够的强度。③共炭化原理。不同煤料配合炼焦后能得到结合较好的焦炭，称不同煤料的共炭化，用于煤与沥青类有机物的炭化过程中考核沥青类有机物与煤配合后对改善焦炭质量的效果，即煤的改质效果。共炭化原理的主要内容是描述共炭化过程的改质机理。④煤岩配煤原理。应用煤岩学将煤划分为活性成分和惰性成分。采用活性成分反射率分布图解和惰性成分含量评价炼焦煤性质，要求二者达到最佳比例，且活性组分反射率分布合适。

配煤指标控制　配合煤挥发分（V_{daf}）以25%～31%较适当；黏结性和结焦性指标的适宜范围是黏结指数（G）为58～82，胶质层厚度（Y）为14～22毫米，坩埚膨胀序数（CSN）>6，基氏流动度（M_F）为每分钟旋转50～1000分度，或奥阿膨胀度（b）>20%；软固化温度区间宽，搭接好；煤岩组分的比例恰当；灰、硫、磷含量应符合使用要求，还应考虑灰分中碱性氧化物的含量。

炼焦煤预处理　当配合煤的质量不够理想时，可在炼焦煤准备过程中采用预处理技术，以改变配合煤的性质和成焦条件，如**煤调湿**、配型煤、预热煤、风动选择粉碎等。煤调湿是将炼焦煤料在装炉前通过间接或直接的换热方式去除一部分水分，并确保装炉煤水分恒定，然后装炉炼焦。配型煤是将一部分煤料加入黏结剂压制成形后同散状煤料按一定比例配合，可改善煤料的黏结性和结焦性。预热煤是利用热载体将装炉煤预热到150～250℃再装炉炼焦，可提高焦炉生产能力、改善焦炭质量、减少焦化废水量。风动选择粉碎是用沸腾床风选器将炼焦煤料按粒度和密度分离出粗粒级煤和细粒级煤。粗粒级煤经再次粉碎后与细粒级煤混合作为装炉煤供炼焦使用，适用于煤岩组分不均一的煤料，可提高焦炭质量。

发展现状　由于煤炭的复杂性，还未有统一和广泛适用的配煤指标控制方法。配煤主要控制配合煤挥发分、镜质组反射率分布、不同类型煤岩组分比例、黏结性和结焦性指标或整合后的指标在合理范围内。配煤过程中，自动化配煤技术及装备得到了广泛应用，配煤专家系统也在部分焦化企业应用并逐步发展。

扩展阅读

姚昭章，郑明东.炼焦学.3版.北京：冶金工业出版社，2005.

周师庸.应用煤岩学.北京：冶金工业出版社，1985.

（战　丽　张功多）

喷锚网支护 shotcrete-bolting-mesh support 喷射混凝土、锚杆、金属网联合支护的形式。又称锚网喷支护。喷锚网支护是在岩土体内嵌入一定长度和适宜密度分布的锚杆，然后在岩体表面布设金属网，最后喷射一定厚度的混凝土，使支护结构与岩土体共同作用形成支护复合体来加固围岩（见图）。可以弥补岩土体强度不足

喷锚网支护现场

的缺陷，并发挥锚拉作用，提高围岩体的抗拉、抗剪强度和减小围岩体破裂区厚度，尽可能地保持、提高并最大限度地利用被加固岩土介质固有的力学强度来达到岩土介质加固和支护的目的。

喷锚网支护起源于矿山井巷支护，20世纪60年代以来，已被广泛应用。既适用于中等稳固岩层，也能用于节理裂隙发育的松软破碎岩层；既可以作为巷道的临时支护和处理冒顶事故，也可以用于巷道的永久支护。与传统的刚性支撑或衬砌方式相比较，喷锚网支护结构与围岩连续地紧密贴合，能避免支护结构和围岩之间形成空区致使空区围岩继续向内变形，导致部分坍塌体压在支护或衬砌上而引起支护结构的失稳或破坏。

主要优点：①喷锚网与土体结合在一起而相互作用，形成一种主动受力的喷锚网复合体系。使被加固的岩体整体化和结构化，显著地提高被加固岩体的稳定性和承载能力。②结构轻便而柔韧性强，具有良好的抗震性和延展性。③工程造价较低。据统计资料分析，喷锚网支护的工程造价比其他支护类型的工程造价低1/3左右。④工艺简单，机械化程度高，施工速度快，便于组织快速施工，施工质量可靠。主要缺点：①表面起伏不平。②渗水较多的地段，硐室比较潮湿。③对水流侵蚀抵御能力差，水、流砂能使群锚整体失效。

喷锚网支护是一种先进的支护加固技术，在岩土质高边坡、大跨度地下工程和地下矿山中，特别是对不良地质条件的支护，已经得到广泛而成功的应用。

（赵兴东）

喷射沉积 spray deposition 将气体雾化的金属或合金液滴喷射并沉积到成形基体上，制成近终形坯的粉末成形技术。又称喷射成形。是一种结合快速凝固、半固态加工和近终成形的综合材料制备技术。1968年，英国A.R.E.辛格提出喷射沉积（喷射成形）概念和理论。1974年，英国R.G.布鲁克斯和A.G.利瑟姆等成功地将喷射沉积原理应用于锻造坯的生产，并逐渐发展为喷射沉积工艺。

喷射沉积主要由金属熔化、熔融金属的气体雾化、雾化熔滴的喷射、沉积和沉积体凝固等连续过程组成。基本流程：将合金坯料熔化，熔体在导流管流出的同时利用雾化喷嘴出口的高速气流破碎，形成细小弥散的熔滴射流；雾化熔滴射流在高速气流作用下加速，并与气流进行热交换；在尚未完全凝固的情况下，熔滴高速撞击沉积表面，并在沉积表面附着、铺展、堆积、熔合形成一个薄的半液态层后顺序凝固结晶，逐步沉积生长成一个大块的合金坯体。由于喷射沉积过程中特殊的凝固过程，获得的材料一般具有相对高的强度。

喷射沉积典型装置是由熔炼部分、雾化沉积室、真空系统、供气系统和粉末收集系统组成（见图）。其中雾化沉积室上

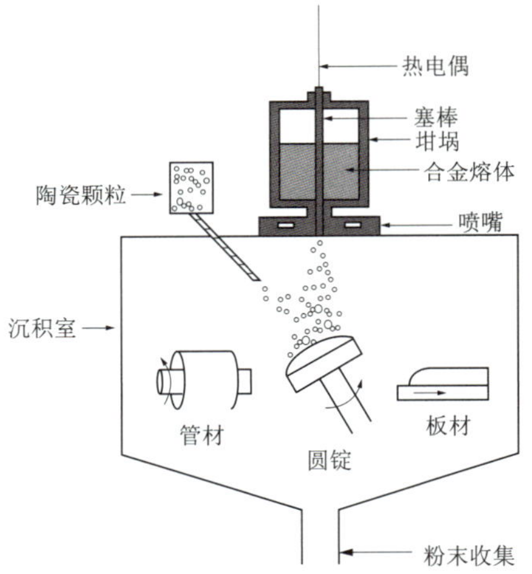

喷射沉积过程示意图

部有喷嘴，高压高速的惰性气体（氮气、氩气）经雾化喷嘴冲击熔融的金属或合金液流；雾化沉积室下部是沉积基板。

根据喷射沉积的工艺特点，锭坯中不可避免地存在孔隙，因而不能达到完全致密。为获得高性能的结构或功能材料，喷射沉积后锭坯需进行后续致密化处理。

喷射沉积能够有效解决粉末冶金所存在的缺陷。喷射沉积过程中，粉体雾化与成形一次完成，并且凝固速率较大，在惰性气体保护下降低了材料氧含量，有效缩短了粉末冶金工艺流程，降低了生产成本。用喷射沉积技术制备合金，其冷却速度可以达到传统熔铸法制备合金冷速的1000倍以上。喷射沉积主要用于高性能材料领域，可生产扁锭、板带、圆棒、轧辊和管等型材；掺入硬质强化颗粒生产金属基复合材料；也可用于涂层，制取多层复合材料。

扩展阅读

彭超群.喷射成形技术.长沙：中南大学出版社，2004.

GRANT P S. Spray Forming. Progress in Materials Science, 1995, 39(4-5): 497－545.

（王日初）

喷射混凝土支护 shotcrete lining 采用专用机械，将拌和料通过喷射管以较高速度喷射在岩体表面，使之形成连续支护体的支护工艺。1907年，美国剥制师C.阿克利在修补芝加哥的菲尔德自然史博物馆时，应用压缩空气吹拌和的干料，使其通过输料管，并在喷射口与水混合，喷射至修补墙表面，该技术在1911年获得发明专利。喷射混凝土支护按喷射混合料组分不同，分为喷射砂浆、喷射混凝土、纤维喷射混凝土。喷射混凝土支护的目的是加固与防止围岩风化、改善围岩应力状态、与围岩紧密黏结一起形成柔性支护结构（图1）。喷射混凝土具有较高的强度、黏结力及耐

图1 喷射混凝土支护

久性，但其在凝固过程中产生一定的收缩变形，具有抗压不抗拉的特点。为改善喷射混凝土支护的力学性能，在拌和混凝土料中，添加纤维材料作为增强材料，成为纤维喷射混凝土。按添加纤维种类不同，分为钢纤维喷射混凝土和高分子纤维喷射混凝土。喷射混凝土按施工工艺不同又分为干式喷射混凝土和湿式喷射混凝土两种（图2）。喷射混凝土支护作用机理主要有5个方面：①自撑能力。喷射混凝土支护加强开挖后的岩层，使岩层和喷射混凝土共同形成承载结构，提高围岩自身稳定性和自撑能力。②黏结作用。喷射混凝土充填张开的节理、裂隙、岩缝及岩面的凹陷处，产生相当于砌体中砂浆的黏结作用。③防风化作用。喷射混凝土能阻止岩石节理发育和裂缝渗水，从而防止节理形成通道，可避免水和空气对围岩的风化破坏。

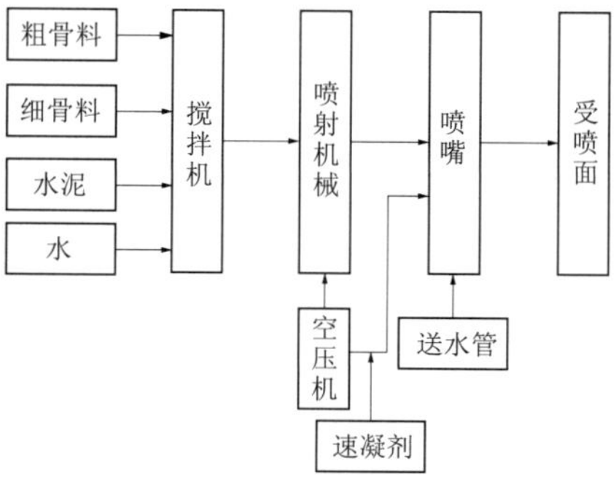

图2　机械化喷射混凝土作业流程

④抗剪作用。喷射混凝土与岩石黏结在一起，能阻止松散岩块从顶板上垮落下来，提高岩体的抗剪切能力。⑤支撑作用。有一定厚度的喷射混凝土层可以作为密闭的拱形构件，具有支撑作用。

喷射混凝土支护除具有较高的强度、黏结力和耐久性等性能外，还具有凝固速度快、吸湿性小、保水性好、早期强度增长快、体积稳定、与围岩表面黏结力好、回弹率低、粉尘小等特征。由于机械化程度高、施工速度快、材料省、成本低、质量好等特点，喷射混凝土支护已广泛应用于各种井巷工程支护中。

扩展阅读

中国矿业学院.井巷工程.北京：煤炭工业出版社，1980.

王继良.矿井支护技术手册.南京：江苏科学技术出版社，1991.

（赵兴东）

喷射式浮选机　jet flotation cell　高速矿浆与空气在喷射装置内混合、矿化，并在槽内实现分选的*浮选设备*。可分为吸气式和压气式两种。①吸气式浮选机，典型的是中国FJC系列喷射式浮选机。主要由槽体、充气搅拌装置、循环泵、入料箱、刮泡器、液面调整装置等构成。充气搅拌装置是核心部件，负责矿浆的充气、搅拌与循环。具有如下特点：可大量析出具有活化作用的微泡，强化气泡的矿化过程；充气搅拌装置可有效乳化药剂，强化浮选过程；兼具直流和吸入两种入料方式的优点；W形的矿浆流动形式，有利于气泡矿化和二次富集作用。适用于煤炭或充气量要求较小的矿种的浮选。②压气式浮选机，典型的是澳大利亚的达夫克勒（Davcra）喷射式浮选机。具有旋流喷嘴的槽体，槽体内设有隔板，工作时，加压矿浆沿切线方向进入旋流喷嘴充气器，沿其内壁旋转，然后通过喷嘴孔喷入浮选机槽体内。压缩空气通过安装在旋流喷嘴中心的空气导管进入，在喷嘴孔稍后处喷出，以同中心的旋涡射流喷入浮选机。由旋流喷嘴喷出的矿浆和空气旋流射向隔板，先向上流动，然后向下流入脱气室。脱气室内无搅动，矿化气泡聚集上浮并从泡沫槽溢出。该类型浮选机浮选速度快，处理量大，动力消耗少，占地面积小，主要应用于煤泥浮选。

（赖茂河）

喷射冶金　injection metallurgy　用气体将粉末物料通过喷枪喷吹入熔池内进行金属冶炼的工艺。作用原理：由于粉末状的冶金物料在熔池中弥散及喷入气体时产生的强烈搅拌，使冶金反应界面积增加，从而将冶金过程强化。根据冶炼物料所需的物理化学过程不同，选择喷入的冶金物料种类、气流速率等参数，并确定喷枪结构、喷枪位置及喷吹程序等。喷射冶金可用于金属的脱氧、脱硫、脱磷、脱硅，以及合金化和成分微调，也可用于熔融还原和去除非金属夹杂物等过程。

1969年联邦德国开始应用钢包喷射冶金技术。随后瑞典、法国等也开展了喷射冶金的研究工作，在理论研究、设备和工艺方面都取得发展。20世纪80年代初，中国钢铁工业陆续装备了喷射冶金设备，开展了*电弧炉炼钢*工艺改革、炉外精炼及铁水中有价元素富集等方面的工作。21世纪以来，喷射冶金已广泛应用于钢铁和*有色金属*的冶炼，如钢铁冶炼方面应用于*铁水预处理*、钢液的炉外精炼及*熔融还原炼铁*等。

（徐宝强　杨　斌）

硼铁　ferroboron　硼和铁组成的*铁合金*。用作*炼钢*，以及生产铸铁、非晶态合金、超微晶合金与磁性材料的含硼添加剂。硼在钢中是微量的，一般为0.002%～0.005%。向碳钢或合金结构钢中加入硼可提高钢的淬透性，改善钢的力学性能；向耐热钢和耐热合金中加入硼，可提高其耐热强度，同时还可提高合金的塑性。硼铁除含硼、铁外，还含有碳、磷、硫、硅、铜、铝等元素。根据含碳量，可分为低碳（C≤0.05%～0.1%，B14%～25%）和中碳（C≤0.15%～1%，B9%～21%）两种。在中国国家标准（GB/T 3649—2008）中，按合金中硼和杂质含量分为12个牌号。

硼铁的生产方法有铝热法、电铝热法和电碳热还原法3种。①铝热法，将硼酸加热至800℃脱水，得到三氧化二硼含量＞95%的硼酐作硼原料，以铝和镁铝合金的混合物作为还原剂，在熔炼炉中点火反应，生产低碳硼铁。为保证反应自动进行，必须添加发热剂。单位炉料反应热控制在2929～3347千焦/千克，熔炼采用上部点火法，反应过程迅速激烈。②电铝热法，可使用廉价的硼矿，在还原剂中可以不配加铝镁合金和发热剂。由于在*电炉*中进行精炼脱铝，因而可获得低铝硼铁。电铝热法冶炼硼铁所采用的电炉功率通常为500～1000千伏安，工作电压60～80伏。炉体采用镁质炉衬，设有排渣口。该炉体放置在可以从电极下面拉出的平板车上，为取铁方便，炉底上铺以镁砂粉。炉料由引火剂（硼酐、铁鳞和铝粒）、主料（硼酐、铝粒、铁鳞或*铁矿*）和沉降剂（铁鳞或铁矿、铝料和石灰）组成。冶炼时先将引火剂加入炉内，待其熔化后通电，用螺旋给料器将主料均匀地加入炉内，加热熔化。炉料全部熔化后停电，静置10分钟左右，加入沉降剂，以便使渣中的金属珠充分沉降，经5分钟左右，排出大部分*炉渣*，合金在炉内冷却后取出。如果冶炼含硼低的硼铁时，可采用硼矿代替硼酐。③电碳热还原法，在小型镁质或碳质炉衬的电弧炉或*矿热炉*内用碳还原制得硼铁。使用原料有硼酐、硼精矿、钢屑、木炭等。通常采用间断法生产，将混合好的一炉炉料缓慢地加入炉内，待炉料全部熔化且流动性较好时，打开出铁口，使渣铁同时流入砌有炉衬的锭模中，冷却后将渣铁分离。

（储少军）

硼冶金　boron metallurgy　从硼矿物中制取硼化合物及硼的技术。1808年，英国化学家H.戴维用电解三氧化二硼的方法制得棕色的硼，同年法国化学家J.-L.盖-吕萨克和L.J.泰纳尔用金属钾还原无水硼酸制得单质硼。1892年，由H.穆瓦桑用金属镁还原硼酸酐制得纯度为98.3%的硼。

自然界中未发现单质硼。硼的*矿物*有硼酸、硼砂、硼酸盐和硅硼酸盐等。碱性干盐湖往往沉积有硼酸盐。世界上主要产硼的国家有中国、美国、俄罗斯、土耳其和阿根廷等。中国的青海、西藏、东北等地区有丰富的硼资源。

硼化合物的制取　硼是工业中非常重要的元素，在玻璃搪瓷、日用化工、农业、医药、防腐等领域应用广泛。一般先以硼矿为原料，采用酸法、碱法等方法制取硼砂和硼酸，然后再制取其他硼化合物和元素硼。

硼砂的分子式为$Na_2B_4O_5(OH)_4 \cdot 8H_2O$，也被写作$Na_2B_4O_7 \cdot 10H_2O$，又称为焦硼酸钠，呈白色的结晶粉末或者无色半透明晶体。硼砂在空气中可发生风化，在70℃下变成五水硼酸钠，温度升高到320℃失去全部结晶水，成为无水硼酸钠。

早期制备硼砂采用硫酸与硼镁石矿反

应生成硼酸，然后硼酸与纯碱反应生成硼砂，其化学反应为：

硼镁石矿制备硼酸

$$Mg_2B_2O_5+2H_2SO_4 \longrightarrow 2HBO_2+2MgSO_4+H_2O$$

硼酸制备硼砂

$$4HBO_2+2NaOH+7H_2O \longrightarrow Na_2B_4O_5(OH)_4 \cdot 8H_2O$$

但此方法存在对原料要求高、设备腐蚀严重、母液回收困难等缺点。1964年后，逐渐被碱法替代。

碱法制备过程是，用纯碱溶液与焙烧粉碎硼镁矿后得到的熟硼粉发生反应，对所得料浆进行过滤，滤液进行蒸发浓缩，结晶分离得到硼酸钠。水溶解硼酸钠晶体，用碳酸氢钠溶液与其发生反应，制得硼砂。其化学反应为：

硼镁石矿制备硼酸钠

$$Mg_2B_2O_5+2NaOH+H_2O \longrightarrow 2NaBO_2+2Mg(OH)_2$$

硼酸钠制备硼砂

$$4NaBO_2+2NaHCO_3+9H_2O \longrightarrow Na_2B_4O_5(OH)_4 \cdot 8H_2O+2Na_2CO_3$$

为减少碳酸氢钠消耗，进一步降低生产成本，在碱法的基础上，开发了碳碱法生产工艺。碳碱法是硼矿粉与碳酸钠溶液混合配料，通入石灰窑气（CO_2）进行碳解，对所得料浆进行过滤，过滤所得滤渣为硼泥，滤液经蒸发浓缩，结晶分离制得硼砂，母液回收利用（图1）。其化学反应如下：

硼镁石矿制备硼砂

$$2Mg_2B_2O_5+Na_2CO_3+CO_2+12H_2O \longrightarrow Na_2B_4O_7 \cdot 10H_2O+2MgCO_3+2Mg(OH)_2$$

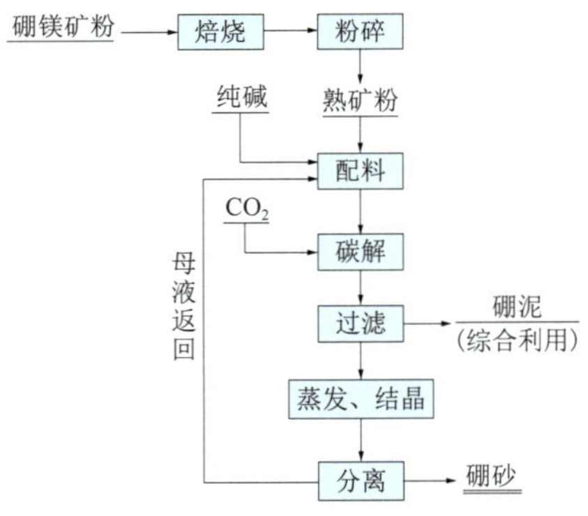

图1　碳碱法制取硼砂的工艺流程

硼制取　主要有金属热还原法和熔盐电解法。

金属热还原法是以硼砂为原料，将硼砂溶于水，用硫酸调节酸度，析出硼酸晶体。在常压、750℃条件下加热，使硼酸脱水生成三氧化二硼，经干燥处理后，用镁或铝还原得到粗硼（图2）。将粗硼分别用盐酸、氢氧化钠和氟化氢处理，可得纯

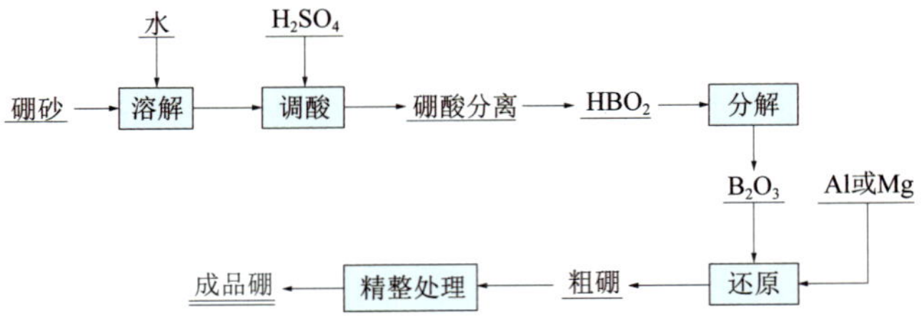

图2　制取硼的典型工艺流程

度为95%～98%的棕色无定形硼。

主要化学反应为：

硼砂沉淀制备硼酸晶体

$$Na_2B_4O_7+H_2SO_4+H_2O \longrightarrow 4HBO_2+Na_2SO_4$$

硼酸加热分解制备三氧化二硼

$$2HBO_2 \longrightarrow B_2O_3+H_2O$$

三氧化二硼制备无定形硼

$$B_2O_3+2Al \longrightarrow 2B+Al_2O_3$$

熔盐电解法是利用氟硼酸钾和氯化钾作电解质，在内衬石墨的电解槽中以镍合金（蒙乃尔合金）为阳极，结构致密的石墨为阴极，在750～800℃的温度下进行电解，可制备出纯度达94%～96%的硼粉。

高纯硼制备　采用卤化物氢还原法，主要是氢和三氯化硼的混合气体经过钽丝，电加热到1500K，三氯化硼在高温下被氢还原，生成的硼在钽丝上成片状或针状结构。

主要化学反应为：

$$2BCl_3+3H_2 \longrightarrow 2B+6HCl$$

此法可得到纯度高达99.999%的高纯硼。

（严大洲）

皮尔，R　Robert Peele（1858-07-15～1942-12-08）　美国采矿学家。生于纽约。1883年毕业于哥伦比亚大学矿业学院。1883～1892年任工程师。1892～1925年先后任哥伦比亚大学采矿专业副教授、教授、荣誉教授。是美国矿冶学会、美国矿冶工程师学会和英国矿冶学会会员、荣誉会员。从1913年2～3月开始，他邀集了40多位采矿专家，用5年时间编辑出版了《采矿工程师手册》，并于1918年、1927年、1941年三次发行。他还撰写了一些关于采矿技术的书籍和文章。

（宗海祥）

皮江法　Pidgeon process　还原罐（还原反应器）水平放置、从罐外通过罐壁加热罐内炉料的**镁冶金**技术。又称横罐式外热法，简称横罐法。属外热式硅热法，主要特点是还原罐平行于地面，由人工加料和出渣。由加拿大多伦多大学的L.M.皮江于1941年发明，并在加拿大哈雷镁厂首次成功应用。加拿大多米尼昂公司、日本古河镁厂等多家镁厂曾先后采用皮江法生产原镁。由于皮江法工艺流程简单、建设投资少、成本相对较低，2000年前后在中国得到发展，特别是将高温烟气蓄热燃烧技术引入皮江法还原炉后，皮江法的能耗及污染大幅降低，成本进一步下降。

皮江法通常用煅烧后的白云石作原料，75号**硅铁**作还原剂，氟化钙含量不低于95%的萤石作矿化剂。将它们按适当的配比混合，磨粉后制成球团，再将球团装入还原罐内。罐内压力通常维持在10帕左右，罐外壁温度维持在约1200℃，用气体燃料加热还原罐。75号硅铁的主要成分为71.2%的单质硅（Si）和28.8%的硅铁（$FeSi_2$），两者分别与煅白（$CaMgO_2$）发生如下还原反应：

$$2CaMgO_2+Si \longrightarrow Ca_2SiO_4+2Mg \quad -465kJ$$

$$4CaMgO_2+FeSi_2 \longrightarrow 2Ca_2SiO_4+4Mg+Fe \quad -1012kJ$$

还原罐是皮江法的核心装备（见图）。常见有Φ339毫米×2700毫米和Φ370毫米×3100毫米两种规格，其完成75%转化率的还原时间为10～12小时，还原操作周期通常为12小时，单罐单次产镁22～30千克，单罐日产镁44～60千克。

炉料从罐口装填到还原罐内反应区，用真空泵将罐内的压力从标准大气压降至

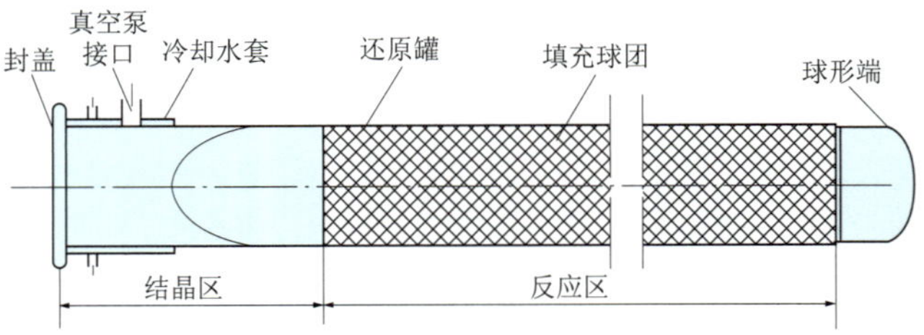

皮江法炼镁还原罐

约10帕，反应区还原罐外壁被加热，炉料在反应区受热达到一定温度时还原出镁蒸气。镁蒸气在结晶区被冷凝成结晶镁，结晶区通过循环水套进行冷却以保证镁蒸气的冷凝温度。反应结束后，将结晶镁从还原罐内取出，进行精炼除杂，最后浇铸成商品镁锭。

关于还原罐主体（反应区）的材质，多数镁厂使用的是中国研制的ZG35Cr26Ni8NRE合金耐热钢，还原罐寿命约3个月，这使得还原罐的成本成为皮

江法炼镁成本的主要构成要素。

皮江法工艺的缺点是人工加料和出渣，难以实现机械化，体力劳动繁重，车间内粉尘污染大，原料中被还原出的钾和钠较少，在潮湿空气中极易着火并引燃结晶镁，易在车间内形成烟尘，工作环境恶劣。受还原罐内高温和还原渣熔融黏结两个因素的影响，皮江法实现机械化加料、出渣较为困难。 （何季麟 车玉思）

铍毒防护 safety protection for beryllium poisoning 铍及铍合金生产过程中保护操作者和环境的措施。铍矿石熔化、氢氧化铍煅烧、铍铜母合金熔炼、金属铍的还原和湿法提炼铍化合物，以及铍粉末冶金和加工等生产过程中均会产生含铍烟雾和粉尘。人和动物吸入或接触含铍和铍化合物的粉尘或烟雾，会引起各种病变。人体通过呼吸道吸入铍尘，在体内蓄积会造成铍的急、慢性中毒。处于含铍尘的环境中作业的人员，会因接触铍及其化合物还可能引起各种皮肤病变。由于铍尘排入大气，工厂周围的居民也可能产生非职业性铍中毒。因此，铍毒防护要从环境、工作场所和个体防护全面做起。

对于工作场所要尽可能设计成密闭式，工作空间要保持负压；要改善生产工艺和设备，减少含铍粉尘或烟气的产生；对产生铍尘的设备进行密闭抽风，经两级或多级净化后达标排放。所用除尘装置应有旋风除尘器、袋式除尘器、电除尘器和湿式除尘器等；对于生产过程产生的含铍废弃物要妥善封装和处置；含铍废水要经处理后达标排放。对于工作人员，要在入职前进行健康体检，排除易感染人群；在工作过程中严格执行穿戴必需的劳保防护用品，包括防毒面具和防护服；保证工作服换衣间与日常服换衣间的隔离，避免交叉污染，同时工作结束必须淋浴清洁；对工作人员进行定期体检，及时发现病变。

中国规定居住区大气中铍月平均最高容许浓度为0.01微克/米^3；车间空气中铍及其化合物的最高容许浓度为1微克/米^3；向空气中外排的含铍废气的最高值为15微克/米^3。外排含铍污水的总铍含量不高于5微克/升。

泄漏应急处理：铍粉尘或含铍烟气泄漏时，人员应迅速撤离至安全区，隔离泄漏污染区，限制进入。应急处理人员戴自给正压式呼吸器，穿防毒服进行处置；对受铍污染的水体，可投加石灰乳中和，调pH值至8.5～9.5，加聚合氯化铝使可溶性铍生成氢氧化铍沉淀，达到外排标准后排放；对受铍污染的土壤可采用焚烧处理的方法，以使铍转化为不溶性和具有化学惰性的铍氧化物质，焚烧后的残渣可在混凝土中封装填埋。

采取的急救措施：①皮肤接触。脱去被污染的衣服，用肥皂水和清水彻底冲洗皮肤。②眼睛接触。提起眼睑，用流动清水或生理盐水冲洗，并及时就医。③呼吸道吸入。迅速离开现场至空气新鲜处，保持呼吸道通畅，呼吸困难时进行输氧；呼吸停止时，立即进行人工呼吸，及时就医。④食入。饮足量温水，催吐，就医。⑤灭火方法。消防人员必须佩戴过滤式防毒面具（全面罩）或隔离式呼吸器、穿全身防火防毒服，在上风处采用沙土、二氧化碳灭火。

扩展阅读

钟景明.中国铍业.北京：冶金工业出版社，2015.

（王东新）

铍冶金 beryllium metallurgy 从含铍矿石中提取金属铍的冶金技术。1798年法国人N.-L.沃克兰发现铍的氧化物。1828年，德国化学家F.维勒和法国化学家A.-A.-B.比西各自用钾还原氯化铍的方法，分别制得单质铍。维勒将其命名为beryllium（Be），而比西将其命名为glucinium（Gl），1957年才由国际纯粹化学与应用化学联合会（IUPAC）按前者定名。1898年法国人P.勒博用电解氟化钠-氟铍酸钠熔体方法制得小颗粒的铍。

铍主要*矿物*有绿柱石（$Be_3Al_2Si_6O_{18}$）、硅铍石（Be_2SiO_4）、羟硅铍石〔$Be_4Si_2O_7(OH)_2$〕和硅钡铍石（$BaBe_2Si_2O_7$）等。铍生产一般经过氧化铍或氢氧化铍制取、金属铍制取和铍锭制备阶段。

氧化铍或氢氧化铍制取 主要有硫酸盐法、硫酸-萃取法和氟化法。

硫酸盐法 适于处理绿柱石精矿，是氧化铍制取的重要工业生产方法。以绿柱石为原料，加方解石配料混合，装入电弧炉，在1400～1500℃下进行熔炼。熔体经水淬、**球磨**成为高反应活性的铍玻璃体。然后经湿磨后，与浓硫酸混合，使铍、铝氧化物转化成水溶性硫酸盐，而二氧化硅则不与硫酸发生反应，入渣弃去。铍的浸取液经浓缩后，添加硫酸铵，再冷却结晶，铝形成铝铵矾〔$NH_4Al(SO_4)_2\cdot 12H_2O$〕沉淀，液固分离后得到含铍的除铝液。除铝液中加氯酸钠氧化，以氨水作中和剂，调节pH值为5左右沉淀铝、铁等杂质。中和液再加氨水调节pH值至7.5，沉淀出氢氧化铍。氢氧化铍经洗涤、烘干煅烧成工业氧化铍（图1）。

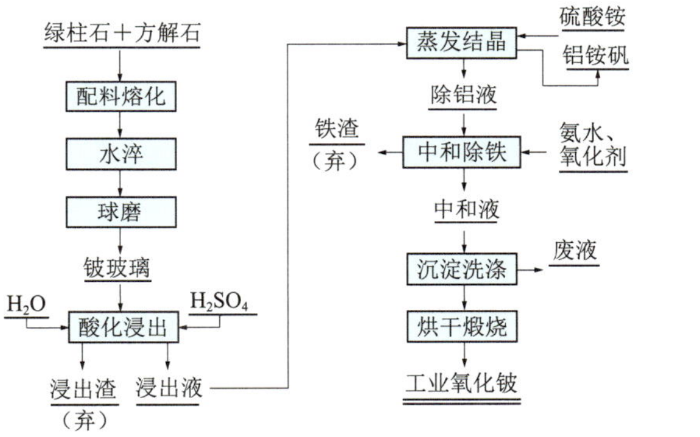

图1 工业氧化铍典型生产流程

硫酸-萃取法 1969年以前，铍工业的原料都是绿柱石。1969年美国布拉什威尔曼公司（Brush Wellman）在硫酸法的基础上研发出硫酸-萃取法工艺，不仅可以处理含氧化铍10%以上的高品位绿柱石精矿，还可处理含氧化铍0.6%～0.7%的羟硅铍石原矿。其工艺流程见图2。

将羟硅铍石湿磨至小于20目，在100℃下用10%硫酸处理，再进行液固分离。所得铍溶液，采用膦酸二脂-乙醇-煤油作为有机相进行逆流萃取，铍及少量铝、铁进入有机相，萃余液废弃。获得的

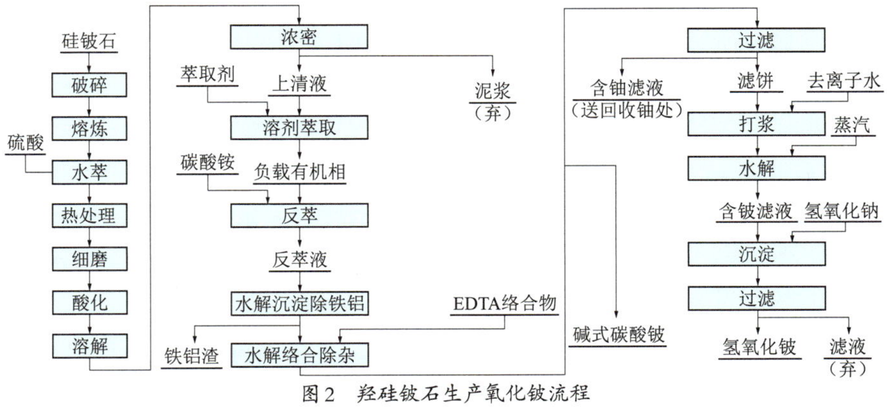

图2 羟硅铍石生产氧化铍流程

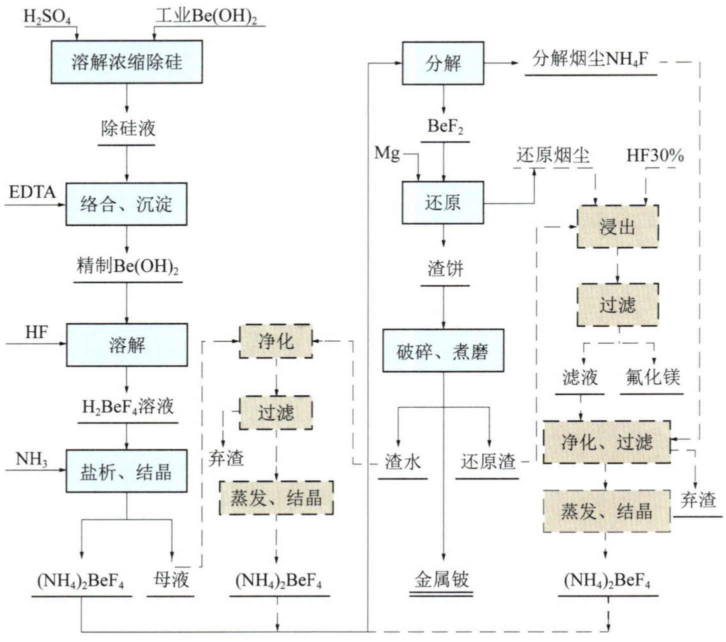

图3 氟化铍镁热还原法制取金属铍典型工艺流程

负载有机相用碳酸铵溶液反萃。此时，铍进入水相中形成铍碳酸铵，铁、铝也进入水相。反萃后的有机相经硫酸酸化再生后返回萃取工序，加热反萃液至70℃，使铁、铝水解沉淀而分离；再将除铁、铝后的溶液加热至95℃，并加入乙二胺四乙酸（EDTA）络合物，使铍碳酸铵水解而沉淀出碱式碳酸铍，过滤后的含铀滤液用于回收铀，而滤饼则用去离子水打浆后再用蒸汽加热至165℃水解。水解得碱式碳酸铍（沉淀）和铍滤液，滤液加碱后沉淀出氢氧化铍。

硫酸-萃取流程由于有机相及反萃沉淀液均可返回利用，效率较高。排出的污染物除浸出渣外，只有萃余液和酸洗废液，数量少且易于处理，同时萃取与反萃取过程具有连续化、自动化的特点，有利于解决生产安全与环境污染问题。对杂质锂、氟含量高的矿石也能获得质量好的氧化铍产品。产品的回收率达80%～90%。

氟化物法 将磨细的绿柱石和氟硅酸钠或氟铁酸钠混合制块，在750℃烧结。矿石中的铍转化为水溶性的氟铍酸钠，而铝、铁、硅等仍保留氧化物状态。烧结块磨细后，用水浸出、过滤，滤液中加入氢氧化钠，得到铍酸钠溶液。煮沸溶液，铍酸钠便水解沉淀，得到氢氧化铍，再将氢氧化铍煅烧成氧化铍。残液用硫酸铁处理，生成氟铁酸钠沉淀并制成块。此法铍的回收率在90%以上，比硫酸盐法收益高。

金属铍的制取 氧化铍极难直接还原成金属，生产中先将氧化铍转化为卤化物，然后再还原成金属铍。有氟化铍镁热还原法和氯化铍（或氟化铍）熔盐电解法两种工艺。工业规模生产金属铍主要采用氟化铍镁热还原法工艺。

氟化铍镁热还原法 氟化铍镁热还原法典型工艺流程见图3。氢氧化铍经硫酸溶解，EDTA络合，除去杂质元素后，得到精制氢氧化铍；加氟化氢溶解氢氧化铍，形成氟铍酸溶液，再通入氨气，得到氟铍酸铵晶体；将氟铍酸铵在中频炉内熔化，使之分解成氟化铍和氟化铵；氟化铵进入收尘系统；氟化铍和镁在中频炉内900℃下还原，结束时升至1300℃，使金属铍和氟化镁都熔化；铍聚集成块，浮在氟化镁熔体之上，一并倒入铸模，冷却成饼状；再经破碎、煮磨、筛分得金属铍珠和氟化镁。氟化铍镁热还原法制备的金属铍纯度在97%左右。

氯化铍熔盐电解法 先将氯化铍和碳还原剂混合，加焦油等黏结剂制成球团，在900℃以上焦化，所得焦化块装入氯化炉，在700～900℃通入氯气进行氯化，得到氯化铍。氯化铍在镍制坩埚内进行熔盐电解。坩埚内放置镍制圆筒作阴极，中心悬置石墨棒作阳极。纯无水氯化铍与等量的氯化钠混合、熔融，在350℃下进行电解。电解周期结束后取出沉淀物，用冰水浸洗，除去熔盐，得到鳞片状的金属铍。氯化铍熔盐电解法制取的金属铍纯度可达99%以上。

铍锭坯的制备 铍珠经熔炼可制成铸锭。由于铍铸锭晶粒粗大，强度和延性均很差，且各向异性严重，很难用于产品的加工，因此铍材料一般都采用粉末冶金工艺制备。其工艺流程是：首先将铍珠或鳞片状金属铍经真空熔炼制成铸锭，将铸锭车（或铣）成碎屑，然后制粉。铍粉末采用真空热压、冷等静压-热等静压、冷等静压-真空烧结、直接热等静压或粉末锻造等工艺固结到接近理论密度，获得铍锭坯，然后机械加工或轧制/挤压成各种尺寸和形状的产品。通过提纯铍珠，控制铍粉末的化学成分、粒度组成等特性，合理选择固结温度与压力参数，可以制得各种不同用途与级别的铍材。

（钟景明 王东新）

疲劳 fatigue 材料或构件在变动载荷的持续作用下产生裂纹，直至失效或断裂的现象。无论材料的范性如何，疲劳断裂时并不产生明显、宏观的范性形变，类似脆性断裂。这种断裂极易造成灾难性事故，如飞机失事、桥梁折断、高压容器爆裂等。19世纪中叶，人们就在铁路和矿山机械上发现了疲劳现象，德国人A.沃勒首先利用旋转弯曲试验得到了钢铁的比较系统的疲劳试验结果。在工程上引起疲劳破坏的应力有时呈周期性的变化，有时是随机的。循环应力的波形很复杂，人们常常在疲劳试验时把它简化成等幅应力循环的波形，并用一些参数来描述它。图1中σ_{max}和σ_{min}是循环应力的最大和最小代数值；$r=\dfrac{\sigma_{min}}{\sigma_{max}}$是应力比，也称循环特征系数；$\sigma_m=\dfrac{\sigma_{max}+\sigma_{min}}{2}$是平均应力；$\sigma_a=\dfrac{\sigma_{max}-\sigma_{min}}{2}$是应力振幅。沃勒采用相当于$\sigma_m=0$，$r=-1$的对称交变载荷循环（见图1a），指出了交变应力$S$（即上述的$\sigma$）和疲劳寿命（即断裂循环次数）$N_f$之间的关系，这就是后来大家熟知的$S-N$曲线。

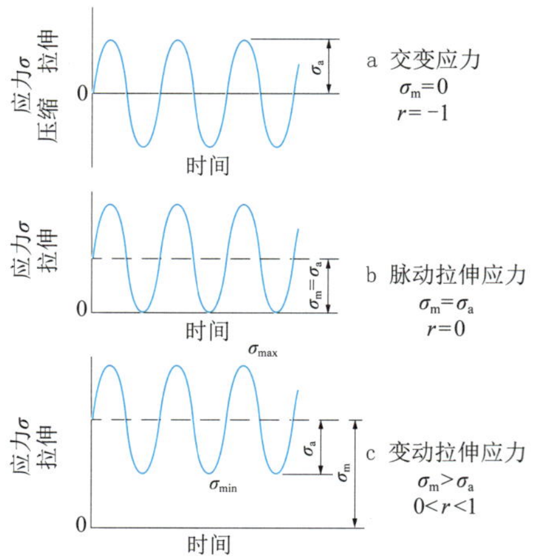

图1 等幅应力循环的波形及其参数

疲劳曲线 有以下几种。

（$S-N$）曲线 典型的$S-N$曲线见图2。图内的交变应力S根据现行习惯用σ

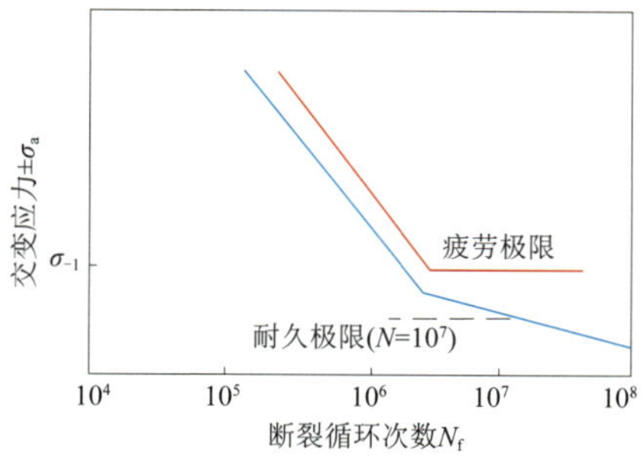

图2　不同材料类型疲劳曲线示意图

来表示。由图可知，高应力下寿命较短，随着应力降低，寿命不断增加，S–N曲线逐渐趋向于与N轴平行的某一渐近线，即只有当交变应力超过一定数值时才能发生疲劳断裂。经过无限多次循环应力作用而材料不发生断裂的最大应力，称为疲劳极限。疲劳极限的大小与应力比r有关，通常用σ_r表示，而对称交变应力下的疲劳极限则用σ_{-1}表示。然而有的材料观察不到明显的疲劳极限，特别是**有色金属**，它们的S–N曲线非常缓慢地趋近于渐近线或连续下降，这时就需要预先指定循环次数，例如N=10^7或10^8，然后再求得能够达到这一循环次数N而又不发生断裂的最大交变应力，这个应力叫作耐久极限或条件疲劳极限σ_N。疲劳极限和耐久极限都是表示材料抗疲劳性能的指标，统称为疲劳强度。

S–N–P曲线　大量实验表明，只靠S–N曲线还不能充分反映疲劳断裂的特点，有时还需要采用S–N–P曲线表示疲劳破坏的统计特性，其中P是存活率，即试样不发生断裂的概率。图3是铝合金S–N–P曲线的一个实例，存活率越高，S–N曲线的位置越低。对于相同的寿命，只有降低应力振幅才能有较高的存活率，减少出现断裂的可能性。以特定的应力进行大量的疲劳试验，就会发现疲劳寿命N_f以对数正态函数形式处在一个寿命分散带上。

实际的疲劳断裂十分复杂：按照工作环境分有高温疲劳、热疲劳和**腐蚀疲劳**；根据材料承受应力、应变的大小及达到破坏的循环次数的多少，可分为高周疲劳和低周疲劳；从应力状态分，有拉压、拉伸、

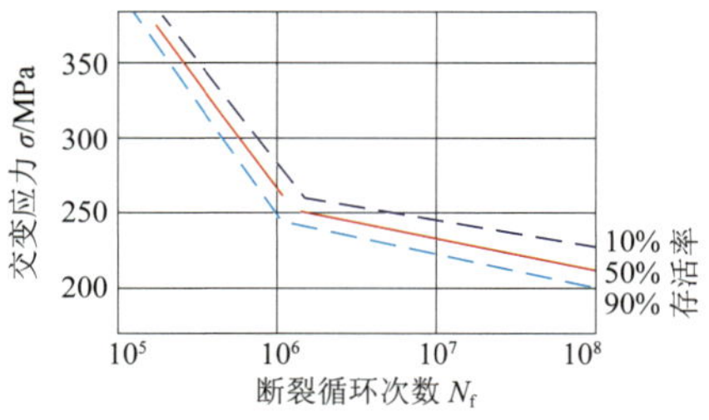

图3　铝合金S–N–P曲线的实例

扭转疲劳等；另外，还有常见的接触疲劳。它们都遵循疲劳断裂的基本过程。

疲劳的基本过程　在不存在裂纹或其他严重应力集中的情况下，整个疲劳过程可以分成依次出现但有部分重叠的3个阶段，即疲劳硬化或软化、裂纹萌生和裂纹扩展。

疲劳的硬化与软化　金属和合金在循环载荷作用下，将出现内部结构变化，宏观上表现为试样整体硬度或流变强度的升高或降低，即循环硬化或软化（图4）。应注意图上的流变强度，是试样经不同的应力或应变循环后测定的数值。这种循环载荷引起的内部结构变化，也表现于试样的其他力学、电和磁性质的变化。所有这些性能的变化都具有饱和的特征，即在循环载荷作用的一开始，变化很显著；在循环几次后，达到一个稳定值，称为循环饱和。

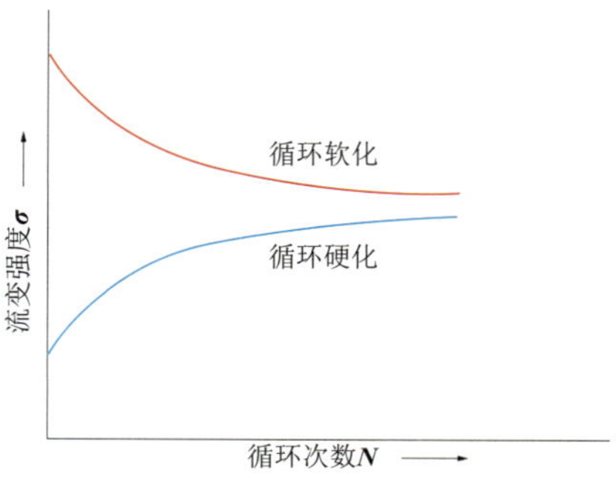

图4　循环硬化及循环软化曲线

如果用达到饱和后的流变强度对外加循环范性应变幅作图，就得到循环应力–应变曲线。它是材料最重要的、可定量表示的疲劳特征之一，在循环载荷中的地位和作用相当于单向加载的拉伸图，是了解材料性能和进行工程设计的基本依据。

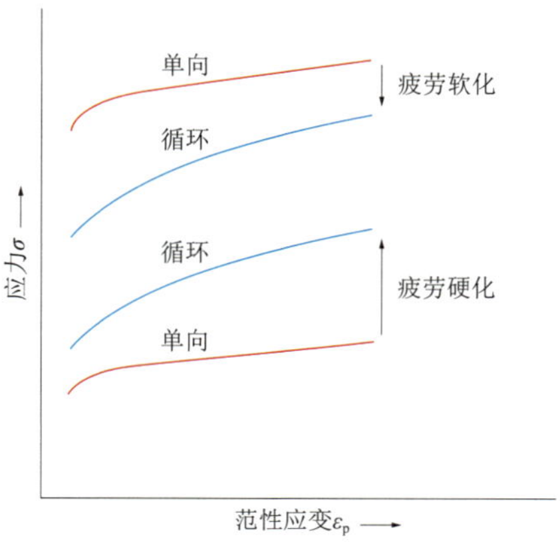

图5　多晶材料的单向拉伸和循环应力–应变曲线

图5为多晶材料单向拉伸曲线与循环应力–应变曲线的比较。通常，在有范性形变的情况下，高强度材料出现疲劳软化，低强度材料则出现疲劳硬化。所以在使用高强度材料时要格外注意，否则就可能出现灾害性破坏。这种硬化一般成幂指数关系，即可用$\sigma=k(\varepsilon_p)^n$表示循环应力–应变曲线，其中$k$是循环强度系数，$n$为循环应变硬化指数。对多数材料来说，$n$值在0.05～0.3之间。

驻留滑移带的形成和疲劳裂纹的萌生　当金属受到一定大小的疲劳应力的作用时，在开头的几百或几千周内，在一些取向有利的晶粒表面出现细直而均匀分布的滑移线。但随循环载荷的继续作用，少数滑移线突然变得集中且变宽而形成粗滑移带，它们之间存在着很大一片没有或很少有明显的进一步滑移的区域。这些粗滑移带的出现，近似地对应于硬化进入饱和。到了20世纪50年代，P.J.E.福赛思首先在铝–铜合金中观察到疲劳过程中有金属薄片从这种滑移带内挤出，随后N.汤普森等人发现这种滑移带具有“驻留”(persistent)的性质，即它们在试样表面侵入得较深，不易用电解抛光去掉，即使能够去掉，在进一步的疲劳变形中它们还在原来的地方出现，因此称为驻留滑移带，简写为PSB（persistent slip band）。PSB出现后，它们集中了大部分外加循环范性形变，而其间较硬的基体没有或很少有变形。这种循环形变的局部化，正是导致疲劳裂纹萌生的主要原因之一。从50年代末开始，人们进一步深入广泛地研究了金属疲劳后的位错结构，基本上确立了面心立方纯金属在疲劳后的内部或基体的位错结构。

通常情况下，疲劳裂纹在金属的自由表面或接近表面下的某些“奇异点”萌生。概括起来，存在3种主要类型的疲劳裂纹成核位置，它们是驻留滑移带、晶粒间界和表面夹杂物。裂纹在驻留滑移带内萌生是一种最基本的裂纹成核方式。由于驻留滑移带内大量无规和不可逆的循环滑移形变，在表面形成滑移台阶、挤出片或侵入沟，从而发展成为一种具有严重应力集中的区域，有利于裂纹萌生。高应变疲劳时，不再出现与驻留滑移带有关的循环形变局部化。当晶界较弱时，它往往成为裂纹优先成核的地点，但晶界型的成核也是由循环滑移过程控制的。夹杂物所造成的应力集中效应能够引起循环滑移局部化，导致夹杂物与基体界面的脱开或夹杂物本身的开裂。

裂纹扩展的一般规律　疲劳裂纹在试样表面成核后，在进一步的循环加载过程中，它们彼此联结，并沿着具有最大切应力的滑移面长大，这是疲劳裂纹扩展的第Ⅰ阶段。实际上，在这一阶段中，大多数

裂纹很快就停止了扩展，一般只有某一条能够达到几个晶粒长度，并逐渐改变方向，最后沿着垂直于最大正应力的方向扩展，即进入疲劳裂纹扩展的第Ⅱ阶段。裂纹扩展平面由活动滑移面到垂直应力轴的过渡，通常称为第Ⅰ阶段（晶体学扩展）到第Ⅱ阶段（非晶体学扩展）的转变。

疲劳裂纹的第Ⅰ阶段扩展由外加应力的切应力分量控制，而第Ⅱ阶段的非晶体学扩展由正应力分量控制，裂纹在这一阶段的扩展速率 da/dN 随交变应力强度因子幅度（ΔK）的变化可用图6所示的S形曲

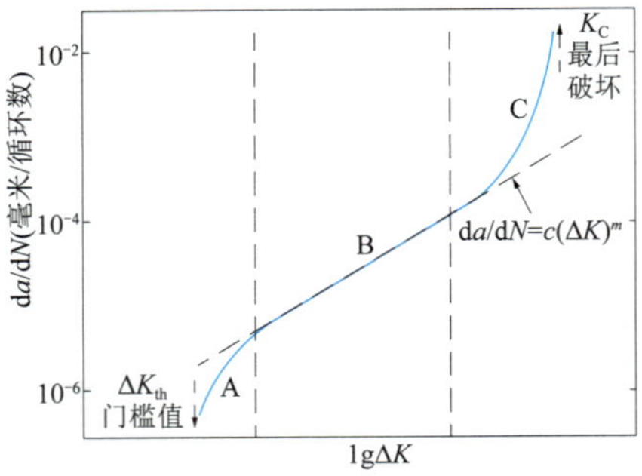

图6　裂纹扩展的诸阶段及其影响因素

线近似地表示（a 为裂纹宽度）。一般可分为A、B、C三个区域。A为低速区，$da/dN<10^{-5}$ 毫米/周，裂纹扩展行为受材料组织结构、加载条件和环境的明显影响。在这一区域存在应力强度因子幅度的临界值 ΔK_{th}，如外加应力的 ΔK 小于它，裂纹就不再扩展，ΔK_{th} 是材料的疲劳裂纹扩展门槛值。B为中速区，典型速率 $da/dN=10^{-6}\sim10^{-3}$ 毫米/周，裂纹扩展速率服从Paris公式，即 $da/dN=c(\Delta K)^m$，式中 c 和 m 为材料常数。几乎已经测试的材料都符合这一关系，而且材料显微结构对此的影响很小。C为高速区，$da/dN>10^{-3}$ 毫米/周。在这里由于 K 最大值接近 K_c，裂纹扩展速率增长很快，表现为静载型的断裂。在这个区域中，显微组织、载荷条件和试样尺寸都有较大的影响。

疲劳断口　断裂表面特征或断口形态在疲劳裂纹扩展的研究中具有重要意义。一个典型的疲劳宏观断口由疲劳源、疲劳裂纹扩展和最后破坏3个区域组成。疲劳源区色泽光亮，是两个断裂面对磨造成的；疲劳裂纹扩展区通常比较平整，具有表征裂纹扩展前沿相继位置的休止线或海滩花样，而最后破坏区具有静载断口的形态。扫描和透射电子显微术揭示了疲劳断口的许多微观特征，它们与裂纹扩展速率有关（见**断口分析**）。

影响疲劳强度的因素　影响材料或构件疲劳强度的因素主要有以下几方面。

应力集中的影响　从微观和宏观来说，范性形变在局部区域的集中是疲劳破坏的特点，也是诱发疲劳裂纹的根本原因。因此对疲劳寿命影响最大的因素是表面应力集中。材料或构件上的缺口、转角、键槽和表面加工的粗糙部分等应力集中区域都能显著降低疲劳寿命，因此在抗疲劳设计中应首先考虑改善机器零件的几何形状设计和提高其表面加工质量，以求达到零件上合理的应力、应变分布。

此外，不同金属对应力集中的敏感程度也各不相同，这种差别可以用应力集中敏感系数 q 来表示。材料的 q 值介于0与1之间，例如软钢 $q=0.3$，对缺口不太敏感；而铝合金 $q=0.72$，有很大的缺口敏感性。

材料静载断裂强度、塑性和抗疲劳性能的关系　在较低应力下，各种因素对抗拉强度、屈服强度的影响与对疲劳极限的影响大体上一致，但合金的**晶体结构**对疲劳强度与抗拉强度比值有很大影响。例如，这个比值对于铁素体钢是0.6、珠光体钢是0.4、回火马氏体钢是0.55、奥氏体钢是0.35，而时效硬化铝合金仅为0.25～0.3。钢的疲劳极限与抗拉强度的关系，表示在图7中。对于高周低应力疲劳，裂纹起始寿命占总寿命的大部分，影响裂纹萌生的因素起主导作用。因此，阻碍滑移的因素都会推迟驻留滑移带和微裂纹的形成，提高疲劳寿命。

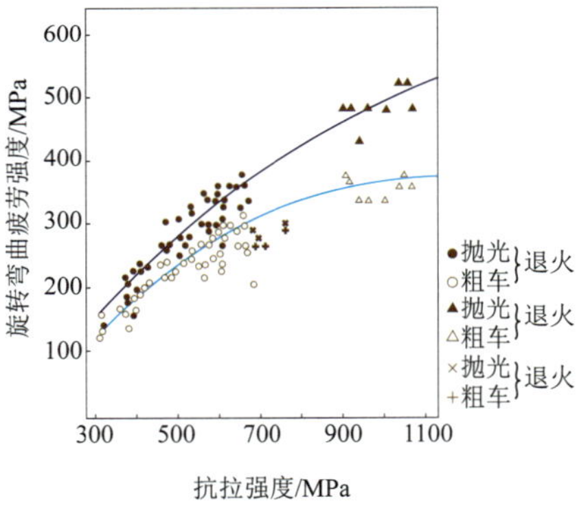

图7　疲劳极限与抗拉强度的关系及表面状态对疲劳极限的影响

对于低周高应力疲劳的情况则有所不同，裂纹扩展寿命占疲劳总寿命的大部分，这时裂纹尖端区材料对范性形变的容纳能力成为控制裂纹扩展的因素，它对组织结构的类型不敏感，疲劳寿命由应变幅和材料的塑性来决定。

总之，在抗疲劳设计的选材时要根据实际的载荷条件来决定最佳的强度－塑性配合。为改善高周低应力疲劳应着重考虑合金的强度，特别是表面强度。其中渗碳、氮化、细化晶粒、减少夹杂物含量、缩小夹杂物尺寸等都是很有效的方法。但为了提高低周高应力疲劳性能还必须注意提高材料的塑性。

变幅载荷及叠加静态载荷的作用　许多疲劳试验都是等幅的，但在实际使用中，零件载荷随时间的变化却往往是变幅的，在使用期内经历不同大小的应力的作用。为了考虑这种情况，工程上有时用线性损伤积累法则，做近似的处理。根据这一法则，首先假设材料在一定应力下经历了 n_i 次疲劳循环的作用，则损伤分数 $\frac{n_i}{N_i}$ 表示积累的疲劳损伤。其中，N_i 是该应力下的疲劳断裂寿命，如果材料经历了各种应力幅的作用，那么当损伤分数总和达到1时，材料就应该发生断裂，即：

$$\frac{n_1}{N_1}+\frac{n_2}{N_2}+\cdots\cdots+\frac{n_i}{N_i}=1$$

虽然这种估算方法用得比较广泛，但与实际的差别仍然很大。载荷大小的次序、超载、欠载都有很大影响，例如少量但又超过临界值的过载，可以加大原有裂纹前端的塑性区，阻碍裂纹进一步传播。由于这种影响相当复杂，所以有时不得不采用费用很高的模拟实验来估算一些关键零部件的寿命。

在疲劳载荷上叠加静载荷也会影响疲劳强度。平均拉应力降低疲劳强度，平均压应力提高疲劳强度。在工程上，平均应力有时以残余应力的形式出现。例如，由于机械加工方法不当，可以使零件形成很大的表面拉应力，降低其疲劳强度；而对零件采用喷丸强化后，则形成表面压应力，能十分有效地提高其疲劳强度。

温度和环境的影响　有些材料的疲劳可以在高温振动应力的作用下发生，例如燃气轮机的涡轮叶片在高温燃气流（700～1000℃）的推动下高速旋转，设计和使用不当都能引起高温疲劳破坏。还有另外一种情况，即材料在使用中形成相当大的热应力，这种热应力的多次反复也能引起疲劳破坏，称为热疲劳。无论高温疲劳或热疲劳都与高温对疲劳过程的影响有关。

温度升高，金属的循环硬化指数和流变强度都下降，容易发生滑移，因此温度对疲劳强度的影响与对屈服强度的影响类似，当温度升高时疲劳强度降低（只有软钢等很少的材料例外）。在熔点二分之一以上的温度，**蠕变**的损伤则变得更加重要。此时晶界弱化，有时晶界上产生蠕变空位，于是疲劳裂纹将在有空位的部分中快速传播，降低疲劳寿命。上述这些机制受到时间和形变速率的影响，因此降低循环频率能够给蠕变空位的形成和长大提供有利条件，从而降低高温疲劳强度。相反，

水、盐水对不同材料疲劳性能的影响

材料	成分 /%	处理	抗拉强度 / MPa	耐久极限 /MPa		
				空气	水	盐
碳钢	C0.6	退火	352.8	175.42	116.62	34.3
镍钢	C0.28，Ni0.7	热处理	882	439.04	150.92	
不锈钢	C0.16，Cr17.3，Ni9.19	轧制	857.5	343	343	171.5
铜		退火	215.6	68.6	68.6	
铝		退火	88.2	41.16	27.44	16.66
		加工硬化	137.2	54.88	27.44	16.66
杜拉铝		软化	225.4	88.2	49	39.2
		时效硬化	480.2	122.5	49	39.2
青铜	Cu94.55，Zn5.42	退火	330.26	137.2	137.2	137.2
黄铜	Cu61.14，Zn34.73，Fe0.08	退火	490	117.6	82.32	82.32

在室温下绝大多数金属的疲劳寿命与频率的关系不大。

此外，疲劳破坏不仅在空气的环境中出现，真空、氢、水、海水、腐蚀介质、燃料与灰分等对疲劳寿命都有很大影响，甚至臭氧、电离层、噪声、核辐射等都在研究的范围之内。腐蚀疲劳正在迅速发展成为一个重要的分支学科（见**金属腐蚀**）。腐蚀与疲劳同时发生时，其损伤往往大于二者分别作用的总和。表中列出了水、盐水对各种材料弯曲疲劳强度的影响。

腐蚀环境降低疲劳强度的原因有：腐蚀引起的表面蚀坑是应力集中源；腐蚀与交变应力的联合作用会促使表面的钝化膜不断地破坏和再形成，它影响着裂纹尖端区的腐蚀电位，介质扩散进入裂纹尖端区改变材料的力学性质，腐蚀产物填塞或桥接在裂纹缝隙之中，影响裂纹的闭合或扩展，等等。总之，由于力学及电化学、表面化学等因素的联合或交互作用，其机理十分复杂，还缺乏统一的认识。

接触疲劳　齿轮、轴承、钢轨等工件的表面在反复接触应力作用下容易产生麻点或表面剥落，这就是接触疲劳现象。麻点和剥落的产生主要是皮下反复切应力造成的，是疲劳裂纹的萌生与扩展的结果，也是常见的一种破坏形式。

（柯　伟　王中光）

品位　grade　*矿石*（或选矿产品）中有用组分（元素或化合物）或有用矿物的单位含量。是矿石和选矿产品的主要质量指标。矿石的应用价值和品位关系很大，按品位高低，矿石（或*矿体*）分为富矿、中品位矿、贫矿。矿种不同，矿石品位的表示方法也不同，主要有3种：①百分比法（单位：%），如果是从矿石中提取某种元素，其品位用矿石中该元素的重量百分比，或用该元素的氧化物的重量百分比表示。②每吨所含克数法（单位：克/吨），对贵金属元素，一般就用每吨矿石中含有用组分的克数来表示。③每立方米所含克数法（单位：克/米³或千克/米³），砂矿床和非金属矿床用此法表示。

在矿产勘查中，常用的**边界品位**是划分矿与非矿（或围岩）界限的最低品位，即圈定矿体时单个矿样中有用组分的最低品位。工业品位是工业上可以利用单个工程（或矿段或矿体）的最低平均品位，又称最低工业品位，是计算矿产储量的主要指标。

（胡　斌）

平硐　adit　从地表直接通达矿体，用于运输矿石、废石、人员、材料、设备以及通风和排水的**平巷**。多用于开采山坡矿体。平硐口设有硐门，硐门由端墙和翼墙组成，主要作用是承受地层侧压力、阻挡落石、加固硐口仰坡路堑边坡、排泄仰坡汇水、装饰建筑等。

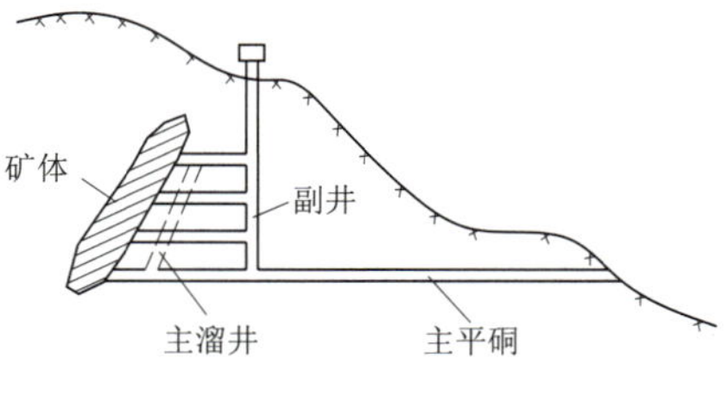

平硐开拓系统示意图

平硐巷道净宽度取决于巷道内最大运输设备的宽度、人行道宽度和相应的安全间隙。拱高一般为巷道净宽度的1/5～1/3，围岩越不稳固，拱高越大。墙高取决于最大运输设备高度、人行道的有效高度（不应小于1.9米）和悬挂管路所需要的空间高度。根据平硐断面大小及围岩的稳固性情况，支护可选择**喷射混凝土支护**、**锚杆支护**、**喷锚网支护**、素混凝土或钢筋混凝土等形式。对于断面小、围岩很稳固的平硐，也可不支护。

平硐内多采用**电机车**运输，矿石装入矿车后，由电机车牵引矿车运出硐外；井下所用材料和设备装入矿车（平板车或材料车）后，由电机车牵引从地表进入平硐，再转运至使用地点。也可采用**带式输送机**运输和汽车运输。平硐底板纵向坡度一般为3‰～5‰，这样便于矿山生产中的涌水经过平硐自行流出地表。**平硐开拓**系统如图所示。

（郭　雷）

平硐开拓　adit development　采用平硐作为矿石运出，人员、材料和设备出入的主要通道的开拓方法。平硐开拓适用于开采赋存在山岭地带地表以上山体内的矿体。一般说来，只要地形允许，利用平硐开拓矿床的全部、大部或局部，多是合理的，因此应优先考虑平硐开拓。

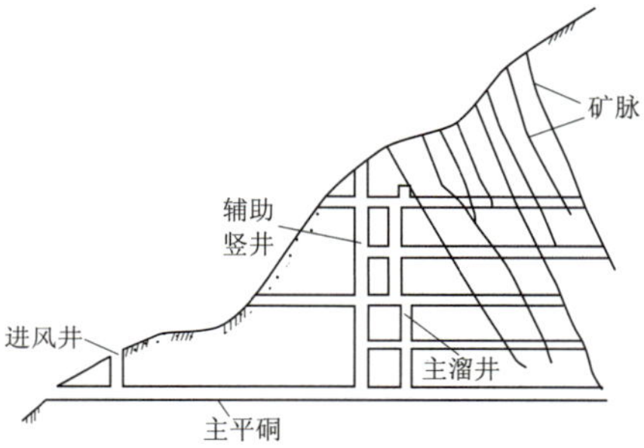

下盘平硐开拓方案示意图

平硐开拓时，主平硐担负运输、进风、排水、敷设管线等任务。在上部边界开掘回风平硐或回风井，以构成通风系统。根据地形和外运条件，平硐可开在上盘岩石、下盘岩石或矿体中，垂直或斜交矿体走向，也可沿矿体或矿层走向开掘。煤层开拓中，当地形条件和井田范围合适时，可在主平硐标高建立开采水平，实行平硐上、下山开拓。如平硐水平以上的煤层垂高或斜长过大，可采用阶梯式多平硐开拓。

与其他开拓方法相比，平硐开拓的优点包括：①矿石经**溜井**靠自重下放，矿坑水经平硐排出地表，节省能源，生产成本低。②出矿系统简单，投资省。③施工简单易行，建设速度快，基建时间短，除长平硐外，一般说来，平硐开拓同时作业的工作面多。④生产安全可靠，潜在能力大，改扩建投资小、见效快，管理方便。

（刘育明）

平巷　drift　水平或近似水平的巷道。水平巷道的简称。地下矿山最多的井巷工程形式。

类型和设施　平巷按用途分为**平硐**、

石门、中段运输平巷、通风巷道、出矿平巷、凿岩平巷和充填平巷等。按布置方式分为**沿脉巷道**、**穿脉巷道**。根据运输和排水的要求，平巷的坡度一般为3‰～5‰，**有轨运输巷道**的坡度一般不大于1%，**无轨巷道**的坡度灵活性较大。不同的平巷内布置有不同的设施，如有轨运输巷道内一般设置有运输轨道、人行道、照明线路和灯具、排水沟和水沟盖板、压风管、供水管、电缆等。

采用直墙半圆拱断面的有轨运输平巷（杏山铁矿）

断面形状和尺寸　选择平巷断面形状主要考虑的因素是：围岩性质、**巷道地压**大小及来压方向、巷道用途和服务年限、支护形式和施工的难易程度及费用等。断面形状应使巷道在围岩压力作用下处于良好的、合理的受力状态，保证巷道的安全和正常使用；断面开挖量及支护材料消耗量最少而且要便于施工。矿山平巷常采用直墙拱形（如半圆拱、三心拱、圆弧拱）断面，也有梯形断面。在岩石特别破碎的情况下可采用圆形、椭圆形、马蹄形、多边形等断面，采场中的小断面巷道也常用矩形断面。通常采用直墙三心拱断面的较多，对于岩石破碎、地应力较高的地下矿山，可采用直墙半圆拱的断面。

确定平巷断面尺寸，要根据巷道中运输设备的类型和数量、人行道宽度及各种安全间隙，并考虑管路、电缆的布置，设计其净断面尺寸，然后通过巷道风速进行校核，并根据**巷道支护**结构及尺寸、道床及水沟等参数绘出巷道断面图。

（陈　何）

平巷掘进凿岩台车　face drilling rigs　用于支撑、推进和移动一台或多台凿岩机进行矿山水平巷道掘进凿岩钻孔，并能够自动行走的凿岩设备。也称地下掘进凿岩台车、平巷钻孔台车。早期的平巷掘进凿岩台车采用气动凿岩机，因其效率低、噪声大，发展了液压凿岩机。1970年法国研制第一台H50型液压凿岩机及其配套凿岩台车。

平巷掘进凿岩台车工作机构主要由推进器、钻臂、回转机构、平移机构组成，在推进器的导轨上安装凿岩机。它能移动并支持多台凿岩机同时进行钻孔作业。按钻臂数目分为单臂掘进凿岩台车、双臂掘进凿岩台车和三臂掘进凿岩台车；按行走方式分为轮胎式掘进凿岩台车、履带式掘进凿岩台车和轨轮式掘进凿岩台车。

平巷掘进凿岩台车具有作业效率高、能量利用率高、辅助停机时间短、操作环境好等特点。计算机控制的平巷掘进凿岩台车已在平巷掘进工程中得到应用，自动化、智能化是未来发展方向。

（马　飞）

平炉炼钢　open hearth steelmaking　以煤气或重油作为燃料形成高温火焰，在反射炉炉膛内加热生铁和废钢等原料，使之熔化后精炼成钢液的**炼钢**工艺。

简史　1856年，英国人**K.W.西门子**发明了蓄热室式火焰炉（余热再生技术），使燃料燃烧温度提高200～300℃，为平炉炼钢法的产生奠定了基础。1864年，法国人**P.-É.马丁**利用蓄热室改造**反射炉**，成功炼出了液态钢，由此发展出平炉炼钢法。法国、俄国称其为马丁炉炼钢，德国称其为西门子-马丁炉炼钢，英国、美国和中国称为平炉炼钢。最早的平炉用**酸性耐火材料**砌筑，**托马斯转炉炼钢**问世后，平炉迅速改为碱性。碱性平炉炼钢法的优点是：可大量使用废钢，而且生铁和废钢配比灵活；对生铁成分要求比较灵活，可以使用含磷约0.2%的普通炼钢生铁；能炼的钢种较多，中、高碳钢和低合金钢均能顺利生产，而且质量较好；炉子容量大，生产率高。1930～1960年，平炉炼钢法达到全盛时期，世界钢产量的80%是平炉钢，年产平炉钢可达2亿～3亿吨。但平炉炼钢的缺点是：容量大、冶炼周期长，间歇式作业，和下游的连铸机操作难以协调，必须保留钢锭模铸和初轧开坯设备；与高炉出铁周期不配合，必须增加混铁炉，增大了投资并降低了效率；平炉本身的热效率不高，产生的大量废气难以再利用，对环境污染严重。所以，之后随着氧气转炉、超高功率电炉和全连铸车间的发展，平炉炼钢法逐渐被淘汰。

铁水注入平炉

平炉炼钢特征　①需要外部供给热量。平炉炉体庞大，冶炼时间长，炉体散热损失和废气带走的热量大，钢铁原料中元素氧化反应产生的热量不足，而且反应速度慢，反应热难以集中产生。所以，平炉炼钢的热源必须依靠燃料燃烧和空气的预热。普通平炉炼钢每吨钢大约消耗4.102吉焦的热量，相当于140千克标准煤。②炉内氧化性气氛。平炉熔炼室内燃料燃烧必须使用过剩空气，以避免废气进入蓄热室后继续燃烧而损害其中的格子砖。熔炼室中含有氧化性气体氧气、二氧化碳、水蒸气，所以具有相当高的氧势（炉气$\log P_{O_2}=10^{-2}$，金属熔池$\log P_{O_2}=10^{-8}$），可以通过**炉渣**向金属传氧。高温下，氧化性气氛向熔池供氧量达金属重量的0.2%～0.4%。为了加快供氧速率，除依靠氧化性气氛外，还可以加入铁矿石或直接向熔池吹氧。③炉渣的作用。炉渣的形成主要源于含铁原料中部分元素氧化生成物和加入炉内的造渣剂（石灰、萤石、铁矾土等）。炉渣在熔炼室内浮于钢液面上铺满熔渣层，炉气中的热和氧通过渣层传递到金属。此外，依据渣-金属间反应，金属中硫、磷等杂质元素可以转移到渣中，而炉气中的氮、氢等气体元素可以被渣层阻碍，不会过多被钢液吸收。所以，炼钢必须先炼好渣。炉渣应保持一定的碱度和氧化性、良好的流动性，促成必要的脱碳速率，使熔池形成活跃沸腾状态。炉渣的性能和数量要根据所炼钢种特点来调节。

平炉操作工艺　平炉炼钢原料可以使用不同的生铁－废钢配比。根据配比的不同，平炉炼钢操作方法有：①矿石法，炼钢原料以铁水为主。②废钢矿石法，原料中铁水占50%以上，废钢在50%以下，并配加适量的铁矿石。③废钢法，原料中废钢占60%以上，而配加生铁（铁块或铁水）30%～40%，以补充含碳量，铁矿石仅在冶炼过程中视情况有必要时少量使用。④增碳法，原料以废钢为主，装料中加无烟煤或石油焦作为增碳剂。其中废钢矿石法和废钢法较常用，有高炉铁水的工厂用废钢矿石法，废钢充分的地方用废钢法。

平炉炼钢的操作过程分为补炉、装料（铁矿石、石灰、废钢及生铁块）、加热、兑铁水、熔化、精炼、脱氧和出钢等步骤。以300吨重油平炉的废钢矿石法操作为例，各步骤的时间见表1。

平炉热工制度　平炉炼钢法中，装料和熔化所占时间约为2/3，它和平炉的加热状态密切相关，所以平炉热工制度十分重要。

表1 平炉炼钢各步骤的时间

步骤名称	不吹氧/（小时：分）	吹氧/（小时：分）
补炉	0:05	1:40
装料	1:10	
加热	0:35	
兑铁水	0:20	
熔化	3:30	2:00
精炼	2:00	
脱氧、出钢	0:20	0:40
共计	8:00	4:20

随着冶炼工艺的发展，热工条件也有变化，如硅砖炉顶改为吊挂式碱性炉顶，混合煤气改为重油或天然气，炉顶富氧燃烧等。热工制度根据生产条件的不同而制定，包括以下参数：①热负荷。冶炼过程中单位时间供给平炉的热量（吉焦/小时），是热工制度中最基本的参数。冶炼过程不同热负荷不同，一般在装料期热负荷最大，熔化和精炼期较小。②空气过剩系数。实际供给的空气量和燃料完全燃烧所需理论空气量之比，一般为1.1～1.5。③炉膛压力。炉顶中心处测得的内外压力差，一般为20～35帕。④炉顶温度。实测的炉顶内表面温度应保持在炉顶耐火材料所能承受的温度内，一般为1450～1700℃。⑤换向间隔时间。两次换向之间保持的时间，一般为8～15分钟。⑥蓄热室温度。蓄热室上层格子砖的实测温度，一般为1100～1200℃。此外，对燃烧重油的平炉还要制定雾化剂的压力和流量，以及重油烧嘴所用的一次空气量，对用氧平炉还规定氧压、氧流量等。300吨倾动式重油平炉的热量衡算见表2。

表2 300吨倾动式重油平炉的热量衡算表

收入	普通平炉/%	吹氧平炉/%	支出	普通平炉/%	吹氧平炉/%
氧化反应放热	15.5	30.4	加热钢水、炉渣	22.6	46.7
造渣反应放热	0.6	0.7	铁矿石分解等反应热	8.5	0.5
废钢物理热	0.1	0.1	加热生成的一氧化碳气泡	1.7	0.6
铁水物理热	11.2	21.6	废气带走的热	44.6	34.9
重油燃烧放热	47.2	34.5	冷却水带走的热	10.0	17.3
热空气物理热	25.4	12.7	炉衬热损失	12.6	

平炉用氧　随着工业制氧技术的发展，以及二战后过剩制氧能力的释放，20世纪50年代平炉炼钢法用氧强化冶炼的技术有较大发展。主要用氧方法有：①火焰富氧。向炉头喷出的空气中吹入氧气，使空气含氧量增加到24%～28%，以提高火焰温度和刚性，增强火焰传热和传氧能力，提高平炉热负荷和热效率。②熔池吹氧。将氧气直接吹入熔池以取代铁矿石作为氧化剂，提高脱碳反应速率而且使吸热反应变成放热反应，缩短冶炼时间和燃料消耗。吹氧方法有炉门插管吹氧、炉顶喷枪吹氧和侧墙埋入喷嘴吹氧等。但由于平炉构造特点，熔池产生的褐色烟尘四处弥漫，恶化环境，除尘耗损也大，增加了投资。③双床平炉。把平炉熔炼室分成左右两个炉床，都采用炉顶吹氧法。左床吹氧熔化和精炼时，产生的高温气体用以加热右床，进行补炉、装料和加热等操作。左床出钢后，左右两床交换操作，右床进行熔化和精炼。此法能提高生产效率，但劳动强度大，环境条件恶劣，未能广泛应用。

扩展阅读

DERGE G. Basic Open Hearth Steelmaking. New York: American Institute of Mining, Metallurgical, and Petroleum Engineers, 1964.

（陈襄武　黄锡槐）

平行作业　parallel operation　竖井施工时，在井筒相邻的两个井段，同时进行掘进与砌壁作业的施工作业方式。平行作业方式中砌壁不单独占用工时，可加快井筒成井速度。竖井施工时，将井筒划分为若干段高，根据分段高度不同，分为长段掘砌反向平行作业和短段掘砌同向平行作业。

长段掘砌反向平行作业　将井筒划分为若干个长井段，段高视岩层的稳定程度而定，一般为20～40米。在同一时间内，下一井段由上而下进行掘进工作，而上一井段由下向上进行砌壁工作。在相邻的不同井段内，掘进和砌壁工作是同时、反向进行。当整个井筒掘砌到底后，再进行井筒安装。

短段掘砌同向平行作业　将井筒划分为若干个短井段，随着井筒掘进工作面的向下推进，砌壁工作也由上向下在多层吊盘上同时进行，每次砌壁的段高与掘进的每循环进尺相适应。吊盘下层盘与掘进工作面始终保持一定距离，由挂在吊盘下层盘的柔性掩护筒或刚性掩护筒作临时支护，节省了临时支护时间。

平行作业对时间、空间利用较充分，不受井筒深度和断面大小的制约，凿井速度比**单行作业**高出15%左右，但需装备两套以上的**提升设备**，设备布置和组织管理复杂，一般适用于深度大于400米、净直径大于5.5米的井筒掘砌。

（张钦礼）

平整轧制　temper rolling　在室温条件下利用二辊、四辊或六辊轧机对退火后的带钢以小压下量进行**轧制**的技术。平整轧制分为干平整和湿平整两种生产工艺。干平整轧制不进行工艺冷却和润滑，不需要乳化液和废水处理，可降低生产成本。湿平整轧制是带钢在平整液条件下进行平整，可减小**轧制力**，提高轧辊寿命，保持良好板形。

平整轧制的目的：①使退火带钢达到一定的力学性能要求。平整压下率对带钢屈服极限和深冲值有很大影响，一般深冲钢板平整的压下率为0.5%～2%，薄铁皮压下率为2%～5%。②消除材料的屈服平台。退火带钢直接进行冲压时，会产生所谓**吕德斯带**的局部变形，在冲压件上出现皱纹等缺陷，而经过平整轧制后可消除这个屈服平台。③改善带钢的板形。平整轧制采用较大的稳定张力和较小的压下率，有利于克服轧制过程中产生的板形缺陷。④根据用户要求生产不同粗糙度的带钢。对轧辊进行毛化处理，可得到不同粗糙度的麻面板，如汽车板、涂层板等。

平整轧制的工艺参数主要是指平整延伸率、张力、压力、温度及轧制润滑条件等。由于平整压下率较小，常用延伸率来度量。延伸率是平整轧制过程中控制带钢力学性能的唯一变形指标。平整机的工作机座通常用普通二辊或四辊轧机，也有用高精度辊形控制轧机（HC六辊轧机）的。由于平整轧机的压下量很小，轧制力及轧制力矩很小，通常采用单辊传动。

扩展阅读

白振华，刘宏民，等.平整轧制工艺模型.北京：冶金工业出版社，2010.

（邸洪双）

破碎筛分过程检测控制　measurement-control for crushing and screening process　为保证**矿石破碎**、**筛分**生产过程连续、稳定、安全运行，而对该过程中的关键设备以及关键工艺参数进行的检测和控制。在生产实践中，破碎筛分过程与原矿粒度、最终破碎产品的粒度和选矿厂规模等因素有关。现代化破碎筛分过程检测控制的应用，有利于提升**选矿厂**的产品质量和生产效率。

破碎筛分过程检测　主要包括矿仓料位检测、固体物料流量检测、带式输送机状态检测、破碎机状态检测、*矿石粒度在线检测*、输送物料金属探测等。

矿仓料位检测　采用在线检测仪表，对矿仓中粉末状、颗粒状或块状的固体物料的堆积高度进行检测。其主要目的是为了保证生产过程的连续、稳定运行。检测装置有两类，一类是极限料位检测，即料位开关，一般有高限和低限两个检测点，料位一旦达到预先设定值，即发出控制信号，使给料、布料或卸料设备进行相应的动作，控制料位在预先设定点附近；另一类是连续料位检测，即得到料位的实时值，用于精确控制料位的场合。

在粉尘浓度、温度比较高的场合，大多数使用雷达料位计。在料位检测精度要求不高或者成本受限的情况下，也可以选用超声波料位计。

固体物料流量检测　采用在线检测仪表，对带式输送机上连续输送的固体物料的瞬时流量进行检测，为选矿生产过程的金属平衡计算提供基础数据。通常用于选矿厂原矿输送的计量、*磨矿*工序给矿量的检测和控制、精矿产品的计量，以及废石量的计量。固体物料流量检测由安装在带式输送机上的电子皮带秤或核子皮带秤进行检测。①电子皮带秤，由秤架、测速传感器和高精度测重传感器、控制显示仪表等组成，能对固体物料进行连续动态计量。电子皮带秤对带式输送机的水平角度有一定要求，角度过大则影响测量精度。②核子皮带秤，其工作原理是基于伽马射线穿过被测介质时的强度衰减程度，以此来计算出被测物料的重量。特点是可以不接触物料，不受皮带运输时的皮带表面振动和过载等因素的影响，测量稳定性高，维护量小。但由于存在放射性污染的可能，所以在制造、使用、维护、报废、回收的环节中需要严格遵守国家关于放射性物质的管理规程。

带式输送机状态检测　用各种电气或机械检测元件，对运行过程中的带式输送机的工作状态进行连续检测，检测信号基本上是开关量。带式输送机的状态一般有驱动电机的状态和皮带运行的状态。①驱动电机的状态检测，状态信号有电机运行、电机故障、电机过载等，通常由配电柜或者变频器中的二次电气回路给出，并送至控制系统。当出现电机故障或电机过载信号时，二次电气回路将强制停止电机。②皮带运行的状态检测，状态信号一般有急停拉绳开关、皮带打滑、一级跑偏、二级跑偏、堵料、皮带撕裂等，上述信号除就地实现联锁之外，通常接入控制系统，使得中控室可以在线监测上述信号的状态。

破碎机状态检测　采用各种电气、机械或者仪表检测元件，对破碎机的工作状态和运行状态进行检测。目的是实现设备的安全监控、联锁启停控制、工艺参数过程控制，进而保证设备运转安全和实现最大生产效率。

按照破碎机完整的控制需求进行分类，破碎机状态检测的变量可以分为输入变量、表征变量、输出变量、操作变量4种类型。①输入变量，是影响破碎机生产效率的关键参数，包括给矿矿石粒级组成和给矿量。可在破碎机给料皮带上安装图像分析系统分析矿石粒级组成，安装电子皮带秤或者核子秤测量实时给矿量。②表征变量，是破碎机生产状态在相关物理变量上的反应，通过对这些物理变量的检测，可以直接或者间接地掌握破碎机的负载情况、工作效率。主要有：驱动电机的工作电流、功率，可以通过软启动等驱动设备获得；液压驱动或冷却系统的润滑油的入口油温、出口油温，可以通过油路上热电阻传感器检测。③输出变量，是破碎机的产品质量和产量。产品质量检测手段是在皮带上安装图像分析系统进行分析，或通过取样筛分进行诊断。破碎机产量通常根据给矿量来核定，一般不进行检测，但有时在一个完整的破碎磨矿流程的给入和给出皮带上检测，达到衡量整个破碎流程处理能力的目的。④操作变量，是通过调整使得破碎机处于最佳的工作条件的变量，包括给矿速度和排矿口尺寸。给矿速度由振动给料机、圆盘给料机、重板给料机等给料设备的调频装置来检测，一般用电机的工作频率表征。排矿口尺寸由两个接近开关检测驱动环的小齿轮实现测量，小齿轮转动时，该开关通过对齿数计数并转换成排矿口开度。

输送物料金属探测　使用金属探测器对进入选矿生产流程中含铁废料进行检测。金属探测器的组成包括线圈和检测仪表。线圈由铜导线缠绕，皮带运输机从线圈中间穿过。工作时线圈通电产生一定强度的磁场，当矿石穿过线圈时，如果含铁量过高，就会改变磁场强度，通过电磁转换装置将磁场强度变化转换成电流值、输入到检测仪表中，仪表则会指示出当前是为“过铁”状态。金属探测器通常需要和除铁器一起配合使用，当金属探测器检测到“过铁”状态，就会与皮带的电气控制回路构成联锁控制，用除铁器将矿石中的铁器吸附上来，达到除铁的目的。

破碎筛分过程控制　主要内容包括碎矿过程控制、破碎设备故障诊断及自动布料控制。

碎矿过程控制　为保证碎矿生产过程连续、稳定、安全运行，对关键设备（如破碎机、皮带输送机等）运行状态和参数进行实时监控，实现相关工序设备的联锁控制，并根据破碎机负荷、破碎机排矿口尺寸等关键工艺参数的检测信息，对给矿量和破碎机排矿口尺寸进行调节。

碎矿过程控制的主要控制内容包括碎矿负荷控制和碎矿联锁控制。①碎矿负荷控制，是通过调整给矿量和破碎机的排矿口尺寸，在保证破碎后的矿石满足后续生产的粒度要求的条件下，尽可能提高碎矿负荷的控制。给矿量调整采用变频调速的皮带输送机或者给料机实现。当需要增加负荷时，增加给矿控制频率，给矿量增加；反之，减小给矿控制频率，降低给矿量。同时调整给矿量和破碎机排矿口尺寸时，通常采用挤满给矿控制，即动态协调控制排矿口尺寸和给矿速率，实现排矿口尺寸最小、给矿量最大。②碎矿联锁控制，是为保证碎矿过程及关键设备的运行安全，按照工艺保护要求构成的逻辑关系，对关键设备进行安全保护控制。即对碎矿生产过程具有先后次序或者关联的设备，在生产环节任一节点上的设备故障发生时，实现系统的自动保护控制。碎矿系统设备较多且生产线长，正确设计碎矿联锁控制是碎矿过程安全生产的根本保障。

破碎设备故障诊断　通过获取生产的工艺参数和设备运行工作状态参量对破碎设备操作状态和异常情况做出判断，对出现的破碎设备故障进行检测、定位，为系统故障恢复提供依据。故障诊断系统包括：①设备级故障诊断，主要是长皮带故障，包括皮带打滑，液力耦合器故障，下料口卡锚杆、铁棒、木头，首轮漏斗堵；*振动筛*故障，包括给矿口、下料口或筛孔堵塞，筛网漏料；破碎机故障，包括破碎腔体堵塞、给料漏斗堵塞；胶带给矿机故障，包括卡住异物、矿仓下料口堵塞。②工序级故障诊断，对子工序中设备间负荷的匹配情况进行监测与诊断。如对给矿量与破碎机负荷、筛分机负荷及输送皮带负荷匹配情况进行故障监测。③流程级故障诊断，对粗碎、筛分、中碎和细碎工序的生产操作的协调状态进行监测与诊断，以有效降低仓满溢料和空砸断料情况发生的概率。

自动布料控制　按照工艺设计要求，在规定的范围内，通过程序控制卸料小车的启停，进行物料的传送，自动完成给定布料要求的控制过程。料位是自动布料的重要检测变量，卸料小车的定位是自动布料控制的一个关键问题。常见的定位有两种方式，一种采用限位开关的方式，即小车到达指定位置，通过触发开关信号来控制卸料小车位置；另一种采用编码器方式，根据编码器检测数值确定小车位置。

自动布料分为多个矿仓布料和大矿仓的多个布料点布料。自动布料通常有两种控制类型，一种是依次自动布料控制，卸料小车依次移动到指定位置，该位置料位达到设定值时，移动到下一个布料位置，直到完成所有布料点。另一种是均匀布料，卸料小车连续布料，此时需要根据当前每个布料点的料位情况和料流大小，合理选择布料点并控制布料时间，避免出现某一布料点过低，影响后续生产。

（岳　恒　张立岩　吴永建　周俊武）

破碎筛分流程 crushing-screening flowsheet of concentrator　由破碎机、筛分机组成的机组对矿物原料进行加工，使其粒度符合下一工序要求的过程。简称破碎流程。在破碎机前后可包含预先筛分或检查筛分。破碎作业和筛分作业共同组成破碎段，构成破碎筛分流程。

根据不同的破碎目标粒度以及入筛原料的性质，选择适合的破碎流程。破碎流程以破碎段为破碎流程的基本单元，通常分为粗碎段、中碎段、细碎段和超细碎段，分别称为第Ⅰ段破碎、第Ⅱ段破碎、第Ⅲ段破碎和第Ⅳ段破碎。破碎段数不同，以及破碎机和筛子的组合不同，便有不同的碎矿流程。常用的破碎流程按筛分机与破碎机的配置关系，有开路破碎筛分流程和闭路破碎筛分流程。开路破碎筛分流程是破碎产品不再返回该段进行破碎，产品中常含有大于规定粒度的过大颗粒；闭路破碎筛分流程是破碎产品经筛分后，粒度不合格的部分（即筛上产物）又返回该段重新进行破碎，破碎产品粒度可由检查筛分尺寸控制。

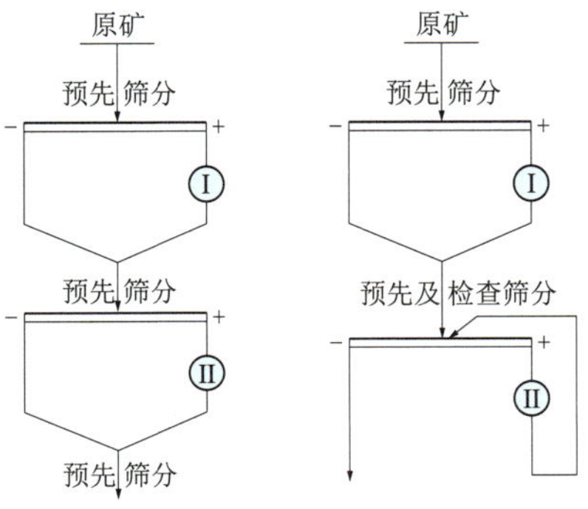

a 两段开路破碎筛分流程　b 两段一闭路破碎筛分流程

图1　两段破碎筛分流程

按破碎段数划分，常用的破碎筛分流程有两段破碎筛分流程和三段破碎筛分流程。此外，还有设置*洗矿*作业的破碎筛分流程和设置预选作业的破碎筛分流程。

两段破碎筛分流程　两段破碎筛分流程的基本形式有两段开路破碎筛分流程和两段一闭路破碎筛分流程两种（图1）。两段开路破碎筛分流程生产较经济，但所得破碎产品粒度较粗，通常适于处理原矿粒度较小的小型固体物料分选厂或半工业试验基地。如果处理的物料水分及含泥量较高时，可以考虑采用两段开路破碎筛分流程。两段一闭路破碎筛分流程是第二段破碎机与检查筛分构成闭路，以保证破碎产品粒度要求。两段一闭路破碎筛分流程应用较少，适用于处理原矿粒度较小的小型固体物料分选厂。两段破碎筛分流程所选用的*破碎设备*也有特殊要求，通常是破碎比较大的锤式破碎机。

三段破碎筛分流程　基本形式有三段开路破碎筛分流程和三段一闭路破碎筛分流程两种（图2）。每段破碎作业前面一般设有预先筛分，以提高破碎机的生产能力。三段开路破碎筛分流程所得产品粒度较粗，可以适应于井下开采和露天开采的含泥量较高的矿石，在一定程度上简化了破碎车间的设备配置，降低了破碎车间的基建投资成本。如果*磨矿*作业对给矿粒度要求不严格，或磨矿作业处理的物料水分和含泥量相对较高时，可以考虑采用三段开路破碎筛分流程。与三段开路破碎筛分流程相比，三段一闭路破碎筛分流程所得产品粒度较细，是大、中型*选矿厂*常用的破碎筛分流程，能够较好的适应井下开采和露天开采的含泥量不高的矿石，并且产品粒度较为均匀。

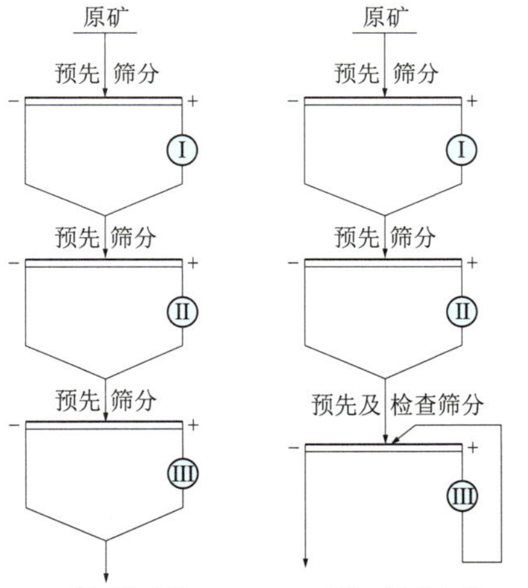

a 三段开路破碎筛分流程　b 三段一闭路破碎筛分流程

图2　三段破碎筛分流程

带洗矿破碎筛分流程　在处理氧化矿或水分、矿泥含量较高矿石（如沉积铁锰矿）时，物料容易堵塞破碎筛分流程中的相关设备，导致破碎作业生产能力下降，甚至会影响正常的生产。对于这些矿石，采用带洗矿脱泥作业的流程有利于有用矿物的富集。洗矿的目的是改善破碎条件，增加破碎作业的处理量，提高金属回收率和产品品位，改善作业环境等。洗矿作业一般设在粗碎前后。常用的洗矿设备有洗矿筛（格筛、*振动筛*、圆筒筛等）、槽式洗矿机、圆筒洗矿机等。由于原矿性质不同，洗矿的方式和细泥的处理方式也不同，因而流程多样。例如，带洗矿的破碎筛分流程采用三段一闭路（图3）。第一次洗矿在格筛上进行，第二次洗矿在振动筛上进行，洗矿后的筛上产物进入中碎，筛下产物进*螺旋分级机*分级，分级返砂与合格破碎产物合并，分级溢流经浓缩脱水后，进行单独的细泥磨矿、浮选。

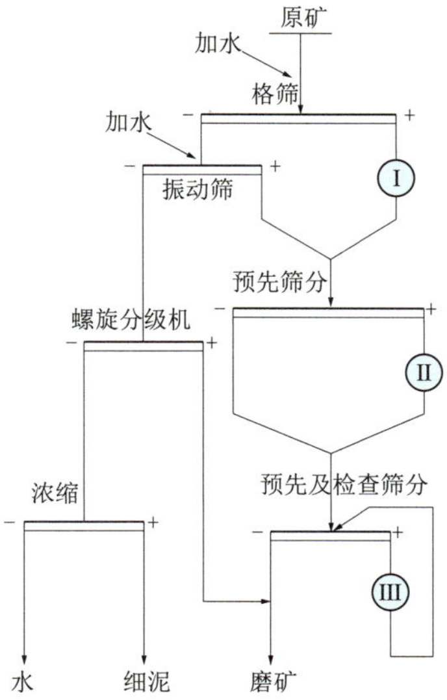

图3　带洗矿破碎筛分流程

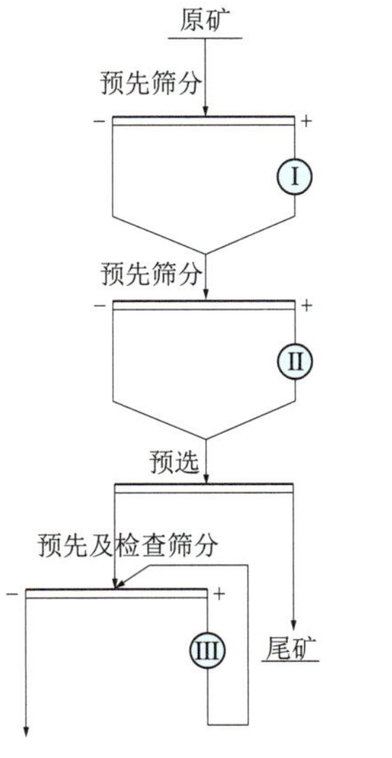

图4　带预选破碎筛分流程

带预选破碎筛分流程　预选是矿石进

入磨矿机前的选别作业，一般用于剔除在开采时混入矿石的围岩及夹石。采用预选（包括手选、光电拣选或重介质选矿）可以减少进入磨矿机的矿石量，提高入选矿石品位，是**选矿厂设计**中减少基建投资、降低生产成本和节省能耗的有效办法。例如，超贫磁铁矿的破碎筛分流程中，一般采用三段一闭路的破碎筛分流程（图4），粗碎－中碎后，利用磁滑轮进行抛废，将磁铁矿进行预先富集，然后再进行细碎－磨矿作业。

扩展阅读

段希祥.碎矿与磨矿.2版.北京：冶金工业出版社，2006.

（齐　莉）

破碎设备　crushing equipment　利用挤压、折断、劈裂、剪切、冲击、研磨等机械方式实现物料破碎的设备。广泛应用于矿山、冶金、建筑、市政工程、化工、食品等行业。常用的破碎设备根据结构和工作原理可分为**颚式破碎机**、**旋回破碎机**、**圆锥破碎机**、辊式破碎机、盘式破碎机、反击式破碎机、锤式破碎机，以及惯性和振动破碎机等。各大类分多个小类，如颚式破碎机又可分为简摆颚式破碎机和复摆颚式破碎机；圆锥破碎机又可分为弹簧圆锥破碎机、底部单缸液压圆锥破碎机、多缸液压圆锥破碎机、复合圆锥破碎机等。①颚式破碎机，利用两颚板对物料的挤压和弯曲作用粗碎或中碎各种硬度物料。②旋回破碎机，利用破碎锥在壳体内锥腔中的旋回运动对物料产生的挤压、劈裂和弯曲作用，粗碎各种硬度的矿石或岩石。③圆锥破碎机，工作原理与旋回破碎机相同，但仅适用于中碎或细碎作业。④辊式破碎机，利用辊面的摩擦力将物料咬入破碎区，使之承受挤压或劈裂而破碎。通常按辊子的数量分为单辊、双辊和多辊破碎机，适于粗碎、中碎或细碎煤炭、石灰石、水泥熟料和长石等中硬以下的物料。⑤盘式破碎机，利用机内两个碟形圆盘的相对运动，对破碎腔中的物料进行碾压，使物料破碎，适用于中碎作业。⑥反击式破碎机，利用板锤的高速冲击和反击板的回弹作用使物料受到反复冲击而破碎。通常用来粗碎、中碎或细碎石灰石、煤、白云石、硫化铁矿石和化工原料等中硬以下的脆性物料。⑦锤式破碎机，利用锤头的高速冲击作用对物料进行破碎，用于中碎和细碎作业，通常用来破碎石灰石、页岩、煤炭、石膏等中硬以下的脆性物料。

（夏晓鸥）

蒲津渡铁器群　Pujindu irons　中国唐代的铁质遗物群。位于山西省永济市古蒲州城西门外的黄河东岸蒲津渡口。蒲津渡是古代重要的战略渡河地点，有蒲津渡架设舟桥的记载。蒲津浮桥在唐开元九年（721）建成永久浮桥，但地锚力弱，三年后又重建。《新唐书·地理志》记载，大唐开元十二年（724），河两岸开东西门各造铁牛四尊，其牛下并铁柱连腹入地丈余，并前后铁柱十六。唐末蒲津桥开始荒废，铁牛等也因河道东移而沉入水中。铁牛、铁人、铁柱等均为固定浮桥所用构件。1989年，在黄河故道蒲津渡遗址的泥水中发现浸泡的4尊铁牛、4尊铁人以及铁柱等唐代铁器群，并于1991年、1999年对遗址进行了全面考古发掘。出土的4尊铁牛，重达45～75吨，牛体硕大，呈现着力后坐状，形象生动；铁牛下铸有铁板、铁柱及地锚结构，铁牛尾部设有铁质横轴；每尊铁牛旁各立一牧牛铁人，高约190厘米，形象各异。在蒲津渡还出土了长约6米、直径约40厘米的铁柱、铁山和铁夯墩等铁器群。蒲津渡铁器群总重300余吨，用泥范法以低硅灰口铸铁铸成，牛角、牛耳、后轴及牛身板下铁柱是预先铸成，形成地锚结构。

随着蒲津渡浮桥铁器群所处的地下水位不断变化，环境恶化，蒲津渡铁器群锈蚀情况加剧。2000～2004年，国家实施蒲津渡遗址文物重点保护工程，对铁器群进行了科学保护，并建立了山西永济蒲津渡遗址博物馆。

蒲津渡遗址文物保护工程

蒲津渡铁器群的发现在考古学、桥梁史建筑、冶炼铸造、黄河水文变迁等学科领域，具有十分重要的研究价值。

扩展阅读

山西省考古研究所.黄河蒲津渡遗址.北京：科学出版社，2013.

（韩汝玢）

蒲元　Pu Yuan　中国三国时期的蜀国工匠。曾任诸葛亮丞相府的西曹掾。有独特的造刀技术和**淬火技术**。据宋《太平御览》记载，蒲元在斜谷（古代汉中和关中通道之一，在今陕西眉县西南）为诸葛亮造刀三千口。其人“性多奇思”，在镕金造器、制造刀具上所用之法异乎常人。刀即成时，“自言汉水钝弱，不任淬用，蜀江爽烈，是谓大金之元精”，他舍弃不适宜淬火的汉水，转而选择能把钢刀淬到合适硬度的蜀江水。淬刀时“言杂涪水，不可用”，说明他能够辨别不同水质对淬火质量的影响，“蒲元识水”的典故由此而来。钢刀制成后，为了检验钢刀的锋利程度，在大竹筒中装满铁珠，然后让人举刀砍下，手起刀落，如同斩草一样，竹筒和铁珠断成两截。蒲元的制刀技艺“称绝当世”，所制的钢刀被誉为神刀。

《古今刀剑录》又记载：“蜀主刘备令蒲元造刀五千口，皆连环，及刃口刻七十二湅（炼）”。据后代学者考证，蒲元所制的神刀，正是在“**百炼钢**”工艺盛行的大环境下的产物。蒲元能制造出削铁如泥的神刀的主要秘诀在于他不仅能熟练地掌握制刀工艺和淬火的热处理技术，而且能够辨别优质的淬火介质。

（张志永　黄明辉）

普德林法　puddling process　在普德林炉内，于氧化铁砌筑的炉底上炒炼生铁成为熟铁的冶炼技术。又称搅炼法。工业革命初期英国大规模生产熟铁的冶炼方法。普德林炉是一种火焰反射炉，燃料燃烧形成长火焰送入炉膛，靠炉顶的反射作用加热熔化生铁。熔化的生铁所含碳、磷等元素被火焰中的过剩氧和炉底氧化铁氧化去除。普德林炉没有蓄热室，炉温只能达到1400℃。当生铁中的碳脱除到某一含量时，其熔点超过炉膛温度，金属成半凝固状态，只能在人力搅拌下使冶炼继续进行，也就是炒炼。由于氧化铁炉底和高氧化铁炉渣的作用，可将金属中的碳去除到极低，成为熟铁。然后由炉内取出，反复锻打挤出铁中的渣滓，制成材料使用。第一次工业革命初期，普德林法曾是生产金属材料的主要方法。欧洲国家所有的铁路轨道都使用普德林法生产的熟铁，达7万多千米。巴黎埃菲尔铁塔塔身结构材料也是使用普德林法生产的熟铁。但在大规模生产液态钢的方法出现后，普德林法被迅速取代。

（曲　英）

普拉克辛，I.N.　Igor Nikolayevich Plaksin; Игоря Николаевича Плаксин（1900-10-08～1967-03-15）　苏联矿物加工和湿法冶金专家。生于乌法市。1926年毕业于远东国立大学。1927年任职于苏联科学院化学所。1928年进入莫斯科矿山科学院。

1930年起任职莫斯科有色金属和黄金学院（今国立有色金属和黄金大学）教研室主任和黄金、铂金冶金实验室主任。1941～1943年任米哈诺布尔研究院副院长。1944年组建苏联科学院矿山研究所选矿实验室，后更名为选矿室（包括5个实验室）。1946年当选苏联科学院通讯院士。1947～1955年任苏联科学院矿山研究所副所长。1962～1967年任莫斯科钢铁冶金学院教研室主任。曾任苏联最高学位评定委员会专家委员会主席。自1977年起，每年召开以普拉克辛名字命名的学术报告会。

20世纪50年代，建立**湿法冶金**和由矿石提取贵金属的现代科学原理，提出了一系列选矿新工艺和强化氰化过程的有效方法，并对自由基与过氧化物在浮选过程中的作用进行了开拓性研究，在钛铁矿、锆英石浮选方面有深入研究。曾发表著述800余篇，发明50余项，代表作有合著的《贵金属基础的起源》(1948)、《湿法冶金》(1951)、《取样与试金分析》(1959)、《铅锌原料的综合利用》(1963)等。

1949年和1952年，分别因出版专著《湿法冶金》和研发推广选矿工艺新方法获斯大林奖三等奖。1944年被授予劳动红旗勋章。1953年被授予列宁勋章。

（朱阳戈　张京京）

普罗托季亚科诺夫，M.M. Mikhail Mikhailovich Protodyakonov; Михаил Михайлович Протодьяконов (1874-09-20～1930-04-05) 苏联采矿学家。生于奥伦堡，卒于塔什干。1899年毕业于圣彼得堡矿业学院。自1904年开始从事矿业教育和研究工作。1908年在第聂伯罗彼得罗夫斯克矿业学院任教授，1925年后又在莫斯科矿业学院兼课。主要著作有《矿山压力和矿井支护》(1930～1933)、《矿井通风》(1931)、《矿山定额编制及其应用》等。1907年创立矿山压力基本理论，提出了相应的计算公式以及岩石坚固性分级。

（解世俊　平寿康）

普通凿井法 conventional shaft-sinking method　不需要预先采取特殊措施，直接采用凿岩爆破法开凿竖井的施工方法。适应于井筒涌水量小于30米^3/小时、穿过的岩层或表土层比较稳定的**水文地质条件**和**工程地质条件**。古老的竖井井筒断面为矩形，多开凿在涌水小的较稳定岩层中，采用人工**凿岩**、黑火药爆破、人工装岩和木材支护，服务年限短。随着井筒深度增加，地压增大，逐渐采用石材或混凝土支护的圆形井筒。由于爆破技术的发展，爆破的岩石要用很长时间并投入繁重的体力劳动方能清除，装岩工作便成为提高凿井速度的障碍。20世纪初，西欧曾将双叶片抓料机械用于凿井装岩，但效率较低；40年代试制成多叶片抓岩机，使凿井速度明显提高。由于使用锚喷支护与金属活动模板筑壁技术，以及各种类型的钻架与大型抓岩设备，普通凿井法的凿井速度有了较大幅度的提高。

用普通凿井法施工时，在井口地面安装井架，其顶端设天轮台，用于悬吊各种凿井设备。在工作面爆破的岩石，用吊桶提至井架卸渣台卸入渣石仓，再用汽车或矿车运走。井口设封口盘，其下4～8米处一般设固定盘。井筒中还须悬挂吊盘、砌筑井壁的模板、吊泵、风筒、钻架和抓岩机等。通风机设于地面，通过风筒向工作面通风。

竖井井筒在施工前，通常先用砖石结构或混凝土临时锁口，以固定井口位置；吊挂临时支架，防止地表塌陷和泥水流入井内。表土抗压强度大于0.25兆帕时，可组立凿井井架；土质不好时，先用简易三脚架、龙门架或汽车起重机供井筒提升，达到一定深度后，以稳定地层为基础，砌好上段井壁与永久锁口，再组立凿井井架。

竖井井筒的掘进一般要穿过表土层和基岩两部分。普通凿井法依据掘进的部位分为表土层普通施工法和基岩普通施工法。

表土层普通施工法　表土层坚实稳定、结构均匀且含水量小或渗透性弱，应采用普通施工法。依据表土层工程地质及水文地质条件、表土层的结构及物理力学性质和表土层的赋存条件，普通施工方法主要有短段掘砌法、井圈背板施工法、吊挂井壁法、吊挂井壁与斜板桩综合施工法。金属和非金属矿山通常采用短段掘砌施工工艺，掘砌有效段高控制在1～2.5米；采用人工、抓岩机或挖掘机（土层硬度大时可采用爆破方式）挖掘时，掘进一个段高后立即支护，如此循环，直至基岩。表土层施工提升应优先考虑利用基岩施工提升设施及设备。

基岩普通施工法　在表土层或风化岩层以下的井筒施工。整个井筒按所穿岩层的情况分段掘进。施工方案应包括井颈段、基岩段、马头门及竖井附属硐室的掘进和支护方案、施工组织等。竖井施工时，通常将井筒全深划分为若干井段，由上向下逐段施工。每个井段高度的大小，取决于井筒所穿过的围岩性质及稳定程度、涌水量大小、施工设备等条件，通常分为2～6米（短段）、20～40米（长段），最高时可超过100米。施工内容包括掘进、砌壁（井筒永久支护）和井筒安装（安装罐道梁、罐道、梯子间、管缆间或安装钢丝绳罐道）等工作。当井筒掘砌到底后，一般先自上向下安装罐道梁，然后自下而上安装罐道，最后安装梯子间及各种管缆。也有一些竖井在施工过程中，掘进、砌壁、井筒安装三项工作分段互相配合，同时进行，井筒到底时，掘、砌、安3项工作也都完成。根据掘进、砌壁、安装3项工作在时间和空间上的施工顺序，以及所采用的井段高度大小，分成掘、砌**单行作业**（包括短段掘、砌混合作业），掘、砌**平行作业**和掘、砌、安**一次成井**3种不同的竖井施工方案。中国矿山竖井施工普遍采用短段掘、砌单行作业方式；其他国家，如南非等广泛采用掘、砌、安一次成井作业方式。

在基岩中，掘进的工序是：凿岩、爆破、通风、出渣（装岩、提升）、清底（及临时支护）、支护。涌水较大时，需要同时进行排水。砌筑混凝土永久井壁的作业，包括拆除临时支架、立模板、浇灌混凝土和提升吊盘等工序。作业循环时间长、影响竖井施工进度的工序，主要是凿岩、出渣和浇筑混凝土支护。

凿岩　根据井筒的围岩性质、断面尺寸、设计炮孔布置形式、炮孔数目、深度等选择凿岩器具及布置供风、供水管路。凿岩器具包括**凿岩机**、凿岩机机架、钎杆和钎头。1米以下的浅孔，采用手持式凿岩机钻孔；2～5米的中深孔，采用高频风动凿岩机、液压凿岩机以及高效率重型凿岩机。凿岩机机架包括伞形凿岩机机架和环形凿岩机机架。竖井凿岩使用的钎杆，按断面分为中空六边形和中空圆形两类。中空六边形钎杆主要用于手持式凿岩机，钎杆材质有碳素钢和合金钢。中空圆形钎杆多用于重型导轨式凿岩机和中深孔接杆钻进，钎杆材质以合金钢为主。钎头一般为镶硬质合金片的一字形或不镶合金片的十字形淬火钎头，柱齿形钻头，钻速较高。

爆破与通风　采用乳化炸药或水胶炸药，实行全断面一次爆破，常为浅孔或中深孔光面爆破，**起爆器材**常用毫秒延期雷管。炮眼深度2米左右的称为浅孔爆破，炮眼深度3～5米的称为中深孔爆破。掏槽方式有直眼掏槽和锥形掏槽两种；周边眼抵抗线控制在500～600毫米，眼距为500～550毫米。起爆后，用局部通风机，向井下工作面送入新鲜空气，吹出爆破后的炮烟。

装岩与清底　装岩是整个竖井施工工序中既费时又繁重的工作，占掘进总循环时间的50%～60%。采用抓岩机装岩，抓斗的容积由0.2立方米、0.4立方米、0.6立方米发展到1.0立方米，抓斗的形式从减力矩发展到增力矩。其中，0.4立方米、0.6立方米增力矩抓斗能与各类抓岩机操纵装置相匹配，实现抓岩机的标准化和系列化。

提升　采用提升机悬挂吊桶来提升，任务是排出井筒中的废石，下放器材设备、材料和升降人员。提升废石、下放器材设备和升降人员常用废石吊桶，下放混凝土使用底卸式吊桶。废石吊桶的容积一般为1.0立方米、1.5立方米、2.0立方米、3.0立方米、4.0立方米、5.0立方米、6.0立方米、7.0立方米。底卸式吊桶的容积为1.0～4.0立方米。提升钢丝绳经钩头挂住吊桶，钩头上部有缓转器与滑架，使吊桶在升降过程中沿稳绳平稳运行。

排水　井筒施工中，工作面会出现涌水、井帮淋水。若涌水量小于10米^3/小时，可采用吊桶与废石一起排出；排水时采用压气泵置于井筒工作面水窝中，将水排至吊桶中提出。若涌水量大于10米^3/小时，可用吊泵排水。若涌水量大于40米^3/小时，应设置中间泵房，采用多段接力排水。

支护　井筒向下掘进一段后，应及时进行支护，控制地层压力，维护井壁稳定。凿井时井筒支护按其用途分为临时支护和永久支护。临时支护是为保障作业安全，对围岩采取必要的临时防护措施。根据围岩性质、井段高度及涌水量等的不同，临时支护可采用井圈背板、锚喷支护、掩护筒等。临时支护要紧跟工作面，并及时进行永久支护。永久支护是按照设计要求对井筒围岩进行永久性防护。竖井永久支护形式主要为浇筑混凝土或钢筋混凝土支护，也有采用喷锚网支护形式。关于井壁的混凝土强度等级，浇筑混凝土一般不低于C25，喷射混凝土不低于C20。

（周文安　冯　豫　胡　峰　巴肇伦　张钦礼　王晓军）

Q

戚元靖 Qi Yuanjing（1929-04-29～1994-11-04） 中国钢铁冶金、建筑工程专家。生于湖北武汉，卒于北京。1956年毕业于列宁格勒建筑工程学院，同年回国。历任冶金工业部黑色冶金设计总院工程师、工程设计队队长、援越专家组组长，党委副书记、高级工程师、院长等职。1982年任冶金工业部副部长。1985～1993年任冶金工业部部长、党组书记。曾当选为中国共产党中央纪律检查委员会委员，中国共产党中央委员会候补委员、委员，全国人民代表大会代表，全国人大常务委员会委员，全国人大环境与资源保护委员会副主任委员。1993年参与中国工程院筹建工作，1994年当选为中国工程院院士。

长期从事冶金工业工程设计和工程管理工作。自1956年起在冶金系统工作近40年，先后参与、主持和组织实施了一大批中国重点钢铁企业的技术改造、新建项目的设计方案和现场工程建设工作，以及援助越南、阿尔巴尼亚钢铁企业的设计和建设工作。对宝山钢铁公司建设，鞍山钢铁公司改造，马鞍山钢铁公司、武汉钢铁公司、唐山钢铁公司扩建提出了许多重要的建议，解决了许多现场施工中的工程问题。还直接组织参与了一批地方钢铁企业的规划、设计和建设。1982～1993年，主持制定了中国冶金工业发展战略，从全局规划了中国钢铁工业蓝图。

（苏天森 撰 姜 曦 修订）

奇普曼，J. John Chipman（1897-04-25～1983-05-14） 美国物理化学家和冶金学家。生于佛罗里达州塔拉哈西，卒于马萨诸塞州温切斯特。1926年获加利福尼亚大学哲学博士（物理化学）学位。1929～1935年，在密歇根大学开始研究铁液中碳与含氧气体之间的反应。1937年后，任麻省理工学院冶金系教授直到1962年退休，从1946年起担任麻省理工学院冶金系主任。第二次世界大战期间兼任芝加哥大学曼哈顿计划冶金部主任，从事铀的粉末冶金研究。退休后任麻省理工学院材料工程系荣誉教授。美国国家科学院院士，曾任美国金属学会（ASM）主席（1951～1952），美国矿冶工程师学会冶金分会主席（1959～1960）。多次获得荣誉奖章。

*冶金过程物理化学*学科的主要奠基人之一。在冶金过程物理化学领域里做了很多开创性的工作，发表近200篇科学论文，涉及合金和炉渣活度的测定，冶金熔体中气体和氧化物的分析，高温化学平衡的研究，金属溶液的热力学、动力学及凝固的机理等。最早把*活度*概念引进冶金熔体，创立了测定高温熔体活度和研究冶金反应化学平衡的实验方法，并解决了有关的热力学计算方法问题，把冶金工艺操作逐步提高到分支学科的理论高度。为《碱性平炉炼钢》（有中文译本）一书所撰写的两章“高温反应的物理化学”和“钢液的物理化学”，是炼钢过程物理化学的权威著作，其内容被冶金界广泛引用。

（周国治）

歧化分解 disproportion decomposition 利用化学迁移反应原理进行金属精炼的方法。歧化分解主要应用于卤化物中，把金属卤化物分解为金属和高价卤化物或分解为混合卤化物。例如，$TiCl_2$歧化分解为Ti和$TiCl_4$，$TiCl_3$歧化分解为$TiCl_2$和$TiCl_4$，$NbCl_3$歧化分解为Nb和$NbCl_5$等：

$$2TiCl_{2\,(气)} \longrightarrow Ti_{(固)} + TiCl_{4\,(气)}$$

$$2TiCl_{3\,(气)} \longrightarrow TiCl_{2\,(气)} + TiCl_{4\,(气)}$$

$$5NbCl_{3\,(气)} \longrightarrow 2Nb_{(固)} + 3NbCl_{5\,(气)}$$

同样，溴化物和碘化物也产生类似的反应。由于这些反应是可逆的，都可用作金属提纯的手段。

（储慰农）

綦母怀文 Qimu Huaiwen 中国*淬火*技术和*灌钢*法的实践者。南北朝北齐造刀名匠。綦母（复姓，亦作綦毋）怀文是中国南北朝时期襄国沙河（今河北邢台沙河）人。其尤好“道术”，曾任信州（今重庆万州和湖北巴东之间）刺史。《北史》记载，怀文“造宿铁刀，其法烧生铁精以重柔铤，数宿则成刚”。这是关于灌钢技术的最早记载之一。就是将生铁水灌注到未经锻打的熟铁中制成灌钢，又以灌钢为刃，“柔铁”为脊制成“宿铁刀”，淬火后据传能斩甲30层。据《北齐书》记载，他能够熟练地掌握用牲畜油和尿淬火的*金属热处理*工艺，即“浴以五牲之溺，淬以五牲之脂”。因为牲畜尿中含有盐类，具有比水高的冷却速度，所以能使淬火后的钢获得较高的硬度。牲畜油脂冷却速度较低，能避免钢淬火时脆裂，提高韧性，减少变形。他使用不同类型淬火剂，表明已经认识到淬火剂与淬火后钢的性能之间的关系。

（何堂坤 张志永 黄明辉）

起爆器材 detonating devices 激发炸药爆炸反应的装置或材料。1831年W.毕克福德发明导火索。1867年A.B.诺贝尔发明火雷管。19世纪70年代，出现电雷管。1895年研制成功了秒延期电雷管，1946年研制成功了毫秒延期电雷管。1919年研制成以泰安（季戊四醇四硝酸酯）为药芯的导爆索，可不用雷管直接起爆炸药。1967年瑞典诺贝尔公司取得导爆管专利。

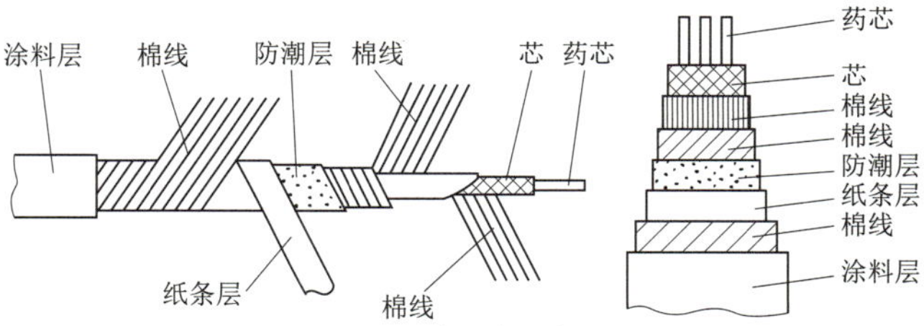

图1 导火索结构

为了利用工业炸药爆炸能量来达到一定的爆破目的，必须采用合理的起爆器材和起爆方法，使炸药按照时间先后顺序，安全、准确地爆炸。工程爆破中常用的起爆器材有导火索、导爆索、继爆管、导爆管、雷管、起爆药柱和起爆器等。

导火索 以具有一定密度的粉状或粒状黑火药为药芯，以棉线、塑料、纸条、沥青等材料被覆而形成的圆形索状起爆器材（图1）。其用途是产生并传递火焰、起爆雷管。

导爆索 一种以猛炸药（黑索金或泰安）为药芯，以棉线、麻线或人造纤维为被覆材料的传递爆轰波的索状火工品。

继爆管 导爆索起爆系统中一种延时装置，在导爆索网路中的适当位置接入继爆管，可以起到延时和接力传爆的作用。

导爆管 内壁涂有薄层单质猛炸药（黑索金或奥克托金），以低爆速传递爆轰

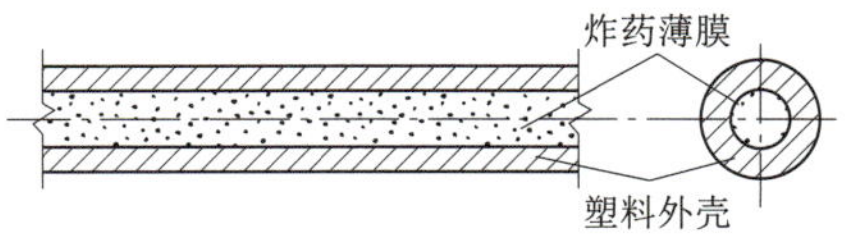

图2 导爆管结构

波的挠性塑料细管，无色、透明，其结构如图2所示。

雷管　在管壳中装有起爆药、能直接起爆炸药的起爆器材。按照起爆方式，雷管可分为火雷管、电雷管、导爆管雷管、电子（数码）雷管等。

起爆药柱　一种中继起爆器材，适用于露天或地下爆破工程中起爆不具雷管感度的各类炸药。具有高密度、高威力、起爆力强的特点，完全抗水抗油，各种性能稳定，在各种气候条件下均可可靠起爆，在使用过程中冲击感度、摩擦感度和热感度较低。

起爆器　又称放炮器，多用于缺乏电源的地区和有瓦斯及矿尘爆炸危险的坑道中。起爆器一般有两种结构形式：一是发电机式，其容量小；二是电容式，容量大。

扩展阅读

郭学彬，张继春.爆破工程.北京：人民交通出版社，2007.

李夕兵.凿岩爆破工程.长沙：中南工业大学出版社，2011.

（边克信　陶　明）

气焊　gas welding　利用可燃气体与助燃气体混合燃烧生成的火焰作为热源，熔化焊件和焊接材料使之达到原子间结合的焊接方法。气焊用的可燃气体有乙炔、氢、汽油及装有添加剂的新型工业燃气等，助燃气体是氧气。因氧-乙炔火焰温度最高，加热速度快，使用范围宽，应用最广，因此气焊一般指氧乙炔焊。根据氧和乙炔的比例不同气焊火焰可分中性焰、氧化焰、碳化焰3种。气焊设备主要由乙炔发生器、回火防止器、氧气瓶、减压阀和焊炬（见图）组成。

气焊焊炬

气焊优点是：①设备简单、费用低。②移动方便、使用灵活。③由于不使用电源，因而在无电源场合和野外工作时有实用价值。缺点是：①生产效率较低。②焊接后工件变形和热影响区较大。③焊接过程中熔化金属受到的保护差，焊接质量不易保证。④较难实现自动化。

气焊主要应用于管材焊接，以及焊接维修工作。

（王红阳　刘黎明）

气流磨机　jet mill　利用高速气流的能量使颗粒间或颗粒与设备间相互冲击、碰撞和摩擦，从而导致颗粒破碎的*磨矿设备*。又称流能磨机、喷射磨机、射流磨机。物料以气体（压缩空气或加热蒸汽）为载体，通过喷嘴或其他方式射入磨机，气流射入后由于降压或其他原因使物料产生高速（多为超声速）运动，物料间或物料与器械相互碰撞而破碎。这种*磨矿*方式不仅能产生极细颗粒，也可避免被磨物料受污染。破碎区域主要在喷嘴附近，颗粒间的碰撞频率远高于颗粒与器壁的碰撞频率，因此气流磨机中起破碎作用的以颗粒之间的冲击碰撞为主。

与其他超细粉磨矿机相比具有如下优点：①破碎仅依赖于气流高速运动的能量，无须专门的运动部件。②破碎过程在低于常温下瞬时进行，不会改变物料的化学性质，特别适合脆性、低熔点、热敏性物料的破碎。③破碎主要是粒子碰撞，几乎不污染物料，且物料粒度分布范围窄，颗粒表面光滑，纯度高，分散性好。

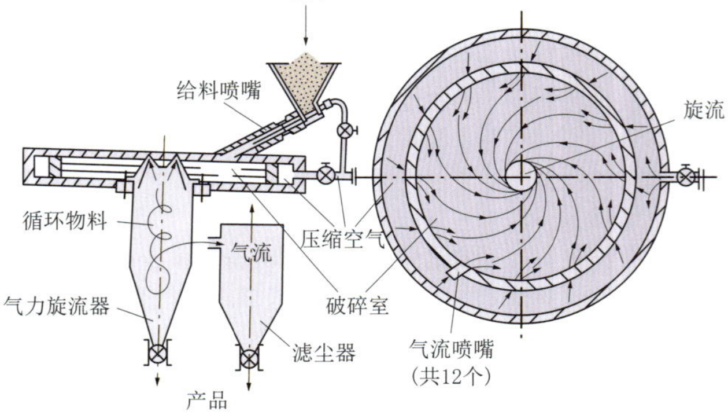

图1　扁平式气流磨机

气流磨机广泛应用于化工原料和高纯非金属等物料的超细破碎中，产品细度可达1～5微米。其种类较多，结构各有不同，工业上应用较广的主要有扁平式气流磨机、循环管式气流磨机、对喷式气流磨机、冲击式气流磨机和流态化床逆向气流磨机等。

扁平式气流磨机　破碎室为水平圆盘形，又称水平圆盘式气流机。由粉磨室、分离装置、进料装置、导气管等组成（图1）。工作原理为：压缩气体（空气、过热蒸汽或惰性气体）通过加料喷射器生成高速射流，产生的负压使物料被吸入混合室，然后通过与破碎室径向成一定角度并分布在同一水平面上的喷嘴以高速射流将物料喷入破碎室。气流夹带物料高速旋转，在破碎室半径上形成流体动力特性梯度，物料颗粒之间以较大的动量相互碰撞破碎（占破碎量的80%左右），同时与破碎室的内壁碰撞破碎（占破碎量的20%左右）。被破碎颗粒随旋转流高速旋转获得大的离心力，同时受到气流向破碎室中心排出产生的向心力，两力的方向相反，颗粒在两力作用下分级。因此，在扁平式气流磨机内，破碎和分级同时进行。

与其他气流磨机相比，扁平式气流磨机的优点是结构简单、易制造、操作方便、自身具有分级功能。破碎产品粒度由喷嘴安置角决定，并可通过调节投料量来实现简便控制。缺点是当被破碎的物料（如氧化硅、碳化硅）硬度较高时，物料随气流高速运动会与磨腔内壁产生剧烈的冲击、摩擦、剪切，导致磨腔磨损，并对产品产生一定污染。故多用于较软、较脆的物料的破碎。

循环管式气流磨机　破碎室为不等径跑道形循环管道，又称跑道式流磨机。管道直径一般为25～35毫米，高度为1000～2500毫米。管道下方弯曲处安装有多个喷嘴。被磨物料从侧面由喷嘴喷入射流区，在此被加速并发生相互碰撞。工作原理为：经喷嘴加速后的高压气体高速射入不等径跑道形循环管式破碎室腔，待破碎物料由加料斗经给料器进入高速气流中。由于管道内外径不同，气流及物料在管道内的运行轨迹、速度也不同，使颗粒间、气体与颗粒间、颗粒与器壁及其他部件间产生强烈的冲击、剪切和摩擦作用，从而达到破碎的目的。在离心力作用下，大颗粒于外层运动，细颗粒于内层运动，细颗粒到达一定细度后，在射流绕环形管道运动产生的向心力作用下向内层聚集，最后由排料口排出机外，粗颗粒则继续沿外层运动，在管道内继续循环被破碎（图2）。

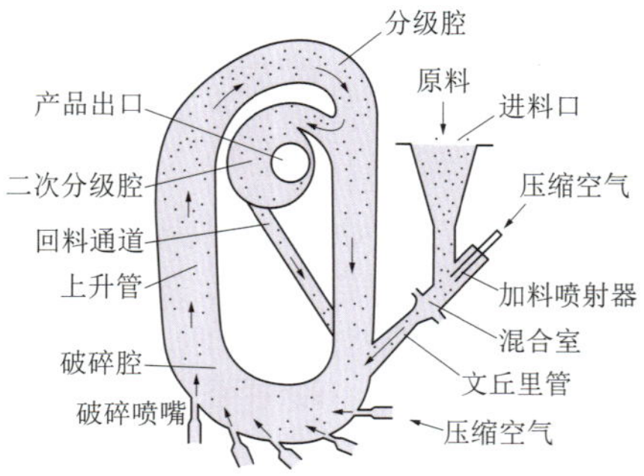

图2　循环管式气流磨机

循环管式气流磨机的优点：结构形式既能加速颗粒运动，又能增强离心力场的作用，从而提高了破碎和分级效率；分级区的弯曲管壁设计可有效减轻磨损。缺点：气流及物料对管道内壁的冲刷、磨损严重，不适用于硬度较高材料的超细化。常用于热敏性化学品、纤维、金属、药物、食品、颜料、填料等物料的破碎，破碎细度可达0.2～3微米。

对喷式气流磨机　以两股高速气流挟带物料颗粒相互对撞而使物料破碎，又称逆向式气流磨。代表机型为布劳·诺克斯型气流磨机（图3）。该机装有四个相对喷嘴，物料经螺旋加料器推送到喷射式加料器中，被加料气流吹入破碎室，在破碎室被四个喷嘴喷出的高速气流加速，相互撞击而破碎。被破碎物料在一次分级室中初步分级后，较粗颗粒返回破碎室进一步破碎，细颗粒进入风力分级机中分级，然后由旋风收集器和布袋收集器收集。破碎过程在密环中进行，对环境无污染。采用惰性气体作为工作介质，可对金属和易氧化合金粉体进行超细破碎。

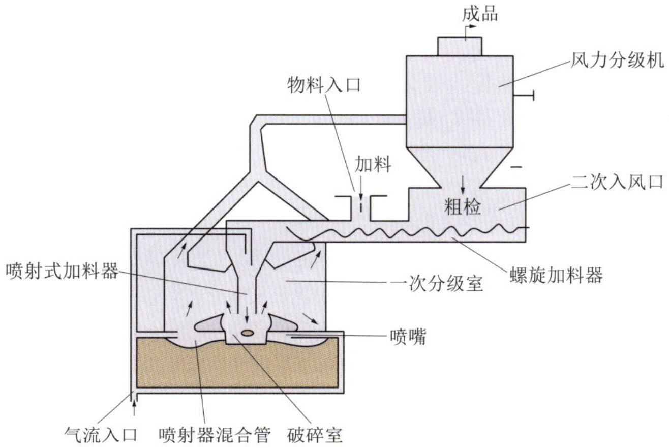

图3　布劳·诺克斯型气流磨机

调节破碎喷射器的混合管尺寸、气流压强、温度及分级器的转速等，可在较大范围内调整产品细度。对喷式气流磨机克服了冲击式气流磨机、扁平式气流磨机及环形旋转式气流磨机冲击部件（破碎腔）易磨损的弱点，可加工莫氏硬度9.5以下的较脆性金属和非金属物料。

冲击式气流磨机　采用颗粒与冲击部件（如冲击板、冲击环）的冲击力为破碎动力源的气流磨机。根据冲击部件的不同，可将其分为靶式气流磨机、冲击环式气流磨机、超音速冲击板式气流磨机等。

靶式气流磨机的冲击部件为靶子。靶子呈圆柱形，有固定和活动两种形式。工作原理是：高速气流挟带物料冲击到靶上进行冲击破碎，破碎后的物料随气流经出口排出，进入后序分级器中。靶式气流磨机常用于处理较粗颗粒的物料，对靶冲击力大，冲蚀严重，工业化应用受限。

冲击环式气流磨机的冲击部件为可旋转环。高速气流与物料进入破碎区域，物料与冲击环、物料与气流以及物料与物料之间产生激烈碰撞，从而实现超细破碎。

超音速冲击板式气流磨机采用气流速度大于声速的高速气流（一般为声速的2～3倍）带动物料冲击碰撞挡板而使物料破碎（图4）。原料从料斗进入，压缩空气从下部空气管送入。为防止粉料架桥，右上方安装有螺旋推料器。高压空气和物料在混合室内混合并以超声速与冲击板相冲击，物料被破碎。由于气流连续喷射，颗粒经一次冲击后随气流进入上升出料管，并在湍流作用下相互连续碰撞，从而达到超细破碎的目的。

冲击式气流磨机的优点：将固定的冲击板、环或管改为可旋转的冲击环，避免了高速气流或气固流对某一固定点的长时间连续冲击，使整个环面轮流作为被冲击面，受到均匀的同等程度的磨损，增加了冲击环的使用寿命。由于冲击环的旋转方向与喷射气流的喷入方向相反，喷射气流与冲击环冲击面的相对运动速度提高，喷射撞击破碎效果显著提高。冲击环反向旋转速度越大，撞击破碎的效果越好。缺点：结构设计相对复杂，相对旋转部件的高压密封难度较高，维修更换困难。另外，冲击磨损污染产品问题仍未解决。

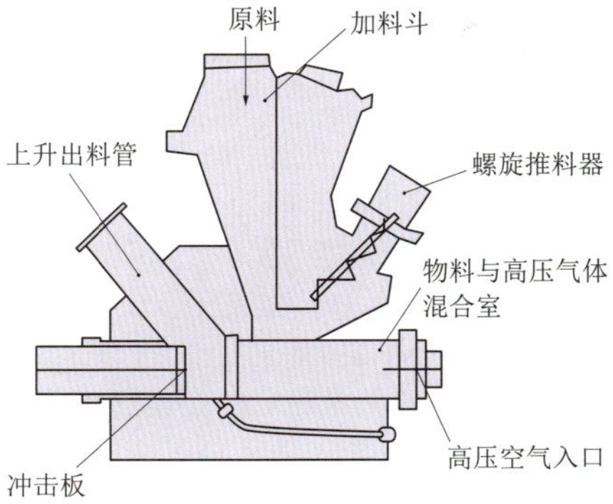

图4　超音速冲击板式气流磨机

流态化床逆向气流磨机　利用多个方向的逆向空气喷嘴产生的高速气流与颗粒间形成流态化料层，使物料在各喷嘴交汇点汇合，互相冲击碰撞而破碎（图5）。物料层流态化，是将逆向喷射原理与流态化床中的膨胀气体喷射流相结合的产物。物料由料箱通过螺旋给入破碎室。空气通过逆向喷嘴喷入破碎室使物料层流态化。被加速的物料在各喷嘴交汇点汇合，相互冲击碰撞而被破碎。破碎后的物料由上升气流送至涡轮式超细分级器，细粒物料经产品出口排出；粗颗粒沿机壁返回破碎室。

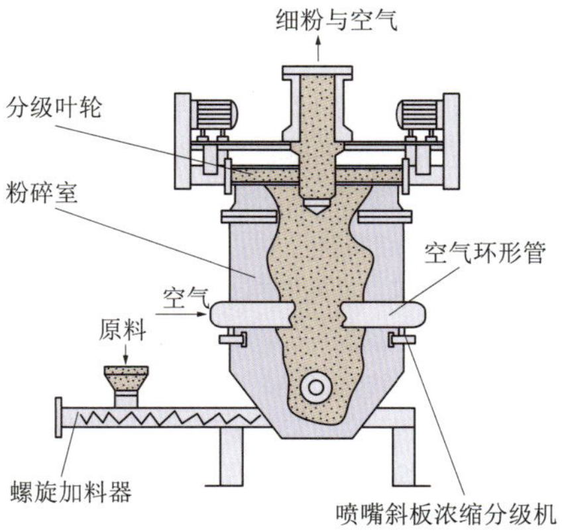

图5　流态化床逆向气流磨机

流态化床逆向气流磨机具有以下特点：①进料口与进气喷管分开，避免了喷管的磨损和频繁的更换。②采用超声速喷嘴，出口气流温度低，适用于热敏性、低熔点物料的超细破碎。物料碰撞在高速气流下瞬间完成，不会改变物料的化学性质。③采用多头喷管，破碎主要在破碎腔中心的交汇点进行，从而减少了破碎腔内壁的磨损，有利于坚硬物料的破碎。整机采用全密封系列，可确保破碎物的高纯度。④破碎效率高。可方便地实现微粉（0.5～10微米）生产。⑤能耗低。与一般扁平式、对喷式气流磨机相比可节能30%～40%。

流态化床气流磨机是干法超微粉加工中广泛应用的设备之一，尤其适用于硬和坚硬的脆性物料如碳化硅、石英砂、锆英砂等，或需在常温或低温下加工的物料如复印机墨粉、花粉、灵芝等。

扩展阅读

张国旺.超细粉碎设备及其应用.北京：冶金工业出版社，2005.

《选矿手册》编委会.选矿手册：第2卷.北京：冶金工业出版社，2005.

曾凡，胡永平.矿物加工颗粒学.北京：中国矿业大学出版社，1995.

（肖　骁　龙　渊）

砌筑支护　masonry support　用料石、混凝土或钢筋混凝土砌筑成连续整体式支架的支护形式。

施工过程　砌筑支护侧墙需要设置埋深不小于其厚度的基础。先依据巷道、井筒、硐室等设计断面形状尺寸加工制作模板，然后将一定比例的水泥、砂、石子和水搅拌后，填充在架设的模板与围岩之间，采取先砌筑墙后砌筑拱的施工原则，边填塞边采用振捣棒振捣密实，养护、拆模后即形成维护围岩稳定的砌筑支护结构。混凝土砌筑施工顺序包括拆除临时支架、掘砌基础、架设模板、砌筑侧墙、砌拱、拆模清理。直墙拱式砌筑支护由拱、墙和基础3部分组成。①拱的作用为承受顶压并传给墙和基础。②墙的作用是支撑和抵抗侧压及拱基处传递的压力，要求壁后必须充填密实，防止拱与墙开裂；侧压过大时，可用弯曲的墙。③基础的作用是把墙传来的载荷和自重均匀传给底板，当底板岩石坚硬时，基础必须加宽，如果底板有底鼓时，还可以砌底拱。

特点　砌筑支护适用于巷道中承受受压载荷的岩体，且巷道地压稳定，顶板岩体比较完整，不受回采动压影响。但也有一定的承受水平载荷和弯曲的能力。砌筑支护与其他支护方式相比，优点主要有：①与木支架、金属支架相比，是连续的、整体的，对控制地压有一定的优越性。②对围岩表面具有封闭作用，防止围岩风化。③材料来源广泛，多数可以就地取材。④坚固耐久、制造方便、阻燃。缺点主要有：①不能立即产生支撑能力，需要一定的养护时间。②与架设支架相比，劳动强度大，综合效率低。③质量大、安装运输不方便。④没有可缩性，不能立即承载，只能用于压力稳定的巷道，承载能力小。

分类　按砌筑材料不同，砌筑支护可分为料石拱砌筑、现浇混凝土支护、钢筋混凝土支护、纤维混凝土支护。常见的砌筑支护巷道断面形状有三心拱形、圆弧拱形、半圆拱形、带底拱的半圆拱形或圆形、椭圆形以及马蹄形等。最常用的是半圆拱形、圆弧拱形和三心拱形，必要时可以设底拱，或者使用圆形，这些形状的抗压性能都比较好，施工操作比较方便。

料石拱砌筑　料石厚度不小于150毫米，长度应适应设计规定的砌体厚度，抗压强度不低于30兆帕。除淋水大，岩层压力大以及有严重底鼓的地段外均可采用，是应用较多的一种拱形砌筑支架。但施工效率低，不易机械化，劳动强度大。混凝土砌块要求混凝土强度等级>C20(即混凝土标准立方体抗压强度>20兆帕)。砌块尺寸由结构要求而定，墙砌块常用长方形，拱部砌块为楔形。由于混凝土砌块消耗大量水泥，无特殊优越性，已很少采用。

现浇混凝土支护　混凝土强度等级不小于C20，支护厚度不小于300毫米。优点是整体性好，强度和耐久性高。缺点是耗用大量水泥和模板，且不能立刻承压。多用于少数压力大的破碎带和要求不渗水的材料库、机电硐室等工程（图1）。

图1　现浇混凝土支护

钢筋混凝土支护　由混凝土和钢筋结合在一起制作支架，钢筋具有较高的抗拉能力，而混凝土有较高的抗压能力。常用的钢筋混凝土支架有现浇整体式钢筋（或型钢）混凝土支架，装配式钢筋混凝土弧板支架（图2）和装配式普通钢筋混凝土、

图2　混凝土弧板支护巷道

预应力钢筋混凝土支架。浇筑钢筋混凝土支护时，钢筋间距一般为200～300毫米，混凝土保护层厚度不宜小于40毫米；混凝土强度等级不小于C25，配双层钢筋时支护厚度不小于350毫米。

纤维混凝土支护　在普通混凝土中掺入适量纤维（钢纤维、高分子聚酯纤维等），形成一种多相复合材料，然后进行砌筑施工。纤维材料改善喷射混凝土的力学性能，具有高强度、高韧度、残余强度高等特点，在松软、破碎围岩条件下和特殊地下工程中应用广泛。

扩展阅读

陈炎光，陆士良.中国煤矿巷道围岩控制.徐州：中国矿业大学出版社，1994.

（赵兴东）

千钧锚　huge anchor in ancient China　中国古代大型船锚。千钧形容船锚很重。河北黄骅市博物馆、江苏南京博物院、山东登州古船博物馆、福建泉州海外交通史陈列馆、厦门大学历史文物陈列馆等均珍藏有类似的大型船锚。锚由熟铁热锻而成。明代宋应星《天工开物·锤锻》中对千钧锚的锻造有详细记载（见图）。千钧锚的

千钧锚锻造图

锻造工艺是先锻成爪，然后将爪锻接在锚身上。1000斤左右的大锚需要架设木架，多人在木架上拉紧系锚的铁链，把锚身吊起转动，反复加热锤锻。明代使用“陈久壁土”做锻接的“合药”，以降低氧化铁皮的熔点，保证锻接的质量。

（吴坤仪）

钎焊　brazing　用比母材熔点低的钎料与工件同时加热，使钎料熔化后润湿母材并填充工件接口间隙，实现钎料与母材相互扩散形成连接的焊接方法。焊接时，钎料熔化为液态而母材保持为固态。基本过程：预置的钎剂在加热熔化后流入母材间隙，并与母材表面氧化物发生物理化学作用，以去除氧化膜，为钎料填缝创造条件。随着加热温度的继续升高，钎料开始熔化并润湿、铺展，同时排除钎剂残渣。在液态钎料的作用下，小部分母材溶于钎料，同时钎料扩散浸入母材中，并在固-液界面发生复杂的化学反应。当钎料填满间隙并保温一定时间后，开始冷却凝固形成钎焊接头。

特点　同熔焊相比，钎焊的优点是：①钎焊加热温度较低，对母材组织和性能的影响较小。②钎焊接头平整光滑，外形美观。③工件变形较小，尤其是采用均匀加热的钎焊方法，工件的变形可减小到最低程度，容易保证工件的尺寸精度。④一次可焊成几十条或成百条钎缝，生产率高。⑤可实现异种金属或合金、金属与非金属的连接。

钎焊的缺点是：①钎料与母材的成分和性质难以非常接近，有时相差甚远，例如用重金属钎料钎焊铝，接头与母材间会产生不同程度的电化学腐蚀。②钎焊接头的强度一般比较低，耐热性能较差。③若采用搭接接头，易增加母材消耗量和结构重量。

分类　按照钎料的熔点，可分为软钎焊和硬钎焊，相应的钎料分别称为软钎料和硬钎料。软钎料主要有锡铅合金、锡银

合金、锡银铜合金、锡铜合金、锡锌合金等，硬钎料主要有铜锌合金、铜磷合金、银基钎料、铝基钎料和镍基钎料等。

按照钎焊温度，可分为高温钎焊、中温钎焊和低温钎焊。这种高、中、低温的划分是相对于母材熔点的温度分界的。例如，对于钢来说，加热温度高于800℃称为高温钎焊，加热温度在550～800℃称为中温钎焊，加热温度低于550℃称为低温钎焊；但对于铝合金来说，当加热温度高于450℃称为高温钎焊，加热温度在300～450℃称为中温钎焊，加热温度低于300℃称为低温钎焊。

按工作过程分为接触反应钎焊和扩散钎焊。接触反应钎焊是利用钎料与母材反应生成液相填充接头间隙；扩散钎焊是增加保温扩散时间，使焊缝与母材充分均匀化，从而获得与母材性能相同的接头。

按照去除母材表面氧化膜的方式，可分为钎剂钎焊、无钎剂钎焊、自钎剂钎焊和刮擦钎焊等。

按照接头形成的特点，可分为毛细钎焊和非毛细钎焊。液态钎料依靠毛细作用填缝的焊接称为毛细钎焊，反之称为非毛细钎焊。

方法 按照热源种类和加热方式，钎焊焊接方法可分为烙铁钎焊、火焰钎焊、电阻钎焊、感应钎焊、浸渍钎焊、炉中钎焊、电弧钎焊、红外钎焊、激光钎焊、气相钎焊及超声波钎焊等。①烙铁钎焊，使用烙铁进行加热的软钎焊。烙铁可用煤炉、木炭炉等加热，或用电加热，温度低，只适用于小件和薄件的软钎焊（图1）。②火

图1 烙铁钎焊使用的烙铁

焰钎焊，使用可燃气体火焰进行加热的钎焊，温度与所用气体有关，氧乙炔火焰的温度最高。较低温度可用压缩空气雾化汽油火焰和空气液化石油气火焰。③电阻钎焊和感应钎焊，均靠电阻热进行钎焊，加热快，生产率高。两者的差别是**电阻焊**的电流直接由电极导入焊件，而感应钎焊是靠焊件放入或贴近通有交流电（常用高频电流）的线圈时所产生的感应电流。④浸渍钎焊，将焊件整体或局部待焊部位浸入熔化的盐浴槽中（盐浴钎焊）或熔化的钎料槽中（金属浴钎焊）进行钎焊，加热快且均匀，温度控制精确，生产率高。⑤炉中钎焊，将焊件放入电阻炉中加热钎焊，温度均匀，便于控温。按钎焊区的气氛组成，炉中钎焊可分为空气炉中钎焊、保护气氛炉中钎焊和真空炉中钎焊。空气炉中钎焊需用钎剂；保护气氛炉中钎焊的气体有保护和去除金属表面氧化膜的作用，但不适用于钎焊时能与其发生不利反应的活泼金属；真空炉中钎焊保护最好，并有净化材料表面的作用，但不宜用于钎焊含有大量易蒸发元素的材料。⑥电弧钎焊，以电弧为热源的钎焊方法（图2）。钎焊时，

图2 电弧钎焊涡轮叶片

电弧在电极与焊件之间引燃，采用惰性气体进行保护，选取较低熔点的焊丝作为焊接材料，母材不熔化而通过熔化的焊丝把两种材料连接起来。根据电极采用的材料不同，电弧钎焊可以分为非熔化极惰性气体保护电弧钎焊（TIG钎焊）和熔化极惰性气体保护电弧钎焊（MIG钎焊）；按使用电源性质的不同，电弧钎焊分为直流电弧钎焊、交流电弧钎焊、脉冲电弧钎焊和变极性电弧钎焊。⑦红外钎焊，利用红外线辐射来加热和熔化钎料的钎焊方法。可以分为红外线钎焊炉钎焊和小型红外线聚光灯钎焊。⑧激光钎焊，采用激光束加热进行钎焊。由于热量集中，焊接速度快，因此焊件不易氧化、热影响区极小，焊件不会因受热的影响而变形。⑨气相钎焊，利用高沸点的氟系列碳氢化合物饱和蒸气的冷凝汽化潜热来实现钎焊，能精确控制温度，加热均匀，钎焊质量高。⑩超声波钎焊，利用超声波的振动使液态钎料产生空蚀过程而破坏焊件表面的氧化膜，使钎料能更好润湿母材的钎焊方法，可以在非真空的条件下不采用钎剂实现焊接。

工艺 钎焊工艺包括焊前工件表面处理、装配、安置钎料、钎焊、钎焊后处理等工序。焊前工件表面处理，包括脱脂和清除氧化皮，有时还需表面镀覆各种利于钎焊的金属。装配和固定焊件是为了保证焊件间的相互位置不变；安置钎料和钎剂到最佳位置，可以使液态钎料在纵横复杂的钎缝中获得最理想的走向。另外，当钎料在工件表面不流入钎缝时，需涂阻流剂，以规范钎料的流向。进行焊接时要正确选择焊接参数，包括钎焊温度、升温速度、保温时间、冷却速度等。钎焊后工件进行清洗，除去可能引起腐蚀的钎剂残留物或影响钎缝外形的堆积物。必要时，钎缝连同整个工件还要进行焊后镀覆，如镀其他金属保护层、氧化或钝化处理、喷漆等。（张丽霞）

铅冶金 lead metallurgy 从含铅物料中提取金属铅的技术。铅是人类较早提炼出来的金属之一，炼铅术和炼铜术大致始于同一历史时期。埃及前王朝时期（早于公元前3000年）即有用铅制作的小的人像，美索不达米亚于乌拉克三期（Uruk Ⅲ，公元前3000年）已用铅制作小容器或锤成薄片，在乌尔（Ur）遗址曾发现残破的铅质水管。但是，直到公元前15世纪之后，铅才较常见于巴勒斯坦一带。中国古代“铅”写作“鈆”。商代（前16～前11世纪）中期在青铜器铸造中已用铅，西周（前11世纪～前771年）的铅戈含铅达99.75%。在古代，铅往往被加入铜中成为合金化金属，还用来制作铅白〔$2PbCO_3·Pb(OH)_2$〕、铅丹（P_3O_4）等。北美于1621年开始采炼铅矿。欧洲于17世纪开始有大规模生产铅的记载。

铅的*矿物*有原生硫化矿和次生氧化矿两种。硫化矿的主要矿物为方铅矿（PbS），常和闪锌矿（ZnS）、辉银矿（Ag_2S）、黄

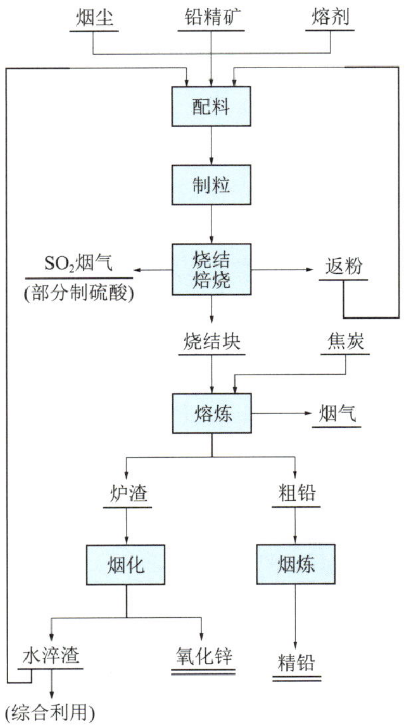

传统铅冶炼流程

铁矿（FeS_2）等共生。氧化矿主要有白铅矿（$PbCO_3$）和硫酸铅矿（$PbSO_4$）。方铅矿是生产铅的主要矿物。

世界铅矿资源较丰富的国家有美国、加拿大、俄罗斯、澳大利亚和墨西哥等。中国铅矿资源也较多，分布于湖南、广西、广东、江西、江苏、云南、青海、甘肃、陕西等省区，著名的矿山有水口山、凡口、桃林等。

从**矿石**中提取铅的方法有火法炼铅和湿法炼铅。湿法炼铅处于研究阶段，工业上主要采用火法炼铅工艺（见图）。传统铅冶炼技术为烧结焙烧-鼓风炉还原熔炼法。硫化铅精矿经过烧结焙烧后得到烧结铅块，然后在鼓风炉中进行还原熔炼，产出粗铅。该工艺虽然稳定可靠，但烧结烟气中二氧化硫（SO_2）浓度高，污染环境，且热利用率低、工艺流程长、物料量大。所以传统铅冶炼技术正逐步被硫化铅精矿直接炼铅法所取代。

20世纪60年代，德国、澳大利亚和苏联等国开发出了多种直接炼铅法，主要分为两类：**闪速炼铅法**和熔池熔炼炼铅法。闪速炼铅法是将硫化铅精矿喷入**闪速炉**内，在悬浮状态下氧化熔炼，然后在沉淀池还原分离，如基夫赛特法。熔池熔炼炼铅法是将硫化铅精矿直接加入鼓风翻腾的熔体中熔炼，如氧气底吹（QSL）法、艾萨法、澳斯麦特法和卡尔多法等。中国自行开发了富氧底吹炼铅法（如**水口山炼铅法**）和富氧侧吹炼铅法，后者也属于熔池熔炼炼铅法。

直接炼铅法采用富氧或纯氧进行氧化熔炼，烟气中SO_2浓度极大提高，能够满足制酸要求，从而解决了铅冶炼SO_2烟气污染严重的问题。据统计，直接炼铅法的生产能力及铅产量占中国铅冶炼生产能力及产量的一半以上。尽管直接炼铅工艺可以产出高浓度SO_2烟气用于制酸，但制酸尾气和含铅逸出物的污染难以完全根除。此外，火法炼铅不适宜处理低品位铅矿和复杂铅矿，为此冶金工作者又开发出了湿法炼铅工艺，主要有氯化溶浸法、熔融电解液中电解硫化铅法、胺溶液溶浸法、含氨硫酸铵溶浸法以及碱性溶浸法等。

（王成彦）

前滑 forward slip 轧制过程中，在**轧辊**与轧件接触表面的一定区域内，轧件水平速度大于轧辊线速度水平分量的现象。在轧制变形区的入口到出口，轧件断面积逐渐减小，水平速度逐渐增大，而轧辊同一圆周上的线速度是不变的。因此，在轧件与轧辊之间存在着相对滑动现象，通常在轧制变形区内存在前滑区、后滑区和中性面。后滑为轧件水平速度小于轧辊线速度水平分量的现象。在后滑区和前滑区之间存在一个轧件速度与轧辊线速度水平分量相等的面，称为中性面。与中性面相应的轧辊圆心角称中性角，如图1所示。前滑的大小用出口处轧件与轧辊相对线速度差的百分数表示，称为前滑值，简称前滑，即：

$$S_h=\frac{v_h-v}{v}\times 100\%$$

式中S_h为前滑值；v_h为轧辊出口处轧件的速度；v为轧辊的圆周速度。

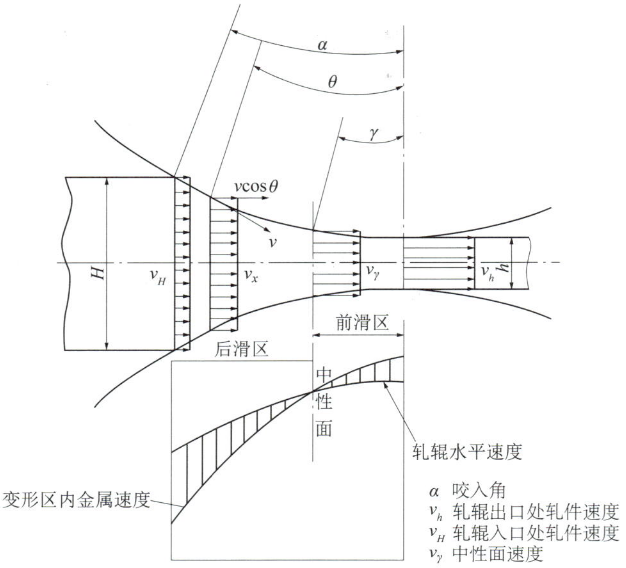

图1 轧制过程速度示意图

随着轧辊直径、摩擦系数和压下率的增加，前滑增加；随着轧件轧后厚度的减小及前张力的增大，前滑值增加。此外，轧件的**宽展**和孔型的形状等也对前滑有影响。在计算前滑值时，应尽可能地综合考虑各种因素的影响。但现有的计算公式大多是在平截面假设和不考虑宽展的条件下推出的，且认为中性面是前滑区和后滑区的分界线，最具代表性的是芬克（E.Fink）公式：

$$S_h=\frac{(D\cos\gamma-h)(1-\cos\gamma)}{h}$$

式中γ为中性角；D为轧辊直径；h为轧后的轧件厚度。

前滑值可以用简单的实验方法测定，在轧辊表面刻上相距L_H的两个印痕（图2），轧制之后，印痕留在轧件表面，并出现距离为L_h的两个凸包，前滑值可由下式确定：

$$S_h=\frac{v_ht-vt}{vt}=\frac{L_h-L_H}{L_H}$$

由于实测出轧件尺寸为冷尺寸，故在热轧时，只能在轧件冷却后测量，故应以温度膨胀系数进行修正：

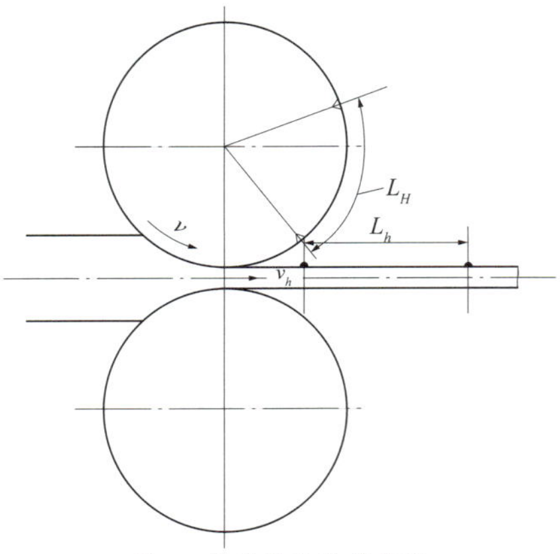

图2 用刻痕法计算前滑

$$L_h=L'_h[1+\alpha(t_1-t_2)]$$

式中L'_h为轧件冷却后测得的尺寸；t_1、t_2分别为轧件轧制时的温度和测量时的温度；α为轧件的温度膨胀系数。

前滑对连续轧制和周期断面轧制有重要的意义，在确定压下制度和轧辊的旋转速度，以及确定旋转轧辊所必需的力矩和轧机机座间的张力时都必须知道前滑值。

扩展阅读

王廷溥，等.现代轧钢学.北京：冶金工业出版社，2014.

赵志业.金属塑性变形与轧制理论.北京：冶金工业出版社，1994.

（贺毓辛 撰 张晓明 修订）

钱图里亚，V.A Valentin Alexeevich Chanturia; Валентин Алексеевич Чантурия（1938-10-15～ ）俄罗斯选矿工程专家。生于莫斯科。1962年毕业于莫斯科钢铁冶金学院，1974年获得博士学位，1981年晋升教授。1990年当选苏联科学院通讯院士，1994年当选俄罗斯科学院院士。2002年当选塞尔维亚和黑山共和国工程院外籍院士。

1977～2003年任俄罗斯科学院矿产资源综合开发研究所副所长、室主任，2003～2011年任所长。自1977年起，任莫斯科国立矿业大学选矿研究室教授。

2013年起任俄罗斯科学院地球科学学部副秘书长。

主要学术方向为矿物分离理论及难选矿物的高效、环保、安全的综合深加工工艺。创立了在高能量作用下，贵金属微米、纳米级颗粒的分解和矿物解离的理论，以及利用物理化学和电化学作用，提高难选矿石中矿物之间的可选性差异。

获得多项荣誉，如1970年获苏联忘我劳动奖章，1986年获苏联荣誉勋章，1998年获俄罗斯友谊勋章，1983年、1991年两次获得苏联部长会议奖，1992年被俄罗斯科学院主席团授予梅里尼科夫金奖，1997年被矿山科学院授予普拉克辛奖，1999年获俄罗斯国家奖，2001年获俄罗斯总统奖，2007年获矿工的荣耀一级金质奖章，2008年获俄罗斯采矿人金质奖章。发表论文380余篇，出版专著15部，获发明专利55项，主要代表著作有《浮选表面化学》《浮选理论与实践》等。

（陈经华　张京京）

羟肟酸捕收剂　hydroximic acid collector　具有羟基和肟基的**螯合捕收剂**。以醇式（羟肟酸）和酮式（氧肟酸、异羟肟酸）两种互变异构体存在。因两种互变异构体不可分离，且一般以酮式为主，因此羟肟酸也常被称为氧肟酸或异羟肟酸。两种互变异构体的互变异构反应式为：

$$R-\overset{\overset{\displaystyle O}{\|}}{C}-NHOH \rightleftharpoons R-\overset{\overset{\displaystyle OH}{\|}}{C}-NOH$$

酮式　　　　　　醇式

羟肟酸可以看作羧酸的一种衍生物，即羧酸中的羟基（—OH）被羟胺基（—NHOH）取代的产物。羟肟酸分为烷基羟肟酸和芳基羟肟酸两大类。工业上所用的烷基羟肟酸一般采用C_7～C_9羧酸为原料制备，称为$C_{7\sim9}$羟肟酸。此外，以石油副产品环烷酸为原料，可制备出环烷羟肟酸捕收剂，其化学结构式如下：

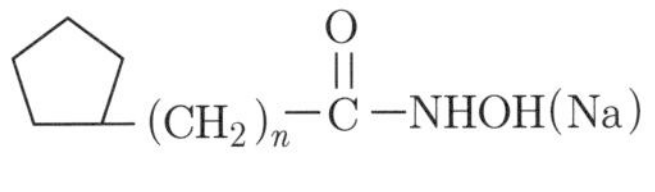

式中n为5～6。芳基羟肟酸主要有辛基羟肟酸、苯甲羟肟酸、水杨羟肟酸、邻羟基萘甲羟肟酸等。其中邻羟基萘甲羟肟酸有H205和H203两种同分异构体，前者化学名为2-羟基-3-萘甲基羟肟酸，后者化学名为1-羟基-2-萘甲基羟肟酸。

物理化学性质　$C_{7\sim9}$羟肟酸呈浅黄色硬油脂状或黄色黏稠液体状，密度0.988克/厘米^3（20℃），电离常数为2.0×10^{-10}，为极弱的有机酸。$C_{7\sim9}$羟肟酸与苛性钠（钾）反应生成弱酸强碱盐。该弱酸强碱盐的纯品为白色鳞片状晶体，能溶于水，其水溶性随碳链的增长而减小。工业烷基羟肟酸为红棕色油状液体，其钠盐为红棕色黏稠液体（含水50%～60%），两者均有较强的起泡性能。异羟肟酸盐水解可生成异羟肟酸及碱。异羟肟酸是一类不稳定化合物，它会进一步水解成脂肪酸和羟胺。工业$C_{7\sim9}$羟肟酸含烷基羟肟酸60%～65%、脂肪酸15%～20%、水分15%～20%，毒性较小。

辛基羟肟酸为白色鳞片状晶体，由于原料辛酸价格贵，一般只用于实验室研究。

苯甲羟肟酸工业品稍带红色，纯品为白色晶体，熔点126～130℃，微溶于水，6℃时在水中溶解度为22克/升，在水中电离溶液呈酸性，电离平衡常数K_a为1.3×10^{-9}。易溶于碱液，毒性中等。

水杨羟肟酸工业品为红色粉末物，纯品为淡红或浅褐色晶体，熔点175～178℃，其pK_a（解离常数，电离平衡常数的负对数）为7.4，易溶于碱液，毒性较低。

邻羟基萘甲羟肟酸纯品为黄色或橘黄色固状物，工业品为土黄色，受热超过80℃会发生分解，长期处于碱性介质中会缓慢分解。

羟肟酸的酸性比相应的羧酸弱，pK_a为9.4～9.7。在无机酸存在下，羟肟酸容易水解成羟胺和羧酸，因此羟肟酸捕收剂一般在碱性介质中使用。反应式如下：

$$RC(=O)NHOH + H_2O \longrightarrow RCOOH + NH_2OH$$

制备方法　一般以羧酸为原料合成，其合成反应包括两步：首先羧酸与甲醇（或乙醇）进行酯化反应生产羧酸酯，羧酸酯再与羟胺（盐酸羟胺或硫酸羟胺）反应生成羟肟酸化合物。反应式如下：

$$RCOOH + CH_3OH \xrightarrow{\Delta} RCOOCH_3 + H_2O$$

$$RCOOCH_3 + NH_2OH\cdot HCl + NaOH \longrightarrow RC(=O)NHOH + CH_3OH + NaCl + H_2O$$

应用　羟肟酸能与钛离子（Ti^{4+}）、镧离子（La^{2+}）、铁离子（Fe^{3+}）、铜离子（Cu^{2+}）等许多金属离子形成稳定的金属螯合物。因此，可广泛地用作金属矿物浮选的捕收剂。①烷基羟肟酸是分选铁矿、氧化铜矿、硅孔雀石、黑钨矿、氟碳铈矿、氧化铅锌矿等矿物的有效捕收剂。②苯甲羟肟酸主要用作钨矿、稀土矿以及铝土矿捕收剂。它可以单独用作黑钨细泥浮选的捕收剂，也可以与脂肪酸复合使用，用于白钨矿和铝土矿浮选。③水杨羟肟酸是稀土、锡石等矿石浮选的优良捕收剂。当用于锡石浮选时，通常是与磷酸三丁酯等配合使用，可大幅提高锡精矿品位和回收率。④邻羟基萘甲羟肟酸主要用于稀土矿浮选。使用时，需要先用氨水或氢氧化钠皂化，再加水配成5%的溶液使用，矿浆pH值一般控制在8.5～9.5。

扩展阅读

朱玉霜，朱建光.浮选药剂的化学原理.修订版.长沙：中南工业大学出版社，1996.

王淀佐.浮选剂作用原理及应用.北京：冶金工业出版社，1982.

（朱一民）

切尔诺夫，D.K.　Dmitrii Konstantinovich Chernov（1839-11-01～1921-01-02）　俄国冶金学家。生于圣彼得堡，卒于雅尔塔。1858年毕业于圣彼得堡应用工艺学院，后在铸钢厂工作。1866～1868年在研究武器铸件缺陷的产生原因和有关钢锭的冶、铸、锻基础上，确立了钢的热加工和热处理与其组织和性能之间的关系。他发现钢在加热和冷却时发生**固态相变**的临界温度，用图解表示铁-碳合金成分对临界点位置的影响。后来这些临界点称为切尔诺夫点。他还研究钢锭结晶的理论、晶体的成核和生长，特别是树枝状晶体（又称切尔诺夫晶体）；研究铸铁的缺陷并指出其有效防止法。他论述炼钢时脱氧的意义和综合脱氧剂的应用，指出致密无气泡钢锭的制取方法和在结晶过程中搅拌钢水的意义。他对**转炉炼钢**技术也有贡献，是富氧鼓风吹炼原理的发明人之一，还从事过铁矿石直接还原及优质钢炮筒和穿甲钢弹的研究。切尔诺夫曾任俄国冶金学会名誉主席、英国钢铁学会名誉副主席。

（常乃權　施苹善）

切分轧制　slitting rolling　在型钢轧机上，利用特殊轧辊孔型和导卫装置，将一根轧件沿纵向切成两根（或多根）轧件，进而轧出两根（或多根）成品轧材的**轧制**技术。又称多槽轧制。

种类　切分轧制主要有轮切法、辊切法和剪力切分法。

轮切法是在切分孔型轧机出口处装有一对切分轮，通过两道工序完成轧件的切分。其工艺过程是：首先在切分孔型内将轧件轧制成形状相同的并联轧件，然后通过切分轮将并联的轧件切分成单根轧件。由于切分轮是非传动装置，要通过沿纵向不断运动的轧件带动切分轮旋转来切分轧件，故适用于连轧机组。同时由于切分轮结构小，切分能力有限，仅能切分连接厚度较小的轧件，并要求轧机弹跳小，因此适于高刚度轧机。轮切法在连轧机上普遍采用，是切分轧制的主要方法。

辊切法是利用特殊设计的孔型，在轧制线上的辊切孔型中完成轧件轧制的同时将轧件切分。即将轮切法中的先成形、后切分两个工序合并成一个工序。由于轧件在辊式切分孔型中轧制成形时自动切分，故既适合于连轧机组，也适合于横列式机组，同时对轧机的刚度要求也低一些。辊切法无须其他辅助设备，操作简单，但要求轧辊孔型具有一定的强度和韧性，要求轧辊**孔型设计**合理准确。

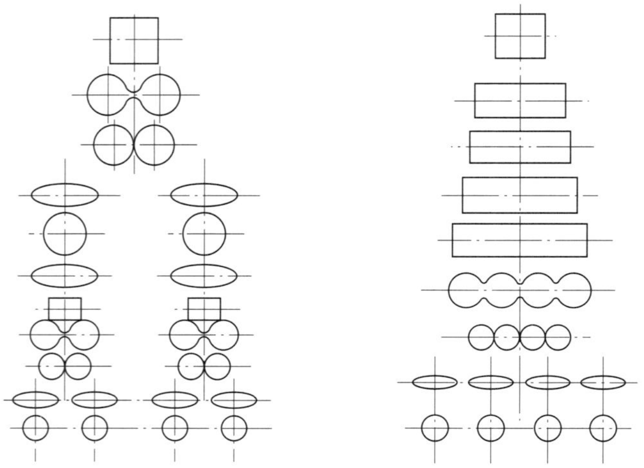

a 二次切分将一根轧件切分成四根　　b 一次切分将一根轧件切分成四根

剪力切分法示意图

剪力切分法（见图）是轧件在轧制过程中，通过预切分孔型将其轧制成并联形式的产品。在成品轧机后设有圆盘剪，由其剪切成单根钢坯或钢材。这种方法操作不便，用得较少。21世纪10年代，已实现棒材的二切分、三切分、四切分，其中多根切分可采用扭转切分法和分阶段切分法。

特点　切分轧制的优点是：①生产率高。切分轧制可缩短总的纯轧时间，加快轧制节奏，提高小时产量。如轧制直径8毫米和10毫米小规格产品时，若轧制速度相同，则切分轧制的轧机小时产量比单根轧制提高88%～91%；在轧制直径16毫米和18毫米较大规格的钢筋时，切分轧制的机时产量可比单根轧制提高一倍，从而做到各种规格的产量平衡，使**加热炉**的能力得到充分发挥。②产品尺寸精度高。采用切分轧制工艺时，头尾温差小，负荷均匀，且切分后两线同时咬入轧制，可避免单根轧制时轧辊不对称弯曲所造成的尺寸偏差。因此，切分轧制的尺寸精度可比单根轧制提高5%～6%。③扩大产品规格范围。对已建设好的生产线，采用相同的坯料和轧制制度，可使产品的最小规格范围进一步扩大，如原有生产规格为直径14毫米的产品，通过切分轧制可生产直径10毫米、12毫米的产品。④降低能耗和成本。切分轧制可缩短轧制时间，轧件的热损失较小，可将钢坯的加热温度降低40℃左右，燃料消耗可降低20%左右，电耗可降低15%左右，轧辊消耗可降低15%左右，总的生产费用可降低10%～15%。⑤减少机架数，节省投资。例如，将130毫米方坯轧成直径12毫米钢筋的轧制道次，可从单根轧制的16道次减少为14道次。因此，新建的棒材轧机，采用切分轧制工艺可减少两个机架，缩短厂房长度，节省投资。

存在缺点是：切分部位带毛刺，切口不规则，轧后易形成折叠，影响轧材表面质量。不适于轧制表面质量要求高的型线材。

扩展阅读

白光润，栾瑰馥，朱殿强.孔型设计.沈阳：东北工学院出版社，1992.

周建男.轧钢机.北京：冶金工业出版社，2009.

（赵宪明　周晓光）

切割　cutting　地下采矿中，在已完成开拓和采准工程的矿块里，为获得备采矿量而开辟的自由面和自由空间（拉底和切割槽），并提供大规模回采矿石爆破和放矿空间所必须完成的井巷工程。在矿块中开凿切割空间，也称为切割采矿，所采出的矿石计入采矿量中。切割工程主要包括采场切割天井（或上山）、切割平巷、拉底巷道、切割堑沟、放矿漏斗的漏斗颈、深孔凿岩硐室、分段穿脉巷道等。

切割天井　对已完成开拓和**采准**工程的矿块，布置在首先回采的**矿体**中（可以在端部也可以在中间），沿矿体掘进直立或倾角较大的、以便形成爆破自由面和自由补偿空间的井筒。这是以侧向爆破落矿的采矿工艺中一种主要的切割工程，并常在切割天井的基础上，进一步形成切割槽，增加自由面和自由补偿空间。切割天井一般可以采用爆破成井、天井钻机成井等方法实现。

切割平巷　在采场（或矿块）中，用于形成备采矿量，回采爆破时形成自由面和补偿空间，回采中提供良好的放矿条件所必需的巷道工程。其位置布置与采场内的回采顺序及其采矿方式有关，一般利用光面爆破掘进实现切割平巷的施工。

拉底巷道　地下采矿工程中矿房回采以前，在采场底部开掘的以形成采场矿石回采的自由空间和底部自由面的巷道。向拉底巷道的两边进行的扩帮直至采场底部拉通的工程，称为拉底层，一般采用浅孔爆破实现拉底巷道的开凿。

切割堑沟　在采场底部形成的堑沟式受矿巷道工程。是将上部漏斗沿纵向连通或直接在采场底部形成一个V形槽，实现拉底、扩漏和落矿作业结合，采用上向扇形中深孔与落矿同次分段爆破作业形成，适用于矿石中等稳固以上的条件。

放矿漏斗的漏斗颈　从出矿平巷到采场拉底层所开掘的垂直或倾斜的放矿漏斗，其下半部叫漏斗颈，一般采用上向潜孔凿岩爆破实现，是放矿漏斗的一部分。

深孔凿岩硐室　在采场矿岩中开凿用于深孔凿岩的硐室空间。其空间结构的尺寸主要根据凿岩设备确定，采用矿山法（钻眼爆破法）开凿形成。

分段穿脉巷道　采用分段回采的采矿方法中，在**中段**内按照矿块结构和功能要求，开凿分段穿脉巷道用于凿岩和（或）出矿的切割巷道工程。一般采用矿山法开凿形成。

扩展阅读

解世俊.金属矿床地下开采.北京：冶金工业出版社，1986.

张世雄.固体矿物资源开发工程.武汉：武汉理工大学出版社，2010.

古德生，李夕兵，等.现代金属矿床开采科学技术.北京：冶金工业出版社，2006.

（胡建华）

秦始皇陵铜车马　Bronze Chariots and Horses in Mausoleum of First Emperor of Qin Dynasty　中国秦始皇陵随葬的青铜制作的车马模型。1980年出土于陕西渭南市临潼县（今西安市临潼区）秦始皇陵墓西侧20米处的一陪葬坑内。共两乘，一号铜车为立车，御者立于车上；二号铜车为安车，御者坐在车上。

一号铜车马通体彩绘，车马通长225

图 1 一号铜车马

厘米，通高152厘米，总重量1061千克。车为独辀双轮，辀前有衡，衡上缚有两轭。车舆呈横长方形，舆横宽74厘米、前后纵长48.5厘米。车舆两侧的輢高18.5～33.5厘米，上有外翻的车耳。车舆前边有轼，后边辟门，门敞口未装门窗。车舆内竖立一高杠铜伞，伞下有一站立的铜御官俑。车前驾四匹铜马，从左至右分别为左骖马、左服马、右服马和右骖马，均为青铜质，其基本造型和大小高低大体相同，但

图 2 二号铜车马

细节略有变化，尤其是马身上的装饰。该车除一些金银饰件外，其余全部为青铜铸件。全部车马由众多的零部件组装而成。组装的方法是在各个零部件分铸的基础上，采用铸接、焊接、铆接、镶嵌、销钉固定、子母扣连接等方法，把众多的零部件组成一体（图1）。

二号铜车马是四马独辀双轮车，通体彩绘。通长317厘米、车通高106.2厘米。辀前端有衡，衡上缚有两轭。车舆呈纵长方形，分为前后两舆，前舆较小，内有一跽坐的铜御官俑。后舆较大近似方形。舆上端搭一龟甲形的篷盖。车后舆左右两侧各有一窗，前后舆之间的隔板上亦有一窗，舆内前有轼，后有门。门上装有门扉。二号铜车一铜辔上有朱书文字“安车第一”（图2）。

铜车断裂的残口中仍保留有不少内范和范芯的残块，表明铸造时使用的是泥质陶范。铸造时采用了浑铸法（铸造马体、车辕、舆底和车盖）、分铸法（零件分别铸造，然后铸接）、嵌铸法（对于不能一次完成的复杂铸件及各零件之间的连接采用该方法，如车轮的铸造）、铸焊法（让被焊接的两个制件靠近，留出一定缝隙，在缝隙处造范，形成焊缝铸型，再浇入一定量过热的熔融铜液形成焊缝的方法。如二号铜车的轼与舆的铸焊）、包铸法（辕、轴、伏兔的铸接）。针对铸造锁孔、砂眼等缺陷，采用在凹坑内浇铸铜液填补、然后表面修磨平整的铸补法，及镶嵌修补法等工艺，这种铸补的痕迹遍布铜车马的许多零部件。如在一号铜车左右车轼与左右栏板的连接以及二号铜车的轼与前侧栏板之间的连接，均沿焊缝等距离镶嵌了若干铜片来增强焊缝的连接强度。

秦始皇陵铜车马的铜锡合金配比较《考工记》中的“六齐”更为合理和完善，铸造各部件的型范和范芯应用更灵活。秦始皇陵铜车马是研究古代金属加工技术和独辀车系驾方法的重要参考资料。

（陈坤龙 刘 勇）

轻压下 soft reduction 在**连续铸钢**过程中，对带液芯的铸坯施加压力使其产生减薄变形的技术。轻压下技术起始于20世纪70年代末至80年代初，是在收缩辊缝技术基础上发展起来的。

工艺与作用 轻压下工艺是在铸坯凝固末端附近，对铸坯施加一定的压下量，来补偿铸坯凝固的收缩量。与轻压下工艺相应的还有液芯压下工艺和铸轧工艺。轻压下主要用于传统板坯和大方坯铸坯液相穴凝固末端，而液芯压下和铸轧主要用于**薄板坯连铸连轧**。对于常规板坯连铸机，轻压下指凝固末端的轻压下，而对于中厚板坯和薄板坯连铸机，有的几乎是凝固过程中的全程轻压下。轻压下的作用是消除或减少铸坯收缩形成的内部空隙，并使液芯中溶质元素富集的钢液沿拉坯方向反向流动，使溶质元素在钢液中重新分配，从而消除铸坯中心疏松和偏析缺陷，使铸坯的凝固组织均匀致密。

对于中厚板坯和薄板坯连铸机，轻压下目的不仅仅是改善铸坯中心疏松和偏析，还要减薄铸坯厚度，从而提高连铸机的工艺操作性，并与后续轧机更好地匹配而取得最佳经济效益。

分类 按工艺分为辊式轻压下和连续锻压式轻压下（见图）。①辊式轻压下。采用连铸机二冷区夹辊对铸坯实行压下，可用于板坯、方坯、圆坯。辊式轻压下易于实现，效果可靠，应用最多。特别是动态轻压下技术出现后，连铸机的轻压下均使用辊式方法。②连续锻压式轻压下。采用锻压头对铸坯实行压下，主要用于大方坯。由于设备庞大，投资和使用维护成本高，未能推广使用。

按控制方式分为静态轻压下和动态轻压下。①静态轻压下，即在浇铸前预先设定好辊缝，然后按照设定的拉坯速度和工艺条件进行浇铸。在轻压下技术研发的初期阶段，连铸机的辊缝不能进行生产在线调整，因此首先应用的是静态轻压下技术。由于连铸生产过程中拉速、钢种、过热度、冷却等条件改变对凝固末端的位置有重要影响，而静态轻压下的压下位置和压下量却不能改变，因此难以准确地在凝固末端实施压下。②动态轻压下，即在浇

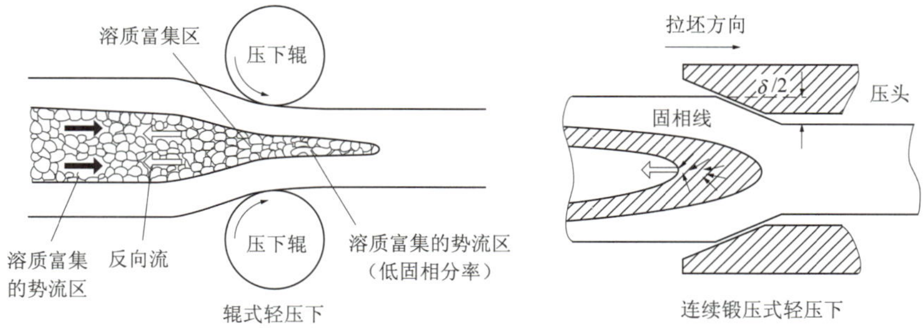

轻压下工艺示意图

铸过程当中随着凝固终点的位置变化可调整辊缝及辊缝收缩程度。动态轻压下是集液压、计算机、自动控制和自动检测于一体的连铸技术。此项技术的核心就是利用数学模型和对铸坯温度场进行实时的热跟踪，准确地预测铸坯凝固末端，并根据浇注状态确定出合理的轻压下区间和合理的辊缝设定值，然后通过液压驱动，对连铸机各段夹辊的辊缝实施合理的动态轻压下控制。动态轻压下的效果更好，已成为轻压下控制方式的主流。为了实现远程快速调整辊缝，动态轻压下需要采用液压夹紧式扇形段或夹辊，造价较高。

静态轻压下和动态轻压下都要对凝固末端轻压下区域扇形段的辊缝进行设定。进行轻压下和不进行轻压下时的辊缝不同，不进行轻压下时的辊缝是按照钢的凝固收缩特性设定的，具有一定的锥度，即收缩辊缝；而进行轻压下时则要使轻压下区域的辊缝具有更大的收缩率。

工艺参数　轻压下主要用于低合金高强度钢及中高碳钢的铸坯操作，如管线钢、船板钢、桥梁钢、压力容器钢。其关键性工艺参数包括总压下量、压下区间，以及指定区域的压下率和压下速率。总压下量一般是轻压下工艺中辊缝收缩总量，其中包括铸坯凝固自由线收缩量和实际作用在铸坯上的机械压下量；压下率是浇铸方向单位长度的压下量；压下速率是单位时间的压下量。合理确定这些工艺参数能消除或减少铸坯中心偏析与疏松。当压下率为0.8～1.2毫米/米时，中心偏析面积的比率最低，再提高压下率值，中心偏析面积比率无明显改善。当总压下量（δ）为5～7毫米时，偏析面积的比率最小。压下速率为0.78～0.86毫米/分时，平均偏析指数最低，产生V偏析和A偏析的可能性最小。

扩展阅读

杨拉道，谢东钢.常规板坯连铸技术.北京：冶金工业出版社，2002.

（吴夜明）

氢脆　hydrogen embrittlement　金属材料因氢的进入而使塑性下降、损伤或低应力下的滞后断裂现象。氢进入金属材料有两种方式：①在冶炼、加工（如酸洗、电镀、焊接等）过程中因添加湿料或因与电解质接触而溶入，称为内氢。②由金属材料制成的工件放置或工作于含氢的环境中，氢会不断通过工件表面渗入金属材料中。金属溶氢后引起的损伤分为两类：①可逆损伤。金属溶氢后可通过驱氢处理消除氢脆，一般从环境吸氢且氢含量较低时出现这种现象。固溶氢导致拉伸时塑性损失一般在含氢1～2×10^{-6}时最明显。由于氢的富集与应力状态、氢与**位错**、夹杂物、晶界的交互作用及氢的扩散有关，故拉伸时应变速率愈慢，氢脆便愈明显。温度低或温度高时，氢都不易通过扩散达到富集，从而降低氢脆敏感性。一般在室温附近，以慢应变速率拉伸，氢脆最敏感。②不可逆损伤。在内氢的情况下，由于钢中含氢量较高，在钢的组成相发生变化时，大量原子氢析出并在**晶体缺陷**或夹杂物界面处聚集成分子氢，引起巨大的内压而使钢产生内裂纹，成为不可逆损伤。在有氢环境中，特别是高温条件下，钢件会发生表面脱碳，溶入的氢会使钢中碳化物分解，形成甲烷气而产生巨大内压，使钢件表皮下出现鼓泡，这也是一种不可逆的氢损伤，又称氢腐蚀。另外，不稳定的奥氏体不锈钢由于氢致**马氏体相变**或生成氢化物，也可以引起氢脆。

（袁新泉）

丘继存　Qiu Jicun（1920-09-03～1991-12-28）　中国选矿工程专家。生于福建海澄（今漳州龙海），卒于辽宁沈阳。1948年毕业于广西大学矿冶系。1949～1951年在大连工学院任教。1951年院系调整，转入东北工学院任教，曾任选矿教研室主任。一直从事中国选矿技术研究和教育工作，是东北工学院选矿工程专业创建人之一。为完善选矿专业课程体系，20世纪50年代主编了《选矿学》教材，被中国高校广为采用。从60年代开始，投入大量精力研究微细粒矿物浮选理论及新工艺，率先提出了选矿工艺与矿石物质组成、矿石结构与构造之间的关系等研究方向，先后主持和指导了20余项相关的科研项目。主持开展了提高东鞍山赤铁矿浮选回收率试验研究。在钨锡矿分选方面开展了“钨矿泥疏水性团聚”及“钨矿泥的球团聚”研究，并取得良好成果。发表学术论文20余篇，在加强国际学术交流中做出了重要贡献。

（韩跃新）

丘玉池　Qiu Yuchi（1907-11-11～1962-07-01）　中国冶金学家。生于广东潮安，卒于北京。1931年毕业于金陵大学化工系，获理学学士学位；1934年毕业于燕京大学研究院，获理学硕士学位；1936年毕业于英国伦敦大学矿冶学院冶金系，获冶金工程一级荣誉学士学位；1938年获德国亚琛工业大学工程博士学位。曾任重庆国民政府兵工署材料试验处处长兼重庆大学教授、资源委员会资渝炼钢厂工程师、本溪特钢厂厂长。中华人民共和国成立后，历任广州制钢厂厂长，重工业部钢铁局特钢处副处长、技术处处长，冶金工业部钢铁研究院副院长。第一届、第二届全国人民代表大会代表。

在研究钢中氢气行为上取得重要成果，设计制出复杂形状的玻璃仪器，同时与F.W.奈姆斯合作设计、制造了测氢所需的螺旋式无芯炭管感应加热炉，解决了钢中氢含量的测试问题。所设计的测氢仪，其测量精度达1%。

中国特殊钢事业的开拓者之一。采用化学方法提纯氧化钨，然后采用坩埚配合还原剂还原出纯钨；用坩埚法冶炼了高速钢、模具钢、不锈钢、磁钢等，有力支援了抗日战争时期的军工生产。结合中国资源创建了中国特殊钢系统，并协同德国专家开展特殊钢应用方面的咨询工作。主持制定了《电炉炼钢基本操作规程》(1951)。发表有《贝氏炼钢法》(1942)、《中国合金钢的发展》(1962) 等论文。

（姜　曦）

邱定蕃　Qiu Dingfan（1941-10-20～　）中国有色金属冶金、化工冶金专家。祖籍江西广昌，生于香港。1962年毕业于江西工学院化工专业，同年进入北京矿冶研究总院工作。1991年作为高级访问学者赴加拿大皇后大学学习与研究。历任北京矿冶研究总院冶金节能室主任、副院长等职。1999年当选中国工程院院士。

长期从事**有色金属冶金**、化工冶金的研究与开发。成功研发出沸腾焙烧－萃取分离镍、钴、铜技术，并在中国首次实现了工业化应用；主持研究的加压浸出分离与提取铜、镍、钴的方法，推动了中国有色金属工业的进展；发明矿浆电解新工艺，实现了金属的一步提取，节能明显；研究成功复杂金矿资源综合利用新工艺。

是中国较早提出“资源循环”并从事学术和工程研究的学者之一。

获国家科技进步奖一等奖1项、二等奖1项，国家技术发明奖二等奖1项。2004年获中国工程院光华工程科技奖，2006年获何梁何利基金科学与技术进步奖。发表论文100余篇，出版学术专著3部。

（刘 恢）

邱冠周 Qiu Guanzhou（1949-02-02～ ） 中国选矿工程专家。生于广东大埔。1978年毕业于广东工业大学，获工学学士学位；1978～1987年就读于中南工业大学，获硕士、博士学位。曾任中南工业大学副校长、中南大学副校长。2011年当选中国工程院院士。

长期致力于中国低品位、复杂矿产资源加工研究，系统开展了**生物冶金**理论和技术的研究。创立了第一个生物冶金菌株及其活性的基因芯片检测方法，构建冶金微生物群落基因组芯片、功能基因芯片和宏基因芯片；建立了功能群复配以及高效扩培、快速定殖技术；发明了原生硫化铜矿快速氧化溶解和钝化膜消除技术；开发了工艺参数与菌群协同优化调控技术；研究粗粒矿物对细粒矿物的载体、中介、助凝作用，形成细粒矿物浮选的新理论；提出利用腐蚀电位原理计算复杂硫化矿浮选体系相互反应最终混合电位的方法，使硫化矿浮选由pH值-药剂浓度二维控制发展成为pH值-药剂浓度-矿浆电位三维控制，推动了硫化矿选矿技术发展，并提出实现**电位调控浮选**的“低电位、少药、快选”工业化思路；研究出集黏结、放热、催化功能于一体的球团黏结剂，开发出与之匹配的铁矿细磨精选及球团制备技术，建立快速升温、快速还原的回转窑热工体系。

获得国家技术发明奖二等奖2项，国家科技进步奖一等奖、二等奖各1项，中国高等学校十大科技进展2项。获2001年国家级教学成果二等奖。2003年担任国家自然科学基金创新群体学术带头人，2004年、2009年曾连续两次担任生物冶金领域国家973计划项目首席科学家，被评为国家级有突出贡献中青年专家。主编教材3部，出版专著5部，发表论文400余篇。

（姜 涛）

邱竹贤 Qiu Zhuxian（1921-04-12～2006-07-28） 中国有色金属冶金专家。生于江苏海门，卒于辽宁沈阳。1943年毕业于交通大学唐山工程学院（今西南交通大学）矿冶系。曾先后在四川电化冶炼厂、中国台湾高雄铝厂、抚顺铝厂任工程师。1955～2006年任教于东北大学。1987年当选挪威技术科学院外籍院士。1989年当选挪威科学院外籍院士。1995年当选中国工程院院士。

长期从事**熔盐电解**、**熔盐**物理化学基础理论及应用技术的研究，发现了熔盐电解电极界面现象的基本规律，对电极湿润学说、**阳极效应**理论和不同金属在熔盐中的溶解机理进行了清晰的阐述，丰富了熔盐电解理论。发明了透明电解槽，推进了高温熔盐电化学的研究。中国铝工业的奠基人之一，研究了工业铝电解的节能问题，提出了热损失系数的概念，开创了低温铝电解研究，并应用于工业实践，为中国铝工业作出重大贡献。

曾获国家教科委科学技术进步奖一等奖和二等奖、国家自然科学奖三等奖、何梁何利基金科学与技术进步奖和国家科技进步奖二等奖等。编著《预焙槽炼铝》（1980）、《铝冶金物理化学》（1985）、《铝电解原理与应用》（1998）等专著12部和《铝电解原理》（1982）、《铝镁电冶金学》（1990）、《铝电解理论与新技术》（2010）等译著8部。共发表学术论文200余篇。

（姜 曦）

球磨 ball grinding process 在磨矿机中用球形磨矿介质将矿石破碎的**磨矿**方式。球磨过程中，由于钢球具有360°自由转动性能，适用做泻落式运动和抛落式运动。泻落式运动是当筒体转速较低时，介质随筒体转动沿圆轨道上升至一定高度后，在重力作用下沿磨机内介质层表面自由下落，然后转向，重新沿圆轨迹上升，如此周而复始。抛落式运动是当筒体旋转速度较高时，介质沿圆轨道上升的高度增加，然后以某一初速度脱离筒体按抛物线轨道向下抛落。磨矿机内可装不同尺寸大小的钢球，以适应不同破碎力的需要，适于粗磨、中磨和细磨，也可用于**超细磨**。对于忌铁物料和工艺，可采用橡胶、聚氨酯衬板及由陶瓷或氧化铝制的非金属球介质。

球磨既可以干式作业，也可以湿式作业。前者广泛用于燃煤电厂和水泥行业，后者广泛用于金属和非金属矿山。所用磨矿机有3种类型：格子型球磨机、溢流型球磨机和周边排料球磨机。其中格子型和溢流型球磨机应用较多。格子型球磨机是低水平强制排矿，磨矿机内储存的矿浆少，密度较大的矿物不易在磨矿机内集中，过破碎比溢流型的小，磨矿速度较快。溢流型球磨机因其排矿是靠矿浆本身高过中空轴下边缘自流溢出，不设另外装置沉重的格子板。为防止球磨机内小球和粗粒矿块同矿浆一起排出，在中空轴颈衬套的内表面镶有反螺旋叶片，起阻挡作用。由于两种磨矿机排矿方式的差异，格子型球磨机的生产率比溢流型的高10%～25%。当需要进行两段磨矿时，第一段用格子型球磨机，第二段用溢流型球磨机；需要进行粗精矿再磨时，宜采用溢流型球磨机；需要磨到48～65目的均匀粗粒产物时，宜用格子型球磨机；需要磨到200～400目的细粒产物时，宜用溢流型球磨机。周边排料球磨机通过筒壁周边上的圆孔将矿浆排出筒体，主要用于制备球团原料的润湿磨及易于过粉碎物料的磨碎，由于其排矿格子的构造更复杂，故应用较少。

球磨的破碎为点接触作用，缺乏选择性，物料多为贯穿破裂，很少沿界面破裂，致使产品粒度很不均匀，并造成磨矿产品中有用矿物的过破碎。球磨过程中还会产生球与球、球与衬板之间的直接冲击和研磨，加上湿式球磨作业中矿浆的腐蚀作用，加剧了钢球和衬板的消耗。

以钢锻、短柱形、异形球棒等作为磨矿介质的磨矿工艺，同样归结为球磨工艺的范畴。

（吴彩斌）

球磨机 ball mill 利用回转筒体将磨矿介质和物料带到一定高度下落，使其相互产生挤压、冲击和磨剥等作用而粉磨物料的**磨矿设备**。球磨机是物料被破碎之后，再进行粉碎的关键设备。广泛应用于水泥、硅酸盐制品、新型建筑材料、**耐火材料**、

图1 球磨机外观

化肥、黑色与有色金属选矿，以及粉末冶金、玻璃陶瓷等生产中。对各种矿石和其他可磨性物料可进行干式磨或湿式磨。在矿山生产中，球磨机（图1）作为主要的生产设备，其运转率和效率常常决定了全厂（系列）的生产效率和指标。

结构及原理　选矿厂球磨机主要由给料部、出料部、回转部、传动部（减速机、小传动齿轮、电机、电控）等组成。筒体一般为圆筒形（圆锥球磨机除外），磨矿介质常为钢球、钢棒或砾石体，直径一般为25～150厘米，尺寸可根据待磨物料的性质及产品粒度要求进行选择，并按照筒体有效容积的35%～50%添加。一般球磨机尺寸越大，介质充填率越低。

球磨机以一定的速度做旋转运动时，筒体内的钢球（棒）或砾石等磨矿介质，在自身重力、与筒体衬板间的摩擦力及球磨机旋转产生的离心力作用下，随筒体旋转上升到一定的高度，当重力的径向分力大于或等于离心力时，研磨介质开始脱离筒体内壁，按照一定的轨迹降落（图2）。这种周期性运动会产生连续的冲击和研磨

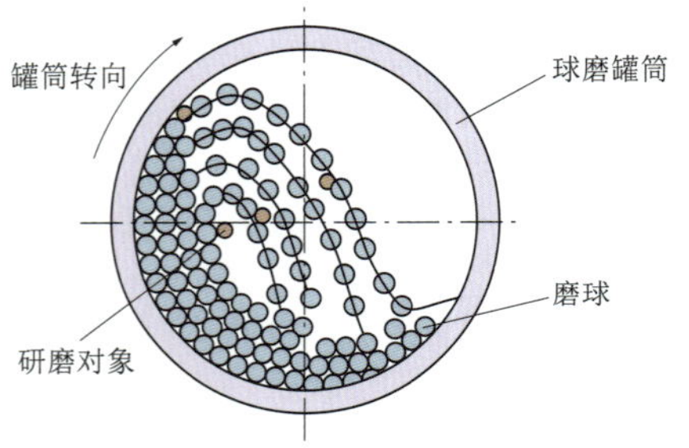

图2　球磨机的工作原理

作用，从而粉碎物料。

分类　按球磨机的排矿方式可分为溢流型球磨机，排料通过中空轴排出；格子型球磨机（图3），磨机排料端设置有格

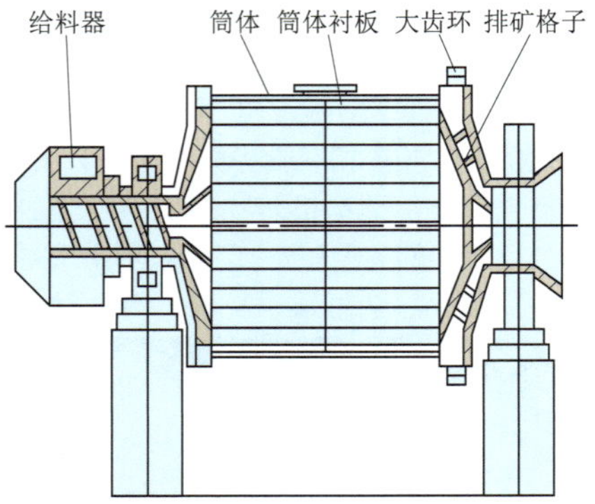

图3　格子型球磨机示意图

子板；周边排料球磨机，产品通过筒体周边的排料口排出。按球磨机筒体长度（L）与直径（D）之比可分为短筒型球磨机，$L/D\leqslant1$；长筒型球磨机，$L/D\geqslant1\sim1.5$甚至2～3；管磨机，$L/D\geqslant3\sim5$。按球磨机筒体形状可分为圆筒型球磨机和圆锥型球磨机。按传动装置所在位置及驱动方式可分为中心传动球磨机（图4a）、边缘传动球磨机（图4b）和摩擦传动球磨机（图4c）。

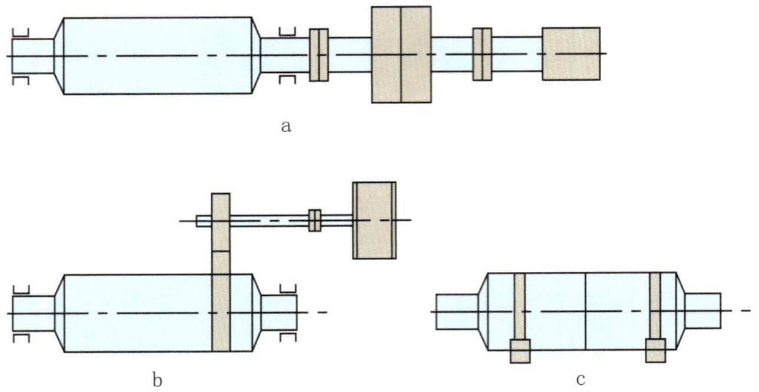

图4　球磨机的传动方式示意图

扩展阅读

刘树英.破碎粉磨机械设计.沈阳：东北大学出版社，2001.

杨家文.破碎与磨矿技术.北京：冶金工业出版社，2006.

（张国旺　刘　瑜）

球团法　pelletizing　将细粒物料或细精矿加入适量水分和黏结剂制成生球，然后再进行焙烧固结，形成近球形粉料的方法。铁矿粉造块的重要方法之一。所得产品称为球团矿。球团矿粒度均匀，具有高强度和高还原性。球团矿的强度主要靠固相固结作用，熔融液相黏结的作用很小。根据焙烧过程气氛的不同，产品可分为氧化球团矿和还原球团矿两类。前者依据产品成分又分为酸性（不加碱性熔剂）、自熔性或熔剂性（加碱性熔剂）和镁质（加含镁添加剂）球团矿等；后者依据铁氧化物还原程度又可分为供炼铁用的预还原球团和供炼钢用的金属化球团。在现代球团生产中，酸性氧化球团矿（碱度小于0.3）占主要地位。

简史　1912年和1913年，瑞典人A.G.安德松和德国人C.A.布莱克尔斯贝尔格分别就球团技术取得专利。1926年德国克虏伯公司建造了第一座球团试验厂，1937年停产。第二次世界大战结束时，美国的

氧化球团矿

富矿几近枯竭，而梅萨比地区有储量巨大的铁燧岩贫矿资源，经深度细磨磁选后可获得精矿。1943年前后，美国矿业局研究了铁燧岩精矿制备球团的可行性，使球团技术取得重大突破。瑞典于1946年在斯德哥尔摩钢铁研究院成立了一个应用精矿生产球团的专门委员会。不久就在瑞典建成了数座小型工业性竖炉球团厂。由于竖炉产能较小，1951年美国开始大型带式焙烧机球团法的研究，并于1955年在里塞夫厂建成年产60万吨的世界第一座带式焙烧机球团厂。1960年又在美国洪堡建成世界第一座链箅机－回转窑球团厂。

工艺流程　生产球团的工艺流程是：①原料准备，包括原料的接受、贮存、干燥及其预处理等环节。②生球制备，包括配料、混合、造球、生球筛分以及返料处理等环节。③球团焙烧，包括干燥、预热、焙烧、均热、冷却等环节。各种球团生产方法在球团焙烧前的工艺和设备基本相同，只是球团焙烧设备不同。

工艺方法　球团法按固结方法可分为高温固结球团法和低温固结球团法。高温固结球团法根据焙烧设备又分为竖炉球团法、链箅机－回转窑球团法和带式焙烧机球团法：①竖炉球团法。将生球装入竖炉以均匀的速度连续下降，燃烧室内的高热气体从火口喷入炉内，自下而上进行热交换。在竖炉上部利用上升热废气对生球干燥和预热，球团预热后进入焙烧区发生固相反应而固结，在竖炉下部冷却。在竖炉一次完成干燥、焙烧、冷却整个过程。竖炉具有结构简单、对材质无特殊要求、投资少、热效率高、操作维修方便等优点。但由于竖炉单炉产量小，对原料适应性差，产品质量不均匀，不能满足现代高炉对精料的要求，因此在应用和发展上受到限制。②链箅机－回转窑球团法。一种联合机组球团生产法，生球在链箅机上干燥、脱水和预热，继而在回转窑内高温固结，最后进入冷却机冷却获得球团矿。具有对原料适应性强、产品方案多、单机生产能力大、球团质量好且均匀、可使用煤粉做燃料等特点。但联合装置设备环节多，基建投资略高、维修工作量较大，适于规模较大的球团厂采用。③带式焙烧机球团法。生球在带式机（台车）上相对静止，靠上鼓下抽的气体介质向生球传热和传质，以

完成球团矿的干燥、焙烧和冷却。带式焙烧机球团法具有抽风、鼓风方式，气流速度、温度、气氛和分段比例等方便调节的特点，不仅适合处理磁铁精矿球团，也可以处理其他工艺难以处理的赤铁矿和褐铁矿球团；全部工艺过程集中于一个设备上完成，生产率高，适合于大规模生产。

低温固结球团法，又称冷固结球团法，是将铁精矿或其他细粒含铁原料靠配入某种黏结剂制成生球，然后在专门设备内（养护仓、养护场或高压釜）于300℃以下，经过黏结剂的物理和化学固结作用而制得球团矿。冷固球团法具有工艺简单、投资少、节约能源、不需耐热材料等优点，对于不宜用烧结或高温焙烧的原料，以及要求生产能力小的厂家，具有一定的优势。

（范晓慧　毕学工）

球形石墨 spherical graphite　以高碳天然鳞片石墨为原料，通过矿物表面改性处理生产的具有不同细度、颗粒呈球形的石墨产品。首先将石墨经粗碎、修整、**磁选**、分级等工序形成初始产品，再经高温纯化后成为球形石墨。修整是生产球形石墨的关键环节，需要采用研磨整形机，在使石墨微粉边角得以圆整的同时，不致使石墨粒径和尺寸有较大变化。球形石墨材料具有良好的导电性、结晶度高、成本低、理论嵌锂容量高、充放电电位低且平坦等特点，是重要的锂离子电池负极材料。球形石墨的品质主要用物理性能和电化学性能来衡量。物理性能指标包括粒径、振实密度、比表面积、水分、固定碳含量；电化学性能指标包括库仑效率、充电容量、循环寿命。

（杨友生）

全面采矿法 breasting mining method　在回采过程中把矿段划分为矿块开采，不严格划分矿房、矿柱，回采工作面沿矿体走向或倾向全面推进，设备和作业人员在敞空式的采场内进行作业，依靠围岩、留下的夹石或贫矿以及不规则的矿柱来维护采场稳定性的**空场采矿法**。一般矿柱不进行回采，作永久损失，在回采贵重矿石时，可以用人工支柱（混凝土支柱、木垛或木支柱等）代替矿柱支撑顶板。全面采矿法适用于回采水平和缓倾斜矿体，倾角不大于30°；薄至中厚的矿体，厚度小于3米；矿石和顶板岩石中等稳固以上，以保证工人直接在暴露的顶板下作业的安全；贫矿或矿石价值不高的矿体，以减少留矿柱的经济损失。根据矿床的赋存特点，全面采矿法一般分为普通全面采矿法（见图）和留矿全面采矿法。

普通全面采矿法一般沿矿体的走向把阶段划分成规则的矿块，由矿块沿走向或倾斜方向进行回采。依据矿体厚度的变化，可采用浅孔凿岩全厚度一次开采或分层开采，矿块内的各项采矿作业均在暴露的顶板下进行。根据采场顶板的稳固程度、矿石品位、顶板弱面的分布，确定采场内矿柱的布置方式、尺寸参数，一般采用留设规则或不规则的矿柱、废石垛或混凝土垛、木柱、锚杆等方法支撑采场顶板。可沿脉内布置运输平巷，用漏斗与采场相联系，漏斗间距5～16米。当阶段内出矿点较多时，采用脉外布置，距离矿体底板大于6米时采用放矿溜井和采场联系；在矿块的下端、沿脉运输平巷的上部布置拉底平巷。主要适用于：①矿体产状稳定，矿岩中等稳固以上，顶板的极限暴露面积大于200平方米。②矿体倾角不大于30°。③矿体厚度在5米以下。④矿石品位或价值不高的矿体。

留矿全面采矿法保留有**留矿采矿法**和**全面采矿法**的特点，并在一定程度上克服了这两者在使用条件上的局限性。

全面采矿法的优点是采准工作量小，**回采工艺**简单，通风条件好，木材消耗量低，采矿直接成本低，对矿体形态和倾角变化适应性强。缺点是顶板暴露面积大，当矿体厚度大时，检查和处理顶板困难，作业安全性差，要加强顶板和通风管理，由于留设矿柱不回收，**矿石损失率**在10%～15%。

扩展阅读

解世俊.金属矿床地下开采.北京：冶金工业出版社，1986.

（胡建华）

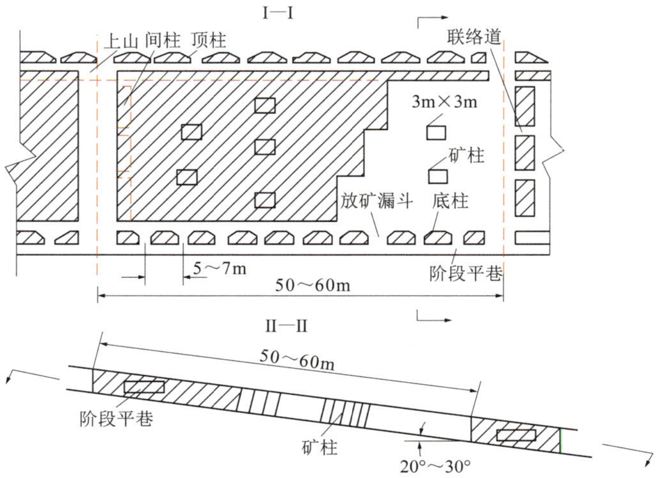

普通全面采矿法典型方案示意图

全氧侧吹转炉炼钢 oxygen side-blown converter steelmaking　通过转炉炉壁侧面的氧气枪，把纯氧吹入炉内炼制钢水的**转炉炼钢**技术。1973年，中国东北工学院萧泽强参考法国油冷氧枪底吹氧气转炉，提出将中国的碱性空气侧吹转炉炼钢改造为全氧侧吹转炉炼钢。经与沈阳第一钢厂吕宪斌等合作，将沈阳第一钢厂的3吨空气侧吹转炉改造为全氧侧吹转炉，并试炼成功。1974年全氧侧吹转炉炼钢技术迅速推广到唐山、上海、鞍山、哈尔滨、昆明、南京等10余家钢铁企业。改为氧气吹炼后，每座转炉的年生产能力提高20%～50%，钢铁料消耗每吨钢下降80～150千克，炉龄提高1～4倍，厂房不需要改建，所用基建投资1年即可收回。

全氧侧吹转炉将碱性空气侧吹转炉的风嘴改为喷油冷却吹氧的氧枪喷嘴，借助油在高温下裂解吸热，形成局部低温，减少喷嘴在纯氧气吹炼的高温下烧蚀。

全氧侧吹转炉炼钢的工艺操作和碱性空气侧吹转炉炼钢基本相同。通过控制氧枪装入角度和合理摇炉，实现对造渣和冶金过程的灵活控制。转炉炉壁侧面上分散布置氧枪，采用埋入式吹氧，氧气吹炼较空气吹炼反应温度高，金属消耗低，脱磷能力强，钢中氮含量低。

全氧侧吹转炉炼钢还进行了多排喷嘴吹炼、风－氧侧吹、铁浴造气、锰铁精炼等技术试验，获得多种技术资料。后来由于中国钢铁生产技术的快速发展，全氧侧吹转炉炼钢受炉容和设备体积限制，氧气侧吹转炉或改为氧气顶吹转炉，或停止了生产。1999年最后一座全氧侧吹转炉在唐山钢铁厂停产。

（曲　英）

R

燃煤燃烧装置 coal combustion equipment 将煤炭的化学能通过燃烧转变成热能的装置。按煤炭燃烧方式可分为煤粉燃烧器、流化床燃烧装置和炉排燃烧装置3种基本类型。

煤粉燃烧器 具体结构形式很多，一般都设有煤粉气流通道和助燃空气通道、煤粉气流喷口和助燃空气喷口。为强化煤粉与助燃空气的混合，使燃烧稳定和火焰可调，在煤粉气流喷口处一般还设有扩流锥或稳焰器，助燃空气通道设有旋流装置，用以产生旋转气流。旋流强度可以根据具体工况加以调整，以保证合适的气流结构。旋流装置有轴向叶轮、切向叶片和蜗壳式3种基本类型。携带煤粉的空气通常称为一次空气，来自制粉设备，一般占燃烧总助燃空气量的15%～30%（有的可以达到更高的比例）。其余助燃空气称为二次空气（有些大型燃烧器还设有三次空气），由鼓风机提供，通过风管送入燃烧器的助燃空气通道。助燃空气喷口有圆环形、多孔形、矩形等多种形式。煤粉气流与助燃空气喷入炉膛后形成火焰，煤粉在气流携带下完成混合、加热、着火与燃烧过程。煤粉燃烧器的负荷调节比较容易，也容易实现自动化和大型化。

流化床燃烧装置 由炉膛（燃烧室）、布风板、风室、进料和出渣机构构成。根据用途和需要，在炉膛适当位置设有受热面。炉膛是物料流化、燃烧和传热的场所，风室和布风板的作用是能将鼓风机提供的空气均匀分布地送入炉膛。布风板的类型有风帽型和密孔板型两种。炉膛中物料在气流的作用下，形成流化状态，破碎成毫米级的煤粒从进料口投入，与炽热的物料在气流的作用下完成干燥、加热、着火和燃烧。燃烧后形成的细灰颗粒从排渣口排出。根据气固动力学特性，流化床燃烧分为鼓泡流化床燃烧和循环流化床燃烧。前者流化速度为2～4米/秒，炉膛下部为密相区，上部为细小颗粒的稀相区，燃烧主要发生在密相区；后者流化速度为4～8米/秒或者更高，进入快速流化状态，部分燃料颗粒被带出炉室，经气固分离器收集后重新送回炉膛继续燃烧。流化床燃烧着火条件好，可用劣质燃料，炉温一般控制在850～950℃，污染物排放能得到较好地控制，床层传热强度大，负荷调节性好。但也有电耗较高等不足。

炉排燃烧装置 由炉排、风机、风箱、给煤和出渣机构组成，其中炉排是最主要的部分。炉排有固定炉排和机械炉排。固定炉排有单层炉排和双层炉排，均为人工加煤的手烧炉。为清灰方便，也可设计成翻转炉排和摇动炉排。机械炉排有链条炉排、往复炉排和振动炉排3种主要类型。链条炉排应用最广，有链带式、横梁式和鳞片式3种基本结构形式，由电机通过减速机构带动链轮转动，拖动链条及与其相连的炉排片缓慢移动。炉排前端设有煤斗和布煤器，炉排后端有挡渣装置。炉排下部分段设有风箱，通过风道与风机相连。随着炉排的移动，煤经布煤器均匀地布在炉排上，进入燃烧室后受炉膛辐射加热并在通过炉排缝隙进入的空气作用下，着火燃烧，放出热量。产生的灰渣在炉排后端经挡渣机构排出。挡渣机构常用的有老鹰铁和挡渣摆。除煤闸式布煤器外，布煤方式还有各种抛煤机。与链条炉排携带煤在炉膛移动的方式不同，往复炉排是靠与固定炉排片相间布置的活动炉排片的往复运动，推动燃料向前移动，有倾斜式和水平式两种。振动炉排是通过电机带动偏心轮旋转，驱使炉排产生振动，煤在炉排上靠振动产生的惯性作用而向前移动。固定炉排主要用于茶浴炉、大灶和一些小型热工设备，机械炉排则主要应用于工业锅炉。

扩展阅读

韩昭仓.燃料及燃烧.北京：冶金工业出版社，1994.

徐旭常，周力行.燃烧技术手册.北京：化学工业出版社，2007.

（王 恒）

燃烧合成法 combustion synthesis 利用粉末或粉末坯块中异类物质间的化学反应放热，通过点火后的自持燃烧而合成化合物材料的技术。又称自蔓延高温燃烧合成法、自蔓延燃烧反应法。

燃烧合成是局部引燃反应物，反应以燃烧波的方式向未反应区推进，同时放出大量热量。燃烧引发的反应或燃烧波的蔓延相当快，一般为每秒0.1～20毫米，最高可达每秒25毫米，燃烧波的温度或反应温度通常都在2100～3500K以上，最高可达5000K。采用燃烧合成法已合成数百种化合物，包括氮化物、碳化物、硼化物、硅化物、硫化物、氢化物以及金属间化合物等。优点是工序少、流程短、工艺简单、产品纯度高、成本低、经济效益好，缺点是高温化学反应不易控制。

燃烧合成技术包括常规燃烧合成技术、燃烧合成热爆技术、燃烧合成烧结技术、燃烧合成致密化技术，以及燃烧合成焊接技术。①常规燃烧合成技术，利用瞬间的高温脉冲来局部点燃反应混合物压坯，随后燃烧波以蔓延的形式传播，合成产物。适用于具有较高放热量的粉末体系，例如$TiC-TiB_2$、$Ti-SiC$、$TiB_2-Al_2O_3$、Si_3N_4-SiC等体系。②燃烧合成热爆技术，是将混合物坯料以极快的加热速度加热到反应引发温度，反应不以波的形式传播，而是在整块坯料中同时进行。采用该技术已制备出多种金属间化合物、金属陶瓷复合材料及具有低放热量的陶瓷复合材料。③燃烧合成烧结技术，将粉末或压坯在真空或一定气氛中直接点燃，进行烧结和致密化，直接完成所需形状和尺寸的材料或物件的合成与固相烧结。此技术工艺简单，易于操作，但反应过程中有气体溢出，难以完全致密化。④燃烧合成致密化技术，主要包括在燃烧过程中利用液相的存在促使致密化的实现；在自蔓延合成的同时或稍后施以外力实现致密化；在燃烧合成后，通过**反应烧结**的方法使材料致密化。⑤燃烧合成焊接技术，利用燃烧合成反应的放热及其产物进行焊接。将压制成形的粉末置于被焊材料之间，利用粉末体燃烧合成的高温反应热合成产物，并将其作为填充材料，在压力作用下实现被焊材料之间的连接。

（贾成厂）

燃油燃烧器 oil burner 将燃料油的化学能通过燃烧转变成热能的装置。也称燃油喷嘴。通常由雾化器（雾化喷嘴）和配风器（调风器）组成。雾化器的作用是将燃油雾化成平均直径为50～70微米的细小液滴，配风器是提供助燃空气并形成有助于着火和稳定火焰的气流结构。

燃油燃烧器常用的雾化方式有：①气动雾化（也称介质雾化）。使用高压鼓风、压缩空气或高压蒸汽作为雾化介质与燃油进行冲刷作用形成混合物，油气混合物从喷口喷出发生剧烈膨胀使液体破碎而形成雾化。根据雾化介质与燃油相遇的角度可分为T形喷嘴和Y形喷嘴，根据是否在雾化器内混合分为内混式喷嘴和外混式喷嘴，根据混合的次数又有单级雾化喷嘴和多级雾化喷嘴。气泡雾化也应归于气动雾化，雾化介质不是直接冲刷燃油，而是以较细的多流股注入燃油中，使燃油在混合室中产生气泡，利用气泡对燃油的挤压和剪切作用，使燃油以包含大量微小液膜的形式从喷口喷出形成雾化。另外，喷出后由于气泡内外压差使气泡急剧膨胀而破裂形成二次雾化。②机械式（油压式）雾化。利用燃油自身的高压（1.5～2.5兆帕）从小孔喷出形成雾化，有直流式和旋流式（离心式）喷嘴两种。③旋转式雾化。利用机械力使喷嘴产生高速旋转，由于液体燃料受到较大离心力的作用，在喷嘴内壁上形成薄层，并从喷嘴边缘飞出形成雾化。

工业炉用小型燃油燃烧器通常将雾化器和配风器做成一体，采用高压离心风机提供的鼓风（压强约为10千帕）既用作雾化介质又作为助燃空气。配风器一般设有导流叶片，使助燃空气形成旋转射流，以形成稳定燃烧和所需的火焰形状。大型燃油燃烧器的雾化器和配风器多为分体式，雾化器为油压式或气动式。若采用气动式，通常采用压强为0.4～1.0兆帕的压缩空气或蒸汽做雾化介质。结构尺寸设计合理的雾化喷嘴的气耗率可达0.03～0.05千克气/千克油。大型燃烧器的配风器一般以低压鼓风作为助燃空气，通常分两次供入。一次风量较小，占25%～30%，风速为20～30米/秒，旋流强度较低，以确保喷出的油雾能迅速与空气混合实现着火，避免在高温下发生热解。二次风量较大，占70%以上，风速较高，为30～50米/秒，旋流强度也较大，以加强与未燃尽的燃料迅速混合并形成一定的气流结构，确保火焰稳定。设计合理的配风器，其一、二次风的风量和旋流强度都可以进行调节。

随着检测和控制技术的发展，出现了许多机电一体化的燃烧器，将油泵、助燃风机、雾化喷嘴、配风器、电磁阀、点火线圈、点火电极、火焰检测及控制计算机组装在一起，便于安装和使用，多用于工业锅炉、沥青搅拌站等加热设备。

扩展阅读

徐旭常，毛健雄．燃烧理论与燃烧设备．北京：机械工业出版社，1990.

（王　恒）

热处理炉 heat-treating furnaces　对金属材料或工件进行各种热处理的工业炉的统称。热处理炉通过对金属材料或工件使用加热、保温、冷却等热处理工艺，使金属内部结构或表面组织发生变化，获得所需物理机械性能。热处理炉通常由炉体、加热系统、冷却系统、机械设备、电气及自控系统组成。

在冶金行业，热处理炉的主要处理对象是金属的锭、板、管、带、丝及型材、钢轨、车轮等；在机械行业，主要处理对象是各种零件、刀具、量具，以及锻件、铸件等。

工艺与特点　热处理炉工作温度一般较**加热炉**低，但要求严格地控制炉温和炉内气氛等。其炉温控制包括加热、保温、冷却3个过程。金属热处理时，一般在热处理炉内保持某种特定气氛或保持某一介质，以完成金属材料的物理或化学转变。对于连续的热处理流程，须配备合适的连续热处理炉；对于周期工作的热处理工艺，要采用强制循环的控制气氛，并使炉子的操作机械化和自动化。

燃烧装置和电热元件是热处理炉加热系统的主要部件。燃烧装置要求燃料燃烧充分，形成高辐射或强对流火焰，具有较高的热效率和较轻的环境污染。电热元件主要是电阻丝（或带）制成的元件或辐射管，以及电磁感应加热、红外加热、激光加热装置等。在冷却环节，一部分热处理炉在均热后设置有冷却段，常见冷却方式有间接辐射冷却、保护气氛循环喷吹冷却、空气冷却、水冷、油（盐）浴冷却等。

图1　退火炉——冷轧带钢连续加热设备

与轧锻前加热炉相比，热处理炉有以下特性：①炉型种类多样化。②要求炉温均匀性好，一般要求温差不大于±10℃。采用电加热的热处理炉，因电热元件容易在炉内安装和控制，易获得较高的温度均匀性和精度；燃气和燃油的热处理炉，直接利用能源，经济性相对较好。③炉膛是热处理炉的主体，是炉衬包围的空间，不同热处理工艺，采用不同形式炉膛结构。基本要求是在炉膛内形成均匀的温度场，对被加热件有较高的传热效果，同时要求炉衬具有较少的蓄热量和散热量。④不同热处理工艺要求不同的炉膛气氛，常用的气氛包括空气气氛、火焰气氛、可控气氛、真空状态等，另有部分热处理采用浴态介质。

分类　热处理工件的尺寸、形状、性质千差万别，工艺种类繁多，所以热处理炉的炉型种类多样化。热处理炉常用分类方法有：①根据热处理温度不同可分高温热处理炉（炉温大于1000℃）、中温热处理炉（炉温为650～1000℃）、低温热处理炉（炉温小于650℃）。②根据热处理炉热源不同，可分为以燃料为热源的热处理炉，如燃煤炉、燃油热处理炉和燃煤气热处理炉；以电能为热源的热处理炉，如电阻炉、电磁感应加热装置、电解液加热装置、激光加热装置、等离子加热装置、电子束加热装置等。③根据作业方式不同可分为间歇式热处理炉和连续式热处理炉。④根据热处理工艺不同可分为退火炉（图1）、正火炉、淬火炉、回火炉、渗碳炉、氮化炉、固溶热处理炉等。⑤根据加热方式不同可分直接加热的热处理炉和间接加热的热处理炉，如**台车式炉**、马弗炉、辐射管炉等。⑥根据炉内加热介质的不同，可分为以气体为加热介质的热处理炉，如空气炉、烟气炉、可控气氛炉、真空炉等；以液体为加热介质的热处理炉，如油浴炉、熔盐炉、熔铅炉等；以固体为加热介质的热处理炉，如流动粒子炉。⑦根据炉体结构和机械形式不同可分为辊底式炉（图2）、箱式炉、**罩式炉**、井式炉、台车式炉、链式炉、转底炉、振底炉、输送带式炉等。

图2　辊底式热处理炉

发展趋势　在热处理过程中，除加热阶段外，保温和冷却阶段还占用能源，同时由于热处理生产的特点，其设备和工艺材料在生产过程中会造成环境污染，因此热处理炉的生产率较低，单位热耗较高，对环境的污染较重。为提高热处理炉的技术经济指标，减少废弃物排放，热处理炉逐步向大容量高炉体的连续热处理系统、由几个炉室单元组成的积木式系统、物料热处理自控系统方面发展。此外，热处理炉大量应用新型燃烧技术、新型炉衬材料、余能梯级利用等技术，以利于可持续发展、节约能源。

扩展阅读

陈鸿复.冶金炉热工与构造.北京：冶金工业出版社，1999.

（江　波）

热风炉 hot blast stove　用于加热高炉鼓风的热交换装置。热风炉有换热式和蓄热式两种形式。换热式热风炉是利用换热原理进行热交换，中国的小型高炉曾广泛使用。但是由于换热式热风炉加热鼓风温度低、寿命短、热效率低，以及金属消耗量大等，已很少采用。现代热风炉主要指蓄热式热风炉（图1）。

图1　钢厂热风炉外景

简史　第一座热风炉于19世纪在美国开始使用，为管式换热器结构，风温只有300℃左右。19世纪中叶发明了蓄热式热风炉，并沿用至今。随着热风炉结构、设备及操作方法的不断进步，风温不断提升，已达到1200～1250℃，最高可达1300℃以上。

结构　蓄热式热风炉由燃烧室和蓄热室两部分构成。燃烧室内设有燃烧器，通过燃料燃烧形成高温烟气，为热风炉提供热量。燃烧器主要燃烧的气体燃料包括**高炉煤气**、**焦炉煤气**、**转炉煤气**等。随着钢铁企业对高热值煤气需求的不断提高，高炉煤气已成为热风炉主要的燃料。燃烧器从材质上分为金属燃烧器和陶瓷燃烧器，从结构上分为套筒式、矩形、栅格式、三孔式、旋流式燃烧器等。燃烧器工作方式包括扩散燃烧、动力燃烧，以及介于两者之间的半扩散燃烧。蓄热室内填充耐火格子砖或蓄热球作为蓄热体，周期性地储热、放热，加热高炉鼓风。耐火格子砖是贮热元件，陶瓷质，置于蓄热室内。格子砖的主要热工参数是蓄热面积和蓄热体容积。单位体积的蓄热面积代表格子砖的热交换能力，单位体积的蓄热体容积代表格子砖的贮热能力。通常根据热风炉的风量、风温、工作制度等，确定合理的格子砖蓄热面积和蓄热体容积。有些小型高炉采用陶瓷质的耐火蓄热球，直径为35～50毫米。由于蓄热球容易堵塞，工作3～5年必须重新更换。

分类　根据结构形式，蓄热式热风炉分为内燃式热风炉、外燃式热风炉和顶燃式热风炉。

内燃式热风炉，燃烧室与蓄热室在同一个筒体的炉壳内，两者由耐火隔墙分开（图2）。内燃式热风炉是最早出现的蓄热式热风炉。20世纪70年代后，通过对拱顶、隔墙、火井、燃烧器等进行改进，形成了改进型内燃式热风炉。内燃式热风炉主要应用于4000立方米以下的高炉。

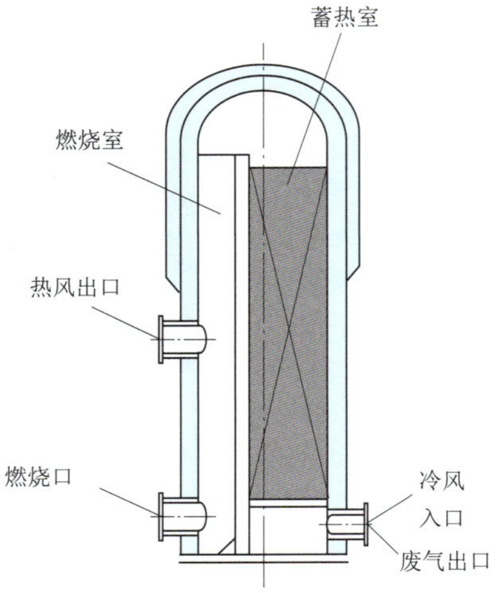

图2　内燃式热风炉结构示意图

外燃式热风炉，燃烧室与蓄热室分别置于两个筒体的炉壳内，两个筒体通过拱顶的联络管连接。外燃式热风炉最早出现于20世纪初，20世纪中叶得到较快发展，包括科珀斯式（Koppers）、地得式（Didier）、马琴式（Martin and Pagenstecher）、新日铁式（NSC）4种（图3）。其共同特点是燃烧室与蓄热室置于不同的筒体内，不同点是拱顶和燃烧室顶部的连接方式不同。外燃式热风炉被广泛应用于各级别高炉，尤其是4000立方米以上的大型高炉。

顶燃式热风炉，将燃烧器置于热风炉顶部，利用拱顶的空间进行燃烧，取消侧部或外部的燃烧室。20世纪20年代，英国哈特曼提出顶燃式热风炉的设想，随后应用于化工领域。1979年，中国首都钢铁公司2号高炉（容积为1327立方米）应用顶燃式热风炉，这是顶燃式热风炉首次应用于1000立方米以上的高炉。顶燃式热风炉由于结构稳定、气流分布均匀、蓄热室利用率高、占地少、投资省等优点，已广泛应用于各级别高炉。2010年后，中国新建高炉较多采用顶燃式热风炉。顶燃式热风炉主要采用陶瓷质的旋流式燃烧器，燃烧方式是扩散式燃烧。

工作制度　通常每座高炉设置3～4座热风炉轮流供应热风。蓄热式热风炉工作时，采用周期性的工作制度，经过燃烧—蓄热—换炉—送风过程交替工作。单座高炉配置3座热风炉时，采用2烧1送的工作制度，即2座热风炉燃烧，1座热风炉送风，轮流交替工作。单座高炉配置4座热风炉时，采用2烧2送的工作制度，即2座热风炉燃烧，2座热风炉送风，轮流交替工作；也可以采用3烧1送的工作制度，即3座热风炉燃烧，1座热风炉送风。

晶间应力腐蚀与控制　高风温热风炉的问题是，拱顶温度超过1450℃时，生成大量氮氧化物（NO_x）等气体，与冷凝水

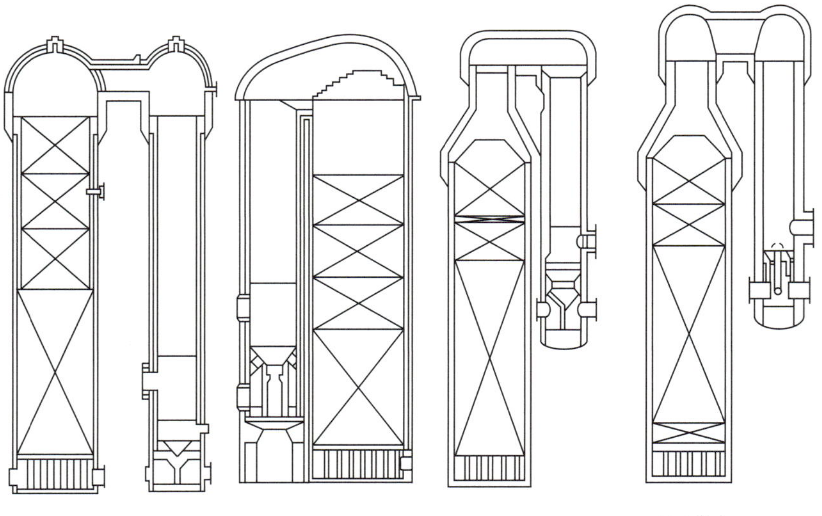

图3　外燃式热风炉结构示意图

结合形成腐蚀性介质，使炉壳产生晶间腐蚀，并在热应力作用下产生裂纹。解决的办法除控制拱顶温度不超过1450℃外，炉壳内采用防酸涂料或不锈钢薄板隔层，并对焊缝进行退火处理，炉壳采用圆弧过渡，避免应力集中，在炉壳外设置保温层，避免形成冷凝水等。

（李　欣）

热力学数据库　thermodynamic database　将纯物质或者溶液相的热力学性质以数据库的方式组织并存储于计算机中形成的数据集合。又称热化学数据库。对于纯物质，热力学数据库存储了每种物质298K时的生成焓、298K时的熵、相变温度及相变焓、恒压热容的温度多项式等基本热力学性质，或者是存储吉布斯（Gibbs）自由能的温度多项式。对于溶液体系，热力学数据库除了存储纯物质的热力学性质外（也可直接从纯物质热力学数据库中调取），还存储了用于描述体系溶液性质的溶液模型和模型参数。热力学数据库可使研究人员方便、快捷地获得热力学数据，并进行相关的计算分析，在提高研究效率及相关行业提高生产效率方面具有极其重要的意义。

根据研究和生产需要，人们建立了多种热力学数据库，如无机热力学数据库、熔体数据库、合金数据库、矿物数据库、化学化工数据库等。随着热力学数据的完善，C.W.贝尔和G.埃里克松提出了集成热化学数据库（Integrated Thermochemical Database）的概念。集成热化学数据库不仅包含了经过相图计算（CALPHAD）方法优化评估具有高度热力学自洽性的热力学数据和先进的计算软件，而且能为社会迅速提供数据和程序服务。在冶金领域中，主要的集成热化学热力学数据库有Thermo-Calc系统（瑞典）、FactSage系统（加拿大）、CSIRO（澳大利亚）、HSC（芬兰）、MTDATA（英国）和PANDAT（美国）等。

冶金过程中涉及的氧化物（炉渣、耐火材料等）、合金（钢铁合金或者有色合金）、无机盐（熔盐）、硫化物（熔锍）等相关体系，都已建立有对应的热力学数据库。利用热力学数据库可以在计算机上快速、准确地计算许多冶金反应在不同温度下的自由焓变量、平衡常数、反应热，以及计算热平衡、绘制优势区图、计算相图、计算复杂体系化学平衡、用于冶金过程的模拟和计算等。但随着冶金新技术的发展和新材料的开发，相关热力学数据库都仍需要随之持续更新和补充。

（李光强）

热送热装工艺　hot delivery and hot charge technology　在炼钢—连铸—轧钢生产过程中，为有效利用连铸坯的显热，将热态连铸坯直接或间接送至轧钢工序的加热炉中加热，或不经加热炉，在辊道输送过程中进行补热和均热后直接轧制的工艺。是钢铁生产中节能降耗的重要工艺技术之一。按照温度的高低，连铸坯热送热装工艺可分为连铸坯热装轧制、连铸坯直接热装轧制、连铸坯热直接轧制、连铸坯直接轧制4种：①连铸坯热装轧制工艺，将连铸坯经保温缓冲设备（如保温坑、保温车和保温箱）保温，然后再进加热炉加热后轧制。通常这种工艺的连铸坯装炉温度为400～727℃，保温设备在连铸机和加热炉之间起缓冲和协调作用。②连铸坯直接热装轧制工艺，热连铸坯直接送加热炉内加热，装炉温度为727～912℃，该工艺要求连铸坯生产的序号与连铸坯装入加热炉的序号一致，即实现连铸与热轧一体化生产。③连铸坯热直接轧制工艺，连铸坯温度在912～1100℃不经加热炉，在输送过程中通过补热和均热，使钢坯达到可轧制温度，直接送轧机轧制。④连铸坯直接轧制工艺，连铸坯在1100℃条件下不经加热炉，在输送过程中通过边角补热和均热后直接送入轧机轧制。

一般将铸坯温度400℃作为热装的低温界限，400℃以下热装的节能效果较小，且此时表面已不再氧化，故一般不再称为热装。

热送热装工艺主要优点：①节约能源消耗。采用连铸坯热装轧制工艺可节能35%，采用连铸坯直接热装轧制工艺可节能65%，采用连铸坯直接轧制工艺可节能70%～80%。②提高成材率。采用热送热装工艺可大幅度降低加热所产生的氧化铁皮损耗，成材率可提高0.5%～1.0%。③缩短生产周期。采用热送热装工艺可大幅度缩短从连铸至轧制成品所需时间，加快流动资金周转，提高钢铁制造流程的连续化程度。④优化产品性能。采用热送热装工艺可缩短加热时间，减少表面氧化铁皮产生，可生产比常规冷坯装炉表面质量好、组织均匀、性能优良的产品。

热送热装工艺在现有钢铁制造流程中得到广泛应用，但因连铸与轧钢生产节奏的匹配问题，影响了热送率和热装温度的提高，此问题需要进一步研究解决。

扩展阅读

余志祥.连铸坯热送热装技术.北京：冶金工业出版社，2002.

殷瑞钰.冶金流程工程学.2版.北京：冶金工业出版社，2009.

（郑志鹏）

热轧润滑轧制　hot lubricating rolling　通过特定方式将润滑剂带入轧制变形区的轧制技术。采用润滑轧制，可使轧辊与轧件之间形成一层轧制润滑油膜，从而改变了传统的轧辊与轧件间“金属对金属”的直接接触的方式。润滑轧制在粗轧机组和精轧机组中都可用，在精轧机组（F1-F7）的F1-F3等前部机架上的使用较为普遍。

简史　在早期的热轧中，水具有冷却和润滑的双重作用。但随着热轧机组向高速化、连续化、自动化和大压下量的方向发展，轧辊工作负荷明显增加，加速了轧辊的剥落和磨损，轧辊需要频繁地更换，从而造成作业率的降低。此时，水已经不能满足作为润滑介质的需要。因此，需要考虑用热轧工艺润滑来减少轧辊磨损、提高作业率。1935～1936年，苏联开始在型钢轧机上用动物油润滑轧辊。1968年美国首次应用板带热轧工艺润滑轧制。随后，英国、日本等也相继开展了热轧润滑轧制技术的研究和应用。中国于20世纪80年代开始在部分热轧机组上进行相关试验。

机理　热轧润滑剂通常以水油混合液的形式被送到轧辊表面，其中水是载体，少量的油均匀分布在水中。一般认为，水油混合液的作用过程是“水包油”向“油包水”的转变。混合液到达辊面后，以“水包油”的形式迅速地在辊面展开，当进入变形区与高温的轧件接触时，在温度和压力的作用下，水很快蒸发并转变成“油包水”，一部分油燃烧产生以灰分为主的燃烧物，另外一部分油以油膜的形式均匀地覆盖在轧辊与轧件的接触弧上，两者在变形区大约0.01秒的时间内都起到一定的润滑作用。另有一种观点认为，热轧时辊缝中起作用的不是润滑油本身，而是润滑油分解的产物（主要为碳或碳化物）。

热轧润滑剂　针对热轧过程特定的工艺条件，如高温、高压、轧辊或机架间冷却水喷淋等，润滑剂应具备以下功能：①具有良好且稳定的润滑性能，可充分降低或调控变形区的摩擦，减少轧辊的磨损。②具有良好的润湿性和黏着性，能均匀地分布在轧辊表面并牢固地黏着，抗淋湿性好，避免被冷却水冲刷掉。③高温下具有良好的抗氧化性和耐分解性，在与轧件接触前，轧辊表面的润滑剂不能燃烧或分解，但是在轧机出口处，带钢上的残余润滑剂可在短时间内燃烧尽。④要求润滑剂本身或热分解后产生的气体均无毒、无害、无污染。

热轧润滑中使用的润滑油主要是矿物油、合成脂、动植物油等，而降低摩擦系数和**轧制力**比较有效的是油脂、脂肪酸和合成脂。

轧制油供给方式　热轧板带钢的润滑效果与所采用的工艺润滑系统，特别是供油方式关系很大，润滑油的供给方式直接影响润滑油可否发挥良好润滑性能。由于在热轧过程中普遍使用轧辊或机架间冷却水，因此润滑油的供给需保证轧辊表面充分、均匀地分布着润滑油，而且还不能被冷却水冲刷流失。热轧润滑油的供给方式（见图）主要有3种：①预搅拌方式。先

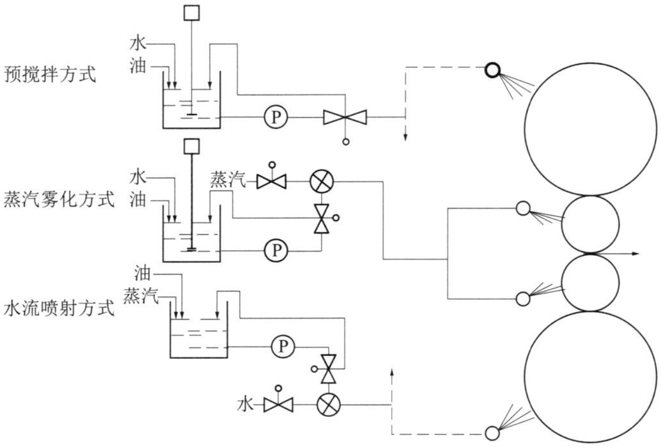

轧制油供油方式示意图

在预搅拌槽中将乳化液、水和油配好，通过搅拌使其均匀混合成油水机械混合液，然后直接喷射到工作辊或支撑辊辊面上。②蒸汽雾化方式。实际上也属于一种预搅拌方式，先用乳化剂将乳化液调配好，然后乳化液被注入的高温蒸汽雾化，再由喷嘴喷射到工作辊或支撑辊辊面上。③水流喷射方式。往冷却水管中注入轧制油，并在管内将水和油混合成乳化液，最后通过喷嘴供给到工作辊或支撑辊上。水流喷射方式设备投资少，操作简单，因此是传统热轧的常用润滑方式。

作用　热轧润滑轧制具有以下作用：①减小热轧过程中轧辊与轧件之间的摩擦系数。不采用热轧工艺润滑的摩擦系数一般为0.35左右，而采用工艺润滑时的摩擦系数可减小到0.12。②降低轧制力，提高轧机能力。摩擦系数的减小直接导致轧制力的降低，一般可降低轧制力10%～25%，降低轧制功率、节约能源，利于进行大压下轧制。③延长轧辊使用寿命，提高作业率。润滑剂能够阻止轧辊表面黑皮的产生，进而延长轧辊使用寿命，减少换辊次数，提高轧制作业率。④改善轧后钢材表面质量。由于轧辊磨损程度减慢，钢材表面质量得到提高，轧制时采用润滑剂与只用水冷却轧辊相比，轧件表面的微观不平度的高度可得到有效降低。

扩展阅读

孙建林.轧制工艺润滑原理、技术与应用.北京：冶金工业出版社，2010.

日本钢铁协会.板带轧制理论与实践.王国栋，吴国良，译.北京：中国铁道出版社，1990.

李小玉，顾正秋，罗东林，等.轧制工艺润滑.北京：冶金工业出版社，1981.

（袁　国）

韧性－脆性转变温度　ductile-brittle transition temperature　金属材料从韧性状态过渡到脆性状态的温度。用T_k表示，又称延性–脆性转变温度或塑性－脆性转变温度，或简称脆性转变温度。用以表征金属材料的变脆倾向。这种倾向的大小一般用冲击试验测定，但试验的指标有多种，尚未统一（见**金属强化**）。冲击试验是测定金属材料抗冲击载荷能力的试验，又称冲击韧性试验，是材料机械性能试验的基本试验方法之一。在冲击试验中，冲断试样所消耗的功称为冲击功（A_k），单位为焦耳（J）。将A_k除以试样缺口处横截面积F，得材料冲击值$A_k/F=a_k$，其单位为焦耳／厘米²，a_k可用来评定材料韧性和脆性程度，但不能直接用于设计计算。

将相同试样在由高到低的温度下进行冲击试验时，冲击功（或冲击韧性）将由大到小，晶状断口由少到多，塑性变形由大到小，这说明材料由韧性状态过渡到脆性状态。通常以断口上出现50%晶状断口面积时的温度作为韧性－脆性转变温度或脆性转变温度。

（戎忠良　撰　王道生　修订）

韧性铸铁　malleable cast iron　白口铁通过退火处理得到的一种高强韧铸铁。又称可锻铸铁、展性铸铁。是古代生铁铸件中的重要品种之一。韧性铸铁的物理化学性能和机械性能介于钢和生铁之间。中国是世界上最早使用韧性铸铁的国家，至迟在公元前5世纪已有该项发明。古代工匠根据经验，知道脆性的白口铁铸件经加热可以改善其脆性，得到脱碳铸铁制品，从而有利于使用。在这基础上，若退火处理温度达到900℃或稍高，再经较长时间退火，使白口铁中的**渗碳体**分解为石墨，石墨聚集成团絮状，可改善铸铁的性能，得到韧性铸铁。白口铁依据退火温度、气氛、时间不同，可以得到不同基体组织的韧性铸铁。

中国在战国晚期至汉魏时期，即公元前4世纪～公元4世纪，韧性铸铁已广泛应用。至唐代，即公元9世纪，只在农具、工具中发现有韧性铸铁器物。欧洲韧性铸铁的发现最早见于1722年出版的著作中，中国韧性铸铁的发明及使用比欧洲早了2200多年。

（韩汝玢）

溶浸采矿法　leaching mining method　根据矿物的物理化学特性，利用化学溶剂或微生物，通过化学浸出、质量传递、热力和水动力等作用，有选择性地溶解、浸出和回收矿床、矿石或废石中有用组分的**采矿**方法。

简史　溶浸采矿在中国有悠久的历史，公元前2世纪（西汉时期）便有铁自硫酸铜溶液中置换铜的实践；北宋年间，德兴的兴利场和铅山的铅山场的胆铜产量已初具规模。其他国家于16世纪应用此法从矿坑水中回收铜；美国1930年在宾汉铜矿建成大型露天废石堆浸场和浸出液循环系统，1968年又在迈阿密建成第一个大型铜矿石堆浸和萃取设施。20世纪中叶以来，溶浸采矿得到了长足的发展，在铀、铜、金及离子型稀土等矿山得到了规模性应用（见图）。

研究内容　溶浸采矿是一项涉及地质、化学、水文、冶金、采矿、**选矿**工艺和经济的多学科系统工程。主要的研究内容包括：溶浸化学、岩石化学、矿体中液流、矿体中气流（渗滤浸出）、矿体中可供液体流动的空隙、矿石（岩石）孔隙率、液流借助普通化学扩散作用在盲端孔隙中的输送、矿物回收工艺及其对溶浸提取的影响、环境污染及防护、溶液损失等。

特点　与传统采矿方法相比，溶浸采矿有着突出的优越性：能耗较低；作业安全，工作条件好；低成本、低基建费用，建矿速度快，自动化程度高；绿色环保；资源回收利用率高等。

分类　从矿石浸出的角度，溶浸采矿按溶浸剂种类及浸出机理不同可分为酸性溶液浸出、碱性溶液浸出、中性溶液浸出、盐溶液浸出和细菌浸出；从矿石开采的角度，溶浸采矿按矿床开拓方式和开采方法不同可分为堆浸、原地浸出和**原地破碎浸出采矿法**等。

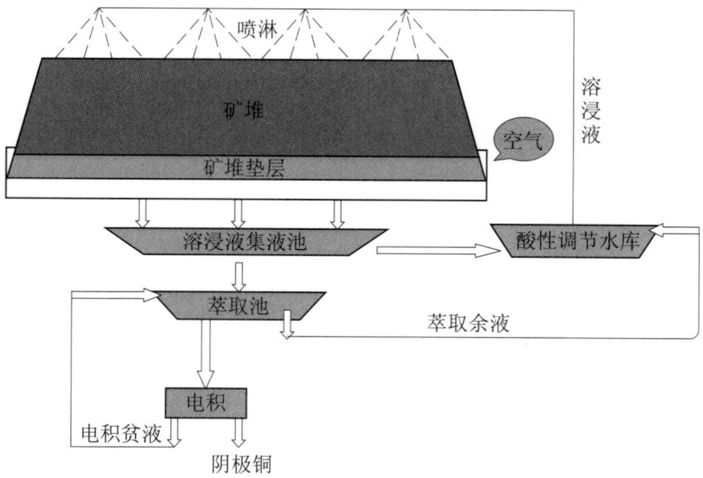

溶浸采矿法示意图

堆浸是用溶浸液喷淋矿堆，在其渗透过程中有选择地浸出矿石中的有用成分，并从堆底流出的富液中回收有用成分的方法。原地浸出是通过钻孔将溶浸液注入矿层，溶浸液选择性地浸出矿石中的有用组分，并将含有用成分的富液通过抽液孔提升至地表进行加工处理、提取金属，简称地浸。

实例　中国福建紫金山金矿是以堆浸提金工艺为主的国内采选规模最大的黄金矿山，其浸出率可达75%。德兴铜矿是堆浸提铜的典型矿山，于1997年建成，产铜规模2000吨/年，是当时中国规模最大的采用湿法炼铜（L-SX-EW）工艺回收铜的堆浸厂。

中国使用堆浸法提取的金属产量逐年增长，在堆浸的矿石类型、筑堆、布液以及金属回收等方面都取得了长足的进展，但还存在生产规模小、机械化程度低、金属回收率低及经济效益差等问题，需要不断优化。（余　斌）

熔池熔炼　bath smelting　冶金过程的物理化学变化主要发生于*冶金炉*熔池（熔体）中的熔炼方法。熔池熔炼反应体系连续介质为冶金熔体（渣、锍或金属）。熔池熔炼与*闪速熔炼*并列为现代两大强化熔炼方法，闪速熔炼以反应塔或熔池上部空间为主要反应场所，反应体系连续介质为气相，这是两者的根本区别。熔池熔炼适用于造锍（氧化）、还原、烟化等冶金过程，广泛用于铜、镍、铅、锌、锡、锑、铋等金属*火法冶金*提取。

鼓风炉、*反射炉*和*电炉*等传统的冶炼方法，虽然具有熔池熔炼的部分特征，但不属于典型的熔池熔炼方法。分别问世于1905年的*卧式转炉*吹炼铜锍和1927年的*烟化炉*处理铅冶炼*炉渣*，是熔池熔炼的早期发展。20世纪60年代末至21世纪初，是熔池熔炼技术的高速发展时期，先后发展了白银法（固定炉、双侧吹，1972）、诺兰达法（卧式转炉、单侧吹，1973）、卡尔多法（旋转炉、非浸没斜吹）、三菱法（固定炉、非浸没式顶吹，1974）、瓦纽科夫法（固定炉、双侧吹，1977）、特尼恩特法（卧式转炉、单侧吹，1977）、QSL法（卧式转炉、底吹，1981）、北镍法（固定炉、非浸没式顶吹）、TSL法（艾萨法、澳斯麦特法，固定炉、浸没式顶吹，1992）、富氧底吹法（卧式转炉、底吹，1999）。这些方法各具特色，并不断完善，其中瓦纽科夫法、TSL法和富氧底吹法等几种方法应用较为广泛。它们的共同特点是，熔炼过程中气、液、固三相混合强烈，反应动力学条件好，适宜高富氧鼓风，熔炼强度高。

熔池熔炼的优点在于：①适应性强，既能用于氧化熔炼（如造锍和锍的吹炼），又能适应于*还原熔炼*和烟化过程。②对炉料适应性强，固态或熔体均可，固态炉料备料简单，对水分和粒度适应范围宽。③烟尘率低，一般在1%～3%。④炉体结构简单，占地小，投资较少。部分熔池熔炼方法在炉体喷枪寿命方面，还有进一步改进空间。

扩展阅读

任鸿九，等.有色金属熔池熔炼.北京：冶金工业出版社，2001.

（刘志宏）

熔焊　fusion welding　焊接过程中，利用热源（火焰、电弧、电子束、激光等）使待焊处局部熔化后再凝固形成焊缝的焊接方法。又称熔化焊。是应用最广泛的一类焊接方法，属液态焊接。熔焊过程依赖外部热输入而不需要外加压力。熔焊过程伴随高温传热和相变过程，在接头区域会产生热影响区。熔焊和固态焊概念相对，固态焊没有金属熔化过程。熔焊过程可依据接头坡口形式和尺寸的不同选择是否添加填充金属，如使用焊丝。熔化的焊丝和工件接头熔化部分相互熔合、凝固，共同形成焊接接头。熔化焊根据焊件接缝所处的空间位置，分为平焊、横焊、立焊、仰焊、平角焊、仰角焊等；根据热源、保护措施和自动化程度，分为*气焊*、*电弧焊*、*电渣焊*、*电子束焊*、*激光焊*、*等离子弧焊*、*铝热焊*等。电弧焊又包括渣保护的手工焊、埋弧自动焊、各种气体保护焊等。利用电阻热作为热源的电阻点缝焊是一类较为特殊的加压熔化焊。焊缝是由液相凝固而成的，具有明显的铸态组织，故属于熔焊，但工件局部熔化时需通过电极施加一定压力，因此也属于*压焊*。

（陈树君）

熔炼　smelting　把炉料等在高温炉内熔融，发生物料化学变化，而制成金属或金属富集物，而将炉料中所含脉石和杂质变成炉渣分离出去的火法冶金过程。是熔融冶炼的简称，又称冶炼。金属或金属富集物与炉渣都以熔融状态存在，它们互相的溶解度小，并有适当的密度差，故而分为两层，得以彼此分离。熔炼所得金属一般为粗金属，是多元合金熔体，须进一步精炼以得到适合于各种用途的最终金属产品。金属富集物为锍或黄渣，是中间产物，为了得到最终主金属须进一步采取*转炉吹炼*或其他处理方法。通常炉渣中含有很少的主金属，可在水泥、建材等其他领域加以利用。若要回收其中有价值的元素还须进行再处理。

熔炼炉内除装入精矿、焙砂、烧结矿等外，为使炉料易于熔融需要加入*冶金熔剂*；为进行某种反应需要加入还原剂；为提供必要的温度，需要加入燃料燃烧并送入空气等。

按所用设备可分为鼓风炉熔炼、反射炉熔炼、电炉熔炼；按工艺过程特征可分为*闪速熔炼*、*熔池熔炼*、旋涡熔炼、富氧熔炼、热风熔炼、*造锍熔炼*等；按过程中的化学反应又分为氧化熔炼、*还原熔炼*、挥发熔炼等。（李士琦）

熔钎焊　welding-brazing　利用异质材料熔点的差异，通过加热使低熔点金属熔化、高熔点金属（或复合材料）不熔化，熔化金属钎焊不熔化金属的焊接方法。熔钎焊形成的焊接接头既有熔化焊特征又有钎焊特征。适用于材料的物理性能、化学性能及力学性能差异非常大的异质金属、部分金属与非金属材料的焊接，接头形式一般为对接或搭接。

熔钎焊是随着新材料、异种材料结构的应用而产生的。一些异种材料结构采用熔焊时，焊缝中生成大量的脆性相、接头存在很大的残余应力；采用**钎焊**方法时，钎料很难对两种材料同时润湿。而熔钎焊兼具熔焊与钎焊的特征，能够实现异种材料的高质量连接，其接头强度比单一钎焊高，并解决了单一熔焊的脆性相与裂纹问题。采用熔钎焊时，要求两种材料的熔点差要大，高熔点材料的固相线一定要高于低熔点材料的液相线；低熔点金属对高熔点材料能够润湿，或者在添加钎料后能润湿铺展。

熔钎焊根据热源的形式与特点可分为电弧熔钎焊、激光熔钎焊、电子束熔钎焊、等离子电弧熔钎焊、电阻熔钎焊等。加热热源可以是单一热源，也可以采用复合热源。

熔钎焊根据焊接时是否添加焊丝（或钎料）分为添加焊丝的熔钎焊和不添加焊丝的自熔钎焊两类。对于液态和固相互相不溶、不润湿铺展的两种材料，一般采用添加焊丝，选用对接或搭接的接头形式；对于产生剧烈反应、易形成脆性化合物的两种材料一般采用自熔钎焊，接头形式多为对接。此外，薄壁件多采用搭接，厚壁件多采用对接的接头形式。

（冯吉才）

熔融还原炼铁　smelting reduction ironmaking　以非焦煤为主要能源进行铁氧化物还原，在高温熔融状态下实现渣铁分离，得到含碳铁水的**非焦炼铁**工艺。20世纪60年代，瑞典冶金学家S.埃克托普为了将这种生产液态生铁的方法和直接还原炼铁相区别，称其为熔融还原。其技术思想是：发展一种既不需要**铁矿粉造块**，又不使用昂贵的冶金焦；既能生产高质量液态生铁，又对环境污染小的理想冶炼工艺。熔融还原可以使用块矿、球团矿、烧结矿及其混合物，对煤种的选择也较为宽泛，其冶炼工艺还原反应快、对原料限制条件少、流程比较简单、成本低、能耗少、环境污染小。但熔融还原炼铁在能耗、投资、运行稳定性、作业率等方面还不能与传统的高炉冶炼相比。从保护环境和改善钢铁生产结构上考虑，对熔融还原炼铁的深入研究开发具有重要意义。

简史　熔融还原的开发研究经历了三代。第一代工艺从20世纪20年代开始，主要研究的是在一个反应器中使用精矿和煤的一步法，如1924年德国赫施（Hoesch）钢铁公司提出的在**转炉**中使用碳和氧还原铁矿石，至今仍有现实意义。第一代工艺因在试验中出现了一些当时难以解决的问题而宣告失败。第二代工艺有代表性的是瑞典于70年代开发的用电作热源的熔融还原法。这代工艺克服了由二次燃烧空间到还原空间传递热量的困难，用终还原产生的废气进行矿石预还原，即“二步法”。但是由于**炉渣**的侵蚀和热量的需求，使终还原阶段消失，于是采用在**电炉**中靠电供热进行终还原。第三代熔融还原工艺特点是放弃电能，立足于煤和氧气的“无焦炭工艺”，而在大多数情况下仍保留第二代工艺原有的预还原和熔态终还原的二步法。

中国自20世纪50年代就开展了熔融还原工艺的开发研究，并进行了工业性试验。具有代表性的有以煤为能源的流化床-竖炉工艺、铁浴法熔融还原工艺、含碳球团竖炉预还原-竖炉终还原工艺等。

分类　根据含铁原料预还原程度不同，熔融还原炼铁工艺主要有一步法和二步法两种形式，其中二步法为主要工艺。一步法是将含铁原料先熔化后还原，在一个反应器中完成全过程，如Romelt法，其工艺流程短，投资少，但存在熔融态的氧化铁的腐蚀性强，能耗大等问题。二步法是将熔融还原过程分为固相预还原和熔态终还原两个阶段，并分别在两个反应器中完成。典型的工艺有科雷克斯（COREX）法、Finex法、HIsmelt法和HIsarna法等。

科雷克斯（COREX）法　原称KR法，由德国科尔夫（Korf）公司与奥地利奥钢联（VAI）于20世纪70年代末开发，其目的是以煤为燃料，由铁矿石直接生产液态生铁。COREX装置由上部预还原竖炉、煤气除尘调温系统和下部熔融气化炉组成。上部的预还原竖炉类似于米德莱竖炉，采用顶装块矿（天然矿、球团矿和烧结矿），在下降过程中完成预热和还原过程，最后还原成的海绵铁通过螺旋给料机送入下部熔融气化炉。下部的熔融气化炉承担铁水生产和造气两个功能。煤和海绵铁从顶部加入，氧气由下部吹入，最终燃烧生成一氧化碳，并释放热量，使尚未还原的氧化铁被还原，并进行渗碳和渣铁分离。出铁后，通过撇渣器，铁水进入鱼雷罐车中。与此同时，铁浴熔池中不断上升的气流与煤相遇，煤快速热分解而释放出挥发分，并最终气化，形成还原煤气，而后由熔融气化炉送到上部预还原竖炉（图1）。

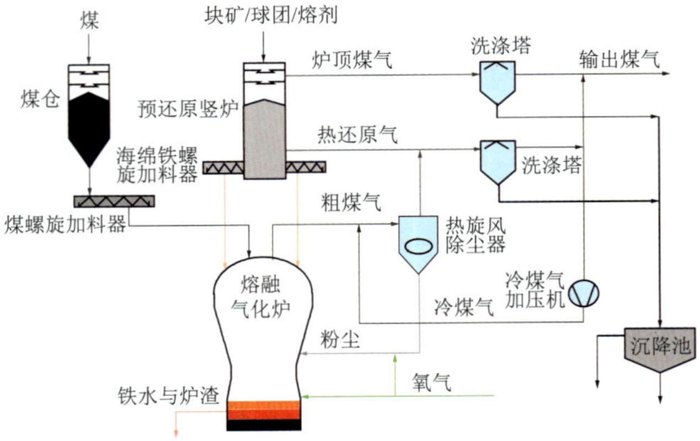

图1　科雷克斯（COREX）法工艺流程

COREX工艺已实现工业化生产，在流程中可以少用甚至不用焦炭，以煤代替焦炭，环境污染减少。据统计，COREX工艺排放的二氧化硫、粉尘以及二氧化碳量均小于传统炼铁工艺。COREX流程易于调节，由预还原竖炉排入熔融气化炉的金属化球团可以随时采样分析，有利于及时调整炉况和铁水成分；对碱金属不过敏，由于COREX工艺采用底吹氧工艺，减少了碱金属的还原，使碱金属以碳酸盐的形式随煤气输出到炉外，再经洗涤处理后得以脱除。

Finex法　由韩国浦项钢铁公司与奥钢联公司在COREX工艺基础上开发的，是直接使用煤粉和矿粉生产铁水的工艺。在Finex工艺中，铁矿粉在四级流化床装置中预热和还原。流化床的上部反应器主要用作预热段，后几级反应器是铁矿粉的逐级还原装置，可以把铁矿粉逐级还原为直接还原铁粉。之后，直接还原铁粉经热态压实后以热压块铁的形式装入熔融气

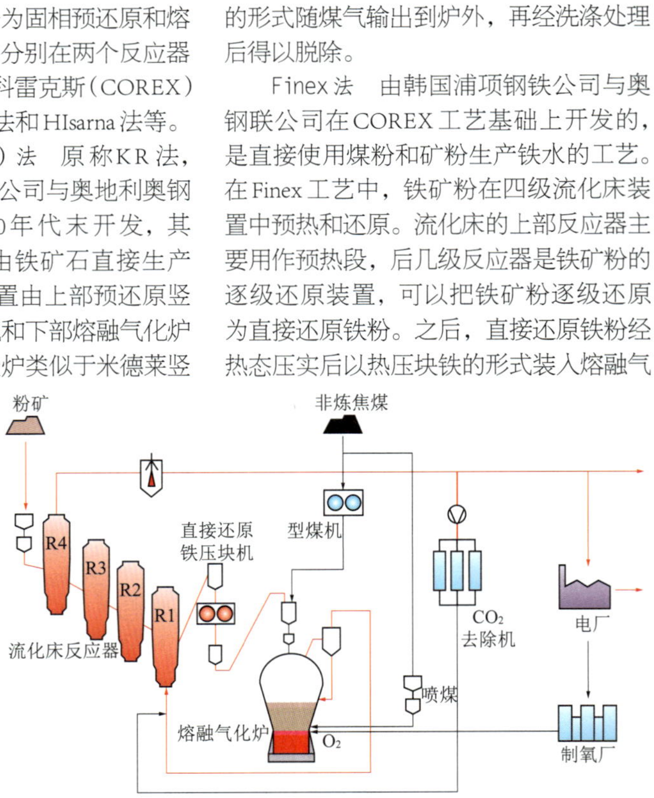

图2　Finex工艺流程

化炉。在熔融气化炉中，装入的热压块铁被还原成金属铁并熔融（图2）。生产过程中产生的煤气用于直接还原铁粉的生产或发电。流化床装置需要大量还原气体，Finex法生产系统安装了炉顶煤气再循环和CO_2去除系统，把流化床和熔融气化炉排出的煤气再循环。

Finex工艺可以100%使用非焦煤，且对煤的适用范围很广。因不采用传统的炼焦、烧结、球团等污染严重的工艺，因此可大幅度减少污染，提高环保水平；流化床和全流程可连续稳定运行，相较于COREX流程，Finex工艺流程操作的稳定性更高。

HIsmelt法　由澳大利亚力拓公司（CRA）与美国米德莱（Midrex）公司共同组建的HIsmelt公司在底吹转炉技术基础上研发的一种熔融还原炼铁工艺。

HIsmelt流程以铁精矿粉为含铁原料，流程中的预还原炉采用循环流化床，在流化床中利用来自终还原炉的煤气，经以水为介质的冷却器冷却后，对矿粉进行加热还原，然后喷入卧式终还原炉，同时冷却煤气的热量以高压蒸汽形式回收。HIsmelt工艺流程的核心设备是熔融还原炉。铁矿粉经流化床设备预热还原后，由喷枪喷入熔融还原炉；煤粉和熔剂也由喷枪喷入熔融还原炉。富氧（体积分数为30%～50%）高温热风（1200℃）从炉顶喷入。熔融还原炉内发生反应产生大量气体，使熔池剧烈沸腾。熔池逸出的一氧化碳、氢气在从炉顶喷入的热风作用下，发生二次燃烧释放热量，来熔化喷入的固体原料。铁水经过虹吸排出，炉渣定期从水冷渣口分批排放（图3）。

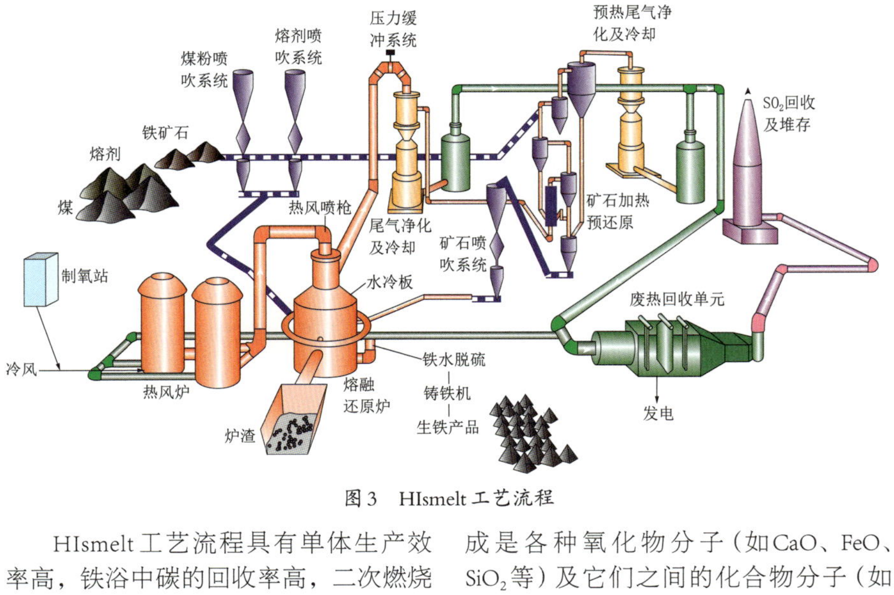

图3　HIsmelt工艺流程

HIsmelt工艺流程具有单体生产效率高，铁浴中碳的回收率高，二次燃烧率高、传热速度快，渣中氧化亚铁含量低，渣层薄，炉衬侵蚀小，设备投资低以及环境污染小等优点。但仍然存在一些问题，如吨铁煤气量大，导致煤气热物理损失增加；煤气进入预还原流化床之前必须降温以及要求使用硫含量较低的煤种。

HIsarna法　由欧洲超低二氧化碳炼钢（ULCOS）项目联盟和澳大利亚力拓公司合作开发的一种熔融还原工艺。HIsarna熔融还原属于二步法，包括预还原和终还原。铁粉矿在旋风熔化炉内预还原并熔化，然后在熔融还原炉中完成矿粉的终还原。该工艺流程直接使用铁矿粉和煤粉，不需要铁矿粉造块和焦化工序，其中煤粉通过煤热解炉热解后形成热的半焦连续加入熔融还原炉。与高炉流程相比，HIsarna工艺可以使用更加经济的原燃料，并可显著减少煤的用量，大幅减少二氧化碳的排放量。

Romelt法　由俄罗斯莫斯科钢铁学院开发。以铁精矿粉为含铁原料，将原料、煤粉和熔剂一起通过炉顶料斗加入熔炼炉。与煤气化反应发生的同时，氧气、铁水和渣靠重力分离并连续排出。熔炼炉上部和炉身的下部设有冷却装置，还原炉的壁上设有富氧鼓风的风嘴。Romelt法流程设备较少，投资费用低，有较高的二次燃烧率，不需要铁矿粉造块和炼焦工序，可利用低品位非焦煤。

扩展阅读

张建良，刘征建，杨天钧. 非高炉炼铁. 北京：冶金工业出版社，2015.

（储满生）

熔融炉渣的分子假说　molecular hypothesis of molten slags　把熔融炉渣看成是各种氧化物分子（如CaO、FeO、SiO_2等）及它们之间的化合物分子（如$2CaO \cdot SiO_2$、$2FeO \cdot SiO_2$等）所组成的理想溶液的假说。在处理熔渣–钢液二相间的冶金反应平衡问题时，这种假说认为只有“自由”的氧化物才能参加反应，而且认为质量作用定律以其理想的形式适用于熔渣–钢液二相间反应。德国冶金学家H. 申克最早用这种观点说明炼钢过程反应。J. 奇普曼早年用这种观点处理氧在熔渣–钢液二相间分配与脱磷反应，为使“平衡常数”守常，他们曾假定了熔渣中有诸如$(2CaO \cdot SiO_2)_2$、$(CaO \cdot SiO_2)_2$等无法证明其存在的化合物“双分子”，从而导致这种假说本身存在内在的自相矛盾。对熔融炉渣的电化学性质的研究结果已经证明，它是离子溶液而不是“分子”溶液。分子假说把冶金反应写成分子形式，例如脱硫反应，即熔渣中的（CaO）和钢液中的［FeS］反应：

$$(CaO)+[FeS] \longrightarrow (CaS)+[FeO]$$

常能简明并定性地说明熔渣组成对反应平衡移动的影响，所以这种写法仍有沿用，但这并不意味着熔融炉渣是由各种“分子”构成的。　（冀春霖　车荫昌）

熔析精炼　liquation refining　利用杂质金属或其化合物在主金属中的溶解度随温度变化的性质，通过改变精炼温度使原来成分均匀的粗金属发生分相，形成多相体系，而将杂质富集于其中一相得以脱除的金属精炼过程。有升温熔析精炼和降温熔析精炼两种方法。①升温熔析精炼，将粗金属固体缓缓加热到一定温度，其中一部分熔化成液体，杂质富集于其中一相中，借此将主金属与其杂质分离，又称加热熔析精炼。②降温熔析精炼，将粗金属熔体缓缓冷却到一定温度，熔体中的杂质或以固相析出而与液相的主金属分离，或留在液相中而与固相的主金属分离。有的在冷却粗金属熔体时，并不出现固体，而是出现另一独立的液相，它与原来的熔体分层而得以脱除杂质，又称冷却熔析精炼。

有时为了强化上述两法的精炼作用，向粗金属熔体加入适量的添加剂，与杂质形成一种更稳定、溶解度更小的化合物而分离出来。

熔析精炼是一种火法精炼方法，多用于提纯熔点较低的金属，应用熔析精炼的体系有Pb–Cu系（粗铅除铜）、Zn–Fe系（粗锌除铁）、Zn–Pb系（粗锌除铅）、Sn–Pb系（粗锡除铅）等。

（李士琦）

熔盐　molten salt; fused salt　盐类熔化形成的，由阳离子和阴离子组成的离子熔体。中国明代李时珍在《本草纲目》一书中记有硝石（硝酸钾）受热熔成液体，是有关熔盐的最早文献记载之一。19世纪初英国化学家H.戴维最早用**熔盐电解**法制取金属。用该法可以制取许多种化学性质较活泼的金属，如铝、镁、稀土金属、钠、锂、钙、钍、铀、钽等。19世纪末以来用冰晶石－氧化铝系熔盐电解炼铝和用含氯化镁的氯化物熔盐系电解炼镁都已进行大规模工业生产。铝、钛等金属可用可溶性阳极熔盐电解（电积）方法精炼。在冶金工业中，熔盐还用作合金电渣熔炼中的炉渣、轻合金熔炼和焊接用熔剂、合金热处理盐浴炉的介质等。原子能工业和核燃料冶金技术的发展，给熔盐的应用开拓了新的领地。除了核燃料制取和核燃料后处理可以使用熔盐电解质或反应介质外，采用氟化锂－氟化铍－氟化钍熔盐系为核燃料的熔盐反应堆，有希望成为利用钍作核燃料的新能源。熔盐载热剂用于化工、冶金生产，也有希望用于原子能工业。以熔盐为电解质的燃料电池和蓄电池是有希望的化学电源。

由于熔盐是冶金工业中的常用物料，熔盐物理化学已成为**冶金过程物理化学**的重要分支。

熔盐的结构　熔盐由阳离子和阴离子组成。离子间的相互作用力包括静电作用力（它是服从库仑定律的长程作用力）、近程排斥力和范德瓦耳斯力（一译范德华力）。作为初级近似，可用静电硬球模型描述熔盐结构。即认为阴、阳离子都是带电而具有一定半径的硬球，而将范德瓦耳斯力忽略不计或作为校正项。由于静电作用，熔盐中每个离子均为异号离子所包围。**X射线衍射**实验结果表明：和**晶体结构**相比，熔盐中阴、阳离子最近距离非但没有增大，反而略有减少，但每个离子的第一近邻数（配位数）却比晶体中显著减少。这说明熔盐中存在不规则分布的缝隙或空位。两种熔盐互相混溶后形成的熔盐溶液，其结构亦大体相似。根据离子间相互作用的势能方程式，可用计算机模拟熔盐中离子的运动和排布，进而计算熔盐或熔盐溶液的许多物理化学性质。

熔盐的物理化学性质和相图　熔盐和熔盐溶液的物理化学性质的研究，不仅有助于对熔盐和熔盐溶液结构的了解，而且为寻找生产技术上有用的熔盐系提供了依据。选择合适的熔盐电解液是熔盐电解工艺取得成功的关键因素。熔盐系的熔点（相平衡）、密度、表面张力或界面张力、黏度、电导率等性质对电解生产都有重要影响。熔盐相图的研究，对于了解熔盐间的相互作用和制定熔盐电解工艺都很重要。常用的熔盐相图测量方法是目测、变温法和差热分析法。借助计算机利用热力学函数计算熔盐相图，已成为熔盐相图测量的辅助手段。熔盐相图的类型与熔盐间相互作用的类型有关。有些价型、离子半径很接近的熔盐在液相中形成近乎理想的溶液，在凝固后则形成连续式固溶体。例如氯化钾－氯化铷系。价型或离子半径相差较大时，多形成低共熔点的相图，例如氯化钾－氯化锂系。有的熔盐相图有稳定或不稳定的中间化合物。少数熔盐系液相不完全混溶，形成液相分层体系。

除价型、离子半径很接近的熔盐往往形成近乎理想的溶液外，大多数熔盐系的混合热不为零。许多熔盐溶液可用**规则溶液**理论计算热力学性质。

金属和气体在熔盐中的溶解　许多熔盐和液体金属间有一定的相互溶解度。金属在熔盐中的溶液有时称为金属雾（metal fog）。这是由于过去曾经将这种溶液误认为胶体溶液。金属雾对电解冶炼极为不利，因为它使阴极析出的金属溶解损失，从而降低了**电流效率**。不同的金属在不同的熔盐系中溶解度相差很大。碱金属、钙、稀土金属、镉、铋等在其本身卤化物熔盐中有较大的溶解度，而镓、铊、锡、铅等则溶解度很小。

许多气体也能溶于熔盐。阳极气体的溶解并和阴极的金属作用是影响熔盐电解时电流效率的重要因素。

熔盐的电化学研究　熔盐的电化学性质对熔盐电解技术至关重要。熔盐电导率、熔盐中金属的电极电势和电化顺序以及熔盐电解的机理和电极过程等都是熔盐电化学的研究内容。熔盐的电极电势测定是研究熔盐溶液热力学性质的有效手段，也是研究熔盐电解和金属在熔盐中的腐蚀作用的重要依据。熔盐导电机理和迁移数测量、熔盐电解电极表面的扩散和极化研究，以及固态金属在阴极析出时的结晶过程的研究，都是了解和掌握熔盐电解原理的重要方面。**阳极效应**是熔盐电解的特征现象。当电解成分和电流密度达到某种阈值时，阳极效应使槽电压突然急剧升高，并伴有某些特殊的外观征象。在熔盐的工业电解情况下，阳极效应造成电能损失，但它同时是可用作电解槽工作的一个标志。对阳极效应的机理，尚无统一的看法。

（陈念贻）

熔盐电解　electrolysis of fused salts　利用电能加热，将某些金属的盐类熔融并作为电解质进行电解，以提取和提纯金属的冶金过程。熔盐电解在19世纪初已开始应用，随着熔盐电化学的迅速发展，至19世纪末就以工业规模生产铝、镁等轻金属。以后，又用于稀有金属的生产。

熔盐电解质　**熔盐**是熔融状态的盐类，其中主要是卤化物。熔盐是离子熔体，有较高的电导率；在比熔点稍高的温度时，晶体结构虽然由于热运动而松散、溃乱，但在一定的距离内仍保持一定的有序性，称为近程序结构。

在电解中使用的熔盐电解质应该具有较低的熔点，适当的黏度、密度、表面张力，足够高的电导率，以及相当低的挥发性和不溶解被电解出来的金属熔体等性质。为了达到这些要求，常常使用由几种盐类组成的混合物。它们常具有比纯组分更低的熔点，但也有不少例外。所以，必须通过实验来选择适当的混合盐组成。通常，电解镁用$NaCl-KCl-MgCl_2$混合熔盐；电解铝用$Na_3AlF_6-Al_2O_3$混合熔盐。电解钽则用$K_2TaF_7-Ta_2O_5$混合熔盐；电解铍用$BeF_2 \cdot NaF-BaF_2$或$NaCl-BeCl_2$混合熔盐。

影响熔盐电解的因素　和水溶液电解质一样，当熔融电解质与金属接触时，两者之间将产生一定的电势差，即电极电势。在同一熔盐中插入两个电极，并利用外加电压通过直流电，当电压达到一定的数值时，熔盐中的某些组分将分解。电解质进行分解所需的最小外加电压称为分解电压（表1）。常见金属的电化当量见表2。熔盐的性质和它的组成、金属离子和阴离子的性质都会影响电化顺序中各金属的相对位置。

在大多数情况下，熔盐电解的电流效率低于水溶液电解。影响电流效率的因素有：温度、电流密度、极间距离和电解质的性质。其中电解质对金属的溶解是降低电流效率的主要因素之一。某些金属可与其高价化合物作用，生成低价化合物，例如：

$$CaCl_2+Ca \longrightarrow 2CaCl$$

$$AlCl_3+2Al \longrightarrow 3AlCl$$

低价化合物重溶于熔盐中，并易被空气或阳极析出的气体氧化而成为高价化合物，因而引起更多的金属被溶解，降低电流效率。此外，析出的金属也可从熔盐中置换出其他金属，而溶解于熔盐中。

阴极反应　熔盐电解时阴极上进行的反应为：

$$Me^{n+}+ne \longrightarrow Me$$

式中Me为金属；n为得失电子数。当熔盐温度高于金属的熔点时，所得金属为液态。在工业生产中，有时液态金属即成为

表1 氯化物和氟化物的分解电压

盐	温度/℃	分解电压/V	盐	温度/℃	分解电压/V
CsCl	700	3.68	LiF	1000	2.20
RbCl	700	3.62	KF	1000	2.54
$BaCl_2$	700	3.62	NaF	1000	2.76
$SrCl_2$	800	3.30	MgF_2	1400	2.25
KCl	700	3.53	CaF_2	1400	2.40
LiCl	650	3.41	SrF_2	1440	2.43
$CaCl_2$	700	3.38	BaF_2	1000	2.63
NaCl	877	3.35	ZnF_2	1000	2.16
$MgCl_2$	700	2.51	AlF_3	1000	2.25
$AlCl_3$	277	1.90	PbF_3	1000	1.74
$ZnCl_2$	427	1.60	BiF_3	1000	1.36
$PbCl_2$	500	1.27	FeF_3	1000	1.00
$SnCl_2$	700	1.15	NiF_2	1000	1.58
$CoCl_2$	700	0.97	CoF_2	1000	1.72

表2 常见金属的电化当量

金属	电化当量/〔g/(A·h)〕	金属	电化当量/〔g/(A·h)〕	金属	电化当量/〔g/(A·h)〕
Li	0.2589	Mg	0.4537	Ag	4.0240
Na	0.8579	Ca	0.7476	Ti	0.4467
K	1.4587	La	1.7276	Zr	0.8506
Be	0.1682	Al	0.3356		

阴极表面，如电解铝；由于工艺要求及电解槽构造的不同，有时生成的液态金属迅速自金属阴极离开，如电解镁、锂、钠等。若熔盐温度低于金属熔点时，所得金属为固态。随着条件的不同，可以得到**金属粉末**、片状晶体或薄层覆盖物。由于高熔点金属的广泛应用，熔盐电解法在这些金属的制备中也获得更大的进展。如铍、锆、钽、铌、钍等都可用此法制备。

阳极反应　在电沉积时常使用碳电极作为阳极，而在电解精炼时则使用粗金属电极。使用碳电极时，如$MgCl_2$的电解，阳极反应可以使氯离子放电而析出氯气：

$$2Cl^- \longrightarrow Cl_2 + 2e$$

也可以是碳与氧的化合，如Al_2O_3在冰晶石熔体中的电解，生成CO或CO_2：

$$2O^{2-} + C \longrightarrow CO_2 + 4e$$

在电解精炼中，粗金属作为阳极，其反应为：

$$Me \longrightarrow Me^{n+} + ne$$

电极电势较被提取金属为正的杂质将不溶解，而电极电势较被提取金属为负的杂质，虽溶解于熔盐内，但不能在阴极析出，从而起到提纯的作用。

（毛长松　陈新民　撰　舒余德　修订）

熔渣酸碱度　basicity and acidity of slag　表征熔渣酸碱性强弱程度的量。熔渣的碱度一般用熔渣中碱性氧化物含量与酸性氧化物含量之比来表示。碱度$R=\dfrac{\sum 碱性氧化物}{\sum 酸性氧化物}$的倒数即酸度。熔渣是多种氧化物形成的混合熔体，各种氧化物的酸碱性程度不同，含量也不同，使得熔渣表现出不同的酸碱性。

钢铁冶金中，习惯用碱度R表示熔渣的酸碱性，即熔渣中主要碱性氧化物与主要酸性氧化物含量（质量）之比。碱度表达式有：

$$R=\frac{\%CaO}{\%SiO_2} \quad (1)$$

$$R=\frac{\%CaO}{\%SiO_2+\%Al_2O_3} \quad (2)$$

$$R=\frac{\%CaO+\%MgO}{\%SiO_2+\%Al_2O_3} \quad (3)$$

$$R=\frac{\%CaO+\%MgO+\%MnO}{\%SiO_2+\%Al_2O_3+\%P_2O_5} \quad (4)$$

工业上，常用的为公式（1）。

硅酸盐熔渣的酸碱性直接影响到硅氧阴离子的聚合程度和其他结构特征，从而影响熔渣的化学和物理性质。如熔渣的脱氧能力、脱硫能力和脱磷能力还能控制**炉渣**中某些氧化物的**活度**。

熔渣中也可用自由碱性氧化物的量表示熔渣碱度，称为过剩碱，用B表示。假设形成熔渣为$2CaO\cdot SiO_2$，$3CaO\cdot P_2O_5$，则：

$$B=\%CaO-1.86\%SiO_2+1.19\%P_2O_5 \quad (5)$$

对于更加复杂的熔渣，如有$2RO\cdot SiO_2$、$4RO\cdot P_2O_5$、$RO\cdot Fe_2O_3$、$3RO\cdot Al_2O_3$等化合物形成时：

$$B=\sum n(CaO)-2n(SiO_2)-4n(P_2O_5)-n(Fe_2O_3)-3n(Al_2O_3) \quad (6)$$

在炼钢过程中，脱硫、脱磷所用的炉渣实际是应用渣中的自由碱性氧化物，所以过剩碱能科学地衡量炉渣的脱硫、脱磷能力。

有色金属冶金中，习惯用酸度（硅酸度）表示熔渣的酸碱性，即熔渣中结合成酸性氧化物的氧的质量与结合成碱性氧化物的氧的质量之比，一般酸度小于或等于1的渣属于碱性渣。

根据路易斯（lewis）酸碱理论，酸是电子对的受体，碱是电子对的给体。在熔渣中，以氧离子代替电子，酸性氧化物吸收氧离子，而碱性氧化物释放氧离子。1971～1975年英国科学家J.A.达菲和M.D.英格拉姆基于此理论提出用各种氧化物释放电子的能力与CaO释放电子能力之比来表示氧化物的酸碱性，称为光学碱度，用符号Λ表示。熔渣的光学碱度可通过测量得到，也可由炉渣的化学成分计算。CaO的光学碱度为1，据此得出了某些氧化物的光学碱度。几种氧化物的光学碱度见表。

常见几种氧化物的光学碱度

氧化物	光学碱度	
	测定值	理论值
K_2O	1.4	1.37
Na_2O	1.15	1.15
BaO	1.15	1.15
SrO	1.07	1.01
CaO	1	1
MgO	0.78	0.8
MnO	0.59	0.6
Cr_2O_3	0.55	0.55
FeO	0.51	0.48
TiO_2	0.61	0.6
Al_2O_3	0.605	0.6
Fe_2O_3	0.48	0.48
SiO_2	0.48	0.48
P_2O_5	0.4	0.4

对于多元熔渣，光学碱度为：

$$\Lambda=\frac{\sum x_1 n_1 \Lambda_{th1}+x_2 n_2 \Lambda_{th2}+\cdots\cdots}{\sum x_1 n_1+x_2 n_2+\cdots\cdots} \quad (7)$$

Λ_{th}为单个氧化物的光学碱度；x为氧化物的摩尔分数；n为氧原子数。

在炼钢的熔渣控制中，利用光学碱度比一般碱度能更可靠地控制冶炼的化学成分，也可以用来建立某些元素渣-金属平衡时的计算公式。

扩展阅读

RAY H S. Introduction to Melts: Molten Salts, Slags and Glasses. New Delhi: Allied Publishers Pvt Ltd, 2006.

（白晨光）

熔铸耐火材料　fused cast refractories　用一定方法将配合料高温熔化后，浇注成具有一定形状的**耐火材料**制品。1926年美国富尔契尔公司发明熔铸硅酸铝砖，1927年美国康宁玻璃公司发明熔铸莫来石砖。1959年法国西普公司发明氧化熔融技术，随后该技术应用于生产许多高性能的熔铸耐火制品。

按化学成分不同，熔铸耐火材料分为6类：①铝硅系（Al_2O_3-SiO_2），主要是熔铸莫来石砖。②铝硅锆系（Al_2O_3-SiO_2-ZrO_2），有熔铸锆刚玉系列，因氧化锆（ZrO_2）含量不同，有15%、33%、36%、41%等多个品种，还有熔铸氧化锆砖。③氧化铝系（Al_2O_3），有熔铸刚玉砖、α-β刚玉砖和β刚玉砖及铬刚玉砖、铬锆刚玉砖等。④镁铬系（MgO-Cr_2O_3），主要是熔铸镁铬砖。⑤氧化铬系（Cr_2O_3），主要是熔铸铬尖晶石砖。⑥镁铝系（$MgO-Al_2O_3$），主要是熔铸镁铝尖晶石砖。

熔铸耐火材料生产工艺与一般耐火材料有很大的区别。通常将耐火材料配合料用电弧炉熔化为均匀的液体，浇铸到预制好的模具内，再经退火处理、切割加工而成。

熔铸耐火材料具有低的气孔率，晶体为晶间结合，耐火性能高等特点，主要应用于玻璃窑和有色冶金等工业窑炉上。六价铬离子对人体健康有害，尽管含三氧化二铬的材料在玻璃与冶金工业的使用过程中不容易转变为六价铬离子，但在原料及废砖的保存过程中，由于环境等各方面的影响仍有可能转变为六价铬离子。随着人类环境保护意识日益增强，含铬耐火材料正逐渐被其他的材料所替代。

扩展阅读

李楠，顾华志，赵惠忠.耐火材料学.北京：冶金工业出版社，2010.

（曹喜营）

铷冶金 rubidium metallurgy 从含铷矿物中提取金属铷的技术。1861年德国人G.R.基尔霍夫和R.W.本生在研究锂云母的光谱时发现在深红区有一新线，表征有一个新元素，于是根据拉丁文rubidus（深红色）将其命名为rubidium。同年本生通过电解熔融氯化铷制得金属铷。

铷在地壳中很分散，至今还没有发现单纯的铷矿物。铷常在锂云母、黑云母中少量存在。光卤石和卤水中也含有铷。

铷化合物的提取　有复盐沉淀法、溶剂萃取法、离子交换法等多种。从卤水提取铷化合物采用磷钼酸铵复盐沉淀法。卤水经熬盐后所得的母液含铷2.8～3.5克/升。通入氯气使有机物或其他还原性物质氧化，再加入过量50%的磷钼酸铵粉末，生成磷钼酸铷沉淀，然后用硝酸铵将铷从沉淀中置换出来，进入溶液。将富集铷的溶液蒸干，于300～350℃焙烧，得到纯度大于80%的硝酸铷。硝酸铷是进一步制取其他类铷盐的原料。

从锂云母-石灰法所得的提锂母液中提取铷化合物的方法是：先向富含钾、铷、铯的混合碳酸盐溶液中通入二氧化碳，使钾生成碳酸氢钾（$KHCO_3$）沉淀。加盐酸和稍过剩的四氯化锡盐酸溶液，使铯生成氯锡酸铯（Cs_2SnCl_6）沉淀。再加入过量四氯化锡，生成氯锡酸铷（Rb_2SnCl_6）沉淀。也可用萃取剂4-仲丁基-2（α-甲苄基）苯酚（简称BAMBP）从碱金属碳酸盐溶液或氯化物溶液中萃取铷。

金属铷的制取　金属铷的制取方法有电解法、热分解法和金属热还原法。

工业上一般采用金属热还原法，如用钙还原氯化铷、镁或钙还原碳酸铷均可。还原产出的金属铷经蒸馏可进一步提纯。

（刘凤琴）

蠕变 creep 应力不变时黏弹性材料的应变随时间的增加而变化的现象。许多材料（如金属、高分子材料和岩石等）在一定条件下都表现出蠕变的性质。蠕变材料在某瞬时的应力状态不仅与该瞬时的变形有关，还与该瞬时以前的变形有关。许多工程问题都涉及蠕变。以应变和时间为坐标的蠕变曲线可分为非定常蠕变阶段（此时应变率随时间的增加而减小）、定常蠕变阶段（应变率保持为常值）和破坏阶段（此时应变率随时间的增加而增大，直至材料断裂）3个阶段。一般情况下，温度升高或应力增加会使蠕变加快，同时缩短达到断裂的时间。若应力较小且温度较低，则定常蠕变阶段持续较久；若应力较大且温度较高，则定常蠕变阶段较短或不出现。

材料在恒拉应力作用下，经过一定时间而发生断裂的现象称为蠕变断裂。在给定的温度作用下，使材料经过规定时间发生断裂的应力值称为持久强度。表示恒应力随断裂时间的变化曲线称为持久强度曲线。在三向应力状态情况下，往往采用最大正应力（或适当修正以考虑剪应力的影响）作为等效应力来绘制持久强度曲线。在恒定压应力的作用下，构件中的位移会急剧增大，这种现象称为蠕变屈曲，这是受压构件在蠕变条件下的一种失效形式。

（徐秉业）

S

萨马林，A.M. Alexander Mikhailovich Samarin; Александр Михайлович СаМарин （1902-08-27～1970-05-20） 苏联冶金学家。苏联高校电冶金专业创始人。生于下诺夫哥罗德省阿尔达托夫，卒于莫斯科。1921年进入下诺夫哥罗德技校学习，1930年毕业于莫斯科矿业学院。1932年参加莫斯科钢铁学院教学科研工作，1939年起担任该院电冶金教研室主任。1946年当选苏联科学院通讯院士。1960～1961年任科学院巴依科夫研究所代理所长。1966年当选苏联科学院院士。

赴美国留学期间，萨马林在J.奇普曼指导下发表的《温度对气体与钢液相互作用的影响》（1937）是该领域的一篇著名论文。返回苏联后他带领一批青年学者继续进行研究冶金反应化学平衡领域的工作。测定了多种元素和氧反应的平衡常数，而且对常数不守恒的现象用活度做了分析，是**冶金过程热力学**学科在苏联的领军人物。其部分学术成果总结为《钢脱氧的物理化学基础》。在真空冶金方面，特别是真空下碳脱氧反应，他也做过卓有成效的研究。曾两次获得苏联劳动红旗勋章，1958年被授予列宁勋章。

（曲　英）

三联炉炼铅法 tri - connected furnace lead smelting process 氧化-还原-烟化三段连续运行的直接炼铅技术。将硫化铅精矿、熔剂（石灰石、石英砂）、含铅烟尘等物料按照预定配比混合制粒后，首先加入氧化熔炼炉（氧气底吹炉、澳斯麦特炉、艾萨炉或氧气侧吹炉）进行氧化脱硫，生成高铅渣和一次粗铅。含硫烟气经余热锅炉回收热量后送净化制酸系统；液态高铅渣通过溜槽流入还原熔炼炉（氧气底吹炉或氧气侧吹炉），采用碳质还原剂（碎煤或焦粒）或天然气作为还原剂，通过还原反应产出二次粗铅和还原渣。液态还原渣通过溜槽流入**烟化炉**，通过空气（或富氧）将粉煤鼓入烟化炉内，使熔渣中的铅、锌化合物还原成锌和铅的蒸气，挥发进入炉子的上部空间和烟道系统，被专门补入的空气（三次风）或炉气（二氧化碳）再次氧化成氧化锌和氧化铅，最终以烟尘状态在收尘设备收集。

三联炉炼铅法通过溜槽将氧化炉、还原炉、烟化炉等3个单元过程串接成一个整体，通过三炉操作周期协调匹配，实现一体化连续运行。充分利用液态高铅渣和还原炉渣的潜热，降低了粗铅冶炼能耗；取消了高铅渣铸块、还原渣保温与吊运，也省去烟化炉升温熔料工期，直接喷入粉煤进行高温还原挥发提锌，降低了煤耗，缩短了烟化提锌时间，提高了生产效率。

（王成彦）

三菱炼铜法 Mitsubishi process 利用溜槽相连的熔炼炉、渣贫化炉和吹炼炉连续地将硫化铜精矿冶炼成粗铜的技术。是世界上第一种实现长期稳定工业运行的连续炼铜技术，由日本三菱材料公司研发，于1974年在日本投入生产。

熔炼设备　图1为三菱炼铜法炉体结构示意图，图a为熔炼炉（S炉）和吹炼炉（C炉），图b为渣贫化炉（SC炉）。图2为熔炼炉、渣贫化炉和吹炼炉配置示意图。

三菱炼铜法属非浸没式顶吹熔池熔炼技术，其熔炼及吹炼炉的结构基本一致，为圆形固定炉，炉顶配置9根喷枪，喷枪为同心钢套管。外管外径为100毫米，材质为高铬（含铬约27%）钢，其顶端位于熔体面上约0.7米处，熔炼中会烧损（0.4米/天），根据烧损速率向下延伸，使顶端位置固定。为防止溅射熔体将喷枪卡死，熔炼中外管以7转/分的转速转动。内管外径为50毫米，材质为304不锈钢，顶端与炉顶内侧平齐，无烧损。粉状炉料经内管喷入炉内，富氧空气通过外管与内管间隙加入。熔炼渣采用电炉贫化，贫化炉为椭圆形，炉顶插入6根电极。早期三菱炼铜法炉体寿命较短，经过改善，寿命可达2年以上。

基于在单一炉膛内连续炼铜存在渣量大、渣含铜高、粗铜锍及其他有害杂质含量高等问题，三菱炼铜法采用结构分立、功能连续的3座炉子，分别进行熔炼、渣贫化和吹炼。各炉之间熔体靠高度差通过

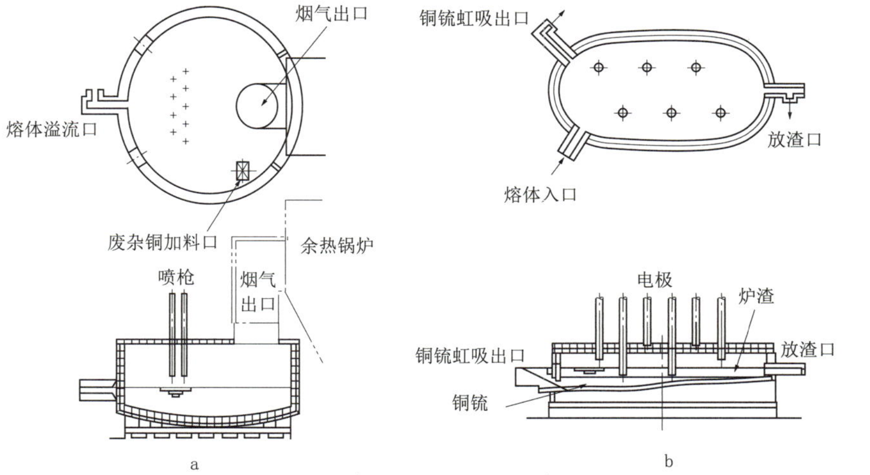

图1　三菱炼铜法炉体结构示意图

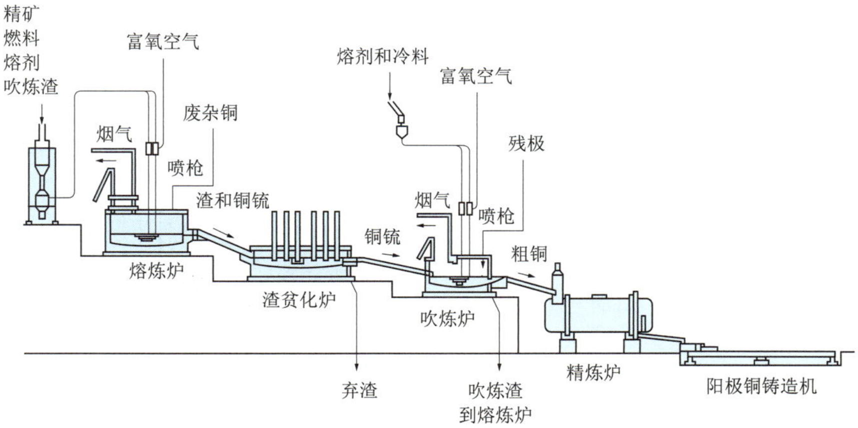

图2　三菱炼铜法炉子配置示意图

溜槽自流输运，溜槽上加有盖板，这对节能和减少二氧化硫无序排放是有利的。但厂房较高，建设投资稍大。

三菱炼铜法熔炼及吹炼炉，可根据热量平衡情况，加入残极、废杂铜等冷料。

工艺过程　干燥、磨细的炉料与富氧空气通过熔炼炉炉顶喷枪连续喷入炉内熔体中，搅动熔体发生**造锍熔炼**物理化学反应，生成**冰铜**和**炉渣**。冰铜和炉渣连续通过溜槽，进入贫化电炉沉淀分离；冰铜品位约为70%，通过溜槽连续进入吹炼炉吹炼；贫化后炉渣含铜0.6%～0.8%，连续排出水淬。熔剂及冷料与富氧空气，通过喷枪喷入吹炼炉熔体中，发生造渣及造铜反应，生成的粗铜连续排入阳极炉精炼，吹炼炉渣水淬、磨细、干燥后返回熔炼配料。熔炼及吹炼炉烟气经回收余热、烟尘后净化制酸；电炉烟气经收尘后排放。熔炼及吹炼炉均在薄渣层生产，吹炼炉内无冰铜相。各炉熔体通过虹吸或溢流排出，液面稳定不变。

由于铜精矿一般均含有较多的二氧化硅，因此造锍熔炼炉渣均采用铁橄榄石炉渣，P-S转炉吹炼也加入二氧化硅熔剂，造铁橄榄石炉渣。但在连续炼铜的高氧势下，该炉渣体系对四氧化三铁的溶解能力已显不足，四氧化三铁过饱和析出恶化炉渣性质，甚至造成炉膛堵塞。因此，三菱炼铜法以氧化钙为熔剂，采用铁酸钙炉渣体系。三菱炼铜法工艺过程完全自动控制，研发了专家系统以指导操作。熔炼炉冰铜温度在熔体出口采用K型热电偶连续测量，冰铜成分（铜、铅）及炉渣成分（铜、铁、二氧化硅、氧化钙、氧化铝等）采用X射线荧光光谱仪（XRF）离线测定。熔体温度及成分通过调节料氧比、熔剂及燃料加入量等控制。吹炼炉渣温采用一次性K型热电偶每小时人工测定；铜熔体温度采用光纤光学高温计每15分钟自动测定；冰铜流速在贫化电炉冰铜虹吸出口采用红外扫描仪自动测量；炉渣成分（铜、二氧化硅、氧化钙、硫、铅）每小时取样采用XRF离线分析。上述参数通过控制碳酸钙，返回吹炼渣和冷铜块加入量，以及氧气浓度与流量调节得到。

技术指标　主要技术指标为：富氧浓度45%～55%；冰铜品位68%～69%；炉渣铁、二氧化硅质量比1.1～1.25；熔池温度1225～1250℃；炉渣含铜量（电炉贫化后）0.7%～0.8%；炉出口烟气二氧化硫浓度30%～35%；烟尘率2%～3%。

技术特点　①过程连续、自动检测与控制水平高。熔体通过溜槽连续输送，设备连接紧凑，厂房面积小。②烟气浓度及流量稳定，浓度较高，有利于制酸。环境集烟设施完善。③熔炼及吹炼炉可加入大块状冷料（残极、废杂铜、块状返料等），有利于热平衡及工厂经营。④在冰铜品位约70%的条件下，熔炼渣电炉贫化后渣含铜达0.6%，可直接弃掉。⑤炉体寿命初期较短，约2年。⑥富氧浓度较低，烟气量偏大。喷枪耗能较大。这两方面因素导致其能耗较双闪法略高。⑦由于三菱炼铜法吹炼时要保持冰铜连续流入吹炼炉中，当与其他熔炼方法配套时，熔炼一般需要间断排放冰铜，因此在熔炼炉和吹炼炉之间，要增加一座冰铜保温炉。

扩展阅读

SCHLESINGER M E, MARTTHEW J K, KATHRYN C S, et al. Extractive Metallurgy of Copper. 5th ed. Saint Lousie: Elsevier, 2011.

邱定蕃，柴立元. 有色冶金与环境保护. 长沙：中南大学出版社，2015.

（刘志宏）

三维电极　three-dimensional electrode　由大量准均相的固体粒子和能导电溶液构成的固-液体系。又称三元电极、床电极。是在传统二维电解槽电极间填充粒状工作电极材料，并使装填工作电极材料表面带电，成为一个新的工作电极（第三极），使电化学反应能在这个电极材料表面能发生。组成三维电极的固体粒子有活性炭粒、石墨粒、各种金属球，材质可采用纤维状材料（金属纤维和碳纤维）和泡沫材料（金属泡沫和碳质泡沫）。由三维电极构成的电解池由下图表示，它由馈电电极、对电极、粒子电极及隔膜组成。

20世纪60年代，J.R.巴克赫斯特提出三维电极的概念。三维电极最初的研究是从多孔电极开始，60年代到70年代之间，很多学者提出了分散孔数学模型和宏观均一数学模型。分散孔模型认为多孔电极是彼此不相交的许多单孔的组合，宏观

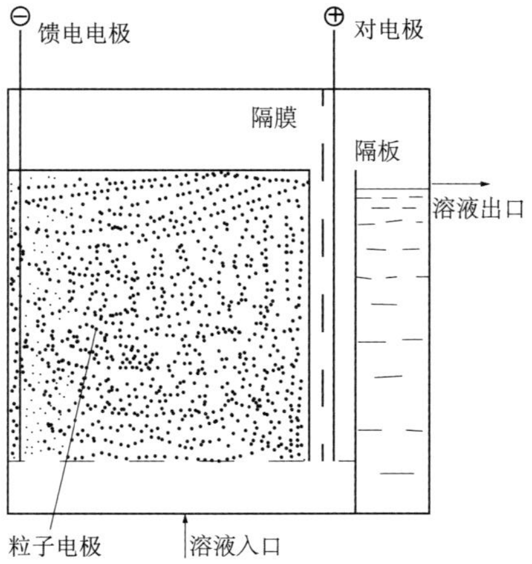

三维电极电解池示意图

电流是所有单孔电流的总和；宏观均一模型认为整个电极/溶液体系被视为由两个均匀相、各向同性的连接介质组成，其中一相是电极的基体，另一相是渗入孔中的溶液。多孔电极的导电率及扩散系数均为固体基体和溶液的加权平均值。

根据不同的用途，三维电极分为固定床和流化床。

固定床三维电极　当溶液的流速较小时，固体粒子静止不动，床层保持原来的高度，流体从颗粒间缝隙穿过，便形成了固定床三维电极。它同二维电极比较，具有表面积大、床层结构紧密、传质速度大的特点。当电流通过床层时，整个三维空间都发生反应。

三维电极结构复杂，有多种因素影响电流均匀分布：极化电阻越大及三维电极固体粒子层厚度越小，电流分布越均匀；三维电极固体粒子层电阻大于溶液电阻时，电化学反应主要发生在靠近馈电电极区域；三维电极固体粒子层电阻小于溶液层电阻时，电化学反应主要发生靠近隔膜区域。

固定床三维电极可根据电流与溶液的流动方向，分为垂直流和平行流。平行流的电解液与电流方向平行，反应器利用率较低，主要用于实验室研究。垂直流电解液与电流方向垂直，得到电极电势和电流密度在三维电极中均匀分布，同时，电解液在电解池中停留时间也长，在工业上普遍采用。

流化床三维电极　当电解液的流速较大时，三维电极的固体颗粒开始松动，随着流速不断增大，床层开始膨胀，料层的高度大于原来固定床的高度，颗粒悬浮在流体中并向各个方向随机运动，呈流化状态。与固定床电极相比，流化床三维电极有如下优点：流化床层具有类似于液体的特征，有清晰的水平界面和静压头；由于电极粒子呈悬浮状，因此，具有较大的比表面积和较大的传质速度；在合适条件下，能得到均匀分布的电势和电流密度；由于颗粒的相互电接触和物理接触有助于提高电极表面的活性；用于电解提取金属时，产物可连续从电解池取出。

固定床三维电极主要用于重金属废水及有机废水的处理；在化工生产中用于有机合成。流化床三维电极用于低金属离子浓度的电解。

（舒余德）

铯冶金　cesium metallurgy　从含铯矿物中提取金属铯的技术。1860年德国化学家R.W.本生和G.R.基尔霍夫在研究矿泉水的光谱时发现新的元素谱线，根据光谱线

的颜色按拉丁文caesius（天蓝色）将其命名为cesium。1881年C.塞特贝格在电解氰化铯-氰化钡混合熔盐时，首次制得金属铯。

铯在地壳中含量稀少，主要的含铯**矿物**是铯榴石（铝硅酸铯，即$2Cs_2O \cdot 2Al_2O_3 \cdot 9SiO_2 \cdot H_2O$），含$Cs_2O$34.6%。还有其他的含铯矿物，如硼铯铷矿，含$Cs_2O$3.5%；铯绿柱石，含$Cs_2O$1.72%～3.6%。盐井卤水和气田水中也含有铯。

铯化合物的提取　从铯榴石中提取铯化合物的传统方法是盐酸法。铯榴石精矿（含20%～30%Cs_2O）经磨细后，以浓盐酸搅拌浸出，精矿中的铯转化成氯化铯。再以水稀释，并加入三氯化锑盐酸溶液，析出氯化锑铯复盐（$3CsCl \cdot 2SbCl_3$）。由于锑铯复盐在盐酸溶液中的溶解度比铷、钾复盐小，铷、钾大部分留在母液中而与铯分离。锑铯复盐加入大量水进行煮沸，水解生成白色的碱式氯化锑沉淀，其化学反应为：

$$3CsCl \cdot 2SbCl_3 + 2H_2O \longrightarrow 3CsCl + 2SbOCl\downarrow + 4HCl$$

在剩余的氯化铯溶液中通入H_2S气体，除去残余的锑及其他重金属，再将精制液蒸发浓缩、冷却结晶，经干燥得到氯化铯。

除了盐酸法制取铯盐外，还有氯化焙烧法、盐熔法和硫酸法。氯化焙烧法是将铯榴石同碳酸钙和氯化钙混合，在800～900℃焙烧后以水浸出。盐熔法是将铯榴石与氯化纳和碳酸钠混合，于800～850℃熔融，再以水浸出。两种方法的浸出液经过净化，均可用4-仲丁基-2（α-甲苄基）苯酚（简称BAMBP）-脂肪烃煤油萃取，以盐酸或二氧化碳加水反萃，得到氯化铯或碳酸铯产品。

金属铯的制取　常用**金属热还原法**以钙还原氯化铯。在温度为700～900℃的真空条件下，将氯化铯进行还原反应，产生的铯蒸气，经冷凝后成液态收集。

熔盐电解法制取金属铯是以液态铅作阴极，石墨作阳极，于700℃电解氯化铯，由阴极得到含铯8.5%的铅铯合金。合金于600～700℃真空蒸馏，除去铅等杂质，制得纯铯。

（刘凤琴）

砂矿露天水力开采　hydraulic mining of placer

用水枪冲采砂矿，并用加压运输或自流运输的方式进行矿石运输的开采方法。中国很久以前即开始人工淘采砂矿，1673年曾有人利用矿场附近高山天然水源，开凿明沟，引水冲淘砂矿。1929年在广西水岩坝砂锡矿用水枪砂泵开采，在望高砂锡矿用自然水压，装备水力提升器开采，节省了电源，经济效果良好。1949年后，由开采砂锡矿、砂金矿发展到开采钨钛锰矿、铌钽铁矿、锆英石、金刚石等，甚至用水力开采黏土。使用水力开采的矿山，基建时间短、投资少、设备简单、生产率高、成本低、投资见效快、技术经济效果良好。

砂矿床开拓　根据矿浆输送方式，砂矿床主要有基坑、堑沟、平硐溜井等开拓法。

基坑开拓法　采场内开掘长40～50米、宽10米的基坑，坑内布置砂泵扬送。视矿体厚薄，基坑可一次或分段掘到矿床底板，坑内矿浆池深度一般为1.5米左右。

堑沟开拓法　开掘堑沟，在沟内设输矿沟道，自流运输砂矿。如越过凹地，可与自流倒虹管配合，不用动力，经济可靠（图1）。

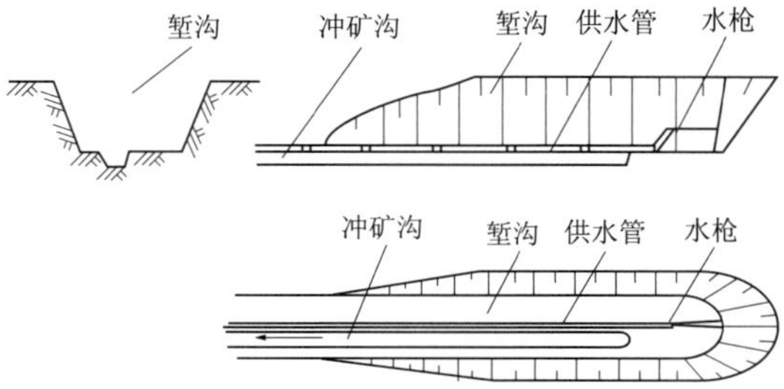

图1　堑沟开拓法

平硐溜井开拓法　开掘**平硐**和**溜井**通向矿体。在溜井中安设溜浆管，平硐底板镶砌冲矿沟。适用于喀斯特山坡地区的低凹分散矿块，为节约动力，应尽量采用自流运输，避免砂泵扬送。使用的平硐长度已达2600米。溜井分垂直和倾斜两种，前者应用较多。溜井用密集支柱支护。溜浆管的管径通常为350毫米，矿浆通过该管送入平硐中的冲矿沟。冲矿沟布置方式有两种：①砌筑于平硐底板上，适用于服务年限短的矿山。②在平硐底板下面开掘。管道与冲矿沟的联结处设有缓冲池，以减少冲击力，防止矿浆从管内流出时飞溅。管道上部入口处应设格筛，以防大块和泥团阻塞管道。

采矿方法　主要是冲采，有时要进行残矿回收，在有些砂土中需预先松动和清理废石。冲采水枪的进水管直径为150～200毫米，喷嘴直径常用38～65毫米，压头为50～150米；耗水量为采砂量的1.7～14倍，在高山缺水地区，控制在3倍以下。水枪距工作面的最小距离，通常与阶段高度值相近。水枪移动步距为4～6米，砂泵移动步距为50～200米；或先将矿浆池前移，当砂泵吸入管加长至50～90米后，再移动砂泵。

水力开采一般不适用于严寒地区。在气温低于5℃的地区，应有防寒措施，如对水泵、砂泵和水管等进行防冻处理；在水管较低点设放水闸门，工作停止时注意放水；设置备用水管；采用高阶段时，采取减少水量的措施，将水压提高50%～60%；采场底板坡度比夏季加大25%～30%等。

冲采法　有逆向、侧向、顺向及联合冲采法，以逆向冲采法应用较多（图2）。该法系将水枪对准工作面，用射流在台阶底部掏槽，使砂土坍陷，与水混合成矿浆，逆向流往矿浆池和冲矿沟，可充分利用射流冲击力，减少耗水量。由于部分残矿不能回收，采场底板有裂隙或溶洞时，又有部分矿石沉积，**矿石损失率**一般为5%～10%。冲采时表土和夹层混入，使**出矿品位**降低；但同时有部分废石被筛出，又可使出矿品位相对提高，一般实际**矿石贫化率**为5%～10%。

砂矿的预松动　可提高水枪效率，降低水电消耗和采矿成本。松动方法有爆破法和水压法。前者使用较多，经济效果良好，在高山缺水地区更为显著，每吨砂矿的耗水量可降至1.7吨。后者适用于具有渗透性的砂矿，在距阶段坡顶线2～3米处插入一排钢管，插深约2米，管距约3米，压入高压水。经数小时可使土岩塌落，采1吨砂矿耗水0.5～0.7吨。此法与底部掏槽相结合，效果良好。

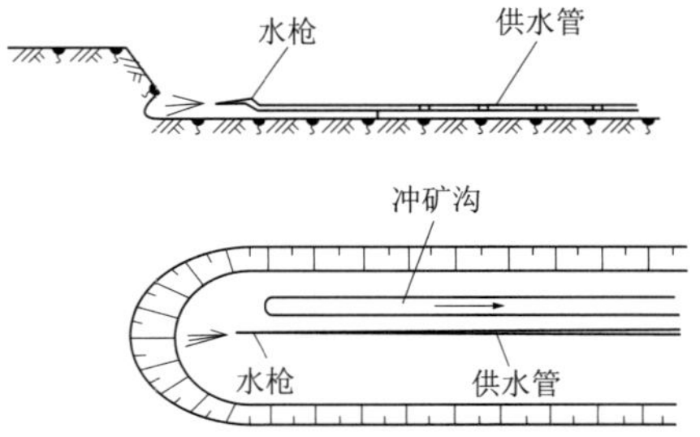

图2　逆向冲采法

残矿回收　有的残矿是由于工作面底板坡度而形成，有的则为残留于喀斯特溶洞中的砂矿。前者一般先用爆破法松动残矿，然后用水枪逆向冲采，再调整喷嘴直径，用顺向冲采法清扫底板残矿，并用小型移动砂泵扬送矿浆至主砂泵的矿浆池内或冲矿沟中；不能冲走的废石，可用人工或机械清理。后者可用胶管小水枪冲采，配合小型移动砂泵；如溶洞狭小，可用水力射流提升器回收。

水力运输　分自流和加压两类，前者不耗费电力，生产成本低，又分沟道运输和管道运输两种方式。沟道运输可就地取材，基建投资少，中国广泛采用。在受地形条件限制时，往往辅以自流管和倒虹管。

沟管线路选择　应满足：①基建工程量小，架空部分少，施工方便，利于维修。②线路尽可能取直，线路转角不小于120°。③使大部分砂矿或剥离物能自流运输，少用辅助砂泵。④自流运输的沟道坡度大于砂矿流动的临界水力坡度，线路转角处最好有100毫米的落差。⑤沟道坡度过大时，用跌水落差调整，以减少磨损。⑥在地形有起伏时，可用自流管和倒虹管，在最低处设排矿阀。

自流运输　①沟道断面有半圆形、矩形和梯形。后两种在生产中广泛被采用。矩形断面的开挖工程量小，流深较大，砌筑方便，但更换沟底衬板不方便，大泥团较多时易阻塞沟道，水力半径小。梯形断面与之相反。取二者之长，可以上半部为矩形，下半部为梯形。冲矿沟的深度应为矿浆流深的2倍以上。②沟道坡度应保证矿浆自流。沟道的最小坡度与浆中的土岩粒度、矿浆浓度和衬砌材料有关，平均粒径愈大，要求的坡度也愈大。一般应比临界坡度大10%以上。当矿浆浓度为20%～30%时，冲矿沟最小坡度4%～6%。③衬砌材料。常用石灰岩、大理岩、花岗岩、耐磨铸铁和辉绿岩制品等。各种主要衬砌材料的优缺点和通过万吨矿石的实际材料磨损率见表。沟帮和沟底的磨损比约为1∶3；距沟底5厘米以上的部位磨损很少。④泥团处理。冲矿沟内矿浆流动时，常有泥块黏裹石块而成的大量泥团，阻塞冲矿沟，造成事故；含泥率高的矿区尤甚。泥团呈球状，较坚韧，必须冲压打击，才能破碎。处理泥团的主要设施有六面条筛和电动圆筒筛。⑤倒虹管运输。通过宽阔较深的洼地，可用倒虹管自流输送砂矿。倒虹管由钢管与铸铁管组成，用辉绿岩铸石衬里的倒虹管，使用效果更好。用倒虹管时流量愈大，矿浆浓度愈大，所需的静压头就越高。为减少水力坡度，降低静力压头，必须合理选择管径。管径必须由大到小，逐渐减小，并用渐缩管相互连接。入口段矿浆的流速须大于1.4米/秒，扬送段流速不低于3米/秒，矿浆在管道中流速为临界流速的1.1倍。矿浆入口处设置间距25毫米的条筛，在谷底平缓段安装球形阀，以清洗和排放阻塞管道的干结矿石；矿浆入口处还应设清水池，以调节矿浆浓度和流量，并在突然停电时用来冲尽管内矿砂。条筛前的矿浆沟应安设闸门和储矿池，以便控制和调节砂矿量。平缓段的弯管角度应大于120°～160°，以避免转弯处所形成的涡流区。

冲矿沟衬砌材料

材料名称	磨损率/（mm/10^4t）	优点	缺点
石灰岩（大理岩）	1.3～1.5	可就地取材，投资少	耐磨性差，维修量大，经营费高
花岗岩	0.3	可就地取材，投资少，耐磨性较好	材料加工困难
耐磨铸铁	0.35	耐磨性较好	造价高
辉绿岩制品	0.06	耐磨性最好	性脆、易碎、安装较难

加压运输　地形条件不允许自流运输时，用砂泵加压水力运输。砂泵一般均采用吸入式。如果需要串联作业时，中间升压泵可采用注入式。但一般不采用并联作业。矿浆在管道内呈紊流状态。固体颗粒在矿浆中的运动状态相当复杂，有高流速状态、临界流速状态和低流速状态。矿浆在管道内流速与矿浆浓度、管径、**矿石粒度**和管道阻力系数有关。临界流速状态最经济。正确选定流速数值，可降低电耗和生产成本，减小压头损失和管道磨损。为防止管道阻塞，最小流速应为最大粒径砾石**自由沉降**速度的1.5～2倍。矿浆在管道内运动的压头损失，在清水运动压头损失的基础上，考虑到矿浆比重和附加能量的影响来确定。压头损失与流速关系极大：流速低于临界流速时，将有固体颗粒沉降于管道底部而增大阻力；流速过大时，由于管道内的摩擦，消耗能量，也增大压头损失。正确选择临界流速，才能保证压头损失最小。选择最有利的矿水比（单位时间内运出的干矿重量与耗水量之比），可降低水、电消耗和生产成本，提高砂泵与管道的运输能力。砂浆管道磨损很大，选用管道要注意管壁的厚度，尤其要选择适宜于临界流速的管径以减小磨损。使用的钢管每季应翻转一次，每次转60°～120°，以延长使用年限。如使用直径200毫米、壁厚8毫米的无缝钢管时，通过35万～40万立方米的砂矿后即完全磨坏，不能再用。

供水　水力开采需大量用水，供水方法有自流、机械加压和联合法。为节约用水，采场用水主要取自选厂尾矿池（或水力排土场）。将用过的水澄清回收，循环使用，水源来水作为生产过程耗损水量的补充，仅占总用水量15%左右。旱季耗损多，占20%～25%，雨季只占5%～10%。加压泵站的位置定在矿区中央的高地为宜，以便充分利用静水压头和缩短管道长度，减少压头损失。泵站贮水池的容积，应能贮备4～5小时的用水量。

（徐　鼎　薛清湖　撰　褚洪涛　修订）

筛分　screening　将不同大小颗粒的混合物料通过单层或多层筛面分成若干个不同粒度级别的过程。物料中粒度大于筛孔尺寸的颗粒留在筛面上成为筛上物，粒度小于筛孔尺寸的颗粒透过筛面成为筛下物。筛分广泛用于矿业、建筑、冶金、化工、水泥等工业部门。

筛分效率　筛分工作的质量指标以筛分效率（E）表示，其表达式如下：

$$E=\frac{C}{Q\alpha}\times 10^4\%$$

式中C为筛下产品质量；Q为入筛原物料质量；α为入筛原物料中小于筛孔的级别的含量。实际生产中要测定C和Q是比较困难的，因此筛分效率一般使用下式来进行计算：

$$E=\frac{\beta(\alpha-\theta)}{\alpha(\beta-\theta)}\times 100\%$$

式中β为筛下产物中所含小于筛孔级别的含量；θ为筛上产物中所含小于筛孔尺寸粒级的含量。

筛分原理　松散物料的筛分过程由两个阶段组成。①物料分层。易于穿过筛孔的颗粒通过不能穿过筛孔的颗粒所组成的物料层到达筛面。②易于穿过筛孔的颗粒透过筛孔。完成上述两个过程，须具备的最基本条件是物料和筛面之间存在相对运动，一方面是使筛面上的物料层处于松散状态，物料层将产生析离（按粒度分层），大颗粒位于上层，小颗粒位于下层进而容易到达筛面并透过筛孔。另一方面，物料和筛子的运动都促使堵在筛孔上的颗粒脱离筛面，使颗粒能透过筛孔。筛分的实际过程是大量粒度大小不同的混合物料进入筛面，只有一部分颗粒与筛面接触，而与筛面接触的这部分物料中，不全是小于筛孔的细粒。大部分小于筛孔尺寸的颗粒，分布在整个料层的各处。在筛面运动过程中，筛面上料层逐渐松散，使大颗粒物料本来就存在较大的间隙被进一步扩大，小颗粒物料穿过间隙，转移到下层。由于小颗粒物料间隙小，大颗粒物料不能穿过，因此，大颗粒物料在运动中，位置不断升高。于是原来杂乱无章排列的颗粒群发生析离，即按颗粒大小进行分层，形成小颗粒物料在下，大颗粒物料在上的排列规则。到达筛面的细颗粒物料，小于筛孔者透过筛孔，实现大、小颗粒分离。

物料粒度小于筛孔3/4的颗粒，很容易通过大颗粒物料形成的间隙，到达筛面，到筛面后很快就透过筛孔。这种颗粒被称为易筛粒。物料粒度大于筛孔3/4的颗粒，通过颗粒组成的间隙比较困难。直径愈接近筛孔尺寸，透过筛孔的难度就愈大，这种颗粒被称为难筛粒。

分类 按用途，分为试验室筛分和工业筛分。

试验室筛分 指对物料粒度分布、粒级含量进行精确筛分分析的过程，或者是为满足研究需要对试验物料进行分级的过程。按照筛分动力分类，试验室筛分有手工筛分、机械振动筛分、超声振动筛分、旋转气流筛分。

分析所用的筛子有两种：①**标准筛**。筛孔尺寸按照统一标准制造，由指定机构检验、鉴定、认为符合约定的筛子，主要用于粒径小于6毫米物料的粒度检验。②非标准筛。筛孔尺寸没有严格的标准，可根据需要确定，主要用于粒径大于6毫米的物料粒度检验。

标准筛有金属丝编织网筛和金属板冲孔筛两种。标准筛有严格的网孔尺寸规定，可用网孔尺寸表示每个筛子的规格，也可用单位长度（1英寸或1厘米）的筛孔数“网目”来表示筛子的规格。对物料粒度组成做粒径分析的一套标准筛又称标准套筛。标准套筛由一套筛孔尺寸大小有一定比例的等直径筛框的若干层圆形标准筛组成，层次按筛孔由大到小、从上到下排列起来，有筛盖和筛底，可手工操作，也可安装在机械上进行筛分。标准套筛中上下相邻两个筛子筛孔尺寸之比叫筛比，作为基准的筛子叫基筛。根据筛比和基筛筛孔尺寸的不同，分成各种标准筛制。中国常用的标准套筛有泰勒标准筛和上海标准筛。试验室标准筛常用于磨料、地勘、冶金、医药、化工、建材等行业颗粒物料的筛分检测。

工业筛分 按用途和结构特点大致可分为固定筛、滚动筛、圆筒筛、振动筛、细筛。另有等厚筛、概率强化筛、高幅低频筛、琴弦筛和弛张筛等筛分机。

筛分方法 在工业中应用的筛分方法主要有普通筛分法、薄层筛分法、概率筛分法、厚层筛分法和概率厚层筛分法。①普通筛分法。一种中等料层厚度的筛分方法。筛面倾角一致，筛孔尺寸与分级粒度相同，主要使用普通振动筛和共振筛，使用广泛。②薄层筛分法。在料层极薄的条件下进行的一种筛分方法。通常应用于筛面直接被激振的筛机，如筛网直接激振式电磁振动筛、凸轮式振动筛等。③概率筛分法。一种利用概率原理进行的筛分方法。采用大筛孔、大倾角和多层筛面，使物料入筛后能迅速透筛。④厚层筛分法。又称等厚筛分，在筛分过程中筛上物料层的厚度保持不变或递增。厚层筛分法透筛能力增强，处理能力大。⑤概率厚层筛分法。将概率筛分和厚层筛分相结合的筛分方法。保留了两种方法的主要优点，克服了它们的缺点。采用两段式筛分，第一段采用概率筛分，第二段采用厚层筛分，物料分层迅速，可缩短筛机长度，提高处理能力和筛分效率。

筛分作业 工业上按用途不同，主要分为独立筛分、预先筛分、检查筛分。①独立筛分。将筛分出来的窄级别产品作为最终产品的筛分作业。如供冶炼用的富铁矿、供燃料或化肥造气用的烟煤或无烟煤块煤和建筑用的砂石等的筛分。②预先筛分。为增加设备的处理能力和工作效率，在固体物料进入破碎机之前预先将合格的粒级筛分出来的筛分作业。③检查筛分。为保证破碎产品的粒度符合要求，把不合格的粒级筛分出来返回到破碎机进行再粉碎的过程。

工业筛分作业有时也用于矿石和煤的脱水、**洗矿**和在重介质选矿中脱除介质。

扩展阅读

王淀佐，邱冠周，胡岳华.资源加工学.北京：科学出版社，2005.

（李茂林）

筛分设备 screening equipment 通过单层或多层筛网把物料分成两个或多个粒级的设备。**选矿设备**的一种。

简史 16世纪英国开始在煤炭工业中使用固定筛。19世纪相继出现了滚轴筛、滚筒筛和摇动筛。但这些筛分设备的运动速度较慢，筛分性能较差。20世纪40年代才研制出了结构简单、工作可靠的**振动筛**，并在煤炭筛分中得到广泛应用。中国的筛分设备发展大致经历了4个阶段：①1950～1960年为测绘仿制阶段，主要测绘仿制了1950年前留下的筛分设备和苏联、波兰等国家的筛分设备，一般结构笨重、传给基础的动力大、处理能力低。②1960～1970年为自行设计阶段，在生产实践的基础上自行设计制造了圆振动筛、直线振动筛和共振筛，这些设备具有功耗高、筛分效率高、基础受力小、结构复杂、安装和调校复杂、机件易损坏、故障多等特点。③1970～1980年为系列化阶段，在总结圆振动筛和直线振动筛制造和使用经验的基础上，对直线振动筛进行改进设计，形成系列产品。④1980年以后为产品开发阶段，研制了大型圆振动筛、直线振动筛、等厚筛、弛张筛、直线振动概率筛、旋转概率筛、振网筛（见图）和各种**细筛**等产品。

电磁振动高频振网筛

常用筛分设备分类表

类型	运动轨迹	最大给料粒度/mm	筛孔尺寸/mm	用途
固定筛	静止	1000	25～300	预先筛分
圆筒筛	圆筒按一定方向旋转	300	6～50	分级、**脱泥**
滚轴筛	筛轴按一定方向旋转	200	25～50	预先分级、大块物料筛分脱介
振动筛	近似直线	50	13～50 0.5	分级、脱水、脱泥等
圆振动筛	圆、椭圆	400	6～100	分级
直线振动筛	直线、准直线	300	3～80 0.5～13	分级、脱水、脱泥等
共振筛	直线	300	0.5～80	分级、脱水、脱泥等
概率筛	直线、圆、椭圆	100	15～60	分级
等厚振动筛	直线、圆	300	25～40 6～25	分级
高频振动筛	直线、圆、椭圆	2	0.1～1	细粒物料分级
电磁振动筛	直线			细粒物料分级

分类　按筛面工作状态，可将筛分设备分为固定筛和运动筛，其中运动筛又可分为往复直线运动筛、垂直圆运动筛、旋转筛、平面回转筛等。固定筛由筛面和筛体（或筛框）组成；运动筛除筛面和筛体外，还有驱动装置。筛分设备绝大部分为运动筛，由振动电机或电机-激振器驱动筛框或直接驱动筛面运动。筛面是振动筛直接接触和筛分物料的工作部件，有编织筛网、冲孔筛网、聚氨酯筛网或筛条，其自身的耐磨、韧性、强度和防堵十分重要。不同类型的筛分设备适应的物料粒度不同（见表），其筛分效率也有较大差异。

设备选择　选择设备类型时，考虑的主要因素有：被筛分物料特性（如筛下物料粒级的含量，物料中水分和黏土的含量等）；筛分机的结构（如筛面面积、筛面层数、筛孔尺寸和形状、筛孔开孔率、筛分机运动方式、振幅和频率等）；工艺要求（如处理能力、筛分效率、筛分方法、筛分机倾角等）。要遵循以下基本原则：①筛面宽度至少是最大块物料尺寸的2.5～3倍，以免设备被大块物料卡住。②为使设备能处于良好工作条件，长度与宽度之比宜在2～3范围内。③应选择适合工况条件下的筛面材质和结构。④条件允许时优先选用固定筛，以便于维修和维护；必须采用振动筛时，应尽量降低悬挂高度，以减少振动筛摆动幅度，便于生产操作。（汤玉和）

闪速浮选　flash flotation　针对粗颗粒矿物黏附于气泡极易脱落的特点，闪速浮选机快速回收分级设备沉砂中粗粒有用矿物的浮选方法。因其浮选时间短而得名。常用于磨矿分级返砂的预先浮选，浮选出一部分合格的精矿产品，减少矿物过粉碎。由于浮选时间短，使得一些大颗粒连生体和脉石没有足够时间上浮，保证了闪速浮选可获得合格的精矿。闪速浮选是在高浓度（60%以上）、粗颗粒（小于0.074毫米粒级颗粒质量含量一般仅占10%～20%）状态下的浮选，处理的物料是磨矿分级回路中分级设备产出的沉砂。对于比重大的有用矿物颗粒，特别是金、银矿物，易进入沉砂，因此闪速浮选机的给矿品位相对较高，可得到较高的精矿品位和作业回收率。

在磨矿分级过程中，如果已经达到产品粒度要求的物料或已单体解离的有用矿物不能及时分离出来，在分级设备的“重力富集”作用下，单体解离的粗粒金、银、铜等大比重矿物易于进入沉砂中，导致有用矿物在磨矿分级回路中循环积累和过粉碎，会使其中一部分有用矿物成为细泥而难以回收，进而对后续的选别、脱水作业产生不良影响。闪速浮选可提前得到部分已单体解离的粗粒有用矿物或含有用矿物较多、较大的连生体，直接获得最终精矿产品，避免有用矿物过磨所造成的损失，提高有用矿物特别是金、银等贵重金属的回收率，同时可降低循环负荷，改善磨矿分级条件，提高磨矿机处理能力。（刘润清）

闪速炼铅法　lead flash smelting process　以硫化铅精矿为原料，经闪速熔炼产出粗铅的技术。是一种铅的富氧强化直接冶炼技术。主要设备包括闪速熔炼炉和还原贫化电炉。闪速熔炼炉由反应塔和与其相连的沉淀池及直升烟道系统所组成。闪速炼铅法对物料的适应性强，入炉料含铅可以降至25%甚至更低。熔炼过程分两步进行：①使用工业纯氧实现物料在反应塔的快速氧化脱硫（$2PbS+3O_2 \longrightarrow 2PbO+2SO_2$，3～5秒完成、脱硫率大于98%）。②利用炽热焦滤层实现脱硫熔融物料在熔池内的快速高效还原（$2PbO+C \longrightarrow 2Pb+CO_2$，3～5秒完成、还原率85%～92%）。在一个炉体内实现了反应塔的高氧势快速脱硫和熔池的低氧势快速还原两个过程，金属铅产生的主要途径是氧化铅的高温碳还原。

熔化的炉料液滴与气流在沉淀池中分离，造渣的化合物聚集成为渣层，含有贵金属的粗铅沉集于渣层下的沉淀池底部，分别从沉淀池中放出。炉渣自流至还原贫化电炉进行二次还原，直接产出含锌大于55%的氧化锌灰，二次炉渣含铅、锌可降至1%以下。因此，闪速炼铅法节能减排效果显著，实现了铅的短流程冶炼和清洁生产。

闪速炼铅法是集气-固、液-固、气-液、液-液等多相反应在内的多组分复杂过程，氧料比（供入系统的氧气和物料的比值）的控制是影响工艺过程能否顺行的关键。过高的氧料比不仅导致过多的磁性铁的产生，使炉况恶化，且不利于伴生铜的回收；氧料比过低则硫化铅氧化不完全，导致熔炼温度下降，烟尘率上升，产生积料和黏渣。另外，氧气的给入速度及由此产生的局部负压、物料在反应塔内的分布，也对多相反应的进行影响很大。

由于铅的熔点（327.5℃）和冶炼渣的熔点（约1050℃）差距很大，在近乎静态的熔池内，铅/渣界面之间极易形成黏渣层。黏渣层一旦形成，会严重阻隔渣/铅之间的热传导，炉体结瘤，炉况恶化。所以闪速炼铅法发展了薄渣层操作技术，强化了高温渣在熔池中的流动，改善了铅/渣界面的传热传质条件。贫化电炉中适宜的还原气氛控制，不仅可保证锌的高效挥发，并能使物料中的铜以铅冰铜的形态富集产出，弃渣含锌<1%、含铜<0.1%。（王成彦）

闪速炼铜法　flash smelting of copper　以硫化铜精矿为原料，在高速热空气流或富氧空气流作用下呈悬浮状态熔炼成铜锍或粗铜的冶炼技术。闪速熔炼过程的物理化学变化，主要是在以气相为连续介质的空间，如反应塔中进行的；与之对应的为熔池熔炼，其冶炼过程的物理化学变化，主要发生在以熔体为连续介质的熔池中。闪速熔炼依炉型不同，主要有奥图泰（奥托昆普）闪速熔炼法和因科（INCO）闪速熔炼法两种。

奥图泰闪速熔炼法　奥图泰闪速炉及其中央扩散型精矿喷嘴示意图分别如图1和图2所示。其炉体分别由反应塔（Φ7米×8米）、沉淀池（26米×8米×2米）和

图1　奥图泰闪速炉示意图

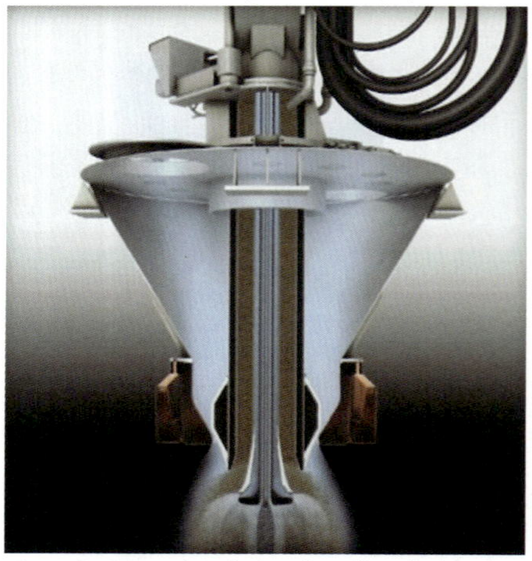

图2　奥图泰闪速炉中央扩散型精矿喷嘴示意图

直升烟道（Φ5米×10米）组成（以日处理4500吨铜精设计）。炉体大量使用铜水套以提高炉衬寿命。图3为奥图泰闪速熔炼系统示意图。

工艺过程　在铜造锍熔炼中，细粉状炉料（精矿、溶剂、烟尘等）混匀干燥（水分小于0.3%）后储备于炉顶料仓。炉料与富氧空气（含氧量80%～90%）通过

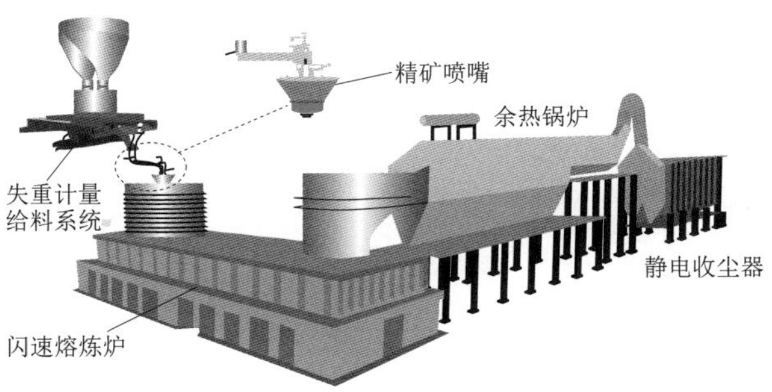

图3　奥图泰闪速熔炼系统示意图

中央扩散喷嘴均匀喷洒进入反应塔内，在高温（反应塔温度1400℃，中央反应区最高1800～2000℃）、富氧条件下发生熔炼过程的物理化学反应，生成铜锍和炉渣熔体。熔体落入沉淀池中，进一步完成造渣和造锍反应，并在此利用密度差沉淀分离，炉渣和冰铜间断排出。炉渣一般采用电炉贫化，也可采用**选矿**回收；烟气和烟尘经直升烟道进入余热锅炉、静电收尘及烟气净化制酸系统。

图4为奥图泰闪速熔炼过程控制系统示意图。主要控制目标为冰铜品位、炉渣成分、渣温和炉壁的挂渣保护。冰铜品位

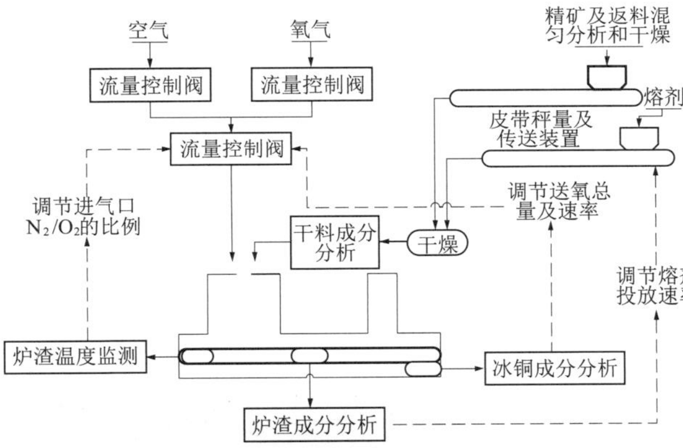

图4　奥图泰闪速熔炼过程控制系统示意图

采用X射线荧光光谱仪（XRF）离线快速分析，控制加入系统的氧气量，其实质是控制料氧比例。炉渣成分也是采用XRF离线分析，控制熔剂加入量调节。渣温采用光学高温计测量，控制富氧浓度调节。炉壁耐火材料侵蚀状况，通过水套水温监控，控制炉渣成分和温度实现挂渣。

技术特点和指标　奥图泰闪速熔炼技术的特点是：①高冰铜品位（P-S转炉吹炼60%～65%；闪速吹炼68%～74%）。②高投料量。日本佐贺关冶炼厂2000年1台闪速炉产铜45万吨，美国肯尼科特公司加菲尔德（Garfield）炼铜厂日投料量高达5610吨。③高热负荷。因此，奥图泰闪速熔炼技术实现了高效、节能、低污染。

铜造锍熔炼闪速炉主要技术指标为：富氧浓度60%～90%；冰铜品位60%～74%；炉渣中铁与二氧化硅质量比1～1.5；炉渣含铜量1%～2%，电炉贫化后0.5%～1.0%；反应塔热负荷1600～1700兆焦耳/（米^3·时），最高2300兆焦耳/（米^3·时）；烟气中二氧化硫浓度30%～40%；烟尘率4%～8%。

发展情况　1946年，芬兰奥托昆普公司（奥图泰公司前身）开始研发闪速熔炼技术。1949年，该公司下属哈贾瓦尔塔冶炼厂由于电力紧张，采用闪速炉取代电炉炼铜，标志着奥图泰闪速熔炼技术工业应用成功。自20世纪50年代开始，奥图泰闪速熔炼技术在世界得到推广应用并不断完善，逐步发展为铜、镍硫化精矿最主要的熔炼技术。世界上超过50%的铜采用这一技术生产。中国于1987年引进该技术，建成江西铜业公司贵溪冶炼厂，截至2016年有13座奥图泰闪速炉在工业中运行，其中8座用于铜造锍熔炼，4座用于冰铜吹炼，1座用于镍造锍熔炼。

因科（INCO）闪速熔炼法　INCO闪速炉主体呈长方形，烟道位于炉体中央，炉体用镁砖和铬镁砖砌筑，两端及侧面炉墙内嵌有铜水套，炉体寿命为5～6年。喷枪共4支，对称配置于炉体两端（见**闪速炉**）。冰铜口及渣口分别设于炉子侧面和两端。炉子一端设有钢制溜槽，用于转炉渣的加入。

喷嘴为不锈钢材质，炉料出口部分衬耐磨陶瓷。喷嘴与炉墙接触部分，设置有冷却水套。喷嘴向下和向炉体中心线均倾斜7°，以使熔炼熔体及火焰喷射在沉淀池渣面上。

工艺过程　含水约10%的炉料（精矿、熔剂、烟尘等）采用天然气加热的流态化床干燥窑干燥至含水0.2%。用工业纯氧将炉料喷射入炉内，在1200℃高温、接近纯氧气氛下发生熔炼过程的物理化学反应，生成冰铜、炉渣及烟气。冰铜及炉渣熔体在沉淀池内分离，渣层厚0.5米，冰铜层厚0.2～1米。冰铜及炉渣从炉内间断排出。炉渣含铜1%～2%，贫化后水淬弃掉。冰铜采用钢包输运至转炉吹炼。烟气通过中央烟道排出，中央烟道中送入少量氧，使烟气中元素硫燃烧。INCO炉未设余热锅炉，烟气采用喷水冷却降温后，再净化、制酸。

技术特点和指标　INCO闪速熔炼技术特点是：①采用工业纯氧，入炉及出炉气体量小，气体输送及处理费用较低。②在冰铜品位控制在50%左右的条件下，渣含铜小于1%，可以直接弃掉。③由于烟气量小，烟气带走的热量较少，炉子可在控制较低冰铜品位下实现自热。④烟气余热未回收，综合能耗高于奥图泰闪速熔炼法。⑤技术改进及推广不及奥图泰闪速熔炼法，应用呈逐步减少趋势。

主要技术指标为：常温富氧浓度95%（工业纯氧）；冰铜品位50%；炉渣中铁与二氧化硅质量比1～1.5；烟气二氧化硫浓度70%～80%；烟尘率5%。

发展情况　INCO闪速熔炼法是世界上第二种实现工业化应用的闪速熔炼法，是火法炼铜中第一种应用氧气的方法。与奥图泰闪速熔炼法比较，INCO闪速熔炼法推广很慢。原因是奥图泰闪速熔炼生产能力大，单炉精矿处理量是INCO闪速熔炼的1倍以上；INCO有4个喷嘴，而奥图泰闪速熔炼采用单一喷嘴；INCO高温烟气直接喷水冷却，余热未回收，因此工艺能耗偏高；在工程技术支持及对技术的后续研发改进等方面，INCO闪速熔炼不及奥图泰闪速熔炼。（刘志宏）

闪速炉　flash furnace　将经过干燥的细颗粒物料、氧气或富氧空气或预热空气等气体一并喷入炉内，使炉料在高温飘悬状态下迅速氧化和熔化的熔炼设备。是强化生产的熔炼炉。又称闪速熔炼炉。具有巨大表面积的粉状物料，在炉内充分与氧接触，在高温下，以极高的速度完成硫化物的可控氧化反应。反应放出的大量热，供给熔炼过程，使用含硫高的物料，有可能实现自热熔炼。闪速炉具有生产率高、能耗低、烟气中二氧化硫浓度高的特点。闪速炉主要用于铜、镍等硫化物精矿熔炼。按炉形结构，分为芬兰奥图泰型（图1）和加拿大国际镍公司因科（INCO）型（图2）。

奥图泰闪速炉由反应塔、沉淀池及上升烟道组成，已为许多工厂采用。反应塔为圆柱体，直立于沉淀池的一端，塔壁用铬镁砖砌成，并设有水套或在外壳喷水以保护炉衬。加料喷嘴安装在反应塔顶，垂直向下。喷嘴数量由反应塔尺寸决定，通常小炉子仅有1个，大炉子多达4个。干

燥后的炉料进入喷嘴内管，预热空气（或富氧空气）进入其外管（文氏管型），两者在外管的缩口处相遇并充分混合，使炉料呈悬浮状进入反应塔。反应塔的辅助燃料可以用油、天然气或粉煤。用油时，油管插入加料喷嘴内管中，将油喷进反应塔，也可在反应塔顶单独安设油嘴。用天然气时，将天然气管引入喷嘴外管。用粉煤时，将其预先混入物料中。沉淀池的结构与反射炉相似，采用拱顶或吊顶，炉底为反拱。渣线部位的炉墙除采用优质耐火材料外，还装有铜水套以保护炉墙。沉淀池设有冰铜口、渣口和辅助燃烧喷嘴，后者用以补充热量或开炉时使用。上升烟道竖立于沉淀池的另一端，用以引出烟气。烟道出口处容易结瘤，通常设有燃烧喷嘴及人孔门，以便消除结瘤。

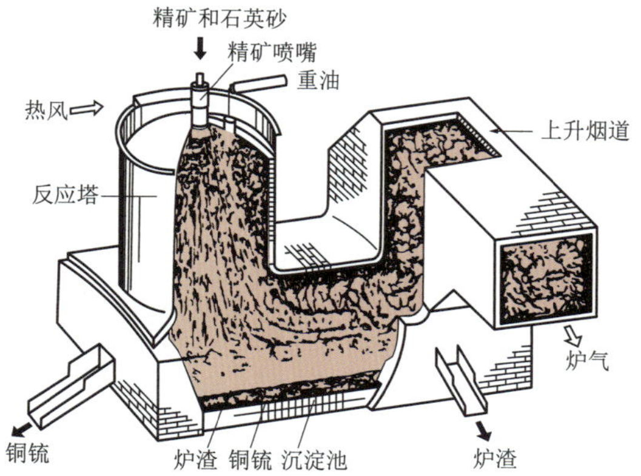

图1 奥图泰闪速炉

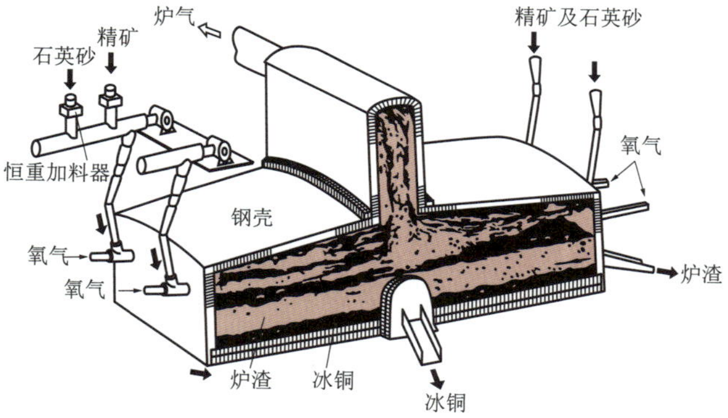

图2 因科闪速炉

因科型闪速炉采用卧式炉型，炉膛上部空间为反应区，下部为沉淀区。两个端墙上安装有烧嘴，干燥炉料和工业氧气从烧嘴水平喷入炉内。

（曹克宁）

闪速熔炼 flash smelting 将干燥细粒硫化物精矿、冶金熔剂与氧气或富氧空气一起喷入熔炼炉，使物料在悬浮分散状态下快速熔炼的方法。1949年第一座闪速炉在芬兰诞生，随后加拿大、美国、日本、中国等许多大型炼铜厂都采用闪速熔炼，该

奥图泰闪速炉生产车间（中国江铜集团）

方法产铜量约占世界铜产量的1/3。中国还采用闪速熔炼技术冶炼金属镍，取得了较好的生产技术经济指标。

根据不同炉型，闪速熔炼分为奥图泰闪速熔炼及因科闪速熔炼。熔炼过程充分利用了干燥物料巨大的颗粒表面能量，下降运动中的精矿、熔剂与气体分子快速进行氧化反应。反应过程在2～3秒完成，并放出大量的反应热量，炉料被熔化，在重力作用下落入熔池。该方法改善了硫化矿与强氧化气体之间反应动力学条件，熔炼过程得以强化。闪速熔炼的熔炼强度高，设备能力大，生产率高，反应速度快，单位时间放出的热量多，燃料消耗少，能产出高品位的锍或粗金属，烟气含二氧化硫高，便于综合利用。但渣含主金属高，须经贫化处理予以回收，而且需要配套深度干燥（含水率0.3%）原料的设备。

扩展阅读

翟秀静.重金属冶金学.北京：冶金工业出版社，2011.

（刘大春）

商周青铜器 Bronzes in Shang and Zhou Dynasty 中国古代青铜器的代表作品。以其高度的历史价值、艺术价值和精湛的铸作技术著称于世，在冶金史上具有重要意义。商周时代是中国的青铜时代，当时铸造了大批精美的青铜器。这种富有民族特色的技艺世代相继，经过众多冶铸匠师的努力，逐步完善、精湛。河南偃师二里头遗址出土的商代早期铜爵，由组合陶范铸成，冶铸技术已有相当水平。至商代中期（前14世纪前后）形成早期成组的礼器，并能铸造出重达80千克的方鼎（河南郑州出土）。商代后期青铜冶铸，广泛使用分铸法以获得高度复杂的形制，纹饰华丽精美，器物种类繁多，有礼器、乐器、兵器、车马器、生活用具和生产工具等。出土的**后母戊鼎**充分反映了当时青铜冶铸业的生产能力。西周时期青铜冶铸业推广到更大的地域。铜器常铸有长篇铭文，并出现若干新的形制和花饰（图1）。春秋中期

图1 铜鼎（西周，南阳市夏饷铺墓地出土）

以后，随着**失蜡法**和焊接技术的发明，青铜器制作工艺有显著的进步，从先前较为单一的范铸技术逐步发展成为多种金属工艺的综合运用（图2）。**错金银**、**鎏金**、线刻等装饰技艺在战国时期娴熟应用，使一部分器物显得更为富丽堂皇，多数器物则趋于朴素，讲求实用。同时，商品生产的发展也推动了货币的大量铸造。在技术发展的基础上出现六齐等文献记述。两汉时期青铜器虽然仍在继续使用，技

图2 卧鹿（战国，江苏涟水出土）

术上也有一定发展，但除铜镜、铜币等少数几种器物外，其他器物逐步为漆器、瓷器所取代。（华觉明）

上坡扩散 uphill diffusion 扩散方向沿着浓度梯度正方向进行的现象。又称逆向扩散。涉及上坡扩散的经典实验是1949年由美国物理化学及冶金学家L.S.达肯完成的。实验过程为：在贝茵实验室中，用Fe-0.4%C和Fe-0.4%C-3.80%Si做成扩散偶，在1050℃下，经13天扩散退火后进行剥离分析，测定碳浓度分布。实验发现本来在扩散偶两侧没有碳浓度差的试样，出现碳的重新分布（图a）。含硅侧碳

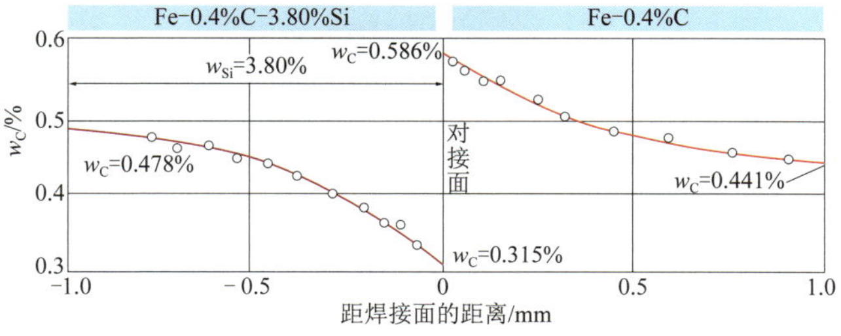

a 扩散偶中距离与实测成分的关系

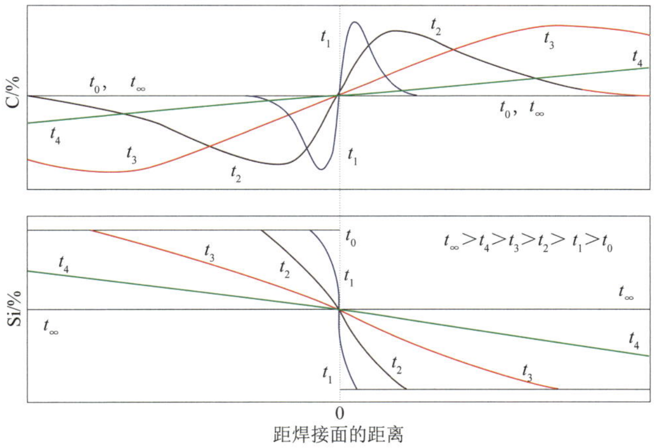

b 扩散过程中间隙原子碳与代位原子硅扩散的时间-距离对应关系

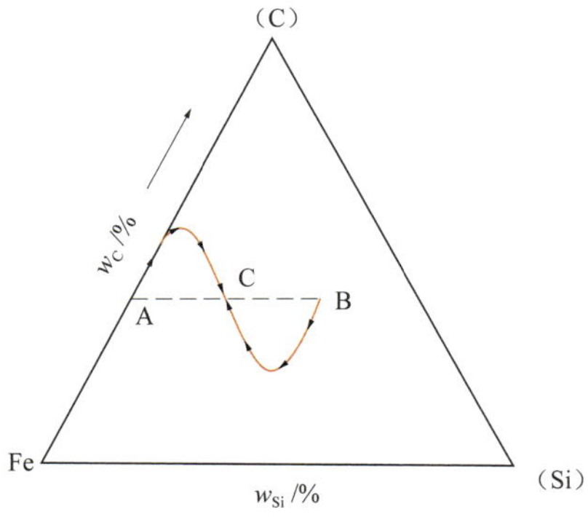

c 成分三角形表示的扩散过程成分变化轨迹

达肯实验中的成分分布数据

浓度下降，不含硅一侧碳浓度上升，即出现碳的上坡扩散。长时间退火后硅浓度见图b，图c示出各成分变化轨迹，C点是扩散偶最终成分位置。显然第三组元硅的存在改变了碳的化学位。间隙原子碳的扩散系数比代位原子硅大，碳进行快速扩散，硅进行慢速扩散，最终碳、硅成分都均匀。达肯实验说明原子扩散的驱动力是化学势梯度而不是浓度梯度。二组元组成的单相体系的**自由能**可表示为：

$$G=x_A\mu_A+x_B\mu_B$$

式中μ为组元的化学位；x为原子份数。任一组元的化学位为：

$$\mu_B=G_B^{\circ}+RT\ln x_B+RT\ln\gamma_B$$

式中γ为活度系数；R为气体常数；T为热力学温度。对式中的自由能G进行二阶导数，并定义热力学因子φ：

$$\varphi=1+\frac{\partial\ln\gamma_B}{\partial\ln x_B}=1+\frac{\partial\ln\gamma_A}{\partial\ln x_A}$$

推导出：

$$\varphi=\frac{x_Ax_B}{RT}\frac{d^2G}{dx_B^2}。$$

在合金中，组元i的本征扩散系数（也称禀性扩散系数）$D_i=M_iRT_\varphi$，M_i是迁移率。它将扩散系数、迁移率这些动力学参数与热力学参数γ联系起来。当$\frac{d^2G}{dx_B^2}<0$时（对应自由能-成分曲线的拐点线之内），扩散系数D_i为负值，组元扩散的方向变成从低浓度区到高浓度区，导致上坡扩散。上坡扩散的典型应用是连续式相变，可以是**斯皮诺达分解**或**有序无序转变**。

扩展阅读

DARKEN L S. Atom Movement. Ohio: ASM Publ, Metals Park, 1951.

（杨 平）

上山掘进 raise driving 自下向上掘进倾斜巷道的作业。根据穿过的岩层，分为煤上山、岩石上山和半煤岩上山。采用凿岩爆破法破岩时，有害气体易于积聚在工作面上方，作业期间和交接班时均不能停止通风。如因检修、停电等原因停止通风时，要切断电源，撤出所有施工人员，待恢复通风并检查后，方允许人员进入工作面。若采用支架支护，须防止崩倒。施工时出水可以自流，不需设置排水设施。

爆破后渣石散落范围较大，装渣效率较低。出渣设备应根据上山倾角确定。倾角小于10°时，可用装岩机和矿车、铲运机等装渣和运输；倾角小于30°时，可用耙斗装岩机装岩，也可采用链板输送机、溜槽和矿车运输；倾角大于35°时，可沿底板依自重溜渣。

（杜崇澍 撰 王建中 修订）

上向分层充填采矿法 upward cut and fill stoping method 以分层采场为单元自下而上逐层回采和充填的**采矿**方法。特点是将矿房或矿块在垂直高度上沿水平或倾斜方向划分分层，自下而上逐层回采，随工作面向上推进，逐层充填采空区，并留出继续上采的工作空间。充填体除支撑上下盘围岩、维护空区进行**地压管理**外，还作为继续上采的工作平台（见图）。

上向分层充填采矿法按分层倾角不同，可分为上向水平分层充填采矿法与上向倾斜分层充填采矿法。上向水平分层充

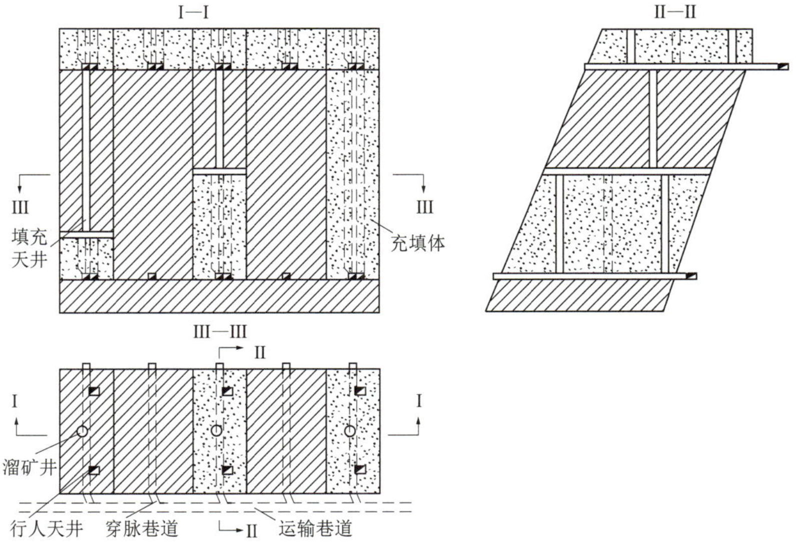

上向分层充填采矿法布置图

填采矿法应用较为普遍，其按采场结构、工作面形态和工艺特点，可分为沿走向、垂直走向和点柱上向分层充填采矿法3种基本方案。上向倾斜分层充填采矿法仅在使用干式充填材料的某些矿山使用，其优点在于出矿和充填可以借自重完成。

上向分层充填采矿法为工作面循环作业。凿岩、爆破、通风、撬毛及支护、出矿和充填，完成一个循环后，进行下一分层的循环作业。人员、设备在暴露的顶板下工作，需有效地控制顶板安全，应根据顶板稳固性采取必要的支护措施；采场充填可以采用干式充填、水力充填或**胶结充填**。

上向分层充填采矿法一般适用于矿石稳固、围岩不稳固的倾斜或急倾斜矿体，能适应形态不规则、分支复合变化大的矿体。对于回采率要求较高和较低贫化率的矿体，由于分层充填采场的空区有限，且充填体具有帮壁支护作用，可以精确地沿着很不规则的表面开采。主要优点是：能够较有效地维护围岩，减小围岩的移动和防止其大量冒落；灵活性大，可以实现选择性开采；矿石损失和贫化小；可以防止矿床开采的内因火灾。主要缺点是：回采工艺和充填工艺比较复杂，充填和采矿互相影响；采矿作业受充填时间和充填体强度影响较大；充填材料和充填作业增加了采矿成本。

扩展阅读

王青，任凤玉.采矿学.2版.北京：冶金工业出版社，2011.

解世俊.金属矿床地下开采.北京：冶金工业出版社，1986.

（尹升华）

烧结工序能源利用 energy utilization in sintering process 钢铁冶金烧结工序中，冶金能源消耗、转化、回收及提高利用效率的过程。

能源类型 烧结工序中冶金能源输入项主要包括固体燃料、电能、点火燃料，以及压缩空气、氮气、蒸汽等。输出项主要是烧结机、冷却机产生的废气余热。

固体燃料 主要是焦粉和无烟煤粉。焦粉和无烟煤粉配加在烧结料中，通过其燃烧放出热量，在烧结料层中产生一定量的液相，将粉状烧结混合料黏结成块。在烧结工序能耗中固体燃料消耗约占80%。固体燃料焦粉和无烟煤粉提高利用率，降低其消耗的主要措施有：①控制燃料粒度，使用尽可能少的燃料达到所需的烧结温度。②提高混合料温度，利用部分显热替代固体燃料的热。③燃料分加，有利于燃料的充分燃烧。④提高料层厚度，利用自动蓄热作用，降低燃料消耗。⑤偏析布料，避免或削弱烧结料层热量不均匀。⑥提高成品率，降低返矿量。⑦烧结废气选择性循环，利用废气显热和CO二次燃烧。⑧采用料面喷吹、富氧烧结等技术。

电能 主要为机械设备提供动力。在烧结工序能耗中电力消耗约占13%。电能高效利用的主要措施有：①确定合理的设备能力，采用高效节能电动机降低电耗。②降低烧结系统漏风率，如改进烧结机密封的结构形式，研制密封性好、使用寿命长的密封材料，采取台车加宽等技术。③采用转速可调式风机，节约电能。④采用汽轮机拖动主抽风机技术。⑤采用高效风机。

点火燃料 主要是点火煤气、天然气或重油。点火燃料的作用是把烧结混合料中的固体燃料点燃，同时将表层混合料加热到半熔化状态而互相黏结。在烧结工序能耗中点火煤气消耗约占6.5%。提高点火燃料利用率的主要措施有：①研制节能型点火器，降低燃料消耗。②利用热废气作为点火炉的助燃空气或作为热源预热助燃空气，提高点火炉燃烧温度。

其他能源 主要有压缩空气、氮气、蒸汽等。其中压缩空气主要用于物料输送、设备吹扫，氮气主要用于煤气管道吹扫，蒸汽主要用于管道吹扫、加热烧结混合料、设备保温和采暖。提高管理水平，制定合理的工作制度，减少能源浪费可有效降低能源消耗。

能源回收与利用 烧结工序可回收能源主要是烧结机尾部废气余热和冷却机前段废气余热。这两部分废气所含热量占烧结总能耗的50%，废气温度400℃左右。余热利用方式主要有动力利用和热利用：动力利用是将热能转化为电能或机械能，热利用是利用余热进行预热、干燥、供热和供暖等。日本余热回收技术发展最快，开发出冷却机废气余热回收装置、烧结废气余热回收装置和烧结废气循环设施并相继在工业上应用和推广，主要用于点火装置助燃空气、预热混合料、产生热水和蒸汽。奥地利开发了环境型优化烧结技术（EPOSINT），将烧结机较高温度烟气与环冷机废气混合后返回烧结机料面使用。德国开发了低排放和能源优化烧结技术（LEEP），将烧结机前、后两部分烟气换热后，将后面的烟气返回烧结机料面循环使用。奥地利和德国开发的两种工艺利用烟气显热和其中的CO可降低燃料消耗。中国烧结余热回收利用主要针对温度较高的冷却废气，多用于发电；部分企业将余热用于热风烧结与点火助燃；少数用于烧结混合料干燥。

发展方向 烧结工序能源利用主要发展方向是：①采用分级回收与梯级利用技术，最大限度回收烧结余热。②采用烧结矿显热罐式回收技术，解决传统冷却机存在的漏风率高、余热部分回收等问题。③发展烧结烟气余热回收与脱硫脱硝一体化技术。

（李文武）

邵安林 Shao Anlin（1963-09-04～ ） 中国矿冶工程专家。生于黑龙江肇东。1985年8月毕业于鞍山钢铁学院。2004年9月获东北大学工学博士学位。历任鞍钢矿业公司工程师、总工程师、副矿长、矿长、副经理、经理，鞍钢矿业集团总经理。兼任中国冶金矿山企业协会会长、全国铁矿石标准化技术委员会主任、中国矿业联合会主席团主席。2015年当选中国工程院院士。

长期从事贫铁矿开发技术与工程管理工作。组织开展铁矿石“提铁降硅”技术攻关，并建成中国首个贫铁矿提铁降硅示范工程。首创露天井下协同开采技术和地下采选一体化技术，建立短流程、高效率、零排放的绿色技术体系，促使铁矿产业向规模化、无废无扰动、绿色开发转型升级。将系统工程理论应用于贫铁矿开发工程实践，创立地质品位、采出品位、入选品位、精矿品位、入炉品位“五品联动”矿冶系统工程模式，建立了从理论到实践较为完整的矿冶工程管理体系，并主持建成中国特大型贫铁矿区——鞍山东部矿区。注重用信息技术改造传统产业，打造智慧矿山，建成具有国际先进水平的矿山信息化管理平台。主持制定中国首个铁矿行业中长期发展规划；组织制定20多项国家和行业技术标准，推动了冶金矿山技术进步和可持续发展。

获国家科技进步奖二等奖3项、省部级科学技术一等奖7项、国家级管理创新一等奖2项。先后获中国钢铁工业优秀科技工作者、全国优秀科技工作者、全国优秀企业家、国家百千万工程领军人才、全国劳动模范等荣誉。主要著作有《露天矿深部开采运输系统实践与研究》(2011)、《矿产资源开发地下采选一体化系统》(2012)、《矿冶系统工程——“五品联动”

模式实践与探索》(2014)等。

（张永存）

邵象华 Shao Xianghua(1913-02-22～2012-03-21) 中国冶金学家。生于浙江杭州，卒于北京。1932年毕业于浙江大学化工系。1934～1938年获英国伦敦帝国理工学院一级荣誉学士、冶金学硕士学位和英国皇家矿业学院会员学衔。回国后，参加筹建中的资源委员会中央钢铁厂工作。曾任武汉大学冶金系教授、资源委员会电化冶炼厂第四厂（炼钢厂）厂长、鞍山钢铁有限公司协理兼制钢所所长。1948年起担任鞍山钢铁公司总工程师，先后兼任炼钢厂生产技术副厂长、鞍钢技术处处长。1958年后，历任冶金部钢铁研究院炼钢研究室主任、冶金物理化学研究室主任、院副总工程师、院学术委员会副主任、院学位评定委员会主席及院技术顾问。曾任中国金属学会常务理事，多次连任该会炼钢学术委员会主任及炼钢学会理事长。1955年当选为中国科学院学部委员（1993年改称院士），1995年当选为中国工程院院士。1992年当选为日本钢铁学会名誉会员。第一、第二、第三届全国人民代表大会代表。

中国近代**钢铁冶金**工程的奠基人和开拓者之一。抗日战争期间，主持新型平炉炼钢厂的设计、施工和生产。1948年起，在鞍钢参与恢复生产、建立中国第一代大型钢厂的生产技术和研究开发体系，参与主持大型钢铁联合企业技术管理工作，负责制订公司各个基本生产工序的技术操作规程、各种产品检验标准和技术措施等，为鞍钢恢复生产和建立技术管理体制作出重要贡献。1959年起，在冶金部钢铁研究院主持冶金反应、冶金新工艺、真空熔炼及铁矿资源综合利用等方面的一系列研究项目，先后开发了电炉冶炼超低碳不锈钢、含稀土和铌的钢种及新型合金的生产工艺；创立了从废钢渣和铁水中提取铌的独特工艺；开发了用氧气转炉冶炼中碳铁合金、转炉炼钢底吹煤氧等项重大工艺，并开展了有关的应用基础研究，为中国钢铁科技进步和钢铁生产建设咨询作出重要贡献。撰写了中国最早出版的钢铁技术专著《钢铁冶金学》(1950)，并组织编译了《碱性平炉炼钢》(1951)、《钢冶金学》(1951)、《氧气顶吹转炉炼钢》(1982)等大量钢铁技术书刊。发表学术论文百余篇。1998年获中国工程院光华工程科技奖。

（姜　曦）

舍维亚科夫，L.D. Lev Dmitriyevich Shevyakov; Лев Дмитриевич Шевяков (1889-01-02～1963-07-03) 苏联采矿学家和教育家。生于俄国下诺夫哥罗德，卒于苏联莫斯科。1912年毕业于第聂伯罗彼得罗夫斯克矿业学院，1920年任该院教授。1929～1950年先后在西伯利亚工艺学院、斯维尔德洛夫斯克矿业学院和莫斯科矿业学院任教。1939年当选为苏联科学院院士。他是矿井设计原理的奠基人，也是在矿业中应用数学分析法学派的代表，并提出了支撑矿柱计算方法。主要著作有《矿井设计原理》(1958)、《矿井排水》(1960)、《有用矿物开采》(1963)等。

（解世俊　平寿康）

设计可采储量 designed workable reserves 设计开采范围内计算的设计利用资源储量，扣除采矿损失量后可采出的储量。采矿损失量包括采下损失量、未采下损失量。采下损失指已采下存于采场中而不能放出的矿石，混入采场充填料和废石中的矿石损失，以及矿石运输过程中的损失。未采下损失指在设计开采范围内应当开采而未采下的损失，无法开采或开采不经济的边角矿体，以及采场中留设的各种永久矿柱的矿石损失。

设计可采储量可按下式估算：

设计可采储量＝设计利用资源储量－采矿损失量＝设计利用资源储量×开采回采率

提高设计可采储量的综合措施：①加强地质勘探工作，认真研究矿床赋存规律及**开采技术条件**，提供可靠的地质资料，以便正确确定开采范围，减少矿石开采损失量。②选择合理的开拓方法，尽可能不留或少留各种**保安矿柱**。③选择合理的开采顺序，及时回采矿柱和处理采空区。④选择合理的采矿方法和采场结构参数，改进采矿工艺，减少回采损失。⑤改进采场底部出矿结构，推广无轨装运卸设备和振动放矿设备，加强放矿管理，提高回采率，降低**矿石损失率**。⑥选择合适的提升运输方式和容器，避免矿石多次转运，减少矿石运输过程中粉矿损失。⑦加强矿山生产管理，对矿石损失进行经常性监测、管理和分析研究，建立相应的规章制度，将矿石损失指标作为考核矿山企业的重要指标。

（刘福春）

设计利用资源储量 designed resource reserves 设计开采范围内，对国土资源部门评审、备案的地质勘探报告或资源储量核实报告中提交的保有资源储量，经矿产资源开发利用方案或（预）可行性研究或矿山设计进行技术经济合理性分析论证后，按照固体矿产资源储量分类标准，采用不同的可信度系数计算的资源储量，并扣除设计损失量后的资源储量。

设计利用资源储量估算原则：①探明的、控制的经济基础储量，全部利用。②探明的、控制的内蕴经济资源量，全部利用。③推断的内蕴经济资源量，采用0.5～0.8的可信度系数，部分使用，其取值根据矿床地质工作程度、推断的内蕴经济资源量与其周边探明的或控制的资源储量关系、矿种及矿床勘探程度等确定。矿床地质工作程度高的，或资源量周边有高级资源储量的，或矿床勘探类型简单的，可信度系数取高值，反之，取低值。④预测的资源储量不利用。

设计损失量一般包括露天开采设计不能回收的挂帮矿量，地下开采设计的工业场地、井筒及永久建（构）筑物等需留设的永久性保护矿柱的矿量，以及因法律、社会、环境保护等因素影响不得开采的矿量；设计损失量计算时，推断的资源量应考虑相同的可信度系数。

设计利用资源储量可按下式估算：

设计利用资源储量＝∑（经济基础储量＋探明、控制的内蕴经济资源量＋推断的内蕴经济资源量×可信度系数）－设计损失量

（刘福春）

射流离心选矿机 injection-flowing centrifugal separator 利用摆动的高压射流水束逆流冲击实现连续排矿的离心选矿机。主要由回转部件、射流部件、给矿给水部件构成。主电机通过三角皮带轮驱动主轴，带动设有聚氨酯内衬的转鼓进行高速旋转，形成较高的离心力。高压供水由进水口进入，经二次净化器、稳压包、高压胶管进入喷枪导流管，由喷嘴射出，形成密实的强力射流束。减速电机带动射流摆动机构沿转鼓轴向往复摆动，射流束沿轴向非匀速逆流冲击并快速回位，完成连续分选，同时使精矿与尾矿反方向连续排矿（见图）。

矿浆直接送至转鼓内侧，低压清水则送至分配盘上。清水从分配盘溢出，推动上层低密度矿物沿鼓壁纵坡向尾矿端运动。摆动的射流水束在转鼓上形成水力堰，促使床层交替地松散与紧密，同时推动沉积在转鼓壁上的高密度颗粒逆坡移动，从

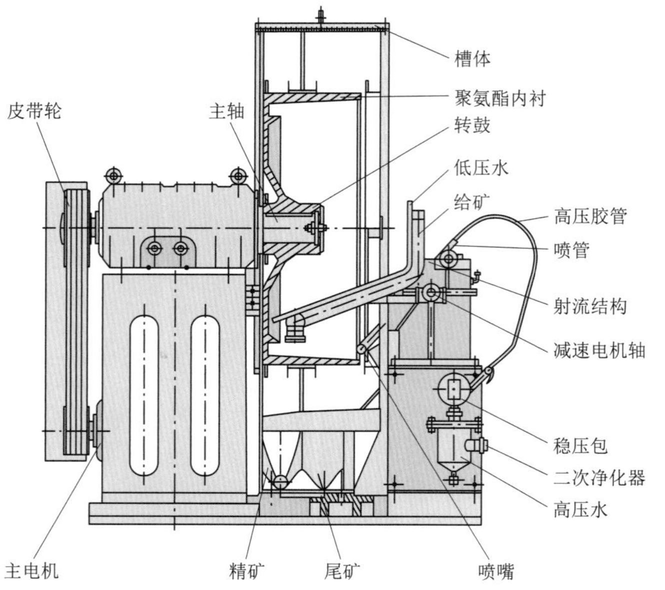

射流离心选矿机结构图

而实现高密度矿物和低密度矿物反向连续排矿。

射流离心机离心力强度可达240～326倍重力加速度，可使极微细的重矿物颗粒沉积到鼓壁上，分选锡矿泥回收粒度下限达3微米。除锡矿泥外，还可用于处理钨、钽铌、稀土、黄金等难选的微细矿泥。

扩展阅读

魏德洲.固体物料分选学.3版.北京：冶金工业出版社，2015.

（王青芬）

射线分选法　ray sorting　利用矿石的放射性及其在不同射线（如X射线、γ射线、紫外线等）辐射下的反射和吸收特性的差异进行矿物分选的选矿方法。根据射线种类与辐射方法的不同，射线分选法主要分为以下几类：①X射线辐射分选法。利用矿石受到X射线照射后所激发出的特征X射线（二次X射线）分选矿石的方法。X射线法分选效果好，基本适用于所有元素的矿石，用途广泛。②天然放射性辐射分选法。利用矿石的天然放射性将其与废石分开的分选方法，主要用于分选铀矿、钍矿等具有天然放射性的矿石。③γ射线吸收分选法。利用矿石与废石对γ射线吸收程度的不同，将其分开的分选方法。由于光电效应、康普顿效应，以及电子对生成等作用的影响，γ射线在穿透物体时会被不同程度地吸收，可根据此差异识别不同物体。在黑色、有色和稀有金属矿石中有用组分的原子序数比废石组分的原子序数大，其质量吸收系数有明显差别。用于分选含铁、铬、铅、锌的矿石、锡石、菱镁矿、煤以及可燃性页岩等。④γ射线散射分选法。利用γ射线与矿块作用后产生的散射线的差别将废石与矿石分开的分选方法。经γ射线照射后，不同密度的物质其散射效应不同，产生的散射线也不同。主要用于分选铅、汞、铬、铁等矿石。⑤中子吸收分选法。利用有用矿物和废石对热中子吸收能力的差异实现分选的方法。主要用于硼矿以及硼铁矿的分选，也可用于锂、镉和稀土等矿物的分选。⑥荧光分选法。利用某些矿物分子受到X射线或紫外线照射时，能在可见光谱范围内发出颜色不同的荧光的特性，达到分离矿石与废石的目的。主要用于萤石、白钨矿、重晶石、白云石、石膏、金刚石等非金属矿物的分选。

扩展阅读

孙传尧.选矿工程师手册.北京：冶金工业出版社，2015.

（李成必）

申克，H.　Hermann Schenck（1900-06-11～1991-10-28）　德国冶金学家。生于马尔堡（拉伍河流域），卒于亚琛。1923年在亚琛工科大学毕业，获特许工程师（钢铁冶金）学位，1927年获工学博士。曾任亚琛工科大学矿冶学院冶金系讲座教授、亚琛工科大学荣誉教授，钢铁研究所所长。任德国钢铁学会主席达18年。德国工程师学会荣誉会员。长期从事钢铁-炉渣-气相间反应热力学及动力学、熔体的活度和冶金工艺技术的研究，为冶金过程物理化学领域的先驱。发表近300篇科学论文。1932年出版的《钢铁冶金过程物理化学导论》是将钢铁冶炼工艺的实践经验上升为系统理论的重要著作，曾被译成英文、俄文和意文。1968年退休，但仍领导亚琛工科大学的钢铁工业技术经济结构研究中心。多次获得各种荣誉奖章。

（朱元凯　倪瑞明　苏天森）

砷冶金　arsenic metallurgy　从含砷矿物中提取白砷或纯砷的技术。1250年，欧洲的A.马格努斯用硫化砷与肥皂一起加热，首次制得元素砷。砷广泛的存在于自然界，大多数以硫化物的形式共伴生在金、铜、铅、锌、锡、镍、钴等的矿物中。已知的含砷矿物有300多种，常见的有砷黄铁矿或毒砂（FeAsS）、雄黄（As_4S_4）、雌黄（As_2S_3）、辉砷钴矿（CoAsS）、方钴矿（$CoAs_3$）、砷铅矿〔$Pb_5(AsO_4)_3Cl$〕、钴华〔$Co_3(AsO_4)_2\cdot 8H_2O$〕等。中国砷资源分布比较集中，主要分布在中国中南部和西部，其中广西、云南和湖南共占全国累计探明总储量的61.6%。砷的主要来源是冶炼金属硫化物矿时的副产品。

砷的冶炼采用火法冶金技术。将含砷高的硫化物精矿在回转窑、多膛炉或流态化炉内于600～700℃焙烧，砷以三氧化二砷挥发。收集三氧化二砷烟尘，将其与煤、黄铁矿或方铅矿混合，在反射炉中焙烧，得到含$As_2O_3$90%的粗白砷。粗白砷在反射炉内再升华一次，得到三氧化二砷含量为99%的精白砷。

纯砷的制取一般采用三氧化二砷碳还原法。将白砷与焦炭混合，放入钢罐内，用电炉或其他工业炉加热，使砷蒸发，冷凝回收可得纯度超过99%的纯砷。

半导体材料（如硅）所需的掺杂剂为99.999%的高纯砷，化合物半导体（如砷化镓）则要求砷的纯度达到99.9999%～99.999 99%。中国制备高纯砷的工艺流程为：粗砷→氯化→精馏→三氯化砷氢还原。

有色金属矿提取过程中，砷以氧化物或盐的状态分别进入烟气、废水和废渣中。因此，三氧化二砷若大部分厂家因找不到合适的处理方法，而将大量的含砷废弃物堆存或以三废形式排放，对周边环境将造成严重污染。所以，砷污染的预防和治理是有色金属和含砷物料冶炼过程面临的重大难题，必须加强矿产资源开发中砷的管理、回收利用和污染治理。

（伍继君　杨　斌）

深部采矿　deep mining　开采深度达到一定值以上的采矿作业。

开采深度的界定　国际上对深部采矿没有给出明确、定量、科学的定义。有专家提出以岩爆发生频率明显增加来界定，当开采深度达到某一临界值时，岩爆的发生频率明显增加，超过这一临界深度时的矿床开采成为深部采矿，也有专家建议以岩石应力达到某一高度值来界定。国际上普遍采用的还是开采深度值来界定深部，中国将开采深度大于800米的采矿作业定为深部采矿，美国认为深部开采通常为5000英尺（1524米）以上，南非深部金矿开采是指平均作业深度为1600米以上的开采。

深部开采矿山　中国在20世纪五六十

年代建成的一批金属矿山，经过长期大规模开发，已探明的浅部矿产逐渐枯竭，一批地下矿山逐步向深部开采过渡，开采深度900～1500米，2011年“十二五”期间（2011～2015）开始建设深井矿山，开采深度均超过1500米。开采深度超千米的金属矿山数量最多的是南非，其大多数金矿的开采深度都超过1000米，其中姆波尼格金矿开采深度已达4350米，是21世纪初世界上最深的矿山；印度的科拉尔（Kolar）金矿区，已有三座金矿采深超2400米；俄罗斯的克里沃罗格铁矿区有8座矿山采准深度达910米，开拓深度到1570米；另外加拿大、瑞典、美国、澳大利亚等一批金属矿山采深亦超过1000米。

技术难点　随着开采深度的不断增加，地质条件恶化，破碎岩体增多，地应力增大，涌水量加大，地温升高，带来了深部地压、提升能力、作业环境恶化、通风降温和生产成本急剧增加等一系列问题，抑制了生产能力提高和矿产资源的充分回收。深部采矿是特殊环境下的开采，相对于浅部采矿来说，深部采矿的特殊性主要表现在矿床处于“四高一扰动”的复杂环境下，“四高”指高应力、高井温、高井深、高渗透压，“一扰动”主要指强烈的开采扰动。高应力环境（60～80兆帕）可能导致采掘工作面出现岩爆、冒顶等灾害，危及工人安全；高井温环境（40～60℃）导致矿石自燃、炸药自爆，恶化工作面的作业条件，危及工人生理与心理的健康；高井深环境将使矿石提升和排水的技术难度增大，成本上升，增加管理困难；高渗透压使得*矿井突水*灾害更为严重。强烈开采扰动使巷道和采场围岩压力将数倍，甚至数十倍于原岩应力，从而造成在浅部表现为普通坚硬的岩石，在深部却可能表现出软岩大变形、大地压、难支护的特征。

发展情况　深部采矿已成为世界矿业的重要研究领域。加拿大、美国、南非、中国等开展了多种相关研究计划。20世纪80年代，加拿大安大略省的深部矿山岩爆频频发生，由联邦和省政府及采矿工业部门合作，开展了为期10年的两个深井研究计划；美国爱达荷地区3个矿井开采深度达1650米，岩爆频繁，为此，密歇根理工大学及西南研究院开展深井开采研究，并与美国国防部合作，就岩爆地震信号、自然地震信号、核爆信号的辨别进行了研究；南非在1908年成立了专门委员会，研究深井岩爆问题，1998年启动了“深部开采”（Deep Mine）研究计划，目的在于解决3000～5000米深度的金矿安全、经济开采的关键技术。在中国，许多单位针对金属矿山深井开采的关键技术问题开展了相关课题研究，从国家“九五”科技攻关开始，把“千米深井300万吨级矿山强化开采综合技术研究”“深部矿床开采关键技术研究”“特大型矿床深部开采综合技术研究”等列为攻关课题，此外，国家973项目“深部重大工程灾害孕育演化机制与动态调控理论”、863计划重点项目“千米深井地压和高温灾害监控技术与装备”、国家自然科学基金重大项目“深部岩体力学基础研究与应用”等对深部采矿进行了持续深入的研究。中国在“十三五”期间，启动了国家重点研发计划“深地资源勘查开采”重点专项，主要对“深部岩体力学与开采理论”“深部金属矿建井与提升关键技术”“深部矿产资源开采理论与技术”等进行重点研究。

扩展阅读

古德生，李夕兵.现代金属矿床开采科学技术.北京：冶金工业出版社，2006.

何满潮，谢和平，彭苏萍，等.深部开采岩体力学研究.岩石力学与工程学报，2005，24（16）：2803-2813.

（吴爱祥）

深海采矿提升系统　lifting system for deep ocean mining　用于深海多金属结核采矿的装置。包括水下遥控载具、连续绳斗式采矿系统和液压汲取系统等部分。

水下遥控载具　用于水下观察、检查和施工的可被远程操控的水下机器人。可代替潜水员进行高危工作，功能多种多样，不同类型的水下遥控载具用于执行不同的任务，被广泛应用于海洋矿产开采、管线探测和海洋科学研究等各个领域。

水下遥控载具组成包括：动力推进器、遥控电子通信装置、黑白或彩色摄像头、摄像俯仰云台、用户外围传感器接口、实时在线显示单元、导航定位装置、自动舵手导航单元、辅助照明灯和凯夫拉零浮力拖缆等单元部件。

水下遥控载具按照执行任务类型主要分为观察级和作业级两种。

观察级水下遥控载具的核心部件是水下推进器和水下摄像系统，有时辅以导航、深度传感器等常规传感器。本体尺寸和重量较小，负荷较低，成本较低。

作业级水下遥控载具用于水下打捞、水下施工等应用，尺寸较大，带有水下机械手、液压切割器等作业工具，造价较高。

连续绳斗式采矿系统　连续绳斗式采矿系统（CLB）起源于日本，由日本专家孟田善雄于1967年提出。包括单船式和双船式两种系统（见*海洋采矿*）。

液压汲取系统　液压汲取系统由集矿子系统、液压提升子系统、遥测遥控子系统和洋面保障子系统等组成。该系统生产高效、安全、污染小。工艺流程为：自行式集矿机将赋存在大面积洋底沉积物上的锰结核采集起来，经过脱泥、破碎后，由软管输送到水下中间平台上的中继料仓里，然后通过给料机将锰结核输入扬矿主管道，由液压提升系统输送到海面采矿船上。液压提升子系统悬挂在采矿船上，并随船行走和运动。

集矿子系统是液压汲取系统的核心，主要设备是海底集矿机。液压提升子系统属流体提升式的一种，利用液压作为载体来提升锰结核，通过一根提升管把锰结核从集矿机提升到海面采矿船。提升管与海底集矿机之间采用一根挠性管，可适应局部水深和海底地形变化。遥测遥控子系统的采矿船动力定位、光纤遥测技术和集矿机监控系统正朝着逐步完善的方面发展。洋面保障子系统主要指工业采矿船，一般配置提升管万向架固定式吊杆、提升管搬动设备、半自动化提升管排放架、集矿机维修设备、锰结核分选机、锰结核输送与转运系统、采矿作业控制室等专用设备。

扩展阅读

王运敏.现代采矿手册：下册.北京：冶金工业出版社，2012.

谢龙水.深海水力提升式采矿系统的研究.中国矿业，1995，20（4）：27-35.

（曹　辉　郭利杰）

深冷处理　sub-zero treatment　工业上材料经过普通的热处理后进一步在零度以下（通常为-100～-196℃）的介质中冷却的处理技术。又称超低温处理、冰冷处理、低温处理、零下处理。是普通热处理（冷却至0～-100℃的冷处理）的延续。广义而言，这也是一种*金属热处理*。深冷处理的主要目的是促使淬火后的钢中残留奥氏体转变为马氏体，使残留奥氏体量减到最低限度。

对于钢铁材料，零件淬火后，马氏体组织中存在一定量的残余奥氏体，尤其是马氏体转变温度较低的材料，残余奥氏体可能多达10%以上。残余奥氏体是一种不稳定组织，可以逐步转变成马氏体。奥氏体转变成马氏体时体积会变大，造成零件尺寸的变化。同时，奥氏体的机械性能也不稳定。深冷处理是将被处理工件置于特定的、可控的低温环境中，使材料的微观组织结构产生变化，从而达到提高或改善材料性能的目的。被处理的材料在低温环境下由于微观组织结构发生了改变，在宏观上表现为材料的耐磨性、尺寸稳定性、抗拉强度、残余应力等方面的提高。一般比较重要的零件才会采用深冷处理，比如精密量具、精密轴承、马氏体不锈钢等。

扩展阅读

樊东黎.钢的冷处理和深冷处理.热处理，2010，25（6）：1-6.

（王晓东）

深锥浓缩机 deep cone thickener 加强絮凝作用和流体静压力压缩作用的重力沉降设备。由英国国家煤炭局发明，上部为圆筒、下部为圆锥体，锥角小，浓缩机池深，结构如图所示。为了提高絮凝后沉淀物的压缩程度，有的深锥浓缩机装设搅拌装置。深锥浓缩机占地面积少、处理能力大、自动化程度高，可以得到高浓度底流或膏体状底流产品。排放膏体状物料底流的深锥浓缩机，又称膏体浓密机。

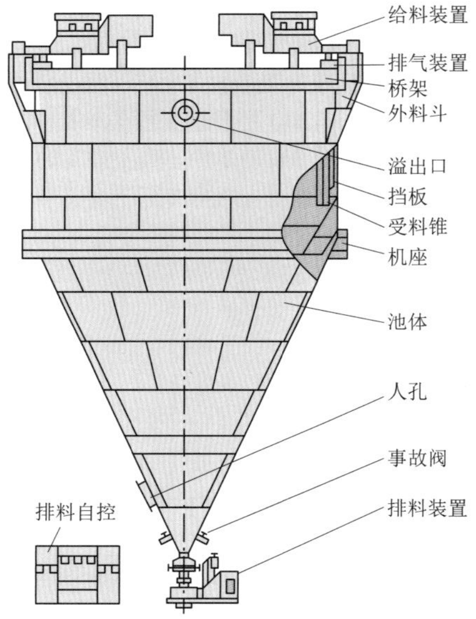

深锥浓缩机结构示意图

深锥浓缩机的浓缩沉降工艺过程分为3个阶段，即混凝脱稳阶段、凝聚造粒阶段、过滤压缩阶段。①混凝脱稳阶段。在料浆中添加一定量的絮凝剂或凝聚剂，矿浆中的微细颗粒与其发生凝聚或絮凝作用，形成小絮团开始沉降。②凝聚造粒阶段。解除排斥力的颗粒在高分子絮凝剂长分子链的作用下相互聚集，絮团越聚越大，在缓慢的流体动力的作用下，絮团沉降速度几倍至几十倍地增长。③过滤压缩阶段。随着大絮团越聚越多，深锥浓缩机底部形成浓相层。浓相层底部的沉淀物在较大流体静压力作用下，絮凝体被挤压，释放絮凝体包裹水，提高底流浓度，可以获得浓度很高的浓缩产品和澄清的溢流水。当沉淀聚积较多后，由底流口放出或用泵抽出。

（周兴龙）

渗碳体 cementite 铁与碳形成的化合物Fe_3C。又称雪明碳铁。钢铁显微组织的组成相之一，一般用符号C表示。“渗碳体”一词来自古代的渗碳工艺。渗碳体具有正交晶体结构，碳含量6.69%。铸铁中由液相生成的渗碳体称为一次渗碳体，由过饱和**奥氏体**和过饱和**铁素体**中脱溶析出的渗碳体分别称为二次渗碳体和三次渗碳体；亚共析钢发生共析反应前由奥氏体中析出的渗碳体称为先共析渗碳体（过共析钢退火沿原奥氏体晶界生成的网状渗碳体即为先共析渗碳体）；共析反应和共晶反应生成的**珠光体**和**莱氏体**中的渗碳体分别称为共析渗碳体和共晶渗碳体。渗碳体也可以通过淬火钢在足够高的温度下回火时生成，如淬火碳钢在250℃以上回火时，马氏体中的过饱和碳将以渗碳体形式析出。渗碳体是铁碳合金中的亚稳相，在适当的条件下会分解为铁和石墨碳（如白口铸铁的石墨化退火）。

在合金钢中，渗碳体可以形成置换式固溶体。其中部分铁原子被比铁更易形成碳化物的元素如锰、铬、钼、钨、钛、锆、钒等所置换的渗碳体称为合金渗碳体，如$(Fe, Mn)_3C$。

渗碳体在固态下无同素异构转变，硬度很高，塑性极低，脆性大。渗碳体是铁基合金中主要的强化相，渗碳体的不同生成与演化方式决定着其形状、尺寸和空间分布，而其数量、形状、尺寸及分布对铁基合金的性能有很大的影响。可以通过球化退火或高温回火的方法将渗碳体在铁素体基体上集聚成颗粒状分布，以增加铁基合金的韧性。

（王　浩　汪复兴）

升速轧制 speed - up rolling 带钢热连轧精轧过程中，低速穿带后与卷取机同步升速进行**轧制**的技术。带钢在精轧过程中，中间坯在中间辊道上（粗轧机组至精轧机组之间的传送辊道）运行速度慢，温降明显，造成中间坯长度方向温度差别较大，若以恒速轧制会造成带钢长度方向终轧温度的明显差异。因此，通常采用轧制升速并配合机架间冷却水实时调节以终轧温度为目标值的在线控制。

带钢在整个精轧过程中，主要经历两次加速过程。当带钢头部完成精轧机末机架穿带后，开始进行一次加速并持续至带钢头部到达卷取机夹送辊前。当带钢头部被卷取机顺利咬入且卷取机芯轴卷起3～5圈后，精轧机与卷取机同步进行二次加速直至达到轧制的最大运行速度。针对部分机架间无冷却水或机架间冷却水无调节能力的精轧机组，带钢头部完成穿带后，控制系统依据终轧温度目标值，对带钢速度进行实时调节。当终轧温度低于目标值允许范围时，带钢以一定的加速度升速运行；当终轧温度高于目标值允许范围时，带钢以一定的加速度减速运行。

升速轧制能够有效提高轧制节奏，保证生产效率。但升速轧制过程对于热轧带钢的组织性能调控，是一个不稳定的过程，不利于带钢通卷性能的稳定性控制。

（袁　国）

生产勘探 productive exploration 为满足矿山生产对矿产资源特点有更准确了解的需要，在完成了地质勘探工作的区域开展的更详细的勘探。又称开采勘探。矿山生产过程中，为提高矿产储量级别，更准确地把握矿体空间形态、规模以及开采条件等，以满足开采、选矿生产的需要，除了开展地质勘探工作，还需进行生产勘探。生产勘探的具体任务一般可归纳为5项：①提高矿床/体的勘探级别，更准确地圈定矿体，按生产要求重新计算资源储量。②对原矿体的边、深部延深进行工程控制，探明未探明的矿体。③进一步查明矿石质量。④确定计划开采地段的开采、水文、工程地质条件。⑤确定开采对环境可能产生的影响。

地质勘探与矿山生产勘探工作目的有所不同，矿产资源的地质勘探是为进行更高级别的勘探或矿山建设设计提供依据，而生产勘探是在矿山生产过程中实施的地质勘探工作，直接为矿山生产提供依据。

（吴堑虹）

生产矿量 productive ore reserve 矿山生产过程中，根据采矿工程的准备程度，计划开采的矿石量所分为的开拓、采准和备采3个级别的矿量总称。又称三级矿量。露天矿只划分开拓矿量和备采矿量两级。为了使矿山能够均衡、持续地进行生产，必须按采掘（剥）并举，掘进（剥离）先行的方针使采矿与掘进（剥离）工作之间互相衔接、协调，各级别矿量需要满足一定的储备期。

例如，对有色金属地下开采矿山，储备的开拓矿量一般要保证3年以上的生产需要，储备的采准矿量需要保证1年以上的生产需要，储备的备采矿量需保证4个月以上的生产需要。三级矿量的储备期，也称矿山生产矿量保有期限。矿山生产矿量保有期限应根据矿山生产能力、矿石回采率及允许的贫化率等因素，进行定期的核算，其通用计算公式为：

$$T=\frac{Q\times P}{g(1-PT)}$$

式中T为某级矿量保有期限（年、月）；Q为期末结存的该级矿量；g为矿山生产能力（年、月）；PT为允许的**矿石贫化率**；P为**开采回采率**。

开拓、采准矿量保有期以年为单位，备采矿量保有期以月为单位。

（莫晓东）

生产取样 productive sampling; runs sampling 为进一步确定生产矿山矿体边界和采下矿石的质量而进行的取样工作。是**矿山地质工作**的重要工作内容，也是计算矿石的贫化损失、评价采矿方法的合理性以及保证矿产资源得到充分利用而进行的工作。生产取样对象为采场工作面、爆破下来的矿石堆、采场到破碎厂前的运矿矿车等。

采场工作面取样方法常采用刻槽、刻线、爆破孔或拣块取样。当组分复杂时，常采用剥层法取样或爆破孔内分段取样。主要目的是掌握即将开采矿石的品质和矿体边界。矿石堆取样一般采用方格网拣块法取样，视组分复杂程度采用1米或2米方格网。主要目的是掌握矿石堆的品质。采场到破碎厂前的运矿矿车取样一般采用拣块法。按规定的时间或车数拣块，合并成一个样品，以掌握每班或每天运出矿石的品质。

（汤自权）

生物槽浸 tank bioleaching 将小颗粒矿石或二次资源置于浸出槽中，通过搅拌或静置方式进行**生物浸出**的方法。主要用于难浸出的贵重金属（金）和基本金属（铜、钴、镍、锌）的浮选精矿生物氧化预处理和金属浸出。浮选精矿进入矿浆池，然后与含菌溶浸液一起添加进入浸出槽进行生物浸出，其浸出过程分两级进行：第一级由3个浸出槽并联而成，主要目的是使细菌生长繁殖，达到需要的菌体浓度，并对硫化矿物进行初级生物浸出；第二级由3个浸出槽串联而成，使硫化矿物氧化浸出，达到需要的浸出率。若浸出难处理含砷金精矿，生物氧化浸出残渣经洗涤后，进入提金工艺，以提取其中的金；若浸出含铜、钴、镍等基本金属矿物，将生物浸出后的浸出液进行溶剂萃取－电积工艺得到阴极金属产品。

生物槽浸技术的发展起源于20世纪70年代，最初主要集中处理选矿后得到的高品位难浸浮选金精矿，是南非Gencor公司开发的工艺。1986年在南非建成了世界上第一座生物槽浸厂，实现了难浸浮选金精矿的生物槽浸工业化应用。自此，生物槽浸技术在全世界范围内推广，工艺不断完善，先后在南非、巴西、秘鲁、澳大利亚和中国等国建立了30多个生物槽浸厂。人们很快认识到生物槽浸技术回收其他金属的潜力，自90年代以来，用生物槽浸技术浸出铜、镍、锌、钴等基本金属的研究取得进展。

生物槽浸技术主要包括：Biox工艺、Mintek/Bactech工艺、BIOCOPTM工艺等。

Biox工艺由南非金田（Gold Fields）公司开发，采用中温细菌在搅拌槽内处理细磨难浸出含金硫化精矿。在这类矿石中，金被硫化矿物包裹。使用传统的氰化浸出技术，金回收率仅为15%左右。通过此工艺进行预处理，可使金的回收率达98%。

Mintek/Bactech工艺由南非国家矿业技术研究院（Mintek）和加拿大Bactech矿业公司共同开发并推广。采用最佳生长温度为45～55℃的中等嗜热菌在生物浸出反应器中处理难浸含金硫化精矿，工艺流程采用两级生物浸出。Mintek/Bactech工艺还可用于基本金属（如铜、镍、锌、钴）的生物浸出。1999年和Peñoles公司（墨西哥矿业公司）合作，通过高温菌槽浸技术处理铜精矿，并同时试验含铜和锌等多金属精矿的生物浸出。

BIOCOPTM工艺由澳大利亚必和必拓（BHP Billiton）生物技术公司开发。该工艺采用嗜热细菌在搅拌池内从铜硫化精矿中浸出铜，在65～80℃下细菌氧化硫化矿物产生金属硫酸盐和硫酸，可以成功浸出黄铜矿。

扩展阅读

杨显万，沈庆峰，郭玉霞.微生物湿法冶金.北京：冶金工业出版社，2003.

ROHWERDER T, GEHRKE T, KINZLER K, et al. Bioleaching Review Part A: Progress in Bioleaching: Fundamentals and Mechanisms of Bacterial Metal Sulfide Oxidation. Applied Microbiology and Biotechnology, 2003, 63 (3) : 239－248.

（杨洪英）

生物堆浸 dump and heap bioleaching 将破碎或不经破碎的矿石、二次资源筑堆进行**生物浸出**的技术。主要用于低品位铜矿与废石，铀矿和低品位含铀废石，锰矿、硫化锌矿、硫化镍钴矿，金、铂、镓、锗、钼、锂、钒等金属矿物，磷、硒等非金属矿物，以及二次资源的处理，还可以脱除铁矿、煤和石油产品中的硫。

1752年西班牙人在里奥廷托（Rio Tinto）矿利用井下矿坑水浸出含铜黄铁矿中的铜。1951年美国科学家首次从煤矿酸性水中分离出能氧化金属硫化物的细菌并命名为氧化铁硫杆菌。1955年S.R.齐默利、D.G.威尔逊与J.D.普拉特首次申请了生物堆浸专利，并将此项专利委托给美国肯尼科特（Kennecott）铜业公司。20世纪50年代该公司实施了生物堆浸技术，开启了生物堆浸的工业应用。60年代铀矿的生物堆浸在葡萄牙实现了工业生产。70年代，加拿大、南非、苏联、澳大利亚和法国等国家在不同程度上利用生物堆浸工艺浸出了低品位矿石中的铀。到80年代中期生物堆浸开始快速发展，并拓展到金属矿产、非金属矿产有价金属的提取及能源矿产脱硫等方面。

生物堆浸工艺过程主要包括：①堆浸场的准备。选择地质基础好，靠近矿源，有位差的场地作为堆浸场址，使用底垫材料如黏土、膨润土、混凝土、沥青、高密度聚乙烯薄膜铺设堆场底部，防止生物浸出剂和浸出液渗漏。②矿石的准备。将块状矿石破碎至大小适宜或者将粉状矿石、黏结剂和水按一定比例混合制粒得到较大的矿粒。③筑堆。将准备好的矿石堆砌成侧面为梯形的矿堆，矿堆应具有良好且均匀的渗透性和结构上的稳定性，保证在浸出时浸出剂能以工艺要求的布液强度均匀渗透并通过整个矿堆。④布液与集液。采用池罐式、喷淋式或滴淋式布液方式，保证浸出所要求的喷淋强度并均匀地喷淋至全矿堆。溶液在重力的作用下自上而下渗流，铜、镍、钴、铀等有价金属溶解后以离子形式进入溶液，在地势较低的一侧建筑集液池收集浸出液。

扩展阅读

RAWLINGS D E, JOHNSON D B. Biomining. Berlin: Springer－Verlag, 2007.

浸矿技术编委会.浸矿技术.北京：原子能出版社，1994.

（武　彪　温建康）

生物复垦 biological measures for mined land reclamation 针对复垦土壤缺陷、不利于植物生长而采取生物措施，恢复土壤肥力与生物生产力的活动。是工程复垦的后续措施。矿山复垦场地土壤普遍存在板结，有机质、氮、磷、钾等养分缺乏，水分不足或过度，呈酸性或碱性，重金属污染等问题，不利于植物或作物生长。生物复垦基本内容包括复垦土地的立地条件评价，复垦土壤生物改良方法，适种植物品种筛选，种植方法，土地的农、林、牧或其他种植利用，污染场地的生物修复等。生物复垦措施包括：①土壤评价与立地条件评价，为优选植物或作物品种提供科学依据，因此土壤评价与立地条件评价被视作生物复垦的重要内容。②复垦土壤生物改良，经常采用的方法是在初始复垦场地上优先种植豆科植物，起到固氮作用，待土壤改良到一定程度再种植其他作物或灌木、乔木。**微生物复垦**是改良复垦土壤的一种有效手段。③针对复垦土壤与复垦场地特点，按照优选适种植物或作物品种，合理配置种群结构。④对污染场地，优选高吸附的植物品种也属于生物复垦的范畴。植被恢复是土地复垦成败的关键，因此生物复垦是实现土地复垦目标的重要保障。复垦土壤生物改良可有效改善复垦土壤物理环境和养分条件，植物或作物优选可达到因地制宜、事半功倍的效果。

（卞正富）

生物浸出 bioleaching 利用微生物代谢活动及其产物，将矿石、二次资源中特定不溶性物质转化为可溶性物质并进入溶液的过程。又称微生物浸出。

简史 中国先秦《山海经》记载“石脆之山，……其阴多铜。灌水出焉，北流注于禺水，其中有流赭”，即描述了生物浸出的过程。其他国家生物浸出的历史可追溯到公元前1世纪的古罗马时代，作家普林尼（老）在《自然史》（又译《博物志》）中记载了采用浸出技术制备铜的方法。166年古罗马自然物理学家C.盖伦记录了位于塞浦路斯的某铜矿采用原位浸出制铜。较公认的生物浸出起源是西班牙的里奥廷托（Rio Tinto）矿，1752年该矿采用堆浸的方法浸出硫化铜矿。1955年美国人申请了第一个**生物堆浸**的专利。1980年生物浸出技术在智利的洛阿奎雷（Lo Aquirre）铜矿成功应用。1999年法国地质调查局（BRGM）在非洲的乌干达卡塞塞（Kasese）建成一座采用生物浸出技术从含钴黄铁矿中回收钴的工厂。2003年黄铜矿精矿生物搅拌浸出工艺BioCopTM在智利建厂。2009年芬兰的镍钴锌铜铀复杂多金属硫化矿生物浸出工厂建成投产。

中国生物浸出技术的研究始于20世纪60年代。先对安徽铜官山铜矿进行了工业试验研究。70年代又先后在湖南柏坊铜矿、江苏宝华山铜矿、广东恩平铜矿、甘肃金塔白山堂铜矿和庄浪铜矿等矿山试验并投入生产。1997年中国江西德兴铜矿建成了中国第一家年产2000吨阴极铜的原生硫化铜矿剥离废石生物堆浸厂。2004年在中国云南墨江建成了年处理10万吨矿石的硫化镍钴矿生物浸出生产线。2005年中国福建紫金山铜矿建成年产1万吨阴极铜的次生硫化铜矿生物堆浸提铜厂，2012年时年生产规模已达2万吨阴极铜。

微生物 生物浸出的微生物是具有矿石浸出特性的。生物冶金的工艺操作均在酸性条件下进行，用于生物浸出的微生物通常为嗜酸菌。该类微生物通常在酸性pH值下生长，在中性pH值下活性较低。

作用原理 可分为直接接触作用、间接作用和间接接触作用。直接接触作用是微生物吸附到矿物表面后产生胞外多聚物和酶类物质直接氧化分解矿物，而无须通过3价铁离子来进行氧化。间接作用是微生物在浸出液中将2价铁离子氧化成3价铁离子，后者用于化学氧化浸出硫化矿。间接接触作用是微生物吸附到矿物表面后，产生胞外多聚物，并通过其中的糖醛酸等物质富集3价铁离子，形成一种胞外多聚物与3价铁离子的复合体，用于氧化矿物。

工艺 工业化生物浸出工艺中主要运用**生物槽浸**和生物堆浸。从矿物原料中提取有用组分的典型工艺流程一般包括矿石准备、浸出、固液分离、金属组分回收等作业。①矿石准备。生物堆浸工艺，一般用于处理低品位矿石，通常将矿石破碎至合适的粒度，如小于40毫米，采用皮带筑堆机或汽车运输将矿石在铺好的高密度聚乙烯（HDPE）防渗膜上筑成堆状。堆高一般控制在8米以下，对于永久性堆场，可多层叠加堆浸。生物槽浸工艺，一般用于处理高品位矿石或精矿，需将矿石破碎并磨矿至74微米以下。②浸出。浸出前，先用pH值为2的稀硫酸中和耗酸脉石矿物。对于生物堆浸工艺，用含菌的稀硫酸溶液喷淋或滴淋矿堆；对于生物槽浸工艺，在搅拌槽中加入培养基、细菌及矿石，让细菌在堆内或搅拌槽内生长繁殖，氧化浸出目的矿物。生物堆浸的浸出周期比较长，一般在200天以上，生物槽浸的浸出周期比较短，一般在7天左右。③固液分离。生物堆浸过程无须进行固液分离，从矿堆流出的浸出液可直接送金属回收工段；生物槽浸，生物浸出后的矿浆需经过滤将浸出液与固体渣分离。④金属组分回收。对于含铜浸出液，常采用萃取-电积工艺。含铜浸出液经萃取剂萃取后，获得负载有机相，然后用180克/升的浓硫酸进行反萃，获得电积富液，接着送电积工艺，生产高纯阴极铜。萃余液通常返回浸出工段进行浸出。对于含镍钴浸出液，常采用硫化沉淀生产硫化镍钴。硫化沉淀前，用石灰将pH值调至3.7～4.0，沉淀杂质金属，浓密机分离沉淀物后，加入硫化物沉淀镍和钴。

发展趋势 生物浸出在应用研究上向以下几方面发展：①选择性生物浸出工艺的优化及与**冶金微生物**的耦合匹配。②极端环境（高氟、高砷）、极端温度（低温、高温）的拓展应用。③低品位黄铜矿的生物堆浸。④向二次资源拓展，如废旧电池、废旧线路板、冶炼渣尘等的处理。⑤向其他矿种拓展，如煤矿脱硫、铁矿脱硫、铝土矿脱硅等。

扩展阅读

杨显万，沈庆峰，郭玉霞. 微生物湿法冶金. 北京：冶金工业出版社，2003.

RAWLINGS D E. Biomining: Theory, Microbes and Industrial Processes. Berlin: Springer-Verlag, 1997.

（温建康 陈勃伟）

生物污损 biofouling 生物在人工材料或设施上附着、生长，使其性能下降或损坏的自然现象。又称生物附着。生物污损存在于船舶、管道、平台钢桩（见图）、电站取水涵洞、渔具设施等人工构造物上。附着生物称为污损生物。污损生物的种类和海域、海水深度、温度及设施有关，主要包括附着细菌、硅藻等微型生物，以及藤壶、贻贝、管虫、石莼等大型生物。当微型生物在金属材料表面附着时，形成生物膜，产生**微生物腐蚀**，进而加速金属局部腐蚀，导致材料提早腐蚀破坏，甚至整体设施的报废。大型生物附着时，设施表面积增加，表面粗糙度增加，对设施产生诸多不利影响。如增加舰船航行阻力，增加螺旋桨阻力，造成航速降低、燃料

海上平台的钢腿上有大面积宏观污损的迹象

消耗率增加、机械磨损加大，直接影响舰船的经济性能；增加采油平台载荷，威胁平台等海上构筑物的设施安全；减小电厂海水管路内径，严重影响核电设施微增出力。

生物污损的防治技术主要包括人工和机械清除、紫外线防污、电解海水防污、氧化性和非氧化性药剂法、涂装防污涂料等技术。①人工和机械清除技术是用人工或专用设备对水中构造物如船舶、石油平台、码头钢桩、取水涵洞、海洋仪器等表面上形成的硬壳污损生物进行人工或机械清理，去除附着生物。单纯的手工机械清除耗时长，效率低，水下作业成本高；自动化机械清除技术，如结合空化射流清洗装置和水下爬行机器人技术，作业效率高。②紫外线防污技术是利用紫外光照射，抑制或杀灭附着生物，在压载水舱杀菌防污、海水淡化防污领域应用较多。③电解海水防污技术主要是利用电解海水产生的次氯酸钠等对水体中附着生物的幼体进行抑制或杀灭，使其无法在设施表面附着。电解海水是比较成熟的工业防污技术，主要用于海水密闭管道、核电冷源设施等的防污。④氧化性药剂法是采用直接加注次氯酸钠等氧化性物质以替代电解海水进行海生物防治；非氧化性药剂法是采用间接性加注方式，将一些胺类等非氧化性药剂用在海水管道等设施中进行防污。非氧化性药剂法防污环境负荷小，但应用成本较高。⑤涂装防污涂料是防止海洋生物附着的简便、经济和有效的方法。防污涂料主要有：可释放杀生剂的无锡自抛光型防污涂料，包括丙烯酸锌、铜和硅烷酯类成膜物质、低毒性无机（如氧化亚铜）和有机杀生剂（如异噻唑啉酮等）及相关涂料成分；污损释放型防污涂料，以有机硅弹性体或氟聚物为主要成膜物质，不含杀生剂，是利用材料表面的物理特性进行防污；生物降解高分子基防污涂料，以生物降解高分子为主要成膜物质，可含杀生剂。

随着人们环境保护意识的增强，发展绿色、无毒的防污技术是发展的重要趋势。如基于材料表面黏弹性的污损释放防污涂料的研发，绿色无毒防污技术如电化学防污技术、仿生防污技术的进一步研究等。

（段继周）

生物摇瓶浸矿试验 bioleaching in shaking flasks test 在实验室利用摇床在摇瓶中进行振荡培养的微生物浸出试验。将微生物菌种、培养基和矿石或二次资源粉末按照一定比例放置于摇瓶内，采用带有微孔的封口膜封住摇瓶口，并用橡皮筋扎紧，然后置于预先设置好转速和温度的**摇床**中进行试验。

生物摇瓶浸出试验通常用于研究微生物与矿石或二次资源作用过程中的影响因素和最佳浸矿条件的优化，为微生物浸出扩大试验提供基础数据和指导。考查的影响因素包括培养基种类和含量、生物接种量、温度、摇床转速、浸出时间、浸出浓度、浸出pH值、浸出体系氧化还原电位等。

（林　海　董颖博）

生物冶金 biohydrometallurgy 利用矿物溶液中某些微生物的特性提取金属的冶金过程。是生物技术、矿业工程、冶金工程等融合的交叉技术，具有流程短、成本低、环境友好等优点，是矿产资源清洁高效利用的关键技术之一。又称微生物冶金，曾称细菌冶金。根据微生物在回收金属过程中所起的作用，可分为生物吸附、生物累积、**生物浸出**（细菌浸出）3类。生物吸附即溶液中的金属离子依靠物理化学作用被结合在细胞膜或细胞壁上。生物累积则依靠生物体的代谢作用而在体内累积金属离子。生物浸出就是利用微生物自身的氧化或还原特性，使矿物的某些组分氧化或还原，而使有用组分以可溶态或沉淀形式与原物质分离的直接作用过程；或者使微生物的代谢产物与矿物进行反应而得到有用组分的间接作用过程。生物浸出技术已在工业上应用，如低品位铜矿的细菌堆浸等。用于浸矿的细菌有20多种，比较重要的有氧化铁硫杆菌以及氧化铁铁杆菌、氧化硫硫杆菌等。生物浸取投资少、能耗低、生产成本低，可用于处理现有冶金方法难以处理的物料。但细菌浸出反应速度慢，生产率低，浸取周期长，细菌的培养和繁殖受环境影响较大。通过生物吸附、生物累积以及代谢物沉淀等方式可以从水溶液中提取金属。

简史　早在公元前六七世纪，中国的《山海经》中就有关于生物冶金的记载，其描述为：松果之山，濩水出焉，北流注于渭，其中多铜。公元前2世纪中国汉淮南王刘安撰写的《淮南万毕术》也有“白青得铁，即化为铜”的胆水浸铜记载。至中国的唐、宋时期已有官办的湿法炼铜工厂，最高铜年产量达到50多吨。在欧洲生物冶金技术的应用至少始于公元2世纪，比较公认的最早记载是1752年在西班牙的里奥廷托（Rio Tinto）矿采用酸性矿坑水浸出含铜矿石。1947年A.R.科尔默和M.E.欣克尔从酸性矿坑水中分离到一种能氧化硫化矿的细菌——嗜酸氧化亚铁硫杆菌；1953年葡萄牙开始进行铀矿生物自然浸出研究；1955年美国学者首次申请了**生物堆浸**专利并转让给美国肯尼科特（Kennecott）公司，实现了生物冶金的工业应用。

1958年中国何复熙成立生物冶金实验室，开始了对生物冶金的研究。1960年中国科学院微生物研究所在铜官山铜矿进行生物冶金工业试验；70年代在湖南711铀矿进行了处理量为700吨贫铀矿石的细菌堆浸扩大试验；1976年第一届国际生物湿法冶金大会召开。1988年第一家难处理金矿生物预氧化处理厂在南非投产；1995年中南工业大学开始进行中国江西德兴铜矿表外矿废石生物冶金回收铜的工业化生产，并于1997年建成了年产2000吨的生物湿法提铜厂，使生物冶金进入工业化的应用阶段。

研究内容　生物冶金过程涉及矿物原料、冶金微生物、矿物-微生物界面反应以及冶金过程与工艺等多种因素，研究内容包括：①冶金微生物的多样性以及高效菌种和优化菌群组合的选育。②微生物-矿物多相界面反应机制及反应过程的调控。③生物冶金体系中物料、微生物种类、浸出反应及操作参数的多样性及其相互匹配性。④生物冶金过程的工程化理论与技术。⑤生物冶金过程复杂溶液体系结构与组元行为及其优化。⑥矿区生态环境治理与修复。

生物冶金的主要问题是在处理原生硫化矿时浸出速度慢、浸出率低，需要通过选育高效菌种和菌群、加快微生物矿物界面反应速度和优化浸出工艺来解决。在菌种选育方法上，常规技术是基于转代培养的菌种活性驯化和诱变育种等。2005年后分子生物学与基因组学等方法（如基因芯片、高通量测序等）也被用于冶金微生物菌种和菌群的选育。在菌种选育类群方面，采用高温浸矿菌提高浸出效率已获广泛认同，截至2016年已发现的具有浸矿功能的高温菌有20余种，占浸矿微生物总数的2/3以上。耐寒和嗜冷等极端浸矿微生物的应用有利于生物冶金技术在高寒地区的工业应用。此外，浸出过程中微生物群落的演变及其控制技术也受到重视。

矿物-微生物界面是矿物氧化溶解反应的主要场所和生物冶金机理解析的重点。基于界面反应的生物冶金机理主要有直接作用、间接作用、接触作用以及直接和间接复合作用机制等。2010年后，中国应用同步辐射等技术手段，建立了黄铜矿等几种矿物的分步氧化模型。但对于不同类型的矿物可能存在不同的氧化溶解机理，对这些机理进行完全解析还有很多问题需要解决，包括从分子水平研究微生物与矿物作用的化学－生物学过程、细菌与矿物多相界面相互作用本质、微生物-矿物界面微环境形成的分子机制等。

生物冶金过程的工程化理论与技术研究是实现生物冶金产业化的关键。在浸出过程中，细菌生长模式、浸矿过程氧化机理、浸出过程数学模拟、生物冶金工程化技术的完善与标准化等是研究与应用的重点和难点。生物氧化过程中矿物元素转移转化规律与浸矿体系流动、混合、传递和反应的多尺度耦合机制，生物冶金工程应用中的生物安全性、重金属的迁移转化及其对环境的影响机理，也是生物冶金的重要研究方向。

特点　矿产资源是工业发展的主要原料，经过长期开采后，品位低、复杂难处理矿的比例越来越高，采用传统**采矿**、**选矿**、冶金工艺处理这类矿产资源时，效率低、流程长、生产成本高、环境污染严重。生物冶金具有流程短、成本低、环境友好和低污染等特点，特别适合处理低品位、复杂、难处理的矿产资源。采用生物冶金技术处理传统选冶工艺不能经济回收的各种矿产资源，以及从表外矿和尾矿中回收金属，可以大幅度提高矿产资源的开发利用率，扩大可开发利用的矿产资源量。生物冶金技术能获得高纯金属离子溶液，特别适合于制备高纯金属及其粉体或化合物。生物冶金过程反应温和、环境友好、流程短，可大幅度减少传统选冶工艺对电、煤、油等能源的大量消耗，降低传统冶金过程的废气、废渣、废水污染，改善生态环境。　（邱冠周）

生物预氧化　bio-oxidation pretreatment　利用微生物代谢活动及其产物氧化分解载体矿物，使目的矿物暴露出来，为后续提取工艺创造有利条件的预处理方法。主要用于难处理含砷金矿，工艺分为难处理含砷浮选金矿**生物槽浸**工艺、难处理低品位金矿**生物堆浸**工艺和难处理低品位金矿生物包覆－堆浸工艺3种方式。生物氧化预处理是一个复杂的反应过程，基本原理是借助于微生物来氧化某些矿物，如黄铁矿、砷黄铁矿，使包裹在其中的贵金属（金、银等）解离出来，以利于氰化物或其他试剂的浸出。生物预氧化生产成本低，能量消耗少，药剂用量少，劳动强度低，工艺流程简单，设备要求低，易于实施，不产生废气。但生物预氧化反应速度慢，氧化周期长。

难处理金矿的生物氧化预处理由法国1964年提出。法国人首次尝试利用细菌浸取红土矿物中的金，取得了良好效果。1977年苏联最先发表了试验结果。1983年北美开始用搅拌反应槽对难处理金矿石及金精矿进行生物预氧化，并评估了其商用可能性，对于搅拌氧化槽式生物氧化厂的投产和推广具有奠基作用。1984～1985年，加拿大巨湾（Giant Bay）微生物技术公司对北美及澳大利亚的30多种金精矿进行了生物预氧化试验研究。1986年南非简敏（Getunin）集团公司开发了Getunin工艺，在法尔维尤（Fairview）金矿建立了世界上第一座生物预氧化提金厂，实现了难浸金矿生物预氧化处理在世界上的首次商用。继南非后，巴西、美国、澳大利亚、秘鲁、加纳、中国等多个国家的生物氧化预处理金矿工厂投入运营。2010年以后，中国建成了10多座含砷难处理金矿的生物预氧化提金厂，其中贵州锦丰矿业有限公司生物预氧化工艺的日处理量达到790吨。中国采用生物预氧化工厂的金回收率都保持在91%～97%。

贵州锦丰矿业有限公司难处理含砷金矿生物预氧化提金厂

（杨洪英）

生物原位浸出　in-situ bioleaching　不需要将矿石采出，直接在矿体或尾矿库内进行**生物浸出**的技术。多用于难以开采的矿石，砂岩型矿床、富矿开采后的尾矿、露天开采后的废矿坑矿石，矿床集中且品位很低的矿石以及经爆破处理后的地下矿层等。通常在设计好的矿体位置钻孔至含矿层的一定位置安装过滤器，将细菌溶浸液由注液孔注入，溶浸液经过滤器进入含矿层，一定时间后，经由抽液孔抽出浸出液；或在爆破处理后的地下矿层及部分露出的矿体上浇淋细菌溶浸液，建设集液池回收浸出液。含有可溶性金属的浸出液通过常规物理化学法加以回收。

生物原位浸出可应用于铀和铜等金属的提取。20世纪60年代，加拿大最早采用含铁、硫氧化菌的酸性矿水喷淋采矿场的未采矿石，向开采后的地下铀矿床原位灌注含菌酸性矿水，获得了良好的铀回收率，开启了铀生物原位浸出的先河。中国新疆伊犁的砂岩型铀矿床，自2011年起在部分酸法地浸采场也实现了生物原位浸出技术的工业应用，其浸出工艺如图所示。生物原位浸出主要包括3个阶段：向注液孔中注入含细菌的溶浸液，溶浸液在矿层渗流并溶解矿物，从回收孔中回收浸出液。

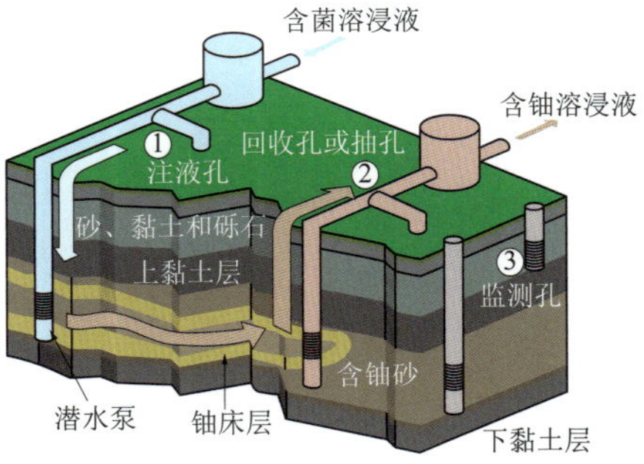

砂岩型铀矿石生物原位浸出工艺示意图

采用生物原位浸出技术对矿体的要求包括：①矿体必须完全低于地下水位。②矿化物必须具有可溶解性。③岩石必须是高度碎裂，具备良好的渗透性，形成的矿体大部分发生在断裂带。渗流场液体的控制以及停采后含矿含水层的水体修复是采用生物原位浸出技术过程中需要关注的环境问题。　（孙占学　刘亚洁）

生物柱浸试验　biological column bioleaching test　利用柱状浸矿装置在实验室模拟**生物堆浸**或地浸的**生物浸出**试验方法。试验装置常采用耐腐蚀的有机玻璃材料加工而成，其结构和尺寸根据模拟堆浸或地浸的矿石性质、试验规模等进行设计。通常要求浸柱直径大于矿石颗粒直径的10倍，浸柱高度至少是浸柱直径的5倍以上。柱状浸矿装置由菌液存放投加区、微生物与矿石反应区、浸出液收集检测区等构成。柱浸试验装置如图所示。实验过程主要包括酸预浸、菌浸和尾液循环浸出3个阶段。酸预浸产生的酸化液和菌浸产生的菌浸液经离子交换吸附后，产生的吸附尾液用于细菌培养，循环利用。

在生物柱浸试验时，检测指标包括：浸出液pH值、氧化还原电位、溶解氧浓度、细菌数量、金属离子浓度、细菌活性。试验研究的影响因素包括：**矿石粒度**、菌种种类、菌液喷淋方式和工作制度、浸出温度、喷淋液pH值、供氧条件、浸矿时间等。生物柱浸试验可为生物堆浸或地浸扩大或工业试验确定关键技术参数

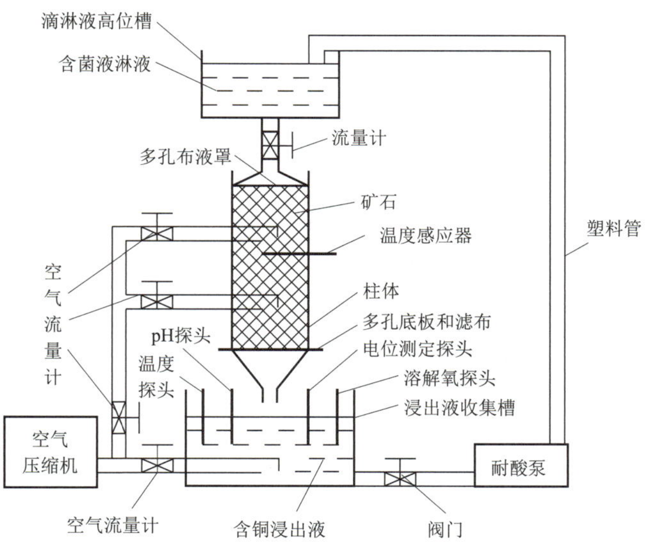

柱浸试验装置示意图

提供依据。

（林　海　董颖博）

失蜡法　cire purdue; lost - wax process　古代金属铸造的一种方法。又称脱蜡法。用蜡制成模，外敷造型材料，成为整体铸型。加热将蜡化去，形成空腔铸范，浇入液态金属，冷却后得到成形铸件。此法属于“熔模铸造”范畴，在古代多用于铸造具有复杂形制的铸件。埃及早在公元前第3千纪中叶已用失蜡法铸造金属饰物，古代印度、希腊用失蜡法铸造出精美生动的青铜像。公元16世纪初，意大利著名匠师B.切利尼详细记述了失蜡铸像的工艺过程和所用工料。

中国已知最早的失蜡铸件是河南淅川出土的春秋晚期（约前6世纪）铜盏部件和铜禁。湖北随县出土的战国初期（约前5世纪）的**曾侯乙尊盘**透空附饰，空间结构繁复齐整，铸作精致。这些器件独具的技术特点和艺术风格表明制造这些铸件所用的失蜡法是中国古代铸师独立创造的。战国以后，失蜡法的应用范围逐渐扩大，除鼎、彝外，还用于铸造印玺、乐钟、佛像，以及少数民族地区的贮贝器、饰件等。唐初铸开元通宝曾以蜡模进呈，可能用于铸造样钱。

传统失蜡法的具体工艺记述，首见于宋赵希鹄《洞天清禄集》。元代设失蜡提举司，专管失蜡铸造。失蜡法在长期应用过程中，发展出多种工艺类型。用拨塑的方法制作蜡模的，在明清时期称为拨蜡法。现存北京故宫博物院、颐和园的铜像、铜狮（图1）等，代表着明清时期拨蜡法的技艺水平。万寿山铜亭的部分构件也是用拨蜡法铸造的。由文献档案和实地调查得知，模料为蜂蜡、石蜡和松香，用植物油调制，经反复拉拔得到良好的塑性。造型时用澄泥浆、纸浆泥或马粪、麻刀泥分层涂挂。中、小型铸件在窑中化蜡、焙烧、趁热浇注。大型铸件，如《天工开物》载“万钧钟”（图2），用地坑造型，模料由蜡和牛油配制，造型材料用石灰三合土和炭末泥，所用蜡料和铜料的比为1∶10。金属液通过槽道浇注。对于批量大的器件，为提高工效，先把蜡片在样板上压印出花纹，再拼接成模。《宣德鼎彝谱》载明代铸宣德炉用黄蜡作模坯。有些鼎、炉需要量大，当已采用此法。大量史实表明，失蜡法在中国延续不断地应用，至近代仍广泛流传于北京、山西、内蒙古、江苏、广东、云南、青海、西藏等地区。佛山、苏州等地现仍用上述传统技法制作艺术铸件。

图1　采用失蜡法铸造的颐和园铜狮

图2　《天工开物》中的塑钟模图

（华觉明）

师昌绪　Shi Changxu（1918-11-15～2014-11-10）　中国物理冶金学家、材料科学家。生于河北徐水，卒于北京。1945年毕业于西北工学院矿冶系，获工学学士学位。1948年赴美，1949年获密苏里大学矿冶学院硕士学位，1952年获欧特丹大学博士学位。同年进入麻省理工学院任助理研究员。1955年回国，先后任中国科学院金属研究所研究员、副所长、所长、名誉所长，中国科学院腐蚀与防护研究所第一任所长，中国科学院第一技术科学部主任，国家自然科学基金委员会副主任，中国工程院副院长。1980年当选中国科学院学部委员（院士），1994年当选中国工程院院士。1995年当选第三世界科学院院士。

主要从事新型合金和合金钢的研究与开发，是高温合金研究的奠基人、**金属腐蚀**与防护领域的开拓者。他研制成功的300M超高强度钢是最常用的飞机起落架用钢。20世纪60年代，在当时中国镍资源缺乏的情况下，他提出“以铁基代镍基高温合金”的构想，研制成功中国第一个铁基盘材合金GH135，在中国航空工业中起了重要作用。后相继研制成功高强度铁基高温合金3GH761，不含镍的奥氏体耐蚀钢OGr17Mn14Mo2N，铬锰氮系耐热钢、高强耐热钢等，并在工业上得到广泛应用。在他主持下建立的钢中夹杂物的鉴定方法，已推广到全国各主要钢铁企业；他提出的航空发动机空心叶片生产工艺，使叶片的使用温度大为提高。80年代，主要从事科学技术管理工作。1983年主持制定了中国十年规划的新材料发展计划和新技术革命新材料规划，1983年主持创建了中国科学院腐蚀与防护研究所，提出注重材料在自然环境中的腐蚀行为研究及相关数据积累，在三峡工程、西气东输等工程选址中得以应用，并制定了一系列金属与合金腐蚀国家标准。1983年起任《金属学报》主编。创办了《能源材料通讯》（今《材料研究学报》）、《中国科学基金》《自然科学进展》等刊物。任《材料大辞典》主编。1994年获何梁何利基金科学与技术进步奖，2001年获霍英东成就奖，2004年获光华工程科技奖。获2010年度国家最高科学技术奖。

（姜 曦）

湿法冶金 hydrometallurgy 采用溶剂的化学作用，在水溶液中进行氧化、还原、中和、水解、置换及配位等反应，对不同原料（原矿石、精矿或经焙烧预处理后的焙砂）、中间产物或二次再生资源中的有价金属进行分离、富集和提取的冶金过程。由于大多在水溶液中进行，故又称水法冶金。湿法冶金和**火法冶金**是两种基本的冶金过程，同属于化学冶金或提取冶金。

利用湿法冶金从矿石直至得到金属的基本步骤包括：①将原料中的有用成分转入溶液，即**浸取**，又称溶浸、浸出、溶出或湿法分解。浸取法按溶剂分为水浸、酸浸、碱浸；按浸出温度及压力分为常温常压浸取、高温浸取、高压浸取、蒸煮。②浸取溶液与浸渣分离，同时将夹带于浸渣中的溶剂和金属离子洗涤回收，即液固分离（图1）。浸取处理所得悬浮液置于重力场，

图1 陶瓷过滤机——湿法冶金液固分离设备

则固体粒子沉降，上清液和沉淀物分离。通常沉降物颗粒很细，难以在短时间沉降下来，通过添加凝聚剂可促进凝聚沉淀。或利用离心分离、过滤进行机械的液固分离。为了洗掉附着在浸取残渣或者滤饼等固体颗粒上的可溶成分需经多次洗涤。③浸取溶液的净化和富集，常采用离子交换（图2）、溶剂萃取和膜分离技术或其他化学沉淀方法。④从净化液中提取金属或化合物。在工业生产中，常用电解或电积法从净化液中制取金、银、铜、锌、镍、钴等纯金属。铝、钨、钼、钒等多数以含氧酸的形式存在于水溶液中，一般先以氧化物结晶或沉淀析出，然后还原得到金属。

发展史 古代的湿法冶金技术，在中国可以追溯到北宋时期用**胆铜法**生产铜。在《宋史·艺文志》中就有《**浸铜要略**》的介绍。西班牙里奥廷托于1752年开始用湿法生产铜，其工艺与中国北宋时期的

图2 离子交换柱——湿法冶金设备

胆铜法基本相同，重要的进展是硫化铜矿采用人工焙烧法，而不是依靠自然氧化。同时，俄国古米雪夫斯基矿也开始用湿法生产铜。到1889年，奥地利化学家**K.J.拜耳**发明了拜耳法对铝土矿用湿法冶金方法生产氧化铝，并在工业上获得大规模应用。随后，湿法冶金提取金、银和湿法炼锌工艺相继进入工业化。现代湿法冶金始于第二次世界大战中期或20世纪50年代初期，自70年代以来，湿法冶金的发展进入相当活跃阶段，主要表现在以下几个方面：①核武器的研制和核能工业的需要，促使从矿石中湿法提取铀及核反应堆燃料后处理的湿法技术等获得很大发展。例如：中国从低品位铀矿用湿法冶金方法制取八氧化三铀（U_3O_8），在工业上成功采用离子交换树脂在浆（resin in pulp）技术。同时，在核燃料后处理方面采用自主研发的核心装置，如离心萃取进行萃取分离取得了长足进展。②加拿大舍利特高尔顿矿业公司开发的加压湿法冶金技术应用于有色金属硫化矿（锌、镍、钴、铜等）获得成功，包括加压浸取硫化矿和用加压氢还原法从溶液中制取金属粉末，并实现大规模工业生产。中国采用加压湿法冶金方法处理金川和新疆硫化镍矿获得工业应用。③一些稀有金属（如钨、钼、钕、钽等）和半导体材料（如镓、锗、铟、铊等）的湿法提取和精炼技术，从70年代以来得到迅速发展。中国在丰产的稀土资源综合利用方面采用溶剂萃取技术进行稀土的分离与纯化已在工业上应用。④生物湿法冶金是微生物学与湿法冶金的交叉学科。70年代以来，生物冶金技术大规模应用于低品位铜矿及铀矿的提取和含砷难浸金矿的预处理。例如：智利建成世界上海拔最高的湿法炼铜厂、中国紫金矿业和江西德兴铜矿建成大规模硫化铜堆浸厂，难处理金矿微生物预氧化脱砷技术也成功工业化。⑤湿法冶金用于提取低品位、复杂多金属矿石和二次资源中有价组分的综合利用方面得到迅速发展。例如：从粉煤灰、赤泥、电镀污泥中提取有价成分，石煤提钒，废旧锂电池及电子元器件的回收利用等。⑥新技术的兴起，如超临界萃取、离子交换、膜分离等，中国已在湿法冶金领域的提取、分离、纯化及产品制备等方面获得广泛应用。

发展方向 现代湿法冶金是典型的化工与冶金相结合，吸取了现代化学工程的原理、方法和技术，用于强化现有的冶金提取过程，并开发出新的湿法分离方法与流程，促进湿法冶金学科的发展。

湿法冶金在稀有金属、贵金属及铝、锌、镍、钴的提取、富集和分离中占有主导地位，具有对有价金属综合回收率高、有利于环保、生产过程易实现连续化和自动化等优势。由于矿石品位不断下降、环保要求日益严格、对产品质量及纯度的要求越来越高，湿法冶金的作用日益凸显，并与火法冶金互为补充、相辅相成，建立能耗低、环境友好的冶金方法，以及产品多样化、高值化的资源产品一体化将是未来湿法冶金的发展方向。

扩展阅读

陈家镛，杨守志，柯家骏，等.湿法冶金的研究与发展.北京：冶金工业出版社，1998.

杨显万，邱定蕃.湿法冶金.2版.北京：冶金工业出版社，2011.

马荣骏.湿法冶金原理.北京：冶金工业出版社，2007.

（齐 涛）

石门 cross-cut 中段运输平巷与井筒或井底车场相联络的**平巷**。与地面不直接相通，其长轴线与矿体或煤层走向斜交或直交。罐笼竖井、混合竖井、串车提升的**斜井**和**斜坡道**一般在每个**中段**均有一条石门与中段主要巷道（如**沿脉巷道**）相连。用作**主井**的罐笼井，若另设有**副井**，也可以几个中段设一条石门。这种石门称组合石门。两个组合石门之间的几个中段中的矿石，用**溜井**下放到组合石门所在中段后集中提升。这种石门可减少开拓工程量，效率高，但矿石要经溜井转运，并增加了提升功和电能消耗。

（陈 何）

世界钢铁工业 world iron and steel industry 世界上生产生铁、钢、钢材、工业纯铁和铁合金的工业。是世界所有工业化国家的基础工业之一。

生产情况 炼铁和炼钢的大工业生产分别于17世纪20年代和19世纪70年代在英国发展起来，以后在德国、法国、美国、俄国、日本等国陆续得到发展。1875年世界生铁产量约1400万吨，粗钢产量约190万吨，至1913年世界生铁和粗钢产量分别达到8000万吨和7650万吨。第二次世界大战以前，世界钢铁工业的发展较为缓慢。1950年世界生铁产量和粗钢产量分别只有1.3亿吨和1.89亿吨。第二次世界大战结束到20世纪70年代初，世界钢铁工业出现了一个长周期的快速增长。20世纪50年代中期至70年代初期，随着氧气顶吹转炉技术、连续铸钢技术及带钢热（冷）连轧机的发展，钢铁生产能力大为提高。与此同时，各国恢复和发展经济又需要大量的钢铁，这也是钢铁生产较快发展的动力。1974年全球生铁产量增至5.05亿吨，粗钢产量达7.04亿吨。20世纪70年代，两次石油危机和世界性的经济萧条，使得钢铁生产的规模扩张放缓，甚至有些年份出现下降。直至1979年，全球生铁和粗钢的产量才恢复到新的水平，分别为5.29亿吨和7.47亿吨。20世纪最后20年，尽管个别年份世界粗钢产量出现过下降，但总体趋势保持增长，从1980年的7.16亿吨增加到1999年的7.90亿吨。进入21世纪以来，在中国钢铁生产、消费高速发展带动下，世界钢铁工业迎来新一轮快速发展。2008年，全球金融危机爆发，粗钢产量一度出现下滑。2010～2014年，全球粗钢产量又逐步增加，分别为14.33亿吨、15.38亿吨、15.60亿吨、16.50亿吨、16.70亿吨。2015年全球粗钢产量又出现下降，为16.23亿吨，同比下降2.8%。根据世界钢铁协会（WSA）统计数据显示，2015年全球钢材表观消费量为15亿吨，低于2014年的15.5亿吨；2015年全球钢材人均表观消费量为208.2千克，与2014年的217.1千克相比略有下降，这也是全球钢材人均表观消费量连续第二年下降。世界钢铁产业进入全球性过剩阶段，这将是一个漫长的调整过程。但钢铁工业的结构调整并不影响钢铁仍是重要结构材料和功能材料的地位。钢铁材料由于其优异性能，绿色、可循环，成本优势，资源丰富、供应充足、体系成熟等特性仍然将是不可或缺的必选材料，在世界经济、社会发展中扮演重要的角色。当然，钢铁也将面临来自其他材料替代的挑战，钢铁材料和其他材料之间形成既竞争又融合的发展趋势。

全球钢铁产业重心几经转移，先后经历了从英国开始，向欧美、苏联与东亚的阶段性转移。受益于第一次工业革命和转炉炼钢技术的发明，英国粗钢产量在1885年以前一直居世界首位，1885年达到191.7万吨。随着第二次工业革命的到来，在科技进步和自身创新的有力带动下，西欧与美国迅速崛起。英国钢铁生产中心的地位被美国和西欧替代。美国的粗钢产量于1886年跃居世界第一位，达到260.4万吨，并长期保持世界首位。1919年，世界粗钢总产量为5850万吨，其中，美国的粗钢产量占世界总产量的比重高达59.2%。第二次世界大战后，苏联经济在1966～1970年进入新的发展阶段，提出增加粗钢产量的发展方针。苏联粗钢产量在1971年达到1.21亿吨，首次超过美国，并长期居世界第一位。但由于技术政策保守、品种质量等因素，苏联钢铁工业的竞争力逐步降低。随着东亚经济的快速发展，市场对钢铁的需求十分强劲。20世纪80年代，世界钢铁产业的重心逐步向东亚（日本、中国、韩国）转移。1980年日本粗钢产量上升至全球第二位，达到1.11亿吨，其他依次为美国、联邦德国、中国、意大利、法国、英国。从20世纪90年代初期开始，钢铁产业转移的趋势更加明显。

重要钢铁工业区域 钢铁工业发展的重要区域包括欧洲、美国、独联体国家、日本、韩国、中国、印度、拉丁美洲。

欧洲 19世纪后半叶，欧洲是全球钢铁工业的集中地。从贝塞麦转炉到西门子-马丁平炉，再到托马斯碱性转炉工艺，基本都是在欧洲发明的。1875年，英国、德国、法国的粗钢产量达到135万吨，约占世界的70%。一直到第二次世界大战前，欧洲钢铁工业在技术和产量上均领先世界。第二次世界大战以后，欧洲钢铁工业进入产能恢复与增长期，成立了“欧洲煤钢共同体”，为钢铁工业结构调整、新工艺技术采用，并进行现代化改造提供了条件，粗钢年产量从第二次世界大战后初期的2000万吨快速增长至1974年的1.8亿吨。1973年与1979年两次石油危机导致西方工业经济衰退，欧洲钢铁业陷入产能过剩困境；1975～1987年，欧洲钢铁产量出现负增长，钢材年消费量从1.56亿吨下降至1.4亿吨。1980年，欧洲钢铁工业采取一系列调整政策，产能和就业人数有效压缩，生产效率提高。1993～2008年，欧洲钢铁进入整合发展时期，出现了安赛乐米塔尔、克鲁斯、蒂森克虏伯等跨国钢铁企业，欧洲钢铁工业的整体竞争力得到增强。2008年金融危机严重冲击了欧洲钢铁业。为应对危机，欧洲钢铁工业进一步削减产能、优化资产结构，推动新一轮的整合。然而，在全球钢铁产能过剩的大背景下，欧洲钢铁工业的发展面临很大挑战。2015年，欧盟粗钢产量为1.662亿吨，同比下降1.8%。

美国 钢铁资源丰富，有五大湖区的铁矿和阿巴拉契亚的优质焦煤，大部分钢铁厂都建在这个地带。美国钢铁工业发展较早，1868～1880年，美国粗钢产量以年均40%左右的速度增长，1880年达126.7万吨，而且产品品种齐全、质量好，生产技术较为先进；1881～1920年，美国粗钢产量从161.4万吨增长到4281万吨，以年均10%的速度增长，比英国、德国等欧洲国家都要快；1921～1955年，美国粗钢产量以年均约7%的速度增长，1953年美国粗钢产量突破1亿吨，达到1.01亿吨，1955年达到1.06亿吨；1956～1973年，美国粗钢产量开始小幅增长，1973年粗钢产量达到1.37亿吨，是美国历史上最高年产量，随后开始下降。大型钢铁集团——美国钢铁公司（USS）在1901年就组建成功，最高年产钢量曾达到3200万吨。但是过大的生产体系容易僵化，也是美国钢铁产业衰落下来的原因之一。20世纪40～50年代大量建设的钢厂多为高炉一碱性平炉一模铸流程，设备和技术更新慢。美国社会废钢积累多，电炉炼钢流程在20世纪50年代发展起来。

随着美国工业化的实现，其对钢材需求量的增速明显放缓，一些著名钢厂兼并、倒闭、转型。美国产业结构的调整，引起对钢材的需求总量和结构也发生了相应变化。美国钢铁工业进入衰退阶段。进入21世纪，美国钢铁工业迎来新一轮的结构调整，通过整合，美国钢铁工业的规模效应和技术创新能力有所回升，美国钢铁公司、纽柯钢铁公司等成为美国钢铁工业两类代表性企业。2015年，美国粗钢产量为7890万吨，同比下降10.5%。

独联体国家 矿产资源丰富，库尔斯克和乌拉尔铁矿、库兹巴斯和卡拉干达的煤矿都是大矿区，北极圈的伯朝拉有炼焦煤。乌克兰克里沃罗格铁矿和顿巴斯煤也是世界知名。沙皇俄国在17世纪30年代就在中央区开始建立钢铁工业。18世纪，沙皇俄国在乌拉尔地区发展炼铁工业。从18世纪30年代到19世纪初，俄国的炼铁生产一直居世界首位。受农奴制度的束缚，19世纪上半叶，俄国钢铁工业发展非常缓慢。1861年农奴制废除，俄国钢铁工业得以快速发展。第一次世界大战爆发后，俄国钢铁工业发展受到影响，钢铁产量连续下降。十月革命胜利以后，在实行新的经济政策后，苏联钢铁工业得到迅速恢复。1940年苏联钢产量达到1831万吨，仅次于美国和德国，居世界第三位。卫国战争时期，苏联钢铁工业遭受严重破坏。第二次世界大战后，苏联钢铁工业得到恢复发展。1971～1988年，苏联粗钢产量逐步增长，达到1.63亿吨，为历史最高产量，随后苏联钢铁工业发展速度下降。1992年苏联解体，当年俄罗斯粗钢产量为6712万吨，被日本超越。苏联解体后，各加盟共和国成立了独联体，钢产量逐年下降，至1995年独联体钢产量下降至7851.8万吨。独联体国家中，俄罗斯和乌克兰的钢铁产量占独联体总产钢量的90%以上。进入21世纪，俄罗斯、乌克兰钢铁生产经历了长时间衰退后，实现强劲反弹。俄罗斯2000年粗钢产量达到5914万吨，居世界第四位；乌克兰达到3177万吨，居世界第七位。2008年全球金融危机爆发，俄罗斯、乌克兰钢铁生产大幅下滑，2010年以后又逐步回升，2010年，俄罗斯粗钢产量达到6694万吨，乌克兰达到3343万吨。2013年乌克兰危机，乌克兰钢产量再次大幅下滑。2015年，独联体地区同比下降4.3%，2015年粗钢产量为1.015亿吨；俄罗斯2015年粗钢产量7110万吨，同比下降0.5%；乌克兰同比下降15.6%，2015年粗钢产量为2290万吨。

日本　日本钢铁工业起步较晚，大致是在19世纪末开始的。第二次世界大战前，日本粗钢产量最高年份为1938年，年产粗钢为647.2万吨。日本国土面积不大，资源有限。第二次世界大战后，迅速发展起矿石和煤的海上运输，在沿海建大型钢铁企业，采用最新工艺组成生产线，钢铁工业迅速发展。钢铁厂采用大型高炉—氧气顶吹转炉—连铸连轧生产流程，充分发挥规模经济效益的优越性。特别是1955～1975年，日本粗钢产量从940.8万吨增长到1.02亿吨。其间，世界粗钢产量增长了1.4倍，而日本则增长了约10倍。1965年日本粗钢产量4116万吨，仅次于当时的美国和苏联。1973年，日本粗钢产量达到1.19亿吨，是历史最高产量。第一次石油危机以后，日本进行能源战略调整，钢铁工业进入发展瓶颈期。日本钢铁工业在制造业中的地位逐渐降低，迫使日本采取以科技带动钢铁工业发展。20世纪90年代，日本政府鼓励钢铁工业开拓海外市场，实现了市场的迅速扩张，日本钢铁工业得到重新崛起。由于苏联解体，1992年日本成为全球第一大钢铁生产国，粗钢年产量为9813.2万吨。1996年，中国取代日本成为产钢第一大国。通过一系列的联合重组，日本具有代表性的钢铁企业有新日铁住金、钢铁工程控股（JFE）、神户制钢等。2015年，日本粗钢产量1.052亿吨，同比下降5.0%。

韩国　20世纪60年代初期是韩国钢铁工业发展的起步时期，但发展速度较为缓慢。60年代后期，韩国政府制订“发展重化工业长远计划（1972～1981年）”，从法律和政策层面给予钢铁工业支持，并建立大型钢铁联合企业，以浦项制铁为代表的钢铁企业快速发展。70年代，韩国粗钢产量从1970年的218万吨增长到1979年的540万吨，年复合增长率达到21.9%，钢材自给率逐步提高。80年代，受韩国政府政策转型的影响，同时也是适应行业自身发展的需要，韩国钢铁企业努力提高生产率，增加高附加值产品的比重，把改善产品结构、推动产业升级作为发展目标。这一阶段，尽管发展目标有所调整，韩国粗钢产量仍保持了11%的增长。90年代，韩国更加重视科技在工业中的作用，1994年研究开发投资达到7.89万亿韩元，同时韩国在美国、日本等国家设立研究中心，利用当地资源推动研发水平的提高，加速研发成果转化，这一时期韩国钢铁工业保持了温和增长。2015年，韩国粗钢产量为6970万吨，同比下降2.6%。

韩国浦项制铁公司远景

中国　19世纪末，清政府发展近代交通设施和国防工业，对钢铁的巨大需求催生了**中国近代钢铁工业**。1890年兴建湖北汉阳铁厂和大冶铁矿，标志着中国近代钢铁工业的兴起。1908年汉阳铁厂、大冶铁矿、萍乡煤矿联合组成汉冶萍煤铁厂矿公司。第一次世界大战后，钢铁价格暴跌，汉冶萍公司只能靠借贷维持，从此衰落。第一次世界大战前后，本溪、鞍山、上海、阳泉和北京石景山等地的钢铁工厂先后建设。1937～1949年，中国钢铁工业发展乏力。总体而言，中国近代钢铁工业的特点是具有典型的半殖民地半封建性质，一直处于落后地位。中华人民共和国成立前，中国粗钢产量最高为92.3万吨/年（1943年）。1949年之后，中国钢铁工业经过建设、发展，1976年粗钢产量达2046万吨。1978年改革开放以来，中国粗钢产量稳定增长，在1996年达到1.01亿吨，首次成为世界第一产钢大国。2000年以后，中国钢铁生产消费高速增长，尽管其间受到国际金融危机的冲击，但总体上中国粗钢产量保持快速膨胀态势，2014年达到8.23亿吨，粗钢产量年均增长约14.2%。2015年中国粗钢产量为8.04亿吨，同比下降2.3%。

印度　18世纪末，印度形成了钢铁工业的雏形。20世纪初，塔塔钢厂成立，第一座高炉于1911年12月投产。1939年印度钢铁有限公司成立，具备了35万吨/年的生产能力。1947年印度独立时，共有三家钢铁厂，粗钢产能为100万吨/年。为了推动印度钢铁工业的发展，印度一方面提高国内钢铁厂的产量，另一方面与联邦德国、苏联和英国合作新建3座100万吨/年的钢厂。1964年、1979年印度又建成了两座钢厂。1958～1965年，印度钢产量增长了361%，连续7年的年均增长率超过20%。从20世纪60年代末开始，受资金及政府政策乏力影响，印度钢铁工业发展逐步减弱。印度的粗钢产能大部分分布在铁矿石富集的奥里萨邦、加尔克汉德邦和恰蒂斯加尔邦。印度钢铁工业的布局有以下两个基本特点：一是以大型钢铁联合企业为骨干，同时中小型电炉钢厂发展较快；二是内陆建厂，分布集中，接近原燃料产地和主要消费区。印度在扶持国营钢铁企业的同时，也鼓励私营钢铁企业发展，因此，印度钢铁企业呈现出私营企业和国营企业共同发展的态势。印度主要钢铁企业有国营的印度钢铁管理局、维扎格钢铁公司，私营的塔塔钢铁公司、京德勒西南钢铁公司、埃萨钢铁公司、京德勒钢铁和电力公司等。随着印度经济的增长，受国内钢材需求增长的支撑，2008～2013年印度粗钢产量从5779.1万吨增长到

8129.9万吨，以年均6.7%的速度在增长。2015年印度粗钢产量同比增长2.6%，达到8960万吨，超过美国成为世界第三大产钢国家。印度的钢材消费主要是基础设施建设，用钢比例超过60%。印度拥有丰富的高品位铁矿石资源，原矿储量70亿吨，平均铁品位64%，铁矿石资源位居全球第六，成为钢铁工业快速发展的重要支撑。印度还有丰富的煤炭资源，是继中国、美国之后的第三大煤炭生产国。但是焦煤储量较少，而且质量较差，这是影响其钢铁工业发展的一个因素。

拉丁美洲　20世纪30年代，巴西和阿根廷等国从本国的安全出发，大力建立钢铁工业。1939～1945年，由于西方国家忙于战争，无力向拉丁美洲大量出口钢材，拉丁美洲一些国家不得不加速实施本国钢铁工业的发展计划，以满足日益增长的国内需求，钢铁工业取得了初步发展。在巴西，政府制订了国营钢铁工业发展计划。1941年，巴西国家钢铁公司的沃尔塔雷东达钢铁厂动工兴建，1946年正式投产。同时，巴西政府还成立了国营公司从事大规模的铁矿开采。巴西的铁矿石不仅自给有余，而且开始大量输往国外。20世纪40年代，阿根廷提出了钢铁工业发展计划，1947年阿根廷政府开办了索米萨钢厂。在智利，国营智利发展公司在瓦奇帕托建立了一座现代化的炼钢厂。秘鲁于1943年成立了第一家钢铁公司。委内瑞拉的钢铁工业起步较晚，直到1962年7月才在政府的资助下炼出了第一炉钢。1964年成立的国营瓜亚那奥里诺科钢铁公司是委内瑞拉第一家大型钢铁联合企业。此后，委内瑞拉的钢铁工业飞快地发展起来。2015年，南美地区生产粗钢4390万吨，同比下降2.5%，其中巴西粗钢产量为3320万吨，同比下滑1.9%。中美洲的墨西哥2015年钢产量达到了1820万吨，也是拉丁美洲地区的主要产钢国。

生产技术　随着世界经济和科学技术的发展，对钢铁需求量日益增长，对钢材质量要求越来越高，加上资源条件的变化，生产技术不断发展。

炼铁　**高炉炼铁**在炼铁生产中一直占主导地位。19世纪30年代，英国第一次利用**高炉煤气**来加热鼓风，同时出现了封闭式炉顶，高炉生产技术和构造发生了巨大变化，新技术不断涌现。19世纪50年代开始生产人造富矿，高碱度烧结矿、酸性球团矿和优质焦炭逐渐成为高炉的主要原燃料，高炉冶炼指标明显改善。高炉炼铁向着大型化和高效率的方向发展。高炉由1860年前最大容积100～300立方米，发展到19世纪末的500～700立方米，20世纪中后期的1000～3000立方米、4000～6000立方米。20世纪80年代日本、巴西、韩国等建成400平方米及以上的大型带式烧结机约40台。高炉操作技术进步明显，高炉上下部调剂技术相结合，获得高炉内合理的炉料分布和煤气分布；出现高压炉顶操作，高炉冶炼强度和利用系数提高；富氧鼓风和喷吹煤粉技术发展，90年代最大喷煤量达到200千克/吨以上，焦比降到300千克/吨以下；高炉风温从20世纪中叶的500～600℃提高到后期的1100～1300℃，鼓风热量的带入显著降低了焦炭消耗。20世纪70年代后高炉寿命延长，90年代最高达到20年，一代炉役单位炉容产铁量最高可达12 000吨/米^3。20世纪后叶，低硅炼铁技术起步，炼钢生铁中含硅量逐步下降，降低了高炉焦比、提高了产量、减少了炼钢脱硅熔剂消耗。高炉监测和操作专家系统逐渐成熟，对稳定和优化高炉炉况，延长设备寿命均具有积极的促进作用。随着高炉大型化的发展进程，钢铁企业内的高炉座数逐步减少，一些先进企业出现了以一两座大型高炉为核心的生产格局。

非焦炼铁在探索和实践中不断优化。1957年墨西哥建成希尔（HYL）法炼铁，21世纪后发展成高能铁（ENERGIRON）法；1969年德国建成米德莱（Midrex）法等气基直接还原装置；1989年首座年产40万吨熔融还原科雷克斯（COREX）法工厂实现工业化运行。

炼钢　最早的炼钢装备以空气底吹转炉和平炉为主，历经了由酸性炼钢法到碱性炼钢法的工艺变迁。19世纪末，第一台**炼钢电弧炉**投入生产。20世纪50年代前，平炉炼钢占世界钢产量的85%以上。20世纪50年代后，**氧气顶吹转炉炼钢**发展迅速，**电弧炉炼钢**显著增加。20世纪60年代后期出现了**氧气底吹转炉炼钢**。1970年世界氧气顶吹转炉钢的产量超过平炉钢而居各种炼钢方法的首位。1979年顶底复合吹炼转炉首先在日本投入工业生产，并且显示出更大的技术经济优势，因而得到迅速推广。20世纪80年代以来，转炉和电炉炼钢的比例不断增加，平炉作为传统的主要炼钢设备逐渐退出历史舞台。同时，炼钢装备大型化、炼钢工艺技术和节能减排技术也进步明显。**铁水预处理**技术迅速发展，为转炉经济高效地生产高质量洁净钢提供有利条件；钢包精炼和**喷射冶金**技术迅速发展，使电弧炉炼钢的效率进一步提升；真空处理、吹氩处理、**喂丝法**等二次冶金技术使转炉钢的洁净度大幅提高，产品品种开发能力增强；转炉负能炼钢、转炉炼钢自动化、转炉干法除尘、转炉滑板出钢、电炉集束氧枪和供电优化、电炉**烟气余热回收**、钢渣处理与高效利用等技术的普遍应用，降低了炼钢生产对环境的影响，促进了炼钢过程高效化和绿色化。

连续铸钢　连续铸钢（简称连铸）与钢锭模浇铸（即利用液态钢水在钢质模具铸造钢锭，即通常所说的“模铸”，不同于连铸，其为间断式生产）相比，具有节省能源、提高质量、降低劳动强度、提高钢水收得率和劳动生产率等优势，特别是全连铸钢铁制造流程引起了钢厂发展模式的转变，因此，连续铸钢技术在世界范围内得到广泛应用。自1950年第一台工业生产用连铸机建成以来，连铸技术和装备得到了快速发展，连铸机机型、工艺和设备不断改进，特别是结晶器技术、中间包冶金技术、保护浇注技术、水冷和水质控制技术、二次冷却技术、液压振动技术、电磁搅拌技术、动态轻压下技术等得到长足的进步。产品的质量品种和生产效率不断提高，检测、自动化控制水平不断提升。1989年美国纽柯公司采用德国西马克公司开发的**紧凑式热带钢生产工艺**（CSP），在全球率先开展了工业化生产。21世纪，薄带连铸和**无头轧制**成为冶金及材料研究领域的前沿技术，引起各国重视。世界连铸比已由1970年的6%增加到2015年的95.9%以上。中国连铸比从1990年的22.3%快速上升至2015年的99%以上。

轧钢　20世纪，随着连续铸钢技术的广泛应用，高能耗、高成本、低成材率的间隙式、周期式轧制生产方式和初轧/开坯等二次成材技术逐步被淘汰，轧钢生产线的连续化、自动化、专业化快速发展。在热轧、冷轧带钢轧机和线材轧机上实现了连续轧制，还发展了连续式型钢轧机和连续式钢管轧机；出现了无头轧制技术。连续轧制和无头轧制技术的发展与应用明显提高了成材率，减少了切头尾损耗，减少了废品，提高了产品尺寸精度。随着近终形连铸技术、薄带连铸技术的开发与应用，将使炼钢—精炼—连铸—轧钢工艺流程缩短并一体化。**控制轧制**和**控制冷却**技术将形变—相变过程结合在一起，成为产品开发、提高质量的重要技术措施。轧钢技术进步的方向有绿色化特征，在轧制过程与轧制产品研发上具体体现在4个方面：高精度成形，高性能成形，减量化成分设计，减排放清洁工艺。

重要原料　主要是铁矿石和废钢铁。

铁矿石　2015年世界铁矿石储量1900亿吨，其中铁含量870亿吨。但全球铁矿石资源分布并不均衡，集中分布在少数国家和地区，澳大利亚、巴西、俄罗斯、中国、印度、美国、乌克兰、加拿大和瑞典这9个国家的铁矿石储量占世界总储量的87.2%，占世界总储量比重分别为28.3%、16.6%、13.3%、12.3%、4.3%、3.7%、3.5%、3.4%和1.9%。高品位优质铁矿资源分布不平衡的特点更为突出。全球富矿资源主要集中在澳大利亚、巴西、印度、委内瑞拉、瑞典、南非以及非洲西部的部分国家。进入21世纪后，世界钢铁工业快速发展，世界铁矿石产量（成品矿）稳步上升，从2004年的11.9亿吨，增加到2015年的19.5亿吨，增长了63.8%。全球铁矿石生产供应和市场需求在区域分布上明显不平衡，亚洲铁矿石需求量远大于当地产量，而南美洲和大洋洲的产量远大于需求量，导致全球铁矿石贸易量逐年增加。2015年，全球铁矿石出口贸易量达到14.47亿吨，主要出口国为澳大利亚和巴西；全球铁矿石进口量达到14.21亿吨，主要进口国为中国、日本、韩国和德国。2015年，全球铁矿石四大公司淡水河谷、力拓、必和必拓和FMG铁矿石产量达到10.1亿吨，占全球产量的51.8%，出口量占全球总出口量近70%，国际铁矿石市场集中度较高。

废钢铁 作为一种可循环使用的金属资源，具有节能环保优势，主要用于废钢—电炉短流程生产中。发展废钢铁产业、增加废钢铁供应能力是缓解对铁矿石过分依赖的重要途径。每多用1吨废钢，可减少消耗1.7吨铁精矿粉，减少4.3吨铁矿石原矿的开采量，节约0.4吨焦炭或1.0吨左右原煤。与高炉—转炉长流程相比，用废钢—电炉短流程可节约能源60%，节水40%，减少排放废气86%、废水76%和废渣（含尾矿）97%。随着全球钢铁工业的发展，主要产钢大国的钢铁蓄积量都快速增长，但由于高炉—转炉长流程的产量增长快、所占比重较大、废钢质量参差不齐且回收期较长等原因，全球废钢消费量并未呈现大幅增加。未来，在绿色发展理念持续深化、铁矿石价格趋于稳定的大背景下，废钢铁产业的发展必将对全球钢铁工业实现结构优化，节能减排，环境友好，从资源配置源头规避碳排放和提高钢厂的劳动生产率，有着明显的实用价值和战略意义。

发展趋势 世界钢铁工业正向以下两方面发展：①绿色化。钢铁工业是资源、能源密集型产业，钢铁工业的发展离不开资源的开发、能源的消耗和废弃物的排放。钢铁工业必须通过技术进步和转变发展模式，寻求环境和经济利益的平衡点，实现绿色发展，才能在促进经济增长的同时，确保生态环境，为提供人类福祉所需要的环境服务。绿色化将成为化解世界范围内“资源-能源约束，环境-生态约束，市场-品牌约束”这三大制约因素的重要路径之一。绿色化将与低碳经济、循环经济等概念融合在一起推动全球钢铁工业转型升级。②智能化。指由现代数字技术与信息技术、计算机网络技术、智能控制技术和优化了的钢铁制造系统相互汇集而成的数字物理系统。钢厂智能化包括智能化设计、智能化生产运行、智能化物流、智能化服务、智能化管理等。美国、德国、日本等发达国家相继提出“再工业化”战略，其中具有代表性的是德国的“工业4.0”和美国的“工业互联网”。钢铁工业属于流程制造业，应针对钢铁生产运行的特征，在优化自身物理系统-钢铁制造流程的基础上，集成、融合相关的各种数字化、信息化技术，开发出行之有效的整体智能化系统技术，以进一步增强竞争力。

扩展阅读

郑玉春.世界钢铁工业发展现状及未来发展分析.冶金管理，2008(12)：14-18.

杨婷.世界钢铁工业格局的演变.冶金信息导刊，2007(5)：5-8，59.

黄涛.新世纪全球钢铁工业发展现状分析.冶金管理，2010(11)：4-23.

杨金善.世界钢铁工业发展简介.冶金信息导刊，1990(1)：20-22.

胡邦喜.当今世界钢铁工业发展特征浅析.冶金设备，2005(4)：32-34，61.

金琳.世界钢铁工业未来十年的发展前景.冶金管理，2007(12)：33-34.

张晓平，张青云.世界钢铁工业发展趋势及对我国钢铁工业的影响.世界地理研究，2005(2)：80-86.

（李新创 李 闯）

世界有色金属工业 nonferrous metals industry in the world *有色金属*的地质勘探、*采矿*、*选矿*、冶炼和加工等工业。是从开采与利用金、银和铜、铅、锌等逐步发展起来的。20世纪以来，电力、交通运输、航空航天、家用电器、军事工业以及电子、信息等高新技术产业的发展，引起铝、镁等轻金属，镍、锌等重金属以及稀有稀土金属等工业也快速发展起来。

产量 20世纪50年代到21世纪初，有色金属在世界金属总产量中虽然只占5%（钢铁约占95%），但其产值却几乎与钢铁相当。由于有色金属的经济价值高，应用领域广，有色金属工业发展十分迅速。2013年，世界铝、铜、锌、铅、锡、镍、锑、镁、汞、钛10种主要有色金属总产量约为9700万吨，占世界金属总产量的5.7%左右。

资源 世界有色金属矿产资源十分丰富，但分布很不均匀，主要集中在亚洲、澳洲、非洲和拉丁美洲。①铝资源主要是铝土矿，总储量约为280亿吨，主要分布在沿赤道线附近的热带地区，如几内亚、澳大利亚、巴西、越南、牙买加等。其中主要是红土风化型的三水铝石型铝土矿。而中国、欧洲巴尔干地区、伊朗等地的铝土矿则属于难溶的一水硬铝石型铝土矿。②铜资源主要分为斑岩性铜矿、砂页岩型铜矿、黄铁矿型铜矿、铜镍硫化物型铜矿。世界铜矿总储量7.2亿吨，主要分布在智利、澳大利亚、秘鲁、墨西哥，以及美国和中国。③锌资源主要分为闪锌矿、红锌矿、菱锌矿以及含锌硅酸盐矿物等。世界锌矿总储量约为2亿吨，主要分布在澳大利亚、中国、秘鲁、墨西哥和美国。④铅资源主要分为方铅矿、白铅矿和含硫铅锌矿，总储量约为8900万吨，主要分布在澳大利亚、中国、俄罗斯、秘鲁、墨西哥。⑤锡资源主要有锡石、黄锡矿、硫锡铅矿等，总储量约为480万吨，主要分布在中国、印度尼西亚、巴西、玻利维亚。⑥镍资源主要有硫化镍矿（如镍黄铁矿、紫硫镍铁矿、镍硫化矿、针硫镍矿等）和氧化镍矿（镍红土矿），总储量约为7900万吨，主要分布在澳大利亚、巴西、新喀里多尼亚、俄罗斯、古巴。

主要生产方法 铝、铜、锌、铅是产量最大的4种有色金属，产量占有色金属总产量的80%以上。其冶金历史代表着世界有色金属工业的发展历史。

铝冶金方法 在19世纪80年代，欧洲和北美洲发明了处理铝土矿生产氧化铝的拜耳法和采用熔盐电解法从氧化铝生产原铝的霍尔-埃鲁法，形成了世界铝工业技术发展的基础。

生产氧化铝的流程除了拜耳法外，还开发出烧结法、拜耳-烧结联合法等多种流程，但拜耳法始终是最重要的主体流程。铝电解方法由阳极自焙槽技术发展为预焙炭阳极电解技术，槽容量也从原有的几千安培提高到数十万安培，但原理上仍然是熔盐电解法的霍尔-埃鲁法。

100多年来世界铝工业通过节能减排、强化高效、提高生产效率、改进装备等途径，得到了快速发展。氧化铝工业技术的主要发展方向是：高循环效率和产出率的强化拜耳法，大型化、智能化的节能技术装备，高质量的砂状氧化铝产品，赤泥无害化堆存和综合利用，中低品位铝土矿的高效处理技术。电解铝工业技术的主要发展方向是：高电流效率、低电耗、高电流密度和大电流容量、长寿命的预焙铝电解技术，新型阴极结构铝电解槽技术，先进的新型槽控系统，优质炭阳极生产技术，以及高效节能的烟气净化和废槽衬处理技术。

铜冶金方法　世界炼铜已有数千年历史。1698年英国开始采用**反射炉**炼铜，1880年出现用**转炉吹炼**铜锍工艺。直到20世纪80年代，世界炼铜工业基本上都采用了**鼓风炉**、反射炉的**熔池熔炼**形成铜锍，转炉吹炼铜锍生产粗铜以及电解精炼的炼铜工艺。

20世纪80年代以来，先后开发出**浸没式顶吹炼铜法**的艾萨和澳斯麦特工艺、侧吹熔炼工艺、富氧底吹熔炼工艺以及奥托昆普公司的**闪速熔炼**技术，形成了熔池熔炼和闪速熔炼两类主体技术。铜锍吹炼技术也相继开发出闪烁吹炼和转炉强化吹炼两类吹炼技术。从而形成了世界现代炼铜的主体工艺。

大型、高效、节能、减排、余热和资源的综合利用是铜冶金工业技术发展的主要方向。

锌冶金方法　湿法炼锌是现代炼锌工业的主体工艺，于1916年实现工业化。1965年黄钾铁矾沉铁法研究成功并用于工业生产，大幅度提高了锌的回收率，使湿法炼锌得到了迅速发展。几乎所有现代炼锌工业都采用湿法炼锌工艺。

湿法炼锌工艺的主体流程是：锌矿物氧化焙烧—浸出（浸出渣处理）—溶液净化—电解。锌矿物中的硫在焙烧过程中以二氧化硫排出，并产出硫酸。另外也开发了直接氧压浸出的湿法炼锌技术，但工业应用仍不广泛。

湿法炼锌工业技术的主要发展趋势是：大型化、连续化、自动化、高效化、清洁化和综合化。

铅冶金方法　铅的冶金工艺主要是**火法冶金**，烧结-鼓风炉熔炼法使用时间久远。铅的现代冶金方法主要包括20世纪70年代先后开发的德国鲁奇公司QSL法、澳大利亚开发的顶吹浸没熔炼-鼓风炉还原熔炼-烟化炉烟化法以及瑞典波利顿公司的卡尔多炉直接炼铅工艺。中国在20世纪90年代开发了底吹熔炼-鼓风炉还原熔炼-烟化炉烟化法炼铅工艺，21世纪初开发了底吹炉氧化脱硫-底吹炉（或侧吹炉）还原-烟化炉回收锌的**三联炉炼铅法**。基夫赛特法是由苏联于20世纪80年代开发的一种一步闪速熔炼法。

现代铅冶金生产技术的主要发展趋势是：①采用强化冶炼的冶金设备，提高热能利用效率。②使用氧气和富氧空气，降低熔炼烟气量，提高烟气SO_2利用率，减少排入大气的有害烟气量。③充分利用硫化物的燃烧热，降低熔炼过程能耗。④控制有害物质的无组织排放，满足环保要求。⑤实现工艺的高度自动化，降低工人劳动强度。

主要生产国　世界有色金属的主要生产国有中国、俄罗斯、美国、澳大利亚、日本、加拿大等。印度、巴西、智利、墨西哥、秘鲁等具有资源优势的国家，也正逐步成为有色金属生产大国。

中国　在十大有色金属铝、铜、铅、锌、镍、锡、锑、镁、汞、钛中，除了镍产量居世界第二位外，其余均为世界第一，此外稀土、镓、硅等重要的有色金属也居世界第一。中国已成为世界有色金属生产第一大国，2019年十大有色金属总产量达到5866万吨。

俄罗斯　有色金属资源比较丰富，铜、铅、锌和镍的储量都居世界前列，其有色金属产量在世界上占有重要地位。俄罗斯有11种有色金属产量位居世界前5名，其中镍产量居世界第一位，铝产量居世界第二位，镁、钛产量居世界第三位。2013年俄罗斯十大有色金属总产量约为530万吨。

美国　18世纪80年代开始产铜。1981年铜、铝、铅、锌、镍和锡的总产量达到797.7万吨。包括稀有金属在内的所有有色金属都能生产。美国在大力开发本国铝、铜、铅、锌、钼和稀土元素等资源的同时，还进口短缺的有色金属，依靠先进的生产技术和巨大的国内市场，发展成为世界上有色金属生产和消费总量都最多的国家。美国十分注重有色金属矿物的综合利用和废料的回收、再生，如从重有色金属矿冶炼过程中回收锗、硒及其他稀散金属。20世纪90年代，因资源、能源等问题，美国逐步调整产品和经济结构并削减有色金属产量。2013年铅和镁产量居世界第二位，金产量居世界第三位，铝、铜、钛产量居世界第四位。2013年美国十大有色金属总产量约为448万吨。

澳大利亚　澳大利亚是传统的世界有色金属资源和生产大国，锌、铅、镍的矿产资源量居世界首位，铝、铜资源量位于世界第二。镍、金、银、铝的产量居世界前列，2013年澳大利亚十大有色金属总产量约310万吨。

日本　铜和铅、锌工业具有悠久历史，但资源贫乏，主要依赖进口原料。60年代发展较快，而且自1969年以来，有色金属产量一直居世界第三位。1981年铜、铝、铅、锌、镍和锡的总产量为290.5万吨。日本有色金属矿能够自给的只有硅砂等少数矿种，小部分自给的有铜、锌、钨、钼和钛等，全部依赖进口的有铝、镍、钴、锆、铍、稀土、钽、铌、锂和钒等。日本在革新生产工艺的同时，大量引进国外先进技术，并加以消化和发展，使有色金属生产的技术和装备相继达到世界先进水平。

加拿大　有色金属资源丰富。锌储量居世界第二位，镍、钨、铌储量居第二位，钼储量居第三位，铜、铅、镉、镁、钴、金、银及铂族金属的储量也比较丰富。有色金属采矿和冶炼工业较发达。1976年，有色金属矿石产量中，镍、锌占世界第一位，钼、钴、铌占第二位，金、银、铂族金属占第三位，铅、铜、镉、镁占第四位。1981年铜、铝、铅、锌和镍的总产量为256.9万吨，居世界第四位。炼镍业已有100多年历史，是精镍的传统出口国。炼镍和炼铜方法齐全，技术先进。1973年研究成功用氧气顶吹转炉吹炼-高压羰基化流程处理高冰镍。同年连续炼铜法（诺兰达法）实现工业化，此法与日本的三菱炼铜法同属先进的炼铜方法。加拿大水电资源丰富，电价低廉，适宜发展铝工业。1909年开始产铝，铝产量居世界第三位，80%以上的原铝供出口。还重视有色金属矿物的综合利用，全部铂族金属和90%的钴是从铜、镍冶炼过程中回收的，90%的银和2%的金是从重有色金属冶炼过程中回收。

发展的主要特点　世界有色金属工业发展的主要特点是：①有色金属冶金企业主要建设在矿产资源和能源丰富、基建条件较好的地区。②大部分有色金属矿在冶炼之前，需要进行选矿，以提高精矿品位，减少冶炼过程的物料流量和能耗。③节能降耗是降低有色金属生产成本的关键，有色金属生产科技进步的重点是开发新流程、新工艺和新装备，实现生产过程的节能降耗。④有色金属矿产通常是多金属共生矿，需要依靠科技进步在冶炼过程中加以分离提纯，实现矿产资源的深度利用。

未来发展趋势　世界有色金属工业未来的发展趋势是：①向大规模、集约型、智能化工业企业发展，形成较为完整的产业链，提高资源、能源的利用率，在接近矿产资源和能源的地点建厂，以减少物流成本。②研究开发低品位资源、选矿尾矿以及生产固体废弃物资源的高效利用技术，提高资源利用效率。③研究开发高效节能降耗技术及装备，进一步大幅度降低能耗和物耗、提高生产效率。④建设环境友好的少排放、无排放的有色金属冶金企业。（顾松青）

首采地段 first mining area 根据矿床总体开采方案，在技术条件允许和保护资源的前提下，先期开采的基建工程量小、投产快和品位高的矿段。选择的影响因素：矿山前期经济效益、投资风险、基建投资、基建时间、矿石品位。

选择的原则：①矿床勘探程度高、资源储量集中，提高首采地段资源储量的可靠性，减少开拓、采准、切割工程量，降低投资风险。②矿床开采技术条件好、埋藏浅的地段，减少基建工程量，开拓采准巷道支护量，节省基建投资，缩短基建时间。③矿石品位较高、矿石质量好，确保矿山前期生产出窿金属量，销售收入高，经济效益好。④矿石易采易选，降低采选成本。⑤便于配矿，降低入选品位的波动幅度，维持选矿工艺运行的稳定性，保证选矿回收率。（刘福春）

竖井 shaft 为采矿活动而开凿的直立井筒。一般为圆形断面，包括明竖井和盲竖井。井口直接通地面的称为明竖井，不直接通地面的称为盲竖井。竖井一般按照功能来进行分类，专门或主要用于提升矿产品的井筒称**主井**；主要用于提升废石或矸石、升降人员等辅助提升用的井筒称**副井**。副井和多数主井兼作**矿井通风**用。生产中，还经常开掘一些专门或主要用来通风、排水、充填等的井筒，均按其主要任务命名，如通风井、排水井、充填井等。按井内所装备的提升容器，竖井又分为罐笼井、箕斗井和混合井。罐笼井内装有双罐笼或带平衡锤的单罐笼；箕斗井内装有双箕斗或带平衡锤的单箕斗；混合井中设有箕斗和罐笼两种提升容器。竖井的断面规格主要取决于提升容器的种类、数量、外形尺寸，井筒装备的类型和规格，最小安全间隙，管路、电缆和梯子间的平面布置尺寸，要求通过的风量和允许的最大风速等因素，竖井的断面主要为圆形，圆形井筒承载地压能力强，使用寿命长。中国的井筒直径一般为3～8米，随着生产规模的不断增大，井筒净直径最大可达10米。竖井的深度主要取决于开采深度、竖井施工方法及提升装备的能力。截至2016年，中国已掘的竖井最大深度达1526米，南非竖井的最大深度达到2991米。（马俊生）

竖井地压 ground pressure around shaft 开凿**竖井**时，竖井周围岩体内的应力平衡受到破坏，围岩出现变形、坍塌等地压现象，使维护井筒稳定性的支护体（如锚杆、喷射混凝土等）所受到的载荷与围岩中的应力。又称井壁压力。影响竖井地压的因素有岩体离地表的深度、围岩的组织结构及力学性质、地下水、井壁与围岩的相互作用等。竖井穿过表土层时，土层内的井壁压力称表土地压q。一般认为，表土饱含地下水时，表土地压相当于同深度的容重为1.1～1.3吨/米^{3}液体中的静液压。竖井穿过干燥表土时，地压的计算公式为：

$$q=\Sigma Y_i h_i \cdot \tan\left(\frac{\pi}{4}-\frac{\phi'}{2}\right)$$

式中Y_i为各表土层的容重；h_i为各表土层的厚度；ϕ'为计算处的土层似内摩擦角。

对表土层下的基岩，由于岩性有差异，应依据它们各自的结构特征，采用不同的地压计算方法。如通过松软土层时，用表土地压公式即可；通过膨胀性岩层时，用变形地压公式；通过节理发育岩层时，按结构面与井帮围岩空间组合特征预测危岩位置，再按静力平衡条件求解危岩对井壁的压力。（李元辉）

竖井开拓 vertical shaft development 采用**竖井**作为矿石提升，以及人员、材料和设备出入的主要通道的开拓方法。竖井开拓（图1）是地下矿山中使用最广泛的开拓方法，适用于矿体赋存在地表以下的急倾斜和埋藏较深的水平及缓倾斜**矿床**的开拓。由于浅部和易采矿床逐步减少，深部矿床的开采越来越多，因而采用竖井开拓的矿山也会更多。截至2015年末，中国在运行的最深提升竖井的深度为1100多米，已完成掘进的最深井筒的深度为1500多米。国际上（如加拿大）运行的最深提升竖井的深度达2200多米。

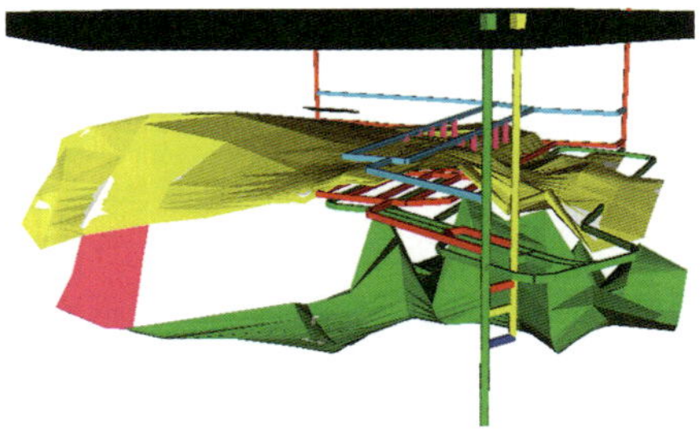

图1 竖井开拓三维示意图

按提升容器分类 按提升容器的不同，竖井开拓可分为罐笼井开拓、箕斗井开拓（箕斗井作**主井**，另配备罐笼井作**副井**）、混合井开拓。方法选择可按以下作参考：①当矿石产量在900吨/天以下，井深在300米左右时，金属矿山一般采用罐笼井提升。②当矿石产量在900～2000吨/天，通常采用箕斗加罐笼互为配重的混合井提升。③当矿石产量在2000吨/天以上，通常采用箕斗井提升，或箕斗、罐笼均为独立提升系统的混合井系统提升。④当矿石产量在5000吨/天以上，通常采用双箕斗的箕斗井提升。当产量更大时，可采用1个井筒内配置4个箕斗两套提升系统（如南非帕拉博拉铜矿的主井）。

罐笼井开拓 罐笼井除了可以提升矿石外，还可用作提升废石、人员、材料、设备，并兼作进风井。但罐笼井的提升能力小，矿车上下罐复杂，时间长，劳动强度大，用人多。许多罐笼井在用作提升矿废石时，都在井口和主要进出**中段**的马头门设井口机械化即推车机。一些大型矿山由于矿石或废石具有黏性、结块性，也常常用罐笼井提升矿石或废石。

罐笼井有单罐笼和多罐笼等提升方式。常见的有一套提升设施的单层单罐带平衡锤、单罐双层带平衡锤、单层双罐、双层双罐等方式，也有一个井筒中两套独立罐笼提升设施的。

箕斗井开拓 箕斗井提升能力大，效率高，成本低。箕斗井既可提升矿石又可兼提废石。用箕斗提升废石可以大大减轻副井的提升压力。

中国矿石的箕斗井配置形式有：单箕斗带平衡锤；双箕斗互为配重；在生产规模大的矿山，还可采用四箕斗两套提升机的配置形式。

混合井开拓 混合井主要有两种配置形式：①两套提升机分别提升箕斗和罐笼，并自带平衡锤。②一套提升机提升箕斗和罐笼，箕斗和罐笼互为配重。

按竖井与矿床的相对位置分类 根据竖井与矿床的相对位置不同，开拓也可分为下盘、侧翼和上盘3类竖井开拓方式。穿过矿体的竖井开拓，由于需要留设矿柱来保护井筒，因此应用较少。

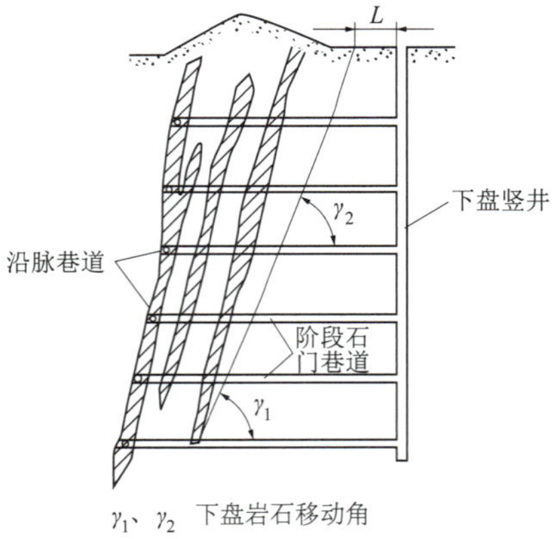

γ_1、γ_2 下盘岩石移动角

L 下盘竖井至岩石移动线的安全距离

图2 下盘竖井开拓方式

下盘竖井开拓　竖井开拓中使用最广的方法（图2）。只要厂址、地形和工程地质条件允许，竖井就应布置在矿体下盘，这种布置方式具有基建工程量少、投资省、建设速度快等优点。

侧翼竖井开拓　当矿床受厂址、地形或工程地质条件的限制，竖井不能布置在下盘，或由于其他原因不能布置在下盘时，可采用侧翼竖井开拓。当矿床走向长度短，建设规模小，为了减少井筒数量和简化运输通风系统，也可以采用侧翼竖井开拓。采用侧翼竖井开拓时，须对侧翼的矿床探清，避免井筒布置在未知的矿体上。

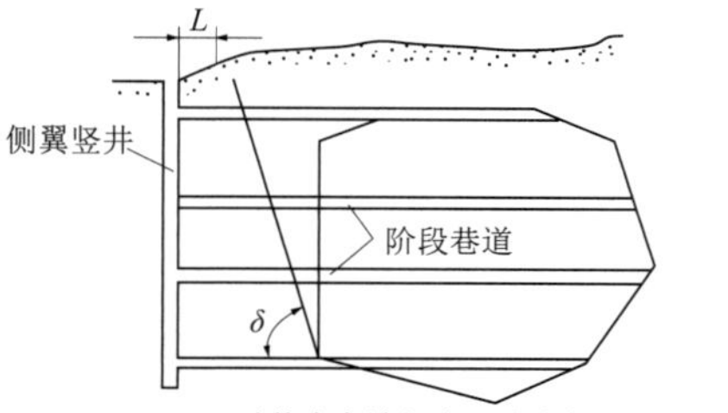

δ 矿体走向端部岩石移动角
L 侧翼竖井至岩石移动线的安全距离

图3　侧翼竖井开拓方式

上盘竖井开拓　当矿床的下盘、侧翼无建设条件，或下盘、侧翼的工程地质条件较差，不适合布置井筒，或矿床的倾角近似于垂直或水平，或竖井布置在上盘距离选矿厂较近或有利于外部运输时，可采用上盘的布置方式。一般情况下这种布置方式有基建期工程量大，建设时间长，投资大等缺点。

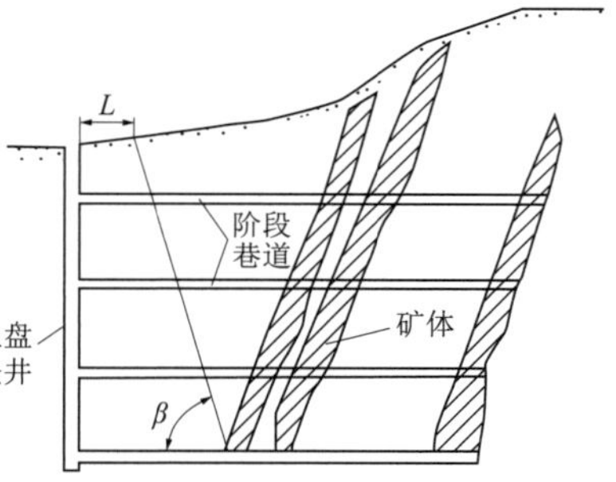

β 上盘岩石移动角
L 上盘竖井至岩石移动线的安全距离

图4　上盘竖井开拓方式

（刘育明）

竖井提升　shaft hoisting　提升设备驱动钢丝绳和提升容器在**竖井**中垂直升降人员或者物料的提升方式。是地下矿山最重要的生产系统。主要由提升机及其控制系统、钢丝绳、提升容器、装卸载设施、粉矿回收设施、安全保护设施、竖井井筒及装备、井塔（或井架和提升机房）组成。

发展历史　早期的提升机一般采用高速电机传动，减速器减速。进入21世纪以后，大型提升机趋向于采用低速直联电机传动。提升电动机有交流异步电动机、交流同步电动机和直流电动机。随着交流变频控制技术的发展，采用交流电机传动的提升机越来越多。如中国金川集团有限公司二矿区24行上盘主井装备的Φ4.6米6绳摩擦提升机，有效载荷31吨，提升速度16米/秒，功率5800千瓦，采用交直交变频控制系统；蒙古国奥云陶勒盖铜矿2号主井装备的Φ6.75米6绳提升机，有效载荷54吨，提升速度16.38米/秒，电机功率9400千瓦，采用交直交变频控制系统；南非南帝普竖井的Φ7.1米布莱尔提升机，提升高度达3000米，有效载荷30吨，提升速度18米/秒，电机功率13 000千瓦，采用交直交变频控制系统。

提升系统　提升系统分为**箕斗提升**系统、**罐笼提升**系统、箕斗及罐笼互为平衡的混合提升系统以及吊桶提升系统。箕斗提升系统用于提升矿石和废石，有双箕斗提升和单箕斗平衡锤提升两种系统。双箕斗提升系统提升能力大，但多绳摩擦双箕斗提升系统一般不能用于多点装载，提升高度较小时，易出现打滑现象；单箕斗平衡锤提升系统比双箕斗提升系统提升能力小，但可适应多点提升的要求和较小的提升高度。罐笼提升系统适应能力较强，可以用来提升矿石、废石、人员、材料和设备，但提升物料时效率较低。大型矿山一般采用箕斗提升物料，罐笼提升人员、材料和设备；中小型矿山使用罐笼提升较为普遍；在开凿竖井期间，采用吊桶提升掘进废石。

提升机　提升机分为单绳缠绕式提升机、多绳摩擦式提升机、多绳缠绕式提升机（布莱尔提升机）以及**矿用绞车**。其中多绳摩擦式提升机又有塔式和落地式两种。单绳缠绕式提升机可以用于竖井提升或**斜井提升**，多绳摩擦式提升机用于竖井提升，布莱尔提升机主要用于提升量不大的深井。小型矿山主要采用单绳缠绕式提升机，大型矿山主要采用多绳摩擦式提升机。

扩展阅读

李炳文，万丽荣，柴光远.矿山机械.徐州：中国矿业大学出版社，2010.

毋虎城，裴文喜.矿山运输与提升设备.北京：煤炭工业出版社，2004.

（谢　良）

竖井支护　shaft lining　为控制地层压力，维护井筒围岩稳定，防止井筒变形开裂、漏水，沿**竖井**岩壁构筑支护结构的作业活动。按支护材料和结构分为木井框、料石、弧形板井壁、混凝土、钢筋混凝土井壁、锚杆和喷射混凝土（锚喷）支护等。按井筒支护效果不同可以分为临时支护和永久支护两种。竖井支护费用较高，有时占竖井总费用的1/2～2/3。

临时支护　竖井施工过程中为防止井筒围岩垮落而采取的临时安全防护措施。根据井筒围岩性质、井段高度和井筒涌水量，临时支护分为掩护筒、喷射混凝土、锚网支护以及挂圈背板等。挂圈背板由钢槽井圈、挂钩、背板、立柱和楔子组成，随着掘进工作面的下掘而由上向下吊挂。20世纪60年代，竖井临时支护多使用挂圈背板，由于支护工序复杂，挂圈背板逐渐被淘汰。采用喷射混凝土临时支护，可紧随工作面推进，在岩帮上喷射一层混凝土，喷层厚度一般为50～100毫米。采用锚杆加固围岩并挂设金属网以阻挡岩墙破块的掉落，适用于节理发育、裂隙较多或破碎等不稳定的岩层。随着井筒掘进工作面的推进而下移的刚性或柔性筒形金属结构，仅起掩护作用，而不起支护作用的结构称为掩护筒。

永久支护　按支护材料和结构形式可分为井框，料石井壁，弧形板构件井壁，浇筑混凝土、钢筋混凝土井壁，锚杆和喷射混凝土（锚喷）支护等。

井框分木井框和金属井框两种，其结构简单、施工方便，但强度低、不防火，仅用于小型矿山。井壁主要有4种：①料石井壁。20世纪50～60年代初中国应用较多，由于劳动强度大、效率低、封水性差，已很少使用。②弧形板构件井壁。用钢筋混凝土、铸铁或铸钢预制的，在井下装配制成，因其技术要求严格、钢材消耗量大、组装工作较繁重，中国矿山很少使用。③混凝土、钢筋混凝土井壁。壁厚一般为0.2～0.5米。由于其强度高、整体性强、封水性好、便于实现机械化施工等优点，故使用比较普遍。井颈处于第四系及强风化岩层中，其承受不稳定地层荷载及井口建（构）筑物传递的附加荷载，通常采用钢筋混凝土井壁。在稳定岩层中，混凝土井壁与围岩紧密结合，其抗剪强度足以支承井壁自重，通常不需要砌筑壁座。但在井颈、表土层、破碎带的下部，在井底车场马头门的上部，为保证井壁的稳定性和安全生产，有时需要砌筑壁座。壁座分单锥形和双锥形（见图）。中国于20世纪60年代中期开始将喷射混凝土、锚杆和金属网等组合支护结构用于井筒永久支护，其施工机械化程度高、施工速度快、成本低、质量好，发展前景好。④复合井壁。在井筒冻结段和不稳定的土层或岩层中，各国应用的多种混凝土井壁，可提高

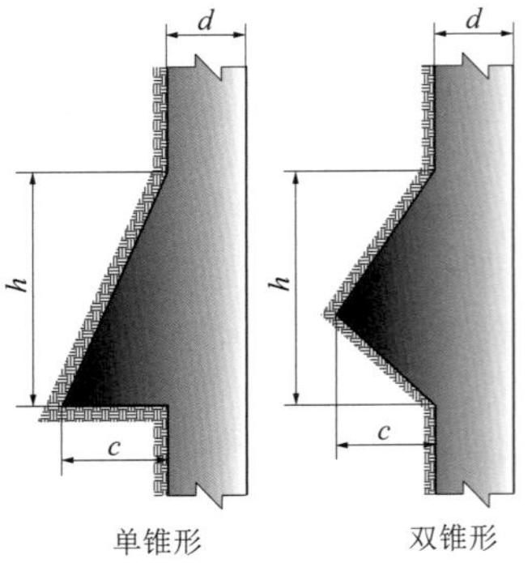

壁座示意图

混凝土井壁的承载能力，防止渗漏水。此种井壁按不同要求有不同材料和结构形式，一般由外层、充填层和内层构成，适应变形能力大、防水性能好、结构牢靠，60年代以来应用较多。

竖井永久支护形式主要是浇筑混凝土支护，包括浇筑素混凝土、纤维混凝土和钢筋混凝土井壁。浇筑混凝土模板主要采用整体移动金属模板，机械化程度高，施工速度快。采用高强度、高性能的锚杆（索）结构以及不同支护结构组合的新型井壁结构，是深井高地压条件下竖井支护的发展方向。　（赵兴东）

竖炉电弧炉　shaft arc furnace　在电弧炉炉盖远离变压器一侧加装一个竖炉的炼钢设备。20世纪90年代初由德国福克斯（Fuchs）公司研制。竖炉电弧炉主要通过预热废钢竖炉来实现节约能源。废钢放置在竖炉（或称竖井）中，通过电弧炉熔炼时产生的上升热废气进行预热，同时竖炉中的废钢料柱可以对预热废钢的废气起到过滤作用。竖炉中的废钢被预热后直接进入电弧炉炉膛内进行熔炼。竖炉电弧炉具有占地面积小、投资低的特点，可回收60%的废气热量。生产实践表明，采用竖炉式电弧炉技术，熔炼周期可缩短至50分钟以下，产出的钢能满足纯净度、残余元素和氮含量（小于40微克/克）要求；由于炉体是完全密闭的，可使排放的烟气量减少到最低程度。竖炉式电弧炉技术在生产率、能量利用、环境适应性及炉料灵活性等方面均表现出优势。

竖炉电弧炉按其形式可分为单炉体、双炉体和指形竖炉电弧炉。

单炉体竖炉电弧炉　在一个普通电弧炉炉顶上方的侧面直接安装一个竖炉，此竖炉与电弧炉部分相通。这是早期形式的竖炉电弧炉结构。单炉体电弧炉操作时，首先点燃炉内烧嘴，然后将炉身下降，支撑炉身小车到第1筐废钢的位置进行装料。装好第1筐料后，小车返回，炉身上升，与炉顶密封。第2筐废钢装入竖炉，电极通电，熔化操作开始。7～8分钟后，电极上升，装第3筐废钢到竖炉。此后，电炉正常运行，氧枪开始工作，喷碳粉形成泡沫渣长弧操作条件。当炉子中钢水满足出钢条件时，炉身倾斜出钢，保留10%的钢水在炉内，并准备下一炉钢的冶炼。

双炉体竖炉电弧炉　在双炉壳电弧炉的上方各安装1个竖炉，由2个带有竖炉的炉顶、2个炉身及1套电极臂组成。双炉体竖炉电弧炉操作时，首先在炉身1和竖炉内装好废钢，把电极臂旋转到炉身1的加热工位上，电极下降通电，开始冶炼，炉内产生的高温废气预热竖炉中的废钢。同时，炉身2通过其倾翻液压缸下降，带有竖炉的炉顶沿两炉身中心线方向开出，往炉身内装第1筐废钢，然后炉顶返回，炉身上升，与炉顶密封、锁定。第2、3筐废钢直接装入竖炉，完成炉2的装料工作。随着炉1中冶炼操作的进行，其竖炉内废钢越来越少，这时可利用转换阀，将炉1内高温废气引入炉2中，预热炉2中废钢，最后将废气送至除尘室。当炉1冶炼结束时，炉身与炉顶松开，准备出钢。电极上升，旋转到炉2操作工位上，此时炉2开始冶炼。炉1出钢，并留下小部分钢水，炉1开始再次进入下次操作循环。

指形竖炉电弧炉　在竖炉和电弧炉连通接口之间有单排或双排的可通过机械装置开启或闭合的指状托架。利用前炉废气预热下一炉第1筐废钢。前炉出钢结束，手指打开后，第1筐预热好的废钢进入炉膛，同时加入第2筐需预热的废钢进入竖炉，在第1筐废钢熔化过程中得到预热并逐步进入熔池。指形竖炉电弧炉生产率大，废气热损失小，同时满足日趋严格的环保要求，具有很高的安全可靠性和良好的操作结果。　（李京社）

数字化开采设计　digital mining design　以矿床地学数字化模型为基础，三维可视化软件为工具，计算机模拟为手段，安全、高效、低成本实现资源的开采目标，进行矿山开采系统优化设计的过程。1969年，美国亚利桑那平托谷矿区即开始采用计算机工具在露天境界分析和优化的基础上进行矿山长远规划。20世纪70年代，各种矿业软件相继推出，促进了数字化开采设计的进一步发展；21世纪，中国开始推出数字采矿软件系统。

地下矿山数字化开采设计的主要内容有：①井巷工程设计。对矿床开采系统中竖井、斜坡道、斜井、中段运输平巷、溜井、硐室、井底车场等工程进行设计。②单体设计。用于地下矿山回采单元单体开采设计，其主要功能是根据回采单元的结构参数对矿体进行矿块自动划分，以参数比、智能化及可视化方式进行采准与切割工程，以及对各种工程量、开采储量、品位、金属量和贫化率、损失率指标进行精确计算。③回采爆破设计。用于地下采矿爆破中扇形孔及平行孔的设计，系统根据孔底距、采场边界、钻机参数等，自动生成扇形或平行炮孔，根据装药算法，自动进行装药，允许用户对自动生成的炮孔参数（深度、角度、装药长度等）进行交互式修改和编辑，最终生成爆破实体、爆破施工卡片及中深孔设计施工图。

露天矿山数字化开采设计主要包括3个方面：①露天开采境界优化。②露天开拓设计。③穿孔爆破设计。

矿山开采设计是能够充分发挥专家经验和主观能动性的创造性活动。数字化是将大量复杂多变的信息转变为可以度量的数字、数据，建立适当的数字化模型，以进行客观而具有科学性的统一处理过程。数字化开采设计是两者的融合与统一，是采矿技术、计算机技术、网络技术与管理科学的交叉、融合、发展与应用的结果，与传统设计模式相比，其效率和效果得到了大幅度提高和改进。

扩展阅读

KAZAKIDIS V N, SCOBLE M. Planning for Flexibility in Underground Mine Production Systems. SME Publications, 2003 (11): 72－77.

（贾明滔）

数字矿山　digital mine　以矿产资源开发过程数字化信息为基础，对资源、规划、设计、生产和管理进行数字化的建模、仿真、评估和优化，并持续应用于矿山生产全过程的矿山技术体系和生产组织方式。又称数字化矿山。数字矿山综合考虑矿山地质、测量、采矿等生产环节的技术特点，借助地质统计学理论、最优化方法、可视化仿真技术、软件技术、网络技术和自动化技术，构建三维地质模型和资源价值模型，优化开采方案、采矿设计和生产计划，监控和管理采矿生产过程，保障矿山生产安全，降低矿山经营风险，提升矿山综合竞争力。数字矿山的出现给矿山的生产技术和管理模式的变革注入了新的活力，带动了技术规范、标准、流程和方法的革新。

简史　1952年，南非矿业工程师D.G.克里格提出克里格储量计算法，并首次将其应用于南非的金矿。这种储量计算法将矿化现象视为与空间位置相关的随机变量

（即区域化变量），将变异函数作为工具，进行无偏估计且提供估计误差，实现了资源评价的数字化。20世纪80年代，随着微型计算机的大量应用，国际上许多公司相继开发了以地质统计学为基础的地质储量计算软件，奠定了数字矿山技术发展的基础。90年代，计算机辅助设计（CAD）技术在矿山开采设计中得到应用，解决了开采规划与设计的制图问题，实现了规划与设计的数字化。21世纪初，三维可视化技术、虚拟现实技术、三维地理信息系统、各种开采规划优化理论与技术和自动控制技术的广泛应用，实现了生产过程综合管控的数字化、可视化和科学化，推动了数字矿山技术的发展。

特点　开放式体系　由一系列软硬件系统组成，各系统之间采用开放式的接口和标准实现互联；采用整体规划、分步实施的方式进行系统建设；根据需求进行量身定制。

三维可视化　通过基于真实坐标的矿山资源与工程三维建模，实现生产设施和生产过程三维可视化（图1）。

可视化规划与设计　通过可视化规划与设计（图2），可基于价值模型，以净现值最大化和风险可控为目标编制中长期生产规划；基于工程网络，以生产矿量平衡和品位控制为目标编制生产短期计划；以矿石贫损指标控制为核心进行开采单元可视化优化设计。

图1　数字矿山三维可视化

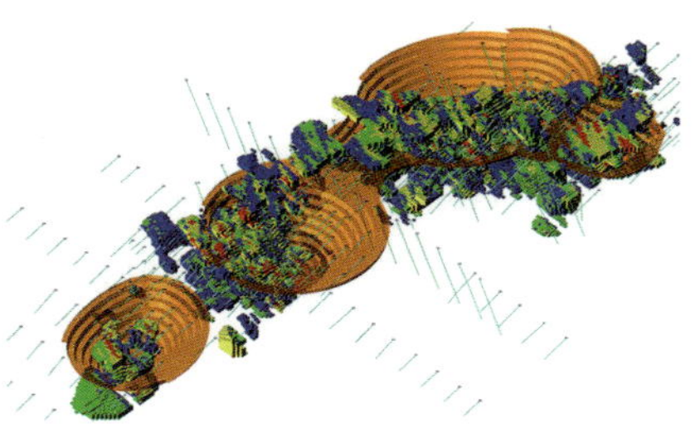

图2　数字矿山可视化规划与设计

生产过程子系统自动化和集中控制　主要包括地下采矿、露天采矿各子系统自动化和各子系统集中监视与控制。

协同生产管理　以面向生产过程的综合优化系统，协同优化各生产环节，全面提升矿山整体运营水平。

数字矿山是实现**智能采矿**的基础，而智能采矿是数字矿山发展的终极目标。数字矿山与智能采矿表现为相互渗透、相互融合的有机整体。（王李管）

双辊薄带铸轧　twin - roll strip casting and rolling　采用双辊连铸方法生产金属薄带，并进行**直接轧制**生产带钢的工艺技术。1856年由英国的**H.贝塞麦**提出。其工艺原理是：将金属液注入一对反向旋转且内部通冷却水的铸辊之间，使金属液在辊间凝固，形成薄带（图1）。典型的双辊薄带铸轧生产线流程见图2。

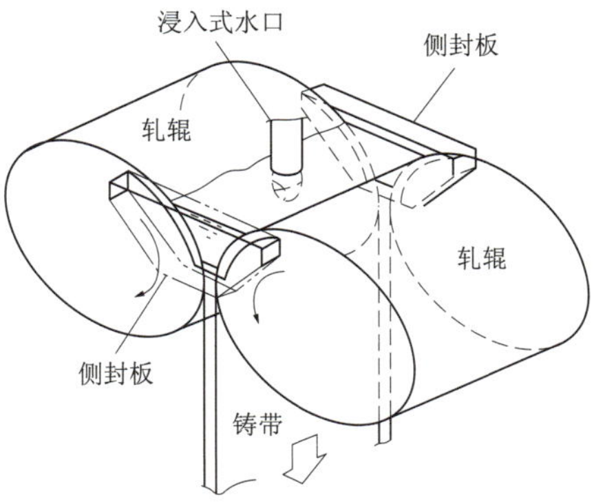

图1　双辊薄带铸轧原理示意图

双辊薄带铸轧的工艺特点是：液态金属在结晶凝固的同时承受压力加工和塑性变形，在极短的时间内完成从液态金属到固态薄带的全部过程。此外，在双辊薄带连铸过程中，由于铸带随铸辊移动，凝壳与铸辊保持接触，直到两面的凝壳在辊隙最小处附近结合在一起，所以不存在传统铸造过程中为克服凝壳与结晶器之间的摩擦所必需的相对运动或振动问题，而且也不需要保护渣。同时，钢水的冷却速度要比板坯铸造高几个数量级，其冷却速度可达1000～50 000℃/秒。

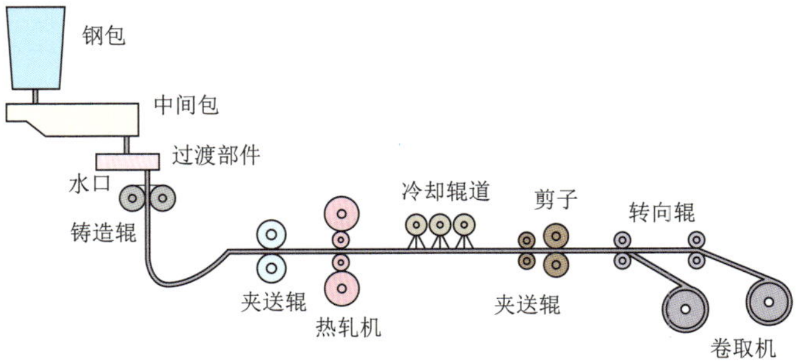

图2　典型双辊薄带铸轧生产线流程示意图

双辊薄带铸轧生产工序简单，整条生产线长度较短，因此可节省设备投资、降低生产成本和吨钢能耗。经双辊薄带铸轧生产出的产品可直接当热轧带钢使用，也可进入冷轧机轧成厚度小于1毫米的冷轧带钢。

双辊薄带铸轧工艺技术的发展要求有：①双辊薄带连铸的侧封要求。侧封是在双辊薄带连铸机中，为了防止钢水从辊的两端溢漏而设计的密封装置。薄带的边部质量差和裁边是造成该工艺钢水成材率低的主要原因，侧封则是影响薄带边部质量的关键。因此，要求侧封板具有耐热性、耐冲刷性及耐磨性；同时要求其表面光洁、平整，与钢水浸润性和绝热性好，使凝固层脱离，以及连铸过程中侧面不易结成冷块。侧封一般采用固体式侧封和电磁侧封。固体式侧封主要采用侧封坝侧封，材质选用碳纤维、陶瓷材料和熔融石英等，但存在侧封材料磨损，侧封不理想等问题。电磁侧封技术是通过作用于液态金属上的电磁感应力来达到侧封的目的，其相关技术还在发展。②薄带的表面质量与浇注要求。由于薄带无法进行表面修磨，因此表面质量便成为提高带材合格率的关键。双辊薄带连铸的浇注要选择合理的布流器，保证钢液进入熔池时获得均匀层流、减少紊流、稳定流量。这是获得表面无冷隔、无裂纹、边缘光滑的连铸薄带的前提。③铸造辊寿命的要求。各种双辊薄带连铸中使用的铸造辊一般为内部水冷辊，材料大多数为钢或铜。由于不使用保护渣，高温钢水与铸造辊面直接接触，由热疲劳导致铸造辊使用寿命较短。要选择合适的制造材料，提高铸造辊的冷却强度，并避免铸辊变形。

扩展阅读

GIRGENSOHN A, BÜCHNER A R, TACKE K-H. Twin Roll Strip Casting of Low Carbon Steels. Ironmaking, 2000.

LIU H T, LIU Z Y, QIU Y Q. Characterization of the Solidification Structure and Texture Development of Ferritic Stainless Steel Produced by Twin - roll Strip Casting. Materials Characterization, 2009.

（张　慧　曹光明）

水解沉淀　hydrolytic precipitation　金属盐类和水发生分解反应，生成氢氧化物（或碱式盐）沉淀的过程。是**湿法冶金**的分离方法之一，在有色金属生产过程中常用于提取有价金属和除去杂质元素。水解沉淀的工业应用必须选择廉价、有效的沉淀剂，以保证沉淀纯净；形成的沉淀应是难溶的，以达到定量回收；沉淀物应是易过滤、易洗涤的粗颗粒晶体，以达到完全除去其他组分的目的。

在冶金过程中用多种方法控制沉淀过程：①控制沉淀形成的pH范围。沉淀形成的顺序与其溶解度和pH的大小有关。当从含有几种价态相同的阳离子的多元盐溶液中沉淀时，一般首先析出的是形成pH值小、溶解度最小的沉淀。pH控制不当会形成共沉淀，而使分离效果差。②控制沉淀温度。高温水解（100～250℃）由于时间短、产量高，正日趋发展。加温能促使沉淀与溶液的陈化过程加快，是形成大晶粒沉淀，消除絮状凝胶沉淀及共沉淀污染的好方法。如由绿柱石硫酸法生产氧化铍，生产过程中的铍酸钠（Na_2BeO_2），在沸腾的碱性溶液中水解：

$$Na_2BeO_2+2H_2O \longrightarrow Be(OH)_2+2NaOH$$

③加入络离子，络合阻碍沉淀的金属离子。在氧化铍的生产中，就是用乙二胺四乙酸（EDTA）和氢氧化钠一起加到溶液中，使铁、铬、锰、稀土等的络合物残留于溶液而铍和铝呈氢氧化物沉淀。④加入氧化剂（或还原剂）在阳离子相同而价态不同的体系中，因高价阳离子比低价阳离子溶解度更小所以总是比低价阳离子在pH值更小的溶液中形成氢氧化物（或碱式盐）沉淀，如铁的氧化沉淀。

水解沉淀在湿法冶金中应用很广，除铍的冶金工艺外，铋和钛等都可用水解沉淀法提取。铋的盐酸浸出液，用大量水稀释，使氯化铋水解成氯氧化铋沉淀，重复操作得到提纯：

$$BiCl_3+H_2O \longrightarrow BiOCl+2HCl$$

钛的硫酸盐分解为硫酸钛酰（$TiOSO_4$），除铁后加晶种水解，得二氧化钛的水合物。提取铯生成的锑铯复盐（$3CsCl\cdot 2SbCl_3$），是采用水解沉淀法在沸腾温度下除锑。（隋凤臣）

水口山炼铅法 SKS lead smelting process 采用氧气底吹熔炼与鼓风炉还原工艺冶炼铅的技术。20世纪90年代，由中国开发的一种熔池熔炼炼铅工艺。因其在湖南水口山取得半工业试验成功，故得名，并以“水口山”汉语拼音的首字母而简称为SKS炼铅法。

水口山炼铅法将氧化和还原分别在不同的熔炼炉中进行，其核心是采用一台水平回转式熔炼炉——水口山熔炼炉（SKS底吹炉）完成铅精矿氧化熔炼。炉料从SKS底吹炉炉顶加入，工业氧气从炉底的氧枪喷入，炉料在氧气搅动的熔池中同时完成加热、熔化、氧化、造渣、造铅等过程。在熔池中，氧气首先与铅液接触反应，生成氧化铅。其中一部分氧化铅在激烈的搅动状态下，和位于熔池上部的硫化铅进行反应熔炼，产出一次粗铅、高铅渣和烟气。这3种产物分别从放铅口、放渣口、排烟口排出。一次粗铅产出率取决于铅精矿品位，一般为35%～40%。高铅渣含铅通常为40%左右，经铸渣机铸块后送入鼓风炉还原熔炼，产出二次粗铅和弃渣。熔炼炉出炉烟气温度在1000～1100℃之间，二氧化硫（SO_2）浓度在12%以上，采用余热锅炉回收余热，用电收尘和双转双吸制酸。熔炼过程采用微负压操作，整个烟气排放系统处于密封状态，防止烟气外逸。同时，该工艺混合料以润湿、粒状形式输送入炉，在出铅口、出渣口采用有效的集烟通风措施，减少铅烟尘、SO_2的低空污染。水口山炼铅法具有环保好、投资省、生产成本低、自动化程度高、原料适应性强等优点。

（王成彦）

水冷半连铸 water cooled semi continuous casting 金属液在竖直放置的水冷铸型中凝固，然后被垂直向下持续拉出得到一根笔直的大尺寸铸锭的铸造技术。主要用于生产笔直的大尺寸金属铸锭，如截面500毫米×2000毫米、长度10米的矩形铸锭，或直径1100毫米、长度8米的圆柱形铸锭。与理论上可生产任意长度铸锭的连铸工艺相比，水冷半连铸过程不是连续进行的，前一根大尺寸铸锭铸造完毕后，再开始铸造下一根大尺寸铸锭。因受铸造设备空间尺寸的限制，每一铸次的铸坯长度都不能超出设备允许的范围。

德国W.罗斯于1936年和美国W.T.埃诺于1938年分别独立研发出水冷半连铸技术。在第二次世界大战结束前，美国、苏联和德国的几乎所有变形铝都通过水冷半连铸生产。为提高铸锭的表面质量，水冷半连铸技术不断发展改进。美国的G.E.莫里茨于1958年首先提出热顶水冷半连铸技术，之后英国铝业公司于1973年对其进行了完善。1976年，日本昭和轻金属公司发明了气体加压热顶水冷半连铸技术，铸造过程中金属液几乎不与铸模壁接触，从而使铸锭的表面质量得到进一步提高。苏联Z.N.盖兹列夫于1969年发明了电磁无模水冷半连铸技术，以电磁力代替铸模约束金属液，从而得到了表面质量很高的铸锭。

水冷半连铸的工艺流程为：将金属液注入竖直放置的铸型，铸型通过循环水冷却（一次冷却）。当金属液在铸型内壁凝固产生一定厚度的坯壳后，通过铸型下方的引锭板垂直向下将铸锭以一定速度连续、均匀拉出，并在坯壳表面直接喷水冷却（二次冷却），使坯壳内部的金属液以较快的速度凝固。这样不断竖直向下牵引至所需的长度时停止铸造并卸下铸锭。引锭板再竖直向上回到初始位置，准备进行第二次铸造。水冷半连铸能够实现生产工艺自动控制，产品质量稳定，普遍应用于冶金生产中。（刘雪峰）

水力旋流器 hydrocyclone 根据物料的密度和粒度的差异，在离心力、向心浮力和流体曳力的共同作用下，使物料按等降比进行分级的设备。1891年由美国人发明。主要由一个空心圆柱体和圆锥连接而成。圆柱体直径代表旋流器规格，规格范围为50～1000毫米，通常为100～660毫米。圆柱体中心有一个溢流管段。

工作原理 待分离的两相混合液以一定的切向速度从旋流器上部给矿口给入，产生强烈的旋转运动，形成离心力场。由于轻相物料和重相物料存在密度差，所受离心力、向心浮力和流体曳力的大小不同，混合液在离心沉降的作用下先进行分散，然后颗粒按等降比形式进行分离。密度和粒度小的轻相物料往中心向上运动，从溢流管排出成为溢流产物；密度和粒度大的重相物料在离心力作用下沿器壁向下运动，从下部沉砂嘴排出成为沉砂产物，从而达到分离的目的（见图）。

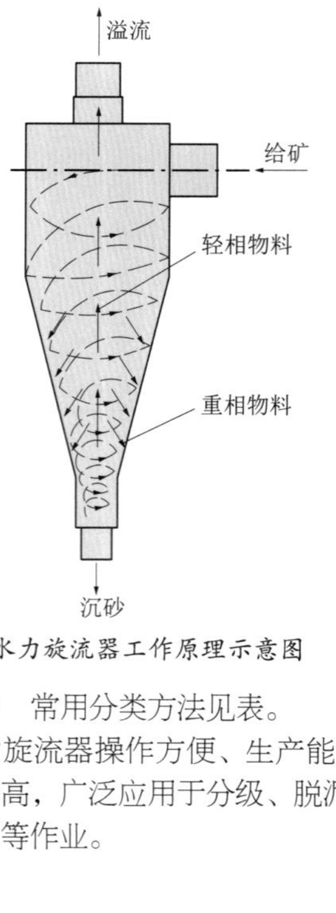

水力旋流器工作原理示意图

分类 常用分类方法见表。

水力旋流器操作方便、生产能力强、分离效率高，广泛应用于分级、脱泥、浓缩、选别等作业。

水力旋流器常用分类方法

分类标准	类型	
按柱锥器壁组合类型	长锥型旋流器	短锥型旋流器
	复合锥型旋流器	长柱型旋流器
	短柱型旋流器	全柱型旋流器
按内部增加附件	内部增加中心锥的水力旋流器	内部增加中心固棒的水力旋流器
	内部增加旋转叶轮的水力旋流器	内部增加空气导管的水力旋流器
	内部增加小旋流器的水力旋流器	内部增加弹簧振子的水力旋流器
	内部增加卸料螺旋的水力旋流器	
按分选介质	水介质旋流器	重介质旋流器
按复合力场类型	磁力水力旋流器	磁流体水力旋流器
	电化学水力旋流器	充气水力旋流器
按组合式力场	双涡水力旋流器	母子水力旋流器
	圆柱－圆锥两段组合式水力旋流器	
其他类型	新型蜗壳预分级柱式水力旋流器	水封式水力旋流器
	底流管带单向阀负压水力旋流器	涡流式水力旋流器

扩展阅读

褚良银，陈文梅.旋转流分离理论.北京：冶金工业出版社，2002.

庞学诗.水力旋流器理论与应用.长沙：中南大学出版社，2005.

（王跃林）

水平 level 某项或多项主要开拓工程在井下所处的某一标高位置。在中国通常用海拔标高作为名称，或标高加工程（或功能）作为名称，如530米水平、570米拉底水平、340米破碎硐室水平、−875米有轨运输水平、−975米粉矿回收水平等，也可按开采顺序编号，如第一、第二水平等。*中段*和分段有时也称作水平。在开采水平内，一般设有运输巷道、井底车场和*硐室*。其他国家一般以该水平距离地表的垂直深度命名。水平是根据井下开采的实际需要进行设置。

（朱瑞军）

水溶采矿法 solution mining 利用岩盐、钾盐、天然碱、芒硝等矿物易溶于水的特点，通过向地下矿床注入淡水，溶解、提取矿物的*采矿*方法。1888年美国纽约州汲卤制碱发现岩盐后开始采用水溶采矿法。1892年中国四川盐商李伯斋在871米深的“发源井”灌沸水溶解石盐，提捞采集较高浓度的卤水，此后“注水溶盐，提捞采卤”技术迅速在自贡盐区普及。20世界50年代，加拿大开始用水溶采矿法试采钾盐，并于1964年开始工业生产。1980年中国四川新津建成年产10万吨的用硐室水溶法开采的钙芒硝矿。1981年中国在河南吴城天然碱矿、美国在绿河盆地先后用水溶采矿法试采天然碱矿，水溶采矿法已成为天然碱开采的一种重要工艺技术。与*普通凿井法*相比，水溶采矿法的优点是可开采埋藏较深（3000米左右）或品位较低的矿床、投资少、见效快、设备工艺简单、能耗少、生产成本低、劳动条件好。缺点是回采率低于40%，不易控制溶蚀范围，开采浅埋矿床易引起地表塌陷。按开拓方式主要有钻井水溶法（图1）和硐室水溶法（图2）两类。

钻井水溶法 按开采单元差异有单井生产和井组生产两种方式。

单井生产 分为自然对流法和油、气垫法两种。①自然对流法。采用淡水从套筒环隙注入，卤水由中心管返出的正循环方式，或正、反循环交替进行。因其生产能力小、回采率仅10%～20%，应用受到限制。②油、气垫法（图1）。20世纪30年代末由美国人N.E.特朗普提出。此法在技术套管和中心管间加装一根悬空的内套管，其环隙供注、排不溶于岩盐的惰性石油或气体用。利用注入的油、气浮于溶腔水体表面保护盐顶，以控制上溶、扩大侧溶。60年代获得广泛应用（气垫法因气体不易控制和腐蚀管道，很少采用）。单井生产的优点是可以控制溶蚀范围和防止地表塌陷、生产能力大、井下事故少、钻井服务年限长、回采率较高（30%以上），且采完后的溶腔可以作为储存溶腔加以利用；缺点是建槽期长和需要处理大量淡卤、井身结构和井口装置较复杂、投资费用较大。

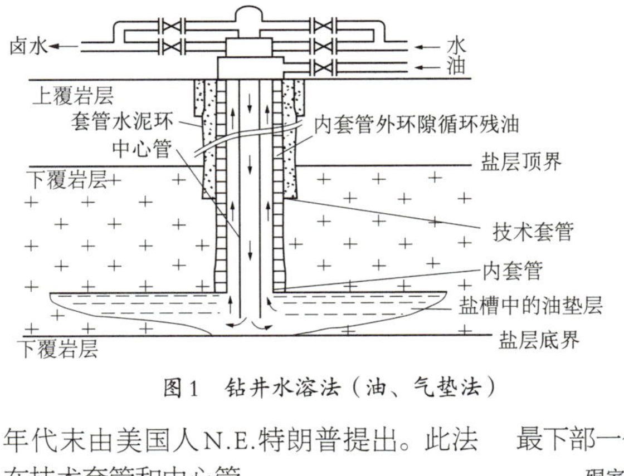

图1 钻井水溶法（油、气垫法）

井组生产 相邻的双井或多井溶腔连通的通腔生产，分为相邻钻井后期自然连通的自然通腔、利用油垫建槽联通溶腔的油垫建槽通腔和水力压裂通腔3种。1894年中国四川自贡盐商发现单井生产的井下盐层已自然溶解连通，因此开始选择井况较差、产量小的井专门灌注淡水，附近其他井则连续抽汲卤水形成井组生产，因其卤水浓度高、产量大，逐渐获得推广。20世纪50年代初，美、法等国利用油田压裂技术完成钻井通腔生产，中国湖南、湖北、江西等省的多层岩盐矿床于70年代起采用水力压裂通腔，成功率较高。井组生产的优点是费用低、见效快、生产能力较大、井下事故较少，有可能提高回采率；缺点是容易形成无法控制的大面积溶蚀而引起地表塌陷，成功率不高。

硐室水溶法 硐室水溶法开采始于英国奇沙依尔盐矿。1890年德国舍涅别克盐矿开始应用硐室水溶法开采。19世纪末20世纪初，硐室水溶法在奥地利海尔施塔特、德国不来梅、波兰维利奇卡和乌克兰斯捷布科夫卡卢什等盐矿推广应用。

1964年中国在云南平浪盐矿开始试验硐室水溶法，于1965年2月试验成功。硐室水溶法替代了原来的*房柱采矿法*，减少了人力、物力消耗，降低了生产成本，减轻了地面环境污染，是低品位盐矿或溶解速度较慢的盐类矿物的一项先进而实用的水溶开采技术。

利用矿山原有井巷，开凿成对盲斜井，以此划分若干硐室，并留*保安矿柱*。其开采顺序为自下而上进行，最下部一个*中段*初始溶解硐室建成后，由

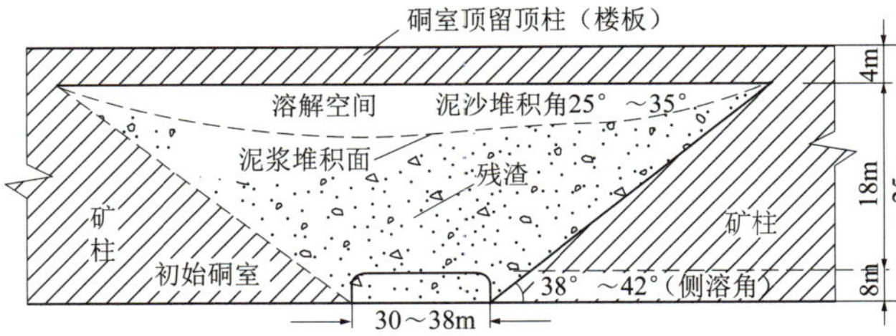

图2 硐室水溶法

地面通过管道注入淡水至硐室顶部，盐水因垂直分异，出现上淡下咸现象（图2）。待硐底卤水近于饱和时，用泵抽汲硐底咸卤。同时，有控制地注入淡水，保持水体充满硐室，继续上溶和侧溶。待硐室溶到设计高度时，转入上一中段进行溶采。硐室水溶法的工艺过程类似地下开采（旱采）的房柱采矿法，主要区别于回采阶段。硐室水溶法在回采阶段是以淡水引入初始硐室（相当于房柱采矿法的回采矿房开切巷道），溶解矿体（以向上静溶为主，侧溶为辅），然后从硐室抽汲可供直接利用的高浓度卤水，至地面加工制盐。

（李　源　杨竹林　鲍爱华）

水溶液电解　aqueous solution electrolysis　直流电通过电解质水溶液，在电极上发生化学反应的过程。电解反应为原电池反应的逆过程，也就是将电能转变成化学能的过程。电解槽中从外电路输入电子（e）的电极为阴极，在此电极上进行还原反应；向外电路输出电子的电极为阳极，在该电极上进行氧化反应。在冶金中广泛应用于水溶液电解作为金属精炼和从浸取液回收金属的重要手段。前者称为电解精炼或可溶阳极电解；后者称为电解提取或不溶阳极电解，也称电沉积（或电积）。

电解精炼　铜、镍、钴、金、银等金属大都用电解精炼制取；而铅、锡等金属既可用火法也可用电解进行精炼。此时以粗金属作阳极，纯金属薄片（始极片）、金属钛板或不锈钢板作阴极，在适当的电解液中完成电解精炼作业，见图1、表1。

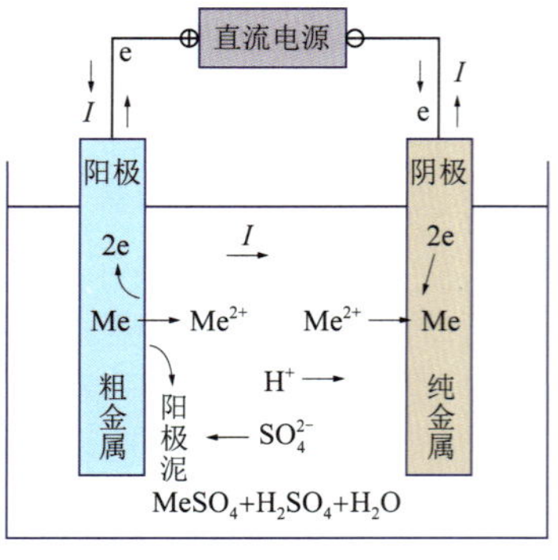

图1　电解精炼示意图

以铜的电解精炼为例，说明此种电解的一般规律。电解体系可表示如下：

阴极	电解质溶液	阳极
纯铜	$CuSO_4$、H_2SO_4、H_2O、杂质离子、添加剂	粗铜

直流电通过时，阳极中电极电势比铜负的金属，如锌、铁、钴、镍、砷等，优先失去电子而成为离子进入电解液。但是，这类杂质在经过火法精炼的阳极铜中含量很少，所以它们的电极反应不是主要反应。电极电势比铜正的金属，如金、银，总的说来不能进行阳极溶解，而以金属粒子形态落到电解槽底部或附着在阳极上，形成**阳极泥**，成为回收贵金属的原料。因此阳极的主要反应是：

$$Cu-2e \longrightarrow Cu^{2+} \qquad \varphi^{\circ}=-0.34\text{伏}$$

电解液中较正电性的离子将优先在阴极上得到电子，而以金属形态析出。由于电解液中Cu^{2+}的析出电势较正，并且浓度也较大，因此阴极上的主要反应是：

$$Cu^{2+}+2e \longrightarrow Cu \qquad \varphi^{\circ}=0.34\text{伏}$$

结果使阴极铜的品位提高，达到精炼的目的。在一般电解时，由于Cu^{2+}和杂质离子的浓度不断升高，必须定期抽出一部分电解液净化处理，同时补充纯净的硫酸以保持稳定的Cu^{2+}及硫酸浓度，并使杂质离子的浓度不超过一定的限度。此外，必须往电解液中加入一种或数种添加剂，以改善阴极析出产品的表面状态，常用的添加剂有动物胶、硫脲和干酪素等。

电解提取　特点是可以不经冶炼粗金属的中间工序，直接获得纯金属；由于使用了不溶阳极，在电解的同时，溶剂也得到再生，可返回作浸取液使用，电解槽见图2。

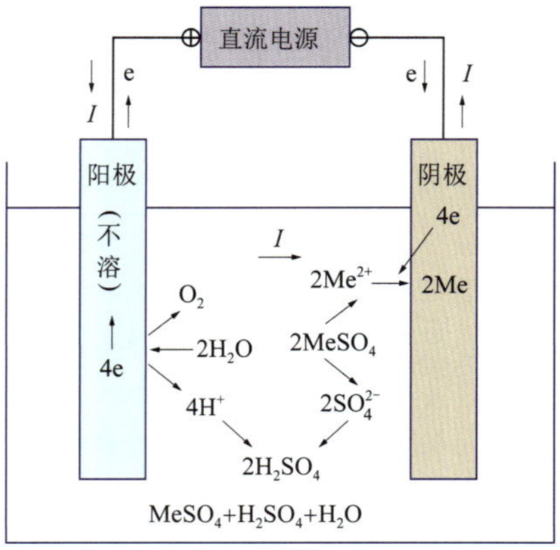

图2　电解提取示意图

但是这种方法电流效率一般较低，电能消耗高。此法已广泛应用于锌、铜、镉的**湿法冶金**，在镍、钴、锰、铬生产中也有使用的，其简况可参考表2。电解提取的槽电压必须大于电解液中要提取的金属化合物的分解电压，并随电流密度的提高而增大。所以槽电压（E）就是使电解过程能顺利进行所必须施加的外电压。它总比可逆条件下测得的理论分解电压（$E_{理}$）大，并存在下列关系：

$$E=E_{理}+|\eta_+|+|\eta_-|+\Sigma IR$$

式中$|\eta_+|$、$|\eta_-|$分别为阳极和阴极的超电势的绝对值；I为电流强度；R为包括电解液、接触点、阳极泥等的电阻。由表可见，同种金属电解提取的槽电压和电能消耗都比电解精炼的大得多。

以锌为例，说明电解提取的一般规律。净化后含Zn^{2+}为110～130克/升的硫酸锌中性水溶液以一定流量连续流入电解槽内。以铅合金板作阳极，铝板作阴极。两极反应如下：

①阴极反应。由于氢的标准电极电势较锌为正，在阴极可能发生下列反应：

$$Zn^{2+}+2e \longrightarrow Zn \qquad \varphi^{\circ}=-0.76\text{伏}$$

$$2H^{+}+2e \longrightarrow H_2 \qquad \varphi^{\circ}=0\text{伏}$$

在实际电解时，离子析出电势（φ）为：

$$\varphi=\varphi^{\circ}+\frac{RT}{nF}\ln\alpha-|\eta_-|$$

式中R为气体常数；T为热力学温度；F为法拉第常数；n为离子价数；α为离子的活度；$|\eta_-|$为超电势。

表1　几种金属的电解熔炼

金属	阳极纯度/%	阴极纯度/%	电解液的主要组成/%	特征	阴极电流密度/（A/m^2）	槽电压/V	直流电耗/（kW·h/t）
Cu	99	99.95	$CuSO_4+H_2SO_4$		200～280	0.2～0.3	220～240
Ni	96	99.98	$NiSO_4+NiCl_2+HCl+H_2SO_4+Na_2SO_4$	隔膜	180～250	1.2～2.3	1647～1896
Co	>90	99.98	$CoCl_2+HCl$	隔膜	350～370	1.8	
Pb	93	99.99	$PbSiF_6+H_2SiF_6$		160～250	0.45～0.5	110～130
Sn	97	99.99	$SnSO_4+H_2SO_4$		100～120	0.2～0.3	140～180
Ag	95	99.99	$AgNO_3+HNO_3$	树枝状晶体析出	270～450	1.5～2.5	400～700
Au	94	99.99	$AuCl_3+HCl$	交直流电并用	500～700	0.4～0.8	300～400

表2　几种金属的电解提取（电积）

金属	电解液的主要组成	电流密度/（A/m^2）	槽电压/V	电能消耗/（kW·h/t）
Zn	$ZnSO_4+H_2SO_4$	400～600	3.3～3.6	3000～3300
Cd	$CdSO_4+H_2SO_4$	65～100	2.4～2.5	1800～2800
Cu	$CuSO_4+H_2SO_4$	100～200	2.0～2.3	2000～2500
Mn	$MnSO_4+H_2SO_4+(NH_4)_2SO_4$	450～500	5.0～5.3	8000～9900
Co	$CoSO_4+H_2SO_4+(NH_4)_2SO_4$	150～350	3.0～5.5	4200～4700
Cr	$Cr_2(SO_4)_3+(NH_4)_2SO_4+H_2SO_4$	750～860	4.2～4.8	12 000～16 000
Ni	$NiSO_4+H_2SO_4+Na_2SO_4$	220	3.7	<4000

在含有硫酸锌与硫酸的水溶液中，Zn^{2+}的超电势$|\eta_{-}|$接近于零；而H^+的$|\eta_{H^+}|$却很大，并与阴极材料和电流密度存在下列关系：

$$|\eta_{H^+}|=a+b\lg d_k$$

式中a、b为与温度和电极材料有关的常数；d_k为阴极电流密度。$|\eta_{H^+}|$随电流密度增大而提高，随温度的提高而降低。由于$|\eta_{H^+}|$的数值较大，使氢的析出电势比锌更负，所以不能大量析出氢。

②阳极反应。在新的阳极上可能发生的反应有：

$$Pb \longrightarrow Pb^{2+}+2e \quad (1)$$

$$2OH^- \longrightarrow H_2O+\frac{1}{2}O_2+2e \quad (2)$$

$$SO_4^{2-} \longrightarrow SO_3+\frac{1}{2}O_2\uparrow+2e \quad (3)$$

首先反应（1）优先进行，同时发生的反应有：

$$Pb^{2+}+SO^{2-} \longrightarrow PbSO_4$$

$$Pb^{2+} \longrightarrow Pb^{4+}+2e$$

$$Pb(SO_4)_2+2H_2O \longrightarrow 2H_2SO_4+PbO_2$$

形成的PbO_2沉积于阳极表面，起到保护层的作用，使阳极变为不溶阳极。反应（3）不会发生。这样在阳极上主要进行反应（2），放出氧气。从电解槽流出的废电解液中Zn^{2+}的浓度降至50～55克/升，而H_2SO_4的浓度却提高到135～155克/升。

扩展阅读

赵天从.重金属冶金学：上、下册.北京：冶金工业出版社，1981.

（舒余德）

水文地质条件　hydrogeological condition　一定范围内地下水埋藏、分布、运动以及水质和水量等特征及其影响因素的总称。按钻孔抽水试验（孔径910毫米，降深10米）单位涌水量（q）含水层的富水性分为以下4级：①弱富水性$q<0.1$升/（秒·米）；②中等富水性0.1升/（秒·米）$<q<1.0$升/（秒·米）；③强富水性1.0升/（秒·米）$<q<5.0$升/（秒·米）；④极强富水性$q>5.0$升/（秒·米）。

按天然泉水流量（Q）含水层富水性划分以下4级：①弱富水性$Q<1$升/秒；②中等富水性1.0升/秒$<Q<10.0$升/秒；③强富水性10.0升/秒$<Q<50.0$升/秒；④极强富水性$Q>50.0$升/秒。

水文地质条件的获取是通过水文地质勘查来实现的。水文地质勘查方法主要有水文地质调查、水文地质测绘、水文地质物探、水文地质钻探、现场实验、长期观测等。

根据工作目的，可分为区域水文地质条件、供水水文地质条件、矿区水文地质条件等。

根据充水的主要含水层的类型，固体矿床一般可以分为：①以孔隙含水层充水为主的矿床，简称孔隙充水矿床；②以裂隙含水层充水为主的矿床，简称裂隙充水矿床；③以岩溶含水层充水为主的矿床，简称岩溶充水矿床。

根据矿层与当地侵蚀基准面及地下水位的关系、地表水体的影响程度、主要含水层和构造破碎带的富水性、补给条件、矿层直接顶底板隔水层的稳定性等影响水文地质条件复杂程度的因素，可将矿区水文地质条件分为3个类型：①简单水文地质条件。主要矿体位于当地侵蚀基准面以上，地形条件有利于自然排水，矿床充水主要含水层或构造破碎带富水性弱；或者，主要矿体位于当地侵蚀基准面以下，附近无地表水体，矿床充水主要含水层或构造破碎带富水性弱，补给条件差。②中等水文地质条件。主要矿体位于当地侵蚀基准面以上，地下水位以下，矿床充水主要含水层富水性中等，区域补给条件好，但地形条件有利于自然排水；或者，主要矿体位于当地侵蚀基准面以下，附近无地表水体或虽有地表水体但对矿床充水影响不大，矿床充水主要含水层的富水性中等，构造破碎带不沟通地表水体及富水性强的含水层。③复杂水文地质条件。主要矿体位于当地侵蚀基准面以下，附近有地表水体并对矿床充水具有威胁，矿床充水主要含水层和构造破碎带富水性强；或者，主要矿体位于当地侵蚀基准面以下，矿床充水主要含水层富水性强，补给条件好或构造破碎带沟通区域富水性强的含水层。

扩展阅读

王大纯，等.水文地质学基础.北京：地质出版社，2006.

王心义，等.专门水文地质学.徐州：中国矿业大学出版社，2011.

（钟兆泓）

水下焊接　underwater welding　在水下环境中进行材料焊接及连接的特殊加工技术。主要应用于船舶水中现场抢修、海难及沉船救捞、海洋钻井平台的维修及拆除、水下油气管道及电缆的维修、水下工作站建造等。水下焊接最早出现在1917年，英国采用水下电弧焊对船舶的铆接接缝及漏水部位进行焊接堵漏。此后，海洋石油及天然气的开发促进了水下焊接技术的发展。水下焊接一般采用**电弧焊**（图1）、

图1　水下电弧焊实图

摩擦焊、**爆炸焊**，**铝热焊**也有一定的应用，激光水下焊接及切割技术正处于实验室研究阶段。

水下电弧焊接方法主要有3种：①湿法水下焊接（图2）。直接在水中进行焊接，

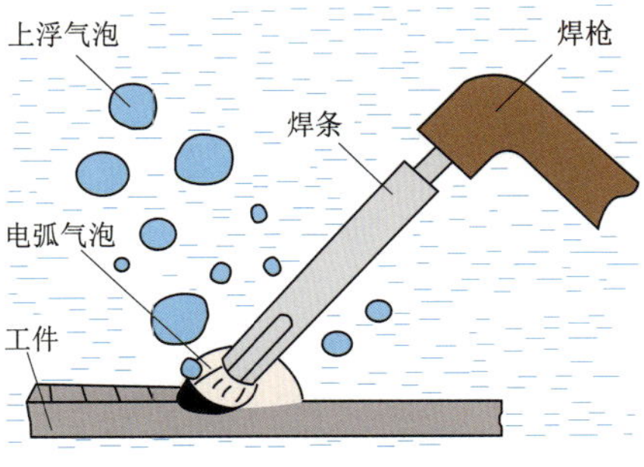

图2　湿法水下焊接示意图

不采用任何挡水措施，水和电弧之间也无任何外加的机械屏障。潜水焊工使用带防水涂层的专用焊条和为水下焊接专门设计制造的焊枪。焊接时周围的水被加热汽化与电弧产生的气体共同形成气泡空间，电弧在此空间内燃烧。湿法水下焊接主要采用药芯焊丝电弧焊和手工焊条电弧焊两种方法。湿法水下焊接具有设备简单、成本低廉、操作灵活、适应性较强等优点。但焊接区受到水的急冷作用使接头变硬变脆；电弧周围的水被加热分解使电弧气氛中含有大量的氢和氧，熔池中溶解或吸附了大量的氢，容易产生氢致裂纹，使接头性能变差；水的压力使电弧被压缩，电弧稳定性变差，飞溅和烟尘增多；水下能见度差，难以连续作业。②干法水下焊接。用气体将焊接部位周围的水排除，潜水焊工在干燥或半干燥条件下进行的焊接。该方法需要制备复杂的压力舱或工作室，舱内置有焊接设备和潜水焊工生命维持系统。干法水下焊接一般采用焊条电弧焊，也可采用药芯焊丝电弧焊或惰性气体保护电弧焊。干法水下焊接设备复杂及成本很高，而且水越深舱内的压力也越大，但焊接质量较好，可用于重要工件的焊接。③局部干法水下焊接。潜水焊工和工件直接处在水中，采用特殊构造的排水罩将待焊部位罩住，用空气或保护气体将罩内的水排开，形成局部的气相焊接空间（图3）。

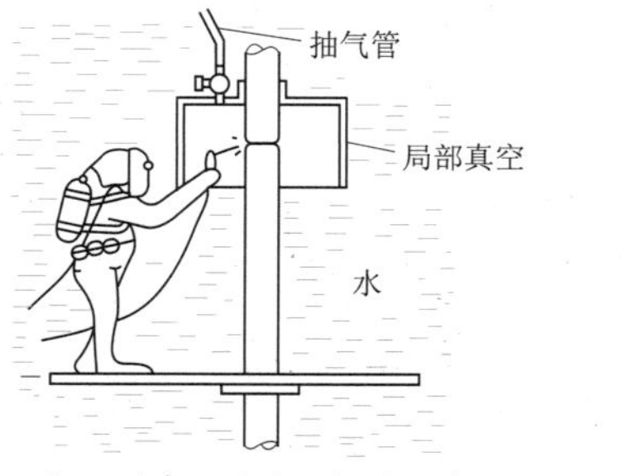

图3 局部干法水下焊接示意图

焊接过程中，隔离罩随着电弧一起移动或分段移动，电弧的燃烧及凝固都在气相环境下进行。局部干法的焊接质量接近于干法，但设备简单，成本较低，又具有湿法焊接的灵活性，因此实际应用比较广泛。

扩展阅读

中国机械工程学会焊接学会.焊接手册：材料的焊接.北京：机械工业出版社，2008.

史耀武，张新平，雷永平.严酷条件下的焊接技术.北京：机械工业出版社，1999.

（冯吉才）

水银 mercury 液态金属汞的俗称。古希腊亚里士多德称之为"液银"。《史记》记载："巴寡妇清，其先得丹穴，而擅其利数世。""丹穴"即汞矿，可知战国时已有采汞的矿业。又记载秦始皇陵墓中有大量水银。出土文物的检测表明，春秋末战国初期已有用汞齐鎏金的技术。炼汞的原料是硫化汞（HgS），古称丹砂、朱砂或辰砂。硫化汞在空气中加热即能分解成汞，其关键在于如何使生成的汞蒸气不被氧化并有效地冷凝收集。宋代周去非《岭外代答》记载："邕人炼丹砂为水银，以铁为上下釜。上釜盛砂，隔以细眼铁板；下釜盛水，埋诸地。合二釜之口于地面，而封固之。灼以炽火。丹砂得火，化为霏雾，得水配合，转而下坠，遂成水银。"清康熙年间田雯所撰《黔书》记贵州提炼水银的方法："灶有大小，釜亦如之。大者容砂二十升，离而为十层，次八之间，以稃粃布陈汞灰于其上。治以杓，中凹而围凸。覆以釜，差杀之，揉盐泥而涂其唇筑之。乃煅之。凡一昼夜而汞成；滴滴悬珠，滉漾熣灿，皆升于覆釜之腹。"这种炼汞设备很多地区一直采用。操作过程为：先将矿石敲碎，经过手选以提高品位，然后放入下面生铁锅中（俗称"地锅"），下面烧火。上面覆以另一锅（俗称"天锅"），两锅之间须密封，以防止汞蒸气逸出。天锅顶上筑一泥胆，向上通至"银钵"（即冷凝器）。银钵系陶质小缸，为提高冷凝效率，可在其上淋洒冷水。汞蒸气在钵内冷凝成小珠，附着于内壁。为防止汞珠坠落，可先在钵内用水和桐油的混合物涂抹，以增加吸附能力。"银钵"须不断更换，否则小汞珠将逐渐汇集成大珠，重新落入地锅。取下的"银钵"待冷却后，用毛帚仔细刷下汞珠。

《天工开物》中的升炼水银图

明代宋应星著《天工开物》中关于炼汞的记载颇详并有附图（见图）。在天锅上引出导管，将水银蒸气导入冷凝容器中，凝聚成水银。

（朱寿康）

丝状腐蚀 filiform corrosion 在一定大气湿度条件下，非金属涂层下的金属表面发生形态呈细丝状的腐蚀。又称膜下腐蚀。丝状腐蚀属于**大气腐蚀**的类型，一般发生在保护性涂层和阳极氧化层下面，如在有机涂层保护下的钢、镁、铝、锌材料表面发生的细丝状腐蚀。丝状腐蚀的潜在危害表现在两个方面：一是可能参与应力集中的形成和加速金属的**腐蚀疲劳**，导致金属强度下降；二是破坏金属涂层的附着力，使涂层失去防护作用，为金属进一步的腐蚀反应制造条件。

丝状腐蚀的产生机理是：涂膜的破损处、边缘棱角及涂膜的针孔等薄弱处先形成点蚀，这成为丝状腐蚀的引发中心，也就是丝状腐蚀的活化源。在点蚀处，在凝结水膜、氧及大气中腐蚀介质的作用下，腐蚀向周边的膜下扩展。腐蚀产物堆积，逐步使得漆膜和金属之间出现间隙，而间隙处贫氧，形成氧浓差电池，致使腐蚀不断呈丝状向前扩展。在氧浓差电池中，低氧区的头部为阳极，发生金属的溶解，高氧区的尾部为阴极，发生氧和水的还原生成氢氧根离子。

丝状腐蚀在大气湿度为65%～95%时发生，大于95%不易发生。介质中的Cl^-和SO_2分别对丝状腐蚀的发生和发展起促进作用。此外，基体金属中的杂质含量、金属表面的粗糙度、金属表面的处理方式、金属表面涂层的类型和厚度等因素都对丝状腐蚀有一定影响。

（段继周）

斯科钦斯基，A.A. Aleksandr Aleksandrovich Skochinsky; Александр Александрович Скочинскний（1874-07-01～1960-10-06）苏联采矿学家和教育家。生于俄国雅库特，卒于莫斯科。1900年毕业于圣彼得堡矿业学院，1906年任该院教授。1935年当选为苏联科学院院士。先后在圣彼得堡矿业学院、顿河工学院、莫斯科矿业学院等任教50多年。1938～1960年任苏联科学院矿业研究所所长。他创立了矿井空气动力学，提出煤层空隙率和测定瓦斯含量的研究方法。主要著作有《矿井大气》（1933）、《矿井通风》（1949）、《矿井火灾》（1954）等。

（平寿康 解世俊）

斯皮诺达分解 spinodal decomposition 固溶体成分位于自由能曲线的拐点连线之内，其无穷小的成分涨落即引起系统自由能的下降，使这种成分偏离会自发进行下去，无须形核势垒即可导致的分解。又称亚稳分域、调幅分解、隐晶分解、亚稳相分解。是一类非形核长大型、连续型不稳态相变。在一定合金系统中，固溶体在适当热处理之后，分解为成分不同的微小区域相间分布的组织。这些小区域的溶质含量沿一个方向形成一定的波形分布，波峰处成分高于平均成分，波谷处成分低于平均成分。这些富区与贫区保持原固溶体的**晶体结构**，相同成分区域之间的距离（即分域或调幅波长）一般在5～100纳米。此种由成分调幅的微小区域组成的不均匀组织，称为亚稳分域组织。

斯皮诺达分解的概念是由J.W.吉布斯首先引入的。1940年，A.G.布拉德利在**淬火**并经两相区中**退火**的Cu-Ni-Fe合金中发现，在X射线布拉格（Bragg）衍射峰的两侧出现有侧带结构（或称卫星条带），首次在结构上证实了固溶体中发生的斯皮诺达分解。

在许多合金系统中，如Al-Zn、Al-Ag、$SmCo_{5-x}Cu_x$、Fe-Cr-Co、Cu-Ni-Sn等系统中皆存在有斯皮诺达分解。许多玻璃系统，如Na_2O-SiO_2、B_2O_3-PbO、V_2O_5-P_2O_5、SnO_2-TiO_2等系统中也有斯皮诺达分解。有的合金在时效初期，GP区的形成也具有斯皮诺达分解的性质。

由于斯皮诺达分解能形成高度弥散的不均匀结构，成为对金属材料及非金属材料进行热处理所经常利用的**固态相变**之一。

斯皮诺达分解的热力学条件 考虑一个简单的含有固态两相区的二元系相图（图1）。在固溶间隙区之上的T_1温度，固

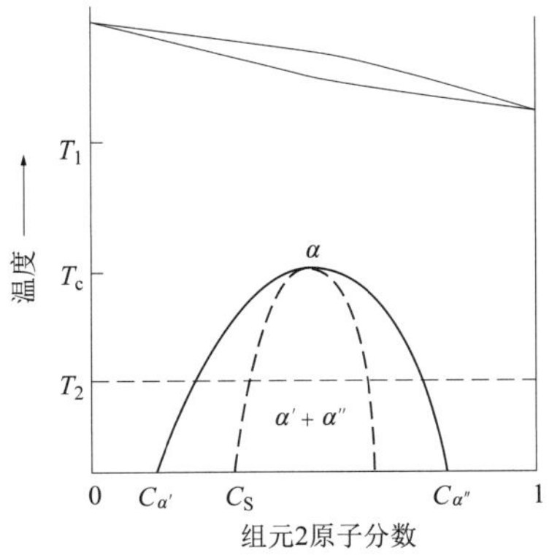

图1 具有斯皮诺达分解的相图

溶体的**自由能**G（C）随成分变化的情况如图2所示。

在此条件下，在体系的全部成分范围内，单相固溶体是稳定的，自由能曲线呈凹处向上。在温度T_c，自由能曲线的中间一段显示出平直线，此温度称为汇溶温度。在T_c以下的任一温度T_2，自由能曲

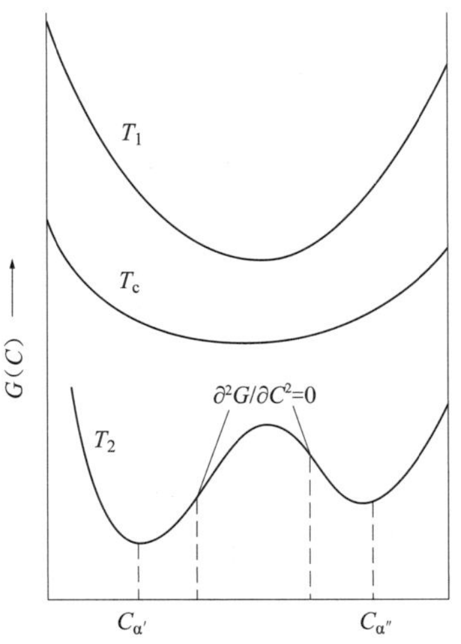

图2 不同温度的自由能随成分变化曲线

线的中间一段向上弓起。自由能曲线可划分为3段，两端的曲线凹处向上，中间一段凹处向下，在凹处向上两段的公切线两切点$C_{\alpha'}$及$C_{\alpha''}$之间即为不互溶区，即固溶间隙区。成分位于此区间的合金，在T_c温度以下处于平衡态时，将分解为成分为$C_{\alpha'}$及$C_{\alpha''}$的两个相。在曲线的凹处向上部分与曲线的凹处向下部分的交接处，即曲线的曲率变更符号的拐点处，其二阶偏导数$\frac{\partial^2 G}{\partial C^2}=0$，各个温度满足此关系的点的轨迹线称为化学拐点线，在图2中用虚线表示。在拐点线之内，$\frac{\partial^2 G}{\partial C^2}<0$；在拐点线之外，$\frac{\partial^2 G}{\partial C^2}>0$。拐点线的重要意义是它将固溶间隙区划分为不稳定区与亚稳定区两部分，其内为不稳定区，其外为亚稳定区。此结论可通过微小成分涨落引起的自由能变化的情况来说明。

斯皮诺达分解的动力学条件 固溶体发生斯皮诺达分解时，无形核势垒，只是溶质原子发生**上坡扩散**。溶质原子进行上坡扩散的结果，使成分起伏的振幅增加，当波幅达到饱和值后，波形逐渐向矩形波形状改变，最后达到矩形调幅波，如图3所示。

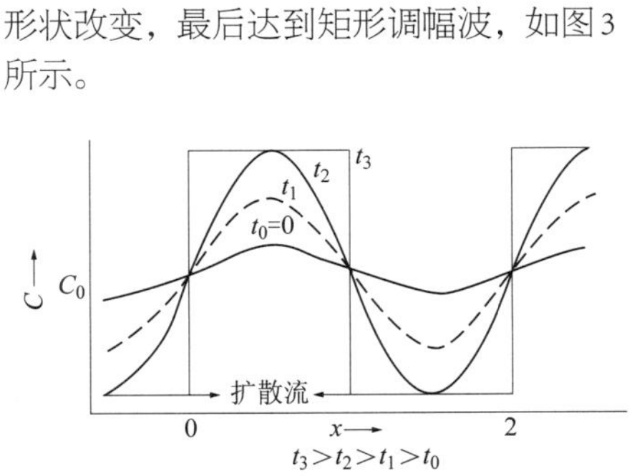

图3 斯皮诺达分解时的成分变化

扩散系数$\tilde{D}$与原子迁移率M及$\frac{\partial^2 G}{\partial C^2}$之间的关系为：

$$\tilde{D}=M\cdot\frac{\partial^2 G}{\partial C^2}$$

式中M总是正值，因此$\tilde{D}$与$\frac{\partial^2 G}{\partial C^2}$同符号，由此可知，在拐点线之内，扩散系数$\tilde{D}$为负值，扩散是**上坡扩散**；而在拐点线之外，$\tilde{D}$为正值，扩散为下坡扩散。

在弹性各向异性的介质中，不同方向具有不同的Y值，$Y=E/(1-\nu)$，式中E为固溶体的弹性模量，ν为泊松比。此时调幅波沿着Y小的方向排列。

斯皮诺达分解与形核长大型脱溶分解的比较 形核长大型**脱溶**分解与斯皮诺达分解的主要区别见表。

斯皮诺达分解与形核长大型脱溶分解的比较

脱溶分解	斯皮诺达分解
有形核势垒	无形核势垒
脱溶相的生长依靠下坡扩散	分域的形成依靠上坡扩散
平衡相的成分不随时间改变	在达到平衡数值之前，成分连续变化
新相与基体之间有明确的界面	域限在开始时模糊不清，最后逐渐清晰，但始终没有明显界面
平衡相的大小及位置随机分布	不同成分域的大小与分布存在一定的规律性

扩展阅读

RAO C N R, RAO K J. Phase Transitions in Solids. New York: McGraw-Hill Inc., 1978.

（刘国勋）

锶冶金 strontium metallurgy 从含锶矿物中提取金属锶的技术。1792年英国人T.C.霍普在苏格兰斯特朗申镇的铅矿矿石中发现了一种新元素，并以发现地命名为strontium。1808年英国化学家H.戴维用铂做阳极，汞做阴极，电解氢氧化锶制得了少量的锶汞齐。1823年德国化学家R.W.本生用电解熔融氯化锶的方法制得了金属锶。

自然界分布较广的含锶**矿物**有天青石（含硫酸锶）和碳酸锶矿。锶的性质与钙相似，其提取方法也与钙相同，主要有铝热还原法和电解法。①铝热还原法，将天青石矿磨细，用10%盐酸浸泡，除去碳酸钙和大部分硫酸钙，然后加入碳酸钠溶液，在60～70℃条件下进行强烈搅拌，使硫酸锶转化成碳酸锶沉淀，再用盐酸溶解转化成氯化锶。滤液用碳酸钠沉淀出碳酸锶。将碳酸锶与碳混合煅烧，制得较纯净的氧化锶。然后将氧化锶与铝粉混合，压块，装入还原炉内，在1000～1200℃和真空度小于13.3帕时进行化学反应，即可得到金属锶。其化学反应

为：$3SrO+2Al \longrightarrow 3Sr+Al_2O_3$。若需制取高纯锶，可用真空蒸馏法精制。②电解法，主要过程包括氯化锶制取、氯化锶熔盐电解和真空蒸馏提纯。氯化锶熔盐电解用铜锶合金做液体阴极，石墨电极做阳极，电解质为无水氯化锶和氯化钾。电解时在阳极上析出氯气，在液体阴极上析出金属锶。　（刘风琴）

松下幸雄　Yukio Matsushita（1920-01-06～2009-05-18）　日本冶金学家。生于日本兵库县神户市。1942年9月毕业于东京帝国大学（今东京大学）第一工学部冶金学科。

1957年3月获得工学博士学位。历任日本东京大学副教授、教授。曾任日本金属学会副会长，日本铁钢协会副会长、会长，日本钢管株式会社顾问等职，推动了日本钢铁工业的发展。致力于中日钢铁冶金学术交流，1980年被授予北京钢铁学院（今北京科技大学）名誉教授称号。

主要从事钢铁冶金学、**冶金过程物理化学**、高温金属冶金反应研究。在冶金熔渣的研究方面，采用电化学方法研究熔渣的热力学性质，从理论上阐明了熔渣的离子特性，并精确测定了与钢铁冶炼相关的各种氧化物的热力学基础数据，在钢铁冶炼渣利用方面进行了先驱性的研究工作。在转炉渣脱磷及其有效利用方面也进行了热力学和速度论的研究。由于在钢铁冶金学术上的成就和贡献，先后获得日本铁钢协会、日本金属学会的诸多论文奖、功绩奖、功劳奖。1993年获勋三等旭日中绶章。2005年获日本铁钢协会奖。　（殷瑞钰）

宋代铁人　iron statues in Song Dynasty　中国宋代铸造的大型铁人像。较为著名的有河南嵩山中岳庙古神库的宋代铁人和山西太原晋祠内会仙桥金人台上的宋代铁人。河南省登封市嵩山中岳庙古神库四周边角上站立4尊铁人，又称镇库铁人。是中国现存铁人中形体最大、保存完好的铁人。铸造于北宋治平元年（1064），高3.5米，重约3吨，形神兼备，表情、姿态各不相同，身上铸有铭文。铁人采用**范铸法**铸造而成，其范缝在铁人身上可明显看到。

晋祠金人台的四角各立铁人一尊，各

山西太原晋祠内的铁人

高7尺。这4尊原是宋代铸造。西南角的一尊是北宋绍圣四年（1097）铸造，其余三尊为后代补铸。西南角的铁人造型雄健英武，铠甲鲜明，胸腹膝腿等处铸有清晰的文字，全身不见铸造披缝，身高2.26米。铁人露天放置，至今仍晶莹明亮，表明当时冶铸技术已具有很高水平。　（李秀辉）

塑性变形力学原理　principle of mechanics of plasticity　从认定塑性变形体为均质连续体出发，依据宏观的试验结果，研究变形体内的应力、应变以及它们和变形温度、速度等条件之间的关系。

应力-应变曲线　表示材料单位面积上的负载σ与单位长度的变形ε之间的关系曲线（σ-ε曲线）。在材料试验中，常用圆棒受拉、短柱受压、薄壁管受扭转来测定负载和变形的关系，然后再分别算出单位面积上的负载（称为应力）和单位长度的变形（称为应变）。最常用的试验是：试样受拉时，由原始长度l_0增加到l，比值$(l-l_0)/l_0$称为工程应变或应变，而自然对数值$\ln(l/l_0)$称为对数应变或真应变。若在外力P的作用下，受拉试样由原始截面积A_0减小到每一瞬间值A，则称比值P/A_0为习惯应力，P/A为真应力。常见的延性金属的应力-应变曲线，按有无明显的屈服点，分为两类。

对于小变形量，用工程应力-应变曲线即可；对于大变形量，需用真应力-应变曲线。在一次受拉试验中，可以得到材料特征性的σ-ε曲线，此外，还可以得到材料的屈服应力（σ_s）、断裂应力（σ_b）、截面收缩率（ψ）、延伸率即伸长率（δ）和弹性模量（E）等特性指标。常用σ_s作为材料塑性变形时的抗力，ψ和δ为其承受塑性变形的能力（塑性指标）。在塑性加工过程中，由于变形量大、变形条件复杂，所以上述指标值不能直接应用，而只能表示某个可以单独测定的条件下（如温度、变形速率等）对变形抗力和塑性指标的影响。因此，常用σ_0来表示材料在简单应力状态条件下的变形抗力，用σ表示在某个复杂条件下的变形抗力。在高变形速率的实验中，由于σ_s和σ_b难以分别测定，所以有时也用σ_b的变化来代表变形抗力的变化。

塑性加工通常是在复杂的应力状态条件下实现的。1911年T.von卡门就用实验证明，在高流体静压力下，常认为是脆性的花岗岩可以有相当大的塑性变形。但是从一个简单的试验结果出发来定量描述各种加工条件下的塑性指标是很困难的，因而必须用接近于加工条件的方式进行实测，测得的数值称为塑性加工性指标。

应力状态条件　取均质连续体内一点（或不考虑力分布的单元体）作为受力分析的对象，则可证明存在着一组唯一的三维直角坐标系，不论外部的作用力如何分布，在此系内沿坐标面在单元体上的切应力为零。此坐标系称为主坐标系，垂直于坐标面的正应力称为主应力，用σ_1、σ_2、σ_3表示。这样，任何复杂的受力情况总可用图1所示的情况之一来表示。

塑性变形条件　在外力作用下，变形

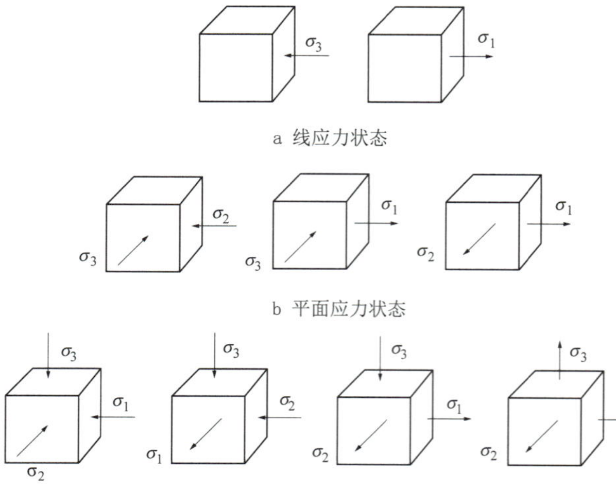

a　线应力状态

b　平面应力状态

c　体应力状态

图1　主应力图系

体由弹性变形过渡到塑性变形（即发生屈服），主要取决于变形体的力学性能和所受的应力状态。变形体本身的力学性能是决定其屈服的内因，所受的应力状态是变形体屈服的外部条件。对同一金属，在相同的变形条件下（如变形温度、应变速率和预先加工硬化程度一定），可以认为材料屈服只取决于所受的应力状态。塑性理论的重要课题之一是找出变形体由弹性状态过渡到塑性状态的条件，确定变形体受外力后产生的应力分量与材料的物理常数间的一定关系，这关系标志塑性状态的存在，称为屈服准则或塑性条件。在单向拉伸时这个条件是$\sigma=\sigma_s$，即拉应力σ达到σ_s时就发生屈服。σ_s是材料的一个物理常数，它可以由拉伸试验得到。

试验表明，对处于复杂应力状态的各向同性体，某向正应力可能远远超过屈服应力σ_s，却并没有发生塑性变形。所以塑性变形的发生不取决于某个应力分量，而取决于一点的各应力分量的某种组合。既然塑性变形是在一定的应力状态下发生的，而任何应力状态最简便的是用3个主应力表示，故所寻求的条件如果存在，则这个条件应是3个正主应力的函数，即$f(\sigma_1、\sigma_2、\sigma_3)=C$，$C$是与材料性质有关的常数，可通过简单试验测得。

1864年，法国工程师H.特雷斯卡在软钢等金属的变形实验中，观察到屈服时出现**吕德斯带**，吕德斯带与主应力方向约成45°，于是推想塑性变形的开始与最大剪应力有关。最大剪应力理论就是假定对同一金属在同样的变形条件下，无论是简单应力状态还是复杂应力状态，只要最大剪应力（τ_{max}）达到极限值就发生屈服，即$\tau_{max}=(\sigma_1-\sigma_2)/2$。而奥地利空气动力学家R.von 米泽斯认为，不管采用什么变形方式，在变形体内某点发生屈服的条件应当仅仅是该点处各应力分量的函数，此函数称为屈服函数。因为金属屈服是物理现象，所以对各向同性材料这个函数不应随坐标的选择而变。设主应力$\sigma_1>\sigma_2>\sigma_3$，且材料在简单拉或压之下发生塑性变形的应力为$\sigma_s$，按特雷斯卡发生塑性变形的条件为$(\sigma_1-\sigma_3)=\sigma_s$，而按米泽斯的条件则为$(\sigma_1-\sigma_2)^2+(\sigma_2-\sigma_3)^2+(\sigma_3-\sigma_1)^2=2\sigma_s^2$。由于该准则反映出中间主应力$\sigma_2$的影响，故克服了特雷斯卡的不足。

W.洛德于1926年、G.I.泰勒和H.奎尼于1931年、J.M.莱塞尔斯和C.W.麦格雷戈于1940年以及E.A.戴维斯于1945年，分别用不同的方法通过实验对上述两种条件进行了验证，证明米泽斯的条件更符合实际。同时，二者相差不超过15.5%。由于特雷斯卡屈服准则计算比较简单，有时也比较符合实际，所以也比较常用。

变形抗力的影响因素 变形抗力是金属对使其发生塑性变形的外力的抵抗能力，也是金属在单向拉伸（或压缩）应力状态下的屈服极限（σ_s）。它既是确定塑性加工力能参数的重要因素，又是金属构件的主要力学性能指标。它与塑性加工时的工作应力（如**锻造**、**轧制**时的平均单位压力、**挤压**应力、**拉拔**应力等）不同，后者包含了应力状态的影响，即：

$$\bar{p}=n_\sigma\sigma_s$$

式中$\bar{p}$为工作应力；n_σ为应力状态影响系数；σ_s为变形抗力。

变形抗力σ_s的数值，首先取决于变形金属的成分和组织，不同牌号的金属材料，其σ_s值不同。其次，变形条件对σ_s的影响也很大，其中主要是变形温度、应变速率和变形程度。

变形温度（T） 由于温度的升高，降低了金属原子间的结合力，因此金属与合金的变形抗力随变形温度的升高而降低，塑性指标（δ）增加。但这种变化在不同温度范围内的影响程度不同。在升温过程中，在某些温度区间，某些金属的变形抗力增加，如碳钢在兰脆温度范围内（一般为300～400℃，取决于应变速率）σ_s随温度升高而增加（图2）。

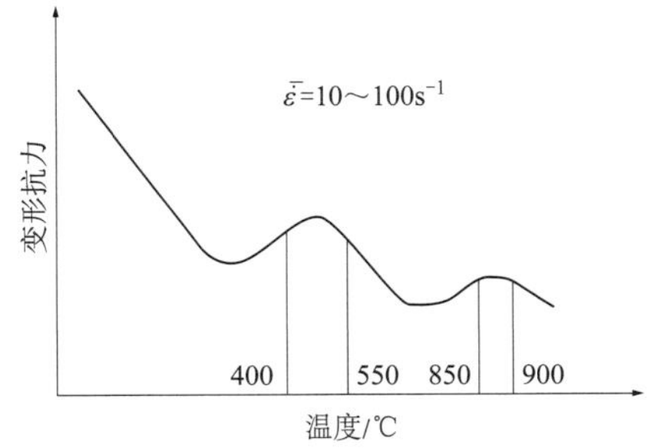

图2 变形抗力与温度的关系（碳钢）

应变速率（$\dot{\varepsilon}$） 应变速率的增加，使位错移动速率增加、变形抗力增加。另外，塑性变形过程中同时存在硬化与软化过程，应变速率增加，缩短了软化过程的时间，使其来不及充分进行，因而加剧了加工硬化，使变形抗力提高。但有时应变速率增加，使变形热效应增加，金属温度上升，反而降低金属的变形抗力。在不同温度范围内，应变速率对变形抗力的影响不同。在常温条件下，应变速率提高所引起的变形抗力相对增加量要小；在高温变形时，应变速率对变形抗力的影响比较明显；当变形温度更高时，应变速率的影响有所下降。

变形程度 无论在室温还是在较高温度条件下，只要回复再结晶过程来不及进行，则随着变形程度的增加，必然产生加工硬化，因而使变形抗力增加。通常变形程度在30%以下时，变形抗力增加得比较显著。然后随着变形程度的增加，变形抗力的增加变得缓慢。在同样应变速率下，随着变形温度的增加，变形抗力随变形程度增加而增加的程度变小。

对于一定的金属，其变形抗力σ_s是变形温度、应变速率和变形程度的函数，即：

$$\sigma_s=f(\varepsilon,\ \dot{\varepsilon},\ T)$$

由于热变形和冷变形时这些因素所起的作用程度不同，通过实验和数学归纳，分别得出不同的模型。

热变形时变形抗力模型为：

$$\sigma_s=A\varepsilon^a\dot{\varepsilon}^b e^{-cT}$$

式中A、a、b、c为取决于材质和变形条件的常数；T为变形温度；ε为变形程度。

冷变形时变形抗力模型为：

$$\sigma_s=A+B\varepsilon^n$$

式中A为退火状态时变形金属的变形抗力；n、B为与材质、变形条件有关的系数。

扩展阅读

DIETER G E. Mechanical Metallurgy. New York: McGraw-Hill, 1976.

NADAI A. Theory of Flow and Fracture of Solids. New York: McGraw-Hill, 1950.

（孙 梁 李克斌 撰 张晓明 邸洪双 修订）

塑性加工工艺润滑 lubrication in plastic working 改善塑性加工时摩擦状态的措施。不包括机械（轴承等）润滑。

目的 工艺润滑的主要目的是：①降低摩擦系数，减少**金属塑性变形**时的力能消耗。②提高产品的表面质量和减少缺陷的产生。③减少工模具的磨损，延长工模具的使用寿命，降低生产成本，提高生产效率。

分类 根据润滑机制分为边界润滑、流体润滑和混合润滑。

边界润滑 表现形式是变形金属与工具之间相互接近以至在微凸体之间发生明显的接触。边界润滑主要通过润滑剂中的表面活性物质在变形金属与工具表面之间形成既易于剪切又能减小金属表面直接接触的边界润滑膜。边界润滑膜是定向吸附膜，厚度通常在0.1微米以下。在工程上，通常在润滑剂中加入油性剂和极压剂。油性剂可提高润滑剂与金属表面的吸附能力，使其在金属表面形成物理吸附的油性剂分子膜。极压剂通过与金属表面反应可改善边界润滑状况，在金属表面形成一层平滑的极压膜。极压膜具有较低的剪切强度，是不易大面积擦伤的无机膜。

流体润滑 表现形式是变形金属与工

具表面完全被润滑油膜隔开，油膜厚度远大于接触表面的粗糙度，摩擦力来源于润滑剂分子运动的内摩擦。摩擦力的大小取决于流体的性质，而与两个摩擦面的材质无关，所以流体润滑时摩擦力可根据牛顿流体定律计算。在流体润滑状态下，由于两个摩擦表面不发生直接接触，因此流体润滑过程不产生磨损。

混合润滑　在润滑过程中既发生了流体润滑又发生了边界润滑，又称部分流体润滑。当润滑油膜的厚度不足以隔开相互运动的固体表面时，两个相对运动固体之间的载荷一部分由润滑油膜承担，一部分由接触中的表面微凸体承担，此时就认为开始了混合润滑。边界润滑和流体润滑同时存在，摩擦力的大小不仅取决于边界润滑和流体润滑的润滑效果，同时还取决于两者在摩擦过程中所占的比例。流体润滑在混合润滑过程中所占的比例，取决于流体润滑油膜的厚度和两个相互接触固体表面的综合表面粗糙度。

工艺润滑剂的要求及种类　对工艺润滑剂的要求有：①具有良好的耐压性能，在高压下润滑油膜仍能吸附在接触面上，保持良好的润滑状态。②能够减少磨损并防止工件与工具黏结。③润滑剂燃烧后的残留物要少，保证制品表面光洁不出现斑迹。④具有良好的冷却性能，对工模具温度起到冷却、调节与控制的作用，以提高工模具的使用寿命。⑤成分和性质要稳定，对金属和设备有一定的化学稳定性。⑥黏度要适宜，便于涂抹或喷射到金属和工具上。⑦对金属和设备无腐蚀和其他有害作用。⑧清理方便，容易净化处理，不污染环境。⑨无毒、无难闻气味，对人体无害。⑩来源丰富、价格低廉。

在塑性加工中所使用的润滑剂可按化学成分、组合状态、用途等分类。按其组合形态可分为液体润滑剂、固体润滑剂、液-固润滑剂和熔体润滑剂。①液体润滑剂，应用最广，主要包括纯油型、乳化型（包含乳化油、半合成形、微乳液和全合成形）。纯油型的液体润滑剂主要适于冷却要求不高但润滑需求高的应用，主要由石蜡基、环烷基或者酯类基础油（包含动植物油、合成酯等）组成。其中，虽然石蜡基和环烷基基础油等的润滑性能一般，但抗氧化性能好、使用寿命长、凝固点低，在塑性加工中较常见。动植物油含有极性基，在金属表面可形成牢固的润滑油膜，是有效的工艺润滑剂，经常少量加入纯油型的润滑剂中，但由于其抗氧化性能一般，凝固点相对较高，所以不能大量使用。乳化型液体润滑剂是一种液相以细小液滴形式分布于另一种液相中，两种液相组成的足够稳定的系统。形成液滴的液体称为分散相，其余部分称为分散介质或连续相。主要用于冷轧、冷拔和冷冲压过程。它的冷却能力比纯油大得多，在循环系统中可长期使用，耗油量较低。其组成包括基础油、乳化剂、添加剂（如防腐剂、极压剂、油性剂等）和水等。②固体润滑剂，主要有玻璃、二硫化钼、肥皂、各种盐类和以石墨（或蜡）为基础的润滑剂，还有用镀铜、锡等软金属层作为润滑剂，主要应用于**挤压**、**锻压加工**、**拉拔**和轧管时芯棒的润滑等。③液-固润滑剂，包括石墨乳液、石墨油剂（或水剂）、二氧化钼油剂（或水剂）等，常用于压铸过程中的脱模剂。④熔体润滑剂，包括玻璃、沥青或石蜡等。玻璃的使用温度范围较广，既是固体润滑剂，又是熔体润滑剂。

扩展阅读

姚若浩.金属压力加工中的摩擦与润滑.北京：冶金工业出版社，1990.

孙建林.轧制工艺润滑原理技术与应用.北京：冶金工业出版社，2004.

（赵林春　撰　张晓明　修订）

塑性加工过程摩擦　friction of metal working　*金属塑性加工*过程中，金属和工具间在有相对运动或有运动趋势时，两接触面之间产生的阻碍相互运动的现象。摩擦在多数情况下是有害的，主要表现在：①增大金属变形阻力。②引起金属的变形不均。③增加工具磨损。④损害制品表面质量。⑤增加金属变形的能耗。但也能产生积极作用，如在**轧制**过程中咬入和轧制过程建立、薄板冲压过程的压边、拔制过程坯料头部的夹持等。

金属塑性成形中的摩擦有内摩擦、外摩擦之分。内摩擦是金属内部质点产生相对运动（滑移）引起的；外摩擦是由于工具与工件之间相对运动产生阻碍表面金属质点流动引起的。为改善塑性加工过程的摩擦状态，在工具和金属相互接触的表面通常采用**塑性加工工艺润滑**，以改变工具和金属表面之间的性质，降低界面摩擦阻力，减少工具磨损，提高产品表面质量，还可以防止金属和工具黏结，并起到冷却作用。

摩擦机理　金属塑性加工过程中的摩擦不同于普通机械运动中的摩擦，后者在运动中通常表面接触压力比塑性变形时要小。在塑性加工时，金属工件和加工工具间的接触压力很大，摩擦性质复杂。关于摩擦产生机理有3种学说：①表面凹凸学说，认为摩擦是由接触面上的凹凸不平引起的。因为经过机械加工的表面并非都是绝对平坦光滑的，从微观上来看，都有不同程度的凸起和凹坑。因此在两个表面相互接触时，凸起和凹坑会相互咬合。当在外力作用下发生相对运动时就会产生阻力，这就是摩擦力。②分子吸附学说，认为当两个接触表面非常光滑时，其界面的摩擦力不但不会降低，反而会增加，这是由于接触表面分子之间相互吸引的结果。③黏着理论，认为当两个接触面上某些接触点处的压力很大，以至发生黏接或焊合，这样两表面相对运动时，黏接点将被切断而产生相对滑动阻力，这个阻力也称为摩擦力。

古典摩擦理论认为，摩擦力的大小与接触面之间的法向压力成正比，即库仑定律。库仑定律也可用于边界润滑条件下摩擦力的计算，但实际上影响边界润滑的条件有很多，很难用这个简单模型加以描述，采用库仑定律只是一个近似的计算方法。

类型　在塑性加工过程中，根据坯料与工具接触表面之间润滑状态的不同，可以把摩擦分为干摩擦、边界摩擦和液体摩擦。介于这3种之间的摩擦分别为半干摩擦和半液体摩擦。干摩擦是不存在任何外来介质时，金属与工具的接触表面之间的摩擦。但在实际生产中，绝对理想的干摩擦是不存在的，通常指工具与工件接触面不施以任何润滑剂的摩擦状态。对于镦粗和锻造、无润滑挤压铝及铝合金等塑性加工过程，都可能出现干摩擦状态。边界摩擦是一种介于干摩擦与流体摩擦之间的摩擦状态。其产生是由于润滑剂对金属表面的物理和化学吸附作用，形成一层只有几个分子厚的边界润滑膜。液体摩擦是当工件与工具表面之间的润滑层较厚时，摩擦副在相互运动中不直接接触，两接触面完全被润滑膜隔开，摩擦发生在流体内部分子之间，如在高速轧制与拉拔时局部容易出现这种摩擦。半干摩擦和半液体摩擦称为混合摩擦。半干摩擦是干摩擦和边界摩擦的组合，半液体摩擦是液体摩擦和边界摩擦的组合。在实际塑性加工过程中，界面的摩擦并非某个单一类型，而是3种摩擦类型的过渡或混合状态。

影响因素　影响塑性加工过程中摩擦的因素可分为两类：一类是与工具和变形金属的表面状态，以及它们之间相互作用的接触面性质（润滑剂、氧化膜等）相关的因素。这些因素影响摩擦的过程，但不能完全决定接触表面的摩擦应力大小及分布。另一类是与两接触表面力学性质，以及应力-应变状态有关的因素。在表面状态与性质一定时，摩擦应力的大小及分布取决于金属承受的应力状态和金属质点的运动学特点。因此，在塑性加工过程中，在接触表面上某一点的摩擦应力取决于表面的受力条件、变形材料的流变性质和摩擦表面状态等。

扩展阅读

俞汉清，陈金德.金属塑性成形原理.北京：机械工业出版社，2005.

姚若浩.金属压力加工中的摩擦与润滑.北京：冶金工业出版社，1990.

霍林.摩擦学原理.北京：机械工业出版社，1981.

（赵林春 撰 张晓明 修订）

塑性加工金属组织 microstructures of plastically worked metals 金属经过塑性变形之后呈现的微观结构形式。由于绝大部分金属材料的塑性变形机制是位错运动，所以塑性变形之后金属的微观组织状态主要取决于位错和其他**晶体缺陷**的数量、形态和分布。按照变形温度和变形过程组织性能变化的特点，**金属塑性加工**分为冷加工、温加工和热加工。冷加工是在再结晶温度以下进行的塑性加工，过程中主要发生加工硬化，但在实际工程和研究中，冷加工多是在室温进行的塑性加工。温加工是在介于室温和再结晶温度之间进行的塑性加工。温加工和冷加工相比较，变形过程中组织性能的变化并无本质上的不同，但是变形抗力会大大降低，塑性加工更容易进行。热加工是在金属再结晶温度以上进行的塑性加工，过程中常伴随金属的软化。

冷加工下的金属组织变化　经过冷加工变形之后，金属微观组织从晶粒形状和晶粒取向到微细结构都将发生强烈的变化，呈现纤维组织、胞状亚结构和形变织构的特征。

纤维组织　多晶体金属经冷变形后，原来等轴的晶粒沿着主变形方向被拉长、拉细或压扁。变形量越大，拉长越显著。当变形量很大时，各个晶粒已经不能很清楚地辨别开来，而呈纤维状。变形程度越大，纤维组织越明显。以变形抗力较小的低碳钢为例，利用冷轧方式进行成形时，冷变形除了使晶粒拉长、压扁之外，还可以使**渗碳体**破碎，在一定温度下进行温轧还有可能使**铁素体**发生少量再结晶。图1为低碳钢冷轧后的显微组织，铁素体被拉长，呈纤维状，**珠光体**被破碎；图2为低碳钢经500℃温轧后的显微组织，组织中铁素体发生了少量再结晶。

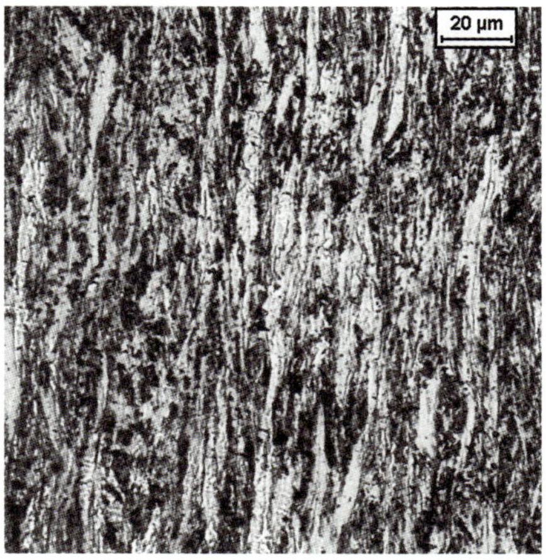

图1　低碳钢冷轧后的显微组织

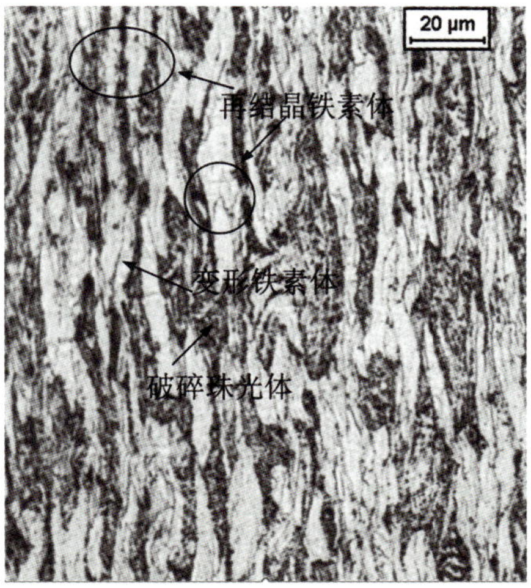

图2　低碳钢在500℃温轧后的显微组织

胞状亚结构　随着冷变形过程的进行，金属中的位错密度迅速增大，在变形量大且层错能较高的金属中，这些位错在变形晶粒中的分布是不均匀的，纷乱的位错相互纠结，形成位错缠结。这些高位错密度区域将晶粒中低位错密度区域分割开来，好像在一个晶粒内部又出现许多小晶粒似的，但是它们的取向差较小，这种结构称为胞状亚结构。胞状亚结构实际上是位错缠结的空间网络，其中高位错密度的缠结形成了胞壁，而胞内晶格畸变小，位错密度很低。通常变形量在10%左右时，组织中就会形成明显的胞状亚结构。随着变形量的增大，胞状亚结构数量增多，尺寸减小。

对于层错能较低的金属，如不锈钢和黄铜，由于位错容易扩展，不容易发生交滑移，所以这些材料变形后易观察到位错塞积群，不易形成胞状亚结构。

形变织构　金属的多晶体由许多不规则排列的晶粒所组成。在加工过程中，随着变形程度的增加，各个晶粒滑移的同时，也伴随着晶体取向相对于外力有规律的转动过程，从而使多晶体中原来位向紊乱的晶粒出现一定程度的有序化，并有严格的位向关系，这一过程称为**择优取向**。具有择优取向的晶体组织称为形变织构。

金属及合金经过**挤压**、**拉拔**、**锻造**和**轧制**之后，都会产生形变织构。塑性加工方式不同，形变织构类型也不同，通常分为丝织构和板织构。

丝织构是在拉拔或挤压加工中形成的。各晶粒有一共同晶向相互平行，并与拉伸轴线一致，以此晶向来表示丝织构。实验资料表明，对面心立方金属如金、银、铜、镍等，经较大变形程度拉拔后，所获得的织构为〈111〉和〈110〉。这两种丝织构的组成变化与试样内杂质、加工条件及材料内原始取向有关。对体心立方金属，不论其成分和纯度如何，其丝织构一般是相同的，如经拉拔后的钼、钨等金属具有〈110〉丝织构。

板织构是在轧制或**宽展**很小的矩形件镦粗时形成的。其特征是各个晶粒的某一晶向趋向于与轧制方向平行，某一晶面与轧制平面平行。板织构用其晶面和晶向共同表示。

金属材料的形变织构类型除了与晶体结构、变形方式和晶体的层错能有关之外，还受化学成分和加工工艺的影响。一般工业硅钢二次冷轧织构为（111）〔112〕+（100）〔011〕，含硫较高的硅钢二次冷轧织构主要为（111）〔112〕，高纯硅钢二次冷轧织构为（111）〔112〕+（111）〔1$\bar{1}$0〕+（110）〔001〕。在相同成分下，形变织构还与冷轧道次数和压下率有关。

形变织构造成金属材料或制品的性质上的各向异性，这在一些情况下是不利的，如薄板冲压时造成“制耳效应”。但在另一些情况下也会带来有益的效果，如变压器用的取向硅钢片，就是采用适当的冷轧和**退火**工艺，获得具有（110）〔001〕取向的高斯织构。具有这种高斯织构的硅钢片沿轧制方向磁导率高，铁损小。

金属冷加工后再加热时的组织变化　对于经过冷加工后的金属材料，一般需要进

塑性加工形成的形变织构类型

晶体结构		板（辊轧）织构	丝（拉拔）织构
面心立方	α 黄铜型	（110）〔112〕	〔100〕为主
	纯铜型	（146）〔21$\bar{1}$〕或（123）〔1$\bar{2}$1〕	〔111〕为主
体心立方		（100）〔011〕	〔110〕
密排立方		（0001）〔10$\bar{1}$0〕	〔10$\bar{1}$0〕

行一定温度的加热和保温处理，即退火。金属冷加工后，虽然塑性变形时金属所吸收的能量大部分变为热量而散失掉，但仍有5%～10%的能量以晶体缺陷的形式存在于金属内部。这样，冷加工组织在热力学上就不稳定。退火可使金属内部贮存的能量放出，晶体缺陷减少，使材料的物理和化学性质接近变形以前的性质。退火过程微观组织要经历回复、再结晶和晶粒长大3个阶段（图3）。具有形变织构的材料，退火后也可能形成新的织构，称为再结晶织构。

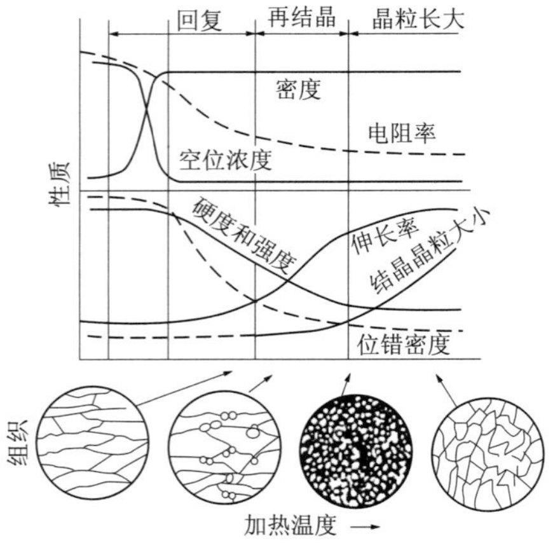

图3　金属冷加工后再加热时性质和组织变化

①回复。通常在比较低的温度下就开始进行。在只进行回复的阶段，晶粒形状没有显著的变化，但一些物理性质，特别是那些对金属点缺陷敏感的性质，则有明显的变化。同时，残余应力完全消失。温度升高使回复速率增加。回复主要由贮存于晶格的点缺陷中的能量驱动。

②再结晶。是新晶粒取代加工硬化晶粒的过程。冷加工金属高温退火时，经过一定程度的回复后，产生晶核，然后长大成新晶粒。再结晶由晶格形变能驱动。新晶粒完全取代加工硬化的晶粒后，若仍持续高温，则发生相邻晶粒合并而长大，这是由晶粒表面积减小而释放出的内能驱动。

③晶粒长大。再结晶过程完成之后，金属已处于比较低的能量状态，但仍有晶粒长大的驱动力，会发生细小晶粒合并形成大晶粒、大晶粒吞并小晶粒的晶粒长大过程。晶粒长大分为两种情况：一种是正常的均匀长大，称为一次长大或正常晶粒长大；另一种是异常晶粒长大，即在晶粒长大过程中有个别的晶粒具有异常长大的能力，从而形成晶粒大小相差悬殊的组织。发生异常晶粒长大的原因有两种：一是阻碍晶界迁移的第二相或杂质元素溶入基体金属，使晶界得以迅速迁移；二是在再结晶织构中，由于个别晶粒处于易于长大的取向，所以会迅速吞并其他晶粒。

④再结晶织构。再结晶织构可能与原来的形变织构相同，也可能不同。再结晶织构的形成机理有两种：一种是定向生长理论，这种理论认为在变形基体中存在着各种各样的晶核，在退火加热过程中，只有那些与基体间存在有利取向的晶粒发生较大速度的长大迁移，其他不适合取向的晶粒在退火中被吞并，结果形成再结晶织构；另一种是定向形核理论，这种理论认为再结晶一开始形成的晶粒就与基体有一定的取向关系，这种再结晶晶核长大之后就形成再结晶织构。

热加工过程的金属组织变化　金属热加工过程微观组织变化的特点是变形过程加工硬化和动态软化过程同时发生。热加工过程中发生动态软化的原因，主要在于热变形过程中发生的动态回复和**动态再结晶**。此外，在相变点温度附近的变形过程中发生相变也是导致动态软化的原因之一。对于结构钢来说，热变形过程中**奥氏体**的再结晶行为和微合金元素的析出行为是**控制轧制**和**控制冷却**理论的基础。

扩展阅读

王占学.塑性加工金属学.北京：冶金工业出版社，1991.

宫川大海，坂木庸晃.金属學概論.东京：朝倉書店，1980.

王磊.材料的力学性能.沈阳：东北大学出版社，2014.

SMITH W F, HASHEMI J.材料科学与工程基础.北京：机械工业出版社，2005.

（杜林秀）

酸腐蚀　acid corrosion　金属材料在酸溶液中发生的腐蚀。酸腐蚀的本质是溶液中氢离子（H^+）还原与金属（M）阳极溶解的共轭电化学反应，是氢去极化导致的腐蚀，其阴、阳极反应分别为：

$$2H^+ + 2e \longrightarrow H_2$$

$$M \longrightarrow M^{n+} + ne$$

酸腐蚀的主要影响因素有：①溶液酸度增大和温度升高会加速阴极反应，提高腐蚀速率。②溶液氧化性增大会使腐蚀加速，但对于可钝化金属，超过临界值可导致金属钝化。③腐蚀产物也有影响，可溶性金属盐会催化阳极反应，不溶性腐蚀产物形成保护层可抑制腐蚀。

导致酸腐蚀的典型无机酸主要有硫酸、盐酸、硝酸和磷酸，有机酸主要有醋酸、甲酸等。

硫酸的腐蚀性通常随浓度和温度升高而加强，但浓度大于70%（质量分数，下同）的硫酸有强氧化性，可以与除少数贵金属以外的大多数金属反应生成金属硫酸盐。浓硫酸可导致碳钢表面钝化，因此碳钢适用于室温浓硫酸。铅在硫酸中表面生成不溶性的硫酸铅，对浓度低于70%的硫酸有良好的耐蚀性。高硅铸铁适用于各种浓度和沸点以下温度的硫酸，但不能用于发烟硫酸。普通奥氏体不锈钢仅适用于中温以下（<50℃）、低浓度（<5%）或氧化性较强的高浓度（>90%）硫酸，含钼、铜元素的高铬镍不锈钢可用于中温的中等浓度硫酸，镍铬钼合金（哈氏合金）可用于更高温度和浓度的硫酸。在硫酸腐蚀环境中可选用适当的耐蚀材料，如非金属材料中玻璃和聚四氟乙烯对各种浓度的沸腾硫酸都耐蚀，聚乙烯、聚丙烯、聚氯乙烯、不透性石墨等对于浓度低于93%的硫酸具有较好耐蚀性，环氧树脂、聚酯、橡胶等可耐60℃以下、浓度低于80%的硫酸腐蚀。

盐酸对大多数金属和合金具有强腐蚀性，当存在杂质和溶解氧时腐蚀更为严重。在盐酸腐蚀环境中，可选用的金属材料主要有镍钼合金、镍钼铬合金、哈氏合金B、哈氏合金C、含钼高**硅铁**以及贵金属钽和锆。非金属材料主要有玻璃和不透性石墨，常温下橡胶和多数塑料也具有良好耐蚀性。

硝酸具有强氧化性，能促使可钝化金属材料钝化。适于硝酸腐蚀环境中的金属材料主要有18-8型不锈钢、高硅铸铁、钛、钽、铌和铝等。18-8型不锈钢在室温条件下可耐各种浓度硝酸腐蚀，在沸腾条件下，可耐50%浓度以下硝酸腐蚀，但在浓度大于70%的热硝酸中会发生过钝化腐蚀。非金属材料中聚四氟乙烯能够耐沸点以下各种浓度的硝酸腐蚀，其他类型的塑料和橡胶一般可耐常温，50%～60%以下浓度硝酸的腐蚀。

磷酸是一种强腐蚀介质，腐蚀性随浓度升高而增大，当酸中充气或含有氯、氟、三价铁、硫酸等杂质时腐蚀性更强。钢铁、普通不锈钢、铝不适用于磷酸，钛在高浓度磷酸中腐蚀也较快。能够应用于磷酸环境中的材料主要有含钼的316型不锈钢、高合金不锈钢、哈氏合金、铜、青铜、陶瓷、玻璃、石墨、橡胶和多种塑料等。含钼的316型不锈钢可用于100℃左右，50%～85%浓度的磷酸；其他高合金不锈钢和哈氏合金，可用于各种浓度和温度的磷酸；铜和青铜适于100℃以下磷酸。

常温下醋酸的腐蚀性不强，但随温度提高、浓度增加而腐蚀性剧增。适于醋酸腐蚀环境中的材料主要有铝、不锈钢、镍铬钼合金和钛等。

甲酸的酸性与还原性比醋酸强，因而腐蚀性更强。在甲酸腐蚀环境中，沸点附近主要采用镍铬钼合金和钛等耐腐蚀金属材料。非金属材料中，陶瓷、玻璃、搪瓷、不透性石墨和聚四氟乙烯对各种浓度和温度的醋酸都有优良耐蚀性，聚乙烯、聚丙烯和聚氯乙烯等适用于60℃以下、浓度低于60%的醋酸。（左　禹）

酸性耐火材料 acid refractories　以二氧化硅（SiO_2）为主要成分的**耐火材料**。主要包括强酸性的**硅砖**、不定形硅质耐火材料（主要化学成分为SiO_2）以及石英玻璃制品、熔融石英再结合制品，中等酸性的半硅质耐火材料〔$SiO_2(Al_2O_3)$〕及叶蜡石质耐火材料，弱酸性的黏土质耐火材料（主要化学成分为$SiO_2+Al_2O_3$）。其中以硅砖、**黏土砖**最为常见。锆英石质耐火材料作为特殊酸性耐火材料也归于此类。酸性耐火材料的主要特点是在高温下能抵抗酸性渣的侵蚀，但易与碱性渣起反应，主要用于焦炉、高炉热风炉、耐火材料烧成窑和玻璃池窑等。（石　干）

酸轧联合机组 coupled pickling line and tandem cold mill　将带钢的酸洗与冷轧工序结合在一起组成的联合机组。酸轧联合机组适用于大规模生产的钢铁企业。20世纪80年代初，日本新日铁公司将酸洗机组与冷连轧机组连成一条连续生产线。之后，世界上改造和新建了多条酸轧联合机组生产线。

机组在酸洗段出入口和轧机入口处均设置有活套，通过中间活套把酸洗和冷连轧轧机串联。

酸轧联合机组由酸洗区域和冷连轧区域组成。酸洗区域的作用是将多卷热轧钢卷经焊机焊接在一起，通过酸洗工艺消除带钢表面的氧化铁皮，之后圆盘剪剪切带钢宽度至成品要求宽度，为冷轧区域提供轧制原料。冷轧区域的作用是将酸洗区域处理的带钢送入冷连轧轧机，进行**无头轧制**，最终由飞剪和卷取机分卷、卷取，得到成品钢卷。

酸轧联合机组的特点是：①与酸洗和冷轧工序单独设置相比，酸轧联合机组的生产率提高10%～25%。②成品率提高，生产周期缩短。联合机组几乎没有带钢头部穿带，尾部甩尾发生，所以头尾的带钢不再是废料，通常这部分带钢长度有60～80米/卷。③设备投资减少，用地面积缩减。与常规轧机相比，省掉了酸洗机组尾部和连轧机组头部的机电设备，减少了中间储备仓库。④产品成本低，质量高。⑤由于工序和设备减少，自动化程度提高，操作人员减少。

扩展阅读

何经南，王普.冷轧带钢生产工艺及设备.北京：化学工业出版社，2015.

许石民，孙登月.板带材生产工艺及设备.北京：冶金工业出版社，2008.

日本钢铁协会.板带轧制理论与实践.王国栋，吴国良，等译.北京：中国铁道出版社，1990.

（张殿华）

酸轧退火连续式机组 continuous production line with pickling, tandem cold mill and annealing　将酸洗、**轧制**和**退火**3道工序全部联合在一起的集成生产线。主要包括酸洗机组、冷连轧机组和连续退火机组（见图）。

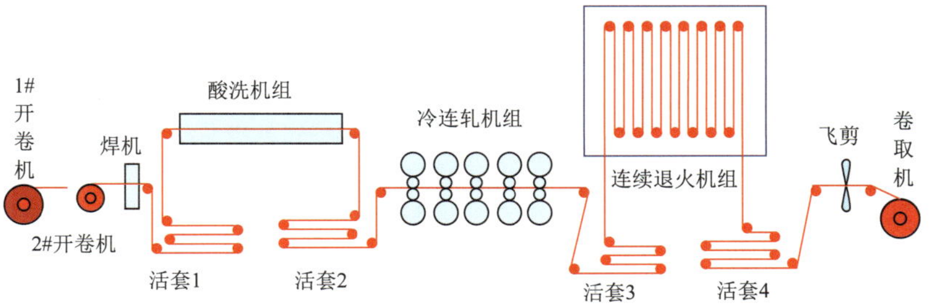

酸轧退火连续式机组示意图

传统的**板带材冷轧**生产线主要包括酸洗机组、多辊可逆式冷轧机组、退火机组、平整机组等，各机组独立进行生产。1981年，日本新日铁公司建立了第一条酸洗-冷连轧机组联合生产线；1982年，日本新日铁广畑厂建成连轧-连续退火联合机组，1986年又将该机组与连续酸洗线连接起来，建立了世界上第一套酸轧退火连续式机组。

酸轧退火连续式机组中酸洗机组的任务是，在冷轧前对钢板进行清洗，洗净其表面夹杂物及氧化物，所用溶液为3%～5%的盐酸。冷连轧机组的任务是将酸洗后热轧带钢进行冷轧，形成冷轧薄钢板。连续退火机组的任务是，冷轧钢带连续地呈单一厚度通过由加热段、均热段和冷却段组成的炉子内部的一组垂直通道，使钢带的晶粒再结晶并释放在冷轧期间产生的内应力。

酸轧退火连续式机组的优点是：①实现了酸洗、冷轧、连续退火工序的连续生产，减少了工序间的中间仓库及各工序的开卷、卷取设备的占地。②节省了中间工序的开卷、卷取、焊机以及车间行车等设备。③精简了操作人员。④缩短了生产周期，增强了对用户快速反应的能力。⑤取消了中间工序的头尾卷，可提高综合成材率。存在的缺点是：①建设周期长，施工难度大、施工费用较高。②机组复杂，调试项目增加，调试要求高，达产时间长。③设备维护要求高，维护难度增加。④轧机设备利用率较低，由于受退火机组生产能力的限制，冷连轧机组无法发挥最大设备能力。⑤生产的品种、规格较单一，生产组织灵活性较低，对市场适应性较差。

扩展阅读

金兹伯格 V B.高精度板带材轧制理论与实践.姜明东，王国栋，等译.北京：冶金工业出版社，1998.

（张殿华）

隧道窑 tunnel kiln　形若隧道的连续式烧成热工设备。隧道窑主要由隧道式窑体与窑车构成，用燃油、燃气、电力或煤作为热源。隧道窑通道两侧的窑墙和上部的窑顶用**耐火材料**和保温材料砌筑而成，下部窑底是由沿窑内轨道移动的窑车构成，两端设有窑门，窑车与窑体之间和窑车与窑车之间都设有密封装置。隧道窑种类很多：按火焰是否进入隧道分为明焰隧道窑、隔焰隧道窑、半隔焰隧道窑，按窑内输送设备分为窑车式隧道窑、辊道式隧道窑，按热源分为火焰隧道窑、电热隧道窑（见图），按外形分为直角隧道窑、圆形隧道窑等。耐火材料及建材工业生产中常用明焰隧道窑，陶瓷工业常用带马弗的间接加热隧道窑。隧道窑也被应用于冶金和机械行业，称为隧道炉，主要用于金属材料的加热和热处理。

电热隧道窑外形

工作过程　隧道窑属于逆流操作的热工设备，即装载坯体的窑车在推车机的推动下，在隧道内与气流依相反方向做连续或间歇移动，从窑头至窑尾依次经过预热、烧成和冷却三带后完成烧制过程；窑车出炉后由横向行走装置送到回车线上，卸下烧成制品，装上待烧坯体。正常生产时，按规定时间从窑头向窑内推入一辆装好坯体的窑车，同时从窑尾向窑外顶出一辆制品已经被烧好的窑车。窑车进入预热带后，车上坯体首先与来自烧成带燃料燃烧所生成的烟气接触，并逐渐被加热；进入烧成带后，借助燃料燃烧放出的热量，达到所要求的最高烧成温度，再经一定时间的保温，坯体被焙烧成制品；经过高温烧成的制品进入冷却带，与窑尾鼓入的大量冷空气进行热交换，冷却后的制品被推出窑外。在冷却带被加热的空气一部分被送往烧成带作为助燃空气，另一部分则供坯体干燥或气幕使用。

特点 隧道窑的特点是：①生产条件稳定，易于保证产品质量。②热利用率高。③产量高。④劳动强度低。⑤易实现热工上的自动控制。⑥连续作业时间长，可减少影响生产的停火维修。⑦难以适应小批量、多花色品种的生产。

扩展阅读

姜金宁.硅酸盐工业热工过程及设备.北京：冶金工业出版社，1994.

陆钟武.火焰炉.北京：冶金工业出版社，1995.

（苗为人）

孙传尧 Sun Chuanyao（1944-12-13～ ） 中国选矿工程专家。祖籍山东东平，生于黑龙江饶河。1968年在东北工学院（今东北大学）有色冶金系选矿专业毕业，

1968～1978年在新疆可可托海矿务局工作，1978～1981年在北京矿冶研究总院选矿工程专业读研究生，获硕士学位。毕业后留院工作，历任科研处副处长、处长，副院长，院长，矿物加工科学与技术国家重点实验室主任。兼任国际矿物加工大会理事会理事、中国矿业联合会选矿委员会主任委员、中国有色金属工业协会专家委员会副主任。1991年当选俄罗斯圣彼得堡工程科学院院士，2003年当选中国工程院院士。

在新疆可可托海矿务局工作期间，从事锂铍钽铌选矿技术及管理工作。在低品位锂矿石的选矿技术及工业实践中取得重大突破，为锂铍浮选分离、综合回收钽铌的工业生产，以及国家重点工程8766选矿厂的投产运行，作出重要贡献。在北京矿冶研究总院工作时，提倡并坚持科研、工程设计和科技产业三位一体的发展理念，推动了北京矿冶研究总院的转型升级。主持20余项国家科技攻关和行业重点项目，并实施了工业试验和工程转化，与合作者共同提出了“柿竹园法”，解决了钨钼铋复杂多金属矿选矿难题。提出了“开发与矿产资源可选性相和谐的精细工艺技术”的“和谐选矿”和“基因矿物加工工程”的学术观点。

获国家科技进步奖二等奖5项，全国科学大会奖1项，省部级奖9项，发明专利4项。2000年获“全国劳动模范”称号。2006年获中国工程院光华工程科技奖、中国有色金属工业科技进步特别贡献奖。发表论文150余篇，2001年出版专著《硅酸盐矿物浮选原理》(2001)，主编《选矿工程师手册》《矿产资源综合利用手册》《当代世界的矿物加工技术与装备》《矿产资源高效加工和综合利用》等著作。

（吴卫国）

孙德和 Sun Dehe（1911-08-21～1981-07-21） 中国钢铁冶金学家。原籍安徽桐城，生于北京，卒于北京。1930年毕业于南开大学预科。1934年毕业于清华大学化学系。1935年留学德国，1938年获德国柏林工科大学工程师学位。1939～1940年在德国克虏伯联合钢铁企业任炼钢工程师。1943年获亚琛工科大学博士学位，并获“博尔歇斯”奖。1943～1945年，在德国柏林施攀道钢铁厂及其研究所任冶金工程师。1946年回国后，曾任联合国善后救济总署工矿委员会委员、副主任，同济大学机械系教授。设计并建成了无锡开源机器厂（无锡机床厂前身），任厂长。中华人民共和国成立后，历任上海钢铁三厂厂长、总工程师，北京钢铁设计研究总院副总工程师，上海钢铁公司副经理，中国金属学会常务理事。1955年当选中国科学院学部委员（院士）。

中国氧气转炉炼钢和炉外精炼等技术工业化的开拓者之一。1952年主持中国自建的第一个特殊钢厂——大冶钢厂的总体设计。1958年主持设计新疆八一钢铁厂扩建工程，并指导了首都钢铁公司中国第一座30吨氧气顶吹转炉工程设计，以及太原钢铁公司的氩氧炼钢炉的半工业试验，促进了中国氧气转炉和炉外精炼等技术的工业化。

长期从事钢，特别是合金钢中氢行为规律的研究，系统地研究了钢中含氢、真空测氢和真空冶炼对不同钢种含氢的影响，设计与制作了真空法钢液定氢定氧仪。测定了氢在α铁、γ铁中的扩散系数公式，被称为盖勒-孙（W.Geller-Sun）公式。与盖勒合作，应用热力学计算方法建立了铁-氢系富铁角的二元相图，该相图被载入德国汉森所著《二元相图手册》及德国出版的《金相图表大全》中。

曾担任《中国大百科全书·矿冶》卷冶金编辑委员会副主任，参与编纂工作。被中国科学技术大会授予“重大贡献先进工作者”奖（1978）。

（姜 曦）

索比，H.C. Henry Clifton Sorby（1826-05-10～1908-03-10） 英国金相学家和地质学家。出身于英国餐具师世家。最有影响的工作是用显微镜研究岩石和金属的结构。1863年在英国协会纽卡斯尔年会上展示了钢铁在显微镜下的6种不同的金相组织。当时他已经证实：酸浸以后，钢具有各种不同的结晶组织。1864年9月又在英国协会上展示了钢的显微照片。为了纪念他，将钢经淬火后回火的组织称为索氏体（sorbite）。他还利用高倍显微镜证明：早期称为羽翅状的组织是铁和碳化铁组成的层状混合物。后因其有珠母光泽而称为**珠光体**（pearlite）。此外，还证明铁的样品中有石墨和氧化铁存在，并揭示了再结晶与相变的现象。1874年索比成为英国皇家学会理事会成员，并当选为皇家显微镜学会主席，1876年任英国矿物学会首任主席。

（常乃懂）

T

铊冶金 thallium metallurgy 从含铊矿物中提取金属铊的技术。1861年英国人W.克鲁克斯在研究硫酸厂残渣时，由光谱发现一种具有特殊绿色谱线的元素，第二年制出少量金属，于是根据拉丁文thallus（绿色的嫩枝）将这种元素命名为thallium。铊是灰白色金属，质重而软，新鲜表面呈亮白色并有金属光泽，在空气中迅速转化为蓝灰色。在230℃以下，生成密排六方晶格（αTl）；高于230℃时，转变成体心立方晶格（βTl）。高压下，生成面心立方晶格（γTl）。铊在潮湿空气中缓慢氧化，生成一氧化铊（Tl_2O）。在水蒸气和氧（或空气）中，铊易于生成氢氧化铊（TlOH）。在硫酸中溶解缓慢，在硝酸中溶解较快，在盐酸中因生成不溶性氯化铊（TlCl）而妨碍溶解，不溶于碱。

已知的铊矿物均无工业价值，铊主要是从有色重金属硫化矿冶炼过程中作为副产品回收。铊的氧化物，特别是Tl_2O和氯化铊挥发性强。它们在铜、铅、锌硫化物精矿焙烧、烧结和冶炼时大部分挥发进入烟尘。

铊的冶金原料通常含铊很低，同时含有大量的有色金属和其他挥发物。火法富集可使物料的含铊量提高10倍以上。用稀硫酸浸出含铊烟尘时，锌、镉、铁及其他元素同时进入溶液。因此提铊工艺往往工艺流程长，液固相互转换频繁，回收率低。铊提取冶金主要包括铊的富集和高纯金属铊制取两个环节。常用的富集方法有酸浸－萃取法、氯化沉淀法、镉盐沉淀－置换法、碱浸－硫化沉淀法、离子交换法。其中以酸浸－萃取法和离子交换法应用较多，具有工艺流程短、金属回收率高、无挥发毒害产物和劳动条件好的优点。

常用的高纯金属铊的制取方法有区域熔炼法和电解法。（刘智勇）

塔尔油 tall oil 主要用于氧化矿浮选的**脂肪酸类捕收剂**。又称妥尔油。塔尔油捕收剂包括粗硫酸盐皂、粗制和精制塔尔油。粗制塔尔油起捕收作用的有效成分较粗硫酸盐皂高，成分稳定，因而浮选效果好。但由于其中含有相当量的树脂酸，故起泡能力强。用量大时，泡沫过多，造成浮选指标下降。精制塔尔油及其皂中不饱和脂肪酸的含量一般都在90%以上，捕收性能好，耐低温，是一种良好的羧酸类捕收剂，但成本较高。因此，用于浮选捕收剂的塔尔油大部分为粗制塔尔油。

粗制塔尔油为暗黑色油状液体，物理化学性质如表所示。粗制塔尔油的化学成分随所用的造纸原木材料而变化，主要含有脂肪酸、松脂酸及不皂化物。一般脂肪酸与松脂酸各占40%左右，不皂化物占5%～20%。塔尔油中至少含有12种脂肪酸，17种松脂酸及12种不皂化物成分。不皂化物的主要成分是各种高级脂肪醇类。

粗制塔尔油性质

指标名称	范围	指标名称	范围
相对密度	0.95～1.024	不溶于石油醚/%	0.1～8.5
酸值	107～179	脂肪酸含量/%	18～60
皂化值	142～185	松脂酸含量/%	28～65
碘值	135～216	非酸性物质/%	5～24
灰分/%	0.39～7.2	黏度（18℃）/mPa·S	760～15×10^6

塔尔油中的脂肪酸以油酸和亚油酸为主要成分，分别占45%及48%左右，其次为软脂酸，占7%左右，其余为少量含碳原子数为20、24、26的高级脂肪酸以及己二酸、癸二酸等。在松脂酸部分中主要成分是松脂酸（30%～40%）、新松脂酸（10%～20%），以及二氢、四氢和脱氢松脂酸等。

制备方法 以木材为原料的碱法造纸中，得到一种纸浆废液。纸浆废液经静置分层，将下层黑液分出，上层皂状物称为粗硫酸盐皂。将粗硫酸盐皂酸化中和、洗涤、静置分层得到粗制塔尔油。1吨木材可产30～100千克粗制塔尔油。粗制塔尔油经减压分馏除去松脂酸后的产品称精制塔尔油。粗硫酸盐皂有效成分含量过低，含大量水分，同时含有木质素，可作为提取塔尔油的原料。

应用 塔尔油比一般动植物油脂脂肪酸成本低，但选择性不强，是重要的**氧化矿捕收剂**，特别是用于氧化铁矿和磷矿。塔尔油还用于制造肥皂、油漆、油墨和润滑剂等，在金属加工液中用于乳化液、微乳液。

扩展阅读

见百熙.浮选药剂.北京：冶金工业出版社，1981.

（葛英勇）

塔格特，A.F. Arthur Fay Taggart（1884～1959） 美国选矿学家。1909年在斯坦福大学本科毕业，获学士学位，1910年在该校获得工学硕士学位。1911～1919年在耶鲁大学谢菲尔德科学院任教，历任讲师、助理教授。1919年被聘为哥伦比亚大学选矿教授。

他根据现场收集的大量资料，探索出许多有用的经验公式和假说，对选矿实践进行了系统的总结。1927年编著出版《选矿手册》，1944年出版了增修的第二版。这部著作内容丰富，成为各国选矿工作者的重要参考书，对选矿工程及学科发展作出了重要贡献。该手册已被译成俄文、中文。

他授课严格，坚持要求工程原理和数据分析方面的课程学习与实际工程相一致。在哥伦比亚大学建立的选矿课程教学模式成为后来许多矿冶学院学习的典范。

（胡岳华）

塔曼，G.H.J.A. Gustav Heinrich Johann Apollon Tammann（1861-06-09～1938-12-17） 德国物理化学家，金属学和冶金学奠基人之一。生于俄国扬堡（今俄罗斯金吉谢普），卒于德国格丁根。1887年以发现偏磷酸盐的同分异构现象获得博士学位。他长期担任德国格丁根大学物理化学教授，是俄国圣彼得堡科学院国外通讯院士（1912）和苏联科学院国外名誉院士（1927）。1897年提出结晶动力学的原理：晶体的生长取决于3个独立量即晶核数目、结晶速度和热导率。建立热分析技术，并致力于金属互化物的研究，提出合金固溶体中有序化的概念。为阐明合金的化学性能，他研究了包括**晶体结构**和电导、力学等金属的物理和化学性能，开拓并发展了**金属学**。把地球内部冷却过程中熔融金属和渣的平衡研究成果应用于炼钢过程。他在相平衡方面的研究，对无机化学的系统化起到重要的作用。在固溶体的扩散研究上开辟新领域，研究固体和固体、固体和气体间的反应。在金属表面形成氧化层的研究上也有创造性的见解。发表论文500余篇。（丘亮辉 施苹善）

胎模锻 loose tooling forging;simple die forging 在**自由锻**设备上使用简易、可移动模具生产模锻件的一种**锻造**技术。介于自由锻与**模锻**之间。胎模锻所用模具称为胎模。胎模结构简单，形式多样，但不固定在上、下砧上，只在用时才放上去。胎模根据结构特点主要分为扣模、套筒模和合模。①扣模，由上下扣组成，是用来对坯料进行全面或局部扣形，主要生产杆状非回转体锻件。②套筒模，锻模呈套筒形，主要用于锻造齿轮、法兰盘等回转体锻件。③合模，通常由上模和下模两部分组成，为了使上、下模吻合，不使锻件产生错模，经常用导柱等定位，主要用于生产形状复杂的回转体锻件，如连杆、叉形件等。

胎模锻一般采用自由锻预锻制坯，然后在胎模中终锻成形。生产过程中，主要工序集中在毛坯的制坯阶段。劳动强度取决于锻工操作技术熟练程度及工件重量和外形精度要求，较繁重的工作主要是搬动模具和设备上的模具操作，如夹、转、起、抬、翻等。胎模锻适用于中、小批量锻件生产，多用在没有模锻设备的中小型工厂中。

胎模锻与自由锻相比：①胎模锻造时，锻件的最终形状与尺寸依靠模具的型槽获得，因此胎模锻能把自由锻中对操作技术要求熟练、体力消耗大的某些复杂工序在胎模中迅速完成，从而减轻了工人的劳动强度，也降低了对工人的技术要求。②金属在胎模内成形，使操作简化，同时由于金属流动受到型槽模壁的制约，使内部组织比较致密，纤维连续，因此锻件质量与产量能够得到很大的提高。③使锻件表面质量、形状及尺寸精确度得到改善，从而使原来在机械加工余量、工艺余块、烧损等方面造成的金属损耗大为降低，节约金属，并减少了后续工序的机械加工工时。

胎模锻与模锻相比：①工艺操作灵活，可以局部成形，可以改变制坯程度，这样就能够随时调整金属在胎模内的变形量，有可能在较小设备上做出同样形状和尺寸的模锻件。②胎模体小型简、精度要求低，制造成本远低于模锻，易于推广。③胎模是一种不固定的活动模结构，可以有一个以上的分模面，一副以上的模具，制坯精确，又能局部成形，金属利用率也有所提高。

胎模锻的发展趋向是胎模模锻化和胎模机械化。为使锻工从移动模具的劳动中解放出来，首先要将胎模的活动结构固定化，即将胎模型槽直接开在气锤的上、下砧板上，逐步向模锻化方向转化，这种砧块称为型砧。胎模操作机械化方案的选定主要取决于锻件生产批量、是否重复生产、车间现有机械化运输条件、锻造机组平面布置。当锻件批量小、品种多时应选通用性较广的机械化方案；反之，单一品种锻件的大批生产可考虑专用机械化装置。当锻件批量较大时也可采用自由锻锤上半固定模锻造（下模固定在砧垫上，上模人抬）或固定模锻造（下模固定在砧垫上，上模固定在上锤头上）。（张士宏）

台车式炉 bogie hearth furnace; car bottom furnace 炉膛固定、炉底可以移出炉外的室状工业炉。用于大型轧材（或钢锭）的锻前加热和铸、锻件的热处理加热，广泛应用于冶金及机械制造加工等行业（见图）。

台车式炉工作现场

按照热工制度分为台车式**加热炉**和台车式**热处理炉**，通常采用燃气、燃油、电作为供热能源，分散供热。台车式加热炉的炉温变化范围为600～1250℃，台车式热处理炉的炉温变化范围为300～1100℃。台车式炉属于间歇式周期作业炉，炉温按规定的加热程序随时间变化。炉温可逐渐上升，不易引起热应力，对保证合金钢和大型工件的加热质量有利。

台车式炉主要由炉体、炉底及牵引机构、炉门及压紧装置、加热系统、自动化控制系统等组成。炉体采用型钢及钢板焊接成形，内衬有耐火和绝热材料。炉膛为室式炉膛，不分区段。炉底为一可移动台车，上面砌筑可承重耐火材料，牵引机构驱动台车行走于专用台车轨道上，加热前台车在炉外装料，加热件需放置在专用耐热垫块上，垫块高度一般为200～400毫米。加热时，由牵引机构将台车拉入炉内；加热后，由牵引机构将台车拉出炉外卸料。台车与炉体的密封采用密封刀插入式沙封或者纤维密封。对于燃气和燃油炉，需设置烟气排放与余热回收系统，通常采用上排烟或下排烟方式。

台车式炉内温度位差不大，因而加热速度缓慢；通常是变温间断操作，作业周期较长；台车出炉的热损失及炉体蓄热损失大，造成台车式炉热效率较低。随着中国节能降耗要求和标准的提升，炉体采用了全纤维炉衬、自动控温、新型密封、余热回收等技术，热效率得到提高。

（江 波）

台阶 bench *露天矿*中进行剥离和采矿作业的矿岩水平层。台阶是露天采场的基本构成要素，进行剥离和采矿作业的台阶称为工作台阶，暂不作业的台阶称为临时非工作台阶。台阶基本要素包括台阶平盘、台阶坡顶线、台阶坡面、台阶坡底线、下一台阶平盘、台阶标高、台阶高度h和台阶坡面角α（见图）。

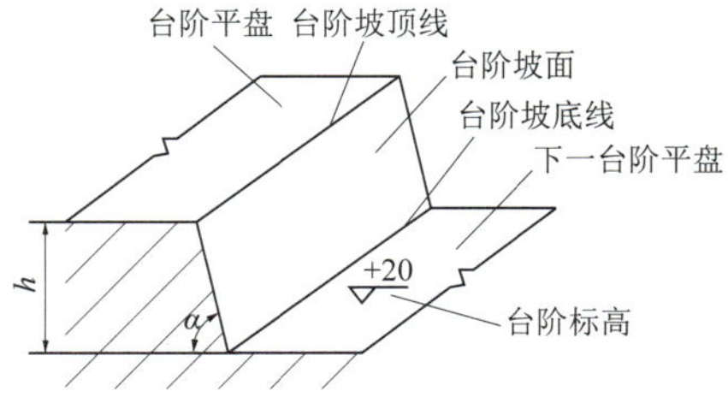

台阶基本要素

台阶高度是露天开采最基本、最重要的参数之一，受各方面因素制约，如挖掘机工作参数、矿岩性质和埋藏条件、穿孔爆破工作要求、矿床开采条件及运输条件、矿石损失与贫化等，同时它也影响着露天开采的各个工艺环节和生产能力等，对台阶高度的基本要求是既要保证安全，又要有利于提高采装效率。中国《金属非金属矿山安全规程》（GB 16423—2006）对生产台阶的高度进行了规定（表1）。

表1 中国金属非金属露天矿山生产台阶高度的确定

矿岩性质	采掘作业方式		台阶高度
松软的岩土	机械铲装	不爆破	不大于机械的最大挖掘高度
坚硬稳固的矿岩		爆破	不大于机械的最大挖掘高度的1.5倍

中国大型矿山台阶高度一般为12～15米，随着技术装备水平的提高，台阶高度有向高台阶、超高台阶发展的趋势。

台阶坡面是上下台阶平盘间的坡面；台阶坡面角是台阶坡面与水平面的夹角，一般按表2选取。

表2 台阶坡面角参考值

普氏系数	20～15	14～8	7～3	2～1
台阶坡面角	85°～75°	75°～65°	65°～60°	60°～45°

台阶坡面角与矿岩性质、岩层产状、节理裂隙发育程度等因素有关，台阶坡面角对工作帮坡角和最终边坡角有一定影响。（王运敏）

钛铁 ferrotitanium 钛和铁组成的铁合金。是冶金生产中的重要脱氧剂、合金添加剂和脱氮剂，也是钛钙型电焊条涂料之一。钛还越来越多地被应用为尖端工业材料，如用于制造飞机和导弹结构部件的高强度合金，制造燃气轮叶片等高温高强度合金，还用于时效硬化高温合金、高温铸造合金等。钛铁中除含钛、铁外，还含有铝、硅、磷、硫、碳、铜、锰等元素，在中国国家标准（GB/T 3282—2012）中，钛铁按合金中钛和杂质含量分为15个牌号。

钛铁生产方法主要有重熔法和**金属热还原**。重熔法是以真空感应炉或电弧炉为主要冶炼设备，采用废钛材或海绵钛和废钢为原料，加铁重熔生产高钛铁。冶炼过程中需要抽真空或加入保护气体，利用电炉中渣层产生的电阻热熔炼或用高温钢水兑残废钛生产。金属热还原主要采用金属铝为还原剂，与钛精矿进行反应，还原产出钛铁合金。金属热还原法可以在常压下进行，也可以在真空状态下进行。还原反应放出的能量，能保证反应顺利进行和与渣分离，不需要在电炉里冶炼。

（储少军）

钛冶金 titanium metallurgy 从含钛矿物原料中提取金属钛及其化合物的技术。1791年英国牧师兼业余矿物学家W.格雷哥尔在一种黑色的磁铁矿（钛磁铁矿）中发现了一种新的金属元素。1795年德意志化学家M.H.克拉普罗特在一种非磁性的氧化矿（天然金红石）中也发现同一种新元素，并以希腊神话中天与地的儿子泰坦神的名字将其命名titanium，即钛。

1910年美国科学家M.A.亨特在钢弹中首次采用钠热还原法还原四氯化钛制得了金属钛，即生产海绵钛的亨特法。1940年卢森堡科学家W.J.克劳尔在氩气保护下采用镁还原四氯化钛也获得了金属钛，即生产海绵钛的克劳尔法。克劳尔法的诞生是钛冶金史上的一个重要里程碑。与亨特法相比，克劳尔法具有海绵钛质量更好，生产过程安全性更高等优点，成为现今工业生产海绵钛的主要方法。美国于1948年首次采用克劳尔法进行海绵钛的工业生产，之后的十年间，日本、英国、苏联、中国等国家相继开始了海绵钛的工业生产。

冶炼 工业生产中使用的钛冶金原料主要有金红石（TiO_2）和钛铁矿（$FeTiO_3$）两种。金红石品位高，但储量少；钛铁矿储量丰富，但二氧化钛品位低，需通过还原熔炼富集成富钛料，即高钛渣或人造金红石。钛冶金的主要产品有海绵钛和钛白粉等，其次有钛粉、致密钛、高纯钛及钛的其他化合物。由于钛冶金过程工艺复杂，流程长，钛及其相关化合物的生产成本一般较高。

钛冶金工艺过程主要包括：钛铁矿的富集、富钛料的氯化（粗四氯化钛生产）、粗四氯化钛精制和海绵钛的制取4个阶段。

钛铁矿的富集 钛铁矿的富集方法有电炉法、还原锈蚀法、酸浸法等。①电炉法，钛铁矿精矿与石油焦、纸浆混合后，在电炉中进行熔炼，可得到生铁和高钛渣，其中二氧化钛含量视用途不同加以控制。②还原锈蚀法，将钛铁矿在回转窑内用炭还原，所得的还原料为细粒铁、低价氧化钛和金红石的混合物。经过稀氯化铵或稀盐酸溶液的锈蚀，铁进入溶液除去，成品为人造金红石。③酸浸法，如果所用原料中杂质氧化钙、氧化镁、三氧化二铝、二氧化硅等较高，宜采用酸浸法。酸浸可用盐酸或硫酸。根据不同的原料，有的矿在酸浸前还要加以预氧化和预还原处理。钛铁矿经酸浸后可制得人造金红石。

富钛料的氯化 在900～1100℃，有碳存在，用氯气将金红石或富钛料氯化制得粗四氯化钛。主要化学反应为：

$$TiO_2+(1+x)C+2Cl_2 \longrightarrow TiCl_4+2xCO+(1-x)CO_2$$

式中x为炉气中$CO/(CO+CO_2)$的比值。

工业生产粗四氯化钛的主要有熔盐氯化法和流态化氯化法（也称沸腾氯化法）。①熔盐氯化法，由苏联人发明，在有碳（石油焦）存在时，在熔盐介质中利用氯气将高钛渣氯化制取粗四氯化钛。熔盐氯化法的优点是可处理二氧化钛品位低、钙镁含量高的原料。缺点是存在大量废熔盐，回收处理困难；炉衬材料易受高温熔盐浸蚀、寿命短等。②流态化氯化法，在沸腾炉内，使金红石或高钛渣和石油焦混合料与氯气发生作用生产粗四氯化钛。借助于流态化技术强化了氯化过程的传热和传质，实现了连续作业，是工业生产粗四氯化钛的主流工艺，世界上90%以上的粗四氯化钛采用流态化氯化法生产。

精制 氯化工序得到的粗四氯化钛含有少量固体及氧、硅、铁、钒等杂质，在后续四氯化钛的还原过程中杂质会转移到海绵钛中，需通过精制去除杂质。对于沸点与四氯化钛相差较大的高沸点和低沸点杂质，可借助于沸点和蒸汽压的差别采取蒸馏和精馏的方法分离；对沸点与四氯化钛相近的三氯氧钒（$VOCl_3$）杂质则通常用化学法去除，如加入还原剂铜、铝、硫化氢或矿物油，使三氯氧钒还原成溶解度小的二氯氧钒（$VOCl_2$）去除。

海绵钛生产 包括镁热还原法（克劳尔法）和钠热还原法（亨特法），其中镁热还原法是现行工业生产海绵钛的主流方法。

镁热还原法制取海绵钛的工艺是：以天然金红石或钛铁矿为原料，采用电炉熔炼等方法将其中的铁还原去除，获得富钛料，再通过加碳氯化，将钛的氧化物转变成钛的氯化物，经过进一步净化提纯获得纯四氯化钛，最后用金属镁作还原剂，将纯四氯化钛还原成海绵钛。镁热还原-蒸馏分离高温过程需在真空或惰性气氛条件下进行，还原过程产生的氯化镁通过熔盐电解获得金属镁和氯气返回流程中使用，实现海绵钛生产中镁的循环利用和四氯化钛生产过程中氯气的循环利用。

海绵钛是一种多孔疏松状材料，含有一定量的湿气和杂质，除少量直接应用外，大多数都必须先熔铸成致密钛锭后，才能进一步加工成钛材。若要制取钛合金材料，则先在海绵钛中加入合金组元，调整成分，再熔铸成钛合金锭。海绵钛熔铸是在真空或惰性气体保护的水冷铜坩埚中进行，其熔炼过程的实质是借助于直流电弧的热能，把已知化学成分的钛及其合金在低压或惰性气氛中进行重新熔炼。为了提高铸锭的纯度和化学均匀性，可以把一次熔炼的铸锭作为二次熔炼的电极进行二次熔炼。一些特殊用途的铸锭要进行三次甚至多次重熔。

进入半工业生产阶段的制取钛的方法为熔盐电解法，即以纯四氯化钛为原料，在氯化钾－氯化锂、氯化钾－氯化钠或氯化钾－氯化钠－氯化钡体系中进行电解。熔盐电解法所得金属钛纯度高、硬度低，制成的钛合金加工性能好。

钛白 二氧化钛是商品钛白的主要成分，生产方法有硫酸法和氯化-氧化法。硫酸法以钛铁矿精矿（含二氧化钛约50%）或富钛料（含二氧化钛72%～85%）为原料，采用浓硫酸分解，加水获得硫酸氧钛溶液，再经除铁、水解、漂洗、煅烧及后处理制得钛白。氯化-氧化法以金红石为原料，通过氯化和精制获得纯四氯化钛，再通过高温氧化和后处理获得优质钛白。其化学反应为：

$$TiCl_4+O_2 \longrightarrow TiO_2+2Cl_2$$

技术进展 1948年以来，海绵钛的生产伴随着航空和航天工业的发展取得了长足的进步。随着钛白和海绵钛生产的发展，富钛料特别是高钛渣的生产也得到了迅速发展。全球电炉法钛渣的产量约占富钛料总量的70%。

世界海绵钛的生产能力逐年增长，20世纪60年代为6万吨，进入21世纪以来已超过20万吨。

镁热还原法生产海绵钛取得了显著的进步，实现了镁、氯化镁和氯气的内部循环；富钛料的氯化过程采用了流态化技术和大型流态化氯化设备，炉产氯化钛每天达100吨以上；镁还原过程采用了还原–蒸馏一体化工艺，炉产海绵钛8～10吨；双极性镁电解槽电解电流达100～110千安，镁电解能耗低至9300～9500千瓦·时/吨。美国重新启用亨特法，实现了钛和钛合金粉的连续化生产，成为钛连续化生产的先例。（李运姣）

弹性 elasticity 一个物体在外力作用下改变其形状和大小，当外力卸除后物体又可回复到原始的形状和大小的特性。弹性一词源于希腊。17世纪，英国科学家R.玻意耳赋予其科学意义并用到物理学中。弹性是各种工程材料的一项重要的物理性能（或列为力学性能），是材料科学的研究领域之一。固体的弹性理论是介于数学和物理学之间的一个分支学科，是近代力学的基础。

固体弹性的近代理论是从1660年英国物理学家R.胡克的拉伸实验开始的，其结论是伸长与力成正比。设一圆柱体横截面积为A，两个端面上施加沿轴向z的均匀拉力F，单位面积上的拉力$\sigma_z=F/A$，称为z方向的拉应力；圆柱体原始长度为l_0，承受应力后的长度为l，则z方向的应变$\varepsilon_z=(l-l_0)/l_0$。胡克用数学公式表示出$\sigma_z$与$\varepsilon_z$的关系：

$$\sigma_z=E\varepsilon_z \text{ 或 } \varepsilon_z=\sigma_z/E \quad (1)$$

式中E为比例常数。此公式即为胡克定律。反映固体弹性的参数主要有杨氏模量、泊松比、切变模量和压缩模量。

杨氏模量 英国物理学家T.杨于1807年用实验测定了一些材料的E值，所以现在把E称为杨氏模量或弹性模量。弹性模量表征各种材料抵抗变形的能力，是工程设计中十分重要的一个参数。工业上多是利用物理方法测定，如悬挂法、弯曲共振频率测量法、压电石英复合振子法及超声脉冲法等。

泊松比 承受拉伸应力的圆棒除产生轴向伸长外还伴随着径向收缩。设原始直径为r_0，拉伸后直径为r，则径向应变$\varepsilon_r=(r-r_0)/r_0$。$\varepsilon_r$与拉伸应力有下列关系：

$$\varepsilon_r=-\nu\sigma_z/E \quad (2)$$

式中ν为比例常数。这个关系式是英国物理学家S.-D.泊松于1829年发现的，所以现在把比例常数ν称为泊松比。对于多数金属材料ν为1/4～1/3。

切变模量 在立方体的两个相对的表面施加切应力τ，立方体将发生纯剪切形变。其切应变以剪切角γ表示，则胡克定律可写为：

$$\tau=G\gamma \text{ 或 } \gamma=\tau/G \quad (3)$$

式中G为比例常数，称为切变模量、剪切弹性模量或刚性模量。

体压缩模量 球状物体在均匀静水压力p的作用下，体积被均匀压缩，体应变为$\Delta V/V$，胡克定律可写为：

$$p=K(\Delta V/V) \quad (4)$$

式中K为体压缩模量或压缩系数。

各种弹性参数间的关系 杨氏模量、切变模量、体压缩模量与泊松比4个参数并不是独立的，它们之间存在以下联系：

$$G=E/2(1+\nu) \quad (5)$$

$$K=E/3(1-2\nu) \quad (6)$$

在这4个参数中只有两个是独立的。

物质的弹性系数与原子间结合力有关，在单晶体中不同方向的原子结合力是不同的，因此弹性系数也是不相同的。精确测量这些弹性系数的取向关系及温度关系，与固体理论的计算进行比较，可以研究各种晶体结合键的规律。测量高压下的体压缩模量可以研究固体状态方程。

弹性极限 应力正比于应变的比例关系（胡克定律）保持不变的最大应力称为比例极限。弹性极限是使材料开始发生范性形变的应力。工程上往往采用比例极限或屈服强度来代替弹性极限。

（潘正良）

钽粉 tantalum powder 粉末状的金属钽。是制备电容器和钽材的重要原料。

制备方法 钽粉末的制取方法主要有熔盐电解法、钠热还原法、碳热还原法和镁热还原法等。

熔盐电解法是工业上最早制取钽金属粉末的方法。按电解质组分不同分为含氧电解质和不含氧电解质电解两种方法，一般只能生产冶金级钽粉。用氟钽酸钾、氟化钾和氯化钾混合物的熔盐作电解质，把五氧化二钽溶于其中，在750℃下电解，可得到纯度为99.8%～99.9%的钽粉。

钠热还原法是在惰性气氛中用金属钠将氟钽酸钾还原成金属钽粉的过程。氟钽酸钾钠还原是电容器级钽粉制取的重要方法和工业上生产金属钽粉的主要方法。20世纪50年代以前，采用固体金属钠与氟钽酸钾分层放置在弹式反应器内进行爆炸式还原反应，因氧、碳含量高，无实用价值。其后采用钠（气）–氟钽酸钾（液）分盘装料的方式还原，此方法反应周期长，产品粒度粗，只能制取3000微法·电压/克低比容钽粉。后又发展了采用以钠（液）–氟钽酸钾（固）反应方式为主的混合装料还原方法。此方法的生产周期比气–液反应方式缩短，钽粉比容提高30%以上，但仍不理想，也被逐步淘汰。20世纪80年代后，开始采用以钠（液）–氟钽酸钾（液）为主的搅拌钠还原法制备钽粉。制备时，在惰性气氛下用金属钠还原氟钽酸钾：

$$K_2TaF_7+5Na \longrightarrow Ta+5NaF+2KF$$

反应在不锈钢罐中进行，加热到800～900℃时，还原反应迅速完成，生成钽原粉。为制取电容器级钽粉，需将钽原粉进行粒度调配、真空热处理、破碎、筛分及产品调制等工序，必要时还将增加镁还原脱氧、酸洗、水洗等工艺，获得粒度细、比表面积大的高比容钽粉。

碳热还原法是工业上常用的钽粉末制备方法。一般分两步进行：首先将一定配比的五氧化二钽和碳的混合物在氢气氛中、1800～2000℃下制成碳化钽，然后将碳化钽和五氧化二钽按一定配比制成混合物，再真空还原成金属钽粉。

镁热还原法是采用一种动态还原装置，将五氧化二钽从上方送入一个倾斜旋转的反应圆筒内，物料在旋转向下的同时与载气流运送的镁蒸气相遇，在800～1400℃反应制得比表面积达5～13米²/克的钽粉。此法制取的钽粉，粒度细而均匀，颗粒强度大，其比电容量可达到200 000微法·电压/克以上。

分类 根据用途分为冶金级和电容器级两大类。

冶金级钽粉是用于粉末冶金制作各种钽加工材或合金添加剂的钽粉。主要由氟钽酸钾钠热还原法、碳热还原法或电解法制取，呈深灰色粉末状。费氏粒径为5.0～13.0微米，比表面积小，粒形简单。冶金钽粉经电子束熔炼、真空电弧熔炼或真空烧结法精炼，制成高纯钽锭或钽棒，再加工成各种钽材。

电容器级钽粉是用于制作钽电容器的钽粉。根据比电容量、耐压等电气特性分为：①高比容钽粉。采用氟钽酸钾钠热还原法和氧化钽镁热还原法生产，粒度细，粒形不规则，费氏粒径0.8～7.5微米，比电容量6000～200 000微法·电压/克。适合制作额定耐压为2.5～35伏规格的电容器，也用于制作性能优异的片式、浸渍型钽电解电容器和有机高分子聚合物电容器。②高压钽粉。将钠热还原或碳热还原制取的钽粉经成形烧结、电子束熔炼、氢化、破碎制粉、掺杂、脱氢热处理等工艺制得，费氏粒径6.0～17.0微米，比电容量1000～4000微法·电压/克。这类钽粉结构简单、比表面积小，具有化学纯度高、耐烧结性好、耐压性好、击穿电压高的特点，适合制作50伏以上规格的**固体电解质钽电容器**。③中压钽粉，也称片状钽粉，由钠热还原或电子束轰击制取的钽粉经球磨制片、洗涤、预团化、真空热处理、脱氧等工艺制得。费氏粒径1.8～8.0微米，径厚比2～50，比电容量5000～30 000微法·电压/克。中压钽粉费氏粒径较大、比表面积较小、粒形较简单，兼具高比容钽粉和高压钽粉的优良性能，具有耐烧性好、耐压性高、可靠性好的特点，特别适于制作25～40伏的固体钽电解电容器。

（何季麟　张学清）

钽冶金　tantalum metallurgy　用含钽物料中提取金属钽的技术。1802年，瑞典化学家A.G.厄克贝里在钽铁矿中发现钽元素，并以古希腊神话中宙斯之子坦塔洛斯（Tantalus）的名字将其命名为tantalum。德国人H.罗泽在1844年证明铌酸和钽酸是两种不同的酸，人们才将铌和钽区分开。1903年，俄国化学家W.von博尔顿制备出金属钽。1940年大容量的钽电容器出现，并在军用通信中广泛应用。第二次世界大战期间，钽的需要量剧增。20世纪50年代以后，由于钽在电容器、高温合金、化工和原子能工业中的应用不断扩大，需要量逐年上升，促进了钽的提取工艺的研究和生产的发展。中国于60年代初期建立了钽的冶金工业。

钽和铌的物理化学性质相似，因此共生于自然界的矿物中。钽的主要矿物有：钽铁矿〔(Fe，Mn)(Ta，Nb)$_2$O$_6$〕、重钽铁矿（FeTa$_2$O$_6$）、细晶石〔(Na，Ca)Ta$_2$O$_6$(O，OH，F)〕和黑稀金矿〔(Y，Ca，Ce，U，Th)(Nb，Ta，Ti)$_2$O$_6$〕等。炼锡的废渣中含有钽，也是钽的重要资源。

钽铌矿中常伴有多种金属，钽冶炼的主要步骤是分解精矿，净化和分离钽、铌，以制取钽、铌的化合物，最后制取金属钽。矿石分解可采用氢氟酸分解法、氯化法等。钽铌分离可采用溶剂萃取法〔常用的萃取剂为甲基异丁基铜（MIBK）、磷酸三丁酯（TBP）、仲辛醇和乙酰胺等〕、分步结晶法和离子交换法。钽和铌生产的典型工艺流程见图。

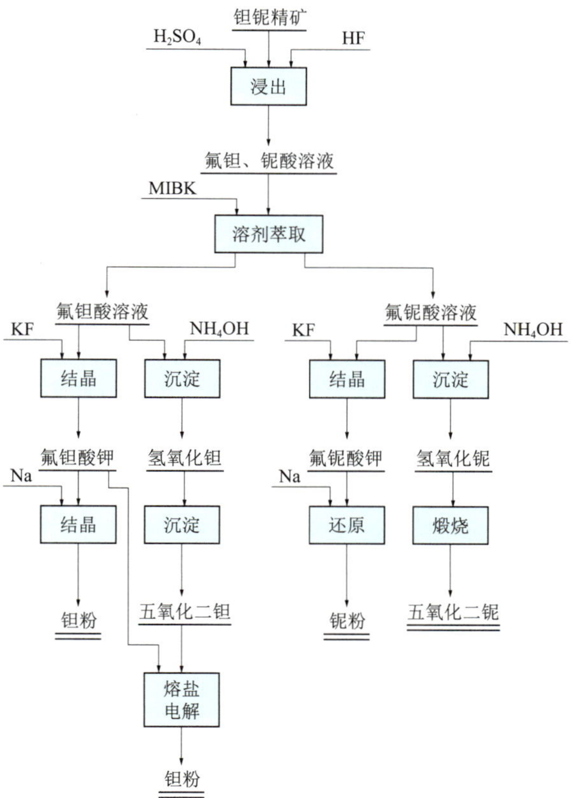

钽和铌生产的典型工艺流程

钽化合物制取　钽冶金主要原料是钽铌精矿（氧化钽含量大于15%）。将矿石粉碎至300目左右，加入氢氟酸中保温8～12小时进行精矿分解，其间加入硫酸增加酸度，获得氟钽酸和氟铌酸。采用矿浆萃取等方式将氟钽酸或氟铌酸萃取至仲辛醇或甲基异丁基甲酮中。负载铌钽的有机溶剂进入反铌段，当水相中的酸度降低时，氟铌酸首先进入水相中，形成氟氧铌酸溶液，氟钽酸继续流在有机溶剂中、采用多级萃取装置，将铌和钽彻底分离。负载氟钽酸的有机溶剂最后进入反钽萃取槽，采用纯水为反萃剂将氟钽酸反萃至水相中，形成氟钽酸溶液。溶剂萃取采用设备是多级箱式萃取槽。

氟钽酸溶液主要用于制备氟钽酸钾和氧化钽。氟钽酸溶液加热后加入氯化钾和氢氟酸，经保温、冷却结晶进一步提纯，生成氟钽酸钾晶体，再通过离心洗涤、烘干等工艺得到氟钽酸钾中间产品。

此外，氟钽酸溶液与氨气或者氨水中和，生成了氢氧化钽沉淀，通过洗涤去除氟盐，经过滤、烘干、焙烧得到氧化钽产品。氧化钽是制备碳化钽和金属钽的主要原料。

俄罗斯处理含铈矿物时采用氯化工艺，矿石中钽被氯化汽化、冷凝形成五氯化钽，再经水解、洗涤、过滤、焙烧得到氧化钽。

金属钽的制取　将制备的钽化合物用还原剂（钠、镁、钙等活性金属，以及碳和氢气）还原后得到的是粉末状或海绵体钽金属。致密的金属钽可用真空电弧、电子束、等离子束熔炼技术或粉末冶金法制备。高纯度钽单晶用无坩埚电子束区域熔炼法制取。

（何季麟　鲁　东　张学清）

碳复合耐火材料　carbon composite refractories　由一种或多种耐火材料氧化物和碳素材料为主要原料制成的多相复合**耐火材料**。1970年日本利用镁砂和石墨为原料成功制成**镁碳砖**，开创了碳复合耐火材料的新纪元，使得**电炉**寿命有了成倍的提高，促进了冶金工业的发展。中国生产碳复合耐火材料的历史较晚，1951年制成黏土石墨塞头砖并成功用于钢包；20世纪70年代中期为适应**连续铸钢**技术发展需要开发了Al$_2$O$_3$－C质浸入式水口；此后逐渐开发了碳复合功能耐火材料，并应用在特钢、含铝钢中。

制备原料中耐火材料氧化物主要是氧化镁（MgO）、三氧化二铝（Al$_2$O$_3$）、氧化锆（ZrO$_2$）和尖晶石（MgAl$_2$O$_4$）等，碳素原料主要是天然鳞片状石墨。由于碳容易被空气中的氧或组分中的氧化物氧化，为提高抗氧化性，需要加入防氧化剂。碳化物类防氧化剂主要是碳化硅（SiC）、碳化硼（B$_4$C）等，金属类防氧化剂主要是铝（Al）、硅（Si）、铝－硅（Al－Si）和铝－镁（Al－Mg）合金等。使用的结合剂主要是酚醛树脂、沥青、黏土等。

碳复合耐火材料按结合形态可分为陶瓷结合型和碳结合型。陶瓷结合型耐火材料是通过高温烧成，在耐火材料组分间形成某种陶瓷结合，碳素材料填充在耐火材料颗粒之间或者气孔内，如黏土石墨材料。碳结合型是不烧耐火材料，砖坯制备原料按一定比例配料、混炼、成形，经热处理后固化形成，耐火材料和石墨通过结合剂结合起来，再经碳化后，耐火材料间形成连续的碳网络（碳框架）。

由于石墨与耐火氧化物在高温下不发生共熔，耐火度高；石墨具有良好的导热性，不易被熔渣浸润，可阻止熔渣沿耐火材料内的气孔渗透，从而使碳复合耐火材料具有优良的抗渣性和抗热震性。

碳复合耐火材料主要用于冶金行业，主要有以下几种类型：①Al$_2$O$_3$－C材料，包括高炉用Al$_2$O$_3$－C砖、Al$_2$O$_3$－C质浸入式水口、整体塞棒和长水口、Al$_2$O$_3$－C滑板等。②MgO－C砖，广泛用于电炉、转炉、钢包、RH精炼炉等冶金行业高温容器的关键炉衬部位。③Al$_2$O$_3$－SiC－C材料，主要有用于出铁沟的Al$_2$O$_3$－SiC－C浇铸料和鱼雷罐的Al_2O_3-SiC-C砖。④Al_2O_3-MgO-C材料，广泛用于钢包包壁、包底等部位。⑤MgO-CaO-C材料，由于CaO对钢水具有洁净作用，用于冶炼不锈钢、纯净钢及低硫钢等优质钢种的钢包衬。⑥黏土结合石墨耐火材料，用耐火黏土和石墨为主要原料烧成，可用作坩埚、塞头和水口砖等。

扩展阅读

张文杰，李楠.碳复合耐火材料.北京：科学出版社，1990.

（李红霞）

碳热法炼镁 carbon thermal reduction process for smelting magnesium 在高温下用含有碳元素的还原剂将含镁原料中的镁元素还原成单质镁的**镁冶金**技术。属于热还原法炼镁。分为常压碳热法与真空碳热法。20世纪30年代，奥地利科学家F.哈士吉提出在常压下以碳作还原剂还原氧化镁的常压碳热法炼镁。此法在奥地利拉登舍木（Radentheim）工厂试验之后，1935～1938年在朝鲜科南（Konan）和英国斯旺西（Swansea）分别建设了年产1500吨规模的工厂，1941年在美国加利福尼亚州柏门能特（Permanente）建设了年产1.1万吨的工厂。第二次世界大战结束前后，因成本及安全性问题，常压碳热法镁厂均先后停产。由于碳热法还原剂的成本明显低于硅热法，因此，科学家对碳热法炼镁持续进行研究探索。70年代，比利时科学家对真空碳还原氧化镁进行了研究，其小型实验取得成功，但扩大实验因料球破碎阻塞真空管路等问题而失败，未能实现工业化应用。2004年，中国有研究者采用焦煤作还原剂，利用煤的焦结特性，解决了真空碳热还原过程中料球破碎阻塞问题。

原理 碳热法炼镁原料可通过煅烧菱镁石（主要成分为碳酸镁）或白云石（主要成分为碳酸镁钙）得到，用焦炭、木炭、原煤等碳质材料作还原剂，少量萤石（主要成分为氟化钙）作矿化剂，在真空或常压条件下，将原料加热到1500℃以上进行热还原反应，具体加热温度与反应器内压力有关。当用碳作还原剂进行热还原法炼镁时，其理论能耗约为用硅作还原剂时的2.7倍。

将原料按一定的配比混合、磨粉、压球，装入还原反应器后，将主要发生如下吸热反应：

$$MgO_{(固)}+C_{(固)}\xrightarrow{高温}Mg_{(气)}+CO_{(气)}\qquad -637kJ/mol$$

或

$$CaMgO_{2(固)}+C_{(固)}\xrightarrow{高温}Mg_{(气)}+CaO_{(固)}+CO_{(气)}\qquad -637kJ/mol$$

反应生成的镁蒸气在冷凝器中被冷凝成固态粗镁，将粗镁取出，通过精炼除去杂质，杂质主要有金属杂质和氧化物杂质，最后将精炼后的镁液浇铸成符合标准的商品镁锭。

工艺 主要包括：①常压碳热法炼镁，其工艺流程如图1所示。该工艺是将球团炉料装入1800～2000℃的电弧炉中，在常压气氛下反应，还原出的镁蒸气、一氧化碳与大量中性气体或氢气混合进行冷却，温度由2000℃降至200～250℃冷凝产出镁粉。镁粉再经蒸馏精炼后铸成商品镁锭。常压条件下，副产品一氧化碳易与镁蒸气反应生成氧化镁，造成镁的回收率大幅降低，镁粉中杂质较多，且镁粉容易发生爆炸，生产安全性较差。②真空碳热法炼镁，其工艺流程如图2所示。该工艺是将球团炉料装入约1500℃的高温电炉

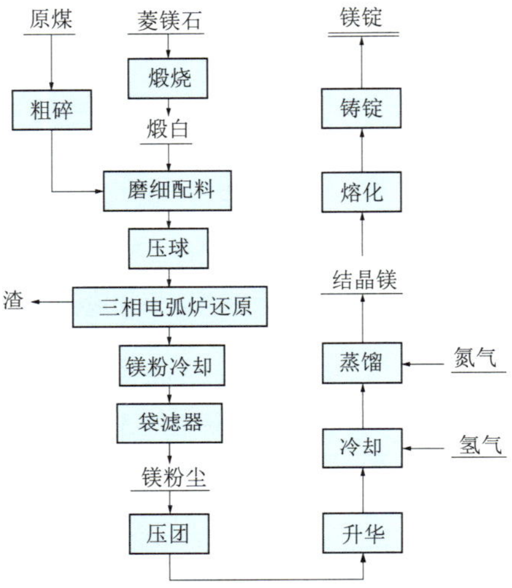

图1 常压碳热法炼镁工艺流程

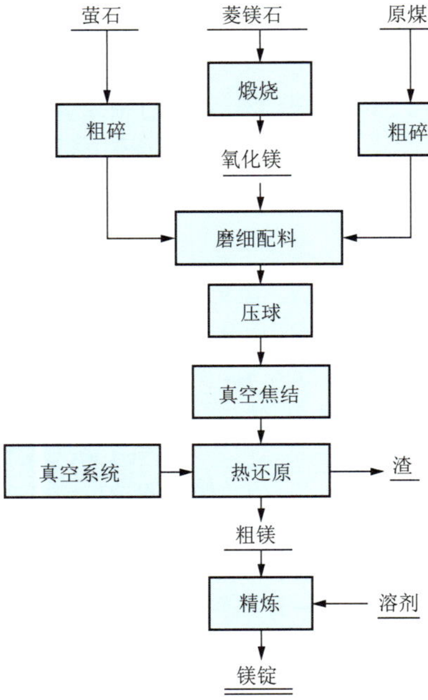

图2 真空碳热法炼镁工艺流程

内，在13～667帕的真空条件下，用碳还原氧化镁或氧化镁钙得到镁蒸气，镁蒸气可在冷凝器中直接冷却成结晶镁（粗镁），结晶镁通过熔剂精炼除杂后铸成商品镁锭。

（何季麟 杨沛胥）

羰基法 carbonyl process 利用金属羰基化合物的生成与分解反应，对镍（Ni）等金属进行精炼，并制备纯金属丸、粉末或镀膜等产品的**镍冶金**技术。1890年英国人L.蒙德和澳大利亚化学家C.兰格发现镍的羰基化反应，后将其开发为镍精炼技术。因此，羰基法也称为蒙德法或蒙德-兰格法。

原理 羰基法得以作为冶金技术用于提纯镍等金属，生产**金属粉末**、薄膜产品，主要基于以下几点：①镍等金属能在常温或高温高压下，与一氧化碳（CO）气体反应生产金属羰基化合物并挥发，与其他化合物或元素实现分离。②羰基镍〔$Ni(CO)_4$〕、羰基铁〔$Fe(CO)_5$〕、羰基钴〔$Co_2(CO)_8$〕等几种金属羰基化合物之间，能利用其沸点的不同（见表），通过精馏实现其分离。③金属羰基化合物加热分解，通过控制热分解条件，可以制备金属丸、粉末或薄膜。以金属镍为例，羰基镍的合成和分解反应为：

$$Ni+4CO\rightleftharpoons Ni(CO)_4$$

这一反应为放热反应，因此，高温下需在更高的一氧化碳压力下才能正向进行，但反应速度更快，对原料反应活性要求降低。

分类 包括常压法、低压法、中压法和高压法。

常压法 1902年，加拿大国际镍公司（INCO）位于英国的克莱达奇镍精炼厂（Clydach Nickel Refinery）实现常压塔羰基法的工业化生产。该厂原采用多膛炉进行还原和羰基化，1967年改造为**回转窑**，迄今仍在正常运行。常压法原料为镍硫化物氧化焙烧矿，化学成分为镍74.5%、铜25.0%、钴0.7%、铁0.3%、硫0.2%。磨细的氧化镍粉末加入40米长的回转窑中，在预热至390～450℃的水煤气的作用下，还原为海绵镍。还原产物进入第二座回转窑，加入二氧化硫和氢气硫化，提高镍羰基化反应活性。硫化后的产物，进入第三座回转窑，在50～60℃下，与一氧化碳逆流接触，生成羰基镍挥发。羰基化混合气体羰基镍含量为16%，经除尘后送热分解炉，在200℃左右温度下分解为镍丸和镍粉，分解产生的一氧化碳返回利用。由于羰基化温度较低，铁、钴未能发生羰基化反应，因此，常压法羰基镍无需精馏处

几种金属羰基化合物物理性能

性质	单位	$Ni(CO)_4$	$Fe(CO)_5$	$Co_2(CO)_8$
外观与形状	—	无色挥发性液体，有烟煤气味	红棕色液体	橙红色晶体
熔点	℃	−25	−20.3	51～52
沸点	℃	43	103.6	52
蒸汽压	kPa	53.32（25.8℃）	5.33（30.3℃）	—
闪点	℃	−4	−15	−13
相对密度	—	1.32（水＝1） 5.9（空气＝1）	1.453（水＝1） 6.74（空气＝1）	1.81（水＝1）
溶解性	—	不溶于水，溶于醇等多数有机溶剂	不溶于水，溶于乙醇、乙醚、苯、强碱和强酸	不溶于水，可溶于乙醇、乙醚、苯、二硫化碳、石脑油等多种有机溶剂
热分解性	—	遇热分解	100℃以下基本不分解，179℃以上强烈分解	遇热分解

理。常压法存在以下缺点：①对原料要求高，必须为氧化镍原料且铁、硫含量低。②原料中镍羰基化率偏低，仅为93%左右。③安全性差，系统中一旦混入空气可能发生爆炸。④反应速度慢，一批原料合成反应周期达2～3天。

低压法　1940年，英国克莱达奇镍精炼厂发展了低压羰基法技术，用于生产镍粉和铁镍复合粉。低压法原料及其预处理与常压法相同，羰基化合成在立式反应釜中，于120℃、2兆帕压力下进行，生成的羰基化合物从水冷冷凝器中以液态分离出来。温度提高使得羰基化反应速度提高，羰基化合成率达95%，但不可避免会使少量铁羰基化，因此产物热分解前必须精馏处理。粗羰基镍精馏出两种产物，即羰基镍、羰基镍与羰基铁混合物，分别热分解产出镍粉和铁镍复合粉。

中压法　20世纪70年代，由加拿大国际镍公司铜崖厂（Copper Cliff）开发。1974年新喀里多尼亚布瓦支镍厂开始使用中压法精炼镍，这一方法在中国也得到小规模应用。中压法主要基于两项专利技术：一是采用卡尔多炉吹炼高冰镍磨浮得到的合金等含镍原料，产出含有一定量硫的镍铜合金，再经水雾化骤冷制粒，制备高活性镍铜合金粉的技术，镍铜合金粉的粒度小于10毫米，成分为镍65%～70%、铜15%、铁1%、硫4%～5%。二是转动釜合成技术，即在180℃、7兆帕压力下，实现羰基化合成。反应温度提高及转动釜良好的动力学条件，使得合成周期缩短为42小时，羰基化率提高至95%～98%，钴及贵金属在羰基化渣中得以富集。粗羰基镍精馏后，生产镍丸、镍粉和镍铁复合粉。

高压法　20世纪30年代，由德国巴斯夫（BASF）公司开发，后由于原料短缺而于1964年停产。俄罗斯北方镍公司于1954年开始采用高压法精炼镍生产镍粉或镍铁复合粉。中国金川集团有限公司于2003年建立了高压法生产工厂。高压法羰基化合成温度为200～220℃、压力为25兆帕，合成周期为3天，镍羰基化率为95%。高压法的优点是对原料适应性较强，如德国巴斯夫的生产厂家采用高冰镍原料，成分为镍48%、铜38%、铁1%、钴0.03%、硫10%，粒度20～25毫米。俄罗斯北方镍公司的原料成分为镍80%～85%、铜8%～10%、铁3%～5%、硫2%～4%、钴2%。中国金川集团有限公司的原料为高冰镍磨浮磁选一次合金，其成分为镍67%～70%、铜16%～17%、钴1%～1.3%、铁4%～8.5%、硫4%～4.5%。高压法合成中，铁和钴会生成羰基化合物，因此合成产物必须精馏分离，然后热分解生产镍粉、镍铁复合粉等产品。

金属羰基化合物有剧毒，生产中必须实行严密监控，采取严格的安全措施。

扩展阅读

李浩然，刘欣伟，马玉文，等.羰基镍生产技术的发展现状.粉末冶金技术，2011，29（4）：290－295.

李国成.羰基法生产镍.金川科技，2010（3）：21－24.

（刘志宏）

羰基粉末　carbonyl powder　通过热分解羰基金属化合物制得的**金属粉末**。主要包括羰基镍粉、羰基铁粉和羰基镍铁合金粉等。羰基粉末工业化生产始于20世纪初，1902年蒙德公司在威尔士建成了第一座采用**羰基法**的工业化精炼厂。中国于60年代开始羰基粉末产品的生产并主要服务于军工领域。

生产工艺　羰基粉末采用气化冶金工艺生产。该工艺由L.蒙德和C.兰格于1898年发明。它是利用一氧化碳与铁和镍等第Ⅷ族元素发生选择性反应生成羰基化合物，然后再进行热分解而获得纯金属粉末的一种冶金工艺。具体工艺流程为：海绵铁原料（或含金属相镍原料）置于合成釜中，通入一氧化碳，升温升压，产出的羰基铁（羰基镍）冷凝回收，净化，对其液体进行升温分解，即可得到相应的金属产品。一氧化碳循环使用，无三废排放。羰基金属可根据生成过程及挥发性质的差异进行选择性的分离，主要工艺有高压、中压和常压3种，其反应式为（以羰基镍为例）：

合成羰基镍　$Ni_{(固)}+4CO \longrightarrow Ni(CO)_{4(气)}$

羰基镍分解　$Ni(CO)_{4(气)} \longrightarrow Ni+4CO$

羰基金属化合物极不稳定，极易离解成金属和一氧化碳。由于分解反应是在原子级上进行的，因此通过控制羰基化合物的热解温度、时间和供给速度，可以制造出微观形貌各异的金属粉末。

性能特点及用途　羰基粉末金属杂质含量很低，大多低于0.015‰，具有纯度高、粒度细、活性高和磁性能好等特点。

羰基镍粉根据松装密度不同，具有纤维状、链珠状和刺球状等不同的微观形貌，主要用于镍-氢动力电池、粉末冶金、硬质合金、高温合金、微孔过滤及电子等领域。

羰基铁粉以碳含量区分为两种产品，分别是普通铁粉（含碳0.67%～0.76%）和还原羰基铁粉（含碳低于0.1%，见图）。可用作高密度、高熔点、高硬度的合金添加剂，也用于吸波材料、食品添加剂、防伪印刷、磁流变液等方面。

五羰基铁粉（彩色扫描电子显微摄影）

羰基镍铁合金粉，相比机械法混合的镍铁合金粉末，羰基镍铁合金粉不存在成分偏析，具有较好的理化性能，是合成金刚石的最佳触媒，可应用于高温合金钢、粉末冶金、硬质合金等领域。

（王芳镇）

陶瓷过滤机　ceramic filter　采用微孔陶瓷材料作为过滤介质并利用毛细现象实现固液分离的真空**过滤设备**。主要由转子、搅拌器、刮刀组件、料浆槽、分配器、陶瓷过滤板、水路系统、清洗设备和自动化系统等组成。利用微孔陶瓷过滤板的通水不透气特性，使陶瓷过滤板内腔产生真空，与外部形成压差。料槽内悬浮液中的固体颗粒因不能通过微孔陶瓷过滤板而被截留在陶瓷板表面，而液体因真空压差的作用及陶瓷过滤板的亲水性可顺利通过，进入气液分配装置（真空桶）外排或循环利用，从而达到**固液分离**。

工作过程中，装有过滤板的圆盘旋转浸入悬浮液时，在真空的作用下悬浮液中的固体颗粒吸附于陶瓷板两侧，形成滤饼。圆盘脱离浆槽继续抽真空以进一步脱出滤饼中的水分。至一定位置时，由陶瓷（不锈钢）刮刀刮下滤饼，然后通过反冲洗将陶瓷板上剩余的固体物料清洗至矿浆槽继续过滤。依次循环，形成对矿浆的过滤过程。细粒及一些金属离子的反应物沉积于过滤板毛细孔内，使过滤效果下降，故设置化学清洗及超声清洗功能以保证过滤效果始终处于良好状态。

陶瓷过滤机对于微细物料的过滤效果良好。在冶金、矿山、环保等领域应用广泛。 （周兴龙　刘　丹）

特殊采矿 special mining method 针对特定的矿产资源、特定的矿床地质赋存条件及特定的生产加工要求而发展起来的独特采矿方法和技术。从技术层面看，特殊采矿不同于传统的采矿—选矿—冶金三者独立的工艺流程，而是充分利用矿物的

海滨砂矿开采的采砂船

化学、微生物等浸出原理，变“采矿—选矿—冶金”为“布液—集液—金属提取”一条龙作业的**溶浸采矿法**工艺。针对矿体赋存条件或矿石物理化学性质方面具有特殊性的矿产资源所采取的一些开采方法，也属于特殊采矿，如**海滨砂矿开采**、**放射性矿床开采**、**二次资源开采**、**海洋采矿**、**自燃性矿床开采**、**高山高寒矿床开采**、**大水矿床开采**等。

（余　斌）

特殊分选设备 special separation equipment 利用物料的颗粒形状、粒度、温度、摩擦系数和碰撞恢复系数的差异，以及各种物料（矿石）表面光性、磁性、电性、放射性、射线吸收特性等特殊性质的差异进行分选的**选矿设备**。主要包括摩擦弹跳分选机、涡流分选机、拣选机等。此外磁重联合分选机、磁重浮联合分选机也属于特殊分选设备。磁重联合分选机利用磁力和重力联合作用选别微细粒磁铁矿。磁重浮联合分选机利用旋流-静态微泡浮选柱的浮选段增加脉冲磁场，使夹杂的脉石颗粒脱离磁团或磁链，在药剂的作用下被气泡捕捉并随气泡上升至溢流槽，作为尾矿排出。

摩擦弹跳分选机　根据不同物料的摩擦系数和碰撞恢复系数之间的差异进行分选的设备。主要应用在石棉分选中，有些云母分选厂也采用。该设备具有一个倾斜的工作面，可以是固定的，如固定斜面分选机、螺旋分选机等；也可以是运动的，如带式筛、反流筛等。物料在斜面上运动时，颗粒的运动速度与摩擦系数有关，摩擦系数越大，颗粒的运动速度越小。颗粒离开斜面后，沿水平方向的运动距离仅与颗粒离开斜面时的运动速度有关，运动速度大者，颗粒的运动距离长；运动速度小者，颗粒的运动距离短。因此，只要物料的摩擦系数不同，就可以对它们进行分选。

给到倾斜工作面的纤维状、片状物料，几乎全都沿斜面滑动，而粒状物料则沿斜面滚动和弹跳运动。滚动的颗粒运动速度大，而且它们与斜面碰撞时，会产生反跳，使其沿斜面运动的距离进一步加大，从而使物料因颗粒形状不同而具有不同的运动轨迹，达到分选的目的。

涡流分选机　利用涡流和磁场相互作用而产生的电磁力来实现物料分选的一种设备。一般为皮带式给料，分为给矿装置、分选装置和接料装置三部分，其中分选装置为主要部分，由皮带筒、皮带、磁辊筒三部分组成。皮带筒和磁辊筒各有一套变频调速传动装置，皮带通过皮带筒驱动。

分选机中磁场变化时，颗粒通过旋转磁场受到多种力（包括磁偏转力、重力、离心力、摩擦力、颗粒间的相互作用力等）的共同作用，导电的有色金属颗粒中感应出涡电流，涡电流与源磁场相互作用对导电颗粒产生排斥力，使导电颗粒与绝缘颗粒产生不同的运动轨迹，从而实现分选。涡流分选方法用于从固体废料中回收有色金属，也可用于各种有色金属的相互分离。

拣选机　根据矿石特定物理性质的差异用机械拣选法分选矿石的设备。主要有光电分选机、磁-光分选机、放射性分选机、激光光电拣选机、X射线选矿分选机、无线电波（电导-磁性）分选机、γ散射法分选机、γ吸收法分选机等。其中常用的是光电分选机和磁-光分选机。光电分选机利用矿石或矿物表面光性的差异进行分选；磁-光分选机采用磁、光两种探头，在同一台设备上实现磁-光的联合分选。主要用于黑钨矿的拣选，可利用光电原理回收白色含黑钨的石英脉石，利用磁性回收黑色的单体块钨。

各种类型的拣选机组成基本相同，主要组成部分有给料系统、照射及探测系统、信息处理系统、分选执行系统等。应用拣选处理的物料有非金属矿石和金属矿石、含放射性元素的矿石，以及煤、建筑材料、粮食、种子、食品等。

扩展阅读

魏德洲.固体物料分选学.3版.北京：冶金工业出版社，2015.

（李文博　李艳军）

特殊凝固 special solidification 区别于一般常规条件下的凝固过程。包括微重力凝固、离心凝固、高压凝固以及电磁场下凝固等。通过特殊凝固，可以改善材料的组织和性能。

微重力凝固　当物体的加速度与重力加速度之比小于1甚至等于零时，物体处于微重或失重下的凝固。微重力环境可以通过落管、火箭和太空飞行器（如太空站）来获得。该条件下合金的凝固中重力引起的对流显著减弱，由密度引起的成分偏析大幅度减轻，同时可获得高真空的环境，能实现无容器熔炼、创造大过冷条件实现**快速凝固**。

离心凝固　通过离心力场的作用实现超重力的环境，达到物体加速度与重力加速度比值超过1。该条件下可改变固-液界面前沿的对流条件，获得组织和性能良好的材料。与微重力凝固不同，离心凝固实现的超重力条件下金属熔体中的对流会得到显著加强，特别是当液态金属流动达到某一临界值时，可实现高速层流流动，使得合金凝固平界面稳定性增强，实现无偏析凝固。

高压凝固　将压力作为凝固过程控制参数，直接作用于合金凝固过程。在压力达到10兆帕以上时，液态金属的物性参数和合金凝固过程中最重要的两个参量——溶质分配系数和过冷度会随压力改变发生变化，同时合金形核和生长方式与常规凝固条件下有所不同，凝固组织会从低致密相转变为高致密相，甚至发生晶态到非晶态转变。

电磁场下凝固　当采用直流磁场时，流体在直流磁场中运动，内部会产生感应电流，引起电磁力作用于流体，抑制其运

动，使合金凝固组织均匀；同样，在凝固过程中也可引入交变电磁场，此时熔体感应电流和交变磁场作用产生一定方向的电磁力，引起熔体的流动，造成电磁搅拌来细化合金晶粒、改善合金的冶金质量和减轻成分偏析。 （李双明）

特殊凿井法 special shaft sinking method 在不稳定的含水地层或在含水量大的稳定地层中，为加固井筒围岩或隔绝水流等而采用的凿井方法。包括板桩凿井法、降低水位凿井法、帷幕凿井法、**冻结凿井法**、**注浆凿井法**、**沉井法**和**矿山钻井法**。对于几米或几十米的表土不稳定含水层，可采用板桩凿井法、降低水位凿井法、帷幕凿井法和沉井法；对于厚度达百米以上的表土不稳定含水层，应采用冻结凿井法和矿山钻井法。中国自20世纪50年代中期开展井筒特殊凿井法技术的研究，各项技术已得到广泛应用。

板桩凿井法 对于厚度不大的不稳定表土层，在开挖之前，先用人工或打桩机在掘进断面的外围一次打入一圈板桩，形成一个四周密封的圆筒，用以支撑井壁，并在它的保护下进行掘进的方法。板桩材料可用木材和金属材料。木板桩多采用坚韧的松木或柞木制成。金属板桩常采用槽钢正反扣合相连。根据板桩入土的难易程度可逐次单块打入，也可以多块并成一组，分组打入。木板桩用于厚度为3～6米的不稳定土层。木板桩比金属板桩取材容易、制作简单，但刚度小，入土困难，板桩间连接紧密性差；金属板桩可根据打桩设备的能力，用于厚度8～10米的不稳定土层，若与其他方法相结合，应用深度更大。受桩长和打桩能力限制，板桩凿井法使用范围有限，多作为处理局部工程事故的措施。

降低水位凿井法 在不稳定含水层中凿井前，设法降低地下水位，减小涌水量，以增大地层稳定性的施工方法。降低水位凿井法随工程条件和设备的不同而采用不同的形式。通常在井筒周围钻若干排水孔，孔内安装带有过滤装置的排水管，用潜水泵或压气泵向外抽水。当排水能力大于地层的补充水量时，地下水位下降并形成含水量按对数曲线分布的降水漏斗。在残留水位以上的地带施工，不受地下水的影响。有时也采用超前小井和井群（也称井点）降低水位，基岩掘进用泄水孔降低水位的方法。降低水位凿井法在竖井掘进时不能消除残留水压，只能作为一个辅助性的技术措施。有时也作为沉井法或板桩凿井法施工的辅助措施。

帷幕凿井法 沿井筒周围划分2～4个相互连接的圆弧形槽段（或一个全圆环形槽孔），用造孔机械钻挖槽孔、用泥浆维护槽壁。槽孔达设计深度并互相连通后，再用垂直导管法在泥浆下灌注混凝土，置换槽孔内的泥浆，并使各槽孔的混凝土相互衔接，形成一个封闭的、具有一定厚度和强度的圆筒形混凝土帷幕结构，在其保护下掘砌井筒，通过不稳定表土层。

帷幕凿井法起源于基础施工中的地下连续墙施工法，最早用于水电部门，1958年首次用于防渗墙加固。中国自1974年引用地下连续墙技术进行竖井井筒施工试验成功以来，结合建井工程的特点，经过改进和发展，形成了混凝土帷幕凿井法。帷幕凿井法具有工艺和设备简单，技术容易掌握，钢、木消耗小，准备期短等特点，是通过浅表土层的方法之一。

（巴肇伦 崔广心 马英明 徐长磊）

特种耐火材料 special refractories 采用高纯度、高熔点原料，以陶瓷工艺或其他特殊工艺制备的具有特殊用途的耐火制品。包括氧化物耐火材料、**非氧化物耐火材料**（如高熔点碳化物、氮化物、硼化物、硅化物）和复合耐火材料（如**金属陶瓷**、高温涂层、高温纤维及增强材料）。特种耐火材料在传统耐火材料基础上逐渐发展而来，由于具有优良的高温特性或特殊的功能，应用在冶金、化工、玻璃和人工晶体等领域特种场景。

原料 原料是高纯度和高熔点的人工合成原料，一般纯度在95%以上，特殊要求的纯度在99%以上。根据不同制品和用途，对原料中杂质的种类和含量有特殊要求，部分原料还需要通过酸洗、水洗、溶剂洗和**磁选**等方法进行净化处理。绝大多数的原料熔点都在2000℃以上，有些初始原料在使用前先经过煅烧和电熔等工艺处理，以除杂提纯，促使颗粒致密化和同质异晶的晶型转变，减少坯体烧成时产生的收缩，提高产品合格率。

成形和烧成工艺 由于特种耐火材料的规格形状繁多，成形工艺也不断发展，主要有等静压法、热压注法、真空挤泥成形法、流延法、等离子喷涂法和化学气相沉积法等。等静压法是先将原料装入弹性模型中，一般为橡胶模型，然后在高压液体或气体介质中均匀受压成形，适合大异型制品的成形；热压注法是将原料与石蜡混合，加热成浆料，然后注入冷的模具中迅速凝固成形，适合形状复杂的小件制品成形；真空挤泥成形法是在粉料中加入塑化剂，制成可塑料，然后在真空挤泥机中挤压成形；流延法是先将粉料塑化并使其具有一定黏滞流动性，然后顺着光滑平面延伸流展形成薄膜，再切割成形，适合较薄片状制品成形；等离子喷涂法是用高温等离子体火焰（中心温度可升高到15 000～33 000K）将粉状或棒状原料熔融喷吹到所要求形状的底坯上，冷却凝固成涂层；化学气相沉积法是利用某些气相物质在高温下发生热分解反应或还原反应，在金属或非金属基体表面沉积成薄膜。

成形好的坯体进行干燥，然后烧成。烧成温度在1600～2000℃，甚至更高，烧成设备也由传统的隧道窑和梭式窑逐步发展为电阻炉、电弧炉、感应炉和红外烧成设备等，这些设备可提供不同坯体所需的温度范围和各种气氛环境。有些制品还可以通过反应烧结、热压烧结等特殊工艺来完成。 （耿可明）

锑冶金 antimony metallurgy 从锑矿原料中冶炼金属锑或制备锑化合物的技术。锑在古代就已发现，其英文名来自辉锑矿的英文名antimonite。1604年发现了德国B.瓦伦丁记述的锑和硫化锑的提取方法。1850年开始采用铅锑合金作为酸蓄电池的极板。1884年A.博比厄雷等首先提出挥发焙烧法炼锑。1896年制出电解锑。1930年以后，锑矿鼓风炉熔炼法成为生产金属锑的重要方法。

中国于明代发现湖南锡矿山锑矿。1908年湖南华昌公司从法国引进挥发焙烧法，开始炼锑。1963年中国研制成功硫化锑精矿鼓风炉挥发熔炼，开创了新的炼锑技术。1986年中国研发出氯化-水解法，由硫化锑矿直接生产三氧化二锑（锑白）。

锑矿石品位一般为2%～25%。具有工业价值的锑矿物有：辉锑矿（Sb_2S_3）、方锑矿（Sb_2O_3），锑赭石（Sb_2O_4），黄锑华（$Sb_2O_4 \cdot H_2O$）等。中国的主要锑矿分布在湖南、广西等省区，储量丰富。

辉锑矿矿石通过手选-浮选或重介质选-浮选，选出块矿、富块矿和精矿，然后冶炼。锑的冶炼方法分为火法与湿法两大类，以火法为主。

火法炼锑 主要采用挥发熔炼（焙烧）-还原熔炼法。利用硫化锑易挥发和氧化的特点在1200℃以上的温度下生产粗三氧化二锑（俗称锑氧），粉状的粗三氧化二锑与碳质还原剂在**反射炉**中于1000～1200℃的温度下还原为粗锑。还可用沉淀熔炼法直接生产粗锑。典型硫化矿火法炼锑流程见图。

锑氧生产 有4种方法：①硫化锑块矿的挥发焙烧。其反应为：

$$2Sb_2S_3 + 9O_2 \longrightarrow 2Sb_2O_3 + 6SO_2$$

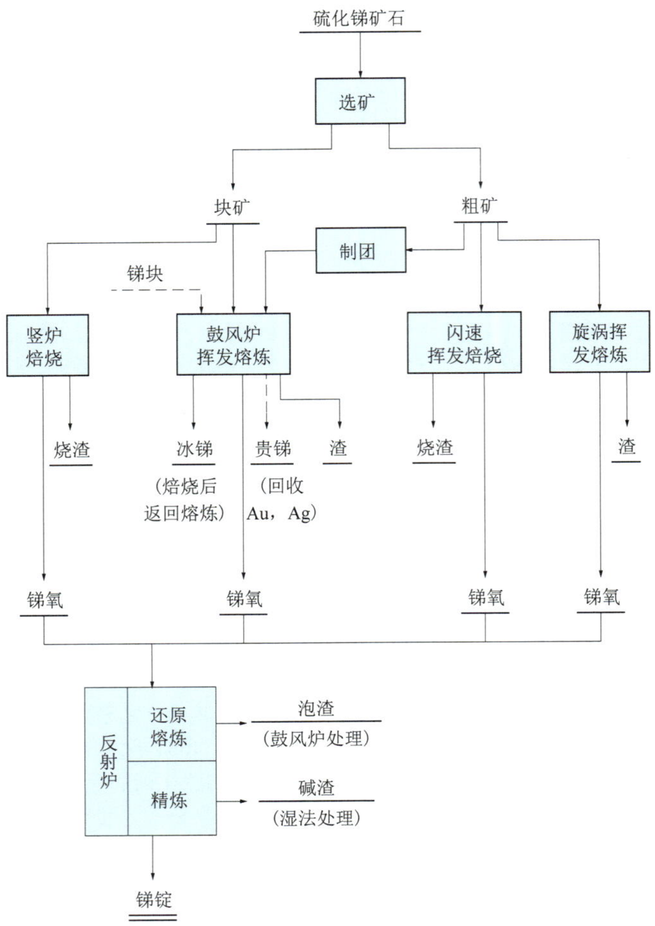

典型硫化矿火法炼锑流程

气态Sb_2O_3随炉气排出，冷凝、收尘即得锑氧。未挥发的Sb_2O_3可进一步氧化成不挥发的Sb_2O_4，留在渣中。为减少这种损失，焙烧时可加入碳质还原剂。焙烧设备为**回转窑**。②硫化锑精矿闪速挥发焙烧。将80%小于200目的精矿干燥至含水0.5%，随空气从回转窑头喷入，悬浮于气流中。在高温和湍流条件下，硫化锑迅速氧化成氧化锑，随炉气从窑尾排出，进入收尘系统，锑回收率约96%。大部分脉石落入窑内，与烟气反向流动，从窑头排出。窑头还装有补充热量用的喷油嘴。③硫化锑精矿鼓风炉挥发熔炼。中国锡矿山矿务局研究发展的低料柱、热炉顶操作的鼓风炉，既能处理硫化锑精矿球团，也能处理硫化锑和氧化锑的混合精矿球团以及泡渣等含锑物料。处理硫化精矿时，大部分Sb_2S_3氧化成Sb_2O_3而挥发，小部分熔融的Sb_2O_3和Sb_2S_3直接作用生成金属锑，其反应为：

$$2Sb_2O_3 + Sb_2S_3 \longrightarrow 6Sb + 3SO_2$$

还生成少量冰锑（锑锍）和金属锑一起从炉底流出，冰锑可直接或焙烧后返回配料。如果精矿中含有金银，而产出的金属锑较少，常向鼓风炉前床内加入一定量的锑，以捕集金银，捕集了金银的锑称为贵锑。④硫化锑精矿旋涡炉挥发熔炼。将氧化铁矿石、石灰石、石英石和木炭磨细，与硫化锑精矿混合加入旋涡炉，进行挥发熔炼。锑的挥发率可达97%以上。

粗锑精炼　粗锑精炼方法有火法和电解两类。锑火法精炼主要在反射炉内进行。加入纯碱，碱熔化后把压缩空气鼓入锑液，进行碱性精炼。锑液中的砷、硒、碲等杂质被氧化生成相应的钠盐，硫、铜生成硫化铜和硫化钠进入碱渣除去。含铁高时，可降温，使铁以Sb_2Fe、Sb_2Fe_3形态析出，剩下的少量铁，加硫除去。一般须进行多次精炼才能得到合格精锑。

锑电解精炼主要采用**水溶液电解**，以氢氟酸和硫酸水溶液为电解液，能获得纯度较高的锑并能回收粗锑中的贵金属和其他有价金属。

湿法炼锑　分为碱法和酸法两种。碱性湿法炼锑由浸出和电积（或氧化沉淀）两个工序组成。浸出是利用氧化态锑易生成硫配合物的原理使锑溶解于硫化钠和苛性钠的混合溶液中；电积是将所得的溶液经电解产出金属锑和硫化钠，或通过氧化沉淀产出锑酸钠。酸性湿法炼锑采用五氯化锑或三氯化铁的酸性溶液作浸出剂，使锑形成氯配合物进入浸出液，然后进行还原、水解、中和产出锑白，或用隔膜电积产出金属锑。

扩展阅读

赵天从. 锑. 北京：冶金工业出版社，1987.

WANG C Y. Antimony. London: Charles Griffin and Co.Ltd, 1909.

МЕЫНИКОВ С М. Сурьма. Москва: МеталлуРгия, 1997.

（唐谟堂）

提取冶金学　extractive metallurgy　研究从矿石和再循环物料中提取金属（包括金属化合物）的生产过程和工艺技术的学科。又称化学冶金学、过程冶金学。是冶金学的一个分支。提取冶金按过程及方法分类，可以分为火法冶金、湿法冶金和电冶金三大类。根据所处理矿石原料的特点、回收金属的种类和对产品质量的要求，以及有关的技术经济指标与地域条件，选择合适的方法或联合生产流程（见**冶金学**）。

（曲　英）

提升设备　hoisting equipment　用于矿山竖井或斜井中提升矿（岩）石、升降人员、设备、材料的机械设备。提升设备包括提升机、提升容器和辅助设备。

提升机　提升机分为单绳缠绕式提升机、多绳摩擦式提升机、布莱尔提升机（多绳缠绕式提升机）和**矿用绞车**。**竖井提升**可以使用任意一种提升机，**斜井提升**一般采用单绳缠绕式提升机和矿用绞车。

单绳缠绕式提升机　一般由卷筒、调绳机构、主轴、制动盘、制动器、减速器、电动机、天轮和电气控制系统组成。大型提升机可以采用低速直联电动机与提升机主轴相连，取消减速器。单绳缠绕式提升机使用灵活，可以用于竖井提升、斜井提升和凿井期间的提升，适应多中段提升；缺点是受钢丝绳缠绕层数和钢丝绳强度与直径限制，提升能力受限，不太适合大型深井矿山使用。

多绳摩擦式提升机　一般由摩擦轮、主轴、制动盘、制动器、减速器、电动机、导向轮（或者天轮）和电气控制系统组成。小型提升机采用减速器减速，大型提升机多采用低速直联电动机与提升机主轴相连，也有将提升机电机设在摩擦轮内部的内装电机式提升机，电动机就是摩擦轮的一部分。多绳摩擦式提升机的优点是提升能力大，断绳可能性小，安全性好，可以适应各种不同深度的竖井提升；缺点是必须采取措施实现各提升钢丝绳张力平衡，采用双容器提升时不适用于多中段提升，采用浅井提升时钢丝绳和摩擦衬垫之间易打滑，不能用于凿井期间提升。

布莱尔提升机　一种特殊的多绳缠绕式提升机，一般用于较深的竖井提升，其工作原理与单绳缠绕式提升机相同，区别是用缠绕在同一卷筒的两个缠绕区域内的两根钢丝绳连接1个提升容器。布莱尔提升机一般由两个卷筒（每个卷筒分为两个缠绕区）、两根主轴、多组制动盘和制动器、4个天轮、电动机和电气控制系统组成。对于相同深度的竖井，布莱尔提升机的提升载荷比单绳缠绕式提升机大；缺点是设备重量大，机械结构复杂。

提升容器　提升容器按提升方式分为竖井提升容器和斜井提升容器两类：竖

井提升容器包括罐笼、箕斗和吊桶；斜井提升容器包括斜井箕斗、斜坡台车和斜井人车等，矿车也可以作为斜井提升容器使用。

辅助设备　竖井**箕斗提升**的辅助设备包括井下装矿用计量漏斗、分配溜槽、装矿带式输送机、振动给矿机，井上卸载用的箕斗卸载曲轨或者直轨、分配小车等。竖井罐笼提升的辅助设备有摇台、安全门、阻车器、推车机等。斜井提升的辅助设备有斜井箕斗装矿用计量漏斗、斜井箕斗卸载曲轨、斜井吊桥、挡车栏、阻车器和防跑车装置等。（谢　良）

天井　raise　连接上下两个**中段**，提升或下放设备、工具和材料，或者用于通风、行人及探矿等目的的简易井筒。是在非煤矿山的矿块内，沿矿床掘进直立或倾角较大的简易井筒。位于中段以上的倾角较大的简易井筒又称上山，位于中段以下的倾角较大的简易井筒又称下山。根据用途不同天井可分为人行天井、材料天井、凿岩天井、切割天井、通风天井、充填井、泄水井等。按照与矿体的关系可划分为脉内天井和脉外天井。

天井主要根据用途确定断面的大小及格间数目；根据所用的支护材料、围岩性质、施工方法和施工设备等来确定断面的形状，通常有矩形、圆形等。由于采区回采时间都较短，故一般天井的服务年限都不长（主要回风天井除外），一般不支护或局部支护，特殊情况可采用**喷射混凝土支护**。

天井的布置通常应满足下列要求：①保证使用安全，与回采工作面联系方便；②具有良好的通风条件；③便于人员、材料、设备进入工作面，有利于其他采切巷道的施工；④巷道工程量小，维修费用低。

作为人行天井，天井内应设置梯子间。充填采矿法采场中的天井，内部往往要安设充填管，此外可能还有供水、供风管等。

天井掘进多采用普通法、吊罐法、爬罐法、深孔爆破法和反井钻机法。（解联库）

天井掘进　raising　采用凿岩爆破或机械破岩的方法，形成**天井**（或**溜井**）所进行的掘进作业。天井（包括溜井）主要用于溜矿、行人、运料、通风、充填、探矿等。天井分垂直天井和倾斜天井。垂直天井（或溜井）的断面形状有圆形和矩形；倾斜天井（或溜井）的断面有拱形、矩形、梯形和圆形等。天井掘进应依据其特征参数及要求、施工设备条件、围岩工程地质条件等确定施工方法。天井掘进在高应力不稳定围岩条件下，通常采用正向掘进（自上而下掘进）；在稳定围岩条件下，通常采用反向掘进（自下而上掘进）。反向掘进包括普通法、吊罐法、爬罐法、深孔爆破法和反井钻机法5种方法。

天井掘进支护依据其服务年限、断面形状及其尺寸、围岩条件、用途、施工方法等因素确定。多数金属矿山围岩稳固性较好，一般不用支护或仅局部采取支护，或采用**喷射混凝土支护**。

天井施工特点为：①施工断面狭小、操作不便；②高空作业时，受炮烟、落石、淋水和粉尘威胁，安全性较差，通风困难。基于这些特点，天井施工必须编制施工作业计划，制定严格的技术措施，确保安全施工。（杜嘉鸿　巴肇伦　伍绍辉）

天井钻机　raise boring machine　利用刀具的轴向压力和回转力对岩面产生碾压（挤压加剪切）作用破碎岩石，用于钻凿天井的设备。1962年在美国开始应用。天井钻机发展主要经历了3个阶段：刀具攻关阶段（1962～1967）；降低成本、增加品种阶段（1967～1970）；持续发展、不断完善阶段（1970年以后）。至20世纪90年代初，天井钻机在地下矿山得到迅速推广应用。

主要由主机、液压泵站、电气柜、钻杆车、钻具和操作台等部分组成。天井钻机按钻进方式分为以下3种类型：①标准天井钻机。又称反井钻机，作业时安置于矿山某一**水平**或地表，首先向下钻一个导向孔，即沿天井中心线从上向下钻出导向孔与天井下面巷道贯通，再换扩孔钻头反向（自下向上）扩孔成井。破碎的岩渣靠自重下落，不设洗井设备。钻机结构紧凑，破岩比能消耗小，钻速快，效率高，井壁平滑稳定，应用最为广泛。②盲天井钻机。破碎岩石原理与标准天井钻机相同，不同的是标准天井钻机安装在上水平，向下钻出导向孔。盲天井钻机则安装在下水平，不需要钻通导向孔，采用盲孔刀头（见图）向上全断面钻进，一次扩孔成井。③反循环天井钻机。将钻机的主机安装在下水平，向上钻通导向孔，向下扩孔的天井钻机。反循环天井钻机的缺点是，破碎的岩石碎屑落到导向孔口，不易排出，被重复研磨，阻碍扩孔器的推进，严重损害刀头，减低掘进速度，增加能耗。

天井钻机在地下矿山、铁路、公路隧道工程中广泛应用，钻井直径不断增大，

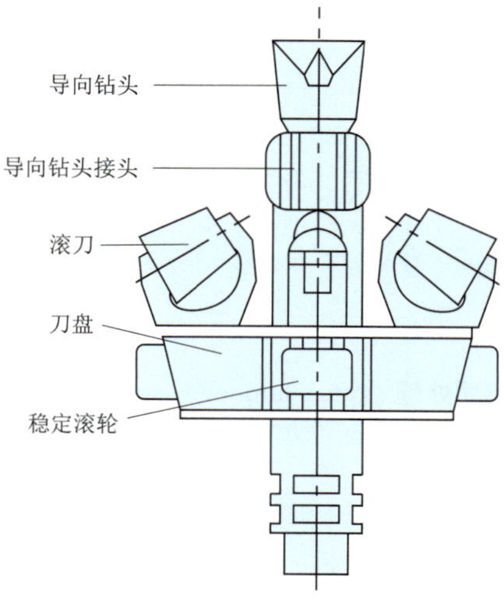

盲天井钻机的刀头

钻井深度不断增加，钻进倾角范围不断扩大。低矮小化、智能化是未来发展方向。（石博强）

调湿矿物材料　hygroscopic mineral material　依靠自身吸/放湿性能，感应室内空间湿度变化，自动调节室内空气湿度的功能矿物材料。调湿性能主要源于材料的孔结构和孔隙对水分子的吸附、贮存与脱附作用，不需要借助人工能源和机械设备。调湿矿物材料的调湿性能与其孔结构特性和比表面积密切相关。适宜的孔径分布及较大的孔容积为吸附水蒸气、调节湿度提供了存储空间和调湿潜能。以硅藻土调湿材料为例，其平衡吸湿量和平衡放湿量均随比表面积的增大和孔径的减小而增大，且微孔和介孔区的孔容积越大、大孔区的孔容积越小，调湿性能越强；大孔区的孔容积越大，调湿性能越弱。比表面积较大的硅藻土在高湿度下易吸附空气中的水蒸气，在低湿度下易发生脱附作用。微孔和介孔在硅藻土调湿过程中起主导作用。

调湿矿物材料按成分可以分为单一调湿材料和复合调湿材料。单一调湿材料主要有硅藻土、海泡石、沸石、蛋白土、凹凸棒土等；复合调湿材料主要有硅藻土-碳酸钙、硅藻土-沸石、硅藻土-海泡石等。应用较多的调湿矿物材料产品有调湿板、调湿砖及粉状调湿壁材。

加工工艺因产品品种或材料形态而异。调湿板和调湿砖有两种生产工艺：①以多孔非金属矿物为主要原料，与无机胶凝剂或有机胶黏剂经配料、成形、高温蒸汽养护制成；②以多孔非金属矿物为主要原料，配以助剂，成形后在低于1000℃下烧制。粉状调湿壁材以多孔非金属矿物，如硅藻土为主要原料，与无机胶凝材料、抗菌材料、体质填料与颜料以及助剂经

计量配料均混制成，使用时现场加水调浆施工。

调湿功能矿物材料对于改善人类生活质量、工作环境和节约能源有重要意义，主要用于住宅、写字楼、酒店、宾馆等的室内（墙壁、房顶等）装修和装饰。其中硅藻土及其复合材料应用较多、较广。

（郑水林）

调质处理 quenching and tempering 对钢件进行**淬火**和高温**回火**的**金属热处理**技术。目的是使钢的力学性能得到调整，使其强度、塑性和韧性都较好，从而具有良好的综合机械性能。

工件淬火后，内部组织主要为马氏体。淬火后得到的马氏体脆性过高，易于断裂。为了提高工件的综合力学性能，对淬火后的马氏体要进行高温回火（500～650℃）。回火后马氏体转变为回火索氏体。回火索氏体是铁素体基体与球粒状渗碳体的机械混合物，与回火前的马氏体相比，硬度和强度降低，延伸率和韧性提高。

调质处理的工件大都在比较大的动载荷作用下工作，其承受着拉伸、压缩、弯曲、扭转或剪切的作用，有的表面还有摩擦作用，要求有一定的耐磨性等。这类零件主要为各种机器和机构的结构件，如轴类、连杆、螺栓、齿轮等，在机床、汽车和拖拉机等制造工业中被普遍应用。尤其是对于重型机器制造中的大型部件，调质处理使用更多。因此，调质处理在热处理中占有重要位置。

调质处理常应用于中碳（0.25%～0.5%）低合金结构钢。一般用这类钢制作的零件要求具有很好的综合机械性能，即在保持较高强度的同时又具有很好的塑性和韧性，通过调质处理可达到该目的，所以人们习惯上把这一类钢称作调质钢。各类机器上的结构零件大量采用调质钢制造。调质钢是结构钢中使用最广泛的一类钢。

（李 伟）

跳汰分选 jigging separation 根据颗粒在介质交变运动方向上的运动差异而进行分层和分离的**重力选矿**方法。交变运动介质通常是水或空气。所用设备是**跳汰机**。跳汰分选工艺操作简单，设备处理能力大，广泛应用于处理粗、中粒级矿石，主要应用于煤炭（见图）、钨矿石、锡矿石、金矿石、稀有金属矿石（如钽铁矿矿石、铌矿石、钛锆矿石、钍矿石等）、铁矿石、锰矿石和非金属矿石。

简史 大约在14世纪出现了原始形式的交变水流跳汰机，即手动的动筛式跳汰机。1830～1840年在德国哈兹（Harz）矿区出现了机械的活塞式跳汰机。1892年又发明了大型的风力驱动水流的选煤用鲍姆跳汰机（Baum jig）。跳汰分选在19世纪末便已基本形成。

选煤厂跳汰机车间

工艺 跳汰选矿绝大多数使用水作介质，特殊情况下亦可用空气为介质，称作风力跳汰。跳汰机的基本组成部分是跳汰室，室内置有固定的或是上下运动的筛板。待分选的物料在筛板上形成的料层称作床层。水与矿粒的混合物从一端给入跳汰室的筛板上，矿粒在垂直交变水流的作用下运动，交替发生松散和紧密，最后按自身比重差分层。比重小的产品在上层随矿浆流由上部排出，比重大的产品在下层由下部排出。

影响因素 影响跳汰分选过程的因素主要有原料性质、跳汰机结构、操作制度三大类。其中对于一定的原料和跳汰机，确定合理的操作制度是获得良好分选效果的保证，为此，需要适当选择以下各项参数：

跳汰冲程和跳汰冲次 跳汰冲程和冲次直接关系到床层的松散度和松散方式，对分层有重要影响。

跳汰冲程一般用机械冲程表示，在1个跳汰周期内，水流在跳汰室内运动的最大距离或隔膜（活塞）运动的最大距离，前者称为水流冲程，后者称为机械冲程。跳汰分选过程中，需根据不同的分选条件确定适宜的冲程。通常，床层厚、给矿量大时，需要有较大的冲程；给矿粒度粗或矿石密度大时，则举升床层所需的上升水速亦大，此时亦需有较大冲程。

跳汰冲次指水流或隔膜每分钟运动的循环次数，其理论计算公式为：

$$n=\frac{9.56a_{\max}}{u_{\max}}$$

式中 n 为冲次；$a_{\max}$ 为水流加速度的最大值；$u_{\max}$ 为水流速度的最大值。

床层的性质不同，跳汰冲程和跳汰冲次的适宜组合值也不同，理论和实践均表明存在如下一些制约关系：①随着冲程的增大，为了使床层有足够的扩展时间，冲次要相应地减小。②给矿粒度粗或矿石密度大时，举升床层所需要的上升水速也大。增大冲程或增加冲次均可以使上升水速增加，但它们对水速的影响却是不对等的。随着冲次的增加，水流的加速度迅速增加。在加速度推力作用下，不同粒度颗粒的运动速度差别将被缩小，同时因周期缩短，床层扩展的时间减小而变得紧密。因此，实践中往往采用大冲程、低冲次，或者小冲程、高冲次配合工作，其实质目的是既不使床层过于紧密，也不过于松散。

一般认为，床层的最佳松散方式应该是：在上升水流开始时将床层迅速抬起，在上层颗粒保持向上运动的同时，下层矿粒逐层向下剥落，出现了松散向上推进的运动；随后整个床层向下塌落，水流也应转而向下，使颗粒与水流之间的相对速度降低，整个床层表现为两端松散、中间较紧密。这种松散方式对按密度分层是最有利的。如果冲次太大，床层将来不及松散扩展，而变得比较紧密，冲次太小又会造成松散迟缓。冲程的影响与冲次相似，但主要应与床层厚度和粒度相适应，并与冲次配合调整。

筛下补加水和给矿水 筛下水和给矿水构成跳汰选矿的总水耗。在跳汰机入料端给入物料的同时，还会给入一定量的水量，称作给矿水。矿水用来预先润湿矿石以便于均匀地给矿。为了避免在水流下降后期床层过于紧密，还要经常在筛板下面补加水，这部分水称作筛下水。筛下补加水是生产中调节床层松散度的主要方法。

床层厚度和人工矿层 床层厚度（包括人工床层）就是筛面至尾矿堰板的高度。用隔膜跳汰机处理中等粒度或细粒级矿石时，床层总厚度不应小于给矿最大颗粒的5～10倍，一般在120～300毫米。人工床层是跳汰机筛板上方铺设的与待分选物料中高密度组分的接近或略大于一些的固体颗粒矿粒层。在水流下降阶段，人工床层在上部矿石层下降或紧密之前就变得紧密，从而控制以透筛排矿方式排出的高密度产物的排出速度和质量。

扩展阅读

孙玉波.重力选矿.修订版.北京：冶金工业出版社，1993.

谢广元.选矿学.徐州：中国矿业大学出版社，2001.

（张一敏）

跳汰机 jig 使物料在垂直脉动水流中按密度分层分选的**重选设备**。跳汰机主要由机体、筛板、脉动机构、排料机构和床层检测装置组成，其中机体内主要工作空间是跳汰室，跳汰的下部设置筛板。分选时，以水或空气为介质，物料送至跳汰机筛板上，形成一个密集的物料层，称为床层。同时跳汰机下部周期地送入脉动水流，上下交变地通过床层，在上升水流的作用下，床层逐渐松散、悬浮，床层中的矿粒按其本身的特性（矿粒的密度、粒度和形状）彼此做相对运动进行分层。上升水流停止后的休止期间（停止给入压缩空气）以及下降水流期间，床层逐渐紧密，并继续分层。待全部矿粒均沉降至筛面后，床层恢复紧密状态，分层作用几乎全部停止，只有极细矿粒，尚可穿过床层的缝隙继续向下运动（这种细粒的运动称钻隙运动），并继续分层。下降水流结束后，分层暂告终止，至此完成了一个跳汰周期的分层过程。物料在每一个周期均可受到一定的分层作用。经过多次重复后，分层逐渐完善。最后，密度低的矿粒集中在最上层，密度高的矿粒集中在最底层。上层低密度物料被水平流动的介质流带至设备外，成为低密度产物；下层高密度物料透过筛板或特殊的排料装置排出，成为高密度产物。

根据脉动源不同，跳汰机大致可分为：①隔膜跳汰机，借助橡胶隔膜往复运动产生脉动水流实现矿物按密度分层分选（见图）。②活塞跳汰机，用上下往复运动的活塞，使分选介质（水）产生脉动运动进行分选。③空气脉动跳汰机，用间断导入或排出的压缩空气，使分选介质产生脉动运动进行分选。④动筛跳汰机，动筛机构（液压或机械）驱动筛板在水介质中做上、下往复运动，使筛板上的物料成周期性的松散，从而实现按密度分层分选。此外，跳汰机根据处理的原料区分为矿用跳汰机和煤用跳汰机，根据分选介质可分为水力跳汰机和风力跳汰机，按筛板运动状态区

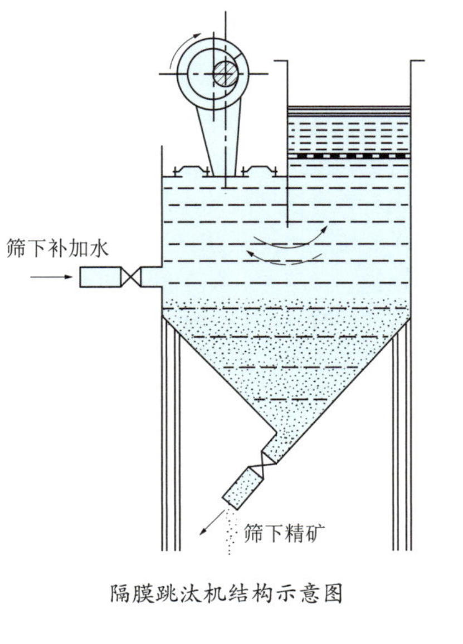

隔膜跳汰机结构示意图

分为定筛跳汰机和动筛跳汰机，根据跳汰室形状可分为圆形跳汰机和梯形跳汰机。还发展有跳汰周期曲线呈锯齿波形的锯齿波跳汰机，由隔膜运动产生上升、下降水流；用分体结构，集中脉动结构通过外隔膜产生脉动水流的离心跳汰机。

跳汰机在钨、锡、沙金、铁、锰、钛、锑、铅、钽、铌等金属矿选矿及选煤作业中应用较为广泛。

扩展阅读

魏德洲.固体物料分选学.2版.北京：冶金工业出版社，2009.

（李艳军）

铁 iron 化学元素，元素符号Fe，原子序数26，原子量55.845，属周期系第Ⅷ族，是过渡元素。

简史 人类最早发现和使用的铁是陨铁（含铁量较高的铁、钴、镍等金属的混合物）。公元前1500年左右，埃及和美索不达米亚开始有炼铁业；前1000年左右，铁器已基本上从日常用具中排挤了铜器而占统治地位。中国商代的铁刃青铜钺，表明中国在前1000多年就已经熟悉铁的锻造性能。铁的元素符号来自拉丁文名ferrum。

存在 铁在地壳中的含量约为5%，占第四位；在金属中仅次于铝，占第二位。地核主要由铁组成，因此在整个地球中铁是丰度最高的元素。铁还存在于太阳、小行星和太阳系以外的星体中。铁在地壳中通常以化合态存在。主要的含铁矿石有赤铁矿（Fe_2O_3）、褐铁矿（$2Fe_2O_3 \cdot 3H_2O$）、磁铁矿（Fe_3O_4）和菱铁矿（$FeCO_3$）。铁有铁-54、铁-56、铁-57和铁-58四种稳定同位素。

物理性质 银白色的金属，熔点1538℃，沸点2861℃，密度7.847克/厘米^3（20℃）。铁是天然存在的三种磁性元素之一，另外两种是镍和钴。铁具有良好的延展性、可锻造和铸造性，在红热时变软，在白热时可锻接。铁有α、β、γ、δ四种同素异形体，它们之间的转变温度分别是700℃、928℃和1530℃。

化学性质 铁原子的电子组态为（Ar）$3d^6 4s^2$，氧化态0、+2、+3、+4、+5、+6。铁是中等活泼的金属，有强还原性。常温下，在没有水蒸气存在时，铁与氧、硫、氯等非金属单质不起显著作用。但在高温下，铁与上述非金属单质以及水蒸气发生剧烈反应。铁可从溶液中还原金、铂、银、汞、铜、铋、锡和镍等离子。铁溶于稀酸中形成二价铁离子。铁在铬酸、浓硝酸、浓硫酸和过氧化氢中会形成氧化薄膜而被钝化。

铁的最重要的氧化态是+2和+3。二价铁离子呈淡绿色，在较强的氧化剂作用下会被氧化成三价铁离子。三价铁离子的颜色随水解程度的增大而由黄色经橙色变到棕色。二价和三价铁均易与无机或有机配位体形成稳定的配位化合物，配位数通常为6。零价铁还可与一氧化碳形成各种羰基铁。铁也有+4、+5、+6价态的化合物，但在水溶液中只有+6价的。

化合物 主要有两大类：亚铁Fe（Ⅱ）和正铁Fe（Ⅲ）化合物。亚铁化合物有氧化亚铁、氯化亚铁、硫酸亚铁、氢氧化亚铁等；正铁化合物有三氧化二铁、三氯化铁、硫酸铁、氢氧化铁等。亚铁和正铁离子与氰根都可形成很稳定的配离子$Fe(CN)_6^{4-}$和$Fe(CN)_6^{3-}$，分别存在亚铁氰化钾$K_4[Fe(CN)_6] \cdot 3H_2O$和铁氰化钾$K_3[Fe(CN)_6]$中。铁与环戊二烯的化合物二茂铁，是一种具有夹心结构的金属有机化合物。

制法 工业生产是在**高炉**中将铁矿石、**焦炭**和石灰石（助熔剂）冶炼，使氧化铁还原成生铁（或铸铁，见**炼铁**）。所得生铁一般含铁90%～95%，碳3.0%～4.5%和少量的硅、锰、硫、磷等。生铁是炼钢或熟铁（锻铁）的原料，含碳量在0.2%～1.7%之间的**铁合金**称为**钢**，含碳量小于0.2%的为熟铁。生铁在平炉、**转炉**或**电炉**中进一步冶炼除去碳、硅、磷等杂质，可得各种组成的钢。

铁的化学性质活泼，制取和保持纯铁都很困难。制备纯铁的方法有：①在一定压力下将一氧化碳和铁粉加热至180～200℃，得到挥发性的五羰基铁，然后在250℃左右热分解五羰基铁得到纯铁。②用氢气还原高纯的氧化铁或草酸铁。③电解亚铁盐溶液。

应用 铁是应用最广泛的重要金属。大部分铁制成钢来应用。钢广泛应用于汽车、建筑、船舶、工业设备、电气设备、石油工业、煤气工业、铁路运输、器具、容器等生产和生活的各个领域。除碳以外还可添加硫、硅、锰、铬、镍、钒、钼、钨、铌、钛等，来制备各种特殊性能的铁合金。铁也大量用于制造铸铁和锻铁。纯铁可做催化剂和发电机、电动机的铁芯，还原铁粉可用于粉末冶金。铁及其化合物还可制造磁铁和颜料。

健康与环保 铁是人体所需的微量元素之一，它在人体中有多种生理功能。铁在人体中的含量约占人体总重量的0.006%，其中73%结合于血红蛋白，24%储存于铁蛋白和血铁黄蛋白，还有3%存在于肌红蛋白和其他组织中。铁存在于大多数食物中，肉、禽、鱼类及其制品是食

物铁的良好来源，其中肌肉和肝脏含铁量高，利用率好。具有环境危险性的铁化合物是Fe_2O_3粉尘，空间的容许极限是5毫克/米³。慢性吸入Fe_2O_3会导致铁肺病。产生Fe_2O_3粉尘的车间应有良好的通风设备，操作者应戴防尘面罩。 （鹿 颖 胡长文）

铁粉 iron powder 尺寸小于1毫米的金属铁离散颗粒群。是生产粉末冶金制品的重要原料。铁粉（见图）的工业制取和应用始于20世纪20年代，当时德国采用电解法和**羰基法**生产铁粉。1936年，瑞典赫格纳斯公司采用磁铁矿精矿粉还原的方法生产出低成本的铁粉。40年代后，德国、英国、美国等国采用熔融金属雾化的方法制备铁粉，并在此基础上迅速推进了雾化预合金（合金钢、超合金等）粉末的生产。中国于1958年开始发展还原铁粉生产技术，60年代开始用雾化法研制各种合金和合金钢粉末。

铁粉

铁粉的生产中，**还原法制粉**和**雾化法制粉**是主要生产方法。还原法制取的铁粉称为还原铁粉，一般含铁量≥98%，松装密度较低、成形性好，适合于中、低密度的铁基粉末冶金零部件的生产。雾化法制取的铁粉称为雾化铁粉，纯度（含铁量≥99%）和松装密度较高，适合于中、高密度的铁基粉末冶金零部件的生产。此外，还有羰基法和电解法，主要用于生产磁性材料、工具等所需的高纯度铁粉，产量较低，生产的铁粉分别称为**羰基粉末**和电解粉末。

铁粉可用于材料、冶金、化学化工、农业等行业，其主要用途有：①作为粉末冶金制品的原料，其耗用量约占铁粉总耗用量的80%，主要生产汽车、摩托车、家用电器、五金工具等零部件。②作为电焊条的原料，在药皮中加入铁粉可改善焊条的工艺性能，提高熔敷效率。③作为火焰切割的喷射剂，在切割钢制品时，向氧-乙炔焰中喷射铁粉，可改善切割性能，扩大切割钢种的范围，提高可切割厚度。④用于软磁材料、吸波材料、食品保鲜、医疗保健、水处理及化工催化剂等方面。

（俞燮廷 高一平 王恩珂 撰 李松林 修订）

铁官 Iron Monopoly Office 中国秦汉时期管理铁冶铸事业的机构。中国古代官职与机构往往同名，铁官一词有时也指官职。铁业在古代是有关国计民生的重要生产部门，常与盐业一起受封建政府的控制，作为增加财政收入和加强封建统治的手段。战国时，冶铁是重要的官营手工业，产品供国家军队需用，但市场上流通的铁器则归私人经营，以此致富的人不在少数。铁官的设立有个过程。周代建山海之官，春秋以前由“虞”官管理手工业，山东临淄出土“齐铁官丞”之印，说明东周的齐国已有铁官。秦在商鞅变法后置铁官，把冶铁业全部收归官营。司马迁的祖先曾为秦铁官，秦印中有“右冶铁官”印，睡虎地秦墓竹简中亦载有“左采铁”“右采铁”的官职。汉代冶铁手工业空前发展，管理冶铁的机构扩大，职官组织也系统化，但铁官的设、罢和隶属常有变化。西汉初年治粟内史（后改为大农令，再改为大司农）下设铁官。地方郡、县、侯国设铁官49处，据《汉书》和《史记》记载，产铁的县设大铁官，管理铁的冶炼、铸造和贸易。不产铁的县设小铁官，管理铁器铸造和贸易。铁官的任命由大司农或郡守负责。官营作坊中设官吏，具体管理生产，并特设司隶官掌管作坊内徒隶和巡察事务。产铁多的郡，设铁官多人和作坊数处。对多处作坊统一编号，系统管理，如河东郡（东一、东二、东三、东四）、河南郡（河一、河二、河三）等。汉代铁官管理系统的建立，反映当时冶铁业的规模、产量已经很大。古代铁官印文拓本如图1所示，出土有铁官铭文的铁质工、农具的拓片（图2）。

魏晋南北朝到宋元以后的铁业管理机构，时设时撤，职官名目变化繁多。南北朝时期的官冶，曾以军队加以控制和管理，所以铁器铭文则有“渑池军左”“左冶”“右冶”等。宋代主管冶金生产的机构有监、冶、务、场。元以后的官冶铁器铭文除仍以地名作标志外，还铸其年号；铁官仍设中央和地方两级管理，其职责则从直接分配产品逐渐变化为征税。 （李京华）

图1 铁官印文拓本

图2 出土有铁官铭文的铁质工、农具的拓片

铁合金 ferroalloys 铁与一种或几种元素组合的中间合金。主要用于钢铁冶炼。在钢铁工业中，通常把不含铁的中间合金、某些纯金属与氧化物添加剂等也包括在铁合金范围内。铁合金一般用作：①脱氧剂。在**炼钢**过程中脱除钢水中的氧，某些铁合金还可脱除钢中的其他杂质，如硫、氮等。②合金添加剂。按钢种成分要求，添加合金元素到钢内以改善钢的性能。③孕育剂。在铸铁浇铸前加进铁水中，改善铸件的结晶组织。此外，还用作以**金属热还原**生产其他铁合金和有色金属的还原剂、有色合金的合金添加剂，还有少量用于化学工业和其他工业。

简史 19世纪中叶，转炉吹氧炼钢工艺的发明，要求铁液吹氧脱碳后，进行脱氧和合金化处理，因此催生了铁合金产业的出现。铁合金产品的小规模生产开始于1860年的坩埚冶炼工艺，生产含25%铬的高碳铬铁。1877年，法国的**高炉**开始生产高碳锰铁，**硅铁**及低含量的**钛铁**、**钒铁**也用高炉生产出来。19世纪末发明电炉工艺后，用**矿热炉**生产铁合金逐步发展起来。1920年后，为了满足优质钢和不锈钢发展的需要，低碳铁合金生产迈入新阶段。一方面，在1898年发明的铝热法制取金属的工艺基础上，发展出用铝热法冶炼一些不含碳的铁合金和纯金属；另一方面研制出在电炉中进行矿物氧化硅元素的电硅热还原法冶炼中低碳锰、铬铁合金的生产工艺。此外，也采用电解法生产纯净的合金添加剂（如金属锰）、真空脱碳法生产含碳极低的超微碳铬铁等生产铁合金方法。

品种　铁合金产品主要包括锰系、硅系和铬系铁合金3类，其他还包括**钨铁**、**钼铁**、钒铁、钛铁、**镍铁**、铌（钽）铁、稀土铁合金、**硼铁**、磷铁、金属铝、金属锰等。各种铁合金又根据炼钢需要，按合金元素含量或含碳高低规定许多等级，并限定了杂质含量。含有两种或多种合金元素的铁合金称为复合铁合金，使用这类铁合金可同时加入脱氧或合金化元素，对炼钢工艺有利，且能较经济合理地综合利用共生矿石资源。常用的有：锰硅、硅钙、硅锆、硅锰铝、硅锰钙和稀土硅铁等。用于炼钢的纯金属添加剂有铝、钛、镍和金属硅、金属锰、金属铬等。某些易还原的氧化物如二氧化钼、氧化镍，也用于代替铁合金。此外，还有氮化铁合金，以及混有发热剂的发热铁合金等。氮化铁合金是对金属锰、铬铁、锰铁和硅铁等进行氮化处理获得的具有特殊用途铁合金产品。常用铁合金见表。

铁合金的种类很多，各国根据炼钢的要求，把各种铁合金产品分为若干个牌号。制定产品牌号的原则有：①满足钢铁冶炼工艺要求。铁合金产品应有合适的密度和熔点，以利于铁合金中合金元素的溶解和均匀分布。除了对铁合金中的硫、磷等有害元素需要严格控制外，对铁合金中

铁合金矿样品展示

存在的夹杂物和痕量元素（trace elements）也要控制，以满足钢铁材料纯净化的需求，缓解废钢-电炉炼钢工艺引起的难除有害元素（铅、锡、铋等）的积累。②满足铁合金生产工艺要求。铁合金的主体元素与铁一起进行还原冶炼生成合金形式的

常用铁合金

品种	用途	生产方法	成分/%	
			主元素	碳
锰系铁合金				
高碳锰铁	脱氧剂，合金添加剂	高炉法，电炉法	锰 65～82	≤8～2
中碳锰铁	脱氧剂，合金添加剂	电硅热法，转炉法	锰 75～85	≤2～0.7
低碳锰铁	脱氧剂，合金添加剂	电硅热法，转炉法	锰 80～92	≤0.15～0.7
锰硅合金	脱氧剂，合金添加剂	电炉法	锰 60～72 硅 14～28	
金属锰	合金脱氧剂，脱氧剂	电解法，电硅热法	锰 >93.5，>98，>99.5	
硅系铁合金				
45%Si 硅铁	脱氧剂，合金添加剂	电炉法	硅 40～47	
65%Si 硅铁	脱氧剂，合金添加剂	电炉法	硅 63～68	
75%Si 硅铁	脱氧剂，合金添加剂	电炉法	硅 72～80	
90%Si 硅铁	脱氧剂，合金添加剂	电炉法	硅 87～95	
金属硅	脱氧剂，合金添加剂	电炉法	硅 97～99	
铬系铁合金				
高碳铬铁	合金添加剂	电炉法	铬 52～72	>4～10
中碳铬铁	合金添加剂	电硅热法，转炉法		>0.5～≤4
低碳铬铁	合金添加剂	电硅热法，转炉法		>0.15～≤0.5
微碳铬铁	合金添加剂	电硅热法		≤0.15
硅铬合金	合金添加剂	电炉法	铬 >30，硅 >35	
金属铬	合金添加剂	铝热法，电解法	铬 >98，>99	
其他合金				
镍铁	合金添加剂	电炉法，电硅热法	镍 15～60	
硅钙合金	脱氧剂，变性剂	电炉法	钙 ≥15～31 钙+硅 ≥80～90	
钨铁	合金添加剂	电硅热法	钨 70～85	
钼铁	合金添加剂	铝热法	钼 70，60，55	
钒铁	合金添加剂	电硅热法，铝热法	钒 ≥35～≤85	
钛铁	合金添加剂	铝热法	钛 25，35，45，65，75	
铌铁	合金添加剂	铝热法	铌 50，60，70	
稀土合金	合金剂，孕育剂，球化剂，蠕化剂	电硅热法，电炉法	稀土元素 20～47 硅 35～46	
硼铁	合金添加剂	铝热法	硼 9～25	

产物，有利于解决主体元素纯金属熔点高或其氧化物难还原等冶炼技术问题。③适应生产不同铁合金产品品种要求的矿物条件。如锰矿中的锰铁比，铬矿中的铬铁比，以及硫、磷等杂质元素的含量水平。合理地利用共生矿石资源，还可以冶炼硅锰铝、硅锰钙和稀土硅铁等产品。

生产方法　不同铁合金的生产方法各异。根据热量来源的不同，分为碳热法、电热法、电硅热法、金属热法等。碳热法的冶炼热源主要是**焦炭**的燃烧热，使用焦炭作还原剂，生产主要在高炉中连续进行；电热法的冶炼热源主要是电能，生产在矿热炉中连续进行；电硅热法的冶炼热源主要是电能，其余为硅氧化时放出的热量，生产是在精炼电炉中间歇进行；金属热法的冶炼热源主要是由硅、铝等金属还原剂还原精矿中的氧化物时放出的热量。

按照使用设备的不同，分为：①电炉法，又分为矿热炉法和精炼电炉法两种。矿热炉法是铁合金的主要生产方法，又称电热法或电碳热法。在矿热炉内以碳质材料作还原剂冶炼铁合金，生产时电极插入矿石等组成的炉料，实行埋弧操作，并利用电阻、电弧加热矿石等物料，进行**还原熔炼**。矿热炉，又称埋弧电炉或还原电炉，有开口式、封闭式、半封闭式等多种形式。精炼电炉法又称电弧炉法。在电弧炉内用硅作还原剂精炼中、低碳铁合金。②高炉法，或称碳热法。高炉冶炼铁合金过程与高炉冶炼生铁相似，主要是冶炼高碳锰铁。③炉外法。属于金属热法，以铝粒、硅铁粉或铝镁合金粉作还原剂，冶炼含碳量极低的铁合金或纯金属。④转炉法，或称氧精炼法。将液态高碳或高硅铁合金兑入转炉，进行吹氧脱碳或脱硅精炼，得到中、低碳铁合金。

资源和生产　冶炼铁合金用的矿石除硅石在各地普遍存在外，大都集中在少数国家与地区。铬矿90%在南部非洲发现，锰矿则大量储存在南非、乌克兰、澳大利亚、巴西等国。中国锰矿资源储量较大但品位低，钨矿储量居世界第一，钒、钛资源则大量存在于攀枝花、承德等地的磁铁矿中。铁合金的生产发展与钢铁工业的需要密切相关，产量由钢产量来决定，产品结构随钢的品种、质量和生产工艺的改变而调整。铁合金的消耗量约为粗钢产量的3%。其中，锰系铁合金约占铁合金总产量的1/2，硅系铁合金约占总产量的1/3，铬系及其他铁合金约占总产量的1/6。

扩展阅读

福尔克特G.铁合金冶金学.俞辉，顾镜清，译.上海：上海科学技术出版社，1978.

周进华.铁合金.北京：冶金工业出版社，1993.

（储少军）

铁合金精炼　ferroalloy refining process　对由矿热炉或高炉等粗炼得到的合金进行再次提炼，获得纯净铁合金的冶炼工艺。铁合金精炼主要包括：高碳锰铁与高碳铬铁脱碳精炼得到中、低碳锰铁及铬铁；硅锰合金与**硅铬合金**脱硅精炼得到中、低碳锰铁及铬铁；**硅铁**脱铝与脱钙得到高纯硅铁；铁合金脱硫、脱磷、脱气（H、N）与脱氧（去除夹杂物）等。采用的精炼技术方法主要有电硅热还原法、热兑法、吹氧脱碳，以及真空固态脱碳等。

电硅热还原法　采用矿热炉冶炼得到的中、低碳硅锰或硅铬中间合金，在精炼电炉和摇包内用锰矿或铬矿，并以石灰为熔剂进行脱硅反应，得到中、低碳锰铁和铬铁。按照原料预处理和加入方式、还原剂与炉渣熔体混合方式可以组合成多种电硅热还原精炼工艺，包括热装电炉法、电炉－摇包法、全热装电炉－摇包法等。

常采用的电炉－摇包法是利用摇包的强烈搅拌作用，加速脱硅反应，缩短脱硅时间，并且可以利用脱硅反应放出的热量，降低能耗。

工艺过程是：矿热炉中生产的液态硅锰合金与精炼电炉中产生的高锰渣倒入摇包，经过摇动使渣金高度乳化，加快脱硅反应速率，丢弃终渣（低锰渣），硅锰合金变成低硅硅锰合金，再兑入精炼电炉，并加入过量的锰矿和石灰继续脱硅精炼，得到中、低碳锰铁和高锰渣，高锰渣再倒入摇包精炼下一炉次的硅锰合金（图1）。

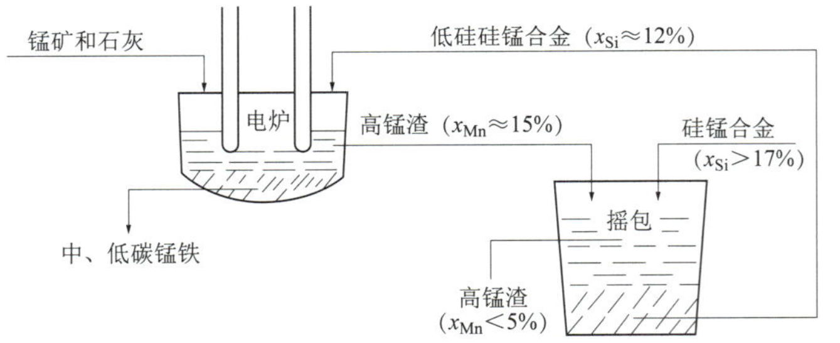

图1　电炉－摇包法精炼中、低碳锰铁工艺流程

热兑法　工艺过程是将预先熔化的铬矿－石灰熔体和硅铬合金在炉外铁水包中进行热兑操作，从而制得微碳铬铁。此种方法是由法国科学家R.佩兰于1938年发明，后来被命名为佩兰法。主要用于冶炼微碳铬铁。这种技术方法的实质是硅热过程，只是脱硅反应在炉外进行。

根据熔渣中Cr_2O_3的分阶段还原的次数，热兑法可分为一步热兑法、二步热兑法、三步热兑法；根据动力的搅拌方式分为倒包法、摇包法、气体搅拌法；根据所用还原剂的形态分为固－液热兑法、半固（液）－液热兑法和液－液热兑法。

吹氧脱碳　工艺过程是以矿热炉或高炉冶炼得到的高碳铬铁或高碳锰铁为原料，热兑到转炉中，熔体吹入工业纯氧，将熔体中的碳、硅氧化，获得中、低碳铁合金产品。除氧气顶吹外，还有底吹和侧吹氧气法、AOD法（氩气与氧气混吹，图2）、CLU法（氧气与水蒸气混吹）、真空氧气吹炼法等。

图2　AOD法精炼

吹氧脱碳法的优点是生产效率高、能耗低。缺点是吹炼过程温度比炼钢转炉高，高碳锰铁吹炼温度比炼钢转炉高出200～250℃，锰的挥发损失大；高温吹炼带来了耐火材料损毁、渣铁分离难、氧含量高等一系列问题。此外，因采用吹氧工艺，产品中的氧含量须用特殊处理方法加以控制。

其他铁合金精炼方法　发展过程中形成的精炼工艺还有：①合成渣氧化精炼。采用铁精矿（含菱铁矿）、铁鳞、石英砂、石灰、白云石、萤石及硼砂等合成炉渣进行硅铁的脱铝与脱钙，得到高纯硅铁。②氯化精炼。采用底吹氯气进行硅铁的脱铝与脱钙，得到高纯硅铁。③还原脱磷精炼。由于大多数铁合金与氧结合能力强，采用还原脱磷剂脱除铁合金中的磷。常用的还原脱磷剂有硅钙合金、金属钙、碳化钙、氧化钙－氟化钙渣等。④真空固态脱碳精炼。将含碳高的固态铁合金在真空条件下进行脱碳反应，得到微碳铁合金产品，主要用于制取含碳低的微碳铬铁。

（储少军）

铁合金冶炼　ferroalloy smelting　由铁和一种及一种以上金属（或非金属）元素提炼、生产**铁合金**的工艺。铁合金根据产品品种和质量要求采取不同的冶炼方法，主

铁合金生产车间（俄罗斯诺沃库兹涅茨克）

要有碳热还原法（高炉法）、电热还原法（矿热炉法）、金属热还原法和电解法。亦可以采用电硅热还原、吹氧脱碳、真空固态脱碳等工艺将高碳、高硅铁合金产品进行精炼，转变为中、低碳铁合金产品。

铁合金冶炼中，对于低品位的矿石，必须先进行金属主元素成分富集，包括**选矿**和**湿法冶金**或**火法冶金**处理，提取出纯净的氧化物或其他中间产品再行冶炼。对粉矿需进行造块（烧结或球团）得到符合冶炼要求的炉料。根据选择性还原冶金理论，通过控制还原剂用量及适宜的冶炼温度，得到符合要求的合金成分及炉渣组成。铁合金冶炼与其他金属冶炼工艺一样，需完成“促成生成相”与“实现相分离”两个根本任务。促成生成相指利用不同元素及其化合物的物理和化学性质的差异，在相应的冶炼条件下，形成金属熔体相、炉渣相和气相等生成相；实现相分离是根据不同生成相在密度、界面张力、黏度等物理性质的差异实现相之间的分离，由此获得铁合金最终产品。

高炉冶炼　主体设备是高炉。高炉冶炼铁合金过程和高炉冶炼生铁基本相同，称为碳热还原法。产品有锰铁、镜铁（含锰30%以下的锰铁）、低硅硅铁（含硅10%～15%）和镍铁等。

矿热炉冶炼　铁合金的绝大部分产品，如硅铁、碳素锰铁、硅锰合金、碳素铬铁、镍铁、**硅铬合金**、硅钙合金等，采用矿热炉冶炼。在矿热炉内，用矿石配加焦炭或其他碳质还原剂，依靠电能加热进行冶炼。矿热炉运行时，电极埋入炉料中，除电极端部和炉底或焦炭层之间产生电弧热外，电流通过炉料和炉渣产生的电阻热亦起到加热作用。由于锰和铬等元素易与碳元素结合生成碳化物，因此，冶炼锰铁、铬铁过程中，一般得到的是含碳高的铁合金产品。其他产品如硅锰合金、硅铬合金、硅钙合金等，因为硅元素的作用，产品中的含碳量一般较低。由于矿热炉冶炼过程中，电是主要的热量来源，碳是主要的还原剂，故称为电热法或电碳热法。一般的矿热炉作业，铁合金熔体和熔渣每间隔一定时间从出铁口和出渣口流出。对于熔点特别高的铁合金（如钨铁）则用取铁法或结块法生产。

矿热炉是电热法冶炼铁合金的主体设备。由于矿热炉的电极大多是深埋于炉料之中，又称埋弧电炉。矿热炉参数是决定铁合金生产技术经济指标的重要因素之一，分为设备参数和熔炼特性参数。

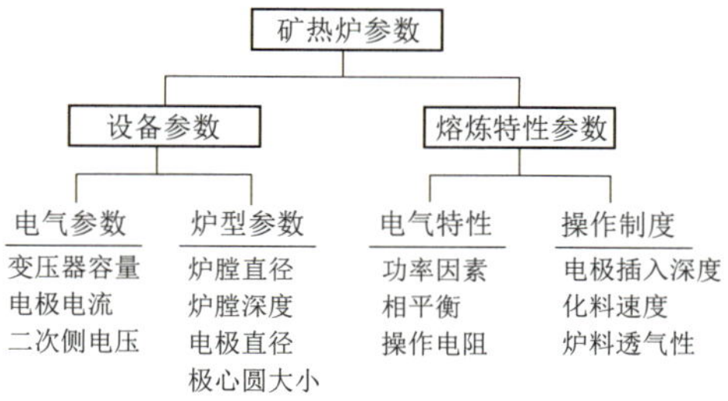

铁合金矿热炉冶炼工艺中，碳质还原剂的使用原则是：①完成矿石还原所需要的配碳用量，称为“化学配碳”。②解决炉料中配入的还原剂对炉料导电行为和透气性的影响，即还原剂电阻率、粒度和矿石与还原剂的粒度配比的工艺设计，称为“物理配碳”。

金属热还原冶炼　用铝或硅作还原剂将矿物中的金属氧化物还原，得到铁合金产品。包括铝热法和电硅热法。①铝热法。采用铝作还原剂，由于铝热还原释放出大量热能，产生高温，在一定条件下还原反应可自动进行，生成液态铁合金和炉渣，镇静分离后，得到铁合金产品。由于铝热法采用不加热的反应器冶炼，所以又称炉外法，常用于**钛铁**、**钼铁**、高钒铁、**硼铁**和金属铬等的生产。②电硅热法。采用硅（一般为75%硅铁）作还原剂，电弧炉冶炼，通过电能补充所需热量，一般在还原冶炼操作之后，适时添加氧化物或矿石进行脱硅精炼，得到低碳、低硅的产品，常用于钒铁和钨铁的生产。

精炼工艺　对矿热炉或高炉冶炼得到的粗炼铁合金进行再冶炼的技术。见**铁合金精炼**。

扩展阅读

福尔克特G，弗兰克K-D.铁合金冶金学.俞辉，顾镜清，译.上海：上海科学技术出版社，1978.

雷斯M A.铁合金冶炼.周进华，于忠，译.北京：冶金工业出版社，1981.

GASIK M. Handbook of Ferroalloys, Theory and Technology. Oxford: Butterworth-Heinemann, 2013.

周进华.铁合金.北京：冶金工业出版社，1993.

（储少军）

铁矿　iron ore　具有一定规模、主要用于冶炼钢铁的铁矿物聚集体。工业上能用于冶炼钢铁的是铁的氧化物和碳酸盐，主要有磁铁矿、钛铁矿、钒钛磁铁矿、镜铁矿、赤铁矿（包括假像赤铁矿、针铁矿等）、褐铁矿和菱铁矿。世界铁矿资源丰富，矿床类型繁多。按成因分类，铁矿床主要分为岩浆型、夕卡岩型、沉积型、风化型和区域变质型。其中，区域变质型铁矿（变质海相火山-沉积型）的经济意义最大，在世界铁矿资源中约占世界资源量的90%，而且与其有关的富铁矿（矿石全铁含量≥50%）的储量占世界富铁矿总量的70%以上。这种类型的铁矿床主要分布于澳大利亚的哈默斯利、俄罗斯的库尔斯克、巴西的米纳斯吉拉斯和卡拉雅斯、美国的苏必利尔湖、乌克兰的刻赤，以及中国的鞍山、本溪等。

世界铁矿储量为1400亿吨（矿石量）、含铁量为720亿吨（据2002年美国地质调查局资料）。铁矿石中的有害杂质组分是二氧化硅（应小于13%），硫、磷、砷的含量应小于0.2%或0.1%。中国铁矿探明储量为75亿吨，但贫矿多、富矿少，能直接入炉冶炼的富矿石保有储量更少。中国铁矿石中共（伴）生组分多，常含有钒、钛、稀土、铌、铜、铅、锌、钨、锡、金、钼、钴等多种有益组分，为综合利用铁矿、大幅度提高矿床经济效益提供了条件。

中国的铁矿成因类型齐全，其中以区域变质型最为重要，探明储量居各铁矿类型之首。与岩浆作用直接有关的铁矿所占比例高于世界同类型铁矿。①与基性、超基性岩浆有关的岩浆型铁矿，有四川攀枝花和河北大庙-黑山钒钛磁铁矿矿床。②与中酸性岩浆有关的铁矿床，包括夕卡岩型和热液型，如新疆磁海、河北的邯邢、湖北大冶、福建马坑等地的铁矿床。③与火山-侵入活动有关的铁矿床，如宁芜、庐纵地区（又称玢岩铁矿）、云南大红山等地的铁矿床。沉积型铁矿一般为中低品位的铁矿，主要铁矿物为赤铁矿、褐铁矿和菱铁矿，如华北的宣龙式铁矿和华南的宁乡式铁矿。内蒙古白云鄂博铁矿床，是世界上唯一的超大型铁-稀土金属矿床，矿石全铁含量为32%～36%，有些矿段也有富矿石分布，铁矿石中除普遍含铌、稀土元素和氟外，含硫、磷亦较高。

（陈代璋　蔡克勤）

铁矿粉造块　agglomeration of iron ores　将不能直接加入高炉的粉状铁矿石通过高

温固结的烧结法和球团法，或低温固结的球团法和压块法，制成适合高炉冶炼要求的人造富矿原料的**铁矿石预处理**工艺。粉状铁矿石包括经过细磨分选得到的精矿和天然富矿。铁矿粉造块是**高炉炼铁**的基础，是处于**矿石破碎**、**磨矿**分选和钢铁冶炼之间的加工作业，担负着为钢铁冶炼提供优质炉料的任务，是现代钢铁联合企业的一个重要工序。铁矿粉造块主要有烧结法、**球团法**和**压团法**。烧结法生产所得产品称为烧结矿，球团法生产所得产品称为球团矿，压团法生产所得产品称为团块。

粉状铁矿石烧结法始于20世纪初。烧结工艺曾循着两个不同的路径发展，即采用间歇式烧结法（如烧结盘、烧结锅等）和抽风连续带式烧结法。在现代烧结法中，间歇式烧结法已基本上被淘汰。抽风连续带式烧结法的设备趋于大型化发展，如烧结机台车宽度从1米逐渐增加到5米，有效抽风面积从6平方米逐渐增加到600平方米。铁矿石烧结技术的最大进步集中在高碱度烧结矿（氧化钙/二氧化硅）、添加镁质熔剂烧结和厚料层烧结等。将烧结矿碱度（氧化钙/二氧化硅）控制在1.6倍及以上，同时采用加强制粒、提高料层厚度和控制较低的燃料配比等措施，能够获得以针状铁酸钙为主要黏结相的矿相结构，烧结矿质量和生产技术经济指标均有大幅度改善。向烧结混合料中添加含镁质熔剂，从根本上解决了烧结矿在冷却过程中发生的风化问题，同时有利于提高低温还原粉化性。至2015年，世界铁矿石烧结矿年产量已达到13亿～14亿吨，主要生产国为中国、欧盟、日本和俄罗斯等国家。

球团法研究始于20世纪早期，发展分为3个阶段：第一阶段始于德国于1926年建成的一座日产120吨的球团试验厂；第二阶段始于20世纪40年代，美国研究处理和利用大湖地区储量丰富的铁燧岩贫矿资源的可行性；70年代以后球团法进入第三阶段，生产设备不断向大型化发展，球团矿质量不断改善，产品从单一的氧化性球团向熔剂性球团、含镁的橄榄石球团等多品种发展。球团法分为高温焙烧固结

铁矿石球团

法和低温焙烧固结，焙烧设备主要有竖炉、带式焙烧机和链箅机–回转窑3种。球团矿的发展主要在美国、中国、瑞典、加拿大和欧洲。

压团法始于19世纪30年代，由于加工成本较高，压团设备生产能力有限，所以在钢铁工业未得到发展。某些特殊类型的铁矿石，特别是钢铁厂含铁回收料，其性能不适合烧结或球团法造块，可用压团法造块。

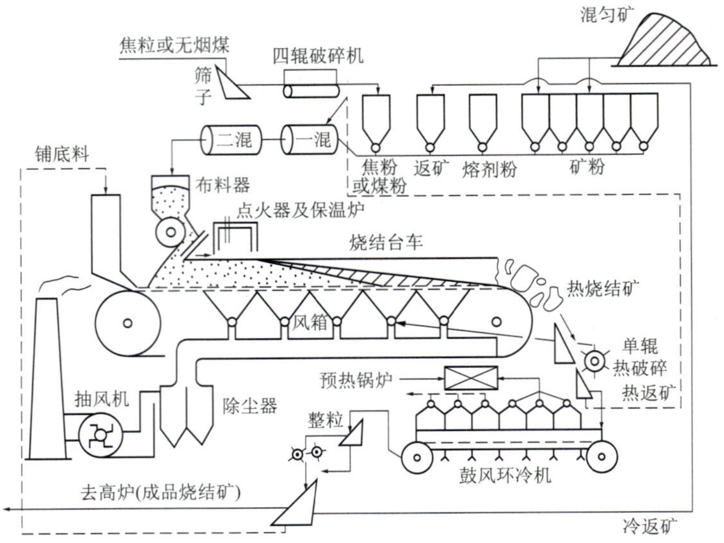

图1　现代铁矿石烧结生产工艺流程

铁矿粉造块与**直接还原铁**之间有着紧密联系，气体直接还原炼铁中使用球团矿作为原料，而在混合料中配加过量燃料即生产出金属化烧结矿（部分含铁原料被还原成金属铁的烧结矿），将含碳球团或含碳压块经过焙烧可以得到高炉用低还原铁。

铁矿粉造块烧结法在生产过程中会产生大量粉尘和SO_2、NO_x、二噁英等污染物，世界各国对此制定了严格的排放控制标准。采用两种措施应对污染：①大力开发和应用烧结污染控制技术。②发展污染较小的球团法或冷压团法。

扩展阅读

姜涛.烧结球团生产技术手册.北京：冶金工业出版社，2014.

（毕学工）

铁矿石烧结　iron ore sintering　将细粒铁矿粉制成高炉炼铁用的块状含铁原料的**铁矿粉造块**工艺。通过高温过程及添加碱性熔剂等，可以改善含铁原料冶金性能，同时烧结过程可以消化钢铁企业内部的含铁、含碳废弃物，起到综合利用和保护环境的作用。烧结原料包括铁矿粉（富矿粉、精矿粉）、熔剂（石灰石、白云石、生石灰等）、燃料（焦粉、无烟煤）、附加物（轧钢皮、部分回收料）及烧结内部返矿、炼铁槽下返矿。

工艺过程　现代烧结工艺主要包括烧结原料准备、烧结、烧结矿处理3部分（图1）。烧结原料准备部分包括原料的贮存混匀、熔剂和燃料的加工、配料、混合、制粒及布料等工序。烧结部分包括点火及抽风烧结等工序。烧结矿处理部分包括烧结饼的热破碎、冷却、整粒及成品运输等。

烧结原料准备工序中，原料的贮存混匀是在一定的场地或者设施上用专门的设备对矿石原料进行预先混合，使矿石的粒度和成分均匀。烧结所用熔剂和燃料有粒度要求，一般需要进行破碎筛分等加工作业，可以在原料场进行，也可以设置在烧结厂内。然后，根据炼铁工序对烧结矿化学成分的要求，利用混匀设施将各种烧结原料按照设定的配比取料和混合，再铺成又薄又长的许多料层堆置在料场内。各种原料的配比采用重量及验算法配料，大型烧结机都实行全自动配料。配料后的混合料，通常采用二级混合制粒，使混合料在化学成分、粒度组成方面满足烧结要求。一次混合主要是对物料进行混匀及加水润湿，二次混合主要是补充少量水分进行制粒。布料工序分为两个环节，先将10～20毫米的成品烧结矿作为铺底料平铺在烧结机台车上，然后利用设在机头上的布料器，依据烧结工艺对料层内粒度偏析、燃料偏析等的要求，将烧结料按一定厚度铺于台车上。

布料后台车行进至点火区域，被点火器点燃表层的固体燃料，表层混合料受热而烧结。烧结过程在抽风负压的作用下由料层表面逐步向下进行。

在烧结机上取一微元段（图2），在某一时刻，烧结料层自上而下分别为烧结矿层、燃烧层、预热层、干燥层、过湿层和原始料层。①烧结矿层，从点火开始后就形成，并随烧结的进行逐渐加厚，这一层的温度在1200℃以下。层内发生熔体结晶，烧结体冷凝固结、再氧化，固相反应，同时预热抽入的冷空气。②燃烧层，从燃料着火（约700℃）开始形成，最高温度在

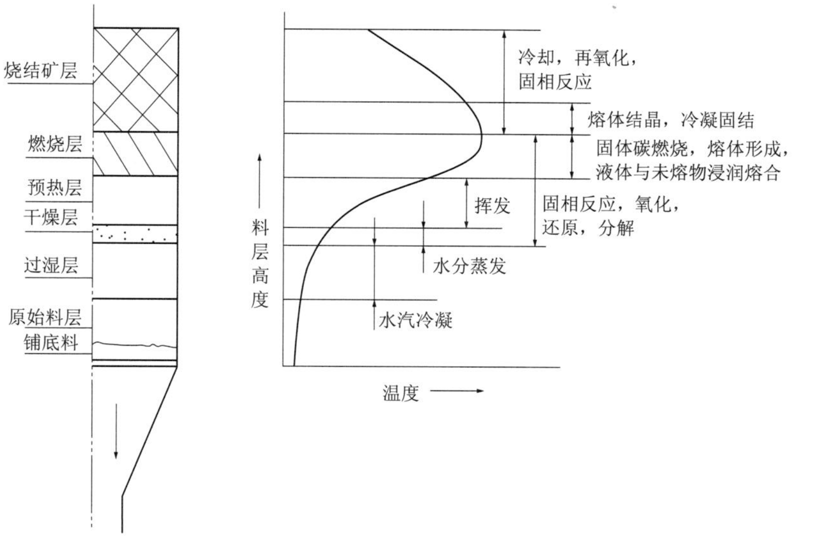

图2 烧结过程各层反应示意图

1250～1400℃，逐渐下降至1200℃左右，其厚度一般为20～40毫米，并以每分钟15～30毫米的速度向下移动。层内发生固体燃料的燃烧反应、烧结料的氧化还原反应、固相反应，低熔点化合物产生液相，同时将周围物料浸润和熔合。③预热层，发生烧结料的氧化还原反应，结晶水和碳酸盐的分解反应，固相反应，无烟煤挥发分逸出等。④干燥层内发生游离水的蒸发。干燥、预热层的温度为100～700℃，厚度一般为20～40毫米。⑤过湿层，来自干燥、预热层的废气中含有较多的水分，当温度降到露点（烧结过程中一般为60～65℃）以下时发生冷凝析出形成。⑥原始料层，处于料层的最下部，此层的含水量和料温与原始混合料相同，来自过湿层的废气对此层不产生明显影响，基本不发生物理化学反应。

为强化烧结、提高烧结矿质量和节约能源，开发了热风烧结、双层烧结、富氧烧结、低温烧结、小球团烧结烟气循环烧结，以及优化配矿、熔剂结构优化、烧结专家系统，烧结烟气脱硫、脱硝等技术。

烧结完成后，烧结饼经过热破碎进入鼓风式环冷机。热破碎采用单辊破碎机。冷却后的烧结饼经过整粒，根据粒度分出成品烧结矿、铺底料和返矿。成品烧结矿被运输至炼铁工序，烧结所需铺底料送至烧结机头部，烧结矿中的粉末筛出，作为返矿返回配料作业。

烧结设备　根据烧结方式不同，烧结设备可分为间歇式烧结机和连续式烧结机。间歇式烧结机包括固定烧结盘和移动烧结盘。连续式烧结机有环式和带式两种，其中广泛采用的是带式烧结机。带式烧结机单机产量高和机械化、自动化程度高，其抽风及烟气净化系统由台车下的风箱、大烟道、除尘器、抽风机、脱硫脱硝装置、烟囱等构成。烧结矿冷却使用的环冷机排出的废气温度高，需经预热锅炉回收热量。

扩展阅读

王筱留．钢铁冶金学：炼铁部分．3版．北京：冶金工业出版社，2013.

（毕学工　吴胜利）

铁矿石预处理　pretreatment of iron ore　从矿山开采来的铁矿石在用于高炉炼铁前进行的准备处理工艺。矿山开采的铁矿石尚不适于直接入高炉冶炼，要经过预处理，以品位高，成分、粒度均匀稳定的状态供应高炉。富铁矿需经破碎、筛分、分选、铁矿粉造块和混匀等预处理，得到粒度合乎规格的块矿，直接供给高炉。贫铁矿石和含有共生矿物的铁矿石在破碎之后，还需进行细磨富选提高品位，回收有用成分，去除有害物质，取得铁精矿粉。由于高炉炼铁要求是块状原料，所得铁精矿粉经过造块后供高炉使用。

铁精矿粉和富铁矿粉的铁矿粉造块主要采用铁矿石烧结和球团法。①铁矿石烧结，即将铁矿粉、熔剂、燃料、代用品及返矿按一定比例组成混合料，配以适量水分，经混合及造球后，铺于带式烧结机的台车上，在一定的负压下点火进行烧结。整个烧结过程处于负压抽风状态，原料中的燃料自上而下燃烧，产生局部高温，生成部分液相黏结，未熔部分形成烧结矿。②球团法，即将小于0.078毫米的细精矿粉经过滚动，形成直径在8～12毫米或9～16毫米的颗粒，再经过固结，使其成为具有很高机械强度的球团。可分为高温固结型（氧化焙烧球团和金属化球团等）和低温固结型（冷固球团）两类。生产中以酸性氧化球团为主。铁矿粉造块还可以处理冶金生产中产生的粉尘和烟灰。

（吴　铿　王筱留）

铁路运输开拓　railway transportation development　采用铁路线路建立地面至采场各工作水平，以及各工作水平之间的矿岩运输通道的开拓方式。铁路运输开拓中采用动力机车牵引，根据机车轨距不同，分为准轨开拓和窄轨开拓。大型露天矿多采用准轨开拓，小型露天矿采用窄轨开拓，中型露天矿视具体情况而定。

根据露天矿山生产工艺特点，铁路线路分为固定线、半固定线和移动线3类：①固定线。露天矿的运输干线、站线，以及使用年限大于3年的线路。②半固定线。通往采场或排土场的线路、深凹露天矿的移动坑线等，使用年限1～3年的线路。③移动线。随采场、排土场的装、卸作业推进而移设，使用年限小于1年的线路。

采用铁路运输开拓时，因牵引机车爬坡能力小，从一个水平至另一个水平的坑线较长，转弯半径大（准轨铁路运输的曲线半径不小于100～120米），受露天矿场平面尺寸限制，布线方式多为折返坑线和直进－折返坑线。折返坑线是每个水平折返一次，直进－折返坑线是根据露天矿场平面尺寸每隔一个或几个水平折返一次。列车沿坑线运行时，需经折返站停车换向开往各工作水平。

铁路运输开拓一般适应于露天采场平面尺寸大、运量大、地形坡度在30°以下、比高在200米以内的大型露天矿山。随着大型自卸汽车技术的发展和露天矿进入深凹开采，铁路运输开拓所占比重已大幅下降。

（李建雄）

铁水预处理　hot metal pretreatment　铁水兑入炼钢炉之前对其进行脱除杂质元素或从铁水中回收有价值元素的技术。铁水预处理分为普通铁水预处理和特殊铁水预处理两类。普通铁水预处理包括铁水预脱硅、铁水预脱硫和铁水预脱磷，简称三脱。特殊铁水预处理是针对铁水中的特殊元素进行提纯精炼或资源综合利用而进行的处理过程，如铁水提钒、提铌、提钨等。

铁水预处理技术始于铁水炉外预脱硫处理。1877年，A.E.伊顿等人将其用于处理不合格生铁。铁水预脱硅、脱磷处理则始于1897年，英国B.蒂尔等人用一座平炉进行预处理铁水，脱硅、脱磷后在另一座平炉中炼钢，比两座平炉同时炼钢效率成倍提高。到20世纪初，人们主要致力于炼钢工艺的开拓和改进，铁水预处理技术发展曾一度迟缓。直至20世纪60年代，随着炼钢工艺的不断完善和材料工业对钢铁产品质量的严格要求，铁水预处理得到了迅速发展，逐步成为钢铁冶金的必要环节。与此同时，还发展了铁水预处理过程提钒、提铌、提钨、提铬等技术。

铁水预处理的目的主要是使铁水中硫、磷、硅含量降低到所要求范围，以简化炼钢过程，提高钢的质量。铁水预处理按需要可以分别在炼铁工序和炼钢工序的设备内进行。

铁水预处理工艺方法依据所使用的设备不同，主要有铁水沟连续处理法、铁水罐喷吹法、机械搅拌法和专用炉法等。

①铁水沟连续处理法。一种较简单的铁水预处理方法，分为投入法和喷吹法两种。投入法，又称铺撒法，是将预处理剂（铁水脱硫剂、脱硅剂、脱磷剂）铺撒在铁水沟适当的位置，预处理剂随铁水流下，在铁流的搅动和冲击作用下和铁水发生反应而脱除有害杂质元素。喷吹法是在铁水沟上设置喷吹搅拌枪或喷粉枪，使预处理剂经喷吹搅拌强化与铁水接触。

②铁水罐喷吹法。利用喷吹系统将预处理剂通过插入铁水罐的喷枪喷入铁水，使其与铁水充分反应，达到脱除（或提取）有关元素、净化铁水的目的。喷枪除喷粉枪外，有时设喷氧或空气的副枪。

③机械搅拌法。通过搅拌桨的搅动使置于铁水表面的预处理剂与铁水有效接触。这种方法多用于深度脱硫。

④专用炉法。在专用炉内进行铁水预处理。专用炉又称H炉，是一种容量宽松易于控制的铁水预处理专用设备，也有将备用炼钢转炉作专用炉的。

一些特殊铁水预处理可运用选择性氧化的原理进行，如将钒、铌等氧化并进入渣中富集，再从中提取有用金属。

铁水预处理和钢水二次精炼技术的发展，使炼钢炉的前后工序整合成一个整体工艺，使冶炼效益进一步提高，钢质量得到进一步改善，能耗和成本进一步降低。

（朱苗勇）

铁素体 ferrite 铁中固溶入碳和其他元素而形成的固溶体。又称肥粒铁。钢铁显微组织的组成相之一。一般用 α 或F表示。包括临界点以下的 α 相和高温存在的δ相两类，即 α 铁素体和δ铁素体，如不特别说明，铁素体多是指 α 铁素体。共析反应时所生成的共析混合物中的铁素体称为共析铁素体。化学成分低于共析成分的钢中，发生共析反应前在比共析反应温度高的温度范围内由**奥氏体**中析出的铁素体，称为先共析铁素体或自由铁素体。

α 铁素体和δ铁素体均为体心立方晶体结构。Fe－C合金中碳在 α 铁素体的最大固溶度非常小（质量分数小于0.0218%），但合金钢中的铁素体稳定元素（如铬、钼、铝、硅等）在铁素体中的固溶度也可能较大，甚至导致 α 铁素体和δ铁素体相区合二为一，所以在钢加热过程中不会生成奥氏体。

铁素体在低于770℃时具有铁磁性，高于此温度铁磁性消失。铁素体的强度、硬度较低，在铁基合金中通过调整碳、合金元素含量及冷却速度，可以控制铁素体的含量与形貌，如形成沿原奥氏体晶界分布的块状或网状铁素体、晶内块状或针状铁素体、魏氏组织铁素体等，进而可调控合金的强度、硬度和综合力学性能。

（王 浩 刘国权）

铁碳相图 iron-carbon phase diagram 以温度为纵坐标，碳含量为横坐标，表示在接近平衡条件（铁－石墨）下和亚稳条件（铁－碳化铁）下，以铁、碳为组元的二元合金在不同温度下所呈现的相和这些相之间的平衡关系的几何图形。又称铁碳平衡图、铁碳状态图。

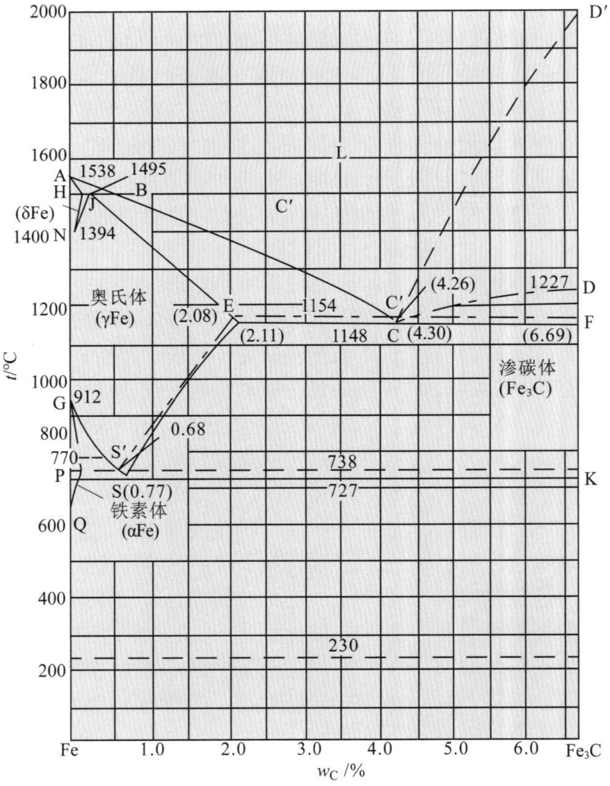

图1 铁碳相图

简 史 铁碳相图的出现与钢中相变临界点概念的提出有着不可分割的关系。1868年，俄国冶金学家D.K.**切尔诺夫**从炮管的**锻造**、**淬火**、**回火**、断口检验等大量生产实践中总结出钢一定要加热到某一温度"a"以上才能在淬火急冷后硬化，在这个温度以下淬火，钢不但不硬化，反而变软，从而明确地提出临界点的概念（相当于现在的临界点A_{c3}）。切尔诺夫还发现，随着钢中碳含量的变化，这个临界点范围也有所变化。另外，他还指出，"钢在淬火中需要急冷到的温度也有一定数值"。该温度相当于现在所说的马氏体转变开始温度M_s。在切尔诺夫研究成果的影响下，F.**奥斯蒙**在1887年开始从事钢的临界点研究，开始时他还沿用切尔诺夫的临界点符号"a"，后来改用大写字母A。奥斯蒙等人利用热分析法和金相法发现铁的加热和冷却曲线上出现两个驻点，即临界点A_3和A_2。它们的温度视加热或冷却（分别以A_c和A_r表示）过程而异。奥斯蒙认为这表明铁有同素异构体，他称在室温至A_2温度之间保持稳定的相为α铁；A_2～A_3间为β铁（后来证明室温至A_3温度之间保持稳定的相均为α铁，而β铁的名称已淘汰）；A_3以上为γ铁。1895年，他又进一步证明，如铁中含有少量碳，则在690℃或710℃左右出现临界点，即A_{r1}点，标志在此温度以上碳溶解在铁中；而在低于这一温度时，碳以**渗碳体**形式由固溶体中分解出来，随铁中碳量提高，A_{r3}下降而与A_{r2}相合，然后断续下降，至含碳为0.8%～0.9%时与A_{r1}合为一点。1904年他又发现A_4至熔点间为δ铁。以上述研究成果为基础，1899年W.C.**罗伯茨－奥斯汀**制定了第一张铁碳平衡图；1900年荷兰H.W.巴基乌斯－洛兹本又首先在合金系统中应用吉布斯**相律**，制定出较完整的铁碳相图。随着科学技术的发展，尤其是随着更丰富和准确的实验数据以及相图计算方法的发展，铁碳相图不断得到修订，日臻完善。

在铁碳相图的发展应用过程中，中国台湾地区形成了对铁碳相图的不同标注方式以及相和组织组成物的中文译名方法，如将**铁素体**称为"肥粒铁”，渗碳体称为“雪明碳铁”，**珠光体**称为“波来铁”，**莱氏体**称为“粒滴斑铁”等。

铁碳相图中的相组织和相变温度 20世纪60年代开始采用的铁碳平衡图示于图1中，图中各重要点的温度、浓度及含义见表1。当铁中含碳量不同时，得到的典型组织见图2。

表1 铁碳相图中各主要点的说明

符号	温度/℃	含碳量/%	含义说明
A	1538	0	纯铁的熔点
B	1495	0.53	包晶反应时液态金属的成分
C	1148	4.30	共晶点，$L_c \rightleftharpoons A_E+Fe_3C$，共晶产物莱氏体
D	1227	6.69	可认为是渗碳体的“熔点”
E	1148	2.11	碳在 γ Fe 中最大溶解度
F	1148	6.68	共晶反应渗碳体的成分点
G	912	0	α Fe $\rightleftharpoons$ γ Fe 同素异构转变点（A_3）
H	1495	0.09	碳在 δ Fe 中最大溶解度
J	1495	0.17	包晶点 $L_B+\delta_H \rightleftharpoons A_J$
K	727	6.69	共析反应时渗碳体成分点
N	1394	0	γ Fe $\rightleftharpoons$ δ Fe 同素异构转变点（A_4）
P	727	0.0218	碳在 α Fe 中最大溶解度
S	727	0.77	共析点，$A_S \rightleftharpoons F_P+Fe_3C$，共析产物称珠光体

纯铁有两种同素异构体，在912℃以下为体心立方的αFe；在912～1394℃为面心立方的γFe；在1394～1538℃（熔点）又呈体心立方结构，即δFe。当碳溶于αFe时形成的固溶体称铁素体（F）、溶于γFe时形成的固溶体称**奥氏体**（A），碳含量超过铁的溶解度后，剩余的碳可能以稳定态石墨形式存在，也可能以亚稳态渗碳体（Fe_3C）形式存在。Fe_3C有可能分解成铁和石墨稳定相。但这过程在室温下是极其缓慢的，即使加热到700 ℃，Fe_3C分解成稳定相也需几年（合金中含有硅等促进石墨化元素时，Fe_3C稳定性减弱）。石墨虽然在铸铁（2%～4%C）中大量存在，但在一般钢（0.03%～1.5%C）中却较难形成这种稳定相。从而，$Fe-Fe_3C$相图有重要的意义并得到广泛的应用。

图1中的实线表示亚稳的$Fe-Fe_3C$系；虚线和相应的一部分实线表示稳定的Fe-C系。相图中绝大多数线是根据实验测得的数据绘制的，有些线，如Fe_3C的液相线，石墨在奥氏体中溶解度等是由热力学计算得出的。

$Fe-Fe_3C$相图由包晶、共晶、共析3个基本反应组成。

①包晶反应在1495℃（HJB线）发生，$L_B+\delta_H \rightleftharpoons A_J$。此时液相$L_B$（0.53%C）、δ铁素体$\delta_H$（0.09%C）、奥氏体$A_J$（0.17%C）三相共存。冷凝时反应的结果形成奥氏体。

②共晶反应在1148℃（ECF线）发生，$L_C \rightleftharpoons A_E+Fe_3C$。此时液相$L_C$（4.30%C）、奥氏体$A_E$（2.11%C）、渗碳体（6.69%C）三相共存。冷凝时反应的结果形成了奥氏体与渗碳体的机械混合物，通称为莱氏体。

③ 在727℃（PSK线）发生共析反应，$A_S \rightleftharpoons F_P+Fe_3C$，此时奥氏体$A_S$（0.77%C）、铁素体$F_P$（0.0218%C）、渗碳体（6.69%C）三相共存。冷却时反应的结果形成铁素体与渗碳体的混合物，通称珠光体。共析反应温度称为A_1温度。

其他几条线的含义如下：①GS线，冷却时奥氏体中开始析出铁素体或加热时铁素体全部溶入奥氏体的转变线，称A_3温度。②ES线，碳在奥氏体中的溶解度线，称A_{cm}温度。在1148℃时，碳在奥氏体中的最大溶解度为2.11%，而在727℃时只为0.77%。所以凡是碳含量大于0.77%的铁碳合金，在A_{cm}温度以下时，奥氏体中将析出渗碳体，称为二次渗碳体，以区别于从液态中析出的一次渗碳体。③PQ线，碳在铁素体中的溶解度线。在727℃时，碳在铁素体中最大溶解度（质量分数）为0.0218%，600℃时为0.0057%，400℃时为0.000 23%，200℃以下时小于0.000 000 7%。碳含量大于0.0218%的合金，在PQ线以下均有析出渗碳体的可能性。通常称此类渗碳体为三次渗碳体。④NJ线，奥氏体转变为δ铁素体线，称A_4温度，纯铁为1394℃，其随碳含量增加而提高。⑤ABCD线，合金的液相线。⑥AHJE线，合金的固相线。

此外，770℃水平线表示铁素体的磁性转变温度，常称为A_2温度。在此温度以下，铁素体呈铁磁性。230℃水平线表示渗碳体的磁性转变温度。磁性转变时不发生晶体结构的变化，转变发生的温度又称居里点。渗碳体在230℃以下呈铁磁性。

用途 铁碳相图是研究碳钢和铸铁的基础。以$Fe-Fe_3C$相图和碳含量为依据，可将铁碳合金划分为工业纯铁、钢（亚共析钢、共析钢、过共析钢）和白口铸铁（亚共晶铸铁、共晶铸铁、过共晶铸铁），见表2。

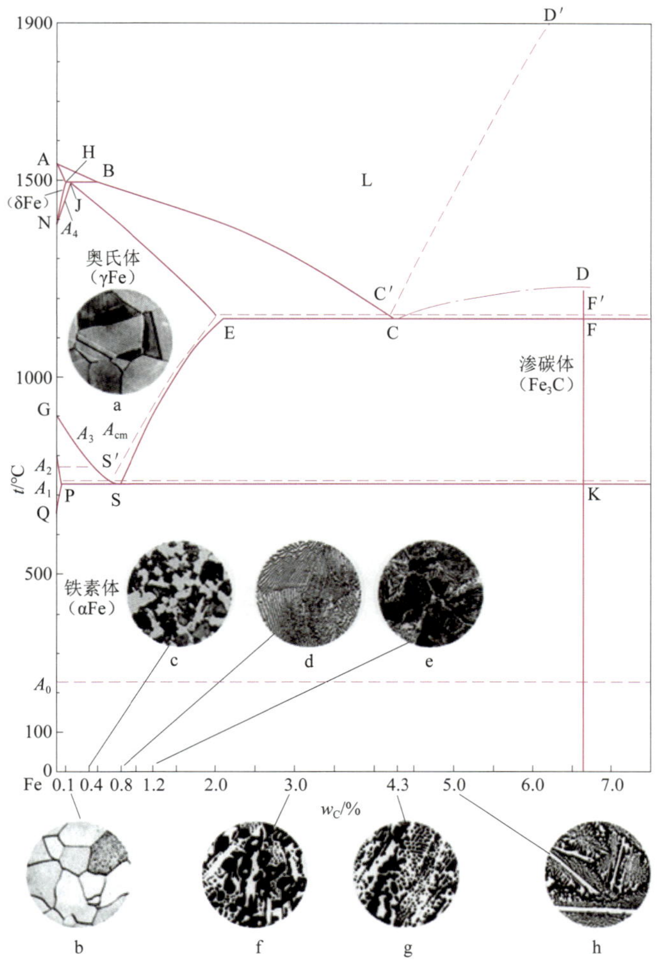

图2 铁中含碳量不同时得到的典型组织

表2 铁碳二元合金根据碳含量的分类以及对应的室温平衡（或缓冷）组织

总类	分类名称	碳含量范围 w_c/%	室温平衡组织
铁	工业纯铁	<0.0218	铁素体，或者铁素体＋三次渗碳体（$\alpha+Fe_3C_{III}$）
钢	亚共析钢	0.0218～0.77	先共析铁素体＋珠光体（α＋P）
	共析钢	0.77	珠光体（P）
	过共析钢	0.77～2.11	先共析二次渗碳体＋珠光体（$P+Fe_3C_{II}$）
白口铸铁	亚共晶铸铁	2.11～4.30	珠光体＋二次渗碳体＋变态莱氏体（$P+Fe_3C_{II}+Ld'$）
	共晶铸铁	4.30	变态莱氏体（Ld'）
	过共晶铸铁	4.30～6.69	一次渗碳体＋变态莱氏体（Fe_3C_I+Ld'）

在$Fe-Fe_3C$相图基础上绘制的铁碳合金组织图，可用于分析讨论铁碳合金显微组织与合金成分和温度之间的关系。另外，图3为由Fe－C相图和$Fe-Fe_3C$相图二者叠加形成的复线铁碳相图，也可用于分析含石墨的各类铸铁中的相平衡关系（如灰口铸铁等）。在制定钢铁材料的铸造、锻轧、热处理工艺和分析研究焊接热影响区的显微组织等方面，常需要以铁碳平衡相图为参考依据。此时，还要同时考虑相关的动力学因素，例如加热与冷却速率的附加影响（图4），以及出现非平衡相和非平衡组织形态的可能性，因而需要将铁碳相图和过冷奥氏体转变曲线图等综合运用。铁碳相图上的临界点，沿用奥斯蒙以法文“加热”的首字母c及“冷却”的首字母r分别标示加热和冷却，A_c表示加热时的临界点，A_r表示冷却时的临界点。

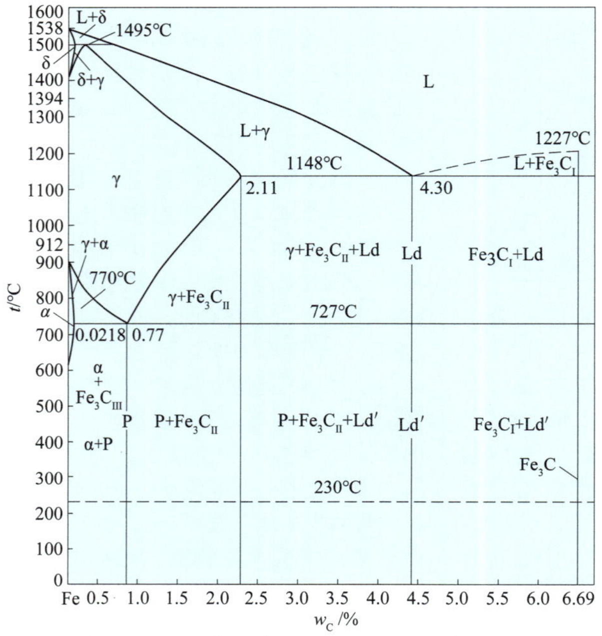

图3　$Fe-Fe_3C$相图基础上绘制的铁碳合金组织图

铁碳相图也是研究合金钢的基础，它的许多基本特点即使对于复杂合金钢也具有重要的指导意义。例如，在简单Fe－C二元系中出现的各种相，往往在复杂合金钢中也存在。同时需要考虑钢中合金元素的种类、数量、存在形式和空间分布等对这些相的形成和性质的影响，还需要考虑合金钢中那些在简单铁碳二元系中并不出现的各种特殊相（如合金碳化物、碳氮化物、金属间化合物等）和一些合金钢中特有的现象。

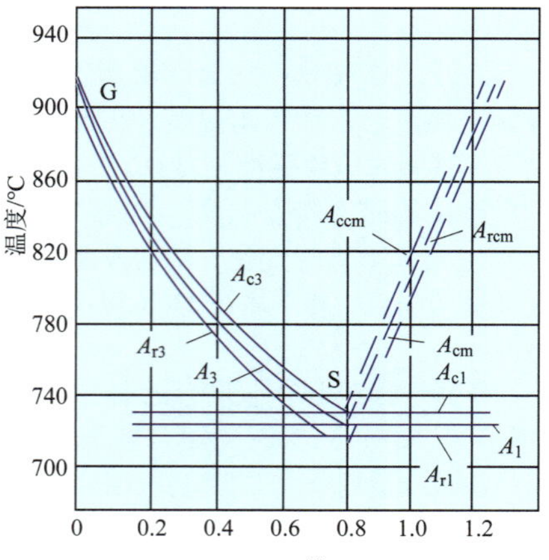

图4　钢的相变临界点的标示

扩展阅读

杨平.材料科学名人典故与经典文献.北京：高等教育出版社，2012.

郭可信.金相学史话（3）：Fe－C平衡图.材料科学与工程，2001，19（2）：2－8.

胡昌新.铁碳相图的发展和展望.材料工程，1991（1）：4－8.

CHIPMAN J. Thermodynamics and Phase Diagram of the Fe-C System. Metallurgical Transactions, 1972 (3): 55－64.

（唐祥云　王道生　刘国权）

《铁冶志》 *A Record on Zunhua Ironworks*　明代一部记载遵化铁冶生产与管理的著作。傅浚著，1513年成书，共二卷。《明史》记载，傅浚字汝源，福建南安人，弘治（1488～1505）进士，官至工部郎中，正德（1506～1521）年间曾督办遵化铁厂。遵化铁厂是明代重要的铁冶场所。《铁冶志》在一定程度上反映了遵化和明代冶铁的生产技术状况。

（丘亮辉）

烃类油捕收剂　hydrocarbon oil collector　一类长碳链烃类油化合物。又称非极性捕收剂、中性油类捕收剂。主要包括脂肪烃、脂环烃和芳香烃捕收剂。烃类油捕收剂的分子结构中没有极性功能基，在矿浆中不电离、难溶解、分散性差，主要呈油珠状态存在。因此在**浮选**矿浆中，烃类油捕收剂只能靠色散力使捕收剂“胶束”吸附在矿物表面来增强矿物颗粒的表面疏水性，实现矿物的浮选。

烃类油捕收剂只有疏水基，因此只能用于有限的几种天然疏水性好的矿物，如辉钼矿、硫黄、石墨、煤、雄黄和滑石等的浮选。

烃类油捕收剂的另一个重要作用就是用作**辅助捕收剂**。选择性好，但捕收力弱、成本较高的捕收剂（主要是**螯合捕收剂**）先与目的矿物作用后，使目的矿物有一定的疏水性，然后烃类油捕收剂再通过物理吸附的方式吸附在目的矿物表面，强化其表面疏水性，达到提高捕收力、降低药剂成本的目的。

烃类油捕收剂在矿浆中难分散，可采用乳化的手段提高分散效果，改善其捕收性能。乳化的方法有乳化剂乳化、超声波乳化等。

烃类油捕收剂最常用的是煤油和柴油，用来浮选辉钼矿和煤泥。其特点是：①相对分子量越大，黏度越高，捕收力越强，但选择性越差。②同沸点馏分中，正构烷烃对辉钼矿的捕收能力比芳烃强。

扩展阅读

王淀佐.浮选剂作用原理及应用.北京：冶金工业出版社，1982.

朱玉霜，朱建光.浮选药剂的化学原理.长沙：中南工业大学出版社，1996.

（戴子林）

铜板坯水平连铸　copper slab horizontal continuous casting　铜液持续进入结晶器凝固成铜板坯，然后沿与地面平行的方向被持续拉出的铸造技术。于20世纪60年代以后发展起来。主要设备有熔化炉、保温炉、水冷结晶器、二次冷却装置、牵引机构等。铜板坯水平连铸原理如图所示。保温炉中的高温铜液进入水平放置的石墨套，在石墨套外的水冷结晶器冷却作用下，铜液凝固成形（一次冷却）后被牵引机构沿水平方向拉出。通过向拉出的铜板坯表面喷水使其继续冷却至室温（二次冷却）。待板坯长度满足要求时剪切，然后进入下一道工序。保温炉内的高温铜液在静压力作用下不断进入水冷结晶器，这就形成了铜板坯水平连铸的过程。水平连铸的水冷结晶器通过石墨套与保温炉连为一体，采用“拉－停－拉”的间断拉坯方式可以有效防止铜板坯表面产生裂纹，得到表面质量良好和内部无偏析的铜板坯。

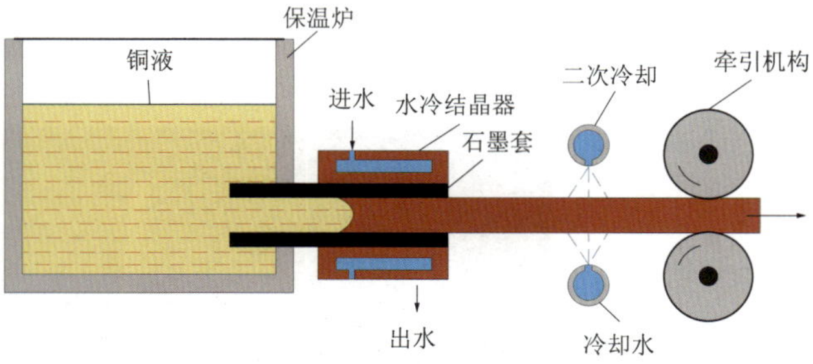

铜板坯水平连铸原理示意图

铜板坯水平连铸的特点是：设备占地面积小，自动化程度高；铜液在凝固过程中被污染的可能性小，能保证铜板坯的质量；理论上可以铸造任意长度的铜板坯，满足用户对铜板坯长度的多种需求。

（刘雪峰）

铜杆上引连铸 copper rod upward continuous casting 铜液连续地在结晶器中凝固成铜杆，然后沿垂直于地平面的方向被持续向上拉出的铸造技术。由芬兰奥托昆普公司于1969年发明，1970年实现工业化生产。中国于1985年引入该工艺及设备，20世纪末实现自主生产。铜杆上引连铸主要用于制备导电率较高、氧含量较低（约为0.001%）的无氧铜杆。

铜杆上引连铸设备主要由熔炼炉、水冷结晶器、循环冷却水系统、熔液液面跟踪系统、上引装置和收线系统组成。铜杆上引连铸的原理如图所示。石墨模具和装有耐火材料护套的水冷结晶器浸入一定深度的铜液中，在液体压力差的作用下，铜液被压入石墨模具并上升至与自由铜液表面相等的高度。但是，由于水冷结晶器中循环水的冷却作用，铜液的热量通过石墨模具被水流带走，致使铜液温度降低发生凝固。与石墨模具内壁距离越远的铜液热传导越慢，因此形成一个向上凸起的液穴。通过上引装置将凝固后的铜杆向上引出，并通过熔液液面跟踪系统保持石墨模具底部与铜液表面的高度差，实现铜液连续稳定地向上凝固。

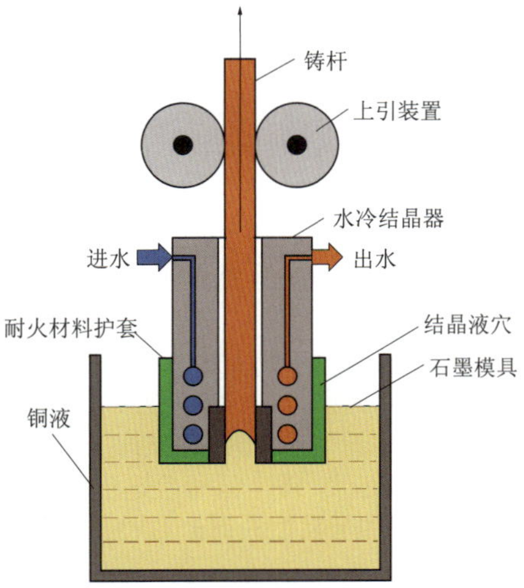

铜杆上引连铸原理示意图

水冷结晶器的热交换效果决定液穴的深度、铜液的结晶速度和铜杆的组织性能。水冷结晶器的下端与石墨模具接触，形成强冷却能力的一次冷却区，铜杆向上离开石墨模具后，为保证铜杆的表面质量，水冷结晶器与铜杆表面留有间隙，铜杆通过热辐射将热量传给水冷结晶器，形成弱冷却能力的二次冷却区。提高一次冷却区冷却的强度并不意味着可以提高冷却效果，这是因为无氧铜杆的收缩率较高（4.92%），在一次冷却区骤冷收缩容易与石墨模具内壁产生空气间隙，导致热阻和热应力增加，冷却效果降低。通过观察上引连铸铜杆的纵剖面组织可以确定液穴的深度，液穴浅则水冷结晶器的冷却效果好，铜杆的质量高。

铜杆上引连铸生产工序简化，能耗低，消除了“三废”污染。其产品质量好，广泛用于电线电缆行业。

（刘雪峰）

铜镜 bronze mirror 含锡量较高的青铜日用品铸件。在铜镜未流行前，人们用铜鉴盛水照面，故镜又称鉴。齐家文化（约公元前2000年）遗址出土的铜镜是中国迄今发现的最早的铜镜。甘肃广河齐家坪41号墓出土的齐家文化铜镜，镜背平素无纹饰，镜背中央设钮，直径约60.23毫米，边缘厚度为0.52毫米，中心为2.0毫米，此镜系凸面镜，曲率半径为241±7毫米。齐家文化凸面镜的出现，表明当时的人们已注意到“小鉴不能全观人面”的现象，并知道采取令镜微凸的方法能产生使小镜全纳人面的光学效果。从齐家文化至西周末春秋早期的铜镜，共出土不到30面，形体小，种类少，纹饰简单，此时期处于铜镜的起源和发展的早期阶段。

从春秋中、晚期到战国时期中国铜镜的制作和使用逐渐发展，特别是战国时期铜镜得到广泛流行，铜镜数量已达上千面之多。铜镜的种类复杂，纹饰题材广泛，铸造精细。此时期铜镜的成分稳定，铜锡比例适当，其含锡量十分适合铜镜功能的需要，反映了铜镜制作已形成固定的工艺，其制作技术已达到成熟阶段。

汉代铜镜的出土数量在中国铜镜中占居首位，分布于全国各地，说明这个时期铜镜制作的繁荣及使用的普及。新的铜镜类型开始出现，铭文逐渐成为铜镜纹饰的组成部分，铭文内容丰富，反映了汉代官私铸镜业的发达及铜镜商品化的发展。

隋唐时期中国铜镜的形制突破了圆形、方形的传统形式，出现了菱花形、葵花形铜镜（见图）及有柄铜镜。精美的瑞兽葡萄镜闻名于世，特别是盛唐时期铜镜工艺精湛，技术娴熟，达到了中国铜镜发展的顶峰，通过频繁的中外贸易流通到世界许多国家和地区。

双凤双狮纹铜镜（唐）

从唐末、五代起，中国的铜镜艺术日趋衰落，宋、金、元时期的铜镜从造型、纹饰和合金成分上都不同于之前的铜镜。至明、清时，铜镜虽然还在人们的日常生活中使用，但逐渐退出历史舞台，到清代中、后期终于被玻璃镜所代替。

铜镜制作一般包括制镜范、浇铸、刮削、研磨、抛光、开光（用锡汞齐）等工序。从战国到唐代，铜镜成分大多为铜65%～72%、锡22%～25%、铅3%～8%。与其他青铜器相比，锡的含量较高，这有利于使镜面光亮，宜于映照。宋代以后，铅、锌含量增加，锡含量减少。其组织由α固溶体、（α+δ）共析体及颗粒状铅（Pb）组成，未见β′等热处理相存在。对古青铜镜进行铸造及热处理实验研究证实，高锡青铜镜的组织为α及（α+δ）共析组织，铜镜系由铸造而成。

埃及第十一王朝（前21世纪）的浮雕上有带柄铜镜。第十七王朝（前11世纪）古墓中有类似铜镜的实物出土。

（孙淑云　何堂坤）

铜绿山矿冶遗址 Tonglüshan mine site 中国已发现的规模最大、保存最完整的古代矿冶遗址。位于湖北省大冶市境内，南北长约2千米，东西宽约1千米，遗留的炼铜炉渣40万吨以上，占地14万平方米左右，推算累计产铜8万～12万吨。1973年开始发掘和研究，发掘出地下采区7处，采矿井巷近400条，古冶炼场3处，发现了一批炼铜炉（图1）。出土有用于采掘、

图1　湖北铜绿山矿冶遗址

装载、提升、排水、照明等的铜、铁、木、竹、石制的多种生产工具以及陶器、铜锭、铜兵器等遗物。遗址的年代经^{14}C测定，至迟始于西周末年，经春秋、战国时期延续到汉代。遗址也发现有隋唐时期的文化遗物和宋代的冶炼场。就遗迹考察，古代探矿方法多采用浅井工程和重砂测量。重砂测量工具的形状与近代相似，为船形、元宝形等大小不一的淘砂盘（图2）。

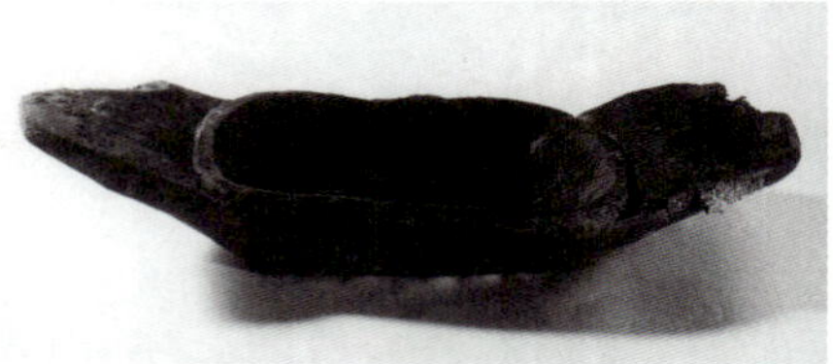

图2　船形淘砂盘

铜绿山的古代地下开采早期，井巷掘进过程基本上就是采矿过程。到战国晚期，开拓、采掘、回采等步骤才渐趋明显。与之相应的是井筒支护、分级提升、排水、选别、充填采矿等工艺相继出现和完善。

井巷开拓和支护　由露天开采转入坑采之初，开采规模小、劳动效率低，表现在井小、巷短、井多、巷少。到春秋晚期，开采系统则已相当完整。战国至西汉时期地下开采深度已达60余米，并延伸到潜水面以下23米（图3）。

铜绿山古矿区地下开采系统的发展大致为：地表（最大洪水位以上）或露天采场底（潜水面以上）→竖井（群井）或斜井→盲竖

图3　战国至西汉时期的矿井和巷道

井或平巷与盲斜井→平巷（或组成采场）。

竖井　包括盲竖井，断面一般为正方形，少数为矩形。西周时期竖井的净断面为500毫米×500毫米左右。井壁为木支护，方框支架间隔排列，间距在400毫米左右。井框为榫卯套接方式，井框与围岩间楔有一层木板，用来围护井筒四壁。到战国时期完全采用经过加工的方木（或圆木）密集式垛盘支护，井口净断面最大者达1.3米×1.3米，接头为单平面亲口接榫，加工整齐，尺寸划一，架设后稳固持久，同近代的木结构井架相似。

斜井　包括盲斜井。西周、春秋时期的斜井为普通形式的斜井，其支护结构与同期竖井的支护结构一样。战国时期发展到阶梯式斜井，由净断面900毫米×900毫米的“马头门”和900毫米×1000毫米的短巷组成。支护方式有两种：一种是井框支架垂直于斜井的底板，一种是井框支架沿铅直方向敷设，后者较多。两种支护方式表明当时对斜井的支护已有了多方面的经验。

平巷　西周、春秋时期的平巷支护与同期竖井的支护结构相同。春秋时期平巷的净断面一般为800毫米×1000毫米。战国至西汉时期的平巷断面较大（净断面最大者为1600毫米×1950毫米），距离较长，人可以直立行走（图4）。与平巷相通的竖井底部均设马头门结构。战国至西汉时期

图4　平巷支架方式

的马头门高度一般为平巷净高的一倍。

采掘工具　有石、木和金属工具。西周至春秋时期的金属工具为铜制，战国以后为铁制。出土的工具有石锤，木制的铲（锹）、槌、耙，铜制的凿、镢，铁制的凿、锤、锄、斧、耙等（图5、图6）。

图5　古矿使用的铜工具

图6　铜绿山汉代铜矿遗址出土的铁工具

地下采矿方法　同近代的支柱和支柱充填法基本相似。有5种具体方案：群井开采，后演变为方框支柱开采（分为单框竖分条开采——下向式，单层小方框开采——进路式），再演变为水平分层棚子支柱充填开采——上向式，此外还有横撑支柱开采。

群井开采　用垂直井筒直接进行回采。井筒打入矿体，下掘井筒就是回采过程。掘进终了即开采完毕。在西周时期的发掘点内，有由48个竖井组成的井群。

单框竖分条开采　由地表下掘一个或数个井筒，边掘边采边支护，视矿体赋存情况，在竖井掘到一定深度后开挖平巷。为了追踪富矿再下掘盲井。

单层小方框开采　在井底掘进平巷或斜巷，追踪富矿，边掘边采边支护，为独头巷道式开采，一般是进路式的开采方法。

水平分层棚子支柱充填开采　采区分成若干水平分层，自下而上开采，分层随回采的推进而用密集棚子来支撑。支柱与充填配合使用，采空区用手选出的废石（夹石等）和低品位的铜矿石局部或全部充填。上下层支护的关系是下层棚子的顶梁即上层棚子的底梁，下层棚子的底梁敷

设在底板的沟槽中。战国至西汉的支护中，下层棚子的断面比上层棚子的断面宽，增加了稳固性。

横撑支柱开采　由地表下掘竖井进入富矿带，再由井底向四周扩大，做上向梯段式回采。最大采幅约5米。采空区由水平撑木和撑木间的垂直顶木支撑，呈多个Π形。借助Π形结构，造成人工平台，落矿、出矿、提升均在平台上进行。

矿井提升和排水　矿井提升　出土的提升工具有木钩、绳索、平衡石、辘轳轴等。战国至西汉时期的木辘轳轴（图7）长2500

图7　战国至西汉时期的木辘轳轴

毫米、直径260毫米，可以横架在井口。轴木的两端砍成轴头，以便安放在井口两侧的支架上。出土的装载工具为竹筐、竹篓和藤篓（图8）。

图8　装矿石的竹筐

矿井排水　春秋时期的地下矿井就已经有比较完整的排水系统。水道有两种：一种是利用废弃的巷道或专设泄水巷道；另一种是贴平巷一侧的背板铺成排水木槽，彼此连接，置于地梁上。泄水巷道和木槽以一定的高差通向水仓或排水井，水由那里提升到地面。用充填巷道的方法可以堵水和防水，减少汇水面积。

炼铜　从发掘的炼铜遗址看，铜绿山早在2700多年前就已经采用鼓风竖炉炼铜（图9）。

炼铜竖炉　春秋早期的炼铜竖炉由炉基、炉缸、炉身3部分组成，各个炉子结构相近，尺寸大体相同。经过研究复原，竖炉的外形为竖立的腰鼓形（图10），高2.7米，最大直径1.6米。为了适应高温熔炼，

图9　炼铜竖炉（炉旁为筑炉工具，炉后为炉渣）

竖炉的不同部位配制不同的耐火材料，夯筑而成。主要材料为红色黏土、高岭土、石英砂、火成岩碎屑、铁矿粉、铁矿粒、木炭粉等。

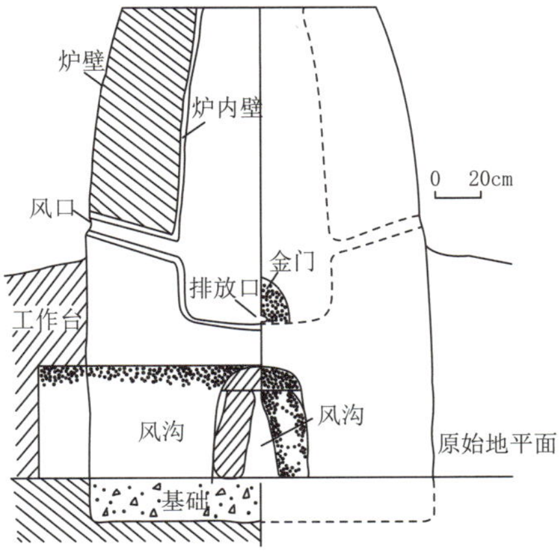

图10　炼铜竖炉复原图

冶炼辅助设施　竖炉两侧垒土墩作工作台。竖炉周围有碎料台、筛分场和泥池、渣坑等辅助设施。碎料台中部留有石砧和石球（图11）。石砧形状一般近椭圆形；

图11　碎矿用的石砧和石球

有的石砧周围筑有高岭土台面。石砧的大小不等，小的长45厘米，大的长70厘米。砧面经长期使用，均呈凹形。石球大小相近，直径8厘米左右。石砧、石球是碎矿或碾磨筑炉料的工具，质地坚硬（为花岗闪长岩）。可知古代已经将大块矿石破碎、筛分出粒度均匀（一般为2～3厘米）的矿石，入炉冶炼。

冶炼技术水平　①原料和燃料。铜矿石主要采用品位较高的氧化矿，如孔雀石、硅孔雀石、赤铜矿等。燃料为木炭。②造渣和配料。炉渣均呈黑色的薄片状，表面光滑，经化学检验，渣的酸度CaO/(SiO_2+FeO)合适，大多在1.0～1.3之间，成分稳定，渣中含铜大部分小于0.7%，熔点大多在1100～1200℃，比重为3.5～4.0，1280℃的黏度为0.2帕斯卡·秒，流动性良好（图12）。铜绿山古矿井中的铜矿石

图12　炼渣

图13　古代铜锭

可分为3类：即碱性矿石（含铜、二氧化硅低，含铁高）；酸性矿石（含铜、二氧化硅高，含铁低）；富铜矿石（主要是孔雀石）。然而，用其中任何一种矿石单独冶炼都不能得到古代炼渣的成分，说明当时已掌握了配料技术，用不同种类的矿石相互搭配。③铜锭成分。古代遗留的铜锭和粗铜一般含铜量94%左右，含铁量小于5.4%（图13）。

（周保全　卢本珊　杨永光　李庆元）

铜冶金　copper metallurgy　从铜矿和二次资源中冶炼提取金属铜的过程。

简史　铜是人类最早发现和使用的金属之一。约在公元前第7千纪或更早，人类已认识了自然铜，并将它锤打成小锥、小钉等。稍后，又采用退火和加工硬化工艺生产各种器物。从出土实物来看，亚洲西部今伊朗境内早在公元前第4千纪，人们已掌握了炼铜技术。美索不达米亚、埃及和印度等地区，约于公元前第3千纪中期，也先后出现了具有较高技术水平的炼铜业。

中国在新石器时代晚期开始使用铜。甘肃的武威、永靖和河北的唐山等地的

古文化遗址，均发现红铜器物。夏代（前21～前16世纪）已进入青铜时代。迄今考古发掘所得最早的炼铜竖炉，出自湖北大冶**铜绿山矿冶遗址**。这种竖炉主要以孔雀石为原料，以木炭作燃料和还原剂，进行鼓风熔炼，得到纯度较高的铜。中国又是世界上最早使用湿法（**胆铜法**）炼铜的国家。

欧洲在公元前第2千纪中期已采用硫化铜矿炼铜，到公元初期的罗马帝国，即已普及。美洲印第安人在公元前第2千纪已用天然铜锻制器件；南美的印加人在西班牙人进入之前，已懂得用硫化矿炼铜的技术。

16世纪G.**阿格里科拉**在《**论冶金**》中叙述了铜的熔炼和精炼工艺。17世纪末，英国人D.赖特用**反射炉**炼铜，或称Waleser法。1880年开始用转炉吹炼冰铜（铜锍），是炼铜技术的重大进步，此时发明铜的电解精炼，也具有重要意义（见**冶金史**）。

20世纪中叶以来，围绕过程强化、节能减排，铜冶金技术研发活跃，新技术不断出现，以**闪速熔炼**和**熔池熔炼**为代表的强化冶炼技术得到广泛应用。

铜资源 已发现的铜矿物有250余种，有工业开采价值的仅10余种，分为硫化铜、氧化铜和自然铜3类。自然铜矿较为稀少，矿藏几乎已耗尽。现工业开采的铜矿主要是硫化铜矿和氧化铜矿。

硫化铜矿物主要有黄铜矿（chalcopyrite）、斑铜矿（bornite）、辉铜矿（chalcocite）和铜蓝（covelline）等，其中以黄铜矿最为常见。硫化铜矿中常伴生有贵金属和稀有金属，综合回收价值大。氧化铜矿是原生硫化铜矿（如黄铜矿）风化水解的产物，主要矿物有孔雀石（malachite）、蓝铜矿（azurite）、硅孔雀石（chrysocolla）、块铜矿（arnimite）、黑铜矿（tenorite）、赤铜矿（cuprite）等。硫化铜是铜的主要矿物原料，产铜量占总量80%以上，易于浮选富集，一般采用火法冶炼；氧化铜矿难以选矿富集，通常采用湿法处理。

美国地质调查局（USGS）报道，2015年世界铜资源储量为7.2亿吨，其中储量最大的国家为智利（2.1亿吨），其后依次为澳大利亚（0.88亿吨）、秘鲁（0.82亿吨）、墨西哥（0.46亿吨）、美国（0.33亿吨）。中国铜资源储量为0.3亿吨。铜大量用于电工、电子和合金制造中，易于循环再生，其二次资源占有重要地位。

火法炼铜 主要原料为硫化铜矿，高品位氧化铜矿也可火法冶炼。硫化铜矿开采品位为0.3%～2%，平均开采品位约为0.81%。开采的矿石经破碎、磨细后，采用浮选法选出硫化铜精矿，其主要成分为铜、铁、硫，三者含量之和约占85%，含铜品位在25%左右。火法冶炼硫化铜精矿包括造锍熔炼、铜锍吹炼、火法精炼和电解精炼等工序。部分特殊类型的低铁铜精矿，也可不经造锍一步熔炼至粗铜。

造锍熔炼 以富氧空气和工业纯氧为氧化剂，高温下使铜精矿中部分硫化亚铁（FeS）氧化为氧化亚铁（FeO）或四氧化三铁（Fe_3O_4），并与脉石成分（二氧化硅、氧化钙、氧化镁、氧化铝）和配入的熔剂二氧化硅（SiO_2）等造渣；而铜精矿中的硫化亚铜（Cu_2S）与未氧化的FeS形成锍相（铜锍），渣相与锍相互不相溶、因密度差异而分离，从而使铜在锍相中得以富集的冶金过程。

以黄铜矿（$CuFeS_2$）为例，造锍熔炼中发生的主要化学反应为：

$$2CuFeS_2 \longrightarrow Cu_2S + 2FeS + \frac{1}{2}S_2 \quad (1)$$

$$\frac{1}{2}S_2 + O_2 \longrightarrow SO_2 \quad (2)$$

$$FeS + \frac{3}{2}O_2 \longrightarrow FeO + SO_2 \quad (3)$$

$$3FeO + \frac{1}{2}O_2 \longrightarrow Fe_3O_4 \quad (4)$$

$$2FeO + SiO_2 \longrightarrow 2FeO \cdot SiO_2 \quad (5)$$

造锍熔炼中，氧化的硫形成二氧化硫（SO_2）进入烟气，净化后制硫酸。氧化（反应2～4）和造渣（反应5）均为放热反应，造锍熔炼通常自热进行。

传统的造锍熔炼在**鼓风炉**、反射炉和**电炉**中进行，这些方法未能利用硫化铜精矿粒度细、活性高的特性，传热、传质不够强化且采用空气熔炼，导致能耗高、烟气SO_2浓度低难以制酸。自20世纪中叶开始，传统的造锍熔炼方法逐步被各种强化熔炼方法取代。这些强化熔炼方法分为闪速熔炼法和熔池熔炼法两大类，包括奥图泰闪速熔炼法（1949）、因科闪速熔炼法（1952）、**白银炼铜法**（1972）、诺兰达法（1973）、**三菱炼铜法**（1974）、**瓦纽科夫炼铜法**（1977）、艾萨法（1992）、澳斯麦特法（1992）、**富氧底吹熔炼法**（2001）等。这些方法都有工业应用，以奥图泰闪速熔炼法应用最广，其产量约占火法炼铜总产量50%。三菱炼铜法、瓦纽科夫炼铜法、艾萨法、澳斯麦特法、富氧底吹熔炼法，也有广泛应用。

氧气的应用是造锍熔炼技术的一大进步。各种造锍熔炼方法的富氧浓度在40%至工业纯氧程度。冰铜品位控制在55%～74%，如果冰铜采用卧式转炉吹炼，品位一般在60%左右；若采用连续吹炼，品位则提高至70%左右。烟气中SO_2浓度大于20%，可以用于制酸。炉渣含铜量在1%～10%，采用电炉（或其他燃料加热炉）贫化或选矿处理，尾渣含铜量分别为0.6%（电炉贫化）和0.3%（选矿）左右，可作为水泥原料利用或堆存。

铜锍吹炼 进一步以空气或富氧空气为氧化剂，使冰铜中的铁和硫全部氧化，产出粗铜的冶金过程。传统方法的转炉吹炼仍是主要的冰铜吹炼工艺。转炉吹炼属周期、间断性作业，熔融物料采用钢包装运，从炉口转入和倒出，存在效率低、污染大、SO_2烟气量及浓度不稳定等缺陷。自20世纪70年代开始，逐步发展了连续吹炼技术，如三菱法、肯尼科特－奥图泰闪速吹炼法、诺兰达连续吹炼法、富氧底吹连续吹炼法、双侧吹－顶吹双炉复合吹炼法等，这些方法在工业上均得到一定应用并逐渐推广。

火法精炼 吹炼得到的粗铜，铜含量已达99%，但仍含有一定量的硫和氧，熔铸冷却过程中，将形成SO_2气体析出，以致不能得到平整致密的铜阳极，故冰铜吹炼产出的粗铜，又称泡铜（bilister copper）。不同方法吹炼得到的粗铜，硫、氧含量并不一致，如表所示。

不同吹炼方法得到的粗铜硫、氧含量

吹炼方法	硫含量/%	氧含量/%
转炉吹炼	0.05	0.5
三菱法	0.7	0.3
肯尼科特－奥图泰闪速吹炼	0.3	0.25
诺兰达连续吹炼	1.3	—
富氧底吹连续吹炼	0.7	0.3
双侧吹－顶吹双炉复合吹炼	0.02	0.42

火法精炼是为了进一步脱除铜熔体中的硫和氧，使其分别降低至0.003%和0.16%，以便铸造出平整致密铜阳极的冶金过程。火法精炼分为氧化和还原两个过程，通常在卧式回转阳极炉中进行。首先通过风口往铜熔体中通入空气，使其发生氧化脱硫反应：

$$2Cu + \frac{1}{2}O_2 \longrightarrow Cu_2O \quad (6)$$

$$[S] + 2Cu_2O \longrightarrow SO_2 + 4Cu \quad (7)$$

$$M + Cu_2O \longrightarrow MO + 2Cu \quad (8)$$

反应（8）中M指杂质金属。氧化脱硫过程中，随着氧势增高，也有部分杂质金属如砷（As）、锑（Sb）、铋（Bi）、铅（Pb）

等被氧化，可根据情况加入少量SiO_2或碳酸钠（Na_2CO_3）熔剂造渣除去。

氧化脱硫结束后，熔体中氧含量升高至0.8%～1.0%，通过风口通入天然气等还原脱氧：

$$H_2C+2Cu_2O \longrightarrow H_2O+CO+4Cu \quad (9)$$

$$CO+Cu_2O \longrightarrow CO_2+2Cu \quad (10)$$

$$H_2+Cu_2O \longrightarrow H_2O+2Cu \quad (11)$$

火法精炼中，阳极炉装设有天然气等燃料烧嘴，对铜熔体进行加热保温。这种稀氧燃烧技术在大型阳极炉上也得到应用，以实现节能。此外，部分阳极炉底还安装有透气砖，精炼中通氮气对铜熔体进行搅拌，以改善反应动力学条件。

阳极铜浇铸有模铸和连铸－剪切两种方式，前者应用较广。模铸采用圆盘浇铸机，如图1所示。阳极精炼结束后，合格阳极铜熔体通过溜槽，流入圆盘浇铸机铸造成铜阳极。每块铜阳极重约360千克。

图1　阳极铜圆盘浇铸机

电解精炼　通过电解进一步提高铜的纯度，并使贵金属富集于阳极泥中的电化学冶金过程（图2）。电解精炼的阳极为火法精炼得到的阳极铜，阴极为316L不锈钢板或铜始极板，电解液（58～62℃）为硫酸（150～200克/升）和硫酸铜（铜含量40～50克/升）水溶液。电解液中还要添加少量骨胶、硫脲等添加剂，以使析出的铜平整致密。

图2　铜电解车间

在两电极通直流电（300安/米^{2}左右）后，铜从阳极溶解，在阴极析出，利用元素或化合物间电化学性质的差别，使铜得以提纯，阴极铜纯度可达到99.995%。

在整个铜冶炼过程中，铜精矿等原料中的贵金属，主要随铜分布，最后富集于阳极铜中。电解精炼中，贵金属不能从阳极溶解，与其他不能溶解的元素或化合物形成阳极泥。

硒、碲在阳极中与铜、银化合，以化合物$Cu_2(Se, Te)$、$Ag_2(Se, Te)$、$CuAg(Se, Te)$的形式存在，不溶解进入阳极泥。铅在阳极中以固溶体和氧化物存在，溶解后以硫酸铅（$PbSO_4$）沉淀；锡以氧化锡（SnO_2）存在，不溶解进入阳极泥。

铁、钴在阳极中含量低，溶解进入溶液。镍在阳极中存在形态与其含量及阳极含氧量相关，部分以氧化镍（NiO）或其他更复杂形态存在；部分溶解，部分不溶解进入阳极泥。溶解进入电解液的铁、镍、钴，不会在阴极析出。

砷、锑和铋是对铜电解精炼危害最大的一类杂质。它们的还原电势与铜相近，因此它们既可以从阳极溶解，也可能在阴极析出。此外，溶解的砷离子、锑离子、铋离子会相互反应，形成“漂浮阳极泥”，吸附在电极上影响阴极铜成分和物理质量，甚至引起阴、阳极间短路。

铜电解精炼中，由于存在化学溶解等作用，电解液中铜离子浓度会不断升高。此外，从阳极溶解而不能在阴极析出的杂质，也会在电解液中逐渐累积，因此应抽出一定量的电解液进行净化处理，脱除其中的铜和砷、锑、铋、镍等杂质元素。

通常，铜电解精炼阳极周期为21～24天、阴极周期为7～12天，2～3个阴极周期配合一个阳极周期。阴、阳极周期结束后，从电解槽中分别取出阳极和阴极，并装入新的阳极和阴极继续电解。残阳极返回熔铸。阴极分两种情况：一种为不锈钢永久阴极，将铜从阴极上剥除后，阴极重新使用，图3所示为阴极剥铜机组；另一种为始极片阴极，始极片与其上电积的铜清洗后，一并作为商品铜销售。

图3　阴极剥铜机组

湿法炼铜　氧化铜矿或硫化铜矿开采中，于表层、边角部采出的低品位矿石，由于品位低、难以选矿富集。湿法炼铜就是从这类资源中提取铜的湿法冶金过程，包括浸出、萃取、电积等工序，常简称为萃取－电积法（SX－EW法）。世界湿法炼铜产量约占铜总产量的20%，年产铜约450万吨。在南北美洲、非洲等地区，湿法炼铜应用较多，中国由于适于湿法处理的铜资源量较少，湿法炼铜占比仅为5%左右。

浸出　低品位铜矿浸出，可采用堆浸或就地浸出等方式，以堆浸应用较多。浸出剂为稀硫酸水溶液，氧化矿可直接浸出，主要化学反应为：

黑铜矿

$$CuO+H_2SO_4 \longrightarrow Cu^{2+}+SO_4^{2-}+H_2O \quad (12)$$

蓝铜矿

$$2CuCO_3\cdot Cu(OH)_2+3H_2SO_4 \longrightarrow 3Cu^{2+}+3SO_4^{2-}+2CO_2+4H_2O \quad (13)$$

孔雀石

$$CuCO_3\cdot Cu(OH)_2+2H_2SO_4 \longrightarrow 2Cu^{2+}+2SO_4^{2-}+CO_2+3H_2O \quad (14)$$

赤铜矿

$$Cu_2O+H_2SO_4 \longrightarrow Cu^{2+}+SO_4^{2-}+Cu+H_2O \quad (15)$$

硅孔雀石

$$CuO\cdot SiO_2+H_2SO_4+2H_2O \longrightarrow Cu^{2+}+SO_4^{2-}+SiO_2\cdot nH_2O+(3-n)H_2O \quad (16)$$

金属铜和硫化铜则需要氧化剂参与反应才能浸出，氧化剂即为空气中的氧气。因此，浸出过程中保持料层的透气性非常重要。主要化学反应为：

金属铜

$$Cu+\frac{1}{2}O_2+H_2SO_4 \longrightarrow Cu^{2+}+SO_4^{2-}+H_2O \quad (17)$$

辉铜矿

$$Cu_2S+\frac{1}{2}O_2+H_2SO_4 \longrightarrow Cu^{2+}+SO_4^{2-}+CuS+H_2O \quad (18)$$

铜蓝

$$CuS+\frac{1}{2}O_2+H_2SO_4 \longrightarrow Cu^{2+}+SO_4^{2-}+H_2O \quad (19)$$

浸出液中溶解的铁离子（Fe^{3+}），起到传递氧的作用，能促进浸出。氧化亚铁硫杆菌（acidothiobaccillus ferrooxidans）等细菌，对硫化矿的浸出亦有促进作用。对黄铜矿、斑铜矿等原生硫化铜矿物，浸出速度缓慢，效果较差。

浸出液中铜离子浓度为1～6克/升，还含有铁、铝、锌、钙、镁等杂质，采用萃取分离富集。

萃取　浸出得到的浸出液，铜含量太低而杂质含量过高，不能直接进行电积，须采用萃取分离富集。铜萃取通常采用醛肟或酮肟类萃取剂螯合萃取，如图4所示。萃取中，铜富集于有机相，贫铜萃余液返回浸出，有机相采用废电解液（铜离子浓

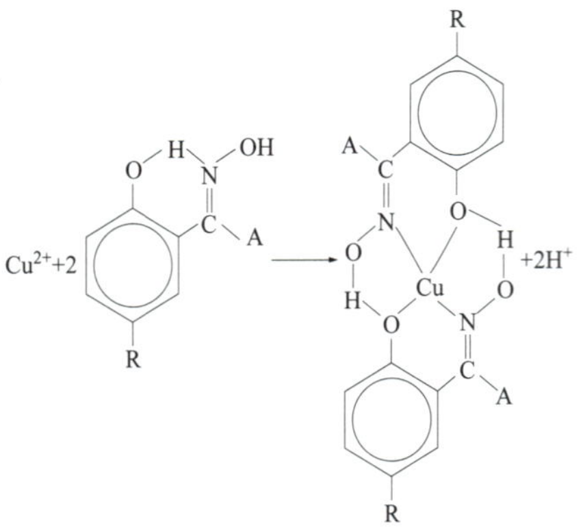

（醛肟：$R=C_9H_{19}$ 或 $C_{12}H_{25}$，$A=H$；酮肟：$R=C_9H_{19}$，$A=CH_3$）

图 4　铜萃取反应

度35克/升，硫酸浓度180克/升）反萃，反萃液（铜离子浓度45克/升，硫酸浓度150克/升）送铜电积。

电积　阳极为铅银合金，阴极为始极片或316L不锈钢永久阴极，电解液为硫酸铜和硫酸水溶液（铜离子浓度45克/升，硫酸浓度170克/升），电流密度200～400安/米²。电极通直流电后，铜离子（Cu^{2+}）在阴极沉积，阳极发生析出氧气的反应，槽电压在2伏左右，吨铜直流电耗在2000千瓦·时，铜质量与电解精炼铜相近。

再生铜　铜广泛用于电工、电子和合金等领域，易于再生循环。根据原料性质，铜再生有3种途径：①高品质废杂铜直接生产铜材或铜合金。②采用熔炼－火法精炼－电解精炼工艺生产铜。③对贵金属含量较高的电子废料，采用熔炼－浸出－电积流程处理回收铜。

扩展阅读

SCHLESINGER M E, MARTTHEW J K, KATHRYN C S, et al. Extractive Metallurgy of Copper. 5th ed. Saint Lousie: Elsevier, 2011.

朱祖泽，贺家齐.现代铜冶金学.北京：科学出版社，2003.

（刘志宏）

童光煦　Tong Guangxu（1919-04-04～2000-12-21）　中国采矿工程专家。曾名童鹏。生于湖北蕲春，卒于北京。1943年毕业于南非联邦约翰内斯堡的威塔瓦特斯兰德大学采矿系，1945年获美国科罗拉多矿业学院采矿工程师学位，1947年获美国科罗拉多大学地质学科硕士学位。1948年回国后，到武汉大学矿冶系工作。1951年调到北京工业学院（今北京理工大学）主持采矿系工作。1952年参加筹建北京钢铁学院（今北京科技大学），后任采矿系教授兼教研组主任。1984年组建北京钢铁学院

矿业研究所并任所长。

从事硬岩地下矿床开采工程、工艺和理论的研究，创建了中国“矿块崩落法技术理论”。在崩落采矿法理论上，率先探索出挤压爆破的破碎机理，对矿体的自然崩落机理进行了系统的研究，提出三层复合材料应力分析的边界元素法及计算程序。创建了中国采矿学术交流平台，是全国采矿学术会议的倡议人和第一届采矿学术会议的组织者，在中国的采矿学术与技术交流方面起到了重要的奠基作用。

主编《金属矿床开采》（1958）、《有底部结构强制崩落采矿方法》（1973）等专著。20世纪80年代，在全国高校率先开设研究生“高等采矿学”课程，所编著的《高等硬岩采矿学》（1995）在全国高校产生了重要影响。

（杨　鹏）

筒式电选机　rotor electrostatic separator　根据矿物导电性不同，在带电转鼓筒中进行干式分选的**电选设备**。有单筒、双筒、三筒及六筒等多种形式。电极结构多采用高压电晕－静电复合电场，少数采用纯高压静电场或纯电晕电场。筒式电选机主要由给料装置、主机、高压直流电源和控制系统四大部分组成，主机由鼓筒、电晕电极、静电极、毛刷和调节隔板等组成。以一种六筒型电选机为例，给料装置包括加热仓和给料箱两部分。加热仓为物料提供辅助除湿的热能，通过给料装置调整物料流量。主机中两列六只接地鼓筒垂直配置，结构紧凑。具有与接地鼓筒呈近似同心圆的弧形电极，构成较宽的高压电场区，有利于强化入选物料的荷电和分选。高压电极为电晕－静电复合电极，呈弧形分布的电晕极数量、静电极的位置、与接地筒电极的间距，均可根据使用要求进行调节，采用滚动毛刷卸料装置。采用全密闭防尘结构，三面设带观察窗的机门。可借助产品分隔板，调节分离产品数量、质量，导引产品走向。分选产品由设于底部的非导体出口、导体出口和中间产品出口排出。

工作原理：在弧形电晕电极上施加高压直流负电，弧形电晕电极与接地鼓筒电极之间形成离子化电场区。入选物料进入电场区后荷负电，导电性能良好的物料颗粒接触接地鼓筒时，迅速释放电荷，呈电中性或正电性，受静电引力、自身重力、镜像电荷斥力以及离心力的作用，做抛物运动脱离鼓筒，落入导体接料槽；非导体物料颗粒因不能释放或缓慢释放电荷，被牢固吸附于接地鼓筒表面，随鼓筒转动，被滚动毛刷刷入非导体接料槽；导电性能介于导体和非导体之间的中间产品颗粒，则落入中间产品接料槽（见图）。

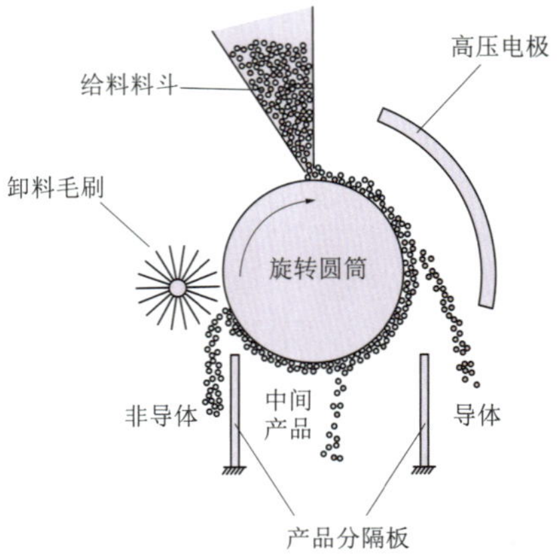

分选原理示意图

筒式电选机广泛适用于白钨与锡石分离及海滨砂矿、原生钛铁矿、原生金红石、铁矿等有色金属、黑色金属和金刚石等非金属矿的精选。也是粉煤灰电选脱碳及废旧电子线路板、金属冶炼渣、各类切削加工的钢屑等固体废弃物资源综合回收的主要设备。

（龚文勇　张建文）

鍮石　tou stone　中国古代黄铜。最早见于公元4世纪前秦方士王嘉（？～390）所著的《拾遗记》。书中记载后赵国君石虎筑浴室“以鍮石、珷玞为堤岸”。唐代把鍮石作为冠服等级的标志。据《唐书·舆服志》载：“八品、九品服用青，饰以鍮石。”这些文献中所说的鍮石，可能指具有黄金光泽的矿石（如黄铁矿或黄铜矿），也可能指黄铜，因为它们颜色相似。宋崔昉《外丹本草》记载：“用铜一斤，炉甘石一斤，炼之即成鍮石一斤半。”即鍮石以炉甘石与铜共炼而得的一种铜锌合金。炉甘石的主要成分为碳酸锌。此处鍮石指的铜锌合

明代宣德炉

金即为黄铜。明代的宣德炉（见图）是中国古代杰出的黄铜铸件。

（孙淑云）

透光镜 translucent mirror 中国汉代青铜镜的一种。透光镜体现了光学和力学原理，因在阳光照射下其背面的图文能映到墙上而得名。上海历史博物馆藏有一面西汉时期的透光镜（见图），圆形，直径7.4

透光镜（上海博物馆藏）

厘米，重50克，镜缘比较宽厚。镜背铸有文字和图样，铭文为“见日之光，天下大明”。镜面微凸，既可映照人面，又能在阳光照射下将镜背上的图文完整地映到墙上，仿佛光线从镜背穿透镜体再映射到墙上。经过研究认为，透光这一现象是镜面存在许多微小的凸凹不平的曲率差异所造成。图文处镜面微凹，非图文处镜面微凸。凹处光线会聚，而凸处光线发散，在映象中出现与镜背图文相应的亮部和暗部，从而在墙上形成镜背图文。镜面的这种凸凹不平的曲率差异，有人认为是铸造成因，研磨透光；又有人认为是淬火处理所形成。无论是通过铸造研磨还是淬火处理方法均能制成透光镜。透光镜的出现表明汉代在铜合金的冶炼、铸造和加工等方面已达到较高的技术水平。

（沈嘉猷　沈永祥）

土壤腐蚀 soil corrosion 材料在环境温度下，以土壤作为腐蚀环境发生的腐蚀。土壤腐蚀是一种电化学腐蚀。土壤是一个由气、液、固三相物质构成的复杂腐蚀性介质，其组成和结构往往不均匀且多变，因而土壤腐蚀过程比较复杂。金属材料的土壤腐蚀速率与土壤的性质密切相关，包括孔隙度、含水量、含氧量、含盐量、电导率、酸碱度、温度、微生物等。

腐蚀形式　土壤腐蚀主要包括4种形式：由微电池引起的腐蚀、由宏观电池引起的腐蚀、由杂散电流引起的腐蚀和由微生物引起的腐蚀。①由微电池引起的腐蚀是相距仅为几毫米甚至几微米的阳极和阴极所组成的微电池作用引起的腐蚀，其外形特征是腐蚀均匀。②由宏观电池引起的腐蚀是土壤介质的不均匀性引起浓差电池（包括氧浓差电池和盐浓差电池）或温差电池，进而造成金属各部位的电位不同引发的腐蚀，可造成局部腐蚀。③由杂散电流引起的腐蚀是原定的正常电路漏失而流入他处的电流所引起的腐蚀，腐蚀破坏程度与杂散电流的电流强度成正比。④由微生物引起的腐蚀是土壤中微生物的存在而引起或影响的腐蚀，土壤中的典型腐蚀微生物包括硫酸盐还原菌、铁氧化菌、硫氧化菌等。

防护方法　土壤腐蚀防护方法包括正确选用材料和加工工艺、改变土壤环境成分以降低腐蚀性、涂覆保护层和实施电化学保护等。具体实施措施如：在设计和制造产品或构件时，选择具备良好机械性能和对土壤环境具有耐蚀性的材料；采用石灰处理酸性土壤、移入腐蚀性弱的土壤、加强排水等措施改善土壤环境；在改变土壤环境基础上，采用煤焦油沥青涂层、环氧煤沥青涂层等使得埋地金属与腐蚀性介质隔离，可进一步减少或防止土壤腐蚀；附加阴极保护，可有效弥补由涂层缺陷而引起的腐蚀，进而延长埋地金属设施的使用寿命。

扩展阅读

王光雍.自然环境的腐蚀与防护：大气·海水·土壤.北京：化学工业出版社，1997.

（张　盾）

推钢式加热炉 push furnace 由推钢机完成炉内坯料移动的连续**加热炉**。是传统的、使用历史较长的一种加热炉。

结构　推钢式加热炉由推钢机、炉本体、燃烧系统、排烟系统、冷却系统、自动化控制系统等部分组成。推钢机一般有螺旋式、齿条式、活塞式和曲柄连杆式几种。炉本体由钢结构框架、耐火材料砌体、实炉底或炉底水管滑道装料端、出料端、

推钢式加热炉外形

炉门、排渣装置等组成。燃烧系统由燃烧器、蓄热体和控制系统等组成。排烟系统由烟道及排烟装置组成。冷却系统组成受冷却方式影响。炉底水管由立柱、横水管、纵水管及耐热滑道组成。有的小型连续加热炉采用了由特殊陶质材料制成的无水冷滑轨，支撑在由耐火材料砌筑的基墙上，称之为“无水冷炉”。大型板坯一般是端装端出方式，小断面坯料一般是侧装侧出方式，也有端装侧出方式。端出料方式有斜坡和托出机械的端出料结构。

分类　推钢式加热炉类型很多：①按燃料种类，分为燃煤、燃油、燃煤气的连续加热炉。②按温度制度和炉型，分为两段式、三段式及强化加热式、顺流式、反向供热式连续加热炉。③按有无下加热，分为单面加热和双面加热的连续加热炉。④按炉内坯料排数，分为单排料、双排料、三排料的连续加热炉。⑤按出料方式分为端出料、侧出料的连续加热炉。⑥按烧嘴布置分为段供热、侧供热、顶供热的连续加热炉。⑦按加热金属的形状分为方坯、板坯、圆坯、异型坯的连续加热炉等。⑧按空气和煤气的预热方式分为换热式、蓄热式、不预热的连续加热炉等。⑨按冷却方式分为水冷却、汽化冷却、无水冷却的连续加热炉等。

炉型及热工制度　推钢式加热炉主要根据加热坯料、加热与轧制工艺、产量、燃料种类、平面布置等条件不同而具有不同的炉型结构和不同的热工制度。炉型包括炉膛空间形状、尺寸、燃烧器种类、装出料方式、排烟方式、排渣方式等。推钢式加热炉的热工制度包括炉温制度、供热制度和炉压制度。炉型结构是实现热工制度的重要条件。炉温制度分为两段式、三段式及强化加热式3种。①两段式炉温制度与两段式加热炉。炉温分为加热段和预热段。炉温制度要求加热段的温度沿炉长保持恒定，使炉温与坯料之间在该炉温条件下具有最大平均辐射温压，以提高加热速度；预热段要求沿炉长有较大的温度降，以利于节约燃料消耗。②三段式炉温制度与三段式加热炉。炉温制度分为预热段、加热段和均热段。与两段式炉温制度相比，提高了加热段的温度，实行强化加热，坯料产生较大的温差，然后利用温度较低的均热段使坯料温差缩小到允许范围之内。加热断面尺寸较大的坯料、合金坯料，以及对坯料加热温度均匀性要求较高的炉子，多采用三段式炉温制度。③强化加热式炉温制度。炉温制度与三段式炉温制度相比，是将预热段温度提高使之成为新的加热段，实行坯料的强化加热。根据采用的炉温制

度有4段式、5段式、6段式、多点供热的大型加热炉，以及使用炉顶烧嘴的平顶式加热炉和顺逆式加热等炉型。单位有效炉底面积产量可达800～1000千克/（米²·小时）以上。

应用特征和发展　采用推钢机，使坯料在实炉底或在用水冷管支撑的滑轨上滑动通过炉内加热。炉膛具有连续的温度分布。和其他类型的加热炉比较，推钢式加热炉具有结构简单、操作方便、投资少、建造快的特点，可用于各种金属坯料轧制前的加热和某些锻造前加热。但推钢式加热炉也存在许多不足，如坯料在炉内“黏钢”和“翻钢”，对炉内坯料氧化、脱碳不易控制，坯料滑动时产生划伤和黑印严重，炉子长度受推钢比限制不易太长，炉子产量不能过大等，从而使推钢式加热炉的使用和发展受到了限制。20世纪60年代出现了**步进式加热炉**，克服了推钢式加热炉的不足，轧钢厂的推钢式加热炉逐步被其取代。但也有一些特殊规格坯料的轧钢厂及锻造车间仍然使用，并应用了新技术，使其向高质量、低消耗、自动化方向发展。

扩展阅读

陆钟武.火焰炉.北京：冶金工业出版社，1995.
陈鸿复.冶金炉热工与构造.北京:冶金工业出版社，1999.

（苗为人）

退火　annealing　将金属缓慢加热到一定温度，保持足够时间，然后以适宜速度冷却（通常是缓慢冷却，有时是控制冷却）的一种**金属热处理**工艺。目的是使经过铸造、锻轧、焊接或切削加工的材料或工件软化，改善塑性和韧性，使化学成分均匀化，去除残余应力，或得到预期的物理性能。退火工艺随目的的不同而有多种，如重结晶退火、等温退火、均匀化退火、球化退火、再结晶退火、去除应力退火，以及稳定化退火、磁场退火等。

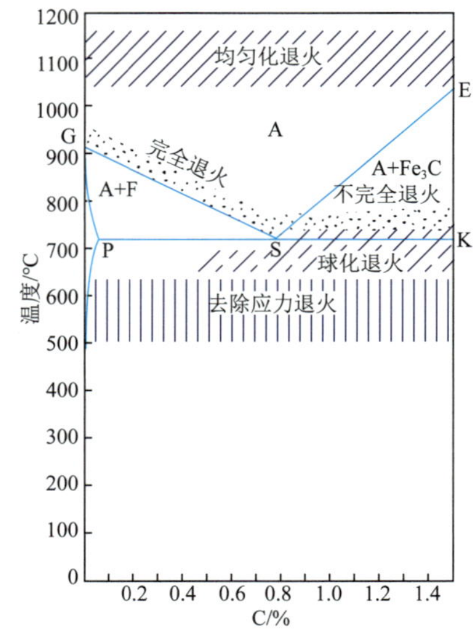

图1　碳素钢主要退火工艺在铁碳相图中的温度位置

退火的一个最主要工艺参数是最高加热温度（退火温度），大多数合金退火加热温度的选择是以该合金系的相图为基础的，如碳素钢以**铁碳相图**为基础（图1）。各种钢（包括碳素钢及合金钢）的退火温度，视具体退火目的的不同而在各该钢种的A_{c3}以上、A_{c1}以上或以下的某一温度。各种非铁合金的退火温度则在各该合金的固相线温度以下、固溶度线温度以上或以下的某一温度。

重结晶退火　应用于平衡加热和冷却时有**固态相变**（重结晶）发生的合金。其退火温度为各该合金的相变温度区间以上或以内的某一温度。加热和冷却都是缓慢的。合金于加热和冷却过程中各发生一次相变重结晶，故称为重结晶退火，常被简称为退火。

这种退火方法，相当普遍地应用于钢。钢的重结晶退火工艺是：缓慢加热到A_{c3}（亚共析钢）或A_{c1}（共析钢或过共析钢）以上30～50℃，保持适当时间，然后缓慢冷却下来。通过加热过程中发生的**珠光体**（或者还有先共析的**铁素体**或**渗碳体**）转变为**奥氏体**（第一回相变重结晶）以及冷却过程中发生的与此相反的第二回相变重结晶，形成晶粒较细、片层较厚、组织均匀的珠光体（或者还有先共析铁素体或渗碳体）。退火温度在A_{c3}以上（亚共析钢）使钢发生完全的重结晶者，称为完全退火；退火温度在A_{c1}与A_{c3}之间（亚共析钢）或A_{c1}与A_{cm}之间（过共析钢），使钢发生部分的重结晶者，称为不完全退火。前者主要用于亚共析钢的铸件、锻轧件、焊件，以消除组织缺陷（如魏氏组织、带状组织等），使组织变细和变均匀，以提高钢件的塑性和韧性。后者主要用于中碳和高碳钢及低合金结构钢的锻轧件。此种锻、轧件若锻、轧后的冷却速度较大时，形成的珠光体较细、硬度较高。若停锻、停轧温度过低，钢件中还有大的内应力，此时可用不完全退火代替完全退火，使珠光体发生重结晶，晶粒变细，同时也降低硬度，消除内应力，改善被切削性。此外，退火温度在A_{c1}与A_{cm}之间的过共析钢球化退火，也是不完全退火。

重结晶退火也用于非铁合金，例如钛合金于加热和冷却时发生同素异构转变，低温为α相（密排六方结构），高温为β相（体心立方结构），其中间是α＋β两相区，即相变温度区间。为了得到接近平衡的室温稳定组织和细化晶粒，也进行重结晶退火，即缓慢加热到高于相变温度区间不多的温度，保温适当时间，使合金转变为β相的细小晶粒；然后缓慢冷却下来，使β相再转变为α相或α＋β两相的细小晶粒。

等温退火　应用于钢和某些非铁合金如钛合金的一种控制冷却的退火方法。对钢来说，是缓慢加热到A_{c3}（亚共析钢）或A_{c1}（共析钢和过共析钢）以上不多的温度，保温一段时间，使钢奥氏体化，然后迅速移入温度在A_1以下不多的另一炉内，等温保持直到奥氏体全部转变为片层状珠光体（亚共析钢还有先共析铁素体，过共析钢还有先共析渗碳体）为止，最后以任意速度冷却下来（通常是出炉在空气中冷却）。等温保持的大致温度范围在所处理钢种的等温转变图上A_1至珠光体转变鼻尖温度这一区间之内（见**过冷奥氏体转变图**），具体的温度和时间主要根据退火后所要求的硬度来确定（图2）。等温

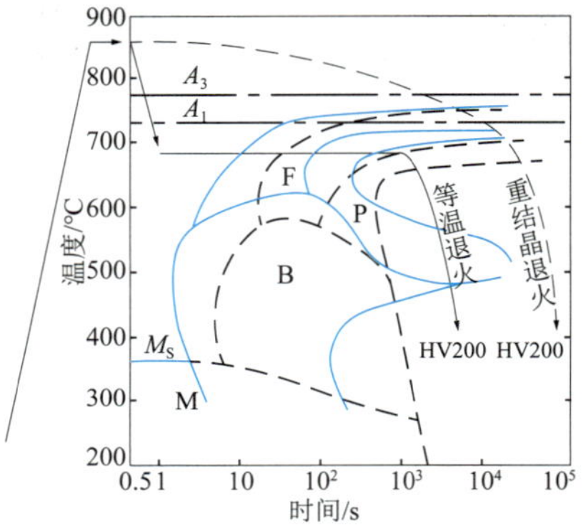

图2　35CrMo钢的等温转变图和等温退火工艺曲线

度不可过低或过高，过低则退火后硬度偏高；过高则等温保持时间需要延长。钢的等温退火的目的，与重结晶退火基本相同，但工艺操作和所需设备都比较复杂，所以通常主要是应用于过冷奥氏体在珠光体相变温度区间转变相当缓慢的合金钢。后者若采用重结晶退火方法，往往需要数十小时，很不经济；采用等温退火则能大大缩短生产周期，并能使整个工件获得更为均匀的组织和性能。等温退火也可在钢的热加工的不同阶段来用。例如，若让空冷淬硬性合金钢由高温空冷到室温时，当心部转变为马氏体之时，在已发生了**马氏体相变**的外层就会出现裂纹；若将该类钢的热钢锭或钢坯在冷却过程中放入700℃左右的等温炉内，保持等温直到珠光体相变完成后，再出炉空冷，则可免生裂纹。

含β相稳定化元素较高的钛合金，其β相相当稳定，容易被过冷。过冷的β相，其等温转变动力学曲线（图3）与

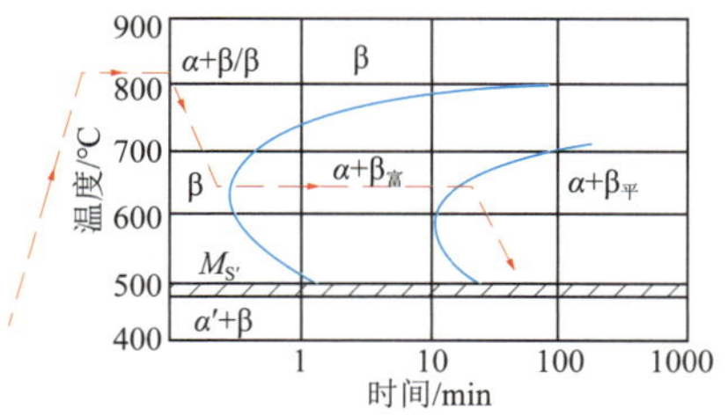

图3　Ti-9%Mo合金的等温转变动力学曲线和等温退火工艺曲线

钢的过冷奥氏体等温转变图相似。为了缩短重结晶退火的生产周期并获得更细、更均匀的组织，亦可采用等温退火。

均匀化退火　亦称扩散退火。应用于钢及非铁合金（如锡青铜、硅青铜、白铜、镁合金等）的铸锭或铸件的一种退火方法。将铸锭或铸件加热到各该合金的固相线温度以下的某一较高温度，长时间保温，然后缓慢冷却下来。均匀化退火是使合金中的元素发生固态扩散，来减轻化学成分不均匀性（偏析），主要是减轻晶粒尺度内的化学成分不均匀性（晶内偏析或称枝晶偏析）。均匀化退火温度之所以如此高，是为了加快合金元素扩散，尽可能缩短保温时间。合金钢的均匀化退火温度远高于A_{c3}，通常是1050～1200℃。非铁合金锭进行均匀化退火的温度一般是“0.95×固相线温度（K）”，均匀化退火因加热温度高，保温时间长，所以热能消耗量大。

球化退火　只应用于钢的一种退火方法。将钢加热到稍低于或稍高于A_{c1}的温度或者使温度在A_1上下周期变化，然后缓冷下来。目的在于使珠光体内的片状渗碳体以及先共析渗碳体都变为球粒状，均匀分布于铁素体基体中（这种组织称为球化珠光体）。具有这种组织的中碳钢和高碳钢硬度低、被切削性好、冷变形能力大。对工具钢来说，这种组织是淬火前最好的原始组织。

球化退火的具体工艺（图4）有：①普通（缓冷）球化退火（图4a），适用于多数钢种，尤其是装炉量大时，操作比较方便，但生产周期长。②等温球化退火（图4b），适用于多数钢种，特别是难于球化的钢以及球化质量要求高的钢（如滚动轴承钢）。其生产周期比普通球化退火短，不过需要有能够控制共析转变前冷却速率的炉子。③周期球化退火（图4c），适用于原始组织为片层状珠光体组织的钢，其生产周期也比普通球化退火短，不过在设备装炉量大的条件下，很难按控制要求改变温度，故在生产中未广泛采用。④低温球化退火（图4d），适用于经过冷形变加工的钢以及淬火硬化过的钢（后者通常称为高温软化回火）。⑤形变球化退火，形变加工对球化有加速作用，将形变加工与球化结合起来，可缩短球化时间。它适用于冷、热形变成形的钢件和钢材（如带材）（图4e是在A_{cm}或A_{c3}与A_{c1}之间进行短时间、大形变量的热形变加工，图4f是在常温先予以形变加工，图4g是利用锻造余热进行球化）。

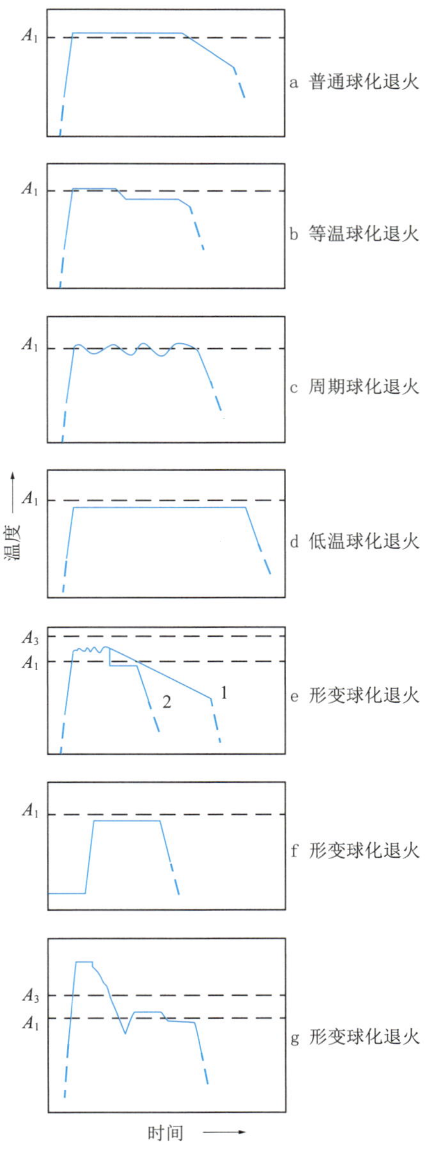

图4　球化退火工艺曲线示意图

再结晶退火　应用于经过冷变形加工的金属及合金的一种退火方法。目的是使金属内部组织变为细小的等轴晶粒，消除形变硬化，恢复金属或合金的塑性和形变能力（见**回复和再结晶**）。若欲保持金属或合金表面光亮，则可在可控气氛的炉中或真空炉中进行再结晶退火。

去除应力退火　铸、锻、焊件在冷却时由于各部位冷却速度的不同而产生内应力，金属及合金在冷变形加工中以及工件在切削加工过程中也产生内应力。若内应力较大而未及时予以去除，常导致工件变形甚至形成裂纹。去除应力退火是将工件缓慢加热到较低温度（如灰口铸铁是500～550℃，钢是500～650℃），保温一段时间，使金属内部发生弛豫，然后缓冷下来。应该指出，去除应力退火并不能将内应力完全去除，而只是部分去除，从而消除它的有害作用。

还有一些专用退火方法，如不锈耐酸钢稳定化退火、软磁合金磁场退火、硅钢片氢气退火、可锻铸铁可锻化退火等。

扩展阅读

刘永铨.钢的热处理.北京：冶金工业出版社，1981.
《有色金属及其热处理》编辑组.有色金属及其热处理.北京：国防工业出版社，1981.

（程肃之）

托马斯，S.G.　Sidney Gilchrist Thomas（1850-04-16～1885-02-01）　英国冶金学家，碱性转炉炼钢发明人。生于伦敦，卒于法国巴黎。曾在皇家矿业学院和伯克贝克学院学习化学和冶金学。

当托马斯了解到**贝塞麦转炉炼钢**不能去磷这个长期未获解决的问题时，就致力于探索用转炉吹炼高磷生铁。1875年托马斯及其合作者P.C.吉尔克里斯特认识到，必须使转炉钢水中的磷与碱性物质结合成炉渣排出，才能去磷。最初用石灰或石灰石组成的碱性炉衬做实验，发现要避免炉衬很快受到侵蚀，必须在铁水中加入适当的碱性料。几经失败，1877年终于成功，1879年在生产中推广。为纪念他，碱性转炉空气炼钢法被命名为托马斯法或碱性炼钢法。

（常乃懂　苏天森）

托马斯转炉炼钢　Thomas process　将空气由使用碱性炉衬的转炉炉底吹入铁水中，并用石灰造渣脱磷而把生铁精炼成钢水的**转炉炼钢**技术。又称碱性空气底吹转炉炼钢法、托马斯法。是第一个碱性炼钢法。适用于高磷原料炼钢。由英国人S.G.托马斯提出。西欧阿尔萨斯-洛林地区的高磷铁矿炼出的生铁含磷量高达1.8%～2.2%，所以托马斯法成为西欧各国（法、比、卢、德）的主要炼钢法。直至20世纪70年代，托马斯法陆续改造为**氧气底吹转炉炼钢法**。

托马斯法采用白云石高温烧成的熟料，混合焦油做成碱性的耐火砖，用于砌筑炉衬，冶炼过程中吹入空气并加入生石灰造渣，将高磷生铁吹炼成钢。

生铁中的磷是炼钢过程中的主要发热元素，含磷量约2%的生铁也被称为托马斯生铁。托马斯转炉炼钢的炉渣含五氧化二磷15%～20%，可以用作磷肥的原料。

（萧来潮　曲　英）

脱泥 desliming　采用筛分、洗矿、分级等方法从矿石中脱除微细粒级颗粒的作业。在选矿作业中，脱除的微细粒级颗粒称为矿泥，选矿过程中是一种干扰因素，直接影响分选指标和选矿药剂耗量。脱泥的目的是使混杂和附着于粗矿粒上的细泥和细泥结成的泥团发生解离和分散，并将其脱除。脱泥主要应用场合包括：①矿石在进行破碎之前，若其中小于0.074毫米粒级含量较多且含水量在5%以上时，通常采用振动筛或洗矿机等设备脱除这部分细粒物料，以免堵塞破碎腔。②需要预选的矿石，在预选前进行洗矿脱泥，为手选、光电分选、重介质分选等预选作业创造有利的工作条件。③在浮选或磁选作业之前，若物料中的小于0.010毫米或0.020毫米粒级含量较高，采用分级机、脱泥斗、水力旋流器等分级设备进行脱泥处理。

脱泥在氧化矿石的分选过程中应用较多。例如，对一水硬铝石型铝土矿进行脱泥后再给入反浮选作业系统，可取得良好的分选技术经济指标，为拜耳法生产氧化铝提供优良原料；在磁铁矿石的阶段磨矿–阶段选别工艺流程中，采用磁力脱水槽脱除细粒脉石颗粒，对于提高选矿厂的生产技术指标发挥了重要作用。

对于脱除掉的矿泥的处理，则可根据其粒度组成、金属分布情况等具体确定，既可以和破碎产物一起给入分选系统，也可单独分选、进行沉淀或排入尾矿设施等。

（高淑玲）

脱溶 precipitation　在过饱和固溶体中，呈溶质原子发生偏聚，并沉淀析出新相的现象。又称沉淀。几种有脱溶分解的合金相图形式及相图中发生脱溶分解典型合金的位置，如图1所示。

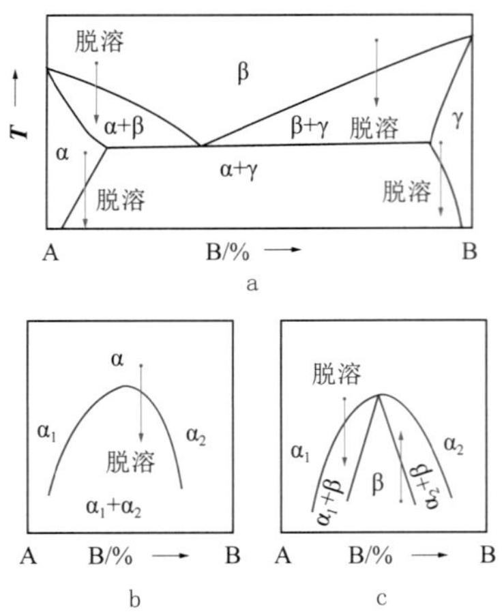

图1　几种有脱溶分解的合金相图形式

分类　按造成脱溶的分解条件，可把脱溶分为平衡脱溶和时效脱溶；按脱溶的地区分布和脱溶过程，可把脱溶分为连续脱溶和不连续脱溶，即连续沉淀和不连续沉淀。

平衡脱溶　缓慢冷却过程中合金按相图发生转变，从固溶体中不断析出第二相。如 图1a 中β→β＋α（或β＋γ），或α→α＋γ，这种转变也称为单相脱溶，母相中析出富溶质原子的新相（沉淀相），母相保持原来的晶型，但其中溶质原子浓度则是饱和状态。

时效脱溶　简称时效，或称脱溶分解。固溶体自高温急冷到固态溶解度曲线以下，由于冷却速度快，沉淀产物来不及析出，形成了过饱和固溶体，然后在较低的温度下这种不稳定的过饱和固溶体随着时间变化而发生脱溶分解。随时效温度和固溶体合金成分的不同，时效脱溶过程中会析出各种弥散分布的亚稳定沉淀相，这种亚稳定沉淀相与母相共格或局部共格，使合金强化。时效脱溶是一种金属强化方法，所以也称时效强化或沉淀硬化。

自1906年A.维尔姆发现铝合金时效强化现象以来，已发展出一系列时效强化型合金，如铝合金、铜合金、马氏体时效钢，以及许多型号高温合金等。在时效热处理工艺方面，为控制时效过程中析出产物的组成或形态分布，以获得要求的最佳综合性能，有分级时效、变温时效等。对过饱和固溶体施以冷形变，然后再进行时效，称形变时效。时效过程汇总叠加了应力场的影响则称为应力时效。软磁或永磁材料长期放置后磁特性恶化的现象，称为磁时效。

图2a是Al–Cu合金经550℃固溶热处理、淬火得到α过饱和固溶体，然后在130℃时效时的硬度变化曲线。由X射线衍射分析和电子显微镜观察证明，性能变化和析出的沉淀相有关。对于含铜较高的Al–Cu合金，在较低的时效温度下，时效分解的序列是：

GP区→θ″(GP Ⅱ区)→θ′ →θ

其中GP区是A.吉尼尔和G.D.普雷斯顿各自在1938年从研究Al–Cu固溶体单晶时效后的X射线衍射的劳厄照片中发现的。它是沿基体｛100｝面的铜原子偏聚区，后来电子显微镜观察也证明GP区呈圆盘状，直径为3～8纳米（尺寸因时效温度而变化），厚度是在基体的｛100｝面上由一层或两层铜原子所组成。平均铜浓度可达90%，在基体中的分布密度为10^{17}～10^{18}/厘米^3。

随时效时间的延长，或时效温度的提高，GP区急剧长大，铜原子和铝原子形成规则的排列，呈正方有序化结构（$a=b=0.404$纳米，$c=0.768$纳米，一般称为θ″过渡相(或GP Ⅱ区)；其厚度为0.8～2纳米，直径为15～40纳米；θ″过渡相与母相完全共格，但在z轴方向产生约4%的错配。因此，在θ″过渡相附近造成了弹性共格应变场。随时效时间的增加，θ″过渡相的密度不断增加，基体内的畸变区不断增多，使合金的硬度、强度，尤其是屈服强度不断提高。

继续增加时效或提高时效温度，θ″过渡相转变为θ′过渡相。θ′相是直径为10～600纳米、厚度为10～15纳米的圆片，密度为10^{11}/厘米^3，晶型也是正方结构，$a=b=0.404$纳米，$c=0.508$纳米，位向关系$(001)_{\theta'}$ // $(001)_{\alpha}$，$[110]_{\theta'}$ //$[110]_{\alpha}$，成分已接近稳定相θ（$CuAl_2$）。由于z轴方向的错配量过大（约30%），在（010）和（100）面上的完全共格遭到破坏，在电子显微镜中可以看到θ′相质点周围存在位错圈，说明与基体间仅存在着局部共格，应变场减弱；硬度和强度开始下降。超过峰值硬度后的时效（图2a），称为过时效。

铝铜合金时效脱溶分解的稳定相θ（$CuAl_2$），是一种金属间化合物，呈体心正方结构：$a=b=0.6066$纳米，$c=0.4874$纳米，与基体不共格。出现θ相后合金完全失去时效强化作用。

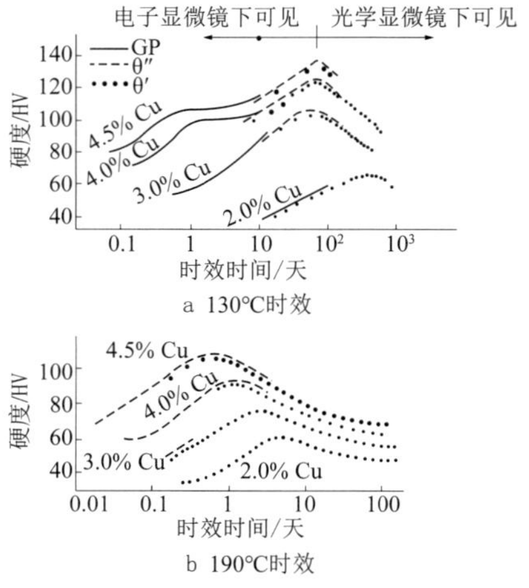

图2　铝铜合金固溶处理后的时效强化曲线

铝铜合金在时效脱溶分解中可能出现的脱溶产物及其顺序，显然是受合金热力学及动力学条件约束的。因此当时效温度或合金成分变动时，脱溶情况会有所变化，在有些合金的时效脱溶过程中就不出现GP区或过渡相（图2a、图2b）。

连续脱溶 或称连续沉淀，是单相脱溶过程在母相中各处同时进行，这通常是在过饱和程度比较低的情况下发生，或者在沉淀相与母相错配度比较大的合金中出现。连续脱溶分解时，母相成分连续地由过饱和状态向饱和状态转变，母相的晶粒外形和取向均不改变。连续脱溶又可分为两类：①均匀脱溶。指沉淀相在母相晶粒内均匀分布，与母相常有一定位向关系。常见的是平行于基体低指数面呈片状魏氏组织形貌。②不均匀脱溶。指在晶界、滑移带、非共格孪晶界等处优先形核，析出过渡沉淀相或稳定的沉淀相。

在过冷度较小的情况下，通常发生不均匀脱溶；过冷度较大时，则倾向于均匀脱溶。

不连续脱溶 又称饱和脱溶，指过饱和固溶体α′分解时，先在母相晶界形核，析出稳定的沉淀相γ，同时在沉淀相两侧形成接近平衡浓度的α相，并以层片的形式向晶界一侧生长形成胞状产物（图3），此时过饱和α′同饱和的α之间有明显相界。这被认为是由于沉淀物在晶界形核后，以层片状相间分布向一个非共格关系的晶粒内快速生长的结果，所以已分解的部分与未分解的基体有明确分界，界面上溶质浓度也呈突然变化。不连续脱溶通常在高度过饱和的固溶体中出现，而过饱和程度低的固溶体则倾向于连续脱溶。但在同一合金中，有可能同时产生连续脱溶和不连续脱溶，如Al-18Ag合金。

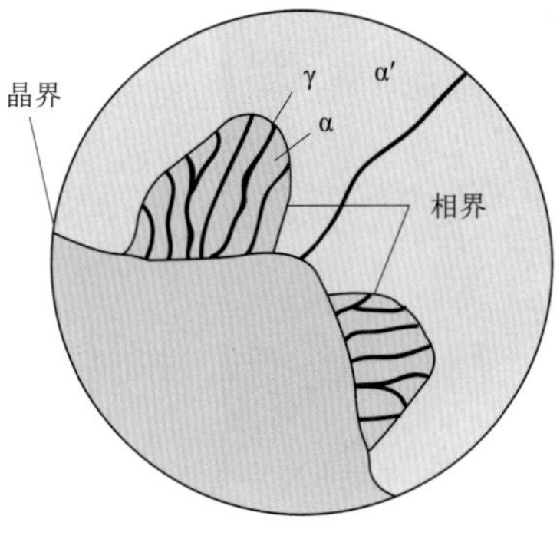

图3 不连续脱溶示意图

但二者的沉淀相不同，连续脱溶的沉淀相是亚稳过渡相γ′，而不连续脱溶的沉淀相是稳定的γ相。

应变时效和屈服现象 含有少量间隙固溶杂质原子的体心立方金属，如低碳钢，在单轴拉伸时出现明显屈服点并有屈服平台。如在应变超过屈服平台后卸载，然后立即拉伸，则屈服平台现象消失。但如经时效后再拉伸，则发现屈服点抬高，又出现明显平台（图4）。这种现象称为应变时效。

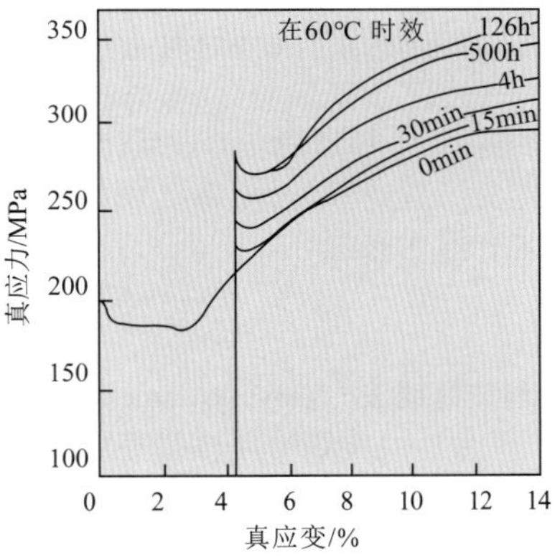

图4 低碳沸腾钢（0.03%C）在60℃时效的应变时效曲线

对出现明显屈服点及屈服平台的现象，一般是用固溶体中在位错线附近的间隙溶质原子与位错的交互作用去解释的。即认为这些原子形成了柯垂尔气团，这个气团对位错运动起钉扎作用；但一旦屈服，位错脱锚运动，原子气团跟不上，这就出现屈服平台。经适当变形后立即拉伸看不到屈服平台的原因是脱锚的运动位错还未被溶质原子钉扎住。

在低碳沸腾钢中，引起应变时效作用的主要因素是固溶的氮和碳。由于氮在低温时的溶解度比碳高，所以作用比碳强。如低碳钢在150～350℃，碳、氮都可在范性形变过程中扩散到运动位错上去，此时得到如图5中200℃拉伸的应力-应变曲

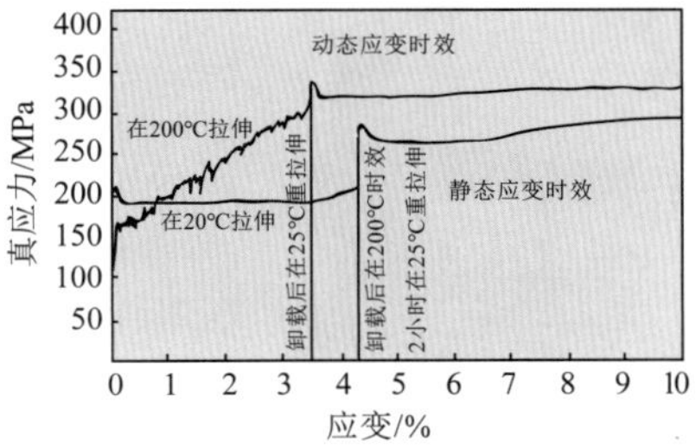

图5 动态应变时效和静态应变时效

线，屈服点持续抬高。这种现象称为动态应变时效，也称蓝脆。由于碳、氮之类的间隙固溶组元在α-铁中溶解度随温度变化改变很大，所以前述的过饱和固溶体的时效脱溶和应变时效常同时出现。二者都可以使合金强化，但韧性下降。要完成消除应变时效是困难的，但如将钢液用Al（或用TiV）脱氧，使氮形成AlN等稳定的化合物，则可减弱应变时效。在无位错的铜晶须，低位错密度的锗、硅和LiF中都观察到上述屈服现象，对此，W.A.约翰斯顿用位错增殖的观点做了补充说明。 （吴云书 陈南平）

W

瓦尔克，I.W. Ian William Wark（1899-05-08～1985-04-20） 澳大利亚化学家、选矿工程专家和科技管理专家。生于墨尔本，卒于墨尔本。分别于1920年、1922年、1924年获得墨尔本大学理学学士、硕士和科学博士学位。1940年成为澳大利亚联邦科学与工业研究组织化学工业部门主要创建人，

1965～1971年任新创建的联邦高等教育咨询委员会主席。曾任澳大利亚化学研究所主席（1958）、澳大利亚科学院首批研究员（1954）和财务部长（1959～1963）。

主要集中在金属羟基-酸络合物，电化学特别是锌电积、矿物浮选过程物理化学和相关的表面化学研究。对**捕收剂**、活化剂及**浮选调整剂**在气泡/矿物表面的作用进行系统精确深入地研究，1938年出版了选矿专业经典著作——《浮选原理》（*Principles of Flotation*）。

1969年被封为爵士。为纪念瓦尔克，澳大利亚联邦科学与工业研究组织在维多利亚克莱顿设有以伊恩·瓦尔克命名的实验室，以及伊恩·威廉·瓦尔克奖章，澳大利亚科学院的伊恩·威廉·瓦尔克讲座和南澳大利亚大学的伊恩·瓦尔克研究所等。

（张忠汉）

瓦格纳，C. Carl Wagner（1901-05-25～1977-12-10） 德国物理化学家和冶金学家。生于莱比锡，卒于格丁根。1920～1924年在慕尼黑大学和莱比锡大学学习化学，1924年获莱比锡大学哲学博士（物理化学）学位。1927年进入柏林大学博登施泰因研究院研究固态化学中的点缺陷问题。1928～1933年在耶拿大学从事助教工作，1933～1934年在汉堡大学任客座物理化学教授。1934～1945年任达姆施塔特工业大学物理化学教授。1945～1949年任美

国得克萨斯州布利斯堡科学顾问。1949～1958年任麻省理工学院冶金系教授。1958～1968年任联邦德国格丁根马克斯·普朗克生物物理化学研究所所长。

研究领域包括氧化、腐蚀、催化、光化学、电池、燃料电池、半导体、**晶体缺陷**等。由于在固态化学方面作出了开创性的理论工作，被誉为"固态化学之父"。发表论文255篇，著作3本。1952年在他的著作《合金热力学》中提出了活度相互作用系数的概念，给出多元稀溶液活度的计算方法，带动了多元系相互作用系数的大量研究工作，使热力学在冶金生产中的实际应用前进了重要的一步。1956年发表论文《炼钢中的动力学问题》，从理论上详细分析了钢水-熔渣相间反应的本质，提出了处理钢渣反应动力学的方法，给当时还很不活跃的**冶金过程动力学**的研究工作开创了新局面。1957年与合作者以ZrO_2基固体电解质成功测定氧化物的热力学性质，推动了固体电解质的理论研究及其在冶金中的应用。

（周国治）

瓦纽科夫炼铜法 Vanyukov smelting process 用于有色金属冶金的双侧吹熔池熔炼技术。技术原型由苏联莫斯科钢铁与合金学院A.V.瓦纽科夫于1949年发明，因此得名。**瓦纽科夫炉**作为优良的高温反应器，适应于其他高温反应过程，包括**炼铁**和垃圾焚烧。2000年以来，中国逐步掌握了该技术，用于铜、铅、铋等的冶炼。

瓦纽科夫炉为固定式双侧吹炉型。其炉缸为耐火材料，炉身与熔体接触部分安装有铜水套，上部为钢水套，风口置于上部渣层。与其他**熔池熔炼**方法相比，瓦纽科夫炉的特色是深熔池、熔炼区和渣锍沉淀分离区垂直配置。

在**铜造锍熔炼**中，炉料（含水7%～8%，允许有少量小于30毫米的大块）通过炉顶加料口加入熔池中。风口位于渣面下0.5米，富氧空气通过两侧风口喷入渣层内，搅动熔体发生造锍熔炼物理化学反应。炉渣对铜水套侵蚀性小且可挂渣保护，炉子寿命长。深熔池是瓦纽科夫炉的特征，熔体高度达2.3米，熔炼区与渣、锍沉淀区垂直配置，渣锍在熔池中、下部沉淀分离，分别从两端虹吸排出，可以间断或连续排放渣和锍。烟气经余热回收、收尘及净化后制酸。主要技术指标为：①富氧浓度60%～90%。②**冰铜**品位45%～74%。③炉渣含铜量0.7%～2%。④炉出口烟气二氧化硫浓度25%～40%。⑤烟尘率<1%。

瓦纽科夫炼铜法的技术特点为：①熔炼强度高，铜造锍熔炼时高达60～80吨炉料/（米^2·天）。②炉子寿命长，达4～5年。③炉体固定，密封好，无烟气泄露，环保。④深熔池配置，有利于渣与锍或金属分离。⑤备料简单、烟尘率低。

扩展阅读

任鸿九，等.有色金属熔池熔炼.北京：冶金工业出版社，2001.

（刘志宏）

瓦纽科夫炉 Vanyukov smelting furnace 富氧侧吹的熔池熔炼**冶金炉**。苏联冶金学家A.V.瓦纽科夫等发明，1982年投入工业生产。主要用于处理铜精矿、铜镍精矿、铜锌精矿等，具有原料适应性强、备料简单、熔炼强度大、燃料消耗低、生产率高等优点。瓦纽柯夫炉体是一个长方形（见图），炉缸两端设有铜锍和炉渣虹吸池，炉子基础为钢筋混凝土带形基础，炉子骨架为金属构架。炉缸、冰铜池和炉渣虹吸池以及炉顶下部的一段围墙用耐火砖砌筑，其他侧墙、端墙和炉顶均为水套结构。大型炉炉膛中设有水套式隔墙，将炉膛分为熔炼区（靠冰铜池一端）和贫化区（靠渣池一端）。小型炉的炉膛中不设隔墙。

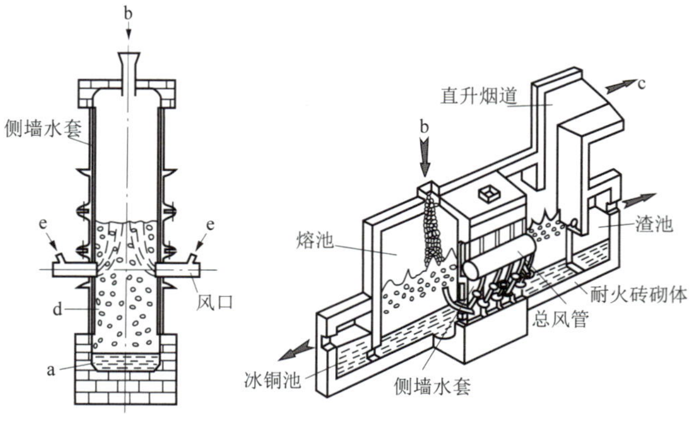

a 冰铜层 b 加料口 c 烟气 d 炉渣 e 富氧空气

瓦纽科夫炉简图

炉体两侧设置多个风口，为了均匀搅拌熔池，风口对距较小，仅为2～5.5米。炉子长度为10～20米，炉底距炉顶的距离很大，为5～6米，熔池面上炉膛空间高3～4米，风口中心距炉底1.6～2米。炉内铜锍层厚约1米，渣层厚1～1.5米。

瓦纽科夫炉的炉料包括粉状硫化矿精矿或块矿、固体或液体返料、溶剂和块煤。炉料连续从炉顶2～3个加料口加到熔池面上，通过炉子两侧风口往渣层送入含氧60%～85%的富氧空气。鼓入的气体剧烈搅拌熔池，使风口以上渣层产生泡沫层，进而使加入的炉料熔化并发生强烈的氧化和造渣。反应过程的反应热基本能满足熔炼的需要，热量不足部分由拌入炉料中的固体燃料或气体燃料燃烧补充。熔炼生成的铜锍和炉渣在风口以下的静止渣层中沉淀分离，到达炉缸后分成铜锍和炉渣两层，通过炉缸两端的虹吸口，铜锍和炉渣分别连续排出。由于铜锍连续溢流排出，而下一步**转炉吹炼**是间断作业，因此在瓦纽科夫炉和**转炉**之间需设铜锍保温炉。烟气（含$SO_2$18%～40%）出炉后经废热锅炉冷却，电收尘器净化除尘后送硫酸厂制造硫酸或元素硫。

（何　静　陈永明）

完全离子溶液-Тёмкин模型　completely ionic solution - Temkin's model　把熔渣和**熔盐**看成是完全离子化熔体的模型。由苏联学者M.I.乔姆金1945年提出。完全离子溶液符合3个条件：溶液完全由正、负离子构成；正、负离子相间排列，正、负离子不能互相交换位置；所有正离子与其周围的负离子的交互作用都是等同的，反之亦然。完全离子溶液犹如由互相独立，而又彼此不可分的正离子溶液和负离子溶液所构成。热力学证明，完全离子溶液的离子分数计算方法如下：

$$N_{i^+}=\frac{n_{i^+}}{\sum_j n_{j^+}}\qquad N_{i^-}=\frac{n_{i^-}}{\sum_j n_{j^-}}$$

而所有离子分数之和为2：

$$\sum_i N^+ + \sum_i N^- = 2$$

式中N_{i^+}、N_{i^-}分别为正、负离子i^+和i^-的离子分数；n_{i^+}、n_{i^-}分别为正、负离子i^+和i^-的摩尔数；$\sum_j n_{j^+}$、$\sum_j n_{j^-}$分别为正、负离子的摩尔总数。

Тёмкин模型考虑了离子熔体的最本质的特征，即质点载有正、负电荷，但忽略了电荷符号相同而种类不同的离子（如Fe^{2+}和Ca^{2+}，O^{2-}和S^{2-}）之间的差异，故与真实离子熔体（如**炉渣**、熔盐）是有差别的。完全离子溶液模型对离子熔体理论所起的作用，犹如**理想溶液**（符合拉乌尔定律的溶液）对真实溶液所起的作用。用完全离子溶液模型作标准，可以衡量出某种真实的离子熔体对此标准的偏差。在处理硫在高碱度氧化性熔渣与铁液之间的分配平衡时，应用完全离子模型获得了较好的结果。

（冀春霖　车荫昌）

万能轧机　universal mill　由一对水平辊和一对立辊装在同一个机架上，且**轧辊**的轴线在一个垂直平面内，能实现轧件在垂直（高度）和水平（宽展）方向同时轧制的型钢轧机。万能轧机主要用来轧制H型钢、钢轨、工字钢、槽钢、钢板桩、U型钢、L型钢、不等边角钢等。万能轧机（见图）最初是用来轧制工字钢的，后来用于轧制轨梁、H型钢等。万能轧机可按不同标准分类，如按用途分类，可分为H型钢万能轧机、轨梁万能轧机、异型断面型钢万能轧机；按结构分类，可分为普通型万能轧机、带有预应力的高刚度万能轧机、紧凑式万能轧机。万能轧机不能对翼缘边端施以压下，需要在万能机架前或后设置轧边机。用万能轧机生产H型钢的过程如图所示，用水平辊轧制H型钢的腰部，同时用立辊与水平辊侧面轧制其腿部，并用轧边机控制腿的高度。

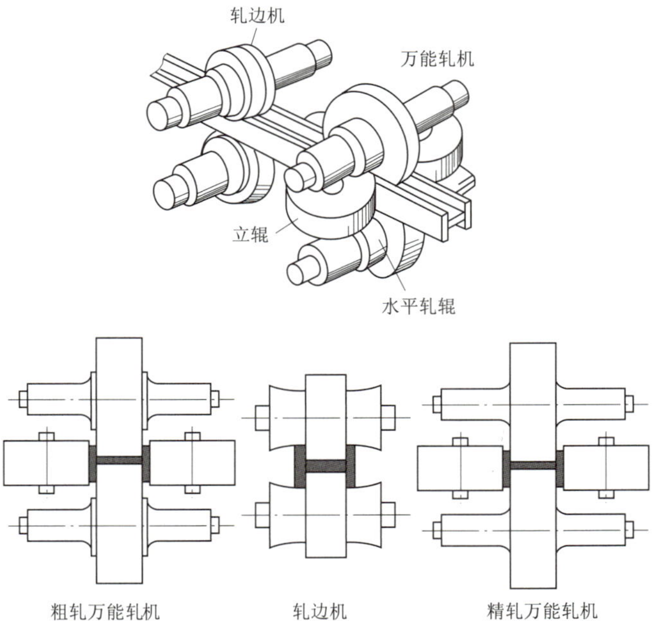

万能轧机生产H型钢示意图

万能轧机的特点是：①在水平和垂直两个方向上压缩变形，均匀延伸，残余应力小。②采用组合式轧辊，辊型简单，轧辊消耗低。③万能道次延伸系数大，轧制精度高，能耗降低。④可用小直径的轧辊轧大号钢材，如可轧出腿部较宽、腰部较高的工字钢，并且可轧制腿内侧无斜度的H型钢。

（赵宪明）

王宠佑　Wang Chongyou（1878～1958-08-31）　中国有色金属冶金学家。字佐臣。祖籍广东东莞，生于香港，卒于美国纽约。1899年毕业于北洋大学矿冶工程系。

1901～1904年先后在美国加州大学伯克利分校、纽约州立哥伦比亚大学学习，获采矿和地质硕士学位，后又留学英国、法国、德国，获博士学位。1908年回国后，在长沙为华昌公司建立中国第一个采用近代方法炼锑的锑厂，并担任总工程师。1908～1940年历任工商部委员、大冶铁矿经理、汉口炼锑公司总工程师、山东煤矿接收委员会主任委员、汉冶萍铁厂厂长、六河沟煤矿经理、扬子江工程局工程师、南京国民政府军事委员会委员、汉口商品检验局局长、云南钢铁厂筹备委员会主任委员等职。1941～1958年赴美国，任华昌公司研究室主任等职。

世界最早的**锑冶金**专家之一，所写的《锑》(英文版，1909)，是国际上关于锑的第一本专著，全面论述了锑的历史、性质、地质、冶金、分析、应用和经济评价等。1952年经过修订补充后出了第3版，仍然是世界上关于锑的一本权威著作。1943年与华昌公司经理、实业家李国钦合著《钨》(英文版)，在世界上也很有权威性，内容涉及钨的历史、性质、地质、选矿、冶金、分析、应用和经济等诸方面。于1917年、1925年、1933年三次发表所编《中国地质矿产目录》。在美国取得多项关于锑、钨冶金技术的专利，获美国哥伦比亚大学奖章和美国矿冶工程师学会荣誉勋章。是世界上较早研究粉末冶金的专家之一，中国地质学会和中国矿冶工程师学会的创始人之一。他的学术和艺术兴趣广泛，除冶金学著述外，还有哲学、美食学和心理学方面的著作；还是一位书画收藏家。

（赵天从　撰　姜　曦　修订）

王淀佐　Wang Dianzuo（1934-03-23～　）中国选矿工程专家。生于辽宁锦县（今凌海市）。1961年毕业于中南矿冶学院。1991年当选中国科学院学部委员（院士），1994年当选中国工程院院士。美国国家工程院外籍院士、俄罗斯科学院外籍院士。曾任中南工业大学（今中南大学）教授、博士生导师、副校长、校长，北京有色金属研究总院院长，中国工程院常务副院长。第八、第九、第十届全国政协委员。中国有色金属学会第二、第三、第四届理事会副理事长，中国有色金属工业协会副会长。

长期从事选矿领域的教学与科研工作，是现代浮选化学理论创立人之一。提出"浮选剂结构模型"概念，并根据量子化学、有机结构理论研究，确定了判别浮选剂结构性能的定量判据，建立了浮选剂分子设计理论。提出了浮选体系溶液化学计算与矿物分离预测设计理论，系统描述了浮选过程中浮选剂与矿物相互作用三大平衡体系中的规律性。在细粒浮选方面，提出"粗粒效应"思想，发展了分支载体浮选工艺，使细粒浮选理论与工艺取得进展。提出硫化矿电化学**电位调控浮选**概念，根据量子化学、半导体能带理论计算与电化学研究，建立起硫化矿无捕收剂浮选与电化学电位调控浮选理论。

获国家科技进步奖一等奖1项，国家自然科学奖三等奖1项，国家教育委员会科技进步一等奖1项、二等奖2项，以及国家级优秀著作奖、全国高等学校优秀教材奖等多项奖励。1989年被评为国家级有突出贡献中青年专家。2010年荣获第25届国际矿物加工大会终身成就奖。主要代表著作有《浮选剂作用原理及应用》（1982）、《矿物浮选和浮选剂——理论与实践》（1986）、《浮选溶液化学》（1988）、《冶金与选矿药剂分子设计》（1996）、《矿物加工学》（2011）等，发表论文300多篇。

（邱冠周）

王国栋　Wang Guodong（1942-10-02～　）中国轧钢及金属材料专家。生于辽宁大连。1966年东北工学院（今东北大学）毕业后分配至鞍钢小型厂工作，1978年考取北京钢铁研究总院硕士研究生，1981年硕士毕业后进入东北工学院任教。历任东北大学轧制技术及连轧自动化国家重点实验室主任，钢铁共性技术协同创新中心副主任，东北大学轧制技术及连轧自动化国家重点实验室学术委员会副主任，中国金属学会轧钢学会副理事长。2005年当选中国工程院院士。

长期从事钢铁材料轧制理论、工艺、装备与产品方面的研究。在低碳铁素体/珠光体钢强韧化的研究中，提出晶粒适度细化、复合强化等理论，解决了提高材料抗拉强度、降低屈强比和在现有轧机上生产超级钢等关键问题。集成开发了3500大型中厚板轧机控轧控冷、**中厚板轧制**钢材组织性能预测与控制、中厚板生产线自动控制等技术，形成具有中国自主知识产权的成套中厚板核心轧制技术。综合运用数字化、智能化等方法，进行板带钢**板形控制**、钢材组织性能预测等方面的研究，利用轧制过程得到的海量信息，进行轧制过程优化与数模调优。开发以超快速冷却为核心的新一代热机械控制过程（TMCP）工艺，研究热轧钢铁材料在超快速冷却条件下的综合强化机制、工艺技术及产品全生命周期评价技术，实现钢铁材料性能的全面提升和减量化生产。开发了现代轧制技术、装备和产品研发创新平台，提升了钢铁企业的自主创新能力。

获国家科技进步奖一等奖2项、二等奖4项，国家技术发明奖二等奖1项。发表论文200余篇，专著6部，译著4部。

（姜　曦）

王海舟　Wang Haizhou（1940-02-28～　）中国冶金分析表征专家。生于福建福州。1963年毕业于北京大学化学系。中国钢研科技集团有限公司教授级高工，国际钢铁工业分析委员会终身荣誉主席。2011年当选中国工程院院士。

长期从事冶金分析表征研究。首次提出原位统计分布分析表征概念，解决了材料大尺度范围内成分及状态分布定量表征的难题；首次提出并建立高温合金中痕量元素的分析方法体系。致力于中国国家分析测试体系的建立与完善，组织了一系列国际实验室间能力比对活动，是国际标准化组织（ISO）、国际钢铁工业分析委员会（ICASI）、亚太实验室认证联盟（APLAC）等国际组织多项国际标准和能力验证及标准物质（CRM）符合性评价等研究项目的召集人。2012年以来，主要从事材料基因组研究，首次提出基于实际材料非均匀性本质的高通量原位统计映射表征技术及结构材料的反演重构逆向设计技术，从而解析影响材料性能的最小物质单元，指导生产工艺的优化、改进材料性能、缩短按需设计新材料的研发周期。曾获国家技术发明奖、国家科技进步奖，以及多项省部级奖励和中国分析测试协会科学技术奖。

（姜　曦）

王一德　Wang Yide（1938-12-31～　）中国压力加工专家。生于浙江杭州。1961年毕业于北京钢铁学院（今北京科技大学），获学士学位。1968年获硕士学位。毕业后分配至西北钢铁公司（今太原钢铁集团有限公司）工作。曾任太原钢铁集团有限公司总工程师、董事会规划委员会副主任，中国金属学会不锈钢与耐热钢学术委员会主任委员，山西省专家学者协会会长等职。2005年当选中国工程院院士。

长期从事不锈钢、电工钢和轧钢技术的研究。主持完成高质量不锈钢板材技术开发国家课题研究和不锈钢冶炼技术全线改造工作，使不锈钢的生产成本大幅度降低；形成一整套不锈钢生产工艺技术，实现全流程集中布局和大型化、规模化、连续化、在线化生产；自主集成铁水为主原料的K-OBM-S转炉三步法冶炼不锈钢新流程；采用强力粗轧机、大功率精轧机和世界最新TDC技术改造热连轧；创新集成多项不锈钢冷轧薄板、热轧中板、无缝钢管和精密带钢新技术。主持改扩建中国第二个冷轧硅钢厂，并自主开发一整套冷轧无取向硅钢生产工艺技术。多次主持纯铁新材料研制，解决多项技术难题，满足了国防军工和北京正负电子对撞机等国家重点工程的需要。

获省部级以上重大科技成果奖22项，其中国家科技进步奖特等奖1项、二等奖3项，全国科学大会奖1项，省部级各种奖励一等奖10项、二等奖7项。撰写论文80余篇，译著3部。

（姜　曦）

王泳嘉　Wang Yongjia（1933-07-28～2012-03-04）　中国采矿工程与岩石力学专家。生于上海，卒于辽宁沈阳。1954年毕业于东北工学院（今东北大学）采矿系，毕业后留校工作。1956年到北京矿业学院读研究生。1980年赴美国明尼苏达大学攻读博士学位，1983年获博士学位后回到东北工学院任教。曾任东北工学院计算中心主任、研究生院副院长。

中国计算*岩石力学*奠基人之一。首先将离散元法引入国内，采用离散元法进行放矿数值模拟的研究，为现代放矿理论奠定了基础。最早引入并开创了边界元法在中国岩石力学与采矿工程中的应用研究。先后主持完成多项国家课题，其中“高陡边坡工程及计算机管理技术研究”获国家冶金工业局科技进步一等奖，“崩落矿岩移动规律的研究”获冶金部科技进步二等奖，“岩石力学分析方法的研究”获国家教委科技进步二等奖。

曾获全国冶金战线先进教育工作者称号。撰写论文70多篇，翻译《水砂充填》(1959)，出版专著《离散单元法及其在岩土力学中的应用》(合著，1991）等。

（赵兴东）

王正黼　Wang Zhengfu（1890-09-17～1951-07-03）　中国采矿事业家。字子文，号儒冠。生于浙江宁波，卒于美国华盛顿。1910年毕业于北洋大学矿冶系，1912年获美国哥伦比亚大学硕士学位。1917～1921年任辽宁本溪湖煤铁公司总工程师兼制铁部长。1921～1931年任东北矿务局总办，管理东北全境13个矿山，创办、扩建、改进了阜新、八道壕、西安、复州湾等煤矿，兴建了八道壕发电厂。此外，还创办了本溪湖林场、大石桥滑石矿、五湖嘴砖厂和瓷窑，勘察了世界上储量最大的大石桥菱镁矿。1932年组设冀北金矿公司，开采凌源、平泉、承德、滦平4县金矿，创办北京门头沟平兴煤矿，筹办苏州西山煤矿。1934年任河南六河沟煤矿总办。1945年抗日战争胜利后，资助创设燕京大学工学院。在哥伦比亚大学建校200周年(1954）纪念时，由于他办矿的卓著成绩，学校颁予他荣誉奖章。

（韩大钧　孙越崎）

王之玺　Wang Zhixi（1906-12-08～2001-01-20）　中国钢铁冶金专家。生于河北行唐，卒于北京。1931年毕业于北洋大学矿冶工程系，获学士学位。1934年8月，赴英国谢菲尔德大学钢铁冶金系学习。1936年毕业回国后，曾任上海新和兴钢铁公司副厂长、矿冶专门委员、战时生产局材料处副处长、资源委员会钢铁组副组长、鞍山钢铁公司协理（即副经理)。1937年曾到德国克虏伯公司炼钢厂实习倾动式平炉炼钢和特钢厂平炉、电炉双联炼钢技术。

近代钢铁冶金工程奠基者和开拓者之一。1938年参加大渡口钢铁厂建厂规划的制定工作和炼钢厂的设计工作，同年参加筹建云南钢铁厂。1949年后，历任东北工业部一级工程师、兼任计划处副处长，重工业部生产技术司副司长，冶金工业部技术司副司长、钢铁司副司长、科技办公室副主任等职。1955年当选中国科学院学部委员（院士)。1949年参与组织鞍钢恢复生产，荣获一等功臣称号。1955～1958年组织制定了中国第一部《钢铁产品技术标准》(部标)，参加制定1956～1967年国家科技发展规划。王之玺长期潜心从事钢铁研究，组织了氧气顶吹转炉连铸、包头和攀枝花矿物冶炼与综合利用、高炉高风温操作（1960年鞍钢曾创1200℃风温世界最好水平）等方面的技术创新工作。

（姜　曦）

王祖讷　Wang Zune（1924-03-22～2018-02-16）　中国选矿工程专家。生于广东南海，卒于北京。1947年毕业于唐山工学院矿冶系。毕业后在开滦煤矿工作，1951年由开滦矿务局调入唐山交通大学任教。1951年参与唐山交通大学选矿专业创建工作，1952年创建了中国矿业学院选煤专业。1952年院系调整，转入北京矿业学院，先后担任选矿教研室主任、选矿实验室主任、煤加工利用系主任和矿山机械系副主任。1982年参与组建中国煤炭加工利用协会，任副秘书长。1993年起担任匹兹堡国际煤炭会议组委会副主席。

中国水煤浆制备技术的奠基人之一，组织开发“六五”“七五”国家重点攻关项目——水煤浆制备与燃烧技术，完成并建成工业生产示范体系。1985～1993年担任联合国开发署水煤浆项目负责人。20世纪90年代初筹备了世界实验室中国水煤浆技术研究中心。同时期建成中国第一条水煤浆中试生产线。最早提出利用工业废水制备水煤浆，为综合治理工业废水提供了新思路。通过水煤浆研究项目开发，建成了煤炭加工利用研究平台。研发了低能耗超细磨机、内燃机用浆体燃料泵等设备，提出“煤炭深度物理加工”理念。

主持并完成科研项目30余项，获国家科技进步奖二等奖与三等奖各1项。

（刘炯天）

微波烧结　microwave sintering　利用电磁场与材料极化单元之间耦合作用产生的热量，使粉末坯体加热到烧结温度而实现致密化和合金化的技术。微波是一种电磁波，频率为0.3～300吉赫，它与物质接触时可被反射、吸收或透过。微波烧结主要利用被烧结材料对微波的吸收而耦合发热实现加热烧结。

简史　20世纪50年代加拿大W.R.廷加提出微波烧结的概念。由于陶瓷对微波有较大的吸收系数，早期的微波烧结主要集中在陶瓷材料的烧结中。21世纪初，用微波烧结技术已制备出了粉末冶金不锈钢、铜铁合金、钨铜合金、高比重合金、硬质合金、磁性材料及镍基高温合金等粉末冶金制品，并且铁基和硬质合金的微波烧结制备已经成功实现了产业化。

原理　材料对微波的吸收源于微波在材料中发生的电导损耗、极化损耗和磁损耗。在微波电磁场作用下，电磁场的频率很高，极化响应明显滞后于迅速变化的外场产生弛豫现象，在宏观上表现出能量快速损耗和整体加热。微波烧结本身也是一种**活化烧结**过程，选择性加热和非热效应都可以促进致密化过程和原子扩散过程。

装置与工艺　微波烧结装置主要由微波发生器、谐振腔（加热腔体)、保温系统和温度控制系统组成。其主要工艺是通过调整微波的波长与频率，以及材料介电常数来调整加热速度与加热均匀性，通过调整输入功率来调整烧结温度。

特点 由于微波烧结具有加热速度快、整体加热、选择性加热以及非热效应等传统热传导加热方式不具备的特点，因此通过微波烧结后得到的材料具有晶粒细小、显微组织分布均匀、原子反应扩散充分、力学性能优异等特点。同时，微波烧结工艺具有升温速度快、加热效率高、环境友好、容易控制等优点。

扩展阅读

刘韩星，欧阳世翕.无机材料微波固相合成方法与原理.北京：科学出版社，2006.

（易建宏）

微连接 micro-joining 微细材料的连接技术。又称精密连接、微电子焊接。微连接主要是提供电学连接、机械支撑和环境保护作用，因此微连接接头在机械性能、电性能及可靠性方面均有一定的要求。在集成电路（IC）封装、电子组装、微电子机械系统（MEMS）制造、医疗器械制造、仪器仪表制造、精密机械制造等领域具有广泛的应用。

发展情况 微连接起源于20世纪50年代，电容制造时采用的**电阻焊**即是微连接技术。1957年贝尔实验室发明了热压丝焊，60年代产生了超声丝焊，1970年演变成热超声丝焊技术，均为微连接技术在微电子封装领域的较早应用。随着微电子系统、MEMS、精密仪器及机械向着更加微型化、多功能方向的发展，微连接技术成为其发展的核心技术。

微连接过程所用到的能场包括热、超声、激光、电、磁等，所涉及的连接材料为细丝、微球、薄膜、箔等，连接结构微细而复杂。根据不同的应用场合，微连接技术主要包括丝球超声热压键合、楔形超声引线键合、电子组装波峰焊、再流焊、晶圆直接键合、阳极键合、导电胶黏接、硅通孔堆叠芯片键合、三维芯片立体互连、面阵列钎料球互连、激光微焊接、平行间隙微电阻焊、电子束微焊接、纳米金属焊膏烧结技术等。

特点 主要是：①连接材料的尺寸极其微小，在常规焊接中被忽略或不起作用的一些影响因素成为决定微连接质量的关键性因素。例如，薄膜材料连接时的溶解、微米级引线超声键合时的氧化膜破碎、蠕变变形及扩散、异种材料微电阻焊时的极性效应、电子电路连接接头的电迁移等。②微连接除了强度等力学性能要求外，更注重的是功能性要求。例如，电子封装与组装中微连接接头的导电性、导热性、连接导线的感性和容性寄生参数、芯片键合的欧姆接触特性等。在MEMS和许多微机械制造中的微连接接头要求极高的位置和尺寸精度。

发展趋势 ①满足跨尺度连接的要求。微连接是一个多层次、跨尺度的连接过程，从芯片上纳米尺度的互连、微米级的引线互连、组装中的毫米级互连，一直到整机组装中的厘米尺度互连。特别是随着纳米材料与纳米器件技术的不断发展，跨尺度纳－微－宏连接技术将成为必然。②向综合性制造方向发展。微系统在向立体结构、多尺度结构方向发展，随之微连接技术也从单项技术、辅助工艺技术向综合性制造方向发展，在同一平台上实现从芯片制造到系统整机全过程生产。与之相适应的新的微连接技术，以及与之相配的连接材料和装备必将不断出现，如纳米银连接技术、纳米合金连接技术、低温连接技术等。

（田艳红）

微生物腐蚀 bacterial corrosion; microbial corrosion 由微生物引起的或受微生物影响的腐蚀。微生物腐蚀是一种电化学腐蚀。微生物能够影响腐蚀的程度和过程。在微生物作用下，腐蚀过程动力学的变化可被加速亦可被抑制。微生物腐蚀的发生除需要微生物外，还需要水、能量来源、碳源、电子供体、电子受体等。微生物腐蚀几乎可在所有环境中发生，包括泥土、淡水、海水及油气田、电厂等工业环境，由其造成的损失约占腐蚀总损失的20%。

沿革 有关微生物腐蚀最早的研究报道可追溯至1891年，微生物腐蚀的研究历史可划分为3个时期。20世纪20年代之前，人们意识到微生物参与并影响腐蚀过程，而且确定了硫酸盐还原菌在微生物腐蚀中的重要性。20～80年代，对微生物腐蚀的研究取得了许多里程碑式的成果，如氧化还原电位可作为微生物腐蚀的重要指示、氢化酶的发现、首例由微生物腐蚀导致的地下管道破坏事故的确定、硫酸盐还原菌经典阴极去极化理论的提出等。80年代以后，随着不同学科之间交流的加强以及研究手段的不断进步与融合，人们对微生物腐蚀机理的认知也得到不断深化。

腐蚀机理 微生物腐蚀中涉及的微生物种类繁多，典型腐蚀微生物包括硫酸盐还原菌、硫氧化菌、铁氧化/还原菌、锰氧化菌、产酸菌等。不同微生物对腐蚀的影响机制不同，而同一微生物亦可能存在多种作用机制。以硫酸盐还原菌为例，已提出了经典阴极去极化理论、硫化物的去极化作用、挥发性磷化物的加速作用、阳极去极化理论、胞外多聚物螯合金属离子理论、应力腐蚀开裂理论、硫化物的生物矿化理论、三阶段理论、直接获取电子理论、生物催化阴极硫酸盐还原机理等多种腐蚀机理。这些腐蚀机理均有一定的合理性与适用范围，根据环境条件的不同，一种或多种机理可用于解释特定体系硫酸盐还原菌对腐蚀的影响。在实际自然环境中，腐蚀材料表面覆盖有由不同微生物组成的生物膜，某种或某些微生物的生长与代谢能够影响其他微生物的生长、分布及活性，进而影响腐蚀行为，这就使得自然条件下的微生物腐蚀更加复杂。

腐蚀防护 微生物腐蚀的防护方法可划分为5类：物理－机械方法、化学方法、电化学方法、涂层方法和生物方法。通常采用联用措施进行防护。①物理－机械方法主要包括紫外线照射、机械刮除和超声波处理。②化学方法主要依靠杀菌剂。杀菌剂可划分氧化型和非氧化型两大类，氧化型杀菌剂包括氯气和含氯化合物（二氧化氯等）、臭氧、过氧化氢等；非氧化型杀菌剂包括醛类、胺类化合物、卤化物、硫基化合物、季膦盐及其复配物。③电化学方法主要指阴极保护，可使用牺牲阳极（镁合金和铝合金等），亦可采用适度的外加电流，使被保护的金属作为阴极。④涂层方法是采用涂层将金属与腐蚀环境隔开，如金属表面电镀铬、镀锌、衬水泥、涂环氧树脂、涂沥青、涂聚乙烯等防腐措施。涂层方法在微生物腐蚀防护研究中发展较快。⑤生物方法主要利用生物间的相互作用，抑制腐蚀微生物的毒害作用。

扩展阅读

JAVAHERDASHTI R. Microbiologically influenced corrosion : an engineering insight. London: Springer, 2008.

（张 盾）

微生物复垦 microbiological measures for mined land reclamation 利用菌根真菌对复垦土壤进行改良的生物方法。1885年德国植物病理学家A.B.弗兰克首次提出菌根的概念。菌根是植物根系和真菌形成的一种共生联合体，即植物与有益菌类形成共生体，植物根系被菌类包围，并在土壤中形成网络，这些与根系相结合的菌类称为菌根菌。微生物复垦技术就是利用菌根菌的特性为复垦土壤改良和复垦植被重建服务。菌根菌在土壤贫瘠条件下，可通过复杂的地下菌丝网络来提高植物对矿质元素和水分的吸收，促进土壤团聚体的形成；在极端环境下，通过改善寄主自身的营养，增强植物抗逆性的能力，在此基础上使土壤微生态环境得到明显改善。

根据寄主植物的种类、入侵方式（界面形态）及菌根的形态特征，菌根可分为内生菌根（endomycorrhiza）、外生菌根（ectomycorrhiza）和内外生菌根（ecto-endomycorrhiza）3种类型。内生菌根是真菌的菌丝体，主要存在于根的皮层薄壁细胞之间，并且进入细胞内部，不形成菌套。因此，具有内生菌根的植物，一般都保留着根毛。内生菌根较普遍存在于各种栽培作物中，如玉米、棉花、大豆、马铃薯等。外生菌根能加强植物对水分和磷、钾、氮、钙等矿质营养元素的吸收，并向植物提供生长素、维生素、细胞分裂素、抗生素和脂肪酸等代谢产物，促进植物生长。外生菌根还能提高植物对病原菌侵染和对温度、干旱和过酸或过碱等极端环境的抗性。许多试验表明用外生菌根真菌的纯培养体接种，在树苗培育和荒山造林时有重要作用。在贫瘠的土壤上，外生菌根的作用尤为明显。中国学者对内生菌根菌，特别是泡囊–丛枝菌根（vesicular-arbuscular mycorrhiza, VAM）在矿山复垦中开展了较多的应用研究，取得了一定的效果。由于部分真菌不在根内产生泡囊，但都形成丛枝，因此又简称丛枝菌根（arbuscular mycorrhiza, AM）。

微生物复垦技术通过向复垦土地上新栽植的植物接种菌根，改善植物根际营养条件，利用植物根际微生物的生命活动，使失去微生物活性的复垦土壤重新建立微生物群落，增加土壤生物活性，加速复垦土壤的基质改良，缩短复垦土壤向农业土壤的转化过程，使生土熟化，提高土壤肥力，缩短复垦周期。

扩展阅读

马彦卿.微生物复垦技术在矿区生态重建中的应用.采矿技术，2001，1（2）：66-68.

（卞正富）

微细粒浮选 fine particle flotation 通过增加矿物颗粒表观粒度或降低气泡尺寸等方式提高微细粒级矿物浮选效率的方法。粒度小于10微米（一般疏水性硫化矿小于5微米，亲水性氧化矿小于10微米）的细颗粒矿物的**浮选**属于微细粒浮选的范畴。浮选体系中微细颗粒主要来源于原生矿泥和次生矿泥。

20世纪70年代以来，在矿产资源日趋减少、细化、形态复杂的情况下，科技工作者越来越重视微细粒浮选。但微细粒浮选存在很多困难：①微细颗粒的比表面能（在恒温恒压条件下使体系增加单位表面积，外界必须对体系做的功，单位是毫焦/米）较大，一定条件下，不同成分的微细颗粒形成无选择性凝结，发生互凝现象，或者微细颗粒黏附于粗颗粒表面，形成微细颗粒覆盖。②微细颗粒具有较大的比表面积和表面能，具有较高的药剂吸附能力，但吸附选择性差。③微细颗粒表面溶解度增大，使矿浆中难免离子增加，且微细颗粒质量小，易被水流机械夹带。④微细颗粒与气泡间的接触率和附着率降低，使气泡对颗粒的捕获率下降，同时微细颗粒还会大量地附着在气泡表面，形成气泡“装甲”现象，影响气泡的运载量。

微细粒浮选时需要采取相应的浮选工艺措施，提升浮选效率：①添加分散剂，防止微细颗粒互凝，保证充分分散。常用的分散剂有硅酸钠水溶液、三聚磷酸钠、六偏磷酸钠等；采用适于选别微细颗粒的**浮选药剂**，使欲浮的颗粒表面选择性疏水化，如采用化学吸附或螯合作用的捕收剂，提高浮选过程的选择性。②使微细颗粒选择性聚团，增大粒度，以利于浮选。常用的微细颗粒浮选途径有疏水絮凝、**载体浮选**和**选择性絮凝浮选**等；减小气泡尺寸，实现微泡浮选，产生大量微泡的方法有真空浮选、电解浮选和加压浮选3种；进行脱泥，浮选前将微细颗粒脱除；利用分选的方法对不同粒度的物料分别采用不同的药剂制度进行处理。

微细颗粒浮选设备主要有充填介质浮选柱、离心力场浮选设备和微泡析出式浮选设备等。通过改进浮选设备的结构特征，可克服微细粒矿物难浮的质量效应和表面效应，增大气泡与疏水性微细矿粒之间的碰撞概率和黏附概率，降低脉石矿粒在泡沫产品中的夹杂，提高微细粒浮选效率。

扩展阅读

胡岳华.矿物浮选.长沙：中南大学出版社，2014.

TRAHAR W J, WARREN L J. The Flotability of Very Fine Particles-A review. International Journal of Mineral Processing, 1976, 3(2): 103-131.

MIETTINEN T, RALSTON J, FORNASIERO D. The Limits of Fine Particle Flotation. Minerals Engineering, 2010, 23(5): 420-437.

（傅开彬 徐龙华）

尾矿 tailings 矿石经破碎、磨矿和选别工艺分选有价组分后的细颗粒状固体废物。其有用成分降低到当时技术经济条件下不宜再分选，常堆存于**尾矿库**。不同矿种对其尾矿质量均有明确规定，各国规定不尽相同。随着技术的发展，尾矿可能重新利用，再分选出有用成分或作他用。处理尾矿时应防范对环境的污染。按矿石类型和性质，尾矿可分为金属矿尾矿和非金属矿尾矿两大类。每一类型又可按矿种进一步细分，如金属矿尾矿中包含铁矿尾矿、铜矿尾矿、铝土矿尾矿、铅锌矿尾矿、金矿尾矿等，非金属矿尾矿中包含石墨尾矿、石棉尾矿、萤石尾矿等。一般尾矿从**选矿厂**排出时多以固体颗粒和水为主要组分，同时含有矿石磨矿和选别过程中产生的不同溶解物和所用的各种药剂，也有干粉形式排放的尾矿。固体颗粒粒度通常较细，粒度大小及分布主要受选别工艺和矿石性质的影响。尾矿化学成分以SiO_2、Al_2O_3、Fe_2O_3、FeO、CaO、MgO为主，但因矿种而异，变化较大。尾矿的矿物组成复杂，有硅酸盐矿物、碳酸盐矿物、硫酸盐矿物、硫化物矿物、卤化物矿物、氧化物矿物和氢氧化物矿物等，其中硅酸盐矿物和碳酸盐矿物最为常见。

（白志民）

尾矿坝 tailings dam 拦挡**尾矿**和水的**尾矿库**外围构筑物。通常由用土、石材料修筑的**初期坝**和用尾矿堆积的**尾矿堆积坝**组成（图1）。基本类型有上游式、中线式、

图1 选矿厂尾矿坝

下游式和一次建坝式4种。尾矿坝视其重要程度分为5个级别，级别越高，坝体安全度要求也越高。一般在尾矿库投入运行之前，首先建设一座初期坝，在投入运行后，再由尾矿逐步堆积加高并最终形成尾矿坝。尾矿浆携带的尾矿水及库区雨水聚集在尾矿库内，这种尾矿坝一般会具有“坝”的外形和功能，用于防止尾矿流失和澄清尾矿水。

当尾矿颗粒很细，不能进行尾矿筑坝时，必须采用一次建坝或分期建坝；当堆积尾矿颗粒较粗，且坝址地形是狭长的山谷，尾矿坝宜采用下游式或中线式坝型；其他场合一般均可采用上游式坝型。矿坝的坝高指初期坝和堆积坝坝高之和。初期坝坝高指坝轴线处坝顶与坝基最低地面之间的高差，堆积坝坝高指尾矿沉积滩顶与初期坝坝顶之间的高差。以上游式尾矿坝为例，尾矿坝的构成、坝高等如图2所示。

随着尾矿的干式堆存及膏体堆存技术的应用及发展，尤其是在山谷型尾矿库采用库尾排矿及在平地型尾矿库采用中心排

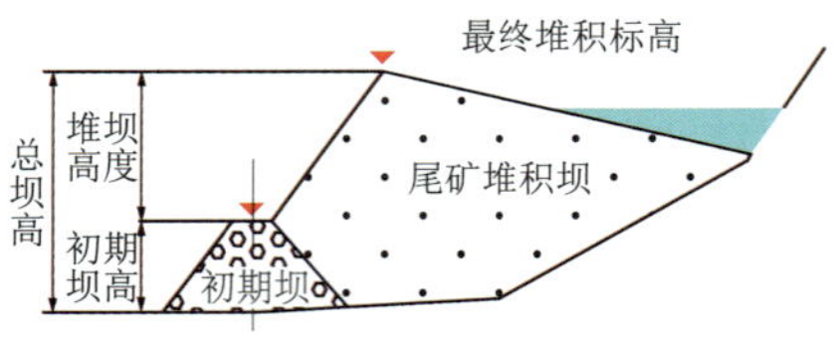

图2 尾矿坝及坝高示意图

矿时，在堆积过程及最终形成的尾矿堆积体并不具备“坝”的外形，库内也没有聚集的尾矿水和雨水，不再是拦挡尾矿和水的外围构筑物，与尾矿坝的定义有了差异。但鉴于尾矿库及构筑物的等级是根据坝高和库容确定的，因此在许多文献中仍称其为尾矿坝，也有许多文献中称其为尾矿堆积体。（杨春福）

尾矿坝排渗 tailings dam drainage 在**尾矿坝**内设置排渗设施以提高坝体稳定性的技术方法。**尾矿库**内的水沿尾矿颗粒间的孔隙向坝体下游方向不断渗透形成渗流。尾矿坝体中渗流水的自由水面线称为浸润线。尾矿坝体浸润线位置越高，坝体稳定性越差。中国大部分尾矿坝为上游式尾矿坝，其坝体浸润线埋深普遍较高。在坝体内设置各种排渗设施以降低坝体浸润线高度，使之浸润线降至控制浸润线以下，保证尾矿坝安全。尾矿坝排渗设施需通过工程勘察、设计等确定，以保证排渗设施实施后坝体能满足渗流稳定及坝坡稳定的要求。

当尾矿坝出现下列情况时，必须进行排渗处理：①坝坡有渗流、流土、管涌、滑坡等现象。②坝坡有浸润线出逸、沼泽化、湿地等现象。③实测浸润线的高度高于设计控制浸润线的高度。④坝体内实测的渗流水力梯度大于坝体尾矿的允许水力梯度。

排渗场地复杂程度可根据工程地质及水文地质条件划分（见表）。

尾矿坝常用的排渗方式有如下几种：①贴坡反滤。在坝坡上设置反滤层，把体内渗硫排至坝外，适用于**尾矿堆积坝**坝坡渗流出逸段的坝坡防护。②自流式排渗管。可分为水平排渗管和弧形排渗管，其中水平排渗管适用于堆积坝坝体内尾矿较为均匀的地下潜水排渗，弧形排渗管适用于中等复杂场地的尾矿堆积坝的排渗。③管井排渗。适用于砂性尾矿为主且不具备实现自流式排渗条件的尾矿堆积坝的部位排渗。④垂直-水平联合自流排渗。适用于复杂或中等复杂场地及排渗范围内存在隔水层的尾矿堆积坝排渗。⑤虹吸排渗。适用于控制浸润线埋深4～8米范围内且渗流量稳定的尾矿堆积坝。⑥辐射井。以集水井为中心在含水尾矿层内呈辐射状布置，适用于复杂或中等复杂场地的尾矿堆积坝的排渗。（岑 建）

排渗加固场地复杂程度划分表

排渗加固场地复杂程度等级	工程地质和水文地质特征
复杂场地	1. 各类尾矿交错分布，工程性质变化大，相对含水层和隔水层分布复杂 2. 实测浸润线严重超出控制浸润线，存在出逸点、流土、管涌、沼泽化或湿地等现象，存在地下障碍物
中等复杂场地	1. 各类尾矿层状分布，工程性质变化较大，相对含水层和隔水层分布较复杂 2. 实测浸润线超出控制浸润线，存在出逸点、沼泽化、湿地等现象的趋势
简单场地	1. 砂性尾矿为主，工程性质变化不大，含水层单一 2. 实测浸润线稍超出控制浸润线，无出逸点、流土、管涌、沼泽化等现象

尾矿充填 tailings filling 选矿过程中产生的**尾矿**作为充填料对采矿所形成的地下或地表空间进行回填的方法。是直接利用尾矿的重要途径之一。尾矿充填可分为充填地下采空区和充填地表露天矿坑。尾矿充填地下采空区如果与地下采矿进行配套，不但能消纳大量尾矿，还能减少地表塌陷或地表沉降。将地下采矿与尾矿地下胶结充填紧密结合的采矿方法称为胶结充填采矿法。采用优化的胶结充填采矿法进行地下采矿，具有提高资源回采率、减少安全隐患、降低对地下水平衡的破坏和减少尾矿地表堆存等多方面的优势，但还需要在大幅度降低地下胶结充填成本和提高充填及采矿效率等方面不断改进。胶结充填采矿所用的集料主要为尾矿，有时也掺加部分粒度较粗的废石碎屑，所用胶结剂以通用硅酸盐体系和矿渣微粉体系为主。尾矿充填地表露天矿坑对实现露天坑的安全治理，减弱地下开采与周边重要构筑物的影响，解决尾矿库的建设与征地问题具有重要作用。（倪 文）

尾矿处理系统 tailings disposal system 将**选矿厂**排出的**尾矿**送往指定地点堆存或利用而建造的设施统称。矿山产出的尾矿数量大，如果随意排放，会造成农田大面积覆没、河道淤塞等，严重的环境污染。有些还含有暂时不能回收的有用成分，也会造成资源的流失，因此必须妥善处理。

尾矿处理系统通常由以下部分组成：①尾矿输送系统。功能是将选矿厂排出的尾矿送至**尾矿库**堆存，分湿式输送和干式输送。湿式输送由尾矿浓缩池、输送泵站及输送管、槽等组成，将尾矿水力输送至尾矿库冲填；干式输送由尾矿浓缩、脱水、汽车或胶带等组成，将干式尾矿送至尾矿库堆存。②尾矿回水系统。包括回水泵站、回水管道和回水池等，用以回收尾矿库和浓缩池的澄清水，送回选矿厂供选矿生产重复利用。③**尾矿堆存**系统。用以安全、环保地堆存尾矿，维持尾矿库正常回水，简称尾矿库。尾矿库由**初期坝**、**尾矿堆积坝**、尾矿库排洪和回水设施、道路及辅助设施等组成。④尾矿水处理系统。包括水处理站和截渗、回收设施等，用以处理不符合重复利用或排放标准要求的尾矿水，使之达到规定标准。

尾矿处理系统的重要意义在于：①尾矿处理系统是维持矿山生产的重要设施。为保护环境、保护资源、节约用水、维持矿山安全生产，国家规定环保和安全设施必须与主体工程同时设计、同时施工和同时投产。尾矿库作为污染源和危险源，同时又是环保设施和安全设施，必须贯彻“三同时”方针。②尾矿库是重要的污染源。尾矿和尾矿水含有一定数量对人体及环境有毒有害的污染物，若得不到妥善处理，必然会对周围环境造成严重污染，因此必须采取可靠的工程和管理措施，防止环境污染。③尾矿库是具有高势能的人造泥石流危险源。在长达十多年甚至数十年的时间里，各种自然和人为的不利因素都会直接威胁它的堆存安全。事实一再表明，尾矿库一旦失事，必将对下游人民的生命财产造成严重损失。因此，必须采取可靠的工程和管理措施，及时消除各种安全隐患，避免灾害事故发生。

（田文旗）

尾矿堆存 tailings storage 将**尾矿**妥善、安全地堆放在地表场地内的处置方式。尾矿处置方式包括陆地储存、水下（湖、海）储存、井下充填、综合利用等。尾矿堆存多指陆地储存，是在地面以上堆积、填筑储存的一种尾矿处置方式。

按堆存形式，尾矿堆存可分为一次建坝堆存和尾矿堆坝堆存：①一次建坝堆存。采用土石材料、人工材料等进行一次建坝或分期建坝，形成*尾矿库*，将尾矿排入尾矿库堆存。这种堆存工艺多用于不能用尾矿筑坝的情况。②尾矿堆坝堆存。利用尾矿的物理力学特性，将尾矿在尾矿库内堆积成“坝”，尾矿既是堆坝的材料，又是堆存的对象。这是最为普遍的堆存方式。

按入库尾矿的浓度（或含水量），尾矿堆存包括以下几种：①低浓度堆存。将选厂原尾矿浆送到尾矿库堆存。浓度范围一般不大于35%。在这种浓度下，尾矿粒度自然分级效果较好，比较适合于尾矿分级（自然或机械）堆坝，是采用最多的工艺，但回水率偏低，存在尾矿水对环境的潜在威胁。②浓缩堆存。将选厂原尾矿浆经浓密机浓缩后，送到尾矿库堆存。浓度一般在35%～65%。在这种浓度下，尾矿粒度自然分级效果不好，不太适合直接堆坝，但可以提前回水并提高回水率。③膏体堆存。将*选矿厂*原尾矿浆经深锥浓密机浓缩后，送到尾矿库堆存。浓度一般在65%～75%。在这种浓度下，尾矿粒度不会自然分级，但堆积密度较大、回水率高、不容易扬尘。中国只有少数矿山采用。④干式堆存。将选矿厂原尾矿浆经浓缩、压滤或过滤后，采用汽车、皮带等设备送到尾矿库堆存。干式堆存的含水量一般不大于20%，回水率最高、比较安全，但处置费用高、容易扬尘，有规模较小的矿山采用。

低浓度堆存及浓缩堆存，又称湿式堆存，而膏体堆存介于干式堆存与湿式堆存之间，有时被列为一种单独的堆存方式，也有称其为干式堆存的。

（杨春福）

尾矿堆积坝 tailings embankment 在*尾矿库*运行过程中，由*尾矿*逐年堆积而成的坝。又称后期坝。是尾矿坝的主体部分。由于堆筑工艺和方法不同，堆筑过程中及最终形成的堆积坝的外形轮廓及性能差异非常大，但至少有一个较为陡峭的凌空面。

传统的尾矿堆积坝的堆筑方法一般可分为上游式、中线式及下游式。上游式堆积坝的堆积高度为堆积坝顶与初期坝顶的高差，中线式与下游式堆积坝的堆积高度为堆积坝顶与坝轴线处原地面的高差。①上游式堆积坝（图1）。在尾矿库投入运行前，首先建一座初期坝，尾矿库投入运行后，在初期坝的上游排放尾矿，初期库满后，在初期坝上游的沉积滩上逐级修建子坝并向库内排放尾矿，最终堆筑成*尾矿坝*。特点是堆积坝的坝顶轴线逐级向初期坝的上游移动，工艺简单，初期工程费用

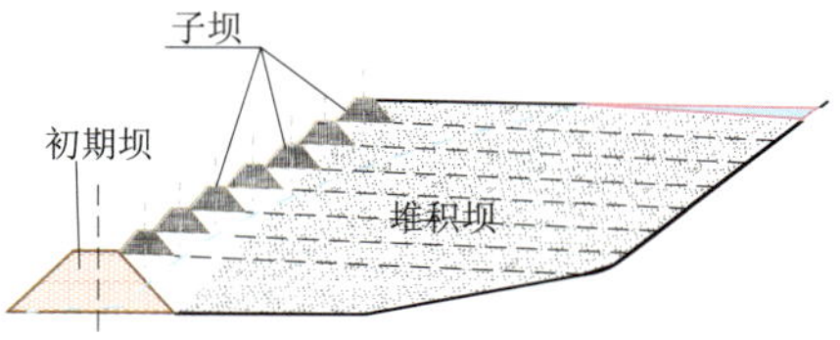

图1 上游式堆积坝示意图

低。但坝体的稳定性受尾矿的颗粒特性、生产运行管理、上升速度影响大，抗震性能较差。②中线式堆积坝（图2）。尾矿库

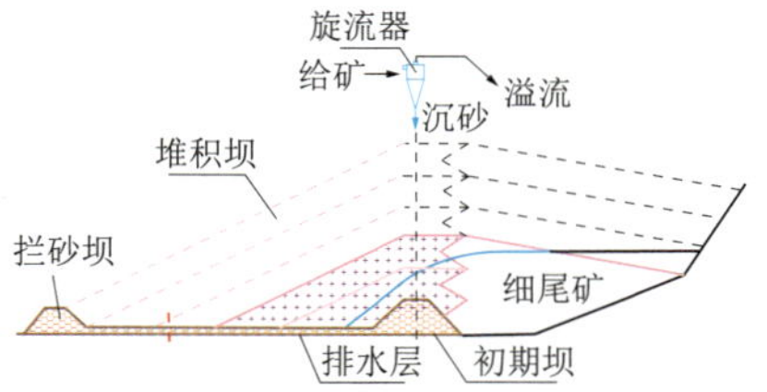

图2 中线式堆积坝示意图

投入运行后，在向尾矿库内排放尾矿的同时，分期或连续沿初期坝顶中心线的大致垂直方向向上加高坝顶。尾矿采用*水力旋流器*分级，旋流分级所得沉砂，即粗尾矿堆筑于坝轴线下游；细粒级溢流排入坝轴线上游库内。堆积坝特点是加高后的坝顶中线的位置基本保持不变，堆积坝体的上游坡与库内尾矿的交界面呈锯齿状上升。优点是筑坝材料的物理力学特性、坝体结构和施工进度便于控制，因而其结构比较合理，稳定性较好；缺点是采用分级尾矿筑坝的工艺比上游式筑坝复杂，下游临时坝坡的尾矿易产生扬尘和流失。③下游式堆积坝（图3）。尾矿库投入运行后，在向

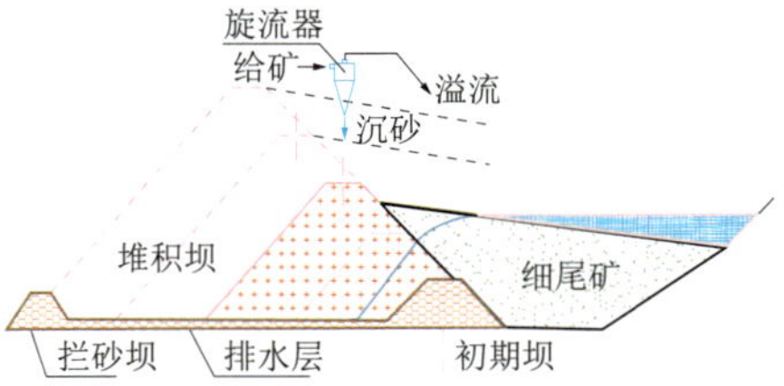

图3 下游式堆积坝示意图

尾矿库内排放尾矿的同时，在初期坝的下游侧分期加高坝顶。尾矿物依然采用水力旋流器分级。特点是加高后的坝顶中线的位置逐级向初期坝下游移动，堆积坝体的上游坡与库内尾矿有清晰连续的分界线，与上游式和中线式尾矿坝相比，下游式尾矿坝更具备独立完整的坝体。优点是筑坝材料的物理力学特性、坝体结构和施工进度便于控制，因而其结构合理；缺点是采用分级尾矿筑坝的工艺比上游式筑坝复杂，下游临时坝坡的尾矿易产生扬尘和流失。

采用库尾排放的干式堆存尾矿库及中心排放的膏体堆存尾矿库，在堆积过程中及最终形成的尾矿堆积体虽不具备坝的外形和功能，但也经常被称作堆积坝，并常以其最大堆积坡高作为堆积高度。

采用库尾排放的非干式堆存尾矿库，往往在下游用当地土石材料进行一次建坝或分期建坝，库尾排放的尾矿堆积体标高往往会高出坝顶标高，但因尾矿的沉积坡度往往很缓，一般不超过5%，这种堆积体一般不被认为是堆积坝，在分析计算时一般不进行滑动稳定性分析，但需要进行震动液化分析。堆积在洼地、采坑中的尾矿堆积体没有凌空面，也不被认为是尾矿坝。

（岑　建　杨春福）

尾矿建材制品 tailings building materials products 以*尾矿*为主要原料制备的供各类建筑使用的无机非金属材料制品。尾矿的主要组分含有SiO_2、Al_2O_3、$CaCO_3$等非金属矿物，与建筑材料成分接近，可通过添加少量其他原料，混合配置，做成一种或多种非金属材料的原料，再经过一定工艺方法制备出建筑材料。按制备方式可将尾矿建材划分为：①熔制型尾矿建材。包括尾矿平板玻璃、尾矿微晶玻璃、尾矿空心玻璃砖、尾矿玻璃锦砖、尾矿泡沫玻璃、尾矿玻璃棉等。②烧结型尾矿建材。包括尾矿水泥、尾矿建筑陶瓷、尾矿烧结砖瓦、尾矿耐火材料、尾矿轻集料（陶粒、陶砂）。③蒸压型尾矿建材。包括蒸压尾矿砖、尾矿加气混凝土、高强尾矿混凝土蒸压板与蒸压砌块、硅酸镁质尾矿水合建材、微孔硅酸钙类尾矿保温材料。④胶凝型尾矿建材。包括尾矿混凝土及混凝土构件、尾矿免蒸免烧砖、尾矿混凝土空心砌块、尾矿铺路砖和地砖、尾矿充填料与灌浆料、尾矿沥青混凝土材料等。⑤聚合型尾矿建材，包括所有以有机聚合物作为胶结剂，以尾矿作为填料或集料的建筑材料。

（白志民）

尾矿库 tailings pond 用以堆存金属、非金属尾矿或其他工业废渣，以及澄清尾矿水的场所。尾矿库的主要功能和作用包含：安全、合理地贮存尾矿，保护环境，节能节水。尾矿库通常由库区、*尾矿坝*、排洪及回水构筑物、监测设施和附属设施等组成。

分类　按堆存方式的不同，尾矿库分为干式堆存尾矿库和湿式堆存尾矿库。干式堆存尾矿库指运输干尾矿到指定地点堆存的尾矿库，其工艺较复杂、管理难度较大；湿式堆存尾矿库指尾矿浆经水力冲填堆存的尾矿库，工艺简单、管理方便、经验较成熟，大多数尾矿库为此类。

按地形条件的不同，尾矿库分为山谷型、傍山型、平地型和截河型。

山谷型尾矿库　在山谷谷口处筑坝形成的尾矿库（图1）。特点是**初期坝**相对较

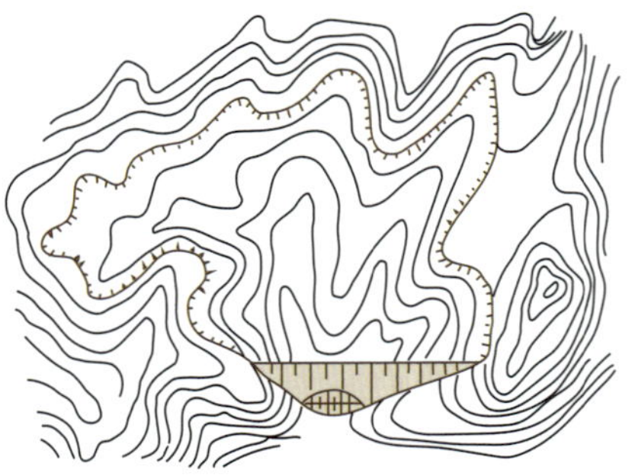

图1　山谷型尾矿库

短、坝体工程量较小、后期尾矿堆坝相对较易管理维护。当堆坝较高时，可获得较大的库容；库区纵深较长，尾矿水澄清距离及干滩长度易满足设计要求；但汇水面积较大时，排洪设施工程量相对较大。中国现有的大、中型尾矿库大多属于这种类型。

傍山型尾矿库　在山坡脚下依傍山坡三面筑坝围成的尾矿库（图2）。特点是初

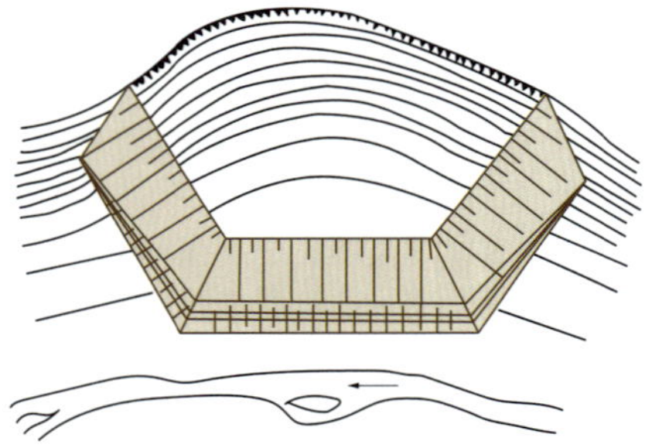

图2　傍山型尾矿库

期坝相对较长、堆坝工作量较大、堆坝高度不能太高、汇水面积较小、排洪问题比较容易解决。但因库内水面面积一般不大，尾矿水的澄清条件较差，管理维护较复杂，适于中小型尾矿库。

平地型尾矿库　在平地上四面筑坝围成的尾矿库（图3）。特点是没有山坡汇流、汇水面积小、排洪构筑物简单、尾矿坝的长度很长、堆坝工作量大、堆坝高度受到限制。无山谷地形条件的矿山多采用平地型尾矿库。

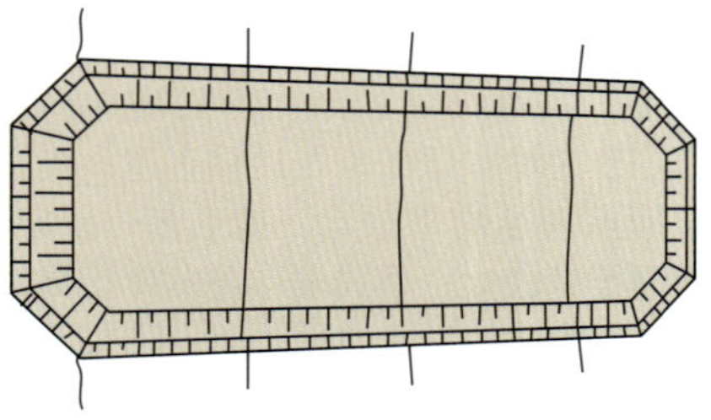

图3　平地型尾矿库

截河型尾矿库　截断河谷在上下游两面筑坝截成的尾矿库（图4）。其特点是尾

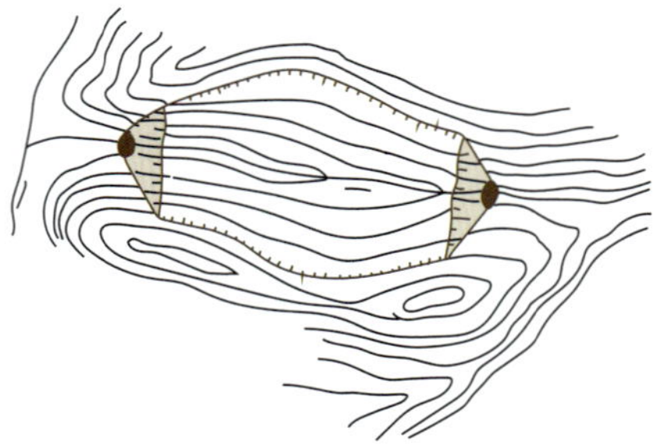

图4　截河型尾矿库

矿堆坝从上、下游两个方向向中间进行，堆坝高度受到限制；尾矿库库内的汇水面积不太大，但库外上游的汇水面积常很大；库内和库上游都要设排洪系统，配置较复杂、规模较大、管理难度大。这种类型尾矿库的数量很少。

尾矿库库容　尾矿库全库容指坝顶标高平面以下、库底面以上所围成的空间的容积（不含非尾矿构筑的坝体体积），包括有效库容、安全库容（空余库容）、调洪库容、蓄水库容、死水库容（澄清库容）。有效库容指沉积滩面以下，库底以上用于贮存尾矿（含悬浮状尾矿浆体）的空间容积，用于计算尾矿库的服务年限及尾矿逐年上升的高度。根据全库容大小、坝的高低和对可能对下游造成的危害程度划分为不同的尾矿库等别，等别越高，其防洪标准及构筑物的安全度要求也越高。

（王　树）

尾矿库安全监测　safety monitoring of tailings pond　为确保**尾矿库**的安全运行，应用现代电子、通信、智能控制及计算机技术，通过数据实时采集、传输、分析、管理的监测技术，对尾矿库所进行的一系列监视和测量的工作。尾矿库根据设计等别、**尾矿坝**筑坝方式、**尾矿**性质、地形地质条件及地理环境等因素，设置安全监测设施。监测对象是尾矿库运行状态下的各种参数，尾矿库运行状态是否正常须根据尾矿库安全监测参数进行定量判别。在用尾矿库一般设置人工监测与在线监测相结合的安全监测设施，监测仪器、设施的选择，应可靠、耐久、准确。

尾矿坝位移监测点的布置可延伸到坝脚以外的滑动影响范围内，坝肩及基岩断层带、坝内埋管处宜加设监测设施。安全监测项目包括监测库水位、滩顶标高、干滩长度、浸润线深度、坝体坡度、位移、降雨量、视频监控，必要时还监测孔隙水压力、渗透水量及其水质。

（郭天勇）

尾矿库闭库　tailings pond closure　对停用**尾矿库**而进行的一系列工作。生产上停用的尾矿库仍会作为危险源长期存在，为保证安全，对停用的尾矿库必须采取闭库工程措施。进行闭库的尾矿库包括两类：尾矿库已达到设计最终堆积高程，并不再继续加高扩容的；尾矿库尚未达到设计最终堆积高程，但由于各种原因提前停止使用的。

尾矿库闭库应进行闭库设计。闭库设计须在工程勘察、尾矿库安全现状评价的基础上进行，并根据安全评价的结论和建议，提出治理措施。闭库尾矿库的等别、设防标准应按尾矿设施设计规范确定，对尾矿库闭库整治措施中保留或新建的**尾矿坝**、防排洪设施等主要构筑物应按永久设施考虑。闭库后库内不宜蓄水，如需蓄水，须在闭库设计中论证。闭库工程的施工及验收应按照国家有关法规、标准的要求进行。

尾矿库闭库后仍要做好坝体及防排洪等设施的维护及监测。严禁在尾矿坝和库内进行乱采、滥挖、违章建筑和违章作业，并尽快进行生态恢复，未经论证和批准，不得重新启用或改作他用。

（郭天勇）

尾矿库防排洪　flood control of tailings pond　对尾矿库洪水进行控制，保证**尾矿库**安全的过程。洪水漫顶是尾矿库溃坝的主要原因之一，所以必须重视尾矿库水位控制、防汛及排洪工作。尾矿库防排洪需要在防洪规划的基础上选择正确的防洪标准，根据洪水计算和调洪演算确定排洪系统的排水能力，设置合理的防排洪设施形式及尺寸等。

防洪标准　国际上针对尾矿库的防洪标准有二类：大多数国家认为，不同重要性等别的尾矿库对下游的危害性有所不同，应分别采用相应的洪水重现期；也有国家（如美国）认为，尾矿库一旦溃坝，对下游环境的污染不可接受，应采用可能最大洪水设防。尾矿库防洪标准本质是一种风险标准，应依国情而定，当国家经济实力和科技水平提高后，防洪标准可相应提高。中国按照尾矿库等别，规定了相应的防洪标准，同时依据其重要性和危险性，还可在一定范围内做适当调整。

尾矿库的防洪标准包括洪水标准和防洪安全标准。洪水标准的表达方式为洪水重现期，如五等库为100年一遇；三等库为200～500年一遇；一等库必要时可采用可能最大洪水设防。防洪安全标准的表达方式为最小安全超高和最小安全滩

长，如三等上游式尾矿库最小安全超高为200～500年一遇，最高设计洪水位到尾矿堆积坝滩顶的高差应大于0.7米，最小安全滩长为相应洪水位水边线到滩顶的距离大于70米。

洪水计算　根据尾矿库设计等别的防洪标准推算设计洪水的洪峰流量、洪水总量和洪水过程线，为尾矿库排洪设计提供依据。

设计洪水的计算方法采用暴雨资料推算设计洪水。主要有3种方法。①经验公式法。水文站根据已知的汇水面积和实测的洪峰流量与相应的降雨量资料，由降雨量资料推算洪水的发生频率，由洪峰流量与汇水面积的相关性，推算出不同重现期的洪峰流量经验公式。②推理公式法。假设汇流时段降雨均匀，产流历时内流域入渗率不变，根据水文站已知的流域坡降、实测洪峰流量与汇流时间的相关性，获得当地汇流参数值，即可建立洪峰流量的推理公式。③单位线法。假设单位时段内降雨均匀，径流与有效降雨成正比，不同时段单位降雨量与径流过程的关系不变。洪水过程线由若干个不同单位时段与单位净雨量形成的单位过程线的叠加，当单位时段长度趋于零时，即为瞬时单位线。

尾矿库设计要求采用上述计算方法计算结果中的大者。洪水总量为24小时设计净雨深与汇水面积之乘积。

调洪演算　一定工况的尾矿库在遭遇洪水时，对入库洪水、经调蓄后安全泄洪需要按时程推演，目的是根据既定的排水系统确定所需的最高洪水位、调洪库容、最大泄洪流量和泄流过程线。根据调洪演算结果，可按照尾矿库的防洪标准验算尾矿库防洪安全。调洪演算的基本原理是水量平衡，演算方法有：不计调洪库容算法、数值计算法、时段水量平衡法、24小时洪水72小时排空计算法。

排洪设施　一般与正常运行时的排水设施相结合，而外排水需考虑澄清水质的要求。因此，尾矿库排洪设施必须结合尾矿库的运行特点进行设置。

尾矿库的排洪设施通常由排洪井、斜槽、排洪隧洞、排洪管等组成。有消能要求时设置消力池，少数尾矿库采用侧槽式溢洪道。一次性建坝的尾矿库也可采用溢洪道。小流量排水一般采用排洪管，大流量排水宜采用排洪隧洞或溢洪道。排洪隧洞和排洪管的进水口采用排洪井或斜槽。排洪井进水口泄洪能力远大于斜槽，故要求泄洪流量大时，采用排洪井；斜槽始终沿山坡布置，便于操作和检查。

排洪井有窗口式和框架式两类。窗口式排洪井结构整体性好，操作简便，但泄流量小；框架式泄洪流量大，但操作较困难，当安装拱板时，若未将拱脚用水泥砂浆充填密实，将会发生拱板断裂掉落，尾矿水大量下泄的环保安全事故。斜槽断面有单格和双格两种，盖板有平盖板和拱盖板两种。

排洪井井座与排洪隧洞可采用平洞、斜井或竖井相连。为防高速水流冲刷井座底板混凝土，井座底部根据井筒高度设消力坑。在尾矿堆积过程中，坝高和库容不断增大，导致库等别提高，汛前限制水位上升，排洪设施进水口也需要不断抬高，以保证尾矿库内的水位澄清距离。

（戈　振）

尾矿库环境保护　environmental protection of tailings pond　对*尾矿库*进行工程措施处理，以保护周边环境和地下水、土壤、大气等不遭到污染的工作。尾矿库的污染因素是由尾矿库内贮存的*尾矿*和尾矿水的化学、物理特性决定的。具有腐蚀性、毒性、易燃性等危险特性的浸出液，属于尾矿库重大污染因素；高浊度尾矿水、超标的重金属离子及残留的*选矿药剂*等也会对尾矿库地下水及下游江、河造成污染；沉积在库内的尾矿干燥后遇风会造成扬尘污染。在选择尾矿库库址时，应选择人烟稀少，自然环境为封闭山沟，离城镇、大江、大河较远的区域为宜。应针对尾矿库内尾矿及尾矿水的各种污染因素，采取有效方法防治，常用方法有：尾矿库内全防渗，隔断尾矿库内尾矿和尾矿水与地下土壤和地下水的联系；尾矿库内的水零排放；设置截水沟，实行清、污分流，将未受污染的降雨径流水直接排出库外；在*尾矿堆积坝*覆土，保持沉积滩面湿润，防治尾矿扬尘；确需外排水时，设置水处理设施，达标排放。当尾矿库停用闭库后，还应进行复垦。

（颜学军）

尾矿库回水　water reclaimed of tailings pond　*尾矿*处理过程中，利用泵站和管道，将随尾矿排入尾矿库的水通过澄清或水处理后，返回选矿厂重复利用的过程。通常*选矿厂*90%以上的生产用水被尾矿带走，这些尾矿水或先经厂区尾矿浓缩回收一部分后送往*尾矿库*，或全部直接送往尾矿库。进入尾矿库的水体流动减缓并开始沉淀，随澄清距离的增大，上层水逐渐澄清。

尾矿库回水根据尾矿水、天然降水等入库水量和蒸发、渗漏、尾矿孔隙水等损失水量进行水量平衡计算，确定回水量及回水率。尾矿库回水率一般可达50%以上。如矿区水源不足、尾矿库集水面积较大，并有较好的工程地质条件（如没有溶洞、断层等严重漏水的地质构造），则回水率可高达70%～80%。尾矿库应尽量减少水的损失，提高回水率，根据回水量、回水率及尾矿库具体条件设置尾矿库回水系统。尾矿库回水系统常与排洪系统结合，库内澄清水经排水井、隧洞、溢洪道和山坡截洪沟等排至库外，再经回水泵站及回水管路送至选矿厂。一般在尾矿库内和尾矿坝外坡下游建回水泵站，也可在库内另设移动式回水泵站，有条件时应优先考虑自流回水。

尾矿库回水的优点是回水水质好，有一部分雨水径流在尾矿库内调节，因此回水量有时会增多。如尾矿库内澄清水和尾矿坝外坡下渗流水不符合选矿厂要求的，需建水处理设施对水进行净化处理后，送到选矿厂重复使用。

（颜学军）

尾矿排放　tailings discharge　将尾矿排入尾矿储存场所的生产活动。是尾矿在尾矿库内的排放位置和排放方式的总称。按排放位置，尾矿排放可分为：①坝前排放。将尾矿浆送到尾矿坝坝顶再向库内排放。采用上游法尾矿筑坝时经常使用，一般采用分散均匀排放。②库尾排放。尾矿库采用一次性建坝，将尾矿浆送到尾矿库库尾向库内排放，膏体堆存及干式堆存时也经常使用。③周边排放。将尾矿浆送到尾矿库周边向库内排放，周边筑坝的平地型尾矿库使用此方式，膏体堆存及干式堆存时也经常使用，可提高尾矿库充填率。④中心排放。将尾矿浆送到尾矿库中心排放，常在周边筑坝，膏体堆存时采用。

按排放方式，尾矿排放可分为：①集中排放。在尾矿库内的一点排放尾矿，多用于湿式堆存时的事故排放、更换管道时排放、冬季放矿或膏体堆存、干式堆存。②多点排放。在尾矿库内两个点以上排放尾矿，多用于湿式堆存的库尾排放、周边排放或膏体堆存、干式堆存。③分散（或均匀）排放。在尾矿库内布设多个放矿支管均匀地排放尾矿，多用于湿式堆存时的坝前排放，以利于尾矿筑坝。④轮流排放。在尾矿坝或尾矿库内两个以上区域轮流排放，多在尾矿堆坝时或膏体堆存、干式堆存时采用。⑤进占法排放。自尾矿坝或尾矿库的一端向另一端排放尾矿，多用于尾矿分级堆坝或干式堆存。⑥分层排放。自下而上地分层排放尾矿，多用于尾矿分级堆坝或干式堆存。

（杨春福）

尾矿生态修复 ecological remediation of tailings 对尾矿产生、排放、处置、利用等过程中所产生的对原有生态系统的破坏进行恢复的过程。利用某些尾矿的特点将其以一定方式置于已被破坏的生态系统中，使生态系统在人为措施的辅助下加速生态良性循环的形成，最终实现各种生态要素和生态表现最大限度地适合人类生存的自然平衡也属于尾矿生态修复。尾矿生态修复工作主要包括两部分。

尾矿处置场所的生态修复 规范的尾矿处置场所通常分为尾矿库顶和尾矿坝两部分。这两部分的主要区别是尾矿的粒径和尾矿堆积的坡度不同。一般尾矿坝上尾矿粒度大；尾矿坝一般有10°～20°的坡度，而库顶地势较为平坦。因此，生态修复方式需对尾矿坝和尾矿库顶区别考虑。

在中国北方干旱少雨的地区，尾矿库顶的生态修复又分覆土修复和无土修复两种方式。①覆土修复。一般适宜选用砂质含量低的黏土，这种黏土经夏天雨季淋润后，颗粒之间容易形成较高程度的黏结，在干旱季节不易被风吹走而使覆盖层发生沙化损失，经过数年的自然循环就能形成植被，如果结合植树和浇灌措施效果会更好。在降雨量大于600毫米的北方地区，在尾矿库顶的低洼处还能形成汇水盆地，既可以保持尾矿库内较高的潜水面，供树木的根系吸收，又可以用作干旱季节的绿化浇灌。②无土修复。在年降雨量为400～600毫米的地区，对于不含有害物质的尾矿库顶，应尽量选用低成本的无土植被技术，在人工播种、栽苗等措施的辅助下，细粒尾矿库顶能够逐年增加植被总量，表层会逐渐被土壤化。

在中国南方多雨的地区，对于Pb、As、Cd、Hg、Cr、Sb等有毒有害元素含量较高的尾矿库，如大多数有色金属、稀有稀散金属和贵金属矿的尾矿，以及部分铁、锰尾矿的尾矿库顶部分，利用较多的生态修复方法是覆盖较厚的无污染客土层，然后在客土层上种草植树。规范的尾矿库一般在底部都有良好的防渗层。在多雨季节，尾矿库的溢流水从尾矿库特别设置的渗流井流出，排入当地地表径流系统。覆盖客土层时要特别注意维护渗流井的正常功能。这类尾矿库顶经无污染客土层覆盖和绿化植被后，不仅能够避免表层尾矿的氧化淋滤对地表径流水的污染，而且多年旺盛生长的植被还能使客土层和上部尾矿层逐渐转变成还原环境。这时由于大量植被的根、径、叶在细菌的作用下发生腐烂，会消耗由空气中渗入的氧和由雨水带入的溶解氧。在某些情况下甚至会造成硫酸盐还原菌和铁还原菌的活性和数量大幅度增加，从而使已被氧化成六价态的硫酸根中的硫还原成负二价硫。一旦这种良性循环开始，尾矿中以易溶盐形态存在的重金属阳离子就会与负二价硫结合成难溶的硫化物，随着植被的逐年改善，溢流水中有害的重金属含量越来越低，植物根系所吸收的有害重金属越来越少，最终实现生态修复的目的。

尾矿坝的生态修复多采取无污染客土装袋沿坡堆砌的方式，将尾矿盖住并铺撒一层无污染客土，然后用多层草绳网覆盖，以防止水土流失。在坝坡上种草植树形成植被后随着年复一年的生长和腐烂，尾矿坝内所发生的各种还原性反应与尾矿库平顶部分类似，最终形成良好的生态循环。在北方干旱地区对尾矿坝坡的生态修复也采用含砂量低的黏土，并需在种草植树的初始阶段辅以人工浇水措施。在中国南方多雨地区尾矿坝坡的生态修复，对无污染客土的选择无严格要求。但黏性过高的无污染客土会造成摊铺和分散困难。在中国南方多雨的地区尾矿坝坡的生态修复一般不需要人工浇水，但要特别注重草绳网覆盖，减少坡上径流对无污染客土的冲刷。

采矿剥离区地表或废石堆的生态修复 中国北方地区的大多数铁尾矿不含有毒有害的砷或重金属元素。这类铁尾矿的极细部分具有与黏土相近的黏性、细度和化学成分。这类尾矿可以就近用于被采矿和其他工程活动所破坏的剥离区地表或废石堆的生态修复，也可以用来对新生代所形成的河卵石干滩进行绿化植被或造田。对于地势较平坦的损坏区域或河卵石干滩，可在其上直接堆覆1～2米厚的极细粒尾矿代替黏土，然后在上面种草植树。初期一般需要辅以人工浇灌措施，特干旱地区要适当延长浇灌时间。对于具有较大坡度的损坏区域还需辅以草绳网覆盖等辅助措施，以防止细尾矿的流失。利用极细粒尾矿代替从远距离运来的客土对矿区的损坏表面进行生态修复，不但可以节省大量投资，还能减少往尾矿库中排放的尾矿总量，延长现役尾矿库的服务年限。

扩展阅读

谭绩文，等.矿山环境学.北京：地震出版社，2008.

沈渭寿，邹长新，燕守广，等.中国的矿山环境.北京：中国环境科学出版社，2013.

党志，刘云，卢桂宁，等.金属矿山尾矿钝化技术与原理.北京：科学出版社，2014.

（倪 文）

尾矿无害化 innocuous disposal of tailings 去除尾矿中重金属和残留选矿药剂的处理工艺。尾矿中重金属的无害化处理比较成熟的工艺是碳还原法，即以无烟煤（C）为还原剂，在600～800℃还原条件下，重金属汞（Hg）、铅（Pb）、镉（Cd）、砷（As）在不同温度下气化挥发，以气体形态从尾气中挥发回收或固定/稳定化后送交环保部门危废中心处置，Cr_2O_3磁选回收，这5种重金属的去除回收率可达90%～98%。对尾矿中残存选矿药剂的无害化处理工艺为：在600～800℃温度下，残留选矿药剂分解为N_2、SO_2、CO_2、H_2O及其他无机物，消除其危害。尾矿中有15%～25%的中量元素（Ca、Mg）、微量元素（Fe、Mn、Cu、Zn、Mo、B）和有益元素（K、Si、Co、Se、Sr、Ni、Al、Rb等）活化为可溶性化合物，供植物吸收利用。

（张夫道）

尾矿综合利用 comprehensive utilization of tailings 以在社会、生态、环境和经济等多方面取得最大的综合效益和有效利用资源为目标，根据尾矿的种类和性质采用不同工艺技术路线和高装备对尾矿进行多途径协同的合理开发和资源化利用。在中国始于20世纪70年代，主要原因是意识到选矿技术的进步可以将尾矿中残存的有价组分进一步分选回收，并能取得经济效益。这一时期中国有数十家矿山企业进行了分选回收尾矿中有价组分的研究和生产。1987年10月，中国选矿科技情报网组织召开“全国首届矿山技术经济学术研讨会”，尾矿综合利用是会议的主要议题之一。自此，全国企事业单位积极投入到尾矿资源综合利用技术装备的研发和工程应用。1991～2015年是中国尾矿综合利用不断加速发展的时期，国家不断加大支持力度。

基本内容 按尾矿开发利用程度，分为尾矿提取有价组分、尾矿整体利用和尾矿全组分利用。尾矿提取有价组分是采用选矿、冶炼等技术对尾矿中的有价组分进行富集与回收，处理时会产生二次尾矿。尾矿整体利用和尾矿全组分利用都无二次尾矿排出。尾矿整体利用不需要对尾矿加以分选。尾矿全组分利用需要通过精细分选后，将分选出的不同产物根据其特点物尽其用。

按尾矿开发利用方式，主要分为尾矿再选、生产尾矿建材制品或其他材料、尾矿填充、尾矿农用等。

与邻近学科或分支学科的相互关系 尾矿综合利用涉及矿物加工工程、地球科学与地质工程、材料科学与工程、环境科学与工程等多个学科。从物质转化的角度来认识，尾矿综合利用的本质是其中所含矿物或矿物中部分组分的分离、转化、重组过程，以及空间位置和结合状态的重构。因此，基础物理化学、矿物学、岩石学和材料科学等是尾矿综合利用理论发展的重要支撑。几乎所有选矿领域的最新理论和技术都可以应用于从尾矿中提取有价组分。由于尾矿中的主要组分是各种非金属矿物或矿物集合体的颗粒，因此尾矿的深度综合利用又要及时融合非金属矿深加工和材料科学与工程领域的最新理论、技术和理念。在金属矿开发集中区，尾矿的产生量巨大，是最被社会关注的问题之一。因此尾矿综合利用又要及时融合环境科学、生态科学和社会科学的新理论和新理念，借鉴环境工程领域的新技术。

发展方向　进入21世纪以来，尾矿综合利用在整个矿冶产业链中的重要性日益突出。一些能够降低成本、提高效益和降低环境负荷的尾矿综合利用新技术、新理念和新方法不断出现。发挥区域间、行业间和产业链内不同环节之间的协同效应将成为尾矿综合利用技术和产业创新发展的重要方向。在尾矿综合利用途径方面，与**胶结充填**采矿相结合，将大部分尾矿回填矿井，并取得提高回采率、降低采矿安全风险和减少环境负荷等综合效益将越来越占据主导地位；结合高效粉磨和硅（铝）氧四面体重整调控的全固废高性能胶凝材料等技术，将成为尾矿在低成本高效胶结充填采矿和生产绿色建材方面应用的重要研究方向。　（倪　文）

位错　dislocaion　晶体中的线缺陷。位错线是晶体中某一几何面两侧发生相对位移的区域和其他未相对位移区域的边界线。它在晶体中构成一个闭合环线或终止于晶体表面。位错所致晶格畸变的大小和方向用伯格斯矢量$\boldsymbol{b}$表示。位错的存在，破坏了沿位错线局部晶体的平移对称，沿位错线近旁甚小的区域内发生了严重的原子错排，但在位错线邻域之外，晶体仍保持平移对称性。

1907年意大利V.沃尔泰拉解决了一类弹性体中内应力不连续的弹性问题，首次提出位错的概念和模型。1934年G.I.泰勒、E.奥罗万和M.波拉尼各自提出位错模型。1939年荷兰J.M.伯格斯提出描述位错的一个重要特征量——柏氏矢量，同时引入了螺位错。1947年，英国A.科特雷尔阐明溶质原子和位错的交互作用，并用以解释低碳钢的屈服现象，第一次成功地利用位错理论解决金属机械性能的具体问题。同年，德国W.B.肖克莱描绘了面心立方形成扩展位错的过程。1950年南非裔英籍物理学家F.C.弗兰克和英国T.里德共同提出了位错的增殖机制。20世纪50年代又发展了一系列直接观察位错的实验方法，确证晶体中存在位错，使位错理论在更坚实的基础上得到发展。

位错类型　根据位错的伯格斯矢量等于或不等于单位点阵矢量或其整数倍，位错分为全位错与不全位错。根据位错滑动之难易程度，分为可动位错与不动位错。根据位错线切向矢量$\boldsymbol{t}$和位错的伯格斯矢量$\boldsymbol{b}$的关系，位错分为刃型位错、螺型位错和混合位错。位错线与伯格斯矢量共面的面称滑移面，即滑移面的法线矢量$\boldsymbol{n}$的指向是$\boldsymbol{t}\times\boldsymbol{b}$的指向。①刃型位错。位错线切向矢量$\boldsymbol{t}$和其柏氏矢量$\boldsymbol{b}$垂直（即）是刃型位错，在滑移面的一侧有一个半原子面，$\boldsymbol{t}\times\boldsymbol{b}$指向刃型位错的半原子面一方。半原子面在滑移面上侧，称正刃位错，以“⊥”符号表示；半原子面在滑移面下侧，称负刃位错，以“⊤”符号表示。但所谓的正和负刃位错是相对的，如果垂直位错线旋转180°，则正号和负号刚好对换。图1是刃位错的原子模型。②螺型位错。位错线切向矢量$\boldsymbol{t}$和其柏氏矢量$\boldsymbol{b}$平行是螺型位错。如果$\boldsymbol{t}$和$\boldsymbol{b}$同向（即）称右螺位错，$\boldsymbol{t}$和$\boldsymbol{b}$反向（即）称左螺位错。图2是螺型位错滑移面侧视投影图，其中“o”表示割面右侧原子，“·”表示割面左侧原子。如果绕位错线以原子间距为步长作回路，这个回路是一根螺旋线，螺型位错因此得名。右螺位错和左螺位错是绝对的，不论从哪个角度看，右螺位错和左螺位错都不会改变。③混合位错。位错线切向矢量$\boldsymbol{t}$和其柏氏矢量$\boldsymbol{b}$既非垂直又非平行是混合位错，若$\boldsymbol{b}$与$\boldsymbol{t}$的夹角为ϕ，可以把混合位错看成是柏氏矢量等于$\boldsymbol{b}\sin\phi$的刃型分量与柏氏矢量等于$\boldsymbol{b}\cos\phi$的螺型分量的叠加。图3是滑移面两侧原子面的顶视投影图，其中“o”表示割面上侧原子，“•”表示割面下侧原子。从图看出，A点是螺型位错，在C点是刃型位错，位错线的其他部分都是混合型位错。

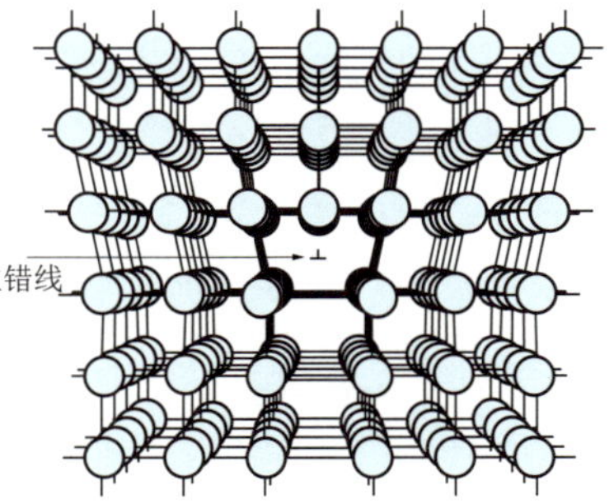

图1　刃型位错的原子模型

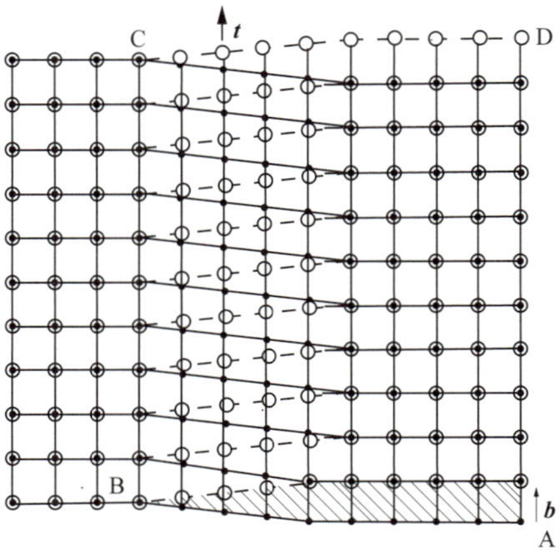

图2　螺型位错滑移面侧视投影

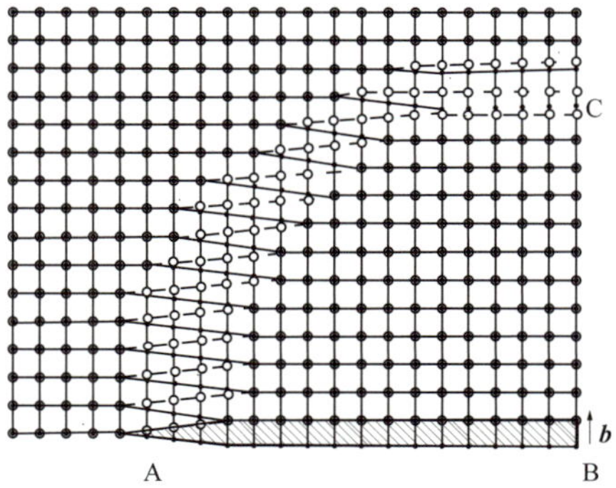

图3　滑移面两侧原子面的顶视投影

位错能量　位错线存在使晶体的能量增加，即晶体产生畸变能。位错增加的能量包括核心区域的能量和核心以外的能量（弹性应变能）两部分。位错线能量分摊到每个原子长度的位错线能量达几个电子伏特，而位错线很长，它的组态熵对自由能的影响远抵消不了位错线焓的能量，所以位错是非平衡缺陷。

弹性应变能　又称位错应变能，用E_{el}表示。位错的弹性应力场的应变能密度对单位长度位错线存在的晶体体积积分是位错的弹性应变能。伯格斯矢量b值和位错线交角为φ的位错应变能E_{el}为：

$$E_{el}=\frac{\mu b^2}{4\pi}\left(\frac{\sin^2\varphi}{1-\nu}+\cos^2\varphi\right)\ln\frac{R}{r_0}$$

式中μ为切变模量；φ为位错线与伯格斯矢量的夹角；r_0为位错芯尺寸；R为晶体尺寸；ν为泊松比，一般金属的ν约为0.3。螺型位错的$\varphi=0°$，刃型位错的$\varphi=90°$，即刃型位错的应变能比螺型位错的约高1.5倍。根据位错的应变能公式，当$R\to\infty$时，位错应变能趋于无限大。因为实际晶体不是无限大，并且在实际晶体中的亚结构尺寸限制了应力场的范围；另外，在含有许多位错的晶体中，位错倾向形成使它们的长程应力场互相抵消的某种组态，以使系统总能量降低（从而每根位错的能量也降低），所以R值约为随机排列位错间距的一半。又因R是处在对数项中，所以，位错能量大部分集中在位错芯附近，而当R相当大时，位错应变能对R值的选择不大敏感。单位长度位错应变能与位错类型、R和r_0值的变化关系不大，可近似为：

$$E=\alpha\mu b^2$$

α与位错类型有关。如果取$r_0\approx b$（约为2.5×10^{-8}厘米），取$R\approx10^{-4}$厘米，对于离子晶体，$\alpha\approx3\sim5$；对于共价晶体，$\alpha\approx1\sim4$；对于金属晶体，$\alpha\approx0.5\sim2$，平均值约为0.7，一般粗略地取0.5。对于金属晶体，若取$\mu=40$吉帕，b=0.25纳米，单位长度位错应变能约为2.5纳焦/米，如果把应变能分摊在每个原子面（即b长度位错线）上，位错应变能约为$\mu b^3\approx0.65\times10^{-18}$焦（即4电子伏）。但由于位错间相互作用，形成一种亚稳组态，即使经过长时间的充分退火，也不能完全消除位错。

核心能量 又称位错芯能量，用E_{co}表示。位错线中心附近的畸变很大，弹性理论估算靠近位错线中心的应力和应变场是发散的，不能应用弹性理论，这个区域称位错芯。位错芯能量很小，而且难以精确计算，粗略地估计为位错总能量的10%～25%。

把核心能量的数值计算入内，单位长度位错的总能量：

$$E=E_{co}+E_{el}=\frac{\mu b^2}{4\pi}\left(\frac{\sin^2\varphi}{1-\nu}+\cos^2\varphi\right)\ln\frac{R}{\lambda b}$$

采用计算实际原子间势能的方法，对一系列材料计算，求得$\lambda\approx1/4$。但$\lambda=1/4$仅适用于求位错的总能量，它并不意味着位错芯区域r_0等于$b/4$。

位错应力场 位错线是不连续奇异性的线，因而产生弹性应力场。计算位错的弹性应力场的模型是一个圆柱体，忽略位错芯部分的畸变的影响，位错线处于中心，挖去半径等于r_0（位错芯）部分，按照位错引起的位移场计算弹性应力场。计算螺位错和刃位错应力场的模型分别如图4所示。

螺位错应力场 为纯切应力场。在各向同性介质中，柱坐标下右螺位错应变场是：

$$\tau_{z\theta}=\frac{\mu b}{2\pi r}$$

$$\sigma_{rr}=\sigma_{\theta\theta}=\sigma_{zz}=\tau_{rz}=\tau_{r\theta}=0$$

式中μ为切变模量；b为伯格斯矢量。

在直角坐标下应力场是：

$$\tau_{xz}=2\mu\varepsilon_{xz}=-\frac{\mu b}{2\pi}\frac{y}{x^2+y^2}$$

$$\tau_{yz}=2\mu\varepsilon_{yz}=\frac{\mu b}{2\pi}\frac{x}{x^2+y^2}$$

$$\sigma_{xx}=\sigma_{yy}=\sigma_{zz}=\tau_{xy}=0$$

如果是左螺位错，则所有应力场的分量反号。

刃位错应力场 在各向同性介质中，正刃位错在柱坐标下应变场是：

$$\sigma_{rr}=-\frac{\mu b}{2\pi(1-\nu)r}\sin\theta$$

$$\sigma_{\theta\theta}=-\frac{\mu b}{2\pi(1-\nu)r}\sin\theta$$

$$\tau_{r\theta}=\frac{\mu b}{2\pi(1-\nu)r}\cos\theta$$

$$\sigma_{zz}=\nu(\sigma_{rr}+\sigma_{\theta\theta})$$

$$\tau_{rz}=\tau_{\theta z}=0$$

式中ν为泊松比。

在直角坐标下应力场是：

$$\sigma_{xx}=-Dy\frac{(3x^2+y^2)}{(x^2+y^2)^2}$$

$$\sigma_{yy}=Dy\frac{(x^2-y^2)}{(x^2+y^2)^2}$$

$$\sigma_{zz}=\nu(\sigma_{xx}+\sigma_{yy})$$

$$\tau_{xy}=Dx\frac{(x^2-y^2)}{(x^2+y^2)^2}$$

$$\tau_{xz}=\tau_{yz}=0$$

式中$D=\mu b/2\pi(1-\nu)$。

图5描述了正刃位错周围的应力场的正值和负值的分布。在位错的滑移面上侧，位错半原子面法线方向受压应力，滑移面下侧受张应力。如果是负号位错，则应力场所有分量反号。

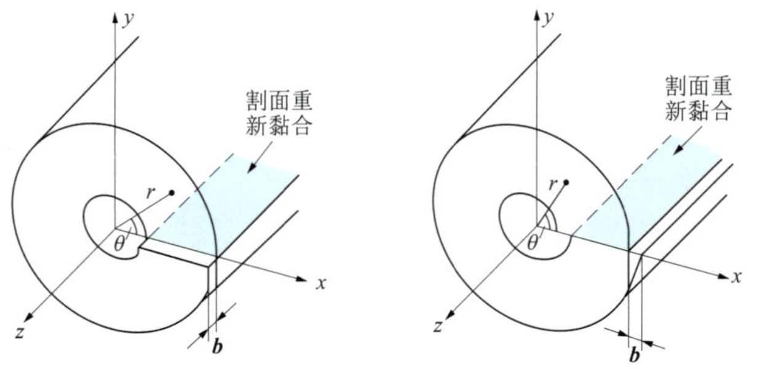

a 割面沿z轴切动$\boldsymbol{b}$，再黏合起来　　b 割面沿x轴切动$\boldsymbol{b}$，再黏合起来

图4 计算位错弹性应力场的模型

混合位错应力场 因为直螺位错和直刃位错的应力场分量没有重叠，所以直混型位错的应力场等于螺型分量的应力场与刃型分量的应力场叠加。

位错的运动 位错线在滑移面运动时，位错运动晶体的体积不发生变化，这种运动称保守运动，也称滑移。位错不在滑移面上运动时，位错运动晶体伴随有体积变化，这种运动称非保守运动。非保守运动时为了保持晶体的连续性，必须通过物质输运来补偿位错附近的体积变化。一般的非保守移动可以分解为在滑移面上移动和垂直于滑移面移动的合成。所以位错运动的基本类型是滑移和攀移。因为含螺位错的面都是滑移面，所以螺位错的运动只有滑移。①位错滑移。刃型位错在位错线段和伯格斯矢量决定的滑移面内运动；螺型位错可在通过位错线的任何原子平面上运动。晶体的易滑移面一般是原子排列最密或较密的晶面。位错滑移面上受力大于位错移动的阻力时，位错发生滑移运动。位错滑移只涉及位错芯几排原子的调整，所以位错滑动需要的切应力比整个面一起切动所需的切应力（理论切变强度）小几个数量级，位错滑动是容易的。②位错攀移。刃型位错（螺型位错无攀移）在垂直滑移面方向运动。位错运动产生体积的变化，这种变化必须由一种非机械过程来弥补，即伴随物质输运（扩散）过程，所以攀移速度是由扩散过程控制的。因为攀移产生点缺陷，所以引起攀移的外力所做的功最低限度能补偿点缺陷形成所需要的能量，这样，位错攀移需要外力和切变模量同一数量级，即和理论强度相当，因而在低温时单靠外力使位错攀移是不可能的。

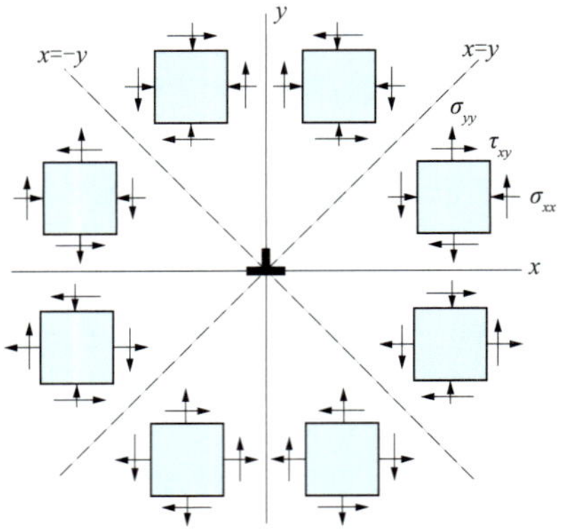

图5 正刃位错周围的应力场的正值和负值的分布

位错密度与观测 单位体积中位错线的总长度，单位是厘米/厘米^3（或1/厘米^2）。经良好退火晶体的典型位错密度ρ_V为$10^6\sim10^8$/厘米^2，高度冷加工的金属中位错密度可达$10^{11}\sim10^{12}$/厘米^2。通常情况下单位面积表面上的位错露头数可以代表位错密度。可以用直接或间接的方法实验观测位错，包括浸蚀坑法、缀饰法、电子显微镜法、场离子显微镜法、X射线衍射拓扑法等。计算机模拟方法也已广泛应用于分析电镜等实验方法获得的位错影像。

位错交截与割阶　一根在滑移面上滑移的位错必与穿过滑移面的其他位错相交截，位错滑移发生位错相交截是很普遍的现象。两个位错相交截后，两个位错都会产生一小段与对方伯格斯矢量$\boldsymbol{b}$大小和方向相同的位错。如果这小段位错的滑移面和自身位错的滑移面相同，或者它的滑移面也是晶体的可动滑移面，由于位错的线张力作用，通过滑移可使这小段位错消失，这种位错小段称作弯结。如果这小段位错的滑移面和自身位错的滑移面不同，小段位错不可能靠张力使其滑移消失，这种位错小段称为割阶。图6所示为一个位

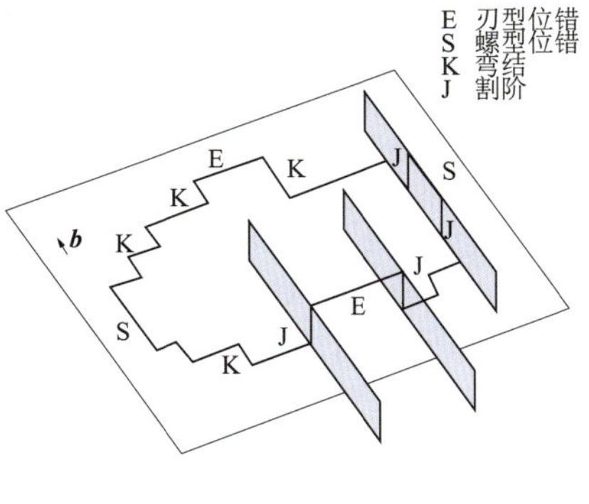

图6　位错环上的弯结和割阶

错环经不同位错交截后形成的弯结和割阶，最后弯结会滑移消失。

图7a所示为一个伯格斯矢量为$\boldsymbol{b}_A$的

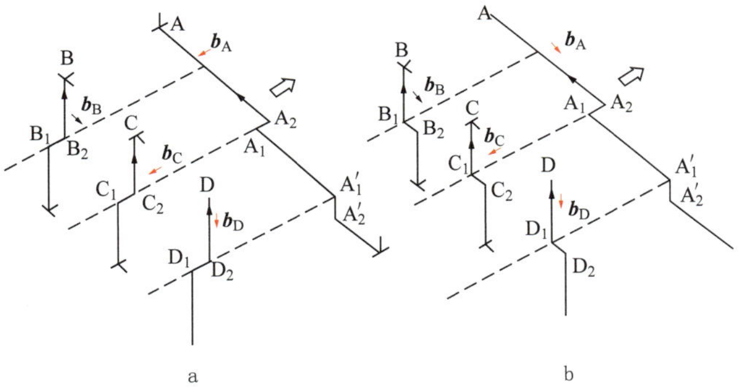

图7　位错交截的示意图

刃位错A滑动（滑动方向如图中箭头所示）与穿过滑移面的刃位错B、C及左螺位错D位错交截的情况。位错A滑动使扫过的滑移面下侧切动$\boldsymbol{b}_A$。位错A与B、C及左螺位错D位错交截后均产生大小和方向为$\boldsymbol{b}_A$的一小段位错，即在B位错的B_1B_2、C位错的C_1C_2和D位错的D_1D_2位错段。其中B_1B_2位错段是割阶，C_1C_2位错段是弯结。D位错是螺位错，D_1D_2位错段虽是刃位错，但它是割阶还是弯结要视原来的D位错的真实滑移面而定。位错A截过B、C、D三个位错，相对A位错来说，它也被B、C、D三个位错反向滑动截过。B位错的伯格斯矢量和A位错线平行，所以在A位错不会被截出任何的小段位错。A_1A_2位错段是弯结。$A_1'A_2'$位错段是割阶。

图7b所示为一个伯格斯矢量为$\boldsymbol{b}_A$的左螺位错A滑动（滑动方向如图中箭头所示）与穿过滑移面的刃位错B、C及左螺位错D位错交截的情况。位错A滑动使扫过的滑移面下侧切动$\boldsymbol{b}_A$。位错A与B、C及左螺位错D位错交截后均产生大小和方向为$\boldsymbol{b}_A$的一小段位错，即在B位错的B_1B_2、C位错的C_1C_2和D位错的D_1D_2位错段。其中B_1B_2位错段是弯结，C_1C_2位错段是割阶，D_1D_2位错段要视原来D位错的真实滑移面而定。位错A截过B、C、D三个位错，它也被B、C、D三个位错反向滑动截过。B位错的伯格斯矢量和A位错线平行，所以在A位错不会被截出任何的小段位错。C位错对A位错截出A_1A_2位错段是弯结，D位错对A位错截出的$A_1'A_2'$位错段是割阶。

当两位错相截产生的小段位错是混型位错时，它有可能分解出一段弯结和一段割阶。两个位错交截后产生的割阶长度只有一个或几个原子间距的割阶，由于它的长程应力场会被原位错的应力场抵消，故它的能量比按增加位错长度所增加的位错能量要小，其能量和位错芯部能量相当。但是，位错交截过程耗费的能量比形成割阶的能量大得多，所以位错交截增加了位错移动的阻力。

带割阶的纯螺位错在自身的滑移面滑动时，因割阶是刃位错，它跟着螺位错移动时是攀移，所以割阶难以移动，对螺位错滑动起钉扎作用。在割阶之间的螺位错在切应力作用下在滑移面拱弯，拱弯的曲率引起的向心力与位错受的外力平衡时位错不再拱弯。这时，若割阶跟着整根位错向前滑动一个原子间距a，则每l长位错线要形成一个空位。割阶被滑动螺位错带着运动时，随着滑动方向不同，可能在割阶后面产生空位或者间隙原子（图8）。

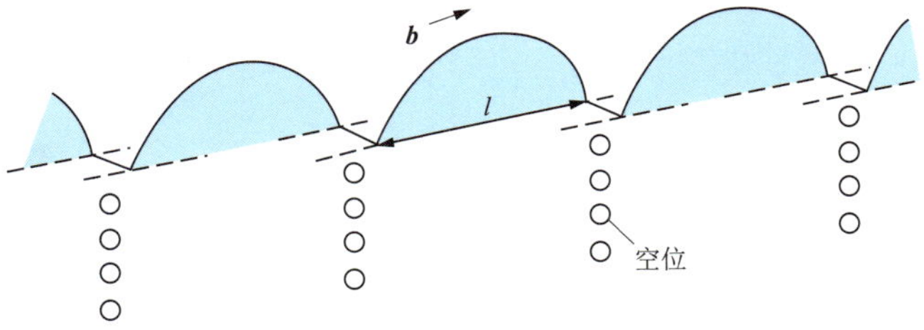

图8　带割阶的螺位错在滑移面滑动产生的空位

（余永宁）

喂丝法　wire feeding　通过喂丝机将金属丝或包覆线高速插入钢水，对钢水进行精炼的方法。又称喂线法，简称WF。20世纪70年代问世，已广泛使用。其工艺过程是：将各种添加剂（如脱氧剂、脱硫剂、变质剂、合金等）破碎成一定的粒度，并用薄钢带将其包裹起来制成包芯线，或将合金直接加工成线材，用喂丝机将其穿过钢包顶部渣层，喂入钢液的合适深度，随其不断熔化而与钢液相互作用，进行脱氧、脱硫、微合金化、成分微调以及变质处理等。所用添加剂具有熔点或沸点低、密度小，在金属液中的溶解度小、与氧亲和力强、蒸气压力大、易于生成有毒蒸气或反应烟尘等特性。由于所喂入的添加剂与被处理金属液之间的反应在一定深度的钢水内部进行，能使添加剂或其蒸气与被处理熔体之间有较大的接触面积和较长的作用时间，并能避免合金元素被空气和熔渣氧化烧损。因此，与其他精炼处理法相比，喂丝技术具有合金收得率高、加入合金量精确、结果重现性好、处理成本低、操作安全可靠、污染少等优点。

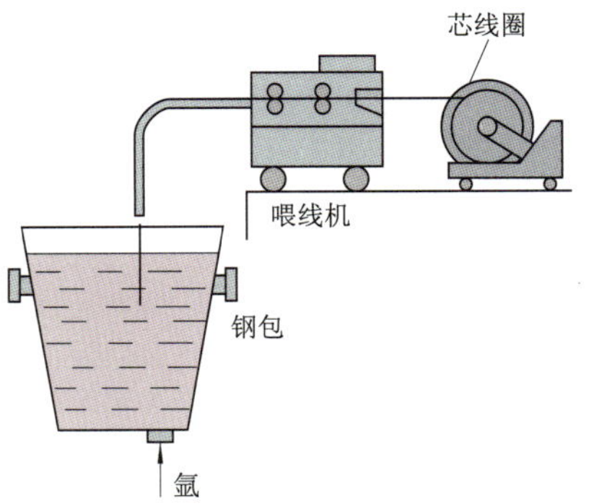

钢包喂丝示意图

按喂丝工序的不同，可分为铁水罐、钢包、中间包和结晶器喂丝，在所有的喂丝技术中又以钢包喂丝最为常见。典型的钢包喂丝工艺如图所示。

（朱苗勇）

魏寿昆　Wei Shoukun（1907-09-16～2014-06-30）　中国冶金学家。生于天津，卒于北京。1929年毕业于北洋大学，获矿冶工程系工学学士学位。次年公派赴德国柏林工业大学和德累斯顿工业大学留学，1935年获工学博士学位。随即在德国亚琛

工业大学钢铁冶金研究所从事研究工作。1936年回国后，曾任北洋工学院矿冶系教授，西北联合大学矿冶系主任、教授，西北工学院矿冶系教授及工科研究所矿冶研究部主任。1946～1952年，担任北洋大学教授、系主任、工学院院长，唐山交通大学教授、系主任，天津大学副教务长。参与筹建北京钢铁学院，并先后担任教务长兼冶炼系主任、图书馆馆长、副院长等职。1952年加入九三学社，1956年被教育部批准为一级教授，1980年当选为中国科学院学部委员（1993年改称院士）。1985年当选日本钢铁学会名誉会员。

中国冶金物理化学学科创始人之一。在冶金热力学理论及其应用方面获得多项重大成果。先后进行过钢铁脱硫、钢液脱磷、活度理论、选择性氧化和冶金热力学在中国特有矿产综合提取金属中的应用等研究。首次提出“转化温度”理论，并用于指导冶金生产；在中国率先开拓固体电池直接快速定氧技术；针对高磷铁水，提出了小型贝塞麦炉的去磷程序以及贝塞麦炉与马丁炉双联的操作方法，指导小转炉脱磷；提出利用二氧化碳选择性溶解去钙提镁的措施，发明了“静置后处理法”，使氧化镁的纯度达到99.5%，阐明了提纯氧化镁的机理；进行了提取纯金属钼、钼化合物和炼制钼铁及钼合金钢的研究。20世纪80年代后，涉猎冶金动力学范围，推出高炉型渣的脱硫活度公式。他的科研与教学成果获国家自然科学奖三等奖及冶金部、国家教委、何梁何利基金等多项奖励。

作为发起人之一，在北京钢铁学院（今北京科技大学）建立了中国第一个冶金物理化学专业。组织了中国第一届冶金过程物理化学学术报告会。著有《活度在冶金物理化学中的应用》(1964)、《冶金过程热力学》(1980）等专著和《小型新式炼铁炉之设计与作业》(1945)、《20年来中国之冶金工程研究》(1947)、《活度的两种标准态与热力势》(1956）等170多篇论文。

（姜　曦）

紊动扩散作用　turbulent diffusion　紊流场中存在的法向脉动速度推动固体颗粒群垂直向上松散悬浮的现象。是导致固体颗粒群在紊流斜面流中发生松散和分层的关键因素。在紊流斜面流中，被悬浮的颗粒因自身沉降末速不同而有不同的悬浮高度和松散度。这些颗粒的存在反过来又对水流中漩涡的发展起到抑制作用。在水流底部，因固体浓度较高限制了初始漩涡的形成，以致降低了整个水层的紊动速度，这种效应称作消紊作用。

紊动扩散作用与黏性底层中的**拜格诺层间斥力**一起维持湍流斜面流中矿石的松散。在湍流斜面流中，颗粒的向下沉降与水流的紊动扩散是决定固体浓度沿深度分布的一对对立因素。由于固体颗粒的消紊作用，使得斜面矿浆流中的脉动速度减弱，各流层间的动能交换也随之减弱，因此，流速沿深度的分布曲线向层流的形式靠近。

（刘文刚）

涡电流分选　eddy current separation; ECS　在交变磁场中，利用金属导电率不同进行分选的方法。1889年美国T.A.爱迪生申请了交变磁场涡电流分选机的专利，用来分选有色金属和非金属。早期涡电流分选机主要用通电线圈产生交变磁场，20世纪80年代末至90年代初，随着高性能永磁材料的发展，德国和美国使用高性能钕铁硼磁性材料相继研制出磁感应强度更强的涡电流分选机，使用变频器改变磁体的旋转速度，可以获得不同强度的涡电流，从而扩大了涡电流分选的应用范围。

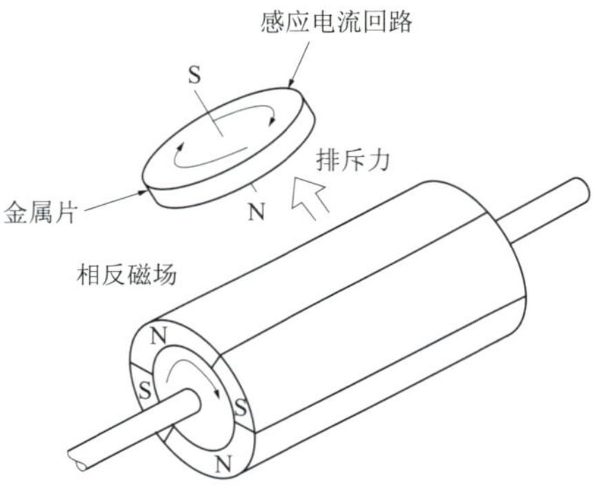

涡电流分选原理图

涡电流分选原理见图，一个沿圆周方向磁极极性交替排列的磁体旋转时，在空间产生交变磁场，当具有导电性的金属片通过该交变磁场时，金属片内产生涡电流，涡电流本身产生的交变磁场与磁体的磁场方向相反，旋转的磁体对金属片产生排斥力，使导电金属片从料流中分离出来，达到分选的目的。导电金属片所受到的排斥力与外部磁场磁感应强度、磁场变化频率，导体的导电率、密度、面积及形状等因素有关。

涡电流分选特别适用于高导电率低密度物质与低导电率高密度物质及导体与非导体之间的分离，通常用于处理对象为废铜（铝）电力电缆、铝制品、汽车废料、非铁金属碎屑、含非铁金属玻璃渣、电子废品、多金属（铝、铜、铅、锌）混合物、铸铜（铝）型砂及铝渣等。

（刘永振）

卧式转炉　barrel converter　圆筒形卧式回转自热吹炼炉。用于铜、镍等的冶炼。1880年法国人P.马内和达维德用**转炉吹炼冰铜**，得到粗铜。1883年马内和达维德建造了第一台卧式侧吹转炉，成为现代炼铜转炉的雏形。当时这种转炉用硅质耐火材料作内衬，吹炼冰铜（见**锍**）时，造渣所需的二氧化硫由熔蚀的炉衬供给，因而炉衬寿命短。1909年W.H.皮尔斯和E.A.C.史密斯采用以**镁砖**为内衬的卧式转炉吹炼冰铜，获得成功，造渣所需的二氧化硫由外加的石英熔剂供给，提高了炉衬寿命。此后，转炉又被推广应用于吹炼低冰镍产出高冰镍。现代普遍应用的卧式侧吹转炉仍以皮尔斯和史密斯的姓氏字头命名，称为P-S转炉。

现代大型卧式转炉（见图）的壳内直径为4米左右，长12米左右。外壳为4～5厘米厚的钢板，内衬为镁砖、镁铬砖或铬镁砖；炉体中部设有炉口，用以加料、排烟、排渣和出铜；有的转炉在炉体端壁设置加入石英熔剂的石英枪，但多数从炉口加石英；炉体一侧沿水平方向设置一排

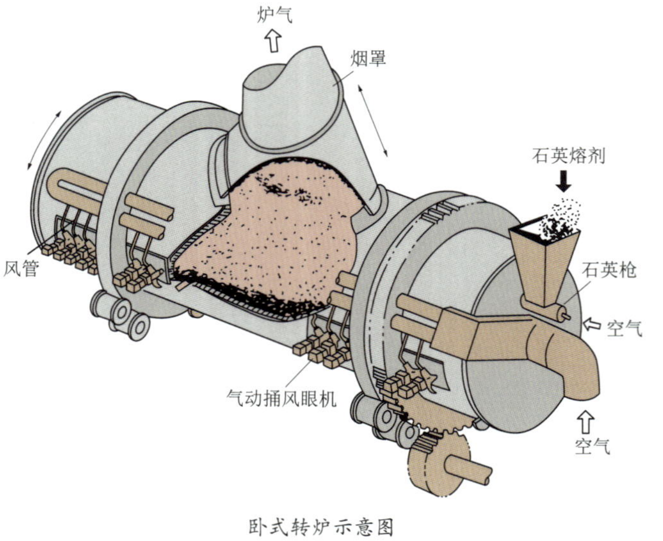

卧式转炉示意图

风眼，用以鼓入压缩空气。整个炉体架在托滚上，借驱动装置绕横轴成正反向旋转，使炉口转至适于加料、吹炼、排渣和出铜的位置。（马荫华　李维熹）

钨粉 tungsten powder　尺寸小于1毫米的金属钨离散颗粒群。1783年，西班牙J.J.埃卢亚尔和F.埃卢亚尔兄弟用碳还原三氧化钨第一次得到了钨粉。现代，钨粉通常采用氢还原三氧化钨或仲钨酸铵的方法制备。氢还原三氧化钨制取钨粉一般分两步：先在550～800℃将三氧化钨还原成二氧化钨，再在750～900℃使二氧化钨还原为钨粉。也可先将仲钨酸铵通氢或不通氢还原成蓝色氧化钨（蓝钨），再用氢还原成钨粉。还原反应常在管式电炉或回转式炉中进行。钨粉的制取除了氢还原法外，还有早期采用的氧化钨碳还原法，还原温度高于1050℃。用这种方法得到的钨粉纯度较低。此外，用金属铝、钙、锌等还原氧化钨的工艺研究工作也在进行中。对于特殊用途要求的高纯度、超细粒度钨粉，则发展了氯化钨氢还原法，得到的钨粉粒度可小于0.05微米。常用钨粉粒度一般为2～10微米，钨粉颗粒形状为圆滑的不规则形状。还原温度对钨粉粒度有着重要的影响，由于氧化钨在高温存在挥发，经气相还原后沉降在已还原的钨颗粒上，促进了钨粉颗粒长大，因此制备钨粉时需要控制还原温度。

钨粉的性能对钨材的生产和钨粉末冶金制品的质量有直接的影响，特别是纯度和粒度的影响更为明显。钨粉是依据纯度和粒度以及不同的用途而分类的。美国、日本已制定了《钨粉及碳化钨粉》的工业标准，英国和法国等国家均设有统一的钨粉国家标准。中国于2006年制定标准《钨粉》(GB/T 3458—2006)，规定了钨粉的性能和分类牌号。

钨粉是**粉末冶金**钨制品和钨合金以及**硬质合金**的重要原料。纯钨粉可制成丝、棒、管、板等加工材和一定形状的制品。钨粉结合其他合金元素，可制成各种钨合金，如钨钼合金、钨铼合金、钨铜合金和高密度钨合金等。钨粉的另一个重要应用是制成碳化钨粉，进而制备硬质合金工具，如车刀、铣刀、钻头和模具等。

以钨粉为原料制备的钨制品及硬质合金材料，在电子工业、通信工程以及国防军工领域获得了广泛的应用。

扩展阅读

黄培云.粉末冶金原理.2版.北京：冶金工业出版社，1997.

（范景莲）

钨钼分离 separation of tungstate and molybdenum　在钨冶炼过程中通过离子交换、溶剂萃取或化学沉淀法将钼除去的技术。在钨产品中钼是严格控制的杂质元素，而钨矿资源中或多或少伴生有一定量的钼，并在钨矿分解浸出过程中进入溶液。由于钨钼化学性质极其相似，钨钼分离一直是钨冶炼中的难题。从钨酸盐溶液中除钼的方法主要为三硫化钼沉淀法和选择性沉淀法。①三硫化钼沉淀法，先用硫化物在pH值为7.0～7.5的条件下进行硫化，使钼酸根完全转变成稳定的硫代钼酸根，然后用无机酸酸化pH值为2.5～3.0，硫代钼酸根便转化成难溶的三硫化钼沉淀，实现除钼。该方法除钼效果好，但是除钼过程中会释放有毒气体硫化氢，并且有较大钨损失。②选择性沉淀法，基于钨钼亲硫性质差异开发的。先使钼酸根转化成硫代钼酸根，然后利用硫代钼酸根和钨酸根性质的差异，加入沉淀剂铜离子或氢氧化铜，使硫代钼酸根和沉淀剂反应生成沉淀物，而钨仍在溶液中，过滤后，除去钼渣，实现钨钼分离。该方法适用于从钨酸铵溶液中除钼。与三硫化钼沉淀法相比，选择性沉淀法具有操作简单、酸碱试剂消耗低、操作环境友好、钨损失小、除钼效率高等优点，同时还能除去伴生的砷、锑和锡等杂质。

此外，科研工作者还开发了其他钨钼分离方法。例如，利用钨钼亲硫性质差异，采用季铵盐萃取硫代钼酸根的方法进行除钼，可以避免三硫化钼沉淀法产生的问题，而萃取生成的钼的萃合物非常稳定；采用强碱性离子交换树脂进行吸附除钼，其本质和季铵盐萃取相似，负载钼树脂难以解吸。还有利用钨钼过氧化物性质差异、钨钼同多酸根离子和钨钼杂多酸根离子解聚性能差异、钨钼氧化物及含氧酸溶解度差异开发的一系列的钨钼分离的方法。

扩展阅读

张启修，赵秦生.钨钼冶金.北京：冶金工业出版社，2005.

（赵中伟）

钨铁 ferrotungsten　钨和铁组成的合金。用作**炼钢**的合金添加剂。钨在钢中能和其他元素结合成复杂的碳化物，能使钢的晶粒变细，且能提高钢的红硬性、耐磨性和冲击强度。钨铁除含钨、铁外，还含有碳、磷、硫、锰、硅、铜、锡等元素。中国国家标准《钨铁》(GB/T 3648—2013)中，钨铁按合金中钨和杂质含量分为4个牌号，主要有两类：FeW70（钨≥70%）和FeW80（钨75%～85%）。

钨铁熔化温度高达2700～3000℃，用电炉冶炼钨铁时，合金在炉内呈半熔的黏稠状态，不可能从炉内流出。因此，生产钨铁主要采用结块法、取铁法和炉外法。

结块法　采用可在轨道上移动、炉体上段可拆的敞口电炉，用碳作还原剂。其工艺过程是：精钨矿、沥青焦（或石油焦）和造渣剂（铝矾土）组成的混合炉料分批陆续加入炉中，炉内炼得的金属一般呈黏稠状；随着金属厚度增高，下部逐渐凝固，待炉子积满后停炉，把炉体拉出，拆除上段炉体使结块冷凝；然后取出凝块，进行破碎和精整；挑出边缘、带渣和不合格的部分回炉重熔。产品含钨80%左右，含碳不大于1%。此工艺现已很少采用。

取铁法　适于冶炼熔点较低的、含钨70%的钨铁。采用硅和碳作还原剂，分还原（又称炉渣贫化）、精炼、取铁3个阶段操作。还原阶段炉中存有上一炉取铁后留下的含氧化钨（WO_3）大于10%的炉渣，再陆续加进多批钨精矿炉料，然后加入含硅75%的**硅铁**和少量沥青焦（或石油焦）进行还原冶炼，待炉渣含WO_3降到0.3%以下时放渣，随后转入精炼阶段。在精炼阶段分批加入钨精矿、沥青焦混合料，用较高电压操作，在较高温度下脱除硅、锰等杂质。精炼后取样检验，确定成分合格后开始取铁。曾用钢勺人工挖取铁块投入水池，20世纪60年代初，中国吉林铁合金厂改用机械取铁装置，改善了劳动条件。取铁期内仍根据炉况，适当地加进钨精矿、沥青焦料。冶炼电耗约3000千瓦·时/吨，钨回收率约99%。

炉外法　又称金属热法。用硅或铝代替炭作还原剂，靠还原反应自身放出的热量熔化合金和炉渣，不需外加热源，实现反应自发进行。用此法生产钨铁的优点是设备简单、产量灵活、节约电力能源，但是对钨精矿质量要求严格。

钨价格昂贵，在生产过程中必须重视提高回收率，不合格产品、渣铁要收集回炉，电炉应有高效率烟气除尘设施，回收含钨粉尘。（储少军）

钨冶金 tungsten metallurgy　从含钨矿石原料中提取金属钨的技术。1781年瑞典化学家C.W.舍勒从白钨矿中分离出一种新的氧化物，定名为钨酸。1783年西班牙化学家J.J.埃卢亚尔和F.埃卢亚尔兄弟从黑钨矿中也分离出钨酸；同年他们用焦炭粉将钨酸还原，首次获得不纯的金属钨。钨的英文名来源于瑞典语tungsten，意思为“沉重的石头”；也称为wolfram，来源于古德语。钨在化学工业、石油工业和各种新材料生产方面有广泛的应用。

具有重要工业价值的钨矿是：黑钨矿〔(Fe，Mn)WO_4〕，其中Fe≤Mn时，称为铁钨矿（$FeWO_4$），当Mn≤Fe时，称为锰钨矿（$MnWO_4$）；白钨矿又称钙钨矿（$CaWO_4$）。中国是钨矿资源最丰富的国家，加拿大、俄罗斯、美国、韩国和葡萄牙也有分布。

钨冶金所用原料主要是黑钨精矿和白钨精矿，冶金过程主要包括钨矿分解、含钨溶液净化、纯钨化合物制取、钨粉和致密钨制取等工序。钨冶炼典型工艺流程见图。

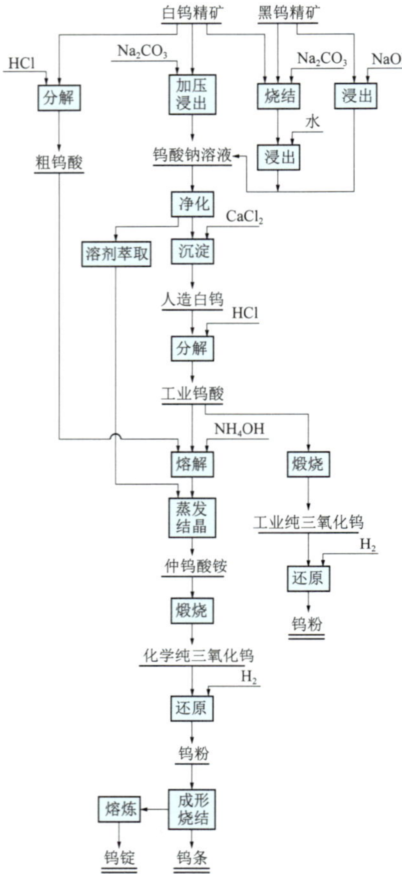

钨冶炼典型工艺流程

钨矿分解与含钨溶液净化 钨矿分解工艺主要分为碱法工艺和酸法工艺两大类。

碱法工艺 主要包括苏打烧结法、苏打高压浸出法、苛性钠浸出法。

①苏打烧结法，处理白钨精矿和处理黑钨精矿时的化学反应不同。处理白钨精矿时的化学反应为：

$$CaWO_4+Na_2CO_3 \longrightarrow Na_2WO_4+CaO+CO_2$$

为使反应顺利进行，可加入石英砂，以得到溶解度小的原硅酸钙，烧结温度约为1000℃，主要化学反应为：

$$2CaWO_4+2Na_2CO_3+SiO_2 \longrightarrow 2Na_2WO_4+2CaO\cdot SiO_2+2CO_2$$

处理黑钨精矿是使黑钨精矿和碳酸钠一起在回转窑内于800～900℃下烧结，主要化学反应为：

无氧化剂

$$(Fe)WO_4+Na_2CO_3 \longrightarrow Na_2WO_4+FeO+CO_2$$

$$MnWO_4+Na_2CO_3 \longrightarrow Na_2WO_4+MnO+CO_2$$

有氧化剂

$$FeWO_4+Na_2CO_3+\frac{1}{4}O_2 \longrightarrow Na_2WO_4+\frac{1}{2}Fe_2O_3+CO_2$$

$$3MnWO_4+3Na_2CO_3+\frac{1}{2}O_2 \longrightarrow 3Na_2WO_4+Mn_3O_4+3CO_2$$

有氧化剂时有利于反应进行。

②苏打高压浸出法，分解白钨精矿时用碳酸钠溶液在高压釜内于200～230℃浸出，主要化学反应为：

$$CaWO_4+Na_2CO_3 \longrightarrow Na_2WO_4+CaCO_3$$

③苛性钠浸出法，分解黑钨精矿时，用氢氧化钠溶液在110～130℃或更高的温度下浸出，主要化学反应为（设黑钨精矿分子中铁的摩尔数为x）：

$$(Fe,Mn)WO_4+2NaOH \longrightarrow Na_2WO_4+xFe(OH)_2+(1-x)Mn(OH)_2$$

氢氧化钠分解白钨精矿时：

$$CaWO_4+2NaOH \longrightarrow Na_2WO_4+Ca(OH)_2$$

采用碱法工艺处理时矿物中的钨以钨酸钠溶液的形式进入溶液中，钨酸钠溶液再通过溶剂萃取法和离子交换法实现净化与转型。采用溶剂萃取法时，首先将粗钨酸钠溶液调pH值至10左右以除去大部分硅，然后再采用镁盐法深度除去磷砷硅、三硫化钼沉淀法除钼，净化后的溶液再采用溶剂萃取法转型得到纯钨酸铵溶液；采用离子交换法时，需将粗钨酸钠浸出液稀释，然后经强碱性离子交换树脂吸附一氨水和氯化铵解吸得到钨酸铵溶液（磷砷硅等杂质不被吸附，进入交换后液而被除去），钨酸铵溶液再采用选择性沉淀法进一步除去钼，得到钨酸铵溶液。

酸法工艺 主要包括盐酸分解工艺和硫磷混酸浸出工艺。盐酸分解工艺主要处理白钨精矿，化学反应为：

$$CaWO_4+2HCl \longrightarrow H_2WO_4+CaCl_2$$

钨以固体钨酸的形式进入渣相。钨酸经氨水溶解后得到粗钨酸铵溶液，再采用铵镁盐沉淀法除磷砷硅、用选择性沉淀法除钼锡等。

硫磷混酸浸出工艺可处理各种品位的白钨矿，钨以磷钨酸形式进入溶液中，化学反应为：

$$12CaWO_4+H_3PO_4+12H_2SO_4+12nH_2O \longrightarrow 12CaSO_4\cdot nH_2O+H_3(PW_{12}O_{40})+12H_2O$$

磷钨酸溶液经结晶法、溶剂萃取法或离子交换法处理，转型得到粗钨酸铵溶液，再经铵镁盐沉淀法除磷等杂质、除钼后得到钨酸铵溶液。

纯钨化合物的制取 净化后的钨酸铵溶液主要采用蒸发结晶法来制备仲钨酸铵，其他的方法还有酸沉结晶和冷冻结晶法。仲钨酸铵（APT）是制取其他钨化合物和钨制品的原料。APT经干燥后再采取不同煅烧工艺可得到黄钨（WO_3）、蓝钨（$WO_{2.90}$）、紫钨（$WO_{2.72}$）等三氧化钨粉末：

$$5(NH_4)_2O\cdot 12WO_3\cdot nH_2O \longrightarrow NH_3+H_2O+WO_3(WO_{2.90}、WO_{2.72})$$

钨粉制取 工业上生产钨粉的主要原料为仲钨酸铵和三氧化钨。制取的方法主要有氢还原法、碳还原法、金属热还原法、熔盐电解法和物理制粉法，工业上应用最广泛的方法为氢还原法。制取金属钨粉的主体设备是还原炉。工业上主要应用的还原炉有多管式电炉、回转管式电炉、马弗炉和钼丝炉。三氧化钨粉氢还原反应为：

$$WO_3(WO_{2.90}、WO_{2.72})+H_2 \longrightarrow W+H_2O$$

致密钨的制取 致密钨主要指钨条和钨锭。金属钨粉为生产致密钨的主要原料。钨条用粉末冶金法生产，首先将钨粉在压膜中成形，再在真空或保护气氛下高温烧结。钨锭的生产主要采用真空熔炼法，有电弧熔炼和电子束熔炼。电弧熔炼法用于制造轧制和拉管用的200～3000千克大型钨坯锭以及用熔铸法生产钨制件，主要设备是真空自耗电弧熔炼炉。电子束熔炼法得到的钨锭纯度比较高，主要使用的设备是电子束熔炼炉。（赵中伟）

无底柱分段崩落采矿法 sublevel caving method without sill pillar 将阶段划分为分段后，自上而下逐步进行分段崩落回采矿石的*采矿*方法。分段下部不设由专用出矿巷道所构成的底部结构，分段的凿岩、崩矿和出矿工作在同一个分段回采巷道中顺序进行，以较小的崩矿步距向崩落区进行挤压爆破，崩落的矿石在松散覆岩下，自回采巷道的端部直接放出，利用装载设备运至溜井，再由矿石溜井溜放至阶段脉外运输巷。

原理与参数 在分段*水平*掘进称为进路的回采巷道和联络巷道。回采巷道端部，掘进切割巷道和切割天井，在回采巷道和切割巷道中凿上向扇形中深孔。回采前先在回采巷道端部开掘切割槽（切割槽开掘

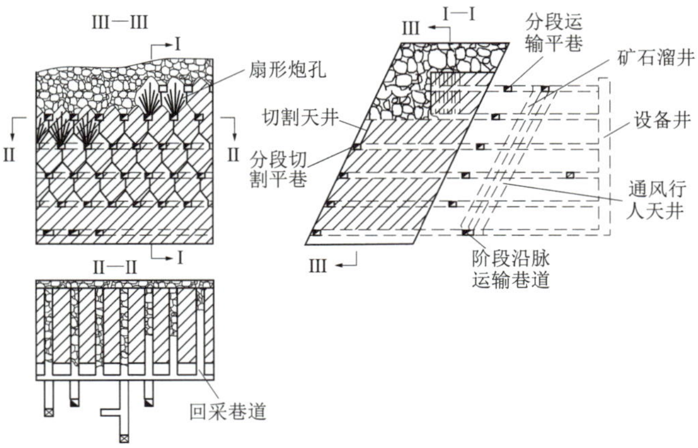

无底柱分段崩落法

方法主要包括：切割平巷与切割天井联合拉槽法、切割天井拉槽法、炮孔爆破拉槽法）作为最初的崩矿自由面及补偿空间，然后分步距爆破进行回采。回采分段上部应保持大于1.5～2个分段高度的崩落覆盖岩层。沿走向每隔一定距离布置设备井或**斜坡道**，向分段运送设备、材料和人员。分段高度、进路间距、崩矿步距3个参数要合理配合，符合覆岩下放矿的矿岩流动规律。分段高度主要受凿岩设备的限制，过大将影响凿岩效率和爆破质量，过小则增大**采准**工作量。常用的高度为10米左右。上下分段的回采巷道应严格按菱形布置，以便将上分段回采巷道两侧的脊部残留矿石，在下分段出矿时尽量回收。同一分段内的回采巷道应互相平行。常用的回采巷道间距是8～10米。采准工作完成后，崩矿步距是唯一能调节的参数。常用的崩矿步距范围在1.8～2.5米之间。如果参数选择合理，生产正常，在贫化率15%～20%的条件下，回收率可达85%以上。凿岩主要使用单机、双机或三机自行台车，个别矿山也有用圆环雪橇式台架的。台车和台架均配重型凿岩机。出矿主要采用装运机和铲运机，运距较长时用装载机械配自卸卡车或自行矿车。采矿方法布置如图所示。

优缺点　无底柱分段崩落采矿法的优点是：采场结构简单，有利于使用大型机械化无轨自行设备；不需要留矿柱，易于适应矿体的变化，可以对不同品位和带有夹石的矿体进行选别回采，灵活性大；同时，**回采工艺**简单，便于使用高效的凿岩、装运设备，提高采矿强度和效率；各项作业均在回采巷道中进行，二次破碎作业及回采工作安全性好，劳动生产率较高，矿块生产能力大。缺点是：回采巷道通风条件差，矿石损失与贫化较大，适于开采围岩易崩落、矿石稳固的急倾斜厚矿体。若矿石不稳固，回采巷道维护困难；倾角小和矿体薄，矿石损失、贫化将增大。

发展趋势　增大采场结构参数是无底柱分段崩落法的主要发展方向。增大采场结构参数，可以减少矿石损失贫化产生次数和放矿过程中矿岩接触面积，有利于降低矿石损失贫化；同时，增大每次爆破崩矿量，充分发挥铲装运设备能力，减少辅助作业（爆破与通风等）时间，可以提高采矿生产能力，减少采准工程量，降低采矿成本。为此，要进一步提高无底柱分段崩落法矿山的生产能力和经济效益，需优化结构参数，走大参数、设备大型化和管理科学化之路。

（任凤玉）

无轨巷道　trackless drift　地下矿山中主要运行无轨自行设备的巷道。为了便于无轨设备运行，提高效率，要求无轨巷道平直，浇筑混凝土底板，通视性好。一定距离设置车辆避让硐室及交通信号灯。无轨巷道断面尺寸按设备外形尺寸、行车速度、管缆布置、是否设人行道等综合考虑。设备外缘与岩壁之间的最小距离应不小于

无轨巷道

600毫米。巷道应有一定的流水坡度和水沟，以满足排水的要求。巷道在转弯处应有一定的转弯半径，满足无轨设备的转弯要求。

地下矿山采用无轨自行设备开始于20世纪60年代。无轨自行设备包括轮式和履带式车辆，主要有铲运机、凿岩台车、锚杆（索）台车、矿用卡车及辅助作业车辆（如人车、材料车、加油车、混凝土罐车、喷浆车）等。由于无轨设备具有生产率高、机动性好、爬坡能力大、转弯半径小等优点，在地下矿山得到广泛应用。

在无轨巷道内配备导航、通信、定位、监控等设施，可实现无轨设备运输的远程遥控或智能化控制作业。世界上已有十多家矿山形成了远程遥控自动化作业采区，包括铲运机自动化作业、坑内卡车自动化运输等。

（陈　何）

无孔型轧制　grooveless rolling　在不刻轧槽的平辊中，**轧制**方、圆、扁等简单断面轧件的技术。又称无槽轧制。作用是减小断面尺寸，因此主要用于开坯及延伸孔型系统中，可以轧制简单断面形状的钢坯，方钢、圆钢，盘条，碳钢、合金钢等轧件。通过无孔型轧制减小断面到一定程度，再经数量较少的精轧孔型，可最终轧制成件。无孔型轧制法是轧件在上、下两个平辊辊缝间轧制，辊缝高度即轧件高度，轧件宽度即自由宽展后的轧件宽度，不受孔型侧壁的作用。无孔型轧制法区别于孔型轧制法，其优点是：①由于**轧辊**无孔型，改轧其他产品时，可通过调节辊缝改变压下规程。因此，换辊、换孔型的次数减少了，提高了轧机作业率。②由于轧辊不刻轧槽，能充分利用轧辊辊身；轧件变形均匀，轧辊磨损量小且均匀，使轧辊使用寿命提高了2～4倍。③轧辊车削量小且车削简单，节省了车削工时，可简化

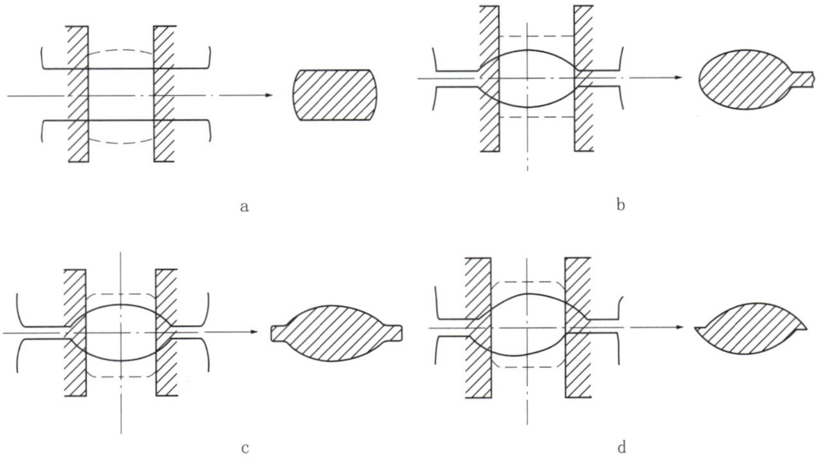

图1　无孔型轧制与孔型轧制对比示意图

轧辊加工车床程序。④由于轧件是在平辊上轧制，所以不会出现耳子、充不满、孔型错位等孔型轧制中的缺陷（图1）。图1a为无孔型轧制状态，图1b、图1c、图1d为孔型轧制状态。⑤轧件沿宽度方向压下均匀，故使轧件两端的舌头、鱼尾区域短，切头、切尾小，成材率高。⑥由于减小了孔型侧壁的限制作用，沿宽度方向变形均匀，因此降低了变形抗力，故可节约电耗7%左右。存在的缺点是：①由于轧件是在平辊间轧制，失去了孔型侧壁的夹持作用，容易出现歪扭脱方现象（图2a），如果脱方严重，将影响轧制的正常进行。②经多道次平辊轧制后，轧件角部易出现尖角，此轧件进入精轧孔型容易形成折叠（图2b）。③如果无孔型轧制是在水平连轧

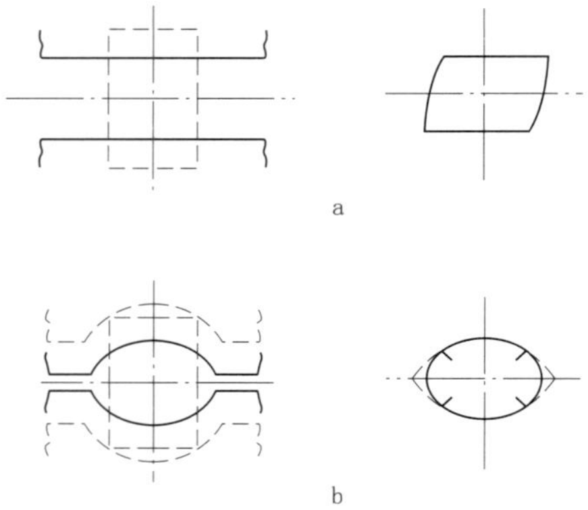

a

b

图2　歪扭脱方及折叠轧件

机上进行，则轧件在机架间要扭转90°，此时由于轧件与导卫板接触而容易产生刮伤，反而使脱方和尖角等缺陷加剧。

无孔型轧制时，由于受无孔型侧壁的夹持作用，轧件头部容易弯曲，如果使用通常的导卫装置，则轧件头部容易顶撞出口导板的前端。为防止此事故的发生，应设计成贯通型导板。

扩展阅读

白光润，栾瑰馥，朱殿强.孔型设计.沈阳：东北工学院出版社，1992.

赵松筠，唐文林.型钢孔型设计.北京：冶金工业出版社，1993.

（赵宪明）

无模拉拔　dieless drawing　利用金属在局部加热时，加热部位变形抗力降低，在施加外拉力的作用下，不使用模具而使坯料产生塑性变形的拉拔技术。拉拔过程中，首先将坯料的一端夹住不动，另一端用可动夹头夹住拉拔，同时感应线圈在拉拔夹头附近进行局部加热，实现边加热边拉拔。由于加热区的变形阻力小，变形集中在该部分。当该部分出现细颈达到所要求的减缩尺寸（制件的横断面尺寸由F_1变为F_2）后，拉拔夹头和感应线圈做相反方向的移动，变形区也随之移动，直至整根坯料达到所要求的减缩尺寸（见图）。无模拉拔特别适于具有超塑性的金属材料。

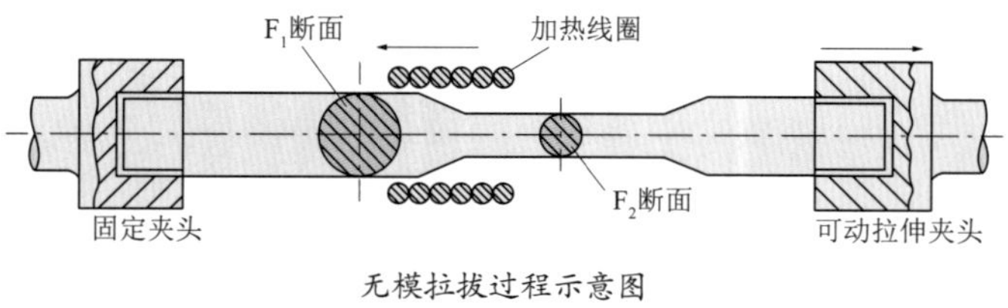

无模拉拔过程示意图

无模拉拔的特点是：不使用普通拉拔方法中的模子、模套等工具；用较小的力就可以使金属发生塑性变形；一次加工可得到很大的断面收缩率，如钛合金无模拉拔的一次断面减缩率可达80%；拉拔时，金属与工具之间无摩擦，适于低温下强度高、塑性低，高温下因摩擦大而难以加工的金属材料；能实现普通拉拔无法进行的加工，如可以制造锥形、阶梯形等变断面的棒材。

无模拉拔速度的高低，取决于在变形区内保持稳定的热平衡状态。此状态与材料的物理性能和电、热操作过程有关。为了提高生产率，可以用多夹头和多加热线圈同时拉拔数根坯料。无模拉拔的制品加工精度可达0.013毫米。

扩展阅读

温景林.金属挤压与拉拔工艺学.沈阳：东北大学出版社，1996.

（张迎晖）

无头轧制　endless rolling　轧制过程中，在一个轧程内连续供坯、不间断轧制，只有一个坯头和坯尾，轧件长度可无限延长的轧制技术。在热轧带钢和棒线材生产中均有应用。无头轧制有两种实现形式。一种是常规热连轧上的无头轧制，即在常规热连轧线上，将粗轧后的中间坯快速连接起来，在精轧过程中实现无头轧制。1996年日本川崎制铁公司千叶厂在热带轧制线上通过中间坯焊接的方式首先实现无头轧制。2007年韩国浦项制铁公司在热带生产线上采用中间坯剪切－压合的连接方式，实现中间坯连接，进而实现了无头轧制工艺。另一种是带钢无头连铸连轧工艺（endless strip production, ESP），即通过连续铸钢与连续轧制不间断衔接，实现钢水到热轧带钢产品连续紧凑生产的工艺流程。其最主要的工艺特点是在一个连续浇铸过程中，铸坯不切分地送入连轧机组进行连续轧制，故又称无头浇铸与轧制（thin slab endless casting and rolling）。连铸机采用平行板式直弧形结晶器，铸坯厚度为70～110毫米，经液芯压下铸坯直接进入粗轧机轧制成中厚板，再经感应加热后，进入精轧机机组轧制成薄带钢。2009年意大利阿维迪公司建设投产了世界上第一条ESP无头连铸连轧生产线。该工艺根据轧制的钢材门类的不同，采用不同的结晶器形式，分为板材无头轧制和棒线材无头轧制。

无头轧制技术的优点是：①无头轧制仅头块坯的头部和最后一块坯的尾部有穿带或甩尾问题，减少了穿带和甩尾次数，提高了轧制效率。同时当施加张力后，几乎不发生甩尾和蛇形现象，轧制稳定。②无头轧制使整个带卷保持恒定张力和一定的速度，可实现稳定轧制，提高了带钢质量稳定性、精度和成材率。另外，稳定轧制也为带钢轧制及冷却过程中的高精度温度控制提供了便利。③减少温度较低的轧件头、尾部分对轧辊和导卫的频繁冲击，从而减轻了轧辊磨损，有利于轧机及其传动装置的平稳运行。④无头轧制过程中，通过带载压下及轧制过程控制，带钢厚度可逐步向薄规格过渡；同时在轧制过程中通过张力控制调节实现稳定轧制，有利于生产薄且宽的带钢和超薄规格产品。⑤轧制过程的连续稳定，为整个轧制生产过程的自动控制、智能控制创造了有利条件，利于实现工艺的高精度控制以及全程自动化、智能化控制。

扩展阅读

王廷溥，等.现代轧钢学.北京：冶金工业出版社，2014.

（袁　国）

无土复垦　non-soil-covering land reclamation　以不覆盖客土实现场地复垦的土地复垦方式。又称无土植被技术。无土复垦关键是解决基质改良和植物品种的选择与配置。无土复垦从根本上解决不用表土覆盖，通过物理、化学、生物等综合治理技术措施，改善废弃地的种植基质，建立人工复合基质，使之不用覆盖土壤，营造植物正常生长所需的物质基础。结合植物的优化配置模式，实现废弃地重建植被且正常生长的复垦技术。基质改良一般是通过添加污泥（城市污泥、河塘底泥、有机污泥等）、家禽粪便（猪粪、鸡粪、鸭粪、牛粪等）、农作物秸秆、木材加工的废弃物（锯木屑、刨花等）、农作物果壳（花生、稻谷等）或上述的混合物，促进植物的存活和生长，改善土壤品质，预防酸化，提

尾矿库沉积滩无土复垦前后对比图

高土壤养分积累。无土复垦物种一般选择耐旱、耐瘠、耐酸、耐重金属、根系发达的当地物种，同时注重引入豆科植物，有利于改良土壤。在物种配置方面选择多种植物种类（草本、灌木和乔木等），采用乔灌草相结合的多层次配置模式，利于群落的稳定性和多样性。

中国土地资源尤其是耕地紧缺，土源越来越少。无土复垦可用于部分**排土场**、**尾矿库**复垦等，如20世纪90年代安徽铜陵杨山冲铜矿尾矿库复垦采用无土复垦。无土复垦具有良好的经济、社会、环境效益，有条件的矿山，可推广无土复垦技术。

（王　琼）

吴威孙　Wu Weisun（1916-01～1999-11-04）　中国选矿工程专家。祖籍福建福州，生于北京，卒于江西南昌。1937年毕业于北洋大学矿冶工程系。1945～1947年为美国科罗拉多矿业学院研究生。回国后，被派往湖南锡矿山锑矿工作。1953年后，先后在冶金部中南有色分局、中南钨矿局、江西省冶金厅、有色总公司南昌公司从事钨业生产技术和管理工作，历任主任工程师、总工程师。

1940年负责在桂林建设钨锡选炼厂，第一次从钨锡粗精矿中选出了铋精矿，并用铁置换法熔炼出金属铋。在湖南锡矿山锑矿工作期间，主持编制了该矿的恢复和发展计划。先后组织编制了盘古山、画眉坳、湘东、小龙等中小型钨矿选厂的建设方案并实施。对大吉山、西华山、岿美山等钨矿大型选厂投产后存在的许多问题，进行了流程改进，不仅提高了回收率，而且降低了能耗和成本。提出了用钨精矿作合金剂直接炼钨钢，并相继在大连、重庆、上海等钢厂应用。组织研制了高碳低钨铬锻钢球和含钨中锰衬板，耐磨性能均优于普遍锻钢球和锰钢衬板。

主编了中国第一部钨矿选矿著作《钨的选矿》(1960)。1983年参与编写《选矿手册》。1987年作为主编之一，编辑出版《新中国有色金属钨钼工业》。

（邵全瑜）

物理冶金学　physical metallurgy　研究金属材料的成分、组织、加工处理工艺与性能之间的关系及其性能的改进和控制的学科。是通过非化学方法达到改变金属性能的冶金学分支之一。

从1863年H.C.**索比**创建了**金相学**开始，物理冶金学取得一系列重大成就（见**冶金学**）。**控制轧制与控制冷却**是20世纪后期利用物理冶金学原理开发的热轧技术，经过多年的理论研究与工程实践，已成功地在热轧型线材、板材和管材生产领域广泛应用，并取得了良好的经济效益和社会效益。①控制轧制。通过热轧条件（加热温度、各轧制道次的轧制温度、压下量）的最佳化，使**奥氏体**状态利于相变成为细晶组织的技术。运用控制轧制技术能够使得钢材获得强度与低温韧性均高的优良性能。②控制冷却。在奥氏体的温度区间进行某种程度的快速冷却，使相变组织比单纯控制轧制更加微细化，同时获得更高的强度。组合的控制轧制和控制冷却技术称为TMCP（thermo-mechanical control process），是在控制奥氏体状态的基础上，再对被控制的奥氏体进行相变控制，以使钢材获得不同的微观组织和力学性能。

TMCP技术作为调控热轧钢材组织性能、保证热轧钢材强韧性的核心技术，是20世纪钢铁工业重要的成就之一，也是产品工艺开发领域应用最为普遍的共性技术之一，对钢铁制造行业的技术提升具有决定性影响。TMCP的基本冶金学原理是在再结晶温度以下进行大压下量变形，促进微合金元素的应变诱导析出并实现奥氏体晶粒的细化和加工硬化；轧后加速冷却，实现对处于加工硬化状态奥氏体的相变进程进行控制，最终获得晶粒细小的显微组织。基本要素是“低温大压下”和“微合金化”，即实现这种工艺的前提是提高钢中微合金元素含量或进一步提高轧机能力。然而，前者因现代化轧机能力限制而无法轻易实现，后者会造成钢材成本的提升和资源的消耗。另外，采用低温大压下易导致热轧钢板表面形成过多的红色氧化铁皮，对表面质量造成破坏，影响后续加工过程。因此，在热轧钢铁材料TMCP工艺基础上又提出新一代控制轧制和控制冷却工艺（NG-TMCP）。NG-TMCP是可控无级调节钢材冷却技术，在保持或提高材料塑韧性和使用性能的前提下，可使80%以上的热轧钢材（含热带、中厚板、棒线材、H型钢、钢管等）强度指标提高100～200兆帕以上，或钢中主要合金元素用量节省20%～30%以上，大幅度提高了冲击韧性，节约钢材使用量5%～10%，提高生产效率35%以上，节能10%～15%。

NG-TMCP技术采用“适当控轧＋超快速冷却（ultra fast cooling，UFC）＋接近相变点温度停止冷却＋后续冷却路径控制”思路，通过降低合金元素使用量、结合常规轧制或适当控轧，尽可能提高终轧温度，实现资源节约型、节能减排型的绿色钢铁产品制造过程。金属材料在加工处理时的微观强化机理有细晶强化、相变强化、析出强化等强化机制。

对于细晶强化，在NG-TMCP条件下，尽管材料是在较高的温度区间完成热变形过程，但变形后的短时间内，材料还

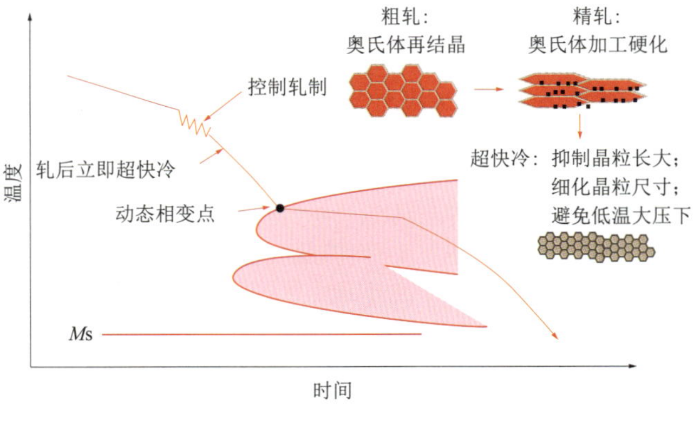

图1　NG-TMCP工艺下的细晶强化机理

来不及发生再结晶，仍然处于含有大量“缺陷”的高能状态。此时实施超快速冷却，就可以抑制晶粒再结晶的发生，从而将材料的硬化状态保持下来，直至终止冷却温度点（动态相变点附近）。在随后的相变过程中，保存下来的大量“缺陷”成为形核的核心，因而可以得到与低温轧制相似的细晶强化效果（图1）。

实验室研究及现场实践表明，NG-TMCP工艺条件下，超快速冷却通过增加相变过程的过冷度，显著细化**铁素体**晶粒和**珠光体**片层间距，通过细化组织亚结构提高热轧钢材的强韧性能。

对于析出强化，超快冷通过抑制微合金元素碳氮化物在奥氏体中的析出，迅速穿越常规形变诱导析出的温度范围，使得动态铁素体相变的温度区间和碳氮化物析出温度区间重叠。此时碳氮化物由于具备较大的析出驱动力而发生相间析出，或使更多的微合金元素保持固溶状态进入铁素体区发生微细弥散析出，其尺寸在2～10纳米，达到了铁素体基体强化，材料强度水平提高的目的（图2）。

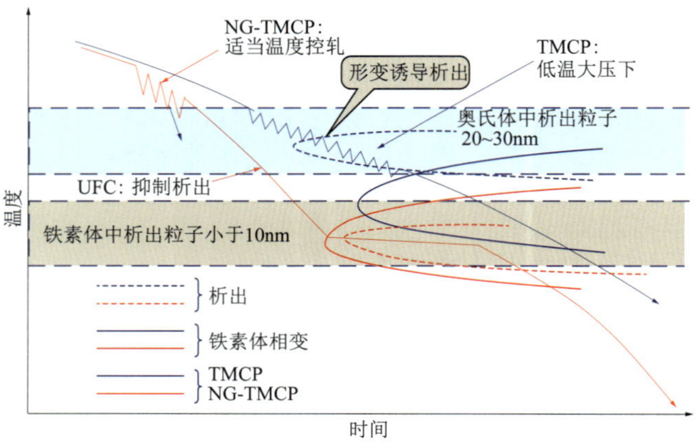

图2 NG-TMCP工艺下的析出强化机理

典型合金元素如钛的碳化物或钒的碳氮化物的大量析出温度在650～700℃，利用超快冷冷却到此温度区间，有利于发生相间析出或铁素体内弥散析出，强化效果十分明显。因此，采用NG-TMCP技术，针对不同合金元素的析出特点，制定合理的冷却制度，可以更好地发挥各种微合金元素的强化作用，提高合金元素的强化效果。

相变强化的核心是冷却路径控制。对于相变强化，超快速冷却具有的快速高效控温能力，可以进行更有效的相变强化控制，将热轧钢材控温至相应的组织区间，通过对钢中组成相及其形态、尺度的控制，达到提高钢材力学性能的目的，实现理想的灵活多样的相变强化（图3）。

以基于NG-TMCP技术的贝氏体钢

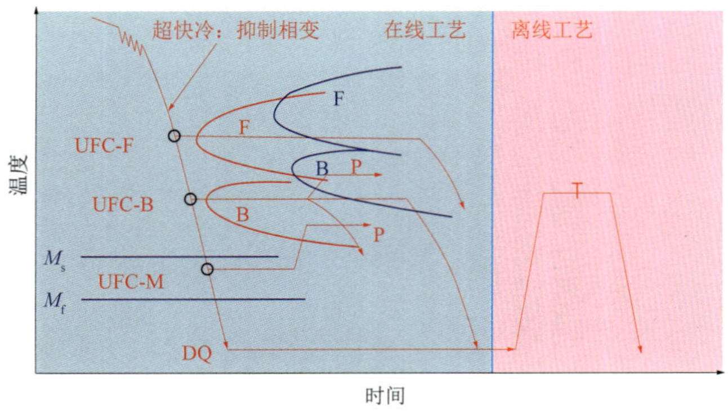

（B贝氏体 P珠光体 M马氏体 F铁素体 DQ直接淬火）

图3 NG-TMCP工艺下的相变强化机理

相变强化为例，低碳贝氏体钢在快速冷却工艺下获得了均匀细化的贝氏体组织，且贝氏体主要以板条状形式存在，交错排布的板条束相互截断，使板条束长度和宽度受到限制，贝氏体板条束的平均长度为6.0微米，平均宽度为0.18微米。力学性能检测结果显示，低碳贝氏体钢的屈服强度达到800兆帕，抗拉强度达到900兆帕，具有良好的综合性能，与同成分下常规TMCP工艺相比，强度提高了100兆帕左右。通过形成交错的贝氏体结构有效提高了钢材强度的同时，细化的贝氏体组织具有良好的断后伸长率及低温冲击功。通过有效控制贝氏体的相变温度，选取合理的轧制与超快冷工艺参数，调控贝氏体组织及贝氏体组织亚结构，可以达到提高贝氏体钢强韧性能的目的。

（王国栋）

雾化法制粉 atomization process to produce powder 用快速运动的流体冲击或其他方式将金属或合金液体破碎为细小液滴，继之冷凝为固体颗粒的一种生产**金属粉末**的方法。20世纪30年代德国率先采用高压空气雾化法生产高碳**铁粉**。1965年美国建成高压水雾化法制取铁粉的生产线。70年代雾化制粉技术有了长足进步，不断出现以惰性气体雾化或离心雾化技术生产的高质量高合金粉末，为发展高性能**粉末冶金材料**工艺和制品奠定了基础。雾化法制粉分为双流法（以雾化介质流破碎金属液流）和单流法（以其他方式破碎金属液流）两种。前者的雾化介质采用气体（氦、氩、氮、空气）或液体（水、油）；后者利用离心雾化或溶气真空雾化等方式。

原理和工艺过程 最广泛应用的双流法是气雾化法和水雾化法。雾化制粉时，先用电炉或感应炉将金属原材料熔炼为成分合格的金属或合金液体（一般过热50～100℃），然后将其注入位于雾化喷嘴之上的中间包内。金属液体由中间包底部漏眼流出，通过喷嘴时与喷射出的高速气体或水相遇，被雾化为细小液滴。雾滴在封闭的雾化筒内快速凝固，便得到雾化粉末。粉末粒度主要取决于雾化介质的压力、中间包漏眼直径和喷嘴结构。一般气雾化时气体的压力为350～8400千帕，流速为2米/秒。水雾化时金属的流量为45～90千克/分，水流量为110～380升/分，水流速为70～230米/秒，水压力为5.5～25兆帕。粉末颗粒的形状通常是：气雾化的为球形，水雾化的形状不规则。惰性气体雾化的粉末含氧量低，可小于1×10^{-4}；水雾化的粉末含氧量高，一般大于6×10^{-4}，须经过退火处理。

单流法中，离心雾化法是借助离心力将熔融金属破碎为小雾滴再凝固为粉。1974年首先由美国推出旋转电极雾化制粉法。其原理是将金属或合金原料制成自耗电极并使之沿纵向轴心高速旋转，当自耗电极受电弧加热端熔融时，金属液体被离心力抛出形成液滴，在其飞行过程中遂被冷凝成球形粉末。通常短自耗电极（Φ89×250毫米）的转数为25 000转/分，长自耗电极（Φ63.5×1830毫米）的转数为15 000转/分。粉末粒度与电极转数、电极直径和原材料密度及表面张力有关。

溶气真空雾化法是利用在气压下气体过饱和的金属或合金液体突然暴露到真空中时，溶解气体逸出而膨胀，迫使金属液体雾化，继之冷凝为粉末。镍、铜、钴、铁和铝基合金等，均可采用溶氢雾化。

特点和应用 雾化法制粉是最早的快速凝固技术之一。熔融合金凝固时冷却速度对最终合金材料的性质有重大影响。快速凝固能缩短原子扩散距离和固相形成时间，使基体和第二相的显微结构发生明显细化，此外还可扩大合金元素的固溶度，增强合金强化的作用。雾化制粉时的平均冷却速度正比于热交换率，反比于金属液滴颗粒的尺寸。通常，雾化制粉的冷却速度为10^3～10^4K/秒，对于超细粉末可达10^5K/秒以上。据此，雾化合金粉末的显微结构异常细化，无宏观偏析，每个颗粒均拥有同样的化学成分，被誉为性能最佳的**预合金粉末**。

雾化制粉技术可以通过调整工艺参数来控制产品粒度和颗粒形状。凡可加热成为液体的任何金属材料，均可被雾化成粉末。不合格的粉末可作为返回料重新雾化制粉。雾化制粉工艺生产灵活性大，包括由简单的低熔点有色金属到复杂的高熔点钢铁合金，产品品种可以多样化。雾化制粉的生产规模，可少到每炉雾化几千克，多至年产几十万吨的工业化生产。

雾化粉的质量技术指标是粉末的含氧量和非金属夹杂的含量。前者主要来自雾化时颗粒的表面氧化，后者来自熔渣、炉衬和中间包等耐火材料的污染。雾化时采用高纯度（大于99.99%）惰性气体可降低粉末的含氧量。采用离心雾化可避免非金属夹杂。

雾化金属粉末，特别是高合金含量的预合金粉末，具有快速凝固材料的特点，是制造粉末冶金高性能材料的理想原料。惰性气体雾化或离心雾化的高洁净度粉末，可以直接用热锻、热挤压或热等静压等热成形技术，制造**粉末冶金高温合金**、高速钢、不锈钢、钛合金等。水雾化粉末经过还原退火后具有良好的压制性，可以通过冷模压成形和烧结工艺制造各种粉末冶金零件。雾化金属和合金粉末还是良好的硬面热喷涂用的粉末原料。

（王洪海）

X

西门子，K.W. Karl William Siemens（1823-04-04～1883-11-19） 英国工程师，平炉炼钢法发明人之一。原籍德国。生于普鲁士隆德（今属德国），卒于伦敦。

1846年毕业于马德堡技术学校后入格丁根大学学习了一年数学、物理学和化学。后从事多年工程业务，在不同领域中获得成就。于1856年取得蓄热式炉的专利，1864年将蓄热室用于反射炉炼钢，称为西门子炼钢炉，中国取名平炉。1867年又取得生铁-矿石法炼钢的专利。1864年法国工程师P.-É.马丁利用平炉采用生铁-废钢法炼钢获得成功，并取得专利。采用生铁和熟铁一同熔炼的平炉称为西门子-马丁炉。1862年西门子当选为英国皇家学会会员。1877年任英国钢铁学会主席。

（常乃慥　苏天森）

硒冶金 selenium metallurgy 从含硒矿石或二次资源中制取半金属硒的技术。1817年瑞典化学家J.J.贝采利乌斯发现硒，按希腊文Selene（月神）将其命名为selenium。硒属于较为稀散的微量元素，主要以分散状态存在于金属矿、煤矿和少量硒矿中。硒在地壳中的丰度按质量估计，约为5×10^{-6}%。硒有无定形和晶体两种形态。提取硒的主要原料是电解精炼铜时所得的阳极泥，也可以从汞矿冶炼过程中富集回收或从硫酸厂残泥中提取。日本、加拿大、比利时和德国是硒的生产大国。

冶炼　硒在铜电解精炼的阳极泥中的主要存在形式是硒化铜、硒化银等，含量3%～14%。主要采用硫酸化焙烧法冶炼，此法的主要优点是硒的回收率高，适用于处理多种含硒原料。其工艺过程见图。首先将阳极泥脱水，然后与浓硫酸混合，加入回转窑内进行硫酸化焙烧，生成的二氧化硒进入烟气。烟气用水吸收，使二氧化硒形成亚硒酸。将含亚硒酸的溶液用二氧化硫还原制得灰硒。主要化学反应为：

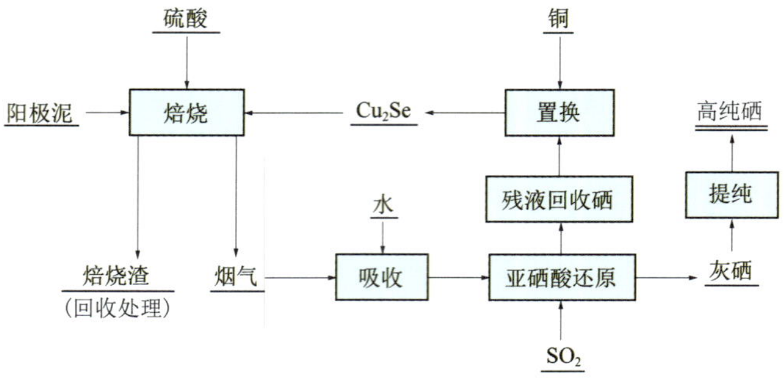

硒冶金工艺流程

硫酸化焙烧制备SeO_2

$$Cu_2Se+6H_2SO_4 \longrightarrow 2CuSO_4+SeO_2\uparrow+4SO_2\uparrow+6H_2O$$

烟气吸收制备亚硒酸

$$SeO_2+H_2O \longrightarrow H_2SeO_3$$

亚硒酸还原制备硒

$$H_2SeO_3+2SO_2+H_2O \longrightarrow Se\downarrow+2H_2SO_4$$

吸收液中还有少量未被还原的亚硒酸，采用铜还原的办法，生成硒化铜沉淀回收，作为原料返回使用。

高纯硒的制取　硒的提纯方法有蒸馏法和氧化-还原沉淀法，后者广泛应用于制备纯度大于99.992%的纯硒。工艺过程是：首先向熔融粗硒通氧气，使硒氧化成二氧化硒挥发并进入吸收罐，与吸收罐中的去离子交换水生成亚硒酸溶液，然后通入二氧化硫，从溶液中即沉淀出纯硒。

为制取纯度超过99.999%的高纯硒，可采用真空蒸馏法、离子交换法、硒化物热分解及二氧化硒气相氨还原法等。在350℃、压力小于5帕的条件下，以99.9%的硒为原料，经过两次蒸馏，硒中主要杂质含量可降至1×10^{-6}以下，得到纯度6N（99.9999%）以上的高纯硒。

（严大洲）

稀土金属冶金 rare earth metals metallurgy 从含稀土矿石中提取稀土金属及其化合物的技术。稀土是元素周期表ⅢB族中的钪、钇、镧系共17种元素的总称，常用RE或REE表示。它们的名称和化学符号是钪Sc、钇Y、镧La、铈Ce、镨Pr、钕Nd、钷Pm、钐Sm、铕Eu、钆Gd、铽Tb、镝Dy、钬Ho、铒Er、铥Tm、镱Yb、镥Lu。1787年瑞典C.A.阿伦尼乌斯发现了一种矿物（硅铍钇矿），1794年，芬兰化学家J.加多林从这种矿物中发现了一种新元素，并称其为新土。1797年瑞典人A.G.厄克贝里将这种“新土”命名为“钇土”（即钇的氧化物），自此开始了对稀土元素的研究和利用。1803年德国化学家M.H.克拉普罗特、瑞典化学家J.J.贝采利乌斯和W.希辛格分别从一种矿石（铈硅矿）中发现了一种新的物质——铈土（ceria）。1839年瑞典C.G.莫桑德尔发现了镧。1843年莫桑德尔又发现了铽和铒。1878年瑞士J.C.G.de马里纳克发现了镱。1879年法国P.É.L.de布瓦博德朗发现了钐，瑞典P.T.克利夫发现了钬和铥，瑞典L.F.尼尔松发现了钪。1880年马里纳克发现了钆。1885年奥地利C.A.Von韦耳斯拔发现了镨和钕。1886年P.É.L.de布瓦博德朗发现了镝。1901年法国E.A.德马尔凯发现了铕。1907年法国G.于尔班发现了镥。1947年J.A.马林斯基等人用人工方法从核反应堆铀的裂变产物中提取出最后一个稀土元素钷，至此共经历153年的艰苦探索，17种稀土元素才被全部发现。

稀土在地壳中的分布很广，储量也不稀少，17种稀土元素在地壳中的总含量为236克/吨，比铜、铅、锌等金属都高。稀土元素在地壳中最常见的存在形式是复杂氧化物、含水或无水磷酸盐、磷硅酸盐、氟碳酸盐、氟化物等，也可以以离子吸附状态赋存于某些矿物表面和颗粒中。稀土金属元素的离子半径、氧化态和其他性质都近似，所以在矿物中共生。重要的稀土矿物有氟碳铈矿（$CeFCO_3$），工业精矿含稀土60%～70%；氟碳铈矿与独居石共生矿，工业精矿含稀土50%～65%，大量产于中国内蒙古自治区包头白云鄂博，又称包头混合型稀土矿；独居石〔$LnPO_4$、$Th_3(PO_4)_4$〕，是钛铁矿、金红石、锆英石加工的副产品，工业精矿含稀土约60%；离子吸附型稀土矿分为重稀土型和轻稀土型两类。稀土废料、废渣、尾矿等二次稀土资源也具有重要的回收价值。

由于各稀土元素性质极其相似，在自然界中呈共生状态，分离十分困难。从矿石提取稀土化合物和稀土金属的工艺方法可分为**湿法冶金**和**火法冶金**。

稀土湿法冶金　采用液态溶剂（通常为无机水溶液或有机溶剂）进行稀土矿石的分解与**浸取**、稀土的分离与提纯等，包括在常温或较低温度下进行的液-固、液-液、气-液-固多相化学反应过程。稀土湿法冶金具有能耗低、设备简单、可综合利用资源、不产生烟气污染等特点。因稀土矿种的组成和结构不同，湿法冶金的工艺过程也随之变化。

包头混合型稀土矿提取稀土　由氟碳铈矿和独居石组成的混合型稀土矿是世界公认的难冶炼矿物，中国开发了硫酸焙烧法、烧碱分解法、碳酸钠焙烧法、高温氯化法、电场分解法等多种工艺提取方法。在工业上应用的只有硫酸焙烧法和烧碱分解法，且90%的中国包头稀土矿采用硫酸焙烧法。硫酸焙烧法工艺简单可控，易于连续大规模生产，对精矿品位要求不高，运行成本低，稀土回收率高。

硫酸焙烧法是将氟碳铈矿和独居石组成的混合型稀土精矿在**回转窑**内于300℃左右用浓硫酸进行分解，使精矿中的铁、磷、钍、钙、钡等转化为难溶性物质，焙烧矿经水浸除杂，得到纯净的混合硫酸稀土溶液，再经有机萃取剂2-乙基己基膦酸单-2-乙基己基酯（P507）或二（2-乙基己基）磷酸酯（P204）萃取分组转型及分离，制备镧、铈、镨、钕单一稀土或镧铈镨钕（LCPN）复合稀土，钐铕钆（SEG）富集物等产品（图1）。

氟碳铈矿提取稀土　普遍采用氧化焙烧-盐酸浸出工艺，工艺流程见图2。精矿经过氧化焙烧分解生成可溶于盐酸的氧化稀土或氟氧化稀土等，铈被氧化为四价。盐酸浸出过程中，三价稀土被浸出得到少铈氯化稀土，再经P507萃取分离为单一稀土化合物。铈和氟、钍富集于渣中，再经过碱分解除氟，得到的富铈渣可用于生产**硅铁**合金，或经还原浸出生产纯度为98%左右的氧化铈（CeO_2）。

离子吸附型稀土矿提取稀土　离子吸附型稀土原矿品位很低，一般稀土氧化物（REO）含量为0.03%～0.1%，稀土主要以离子态被吸附于高岭土、长石、云母等黏土矿物的表面。提取方法以铵盐或镁盐为浸取剂进行堆浸或原地浸出。浸出母液采用萃取法富集生产高浓度混合氯化稀土溶液，或使用碳酸氢铵或草酸作为沉淀剂沉淀富集稀土，经煅烧得到离子型稀土精矿（稀土氧化物REO>90%）；然后采用盐酸溶解，中和除铁、铝和放射性元素等有害杂质，生产出纯净的混合氯化稀土溶液；再采用P507和环烷酸对其进行萃取分组或分离，得到单一稀土或复合稀土化合物溶液；再经沉淀、煅烧，得到各种不同纯度的稀土氧化物或盐类产品。其工艺流程见图3。

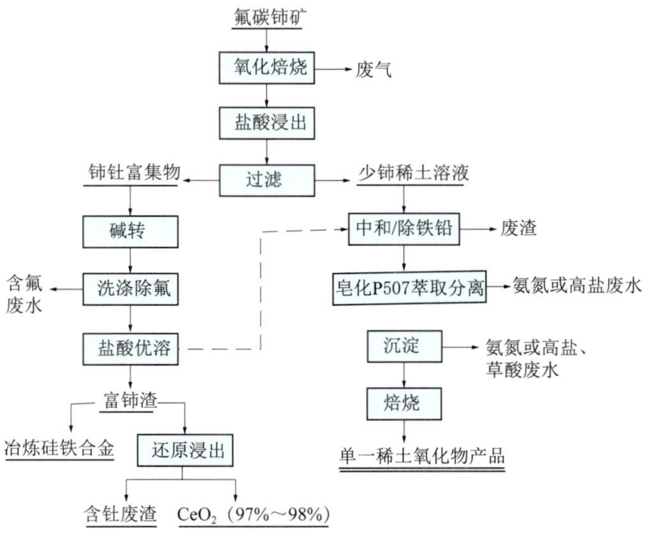

图2　氧化焙烧-盐酸浸出工艺流程

稀土化合物分离提纯　从精矿提取所得的混合稀土化合物中分离提取单一稀土元素，不仅要将这十几个化学性质极其相近的稀土元素分离出来，而且还必须将稀土元素和伴生的杂质分离开来。分离提纯技术有**分步结晶**、氧化还原、离子交换、溶剂萃取和萃取色层等方法，溶剂萃取分离是现代稀土分离提纯工业的主要技术，除放射性元素钷以外16个稀土元素产品均能大规模分离提纯，纯度为99%～99.999%。在针对多原料、多品种、高纯度的特殊需求时，常将几种技术配合使用进一步提纯到99.9999%。

溶剂萃取分离时，稀土盐类在一定的萃取体系和设备中，经有机相与水相多次接触和再分配，达到多元素分组和单个元素分离。常用的萃取剂有含氧溶剂类，包括酮、醚、醇、酯类化合物；磷类，如磷酸三丁酯（TBP）、P204、P507；胺类，如三烷基胺、氯化三烷基胺；羧酸类，如脂肪酸、环烷酸，以及能和金属离子形成螯合物的螯合萃取剂。使用的萃取设备有混合澄清萃取器、萃取塔和离心萃取器。

稀土的萃取分离技术还在不断改进

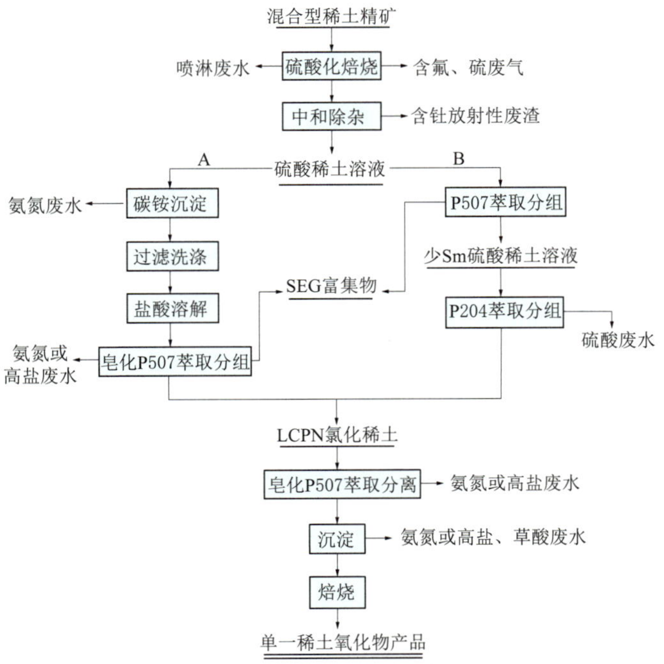

图1　包头混合型稀土矿提取稀土流程

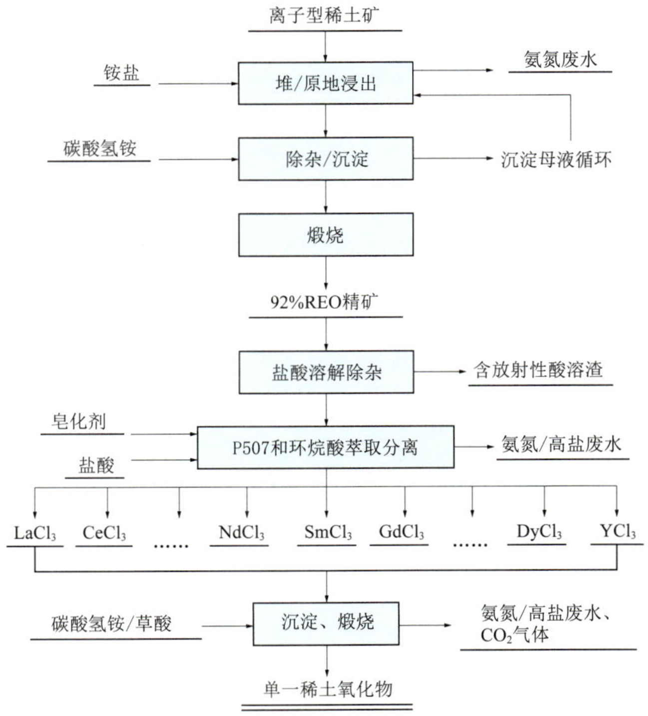

图3　离子吸附型稀土矿提取稀土工艺流程

提升，如模糊萃取分离技术、联动萃取分离技术、液碱皂化、钙皂化和非皂化萃取分离技术等，使稀土萃取分离效率、稀土纯度、稀土回收率得到进一步提高，化工材料消耗量和氨氮等污染物排放量大幅度减少。

稀土火法冶金 在高温下从含稀土原料中制备出稀土金属或稀土合金，以及稀土金属精炼、提纯的冶金过程。稀土火法冶金是从稀土化合物中制取粗稀土金属开始的，1862年瑞典化学家G.莫桑德尔首次用金属钠、钾还原无水氯化铈制备金属铈，1875年W.希勒布兰德和T.诺尔顿首次用氯化物**熔盐电解**法制得了金属铈、镧和少量镨钕混合金属。1886年奥地利A.von韦耳斯拔采用硝酸钍加少量稀土制造了汽灯纱罩，1903年发明了稀土发火合金，推动了稀土金属工业的建立。1907年奥地利特赖巴赫建立了世界上第一座用熔盐电解法生产混合稀土金属的工厂。1920年德国开发成功稀土镁合金，打开了稀土在冶金方面的应用。到20世纪30年代末，发展了**金属热还原法**和熔盐电解法从稀土卤化物制取工业纯稀土金属的工艺。40年代末到50年代初，英国的J.H.莫罗和W.J.威廉斯开发了稀土金属铈和铈合金用于炼制球墨铸铁，促进了稀土工业的发展。70年代末，混合稀土金属在钢中的应用推动了稀土氯化物熔盐电解法生产混合稀土金属产业化技术的发展，同时稀土硅镁球化剂在这时期得到了工业规模的应用。此外，钐钴永磁材料开发成功及工业规模应用，促使稀土氧化物真空还原-蒸馏法及其设备达到产业化规模；80年代初，日本发明新一代钕铁硼磁体，促进了氟化物体系电解产业化技术的发展，电解槽规模达到2.5万安培，金属热还原法制备金属镝、铽的工艺技术和设备实现规模生产。

金属热还原法 包括直接还原法和中间合金法。直接还原法主要是稀土氟化物钙热还原、稀土氯化物钙热还原和锂热还原，其中以稀土氟化物钙热还原应用最广，稀土收率达到96%以上，产品纯度99%。稀土氟化物钙热还原是将无水稀土氟化物与金属钙颗粒混合压实，装入高温金属坩埚，置于高真空电炉中，充入惰性气体，在高于渣和金属熔点50～100℃温度下发生化学反应：

$$2REF_3+3Ca \longrightarrow 2RE+3CaF_2$$

中间合金法是利用某些低熔点、高蒸气压的金属（如镁、锌等），在较低的温度下，与钙热还原得到高熔点的稀土制得低熔点的中间合金，再将该中间合金进行真空蒸馏，得纯稀土金属。

金属热还原法还可以通过配入过量的还原剂，使稀土金属被还原后继续与过量的还原剂合金化而制备稀土金属合金，如稀土硅铁合金和稀土铝合金等。

真空还原-蒸馏法 稀土金属钐、铕、镱、铥等蒸气压较高，以活性强、蒸气压低的镧、铈为还原剂，在高温和高真空下还原氧化钐（Sm_2O_3）、氧化铕（Eu_2O_3）、氧化镱（Yb_2O_3）和氧化铥（Tm_2O_3）等，同时进行蒸馏，镧、铈形成氧化渣留在坩埚中，被还原金属形成蒸气向上蒸发，并冷凝在坩埚顶部收集器内（图4）。

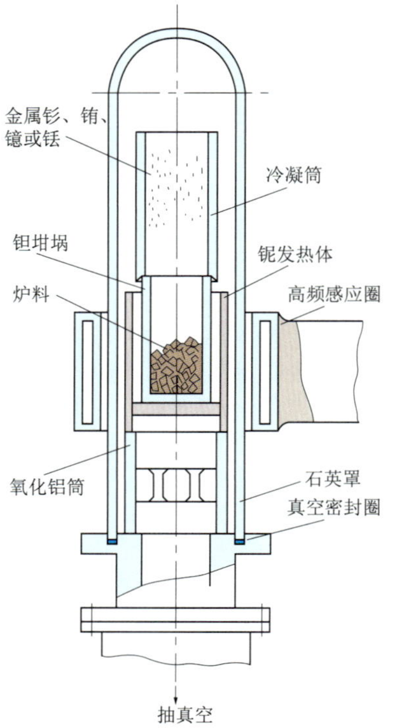

图4 真空还原-蒸馏装置

熔盐电解法 包括氯化物电解法和氧化物电解法。

氯化物电解法是稀土氯化物在氯化物熔盐中离解为稀土离子（RE^{3+}）和氯离子（Cl^-），在直流电场作用下，稀土离子向阴极移动，并在阴极上得到电子，析出液态金属。氯离子向阳极移动，在阳极上失去电子产生氯气。整个电解过程发生如下反应：

阴极过程 $RE^{3+}+3e \longrightarrow RE$

阳极过程 $2Cl^- - 2e \longrightarrow Cl_2$

氧化物电解法是稀土氧化物在氟化物熔盐中离解为稀土离子（RE^{3+}）和氧离子（O^{2-}），在直流电场作用下，稀土离子向阴极移动，并在阴极上得到电子，析出液态金属。氧离子向阳极移动，在石墨阳极上失去电子。整个电解过程发生如下化学反应：

阴极过程 $RE^{3+}+3e \longrightarrow RE$

阳极过程 $2O^{2-}-4e \longrightarrow O_2$

一次化学反应

$$O_2+2C \longrightarrow 2CO$$

$$2O^{2-}+C-4e \longrightarrow CO_2$$

二次化学反应

$$O_2+C \longrightarrow CO_2$$

$$CO_2+C \longrightarrow 2CO$$

稀土金属提纯 20世纪60年代，为了满足稀土金属本征特性的理论研究，以及稀土新材料的开发对稀土金属纯度的要求，相继研发了真空熔炼、真空蒸馏、区熔熔炼、固态电迁移等提纯方法。20世纪90年代以来，高性能稀土功能材料的研发促进了稀土金属提纯技术的发展，又开发了电解精炼法、电子束熔炼、悬浮熔炼、熔盐萃取等提纯技术。①真空熔炼。利用基体金属与其所含杂质元素的蒸气压之间的显著差别，在高于金属熔点及真空或负压惰性气氛条件下，使杂质从液态金属中挥发的一种提纯方法。真空熔炼法用于大规模提纯粗稀土金属。②真空蒸馏。利用基体金属与其所含杂质元素的蒸气压之间的显著差别，在高温真空中进行加热使基体金属与杂质分离的一种提纯方法。基体金属被蒸馏、冷凝得到纯金属，大部分蒸气压较低的金属杂质或以高熔点化合物形态存在的杂质残留在反应器底部。用于大规模生产高纯稀土金属。③区域熔炼。将原料局部加热熔化，利用原料中组元在固液平衡分配提纯金属的一种方法。提纯中，熔区沿固态原料棒长度方向向一端移动，液相中溶解度较大的杂质会随着熔区的移动向料棒一段移动；而在液相中溶解度较小的杂质，则富集在固态金属中，并沿相反的方向移动。一般用于去除部分非稀土金属杂质。④固态电迁移。利用杂质原子在直流电场作用下有序迁移，移向金属料棒两端，使金属得到提纯的方法。可有效去除氧、碳、氮等气体杂质，也可去除部分金属杂质，但单炉次处理量小，提纯周期长。⑤电解精炼。利用不同元素的阳极溶解或阴极析出难易程度的差异而提取纯金属的方法。电解精炼法提纯周期短，对金属杂质效果较好。⑥电子束熔炼。在真空度小于10^{-2}帕的条件下，采用电子束对水冷铜坩埚内金属物料进行轰击加热熔化，高温下间隙杂质和易挥发性金属杂质通过挥发予以去除。⑦悬浮熔炼法。在真空或惰性气氛下，使用交变电磁场对稀土金属加热，并通过洛伦兹力使稀土金属熔体呈现悬浮状态，减少或避免与坩埚污染的一种提纯方法。⑧熔盐萃取法。根据各种元素在熔融的金属与渣之间的分配系数的差异，将杂质元素与有价元素分离的一种提纯金属的方法。

2011年以来，中国研发出成套超高纯稀土金属高效制备和提纯技术，设计开发了多台套超高真空蒸馏炉、区域熔炼和复合磁场固态电迁移炉等专用提纯装备，稀土金属绝对纯度达到99.99%以上。

扩展阅读

徐光宪.稀土.2版.北京：冶金工业出版社，1995.

（黄小卫）

锡镴　lead-tin alloy　中国古代对铅锡合金的通称。《隋书》《新唐书》都有用锡镴**铸钱**的记载。现代中国一些地方和缅甸也把铅锡合金称为锡镴。中国至迟在商代已能炼锡、炼铅。安阳殷商遗址已出土铅块，洛阳西周遗址出土有铅戈，山西天马-曲村西周晋侯墓地出土有锡簋与锡鼎，属于春秋晚期或战国早期的冶炼作坊区发现锡饼、锡块。铅锡合金在西周晚期用作焊料。

炼锡的原料主要是锡石（SnO_2），其矿床分为两类，一是原生矿床，俗称"山锡"或"脉锡"（图1）；一是冲积矿床，俗称"砂锡"或"水锡"（图2）。均先利

图1　《天工开物》中的河池山锡

图2　《天工开物》中的南丹水锡

图3　《天工开物》中的炼锡炉

用**重力选矿**，进行富集。锡石易还原，冶炼比较简单。古代炼锡用竖炉，以木炭作燃料，人力鼓风，熔融的锡即可从炉内流出。

明代宋应星《天工开物》记载炼锡方法："凡炼煎亦用洪炉，入砂数百斤，丛架木炭亦数百斤，鼓鞴熔化。火力已到，砂不即熔，用铅少许勾引，方始沛然流注，或有用人家炒锡剩灰勾引者。其炉底炭末瓷灰，铺作平池，傍安铁管小槽道，熔时流出炉外低池。"文中提到了"点铅勾锡"的炼锡方法（图3）。

（朱寿康）

锡冶金　tin metallurgy　从锡矿物和二次资源中冶炼提取金属锡的技术。中国河南安阳小屯曾有商代晚期的锡块和锡戈出土，足以证明中国至迟在公元前12世纪已掌握炼锡技术。战国时期的著作《周礼·考工记》详述了各种用途的青铜中铜和锡的配比，即所谓"金有六齐"。明代《天工开物》五金篇对锡的冶炼技术记述颇详。中国古代常称不纯的锡为**锡镴**。欧洲古代产锡地主要是康沃尔（Cornwall）、波希米亚（Bohemia）、萨克森（Saxony）等。G.阿格里科拉在《论冶金》中记述了16世纪炼锡所用的鼓风炉，康沃尔在18世纪初使用**反射炉**炼锡。

地壳中锡的丰度约为$4\times10^{-3}\%$，属于含量较低的元素。世界上已知的锡矿物有50多种，有工业价值的是锡石和黝锡矿，锡矿品位很低（锡含量0.005%～1.7%），需经选矿产出含锡40%～70%的精矿。重选是锡矿石选矿主要方法，还有浮选、浸出等其他物理化学方法。选矿过程产生的中低品位锡矿可连同锡炉渣及低品位含锡物料进行**烟化炉**处理，回收其中的金属锡。

锡冶炼　主要包括锡精矿炼前处理、还原熔炼、粗锡精炼3个工序。

锡精矿炼前处理　利用焙烧、磁选、浸出和烧结等手段，降低或除去硫、砷、锑、铅、铁、钨等杂质。主要采用流态化焙烧法，使锡精矿中的杂质硫、砷和锑等转变为气态氧化物挥发除去，避免在后续还原熔炼过程产生硫化亚锡挥发物，减少砷和锑等进入粗锡，从而提高锡冶炼直收率，降低冶炼生产成本。

还原熔炼　在锡精矿还原熔炼过程中，控制一定的工艺条件，使锡、铅的氧化物还原成金属，得到粗锡。而铁由三氧化二铁还原成氧化亚铁进入渣相。还原熔炼时发生的主要化学反应为：

$$SnO_2+2CO \longrightarrow Sn+2CO_2$$

$$C+CO_2 \longrightarrow 2CO$$

在古代，常采用地坑炉、竖炉、鼓风炉等设备进行粗锡熔炼。工业革命以后，采用反射炉炼锡成为最主要的炼锡方法。1934年首次采用电炉炼锡；1996年开始采用澳斯麦特炉炼锡，反射炉炼锡逐渐被淘汰。澳斯麦特熔炼技术是一种典型的喷吹熔池熔炼技术，其基本过程是将一根经过特殊设计的喷枪，由炉顶插入固定垂直放置的圆筒形炉膛内的熔体中，空气或富氧空气和燃料从喷枪末端直接喷入熔体之中，在炉内形成剧烈翻腾的熔池，经过加水混捏成团或块状的炉料可由炉顶加料口直接投入炉内熔池。经澳斯麦特炉还原熔炼后产出粗锡、贫锡渣和含尘烟气。澳斯麦特炉炼锡工艺流程见图1。

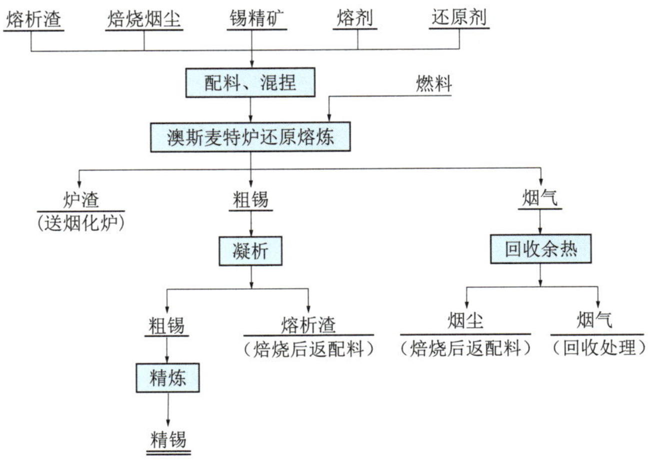

图1　澳斯麦特炉炼锡工艺流程

粗锡精炼　熔炼产出的粗锡需要进行火法精炼或真空蒸馏、电解精炼。

火法精炼可分5个步骤：①熔析凝析精炼除铁、砷。在一定温度下，铁、砷和锡互相生成不溶于液体锡的杂质结晶化合物，呈固体或浮渣状，加以脱除。②离心除铁、砷。采用离心机使熔析凝析产出的浮渣与锡液快速分离，达到缩短作业时间，提高锡直收率的目的。③加硫除铜。硫和铜的亲和力大于硫和锡，硫和铜化合生成硫化亚铜，熔点高，密度小，不溶于锡，浮于锡的表面而生成硫渣。④结晶除铅铋。将含铅、铋的粗锡液体流过连续降低的温度梯度场，液体冷却过程中产生锡的晶体，使锡晶体与液体逆向运动，铅、铋在晶体中逐渐减少，在液体中逐渐增多，最后使铅、铋集中在液体中，而晶体锡得到提纯。⑤加铝除砷、锑。利用铝和砷、锑生成高熔点化合物，其密度小于锡，再降温，加锯木屑搅拌，化合物随锯木屑上浮成渣，实现脱除砷、锑的目的。此外，中国研发了以真空蒸馏为主的火法精炼流程，提高了精炼效率，减少了环境污染。真空蒸馏是利用粗锡在真空高温条件下各金属挥发性质差异，使铅、铋、锑、砷等杂质清洁高效脱除，是粗锡火法精炼的重要发展方向（图2）。

图2　粗锡真空蒸馏车间

电解精炼是通过一次电解作业能除去大部分杂质，产出纯度很高的精锡或精焊锡。主要采用硫酸-硫酸亚锡电解液或硅氟酸电解液。但由于投资费用大、电解过程有大量金属被积压，锡冶炼企业较少采用电解精炼法。

再生锡　产量约占锡总产量的30%，主要来源于马口铁废料、含锡合金废料、含锡渣等二次资源，可通过碱性电解液电解法、碱性溶液浸出法、氯化法等方法进行回收。

高纯锡　通常指锡含量在5N(99.999%)以上的金属锡，广泛应用于高级焊料、超导材料和半导体器件等方面。一般用99.99%的精锡为原料，在硫酸盐溶液中进行隔膜电解，生产高纯锡。若纯度要求更高，可再用真空挥发或区域熔炼法提纯。

扩展阅读

宋兴诚. 锡冶金. 北京：冶金工业出版社，2011.

（李一夫　杨　斌）

熄焦　coke quenching　将赤热焦炭（俗称红焦）冷却到便于运输和贮存温度（一般200℃以下）的炼焦过程。熄焦分为炉内熄焦和炉外熄焦两种方式，现代焦炉普遍采用炉外熄焦。炉外熄焦又分为湿法熄焦和干法熄焦两类。

湿法熄焦　湿法熄焦工艺简单、投资少，但不能回收焦炭显热，对环境污染较大，主要有常规湿法熄焦、低水分熄焦及稳定熄焦。

常规湿法熄焦　常规湿法熄焦系统（图1）由熄焦塔、粉焦沉淀池、清水池、

图1　常规湿法熄焦系统

脱水台、熄焦泵房、粉焦抓斗起重机、除尘装置及熄焦管道等组成。熄焦塔内设喷水管，地面有排水沟，顶部设有除尘装置。通过水泵将熄焦水送至熄焦塔内的熄焦管道，熄焦水自上而下喷洒到红焦表面进行熄焦。熄焦过程中熄焦水接触红焦表面蒸发并产生大量的水蒸气。从熄焦塔排出的含粉焦的熄焦水经排水沟自流入沉淀池中沉淀澄清，澄清后的清水用泵送往熄焦塔循环使用。熄焦泵房内设有熄焦水泵、除尘装置清洗用泵和积水坑用排水泵。熄焦时间为70～120秒，熄焦后的焦炭水分可控制在5%～8%。

低水分熄焦　熄焦水泵将熄焦水送至熄焦塔高位水槽，高位水槽中的水再流经管道、喷嘴进行熄焦。在熄焦过程初期，先用小水量熄灭熄焦车厢顶层红焦并稳定焦炭表面。持续一段时间后，再喷射大水量，水与赤热焦炭接触后产生的蒸汽由下至上熄灭车厢内的焦炭。低水分熄焦的喷洒水量比常规湿法熄焦高50%左右，但熄焦水的消耗量两者相差无几。由于低水分熄焦后焦炭水分比常规湿法熄焦低，所以，低水分熄焦的熄焦水消耗量还会略低一点。熄焦时间为70～90秒，熄焦后的焦炭水分可控制在2%～4%。低水分熄焦采用一点定位熄焦车接焦。

稳定熄焦　熄焦水经管道进入特制的熄焦车下部的倾斜夹层，通过斜底上分布的出水口由下至上的喷水熄焦从而获得水分低且均匀稳定的焦炭。经稳定熄焦后，焦炭粒度稳定，水分低而均匀。熄焦原理是通过水与赤热焦炭接触产生大量的蒸汽，由下至上触及并冷却焦炭，并使多余的水迅速排到熄焦车外。熄焦时间均控制在70～90秒，熄焦后的焦炭水分可控制在2%～4%，且水分稳定。

干法熄焦　采用惰性气体熄灭赤热焦炭，简称干熄焦。每个企业采用的干熄焦的装置（图2）组成结构形式不同，但工艺流程基本是一致的。红焦从炭化室中推入焦罐，装有红焦的焦罐用运载车运至干熄焦提升井架，由起重机提升至干熄炉顶。红焦装入干熄炉，在冷却室中与循环气体进行逆流热交换，冷却到200℃以下，冷却的焦炭由干熄炉底部排出装置排至胶带输送机外运。约130℃的循环气体由循环风机送入干熄炉底部，与红焦换热后，温度升至900～980℃。吸收了赤热焦炭热量的循环气体经一次除尘器后在余热锅炉释放热量，加热软水生产蒸汽外送或驱动汽轮机发电。冷却后的循环气体经过二次除尘器，然后用循环风机送回干熄炉循环使用。

干熄焦的主要设备包括红焦运输设备、装入装置、干熄炉、排焦装置、除尘装置、粉焦贮运设备、循环气体输送设备、余热锅炉和发电系统。干熄焦余热锅炉产生的蒸汽有3种利用方式：全部用于发电；蒸汽经发电机降压后，再并入蒸汽管网；并入蒸汽管网，直接使用。

干熄焦投资较高，但能回收利用赤热焦炭的显热，改善焦炭质量，节能、环保

图2　干熄焦装置

优势明显，还可降低高炉焦比，有利于高炉炉况顺行和提高高炉的生产能力。

（袁朝晖　尹　高）

洗矿　washing　用水力或机械力擦洗被黏土胶结或含泥多的矿石，使矿石碎散，洗下矿石表面细泥并分离的过程。金、铂、钨、锡等砂矿及氧化和风化程度较深的铅、铜、铁、锰等矿石，在碎矿或**选矿**前，洗矿是常用的准备作业。品位较高的铁、锰矿石有时只需把矿泥洗除，便可直接用于冶炼。建筑用砂石和工业用陶土，常需用洗矿净化。矿石的可洗性表示从矿石中洗除矿泥的难易程度。它主要与矿石中黏土矿物的性质、含量及存在状态有关（见下表）。

矿石的可洗性

可洗性	黏土的性质	黏土和泥质（-0.1mm）级别的产率/%	机械碎散的能耗/$kW \cdot h \cdot m^{-3}$	可采用的洗矿方法和设备
易洗	砂质黏土	10	0.15	振动筛冲水
中等可洗	黏土用手能搓碎	10～15	0.3～0.4	圆筒洗矿机或槽式洗矿机，洗一次
难洗	黏土黏结成团用手很难搓碎	>15	>0.5	槽式洗矿机洗两次或用洗矿机与擦洗机联合

洗矿设备常用的有水力洗矿筛、筒形洗矿机、槽形洗矿机、平面筛分机及**螺旋分级机**等。**溜槽**也可用于洗矿。水力洗矿筛是利用水枪在固定条筛上冲洗的洗矿方法，在中国用于洗难洗的矿石。筒形洗矿机包括圆筒筛及圆筒擦洗机。前者转速较高，筛筒内壁设置有纵向扬板、环形挡板及高压喷水装置，以提高碎散能力，用于易洗矿石。后者筒体分前后两段，前段无孔，用来浸泡和碎散矿石，后段有孔，用于泥石分离。圆筒擦洗机多为双层，筒内也有扬板及高压喷水装置。槽形洗矿机常用于难洗矿石，它由倾斜的半圆形金属槽和两组相互交错、相对旋转的螺旋叶片构成，具有强力的擦洗作用。把矿石预先浸泡，在洗矿过程中设置高压喷水，施加振动，添加少量药剂（例如1%浓度的NaOH）等，均可提高洗矿效率。洗矿效率对下续工序很有影响，应予重视。

（罗　蒨）

细筛　fine screen　筛面筛孔尺寸小于0.4毫米的筛分设备。工作时，矿浆流过细筛筛面，产生重力分层和富集分级。筛条对流动的矿浆产生机械“切割”作用，底层重而细的矿粒被筛条“切割”下来成为筛下产物，轻而粗的矿粒成为筛上产物，从而实现物料的筛分。

按振动频率，细筛可分为固定细筛、中频振动细筛和高频振动细筛（见图）。

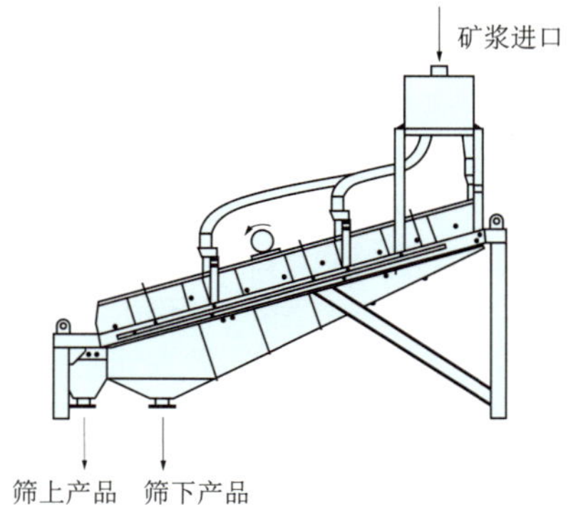

高频振动细筛

固定细筛主要包括平面固定细筛和弧形筛。平面固定细筛筛分效率不高，但结构简单，部分小型**选矿厂**仍有应用；弧形筛的筛面是曲面，筛面上筛条的排列方向与物料在筛面上的运动方向垂直或斜交、不平行，使得弧形筛筛面上运动着的物料不仅受重力的作用，而且还受离心力的作用，广泛应用于物料的脱水、脱泥、脱介质和分级煤泥的回收。中频细筛主要是直线振动细筛，主要用于取代一次**磨矿**分级回路中分级效率低的**螺旋分级机**。高频振动细筛种类较多，结构差别也较大。采用高频率、小振幅的振动方式，具有以下特点：①高频振动可破坏矿浆表面的张力、微细粒物料颗粒间的黏附力、分子吸引力和静电引力，有利于物料松散、分层，促使小于分级粒度物料的分离、透筛。②由于物料在筛面上高速振动，加速了小于分级粒度颗粒，特别是密度大的有用矿粒的离析作用，增加了其与筛面接触和透筛的概率，加快了筛分速度。③高频振动减少了筛孔堵塞现象，提高了筛分效率（达70%左右）。主要用于细粒物料的分级和选矿厂磨矿分级回路，以取代激振细筛、水力旋流器或螺旋分级机。

扩展阅读

段希祥.破碎与磨矿.2版.北京：冶金工业出版社，2006.

（张　军）

下山掘进　dip driving　自上向下掘进倾斜巷道的作业。作为提运煤、矿石或矸石、行人、运料、通风、排水等用。其断面大小根据用途而定。爆破后渣石集中，装渣效率高。出渣设备应根据下山角度确定。角度小于10°时可用有轨装运设备、铲运机配卡车或**带式输送机**出渣，角度10°～30°时可使用矿车或**箕斗提升**，角度大于30°时可使用箕斗提升。

下山掘进装岩与运输比上山掘进困难。下山掘进有向下的坡度，巷道内各处的涌水通常积聚在工作面上，须做好防排水工作。可采用潜水泵、喷射泵、卧泵和矿车等排水。采用有轨设备下山掘进时，须设置安全设施防止跑车。通常在斜井上口入口前设置阻车器、井口门；在变坡点下方略大于一列车长度的地点，设置能够防止车辆下滑的挡车栏；在下部装车点上方，再设置一套挡车栏。

（王建中）

下向进路充填法　downward drift stoping with backfill　将矿块沿竖直方向划分为若干分层，由上而下逐层以巷道进路的方式进行回采并充填的**采矿**方法。特点是回采顺序为由上而下进路回采，除第一层中的进路外，每一分层的进路都是在**胶结充填**料形成的人工假顶保护下进行回采作业。

根据倾斜与否，进路可分为水平进路和倾斜进路两种，倾斜进路角度一般为

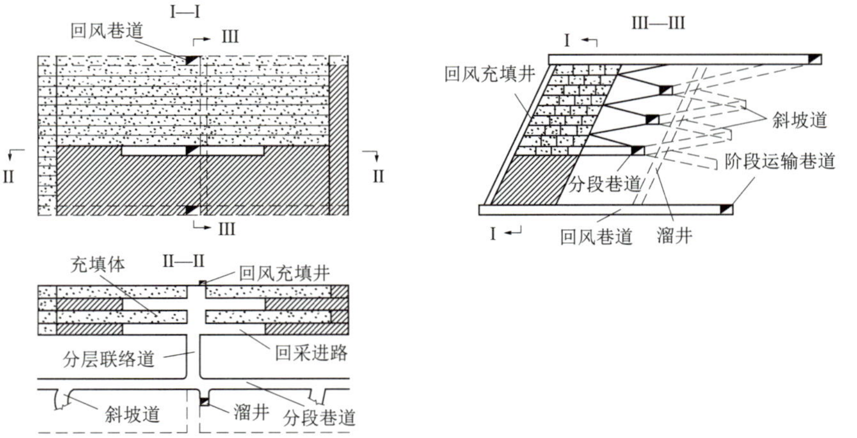

下向进路充填法示意图

5°～12°，以利于充填接顶。为了保证设备及人员安全，一般将上一分层和下一分层的进路错开布置，每条进路均要胶结充填并接顶，且要求作为下分层回采人工顶板的充填体具有足够的强度。充填体尽可能通过钢筋网，使分层内以及分层之间的充填体联成一个整体，避免局部充填体因强度不均匀而发生脱落现象。

下向进路充填法主要用于开采矿岩极不稳固但价值又非常高的**矿体**。主要优点为：作业条件安全，矿石回收率高、贫化率低，进路布置方式可根据矿床变化情况进行调整，灵活性大；主要缺点为：工艺较复杂，充填成本高，矿块生产效率较低。

扩展阅读

王青，任凤玉. 采矿学. 2版. 北京：冶金工业出版社，2011.

（王洪江）

纤维矿物材料 mineral fiber 以矿物或其他无机化合物为原料，经粉碎、提纯、人工合成等加工方法制备的纤维状无机材料。主要成分为各种氧化物，如二氧化硅、三氧化二铝、三氧化二铁、氧化镁及氧化钙等。

根据制备方式不同可分为天然矿物纤维、人造矿物纤维和无机晶须。①天然矿物纤维。将纤维状矿石经提纯、粉碎等加工处理后得到的高长径比纤维状、针状矿物粉体，主要有海泡石纤维、针状硅灰石、石棉纤维、水镁石纤维等。②人造矿物纤维。以玻璃、岩石、矿渣或黏土为原料经高温熔融拉丝生产出的纤维状工业材料，主要包括玄武岩纤维、玻璃纤维、玻璃棉、岩棉、矿渣棉和耐火纤维。③无机晶须。自然形成或在人工控制条件下以单晶形式长成的纤维材料，主要有硫酸镁晶须、碳酸镁晶须、氢氧化镁晶须、石膏晶须等。无机晶须具有均一的横截面、完整的外形、完善的内部结构，长径比可达5～1000甚至更高，机械强度远高于其他短切纤维。无机晶须的高度取向结构不仅具有高强度、高模量和高伸长率，还具有良好的电、光、磁、介电、导电、超导电性质。制造无机晶须的材料有金属、陶瓷和非金属矿物。制备方法较多，根据化学反应可分为气相法、液相法和固相法。其中液相法中的水热法应用较多，合成条件温和，操作简单，控制方便，产品成本低，且产品结晶度和纯度高。

纤维矿物材料具有良好的分散性、热稳定性、增强性和尺寸稳定性。广泛应用于交通、造纸、复合材料等领域，如：①可作为摩擦材料用作机车制动衬片。②可用作增强材料，提高制品的力学性能和尺寸稳定性。③可用作保温和阻燃材料，如玄武纤维可制造灭火防护服、隔热服、避火服、阻燃服等。④可用作啤酒、饮料、果汁以及药品的过滤材料。⑤可用作造纸的填料，提高纸张的性能。纤维矿物材料在应用之前，一般需做表面改性处理，以提高与基体材料的相容性。

（韩跃新）

相律 phase rule 表达平衡体系中组分数、相数和自由度数之间关系的规律。是1876年由美国J.W.吉布斯首先导出的，故又称吉布斯相律。

组分数 在平衡体系中，组分数是为了表达体系内各相的成分所需要的最少的物质数（用C表示）。组分数可小于组成该体系的物质数（用S表示），这是因为体系内各物质之间可能存在相互约束的条件。这些约束条件是物质间可能存在的独立的化学反应（其反应式的数目用R表示）和可能存在的独立的浓度比例关系（其关系式的数目用m表示）。这样，组分数由下式确定：

$$C=S-R-m$$

当体系中不存在独立的化学反应，也不存在浓度比例关系时，组分数等于该体系的物质数。

相数 体系中成分均匀，聚集状态相同（如固态），且具有同样结构的组成部分称为相。不同相之间具有明显界面。体系中相的数目用P表示。

自由度数 一个体系的状态，由该状态下体系的热力学强度变量表示。强度变量的数目很多，但不是完全独立的。为了表示一个体系的状态，需要指定的最少的强度变量的数目，称为该体系的自由度数（用F表示）。

规律及应用 当外界影响因素只有温度和压强两个变量时，相律指出自由度数、组分数和相数之间存在如下关系：

$$F=C-P+2$$

当研究凝聚态时，压强影响甚微，这时相律表达为：

$$F=C-P+1$$

相律在分析相平衡时具有重要作用。当组分数已知时，体系的自由度仅决定于存在的相数。此时，自由度数的含义体现为在体系相数一定的条件下，可以独立改变的强度变量数。自由度数小于零在这里没有意义。这样，可根据自由度数为零的条件，求出该体系可以共存的最多相数。例如，对于二元系，在不考虑压强影响时，$F=3-P$。当相数分别为1或2时，其自由度数相应为2或1，对于前者，温度和相的成分皆可在一定范围内改变而不影响相数；而对于后者，可改变的因素则只能是温度或相成分中的一个。如果三相共存，则所有影响平衡的因素都不能改变。根据相律，可预言二元系中同时存在的相数最多为3。相律在分析二元系相平衡时得到的结论，可在实际测定的二元系相图中得到验证。

（张维敬）

肖纳特，K. Klaus Schönert（1927-06-18～2011-09-24） 德国选矿工程专家。生于萨克森州多博尔。1950～1957年在卡尔斯鲁厄工业大学物理专业学习。毕业后参与该大学机械力加工研究所的组建。1966年获工学博士学位。1968年任该研究所粉碎方向带头人。1969～1970年任美国加利福尼亚大学伯克利分校访问学者。1973～1981年任卡尔斯鲁厄工业大学教授，1976～1980年担任卡尔斯鲁厄工业大学研究所所长。1981～1992年任克劳斯塔尔工业大学选矿与精加工研究所教授。曾担任德国工程师协会加工技术与化学工程分会粉碎专业委员会主任、欧洲化学工程联合会粉碎团聚分级工作委员会主席。1991年当选美国工程院外籍院士。

主要研究领域为固体物料的粉碎。他与研究团队设计建造了一系列单粒粉碎试验专用设备，开展单颗粒粉碎试验研究。20世纪70年代开始研究颗粒床压载粉碎，在此基础上，揭示了料层粉碎原理，开发了高压**辊磨机**专利技术，并得到广泛推广应用。在细粒跳汰、**磁流体分选**、高压电选、**磁选**、细粒分级等方面也开展了颇具特色的研究工作并获得多项专利授权。发表论文100余篇。1970年获得德国工程师协会加工技术分会颁发的阿诺德-欧肯奖（Arnold-Eucken Award）。1987年获得美国矿冶工程师学会颁发的高登奖（Antoine M. Gaudin Award）。1991年获得德国化学与加工技术联合会首次颁发的汉斯·荣夫（Hans Rumpf）奖。1997年国际矿物加工理事会授予终身成就奖，以表彰他在碎裂现象和粉碎基础领域作出的贡献。

（刘建远）

削壁充填采矿法　wall cutting fill stoping　在倾斜矿体回采过程中，分别崩落矿石和围岩，将采下的矿石运出采场，用崩落的废石充填采空区支撑围岩，并作为继续上采工作台的*采矿*方法。削壁充填采矿法主要用于开采急倾斜极薄矿体，少量用于开采缓倾斜矿体。开采急倾斜矿体时，按采场内*矿石运搬*方式不同，分为人工运矿和机械运矿两种方案；开采缓倾斜矿脉时，按工作面形式不同可分为倾斜工作面削壁充填法和沿走向壁式削壁充填法。

削壁充填采矿法的*回采工艺*包括*落矿*、矿石运搬、崩落围岩和充填、铺设垫层、架设顺路天井等。回采时，崩落矿岩的先后顺序取决于矿体倾角和矿岩的稳固程度。开采急倾斜矿体时，一般先崩落矿石，如围岩稳固性较差时应先崩落围岩；开采缓倾斜矿体时，先崩落围岩，如矿石稳固性差时应崩落顶板围岩。在落矿之前，应铺设垫板，以防粉矿落入充填料中。采用小直径炮孔间隔装药的爆破方式进行松动爆破。削壁围岩厚度需要根据矿体宽度而定，其原则是每分层削壁围岩的松散体积正好充填分层空区。当矿体很薄时，开掘的围岩往往多于采空区充填所需的废石，此时应设废石溜井，将废石运出采场。

削壁充填采矿法适合于开采矿石与围岩接触明显且易分离、贵重矿石或高价富矿，以及围岩不含品位、厚度小于0.3～0.4米的极薄矿体。优点是能最大限度地降低矿石的废石混入率；缺点是工艺复杂，生产能力和工效较低，材料消耗多，劳动强度大等。由于废石混入率的减少，从而降低了采出矿石的运输、提升和选矿费用，还减少了随尾矿流失的金属量，故削壁充填采矿法有利于最大限度地回收矿产资源和提高矿山的经济效益。

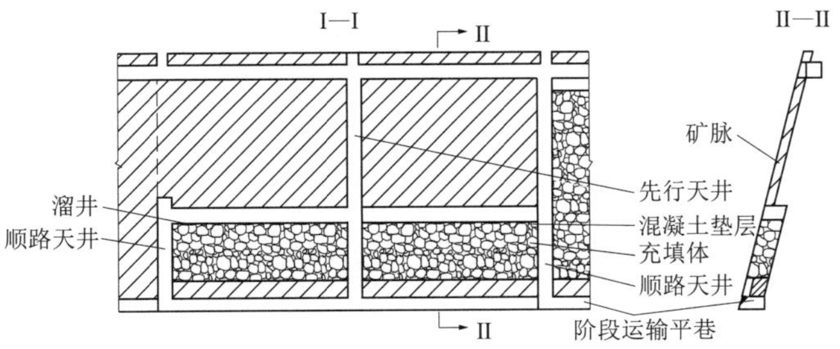

削壁充填采矿法示意图

扩展阅读

解世俊. 金属矿床地下开采. 北京：冶金工业出版社，1986.

陈国山，翁春林. 金属矿地下开采. 北京：冶金工业出版社，2008.

（尹升华）

小平面生长　facet growth　凝固过程中，微观上固、液两相截然分开，固相表面为基本完整的光滑原子密排面，但宏观上表现为由若干曲折小平面组成锯齿状的固-液界面结构并显示出晶体结晶面特征的晶体生长机制。也称光滑界面生长。类金属、金属间化合物、矿物及一些有机物晶体的凝固过程属于小平面生长。由于小平面生长的晶体材料的液、固两相在结构和键合特性上差异较大，从微观上调节这些差别的区域很窄，其微观光滑平整的小平面很难接纳新来的原子进入晶体，生长较困难。高指数晶面本质上趋于粗糙并包含许多台阶，更易于接纳原子，因而长大推进速度快，使得高指数晶面消失，最后晶体被生长较慢的低指数界面所包围，从而形成平直的、棱角形（小平面）的表面。小平面生长过程受到界面上原子沉积动力学、界面张力以及热扩散和质量扩散的影响。小平面生长的晶体和*非小平面生长*的晶体可根据材料的熔化熵或杰克逊因子来分类，凝固界面以小平面生长的晶体熔化熵较高；一般杰克逊因子较大的晶体，会以小平面生长。

（王锦程）

斜板浓缩分级机　inclined plate thickening classifier　根据物料密度和粒度的差异，在斜板沉降单元内上升水流的拖曳力和重力作用下，把物料分成粗粒级物料和细粒级物料的分级浓缩设备。斜板浓缩分级机多用于物料*脱泥*和浓缩作业，主要分为普通倾斜板浓缩箱和萨拉型倾斜板浓缩箱。

普通倾斜板浓缩箱为斜方形箱体，下接一角锥形漏斗。箱内装有一层或两层由多块平行排列的光滑平板组成的板组，板间距相同，为15～30毫米。装双层板组的浓缩箱，下层板称稳定板，上层板称浓缩板。矿浆沿整个箱的宽度均匀地给到倾斜板的下端（或上下两层倾斜板之间），然后从倾斜板之间向上运动。在过程中发生矿粒的沉降，部分矿粒沉降到下方倾斜板上，靠自重沿板面滑下，进入下方漏斗中或滑到稳定板之间，进一步浓缩后进入锥形漏斗中，最后从漏斗底部的沉砂口中排出。调节沉砂口闸阀，可控制沉砂的排出量和浓度。不能沉下的矿粒从上部溢流槽中排出（见图）。

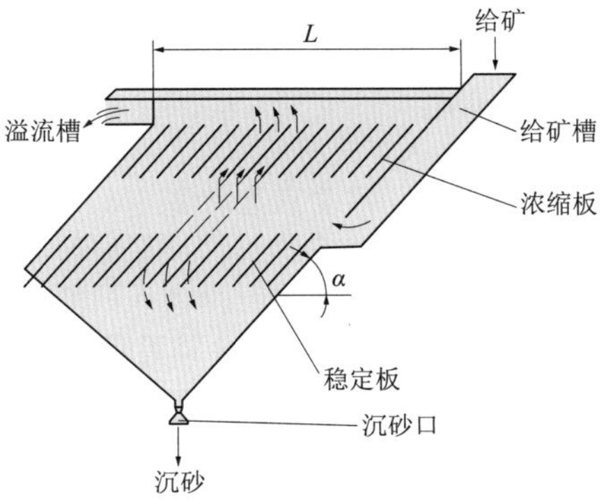

倾斜板浓缩箱示意图

萨拉型倾斜板浓缩箱倾斜板分两排。给矿分为两股，分别送至上下层倾斜板之间。倾斜板上方顶部附近的板上有多个排列有序的小孔，称节流孔。溢流通过节流孔均匀流出，进入溢流槽，沉砂口设在角锥箱底部中央，附有油压调节口装置。浓缩箱还装有振动器，可产生振幅为0.3毫米左右的高频振动，使沉积在板面上的矿泥能顺利滑下，防止堵塞。

扩展阅读

孙玉波. 重力选矿. 北京：冶金工业出版社，1993.

（曾志飞）

斜井　inclined shaft　用来提升矿石、废石，运输材料和设备，运送人员，敷设管道电缆等的倾斜井筒。分为明斜井和盲斜井。明斜井是由地表直通井下的斜井，盲斜井是出口不直接与地表相通的斜井。斜井长度从几百米至上千米。斜井的断面形状有半圆拱、圆弧拱、三心拱、梯形、圆形、椭圆形和马蹄形。*斜井开拓*具有初期投资少、地面布置简单等优点，在中小型矿山中应用较多。

按提升设备可分为卷扬机提升斜井和带式输送机斜井。卷扬机提升斜井根据主要提升容器的不同，可分为箕斗斜井和串车斜井（见图）。卷扬机提升斜井中一般设置水沟、人行道、避灾硐室，以及敷设有管道、电缆等。

按使用功能可分为：①主斜井。用于

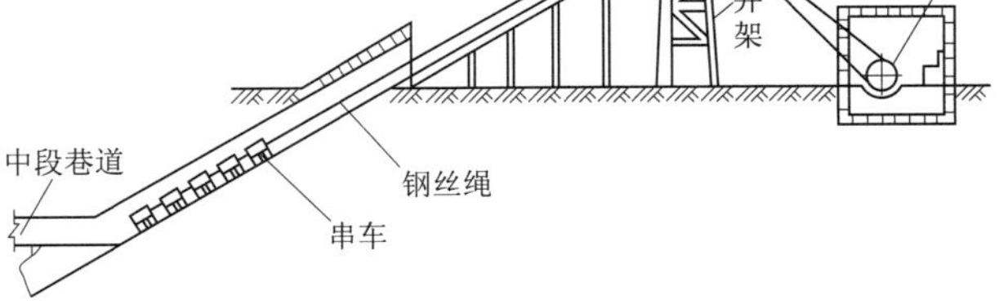

串车斜井提升系统示意图

提升矿石和废石，提升装备采用箕斗、串车或带式输送机。②副斜井。用于提升人员、设备、材料、废石，敷设管道和电缆，采用串车、人车、材料车或索道作为提升装备。③混合斜井。兼有主、副斜井性质，采用串车、人车或材料车作为提升装备。④通风斜井。用于矿井进风或回风，可兼作材料井和人行安全通道，可装备提升机运送设备、材料，设梯子间或人行踏步。⑤管道斜井。用于安装排水管道或其他管路，敷设电缆，可设提升机运送设备、材料。⑥充填斜井。用于安装充填管道及排水管道，输送充填材料和排水。

有人员上下的斜井，倾角小于30°、垂深超过90米，或倾角大于30°、垂深超过50米时，井内应安装运送人员的机械设备。斜井倾角为10°～15°时，应设人行踏步；15°～35°时应设人行踏步及扶手；大于35°时设梯子。有轨运输的斜井，车道与人行道之间设坚固的隔离设施，保证安全。带式输送机斜井井筒兼作进风井时，风速不得超过4米/秒；串车斜井兼作进风井时，风速不得超过6米/秒；斜风井当无提升设备又不作为安全出口时，风速不得超过15米/秒；当无提升设备但兼作为安全出口时，风速不得超过8米/秒。

（张俊杰）

斜井掘进 slope excavation 采用凿岩爆破或机械破岩的方法，进行倾斜巷道掘进的施工作业。按不同地质条件和开拓方案，斜井可沿岩层、矿层、煤层布置或穿层布置，倾角为15°～30°，特殊情况下可大于40°。斜井掘进按照斜井施工提升运输废石的方式不同，分为有轨机械施工和无轨机械施工作业方式。斜井掘进时一般先进行锁口施工，然后进行表土层和基岩段掘进。

表土层施工 施工方法根据表土性质、地下水情况、井筒倾角和断面大小等因素选择。表土稳定和井筒断面较小时，可全断面一次掘进；表土稳定性较差，且井筒断面较大时，采用导硐掘进法或板桩凿井法掘进。板桩凿井法是将板桩沿井筒顶板与两帮先后依次打入，形成超前于工作面的支护。板桩一般长2米左右。每掘进0.5～0.8米，架设临时支架；每掘进2～3米，进行永久支护。在不稳定、涌水量大的地层中，也可采用降低水位、帷幕和*冻结凿井法*等掘进施工。

当斜井井口附近地形平坦时，表土层较厚，顶板不易维护，井口段多采用明槽施工。明槽的几何尺寸确定因素包括：①明槽底板坡度应与斜井的倾角一致。②明槽槽底宽度比斜井掘进宽度大0.6～1.0米。③明槽的深度由表土的稳定程度决定，须使井筒掘进断面顶部至地表间的土层保持一定的安全厚度（即开挖后顶板短时间内不会冒落），一般不小于2米，当表土层不稳定时其厚度要相应加大。④明槽边坡倾角根据土层的内摩擦角、黏着力、湿度、容重等物理力学性质及水文条件确定。

明槽一般都采用挖掘机开挖，当遇到坚硬土层或风化岩时，可采用风镐或松动爆破方法。明槽应避免在雨季开工，施工前要在井口四周挖排水沟，将水引至场外，并布置排水设施。

基岩段施工 一般采用凿岩爆破法进行施工，对于处在围岩硬度较小的软岩体（如钾盐矿）中的斜井，可采用部分断面掘进机或全断面掘进机施工。

施工特点 主要包括：①受重力影响，施工器材、设备产生下滑力，作业时要采取防止下滑和跑车的安全措施。②工作面积水影响钻眼爆破作业质量，造成底板欠挖和降低爆破效率。③施工时需设排水设施。④穿越较厚大的表土层，尤其是淤泥或流砂层时，比竖井掘进时对表土层的治理更困难。⑤倾角大于25°时，用挖掘式扒渣机出渣的效率低。

发展趋势 随着施工机械的发展，中国斜井施工工艺技术在不断提高。20世纪60年代开始研制斜井装岩机，采用*箕斗提升*；70年代以后，逐步形成了以多台气腿式凿岩机—耙斗装岩机—箕斗为主体的斜井掘进机械化作业方法。在此基础上，进一步完善斜井施工技术，形成了以"两光（光面爆破、激光指向仪）、三斗（耙斗装岩机、箕斗、渣石仓漏斗）、一泵（潜水泵）"为主体的斜井机械化作业技术。为了适应大断面深斜井快速施工的需要，从80年代开始研制新型斜井施工设备，进一步改进、提高了施工工艺技术，形成了以"三大、一深"（大耙斗装岩机、大箕斗、大渣石仓和中深孔光面爆破）为核心的大断面斜井机械化配套及快速施工工艺。

进入21世纪，采用无轨化施工作业线，出渣设备采用铲运机或履带式挖掘耙渣机，运渣设备采用矿用卡车或带式输送机，提高了施工效率，加快了施工进度。

（杜崇澍 李红辉）

斜井开拓 development by slope 以*斜井*作为主要开拓井巷的矿体开拓方法。按斜井提升矿石使用设备的不同，可将斜井开拓分为两大类：①斜坡卷扬机提升斜井开拓，一般适用于矿石生产规模不大、矿体倾角为20°～50°的矿山。此类又可分为矿车组运输斜井开拓和箕斗或台车运输斜井开拓。矿车组运输斜井开拓适用条件为斜井倾角25°～30°；箕斗或台车运输斜井开拓适用条件为斜井倾角一般大于30°。②带式输送机斜井开拓，适用于斜井倾角小于18°、生产规模较大的矿山。特别是年产量500万吨以上的矿山，规模越大越适用，如中国铜矿峪铜矿的二期工程，规模为600万吨/年，带式输送机斜井长3100余米，提升高度达400米。

按斜井与矿体的相对位置，通常有3种开拓布置方案：①脉内斜井开拓。斜井布置在矿体内，适宜于矿体厚度不大、沿倾斜方向变化较小、产状比较规整的矿床。②下盘斜井开拓。斜井布置在矿体的下盘，具有石门短、基建工程量少、投产快、不需留矿柱的优点，此种布置应用普遍。③侧翼斜井开拓。斜井布置在矿体的侧翼，主要是由于条件所限而采用的布置方案。

（刘育明）

斜井跑车 vehicle accidents of inclined shaft 在*斜井提升*或下放车辆时，系统发生矿车溜车、提升钢丝绳断裂或连接装置脱钩、防跑车装置失灵，造成矿车失控沿着斜井轨道或脱离轨道下滑、翻滚的现象。

原因 发生斜井跑车的主要原因有：①提升钢丝绳不合格、疲劳破坏或超载导致钢丝绳断裂。②运送人员的列车未装短绳保护器或保护器失效，列车连接装置不可靠，未设置保险链或保险链脱落。③未设常闭式防跑车装置或装置失效。④车辆运行中挂钩插销跳出。⑤提升过程中矿车超速。⑥斜井上部和中间车场未设阻车器装置，或未处于关闭状态。⑦提升信号系统故障，或斜井提升司机、挂钩工等操作不当。⑧挂钩工误操作未挂钩就将空车下推等。

危害 主要危害有：①在发生跑车的斜井井巷下方如有行人或其他作业人员，将会造成重大人身伤亡。②倾斜井巷发生跑车时，多为重车或超重车，除可能造成车辆、轨道、巷道的损坏外，还可能撞坏电源主线路及风、水干管等重要设施；可导致矿井生产中断，造成重大经济损失。③撞坏电缆等线路，导致短路而发生火灾事故，引起井下瓦斯、煤尘爆炸。

防治措施 防治措施主要有：①选用合格钢丝绳并定期进行检测检验，不合格的应及时更换。②在运送人员的列车上安装断绳保护器，定期检查车厢之间设置的连接装置和保险链。③设常闭式防跑车装置，并保持其完好有效。④不超速提升。

⑤在斜井上部和中间车场设阻车器装置。⑥保持提升信号系统完好，加强操作人员培训，防止违章操作等。

（于正兴）

斜井提升　shaft hoisting　提升机利用地表斜坡驱动钢丝绳和提升容器在**斜井**井筒中沿轨道升降物料或者人员的工作。斜井提升系统主要由提升机及控制系统、天轮（或游动轮）、钢丝绳、提升容器、装卸载设备、安全保护设备、斜井轨道等组成。斜井提升建设工期短，出矿快，井口设施简单，初期投资少；但提升能力小，钢丝绳磨损快，经营费用高，管理复杂。斜井提升多用于矿体倾角小且埋藏不深的中小型矿山。

斜井提升方式分为斜井串车提升、斜井箕斗提升和斜井台车提升。①斜井串车提升是将矿车或者斜井人车用插销连接成一串，串车的上端用钢丝绳连接到提升机卷筒上进行提升。斜井串车提升时，需在斜井适当位置设置防跑车装置，防止串车断绳坠落井底，造成人员伤亡和设备损失。②斜井箕斗提升适用于提升量大、倾角30°左右的斜井。与串车提升相比，斜井箕斗提升运行速度快、稳定性好、提升能力大、易实现自动控制；但需要设装、卸载设施，增加了运输环节，开拓工程量和投资都比较大。斜井箕斗提升一般采用双箕斗提升，当需要多中段提升时，可采用单箕斗提升。③斜井（坡）台车提升用于在斜井中或斜坡上提升矿车、设备和材料。斜井台车提升的优点是斜井倾角最高可达40°，阶段运输水平与斜井台车连接简单；缺点是提升能力小，一般采用人工推矿车上台车。在实际应用中，斜井台车提升多作为材料、设备提升等辅助性提升。

斜井提升一般采用单绳缠绕式提升机，也有采用**矿用绞车**的。斜井提升的天轮分为固定天轮和游动轮两种：固定天轮工作可靠，维护量小，但为了满足钢丝绳偏角要求，提升机至天轮的距离较远；采用游动轮可减小提升机至天轮的距离和井口车场占地面积。盲斜井或小型斜井一般采用游动轮。此外，游动轮的直径一般比固定天轮直径小，对于钢丝绳的弯曲载荷有一定影响。

（陶平凯）

斜坡道　ramp　在地下矿山开采中，为通行无轨自行设备而掘进的公路式倾斜巷道。斜坡道的采用，需要在矿山设计中，综合考虑矿山的**开采技术条件**、生产规模和所处周边环境等各种因素，对方案进行详细的技术经济比较之后择优确定。

从20世纪70年代初开始，**斜坡道开拓**技术就已经被应用到矿井开拓中，主要应用在已有的提升运输系统下向深部发展的矿山、露天开采转地下开采的矿山、深埋较浅的新矿山。斜坡道开拓技术因其具有机械化、自动化程度高的特点，在地下矿山生产中得到了迅速的发展（图1、图2），在深井矿山中斜坡道和竖井构成**联合开拓**非常普遍。小型矿山在提升深度小于500米时，采用斜坡道卡车运输最经济；

图1　斜坡道地表入口

图2　井下斜坡道

提升深度大于等于500米时是斜坡道运输向竖井提升转变的合适深度。

主要类型　斜坡道根据功能可分为主斜坡道、辅助斜坡道和采准斜坡道，根据结构形式可分为直线式斜坡道、螺旋式斜坡道和折返式斜坡道。

主斜坡道　主要承担运输矿石的斜坡道。地下矿山设置主斜坡道的主要优点：①受地形、地表工业场地和岩层条件影响较小，地表无提升设施，附属构筑物简单。②可以将井下矿石直接运至地表矿堆，减少了中间各种倒运环节。③在矿山建设期间，可以方便地利用斜坡道进一步探明矿体，节省探矿时间和费用。④斜坡道掘进到矿体之后，可与阶段采准工作同时进行，提前出矿，加速资金周转。⑤向深部延伸时更加灵活。但与竖井相比缺点有：基建工程量大；因无轨设备运行坡度的限制，当矿石提升深度超过200米时运输费用较高。

在中国，由于坑内运输卡车发展起步相对较晚，运输能力和可靠程度相对落后，因此主斜坡道在地下矿山生产中未得到普及。在其他发达国家，地下无轨运输设备制造技术成熟先进，采用主斜坡道的矿山相对较多。

辅助斜坡道　主要运输人员、材料和设备的斜坡道。随着无轨设备逐渐在地下矿山中普及应用，仅靠副井向井下运输设备在一定程度上受到了制约。辅助斜坡道解决了井下各类无轨设备自由进出矿井的问题，提高了无轨设备在地下矿山生产中的灵活性和生产效率。在中国，辅助斜坡道已经在地下矿山中得到了广泛应用。

辅助斜坡道多与其他开拓方式联合使用，如**主井**＋辅助斜坡道联合开拓、胶带斜井＋辅助斜坡道联合开拓、**平硐**＋辅助斜坡道联合开拓等。

对于埋藏深度大的矿床，其浅部可用单一主斜坡道开拓，当开采到深部时，再将浅部主斜坡道改作辅助斜坡道，可以节省前期工程量和投资，加快矿山建设速度，缩短矿山建设时间。

采准斜坡道　专门用于采场服务，连接**中段**与中段、中段与分段、分段与分段、分段与分层及分层与分层之间的斜坡道。采准斜坡道在无轨设备运行调度、人员进出采场、材料设备运送等方面较为灵活、方便。大多数采用无轨自行设备回采出矿的矿山均设有采准斜坡道。采准斜坡道属于矿山采准工程，因其服务年限和运输量相对较小，坡度可相对较大，转弯半径可相对较小，以节省巷道开挖量和支护量。

按照采准斜坡道与矿体的相对关系，分为下盘、上盘、端部和脉内斜坡道4种。下盘斜坡道用于各种厚度的倾斜、急倾斜矿体，优点是斜坡道离矿体近，采准工程量小，不易受岩体移动影响。上盘斜坡道用于矿体下盘岩石不稳固而上盘围岩稳固的矿山。端部斜坡道用于走向长度不大、矿体上下盘均不稳固、端部岩石稳固的矿体。脉内斜坡道的布置与矿体倾角和使用的采矿方法关系密切，一般用于房柱法开采的缓倾斜、倾斜矿体。

直线式斜坡道　线路呈直线形的斜坡道。无轨设备在运行过程中不改变方向，直线段间用缓坡段相连接。主要优点：无轨车辆运行速度快，司机可视距离大；工程量省，施工简单；车辆运行中轮胎磨损小，油耗低；路面维护方便。缺点：斜坡道布置不灵活；碰到不好的岩层时难以躲开。

螺旋式斜坡道　线路呈螺旋式下降的斜坡道。几何形状是圆柱螺旋线或圆锥螺旋线（图3），设备在运行中经常在弯道上行驶。主要优点：线路较短，工程量省；可与垂直井筒配合施工，通风、出渣比较容易；布置较为灵活。缺点：施工要求高，

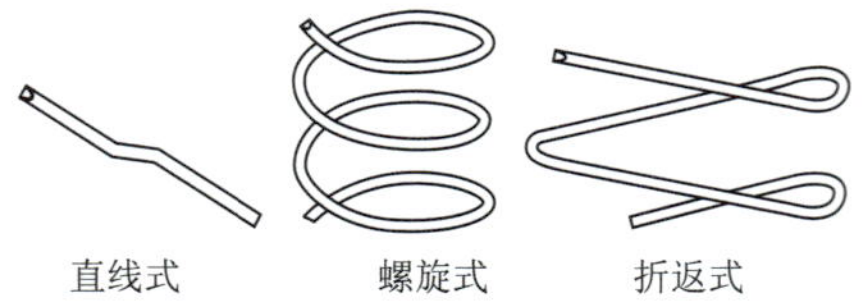

图3 斜坡道的形式

测量难度大；司机视距短，行车安全性差；车辆运行中轮胎磨损大；路面维护要求高，维护工作量大。

折返式斜坡道 线路是由直线和曲线段组成的斜坡道。直线段坡度相对较大，曲线段坡度较小，曲线主要用来改变斜坡道前进方向，在整个线路中直线段长，曲线段短。其主要特点是结合了直线式斜坡道和螺旋式斜坡道的优点，并在一定程度上克服了这两种斜坡道的缺点。中国大多数地下矿山采用的是折返式斜坡道。

构成要素 有斜坡道的坡度、断面尺寸、转弯半径和路面形式等。

坡度 斜坡道纵向方向的坡度。确定斜坡道的坡度时，要综合考虑无轨设备的技术性能，斜坡道的用途及类型、运输量、服务年限等因素。斜坡道的坡度一般在7%～20%，弯道段的坡度适当降低。为避免运输车辆始终在坡道上行驶，加速车辆制动系统的磨损，导致制动系统失灵，同时为了便于错车，增加斜坡道的运输效率并保证会车安全，斜坡道应每隔300～400米设一段纵坡不大于3%且长度能满足错车要求的缓坡段。

断面尺寸 与斜坡道线路方向垂直的巷道横断面轮廓。斜坡道断面主要根据无轨设备的外形尺寸、运行速度、斜坡道用途、支护形式、风水管和电缆的布置方式以及相关安全规程要求预留的空隙参数来确定。为保证车辆在弯道处安全快速地通过，弯道段的断面尺寸要适当加宽，加宽值应根据运行设备的转弯半径、巷道的平曲线半径、设备的外形尺寸综合确定。

弯道半径 斜坡道弯道处的平曲线半径。弯道半径的大小与设备的技术规格和外形尺寸、道路条件、行车速度及路面结构有关。通常大型无轨设备通行的斜坡道干线转弯半径不宜小于20米，中段斜坡道转弯半径不宜小于15米；中小型无轨设备通行的斜坡道转弯半径不宜小于10米。

路面形式 斜坡道的底板路面，由面层、基层和垫层3部分组成。路面下部为路基，矿山斜坡道路面下部多为岩石路基，质地坚固，可不设基层和垫层，只设面层。但在地表附近也会遇到土层或不稳定的风化岩层等不良的地质条件，此时路基必须进行处理。面层类型可按行车密度、运输量、服务年限、运距、行车速度及无轨车辆载重等因素综合考虑，一般采用水泥混凝土面层，有时也采用碎石面层。当运行车辆较少或只作为临时联络通道时，只需要对巷道底板进行简单处理，使之平整即可。

扩展阅读

解世俊. 金属矿床地下开采. 2版. 北京：冶金工业出版社，1986.

（郭 雷 夏长念）

斜坡道开拓 development by ramp 采用可通行无轨胶轮自行设备的**斜坡道**作为矿石提升，人员、材料和设备出入的主要通道的开拓方法。斜坡道开拓一般适应生产规模在3000吨/天以内，且矿床埋藏较浅，或露采转地采，或深部接续的矿山（图1）。

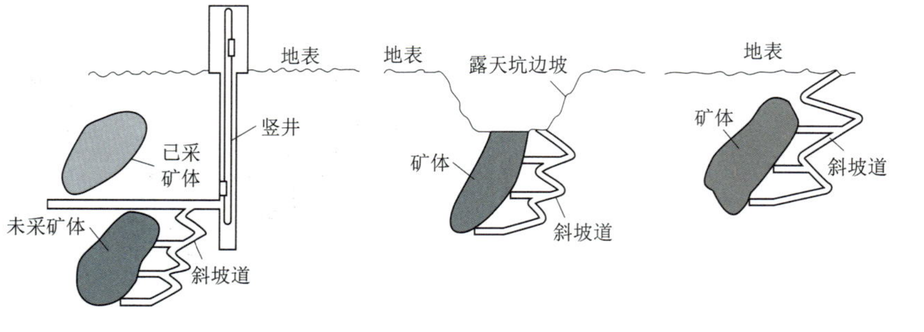

a 在已有提升和运输系统下向深部发展　b 露天开采转地下开采　c 埋深较浅的新矿床

图1 斜坡道开拓适应情况示意图

由于无轨采掘运输设备的发展及在井下的大量应用，通地表的井下斜坡道越来越普遍。如位于新疆乌恰县的萨热克铜矿，采用通地表的斜坡道开拓；三山岛金矿二期工程，深部采用电动卡车运输主斜坡道开拓。

根据用途不同可把斜坡道分为主要斜坡道（简称主斜坡道）和辅助斜坡道。主斜坡道是运输矿石的斜坡道，辅助斜坡道一般作运输人员材料、无轨设备上下等用途，不运输矿石。主斜坡道和辅助斜坡道一般和地表连通。一些矿山也习惯把构成开拓系统的斜坡道而不管是否运输矿石统称为主斜坡道，如金川二矿区的主斜坡道。

一般主斜坡道运输矿石时，形成了独立的无轨斜坡道开拓系统，而辅助斜坡道一般和其他井筒形成联合开拓系统。斜坡道开拓方法分为折返式斜坡道开拓、螺旋式斜坡道开拓（图2）、直线式斜坡道开拓。螺旋式斜坡道的路线呈扁平椭圆螺旋线，椭圆两端的路段为水平段或缓坡段，以便于车辆拐弯换向行驶，其余路段为倾斜的，用于改变路线高程。直线式斜坡道路线为倾斜直线，无弯道。折返式斜坡道由直线段和折返段交替组成，直线段是倾斜的，用来改变路线高程，折返段是水平的或略带坡度，用来改变路线方向，以便车辆折返换向行驶。

主要优点：①无轨斜坡道开拓受地形、地表工业场地和岩层条件影响较小，地表无提升设施，地表附属构筑物简单，井口布置大为简化。②在矿山建设期间，能较方便地使用斜坡道进一步探明矿体，以减少基建前的探矿时间和费用，可以尽早地接近矿体准备**中段**（分段）和采场，达到提前出矿、缩短基建时间的目的。③在斜坡道施工期间所使用的各类无轨设备可较方便地用于生产期。④矿石可以用卡车经斜坡道直接运出地表，人员材料运送方便，无轨设备可以从井下运行到地表进行维修。⑤开采深部矿体或边缘的零散矿体时，深部的斜坡道可以和原有井巷进行联合开拓，使上部主井不必延深，不需新设破碎站，延长原有系统的服务时间。⑥斜坡道施工方便，速度快，巷道中的设施少，安装工程量少。⑦斜坡道是一个方便的安全出口。

主要缺点：①由于无轨自行设备的爬坡能力一般在20%以下，因此采用斜坡道运矿的矿山在开拓深度上将受到一定的

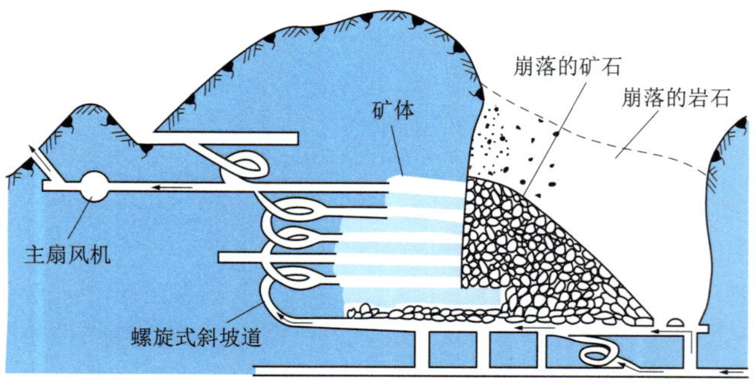

图2 螺旋式斜坡道开拓

限制，深度超过200米时则运费较高。②斜坡道的开拓基建工程量较大。③无轨设备一次性的投资较大。④设备维修量较大，生产成本较高。⑤采用柴油设备运输矿石、废石时，由于井下空气受污染，需增加通风量，相应要增加掘进工程量，通风费用也相对增加。（刘育明）

斜轧 skew rolling 2个或3个带有孔型或锥形的轧辊绕坯料轴线空间呈均匀布置，轧辊轴心线与坯料轴线有一倾斜角，轧辊以相同的转速同方向旋转，带动坯料反向旋转的轧制技术。又称螺旋轧制。

分类 斜轧分为3种类型：螺旋孔型斜轧、穿孔斜轧、仿形斜轧。①螺旋孔型斜轧。两个带螺旋孔型的轧辊，其轴心线相互交叉一个不大的角度，轧辊以相同方向旋转，带动圆形坯料既旋转又向前移动，坯料在螺旋孔型的作用下直径压缩和轴向延伸，被轧制成回转体零件，如钢球、丝杠等（图1）。②穿孔斜轧。两个带正反锥的轧辊，其轴心线相互交叉一个角度。轧辊以相同方向旋转，带动圆形坯料既

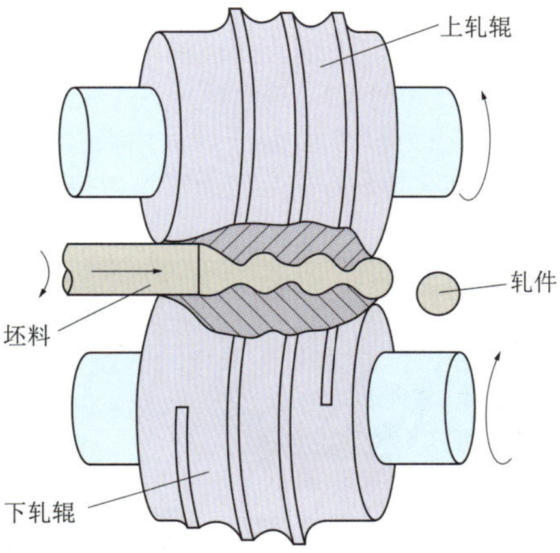

图1 螺旋孔型斜轧示意图

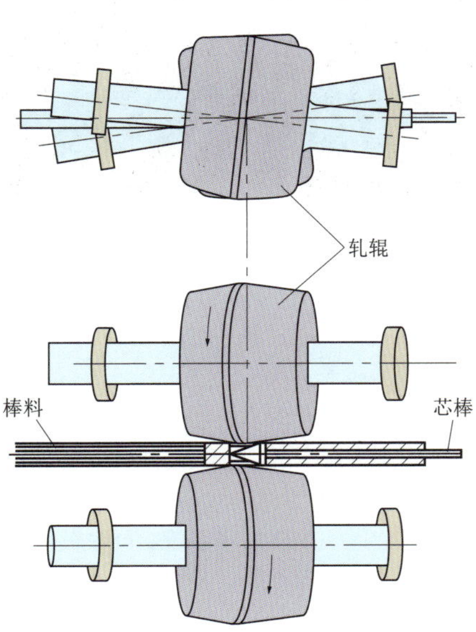

图2 无缝钢管生产示意图

转又向前移动。在正锥的压缩作用下，坯料的中心发生疏松与空腔，坯料继续旋转前进到轧辊的反锥部分，坯料中心的疏松与空腔在顶头的作用下，轧制成空心管胚，用于无缝钢管的生产（图2）。穿孔斜轧一般将其归类于冶金轧制，螺旋孔型斜轧属于零件轧制。用穿孔斜轧轧出空心管材后，在带芯棒的螺旋孔型斜轧机上可以轧出空心的回转体零件毛坯，如轴承内座圈等。③仿形斜轧。3个带锥形头的轧辊在绕坯料轴线空间呈均匀布置，轧辊心线与圆形坯料轴线有一倾斜角，借助于液压或机械的仿形板控制3个旋转的锥形轧辊。3个锥形轧辊带动圆形坯料反向旋转，故坯料除旋转运动外还向前移动。这种斜轧的变形主要为直径压缩和轴向延伸（图3）。仿形斜轧由于结构复杂及轧制产品局限性大，在实际工业生产中应用较少。

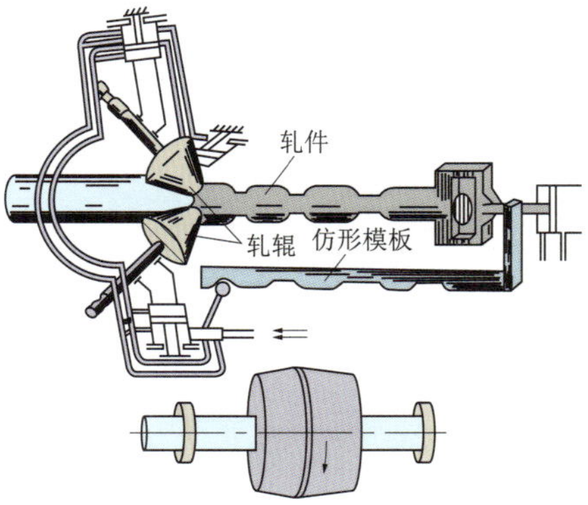

图3 仿形斜轧示意图

特点 斜轧工艺与传统锻造或切削工艺相比的优点是：①生产率高。轧辊每转一圈生产一个产品（单头）或多个产品（多头）。轧辊转速一般为40～300转/分，即每分钟生产40～1200个产品。②材料利用率高。斜轧的材料利用率一般在90%以上，精密斜轧可达97%以上，节约材料显著。③产品质量高。斜轧产品金属流线沿产品外轮廓保持连续（无切削断头）和轧后晶粒细化，因而产品的静载强度与疲劳强度较之切削产品提高10%以上。④设备投资少。由于是局部连续成形，工作载荷只有模锻的几十分之一，所以设备小、投资少。⑤劳动条件改善。斜轧无冲击、低噪声，轧件的成形、精整、切断等工序均在孔型中连续自动完成，进出料容易实现自动化，因而改善了操作工人的劳动条件。⑥模具寿命长。模具的寿命一般在30万～60万件以上，是模锻的20多倍。⑦生产成本低。由于效率高、节材、设备投资低等，生产成本平均下降30%左右。缺点是：①通用性差，一般只能成形回转体零件。②模具特殊并且复杂，模具为变高度、变导程的螺旋形状，所以至今只在少数产品上得到应用。③工艺调整的要求高、因素多，掌握不好将影响产品的质量。④零件长度受限制，一般只能轧制长度小于200毫米的零件。

（王宝雨）

谢建新 Xie Jianxin（1958-06-14～ ）中国材料加工工程专家。生于湖南双峰。1982年1月毕业于中南矿冶学院，1985年5月在中南工业大学获硕士学位，1991年在日本东北大学获工学博士学位，并留校任助教、副教授。1995年回国后在北京科技大学任教，先后担任材料科学与工程学院副院长、院长，北京科技大学副校长。2015年当选中国工程院院士。

长期从事金属凝固与控制成形、先进复合材料制备与加工的研究工作。在交通运输与航空航天关键铝合金材料、高性能钎钢与高硅钢、电子元器件引线框架与接插件用高性能铜合金带材、高性能铜合金管材与线材、铜铝复合材料等的研究、生产加工工艺及其关键装备开发和工程应用等方面取得系列重要成果。获授权发明专利80余项，并得到推广应用。

获国家技术发明奖二等奖1项、国家科技进步奖二等奖2项，省部级科技成果奖10项，获国家级教学成果一等奖1项、省部级教学成果奖3项。2014年获“全国优秀科技工作者”称号，2016年获何梁何利基金科学与技术进步奖。发表学术论文300余篇，出版专著5部。

（姜 曦）

解世俊 Xie Shijun（1929-07-21～2014-12-24） 中国地下金属矿床开采专家。生于辽宁抚顺，卒于辽宁抚顺。1953年东北工学院（今东北大学）采矿系毕业后留校。1955年公派赴苏联莫斯科矿业学院留学，1959年研究生毕业回国。历任东北工学院采矿教研室主任，采矿系副主任、主任。曾

任中国有色金属工业总公司技术经济咨询委员会委员、中国黄金工业管理局高级顾问、中国金属学会采矿学会副理事长、冶金工业部锰矿技术委员会委员等职。

致力于金属矿床地下开采的教学与科研工作，深入矿山生产实践，坚持“科研服务生产、工艺重在实践”的理念，先后到苏联、日本、澳大利亚、朝鲜及中国80余个地下矿山进行技术考察和科研工作。在采矿方法的科学分类方面对中国采矿学的发展有重要影响。主编的《金属矿床地下开采》(1985)至今仍被全国高校和矿山研究设计部门所采用。

（赵兴东）

锌冶金 zinc metallurgy 从含锌物料中提取金属锌的技术。人类很早就使用含锌的铜合金，中国古代称这种铜合金为**鍮石**，但分离出单质锌却较晚。中国是最早掌握炼锌技术的国家，明代著作《天工开物》称锌为倭铅，记述了炼制技术。欧洲人在公元前5世纪曾偶尔得到过小块的锌，但未能识别。在16～18世纪，中国的金属锌开始传入欧洲，被称为tutenague，纯度达98%以上。英国布里斯托尔于1738年开始生产锌。1746年德国化学家S.A.马格拉夫将异极矿（$H_2Zn_2SiO_5$）与木炭共置于密封器皿中煅烧，提炼出金属锌。

锌是自然界中资源分布较广的金属元素，在地壳中的平均含量约为0.005%。锌多以硫化物状态存在，主要矿物有闪锌矿（ZnS）、铁闪锌矿（nZnS·mFeS），也有少量氧化矿，如菱锌矿（$ZnCO_3$）、硅锌矿（Zn_2SiO_4）、异极矿（$Zn_2SiO_4 \cdot H_2O$）、水锌矿〔$Zn_5(CO_3)_2(OH)_6$〕等。

锌的矿物以硫化矿最多，但单一硫化矿极少，多与其他金属硫化矿伴生形成多金属矿，有铅锌矿、铜锌矿、铜锌铅矿。这些矿物除含有主要矿物铜、铅、锌外，还常含有银、金、砷、锑、镉、铟、锗等有价金属。用硫化锌精矿炼锌的方法分为湿法炼锌与火法炼锌两大类，以湿法炼锌为主，占锌产量85%以上。

湿法炼锌 用稀硫酸溶解含锌物料中的锌得到硫酸锌溶液，通过净化去除硫酸锌溶液中的杂质，再电积硫酸锌溶液析出金属锌，最后熔铸成锭。湿法炼锌包括传统湿法炼锌和全湿法炼锌两种工艺。

传统湿法炼锌 火法与湿法的联合流程（图1），其工艺主要包括**焙烧**、浸出、净化和电积4个工序。

焙烧 使精矿中的硫化锌转变为可溶于稀硫酸的氧化锌，即酸溶锌。传统湿法炼锌厂焙烧硫化锌精矿，并不要

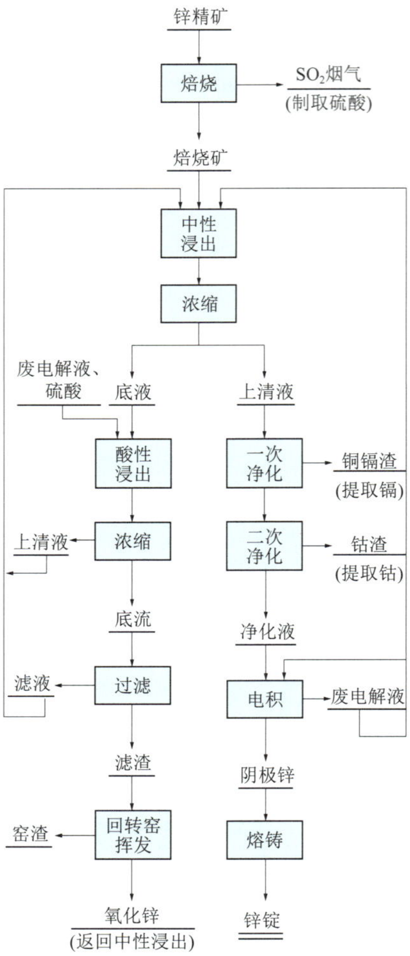

图1 传统湿法炼锌流程

求全部脱硫，焙砂中须保留3%～4%硫酸盐形态的硫，所以湿法炼锌厂所采用的是氧化焙烧和部分硫酸化焙烧。硫化锌精矿焙烧的设备广泛采用沸腾焙烧炉，沸腾层焙烧温度一般采用850～900℃，过剩空气系数1.1～1.2。焙砂中可溶锌应占全锌量的90%以上，尽量减少不溶于稀酸的铁酸锌（ZnO·Fe_2O_3）和难溶的硫化锌。

浸出 使焙砂中的锌最大限度地溶解。按作业终点控制的酸度可分为中性浸出和酸性浸出。①中性浸出，用电积锌过程中产出的电解废液和各种过滤返回液配制的溶液浸出焙砂，得到含锌120～170克/升的浸出液，净化后送往电积。浸出作业中通常用鼓入空气、加二氧化锰或电解返回阳极泥的方法，将Fe^{2+}氧化成Fe^{3+}，控制浸出终点的pH值为5.2～5.4，使铁、砷、锑、锗水解沉淀。浸出条件：温度50～70℃，时间30～60分钟，液固比（9～15）:1。②酸性浸出，溶解中性浸出矿浆中残余的氧化锌，常采用1～2段酸性浸出。浸出条件：终点残酸3～5克/升，温度60～85℃，时间90～150分钟，液固比（7～9）:1。

浸出液净化 中性浸出液常含有砷、锑、铜、镉、钴、镍等杂质，电解前必须净化除去。这些杂质的标准电极电势均比锌高，可用锌粉置换净化。一般先除铜、镉，后除钴、镍，其余杂质能同时除去。为防止氧化，净化槽一般采用机械搅拌，而不用空气搅拌。作业温度一般在50℃上下，时间不宜太长。除钴、镍时可采用砷盐净化法、锑盐净化法或合金锌粉净化法，添加三氧化二砷、锑粉（锑盐）或铅锑合金锌粉作活化剂。

电积 以硫酸-硫酸锌体系水溶液为电解液，含银0.5%～1%的铅板为阳极，压延铝板为阴极（图2），进行电积。阴极析出锌，阳极放出氧。为了提高电流效率，除降低电解液中的杂质含量外，还应控制电解液温度。通常采用空气冷却塔或真空蒸发器冷却电解液。锌电解的技术条件是：电流密度400～600安/米^2，温度35～40℃，槽电压3.3～3.6伏，电流效率85%～92%。每吨阴极锌消耗直流电3000～3300千瓦·时。阴极锌电积周期一般为24或48小时，锌片可用人工或机械剥离。阴极锌片经洗涤干燥后用感应电炉熔铸成锭。电积锌的品位通常为99.94%～99.99%。

图2 锌电积现场

热酸浸出与锌浸出渣的处理 锌浸出渣常用的处理方法曾使用回转窑法、半鼓风炉法、硫酸化焙烧-浸出等，但均不理想。20世纪60年代，出现热酸浸出法，使湿法炼锌工艺进一步完善。新工艺的特点是先以高温高酸溶解渣中的铁酸锌，再以人造矿物的方法除去溶解的铁，所得含锌溶液返回焙砂浸出系统，回收其中的锌。此法锌回收率高，并有利于锌精矿的综合利用。热酸浸出的作业条件是：温度90～95℃，始酸大于150克/升，终点残

酸40～60克/升，时间3～4小时。为强化作业，有的厂采用终点残酸大于100克/升的超高酸浸出。高酸浸出的金属浸出率为：锌97%～99%，铜、镉、铟、镓大于90%，铁70%～85%。

热酸浸出除铁方法有3种：①黄钾铁矾〔$KFe_3(SO_4)_2(OH)_6$〕法。此法系使溶液中的Fe^{3+}在较高的温度和有碱金属或铵离子存在的条件下，从弱酸性硫酸盐溶液中缓慢形成碱式硫酸铁复盐〔$2AFe_3(SO_4)_2(OH)_6$〕沉淀。式中A是K^+、Na^+或NH^{4+}等。这种铁矾复盐呈黄色或淡黄色斜方结晶，稳定而且溶解度低，易于沉淀、过滤和洗涤，所以除铁的效果好。作业条件是：温度95℃，控制pH值为1.5左右，时间4～5小时。使热酸浸出和铁矾沉淀在同一设备内进行，可简化流程。但该法渣量大、渣含锌高、含铁低，难于利用，且不能分出浸出后的铅银渣，不宜处理含银量高的锌矿。②针铁矿法。先用硫化锌精矿将溶液中的Fe^{3+}还原成Fe^{2+}。条件是：温度90～95℃，含硫酸50～60克/升，时间5～7小时。还原后先中和沉淀出稀散金属铟和镓，然后鼓入空气将铁氧化，加晶种使铁成三价铁水合物沉淀，其分子式主要为α-FeOOH，呈棕色针状结晶，相当于针铁矿。条件是：温度85～95℃，pH值为3～3.5，时间3～4小时。此法可较好地提取稀散金属，并进一步除掉砷、氟、硅等杂质。针铁矿沉铁法有两种实施方法，即V·M法（氧化-还原法）和E·Z法（部分水解法）。③赤铁矿法。热酸浸出在高压釜内进行，同时通入二氧化硫使铁还原，然后通入硫化氢除铜，再用石灰石中和沉淀镓、铟、铅等。最后在温度为180～200℃、压力为18～20千克/厘米^{2}下向高压釜内通氧，将亚铁离子氧化，以赤铁矿（Fe_2O_3）形态沉淀脱除。此法铁渣量少，锌回收率高，能综合回收多种有价金属，但需要昂贵的高压设备，操作条件较难控制。

全湿法炼锌　在硫化锌精矿直接加压浸出技术基础上形成的，其工艺主要包括浸出、净化和电积3个工序，省略了传统湿法炼锌工艺中的焙烧工序，且锌精矿中的硫以单质硫富集在浸出渣中。硫化锌精矿直接加压浸出是在高压釜内加压通氧的条件下，用锌废电解液浸出硫化锌精矿，使硫化锌转变成硫酸锌和单质硫。浸出矿浆先经浮选分出粗单质硫，再经浓密，分出铁铅渣，所得硫酸锌溶液经净化、电积得电锌；粗单质硫经热过滤得纯单质硫；铁铅渣送铅冶炼回收铅、锌。

1981年第一个锌精矿加压酸浸厂在加拿大投产。2004年中国开始应用硫化锌精矿加压浸出技术。随后湿法炼锌技术得到进一步发展，形成了直接电解技术、$Zn-MnO_2$同时电解技术等一系列湿法炼锌工艺。①硫化锌精矿的直接电解。在酸性溶液中，用70%硫化锌精矿与30%石墨粉为阳极，铝板为阴极，直接用电解生产锌。阳极电流效率为96.8%～120%，阴极电流效率为91.4%～94.8%，阴极锌纯度达99.99%以上。②$Zn-MnO_2$同时电解。将锌精矿磨细至200目，ZnS/MnO_2按化学计量配入并用硫酸进行浸出，浸出液经净化后用铅-银（1%银）合金为阳极、铝板为阴极在硫酸体系中进行电解。槽电压为2.6～2.8伏，阴极电流效率为89%～91%，阳极电流效率为80%～85%。阴极电锌含Zn≥99.99%，阳极产出γMnO_2，品位>91%。产品比$Zn:MnO_2=1:1.22$。节能50%～60%。双电解废液再进行锌的单电解，进一步回收锌、锰。

火法炼锌　在高温（大于1000℃）下，炭质还原剂还原焙烧矿中的氧化锌得到锌蒸气，经冷凝得到金属锌的过程。

工艺过程　火法炼锌工艺主要包括焙烧、还原、精炼3个工序，根据冶炼设备可分为平罐炼锌、竖罐炼锌、电炉炼锌及密闭鼓风炉炼锌（即帝国熔炼法，简称ISP）。平罐炼锌和竖罐炼锌都是间接加热，能耗高、原料的适应性差，已被淘汰；电炉法炼锌生产规模小、能耗偏高，仅适宜于电价便宜的地区。密闭鼓风炉炼锌能处理铅锌复合精矿及含锌氧化物料，可同时产出铅、锌两种金属。

火法炼锌还发展出等离子炼锌技术、锌焙烧矿闪速还原技术和喷吹炼锌技术等。①等离子炼锌技术，用等离子发生器将热量从风口输送到装满焦炭的炉子的反应带，在焦炭柱的内部形成一个高温空间，粉状氧化锌焙烧矿与粉煤和造渣成分一起被等离子喷枪喷到高温反应带，反应带的温度为1973～2773K，氧化锌瞬时被还原，生成的锌蒸气随炉气进入冷凝器被冷凝为液体锌。由于炉气中不存在二氧化碳和水蒸气，所以没有锌的二次氧化问题。②锌焙烧矿闪速还原技术，包括硫化锌精矿在沸腾炉内全氧化焙烧、在闪速炉内用碳对氧化锌焙砂进行还原熔炼和锌蒸气在冷凝器内冷凝为液体锌3个基本工序。③喷吹炼锌技术，在熔炼炉内装入底渣，用石墨电极加热到1473～1573K使底渣熔化，用氮气将小于0.074毫米的焦粉与氧气通过喷枪喷入熔渣中，并与通过螺旋给料机送入的锌焙砂进行还原反应，产出的锌蒸气进入铅雨冷凝器被冷凝为液体锌。

粗锌精炼　火法炼锌所得的粗锌中含有铅、镉、铁、铜、锡、砷、锑、铟等杂质（总含量为0.1%～2%），锌品位为97%～99%，除直接用于镀锌工业外，必须对粗锌进行精炼以提高锌的纯度。工业上一般采用火法精馏精炼，此外还有熔析法和真空蒸馏精炼。①精馏精炼法是利用各种金属沸点的不同除去其中的铅、铜、镉、铁等杂质。精馏在精馏塔内进行。精馏塔包括两个部分：铅塔及其冷凝器和镉塔及其冷凝器。粗锌先从熔化炉流入铅塔，塔内温度维持约1000℃，高沸点的铅、铜、铁与部分锌共熔，经塔底流入精炼炉得低镉粗锌、硬锌和粗铅。大部分锌和全部镉挥发，经冷凝器冷凝成液体后导入镉塔，使锌与镉进一步分离。精馏塔由若干个碳化硅塔盘叠加而成。一般两个铅塔配一个镉塔。精馏可产出99.99%的精锌，回收率可达99%，并可综合提取铅、镉、铟、锗等。②熔析法精炼锌仅是除去锌中的铅与铁。③粗锌的真空蒸馏是利用锌与各杂质的蒸气压的差别，在高温和真空中使它们与锌分离。

扩展阅读

梅光贵，王德润，周敬元，等. 湿法炼锌学. 长沙：中南大学出版社，2001.

彭容秋. 锌冶金. 长沙：中南大学出版社，2005.

魏昶，李存兄. 锌提取冶金学. 北京：冶金工业出版社，2013.

（谢克强　杨　斌）

新水平准备　new level preparation　为形成新的开采平台所需要做的准备工作总称。包括出入沟、开段沟的掘进和为再下一水平能正常掘进出入沟和开段沟所需最小空间的扩帮。

周期　指本水平掘沟（出入沟、开段沟）时间与扩帮所需时间之和，其计算公式为：

$$T_0=T_1+T_2+T_3$$

式中T_0为新水平准备周期；T_1为掘出入沟时间；T_2为掘开段沟时间；T_3为扩帮时间。

出入沟　新水平准备过程中为连接上一水平到下一新水平而掘进的倾斜沟道。出入沟的几何参数主要包括：①纵向坡度。连接上下水平的倾斜沟道纵向坡度，不同的运输设备决定了出入沟的纵向坡度，汽车运输纵向坡度一般为8%，机车运输纵向坡度一般为25‰～30‰。②沟底宽度。连接上下水平的倾斜沟道沟底宽度，宽度由岩石性质、运输方式、掘沟设备和掘沟方式等因素共同确定。③沟长。连接上下水平的倾斜沟道长度，沟长等于沟深与沟纵向坡度之比。④沟深。连接上下水平的倾斜沟道深度，沟深通常为单个台阶高度。⑤沟帮坡面角。连接上下水平的倾斜沟道沟帮坡面角，沟帮坡面角取决于岩体的物理力学性质和沟帮坡面保留时间的长短。

开段沟　露天采矿中，为建立新水平台阶的初始工作面，以出入沟底为起点掘进的水平堑沟。开段沟是露天采矿的准备工程之一，露天开采中，根据开段沟断面形状的不同，可将开段沟分为：①双壁沟。上底临空，断面呈倒梯形，沟深为台阶高度，常用于凹陷露天矿。凹陷露天矿境界内的出入沟掘进时，是双壁沟，随着开段沟的形成，出入沟的一侧边帮被挖掉而形成单壁沟。②单壁沟。双面临空，只有一侧沟壁，另一侧是敞开的，沟深不大于段高，常应用于山坡露天矿中。

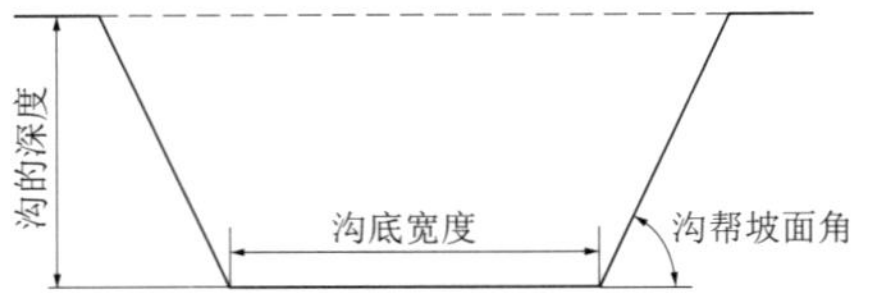

双壁沟断面图

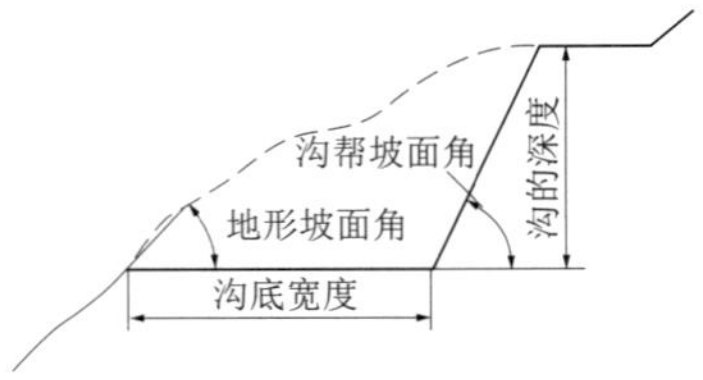

单壁沟断面图

双壁沟和单壁沟断面图

掘沟工程　掘沟工程包括出入沟和开段沟两项工程，是露天矿新水平准备工作的重要工程之一。按运输方式不同对掘沟方法进行分类：①汽车运输掘沟。全段高一次穿孔爆破后，汽车进入沟内采掘工作面进行装车。汽车在沟内的调车方法分为回返式调车、单折返式调车和双折返式调车。②机车运输掘沟。分为平装车全段高掘沟、上装车全段高掘沟和分层掘沟3种方式。③联合运输掘沟，包括汽车-机车联合运输掘沟和装载机-汽车联合运输掘沟。汽车-机车联合运输掘沟是在沟内用汽车运输全段高平装车掘沟方法作业，汽车驶出沟外，由铁路列车转载矿岩至卸载地点；装载机-汽车联合运输掘沟是在沟内用装载机完成装运工作，运出沟外向汽车转载，然后运往**排土场**。④无运输掘沟，包括挖掘机倒堆掘沟和定向抛掷爆破掘沟。挖掘机倒堆掘沟是用挖掘机将沟内的岩石直接倒至沟旁的山坡堆置；定向抛掷爆破掘沟主要应用于山坡掘进单壁沟，利用单侧抛掷爆破方式，将沟内岩石破碎后，抛至沟外山坡。

扩展阅读

焦玉书. 金属矿山露天开采. 北京：冶金工业出版社，1989.

（汪为平）

形变和断裂　plastic deformation and fracture　金属在受力时，原子的相对位置发生改变，其宏观表现即为形变。当局部的形变量超过一定限度时，原子间的结合力受破坏，出现裂纹，裂纹经过扩展，使金属断开，称为断裂。强度是材料抵抗变形和断裂的能力。通常所谓材料的软、硬、韧、脆等都是对材料有关形变和断裂特性的描述。金属的断裂总是伴随着不同程度的**范性形变**。**断口分析**的结果表明，即使是典型的脆性断裂，在金属的断口层也有一定程度的范性形变。

一般把形变分为弹性形变与范性形变（或塑性形变）两类，把断裂分为脆性断裂和韧性断裂两种。但它们并不能截然分开。在同一试件上，可以有弹性形变和范性形变或脆性断裂和韧性断裂并存。例如，当一块材料受力时，从整体看，它是弹性形变，而在缺陷或裂纹尖端却已发生明显的范性形变。一个断口，往往包含着脆性的和韧性的两种典型区域。这些主要取决于材料的微观结构和试件的宏观状态（如几何尺寸、有无缺口或缺陷）、环境温度、介质条件以及加载情况等。

早在17世纪，R. 胡克就根据实验结果提出了胡克定律（见**弹性**）。随着数学、力学的进步，弹性理论已形成完整的体系。范性形变理论发展较晚，从力学角度出发，也有不少接近成熟的理论。但有关金属断裂问题的系统研究，则是20世纪以来的事，并随着现代实验技术的发展而不断深入。

研究方法　金属的形变和断裂已形成**金属学**中的一个重要分支。形变与断裂问题的研究一般分为3种，即宏观力学的研究、微观结构的研究和宏观与微观相结合的研究。

宏观力学的研究　一般是从几个假设出发，根据一定的边界条件，分析物体在受力状态下的应力与应变行为。这就是已经很成熟的弹性理论和正在发展中的塑性力学与弹塑性力学等。这些理论在指导材料的使用和进行工程设计等方面起到很重要的作用。随着电子计算机技术的发展，有限元方法在力学分析中广泛应用，使形变与断裂的宏观力学处理有了更强的生命力。

微观结构的研究　从金属的内部组织结构来研究材料的形变与断裂的机制。这种研究比宏观力学的研究晚得多。长期以来，主要以纯金属和金属单晶为研究对象，了解这些金属形变与断裂的某些规律，现正逐渐向研究复杂多元和多晶体等现实金属材料过渡。

金属的组织结构一般可分为几个层次。有些肉眼就可以观察到，如大晶粒和宏观缺陷等；有些要借助于光学显微镜或电子显微镜，如钢的金相组织、合金中沉淀颗粒的析出等；还有一些只有借助于物理性能的变化才能间接地推论出来，如用**内耗**推论金属形变与断裂过程中原子与微观缺陷的交互作用，用声发射监听和研究形变与断裂过程中的位错运动，以及用正电子湮灭效应研究金属在形变过程中点缺陷的形成和分布，等等。通过组织结构的微观研究可以了解金属形变与断裂的本质，从而为改进现有材料、创造新材料和更有效地使用材料提供根据。

宏观与微观相结合的研究　宏观力学方法的基础是假定把材料视为连续介质，而实际的金属材料并不是一种连续介质，而且环境介质和受力状态也往往对材料的宏观力学性能产生决定性的影响。在采用宏观力学方法进行工程设计时，往往只是简单地加大安全系数，使设计出来的产品过于笨重。另外，研究金属的形变与断裂的微观过程，可以了解材料形变和断裂的本质，但不能用来指导现代工程设计。若把宏观力学方法和材料的微观结构的研究方法结合起来，把宏观力学性能与微观结构参量之间的关系用数学形式表达出来，即可找出金属材料形变与断裂的一些规律，用以指导实践。

主要理论成果　金属学工作者从金属与合金的组织结构出发，研究形变和断裂，主要取得了两方面的进展。

位错理论　从原子间结合力计算出来的金属的理论强度比其实际强度高几十倍甚至几个数量级。实际强度和理论强度的这种差别，长期以来得不到满意的解释。1920年A.A. 格里菲思从表面能的观点提出了脆性材料强度的降低是由于材料中存在着微裂纹。通过对典型脆性材料（如玻璃）的试验，这个理论得到定量的证实。但对金属材料来说，这个理论并不适用。直到1934年E. 奥罗万、M. 波拉尼和G.I. 泰勒分别提出晶体**位错**的概念，才使塑性材料的实际强度远比理论强度低的问题得到比较合理的解答（见**晶体缺陷**）。位错理论认为，范性形变的基本过程是位错的运动和增殖。位错在晶体中运动的阻力就表现为强度。位错移动时，只需位错中心附近少数原子移动很小的距离（甚至小于一个原子间距）；而不含位错的完整晶体，必须通过晶体的一部分对另一部分做整体刚性滑移，才能实现形变，据此计算出来的阻力数值显然比前者高得多。位错在金属材料中是普遍存在的，而且即使是不含位错的材料，在受力时也会产生位错。用位错理论可以说明**金属强化**、形变和断裂等现象。位错理论有很大发展，但在实践中，还不能根据位错理论来进行工程设计，因为金属的缺陷类型很多，运动很复杂，交互作用很强烈，在各种情况下都做定量描述还有很多困难。电子计算机的应用，将有助于这方面的发展。

断裂力学　20世纪60年代初，为解决制造导弹壳体用的高强度钢的低应力破坏问题，美国物理学家、力学家和冶金学家联合起来，在格里菲思理论的基础上，发展了线弹性断裂力学，提出了应力强度因子和材料的断裂韧度等新概念。断裂力学根据实际材料中存在的宏观缺陷、所受外力条件、材料性能以及介质条件，能够定量地描述缺陷附近的局部应力、应变场，进而能够决定脆断的临界条件和裂纹发展规律；可以定量地描述一种材料发生脆断的内在因素（如缺陷）与外界条件（如受力状态等）的关系。接着，又针对塑性较好的材料发展了弹塑性断裂力学，提出J积分和裂纹张开位移（COD）等判据。断裂力学概念和一些判据，已经成功地用于工程设计、零件寿命估算和材料评价等方面。

研究动向　随着材料科学的进步，新型材料不断出现，如复合材料、微晶和非晶态材料等，这些材料都将在形变与断裂方面出现新的问题。随着材料的生产与制造工艺的不断改进，机械制造工业对材料的要求日益提高，也会对材料的形变与断裂问题的研究提出新的要求。因此，材料的形变和断裂的主要发展动向有下列几个方面：①疲劳断裂历来是机械零件最常见的破坏形式，特别是超高强度金属材料，对裂纹具有特殊的敏感性，即使是非常细小的缺陷，也会造成灾害性的疲劳破坏。因此，这是发展高强度材料亟待解决的问题。②材料在腐蚀介质中的形变和断裂问题，包括应力腐蚀和腐蚀疲劳断裂等（见**应力腐蚀断裂**、**氢脆**）。随着材料使用寿命的延长、材料强度的不断提高，这方面的问题就更为突出。因此，结合材料的工作环境和受力条件，开展对材料的宏观力学性能和微观结构关系的研究是十分重要的。③高温**蠕变**一直是金属材料在高温条件下工作的关键问题之一。如果在高温长期静载荷下叠加疲劳载荷（振动或周期蠕变应力），材料的强度变化并不是简单的线性叠加，有可能加速断裂，也可能促进强化。因此，研究金属材料的蠕变和疲劳的交互作用已成为一个活跃领域。④不管断裂方式如何，最后都要产生两个相对应的断口，从断口往往可以得到材料在断裂过程中有益的信息，据此不但可以研究材料的断裂过程，也为部件的失效分析提供可靠的依据。所以，断口分析已引起人们的密切注意，成为形变和断裂的一个学科分支。⑤冷塑性变形的金属和合金，在加热过程中会发生组织结构的明显变化，这就是回复和再结晶及晶粒长大。而经过冷变形或再结晶的多晶金属往往产生晶粒的择优取向，从而形成不同类型的结构。择优取向的存在有时是有利的（如对取向硅钢片），有时则有害（如对深冲钢）。这些都是形变引起的，也是这个学科的研究课题。

（师昌绪）

形变热处理　thermo-mechanical treatment　将形变强化和相变强化相结合，以提高材料或工件综合力学性能的复合**金属热处理**工艺。形变热处理包括金属材料的**范性形变**和**固态相变**两种过程，并将两者有机地结合起来。利用金属材料在形变过程中组织结构的改变影响相变过程和相变产物，以得到所期望的组织与性能。

形变热处理的特点　①金属材料的成形与获得材料的最终性能结合在一起，简化了生产过程，减少能源消耗及设备投资。②与普通热处理比较，形变热处理后金属材料能达到更好的强度与韧性相配合的机械性能。有些钢特别是微合金化钢，唯有采用形变热处理才能充分发挥钢中合金元素的作用，得到强度高、塑性好的性能。例如09MnNb钢正常**轧制**后屈服强度（σ_s）为390兆帕，−40℃梅氏（Mesnager）冲击值（α_K）为6.3焦/厘米^2；经正火后，−40℃的α_K可提高到60～80焦/厘米^2，而σ_s下降50兆帕；如采用**控制轧制**（形变热处理工艺之一），强度与韧性都可进一步提高：σ_s约450兆帕，−40℃的α_K可达60～120焦/厘米^2。

由于以上原因，形变热处理已在冶金工业、机械制造业中广泛应用于生产金属与合金的板材、带材、管材、丝材和各种零件，如板簧、连杆、叶片、工具、模具等。

形变热处理工艺中的塑性变形（范性形变），可以采用轧、锻、**挤压**、**拉拔**等各种形式；与其相配合的相变有**共析分解**、**马氏体相变**、**脱溶**等。形变与相变的顺序也多种多样：有先形变后相变；或在相变过程中进行形变；也可在某两种相变之间进行形变。

较普遍采用的形变热处理工艺列于附表中。

形变对母相的作用　形变热处理中，形变使相变前的母相的组织结构甚至成分都起变化，形变后或形变过程中的相变在相变动力学和相变产物的类型、形貌等方面，都不同于一般热处理，从而得到良好的性能。

形变对母相组织结构带来的变化随形变条件（形变温度、道次形变量、总形变量、形变速度等）及金属材料成分的不同而有差异，根据对相变的作用，母相形变后的组织结构基本上属于以下3类：①在再结晶温度以上形变，道次形变量如超过再结晶临界变形量，则母相发生动态或静态的再结晶，使晶粒得到细化；如进行多道次形变，则发生多次再结晶，母相的晶粒显著细化。②在材料的再结晶温度以下形变，母相不发生再结晶，而产生大量晶体缺陷，或仅发生回复过程，形成多边化亚结构。③形变诱发第二相由母相中析出，析出的第二相又与位错交互作用，使母相的成分与结构皆发生变化。

形变对相变的作用　形变热处理中，形变后的母相组织经常是几类的综合。以钢的奥氏体为例，说明形变后的奥氏体对以后的相变及相变产物的作用。

对铁素体－珠光体型相变的作用　形变后产生了再结晶的细奥氏体晶粒，使冷却转变后的铁素体也相应得到细化。形变后未发生再结晶的奥氏体中的大量晶体缺陷，为此后铁素体的转变提供了大量形核位置，并使铁素体形核的热激活过程更容易进行，这两者使转变后的铁素体晶粒细化；此外，形变的奥氏体有加速扩散过程、加速铁素体转变速度、提高铁素体形成的温度等作用（见表中工艺类型2）。

如果在奥氏体中存在形变诱发析出的第二相，则对细化铁素体晶粒更为有效。低碳、含有微量（<0.01%）铌、钒、钛合金元素的微合金化钢，就属于这类情况。形变使奥氏体产生多边化亚晶，在奥氏体晶界堆积较多的位错，形变又诱发析出铌铌（CN）或其他合金元素的碳、氮化物。细小的第二相首先在奥氏体晶界处及亚晶界上析出，并钉扎亚晶界及晶界，使亚晶的长大和晶界的迁移都受到阻碍，造成奥氏体再结晶核心难以在该处产生，即使产生了也不易长大，从而抑制了

形变热处理的类别及应用

工艺类型	工艺特点		效果与应用
1 高温形变淬火（ausforging）	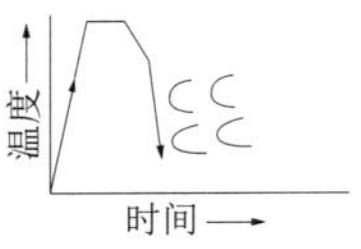	在钢的A_{r3}以上或A_{r1}～A_{r3}之间或在合金的固溶热处理温度之上进行形变，然后淬火、回火	取消重新加热淬火，可提高钢的强度10%～30%，同时改善钢的韧性和抗疲劳性能，减小回火脆性。可提高有色合金的强度与塑性。用于生产碳钢，低、中合金钢的板、带、管、线、棒材，以及形状简单的机械零件
2 控制轧制（controlled-rolling）	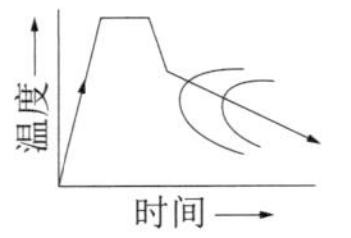	在钢的A_{r3}以上或A_{r1}～A_{r3}之间形变，然后空冷或水冷至550℃以上，再空冷获得铁素体-珠光体或贝氏体组织	提高屈服强度的同时，可得到优异的低温韧性，用于生产低碳钢、低碳含Nb、V、Ti的非调质可焊接钢的板、带、线材等产品
3 低温形变淬火（ausforming）	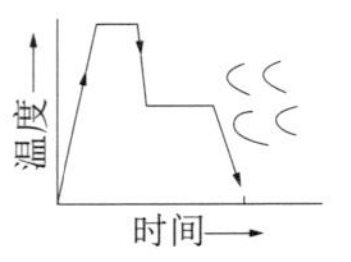	在钢的过冷奥氏体稳定区（500～600℃）进行形变，然后淬火、回火	在保证钢的塑性条件下，可以大幅度提高钢的强度。适用于强度要求高的中合金高强度钢的零件，用于截面小的高强度钢的钢丝，或高合金钢模具、高速钢刀具等
4 等温形变热处理（isoforming）	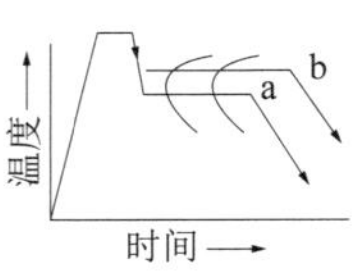	a 在钢的珠光体转变温度区间，在珠光体转变前及转变过程中进行形变 b 在珠光体转变后进行形变	a 得到细小铁素体亚晶粒及球状碳化物，提高钢的冲击韧性，用于生产合金结构钢的小零件 b 可大大缩短球化工艺时间，降低球化工艺的温度，并改善球化的组织。用于工具钢、轴承钢
5 诱发马氏体相变的形变热处理	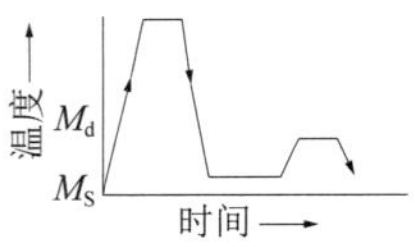	在钢的M_s～M_d温度区间进行形变	在保证塑性的条件下，提高强度。适用于奥氏体不锈钢及相变诱发塑性钢(TRIP钢)等
6 过饱和固溶体的形变时效处理（deformation and aging）	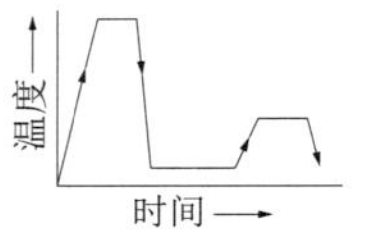	钢或合金固溶处理后，在时效前进行冷加工或温加工	强度显著提高，仍可保证必要的塑性。用于需要强化的钢种或合金，如奥氏体钢、马氏体时效钢、镍基高温合金、铝合金、铜合金等
7 预先形变热处理	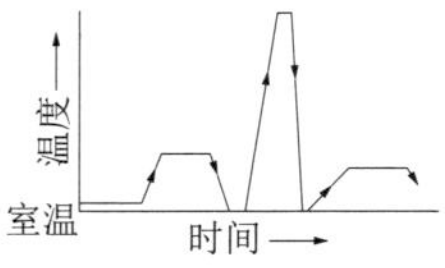	在室温进行冷变形，然后进行中间回火，再进行二次快速加热淬火及最终回火	仍能保留形变强化的效果，可用于生产冷轧钢管、冷拔高强度钢丝或形状简单的可冷成形的小零件

奥氏体再结晶的发生。只有给予更大变形量，进一步提高再结晶的驱动力时，才会发生再结晶，结果使再结晶后的奥氏体晶粒比普通低碳钢细小。在950℃以下，形变诱发析出的第二相能完全阻止奥氏体发生再结晶，这样就相对地扩大了奥氏体未再结晶的温度范围，有利于增大未再结晶区的形变量，使奥氏体产生更大量的晶体缺陷。在奥氏体再结晶区及未再结晶区连续变形，得到的是细小的奥氏体晶粒及高密度的晶体缺陷。这样的奥氏体转变后形成的铁素体晶粒细小而均匀，生产上可得到直径5微米的铁素体（实验室可得到直径2微米的铁素体）。

仅就晶粒细化这一项，就使钢的屈服强度提高100～150兆帕，同时提高钢的低温韧性，使**韧性-脆性转变温度**下降到−70℃。铁素体晶粒的细化还可以抵消由于相间沉淀及铁素体中析出的第二相所造成的脆性，保留其沉淀强化作用，在具有良好低温韧性的基础上，进一步提高钢的屈服强度。

对淬火时马氏体、贝氏体相变的作用　再结晶的奥氏体仅能细化所转变的马氏体或贝氏体组织。形变而未再结晶的奥氏体，对淬火时的马氏体和贝氏体转变的作用却是多方面的（见表中工艺类型1、3、5）。

奥氏体中的大量晶体缺陷使以共格方式长大的马氏体、贝氏体晶体长大受阻，使转变后的组织得到细化。奥氏体中的晶体缺陷可被其转变的马氏体、贝氏体所继承，使转变后的马氏体或贝氏体组织的位错密度高于一般热处理形成的马氏体和贝氏体的位错密度。当奥氏体在形变过程产生形变诱发第二相析出时，这种现象尤为突出。形变诱发析出的第二相质点，钉扎了奥氏体已有的可动位错；在进一步形变时，促进奥氏体增殖大量新的位错，大大增加奥氏体中的位错密度，相应地增加转变后的马氏体的位错密度。马氏体、贝氏体中位错密度提高，是形变淬火得以提高钢的强度的主要原因。这样的马氏体组织在**回火**时，由于位错密度高，为碳化物提供了大量形核位置，使回火马氏体中的碳化物质点更细小，分布更均匀。形变诱发由奥氏体中析出第二相，降低奥氏体中碳和合金的含量，有利于减少孪晶马氏体，增加板条状马氏体的数量。马氏体组织的细化、孪晶马氏体的减少，以及回火时均匀的碳化物分布，是形变淬火钢韧性好的原因。

奥氏体形变中形成的亚晶粒比较稳定，不仅可被直接形成的马氏体所继承，还能遗传给重新加热淬火再次形成的马氏体组织，使形变淬火后再加热淬火的钢的强度仍高于一般淬火钢。

形变奥氏体除可以细化所转变的贝氏体外，还能改变转变的贝氏体组织类型。低碳贝氏体钢未形变的奥氏体转变为上贝氏体组织，形变的奥氏体则转变为颗粒状贝氏体组织，这种组织的塑性、韧性比上贝氏体要好。

形变诱发马氏体相变　在M_s～M_d温度范围内形变能诱发奥氏体转变为马氏体，M_s为马氏体转变温度，M_d称为形变诱发马氏体开始转变点。形变诱发马氏体可提高钢的强度，更重要的是，在奥氏体基体中的应力集中，由于形变诱发马氏体的产生而得以弛豫，避免微裂纹的产生与扩展，提高钢的塑性（见表中工艺类型5）。

上述奥氏体的形变对相变的作用规律对于其他合金也基本适用。

工艺参数的确定　实际应用形变热处理工艺时，不仅要结合材料的成分与性能要求，确定形变后的热处理工艺参数，更重要的是要根据母相形变后的组织结构及其对相变和相变产物的作用规律，正确确定形变的工艺参数，由此才能得到所期望的母相组织结构及转变后的组织，达到所需要的性能。

（崔文暄）

形变诱导铁素体相变　deformation induced ferrite transformation, DIFT　在较高的温度下，钢中的奥氏体在承受外部载荷导致形变的情况下，发生的**奥氏体**向**铁素体**的转变。简称DIFT。DIFT的机理是，奥氏体变形时的一部分形变能，不能通过**回复和再结晶**释放而累积在变形奥氏体中，使得奥氏体的体系**自由能**升高，奥氏体转变成较低自由能的铁素体。相变主要发生于变形过程中，是动态相变，可以形成超细铁素体晶粒。

对于低合金钢，日本在20世纪80年代初就有对形变诱导铁素体相变的阐述，当时称为应变诱导铁素体相变。此后，对于形变诱导铁素体相变的研究又出现了应变诱导相变、应变诱导动态相变等名称。由于形变诱导铁素体相变可以有效地细化相变后的铁素体晶粒，日本、韩国、中国、美国、澳大利亚与欧盟的国家和地区深入研究了这一现象，并形成了相关的晶粒细化技术。

形变诱导铁素体相变的本质是变形导致的奥氏体体系自由能升高和形核地点的增多。奥氏体中的形变能累积的影响因素包括形变方式、应变、应变速率、温度等。

当钢中奥氏体化以极慢的冷却速度冷却时，存在奥氏体和先共析铁素体平衡的临界转变温度A_{e3}。在A_{e3}附近施加形变，DIFT可以在A_{e3}以上，且在热力学参数稳定的奥氏体中发生，也可以在A_{e3}以下的过冷奥氏体中发生。与先共析铁素体相比，形变诱导产生的铁素体一般沿晶界或晶内的形变带形成，而且比较细小。同时，由于相变的扩散不完全，铁素体晶粒中的碳含量明显过饱和。

利用DIFT可以在低碳微合金钢中将铁素体晶粒细化到1微米，也可以将低碳碳素钢的铁素体晶粒细化到4微米。所以，DIFT是一个有效的晶粒细化技术，在高强度螺纹钢和高强度微合金钢的生产中得到了很好的应用。形变诱导所产生的过饱和铁素体在冷却过程中会析出碳化物，这些细小弥散分布的碳化物可以作为球状渗碳体的形核核心，这成为中碳螺栓钢球化退火处理技术的理论基础。

对于共析钢，施加形变同样可以在共析相变温度之上诱发珠光体相变，所获得的珠光体片层间距细小；在过共析钢中，施加变形可以促进渗碳体的相变，并促进渗碳体的球化过程。

扩展阅读

翁宇庆. 超细晶钢——钢的组织细化理论与控制技术. 北京：冶金工业出版社，2003.

（董　瀚）

型材轧制　section rolling　采用有孔型的轧辊将钢坯加工成具有一定断面形状和尺寸的型钢的**轧制**技术。1783年，英国人H. 科特创造了世界上第一台带孔型的二辊式型材轧机，此后型材轧制很快发展起来。19世纪初已轧制出角钢和钢轨，不久又轧制出工字钢。1867年，法国采用万能机架轧制成断面高度达1000毫米的工字钢。从1902年起，卢森堡、德国和美国等国相继建造了万能型材轧机，但在之后的半个世纪中发展缓慢。直至20世纪50年代，这种轧机才又得到发展。

图1　型材轧制

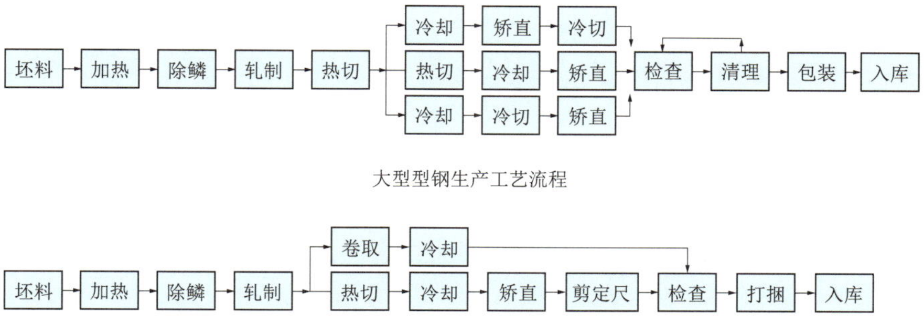

图2　型钢生产工艺流程

型钢轧制用的原料主要有初轧坯（在初轧机上把钢锭轧制成坯）、连铸坯和锻压坯，个别的用小钢锭直接轧制。坯料形状有方坯、矩形坯、扁坯和异型坯。

型钢品种繁多，规格复杂，按断面尺寸大小分为大型、中型、小型材。按断面形状分为简单断面型钢、复杂断面型钢和周期断面型钢。简单断面型钢包括方钢、圆钢、扁钢、角钢、六角钢、八角钢等，其中方、圆、扁、六角、八角钢合称为棒材。复杂断面型钢包括工字钢、角钢、H型钢、U型钢、槽钢、钢轨、窗框钢、弯曲型钢等。周期断面型钢是指任一根钢材上各处断面尺寸不同且呈周期性变化的钢材，如螺纹钢、各种轴件、犁铧钢等。

型钢轧制所用轧机在结构形式上有二辊式轧机、三辊式轧机、**万能轧机**、多辊孔型轧机等。轧机布置有横列式、跟踪式、越野式、布棋式、串列式、半连续式和连续式。型钢轧机的布置根据生产品种和生产规模而选取不同的形式。中小型轧机已应用微张力或控制活套的连续轧制技术，这种技术的优点是生产能力大、钢材质量好、能轧制薄壁产品、成材率与自动化程度高、生产成本低、使用人力少，缺点是装备复杂、投资大（图1）。

一般型钢产品生产工艺流程见图2。型钢的冷却、精整、精加工、清理及检查整理的工艺流程随产品品种、规格、钢种及装备水平等不同而异。

轧制工艺按孔型分为孔型轧制法和万能轧制法，可采用热轧或冷轧。孔型轧制法是根据轧制成品断面形状，使具有一定断面形状的坯料依次通过各机架上刻有复杂形状孔型的轧辊进行轧制。轧件在孔型中产生复杂的变形，缩小断面并纵向延伸，最终将坯料轧成所需要的尺寸和形状。万能轧制法是使用万能式轧机轧制各类型钢。万能式轧机有一对水平辊和一对立辊组成的万能孔型，可对轧件进行四面加工。

在型钢轧制中，其变形方式不仅仅是厚向压下，还有宽向的压缩变形，因此与金属板带轧制不同，其变形过程更加复杂。

扩展阅读

周建男. 轧钢机. 北京：冶金工业出版社，2009.
魏明贺. 型钢生产. 北京：化学工业出版社，2014.

（赵宪明）

休谟-饶塞里，W.　William Hume-Rothery（1899-05-15～1968-09-27）　英国金属学家和化学家。生于萨里伍斯特帕克，卒于牛津。曾就读于牛津大学的马格达伦学院，1926年获化学硕士学位，同年又在伦敦大学皇家矿冶学院获冶金学博士学位。奠定了**合金相的晶体结构**原理的基

础。当时虽已证明合金中存在各种中间相，但远未形成理论。这些中间相的形成用J.道尔顿的分子论难于解释，许多已确定的合金组分又不符合原子价的正常规律，而用**X射线衍射**测定晶体中原子排列的新方法以及原子和电子本质的新观点，为新的探讨途径准备了条件。他归纳出电子化合物的规律，被称为休谟-饶塞里规律。他还是出色的实验工作者。

（常乃懂　施苹善）

徐宝陞　Xu Baosheng（1912-01-04～2007-01-24）中国冶金机械专家。生于山东昌邑，卒于北京。1937年毕业于清华大学机械系，获工程科学学士学位；1948年获美国密执安大学机械化工专业硕士学位。历任四川嘉华水泥厂工务主任，重庆钢铁公司第三钢铁厂（简称重钢三厂）总工程师，北京钢铁学院（今北京科技大学）机械系主任、院附属钢厂副厂长。

中国**连续铸钢**技术的主要开拓者之一。设计了生产钢轨垫板的新工艺及其设备，解决了当时中国不能生产垫板的困难。为重钢三厂设计了中国第一台工业生产用立式双流连铸机，首次采用摆动式飞剪机剪切铸坯。1958年后从事连续铸锭和行星轧机的研制，在北京钢铁学院附属钢厂试验成功世界上第一台弧形连铸机，并为重钢三厂建成世界上第一台工业生产型板坯、方坯两用弧形连铸机。他还探索开发了高速小型连铸机，创造了一种倾斜轮式小方坯连铸机。主要论著有《连续铸锭装置》(1959)、《立式连铸机用摆动飞剪》(1959)、《弧型连续铸钢机的设计及试验》(1965)、《关于开发细小方坯连铸技术的建议》(1990）等20余篇。

（姜　曦）

徐采栋　Xu Caidong（1919-03-27～2016-04-14）中国冶金物理化学家、有色冶金专家。生于江西奉新，卒于北京。1943年毕业于交通大学唐山工程学院（今西南交通大学），1949年获法国格罗布电化电冶高等工业学院博士学位。1956年加入九三学社。曾当选第三届全国人民代表大会代表，第七届、第八届全国人大常务委员会委员，第九届全国政协常务委员会委员。历任贵州省工业厅工程师，贵州省工业综合研究所总工程师，贵州省副省长，贵州大学校长等职。1980年当选中国科学院学部委员（院士）。

长期从事有色冶金物理化学的研究，在湿法冶金酸性浸出液除铁理论方面有较精辟的见解；在有色金属硫化矿焙烧产物的稳定区间问题上提出了新的热力学处理方法；在钴、镍等第Ⅷ族元素特性上发展了电化学理论。从事攀枝花钒钛磁铁矿冶金过程理论研究，在碳氮化钛的形成及其对冶炼的影响方面提出了有价值的见解。主持和参加了许多冶金化工项目科研与生产技术改造，如高炉炼汞、提取锑氧粉和精锑、电解法制取高锰酸钾、竖炉制钙镁磷肥等工艺。

在长期实践的基础上，开始系统地构造冶金物理理论。著有《汞冶金的理论基础》(1964)、《炼汞学》(1960)、《锌冶金物理化学》(1979）等8部专著，发表论文几十篇，在中国冶金物理化学领域产生很大影响。其中《炼汞学》一书是中国第一部有关炼汞的学术专著。1979年被评为全国劳动模范，1996年获星火特殊荣誉奖。

（姜　曦）

徐匡迪　Xu Kuangdi（1937-12-11～　）中国冶金学家、战略科学家。生于浙江桐乡。1959年毕业于北京钢铁学院（今北京科技大学）冶金系，后留校任教。1963年调至上海工学院冶金系，曾任系主任、常务副校长，从事教学、科研工作。1982～1983年赴英国帝国理工学院做访问学者，1984～1986年被聘为北欧喷射冶金公司副总裁。1989年后，历任上海市高教局局长、市计委主任、副市长、市长、中共上海市委副书记等职。2001年后任中国工程院党组书记、院长，国家科教领导小组成员，国务院学位委员会副主任，中国工业经济联合会会长，中国-美国人民友好协会会长等职。2003年当选第十届全国政协副主席。中国共产党第十四届中央委员会候补委员，第十五届、第十六届中央委员会委员。

1995年当选中国工程院院士。2003年当选英国皇家工程院外籍院士、瑞典皇家工程院外籍院士、塞尔维亚工程院外籍院士，2006年当选美国工程院外籍院士、俄罗斯工程科学院外籍院士。是英国皇家土木工程师协会荣誉会员、日本钢铁学会荣誉会员。2006年获瑞典国王大十字司令官勋章、德国友谊勋章。2008年获英国皇家工程院国际合作奖章。

中国**喷射冶金**技术的开拓者之一。20世纪80年代初提出的用RH-IJ法（真空循环脱气加喷粉）处理大型转炉钢水，冶炼超低硫、低氧钢（≤5毫克/千克），获得英国、瑞典专利，并用于制造英国北海油田的石油管线钢和新日铁生产的西伯利亚输油、输气管线钢；设计的SGDF喷粉罐，在中国中小企业得到广泛应用。此外，还先后在不锈钢精炼、熔融还原动力学，以及**焦炉煤气**制氢等方面进行了研究。积极推动中国钢铁工业的结构调整和先进技术的应用，主张构建可持续发展的绿色钢铁生产新工艺流程，提高中国钢铁工业的竞争力。支持并参与中国“新一代可循环钢铁制造流程”的研究和实施，倡导钢铁制造流程应有高质量和低成本钢铁产品制造、能量高效合理转换、社会大宗废弃物消纳等功能。这一新流程已在中国首钢集团曹妃甸厂得以成功应用。

主持并参与了若干国家重大科技发展战略研究，如《国家中长期规划战略研究专题Ⅲ：制造业发展科技问题研究》《装备制造业自主创新战略研究》《中国新型城镇化战略研究》等。其中在《中国新型城镇化战略研究》(2004—2012）中首次提出“以人为本的城镇化”的理念。

2014年任京津冀协同发展专家咨询委员会组长，先后多次参与、主持和组织京津冀协同发展的总体规划制定，京津冀三地的功能定位、发展目标等的论证。同时为疏解北京非首都功能和形成京津冀地区新的增长极，参与论证了在河北省建立雄安新区的可行性。

（肖丽俊）

旋回破碎机 gyratory crusher 利用破碎锥在壳体内锥腔中的旋回运动对物料产生的挤压、弯曲、冲击等作用粗碎各种硬度物料的**破碎设备**。19世纪70年代在美国发明。设备规格常用给料口宽度与排料口宽度的比值表示。由机架、工作机构、传动部、调整机构和润滑系统等部分组成。其中工作机构由固定锥和动锥组成，固定锥和动锥表面均镶有耐磨衬板。动锥装在主轴上，主轴上端悬挂在横梁上，下端插入偏心套中。电动机通过皮带轮及联轴器带动水平轴旋转时，主轴绕悬吊点做圆周运动，主轴自身也在偏心轴套的摩擦力作用下自转。因此动锥的运动既有公转也有自转，即旋摆运动，旋回破碎机也因此得名。动锥在破碎腔内沿定锥的周边滚动，靠近定锥时完成破碎工作，与之相对的一边则进行排料，破碎和排料连续进行。

旋回破碎机有固定轴式、斜面排矿式和中心排矿式3种基本类型，其中中心排矿式（见图）较为常见。旋回破碎机用两

中心排矿式旋回破碎机

种方式实现排料口的调整和过载保险：①采用机械方式的机械式破碎机，其主轴上端有调整螺母。旋转调整螺帽，破碎锥即可下降或上升，使排料口随之变大或变小。超载时，靠切断传动皮带轮上的保险销以实现保险。②采用液压方式的液压旋回破碎机，其主轴坐落在液压缸内的柱塞上，改变柱塞下的液压油体积就可以改变破碎锥的上下位置，从而改变排料口的大小。超载时，主轴向下的压力增大，迫使柱塞下的液压油进入液压传动系统中的蓄能器，使破碎锥随之下降以增大排料口，排出随物料进入破碎腔的非破碎物（铁器、木块等），以实现保险。

主要适用于各种硬度物料的粗碎。具有处理能力大、对物料破碎强度大、破碎效率高等优点，到21世纪初，最大的旋回破碎机处理能力超过了10 000吨/小时。但其结构复杂，制造与维修费用较高，基建投资大，排料口调节不便，设备维护工作较繁复。

扩展阅读

李启衡. 碎矿与磨矿. 北京：冶金工业出版社，1980.

（张　峰）

旋压 spinning 将平板毛坯或预先成形的毛坯固定到旋转的芯模上，用旋轮对毛坯施加压力，旋轮同时做轴向送进，经过一次或多次加工，得到薄壁空心回转体制品的**板料冲压**技术。旋压时，旋轮和毛坯的接触区很小，加工材料只局部发生塑性变形，变形抗力小，可用小吨位的设备加工大型的制品，是制造空心锥体、筒形件、半球体和薄壁管材等精密制品的有效方法。旋压的优点是：产品精度高、机械性能好、尺寸范围广；使用的工具模具简单、通用性好、更换容易；就制造某些产品来说，生产成本比其他方法低。主要缺点是：生产工时长、产量低、品种受到限制。一般适用于生产小批量、多品种的产品。

旋压是一种古老的加工技术。早在10世纪初中国就使用旋压制造锡器。20世纪以来，旋压在工业上得到了比较广泛的应用，并采用了液压助力装置和仿形装置。旋压主要用于加工铝、铜及其合金，并且越来越多地用于加工钢铁和稀有金属。旋压产品有日常生活用具、化工容器、各种形状的机器零件、航空器、火箭导弹及航天器的各种壳体部件等。

分类　旋压按金属的变形特征可分为普通旋压和强力旋压。普通旋压时，毛坯的厚度和表面积基本不变，只改变毛坯的形状（图a），多用于旋制各种薄壁的铝、铜、不锈钢等日用品，如灯罩、炊事用具及手工艺品等。强力旋压时，毛坯的形状和厚度都发生变化。强力旋压分锥形件强力旋压和筒形件强力旋压。锥形件强力旋压时，金属的移动符合正弦定律，是纯剪切变形（图b），多用于生产等壁厚和变壁厚的锥形件和半球形体零件等。筒形件强力旋压时，筒形毛坯的壁厚减小、长度增加、体积不变（图c），这种方法用于生产薄壁无缝管材、圆柱形带底容器和壳体等。旋压按加工温度分为冷旋压、温旋压和热旋压，一般用冷旋压。

旋压机床　手工旋压用的机床结构简单，用人力控制工具的运动和对被旋压的工件加力。现代普通旋压机床和强力旋压机床的旋轮均以液压驱动，并配备液压仿形或数控系统。

中小型旋压机床多为卧式，大型的多为立式。旋压机床要求刚度好、功率大、精度高和通用性好。最大的旋压机床可旋压直径6米的零件，旋轮压力大到数百吨。

除通用型旋压机床外，还有各种专用的旋压机床（如封头旋压机、皮带轮旋压机和精密薄壁管材旋压机），以及适用于大批量生产的旋压生产线（如制造油桶和汽车轮箍）。

（石力开）

选矿 mineral processing 用物理或化学方法将矿物原料中的有用矿物与无用矿物（通常称脉石）或有害矿物分开，或将多种有用矿物分离的过程。早期选矿在中国又称有用矿物精选、矿物工程，后来通称矿物加工，也称矿产资源加工。在中国学科分类中，矿物加工属于矿业工程的二级学科，也有一些国家将其纳入冶金工程、化学工程，甚至材料科学与工程。无论学科名称如何演变，在中国从事固体矿产资源加工的绝大多数企业，除矿物材料厂之外，仍然被称为**选矿厂**。在选矿产品中，有用成分富集的称**精矿**；无用成分集中的称**尾矿**；有用成分的含量介于精矿和尾矿之间，需进一步处理的称**中矿**。

在矿产资源开发和综合利用的产业链中，选矿是介于地质、**采矿**与冶金或化工之间几乎不可缺少的重要环节。选矿涉及的学科主要有地质学、矿床学、矿物学、结晶学、流体力学、电磁学、无机化学、

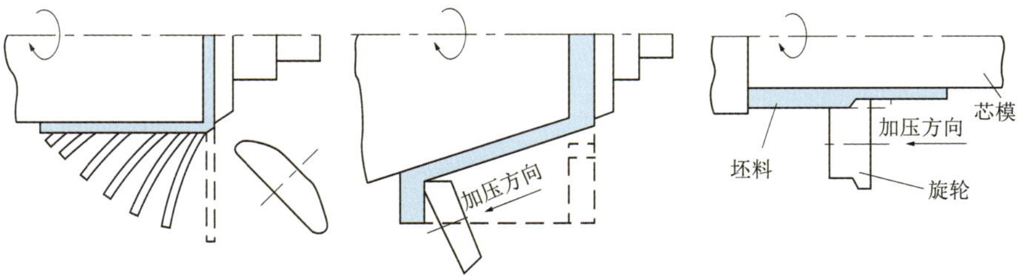

a 普通旋压　　b 锥形件强力旋压　　c 筒形件强力旋压

旋压原理图

分析化学、物理化学、表面化学、有机化学、结构化学、环境工程、应用数学、机械学、采矿学、冶金学、计算机技术、数值模拟和自动控制等。

地质学家认为，中国处于环太平洋成矿域、欧亚成矿域和特提斯成矿域三大构造成矿域的交汇带；组成中国大陆的各小板块之间相互碰撞、岩矿物质混合，导致成矿物质复杂；各成矿带之间有相互交接与物质混合；早、晚期形成的矿床之间有叠加作用。上述因素决定了中国地质环境的复杂性和矿床成因的多样性，由此形成了矿产资源诸多的特点：总量较丰富，矿种较全；部分矿产贫矿多，富矿少；某些重要矿产资源短缺；共伴生复杂矿石多，单一矿石少；小型矿床多、大型矿床少。因此，除少数富矿石外，金属和非金属（包括煤）矿产资源几乎都需选矿。冶金和化工所需的原料一般是有国家标准的，但是进入选矿厂的原矿却谈不上标准，因为从采场来什么矿石就得处理什么矿石。选矿是把无标准、杂乱无序、低品位复杂共生的矿产资源，加工成单独有序的、国家标准的精矿以供给冶炼厂或化工厂，其中有价元素的富集比要达到几倍、几十倍，甚至几百倍、上千倍。这一复杂过程需要具有流程工业特点的，不同类型、不同规模的，原矿日处理量甚至高达十几万吨的现代化选矿厂来完成。

简史 选矿经历了从处理粗粒物料到细粒物料，从处理简单矿石到复杂矿石，从单纯使用物理方法向使用物理化学方法和化学方法发展的过程。

选矿技术的应用可追溯到古代。早期，人们用手工拣选，后来用简单的淘洗工具从河溪砂石中选收金属矿物。中国湖北铜绿山矿冶遗址中的“船形木斗”，就是2000多年前淘洗铜矿石的工具。公元前2世纪就发现用铁从胆水（硫酸铜溶液）中置换铜的作用。唐樊绰著《蛮书》中有“麸金出丽水，盛沙淘汰取之”的记载，描述当时淘金选矿的情况。持羽毛蘸油黏捕亲油疏水的金、银细粒，称为鹅毛刮金，迄今仍在应用。在五代初期（公元10世纪）开始用胆铜生产铜，明朝《天工开物》有矿石采出“先经拣净淘洗”，后入炉煎炼，以及分选铁矿砂和锡矿砂的记载。该书还记载，金银作坊回收废弃器皿和尘土中金、银粉末时“滴清油数点，伴落聚底”的做法，就是利用金属表面性质的差异进行分离。在古希腊也有用油和沥青收集矿物的记载。

自18世纪第一次工业革命以来，选矿技术获得快速发展。1848年在德国出现了第一台重力选矿设备——机械传动活塞跳汰机。I.牛顿和G.G.斯托克斯于1851年提出运动阻力公式，奠定了重选的基础。1867年奥地利的P.R.von雷廷格尔提出了等降现象，使窄级别矿粒分选成为可能。1880年，T.B.奥斯本首次发明静电选矿机，用于选别谷物。1886年F.R.卡彭特用带摩擦电荷的皮带来富集方铅矿和黄铁矿的干矿石。1890年，美国C.M.博尔等发明了电磁磁系的圆筒式磁选机用于选矿，其后相继出现了多种结构的选别强磁性矿物的干式和湿式弱磁场磁选机，促进了选矿工业的发展。1893年，美国A.威尔弗利发明了摇床。在浮选广泛应用以前，重选一直是主要的选矿方法。19世纪有人曾用气化（煮沸矿浆）或加酸与碳酸盐矿物反应产生气泡浮选石墨。到19世纪末期，由于对金属的需求量不断增加，能用重选处理的粗粒铅、锌、铜硫化矿资源逐渐减少，在澳大利亚、美国和一些欧洲国家开始用浮选法选别细粒矿物，为冶炼提供精矿。初期，应用表层浮选法及全油浮选法。1906年泡沫浮选取得专利，并推广应用。

20世纪以来，选矿技术发展迅速。1907年美国G.W.皮卡德发明了电晕场电选机，选别效果远高于单纯的静电场，是电选的重大发展。同期，美国R.H.里恰兹及苏联P.V.利亚先科对干涉沉降进行了系统的研究，又推动了重选发展。1915年，蔡斯首次合成黄药（黄原酸盐）；1921年应用重介质分选机分选块煤；1922年用氰化物抑制闪锌矿和黄铁矿，发展了优先浮选工艺。1924年，用脂肪酸皂浮选氧化矿；1925年推广使用黄药浮选硫化矿，其用量为矿石量的万分之几，选别物料的粒度下限可到10微米，使浮选的工业应用得到重大发展。同时，出现了盘式、带式及感应辊式等多种形式的中磁场、强磁场磁选机。20世纪40年代后，化学选矿应用于处理氧化铜矿、铀矿，以后又用来处理复杂、难选、细粒浸染的矿物原料。20世纪50年代，德国F.W.麦尔提出跳汰分层的势能假说；同期，R.A.拜格诺提出矿浆受剪切力松散的理论，促进了重选理论和设备的进展。铁氧体以及铝、镍、钴合金等永磁材料的出现，部分取代了电磁场磁选机，同期，第一台光电拣选机问世。60年代以来，细粒重选、微细粒浮选、湿式强磁选和选冶联合流程都得到很大发展。

在选矿理论方面，1867年雷廷格尔著《选矿学》，初步形成选矿体系。1903年里恰兹著《选矿》，1927年A.F.塔格特著《选矿手册》，构成独立的选矿工程学。1933年P.A.列宾捷尔著《浮选过程的物理化学》，1938年澳大利亚I.W.瓦尔克著《浮选原理》，1939年A.M.高登著《选矿原理》，1940年利亚先科著《重力选矿》，1950年D.R.米切尔著《选煤学》，使选矿形成独立的学科。

中国于20世纪20年代出现了机械化选矿厂，如湖南水口山选矿厂等；30～40年代，在东北地区建立了多座有色金属浮选厂，如夹皮沟、芙蓉、马鹿沟、岫岩、青城子、杨家杖子、老头沟等地的选矿厂；50年代又新建了大批的铁矿和有色金属选矿厂，如辽宁鞍山、本溪的铁矿选矿厂，云南个旧的锡选矿厂，甘肃白银的铜选矿厂以及以江西大吉山、盘古山、归美山和西华山4座矿山为代表的一批钨矿选矿厂等，由此奠定了中国现代选矿工业的基础。之后，以选矿理论、选矿工艺技术、选矿设备、选矿药剂和选矿厂自动化及过程控制为代表的综合选矿技术发展迅速，特别是在低品位、复杂难处理矿石的选矿技术，大型自磨机、半自磨机、球磨机，大型浮选机和磁选机等设备的研制和应用方面取得重要进展。

主要作用和应用 选矿可显著提高矿物原料的质量，其工作内容主要有：①将矿石中有用矿物与无用的脉石矿物分离，提高有用矿物组分的含量（品位），满足后续的冶炼或化工生产的需要。例如，中国铁矿石的平均含铁品位只有33%左右，高炉冶炼对铁矿石品位的要求至少在60%以上，甚至在65%以上；铜矿资源含铜品位平均为0.87%，铜冶炼厂对原料的要求一般含铜在20%以上，最低的五级品含铜也在13%以上；而中国最具优势的钨矿资源，矿石中工业品位含三氧化钨在0.12%～0.2%，但标准钨精矿中三氧化钨的含量高达68%～70%。因此，只有通过选矿的方法将有用矿物富集提纯，生产出符合国家标准的精矿才能供冶炼厂冶炼。②将彼此共生或伴生的有用矿物分离，成为单独的精矿产品，送不同的冶炼厂，达到综合利用的目的。矿产资源，尤其是有色金属矿产资源大都是共生或伴生的。例如，在有色金属硫化矿石中常见的方铅矿、闪锌矿和黄铁矿共生，甚至还有黄铜矿伴生，不仅多种矿物共伴生，而且含量很低。对于这些复杂的共伴生矿石，如果在冶炼前不预先将几种共伴生的有用矿物相互分离，无法送冶炼厂直接冶炼。只有用选矿的方法进行富集和分离，得到合格的铜精矿、铅精矿、锌精矿和黄铁矿精矿，才能分送铜冶炼厂、铅冶炼厂、锌冶炼厂和硫酸厂进行加工处理。③排除对冶炼或其他加工环节有害的杂质。矿石中除有用矿物之外，还常含有对冶炼和其他后续加工有害的杂质。例如，对于*高炉炼铁*，硫和磷是有害杂质，应在选矿过程中尽量去除。用于造纸工业的黏土，微量的铁是有害杂质，必须用选矿的方法脱出杂质铁。④满足后续冶炼或其他加工对矿石粒度或形貌的要求。对于非金属矿物原料的选矿加工，除得到规定的精矿纯度外，还要保持必要的晶形和粒度。例如对石墨矿，选矿并非磨得越细越好，需在满足石墨精矿品位的前提下，尽可能保持石墨的大片率，一般采用多段磨矿多段浮选的流程。⑤处理冶炼炉渣或冶炼中间产品。例如，在铜火法冶金中，熔炼的闪速炉渣含铜1%～2%，经选矿可得到含铜24%的铜精矿，铜回收率在80%左右；冰铜吹炼的转炉渣含铜4%～6%，经过选矿可得到含铜24%～28%的铜精矿，铜回收率达90%。将冶炼炉渣选矿得到的铜精矿再返回熔炼炉中熔炼。

铜镍混合精矿经熔炼和吹炼后得到高冰镍，高冰镍经过缓冷、破碎磨矿，用浮选法分离成铜精矿和镍精矿，用磁选法得到合金。然后，分别进入各自的冶炼系统提取铜、镍和贵金属。

选矿过程 主要有选别前的物料准备作业、选别作业以及选别后的精矿和尾矿处理作业。

选别前的物料准备作业 包括*矿石破碎*、*筛分*、*磨矿*、分级，弱磁性铁矿石磁化焙烧等。有时需要预先*脱泥*、*洗矿*，目的是将露天或地下矿山采出的矿石(原矿)运到选矿厂，经过物料准备作业使不同的矿物由集合体状态变为单体状态，再调制成适合矿物分离特性（*矿物粒度*大小、介质流体特性等）的矿浆，之后进入选别作业。

选别作业 又称分选，是选矿的主体过程，通常由粗选、精选和扫选组成。常用的选别方法有浮选、磁选、电选、重选、特殊选矿法(拣选、摩擦与弹跳选等)，或几种选矿方法联合将磨细的矿石进行矿物分离，生成精矿和尾矿。

浮选法 利用矿物表面物理化学性质差异（尤其是表面润湿性的差异）在固-液-气三相界面有选择性地富集一种或几种目的矿物（物料）从而达到与脉石矿物（废弃物料）分离的一种选别技术。实践中一般要添加浮选药剂扩大矿物表面可浮性的差异，浮选法原则上能选别各种矿物原料，是应用最广的选矿方法。

磁选法 利用矿物颗粒的磁性差异，在不均匀磁场中进行分选的过程。磁选有干式和湿式之分。磁选机有强磁场、中磁场和弱磁场磁选机以及高梯度磁选机和超导磁选机等。磁选法在黑色金属矿选矿、黑钨矿选矿和高岭土提纯等领域广泛应用。

重选法 即重力选矿，利用矿物颗粒密度（比重）的差异和在介质（主要是水）中运动速度不同进行分选的过程。重选法在黑钨矿、锡石、砂金、钛矿、锆矿、钽铌矿及铁矿石等选矿领域广泛应用。

此外还有电选法、摩擦选矿、化学选矿、生物选矿、辐射选矿以及拣选等。

选别后的精矿和尾矿处理作业 精矿经过浓缩、过滤，必要时经干燥得到成品精矿，装运外销。尾矿经处理后送到*尾矿库*堆存，或预先浓缩后再进行堆存，或用于井下采矿的充填料。脱出的尾矿水可返回选矿厂循环利用。不合排放标准的废水须经净化处理。

选矿过程的自动控制 20世纪70年代，X荧光品位分析仪的工业应用标志着选矿过程自动控制的开始。之后不断发展，其中选矿过程参数在线检测、基础回路的自动控制已经普及，稳定了生产过程，降低了劳动强度，提高了劳动生产率。人工智能技术在选矿过程中得到应用，如利用图像处理技术对半自磨给矿粒度分布、矿石性质在线分析，对浮选泡沫状态、流动速度、稳定性在线分析；利用振动分析技术对磨机负荷在线监测等。选矿机理模型和大数据分析技术结合，开发机理数据混合模型，并对生产过程局部进行优化控制等已在部分大型选矿厂得到工业应用，提高了选矿生产技术指标。

展望 中国的选矿技术要注重以下领域的发展：加强现代选矿理论的研究；开发与矿物资源可选性相和谐的绿色环保精细选矿技术；研制大型高效节能的选矿装备；研发清洁、高效，与生态环境友好的选矿药剂；提高回水利用率，实现尾矿减量化、资源化、无害化及再利用；攻克少数极难选矿石的产业化技术；开发新型矿物材料并开拓其应用领域；新一代人工智能技术与传统选矿技术融合，实现选矿厂智能化、优化管控；开展基因矿物加工工程研究和工业化中的应用研究。

（孙传尧）

选矿比 concentration ratio 选别生产过程中*原矿*质量与*精矿*质量之比。用来确定获得1吨精矿所需处理的原矿石的吨数。选矿比分为理论选矿比和实际选矿比。理论选矿比是由原矿品位、精矿品位和*尾矿*品位计算出来，即用给矿量与计算出来的精矿量相比得出：

$$R_{理论}=\frac{\beta-\delta}{\alpha-\delta}$$

式中α、β、δ分别为原矿、精矿和尾矿品位。

实际选矿比是入选原矿质量与精矿质量之比，即平均选出一吨精矿所需要的原矿重量：

$$R_{实际}=\frac{Q_{原}}{Q_{精}}$$

式中$Q_{原}$、$Q_{精}$分别为原矿、精矿质量。

有多种选矿产品的选矿比，其分子项不变，分别以各产品的精矿量为分母项，可求出各产品的选矿比。

由于样品的选择性、制样和化验过程的操作误差，以及流程中存在跑冒滴漏现象，使得理论选矿比和实际选矿比计算得出的数据是有差别的。一般前者多用于设计中，后者多用于现场实践。

（王常任　撰　韩桂洪　修订）

选矿产品产率 mineral processing product yield *选矿*过程得到的某一产品的重量占*原矿*重量的百分数，包括精矿产率、尾矿产率，是选矿过程中的一项重要技术经济指标。在选矿流程中，精矿产率可由实测的给矿质量和精矿质量的数据计算，称为实际产率，公式为：

$$精矿产率\quad \gamma_{精}=\frac{Q_{精}}{Q_{给}}\times 100\%$$

$$尾矿产率\quad \gamma_{尾}=(1-\gamma_{精})\times 100\%$$

式中$Q_{给}$和$Q_{精}$分别表示给矿和精矿的质量。

除入选原矿可通过皮带秤或其他计量器具称出重量外，精矿直接计量比较困难。*选矿厂*一般经取样化验得到原矿品位、精矿品位和尾矿品位，利用这些数据综合计算精矿产率，公式为：

$$\gamma_{精}=\frac{\alpha-\delta}{\beta-\delta}\times 100\%$$

式中α、β和δ分别表示给矿、精矿和尾矿的品位。

这种通过品位计算得出的产率，又称理论产率。

在煤炭洗选过程中，一般通过混合浮沉数据可以做出可选性曲线，进而查出理论精煤产率。实际精煤产量可通过皮带秤计量，从而计算实际精煤产率。

（王常任　韩桂洪）

选矿产品沉降曲线 settling curve of mineral processing products 根据沉降试验，以沉降时间为横坐标，澄清区的高度为纵坐标，做出的沉降时间与澄清区高度的关系曲线。一般由3段组成（见图）。第1段和第3段为直线，中间段为圆滑曲线。第1段（AB段）为直线，表明沉降区和澄清区的界面等速下降，即悬浮液在沉降区等速沉降。直线的斜率越大，表示沉降速度越快。随后曲线斜率逐渐减小（BC段），原因是悬浮液浓度渐增，沉降速度降低，

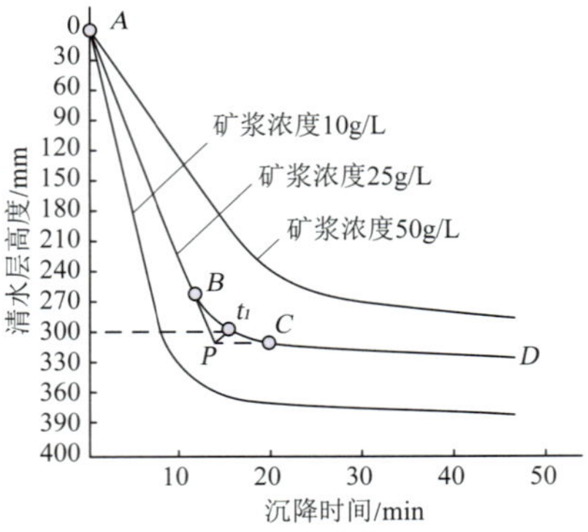

沉降曲线图

加上浓度扩散的影响，使界面下降速度降低。第3段（CD段）为斜率较小的直线，属沉积物被压缩的阶段。压缩区的高浓度浆体在压力作用下，逐渐将颗粒间的部分水向上压挤出去，压缩区体积逐渐减小，直到过程终止。AB段和CD段延长线夹角的角平分线与曲线的交点P称为临界点。达到临界点之前，即沉降时间小于t_1时，沉降区存在；接近t_1时沉降区迅速消失，沉降速度减小。沉降时间大于t_1时，即到达临界点以后，澄清区与压缩区相连。沉降区消失的瞬间，压缩区致密程度稍差，空隙较多，故压缩区沉降速度变化较快，曲线呈弯曲状态。线段CD的斜率代表浆体在压缩区的沉降速度。

沉降曲线的形状表明了浆体浓度对沉降过程的影响。由图可知，并非浆体浓度越高，清水层高度增加越明显。沉降曲线是选矿加工作业尾矿、精矿或中矿物料处理的基础试验数据，可作为选矿厂设计选择分泥斗、浓密池、尾矿坝和回水池等的依据。（邱廷省）

选矿产品沉降试验 sedimentation test of mineral processing products 根据矿浆在重力场中的沉降分区现象，通过测定各区随时间的变化来研究悬浮液的沉降特性的试验过程。矿浆在重力浓缩过程中因矿粒沉降而出现分区现象，即在垂直方向形成浓度不同的各分层，矿浆的浓度由上往下逐渐增加。通过选矿产品沉降试验，可以测定沉降区高度和时间的关系，做出矿浆的沉降曲线，并确定矿浆在设备中的停留时间，通过数学计算可以确定分级、浓缩设备所需面积。

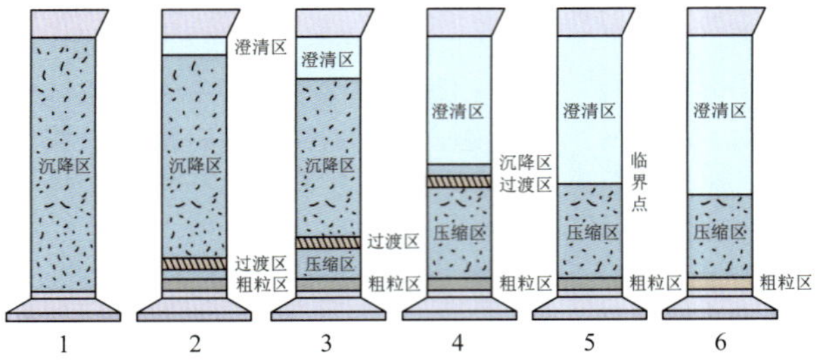

选矿产品沉降试验过程

试验过程是：将一定浓度的矿浆置于带刻度量筒中，均匀搅拌并在试验台上静置片刻，然后可观察到沉降过程中出现分区现象（见图）。沉降开始前，浆体分布均匀（图中1）。经短暂时间后，固体颗粒在重力作用下沉降，悬浮液沿筒高逐渐出现若干分区（图中2），最上层是澄清区；其下是沉降区（有时澄清区与沉降区的分界面不清，可用聚光灯透射以帮助判断）；压缩区内颗粒或絮团藉自身的挤压和相互干涉作用沉降，沉降速度比沉降区的沉降速度小；沉降区和压缩区之间没有明显的分界面，仅存在一个过渡区。图中3、4与2相似，随沉降时间延长，沉降区减小而压缩区增大。图中5的临界点表示沉降区和过渡区消失，澄清区与压缩区直接接触。图中6表示悬浮液已达到沉降的最终阶段，压缩区浓度达到最终浓度。实际上，观察浆体沉降情况时，除澄清区与沉降区、澄清区与压缩区外，其余各区没有明显的分界面。在连续工作的浓缩机中，浆体的沉降过程与图中1～4相似，虽然浆体不断给入排出，但沉降区始终存在。

扩展阅读

罗茜.固液分离.北京：冶金工业出版社，1997.

金雷.选煤厂固液分离技术.北京：冶金工业出版社，2012.

（邱仙辉）

选矿产品方案 mineral processing product scheme 为确定选矿厂生产的精矿种类、精矿规格、精矿质量和应达到的技术经济指标而编制的计划。是确定选矿工艺流程、生产措施和装备水平的重要环节，也是选矿设计工作中的重要内容。根据矿石中有用矿物可选性的不同，选矿产品可以是单一*精矿*，也可以是混合精矿，甚至还可以是*中矿*。对伴生的有价组分，可产出单一精矿，或者富集于主金属的精矿产品中。产品方案不仅直接影响到*选矿厂*（或*矿山*）企业的经济效益和市场对矿产品的需求，而且还关系到能否节约社会劳动和物质资源。确定原则包括：①重视精矿产品市场调查，包括精矿消费量和价格变化情况。②在确定精矿产品质量标准时，应充分考虑用户要求，在精矿质量与金属回收率、选矿生产成本、销售利润等复杂关系中，进行综合经济分析确定，保证选矿厂的经济效益最大化。③尽可能考虑回收利用共伴生金属资源，最大限度地实现矿产资源综合回收。④对于境外开发建设的选矿厂，还应遵守当地的矿业法对矿产品生产和出口的规定。

（王毓华）

选矿产品干燥 drying of mineral processing products 采用热物理方法去除*选矿产品*中水分的过程。选矿产品脱水的方法之一。常用加热的方式使物料中的水分挥发；也可以采用降温、减压或其他能量传递的方式使水分冷凝、升华等，从而达到去除水分的目的。

原理与分类 选矿产品中的水分分为非结合水分和结合水分。非结合水分以自由状态存在于物料中，如物料的表面润湿水分以及孔隙水（毛细管水），易去除。结合水分指物料中的结晶水，难以去除。加热干燥包括传热和传质两个基本过程：首先是对物料进行加热并使水分汽化的传热过程；然后是汽化的水扩散到气相中的传质过程。由于物料表面上水分气化的结果，使物料内部和表面之间产生湿分差，物料内部的湿分以气态或液态的形式向表面扩散，从而使物料得到干燥。任何物料都只能干燥至含水量达到平衡水分，即物料表面上的蒸汽压与周围空气中的蒸汽分压达到平衡时物料的含水量。

选矿产品干燥包括：①直接干燥。以热载体为介质，将热量直接传递给选矿产品湿物料，使湿物料表面上的水分汽化，物料内部的水分以气态或液态的形式向表面扩散，从而使物料得到干燥。可用于干燥各种非金属矿（如石墨、夕线石、锆英石、石英、碳酸钙、膨润土等）物料及其他松散物料。②间接干燥。将传热介质与被干燥物料隔开，通过表面传热、辐射等方式向物料传递热量的干燥过程，常用于非金属矿物和煤的干燥。③喷雾干燥。采用雾化器将选矿产品原料液分散为雾滴，并用热气体（空气、氮气或过热水蒸气）干燥雾滴获得产品的过程。除用于干燥金属矿产品外，还广泛应用于非金属矿产品的干燥，如碳酸钙、滑石粉等。④气流干

燥。湿态时为泥状、膏糊状或块状的选矿产品在热气流中分散成为粒粉状，一边与热气流并流输送，一边进行干燥的过程。适宜于干燥非结合水分及结团不严重又不怕磨损的颗粒物料，尤其适用于干燥热敏性物料或临界含水量低的细粒或粉末物料。⑤流化床干燥。散状固体物料置于多孔气体分布板上，由其下部送入热的上升气流，使固体颗粒在气体分布板上运动，并在气流的作用下呈悬浮状态，产生固体颗粒与气体的混合底层，状态如液体沸腾，气、固间进行传热、传质，以干燥固体的过程。在矿山主要用于干燥细颗粒的含水固体，如铁精矿、钨精矿、稀土精矿等。

工艺过程　根据干燥速度的变化分为4个阶段：①预热阶段。被干燥物料的温度较低，当物料与干燥介质（热空气）接触时，热空气的热量首先将物料和水分的温度升高，使其达到水分汽化的温度。该阶段特征是干燥速度由零迅速增加至一个定值。②恒速阶段。热量继续传递，使水分及物料表面温度更高但表面水分向空气中汽化扩散，使表面温度降低。如果热空气传给物料表面的热量恰好等于表面水分汽化所需的热量，物料表面的温度将维持不变。若外界的干燥条件不变，物料表面水分充足时，汽化速度将为定值。表面水分蒸发后，若内部水分能以足够的速度流向表面，及时补充汽化的水量，则表面依然可以保持湿润，故干燥速度不变。该阶段的特征是水分由物料表面汽化，物料内部的水分向表面迅速扩散，物料表面始终保持湿润，干燥速度不变且为最大值。③降速阶段。物料内部水分流出的速度低于表面汽化的速度，物料表面部分呈干燥状态，汽化的水量减小，干燥速度逐渐下降。该阶段的特征是水分由物料表面汽化，潮湿的表面逐步减少，干燥速度均匀下降。④平衡阶段。随着干燥速度的降低，物料表面干燥的部分温度不断上升，热量向内部传递，使蒸发面移向内部，水分变成蒸汽后再向表面扩散流动。物料中含水量越来越少，水分流动遇到的阻力越来越大，干燥速度快速下降。最后，物料中所含水分与空气的湿度相平衡，即物料的含水量达到了一定条件下的平衡含水量，此时干燥速度为零，干燥过程结束。

意义　随着选矿厂在精矿外运防冻、包装等环节上含水率的要求日益严格，选矿产品的脱水仅采用浓缩、过滤作业难于达到要求，尚需进行干燥脱水。另外选矿产品干燥不仅可以方便产品的储藏、运输和使用，而且在提高产品的质量和价值、减轻劳动强度和环境污染、降低成本和能源消耗等方面也有很大作用。

扩展阅读

潘永康，王喜忠，刘相东. 现代干燥技术. 2版. 北京：化学工业出版社，2007.

曹恒武，田振山. 干燥技术及其工业应用. 北京：中国石化出版社，2003.

郑水林，袁继祖. 非金属矿加工技术与应用手册. 北京：冶金工业出版社，2005.

（匡敬忠　孙体昌　邱仙辉　冯　博）

选矿产品过滤　filtration of mineral processing products　在压力差的作用下，矿浆中的液体透过多孔的过滤介质（可渗透材料），固体颗粒则被介质所阻留，从而实现脱水的过程。*选矿产品脱水*的方法之一。中国在公元前200年已将过滤技术应用于植物纤维造纸的生产中，最早的过滤大多为重力过滤，后来出现了真空过滤。1910年前后发明的转鼓真空过滤机，实现了过滤操作的连续化，此后各种类型的连续过滤机相继出现。

过滤时，待过滤的固液混合物称为滤浆，通过过滤介质的液体称为滤液，被阻留的固体称为滤饼。选矿产品的过滤一般属于成饼过滤。成饼过滤所处理的矿浆或悬浮液浓度相对较大，悬浮物颗粒粒度可由毫米级到埃米级。过滤时虽然矿浆中的固体颗粒粒度可能小于过滤介质孔径，但颗粒间的“架桥”会使其滞留在介质表面，形成滤饼。随着过滤的进行，滤饼逐渐增厚，当所加外力不足以克服滤饼阻力时，过滤将会停止。

在选矿工业生产中过滤一般属于后处理过程，其目的主要是回收有价的固相，有时也可以是获得有价的液相；或两者兼而有之，或两者均丢弃，如污泥脱水等。

分类　成饼过滤根据处理料浆的固体颗粒粒度不同，可分为粗粒过滤、细粒过滤、超细粒过滤以及超滤、微滤和纳滤；根据过滤推动力的种类不同，可分为重力过滤、真空过滤、加压过滤和离心力过滤；根据施加压力方式不同，可分为恒压式过滤、恒速式过滤、变压-变速式过滤；按沉降方向与过滤介质面的关系不同，可将其分为顺流式过滤、逆流式过滤和错流式过滤。

影响因素　影响过滤效果的主要因素可分为两大类：①物料性质及其调制。主要包括物料粒度及粒度组成、料浆浓度、温度、助滤剂添加等。其中物料粒度是关键因素，较难调制。②设备及工况条件。包括设备的选型，过滤介质，工作压差，过滤总时间和脱干、压榨、洗涤等时间的分配，搅拌器工作情况等。其中设备选型和工作压力是关键因素。衡量过滤设备效果的主要指标有：设备处理能力或通过能力、滤饼水分及滤液固体含量。过滤介质被认为是过滤机的“心脏”，对过滤介质的基本要求是能阻留固体又不易堵塞、机械强度大、耐腐蚀、滤液通过阻力小等。常用过滤介质有各种化学纤维或金属丝编织成的滤布、多孔陶瓷、多孔橡胶、非织造纤维布等。

滤浆预处理及滤饼后处理　为提高过滤速度，降低滤饼水分，过滤前有时需对滤浆进行预处理。主要处理方法有：①添加*选矿助滤剂*，如硅藻土、高分子絮凝剂、表面活性剂、无机凝聚剂等。②加热矿浆或向滤饼通蒸汽，降低滤液黏度。

当滤饼厚度达到预定值而停止加料时，滤饼孔隙中仍充满滤液。滤饼脱除这部分滤液的方法主要有气体吹除脱液、压榨脱液等。当滤液含有需回收的有价成分或需除去的有害成分时，需要对滤饼进行洗涤处理，常用的洗涤方法有置换洗涤、再制浆洗涤等。

常用设备　主要有真空过滤机和加压过滤机。其中加压滤机的过滤压力差大于真空过滤机，可提高滤液通过过滤介质的能力，适于处理难滤的矿浆和稀矿浆。为准确选择过滤机机型，确定单位过滤面积处理能力和合适的过滤介质，掌握滤浆的过滤特性以及确定操作条件，常需进行过滤试验。

扩展阅读

罗茜，余仁焕，徐继润. 固液分离. 北京：冶金工业出版社，1997.

（孙炳泉）

选矿产品检查　beneficiation product survey　对选矿工艺流程中的*原矿*、*精矿*、*中矿*、*尾矿*进行的工艺矿物学检查。包括对矿物组成、目的矿物和非目的矿物单体解离度、粒度分布特性以及连生特性等工艺矿物学参数的综合分析和研究。

针对不同选矿产品，检查的侧重点有所不同：①原矿。主要对不同磨矿条件下的磨矿分级产品进行目的矿物单体解离度分析、*矿物连生体*的连生形式以及单体和连生体的粒度分布等研究，以检查磨矿分级工艺的合理性。②精矿。主要研究有害元素的存在状态以及目的矿物、杂质矿物的解离情况，目的是对影响精矿质量的矿物学因素进行分析并提出提高精矿质量的途径等。③中矿。主要研究矿物组成，目的矿物、非目的矿物的单体解离度及其连生形式、粒度分布等，以决定中矿处理方式。④尾矿。主要检查有价元素的赋存状态、有价矿物单体解离度以及连生体的形式和粒度组成，查明尾矿中有价元素损失的原因。

（肖仪武）

选矿产品浓缩 thickening of mineral processing products　使矿浆中的固体和液体相对分离，从而得到固体质量分数较高的浓稠浆体的工艺过程。又称选矿产品浓密。选矿产品脱水的方法之一。在选矿厂，浓缩是从矿浆中去除水分，使选矿产品符合其他工序的要求。通常，精矿和尾矿的固体质量分数分别为30%～40%和8%～20%。精矿浓缩后固体质量分数可达65%～75%，可为过滤机提供固体质量分数合适的矿浆，减少精矿浆的运输量。尾矿浓缩后的固体质量分数根据后续处理工艺要求而定，一般的情况下为45%～55%，最高可达75%左右。尾矿经过浓缩可以减少运输矿浆的体积和费用。经过浓缩脱出的水可以返回选矿厂再用。

分类　根据矿浆中固体的运动方向不同，浓缩可以分为沉降浓缩、气浮浓缩和电泳浓缩3种。

沉降浓缩　使悬浮于液体中的固体颗粒发生沉降，而从液体中分离出来的过程。根据固体颗粒所受的主要作用力性质，分为：①重力沉降浓缩。矿浆在重力浓缩过程中因矿粒沉降而出现分区现象，即在垂直方向形成浓度不同的各分层，矿浆的浓度由上往下逐渐增加。固体矿粒沉降到槽体的底部成为沉砂，即浓缩产物，液体在固体的上部成为溢流。主要设备有中心传动浓密机、周边传动浓密机、高效浓缩机、深锥浓缩机和倾斜板浓缩机等。②絮凝沉降浓缩。浓缩过程中的矿浆中含有部分微细的颗粒，其尺寸能小到20微米以下，在重力沉降过程中，这部分颗粒沉降缓慢，加入沉降助剂后，大量的微细颗粒聚集成团沉降，沉降速度加快。使矿浆中的微细颗粒聚集成团的过程分为凝结或絮凝两种不同的物理化学过程。③离心力浓缩。矿粒在做回转运动时，因受到离心力作用而沉降在离心机的转筒壁上，从而使固液分离实现矿浆浓缩的过程。由于矿粒在离心力场的沉降速度远大于在重力场的沉降速度，离心浓缩能有效地处理极细微矿粒的矿浆。主要设备是水力旋流器和低速离心机（图1）。④磁力浓缩。悬浮液中的固体在重力和磁力的联合作用下沉降而与水分离的过程。采用的设备一般是永磁磁力脱水槽（图2）。

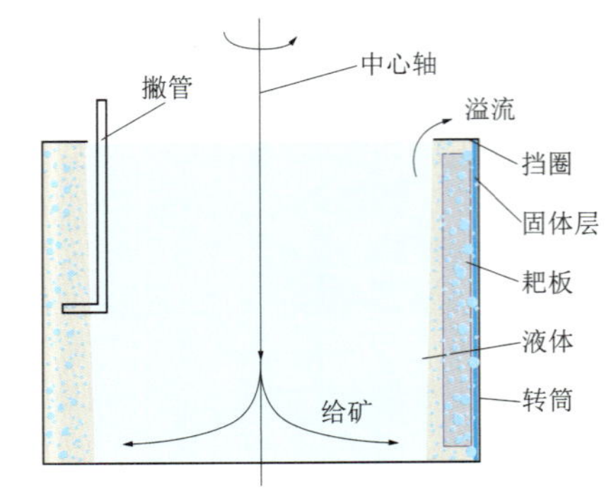

图1　典型离心机工作原理图

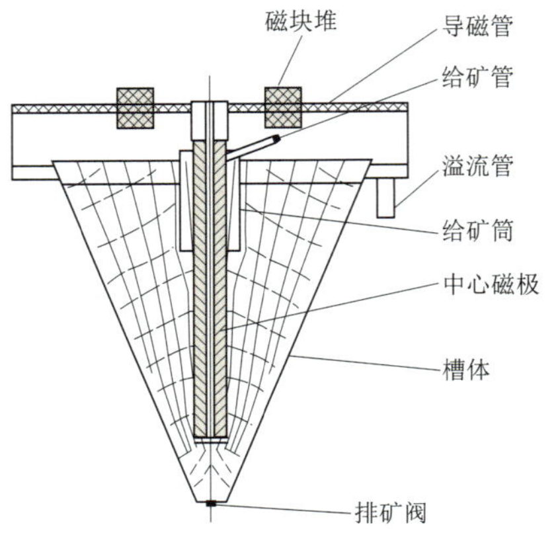

图2　磁力浓缩设备示意图

气浮浓缩　矿浆中的悬浮物吸附在气泡上，或受气泡拱抬，上浮到矿浆的表面，从而和液体分离的过程。根据气泡生成的方式不同，气浮浓缩分为：①电解气浮。电解水产生的微细气泡吸附矿浆或悬浮液中的颗粒、胶体或离子导致其上浮。通常在塔或槽中进行，上浮的物质在浮选槽表面形成泡沫层。②溶解空气气浮。溶解在水中的气体在水面气压降低时从水中逸出并吸附悬浮液中的颗粒、胶体或离子导致其上浮。③分散空气气浮。利用高速机械搅拌和空气喷射系统产生气泡。分散空气产生的气泡直径一般为700～1500微米，比电解空气和溶解空气产生的气泡直径大，只能浓缩含粗粒固体的矿浆和悬浮液。

电泳浓缩　矿浆中的固体颗粒在外加直流电场的作用下朝与固体颗粒电性相反的电极移动，使该电极附近的固体质量分数增加的过程。包括电动脱水、电凝聚、电絮凝3种技术：①电动脱水是矿浆在直流电场作用下通过电泳和电渗的复合作用脱出水分。矿浆中存在大量离子，加上电场后，带正电的阳离子向阴极运动，阳离子周围的水被阳离子拖动，也向阴极运动，带负电的固体颗粒向阳极运动，故阳极附近的固体质量分数增加，阴极附近聚集水。②电凝聚是在外加直流电场作用下从阳极原位产生的凝聚剂使矿浆中的微细颗粒凝聚。③电絮凝是带负电的颗粒向阳极移动并在阳极失去电荷并聚集成团。在阳极絮凝后的絮团黏附水电解后的微细气泡上浮到槽体表面，属于絮凝和气浮的复合过程。

影响因素　主要有物料特性、浓缩产物指标和设备性能。物料特性包括固体颗粒的粒度、密度、表面形状、润湿性、磁性、电性、矿浆的固体质量分数，浓缩产品指标主要包括浓缩后的浆体水分含量和溢流的固体含量。

流程　多采用一种设备的一段浓缩工艺。对于固体粒度很细的难处理矿浆，有时需要采用多段浓缩工艺，主要是浓密机的溢流再经澄清处理、旋流器的溢流再经浓密机浓缩、浓密机的底流再经离心浓缩等。对于固体粒度较细或含大量分散剂的矿浆，浓缩前需要预处理，如调整其pH值或加入其他的助剂，并进行调浆等。

应用　浓缩应用广泛，几乎在所有的湿式连续物料流程工业中都有应用，除在选矿厂用于精矿、中矿、尾矿的脱水，在湿法冶金中用于洗涤作业。

扩展阅读

罗茜. 固液分离. 北京：冶金工业出版社，1997.

（杨　慧）

选矿产品脱水 dewatering of mineral processing products　用机械或加热的方法脱除选矿产品中呈物理状态存在的水分的过程。

目的　选矿过程大多以水为介质，选矿产品一般是矿物颗粒和水的混合物——矿浆，精矿、中矿、尾矿及中间产品均含有大量水分。如一般浮选精矿的含水量（质量分数，下同）为70%～80%，尾矿含水量为75%～85%，分选过程的中间产物含水量为70%～90%，部分高达90%以上，这种含水量高的产品在后续作业中不能直接使用，必须进行脱水。选矿工艺中不同作业对矿浆浓度的要求也不相同，各作业之间衔接时也需要对矿浆进行脱水。脱水目的有以下几种：①使精矿或难选中矿便于运输、储存以及达到焙烧、冶炼、烧结、球团等后续工序对原料含水量的要求。②对尾矿脱水，可以回收清水，使尾矿浆便于输送、堆坝或井下充填使用。③对选矿中间产物及中矿的脱水，可为下一步分选作业提供合适的矿浆浓度。④减少运输量，节省运费。

矿浆的含水特性　矿浆的性质与其固体浓度、固体性质和水的性质有关。固体性质包括颗粒粒度和粒度分布、形状、密度和表面性质等；水的性质包括黏度、密度、温度和酸碱度等。

根据与颗粒的作用力强弱，可将矿浆中的水分划分为结合水分和非结合水分。矿浆中与固体颗粒相结合的水分，称为结合水分；以连续状态存在于呈分散状态的固体颗粒周围的水分，称为非结合水分。非结合水分与颗粒之间不存在结合力，在重力作用下易于脱除，又称为重力水分。

根据与固体颗粒的结合方式，又可将结合水分分为化学结合、物理化学结合和机械结合水分3种：①化学结合水分与颗粒的结合能力很强，不能用干燥的方法脱除，如矿物的结晶水。②物理化学结合水分是由于固体颗粒过剩的表面能和分子引力等作用，在固体颗粒表面形成的一层水膜，厚度为一个分子至数个分子。固体粒度越细、亲水性越强，吸附的水分就越多。③机械结合水分包括毛细管水分、润湿水分和空隙水分。毛细管水分包括由固体颗粒之间的间隙水及因固体颗粒本身所形成的毛细管作用而存在的水。颗粒表面亲水性越强、固体颗粒粒度越细，生成的间隙也就越细越多，毛细管水分就越多，且越难脱除。润湿水分和空隙水分与固体颗粒连接强度低，易于脱除。

通常，在热力脱水过程中，将在一定条件下用干燥法能够脱除的水分称为自由水分；干燥法不能脱除的水分称为平衡水分（也称平衡含水量）。图1中给出了矿浆内4种水分的关系和区分。

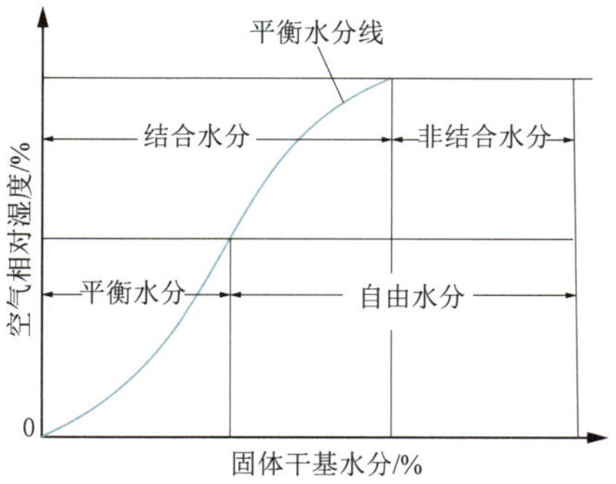

图1 矿浆中水分的存在形式

矿浆中平衡水分与自由水分的划分不仅与固体颗粒的性质有关，还与矿浆所接触的空气状态，特别是湿度有关。

脱水方法 选矿产品脱水过程并非把矿浆分成完全的干固体和纯净的水，而是分成两部分，一部分含固体较多，而另一部分含液体较多（图2）。

根据水的存在状态不同，脱水方法有浓缩、过滤和干燥3种，前两者为机械脱水，后者为热力脱水。机械脱水又可分为两类：①限制液体流动，使固体颗粒流

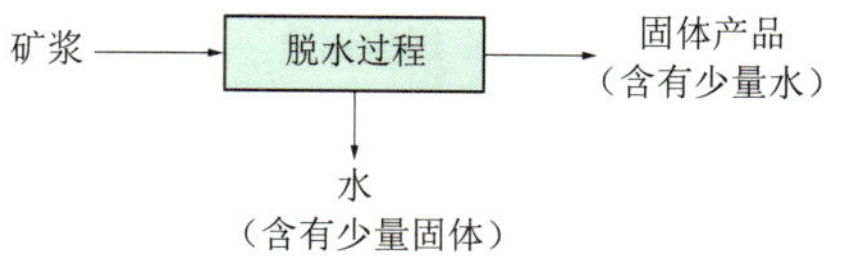

图2 脱水过程示意图

动，如以重力沉降和离心沉降为代表的浓缩法。可脱除大部分非结合水及重力水。②限制固体颗粒，使液体流动，如滤饼过滤、筛滤等。可脱除矿浆中的重力水和部分毛细管水分。热力脱水仅使用干燥方法，用以脱除机械脱水尚未或不能脱除的非结合水及毛细管水和一小部分结合力不强的结合水。3种脱水方法以浓缩法基建投资、生产成本和操作维护复杂程度最低，过滤法次之，干燥法最高。绝大多数精矿不经干燥，只经过滤即可将滤饼水分由10%～14%降低到8%左右；因此过滤是选矿产品脱水的关键作业。如果要求产品水分在2%～5%及以下，需增加干燥作业才能实现。

脱水效率 经脱水过程实际分离出的固体回收率和带水率的差值。固体产品中固体含量越高，含水量越低，或液体产品中含水量越大，含固量越低，则脱水效率越高。脱水效率η也称综合分离效率，可以按下式计算：

$$\eta=\frac{(a-b)(c-a)100}{a(c-b)(100-a)}\times 100\%$$

式中a为矿浆的固体质量分数；b为溢流的固体质量分数；c为固体产品的固体质量分数。该式适用于各种机械脱水过程。

发展趋势 随着矿山开发速度的加快，矿物资源日趋贫化、细化、复杂化。为获得合格的产品，选矿过程需要将矿石细磨和深选，同时对尾矿脱水的要求提高，固微细粒黏性矿浆的脱水也日益增多。随着二次资源的开发利用，特殊性质矿浆的脱水变得越来越普遍。为了节能、节水，尽量减少需干燥的物料量，提高选矿回水重复利用率，防止环境污染和减少运输量，需对选矿产品进行深度脱水，因此，对脱水过程的精度要求也越来越高。采用添加高分子絮凝剂、表面活性剂等化学药剂等物理化学方法，对矿浆进行预处理，以改善矿浆的分离特性，是强化和提高脱水效果的一种有效途径。它可以降低液体产品中的含固量及固体产品的水分，其关键是研究高效、低毒、环境友好型的药剂。脱水过程离不开各种脱水设备。脱水设备将向高效率、大型化、系列化、自动化、智能化发展，以取代能耗高、体积大的传统脱水设备，改善细黏矿浆脱水的效果。高效、专用浓缩设备也是未来的发展方向，如高效浓缩机、倾斜板浓缩机、深锥浓密机等。深入研究脱水过程理论，用数字模拟技术进行脱水过程的有效模拟和设计也是发展方向。干燥理论及热工计算的精细化和准确化，干燥过程的模型及模拟研究等都是今后的发展趋势。

扩展阅读

罗茜. 固液分离. 北京：冶金工业出版社，1996.

（孙体昌）

选矿厂 mineral processing plant 实施选矿工艺，获得适合冶金或其他工业利用的精矿产品的工厂。是从矿石开采到冶炼或化工不可或缺的中间生产单位。金属矿选矿厂处理的有色金属矿石有铜、铅、锌、铝、钛、汞、锑、钨、钼、锆、锡等；黑色金属矿石有铁、锰、铬等；稀有、贵金属矿石有锂、铍、钽、铌和金、银等；还有放射性铀矿石等。非金属矿选矿厂处理的矿石主要为石墨、萤石、硫铁矿、磷矿石、菱镁矿、钾盐等；还包括煤炭选矿厂，其产品大多直接用于工业生产。

发展历史 中国选矿的历史可上溯到东周时期。1973年，考古人员在湖北省大冶市**铜绿山矿冶遗址**发现了中国最早的“选矿场”，遗址年代距今2000～3200年。此后，中国的选矿工业经历了缓慢的发展过程。1924年，中国有了第一座机械选矿厂，即云南个旧的锡选矿厂，属云南锡务股份有限公司经营，同期还有湖南水口山选矿厂等。20世纪30～40年代，在中国东北地区建立了多座有色金属浮选厂，50年代，又新建一批铁矿和有色金属选矿厂。改革开放以后，中国的矿业进入大发展时期。进入21世纪以来，中国各类型选矿厂数量在1万家以上。

类型 选矿厂有多种分类方法。根据所处理矿石的种类，可分为有色金属选矿厂、黑色金属选矿厂和非金属选矿厂；根据处理规模，可分为大型、中型和小型选矿厂（见表）；根据选矿方法则分为浮选厂、磁选厂、重选厂等。

生产过程 选矿厂的生产是从原矿入厂到精矿出厂的连续过程。按照选矿工艺流程，各项工序在不同的车间或工段完成。依次为破碎—**筛分**、**磨矿**—分级、选别、脱水和**尾矿**处理。碎矿、磨矿（图1）是选矿的准备作业，其任务是实现有用矿物的单体解离，达到分选作业的工艺要求。经过破碎—筛分作业，采场供应的矿块要破碎到适合磨矿作业要求的粒度。破碎产品再经过磨矿—分级，继续碎解到选别工艺要求的粒度（几十微米至几百微米）。在分选作业中，矿浆要经过调制后再进行分选。重选、磁选主要控制矿

选矿厂规模划分

选矿厂类型	黑色金属矿选矿厂		有色金属矿选矿厂		化工矿山选矿厂		
					磷矿（原矿）	硫铁矿（原矿）	钾盐（产品）
	万吨/年	相当于吨/天	万吨/年	相当于吨/天	万吨/年		
大型	>200	>6000	>100	>3000	≥100	≥50	≥30
中型	60～200	1800～6000	20～100	600～3000	30～100	20～50	5～30
小型	<60	<1800	<20	<600	<30	<20	<5

图1　磨矿车间

浆的浓度和处理量，而浮选（图2）还要控制浮选药剂的种类、添加量、药剂的作用时间等。在分选作业中，重选的精矿为大密度的重矿物，磁选的精矿为磁性矿物，浮选得到的精矿为黏附在气泡上的泡沫产品（经过浮选药剂改性后的表面疏水矿物）。精矿产品进入脱水作业，获得水分符合用户要求的商品精矿，而尾矿则由多级泵站输送到*尾矿库*堆放，并尽量考虑将尾砂浓缩脱水后进行尾矿自流、干堆处理。

图2　浮选车间

选矿厂生产流程分为开路流程和闭路流程。开路流程是*中矿*不返回处理，其最终产品除精矿和尾矿外，还有中矿。闭路流程指产品只有合格的精矿和尾矿，中矿不断地返回流程中的某一适当作业，使其合理地分配到精矿和尾矿中。一般选矿厂都采用连续闭路流程。

选矿厂运行管理　规划和实施选矿厂生产经营的综合性管理措施，是提高选矿厂运行水平的关键。包括生产技术管理、产品质量管理、技术经济管理、设备管理、尾矿库管理、安全管理、环境保护管理等。

生产技术管理　包括生产计划制订、原矿管理、工艺技术管理、矿浆输送和尾矿库管理等。在生产过程中，上、下工序作业按技术操作规程紧密衔接配合，保证生产过程正常、均衡和连续进行。以强化生产管理，提高领导、技术干部、职工的业务能力，了解各工序、各作业、各设备的操作要点。要有严格的安全意识和环境保护意识，建立严格的规章制度。要及时发现和解决工艺和设备方面的问题，做好经常性的成本分析，尽可能降低产品的车间成本。

在生产过程中，上、下工序作业按技术操作规程紧密衔接配合，保证生产过程正常、均衡和连续进行。选矿厂还要进行生产过程的计量、取样、化验、检测和控制，编制选矿厂金属平衡表，按计划完成生产指标（产品品种、数量和质量）、材料消耗指标（药剂、水、电和钢耗）、生产成本及选矿厂主要效益指标。

产品质量管理　衡量选矿产品质量的指标为精矿品位和精矿水分。产品质量管理工作包括建立科学的、严格的产品质量标准，强化产品质量检查和建立完善的质量管理体系。质量检查由上级部门派驻的质量检查小组负责，以保证检测数据的真实性、可靠性；完善质量管理体系要在全员参与的前提下，进行科学的质量策划、严格的质量控制和不断的质量改进。

技术经济管理　重点在生产成本管理。选矿厂成本包括选矿生产成本和期间费用两部分。主要管理工作有主要材料的定额管理、辅助材料管理、备件管理、能耗管理等。主要指标性数据有全员劳动生产率、车间成本等。

设备管理　目标是保证高的设备完好率。要求做到：①完善设备管理部门职责（包括建立设备管理制度、协调设备管理部门与生产部门的工作、严格设备和备件供应的质量管理、组织设备的维修等）。②建立、健全机电设备使用、维护技术规程，强化设备使用过程管理。③做好设备技术档案管理工作。④强化设备的事故管理工作。⑤做好设备的大、中修计划，确保大、中修的质量。⑥组织好先进技术设备的引进、消化和操作培训。

尾矿库管理　尾矿库是堆积选矿尾矿的设施，是矿山企业中最大的环境保护工程。尾矿库不仅需要有高质量的、安全的尾矿堆存系统、排洪系统和回水系统，而且需要有足够的库容。尾矿库管理最主要的是安全管理，从安全管理角度，尾矿库分为危库、险库、病库和正常库四级。要严格按照尾矿库的操作规程运行，重点要加强对坝体浸润线的监测，规范放矿和筑坝操作等。

安全管理　目的是通过组织实施，杜绝选矿厂人员的不安全行为，消除物的不安全状态，保障人身安全健康，保证生产经营活动的顺利进行。采取的主要措施有：①建立分级、分职、分责的安全生产责任制。②落实三级（厂级—车间—班组）安全生产教育，包括思想教育、政策教育、安全生产知识教育、生产事故的案例教育等。③强化安全生产检查，侧重安全意识和安全隐患检查。④落实安全生产奖惩制度。

环境保护管理　不同的工段污染防治重点不同。破碎段的重点是粉尘和噪声治理。粉尘点主要在破碎机的破碎腔周围及运输胶带的头部和尾部。采用旋风除尘器或布袋除尘器，同时辅以喷水除尘，可以使车间粉尘浓度符合环保要求（低于2毫克/立方米）。噪声主要是破碎设备和胶带运输机运转时产生的，采用的较多措施是设备减震。磨浮车间的污染主要是噪声和有害气体污染。噪声是磨机筒体内机械撞击造成的，可达120分贝。设备减震治理的同时，配置隔声罩和橡胶衬板。有害气体是浮选药剂产生的，解决的办法主要有强化厂房通风、改进药剂配制和添加方式。精矿库的污染源主要是粉尘，解决办法是强化通风除尘。选矿厂的废水污染主要是尾矿水中*选矿药剂*和悬浮物造成的。对于选矿药剂的污染，多采取添加化学药剂的办法解决；对于悬浮物的污染，强化废水中的颗粒沉降效果（如投放混凝剂等）和改善尾矿库排水设施是可行的办法。尾矿砂是选矿厂产生的固体废弃物，*尾矿综合利用*和尾矿库复垦是治理固体废弃物污染的重要措施。

（余仁焕）

选矿厂车间设备配置 equipment configuration of concentrator 根据选矿厂车间现场地形、物料流向和设备操作维护条件，将选择设备按工艺流程要求连接，并配备合适的操作平台、检修场地及设备、安全和消防设施等，形成完整的选矿工艺系统所进行的设计过程。目的是实现选矿工艺流程的贯通，保证选矿厂生产的顺利进行，实现对有用矿物的有效回收。

选矿厂车间设备配置包括破碎筛分车间设备配置、磨矿分级车间设备配置、选别车间设备配置、堆浸场设备配置和产品脱水车间设备配置。根据选矿厂规模、设备大小、现场地形条件和工程地质情况，进行多方案的技术经济指标比较，确定合理的设备配置形式。

选矿厂设备配置要求主要包括6个部分：①满足工艺流程要求，充分考虑物料的自流。②尽量缩短设备机组之间的物料输送距离，合理利用厂房面积和空间容积。③配备面积适当的检修场地和配套的检修设备，厂房高度满足设备或最大件吊运的需要。④厂房内各类管道要合理分配走向，不得妨碍操作和行走。⑤厂房跨度和柱距除了满足设备配置需要外，还要考虑建筑模数。⑥须充分满足安全、环保和卫生规定的要求。（胡根华）

选矿厂初步设计 basic design of concentrators 在选矿厂项目可行性研究基础上，为进一步论证主要的技术方案、选择和确定所需设备和主要技术经济指标及编制总概算等进行的设计。又称基本设计。初步设计是在业主批准项目可行性研究报告，政府职能部门核准项目申请报告之后进行的，是将项目申请报告及可行性研究的原则问题具体化的一项设计。

经批准的初步设计和概算，是控制建设工程贷（拨）款、编制建设投资计划、签订建设项目总承包合同和贷款总合同、实行投资包干、组织主要设备采购、进行施工准备及编制施工图设计（或详细设计）文件等工作的依据。

编制选矿厂初步设计应具备下列文件和原始资料：①项目可行性研究报告、项目申请报告、项目评估或评审报告和核准/备案文件，项目安全预评价报告及其备案文件。②“三废”处理试验报告、项目环境影响评价报告及批复文件，节能、水资源论证、职业病防护、尾矿库安全预评价等报告及批复文件。③项目水土保持方案报告及批复文件，供水、供电、交通运输、机修、拆迁等有关资料及建设项目用地批复文件。④经过审查批准或业主确认的选矿试验研究报告，对于改扩建项目，须有原企业的总平面图、工艺流程图、相关车间和建筑物布置图等图纸资料及实际生产统计数据等资料。⑤厂区（或矿区）工程地质、地形测绘、气象、地震及其他自然条件资料。⑥原料、辅助材料供应方面的资料。⑦技术经济、概算有关资料。⑧设计合同或设计委托书。⑨其他重要的报告和批复文件。

选矿厂初步设计是在工程项目的项目经理组织下，各专业编写其专业说明书，绘制设计图纸，编制设备清单及概算书，然后由工程项目主管副总工程师组织审查，各专业按审查意见修改，最后由项目经理汇总成设计文件。

选矿厂初步设计的技术原则和主要技术方案的确定，应符合项目核准文件的要求，当项目建设条件发生改变，确需对选矿厂建设规模、选矿厂厂址、产品方案等重大技术方案进行修改调整时，设计单位应配合业主，报请项目原核准部门办理核准手续，并重新编制相关设计文件。

选矿厂初步设计文件一般包括说明书、附表（设备明细表、主要建设及生产材料用量表）、附图和概算书4部分。

选矿厂初步设计文件的内容和深度应当满足编制项目施工招标文件、主要设备采购、施工图设计文件、消防专项设计、安全专篇和其他要求的专项设计要求。（邓朝安）

选矿厂二维设计 two-dimension design of concentrators 采用手工或计算机软件在二维平面中进行选矿厂图纸的设计及绘制。又称2D设计。从20世纪70年代末以来，利用计算机软件对图纸进行设计和绘制逐渐取代手工。一般设计步骤包括：①按照图纸功能划分图纸类型，如总平面图、车间配置图、设备安装图、结构件制作图和管道安装图等，构思图中需要设计和表达的内容。②手工绘图，确定合适的图幅和绘图比例；软件绘图确定合适的制图模板（包括图框、图幅、图层、线型和字体大小等）。③按照图纸类别对设计内容进行详细绘制。④对绘制好的图纸进行校对、审核确认，形成最终的设计交付成果。

设计特点：①在二维空间进行图纸绘制，以点、线、面来表示空间关系。②不需要数据库支撑，设计者须在大脑中把三维的形体抽象出平面的三向视图来表达，图形和工程数据的联系基本上靠人脑实现。③各个专业设计内容依靠人工对图进行碰撞检查，对于复杂的选矿厂设计工作量和难度较大，难免有些碰撞被遗漏，造成一些不必要的设计变更，增加工程造价和延长施工周期。④由于选矿厂矿浆自流管道的特殊输送要求（输送坡度在2%～10%），为节省厂房高差，矿浆管道走向不能完全水平布置，而是尽量就近利用空间布置，走向也不规整，增加了二维设计的难度。⑤管道设计图纸可以指导管道施工，但要实现管道在加工厂精确定制，工作量会增加几倍，且精度很难达到。⑥材料表需要人工统计完成。

随着信息技术应用的迅速发展，选矿厂设计更注重效率和质量的提高。二维设计虽在展现细节方面具有一定的优势，但其效率水平不能得到进一步提高，为此，选矿厂开始向三维设计发展。（熊　锋）

选矿厂工艺流程考查 flowsheet investigation of mineral processing plant 检查选矿工艺流程中各作业、各工序、各机组的运行状况，发现工艺、设备和操作方面存在的问题，保证生产系统稳定运行的分析方法与手段。要按照预先设定的取样方案从流程中采集样品，经过称重、加工、筛分、化验后得到产品浓度、品位、粒度等数据，并应用这些数据计算出其他各项工艺指标，如产品质量、产率、回收率（对原矿、作业的回收率及粒级回收率）等。是选矿厂运行过程中的重要生产管理手段。

分类　工艺流程考查分为全流程考查和局部流程考查。①全流程考查。为生产管理人员掌握选矿厂全面的工艺状况设置的，须在流程运行状况稳定时进行。其考查对象是选矿厂整个流程，但在大多数情况下，只包括磨-选部分和脱水部分，碎矿部分的流程考查通常单独进行。全流程考查要花费大量人力、物力，所以不常采用，多数选矿厂1年左右才进行一次。②局部流程考查。为解决生产工艺中出现的问题而进行的。其对象是流程的某一局部。多在工艺出现问题时进行，也可在工艺改造或者采用新设备、新药剂时进行，如破碎-筛分流程考查、磨矿流程考查、浮选流程考查等。

内容　流程考查的内容与考查的类型有关。对于全流程考查，需考查流程中各作业的工艺参数，如各产物的矿量、产率、回收组分的品位和回收率以及精矿的粒级回收率等。此外，还需考查主要作业的操作参数，如磨矿-分级部分需考查磨矿机的给矿量、作业浓度、溢流和返砂产物的浓度和粒度等；浮选部分需考查各级浮选作业的作业浓度和泡沫产品的冲洗水量等；磁选和重选部分，要测定各主选设备的操作参数，如磁选机的磁场强度，摇床的冲程、冲次、床面坡度等。通常全流程考查还需查明选矿厂水平衡情况，此时还需考查各进水点的水量和各产物的浓度。局部流程考查的内容则根据发现的工艺问题和解决工艺问题的需要确定。

方法与步骤　流程考查须按如下步骤进行：①方案设计。绘制取样流程图；按照数质量流程（含有各产物的矿量、品位、产率和回收率等指标的工艺流程）计算的要求选取取样点；确定取样方式（如浮选取产物的化验样、重选取产物的单位作业时间的质量样）；设定总取样时间（通常为4～8小时）和取样时间间隔（通常为30分钟，特殊情况下也可10～20分钟）、最小取样量等；确定样品的加工方法、需要筛分和化验的样品种类。②落实取样组织工作，明确人员分工及取样注意事项。③在统一指挥下按设计方案进行取样，力保所取矿样的准确性和代表性，严防样品混杂。④进行样品称重、加工、化验。⑤按照化验结果等数据计算各项工艺指标。⑥按照流程考查结果分析工艺方面、设备方面存在的问题。⑦编制流程考查报告，内容包括：概述流程考查的时间、目的、范围、准备工作及流程考查方案的执行情况等；考查结果包括磨矿－分级部分的数质量流程图和矿浆流程图，分选段的矿浆流程图、数质量流程图、精矿产品的粒级回收率等，脱水部分的数质量流程图、矿浆流程图，全厂的水平衡图等，精矿产品的粒级回收率表；分析与讨论分析流程和主要设备运行状况，找出存在的工艺方面的问题，提出解决问题的方法。

扩展阅读

冯守本.选矿厂设计.北京：冶金工业出版社，1996.

（余仁焕）

选矿厂工作制度　operating schedule of concentrators　根据*选矿厂*不同设备在工艺流程的功能所制定的设备运行时间。根据设计规模、工况条件等因素，确定不同作业的工作制度。选矿厂的工作制度按全厂日历作业天数，每天工作班数和每班工作小时数，分为连续工作制和间断工作制两种。连续工作制为全年连续生产，法定假日不休息；间断工作制为全年间断生产，星期六、日或法定假日休息。选矿厂的管理人员实行间断工作制，为不影响生产，采用轮换值班管理办法。

选矿厂不同生产车间的工作制度不同。破碎筛分车间的工作制度，根据建设地点与矿山矿石运输制度或选矿厂的工作制度相一致的原则选取，分连续式和间断式两种。①中、小型选矿厂采用间断式工作制较多。若1天1班，每班设备运转7小时；若1天2班，每班设备运转6小时。②大型选矿厂采用连续式工作制，每天3班，每班设备运转6小时。*磨矿*及选别是选矿厂的重要车间，一般采用连续工作制，即全年365天生产（包含设备修理），每天3班，每班设备运转8小时。精矿脱水车间的工作制度一般与磨矿及选别车间相同，即连续工作制，每天3班，每班设备运转8小时。有色金属选矿厂的精矿量少和*选矿设备*能力大时，精矿脱水车间的*过滤设备*工作制度也可以每天1～2班。

（葛新建　邓秀兰）

选矿厂金属平衡　metal balance of mineral processing plant　给矿中回收组分的金属质量与分选产物中同一组分的质量之间的平衡关系。是*选矿厂*全面质量管理的基础，也是评价选矿厂某一阶段技术管理水平的基本依据。不同工序、不同分选设备都有相应的金属平衡问题。金属平衡通常有实际金属平衡（又称商品平衡）和理论金属平衡（又称工艺平衡）之分。实际金属平衡是根据实际处理的原矿量、原矿品位和实际得到的精矿量、精矿品位而编制的金属平衡。考虑了选矿过程的金属流失，如原矿计量不准、浮选泡沫跑槽，砂泵、管路及各设备的跑冒滴漏造成的金属流失，反映了选矿厂的实际工作效果。理论金属平衡不考虑选矿过程的金属流失，是根据原矿处理量以及原矿、精矿和尾矿品位计算编制的金属平衡。理论金属平衡和选矿过程的矿量平衡是选矿产品理论产率、理论回收率计算的理论依据（见*选矿产品产率*、*选矿回收率*）。对实际金属平衡和理论金属平衡进行比较分析，可以查明金属流失去向，找出生产薄弱环节，及时解决生产过程中存在的问题。

扩展阅读

魏德洲.固体物料分选学.2版.北京：冶金工业出版社，2009.

（林　杰）

选矿厂竣工图　as-built drawings of concentrators　在*选矿厂*建成后，按照实际建设工程项目施工结果绘制的图样。能反映施工过程中对施工图的修改、变更情况。是工程交工验收的必要条件之一，对选矿厂生产、日常维护有着重要指导作用，也是将来对选矿厂进行技术改造、扩建的依据。选矿厂竣工图一般不得少于两套，一套移交给选矿厂保管，一套交有关职能部门或技术档案部门长期保存。

选矿厂建设采用总承包模式，由总承包单位负责编制项目竣工图，各分包单位应协助承担其分包范围内的竣工图。项目由业主或工程指挥部分别包给几个施工单位承担，各施工单位应负责编制所承包工程的竣工图，业主或工程指挥部负责汇总整理。

竣工图编制方式分为两种情况，一种由原设计单位编制；另一种由施工单位编制。

原设计单位编制施工图分为没有变更和发生变更两种情况：①没有变更的图纸，在图签栏中，将设计阶段改为“竣工图”，图纸用途栏中改为“竣工用图”，在图面空白处，放入“竣工图”标记。②发生变更的图纸，在最后一版图纸基础上，将修改云线和修改记录栏中“修改记录”删除，其他步骤和没有发生变更的图纸一样。图纸经设计单位编制人和项目经理签字生效。

施工单位编制施工图分以下几种情况：①按图施工没有变动的，由施工单位在原施工图上加盖“竣工图”标记，即作为竣工图。②在施工中，虽有一般性设计变更，但能将原施工图加以修改补充作为竣工图的，可不重新绘制，由施工单位负责在原施工图（须是新蓝图）上注明修改的部分，并附以设计变更通知书和施工说明，加盖“竣工图”标记后，即作为竣工图。③凡是涉及工艺、配置、结构形式等重大改变，不宜再在原施工图上修改、补充的，应重新绘制图纸，并在新图上加盖“竣工图”标志后作为竣工图。竣工图一定要与实际情况相符，要保证图纸质量，由承担施工的技术负责人审核签字。

（邓朝安）

选矿厂三维设计　three-dimension design of concentrators　在*选矿厂二维设计*的基础上建立以数据库为基础的三维设计工作平台，实现设计、采购、施工、运营和管理的一体化、精细化的设计手段。又称3D设计。20世纪末，选矿厂三维设计开始发展，它可将工艺设计、采购、施工管理、后期运营维护等进行整合，集成在一个平台上。设计步骤包括：①管道仪表图（P&ID）设计。②建立设备、钢梁、钢柱、混凝土、电缆桥架、管道及支架等数据库。③3D建模和模型组装碰撞检查，调整模型消除碰撞。④抽取管道轴测图（又称ISO图）、钢构件图、混凝土图、电缆桥架图。⑤获得最终ISO图和管道材料表、钢构件加工图和统计表、混凝土施工图和统计表、电缆桥架统计表等。

设计特点：①在专业设计软件上进行，对计算机硬件要求高。②在图中以实体模型（包括设备和材料）表示。③在一个设计平台上可以多人同时进行协同设计，减少专业之间相互提返设计条件的工作量。④可视化、精细化自动检查碰撞，提高设计精确度，减少设计错误。⑤自动生成ISO图，自动统计各种材料表。

（熊　锋）

选矿厂设计　concentrator design　将矿石或其他原料通过物理化学方法使有用矿物和脉石或杂质分离，以满足冶炼厂或其他用户对产品要求的工厂设计。是以**选矿**工艺专业为主体，其他有关专业相辅助，共同完成的选矿厂整体设计。选矿厂设计的目的：在建设项目确定以前，为项目决策提供科学依据；建设项目确定之后，为工程建设提供设计文件。同时，选矿厂设计还是将科学技术转换为先进生产力的枢纽，生产中的先进经验、先进技术及科研成果都需要通过工程设计推广应用到生产中。因此，做好选矿厂设计工作，对选矿厂项目在建设过程中节约投资，在建成后达到设计能力和设计指标，对项目产生良好的经济效益和社会效益，将起决定性的作用，对提高选矿科学技术水平也有重要的现实意义。具体工作内容包括：①收集设计基础资料。②根据矿石性质和试验研究报告，确定需要回收的有用组分和产品方案，设计合理的选矿工艺流程和指标。③主要工艺设备的选择和计算。④辅助设备的选择和计算。⑤选矿厂总体布置和各车间设备配置。⑥选矿厂排出的尾矿处置工艺方案。⑦给水水源和给排水方案。⑧供配电方案。⑨生产过程检测和自动控制系统。⑩厂区供暖和通风除尘系统。⑪建筑结构形式和车间结构设计。⑫选矿厂内、外部运输和厂区道路。⑬主要污染源和环境保护措施。⑭选矿厂生产过程中安全、职业危害分析及防范措施。⑮消防设施。⑯企业组织和劳动定员。⑰计算选矿厂投资和生产成本，并对项目进行财务分析等。

新建一座选矿厂，或改造、扩建现有选矿厂，都是一个建设项目的运行过程，业主是选矿厂建设的主体，除参与其中的工程设计单位外，还包括选矿试验单位、勘察单位、施工单位、工程监理单位或政府有关职能部门等。设计单位应具有承担选矿厂项目设计的资质等级许可，配备具有相应执业资格的专业技术人员，并对设计的质量负责。

设计文件　包括设计说明书、设计图纸、技术说明书、附表和附件（如委托书、上阶段的审查意见等）等，业主、施工单位和监理单位不得修改设计文件。如果施工单位、监理单位发现设计文件存在设计缺陷，确需修改设计文件，应当由原设计单位修改，或者经原设计单位书面同意，委托其他具有相应资质的设计单位修改。

设计团队　根据建设选矿厂规模、工艺流程和内容，设计单位将组建专门的项目设计团队。一个选矿厂项目的设计团队，通常包括项目经理（或项目总设计师）、主管副总工程师（或技术总监）、专业负责人、审核人员、主要设计者和项目管理人员，少则20～30人，大型、复杂的**选矿厂施工图设计**，设计团队人数可达100人左右。

独立的选矿厂设计工作，参与的专业人员除选矿专业外，根据项目所在地和设计单位专业分工，通常还包括电力、给排水、总图、建筑、结构、自动化、电信、暖通、热工、机修、环保、节能、概算技术经济等相关专业人员。

设计任务　根据项目所在地选矿厂处理的矿石种类和性质，外部交通运输、外部供电和供水等建设条件，按照项目所在地建设选矿厂相关法律法规的规定和标准规范的要求，设计出技术先进、节省投资、运行成本低、经济效益好、安全环保的选矿厂。

工作步骤　根据工程建设的基本程序，选矿厂设计工作步骤可分为设计前期工作阶段；设计工作阶段；设计后期工作阶段，即配合施工及试生产阶段。

设计前期工作　包括建厂条件调查、选矿厂建设规划、厂址选择、**选矿厂项目建议书**、**选矿厂项目预可行性研究**、**选矿厂项目可行性研究**、环境影响评价、安全预评价、尾矿库安全预评价、水土保持方案、节能评估、职业病防护专篇、矿产资源开发利用方案和项目申请报告等工作，目的是为项目建设的决策提供科学依据。其中，预可行性研究、可行性研究或融资可行性研究、水土保持方案、矿产资源开发利用方案和项目申请报告等，通常需要咨询单位按照编制相应报告的规定和要求编制正式的咨询文件。建厂条件调查、选矿厂建设规划、厂址选择等，是否需要专门编制设计文件，可根据具体情况决定。此外，为充分做好设计准备工作，设计单位还须了解矿山地质勘探情况，参与制定工业指标，参加审查矿山地质勘探总结报告，配合**选矿试验采样**设计，提出选矿试验要求，配合或参加选矿试验研究及报告审查，配合厂区地形测量和工程地质勘探，收集设计资料，了解和掌握采矿供矿情况等。

设计工作　在选矿厂项目经政府有关职能部门核准或备案后进行。设计阶段一般分为**选矿厂初步设计**（又称基本设计）和选矿厂施工图设计（又称详细设计）两个阶段。对矿石性质特别复杂的大型选矿厂，或采用新工艺、新设备的选矿厂，可根据需要，在施工图设计前增加一段技术设计。对于较简单的老选矿厂改造和扩建工程，可按方案设计和施工图设计两个阶段进行。

设计后期工作　包括施工图设计交底、设计图纸修改、解决选矿厂施工过程中遇到的问题，配合生产调试工作，协助业主做好选矿厂竣工验收工作等。

扩展阅读

周忠尚.选矿厂设计.北京：冶金工业出版社，1984.

（邓朝安）

选矿厂施工图设计　detail design of concentrators　根据批准的**选矿厂初步设计**或技术设计，绘制**选矿厂**建设所需的施工图纸，编制有关施工说明等的设计阶段。又称详细设计。施工图设计文件包括设计说明、图纸、设备表、材料表等，应系统完整、表述简明、便于实施，体现技术先进、安全适用和经济合理的原则。通常按子项和专业汇总交付，设计计算书、专业之间设计互提条件、图纸审核记录等，虽不属于必须交付的设计文件，却是施工图设计的重要组成部分，是工程校验和设计质量事故分析的依据，通常应根据设计单位项目管理要求，进行编制和归档备查。

编制选矿厂施工图设计应具备的条件：①初步设计已经过业主审查批准。②初步设计遗留问题和审查初步设计时提出的重大问题已经解决。③施工图设计所需的地形测量、工程地质详勘资料已经具备。④主要设备订货基本落实，并已具备设计所需的设备资料。⑤项目供电、供水、外部运输、用地等已落实。⑥已经了解施工单位的技术力量和装备情况。⑦施工图设计所需的其他资料已经具备，如项目所辖区域（国家、地区）的工程建设强制性标准等资料。

选矿厂施工图设计内容包括：①施工、安装所需要的全部图纸。②重要施工、安装部位和生产环节的施工操作说明。③设备表和材料表。④施工图设计说明。

选矿厂施工图设计的深度应满足以下

方面的要求：①工程全部设备、材料的采购。②非标准设备和金属构件的加工制作。③满足生产操作及维护检修要求。④施工单位编制施工预算和施工计划。⑤满足施工和安装要求。

作为*选矿厂设计*的主体专业，在施工图设计阶段，选矿专业一般应提供下列图纸或附件：①工艺流程图（含数量、质量和矿浆等），取样和检查流程图。②药剂制备流程图，药剂添加流程图。③设备形象联系图。④工艺建筑物联系图。⑤各车间的设备平面和剖面配置图。⑥设备及机组安装图，金属结构件安装图，简单的结构件安装关系可在结构件制造图中表示。⑦金属结构件制造图，非标准零件制造图。⑧管道图，包括矿浆、药剂、压缩空气、充气式浮选机所需的低压空气、污水、润滑等各种管道图。⑨工程设备明细表、金属构件一览表、材料明细表、带式输送机订货明细表、管道明细表等附表。⑩施工图设计说明书。

选矿厂施工图设计应遵循项目所在地有关的法律法规、技术标准和规范要求，严格执行工程建设强制性标准，对设计质量负责。按照中华人民共和国国务院第662号令《建设工程勘察设计管理条例》第三十三条规定，县级以上人民政府建设职能部门应当对施工图设计文件中涉及公共利益、公众安全、工程建设强制性标准的内容进行审查。施工图文件未经审查批准的，不得使用。（邓朝安）

选矿厂项目建议书　project proposal for concentrators　根据国民经济和社会发展长期规划、行业规划、地区规划，或企业建设规划，通过调查研究拟建*选矿厂*的产品市场需求、资源情况、外部条件、产品方案、建设规模、建设投资、建设效果、存在问题和建议等主要原则问题，对拟建选矿厂的一个总体轮廓设想。又称项目立项申请书。目的是客观上对项目建设的必要性做出初步论证和评价，提出初步建设方案的文书，为建设选矿厂初步决策提供依据。此阶段的投资估算和成本估算主要参考类似选矿厂项目的经验数据，估算偏差±30%左右。

选矿厂项目建议书通常包括以下内容：①建设项目提出的必要性和依据。对于改造或扩建项目，要说明选矿厂生产现状，包括选矿厂规模、选矿工艺流程、主要设备、车间组成、主要技术经济指标及存在的主要问题。②简述矿石种类、矿石性质和原矿供矿。③已开展的选矿试验研究和对试验资料的评价。④选矿厂建设规模、工艺原则流程、产品及用户的初步方案，初步选择的关键设备。⑤初步选择的选矿厂厂址方案和选矿厂外部建设条件。⑥建设投资、劳动定员的初步估算，资金筹措设想。⑦经济效益和社会效益分析。⑧项目进度安排。⑨存在问题与建议。⑩附选矿厂厂区平面布置图和厂区交通位置图。（邓朝安）

选矿厂项目可行性研究　feasibility study for concentrator projects　*选矿厂项目预可行性研究*之后，对拟建选矿厂的市场需求、技术方案、经济评价等进行全面分析的研究工作。目的是对该选矿厂是否建设、如何建设做出结论，并编写出可行性研究报告，属于*选矿厂设计*前期工作之一。选矿厂项目可行性研究是设计前期工作中的一项重要内容，是对拟建项目进行投资决策的重要依据，也是编制拟建项目核准或备案所需文件的基础，如编制项目环境影响报告、水土保持方案、矿产资源开发利用方案等。可行性研究的任务一般来源于客户委托或招投标。不论委托任务或招投标任务，有关部门或单位必须明确项目可行性研究的工作内容、范围、前提条件、进度要求、资金筹措、协作方式等问题，并对建设规模、产品方案、企业装备水平及其他需要着重研究的问题提出初步意见，作为编制可行性研究报告的依据。

可行性研究阶段估算应对各单位工程或单项工程费用进行详细估算，进而估算建设项目总投资。选矿厂项目可行性研究阶段，投资估算和成本估算偏差一般不超过10%。

选矿厂项目可行性研究报告应包括如下主要内容：①总论。②市场分析。③建设方案研究。④矿石性质和矿石来源，选矿与尾矿设施。⑤总图运输，公用辅助设施及土建工程。⑥节能、环境保护、水土保持与复垦，劳动、安全、卫生与消防设施。⑦项目实施计划。⑧企业组织及定员。⑨投资估算及资金筹措，成本与费用，财务分析。⑩风险分析。⑪附表、附图及附件。（邓朝安）

选矿厂项目预可行性研究　prefeasibility study for concentrator projects　从宏观上对项目建设的必要性、建设条件的可行性及经济效益的合理性进行的初步研究和论证工作。又称初步可行性研究。是编制*选矿厂项目可行性研究*的依据，属于*选矿厂设计*前期工作之一。预可行性研究的工作深度，应符合从宏观上对项目进行鉴别的要求。在工作中，一般可借鉴同类项目的实践经验，对本项目进行分析、判断，初步提出项目总体建设的轮廓设想和工艺技术的原则方案。对涉及制约项目的关键问题，应开展初步的技术经济比较和研究、论证工作。

预可行性研究受工作阶段的限制，对基础资料详细程度和精度的要求比较粗略，但报告的结构、内容要完整，重点要突出，主要专业应列出主要设备表和主要工程量。一般附交通位置、总平面布置简图、工艺原则流程图、主要车间配置简图等。

此阶段的投资估算和成本估算一般采用指标估算法，估算偏差±20%左右。

选矿厂项目预可行性研究报告应包括如下主要内容：①总论。②市场分析及销售设想。③选矿厂建厂条件。④选矿厂建厂方案研究。⑤工程技术概要。⑥企业组织和劳动定员。⑦项目实施进度。⑧投资估算及资金筹措。⑨生产成本估算及财务分析。⑩附表、附图及附件。（邓朝安）

选矿厂信息化　information technology for mineral processing plant　以*选矿*企业生产运行过程和生产管理过程中的数字化、自动化、智能化为基础，融合过程检测、先进控制、网络通信、数据库、数据挖掘以及建模优化等多种技术，实现可持续发展，提高企业经济效益和市场竞争力的过程。选矿厂信息化的功能是从上往下将企业生产目标逐步分解为执行生产作业计划、监督生产操作、合理配置生产所需资源、动态反馈生产状态，为企业决策和调整提供及时、准确的信息服务。

数据平台建设　选矿厂信息化的核心是数据平台建设，即以选矿厂的生产流程为中心，建立多元化生产数据平台。覆盖范围包括选矿厂生产流程的实时数据，生产外围的化验、检斤、质量管控、设备维护、物流管理等业务过程的批次数据和随机数据，采矿、冶金与选矿生产的接口数据等。选矿厂生产数据信息平台主要解决的技术问题包括：①数据结构与运行机制、数据集成与融合技术。由于原料差异，选矿厂工艺、设备、操作水平、基础自动化程度以及管理方式差异较大，因此产生的数据在信息冗余程度、数据结构、内在联系、时间尺度上差异很大。研究数据信息平台的基本数据结构与运行机制，能够有效解决多源异构数据的有机整合，满足选矿厂管控一体化的发展需要，实现选矿厂动态的信息优化和知识优化。②数据的预处理、抽取与选择技术。选矿厂生产运行数据存在稠密与稀疏共存、冗余与缺失并在、动态与静态互现等特点，信息平台首先应完成必要的标准化、数据清洗、缺失填补等预处理功能；同时，信息平台应有效地对数据进行抽取与选择，使后面的数据挖掘工作聚焦到和挖掘任务相关的数据子集中，以提高知识挖掘效率与挖掘的准确性。③知识基础评价与验证技术。信息平台不仅要完成数据的集成与融合、抽取与选择，为知识发现提供有效信息，同时，源于数据信息所获得的知识也必须进行基于数据信息的模式评估与验证，从而确定知识的广度、质量与应用条件。研究在数据信息平台框架下实现对知识的基础评价与验证理论、方法与技术，不仅是知识形成、应用与更新的前提，也是信息平台更新与完善的基础。④信息更新与完善机制。针对生产数据源企业的数据信息结构的变化，信息平台要具有自感知，甚至自配置能力。首先从数据结构上实现数据更新；其次，随着数据积累、知识发现与应用的不断深化，信息平台要具有自调节能力，完善与优化其数据的预处理、抽取与选择等功能。

业务功能应用开发 选矿厂信息化在生产数据信息平台建设基础上，可根据选矿厂的生产需要开展多种业务功能的应用开发。典型的应用开发包括自动化计量统计、生产计划调度、生产指标监视、质量管理、生产设备管理、信息安全技术等。

自动化计量统计系统可对生产管理与控制系统无缝集成。该系统可自主性地对生产过程中的海量过程数据进行定时处理，自动统计矿、水、电、设备运行时间、关键工艺参数、生产材料消耗等，在线形成报表。主要优点是提高统计指标完备性、及时性和准确性。

生产计划调度系统主要功能包括编制和分解生产计划，进行生产排班，跟踪班组关键指标等。其中生产计划可进行物料和多金属平衡测算，提高物料分配的合理性。生产调度可以对人–机运转进行合理安排，提高设备运转的效率。有效管理和分配人、机、物、材。

生产指标监视系统包括技术指标管理、经济指标统计、生产车间关键指标监视等功能。为操作人员在线提供量化的破碎、*磨矿*、*浮选*、浓缩等关键工艺指标，辅助管理和操作人员进行操作决策，以稳定品位、回收率等工艺生产指标，保证生产质量指标。

质量管理系统包括取样管理、检验流程与基础数据管理、质量统计以及质量分析报告，实现质量信息与生产过程信息的共享。使选矿厂及车间管理人员及时跟踪*原矿*、中间矿浆、*精矿*、*尾矿*等质量情况。

生产设备管理系统包括生产设备档案、备件材料及库存、检修维护计划、设备运行状态及统计分析等功能，并能通过基础平台集成无线巡检管理功能。可实现巡检有计划、过程有监督、事后有分析。提高设备完好率、运转率，降低故障率、维修费用率。

信息安全技是选矿厂信息化需重视的开发与应用。由于整合后的信息有很强的敏感性，含有大量的企业机密，对信息的权限和安全性进行管理是平台建设的前提条件。 （徐 宁）

选矿厂预组装模块设计 pre-assembly modularization design of concentrators 将*选矿厂*各个车间以及车间内相对独立的工艺过程设计成可独立制造、调试和安装单元的过程。单元之间连接简单方便，每个单元均在工厂或码头上的车间建造，根据道路运输（海上运输）和现场吊装能力的情况，把每个单元或几个连接在一起的单元作为一个装置运输到工程建设现场。在工程建设现场仅需较短时间的拼接安装即可进入系统调试和运行，达到缩短现场建造工时，提高工程质量，降低工程成本的目的。是结合三维设计软件和现代物流发展的新型选矿厂工程设计方法。

模块化设计背景 在工程建设领域，模块化建造理念最初源于海洋工程。由于高效、安全等优点，一些发达国家开始将这种模块化的建设模式逐步运用于陆地大型工程建设项目。从21世纪开始，大型化工厂、液化天然气厂和选矿厂等，开始采用模块化技术进行工程项目建设。选矿厂通常位于临近矿山的偏远地区，甚至在沙漠地带，基础设施有限，难以支撑如此大型建设项目的施工。同时，项目所在地人力资源短缺，劳动成本昂贵，加之环保要求苛刻，气候不利等因素的影响，建设诸如此类的大型项目通常需要依托场外建造、现场拼装的建设模式。该模式能充分利用和整合全球各地的优势资源，进一步规避风险，降低工程项目成本，使建设效率最大化。

模块化设计内容 一般是选矿厂的选矿全过程设计，包括破碎、磨碎、筛分分级、洗矿、选别、产品脱水等作业。以尾矿处理的“半自磨＋球磨＋浮选”工艺流程为例。主要车间有粗碎车间、中间矿堆、磨矿车间、砾石破碎车间、浮选车间、精矿脱水车间和石灰乳化车间，以及配套的公辅设施如电气房。生产规模的确定和工艺流程的选择是整个选矿厂建设的灵魂，也是模块化工厂建造安装最重要的基础。

模块化设计流程 包括选矿厂工艺方案选择与确定、选矿厂的总图设计、模块化总体设计、模块化车间设计、单元模块设计、大型设备运输安装模块设计和模块计算机三维模型仿真预组装。

模块划分原则 主要包括两个方面：①遵循工艺合理性优先原则，且各模块应具有相对独立功能属性。符合国际海事组织标准和规则，满足海上、陆路运输要求。根据单元模块功能、重量、几何尺寸划分模块，使其能够同时满足设备制造、工艺流程的布置、陆路和海洋运输、模块组装和现场安装的要求。②满足土建结构的合理性，根据工艺布置对建筑物、构筑物进行分类；空间刚度大的建（构）筑物构建整体模块；空间刚度小的建（构）筑物或工艺设备较少的空旷的建筑物采用构件装箱模块；金属槽罐拆分层叠装箱模块；厂房内连接管道集成化模块；厂区室外管道及支架分区模块。

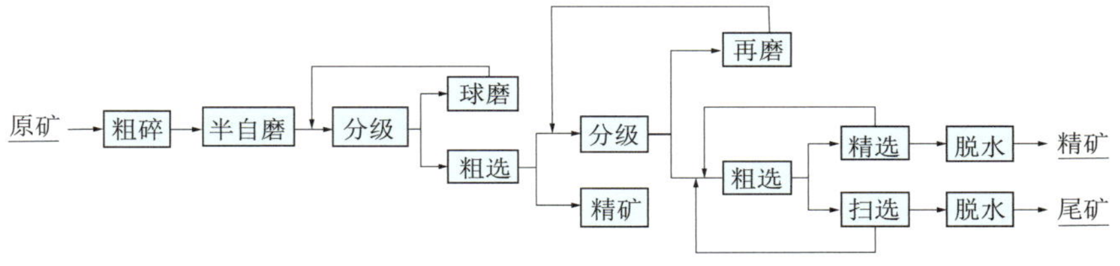

“半自磨＋球磨＋浮选”工艺流程

模块设计计算原则 主要包括3个方面：①模块要作为一个独立单元进行结构计算，除满足安装后生产运行的要求，还需要满足作为一个运输单元的要求。②需要补充陆路运输荷载工况、海上运输荷载工况。③模块海运的加固验算，船运公司提供必要的绑扎件设计要求。

模块化设计追求的目标 优化模块安装条件、分块安装调试，最大限度减少现场工作量，降低工厂建造成本，运输过程模块加固科学、经济、可实施性强，超大模块力求减小运输时的重量、体积，使之符合运输标准、降低运输成本。

（李大浪）

选矿厂自动检测与智能控制 concentrator process measuring and intelligent control *选矿厂*为实现生产流程平衡、过程稳定，保障产品质量，对破碎、*磨矿*、*重选磁选*、*浮选*、浓缩和脱水等选矿过程中关键工艺参数进行的自动检测分析和控制技术。是重要的选矿生产技术之一。矿物组成的复杂性使选矿生产原料性质呈现多样性和不确定性，这是引起生产过程和指标波动的主要原因之一。靠观察和经验去排除生产过程出现的波动，不仅不及时，而且也不准确。采用自动检测与智能控制可克服上述缺陷，稳定操作，提高选矿指标和劳动生产率，降低成本，并改善劳动条件。20世纪50年代初，选矿过程自动检测与控制技术逐步发展，开始采用单体检测仪表自动检测过程参数，并采用控制器实施闭环控制，如用差压或射线原理的仪表测量矿浆浓度，用控制仪表调整过程的补水量来稳定或调节*螺旋分级机*的溢流浓度。60至70年代，选矿过程实时检测技术不断完善，载流X荧光矿浆品位分析仪和超声波粒度分析仪投入工业应用；使用电子计算机控制的选矿厂数量不断增多，稳定化控制日渐成熟，并在此基础上向最佳化控制发展，以求得最大的经济效益。80年代后，核子秤和变频控制设备的应用使得选矿厂磨机给矿控制得以实现，从源头提高了选矿流程的稳定性；矿浆pH值在线测量、浮选药剂自动定量添加，减轻了工人的劳动强度，同时对浮选过程的稳定运行发挥了积极作用。进入21世纪，检测仪表在选矿生产中的应用实现了常态化，流量、压力、物位、温度及调节阀等过程仪表得到了普遍采用；工业控制总线在过程仪表、分析仪器、控制系统等产品上的应用不断深入和普及，从而使得获取生产数据的速度、效率和广度有了提高。*选矿设备*在大型化的同时，机械构成与电机控制、过程检测和自动控制融合成有机整体，设备操作更便捷、运行更稳定。在此基础上，新建大型选矿厂均实施了综合自动化系统，从而稳定了生产过程和技术指标。另外，智能传感器的研究和应用得到

选矿厂控制室

发展，基于机器视觉、听觉、触觉等不同原理的智能传感器增强了对选矿过程中复杂信息的感知能力，将选矿过程的自动化控制引向智能优化控制。

自动检测　选矿过程的关键工艺参数主要包括流量、物位、压力、浓度、粒度、品位、水分、工艺设备参数的检测等。

流量检测　流量检测包括固体流量、水流量、矿浆流量和气体流量4种类型。①固体流量检测。主要针对矿石和精矿产品，应用于碎矿、磨矿和脱水工序。矿石流量测量包括破碎机、磨机的给矿量和顽石排矿量，既是*磨矿设备*正常工作的重要操作条件，也是衡量磨矿质量的重要参数，同时可以监控选矿厂的原料处理能力。精矿产品流量检测主要是在*过滤设备*下方的精矿皮带上测量精矿产量。除矿石的流量检测外，有些场合也会测量石灰、钢球等固体生产辅料的流量。固体流量检测的方式以安装在带式输送机的电子皮带秤为主，偶尔也会使用料斗秤、冲板流量计等。②水流量检测。包括选矿厂重要用水点的给水量检测，如磨机前给水、磨机后给水、泵池补加水，其目的是调整磨矿浓度、改进磨矿质量；还有选矿厂的水量平衡检测，即选矿厂的清水用量、回水用量和回水产生量的检测，用于检验选矿厂水量平衡和用水调度。水流量检测通常使用电磁流量计。③矿浆流量检测。主要应用于选矿的中间矿浆产品，用于进行生产平衡计算。矿浆流量通常采用具有较好的耐磨性能和抑制电磁干扰性能的电磁流量计。④气体流量检测。主要用于*浮选设备*的供气量检测，作为浮选生产重要的保障条件，可以采用孔板流量计等节流型流量计，或者无阻流元件的热式质量流量计。

物位检测　物位检测包括固体矿仓的料位检测，矿浆泵池、矿浆搅拌槽及各类生产水池的液位检测。物料充足能够有效保障下游工序的连续运转，物料不充足则会造成下游工序停产或者欠负荷生产，造成能源浪费和经济损失。通过物位检测，可以及时掌握矿仓等容器的储料情况，调控生产过程，保障生产连续、稳定。

压力检测　压力检测包括旋流器和各类压力管道的工作压力检测。旋流器是重要的分级设备，检测旋流器的工作压力、及时调整旋流器给矿流量，可以得到较好的分级效果。管道压力检测主要用于安全监测。

浓度检测　浓度检测以矿浆浓度为主，通常应用在磨矿、浓缩工序，通过检测矿浆中的固体质量含量，一方面可以满足磨机、旋流器等设备对浓度的要求；另一方面可以用于检测生产指标，如浓密机底流的*矿浆浓度检测*。浓度检测仪表有射线浓度计、超声波浓度计和称重法浓度计，射线浓度计和超声波浓度计是在流型（in-stream）浓度计，必须安装在具备满管条件的矿浆管道上；称重法浓度计是载流型（on-stream）浓度计，需要在工艺管道上取样，然后对样品进行测量。

粒度分析　粒度分析指选矿物料中所包含的不同颗粒大小的矿物质量百分比的检测，是碎磨工序的重要工艺参数，包括*矿石粒度*（又称块度）和矿浆粒度两类。矿石粒度主要测量碎磨设备的给入矿石粒度和产品矿石粒度，从而诊断矿石研磨或者破碎效果是否达到生产要求，进而指导修改生产操作条件；矿浆粒度主要测量旋流器或者螺旋分级机溢流产品的粒级分布，作为对磨矿产品质量的评价。粒度在线分析仪器应用原理有机械位移、超声波和激光衍射3种类型，应用最普遍的是第一种。大多数粒度分析仪是载流型仪器。

品位分析　品位分析指选矿物料中所含金属元素的质量百分比的检测，是磁选、浮选、重选等选别工艺的重要工艺参数。通过监控选矿的原矿、精矿和尾矿中有价金属元素的品位分析，可以有效控制金属回收率和防止金属流失。品位在线分析仪器的工作原理是一次X射线激发矿物表面的金属原子，产生二次射线，检测二次射线中被测金属元素的二次射线剂量并通过回归分析模型计算金属元素含量。按激发源不同，品位在线分析仪器可分为两种类型：一种是以放射性同位素作为一次射线激发源；另一种是以X光管作为一次射线激发源。按二次射线剂量检测方式不同，可分为波长色散型、能量色散型及采用这两种原理的混合型分析仪。

水分分析　水分分析指脱水工艺中经过过滤后的精矿产品所含水分百分比的检测，目的是检查脱水效果。精矿中水分含量过高会导致运输成本增加，容易造成精矿损耗。精矿水分分析仪通常安装在精矿的带式输送机上，测量原理有红外分析、中子分析和阻力分析等。

工艺设备参数的检测　自动检测的另一个重要内容是工艺设备参数的检测，包括破碎机、磨机、浮选机（柱）、浓密机、过滤机等设备。这些工艺参数一方面是为了诊断工艺设备的开停车条件是否具备；另一方面是为了反映设备运行时的负荷情况。破碎机的关键参数有功率、电流、排料口大小；磨机的关键参数有功率、电流、音频、振动、轴温、轴压等信号；浮选机

（柱）的关键参数有液位、充气量、泡沫特征等；浓密机的关键参数有泥床厚度、泥床压力、耙架扭矩、耙架电流等；过滤机的关键参数有给料压力、给料速度、溢流水浊度等。

智能控制　智能控制以经典比例积分微分控制（proportional plus integral plus derivative control, PID）和两位控制等基础控制回路为执行机构，通过对生产过程工艺参数和设备参数的分析，归纳和提取出典型工况下基础控制回路的工作区间，建立相应的控制规则库，进而根据不同工况对于基础控制回路的设定值、控制周期、控制步长进行动态调整。由于选矿过程变化缓慢且影响因素众多，工作机理复杂且不确定，因此需要采用建模技术、过程统计监控技术、仿真技术等对生产过程进行模拟、诊断和分析，从而保证控制规则库具有一定的代表性、普适性和实用性。智能控制有效降低生产故障率、减小生产波动，对于稳定产品质量、减少生产消耗、延长设备寿命均能发挥积极作用，同时大幅度降低了生产劳动强度，使劳动效率和劳动安全得到保障。因此智能控制将会是现代化选矿工厂发展的必要技术手段。

（周俊武　徐　宁）

选矿厂总图运输　layout and transportation of concentrators　针对*选矿厂*的项目类型、工艺特点及项目组成情况，合理确定选矿厂区域内各种建构筑物、交通运输设施、工程管线等的平面位置及竖向布局，构建建筑有机空间，理顺厂区人流、物流和工程管线路径，同时对选矿厂的原矿、生产辅助材料及产品的内外部装卸运输，以及各功能设施之间的交通联系做出的详细配置和设计。选矿厂总图运输须依据选矿厂所处的交通地理区位、气象、水文、地形、地质、地震、防洪、外部交通及社会经济发展等状况，结合业主对选矿厂建设的具体要求，按照选矿工艺流程、主要生产物料流向、工艺设施配置以及项目所在地的相关工程建设法规和规范，正确选定选矿工业场地厂址，合理安排各场地和各设施的空间位置，组织先进的运输综合结构，尽量实现选矿厂物料的重力运行，为选矿厂的分期建设和高效管理创造有利条件，使项目建设各项技术经济指标先进可靠，并与厂区周边自然环境或城市规划协调融合。

选矿厂总图运输设计的主要内容包括工业场地选择、总体布置、总平面布置、竖向设计、场地平基及地表排水、管线综合、交通运输设施设计及场地防护设施设计以及阐述设计成果的说明书等。

选矿厂总图运输设计成果包括：①设计说明书。②总体布置。③总平面布置。④场地平基。⑤竖向设计。⑥道路设计。⑦铁路设计。⑧综合仓库设计。⑨其他设施设计。⑩管线综合。

扩展阅读

云正宽.冶金工程设计：第2册.北京：冶金工业出版社，2006.

（曾小平）

选矿辅助设备　mineral processing auxiliary equipment　*选矿*过程中用于保证选矿工艺主流程及主体设备正常运转所需的相关设备。是对主体设备的各项功能进行补充和完善。选矿辅助设备是选矿流程的重要组成部分，主要包括物料输送设备、给料设备、鼓风及压风设备、药剂制备及添加设备、取样设备等。

选矿厂物料输送分干式物料输送和矿浆输送。干式物料输送一般采用带式输送机、斗式输送机、螺旋输送机等；矿浆输送一般采用自流输送设备或压力管道输送设备，如矿浆泵。

给料设备是将物料由储料仓送给受料装置的机械，如给矿机，主要包括板式给矿机、槽式给矿机、链式给矿机、摆式给矿机、圆盘给矿机、带式给矿机、电磁振动给矿机、振动放矿机等。

鼓风及压风设备主要为低压鼓风机以及空气压缩机。低压鼓风机一般选用多级离心式鼓风机；空气压缩机主要有活塞式空气压缩机和螺杆式空气压缩机。

药剂制备主要采用药剂搅拌槽辅助药剂的制备；药剂添加设备一般为加药机，主要采用计量泵式加药机、电磁阀式加药机、虹吸式加药机等。

取样化验是监控选矿过程指标和运行状况的主要手段，取样的代表性决定了生产指标的可靠性。要取得具有代表性的样品，取样设备须能够完整地、角度正确地切割物料并保持匀速通过物料。取样机主要有矿石取样机和矿浆取样机。其中矿浆取样机又可分为固定刀口取样机和移动刀口取样机。

选矿辅助设备的技术水平对选矿过程的技术指标、分选流程及自动化程度影响较大，一般根据工艺流程和矿石性质进行配置和选型。

（冉红想）

选矿富集比　enrichment ratio　矿石经*选矿*，有用成分在精矿中得到富集，这时的*精矿*品位与入选*原矿*的（给矿）品位之比。又称富矿比。表示选别过程中有用成分的富集程度，用来衡量选矿过程的分选效果。

选矿富集比可分为单机、作业、过程、流程及全过程的富集比。富集比越高，说明选矿作业效率越好。选矿富集操作效果越好，选矿富集比值越大。由于原矿品位高低差别很大，后续工艺对精矿品位的要求也不相同，各种矿石选矿富集比的值波动范围很大。精矿品位一般是固定的，所要求的选矿富集比越高，分选的难度也就越大。

（韩桂洪）

选矿工艺矿物学　process mineralogy　研究矿石原料和矿石加工工艺过程中产品的化学组成、矿物组成和矿物性状及变化的应用学科。是在矿物学和矿物加工学之间发展起来的学科，在确定合理的选矿工艺、优化选矿流程结构、提高矿山企业生产指标等方面发挥着重要的作用。

简史　19世纪中叶，矿物研究应用光学显微镜进行岩矿鉴定，为早期选矿工艺提供了某些矿石性质的资料。20世纪初，应用X射线研究矿物晶体结构，揭示了矿物内部的原子世界，为矿物分类和矿物性质研究奠定了基础。20世纪30年代，苏联出现了为选矿而做的矿物学研究。1939年美国A.M.高登所著《选矿原理》，总结了岩矿鉴定在选矿学科中的应用与实践。1974年苏联学者A.I.金兹堡和I.T.亚历山大罗娃所著《工艺矿物学——新的矿物学分支》一书的出版，标志着选矿工艺矿物学成为一门新兴交叉学科。

中国在20世纪20年代开始应用光学显微镜方法为选矿厂提供定性的岩矿鉴定资料。50年代由一般的岩矿鉴定过渡到对矿石物质组成的研究。70年代以后，随着现代科学技术的迅猛发展，各种谱学手段、微束测试技术、电子计算机计算技术等引入矿石物质组成研究领域，为矿产资源的综合利用提供了深入系统的矿物学资料，工艺矿物学也形成了独立的学科体系。苏联、美国和中国于20世纪70年代相继成立相应的学术组织。

研究内容　主要研究内容包括：①矿石的化学组成。通常采用光谱半定量方法快速确定矿石所含元素的种类，进而采用化学分析方法定量测定矿石中组成元素的含量。②矿石的化学物相分析。通过选择不同溶剂使各种相达到选择性分离的目的，然后分别测定元素在各类矿物中的含量。化学物相分析可以大致了解*元素赋存状态*。③矿石的矿物组成。利用光学显微镜、*X射线衍射*、电子探针等分析方法确定矿石中组成矿物的种类，并测定其相对含量。④矿石的结构和构造。肉眼观察矿石标本的矿石构造，借助光学显微镜观察矿石的结构，描述矿物的几何形态和相互间的结合关系。⑤矿石中目的**矿物嵌布特征**。在光学显微镜或扫描电镜下观察目的矿物的颗粒大小、形状以及与其他矿物之间的结合关系。⑥矿石中目的矿物嵌布粒度。把块状矿石磨制成光片或薄片，在光学显微镜下测定主要有价矿物的嵌布粒度。⑦矿石中有价元素和有害元素的赋存状态。查明有价元素和有害元素的存在形式及其在不同矿物中的分配。⑧磨矿产品中目的矿物的解离特性。将磨矿产品用环氧树脂进行嵌固并磨制成砂光片，在光学显微镜或扫描电镜下进行目的矿物单体、连生体的测量，测定目的矿物的解离度。⑨选矿工艺矿物学的基础理论和研究方法。

应用　通过对矿石进行系统的工艺矿物学研究，为制定选矿最佳工艺流程提供详尽可靠的资料。深入研究微观领域，如矿物晶体化学、晶体结构与矿物工艺性质的关系、矿物表面成分与表面结构的变化对其工艺性质的影响等，不仅能直接指导选矿工艺，而且能从根本上揭示选矿理论和行为。在生产实践中，通过研究选矿厂生产过程的**原矿**、**中矿**、**精矿**、**尾矿**的矿物组成及其工艺特性，分析存在的技术问题，为生产流程的优化提供依据。这也是企业提高经济效益和精细化管理的有效的手段。

发展趋势　随着现代科学技术的发展，选矿工艺矿物学的研究方法和手段得到不断完善和提升。美国、加拿大、澳大利亚、南非、芬兰、德国等矿业国家，都开发出各具特色的矿物自动检测新技术。

现代选矿工艺矿物学发展趋势是大型仪器和计算机结合的定量矿物学，使选矿工艺矿物学工作者从繁琐而高难度的显微镜检测工作中解放出来，并且大大加快了获得矿石信息的速度，提高了检测精度，更重要的是由定量矿物学带来精细准确的矿物学数据，促进**选矿工艺流程设计**的精细化和准确性。现有的工艺矿物学参数自动分析系统还需不断完善，以提高测量数据的代表性和测量的准确率。把矿石及选矿产品的工艺矿物学特征参数与选矿工艺关键技术参数结合起来，建立矿山的矿物数学模型，逐渐开展根据矿物学数据确定磨矿流程结构、分选的原则流程及预测选矿指标等方面的工作。与此同时，选矿工艺矿物学工作者应从实验室走向矿山企业，直接与矿山企业对接，进行选矿厂工艺流程考察，对矿石选矿过程进行诊断和分析，促进矿山企业技术进步，规范矿产资源的有序合理利用。

扩展阅读

周乐光.工艺矿物学.北京：冶金工业出版社，2002.

（肖仪武　梁冬云）

选矿工艺流程设计　mineral processing flowsheet design　以矿石原料和选矿产品为对象，从生产工艺参数、产品质量和经济效益等方面，对从矿石处理到选矿产品产出的生产过程进行的设计。包括**破碎筛分流程**设计、**磨矿分级流程**设计、选别流程设计、产品脱水流程设计和物料平衡计算等。

选矿工艺流程设计应以经过审查通过或业主确认的工艺矿物学研究和**选矿试验**研究报告为基础依据，同时参照类似的选矿生产实践经验确定。

选矿工艺流程设计过程中，对破碎和磨矿流程的设计应贯彻简洁和节能的原则。对选别工艺流程设计，应考虑对共、伴生有用矿物以及金、银等贵金属进行综合回收，对现有选矿技术条件下暂时无法回收或回收效益差的有用矿物应考虑妥善的处置措施。对脱水流程设计应充分考虑选矿产品特性、后续冶炼及运输对产品水分含量的要求。为设计技术先进、工艺成熟、生产可靠和经济效益高的选矿工艺流程，还应进行多方案的技术经济指标比较。（王毓华）

选矿过程数学模拟　mathematical modelling of mineral process　在对**选矿**过程进行机理分析或数理统计的基础上，建立各种选矿作业的数学模型，用计算机进行模拟运行，对模拟对象的行为做出判断、控制和优化的过程。始于20世纪50年代末，主要用于选矿过程分析、选矿工艺最佳化设计、选矿过程计算机计算和控制等方面。21世纪初，选矿过程数学模型在磨矿分级、粉碎、粒度分离、浮选等几个方面研究较多。重力选煤过程模拟也很普遍，与此有关的破碎、筛分、分级和脱水模型也有发展，已经建立较好的球磨和棒磨模型、自磨和半自磨模型，浮选过程中各变量的模型也在建立中。

工作步骤一般包括：①建立表达模拟对象行为的数学模型（理论的、机理的、纯经验的或混合的）。②根据数学模型编制出模拟系统的程序框图。③根据框图写出计算机程序。④用实测数据计算模型中的参数，并检验模拟器的拟合程度。⑤经过修正提供使用。

数学模拟应用主要包括6个方面：①矿物解离模型。加拿大通过矿物抛光面的图像分析，研究了二维信息向三维信息的转换；美国应用计算机层析图像（computer tomography, CT）技术，成功地分析了全颗粒的三维解离特性。此外，南非应用人工神经元网络方法分析浸金过程中的特征数据，用以模拟金的解离，为研究矿物的单体解离提供了新思路。②粉碎模型。在选矿模拟器中，完全混合模型成功地描述了工业**球磨机**、工业**自磨机**和半自磨机运行，并建立了模拟现场生产的模型参数扩展数据库，以便更加准确地预报现场生产情况和实际功耗。③粒度分离模型。已成功建立了振动筛、细筛和弧形筛等筛分机模型。④矿物分离模型。浮选、重选等选别过程的数学模型也在建立中，其中由于浮选行为在不同场合差异较大，仍没有一个通用的浮选模型，用计算机图像技术建立泡沫的“表现模型”是重要的研究方向。重选建模存在两种发展趋势：一是以折算密度分配曲线的概念为基础的研究；二是研制不同类型的单台重选设备模型。⑤矿业经济模型。综合运用经济学、系统工程、投入产出理论、运筹学和模糊数学等多学科的知识与方法，研究矿业系统内部的经济规律，建立描述这些规律的数学表达式，或基于建立模型的方法预测选矿厂的投入产出、产品方案、费用等。⑥过程仿真和控制。过程仿真的基础是数学模型，21世纪初，较重要的仿真器有MODSIM仿真器、MICROSIM仿真器、CAMP仿真器、GSIM程序包、USIM-PAC程序包、Met-Sim仿真器、Aspen程序包、SysCAD仿真器和JKSimMet仿真器等。

选矿数学模型的另一重要作用是用于过程控制，包括局部简单的逻辑控制和过程参数的测定、过程模型的研究和仿真、直接数字控制（DDC）、自组织自适应和最优化控制（现代控制论）、模糊控制和专家智能控制（第三代控制理论）。

21世纪，选矿过程数学模拟的发展是将许多选别分离模型添加到粉磨、分级模型库中。这些模型在实际应用后又能反馈物料解离等其他特征，并由此进行工艺调整以获得最优的工艺指标。破碎、磨矿、选别混合模型以及选矿系统模型也将应运而生，实现对整个选矿工艺技术经济指标最优化控制。（胡根华　王　鑫）

选矿回收率　concentration recovery ratio　**精矿**产品中有用成分占入选矿石中该成分的质量百分数。是考核和衡量矿山企业**选矿**技术、管理水平和入选矿石中有用成分回收程度的重要技术经济指标。一般在保证精矿质量要求的前提下，精矿中某一有用成分的回收率越高，说明此种成分被回收得越完全。

回收率分为理论回收率和实际回收率。理论回收率ε计算公式为：

$$\varepsilon=\frac{\beta(\alpha-\delta)}{\alpha(\beta-\delta)}\times100\%$$

式中α为给矿品位；β为精矿品位；δ为尾矿品位。

实际回收率公式为：

$$\varepsilon=\frac{Q_{精}\cdot\beta}{Q_{给}\cdot\alpha}\times100\%$$

式中$Q_{精}$及$Q_{给}$分别为精矿产品及给矿的质量，由实际计量而得。

作业产品有作业的回收率，过程产品有过程的回收率，煤矿需经洗选工艺的为洗精煤回收率。全厂最终产品有最终的回收率。由于取样、分析与计量的误差或选别过程中物料机械损失，理论与实际回收率会有一定差异（实际回收率低于理论回收率），这种差异通常是衡量选矿厂管理水平的标志。（王常任）

选矿凝聚剂 mineral processing coagulant 在选矿过程中，能使固液悬浮体系中的分散颗粒凝结析出的物质。

作用原理 凝聚剂能中和矿物颗粒表面的电荷，压缩双电层，降低矿物颗粒表面的ζ-电位和微细矿物颗粒间的排斥能，依靠范德瓦耳斯力等作用力使矿物颗粒凝聚。无机高分子凝聚剂还具有一定的吸附、架桥作用。由于选矿凝聚剂在凝聚过程中以电解质聚凝作用为主，所形成的聚集体或凝结物比选矿絮凝剂所形成的絮团更为紧密。

分类和应用 按照其化学成分，凝聚剂可分为无机酸、碱、盐凝聚剂和无机高分子凝聚剂。无机酸主要是硫酸、盐酸、碳酸（或CO_2）。无机碱主要是石灰、氢氧化钠、碳酸钠等。无机盐主要是铝、铁的硫酸盐或盐酸盐，如硫酸铝、硫酸铁、氯化铁等。无机高分子凝聚剂主要包括聚合铝、聚合铁以及各种复合型凝聚剂。选矿凝聚剂应用较为广泛的主要为铁、铝的盐及其聚合物。

①硫酸铝，分子中含有不同数量的结晶水，化学式为$Al_2(SO_4)_3\cdot nH_2O$，式中n=6、10、14、16、18和27，常用的是$Al_2(SO_4)_3\cdot18H_2O$。硫酸铝易溶于水，水溶液呈酸性。室温时溶解度约50克/100毫升水，沸水中溶解度提高到89克/100毫升水左右。硫酸铝使用方便，凝聚效果较好。使用时有效pH值随原水的硬度而异，范围为5.5～8。在细粒矿石的浮选过程中，加入适量的硫酸铝，能够缩短过滤时间，消除滤液中的固体。矿石含泥较多时，加入硫酸铝凝聚剂，不仅能提高矿浆的过滤性能，而且能够使矿泥加速沉降，提高浮选指标。

②三氯化铁，化学式为$FeCl_3\cdot6H_2O$，黑褐色的结晶体，有强烈吸水性，极易溶于水，其溶解度随温度上升而增加。三氯化铁加水后与天然水中的碱反应，形成氢氧化铁胶体。当被处理水的碱度低或三氯化铁投加量较大时，在水中应先加适量的石灰。对含Hg^{2+}、Pb^{2+}等重金属离子的溶液，加入三氯化铁凝聚剂，控制pH值为8～10，Hg^{2+}、Pb^{2+}去除率可达96%左右。三氯化铁的优点是易溶解、易混合，形成的凝结体密度大，沉淀速度快，对低温、低浊水有较好的处理效果，适宜的pH值范围较宽（为6～8.4），用量比铝盐少；缺点是溶液对金属和混凝土均具有强腐蚀性。

③聚合氯化铝，又称聚合铝或PAC，化学式为$[Al(OH)_mCl_{6-m}]_n$。聚合铝的特点是凝聚性能好、用量少、效率高、沉降快，并能除去水中的铁、铬、铅等重金属杂质，可用于赤泥沉降、选矿尾矿处理等。聚合铝对污染严重或低浊度、高浊度、高色度的原水可达到较好的凝聚效果，其适宜的pH值范围较宽，在5～9之间均可起到良好的效果。

④聚合硫酸铝，简称PAS，化学式为$[Al_2(OH)_m(SO_4)_{3-m/2}]_n$。PAS的凝聚性能优于PAC，腐蚀性小，但其稳定性差，易水解生成$Al(OH)_3$沉淀而失去净水作用。通过添加有机酸等可以提高其稳定性。

⑤聚合硫酸铁，简称PFS，化学式为$[Fe_2(OH)_m(SO_4)_{3-m/2}]_n$。聚合铁是铁盐水解聚合过程的动力学中间产物，其本质是羟基桥联或氧桥化的无机高分子化合物。聚合硫酸铁具有用量少，凝结体生成快，沉降速度高，有效pH值范围较宽等优点，与三氯化铁相比其腐蚀性较弱，处理后水的色度和铁离子含量均较低。液体PFS随碱化度增加、放置时间增加，稳定性降低，在溶液中会出现黄色沉淀，使处理效果下降。

⑥聚合氯化铁，简称PFC，化学式为$[Fe_2(OH)_mCl_{6-m}]_n$。PFC对重金属离子和有机物具有脱除效果，可用于洗煤、工业和生活废水处理等。

扩展阅读

朱玉霜，朱建光. 浮选药剂的化学原理. 长沙：中南工业大学出版社，1996.

邱冠周，胡岳华，王淀佐. 颗粒间相互作用与细粒浮选. 长沙：中南工业大学出版社，1993.

（王 帅）

选矿设备 mineral processing equipment 分离矿物中的有用矿物与脉石矿物，富集所需成分的工艺设备。选矿设备发展历史悠久，从古代人类开始知道利用金属材料开始，就使用兽皮在河溪中淘洗自然金属或天然矿物，后又使用木制溜槽进行分选。中国明朝《天工开物》中记载有分选铁矿砂和锡矿砂的淘洗盘。随着选矿工艺的发展，选矿设备出现了多种类型，各类型又有很多系列和品种。主要工艺设备包括破碎设备、筛分设备、磨矿设备、分级设备、浮选设备、重选设备、磁选设备、电选设备、固-液分离设备、干燥设备等；辅助工艺设备包括给矿机、输送机、搅拌槽、脱磁器、加药机、矿浆泵、取样机等。对于特殊的工艺要求，有特殊的分选设备，如拣选机、涡流分选机等。黄金提取相对于常规选矿工艺有自身的特点，有专用的提金设备。选矿机械中出现最早的是重选设备，最初的活塞式跳汰机于1830～1840年在德国出现，用于金属矿分选。浮选机出现较晚，第一台浮选机（机械搅拌式的）出现于1910年。

破碎和筛分设备 采用挤压、弯曲、冲击等方式，将投入的大块物料碎裂成小块或粒状的设备，常用的有颚式、圆锥式、锤式及辊式等破碎机。筛分设备绝大部分为振动运动方式，由振动电机或电机-激振器驱动筛框或直接驱动筛面运动。

磨矿分级设备 主要通过研磨介质（钢棒、钢球、砾石或矿块本身）的冲击和磨剥作用将物料粉碎的设备，主要有滚筒形球磨机（见图）、搅拌磨机、辊磨机、振动

滚筒形球磨机

磨机、气流磨机等。磨矿设备常与分级设备联合工作。分级设备是利用矿物中各种颗粒沉降速度或粒度的不同，把磨碎后混在一起的不同粒度、不同比重的细小矿粒分离的设备，常用的有筛分机、螺旋分级机、水力旋流器、风力分级机等。

浮选设备　19世纪末期，伴随着细粒选矿的需求，浮选作为一种选矿方法被明确提出，各类浮选设备也随之产生。根据矿浆充气和搅拌方式的不同，可分为：①机械搅拌式。搅拌和充气都由机械搅拌器实现。搅拌器在浮选槽内高速旋转，驱动矿浆流动，在叶轮腔内产生负压而吸入空气。②充气机械搅拌式。除机械搅拌外，再向浮选槽中充入低压空气。③充气式。靠压入空气进行搅拌并产生气泡，如浮选柱和泡沫分离装置等。④气体析出式。用降低压力方法或先加压后降至常压的方法，使矿浆中溶解的空气析出，形成微泡。⑤压力溶气式。利用高压将充入的空气预溶于水，然后在常压下于浮选槽内析出，形成大量微泡。

重选设备　使入选的混合矿粒在运动的介质中按比重或粒度进行分选的设备。种类繁多，主要有重介质选矿机、**跳汰机**、**摇床**、离心选矿机、斜槽选矿设备、横流皮带溜槽、磁流体选矿机等。它们结构简单、不污染环境、成本低、耗能少，对于选别粗粒嵌布的矿物如铁、锰、钛、钨、锡、铌等矿石较有优势。重力选矿设备一直在向大型、多层、离心力强化重选过程、多种力场联合作用、细粒重介以及细泥重选方向发展。

磁选设备　利用各种矿物的磁性差异，借助磁力和机械力对矿物进行选别的设备。磁选机由磁力系统、分选装置、给矿和排矿装置组成，种类很多，结构和选别方式差异较大。大体有弱磁和强磁、干式和湿式、振动和不振动之分。弱磁场磁选机表面磁感应强度为120毫特左右，主要包括磁力滚筒和筒式磁选机，用于强磁性矿物如铁的选别。强磁场磁选机表面磁感应强度在1700毫特以上，用于弱磁性矿物如贵重金属和非金属的分选。

固-液分离设备　主要包括借助沉降原理分离的浓密设备和借助过滤介质分离的**过滤设备**。

浓密设备主要分为重力沉降设备和离心力沉降设备两大类。古代的沉降池就是一种原始的浓密设备，如今仍在使用。20世纪初出现了浓密机，1956年德国推出了倾斜式沉降槽，随后出现了倾斜板、倾斜管浓密机。70年代又出现了高效深锥浓密机。中国从20世纪80年代起开发了多种高效浓密机。

过滤设备是利用多孔性过滤介质截留液体与固体颗粒混合物中的固体颗粒而实现固-液分离。20世纪初发明的转鼓真空过滤机实现了过滤操作的连续化。此后，各种类型的连续过滤机相继出现。按获得过滤推动力的方法的不同，过滤设备分为重力过滤机、真空过滤机、离心过滤机和加压过滤机（压滤机）。重力过滤机借助悬浮液的重力和位差在过滤介质上形成的压力作为过滤推动力，一般为间歇操作。真空过滤机利用大气压力差将悬浮液中的固体颗粒截留在过滤介质表面实现固-液分离，有间歇操作和连续操作两种类型。离心过滤机过滤的推动力是惯性离心力，如过滤离心机，它由高速旋转的转鼓带动滤浆回转而产生。有间歇式和连续式两种类型。加压过滤机以滤浆泵或压缩空气产生的压力为过滤推动力，有间歇操作和连续操作两类。

发展趋势　选矿设备将继续向大型化、高效、节能方向发展，并向多学科、多领域交叉发展。将不断提高设备的控制技术、数字化和智能化水平，降低劳动强度和人工成本，提高操作精度和运行效率。

（夏晓鸥）

选矿试验　concentration test　矿产资源开发利用或工艺流程改造过程中对矿石进行的综合性试验研究。基本任务在于解决矿产资源的工业化利用问题。通过选矿试验，为选矿厂建设或技术改造设计提供依据，以确定最佳的工艺流程、参数和设备，选择经济高效的选矿药剂，并获得最佳的技术经济指标。试验内容一般包括**矿石可选性**研究，新工艺、新药剂、新设备的研究和选矿基础理论的研究。选矿试验方法主要有重选法、磁选法、浮选法、电选法、化学选矿法和拣选法等，有时也采用多种方法联合的试验（见表）。

试验程序为工艺矿物学研究、矿样制备、试验方案的制订、分选试验、试验数据的整理和试验报告的编写。其中分选试验类别有可选性试验、试验室小型流程试验、试验室扩大连续试验、半工业试验、工业试验和单项技术试验。选矿试验类别及主要使用范围，应符合表中规定。将所得的试验结果进行系统整理，编写试验报告。

（纪　强）

选矿试验类别及主要使用范围

试验类别	主要使用范围
可选性试验	矿床评价或预可行性研究，现有选矿厂工艺流程和参数的优化
试验室小型流程试验	易选及较易选矿石选矿厂的可行性研究、初步（基本）设计
试验室扩大连续试验	难选矿石选矿厂的可行性研究、初步（基本）设计
半工业试验	极难选矿石选矿厂的可行性研究、初步（基本）设计
工业试验	采用无生产实践经验的新技术选矿厂的初步（基本）设计
单项技术试验	获得的某种工艺参数为工艺选择和设备计算提供依据，如功指数、淋溶试验等

选矿试验采样　sampling for concentration test　为满足**选矿试验**要求，从待研究的矿石中采出具有代表性矿样的过程。通常应由研究、设计和业主共同确定采样要求，然后由地质部门根据采样要求进行采样设计和施工。采样设计方案应符合矿山实际情况，采样地段与矿山开采顺序相符。

针对不同的试验目的、不同性质的试验对矿样的不同要求，在保证矿样代表性的前提下，结合现场的实际情况，选择最为经济合理的采样方法。采样方法包括刻槽法、剥层法、爆破法和岩心劈取法。采样方式包括：①矿床采样。直接从矿体上或岩心样中采取矿石作为矿样的过程。一般是进行**矿石可选性**评价或为新选矿厂设计提供技术依据。②选矿厂采样。在选矿厂内对静置料堆和流动物料进行的采样工作。

采样应保证最后所制备的矿样满足矿样的代表性和矿样的最小必须量。①矿样的代表性。所采取的矿样在规定的采样和分析误差范围内，能正确反映待开发矿床中矿石的物质组成、嵌布特性和可选性等性质。选矿试验矿样是否具有代表性直接影响选矿试验结果的正确性和可用性，还会影响对矿床经济价值的评价和企业的项目建设决策。矿样的代表性主要表现在：矿样性质应与所研究的矿体基本一致、采样方案应符合矿山生产时的实际情况、不同性质的试验对矿样的不同要求。②矿样的最小必须量。为保证一定粒度矿样的代表性所必须采取的最小矿样量。对采样过程，指的是总样（平均矿样）而不是单样的质量。各个阶段的选矿试验所需的矿样质量取决于试验规模、目的、深度、矿石种类、性质、复杂程度、有用元素的个数、选矿方法、工艺流程、试验设备的处理能力、试验持续时间以及采样工程的施工运输条件等。切乔特公式常用于确定矿样最小必须量：

$$Q=KD^2$$

式中Q为矿样的最小质量，千克；D为矿样中最大块度的尺寸，毫米；K为经验系数。

（纪　强）

选矿消泡剂 mineral processing defoamer 在选矿中，抑制泡沫产生或消除泡沫的浮选药剂。又称选矿消沫剂。选矿消泡剂通过降低泡沫局部表面张力、破坏液膜弹性、促进液膜排液等方式降低液膜的强度而导致泡沫破灭，从而起到消泡的作用。

根据化合物类型主要分为烃类油消泡剂、聚醚类消泡剂和硅氧烷类消泡剂3类。此外，还有种类繁多的其他类型消泡剂被用于矿物加工过程。①烃类油消泡剂，主要为煤油、柴油、燃料油等碳氢化合物。其按分子组成也可分为脂肪烃、脂环烃和芳香烃三大类。主要工业来源为石油的蒸馏产品，其次是炼焦工业的副产物焦油及其分馏产品。②聚醚类消泡剂，主要以环氧乙烷、环氧丙烷等为原料进行开环聚合而制得。按聚合方式可分为整嵌、杂嵌和全杂嵌型聚醚3种。整嵌型聚醚是引发剂上先加上一种氧化烯烃，然后再加上一种氧化烯烃的产物。杂嵌型聚醚有两种，第一种为引发剂先加成两种或多种氧化烯烃的混合物，然后再加成某种单一的氧化烯烃；第二种则次序相反。全杂型聚醚为引发剂上先引入按一定比例的两种或多种氧化烯烃的混合物，也可能是两者不同的混合物。③硅氧烷类消泡剂，常为聚二甲基硅氧烷，也称为二甲基硅油，是一种疏水性的有机硅化合物，聚硅氧烷本体、复合物、溶液和乳液等构成了一大类消泡剂。④其他类型消泡剂，例如乳化硅油、高碳醇脂肪酸酯复合物等，按物理形态可以分为油型、溶液型、乳液型、粉末型和复合型等。

选矿消泡剂在矿物加工过程中主要用于浮选精矿泡沫的消泡处理，以利于浮选精矿的沉降、过滤以及后续加工。

（朱一民）

选矿效率 efficiency of concentration 选矿生产过程中表示选别过程效果好坏的综合指标。无选别作用时，其值为零；当达到最佳理想分选效果时，其值为100%。较常用的选矿效率（E）的计算公式有两种：

$$E=\frac{\varepsilon-\gamma_{精}}{1-\alpha/\beta_{纯}}(\%) \qquad (1)$$

$$E=\frac{\beta(\alpha-\delta)(\beta-\alpha)}{\alpha(\beta-\delta)(\beta_{纯}-\alpha)}(\%) \qquad (2)$$

式中ε为选矿回收率；$\gamma_{精}$为精矿产率；α为原矿品位；β为精矿品位；δ为尾矿品位；$\beta_{纯}$为欲选的纯矿物中有用成分百分含量。

一般情况下，公式（1）适用于原矿和精矿品位以及选矿富集比都不高的低品位矿石的粗选和预选作业。公式（2）适用于原矿品位低而精矿品位高的有色和稀有金属矿石的选别。对于原矿品位高而富集比不高的铁、锰、铬等矿石，两式均可应用。

（王常任）

选矿絮凝剂 mineral processing flocculant 选矿过程中，能使矿浆中的溶质、胶体或者悬浮物颗粒产生絮状物沉淀的物质。

作用原理 絮凝剂的作用力包括静电力、偶极吸引力、范德瓦耳斯力、疏水性缔合作用、化学键、氢键等物理或化学作用力，且可能同时存在两种或多种作用力。根据作用方式，可以分为吸附-架桥作用、凝聚和疏水作用等。①吸附-架桥作用，高分子絮凝剂同时在两个以上的胶体或微粒表面吸附，借助自身的长链特征把胶体或微粒连接在一起，形成絮团，是高分子絮凝剂的主要作用。②凝聚作用，多是无机电解质凝聚剂，有机电解质絮凝剂也有这类作用。由于矿物颗粒表面的双电层静电作用，矿物颗粒不能靠近形成相对稳定的悬浮液。在悬浮液中加入电解质絮凝剂，通过电性中和，压缩双电层，降低了矿物颗粒表面的ζ电位和微细矿物颗粒间的排斥能，依靠范德瓦耳斯力等作用力使矿物颗粒凝聚。③疏水作用，主要是表面活性物质（如捕收剂）和烃油起这类作用。矿物表面吸附异极性药剂或非极性药剂后，表面呈疏水性的矿物颗粒因烃链间的缔合而发生团聚，形成大颗粒而沉降。

分类 按来源可分为：①天然高分子絮凝剂，主要包括淀粉、纤维素、木质素、腐植酸、甲壳素、壳聚糖及动物骨胶等。受到原料本身性能的限制，不宜直接使用，而使用它们的改性产品。淀粉类絮凝剂主要有羧甲基淀粉、阳离子淀粉以及聚丙烯酰胺（PAM）淀粉、聚丙烯酸（钠）淀粉、氧肟酸淀粉等改性淀粉。木质素类絮凝剂主要有木质素季铵型阳离子絮凝剂、木质素接枝共聚物絮凝剂等。甲壳素类絮凝剂主要有壳聚糖类、羧甲基壳聚糖类、甲壳素多聚糖等。②合成高分子絮凝剂，以聚乙烯、聚丙烯类聚合物及其共聚物为主。根据高分子在水中的电离性质，合成高分子絮凝剂可分成阴离子型、阳离子型、非离子型和两性离子型4种。当分子上的基团在水中电离后，留下带负电的部分（如得到$-SO_3^{2-}$或$-COO^-$）时，整个分子变为带负电荷的大离子，这种聚合物称为阴离子型絮凝剂。当基团上留下带正电的部分（如得到$-NH_3^+$、$-NH_2^+-$），而整个分子变为一个很大的正离子时，称为阳离子型絮凝剂。不含离解基团的聚合物则称为非离子型絮凝剂。当分子链上既带有正离子又带有负离子时则称为两性离子絮凝剂。③微生物絮凝剂，是由微生物产生的具有絮凝活性的高分子有机物，主要含有糖蛋白、黏多糖、纤维素和核酸等，相对分子量在10^5以上，具有生物的易分解性、安全性、无毒、无二次污染等特点。微生物在矿物表面吸附时，具有桥联作用、电性中和及化学反应等作用机理而表现出絮凝性。最具代表性的是草分枝杆菌、酱油曲霉、拟青霉素、红平红球菌等产生的微生物絮凝剂。

应用 絮凝过程所形成的絮凝物称为絮团，比较松散，是网状的聚集态。选矿絮凝剂主要应用于：①用作浮选絮凝剂，起选择性絮凝作用，可以使细粒目的矿物团聚，被捕收剂捕捉而上浮，提高细粒矿物浮选效率，降低浮选药剂的用量。对磁性矿物或外加磁种，利用絮凝剂可使矿物形成磁性絮团，再利用磁选分离。②用作浮选抑制剂，也是起选择性絮凝作用，但作用的对象是欲抑制矿物，使之团聚而加速下沉，提高浮选的选择性。③用作矿浆絮凝沉降剂，促进细粒矿物颗粒的絮凝，加快矿浆沉降速度，提高沉降效率。在细磨矿石的矿浆中加入分散剂和絮凝剂，使微细脉石颗粒分散，待分选矿石颗粒团聚而沉降，达到脱泥的目的。用于浮选精矿处理，可防止细粒物料的流失，提高矿浆沉降、浓缩及精矿脱水效率。用于浮选尾矿处理，可加快尾矿矿浆的澄清速度，提高选矿回水的回用效率。在拜耳法氧化铝生产工艺的赤泥矿浆、选矿精矿和尾矿的矿浆中添加絮凝剂，可以提高赤泥矿浆的沉降效率。④用作选矿助滤剂，在矿浆过滤过程中添加絮凝剂，可以提高过滤效率，降低滤饼的含水量。⑤用作废水处理剂，利用絮凝剂可以有效地去除选矿废水、矿山重金属废水中的悬浮物和重金属离子，使废水可回用或达标排放。

扩展阅读

邱冠周，胡岳华，王淀佐. 颗粒间相互作用与细粒浮选. 长沙：中南工业大学出版社，1993.

（王 帅）

选矿药剂 mineral processing reagent 在矿物加工过程中使用的各种不同类型和用途的化学药剂的总称。包括在磨矿、分级、脱泥、浮选、絮凝、重选、磁选、浸出、精矿和尾矿处理等工序，以及环境保护和安全生产中所使用的药剂。选矿药剂的主要作用是改变矿物表面及矿浆的物理、化学性质，从而改变或强化矿物的可选性，提高选矿过程作业效率，实现矿物分离和或富集的目的。选矿药剂已被广泛应用于现代选矿工业。

简史　选矿药剂的应用历史悠久，唐樊绰著《蛮书》中记载了采用鹅毛蘸油黏捕细微金、银颗粒；古希腊也有采用油和沥青收集矿物的记载。1860年，开始使用各种矿物油和植物油以及简单的加工油作为**浮选药剂**。1887年，使用氰化物溶液直接从矿石中浸出提取金、银，开始在矿山生产成品金。20世纪初至30年代，**黄药**、**黑药**、脂肪酸皂、脂肪胺等**捕收剂**，松油等起泡剂，重铬酸钾、氰化物、硫酸铜等调整剂相继投入使用，奠定了现代浮选工业的基础。

20世纪初，硫酸、氨水等浸出剂及各类萃取剂、离子交换树脂等**化学选矿药剂**相继获得工业应用。其应用范围涉及铀矿、金银矿、铜矿等矿山。60年代以后，化学选矿药剂开始广泛应用于低品位硫化矿、含砷硫化矿、难处理氧化矿、铀矿、难处理金矿等的工业生产中。

分类　根据药剂的功能和应用对象，选矿药剂可分为浮选药剂、化学选矿药剂以及其他辅助选矿药剂。浮选药剂又可分为捕收剂、调整剂、起泡剂、消泡剂等，其中调整剂主要包括**pH值调整剂**、分散剂、抑制剂和活化剂等。化学选矿药剂主要包括浸出剂、沉淀剂、萃取剂、离子交换剂、吸附剂等，絮凝剂在化学选矿中也经常用到。其他辅助选矿药剂主要包括助滤剂、助磨剂、黏结剂等。

根据选矿药剂的性质，可分为无机化合物、有机化合物和高分子化合物3种基本类型。无机化合物主要为调整剂；有机化合物在捕收剂、调整剂、起泡剂等中都有应用，包括醇、醛、酮、醚、酸、酯、酚等含碳、氢、氧化合物及含硫、氮的苯环和含磷硅等元素的有机化合物；高分子化合物主要为调整剂、絮凝剂等。

根据选矿药剂的分子结构特点，又可分为非极性化合物、极性化合物和高分子化合物。

主要研究内容　选矿药剂研究主要是理论研究和开发新型选矿药剂，以及药剂的制备与应用方法研究。具体包括选矿药剂的分子设计、组合捕收剂的配方设计和混合用药设计、选矿药剂的绿色生产工艺、药剂制度的建立、选矿药剂的环境影响评价等方面。20世纪末以来，选矿药剂的研究重点是开发绿色高效新药剂，采用无毒或低毒原料，开发低毒或易降解的选矿药剂及其绿色生产工艺。

发展趋势　随着矿产资源的日益贫、细、杂化，矿石的选别难度越来越大，对选矿的要求也越来越高。为了满足低品位复杂矿石的处理需求，选矿药剂的主要发展方向有：①发展具有特异选择性的药剂，对目的矿物进行选择性富集和回收。②采用组合药剂，利用药剂间的协同作用，减少药剂用量，提高选矿指标。③研究开发高效、低毒的选矿药剂及其绿色制备技术，减少药剂对环境的影响。④充分利用石油化工、生物化工、油脂化工、农业化工产品或副产品开发选矿药剂，形成与其他行业紧密结合的产业链，提高产品附加值，降低生产成本。

（钟　宏）

选矿助滤剂　mineral processing filtration aid　添加于矿浆中，用于提高过滤效率、减少过滤介质阻塞、降低滤饼水分、改善滤饼结构的**选矿药剂**。

分类　选矿助滤剂根据化学结构可分为无机物助滤剂和有机物助滤剂。

无机物助滤剂包括矿物、无机聚合物以及无机酸、碱、盐、氧化物等。①矿物类助滤剂，包括硅藻土、膨胀珍珠岩、石棉、石英砂等。②无机聚合物类助滤剂，主要包括聚合氯化铝、聚合硫酸铝、聚合硫酸铁、聚合氯化铝铁、聚合硫酸硅铝等。③无机酸、碱、盐及氧化物类助滤剂，主要包括盐酸、硫酸、石灰、氧化镁、氢氧化钠、氢氧化铝、氢氧化铁、氢氧化钙、氯化铝、硫酸铝、三氯化铁、硫酸铁、碳酸钠、碳酸镁、明矾等。上述无机物助滤剂中，铝盐、铁盐及其复盐与聚合物也是常用的无机凝聚剂，它们既有沉降助凝作用，也有脱水助滤作用。

有机物助滤剂主要包括絮凝剂型助滤剂和表面活性剂型助滤剂。①絮凝剂型助滤剂，根据来源种类可分为天然高分子型助滤剂和合成高分子型助滤剂。天然高分子型助滤剂主要包括腐植酸、淀粉、木质素、纤维素、海藻酸、明胶等；合成高分子型助滤剂主要包括聚丙烯酸、聚丙烯酰胺等。絮凝剂型助滤剂不仅具有脱水助滤作用，而且具有絮凝沉降作用。②表面活性剂型助滤剂，是一种具有亲水基和疏水基的异极性化合物，可分为非离子型、阴离子型、阳离子型3类。非离子型助滤剂主要有吐温、烷基聚氧乙烯醚等。非离子型表面活性剂不仅能降低滤液的表面张力，还能提高固体颗粒表面的疏水性。阴离子型助滤剂主要有磺酸基琥珀酸、琥珀酸酰胺酯等。阳离子型助滤剂主要为伯胺、仲胺、叔胺和季铵盐等表面活性剂。

根据作用特征分类，可分为介质型助滤剂和化学助滤剂。①介质型助滤剂，主要是一些分散的不同尺寸的固体添加剂，如硅藻土、膨胀珍珠岩、石棉、植物纤维等。在过滤过程中，它们起过滤介质的作用。硅藻土、膨胀珍珠岩等矿物类助滤剂质地较硬且表面带电荷，有助于保持滤饼孔隙率，消除滤液中的悬浮微粒。石棉、植物纤维等纤维类助滤剂质地松软，有利于改善滤饼的可压缩性，与矿物类助滤剂联合使用，可提高滤饼韧性。②化学助滤剂，指能够改善过滤性能的化学药剂，又称滤饼脱水助剂或过滤预处理药剂，主要包括絮凝剂型助滤剂和表面活性型助滤剂。此外，还包括石灰、烃油等能够改善过滤性能的其他化学药剂。

作用原理　选矿助滤剂的使用可以改善滤饼结构，吸附小颗粒和凝胶物质，增强过滤介质对固体颗粒的机械截留作用和吸附作用，将简单的表面过滤变为深层过滤，提高过滤效果。其中：①无机凝聚剂型助滤剂，助滤原理是对悬浮固体颗粒起凝聚作用。无机絮凝剂加入滤液后，通过电荷中和作用，降低颗粒表面电位，压缩扩散层，使颗粒双电层重叠产生排斥力的颗粒间距离减小，部分动能较大的颗粒冲破势垒，产生凝聚。其凝聚作用慢，凝聚强度大，絮团小，含水率低。②絮凝剂型助滤剂，助滤原理主要是依靠高分子聚合物的桥联作用，使矿石颗粒絮凝成团，防止微细粒堵塞过滤介质和沿厚度方向的分层沉积，强化细粒矿石脱水。当添加絮凝剂后，颗粒粒度变粗，滤饼中毛细管管径也相应增大，导致毛细管阻滞力减小，过滤速度提高，滤饼脱水性能改善。此外，对于水解体的高分子量或低分子量的絮凝剂，还存在有吸附-电中和作用。聚电解质吸附了带异性电荷的颗粒之后，引起电性中和，导致颗粒聚集。③表面活性剂型助滤剂，助滤原理主要是通过降低表面张力、提高细粒矿石的疏水性来强化脱水。表面活性剂具有双亲性结构，亲水基常表现出亲固性能，当它吸附并覆盖在矿物颗粒表面时，非极性基朝外，这样就会使矿物颗粒疏水，从而达到助滤的效果。

应用　选矿助滤剂能显著提高矿浆过滤效率，降低滤饼水分，改善滤饼结构，广泛应用于选矿的过滤作业。例如，在铁矿、氧化铜矿、碳酸锰矿等矿石的选矿过程中，微细粒矿石难以过滤，添加絮凝剂型助滤剂可以使细粒矿石团聚，减少滤液中的悬浮颗粒，提高过滤效果。

在精煤过滤脱水过程中，添加阳离子型助滤剂有利于降低滤饼水分，而添加阴离子型助滤剂则有利于提高沉降速率。将表面活性剂与烃油一起用于选煤过程，可以提高对精煤的助滤效果。

在氧化铝生产过程中，在粗液中添加石灰乳，可与铝酸钠溶液反应生成疏松、多孔的水化石榴石，减小过滤阻力，提高过滤机的生产能力。

扩展阅读

张泾生，阙煊兰. 矿用药剂. 北京：冶金工业出版社，2008.

朱玉霜，朱建光. 浮选药剂的化学原理. 长沙：中南工业大学出版社，1996.

郭玲香. 聚合物絮凝与助滤作用机理. 南京：东南大学出版社，2007.

胡筱敏. 化学助滤剂. 北京：冶金工业出版社，1999.

（王　帅）

选择性腐蚀　selective corrosion　在**金属腐蚀**过程中，在表面上某些特定部位有选择地溶解的现象。

种类及特性　选择性腐蚀可分为组分的选择性腐蚀和组织的选择性腐蚀。组分的选择性腐蚀是金属固溶体的组分之一，由于腐蚀而优先地转入溶液，而金属表面则逐渐地富集了另一组分，如黄铜脱锌。组织的选择性腐蚀是在多相合金中任何一相发生优先溶解，如铸铁因腐蚀而发生**铁素体**的溶解以及碳化物和石墨在表面上富集。

由于腐蚀后剩下一个已优先除去某种合金组分的组织结构，所以选择性腐蚀也常称为去合金化。去合金化后材料总的尺寸变化不大，但金属已失去了强度，因而易于发生危险事故。有时去合金化也有有益的用途，如用碱选择性地去掉铝镍合金中的铝，可制备镍催化剂。也可利用高温氧化过程中的选择性腐蚀达到防护效果。由于添加的合金元素与基体材料的高温氧化行为不同，可因添加组分的氧化而出现致密的氧化膜保护基体材料。当添加元素超过一定临界浓度时，这种防护作用将会十分明显。掺杂效应常是构成高温耐蚀材料的基础。

除水溶液腐蚀介质外，在其他介质中以及高温腐蚀的条件下，也会发生选择性腐蚀。原子能反应堆中常用的液态金属介质，会对合金中某些组分有选择地溶解，造成金属材料表面层内这些成分贫化，也属于选择性腐蚀。

熔盐体系是引起选择性腐蚀的危险介质，合金中比较活泼的组分在熔盐介质中的选择性溶解，常与高温氧化同时发生。在较高温度的熔盐体系内，合金中较活泼的元素和空位形成双向扩散，空位向内运动时聚集形成空腔，出现了**克肯达耳效应**。虽然腐蚀的溶解量不大，但对材料的高温力学性能影响很大。燃气轮机的转子叶片受热应力较大，容易因此造成破坏事故。晶界上的选择性腐蚀，其危险性更大。

机理　选择性腐蚀源起于金属表面上组分的差异，其在腐蚀介质的作用下行为各异。与介质反应时活性较大的组分将被优先氧化或溶解，而较稳定的组分则残留下来。

已经提出过几种不同的选择性腐蚀机理，在不同情况下腐蚀的历程可能不同。例如，水溶液中黄铜脱锌时黄铜先溶解，然后铜镀回基体上，形成腐蚀微电池；而在高温氧化条件下，生成氧化物时自由能下降较多的元素将优先夺走氧，因而氧化程度较大。液态金属中的腐蚀主要是一种物理作用，而不是化学作用；熔盐中的腐蚀则介于液态金属和水溶液之间，可能是物理溶解，也可以进行电化学反应。

控制措施　使材料表面均匀化和调整介质的腐蚀活性是防止选择性腐蚀的基本方法。往合金或介质内加入某些组分作为缓蚀剂，如黄铜中加入少量砷，也能防止选择性腐蚀。此外，防护层和阴极保护等也是常用的防护方法。

（黄子勋）

选择性絮凝浮选　selective flocculation flotation　用高分子絮凝剂使矿浆中微细矿粒选择性地絮凝成粒度较大的絮团，加以分离回收的**浮选**方法。又称高分子絮凝。

简史　20世纪60年代发展起来的一种分选微细颗粒矿物的工艺，最初由英国皇家矿业学院的J.A.基奇纳和华伦斯普林实验室的矿石加工研究小组提出。R.A.鲁尔温和D.W.沃德首先在1952年提出关于“桥联”的絮凝机理，并用架桥理论解释高分子聚合物对矿物微粒的絮凝集聚。

絮凝原理　主要是桥联机理。通过高分子絮凝剂（通常是高分子表面活性剂）长链上的活性基团选择性地与悬浮液中某种固体颗粒表面的多个活性基团或活性点发生吸附，将它们联结在一起形成大颗粒。此时，高分子絮凝剂起桥梁作用，将若干微细颗粒聚集起来，形成尺寸较大的絮团（见图）。形成这种搭桥作用必须要求表面活性剂分子有多个官能团吸附在固体表面，链要足够长，可以吸附在两个或多个颗粒表面。高分子絮凝剂分为天然絮凝剂和合成絮凝剂两大类。天然絮凝剂如

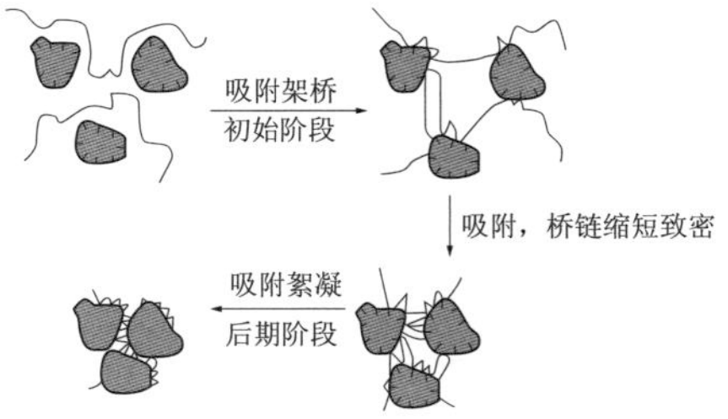

高分子絮凝剂对微粒的吸附桥联模式

淀粉、单宁、糊精、明胶、羧甲基纤维素、腐植酸钠、蛋白质、树胶等。合成絮凝剂为带有极性基团的有机单体聚合而成的线状聚合物，如聚丙烯酰胺、聚氧化乙烯、聚乙烯醇、聚乙烯亚胺等。按极性基团的性质，絮凝剂分为阴离子型、阳离子型及非离子型。

工艺　主要分为分散、加药、吸附、选择絮凝和沉降分离5个阶段，即要先使矿浆呈分散状态，其次絮凝剂应有选择性，仅吸附在目的矿物颗粒上，最后使絮团从矿浆中分离。主要有4种方法：①在浮选前进行粗细粒分级，粗粒浮选，细粒选择性絮凝。②浮选前选择性絮凝，脱除细粒脉石，絮凝沉降物进行浮选分离。③选择性絮凝后，先用浮选法浮选被絮凝的脉石，再浮选呈分散状态的有用矿物。④絮凝（抑制）脉石，然后浮选有用矿物。

影响因素　包括絮凝剂分子量大小、结构、水解度、功能团性质等本身的选择性能，絮凝剂的配制、添加方式、用量，矿物表面的电化学性质和溶解度等物理性质，磨矿时矿物表面的污染、矿泥的覆盖，溶液电解质种类和数量、pH值、黏度等介质性质，搅拌强度、絮团分离方式等因素。

应用　20世纪中叶以来开展包括黑色、有色和非金属多种矿山的选择性絮凝分选研究，应用范围涉及铁矿、铜矿、煤矿、钾盐矿、铝土矿、锡矿、硅铝酸盐、磷酸盐和锰矿等。最著名的选择性絮凝浮选工业应用是美国的蒂尔登普兰特公司，采用絮凝-脱泥-反浮选技术，选取玉米淀粉作选择性絮凝剂，在浓密机脱泥过程中脱除15%～30%的小于5微米粒级的脉石矿物，再使用阳离子型的胺类捕收剂反浮选脉石矿物，最终获得铁品位65%、二氧化硅含量为4.85%、磷含量为0.039%、回收率为77%的铁精矿。

扩展阅读

胡为柏. 浮选. 北京：冶金工业出版社，1983.

（谭　欣）

Y

压焊 pressure welding 在压力作用下使界面两侧金属实现原子间结合的焊接方法。压焊过程中通常对界面进行加热以达到降低焊接压力、提高焊接效率和可靠性的目的。根据焊件接触界面加热程度不同，可分为4类：①材料不加热，单纯依靠机械压力或高速冲击力产生的结合面塑性变形实现材料的固相连接，包括冷压焊、爆炸焊、磁脉冲焊等工艺。②材料加热到高温塑性，在热力耦合作用下通过界面原子扩散实现固相连接，如超声波焊、**摩擦焊**、**扩散焊**等。③材料连接表面的薄层金属加热到微熔化状态，然后借助外力的顶锻实现界面连接，接头中不出现铸态组织，部分熔化金属在接头形成过程中被挤出，如**高频焊**、旋转电弧焊、闪光对焊等。④材料界面金属在压力和大电流共同作用下加热到熔化状态，在感应磁场力的作用下混合并通过强制水冷凝固形成焊核，包括电阻点焊、电阻缝焊、电阻凸焊等。

压焊工艺在工业中应用广泛，以固相连接形式出现时，接头中热输入低，热应力小，焊接过程中的压力能够去除材料表面氧化物层，有利于形成高质量接头；以**电阻焊**形式出现时，焊机功率大，接头中会形成铸态组织，工艺自动化程度高，生产节奏快，广泛应用于汽车、地铁等薄壁车体的装配。 （李永兵）

压滤机 press filter 由多块滤板和滤框叠合组成滤室，并以外来压力为过滤推动力的过滤机。压滤机广泛应用于精煤浮选、原生煤泥的脱水，也可以用于黑色冶金、有色冶金、化工、轻工、建材、饲料、城市生活污水（泥）等行业的**固液分离**。

按操作方式和结构特点，可分为间歇压滤机和连续压滤机。间歇压滤机包括板框压滤机、厢式压滤机、立式压滤机、隔膜压滤机等。连续压滤机包括带式压滤机、圆盘压滤机等。

板框压滤机 由交替排列的滤板和滤框构成一组滤室（图1）。滤板的表面有沟槽，其凸出部位用以支撑滤布。滤框和滤板的边角上有通孔，组装后构成完整的通

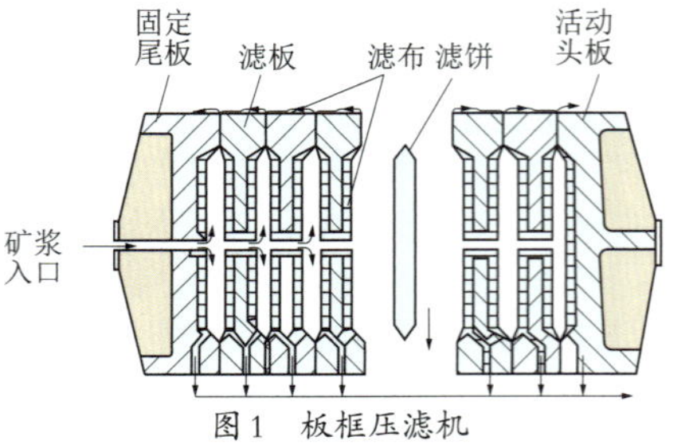

图1 板框压滤机

道，能通入悬浮液、洗涤水和引出滤液。板、框两侧各有把手支托在横梁上，由压紧装置压紧板、框。板、框之间的滤布起密封垫片的作用。由供料泵将悬浮液压入滤室，在滤布上形成滤渣，直至充满滤室。滤液穿过滤布并沿滤板沟槽流至板框边角通道，集中排出。过滤完毕，可通入清洗涤水洗涤滤渣。洗涤后，有时还通入压缩空气，除去剩余的洗涤液。随后打开压滤机卸除滤渣，清洗滤布，重新压紧板、框，开始下一工作循环。这种压滤机对物料适应性强，结构简单，操作方便，广泛用于化工、石油、制药、食品、发酵、环保等行业。

厢式压滤机 结构和工作原理（图2）与板框压滤机类似，不同之处在于滤板两侧凹进，每两块滤板组合成一厢形滤室，省去滤框，滤板中心有一圆孔。悬浮液由此流入各滤室。这种压滤机既可用于分离低浓度悬浮液，又能分离黏度较高或接近饱和状态的悬浮液，广泛用于石化、冶金、有色冶炼、燃料、矿业加工、环保污水处理等行业。

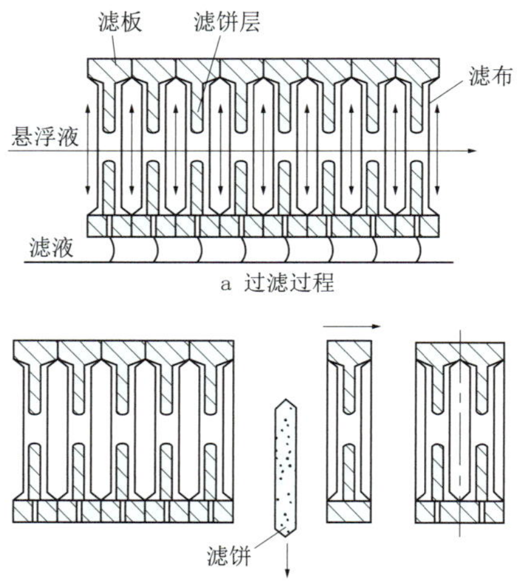

a 过滤过程
b 卸料过程
图2 厢式压滤机

立式压滤机 滤板水平和上下叠置，形成一组滤室。占地面积较小、设备操作自动化。长程序控制工作模式有过滤、一次隔膜挤压、滤饼洗涤、二次隔膜挤压、滤饼吹干、滤饼的排出与滤布洗涤6个过程，短程序控制工作模式有过滤、隔膜挤压、滤饼吹干、滤饼排出与滤布洗涤4个过程。这种压滤机结构较简单，广泛应用于镍精矿、氧化锌浸出液、酵素、淀粉、碱渣、沸石、铜精矿等产品的过滤。

隔膜压滤机 在滤室内装有弹性隔膜以增加压榨脱水过程。工作时，首先正压强脱水，也称进浆脱水，即一定数量的滤板在强机械力的作用下被紧密排成一列，滤板面和滤板面之间形成滤室，过滤物料在强大的正压下被送入滤室，进入滤室的过滤物料其固体部分被过滤介质（如滤布）截留形成滤饼，液体部分透过过滤介质而排出滤室，从而达到固液分离的目的（图3）。进浆脱水之后，配备了橡胶挤压隔膜的压滤机。压缩介质（如气、水）进入隔膜的背面推动挤压隔膜使挤压滤饼进一步脱水，称为压榨脱水。脱水完成后，解除滤板的机械压紧力，单块逐步拉开滤板，分别敞开滤室进行卸饼，为一个主要工作循环完成。根据过滤物料性质不同，压滤机可分别设置进浆脱水、压榨脱水，目的是最大限度地降低滤饼水分。隔膜压滤机有手动、半自动和全自动操作类型，结构形式基本相同。

带式压滤机 过滤介质以带状形式缠绕于一系列滚轮上，利用滚轮对滤饼的挤压以达到脱水作用。工作过程包括絮凝给矿、重力脱水、挤压脱水和卸料及滤带清

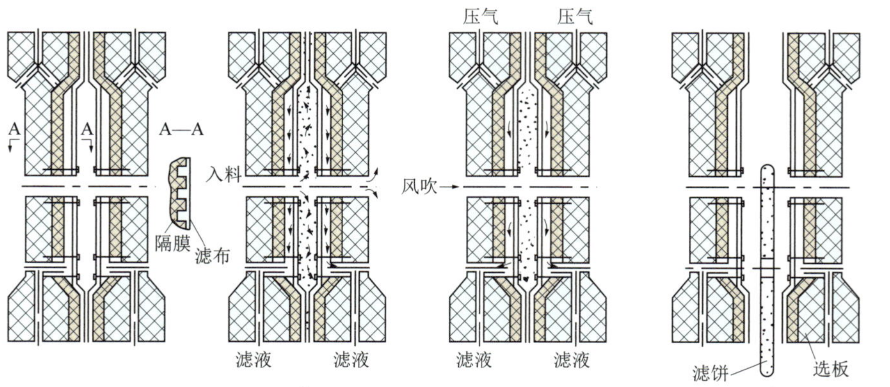

a b c d
图3 隔膜压滤机

洗4个基本阶段。在使用时主传动辊与机架呈90°，压滤辊呈平行状态，其余辊筒与机架也呈90°，滤带左右跑偏量控制在3毫米之间。物料在压滤机上一般能均匀分布，特殊情况下须手动调整。带式压滤机结构简单、作业率高、能耗低，可连续作业，广泛应用于过滤各种污泥、选煤产品、**湿法冶金**的残渣等物料（可将悬浮物、沉渣和矿泥压滤脱水）。此外，还可用于浆料浓缩以及其他各种固液分离过程。

圆盘压滤机　用旋转叶轮限制滤饼增厚的压滤机，由固定滤板、中心转轴、旋转叶轮等部件组成。叶轮固定在转轴上，转轴通过滤板的中心。滤板与叶轮相间排列，叶轮两侧装有刮刀。过滤机的滤板两侧均开有导液槽，其上覆盖有过滤介质。料浆由加料口进入压滤机，设在滤室上的洗涤液加入口导入洗涤液。转轴穿过各级滤板中心处具有一定半径的圆孔，所形成的环隙即为各级料浆由前一级进入后一级的通道。叶轮以一定角速度旋转，滤浆沿着滤板与叶轮间的狭缝运动并产生过滤作用。滤液通过滤布和滤板上的导液槽排出。刮刀与过滤介质间留有一定的间隙，以便控制滤渣层的厚度。

（周兴龙　章晓林　刘　丹）

压团法　briquetting　在模具内将粉状物料以一定压力压制成一定形状和大小团块的方法。是钢铁工业应用最早的细粒含铁物料造块工艺。压团法始于19世纪30年代。19世纪后叶被引入钢铁冶炼领域，用于**铁矿粉造块**。由于单机生产能力小，在钢铁生产中采用较少，适于烧结法和球团法难以处理的原料，如钢铁厂含铁尘泥。

工艺过程　一般包括配料、混匀、碾揉、加压成形、筛分和固结等工序。将不同原料按比例配合，混匀。当配入的添加黏结剂剂量较少时，无论是粉状还是流体状黏结剂，在选择混匀设备时都应使黏结剂均匀黏附到每颗矿粒表面。碾揉是使压团料塑性化，并加强黏结剂与颗粒表面的相互作用。加压成形时需要进行筛分，将团块中的散料分离出来并返回压团。压成的生团块需经固结处理后得到团块产品。

团块固结方式主要有：①干燥固结。团块通过干燥脱水后，依靠黏结剂的作用实现固结，有强制干燥和自然干燥两种方法。强制干燥是指通过**干燥设备**将团块加热到一定温度脱除水分；自然干燥是指将团块在晾晒场铺开，利用阳光和风的作用脱除水分。②高温固结。在高温条件下，通过原料中某些组分间的相互反应发生质点扩散，在颗粒间形成连接使团块固结。高温固结具有较高的固结强度，固结温度随固结反应的温度要求而变化。采用高温固结时，先干燥生团块，以避免生团块直接进入高温而产生爆裂。③养护固结。在湿态下养护使团块黏结剂固化或颗粒接触界面发生反应，增强团块强度的固结方式。如用水泥或石膏做黏结剂时，需要进行湿态养护，使水泥或石膏与水发生凝胶反应，在物料颗粒间形成桥联骨架作用使团块固结。当原料中含有易在电解质溶液中发生氧化的成分（如金属铁）时，可加入一定量的电解质压团，通过湿态养护使物料颗粒中易氧化组分在电解的作用下发生氧化，相邻颗粒通过氧化产物相互连接，从而实现团块的固结。由于金属铁的氧化是一个锈化过程，因而又称这种固结为锈化固结。④碳酸化固结。针对消石灰黏结剂采用的一种特有的固结方式。通入二氧化碳（CO_2）气体，将氧化钙（CaO）转变为碳酸钙（$CaCO_3$），$CaCO_3$在颗粒间的结晶形成晶桥骨架连接，实现团块的固结，使团块具有足够的强度。影响碳酸化固结速率的因素有生团块的大小与气孔率、废气流量与CO_2浓度、废气的温度、生团块中CaO与水分的含量。

影响因素　影响压团法生产的主要因素有物料天然性质、添加物的影响、压团工艺条件等。

物料天然性质的影响　粉状物料的天然性质包括表面性能、塑性、颗粒形状及粒度组成。表面亲水性强则压团时水的毛细力作用大，与黏结剂的亲和力强，在黏结剂的作用下可形成良好的团块强度。物料塑性越大越易发生位移和变形，料层阻力越小，在较小压团压力下可使物料紧密，更好地发挥分子黏结力作用，使得团块强度提高。球形颗粒物料因其表面相对光滑，易位移，使得成形团块密度较大，而多角形、树枝状和针状颗粒的物料因位移较困难，阻力大使团块密度小。但是，多角形、树枝状和针状颗粒物料因颗粒间的机械啮合作用强，团块强度比球形颗粒高。粒度细而均匀的物料，其松装密度小，不易压制；粒度太大而均匀的物料，其单个颗粒体积大，不易发生位移和变形，故压制性能也差。因此，太粗或太细而均匀的物料对提高团块的密度和强度都不利。

添加物的影响　当粉状物料压团性能差、团块强度要求高时，通常选用适当的添加物以改善压团效果。添加物对压团过程的作用有：减少物料颗粒间及颗粒与模壁间的摩擦，利于压团过程的进行；促进压团时细粒物料迅速变形，并能减少由于密度分布不均匀导致的团块开裂；增强颗粒间的黏结力，提高团块强度；使颗粒表面发生物理、化学变化，改变表面特性，促进颗粒表面的质点迁移，实现表面黏结。

压团工艺条件的影响　压力和水分是两个紧密相关又互为影响的因素，对压团效果具有决定性作用。在压团过程中随着粉状物料逐渐紧密，孔隙率逐渐减少，物料内适量的水分则逐渐充满孔隙，使颗粒紧密靠拢，并通过毛细力对颗粒进行黏结。压团压力愈大，这一效果愈明显。物料含水量过多或过少都会使团块强度降低。在任一团压压力下对同一细粒物料压团，均有一最适量水分值使团块强度达到最高值。

加压方式、加压速率及加压时间对脆而硬的物料压团的影响非常明显。在设备设计和实际工艺中，为获得高强度团块，不仅需要考虑加压的总时间，还应考虑压团各阶段的时间分配。在最大压团压力下的作用时间愈长，则团块强度愈好。因此，应使加压过程中最初阶段的加压时间最短，最大压力下加压时间最长且速度最慢。

给料方式对压团的影响主要是通过给入物料的密度决定。当进口密度大时压出的团块强度才能提高，因此常采用加压强制加料方式（即预压）。强制加料方式用螺旋强制给料机，可兼顾运输和预压作用。

（姜　涛　毕学工）

亚规则溶液　sub-regular solution　混合熵与**理性溶液**的混合熵不相等，原子间相互作用能与组元成分呈线性函数关系的溶液。又称亚正规溶液。是一种修正的**规则溶液**模型。由H.K.哈迪于1953年提出，是一种更加接近真实溶液的模型。亚规则溶液模型考虑到次近邻配对原子的作用，修正了规则溶液模型原子间作用能与温度和成分的关系，即定义原子间相互作用能I_{xy}看作成分（x，y）的线性函数：

$$I_{xy}=A_1x+A_2y$$

式中A_1、A_2为与成分线性关系的常数。

亚规则溶液的热力学性质如下：

过剩摩尔自由焓变可表示为：

$$\Delta H_m^E=Axy$$

过剩自由能可表示为：

$$\Delta G^E=RT(x\ln x+y\ln y)+A_1x^2y+A_2xy^2$$

式中R为摩尔气体常数；T为溶液的热力学温度。

混合自由焓变化可表示为：

$$\Delta H^E=I_{xy}xy=A_1x^2y+A_2xy^2$$

摩尔自由焓可表示为：

$$H_m=x\mu_x^\circ+y\mu_y^\circ+RT(x\ln x+y\ln y)+A_1x^2y+A_2xy^2$$

式中μ_x°、μ_y°为标准化学势。

亚规则溶液体系中，对于同一晶体结构中元素的边际固溶度曲线等式可表示为：

$$(x_1+x_2)RT\ln x_1/x_2+(y_1+y_2)RT\ln y_1/y_2$$
$$=-(A_1-A_2)(x_1-x_2)^3$$

由于（A_1−A_2）与温度无关，故等式左边部分与（x_1−x_2）^{3}成线性关系。

亚规则溶液模型更加接近真实溶液体系，并成功应用于二元熔体系统（如Ag-Cu，Ag-Pt，Al-Zn，Au-Pt，NaCl-KCl）中组元活度的预测。20世纪90年代后，发展的高阶亚正规熔体模型也成功应用于四元均相系统（如MnO-SiO_2-Al_2O_3-CaO）及冶金熔渣系统组元活度计算。同时，根据离子理论推导的亚规则溶液模型可用于测定钢渣的热力学特性。

亚规则溶液模型可以更广泛地测定符合规则溶液模型的体系中各组元的热力学特性，尤其对冶金过程中熔渣系统的热力学特性测定具有重要意义。

（鲁雄刚）

氩氧脱碳法 argon-oxygen decarburization 吹入氩、氧混合气体精炼低碳、高铬不锈钢的炉外精炼技术。又称氩氧混吹法，简称AOD法。由美国的W.克里夫斯基提出，并获得专利。1968年，乔斯琳钢公司建成世界上第一台AOD炉（炉容15吨）。各国在不锈钢生产中都普遍采用氩氧脱碳法，全世界不锈钢总产量的75%是由此法生产。

氩氧脱碳法工艺过程是：由初炼炉（如电炉或转炉）冶炼出的含有高铬、镍的钢水，送入AOD炉内。通过风口向炉内输送氧气、氩气和氮气，控制合适的氧/氩比进行脱碳，在标准大气压下将高铬钢水的碳降到很低水平（碳为0.05%），而铬又没有明显烧损。精炼原理是通过吹入熔池的惰性气体（氩、氮）作稀释气体，降低碳−氧反应产物一氧化碳的分压，使冶炼平衡从铬氧化转移到碳氧化精炼，从而达到降碳保铬的目的（图1）。

与真空吹氧脱碳法比较，氩氧脱碳法

图1 AOD炉精炼（东北特钢集团）

的优点是：①AOD炉热效率好，脱碳时可添加大量的冷却材料（废钢或其他冷料），添加总量可占出钢量的0～15%，甚至可增加到25%，因此AOD炉除二次精炼外，还可承担部分冶炼任务。②AOD炉可以随时扒渣和进行二次造渣，故容易生产含硫极低的钢（硫≤10‰）。③AOD精炼设备简单（图2）、投资省，维修简便、不易发生差错或事故，若生产中需要缓冲节奏，用AOD法钢水可以较长时

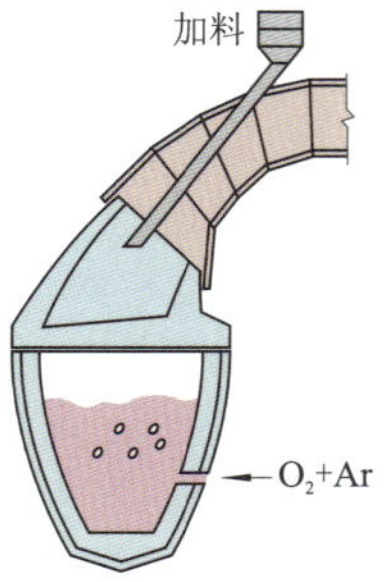

图2 氩氧脱碳法示意图

间地停在炉内，通过后吹提温不会影响成分或产品质量。④AOD法精炼过程容易控制，易于实现自动化。⑤采用电炉−AOD炉双联炼钢工艺时，AOD炉可吹入大量气体，因此炉料的选择灵活性大，脱碳速度快，可使用100%废不锈钢或廉价的高碳铬铁及废普通碳钢来配料，对硅、硫等含量限制范围较宽，生产效率高，成本低。⑥采用电炉−AOD炉双联炼钢时，电炉只进行熔化升温，熔化完毕初钢含碳在1.5%～2%即可精炼，因而生产率高，一座AOD炉可配两座电弧炉进行生产。

（朱苗勇）

烟化炉 fuming furnace 向液态炉渣中鼓入空气和粉煤的混合物，使渣中的某些有价金属以金属、氧化物或硫化物的形态挥发出来的设备。烟化炉原是处理铅鼓风炉渣的设备。1962年，中国用于处理炼锡炉渣，得到含锡50%左右的烟尘，使炉渣含锡量由3%降至0.1%以下。1972年，又用它处理含锡1%～5%的锡中矿，提高了选矿实收率。在铅、锌、锡冶炼厂中，凡含有易挥发的有价金属及其化合物的物料，都可用烟化炉处理。用烟化炉处理铅、锡炉渣的优点是：可利用熔融渣的热量，金属回收率较高，生产率高，操作简便，可用劣质煤或天然气作燃料。烟化炉主要技术指标见表。

烟化炉主要技术指标

项目		渣料	
		铅鼓风炉渣	锡渣
作业周期/分		110～160	120～140
床能率/〔吨渣/（平方米·日）〕		30～45	20～30
粉煤消耗/（千克/吨渣）		180～230	240～300
主要金属挥发率/%	锌	80～85	60～65
	铅	90～95	>95
	锡		98～99

烟化炉的炉底、炉身、炉顶和出口烟道均由冷却水套构成，炉底铺砌一层耐火砖。烟化炉的结构见图。烟化炉的燃料消耗较高，设置余热锅炉可回收大部分余热。

（马荫华 李维熹）

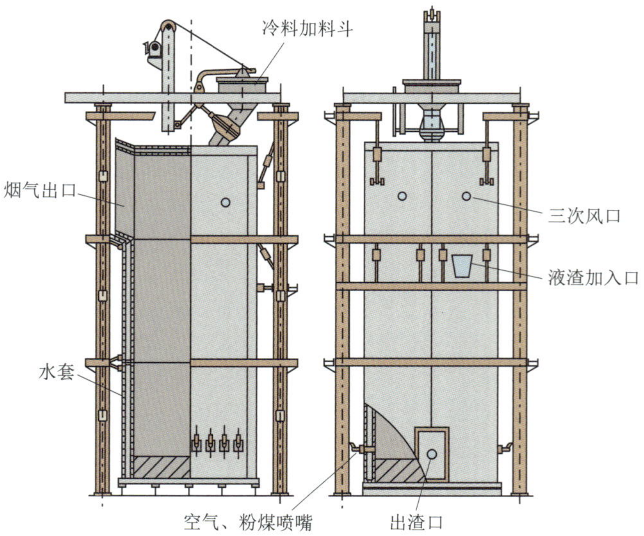

烟化炉示意图

烟气余热回收 flue gas heat recovery 对工业炉窑排出烟气进行热量回收并再利用的过程。工业炉窑烟气温度分布范围宽，高则超过1000℃，低则在200℃左右；烟气余热资源分布广泛，如冶金、化工、建材、机械、电力等行业中有各种冶炼炉、加热炉、内燃机和锅炉的烟气排放。烟气余热回收途径与烟气流量和温度密切相关，需考虑热经济性、初期投资及运行成本等综合经济效果。

回收利用方式 烟气余热回收利用的主要方式包括设置空气或燃料预热器回收、采用余热锅炉回收和直接利用。

设置空气或燃料预热器回收，由助燃空气或燃料将热量带回到炉窑内，可以直接节约工业

炉窑的燃料。同时，空气或燃料预热后还可以提高燃烧温度，有利于使用低热值燃料，提高燃烧速度，改善燃烧效果。采用空气或燃料预热器回收烟气余热，装置简单且操作方便，当热负荷变化而引起余热量变化时，所需空气和燃料量也同时变化，能自动地相互适应，从而保持预热温度基本不变。空气或燃料预热器的主要形式包括间壁式和蓄热式两种。钢铁生产流程中，焦炉燃烧室烟气余热主要通过设置蓄热室来预热助燃空气；轧钢加热炉及钢材热处理炉烟气余热常通过设置间壁式金属换热器或采用蓄热式换热装置来预热助燃空气或煤气。

采用余热锅炉回收烟气余热，可以生产蒸汽或热水。余热锅炉通常不用燃料，也没有相关燃烧设备，利用高温烟气余热生产蒸汽或热水，用于供热或发电，可以节约供热锅炉或电站锅炉的燃料消耗，其节能效果一般不如预热器。钢铁生产流程中，余热锅炉在烧结、**转炉**、轧钢加热炉等烟气余热回收中广泛使用。当烟气余热量较大时，余热锅炉和空气预热器还可以组合成回收系统来充分利用烟气的余热。

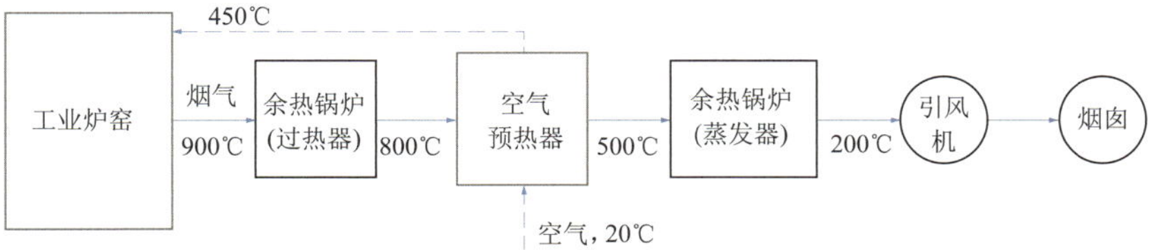

典型余热锅炉和空气预热器组合回收系统

直接利用是使用烟气余热来预热、干燥原料或工件，将热量直接带回装置内。例如，利用**电炉**的高温烟气预热废钢，降低电炉冶炼的电耗；球团生产系统中利用焙烧炉产生的烟气来干燥湿球，节约系统的燃料消耗；轧钢加热炉的烟气用来预热钢坯，直接节约加热炉燃料消耗。

回收利用原则　余热回收利用方案制定的原则是：首先考虑炉窑本身热效率是否还有提高的潜力，因为提高炉窑热效率会减少余热量，比余热回收更为经济、有效。对于排出高温烟气的各种热设备，其余热应优先考虑由本设备加以利用，如预热助燃空气、预热燃料等，直接节约本设备的能源消耗。在余热无法返回设备本身利用时，或用后仍有部分可回收时，考虑设置余热锅炉等其他余热回收利用方案。

（姜泽毅）

严东生　Yan Dongsheng（1918-02-10～2016-09-18）　中国材料科学家和无机化学家。祖籍杭州，生于上海，卒于上海。1935年考入清华大学理学院，1937年转入燕京大学化学系，1939年毕业获学士学位，1941年获燕京大学硕士学位，1949年获美国伊利诺伊大学陶瓷学博士学位。曾任开滦化工研究所副所长，唐山交通大学（今西南交通大学）教授，中国科学院冶金陶瓷研究所研究员、室主任，中国科学院上海硅酸盐研究所副所长、所长，中国科学院副院长、第一副院长。兼任中国科学院上海硅酸盐研究所名誉所长、亚洲各国科学院联合会主席、中国宇航学会副理事长、中国化学会理事长、中国硅酸盐学会名誉理事长等职。1980年当选中国科学院学部委员（院士），1994年当选中国工程院院士。还是美国纽约科学院院士、第三世界科学院院士、国际陶瓷科学院院士、美国陶瓷学会杰出终生会员。

长期从事材料科学研究，在高温材料制备科学与机理、多元氮化物与氧化物体系的热力学和动力学研究、高性能材料设计与微观调控，以及陶瓷基复合材料的研究等诸方面做出了开创性的工作。参与制定中国第一套冶金工业用耐火材料标准，带领一批科研人员进行耐火材料的侵蚀机理和合理选材的研究，解决包头高氟铁矿炼铁高炉耐火材料技术难题。研制出应用于中国第一枚远程运载火箭中关键部件的陶瓷基复合材料。20世纪90年代初，他及时把握了国际材料科学动向，提出要迅速开展纳米技术的研究，并任“纳米材料科学”首批攀登计划首席科学家，在纳米介孔有序结构及其复合材料研究方面取得重要成果。

获国家科学技术奖7项，包括自然科学奖、科技进步奖和技术发明奖。发表学术论文250余篇，出版专著4部。

（姜　曦）

岩爆　rockburst　岩体中聚积的弹性变形势能在一定条件下突然猛烈释放，从而导致岩石弹射、抛掷，并伴随声响和震动的现象。自1738年英国的锡矿岩爆首次报道以来，在南非、波兰、加拿大、美国、印度、澳大利亚、中国、日本等国家和地区均记录有岩爆灾害的发生。岩爆最初主要见于深埋的采矿巷道或**竖井**内，如发生在埋深千米以上的南非、加拿大和澳大利亚等国矿山的巷道和竖井施工过程中，后来在埋藏较浅的交通隧道、排污管道、引水隧洞甚至输油管道等工程的施工中也频繁发生。

发生条件　发生岩爆的条件是岩体中有较高的地应力，并且超过了岩石本身的强度，同时岩石具有较高的脆性和弹性。在这种条件下，一旦地下工程活动破坏了岩体原有的平衡状态，岩体中积聚的能量释放就会导致岩石破坏，并将破碎岩石抛出。岩爆是深部工程开挖或开采过程中常见的一种地质灾害，直接威胁施工人员和设备的安全，影响工程进度，甚至摧毁整个工程和诱发地震，造成地表建筑物损坏。

类型　一般将岩爆类型划分为剥落型、碎胀型、弹射型和抛掷型4大类。①岩体剥落是一种可以在开挖面附近显著看到的岩石渐进破坏过程，包括延伸或张拉破坏以及剪切破坏过程，剥落破坏可能是逐步发展的，也可能以应变型岩爆的方式突然出现。②岩体碎胀是由于大块或中等块度节理岩体破坏而导致的体积增长过程，由于侧向收缩，岩体破碎成块状并沿径向朝洞内移动。③岩体弹射是指地下工程破坏了岩体的平衡，强大的能量导致岩石破坏，并将破碎岩石抛出。④岩体抛掷是由于围岩处于高应力环境时，围岩所受应力超过围岩自身强度，致使围岩破裂并出现抛掷。

等级　根据岩爆发生时的声响、发生后的破坏形态、破坏深度、破坏范围、块体大小、持续时间等，将岩爆划分为轻微、中等、强烈、剧烈4级。①轻微岩爆一般指围岩表层有爆裂脱落、剥离现象，内部有噼啪、撕裂声响，岩爆零星间断发生，对施工作业影响较小。②中等岩爆一般指围岩爆裂脱落、剥离现象较为严重，有弹射，可听见清脆的爆裂声，有一定持续时间，影响深度可达1米左右，对施工有一定影响。③强烈岩爆一般指强烈的爆裂弹射，有似机枪子弹射击声，岩爆具有延续性，并向围岩深部发展，影响深度可达2米左右，对施工影响较大。④剧烈岩爆一般指剧烈的爆裂弹射甚至抛掷破坏，有似炮弹巨响声，岩爆具有突发性，并迅速向围岩深部发展，影响深度较大，严重影响甚至摧毁工程。

机理 岩爆孕育发生的内在原因包括岩体物理力学性质、结构面分布、储能特征、脆性特征等，外在因素包括应力条件、开挖扰动等因素。不同岩体条件和外力作用所诱发的岩爆形成原因有很大的不同，需要采取不同的岩爆灾害的监测、预警和防控措施。

岩爆孕育机理非常复杂，根据岩爆发生机理与发生时间，将岩爆划分为即时型岩爆和时滞型岩爆。即时型岩爆是指在开挖卸荷效应影响作用下，完整坚硬围岩中发生的岩爆，多在开挖后几个小时或1～3天内发生；时滞型岩爆是指高应力区开挖卸荷后引起应力调整从而发生的岩爆，在深埋高应力区开挖时较为普遍，根据岩爆发生的空间位置可分为时空滞后型和时间滞后型。时空滞后型主要发生在开挖应力调整扰动范围之外，发生时往往空间上滞后一定距离，时间上滞后该区域开挖一定时间；时间滞后型发生在应力调整结束后一段时间，是时滞型岩爆的一种特例。

扩展阅读

冯夏庭，陈炳瑞，张传庆，等.岩爆孕育过程的机制、预警与动态调控.北京：科学出版社，2013.

王春来，吴爱祥，刘晓辉.深井开采岩爆灾害微震监测预警及控制技术.北京：冶金工业出版社，2013.

蔡美峰，冀东，郭奇峰.基于地应力现场实测与开采扰动能量积聚理论的岩爆预测研究.岩石力学与工程学报，2013，32（10）：1973-1980.

（刘建坡）

岩层与地表移动 surface and ground movement 地下开采（挖）活动引起的上覆岩层及地表的移动。移动所导致的上覆岩层及地表的下沉分为连续下沉和不连续下沉两种类型：连续下沉或盆地式下沉将形成一个没有阶梯状变化的光滑的地表下沉剖面。这种类型的地表下沉通常出现在较软弱的非脆性岩层覆盖下的水平或缓倾斜薄矿体的开采。不连续下沉的特征是在一个有限的地表面积上产生很大的地表位移，并在下沉剖面上产生阶梯状变化或不连续间断面。这种类型的地表下沉可由多种采矿方法引起，也可能涉及多种下沉机理。它可能逐渐发展，也可能突然发生，且产生的范围变化也很大。如筒状、管状或漏斗状陷落都属于不连续下沉的表现，涉及的是无支护开采空间的垮落逐渐地向上推移，穿过上覆岩层直至地表的下沉类型。筒状陷落可能在较软弱的上覆岩层中规律发育的岩体中发生。已知的筒状陷落可穿过几百米高度向上传播而直透地表。如果筒状陷落是突然发生而不是逐渐形成的，这种下沉称为柱塞状下沉。柱塞状下沉一般都受到岩脉或断层等地质构造现象的控制。此时，这些构造就提供了其剪切强度已在某些关键性的采矿阶段丧失殆尽的弱面。地下空气冲击波一般是由于这种形式的沉降造成。

地表移动带是地下采空区上方地表形成的一定区域的下沉区和塌陷区。采空区上方，由于岩层原岩被破坏，二次应力重新分布，顶板岩层发生垮塌冒落，这种联动效应逐渐向上部岩层传递，导致上部岩层产生裂缝、离层及断裂，并把这部分岩层带称为裂隙带，而裂隙带上方岩石虽仍保持整体性和层状结构，但已产生弯曲，即已经产生下沉塌陷面，而此面随着采动区域的行进和变化而移动，被称为移动盆地。地表移动盆地的形态取决于很多因素，如矿体赋存深度，矿体厚度、倾角、产状，上覆岩层力学性质以及采矿方法等。

（金长宇）

岩巷掘进 rock drifting 在岩层中掘进*平巷*的作业。17世纪以前，岩巷主要靠手工挖掘，随后用人工凿眼、黑火药爆破、人工装岩和木质支护，掘进速度有所提高。19世纪后叶，欧洲出现手持式*凿岩机*、*矿用炸药与起爆器材*，凿岩爆破法发展成现代岩巷掘进的主要手段。后来发展出台式凿岩机（见图）等凿岩设备。现代已经采用机械破岩和出渣同时作业的联合掘进机掘进法，掘进速度有较大提高。岩巷掘进作业方式有掘进与支护*平行作业*和掘进与支护*单行作业*。单行作业方式适用于稳定围岩。岩巷掘进一般采用一次成巷，即掘进、支护、水沟三项工序一次完成。有可能时铺轨工程也应同时完成。

台式凿岩机工作现场

平行作业是指在同一巷道中，掘进与永久支护在前后不同的地段同时进行，两者一般相距20～40米，尚未进行永久支护的巷道不稳定时可采用临时支护。适用于比较稳定的围岩，其优点是成巷速度快、效率较高，缺点是需要人员多、施工组织管理工作复杂。

单行作业是指在同一巷道中，掘进与永久支护顺序进行，一般10～20米为一段，最长不宜超过40米；当围岩不稳定时，采用短段掘支，支护需紧跟掘进作业面。适用于不稳定围岩掘进，其优点是需要人员和施工设备少、施工组织管理工作简单，缺点是成巷速度慢。

（胡 峰 周文安 吴理云 撰 王建中 修订）

岩矿制片 block preparation 将岩石或矿石样品通过切割、磨平及抛光等工序制成光片或薄片的过程。是*矿物鉴定*工作重要的组成部分。岩矿制片一般包括岩矿光片、岩矿薄片和砂光片等的制作。①岩矿光片。侧重于对岩矿中不透明矿物的研究，其主要是为了观察岩矿中目的矿物种类、相对含量、粒度及形态等特征来鉴定矿物。制作步骤包括样品切割、粗磨、细磨、精磨及抛光。基本要求是：光洁度高，表面光滑如镜，矿物间的相对突起不显著，表面没有大凹穴、擦痕和麻点等。②岩矿薄片。侧重于对透明矿物的研究，其主要用于观察岩矿中矿物的结构、晶形、粒度、相对含量及其共生组合等，以确定矿物名称。制作步骤包括样品切割、粗磨底平面、样品胶结、细磨底平面、黏片、粗磨薄片、细磨薄片、薄片的精细磨薄和厚度检验及盖片等。基本要求是：厚0.03毫米左右，这是准确鉴定矿物、岩石的必要条件；薄片须有一定面积，以便尽可能全面反映标本的特点；制备时还需考虑薄片的完整、清晰程度，不可过于破裂、掉块或有气泡；宜长期保存。③砂光片。主要用于破碎、磨碎及选矿产品中矿物组成研究及目的矿物解离特征等方面的研究。制作包括样品的破碎、磨碎及胶结等，其中胶结是关键工序，常用方法为嵌样机压型法、环氧树脂黏结法和冷杉胶黏结法。

（方明山）

岩石动力学 rock dynamics 以应力波理论为基础，研究岩石在动态载荷作用下力学性质的学科。加载应变速率在1×10^{-1}～1×10^{4}/秒，通过准动态加载试验机、霍普金森压杆、平面波发生器、常规爆炸荷载等试验装置来研究岩石的动态力学性质与本构关系。

发展过程 中国岩石动力学研究可以追溯到20世纪60年代初湖北大冶铁矿边坡稳定性研究中的爆破动力效应试验，较全面开展的岩石动力学研究始于1965年由国家科委与国防科委同意成立防护工程组，并将“防护工程问题的研究”增列为10年规划中的国家重点项目。1965～1980年，中国曾多次进行大规模的防护工程与国家安全工程现场试验，在爆炸现场主要测量岩体内位移、速度、加速度及压力等运动参数与力学参数，分析应力波在岩土中的传播与衰减规律，开展了岩体本构关系、应力波在毛洞周围绕射的动光弹与高速摄影研究，同时研制了一批压力、位移、速度和加速度等测量系统以及岩石动载机、霍普金森压杆等试验设备，有限元法等数值模拟计算在岩石动力学领域也取得了重要成果。中国防护工程的建设与研究，奠定了中国岩石动力学研究的基础。1987年中国岩石力学与工程学会岩石动力学专业委员会的成立，标志着中国岩石动力学学科发展走向新的里程。从1988年开始，该专业委员会每两年组织召开全国岩石动力学学术会议。

特点 岩石的动载作用必须考虑惯性效应，即波效应。以应力波理论为基础，研究应力波在岩体（石）中的传播与衰减规律、应力波与岩体节理裂隙的相互作用、应力波通过层状介质结构面的透反射关系及边界效应等。

研究内容 主要包括：①岩石动态力学性质和本构关系。准确地了解该应变率范围内岩石的动态力学性质和本构关系，是岩石动力学理论发展的基础，因此须运用特定的动态设备进行岩石动力学性质和本构关系的研究和试验。②应力波传播与衰减规律。在岩石爆破过程中，炸药爆炸后产生的冲击波随传播距离增大而急剧衰减为应力波，在*岩石破碎*过程中，应力波起着极为重要的作用。岩体中存在大量的不连续面严重地影响着应力波的传播，加剧了应力波能量的衰减。因此，须研究应力波在岩体特定结构下的传播效应及其规律，建立相应条件下岩石失稳准则及判据和各种条件下的透反射关系。③岩石的声学特征研究。应用声学方法研究岩石物理力学特性，是声学与岩石动力学学科相互交叉的结果。岩石超声测试技术是通过测定声波穿透岩石（岩体）后声学参数（波速、波形、波频、波谱）的变化，间接了解岩石（岩体）的物理力学特性及结构特征。④应力波作用下岩石的破碎及能量耗散规律。在爆炸破岩时，由于装药量的不同，岩体结构特征各异，即使在阻抗匹配的条件下，也会产生不同的爆炸应力波延续时间和爆炸应力波波形，这些因素会对爆炸破岩中的能量利用率和破岩效果等产生较大的影响。因此，须研究冲击载荷下的岩石破碎耗能规律及不同加载波形下的破碎效果。

研究方法 包括岩石动力学试验、现场观测及理论与数值计算等。

岩石动力学试验 主要包括动态压缩试验（霍普金森压杆试验和三轴霍普金森压杆试验）、动态拉伸试验（动态直接拉伸试验、动态间接拉伸试验和动态层裂试验）、动态扭转试验（霍普金森扭杆试验）以及岩石超动态试验（一般采用爆轰加载的莱茵哈特弹技术和一维应变试验技术）。

现场观测 主要包括：①爆破振动测试。爆破施工的重要环节，利用爆破振动测试设备监测质点振动速度的3个分量值、主振频率及振动速度随时间的衰减变化曲线，评价爆炸应力波的传播规律及其对周围环境影响。②微震监测。利用基于球物理学发展起来的监测岩体微破裂的技术，通过监测微破裂发生的位置，给出微震活动性的强弱和频率，判断潜在的矿山灾害活动规律，预测*岩爆*等。

理论与数值计算 由于岩石动力破坏过程极其复杂，进行物理模型试验是比较困难的，数值计算方法在岩石动力学中广泛应用。中国开展岩石动力有限元法的研究始于20世纪70年代初，应用背景是核爆炸与化学爆炸的工程效应。通过有限元法计算分析应力波在自由场中的传播衰减规律、应力波与断层及巷道的相互作用。有限元也可用来计算爆破作用下节理岩体的力学响应。此外，边界元、离散元，以及非连续变形分析方法等数值计算方法也广泛地应用于波传播等岩石动力学问题的数值计算。

21世纪以来，岩石动力学取得了较大的发展，节理岩体中的应力波传播与反演、岩石动力学本构关系、岩石爆炸动力学原理和岩石类材料的断裂与破碎等方面，取得了重要的理论进展。基于有限元法、边界元法、离散元法、无单元法、非连续变形分析方法、流形元法等数值模拟方法，结合数值模拟软件系统的应用，使数值模拟能够分析和解决更多的岩石动力学问题。在试验技术上，霍普金森压杆类的动态试验装置、岩石动态断裂韧度测试方法与装置、动静组合加载的霍普金森压杆装置、平板撞击试验装置、流变－冲击组合条件下的试验装置等的研制，以及多种波形整形技术的研发，为研究岩石在不同动态载荷作用下的力学行为提供了条件。国际岩石力学学会岩石动力学专业委员会已在组织有关专家编写岩石动力学有关试验技术的推荐方法，对岩石动力学研究与学科发展起到了重要的推动作用。在工程应用方面，将岩石动力学应用于工程问题，仍然有很多问题期待解决。高烈度地震区的边坡、坝基、地下硐室以及岩体构建筑物的抗震与减振仍是研究的首要问题。高地应力条件下脆、硬弹性岩体突发岩爆、矿井深部冲击地压等地运动研究与工程处理，包括监测、预警与防治技术是工程上急需解决的难题。

扩展阅读

李夕兵.岩石动力学基础与应用.北京：科学出版社，2014.

钱七虎.岩石爆炸动力学的若干进展.岩石力学与工程学报，2009，28（10）:1945-1968.

（朱万成）

岩石可爆性 rock explosibility 岩石在炸药爆炸作用下发生破碎的难易程度。又称爆破性。是岩石物理力学性质、岩体地质结构对炸药、爆破参数和工艺等因素在爆破过程中的综合表现。按照岩石的坚固性系数等可以对岩石进行可爆性分级，常用的分级判据如下表所示。

可爆破性分级指标

坚固性系数	波阻抗（$\times10^6$）〔kg/（$m^2\cdot s$）〕	岩体爆破性级别
≤8	≤6	易爆
8～12	6～8	中等
12～16	8～12	难爆
16～18	12～15	很难
≥18	≥15	极难

影响岩石可爆性的因素有：①岩石的组成结构和容重。岩石由各种矿物颗粒组成，矿物颗粒之间有胶结物、填充物、水和空气等，而矿物颗粒的耦合状况也极大地影响了岩石的力学性质。矿物颗粒越细，密度越大，岩石的容重越大，岩石也越坚固，越难于爆破破碎。②岩石的裂隙性和孔隙度。岩体的裂隙性一方面可能导致爆生气体和压力的泄漏，降低爆破能；另一方面，这些裂隙弱面破坏了岩体的完整性，易于从弱面破裂、崩落，而且弱面又增加了爆破应力波的反射作用，有利于岩石的破碎。③岩石的韧性、脆性、强度和动力学性质。韧性较大的岩石塑性变形较大，在塑性变形和断裂过程中吸收的能量也较大，因此韧性大的岩石在爆破时消耗炸药的能量较大，也较难于爆破，而脆性

岩石则易于爆破；岩石强度是表示岩石抵抗压、剪、拉等诸应力的能力，一般情况下，强度越高的岩石，越难爆破；岩石的声波波速和波阻抗值越高，岩石的完整性越好，也就越难爆破。

（陶　明）

岩石可钻性 rock drillability 钻头在岩石中钻眼的难易程度。岩石可钻性是钻进时岩石抵抗机械破碎能力的量化指标，是合理选择钻进方法、钻头规格及钻进规程参数的依据，同时也是编定钻进生产定额和编制钻进生产计划的基础及考核生产效率和成本消耗的根据。岩石可钻性分级的方法主要有按凿碎比功分级、按点荷强度分级、按岩石硬度分级、按切削强度和磨蚀性分级、按断裂力学指标分级、按岩石的主要声学指标分级、按岩石单轴抗压强度分级等。

岩石可钻性常用的表示方法有4类：①用岩石的物理力学性质表示。主要选用与破碎岩石关系密切的指标，如抗压强度、压入硬度、弹性模量、声波速度等。它是在室内采用相应的测试仪器，测量能反映破碎岩石实质的某一种或几种力学性质。方法简便，所测指标相对稳定，但是难以选取能够完全反映某种钻进方式的力学性质指标。②用现场实际钻进资料表示，如机械钻速、钻头进尺、钻头耗用量等。现场实际的钻进资料受很多因素的制约，如钻进参数、钻进工具的特性参数、水力参数、钻进设备和人员的技术水平等。因此，采用实际钻进资料表示岩石的可钻性时，具有暂时性和局部性。尤其是随着技术的不断更新，原定指标也应修正。③用破碎单位体积岩石所消耗的功（破碎比功）表示，如普氏捣碎法、巴氏砸碎法等。它是利用单位时间内破碎岩石体积的量来表示相应的钻进速度。因此，破碎比功既是岩石的物理量又是破岩效率的指标，同时还可以把各种钻进方式下破碎岩石的有效性进行相互比较。但各种钻进方式的破碎比功本身也不是一个常量，其变化规律尚待进一步研究。④用微型钻头的钻进指标表示，如微钻头的钻速、钻深、钻时等。它是采用微型钻具和设备，在室内进行模拟试验，用微钻速来反映某一钻进条件和技术的综合指标。室内测试条件较稳定，测量记录较准确，在一定程度上避免了人为因素的干扰。由于单只钻头进尺已长达数百米，甚至超千米，同时地层又是多变的和非均质的，故微钻速并不等于实际钻速，难以反映实际效果。

（杜　坤）

岩石力学 rock mechanics 研究岩石和岩体在各种力场作用下变形与破坏规律的理论及其实际应用的基础学科。是力学的一个分支，介于固体力学、构造地质学、工程地质学与采矿学之间的一门边缘科学。是当代*采矿*工程的重要理论基础之一，目的是指导采矿工程的进行，在开采时能可控地利用岩体的破坏，使开采作业耗能较少，效率更高，同时提出防止和消除岩层压力危害的方法，达到安全、经济的采出地下资源的目标。

简史　矿业在人类历史上具有相当长的时间，在矿业发展初期就出现了矿山岩体力学相关的问题。20世纪30年代起，有人把当时已经成熟的*弹性*理论方法应用到解决矿山岩石力学问题上。在50年代末逐渐形成一个新的学科——岩石力学，其主要标志是1957年法国的J.塔洛布尔所著《岩石力学》的出版，以及1962年国际岩石力学学会（ISRM）的成立。60年代，岩石弹塑性理论在岩石地下工程稳定性分析中的应用，使人们认识到地下工程围岩是一种承载结构，提出了以新奥法为代表的新的岩石支护与施工方法，充分发挥了围岩的自承能力，革新了传统支护的观念和思想。70年代，岩石黏弹、黏弹塑性理论研究使岩石流变学取得了巨大的进展，为预测岩土工程的长期稳定性、核废料的长期埋藏提供了理论基础。岩石刚性伺服试验机使得岩石应力－应变全过程曲线得到准确测定，这为研究岩石在峰值后的力学行为，为采场矿压分析、矿柱设计、岩石失稳与破裂的研究、*岩爆*与微震活动性机理的研究提供了实验基础。岩石断裂力学与*岩石破碎*的研究，大大地改进了岩煤切割工艺、爆破技术和矿石粉碎工艺，以及石油钻井技术与压裂增产石油工艺；多孔介质力学理论为研究油藏工艺、煤矿瓦斯抽放技术、地下水渗流等岩石力学问题奠定了基础；岩石中的应力波理论促进了岩石声发射技术、超声波测试技术的发展，为岩石破坏与失稳的无损检测提供了强有力的手段；现代计算机技术的迅速发展使岩石力学由传统简单理论分析、经验类比转向更复杂、更符合实际的理论分析和岩石工程的大规模数值模拟。中国利用岩石建造工程有着悠久的历史，但是把岩石力学当作一门新兴学科进行研究，是在1949年中华人民共和国成立以后才开始的。特别是在1958～1960年为适应长江三峡水利枢纽工程建设的需要，国家科学技术委员会组成了三峡岩基研究组，集中了全国18个单位的100多名科研骨干人员，系统地开展了包括坝基、地下结构、岩质边坡、岩石动力学特性和灌浆处理5个方面大规模的岩石力学实验研究工作，并根据科研工作的需要，研制出一批实验仪器设备，提出了岩石变形、流变和应力波在岩石中传播的理论，培养出中国第一批岩石力学科研骨干力量，为发展中国岩石力学明确了方向、奠定了基础。1985年，中国岩石力学与工程学会正式成立。

21世纪初，中国有相当数量的高校及科研单位对岩石力学进行研究工作，代表性的高校与科研院所主要有：中科院武汉岩土力学研究所、东北大学、中南大学、北京科技大学、中国矿业大学、重庆大学和北京矿冶研究总院等单位。

特点　工程岩体是由非均质、各向异性，且具有不连续性特点的结构体与结构面组合而成，不是单一介质；由于结构面分布不同，岩体的介质类型也不同。矿山的各种井巷、硐室、采掘工作面及其集合体以及露天矿边坡，乃至矸石山等，从岩石力学观点，都可视为工程结构来进行结构分析与设计。矿山结构的主要问题之一是稳定性的评价与分析。崩落法开采的金属矿采场在规定时间内重复交替出现稳定性与不稳性，这是矿山结构独有的问题之一。因此，与普通的岩石力学相比，应用矿山岩石力学研究和解决采矿工程的问题时要考虑如下特点：①矿山地下结构的影响因素繁多复杂。②开采工作面不能离开矿体的生成地点，受这种限制，工作面地点不能有任意的选择性。③开采工作面经常以一定速度不断向水平、倾斜或垂直方向做幅度较大的移动。④须在所希望的时间内保持岩体的稳定性或使其崩落。

研究内容　主要包括：①岩石的物理力学性质。着重研究岩石的力学性质，如具有不同结构类型岩体的强度特征、变形特征、变形与时间的关系等。②*岩体应力*状态。研究原岩应力及采动后岩体应力场的变化规律。③地压显现及其控制。包括围岩赋存环境对于岩体稳定性的影响以及围岩与支护结构的相互作用规律。如研究矿山*采场地压*、*巷道地压*与*竖井地压*，以及岩爆、突水、冒顶片帮等矿山灾害的预警与控制等。④*岩层与地表移动*规律。⑤露天矿边坡稳定性等。

研究方法　研究方法常用的有理论分析、物理模拟、数值模拟及现场测试等。

理论分析　包括：①闭式解法。利用现成的数学力学方法，如线性弹性力学应力－应变模型求解。②数理统计法。将开采技术因素列入数学式，应用数理统计方法进行定量研究。例如用来确定巷道的支架载荷、工作面推进速度和边坡移动速率等。鉴于岩体的复杂性，运用任何方法时必须以相当准确的现场观测数据为依据，同时需要应用各种方法相互验证。

物理模拟　包括：①相似材料法。选用与岩石性质相近的脆性材料，如石膏、砂子、石灰等按相似原理制作模型，模拟采矿过程。通过对模型上应力–应变的观测，分析原型岩体上发生的力学现象。②光弹性法。用透明的光敏材料如明胶等制作模型，受力后在偏振光场中产生双折射，出现与应力场相对应的彩色或黑白条纹，以分析原型岩体采动后各点应力场的变化。其他如三维光弹性模型、散光光弹法、激光全息光弹法也逐步应用于矿山岩石力学之中。

数值模拟　包括：①有限元法（FEM）。将待分析的区域划分成有限多和有限大的单元，并假定这些单元只通过结点互相联结与制约。列出各结点力与位移的关系式，根据边界条件解矩阵方程，可得出各结点的位移与应力。有限元法适应复杂的几何形状和边界条件，适于求解非线性、非匀质问题。②边界元法（BEM）。边界元法将所研究问题的偏微分方程，设法转换为在边界上定义的边界积分方程，然后将边界积分方程离散化为只含有边界结点未知量的代数方程组，解此方程组可得边界结点上的未知量，并可由此进一步求得所研究区域中的未知量，能处理有限元法不易解决的无限域问题。边界元法仅适应规则区域及边界条件，适于求解线性、匀质问题。③离散元法（DEM）。把研究对象分离为刚性元素的集合，使每个元素满足牛顿第二定律，用中心差分的方法求解各元素的运动方程，得到研究对象的整体运动形态。离散元法按其单元类型可分为颗粒离散元法和块体离散元法。此后相继出现了圆形（球形）颗粒离散元法、椭圆形离散元法和离散元法同其他数值方法的耦合，使离散元法的应用得以日益广泛。④非连续变形分析方法（DDA）。非连续变形分析方法是在假定的位移模式条件下，由弹性理论的位移变分法建立总体平衡方程式，通过施加或去掉块体界面刚硬弹簧，实现块体单元界面不嵌入和无张拉接触准则。非连续变形分析方法在块体系统求解过程中，通过满足块体系统的开–闭迭代，力系的平衡及动力求解收敛以获得块体系统力与变形真解，进行岩体非连续变形特征和破坏机制分析。⑤流形元法（NMM）。采用有限覆盖体系，使得连续体、非连续体的整体平衡方程都可以用统一的形式来表达，使非连续变形分析方法和有限元法在理论基础和表达形式上得到了统一，该方法在计算连续体与非连续体的大变形或进行动力分析以及开裂追踪方面有着独特的优势。这些方法中，有限元法和边界元法属于连续介质的分析方法，而离散元法、非连续变形分析方法属于非连续变形分析方法。流形元法则属于从连续到非连续的分析方法。由于电子计算机在采矿工业中的应用，有限元法等数值方法在岩石力学中得到了广泛运用，所得结果的精确度能满足采矿问题的要求。在解决平面问题时，数值方法比光弹性法优越性更多。

现场测试　根据矿山开采引起的安全、环保等具体要求，研制适用于现场监测的岩石力学实验仪器与测定仪表，以及结合采矿工程特点的测试技术，以进行现场实验、观测，掌握采动岩体的变形、损伤及破裂的基本规律，对围岩稳定性进行检测、监测及评价，并结合工程需求开展岩爆、突水、冒顶、片帮等矿山灾害的预测、分析、预警及防控，为确保矿山开采提供技术保障。

（王定衡　林韵梅　朱万成）

岩石力学性质　mechanical properties of rock　岩石受载时的变形和强度特征。岩石作为自然界的一种天然材料，对其变形和强度特性的研究是沿着材料力学、弹性力学、塑性力学、断裂力学和损伤力学等逐步发展起来的。岩石受载后，应力和应变增加，当应力达到岩石的强度值，岩石发生破坏。在评价采场、井巷围岩稳定性和解决*岩石破碎*问题时，都需研究反映岩石的变形和强度特征。

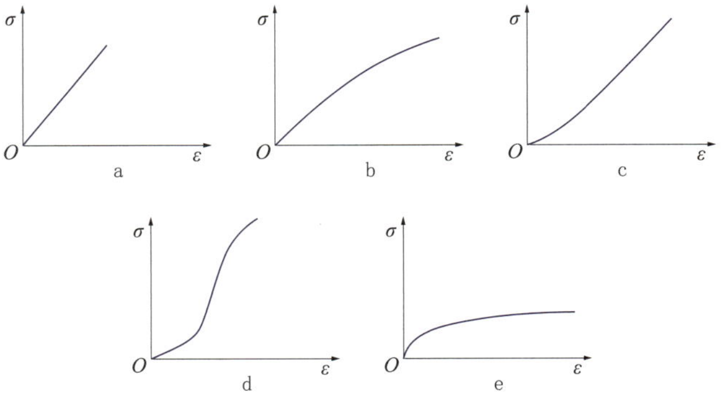

图1　岩石单轴受压应力–应变曲线

岩石变形特征　岩石在载荷作用下，首先发生的物理现象是变形，随着荷载的不断增加，或在恒定的荷载作用下，随时间的增长，岩石变形逐渐增大，最终导致岩石破坏。因此岩石变形特性研究的重点是岩石的应力–应变–时间关系。岩石的变形可分为弹性变形、塑性变形和黏性变形3种。弹性变形指物体受外力作用产生全部变形，在外力去除后能够立即恢复其原有的形状和大小；塑性变形指物体受力后产生变形，在外力去除后不能完全恢复原状；黏性变形指物体受力后变形不能在瞬时完成，且应变速率随应力增加而变化。

在试验室对多种岩石试块做大量试验可获得单轴受压的应力–应变关系曲线。坚固的岩浆岩等岩石的应力–应变曲线近于直线，表现为弹性变形，最后呈突然脆性破坏（图1a）。较弱的石灰岩、泥岩及凝灰岩，应力–应变曲线开始近直线，而后向下弯曲，直至破坏，表现为弹塑性变形（图1b）。含有孔隙和微裂隙的坚固岩石与变质岩，当加载方向垂直裂隙、片理方向时，由于压缩过程导致的裂隙闭合，应力–应变曲线开始上凹，而后为直线，整体上表现为塑弹性变形（图1c）。岩性松软的沉积岩或片理发育的变质岩，受垂直片理方向的载荷作用，表现为塑弹塑性变形（图1d）。岩盐的应力–应变曲线开始一小段近直线，然后有非弹性的曲线部分，并继续不断的**蠕变**，表现为弹黏性变形（图1e）。岩石变形特征，除受岩性影响外，还受应力状态影响。例如，大理岩在三向压缩下（假三轴试验，$\sigma_2=c_3$）所得的应力–应变曲线。随着侧向应力σ_3增大，岩石强度极限提高。σ_3愈大，岩石呈现塑性变形愈明显（图2）。

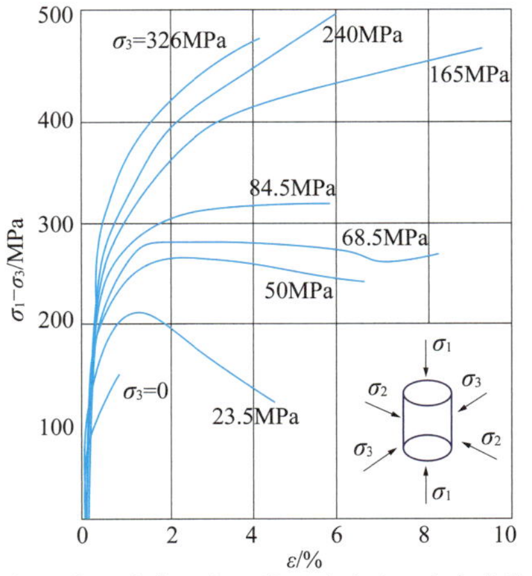

图2　大理岩在三向压缩下的应力–应变曲线

岩石变形还受载荷作用时间、湿度、温度等影响。载荷作用时间影响表现有两种：①蠕变，在恒定载荷作用下，岩石变形随时间增长而增大。②松弛，岩石在变形过程中应变保持不变，应力则随时间增长而降低。湿度的影响表现在随含水量的增加，强度降低，变形加大，更重要的是某些含亲水性矿物的岩石遇水后会产生膨胀变形和膨胀压力。温度的影响主要表现在高温条件下，由于内部热应力会引起岩石的损伤，导致岩石的变形参数发生变化，并且塑性变形增强。此外，应力施加速率、载荷性质等也对岩石的变形有影响。

岩石强度特性 岩石在各种荷载作用下达到破坏时所能承受的最大应力称为岩石的强度。岩石的受力状态不同，其强度也不同。按照受力状态可分为：单轴抗压强度、抗剪强度、抗拉强度、双轴抗压强度、三轴抗压强度等；按照破坏程度分类有屈服强度、峰值强度、残余强度等。岩石在不同应力状态下的强度值一般符合如下规律：三轴抗压强度＞双轴抗压强度＞单轴抗压强度＞抗剪强度＞抗拉强度。

一般情况下，当荷载达到岩石瞬时强度（通称为岩石的单轴抗压强度）时，岩石发生破坏。但在岩石承受荷载低于其瞬时强度的情况下，由于岩石具有流变性，也可能发生破坏。在这种情况下，岩石强度是随外载荷作用时间的延长而降低，通常把作用时间$t\longrightarrow\infty$的强度称为岩石长期强度。研究地下工程围岩破坏时，必须考虑时间因素，一般利用岩石长期强度值作为岩石强度的计算指标。研究岩石强度可确定破坏机理、承载能力、建立破坏准则，为岩石工程结构物的强度计算提供理论依据。岩石强度准则又称为破坏判据，表征岩石破坏条件的应力状态与岩石强度参数间的函数关系。广泛适用于岩石的强度准则理论有格里菲思（Griffith）强度准则、莫尔-库仑（Mohr-Coulomb）准则、德鲁克-普拉格（Drucker-Prager）准则和霍克-布朗（Hoek-Brown）准则等。

（李先炜　于庆磊）

岩石破碎 rock fragmentation 采掘作业中使部分岩体脱离母体并破碎成岩块的工艺和理论。中国于公元前11世纪之前（殷商时期），已用铜锛、铜斧破碎岩石；公元前5世纪起（战国时期），采用铁斧、铁锤、铁钎，这是岩石破碎工具发展的一大进步。公元10世纪后（北宋），出现了利用热力破碎岩石的方法。17世纪，匈牙利有利用黑火药*采矿*的记载。19世纪下半叶，制成了*凿岩机*，发明了硝化甘油炸药。20世纪上半叶，使用了硬质合金钎头和深孔爆破技术，使岩石破碎技术达到一个新的水平。19世纪末，开始采用机械破岩方法，相继出现了截煤机、钻井机、采煤机、巷道联合掘进机、斗轮挖掘机等，使软弱矿岩的采掘工艺发生了显著变化。20世纪50年代以来，研究了热、电、磁、光、声、核射线等物理方法破碎岩石，其中热力方法已达到实用阶段。

岩石破碎主要分为炸药爆炸破碎和非炸药爆炸破碎，其中非炸药爆炸破碎又包含机械破碎、水射流破碎、热力破碎、高压气体破碎、静态破碎等。①炸药爆炸破碎，利用炸药或其他爆炸物瞬间释放的巨大能量破碎岩石，应用广泛。②机械破碎，分为切削、冲凿、碾压、研磨4种方式。破岩时，破岩工具进入岩石，在工具移动前方的岩体内，出现密实核。在密实核周围产生较大块的崩碎体。机械破碎在硬岩中应用不广的主要原因是工具磨损严重。其磨损程度主要取决于岩石内硬矿物（主要是石英）的含量和颗粒大小。③水射流破碎，分为低压大流量、高压小流量以及超高压流量3种方式，用于掘进机、采煤机作为破碎岩石的辅助手段。④热力破碎，在岩体内形成高的温度梯度，并利用岩石各组分热胀系数的不同，形成热应力，使岩体剥落或酥碎。主要有熔化破碎法和剥离破碎法两种方法，加热采用铝热剂、火焰喷射、等离子焰、微波、红外线照射、高能电子束、强大的击穿电流、激光等。⑤高压气体破碎，在岩石钻凿炮孔内，让高压气体在受控条件下释放膨胀并破碎岩石。高压气体破碎的压力比炸药爆破的压力小，但使用安全，广泛应用于施工现场周围建筑古老或人口密集环境，以及破碎方量不大，而采用常规炸药爆破工艺需取得爆破资质的成本高、时间长的施工环境。⑥静态破碎，将静态破碎剂（主要成分为生石灰）、活化剂或加速剂等混合物，加水后装入钻凿好的炮眼内，经一定时间后因其体积膨胀而形成膨胀压力，使岩石开裂而破碎。主要用在采石场，有时用作建筑物的局部拆除。

岩石破碎研究的主要任务是揭示破碎岩石的能耗和破碎效果间的联系，探求破碎载荷和岩石坚固性及破碎参数间的关系，研制安全、经济、高效的采掘机具和器材，寻求新的破碎方法。从宏观角度看，岩石破碎的研究内容为破碎形式和效果、破碎比能耗、破碎*矿物粒度*等；从微观的角度讲，主要包括破碎过程的发展、破碎前的应力分布状况、破碎前的征兆和数据等。由于岩石的组成矿物和使用破碎工艺的不同，导致岩石破碎机理和破碎效果存在很大差异，因而研究岩石破碎必须与具体的岩石地质特征、使用的破碎工艺和外荷载条件等因素相互联系起来。岩石破碎研究的基本方法是应力和应变分析法。

（徐小荷　杜　坤）

岩体测量技术 rock mass measurement technique 建立在信息学、电子学、计算数学、物理学、岩体力学等多学科基础之上，测量岩体及其赋存环境的物理、几何及力学特性的综合交叉技术。依据岩体所处条件不同及其赋存环境的差异，岩体测量技术主要分为：①测量、分析、处理与研究自然条件下岩体及其赋存环境的有关几何、物理、力学参数等信息的原理与技术。②测量、分析、处理与研究在荷载作用或赋存条件变化时所引起的*岩体应力*、变形及其各种物理场参数等信息的原理与技术。

主要内容：①测量岩石物理、力学参数，按照标准加工好岩石样品，进行室内试验测量，岩石物理参数包括岩石容重、比重、孔隙率、含水率、吸水率、渗透系数、软化系数和抗冻系数等。*岩石力学*参数包括岩石单轴抗压强度、三轴抗压强度、抗拉强度、抗剪强度、弹性模量、泊松比等。②测量原位岩体力学参数和岩体结构参数，包括原位岩体变形试验测量岩体变形参数，原位岩体剪切试验测量岩体强度参数，原位岩体结构面类型、性质及其分布情况等测量。③测量岩体赋存环境包括地应力、地温、地下水测量。④测量岩体被开挖等工程扰动后围岩及支撑结构的应力、变形、破坏情况等。⑤测量岩体与地下结构在爆炸、冲击等动荷载作用下，岩体的各种动力学和运动学参数。⑥岩体工程施工质量及岩体加固效果的测量。⑦岩体中异常地质体探测。

由于岩体材料自身及其赋存环境的多样性和复杂性，使得大部分岩体工程问题难以寻求到理想的解析解，同时，采用近似的数值解也需要通过岩体测量得到相关参数。因此，岩体测量技术是为岩体工程设计、优化计算等提供基础数据的重要手段，是岩体力学及工程技术领域最为重要的一个方面。

扩展阅读

蔡美峰.岩石力学与工程.2版.北京：科学出版社，2013.

（赵　奎）

岩体力学性质 mechanical properties of rockmass 岩体抵抗外力作用的特性和由于边界条件改变释放出内应力的特性。包括岩体的变形性质和强度特性，也涉及岩体的渗透性。岩体被各种结构面（如层面、节理、断层、片理等）所切割，岩体的多裂隙性决定了岩体与岩石（单一岩块）的工程性质有明显不同。岩体中存在的各种结构面破坏了岩体的连续完整性，而且结构面的强度比岩石要低得多。因此岩体的工程性质首先取决于这些结构面的性质，其次才是组成岩体的岩石性质。影响岩体力学性质的主要因素是岩体的地质特征，即岩体结构、环境因素及岩性。其中岩体结构及环境因素的力学效应尤为重要，是岩体力学性质研究的基础。岩体结构的力学效应主要是结构面力学效应的反映。主要表现在结构面的密度、结构面的产状和结构面的组数、结构面的起伏程度、充填情况、结构面的延伸性和贯通性等方面。岩体中结构面密度越大，强度越低。结构面的产状及组数不同，将影响岩体的强度和各向异性；岩体内结构面产状与外荷载作用方面的夹角不同时，岩体强度显著不同；岩体内存在多组结构面时，岩体强度的各向异性将显著降低。岩体环境因素的力学效应主要是指岩体中应力和地下水对岩体力学性质的影响。随着地应力的增高，其破坏机理由脆性向塑性转化，破坏强度由低逐渐增高，岩体结构面的力学效应逐步减弱。由于地下水的孔隙-裂隙水的压力作用和软化作用，岩体的力学强度将降低。

（于庆磊）

岩体渗流力学 rock mass seepage mechanics 研究流体在岩体中运动规律的学科。岩体渗流力学为渗流力学的一个分支，是*岩石力学*、渗流力学与众多工程科学相互交叉而建立的一门专门研究岩体与孔隙、裂隙流体相互作用的新兴分支学科。主要研究矿山地下水、煤层瓦斯、油气类流体矿藏或采用溶浸、溶解开采的固体矿藏形成的复杂流体在岩体中的运动规律。

简史 1856年，法国水利工程师H.-P.-G.达西在一系列实验的基础上，总结出线性渗流方程，后来被称为达西定律，标志着渗流力学的诞生。俄国数学力学家N.儒可夫斯基于1889年导出了渗流微分方程。到20世纪30～40年代，单相不可压缩和微可压缩流体在均质地层中的渗流问题已基本解决。对多相渗流的研究始于30年代。从60年代开始，关于裂缝介质以及多重介质中渗流的研究不断深入。人工压裂强化采油、采气措施，也促进了对各类裂缝问题的研究。为考虑岩体中的流体流动对岩体变形的影响，引入了有效应力的概念。1960年，英国科学家A.W.斯肯普顿提出，对许多岩石来说，在有效应力中应引入一个系数以对孔隙压力进行修正，此系数取决于岩石的性质。60年代中期，有限元法的提出与发展解决了数学模型求解的困难。至80年代中期，在渗流力学和岩体力学的互相渗透下，岩体渗流力学逐渐形成一个分支学科。

特点 主要包含：①岩体单位体积孔隙的表面积特别大，表面作用明显。任何时候都必须考虑流体的黏性作用，某些时候必须考虑流体的吸附和解吸作用。②由于地层应力与孔隙压的作用，导致多孔介质孔隙通道变形十分明显，必须考虑流固耦合作用。③岩体中孔隙裂隙通道形状复杂，阻力大，毛细管力作用较强，有时还要考虑分子力的作用。④渗流过程中往往伴随有复杂的物理化学作用。⑤渗流过程中流体压力较大，通常要考虑流体的压缩性。⑥渗流过程中一般是多相流体的混合渗流，必须考虑流体间相对运动和互相影响。⑦盐类矿藏开采、煤炭气化或液化开采、金属矿溶浸开采中，必须考虑温度场对渗流的影响。

研究内容 从研究方法角度分析，大致可以归结为以下几个方面：①研究描述各类问题的耦合数学模型，如岩体与水、岩体与黏性流体、岩体与气体，以及固、气、液耦合模型，并寻求合适的求解方法（多采用数值方法）。②研制新型试验设备，以揭示流体（水、天然气、化学流体）与岩体相互作用的内在规律，如有效应力规律、岩体渗流特性的改变等。③研究岩体渗流力学问题的新工艺或指导工程设计，如岩体注浆、水力压裂、溶浸采矿等。

研究方法 常用的有实验室研究、理论分析、数值计算与现场观测等。

实验室研究 通过先进的无损探测和显示技术观察岩体内部结构、孔隙和裂缝分布等，以及参照原型按一定比例做成模型，在实验室中再现某种现象变化过程的技术。它较容易改变某些参数及研究某个因素所起的作用，因此通过室内试验的研究结果可以在工程设计阶段进行岩体渗流响应特征的预测。

理论分析 根据岩体中流体运动的普遍规律如质量守恒、动量守恒、能量守恒等，流体运动过程中岩体的变形规律以及流体渗流过程中岩体与流体之间的相互作用规律，利用数学分析的手段，研究流体的运动、岩体的变形及其相互作用规律，解释已知的现象，预测可能发生的结果。

数值计算 通过对所要解决的岩体渗透现象加以提炼，明确主要物理原因，建立岩体渗流力学的物理模型及数学模型，然后采用数值方法求解。通过参数变化研究数值计算结果的变化规律，从而得到定量化的分析或预测。

现场观测 通过现场观测，查明所研究过程的主要决定因素，为理论分析研究和模拟研究提供正确资料。反过来，现场观测也是对理论分析和模拟试验所得到结果的最好验证。岩体渗流力学是岩体力学和渗流力学相互渗透所形成的学科，因此现场观测方法是岩体力学和渗流力学这两门学科中有关的现场观测方法和使用仪器的综合。

扩展阅读

孔祥言.高等渗流力学.2版.合肥：中国科学技术大学出版社，2010.

章梦涛，潘一山，梁冰，等.煤岩流体力学.北京：科学出版社，1995.

赵阳升.矿山岩石流体力学.北京：煤炭工业出版社，1994.

（徐 涛）

岩体应力 stress in rock mass 处于一定地质环境中的各种岩性和结构特征岩石所组成的集合体中的应力。是分析判断岩土工程稳定性和采矿工程结构设计的基础资料。由于地壳中岩层重叠，并受长期的地质构造作用，岩体中各点的应力不同，可认为是空间和时间的函数。地壳中岩体应力分布状态称原岩应力场。岩体应力场主要由原岩应力场和因采掘工作引起的次生应力场构成，其中原岩应力场又包括自重应力场和构造应力场。影响岩体应力形成的因素包括岩石的物理力学性质、地质构造及活动过程、地形条件、地下水、瓦斯以及人类生产活动等。

自重应力场 苏联科学家A.N.金尼克于1925年根据均质各向同性线弹性体假设，提出原岩应力计算公式：垂直方向主应力等于单位底面积上的岩土体自重，即$\sigma_z=\gamma Z$，式中γ为上覆岩层的平均容重，Z为深度。两个水平方向主应力$\sigma_x=\sigma_y=\lambda\sigma_z$，侧应力系数$\lambda=\mu/(1-\mu)$，式中$\mu$为泊松比，一般岩土体的$\mu\approx0.2$～0.3，$\lambda\approx0.25$。1912年瑞士地质学家A.海姆从岩土体有流变性出发，认为原岩大都处于各向等压即静水压力状态，也可认为距地表深度较大时，因岩石呈塑性状态，$\mu=0.5$，$\lambda=1$，岩体也会处于静水压力状态，即$\sigma_x=\sigma_y=\sigma_z$。

构造应力场 使初始呈水平沉积的地壳形成山峦重叠的构造体系和构造形式的应力场。20世纪30年代，中国地质学家李四光指出，地球自转速度变化，会在地壳中产生东西方向和南北方向作用的水平力。水平方向两个应力的数值和（$\sigma_x+\sigma_y$）远大于垂直应力的数值σ_z。50年代以后，

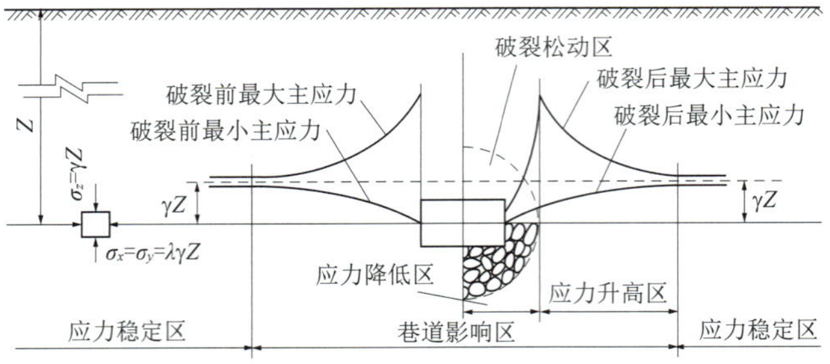

原岩应力场与开巷道后应力

随着应力测量技术发展，美国、苏联、加拿大、澳大利亚、中国等根据实测资料揭示，大多数情况下原岩水平应力比垂直方向主应力大1～3倍或更大；两水平轴向的主应力也并不相同，比值为0.3～0.8；垂直方向应力通常等于自重应力，有时为自重应力的1.5～3倍。原岩主应力方向，常稍偏离垂直和水平方向，这主要是受地质构造运动残余应力场的影响。

次生应力场　巷道掘进或**矿体**开采，破坏了原岩的应力平衡，应力重新分布后形成的应力场见图（图中符号所代表的量见自重应力场）。沿巷道断面水平轴线方向，应力重分布的特点如图所示。环向应力增加的幅度，靠近巷道周边最大，越远越小。应力变化的数值，随岩性、深度、巷道断面形状和尺寸、开采条件和时间等因素而定。应力变化的范围为巷道断面最大尺寸的3～5倍。应力重新分布时，巷道围岩释放潜能，迫使围岩向巷道空间移动。如果最大应力不超过岩石强度条件，围岩可自稳；否则，在围岩中将出现大小不等的破裂松动区（见图）。

巷道围岩受到采场围岩次生应力场的影响时，其次生应力场会重新分布，进而导致应力叠加，这种影响称为采动影响。采准巷道经受采动影响后，应力场将更为复杂。

扩展阅读

蔡美峰，何满潮，刘东燕．岩石力学与工程．北京：科学出版社，2002．

（李世平　于庆磊）

沿脉巷道　strike drift　沿着矿体走向方向掘进的巷道。按沿脉巷道与**矿体**之间的位置关系，可分为脉外沿脉巷道、脉内沿脉巷道。脉外沿脉巷道一般布置在矿体的下盘。当下盘岩石条件差而上盘岩石好时，也可布置在上盘。当采用环形布置时，则上下盘均有沿脉巷道。脉内沿脉巷道一般适用于一些矿体薄的小型矿山。为节省建设投资和减少掘进工程量，将沿脉巷道沿矿体走向布置在矿体内，采矿溜井紧靠沿脉巷道布置。

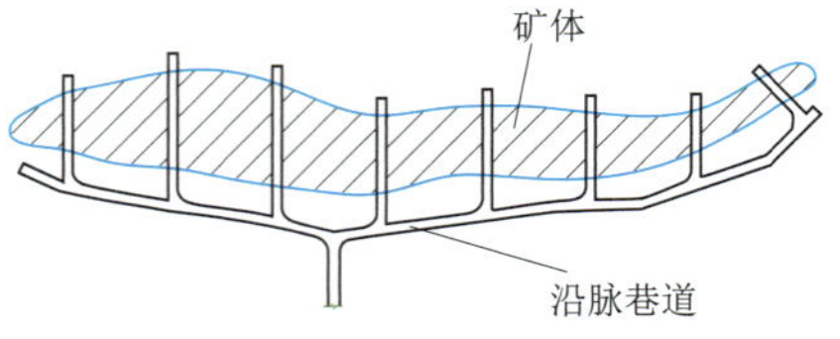

脉外沿脉巷道示意图

按沿脉巷道的布置水平，可分为阶段沿脉巷道、分段沿脉巷道。按功能类型，沿脉巷道可分为生产探矿巷道、采准巷道、出矿巷道、运输巷道等。

（陈　何）

阳极泥　anode mud;anode slime　在水溶液**电冶金**过程中，附着于残阳极表面或沉淀在电解槽底的不溶性泥状物。一般为灰色，粒度为100～200目。各个组分多以金属、硫化物、硒碲化合物、氧化物、单质硫和碱式盐形态存在。阳极泥中富集了贵金属、稀有金属和其他有价金属，因而具有很高的综合回收价值。处理方法视阳极泥的组成而定，一般采用火法脱除杂质，使贵金属得到富集后再次或经多次电解精炼。中国工厂处理铜、铅阳极泥，采用以下两个流程。

一是选冶联合流程。取消了传统流程中的贵铅熔炼并减轻了金银合金氧化精炼的负荷。先用稀硫酸和氯酸钠浸出阳极泥，使铜、硒溶解，然后用浮选法从浸出渣中选出含金、银约60%的精矿，再配入苏打、石英砂、氧化铁等熔剂熔炼成金银合金。

二是湿法流程（见图）。阳极泥脱硒后，用湿法处理，主要工序为：①在空气搅拌条件下，用硫酸溶液浸出铜，并加入盐酸使溶出的银生成不溶的氯化银（AgCl），含铜的浸出液经浓缩结晶，产出硫酸铜。②脱铜后的阳极泥用碳酸钠和氨水浸出，生成银氨络盐〔$Ag(NH_3)_2Cl$〕进入溶液，并使铅转变为碳酸铅。③银浸出液用水合肼（$H_2NNH_2\cdot H_2O$）还原，产出银粉。④浸出银后的氨浸渣用硝酸溶液浸出铅。⑤向分离铅后的脱铅渣中加入盐酸、食盐和氯酸钠溶液溶解金，含金溶液用二氧化硫还原，析出金粉。⑥还原金后的溶液用锌块置换得到铂、钯精矿。

（舒余德）

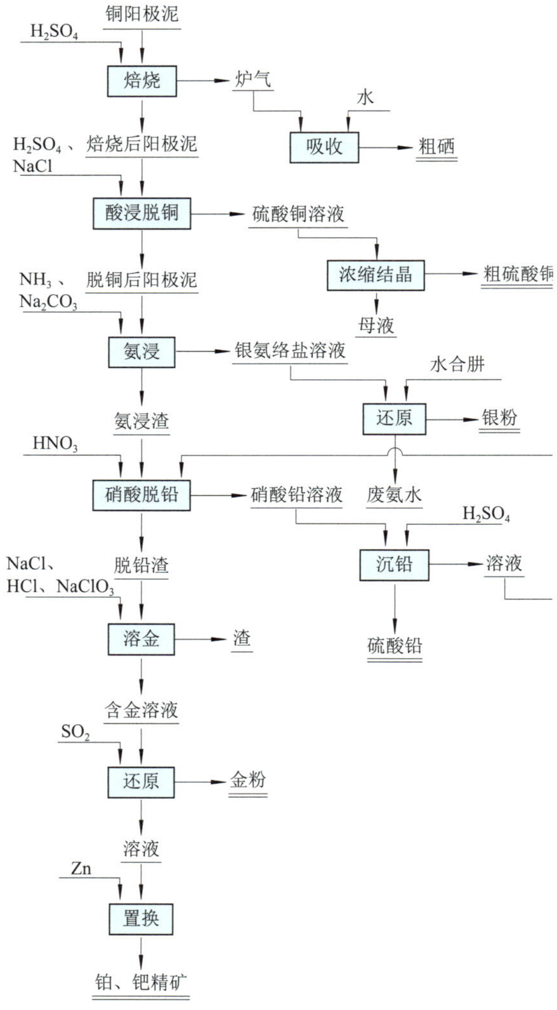

处理铜阳极泥的湿法流程

阳极效应　anode effect　**熔盐电解**时发生在碳质阳极上的特征现象。经常出现于冰晶石（Na_3AlF_6）-氧化铝电解中，也发生于氯化物电解中。电解质成分不合理或阳极电流密度过高都能导致阳极效应。产生阳极效应的机理尚未探明，但此现象早已被人熟知。铝电解时发生阳极效应，显然同阳极表面生成某些化合物和积聚气体有关。

当工业铝电解槽内氧化铝浓度处于1%～2%范围时，阳极效应发生的最为频繁，此时氟离子和氧离子共同在碳阳极上放电，形成C_xF_y或COF_x等化合物，随后和其他吸附化合物一起积聚在阳极表面上，从而导致电解质对碳阳极的湿润性变坏，电解质会在更大程度上为阳极所排斥，于是阳极的有效电流密度逐渐增加，达到临界电流密度时，便发生阳极效应。其外观特征是：在阳极周围产生明亮的小火花，并带有特别的响声，气泡停止在阳极析出，阳极周围电解质也停止沸腾。熔盐和阳极间的电子传递受到阻碍，导致槽电压增高（30～50伏）和电流下降。

在工业铝电解槽上，消除阳极效应的方法通常是尽快恢复阳极导电面积，除去阳极表面存在的气膜，改善电解质同阳极的润湿性。具体方法包括：大量添加新鲜氧化铝并搅拌电解质、上下移动阳极并使之与铝液接触、摆动阳极等。

对于现代预焙铝电解槽来说，阳极效应发生的次数通常是0.1次/天或更低，发生如果过于频繁将产生大量的全氟化碳，损耗能量和原材料，并会引起电解槽过热。

（张红亮）

阳离子捕收剂 cationic collector 与矿物起作用的极性功能基是阳离子的一类捕收剂。在浮选矿浆中，阳离子捕收剂的阳离子功能基与矿物表面作用，疏水基朝外，使矿物颗粒的表面疏水实现矿物的浮选。

选矿中实际使用的阳离子捕收剂主要是有机胺类捕收剂。胺类捕收剂的活性基团氨基借助静电力吸附在矿物颗粒的表面，是一种物理吸附，因此吸附力比较弱、选择性差。在适宜温度下，胺类捕收剂可以在矿物表面形成半胶束吸附。阳离子捕收剂通常用于石英、硅酸盐矿物浮选，也用于浮选菱锌矿中氧化锌、钾石盐或光卤石中的氯化钾等。

根据胺类捕收剂中氮原子所连烃基的不同，分为脂肪胺、芳香胺和醚胺。根据化学结构可分为伯胺、仲胺、叔胺和季铵盐，其化学结构式分别为RNH_2、R_2NH、R_3N和$(R_4N)^+X^-$，式中R是不同的烃基及其衍生物，X为卤素。

胺类捕收剂使用最多的是脂肪伯胺，碳链在12个碳以上。长碳链脂肪胺的熔点较高，在矿浆中的溶解度低、分散性差，特别是在低温情况下其浮选效果很差。为了提高胺类捕收剂的浮选效果，开发了醚胺类捕收剂，改善了胺类捕收剂的浮选性能。

（戴子林）

杨树棠 Yang Shutang（1907-10-10～2002-10-09） 中国钢铁冶金专家。生于河北宣化，卒于辽宁鞍山。1934年毕业于天津国立北洋工学院采矿冶金工程系。1937～1939年，先后赴德国、英国、法国、意大利、瑞士、荷兰学习。曾任重庆第二十四兵工厂工程师、主任，兼任重庆大学矿冶系教授，重庆资渝钢铁厂炼钢厂主任兼工程师，华北钢铁公司筹委会委员兼唐山钢厂厂长，鞍山钢铁有限公司协理兼铸造所所长。中华人民共和国成立后，历

任鞍山钢铁公司制造部总工程师，鞍钢总工程师，中央实验室主任、副经理兼总工程师。第二、第三、第五届全国人民代表大会代表，第二届全国政协委员。

主持利用钨矿代替钨铁炼制枪筒钢和硬面（冷铸）轧辊的铸造工作，先后研制出中国第一炉75毫米炮筒钢、汽车弹簧钢和不锈钢，结束了中国长期依赖进口铁合金和不能生产不锈钢的历史。主持资渝钢铁厂厂址建设的总图布局设计，并先后研究成功“生铁低温氧化去磷法”“局部冷硬轧辊铸造法”和“军镐串铸法”等新工艺。其中，“生铁低温氧化去磷法”获1944年重庆国民政府经济部专利和国民政府经济部1943年发明创造奖状。首次求出冷铁圈厚度与轧辊直径关系的公式。负责的酸性侧吹转炉炼钢试验获得成功。1949年主持恢复鞍钢生产的技术工作，采用固定平炉下缸出钢和倒缸铸锭冶炼硅钢的新工艺，解决了直接冷铸车轮中的技术难题；解决了铁水预处理，使平炉炼钢时间缩短15%。1965年提出并参加了鞍钢380吨平炉的双床平炉氧气炼钢。提出了在中国应发展顶吹氧气转炉炼钢的建议。译著有《底吹碱性转炉炼钢法》(合译，1964)，发表学术论文百余篇。

（姜 曦）

氧化矿捕收剂 oxide ore collector 主要用于氧化矿物浮选的一类捕收剂。习惯上将除了分子中含有二价硫原子的硫化矿捕收剂外的所有捕收剂统称为氧化矿捕收剂或非硫化矿捕收剂。如赤铁矿、金红石等氧化矿物以及萤石、方解石等盐类矿物浮选中常用的脂肪酸类捕收剂，石英、硅酸盐等非金属矿物浮选中常用的胺类捕收剂等。

氧化矿亲水性很强，为了保证矿物表面具有较好的疏水性，氧化矿捕收剂的疏水基的碳链一般较长。氧化矿捕收剂按其结构不同，可分为：①脂肪酸捕收剂，分子式为RCOOH，式中R为烃基、环烷基及其衍生物。②烃基硫酸（盐）或烃基磺酸（盐）捕收剂，分子式分别为$ROSO_3H(Na)$和$RSO_3H(Na)$，式中R为烷基或烷芳基。③有机磷（膦）捕收剂，如膦酸，分子式为$RPO(OH)_2$；磷酸酯，分子式为$R_nOPO(OH)_{3-n}$（n=1或2）；亚磷酸酯，分子式为$ROP(OH)_2$。④有机胂酸捕收剂，分子式为$RAsO_3H_2$，式中R通常为苄基或甲苯基。⑤胺类捕收剂，包括伯胺（分子式为RNH_2）、仲胺（分子式为R_2NH）、叔胺（分子式为R_3N）和季铵盐〔分子式为$(R_4N)^+X^-$〕，其分子式中R可以是不同的碳链结构或衍生物，X为卤素。⑥羟肟酸类捕收剂，分子式为RC（O）NHOH，式中R为$C_{5\sim9}$的烷基、苯基或羟苯基。⑦两性捕收剂，其通式为$R^1X^1R^2X^2$，式中R^1为碳链较长的烷基，起主要的疏水作用；R^2是较短的烃基；X^1为阳离子功能基（一般为胺基）；X^2为阴离子功能基（一般为羧酸基或磺酸基）。

氧化矿捕收剂的极性功能基中含有O、S、P或N原子，其中含O、S、P原子的氧化矿捕收剂主要为烃基含氧酸（盐）类阴离子捕收剂；含N的氧化矿捕收剂主要有烃基胺类阳离子捕收剂、肟类螯合捕收剂和两性捕收剂。

与硫化矿浮选不同，氧化矿物及氧化矿捕收剂的化学性质比较稳定，捕收剂与矿物的作用机理相对比较简单。胺类阳离子捕收剂主要以静电力吸附的形式进行，阴离子捕收剂主要是以化学吸附的形式进行。一般氧化矿捕收剂在水中的溶解度和电离度相对较低，矿浆中有大量的捕收剂分子存在，所以捕收剂同时也会以分子形式通过范德瓦耳斯力和静电力吸附在矿物表面。

扩展阅读

王淀佐.浮选剂作用原理及应用.北京：冶金工业出版社，1982.

朱玉霜，朱建光.浮选药剂的化学原理.长沙：中南工业大学出版社，1996.

（戴子林）

氧化烧损率 oxidization loss rate 表征冶金炉中物料烧损程度的指标。是金属类物料在熔炼或加热过程中由于表面氧化造成的损失物料量Δm占物料处理前重量M_0的百分数，氧化烧损率α表示为：

$$\alpha=\frac{\Delta m}{M_0}\times 100\% \qquad (1)$$

也可以按单位物料表面上所损失的重量计算，即用Δm与物料的总表面积S的比值表示：

$$\alpha=\frac{\Delta m}{S} \qquad (2)$$

影响氧化烧损率的因素有熔炼或加热的温度、时间、炉内气氛、物料化学成分、物料的形状和尺寸等。前三者是冶金炉操作运行条件相关因素，后二者是物料本身

所具有的特征。一般物料的氧化速度随着加热温度的升高而加快。以钢坯为例，加热温度在700℃以下时，氧化进行得并不显著。从850～900℃开始，氧化速度显著提高。当温度达到1000℃时，则开始剧烈氧化。1300℃时氧化铁皮开始熔化，烧损急剧上升。钢坯的加热时间越长，生成的氧化铁皮越厚，烧损就越多。随着钢坯在高温阶段停留时间的延长，氧化铁皮生成增多，烧损率增大。例如，滚珠轴承钢在加热炉的1250～1350℃加热段中多停留10分钟，就可能使氧化铁皮的厚度增加一倍。然而时间再进一步延长，由于氧化铁皮对钢坯起着保护作用，烧损率的增加反而逐渐缓慢。炉内气氛主要取决于燃料成分、空气消耗系数及燃烧完全程度。炉气中氧化性气体（O_2、CO_2、H_2O、SO_2）的含量越多，氧化能力越强。

控制氧化烧损率的措施是采用合理的熔炼或加热升温曲线及熔炼或加热制度、控制炉内氧化性气体的含量、通过合理的炉窑结构设计及自动控制技术提高炉温控制水平等。

扩展阅读

陈鸿复.冶金炉热工与构造.北京：冶金工业出版社，1999.

（夏德宏）

氧化石蜡皂 oxidized paraffinum sodium salt; oxidized paraffin wax soap 用于氧化矿浮选的**脂肪酸类捕收剂**。结构通式为：

$$R-\overset{\overset{\displaystyle O}{\|}}{C}-O-Na$$

式中R为烃基。

氧化石蜡皂是红褐色膏状物或粉状物，易溶于水，熔点为40～50℃，具有脂肪酸类捕收剂的化学通性。主要成分有羧酸、未被氧化的高级烷烃或煤油、不皂化的氧化产物。羧酸是起捕收作用的主要成分，其中饱和的羧酸占80%，羧基酸占5%～10%。未被氧化的高级烷烃或煤油对羧酸起稀释作用，使其在矿浆中易于分散，同时起辅助捕收剂的作用。不皂化的氧化产物主要是一些极性物质，如醇、酮和醛等，它们有起泡作用。

氧化石蜡皂的生产方法较简单，采用石油蜡为原料，主要反应过程包括：①氧化，开始用较高的温度进行激发，并加入一定的氧化剂促进反应，然后通入空气，至酸值达到一定值时为止。②皂化分离，将氧化石蜡的溶液送入皂化釜中，加入碱液皂化，加水稀释、分离。③气化分离，将皂液置于气化炉中，分出第二不皂化物，得到较纯的氧化石蜡皂。

氧化石蜡皂主要用作氧化铁矿、白钨矿、磷酸盐矿、铜矿、钛铁矿等氧化矿的浮选药剂。在氧化铁矿浮选时，可将氧化石蜡皂和粗塔尔油混合使用。特点是：①成本低、来源广，可大量应用。②温度较低时，浮选效果不好，在常温使用时，须采用乳化剂、添加溶剂等方法，改进它的溶解性能。③起泡性强。

（葛英勇）

氧气底吹转炉炼钢 oxygen bottom-blown converter steelmaking 通过转炉底部的氧气喷嘴将氧气吹入炉内熔池，使铁水炼制成钢的**转炉炼钢**技术。1965年加拿大空气液化公司试验在转炉底部用双层同心套管式喷嘴供氧，氧气由喷嘴的中心管通入、套管通丙烷（气），借助丙烷（碳氢化合物）裂解吸热并形成还原气氛，以保护氧气喷嘴、抑制铁的高温蒸发、减少烟尘。1967年，联邦德国马克西米利安公司采用这种形式的喷嘴，试验氧气底吹转炉炼钢，并获得成功，简称OBM法。1970年，法国研制成功与OBM法类似的氧气底吹转炉炼钢技术，称为LWS法，差别只是用柴油做冷却剂。OBM法和LWS法都是用25～70吨的托马斯炼钢转炉改造而成，用高磷铁水为原料，改底吹氧后，解决了钢中含氮量高的问题，可以认为是**托马斯转炉炼钢**的现代化发展。1971年，美国钢铁公司引进OBM法，建30吨试验炉，并喷石灰粉提早脱磷，称之为Q-BOP法。中间试验成功后，建成了200～235吨的Q-BOP转炉。1977年，日本川崎制铁所也设置了230吨Q-BOP转炉，但均未能形成工业生产能力。

氧气底吹转炉炼钢方法只得到有限的应用，是**顶底复合吹炼转炉炼钢**技术开发的前驱技术。

氧气底吹转炉的炉型与顶吹氧气转炉相似，是轴对称型，但其炉容比较小，一般为每吨钢0.6立方米，炉壳高度比为1.0～1.1，几乎呈球形。底吹氧气转炉的炉体结构也与顶吹转炉相似，其差别仅在于带有喷嘴的炉底。底吹氧气转炉的耳轴结构比较复杂，是空心的。底吹氧气、保护介质和粉状熔剂都通过耳轴内孔输入，经管道引至炉底与分配器相连。底吹氧气转炉的炉底包括炉底钢板、炉底塞、喷嘴、炉底固定件和管道固定件等，喷嘴损坏后可更换炉底（图1）。

氧气底吹转炉炉体的高径比略小于氧气顶吹转炉。30～230吨的转炉，装有5～22支氧气喷嘴。喷嘴的直径和熔池的深度之比为1/35～1/15。喷嘴与喷嘴之间，以及喷嘴与炉壁之间都要有适当间距。在倒炉取样和出钢时，喷嘴能露出渣液面。

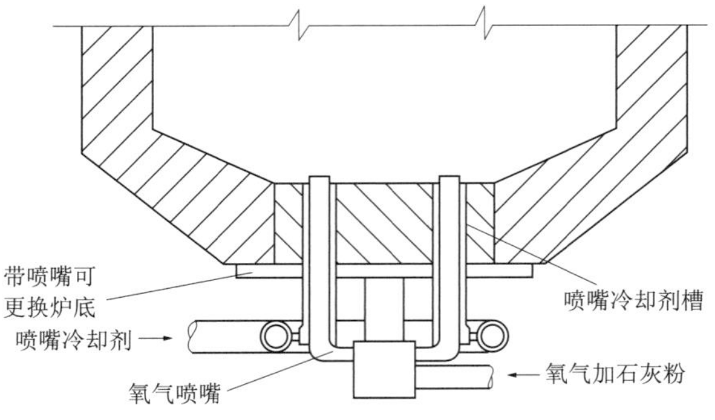

图1　氧气底吹转炉炉底示意图

氧气底吹转炉炼钢由底部直接向熔池分散供氧，搅拌条件好，氧气流股和金属熔池的接触面积大，反应迅速、均匀，熔池中碳氧反应接近平衡，特别适用于冶炼低碳钢和超低碳钢。与**氧气顶吹转炉炼钢**相比，其吹炼平稳、喷溅少、烟尘量少、炉渣中氧化铁含量低、金属收得率高，为1%～2%；氧气和石灰消耗较低，冶炼终点熔池的余锰较高、氧含量低，锰铁等脱氧剂的消耗较低。此外，同样容积的炉子可以多装料，吹炼时间短，产量高。氧气底吹转炉设有上下行程距离很长的氧枪，所以比顶吹转炉炼钢所用厂房高度低得多（图2）。缺点主要是炉底寿命较短，设备较氧气顶吹炼钢转炉复杂。

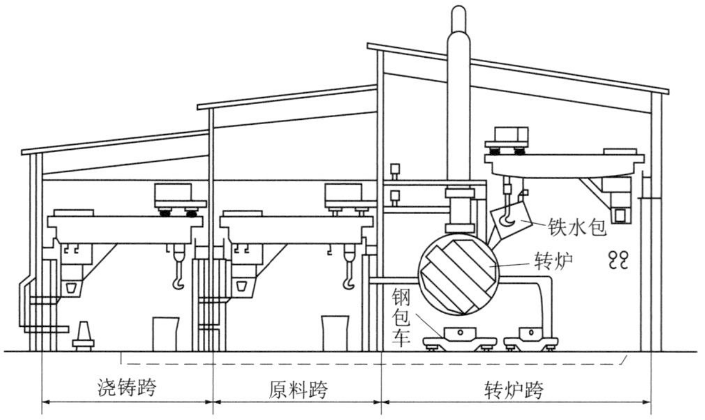

图2　氧气底吹转炉车间立面布置

（全钰嘉　陆　达　撰　包燕平　修订）

氧气顶吹炼钢转炉　oxygen top-blown converter　由顶部吹氧进行炼钢的可转动熔炼炉。主体包括转炉炉体、倾动机构。辅助部分有加料系统、供氧系统、烟气净化系统与煤气回收系统。氧气顶吹转炉炉体由炉壳、炉衬，以及耳轴和托圈构成。转炉炉体的作用是盛装铁水并进行有氧吹炼，它通过托圈和耳轴支撑在支座上，利用倾动机构随耳轴、托圈在正负360°内转动。转炉炉壳用钢板焊成。炉壳承受耐火材料、钢水、渣液的全部质量，冶炼过程中会多次来回摇炉，不仅要反复承受倾动力矩，还要承受热应力。要保持炉壳形状大致不变，选用材料必须有足够的强度和刚度。炼钢转炉的炉衬包括：工作层、永久层和保温（填充）层。其主要功能是容纳高温冶金熔体，承受炉渣的化学侵蚀，抵抗钢水的机械冲击和磨损；耐受高温及温度的剧烈波动；减少散热、保证炼钢过程的热平衡、保持熔池温度；保护炉壳钢板不受钢水和热渣的熔蚀。现代转炉炉衬采用溅渣护炉等多项先进的护炉技术，炉衬寿命可达1万炉次以上（炉龄1年左右）。

倾动机构具有连续回转能力，可停在任意倾角位置，在生产过程中电动机、齿轮、制动器等能安全可靠地运转，以便进行兑铁水、加废钢、取样、出钢和倒渣等工艺操作。倾动系统的安装方式有落地式、半悬挂式和全悬挂式。倾动系统使炉体围绕耳轴旋转，特点是减速比大，倾动力矩大，启动、制动频繁，需要承受较大的动载荷，工作条件恶劣，安全性要求高。

炼钢转炉的加料系统主要有热铁水的供应系统和废钢供应系统，以及散状材料、**铁合金**等材料的供应系统。在**转炉炼钢**发展初期，沿用**平炉炼钢**系统设置混铁炉来协调转炉炼钢和高炉出铁之间节奏的匹配。现代转炉炼钢使用铁水罐运送热铁水，直接将其兑入转炉，不设置混铁炉。废钢使用废钢槽倒入转炉。废钢和铁合金的供应系统一般有备料间、料仓、称量、输送设备和加料设备等。散状料包括造渣材料和冷却剂，一般采用汽车或火车运送到地下料仓，经皮带送到高位料仓，经给料、称量、汇总后，通过密封溜槽加入转炉。

炼钢转炉的供氧系统有输氧管、控制闸阀、测量仪表及氧枪等。一座转炉须配备工作氧枪和备用氧枪两套氧枪。若工作氧枪损毁，能立即换备用氧枪吹炼，以保证冶炼不中断。

烟气净化与煤气回收系统基本由烟气收集冷却、烟气净化、煤气回收、污水及污泥处理回收等部分组成。一般采用转炉烟气未燃烧法回收，其中在烟气净化部分通常用文氏管湿法净化或静电除尘的干式净化，烟气回收设备主要是鼓风机、水封装置等。**转炉煤气**回收主要采用未燃法。

（包燕平）

氧气顶吹转炉炼钢　oxygen top-blown converter steelmaking process　将纯氧由转炉顶部吹入炉内金属熔池，使铁水氧化炼成钢水的**转炉炼钢**技术。

简史　19世纪，英国**H.贝塞麦**就有用纯氧炼钢的设想，因制氧技术的限制而未能实现。20世纪20年代后期，空气液化和分馏制氧技术开发成功。从1929年起，德国柏林工业大学的R.杜雷尔开始进行实验室试验。1948年在2.5吨的试验炉上成功实现纯氧炼钢，并且在吹氧、造渣、炉衬等方面的研究中积累了许多经验。1949年奥地利钢铁联合公司注意到杜雷尔的研究，在林茨钢厂开始进行中间生产试验（图1），首先是在2吨的炉子上进行试验，继而用15吨的炉子进行了多方面的研究试验，炼成的钢品质优良，试验获得成功。在此基础上，建成世界第一个**氧气顶吹炼钢转炉**，并于1952年在林茨（Linz）投产。1953年第二个30吨氧气顶吹转炉炼钢工厂在奥地利多纳维兹（Donawitz）建成投产。因而在欧洲称该炼钢方法为LD法。1954年在平炉用氧炼钢的经验基础上，美国和加拿大各建成一座35吨氧气顶吹转炉炼钢厂，在北美称为BOF（basic oxygen furnace）法。之后氧气顶吹转炉炼钢在世界范围内得到迅速推广，成为现代炼钢的主要技术方法。80年代后，氧气顶吹转炉炼钢熔池增加底吹气体搅拌，形成了**顶底复合吹炼转炉炼钢**技术。

图1　氧气顶吹转炉的发源地——奥地利林茨钢厂

氧气顶吹转炉系统　由转炉炉体、倾动机构、加料系统、供氧系统，以及烟气净化与煤气回收系统组成。其中转炉炉体包括炉壳、炉衬、耳轴和托圈。倾动机构有落地式、半悬挂式和全悬挂式。加料系统主要包括铁水、废钢、散状材料及铁合金等材料的供应装置。供氧系统由制氧机、加压机、中压储气箱、输氧管、控制闸阀、测量仪表及氧枪等主要设备组成。烟气净化与煤气回收系统包括烟气的净化和煤气的回收两部分。

冶炼过程　氧气顶吹转炉炼钢以热铁水和废钢为原料，其中热铁水为金属料量的70%～85%。按照配料要求，先把废钢等装入炉内，然后倒入铁水，并加入适量的造渣材料（如生石灰等）。加料后，氧枪从顶部垂直向下将高压（0.8～1.2兆帕）纯氧（含氧99.5%以上）吹向熔池，使氧直接跟高温的铁水发生氧化反应。铁水中的硅、锰、碳和磷等元素被氧化，并通过造渣脱磷、脱硫（图2）。各元素氧化产生热量，加热熔池。当钢水的成分和温度都达到要求时，停止吹炼，提升喷枪，取样分析和测量温度，合格后即可出钢（图3）。出钢时使炉体倾斜，钢水从出钢口注入钢水包，同时加入脱氧剂进行脱氧和调节成分。炼钢炉的吹氧时间一般为15～20分钟，冶炼周期（从出钢到下次出钢的时间）一般为30～45分钟。采用**铁水预处理**和提高供氧强度，冶炼周期可缩短至30分钟以内。

枪位和氧压　在吹炼过程中，氧气射流从喷头喷出后高速冲击熔池，产生一定的冲击深度和冲击面积，起到搅拌作用并

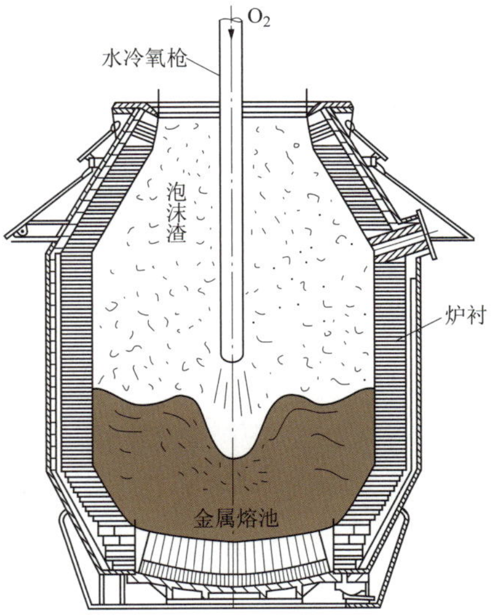

图2　氧气顶吹转炉示意图

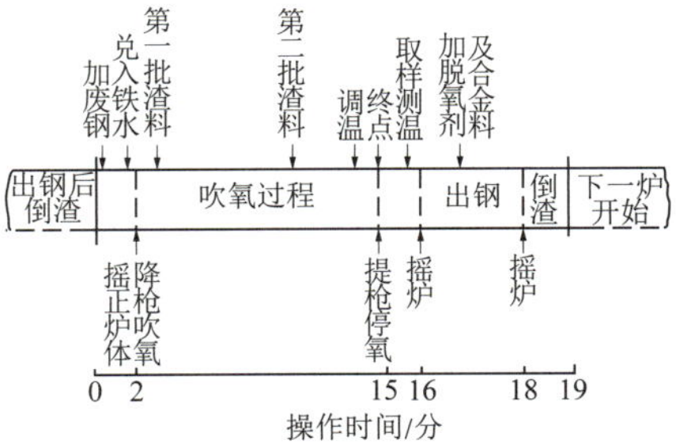

图3　氧气顶吹转炉进程示例

引起熔池的循环运动。搅拌作用越强烈、越均匀，冶金反应越快。影响冲击深度和冲击面积的主要因素是枪位和氧压。枪位是喷头到熔池液面的距离。氧气射流的速度随射程而逐渐衰减，所以调整枪位可以控制射流对熔池的冲击力和冲击面积。炼钢操作按氧气射流对熔池的作用有软吹和硬吹两种工作状况。在吹炼过程中熔池运动状况对杂质的氧化成渣，金属熔池成分、温度、喷溅和炉龄等都有很大影响。

①软吹操作。枪位较高或氧气压力较低，氧气射流的动能较小，只能在熔池表面冲击出一个浅坑，凹坑附近的金属液向上运动，离凹坑较远处的金属液向下运动（图4），这种工况又称浅吹。软吹对熔池的搅拌能力较弱，金属熔池的氧化速率较

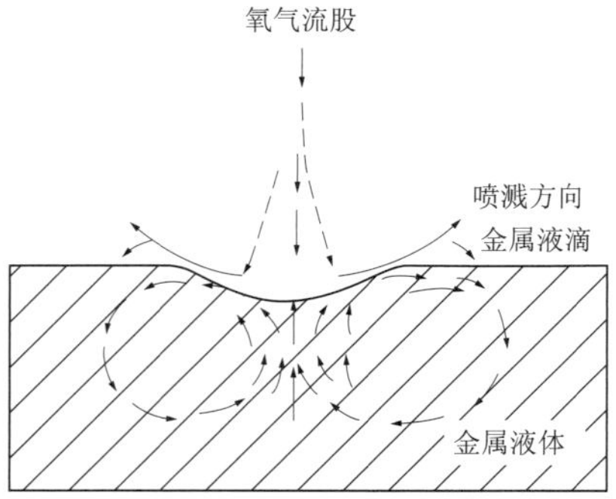

图4　软吹示意图

慢，脱碳速率较低，因此渣中氧化铁含量较高，有利于化渣。

②硬吹操作。枪位较低或氧气压力较高，氧气射流的动能较大，将熔池冲击出一个深坑。一部分金属液被冲击形成小液滴，大部分随反射气流飞溅到炉渣中；另一部分金属液滴被卷入氧气射流中被氧化。同时，射流流股冲击金属液面形成气泡。金属液滴和氧气气泡以高速冲入金属熔池，共同参与熔池的循环运动。在熔池中心凹坑处的金属液向下运动，凹坑周围的金属液被反射气流带动和泡沫渣上浮而向上运动，靠近炉衬的金属液又重新向下运动（图5），这种工况又称深吹。硬吹工况中金属液循环运动强烈，脱碳反应速率快，但渣中氧化铁含量低，不利于化渣。

硬吹或软吹只是相对而言，并无严格的划分界限。调节氧气射流对熔池的作用

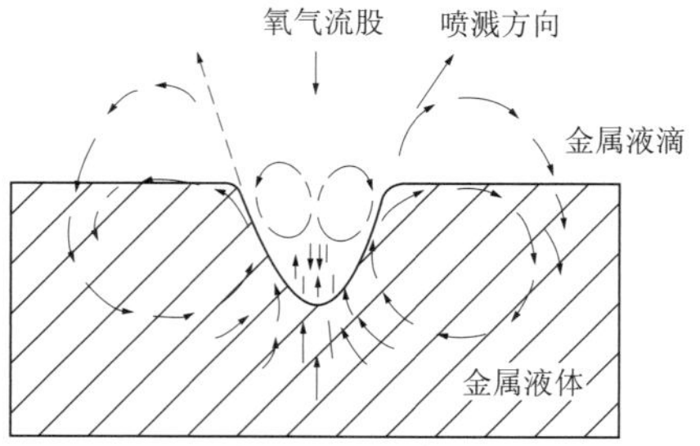

图5　硬吹示意图

状态，例如调整氧枪喷口和液面的相对位置，是控制氧气顶吹转炉吹炼过程的重要手段。

在氧流和金属凹坑表面及其附近，氧化反应激烈，释放出大量热量，使该处温度高达2000～2600℃，称为一次反应区或称火点。整个转炉炉膛内充满由炉渣-金属液滴-气泡组成的乳浊液（通俗称泡沫渣）。从生产中的转炉取样表明，沿炉体高度方向，在靠近炉底处有少量单相金属液体，向上炉渣液滴和气泡数量逐渐增加，越接近炉口，乳浊液中的金属滴越少。

吹炼中金属和炉渣成分的变化　氧气顶吹转炉吹炼过程中，由于一次反应区的温度很高，吹炼初期铁水中的碳就会被氧化。由于氧气顶吹转炉能调整氧枪枪位、改变吹炼工况、有效控制成渣状况和渣中氧化铁含量，从而能调节脱碳操作和脱磷操作的先后顺序，这是氧气顶吹转炉炼钢的优点之一（图6）。

吹炼中热平衡　炼钢过程的热量来源

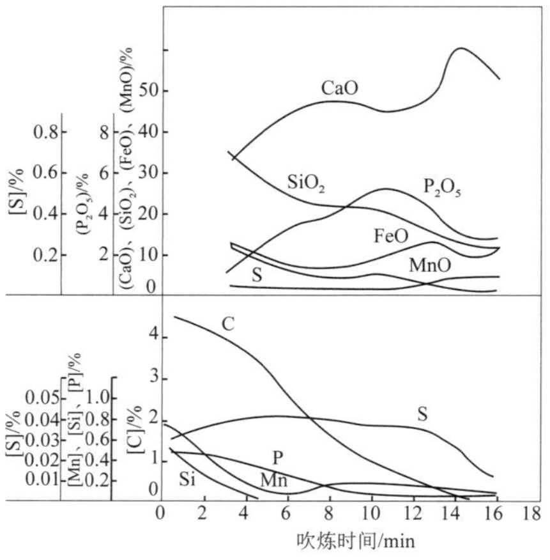

图6　氧气顶吹转炉吹炼过程中的成分变化

中，铁水的物理热和化学热约各占50%。化学热主要是硅和碳的氧化，其次是铁的氧化。氧气顶吹转炉的总热效率高于70%。烟气带走相当一部分物理热，烟气中一氧化碳所含有的化学热在炼钢过程中也未能利用。转炉烟气的回收和利用是节能的重要课题。

造渣制度　氧气顶吹转炉冶炼操作分为单渣法、双渣法和留渣法。单渣法是吹炼过程只造一次渣，中途不扒渣、不放渣，直到终点出钢，适用于吹炼磷、硫、硅含量较低的铁水或对磷、硫含量要求不高的钢种；双渣法是在冶炼过程中倒出或扒出部分前期炉渣（1/2～2/3），然后重新加造渣料造渣，适用于磷、硫、硅含量高的铁水或冶炼低磷的中、高碳钢，以及需要在炉内加入大量易氧化元素的合金钢的冶炼；留渣法是将上一炉的炉渣留一部分在炉内，以利用其热量和渣中的氧化铁和氧化钙，主要适用于吹炼含磷较高铁水。

生产特点　氧气顶吹转炉炼钢主要优点有：①吹炼时间短，生产效率高。②产品品种多，质量好。③热效率高，不需要外部热源。④炼钢生产工序成本低。⑤对原材料的适应性强，能吹炼低、中磷铁水，还能吹炼含钒、钛等特殊成分的铁水。⑥有利于开展综合利用和实现自动化。⑦氧气顶吹转炉炼钢属于高频率的快速间歇式操作，有可能和**连续铸钢**协调配合形成准连续式操作。主要缺点有：①吹损较大，包括氧化损失、烟尘损失、渣中三氧化二铁和氧化铁的损失等，金属收得率较低。金属吹损率一般为10%左右。②顶吹的氧气射流对熔池的搅拌不均匀，熔池内成分温度不均匀，特别在吹炼后期更严重，使供氧强度和生产率的进一步提高受到限制。

（刘越生　赵荣玖　撰　曲　英　修订）

氧气喷石灰粉炼钢　oxygen-lime converter steelmaking process　将石灰粉随氧气喷入熔池的**转炉炼钢**技术。适用于高磷生铁炼钢。一般的**氧气顶吹转炉炼钢**用石灰块造渣，成渣较慢，只适用于冶炼含磷量低于0.2%的生铁。对于以高磷铁矿生产的高磷生铁（1.5%～2.2%磷）不适用。1956年起，比利时中央冶金研究所（CNRM）和法国钢铁研究院（IRSID）各自独立研究高磷生铁的氧气顶吹转炉炼钢技术，分别在卢森堡阿尔贝德公司（ARBED）杜德朗日（Dudelange）钢厂和法国德南（Denain）钢厂改造26吨的托马斯转炉进行试验，发明了喷石灰粉冶炼高磷生铁的方法。前者命名为LD-AC法（AC是ARBED和CNRM的首字母），后者命名为OCP法（法文oxygene chaux pulverise的简称）或OLP法（英文oxygen lime powder的简称）。两者的高磷铁水炼钢工艺相同，统称为氧气喷石灰粉炼钢法。

氧气喷石灰粉炼钢的工艺过程是：将废钢和铁水装入留渣转炉，顶吹氧气的同时喷入石灰粉，使其快速成渣，达到有效地脱磷。

氧气喷石灰粉炼钢的造渣制度主要采用双渣留渣法。双渣留渣法是在冶炼中中断吹炼，倒出高磷渣，再加石灰造二次渣。一次渣中加萤石，磷含量较高，可用于制磷肥。氧气喷石灰粉炼钢法在西欧被广泛利用，钢的品种、质量和技术经济指标都达到较高水平。由于粉状石灰极易吸水潮解，所以其中石灰粉剂的制备、运输、存储和喷吹都必须严格管理和控制。**氧气底**

吹转炉炼钢法出现后，成为又一种冶炼高磷铁水的有效技术。但氧气喷石灰粉炼钢法没有进一步扩大，只有一些原有的转炉仍在生产。（包燕平）

氧势图 oxygen-potential diagram　稳定单质与1摩尔氧结合生成氧化物的反应（$\frac{2x}{y}M+O_2 \longrightarrow \frac{2}{y}M_xO_y$）的标准自由焓变量$\Delta G^\circ$（即氧势）与温度$T$的关系图。又称氧位图。1944年H.J.T.埃林汉首先将许多氧化物的ΔG°对T作图，得到一系列直线，称为埃林厄姆图。1948年F.D.理查森等人在此图上增加了氧分压及p_{H_2}/p_{H_2O}、p_{CO}/p_{CO_2}标尺，扩大了此图的应用范围，故又称埃林厄姆-理查森图。以后，有许多学者根据更可靠的热力学数据对该图做了修订补充，但图的形式并没有原则性的变化。图为M.奥利特等人绘制的$\Delta G^\circ-T$图。

氧势　金属氧化反应

$$\frac{2x}{y}Me+O_2 \longrightarrow \frac{2}{y}Me_xO_y$$

达到平衡时的氧分压p_{O_2}称为化合物Me_xO_y的分解压，此值越低，表示金属氧化物Me_xO_y越稳定，它与氧化反应的ΔG°的关系是：

$$\Delta G^\circ = RT\ln p_{O_2}$$

式中R为气体常数；T为热力学温度。当气相中氧的分压为p_{O_2}时，其化学势是：

$$\mu_{O_2} = \mu^\circ_{O_2} + RT\ln p_{O_2}$$

式中$\mu^\circ_{O_2}$是氧分压为1大气压时的标准化学势。μ_{O_2}与$\mu^\circ_{O_2}$之差：

$$\mu_{O_2} - \mu^\circ_{O_2} = RT\ln p_{O_2} = \Delta G^\circ$$

代表此平衡体系中氧的相对化学势，常简称为氧势。

$\Delta G^\circ-T$图　图中的纵坐标ΔG°就是氧势坐标，故此图称为氧势图。$\Delta G^\circ-T$直线的斜率取决于反应的熵变ΔS°的符号及数值：

$$\left[\frac{\partial(\Delta G^\circ)}{\partial T}\right]_p = -\Delta S^\circ$$

在相变温度下，$\Delta G^\circ-T$直线发生转折。由于气体的摩尔熵比凝聚相的摩尔熵大得多，金属单质与1摩尔氧气反应生成凝聚相氧化物的熵变总是负值，所以它们的$\Delta G^\circ-T$直线斜率为正。碳与1摩尔氧气反应生成CO_2（1大气压）气体时，由于消耗1摩尔气体（O_2）生成1摩尔气体（CO_2）反应的熵变极小，其$\Delta G^\circ-T$直线的斜率几乎为零。碳与1摩尔氧气反应生成2摩尔CO气体的$\Delta G^\circ-T$直线的斜率为负，表明温度越高，碳能创造更低的氧势。此线可以和其他斜率为正的直线相交。此交点温度称为氧化-还原的转化温度，在此交点温度以上，碳可以将该氧化物还原，表明碳在高温下有很强的还原能力，这就是碳成为**火法冶金**中最重要的还原剂的理论根据。当CO分压低于1大气压时，其$\Delta G^\circ-T$直线（图中未给出）的斜率更负，它与其他斜率为正的直线的交点温度更低，在低压下碳更易于将各种金属氧化物还原，这是真空碳热还原的热力学依据。

氧势图的应用　氧势图用于火法冶金过程中氧化物还原反应的热力学判断。它能直观地表明各种氧化物稳定性的次序。图中直线位置越低，它所代表的氧化物越稳

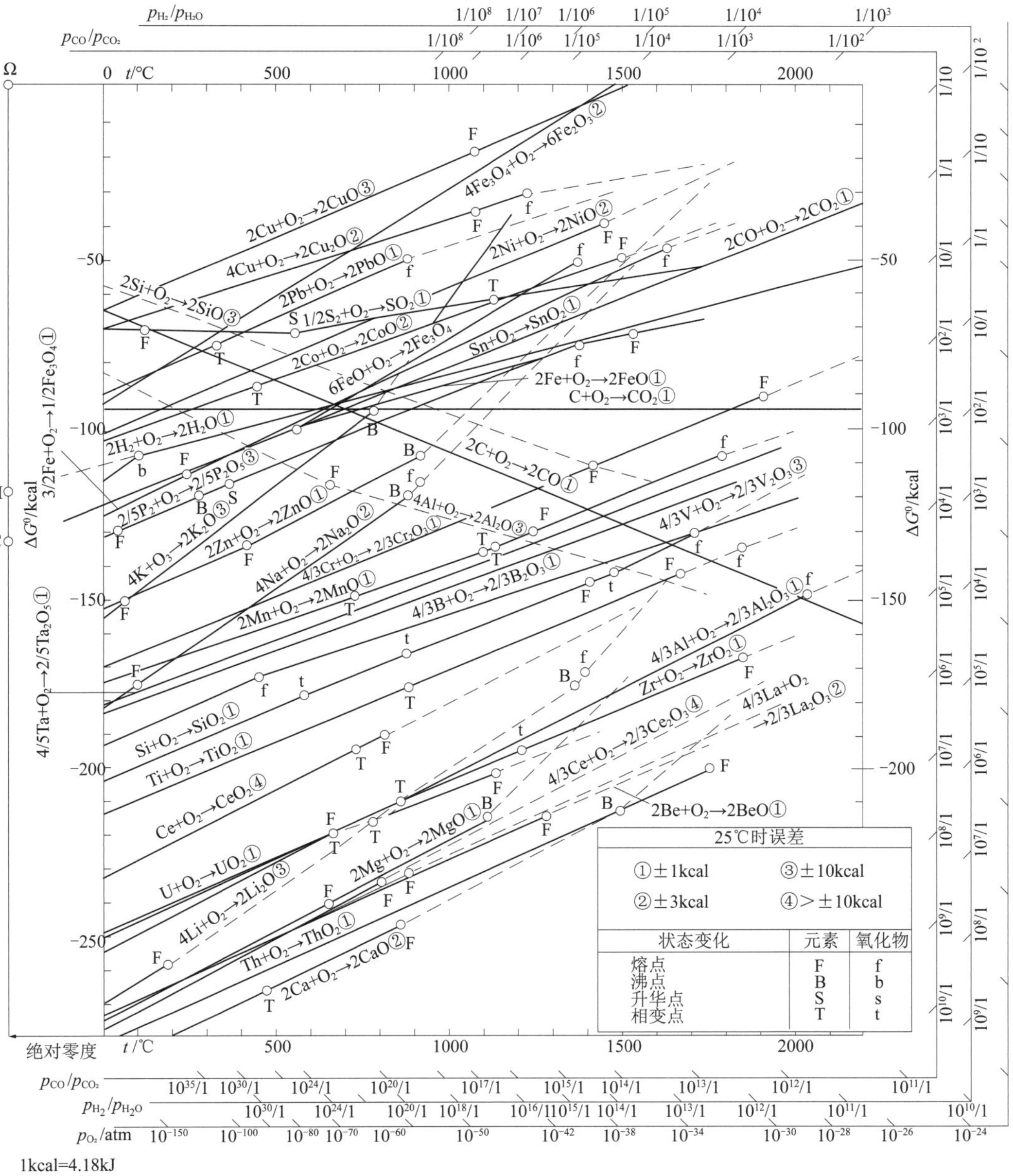

氧势图（M.奥利特等人绘制）

定。如含有FeO、MnO、Cr_2O_3、V_2O_3的一组冶金原料，在1300℃用碳处理，则可由氧势图看出，在p_{CO}为1大气压条件下，FeO、Cr_2O_3会被碳还原，而MnO及V_2O_3不会被还原。

利用氧势图右边所附的p_{H_2}/p_{H_2O}和p_{CO}/p_{CO_2}标尺可以直接读出在一定温度下氧化物和金属平衡时的氧分压以及平衡时的和值。例如，欲求NiO在1200℃的分解压，可在NiO的$\Delta G°-T$直线上找到1200℃的位置点，将此点与左上角的Ω点连成直线并外延到与右边p_{O_2}标尺相交，则交点处给出的氧分压为7.5×10^{-3}帕，即为NiO的分解压。类似地，可将上述位置点与图左边的H点连成直线并外延到与右边的p_{H_2}/p_{H_2O}标尺相交，则交点处给出的p_{H_2}/p_{H_2O}值为$1/10^2$，这就是1200℃下与NiO、Ni平衡的气相中氢和水蒸气分压的比值。仿此，欲求平衡的p_{CO}/p_{CO_2}值，则应与左边的C点相连接。这些标尺的利用，给控制氧化还原气氛带来很多方便。

对其他类型化合物，如硫化物、氯化物、碳化物、氮化物等，相应地也有硫势、氯势、碳势、氮势等概念，可绘出类似的硫势图、氯势图、碳势图、氮势图等。这些图在冶金中均已得到广泛应用，但只适用于标准态下的反应。

扩展阅读

黄希祜.钢铁冶金原理.北京：冶金工业出版社，1982.

（车荫昌　冀春霖）

摇床 shaking table　利用床面的差动作用和斜面流分选原理实现分选的设备。由传动机构、床面和机架组成。传动机构设于床面纵向一端。床面近矩形或菱形。床面横向倾斜3°～8°，倾角可由调坡机构进行调节（见图）。床面上方沿纵向设给矿槽和给水槽。床面上有凸起的床条或凹槽，做纵向排列。床条高度或凹槽深度自传动端向末端逐渐减小、尖灭。床面由机架支撑或吊起，由传动机构带动作不对称往复运动。床面的纵向坡度和横向坡度、冲程、冲次、床条结构是影响分选指标的主要设备参数。给料的体积量、给料浓度、给料粒度及冲洗水量是影响分选指标的主要因素。

根据适宜处理物料的粒度范围可分为矿砂摇床（处理0.074～2毫米粒级矿砂）和矿泥摇床（处理粒度小于0.074毫米粒级矿泥）。根据摇床的床头结构、床面型式和支撑方式等结构的不同，可将其分为6-S摇床、云锡式摇床、弹簧摇床、离心摇床、悬挂式多层摇床、枱浮摇床等。①弹簧摇床。借助于软、硬弹簧的作用形成床面的差动运动。弹簧摇床的正、负向运动的加速度差值较大，可有效地推动微细粒沿床面向前运动。所以适合处理微细粒级物料。②离心摇床。使床面在做往复摇动的同时还做回转运动，从而借助惯性离心力强化分选过程。特点为：床面为曲面（整机为三四块刻槽床面），保证横向倾角在离心运动时恒定，床面运动既做往复运动，又做回转运动，离心力使床层松散分层化，提高了分选效率和处理能力，采用更高的冲程冲次，适应了床层更好的松散和运搬的需要。③悬挂式多层摇床。多层床面被悬挂起来并共用一个床头。床头为一组多偏心的齿轮，在一个密闭的油箱内，将两对齿轮按图示方式组装在一起。其中大齿轮的齿数是小齿轮的2倍，驱动电动机安装在齿轮罩上方，直接带动小齿轮转动。水平方向，当大齿轮轴上的偏重锤与小齿轮轴上的偏重锤同在一侧时，离心惯性力相加，达到最大值；而当大齿轮轴再转过半周、小齿轮转过一周时，离心惯性力相减，达到最小值。因此，在水平方向上产生差动运动。大齿轮的转速即是床面的冲次。改变偏重锤的质量可以改变床面的冲程。而且调节冲次时不会影响冲程。④枱浮摇床。集摇床分选和浮选于一体。分选时，首先将浓度较高的矿浆和分选药剂（pH值调整剂、捕收剂等）一起给入调浆槽充分搅拌，使矿粒与药剂充分作用后，给到枱浮摇床上，与捕收剂作用后的疏水性颗粒同气泡附着在一起，漂浮在矿浆表面，从低密度产物及溢流和细泥的排出区排出，不与捕收剂发生作用的其他矿物颗粒，由枱浮摇床的精矿端排出。为了加强矿物颗粒与气泡的接触，有时在枱浮摇床床面上加设吹气管，向矿浆表面吹气。

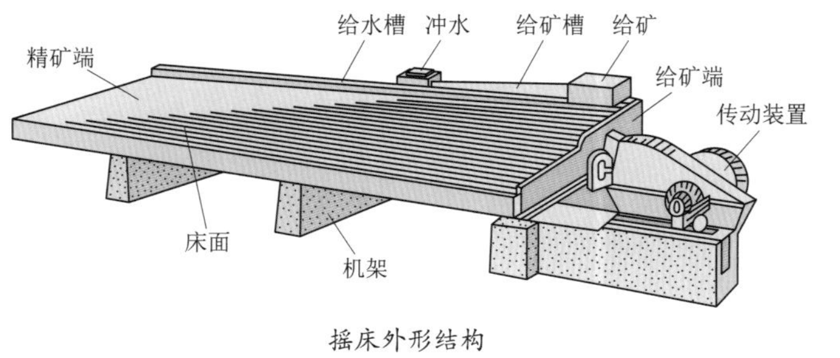

摇床外形结构

由于摇床富集比高、分选精度高，是一种高效的细粒重选设备，应用广泛。针对单机处理能力低、占地面积大的缺点，美国、英国、苏联和中国等国家曾经研制了多种形式的多层摇床，并已获得部分推广。

扩展阅读

魏德洲.固体物料分选学.3版.北京：冶金工业出版社，2015.

（李艳军）

摇床分选 shaking table separation　在一个倾斜宽阔的床面上，借助床面的不对称往复运动和薄层斜面水流的联合作用，使矿粒按密度分离的重力选矿方法。摇床分选用于选别细粒物料，广泛应用于钨、锡、钽、铌和其他稀有金属及贵金属矿石选别，也可用于铁矿石、锰矿石和煤选别。

简史　摇床分选（图1）已有100多年的历史。1890年美国制造了第一台选煤用打击式摇床，1896～1898年A.威尔弗利发明了采用偏心连杆机构的现代形式摇床。

图1　摇床选矿场面

1918年普兰特-奥义发明了以凸轮杠杆为传动机构的摇床。第二次世界大战后，德国制成了偏心轮传动的快速摇床。1964年中国研制成功惯性弹簧式摇床。在1957年以前，摇床主要是座式单层摇床。为了解决摇床占地面积大的问题，床面向着多层化和离心化方向发展。20世纪50年代中国研制成了双层、四层和六层矿泥摇床，但因床面惯性力难以平衡而未获推广。苏联曾研制出双联三层摇床。英国在20世纪60年代用玻璃钢作床面，制成双层和三层摇床。1957年美国首先研制出多偏心惯性齿轮床头，接着发明了多层悬挂式摇床。

摇床　大部分摇床基本都是由床面、床头和机架3部分构成（图2）。

床面可用木材、玻璃钢、金属（如铝、铸铁）等材料制成，并衬以摩擦系数较高的材料，如漆布、橡胶或塑料。其形状常见的有矩形、梯形和菱形，在横向上有1°～5°倾斜。沿纵向在床面上钉有许多平行的床条。床面上沿还装有给矿槽和给水槽。

床头由电动机带动，通过拉杆连接床面，使床面沿纵向做不对称的往复运动。床面前进时，速度由慢到快而后迅速停止；

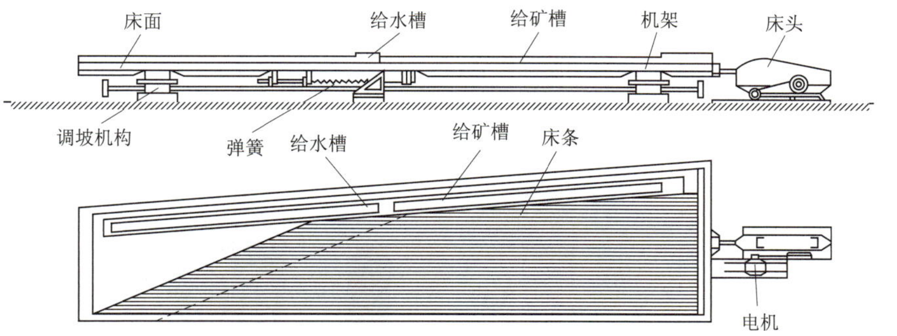

图2　摇床结构示意图

在往后退时，速度由零迅速增至最大，此后缓慢减小到零。

机架或悬挂机构，用于支撑床面，其方式分为座式和悬挂式。座式是床面直接与支架联结，并在支架上设有调坡装置，用来调节床面的横向坡度。悬挂式是用钢丝绳把床面吊在架子上，床面悬在空中，坡度通过钢丝绳的松紧来调整。

工业上应用的、不同形式的摇床的主要区别在于床面的形状和层数、床条的特征、床头的工作原理以及安装方式。

摇床按适宜处理物料的粒度分为矿砂（0.074～2毫米）摇床和矿泥（小于0.074毫米）摇床，矿砂摇床又可分为粗砂（0.5～2毫米）摇床和细砂（0.074～0.5毫米）摇床。按处理物料的种类分有选矿用摇床和选煤用摇床等。按床面层数分为单层摇床和多层摇床。按安装方式分为座式摇床和悬挂式摇床。中国常用的摇床如下表所示。

中国常用摇床类型一览表

力场	往复运动特性	床头机构	支撑方式	摇床名称
重力	不对称直线	凸轮杠杆式（plat-O型）	滑动	云锡摇床
		惯性弹簧	滚动	弹簧摇床
		偏心肘板式（wilfiley型）	摇动	6-S摇床
		多偏心惯性齿轮	悬挂	多层悬挂摇床
	对称直线	惯性式	弹簧片	快速摇床
离心力	不对称直线	惯性弹簧式	中心轴	离心摇床

分选过程　物料（一般为水力分级产品，浓度为25%～30%的矿浆）从给矿槽自流到床面上后，矿粒在床条沟槽内受水流冲洗和床面振动作用而松散、分层。分层后的矿粒受到不同大小的水流动压力和床面摩擦力作用而沿不同方向运动，上层低密度矿物颗粒受到较大的水流冲力，沿床面横向倾斜向下运动。而位于床层底部的高密度矿物颗粒受床面的差动运动的作用沿纵向运动至床条尖灭线处后，沿床面横向倾斜向下滑动。由于不同密度和粒度的矿粒在床面上的运动方向不同，导致物料在床面上呈扇形展开（图3）。

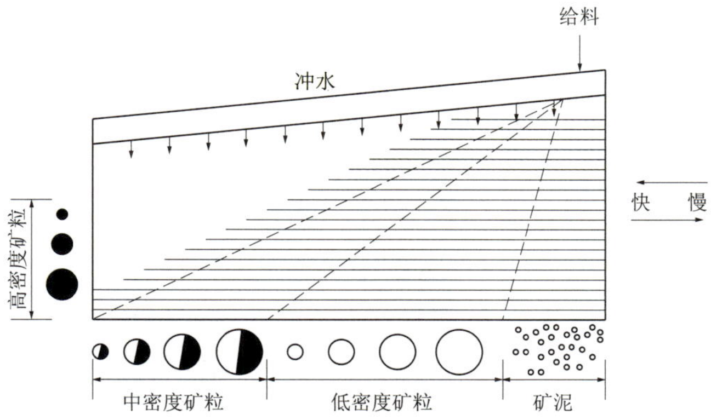

图3　摇床分选示意图

摇床分选原理　物料在摇床面上的分选包括松散分层和搬运分带两个基本阶段。

松散分层　颗粒的松散分层主要是沉降分层和析离分层的共同结果。横向水流流经床条时，因发生水跃而形成旋涡，由此产生水流的垂直脉动速度，使物料松散。微细颗粒呈悬浮状态，稍粗颗粒则在不断翻转中，将高密度矿粒移至下层。下层矿粒较少受流体动力作用，在床面的纵向摇动过程中，颗粒间相互挤压、翻转，产生**拜格诺层间斥力**，使床层发生间断性的扩张松散。床面摇动使高密度细颗粒穿过粗颗粒的间隙，下沉到最底层，这种析离分层是摇床分选的重要特点。分层结果是：除了始终处于悬浮状态的微细颗粒外，低密度粗颗粒在最上层，其次是低密度细颗粒，再次是高密度粗颗粒，最底层为高密度细颗粒（图4）。

运搬分带　位于床层中不同层次的矿物颗粒，因纵向和横向的运动速度不同，而有不同的运动方向。①颗粒沿床面的横向移动。在横向水流作用下，矿粒沿床面横向移动，分层后位于最上层的低密度粗颗粒，在横向水流的冲洗作用下，首先越过床条向尾矿侧移动，其沿横向移动的平均速度最低；在横向水流推动和床条保护的联合作用下，继低密度粗颗粒之后，低密度细颗粒和高密度粗颗粒也依次越过床条，开始沿横向移动；分层后位于最底层的高密度细颗粒，因受到床条的保护作用，沿床面纵向运动至床条尖灭线处后，才开始沿床面横向滑动，因而具有最低的横向移动速度。②颗粒沿床面的纵向移动。颗粒沿床面的纵向移动是由床面作不对称往复运动引起的，颗粒在床面发生相对移动的条件是颗粒的惯性力大于床面的摩擦力。当颗粒的惯性力小于摩擦力时，颗粒即在摩擦力带动下随床面一起做加速运动。及至床面的加速度增加到一定值a_{cr}时，颗粒的惯性力达到与摩擦力相等。超过这一限度后，摩擦力即不足以克服颗粒的惯性力，于是颗粒即沿惯性力方向（与床面加速度方向相反）相对于床面运动。颗粒经过分层后，位于底层贴近床面的高密度细颗粒具有最大的摩擦系数，在床面的带动下，向前滑动的距离亦最大，由此向上，颗粒层间的摩擦系数愈小，受床面推动的作用力愈弱，因而向前运动的距离依次减小。

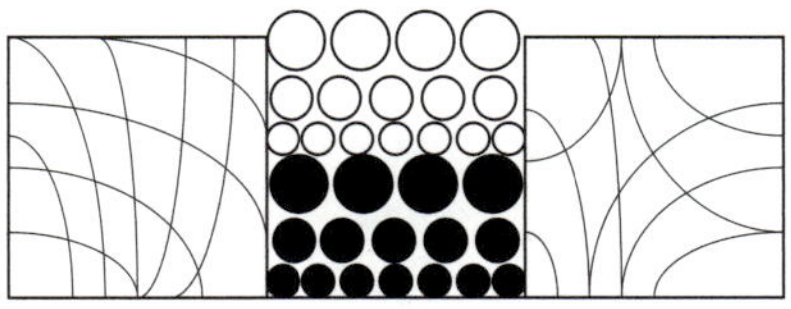
图4　摇床面上颗粒的分层结果示意图

矿粒在床面上既做横向运动又做纵向运动，其最终运动方向应是这两者的矢量和。分层后位于最上层的低密度粗颗粒因具有最大的横向运动速度和最小的纵向运动速度，所以其偏离角最大，低密度细颗粒和高密度粗颗粒的偏离角依次减小。分层后位于最底层的高密度细颗粒因具有最小的横向运动速度和最大的纵向运动速度，所以其偏离角最大。结果使不同密度和粒度的颗粒在摇床面上展开为扇形分带（图5）。

摇床分选的工艺操作参数　摇床分选的工艺操作参数包括冲程、冲次、给矿体积、给矿浓度、清洗水量及床面横向坡度

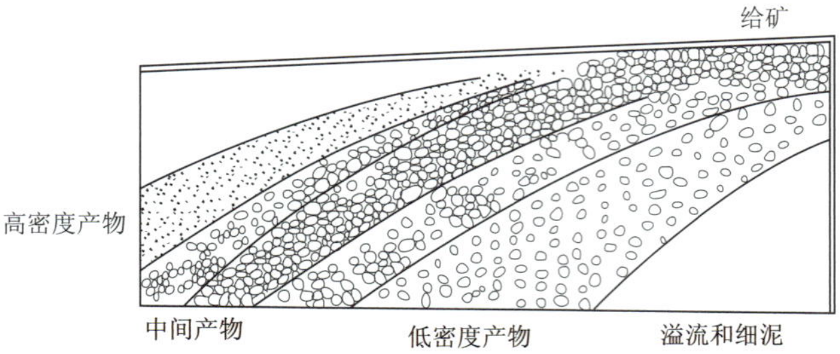

图5　颗粒在床面上的扇形分带示意图

等。①冲程和冲次。冲程和冲次共同决定着床面的速度和加速度，因而影响矿粒群的松散度和搬运速度。处理粗粒级矿石时，需要较大的冲程和较小的冲次；处理细粒级矿石和矿泥时要求则相反。②给矿体积和给矿浓度。给矿体积影响矿浆在床面上的流速。随着给矿体积增加，精矿回收率下降。增大给矿浓度，分层速度降低。生产中适当控制给矿体积，加大给矿浓度，可以提高处理能力。③床面的横向坡度和清洗水量。这是操作中经常调节的两个参数，增大横向坡度或清洗水量均可加大矿粒的横向运动速度，但增大清洗水量还可以增强选择性分离作用。一般粗选或扫选作业采用“大坡小水”，精选作业则采用“小坡大水”。

扩展阅读

孙玉波.重力选矿.北京：冶金工业出版社，1993.

魏德洲.固体物料分选学.3版.北京：冶金工业出版社，2015.

张一敏.固体物料分选理论与工艺.北京：冶金工业出版社，2007.

谢广元.选矿学.徐州：中国矿业大学出版社，2001.

（刘　涛）

遥控铲运机　remote control load-haul-dump　通过无线遥控装置进行远距离操作和控制的地下铲运机。20世纪70年代末期发展起来的一种出矿设备。由于地下采矿条件远比露天采矿恶劣，特别是随着采矿深度的增加，地热、岩石压力也随之增加，对人与设备的危害也愈大。为了保障人员安全，降低采矿成本，地下铲运机遥控技术水平不断提高，并在此基础上发展出地下铲运机的自动化控制技术。地下遥控铲运机自动化控制技术正向着可视化、集成化、计算机化、网络化和智能化方向发展。

遥控铲运机按照操作控制方式分为视距遥控铲运机、视频遥控铲运机和无人驾驶铲运机。

视距遥控铲运机　通过遥控装置在视距范围内进行遥控操作和控制的地下铲运机。铲运机由遥控装置、电液转换装置和铲运机主体等部分组成。视距范围在100米范围内，操作人员可以看到车辆，并可以通过无线电装置遥控地下铲运机（图1）。遥控装置有一台发射机和一台接收机，发送的信号为调频制，调制信号是二进制编码信息。操作人员的遥控指令在发送机内每秒扫描二三十次，变成发射信息发向装在铲运机上的接收机，该信息是二进制脉冲序列，包括同步、识别和控制数据3种信息，接收机接收信号后，把二进

图1　视距遥控铲运机井下应用

制码转换成模拟电信号。电液转换装置把该模拟电信号转换成液压操纵控制，进而操纵铲运机主体动作，完成遥控作业。视距遥控铲运机特别适用于无底柱分段采矿法、VCR法、房柱法矿柱回采等采场，其应用可降低矿石的损失贫化，残矿得到回收，并简化*采场底部结构*，减少采准工程量，提高生产效率，并保证了作业人员安全。但由于地下粉尘和光线等原因，操作者能见度差，铲斗难装满，存在效率问题。

视频遥控铲运机　通过带有视频、音频传输功能的遥控装置在视距范围外进行远距离遥控操作和控制的地下铲运机。是在视距遥控铲运机基础上增加了图像和声音传输功能，增强了现场感，提高了操作的准确性和快速性，进而提高了操作效率。视频遥控可分为就地视频遥控和远程视频遥控。①就地视频遥控铲运机。视频摄像机安装在铲运机前后两个方向上，遥控操作者在遥控器上可看到铲运机前方和后方的现场视频图像并听到声音（图2），在更远处操纵地下铲运机，完成地下铲运机的装载、运行和卸料作业。就地视频遥控距离在500米范围内，视频遥控要比视距控制复杂，包括2或3个装在机器上的摄像机、发射器，装在手提控制器上的接收器和监视器等。控制系统允许操作者利

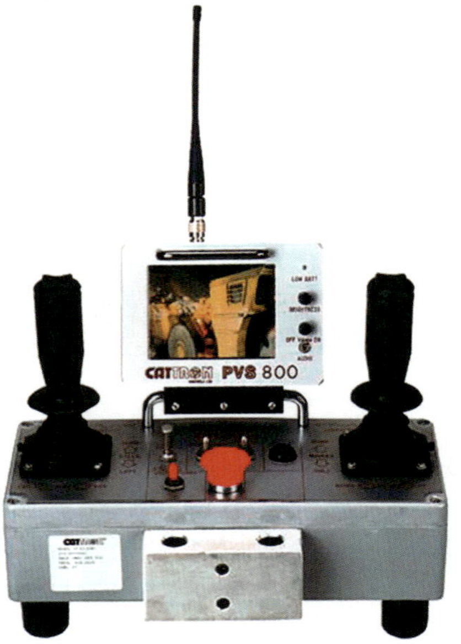

图2　就地视频遥控铲运机遥控器

用安装在手提控制器上的屏幕看到设备前方的作业场景，操作者的视野得到改善和提高。②远程视频遥控铲运机。20世纪90年代，开发出远程视频遥控技术。视频信号除了无线传输外，还有网络远程传输，可将作业现场的图像传输到更远、更安全的地方。驾驶员可从视距外任何地方通过观察网络视频图像远程操作地下铲运机，比就地视频遥控更好地克服了视距遥控生产率不高、危险性相对大的缺点。

无人驾驶铲运机　通过电脑控制系统实现无人驾驶的智能式的地下铲运机。按照铲运机智能化的程度，可分为自主和半自主的地下铲运机。①自主运行地下铲运机控制在整个作业循环，如装载、运输、卸矿全是自动的，运输与卸矿速度快，而且不需要人去操作，操作者只是起监视作用。自主运行地下铲运机还处在试运行阶段。②半自主运行地下铲运机控制在整个作业循环中，大部分作业时间是自动的，小部分作业时间靠人来完成。例如，铲装工作是在操作者的视频遥控操作下进行的，运输和卸矿工作是在机载计算机的自动控制下完成的。无人驾驶铲运机自主或半自主控制包括定位与导航技术、远程通信技术、高效的信息处理技术、先进传感器技术、系统集成技术、先进的采矿设备等，是复杂的系统工程，具有安全性高、生产率高、维护成本低的优势。

（战　凯）

冶金反应工程学　metallurgical reaction engineering　用化学反应工程学的理论和方法研究冶金过程及其反应设备的合理设计、最优操作和最优控制的工程理论学科。它在*冶金过程动力学*和传输理论的基

础上解析冶金过程的各种特性，寻求过程中各主要参变量之间的相互关系，找出其数学表达式（数学模型）；根据各种假设和实验条件，利用计算机解出各参变量之间的定量关系，借以确定最优的反应设备设计和工艺操作参数，以达到操作自动控制的目的。冶金反应工程学是在现代化实验技术、工艺理论和计算技术基础上正在发展的交叉学科。

20世纪60年代，日本**鞭岩**将化学反应工程学的研究方法和手段应用于冶金领域，1972年出版专著《冶金反应工程学》，首次提出冶金反应工程学的概念，并对**钢铁冶金**过程及其反应设备进行了较系统的分析。几乎在同一时期，其他国家的学者开始将传输理论、宏观动力学及化学反应工程学的研究方法应用于冶金过程，先后出版了多种专著，在理论和实践上充实和发展了冶金反应工程学的内容。中国学者叶渚沛在20世纪50年代就提出应用传输理论来研究冶金过程的提议。70年代后期起，中国冶金工作者在**喷射冶金**、**高炉炼铁**、真空脱气、复合吹炼、炉外精炼、**熔盐电解**、**连续铸钢**等方面开展了广泛的研究，使**冶金学**的知识体系由研究化学反应扩展到研究工艺装置。2001年出版的《冶金反应工程学系列丛书》，总结了冶金反应工程学的重要研究成果和基本理论发展。

冶金反应工程学的主要研究内容包括以下几方面。①传输原理在冶金工程中的应用。伴随冶金反应过程发生的动量、热量和质量传递是影响实际冶金过程速率的重要因素。20世纪70年代以来，关于描述动量、热量和质量传递规律的“传输原理”成为冶金工程的重要理论基础。其以物理学3个基本定理（质量守恒定律、牛顿第二定律和热力学第一定律）为依据，在研究的对象中选取微元控制体积，根据该微元的质量、动量和能量的收支平衡，建立描述流体运动状态下的质量、动量和能量的基本微分方程；结合所研究的工程问题，确定初始条件、边界条件及各有关参数，建立定解方程；求解得出研究工程介质中的流场、温度场、浓度场，从而对实际的冶金工程给出定量的理解。冶金工程中，传输原理的定解微分方程大都难以解析求解，需要借助计算机。冶金反应工程学应用计算流体力学方法和计算机技术进行冶金反应器内流体流动的数值模拟。②冶金工程的物理模拟。物理模拟是冶金反应工程学中广泛应用的方法，尤其是水力学模拟。具体方法是：对实际的工程问题根据相似原理建立水力学模拟装置，用水和有关介质模拟各种可能的工况，使用示踪物质或高速摄影、录像技术观察流场分布状况，从而优化反应器结构、减少死区、防止流场短路；也可根据黑箱原理，使用示踪剂测定刺激-响应特性中的平均停留时间、初起时间和峰值时间；经综合分析确定最佳工况；再根据相似原理，返回指导生产实践的改进。冶金反应工程学也采用热态的物理模拟方法，多为实验室热态实验。大型的工程运行必须先进行小型工业实验。③冶金工程的数学模拟。数学模拟是冶金反应工程学研究的基本手段。国际上关于冶金反应工程学的数学模拟可以追溯到20世纪60年代，由反应器内的宏观流动模拟为主发展为流动与物质传输、反应热力学、动力学等相关行为的耦合，使其更接近于生产实践，提升了反应器内关键工艺参数的预测精度。早期的数学模拟研究工作在于求得解析解，后发展为求数值解，并开发计算软件，用以制作数学模拟工具、进行虚拟模拟实验，提升对冶金过程认知的直观性和精细程度。在数学模拟的基础上再进行热态实验和工业实验，可提高工作效率，降低成本，提升工作精度，促进新工艺、新流程的研发。冶金反应工程的数学模型和数学模拟技术引进了多种非分析的近代数理方法，如不可逆过程热力学、数理统计、蒙特卡洛方法、最优化技术、聚类分析、神经元网络、专家系统、人工智能等，并延伸至与生产过程自动化技术无缝衔接。④冶金系统工程和优化。冶金反应工程学在冶金单元操作和冶金单元过程研究的基础上，进一步发展至冶金过程系统的研究。用系统工程的理念和方法来处理冶金工程问题，引入了多变量、大数据等系统工程方法，促进了冶金工程学与系统科学、信息科学等学科的交叉渗透。20世纪80年代以来，冶金工业从简单扩大规模的模式转向科学的进步模式，不仅注重具体的单元技术进步，更加重视各项单元技术与冶金过程整个系统的优化组合；不仅注重系统内部的技术进步更加重视系统与资源环境的友好协调的可持续的绿色发展。⑤冶金工程的时-空多尺度效应及结构研究。经典的冶金反应工程学研究的是反应器内流动对冶金反应的影响，主要涉及冶金流程中冶金反应器动态运行过程时间和空间（简称时-空）尺度上的问题。冶金反应涉及的边界层一般是毫米至厘米尺度，而冶金反应器大都为米级或数十米级的尺度。在低碳经济下，冶金技术的发展要求冶金工程还必须关注系统与外部环境的协调。外部环境包括资源、能源、环保、市场等，冶金工程系统与外部环境构成了更大的系统。21世纪以来，冶金反应工程学参照时-空多尺度效应及结构优化的理念扩展了研究范围，对不同冶金反应器的时间、空间尺度上的冶金现象特征进行研究，并推动其工程应用。

扩展阅读

POIRIER D R, GEIGER G H. Transport Phenomena in Metallurgy. New York: Addison-Wesley Publishing Company, 1973.

鞭岩，森山昭.冶金反应工程学.蔡志鹏，谢裕生，译.北京：科学出版社，1981.

曲英，刘今.冶金反应工程学导论.北京：冶金工业出版社，1988.

SZEKELY J ,THEMELIS N J. Rate Phenomena in Process Metallurgy. New York: Wiley-Interscience, 1971.

（李士琦）

冶金过程动力学 kinetics of metallurgical process 用化学动力学原理及传输理论方法研究从矿石和再循环物料提取金属及其化合物的冶金过程速率及其机理的学科。见**冶金过程物理化学**。

冶金过程能源管控系统 metallurgical process energy management and control system 通过计算机网络进行冶金过程数据采集、统计、分析、计划、控制和模型决策，实现能源管理和控制的信息系统。又称能源管理中心，是企业能源中心重要的技术决策支撑系统。冶金过程复杂，能源种类繁多，管理和控制的对象包括燃料、动力和能源介质，具体面向冶金企业能源平衡系统、煤气系统、蒸汽系统、氧气系统、冶金电力系统和工业水系统等。管控范围覆盖冶金企业各个生产单元，如钢铁企业的烧结、**炼铁**、**炼钢**、轧钢工序中的各个生产单元等。

简 史 20世纪60年代，日本八蟠制铁所设计了世界上第一个企业能源管理中心，实现了对能源的统一管理。1976年，日本京洪钢铁公司建立的能源管理中心可对该厂的动力和电气设备进行集中监视。印度比莱钢铁公司的能源管控系统融合能源的监视、能源的建模与优化功能，实现了以外购能源最小化为优化目标的煤气介质的优化利用。奥钢联公司的林茨钢铁厂于1996年9月建成了能源管理中心，通过随后几年的逐步完善，能源管理中心不仅具有监视功能，还具有能源预测、能源负荷均衡的功能。20世纪80年代，中国在宝钢集团公司建立了第一个能源管理中心，之后中国其他大型钢铁公司也相继建立了能源管理中心。

构成与运行冶金过程　能源管控从功能层次上通常具有信息采集层、实时数据处理层和应用管理层3层结构：①信息采集层主要由远程终端设备（RTU）、分布式控制系统（DCS）、可编程逻辑控制器（PLC）等信息采集设备组成。远程终端设备是安装在远程现场的电子设备，用来监视和测量安装在远程现场的传感器和设备。RTU将测得的状态或信号转换成可在通信媒体上发送的数据格式。它还将从中央计算机发送来的数据转换成命令，实现对设备的功能控制。PLC、DCS是各能源厂的现场控制设备，通过工业以太网将过程信号传至能源中心。②实时数据处理层通常使用实时数据库，利用相关组态软件完成实时数据的处理和归档。将I/O服务器连接，所有的现场信号经工业以太网后均进入I/O服务器。实时数据服务器、备份服务器、报警趋势服务器等均从此服务器中取得数据。同时，各操作站、工程师站等亦经过此服务器向下位机（RTU、综合保护I/O服务器、PLC、DCS等）下达操作控制命令。③应用管理层主要由应用服务器、数据库服务器、实时数据库服务器、报警趋势服务器、各操作员站、工程师站等组成。负责数据分析、趋势形成、报表生成打印、计划生成、调度命令下达等。

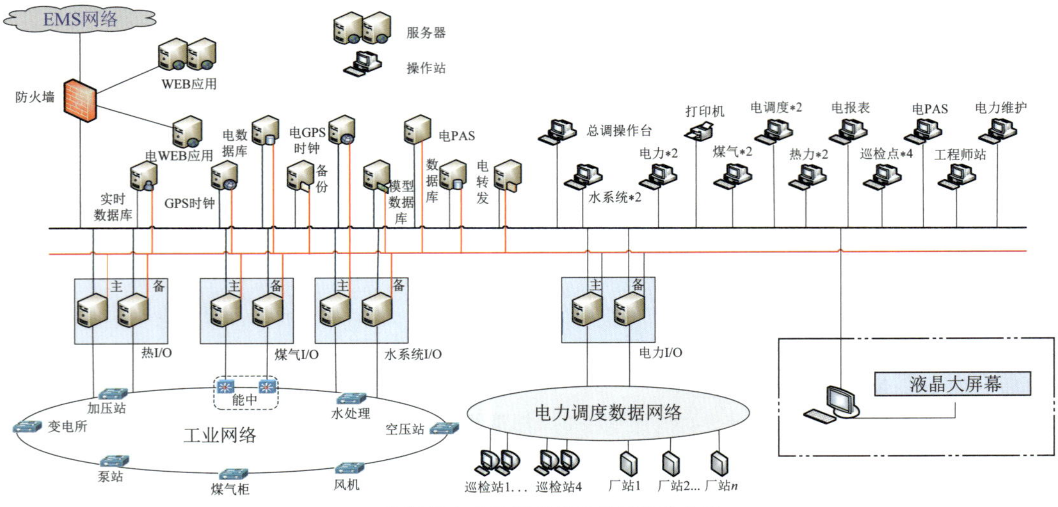

某钢铁企业能源管控系统网络结构图

功能　冶金过程能源管控系统是集过程监控、能源管理、能源调度为一体，以计算机网络技术为基础的监控一体化系统。某钢铁企业能源管控系统网络结构如图所示。整个冶金过程的能源生产、调度、用能均由能源管控系统来统一管理、统一调度、统一平衡。从系统的角度对能源系统的生产、输配、调度管理、运行操作、信息分析、人力资源利用、异常处理等全方位管理，以最少的人力、先进的手段、高效的体制、完备的信息实现安全稳定、经济平衡、优质环保的能源生产。能源管控系统监控画面包括煤炭、**高炉煤气**、**焦炉煤气**、**转炉煤气**、高炉鼓风、压缩空气、氧气、氮气、氩气、氢气、蒸汽、电、生产水、生活水等能源介质。具体功能有：①数据采集。能源数据参数如温度、压力、流量由监控点采集后，经PLC通过网络直接传入网元管理系统（EMS）或先由现场子站采集再通过网络传入EMS。②实时监控。能控员在能源中心对系统的运行状态进行全面监控。监控系统包括：过程画面、曲线趋势、报警信息、语音提示、大屏幕显示等。③模型预测与分析。根据现场工艺参数和能流物流平衡，建立数学模型，进行能耗预测和分析，如电力需求侧模型、煤气平衡模型、蒸汽模型、氧气模型和水模型等。④能源综合管理。包括能源计划管理、能源实绩管理、能源统计分析、设备能效管理、能源成本分析、调度运行管理、能源绩效管理、计量设备管理、能源质量管理、能源模型预测分析管理等。

发展趋势　随着计算机技术、信息技术、控制技术等发展和管理经验不断积累，冶金过程能源管控的发展趋势是：①能源管控系统自身功能进一步开发。在已有的功能基础上，深化分厂（生产线）能源管控子系统开发，实现能源深层次精益化管理。②改进能源管理的体制和方法，优化扁平化集中管理方式。③与企业资源计划（ERP）、企业物流（LES）等深度融合，为智能制造提供支撑。

（陈　光）

冶金过程热力学　thermodynamics of metallurgical process　用热力学方法研究从矿石和再循环物料中提取金属及其化合物过程的学科。见**冶金过程物理化学**。

冶金过程物理化学　physical chemistry of metallurgical process　应用物理化学原理和方法研究冶金过程的学科。又称冶金物理化学，属于冶金学中的基础学科。

冶金过程　包括**湿法冶金**、**火法冶金**和**电冶金**等过程。电冶金过程包括**水溶液电解**，高温下的**熔盐电解**及电弧电热冶炼（如**电弧炉炼钢**）等过程。冶金过程一般是极其复杂的多相反应，含有气-液-固三态，其中液、固态常以两个或更多的相出现。气相包括O_2、H_2、N_2、Cl_2、H_2O、CO、CO_2、SO_2、SO_3、烃类气体、HCl及H_2SO_4的蒸气，各种金属及其化合物的蒸气或混合气体等。液相包括金属液、熔融炉渣、**熔盐**、熔锍、水溶液及有机液等。金属液、熔渣、熔盐及熔锍又统称为冶金熔体。固相包括矿石（或精矿的烧结块或球团）、**冶金熔剂**、燃料、**耐火材料**、固体金属合金及金属间化合物等。这些多相体相互结合，产生错综复杂的冶金过程。冶金过程有主要属于物理性的，如蒸发、升华、熔化、凝固、溶解、结晶、熔析、蒸馏、萃取以及热传递、物质扩散、流体输送等，这些过程可称为单元操作。也有伴随着化学反应的，如焙解、**焙烧**、烧结、氯化（卤化）、**造锍熔炼**、**还原熔炼**、氧化熔炼、吹炼、氧化精炼、**浸取**、离子交换、沉淀、电解等。对于钢的精炼经常有“四脱二去”，即脱硫、脱磷、脱碳、脱氧、去气体及去非金属夹杂物等，这些过程可称为单元过程。

简史　冶金物理化学自20世纪20年代起以实验为基础逐步发展起来，最初是应用于**炼钢**过程。1925年，英国法拉第学会召开炼钢物理化学的国际会议，引起全世界冶金工作者的重视。1926年，美国矿业局组织炼钢物理化学小组，对平炉冶金进行系统的实验研究工作。1932～1934年，德国**H.申克**编著《钢铁冶金过程物理化学导论》，是第一本炼钢过程物理化学著作。早期的冶金学者研究冶金过程多从质量作用定律出发。由于高温熔体不是**理想溶液**，它的各组分对质量作用定律有偏差，在阐明反应时，当时多采用经验公式，对熔渣则采用各组分的“自由”状态的量或假定熔渣中存有若干化合物。20世纪30年代中期，开始用**活度**代替浓度以进行有溶液参加反应的热力学计算。美国J.**奇普曼**著的《1600℃的化学》和《金属溶液中的活度》等的出版、苏联学者M.I.乔姆金炉渣完全离子溶液理论模型的提出，都是冶金过程物理化学在开拓时期的重要事件，进一步奠定了冶金过程物理化学学科的基础。

20世纪20年代开始创立的新相成核理论，在第二次世界大战后被引入冶金过程中的多相反应，如铁矿石还原过程中金属铁相的生成、炼钢过程中CO气泡的生成，以及炼钢脱氧过程中非金属夹杂物的生成等。同时，化学动力学结合物质、热量及动量的传输现象扩展为宏观动力学，又加深了**冶金过程动力学**的研究。

申克、奇普曼及其同事多年系统的研究工作，以及20世纪40年代以后国际冶金过程物理化学学术会议的定期召开，对学科的发展起了促进和推动作用。学科研究范围从炼钢扩展到**炼铁**、有色金属冶炼、**真空冶金**及半导体冶金等。50～70年代，冶金过程物理化学进入发展期。其间，活度成为冶金过程物理化学中最活跃的研究课题之一，这一理论由埃林厄姆-理查森图（Ellinham-Richardson diagram）构建，并成为后来提取冶金的基础。这一时期，应用吉布斯-杜亥姆（Gibbs-Duhem）方程，从已知一组元的活度求其余组元活度的方法有了较大进展，还产生了正规溶液模型、准化学平衡模型等，为溶液的热力学研究奠定了基础。

随着计算机在各种学科及工业上的广泛应用，20世纪50年代开始形成的化学反应工程得到进一步的发展。中国学者叶渚沛提出的应用传输理论研究冶金过程、高炉强化冶炼的“三高”（高压操作、高风温和高蒸气结合起来强化高炉冶炼）理论就是这种研究方法的成果。

20世纪70年代，**固体电解质**浓差电池在冶金体系热力学参数测定中的应用，成为冶金物理化学进入深化期的标志。之后，冶金**热力学数据库**、计算相图相继出现。日本的**鞭岩**和美国的J.舍克里等将冶金动力学与反应工程结合，并应用计算机技术建立了冶金过程计算机模拟和优化领域。至20世纪末，计算冶金物理化学开始作为一个新的分支出现。

70年代以后，**喷射冶金**、二次重熔等新技术的发展，都与冶金过程物理化学的长期研究工作分不开。宏观动力学和反应工程学的进展使研究从分子尺度扩大到工艺设备尺度的层次。例如，铝的熔盐电解过程，可以通过电磁场、温度场和流场解析，预测电解质温度、电解槽内形和**电流效率**，改善冶炼操作。**提取冶金学**从技艺逐步发展为技术科学，对冶金过程物理化学的研究起到了重要作用。

冶金过程物理化学研究对促进冶金工业发展、提高冶金产品质量、增加品种、发展冶金新技术及探索冶金新流程等方面起着重要的作用。

中国冶金过程物理化学学科起步于20世纪50年代中后期。北京钢铁学院和东北工学院分别于1957年和1958年建立了冶金过程物理化学专业。中国金属学会是该学科的学术机构，1962年在上海召开了第一届全国冶金过程物理化学学术会议。中国**冶金过程热力学**研究基础较好，1964年**魏寿昆**出版了活度专著《活度在冶金物理化学中的应用》；同年**邹元爔**提出由含化合物的二元相图提取活度的计算方法。**周国治**引入R函数，简化了三元系的活度计算法；后又提出溶液热力学性质的通用几何模型，将相图计算中的对称和非对称几何模型统一起来。

中国冶金过程物理化学学科发展已形成了自己的特点。如应用热力学和动力学理论指导攀西地区钒钛磁铁矿的综合利用、内蒙古白云鄂博铁矿稀土与铌的提取与利用、辽宁硼镁铁矿的综合利用等。在二次资源综合利用领域也取得突破，开展了大量的实验研究和半工业试验，解决冶金厂排出的废气、废渣、烟尘，湿法冶金和电解车间排放出的废液的再利用问题。

在计算冶金物理化学方面，研发了为湿法冶金服务的水溶液及有机溶剂热物理性质数据库。熔体物理性质的预报模型和**电磁冶金**过程的计算机数值模拟也取得了突破。

分支学科　冶金过程物理化学包括冶金过程热力学、冶金过程动力学、冶金电化学、冶金熔体和计算冶金物理化学等几个主要研究领域。研究对象为从矿石和再循环物料到金属或其化合物产品的全部冶金过程。

冶金过程热力学　用热力学方法研究从矿石和再循环物料提取金属及其化合物过程的学科。

冶金过程热力学研究冶金过程中的化学反应（简称冶金反应）的两方面问题：①反应能否进行，即反应的可行性、方向性。②反应进行达到平衡的条件及该条件下反应能得到的最大产出率或极限程度。

冶金反应错综复杂，原因是：①矿石中有价金属和大量杂质（脉石）共同存在，即使精选后的精矿仍含有一定量的杂质。②矿石如含有多种金属，对每一种金属应尽可能分别提取，予以综合利用。③冶炼过程中所用的燃料、熔剂及耐火材料中某些元素也参加反应。这里有的反应希望进行，有的反应不希望进行；有的反应希望提前进行，有的尽可能推迟进行；某一时期希望进行某一反应，而另一时期又希望进行另一反应；有时某些反应本来在当时条件下是不能进行的，而力图创造热力学条件使它变为可能进行等。

化学反应的吉布斯自由能变量ΔG是判断反应在等温等压条件下能否发生的依据。改变温度、活度、压力及添加剂等条件可以改变冶金反应的吉布斯自由能变量，从而使反应按所希望的方向进行。通过反应的标准吉布斯自由能变量ΔG可以计算反应的平衡常数，因而在给定某些反应物质的组成时，可计算指定产物的最大产出率或反应进行的极限程度。参加冶金反应的物质经常以溶液形式出现，进行吉布斯自由能变量计算及热力学分析时，溶液中组分的浓度必须换以活度。20世纪40年代以来，不少冶金热力学工作者从事高温冶金体系的热力学性质（如焓变量ΔH、熵变量ΔS、活度及活度系数等）的测定，发展了一套测定及实验研究方法，积累了相当多的数据，已形成较完整的系统。

冶金过程动力学　用化学动力学原理及传输理论方法研究从矿石和再循环物料中提取金属及其化合物的冶金过程速率及机理的学科。

冶金过程热力学提供冶金反应能否自发进行的条件，但不是全面的、充分的条件。因为有些反应虽在热力学上可行，但进行速率太慢，难以在一定时间内完成。因此，必须研究反应的动力学条件，采取相应措施，如提高温度、扩大参加反应物质的接触面。热力学只根据物质体系的始态及终态对反应能否进行做出判断，但一个反应在进行过程中往往有许多步骤，即所谓基元反应，其各自的反应速率不同，研究这些基元反应并求出反应速率最慢的一步即控制环节，称为反应机理的研究。从分子动力学理论观点研究反应速率及机理称为微观动力学，即通常物理化学中的化学动力学的研究范围。冶金反应大多属于高温多相反应，伴随着热量、质量和动量的传输现象。把化学反应速率结合传输现象来分析研究，以判断其总速率和机理的是反应过程宏观动力学。冶金过程动力学是工序/装置尺度上的反应过程宏观动力学。

冶金电化学　应用电化学原理及方法研究冶金过程的学科。

电化学热力学中的能斯特公式，给出平衡的电极电势与离子活度的关系。应用能斯特公式可以测定平衡电极电势或电池反应的标准吉布斯自由能变化。处理水溶液中的电化学问题时，常用pH值（pH等于氢离子活度的负对数）。波贝克斯（Pourbaix）电势-pH图在水溶液反应研究中起了很大作用，在湿法冶金中用于判断不同的离子或化合物稳定存在的条件，指导工艺条件的制定。金属-水体系的电势-pH图还用来研究不同价态金属离子及其氧化物、氢氧化物稳定存在的热力学条件，指导金属的腐蚀及防护的研究。

实际的电极反应由一系列不同性质的单元步骤组成，如液相传质、表面吸附与脱附、电子得失、表面结晶或溶解等，不能简单地用平衡电极电势讨论，必须考虑由于电极过程动力学因素引起的极化使电极电势偏离平衡电势的现象，其中包括**电化学极化**和浓差极化等。由极化形成的附加电势称为过电势。元素周期表中几乎所有的金属都能用水溶液或熔盐电解法来提取，比较典型的是水溶液电解获取铜、镍等金属；通过熔盐电解获取铝、镁等轻金属及铌、锆、铪等难熔金属。冶金电化学的研究，特别是掌握电极过程极化现象的规律，有利于控制、改进和强化现行的电冶金生产过程，优化工艺，降低能耗，并帮助新工艺、新装置的开发。

冶金电化学实验技术，如高温固体电解质进行电池电动势测量，广泛应用于高温化合物的热力学数据获取；电极过程动力学的实验研究方法大量用于各种新型清洁能源的开发和检测。冶金电化学还出现了与相关学科如能源电化学和固体电化学交叉融合发展的趋势。

冶金熔体　研究金属液、熔渣、熔盐及熔锍等冶金熔体体系的相平衡、性质和结构，以及熔渣与金属液、熔盐与金属液、熔渣与熔锍间的相互作用。研究内容属于物质结构的，有X射线衍射图，化学键的类型及比例等；属于物理性质的，有表面（或界面）张力、黏度、密度、蒸气压和金属杂质或气体在熔体中的溶解度等；属于电化学性质的，有电导率、迁移数及电动势等；属于热力学性质的，有焓、热容、熵及活度等；属于动力学及传输性质的，有扩散系数、传质系数、湍流黏度及热导率等。进入21世纪以来，高温实验和计算机应用技术的快速发展和结合，文献中已提出不少熔体（如合金溶液、熔渣、熔盐等）的结构模型，可利用这些模型来研究并预测其各种性质。但是，尚需找出较全面的，适用于各类型、各组成范围而且与实验数据相符合的通用模型。

计算冶金物理化学　冶金过程物理化学、计算技术和信息技术交叉结合的产物，内容主要包括多元、多相冶金体系平衡与相图计算、计算冶金物理化学在熔体性质和结构的计算机模拟、冶金数据库及其软件系统的开发、物理性质的评估及预测、冶金过程的优化及人工智能的应用等方面。计算冶金物理化学深化了冶金过程物理化学的研究，对冶金过程的工艺设计及相关的材料设计还具有一定的指导作用。同时，计算冶金物理化学的发展正在改变冶金过程的科研、设计及工艺研究方法，使其与信息技术的发展相适应。

发展趋势　冶金过程物理化学还需开展的重要研究有：①洁净钢、高合金钢相关的金属溶液热力学模型的建立与实验数据的测定，与炉渣和耐火材料相关的高温氧化物相图及热力学数据测定。②加强贫、杂、多金属复合矿产的高效综合利用研究，合理有效地提取有价金属。③绿色、环境友好的冶金工艺与技术及其基础研究，包括电化学方法在金属提取与合金制备中的应用研究。④在外场（如超重、失重）及非常规条件作用下的冶金过程物理化学研究。这关系到太空及外太空的利用、国防事业的发展及海洋资源等的利用。

此外，冶金过程和某些材料制备过程出现了一定程度的一体化趋势。因此，冶金过程物理化学与材料物理化学也出现了一定程度的融合趋势。将量子力学中的第一性原理引入冶金熔体性质的研究正引起关注。

扩展阅读

魏寿昆.活度在冶金物理化学中的应用.北京：中国工业出版社，1964.

奥特斯 F. 钢冶金学.倪瑞明，张圣弼，项长祥，译.北京：冶金工业出版社，1997.

魏寿昆.冶金过程热力学.上海：上海科学技术出版社，1980.

邹元爔.铟-锑和锡-碲系的热力学数据与相图的关系.金属学报，1964，7（2）：123-128.

周国治.三元系和多元系的热力学——用R函数计算三元系和多元系中组元的偏克分子量.中国科学，1977（5）：456-465.

KUO-CHIH CHOU. A General Solution Model for Predicting Ternary Thermodynamic Properties. Calphad, 1995, 19 (3): 315-325.

（张家芸）

冶金过程系统节能　systematic energy saving of metallurgical process　将冶金过程系统视为一个有机整体，以生产工序、生产流程和企业为对象，实现能耗最小、CO_2排放最少、成本最低及整体结构最优为目标的过程集成节能技术。冶金过程系统节能是各专业理论互相渗透、横向发展的产物，其专业基础是冶金工艺学和冶金热工理论，技术基础是运筹学和计算机应用技术。

简史　20世纪80年代初，中国冶金学家**陆钟武**等主张用系统工程的原理和方法研究冶金过程的节能问题，创立了系统节能理论和方法，把冶金过程节能的研究对象从过去的单体设备扩展到生产工序（厂）、联合企业、整个冶金工业，把节能方向从能源扩大到了非能源。

21世纪初，中国冶金学家**殷瑞钰**等相继提出**钢铁冶金**过程的能量流网络等概念。钢铁冶金过程的能量流网络是由“节点”和“联结器”按照一定图形整合起来的系统，即“物质-能量（包括能源介质在内）-空间-时间-信息”构成的动态运行系统。在能量流网络认识基础上，进一步进行了冶金过程系统节能研究，主要包括：①煤气、蒸汽、氧气和高炉鼓风等能量流的生产、回收、净化、存储、分配、使用及其管网建设。②上下工序之间“界面技术”的开发与应用，使相邻工序实现“热衔接”。③钢铁生产过程余热余能的高效回收、转换与梯级利用，尤其是将余热余能直接用于生产工艺本身，循环利用，提高了余热余能的利用效率。

冶金过程系统节能技术的形成大致可分为3个发展阶段。第一阶段是生产单元过程节能阶段。生产单元过程节能以生产过程中的耗能设备为研究对象，以设备节能为目的。存在的主要问题有：①只注重能源物资的节约，忽视非能源物资。②偏重单体设备节能，忽视设备与设备之间的协调匹配。③只重视单体节能技术的研究，忽视系统节能技术的开发和应用。第二阶段是生产工序节能阶段。是在生产车间（或厂）层次上进行的。工序节能范畴的研究工作，一般是围绕着与直接能耗有关的因素展开，而对间接能耗考虑较少。第三阶段是系统节能阶段。系统节能的研究对象是整个企业，以企业总能耗最低为主要目标，通过强化工序间的协调、配合，优化用能参数，调整产品结构和生产负荷等方式进行。

特点　冶金过程系统节能的特点有：①强调了对象的整体性和各生产因素间的相关性。②从能源和非能源两个方面，研究各生产系统的能源节约。因联结钢铁生产过程中的媒介，如各种原材料、辅助原材料、中间产品，以及各种燃料、动力等，在生产它们的过程中要消耗能源，或者它们本身就能产生能源，所以都可以把它们看作是载能体。钢铁生产系统在消耗能源和非能源的同时，还生产可供其他部门使用的能源和非能源，所以，必须以该系统的净节能量（或称系统节能量）最大化为目标，来确定该系统的最优工作状态。

研究内容　在钢铁企业中，冶金过程系统节能研究的主要内容包括：生产设备之间、生产工序之间的协调配合问题；确定单元生产过程的操作指标、工艺参数以及各参数之间的相互关系；合理分配平行作业群的生产负荷问题；研究燃料和动力在若干台设备上的合理分配和有效利用问题；确定产品种类和产品结构方案，尤其是企业自销产品的生产方案；确定能耗、利润、费用等多目标间的相互关系，编制企业的年度、季度和月份的生产计划，逐步实现企业系统节能与生产经营的计算机辅助决策；制定企业中、长期发展规划，预测能源需求，讨论能源变化对企业总能耗的影响；评价节能技术改造项目，指明投资方向。

研究方法　系统节能技术的研究方法可分为定性和定量两类。定性研究是把研究对象作为系统加以考虑，在节约能源和非能源两个方面，分析与能耗有关的各个生产因素，制定具体的节能措施。与能耗有关的生产因素可归纳为以下11个方面：①生产布局；②外部条件；③原燃料条件；④工艺流程；⑤工艺设备；⑥辅助设备；⑦工艺操作；⑧热工操作；⑨产品结构；⑩副产品；⑪废弃品和废能的处理。这种分析方法的适用范围很广，它从系统角度提供了挖掘企业节能潜力的新途径。定量研究是在定性研究的基础上，应用数学模型对企业的生产状况进行模拟和分析。因此，建立企业的能源模型，是定量研究的中心工作，如钢铁企业系统节能决策模型。（张福明）

冶金过程知识层次性　knowledge levels of metallurgical process　在冶金工程中，冶金过程研究所具有的微观、介观到宏观的层次特征。见*冶金流程工程学*。

冶金机械　metallurgical machinery　钢铁和有色金属材料生产所需机械和设备的总称。又称冶金设备、冶金装备。金属材料生产工艺过程复杂，连续化、机械化、自动化程度要求高；所需的机械重而庞大，设备成套性强、能耗高；工况恶劣，多处于高温、重载、多尘和有腐蚀的环境中。

连铸设备

冶金机械按生产工艺主要分为：冶炼设备、*连铸设备*、轧制（压延）设备和后步精整设备四大类。①冶炼设备主要包括*高炉*、*转炉*、*电炉*，以及为高炉提供人造富矿、冶金焦炭的烧结、球团和焦炉机械，纯净钢生产用的铁液预处理和钢液炉外精炼设备等。②连铸设备（见图）主要包括板坯、方坯、管坯、异型坯连铸成套设备等。③轧制（压延）设备主要包括板材、管材、型材和线材各类冷轧机、热轧机成套设备等。④后步精整设备主要包括各种轧材的后步处理和深加工成套设备，如纵、横剪切线成套设备，连续酸洗机组，连续退火机组，热镀锌，电镀锌，电镀锡，有机涂层等涂镀层和复合材料生产成套设备，以及拉丝制绳设备等。

20世纪80年代以来，由于以轧机主传动为基础的电气控制系统，以仪表、传感器为主的电气检测系统和以工业控制计算机、可编程序控制器或微型计算机为核心的电子计算机系统的技术进步，冶金机械在向大型、高速、高效、节能、连续化和操作运行自动化方向的发展中，取得了重大进展。如在实现连续化方面有*直接轧制*、*无头轧制*、酸洗-冷轧联合机组、酸洗-冷轧-连续退火联合机组、机械除鳞-冷轧联合机组、薄带铸轧-冷轧联合机组等。

冶金生产为了最大限度地增效降耗，减少投资和生产成本，提高劳动生产率，致力于缩短生产流程，减少和革新传统流程中某些环节和工艺的方法，从而出现了短流程技术。其典型工艺是：非高炉炼铁 —→ *超高功率电弧炉炼钢* —→ 钢液炉外精炼 —→ *薄板坯连铸连轧*。由于冶金焦煤供应日趋紧张，以及世界对环境保护的要求不断提高，高炉炼铁工艺已面临无焦非高炉炼铁的挑战。许多国家都在积极开发各种无焦钢铁生产工艺和装备技术，并已取得相当进展。

到20世纪末，多种铁矿石直接还原炼铁（DRI）技术和少数铁矿石*熔融还原炼铁*技术已用于工业生产。铁矿石直接还原采用以天然气、人造煤气为还原剂的气基直接还原炼铁法和以煤为能源的煤基直接还原炼铁法，将铁矿石在低于熔化温度下还原成多气孔固体*海绵铁*，为电炉等提供优质废钢代用品。气基法以米德莱法和希尔法为主，大型设备年产规模在百万吨级。铁矿石熔融还原是借助于喷煤燃烧将铁矿石或精矿在熔融状态下还原成铁液，熔融还原法以科雷克斯（COREX）法为主。C-3000型COREX生产设备的产铁能力在每年90万～120万吨，其生产能力可以匹配具有经济规模的短流程工艺。以薄板坯连铸连轧为代表的连铸连轧成套设备，实现了连铸与连轧的连续化，缩短了传统流程，设备布置和设备本身更加紧凑，是冶金技术的发展趋势。

（孟令忠）

冶金流程工程学　metallurgical process engineering　以冶金制造流程为研究对象，进行整体性和集成性研究的学科。以*冶金学*为基础，结合物理学（包括耗散结构理论、协同学等）和化学（包括物质转化过程中的多尺度效应等）理论，运用系统科学的概念和方法（包括复杂性科学等），在不同尺度和层次上对冶金制造流程进行解析与优化集成，研究其整体结构，以及动态运行的物理本质、功能和效率，使其实现高效优质的产品制造、能源高效转换与充分利用、大宗社会废弃物消纳-处理-再资源化三项功能。

20世纪70年代中期至80年代，以大型*高炉*、顶底复吹转炉、*钢水二次精炼*、全连铸和宽带热连轧机等关键技术和装备为核心的钢铁制造流程投入生产，使钢铁生产过程时间缩短、过程连续化程度提高，导致钢铁制造流程中工序功能集和工序关系集的变化。相应的制造流程运行方式由间歇、停顿、相互等待和随机匹配，向整体准连续/连续的方向转变，形成了流程结构紧凑、物流通畅、节奏均衡的运行方式。90年代，现代钢铁企业面临的已不再限于单一的产品质量/性能问题，而是产品质量、制造成本、生产效率、过程服务和过程排放等多目标群。因此，必须从整体上研究钢铁制造流程的本质、结构和运行特征，并在工程实践的基础上进行理论拓展，达到制造流程整体多目标优化的目的。90年代初，中国学者**殷瑞钰**首次提出冶金流程工程学概念，并于2004年出版专著《冶金流程工程学》，对**制造流程动态运行物理本质**和运行规律进行了较系统的分析，强调冶金制造流程应以动态-有序运行、协同-连续/准连续运行为指导，提高钢铁生产过程中的各项技术经济指标。

21世纪后，中国钢铁工业在钢铁制造流程应具有高效优质产品制造、能源高效转换与充分利用、社会大宗废弃物消纳-处理-再资源化三项功能的指导思想引导下，建设了新一代钢厂，提出了低成本、高效率洁净钢生产平台的概念，进而开展了绿色制造和智能制造方面的探索，丰富了冶金流程工程学的理论体系。

冶金流程工程学理论包括以下几方面：①制造流程动态运行。冶金流程工程学认为冶金制造流程是一类远离平衡的、不可逆的开放系统，其动态运行的物理本质为：物质流在能量流的驱动和作用下，按照设定的"程序"，沿着特定的流程网络做动态-有序运行，并实现多目标优化。动态运行的三要素为"流""流程网络"和"流程运行程序"。各单元工序/装置之间具有异质-异构性、非线性的相互作用和动态耦合性，流程系统和环境之间进行多种形式的物质、能量、信息的交换，整个流程形成动态-有序运行的耗散结构（见图）。属于耗散结构的自组织过程，包含加热、冶炼、精炼、凝固和塑性形变、相变等。②冶金制造流程的演进与框架的构成优化。通过解析冶金制造流程中各工序的功能集合，引入工序间"界面技术"概念，通过过程构成单元的选择、组合和演进，以物质量、时间和温度为基本变量，对制造流程中各类异质-异构-多元-多层次之间的过程进行协同与集成，进而研究冶金制造流程多因子物质流管控，实现工序功能集解析-优化、工序之间关系集的协同-优化和流程工序集的重构优化，达到冶金制造流程系统物质流的衔接、匹配、连续和稳定。③作为目标函数来研究冶金制造流程的基本变量——时间因子。在制造流程的构成过程和动态运行过程中，时间不仅是一个自变量，还是一个重要的目标值。为了揭示时间因子在流程动态协调运行中的作用，将时间因子在制造流程中的表现形式定义为时间点、时间序、时间域、时间位、时间周期、时间节奏等概念。将时间因子作为目标函数研究，有助于促进由不同工序所构成的复杂生产流程实现稳定、连续/准连续运行。④冶金制造流程物质流-能量流-信息流耦合控制。钢铁制造流程一般以铁素物质流为运行主体，在碳素能量流的驱动和作用下运行。铁素物质流与碳素能量流的关系是相互作用且相伴而行，但单从碳素能量流为主体的角度看，碳素能量流与铁素物质流的关系既相伴而行，又时合时分。因此，在流程中不仅存在物质流网络及相关运行程序，还存在与物质流有关的能量流网络及其运行程序。正确认识和实施能量流的动态-有序、协同高效运行，将促进能量转换效率的提高，减小流程运行过程中的能量耗散和有害物的排放。⑤冶金制造流程动态-有序、协同-准连续/连续运行调控。通过分析冶金流程的总体运行规律，即以工序/装置运行参数的涨落和工序/装置之间动态耦合为基础的弹性链谐振和追求耗散"最小化"趋势，揭示流程总体运行过程中的推力-缓冲-拉力特征，构建时空系统-集成优化与动态甘特图，实现能量流与物质流网络的协同优化运行。⑥流程宏观运行动力学的机制和运行规则。为了使各工序/装置能够在流程整体运行过程中实现动态-有序、协同-准连续/连续运行，提出了流程生产运行过程中较为完整的规则体系，以规范设计方法，并指导生产运行。这些冶金流程动态运行规则：间歇运行的工序/装置要适应和服从准连续/连续运行的工序/装置动态运行的需要；准连续/连续运行的工序/装置要引导和规范间歇运行的工序/装置的运行行为；低温连续运行的工序/装置要服从高温连续运行的工序/装置；在串联-并联的流程结构中，要尽可能多地实现"层流式"运行，以避免不必要的"横向"干扰导致的"紊流式"运行；上、下游工序/装置之间能力的匹配对应和紧凑布局是"层流式"运行的基础。制造流程整体运行应建立起推力源-缓冲器-拉力源的动态-有序、协同-连续运行的宏观运行动力学机制。⑦论证了冶金制造流程应具有优质高效的产品制造、能源高效转换与充分利用、社会大宗废弃物消纳-处理-再资源化三项功能。强调要从产品制造链、商品价值的演变出发，研究冶金流程过程中的节能、清洁生产和产品绿色度问题，通过节能-清洁生产-绿色制造过程逐步实现环境友好，并展望相应的循环经济示范园区和低碳生态工业链。

（徐安军）

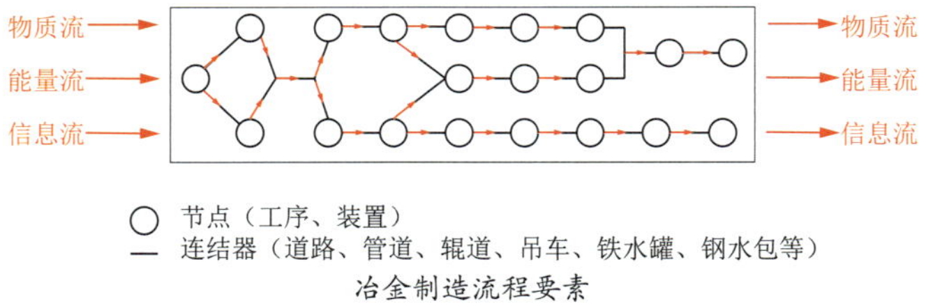

冶金制造流程要素

冶金炉 furnaces in metallurgical industry 冶金生产过程中对各种物料或工件进行热工处理的工业炉窑。热工处理是以物料或工件的升温为重要特征的处理过程，如焙烧、熔炼、加热、热处理、干燥等。**钢铁冶金**和**有色金属冶金**的大部分生产环节都离不开炉窑，冶金工业的能源消耗在很大程度上取决于各种冶金炉的能耗。

简史 冶金工业的发展与工业炉窑的发展密切相关。在中国古代，人们用掘地生火或堆石砌灶方法，筑成最原始的炉子，后来逐渐演化成坑式炉（原始的竖炉）和坩埚炉。**古代冶金鼓风装置**——皮囊的出现，扩大了炉子尺寸，提高了炉温。商代的坑式炉直径已达1米，炉温达1200℃，可冶炼大型青铜器。战国初期，已开始用竖炉冶炼生铁，铸造工具。东汉时，开始使用"水排"即水力驱动的皮风囊。北宋使用悬扇式鼓风器，明代使用活塞式木风箱，风量、风压均显著提高，有力地强化了冶炼过程。燃料方面，最初用木材或木炭，公元10世纪前后，中国冶铁业已应用煤炭（比欧洲早数百年）。明代，掌握了炼焦技术，冶铁炉改用焦炭作燃料，进一步提高了产量。

18世纪以来，西方国家随着航海业、机械工业、贸易的发展，冶金业取得了迅速进展，改进了各种熔炼炉、**加热炉**和**热处理炉**，出现了多种多样的炉型。1794年世界上出现了熔炼铸铁的直筒形冲天窑炉。1864年法国人**P.-É.马丁**运用英国人**K.W.西门子**的蓄热式窑炉原理，建造了用气体燃料加热的第一台炼钢平窑炉。他利用蓄热室对空气和煤气进行高温预热，从而保证了炼钢所需的1600℃以上的温度。1900年前后，电能供应逐渐充足，开始使用各种电阻窑炉、电弧窑炉和有芯感应窑炉。

20世纪以来，冶金炉朝着大容量、高产量和高热效率的方向发展。以轧钢连续加热炉为例，先是把室状炉延长一段，以便利用废气余热，继而把炉子改进成为两段式。后来，由于轧机能力不断增大，加热炉朝着大容量、高产量的方向发展。70年代中期，主要工业国出现石油危机以来，降低燃料消耗成为加热炉中心问题，延长不供热的预热段，降低烟气排出温度，是这个时期加热炉炉型和热工工艺改变的主要趋势。

20世纪70年代中期以后，中国冶金炉整体生产技术水平显著提高，包括炉型结构和筑炉材料、燃料改性和高效燃烧、工艺过程强化、余能回收利用、污染物综合治理、计算机优化控制等方面。各类炉窑的生产率和热效率均有不同程度的提高。

分类　冶金炉通常按工艺特点、所用能源、工作温度、热工操作特点等分类。

按工艺特点分类　冶金炉按工艺特点可分为熔炼炉和加热炉两大类。

熔炼炉用于完成物料的加热和熔炼。包括炼铁**高炉**、铝电解槽、炼钢**转炉**、精炼炉、化铁炉、熔铝炉等。炼铁高炉、铝电解槽等将固态原料铁矿、氧化铝经高温冶炼还原为液态金属铁水、铝液；炼钢转炉、精炼炉等通过物理化学方法去除液态金属中的杂质及实现合金化来调整金属液的组分；化铁炉、熔铝炉等把固态金属加热转变为液态金属用于后续加工。

加热炉用于完成物料的加热。通过提高物料温度来改变其物理机械性能或实现部分组成成分的物理分离，在此过程中物料本身不发生相态的转变。例如轧钢加热炉（见图）、锻造加热炉、金属热处理炉、干燥炉、焙烧炉、煅烧炉。轧钢加热炉和锻造加热炉等用于金属压力加工前的加热，以提高金属的塑性，降低压力加工时的变形抗力；金属热处理炉用于金属热处理工艺过程的加热和保温，与一定的冷却工艺结合，改变金属的结晶组织，获得所需物理机械性能；干燥炉、焙烧炉、煅烧炉等通过对物料进行加热升温，排除物料中的某些组分或促进内部的物理化学转变，获得所需的中间或最终产品。

按所用能源分类　冶金炉按所用能源可分为燃料炉、**电炉**和自热炉。

燃料炉利用燃料燃烧释放的化学热对物料进行加热，在工业生产中的应用较为普遍。根据燃料形态可分为**燃煤燃烧装置**、**燃油燃烧器**和燃气燃烧器等；根据炉内的热工特征不同，又可分为火焰炉、竖炉、流态化炉和浴炉等。火焰炉特征是火焰或燃烧产物占据炉膛的一部分空间，物料或工件占据另一部分空间。一般情况下，火焰与物料直接接触，但在有些情况下，如为防止工件的氧化，将火焰与工件隔开，火焰的热量通过隔墙传给物料。火焰炉可分为膛式火焰炉和回转炉两类。竖炉特征是炉身直立，大部分空间堆满块状物料，炉气通过料层的孔隙向上流动，与炉料间呈逆流换热，多数竖炉的炉料与燃料直接接触。按工艺用途分熔炼竖炉（如高炉、炼锌用鼓风炉等）和焙烧竖炉两大类。流态化炉特征是炉内为细颗粒物料的流态化床，气体由下部通入，使物料“沸腾”成流态化。浴炉特征是炉内盛液体介质（熔融盐类或熔融金属），将工件浸入此介质中进行加热，主要用于热处理。

电炉通过电热转换装置将电能转变为热能来实现对物料的加热。一般分为电弧炉、电阻炉、感应炉、电子束炉和等离子炉等。

自热炉利用原料在工艺过程中的放热反应实现加热和保温，不再额外消耗能源，如炼钢转炉等。

按工作温度分类　冶金炉按工作温度可分为高温、中温和低温炉窑。

高温炉窑的工作温度一般在1000℃以上，炉内物料与周围介质热交换过程以辐射传热为主，冶金企业各种熔炼炉和加热炉大多属于此类。中温炉窑的工作温度在650～1000℃，炉内物料与周围介质热交换过程中，辐射和对流各占一定比例，金属热处理过程的诸多炉子多属于中温炉窑。低温炉窑的工作温度低于650℃，炉内物料和周围介质热交换以对流换热为主，干燥炉窑及部分有色金属加热炉属于此类。

轧钢加热炉

按热工操作特点分类　冶金炉按热工操作特点可分为连续式和间歇式两种。

连续式炉的生产过程是连续进行的。物料在从装料位置到出料位置连续或准连续的运动过程中，经过炉内不同的温度区域实现其加热工艺。连续式炉的炉内温度沿物料运动方向连续变化，在正常生产条件下，炉内各点温度基本不随时间变化。常见的连续式工业炉包括**推钢式加热炉**、**步进式加热炉**、**环形加热炉**、转底式炉等。

间歇式炉，又称周期炉，工艺特点是炉膛内不划分温度区段，炉子成批装料进行加热或熔炼，在炉内完成加热或熔炼工艺后，成批出料，间歇生产。炉料在炉内不运动，炉温随时间变化，如炼钢转炉、**台车式炉**、**罩式炉**、井式炉、**反射炉**等。

结构　为实现不同工艺过程，各种冶金炉的结构形式差异很大，一般包括炉衬、炉架、供热装置、炉用机械、介质供应系统、测量和控制仪表等基本结构。对于燃料炉窑还应包括排烟系统及余热回收装置。

炉衬，又称砌体。用耐火材料、隔热材料和某些建筑材料砌筑或敷设成的炉膛、排烟通道等炉体部位。其作用是使工业炉窑在加热或熔炼过程中能承受高温热负荷、抵抗化学侵蚀、减少热量损失，并具有一定的结构强度，以保证炉内工艺过程的正常进行。

炉架是炉体的钢结构部分，由支柱、拉杆、炉墙钢板、拱脚梁、炉顶框架及固定构件的各种型钢等组成。其作用是固定炉衬并承受其部分重量，部分工作在高温环境的钢结构需要进行强制冷却，如水冷却等。

供热装置主要是**冶金炉燃烧装置**（燃烧器等）或电能转化装置（电热元件等）。工业炉窑的热量来源一般是燃料燃烧的化学热或者电能转化的焦耳热。

炉用机械是工业炉窑组成中的机械运行部件，包括装、出料及炉内运动机构，如步进炉的步进机构、推钢式炉的推钢机等。炉用机械体现了工业炉窑的机械化程度，它不仅要保证工业炉窑装、出料方便和运行可靠，还要为实现自动化操作创造条件。部分工作在高温环境的炉用机械部件也需要进行强制冷却。

介质供应系统是传送燃料、空气、蒸汽、冷却水及其他介质的管道及相关装置。燃料炉窑除供给燃料和空气外，一般还需要供给氮气用于开关燃烧器时的安全吹扫；燃料重油在供给时还需要提前预热并伴热保温供送；采用蒸汽雾化时还需要供给蒸汽等雾化介质；采用全氧或富氧燃烧的炉窑还需要供给氧气或富氧空气。保护气氛炉窑还需要供给保护气体（如氮气、氢气等）。有需要强制冷却的钢结构及炉用机械部件时还需要供给冷却水。

测量和控制仪表是为实现工艺要求而设置的温度、压力、流量、料位、成分等的检测和控制仪器等。在现代控制技术中，计算机自动控制逐步普及，成为工业炉窑优化操作的重要手段。

排烟系统由产生抽力的排烟装置（烟囱、引风机等）和排送烟气的烟道组成，用以将炉内烟气排出炉外。

余热回收装置是用于回收工业炉窑排出烟气热量的装置。常用的余热回收装置是空气预热器、煤气预热器和余热锅炉。采用预热器回收的烟气余热将返回工业炉窑内部使用或用于其他热工设备，具有节约燃料、提高炉温等优势；采用余热锅炉回收烟气余热产生热水或蒸汽，用于工艺供热或发电。

此外，冶金炉常安装炉门、窥视孔等附属设备。冶金炉各组成部分的功能应该互相协调、互相配合，才能达到良好的生产技术经济指标，否则就会妨碍炉窑正常能力的发挥，必要时需对炉窑构造进行改造。

基本要求　在实际生产中，应从设计、施工、生产操作和维护管理等方面共同努力，力求使冶金炉达到如下基本要求：①炉温、炉内气氛易于控制，保证热加工产品质量达到工艺要求。②炉子生产率高。③热效率高，单位产品能耗低。④使用寿命长，砌筑和维护方便，筑炉材料消耗少。⑤机械化、自动化程度高。⑥基建投资少，占车间面积小且便于布置。⑦对环境污染少，劳动条件好。

（张欣欣）

冶金炉单位燃耗　specific fuel consumption in metallurgical furnaces　熔炼或加热单位质量物料（吨物料）或生产单位质量产品（吨产品）所消耗的燃料量。是表征冶金炉能源利用水平的指标。使用气体燃料时一般用“立方米煤气/吨物料（或吨产品）”表示，使用固体或液体燃料时用“千克燃料/吨物料（或吨产品）”表示。由于各种燃料发热量不同，不易在同一基准上比较，因此将不同燃料的燃耗都折合成标准燃料的消耗量，即用“千克标准燃料/吨物料（或吨产品）”表示。每千克标准燃料发热量规定为29 302千焦/千克。

在实际生产中，统计冶金炉单位燃耗的方法有两种：①冶金炉正常生产时按小时统计，即小时平均燃料消耗量除以小时平均物料处理量或产品产量。②按每周、每月、每季度或每年统计，以一定周期内燃料的总消耗量除以该周期内平均物料处理量或产品产量。前一种统计方法可以评价冶金炉本身的能效水平，也是衡量炉窑设计和运行技术水平的指标；后一种统计方法除了和炉子工作状况有关外，还和作业率、停炉次数、产品合格率、燃料漏损等因素有关。

降低冶金炉单位燃耗的措施包括4个方面：①加强余热回收利用，如通过蓄热式燃烧等方式对烟气进行余热回收，并用以加热煤气或助燃空气。②进行被加热物料热装入炉，如对连铸坯料进行保温，从而提升坯料入炉温度。③提高燃烧效率和加热质量，如通过智能控制等方式优化空气/燃料比例和混合均匀性。④减少炉体散热，如加强炉体绝热保温处理、炉门孔洞密封、冷却水管包扎等。

扩展阅读

陈鸿复.冶金炉热工与构造.北京：冶金工业出版社，1999.

（夏德宏）

冶金炉燃烧装置　combustion equipment for furnaces in metallurgical industry　将燃料的化学能转变成热能的装置。是各种燃料炉的重要组成部分。由燃烧器（也称烧嘴、喷嘴）和燃烧室组成。燃烧器是将燃料和助燃剂（空气或其他氧化剂）按一定比例混合，以一定速度喷入燃烧室，组织起合理的气流结构并能使燃料迅速着火形成所需形状的稳定火焰或完成部分燃烧的设备。燃烧室是完成燃烧过程的高温空间，是工业炉窑或锅炉工作炉膛的一部分。

种类　根据燃料的种类不同，冶金炉燃烧装置分为气体燃烧装置、液体燃烧装置和固体燃烧装置三大类型。

气体燃烧装置，主要指煤气燃烧器。依据燃烧方式分为无焰燃烧器和有焰燃烧器两大类型。无焰燃烧器的气体燃料和空气按比例已经在燃烧器内完全混合，喷入燃烧室即发生快速燃烧。这类燃烧装置结构较为简单。有焰燃烧器的燃料与少量空气或不与空气在燃烧器内混合，燃料（或燃料与少量空气混合物）和空气分别喷入燃烧室，在燃烧室形成火焰。这类装置的燃烧器结构多种多样，要根据燃料的发热量、燃烧性质以及燃料炉的加热工艺对火焰温度和形状的要求来进行设计。

液体燃烧装置，主要指燃油燃烧器。燃油燃烧器首先要使用雾化器对燃油进行雾化，使燃油形成平均直径为50～70微米细小液滴组成的雾炬，雾炬与助燃空气一同进入燃烧室后着火燃烧，形成火焰。雾化器（或称雾化喷嘴）是燃油燃烧器的重要组成部分，通常可根据雾化方式来进行燃烧装置的分类。常用的雾化方式主要有气动雾化（包括气泡雾化）、机械式（或称油压式）雾化和转杯式（或称机械旋转式）雾化3种。其中气动雾化应用最为广泛。

固体燃烧装置，主要指燃煤燃烧装置。根据燃烧方式的不同，燃煤燃烧装置又可分为煤粉燃烧器、流化床燃烧装置和炉排燃煤装置。煤粉燃烧器的结构形式很多，通常由一次空气携带的煤粉气流通道和带有旋流装置的助燃二次空气（有的还有三次空气）配风器构成。煤粉气流和助燃空气经燃烧器喷入燃烧室或炉膛形成火焰，完成混合、加热、着火和燃烧过程。流化床燃烧装置由燃烧室、布风板和风箱、进料和出渣装置构成。一定粒度的煤粒加入燃烧室，与燃烧室中惰性介质颗粒一起在炉底布风板送出的气流作用下，形成流态化，完成加热、着火和燃烧过程。炉排燃煤装置分为机械炉排和固定炉排（人工加煤）两种。机械炉排燃煤装置是通过布煤器（或抛煤机）将煤布置在炉排上，由炉排下部进入的空气通过煤层在高温条件下形成着火燃烧。机械炉排的结构形式主要有链条炉排、往复炉排和振动炉排，它们主要用于工业锅炉中。固定炉排结构简单，但由人工加煤和出渣，劳动强度大，燃烧经济效果差。适用于小容量工业锅炉。

基本要求　冶金炉对燃烧装置的基本要求：①在规定的热负荷条件下保证燃料的完全燃烧（要求不完全燃烧的除外）。②火焰形状及温度分布能满足冶金炉的工艺要求。③火焰稳定性好，负荷调节比要大。④有较好的燃料适应性。⑤结构简单，操作容易，维修方便，使用寿命长。

扩展阅读

韩昭仓.燃料及燃烧.北京：冶金工业出版社，1994.

侯凌云，侯晓春.喷嘴技术手册.北京：中国石化出版社，2002.

（王　立　王　恒）

冶金炉热工检测　thermal measurement of furnaces in metallurgical industry　对冶金炉

生产过程中的热工参数进行的测量。主要包括温度测量、压力测量、流量测量和成分分析。

温度测量　现代化冶金炉在生产过程中需要测量炉温、金属温度、熔体温度、烟气温度、空气预热温度、燃料预热温度、蒸汽温度等。根据测量对象、测量位置的不同使用不同类型的温度计进行测量（表1）。测量过程中多数温度计需与显示仪表相配合，如热电偶、热电阻、辐射感温器等与动圈式仪表相配合，热电偶、辐射感温器及其他能产生直流电势或直流电流的变送器与电子电位差计相配合。温度计所测的温度值由显示仪表显示出来或记录下来。

压力测量　测量对象主要包括冶金炉炉膛压力、烟道吸力、烟囱抽力、空气压力、氧气压力、煤气压力、重油压力、蒸汽压力等。测量压力的仪表有液柱式压力计、弹性式压力计、电气式压力计等。液柱式压力计构造简单、精度较高，但测量范围较窄，常用于测量低压、负压和差压。常用的有U形管压力计、单管压力计、斜管压力计等。弹性式压力计测量范围宽，使用方便。常用的有膜式微压计（可测量空气压力、煤气压力、炉膛压力、烟囱抽力等）、波纹管式压力表、单圈弹簧管压力表（可测量重油压力、蒸汽压力）等。电气式压力计适于压力变化快和高真空、超高压的测量，主要有压电式压力传感器、应变式压力传感器、压阻式压力传感器以及智能压力变送器等。

流量测量　主要目的是要及时地掌握燃料、空气或燃烧产物在操作过程中的瞬时流量或某一段时间内的累计流量，以便控制燃烧过程，进行经济核算等。根据应用范围，使用不同类型的流量计（表2）。

成分分析　主要包括分析气体燃料成分、燃烧产物成分和测量露点等。其目的是了解气体燃料的性质、燃烧过程的状况、燃烧产物的“碳势”等。成分分析系统装置包括抽气取样装置和气体分析仪两部分，最常用的气体分析仪有化学吸收式的奥氏分析仪、气相层析仪、红外线气体分析器、氧化锆氧气分析器、氯化锂露点仪等。

（张先棹　杨泽宽　撰　温　治　修订）

表1　常用温度计种类

类型	种类		常用温度范围/℃	应用举例
接触式	膨胀式温度计		−100～+350	水温、油温
	压力温度计		−40～+600	水温、蒸汽温度
	热电阻	铂热电阻	−180～+500	低温炉炉温
		铜热电阻	0～120	
	热电偶	PtRh30/PtRh6	200～1600	各种炉温、烟道温度、空气预热温度、预热器内壁温度、高温气体温度
		PtRh10/Pt	200～1400	
		(Ni−Cr)/(Ni−Si)	0～1000	
		(Ni−Cr)/(Ni−Al)	0～600	
非接触式	光学高温计		800～3200	浇铸时钢水的温度、轧制时的金属温度
	全辐射温度计		400～2000	熔炉、加热炉、移动物体的表面温度

表2　常用流量计种类

类型	典型产品	应用范围
压差式	双波纹管压差流量计、膜片式压差流量计	空气流量、煤气流量、过热蒸汽流量、水流量
恒压降式	转子流量计	实验室或小冶金炉上流量测量水量、科研中测油量
速度式	叶轮式流量计、涡轮流量计	
容积式	椭圆齿轮流量计、旋转活塞式流量计	油流量
动压式	普兰特管五孔探针	风模型中的速度场

冶金炉热工控制　thermal control of furnaces in metallurgical industry　为达到预定的工艺要求，对**冶金炉**热工过程进行的自动控制。热工控制主要包括：①温度控制系统，使冶金炉温度稳定在某一数值或按预定的要求变化。②燃烧控制系统，一般是控制空气消耗系数，使燃料在燃烧室内完全燃烧，以提高燃料利用率。但有时要组织不完全燃烧过程，以满足工艺要求，如无氧化加热。③压力控制系统，自动调节烟道闸板的开度，控制冶金炉压力，使炉气顺行，减少炉气逸出和空气进入。

根据冶金炉工艺目的和生产方式不同，每种冶金炉还有其他的热工控制系统。例如，冶金**回转窑**还包括炉内的成分控制，**步进式加热炉**还包括冷却水的流量控制等。

通过不同的控制系统，热工控制进行实时数据采集和分析，按最佳值对控制对象进行自动控制和自动调节。自动控制系统由控制对象、检测部分、调节器、执行部分组成。

热工控制技术根据其发展阶段，可分为：①简单的就地操作模式。需要对控制对象进行直接的人工操作。②直接数字式控制。用一台计算机对被控参数进行检测，再根据设定值和控制算法进行简单运算，然后输出到执行机构对生产进行控制，使被控参数稳定在控制参数的给定值上，实现多个控制回路的控制。但每个控制回路只能对某一单个热工参数进行控制，同时控制参数的给定值需要人工给出，不能进行自动寻优，如燃烧过程的空燃比控制，其空燃比数值需要人工给出，控制系统通过调节空气流量等使实际空燃比达到给定值。③统计过程控制。应用统计技术对冶金炉生产过程中的各个阶段进行评估和监控，建立并保持生产过程处于可接受的并且稳定的水平，从而保证生产过程最终达到工艺要求。此时的热工控制不仅是针对某一热工参数进行控制，而是对某一热工过程进行控制。统计过程控制以热工过程工艺目标为控制对象，通过自动调节影响该控制对象的直接影响参数达到控制目的。例如，加热炉中的物料加热过程，以物料温度为控制对象，炉温或燃烧消耗量为直接的调节参数，此时的炉温或燃烧消耗量给定值不是人工给出，而是控制系统通过物料温度实时自动调节。④监督控制系统。根据反映冶金炉生产过程状况的数据和数学模型进行必要的计算，给生产过程中所有热工过程提供各种控制信息。这种控制系统是在前后工序实现自动化的基础上，以协调优化整个生产系统最优为目标，实现冶金炉的计算机自动化调度管理。　（温　治）

冶金炉热工制度　thermal regulation of furnaces in metallurgical industry　根据**冶金炉**工艺技术需要制定的一系列质量控制指标、热工参数和操作要求。目的是采用定量的方法，明确质量指标、热工参数和操作要求范围，确定相互之间的关系，使冶金炉的整个生产过程处于受控状态。

热工制度通常是在用热工理论综合分析生产经验和生产试验测定的基础上，根据冶金炉生产条件制定，通常包括冶金炉热负荷、燃烧制度、炉膛压力、冷却制度等。①冶金炉热负荷是在单位时间内向炉内所供给的热量。热负荷的大小需根据冶金炉生产能力、当前物料的生产量、当前物料的加热状况、温度要求等实时确定。②燃烧制度通常包括燃料热值的确定和空气过剩系数的确定等。对于蓄热式燃烧还包括换向时间的确定，对于脉冲燃烧方式还包括脉冲时序的确定等。③炉膛压力的热工制度主要是通过调节烟道闸板的开度或排烟风机的抽力使炉膛的压力始终保持在一个合理的范围内。④冷却制度主要是带有水冷却或汽化冷却的冶金炉通过调节冷却水的流量、蒸汽压力等参数使需要冷却的部件达到安全生产的温度，同时不会造成过多的热量损失。

每种冶金炉因为用途、生产原理不同，其热工制度也不同，如根据**热处理炉**热处理工艺的不同，其热工制度还应包括物料的升降温速率、保温时间；对于回转窑类的冶金炉，根据其生产工艺的不同，其热工制度还包括排风和喂煤制度等。

（温　治）

冶金炉热效率　thermal efficiency of furnaces in metallurgical industry　物料熔炼或加热时吸收的有效热量与供入炉内的总热量之比。是表征**冶金炉**热工过程能量利用程度的指标。一般冶金炉热效率越高，说明能量利用越充分，冶金炉设计和运行管理水平越高。计算公式为：

$$\mu=\frac{Q_y}{Q_g}\times 100\% \qquad (1)$$

式中Q_y为物料熔炼或加热时吸收的有效热量；Q_g为供入炉内的总热量。

冶金炉热效率可通过冶金炉热平衡计算法获得。热平衡计算法包括正平衡法和反平衡法。正平衡法是直接测量收入热量（供入炉内的总热量）和支出热量（物料熔炼或加热时吸收的有效热量），按式（1）确定热效率。反平衡法通过测量冶金炉的各项热损失，从供入炉内的总热量中扣除，确定热效率，计算公式为：

$$\mu=\left(1-\frac{Q_{s_1}+Q_{s_2}+\cdots\cdots+Q_{s_n}}{Q_g}\right)\times 100\% \qquad (2)$$

式中Q_{s_1}，Q_{s_2}，……，Q_{s_n}为冶金炉的各项热损失。

冶金炉热效率波动很大，一般连续式炉比间歇式炉的热效率高。因为连续式炉不间断工作，生产率高，冶金炉处于稳定运行状态，没有周期性的炉体蓄热损失和启停阶段的燃料消耗。且多数连续式炉的炉内有预热物料的区段，烟气部分余热直接被物料吸收，降低了出炉烟气温度，从而使出炉烟气带走的热损失减少。

提高冶金炉热效率措施有：①采用合理的热工制度。②尽可能连续生产并使炉窑在额定负荷区域内工作。③选择合理的炉型及炉膛结构，保证燃烧等各项运行条件稳定。④通过采用余热回收利用措施，如设置预热器对助燃空气、燃料或物料进行预热，增加物料熔炼或加热时吸收的有效热量。⑤减少炉窑的各项热损失，包括改进燃烧工艺及燃烧装置，降低不完全燃烧损失与排烟热损失；采用低比热容和低热导率的轻质或超轻质耐火材料减少炉体蓄热、散热损失，以及水冷件吸热等。

（夏德宏）

冶金炉生产率　production rate of furnaces in metallurgical industry　**冶金炉**单位时间的产量。是表征冶金炉生产能力的指标。冶金炉生产率一般以吨/时为表示单位，可按式（1）计算：

$$G=\frac{N}{\tau} \qquad (1)$$

式中G为冶金炉小时产量；N为炉内金属物料重量；τ为熔炼或加热时间。炉窑生产率也可以用日产量（吨/日）或班产量（吨/班）来表示。

对于**加热炉**，常用有效炉底强度表示炉窑生产率，即单位炉底面积在单位时间的生产能力，又称有效炉底强度，可按式（2）计算：

$$P=\frac{G\times 1000}{F} \qquad (2)$$

式中P为有效炉底强度；F为有效炉底面积。

对于部分熔炼炉，常用有效容积强度表示窑炉生产率，即单位炉膛容积在单位时间的生产能力，又称容积利用系数，可按式（3）计算：

$$E=\frac{G\times 1000}{V} \qquad (3)$$

式中E为有效容积强度；V为有效炉膛容积。

影响冶金炉生产率的因素主要有炉型结构、燃烧条件、供热强度、物料入炉条件、工艺条件等。一般冶金炉生产率越高，则熔炼或加热单位质量物料的能量消耗越低。为提高炉窑生产率，应尽可能连续生产，使冶金炉在额定负荷区域内工作，并且针对各影响因素提出改善措施。

扩展阅读

蔡乔方.加热炉.北京：冶金工业出版社，2007.

（夏德宏）

冶金炉余热利用装置　waste heat recovery unit of metallurgical furnace　对**冶金炉**排出的余热进行回收利用的装置。是现代冶金工业用炉的重要组成部分。冶金生产过程中，采用冶金炉对各种物料及工件进行热工处理，在生产出合格的成品或半成品的同时，从冶金炉中排出含有可利用热量的高温烟气、热水、废渣等，这些热量占炉子供热量的20%～60%。余热利用的原则是根据余热资源的数量和品位以及用户的需求，尽量做到能级匹配，在符合技术经济原则的条件下选择适当的系统和设备使余热发挥最大的效果。

根据余热资源的形态和来源不同，冶金炉余热利用装置主要有空气预热器、余热锅炉和汽化冷却系统3种。空气预热器主要是利用高温烟气加热煤气或助燃用的空气。预热后的空气或煤气进入炉内燃烧，改善了炉内的传热和燃烧过程，这与冶金炉工作有密切关系，可取得直接的节能效果。余热锅炉是利用余热制取蒸汽或热水。汽化冷却系统用水较少，且不单独消耗燃料即可产生蒸汽，因此把它单独列为一种余热利用装置。余热锅炉和汽化冷却系统，与冶金炉没有直接关系，但它们减少了动力部门生产蒸汽的能量消耗，为企业带来了节能效益。

扩展阅读

陆钟武.火焰炉.北京：冶金工业出版社，1995.

（于庆波）

冶金炉筑炉　masonry of metallurgical furnaces　砌筑冶金工业炉及其附属设备衬体的工程。冶金炉筑炉质量直接影响炉子寿命和热工操作，进而影响炉子产品产量和质量。冶金炉筑炉应按设计图纸施工，筑炉材料按设计要求选用。筑炉应于炉子基础、炉体钢结构和有关设备安装检查合格后进行。

筑炉材料　主要包括耐火材料、隔热材料、建筑材料和辅助材料等。耐火材料是冶金炉内衬的主体材料，包括定形耐火制品、**不定形耐火材料**和**耐火纤维制品**；隔热材料一般在直接接触高温的耐火材料背面设置，有高铝隔热砖、耐火纤维棉、矿渣棉等；建筑材料是冶金炉的支撑和围护结构，如各种钢材、硅酸盐水泥、砂石等；辅助材料包括膨胀缝填充材料、高温辐射涂料、保护性材料等。耐火材料和其他筑炉材料在仓库内应按照牌号、等级、砖号和砌筑顺序放置，做出标志，不得混淆，并要防潮、防冻和防污脏。筑炉材料的化学成分、使用性能等指标要符合规定标准。不同的冶金炉或一个炉子的不同部位由于工作条件不同，对所需筑炉材料性能的要求也不相同。

筑炉工艺　根据筑炉使用的耐火材料，筑炉工艺可分为定形耐火制品、不定形耐火材料和耐火纤维制品施工。另外还有定形耐火制品与不定形耐火材料混合施工、定形耐火制品与耐火纤维制品混合施工等。

定形耐火制品的施工　定形耐火制品按成形工艺分成烧成砖、不烧砖和电熔铸砖等，制品规格形式有标准形、异形、特异形砖类。采用定形耐火制品砌筑冶金炉炉衬时，其施工的基本要求有：①保证砌体尺寸准确，公差在规定范围内。②错缝砌筑，灰浆饱满，砖缝厚度符合要求（表1）。③保证膨胀缝（炉衬施工过程中预留的热膨胀间隙）砌筑质量，不同耐火材料对砌体内膨胀缝的要求不同（表2）。④砌体表面勾缝。⑤砌工作面时不得使用砍砖面。⑥保证拱的砌筑质量。

表1　砌体砖缝厚度要求

砌体	砖缝要求/mm	使用部位举例
特等	<0.5	高炉炉底、炉缸
Ⅰ类	<1.0	高炉炉腹、炉腰、混铁炉铁水面以下的砌体、玻璃窑熔池底部砌体
Ⅱ类	<2.0	—
Ⅲ类	<3.0	加热炉、热处理炉除烧嘴外的砌体
Ⅳ类	>3.0	—

表2　几种常用耐火材料砌体内膨胀缝的平均数值

砌体	膨胀缝要求/($mm \cdot m^{-1}$)
黏土砖砌体	5～6
硅砖砌体	12～13
镁砖砌体	10～14
高铝砖砌体	7～8
钢玉砖砌体	9～10

不定形耐火材料的施工　不定形耐火材料筑炉的施工方法主要包括耐火浇注料、耐火可塑料、耐火捣打料和耐火喷涂料施工。在施工中不能任意改变不定形耐火材料的配合比，与不定形耐火材料接触的钢结构和设备表面要先清除浮锈。①耐火浇注料施工方法有预制成形–现场组装、现场浇注–捣固成形等。采取何种方法，视炉子特点和现场条件而定。整体浇注耐火内衬膨胀缝的设置有一定的要求（表3）。耐火浇注料在施工后，应按设计规定的方法养护。②耐火可塑料施工时要

表3　整体浇注每米长砌体内衬膨胀缝的平均数值

砌体	膨胀缝要求/($mm \cdot m^{-1}$)
黏土耐火浇注料	4～6
高铝水泥耐火浇注料	6～8
磷酸盐耐火浇注料	6～8
水玻璃耐火浇注料	4～6
硅酸盐水泥耐火浇注料	5～8

安装锚固件和模板，并进行捣打、修整和工作面的加工处理。③耐火捣打料一般采用风镐捣打，也可人工捣固。用模板时，模板应具有足够的强度及刚度。④耐火喷涂料一般由喷涂机采用半干法施工。喷嘴垂直于受喷面，距离1～1.5米，喷嘴不断进行螺旋式移动，使粗、细颗粒分布均匀。内衬较厚时需分层喷涂。

耐火纤维及制品的施工　耐火纤维及制品主要包括耐火纤维棉、纤维毡（板、毯）和喷涂料。施工方法有填充法、粘贴法、层铺法、叠砌法和喷涂法等。①填充法施工是将耐火纤维棉在冶金炉规定的部位填充至需要的密度，起绝热保温作用。②粘贴法是将纤维毡（板）粘贴于炉壳、耐火砖或耐火浇注料面上。粘贴前必须清除其表面的灰尘和油污。③层铺法是耐火纤维炉衬施工较早的方法，将纤维毡（板）搭接平铺在炉壳上，由炉壳上的锚固钉、陶瓷杯或转卡垫圈固定。④叠砌法常用于冶金炉墙的施工，先将纤维毡（板）切割整齐，做成一定尺寸的预制块（压缩率应为15%～20%），由支撑板及固定销钉固定。固定销钉应按设计要求的位置垂直插入纤维中，不得偏斜和遗漏。⑤喷涂法是采用喷射机将喷涂料在高压下喷射到工作面上，使炉衬形成无缝隙的整体制品结构。喷涂料是由耐火纤维、耐火粉料、结合剂和添加剂组成的混合泥料。

烘炉　冶金炉筑炉完毕经验收后，在使用前应进行烘烤和加热，使砌体中的水分蒸发并加热达到一定温度后才能正式投产。炉子的烘烤和加热应严格按照烘炉制度进行。耐火混凝土因含水分较多，在低温烘烤阶段应特别注意缓慢升温。炉子的烘烤和加热，一般从烟囱开始，然后是烟道和其他部位，最后烘烤炉膛。

扩展阅读

中国工程建设标准化协会工业炉砌筑专业委员会.筑炉工程手册.北京：冶金工业出版社，2007.

（冯俊小）

冶金能源　energy for metallurgy　冶金工业使用或消耗的各种能源的总称。主要由冶金厂的购入能源、自产能源和回收再利用的余热余能3部分组成。

购入能源　主要包括外购的煤炭、燃料油、天然气、电及其他能源（如可再生能源、新能源），也称冶金一次能源。冶金厂使用的煤炭，主要是洗精煤、无烟煤和动力煤等。其中，洗精煤用于炼焦；无烟煤用于烧结和高炉喷吹；动力煤用于自备电厂发电，蒸汽机车、工业锅炉和其他炉窑使用。燃料油和天然气，在冶金厂很少使用，只是在厂内能源供需无法平衡时，采用少部分补缺。

购入能源总量中，煤炭是中国钢铁工业的主要能源，占购入能源的70%左右，电力占10%～25%，燃料油的用量很少，而且在逐年减少。2000年以后，天然气、可再生能源和新能源等在逐年增加。煤炭、燃料油、天然气、电等各自所占的比重在计算时，购入数量均须折算成标准煤的重量。煤炭、重油、天然气均按发热量折算。而电与标准煤之间的折算关系，在2005年以前采用“等价值”（0.404千克标准煤每千瓦·时）折算；2006年以后，改用“当量值”（0.1229千克标准煤每千瓦·时）折算。

自产能源　包括由购入能源加工转换而成的各种能源产品，最常见的有**焦炭**、**焦炉煤气**、**高炉煤气**、**转炉煤气**、电力、蒸汽、氧气、压缩空气等，也称冶金二次能源。自产能源的来源及去向可分为两类：①满足钢铁生产工艺需要而被转换加工的能源。例如，把洗精煤用焦炉加工成焦炭，用动力煤烧锅炉生产蒸汽或电力，将电能转换成压缩空气、鼓风、氧气、冷却水的能量。②生产过程中产生的副产能源。例如，炼焦过程副产的焦油、粗苯、焦炉煤气等副产品，炼铁过程副产的高炉煤气，转炉炼钢过程回收的转炉煤气等。这些副产能源约占企业购入能源总量的50%，因此充分有效利用副产能源，杜绝放散，对钢铁企业节能减排有重要的意义。

回收再利用的余热余能　包括燃料燃烧产物经利用后的烟气显热，高温成品和半成品的固体显热（如烧结矿、球团矿、焦炭、铁水、连铸坯），熔融高炉渣和钢渣的废渣显热，冷却构件用的冷却水带走

的显热，高炉炉顶煤气的余压以及一部分带有压力的冷却水等，也称冶金三次能源。

冶金能源消费结构由国家资源禀赋、经济发展态势和国际贸易状况等客观因素决定。如中国在钢铁工业能源结构中以煤炭为主，而在美国、德国、日本等国家，煤炭在钢铁工业能源结构中所占比重只有25%。冶金能源在全国能源总量中所占的比重，各国也相差较大，如日本约为15%，德国约9%，美国不到5%。中国的冶金能源消耗主要在钢铁工业上。2012年，生产粗钢7.3104亿吨，钢铁工业消耗能源总量4.5094亿吨，占全国能源总量的13.22%。（蔡九菊）

冶金能源系统 energy system in metallurgical industry 由相互关联的若干种能源结合而成的，以不同形式和多种功能服务于冶金生产的系统。是**冶金热能工程**学科的组成部分。冶金能源系统不仅为冶金生产流程提供各种形式的能量，而且还是研究生产工序、企业乃至冶金行业等不同层次的能源规划、预测、分配、控制、管理、评价的重要手段和工具。冶金能源系统所属的各种能源的购入、加工、转换、输送、分配、存储、使用、回收和再利用等状况，及其与周边城市、其他工业（如发电厂、化工厂、水泥厂、装备加工厂等）的相互关系，对冶金工业产品的产量、质量、消耗、效益和环保等各项指标都有直接影响。

沿革 1978年，世界第二次石油危机发生，中国在国家重点钢铁企业和地方骨干钢铁企业开展能耗调查和能源统计活动，建立了由吨钢能耗、**工序能耗**和重点设备能耗组成的能耗指标体系。1982年，中国冶金工业部颁布了《钢铁企业能源平衡表及能耗指标计算办法的暂行规定》，从此结束了中国钢铁工业不统计、不报告能源数据，不计量、不考核产品能耗的历史。20世纪80年代起，中国冶金工业从单体设备节能逐步转向工序、企业乃至整个行业的节能。在冶金工业提倡节约能源的进程中，以冶金热能工程研究为基础，冶金能源系统应运而生，并逐渐成熟和发展。

冶金能源系统的全面研究是从20世纪80年代中期宝钢集团有限公司建立中国第一个企业级能源管理中心开始的。该中心通过对煤气、蒸汽、氧气、电力和工业水等能源介质的在线监测、潮流显示和远程遥控等信息化手段，初步实现了对全企业能源的集中管理与有效使用。到20世纪90年代，围绕冶金能源系统的界定、研究内容、模型化方法、系统分析和工程应用等问题，开展了较深入的研究和讨论，先后完成了企业和行业两级能源系统模型的建模、优化、分析和应用等工作。

进入21世纪，冶金能源系统研究引入能量流和能量流网络概念。中国许多冶金企业建设了企业能源管控中心，数量基本覆盖了钢产量在300万吨以上规模的钢铁企业，为冶金能源系统的深入研究提供了更广泛的应用平台。

系统构成 系统中的能源品种繁多，相互关联又彼此制约，构成了一个错综复杂的有机整体。

冶金能源系统由能源转换（供给侧）、能源使用（需求侧）、余热余能回收、能源存储输送和剩余能源的缓冲调控等5个子系统组成（见图）。

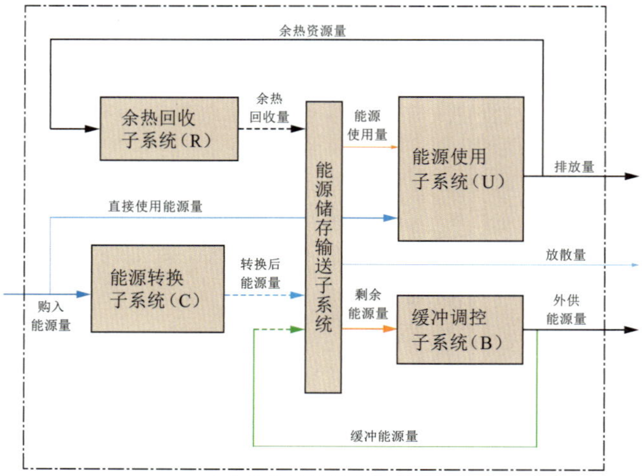

冶金能源系统结构示意图

能源转换子系统是冶金能源系统的供给侧，它将大部分外购的一次能源加工转换成钢铁生产所需要的焦炭、煤气、蒸汽和电力等二次能源。如**炼焦炉**将洗精煤加工成焦炭，同时副产粗苯、焦油和**焦炉煤气**；**高炉**在**炼铁**的同时副产**高炉煤气**；**转炉**在**炼钢**的同时副产**转炉煤气**；用动力煤烧锅炉，生产蒸汽或电力；将电能转换成压缩空气、鼓风、氧气、冷却水的能量等。能源使用子系统是冶金能源系统的需求侧，由烧结、球团、炼铁、焦化、炼钢、连铸、轧钢等冶金生产流程以及辅助生产装置构成。这些设备和用能装置的运行，是冶金企业能源使用的主要耗能部分。各冶金生产流程在过剩能量的驱动和作用下完成规定的物理化学变化，同时有剩余的能量产出。伴随产生的废气、废渣和废水的热能或压力能，经过换热器、余热锅炉、干熄焦、**高炉炉顶煤气余压发电**等回收装置进入余热余能回收子系统。由于受各种影响因素的非线性作用，系统内各种能源的供应与需求之间无论是静态还是动态总是不平衡的，时常出现涨落现象。所以，为了保障能源的稳定供给和减少富余能量放散，冶金能源系统中有能源储存输送子系统和剩余能源缓冲调控子系统，包括氧气储罐、煤气储柜，以及掺烧煤气的燃煤锅炉、纯燃气锅炉等富余能量缓冲设备等。图中用虚线标示冶金能源系统的边界，系统内富余的煤气、蒸汽、自发电等能量流，只有通过不断地与外界进行物质和能量的交换，才能从非平衡状态转变为一种有序状态。

研究内容和方法 冶金能源系统是以为冶金工业的现代化和绿色化服务为出发点，研究能源的高效利用理论和技术。

能源系统的大小取决于研究对象的范围，可以是一个工序、一个企业，也可以是一个地区、一个行业。研究冶金能源系统的基础是建立能源系统的数学模型，分析能量流发生、转换、分配、使用、回收直至排放的运行规律，相互之间以及与外部环境的关系，然后进行优化，进而解决冶金能源系统的最优设计、最优规划、最优控制和最优管理等问题。包括：①能源的供需预测、能源结构优化、新能源的开发与利用。②企业能耗、利润、费用、环保等多目标间的相互关系，编制年度、季度、月份能源消耗计划和能源平衡表。③能源系统优化，工艺流程选择，设备群的生产负荷分配，上下工序间的协调配合及其“界面”技术开发。④能量流、物质流分析，能量流的网络构建。⑤节能技术评价及其新技术开发。⑥能源管控中心软件开发，模型库、数据库和智能库建设。

冶金能源系统研究的主要数学模型有能源统计模型、投入产出模型、数学规划模型和能量流网络等。其中，能源统计模型是对大量生产数据进行科学归纳、整理和分析的工具，从中找出影响能源消耗的各种因素，建立它们的经验关系式；投入产出模型是研究国民经济各部门、各地区、各企业内部及其相互之间的投入产出平衡关系，进行经济分析的一种方法。目的是建立冶金企业内部各生产工序所消耗的能源和非能源，与该工序生产的产品数量和质量之间的相互关系，反映企业的技术水平和生产规模；数学规划模型是研究能源系统在静态下如何保持最优工作状态的问题，用来解决能源最优方案等。

展望　能源消耗是冶金能源系统的一个重要指标，是影响企业盈亏的可控因素。保护生态环境是冶金能源系统的另一个重要指标，环境遭受破坏，归根结底是过量消耗能源和资源造成的，减少或防治污染物的产生，比污染物产生后再去治理更有效。钢铁企业要充分发挥能源高效转换和有效利用的优势，深入研究能量流的转换、使用、回收、利用问题及其与物质流的关系。应用科学用能和系统节能理论，建立能量流网络模型和专家系统，以智能化的能源管控中心为工具，科学地使用好管理好能源，将系统能效做到最大，把浪费降到零。

随着科学技术的不断进步，冶金能源系统＋互联网技术、企业的资源计划系统（ERP）、制造执行系统（MES）和能源管理系统（EMS）等信息网络平台联手，将为钢铁生产的数字化、网络化、智能化创造有利条件，能源管理与控制的智能化将成为中国钢铁制造业向智能化转型的优先切入点。

扩展阅读

殷瑞钰.冶金流程工程学.2版.北京：冶金工业出版社，2009.

陆钟武，蔡九菊.系统节能基础.沈阳：东北大学出版社，2010.

（蔡九菊）

冶金气体　gas in metallurgical industry　满足钢铁和有色金属材料生产需要的气体的总称。主要是空气及以空气为原料分离获得的具有特殊功能性质的单种气体，主要包括氧气、氮气、氩气等。此外，氢、氦、二氧化碳等也有应用。冶金气体一般通过空气分离技术制备。空气分离技术，简称空分，包括低温精馏法、吸附法和膜分离法3种方法。低温精馏法生产量大，产品纯度高，可同时生产氮气、氩气、氦气等稀有气体，在空分领域占主导地位；吸附法投资省、操作方便，但产品纯度略低，且装置容量有限，适用于中小规模、对纯度要求不高的空分领域；膜分离法设备简单、运行维护量少，但产品纯度低，适用于富氧燃烧领域应用。

氧气　化学性质活泼，高温情况下极易与其他元素发生化学反应。钢铁冶炼、有色金属冶炼过程都大量使用氧气。钢铁冶炼生产主要利用氧气的氧化性和助燃性。**炼铁**过程中氧气可使铁水中碳、磷、硫、硅等杂质氧化，有利于有害气体和非金属夹杂物的排除，达到钢水质量要求，且氧化反应产生热量，能够均匀熔池温度，有效缩短冶炼周期。氧气在高炉炼铁过程中主要用于富氧鼓风、出铁场烧铁口及设备维修切割等。富氧鼓风有利于增加喷煤比、降低焦炭消耗、提高生产效率和高炉煤气热值。按照鼓风富氧率3%计算，冶炼1吨生铁需消耗约48标准立方米氧气。**电弧炉炼钢**通过炉壁或炉门碳氧枪吹入氧气，可加速炉料熔化和杂质氧化，降低冶炼电耗。现代电弧炉一般生产1吨钢水需消耗45标准立方米氧气。**氧气顶吹转炉炼钢**时顶部用喷枪把高压氧气吹入炉内可强化炼钢过程并改善熔池搅拌。一般转炉生产1吨钢水需消耗60标准立方米氧气；铜、铅、锌等有色金属采用火法工艺熔炼时，通过顶枪或者底部、侧吹风口向金属熔池吹入氧气，可实现加速炉料熔化和杂质氧化，提高生产效率。

此外，废钢切割、连铸坯或模铸锭切割、出钢口烧穿、炉口或钢包清渣等工序一般均采用火焰切割，氧气作为助燃气体使用。

氮气　化学性质不活泼，通常情况下不易与其他物质发生化学反应，同时经深冷法分离出的氮气不含机械杂质和水分，在冶金企业中被广泛用作保护气、搅拌气、密封气、仪表气等。氮气是高炉炼铁生产过程中最主要的惰性保护气体，用于热风炉吹扫、制粉系统煤粉收集、煤粉喷吹系统的充压与流化、高炉炉顶密封均压、布袋除尘系统脉冲清灰、余压发电系统安全密封及各类气动阀的驱动。一般冶炼1吨生铁需消耗20～30标准立方米氮气。炼钢过程中氮气主要用作炉役后期溅渣护炉、二次除尘的反吹、车间及烟囱吹扫装置用气，氧枪氮封、散装料下料口氮封、炉口烟尘氮封等密封用气，转炉、电炉及钢包底吹搅拌用气，连铸机及水处理用气，各种仪表用气，以及风动送样和喷粉等用输送气和保护气等。一般转炉炼钢厂每生产1吨钢要消耗50～70标准立方米氮气，电炉炼钢厂每生产1吨钢需消耗20～50标准立方米氮气。在有色金属火法冶炼中，在冶炼炉内充入氮气，可以降低氧量和温度，减少氧化，提高产品纯度。

氩气　化学性质不活泼，高温情况下也不与其他物质发生化学反应，是优良的保护气、搅拌气和密封气。氩气主要用于炼钢二次冶金、精炼和连铸。在炼钢过程中对转炉、电炉、钢包、钢包精炼炉真空吹氧脱碳等装备进行底吹氩，主要作用是均匀钢水温度和成分、去除钢中气体、促进夹杂物上浮；**氩氧脱碳法**（AOD）吹氩主要作用是通过降低一氧化碳分压，实现“脱碳保铬”；**真空循环脱气法**（RH）吹氩主要作用是提供钢水在真空室内循环的驱动力。在连铸过程中，对钢水包长水口与钢水包之间、中间包浸入式水口与中间包之间的连接部位进行吹氩以实现密封并防止结瘤；对即将投入使用的中间包注入钢水前吹氩以防钢水裸露在空气中造成钢水的二次氧化。在铝、钛和锆等有色金属生产中，氩气作为除气和除杂的载体，常被用作保护气和搅拌气，对于稳定生产和提升金属内在质量意义重大。

氢气　在常温下性质稳定，但在加热或者点燃条件下，极易燃烧，并能放出大量的热，是一种无色透明、无味且难溶于水的气体。在冶金工业上主要用作燃料、还原剂和保护气。例如，氢气和氧气燃烧形成的氢氧焰温度可达到3000℃，被大量应用于连铸坯切割；冷轧厂的各种退火炉及镀锌炉广泛采用氢气作为保护气；作为还原剂在冶金行业的使用正日益受到重视，已开展将氢气作为还原剂应用于炼铁生产的研究和探索。

其他气体　二氧化碳、氦气等气体常温下化学性质不活泼，在冶金行业也可用作保护气和搅拌气，如用于钢水精炼底吹气和连铸保护气等。二氧化碳在高温下，具有良好的氧化性，在某些类型转炉设备上，常作为底吹气体使用，兼具脱氧和搅拌作用，在降低铁损、强化熔池搅拌、提高脱磷率等方面效果显著。

扩展阅读

项钟庸，王筱留，等.高炉设计——炼铁工艺设计理论与实践.2版.北京：冶金工业出版社，2014.

陈家祥.钢铁冶金学（炼钢部分）.北京：冶金工业出版社，1990.

张岩，张红文.氧气转炉炼钢工艺与设备.北京：冶金工业出版社，2010.

阎立懿.现代电炉炼钢工艺及装备.北京：冶金工业出版社，2011.

（彭　锋　白永强）

冶金燃料　fuel for metallurgical industry　冶金工业中生产和使用或消耗的各种燃料的总称。是冶金生产过程所需热能的主要来源。冶金燃料的种类、成分和燃烧方式等，对冶金生产过程、产品的产量和质量、能源消耗和污染物排放等各项指标都有直接影响。随着燃料工业和新能源的发展，冶金用的燃料品种正在向清洁、高效、多元的方向转变。

燃料种类　冶金用的燃料种类有很多（表1），包括固体燃料（煤、**焦炭**等）、液体燃料（重油、柴油、焦油）和气体燃料

（天然气、各种煤气、裂化石油气）三大类。有些燃料可以混合使用，以扩大某种燃料的使用范围或节省另一种燃料。

燃料性质 各种燃料的性质比较复杂，与冶金热过程有关的燃料性质包括3个方面。

燃料的成分 各种燃料中都含有一些可以燃烧的成分，如碳、氢等，它们和氧接触，在高温下进行氧化燃烧反应。燃料中也含有一些不能燃烧的成分，如氮、水分、灰分等。燃料中各成分的含量，以及由它们组成的各种化合物，是影响各种燃料性质的基本因素。气体燃料是由CO、H_2、C_nH_m、H_2S、CO_2、O_2、N_2、H_2O等气体混合组成，燃料的成分可用各项气体所占的体积百分数来表示。其中，CO、H_2、C_nH_m和H_2S为可燃成分，其他为不可燃成分。液体燃料和固体燃料由复杂的有机化合物组成，其成分有两种表示方法：一是元素分析，给出C、H、O、N、S各元素的重量百分数；二是工业分析，给出固定碳、挥发分、灰分和水分的重量百分数。其中C、H、固定碳、挥发分是可燃的，其他是不可燃的。燃料中的H_2S或S是有害杂质，虽可以燃烧，但对产品质量不利。常见燃料成分见表2和表3。

根据燃料成分可以计算炉内燃烧所需要的空气量、燃料产物生成量和燃烧产物成分等热工计算参数。在燃料和空气（氧气）按化学反应式的当量比混合并完全燃烧（燃料中全部的C和H均与O_2化合生成CO_2和H_2O）的条件下所得计算结果称为理论空气需要量和理论燃烧产物生成量。实际上供给炉内燃烧用的空气量与理论值不同，两者之比值称为空气消耗系数n（表4），对于要求完全燃烧的炉子，n应大于1，以避免不完全燃烧而造成燃料的浪费，但n值过大，会增加供风系统和排烟系统的负荷，增加炉子的废气量，降低炉内温度，增大能源消耗。理论空气需要量乘以根据经验选取的n值，可确定实际空气消耗量。

表1 冶金常用燃料

类别	名称	来源	主要用户
气体燃料	高炉煤气	炼铁高炉副产品	焙烧炉、锅炉、热风炉、焦炉、加热炉、热处理炉
	焦炉煤气	炼焦副产品	加热炉、锅炉、热风炉、焦炉、热处理炉、干燥炉
	转炉煤气	炼钢副产品	热风炉、白灰窑、钢包
	天然气	油气田或气田	焙烧炉、加热炉、热处理炉
	发生炉煤气	人造煤气	平炉、加热炉、热处理炉、干燥炉、窑炉
液体燃料	重油、柴油	石油炼制产品	各种火焰炉
固体燃料	焦炭	炼焦产品	高炉、鼓风炉、煅烧炉、冲天炉
	烟煤	煤矿	加热炉、反射炉、干燥炉、窑炉
	无烟煤	煤矿	加热炉、干燥炉

表2 固体燃料和重油的成分和发热值／（重量%）

燃料		褐煤	烟煤	无烟煤	焦炭	重油
元素分析	C	53～64	76～91	90～96	91～97	85～88
	H	5.0～6.6	3.3～6.0	1.0～4.5	1.1～1.7	10～13
	O	28～38	2.0～19	0.5～6.0	0.4～0.8	0.5～1.0
	N	1.5～3.0	0.5～2.2	0.5～1.3	0.6～0.8	0.5～1.0
	S	0～0.26	0.12～0.6	0.4～0.7	0.6～1.1	0.2～3.0
工业分析	挥发分	40～60	10～40	6.0～10	<1.5	
	灰分	11～31	7.0～31	6.0～16	9.7～11	<0.3
	水分	35～50	3.0～16	1～3	2～8	<0.2
低位发热值/（兆焦/千克）		17.58～19.67	21.77～33.49	26.79～32.65	30.14～31.81	37.77～41.86

注：元素分析成分以可燃基%计，工业成分以%计

表3 气体燃料的成分及发热值

燃料		高炉煤气	发生炉煤气*	转炉煤气	焦炉煤气	天然气
干成分/体积%	CO	25～30	24～30	45～65	5～9	0～0.3
	H_2	1.5～3	12～15	<2	50～60	0～0.8
	CH_4	0.2～0.6	0～3		20～30	85～98
	C_nH_m		0～0.6		1.5～2.5	1～13
	H_2S					0～0.9
	CO_2	8～15	3～7	15～25	2～4	0.5～1.5
	N_2	55～58	47～55	24～38	1.0～10	0.5～5.0
	O_2		0.1～0.3	0.4～0.8	0.5～0.8	0～0.3
低位发热值/（兆焦/千克）		3.35～4.18	6.29～6.49	6.29～6.49	15.49～18.84	33.49～62.79

* 指通常的空气-蒸汽混合鼓风（常压）的发生炉煤气

表4 空气消耗系数经验值

燃料种类	燃烧方法	空气消耗系数（n值）
固体燃料	人工加煤	1.20～1.40
	机械加煤	1.20～1.30
	粉状燃烧	1.05～1.25
液体燃料	低压雾化	1.10～1.15
	高压雾化	1.20～1.25
气体燃料	无焰燃烧	1.03～1.05
	有焰燃烧	1.05～1.20

燃料的发热量 单位体积（或重量）燃料完全燃烧所产生的燃烧热称为燃料的发热值。为了使发热量成为燃料本身的一个特性指标而不受其他条件影响，规定的测量发热量的条件是：燃料中的可燃成分完全燃烧，即碳要氧化成CO_2、氢要氧化成H_2O、硫要氧化成SO_2，燃烧产物的温度降低到参加反应物质的初始温度。根据燃烧产物中水的状态不同，又将燃料的发热量分为高位发热值（燃烧产物中的水呈液态）和低位发热值（燃烧产物中的水呈气态）。实际上，燃烧装置中烟气所含的水是气态，因此在评价燃料的发热值或进行热工计算时，均应根据燃料的低位发热值。燃料发热值是计算理论燃烧温度、炉子热平衡和燃料消耗量必须预知的原始数据。

燃料的使用性质 除了燃料的各项特性外，在使用中还要了解燃料的一些物理性质，如煤的结焦性，灰分的熔点，气体燃料的重度，液体燃料的黏度、闪点和凝固点，固体燃料的强度、透气性、硫分、灰分和水分等。

燃料的选择 包括对燃料的种类和形态、燃烧装置和燃烧方式、燃烧过程的组织与控制方法的选择等。对燃料的选择应根据冶金工艺要求进行，并且以是否满足生产、节能和环保指标作为判断燃烧过程好坏的标准。选择原则一般是：①满足冶金工艺和热工过程对燃料性质（如成分、发热量、燃烧温度等）提出的要求。燃烧速度、燃烧完全程度、燃烧的稳定性和可调性都能满足冶金生产工艺的要求。

②考虑冶金工艺和热工操作及自动化的要求。③考虑燃烧产物向环境排放的污染物（CO_2、CO、NO_x、SO_2和粉尘）是否满足清洁生产的要求。④根据联合企业的燃料平衡情况，综合分析各类因素，确定选用燃料品种的最优方案。

扩展阅读

东北工学院，北京钢铁学院.冶金炉燃料及其燃烧.北京：中国工业出版社，1961.

燃料協会.燃料便覧.東京：コロナ社，1974.

（郭柏伟　撰　蔡九菊　修订）

冶金热能工程 metallurgical thermal engineering　研究冶金工业中各种热能的加工转换和使用过程，以及单体设备、生产工序和冶金企业等不同层次上的能源利用理论与技术的一门学科。是冶金工程的分支学科。冶金热能工程的主要任务是全面研究冶金工业的能源转换–利用–回收等方面的理论和技术，为冶金工业实施产品先进制造功能、能源高效转换功能和废弃物消纳处理三大功能服务，为提升冶金工业的能源利用水平和可持续发展服务。

简史　冶金热能工程是在中国学者研究**冶金炉**的基础上，随着工程实践的推进和理论认识的深化逐步形成和发展的，其过程可分为3个阶段。

“冶金炉”阶段　1953年，“冶金炉”专业在中国建立，以传热和气体力学为理论基础，其工业实践应用围绕着冶金工艺窑炉的加热过程和物料平衡、热平衡展开，以提高单元装置热效率为目标，由此来指导冶金窑炉的设计和生产运行。

“系统节能”阶段　20世纪80年代初，冶金过程节能研究对象从过去的单体设备（冶金炉）及其部件，扩展到生产工序（厂）、联合企业乃至整个冶金工业，冶金热能工程逐步形成。80年代中期，中国**陆钟武**提出要以“系统节能”的概念来发展冶金热能工程学科，强调“载能体”概念，即将能量从生产和供应源传送至使用地点的媒介，包括各种原材料、燃料和动力。“系统节能”阶段强调了在全面提高每一单元装置热效率的同时要提高能源和物质的综合利用效率，并逐步建立了能耗–钢比系数等理论和方法来指导和评价系统节能。

20世纪90年代中期，随着连铸、连轧等共性关键技术在中国钢铁业的推广，逐步认识到制造流程的本质，以及冶金工艺装置的结构性功能演变和整个制造流程的重构性优化，这进一步推动了“系统节能”的发展，如转炉替代平炉、连铸替代模铸–初轧、连轧取代往复式轧制等。

“能量流行为与能量流网络”阶段　进入21世纪，冶金热能工程理论继续发展并与实践结合。中国**殷瑞钰**提出的“能量流”和“能量流网络”等理论，丰富了冶金热能工程的内涵：①基于**冶金流程工程学**的确立，认识到能量流在推动物质流动态运行过程中两者之间的相互关系。强调“流”的动态运行概念，揭示出在物质流运行过程中与之相应的能量流行为及其轨迹，进而分析研究一次能源、二次能源、三次能源之间的转换–匹配关系。②构建出一次能源、二次能源、三次能源的输入–转换–输出模型，由此形成与物质流/物质流网络相关的能量流/能量流网络模型及能量流的宏观运行动力学。③通过工业生态学研究，构建与其他工业和民用设施相连的广义能量流网络，拓展钢铁企业的社会服务功能，使得钢铁企业能够与社区、城市和谐共存。

学科内容　冶金热能工程的研究内容可归纳为：

工业炉窑热工　研究能源转换设备，如锅炉、换热器等热交换装置，以及燃料转换装置和能量转换装置；工艺性热工设备，即广泛应用于冶金物料或工件的干燥、焙烧、熔化、冶炼、加热和热处理等各种冶金炉窑；研究燃料燃烧、传热、流体流动等热工过程；物料运动、化学反应和物相转变等冶金工艺过程，以及工艺过程与热工过程之间的相互作用。同时，在考虑生产工艺要求的前提下，研究工业炉窑的结构与热工操作、热工过程、生产指标3类变量及它们之间的相互关系，如下图所示。

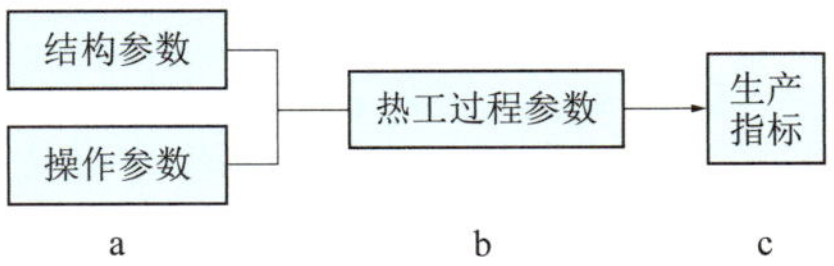

工业炉窑热工的研究内容

工业炉窑结构（几何形状、尺寸、筑炉材料的种类等）和热工操作（燃料量、空气量、阀门开启度等）的变动，会影响炉内的热工过程（传热、燃烧、气体运动）。而热工过程的变动又会影响工业炉窑的生产指标（产品质量、单位生产率、单位能耗、炉子使用寿命、污染物的排放量等）。研究目的是提高生产指标，但人们所能直接规定或操纵的因素是结构和操作参数。所以，要在研究炉子热工过程的基础上，掌握工业炉窑的结构与热工操作、生产指标两类变量之间的关系。

工业系统节能　能源消耗是冶金热能工程的一个重要指标。冶金热能工程中的工业系统节能是研究冶金企业中各层次的节能问题。钢铁企业包括3个层次：第1层次，钢铁企业及其内部各车间（厂）与外部环境之间的相互关系；第2层次，钢铁企业内各生产车间（厂）及各工序、装置之间的相互关系；第3层次，生产车间（厂）内部各工序、装置的节能减排问题和功能优化。工业系统节能研究的具体对象涉及煤、油、煤气、电、蒸汽等各种能源介质；各种原材料、中间产品、辅助原材料、零部件等各种非能源物质；企业的整体能源系统、生产运行系统及其结构优化和信息化控制。

工业生态学　冶金热能工程在工业领域开展的工业生态学研究。把物质、能源的减量化和保护生态环境的视野扩展到制造过程及其产品的整个生命周期，即从产品设计、原料选择、产品生产、能源转换利用、产品使用，一直到产品使用后的报废、回收等各个环节都能符合保护生态环境的要求。工业生态学研究内容包括冶金工业绿色化、冶金环境工程和废弃物再资源化研究；物资（包括能源）循环和物质流、能量流分析新方法开发；构造具有时间–空间概念的钢铁产品生命周期物流图；研究世界各国国民经济发展状况与环境负荷之间的关系，分析世界主要工业发达国家国内生产总值（GDP）与能源消耗之间的关系。

发展趋势　冶金热能工程的形成及发展，反映了冶金工业节能和环保工作的需要。为了发展这个学科，必须进一步明确其任务和服务对象：①加强单体设备、单项技术的研发和应用，重视系统集成和交叉学科集成技术的研发，不断提高冶金工业的能耗指标、节能减排和生态化水平。②加强基础理论研究，建立健全冶金节能理论体系。充分发挥钢铁企业的能源高效转换和有效利用功能，从供给侧提高能源的品质和价值。科学规划并制定能源供给侧和需求侧之间的“不平衡”策略，特别是富余煤气、氧气、余热资源和电力的缓冲和使用问题，把钢铁企业节能工作推向新阶段。③从能量流一侧推动冶金工厂的绿色化、智能化进程。在制造流程结构优化和动态有序–协同连续运行条件下，进一步实施物质流网络–能量流网络–信息流网络之间的“三网”协同融合，以“流”–“流程网络”–“运行程序”协同优化，特别是能量流网络优化作为“切入口”，推动冶金工厂深层次的绿色化、智能化进程。

扩展阅读

汤学忠.热能转换与利用.北京：冶金工业出版社，1989.

Губинский В И, Чжуну Л. Теория Пламенных Печей. Москва: Машиностроение, 1995.

陆钟武. 工业生态学基础. 北京：科学出版社，2010.

（蔡九菊）

冶金溶剂 solvent for metallurgy　湿法冶金过程中能使矿石或精矿中的有价成分转入溶液，而将脉石和有害杂质留于渣中的物质。对冶金溶剂的要求是：化学性质稳定，选择性好，反应速度快，生成盐的溶解度大，价格便宜，容易再生，使用安全，腐蚀性小等。

常用溶剂

溶剂名称	组成	用途举例
水	H_2O	从硫酸化或氯化焙砂中浸出铜、钴、镍及其他水溶性盐
简单或络合性酸溶剂	H_2SO_4、HCl或HF溶液	一般酸浸：用H_2SO_4浸出氧化铜矿、锌的氧化焙砂或烟尘中的铜和锌 络合酸浸：用HCl浸出镍钴冰铜中的镍和钴，用HF从铌铁矿和钽铁矿浸出铌和钽
简单或络合性碱溶剂	NaOH、Na_2CO_3、Na_2S或NH_4OH溶液	一般碱浸：用拜耳法从铝矾土中浸出铝，用Na_2S或NaOH从辉锑矿黝铜矿中浸出锑 络合性碱浸：用NH_4OH和铵盐从氧化铜矿中浸出铜
单纯氧化性或氧化－络合性溶剂	$Fe_2(SO_4)_3$、$FeCl_3$、氧气和水、王水、NaCN和空气或NH_4OH和空气	氧化性浸出：用$Fe_2(SO_4)_3$溶液从硫化铜矿浸出铜或通氧加温加压浸出硫化镍矿中的镍和钴 氧化－络合性浸出：金银矿加氧氰化浸出金和银；硫化镍精矿和加压氨浸，浸出镍和铂

溶剂萃取过程所使用的品类繁多的萃取剂和反萃剂也是一类冶金溶剂。

扩展阅读

GILCHRIST J D. Extraction Metallurgy. Oxford: Pergamon, 1980.

（吴筱锑）

冶金熔剂 flux for metallurgy　在火法冶金过程中能与矿石中所含的脉石氧化物、有害杂质氧化物作用，形成低熔点渣层，从而把要提取（精炼）的金属分离开来的物质。是组成冶金熔渣或促进冶金熔渣生成的冶金基本材料。根据组分不同，冶金熔剂分为氧化物和非氧化物熔剂。①氧化物熔剂一部分以天然矿物形式，经简单加工（如破碎、筛分、清洗）后加以利用，有的则是经过精细加工后再利用，一般采用高温焙烧，如石灰石、菱镁矿焙烧后生成活性石灰〔一般要求有效氧化钙（CaO）含量大于85%〕、氧化镁（MgO）利用。石灰石本身在冶炼炉中也可直接加入使用，对快速成渣与冶金反应更加有利。氧化物熔剂主要有石灰石和石灰（主要是利用CaO）、石英砂（SiO_2）、氧化铝（Al_2O_3）、氧化镁（MgO）、氧化铁皮（Fe_2O_3和FeO）、氧化硼（B_2O_5）、稀土氧化物、白云石和轻烧白云石（主要是CaO和MgO）、球团矿等。铬、钒等氧化物在不同产品冶炼过程中也会进入。②非氧化物熔剂包括炭和碳化物、氯化物、氟化物等，如石墨粉、炭粉、碳化硅、氯化钠、氯化钾、萤石等。它们大部分是冶金熔渣组分的直接来源。有的熔剂（如萤石）主要起调节冶金熔渣黏度，加快冶金熔渣生成的催化作用。

根据熔剂性质，熔剂可分为碱性熔剂（石灰石、石灰、白云石）、酸性熔剂（石英、含硅高的有价金属矿）、中性熔剂（铝矾土、矾土质有价金属矿石）和助熔剂（萤石、冰晶石）等。由于各类冶金熔渣要求的物理化学性能不同，要求形成有效熔渣的速度不同，所以各种冶金熔剂加入的数量、时间不同，甚至同一冶金熔剂要求的质量（成分、块度）也不同。

熔剂的选择与要提炼的金属和矿石成分有关。钢铁冶炼常用$CaO-Al_2O_3-SiO_2$系渣，而铁矿石和焦炭的灰分大多是酸性氧化物（SiO_2等），因此主要用碱性熔剂（石灰石或白云石等）。有色金属冶炼常用$FeO-SiO_2$、$FeO-CaO-SiO_2$和$FeO-Al_2O_3-SiO_2$系渣，而有色金属矿石和精矿中常伴生有碱性铁矿物、方解石等，因此主要用石英或低品位石英砂金矿作为熔剂。如果冶炼含酸性脉石的矿石和精矿，应配加石灰石、铁矿石或含碱性脉石的有色金属矿作熔剂。

熔剂总体要求有效成分尽可能高，杂质含量低，强度和块度能满足不同冶炼的要求，如同样采用石灰石，**高炉**比**转炉**要求的粒度大；烧结矿可用石灰粉末，转炉则要求石灰块度为20～50厘米，有色金属硫化物精矿闪速熔炼、钢水和铁水的**喷射冶金**等需使用石灰粉。

现代钢铁生产为了提高各类冶金熔渣的生成速度和质量，还将原来分别加入的熔剂，改为两种及以上熔剂材料预先配置成复合熔剂材料来应用（即复合熔剂），较常见的是出钢过程合成渣料、精炼合成渣料、连铸中间包及结晶器的合成渣料等。

随着冶金工艺的优化创新，熔剂的单耗一直是下降的。从节能环保和工艺优化考虑，钢铁生产中已不同程度地将已生成的各类冶金熔渣返回到相应的工艺环节中循环利用，不仅可降低熔剂的单耗，而且工艺上冶金熔渣的形成也更快捷、方便，提高了生产效率，如转炉钢渣热态留用（留渣操作）或冷后加工再使用（如脱碳转炉渣加工后用于预脱磷转炉）等。

（苏天森　谢　兵）

冶金史 history of metallurgy　在新石器时代后期人类开始使用金属，经历了铜—青铜（包括铜砷、铜锡、铜铅和铜锌合金）—**铁**（包括**块炼铁**、生铁、熟铁或钢）几个时代。世界各地进入铜器、铁器时代的时间各不相同，技术发展的道路也各有特色。冶金技术和金属的使用同人类的文明紧密联系在一起。新石器时代的制陶技术（用高温和还原气氛烧制黑陶）促进了冶金技术的产生和发展。冶金技术的发展提供了用青铜、铁等金属及各种合金材料制造的生活用具、生产工具和武器，提高了社会生产力，推动了社会进步。中国、印度、北非和西亚地区冶金技术的进步是同那里的古代文明紧密联系在一起的。16世纪以后，生铁冶炼技术在西欧各地传播，促进了以用煤冶铁为基础的冶金技术的发展。这一发展后来又和物理、化学、力学的成就相结合，增进了对冶金和金属的了解，逐渐形成了**冶金学**，进一步促进了近代冶金技术的发展。

红铜时代—铜石并用时代

人类在新石器时代晚期开始利用天然金属，此后逐渐以**矿石**为原料冶铸铜器。该时期以使用石器为主，也使用少量小件红铜器（天然铜器），被称为红铜时代或铜石并用时代，是介于新石器时代和青铜时代之间的过渡时期。

早期对天然金属（铜、金、陨铁）的使用　在伊朗西部艾利库什（Ali Kosh）地区发现公元前七八千纪用天然铜片卷成的铜珠。在伊朗中部纳马克湖南部泰佩锡亚勒克（Tepe Sialk）发现了前5千纪的铜针。在伊朗克尔曼（Kerman）之南的叶海亚（Yahya）地区发现了前5千纪后期用天然铜制成的铜器。

天然金虽然容易发现，但一般块金尺寸较小、数量较少。砂金的利用则有待冶金方法的出现，所以出现较晚。世界上已发现的最早的金制品为公元前5000年。南美最早使用的金属为天然金。在秘鲁，对金的加工始于公元前1500年。

陨铁不如天然铜、天然金容易识别，

使用较晚。最早的陨铁器是公元前4千纪的铁珠和匕首（分别含镍7.5%和10%），出土于尼罗河流域的格泽（Gerzeh）和幼发拉底河流域乌尔（Ur）地区。

中国最早的陨铁文物是商代中期（约公元前14世纪中叶）的藁城铁刃铜钺。河南三门峡虢国墓地发现的3件陨铁制成的青铜刃具属于公元前9世纪。

最早的冶金　天然金属的资源有限，要获得更多的金属，只能依靠冶炼矿石制取金属。人类在寻找石器的过程中认识了矿石，并在烧陶生产中创造了冶金技术。

矿石炼铜是人类文化发展的重要里程碑。最先使用的是氧化铜矿（如孔雀石），将氧化铜矿石与木炭混合加热还原得到金属铜。已知最早的人工冶炼的铜器出土于伊朗叶海亚地区（约3800年前），含有少量砷（0.3%～3.7%），其中有的经过铸造、冷加工和**退火**。与此同时，在埃及和美索不达米亚使用含镍或含砷铜器。碱性砷酸铜矿与孔雀石相似，用它或硫砷铜矿冶炼砷青铜比较容易，镍则往往与铜共生，容易炼成镍铜。砷铜和镍铜的使用延续了相当长的时间。中东的炼铜技术在公元前三千纪向欧洲和印度传播，保持了含镍和含砷的特点。在较晚的铜器中，如印度河流域哈拉帕（Harappa）文化，在公元前2500～前2000年也有含砷或镍的锡青铜。已知的最早含锡青铜器，产于今伊拉克的乌尔第一王朝（前2800），含锡8%～10%。

中国甘肃东乡马家窑文化的青铜刀（含锡6%～10%），是迄今发现的中国最早的青铜器物，约为公元前3千纪初期，与乌尔青铜同时。马厂文化出土的红铜和青铜刀约为公元前3千纪后期，相当于印度河流域哈拉帕文化出土锡青铜的时代。

青铜时代

青铜主要指铜锡合金，古代青铜往往还含有铅或其他金属。铜中加入锡可以改善性能。青铜的熔点比铜低，铸造性能好，逐渐成为古代铜器的主要品种。最早的锡青铜出现于两河流域，约公元前3000～前2500年。在公元前2千纪，铜及青铜冶炼技术达到了全盛时代。埃及青铜时代约开始于公元前2600年。欧洲则在公元前1800～前1500年经历过砷铜时代后才出现锡青铜。

中国商代以前的青铜器　公元前2000～前1600年，在商代之前和商代初期，黄河流域已经出现了一些铜器，包括红铜、锡青铜和铅青铜。山西襄汾陶寺出土了红铜铸成的铃和砷铜做成的齿轮形器；山东胶州出土了龙山文化极为原始的黄铜锥；河南登封出土了公元前三千纪末期的青铜片。

商周青铜铸造　商周是中国青铜器的鼎盛时期，在技术上达到了当时世界的高峰，出土了大批商周铸造铜器，包括生产工具（斧、锛、钻、刀、削、锯、锥等）、农具（锄、铲、镢等）、武器（戈、矛、钺、镞等）以及大量的礼器〔爵、斝（图1）、盉、鼎、戈、戚等〕和生活用器。河南偃师二里头出土和采集铜器200余件，其中中国最早的礼器有20件，还有形式各异的工具，镶嵌绿松石铜牌饰等（前16世纪）；河南郑州先后出土有商代中期青铜方鼎爵8只（图2）；河南安阳殷墟出土的商代晚

图1　商代铸造的铜斝

图2　商代铸造的铜爵

期的器物种类达70余种，数量约5000件，其中**后母戊鼎**是世界上已出土的最重的青铜器；湖北黄陂盘龙城遗址出土青铜器种类达36种350余件，还发现有地方特色的铜钺、封口盉、马面饰等，无红铜器，铅锡青铜多于锡青铜，并含有较高的锌和银。这反映了在商代后期中国青铜铸造的卓越技术和宏大规模。古代铸造遗址中往往发现铜锭，而铜矿遗址较少，如山西侯马晋国铸铜遗址、湖北铜绿山矿冶遗址均发现了铜锭。由此推断，当时使用了冶铜场（见**铜绿山矿冶遗址**）冶炼铜料，在铸造作坊制作青铜器。

铸造技术　中国**商周青铜器**大都用经过焙烧的泥范铸造。殷墟妇好墓出土了精美青铜器440多件，有些器物形状尺寸基本相同，可能已用一套模制作几套范。这批铜器中还有结构复杂的铸件，如汽柱甑形器（青铜汽锅，图3、图4）、鸮尊、三

图3　汽柱甑形器

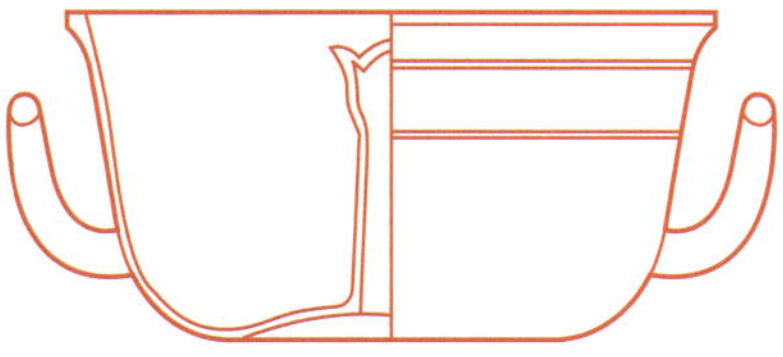
图4　汽柱甑形器剖面图

联甗等。这一时期利用陶范、采用多种铸接的办法，铸造了许多精巧的青铜器，如湖南出土的四羊尊（图5）、河南出土的莲鹤方壶（图6）。春秋战国之交（前6～前5世纪）利用泥范铸成的**编钟**，不仅是声学、律学上的光辉创造，也是青铜铸造工艺的卓越成就。湖北随县曾侯乙墓（约公元前430年）出土青铜器4000余件，总重达10吨，其中错金铭文的编钟多达64枚，每钟两音，另有楚王赠送的重达135千克的镈钟，同墓还出土了两只重320千克的大缶和结构极为复杂的一套尊和盘。

矿石和熔剂　冶铜的一个重要发展是硫化铜矿的使用，在阿尔卑斯山区，至迟

图5　商代四羊方尊

图6 莲鹤方壶

在公元前1200年已经使用硫化铜矿，并生产了重达40千克的铜锭。

在中国，古代使用的铜矿石主要是氧化铜。在湖北大冶铜绿山矿冶遗址中发现矿石在矿区用竖炉冶炼，附近遗留有流动性很好、铜渣分离良好的玻璃质炉渣约40万吨，渣中含铜平均0.7%。根据炉渣成分和炉旁的赤铁矿推测，冶炼时使用了熔剂，以调整炉渣成分，提高渣的流动性。对湖北大冶铜绿山矿冶遗址Ⅺ号矿体及内蒙古赤峰林西大井矿冶遗址、新疆尼勒克奴拉赛古矿冶遗址出土的冶铜遗物的研究表明，在春秋战国时期已开始用硫化矿冶铜。江苏南京江宁九华山唐代矿冶遗址已使用低品位硫化矿，经过多次冰铜冶炼生产铜。

冶炼设备 在冶炼设备方面，最早使用陶质容器，从外面加热或直接埋入木炭中加热燃烧，得到高温和还原气氛。后来发展成为带有风嘴的直径约60厘米的地炉。在中国，早期使用陶尊，外部涂有草拌泥，起到绝热保温作用，内部涂有耐火泥层，铜矿石和木炭直接放入炉内。辽宁凌源牛河梁转山发现炼铜炉壁残块，内附炼渣，有的炉壁上设有两排向内倾斜的吹风口，这是早期炼铜炉的代表。这种内热式陶尊炉发展成为泥砌或预制陶圈叠成的竖炉，下部有可以直接出渣、出铜的孔，如铜绿山出土的冶铜竖炉。

合金的认识 在商周冶铸的基础上，战国后期（前3世纪）的《考工记》，记载了铸造各类青铜器所用合金成分，即“六齐”。这是世界上已知最早的关于合金成分规律的记载。《吕氏春秋·别类篇》（前240年左右）记载，“金（即铜）柔锡柔，合两柔则刚”，这是世界上较早的有关合金强化的叙述。《荀子》中指出铸造青铜时“刑范正，金锡美，工冶巧，火齐得”，即要求铸范精确，原料纯洁，工艺细致，温度、成分适当，也是较早的有关铸造工艺的记载。在公元前2千纪，与使用锡青铜同时，中国也广泛地使用铅青铜和铅锡青铜。

其他金属的使用 在公元前3000年以前，铅、银、金极为少见，但在公元前3千纪的早期青铜时代，从希腊到中国各类文化中，它们已常常出现在窖藏或墓葬中。两河流域出现了含铜27.5%的银合金匕首，表明当时已从铅中用*灰吹法*提银。

在青铜的应用还处在兴旺时期，铁已经登上历史舞台了。

铁器时代

铁的发现和应用 人类使用铁至少有五千多年历史，但进入铁器时代则是在公元前第一千纪初。

苏美尔语铁字“AN·BAR”见于公元前20～前19世纪的文献。但已经发现的属于公元前13世纪以前的铁器不多，确定为人工冶炼的则更少。根据文献记录（约公元前18世纪），青铜时代中期以前这些铁器大都是贵族馈赠的礼品，如匕首、项链。

在当时涉及贸易的文献中，唯一与冶铁有关的是在公元前1250年左右赫梯国王哈图亚利斯三世，在可能是给亚述国王沙尔马尼瑟一世的信中表示，因为气候不佳，生产欠顺，又无储备，无法满足收信人提出的供给一批铁料的要求。从公元前12世纪起，铁器在地中海东岸地区日益增多，最早发源地可能在今土耳其地区，开始作为珍品，如剑柄，以后制成铜柄铁剑。到公元前10世纪，铁工具已经比青铜工具更为普遍。公元前8世纪西亚的亚述军队已使用铁武器，铁农具如犁、锄、锹和手工业使用的铁工具也普遍应用。制铁术已经传播到欧洲中部今奥地利、瑞士地区。

公元前8～前7世纪，北非、欧洲相继进入铁器时代。当时使用的炼铁炉主要是竖炉。地炉直径约40厘米，深20厘米，冶炼海绵状的块炼铁。冶炼后取出全部炉料，经过锤打分离炼渣，或者先行破碎，分选后烧结锻造成锭，这种方法称为块炼铁法。在底格里斯河上游豪尔萨巴德王宫出土的铁锭长30～50厘米、厚6～14厘米、重4～20千克。这个时期的铁剑，有的较软，有的则经过渗碳和反复叠打，并经过快冷或淬火变得更硬。不受中国文化影响的地区，一直到14世纪后叶都以这种方法作为重要炼铁方法，也发展了一些卓越的工艺，如印度在5世纪初锻造出德里铁柱，高7.2米，重达6吨（图7）。在制钢技术上，逐渐发展出用坩埚冶炼超高碳钢，如印度乌兹钢（Wootz，含碳1.5%～2%），或用渗碳的高碳钢和低碳钢叠打，经淬火后获得硬的刀刃，或用植物酸腐蚀得到各种花样的大马士革钢。

图7 印度德里铁柱

中国冶铁 中国古代与其他世界文明古国类似，在冶铁技术发明前使用陨铁作为青铜工具、兵器的刃部，而发现的人工冶铁技术制品也几乎是同时出现，在属于公元前14世纪的甘肃临潭磨沟遗址出土的铁条经鉴定是人工冶铁产品。出土的与上述块炼铁法相类似的中国早期铁器主要有：河南三门峡虢国墓地出土的西周晚期用块炼铁法制成的3件兵器——玉柄铁剑、铜内铁钺戈和铜骹铁叶矛；江苏六合程桥东周墓出土的春秋早期铁条（图8）；泾河上游甘肃灵台景字坪出土的春秋中叶秦墓铜柄钢剑；湖南长沙出土的春秋末年

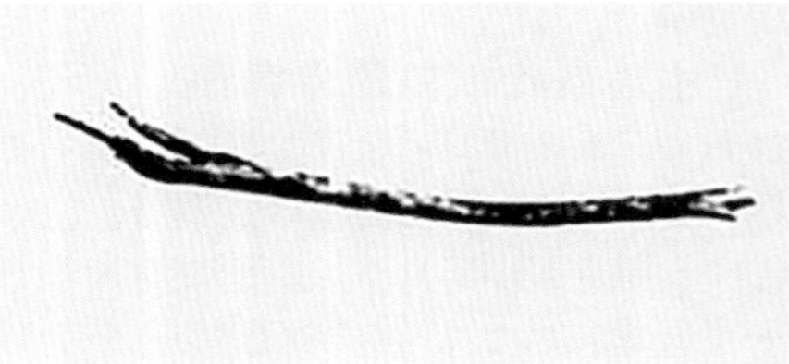

图8 程桥铁条

的铁削；陕西宝鸡益门村二号墓出土的金柄铁剑（图9）、金首铁刀；长沙春秋晚期楚墓出土的钢剑（图10）等。块炼铁在加热锻造过程中与炭火接触，碳渗入铁中，使其增碳硬化，成为块炼渗碳钢，用它制作兵器和工具，其性能赶上甚至超过青铜。块炼渗碳钢对钢铁冶炼技术的传播和发展起到重要作用。在公元前3世纪，这种渗碳钢剑已出现在河北燕下都被斩首的士兵丛葬坑中，未被回收，可以判断当时这种钢剑价格不会很高。这种技术在中国大约沿用到西汉中期才为生铁制钢所取代。

图9　金柄铁剑

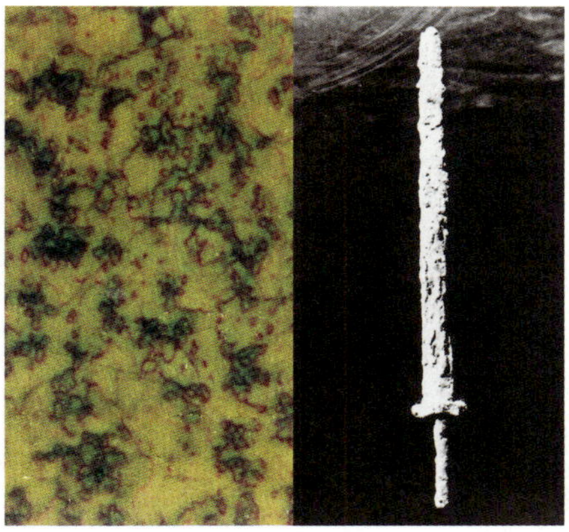

图10　春秋晚期的钢剑金相组织和钢剑实物

中国铸铁的发明和发展　春秋中晚期，即公元前6世纪出土块炼铁铁器的同时也有生铁制品出现，如山西天马一曲村出土的铁片、江苏六合程桥出土的铁丸。公元前5世纪春秋战国之交出土的铁器明显增多，有用块炼渗碳钢制作的兵器、生铁铸件制作的鼎型器（图11）、白口铁制成的工具，以及为改善白口铁脆性进行退火处理得到的脱碳铸铁和韧性铸铁的工具等。利用生铁经退火制造韧性铸铁

图11　长沙楚墓铁鼎

和以生铁为原料炼钢技术的发明，标志着生产力的重大进步。这两大发明对战国和秦汉时期农业、水利、经济、军事的发展起了重大作用，是促进中华民族的统一和发展的重要因素之一，表明中国铸铁技术的发明较欧洲早约1800年。

生铁的出现是因为中国烧陶窑和冶铜炉炉温较高，具备了高温冶铁的条件。铁矿石在温度较高的炼铁炉中高温还原并渗碳，得到含碳达3%～4%的液态生铁。战国初期出现了用热处理方法，使白口铁中与铁化合的碳（Fe_3C）成为石墨析出；发明了韧性铸铁的工艺（图12），使用退火方法试图降低白口铁脆性。在河南洛阳出土了战国初年白口铁锛，表面经退火脱碳成钢，是当时已有退火操作的实例。在这基础上延长退火时间就可以产生韧性铸铁。《孟子》记载“许子以铁耕乎”反映了在公元前4世纪铸铁农具正在推广，考古发掘出土战国时期的铸铁农具、工具等种类及数量明显增多。

战国后期，发明了可以重复使用的铁

图12　韧性铸铁件—战国铁铲

范。到汉代发展为由铁官制造铁范，发给作坊，用以生产统一规格的铁器（图13）。《史记》和《汉书》记载，汉武帝刘彻于公元前119年实行盐铁官营，在全国设铁官49处，产铁的县设大铁官，管理铁的冶炼、铸造和贸易；不产铁的县设小铁官，“销旧器，铸新器”；产品多的郡，设铁官多人和作坊数处，对多处作坊统一编

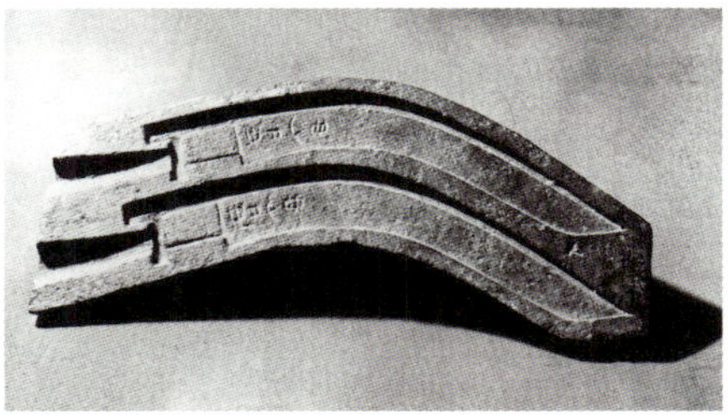

图13　兴隆铁范之一——双镰范

号，已发掘汉代冶铁或铸铁遗址50余处。

社会的需求促进了生产，汉代大的竖炉容积已达50立方米左右。河南郑州附近汉代古荥冶铁遗址出土的两座竖炉，炉缸呈椭圆形，长径4米，短径2.7米，高（从积铁估计）约6米；积铁每块重在20吨以上；场址面积达12公顷。在当时的世界上，这种炼铁技术是先进的，规模也最宏大。与当时中国以外地区使用的块炼铁技术比较，这种竖炉生铁产量大，成本低，生铁的铸件制作容易，因而在日常生活中得到广泛使用，如制造炉、釜、锁，甚至用以封闭墓门（如河北满城汉代刘胜墓）。

战国后期韧性铸铁得到发展。韧性铸铁用白口铁在较高温度下，长时间退火（900℃左右，3～5天）得到。这种处理使渗碳体分解为石墨，这些石墨小片聚集在一起，成为团絮状石墨。所以，韧性铸铁的发展是用柔化退火改善白口铁性能时，提高生铁退火温度，延长退火时间的必然结果。各地出土的汉代铁器，除白口铁、铁素体或珠光体为基体的韧性铸铁件外，还有灰口铁。

汉代冶铁场所还有以铸造为主的作坊，大多设在城市附近。如河南南阳汉代冶铁遗址、山东临淄齐国故城冶铁遗址等。

中国的生铁炼钢　生铁和韧性铸铁的大规模生产导致了生铁制钢的发明。在汉代先后发明了以下几种生铁制钢的方法：①铸铁脱碳钢。将含碳3%～4%的低硅白口铁铸成板材、条材或锛、镢等小型工具，然后放入氧化气氛的退火炉进行脱碳处理。早期炼铁温度较低，含硅量低，石墨析出较慢，有利于脱碳。这种铸制的板材、条材，可直接加热锻打成所需器具，使制造韧性铸铁的工艺发展成为铸铁脱碳成钢的方法。②炒钢。向熔化的生铁鼓风，同时进行搅拌促使生铁中的碳氧化，可将生铁制成熟铁，再经过渗碳锻打成钢，也可有控制地把生铁含碳量炒到需要的程度，再锻制成钢制品。公元2世纪末出现了“百炼”这一工艺名称，留下了“百炼成钢”的成语。可以认为百炼钢是用炒钢反复叠打变形，细化晶粒和夹杂物而成的，甚至可以用不同含碳钢材复合组成。炒钢技术的发明是炼钢史上的一次革命。③灌钢。利用液态生铁对熟铁进行扩散渗碳炼钢的方法，这是中国古代炼钢技术的又一重大成就。

中国钢铁生产设备、燃料和辅助材料　中国汉代的钢铁生产工艺其他方面的进步表现在：①炼铁竖炉的扩大。由于经

济、军事等发展的需要，汉代生铁冶炼的规模不断加大，古荥镇出土的“河一”竖炉，炉缸面积达8.5平方米，日产生铁估计在1吨左右。铸造用的化铁炉规模也不断增大。②鼓风。山东滕州宏道院出土的汉代画像石描绘了锻造用皮囊（直径约0.6米，长约1米），后来发展为畜力鼓风的马排、牛排，公元31年出现了水力鼓风的水排。③熔剂。古荥镇汉代遗址的炼铁炉渣流动性良好，渣和铁完全分离，炉渣中含氧化钙25%左右、氧化镁2.5%左右。河南巩义铁生沟汉代“河三”遗址曾发现石灰石。由此可以推论冶炼时曾加入碱性熔剂。④燃料。古荥镇和铁生沟炼铁都使用木炭。无烟煤和煤饼则作为加热炉或退火炉的燃料。根据现有化验资料，五代已用煤炼铁，炼铁用焦炭则始于16世纪。

在中国，至南北朝（6世纪）时，除坩埚法和近代钢铁技术外，各种钢铁技术都已经得到应用。宋元时期，中国边疆地区有炼制镔铁的记载，宋代进一步发展熟铁中夹嵌高碳钢技术，如江苏镇江博物馆所藏南宋咸淳六年（1270）印侍郎铁刀，元大都出土的文物中也有这种钢刀。明代以后也有钢表铁里，或熟铁锻件（如锄的刃口）进行液态生铁淋口硬化的技术。

中国古代钢铁技术对其他国家的影响　中国在战国秦汉以后的钢铁冶炼技术，不断向外传播。战国时期经朝鲜半岛传到日本。铁制农具也在这个时期带到了越南。张骞通西域以后，把生铁的冶铸技术带到中亚和西亚。据《汉书·大宛传》记载：从大宛（帕米尔高原以北，主要在乌兹别克斯坦费尔干纳盆地至塔什干）一带至安息（今伊朗）都不知铸铁，由汉代官兵教他们铸器。公元1世纪的罗马博物学者普林尼对中国钢铁大加赞赏，认为最优良、最卓越的钢是中国产品。

罗马帝国时期的欧洲炼铁技术　普林尼的著作中有用硬铁块（应为生铁）擦涂熟铁使之表面硬化的记载。在英国，曾发现2世纪的生铁块，含碳3.2%、硅1%、磷0.76%、硫0.49%。但在15世纪以前，生铁并没有在中国文明影响以外地区大量使用。

相当于汉代时期，欧洲和其他地区炼铁的方法仍然是用固态还原得到的海绵铁再锻造成块炼渗碳钢制品。在罗马帝国迅速膨胀时期（公元前1世纪末～公元1世纪末），铁和其他金属的产量迅速增加。建于公元83年苏格兰英赫图梯地方的一座罗马堡垒，存有90万只不同尺寸的铁钉，其中大的具有较高的含碳量（0.2%～0.9%），以承受较大的力。当时欧洲所用的炼铁炉随地区不同大致可分为3类：①地炉，从地面下挖，上有圆顶，侧面鼓风，在炉顶加料和取料。②平地筑炉。③竖炉，有的可以排渣。

世界各地区不同时期的炼铁技术可以通过对各地发现的炉渣分析得到反映（见表）。

世界各地区不同时期的炼铁炉渣成分分析表

地区	年代	成分/%										
		FeO	Fe_2O_3	SiO_2	CaO	MnO	Al_2O_3	MgO	P_2O_5	K_2O	TiO_2	S
土耳其舍尔泽	前7世纪	55.65	13.96	8.60	5.16	7.18	1.89	4.87	1.95			
奥地利诺里亚	前1世纪	55.72	10.33	20.72	3.85	2.38	1.96	1.85	0.40			
英国多塞特	24～25	53.00	22.87	15.95	2.75	痕	1.47	0.45	0.40			
法国约讷	罗马帝国时代	46.90	4.80	31.80	2.10	22.00	9.90	0.75	0.25	0.45	0.35	
丹麦日德兰半岛	300～500	41.20	3.60	22.70	1.40	16.80	1.00	1.13	2.20			
德国亚琛	罗马帝国时代	65.42	5.18	17.19	2.73	2.70	4.95	1.68	1.00			
中国郑州古荥	汉	2.94		52.20	24.95	2.64	12.06	2.64				0.223
中国山西阳曲	南北朝	31.61		51.48	8.25	0.10	1.67	0.43	1.10			
中国河南安阳唐坡	宋	7.94		54.26	25.20			11.69				
中国河南安阳东冶	宋	18.13		48.73	23.24	0.21		9.55				
日本岛根	奈良前	54.53	10.17	19.45	0.78		5.06					
日本冈山	奈良前	33.12	9.90	23.60	5.15	1.50	5.03	1.38				
日本青森	平安后	39.08	14.52	18.15	2.81	0.80	7.47		0.70		5.70	

从表中可以明显看出，中国古代炼铁技术所用的方法不同于其他地区。石灰熔剂的使用提高了炉中二氧化硅、氧化钙的含量，大大降低了渣的熔点和渣中的含铁量，有利于获得生铁。

中国古代冶金的其他成就

铸造技术　继青铜器之后，中国古代广泛使用了铸铁，只是在需要精细的饰物或大型高强度器件（如刀、剑、大锚）的情况下，才使用锻造器件。中国古代的铸造师发展了一系列卓越的技术。

陶范和铁范　中国和其他国家一样，铸造是从使用石范开始的，以后使用了陶范。商周青铜器大量使用陶范（图14）。

图14　陶范

它可用母模复制，便于大量生产。模和范经过焙烧，比较坚固，为青铜器的铸造创造了优越的条件。中国铸造技术的先进性还表现在战国时期出现铁范，然后利用铁范进行大规模生产。这一先进技术实现了产品的规范化和批量生产。

叠铸　约在公元前2200年，西亚地区发明了一范多型，可以同时铸造若干器件的石范。中国甘肃玉门出土的属于火烧沟文化的石范（图15），已能同时铸造两个箭镞。西汉初出土的圆盘式半两钱范，可认为是中国古代层叠铸造的雏形，后来进一步发展成多层范片相叠，一次铸造多

图15　铸造铜镞的石范

件的叠铸方法（图16、图17）。东汉时不仅用于铸钱，而且广泛用于铸造车马器、衡器等小件器物。这是继铸造生产规格化、批量化后，进一步提高工效的重大发展。

精密铸件　陶范的使用和高超的铸造

图16　温县叠铸范

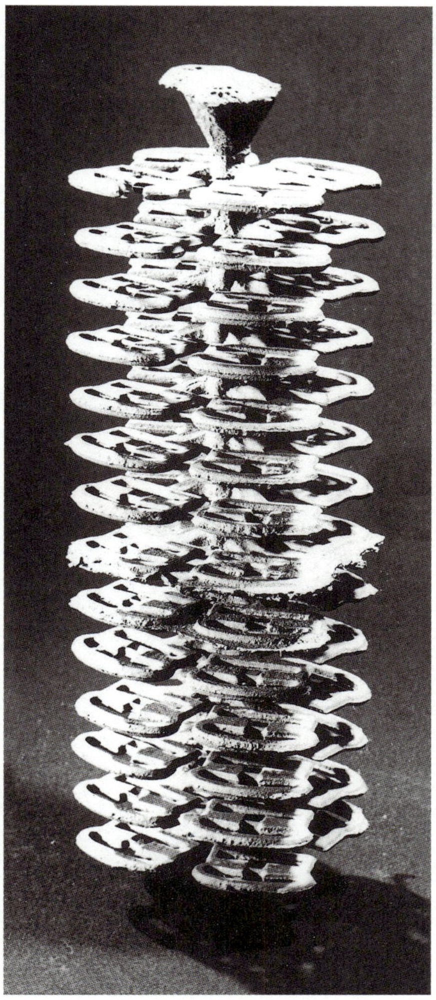

图17 温县叠铸范浇铸成的铸件

技术水平，铸成了音调准确的双音编钟，面积大而厚度很薄的铜鼓（图18），细达0.1毫米的越王勾践青铜剑（图19）剑首底部的环纹（图20）。战国初期还铸造出**曾侯乙尊盘**这样的精美制品。

图18 铜鼓（前5～前4世纪）

大型铸件 竖炉冶炼的强化，提高了液态金属的铸造温度；焙烧工艺的采用，提高了泥范的强度，为大型铸件的生产创造了条件。中国早在商代就铸造出许多重量在百千克以上的各种铜器。唐代以后又

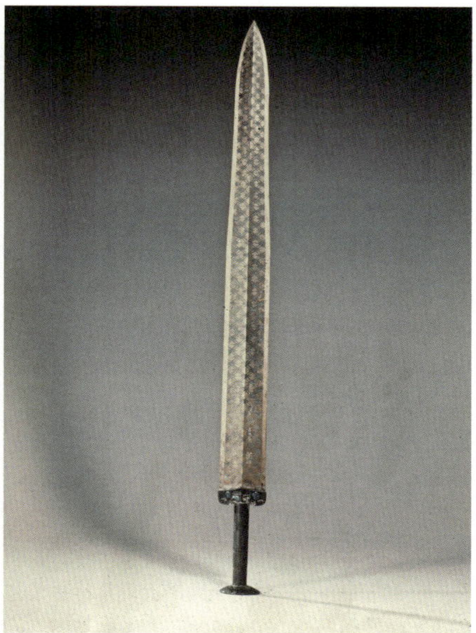

图19 越王勾践青铜剑

图20 越王勾践青铜剑剑首底部的环纹

发展为铸造大型铁件，如唐代用于浮桥渡口的铸铁群（山西永济，图21）、铁镬（江

图21 山西永济蒲津渡遗址出土的铁器群

苏扬州）、**当阳铁塔**（湖北当阳，分段铸造）、**沧州铁狮子**（河北沧州）、铁人（河南登封、山西太原）等。到了明代出现了重达46吨、钟体内外铸满23万多字铭文的北京**永乐大钟**和分段铸成、整体重达76吨的河北**正定铜佛**。

金属表面装饰技术 从春秋时代开始，各种金属表面装饰工艺进一步发展。

错金与鎏金 春秋中叶以后，开始在青铜器表面嵌镶不同色泽金属如铜片，后来发展为凿有细纹和艺术化的文字（鸟篆），纹内嵌入金（银）丝的错金（银）技术。

战国初期（前5世纪），中国发明了金（银）汞齐鎏金（银）的技术。在欧洲，这一技术见于公元前半世纪的记载。

表面着色和氧化 中国至迟在战国初期，发明了将青铜器表面氧化成墨黑色的技术，或用以防锈，或作为花饰。湖北江陵出土的越王勾践剑，许多地方出土的吴王剑和吴国剑都有黑色花纹。秦汉时期有些箭镞、剑格也使用了这种技术。后来在铜器表面刻槽作画，槽中用鎏金（银）办法“走金”或“走银”，又将表面着色制出著名的云南乌铜器（图22）。

图22 云南乌铜墨盒

其他金属及其合金 中国古代除了使用铜、锡、铅、金、银外，还发明了铜镍合金（**镍白铜**）的冶炼技术，锌的冶炼和水法炼铜的技术，发明了砷白铜和补牙用银汞齐等技术。

砷白铜 含砷高的铜砷合金，色白，具有较好延性。对砷白铜的冶炼方法最早见于《神仙养生秘术》(成书于327～351年）一书中，唐金陵子撰《龙虎还丹诀》中记有用砷的氧化物点化铜得砷白铜。北宋末年（11世纪末）何远《春渚记闻》卷十记述将砒霜包在枣肉内投入熔炉中的巧妙方法。元明时期逐渐为常人所知，在元人所辑《格物粗谈》及李时珍、宋应星的著作中都有记载。青海都兰吐蕃墓出土了唐代含砷16%的镞。

锌的冶炼 中国在冶金上的另一贡献是金属锌的生产。中国明代以后称锌为倭铅。中国在16～18世纪已经向欧洲出口含锌99%的锌锭。20世纪70年代，云南和贵州尚有古代流传下来的与《天工开物》所记载相似的炼锌方法——坩埚炼锌法。这个方法的基本原理在世界各国一直应用到电解制锌法出现。

胆铜法 汉初已有“曾（白）青得铁化为铜”的记载，用此原理生产铜的方法称为**胆铜法**，在北宋得到广泛应用，这种方法一直到现在还在应用。

牙用银膏 在牙科中应用银汞齐是中国古代冶金的又一成就。唐代《新修本草》记载，银膏（银锡汞合金）可以硬化，并

用以补牙。这种合金的制成当与魏晋南北朝炼丹有关。1826年在法国开始应用补牙合金，1833年传入美国。

中国古代冶金发展的特点 中国冶金的发展和西亚、中亚、欧洲走着不同的道路。

在中国，早期冶金是纯铜与多种铜合金并用阶段。铜合金有黄铜、锡青铜、铅青铜、铅锡青铜，也发现砷铜合金的制品，锻铸皆有。相同时代、不同地区使用的合金种类、器物类型、锻铸比例各具特点。

在钢铁方面，世界上长期采用固态还原的块炼铁和块炼渗碳钢，而在中国，铸铁和用生铁制钢是主要的方法。由于铸铁和生铁炼钢法的发明和发展，钢铁冶炼在明代中叶以前一直居于世界先进水平。使用木风箱和焦炭炼铁、生铁炼钢、锌和镍白铜的冶炼、大型铁器的铸造等，都标志着古代中国冶金技术的卓越水平。

在另一方面，中国虽然是世界上主要产锑国，但迄今未发现文献记载或出土的锑和铜锑合金。硫化锑是古希腊和古罗马时代作为服饰的装饰品。早期（前1800年以前）青铜偶有锑达15%。公元1世纪古希腊普林尼和迪奥斯科里德斯都曾提到锑矿石与木炭一起加热过度时，成为金属锑。G.**阿格里科拉**在1546年所著的《矿物学》中提到用锑锡合金作为印刷字模。

中国古代另一个未曾使用的金属是铂。铂以铂砂状态自然存在，中南美印第安人很早就使用铂的合金，印加人在C.哥伦布1492年发现新大陆以前已炼出含铂18%～72%的合金。西班牙人侵入美洲后得知铂的存在，成为欧洲人所熟知的第8个金属（前7个金属为金、银、铜、铁、锡、铅、汞），并于1803年用作硫酸的浓缩皿。

近代冶金技术的发展

15世纪末16世纪初，西欧社会生产力已经有了显著发展，手工业技术不断得到提高，风车、水车的发明及在鼓风、排水、提升方面的应用，使矿冶业得到新的动力，大大提高了劳动生产率。这一时期欧洲的矿冶技术详细地记载于两部名著中，即V.**比林古乔**的《火法技艺》和G.阿格里科拉的《**论冶金**》。产业革命开始以后，对金属的需求大大增加，也促进了冶金工业的进一步发展。

15世纪初期，炼铁**高炉**在欧洲迅速发展，主要特点是加强鼓风，加大炉身，增大燃料比。17世纪以后，炉身高达6～9米，日产铁1吨左右。水力锻锤也不断加大，到19世纪已达600～700千克。蒸汽机的发明（1755）改善了鼓风，A.达比用焦炭代替木炭炼铁成功（1709），强化了冶炼过程，使铁的产量迅速增长。J.B.尼尔森采用热风炼铁，焦比降低，而生产效率成倍提高（1828），进一步降低了燃料消耗，使煤铁比从8.00（1829）降低到2.88（1833，风温315℃）。

17世纪初，北欧和西欧开始用生铁炒炼熟铁。到18世纪中叶，英国开始大量用生铁炒炼熟铁，利用水力鼓风对熔化的生铁进行脱碳，然后锻造排渣，成为低碳熟铁。这时钢仍用固态还原得到的海绵铁进行渗碳制取，少量的高级用钢如钟表发条、剃刀等，则使用坩埚法炼制。19世纪中叶，英国有炒炼熟铁炉3400座，每炉产铁达到1.6吨。英国当时的熟铁产量占中国以外的世界熟铁产量的一半。除作为结构钢使用外，在1820年左右，轧制的熟铁铁轨代替了1767年开始使用的铸铁铁轨和1808年开始使用的韧性（可锻）铸铁铁轨。

H.**贝塞麦**在英国、W.**凯利**在美国尝试向铁水吹入空气的方法进行炼钢。贝塞麦开始时使用固定坩埚（图23），后来采用**转炉**（图24），于1856年取得了初步成

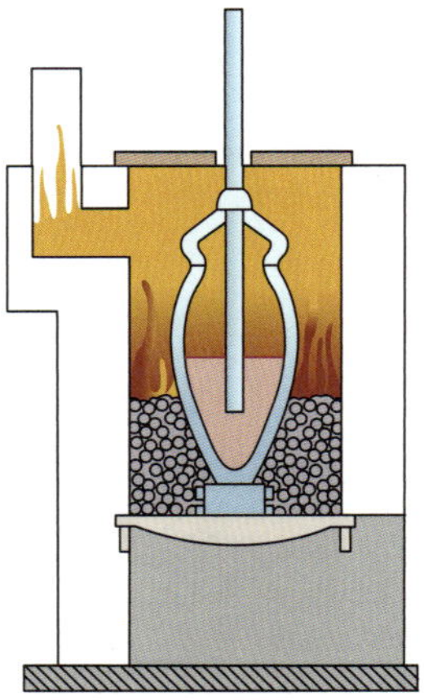

图23 贝塞麦坩埚吹炼炉（1855）

功，但由于试验所用的是低硫铁矿，而其他铁矿含硫较高，贝塞麦的专利开始时不能得到广泛应用。**马希特父子**利用加锰铁脱氧，并消除了硫含量高带来的热脆，使**贝塞麦转炉炼钢**完全取得成功，到1873年英国转炉钢产量已达50万吨。转炉钢于19世纪中叶大量用于制造钢轨，但是转炉还面临着除磷的问题，即不能以高磷铁作原料。S.G.托马斯和P.C.吉尔克里斯特利用碱性炉衬和炉渣，即后世称为托马斯法，于1879年解决了这个问题，所产的钢被英国商业部批准用于建造大型桥梁。

西门子兄弟用苏格兰R.斯特林1816年创造的炉气余热再生方法（这种方法广

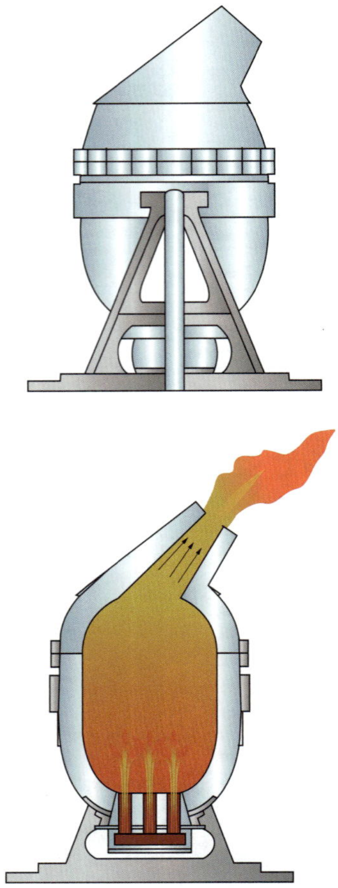

图24 贝塞麦转炉（1859）

泛用于玻璃工业），于1855年发明了蓄热室，提高反射炉炉温，炼出液体钢水，取代坩埚制钢法（但在英国未能完全代替炒炼熟铁炉）。1864年法国P.-É.**马丁**终于使这种炉子（后世称为平炉，图25）代替了

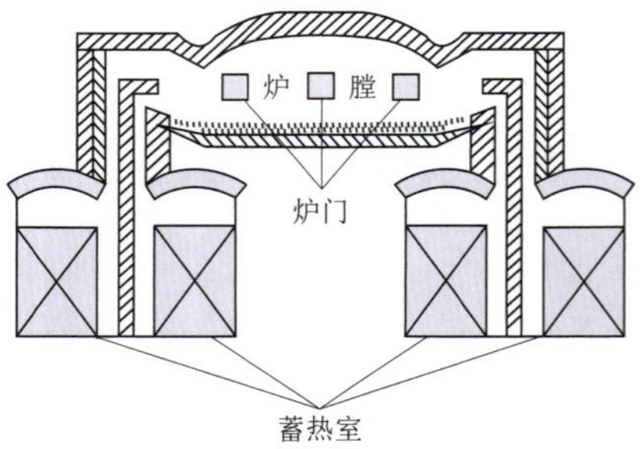

图25 早期的平炉

炒钢炉。**托马斯转炉炼钢**和**平炉炼钢**是近代炼钢工业的基础。20世纪50年代初，利用德国R.杜雷尔及其学生在炼钢转炉顶部吹入氧气代替空气的方法发展成为最早的**氧气顶吹转炉炼钢**的方法（LD法），在奥地利林茨和多纳维茨的工厂投入生产；60年代进一步将底吹法应用于氧气转炉，称为**氧气底吹转炉炼钢**；70年代发展为顶底复合吹炼和顶部或底部吹入煤粉增加热量的方法。

随着科学技术和工业的发展，新的

冶炼方法和精炼方法不断出现。1866年德国发明了发电机，它的出现使电解法提纯铜的工业方法得到实现（1869），从而满足电气工业对高纯铜的需要，也开创了电冶金这一新领域。P.-L.-T.埃鲁在1899年首先用**电弧炉炼钢**。虽然低频感应炉早在1877年已经出现，但没有得到发展；J.K.诺思拉普所发明的高频感应炉炼钢（1927）终于取代坩埚法成为高合金钢生产的普遍方法，并使真空冶炼成为可能。

工业的发展促进了对新材料的需要，新的金属不断投入使用。继钨钢（1882，后来发展为高速工具钢）之后，相继出现了高锰耐磨钢和锰钢（1887～1889），接着又出现了轰动工程界的镍钢（1889）和耐蚀铬钢。在非铁金属方面，轻金属（铝、镁、钛）、难熔金属（钨、钼、锆、铪、铌、钽）、稀土金属、放射性元素等，在18～19世纪已经被先后发现。

19世纪初，H.戴维成功地电解了熔融的氢氧化钠、氢氧化钾，得到金属钠、钾（1807），开创了**熔盐电解**方法。1886年美国C.M.**霍尔**和法国P.-L.-T.**埃鲁**分别将氧化铝加入熔融冰晶石，电解得到了廉价的铝。经过将近一个世纪，铝已成为用量仅次于铁的第二大金属。

钛是另一个由于科学技术发展的需要进入工业生产的金属。1791年发现钛以后，1825年用钾还原氟钛酸钾获得金属钛，1910年用钠还原法从四氯化钛制得纯钛。20世纪40年代用镁代替钠作还原剂，并在钛的大量生产和真空熔炼加工等技术逐步解决后，钛及钛合金的广泛应用才得到实现。

在近代物理化学的指导下，核技术和电子工业的需要促进了稀有金属的生产。铀和其他核燃料以及锆、铪的生产及其分离，钽、铌的分离，稀土元素的分离，促进了离子交换、溶剂萃取、同位素分离和生产、熔盐电解等一系列技术的发展。第二次世界大战以后，电子工业和半导体工业对超纯材料的要求导致区域熔炼（1946）及各种单晶制备方法和气相沉积法（1960）的出现。20世纪60年代后，**非晶态金属**的制备和具有金属导体性质的非金属的出现，更扩大了冶金技术的领域。

在金属加工方面，欧洲在16世纪以后发展出使用机械的**金属塑性加工**（或称压力加工）方法。最早的蒸汽锻锤安装在法国（1842），而水压机则是英国的发明（1861）。在轧制铅片的手摇轧机基础上，欧洲出现了由J.珀内尔设计出的带孔型的双辊轧机（1766）用以轧制棒状产品。H.科特用有孔型的轧机轧制了熟铁，成为生产型材的有效加工方法，科特因此被西方誉为“近代轧制之父”。1836年蒸汽机驱动轧机（二辊、三辊）的出现是金属加工的重要进步。为了减薄钢板厚度，英国在1720年左右发明了薄板叠轧的技术。19世纪50年代，厚钢板生产的发展已使法、英两国相继用10厘米厚的轧制铁板制造战舰的装甲。

18世纪末19世纪初出现的金属**挤压**技术是金属加工的另一重大成就，此法最早应用于铅管的生产（1797），后来用以挤压铜及其合金（1894）和铝及其合金（1930），并成为某些低塑性金属开坯的重要手段。20世纪70年代利用液等静压下挤压的方法加工脆性材料如钼、锆，还利用有些合金在一定温度范围内的超塑性，发展出超塑性加工方法。

由于各种加工方法的发展和对金属及合金组织的了解，发展出利用形变加工控制合金组织的技术，使材料性能得到更好的发挥，例如取向硅钢片以及用控制轧制提高钢材的强度和韧性等。这些新工艺和新型材料的出现迫使钢铁工业大规模生产的每一阶段都必须严格遵守规定的工艺和要求，这是生产科学化的重大进步。

人类对金属及其合金经过6000年以上的使用和研究，已经有了一些深入的了解。如果对合金成分、电子和原子运动、**晶体缺陷**、**晶体结构**、固体相变之间的关系以及它们和各种性能间的关系有更加彻底的了解，将会进一步发展出新的合金和材料，并充分发挥它们的各种物理性能和化学性能。**金属学**和冶金学的发展，将能促进更多金属材料的获得。

扩展阅读

TYLECOTE R F. A History of Metallurgy. London: The Metall Society, 1976.

（柯　俊）

冶金微生物 microorganisms for biohydrometallurgy 能够以矿物为能源，通过氧化矿物获取能量，可以从矿石中提取有价金属的微生物。冶金微生物通常是利用无机物为能源的化能自养微生物，以空气中二氧化碳为碳源，以无机氮为氮源进行生长，生长速度比较慢。也有少数冶金微生物是利用有机物为能源的，属于化能异养菌。

简史　尽管很早就有关于**生物冶金**的应用和记载，但人们对于冶金微生物的认识比较晚。1947年美国A.R.科尔默和M.E.欣克尔首次分离到冶金微生物——嗜酸氧化亚铁硫杆菌（*Acidithiobacillus ferrooxidans*）。1954年L.C.布吕纳和J.V.贝克从铜矿矿坑水中发现了嗜酸氧化硫杆菌（*Acidithiobacillus thiooxidans*），并证明了这些细菌可以氧化各种硫化矿。此后，氧化亚铁钩端螺旋菌（*Leptospirillum ferrooxidans*）、嗜酸热硫化叶菌（*Sulfolobus acidocaldarius*）、嗜热硫氧化硫化杆菌（*Sulfobacillus thermosulfooxidans*）、金属硫化叶菌（*Sulfolobus metallicus*）、嗜酸喜温硫杆菌（*Acidithiobacillus caldus*）、嗜铁钩端螺旋菌（*Leptospirillum ferriphilium*）、万座酸两面菌（*Acidianus manzaensis*）、嗜热铁原体菌（*Ferroplasma thermophilum*）、金属球菌（*Metallosphaera cuprina*）等重要冶金微生物先后被分离出来。至2019年已经分离的冶金微生物多达50种以上。1999年中国中南大学和美国橡树岭国家实验室合作，开始进行浸矿微生物基因组学研究。2007年第一个基于基因组分析的冶金微生物检测国家标准《嗜酸氧化亚铁硫杆菌及其活性的基因芯片检测方法》在中国公布。

分类　冶金微生物的种类比较多，已发现的冶金微生物多数为原核微生物，少数为真核微生物的真菌；多数是嗜酸的微生物，有少数为嗜碱的微生物。

冶金微生物根据功能不同可分为：①亚铁氧菌。能将Fe^{2+}氧化成Fe^{3+}，并获得能量，而生成的Fe^{3+}在低pH值下是一种强氧化剂，能够氧化分解硫化物型矿物。在此过程中Fe^{3+}被还原为Fe^{2+}，矿物中Fe也以Fe^{2+}形式溶解出来，这些Fe^{2+}又为铁氧化菌提供能源物质。主要有属于细菌的钩端螺旋菌属（*Leptospirillum*）4个种，属于古菌的铁质菌属（*Ferroplasma*）4个种和酸质菌属（*Acidiplasma*）2个种，属于放线菌的酸微菌属（*Acidimicrobium*）1个种。其中常用的有氧化亚铁钩端螺旋菌、嗜铁钩端螺旋菌和嗜热铁原体菌等。②硫氧化菌。能以单质硫或还原态无机硫化物为能源物质，但不能直接氧化分解硫化矿。一方面它们氧化获得硫酸作为氧化剂可氧化分解矿物，另一方面够通过氧化元素硫，去除硫化矿表面因氧化分解产生的硫钝化层，从而加速硫化矿的浸出。主要包括属于细菌的嗜酸氧化硫杆菌属（*Acidithiobacillus*）的5个种和硫单胞菌属（*Thiomonas*）的4个种，以及属于古菌的金属球菌属（*Metallosphaera*）、硫化叶菌属（*Sulfolobus*）和酸菌属（*Acidianus*）的一些种，其中常用的有嗜酸氧化硫硫杆菌和嗜酸喜温硫杆菌等。③铁硫氧化菌。既能氧化铁又能氧化硫，因此它们既能氧化含铁矿物又能氧化含硫矿物，并且可以单独氧化溶解矿物和浸出金属。主要包括属于细菌的嗜酸氧化硫杆菌属的3个种和硫化杆菌属（*Sulfobacillus*）的5个种，属于古菌的酸菌属3个种和硫化叶菌属1个种。最常用的有氧化亚铁嗜酸硫杆菌、嗜热硫氧化硫化杆菌和金属硫化叶菌（*Sulfolobus metallicus*）等。④铁还原菌。在厌氧条件下，以Fe^{3+}电子受体，利用有机或无机硫作为电子供体进行厌氧呼吸。因此它们可以在厌氧条件下生长，并与铁/硫氧化菌协同作用提高生物冶金体系铁硫氧化速率。主要包括属于古菌的铁质菌属和酸质菌属的5个种、属于细菌的硫化杆菌属5个种和嗜酸菌属（*Acidiphilium*）4个种，常用的有隐藏嗜酸菌（*Acidiphilium cryptum*）等。⑤异养嗜酸菌。能够利用有机物或H_2还原Fe^{3+}而获得能量进行化能异养生长，主要作用是消耗铁氧化或硫氧化菌代谢过程中产生的有机物，以解除这些有机物对严格自养的铁氧化或硫氧化菌的抑制作用。主要包括属于细菌的嗜酸菌4个种和脂环酸芽孢杆菌属（*Alicyclobacillus*）的3个种。⑥硅酸盐细菌。能分解硅酸盐类矿物，是一种化能异养菌，主要包括环状芽孢杆菌（*Bacillu scirculans*）和胶质芽孢杆菌（*Bacillus mucilaginosus*）等。⑦产氨细菌。能分解尿素并产生氨，氨与矿物发生络合反应，实现金属离子的浸出。主要应用于浸出碱性氧化铜矿。这类细菌主要有普罗威登斯菌属（*Providencia*）的少数种。

冶金微生物根据对温度的适应性不同可分为：①耐冷菌。其生长温度可低于20℃，如耐冷嗜酸氧化亚铁硫杆菌可在5～30℃生长。②中温菌。其最适生长温度为20～45℃，主要包括属于细菌的嗜酸氧化硫杆菌、钩端螺旋菌和嗜酸菌等3属12种，以及属于放线菌的高铁微菌属（*Ferrimicrobium*）、高铁丝菌属（*Ferrithrix*）和酸丝菌属（*Acidithrix*）等3个属，其中嗜酸硫杆菌属和钩端螺旋菌属为常用菌属。③中度嗜热菌。其最适生长温度为45～60℃，主要有属于细菌的嗜酸硫杆菌属、硫化杆菌属，以及属于古菌的铁质菌属和属于放线菌的酸微菌属。其中常用的有嗜酸喜温硫杆菌和嗜热硫氧化硫化杆菌等。④极度嗜热菌。其最适生长温度在60℃以上，它们大都是从富含铁、硫的高温酸性热泉或沸泉中分离获得的古菌，主要包括金属球菌属、硫化叶菌属、硫还原球菌属（*Sulfurococcus*）和酸菌属等4个属。其中常用的有勤奋金属球菌、金属硫化叶菌和万座酸两面菌等。

研究内容　冶金微生物是生物冶金技术的核心组成部分，是决定生物冶金效率的关键因素之一。冶金微生物的研究主要围绕如何获得高效菌种与菌群以及如何使优良菌种在生物冶金体系发挥最佳效果而开展，相关研究内容包括：①冶金微生物的鉴定与检测，如形态观察、生理生化实验、氧化活性测定、抗性鉴定、基因与基因组检测等。②冶金微生物多样性及其分布规律与群落形成机制，冶金微生物种群协同作用规律以及协同作用机理。③冶金微生物氧化矿物的遗传学、生物化学机制，特别是高效菌种铁、硫氧化代谢机制和铁、硫氧化代谢系统的基因调控网络。④冶金微生物对重金属离子产生抗性的分子生物学机制以及高抗性和高耐受力菌株的选育。⑤高效菌种的筛选与高效浸矿菌选育以及高效菌群的构建与使用。⑥生物冶金过程中微生物的演替规律与功能调控。

存在问题　浸出速度慢、浸出率低是生物冶金的最大难题。冶金微生物对浸出效率具有决定性的作用，不同的冶金微生物具有不同的氧化效率、环境适应性和有毒金属离子抗性。不同矿区冶金微生物的群落结构与功能均存在较大差异，同一生物冶金体系在不同时间冶金微生物群落也会有较大变化。因此，有必要在基因组学水平阐明浸矿体系中微生物种群相互作用机理和浸矿行为的微生物学基础，建立浸矿微生物种群优化调控理论，揭示硫化矿浸出体系中硫氧化行为与微生物群落和功能变化规律，实现对浸矿体系种群数量的定量测定与功能分析。并在蛋白质组学和功能基因组学水平上阐明高效菌种硫氧化行为、环境因素影响及硫氧化活性调控的生物化学基础，揭示高效菌种硫生物氧化分子机制，阐明高效菌种硫氧化代谢系统的调控机理，建立浸矿体系微生物硫氧化活性优化调控的理论基础，并选育高效菌种和优良的菌群组合，解决生物冶金浸出效率低的难题。

解决途径　由于缺少优良菌种以及不能对浸矿微生物进行定量分析，难以对浸矿工艺参数和微生物种群进行优化调控，导致硫化矿**生物浸出**速度慢、浸出率低，采用优良菌种和菌群组合是实现高效浸出的有效途径之一。相关的工作包括：①使冶金微生物的鉴定检测从常规的形态、生理生化测定转为分子生物学技术检测（如基因与基因组测定等），利用基因芯片等基因组学检测方法筛选高效浸矿菌株，建立了适于不同矿产资源特点的冶金微生物资源库。②使菌种选育方法从传统的活性驯化和诱变育种转向以基因组学为基础的分子生物学育种。③加强高温浸矿微生物菌种资源多样性分析，获得大量适应不同类型硫化矿特点的高温浸矿菌株，并开展应用基础和浸矿潜力研究。④分离筛选和驯化耐寒和嗜冷等极端浸矿微生物的以利于高寒地区生物冶金的工业应用。⑤设计优良的人工合成菌群并使其尽快适应新建的矿堆体系，进一步提高生物冶金的浸出效率。（刘学端）

冶金学　metallurgy　研究从矿石或金属废弃物中提取金属或金属化合物，并用各种加工方法制成具有一定性能的金属材料及复合材料的工程学科。人类自从进入青铜时代以来，同金属材料及其制品的关系日益密切。在现代社会中，人们的生产或消费活动都离不开金属材料。没有金属材料便没有人类的物质文明。从历史上看，16世纪以前的冶金业，基本上是经验式操作，技术水平低，生产规模不大。17世纪以后，冶金生产不断取得进展。在此基础上，吸收了近代自然科学的理论和研究方法，通过思维、感悟、归纳、验证、总结等步骤，升华为理论，逐步形成冶金学。冶金学以研究金属的制取、加工和金属品质控制为起点，发展到对金属的成分、组织结构、性能的相互关系和有关基础理论的研究。19世纪到20世纪中叶，冶金学、冶金生产和技术蓬勃发展，成就很大。20世纪下半叶以来，冶金领域出现了许多革命性的新技术，如氧气吹炼、**钢水二次精炼**、**全连续铸钢**等。随着数理科学中非线性理论的进展和电子计算机的应用，金属材料制造走向专业、协同、紧凑、连续运行；工程设计和材料设计也逐渐从经验设计走向精准设计。另外，电子器件和控制技术对材料性能提出了新要求，促进冶金学向更广泛的领域发展。21世纪，为适应保护地球环境、可持续发展的要求，提高生态效率、资源和能源的再循环利用、研制有利环境生态的新型材料等，已成为促进冶金学领域新发展的课题。

冶金生产发展概况　冶金作为一门生产技术，起源十分古老。人类从使用石器、陶器进入到使用金属是文明的一次飞跃。据**冶金史**初步研究，人类最早使用天然金属（主要是天然铜）距今大约8000年。但天然铜资源稀少，要使用更多的铜必须从矿石中提取。世界上最早的炼铜出现在美索不达米亚地区，时间在公元前38世纪～前36世纪。最早的青铜出现在苏美尔地区，大约在公元前30世纪。在人类文明史中，大量使用青铜的时代被称为青铜时代。

铁器的使用使人类社会生产力进一步提高。最早使用的铁是坠落在地球上的陨铁，古埃及（前3500）墓中出土了用陨铁制造的铁珠。冶铁技术发明于原始社会末期，公元前14世纪，埃及、两河流域、爱琴海等地区都已有铁器的应用。不同地区铁的生产和应用发展水平有很大差异。在欧洲，公元前11世纪，中欧已开始用铁，但向西欧传播则晚得多，直到公元前55年，随着罗马人的入侵，铁才传入不列颠。中世纪的一千多年内，冶金技术发展十分缓慢。15世纪的欧洲，尽管熟铁器已广泛使用，但铜和青铜仍是生产最多的金属。14～16世纪，欧洲出现资本主义的萌芽。英王亨利八世（1509～1547年在位）把属于寺院的采矿和冶金企业拍卖给当时新生的资本家。冶金企业转移到苦心经营、追求高额利润的资本家手中。资本作为要素之一促进了冶金业的发展，资本家之间的竞争引发了生产技术的发展。另外，机器、造船等工业的发展又为冶金业开辟了市场，提供了技术装备。

15世纪以前，英国的冶金及其他生产技术落后于欧洲大陆。而在1640年以后的250年中，以**高炉炼铁**、**转炉炼钢**为主的冶金生产和技术的发展及变革主要发生在英国。尤其是在1700～1890年，一系列重要的技术发明创造使英国的炼铁、炼钢工业得到蓬勃发展。炼铁方面的重要成就有：①1709年A.达比用**焦炭**代替木炭炼铁成功，使冶金业摆脱了森林资源的限制。②1828年J.B.尼尔森采用热风使炼铁焦比降低，生产效率提高。炼钢方面的重要成就有：①1784年，H.科特成功应用氧化铁炉底的**反射炉**大规模炒炼熟铁，使工业化初期的铁路和高层建筑物能使用铁质结构材料。②1856年H.**贝塞麦**发明的底吹转炉炼钢法，大规模生产液态钢，开创了炼钢新纪元。③1855年K.W.**西门子**发明了蓄热技术，使炉气余热可以被回收，1864年P.-É.**马丁**在其基础上发明了**平炉炼钢法**。④1879年S.G.**托马斯**和P.C.吉尔克里斯特试验成功碱性转炉炼钢法，解决了用碱性渣脱磷的问题。之后，碱性法迅速应用于平炉而形成碱性平炉炼钢，成为近一个世纪的主要炼钢法。轧钢方面的重要成就有：①1697年J.汉伯里用平辊轧制出熟铁板，供生产镀锡铁板之用。②1783年，H.科特用孔型轧制生产熟铁棒，这种方法后来用于生产型材。

这些发明创造使英国的炼铁、炼钢工业在18～19世纪走在世界最前面。19世纪末，英国钢铁产量虽已被资源丰富的美国超过，但在质量方面仍居于领先地位。炼铜工业也类似。英国铜资源并不充裕，但在19世纪60年代竟然成了世界上产铜最多的国家。英国冶金业从落后变化为先进，主要归功于资本主义社会初期出现了适合生产力发展的商品经济，正如马克思、恩格斯在《共产党宣言》中所指出的：“资产阶级在它不到一百年的阶级统治中所创造的生产力，比过去一切时代创造的全部生产力还要多，还要大。”

中国古代冶金技术比欧洲先进。殷商时期（前1300～前1000）中国的青铜铸造技术已经很发达；大量已经出土的青铜器，可以看出其技术的精美。古代汉语中“冶铸”是一个名词，表明冶金和铸造是密不可分的手工业。中国掌握铸铁技术比欧洲要早约两千年。春秋晚期（前500年前后）出土的铁器表明，当时已有原始熟铁锻造的铁条，也有生铁铸造的农具、烹饪器等。对古代铁器的鉴定表明，汉代生产的某些铸铁件中石墨呈球絮状，具有一定柔韧性，类似于可锻铸铁。中国古代生产的铸铁和热处理技术已能适应制造农具的要求。中国汉代产铁量已超过了铜，铁的经营管理被提到重要议事日程，《盐铁论》一书就是明证。从那时直至清末，经常是官商和私商并存。中国冶金技术长期停滞不前，与这种封建官商管理体制有关。

金属种类方面，中国在春秋战国之际就已经掌握了金、银、铜、铁、锡、铅、汞7种常用金属的生产。在欧洲，直至罗马帝国末期（5世纪）才全部掌握上述金属的生产。中国在15世纪已能够冶炼和使用金属锌，100多年以后，欧洲才有人取得蒸馏法制锌的专利。炼锌技术传播到资本主义正在发展的欧洲后，便立即应用于黄铜制造业，使价廉的黄铜逐步取代一大部分价格较昂贵的青铜。

此外，中国古代铸铁技术虽然很发达，但忽视了钢铁的**金属塑性加工**，特别是轧钢。中国古代有色金属制造业也偏重于铸造而忽略塑性加工。一个突出的例子是**铸钱**，直到清朝，铜币仍然是铸造的，而在希腊，在公元前6世纪就开始采用模锻方法造币了。

综观古代世界冶金业的发展，金属制品，特别是青铜器和铁器，对人类生产力的发展起了巨大的作用。中国古代冶金技术丰富多彩，有很多闪光之点。但是冶金业作为工程，除了要集成相关的、功能不同的技术之外，还必须有基本经济要素的有效配置。冶金学是一门工程科学，这一点是应该吸取教训的。

冶金学的形成 源远流长的冶金生产技术，直到18世纪末，才从近代自然科学中汲取营养，逐渐发展成一门近代科学——冶金学。

16世纪以前，效益显著的冶金操作都凭工匠的技艺，而且只能靠师徒授受往后代传承，因此技术失传屡见不鲜，中外历史都提到过这种事例。从开始冶铜到16世纪，人类从事冶金活动已经有5000多年，可是能够炼制的金属总共只有七八种。16世纪中叶，欧洲最早的两本冶金著作：意大利V.**比林古乔**的《**火法技艺**》和德国G.**阿格里科拉**的《**论冶金**》先后问世，特别是后者较完整地记载了当时欧洲的冶金技术操作，起到承先启后的作用。这两本书被公认是欧洲冶金文献中的先驱，影响深远。在中国，冶金专书的出版比欧洲早的多，宋代张潜著的《**浸铜要略**》可惜早已散失，明代傅浚著的《**铁冶志**》幸能传世。明末宋应星所著《天工开物》，初刊于1637年，这本书较详细地记载了中国当时的冶金技术。可是，从那时到清末将近三百年间，由于封建科举制度等原因，技术知识和学问被视为末流，属于雕虫小技，在知识界不受重视。《天工开物》这类书在当时及以后的长时间内很少有人问津。

在欧洲，16～18世纪是自然科学播种萌芽的时代，欧洲知识界寻求真理的思想日益活跃。17世纪初，F.培根明确指出，认识事物要有正确的方法。数学进一步受到重视，日益成为认识自然的重要工具，这对开拓自然科学的许多领域起到了重要作用。同时，科学实验设备的发明和应用为增进知识和检验理论提供了有力支持。复合显微镜就是Z.詹森在这个时期发明的。R.胡克于1665年用显微镜观察剃刀表面的锈点和划痕，R.-A.F.de**列奥米尔**于1713～1716年用显微镜观察金属断口。化学实验手段的改进，也有利于发现和制取一系列新的金属元素。

铸钢技术于1740年被突破后，初步具备了对钢进行深入研究的条件。这反映在两个方面：①18世纪下半叶，瑞典化学家T.伯格曼对钢进行认真分析，做出“钢是铁与碳交互作用的产物”的结论，人们对钢的实质才有了较为正确的理解。碳的数量和形态是钢进行**金属热处理**的依据，要制出好钢就必须在“碳”上做文章。②氧化和还原是冶金的化学基础。如果对这两者缺乏认识，建立冶金科学就无从谈起。以前人们认为氧化和燃烧是“燃素”

的转移，直到1786年，“燃素”学说被法国化学家A.-L.拉瓦锡等人彻底推翻，人们对氧化反应才开始有了正确认识。19世纪，随着冶金生产的蓬勃发展和热力学第二定律的阐明，化学平衡、相平衡原理被应用来解释冶金反应和控制金属中组织变化，冶金开始由技艺转变为科学。

冶金学在一些基础科学的指导下成长，冶金学也为其他学科提供了新的金属材料和新的研究课题，如金属元素和金属间化合物的研究促进了化学的发展；金属物理性质（导电性、磁性等）的研究成为凝聚态物理学的重要内容。20世纪中叶以后，随着全新的冶金生产面貌和高效的生产流程的形成，冶金学理论也开始向非平衡、非线性、多层次、时空分析多尺度等复杂性思维和动态思维发展。

冶金学的成就 冶金学不断地吸收自然科学，特别是物理学、化学、力学等方面的新成就，推动着冶金生产技术向广度和深度发展。另外，冶金生产的演化又以丰富的实践经验，充实着冶金学的内容，发展成**提取冶金学**和**物理冶金学**两大领域。

提取冶金学 研究从矿石或其他物料提取金属（包括金属化合物）的生产过程的学科。由于这些生产过程大多依靠化学反应来实现，所以又称为化学冶金学。然而冶金生产并非纯粹的化学反应变化，还包括相的变化、力学和形貌的变化、流动及传热等现象，所以称为过程冶金学更为准确。按照中国冶金工作者的习惯，狭义的冶金学指的就是过程冶金学。而广义的冶金学应该包括过程冶金学和物理冶金学。

提取冶金学的任务是研究各种冶炼及提取方法、各种方法的功能及相互关系、生产过程和能源转化的效率、生产系统和环境的关系、有效生产适合用户需要的金属材料等。冶金方法可以分为**火法冶金**、**湿法冶金**和**电冶金**3种形态。

火法冶金 在高温条件下，通过熔融的金属液和熔渣间的相互作用或通过**造锍熔炼**再精炼所进行的冶金过程。矿石或精矿中的矿物在高温下经过一系列物理化学变化，生成另一种化合物（如锍）或粗金属（如生铁），然后进一步精炼成所需要的金属。最重要的基础金属材料——钢和大量应用的重有色金属铜、镍、铅等的生产，主要利用火法冶金进行。**钢铁冶金**已达到极大的生产规模，单一工厂年产钢数百万吨甚至千万吨级的已不鲜见，一个流程的运行周期从80～100小时可缩短到20～25小时，甚至更短。高温高压鼓风、全氧吹炼、弥散的气泡-液滴系统、真空或可控气氛、高温稳定态操作等新技术对提高生产效率和金属材料质量发挥了重要作用。火法冶金的缺点是消耗很大量的能源和产生相当多的温室气体，然而高温运行的反应过程也有利于消纳部分社会废弃物（如塑料）。火法冶金的发展将面临改善生产流程内部物质和能量的再循环、降低对环境的排放，并且建立工业生态链，使一种工业的废弃物变成另一工业的可用资源的任务。火法冶金将在制造业的绿色化进程中发挥重要作用。

湿法冶金 用酸、碱及氨、氰化物等溶液浸出矿石或精矿中的金属进入液相，再用置换、电解、沉积、萃取等分离富集方法提取所需金属的过程。湿法冶金温度不高，即使加热也只有100～200℃，然而排放出的废液很有可能污染土地和水源。湿法冶金在冶金中所占比例比较小，大约75%的锌和镉是用湿法冶金制取的，铜的氧化物矿石和低品位矿也可用湿法提取。性质相近而难以分离的金属如镍-钴、锆-铪、钽-铌及稀土金属，用湿法冶金分离成单一金属，效果明显。废金属中或其他矿石中分散存在的有价值金属（如铟、镓）的回收，湿法冶金可发挥重要作用。湿法冶金生产可看作一种化学工业，化学工程学中的单元操作概念应该充分运用。湿法冶金和火法冶金并非相互对立，如锌的湿法冶金需用焙烧工序改变矿石性能，铜的火法冶金最后工序是湿法电解精炼。

电冶金 利用电能制取金属的方法。由于所利用电能效用的差别，又可分为电热冶金、电化学冶金和**电磁冶金**。电热冶金的典型应用是**电弧炉炼钢**。埃鲁（Héroult）式三相交流电弧炉于20世纪初（1907）在美国出现，并迅速成为生产合金钢和特殊钢的主要方法。因为传统电弧炉炼钢包括还原期，对还原渣的性能和还原精炼反应的研究扩充了冶金学知识。20世纪中叶以后，发达国家中积累的废钢成为矿石之外另一重要铁资源，电弧炉炼钢和连铸技术相结合，成为利用废钢大规模生产普碳钢的又一流程，即所谓的短流程。现代电弧炉炼钢主要是熔化氧化过程，传统电弧炉炼钢中还原期功能转移到钢包二次精炼中进行。电弧炉炼钢的优点是大量利用废钢，而且比**高炉-转炉生产流程**消耗能源少很多，在发达国家可达到总产钢量的30%～40%。电化学冶金是利用金属和离子电极电位的差异，形成电化学反应使金属从溶液或熔盐中析出。前者称为溶液电解，后者称为**熔盐电解**。如铜生产流程最后一步经过溶液电解可达到很高的纯度（99.99%）。熔盐电解是电解还原的方法，可用于制造钾、钠、锂等金属。铝也是利用熔盐电解和铝矾土提取氧化铝的方法相结合，使**铝冶金**走上工业化生产道路，发展成为仅次于钢铁的“第二金属”。电磁冶金是利用正交于电流和磁场的洛伦兹力和感应产生的涡电流，影响金属熔体的流动、表面形状，以及发生热量，实现对金属加工过程进行有效控制的技术。连续铸钢的电磁制动和电磁搅拌、铝的无模电磁铸造、钛基合金的冷坩埚悬浮熔炼等都是电磁冶金成功应用的例子。

冶金过程的理论进展 冶金工艺从古老的技艺演变成冶金学是从**冶金过程热力学**开始的。20世纪30年代以来，以美国J.**奇普曼**和德国H.**申克**为代表的多国学者，运用化学热力学的理论和方法研究多种冶金反应（包括熔融金属的反应、渣-金属间的反应、气相-固相间的反应等），创造了一系列的高温实验研究方法，测定了许多冶金反应的热力学平衡数据，同时发展了溶解自由能和**活度**的概念。其间通过许多国际会议和学术期刊的交流及专门的研究总结，使这些很难准确测定的高温反应数据逐渐精确化。这些冶金热力学数据已被整理，汇编成册或编制成数据库，用于计算冶金反应的自由能，使某些元素实现有选择地优先氧化或还原，或利用某种因素（如温度、添加剂、分压）使期望的冶金过程得以进行，如不锈钢的氩氧吹炼法。冶金过程热力学成为指导提取冶金的理论基础。由于冶金反应是在高温下进行的，过程中的化学反应环节容易达到平衡，除了极少数冶金反应（如钢液脱氮反应）外，控制过程速率的是传质而不是化学反应。20世纪60年代由R.B.伯德等人总结形成的传输现象理论，对于**冶金过程动力学**的研究有很大促进。冶金过程中的物质传递多在流体中进行。另外，工程中的实际过程必然在某个具体装置中进行，装置的几何尺寸及其中的流动速度分布、浓度分布和温度分布等现象对冶金过程的进展情况有很大影响，因而形成了**冶金反应工程学**。冶金反应工程学是以研究工业装置中的运动规律和操作方式为核心，而冶金过程动力学着重于某一个冶金反应的速率及控制速率的流动、传质现象。一般对于某个不太熟悉的冶金反应，应首先研究其动力学，而已经了解其动力学规律的反应，则着重于反应工程学的研究。另外，冶金生产所用原料成分复杂，副反应多，而且制造成为材料的过程要经历多个步骤，成为多工序组成的生产流程。过去习惯上认为这种复杂的流程不可能有统一的理论。20世纪90年代起，中国**殷瑞钰**提出钢铁冶金生产是多因子的铁素物质流和碳素能量流在高温下的相互作用和协同运行的演化过程，应用了I.普里戈金的耗散结构的自组织原理和H.哈肯的协同学理论，开创了**冶金流程工程学**，使冶金学理论发展到整个生产流程的时空尺度。总体看来，冶金学理论的发展，从**冶金过程物理化学**到冶金反应工程学到冶金流程工程学，和其物理学基础的发展（从经典热力学到线性不可逆过程热力学到非线性不可逆过程热力学）是一致的。

物理冶金学 研究成形加工、制备有一定性能的金属或合金材料的学科，又称**金属学**。金属（包括合金）的性能（物理性能及力学性能）不仅与其化学成分有关，而且被成形加工或金属热处理过程产生的组织结构所决定。成形加工包括金属铸造、**粉末冶金**及**金属塑性加工**（轧、锻、挤、拔）。研究金属的塑性变形理论、塑性加工对金属力学性能的影响及金属在使用过程中的力学行为，则称为力学冶金。显然，力学冶金是物理冶金学的一个组成部分。

19世纪中叶，在钢生产开始大发展的时候，为了获得钢的热处理和有关使用方面的知识，1863年H.C.**索比**用显微镜对钢的组织进行系统的观察研究，创造了**金相学**。金相学使冶金学向前迈开了极其重要的一步。只有金相学的出现，才有可能研究金属的显微组织及其各种条件下的变化，物理冶金的研究——研究金属及其合金的成分、组织结构和性能之间的内在联系也就更加明确起来。为了掌握各种合金相（或组织结构）的生成条件，对相图的需求日益迫切。1900年，德国H.W.巴基乌斯－洛兹本在前人的工作基础上运用吉布斯**相律**建立了**铁碳相图**（即铁碳平衡图），这一重大研究成果是物理冶金发展史上的重要里程碑。此后，在各种相图工作的指引下，研究发展合金尤其是合金钢的工作开展起来。19世纪下半叶主要研究了含钨的高速工具钢和高锰耐磨钢。用途较广的镍铬钢系列则是第一次世界大战前夕英国的H.布里尔利等人研究成的。在1860年各国实际应用的各种合金和合金钢的品种共约40种，1890年后逐渐增加，到20世纪60年代正式列入各国工业产品目录的合金及钢的品种已不下4000种。从冶金角度看，可以认为20世纪进入了合金时代，进入人类按使用要求创制性能适用的金属材料时代。

20世纪以来，物理冶金学取得的一系列重大成就，为推进冶金生产和技术的发展作出了重要贡献。其中影响较大的有：①C曲线。美国E.C.贝茵等研究**奥氏体**在不同温度下的恒温转变特征及其产物，创造了C曲线，从而阐明了钢的一般热处理原理。②晶粒取向。研究金属冷加工变形过程和退火后的组织结构变化，发现取向结构对硅钢片性能有显著影响，从而找到了生产高性能硅钢片的方法。③金属单晶制备。掌握单晶和双晶等制备方法，为晶体研究和半导体晶体管生产提供了技术手段。④**脱溶**。法国A.吉尼尔和英国G.D.普雷斯顿在20世纪30年代晚期各自应用X射线衍射法研究高强度铝合金的时效硬化机理，指出铝铜合金中的铜原子处于脱溶状态时硬化效应最大。这项研究结果启发人们对合金中少量元素的作用获得新的理解。⑤用电子显微镜研究金属。1932年发明电子显微镜，经过改进，于1939年制成商品，后来继续改进，其分辨能力不断提高，已成为研究微观结构的有力工具，可直接观察金属中的面缺陷、位错和点缺陷等。应用电子计算机处理图像，进一步提高电子显微镜的分辨能力，已能直接看到金属晶体中单个原子的清晰图像。这是20世纪科技中的杰出成就之一。⑥**位错理论**。1934年由英国物理学家G.I.泰勒、荷兰M.波拉尼和匈牙利E.奥罗万分别提出。1956年英国P.B.赫希在电子显微镜下观察金属薄膜，证实了位错的存在。以后一些学者又陆续验证了对金属中位错生成、增殖和运动规律的理论推测。这对阐明金属形变、强度和断裂机制有重要意义。⑦钢中**马氏体相变**。此研究加深了对马氏体中碳原子固溶强化以及对马氏体中位错和**孪晶**等作用机制的了解，有效地指导了高强度、高韧性钢的设计和发展。**形变热处理**、应变时效热处理，以及低碳马氏体钢、马氏体时效钢、相变塑性钢（TRIP）和双相钢等都是以此为指导原则提出来的。20世纪30年代在铜合金中观察到马氏体相变的可逆性，后来又发现若干具有同样性能的合金，根据这一原理研制成的形状记忆合金，已经应用于很多技术中。⑧高温合金材料。20世纪40年代以来，喷气发动机的发展对高温合金提出日益严格的要求。1943年英国制造的第一台喷气发动机使用镍基高温合金的工作温度为650℃，以后逐年提高，70年代达到950℃。镍基合金的使用温度已相当于合金熔点的热力学温度的75%以上，这是20世纪冶金技术的出色成就之一，是综合运用金属学理论、材料使用所积累的经验和冶金新工艺等得到的成果。⑨微晶金属和**非晶态金属**。液态金属凝固时经快速冷却所生成的微晶合金或非晶态金属，各自具有独特的性能。微晶金属是液态金属在惰性气体中喷雾快速冷却形成的超细粉末。由这种超细粉末压制成形并进行烧结而成的部件，由于成分均匀，偏析极小，可以提高合金化程度，其微晶结构具有较一般合金优越得多的性能。非晶态金属则是某些合金体系在液体状态下以大于每秒10^5℃的冷却速度冷到室温的金属，其强度和抗腐蚀性能都优于一般金属。非晶态金属的电磁性能尤为优越。非晶态金属经热处理可析出微晶，成为残余非晶体和微晶粒组成的集合体。微晶金属和非晶金属的发现，为金属学开辟了广阔新园地。⑩纳米材料。20世纪90年代后期，许多国家都致力于研究发展超细晶粒、高洁净度、高均质性（无宏观偏析）的钢铁材料，期望材料强度和使用寿命提高一倍。利用**形变诱导铁素体相变**（DIFT）技术制成的超细晶普碳钢材的屈服强度达到400兆帕以上，而且低温韧性也显著改善。如果材料的微观组织进一步减小到纳米尺度，性能将发生巨变。纳米晶结构不锈钢（200纳米）的抗蚀性和耐辐照性可提高数倍，纳米级低合金钢的强度可达8～10吉帕。纳米陶瓷和碳纤维材料也都具有特殊优异的性能，并可与金属结合成为复合材料。纳米接近原子尺度，对其组织结构的观察需要有特别的实验技术。由于纳米材料奇异的性能和独特的价值，已成为开发研究的热点。⑪金属表面的研究和加工处理。金属表面科学研究日益深入。通过提高钢部件表面硬度以提高它的抗磨性能的技术，在20世纪30年代已普遍应用。随着渗碳、渗氮等技术的采用，新的表面处理方法不断出现，如采用喷丸处理使金属部件表面产生压应力以提高其**疲劳**性能，采用气相沉积以增强金属表面抗磨性能，采用激光处理使金属表面合金化或产生一层非晶态物质以改善其抗腐蚀性能。离子注入法被用来改变金属表面层的成分和结构。在轧钢过程中，利用热镀金属、表面涂层等方法以获得抗腐蚀、免润滑等附加性能的板材，成为改善金属表面功能的大规模生产方法。⑫超塑性。金属和合金的超塑性的发现，对塑性加工带来很大的好处，有些难以变形的金属可以利用它的超塑性成形。这种方法所需设备功率小，金属收得率高，成形后金属性能均匀。但是对材料的组织结构要求严格，成形工艺比较复杂。⑬**金属热处理**和加工制造过程协同进行。传统方法是把热处理作为加工过程的一个单独程序（如退火），或在金属材料制成后再另外进行。考虑到钢坯的再加热和轧制过程及轧后冷却的温度变化，可以使热处理功能在轧制过程中部分实现，例如控轧控冷，就是有目标的控制轧制过程中的γ→α相变和轧后的冷却速率，以提高钢材性能。由于高温连铸坯直接轧制工艺流程的成功，不仅显著节约能耗，而且钢坯温度在轧制前可以一直高于A_3线（由奥氏体冷却时析出**铁素体**的开始线），即一直处于奥氏体区，γ→α相变在终轧制后才发生，这就能够使晶粒进一步细化，生成细晶粒钢。可以肯定的是多因子物质流的顺畅运行，不仅降低了能量的耗散，而且有助于提高某些物理冶金过程的效率。⑭断裂力学。继位错理论之后，美国G.R.欧文等在20世纪60年代初根据线弹性理论提出断裂力学的概念，在控制材料质量和机械设计等方面起了十分重要的作用。

展望 20世纪中叶以来，一系列钢铁冶金的新工艺，如**顶底复合吹炼转炉炼钢**、**超高功率电弧炉炼钢**、全连续铸钢、高速连续轧钢，以及近终形**连铸连轧**等研发成功并成熟运用，使钢铁冶金生产成为开放的、远离平衡的、非线性相互作用的、具有多种涨落现象的动态有序而且以连续/准连续状态运行的过程工程系统。这种过程工程系统形成了稳定的、可以处理利用的信息流，可以利用信息技术、数字化技术进行数值模拟、自动控制和智能化集成，使钢铁冶金的生产效率不断推向新的高度。然而，生产的极大发展对环境的影响和对资源、能源的需求也达到极为巨大的程度。环境的容量不是无限的，减轻环境负担、提高生态效率将是钢铁冶金进一步发展的关键。

单从提取金属着眼，运用现有的自然科学知识和技术手段，即使矿石的品位再低、组成再复杂，都有可能把金属提取出来。问题在于，消耗的能源是否过大，对环境的排放量和污染量是否太高，经济是否合理。因此，在提取冶金方面仍然有很多研究课题，如扩大资源范围，特别是回收已经报废物资中的和现有生产流程中的有价金属，发展资源的综合利用，以及改进冶金反应器的设计和操作，提高其能源和资源效率，是值得重视的。

物理冶金学要为生产提供合乎使用要求的金属产品探索途径，也要开发金属的新用途。因此，研究和开发新合金、研究改善冶金产品性能的各种处理方法和技术等是其主要任务。在创造新合金的过程中，人们对成分、组织结构和性能的内在联系有了较深入的了解，借助于计算机的应用，新合金的设计已从经验性走向精准化。20世纪以来，对于金属材料性能和结构的众多影响因素，如成分偏析、非金属夹杂物、**晶体缺陷**等各个层次及其变化等，积累了大量知识，并总结出一整套规律，可以利用这些知识和规律减少生产和使用金属材料的盲目性。

从20世纪60年代开始，一个明显的动向是冶金学同陶瓷工程学、凝聚态物理学、化学等学科的有关内容结合成为材料科学。材料科学的出现是为了适应新技术发展的需要。例如，制造电子计算机所需的半导体，需要应用先进的冶金技术和凝聚态物理实验方法，首先是要求超纯，有的需要制备无位错单晶，有的还要掺入某种特定的添加物，有的要用离子注入掺加特定的元素。为获得超高磁场而研制的超导材料，提高材料的临界温度需要长期不断地研究。还有航天工业中发动机所需的高温合金、具有特殊物理和生化性能的金属功能材料、生物医用材料等也是材料科学中进展较快的方面。材料科学的广阔前景使很多大学的冶金系改为材料科学和工程系，材料科学成为一门学科。另外，冶金学特别是提取冶金要和工业生态学相结合，以适应循环经济和可持续发展的需要。对于冶金工业而言，冶金学仍然是主要的理论基础，冶金学仍将按照自己的规律发展和演化。

（李 薰 撰 曲 英 修订）

冶金自动化 automation of metallurgical industry 以系统科学、控制理论和信息技术为支撑，与冶金工程技术相结合，研究冶金生产过程自动控制、钢铁制造流程计算机管控，以及冶金企业信息化管理的集成应用技术。20世纪50年代，在冶金生产过程控制中开始采用顺序控制器和回路调节器。60年代出现了全线采用计算机控制的热连轧机。70年代随着微型计算机的推广，冶金企业开始采用计算机建立完整的计算机控制和管理系统。90年代后，冶金自动化逐渐演变成企业资源计划-制造执行系统-过程控制系统三层架构，形成了多层次、多角度的整体技术解决方案。冶金自动化主要包括过程控制系统、生产管理系统和企业管理信息化系统。

过程控制系统 按生产工序划分包括采矿自动化、选矿自动化、炼铁自动化、炼钢自动化、轧钢自动化和后续加工处理自动化等内容。按功能划分为基础自动化和过程自动化两个层次。

基础自动化是生产设备的自动控制。基础自动化装备包括常规过程变量检测和专用冶金仪表，电气、液压、气动等执行机构和工业控制用计算机。

过程自动化是在基础自动化的基础上对整个生产线的工艺控制自动化，包括对采矿、选矿、冶炼、浇铸、轧材等主体生产过程的控制。工艺模型是过程控制成效的关键，需要把工艺知识、数学模型、专家经验和智能技术结合起来，建立冶金各工序过程模型，进而实现过程优化。

通过冶金过程控制，可以准确、稳定地执行各项冶金操作，提高冶金生产过程的效率，降低物料消耗和能量消耗，降低生产成本，提高冶金产品的制造精度，控制产品的化学成分、形状和尺寸精度，以及提高使用性能和外观品质，减轻操作者的劳动强度，提高劳动生产率。

生产管理系统 基于炼铁-炼钢-轧钢各工序的数据集成和管理-计划-生产-控制纵向信息集成，实现企业生产管理各项功能，主要包括：①生产计划管理和生产调度管理。将销售订单转化为生产任务，制订制造流程生产计划和各工序的作业计划，对作业计划的完成情况进行跟踪并进行必要的调度调整。②物流管理。包括料场管理、物流跟踪和库存管理。③质量管理。包括生产数据自动采集录入、产品质量标准管理、工艺规范管理、图形分析、质量预报和判断以及报告输出等主要功能。④设备维护管理。包括设备基础数据管理、设备检修管理、设备故障管理、备件管理等。⑤成本管理。统计各分厂物料、能源、制造成本，并进行以降低生产成本为目的的生产资料和能源消耗优化配

炼钢过程自动控制

置。⑥能源管理。用于电力、水和动力介质（煤气、蒸汽、氧气等）的监控、计划调度与分析优化。⑦环境监控。冶金生产过程中废弃物的产生、处理、排放等的监测、分析和预警。

通过生产管理系统，可提升钢铁生产精细化和智能化管理水平。在生产组织管理方面，根据事例推理、专家知识的生产计划与运筹学中网络规则技术，提供快速调整作业计划的方法，以提高生产组织的柔性和敏捷化程度；根据参数，可自动计算各工序的生产顺序计划及各工序的生产时间和等待时间，实现计划的全线跟踪和控制；在异常情况及多种工艺路线情况下，实现人机协同动态生产调度。在质量管理方面，基于数据挖掘、统计计算与神经网络分析技术，可对产品的质量进行预报、跟踪和分析；根据生产关系数据和实时数据，可判定在生产中发生的品质异常。在设备管理方面，采用生产设备的故障诊断与预报技术，可建立设备故障、寿命预报模型，实现预测维护。在成本控制方面，采用数据挖掘与预报技术，可建立动态成本模型预测生产成本；利用动态跟踪控制技术，优化原材料的配比、能源介质的供应、产线定修制度、生产的调度管理，动态核算成本。

企业管理信息化系统　系统服务于企业经营决策。主要包括企业资源计划（ERP）系统、供应链管理（SCM）系统和客户关系管理（CRM）系统。每个系统都有各自的定位和功能。企业资源计划具有财务管理、订单管理、生产和物料计划等功能。供应链管理具有物料采购、能源供应、发送和服务、运输管理、电子商务和先进计划系统等功能。客户关系管理具有市场预测、市场营销、产品组态、服务报价、售后服务等功能。

通过企业管理信息化，协调供产销流程，实现从订货合同到生产计划、制造作业指令、产品入库出厂发运的信息化。企业管理信息化的作用是使生产与销售连成一个整体，计划调度和生产控制有机衔接；质量设计进入制造过程，并控制跟踪全程，完善PDCA循环体系；成本管理在线覆盖生产流程，资金控制实时贯穿企业全部业务活动。

发展趋势　实现数字化、网络化和智能化是冶金自动化的主要发展趋势。围绕钢铁生产流程三大功能的价值提升，以物质流、能量流、信息流网络协同，将物联网、大数据、云计算等信息技术与钢铁流程设计、运行、管理、服务等各个环节深度融合，实现信息深度自感知、智慧优化自决策、精准控制自执行等功能；利用企业信息化积累的海量数据和信息，按照各种不同类型的决策主题分别构造数据仓库，通过在线分析和数据挖掘，实现有关市场、成本、质量等方面数据-信息-知识的递阶演化，并将企业常年管理经验和集体智慧形式化、知识化，为企业持续发展和生产、技术、经营管理各方面创新奠定坚实的核心知识和规律性的认识基础；基于信息物理模型，进行流程离线仿真和在线集成模拟，生成一个分布式、网络化、集成的“虚拟工厂”软件系统环境；通过人机交互和协同计算，模拟钢铁工业产品生产全过程；支持生产组织优化、生产流程优化、新生产流程设计和新产品开发优化，实现以科学为基础的设计和制造。

智能化钢厂的建设，需要深刻理解流程动态运行过程的物理本质，构建起植根于流程运行要素及其优化的运行网络、运行程序的物理模型，进而构建全流程网络化、层次化信息流模型。通过工序功能集优化、工序关系集合协同优化和流程工序集合/重构优化，最终实现钢厂结构优化、功能拓展，工业生态园区的构建与运行。通过优化钢铁流程结构，提升全流程精细化、精准化和智能化管理和控制水平，提升产品质量，提高大宗钢材及关键钢材质量稳定性、可靠性和适用性，降低资源能源消耗，形成绿色化、智能化制造模式，推动钢铁工业转型升级。

扩展阅读

马竹梧.冶金原燃料生产自动化技术.北京：冶金工业出版社，2005.

蒋慎言，陈大纲.炼钢生产自动化技术.北京：冶金工业出版社，2006.

孙一康，王京.冶金过程自动化基础.北京：冶金工业出版社，2006.

漆永新.冶金企业管理信息技术.北京：冶金工业出版社，2006.

（孙彦广）

冶炼固体废物　solid wastes from nonferrous metallurgical process　在有色冶金生产和加工过程及其环境保护设施中排出的固态、半固态废物。简称冶炼固废。有色冶金固体废物具有产生量大、成分复杂、可做二次资源开发利用等特点。通常含多种有毒有害元素，尤其是含有多种重金属元素，堆放在环境之中造成污染，易危害居民身体健康，导致环境污染严重事件的爆发。

形成过程　有色金属冶炼是利用金属矿石或二次金属资源加工制备有色金属产品的过程。矿石中除含金属元素外还含有大量的脉石，冶炼过程最终将这些脉石成分残留在火法冶炼的各种炉渣和粉尘或湿法冶炼的各种浸出渣、净化渣和沉泥之中，因技术经济因素的限制很难进一步利用，导致这类固态或半固态的废物排放且堆放在环境之中，形成冶炼固体废物。

分类　冶炼固体废物按形态可分为固体废物（块状、粒状、粉状等，如冶金渣、烟尘等）和半固体废物（泥状、浆状等，如赤泥）。按生产工艺可以分为有色金属矿物在火法冶炼中形成的冶炼炉渣和粉尘，以及在湿法冶炼中产生的浸出渣、净化渣和沉泥等。冶炼炉渣和粉尘是**火法冶金**过程从**冶金炉**排出的固废，通常按冶金炉不同分为喷射闪速炉渣、熔池吹炼炉渣、鼓风炉渣、反射炉渣、烟化炉渣和粉尘等，其物相组成以氧化物（二氧化硅、氧化铝、氧化钙、氧化镁）为主，还含有硫化物并夹带少量金属。根据冶金过程的不同又分为熔炼渣、精炼渣、合成渣和尘等。根据固废的性质还分为碱性、酸性、中性渣和尘。浸出渣、净化渣、沉泥是湿法冶炼过程产生的固废，属金属矿物在酸性介质或碱性介质的水溶液中提取金属残留的固态或半固态废物，其组成随矿石的种类和冶炼方法的不同而各异。

处理方法　冶炼固废种类繁多、特性各异，处理方法各不相同，主要包括资源化回收、综合利用、固定化与稳定化等。①资源化回收，指采用湿法和火法冶炼工艺回收固废中的有价金属或组分。②综合利用，主要是应用冶炼固废制备建材。③固定化与稳定化，是采用一定的方法使固废中的有毒有害元素或成分的活性降低，防止其释放至环境之中造成危害。火法冶金过程中生成以氧化物为主的熔体，炉渣的主要成分是氧化钙、氧化镁、二氧化硅和氧化铝等，其在冶炼过程中起造渣和富集杂质的作用。炉渣在高温下形成，其中的重金属等有毒有害物质被化学或物理包裹而不容易被释放至环境之中。冶金炉渣的主要利用方式是代替砂石做道渣、生产水泥、制备铸石或渣砖，也可吹制成矿渣棉做保温隔热材料。

冶炼固废中对环境危害最严重的是含砷固废和含铅固废，它们均属于危险废物。含砷固废的处理方法分为两种：一种是火法焙烧将砷以白砷的形式收集；另一种是湿法将砷从渣中分离然后再进行无害化处置。含铅固废的处理方法也分为火法和湿法两种：火法处理采用富氧熔炼的方式回收其中的铅、锌、铜、锑等有价金属；湿法处理通过浸出、净化、分离等工序回收其中的有价金属并制取相应的产品。针对没有回收价值的含铅固废，经固定化或稳定化处理后填埋或制备建材。

意义 冶炼固废产生量大，含有的重金属种类多、含量高、毒性大，对环境及人类健康造成威胁。另一方面，冶炼固废含有回收利用价值的有价金属组分，可作为二次资源开发利用。加强冶炼固废的资源化和无害化，实现冶炼行业固废污染控制与资源循环利用，对保证冶炼行业可持续发展和重金属污染控制具有重要意义。

扩展阅读

GAJDZIK B. Environmental Aspects, Strategies and Waste Logistic System Based on the Example of Metallurgical Company. Metalurgija, 2009, 48 (1): 63-67.

PIATAK N M, PARSONS M B, SEAL R R. Characteristics and Environmental Aspects of Slag: A review. Applied Geochemisty, 2015 (57): 236-266.

SULLIVAN C, TYRER M, CHEESEMAN C R. Disposal of Water Treatment Wastes Containing Arsenic-A review. Science of the Total Environment, 2010, 408 (8): 1770-1778.

吴小东，沈东升，陈佩利.冶炼厂固体废弃物的资源化利用途径及存在问题的对策分析.环境污染与防治，2009，31（6）：101-104.

国冬梅，张立，周国梅.重金属污染防治的国际经验与政策建议.环境保护，2010（1）：74-75.

（彭 兵）

叶渚沛 Ye Zhupei（1902-10-06～1971-11-24） 中国冶金学家。祖籍福建厦门，生于菲律宾马尼拉，卒于北京。1921年考入美国科罗拉多矿业学院，后转学冶金与化学工程。1925～1928年，在美国芝加哥大学学习，获冶金化学硕士学位，后在宾夕法尼亚大学获金属物理化学博士学位。先后在美国中央合金钢公司、联合碳化物研究所、机器及铸造公司，任工程师、冶金部主任、顾问工程师等职。1933年回国后，历任国防设计委员会（1935年更名为资源委员会）化学专门委员、南京冶金室主任、重庆炼铜厂厂长、电化冶炼厂总经理。1944年去欧美考察，曾任联合国教科文组织科学组副组长，联合国经济事务部经济事务官。中华人民共和国成立后，曾任中国科学院化工冶金研究所首任所长、研究员，重工业部顾问，中国科学院学术秘书。1955年当选中国科学院学部委员（院士）。

倡导研究化工冶金学，并创建了中国科学院化工冶金研究所（2001年更名为过程工程研究所）。善于运用多种科学和技术的综合观点，提出解决国家建设中许多重大课题的意见和建议。开展了强化**高炉炼铁**过程、**湿法冶金**、**流态化焙烧**、氧气转炉炼钢中的问题研究，并增加了复杂矿的综合利用研究；提出了强化冶炼的“三高”理论（高压操作、高风温和高蒸汽）及提倡矮胖型高炉炉型。对中国几个主要的钢铁基地和包头、攀枝花复杂矿的综合利用以及一些有色金属矿藏的开发利用，都提出了重要的建议。晚年积极建议发展技术科学以及开展微粒学、计算机在冶金中的应用和超高温化工冶金过程的研究等。主持了攀枝花铁矿的高钛渣的探索试验等。在《关于解决我国农业问题的建议》(1963）专著中，建议发展钢铁-化肥联合企业和竖炉炼磷，以解决中国化肥短缺的问题。著作《论强化高炉冶炼过程的基本问题》(1959）获国家自然科学奖二等奖；有关氧气顶吹转炉炼钢、高炉钒钛磁铁矿冶炼和竖炉炼磷的实验和研究，获全国科学大会奖和中国科学院重大科技成果奖。

（姜 曦）

液态金属结构 structure of liquid metals 液态金属中原子或离子的排列或分布的状态。通常具有长程无序、短程有序且结构波动起伏的特点。决定液态金属原子（或离子）分布规律的是原子之间的相互作用。所有关于液态金属结构的模型和理论，都力图说明其原子排列与原子间相互作用的关系，通常用一种比较严密的物理和数学表达式来描述结构，并用它来解释液态金属的各种物理化学性质。固态和气态都已有统一的描述结构和性质的较成熟的理论，如晶体理论和理想气体理论，而液态的结构尚未建立起类似的物理学和化学理论。

由于研究液态金属比研究固态金属困难，而且金属材料的应用状态大多是固态，液态金属应用较少，所以长期以来液态金属的研究进展缓慢。由于新材料（如半导体材料、**快冷微晶合金**、**非晶态金属**等）和新技术的迅速发展，特别是液态金属用作载热体后，人们对液态金属结构和性质的兴趣激增。对金属熔液的结构、性质及其对固体的作用也开展了广泛深入的研究，并正在形成一个重要的学科方向。

液态金属结构的直接测定 X射线衍射和中子衍射方法是迄今通用的直接测定液态金属结构最有效的实验手段（见**金属材料微观分析**），也有人用电子衍射法，但它更适合于测低密度液体结构，在测液态金属结构时不常用。

径向分布函数 衍射方法给出的主要内容是液体中原子的分布规律——短程序结构。其中最重要的概念是分布函数（有时也称相关函数）。它代表从一个任意指定的“中心”原子出发所测得的局部“数密度”（单位体积中原子数目）的变化。设液体中原子的平均数密度为ρ_0，距任意指定的中心原子r处的原子数密度为ρ_r，ρ_r与ρ_0的比值即意味着在液体中存在相距为r的原子对的概率，称为“对称分布函数”，用$g(r)$表示。液态金属是类型最简单的所谓球形对称单原子液体，从各个不同方向测得的都相同，故又称径向分布函数。

用衍射方法研究液态金属结构 部分液态金属的测定结果见表。从实验材料可以证明以下几点：①在液态金属中存在着短程有序，其径向范围可以达到3个原子直径大小。②固态金属熔化时，原子最近邻距离变化不大。③按金属熔化时第一配位数（Z）的变化分为两种情况：$Z_{液}<Z_{固}$的情况，原子间为金属键，熔化前后均为密堆结构。这种金属有Ag、Al、Au、Cd、Pb、Tl、Zn和碱金属。$Z_{液}>Z_{固}$的情况，在固态时，最近邻原子一部分比液态密堆结构的更近，另一部分则更远，熔化后则共同组成密堆结构型，使Z显著增加。这种金属有Bi、Ge、In、Sb和Sn等。总之，金属熔化时有保持或转变成密堆排列的趋势。④二元系中，固态时的二元金属间化合物在熔化后，其结构将有一定程度的保留。这可由径向分布曲线第一峰分裂为双峰得到证明。⑤随着温度的升高，在液态金属中保留的短程有序结构和各种由固态中特殊组织（金属间化合物、共晶体等）遗存的结构都将逐渐解体，最后消失。对三元或多元液态合金的结构进行衍射研究困难较大，仅对少数合金做过测定。

由几何模拟实验测分布函数 早在1931～1932年，J.A.普林斯和H.门克分别用刚性小球在平面上的混乱排列图形模拟液态结构。1936年，W.E.莫雷尔和J.H.希尔德布兰德用胶体小球放在玻璃容器中做了三维模拟实验。用这些模拟的排列算出小球的径向分布函数，与液汞的衍射实验结果很相似。J.D.伯纳耳从1959年开始，分别用由塑性球堆经过

部分液态金属原（离）子间距和第一配位数

金属	方法	T/K	r_{max}/Å	Z
Ag	X	1278	2.87	11.3
	X	1473	2.87	11.0
	X	1573	2.86	10.8
Bi	n	573	3.35	7.7
	n	823	3.35	7.5
Cu	X	1423	2.57	11.4
	X	1573	2.57	11.3
	X	1773	2.57	11.0
Ga	X	273	2.83	9.2
	n	423	2.84	6.8
Hg	X	237	3.03	7.5
	X	491	3.00	6.0
	X	423	3.10	7.7
K	n	338	4.64	9.0
	n	618	4.80	
	X	343	4.7	9.0
Mg	X	948	3.20	10.0
Na	n	373	3.82	9.0
	X	291	3.8	9～10
Pb	n	603	3.30	11.6
	X	613	3.3	10.9
	X	648	3.40	8.0
	n	1103	3.40	7.7
Sn	X	505	3.27	7.6
	X	1023	3.13	7.2

* X　X射线衍射；n　中子衍射

挤压形成的多面体和钢球做实验，研究混乱密堆排列时的最近邻数目和次最近邻数目。结果表明，多面体的面数平均为13.6，大多数面为五边形。从晶体学看，这是唯一不存在长程序的密堆单元形态。从钢球实验得到的$g(r)$与液氩的实验值很接近，可以反映一般液态物质的结构。另外，还证明简单单原子液体的平均第一配位数是9，而不是12。1960年，G.D.斯科特用钢球做类似实验也得到相同结果。1969年，A.J.沃尔顿和A.G.伍德拉夫将涂油的刚性滚珠放在玻璃盘内（涂的油代表原子间的引力，这比以前的实验前进了一步），摇动盘子使滚珠呈混乱排列，得到的二维径向分布函数与液氩的实验值也很相符。

图1列出上述几个实验中得到的$g(r)$和用中子衍射测液氩求得的径向分布函数的变化规律。其基本形式和趋势都是一致的。

液态金属性质与结构的关系　液态金属的性质包括热力学性质（如内能、自由能、熵和比热），传递性质（如扩散系数、黏度、声波和光在液态金属中的传播特性），某些物理和物理化学性能（如密度、电导、热导、磁化率、表面张力）。液态金属的结构与其性质的关系非常密切。

液体的总内能可以从径向分布函数和原子对交互作用能求出：

$$U=\frac{3}{2}RT+\frac{N^2}{2V}\int_0^\infty \phi(r)g(r)4\pi r^2\mathrm{d}r$$

式中第一项为动能；第二项为势能，是以原子对交互作用能统计加和的近似处理为基础推导出来的。从所求的内能U，就可求出其他的热力学性质。

J.G.柯克伍德指出，如果能知道$g(r)$随温度、密度和速度梯度变化的关系，原则上就可相应地求出液体的导热率、扩散系数和黏度。虽然这要求对$g(r)$做非常精确的估算（特别是在原子间距仅略大于

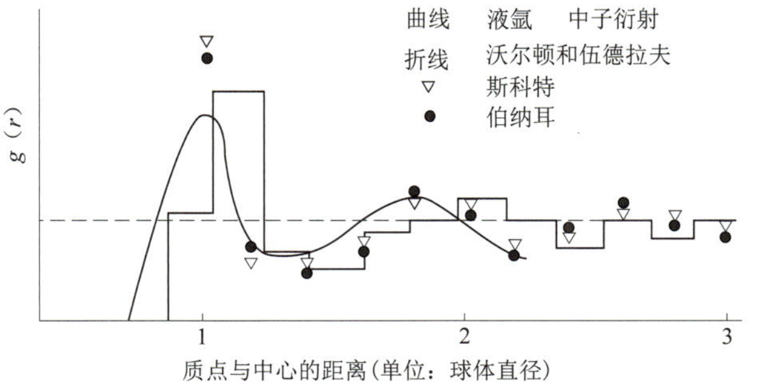

图1　几种钢球实验方法算出的$g(r)$与液氩中子衍射实验值的比较

原子有效直径时），在实践上有困难，但说明了这些性质也受结构的制约。

利用液态金属结构的某些理论，可以从某些已知的液态金属性质推算出其他性质，或从某一状态下的性质推算另一状态下的性质。如对二元特别是多元合金熔液，利用液态金属性质随成分和温度而变化的规律，可以推测或预测一些难以用衍射方法测出的结构形态。图2和图3是两个具有代表性的例子。图2为V.B.拉扎列夫与M.Ya.达舍夫斯基于1962年测定的表面张力和V.M.格拉佐夫在1960年测定的黏度和电导性。可见，在In-Sb二元系中相当于中间化合物InSb处，熔液的黏度出现极大值，而电导出现极小值，表面张力出现转折点；而且，从电导的曲线可看到，温度高达950℃（超出熔点约400℃）时这种现象仍很明显。图3是H.利安、M.E.贝沃和C.F.弗洛测定的Fe-Si系熔液中氢的溶解度结果（1946）。从中可看到，在相当于固态金属间化合物成分处，出现了熔液氢溶解度的最低值。

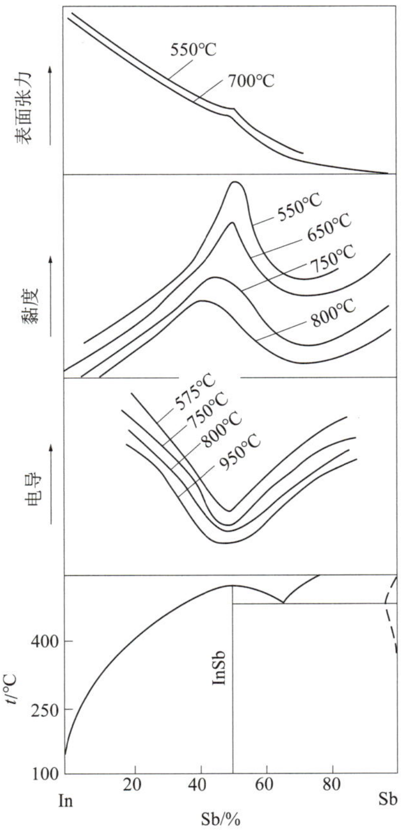

图2　In-Sb系熔液性质

这说明，这些化合物或中间相的固态结构，在熔化后一个相当宽的温度范围内将不同程度地保存下来，这对合金熔液的浇铸和凝固过程无疑会带来一定的影响。

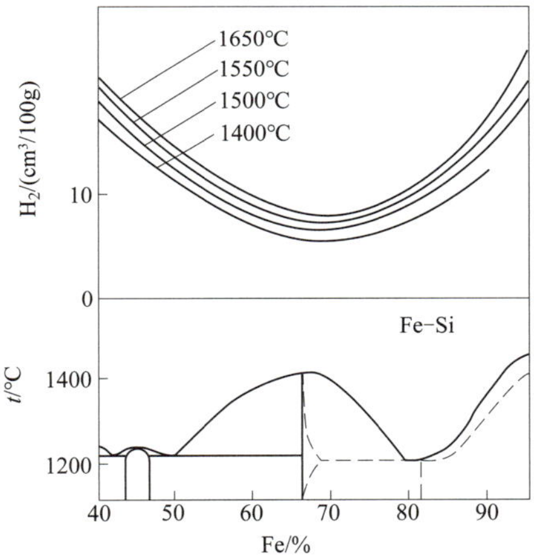

图3　Fe-Si系熔液中氢的溶解度

研究液态金属的结构，对于液态金属本身的应用、控制冶金熔液的行为、改善固态金属材料的性能，都有很重要的意义。

扩展阅读

SHIMOJI M. Liquid Metals — an Introduction to the Physics and Chemistry of Metals in the Liquid State. London: Academic Press, 1977.

（陈继志　夏明许）

一步炼铜法　direct to blister copper process　在单一设备中用硫化铜精矿直接冶炼成铜的技术。一些特殊类型的铜矿，如

辉铜矿（Cu_2S）型和斑铜矿（Cu_5FeS_4）型具有高铜、低铁的特点，其精矿品位类似于冰铜，冶炼中产出的渣量少。针对这类铜矿，奥图泰公司自20世纪60年代开始发展了一步炼铜法，即采用**闪速炉**一步直接生产出粗铜。

用于一步炼铜的闪速炉结构与一般奥图泰型闪速炉大致相同，但由于炉内直接生成粗铜，因此在侧墙、炉底、水冷元件、放铜口结构及配置上有多方面改进。

工艺流程　如图所示，铜精矿干燥至含水0.3%，与熔剂（二氧化硅、氧化钙）、返回的烟尘配料混合后，通过中央喷射型喷嘴与富氧空气一起喷撒到闪速炉反应塔中，在1400℃左右的高温下，生成粗铜及炉渣。熔融产物下落到沉淀池中分离粗铜和炉渣，并分别从排渣口和排铜口定期排出。粗铜通过流槽排入阳极炉精炼，炉渣经流槽排入电炉贫化。二氧化硫烟气及烟尘通过直升烟道进入余热锅炉、电收尘，回收余热和烟尘，再经动力波洗涤、电除雾后制酸。炉渣含铜高，在14.4%～22.5%之间，主要以氧化亚铜存在，少量为金属铜。炉渣贫化电炉中有一层0.25米厚的焦炭层，在高温还原性条件下，氧化亚铜得以还原。此外，四氧化三铁也会部分还原，使得炉渣性能改善，有利于粗铜颗粒从渣中沉淀分离。贫化电炉产出的粗铜，定期通过流槽加入阳极炉。贫化后的炉渣，依据渣含铜的高低直接弃去或进一步选矿处理。

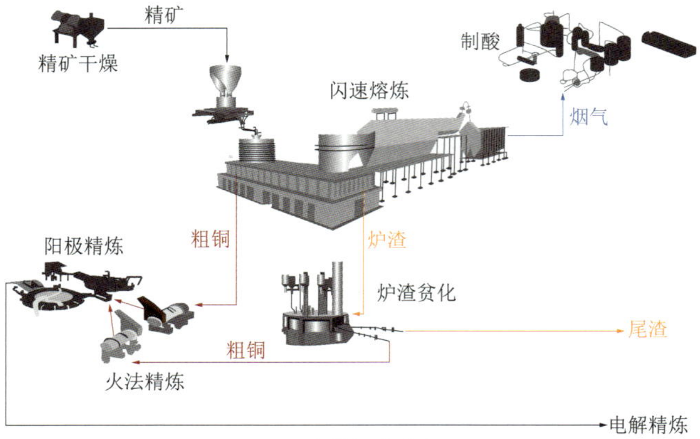

一步炼铜法流程

技术特点　主要有：①高效环保。将熔炼、吹炼合并在一座冶金炉内进行，在生产效率、能耗和环境保护等方面都有明显优势。②投资及运行费用低。据测算，投资及运行费用均比传统工艺降低20%左右。③通过精确控制料/氧比，控制炉内只有炉渣和粗铜两个熔体相，无硫化亚铜相存在，不易生成泡沫渣。④仅适于辉铜矿型和斑铜矿型铜精矿炼铜。以黄铜矿型铜精矿为原料一步炼铜，铜直收率仅略高于50%，经济不合理，但部分冶金工作者仍在研究中。　　　　（刘志宏）

一步骤回采　one step mining　针对一个采区或矿块的回采，不留矿柱或留永久性矿柱，进行一个步骤实现回采的**采矿**方式。又称单步骤回采。一步骤回采方式具有**崩落采矿法**的基本特征；**空场采矿法**中留下永久性矿柱的子类属于一步骤回采；连续推进的**充填采矿法**子类也属于一步骤回采。

崩落采矿法在**落矿**的同时或在回采过程中，通过崩落围岩充填采空区进行**采场地压**管理，不存在二步骤回采矿柱的过程（图1）。

空场采矿法中留下永久性矿柱的子类如**全面采矿法**，在采区中利用矿柱管理采场地压，在空场条件下一次性矿体回采后，留下矿柱作为永久损失不再回采。

连续推进的充填采矿法子类，如一种呈梯形布置采场的分段充填采矿法（图2），在采区内的分段采场连续推进，不存在需要进行二步骤回采的矿柱。

（褚洪涛）

一次成井　simultaneous shaft-sinking　竖井施工时，井筒掘进、砌壁作业与井筒永久装备的安装工作同时进行的施工作业方式。根据竖井井筒掘进、砌壁、安装作业顺序的不同，一次成井作业方式可分为：①掘进、砌壁、安装顺序作业一次成井。在一个段高中，掘进、砌壁、安装3项工序按顺序进行的作业方式。这种作业方式易组织、较安全，但工序交替时工作量大。②掘进、砌壁、安装平行作业一次成井。在两个段高内，下段掘进与上段砌壁、安装同步进行，而砌壁和安装工序则按先后顺序进行，砌壁自下而上，安装自上而下进行的作业方式。这种作业方式施工速度快，但安全防护要求高。③掘进、砌壁、安装三行作业一次成井。在掘进工作面用短段掘进、砌壁平行作业的同时，利用多层吊盘的上层盘进行井筒安装工作，各工序平行交叉的作业方式。

一次成井作业方式可利用上段已安装

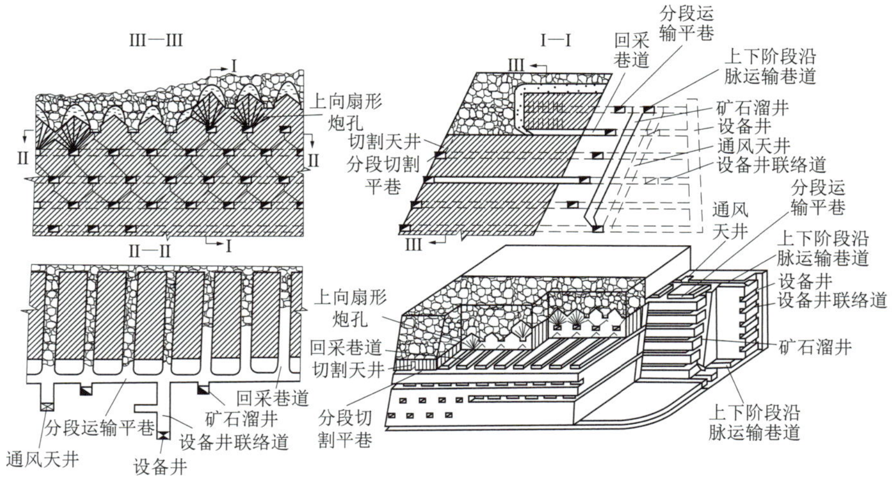

图1　无底柱分段崩落采矿法示意图

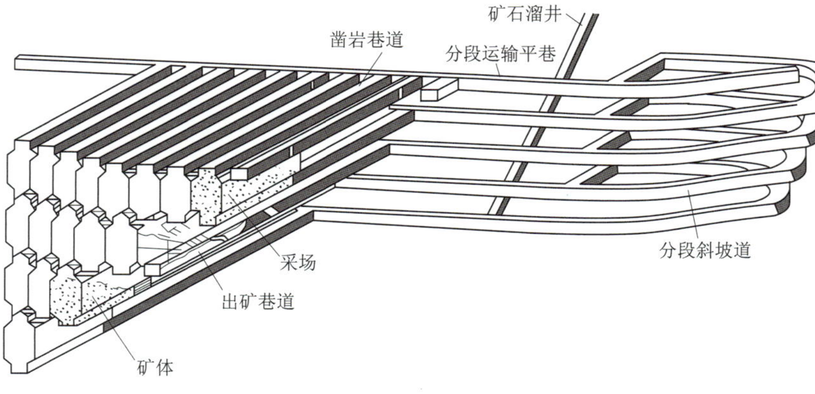

图2　分段充填采矿法一步骤回采示意图

的罐道梁固定凿井用的管道、线缆和设备，减少地面提吊设施，此方法成井速度快，但施工组织较复杂。南非矿山在竖井施工中多采用一次成井的作业方式。

（张钦礼　安建英）

一次支护　first supporting　在软岩（土）层、较破碎的不稳定岩层或高地应力地层中掘进巷道与**硐室**，为保障施工安全并维护井巷的长期稳定，开挖后初次进行的支护。又称初次支护。临时支护也属于一次支护。一次支护基本为柔性支护，允许巷道发生变形，待变形基本稳定后再进行**二次支护**，可采用（喷）锚网或可伸缩性钢支架支护。一次支护需要紧跟掘进工作面，在围岩暴露后及时完成支护。

一次支护作为临时应急的支护措施或主要承载结构的一部分，应便于施工、承载快速、经济合理。最常用的一次支护方式为锚喷支护，具有施工速度快、及时承载、紧贴围岩等特点，其能与围岩构成共同工作的承载体。当围岩自身强度较低、易冒落时，常用可缩性钢支架与锚网组合支护作为一次支护，共同维护围岩趋于稳定，以保障二次支护顺利进行和施工安全。

（张钦礼）

“一罐到底”工艺　multiple hot metal ladle process　在**炼铁－炼钢**过程中，采用多功能铁水罐承载铁水，直接从高炉出铁场输运到炼钢工序的工艺。又称多功能铁水罐直接运输工艺、“一包到底”工艺。多功能铁水罐集高炉铁水承接、运输、贮存（缓冲）、铁水保温、**铁水预处理**、转炉兑铁、精准计量及精准定位和快速周转等功能为一体。

高炉－转炉之间的铁水运输技术发展主要经历了3个阶段：高炉→受铁罐→混铁炉→兑铁罐→转炉的模式（混铁炉模式）；高炉→鱼雷罐车→兑铁罐→转炉的模式（鱼雷罐模式）；高炉→多功能铁水罐→转炉的模式，即“一罐到底”工艺模式。多功能铁水罐直接运输工艺于2009年开始在中国大型钢铁企业采用，这是钢铁制造全流程协同优化的技术发展方向。

不同企业根据自身的平面布置、装置设备和流程特点开发多功能铁水罐直接运输工艺。根据铁水罐的运输方式，可分为铁路运输、过跨车运输和汽车运输等方式。铁路运输采用机车牵引，铁水罐由铁水罐车运输。根据铁路轨道之间的距离可以分为标准轨距（1435毫米）和宽轨距（大于1435毫米）两种。过跨车运输是铁水罐采用专用的电动过跨台车运输。过跨车是一种电动有轨厂内运输车辆，解决不同厂房跨度之间的产品运输，又称台车、电动平车。汽车运输是铁水罐采用专用汽车运输，又称抱罐车。

高炉出铁时，采用铁水罐直接承接铁水，根据设置在轨道或运输车辆上的称重计量装置控制铁水装入量，达到设定的铁水装入量以后，铁水罐由专用的铁水运输装置运送到炼钢厂脱硫站内，不用经过二次倒罐。铁水在铁水罐内经过脱硫预处理以后，将铁水兑入转炉冶炼。为了减少铁水罐温降，一般采用铁水罐加盖方式减少热量损失。

多功能铁水罐由罐底、罐体、罐口、兑铁嘴、耳轴、耐火材料内衬等部分组成，与专用的铁水罐车配套使用。同鱼雷罐模式相比，多功能铁水罐直接运输工艺的优点是：①输送时间短且不需要经过铁水的“倒罐”过程，缩短了工艺流程，提高了生产效率。②降低了铁水损耗和铁水热量损失。③减小了能源消耗和烟尘污染。④降低了工程建设投资，减少了铁水罐的使用数量。⑤铁水温度高，铁水中硫的活度系数大，实现了高温脱硫，有利于提高铁水预处理过程的脱硫效率。

多功能铁水罐直接运输工艺设计的要点：①大容量铁水罐的结构与重心的确定。②多功能铁水罐运行过程的稳定性和安全性。③高炉出铁槽标高与铁水罐高度之间的相容性。④高炉至铁水脱硫站之间铁水罐运行的时间－空间程序和合理的平面布置。⑤铁水罐、铁水重量的准确称量技术与控制技术。⑥铁水罐周转频率〔次/(天·个)〕和铁水罐的合理使用数量。⑦罐内铁水的温降过程测试及保温技术。⑧空罐返回过程中热量损失的测试及保温技术。⑨高温、高活度铁水高效脱硫。⑩铁水罐耐火材料与寿命设计。⑪节能、烟尘排放等。

扩展阅读

殷瑞钰.冶金流程集成理论与方法.北京：冶金工业出版社，2013.

（张福明）

乙硫氮　sodium diethyl dithiocarbamate　硫氮类硫化矿浮选**捕收剂**。化学名为二乙基二硫代氨基甲酸钠，分子式为$C_5H_{10}NS_2Na$。化学结构式为：

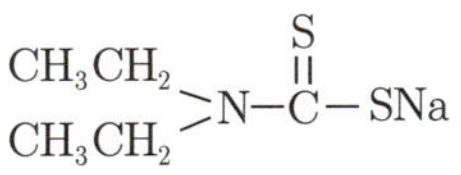

一般为3个结晶水的三水合二乙基二硫代氨基甲酸钠。在选矿中用作捕收剂时简称硫氮9号或SN－9，在分析化学中用作分析试剂时简称铜试剂，在橡胶工业中又称硫化促进剂SDB。乙硫氮于1935年开始用作分析试剂，1946年开始用作硫化矿选矿捕收剂。

乙硫氮为白色粉末至浅灰色松散结晶或粉末，工业品呈淡黄色。无味，有低毒性，易溶于水和乙醇。熔点为94～102℃，工业品熔点为87℃左右。属于弱酸，在0℃时的电离常数为4.5×10^{-4}。易与重金属离子生成沉淀。在酸性水溶液或在潮湿空气中分解成N，N－二乙基二硫代氨基甲酸，并进一步分解为二硫化碳和二乙胺。

制备方法是采用二乙胺与二硫化碳、氢氧化钠在水溶液中反应，在40℃以下干燥，得到含3个结晶水的乙硫氮产品。反应式如下：

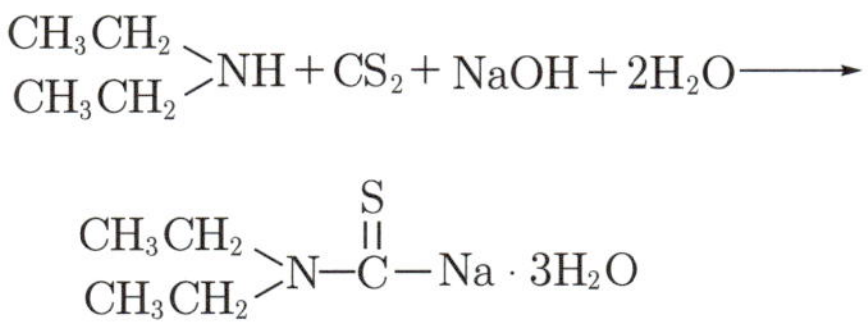

反应属放热过程，合成过程中必须用冰盐水冷却。为控制温度，先将二乙胺和二硫化碳混合，充分搅拌后将粉末氢氧化钠分批加入，反应时温度控制在0～30℃。工业生产过程中，水溶液可以作为母液循环使用。

中国有色金属行业标准（YS/T 270—2011）规定乙硫氮产品的外观为白色粉末至浅灰色松散结晶、粉末，不应混有机械杂质。对乙硫氮的化学成分指标规定如下表：

乙硫氮化学成分指标

产品中化学成分及含量/%	指标	
	优级品	合格品
三水合二乙基二硫代氨基甲酸钠	≥94	≥90
游离碱（NaOH）	≤0.6	≤1.0

乙硫氮对铜、铅、锑等金属硫化矿物，特别是对部分氧化的硫化矿、含贵金属的硫化矿及粗连生体捕收力强；对黄铁矿、磁黄铁矿捕收力弱，但具有良好的选择性。乙硫氮捕收力比**黄药**强、用量少、浮选速度快，可以在较宽的pH值范围内发挥作用，对矿石的适应性强。乙硫氮还可作为铅－锌分离过程中减少硫酸锌的抑制剂，重金属离子沉淀剂和橡胶硫化促进剂，以及用于铜、铅、锌、钴、镍等离子的分析试剂。

扩展阅读

朱玉霜，朱建光.浮选药剂的化学原理.长沙：中南工业大学出版社，1996.

王淀佐.浮选剂作用原理及应用.北京：冶金工业出版社，1982.

（王　帅）

异步浮选 asynchronous flotation　根据矿石中同种有用矿物或异种有用矿物可浮性差异，分步骤进行**浮选**的方法。不同矿物的可浮性不同，同一种矿物的可浮性和浮游速度也可能不同。因此，传统的同步浮选在同一浮选作业条件下很难实现同、异种矿物充分上浮。异步浮选在**等可浮浮选**流程基础上发展起来，通过调整药剂制度等工艺参数，分步骤地在不同作业中创造最佳浮选条件进行选别。对同种矿物实现浮游速度快的部分先浮选，浮游速度慢的部分后浮选；对异种矿物实现浮游速度快的矿物在同一个浮选作业中先上浮，浮游速度慢的矿物在下一个浮选作业中上浮的差异化浮选。异步浮选分为异步混合浮选流程和异步优先浮选流程。

异步混合浮选流程　根据矿石中同种有用矿物和不同种有用矿物之间存在的可浮性差异，进行分步浮选，每步浮选都采用混合浮选。第一步浮选以一种矿物浮选为主，第二步以另一种矿物浮选为主的浮选过程。适用于矿石中同种有用矿物可浮性和浮游速度有较大差异、不同种有用矿物之间存在部分矿物可浮性和浮游速度相同的矿石浮选。以铅锌矿为例，如果矿石中大部分方铅矿浮选速度较快，而其余的方铅矿可浮性较差，同时矿石中闪锌矿有部分与浮选速度快的方铅矿浮游速度相同，能够与方铅矿同时上浮，则可根据“早收快收”原则使浮游速度快的矿物颗粒尽早离开浮选回路进入精矿产品。第一步以浮选方铅矿为主、兼顾回收浮游速度快的闪锌矿，得到以方铅矿为主的混合精矿〔Ⅰ步混合浮选（以铅为主）〕。第二步以回收闪锌矿为主，同时回收可浮性差的方铅矿，得到以闪锌矿为主的混合精矿〔Ⅱ步混合浮选（以锌为主）〕（图1）。两步获得的精矿可合并为混合精矿，或者单独作为精矿进入下一步作业。

异步优先浮选流程　根据矿石中同种有用矿物之间的可浮性差异以及不同种有用矿物之间的可浮性差异，依次按其可浮性由高到低的顺序，分别进行浮选得到不同有用矿物精矿的过程。以铅锌矿为例（图2），先优先分步浮选方铅矿，第一步浮选浮游速度快的方铅矿，得到铅精矿（Ⅰ步铅浮选），第二步浮选浮游速度慢的

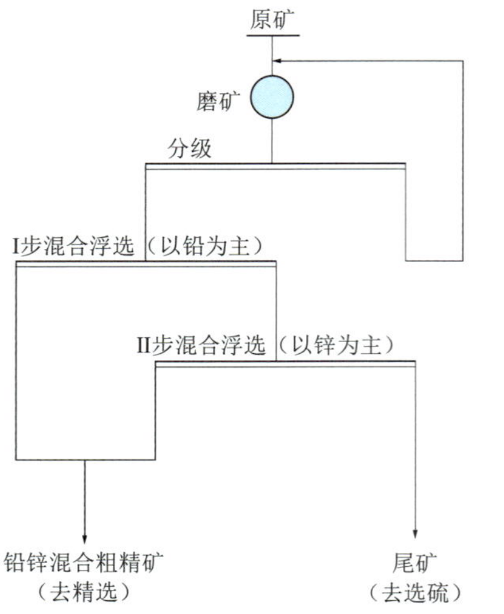

图1　铅锌矿异步混合浮选原则流程

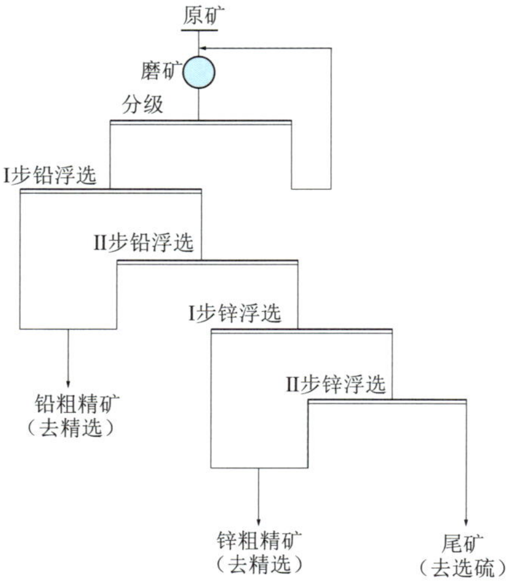

图2　铅锌矿异步优先浮选原则流程

方铅矿，得到铅精矿（Ⅱ步铅浮选），两步铅精矿合并作为精矿或作为粗精矿进入精选作业；再分步浮选闪锌矿，第一步浮选浮游速度快的闪锌矿，得到锌精矿（Ⅰ步锌浮选），第二步浮选浮游速度慢的闪锌矿，得到锌精矿（Ⅱ步锌浮选），两步锌精矿合并作为精矿或作为粗精矿进入精选作业。

异步浮选工艺流程简单、易于操作、指标稳定，对矿石性质变化有较强的适应性，可降低药剂成本，有利于不同浮游速度和浮游性的有用矿物的合理回收。

扩展阅读

李凤楼，孙传尧，赵纯录，等.铅锌混合精矿异步混合浮选新工艺的研究.有色金属（选矿部分），1988（2）：30-35，16.

印万忠.浮选工艺流程的变革与优化.中国矿业科技文汇，2014（1）：7，13.

（吴卫国　胡杨甲）

异种材料焊接 welding of dissimilar metal　将化学成分、金相组织及性能不同的两种或两种以上材料在一定工艺条件下进行焊接加工的过程。异种材料焊接主要包括异种钢的焊接、异种有色金属的焊接、钢与有色金属的焊接及金属与非金属的焊接。

与同种材料的焊接相比，异种材料焊接在焊接机理和操作技术上都复杂得多。异种材料的焊接性是两种或多种材料的物理性能（熔点、线膨胀系数、热导体率、比热容、电磁性）相差越大越难焊接，异种材料之间形成的金属间化合物越多、氧化性越强越难焊接。异种材料焊接接头在熔敷金属与两侧焊接热影响区和母材之间存在一定的不均匀性，主要包括化学成分的不均匀性，组织、应力的不均匀性以及性能的不均匀性。因此异种材料焊接时要根据被焊母材、**焊接结构**及焊接接头的特点选择适当的**熔焊**、**压焊**或**钎焊**方法。在焊接过程中要重点控制焊接接头金属的稀释程度，精确控制异种金属的熔合比，优化异种金属焊接界面的过渡特征，减少金属间化合物、共晶组织和微裂纹，提高焊接接头的组织均匀性，从而获得性能优良的异种金属焊接接头。

工程中根据结构不同、部位不同、对材料使用性能要求不同而采用异种材料焊接，不仅能满足不同工作条件对材质的不同要求，而且能节约贵重材料，降低结构整体成本，充分发挥不同材料的性能优势，在航空航天、石油化工、电站锅炉、核动力、机械、电子、造船等领域已获得广泛应用。例如，在大型水轮机叶片制造中使用手工电弧焊方法进行0Cr13Ni6N不锈钢与15MnV低合金钢的焊接；在核电反应堆压力容器的安全端制造中，采用钨极氩弧焊方法进行SA508-低合金钢与316L不锈钢的焊接；在汽车副车架结构制造中应用搅拌摩擦焊技术实现了铝合金与钢的焊接。随着异种材料焊接技术的快速发展，将焊接、胶接及机械连接等方法相结合又形成了多种复合连接技术。

（王红阳　刘黎明）

阴离子捕收剂 anionic collector　与矿物起作用的极性功能基为阴离子的一类**捕收剂**。在**浮选**矿浆中，阴离子捕收剂的阴离子功能基与矿物表面作用，疏水基朝外，使矿物颗粒的表面疏水实现矿物的浮选。阴离子捕收剂对金属矿的捕收力很强，应用于所有金属矿物的浮选。分阴离子硫化矿捕收剂和阴离子氧化矿捕收剂两种。

阴离子硫化矿捕收剂的极性基上有二价的硫原子，比较典型的结构有4种：①烷

基二硫代甲酸（盐），分子式为ROCSSM（M为H、Na或K），简称**黄药**。②烷基二硫代磷酸（盐），分子式为$(RO)_2PSSM$（M为H、Na或NH_4），简称**黑药**。③N，N-二烷基二硫代氨基甲酸（盐），分子式为R^1R^2NCSSM（M为H、Na或K），简称硫氮。④烃基硫醇（或硫酚），分子式为R-SH，由于硫化矿具有一定的天然疏水性，所以捕收剂的疏水基碳链一般较短。

阴离子氧化矿捕收剂的种类繁多，分子结构各异，如**脂肪酸类捕收剂**、有机磷（膦）酸捕收剂、有机胂酸捕收剂、烷基硫酸及烃烷磺酸捕收剂，其极性基中分别为含有O、P、As和S原子的烃基含氧酸（盐）。由于氧化矿亲水性很强，为了保证矿物表面具有较好的疏水性，氧化矿捕收剂的疏水基的碳链一般较长。捕收剂在矿浆中解离，产生相应的酸根离子。一般情况下，氧化矿捕收剂的选择性较差，浮选中需配合使用大量的抑制剂。脂肪酸类捕收剂常用于氧化矿及盐类矿物的浮选；有机磷（膦）酸捕收剂的捕收力很强，可用于矿石性质比较简单、目的矿物难浮的金属氧化矿，如黑钨和锡石细泥的浮选；有机胂酸捕收剂对黑钨和锡石具有较好的捕收能力和选择性，但由于其毒性较大，实际应用的比较少；烷基硫酸和烷基磺酸在浮选中已基本被淘汰。

（戴子林）

殷国茂 Yin Guomao（1932-01-29～ ）中国轧管工艺与设备专家。生于山东龙口。1953年毕业于大连工学院（今大连理工大学）。毕业后到鞍钢工作。1958年被抽调到成都参加无缝钢管厂建设，同时被选派到匈牙利切佩尔钢铁公司学习。1960年回国后，在成都无缝钢管厂工作，历任翻译、科长、总工程师、副厂长、厂长等职。1995年当选中国工程院院士。

长期致力于轧管工艺与设备的设计、生产和研究工作。在中国第一套自动轧管机组上，提出并实施用减径方法生产大直径无缝钢管新工艺及负公差**控制轧制**新技术；主持建成中国第一套周期轧管机组；在测试的基础上推导出了216毫米周期轧管机**轧制力**参数的数学方程式；提出并领导建成中国第一套短流程精密轧管机组；领导研制出一批核电、潜艇、宇航、火箭、导弹等用的国家急需的关键管材，为中国的现代国防工业建设作出了重大贡献，并创造了“CSST”无缝钢管品牌。

获国家技术发明奖2项，拥有美国、日本、英国和联邦德国发明专利及多项中国专利。1986年被评为国家级有突出贡献中青年专家。发表学术论文10多篇，主编了《中国钢管50年》（2004）、《中国钢管飞速发展的10年》（2009）两部专著。

（姜 曦）

殷瑞钰 Yin Ruiyu（1935-07-28～ ）中国冶金学家、工程哲学开拓者。生于江苏苏州。1957年毕业于北京钢铁工业学院（今北京科技大学）冶金系。历任唐山钢铁公司总工程师、副经理，河北省冶金厅厅长，冶金工业部总工程师、副部长，钢铁研究总院院长等职。1994年当选中国工程院院士，曾任中国工程院化工、冶金与材料工程学部主任，工程管理学部主任。1988年以来历任中国金属学会副理事长、名誉理事长，中国自然辩证法研究会副理事长兼工程哲学专业委员会理事长等职。2002年当选日本钢铁学会名誉会员。现任钢铁研究总院教授级高级工程师、名誉院长。

长期从事并主持冶金科技和发展战略研究工作，工作生涯兼涉学术界和产业界。对20世纪90年代中国钢铁工业技术进步的战略研究、选择、有序推动和实施，做了大量工程技术和理论研究工作，推动了**连续铸钢**在中国的技术突破和全连铸钢厂的全国性推广，以及不同容积高炉喷吹煤粉强化冶炼和棒、线材连轧等关键共性技术的提升突破；组织了**薄板坯连铸连轧**引进技术的消化、吸收和再创新。

在理论上指出冶金制造流程中存在基础科学、技术科学和工程科学三个层次的科学问题，并从工程科学的层次上开拓了**冶金流程工程学**学科分支，研究了钢铁制造流程动态运行的物理本质、本构特征和钢铁制造流程宏观运行动力学等理论问题；提出了新一代钢铁制造流程的概念和理论框架，指出钢厂应具有钢铁产品制造功能、能源转换和及时回收利用功能、社会大宗废弃物处理-消纳和再资源化功能三大功能，其理论成果在首钢搬迁曹妃甸的工程中得到成功应用。率先提出钢铁厂动态-精准设计的理论框架和方法，阐述了高效率、低成本洁净钢生产“平台”概念及其动态运行规则；研究并提出钢铁制造流程中能量流行为与能量流网络构建的理论和设计原则；研究了钢厂清洁生产模式，并提出循环经济工程实践的方向。代表性著作有《冶金流程工程学》《冶金流程集成理论与方法》。

2000年以来，致力于工程哲学的开拓性研究，组建了中国自然辩证法研究会工程哲学专业委员会，进行了工程哲学理论的系统研究，著有《工程哲学》《工程演化论》《工程方法论》《工程知识论》等。

（上官方钦）

铟冶金 indium metallurgy 从含铟矿物原料中提炼金属铟的技术。1863年德国人F.赖希和H.T.里希特在用光谱法研究闪锌矿时发现一条鲜蓝色新谱线，随后分离出一个新的元素。根据这个元素的谱线颜色，按拉丁文将其命名为indium（蓝色）。铟的工业化生产开始于20世纪20年代初。2003～2008年，每年以5%～10%的速度递增。2008年以后，由于世界各国加强对资源的保护，铟的供应量逐渐减少。

铟是稀有元素，主要分散于其他矿物中。含铟矿物主要有：硫铟铜矿（$CuInS_2$）、硫铟铁矿（$FeInS_4$）和水铟矿〔$In(OH)_3$〕。含硫的铅、锌矿物中常见铟，反映了铟的亲硫性。其他矿物如锡石、黑钨矿以及普通闪角石中也含铟。在硫化矿浮选时铟随主金属进入精矿，铟主要是从铅锌工业的副产物中提取。湿法炼锌的浸出渣和铜镉渣，火法炼锌的精馏渣，粗铅火法精炼浮渣，铜、铅、锌、锡和钢铁冶炼的烟尘，铜和铅电解的阳极泥，硫酸厂的酸泥，含铟废器件，铟加工的边角料和废液等均可作为提取金属铟的原料。因此，铟冶金主要包括原生铟生产、再生铟生产和铟的提纯。

原生铟生产 以锌、铅、锡冶炼副产物为原料提取金属铟，其产量可达全球原生铟产量的90%。从含铟矿物原料富集得到富铟原料，再进行铟的提取得到精铟的过程一般包括铟的富集、浸出、萃取、沉淀置换和电解等工序，具体方法随原料不同而不同。铟生产的典型工艺流程见图：

以锌的冶炼过程中铟的富集与提取为例。现代大多数湿法炼锌工厂采用两段浸

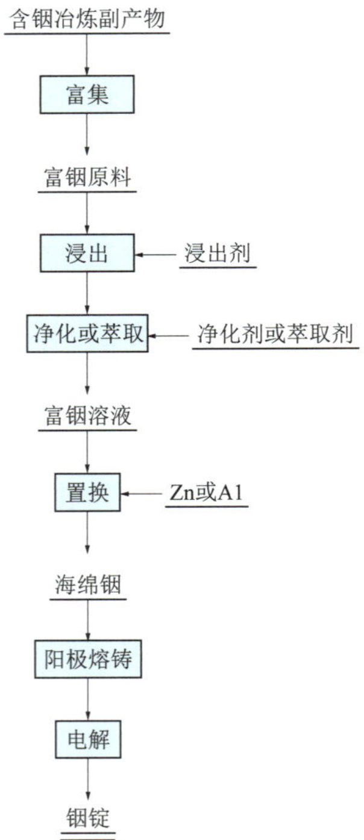

铟生产典型工艺流程

出流程，浸出一般采用硫酸体系，第一段为中性浸出，第二段为热酸浸出。中性浸出过程中90%以上的铟以类质同象形式进入铁酸锌的晶格结构中，热酸浸出后，铟进入浸出液中。如浸出液铟含量较低，则需通过萃取的方法对铟进行进一步的富集；如浸出液的铟含量较高，则可直接进行置换。

萃取法特别适用于含铟较低的溶液，可以明显提高铟的回收率及富集程度，在铟的提取生产中应用广泛。常用的萃取剂有二（2-乙基己基）磷酸酯（P204）、2-乙基己基膦酸单-2-乙基己基酯（P507）、二（2-乙基己基）磷酸（D_2EHMTPA）、三烷基氧化膦（Cyanex923）等，其中P204应用最为广泛。反萃获得的富铟溶液可直接采用锌板或铝板进行置换铟，铟以金属铟的形式析出形成海绵铟。海绵铟经过压制、碱熔可制得粗铟。

电解液通常为硫酸体系，也可为氯盐体系，采用氯化钠和明胶作为添加剂；阳极为铟板，用滤纸/滤布包裹，阴极为钛板。电解电流密度80安/米^2，槽电压0.3～0.35伏，同极中心距70毫米；电解周期5～7天；电解液温度20～30℃，pH值2～2.5，In^{3+}浓度80～100克/升，氯化钠80～100克/升，明胶0.5～1克/升。

再生铟生产　以含铟废料，如ITO（indium tin oxide）废靶材、废旧LCD（liquid crystal display）显示屏等为原料提取金属铟。其中ITO废料是最主要生产原料。从ITO废靶材中回收铟工艺有以下几个阶段：①酸溶，即将铟从固废中转移至酸溶液中。②富集，对铟进行富集。③置换，用铝/锌通过置换形成海绵铟。④浓缩，采用电解或碱煮法提高铟浓度。

铟的提纯　铟的提纯方法主要有真空蒸馏法、电解精炼法、定向凝固法、区域熔炼法、熔盐电解精炼法等。用以上方法中的任何一种都不能获得大多数杂质含量少于0.001～0.1微克/克的金属铟，高纯铟的制备必须综合多种提纯方法。常采用包括低卤化合物法-电解精炼-真空蒸馏法、真空蒸馏-电解精炼-拉单晶或真空蒸馏-区域熔炼的联合工艺，制备高纯铟。

（郁青春　杨　斌）

尹俊浩　Roe-Hoan Yoon（1943-12-02～　）美国冶金与矿物加工专家。生于韩国。1967年首尔国立大学矿业工程学士毕业。1971年和1977年加拿大麦吉尔大学冶金工程硕士和博士毕业。1976～1978年任职于加拿大矿业与能源技术中心。1979年1月入职弗吉尼亚理工大学，2001年担任弗吉尼亚理工先进分离技术中心主任。2008年当选美国工程院院士。

主要从事细颗粒分离研究和硫化矿电化学研究，发明了微泡类浮选柱并获得了广泛的工业应用。他还从事疏水力方面的研究，开发了新型的浮选药剂、脱水剂及新的分离技术。先后发表论文320篇，出版专著1部，宣讲国际大会主旨报告或专题报告共计40次。拥有57项美国和国际授权专利。2003年获美国矿冶工程师学会高登奖（Antoine M. Gaudin Award），2007年获里恰兹奖（Robert H. Richards Award）。

（陈　攀）

应力腐蚀断裂　stress corrosion cracking；SCC　应力与腐蚀介质协同作用下引起的金属断裂现象。

特征　主要有：①应力腐蚀断裂是时间的函数。拉伸应力越大，则断裂所需时间越短；断裂所需应力一般都低于材料的屈服强度。这种应力包括外加载荷产生的应力、残余应力、腐蚀产物的楔形应力等。②腐蚀介质是特定的，只有某些金属-介质的组合（见表）情况下，才会发生应力腐蚀断裂。若无应力，金属在其特定腐蚀介质中的腐蚀速度是微小的。③断裂速度在纯腐蚀及纯力学破坏之间，断口一般为脆断型。

发生应力腐蚀断裂的典型体系——金属与腐蚀介质的组合

金属材料	腐蚀介质*
低碳钢	$Ca(NO_3)_2$，NH_4NO_3，NaOH
低合金结构钢	NaOH
高强度钢	雨水、海水，H_2S溶液
奥氏体不锈钢	热浓的Cl^-溶液
黄铜	NH_4^+
高强度铝合金	海水
钛合金（6Al-4V）	液态N_2O_4

* 除液态N_2O_4外，其他都是水溶液

金属的应力腐蚀断裂与氢脆（HE）相关。氢脆是一种由于金属材料中氢引起的材料塑性下降、开裂或损伤的现象。在高温高压氢气中结构件的开裂，既是氢脆，又是应力腐蚀断裂；水溶液中应力腐蚀时，若阴极过程析出的氢对断裂起了决定性作用，则这种破坏既是应力腐蚀断裂，也是氢脆；这两个实例便位于图1所示的重叠区内。

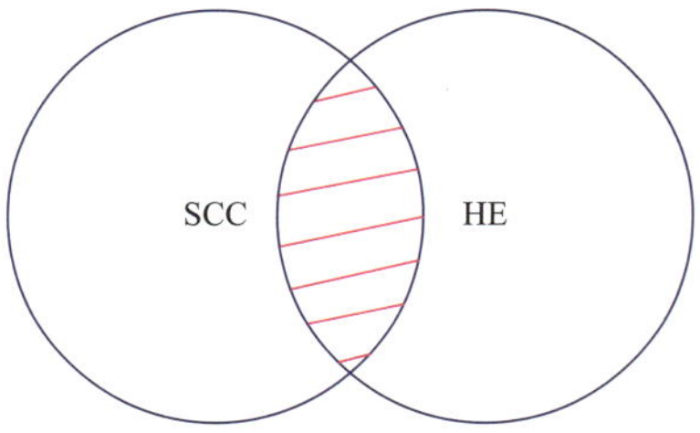

图1　应力腐蚀断裂（SCC）和氢脆（HE）关系示意图

试验方法和工程参量　应力腐蚀试验一般采用光滑或缺口试样，固定环境条件（即腐蚀介质和温度），采用断裂为临界点、测定固定应力下的断裂时间（t_f）或固定t_f下的断裂应力（σ_f），用t_f的长短或σ_f的高低来衡量材料抗应力腐蚀断裂能力的大小。20世纪70年代以来，人们广泛地运用了断裂力学研究应力腐蚀断裂；用预制裂纹的试样进行应力腐蚀试验，如图2所示。

断裂时间t_f是随着应力场强度因子（K_I）的降低而增加的；随着t_f的增加，K_I下降并趋近于一稳定值K_{ISCC}（曲线a），或采用给定的t_f来确定K_{ISCC}（曲线b）。K_{ISCC}称为应力腐蚀断裂的临界应力场强度因子，也称应力腐蚀临界应力强度因子。根据断裂力学公式，可以计算它与断裂应力σ_f及临界裂纹深度a_c之间的关系：

$$K_{ISCC}=\alpha\sqrt{\pi a_c}\sigma_f \quad (1)$$

式中α为形状因子，可从有关断裂力学手册中查到。裂纹深度（a）的扩展速度（da/dt）随K_I的变化，一般有图3所示的三阶段的关系，依据Ⅱ阶段的da/dt以及式（1），可以估算寿命。

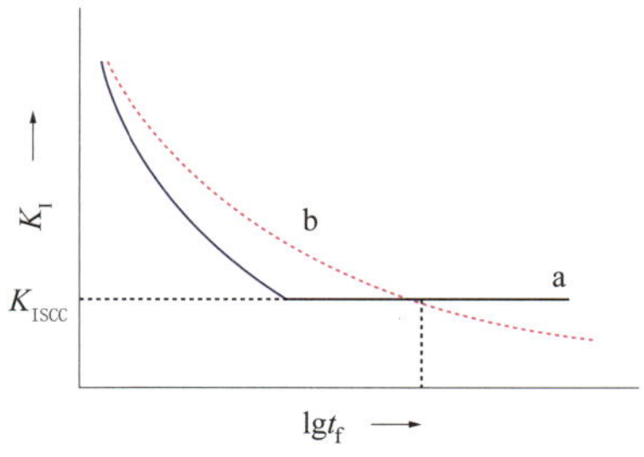

图2 断裂时间与应力场强度因子之间的关系

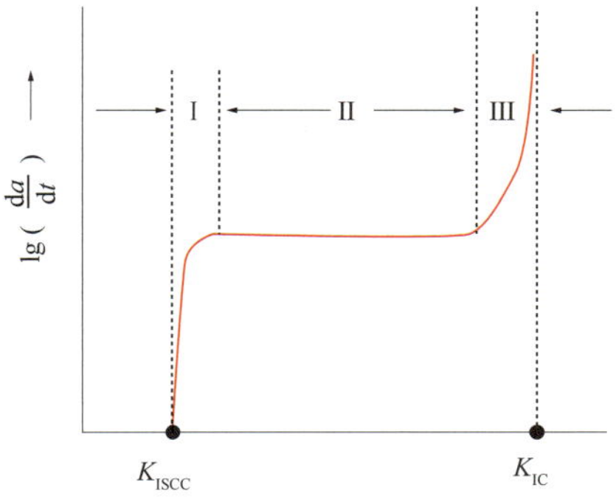

图3 裂纹扩展速度与K_I之间的关系

影响因素及作用机理 阳极溶解机理 应力腐蚀断裂必须首先发生选择性腐蚀，而金属的腐蚀又受图4所示的阳极极化曲线的影响。以不锈钢为例，增加介质中Cl^-含量，降低介质中O_2含量及pH值，都会使图4a中阳极极化曲线从左向右移动，这四根曲线分别对应于蚀坑或裂纹区（图4b）的不同位置。应力的主要作用在于使金属发生滑移或使裂纹扩展，这两种力学效应都可破坏钝化膜，从而使阳极过程得以恢复，促进局部腐蚀。钝化膜破坏以后，可以再钝化。若再钝化速度低于钝化膜破坏速度，则应力与腐蚀协同作用，便发生应力腐蚀断裂。

阳极溶解机理说明了应力腐蚀断裂的主要特征——腐蚀介质是特定的。因为只有在活化-钝化或钝化-再活化的很窄电位范围（图5）内，才能产生应力腐蚀断裂；而给定的金属介质组合，具有固定的开路电位，若这个电位落在图5所示的金属的应力腐蚀断裂电位区内，便会发生应力腐蚀断裂。这个机理还可说明许多实验现象。例如，Cr17%～25%-Mo5%-Cu0.37%（或Ni1%）铁素体不锈钢的阳极极化曲线与Cr18%-Ni8%奥氏体不锈钢的相近，在热浓的$MgCl_2$水溶液中，这两种不锈钢尽管组织不同，但同样都发生应力腐蚀断裂。又例如α黄铜在含NH_4^+的碱性水溶液中发生应力腐蚀断裂（见前表），但是，通过阳极极化，α黄铜在含NH_3^-及SO_4^{2-}的酸性水溶液中，也能发生应力腐蚀断裂。

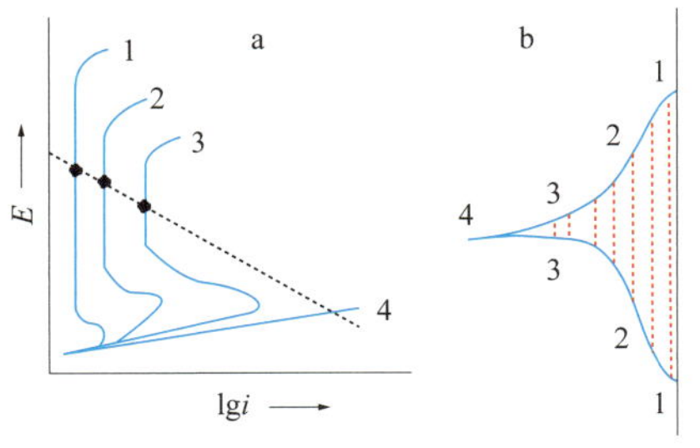

图4 蚀坑各部分（b）的极化曲线（a）

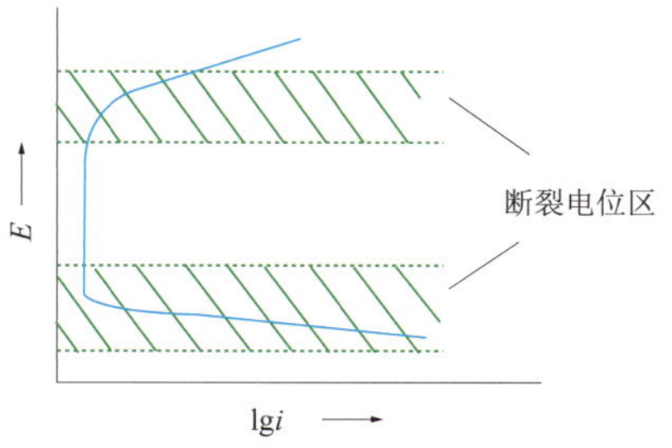

E 电位 i 电流密度

图5 断裂电位区

曾经将阳极溶解机理叫作“活化途径机理”，认为这种活化途径是预先存在的。例如高强度铝合金、黄铜、低碳钢的晶界区。但是，预先存在的活化途径并不是必要条件。例如，α黄铜在氧化性的含NH_4^+的水溶液中，SCC是沿晶的；而在非氧化性的含NH_4^+的水溶液中，SCC却是穿晶的。

氢致开裂机理 应力腐蚀断裂的第二种机理，或称氢脆机理。这种机理承认SCC必须首先有腐蚀，但纯粹的电化学溶解在很多情况下，既不易说明SCC速度，也难于解释SCC的脆性断口形貌。氢脆机理认为，蚀坑或裂纹内形成闭塞电池，局部平衡使裂纹根部或蚀坑底部具备低的pH值，这是满足阴极反应放氢的必要条件。这种氢进入金属所引起的氢脆是SCC的主要原因。这种机理取决于氢能否进入金属以及金属是否有高度的氢脆敏感性。高强度钢在水溶液中的SCC以及钛合金在海水中的SCC是氢脆引起的。

氢致开裂机理又可从3个方面考虑：①推动力理论。化学反应所形成的气体（CH_4）、H_2O与沉淀反应所析出的氢气团和H_2气的内在应力以及氢致**马氏体相变**应力，都可与外加的或残余应力叠加，引起开裂。②阻力理论。氢引起的相变产物如马氏体或氢化物，固溶氢引起的金属结合能及表面能下降，都可降低氢致开裂阻力，促进开裂。③过程理论。氢在裂纹尖端区多方向应力梯度下的扩散和富集，表面膜对氢渗入和渗出的影响，氢在金属内部缺陷的陷入和跃出，氢对裂纹尖端塑性区的影响等，都是氢致开裂或氢脆的过程理论。上述的3种机理不是相互矛盾对立的，而是相辅相成的。对于具体的体系，应从氢所造成的变化去确定起决定作用的机理。

对应力腐蚀断裂的抑制 可根据已知的表象规律和机理基础从材料、应力和腐蚀3个方面选择抑制措施。

材料抑制 在应力腐蚀体系中，材料的屈服强度（σ_s）愈高，则K_{ISCC}愈低（图6）。图中虚线表明式（1）中裂纹深度a_c与K_{ISCC}及σ_s之间的关系：$a_c=0.21\ (K_{ISCC}/\sigma_s)^2$，$\sigma_s$愈高，能容许的$a_c$愈小，构件反而愈不安全。还表明了与平面应变断裂韧度（K_{IC}）的关系。用于含H_2S的油气田的钢管，为了抑制SCC，硬度一般控制在HRC22以下。在沸腾的42%$MgCl_2$水溶液中，常用的Cr18%-Ni8%奥氏体不锈钢的应力腐蚀敏感性最大，增镍降铬，都可降低这种敏感性。此外，采用过时效处理（见**脱溶**），可以降低Zn-Mg-Cu系铝合金的应力腐蚀断裂敏感性。

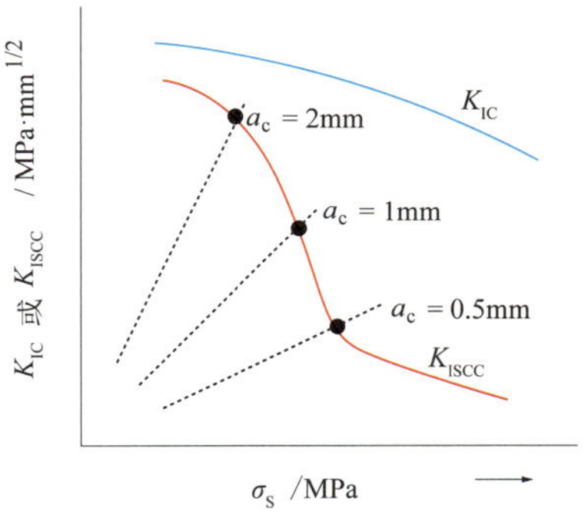

图6 40CrNiMo钢K_{IC}、K_{ISCC}与σ_s的关系

应力抑制 降低拉伸应力，可降低应力腐蚀断裂敏感性。例如，冷加工后的黄铜件、奥氏体不锈钢的焊件，通过消除残余应力的**退火**处理，也可以避免上表所示的应力腐蚀断裂，喷丸、滚压及其他使表面处于残余压应力状态的机械加工工艺对抑制应力腐蚀断裂也是有效的。缺口半径（ρ）影响应力集中系数，从而也是影响K_{ISCC}（图7）的重要因素。因此，增加构件的ρ，可以有效地提高抗应力腐蚀断裂的能力。

腐蚀抑制 改进设计，防止腐蚀介质的富集，是一项有效的措施。例如，奥氏体不锈钢管在含Cl^-气氛中易于吸收Cl^-并逐渐富集，曾用硅胶油先涂在管的外壁，然后再包绝热层，成功地解决了这个问

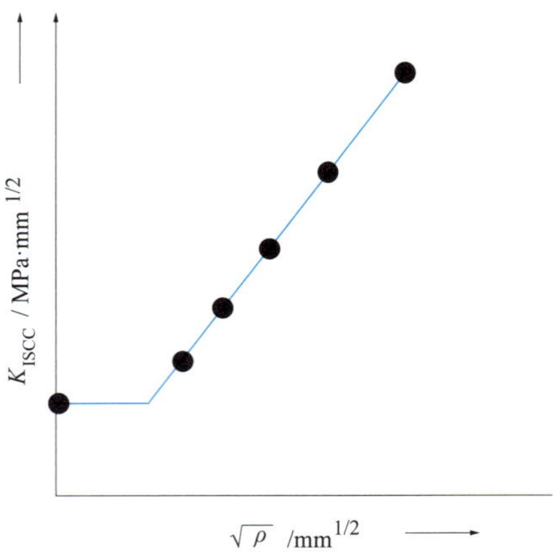

图7 K_{ISCC}与缺口半径（ρ）之间的关系

题。介质的预处理，也是一项重要措施。例如，汽轮机发电机组用水应预先处理，降低NaOH含量；核反应设备的不锈钢热交换器中，需将水中含有的Cl^-及O_2降低到10^{-6}数量级（ppm）以下。缓蚀剂、涂层及电化学保护都可用于抑制腐蚀。但应指出，以氢脆为断裂机理的应力腐蚀体系中，阴极极化及阳极极化都可促进局部区域氢的析出，都使裂断纹扩展加速。

（肖纪美）

硬质合金 cemented carbide 由难熔金属硬质化合物和黏结金属，通过**粉末冶金**方法制成的合金。难熔金属硬质化合物包括元素周期表中ⅣB、ⅤB、ⅥB族金属中的碳化物、氮化物、硼化物，如碳化钨（WC）、碳化钛（TiC）、碳化钽（TaC）、碳化铌（NbC）等；黏结金属包括元素周期表中Ⅷ族的金属，如钴（Co）、镍（Ni）、或铁镍（Fe-Ni）合金等。硬质合金具有高硬度、高耐磨性、高强度、高弹性模量、低热膨胀系数、稳定的化学性。硬质合金制品主要包括切削刀具、矿用工具及耐磨零件等，广泛应用于机械加工和矿业工程、油气资源采掘、基础设施建设等领域。

1923年德国科学家K.施勒特尔首先提出用粉末冶金方法生产硬质合金。1926年起德国克虏伯公司开始工业规模生产含6%钴的碳化钨硬质合金，并以“Widia”（wie diamond的缩写，意即“像金刚石”）为商标出售。

依组织结构来分，硬质合金通常包括细晶粒、中晶粒、粗晶粒合金，重点发展的是涂层硬质合金、超细/纳米晶硬质合金、超粗晶硬质合金、网状结构硬质合金、梯度硬质合金。

涂层硬质合金 用物理、化学方法在硬质合金基体表面形成一定厚度的覆盖层而获得的一类具有防护或特殊功能的材料。常用的涂层方法有3种：①化学气相沉积法（CVD），沉积温度为850～1100℃，涂层厚度5～20微米。②物理气相沉积法（PVD），沉积温度约为500℃，涂层厚度2～5微米。③等离子体化学气相沉积法（PACVD），是结合了CVD和PVD技术的复合涂层工艺。常用的涂层材料有金刚石、氮化钛、碳化钛、氧化铝和氮化钛铝（AlTiN）等。涂层硬质合金主要用于制作切削、铣削、钻削刀具，提高刀具的耐用度和加工效率。

超细/纳米晶硬质合金 WC平均晶粒度≤0.5微米的硬质合金。其成分除WC、Co外，一般同时添加微量碳化钒（VC）和碳化铬（Cr_3C_2）等晶粒长大抑制剂，其材料既具有很高的硬度和耐磨性能，又具有很高的强度和韧性。超细/纳米晶硬质合金主要用于制作刀具，在难加工材料，微细、精密加工等领域得到广泛应用。

超粗晶硬质合金 WC平均晶粒度≥5微米的硬质合金。具有良好的断裂韧性、热传导性、抗热冲击性和抗热疲劳性，广泛用于矿产资源采掘，基础设施工程掘进和铣刨，钢铁工业棒材、线材轧制等领域。

网状结构硬质合金 一种复合结构的硬质合金。将一种不同成分或不同性能的硬质合金团粒均匀镶嵌在另一种硬质合金基体中形成网状结构。硬质合金团粒和硬质合金基体之间的硬度、韧性相差较大，如网状基体的硬度较低、韧性较好，而硬质合金团粒的硬度较高、耐磨性好。适用于大磨损量的凿岩工具领域。

梯度硬质合金 由表及里不同部位呈规律性功能差异的合金。其功能差异是由合金组元成分的梯度分布引起的，因而常伴随着合金组织结构的梯度变化，如合金表层富WC相，硬度较高；中间层富Co相，硬度较低；芯部为均质相，硬度又升高。梯度硬质合金的制备方法分为受控气体扩散、不同粉末分区压制和固-液反应3种。多应用于金刚石合成顶锤、切削工具、凿岩工具、拉伸模具等领域。

扩展阅读

周书助.硬质合金生产原理和质量控制.北京：冶金工业出版社，2014.

中国工程院.粉末冶金科学与技术发展.北京：高等教育出版社，2013.

（张忠健 彭 文）

永磁磁滚筒 permanent magnetic pulley 使不同磁性物料通过皮带和具有永磁磁系的旋转滚筒实现分离的干式**磁选设备**。通常作为皮带运输机的传动滚筒使用，与皮带运输机、分矿箱等组成干式分选系统，可连续不断地自动分离出输送带上的磁性产品和非磁性产品。由于永磁磁滚筒常用于取代皮带运输机中的驱动头轮，故又称头轮。

矿石经皮带运输机均匀输送至永磁磁滚筒分选区，非磁性物料或弱磁性矿物受离心力、重力作用被抛入非磁性产品料斗；磁性较强的矿物受磁力作用被吸附在皮带上，并随皮带运动到磁滚筒下部，在皮带拖动下离开磁场作用区，落入磁性物料斗（见图）。可通过调整分矿板位置来调节性产品和非磁性产品的产率。

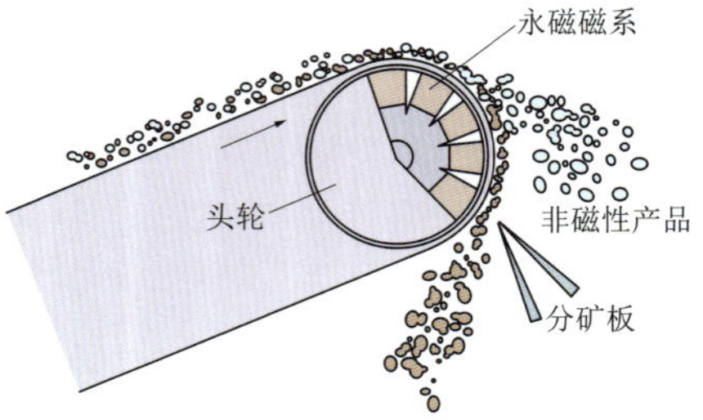

永磁磁滚筒工作原理

磁极组在永磁磁滚筒内组成扇形磁系，磁包角通常为140°～160°，磁极沿圆周方向呈N-S-N交替排列。磁系和配重固定在主轴上，通过磁系调整装置调整至适当位置。工作时，磁系固定，传动轴通过端盖和圆筒带动皮带运动。部分永磁磁滚筒磁包角为360°，磁系随圆筒运转。对于大块矿石，有时设计磁极沿圆周方向极性相同，以消除磁场翻动从而避免大块矿石翻落。

永磁磁滚筒可用于水泥、矿山、钢铁、化工、耐火材料、垃圾处理等行业。有针对性设计的大块永磁磁滚筒尤适用于粗、中碎后粒度小于350毫米的块状原生磁铁矿石的干式磁选，磁选过程中可预先抛弃混入矿石中的废石，节能增产；粗碎后粒度小于450毫米极低品位剥离围岩或废石中磁铁矿大规模回收，减少资源流失，提高资源利用率。还可用于建材、钢渣、非金属矿等物料的清除或金属的回收。

（董天颂）

永磁干式筒式磁选机 dry permanent magnetic drum separator 通过旋转圆筒内永磁磁系产生的磁场实现不同磁性物料分离的干式**磁选设备**。永磁干式筒式磁选机可分为单筒型和多筒型。设备结构主要由机架、箱体、磁筒、磁系调整机构、传动系统、分矿板等组成（见图）。工作时，物料经给料器直接送至磁选机圆筒上部。磁性颗粒受较大磁力作用被吸附在圆筒上，或吸向圆筒方向一侧落入磁性物料斗；

非磁性或弱磁性物料受离心力、重力的作用被抛入非磁性产品料斗。通过调整分选圆筒的转速和分矿板位置来调节磁性产品和非磁性产品产率。

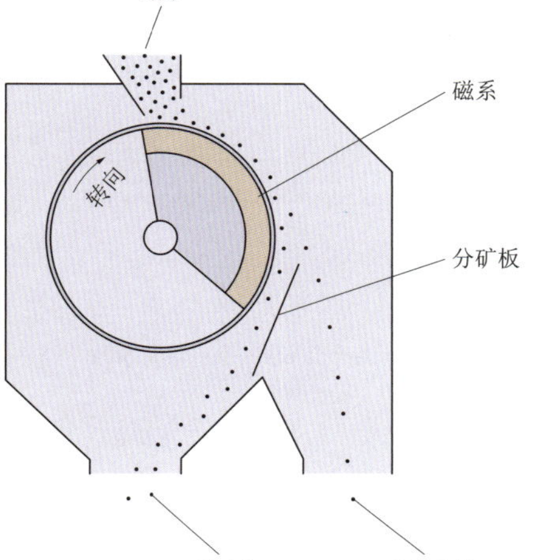

永磁干式筒式磁选机示意图

永磁干式筒式磁选机磁系可分为扇形固定磁系和圆形旋转磁场磁系。磁系磁极有两种排列形式：①磁极沿圆周方向N-S极交替排列。②磁极沿轴向N-S极交替排列。磁感应强度一般在0.25～0.5特斯拉之间。双筒型永磁干式磁选机可在一台设备上实现粗选–精选或粗选–扫选两段作业。永磁干式筒式磁选机多用于贫磁铁矿的干式预选作业，也可用于从粉状物料中剔除磁性杂质。（董天颂）

永磁湿式筒式磁选机 wet permanent magnetic drum separator 利用旋转的圆筒内永磁磁系产生的磁场，实现矿浆内不同磁性物料分离的**磁选设备**。简称湿式磁选机。常应用于选别强磁性矿物，以及煤、非金属矿、建材等物料的除铁作业。是广泛使用的磁选设备之一。

主要由永磁筒、机架、传动系统、给矿槽、精矿槽、精矿漂洗水管、底部冲洗水管和磁偏角调整装置组成。磁系设在圆筒内并固定在芯轴上，永磁筒绕磁系旋转。磁极可由锶铁氧体磁块、稀土永磁块的一种或二者复合组成。磁极极性沿圆周交替变化，两极间可镶嵌楔形磁块以提高磁场的作用深度。磁包角通常为110°～140°。物料进入给矿槽后，磁性矿物在磁场作用下吸附在旋转的筒体表面，离开磁场后，在冲洗水作用下进入精矿槽成为精矿；非磁性矿物则从槽底流出，从而实现矿物的分离。

根据槽体结构不同，湿式永磁筒式磁选机可分为顺流型、逆流型和半逆流型，其中半逆流型应用较多。

顺流型永磁筒式磁选机矿浆的流动方向与圆筒旋转方向或磁性产品移动的方向一致。底箱结构如图1。顺流型磁选机构造简单，处理能力大，适用于粒度为小于6毫米的粗粒强磁性矿石的粗选和精选。

逆流型永磁筒式磁选机矿浆运动方向与筒体旋转方向及磁性产品运动方向相反。底箱结构如图2。逆流型永磁筒式磁选机精矿排出端与给矿口较近，磁翻转作用差，对精矿品位提升有一定的影响。但给矿口与尾矿口距离远，分选区长，回收率较高。适用于强磁性矿石的粗选和扫选。

半逆流型永磁筒式磁选机矿浆从槽体下方进入分选空间，磁性产品的移动方向与圆筒旋转方向相同，矿粒直接冲到磁场力高的圆筒表面，磁性产品随圆筒旋转移动的同时又受矿浆冲刷；非磁性产品的移动方向与圆筒旋转方向相反，可得到较高的精矿质量和金属回收率。底箱结构如图3。半逆流型永磁筒式磁选机适用于处理小于0.5毫米的强磁性矿物的粗选和精选作业，尤其适用于处理小于0.15毫米强磁性矿物的精选作业。

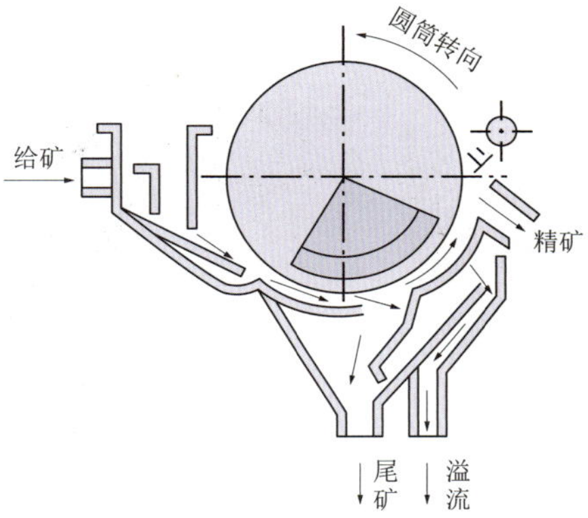

图1　顺流型永磁筒式磁选机底箱结构示意图

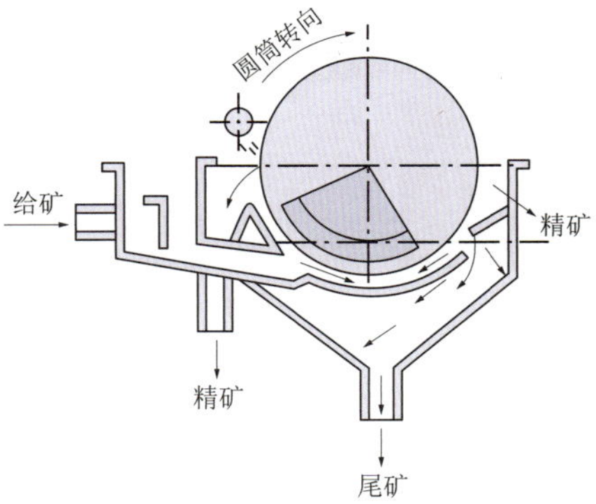

图2　逆流型永磁筒式磁选机底箱结构示意图

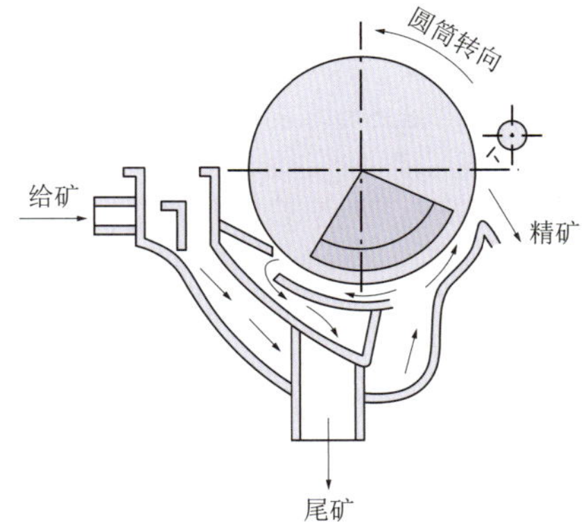

图3　半逆流型永磁筒式磁选机底箱结构示意图

（张　军）

永磁旋转磁场磁选机 permanent rotating magnetic field separator 利用在圆筒内旋转的永磁磁系产生高频交变磁场，实现不同磁性物料分离的**磁选设备**。**永磁干式筒式磁选机**和**永磁湿式筒式磁选机**的磁系是固定不动的，而永磁旋转磁场磁选机磁系和圆筒可分别传动。磁性颗粒在高速旋转的动态磁场中翻转，在圆筒表面形成层状“磁旋风”。翻转过程可将磁链磁团及物理性团块打散，而夹杂在其中的脉石在高频次的团聚、打散过程中从磁团中脱离出来。

一般用永久磁铁作磁源，磁极绕轴旋转。磁场强度的大小和方向随时间而变化。最早由苏联、德国研发并应用，中国在20世纪70年代开始用于铁矿选厂提精作业。

永磁旋转磁场磁选机可分为湿式旋转磁场磁选机和干式旋转磁场磁选机。①湿式旋转磁场磁选机（图1）。主要由圆筒、

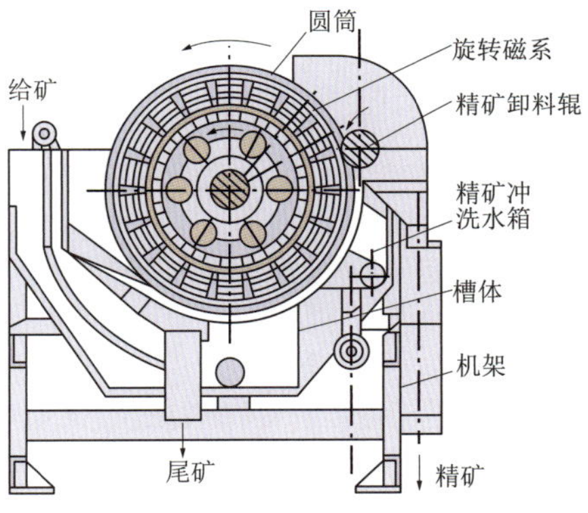

图1　湿式旋转磁场磁选机结构示意图

旋转磁系、槽体、精矿冲洗水箱、机架、精矿卸料辊等组成，永磁旋转磁系由数十个沿圆周N-S交替排列的磁极组成；永磁性圆筒和旋转磁系分别传动，可以相同转向运转，也可以相反方向运转。工作原理是：矿浆被送到圆筒下方，旋转磁系将强磁性矿物吸附在圆筒表面。由于旋转磁场使得分选空间的磁场交变，对吸附在圆筒表面上的磁性颗粒群产生剧烈的磁搅拌作用，使磁团聚中夹杂的脉石充分暴露，并强化洗涤作用。强磁性矿物随转动的圆筒被带至感应辊处，在感应辊作用下落入

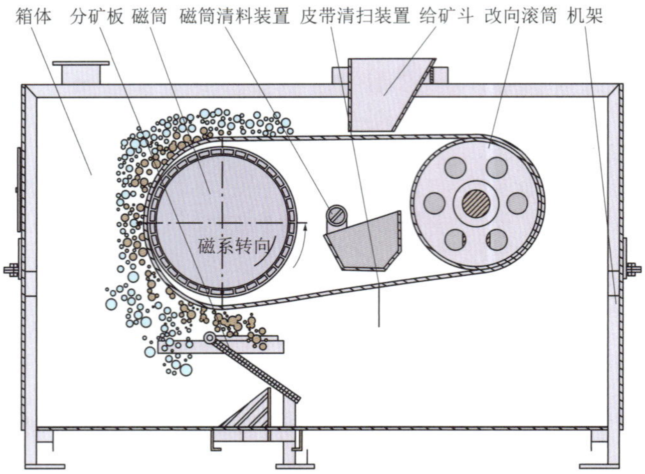

图2 干式旋转磁场磁选机结构示意图

精矿斗中。未被吸出的矿物随矿浆从尾矿斗排出。②干式旋转磁场磁选机（图2）。主要由机架、箱体、分矿板、磁筒、磁筒清料装置、皮带清扫装置、给矿斗和改向滚筒组成。工作原理是：通过振动给料装置将物料均匀地送至皮带上，经皮带输送逐步进入磁场。在预磁化空间内，微细粒磁性颗粒首先结成短小磁链，以磁链方式进入分选空间；非磁性颗粒不受磁场力作用，在重力和离心力的共同作用下抛入非磁性物料斗。磁性颗粒在分选空间受磁场的作用，运动轨迹发生改变，在高速旋转的动态磁场中，除随皮带向前运动外，自身同时做翻转运动。翻转过程可将形成的磁链磁团以及物理性团块打散，夹杂其中的脉石在团聚－打散－团聚－再打散的过程中从磁团中脱离出来，在重力和离心力的作用下进入非磁性物料斗；磁性颗粒受到磁场力作用，被吸附在磁筒表面，随皮带前行，继续参与分选。

由于旋转磁场大幅提高了分选空间的磁场交变频率，对吸附在圆筒表面上的磁性粒群产生剧烈的磁搅拌作用，不断打破磁团，分选出磁团中夹杂的脉石的概率大增，故可获得比常规磁选机更纯的精矿品位。旋转磁场磁选机运转部件多、结构复杂、功耗较大、处理量小。湿式旋转磁场磁选机主要用于强磁性矿物磨后精选，干式旋转磁场磁选机主要用于强磁性矿物细碎后粗粒预选。

扩展阅读

王常任.磁电选矿.北京：冶金工业出版社，1986.

（汤玉和）

永乐大钟 Yongle great bell 中国明朝永乐（1403～1424）年间铸造的大钟。是中国已发现的最大的青铜钟。

原在北京德胜门铸钟厂铸成，后移入城内汉经厂，明万历（1573～1620）年间移置西郊万寿寺，清雍正十一年（1733）移置觉生寺（今俗称大钟寺），悬挂于大钟楼中央巨架上。

铜钟通高6.75米，钟肩外径2.4米，口沿外径3.3米。大钟壁厚度不同，最薄处在钟腰部，厚94毫米；最厚处在钟唇部，厚185毫米。重约46.5吨。钟体内外

中国最大的青铜钟——北京永乐大钟

遍铸阳文楷书佛教经咒17种，约23万字，字体工整，古朴遒劲，相传是明代书法家沈度的手迹。永乐大钟声音振动频率与音乐上的标准频率相同或相似，轻击时，圆润深沉；重击时，浑厚宏亮，音波起伏。声音最远可传45千米。每逢节日，永乐大钟鸣钟3次，钟声悠远。永乐大钟合金成分为：铜80.54%、锡16.40%、铅1.12%。大钟是用泥范法铸造。钟身用圈形外范分7层，逐层与范芯套合，至钟顶部，将先铸成的蒲牢（钟钮）嵌入，浇铸后成为一体。

（吴坤仪 李秀辉）

优势区图 predominance area diagram *冶金过程热力学参数状态图。又称稳定区图。*它表示由多种凝聚相组元（金属及金属的化合物）与气相构成的复杂体系中，组元间发生化学反应并达到平衡时的存在范围及平衡条件。例如，由金属Me及其硫化物MeS、氧化物MeO、硫酸盐$MeSO_4$和气相中的SO_2、O_2组成的Me-S-O系图，可以表示简单金属硫化物焙烧反应的平衡条件。在该体系中存在下述5个独立反应：

$$2Me + O_2 \longrightarrow 2MeO \qquad (1)$$

$$K_1 = \frac{1}{p_{O_2}} \qquad -\lg p_{O_2} = \lg K_1$$

$$Me + SO_2 \longrightarrow MeS + O_2 \qquad (2)$$

$$K_2 = \frac{p_{O_2}}{p_{SO_2}} \qquad \lg p_{O_2} - \lg p_{SO_2} = \lg K_2$$

$$MeO + SO_2 + \frac{1}{2}O_2 \longrightarrow MeSO_4 \qquad (3)$$

$$K_3 = \frac{1}{p_{SO_2} \cdot p_{O_2}^{1/2}} \qquad -\lg p_{SO_2} - \frac{1}{2}\lg p_{O_2} = \lg K_3$$

$$MeS + 2O_2 \longrightarrow MeSO_4 \qquad (4)$$

$$K_4 = \frac{1}{p_{O_2}^2} \qquad -2\lg p_{O_2} = \lg K_4$$

$$MeS + \frac{3}{2}O_2 \longrightarrow MeO + SO_2 \qquad (5)$$

$$K_5 = \frac{p_{SO_2}}{p_{O_2}^{3/2}} \qquad \lg p_{SO_2} - \frac{3}{2}\lg p_{O_2} = \lg K_5$$

由热力学数据计算出一定温度时各反应的平衡分压p_{SO_2}及p_{O_2}，并以$\lg p_{SO_2}$与$\lg p_{O_2}$为坐标，则可绘出Me-S-O系优势区图（图1）。图中各线及点分别表示两凝聚相与气相、三凝聚相与气相间平衡共存条件，线间的区域表示该凝聚相组分稳定存在的平衡条件，故名为“优势区”图。

优势区图是由O.克纳克于1953年提出，并用来表述**火法冶金过程**；1960年，H.H.凯洛格和S.K.巴苏等人把它应用于Pb-S-O体系，故又称凯洛格图。对于含有几种金属硫化物、氧化物以及各种碱式硫酸盐的复杂Me-S-O系，也可以计算得到相应的优势区图。

优势区图种类繁多，Fe-C-O和Fe-H-O系平衡图、电势-pH图都是优势区图。根据不同用途可选取不同状态参数作坐标，得到形式各异的优势区图，如表示某一气相组分分压p_i与温度关系的$\lg p_i - \frac{1}{T}$图，便于分析温度条件变化对凝聚相的稳定存在条件的影响（图2）。

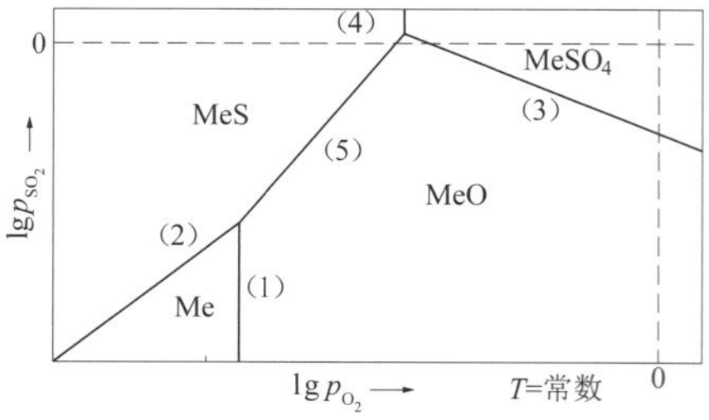

图1 Me-S-O系优势区图

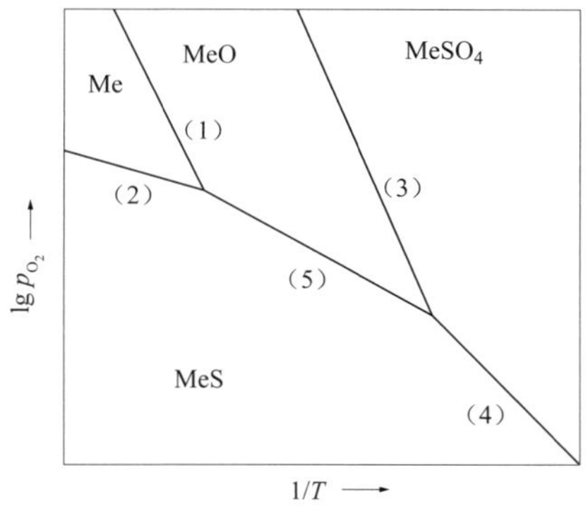

图2 Me-S-O系分压与温度关系图

将两种不同金属的Me-S-O系优势区图叠加在一起得到的二重优势区图，可以分析两种不同金属硫化物焙烧时的分离条件（图3）。此外，还有用以研究金属材料氧化、腐蚀条件的Me_i-Me_j-O-N系优势区图（图4）等。

优势区图能直观、简捷地反映复杂体系各组分平衡条件及存在范围，广泛地用于分析冶炼过程相组成变化的关系，确定某些凝聚相的制取或分离的条件，以及研究气相氧化腐蚀过程等，是探讨复杂反应体系的工具之一。存入大量热力学数据的计算机，可根据不同需要绘出各种形式、各种体系的优势区图。

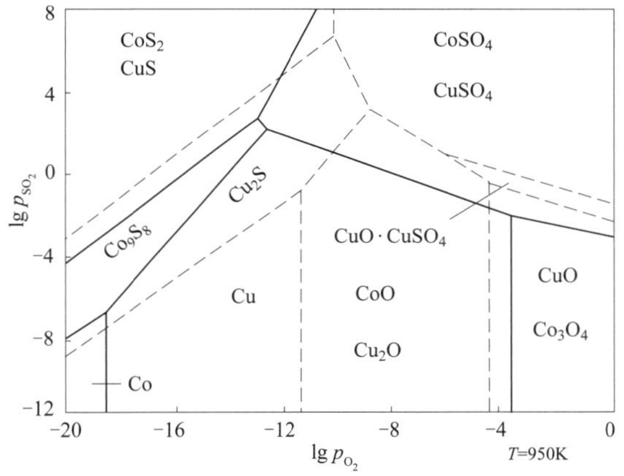

图3 CO-S-O系（实线）和Cu-S-O系（虚线）二重优势图

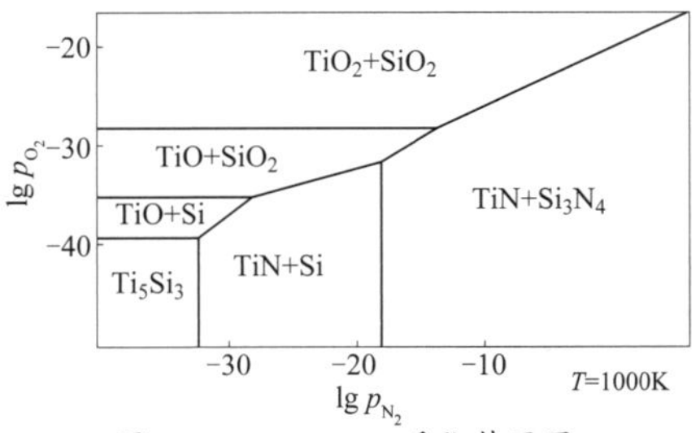

图4 Ti-Si-O-N系优势区图

（隋智通　冀春霖　车荫昌）

优先浮选 selective flotation, preferential flotation　根据原矿中有用矿物的可浮性差异，将要回收的有用矿物按其可浮性由高到低的顺序逐一浮选出的流程。优先浮选流程对原矿中有用矿物的品位变化具有较高的灵活性，比较适合原矿品位较高的原生硫化矿物浮选分离。浮选时，根据矿物可浮性，先浮选一种矿物而抑制其余矿物，然后再活化并浮选另一种矿物（见图）。

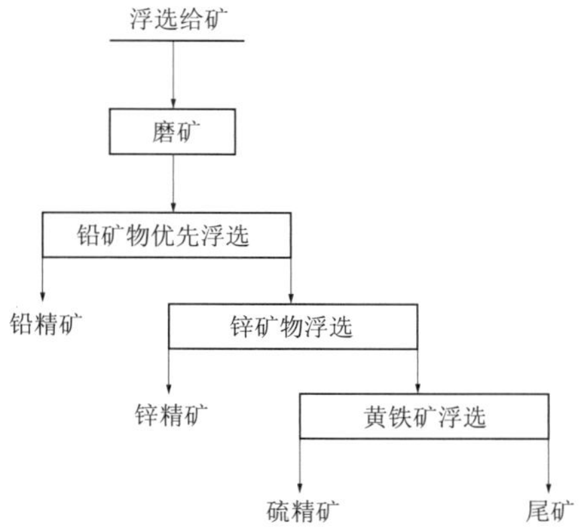

铅锌矿优先浮选流程示例

这种流程工艺条件容易控制，一般选矿生产指标较高且稳定，在生产中应用广泛。但与**混合浮选**相比，浮选时间长、所需浮选机多、磨矿费用较高、抑制剂和活化剂消耗量大。

（杨慧芬）

油团聚浮选 oil coagulation flotation　用油类使矿物颗粒团聚进行分选的聚团**浮选**方法。用中性油与分散在水介质中的矿物或其他颗粒接触，在搅拌产生的剪切力作用下进行分选。最早由加拿大国家研究委员会提出，其原理是非极性油（中性油）分散成液珠，在范德瓦耳斯力、静电力和疏水作用力等共同作用下，疏水颗粒通过油桥连接起来形成油团，再通过浮选或筛分等手段将油团分离，得到疏水产物或使水相得到净化。

原理　在矿浆中加入**捕收剂**使目的矿物疏水，再加入中性油使其在疏水颗粒表面铺展开来形成油桥，使颗粒悬浮体的疏水聚团行为得到强化，被非极性油覆盖的细颗粒相互黏附形成油聚团，再通过常规浮选方法对其进行分离回收。

油团聚浮选的关键是中性油的添加量。中性油添加量的多少决定了疏水聚团的外形、结构及强度。当中性油添加量小时（1%及以下），形成的聚团通常呈枝链状，聚团结构松散、强度较弱，多数为絮凝结构，称为乳化浮选；当中性油的添加量达到油水比2%～6%时，油性聚团呈浑圆状，聚团结构致密，尺寸及强度很大，形成油团聚浮选；当大量的中性油加入时（油水比达到10%以上），在矿浆中形成油的分散相——油珠，成为疏水颗粒的运载工具，此时进行后续分选的方法称为两液浮选。除了中性油添加量之外，影响油团聚的因素还有团聚时间、搅拌强度、体系pH值等。

应用　作为增大表观粒度的方法之一，油团聚浮选具有操作简单、成本低、分选效果好等显著优点，在细粒物料的分选上愈来愈受到重视。可应用于煤的脱灰、脱硫领域，在细粒金的浮选、细粒氧化矿物及细粒尾矿的浮选、废纸的脱墨浮选、废水处理等领域的应用和研究也日益深入。

扩展阅读

卢寿慈，翁达.界面分选原理及应用.北京：冶金工业出版社，1992.

宋少先.疏水絮凝理论及分选工艺.北京：煤炭工业出版社，1993.

张一敏.固体物料分选理论与工艺.北京：冶金工业出版社，2007.

（卢烁十）

有衬电渣熔炼 electroslag crucibl melting　在用耐火材料砌筑的冶炼炉中，利用熔渣电阻发热将预制的金属电极熔化、精炼和合金化的技术。是在**电渣重熔**基础上发展的技术。利用电渣重熔技术，将金属自耗电极埋入液态渣池，依靠电阻热，使熔渣保持高温，熔化冶炼电极金属。获得的钢水或金属液汇集在耐火材料炉膛内，然后铸造成锭或铸件。被熔化的电极分为单极自耗、双极自耗和多极自耗。

有衬电渣炉的炉型与传统**炼钢电弧炉**相类似，主要区别是：有衬电渣熔炼原料采用金属自耗电极，不使用**废钢铁**炉料；过程中没有电弧，热源是电流通过熔渣产生的电阻热；不使用石墨电极；熔化后的液态金属在耐火材料砌筑的冶炼炉中聚集，形成碗状熔池，而不是在水冷结晶器聚集凝固。有衬电渣熔炼与电渣重熔主要区别是凝固过程不同。

有衬电渣熔炼设备与电渣重熔设备基本相同，只是采用了耐火材料砌筑的炉体，而不是电渣重熔的结晶器。有衬电渣炉使用交流电，主电路由炉用变压器与电力电网相接，变压器次级经短网、把持器，接自耗电极，通过液态渣池至金属熔池。电源分为单相和三相两种。单相炉须在炉底设导电电极，或另设一自耗电极，通过电缆形成回路；三相炉则利用金属熔池为电路的中点。

有衬电渣熔炼仅用于极个别的特殊合

金冶炼，为电渣重熔提供自耗电极。

（李士琦）

有底柱分段崩落采矿法 sublevel caving method with sill pillar　将阶段划分为若干个分段，在每个分段下部设有出矿专用的底部结构，矿石按分段自上而下逐段依次进行回采的**采矿**方法。又称有底部结构的分段崩落采矿法。有底柱分段崩落采矿法**采场底部结构**简称底柱，位于矿块或矿房底部，其中布置出矿巷道、斗穿、斗颈、漏斗或堑沟和溜井。根据出矿方法分为电耙、格筛和装载机械3种底部结构。中国矿山多采用电耙出矿的底部结构。电耙出矿的主要缺点是计量困难，结构较复杂，回收底柱时损失、贫化大。随着高效率无轨自行装运设备的出现，已逐渐改用装载机械出矿的平底结构。

依照**落矿**方式的不同可分为垂直深孔落矿方案、水平深孔落矿方案和联合落矿方案，中国矿山多采用第一种落矿方案。垂直深孔落矿方案的优点是落矿质量好，爆破对底柱的破坏程度小，并且矿块结构简单，没有明显的界线，易于实现凿岩机械化，工作安全，但人工装药的劳动强度大。挤压爆破时，利用切割井巷或利用相邻已采矿块的崩落矿岩间隙做补偿空间，补偿比较小，为15%～20%。在分段下部形成底部结构，上部掘进凿岩巷道和通风行人天井后，钻上向扇形深孔，向相邻崩落矿岩方向挤压爆破落矿。爆破落矿前，相邻矿块必须进行松动放矿，以提供补偿空间。一次挤压爆破层厚度通常为一二十米。这种方案的切割工作量小，爆破质量较好，但使用条件严格。回采矿块不和已采的崩落矿块相邻，或崩落矿岩的补偿空间不足时，可用切割井巷做补偿空间，进行挤压爆破。

有底柱分段崩落采矿法适用于开采各种稳固程度的中厚以上的倾斜、急倾斜矿体和缓倾斜厚矿体，使用灵活、适应范围广，并且生产能力较大，采矿与出矿的设备简单，使用和维修都很方便，适应中国设备生产供应条件。与无底柱分段崩落法相比，有底柱分段崩落采矿法通风条件好，有贯通风流，但由于增加了复杂的底部结构这道工序，采准切割工程量大，约占整个采准切割工程量的一半，并且施工机械化程度低。针对中国矿床地质条件和采矿设备（凿岩和出矿设备）的不断发展，在简化采场底部结构与加强放矿管理的前提下，有底柱分段崩落采矿法仍具有继续发展使用的空间。

（任凤玉）

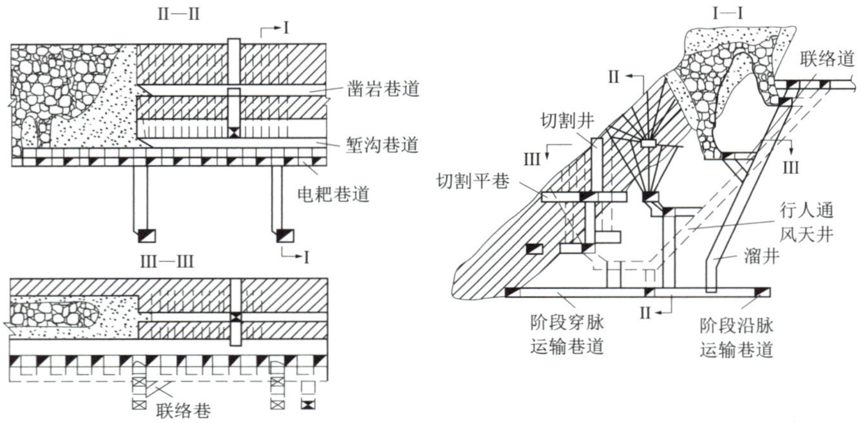

有底柱分段崩落法示意图

有轨运输巷道 rail haulage drift　布置有轨道，用于电机车和矿车等有轨车辆通行的巷道。在中国，多数中小型地下矿山主要采用有轨运输方式（见图）。在大型矿山，有轨运输主要在矿石**集中运输水平**，而其他水平则以**无轨巷道**为主。

有轨运输巷道在生产过程中可运送矿石、废石、材料、设备和人员等，主要由牵引设备（即**电机车**）、矿车和辅助机械等设备组成。通常矿石是从采场溜井经振动放矿机向矿车装矿，装矿完成后，列车（由一两个电机车和多个矿车组成）将矿石运往靠近主井的卸载站，矿石经卸矿后进入集中溜井和矿仓，再经破碎后由主井提升至地表。

有轨运输巷道

有轨运输巷道内轨道主要由钢轨、轨枕、接轨配件及道渣等组成。钢轨在地下矿山主要采用轻轨，但对于年运输量在200万吨以上的矿山，主要运输线路也可采用重轨。轨距是指直线轨道上两条钢轨轨顶内侧在垂直平面内的间距。中国地下矿山窄轨标准轨距为600毫米、762毫米和900毫米，特大型矿山也采用标准轨轨距（1435毫米）。矿用轨枕主要使用木质和钢筋混凝土轨枕。为节约木材，矿山已普遍采用钢筋混凝土轨枕。轨枕间距一般小于0.8米。在巷道内，轨枕下面的道渣厚度应≥150毫米，轨枕埋入道渣深度应不小于轨枕厚度的2/3。道床肩宽（从轨枕端部至道渣边缘的距离），当用木轨枕时≥100毫米；当用钢筋混凝土轨枕时≥150毫米。道床边坡可取1∶1.5，道床顶面一般比轨枕面低30毫米。

有轨运输巷道有一定的坡度，通常坡度在10‰以下，以便地下涌水流到集中水仓。巷道断面尺寸按设备外形尺寸、管缆布置、是否设人行道等综合考虑。设备外缘与岩壁之间的最小距离为300毫米，人行道的最小宽度为800毫米。有轨巷道平面上的转弯半径应满足电机车矿车运输的要求。根据巷道内布置的轨道数量，有单轨巷道和双轨巷道。

随着技术的进步，电机车矿车的有轨自动化运输已在逐渐推广应用。20世纪70年代，瑞典基律纳铁矿就实现了电机车无人驾驶自动化运输。中国在2010年后开始研究，初步在冬瓜山铜矿试验成功，在杏山铁矿实现了远程遥控运输。

（陈　何）

有色金属 non-ferrous metal　铁、锰、铬之外的所有其他金属的统称。因外观大多具有一定的色泽而称为有色金属。有色金属的种类很多，常按密度、价格和在地壳中的储量及分布情况分为重金属、轻金属、贵金属、稀有金属和半金属5类。

重金属包括铜、铅、锌、镍、钴、锡、锑、汞、镉和铋等20

余种金属。其密度一般大于4.5克/厘米^3，化学性质不如轻金属活泼，通常可以用火法冶金或湿法冶金方法来提取。

轻金属包括铝、镁、钠、锂、钾、钙、锶和钡。其密度一般都小于4.5克/厘米^3，化学性质活泼，与氧、卤素、硫的亲和力很强，生成的化合物非常稳定，因此在自然界中难以发现以元素状态存在的轻金属。轻金属的另一性质是它们的电负性很强，电解这些金属的盐类水溶液难以得到轻金属，只有电解含有相应轻金属离子而不含有游离氢离子的电解质才能得到相应的轻金属。**熔盐电解**是现代工业上生产各种轻金属的主要方法。

贵金属包括金、银和铂族金属（铂、铱、锇、钌、铑、钯）。贵金属中的金、银很早就被人类发现，被称为古代金属，早在公元前2000多年，埃及就有了镀金、包金和镶金等工艺。铂族金属则从18世纪以来才陆续被发现，被称为近代金属。贵金属的物理、化学性质极其稳定，不易氧化，不易与一般的试剂发生反应，能较长时间保持其性质，而它们在地壳中的含量少，且非常分散，很少有集中矿床，开采、提炼这些金属相当困难，因此成本高，价格昂贵。

稀有金属共有50多种。稀有金属并非完全因其在地壳中的含量稀少，而是因为这类金属相对开发较晚，历史上遗留下来的习惯性概念。按照金属的性质和在矿物中的共生关系、提取方法及其特征，稀有金属又分为：①稀有轻金属，包括锂、铷、铯、铍。这类金属的密度很小，分别为0.53克/厘米^3、1.53克/厘米^3、1.93克/厘米^3、1.85克/厘米^3。②稀有高熔点金属，包括钨、钼、钽、铌、钒、钛、锆、铪、铼。这类金属的熔点都很高，如钨的熔点为3422℃。③稀有分散金属，包括镓、铟、铊、锗。这类金属在地壳中几乎平均分布，没有单独的矿物，经常以微量杂质形态存在于其他矿物中。④稀土金属，包括钪、钇、镧及镧系元素。稀土金属在地壳中相互伴生，金属性质比较相近，因此单独提取纯稀土金属相对困难。⑤稀有放射性金属，包括钫、镭、钋、锝、钷、锕系金属（锕、钍、镤、铀及超铀元素）和超锕系元素。此类金属都具有一定的放射性。

半金属包括硅、硒、碲、砹、砷和硼等元素，这些元素通常具有金属光泽，较脆，性质介于金属和非金属之间。

有色金属的主要特性有：①具有各自的色泽；②具有各种独特的功能；③品位低（除铝、钛、硅、钒、锆外，丰度都小于0.01%），共生，分离技术复杂，价格较高。

（王金堂　撰　徐志峰　修订）

有色金属冶金　non-ferrous metallurgy　研究从有色金属矿石、精矿、二次资源或其他物料中分离出伴生元素而产出有色金属或其化合物的学科。已发现的113种元素中，有88种金属、9种半金属和16种非金属。**有色金属**是除铁以外的87种金属和9种半金属的总称。也有将铬、锰排除在有色金属之外，而与铁归为一类，称为黑色金属。各国对有色金属的分类，因为没有统一标准而不尽一致，有些金属的归类还存在交叉情况。按中国的惯例，有色金属划分为重金属、轻金属、贵金属、稀有金属、半金属。其中稀有金属又可分为稀有轻金属、稀有高熔点金属、稀土金属、稀散金属和放射性金属。有色金属是民用工业、军事工业和高科技发展必不可少的基础材料。

基本反应　用各种方法将电子给予原料中以正电荷形态存在的金属元素，使其成为电中性的金属，也就是广义的还原反应。根据金属的种类或状态，可以采用的各种还原方法有：①用碳作还原剂，适用于氧化矿或经预处理、已转化为氧化物的矿石，如用碳还原锡和铅的氧化物生产锡和铅。②用氢作还原剂，如用于钨或钼等冶炼时，用氢气还原精制化合物三氧化钨、三氧化钼而得到钨粉和钼粉。③用金属作还原剂，如用铝还原三氧化二铬制取金属铬，或用镁还原碳化钛制取金属钛。④热离解，如从镍的羰基化合物制取金属镍。⑤在水中进行还原，如电解还原、金属（置换）还原等。⑥比氢电位更负的金属，由于**水溶液电解**困难，而在熔盐中可以进行还原，如氧化铝溶解在冰晶石中，通过电解制取金属铝。

冶炼方法　通常分为**火法冶金**、**湿法冶金**和**电冶金**三大类。火法冶金为温度在700K以上的有色金属冶金的总称，包括**焙烧**、**熔炼**、还原、吹炼、火法精炼、真空精炼等主要过程。特点是处理精矿能力强，处理硫化矿时可利用硫的燃烧热，可以经济地回收金属等，渣的稳定性好，但烟气需要专门治理。湿法冶金在水溶液中进行，包括浸出、液固分离、溶液净化和溶液中金属提取等主要过程，常用于处理多金属矿、低品位矿和难选矿。特点是容易满足矿物原料综合利用的要求，劳动条件好，但生产能力较火法冶金低，渣的稳定性也相对较差。电冶金分为电化冶金和电热冶金。电化冶金又分为水溶液电解和**熔盐电解**冶金，前者适用于铜、锌、铅、镍、钴、金、银等金属的生产，后者适用于铝、镁、钠等活性较大的金属的生产和难熔金属、致密金属的制取等。从冶金过程的角度分类，水溶液电解冶金属于湿法冶金的范畴，而熔盐电解和电热冶金属于火法冶金范畴。

工艺流程　大致分为全火法流程、全湿法流程和湿法-火法联合流程。

全火法流程，从相关物料中提取金属的全过程都是在数百摄氏度以上的高温下进行，或是在整个工艺流程中，以火法过程占主导地位。重有色金属如铜、镍、铅、锌、锡、汞等的生产就是以全火法流程为主，从烧结或熔炼直到精炼为成品，过程都在高温下进行。

全湿法流程，从相关物料中提取金属的全过程或是在整个工艺流程中，以湿法过程占主导地位。如包括浸出（见**浸取**）、浸出液的净化、溶液的电解或还原等环节。从金、银矿石中提取金和银是全湿法流程应用最为广泛的例子。

湿法-火法联合流程，湿法和火法在生产流程中都占有相当比例，在现代有色金属生产中采用最为广泛。联合流程中火法和湿法前后紧密衔接，相辅相成。如用拜耳法从铝土矿生产氧化铝，再经熔盐电解生产金属铝。几乎所有稀有金属都先用湿法冶金从相应的原料中制取纯化合物，再用火法冶金以纯化合物生产金属。优点是可以针对矿物原料的特点，充分利用已经成熟的技术做适当的配合，实现较佳的效益。

提取步骤　有色金属种类繁多，矿物原料非常复杂，因此各种金属提取的步骤不同。即使同一金属，由于其原料性质、成分及对产品的要求也不相同。一般需要经过预处理-矿物分解和化合物制取、金属制取、金属精炼3个主要步骤。

预处理-矿物分解和化合物制取　破坏矿物稳定结构，并使欲提取的金属与主要伴生元素分离。矿物分解所得的产物经提纯可得金属的纯化合物。重金属铜、镍属亲硫元素，利用这一性质，先通过**造锍熔炼**，使主金属铜镍和铁以及伴生的贵金属富集在锍相，而硅钙等的氧化物脉石富集在渣相，实现分离。进而鼓入氧进行吹炼，使易于氧化的铁氧化进入渣相而分离，从而得到铜镍高锍。铅、锌等的硫化矿则多通过氧化焙烧使之转变成氧化物，用于高温还原或者湿法浸出。硫化矿也可以直接通过氧化浸出使金属离子进入溶液而与脉石分离。

轻金属铝从铝土矿中提取，采用拜耳法处理矿物。用氢氧化钠溶出铝土矿，使

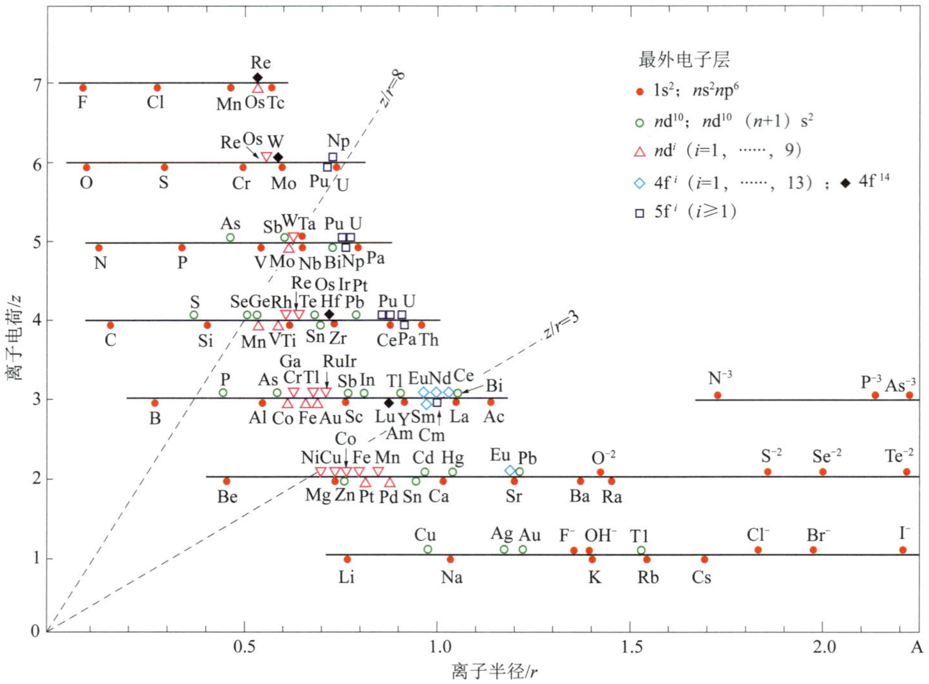

各种元素阳离子的离子电位

铝转变成铝酸钠进入溶液而与脉石分离。进而添加晶种使溶液分解，铝以氢氧化铝的形式析出。焙烧得到氧化铝，可用于熔盐电解生产金属铝。

稀有金属多以氧化矿产出，可用酸或者碱进行分解，火法、湿法均有。采取的方法与金属离子的价键性质有关。各金属离子电位见图。图中离子电位z/r>8的高价阳离子元素在水溶液中容易与氢离子争夺负二价氧离子形成阴离子。可采用碱性浸出使有价元素浸出进入溶液而与脉石分离。所以钨、钼、钒等金属多采用湿法冶金，使有价元素浸出进入溶液进行提取。3<z/r<8的元素，在溶液中与氢离子争夺的能力相近，易于生成氢氧化物沉淀。故需要在极强的强酸溶液中才能使之转变成阳离子或酰阳离子而浸出。这类金属也多采用火法冶金工艺，并用高电负性的络合剂，如氟氯取代氧化物中的负二价氧离子。所以钛、锆、铪、钽、铌等，多采用火法卤化工艺，在气态条件下通过精馏得到纯化合物。如钛铁矿精矿先经电炉还原得到金属铁和高钛渣。钛富集在高钛渣中，与钙镁铝钒等杂质形成复杂氧化物，难以分离。为此将高钛渣在有碳存在的条件下用氯气氯化，再精馏获得高纯四氯化钛。z/r<3的元素，离子电荷小、半径大，争夺负二价氧离子的能力小，在水溶液中可形成简单的自由阳离子，可采用湿法浸出，如稀土元素、锂、铷、铯等。稀有金属多为过渡元素，由于镧系收缩的影响，同组元素性质相似，形成元素对，如钨钼、锆铪、钽铌等，密切共生，因此在制备纯化合物时需要专门进行相似元素的深度分离。

贵金属往往与重金属硫化矿伴生，在重金属造锍熔炼过程中富集，最终从阳极泥中回收。利用这一特点，人们将重金属火法冶炼与电子垃圾的回收结合起来，高效回收稀贵金属。单独的氧化金矿可以通过氰化浸出提取，硫化矿则需要预先氧化，再进行氰化。

金属制取 将精矿或金属化合物，根据物料的性质，采用不同还原方法产出粗金属。重金属造锍熔炼工艺中，通过锍的氧化得到金属。如铜冶炼时得到的高铜锍，可吹炼得到粗铜，粗铜中往往富集了贵金属。而高镍锍则需要通过缓冷–磨矿–浮选，得到硫化铜和硫化镍。硫化铜可吹炼得到粗铜（硫化镍则经铸锭得到阳极板，经电解得到金属镍）。氧化矿或焙砂则可通过碳还原得到金属。如铅烧结得到的氧化铅烧结块，在鼓风炉中还原得到液态铅。密闭鼓风炉还可以处理铅锌混合矿，得到金属铅的同时，从气相冷凝得到金属锌。稀有金属钨、钼等的熔点高，只能采用**粉末冶金**的方法生产，将制得的纯化合物（一般为铵盐，因铵离子受热容易挥发，不影响产品质量）焙烧生成氧化物，再用氢气还原生成**金属粉末**，再经压型–烧结可得致密金属。钛、锆、铪的卤化物用金属镁或者钠还原可得海绵状金属产物，再经电弧熔炼可得致密金属。稀有金属粉末也可直接用来制备各种化合物。铝、锂、钾、钠、钙镁等金属性质活泼，没有更好的还原剂，只能用电解还原的方法生产。又由于水的电化学稳定区域不够，只好采用熔盐作为电解生产的介质。为获得好的电化学稳定性，熔盐宜选择第一、二主族的金属的阳离子和第七主族非金属的阴离子。

金属精炼 主要采用火法精炼和电解精炼两类方法脱除粗金属中的杂质，制取符合要求的纯金属。火法精炼可采取**熔析精炼**、氧化精炼、硫化精炼、区域熔炼等。湿法则可采用电解精炼。

一些有色金属的冶炼方法如表所示。

有色金属冶炼方法概要

金属	原料	预处理	金属还原	金属精炼
Na（钠）	氯化物	化学分离（NaCl）	熔盐电解	
Mg（镁）	海水、氯化物、碳酸盐矿	化学分离（$MgCl_2$） 煅烧（MgO·CaO）	熔盐电解 在减压下用Fe–Si还原	
Al（铝）	氧化矿	碱浸、化学分离（Al_2O_3）	熔盐电解	三层液熔盐电解
Ti（钛）	氧化矿	氯化处理、化学分离（$TiCl_4$） 化学分离（TiO_2）	镁还原 铝还原（Fe–Ti）	
Th（钍）	磷酸盐矿	硫酸处理、化学分离（ThF_4）	钙还原	真空溶解碘化法
Cr（铬）	氧化矿	精矿 碱焙烧、化学分离（Cr_2O_3） 化学分离〔NHCr（SO_4）$_2$·12H_2O〕	铁–硅还原（Fe–Cr） 铝还原 电解	氢处理碘化法
Mo（钼）	硫化矿	氧化焙烧、化学分离（MoO_3）	铁–硅还原（Fe–Mo） 氢还原	

续表

金属	原料	预处理	金属还原	金属精炼
W（钨）	氧化矿	精矿 加碱焙烧、化学分离（WO_3）	碳还原（Fe－W） 氢还原	
U（铀）	氧化矿	碱浸、硫酸浸出 硫酸处理、化学分离（UF_4）	镁还原、钙还原	
Mn（锰）	氧化矿	精矿 硫酸处理、化学分离（$MnSO_4$）	碳还原（Fe－Mn） 电解	
Ni（镍）	硫化矿、氧化矿、混合硫化矿	焙烧、冰铜熔炼、焙烧（NiO） 同硫化矿熔炼、还原焙烧－浸出 加压氨浸	碳还原（Ni，Fe－Ni） 电解 高压氢还原	电解 $Ni(CO)_4$的分解
Co（钴）	伴生于镍、铜矿中	除上述外，硫酸化焙烧、沉淀溶解分离、溶剂萃取	高压氢还原	电解
Cu（铜）	硫化矿、氧化矿	焙烧、冰铜熔炼（$Cu_2S \cdot FeS$） 硫酸浸出（$CuSO_4$）	转炉炼铜 用铁置换、电解	电解
Ag（银）	自然银、硫化银、电解阳极泥、粗铅	氰化法〔$NaAg(CN)_2$〕 化学分离 利用锌的熔融分离（Zn－Ag）	用锌置换 灰吹 蒸馏、灰吹	电解
Au（金）	自然金、银阳极泥	氰化法〔$NaAu(CN)_2$〕 化学分离	用锌置换 碳吸附	电解
Zn（锌）	硫化矿	焙烧、烧结（ZnO） 焙烧、硫酸浸出（$ZnSO_4$）	碳还原（蒸馏） 电解	精馏
Cd（镉）	烟尘、净液渣	化学分离（$CdSO_4$，CdO）	用锌置换	电解、蒸馏
Hg（汞）	硫化矿		蒸馏（脱硫）	再蒸馏
Si（硅）	氧化矿	化学分离（$SiHCl_3$） 化学分离（SiH_4）	碳还原（Fe－Si） 氢还原 热分解	区域熔炼
Ge（锗）	冶炼中间产品	盐酸处理、 化学分离（GeO_2）	氢还原	区域熔炼
Sn（锡）	氧化矿	焙烧	碳还原	电解
Pb（铅）	硫化矿	焙烧、烧结（PbO）	碳还原 利用相互反应还原	电解 熔析、选择性氧化、添加第三种元素
Sb（锑）	硫化矿	熔析（Sb_2O_3） 挥发焙烧（Sb_2O_3）	用铁还原 碳还原	熔剂处理 电解
Bi（铋）	硫化矿、冶炼中间产品	焙烧（Bi_2O_3） 化学分离（BiOCl）	碳还原	熔剂处理 电解
Se（硒）	烟尘、电解阳极泥	化学分离（SeO_2） 挥发焙烧（SeO_2）	用二氧化硫还原	蒸馏

（卢惠民　撰　赵中伟　修订）

有色金属冶金基本原材料　basic raw materials for nonferrous metals metallurgy　*有色金属冶金*所必需的矿物原料和基本辅助材料的统称。

矿物原料　含有有色金属元素的矿物原料或二次资源，如铝土矿、铜矿、铅锌矿、锡矿、含镍矿、稀有金属矿、稀土金属矿或再生资源等。经过选分、预分离、预干燥、预氧化还原、预焙烧等加工处理得到的产品（如浮选精矿、重选精矿、磁选矿、堆浸液、各种熔渣、氯化产物等）也称为矿物原料。矿物原料经冶炼制成有色金属产品。

铝土矿是**铝冶金**过程中主要的基本原料，按铝矿物结晶类型分为三水铝石矿、一水软铝石矿和一水硬铝石矿。有些是混合矿，如三水铝石－一水软铝石矿。另外一些含铝矿物，如霞石、明矾石，甚至粉煤灰都可以用于生产氧化铝，作为铝冶金矿物原料。铝土矿在品位较低的情况下，还可以进行浮选以提高品位。**铜冶金**矿物原料按化学成分可分为硫化矿、氧化矿或硫化－氧化混合矿。最主要的炼铜矿物原料有黄铜矿、斑铜矿、铜蓝、辉铜矿、孔雀石等类型。铅锌矿以方铅矿、闪锌矿最为重要。还有菱锌矿、白铅矿等，铅锌冶炼前必须进行浮选或重选。锡矿主要是锡石，其次为黄锡矿等，冶炼前也通常需要经过选矿。含镍矿物50余种，主要分为硫化镍矿和氧化镍矿（红土镍矿）两大类，有镍黄铁矿、硅镁镍矿、针镍矿或黄镍矿、红镍矿等，最主要的镍矿石选矿方法是浮选，而磁选和重选通常为辅助选矿方法。稀有、稀土金属矿中有色金属含量一般都很低，冶炼前必须进行选矿。

有色金属矿的选矿是有色金属冶金中的重要生产工序，目的是提高有色金属冶金过程的效率、优化有色金属冶金的技术指标、降低原材料消耗和能耗、提高有色金属产品的质量、减少废弃物排放及降低生产成本。如铜矿中一般含铜量仅为1%

左右，必须先进行选矿作业，使选精矿中的铜含量提高至20%以上，才能实现冶金过程的高效节能。选矿可分为重选、磁选和浮选等工艺方法。需要针对不同种类和不同性质的矿物分别采用合理的工艺方法进行选矿。

在有色金属冶金过程中各环节产生的含有色金属的废弃物以及被废弃的有色金属制品，都可经回收、精选和再资源化加工后，再生为有色金属制品。废铝、废铜以及家用电器中的金属器材均可回收利用于有色金属生产。废旧有色金属回收再生是发展现代有色金属工业的重要组成部分。

基本辅助材料　不含有色金属元素，但在有色金属冶金过程中是不可或缺的添加物料。其中绝大部分参与了有色金属冶金过程的反应，如有色金属硫化物或氧化物的氧化剂或还原剂、杂质矿物的脱除剂等。还有一些基本材料用作熔剂（溶剂）、萃取剂、离子交换剂等，尽管这些材料可能不直接参与有色金属矿物的反应，但它们在有色金属冶金过程中起着分离杂质、提纯等重要作用。某些基本辅助材料在有色金属冶金过程中还可能得到回收和循环利用。

铝冶金所需的基本辅助材料有氢氧化钠（或碳酸钠）、石灰、炭阳极、氟化盐。氢氧化钠（或碳酸钠）和石灰用于氧化铝生产，氢氧化钠在氧化铝生产循环过程中得到回收利用。炭阳极、氟化盐用于铝电解生产，生产1吨原铝需要消耗400千克左右的炭阳极、20千克左右的氟化盐。铜、铅、锡、镍等有色金属火法冶金的主要辅助材料是以石灰石为主的熔剂。采用湿法冶金技术（锌、稀有稀土等有色金属冶金）的主要基本材料是硫酸、盐酸、氢氧化钠（或碳酸钠）以及有机物萃取剂、离子交换树脂等。金属钠和镁、铝等活泼有色金属常用于某些有色金属冶金的还原剂，如镁用于钛冶金，钠用于钾、钽等有色金属冶金。大部分有色金属硫化物矿的冶炼采用空气氧化技术，如铜、铅、镍冶金等，空气中的氧气可将硫化物矿氧化，得到有色金属并放出大量的热，因此空气也是一种有色金属冶金的基本辅助材料。为了降低消耗并节能，有色金属冶金工业还采用富氧空气，甚至氧气代替空气作为冶金基本材料。在卤素冶金中，氯气作为基本辅助材料起着重要作用，如钛冶金中采用氯气氯化钛矿物，在随后的电解过程中回收氯气循环使用于氯化工序。煤、煤气或天然气不仅可以作为能源提供给有色金属冶金生产过程，而且有时还可以作为还原剂还原有色金属，如铅的火法冶炼等。

发展趋势　有色金属冶金基本原材料的发展趋势：①有色金属矿物品位逐渐下降，需要从基本原材料（如选矿药剂、新型还原剂等）着手，开发出可经济用于较低品位的有色金属原矿的选矿和冶金新技术。②研究多金属共生矿的分离提取技术，采用高效基本辅助材料，开发出多金属共生矿的全回收、高效利用的资源化技术。③开发有色金属冶金过程的新型辅助材料，包括提高生产效率的新型氧化剂和还原剂，以及添加剂、熔剂（溶剂）、萃取剂、离子交换树脂等。④采用高浓度反应物料强化有色金属冶金过程。⑤提高有色金属冶金循环过程中各种原材料的回收利用率。⑥加强废旧有色金属回收再生工作，部分可作冶金过程辅助添加材料。

（顾松青）

有色金属冶炼烟气　nonferrous smelting flue gas　有色金属冶炼过程中产生的气体和固体颗粒物的混合物。

种类　不同冶炼工艺和过程产生的冶炼烟气的组成与物化性质有着显著差别，主要分为火法冶炼烟气、湿法冶炼烟气及熔盐电冶金烟气等。

火法冶炼烟气　主要是铜、铅、锌、镍、钴、锡、锑、铋等金属化合物，在焙烧、熔炼、吹炼、精炼等高温过程中产生的烟气，通常具有组成复杂、温度高、含尘量大、有价资源多的特点，是冶炼过程中重要的二次资源和大气污染物来源。工业上普遍采取余热回收、二氧化硫催化氧化制备硫酸、烟气收尘、脱硫脱硝脱汞等措施，实现热、二氧化硫、二氧化硒、单质汞、氧化锑、氧化铟等资源的回收利用和污染物的治理。

湿法冶炼烟气　主要是铜、铅、锌、钴、镍、钛、锰、钒、稀土、钨、钼、金、银、锗、镓、钽、铌等金属，在生产过程中的溶液净化、电解精炼、萃取提纯等环节产生的烟气。包括氮氧化物、砷化氢、二氧化硫等气态污染物和盐酸、硫酸、硝酸等酸雾，具有浓度小、温度低、危害大的特点，通常难以资源化利用，主要通过洗涤、电除雾等净化技术处理后达标排放。

熔盐电冶金烟气　主要是铝、镁、钠、钽、铌等金属在电解熔盐和电解还原精炼等过程中产生的烟气。包括二氧化硫、全氟化碳、氟化氢等气体污染物，具有气量大、浓度低的特点，其中二氧化硫、氟化氢等污染物主要通过末端治理实现资源回收和净化，而全氟化碳由于结构稳定，难以末端治理，通常采用阳极效应控制的源头减排措施进行处理。

综合控制措施　对有色金属冶炼烟气，要从源头控制、过程控制与末端治理等多个方面入手，实现烟气治理与资源化利用。源头控制主要是通过新工艺、新原料的开发实现对污染物的源头减排，如常压浸出和高压浸出的全湿法炼锌技术，硫化矿中硫资源以单质硫回收，从源头避免了传统高温氧化过程中二氧化硫污染物的形成。过程控制是通过冶炼过程的工艺优化实现对大气污染物的削减，如采用高浓度氧气进行矿物的焙烧、熔炼，可显著减少烟气的体积，提高二氧化硫浓度，实现资源的高效回收。末端治理是通过洗涤、过滤、吸附等控制手段对大气污染物进行处理以实现达标排放，如二氧化硫的碱法吸收脱除、氯化法净化单质汞、静电除尘、布袋除尘等。

有色金属冶炼烟气主要通过烟道、净化装置、排气管等设施进行有组织地处理和排放。但由于烟气流动性强，冶炼设备设施难以完全密闭，仍有部分冶炼烟气会在冶炼过程中以无组织的形式排放出来。随着国家环境保护要求的提高，无组织排放日益成为有色金属冶炼企业大气污染控制的突出问题。

2010～2014年，中华人民共和国环境保护部（2018年更名为生态环境部）针对铝、铜、铅、锌、镍、钴、锡、锑、汞、稀土等有色金属冶炼过程排放的大气污染物，设立了新的国家排放标准。新标准中对中国有色金属冶炼烟气治理与利用提出了更高的要求。

扩展阅读

柴立元，彭兵，等.冶金环境工程学.北京：科学出版社，2010.

（刘　恢）

有色冶金环境工程　environmental engineering of nonferrous metallurgy　利用物理学、化学、生物学原理及冶金工程、环境工程等技术手段，解决有色冶金行业资源浪费与环境污染问题的工程学科。属于冶金工程及环境工程学科的分支。是从资源高效利用、节能减排、环境保护与生态建设的角度出发，研究有色冶金过程目标元素提取与有害元素定向分离的科学原理，以期实现冶金过程“三废”的治理、资源化及无害化；研究冶金环境介质中污染物的传输机制及其控制技术和方法，建立有色冶金可持续发展的模式。

简史　1975年中国编译出版《冶金工业污染及其防治》，汇集了冶金工业污染资料，标志着有色冶金环境工程学科在中国发展的起步。之后出版了《有色冶金环境保护》《有色冶金环境工程学》《无污染有色冶金》《冶金环境工程学》《有色冶金与环境保护》《现代冶金环境工程》等著作，逐步形成了有色冶金环境工程学科，学科的技术与理论体系日趋完善。

有色冶金环境工程建立了有色冶金污染源解析方法、有色冶金污染物形成与调控理论，发展了有色冶金中间物料综合利用、重金属废水多基团配位深度处理与回用、重金属废水新型吸附剂深度处理、含砷固废固化/稳定化处理处置和低浓度二氧化硫烟气治理等有色冶金“三废”污染物治理技术，以及铅锌冶炼废渣堆场土壤微生物淋洗修复、铅锌冶炼废渣堆场土壤化学钝化修复和含砷废渣堆场土壤微生物氧化-羟基硫酸铁钝化修复等重金属废渣堆场土壤治理技术。这些理论和技术为有色冶金工业的可持续发展提供了支撑。

研究内容　基本内容包括有色冶金大气污染控制工程、有色冶金废水控制工程、有色冶金固体废物污染控制与资源化、有色冶金污染场地修复、有色冶金清洁生产等。

有色冶金大气污染控制工程　有色冶金产生的废气（烟尘、烟气）来源于有色金属矿物干燥、焙烧、熔炼、吹炼、电解等生产过程，具有排放量大、污染面广，成分复杂、治理难度大，腐蚀性强等特点。大气污染控制工程重点研究有色冶金过程产生的硫氧化物、重金属颗粒物、氟化物等大气污染物的净化技术与设备。烟尘污染控制方法包括机械除尘、湿法除尘、过滤式除尘和电除尘等；烟气净化方法主要有吸收法、吸附法和催化转化法等。

有色冶金废水控制工程　有色冶金产生的废水可分为酸性废水、碱性废水、重金属废水、氨氮废水、含氰废水、含油类废水和放射性废水等。这些废水大量进入水体，造成水体污染。水污染控制工程是重点研究有色冶金废水的治理和回收利用、生产用水循环利用的技术与设备。控制方法主要包括物理法、化学法、物理化学法和生物法等，处理后的净化水达到有色行业相关的排放标准。

有色冶金固体废物污染控制与资源化　有色冶金固体废物可分为火法冶炼渣、湿法浸出渣、烟尘与废水处理污泥等，具有产生量大、毒性大等特点。重点研究有色冶金固体废物的无害化处理和资源化利用等工艺技术与工程措施。处理技术包括湿法浸出技术、热处理技术、等离子体技术、微波技术、固化处理技术、安全填埋等。在回收有价金属的同时，可对一般固体废物进行建工建材的制造。

有色冶金污染场地修复　有色冶金污染场地是因生产、经营、处理、贮存过有色冶金过程中的有毒有害物质，从而对人体健康和生态环境产生危害，或具有潜在的风险。有色冶金污染场地修复主要通过物理、化学或生物的方法，消除、降低或稳定场地中重金属污染物，并对场地进行各种技术处理和修复，修复后的场地达到国家环保相关标准要求。

有色冶金清洁生产　遵循清洁生产原理，将整体预防的战略思想贯穿于有色冶金原料、生产、产品及服务全过程，实现资源与能源利用最大化、污染物排放最小化，以降低污染对环境破坏及对人类健康影响的风险。例如，铜、铅、锌的冶炼清洁生产与节能减排，可通过富氧强化熔炼的手段，包括采用闪速炼铜法、一步炼铅、富氧浸锌等技术，实现有色金属资源的高效提取和污染减排。

发展趋势　有色冶金环境工程针对有色冶金资源综合利用率低、污染物产生量和排放强度大等问题，结合有色冶金过程，需要从资源化的角度重点解决“三废”污染防治、重金属污染场地修复等难题。有色冶金环境工程涉及复杂的技术体系，将重点发展有色冶金环境污染和公害的控制技术，研究自然资源的保护和合理利用，探讨有色冶金废物资源化技术，改进生产工艺，发展少废或无废的闭路生产系统，以及按区域环境进行运筹学管理，以获得最大化的社会效益和经济效益。

扩展阅读

陈津，王克勤.冶金环境工程.长沙：中南大学出版社，2009.

林世英.有色冶金环境工程学.长沙：中南工业大学出版社，1992.

陈佛顺.有色冶金环境保护.北京：冶金工业出版社，1984.

（柴立元）

有序无序转变　order-disorder transitions　固溶体内部组元原子之间的相对分布由无序向有序或由有序向无序转变的过程。

类型　有序无序转变从物质结构上可分为3种主要类型，即位置有序、取向有序和与电子自旋及粒子自旋状态有关的有序。其中研究重点是位置有序无序转变。许多固溶体在高温时，溶质与溶剂原子在点阵中的分布是随机的，而在低温时溶质原子与溶剂原子却分别位于某些特定位置上，这种现象称为有序化或由无序到有序的转变。其开始发生有序化的温度称为有序化温度或有序化的临界点。有序化以后的固溶体称为有序固溶体，又称超结构或超点阵。固溶体有序化之后，点阵的对称性有所降低，或阵点的数目减少（如面心立方点阵变为简单立方点阵），或点阵常数加大，都会有附加的X射线衍射峰出现，这称为超点阵线条（图1），超点阵一词即由此而来。在1923年之前，G.H.J.A.塔曼已考虑到有序化的可能性，而用X射线衍射的超点阵线条证实固溶体的有序化，却是1923年由E.C.贝茵以及1925年由C.H.尤安森和J.O.林德发现的。超点阵又称长程序。在有序化温度T_c以上，当长程序不复存在之后，在几个原子间距的范围内，原子的最近邻、次近邻及次次近邻仍可保持有序状态，这种小范围的有序称为短程有序或短程序。常见合金的有序结构见表。其中一个典型晶胞见图2。

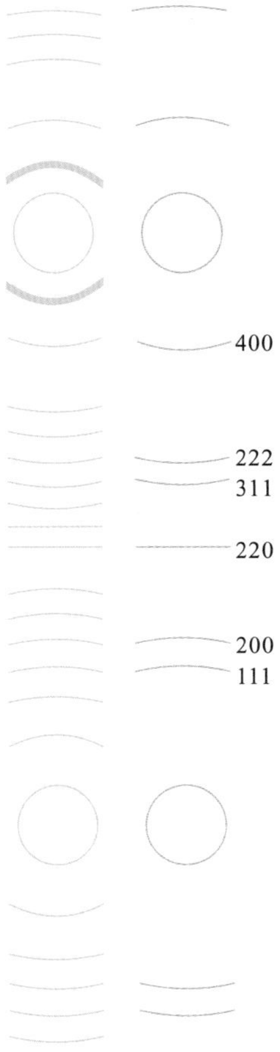

a $AuCu_3$ 完全有序

b $AuCu_3$ 完全无序

图1　$AuCu_3$有序结构的X射线衍射条纹（德拜法）

特点　多数有序无序转变为连续的、协力型的二级相变，没有潜热效应。其中一部分为λ相变。这种协力型的相变特点是过程所需能量随着过程进行程度的增加而减少。例如，由有序变成无序，无序化所需能量随无序程度的增加而递减，即在过程接近完成时，其所需能量趋近于零。也有少部分有序无序转变为一级相变，是

部分合金的有序结构表

结构类型	典型合金	晶胞类型	合金举例
以面心立方（fcc）为基的有序固溶体	AuCu Ⅰ型	$L1_0$	AuCu、AlTi、CoPt、Cu_3Pt、FePo、MnNi
	$AuCu_3$Ⅰ型	$L1_2$	$AuCu_3$、$CoPt_3$、$AlNi_3$、$MnNi_3$、$FeNi_3$
	CuPt型	$L1_1$	CuPt
	Cu_2MnAl型	$L2_1$	Cu_2MnAl、$AlNi_2Ti$、Cu_2FeSn
以体心立方（bcc）为基的有序固溶体	CsCl型	B_2	CuZn、CsC、FeAl、AlCo、AlNi、NiTi
	Fe_3Al型	DO_3	Fe_3Si、Fe_3Al、Cu_3Al
以密排六方（hcp）为基的有序固溶体	Ni_3Zn型	DO_{19}	$CdMg_3$、CoMo、Fe_3Zn、Ni_3Zn

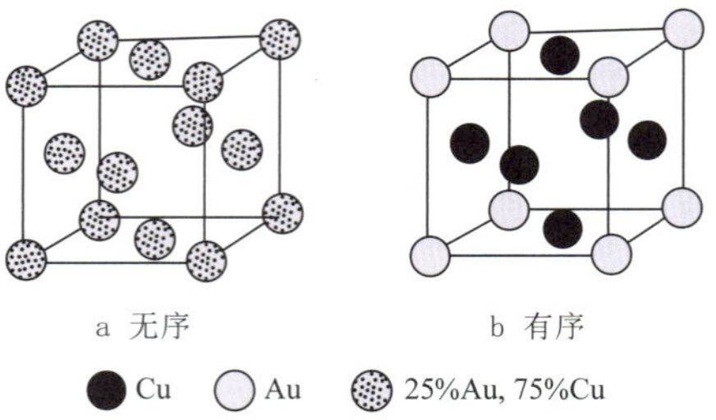

图2 $L1_2$型或$AuCu_3$Ⅰ型结构

不连续的，有潜热效应。有些有序无序转变既含有协力型的部分又具有不连续性部分。产生原子位置排列有序的驱动力涉及3个主要方面：①异类原子对之间的相互作用能。当以异类原子为邻时，系统能量降低。②应力松弛。固溶体由不同大小的原子组成，有序化可降低应变能。③电子与布里渊区的相互作用。通过电子的费密面与有序结构的布里渊区的相互作用，导电电子的能量降低。多数有关有序化的工作是根据第一种假定进行的。

有序畴（反相畴）及畴界 有序结构被加热到T_c温度以上，将变成无序结构，但几个原子间距范围内的局部有序区仍然存在。当冷却时，合金的有序化是以这些短程序区的独立生长进行的，这些独立生长的有序区称有序畴。当这些不同地区的有序畴相遇时，如有相差，便形成明确的边界，称为畴界，也称反相畴界，因相邻有序畴中的原子排列恰好反相。反相畴及畴界可用电子显微镜对薄晶体进行直接观察看到，不同的有序结构显示出不同形状的畴界，图3为$AuCu_3$Ⅰ（$L1_2$）型有序畴及畴界的形状。还有一种反相畴则是通过有序结构中的位错运动造成的，一对这样的位错称为超位错，超位错之间的区域即为反相畴。

有序度（有序参数） 为了说明有序结构的有序程度引入有序度（或有序参数）的概念。以体心立方结构的CuZn为例，将这种点阵划分为两个简单亚点阵。一个亚点阵由角隅上的原子构成，称为α亚点阵，另一个由体心原子构成，称为β亚点阵。当全部铜原子位于α亚点阵，全部锌原子位于β亚点阵时，为完全有序；当50%的铜原子与锌原子更换位置，即50%铜原子占在“正确”位置上，50%的铜原子占在“错误”位置上（锌原子必随之亦然），此时为完全无序。当完全有序时，有序参数为1；当完全无序时，有序参数为0。由此，有序度ξ定义为：

$$\xi = \frac{R-W}{R+W}$$

对AB型合金，R代表A原子占在“正确”位置上的数目；W代表A原子占在“错误”位置上的数目，显然$R+W=N$为A原子的总数。当$R=W$时，$\xi=0$；当$R=N$，$W=0$时，$\xi=1$。ξ的数值是根据在整个点阵中计算“正确”位置上的原子数与“错误”位置上的原子数各自统计平均值得到的，它和正确原子与错误原子之间的距离无关。将这种序参数称为长程序参数。

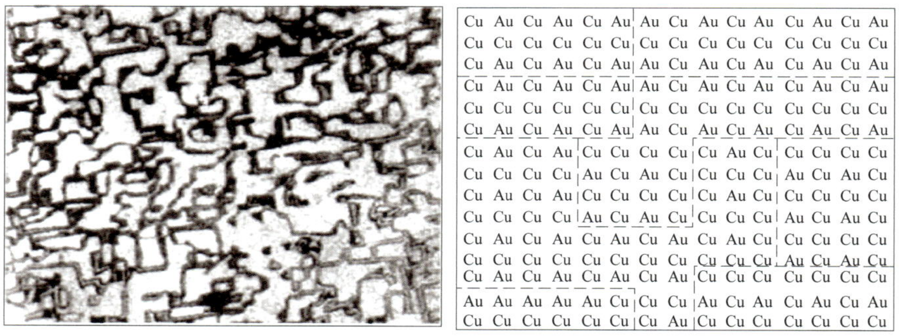
图3 有序畴结构（透射电子显微镜像）$AuCu_3$Ⅰ超结构的反向畴界 ×30 000

相似地，可以定义短程序参数。在AB型体心立方（bcc）结构的合金中，完全有序时A原子的最近邻皆为B原子，B原子的最近邻皆为A原子。若R_1及W_1分别代表“正确”最近邻与“错误”最近邻的原子数目，则短程序参数ξ_1定义为：

$$\xi_1 = \frac{R_1 - W_1}{R_1 + W_1}$$

式中$R_1+W_1=ZN$，Z代表这种结构的配位数，即最近邻原子数目，同样可定义ξ_2、ξ_3作为次近邻及次次近邻的近程序参数。

长程序参数与X射线衍射超点阵线条强度I之间存在一定的定量关系：

$$I=N[X_A(f_A-f_B)\xi]^2$$

式中X_A为合金中A原子的原子分数；f_A、f_B分别为A及B的散射因子。适当选择X射线的波长，由超点阵线条的强度可测得ξ。短程序参数ξ_1可由X射线的漫散强度测得。对一定成分的合金，其序参数随温度而改变，ξ与温度的关系见图4。

处理有序无序转变的近似方法 处理有序无序转变的近似方法主要有布拉格（Bragg）和威廉斯（Williams）近似法（简称B-W近似法）、贝特（Bethe）法及准化学法等。

B-W近似法 基本思路是由P.外斯处理铁磁-顺磁转变的方法移植过来的。以AB型合金为例，A、B原子各为$N/2$，合金的长程序参数为ξ，经推导，得：

$$\xi=\mathrm{th}(2T_c\xi/T)$$

ξ随T/T_c的增大而连续下降。

贝特法 H.A.贝特考虑到次近邻对最近邻原子的影响，得到了比B-W近似法更好的结果。图5给出以A为中心的两层原子，它有Z个最近邻原子（图中为4个），中心原子可能为一“正确”原子，亦可能为一“错误”原子，中心原子与其最近邻原子相互作用，这些最近邻原子又与其外层的原子相互作用，而这种作用反过来又影响它们与中心原子的相互作用，这种附加的相互作用会影响第一近邻原子类型出现的概率。这一点在B-W近似法中是未加考虑的，因此将B-W近似称为零级近似，而将贝特法称为一级近似（考

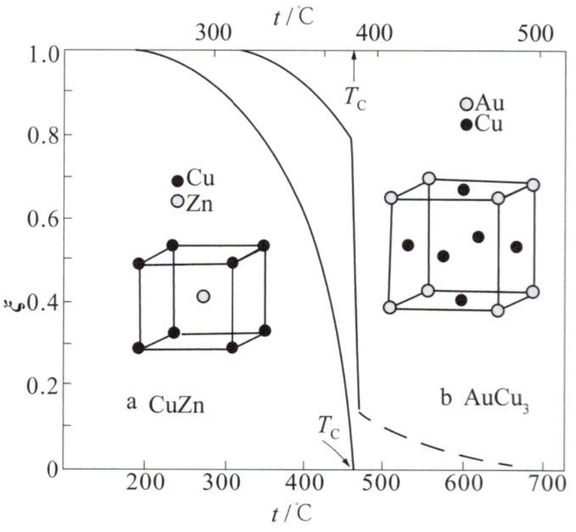

图4 有序度ξ与温度的关系

虑一层）或二级近似（考虑两层）。贝特法得到的有序化温度较B-W近似法为低，并可推知，在T_c以上仍有短程序存在。这两个结论比B-W近似法所得结论与实验结果更为接近。

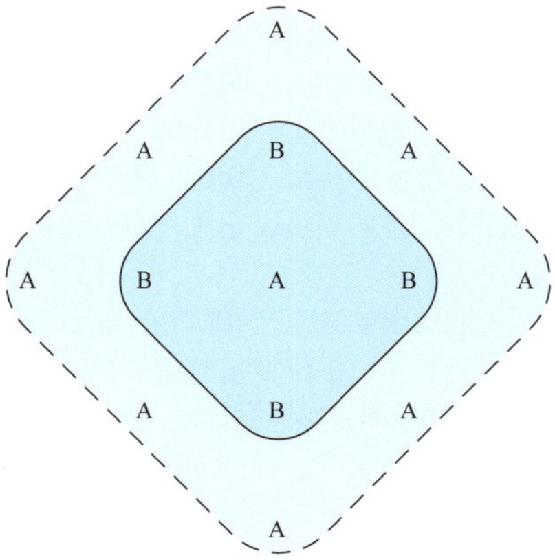

图5　贝特模型

准化学法　最近邻键模型的发展是以计算各种键的数目与随机分布时相应键数的偏离情况来说明有序度。将有序转变与化学反应相类比，计算A-A、B-B、A-B的浓度及其随温度的变化。

其他类型的有序无序转变　液晶是取自有序的一个例子。液晶的分子排列是长程无序的，在某一温度以下，它的分子轴的空间取向发生长程有序化现象。磁性是磁矩发生长程有序的现象。磁性有序又可区分为铁磁有序、逆铁磁有序及亚铁磁有序等。在铁电、反铁电材料中又可出现电矩的方向长程有序现象。在超导材料中会出现能隙有序的现象。这些有序现象与许多功能材料的性质有关。

有序无序转变引起的合金性能变化及应用　伴随有序无序转变，合金的某些物理的、力学的、化学的性质发生相应的变化。例如，合金的热容量、电阻率、磁导率、硬度及屈服强度、弹性模量以及电极电势等都会发生改变，其中热容量和电阻率的变化是一个普遍现象，而其他性质变化的显著程度要根据具体的合金系统而定。图6为Cu-Au系有序固溶体与无序固溶体的电阻率，有序化引起合金的电阻率强烈降低。图6给出了有序化时的热容量突变，其中图7a变化是无限的，即为λ相变；图7b变化是有限的。

有序无序转变是热处理所依赖的固态相变之一。Ni_3Mn在无序状态是顺磁性合金，有序化之后则为铁磁性合金。以Cu_2MnAl为代表的霍伊斯勒（Heusler）合金，尽管构成合金的各组元皆非铁磁性元素，但当它呈现有序结构时显示出很强的铁磁性。另一类霍伊斯勒合金，例如Cu_2NiAl、Zn_2CuAu，其有序结构的晶体在一定温度范围中会出现热弹性**马氏体相**

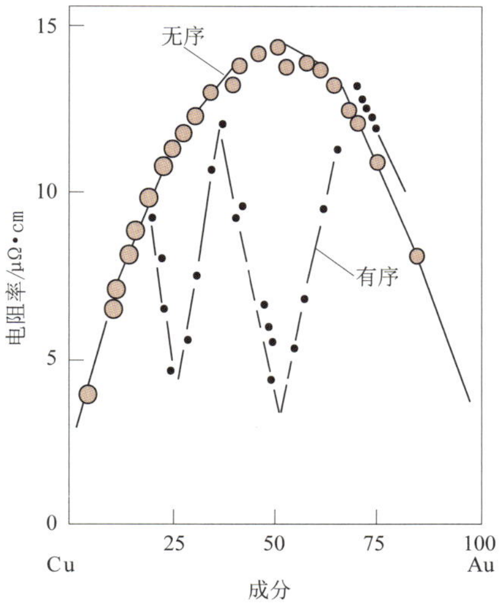

图6　有序无序固溶体的电阻率

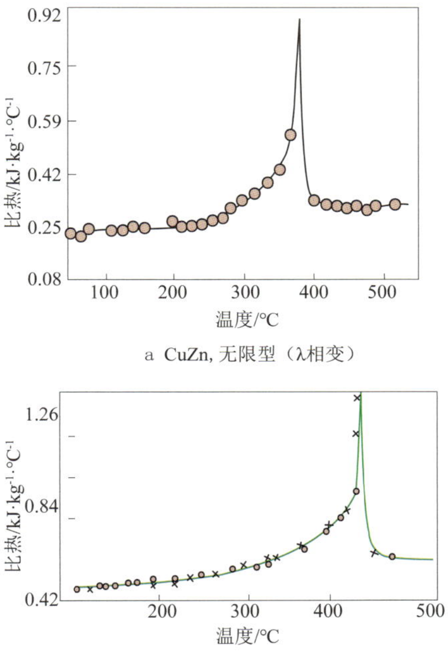

a　CuZn，无限型（λ相变）

b　$AuCu_3$，有限型

图7　合金有序化时的热容量变化

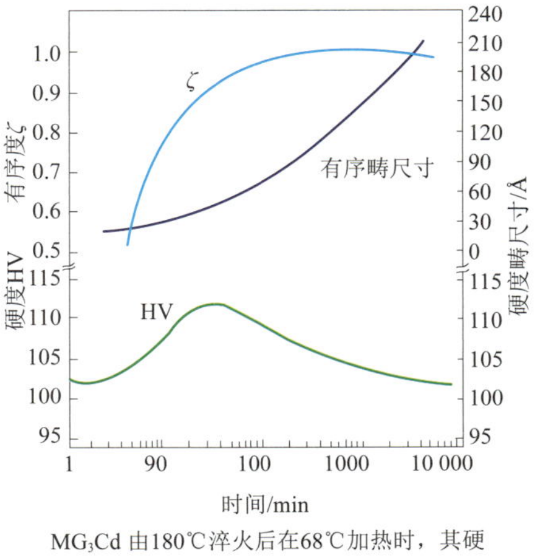

MG_3Cd由180℃淬火后在68℃加热时，其硬度、有序度、有序畴尺寸随时间的变化

图8　有序强化曲线

变，可作为形状记忆合金。有些合金的有序化是与其脆性相联系的，Fe-Si合金中出现DO_3型的有序结构（Fe_3Si）会引起合金的脆性。此外，通过适当的热处理工艺控制有序畴的尺寸可获得最佳的强化效果，称为有序强化（图8）。

扩展阅读

BARRETT C S, MASSALOKI T B. Structure of Metals. 3rd ed. New York: McGraw-Hill, 1980.

RAO C N R, RAO K J. Phase Transition in Solids. New York: McGraw-Hill, 1978.

（刘国勋）

诱导致裂　induced cracking　深部地下矿山开采中，充分利用高地应力对岩石的压裂作用，通过布设合理的诱导工程、调整开挖顺序与方式及采用少药量爆破等技术，实现岩石内部裂纹持续扩展，进而实现岩石成规模有序破裂的方法。诱导致裂一般有两种方式：①在裂纹发育的岩体中，通过上述方法使岩石破裂崩落。②在深部高应力岩体中，通过上述方法产生动力扰动，诱发岩体内部储能可控释放，进而使岩体内部产生裂纹，劣化岩石力学性能。该方法充分利用了岩石结构面和地应力扰动变化对破碎岩石的重要作用。

诱导致裂技术已经成功应用到很多地下矿山，如广西大厂铜坑矿采用合理的工程布置，实现顶板诱导致裂连续开采；新疆喀拉通克铜镍矿采用的开采环境再造深孔诱导崩矿采矿法，也是诱导致裂的一种形式；贵州开阳磷矿通过爆破开挖诱导巷道，实现了磷矿的大范围诱导致裂，进而实现了掘进机连续开采硬岩。

（杜　坤　官凤强　陶　明）

于润沧　Yu Runcang（1930-03-20～　）中国矿山工程设计专家。祖籍山西浑源，生于河北张家口。1949年进入哈尔滨工业大学学习，1952～1954年因院系调整转入东北工学院（今东北大学）采矿系学习。毕业后在北京有色冶金设计研究总院工作，历任工程师、采矿室主任工程师、高级工程师、副总工程师兼总工程师室主任。1999年当选中国工程院院士。

致力于矿山工程设计和技术创新。20世纪60年代初，领导试验组在锡矿山锑

矿首次用金属杆柱取代护顶矿获得成功，提高了资源利用率。1973～1987年，在金川镍矿床复杂难采条件下，设计采用大面积机械化盘区下向胶结充填采矿法，试验成功高浓度胶结充填技术，并在进路式采矿中采用双机液压凿岩台车和6立方米铲运机等大型无轨设备，使盘区生产能力提高了10倍多。参与中国第一次应用**自然崩落采矿法**试验，获得成功。1983～1984年，指导中国第一座无废开采矿山——南京栖霞铅锌银矿的设计，在风景区做到无废石场、无尾矿库、无不合格废水排放。20世纪80年代初，在金川高浓度胶结充填试验中，提出“临界流态浓度”概念，发展了胶结充填理论。1996～2000年，主持冬瓜山铜矿深井开采的设计，提出“探建结合”理念，引进“微震监测系统”预测岩爆，保障了生产安全。90年代中期，在中国首先成功试验并采用全尾砂膏体充填技术。2003～2005年，参与了“中国可持续发展矿产资源战略”研究，并主持了“培育大型矿业集团，实施全球矿产资源战略”的研究。

先后获国家科技进步奖特等奖1项、一等奖2项、二等奖2项，国家主席最佳工程设计特奖1项。1986年被评为国家级有突出贡献专家。主编《采矿工程师手册》，参与编写专著2部，撰写论文30多篇。

（唐　建）

于学馥　Yu Xuefu（1919-08-10～2010-01-08）　中国岩石力学与采矿工程专家。生于山东龙口市，卒于北京。1939年考入西北工学院采矿系，1944年毕业后在四川东林、湖南湘江、辽宁阜新等煤矿任助理工程师、厂主任等职。中华人民共和国成立后，在北京钢铁学院（今北京科技大学）任采矿系副主任、代主任等职。曾任国际岩石力学学会成员、中国小组成员，《岩石力学与工程学报》主编，北京市地下铁道公司顾问等。

中国岩石力学与工程学科的创始人之一。20世纪50年代末，提出了以“动态”为核心的地下结构稳定系统研究方法——“轴变论”。20世纪80年代初，建立了基于非均质、非连续介质理论，以现代数学、力学和计算机数值模拟分析为主的地下围岩稳定性分析理论。此后，又提出岩石记忆的新概念和岩石记忆与开挖新理论，为解决施工工程计算分析奠定了理论基础。他在工程试验和实践中形成的时间-空间-物质-能量-信息5种参数统一于一体的决策计算方法，在学术界有重要影响；积极倡导地铁暗挖法，为推动中国地铁建设由明挖走向暗挖作出了重要贡献。

曾获得国家级、部级科学技术进步奖12项，其中1989年在金川资源综合利用的科技攻关中，集体获得国家科技进步奖特等奖。著作有《轴变论》(1960)、《地下工程围岩稳定分析》(1983)、《信息时代岩土力学与采矿计算初步》(1991)、《岩石记忆与开挖理论》(1993)、《现代工程岩土力学基础》(1995)、《非确定性科学决策方法》(2000)等，发表论文及研究报告40余篇。

（尹升华）

余景生　Yu Jingsheng（1917-09-17～2003-06-23）　中国钢铁冶金专家。生于浙江淳安，卒于北京。1935年考入天津北洋工学院矿冶系，1937年转至西北联合大学，1939年毕业。1945～1946年先后在美国凯撒钢铁公司、大湖钢铁公司及钒合金钢公司学习炼钢技术。曾任重庆中国制钢公司炼钢厂副厂长，南京国民政府资源委员会所属天津钢厂分厂主任，唐山钢厂第一副厂长兼总工程师，冶金工业部钢铁司总工程师。

组织参与“双联炼钢法”的试验，解决了酸性侧吹转炉只能用低磷生铁炼钢的难题，开辟了炼钢原料来源的新途径。组织领导碱性侧吹转炉炼钢的技术攻关，解决了当时由于酸性侧吹转炉炼钢不能脱磷的问题和中磷生铁炼钢的若干技术难关。攻克了强化前期脱硫技术难题，并在其后逐步解决了碱性侧吹转炉可以冶炼中碳钢种和高碳钢种等技术关键问题。组织领导含钒生铁顶吹转炉提钒和顶吹转炉半钢冶炼的试验。组织攀钢提钒炼钢厂的投产技术攻关，解决了铁水中钛富集粘炉及半钢炼钢等技术问题。组织领导了援助阿尔巴尼亚炼钢补充试验，解决阿尔巴尼亚红土矿含铬铁水的摇包脱铬、半钢炼钢的问题，获得国家科委科技进步一等奖。组织领导了“七五”科技攻关项目“钒钛铌微合金元素在低合金钢中应用的基础研究”，成果获得冶金工业部1992年科技进步一等奖。

1956年被评为全国劳动模范。著有学术论文30余篇。

（姜　曦）

余兴远　Yu Xingyuan（1923-03-08～2001-09-20）　中国选矿工程专家。祖籍福建厦门，生于印度尼西亚东爪哇省泗水市，卒于北京。1945年3月～1954年5月留学荷兰，获荷兰代尔夫特理工大学副博士学位，并在该大学矿冶中心做研究工作。1954年回国。历任辽宁华铜铜矿工程师、北京有色金属研究院高级工程师、广州有色金属研究院主任工程师、冶金工业部科技办教授级高级工程师。第六、第七、第八届全国政协委员，全国侨联对外联络部副主任委员。

长期从事**浮选**工艺和矿物化学处理工艺的科研工作，提出变传统选锡单一重力选矿流程为多锡产品的选冶联合工艺，提高了锡的总回收率。担任中国金属学会和中国有色金属学会的领导工作，为有色金属学会的组建、发展和对外学术交流作出了贡献。

（刘耀青）

余永富　Yu Yongfu（1932-09-30～　）中国选矿工程专家。生于河南南召。1956年毕业于中南矿冶学院选矿工程专业。毕业后到长沙矿冶研究院工作，曾任高级工程师、选矿研究室副主任、院科学技术委员会主席。1995年当选为中国工程院院士。

长期从事难选铁矿、稀土矿、稀有金属矿、铜钴硫化矿的选矿研究。20世纪70年代初，成功研究出弱磁-强磁选矿工艺，解决了武钢赤铁矿、菱铁矿等混合型铁矿石的选矿技术难题。20世纪60年代和80年代，针对内蒙古白云鄂博铁、稀土、铌的复杂大型多金属共生铁矿石，首次开发出“弱磁-强磁-浮选”选矿工艺，综合回收铁、稀土，并降低了铁精矿中氟及钾钠含量。1995年后，通过研究“铁精矿质量对高炉炼铁效益的影响”“冶金矿产资源开发利用评价技术系统研究”等课题，查明了中国铁精矿质量低的主要原因，提出了选矿“提铁降硅”的学术思想，并带领工作团队及相关矿山企业进行了选矿技术、装备和药剂研究，提高了中国铁精矿质量。2004年针对中国难选的菱铁矿、褐铁矿及与赤铁矿或磁铁矿共生的混合型铁矿石，提出采用循环流态化磁化焙烧技术处理，并与团队成员一起开发出闪速磁化焙烧-磁选的成套装备与技术。

1986年、2009年获全国五一劳动奖章，1989年被评为全国先进工作者。获国家科技进步奖一等奖2项，二等奖3项。发表学术论文100余篇。

（陈　雯）

预合金粉末　pre-alloyed powders　用二元系或多元系合金制成的完全合金化的粉末。预合金粉末的制造方法主要包括雾化法和*湿法冶金*法。①雾化法是将合金熔体通过雾化制备合金粉末的方法，主要包括流体介质雾化和离心雾化。流体雾化介质可采用液体介质（水、油等）或气体介质（空气、氮气或氩气等）。雾化法的冷却速率快，粉末制备效率高，成本较低。通过控制雾化工艺参数，可获得尺寸与形状可控的合金粉末。②湿法冶金法是将金属离子按成分比例在水中溶解形成混合溶液，然后通过沉淀、还原而获得合金粉末的方法。湿法冶金法所制备的粉末粒度在10微米以下，形状为近球形的多孔团聚体，具有很好的流动性、压制性与良好的烧结性能。

预合金粉末具有的特性：①粉末颗粒的金属元素分布均匀，避免了成分偏析，使制备的*粉末冶金材料*组织均匀、性能一致。②由于其固相线比合金组元的熔点低，当烧结温度达到预合金粉末的固相线以上时，可实现液相烧结。

（韦伟峰）

元素赋存状态　existing state of oreelements　元素在*矿石*或*矿物*中的存在形式及在不同形式中的分配数量。各元素在矿石和矿物中有一定的赋存规律，并有多样化的存在形式。

赋存形式　可以从多种角度或不同层次上划分元素的自然赋存状态，地球化学中常遇到的元素赋存状态主要包括：①独立矿物。元素作为矿物晶体结构的质点成分，占据晶体结构的特定位置。是自然界元素最主要的赋存形式。元素形成独立矿物的能力与其丰度高低有关，常量元素在地壳中主要以独立矿物形式存在。元素以矿物形式存在于矿石中，通过从矿石中分离出某种目的矿物即可达到富集元素的目的。如钨元素以白钨矿、黑钨矿等矿物形式存在于钨矿石中，从钨矿石中分选出白钨矿和黑钨矿，可得到钨精矿。②类质同象。当具备质点半径大小相近、电价的总和平衡、相似的化学键性以及成矿时适宜的温度、压力、组分浓度等外部条件时，矿物晶体结构中的某些离子、原子或分子的位置，一部分被性质相近的其他离子、原子或分子所占据，但晶体结构形式、化学键类型及离子正负电荷的平衡保持不变或基本不变，仅晶胞参数和物理性质（如折射率、密度等）随置换数量的改变而做线性变化。是一种分散态的元素存在方式。在矿物结晶过程中，某些元素与某矿物的主体元素性质相似，以呈类质同象的形式进入载体矿物的晶格中，如闪锌矿中常有分散性元素镉、锗、镓、铟进入闪锌矿晶格，在选矿过程中得以富集，可在锌冶炼过程中提取。类质同象方式存在的元素，不能采用常规的选矿方法与载体矿物分离，只有先进行选矿富集载体矿物，然后在冶炼过程分别分离回收。③吸附状态。元素以离子或化合物分子形式被胶体颗粒表面、矿物晶面、解理面所吸附。是一种非独立化合物形式。一般胶体或由胶体结晶的矿物、电荷不平衡的细鳞片状矿物易吸附其他离子，如胶体成因的褐铁矿吸附铜、钨、锡等元素，胶体结晶的锂硬锰矿吸附铜、钴等元素，花岗岩风化壳中黏土矿物（高岭石、伊利石等）吸附稀土元素。吸附状态存在的元素一般采用湿法冶金提取，也可选矿富集载体矿物后，再采用湿法冶金提取。

研究方法　元素赋存状态研究的方法很多，主要取决于原料性质。常用的方法有：①对试样中主体矿物和元素载体矿物进行单矿物分离。②光学显微镜查定。将单矿物制光片后用显微镜观察，初步确定元素在该矿物中有无分相现象。③扫描电子显微镜和能谱分析。将待查的单矿物制光片用扫描电镜观察，进一步确定元素在该矿物中是以矿物包裹体形式存在还是均匀分布，并进行元素分析。④电子探针分析。采用电子探针面扫描，观察元素在矿物中分布的均匀性并进行元素分析。⑤X射线衍射分析。对单矿物进行X射线衍射分析，查明矿物是单一相还是多相。⑥电渗析法。在外加直流电场作用下，利用离子交换膜的透过性（阳膜只允许阳离子透过，阴膜只允许阴离子透过），使矿物溶液中的阴、阳离子做定向移动，从而判断矿物中元素是否以吸附方式存在。⑦将分离后的单矿物进行元素化学分析，以得知各矿物中目标元素的含量。⑧元素的配分计算。根据试样矿物定量结果和各矿物元素含量计算元素在各矿物中的分配。

应用　查明有用元素、有害元素在矿石中的赋存状态，可对地质勘探、选矿、冶炼方法的选择、工艺流程设计和矿石的综合利用等提供方向性指导。

扩展阅读

邱柱国.矿相学.北京：地质出版社，1982.

周乐光.工艺矿物学.北京：冶金工业出版社，2002.

吕宪俊.工艺矿物学.长沙：中南大学出版社，2011.

（梁冬云）

原地破碎浸出采矿法　in-situ crushing leaching mining method　利用露天或井下切采形成碎胀补偿空间，采用爆破或挤压爆破技术，将矿石就地进行破碎，构筑矿石块度级配合理、矿石微细裂隙发育、孔隙度均匀适度、渗透性良好的采场矿堆，然后向矿堆布洒溶浸剂，有选择性地浸出矿石中的有用组分的方法。工艺流程主要包括*采准*、*切割*、爆破筑堆、布液浸出、浸出液收集、浸出液处理和贫液返回淋浸等。

2000年中国中条山铜矿峪铜矿建成原地破碎溶浸系统，取得了良好的技术经济指标，其中铜浸出率77.87%，萃取回收率99.5%，电积回收率99.5%，生产成本为8754.31元/吨铜，仅为传统方法的一半左右。该技术使铜矿峪矿原来已被废弃的约1200万吨氧化铜矿石（铜金属量约5.83万吨）得以重新利用，总体经济效益达7亿元。

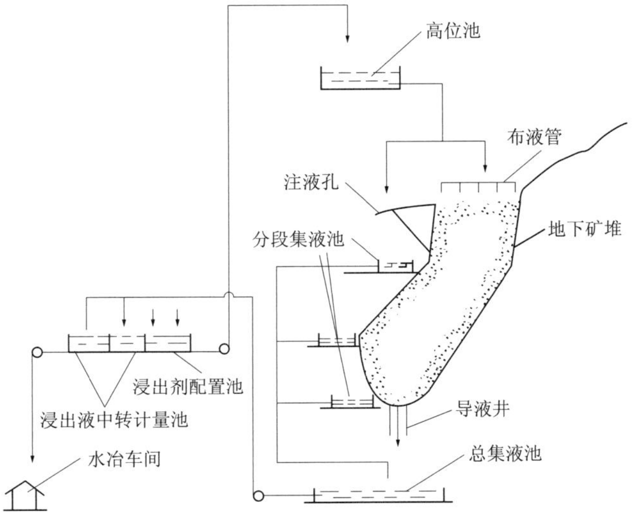

原地破碎浸出采矿工艺流程

（余　斌）

原矿 run of mine; crude ore 从矿山开采出来未经选矿或其他技术方法加工的矿石。在煤矿则称为原煤。少数原矿可以直接利用，大多数原矿经选矿或其他技术加工后才能利用。在选矿过程中，经过碎磨进入分选作业的矿石称作入选原矿。原矿中有用组分的质量分数称作原矿品位。

不同矿山在成矿条件、矿物赋存状态及矿体规模、产状等方面差异比较大。随着开采工作的不断进行，入选原矿的性质也会发生变化。选矿厂需重视原矿管理，应经常与出矿单位取得联系，及时了解旬、月、季的出矿情况，以求合理配矿、均衡出矿；选矿应配合采矿、地质专业，进行原矿的物质组成研究及必要的选矿试验，以便对下一步生产做出预测，及时调整流程内部结构及各种选矿工艺，提高选矿技术经济指标。（韩桂洪）

原子半径 atomic radius 在晶体结构中把原子看作是一个刚性球的前提下，两个最近邻原子中心距离的一半。一个孤立原子的尺寸由以核为中心扩展的电子分布距离来确定。根据量子力学，电子轨道从原子核扩张，其扩张的大小取决于原子核附近的化学和物理环境。理论上，电子分布在无限远处才会是零，所以要确定一个孤立原子的尺寸是困难的。如果涉及化合物，最近邻的交互作用严重干扰原子的电子云分布，结果影响键合原子间的交互作用距离，使得原子尺寸更难以确定。虽然采用X光射线衍射（或中子、电子衍射）等方法可以测定晶体结构，但是它只给出原子核心位置，而并不给出原子尺寸。即严格地说，只获得原子交互作用距离，而不是原子尺寸。要划分这个交互作用距离属于哪个原子多少带有任意性。对于金属、惰性元素和一些纯离子晶体，其原子间的相互作用力是各向同性的，假设原子（离子）为“球状”，它们与最近邻的原子（反号离子）相切，这样，对于纯金属晶体而言，两原子间距离的一半就设定为原子半径。即使这样简单设定，原子堆垛方式不同，原子半径也不同。作为比较，对于金属、惰性元素，都是以配位数为12的结构的半径为标准。

为了消除晶体配位数对原子大小的影响，用另一种方法来衡量原子大小，即原子结构体积V_{as}，它定义为每个原子所占的体积（包括空隙体积）。V_{as}简单的计算方法是用每个晶胞的体积除以每个晶胞的原子数。另外，也可以由它反过来给出原子半径r，即将原子结构体积拟合成一个球体时的半径，$r=(3V_{as}/4\pi)^{1/3}$。因为原子所占的体积与晶体结构无关，显然，这个原子半径r不受配位数的影响。

在材料领域中，广义的原子半径包括离子半径、共价半径和范德瓦耳斯半径。

离子半径 对于离子晶体（或化合物晶体），两个（异号）离子间距离只能设定为这两个离子半径之和，还不能直接确定每个离子的半径。通常谈到的原子（离子）半径，总是在过分简化的条件下确定的。就原子的电子云分布来看，任何一个具有惰性气体原子电子构型的离子都呈球对称性，因此金属键合晶体的离子核也是球对称的，可以把原子看作球；对于典型的离子晶体，离子极化并不是重要的因素，正、负离子趋近时，彼此的影响并不大，仍近似保持其球对称，故也可以把它看作球体。这样，在这些晶体中，将两个最近邻原子或离子中心之间的距离定义为两个原子或两个离子半径之和。

共价半径 在共价键晶体中，因为共价键内的作用力是主要的，键与键之间的相互作用是次要的，所以，定义共价键合的两个原子（A和B）中心距离为两个原子的共价半径之和，A和B原子间的距离近似为A-A共价距离和B-B共价距离的平均值。同类性质的键在不同分子中键长是相近的，即共价键的键长在各种分子中有守恒性。

范德瓦耳斯半径 非金属晶体的范德瓦耳斯半径为相邻分子间距的一半，它受分子结构的影响较大。（余永宁）

圆盘真空过滤机 rotary disk vacuum filter 过滤介质布置成多个垂直于旋转轴的圆盘的真空连续过滤设备。主要由水平轴、过滤圆盘（滤盘）、分配头、悬浮液槽、传动机构和刮板等部件组成。滤盘通常由8～12个扇形滤叶组成，两面为过滤面。滤叶为一扁平扇形中空部件，可由铁板、塑料、铝合金等材料制成，两面有小孔，窄端有一滤液孔与水平轴上的滤液孔道相通，外面包滤布。滤叶用螺栓和压板固定在水平轴上。水平轴内有若干个滤液孔道通向分配头，孔道数与一个滤盘上的滤叶数相等。水平轴的一端与传动机构相连，另一端与分配头相配合。当过滤板置于槽体中时，在分配头的切换下，滤板空腔经滤液孔与真空泵相连，使固体物料吸附在过滤板两侧的滤布上；离开浆面后，过滤板仍与真空泵相接，进入脱水阶段；在卸饼区，分配头使滤板空腔切换至与鼓风机相连，完成反吹卸饼过程。

圆盘真空过滤机的优点为：①造价低，结构紧凑，占地面积小。②真空度损失少，单位产量耗电少。③可不设搅拌装置。④更换滤布方便。⑤可获得较好的过滤效果。⑥速比大，传动平稳可靠。缺点为：①设备运转过程中易发生故障，必须停车处理，影响连续生产。②滤布易堵塞，磨损快，再生难，薄滤饼卸除较困难。③滤布孔隙和结构要求严格。④下料口易堵塞，需人工疏通。⑤滤饼不能洗涤。⑥滤饼水分略高于外滤式圆筒真空过滤机。⑦不适合处理黏性物料。

常用于过滤有色金属浮选精矿、浮选精煤以及铁精矿等物料。已广泛应用于洗煤、造纸、冶金等行业。

扩展阅读

孙体昌.固液分离.长沙：中南大学出版社，2011.

杨守志，等.固液分离.北京：冶金工业出版社，2003.

（刘殿文）

圆锥破碎机 cone crusher 利用破碎锥在壳体内锥腔中的旋摆运动，使物料受到挤压、折弯、剪切和冲击等作用中碎或细碎物料的破碎设备。19世纪末由美国西蒙斯兄弟在旋回圆锥破碎机的基础上发明，故又称西蒙斯圆锥破碎机。规格以动锥工作面底部直径（毫米）表示，常见有600、900、1200、1750、2200等，有时也以主电机功率等参数表示。工作原理与旋回破碎机相似。主要类型有弹簧圆锥破碎机、旋盘式圆锥破碎机、单缸液压圆锥破碎机、多缸液压圆锥破碎机和复合圆锥破碎机等。每类型又可根据破碎工作的需要设计不同的腔型，分为标准型、短头型，或分为标准型、中碎型、细碎型。

弹簧圆锥破碎机 最早出现的西蒙斯圆锥破碎机采用弹簧保险。由调整套、轧臼壁、破碎壁、动锥、机壳等组成。工作时，电机通过皮带轮、传动轴和锥形齿轮带动偏心套旋转，迫使动锥绕固定点做旋摆运动，从而使动锥与定锥周期性地靠近和分离，使破碎壁和轧臼壁间的矿石不断受到挤压、折弯和剪切等作用力而破碎。

定锥、支撑套与架体连接处靠弹簧压紧，起保险作用。当破碎机内落入金属块等不可破碎物体时（俗称“过铁”），弹簧产生压缩变形，定锥、支撑套远离动锥，排料口增大，排出异物，防止机器损坏。随后，在弹簧的作用下，排料口自动复位，破碎机恢复正常工作。弹簧圆锥破碎机比一般颚式破碎机破碎比大、效率高、能耗低，产品粒度均匀。缺点是弹簧的“过铁”保护行程小，工作时需限制主轴和动锥自转速度以避免轴套烧毁，清理破碎腔中堵料较困难。

旋盘式圆锥破碎机　在弹簧圆锥破碎机的基础上发展起来的，两者的主要结构和工作原理相同，属于细碎型弹簧圆锥破碎机。具有独特的由最上部环形缓冲腔、中部非控制破碎区和下部平行区组成的破碎腔，并设有旋转布料器。

混合均匀的物料经溜矿槽和料箱，再经旋转布料器，沿圆周方向被均匀散布到破碎机受料区，再进入缓冲区。布料器可控制给料速度，保证破碎腔中料层高度稳定。动锥的摆动对物料产生挤压与冲击作用，并转变为多层物料粒子间相互冲击与研磨的综合作用，从而实现物料破碎。研磨腔中物料的高度产生的压力使已破碎物料向外缓慢推进，通过研磨腔从破碎锥下部的排料口排出。旋盘式圆锥破碎机破碎比较大，产品粒度较细、均匀，但产量偏小，应用范围较小。结构形式见图1。

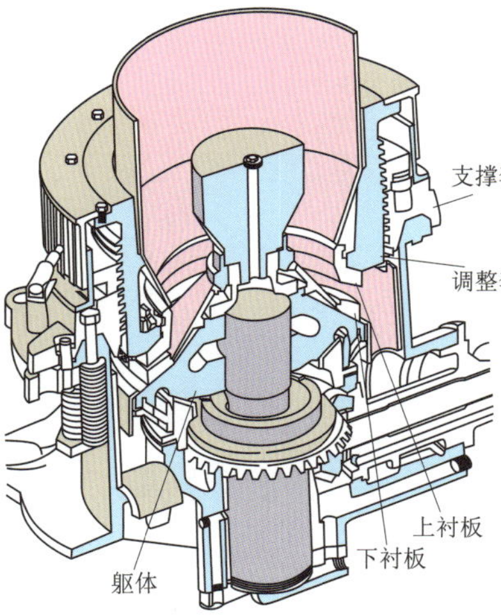

图1　旋盘式圆锥破碎机结构图

单缸液压圆锥破碎机　由美国阿利斯-卡尔默斯（Allis-Chalmers，简称AC）公司于20世纪40年代研制，俗称AC圆锥破碎机。单缸液压圆锥破碎机的主要结构和破碎工作原理与弹簧圆锥式破碎机相同，主要区别在于支撑套与架体连接处安装了一套液压装置。破碎机内落入金属块等不可破碎物体“过铁”时，液压缸内的油压迅速上升。油压超过一定极限时，液压缸的安全阀打开，部分液压油排出，动锥下降，排料口增大，不可破碎物排出，避免设备发生损坏。液压缸还起排料口调整、通过反复起落排除堵矿和过载保护的作用。主要特点：破碎比大、效率高、能耗低，产品粒度均匀，排料口调整方便，“过铁”保护性能较好。单缸液压圆锥破碎机结构形式见图2。

多缸液压圆锥破碎机　在弹簧圆锥破碎机的技术上改进而成，主要结构和工作原理与弹簧圆锥破碎机相同，主要区别在于使用多个液压缸取代弹簧锁紧定锥、支撑套与架体。液压缸在发生“过铁”及瞬时闷车的情况下，可通过液压顶起定锥和支撑套，使不可破碎物或物料自动排出，减少停机维护的操作过程，避免了设备损坏。破碎腔体采用高性能非接触式迷宫密封件，可提高阻挡粉尘的可靠性，降低粉尘污染和设备的磨损，延长设备使用寿命。多缸液压圆锥破碎机主轴固装在主机架上，偏心矩较大，偏心套转速远高于弹簧圆锥破碎机，增加了破碎锥的冲击作用和破碎次数，提高了生产能力。主要特点：破碎比大、效率高、处理能力大、能耗低，产品粒度均匀，操作方便，“过铁”保护性能较好，可靠性更好。多缸液压圆锥破碎机外形见图3。

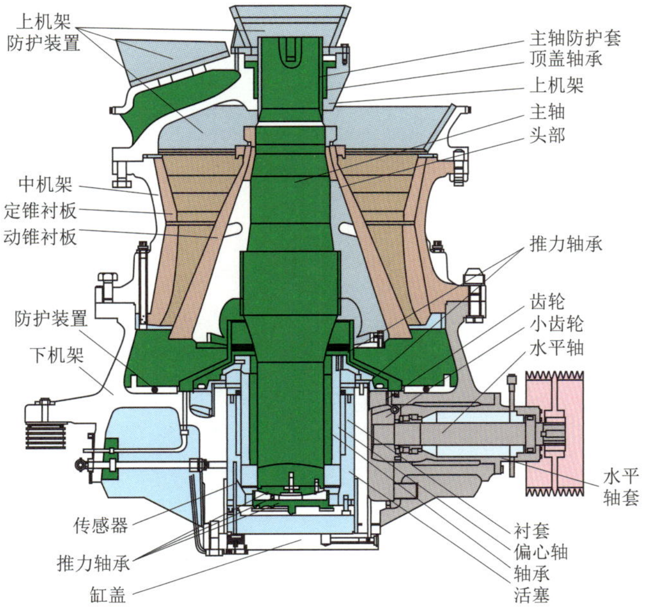

图2　单缸液压圆锥破碎机结构形式

图3　多缸液压圆锥破碎机外形

复合圆锥破碎机　综合弹簧圆锥破碎机和单缸液压圆锥破碎机的特点设计而成，在弹簧圆锥破碎机的机壳外侧增加了一套液压缸装置，同时保留了弹簧保险装置。在不可破碎物通过破碎腔或机器超载时，弹簧保险系统启动，使排料口增大，异物从破碎腔排出。如有更大的异物卡在破碎腔，可使用液压清腔系统，使排料口继续增大，以使异物排出破碎腔。异物排出后，在弹簧和液压缸装置的作用下，排料口自动复位，机器恢复正常工作。主要特点：液压调整排料口，操作方便，“过铁”保护性能较好，干油密封，粉尘少，工作环境良好。

（陈　帮）

云锡式摇床　Yunxi shaking table　具有凸轮杠杆式床头和滑移轨道支撑床面特征的摇床。在苏联摇床基础上经中国云锡公司改进而成。最初由贵阳矿山机器厂制造，故又称贵阳式摇床。有粗砂床、细砂床和矿泥床3种。床面采用生漆、漆灰（生漆与煅石膏的混合物）、玻璃钢或聚氨酯作耐磨层。通常，粗砂床床面铺设梯形来复条，细砂床床面铺设锯齿形来复条，矿泥床床面设三角形沟槽。床头结构为凸轮杠杆式，偏心轴上套一滚轮，偏心轴向下偏离旋转中心时压迫摇动支臂（台板）向下运动，通过连接杆将运动传给曲拐杠杆，随之通过拉杆带动床面向后运动，此时位于床面下方的弹簧被压缩。随着偏心轮的转动，弹簧延长，保持摇动支臂和偏心轮紧密接触，并推动床面向前运动（见图）。冲程可借改变滑动头在曲拐杠杆上的位置调节。

云锡式摇床具有较宽的差动性调节范围，以适应不同的给料粒度和选别要求。床头机构易磨损的零件少，运转可靠。横向坡度调节范围小，且冲程也不宜过大，适用于处理细粒矿石或矿泥。运动曲线好，床面光滑适度，平整，耐磨，耐酸，耐碱，

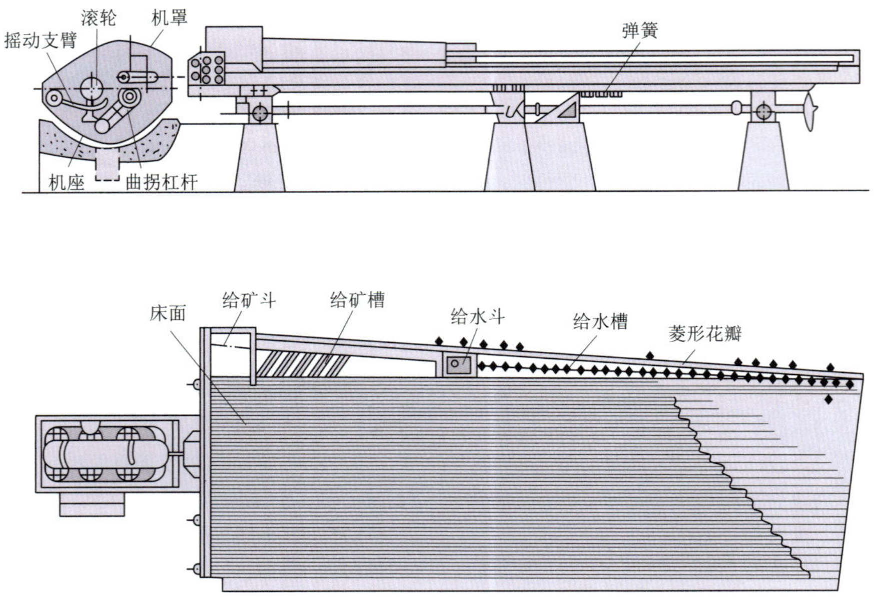

云锡式摇床示意图

耐潮，不易变形，运行平稳，操作调整简便，矿物分带明显，选矿效率高。广泛应用于锡、钨、铅、铋、钛、锰、钽、铌、金等有色、黑色、稀土等矿石重选，入选粒度0.019～2毫米。

（李艳军）

孕育处理 inoculation 在凝固过程中，向金属熔体中添加少量其他物质，以促进熔体内形成晶核、抑制晶体生长的材料组织控制技术。其目的是细化晶粒、改善凝固组织、提高材料力学性能。具体技术工艺和相应作用机制根据所处理材料的不同而不同。习惯上，向铸铁中加入添加剂称为孕育处理；向有色合金中加入添加剂则称为**变质处理**。从本质上说，孕育处理主要是促进成核、细化晶粒，而变质处理主要是改变晶体的生长机理，从而影响结晶形貌。

当成核率低时，共晶铸铁的凝固需要施加大的过冷度，以形成由细小枝状石墨构成的大块共晶胞。孕育处理可实现共晶凝固过冷度的最小化，消除铸铁微观组织中的共晶碳化物，同时还可控制共晶石墨的形貌与分布，从而控制基体组织中**珠光体**和**铁素体**的水平；在晶粒细化的同时，也打破了较弱的石墨相的连续性，从而提高铸铁的抗拉强度。

典型铁硅基孕育剂的成分（其余为铁）

孕育剂/%	硅（Si）	铝（Al）	钡（Ba）	钙（Ca）	锰（Mn）	稀土（Re）	锶（Sr）	锆（Zr）
铸造级FeSi	75	1.2	—	1.0	—	—	—	—
FeSi-Sr	50或75	<0.5	—	<0.1	—	—	0.8	—
FeSi-Ba1	75	1.0	1.0	1.0	—	—	—	—
FeSi-Ba2	75	1.0	2.5	1.5	—	—	—	—
FeSi-Zr	75	1.2	—	2.0	—	—	—	1.5
FeSi-Mn-Zr-Ba	65	1.2	0.8	1.2	4.5	—	—	4.4
FeSi-Re	75	1.0	—	0.8	—	2.0	—	—
FeSi-Sr-Re	75	<0.5	—	<0.1	—	2.0	0.8	—
FeSi-Sr-Zr	75	<0.5	—	<0.1	—	—	0.8	1.2

孕育处理的效果会随孕育处理后熔体在浇包内的停留而减弱，该现象称为“孕育衰退”。因此，孕育处理后应尽快进行浇铸。一些新浇铸技术将孕育剂置于浇口或流道内，可削弱或消除衰退现象。

铸铁孕育处理所用的孕育剂，加入量很少，对化学成分影响很小，对其显微组织的影响却很大。大部分孕育剂都是铁硅合金（含70%～75%硅）或铁硅合金与石墨的混合物（见表）。在片状石墨铸铁中孕育剂的添加往往使浇包中硅的含量增高0.2%，而在**韧性铸铁**中通常可增高0.5%。硅作为孕育剂添加比作为炉料添加时孕育效果显著得多。大部分商用铁硅基孕育剂往往还含有不超过5%的经精确控制的其他元素，如钙、铝、锶、钡、锰、锆、铈等。

扩展阅读

FRAŚ E, GÓRNY M. Inoculation Effects of Cast Iron. Archives of Foundry Engineering, 2012, (12): 39-46.

（孔令体）

Z

杂散电流腐蚀　stray current corrosion　非限定回路中的杂散电流，从管道的某一部位进入，沿管道流动一段距离后，又从管道流入土壤，在电流流出部位，管道发生的腐蚀。也称迷流腐蚀，是一种电化学腐蚀。杂散电流腐蚀多出现于电气化铁路或地铁附近的埋地管道、城市的地下管网与高压输电线并行的埋地管道、工厂内部的地下管道等基础设施建设及船舶和海洋工程领域中。

杂散电流主要有直流杂散电流、交变杂散电流和地球磁场引起的地电流。直流杂散电流来源于直流电流源，例如轨道传输系统、阴极保护系统等。交变杂散电流来源于交变电流源，例如高架交流电线等。交流杂散电流引起的腐蚀要比直流杂散电流腐蚀的强度小得多（大约为直流的1%或更小）。

杂散电流腐蚀在本质上仍然是电化学腐蚀，都是具有阳极过程和阴极过程的氧化还原反应。杂散电流流入、流出埋地管道时会对电化学腐蚀的阴阳极过程产生不同的影响。杂散电流流入部位，管道得到保护，但过大的杂散电流流入会造成管道局部过保护，如电位过负，会大大促进阴极过程，特别是析氢反应的加剧，导致管道表面产生大量氢而造成防腐绝缘层损坏甚至剥落，进而导致腐蚀的发生和加剧；而杂散电流流出的部位，阳极反应得到促进，管道以铁离子的形式大量溶入周围介质中，因而管道受到严重的腐蚀。

杂散电流腐蚀形貌：点蚀倾向大，创面光滑，有时呈金属光泽，边缘较整齐，腐蚀产物似炭黑色细粉状，有水分存在时，可明显观察到电解迹象。

控制杂散电流腐蚀主要通过疏导和堵截的方法。疏导法也称排流法，是将管道上感应的交流电排放到大地中去，消除交流电压对设备的危害。排流法主要包括：①接地排流，即通过接地电阻很小的接地体把管道上的交流电压降下去。一般要求接地体的接地电阻小于该处管道的接地电阻。由于管道中有直流阴极保护电流存在，故在排流时要采用隔直环节或牺牲阳极接地材料。根据所选用的回路环节的不同和材料的区别，又可以分为直流排流、牺牲阳极排流、嵌位式排流、电容排流和极性排流。②分段隔离，即在干扰的平行区间里，利用绝缘法兰把管道分割成若干个小的干扰段，使得管道的纵向感应电动势降低。

堵截法有时也称作隔离法，控制过程中需要注意：①储罐与交流接地体保持不小于30米的安全距离。埋地管道与电气化铁路平行时，平行最近点距离应大于30米。②两线一地接线体与管道中心线的最小距离为30～50米，且管道附近的电位梯度小于500毫伏/米。③埋地管道与电力系统接地体应按照规定的安全距离安放。当管道的位置不满足安全距离时，可在干扰源和管道之间设置绝缘板或导电屏蔽栅，尺寸应延伸到电厂作用范围之外5～10米；对受干扰管段提高一个防腐等级。

中国上海轨道交通运输系统的明珠线，在建设过程中，采用了疏导和堵截两种方法来解决杂散电流的腐蚀问题。美国地下管道的杂散电流腐蚀问题也采用了相同的解决方法。（李晓刚）

再生金属冶金　recycled metal metallurgy　从**金属二次资源**中冶炼出金属或合金的过程。20世纪60～70年代，全球性资源和环境危机出现，其中包括金属原生矿产资源逐渐耗竭以及原生矿产资源冶炼带来的严重环境污染；80～90年代，工业发达国家如日本、德国、美国等，制定金属再生相关法律法规；21世纪以来，再生金属循环使用比例逐步升高，全球再生金属产业规模进一步扩大，中国再生金属产业也成为国家战略新兴产业。

大部分金属都能以再生金属的形式循环利用，其原料为含有价金属组分的采矿、选矿、冶炼、加工后的废石、尾矿、废渣、废液和烟尘，以及废旧金属、金属边角料、废旧电子电器等。在冶炼前必须进行分类、解体、打包、压团、破碎、磨细、筛分、干燥、预焚烧、脱脂、分选等预处理，再熔炼成为和原成分相同或组分更多的产品。混杂过于严重的合金废料，则用作重新冶炼提取金属的原料。再生金属以金属、合金或化工产品形态产出。再生金属冶金不但可减少对原生矿产资源的依赖，还可大幅度降低能源消耗，保护生态环境。以钢铁、铜等为例，说明再生金属冶金工艺。①再生钢铁，生产过程一般采用短流程工艺，即以**废钢铁**为主要原料的**电弧炉炼钢**与连铸－连轧相结合的紧凑式生产流程。再生钢铁经分拣处理即可回炉冶炼钢材，比开采铁矿石冶炼得到钢材的流程简便快捷，可有效节约钢铁资源及降低生产成本。②再生铜，冶炼方法包括火法冶炼和湿法冶炼，其中高品位含铜二次物料主要采用火法熔炼技术，如瑞典的卡尔多炉熔炼工艺、澳大利亚的澳斯麦特炉熔炼工艺、日本的**三菱炼铜法**以及中国的**富氧底吹熔炼法**等。低品位含铜二次物料主要采用湿法冶金方法，其工艺过程主要包括浸出、净化和电积。与原生铜相比，再生铜资源的利用在节约矿产资源、节能减排方面有着显著优势。③再生锌，主要采用还原蒸馏法和熔析法处理含锌较高的废金属杂料，回转窑、平窑等工艺处理含锌量较低的钢厂烟尘等。再生锌的回收工艺大部分是先生产氧化锌，再进一步处理，得到高品质的氧化锌或金属锌。④再生贵金属，冶炼工艺可分为火法冶金和湿法冶金两类。火法冶金是将含贵金属的废料进行高温熔炼，使贵金属富集在其他金属中，再进一步提取回收。广泛应用的是湿法冶金，将废料中的贵金属浸出进入溶液形成离子状态，然后从溶液中以金属或化合物的形式分离提取出来，由此形成了各种不同的提取工艺，包括溶剂萃取法、离子交换法、氧化沉淀法、电沉积法以及新生环保绿色的生物富集法。

（郭学益）

在线热带钢生产工艺　inline strip production　由德国曼内斯曼－德马克公司开发的一种**薄板坯连铸连轧**工艺技术。简称ISP工艺。于1998年在意大利阿维迪建设了工业生产线，随后在韩国、美国、南非、荷兰等国进行了推广。

ISP工艺流程为：钢包车→中间罐→薄片状浸入式水口→结晶器→铸轧区段→大压下量粗轧机→剪切→感应加热炉→克雷莫纳卷取炉→精轧机架→层流冷却→地下卷取。

ISP工艺特点是：①生产线布置紧凑，不使用长的均热炉，生产线总长度仅180米。从钢水变成热轧带卷仅需20～30分钟。②采用了液芯压下和固相铸轧技术，可生产厚度为15～25毫米、宽度为650～1330毫米的薄板坯，如不进入精轧机，可作为中板直接外售。③二次冷却采用气雾冷却或干冷（空冷）技术，有助于生产较薄断面且表面质量要求高的产品。④感应加热炉长18米，铸坯在此区段加热和均匀温度，较为灵活且升温速度快。⑤由平行板式结晶器发展为带小鼓肚的橄榄球状结晶器，薄片式浸入式水口的壁厚随之增厚，寿命显著提高。⑥连铸机采用直弧形。⑦采用了大压下量粗轧机和克雷莫纳卷取炉，整条生产线长度短，投资减少。大压下量粗轧机采用低速铸轧，使得中间坯的凸度低至2%；克雷莫纳卷取炉是双卷取机，通过气体来加热铸坯，同时将长铸坯卷取送至精轧机。

ISP工艺设备复杂，对管理水平和技术水平要求较高，可以生产的钢种有深冲钢、结构钢、高碳钢、管线钢及不锈钢。

扩展阅读

田乃媛. 薄板坯连铸连轧. 北京：冶金工业出版社，2004.

（张　慧）

载体浮选　carrier flotation　利用一般浮选粒级的矿粒作载体，使目的矿物细粒罩盖在载体上而随之上浮的浮选过程。向矿浆中添加捕收剂等药剂后，微细粒目的矿物和载体表面均呈疏水性，在搅拌和充气条件下，目的矿物黏附于载体表面，共同附着于气泡浮出。载体浮选可用于脱除杂质，也可用于回收有用矿物。

在常规载体浮选工艺中，作为载体的矿物与需要选别出的微细粒目的矿物不是同一种矿物，称为异类载体，这种利用其他易浮的较粗矿粒作载体，选择性地黏附微细粒目的矿物并与之一起浮出的方法，主要用于脱除待选物料中的杂质。载体若与被负载的矿物同类，称为同类载体，与异类载体浮选工艺相比，浮选后不需要进行载体与被载带矿物的分离。同时，经过药剂处理的粗矿粒（一般为浮选粗粒精矿）使自身载带的药剂得到更好的分散和被吸收，从而降低总的药剂用量，节约生产成本。

影响载体浮选的有几何、物理和化学因素。几何因素包括颗粒粒度、载体粒度、搅拌器结构等；物理因素主要指载体物料比、搅拌强度、时间和矿浆浓度；化学因素有药剂种类、浓度、矿浆温度和pH值等。载体浮选面临的主要问题是用药量较大和异类载体的分离回收。

各国对载体浮选回收微细矿粒进行了许多研究，但大多仍处于研究阶段。

（王进明）

凿井设施　sinking facilities　竖井施工专用结构物、设施和设备的总称。包括凿井井架、绞车、吊盘及各种管路、电缆等。①凿井井架。凿井时承载提升、悬吊、卸渣等设施的重要结构物。通常为钢结构，由天轮房、天轮平台、主体架、卸渣台及基础等部分组成。其中天轮平台是凿井井架的重要部分，它承受全部悬吊设备载荷和提升载荷。为节省拆装凿井井架工作，可利用生产井架作为凿井井架凿井，但必须验算其承载能力，增加或补强某些构件。卸渣台是依附井架设置，用于倾倒渣石。卸渣台上包括溜渣槽和卸渣设施。当吊桶提升至卸渣台后，由卸渣设施将渣石卸入溜渣槽中，然后装车运往废石场。卸渣台应具备一定的高度以保证凿井设备出入井口，溜渣槽保持35°～40°的倾角，使渣石依自重下溜。卸渣装置包括座钩式、翻笼式和链球式，其中以座钩式自动卸渣方式最为常用。②凿井绞车。用于悬吊吊盘、模板、抓岩机、吊泵等主要设备的辅助提升悬吊系统。凿井绞车吨位系列有5～40吨，分为缠绕式、摩擦式两种结构，单筒、双筒规格。凿井绞车须集中控制才可保证吊盘、模板的同步升降。为简化地面布置，还可采用井壁吊挂技术减少凿井绞车用量。③凿井吊盘。凿井期间的移动工作盘，用凿井绞车通过钢丝绳悬吊在井筒内，主要用于砌筑井壁、井筒安装并兼作稳绳盘。为了避免工作时发生晃动，凿井吊盘就位后常将其固定在井帮或井壁上。固定吊盘可采用机械、风动或液压驱动的固定装置。凿井吊盘层数与施工方法和工艺有关，应不少于2层。

扩展阅读

柏建彪，曾宪桃，周英册. 井巷设计优化与施工新技术. 徐州：中国矿业大学出版社，2008.

（周文安　冯　豫　胡　峰　巴肇伦　撰
王晓军　修订）

凿岩　rock drilling　用凿岩机具在矿岩中钻凿炮眼或炮孔的工序。

简史　1813年英国人R.特罗蒂克发明蒸汽冲击式钻机。1844年英国人布隆顿发明了以压缩空气作为动力的凿岩机。1855年法国人方丹莫罗取得气动冲击式凿岩机专利，后来该设备在结构和性能上不断改进，凿岩的速度不断得到提高，但是受能源和结构上的限制，其凿岩效率低、能耗高、噪声大、污染严重等问题仍难以解决。1920年英国成功研制了液压凿岩机，其后很多国家相继研制了100多种液压凿岩机及其配套的凿岩台车。中国于1970年成功研制了第一台液压凿岩机。凿岩机的迅速发展极大地促进了凿岩钎具的开发和进步。1938年德国发明了碳化钨凿岩钎头，极大地提高了凿岩速度。1951年美国休斯（Hughes）公司成功研制了冷压固齿大直径球齿潜孔钻头。1968年瑞典塞科罗克（Secoroc）公司和山特维克（Sandvik）公司研制了热嵌固齿冲击凿岩球齿钻头。1951年中国成功研制了硬质合金钻头，并相继研制出了一字、十字形片状系列硬质合金钻头。

分类　按照钻具动作方式，可分为冲击式凿岩、旋转式凿岩和冲击旋转式凿岩。

冲击式凿岩　利用钎子的冲击作用将岩石破碎。当钎头在冲击力作用下凿进到岩石时，钎刃便切入其中，此时，钎刃下方和旁侧的岩石被破坏，形成一条凿沟Ⅰ-Ⅰ；随后将钎头转动一个角度，再进行下一次冲击，形成第二条凿沟Ⅱ-Ⅱ。若钎头的冲击力足够大，转动角度合适，两条凿沟之间的扇形岩体，在凿Ⅱ-Ⅱ凿沟的同时，就会被剪切破坏；循环往复上述过程，钎头便不断凿碎岩石，炮眼就可以不断形成并加深；在冲击式凿岩过程中必须及时排除岩粉，并对凿岩机施加轴向推力，使钎刃紧密地接触眼底岩石，才能更有效地破碎岩石（图1）。冲击式凿岩的设备主要有风动凿

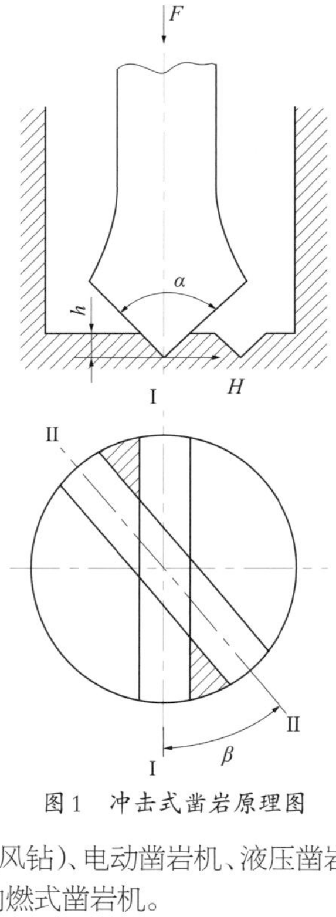

图1　冲击式凿岩原理图

岩机（风钻）、电动凿岩机、液压凿岩机（图2）、内燃式凿岩机。

旋转式凿岩　利用钎子连续旋转切削来破碎岩石的成孔方法。在轴向压力P的作用下，钎刃被压入岩石，同时钎刃不停地旋转，由旋转力矩M推动钎刃产生切削力G向前切削岩石，使孔底岩石连续地沿螺旋线被破坏（图3）；由于岩石具有脆性，所以它的破坏是在钎刃前一块接一块地崩落，粉尘颗粒较大，这种破岩方式适合较软的岩石。旋转式凿岩的主要设备主要有电钻和液压钻。

图2 液压凿岩机

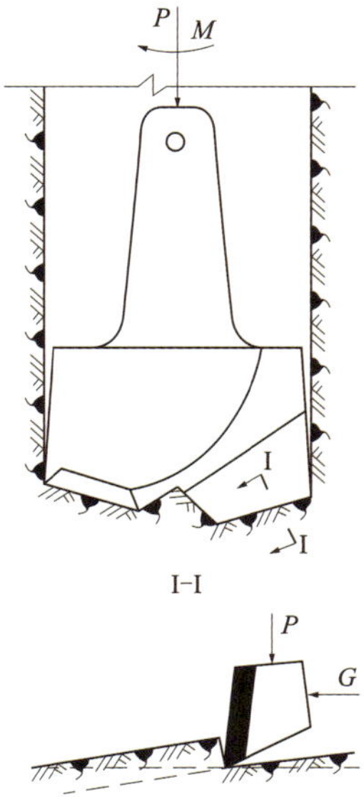

图3 旋转式凿岩原理

冲击旋转式凿岩 利用钻头的旋转冲击对岩石产生碾压、冲凿和切削作用破碎岩石，并用压气排出岩粉。冲击旋转式凿岩的主要设备主要有潜孔钻和牙轮钻。

设备 常用的凿岩设备有风钻（图4）、潜孔钻机、牙轮钻等。①风钻。适于在中硬以上岩石中凿岩，炮眼直径通常为35～65毫米，深度一般不超过15米。凿岩机的钻具由钎头、钎杆和钎尾组成。钻浅眼时通常钎尾与钎杆为一整体，钎杆上安活动钎头。凿岩机装在气腿上、钻架上或凿岩台车上钻眼。广泛应用于镍片状或柱齿状硬质合金钎头，钻浅眼多用一字形片状合金钎头，钻深孔或在裂隙发育的岩石中钻浅眼，多用十字形或丁字形钎头；柱齿状合金钎头适用于大冲击功、低转速的凿岩机，钻凿直径大于40毫米的炮孔。钎杆由六角形或圆形中空合金钢制成，用来传递冲击能量和转矩。钎尾直接承受活塞的冲击作用，形状与尺寸随凿岩机型号而定。钎尾、钎杆和钎头都需根据使用条件对材质进行热处理，以提高使用寿命。凿岩形成的岩粉通过从钎杆中心空孔射出的压力水自眼底不断排出眼外。及时清除岩粉，可提高凿岩速度，减少粉尘量，改善作业环境。②潜孔钻机。在凿岩过程中使冲击器潜入孔内，可减小由于钎杆传递冲击功所造成的能量损失，从而减小孔深对凿岩效率的影响。优点是无钻杆传递冲击功的能量损失，炮孔深度对钻孔速度的影响小，凿岩噪声低。在中硬以上矿岩中，钻凿直径为80～250毫米的深孔时是经济有效的设备。在井下深孔崩矿和中小型非煤露天矿中应用较广。潜孔钻机的钻孔机构包括冲击器、钻头和钻杆。冲击器产生冲击作用，钻头直接安装在冲击器上，钻杆将冲击器送入孔内并由孔外的回转机构带动其旋转。从钻杆射出的压气或高压水将岩粉排出孔外。钻孔时随炮孔加深将钻杆接长。潜孔钻机常用柱状合金钻头。潜孔钻机有采用高风压、大冲击功和低冲击频率冲击器的趋势。③牙轮钻。是在旋转钻机基础上发展起来的一种钻孔设备。按牙轮数量可分为单牙轮钻头、三牙轮钻头和组装多牙轮钻头；按切削材质可分为钢齿（铣齿）和镶齿牙轮钻头。牙轮钻头是使用最广泛的一种钻井钻头。牙轮钻头工作时切削齿交替接触井底，破岩扭矩小，切削齿与井底接触面积小，比压高，易于吃入地层；工作刃总长度大，因而可相对减少磨损。牙轮钻头能够适应从软到坚硬的多种地层。

图4 风钻

扩展阅读

赖海辉，朱成忠，李夕兵，等. 机械岩石破碎学. 长沙：中南工业大学出版社，1991.

李夕兵. 凿岩爆破工程. 长沙：中南工业大学出版社，2011.

王玉杰. 爆破工程. 武汉：武汉理工大学出版社，2007.

（陶 明 丁钦贵）

凿岩机 rock drill 以冲击作用为主，回转作用为辅，凿碎岩石，进行钻孔的机械设备。1844年英国工程师布隆顿发明了第一台轻型气动凿岩机。1857年意大利工程师G.索梅勒设计的压缩空气凿岩机在阿尔卑斯山塞尼峰隧道得到实际应用，标志着凿岩机的诞生。20世纪60年代初，研发出冲击机构与回转机构分开的独立回转凿岩机。

凿岩机属于顶锤式凿岩机械，主要由冲击机构、配流机构、转钎机构、排渣系统、机头润滑系统等组成。利用配流机构向冲击机构供给压缩空气或压力油，推动冲击活塞往复运动冲击钎杆，输出冲击能凿碎矿岩。凿岩机的冲击机构在回程时，由转钎机构强迫钢钎转动角度，使钎头改变位置继续凿击岩石。如此不断地冲击和旋转，并利用排渣系统排出岩渣，即可凿成炮孔。凿岩机的钎具由钎头、钎杆和钎尾组成。钎头安装于钎杆的前端，凿入岩石孔内，凿岩机安装于钎杆另一端，位于岩孔外部（见图）。按照支撑方式分为手持式凿岩机、支腿式凿岩机和机载式凿岩机；按动力不同分为气动凿岩机、液压凿岩机、电动凿岩机、内燃凿岩机和水压凿岩机，其中气动凿岩机和液压凿岩机为主要机型。

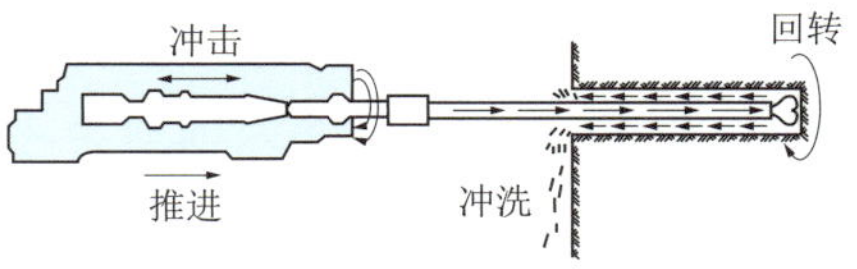

凿岩机作业示意图

气动凿岩机 以压缩空气为动力的凿岩机，过去也称为风动凿岩机。气动凿岩机具有结构简单、制造容易、价格低廉、维修方便等优点，在矿业、铁路、公路、水电建设和国防施工中得到广泛使用。气动凿岩机技术发展成熟，已形成多种系列化产品。但由于气动凿岩机噪声大、能耗高，机载式气动凿岩机逐渐被液压凿岩机取代。

液压凿岩机 以液压油为动力介质，进行冲击和回转动作的凿岩机。第一台液压凿岩机诞生于20世纪20年代。1970年法国蒙塔贝特（Montabert）公司研制出H50液压凿岩机，并成功应用于矿山钻孔。液压凿岩机按照支撑方式分为支腿式液压凿岩机和机载式液压凿岩机。液压凿岩钻机和台车的发展以及凿岩机器人的出现，使液压凿岩机的应用越来越广泛。

扩展阅读

周志鸿，等. 地下凿岩设备. 北京：冶金工业出版社，2004.

（马 飞）

造块黏结剂 agglomeration binder 在矿物加工造块过程中起黏结作用的药剂。在矿物加工过程中，常借助外力作用，通过造块黏结剂将粉矿固结成形，使矿物球团具有合适的外形、粒度、机械强度和焙烧性能，以满足冶炼要求。造块黏结剂可以分为无机黏结剂、有机高分子黏结剂和有机–无机复合黏结剂三大类。

无机黏结剂 主要包括黏土矿物和无机盐化合物，如膨润土、石灰（包括生石灰和消石灰）、水玻璃、石灰石、白云石等。其中应用较广的是膨润土和石灰。

膨润土，铁矿粉成形最早获得工业应用的一种无机黏结剂，也是工业上应用最广的黏结剂之一，主要成分是蒙脱石。膨润土是呈层状结构的含水铝硅酸盐，具有膨胀性能、阳离子吸附和交换性能及强吸水性能。因此，膨润土黏结剂可调节铁矿粉造块原料水分，提高湿球团强度，使造块操作更加稳定。膨润土黏结剂的缺点是，它会使球团矿含铁品位贫化，并且在生球焙烧时，在铁氧化物颗粒之间形成连接桥，堵塞孔道，导致球团矿还原性下降，增加冶炼能耗。此外，膨润土黏结剂颗粒与磁铁矿颗粒间无化学作用，球团只能依靠范德瓦耳斯力和内摩擦力获得强度，故强度低，不能作为冷固球团的黏结剂使用。

石灰是世界各国烧结厂普遍采用的一种无机黏结剂，作用在于改善矿石成球性、提高烧结球团矿的强度、改善烧结料层透气性以及冶炼性能等。石灰既是黏结剂，又是碱性添加剂。

无机黏结剂具有热稳定性好、制得的干球团强度高等特点。但无机黏结剂给矿物带进了杂质元素，降低了精矿品位，致使精矿混合料中有害元素增加，并且在焙烧过程中难以去除，会导致产品的冶金性能变差。

有机高分子黏结剂 分子中的亲固基和亲水基团可以提高其对固体的黏附能力和润湿性能。有机高分子黏结剂用量小、黏度大，湿团块强度高，但耐热性能差，分为天然有机黏结剂（包括改性天然有机黏结剂）和人工合成有机黏结剂。

天然有机黏结剂来源广、价格低、毒性小且一般为可再生资源。工业上应用较多的天然有机黏结剂主要是：①淀粉。分子中含有羟基，具有一定的亲水性能，但分子量较大，润湿性能略差。对淀粉进行接枝改性，使淀粉分子中含有羧基等亲水基，有利于提高淀粉的黏结性能。淀粉类黏结剂热稳定性差，在110℃特别是在115℃以上温度时会发生显著的热降解，在酸、碱作用下热降解尤为显著。对淀粉进行交联改性，制备适度交联的淀粉，可改善其耐热性。②腐植酸。分子是由几个相似的结构单元组成的一个大复合体，每个结构单元由芳香核、桥键和活性基团3个主要部分组成。活性基团具有弱酸性、亲水性、离子交换性、络合性、氧化还原性及较高的吸附性能。腐植酸多呈黑色或棕色粉末状态，可作为型煤或其他固体粉末的黏结剂。③羧甲基纤维素（CMC）。是应用较多的一种有机黏结剂。羧甲基纤维素能使磁铁矿颗粒表面接触角降低、亲水性增强，从而使矿粒的成球性得到改善。其黏结效果优于膨润土，用量仅为膨润土的1/10～1/5。

人工合成有机黏结剂可根据不同黏结体系及强度的要求，选择适宜的原料、合成方法及配方，制备性能优异的黏结剂。这类黏结剂主要有聚丙烯酰胺、聚丙烯酸及其衍生物等。此外，20世纪80年代，英国研究出了合成有机黏结剂阿克泰（Alcotac），它是丙烯酰胺与丙烯酸的一种共聚物，可以替代膨润土使用。海藻酸钠、纸浆废液也可作为黏结剂使用。

有机–无机复合黏结剂 将无机黏结剂和有机高分子黏结剂复配，可以得到性质互补的有机–无机复合黏结剂。

扩展阅读

张泾生，阙煊兰. 矿用药剂. 北京：冶金工业出版社，2008.

张一敏. 球团矿生产技术. 北京：冶金工业出版社，2005.

钟宏，李海普. 天然有机高分子黏结剂在铁矿造块中的黏结性能. 矿冶工程，2002(1)：49–51，55.

（王 帅）

造锍熔炼 matte smelting 在高温（>1000℃）条件下，将有色金属矿物中的主金属转变成锍的冶金过程。是铜、镍、铅等**火法冶金**中一个重要工序。硫化精矿的主金属含量较低，除脉石外还常伴生有大量铁的硫化物，若直接熔炼，主金属的回收率低。19世纪末以来，随着重有色金属火法冶金的发展，为了提高主金属的回收率，根据主金属、铁对硫、氧亲和力不同的性质，在某些冶金过程中采用了造锍熔炼、锍的吹炼两步法得到金属，形成了合理冶金工艺流程。20世纪90年代后，闪速炉、顶吹炉、底吹炉等装备的采用使造锍熔炼在铜、镍、铅冶炼过程中发挥了重要作用。

锍是主金属硫化物和铁硫化物的共熔体，造锍熔炼原理是利用主金属对硫的亲和力近似于铁，而对氧的亲和力却远小于铁的物理化学性质，采用空气、富氧空气或工业氧气作氧化剂，使大部分铁的硫化物转化为氧化物，与脉石造渣生成铁硅酸盐炉渣，而主金属以硫化物状态留在锍中得到富集，提高品位。由于锍与炉渣结构、密度、比重、黏度、互溶性等性质不同，在炉内形成锍熔体层和渣熔体层，熔炼过程完成后从位置不同的放渣口、放锍口分别流出实现锍与渣分离。又称富集熔炼。造锍熔炼可在**反射炉**、**鼓风炉**、**电炉**、**闪速炉**中实现。

扩展阅读

翟秀静. 重金属冶金学. 北京：冶金工业出版社，2011.

（刘大春）

择优取向 preferred orientation 某些情况下，多晶体中的晶粒在不同程度上围绕某些特殊的取向排列的现象。简称织构（见**晶体结构**）。在一般多晶体中，每个晶粒有不同于邻晶的结晶学取向，从整体看，所有晶粒的取向是任意分布的。择优取向常见的有形变织构和再结晶织构。

形变织构 经**金属塑性加工**的材料，如经拉拔、挤压的线材或经轧制的金属板材，在塑性变形过程中常沿原子最密集的晶面发生滑移。滑移过程中，晶体连同其滑移面将发生转动，从而引起多晶体中晶粒方位出现一定程度的有序化。这种由于冷变形而在变形金属中直接产生的晶粒择优取向称为形变织构。

纤维织构 金属材料中的晶粒以某一结晶学方向平行于（或接近平行于）线轴方向的择优取向。由于其X射线衍射图类似于一束纤维丝给出的X射线衍射图，因此被称为纤维织构或丝织构。线材的轴被称为纤维轴。具有纤维织构的材料围绕线轴有旋转对称性，即晶粒围绕纤维轴的所有取向的概率是相等的。例如冷拉铝线，其中多数晶粒的［111］方向平行于线轴方向，其余则对线轴有不同程度的偏离，呈漫散分布。这种线材的织构称［111］纤维织构。纤维织构是最简单的择优取向，因其只牵涉一个线轴方向，需要解决的结晶学问题仅为确定纤维轴的指数［uvw］。纤维织构的类型和完整度（即取向分布的漫散程度）主要和材料的组成、**晶体结构**类型和变形工艺有关。除冷拉和挤压工艺外，有时由热浸、电沉积或蒸发形成的材料的涂复层以及材料经氧化和腐蚀后表层所生成的产物都可能产生纤维织构。在实际材料中经常存在不止一种的纤维织构，如铜线中［111］和［100］织构同时出现。

板织构 在轧制过程中，随着板材的厚度逐步减小，长度不断延伸，多数晶粒不仅倾向于以某一晶向［*uvw*］平行于材料的某一特定外观方向，同时还以某一晶面（*hkl*）平行于材料的特定外观平面（板材表面），这种类型的择优取向称为板织构，一般以（*hkl*）［*uvw*］表示。晶粒取向的漫散程度也按两个特征来描述。图1为

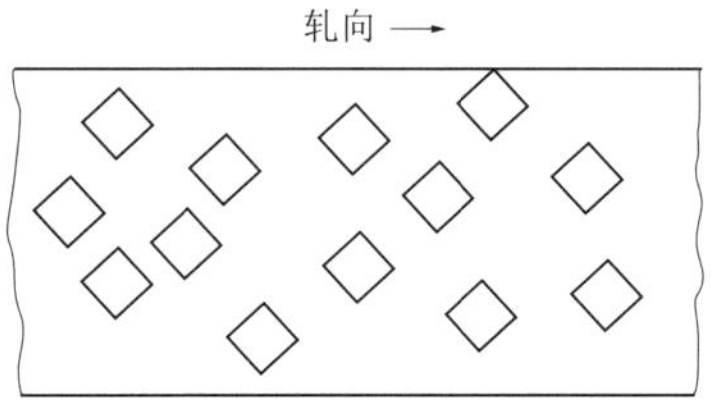

图1 轧制时晶粒取向示意图

经轧制后的纯铁板材的部分晶粒取向示意图，其（100）面平行于轧面，［011］方向平行于轧向，说明该板材具有一种（100）［011］织构。板织构的类型和漫散程度，除了与材料的组成和晶体结构因素有关，还与轧制工艺有关。因此在轧制过程中要控制稳定的织构生成，必须注意压下道次数、压下量和轧制温度等条件的影响。板织构的对称性比纤维织构低，必须利用极图（图2）才能确切地加以描述。

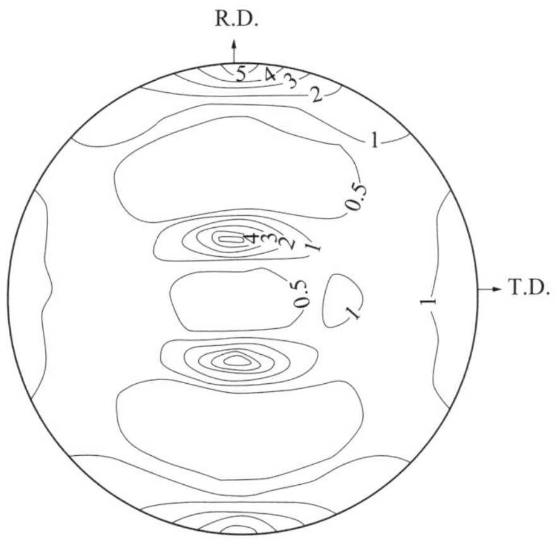

图2 冷轧钢板实测[110]极图
（R.D.＝轧向 T.D.＝横向）

再结晶织构 具有形变织构的冷加工金属，经过退火、发生再结晶以后，通常仍具有择优取向，称为退火织构或再结晶织构。这种再结晶织构可以不同于形变织构。再结晶织构依赖于所牵涉的再结晶过程，分为初次再结晶织构和二次再结晶织构。对低碳钢，特别是硅钢片的织构曾有过很多研究。由于金属原有变形织构的漫散程度和延伸率、退火温度以及退火气氛等的差异，实际的再结晶织构的取向不同程度地偏离理论的再结晶织构取向。

再结晶织构的形成有两种理论，即定向成核理论与定向成长理论。再结晶晶粒的择优取向由一些晶核的取向所决定，这种看法最早由W.R.伯格斯提出，后来伯格斯等人又根据马氏体切变模型提出了关于形成立方织构的定向成核理论。定向成长理论是P.A.贝克提出来的，他认为在形变基体内存在着各种取向的晶核，其中有些晶核因取向合适、晶界移动本领最大，在退火过程中成长最快，最后形成再结晶织构。

织构的实际应用 织构直接影响材料的物理和力学性能。材料中存在织构是有利还是有害，视对材料的性能要求而定。例如，制造汽车外壳的深冲薄钢板，存在一般织构将使其变形不均匀，产生皱纹，甚至发生破裂；但具有［111］型板织构的板材，其深冲性能良好。制造变压器的硅钢片应使易磁化的［100］方向平行于轧制方向，制成的立方织构的硅钢片具有很低的铁损。

织构取向的表示 织构一般用X射线衍射法测定的极图表示，常用的有两种形式。①正极图，一种对于材料中某一选定的低指数（*hkl*）面，表明其极点密度随极点取向而变化的极射赤平投影图。图3为冷轧08Al钢板的极图。图中数字表示取向密度值，以完全无择优取向时不同方向的取向密度为1，当取向密度大于1时，表示试样中接近这一取向的晶粒体积大于无择优取向时具有该取向的晶粒的体积。取向密度小于1时的意义相反。②反极图，是把材料某一特定方向上的晶粒取向密度绘制在单晶标准投影图上。因为是投影图，这两种方式都较难确切地分析织构的类型和定量地表示织构。

20世纪60年代后期，研究者提出取向分布函数法（ODF），完善了织构的表示方法。这种方法是把分别表示材料外观和晶粒位置的两组坐标系$O-ABC$和$O-XYZ$之间的取向关系用一组欧拉角表达：即$O-XYZ$相对于$O-ABC$的任一取向均可通过3次转动ψ、θ、φ实现。这里，首先约定$O-XYZ$与$O-ABC$完全重合为起始取向；令$O-XYZ$绕OZ转动ψ角为第一转动，绕转动后的OY转动θ角为第二转动，第三转动则是再绕新的OZ继续转动φ角。这3个转角数值ψ、θ、φ完全规定了$O-XYZ$的取向。若以ψ、θ、φ为坐标轴建立$O-\psi\theta\varphi$的直角坐标系，则每一晶粒取向（ψ、θ、φ）均可在此立体图中用一点表示出来。在这三维空间中用取向密度ω（θ、ψ、φ）来绘制，就构成了取向分布图。多晶材料的空间取向密度ω（θ、ψ、φ）可用一组正极图的数据经过数学变换后求得。图3a就是利用图2的数据变换成的三维取向分布图。为了更简便和清晰的表达，经常用一组截面图代替，图3b给出$\varphi=45°$的横截面图，虚线表示立体图未画出部分。可见，ODF法能确切地、定量地表示出材料的织构类型和取向密度漫散程度。这种方法的提出和应用，促进了织构理论和织构与性能关系的研究。 （戴礼智 张立新）

曾侯乙尊盘 goblet and plate of Maquis Yi of Zeng State 战国时期的青铜器。以造型复杂、铸造精美而著称。1978年出土于湖北省随县（今随州市）城关镇西北擂鼓墩东南曾侯乙墓（墓主是战国时期曾国的君主乙），分为尊和盘两部分。尊通高30.1厘米、口径25厘米、底径14.2厘米，重9千克。盘通高23.5厘米、口径58厘米，重19.2千克。现藏于湖北省博物馆。

尊为酒器，由尊体和附件、附饰组成，尊可置于盘中。尊体喇叭口，长颈，

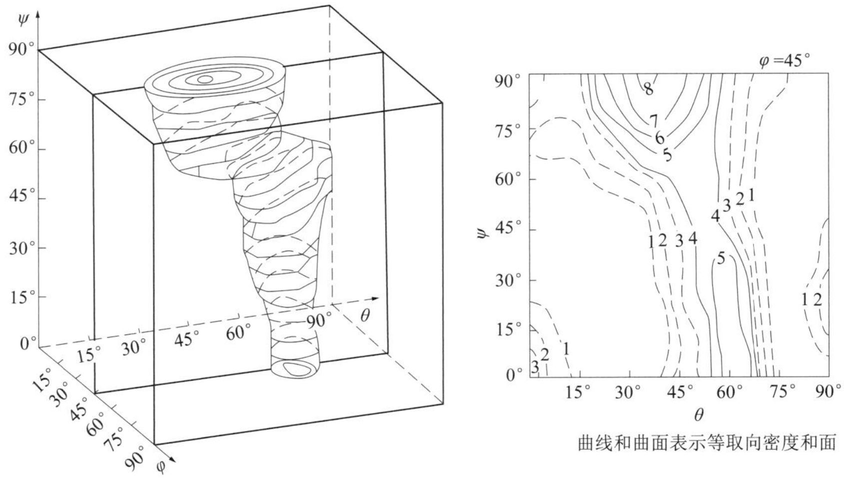

a 冷轧08A1钢板三维取向分布　　b φ=45°的横截面图

图3 多晶材料的空间取向密度

圆鼓腹，高圈足，颈、腹和圈足各附4条形态不同的龙形装饰。尊体各部分的花纹与装饰均较复杂。尊口沿上的透空附饰分高低两层，内外两圈，错落相间。每圈有16个花纹单元，每个单元由形态不一的4对变形虺组成。虺均各自独立，互不依附。每条虺的下端由弯曲不规则的小铜梗支撑，这些小铜梗立于外层器壁的铜梗之上。口颈之间的器壁为内外双层，内层为有规则的镂空网状结构，外层为一些分布不规则的铜梗相互勾连，与口沿上的繁缛附饰相连接，颈部饰蕉叶纹和浅浮雕的变体蟠螭纹，并附加4条立体圆雕的龙形装饰，龙首向上反顾，口吐长舌，身躯中空，由镂空的变形虺纹、涡纹组成。四足伏于颈壁之上。在颈部一蕉叶纹的两侧，刻有“曾侯乙作持用终”7字铭文。

曾侯乙尊盘（湖北随州出土）

盘为水器，由盘体和附件、附饰组成。盘直口，方唇，短颈，浅腹，四兽形足。口沿上有四个对称的长方形透空附饰，高出口沿。盘体花纹与装饰亦较复杂。口唇为镂空的变形蟠虺纹，耳面的透空附饰与尊口完全一样。腹部为浅浮雕的简化蟠螭纹，透空附饰的下部两侧有两条透雕的扁体兽形装饰，伏于盘腹之上，其口部衔住盘的口沿，尾部下垂作龙头反首向上状，扁体中空，由镂空的蟠螭纹组成。盘上装饰的龙有56条，螭48条。盘内底有“曾侯乙作持用终”7字铭文。

（陈坤龙）

曾苏民 Zeng Sumin（1932-02-14～2015-11-08）中国金属压力加工专家。生于湖南双峰，卒于重庆。1965年毕业于新风加工厂职工业余大学。先后在东北重工业部、东北轻合金加工厂和西南铝加工厂工作，曾任西南铝加工厂总工程师。1999年当选中国工程院院士。

长期从事精密**模锻**工程技术研究工作，解决了许多压力加工的重大技术难题，形成了中国大型模锻生产技术体系。研制出快速模锻、复合包套模锻、亚等温模锻等工艺；开发出一系列重要模锻用铝合金品种，并在波音飞机中得到应用；创造了多向大变形技术，细化了合金基体组织；开发出系列锻件热处理技术。曾获国家科技进步奖一等奖、二等奖，被授予“全国优秀科技工作者”称号。

（姜 曦）

轧钢工序能源利用 energy utilization in rolling process **钢铁冶金**轧钢工序中，冶金能源消耗、转化、回收及提高利用效率的过程。

能源输入与输出　轧钢工序平均能耗约占钢铁工业总能耗的10%。轧钢工序的能源输入项主要为轧钢加热炉消耗燃气，占轧钢**工序能耗**总量的60%～70%；其次是电力消耗，占轧钢工序能耗总量的30%～40%。输出项主要包括加热炉高温烟气带走的余热余能和轧制成品带走的余热余能。

轧钢加热炉燃料有天然气、**焦炉煤气**、焦炉煤气与**高炉煤气**或**转炉煤气**混合而成的混合煤气、重油或液化石油气等。加热炉燃料选择一般要考虑产品质量要求、加热炉结构、经济成本、燃料的供应条件（生产、运输、合理利用资源等）、操作条件（劳动条件、调节性能、自动化水平、安全）等因素。

提高工序能源利用效率的措施　主要包括：①加热炉采用蓄热式节能技术。采用高温烟气加热蓄热体，可将加热炉排放的高温烟气降至150℃以下，冷煤气和冷空气被预热到1000℃以上，实现了燃料化学能的高效利用，热回收率达80%以上，加热能力提高，并减少了氧化烧损，使氧化烧损小于0.7%，同时减少了CO_2、NO_x、SO_x等有害废气量的排放。②电能利用方面，重点是提高设备负荷率，合理选择电机容量，减少设备空转率，采用变频调速技术，同时通过优化轧制工艺制度来降低轧制负荷。③采用连铸坯热送热装技术。连铸坯**热送热装工艺**是将连铸坯在400℃以上热状态下装入加热炉，减少了金属氧化烧损，成材率提高，生产周期缩短，从而降低能源消耗和生产成本。④采用**薄板坯连铸连轧**技术。薄板坯连铸连轧技术适宜生产超薄规格带材，产品可替代部分冷轧产品，生产工艺流程缩短，降低了生产成本，节约了能源。⑤采用低温轧制技术，将钢坯加热到低于常规加热温度进行轧制。降低加热炉出钢温度可减少加热过程中的燃料消耗，减少坯料的烧损。⑥采用在线热处理技术。利用轧后钢材的余热在相应的工艺条件下进行热处理加工，可以提高钢材的性能，节约能源。在线热处理技术包括热轧板的**控制轧制**和**控制冷却**，无缝钢管的在线余热淬火和常化，线材的控温轧制和控制冷却，中厚板的在线直接冷却和在线直接淬火，螺纹钢棒材的热芯回火，钢轨的在线全长淬火等技术。⑦建立连续酸洗机组与冷连轧机组串联在一起的生产工艺，实现生产工艺的连续化和紧凑化，提高成材率、产量，降低能耗、油耗。⑧利用冷轧酸洗、清洗和烘干过程中产生的蒸汽热量，实现余热、余能资源的充分利用。

发展方向　钢铁企业对轧钢工序产生的余热余能资源还没有充分利用，能源的有效利用具有进一步提升空间，主要发展方向包括：①加快提升余热余能资源的回收利用技术。依靠生产流程的逐步优化和技术进步促进节能减排，促进能源高效回收利用和转换利用、低温余热回收利用节能技术的发展。②界面技术的应用。优化连铸-轧钢工序之间、热轧-冷轧工序之间的界面技术，实现物质流、能量流、信息流的衔接、匹配、协调，实现轧钢工序的紧凑化、连续化和高效化，降低能源消耗。③能源管理信息系统的应用。通过信息化技术对传统产业进行改造，加强能源管理，对能源的转换、分配和使用进行优化调控，实现钢铁企业的节能减排。

扩展阅读

陆钟武，蔡九菊.系统节能基础.沈阳：东北大学出版社，2010.

殷瑞钰.冶金流程工程学.2版.北京：冶金工业出版社，2009.

（颉建新）

轧辊 roll　轧机上使受轧制的金属发生塑性变形的部件。轧辊由辊身、辊颈和辊头组成。辊身是轧辊的工作部分，与轧件接触，并使金属产生塑性变形；辊颈是支

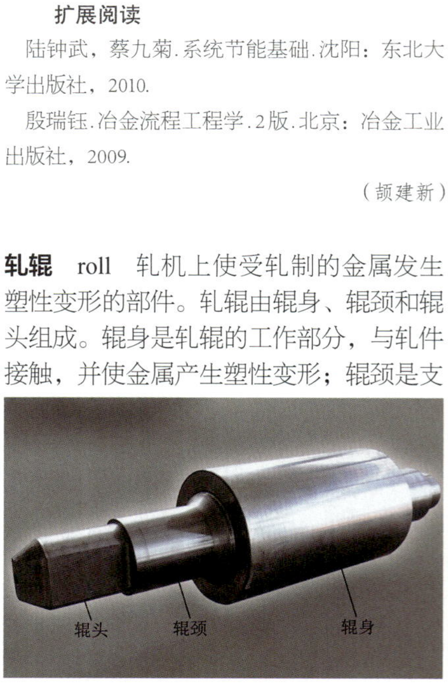

轧辊形状和各部分名称

撑部分，安装在轴承里；辊头与传动装置相连接，传递轧件扭矩。轧辊的形状、尺寸和材质需要与轧机、轧制产品相适应，如板带轧机轧辊，其辊身呈圆柱形。一般热轧板带轧辊辊身微凹，受热膨胀时，可获得较好的板形；冷轧板带轧辊辊身微凸，受力弯曲时，可获得良好的板形。

简史　轧辊的品种和制造工艺随冶金技术的进步和轧钢设备的演变而不断发展。中世纪，轧制软制有色金属时使用强度低的灰铸铁轧辊。18世纪中叶，英国掌握了轧制钢板用的冷硬铸铁轧辊的生产技术。19世纪下半叶，欧洲炼钢技术的进步要求轧制更大吨位的钢锭，无论是灰铸铁或冷硬铸铁轧辊的强度均已不能满足要求，含碳量为0.4%～0.6%的普通铸钢轧辊随之诞生，重型锻压设备的出现使这种成分的锻造轧辊的强韧性得到进一步提高。20世纪初，合金元素的使用和热处理工艺的引入，显著改善了铸钢和锻钢热轧辊和冷轧辊的耐磨性及强韧性。第二次世界大战以后，轧辊材料中大量使用合金元素，轧辊性能进一步提高，先后出现了半钢轧辊及球墨铸铁轧辊。20世纪60年代以后，出现了粉末冶金碳化钨轧辊。70年代初期，在日本和欧洲广泛推广的轧辊离心铸造技术、差温热处理技术等，使板带轧辊的综合性能显著改善，复合高铬铸铁轧辊也成功地用于热带轧机上。同期，锻造白口铁和半钢轧辊在日本得到应用。80年代，欧洲又推出高铬钢轧辊、超深淬硬层的冷轧辊，以及用于小型型钢及线材精轧的特殊合金铸铁轧辊。之后，轧钢技术的发展促使更高性能轧辊的开发研制，如采用离心铸造法和连续浇注复合法、喷射沉积法、电渣焊法及热等静压法生产的芯部为强韧性好的锻钢和球墨铸铁、外层为高速钢系列的复合轧辊和金属陶瓷轧辊，已分别在欧洲和日本的型材、线材、带钢轧机上得到应用。

分类　轧辊种类较多，按工艺组合方法分为整体轧辊、冶金复合轧辊和组合轧辊。整体轧辊的辊身外层、芯部和辊颈采用单一材质铸造或锻造而成；冶金复合轧辊辊身外层和芯部（包括辊颈）采用两种或两种以上的材质制造，两种材质之间为冶金结合；组合轧辊主要是镶套组合轧辊，由不同材质的辊套和芯轴组装而成。按成形方法可分为铸造轧辊和锻造轧辊。铸造轧辊是用冶炼钢水或熔炼铁水直接浇注成形制造；锻造轧辊是采用钢锭、半钢铸坯或白口铸铁锻造成形。按结构分类有光面轧辊和有槽轧辊。光面轧辊主要用于轧制板带材；有槽轧辊主要用于轧制型材、线材和钢坯。按用途可分为工作轧辊和支撑辊。工作轧辊直接接触轧件，一般为驱动辊；支撑辊置于工作轧辊背面或侧面不直接接触轧件，主要承受弯曲负荷。按使用机架分为初轧辊、粗轧辊、中间轧辊和精轧辊。按轧材的品种分为板带轧辊、轨梁轧辊、线材轧辊和管材轧辊等。还可按轧制时轧件的状态分为热轧辊和冷轧辊。

使用特点　轧辊是决定轧机效率和轧材质量的重要消耗性部件，在轧机中工作条件复杂，主要受轧制时动静载荷、磨损和温度变化的影响。轧辊在制造和使用前的准备工序中会产生残余应力和热应力，使用时又进一步受到各种周期应力的作用，包括弯曲、扭转、剪切、接触应力等。这些应力沿辊身的分布是不均匀并且不断变化的，其原因不仅有设计因素，还包括轧辊在使用中的磨损、温度和辊形的不断变化。轧辊在使用后冷却不当，也会受到热应力的冲击。所以，除磨损外，轧辊还会出现裂纹、断裂、剥落、压痕等各种局部损伤和表面损伤。一个质量合格的轧辊在强度、硬度、耐磨性和耐热性及其他各种性能指标上应有较优的匹配，以保证在正常轧制条件下持久耐用，在出现某些异常轧制情况时减小损伤。所以，通过提高轧辊制造时的冶金质量，采用合理的辊形、变形制度和轧制条件能够减小轧辊工作负荷，避免局部高峰应力，延长轧辊寿命。轧辊消耗量取决于3个因素：①轧机、轧材和轧制条件，以及轧辊的合理选择。②轧辊材料及其制造质量。③轧辊的使用和维护制度。

轧辊作为轧机的关键部件，采用轧辊表面修复与热处理强化技术已成为延长轧辊使用寿命的一个主要发展方向和途径，包括轧辊表面的感应加热淬火技术、堆焊技术、热喷涂技术、热喷焊技术和激光表面改性技术等。

扩展阅读

符寒光.高速钢轧辊制造技术.北京：冶金工业出版社，2007.

周之晔.轧辊生产新技术、新工艺与质量检验及标准规范实用手册.北京：冶金电子出版社，2006.

（王昭东　王丙兴）

轧制　rolling　金属轧件经过旋转的轧辊之间而产生塑性变形，改变其断面形状和尺寸，同时控制其组织状态和性能的**金属塑性加工**技术。是有色金属和钢铁工业中的主要成形方法。其产品包括板材、带材、箔材、型材、线材、管材、轮箍和异型材等，并以此命名相应的轧机和生产线。

类型　按轧制过程所处的温度区、**轧辊**特点、所产品种、轧机布置形式等分成不同类型。①根据轧制过程中金属的加工硬化、**回复和再结晶**的程度不同，分为热轧、温轧和冷轧。热轧是在高于再结晶温度区的轧制过程，此时金属变形抗力低、塑性好，所以生产效率高、能耗少、成本低。但表面有氧化铁皮，产品尺寸精度和粗糙度不如冷轧产品。热轧适于生产大规格尺寸的产品。冷轧是低于金属的回复温度的轧制过程，可制成表面光洁、尺寸精确、力学性能好的产品（图1）。温轧是在

图1　带钢冷轧机生产的钢卷成品

热轧和冷轧温度区间的轧制。②按照轧辊的配置方式和旋转方向、轧件的运动方式及产品的形状，分为**纵轧**、**横轧**、**斜轧**和特殊形状轧制。纵轧，即轧件纵轴线同轧辊轴线垂直，是最常用的轧制过程，用以生产板带钢、型材、线材等；横轧，即轧辊轴线与轧件轴线相互平行、毛坯在旋转方向相同的轧辊中间，边绕自身轴线旋转、边成形，可轧制各种阶梯轴、丝杠等；斜轧，即轧件在旋转方向相同、轧辊轴线相互交叉（或倾斜）的2个或3个轧辊之间，沿圆坯自身轴线边旋转、边变形、边前进，可用于管材斜轧穿孔等；还有特殊形状轧制，如周期断面轧制、车轮轮箍轧制等。③按所生产的品种不同，可分为板带**箔材轧制**、**型材轧制**、**管材轧制**和特殊形状材的轧制。④按轧机的布置形式，板带材分为单机架、双机架、半连续式和连续式轧制，为了将连铸机与连轧机紧密结合，形成**连铸连轧**布置。型钢和线材轧制分为一列式、二列式、多列式、顺列跟踪式、棋盘式、半连续式和连续式轧制。

轧机　是实现金属轧制过程，完成**金属塑性变形**的设备。主要由工作机座和传动装置构成。工作机座由机架，轧辊及其调整、平衡装置，导卫装置等组成；传动装置包括电动机、齿轮箱等。按轧机上配置的轧辊数量多少，分为二辊、四辊和多辊（如六辊、八辊、二十辊、三十六辊）轧机。还可根据轧机轧制的产品不同，分为中厚板轧机、带钢轧机、型钢轧机、线棒材轧机、轧管机、特殊形状轧机等。

钢材的轧制，简称轧钢，其生产系统如图2所示。分为板带生产系统、型钢生

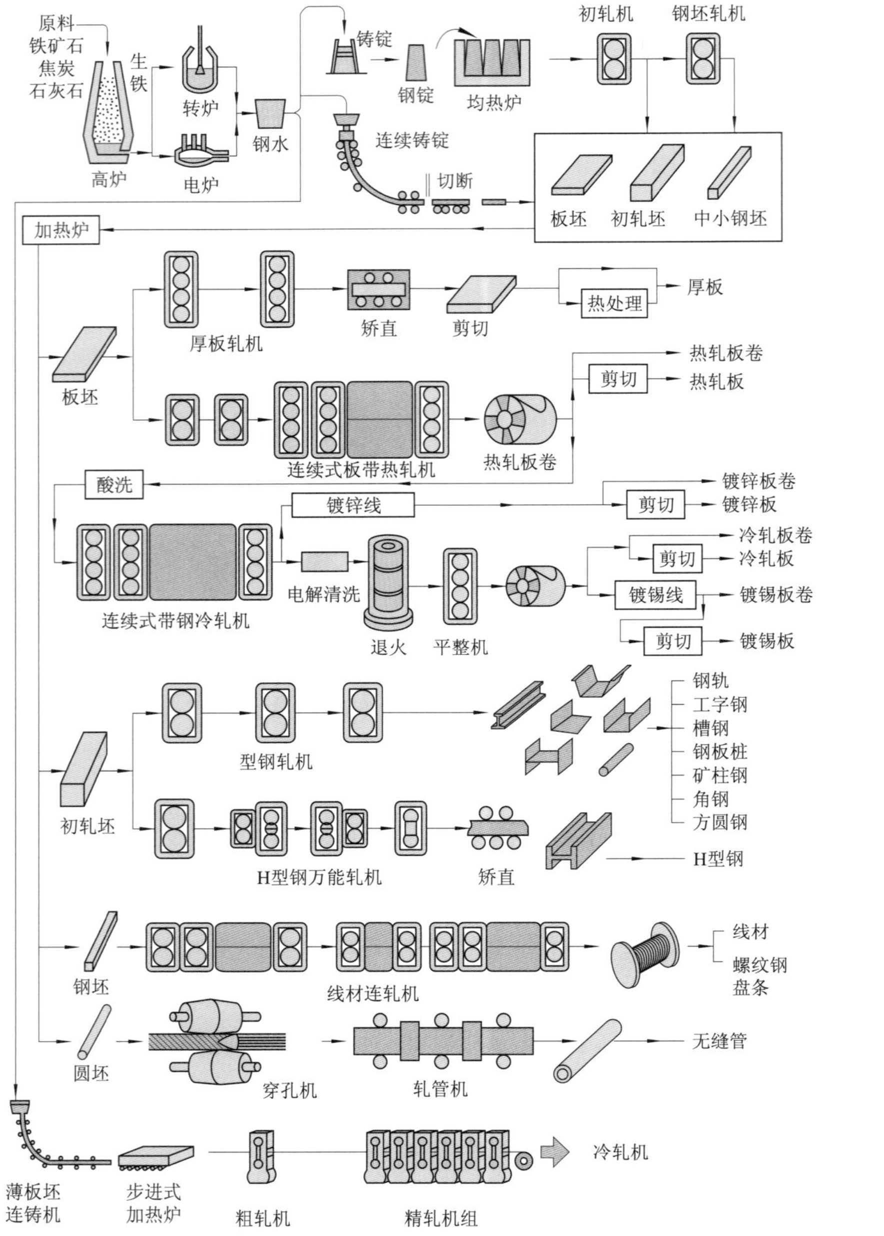

图2 钢材的主要轧制生产系统

产系统和钢管生产系统，以及由它们组成的混合轧制生产系统。此外，还有生产合金钢材的合金钢轧制生产系统。按其生产规模的大小，轧制生产系统有大型、中型和小型生产系统之分。其主要产品有中厚钢板、热轧板卷、冷轧板卷、热轧薄板、镀锌（锡）板卷、镀锌（锡）薄板、钢轨、工字钢、槽钢、钢板桩、矿柱钢、角钢、方钢、圆钢、H型钢、带肋钢筋、线材、无缝管和特殊形状轧材等。

连铸的普及使连铸坯替代钢锭成为轧制的初始坯料，形成了连铸–连轧流程。随着对冶炼、连铸–连轧流程中热（温度）衔接、物流（连铸坯形状尺寸和拉速）衔接和产品质量衔接技术的深入研究，流程的连续化程度不断提高，并发展了**半无头轧制**、**无头轧制**，以及轧制前不经补热均热的直接轧制技术。轧制的功能从早期仅保证轧制产品的形状尺寸精度和表面质量，扩展到产品的性能控制、产品表面性状控制，以及利用轧制方法生产各种类型的覆层产品。

发展趋势　通过持续提升绿色化及智能化水平，满足社会对轧制产品的需求是轧制技术进步的总趋势，具体体现在以下几方面：①多工序、多学科与多技术交叉融合轧制技术的形成。例如，轧制与冶炼、连铸、热处理及表面处理工序的融合，形成了新的轧制产品形状、组织与性能的控制技术。这是塑性变形、凝固、相变等多学科理论与技术的交叉融合以及协同发展的成果。②降低轧制及其产品应用过程的资源与环境负荷，实现清洁生产与应用。③借助数字化、大数据、云计算和高精度检测等相关技术，轧制过程的材料模型、工序模型将日趋完善，并将成为构建冶金全流程协同实时控制不可或缺的组成部分。④以应用为导向的轧制产品多样化。在形状尺寸方面，超厚、超薄、超宽、复杂断面、纵向变截面及超高形状尺寸精度；在产品性能方面，除力学性能外，还需保证对耐热、耐寒、耐蚀、耐辐射、高阻尼等综合性能的要求；在产品类别方面，双层及多层产品、表面氧化皮及其他特殊性状等。

（王有铭　撰　陈其安　修订）

轧制表　tube rolling schedule　计算轧管工艺过程中主要参数的表格。是**管材轧制**工艺过程的基础。编制轧制表是以成品管的钢种、规格为依据，从车间现有的设备、工具和坯料规格出发，合理分配各道次的变形量，计算出相应的毛管尺寸、坯料尺寸、工具的主要尺寸和轧机的主要调整参数等。轧制表是进行钢管生产和操作的技术指导规范，它在很大程度上决定整个机组的生产能力、钢管质量、工具寿命、能源及其他经济指标。编制后还应验算主要设备强度，测定验算各轧机上的节奏时间，如个别机组的节奏时间过长，或设备强度、能力不足，则应重新分配变形量，消除薄弱环节。

编制原则　编制轧制表之前，首先应该研究该厂生产和设备情况，如轧机的结构形式、强度和刚度，工具形状和尺寸，管坯尺寸规格、孔型系列以及所轧材料的加工性能等。编制后通过实践不断修正和完善。轧制表的编制一般应遵守下述原则：①合理地分配各轧机的变形量，使得穿孔机、轧管机和减径机负担平衡。②尽量用最少管坯尺寸种类和工具完成轧制计划。③合理选择各轧机的变形参数，保证产品质量和生产力。斜轧穿孔机的延伸系数为1.3～5.7，压缩带处的压缩率为10%～17%，顶头前压缩率为4%～9%，合金钢取小值。连轧管机的延伸系数一般为4～10，斜轧轧管机的延伸系数一般不超过3，顶管机的延伸系数可达15。在一般定径机上，每架直径压缩率不大于3.5%。④合理地选择管坯尺寸。管坯尺寸应根据毛管外径来选择，圆管坯直径应接近于毛管外径，一般管坯直径与毛管外径之差在±5%～±10%。⑤了解制管材料的特性以及工艺过程和变形制度对管材力学性能、物理性能和工艺性能的影响，以便获得高性能的产品。

编制方法　编制轧制表时的计算方法

主要有两种：一种是按逆轧制道次方向计算，由定径向前推算到坯料尺寸，此法主要适用于新设计车间的典型产品；另一种是从轧管机出发向两头工序推算，此法主要适用于已投产车间的新产品设计。因为投产车间总有一定规格数量的坯料、工具和轧管机孔型系统等，所以设计新产品应首先考虑已有工具和坯料规格，以及轧管机孔型系统是否能满足要求，以尽量减少工具和坯料储备。

轧制表中规定了每种管材所必需的数据，其计算步骤如下：①根据已知成品管外径、壁厚、内径和长度确定成品管的热尺寸。②计算定径、减径或张力减径的变形量和轧后的钢管尺寸。③计算轧管机的变形量、钢管尺寸和工具尺寸。④计算穿孔机的变形量、毛管尺寸、工具尺寸和调整参数。⑤选定管坯尺寸。

扩展阅读

李连诗，韩观昌. 小型无缝钢管生产. 北京：冶金工业出版社，1989.

李长穆. 现代钢管生产. 北京：冶金工业出版社，1982.

（高秀华）

轧制力 rolling force　在轧制过程中轧辊施加在轧件上并使之产生塑性变形的力。通常把轧件作用于轧辊并通过压下螺丝传递给机架上的力称为轧制力，即轧件加于轧辊的反作用力的垂直分量。是轧机设计的关键参数，准确计算和测定轧制力对于轧机的设计和使用均有重要意义。又称轧制压力。

轧制力的计算　假定沿轧件宽度方向上的接触应力分布均匀，并令变形区内某一微分面积上轧辊给轧件的单位压力和单位摩擦力分别为p_x和t_x，如图1所示，则总轧制力可表示为：

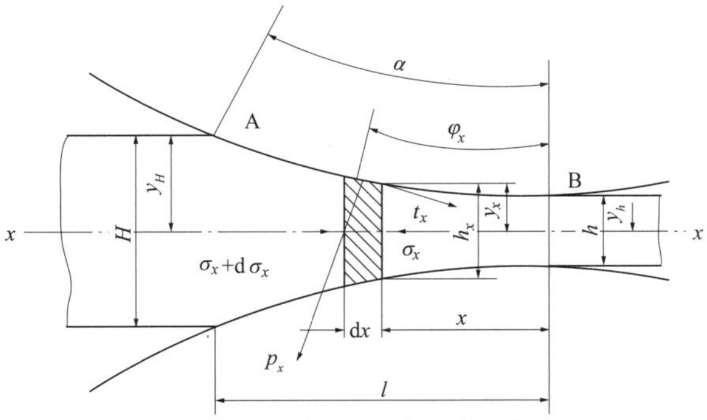

图1　变形区内任意微分体的受力情况

$$P \cong \bar{B}\int_0^l p_x \frac{dx}{\cos\varphi_x}\cos\varphi_x = \bar{B}\int_0^l p_x dx$$

式中φ_x为变形区内任一角度；$\bar{B}$为轧件的平均宽度；l为变形区水平投影长度。

由此可见，为了计算轧件对轧辊的总轧制力，关键是如何确定单位压力p_x。常用的单位压力计算方法主要有理论计算法、经验公式、实测法和图表法。但各有其优缺点。

理论计算方法　理论计算法中应用较广的有T. von卡门的单位压力微分方程和E. 奥罗万的单位压力微分方程。

卡门单位压力微分方程在一定假设条件下，在变形区内任意取一微分体（图1），对微分体进行受力分析，在此基础上，建立力平衡微分方程，同时利用屈服准则、接触弧方程、摩擦规律和边界条件对力平衡方程进行简化和求解。根据力平衡条件导出：

$$\frac{dp_x}{dx}-\frac{K}{y_x}\frac{dy_x}{dx}\mp\frac{t_x}{y_x}=0$$

式中K为平面变形抗力，$K=1.55\sigma_s$；σ_s为材料的屈服极限；x为轧制方向坐标；y_x为轧件厚度方向坐标；“+”号为后滑区；“−”号为前滑区。

奥罗万单位压力微分方程采用了卡门微分方程的某些假设，但他不认为接触弧上各点的摩擦系数恒定，而认为轧件与轧辊间是否产生滑移取决于摩擦力的大小。从而推导出如下的方程（图2）：

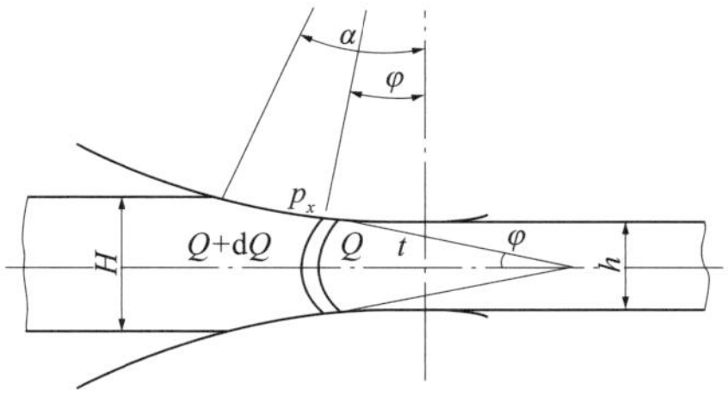

图2　奥罗万微分方程示意图

$$\frac{d[h(p_x-K\omega)]}{d\varphi}=2R(p_x\sin\varphi\mp t\cos\varphi)$$

式中ω为轧辊角速度；R为轧辊直径；h为轧件厚度。

通过对卡尔曼和奥罗万单位压力微分方程做不同的假设和简化可得出不同的平均单位压力计算模型，在此基础上计算轧制力。常用的轧制力计算模型有两种。

①热轧轧制力模型。R.B. 西姆斯公式是应用最为广泛的板带热轧轧制力理论计算公式，以奥罗万理论为基础建立，即：

$$P=\bar{p}l'\bar{B}=n'_\sigma K l'\bar{B}$$

$$n'_\sigma=(\frac{\pi}{2}\sqrt{\frac{1-\varepsilon}{\varepsilon}}\tan^{-1}\sqrt{\frac{\varepsilon}{1-\varepsilon}}-\frac{\pi}{4}-\sqrt{\frac{1-\varepsilon}{\varepsilon}}\sqrt{\frac{R}{h}}\ln\frac{h_r}{h}+\frac{1}{2}\sqrt{\frac{R}{h}}\ln\frac{1}{1-\varepsilon})$$

$$l'=(1+1.15\times10^{-4}\frac{\bar{p}}{\alpha})\sqrt{R\Delta h}$$

式中P为轧制力；$\bar{p}$为平均单位压力；l'为轧辊压扁后变形区长度；n'_σ为应力状态系数；ε为压下率；h_r为中性面处厚度；Δh为压下量；α为咬入角。

②冷轧轧制力模型。有布兰德-福特（Bland-Ford）公式、采利柯夫（Tselikov）公式和斯通（Stone）公式。其中布兰德-福特公式在冷轧中用得较多，简化后的公式如下：

$$P=Bl'p=Bl'n'_\sigma K$$

$$n'_\sigma=1.08+1.79f\varepsilon\sqrt{(1-\varepsilon)R/h}-1.02\varepsilon$$

$$l'=\sqrt{R'\Delta h}$$

式中f为摩擦系数；R'为轧辊压扁半径，

$$R'=[1+2.2\times10^{-5}\frac{P}{B(H-h)}]R。$$

其他计算方法　①经验公式法。由于理论公式计算均较复杂，所以在计算时为了实现求解，必须针对不同的条件因素做相应的简化和假设，这样势必使计算结果带来较大的误差，其应用范围受限。而在理论模型基础上结合现场获得的经验公式更加符合实际，且随着人工智能和大数据的应用，经验公式的精度越来越高，因此在实际中常应用一些经验公式，如计算热轧碳钢轧制力的埃克伦德（Ekelund）公式：

$$p=\bar{B}\sqrt{R\Delta h}\cdot K_f(1+\frac{1.6f\sqrt{R\Delta h}-1.2\Delta h}{H+h})$$

式中K_f为变形抗力，$K_f=K+2\eta v\sqrt{R\Delta h}/(H+h)$；$K=(14-0.01t)(1.4+C\%+Mn\%)$；$\eta=0.01(14-0.01t)$；$f$为摩擦系数，$f=1.05\sim0.0005t$；$t$为轧制温度（℃）；$v$为轧辊圆周速度；$\Delta h$为压下量；$R$为轧辊半径。

②实测法。通常采用电阻应变式传感器测试法、电容式传感器测试法和压磁式传感器测试法。在轧机上放置专门设计的压力传感器，压力信号转换成电信号，通过放大或直接送往测量仪表把它记录下来，获得实测的轧制力资料，该方法受现场条件的限制。

③图表法。根据实际生产中积累的大量实测统计数据，并进行一定的数学处理，抓住一些主要影响因素，建立起图表，通过查表确定轧制力。

影响轧制力的因素　根据轧制力的计算公式，可把影响因素分为两类：①影响轧件材料在简单应力状态下变形抗力的因素，如材质、轧制温度和速度、变形程度等。②影响变形的应力状态的因素，如轧制变形区形状、表面摩擦、张力等。

扩展阅读

赵志业. 金属塑性变形与轧制理论. 北京：冶金

工业出版社，1980.

王廷溥，等.现代轧钢学.北京：冶金工业出版社，2014.

刘相华，等.轧制参数计算模型及其应用.北京：化学工业出版社，2007.

（贺毓辛 撰 张晓明 修订）

轧制力矩 rolling torque 为使轧件发生塑性变形，需要施加的克服轧件变形抗力和轧件与轧辊间的摩擦力的力矩。是确定轧机的主电机和轧辊传动机构负荷的基本参数。

按轧制力计算 用于板带材等矩形断面轧件或简单断面型材的轧制力矩计算。该法是用金属对轧辊的垂直压力P乘以力臂a(见图)。假定变形区某一微分面积上，

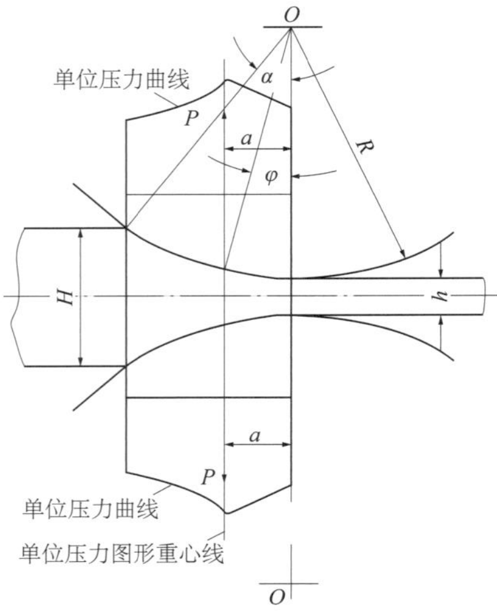

按轧制力计算轧制力矩

轧辊作用于轧件的单位压力为p_x和单位接触摩擦力为t_x，轧件宽$B=1$，则轧制力矩表示为：

$$M_{Z1}=M_{Z2}=P\cdot a=\int_0^l x(p_x\pm t_x \mathrm{tg}\varphi)\,\mathrm{d}x$$

式中M_{Z1}、M_{Z2}分别为上、下轧辊的轧制力矩；x为微分单元体的力臂。

因为摩擦力在垂直方向上的分力很小，可以忽略，所以：

$$a=\frac{\int_0^l xp_x\mathrm{d}x}{P}=\frac{\int_0^l xp_x\mathrm{d}x}{\int_0^l p_x\mathrm{d}x}$$

可见，力臂a实际上等于单位压力图形的重心到轧辊中心连线的距离。

为了消除几何因素对力臂a的影响，通常不直接确定力臂a，而是通过确定力臂系数ψ的方法来确定，即：

$$\psi=\frac{\varphi}{\alpha_j}=\frac{a}{l_j}\text{ 或 }a=\psi\, l_j$$

式中φ为合力作用角；α_j为接触角；l_j为接触弧长度。

因此，转动两个轧辊所需的轧制力矩为：

$$M_Z=2Pa=2P\psi\, l_j$$

式中的轧制力臂系数ψ可根据大量实验数据统计获得。

按能量消耗曲线计算 用于各种非矩形断面轧件的轧制力矩计算。轧制所消耗的功A与轧制力矩之间的关系为：

$$M_Z=\frac{A}{\theta}=\frac{A}{\omega\cdot t}=\frac{AR}{vt}$$

式中θ为轧件通过轧辊期间轧辊的转角，$\theta=\omega\cdot t=\frac{v}{Rt}$；$\omega$为角速度；$t$为时间；$R$为轧辊半径；$v$为轧辊的圆周速度。

扩展阅读

王廷溥，等.现代轧钢学.北京：冶金工业出版社，2014.

（贺毓辛 撰 张晓明 修订）

轧制咬入条件 condition of roll bite 轧件与轧辊接触后，轧辊能把轧件拉入辊缝进行轧制的必要条件。依靠回转的轧辊与轧件之间的摩擦力，轧辊将轧件拖入轧辊之间的现象称为咬入。为使轧件进入轧辊之间实现塑性变形，轧辊对轧件必须有与轧制方向相同的水平作用力。与咬入条件直接相关的是轧辊对轧件的作用力，取其中一个轧辊对轧件的作用力进行分析。由轧件的受力分析可知，能否实现咬入取决于作用在A点的径向力N和切向力T的水平分力N_x与T_x间的平衡关系：当$N_x>T_x$时，不能实现自然咬入；当$N_x=T_x$时，平衡状态；当$N_x<T_x$时，可以实现自然咬入。

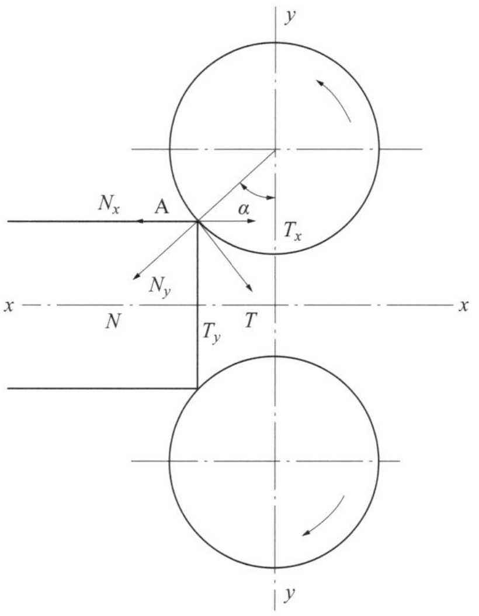

上轧辊对轧件作用力分解图

由图的受力分析有如下关系：

$$N_x=N\sin\alpha\quad T_x=T\cos\alpha=Nf\cos\alpha$$

根据库仑摩擦定律$T/N=f=\mathrm{tg}\beta$，f为轧辊和轧件之间的摩擦系数，β为摩擦角，则咬入条件可写为$\alpha\leqslant\beta$。

因此，N_x与T_x间的关系可以表达为：当$N_x>T_x$时，$\alpha>\beta$，此时不能自然咬入；当$N_x=T_x$时，$\alpha=\beta$，属于平衡状态，故常把$\alpha=\beta$称为极限咬入条件；当$N_x<T_x$时，$\alpha<\beta$，可以实现自然咬入，即当摩擦角大于咬入角时才能开始自然咬入。所以，在没有附加外力作用的条件下，只有当$N_x\leqslant T_x$时才有可能实现自然咬入。故轧制咬入条件为：$N_x\leqslant T_x$或$N\sin\alpha\leqslant T\cos\alpha$。

在改善咬入条件的途径中，根据咬入条件$\alpha\leqslant\beta$，得出凡是能提高β角的一切因素和降低α角的一切因素都有利于咬入。①减小α角。增加轧辊直径，减小压下量，α可降低，咬入条件改善。在实际生产中常用的小头轧钢就是减小咬入角α的典型例子，即在咬入开始时首先将钢锭的小头或楔形前端与轧辊接触，此时所对应的咬入角较小，易于实现自然咬入。此外，还可以采用强迫咬入，即用外力将轧件强制推入轧辊中，由于外力作用使轧件的前端被压扁，相当于减小了α角，故改善了咬入条件。②提高摩擦角β。影响摩擦系数或摩擦角的因素较复杂，在实际生产中采用的改变轧件或轧辊表面状态、清除钢坯表面的炉生氧化铁皮以及低速咬入高速轧制等技术措施都是提高摩擦角β的典型应用实例。

扩展阅读

王廷溥，等.现代轧钢学.北京：冶金工业出版社，2014.

（贺毓辛 撰 张晓明 修订）

张富民 Zhang Fumin（1918-02-03～2015-03-20） 中国金属矿采矿专家。生于辽宁海城，卒于北京。1942年春工业大学机械工程系毕业。1942～1947年，任东北矿山公司长春机械厂技术员、长春矿山研究所技术员、长春矿山机械厂主任兼矿山研究所主任。1948～1952年，任东北有色金属管理局设计科科长、设计处副处长。1953～1956年，任北京有色金属设计公司设计总负责人办公室副主任。1957～1964年，任北京有色冶金设计院矿山处处长、设计办公室主任。1965～1968年，任冶金工业部设计司有色处处长。1971～1978年，任冶金工业部科技办矿山处处长。1979～1983

年，任北京有色冶金设计研究总院副院长兼总工程师。

中国有色金属工业工程设计的主要奠基人之一。主持东北地区华铜铜矿、夹皮沟金矿等十余座矿山的生产恢复和基本建设工程设计。开创了砂锡矿山采用水采、水运新工艺，利用地形自流输送尾矿砂浆，解决了水电供应不足的难题，为中国砂锡矿开采提供了成功经验。主持金堆城钼矿分期建设的方案设计。1964年在凤凰山铜矿建设中，引进无轨设备及工艺，对中国采选技术和设备的更新起到了推动作用。在大庙铁矿引进无底柱分段崩落法采矿，后又推广到梅山铁矿，提高了地下矿山的生产能力。他重视引导采矿理论基础研究，支持大学开设岩石力学课程，建立岩石力学试验室。1983～1989年，主持编写《采矿设计手册》，并任编委会总编辑。

（唐　建）

张国成　Zhang Guocheng（1931-10-12～　）中国稀土冶金专家。生于云南昆明。1956年毕业于昆明工学院（今昆明理工大学）冶金系，获学士学位。毕业后到北京有色金属研究总院工作。1995年当选中国工程院院士。

长期从事各种稀土精矿冶炼和单一稀土元素分离的研究。1957年配合陈光斗完成了放射性金属钍粉的制取。1961年发明锌粉还原-碱度法制取高纯氧化铕工艺，并在全国稀土工厂中推广，满足了彩电用红色荧光粉的需要。1978～1990年，发明回转窑硫酸强化焙烧-脂肪酸萃取法冶炼包头稀土精矿工艺，生产氯化稀土；成功研究出用P204萃取剂从硫酸稀土溶液中萃取分离稀土元素工艺。2002年提出用电还原法将三价铕离子还原为二价铕离子，并设计出新型连续还原电解槽新设备，更新了高纯氧化铕的生产流程，在中国稀土工厂中推广使用。

1988年被评为国家级有突出贡献中青年专家。获得国家科技进步奖和技术发明奖5项。1997年获何梁何利基金科学与技术进步奖。发表论文30多篇，编写文集3本。

（姜　曦）

张卯均　Zhang Maojun（1915-03-25～2003-01-19）中国选矿工程专家。生于江苏青浦（今属上海），卒于北京。1937年毕业于焦作工学院矿冶系。1938～1939年在西北工学院任教，1940～1949年在国民党政府经济部矿冶研究所工作，曾任技士、技正、选矿室主任。1949年后，先后在华北企业部矿冶研究所、有色金属工业管理局、冶金部有色设计院工作。1957～1958年在苏联列宁格勒选矿设计研究院学习。1959～1972年任北京矿冶研究总院总工程师、副院长，1972年被派往甘肃白银，组建西北矿冶研究所。1977调回北京任北京矿冶研究总院副院长、总工程师。第三届全国人民代表大会代表。

中国现代金属矿选矿技术的奠基人之一。在对龙烟铁矿进行研究时，提出采用重选法富集粗粒矿砂、细粒矿砂采用还原焙烧-磁选法处理的试验方案。1950年先后考察了云南汤丹、因民、落雪等地的资源情况，提出了开发东川铜矿的初步设计方案。1954年作为云南锡业公司新冠选矿厂设计的工程负责人，组织领导砂锡原矿的选矿试验，并在设计中采用了**水力旋流器**和自动翻床等先进技术，使砂锡矿的选矿实现了全流程机械化作业。组织和领导了包头、攀枝花和金川三大资源综合利用基地的国家重点攻关项目。提出了处理白云鄂博矿的浮选-选择性絮凝-脱泥的选矿技术，并进行了半工业和工业试验，获得成功。该项成果于1988年获国家发明一等奖。主编的《选矿手册》(1991)，获国家科技进步奖二等奖。

（孙传尧）

张寿荣　Zhang Shourong（1928-02-17～　）中国钢铁冶金专家。生于河北定县（今定州）。1949年毕业于天津北洋大学冶金工程系，获工学学士学位。曾任武汉钢铁集团公司副经理兼总工程师。1995年当选中国工程院院士。1997年当选墨西哥工程院外籍院士。

长期从事钢铁厂的设计、建设、生产和技术工作。1949年参加鞍山钢铁公司的恢复生产工作，推行高炉炉顶调剂法和低锰炼铁的冶炼。1957年起参加武钢一期工程建设，使中国第一座1000立方米以上大高炉顺利投产。将1513立方米高炉的设备进行改造，建成当时容积最大的4号高炉（2516立方米），并提出炼铁系统技术进步总规划。进行武钢一米七轧机引进技术的消化、吸收和创新攻关，完成转炉复吹、全连铸等新技术和新产品开发。20世纪80年代起研究高炉长寿技术，1991年建成武钢3200立方米高炉，该炉是中国最长寿的高炉之一。进入21世纪，对中国钢铁工业结构调整、节能减排、可持续发展等领域进行战略研究，为制定中国钢铁产业政策和钢铁工业健康发展作出了重要贡献。

曾获中国工程院光华工程科技奖、武钢终身成就奖、魏寿昆科技教育奖等荣誉。多次获得国家及省部级奖励，其中，“一米七轧机系统新技术开发与创新”获1990年国家科技进步奖特等奖。1990年获得全国五一劳动奖章。发表学术论文100余篇。

（姜　曦）

张文海　Zhang Wenhai（1939-02-01～　）中国有色金属冶金专家。祖籍福建长乐，生于福建福州。1963年毕业于中南矿冶学院。历任江西铜业贵溪冶炼厂、安徽金隆铜业公司国家重点工程总设计师，国家有色金属短流程节能冶金战略联盟专家委员会主任委员，中国瑞林工程技术有限公司总设计师。2003年当选中国工程院院士。

长期从事有色金属冶炼的研究工作。主持完成常州万吨级**闪速炉**工业试验，为中国建设第一座闪速炼铜工厂江西铜业公司贵溪冶炼厂奠定了技术基础。首次将等比级数与迭代逼近的数学方法用于定量描述挥发性元素在冶金过程的积累，并解决了“非I-d图解二氧化硫（SO_2）烟气露点”等算法难题。主持完成安徽金隆铜业工程实施冷风闪速炼铜，结束了世界热风闪速冶金的历史。针对强化冶金过程炉衬腐蚀及炼铁高炉清洁生产的问题，提出了“非接触冶金——中心旋涡柱熔炼”及“非高炉闪速炼铁”等冶金概念。

曾获国家科技进步奖一等奖、冶金部重大科技奖、首届全国科学大会奖、国家优秀工程设计金奖、全国计算机工程软件金奖和香港刘永龄科技进步奖。撰译《闪速熔炼文集》(1975)。

（姜　曦）

赵天从　Zhao Tiancong（1906-12-16～1995-05-03）中国冶金学家。生于河北

赵县，卒于湖南长沙。1933年毕业于国立北洋工学院采冶系，1937～1939年留学英国伦敦帝国理工学院。历任湖南锡矿山工程处主任、矿务局副局长，北京工业学院教授，中南矿冶学院（1988年改名中南工业大学，今中南大学）冶金系教授、冶金系副主任，兼中国科学院冶金陶瓷研究所长沙分所研究员。是中国首批获得博士学位授予权的导师之一。

中国**锑冶金**工业的创始人之一。20世纪40年代初发明了吹碱氧化精炼炼锑法，第一次在工业生产条件下将锑品位提高到当时世界最高水平，即99.8%以上。发明了“碱性空气氧化法精炼纯锑工艺”“间接法制取锑白工艺”和“氯化-水解法制取锑白工艺”。提出了“无污染冶金”的学科方向。曾获中国有色金属工业总公司科技进步一等奖、省部级科技进步一等奖、第五届全国优秀科技图书一等奖、首届徐特立教育奖。发表学术论文100余篇，出版著作和教材11部。主要著作有《重金属冶金学》(1981)、《锑》(1987)、英文版《锑的冶金》(*The Metallurgy of Antimony*, 1988)、《有色金属提取冶金手册》(合著，1992～1994)。参加了《中国大百科全书》第一版“矿冶卷”的编审工作，并为该卷撰写了部分条目。

（姜　曦）

罩式炉 bell-type furnace　物料或工件在罩内被加热的一种周期性工作的**热处理炉**。主要用于带钢卷及薄板垛的退火处理，也可用于中厚板、棒线材盘卷的退火处理（见图）。罩式炉按炉型分为单垛罩式炉和

罩式炉——退火设备

多垛罩式炉，按处理对象分为冷轧钢卷罩式炉、硅钢高温罩式炉、薄板垛罩式炉及棒线材盘卷罩式炉等。

罩式炉主要由炉台、可移动的内罩、加热罩3部分组成。被加热物放置在内罩内，在内罩与加热罩之间供热。炉台的金属结构呈盘型，底部配有由循环风机和导流板组成的保护气氛强制循环系统。内罩又称马弗罩，是由耐热钢制成的圆形筒体，物料放置在炉台上，扣上内罩使其与外界隔绝。一般向内罩里通入氮气、氢气或氮氢混合气体，形成保护气氛。加热罩带有加热装置、排烟装置、内衬和顶部吊环等。罩式炉的加热方式是间接式的。按照物料的热工制度，罩式炉完成对物料的加热、保温后移开加热罩，物料在内罩内自然冷却。为了使物料达到预定冷却速率，也可使用冷却罩进行空气冷却和喷淋冷却。加热罩与炉台之间设有密封装置，常用密封形式有沙封、水封或带有压紧装置的机械密封等形式。炉台附近对称安装两个高度不等的金属定位柱，便于内罩、加热罩及冷却罩安装时定位。

罩式炉一般以炉群形式参与生产。在同一车间内，相同规格的炉台与其相配套的加热罩、内罩、冷却罩之间有良好的互换性。罩式炉与连续热处理炉相比，具有生产组织灵活、适合小批量作业等特点，被广泛应用于钢铁、有色和机械等行业。

扩展阅读

陆钟武.火焰炉.北京：冶金工业出版社，1995.

（蹇军强）

锗冶金 germanium metallurgy　从含锗矿物中提取金属锗的技术。1886年德国C.A.温克勒发现和分离出锗元素，为纪念他的祖国，便以德国拉丁语名字（Germanium）命名了这种元素。20世纪30年代，冶炼工业的发展推进了锗和锗化合物的研究。1942年发现锗的优异特性可用来代替真空管功能，这促使了锗的工业化生产。锗是电子信息产业的基础金属，在国防、军工、武器装备等领域具有独特用途，是重要的战略物资。

锗在地壳中丰度约为1.6×10^{-6}，含锗大于1%的矿物主要有：硫银锗矿（$4Ag_2S\cdot GeS_2$）、黑硫银锡矿〔$4Ag_2S+(Sn,Ge)S_2$〕、锗石（$3Cu_2S\cdot FeS\cdot 2GeS_2$）、硫锗铁铜矿〔$(Cu,Fe)_3(Fe,Ge,Zn,Sn)(S,As)_4$〕等。含锗矿物由于分布极其分散，现有技术手段不能经济的从矿物中直接提取锗。已查明，锗资源主要伴生在硫化锌矿和锗煤中，据估算硫化锌矿中锗的资源量应在10万吨以上。中国含锗丰富的锌矿资源主要分布在云南、贵州及广东，锗煤资源主要分布在云南、内蒙古、新疆等地。从锌冶炼流程提取锗是锗最主要的生产方法。

锗提取　世界上80%以上的原生锗产自锌冶炼流程，中国约50%的锗产自锌冶炼，剩余部分产自锗煤。约80%锌采用湿法工艺冶炼，20%采用火法工艺冶炼。在湿法炼锌过程，锗进入浸出渣中，由于含锗原料品位低，用硫酸将锗浸出，然后经单宁沉淀或萃取将锗品位富集提高；富集物经氯化蒸馏和精馏得到纯四氯化锗产品；四氯化锗再经水解、煅烧，得到纯氧化锗；氧化锗用氢还原制得金属锗。火法炼锌过程，锗进入粗锌，采用真空蒸馏的方法将锌蒸馏至气相，锗不挥发留在残渣中；残渣在350～450℃下氧化焙烧后用硫酸浸出；再采用沉淀/萃取、氯化蒸馏、氢气还原的方法冶炼。

锗煤工业提锗采用燃烧法。锗的富集有两种方式：一种是锗煤在过量空气中氧化燃烧，锗以氧化锗和硅锗酸盐形态留在煤渣中；另一种是在弱还原气氛下燃烧，锗主要形成挥发性强的氧化亚锗挥发进入烟尘。锗经过富集以后，采用浸出、沉淀/萃取、氯化蒸馏、氢气还原的方法冶炼。中国发明的锗煤弱还原燃烧一步法挥发锗技术，适用于含锗0.02%以上的褐煤处理。生产过程在900～1200℃温度下，控制燃烧炉气成分为二氧化碳10%～15%、一氧化碳约5%，氧气2%～5%的弱还原气氛，使锗以氧化亚锗挥发进入烟尘；通过控制烟尘产率和高温沉降含锗少的粗颗粒尘的措施，获得富集品位高的含锗烟尘；得到的富锗烟灰、布袋烟尘可直接进入氯化蒸馏提取锗。

锗提纯　金属锗的提纯方法主要有定向结晶法、区域熔炼法和拉单晶法，其提纯原理相同，提纯过程存在液、固两相，利用杂质在液相、固相中的溶解度差异进行提纯。定向结晶法和区域熔炼法以粗锗为原料生产多晶锗（锗的纯度在99.999%左右），直拉单晶法以多晶锗为原料生产单晶锗（锗的纯度大于99.9999%）。

废锗回收　从冶炼到制成锗晶体管整个过程，特别是区熔提纯、拉制单晶、切片、磨片和抛光锗片的加工过程中，会产生大量的含锗废料。这些废料的含锗量为：切割粉60%～70%，碎片80%～90%，滤纸20%，腐蚀液2%～10%。从废料中回收锗的方法很多，主要有：①用氯气在石英容器内使锗氯化成四氯化锗，然后蒸馏回收。②用NaOCl于80℃处理锗残渣，生成锗酸钠（Na_2GeO_3），然后加入氢氧化铵，生成锗的沉淀物〔$(Na_2O)_x(NH_4)_yGe_2O_3$〕，再回到四氯化锗生产流程。在处理含氢氟酸的腐蚀液时，加入氢氧化铵，可生成氟化铵和锗酸铵〔$(NH_4)_xGe_2O_3$〕沉淀。在四

氯化锗水解过程中产生的水解液和洗涤液中含有少量（6～7克/升）的锗，回收的方法是用硫酸镁和氢氧化铵使锗沉淀为正锗酸镁。

扩展阅读

周令治，陈少纯.稀散金属提取冶金.北京：冶金工业出版社，2008.

戴永年，杨斌.有色金属真空冶金.2版.北京：冶金工业出版社，2009.

（蒋文龙　杨　斌）

真空吹氧脱碳法　vacuum oxygen decarburization　真空条件下向钢液吹入氧气以降低碳含量的炉外精炼技术。简称VOD法。由德国维滕公司（Edelstahlwerk Witten）于1967年开发。VOD的设备与钢包真空脱气（VD）法的设备构成基本相同，主要区别是VOD法增加了氧枪及其升降系统、供氧系统，氧枪可由真空罐上盖处自由升降（见图）。VOD法是在真空室内由炉顶向钢液吹氧，同时由钢包底部吹氩搅拌钢水，当精炼达到脱碳要求时，停止吹氧，然后提高真空度进行脱氧，最后加硅铁脱氧。它可以在真空下加合金、取样和测温。因为强烈的碳氧反应，要求钢包上部的自由空间的高度为1～1.2米。

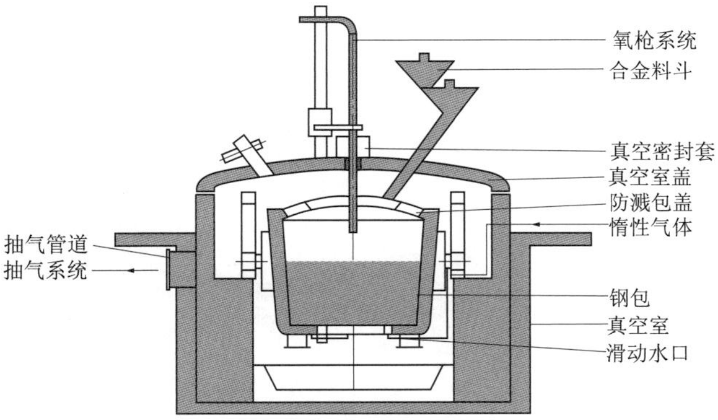

VOD法设备示意图

VOD法具有脱碳保铬、脱氧、脱气、脱硫及合金化等功能。主要用于生产不锈钢或超低碳合金钢。VOD法可与电弧炉或转炉双联操作。

电弧炉-VOD双联法是由电弧炉初炼钢液，使钢液内的碳脱至0.4%～0.5%。电弧炉配料应保证达到规定要求，初炼钢液中含碳偏高时，对铬的回收有利。VOD炉中脱硫困难，电弧炉要进行脱硫处理。VOD炉中脱碳量0.3%～0.5%。采用消耗式喷枪或水冷喷枪吹氧，可根据氧利用率控制终点碳。

转炉-VOD双联法是以转炉为初炼炉给VOD提供粗炼钢液。特别是顶底复吹转炉，脱碳速度快，可以换渣脱硫，因此可以提供温度高、含碳量低的初炼钢液，从而减轻VOD脱碳负担，缩短精炼时间，实现低成本生产。

在VOD法基础上还发展了强搅拌真空吹氧脱碳法和真空吹氧脱碳转炉法。强搅拌真空吹氧脱碳法是1977年由日本川崎钢铁公司研发，即SS-VOD法（strong stirring vacuum oxygen decarburization）。此法适用于生产超低碳、超低氮铁素体不锈钢，可生产出[C]≤0.001%、[N]≤0.0025%的00Cr26Mo1钢。真空吹氧脱碳转炉法于1976年由德国维滕公司开发，即VODC法（vacuum oxygen-argon decarburization converter）。它将原来一座LD转炉进行改造，重新砌炉衬，装上真空罩，与原来VOD炉的真空系统相连，构成VODC炉。VODC炉中熔池表面上负压空间比VOD钢包上部空间大得多，熔池直径与熔池深度比例合理，吹惰性气体能强烈搅拌熔池，加强渣还原作用，提高脱氧与脱硫效果。

（朱苗勇）

真空电弧重熔　vacuum arc remelting　在真空条件下，以电弧为热源将自耗电极熔化精炼的技术。又称真空自耗重熔。所用冶炼设备是真空自耗电极电弧炉。将所需的金属材料用其他方法冶炼做成棒状的自耗电极，将金属电极接入电源负极，水冷铜结晶器接电源正极（负极性接法），一般采用20～40伏的直流电。在真空室中，自耗电极端头与水冷铜结晶器之间产生电弧，释放的热量使金属电极熔化。液态金属向下滴落，在结晶器内聚集，形成浅平的熔池并冷却、凝固成锭。自耗电极通过专门的密封装置由上而下地伸入真空室。室内真空度一般为1.0～0.01帕，电弧区的工作压力13～133帕。在电弧作用下，电极不断熔化、消耗，直到电极熔化完毕。

真空自耗电极电弧炉的形式多样，一般成套设备由炉体、真空机组、光学观察装置、控制系统、直流电源等部分组成。炉体由炉壳（真空室）、电极升降装置（包括电极夹头、过渡电极、水冷电极杆及其升降机构）、水冷铜结晶器等几个部分组成。电极杆与上端盖间有滑动密封装置，杆的下端接自耗电极、上端连升降机构。炉体下端接水冷铜结晶器。水冷铜结晶器通常做成圆筒形，分内外两层，分别用铜和不锈钢制造，中间可通水冷却。真空机组保证真空室内压力达到要求的数值，并保持恒定。光学观察装置用来观察炉内的熔炼过程。控制系统用来控制电弧长度使电弧功率和熔化过程稳定。直流电源应具有恒流特性。

真空电弧重熔的特点是：①电极和结晶器通常都用金属材料制成，炉内设有耐火材料炉衬，熔炼过程中金属不与耐火材料接触。除一般金属外，可以熔化熔点很高的难熔金属如钨、钼、铌、钽，以及活性很高的金属如钛、锆等。②炉料边熔化边凝固，得到的金属锭可完全消除一般锭中常有的缺陷（如缩孔、中心疏松和偏析），因此可以生产巨型锭。

真空电弧重熔还用于冶炼中合金、高合金特殊钢及镍基、钴基合金。在特殊情况下，真空电弧炉也可以充气工作，如在充氮条件下进行重熔。

真空电弧重熔过程中，自耗电极温度很高，要在冶炼过程中始终维持真空室内的真空度是一项高难度技术，所以装置复杂，操作、维护非常困难，冶炼成本高，只用于冶炼高价值的特殊产品。20世纪90年代以来，由于钢包精炼和电渣重熔等技术的迅速发展，真空电弧炉在炼钢方面的应用已日趋减少。

（邵象华　李士琦）

真空电弧脱气法　vacuum arc degassing　在低压下进行电弧加热和吹氩搅拌的钢水炉外精炼技术。又称真空电弧加热脱气法，简称VAD法。在钢包真空脱气法（VD）基础上，由美国芬克尔父子公司与摩尔公司于1967年共同开发。VAD法主要设备有真空罐、真空管道及其真空系统、电极水冷密封装置等，保证能在真空状态下加热与脱气（见图）。精炼钢包内砌筑高铝砖、

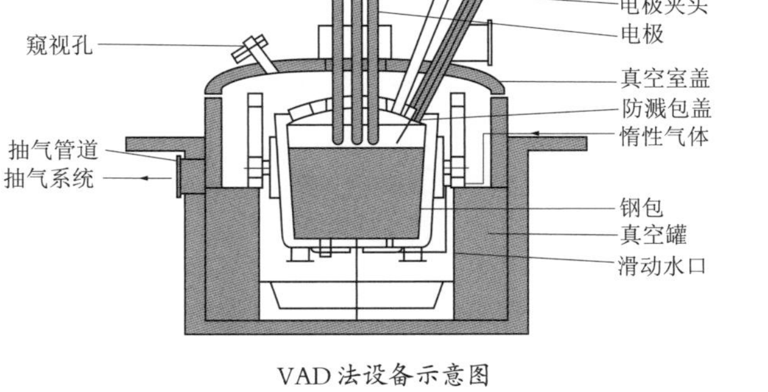

VAD法设备示意图

镁碳砖，包底有供吹氩的透气砖。VAD法设备具有电弧加热、吹氩搅拌、真空脱气、包内造渣、合金化等多种精炼功能，因此形成多种多样的工艺路线。电炉与VAD双联操作是VAD法精炼的基本工艺，在轴承钢、合金结构钢、工具模具钢精炼中被普遍采用。

VAD法精炼的特点是：①有效防止炉渣回磷。②炉渣具有高碱度、强还原性，脱硫率高达80%，钢中[S]达0.009%～0.0015%。③脱氧彻底，T[O]达0.0013%。④脱氢良好，[H]≤0.0003%。⑤去氮率在50%～60%。⑥初炼钢水夹杂物达0.0117%，经VAD处理后降至0.0057%。

（朱苗勇）

真空电子束重熔 vacuum electron beam remelting 高真空下，用电子束轰击物料，使其熔化、精炼的技术。又称真空电子轰击重熔。所用冶炼设备是真空电子束炉。用一个或数个电子枪发射出电子束，轰击阳极（被精制的物料和金属熔池），使之熔化而滴落入水冷铜结晶器，进而凝固成锭。物料作为阳极，电子束工作的真空度很高（1.3×10^{-5}～0.13帕），液态金属暴露在高真空下，在熔化、滴落和凝固过程中得到精炼。

为了保持结晶器内熔体液面位置稳定并增大锭重和提高炉子作业率，通常将结晶器做成无底的，用适当的机械装置在重熔过程中将锭子以合适的速率连续地向下拉出。电子束的方向和形状可以按需要调节，可对结晶器内熔池表面进行必要的均匀加热，也可设专门的电子枪，以便给金属提纯和非金属夹杂物的浮出提供良好条件，获得比其他真空熔炼方法更高的金属纯净度。

真空电子束重熔可以处理各种形态的原料，如锭状、棒状、粉状、粒状、片状或海绵状（海绵钛）。

真空电子束炉一般由电子枪、进料系统、铸锭系统、真空系统、电源系统和冷却系统6部分组成。其中电子枪是电子束炉的关键部分，结构形式多样，有轴向枪、横向枪、环形枪等，数量配置有单枪、双枪和多枪；进料系统根据原料形态采用机械进料方式或给料仓方式；铸锭系统包括结晶器、拉锭机构和出锭机构等。

为了提高合金纯度和性能，可以用真空脱气处理后的钢料作为真空电子束重熔原料。有时先用真空感应炉熔炼，然后再用真空自耗电极电弧炉或电子束炉重熔一次，这种方法通常称为双真空熔炼。

真空电子束重熔适用于熔炼钨、钼、铌、钽、铪、铍、钛等金属及其合金，高级合金钢，高温合金和超纯金属。真空电子束重熔设备结构复杂，需要高压电源，冶炼成本高，电子枪的使用寿命不长。工业上应用的电子束炉功率已达1200千瓦。

（邵象华 李士琦）

真空循环脱气法 Ruhrstahl Heraeus refining process 在真空条件下，对循环流动状态的钢液进行除气处理的炉外精炼技术。1957年由德国鲁尔（Ruhrstahl）钢公司和海拉斯（Heraeus）公司研制成功，故又称RH法。它将真空精炼与钢水循环流动结合起来。钢水脱气时真空室下部的两根管子，即钢液上升管和下降管，插入钢包内的钢水里，真空泵抽真空，真空室内与室外形成负压，钢水从两根管子里上升。与此同时，从上升管下部吹入驱动气体（氩），驱动钢水上升，使它像喷泉一样向真空室喷出。随着气泡的破裂，钢水成为细小的液滴，使脱气表面积大大增加，加速了脱气过程。气体自钢水析出而被抽走，脱气的钢水密度比脱气前的钢水密度大，经下降管返回钢包。未经脱气的钢水又不断从上升管进入真空室脱气。钢水这样连续循环几次后，脱气过程即告结束（图1）。

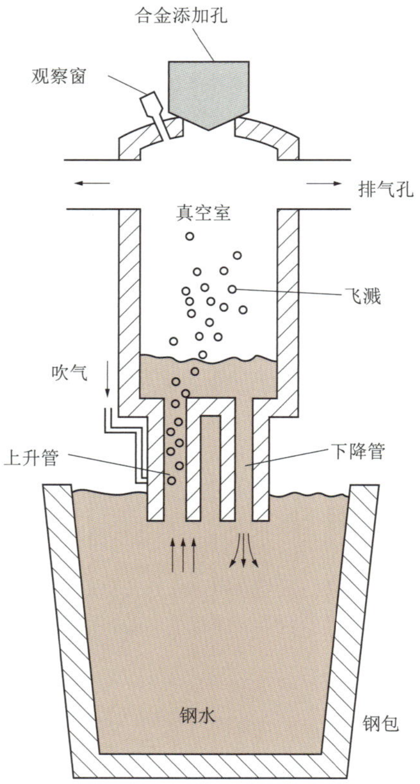

图1 真空循环脱气法原理图

RH法主要设备有真空脱气室、升降装置、加热装置、抽气装置和铁合金添加装置等。随着炼钢炉的大型化，RH法处理设备也随之大型化，世界上最大的RH设备已达360吨。

RH法不断发展，与吹氧脱碳相结合，衍生出吹氧循环真空脱气（RH－OB）法、川崎顶吹氧真空脱气（RH－KTB）法等；与**喷射冶金**相结合附加喷粉功能，形成循环脱气喷粉法（RH－PB）、RH顶喷粉法（RH－PTB）等。

RH法已发展的精炼功能有：①真空脱碳，在25分钟处理周期内可生产出[C]≤0.002%的超低碳钢水。②真空脱气，可生产[H]≤0.000 15%、[N]≤0.002%的纯净钢水。③脱硫，RH附加喷粉装置（RH－PB、RH－PTB）或真空室内顶加脱硫剂处理后可生产出[S]≤0.001%的超低硫钢水。④脱磷，经RH喷粉处理（RH－PB），可生产出[P]≤0.002%的超低磷钢。⑤升温，采用RH－KTB技术，可降低转炉出钢温度26℃；采用RH－OB法加铝吹氧提温，钢水最大升温速度可达8℃/分钟。⑥均匀钢水温度，可保持连铸中间包钢水温度波动不大于5℃。⑦均匀钢水成分和去除夹杂物，可生产出T[O]≤0.0015%的超纯净钢。RH法具有处理周期短，生产能力大，精炼效果好的优点，适合与大型炼钢炉相配合，是大容量钢包钢水真空处理的

图2 真空循环脱气法操作现场

主要技术（图2），主要用于生产硅钢、深冲钢等超低碳高质量钢种。

（朱苗勇）

真空冶金 vacuum metallurgy 在低于0.1兆帕的真空条件下进行金属及合金的冶炼、提纯、精炼、加工及处理等的物理化学过程。主要目的是：①使所熔炼材料

中氧、氢、氮等气体元素含量或较易挥发的杂质元素（如铅、锡、砷、锑、铋等）的含量大幅度降低，提高材料的洁净度。②隔绝空气，避免材料中的元素在大气条件下二次氧化，特别是可以精确控制与氧、氮亲和力强的铝、钛、硼、锆等活泼元素含量，提高元素的收得率。③促进有气态产物产生的化学反应，以达到特定的冶炼效果。

获取真空的想法，最早出现在公元前384～前322年。1654年第一台可供实用的真空泵由德国O.V.居里克制成。1865年H.**贝塞麦**首次提出将炼好的钢在真空中浇铸以消除气泡和裂纹的设想，但技术和设备都不足以达到要求。1874年英国物理学家H.G.麦克劳德发明了压缩真空计。1917年出现了真空电阻炉用于熔化镍基合金。20世纪20年代，德国开始研究真空感应熔炼，用于熔化钴、镍合金。1938年应用真空脱气设备对钢进行脱气处理。第二次世界大战期间及战后，为适应军事工业及尖端技术对高性能及新型金属材料的需要，真空冶金在工业先进的国家迅速发展。21世纪以来，真空冶金已成为重要的冶金技术，并在材料制备领域得到应用。中国的真空冶金技术是在20世纪50年代后期逐渐开展起来的，之后得到不断的发展、成熟和完善。

真空冶金技术主要包括真空烧结、真空还原、真空焊接、真空镀膜、真空热处理、真空熔炼、真空二次精炼等，其极限熔炼真空度可达到10^{-3}～10^{-2}帕，甚至可以达到更高的水平。

真空烧结　在真空状态下将金属粉末制品加热，使相邻金属粉末晶粒通过黏着和扩散作用烧结成零件。采用该工艺时，易于控制合金中的碳含量，提高合金的纯度，且工艺操作较为简单，适用于对难熔合金，如钨、钼及其合金的粉末成形烧结。

真空还原　在真空状态下从矿石或化合物提取金属。某些金属的热还原反应产生气态产物（一氧化碳、金属蒸气等），在真空下进行这样的反应，往往可以采用比在常压下低几百摄氏度的温度，从而取得经济上的良好效果。真空条件还能防止气态金属的氧化。例如，可以用铝或硅在真空下从氧化锂或锂矿石还原出锂蒸气。与电解法相比，用真空还原法生产轻金属的优点是：①可用的原料分布较广。②生产工艺较简单。③电耗低。④产品纯度较高。钒、铌、钽等也可用真空碳还原制得。真空热还原法生产金属是在电阻炉、感应炉或用不同方式加热的钢制蒸馏器（如镁还原炉）中进行的。

真空焊接　在真空条件下进行的焊接，其最大的特点是隔绝了空气，保护熔池不被污染。真空焊接的具体类型非常多，在**熔焊**、**压焊**、钎焊三大类焊接方式里边都有应用。例如，熔焊类中的真空电弧焊、真空气焊、真空电子束焊等，压焊类中的真空扩散焊等，钎焊类中的真空软钎焊、真空硬钎焊。真空焊接对材料污染大大减小，焊接质量高，所以广泛应用于各个领域，尤其是航空航天、石油化工、电子材料等高端领域。

真空镀膜　一种由物理方法产生薄膜材料的技术。在真空室内材料的原子从加热源离析出来打到被镀物体的表面，形成膜层，包括晶态的金属、半导体、绝缘体等单质或化合物膜。真空镀膜有3种形式，即蒸发镀膜、溅射镀膜和离子镀膜。

通过加热蒸发某种物质使其沉积在固体表面，称为蒸发镀膜。这种方法最早由M.法拉第于1857年提出。与其他真空镀膜方法相比，蒸发镀膜具有较高的沉积速率，可镀制单质和不易热分解的化合物膜。

用高能粒子轰击固体表面，使固体表面的粒子获得能量并逸出，沉积在基片上，称为溅射镀膜。溅射现象于1870年开始用于镀膜技术，1930年以后由于提高了沉积速率而逐渐用于工业生产。与蒸发镀膜不同，溅射镀膜不受膜材熔点的限制，可溅射钨、钽、碳、钼、碳化钨、碳化钛等难熔物质。溅射化合物膜可用反应溅射法，即将反应气体加入氩气，反应气体及其离子与靶原子或溅射原子发生反应生成化合物而沉积在基片上。沉积绝缘膜可采用高频溅射法。

蒸发物质的分子被电子碰撞电离后以离子沉积在固体表面，称为离子镀膜。这种技术是美国D.M.马托克斯于1963年提出的。离子镀膜是真空蒸发与阴极溅射技术的结合，其综合了蒸发（高沉积速率）与溅射（良好的膜层附着力）工艺的特点，并有很好的绕射性，可为形状复杂的工件镀膜。

真空热处理　真空技术与热处理技术相结合的新型热处理技术，该工艺全部或部分在真空状态下进行，可以实现几乎所有的常规热处理所能涉及的热处理工艺，同时热处理质量大大提高。零件经真空热处理后，畸变小，质量高，且工艺本身操作灵活，无公害。因此真空热处理不仅是某些特殊合金热处理的必要手段，而且在一般工程用钢的热处理中也获得应用，特别是工具、模具和精密偶件等，经真空热处理后使用寿命较一般热处理有较大的提高。此外，真空加热炉可在较高温度下工作，且工件可以保持洁净的表面，因而能加速**化学热处理**的吸附和反应过程。因此，某些化学热处理，如渗碳、渗氮、渗铬、渗硼，以及多元共渗都能得到更快、更好的效果。

真空熔炼　始于第一次世界大战时期，用于少量熔炼镍基合金、热电偶材料及电阻发热合金等。20世纪50年代，钛生产的要求及真空泵的改进，进一步促进了真空熔炼的发展。70年代已有容量为数十吨以至百吨以上的真空熔炼设备，一些高级特殊钢种的生产也采用真空熔炼工艺。真空熔炼的特点是炉料与大气隔绝，所以能熔炼在高温下易与氧、氮等气体化合或为其污染的金属。对于铁基、镍基等材料，在真空熔炼常用的真空度（10^{-2}～10帕）下，除能脱除气体外，还能通过挥发而除去金属或合金中的蒸气压较高的微量杂质。在真空条件下可以精确控制产品成分，必要时可以加入较大量的活性元素。这些都对提高合金性能和发展新型合金提供了条件。主要的真空熔炼装置有真空感应熔炼、**真空电弧重熔**、真空电渣重熔、真空电子束熔炼等。

真空感应熔炼　真空感应炉（图1）是

图1　真空感应炉

装在真空室内带坩埚的高频或中频感应电炉。为了不破坏真空而完成浇铸，锭模或铸模也放在真空室内。原料可以用新料（基体金属和合金添加料），也可以用返回料。将原料装入坩埚，同时配入大部分合金添加料，但有些元素（如锰）由于蒸气压较高，为了防止过多损失，应在熔炼末期通过给料器加入。钛、铝、锆、硼等活性大的金属也在末期加入。在间歇式真空感应炉中，整个操作周期（装料、抽真空、熔化、精炼、浇铸）结束后打开真空室，取出铸模装入新模，然后开始下一炉操作。为了提高作业率以降低成本，大型真空感应炉本身与铸模分别装在互相连接但用闸门隔开的两个真空室内，每次浇铸后关闭闸门，待凝固完成后更换模子，而不破坏炉子本身的真空。因此出炉后，可以立即通过给料装置装入炉料，进行下一炉熔炼。

真空感应熔炼中，熔池与坩埚耐火材料接触，可能发生反应，从而影响提纯效果。因此必须采用高级耐火材料作坩埚，通常用的是电熔镁砂或铝镁尖晶石。真空感应熔炼在高温合金、高强度钢、超高强度钢等生产中广泛应用，对现代航空、航天技术的发展有重要贡献。还用于有特殊抗蚀和强度性能的不锈钢、软磁材料、导热材料和其他特殊合金。

真空电弧重熔　将所需的金属材料用其他方法冶炼并做成棒状的自耗电极，通常是作为负极。另一个极（正极）是水冷的铜结晶器。自耗电极被两极之间形成的低电压（20～28伏）大电流电弧释放的热量熔化，并在结晶器内凝固成锭。自耗金属电极杆通过专门的密封装置伸入炉内，随着电极的消耗不断喂入，直到消耗完毕。炉内压力应低于1.5帕，但电弧区的工作压力由于放气而要高得多，可能达2～10帕。

真空电弧重熔炉（图2）与真空感应

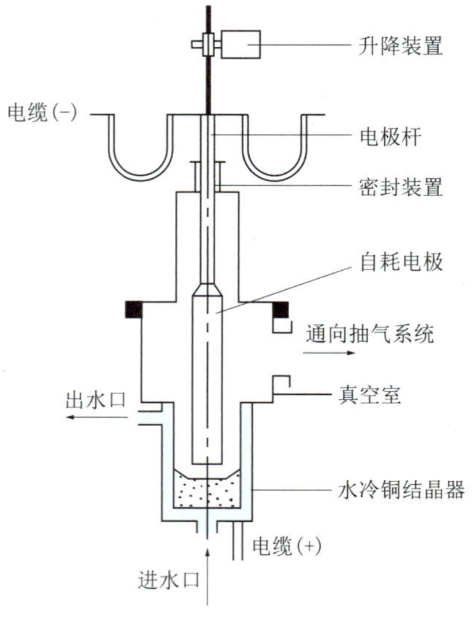

图2　真空电弧重熔炉示意图

炉相比有两个重要的特点：①熔炼过程中金属不与耐火材料接触，除一般金属外，可以熔化熔点很高的金属（难熔金属）如钨、钼、铌、钽和活性很高的金属如钛、锆。②炉料边熔化边凝固，得到的锭子可完全消除一般锭中常有的缺陷（即缩孔、中心疏松和偏析）。因此可以生产大型锭。目前真空电弧重熔炉容量可熔炼重达30吨以上的锭。大型设备为了提高作业率，一般备有两个交替使用的固定的结晶器，而上部炉体可以转动。

除上述难熔金属和活泼金属及其合金外，真空电弧重熔炉亦用于中合金、高合金特殊钢及镍基、钴基合金。在特殊情况下，也可以充气工作，例如为了生产含氮合金钢，可以在充氮条件下进行重熔。

真空电渣重熔　在真空电渣炉内，利用水冷铜模和自耗电极在熔渣中熔化精炼，快速凝固得到高质量钢锭的方法。真空电渣炉是在普通电渣炉、气体保护电炸炉和真空电弧炉基础上发展起来的冶炼设备，使用气密型真空保护罩，工作真空度在1～1000帕。真空电渣炉保留了真空电弧炉与电渣炉的优点，克服其缺点，使高温合金的质量得到了大的改善。如钛的烧损量微乎其微，而普通电渣炉钛的烧损量可达30%～50%，能去除氢、氮、锡、铅、锑等普通电渣熔炼和气体保护熔炼不能除掉的元素，能够避免从大气中吸氧。

真空电子束熔炼　工作原理是在较高真空下（10^{-3}～10^{-1}帕）用一个或数个电子枪发射出电子束，轰击被熔物料（作为阳极），使之熔化，并滴入一个水冷铜结晶器，凝固成锭（图3）。为了保持结晶器内

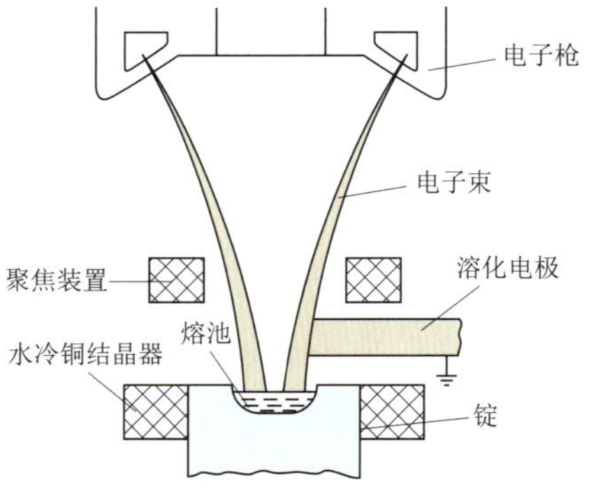

图3　真空电子束炉原理图

熔体液面位置稳定并增大锭重和提高炉子作业率，通常将结晶器做成无底的，用适当的机械装置在重熔过程中将锭子以合适的速率连续地向下抽出。电子束的方向和形状可以按需要调节，因此可以对结晶器内熔池表面进行均匀地加热，也可以为此设专门的电子枪，以便给金属的提纯和非金属夹杂物的浮出提供良好条件，能达到比其他真空熔炼方法更高的纯净度。电子束熔炼适于熔化钨、钼、铌、钽、铪、铍、钛等金属及其合金，高级合金钢，高温合金和超纯金属。它可以处理各种形态的原料：锭状、棒状、粉状、粒状、片状或海绵状（海绵钛）。工业上应用的电子束炉功率已达1200千瓦。

真空二次精炼　主要包括真空脱气法（VD）、**真空循环脱气法**（RH）、**真空电弧脱气法**（VAD）、**真空吹氧脱碳法**（VOD）等。

真空脱气法是由美国芬克尔公司于1958年首先提出来的，之后在全世界逐步得到推广应用。VD法作为一种重要的钢液精炼手段，通过真空处理及底部吹氩搅拌方法进行深度脱碳、脱气，促进非金属夹杂物上浮排出。因其造价低廉和良好的脱气、脱硫、去夹杂物效果而得到广泛应用，已经成为制备很多要求较高钢种的必备工艺。

真空循环脱气法是由德国蒂森公司所属鲁尔（Ruhrstahl）钢公司和海拉斯（Heraeus）公司于1957年联合研发。该工艺具有脱气效果好，处理周期短，生产能力大，适用范围广等优势。此外，为满足对高端金属材料的需求，科研工作者不断研究和开发新型RH精炼设备，使RH法兼有真空脱碳、喷粉脱硫的多功能精炼技术。

真空电弧脱气法是美国芬克尔公司在VD精炼工艺的基础上，于1967年与摩尔公司共同开发出来的。该工艺具有电弧加热、吹氩搅拌、真空脱气、包内造渣、合金化等功能，脱氧彻底，脱氢良好，脱硫脱氮率也较高，温度控制精确，还可防止炉渣回磷。

真空吹氧脱碳法由德国维滕公司于1967年发明，又称维滕（witten）法。工作时，真空室内炉顶的氧枪会向钢液吹氧，同时钢包底部吹氩搅拌，具有脱氧、脱碳、脱气、脱硫以及合金化等功能。世界上VOD炉的总数已在100台以上，容量为5～150吨。是现今世界范围内居第二位的不锈钢精炼手段，可以冶炼超低碳、氮的不锈钢产品。

随着科技水平的不断发展，经济社会对材料的要求越来越高，未来真空冶金设备将不断向模块化、信息化和智能化的方向发展。

（姜周华　董艳伍）

真空铸锭　vacuum ingot casting　在真空状态下把熔融金属注入真空室的钢锭模中，浇铸成锭的方法。又称真空浇铸。真空浇铸是一种滴流真空处理方法。中间包内以流束状下降的钢液进入真空室，由于压力急剧下降，使钢液流束膨胀，并展开成很大的角度以滴流状降落，钢液脱气表面积增大，有利于气体逸出和促进表面反应。脱气程度取决于注速、落下高度和扩散角的大小，也取决于钢液中气体含量、注口形状、真空度以及钢

液的流动性等因素。

简 史 真空铸锭的滴流脱气是钢液真空脱气法的先驱。1950年，联邦德国波希默尔联合公司开始进行钢液脱气试验，1952年建成世界上第一台35吨、150吨真空铸锭室，并开始大规模工业生产。1955年，苏联开始试验大钢锭的真空浇铸。1956年，苏联乌拉尔机器制造厂建成了30吨、120吨真空室浇铸钢锭。美国于1958年建成当时世界上最大的250吨真空室。1957年日本建成10吨真空室。此后，英国、意大利、奥地利、法国、比利时、新西兰、瑞典、捷克斯洛伐克、波兰和西班牙等先后装备了真空铸锭装置。真空浇铸在20世纪50～60年代发展很快，以脱氢为主要目的，适用于生产大型锻造钢锭。20世纪70年代初，在真空浇铸的基础上发展了真空碳脱氧工艺，即以没有脱氧或半脱氧的钢水进行真空浇铸，使钢水在真空处理过程中用自身的碳来脱掉钢水中的氧，不仅达到钢水完全脱氧的效果，且提高了钢水的纯净度。真空处理后钢中夹杂物含量可降至0.01%以下。

中国于1956年在沈阳重型机器厂建成40吨真空铸锭工业试验装置，1964年调试成功铸成第一支钢锭，此后该厂用此装置生产了一大批10万千瓦以上汽轮发电机转子等重要锻件用钢锭，真空铸锭工艺和其他**真空冶金**工艺在中国得到了较大的发展。2015年，中国第一重型机械集团建成中国最大的600吨真空铸锭装置。

设 备 真空浇铸工艺只适于一室一锭，多用来浇铸大型锻造用钢锭。其设备除常规的钢锭模、保温帽和底盘外，主要是真空室和真空泵。

真空室是由钢板焊成的一个密封的筒形金属室，上部有真空盖，底部和侧壁砌有耐火砖，侧壁可全部砌砖，也可砌1/2高度。在真空室盖上有一浇口，浇注前用铝盆紧紧盖住，在盖子上紧密地安放中间包，中间包水口必须与盖上浇口的中心线重合。真空室、真空盖、中间包之间用耐热胶圈密封。由于钢水进入真空室空间后就扩散成细流，钢流不易对准钢锭模，为此在真空室盖下方装有导流管。导流管由钢板卷成筒形，内砌耐火砖。真空室大小以能放入需浇铸的最大钢锭全部冶金附具（包括钢锭模、底盘、保温帽）并留有适当的可供吊装的空间为准。真空室的抽气管道置于室的上部并与真空泵联结，设置真空阀门。真空室盖的开闭可以用吊车吊运，也可以自身带有开闭装置。

钢液真空处理使用的真空泵最早是机械泵。机械泵抽气量小，一套真空铸锭装置需要多台泵并联，泵房占地面积大，并且较容易损坏，维修量很大，从而限制了真空处理钢水工艺的应用和发展。第二次世界大战后，排气速度大的高性能高效率真空泵出现，真空铸锭技术才得以迅速发展。蒸汽喷射泵是以蒸汽为动力的真空泵，没有机械转动部分，不易损坏，维修容易，操作方便，一般设计成四级或五级，分级把真空室抽到所需的真空度，真空度通常为26.7～66.6帕。

工艺过程 真空浇铸需经中间包，钢水有一定温降，故出钢温度比大气浇铸时要高。底盘、钢锭模、保温帽事先在真空室内装配完毕，盖上真空室盖，在冶炼即将结束时，安装导流管和安放中间包，然后开始抽真空。当钢包内的钢水注入中间包内约2/3高度且浇注温度达到工艺要求时，打开中间包塞杆，钢水经水口流出，熔化浇口上的铝盆进入真空室注入钢锭模。钢锭浇注完毕破坏真空，打开真空室盖子，加入保温剂，钢锭在模内静置到完全凝固后再脱模送水压机车间。

处理效果 日本、美国、意大利、中国等几家生产大型铸锻件的工厂，用真空浇铸工艺制造发电机和汽轮机转子、特厚板轧机支撑辊、核反应堆大型封头、高压釜等锻件的最大钢锭已达570吨。钢水脱氢率平均约50%，真空浇铸后钢的氢含量平均约2×10^{-6}，最低氢含量$<1.5\times10^{-6}$。真空浇铸除脱氢外，还能防止二次氧化，减少钢水中非金属夹杂物和钢锭偏析程度，提高钢锭内部质量。

（吴夜明）

振动筛 oscillating screen 由激振器使筛体振动的**筛分设备**。

设备构成及分类 振动筛主要由激振器、工作体（筛箱）、弹性元件（支撑或吊挂装置）组成。根据筛框的运动轨迹，可将其分为圆（椭圆）运动振动筛和直线运动振动筛。圆（椭圆）运动振动筛包括惯性振动筛（图1）、自定中心振动筛（图2）和重型振动筛；直线运动振动筛包括直线振动筛和共振筛（图3）。①惯性振动筛。传动轴为非偏心的普通轴，轴上的圆盘及配重物在电动机的带动下高速旋转，产生较大的惯性力，因此传动轴的中心与传动电机中心的距离发生周期性变化，传动皮带易损坏。②自定中心振动筛。采用偏心传动轴，与轴圆盘上的配重物产生相等且方向相反的惯性力，使轴心自定，保证振动筛传动轴的中心与传动电机中心线的距离不变化，克服了惯性振动筛传动皮带易损坏的缺点。

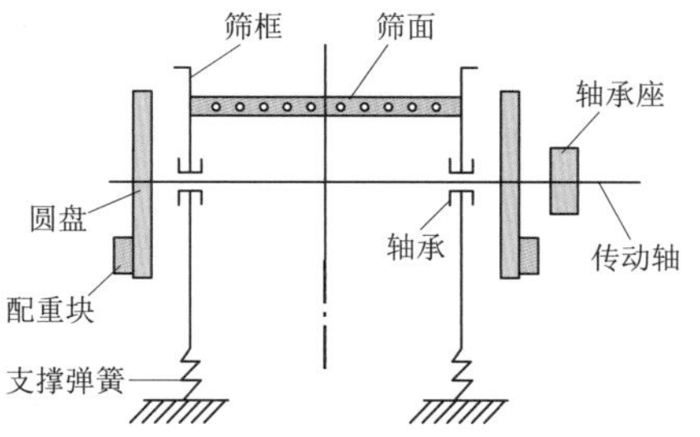

图1 惯性振动筛结构示意图

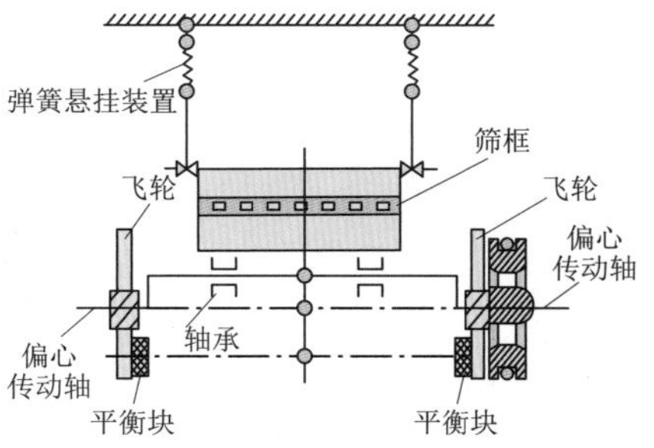

图2 自定中心振动筛结构示意图

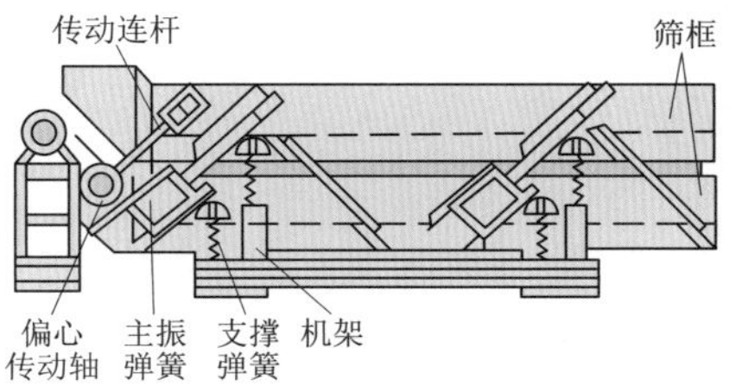

图3 共振筛结构示意图

惯性振动筛和自定中心振动筛的振幅较小，频率高，适用于中、细粒物料的筛分；其振幅随负荷的大小而变化，给矿量大时振幅减小，影响设备的处理能力及筛分效率。③重型振动筛。采用振动电机或激振器作为振动源，具有处理量大、筛分效率高的特点。④直线振动筛。采用双振动电机驱动，两台振动电机做同步、反向旋转时，偏心块所产生的激振力在平行于电机轴线的方向相互抵消，在垂直于电机轴的方向叠加为一合力，因此筛机的运动轨迹为一直线。可用于粉状、颗粒状物料的筛选和分级，具有筛分效率高的特点。⑤共振筛。采用的工作频率接近弹性机架自身的自振频率，在较小的激振力作用下，能驱动大负荷箱体。除具有一般振动筛的优点外，还有动力消耗少的优点。

应 用 振动筛的筛框受到激振器小振幅、高频率的强烈振动，能有效消除筛孔堵塞，提高了生产率和筛分效率，具有处理能力大、筛分效率高、生产率高、结构简单、机械性能好等特点，广泛应用于金属矿山、煤炭、冶金、建材、化工等工业部门中0.25～350毫米粒度物料的筛分作业和固体物料的脱水、脱泥、脱介等作业。

（张 军）

正定铜佛 bronze buddha at Zhengding 中国古代遗留下来最高的青铜佛像。又称千手千眼观音。位于河北省正定县隆兴寺大悲阁内，高22米，重约76吨，有42臂，分别执日、月、净瓶、宝杖、宝镜、金刚杵等法器。隆兴寺建于隋开皇（581～600）年间，原有金铜佛像一座，被后周

正定铜佛全貌

世宗毁以**铸钱**。宋代开宝四年（971）重新铸造金铜佛像。铸造碑文记载，建造铜佛时，掘地基“至于黄泉”，用礓砾、土石、石炭和土分层打结，留“海子”（底座）深6尺，长40尺，宽40尺，海子内栽七根熟铁柱，每根由七条“铁笋合就”，上面用铁条固定，海子内浇铸生铁。佛像分七次铸接而成，“第一度先铸莲花台座，第二度铸至脚膝，第三度至脐轮，第四度至胸臆，第五度至腋以下，第六度至肩膊，第七度至头顶”。这是一尊千手千眼佛，中空泥芯与外范用铁条连接固定，铜佛表面涂漆，脸和某些部位贴金。正定铜佛反映了当时的冶铸技术已经相当娴熟。宋代铸造时42臂均是铜铸，雕木为手，而现在仅当胸合掌的两臂为铜质，像体两侧的40手臂已在清代换为木制。

（丘亮辉）

正浮选 direct flotation 使有用矿物附着于气泡上浮进入泡沫层，成为泡沫精矿，而将非目的矿物作为槽底产品排除作为尾矿的**浮选**过程。正浮选是最常用的浮选方法。大部分硫化矿的浮选工艺均采用正浮选，原因是作为有用矿物的硫化矿相对易浮选。在氧化矿及盐类矿物浮选中也经常使用，如常见的铁矿石正浮选、铝土矿正浮选和磷矿正浮选，其浮选泡沫产品分别为铁精矿、铝土矿精矿和磷精矿。浮选捕收剂通常为**阴离子捕收剂**，如脂肪酸类。确定一种矿石是否采用正浮选方法选别，应根据矿石性质、矿物组成、有用矿物的可浮性及经济效益评价而定。

（蓝卓越）

正火 normalizing 将工件加热至A_{c3}（对亚共析钢）或A_{ccm}（对过共析钢）以上30～50℃，保持足够时间，然后在空气中冷却的**金属热处理**工艺。主要目的是使晶粒细化的**奥氏体**转变为细片状**珠光体**或消除过共析钢中的网状碳化物，去除材料的内应力，稳定工件的尺寸，为**淬火**热处理做组织准备，并可以防止变形与开裂。

亚共析钢的正火加热温度与完全退火相比，两者加热温度基本相同（一般正火的加热温度略高一些），但正火的冷却速度快，转变温度较低，得到的组织比较细密，处理后的工件强度性能较高。同时由于生产周期短、效率高、简单、经济，所以在许多情况下可以作为退火的替代工艺。

正火适用于过冷奥氏体稳定性较差的碳素钢、低合金钢和中合金钢。对于高合金钢，由于其过冷奥氏体稳定性较好，相应其淬透性较高，即使采用空气中冷却的方式，也会获得贝氏体或马氏体组织。但当中、高合金钢（如4Cr5MoSiV1和3Cr2W8V钢等）存在网状碳化物时，正火处理可使其消除，然后进行等温球化退火。

在空气中冷却不是正火的必要条件，当工件尺寸较大或钢的碳含量相当低时，要求提高正火的冷却速度，相应出现了风冷正火、喷雾正火、水冷正火等工艺。

主要应用：①对于低碳钢，正火处理后其硬度比退火的略高，可以提高切削加工性能。②对于中碳结构钢和中碳合金结构钢，可代替**调质处理**（淬火＋高温回火）作为最终热处理，也可用于用感应加热方法进行表面淬火前的预处理和渗氮化学热处理的预处理。③对于工具钢、轴承钢、渗碳钢等，可消除网状碳化物，从而得到球化退火所需的良好预备组织。④对于铸钢件，可以细化铸态组织，改善切削加工性能。⑤对于大型锻件，可作为最终热处理，从而避免淬火时发生的开裂现象。⑥对于一定尺寸的球墨铸铁工件，可使其硬度、强度、耐磨性得到提高，用于制造汽车、拖拉机、柴油机的曲轴、连杆等球墨铸铁零件。⑦对于过共析钢和有些低、高合金工具钢，在球化退火前进行一次正火，可消除网状二次渗碳体或碳化物，以保证碳化物在球化退火时全部球粒化。

（吴晓春）

正挤压 direct extrusion 挤压变形时，金属流动方向与挤压轴（杆）运动方向相同的**挤压**技术。正挤压是应用最广泛的挤压技术，是有色金属材料，特别是铝合金型材生产加工的主要方法之一。正挤压操作方便，模具较简单。对于挤压圆形截面棒料，通常采用圆锥模挤压。对于不同的材料和不同的变形量，采用圆锥模挤压有一个最佳模角（值）。采用最佳模角挤压时，挤压力最低，材料的变形也最均匀。正挤压（见图）时坯料与挤压筒有较大的相对

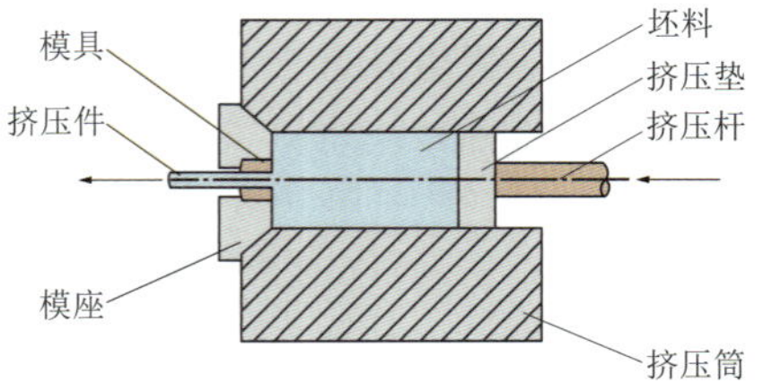

正挤压示意图

运动，所需挤压力较大。

挤压生产铝合金型材时，通常采用平模挤压或分流组合模挤压。平模挤压时，模口的定径带长度设计是一个重要的因素，它是调节金属流出速度均匀性的主要措施之一；分流组合模挤压时，分流孔的设计（分流孔分布、大小和高度）非常重要。

（谢水生）

脂肪胺捕收剂 fatty amine collector 碳链长度为C_8～C_{22}的有机胺类浮选**捕收剂**。化学结构式为RNH_2，式中R为烷基。分为伯胺、仲胺、叔胺和季铵4类。脂肪胺的化学合成始于1850年。1913年研究发现脂肪胺具有表面活性，后用作矿石浮选剂。随着浮选技术的兴起与发展，1920年脂肪胺作为**阳离子捕收剂**用于硫化铜矿的浮选，1933年用于硅酸盐浮选，之后作为**浮选药剂**在选矿工业上得到实际应用。

物理化学性质 低碳链的直链脂肪胺在室温下为液体，高碳链的直链脂肪胺是低熔点的白色固体。因一般伯胺盐具有强碱性，与空气接触很容易吸收二氧化碳变为碳酸盐，因此需要密封保存。浮选所用的脂肪胺捕收剂在水中溶解度小或几乎不溶，可溶于酒精和乙醚等有机溶剂。通常脂肪胺与醋酸或盐酸作用生成醋酸盐或盐酸盐，这些盐在水溶液中电离出的阳离子是脂肪胺捕收剂的有效成分。常用的脂肪胺的物理化学性质见表。

脂肪胺物理化学性质

名称	碳原子数	醋酸盐凝固点/℃	临界胶束浓度/（摩尔/升）
十二碳胺（月桂胺）	12	68.5～69.5	1.3×10^{-2}
十四碳胺（肉豆蔻胺）	14	74.5～76.0	2.8×10^{-3}
十六碳胺（软脂胺）	16	80.0～81.5	8.3×10^{-4}
十八碳胺（硬脂胺）	18	84.0～85.0	3.0×10^{-4}

制备方法　脂肪胺的合成方法很多，具有工业生产意义的主要有两种：①卤代烷与氨作用直接生成脂肪胺。②脂肪酸在催化作用下与氨作用生成腈，再还原成脂肪胺，反应式如下：

$$RCOOH \xrightarrow{NH_3} RCOONH_4 \xrightarrow[Al_2O_3]{-2H_2O}$$

$$RCN \xrightarrow[(20\sim25)\times101.325Pa]{Ni,2H_2,170\sim200^{\circ}C} RCH_2NH_2$$

应用　脂肪胺捕收剂与矿物反应快，有时甚至不需要搅拌槽，在短时间内即可浮选完毕，分选效果好。使用脂肪胺捕收剂还可以浮选粒度较粗的矿物。脂肪胺浮选的矿石主要有硅酸盐矿物、石英、可溶性氯化钾、氧化锌、云母、烧绿石等。

应用脂肪胺捕收剂时，应注意：①不能与**阴离子捕收剂**一起使用。二者同时使用常会产生不溶性盐而致失效。②在酸性或中性矿浆中比较稳定，在碱性矿浆中即分解为游离胺及碱金属盐。③一般都具有起泡性，浮选时不必或只需加少量起泡剂。④对水质量的变动不敏感，但水硬度过高时会消耗药剂，因而增加了药剂的使用量。⑤浮选前应充分脱泥，因阳离子药剂易被矿泥吸附，如不脱泥会增加药剂用量和降低浮选效果。细泥还可能产生过稳定泡沫，使分选效果变差，乃至无法进行。

扩展阅读

见百熙.浮选药剂.北京：冶金工业出版社，1981.
朱建光.浮选药剂.北京：冶金工业出版社，1993.

（葛英勇）

脂肪酸类捕收剂　fatty acid collector　分子中带有羧基的脂肪族有机酸类**捕收剂**。是浮选氧化矿的**阴离子捕收剂**，主要包括各类脂肪酸及其皂类。结构式为：

$$R-\overset{\overset{\displaystyle O}{\|}}{C}-O-M$$

式中R为烃基；M为氢（H）、钠（Na）或钾（K），其中脂肪酸分子中M为H，脂肪酸皂分子中M为Na或K。

根据脂肪酸中烃链结构是否带有双键，又分为饱和脂肪酸和不饱和脂肪酸，一般是C_{10}～C_{20}的混合饱和及不饱和的羧酸。脂肪酸根据其碳链的长短，分为低级脂肪酸与高级脂肪酸。分子中含碳原子不足10个的为低级脂肪酸，碳原子个数在10以上的为高级脂肪酸。脂肪酸类捕收剂的烃基是非极性基，具有疏水性能，是捕收剂与矿物作用时增强矿物表面疏水性的基团。羧基是脂肪酸类捕收剂的亲固基，同时具有较强的水化作用。

主要成分　脂肪酸类捕收剂因原料不同，组分含量存在差异（见表）。

物理化学性质　低级脂肪酸是无色液体，有刺激性气味；高级脂肪酸是蜡状固体，无明显气味。一般浮选用捕收剂使用的脂肪酸，基本都不溶于水，其皂类有一定的溶解度，浓度升高至一定值时，形成胶团溶液。

脂肪酸类捕收剂对矿物的作用活性与介质pH值密切相关。脂肪酸在强酸性介质中主要以分子形式存在；在强碱介质中主要以离子形式存在，同时介质中有较高浓度的OH^-。在近中性或弱碱性介质中存在较多的脂肪酸分子及脂肪酸根阴离子，

常用工业脂肪酸捕收剂组分

分类		组分含量/%											
		蓖麻油	椰子油	玉米油	棉籽油	大麻籽油	猪油	亚麻仁油	油酸	棕榈油	黄豆油	桐油	鲸鱼油
饱和酸	癸酸 $C_{10}H_{20}O_2$	—	7.0	—	—	—	—	—	—	—	—	—	—
	辛酸 $C_8H_{16}O_2$	—	8.0	—	—	—	—	—	—	—	—	—	—
	月桂酸 $C_{12}H_{24}O_2$	—	48.0	—	—	8.6	—	—	—	—	—	—	—
	木焦油酸 $C_{24}H_{48}O_2$	—	—	0.2	—	—	—	0.1	—	—	痕量	—	—
	豆蔻酸 $C_{14}H_{28}O_2$	—	17.5	—	0.5	—	2.0	0.2	5.0	—	—	—	8.0
	棕榈酸 $C_{16}H_{32}O_2$	—	8.8	7.5	21.0	—	23.5	5.6	6.0	—	6.5	4.0	11.0
	硬脂酸 $C_{18}H_{36}O_2$	2.0	2.0	3.5	2.0	—	11.4	3.5	2.0	—	4.5	1.5	2.5
不饱和酸	亚油酸 $C_{18}H_{32}O_2$	3.5	2.5	42.0	43.5	62.0	11.6	24.0	—	9.5	52.5		9.0
	亚麻酸 $C_{18}H_{30}O_2$	—	—	—	—	18.0	—	45.0	1.0	—	2.3		痕量
	油酸 $C_{18}H_{34}O_2$	8.6	6.0	46.3	33.0	12.0	51.5	1.0	77.0	43.0	33.5	15.0	34.0
	棕榈油酸 $C_{16}H_{30}O_2$	—		—	—	—	—	—	—	—	—	—	17.0
	蓖麻子油酸 $C_{18}H_{34}O_3$	85.9	—	—	—	—	—	—	—	—	—	—	—
	不饱和酸* $C_{22}H_{2(22-x)}O_2$	—	—	—	—	—	—	—	—	—	—	—	17.0

* 包括二十二烯酸，以及肝糖磷脂酸。

且在烃链的相互吸引下发生缔合作用形成二聚体。

脂肪酸类捕收剂烷基碳链长度对其浮选性能具有较大影响，烷基太短的脂肪酸，可在水中完全溶解，无捕收性能，起泡能力也极微弱。当烷基碳原子数增加到7～9个时，其疏水性增强，具有较强的起泡性能，兼有一定的捕收能力。随着烷基碳原子数在一定范围内增加，脂肪酸的捕收能力亦随之增强。

脂肪酸类捕收剂的捕收能力与其不饱和度密切相关。①烃基的不饱和度越高，药剂的熔点越低，越易在矿浆中溶解和分散，捕收能力越强。②烃基的不饱和度越高，在矿浆中形成胶束时临界胶束浓度值越大。此外随着不饱和键数目增多，使烃基横断面积增加，有利于扩大药剂在矿物表面的吸附罩盖范围，增强捕收作用。

制备方法　脂肪酸类捕收剂来源较广，可由动植物脂肪水解获取，其化学反应方程式如下：

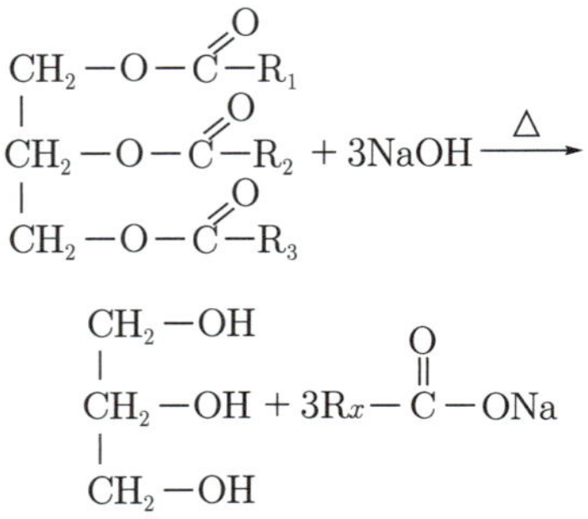

式中x=1，2，3。也可用石油产品经化学合成方法制得。生产合成脂肪酸的方法有石蜡氧化法、羰基合成法、齐格勒法和科赫法等，其中以石蜡氧化法为主。

应用　脂肪酸类捕收剂是最为常用的捕收剂之一。由于脂肪酸具有很活泼的羧基官能团，几乎对所有矿均有捕收作用。其应用范围：①在溶液中呈阳离子状态的具有离子键的矿物，包括所有的氧化矿，如赤铁矿、钛铁矿、硫酸盐矿、碳酸盐矿、磷酸盐矿以及萤石等。②在溶液中呈阳离子状态的具有金属键的矿物，包括所有的硫化矿以及金、铜等天然金属。③具有分子共价键的矿物或有机物，包括石墨、煤、辉钼矿、滑石、石英、长石、高岭土等。

扩展阅读

见百熙.浮选药剂.北京：冶金工业出版社，1981.

朱建光.浮选药剂.北京：冶金工业出版社，1993.

（葛英勇）

直接还原炼铁　direct-reduction ironmaking　用气体、液体或固体还原剂在低于矿石软化温度下，将铁矿石还原成金属铁的非焦炼铁工艺。其产品称直接还原铁，是生产优质钢和洁净钢的理想原料。直接还原铁有大量微气孔，在显微镜下观察形似海绵，所以也称为海绵铁。用球团矿制成的海绵铁也称为金属化球团。

简史　直接还原炼铁原理与人类最早获得铁的方法基本相同。但原始工艺复杂，效率低，不能适应人类社会进步的需要，后被高炉炼铁取代。随着人们对钢铁需求的飞速增长，冶金焦供应日趋紧张。18世纪末又提出直接还原炼铁的设想，20世纪60年代开始得到发展，主要是由于：石油及天然气的开发提供了方便、廉价的新能源；选矿技术的进步，可提供高品位、低脉石的纯净铁精矿；电弧炉炼钢技术的发展，开辟了新型材料市场和生产技术。2017年世界直接还原铁产量为8710万吨，在钢铁工业中占有一定的位置。

方法　直接还原炼铁出现过百余种方法，已工业化或有工业价值的方法近40种，主要分为气基直接还原炼铁和煤基直接还原炼铁两大类。依据生产能力和实际产量，气基直接还原炼铁为主导，约占80%。

气基直接还原炼铁　使用气体还原剂，在一定温度下将铁氧化物还原成金属铁。还原气体制备是以天然气、石油作为能源，用氧化性气体（CO_2、H_2O）或氧作为氧化剂，采用催化转化、高温裂解或部分氧化法实现碳氢化合物的分解转化，制成一氧化碳和氢混合气或氢还原气。也可用焦炭（或煤）制备还原气。气基直接还原炼铁主要方法有竖炉法、罐式法、流态化法和碳化铁法。

竖炉法　在竖炉内用高温还原气体固体还原剂还原铁矿石制取海绵铁的工艺。以米德莱（Midrex）法为代表，从炉顶加入氧化球团和块矿原料，从竖炉中部进风口通入热还原气，炉料在与热还原气的逆向运动中逐渐被加热还原成海绵铁。为防止海绵铁氧化，用竖炉下部送入的冷却气冷却到100℃以下，或不经冷却直接将海绵铁在热态下压制成块状，形成热压块铁（HBI），或经钝化处理。但采用热海绵铁炼钢，也可不经冷却，可用密封装置运至炼钢车间。还原气利用竖炉炉顶气作氧化剂，采用换热催化转换装置重整天然气制得。米德莱法传热、传质效率好，能耗低（10.5吉焦/吨海绵铁），产率高，质量好，装备已系列化，单机最大产量已达275万吨/年，发展最快。

其他竖炉法还有维伯尔（Wiberg）法、普罗费尔（Purofer）法等。维伯尔法由瑞典发明，以焦炭或木炭作燃料，用电阻供热的气化炉制取还原气，经脱硫、调温后从还原竖炉底部送入，将竖炉顶部加入的铁矿石预热、还原。该法低压作业，作业周期长、生产率低已停产。普罗费尔法为联邦德国提出，竖炉无冷却带，热海绵铁产品在隔绝空气条件下排入密封料罐送电炉热装或热态压块。特点是采用蓄热式的催化重整炉造气，转化温度高，还原气质量好，缺点是操作较复杂。

罐式法　主要指希尔（HYL）法，1957年开发于墨西哥。将铁矿石装入反应罐，通入还原气，依次完成预热、预还原、还原、渗碳冷却、成品从罐中卸出等工序。为克服作业不连续和还原气利用差的缺点，将4个反应罐组成一组，串联作业，作业温度1050～1100℃。罐式法产品质量不稳定；需经多次还原气冷却、加热，因此热耗较大，煤气利用不好。1979年希尔萨（Hylsa）公司对希尔法进行重大改进，将4个反应罐组合成一座竖炉（如图），将天然气重整、转化与还原气的反复冷却、加热合并，提高作业压力（0.4～0.6兆帕），实现工艺的连续化，生产热效率和生产率显著改善，产品稳定、能耗下降（10.04～11.20吉焦/吨）。改进后的工艺称HYL-Ⅲ工艺。在HYL-Ⅲ工艺基础上，意大利的达涅利和特诺恩公司又进行了工艺研发、改进，直接使用焦炉煤气、合成天然气、煤制成气为还原气进行铁氧化物还原，这为缺乏天

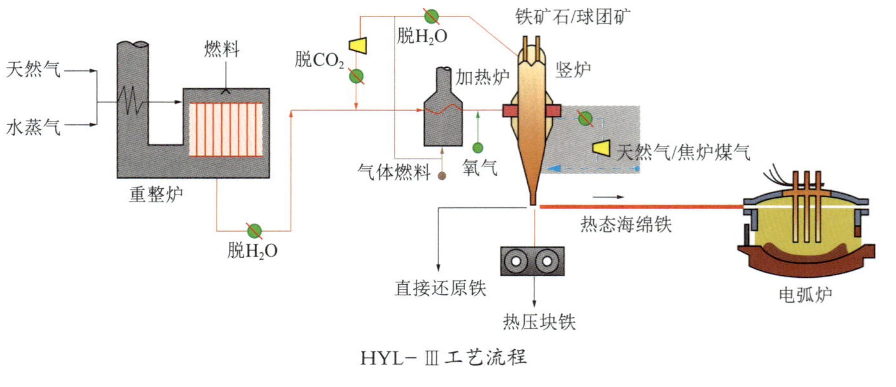

HYL-Ⅲ工艺流程

然气资源地区发展气基直接还原工艺开辟了新途径。2017年采用希尔法技术生产的直接还原铁产量占16.9%，仅次于米德莱法。

流态化法　在流化床中进行还原铁矿粉的方法。开发的主要流程有诺瓦尔发（Novalfer）法、氢-铁还原（H-Iron）、HIB（High Iron Ore Briquette）法、菲奥尔法（原名FIOR法）等。以菲奥尔法为例，用天然气（或石油）与蒸汽催化转化或部分氧化法制备含一氧化碳、氢气和氮气的混合气，经脱除二氧化碳后与净化循环气混合作还原气。还原气被加热到840℃，由下而上逆向通过四段流化床。铁矿粉在重力作用下顺序进入预热、预还原、还原各流化床，还原后海绵铁粉通过压块机进料筒送入压块机压块。流态化法不需造块，充分利用粉矿比表面积大、还原快的优点，获得设备的高生产率。但其产品活性大、不稳定，必须钝化或压块处理，且总能耗偏高。

碳化铁法　由美国海森调查公司开发，将铁矿粉送入流化床，通入主要成分为氢气（H_2）和甲烷（CH_4）的热还原气，在550～600℃，0.18兆帕下，进行反应：

$$3Fe_2O_3+5H_2+2CH_4 \longrightarrow 2Fe_3C+9H_2O$$

制得含碳量6%的铁产品。产品稳定、不自燃，使用中除具有直接还原铁的优点外，产品含碳高，冶炼燃烧放热，可实现炼钢过程热量自给，降低炼钢电耗。

煤基直接还原炼铁　用非焦煤或含碳物作还原剂和热源，在不同反应器内将铁矿石固相还原成金属铁。已工业化的主要是回转窑法，此外还有固定床法、竖炉法、转底炉法等。

回转窑法　20世纪50年代开发，后因技术问题，发展一度停滞，80年代后又得到较快发展。将一定粒度的铁矿石（块矿、球团矿）、部分还原煤（包括返回炭）和脱硫剂按比例连续从窑加料端（尾端）加入稍有倾斜的回转窑。在窑排料端还设有还原煤喷送装置。从窑排料端和窑身多点送入空气，用以助燃还原煤中所释放的挥发分及还原反应产生的一氧化碳和碳，获取反应需要的950～1100℃高温和热量。物料在前移过程中逐渐被还原成海绵铁，再经冷却、筛分、磁选得到直接还原铁。磁性粉末须压块使用。回转窑法工艺有多种，原料和产品各有差异，但基本工艺过程和原料相同，以鲁奇（SL-RN）法为代表。回转窑直接还原法在缺乏天然气资源的地区发展很快。

回转窑直接还原不仅用于生产直接还原铁，由于它具有作业温度较低，料层薄，物料连续翻滚运动，料层内气体易于排出等特性，还被广泛用于多金属共生矿和含铁粉尘、尾矿等的综合利用。

固定床法　以高品位铁矿为原料，粉焦为还原剂，采用**隧道窑**直接还原（罐式）法生产高金属化直接还原铁。经过改进，已实现机械化，降低了劳动强度，提高了生产率。成为世界上生产**粉末冶金**还原铁粉的基本方法。该法作业周期长、生产率较低，能耗偏高。

竖炉法　主要包括煤基竖炉（K-M）法和电热煤基竖炉（EDR）法。K-M法以非焦煤作还原剂，在外加热的碳化硅反应管内，于1050℃下将铁矿石还原，冷却后磁选分离出直接还原铁。其工艺简单，生产费用低。但因反应管材质和结构限制了大型化，没能得到发展。EDR法竖炉采用正方形断面，沿炉高分为预热、还原、冷却三段。炉内衬对称装设耐热钢板制成的电极，靠电阻热将炉内炉料（铁矿石、还原煤和石灰石）加热并提供反应热，保证铁矿石还原反应进行。它对原料和燃料适应性强、产品质量好、可适用于低电价地区。

转底炉法　典型工艺为米德莱（Midrex）公司开发的法斯特米特（Fastmelt）法。用粉矿与煤按比例混合制成球团，经干燥后铺放在环形旋转炉底床，用粉煤（或煤气）加热到1250～1350℃，实现快速还原生产得金属化球团，卸出后直接热装电炉或热压块。该法效率高，投资较少。

应用　在初期，直接还原铁作为废钢代用品补充废钢的不足。随着工业技术的进步，用户对钢材品质和品种的要求提高，电炉冶炼钢的比重随之提高，导致废钢供应日趋紧张，直接还原铁称为电炉生产纯净钢种不可缺少的理想原料。控制废钢中有色金属夹杂元素和有害元素含量是改善钢质量的基础，而直接还原铁不含这些杂质元素且有害元素较少。在电炉生产中配用直接还原铁的作用有：①能起到稀释有害元素和显著改善钢质作用。②能形成熔化期的碳沸腾，形成泡沫渣，促进炉料熔化，降低钢中氮、氢含量，保护炉衬，缩短精炼期和冶炼时间。③直接还原铁成分均匀、稳定，块度适中，能够连续加料，充分发挥电炉的电功率，减轻电网冲击，作业稳定。④能提高生产率，降低能耗。

扩展阅读

方觉，等. 非高炉炼铁工艺与理论. 2版. 北京：冶金工业出版社，2010.

（储满生）

直接还原铁　direct-reduction iron　以铁矿石块矿或精矿粉球团为原料，在低于炉料熔点的温度下，以气体（CO、H_2）或固体炭（煤或焦炭）做还原剂，以直接还原法生产的金属铁产品。

主要属性　以块矿为原料由反应器排出的产品又称为**海绵铁**；以球团矿为原料获得的产品又称为海绵铁球团或金属化球团。直接还原过程中，氧的排出和还原膨胀导致直接还原铁具有多孔性，气孔率可达50%～70%，其内部比表面积可达1000～3000厘米^2/克，其微观结构为海绵体结构。

直接还原铁的化学成分要求金属化率达92%～96%，FeO含量3%～15%，脉石含量1%～4%以下，磷含量低于0.06%，硫含量低于0.03%，有色金属杂质Cr、Ni、Cu、Pb等每种含量低于0.01%。其他各项指标，包括化学成分、粒度、比表面积、密度、抗压强度及导热率等，均应满足产品运输和使用要求。

生产方法　直接还原铁生产方法主要有气基直接还原法和煤基直接还原法，其中气基直接还原法占主导地位。气基直接还原法以米德莱（Midrex）法和希尔（HYL）法为代表，都是竖炉工艺，以天然气（CH_4）或煤气（CO）做还原剂。煤基直接还原法主要有回转窑法〔如鲁奇（SL/RN）法、戴维（DRC）法等〕、转底炉法、多层转底炉技术等，是以煤做还原剂。

主要用途及特点　直接还原铁具有硫、磷、硅等杂质元素含量低的优点，是优质废钢铁的替代品，为电炉冶炼高品质纯净钢的重要原料。直接还原铁也可作为铸造操作的熔化物料、**高炉炼铁**用的超级球团、**转炉炼钢**操作的冷却剂、炼铜工业化学反应剂等。2014年，全球直接还原铁总产量达到7500万吨，约占世界粗钢产量4.49%。

直接还原铁的优点是：①可有效降低钢中有害元素的含量，提高钢材力学性能，改善加工性能。②提高有价元素回收率。③在一定条件下缩短冶炼时间，提高产量。④可自动连续加料，断电时间少，热损失小，有利于节电。存在的缺点是：①由于直接还原铁中含有10%～15%的残留氧需要在炼钢时进行还原，为此电能消耗增加。②由于直接还原铁含有酸性脉石，造成石灰等碱性熔剂增加，渣量增大，电耗增加，同时对炉衬侵蚀严重。③直接还原铁比废钢和生铁价格高，增加了冶炼成本。（储满生）

直接轧制　continuous casting direct rolling　连铸坯出连铸机经切断后，不经加热炉加热（或只经在线补偿加热）就直接送入轧机进行**轧制**的技术。连铸坯直接轧制要求连铸机有更高的出坯温度，且在铸坯输送和轧制过程中需要保温。连铸坯直接轧制工艺在20世纪80年代初正式应用于工业生产。该工艺条件下的铸坯在轧制前未经过γ→α→γ相变过程，仍保留铸态粗大的奥氏体晶粒。

连铸坯直接轧制可分为连铸坯直接开坯、直接轧制成材等多种工艺技术（见图）。直接开坯工艺主要应用于具有大吨

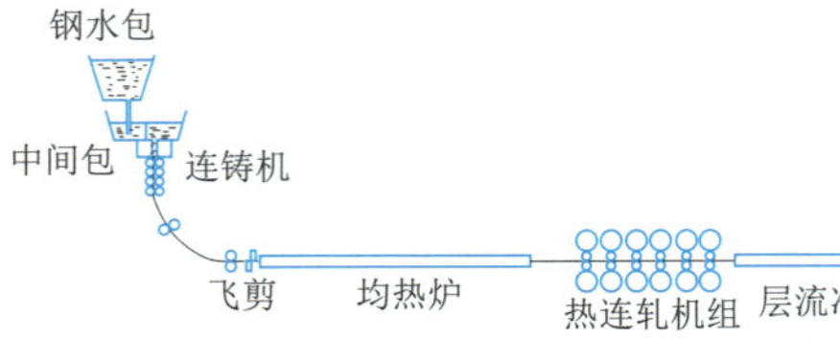

直接轧制工艺示意图

位炼钢炉的中型钢铁厂，适用于难连铸、钢坯断面小且钢材品种复杂的合金钢厂，也适用于一台铸机为多种轧机供坯及所需钢坯规格多而小的生产情况。直接轧制成材又分为板带材、型材和管材等轧制。

连铸坯直接轧制有以下特点：①节约能源。实现宽带钢直接轧制工艺后，吨钢加热能耗可降低85%。②提高金属收得率。由于降低加热过程中的烧损和轧制过程的氧化，可使金属收得率提高达2.5%。③缩短工艺流程。在冷坯加热轧制工艺条件下，从炼钢到轧出成品的整个生产周期一般为30小时，连铸坯直接轧制工艺仅需2小时左右。④改善产品质量。铸坯不经加热炉加热，可减少氧化铁皮及各种加热缺陷。

（韩　斌）

直流电弧炉炼钢　direct current arc furnace steelmaking　利用直流电弧为炼钢过程提供能量的**电弧炉炼钢**技术。20世纪80年代，由三相交流电网经整流可获得强大的直流电，且足以供应电弧炉炼钢的需求，所以直流电弧炉炼钢得到关注（图1）。直

图1　40吨直流电弧炉炼钢

流电弧炉供电整流电源通过大功率可控硅整流器获得，可采用十二相整流或二十四相整流方式。电弧工作电流、电弧功率均可由整流电源方便地调节。现代大型直流电弧炉炼钢过程的功率可达100兆伏安，电极工作电流达10万安培，弧长在700毫米以上。

直流电弧炉使用一根石墨电极和相应的炉底电极（图2）。石墨电极由炉顶竖直插入炉内，电极夹持器、电极横臂、立柱、电极升降装置只有一套，结构简单，炼钢调节灵敏、轻便。实用的炉底导电装置大致有两类：一类是用水冷金属棒置入炉底耐火材料，再由炉底外的水冷接头接通回路；另一类是用含约20%碳素的导电耐火材料砌筑炉底，再经金属炉壳接通回路。直流电弧炉因只有直流一相，短

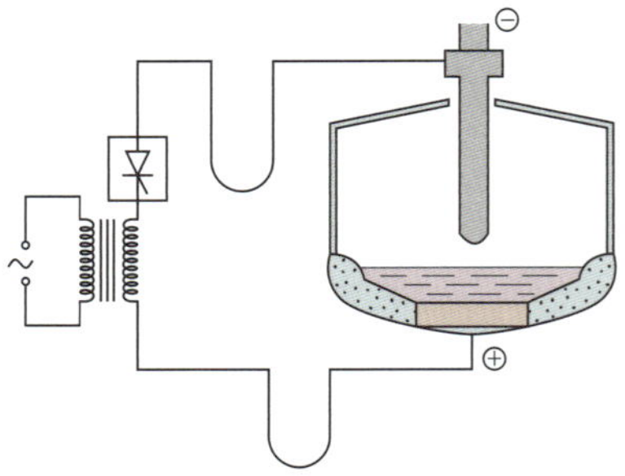
图2　直流电弧炉示意图

网结构通常比较简单，炼钢过程中不会产生强烈的电磁感应干扰。

直流电弧炉炼钢多采用负极性接法，即顶电极为阴极，底电极是阳极。其炼钢原理与三相交流电弧炉炼钢相同，都是利用电极和炉料（或熔池）间产生的电弧发热进行熔炼。在操作工艺上，两者也并无显著的区别。直流电弧炉炼钢的工作电压较高，电弧的长度较长，使得辐射能力加大，影响炉衬寿命，所以炼钢过程采用泡沫渣技术对电弧进行屏蔽。远离电弧区的部分熔池需要辅助能源加热，采用供氧助燃等相关技术。

直流电弧炉炼钢的特点是：①操作稳定、简便，高功率输入，熔炼速度快，生产率高。②直流电电流持续平稳，不通过零点，没有电流换向问题。③直流电弧平稳燃烧，电极消耗低，且不会出现大量谐波和闪烁而破坏电网供电品质。④直流电弧噪声低，不会对炉前操作人员和周边居民形成噪声干扰。但大功率直流电源设备制造技术难度大、石墨电极的品质要求高、炼钢运行维护难度高。

（李士琦）

制造流程动态运行物理本质　physical nature of manufacturing process dynamic operation　在制造流程中，物质流在能量流的驱动和作用下，按照设定的程序，沿特定的流程网络做动态–有序运行的根本性质。见**冶金流程工程学**。

制造流程物理系统　physical system of manufacturing process　制造流程的工程实体系统。是一个物理实体。见**冶金流程工程学**。

智能采矿　intelligent mining　在矿山数字化的基础上，利用系统工程理论及网络、自动控制和人工智能等技术，以开采环境数字化和采掘装备自动化为特质，实现采矿设计、计划、生产、调度和决策等过程智能化的矿业模式。是现代矿山信息化发展的新阶段。智能采矿的概念是在数字矿山技术发展的基础上提出来的。矿山数字化的研究始于20世纪60年代，即电子管计算机时代，当时主要用于矿山通风复杂网络解算和露天矿最终境界确定。80年代，矿山数字化和信息化的发展步伐加快，作为数值计算与模拟的辅助工具，应用于采矿技术和矿山管理。其后，矿山智能化的研究多服务于单台矿山设备的操作与自动控制。而矿山信息化与智能化的研究，则在较长时间里处于独立的并行发展之中。直至20世纪末，研究者才开始从整体上探索矿山信息化与智能化，并逐渐明晰智能采矿这一未来目标，从而步入研究"智能采矿"的新阶段。在中国，智能开采技术起步较晚，采矿中涉及问题较多，许多问题还只能凭实践经验解决，这是造成中国采矿技术落后，阻碍采矿工业发展的根本原因。为了改变这种现状，中国采矿界于1995年从战略角度提出了21世纪采

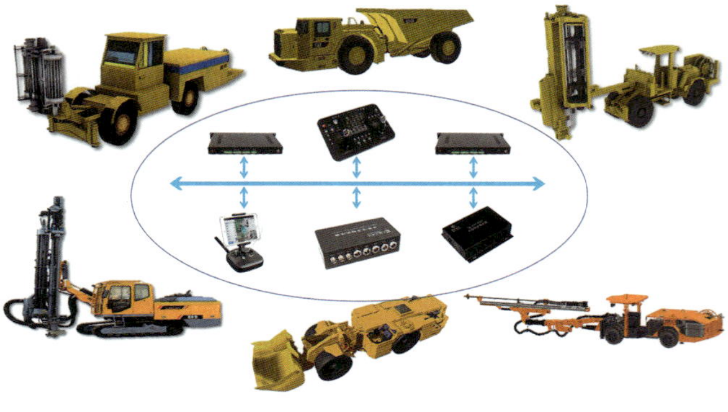
智能采矿示意图及相关设备

矿科技发展的新方向，即智能采矿，并指出实现突破的关键是思维方式的变革。

智能采矿的实现技术主要有：①设备自动化。自主凿岩、铲运机自主运行、电机车无人驾驶、自主卡车运输、自主锚固。②协同作业。多台车辆集中控制和检测、交通管理一体化、数据采集传输系统、国际矿山开挖设备数据交换标准语言与协议。③通信。无线网100%覆盖作业区域。④自主行驶。识途、录制路线及回放。⑤安全系统规划。所有的作业区域必须由安全栅栏隔离出一个安全区域；一个安全系统可处理多个安全区域、设备、出入口、控制室；交换机与主柜连接，安全门必须支持实时通信，与控制室和现场连接的交换机支持工业通信。⑥集中管控。矿山生产系统集中控制与生产组织经营管理的信息化和科学化。智能采矿示意图及相关设备如图所示。

智能矿山建设是一项复杂的系统工程，涉及现代信息、自动控制、可视化和虚拟现实技术，以及采矿、地质、测绘、系统工程等多个学科，是矿山生产、管控与决策过程的智能化，可分为局部装备与局部流程的智能化和全矿山智能化两个层次。 （王李管）

滞弹性 anelasticity 在低于弹性极限的应力范围内，出现应变变化落后于应力变化的现象。滞弹性一词由美国人C.曾讷于1947年首先应用，后发展为材料科学的一个研究领域。经典弹性理论基于下列假定：①应变是对应于应力的均匀的平衡值，即可以完全回复，不残留永久形变。②这种平衡值是瞬时达到的，即单值对应关系。③应力和应变是线性关系。用这些假定描述的固体称为理想弹性体。各种实际固体对这三条假定的偏离情况是：后两条属于非弹性体。滞弹性体的应力与应变关系仍然是线性的，应力卸除后可以完全回复到原始形状和尺寸，只是要经过充分长的时间才能达到，即应变对应力有滞后现象，故称为滞弹性。它与不可能完全回复的非弹性体有明显的区别。

德国物理学家W.韦伯早在1825年研究电流计悬线时就发现，力偶卸除后悬线不是立即而是逐渐回到零点，他称之为弹性后效，即力学后效。对于滞弹性固体在某个时刻突然施加一个小于比例极限的应力，应变将以弛豫时间τ_σ逐渐达到平衡值，这种现象称为微蠕变（见图）。如果在某时刻突然产生并保持恒定应变，则应力将以弛豫时间τ_ε逐渐达到平衡值，这种现象称为应力弛豫。上述3种现象是在

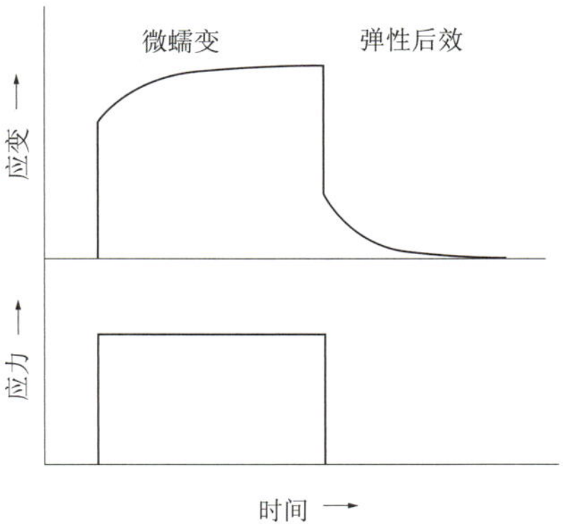

滞弹性示意图

静力条件下的滞弹性的表现。在周期应力作用下，滞弹性表现为应变落后于应力一个位相角ϕ。通常把ϕ作为材料滞弹性的量度，可证明：

$$\tan\phi = \Delta\omega\bar{\tau}/[1+(\omega\bar{\tau})^2]$$

式中$\bar{\tau}=(\tau_\sigma+\tau_\varepsilon)^{1/2}$，为平均弛豫时间；$\Delta$为弛豫强度（无量纲）；$\omega$为振动频率。 （潘正良）

置换沉淀 cementation 把一种化学活性较强（标准还原电势小）、价格较低的金属，加入另一种活性较弱（标准还原电势大）的金属盐溶液中，使后一种金属沉淀出来的方法。沉淀出来的金属通常黏结在加入的金属表面。如铜的置换沉淀是利用铁或其他比铜更活泼的金属从含铜水溶液中置换出金属铜的过程。这种方法简单、经济，因而广泛应用于各种**湿法冶金**过程。 （储慰农）

中薄板坯连铸连轧工艺 middle-thickness slab continuous casting and rolling 连铸机采用直结晶器生产90～135毫米的中等厚度薄板坯，并进行直接轧制的工艺技术。用于生产不同钢种的高质量热轧带卷。典型工艺代表是奥地利的奥钢联公司开发的连铸坯直接轧制工艺（continue rolling），简称CONROLL工艺。1990年，奥钢联公司林茨厂首先采用CONROLL工艺建设了第一条中薄板坯连铸连轧生产线，随后该工艺在美国、捷克、瑞典、中国等进行了推广应用。

CONROLL工艺典型流程为：炼钢炉→炉外精炼炉→弧形连铸机→板坯热装（或直接）步进梁式加热炉→除鳞机→带立辊可逆粗轧机→精轧机→输出辊道和层流冷却→卷取机。

CONROLL工艺的特点是：①采用平行板式结晶器（见图）。结晶器内腔的横截面从上到下均为全等矩形，避免了初生凝固壳的应力变形。结晶器的冷却水槽形

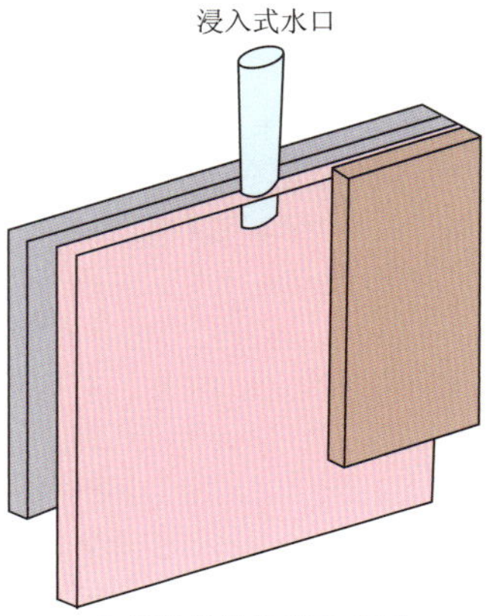

平行板式结晶器示意图

状保证了热量在宽度和长度方向上的均匀散失。结晶器宽度可自动调整。采用扁平状的浸入式水口，钢水从两侧壁孔流出，成分和温度均匀，并可根据铸速和板坯宽度来控制浸入式水口的浸入深度，从而得到一个稳定的液面。结晶器采用带无磨损叶簧导向系统的液压驱动装置，以正弦或非正弦方式在线调节行程和频率，进而控制保护渣的耗量。与采用漏斗形结晶器的生产工艺相比，设备投资和消耗大幅度降低，可生产钢种范围扩大。②为避免温降损失过大，采用旋转除鳞机，减少了供水量。③采用直弧形连铸机，半径为5米，比立弯式连铸机高度小，可降低厂房高度，尤其是在高拉速和浇铸高强度钢时优势更加明显。④二次冷却系统应用了动态冷却模型，计算铸坯浇注过程中的温度变化，由此来决定冷却方式，可减轻鼓肚、控制坯壳生成厚度和提高其表面质量。⑤铸机装备有液芯轻压下系统。⑥CONROLL工艺是由常规板坯连铸和热轧工艺发展而来的，其操作灵活，生产能力大，产品质量高，工艺流程布置紧凑、连续，可生产的钢种较宽，包括低碳钢、包晶钢、高碳钢、管线钢、硅钢、合金钢、铁素体不锈钢和马氏体不锈钢。 （张 慧）

中段 level 在矿床开采范围内，沿**矿体**铅垂方向，按选取的段高划分的若干开采矿段。又称阶段。

中段高度 相邻上、下两个中段平巷之间的垂直距离。中段高度的确定直接关系到矿山开拓方式和开采工艺的效益，一般增大中段高度可减少中段数目，使开拓、**采准**、**切割**工程量及其总费用得以减少，因此单位矿石的回采费用就会降低。随着矿山机械化水平的提高和无轨开采工艺的应用，矿山的中段高度越来越大。影响中段高度的主要因素有：①矿体的倾角、厚度、矿石和围岩稳固性。②矿体沿走向和倾向的连续性和厚度变化的复杂程

度。③选用的采矿方法。④选用的矿山装备水平。⑤中段开拓、采准、切割和回采的时间。⑥经济效果。

在中国的金属矿开采中，当开采缓倾斜矿床时，中段高度一般为20～35米；开采倾斜至急倾斜矿床时，中段高度通常采用40～60米，随着生产技术的不断提高和大规模采矿方法的应用，有的矿山中段高度已经达到了100～120米，个别矿山甚至更高。金川二矿区采用机械化盘区下向进路式胶结充填采矿法开采，按运输水平划分中段，中段高度为150米，主要中段有1150米、1000米、850米等。金川龙首矿西二采区中段高度为100米，主要中段有1554米、1454米、1354米等。自然崩落法可能是中段高度最大的采矿方法，铜矿峪铜矿中段高度为120米，普朗铜矿首采中段的开采高度最高达370米。国际上自然崩落法矿山单段开采高度很多在300～500米之间。

分类　中段根据其功能可分为主中段和副中段。

主中段　在采场和主要井筒之间形成完整的出矿、运输、通风、排水、供水、动力供应等系统的中段。如冬瓜山铜矿-875米主中段为有轨运输中段，上部矿石通过采场溜井下放到此水平，然后通过底侧卸式矿车运至破碎站。

主中段功能包括：将矿石运出采场至提升系统；将人员、设备、材料运送至工作面；为工作面供给新鲜风流，给井下人员创造良好的工作环境；将坑内涌水和生产回水排出工作面至排水系统，保证井下工作人员的安全等。主中段设置是否合理，直接影响到开拓工程量、运输能力、生产规模、基建投资、生产运营费等，所以主中段的选择在矿山开采中十分重要。

副中段　为优化矿山开采系统，在主中段之间增设的中段。当主中段过高致使矿体回采困难或矿床赋存条件（如矿体倾角、厚度等）发生变化时，需要根据矿体开采情况增设副中段。副中段是主中段的补充工程，其通常经斜坡道与主中段连通，一般不与矿山的主要开拓井筒连通。副中段主要用于开采矿体中那些不宜由主中段回采的矿石，为其提供出矿、凿岩、通风和运输通道。其主要作用有：充分回收矿石、降低贫化率；缩短溜井或天井长度；倒运上部中段放下的矿石，减少主运输中段的工程量。副中段一般用在采用高中段回采的矿山或矿体沿垂直方向连续性差、矿体比较分散的矿山。

扩展阅读

王青，史维祥.采矿学.2版.北京：冶金工业出版社，2001.

解世俊.金属矿床地下开采.北京：冶金工业出版社，1986.

（熊国华　朱维根）

中国古代采矿选矿技术　mining and ore-dressing techniques in ancient China　中国古代的采矿可以上溯到石器时代对石器材料的选取。后来，随着冶金业的兴起，采矿和选矿技术也逐渐发展起来。主要技术包括露天开采、地下开采、井巷支护、岩石破碎、井巷通风、照明、排水、提运、选矿等。

露天开采　各种金属矿脉或矿体的地表露头、坡积或残积矿床很多，因此露天开采成为古代一种重要的采矿方法。露天开采又可分成掘取法和垦土法。

掘取法　用于采取地表浅部的铜、锡等矿石。清代在云南东川开采铜矿，把埋藏很浅的矿体叫作“草皮矿”或“鸡窝矿”，只要把表土或薄层岩层剥除，掘下数尺，即可得矿。开采坡积锡矿，也只需剥除矿体上部的表土。明代宋应星《天工开物》卷十四记载，广西河池山锡“皆穴土不甚深而得之”。有些矿虽然可以露天开采，但由于矿脉与围岩坚硬，用手工工具不易破碎，则辅以“火爆法”。宋代寇宗奭《本草衍义》记载：“辰州砂多出蛮洞。锦州界佶僚洞老鸦井，其井深广数十丈，先聚薪于井焚之。其青石壁迸裂处，即有小龛。龛中自有白石床，其石如玉，床上乃生砂。”这种深广数十丈的矿井，实际上是露天矿。

垦土法　翻耕有矿的土地，矿物随之露出地面。《天工开物》记载：土锭铁“浅浮土面，不生深穴”“浮者拾之，又乘雨湿之后，牛耕起土，拾其数寸土内者”。土锭铁即褐铁矿结核，这是古代一种特殊的露天采矿方法。

地下开采　从湖北铜绿山矿冶遗址的18个地下采区来看，春秋时期已经使用了竖井、斜井、平巷联合开拓，初步形成地下开采系统。战国至西汉时期，开采系统已相当完整。竖井开挖到一定深度，便向两边掘进阶段平巷，在巷道的中部或一端，下掘盲井直达采矿场。竖井深度达80～98米，斜巷呈阶梯式向下延伸，适用于次生富集带的探矿和采矿，还可以作为阶段平巷的联络通道。这个时期的平巷距离长、支护坚固，人可以直立行走，掘进断面宽度达5.2米以上。据《菽园杂记》记载，明代矿井深度达数百丈。据《颜山杂记》记载，清初有开气井（通风井）已将工作井巷与气井、气巷分开。

井巷支护　古代井巷支护有4种形式：无支护、留石柱支护、木架支护、充填支护。

无支护　在变质岩或其他坚硬的围岩中开采脉状铜、银、铅、金矿时不需支护。现在能看到的古矿洞大都属于这一类。

留石柱支护　古代开采大型囊状或厚层状矿体时，常专门留下一部分矿体用作支柱，以支撑井巷顶部。江西德兴银山古银矿在唐初曾经大规模开采，留有石柱。到唐代天祐（904～907）末年，有人想采取留柱中的银矿，“持斧而入，将斫取之，俄而山摧，入者尽压死”(《稽神录补遗》)。唐宋时期，广东肇庆端石开采，也用留石柱法。据曹溶《砚录》记载：开采端石的所在，“中空如一间屋者，每丈许留石柱拄之”。到了清代，所留石柱也被开采而代之以木柱。屈大均《广东新语》卷五说：“昔人取石，留数柱，虞其颓圮。今名为东留柱、西留柱；亦取之，以木柱代矣。”清代开采云南东川等大型铜矿时，也采用留石柱法，所留石柱称为“象腿”。

木架支护　铜绿山矿区在西周时期采用间隔支护，木架距离4～6米。春秋时期斜井支护有两种：一是井框支架垂直于井巷的顶底板，一是井框支架沿地心方向敷设。支护方法的进步，表明古人对矿井地压和压力方向有了进一步认识。战国至西汉时期，立井采用经过精细加工的方木（或圆木）密集式垛盘支护，与现代的木结构井架相差无几；斜井的支架形式类似现代木结构的“马头门”。破碎带或松散岩体内的巷道，采用封闭式支架，以防止底部上鼓。后来的井巷木架支护与此大同小异。如明代云南永昌玛瑙矿平巷支护是“以巨木为桥圈、支架于下，若桥梁之巩、间尺余辄支架之”(《徐霞客游记》卷十八)。清代的井巷木架支护是“间二尺余，支木四，此四木为厢”(《滇南新语》)。

充填支护　铜绿山古矿井已应用充填支护法。在方框支柱开采和横撑支架开采中，将废石和低品位矿石充填在下部采空区，以防止围岩塌落。

岩石破碎　古代岩石破碎法分为工具破碎和火爆破碎，并且两种方法常结合在一起使用。

工具破碎　开凿坑道时，如果岩石硬度低或围岩疏松，可用工具破碎岩石。

火爆破碎　即火爆法。用火加热岩石，使岩石内部结构受到破坏。有时用火烧热岩石，泼冷水或醋使岩石在热胀冷缩的作用下破裂，或在醋的作用下变酥。据宋代祝穆《方舆胜览》卷三十记载：“辰州府沅陵光明山，一名龙门山，有砂（指辰砂）井，土人采取……烧石取之。”“僚（指少数民族）以薪竹燔火爆石以取之。”明代陆容《菽园杂记》卷十四记载浙江处州铜矿的情况：“先用大片柴，不计段数，装叠有矿之地，发火烧一夜，令矿脉柔脆。次日火气稍歇，作匠方可入身，动锤尖采打。”还记载浙江龙泉县（今龙泉市）用烧爆法开采银矿：“大率坑匠采矿，如虫蠹木……旧取矿，将尖铁及铁锤竭力击之，凡数十下，仅得一片。今不用锤尖，惟烧爆得矿。”

通风、照明、排水、提运　井巷通风　随着掘进深度的增加，为使井下空气流通顺畅，必须有通风措施。铜绿山古铜矿遗址已利用立井井口标高的差别造成压差，形成自然风流。随着巷道的不断增长，通风方法由自然通风改为人力通风，风量加大。清代云南一些矿山用风箱、风柜鼓风；有的开凿气井、气巷；也有的既开气井、气巷，又用风柜、风箱鼓风，以解决较深井巷的通风问题。

井巷照明　铜绿山古矿遗址用燃点干竹篾片进行井下照明。以后，有的矿用油灯照明，“洞内五步一火，十步一灯”（《滇南新语》）。矿工以巾束头，名叫“套头”，灯挂在套头上，叫“亮子”，用铁做成碟形，可装半斤油。灯柄长尺余，柄端作钩，用以吊灯碟（《滇南矿厂图略》卷上）。

矿井排水　铜绿山古矿遗址已有排水设施。井内有水仓、水槽，采用分段提升法。后来又有专门的排水井，有的将水排入采空区，以减少提运工作量。清代康熙、乾隆年间开采云南铜矿，井内水量小时用皮袋提或背，水量大时则用竹制或木制的“水龙”（一种大型唧筒）排水。在大矿拉龙排水的人多至一两千。

矿井提运　矿井提运方式最初是直接用手提拉。战国、西汉时期，由于井深增加，提升量也增加到一二百千克，于是发明了带制动机构的木辘轳。在提升方式上也发展到分段提升和联合提升。井下运输通常由人背肩扛，在比较平坦的巷道中则用斗车推拉。

选矿　手选法　用人工拣选矿石。铜绿山古矿常用手选法进行初选，把岩石和低品位矿石留在井下，以减少提运量。

淘汰盘选法　根据岩石砂粒与矿物颗粒的比重不同，通过水的冲淘，将它们分开的选矿方法，又称重选。古代开采的砂矿有砂金、砂锡和砂铁3种，一般都要用淘汰盘选法选取。①砂金。古代淘金常用特制的木盘。宋代在山东登、莱两州（今蓬莱、烟台一带）大规模采金，使用木制流槽。据北宋朱彧《萍州可谈》卷二记载：“两川冶金，沿溪取砂，以木盘淘，得之甚微，且费力。登、莱金坑户止用大木，锯剖之，留刃痕，投砂其上，泛以水，砂去，金著锯纹中，甚易得。”清代严如熤《三省边防备览》卷九《山货》记载了南郑（汉中）淘金厂用淘床淘金的情况：用木料作淘床，四周有边，淘床上固定一个圆竹筐。将砂倒入筐内，手把住淘床后面的木架，不住掀簸，用水频洗砂筐，则砂随水流，金从筐底细缝透下，沉淀于淘床上。淘床两头镶板，中空三尺多，另安木板一块，上面横刻木槽，筐底透出的砂金顺水沉入槽内。另用木匣一个，空出一面，类似簸箕形状，将槽内金砂扫入木匣，在水中淘洗，得到金屑。②砂锡。据《天工开物》卷十四记载，湖南衡阳、零陵的山溪中和广西南丹州（今南丹县）河内出水锡（砂锡），呈黑色，粉碎后，用簸箩在河中淘洗，即得矿砂。③砂铁。据《天工开物》卷十四记载：“凡砂铁，一抛土膜，即现其形，取来淘洗。”淘砂木盘用两块梯形木板为底、两块钝角等腰三角形木板为边拼成，与现代民间所用淘金斗一样。

磨矿　明代已有磨矿的记载。先将矿石破碎，再用碓舂成细末，然后用大桶盛水，把矿末投入水中搅拌，搅后，浮在水面上的称“细黏”，悬浮水中的称“梅砂”，沉于桶底的称“粗矿肉”。再将细黏和梅砂用尖底淘盆淘洗，取得精矿。粗矿肉也要用舟形木盘淘洗，取得精矿（《菽园杂记》卷十四）。这是磨矿与淘汰盘选相结合的综合选矿法。

磁选　明代王宗沐《江西省大志·陶书》记载青花料的磁选：“首用锤碎……敲青后，取其奇零琐碎碾碎，入注水中，用磁石引杂石，真青澄定，每斤可得五六钱。”

（夏湘蓉　杨文衡　李仲均　王根元）

中国古代锻造技术　forging technology in ancient China　中国古代**锻造**技术分为冷锻和热锻。锻造器物主要有兵器、工具、容器、金箔、铁锚等。

冷锻工艺　齐家文化时期（约公元前2000多年）时期冷锻工艺已应用于制造工具，包括红铜锻件和青铜锻件。在甘肃武威皇娘娘台齐家文化遗址出土的红铜器，如刀、凿、锥和一些饰物均经过冷锻，锤击痕迹非常明显。河南安阳殷墟出土的商代（前14～前11世纪）冷锤打的金箔片厚仅0.01毫米，厚度差不超过±0.001毫米。河北怀来北辛堡一座春秋末期北方游牧民族首领墓中出土的红铜槌胎薄铜缶，器壁薄仅有1毫米左右，上下两部分经冷加工成形后，咬合套接成一体。河南永城梁孝王墓及长葛汉墓出土的铁锯均是利用**铸铁脱碳钢**冷锻加工而成。

到北宋时期，文献中已有冷锻铁铠甲的记载。沈括著《梦溪笔谈》中记载了青堂羌族用冷锻技术制造的甲：“凡锻甲之法，其始甚厚，不用火，令（冷）锻之，比原厚三分减二乃成，其末留箸头许，不锻，隐然如瘊子，欲以验未锻时厚薄，如浚河留笋土也，谓之‘瘊子甲’”。由于冷作硬化的作用，瘊子甲“去之五十步强弩射之，不能入”。明代宋应星《天工开物》中有冷锻锯条的记载，用“熟铁锻成薄片，不钢，亦不淬。出火退烧后，频加冷锤坚性，用锉开齿”。

热锻工艺　甘肃酒泉照壁滩发现的马厂文化（前2200～前2000）铜锥采用了红铜热锻成形。民乐东灰山遗址出土的四坝文化15件铜器经检验器物全部含砷且全部是热锻成形。商和商早期以前的金饰件的加工主要是热锻工艺。

商代中期（前14世纪）用陨铁制造武器，采用了加热锻造工艺。河北藁城和北京平谷出土的商代铁刃铜钺，经研究分析确定铁刃是用陨铁加热锻造成形（厚2毫米），再与青铜钺身铸成一体的（图1）。

图1　铁刃铜钺（河北藁城出土）

三门峡上村岭虢国墓地出土的玉柄铁剑、铜骹铁叶矛的铁质部分是用块炼渗碳钢热锻而成，铜内铁援戈的铁质部分是用**块炼铁**热锻而成。

春秋中期至战国中晚期以后经反复加热锻造的块炼铁制品和用块炼渗碳钢锻造成形的刀、剑大量出土。同时出现了锻造器壁较薄的青铜容器（如匜等）和将不同含碳量的固态钢锻接在一起的工艺。公元前1世纪，用**炒钢**原料不断加热锻打，使其夹杂物减少，提高韧性，得到质量好的钢铁兵器，表明锻造技术已达到了较高水平。

徐州狮子山楚王陵出土的西汉时期铁甲片均以铸铁脱碳钢为原料经过锻打而成，在铁甲片的制作上使用了冷锻和热锻两种工艺。西汉时期热锻技术也用于制作铜容器，如广州南越王墓出土的铜盆、铜销，其工艺是在铸造成形后，经加热锻打，使铜器的器壁变薄且均匀。山东滕县（今滕州）宏道院出土的一块汉代锻铁画像石（图2）描绘了人们用皮囊鼓风和在铁砧上锤锻的情形。

图2　汉画像石“锻造图”（拓片）

唐宋时期锻造技术有了很大的发展。宋代的钢剑由于不断地反复锻打，使钢中杂质减少，组织致密。明代宋应星《天工开物》中总结了制造大型锻件**千钧锚**的锻造方法，并说明响铜器制作工艺的关键是热锻、**淬火**和冷锤调音。

最初的锻造靠人工抡锤进行，后来出现通过人拉绳索和滑车提升重锤再自由落下锤打坯料的方法，这可以说是最古老的锻压机械。14世纪以后出现了畜力和水力落锤锻造。15世纪航海业发展，为了锤造铁锚等，出现了水力压力的杠杆锤。

（李秀辉）

中国古代矿冶业　mining and metallurgy in ancient China　中国古代金属矿产的开采和冶炼活动。主要是金、银、铜、铁、锡、铅、锌、汞八种金属的生产。有关古代矿冶业的文献记载，早期仅有产地而无产量。《新唐书·食货志》首次记载全国银、铜、铁、锡的年收入量。历代文献中的年收入量并不等于年产量，而往往是税收量、征集量、官营矿冶产量等。

夏代到战国的矿冶业　夏代纪年之前，中国已有少量铜器出土，如陕西临潼和山东胶县的黄铜制品、甘肃东乡林家遗址的青铜刀和炼铜渣、山西襄汾的砷青铜铸件。相当夏纪元的甘肃玉门火烧沟遗址出土有铸造铜器的石范，河南登封王城岗遗址中出土有青铜容器残片。

商周时期是青铜器的鼎盛时代。青铜冶铸业中心是在中原地区，部分原料则可能来自南方。《诗经·鲁颂》记载：“憬彼淮夷，来献其琛，元龟象齿，大赂南金。”淮夷贡献的除海龟和象牙外，还有南方出产的金属，反映当时中国南部金属矿冶业的发达。《周礼·地官》中提到“丱人掌金玉锡石之地”，这是古代文献关于矿业的最早记载，反映当时已特设专职官员掌管官营矿业了。

春秋战国之际进入铁器时代。战国冶铁业兴盛，生产的铁器以农具、手工工具为主，兵器则青铜、铁兼而有之，铜、铁矿业均盛。根据文献记载和考古发掘的资料，今山东临淄和河北邯郸的铁矿、湖北大冶铜绿山的铜矿、山东的铅矿，以及汉水、汝河和金沙江的沙金等，春秋战国时期都已进行开采。

秦汉到南北朝的矿冶业　秦统一中国后，在产铁的地区设置**铁官**，以增加国库收入，巩固中央集权制度。汉初，一些诸侯国的冶铁业实际操纵在少数豪强大族手中。汉武帝于元狩四年（前119）在49个产铁地区设置铁官。这些铁官驻在地分布于今山东省境内的有12处，江苏7处，河南、陕西各6处，河北、山西各5处，四川3处，北京、辽宁、安徽、湖南、甘肃各1处。从铁官分布情况看，西汉冶铁业是在战国时期的基础上发展起来的，大部分分布在北方的齐、秦、燕、赵、魏、韩六国范围内，长江以南的广大地区只有桂阳郡（湖南郴州）设有铁官。西汉铜产地以长江中下游最为重要，在丹阳设有铜官。关于秦汉之际的金属矿产地，司马迁在《史记·货殖列传》中提到，金、锡、辰砂等主要出在江南，铜、铁两种矿藏，在千里之内分布得就像棋盘上的棋子一样。此外，还提到西南的巴蜀也盛产辰砂和铜、铁。东汉设铁官34处，分布地区基本承袭前代，仅云南两处是新设。此外，在山西中条山开辟的铜矿区，云南的锡、铅和银，四川、贵州的汞和四川、云南境内的沙金等，均有所发展。

魏晋南北朝时期战乱频仍，黄河中游的官营冶铁业还能维持生产。长江以南地区受到的破坏较少，在今江苏、浙江、湖北等省境内有较多的冶铁作坊继续得到发展，铜、银、金矿则兴废无常，趋于衰落。

隋唐到宋代的矿冶业　隋代　隋矿政的特点是大力发展铜矿，矿权全部收归国有，经营采取封建徭役制。所产的铜主要供铸造钱币之用。先后在产铜地设立**铸钱炉**25座。

唐代　唐民营坑冶有所发展。据《旧唐书·职官志》记载，“凡天下出铜铁州府，听人私采，官收其税”，矿业出现了空前的繁荣。

唐代有铁矿104处，铜矿62处（不包括今云南、贵州两省）。元和初年（806～810）铁的年收入量约200万斤，铜的年收入量约26万斤。大中（847～859）年间铜的年收入量增加到65万多斤。这是官府税收统计数字，实际产量可能大大超过。唐代在武德四年（621）开始铸钱。肃宗乾元元年（758）有铸钱炉99座，都设在产铜地区：位于今山西绛县的有30座；江苏扬州、镇江，安徽宣城，湖北武昌和河北蔚县各10座；四川成都，河南邓州，湖南郴县各5座；陕西洋县3座；河北定州1座。绛县一地的铸钱炉相当于全国的1/3，表明晋南中条山铜矿区在唐代开采极盛。唐代铸钱炉，每炉每年可铸钱3300缗，需用铜21200斤、镴（铅锡合金）3700斤、锡500斤。按99炉计算，每年用铜约210万斤、锡5万斤。唐代银矿开采亦盛。最大的银矿在江西德兴。元和（806～820）年间的年收入量曾达10余万两。

北宋　宋初，矿山基本上是民营，政府只管收税。由于矿冶业兴盛，设置了一整套管理机构。重要矿区或冶铸中心设“监”和“务”，主管税收和征集。生产单位有“场”“坑”和“冶”。“场”是采矿场，“坑”即矿坑，每个场可管理若干个坑。“冶”是冶炼厂，一个冶所需矿石往往由几个场供应。关于管理机构和生产单位的关系，大抵置监之处必有冶，设务之处必有场。据《宋史·食货志》记载，宋初全国“坑冶凡金、银、铜、铁、铅、锡，监冶场务二百有一”。治平（1064～1067）年间，各州坑冶总数为271处。坑冶分布情况与唐代相比有显著变化。例如，山西绛县的铜矿在宋代已不见记载，铜、铅、银集中于今江西、福建、广东三省境内，规模远远超过唐代。北宋时各种金属的年收入量，就铜、锡、铅这三种铸钱用的金属原料来说，大体是逐渐上升的。从皇祐元年（1049）到元丰元年（1078）的近30年内，铜的年收入量由500多万斤增至1400多万斤（一度高达2100多万斤）；锡由30多万斤增至200多万斤（一度高达600多万斤）；铅由9万多斤增至900多万斤。元丰元年全国金属矿生产情况如下：①铁矿。铁场分布于36个州，年总收入量550多万斤。主要铁冶有邢州（今河北邢台）綦村冶、磁州（今河北磁县）武安县固镇冶、徐州利国监、兖州和威胜军（今山西沁县）。邢、磁两州的收入量约占全国总收入量的74%。②铜矿。分布于22个州，年收入量1460多万斤。其中韶州岑水场（今广东翁源县北）、巾子场合计年产1280多万斤，占全国总收入量的

88%。应该指出，史书记载铜的年收入量为铁的3倍，这是由于经营制度及税收办法不同造成的结果，并不反映各金属的产量。铅量多于铁，也是如此。③锡矿。分布于10个州，年收入量230多万斤。其中贺州87万多斤，占全国总收入量的38%。④铅矿。分布于32个州，年收入量900多万斤。主要产地有连州、虢州（今河南三门峡）等，铅的收入量相当于全国总收入量的73%。⑤银矿。分布于68州，年收入量为21万余两。产量较高的有南剑州（今福建南平一带）将乐县安福场，以及信州（今江西上饶）、潭州（今湖南长沙、湘潭一带）和虢州的银场。以上四州总收入量相当全国总收入量的66%。⑥金矿。分布于25个州，年收入量1万余两。其中登、莱两州（今山东蓬莱、烟台一带）合计9500余两，相当于全国总收入量的89%。⑦汞矿。水银和朱砂的年收入量各3000余斤。产地分布于9个州，水银主要产地以文州（今广西巴马一带）为首，朱砂主要出自宜州（今属广西河池）。

北宋矿业兴盛的原因，首先是发现并开发了若干新矿区，如广东韶州岑水场铜矿和山东登、莱金矿，其次是在采冶技术上的革新，如胆铜法的应用和淘金法的改进。也有人认为，年收入量的增加是王安石变法，加强管理和征收的结果，并不一定意味着产量有巨大的增长。南宋期间，史书记载绍兴二十二年（1152）铁、铜、锡、铅四种金属的收入量均不及元丰元年的一半，除版图缩小外，矿业衰落可能是另一原因。

元代到清代的矿冶业　元代　元初，政府在各路设立诸洞冶总管府掌管矿冶业，颁布矿业法规，以保护官办矿场和恢复税收。元代铁、银、金矿有较大的发展。铜、锡、铅等铸钱用金属的生产则远远落后于宋代。就矿产地的分布来看，吉林、辽宁和新疆都产金，云南的铜矿、银矿，江西的银矿，以及湖南的汞矿等，在元代都占重要地位。据有关史料估计，元初生铁年收入量在500万～1000万斤。天历元年（1328）全国银收入量约30万两，数量与北宋初期相当。金的最高年产量在3万两左右，比宋代产金极盛期的皇祐年间高出一倍。湖南汞矿的年收入量约为朱砂1500两、水银2200余两。

明代　铁产量有很大增长，金属锌也大量用于冶铸。①铁矿。明初全国官铁的年收入量为1800余万斤。其中江西和湖广两行省收入量约1000万斤，冶铁业重点南移。洪武二十八年（1395）官库存铁多达3700余万斤，明太祖朱元璋曾下令停办官营铁冶，让民间自由开采，官府只管收税，税率为“三十分取二”。著名的冶铁中心，北方在河北遵化，南方在广东佛山。②铜矿。洪武初年池州府采铜15万斤。宣德三年（1428）江西德兴、铅山两县恢复胆铜法生产。③锡矿。主要出自临贺郡，即今广西富川、钟山、贺州地区。④铅矿。明初铅矿主要采自山东。洪武十五年（1382），征集民工2660户，在山东济南、青州和莱州境内采铅32.3万余斤。⑤银矿。明代在福建、浙江两地大规模采银。宣德（1426～1435）年间福建每年收银4万余两，浙江收银9万余两。天顺四年（1460）全国产银18.3万两，其中云南约10万两，超过总量一半。⑥金矿。明代黄金岁课最高为永乐二十一年（1423），总收入量5000余两，仅相当于元代最高收入量的1/6。明代淘金最盛地区在云南丽江，又曾在贵州太平溪设金场局。⑦汞矿。明代开采汞矿主要在贵州境内。⑧锌矿。宣德三年（1428）曾铸造一大批黄铜鼎彝，估计用金属锌13 000余斤。

清代　前期，铜、锡、铅、银的大矿区都在云南，锌矿和汞矿则在贵州，甘肃金矿开采颇盛。铁矿分布较广，产量估计不低于明代。①铁矿。清代铁矿主要由民间经营，产量巨大。大型铁场分布在广东和陕西。广东佛山一地的冶铁业兴盛时工人达三千余人。陕西汉中铁场有大小分厂多处，大厂有两三千人，小厂也有数百人至千余人。②铜矿。主要分布在云南境内，最多时有46个厂，其中以汤丹（今东川）、碌碌（今会泽）和宁台（今凤庆）三厂最大。汤丹厂最高年产量曾达1200万～1300万斤。从乾隆五年到嘉庆十六年（1740～1811）的71年中，云南省铜的年产量最高为1400万斤，最低为900余万斤。清代在云南铜矿区出现大型手工业工场。大场盛时有六七万人，采用大规模分工协作的生产方式。但经营管理还是封建性的，由官方放本收铜，除抽取10%～20%的“课铜”外，还按官价收购产品，抵偿工本。③锡矿。云南省的个旧锡厂从雍正二年（1724）到嘉庆十七年之间，锡的年产量均在150万斤左右。此外，乾隆十一年（1746）前后，湖南郴州、宣章两处锡矿年产15万余斤。④铅矿。主要采自云南、贵州、湖南、广西等省区，乾隆年间年产约200万斤，其中云南产量约占1/3。⑤锌矿。贵州锌的年产量曾高达600万斤，广西年产量约50万斤，云南20余万斤。⑥银矿。从康熙二十四年到道光十七年（1685～1837）云南先后出现过32个银厂，全省年产量平均30万～40万两。嘉庆（1796～1820）年间，青海都兰哈拉铅厂每年产银4万～5万两。⑦金矿。乾隆时，曾在陕西、甘肃和新疆开采金矿，其中甘肃敦煌沙州南北山等金矿规模较大，金的最高年产量约2000两。云南、黑龙江、贵州、湖南等省也曾采金。⑧汞矿。贵州水银最高年产量达到5000余斤。

清代炼铜（选自吴其濬《滇南矿厂图略》）

鸦片战争以后，随着帝国主义的侵入，洋务运动和买办企业的兴起，中国逐步沦为半殖民地半封建社会，近代矿冶业开始发展。

（夏湘蓉　李仲均　王根元）

中国古代炼锌技术　zinc smelting technology in ancient China　中国明代万历年间已发明并掌握炼锌技术，当时称锌为“倭铅”。15世纪中国开始用锌铸币。1872年在瑞典哥德堡港附近，打捞出一艘1745年由中国驶达欧洲的沉船，船上装有含锌98.99%的锌锭，说明中国明清时期金属锌的冶炼技术成熟，并可以产品出口。在宋应星成书于1637年的《天工开物·五金篇》中记载有炼锌技术：“凡倭铅古本无之，乃近世所立名色。其质用炉甘石熬炼而成。繁产山西太行山，而荆、衡为次之。每炉甘石十斤，装载入一泥罐内，封裹泥固，以渐砑干，勿使见火拆裂。然后逐层用煤炭饼垫盛，器底铺薪，发火煅红，罐内炉甘石熔化成团。冷定毁罐取出，每十耗去其二，即倭铅也。”并绘制了“生炼倭铅”图。炉甘石即菱锌矿（$ZnCO_3$）。由于氧化锌的还原反应温度在904℃，而锌的沸点只有907℃，故反应生成的气态锌，会迅速氧化，或与炉气中的二氧化碳化合，使反应逆转又成为氧化锌。如果没有快速的冷凝回收装置，不可能得到金属锌。因此，生产金属锌需要复杂的还原和冷凝装置。在贵州赫章白果公社炼锌马槽炉旧址发现炼锌反应罐设置有一种特殊隔板，具有冷凝作用。在重庆丰都、石柱、酉阳和忠县等古代炼锌遗址群中也出土有相似结构的反应罐（图1）。古代炼锌工艺流程大致为：将矿石焙烧、分选，再和煤炭混合装于反应罐内，罐放在槽形炉（图2）之上。利用反应罐内的冷凝装置，锌蒸

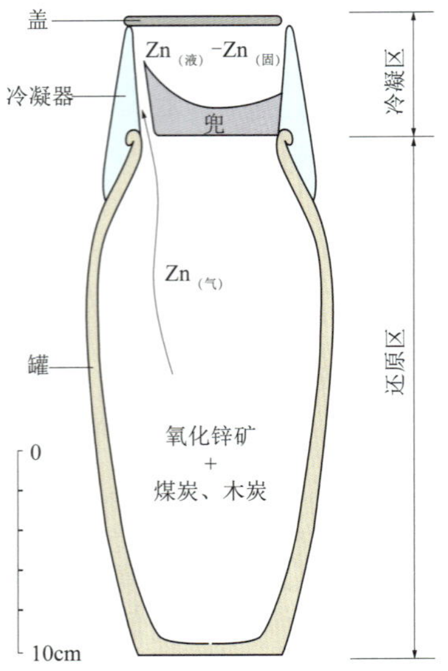

图1 丰都炼锌反应罐复原图

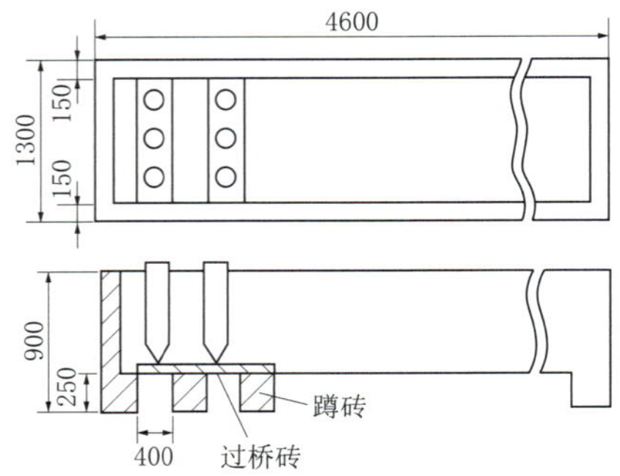

图2 赫章槽形炉示意图

气上升冷凝后与矿渣分离，得到金属锌。在中国云南会泽、贵州赫章县麻姑、毕节等边远山区，古老的炼锌技术作为传统工艺仍存在。

中国的锌锭自16世纪末至19世纪出口至欧洲，对欧洲炼锌业的兴起和发展起到了推动作用。

在印度也发现了炼锌遗址，发掘了未经扰动的炼锌炉及冶炼反应罐。但印度炼锌与中国的冷凝方式不同。多数学者认为中国和印度的炼锌技术是各自独立发展的。（韩汝玢　陈建立）

中国古代热处理技术　heat-treatment technique in ancient China　中国古代对金属制品进行再加热，改变其组织及性能的技术。主要包括**退火**、**淬火**和渗碳等工艺。

退火　自然铜是人类最早使用的金属之一，当它被加工到一定程度时，会产生加工硬化，甚至断裂。对形变硬化加工的自然铜进行再次加热处理后，可使材料变软，能进一步加工成所需要的工具，这就是最早的再结晶退火。在中国，退火组织最早见于约4000年前齐家文化遗物中的铜锥，它具有退火再结晶和孪晶的金相组织。在甘肃火烧沟文化遗址出土的约3700年前的铜匕首具有类似的金相组织，但残存冷加工形变组织。殷墟出土的金箔金相组织显示晶粒度大小不均匀，且晶粒间界平直，表明金箔已经锤锻加工和退火处理。

为了改善白口铁的脆性，至迟在春秋晚期至战国早期发明了生铁脱碳退火技术。此后，铸铁退火制造可锻铸铁成为普遍的工艺。河南洛阳水泥厂和登封阳城铸铁遗址发现的战国早期的铁锄和铁锛，经鉴定它们系由白口铁铸成后，经过短时间的退火处理，表面脱碳变成低碳钢，中心仍保留生铁特有的**莱氏体**组织的可锻铸铁件。在战国晚期的许多遗址中均发现脱碳可锻铸铁材质的工具、农具。

明宋应星《天工开物·锤锻》中记载锉刀制作过程：锉刀使用久了会变得平滑，应先行退火，使钢质变软，然后再用钢錾凿出新的沟纹。书中还记载了**抽线琢针**工艺中工序间消除内应力的退火。

淬火　1965年河北易县燕下都遗址出土的战国时期的钢剑、戟都有淬火马氏体组织。秦汉以后对铁制品进行淬火更为普遍。司马迁的《史记·天官书》中记载："水与火合为淬。"《汉书·王褒传》中有"巧铸干将之朴，清水焠其锋"的记载。局部淬火技术是淬火工艺的进一步发展。对钢刀、钢剑的刃部进行局部渗碳和淬火，可提高刃部的硬度和机械性能。江苏徐州狮子山西汉楚王陵出土的三件圆头凿、一件平头凿为局部淬火制品，河北满城汉墓出土的剑及东汉永初六年（112）制作的三十炼环首刀等，都在刃部发现有淬火马氏体组织。

据宋《太平御览·蒲元传》记载，三国时的造刀技术能手**蒲元**，对用不同水质淬火可影响钢质量有较深刻的了解。《北齐书·列传》第四十一记载，**綦母怀文**制作宿铁刀后，即"浴以五牲之溺，淬以五牲之脂"，表明古代淬火使用的冷却剂，除水外，还有牲畜的尿和油脂。多种淬火剂的使用，表明古代对不同冷却速度的淬火与成品性能之间的关系，已有一定的认识。明宋应星《天工开物》也有关于制锉、制针中淬火工艺的记载。

渗碳　这种工艺起源于战国后期所创造的渗碳钢，发展的渗碳技术主要有固体渗碳、焖钢和生铁淋口等。①固体渗碳。为了增加钢材硬度，淬火是有效的方法，但若钢中含碳过低，淬火效果不理想，则需要增碳。河北满城出土的西汉钢剑和错金书刀，经鉴定表明是经过固体渗碳技术处理的。钢制品经过表面渗碳处理，获得心部柔韧及表面硬化的良好性能。明末方以智《物理小识》记载有3种渗碳剂。②焖钢。是古代固体渗碳工艺的进一步发展。《天工开物·锤锻》中描述的古代制针过程就采用了焖钢技术，"炒后以土末入松木、火矢、豆豉三物罨盖，下用火蒸"。近代在河南、河北、江苏、湖北等地这种焖钢方法还有采用，其操作过程是：熟铁工件放在密闭罐内，填充以木炭粉、骨粉等渗碳剂，以及少量起催化作用的物质，放到炉内加热到一定温度，保温一定时间，出罐后立即进行淬火。焖钢炉用黏土坯建成，设备简单，操作容易，适用于制造小型农具和工具。渗碳深度一般不超过2厘米。也常用于表面渗碳或刃部局部渗碳。③生铁淋口。古代强化工具、农具刃口的工艺，出现于明代，也称擦渗或擦生。明宋应星《天工开物》描述："凡治地生物，用锄镈之属，熟铁锻成，熔化生铁淋口，入水淬健，即成刚劲，每锹、锄重一斤者，淋生铁三钱为率，少则不坚，多则过刚而折。"这种工艺就是用熔化的生铁作为渗碳剂，以提高锄、镈等农具刃口表面的含碳量，再加以淬火处理，使刃部一侧为软而韧的熟铁，另一侧为硬且耐磨的高碳钢，从而使刃口耐磨锋利，且具有自磨锐利的特点。这种生铁淋口技术，近代在民间流传很广。

（丘亮辉　李秀辉）

中国古代深井开凿技术　deep shaft sinking technique in ancient China　中国古代开凿深井，主要用于开采井盐卤水，称盐井；后来发展到开采天然气，称火井。战国末期秦国蜀太守李冰在今四川成都双流区境内组织开凿盐井，汲卤煮盐。北宋以前的盐井都是大口径的。以陵井为例，井口"周回四丈"(《陵州图经》)，井深可达到80丈。

北宋庆历（1041～1048）、皇祐（1049～1054）年间，在今四川五通桥盐区和自贡盐井出现了小口径深井，称为卓筒井。"卓筒"是直如竹筒的意思。凿井时，用圆刃铁锉，凿出的井口如碗大，深数十丈，用巨竹去节，套接成为井壁。再用较细的竹子制成水桶，提取卤水，一桶可提数斗（《东坡志林》卷四)。四川各盐区的卓筒井，有盐井、火井和水火井三种，以盐井为主。盐井又有岩盐井和卤水井之分。岩盐井在钻到盐层后，注水浸卤，然后汲出。卤水井直接汲卤煮盐。火井引出天然气，作为煮盐的燃料。水火井则兼采卤水和天然气。

卓筒井最初深数十丈，从明末到清中叶，井深迅速发展到二三百丈；清末，井深已达320丈。表明在这段时间内，凿井技术出现了重大突破，主要是由于发明了多种处理井中事故的工具，使井深有可能超过千米。

凿井工具　开凿卓筒井所用各种工具的形制和规格首见于明代马骥《盐井图记》，但文存图佚。后来，清代丁宝桢等《四川盐法志》及近代吴受彤等《四川盐政史》都有详细的凿井器具图说。《四川盐法志》卷三所载凿井器具达41种，《四川盐政史》卷二所载器具达72种（图1）。

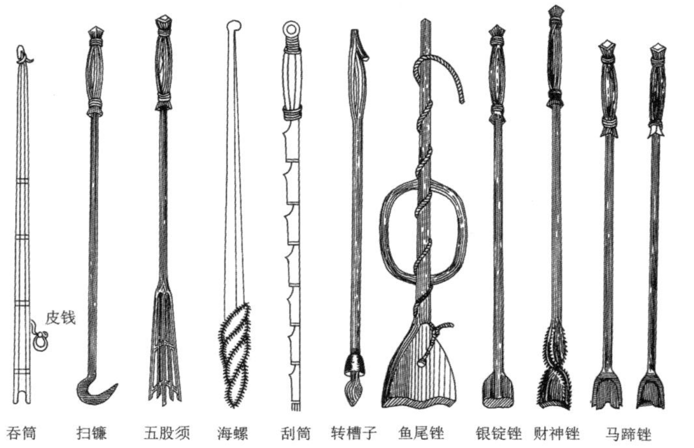

图1　凿井工具图

①钻具。名目繁多，通称为锉（钻头）。四川自贡富荣盐场凿大口深井主要用“鱼尾锉”，长一丈，重一二百斤。凿小口深井主要用“银锭锉”，重一百至三百斤不等。有时也用“马蹄锉”。

②清孔工具。名为“吞筒”，长一丈余，用南竹制成，去节中空，底端内部装有“皮钱”（阀门），可以启闭，用来汲取井中泥水及岩屑。

③打捞工具。用来处理锉井事故，种类甚多。最常用的“扫镰”是用来打捞掉落井中的锉柄、篾索等，“五股须”用来打捞钎头等。

④扫孔工具。最常用的有“海螺”和“刮筒”两种。如井被泥塞住，可用海螺凿通，然后用刮筒刮去井身附着的泥土。

护井装备　卓筒井井身须用石圈和套管保护。

①石圈。为方形石块，中开圆孔，直径一尺左右。

②套管。宋代所用套管是用“巨竹去节”制成。明代套管有“木竹”和“楠竹”两种。木竹是把圆木剖成两半，中间挖空，然后用麻捆在一起，成为圆筒，再用油灰填塞缝隙。楠竹产于马湖山，也要用麻捆裹，防止破裂。套管可以阻止井壁四周淡水入井（《蜀中广记》卷六十六引《盐井图记》）。清代套管全用坚实圆木制成。

地面装置　在地面竖立钻架，装置地滚、盘车和天车等。钻架竖于井口之侧，高一丈左右，上装花滚子，后附长短踩架，架前另置一横木，称为碓板。碓板前端安装一个可以转动的铁环，碓板上有麻绳，用来系住垂入井中的篾片。篾片首尾连接，连接处锯有衔口，用苎麻缚牢。篾片长度为数丈以至数百丈，上端由花滚子通过地滚系于盘车上。锉井时，浅井常用人力挽车，深井用水牛拖车，开始用牛一二头，以后逐渐加至六七头。

施工程序　深井开凿施工程序为：①开井口。选定井位后，先开一圆井，深度以达到基岩为止。②下石圈。将石圈层垒于基岩之上，砌至与地相平。③锉大口。用鱼尾锉等大型铁锉，通过石圈向基岩冲击。锉井时，数人在踩架上用脚踏碓板末端，使之贴地，碓头抬高，井下铁锉系在碓头上，也被抬高。脚松开后，碓和铁锉下坠。这样一起一落，连续不断，即可将岩石舂碎。锉井时，一人在井前转动碓头上的环，锉在井下也随之转向，锉出圆孔（《四川盐政史》卷二）。大口深度以锉至坚硬岩层，无淡水渗出为止。④扇泥。即清孔。将吞筒放入井底，使碎石泥沙随水冲开皮钱进入筒中，然后用盘车提出。⑤下木竹。木竹每段长八九尺，依次下入井中，上与地平。⑥锉小口。木竹安置后，换用银锭锉等小型铁锉向含卤水岩层凿进。在锉井过程中，随锉随扇泥。扇起的泥，必须详加考察属于何种岩层，并详细记录，作为以后修理井身和另锉新井的参考。在凿穿含卤水、岩盐或天然气的岩层后，即终止锉孔（图2）。

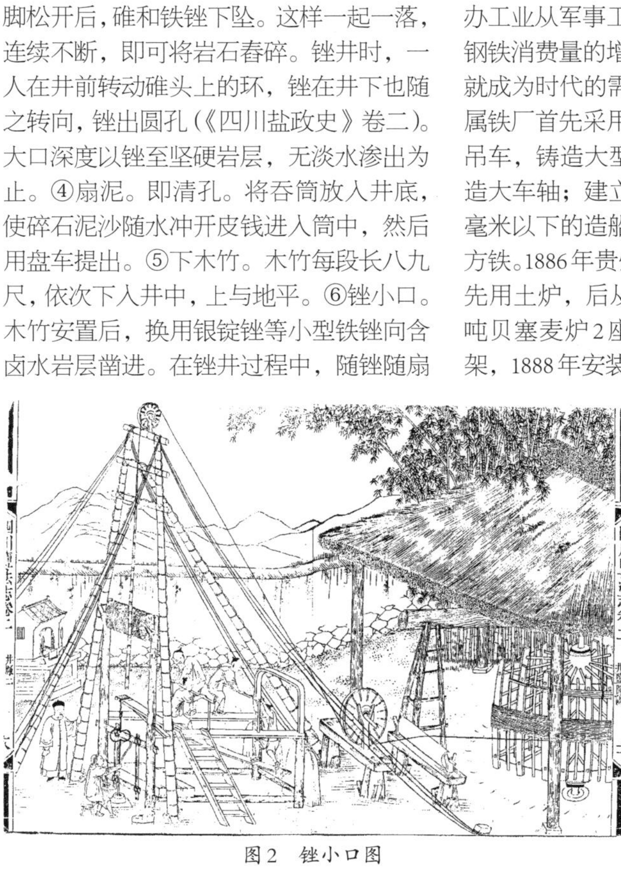

图2　锉小口图

总观全井结构，下段（小口）井壁是坚硬的岩石，中段（大口）凿孔较大，井壁为木竹；上段在木竹之外又加箍石圈。从地面至井底，井眼的大小是一样的。

（夏湘蓉　杨文衡）

中国近代钢铁工业　modern iron and steel industry in China　18世纪开始，欧洲出现近代高炉技术，以及包括转炉、平炉、电炉在内的近代炼钢技术，蒸汽机带动的轧钢机等，使钢铁的产量和质量都有很大的提高，西方的近代钢铁技术，影响了中国传统钢铁冶炼技术的发展。从1840年鸦片战争到1949年中华人民共和国成立前的钢铁工业经历了由手工业小生产到机器工业大生产，由传统技术到西方近代冶金技术的转变过程。

发展概况　近代钢铁工业的兴起　19世纪下半叶清政府发展近代军事工业，制枪炮、造战舰，大量输入西方国家生产的钢铁。1867年进口钢11万担（约8250吨），1885年达120万担（约9万吨），1891年增加到173万担（约13万吨），进口钢逐渐占据了中国的市场，使传统的冶铁业难以维持生产。19世纪80年代以后，中国官办工业从军事工业扩展到民用工业。由于钢铁消费量的增加，近代矿冶工业的兴起就成为时代的需要。1871年福州船政局所属铁厂首先采用新的钢铁加工技术，安装吊车，铸造大型汽缸；购置3吨汽锤，锻造大车轴；建立拉铁（轧钢）厂，轧制15毫米以下的造船钢板和6～120毫米圆钢、方铁。1886年贵州巡抚潘霨创办青溪铁厂，先用土炉，后从英国订购熟铁炉18座、1吨贝塞麦炉2座、轧板机1架、轧条机13架，1888年安装完毕。终因清政府缺乏资金、铁矿石和煤，又不善于经营，无人精通技术，于1893年停办。这是兴办近代钢铁厂的一次尝试。1890年上海江南机器制造总局（简称“江南制造总局”或“江南制造局”）建成中国第一座3吨炼钢平炉，后又建成了一座15吨炼钢平炉。同年，湖广总督张之洞主持兴建湖北汉阳铁厂和大冶铁矿，这是中国也是远东第一座近代钢铁联合企业，它的建成标志着中国近代钢铁工业的兴起。汉阳铁厂（图1）于1894年建成投产，有248立方米（日产生铁100吨左右）高炉2座、8吨酸性转炉2座、10吨平炉1座，钢轨厂有800毫米轧机，还有铁货厂、熟铁厂、机器厂、铸铁厂、打铁厂、造鱼尾板道钉厂、自备电厂和轮船、码头，总投资为546万两白银。汉阳铁厂初期资金不足，经营不善，焦炭无着，产品质量低劣。1896年招股200万两白银，由官办改为官督商办，1898年投资建设萍乡煤矿。1902年进行拆转炉建平炉等技术改造后，产品质量有较大提高，曾远销美国、日本，并为国内修建铁路提供了钢轨和零件近6万吨。在兴建汉阳铁厂的同时，张之洞还从德国购买采矿设备，建设大冶铁矿（图2），铺设了30多千米轻便铁路，使之成为中国第一个用近代技术开采的露天铁矿。该矿于1891年开始生产铁矿石，年产4万吨；1896～1934年共采铁矿石1200万吨，其中340万吨供汉阳铁厂，860万吨运往日本。萍乡煤矿从唐、宋到清代曾用土法开采。1898年设“萍乡煤矿局”，年生产能力达90万吨。1908年产煤40万吨、焦炭18万吨。1908年汉阳铁厂、大冶铁矿、萍乡煤矿联合组成汉冶萍煤铁厂矿公司，改由商办，并新建150吨混铁炉，生产有了进一步发展。1910年新建477立方米（日产生铁250吨左右）的第3高炉出铁。1909～1911年建成30吨平炉4座。辛亥革命后，在大冶石灰窑新建铁厂，有高炉（每炉日产铁450吨左右）2座；汉阳铁厂又建477立方米的第4号高炉和30吨的7号平炉，并相应扩大了萍乡煤矿和大冶铁矿的生产。在第一次世界大战期间，钢铁价格猛涨，汉冶萍煤铁厂矿公司一度兴盛，战后钢铁价格暴跌，其靠借贷难以维持，从此衰落。

图1　汉阳铁厂外景

图2　大冶铁矿一角

近代钢铁工业的发展　第一次世界大战前后，除汉冶萍煤铁厂矿公司有较大发展外，本溪、鞍山、上海、阳泉和石景山等地的钢铁工厂也先后起步。1915年“本溪湖煤铁股份公司”开工生产，至1917年有300立方米高炉2座，后又增加小高炉（每炉日产铁20吨左右）2座，冶炼优质生铁。1916年中日在鞍山合办“振兴铁矿无限公司”。1918年正式开办“鞍山制铁所”，有515立方米高炉2座，后又建炼焦炉4座和693立方米高炉1座。1917年山西阳泉建立保晋铁厂，有日产20吨生铁的小高炉1座。1918年上海和兴化铁厂（今宝钢上海浦东钢铁有限公司），先后建立10吨和25吨小高炉共2座，10吨平炉2座和轧钢机一套。扬子机器公司在武汉谌家矶建立日产铁约100吨的高炉1座。1919年龙烟铁矿筹建石景山铁厂，1920年一号高炉开工建设。以上钢铁企业建立后，1920年全国铁产量达43万吨，钢产量6.8万吨。1923年东北兵工厂建电炉1座，这是中国早期的炼钢电炉之一。

抗战及抗战后方的钢铁工业　1931年“九一八”事变后，日本帝国主义占领了中国东北地区；1937年“七七”事变后，又侵占了华北、华中、华东等广大地区，并对这些地区的矿产资源，大肆掠夺。1931年开始经营庙儿沟铁矿，建200吨、180吨高炉各1座，炼铁能力达到年产13万吨。1933年日本在鞍山成立昭和制钢所，1935年其新建的第一炼钢厂（有100吨平炉4座）出钢，1937年又添建150吨平炉2座，此外，昭和制钢所的第二选矿厂、第一轧钢厂、大型轧钢厂、小型轧钢厂、薄板厂和4号高炉等也陆续投产，1937年产量为生铁70万吨、钢50万吨、钢材28.5万吨。在鞍山地区，除昭和制钢所外，还有中型轧钢厂、无缝钢管厂、铸管厂、钢管厂、钢丝厂、镀锌厂、耐火材料厂、机械厂、中板厂等，也是日本帝国主义控制的。1937年，北平、天津、唐山、阳泉等地也新建或改建了钢铁厂。抗日战争期间，一部分钢铁厂与汉阳铁厂、六河沟铁厂和上海炼钢厂的主要设备一起拆迁到内地，并添置一些小型设备，在四川、云南等地建设一批钢铁厂。1938～1945年，中国国民党统治区共生产生铁41.3万吨、钢4.5万吨。其中最高年产量为1942年的7.8万吨生铁、1944年的1.3万吨钢。

1895～1948年中国钢、铁产量

单位：万吨

年份	钢产量	铁产量	年份	钢产量	铁产量
1895	0.14	0.56	1922	3	40.2
1896		1.1	1923	3	34.1
1897		2.3	1924	3	36.1
1898		2.2	1925	3	36.4
1899		2.4	1926	3	40.7
1900		2.6	1927	3	43.7
1901		2.9	1928	3	47.7
1902		1.6	1929	2	43.6
1903		3.9	1930	1.5	49.8
1904		3.9	1931	1.5	47.1
1905		3.2	1932	2	54.8
1906		5.1	1933	3	60.9
1907	0.8	6.2	1934	5	65.6
1908	2.3	6.6	1935	25.7	78.7
1909	3.9	7.4	1936	41.4	81
1910	5	11.9	1937	55.6	95.9
1911	3.9	8.3	1938	58.6	104.8
1912	0.3	17.8	1939	52.7	112.7
1913	4.3	26.8	1940	53.4	118.3
1914	5.6	30	1941	57.6	153.1
1915	4.8	33.7	1942	78	178.1
1916	4.5	37	1943	92.3	130.1
1917	4.3	35.8	1944	45.3	127.4
1918	5.7	32.9	1945	6	19
1919	3.5	40.8	1946	6	14
1920	6.8	43	1947	7	14.4
1921	7.7	39.9	1948	7.6	14.7

解放区的钢铁工业　中国共产党领导的解放区在抗日战争和解放战争时期，采用古代传统冶金技术和近代冶金技术发展小型钢铁工业，生产武器弹药。抗日战争时期主要用土高炉和坩埚炼铁。1938年在晋东南地区武乡县建立鞴山铁厂生产犁铧和铁锅；1939年改名八路军总部军工部柳

沟铁厂，高原任厂长，用土法炼铁生产手榴弹和地雷等，并初步采用韧化处理技术（俗称焖火），处理白口铁的炮弹壳，以制成炮弹；1944年陆达任柳沟铁厂厂长，进一步改进韧化处理技术，改善了炮弹壳的切削加工性能，提高其韧性。1942年春，徐驰、沈鸿等在延安主持修建了解放区第一座近代小高炉，冬季投产，日产1吨铸造生铁，后迁到山西临县招贤镇。1946年晋冀鲁豫军工部，调派该部第四厂厂长陆达、建设委员会主任陈志坚等在屯留县故县村经办铁厂（今首钢长治钢铁有限公司前身），在长治附城建立一座有简易管式热风炉的小高炉，进行炼铁试验和人员培训。后在故县建设一座近代高炉，1947年从阳泉铁厂拆迁来二号高炉的设备，加速该高炉的建成，1948年初出铁，年产铁6500多吨；又在故县周围的西沟村修建简易耐火材料厂，在枣臻村建成解放区第一座10孔小焦炉，日产焦炭60吨。1947年晋察冀军区派徐驰、郭际、祁光等着手恢复阳泉铁厂一、三号高炉，1948年初投产，年产铁7200多吨。解放区钢铁工业虽然规模不大，设备简陋，但有力地支援了革命战争，造就了一批技术和管理干部。

特点　中国近代钢铁工业发展特点是：①发展缓慢，产量低，长期为官僚资本和帝国主义所垄断。从1895～1931年，全国最高年产量，铁未超过50万吨，钢未超过10万吨。这一时期主要企业是汉冶萍煤铁厂矿公司，在1895～1922年累计的钢产量占全国同期钢产量的75%以上。从1932～1948年，全国最高年产量，铁未超过180万吨，钢未超过100万吨。其中主要企业是日本帝国主义垄断下的昭和制钢所，在1935～1944年累计的钢产量占全国同期钢产量的90%以上。②钢铁工业内部比例不平衡，地区分布不合理。大部分钢铁厂都建在沿海省市。1943年东北地区钢产量占全国94.5%，生铁占88%，钢材占95%。包括设备在内的钢铁工业整体的不协调，加剧其成为帝国主义国家掠夺原料和初级产品地。1943年，以铁矿生产金属含量为100计算，则生铁只有59.2、钢为48.2、钢材仅为35.8。③总体技术和设备相对落后，受战争破坏和干扰严重。许多矿山仍用手工开采和人力运输，能冶炼的钢种只有100多个，主要是普通碳素钢，轧制的钢材品种也很少。1943年昭和制钢所高炉利用系数不到0.6，平炉利用系数只有2左右。1943年是1949年以前中国钢产量最高年份，在世界上只居第16位。由于日本侵略和内战的破坏等原因，1949年生产钢铁的企业只有19个，能开工的高炉9座、平炉12座、电炉22座、年产钢仅15.8万吨，在世界上居第26位。④近代中国也培养了一批钢铁工业的技术和管理人才，为现代中国钢铁工业发展奠定了基础。他们引进西方近代的钢铁技术，进行了早期的生产实践；筹建厂矿和科研机构，开拓了中国钢铁工业研究领域。

（李新创　姜　曦）

中国近代有色金属工业　modern nonferrous metals industry in China　从1840年鸦片战争到1949年中华人民共和国成立前的有色金属工业在急剧变化的历史时期中发展。

发展概况　19世纪末清政府鼓励商民投资办矿，发展有色金属工业。20世纪以来，在铜、铅、锌、锡、金、银、汞等传统有色金属业中逐步采用近代技术，同时开发钨、锑等资源。

1912年开始，根据孙中山倡导的“实业计划”，中华民国政府采取了一些促进矿业发展的措施，如将矿权收归国有、减轻矿税、保护矿工、调查矿产资源、编制矿业发展计划、颁布矿业条例等，使矿业逐渐兴旺起来，产量有较大幅度的增长。1916年有色金属及矿砂的产量为：金108 630两，银28 200两，铜1343吨，铅1441吨，锌1360吨，锡8160吨，汞314吨，锑10 400吨，生锑16 100吨，铅砂9684吨，锌砂27 242吨，钨砂2000吨，钼砂2吨。但随即发生了军阀割据，矿业遭到极大摧残。1937年日本帝国主义发动全面侵华战争，使中国矿业又遭到严重的破坏，很多矿山和工厂被迫先后停产，只有西南地区的重庆冶炼厂、昆明冶炼厂、云南锡业公司及一些土法开采的小矿山维持生产。国民政府资源委员会曾组织矿冶专家对矿业建设情况进行了调查，设置矿冶研究室，派人到国外学习，加强人才培养。在东北地区，日本帝国主义大量开采有色金属矿山，建设了一批厂矿，如华铜、芙蓉、石嘴子、清源等铜矿，青城子、岫岩、桓仁等铅锌矿，杨家杖子钼矿；还建立了“奉天金矿制炼所”，提取金、银、铜、铅；筹办葫芦岛制作所，采用竖罐炼锌，试车失败后，只生产硫酸；此外，建设了抚顺铝厂、营口镁厂。抗日战争胜利后，这些有色金属厂矿濒于瘫痪。

铜业　清代以云南东川铜矿的产量最大，在1726～1856年，年产量保持在6000吨上下。但由于官绅的残酷压榨，引起劳动者的反抗，从1858年以后，该矿产量大幅度下降。1874年云南东川铜矿恢复生产，1888～1906年用传统鼓风炉炼铜，平均年产粗铜812.5吨，含铜85%～90%。1906年炼出了精铜。1911年四川彭县（今彭州市）铜矿开始生产精铜。1912年云南会泽设冶炼厂，用反射炉精炼出含铜99.5%的精铜。1938年后在四川和云南建电解铜厂。1938年全国年产精铜580吨。1940年电解铜年产1240吨。1945年后全国较大炼铜企业有东北金属矿业公司沈阳冶炼厂、台湾金铜矿务局和滇北矿务局。

铅锌业　湖南水口山是近代开采规模最大的铅锌矿，光绪年间（1875～1908）湖南水口山铅锌矿收归官办，建成大型矿山及重力选矿厂，年产铅砂和锌砂合计达万吨以上，以后又增至3万余吨。1904年采用新法开采，1906年建设老鸦巢斜井，1909年建成新式选厂。铅一般用小型鼓风炉或土炉冶炼，1930年创办建成了新式长沙黑铅厂，用新式鼓风炉熔炼粗铅，再用反射炉精炼纯铅，炼出了99.99%的纯铅。又办常宁松柏炼锌厂，开始采用硫化锌矿

1935～1942年中国各有色金属的年产量情况

单位：吨

产量	1935年	1936年	1937年	1938年	1939年	1940年	1941年	1942年
钨	14 541	9763	13 991	14 113	11 881	9361	12 497	11 965
锰锑	15 181	14 333	17 077	10 603	13 309	7641	8041	5063
锰	31 440	43 400	79 181	2458	1170	3370	500	500
粗精铜	355	294	372	359	550	289	82	548
电铜	—	—	—	—	431	1116	640	550
汞	45.3	58.8	59.8	72.0	169.6	93.5	124.5	166.6
锡	11 009	12 954	13 424	15 440	14 244	10 686	11 367	7880
锌	12 638	14 567	11 755	6219	5022	7216	4809	4357
金	144 550	200 426	231 308	269 157	300 839	328 601	331 472	322 540
银	123 439	120 664	120 825	77 863	—	—	73 744	35 397
铅	7820	7955	7050	3857	4777	5352	3579	2724
钼	5.5	7.3	13.8	6.5	5.9	15.1	10.9	6.7
铋	71.9	45.3	52.5	53.1	36.4	35.5	71.3	22.9

焙烧、蒸馏的方法炼锌。1924年四川会理也用新法开采铅锌。1938年东川铜矿设铅锌冶炼车间。在东北地区开采的铅锌矿有吉林天宝山、辽宁杨家杖子、青城子等。虽然中国自古用铅的历史很长，但在近代中国仍没有完整意义上的工业化的炼铅厂。中国铅锌生产历史悠久。早在商代（前16～前11世纪）中期已开始用铅（见**冶金史**）。近代中国铅锌的开采始于湖南常宁、云南会泽、四川会理（原西康省）、辽宁杨家杖子等地，但采选、冶炼装备落后。1930年湖南水口山炼铅厂开始投产。40年代初沈阳冶炼厂搞过一个年产250吨的湿法炼锌试验厂，后来也未试验成功。到40年代末期，这些厂矿遭严重破坏，仅有辽宁沈阳冶炼厂和处理废杂铅的几个小型企业进行半机械化生产。当时的铅锌矿山更为薄弱，只有辽宁的青城子、岫岩、桓仁，吉林的天宝山等矿进行小规模开采。

锡矿　近代锡矿的主要产地是云南，其次是广西、广东、湖南等省区。其中云南个旧开采最早，1889年产品开始向外出口，翌年个旧锡产量达1300余吨，以后逐年上升。1909年云南成立个旧锡务公司，购置洗选、冶炼、动力、索道等新式设备。1910年该公司建设马拉格新选厂和个旧新式炼锡鼓风炉和反射炉；1927年建马拉格近代竖井；1943年创造了调温结晶法提炼纯锡，其纯度达99.5%。1941年全国产纯锡1.5万吨。

钨业　中国钨矿最早于1907年被发现，20世纪初江西、湖南、广东等地已陆续发现和开采钨矿，形成了中国最早的钨矿业。第一次世界大战期间，因为军工生产所需钨量激增，中国钨矿大量开采并出口。1918年产钨砂9872吨，出口9479吨，1937年产钨砂13 991吨。近代钨矿开采总体比较落后，多采用铁锤钢钎凿岩、乌硝（土火药）爆破、人工扛挑、油灯照明、手工筛选等作业方式，直到1936年少部分矿山才开始使用机械设备进行采选。

锑业　锑矿是清代光绪年间在湖南锡矿山开始开采并设厂冶炼的。新化是主要产地。1894年长沙大成公司使用新法炼锑；1897年湖南官矿总局设新化锑矿局开采锡矿山锑矿；1908年华昌炼锑公司用挥发烘砂法从低品位矿砂中炼出纯锑，从此这种炼锑方法在湖南各产区普遍使用。1938年全国产锑量2万多吨。

汞业　近代主要汞的产地集中在贵州铜仁、玉屏、八寨、三合，湖南晃县（今新晃县东南）、凤凰，四川东南部酉阳、秀山等县（今属重庆），但产量极小。贵州铜仁于1899年用新法开采汞矿，1901年建竖炉炼汞，1925年全国汞的年产量达400吨。但这一时期汞的冶炼仍以土法为主，特点是：土法炼炉容量小、底锅时须更换、炼灶不耐用、水银损耗大等。1912～1931年，汞的总体的进口和出口数额相差不大。抗日战争爆发后，汞开始实行统一产销制，产量渐增，出口额开始下滑。

金业　中国金矿以砂金、脉金为主，砂金分布最广，开采最盛。19世纪末期以来，黑龙江漠河，奉天通化、桓仁，吉林三姓，直隶迁安，热河建平，山东平度、招远、沂水，四川冕宁，湖南平江黄金洞等金矿相继开采。1889年湖南平江县最早购置新法洗金机，1896年广西桂县使用新法熔炼金矿，山东招远、平度，广东增城也都用新法采金、炼金。1931年后，资源委员会筹设国营金矿区，经济部建立采金局，接管金矿开采。但是因劳动力缺乏等原因，金矿产量锐减。1948年成立东北有色金属管理局，李华任局长，孙鸿儒任副局长兼夹皮沟金矿局局长。该矿用汞齐法从硫化铜、硫化铁矿中提取黄金，1948年黄金产量超过万两。

钼业　中国钼矿的地质资源丰富，钼矿开采始于清朝末年，当时矿区分布在福建、浙江和广东等省。辽宁杨家杖子钼矿在早期曾开采硫化铁矿石和铅锌矿，1940年由采铅锌转为采钼为主，年产钼精矿最高曾达700多吨。

主要特点　中国近代有色金属工业发展的主要特点有：①中国近代有色金属工业未能形成完整的工业体系。主要冶炼粗金属，能够生产的有色金属品种很少，只能生产铜、铅、锌、锡、锑、汞、金、银、钼等有色金属和一些钨砂。②工艺技术和效益水平方面取得了一些进步和发展。有色金属储量较多的云南地区成为铜业冶炼中心，以滇铜铸钱闻名，滇锡、滇铅锌有所发展。但这些金属的生产主要依赖出口，价格和出口量受到买方操纵。有的将矿砂出口（如钨砂、铅砂、锌砂），又返销金属，在经济上遭到严重的剥削。③总体生产规模小。1949年前从事有色金属工业生产的企业只有几十家，职工几万人。④中国共产党领导的东北解放区为支援革命战争，逐步恢复并发展有色金属工业生产。1947年成立金矿局、1948年成立东北有色金属管理局后，沈阳冶炼厂、葫芦岛竖罐炼锌厂、选矿药剂厂和苏家屯有色金属加工厂也先后恢复生产。1949年以后，中国有色金属工业才进入了新的发展时期。

扩展阅读

刘学新.当代中国的有色金属工业.北京：中国社会科学出版社，1990.

顾琅.中国十大厂矿调查记.上海：商务印书馆，1916.

严中平，等.中国近代经济史统计资料选辑.北京：科学出版社，1955.

（李新创　姜　曦）

中国矿冶教育　education in mining and metallurgy in China　中国近代矿冶教育事业始于19世纪末。1895年在天津设立的北洋大学堂设有采矿冶金等科。1898年在北京设立的京师大学堂设有矿冶科。同时期兴办的还有南京路矿学堂、唐山路矿学堂、湖北工艺学堂等专业学校。1906年北洋大学矿冶科派出第一批留学生赴美留学，同年湖南高等实业学堂增设了矿科。1923年东北大学创立，设有采矿学系、冶金学系。1935年，重庆大学矿冶系创建，在抗日战争时期，全国知名矿冶专家云集到此。截至1949年，全国设有矿冶系（科）的有北洋大学、山西大学、重庆大学、武汉大学、湖南大学、广西大学、云南大学、南昌大学等，以及华北大学工学院、唐山工学院、西北工学院、焦作工学院等。

中华人民共和国成立后，中国矿冶教育得到了长足发展。1949年，在前东北大学工学院、理学院的基础上成立了沈阳工学院，1950年更名为东北工学院（1993年复名为东北大学）。1952年高校进行院、系调整，由部分院校的矿、冶系（科）组建成立了北京钢铁工业学院（1988年更名为北京科技大学）和中南矿冶学院（1985年更名为中南工业大学，2000年由湖南医科大学、长沙铁道学院和中南工业大学合并更名为中南大学）。中南矿冶学院是中国第一所以有色金属矿采选、地质、冶炼为特色的矿冶类高校。1956年，由多家院校组建了西安建筑工程学院（后更名为西安冶金学院、西安冶金建筑学院，1994年更名为西安建筑科技大学）。1958年以前，中国矿冶教育以中专院校居多，只有少量的本科院校。1958年国家兴办冶金高等教育，有21所中等专业学校改办为大学或专科学校。此后虽然历经了调整，但在1977年后，大部分院校又重新得到恢复。20世纪80年代以后，冶金高校发展迅速，一些学校合并更改了校名。1981年，为适应冶金教育形势的发展，成立了中国冶金高等教育学会（1992年更名为中国冶金教育学会）。20世纪80年代，全国冶金系统共有大专院校20多所，有全国重点高等学校东北工学院、北京钢铁工业学院、中南矿冶学院；有以特色专业为主的西安冶金建筑学院、昆明工学院、鞍山钢铁学院、武汉钢铁学院、包头钢铁学院、马鞍山钢铁学院、江西冶金学院、北京冶金机电学院、青岛建筑工程学院、首钢工学院、重庆钢铁专科学校、沈阳冶金机械专科学校、沈阳黄金专科学校、本溪冶金专科学校、长春冶金地质专科学校、浙江冶金经济专科学校、桂林冶金地质学院、武汉冶金医学专科学校、华山冶金医学专科学校、哈尔滨冶金测量学院、东北大学秦皇岛分院。此外，重庆大学、上海交通大学、上海大学、清华大学、西安交通大学、哈尔滨工业大学、唐山矿冶学院等也设有矿冶、金属材料等专业。

1998年，东北大学、北京科技大学、中南工业大学成为“211工程”建设大学，东北大学、中南工业大学还被列入国家“985工程”部省共建的重点大学。同年，中国高等教育的管理体制进行调整、改革，重新划分了隶属关系。其后又经历了院校合并、更名、升级，各学校进入了跨越与壮大阶段，形成了新的发展格局。截至2015年，矿冶教育的主要高校有隶属教育部管理的重点院校东北大学、北京科技大学、中南大学、哈尔滨工业大学，有地方管理的西安建筑科技大学、昆明理工大学（原昆明工学院）、辽宁科技大学（原鞍山钢铁学院）、武汉科技大学（原武汉钢铁学院）、内蒙古科技大学（原包头钢铁学院）、湖南工业大学（原株洲有色金属工业学校）、青岛理工大学（原青岛建筑工程学院）、安徽工业大学（原马鞍山钢铁学院）、江西理工大学（原江西冶金学院）、重庆科技学院（原重庆工业高等专科学校和重庆石油高等专科学校合并而成）、华北理工大学（原唐山矿冶学院）、桂林理工大学（原桂林冶金地质学院）、兰州理工大学（原兰州工学院）、太原理工大学（原太原工学院）、辽宁科技学院（原本溪冶金专科学校）、贵州理工学院、攀枝花学院、红河学院等。此外，重庆大学、上海大学、吉林大学、贵州大学、四川大学、苏州大学、贵州师范大学、河南科技大学、江苏科技大学等也设有冶金工程或采矿工程专业。

冶金高等院校的专业设置在开办初期一般以矿冶工程为主，围绕冶金工业生产流程设置专业。20世纪70年代末，开始向理工结合、以工为主的多学科、综合性学校发展。在培养人才的同时，各院校还积极开展科研工作。1978年改革开放后，冶金高校的科研成果不断涌现，校办产业兴起，并有了较大发展。东北大学科技园成为中国第一个大学科技园，也是中国首家上市的软件企业。各院校还积极开展国际交流与合作，与其他国家的大学和研究机构建立合作关系。与此同时，特色的冶金高等职业教育对行业发展也发挥了重要的作用。冶金高职学院中的山西工程职业技术学院、昆明冶金高等专科学校、河北工业职业技术学院三所学校入选国家示范性建设高等职业学院，内蒙古机电职业技术学院、四川机电职业技术学院被列为国家骨干高职院校。进入21世纪，矿冶专业的人才培养更加注重基础理论知识、工程技术和工艺技能、创新意识和团队精神的培养，以及国际视野的拓展等方面。

（任静波）

中国耐火材料工业 metallurgical refractory industry in China　中国生产耐火原料、耐火材料产品的社会经济部门。20世纪初，随着中国玻璃、陶瓷工业的兴起，在中国黏土、铝土矿等耐火原料主要产地的山东、河北和经济较发达的地区开始生产耐火材料制品。主要工厂有山东窑业厂、唐山开滦马家沟砖厂等。抗日战争中建设了重庆、昆明和阳泉耐火材料厂。日伪时期建有南满矿业（后称大石桥镁矿）、鞍钢耐火材料厂、本钢耐火材料厂和唐山耐火材料厂。

1949年后耐火材料工业的发展经历了3个时期。

经济恢复时期（1949～1952）　中华人民共和国成立初期，耐火材料工业很落后，工厂大多是手工作业，设备简陋，生产普通**黏土砖**和少量**硅砖**等。1949年全国耐火材料产量仅为7.4万吨。随着冶金工业的发展，耐火材料工业有了很大发展，耐火材料工业从原来残缺不全的落后状态逐步发展成为具有一定生产规模和技术水平比较完整的工业部门。

初始发展时期（1953～1978）　20世纪50年代初，首创以**高铝砖**代替硅砖做电炉炉顶衬砖。50年代末，根据中国资源的特点，研制出镁铝砖代替硅砖与**镁铬砖**做平炉炉顶。通过推广采用安全和防尘措施，以及生产过程机械化，劳动条件有了显著改进，劳动生产率有所提高，年生产能力扩展到1978年的432万吨。成功地开发了许多新产品，在高温工业应用领域取得满意的使用效果，包括高铝砖、焦炉硅砖、碱性砖（镁质、镁铬质和镁铝质）、碳砖、碳化硅砖、电熔刚玉和刚玉莫来石砖、耐火混凝土和不烧砖等。

改革开放时期（1979年以来）　该时期中国耐火材料工业在生产规模、产品质量和高档新品种开发等方面都有较快的发展，1992年全国耐火材料产量突破1000万吨。2001年以来，在钢铁、有色金属冶炼、石化、建材等高温工业高速发展的推动下，中国已成为世界最大的耐火材料生产和出口国。2015年，中国耐火材料企业超过2000家，耐火材料产业年生产规模超过2500万吨，出口耐火材料约500万吨（含耐火原料），年耐火材料进口量占国内需求量的比例约为0.1%，耐火材料品种丰富、质量较高，完全满足国内高温工业发展的需求。

（李光辉）

中国现代钒工业 modern vanadium industry in China　2018年统计数据表明，全球探明钒基础储量约11 500万吨，资源总量超过18 000万吨，其中中国钒基础储量约为6600万吨，位列世界第一。钒钛磁铁矿和含钒页岩（石煤）是钒矿产资源的主要类型。钒钛磁铁矿是生产钒的主要工业原料，中国钒钛磁铁矿资源储量位于南非和俄罗斯之后，居世界第三，主要集中于四川攀枝花、西昌，河北承德，安徽马鞍山等地。世界90%以上的含钒页岩产自中国，主要分布在湖南、湖北、浙江、江西、安徽、贵州、陕西、重庆等省市。含钒页岩占全国钒基础储量的62%。

发展历程　中华人民共和国成立后，于1958年恢复了日本侵华期间建立的锦州铁合金厂的钒铁车间，采用承德钒钛磁铁矿精矿加盐焙烧、浸出、沉钒工艺生产五氧化二钒，并用电炉冶炼出第一炉钒铁。从20世纪60年代开始，中国先后建设了承德钢铁厂、西昌钢铁公司、攀枝花钢铁公司（今攀枝花钢铁集团公司，简称攀钢）等一批从事钒钛磁铁矿资源冶炼的企业，从含钒页岩中提钒工业也在湖南、浙江、湖北、河南、陕西等省发展起来，逐步形成了中国钒工业基地。70年代攀钢雾化法钒渣提钒成功。锦州铁合金厂于1972年生产出99.9%的金属钒，1979年又开发出含钒55%～60%的钒铁，同期研制成功含钒40%～80%的钒铝合金。1975年湖南安化县资江化工厂建成小型的高钠焙烧-水浸提钒厂，成为中国第一个专业的含钒页岩提钒厂。随后，一批含钒页岩提钒企业相继建立。70年代末，中国开始出口钒渣、五氧化二钒、钒铁。80年代起，中国开发出许多新型含钒钢种；攀钢利用电铝热法生产高钒铁，又先后开发出氮化钒铁、氮化钒、碳化钒等钒合金产品。1990年攀钢引进多膛炉和带式真空过滤机，建成具有国际水平的提钒生产线。21世纪初，中国已形成比较完整的、具有中国特色钒冶金工业体系。2004年11月，陕西有色金属控股集团有限责任公司组建集五氧化二钒的采、选、冶为一体的陕西五洲矿业有限公司，五氧化二钒生产能力达8000吨/年。2013年5月，湖北省成立崇阳钒业集团，整合湖北晶洋、友进、青山钒铁等企业，形成较为完整的钒产业链。2019年中国钒产量（折五氧化二钒）约为12.6万吨。

生产技术　中国现代钒冶金技术进步，主要体现在以下4方面：①中国早期从钒钛磁铁矿中进行提钒生产，采用钒钛磁铁矿精矿加盐焙烧、浸出、沉钒工艺生产五氧化二钒，并采用电炉冶炼钒铁的工艺，其原材料消耗大，生产效率低。20世纪60～70年代，精炼提取钒渣的技术获得应用，逐渐形成了高炉炼铁、转炉炼钢、钒渣提钒的高钛型钒钛磁铁矿冶炼工艺，通过转炉法吹炼钒渣、钒渣钠化渣法生产钒渣，钒产品产量与质量不断提高。②转炉提钒工艺已形成配套的钒渣钠化焙烧工艺。焙烧设备多采用回转窑或焙烧竖炉，钒渣与钠盐混合后在一定温度下焙烧，再经浸出、过滤、沉淀、精制等过程得到五氧化二钒产品。③含钒页岩提钒技术在发展初期，多采用平窑钠化焙烧—水浸出—酸沉钒—碱溶解—沉淀偏钒酸铵的工艺流程，存在设备简陋、回收率低、成本高、环境污染重等问题。随着国家环保政策的日益严苛及国际钒价波动的影响，含钒页岩提钒技术逐渐向节能减排、降耗增效、环境友好方向发展。中国开发出适应不同地区含钒页岩特性的工艺流程，代表性工艺有：空白焙烧—酸浸—溶剂萃取流程、双循环氧化焙烧工艺、一步法沸腾提钒技术、钙化焙烧-酸浸工艺、直接酸浸工艺等。④钒产品深加工和综合利用技术得到发展。中国自主开发出煤气还原生产三氧化二钒及用三氧化二钒冶炼钒铁技术、非真空制备钒氮合金技术、流态化法生产三氧化二钒技术、电铝热法冶炼高钒铁技术等。高性能钒合金钢、全钒液流电池等生产也已在中国初具规模。山东铝业公司研发出通过冷却结晶从拜耳法生产氧化铝的种分蒸发母液中综合回收钒的工艺，并已实现工业应用。

发展趋势　中国现代钒工业发展趋势主要有以下5方面：①强化钒矿产资源的保护与开发。尽管中国钒矿产资源丰富，但存在无序开发、资源浪费、区域污染等问题，必须将可持续发展和资源安全相结合，完善配套措施，实现钒矿产资源的可持续开发利用。②开发高效提钒技术，提高钒矿产资源综合利用水平。研究改进整个工艺流程及装备，提高生产操作控制水平，提高钒的利用率和生产过程环保水平，是实现钒矿产资源综合利用的必然选择。③加强钒深加工产品的开发。在品种、产品、产业化技术方面进一步提升，如钒电池及其配套产业技术，钒锰、钒钛、钒镍等新型钒合金产品，含钒高强冷轧板带系列产品，高强车辆零部件产品等。④重视钒二次资源的回收、利用。从废催化剂、废高温合金、废硬质合金、废磁性材料等钒二次资源中进行钒的回收利用，是支撑钒工业可持续发展的重要途径。⑤努力实现钒工业清洁生产。

扩展阅读

陈厚生.中国钒工业的创建及发展.钒钛，1992（6）：25-28.

王春生，王发明，王芹.世界钒工业的发展走势分析及提取技术.科技经济市场，2013（6）：16-18.

张一敏.钒页岩分离化学冶金.北京：科学出版社，2019.

（刘　涛）

中国现代钢铁工业　contemporary iron and steel industry in China　中国发展钢铁工业有一定的自然资源基础，2014年中国保有查明铁矿资源储量为843.39亿吨，但均为贫铁矿；煤炭查明资源储量15 316.98亿吨，其中有丰富的焦煤资源。钢铁工业所需的其他金属元素很丰富，如钨、钼、钒、钛、铌、稀土等。这种资源上的优势在过去并未得到充分的发挥，据1896～1948年的统计，中国累计的钢产量只有760万吨（包括机械厂的钢产量在内），其中最高年产量为1943年的92.3万吨，而且绝大部分产量分布在日本侵占的东北地区。

发展历程　中国现代钢铁工业发展历程大体分为4个阶段：第一阶段是1949～1978年，处于恢复起步阶段，呈现探索发展态势。1949年全国钢产量只有15.8万吨，居世界第26位。经过三年恢复生产、第一个五年计划时期的快速发展、钢铁工业三线建设、大炼钢铁运动及“文化大革命”，粗钢产量三次起落，累计钢产量3亿多吨。其间建设了鞍山钢铁公司（鞍钢）、武汉钢铁公司（武钢）、包头钢铁公司（包钢）三个大型钢铁基地，以及太原钢铁公司（太钢）、马鞍山钢铁公司（马钢）、攀枝花钢铁公司（攀钢）、酒泉钢铁公司（酒钢）等钢铁厂。第二阶段是1978年至20世纪末期，处于稳定发展阶段，中国粗钢产量由1978年的3178万吨增长到2000年的12 850万吨，增长了3.04倍，年均增速6.56%。其间建成了上海宝山钢铁总厂（宝钢），这是中国真正意义上的第一家现代化钢铁基地。第三阶段是从21世纪之初到2014年，处于加速发展阶段，呈现产能膨胀态势，粗钢产量由2000年的12 850万吨提高到2014年的82 270万吨，年均增速14.2%，产品质量显著改善，实现了由净进口国向净出口国的历史性转变。节能减排方面也取得成效，单位综合能耗和单位主要污染物排放大幅下降。第四阶段是2015年后，处于减量调整阶段，呈现创新、转型态势。

重要事件　中国现代钢铁工业发展进程中，经历了一系列对中国钢铁工业甚至经济社会产生深远影响的重大事件。

“三大、五中、十八小”　1956年中国的钢铁工业建设采取量力而行、大中小相结合的方针。冶金工业部组织编制了《第一个五年计划基本总结与第二个五年计划建设安排（草案）》，正式提出了钢铁工业建设“三大、五中、十八小”的战略部署，即继续建设鞍钢、武钢、包钢三个大型钢铁基地（年产钢300万吨规模）；新建、扩建太原钢铁公司、石景山钢铁厂（1967年改名为首都钢铁公司，简称首钢）、重庆钢铁厂、马鞍山钢铁厂、湘潭钢铁厂五个中型钢铁厂（年产钢50万～100万吨规模）；同时由地方建设18个中小型钢铁厂，即邯郸钢铁公司、济南钢铁公司、临汾钢铁公司、新余钢铁厂、南京钢铁公司、柳州钢铁公司、广州钢铁公司、三明钢铁厂、合肥钢铁厂、长城特殊钢公司、新疆八一钢铁公司、杭州钢铁公司、鄂城钢铁公司、涟源钢铁公司、安阳钢铁公司、兰州钢厂、广西贵县钢铁厂、通化钢铁公司。

大炼钢铁　1958年8月17日，中共中央在北戴河召开中央政治局扩大会议，通过《全党全民为生产1070万吨钢而奋斗》的决议，要求各部门、各地方都要把钢、铁生产和建设放在首位，全民“大炼钢铁”运动由此开始。此次运动对经济发展规律和中国经济基本情况认识不足，耗费了大量的人力物力，但也为中国的钢铁工业建设打下了一定基础。

“鞍钢宪法”　1953年以大型轧钢厂、无缝钢管厂和七号高炉组成的鞍钢三大工程竣工，成为社会主义工业化建设的标志性事件。从20世纪50年代后半期开始，中国开始探索适合国情的工业化道路。鞍钢作为当时中国最大的工业企业，在技术革新和技术革命运动中形成了“两参一改三结合”的独特模式。“两参”是干部参加集体生产劳动，工人群众参加企业管理；“一改”是改革企业中不合理的规章制度，建立健全合理的规章制度；“三结合”是指企业领导干部、技术人员与工人群众相结合。1960年3月22日，毛泽东称赞鞍钢在技术革新和技术革命上的探索，并把这一经验称为“鞍钢宪法”。此后很长一段时间里，成为中国共产党领导工业企业的指导方针。

钢铁工业三线建设　1964年在中华人民共和国国务院(简称国务院)提出的“备战、备荒、为人民”的方针指导下，中国钢铁工业进行的一次大规模布局调整。三线建设是中国以加强国防为中心的战略建设。根据中国各地区战略位置的不同，将其分为一、二、三线。一线是沿海和边疆的省区市；二线是介于一、三线地区的省区市；三线包括京广线以西、甘肃省的乌鞘岭以东和山西省雁门关以南、贵州南岭以北的广大地区，“三线”有大小之分，西南、西北地区俗称“大三线”，各省份自己靠近内地的腹地俗称“小三线”。由于三线建设的出发点是备战，因此在布局上按照“靠山、分散、隐蔽”的原则，许多钢铁企业的选址都在深山峡谷、大漠荒野。攀枝花钢铁公司和酒泉钢铁公司等就是在这样的背景下开始建设。攀枝花钢铁公司于1964年下半年开工建设，到1975年一期工程基本建成投产。酒泉钢铁公司于1958年8月开始建设，经过停建—恢复建设多次起伏，1970年9月30日炼出第一炉铁，由此奠定了建设西北地区钢铁基地的基础。除了酒钢以外，还建成了西北铁合金厂、兰州炭素厂等“三线”企业。

武钢一米七轧机工程　1972年8月16日，国务院决定武汉钢铁公司钢、铁双400万吨规划配套的一米七轧机工程从国外引进。因其中的热连轧机和冷连轧机的辊身长度同为一米七，所以统称作“一米七轧机工程”。工程于1974年9月破土动工，到1978年9～12月各主体厂工程载负荷试车成功，1981年12月经国家验收正式交付生产，总投资40.52亿元。武钢一米七轧机工程包括武钢热轧带钢厂（图1)、冷轧薄板厂、冷轧硅钢片厂和第二炼钢厂连铸车间。武钢一米七轧机工程对改变中国钢材品种结构具有重要作用。

图1　武汉钢铁公司热轧带钢厂

宝钢建设　1978年国务院通过《关于上海新建钢铁厂的厂址选择、建设规模和有关问题的请示报告》，决定从日本引进成套设备在上海宝山县新建钢铁厂。1978年12月22日，中国技术进口总公司和新日本钢铁公司在上海签订了订购宝钢成套设备的总协议书。翌日，宝钢举行动工典礼。后来，关于宝钢建设问题存在很多争论，经过反复权衡，中共中央下决心坚持全面建设宝钢（图2)。宝钢在1985年9月完成一期工程、1991年6月完成二期工程后，1993年钢铁生产全面达到或超过了设计水平，同时展开三期工程建设，2000年12月20日，宝钢三期工程全面建成投产。宝钢经过30多年建设发展，成为中国现代化大型钢铁联合企业的代表。

图2　宝钢二期工程

攀钢钒钛磁铁矿资源综合利用　1978～1987年，国家组织全国上百家科研单位对攀西钒钛磁铁矿资源综合利用开展联合攻关。攀枝花资源综合利用技术取得的成就可以概括为四个主要方面：一是使攀钢生产流程进一步完善，各项技术经济指标提高；二是钒的总收率提高，产量大幅度增长；三是研究了攀枝花矿中钛资源的利用问题，为进一步合理利用这一巨大资源打下了基础；四是在回转窑直接还原工艺上取得突破。但钒钛磁铁矿资源利用的经济性仍需进一步提高。

白云鄂博铁矿中稀土资源综合利用　1963年和1965年，国家有关部门先后两次召开“包头矿综合利用和稀土应用工作会议”，研究白云鄂博矿山稀土、铌、钍、萤石等多种有价值矿藏的综合利用。1963年4月1日，包头冶金研究所正式成立，主要研究从该矿中提取稀土金属。1978～1986年，又组织全国有关部门和单位对白云鄂博铁矿资源，特别是稀土资源综合利用开展科技攻关，并实现了产业化，有力促进了以包钢为主的中国稀土产业和稀土应用的发展。

首钢承包制　1981年7月，在国务院和北京市政府的支持下，首钢改变了之前实行的国家与企业之间分成的办法，实行承包制，即全年上缴利润2.7亿元定额包干，超过部分利润全部留给企业，并按照生产发展基金为60%，集体福利基金为20%，个人消费基金为20%的比例分配使用。承包制对产品经济和计划经济模式是一次大的变革，在一定历史时期，为钢铁企业发展生产力和调动职工积极性起到了促进作用，曾在许多企业推广。

邯钢经验　背景产生于“模拟市场核算，实行成本否决”的邯钢管理经验，形成于1990年。邯钢经验的基本内涵是模拟市场价格核算，适应社会主义市场经济，将成本与效益挂钩、效益与分配挂钩，并以成本否决为杠杆，形成“千斤重担众人挑，人人肩上有指标”的局面，充分调动了广大职工当家理财、精打细算、加强管理、深挖潜力的积极性，进而达到职工个人增收、企业增效的目的。1991年正式全面推行，1992年河北省召开现场会推广邯钢的经验，1996年国务院发文件要求全国学邯钢。

重大关键共性技术的开发　20世纪90年代以来，中国钢铁工业以连铸技术为中心，相继在全国范围内开发出高炉喷煤技术、高炉长寿技术、棒线材连轧技术、以流程工序结构调整为主的综合节能技术和转炉溅渣护炉技术等六项关键共性技术。由于这些关键共性技术的有序集成，配合及时、有序的战略投资，在90年代中后期，中国初步实现了钢厂技术结构升级，各项技术经济指标明显提高。

大型电炉装备的国产化　20世纪90年代前，中国电炉钢生产集中在特殊钢企业，50吨以下的小吨位电弧炉是生产主力，基本可以实现自主制造。90年代后，随着一系列100吨及以上超高功率交流或直流大型电弧炉的引进，中国电弧炉装备逐步向大型化发展。通过对引进装备技术的研究，以及超高功率变压器、水冷挂渣炉壁、炉壁烧嘴和喷枪、废钢预热、强化用氧、优化供电等系列技术在国内的成功开发和应用，推动了大型电弧炉装备国产化的进程，已制造出炉容220吨的电弧炉，变压器容量140兆伏安。

中国钢铁第一股 1992年，在邓小平“南方谈话”精神指导下，安徽研究确定马钢股份制改革试点工作。经国务院和国家经济体制改革委员会批准，1993年9月20日，马钢实施股份制改制。1993年11月3日和1994年1月6日，马钢股票分别在香港联交所和上海证券交易所上市。马钢被誉为“中国钢铁第一股”，并被英国伦敦《国际金融评论》评选为1993年度全球新兴股票市场最成功的上市公司。

淘汰最后一座平炉 连铸技术的发展推动钢铁生产形成紧凑式连续化生产线，平炉已经不能满足供需要求，转炉逐渐取代平炉。包钢1号平炉是中国最后一座大型平炉，2001年12月28日，1号平炉关闭标志着**平炉炼钢**工艺在中国钢厂内彻底终结。

首钢京唐钢铁厂建设 为疏解北京市的非首都功能，21世纪初，国家决定首钢迁离北京。首钢京唐钢铁厂地处河北省唐山市曹妃甸区，是按照新一代可循环钢铁制造流程理念自主设计、建设的大型钢铁企业，也是中国建设的真正临海靠港的大型现代化钢铁厂。该厂具有优质、高效的钢铁产品制造，高效、清洁的能源转换和消纳、处理大宗社会废弃物并实现再资源化的三大功能。构建了以2座高炉、1个炼钢厂、2条热连轧生产线和4条冷轧生产线为物理框架的钢铁制造流程，自主设计建造了5500立方米高炉、高效率低成本洁净钢生产平台、5万吨/天海水淡化工程等一批具有代表性的工艺与装备。首钢京唐钢铁厂（图3）一期设计规模为年产粗钢870万～920万吨。于2007年3月开工建设，2010年6月竣工投产。

图3 首钢京唐钢铁厂一角

产业布局 中华人民共和国成立之初，中国钢铁企业数量不足20家，主要集中在铁矿资源丰富的辽宁省，产量占全国比重70%。后经建设，中国大部分省、市、自治区都有了钢厂或铁厂，钢铁产业布局主要体现资源依托型特征。改革开放后，中国东南地区经济发展快速，成为钢材主要消费地，同时进口铁矿石逐年增加，中国钢铁产业布局逐步向东部沿海地区转移，上海宝钢、首钢曹妃甸、鞍钢鲅鱼圈、宝钢湛江、宁波北仑港、山钢日照基地等成为主要以进口铁矿石为原料的临海型钢铁企业。随着改革开放的不断深化，民营钢铁企业从无到有，由小变大发展起来，已占据钢产量一半以上，布局在以河北、江苏、辽宁、山东、山西等地为代表的广大区域。总体上中国钢铁产业布局已逐步从内陆资源型布局向沿海、沿江靠近消费市场及依靠海外资源型演变。

技术装备 1949年以来，尤其是改革开放后，中国钢铁工业技术进步巨大。中华人民共和国成立初期，炼铁以小高炉为主，炼钢以效率低、能耗高的平炉为主，最大炼焦设施是4.3米顶装焦炉。20世纪60年代，中国**氧气顶吹转炉炼钢**车间陆续投产，70年代起连铸技术发展迅速，炼钢生产效率大幅提升。通过引进、消化、吸收，不断自主创新，中国钢铁技术装备逐步实现了大型化和国产化。截至2016年底，中国已建成7.63米焦炉、660平方米烧结机，500万吨球团链箅机－回转窑和500万吨带式焙烧机氧化球团生产线，5860立方米高炉，350吨顶底复吹转炉，220吨电弧炉，并配置有各种大型炉外精炼装备和大规格连铸机。20世纪80～90年代，中国陆续引进棒线材轧机，提高了棒线材轧机装备水平。21世纪以来，中国连续引进了宽带钢热连轧机、冷连轧机、宽厚板轧机和三辊连轧管机组，使板带钢和无缝钢管生产技术和装备水平提升；实现热轧和冷轧宽带钢轧机国产化，大型制氧机、大型高炉鼓风机国产化等。

20世纪60～70年代，计算机技术开始应用于钢铁行业，初期建设以大型主机为中心的集中式信息系统，侧重生产管理的一体化；80年代，建设完成以市场、经营、生产、销售、物流为一体的企业资源计划管理（ERP）系统，侧重经营管理的一体化；90年代，推进企业信息系统之间的横向互联和纵向集成，催生战略管理系统以及智能商务的开发，侧重战略管理的一体化。21世纪冶金自动化系统向数字化、网络化和智能化方向发展，按功能层次可分为基础自动化—过程控制—生产管理执行—企业资源计划—商务智能五层架构体系。

产品品种 中国钢铁产品结构不断适应国民经济发展，以及建筑、机械、汽车、船舶等下游行业发展的需要，产品质量得到提升，品种不断扩大。钢材由净进口转为净出口，绝大多数钢材品种不仅可以完全自给而且大量出口。建筑用长材占钢材总产量的比例由1949年的59.28%下降到2015年的42.7%；板材比例由1949年的13.6%上升到2015年的45.7%；管材比例由1949年的2.86%上升到2015年的11.6%。板管带材比，合金和低合金比分别从1978年的32.3%、16%提高到2015年的52.2%、37.6%。中国钢铁企业还研发应用了具有自主知识产权的船用高强度宽厚板、高强度海洋结构用钢板、高档汽车用板和汽车零部件用钢、工程机械和高层建筑用高强度厚钢板、X70和X80高等级管线钢板、百米在线热处理钢轨和时速350公里高速铁路钢轨、高速动车组用钢、高端压力容器用钢板、高牌号取向和无取向硅钢等。

管理机构 中华人民共和国成立初期至改革开放前，中国模仿苏联实施高度集中的计划经济体制，由产业管理部门按照行政性指令计划管控钢铁工业发展，企业只是产业部门的附属单位或生产车间，物资由国家供给，产品由国家统配，投资由国家拨款、统收统支、专款专用，人事由国家任免，利润和基本折旧基金全部上缴国家。

改革开放后，钢铁工业管理逐渐向市场化调节方式转变，企业经营自主权逐步放开，转变为自负盈亏的市场主体，建立了现代企业制度。随着产业管理部门撤销，国家对钢铁工业的管理逐步弱化，转为以宏观调控下的市场配置资源为主，钢铁发展方面的项目管理权限由中央下放到地方，由核准制改为备案制。钢铁工业主管部门变迁：1949～1956年为重工业部；1956～1998年为冶金工业部；1998～2001年为国家冶金工业局；2001～2003年为国家经济贸易委员会（经贸委）；2003～2008年为国家发展和改革委员会（发改委）；2008年后为工业和信息化部（工信部），在实际运作上，是多部门协同与行业自律相结合的方式。多部门协同是发改委、工信部、环境保护部、国土资源部、商务部、科学技术部、国家质量监督检验检疫总局等多个部门，分别在投资、规划、贸易、质量、安全、研发等多个领域行使管理职能；行业自律则主要通过中国钢铁工业协会、全联冶金商会来实施。

展望 中国已进入转变发展方式和调整经济结构的时期，因此钢铁生产消费峰值已过，将进入峰值下行区。随着需求结构的升级和产业结构的调整，市场将在钢铁品种质量、服务等方面对钢铁企业提出更高的要求。此外，资源环境及人力资源瓶颈制约将进一步加强，钢铁制造成本上升压力增大。全面深化改革将激发各种经济要素的活力，营造公平竞争的市场环境，同时也要求钢铁企业加快改革创新和转型发展，以适应快速变化的外部环境。中国钢铁产业未来发展趋势是减量化、绿色化、智能化。

（李新创 姜晓东）

中国现代硅工业 modern silicon industry in China 硅工业产品根据其纯度主要分为工业硅（或称金属硅）和多晶硅。一般将从硅矿石经电炉冶炼的产品称为工业硅，含硅量98%左右。以工业硅为原料，经物理或化学提纯后，得到含硅量99.999 99%（7N）以上的产品称为多晶硅，多晶硅经定向生长可制得单晶硅，可用于集成电路、电子器件和太阳能电池。中国硅矿储量丰富，主要分布在云南、新疆、四川、甘肃、福建、湖南等省区。

中国工业硅发展经历3个发展阶段：①起步阶段（1957～1979）。中国工业硅生产始于1957年。当时在苏联的帮助下，在辽宁抚顺铝厂建成中国第一个工业硅生产厂——抚顺铝厂工业硅分厂，并装配第一台单相电炉生产工业硅。1960年以后，开始自行设计、建设单相和三相工业硅电炉。并先后在辽宁、河北、江苏、上海、天津、河南、青海、贵州等省市先后建成投产了十几个生产厂，形成了近2万吨/年的工业硅生产能力，当时实现自给自足。②发展调整阶段（1980～2003）。1980年后，中国工业硅开始出口，随着改革开放和市场扩大，生产企业迅速增多。到80年代末，中国工业硅企业达到300余家，呈现迅速发展、无序竞争状态。20世纪90年代，受电量、电价的影响，华东、华中、东北等地区50%左右的工业硅企业停产或转产，而电力充足且电价低廉的云南、贵州、四川等省发展迅速，产业规模持续扩大。③宏观调控阶段（2004年以后）。2004年以来，中国对一些高能耗、高污染的资源型产品行业出台了一系列宏观调控政策，工业硅被列为重点实施宏观调控的行业，产品出口和产业发展受到限制。中国工业硅生产企业进一步向电力富余、电价较低的地区（西部、西南）转移（见表）。部分工业硅企业采用廉价水电生产，产量随之呈现明显的季节性。2015年中国工业硅产量达到195万吨，产能、产量和出口量已均居世界首位，年均增长率达到13.5%。中国工业硅产品品种齐全，可以满足铝合金、有机硅和多晶硅等领域的消费。

2011～2015年中国工业硅主要生产地区产量分布

单位：万吨

地区	2011年	2012年	2013年	2014年	2015年
云南	28	22.5	40	45	47
四川	20	17	20	24	38
贵州	19	7.5	14	13	8
湖南	14	5	7	10	8
福建	14	10	9	12	13
新疆	12	18	23	31	48
其他	29	33	27	35	33
总计	136	113	140	170	195

中国多晶硅的发展也经历了3个阶段：①缓慢发展阶段（1964～2004）。中国的多晶硅产业始于1964年，主要采用的是传统西门子工艺，技术落后，规模小，能耗高，生产成本高。当时全国多晶硅年产量不足100吨，占比不足世界年总产量的0.5%，长期依赖进口。②迅速成长阶段（2005～2012）。2005年开始实现产业化，工艺技术与产业规模快速提升。经过自主研发，中国第一条年产300吨产业化示范线在洛阳投产，随后欧洲、美国的单项技术开始进入中国市场。2007年中国多晶硅工业开始快速发展。2009年虽受到次贷金融危机的影响，多晶硅价格大幅下跌，但仍未能阻挡中国多晶硅加速建设的步伐。中国成为世界多晶硅建设的热点地区，先后建成投产及在建多晶硅企业达到58家。③加速淘汰、产业集中发展阶段（2012年以后）。2012年多晶硅价格深度下跌。受市场冲击，中国多数多晶硅企业先后停产或进入破产程序，产业进入淘汰、集中的深度调整时期。技术及财力较强的企业实施技术改造，降低物耗、能耗和成本。2013年后，部分企业先后恢复生产。到2015年底，中国在产多晶硅企业16家，产能集中度进一步提高，其中徐州中能、洛阳中硅、新疆特变和新疆大全等企业产能和产量均超过万吨。2015年多晶硅产量16.9万吨，占世界总产量的48%，年平均增长率115%，成为世界多晶硅第一大生产国。产品逐步替代进口，促进了相关产业的高速发展。

中国硅工业发展的主要特点如下：①满足了中国经济快速发展需求。自2001年起，中国工业硅总产量已连续15年居世界第一，多晶硅总产量也连续5年居世界首位，推动了中国电子、信息工业的快速发展。②技术进步显著。通过自主研发、集成创新和引进消化吸收再创新，形成了系统的工业硅和多晶硅的生产技术，装备实现了大型化、自动化，生产能耗、物耗等指标提升。工业硅大型节能冶炼炉除满足国内需求外还出口海外，多晶硅节能型还原炉、四氯化硅冷氢化等技术水平提高。③产业结构调整取得重要进展，加大了落后产能的淘汰力度，形成并延长了产业链，深加工产品比例不断提高，产业布局渐趋合理高效，生产中的副产物和副产热能得到综合利用，循环经济和资源、能源综合利用水平大幅提升。④工业硅和多晶硅企业的产能规模和产业集中度提高，多晶硅产品质量不断提升，电子级多晶硅开始产业化并小批量进入市场。

扩展阅读

邓丰，唐正林. 多晶硅生产技术. 北京：化学工业出版社，2011.

王勃华，等. 2014—2015中国光伏产业年度报告. 中国光伏行业协会，2015.

（严大洲）

中国现代贵金属工业 modern precious metals industry in China 1949年以后，中国逐步建立了完整的贵金属工业体系，包括铂族金属、金和银的地质勘探、采矿、选矿、冶炼、加工和二次资源循环利用等工业，建成了专业齐全的贵金属科研、设计、施工、生产、教育、消费和投资体系。进入21世纪，中国贵金属工业快速发展，产业整体水平和实力增强，已经成为全球主要的金、银生产国和贵金属消费市场。中国已探明金矿产资源储量1.1万吨，居世界第二，以岩金、砂金和伴生金为主。特点是分布广泛，资源储量相对集中于山东、河南、陕西、河北等地；矿山小，分布广；高品位的富矿少，中等品位多，品位变化大；其中伴生金储量占有重要位置。中国已探明银矿产资源储量25.3万吨，由独立银矿和伴（共）生银矿组成。银矿资源遍及30个省区，主要集中在内蒙古、江西、广东、云南等地；大中型矿床数量少，但资源储量比例大；独立银矿少，伴生银资源较多。中国铂族金属资源匮乏，品位较低，集中于共生或伴生矿，至2015年，储量372.3吨，仅占全球铂族金属矿产资源的0.57%，主要集中在甘肃金川、云南大理和楚雄、四川丹巴等地。

发展历程 中国贵金属工业的发展经历了3个阶段：①起步发展阶段（1949～1983）。1949年以前，中国铂族金属工业未有任何记载，金、银工业也比较落后，产量低。1949年中国金产量为4吨、银产量为5吨。中华人民共和国成立后，国家对金、银加强管理，实行统销统购，保障金融稳定。铂族金属作为战略物资，服务于国防军工。1958年在甘肃金川发现了伴生铂族金属的硫化镍铜共生矿。1962年成立了专门从事贵金属冶金、材料、化学、理化性能测试、情报信息研究等工作的研究机构——昆明贵金属研究所。1965年对金川铂族金属矿产资源开发建设，逐步建立了中国铂族金属冶炼工业。这一时期建设了一系列开采金、银的重点矿山、贵金属冶炼和加工的企业。建立了贵金属工业的地质勘探、勘察设计、建筑施工、科研院所等机构，初步形成了一个较为完整的贵金属工业体系。1982年中国铂钯产量为444.4千克。1983年中国金产量为31吨、银产量为591吨。②稳步发展阶段（1984～1999）。此期间，为了适应国民经济及国防军工发展对贵金属的需求，中国成立了国家黄金管理局，把金、银等贵金属列为国家“保护性开采的特定矿种”。采用金银开发基金、外汇分成、专项贷款、地勘基金以及免缴部分税等政策，从资金上提供保障。引进了一批贵金属采矿、选矿、冶金的重大技术和重要装备，提升贵金属工业技术和装备水平。对主要金、银矿企业进行了公司制改造，中国贵金属工业得到稳步发展。1999年中国铂钯、金、银产量分别为698千克、169吨和1378吨。贵金属新材料在中国电子电气工业、航空航天工业、国防军工、石油工业、汽车工业、石油化工及无机化工及精细化工工业、玻璃纤维工业以及医药医疗等行业中逐步得到广泛应用，促进了中国国防军工和现代工业的发展。同时，贵金属在新能源、环境保护和治理、医学生物等人类社会可持续发展的相关领域的研究开发也获得进展。③快速发展阶段（2000年以后）。2000年1月1日，中国取消白银的“统购统配”政策，金的“统购统销”政策也在2001年取消，金、银市场放开。中国建立了一些专业贵金属高新技术企业，各地出现大量民营企业从事贵金属二次资源回收和专业材料生产，一些跨国企业也在中国建厂或设立分公司。中国建成了贵金属勘探、开采、冶炼、加工、制备、检测和回收的学科和技术体系，并成为全球贵金属生产和消费大国。至2014年，中国的铂钯、金、银产量分别为3944千克、450吨、19 182吨。

特点 中国现代贵金属工业特点：①中国贵金属消费发展迅速，2014年中国铂族金属需求量为91.4吨，约占全球总需求的1/3；金需求量为886吨，银需求量为7800吨。②中国贵金属工业起步于国防军工，贵金属材料首先应用于航天、航空、电子等领域。随着中国经济快速发展，贵金属工业逐步转向为经济增长服务、为人民消费服务，并应用于人类自身健康、生存环境保护等领域。③中国贵金属矿产资源缺乏，二次资源综合利用的作用日显重要。④中国贵金属工业技术相对落后，需要加大开发力度。

发展趋势 中国现代贵金属工业逐步向以下方面发展：①加强铂族金属矿产资源的发现和勘探工作，提高中国铂族金属矿产资源储量，合理利用国外铂族金属矿产资源，实现中国铂族金属工业资源的多元化。②加快中国贵金属二次资源循环利用技术的产业化，提高国内贵金属原料供给能力。③加强贵金属工业技术的基础研究，解决贵金属工业关键技术、共性技术、环保技术，提高中国贵金属工业制造水平，实现中国贵金属工业绿色发展。④开发新型贵金属新材料，推进贵金属新材料在新兴产业中的应用，提高贵金属资源使用效率。

扩展阅读

宁远涛，杨正芬，文飞.铂.北京：冶金工业出版社，2010.

中国有色金属工业协会.中国黄金.北京：冶金工业出版社，2014.

中国有色金属工业协会.中国白银.北京：冶金工业出版社，2015.

（陈家林）

中国现代镓工业 modern gallium industry in China 中国镓资源丰富，2008年共探明镓矿区166个，资源储量为13.66万吨，主要分布在内蒙古、广西、贵州、河南、山西、云南等省区。广西、贵州、河南、山西等省区的镓主要存在于铝土矿中，其他部分省区的镓主要存在于锡矿或闪锌矿中。

中国的镓工业始于1957年，山东铝厂建成镓车间，开发出采用烧结法碳分母液进行多次碳分的提镓技术，所得到的富镓溶液再进行电解生产出粗镓。2000年中国长城铝业公司等单位开发出离子交换树脂法，从铝酸钠溶液中直接分离出镓。该方法对溶液浓度的适应性好，吸附、脱附效率可达90%以上，树脂易于再生，生产成本较低。截至2018年，中国镓工业几乎完全采用离子交换树脂法从氧化铝生产的拜耳法分解母液中提取出镓。

从2002年起，中国成为世界上最大的粗镓生产国。2014年中国镓产量355吨，占世界总产量的80.7%。中国所产的粗镓大部分出口。随着国内半导体和光电材料、太阳能电池、合金、医疗器械、磁性材料等行业的快速发展，中国镓的消费量保持增长态势。

中国镓工业的发展趋势：①中国粗镓产量过高，需要整合现有产能，淘汰成本较高、污染较严重的粗镓生产技术。②发挥科技进步的作用，包括进一步改善离子交换树脂性能，提高吸附和脱附率，降低树脂消耗，实现降本增效。③研发粗镓的深加工技术，扩大镓在国内的应用领域。

（顾松青）

中国现代锂工业 modern lithium industry in China 锂是自然界中最轻的金属，在氧和空气中能自燃。锂也是一种重要的能源金属，应用在高能锂电池、受控热核反应中。锂工业发展和军事工业的发展密切相关。

中国锂资源丰富，主要分布在青海、西藏、四川、江西、新疆、湖南等省区。西藏和青海为盐湖卤水型，新疆、四川、江西、湖南等为花岗伟晶岩或花岗岩矿物型。青海、西藏和四川锂资源储量占85.23%，其中四川甘孜县和阿坝州锂辉石储量大，江西宜春地区是锂云母的主要生产基地。中国锂资源储量如表1所示。

中国的锂资源虽然丰富，但受资源禀赋、开发技术和成本等限制，卤水、矿石（特别是锂云母）直接作为原材料应用到中下游领域的比例较少，原料对外依存度高。中国锂盐生产当中，原料来源相当复杂，其中绝大部分仍然依赖于进口锂辉石加工，占比70%；少部分企业进口高浓度卤水进行加工，占比16%；采用国内卤水和矿石资源进行锂盐生产的占比14%，其中又以卤水提锂更少。具体如表2所示。

1950年中国与苏联签订在新疆创办中苏有色及稀有金属股份公司的协定，生产锂辉石精矿等。这是中国最早创办的中外

表1　中国锂资源储量

（折合金属锂，单位：万吨）

序号	产地	主要矿物	储量	基础储量	资源量
1	四川	锂辉石	1.42	36.14	76.00
2	江西	锂云母	23.6	26.3	34.21
3	新疆	锂辉石	0.52	1.66	1.26
4	河南	锂云母	0.05	0.06	2.87
5	福建	锂辉石	—	—	0.21
6	山西	锂辉石	—	—	0.02
7	湖南	锂云母	0.01	0.01	16.51
8	湖北	盐湖卤水	—	—	50.61
9	青海	盐湖卤水	297.37	—	310.04
10	西藏	盐湖卤水	47.15	—	222.30
合计			383.61	44.72	714.01

表2　中国锂盐生产原料来源

单位：万吨

来源	2014年	2015年
进口锂辉石	33	36
进口高浓度卤水	2.5	1.8
国内矿石产量	2	2.5
国内卤水产量	1.1	1

合资企业。1958年中国建设了第一家锂盐生产企业——乌鲁木齐有色金属冶炼厂，采用石灰烧结法工艺，主产品为单水氢氧化锂，另外还有转化产品碳酸锂和氯化锂。至21世纪，中国已有完整的锂工业体系，可生产锂产品80多个品种规格，生产的锂产品，除满足国内经济发展需要外，还有部分出口。2015年世界锂盐产量16.3万吨，中国占世界总产量的38%。2013～2015年中国主要锂产品产量如表3所示。

表3　中国主要锂产品产量

单位：万吨

品类	2013年	2014年	2015年	备注
锂精矿	7.6	2.0	2.5	包括锂辉石
碳酸锂	3.8	4.16	4.2	包括工业级和电池级
单水氢氧化锂	2.2	2.3	2.2	
金属锂	0.23	0.26	0.27	
锂离子电池正极材料	7.6	9.8	16.7	包括钴酸锂、镍钴锰酸锂、锰酸锂和磷酸铁锂

中国锂冶金工业的发展趋势：①降低成本，提高产品在市场上的竞争力将是锂工业发展的决定因素。中国生产的碳酸锂80%以上为矿石提取。从世界范围来看，盐湖提锂成本低于矿石提锂。由于中国盐湖储量丰富，一旦盐湖提取碳酸锂达到量产，将会影响世界碳酸锂行业格局。②青藏卤水占中国锂资源量的74.56%，青藏卤水提锂技术突破将是中国锂冶金工业的主攻目标。③产品品种多元化，延长产业链，提高产品附加值将是中国锂冶金工业发展的方向。　（季　玲）

中国现代铝工业　modern aluminum industry in China　铝土矿主要包括一水软铝石、一水硬铝石和三水铝石矿。中国铝土矿资源较为丰富，资源量在40亿吨以上，其中储量8.3亿吨，居世界第八位，约占世界总储量的3%。分布特点如下：①中国铝土矿主要集中分布在山西、广西、河南、贵州和云南等省区。②单个铝土矿矿床规模较小，部分需要地下开采。③中国可经济利用的铝土矿绝大部分是碱难溶的一水硬铝石型铝土矿。④中国北方地区大部分铝土矿为氧化硅含量较高的中低品位一水硬铝石矿，而且氧化硅矿物的组成复杂。⑤贵州、河南、山西省部分矿点的铝土矿中硫、锂、钾和有机物含量较高。总体上，中国虽然有较多的铝土矿资源，但资源品质不佳，给开发和经济利用带来了诸多技术难题。

发展历程　中国铝工业是在中华人民共和国成立后逐步发展起来的。1938年日本帝国主义为了掠夺中国资源，由“满洲轻金属制造株式会社”在抚顺建成电解铝厂，年产能力不到一万吨。1943年日本侵略者经营的“华北轻金属公司”，开始在山东张店建设氧化铝厂，但到1945年日本投降时，第一期工程尚未完成。

1949年后，中国铝工业得到迅速发展。1950年在山东张店利用当地的铝土矿资源和原有的部分陈旧设备，采用烧结法建设了中国第一家氧化铝厂——山东铝厂，于1953年投产；1952年采用小型自焙槽技术建设中国第一家电解铝厂——抚顺铝厂，并于1954年投产。

1954～1978年，利用河南和贵州发现的铝土矿资源，又先后建成郑州铝厂、贵州铝厂等氧化铝厂，采用的技术为中国开发的拜耳-烧结联合法；利用西北、西南较为丰富的电力资源，主要采用自焙槽技术，建成兰州铝厂、包头铝厂、贵州铝厂铝电解分厂、青铜峡铝厂、连城铝厂以及山东铝厂铝电解分厂、郑州铝厂铝电解分厂（小型预焙槽）等8家铝电解厂。吉林炭素厂、抚顺铝厂和郑州铝厂建成了铝用炭阳极厂，生产阳极糊和小型预焙炭阳极块；湘乡铝厂和白银氟化盐厂建成了氟化盐生产能力，生产冰晶石和其他氟化盐。1978年中国氧化铝产量达到77.87万吨，铝电解产量为29.61万吨。在铝加工工业方面，1954年开始建设中国首家铝合金加工厂——东北轻合金加工厂，此后陆续建成西南铝加工厂、西北铝加工厂、沈阳铝加工厂等60余家铝加工厂，扩大了铝加工的能力。

1983年中国有色金属工业总公司成立，提出了“优先发展铝”的战略方针，使中国铝工业进入一个新的发展阶段，扩建了山东铝厂，并改进了烧结法生产技术，扩建了郑州铝厂和贵州铝厂，并完善了拜耳-烧结联合法氧化铝生产流程；新建了山西铝厂（混联法）、中州铝厂（烧结法）和平果铝厂（拜耳法）；引进了拜耳法溶出、降膜蒸发、流态化焙烧、晶种分解机械搅拌、高压隔膜泵等先进节能的技术及装备。至1995年，氧化铝生产形成了处理中国高品位一水硬铝石矿的拜耳法、处理中低品位矿的烧结法和拜耳-烧结联合法并存的技术格局。在此期间，中国铝电解工业通过自主开发或技术引进，开始发展预焙阳极铝电解技术，逐步淘汰了能耗高、污染严重的自焙铝电解槽技术，使中国铝电解工业步入了规模化、大型化和现代化的发展道路。2000年中国的氧化铝产量474.7万吨，电解铝产量达到279.4万吨。中国铝加工工业走上了以引进技术装备为主的道路，高速发展了铝板、带、箔轧制工业，其技术装备水平、生产能力、产品质量等方面迅速提高。

贵州铝厂电解车间

2001～2015年，

中国经济的持续快速发展有力推动了铝工业的迅猛发展，中国铝工业的资本结构、产业结构、技术结构发生了重大的变化，产能、产量快速增长，能耗大幅度下降。以杭州锦江集团、信发集团以及魏桥铝电有限公司为代表的多家民营企业大规模进入中国铝行业，他们大量采用先进的生产技术，部分原料使用高品位的进口三水铝石矿，使中国氧化铝和原铝产量快速增长。这些民营企业的氧化铝与电解铝产量已占全国总产量的2/3以上。这一时期，中国铝型材建设较快，满足了中国建筑工业的发展；铝板、带、箔材生产能力进一步提升。

针对铝土矿资源品位日趋恶化的特点，中国氧化铝工业开发了处理中低品位一水硬铝石矿的拜耳法成套生产技术，主要包括：①一水硬铝石矿套管间接加热、停留罐强化溶出技术。②中低品位一水硬铝石矿选矿拜耳法以及浮选精矿高温双流法间接加热溶出技术。③中低品位一水硬铝石矿石灰拜耳法生产氧化铝技术。④高效强化拜耳法生产技术。⑤一水硬铝石矿生产砂状氧化铝技术。通过大规模推广应用，中国冶金级氧化铝生产基本淘汰了高耗能的烧结法，大幅减少了拜耳-烧结联合法的产能比例，形成了以高效节能、短流程的拜耳法处理中低品位一水硬铝石矿的主体流程。中国氧化铝产量从2001年的465万吨增加到2015年的5898万吨，已占世界氧化铝总产量的51.2%；氧化铝单位能耗相应从34.7吉焦/吨降低到12.5吉焦/吨。

同时，中国铝电解工业和铝用炭素工业也得到了快速发展。自1996年在郑州轻金属研究院铝电解试验基地首次开发成功280千安大型铝电解槽技术后，又相继开发出了300千安、400千安、500千安及600千安级大容量铝电解槽技术，同时还开发出节能的新型阴极结构铝电解槽技术、同多种复杂组成的石油焦混配并生产出优质炭阳极成套技术等。中国铝电解平均交流电耗从2001年的15 470千瓦·时/吨降低到2015年的13 562千瓦·时/吨。中国生产的优质炭阳极不仅满足了中国电解铝工业大型铝电解技术的需要，而且大量出口。

发展趋势　中国现代铝工业的发展重点：①实行中国铝工业产业结构的调整和重组，严格控制氧化铝、电解铝总产量，淘汰落后产能，削减过剩产能。②调整铝工业产业布局，实现产业定向转移。氧化铝企业转移到铝土矿资源和能源丰富的地区，铝电解企业转移到电能丰富的地区，炭阳极企业接近石油焦来源丰富的地区。主要目的是降低物流运输及电力输送成本。③开发大型、高效、节能、环保的铝工业生产流程和装备，氧化铝生产深度节能技术和能提升铝电解电流效率技术，以提高单位产能和生产效率。④开发中国铝工业的清洁生产和资源综合利用技术，解决铝工业废气的高效净化以及赤泥、废槽衬、炭渣和铝灰等固体生产废渣的无害化处理和资源化利用难题，实现中国铝工业的可持续发展。⑤铝是一种易于循环再生的资源，回收过程能耗低，回收率高，因此应大力开发废铝的再生和循环利用技术，提高铝资源的回收利用率。⑥开发具有高性能和特殊性质的铝材料和铝制品，开拓铝材的新用途，拓展铝的消费领域。

扩展阅读

中国有色金属工业协会.新中国有色金属工业60年.长沙：中南大学出版社，2009.

中国有色金属工业协会.中国有色金属工业改革开放30年（1978—2008）.长沙：中南大学出版社，2009.

厉衡隆，顾松青，李金鹏，等.铝冶炼生产技术手册.北京：冶金工业出版社，2011.

（刘凤琴）

中国现代镁工业　modern magnesium industry in China　中国拥有丰富的镁资源，矿产有菱镁矿、白云石，在沿海盐场和内地盐湖中含有大量光卤石和水氯镁石。菱镁矿主要分布在辽宁海城、大石桥、营口一带及山东省的莱州等地。菱镁矿的化学成分主要是碳酸镁（$MgCO_3$）。炼镁工艺要求菱镁矿中的MgO含量大于45%，SiO_2含量小于1.5%。白云石资源主要赋存于河南、山西、宁夏等省区，这些省区煤矿储量也很大，因此适合发展硅热法炼镁产业。白云石的化学成分主要是$CaCO_3 \cdot MgCO_3$。用于硅热法炼镁的白云石质量的要求是：MgO含量19%～21%，CaO含量30%～33%，SiO_2含量小于0.5%。中国青海察尔汗盐湖储藏有巨大的氯化镁和氯化钾资源，可提取光卤石或水氯镁石用于电解炼镁。盐湖光卤石必须采用热溶再结晶方法降低NaCl含量，再进行沸腾脱水、熔融氯化得到无水光卤石，才能进行电解炼镁。

发展历程　中国镁工业起步于国家第一个五年（1953～1957）计划。当时根据军工生产的需要，引进了苏联的菱镁矿氯化电解工艺，在抚顺铝厂建设了中国首家原镁生产厂，产能规模3000吨/年，并于1957年投产。此后30年间，中国主要依靠抚顺铝厂生产原镁。生产镁材的企业有洛阳铜加工厂和沈阳有色金属加工厂。东北轻合金加工厂也生产镁粉和镁合金材料。20世纪60年代至80年代末，中国研发、改进了以盐湖水氯镁石、钾光卤石和白云石为原料的生产原镁工艺，为中国镁工业进一步发展打下了坚实的基础。

80年代末至90年代，硅热法炼镁（即**皮江法**炼镁）在中国得到快速发展。河南、山西、河北等省建成的中小规模硅热法炼镁厂形成了超过10万吨的产能。

进入21世纪后，通过技术和装备的优化改进，中国硅热法炼镁工艺和装备技术得到巨大进步，企业规模扩大，节能、降耗、减排技术得到大规模应用，特别是新型还原炉、余热回收、废渣利用等方面。中国原镁产量从2001年的20万吨、占世界总产量的46.7%，增加至2015年的85.2万吨、占世界总产量的85%。镁合金加工业开发出了一系列新型镁合金及其生产技术，如新型高强变形镁合金，镁合金的铸轧、压铸、挤压技术等，带动了中国镁产业的产品结构升级。

发展趋势　中国现代镁工业向以下方面发展：①开发新型高效镁冶炼装备。尽管中国现代镁工业采用热法炼镁技术，明显降低了生产成本，但节能和环保问题突出，因此，需要开发出高效、节能、环保的镁冶炼装备，提高单位产能和生产效率。②开发热法炼镁渣等含镁二次资源利用的工艺技术并解决镁工业环境治理问题，实现可持续发展。③适当调整镁工业的产业结构，淘汰能耗高、污染严重的炼镁工艺，建设盐湖光卤石电解炼镁的联合企业，实现盐湖光卤石资源的高效利用。④开发具有高性能的镁合金，拓宽镁合金应用的新领域，使镁成为重要的新型结构与功能金属材料。同时发展金属原镁、镁合金的深加工业，开发高附加值产品。

扩展阅读

中国有色金属工业协会.新中国有色金属工业60年.长沙：中南大学出版社，2009.

顾松青，吴礼春.有色金属进展（1996—2005）：第三卷（轻金属）.长沙：中南大学出版社，2007.

孟树昆.中国镁工业进展.北京：冶金工业出版社，2012.

（刘凤琴）

中国现代钼工业　modern molybdenum industry in China　中国钼矿的地质资源丰富，据2016年美国地质调查局发布的统计数据，中国钼储量为430万吨，占世界总储量的39.1%，居世界第一。钼与钨为同族相邻元素。由于钼对硫具有显著的亲和力，钼多数以辉钼矿的形态存在。世界上70%～80%的钼元素以氧化钼、钼铁的形式用于钢铁工业，其余的钼以催化剂、抑烟剂、钼颜料、钼金属、钼合金等形式用于石油、化工、航天、军工等行业。

钼矿开采始于清朝末年，当时矿区分布在福建、浙江和广东等省。辽宁杨家杖子钼矿曾在早期开采硫化铁矿石和铅锌矿，20世纪30年代该矿被日本帝国主义掠夺，增添采选设备，1940年由采铅锌转为采钼为主，年产钼精矿最高曾达700多吨。

中华人民共和国成立后，首先对杨家杖子钼矿进行了改造和扩建，使其成为全国最早的现代化钼矿基地；60年代又建设了陕西金堆城钼矿，钼业生产有了很大的发展。1957年建成投产的吉林铁合金厂是中国第一座生产钼铁的工厂，年产钼铁量约300吨，结束了中国进口钼铁的历史。1965年建成投产的吉林锗厂钼酸铵车间，是中国首个钼酸铵产能达千吨级的工厂。此后，随着钼需求量增加，中国钼制品产能不断增加。21世纪初，中国已是全球重要的钼制品生产国和消费国。此外，还发展了钼金属制品的生产，产品有钼粉、钼条、钼板、钼棒和钼丝等。

工业氧化钼和钼铁合金可通过火法冶金过程获得。辉钼矿经氧化焙烧即可获得氧化钼。中国中小型钼精矿焙烧厂多采用内热式回转窑焙烧钼精矿，而大型焙烧厂则逐步采用多膛炉焙烧钼精矿。工业氧化钼生产主要集中在陕西金堆城、河南洛阳、辽宁葫芦岛等地区。中国广泛采用硅铝热法生产钼铁合金。钼铁生产主要集中在辽宁葫芦岛、河南洛阳、江苏徐州等地区。

高纯度钼制品通常通过湿法冶金获得。钼的湿法冶金主要以钼酸铵为目标产品，包括四钼酸铵、二钼酸铵、七钼酸铵等多种形态。辉钼矿冶炼制取钼酸铵通常采用经典工艺：辉钼矿经氧化焙烧、氨溶后得到钼酸铵溶液，净化后的钼酸铵溶液再经蒸发结晶或酸沉结晶得到不同形态的钼酸铵结晶产品。

中国钼工业的发展趋势主要有3方面：①钼火法冶金的冶炼强度将进一步提高。冶金设备将向大型化、自动化程度更高的方向发展。如流态化焙烧和闪速炉焙烧等的高效反应器有望在中国获得应用。②非传统钼资源利用率逐步提高。2000年后，镍钼矿、彩钼铅矿和各类钼二次资源的开发受到重视，其冶炼技术取得了较大进步。虽然这类非传统钼资源的利用一定程度受到钼价的影响，但从长远看，随着钼需求量的增长及冶炼技术的进步，其利用率将逐步提高。③钼冶炼企业更加关注与下游产业的结合。钼冶炼企业利用其资源优势和技术特点与下游产业深度融合，有利于增加产品附加值，提高企业的核心竞争力，降低价格因素对企业的冲击。

（顾松青）

中国现代镍钴工业 modern nickel and cobalt industry in China 2014年中国镍的基础储量为253万吨。中国硫化物型镍矿资源较为丰富，主要分布在西北、西南和东北等地，保有储量占全国总储量的比例分别为76.8%、12.1%、4.9%。但中国红土镍矿资源比较缺乏，保有量仅占全部镍矿资源的9.6%。

中国钴矿资源不多，独立钴矿床尤其少，主要伴生于铁、镍、铜等矿产中。截至2015年，中国钴的基础储量只有6.7万吨。

发展历程 现代镍钴工业是中华人民共和国成立后发展起来的。20世纪50年代从铜、铅、锌等金属冶炼的副产品中提取镍钴。1953年上海冶炼厂从铜电解液中生产出了硫酸镍，1955年10月中国首次产出电解镍。1954年沈阳冶炼厂以湿法炼锌钴渣为原料首次生产出中国的电解钴。1958年重庆冶炼厂以粗镍为原料产出含镍99.99%的高纯镍。

1958年建设了四川会理镍矿，实现了国内矿产原料提取镍。会理镍矿采用鼓风炉熔炼、转炉吹炼工艺，产出的高冰镍交成都电冶厂精炼，生产出电解镍，精炼采用硫化镍阳极隔膜电解工艺。1956年在吉林发现红旗岭1号岩体的铜镍硫化矿，1973年建成吉林镍业公司的一期工程，设计采用“镍精矿压团—团矿竖炉干燥—电炉熔炼得到低冰镍—转炉吹炼得高冰镍”的工艺流程，年产高冰镍含镍量约2600吨。同一时期，南京钢厂钴车间、葫芦岛锌厂钴车间、赣州冶炼厂、潮州冶炼厂、浙江义乌冶炼厂等小型镍钴生产企业也相继建立。

1958年发现金川镍矿，1959年6月筹建金川有色金属公司，1964年开始建设第一期工程，1966年以后陆续建成投产。在1978年后，50多家科研、设计院所和大专院校开展了金川资源综合利用科技联合攻关，取得一大批重大科技成果并应用于该厂的采选冶生产的改造和扩建。在较短时间内形成了比较完整的镍钴工业体系。其后在新疆喀拉通克等地发现镍矿，建成新疆喀拉通克、阜康冶炼厂。

经过多年的开采，中国镍保有储量呈明显下降的趋势。进入21世纪后，从事镍钴工业的企业开始开拓并获取国外镍钴资源，主要为非洲的铜钴矿和东南亚的红土镍矿，并建成了一批从事镍钴冶金的现代化工厂。镍钴产量如下表。

2003～2015年中国镍钴产量

单位：万吨

年份	电解镍	原生钴	精炼钴
2003	6.47	0.58	0.46
2004	7.58	1.03	0.80
2005	9.51	1.52	1.27
2006	10.19	1.51	1.27
2007	11.57	1.32	1.32
2008	12.87	2.17	1.82
2009	16.48	2.55	2.31
2010	15.86	3.59	3.29
2011	17.47	3.73	3.50
2012	19.68	2.83	2.98
2013	22.70	4.15	3.61
2014	24.67	4.27	3.93
2015	23.21	5.38	

镍钴工业的生产技术 镍钴生产的工艺和设备不断改进：①中国早期镍钴冶炼生产中，采用土法烧结、小鼓风炉等工艺装备进行熔炼，然后再经转炉吹炼。对高冰镍的处理则沿用古老的分层熔炼法，铜镍分离指标很不理想。20世纪60年代后，金川有色金属公司和吉林镍业公司，采用了适宜处理高镁铜镍精矿的矿热电炉，后来金川有色金属公司又引进了闪速熔炼技术。②对高冰镍的处理，新疆阜康冶炼厂采用了金属化高冰镍加压浸出技术，吉林镍业公司采用了高冰镍选择性加压浸出技术，提升了高冰镍处理水平。③精炼采用了硫化镍阳极电解工艺，与金属镍阳极电解相比，缩短了流程，降低了生产成本；新疆阜康冶炼厂采用了不溶阳极电积镍工艺，后来逐步推广到其他工厂。④针对红土镍矿的处理，先后开发了还原焙烧–氨浸技术（在还原气氛下对红土镍矿进行还原焙烧，再对焙砂进行氨浸提取，对氨浸液进行萃取—反萃，得到镍盐）、高压酸浸技术（采用硫酸对红土镍矿进行加压浸出，对浸出液进行中和除铁，除铁后液进行沉淀，得到硫化镍或氢氧化镍）、金属化还原–磁选镍铁技术等，并实现工业化应用。⑤钴冶金方面，20世纪50年代广泛使用的化学沉淀法已逐渐被溶剂萃取、离子交换技术所代替，并逐步采用了脂肪酸、三辛烷基叔胺（N235）、二（2–乙基己基）磷酸酯（P204）、二（2，4，4–三甲基戊基）次膦酸（Cyanex272）等新型萃取剂。提钴的矿物原料得到了扩展，开

发了从不同原料中提钴技术，如水钴矿提钴技术、转炉渣提钴技术、含钴合金提钴技术等，并都实现了工业化应用。

发展趋势　中国镍钴工业向以下方面发展：①确保镍钴资源的有效供应。中国镍钴资源短缺，一方面需要加强国内镍钴资源的勘探与已有矿山的深部挖潜，另一方面还要通过多种国际合作渠道加强全球镍钴资源的勘查能力。②实现低品位镍钴资源的高效综合利用，进行低品位镍钴资源的高效经济开发。③从红土镍矿中提取镍钴。红土镍矿的镍储量占陆地镍储量的60%以上，从红土镍矿中提取的镍钴所占比重将逐渐增加，要进一步研究开发高效率、低成本的工艺流程和技术装备。④镍钴二次资源的回收利用。随着原生镍钴矿产资源的日益减少和镍钴二次资源社会保有量的不断提高，镍钴二次资源的回收利用越来越受到重视。镍钴二次资源包括电池废料、失效电池、废催化剂、电镀污泥和废水、废高温合金、废硬质合金、废磁性材料以及含镍钴冶金渣等。

（王成彦）

中国现代铍工业　modern beryllium industry in China　中国铍矿储量丰富，分布于15个省区的75个矿区，其中新疆、内蒙古、四川、云南4省区储量合计占总储量的89.5%。中国的铍工业开始于20世纪50年代。从1954年起先后在新疆、湖南、宁夏等地扩建和新建了矿山、冶炼厂和材料研究生产基地，初步建立了铍材工业体系。同时满足了国防军工和核工业用铍材的需求。80年代后中国铍材研制的装备不断升级，研究达到了新的高度，产品的实用性能、试制能力和科研手段等方面得到了提高，完成了铍材从核应用向航天工业应用及仪表用材的拓展。铍合金产品种类增多，到2016年，已经形成了从矿石开采、提取冶金到铍金属及合金加工的完整工业体系。

中国铍工业的发展以满足国防军工和核工业需要为起点，产品门类较为齐全，主要产品包括金属铍、氧化铍、铍合金等，其中金属铍材的研发和生产是重点，产品包括结构级、仪表级和光学级等各个品级。中国从事与铍相关的人员和企业较少，规模不大，设立有以铍及其合金研究为主的稀有金属特种材料国家重点实验室。

中国铍工业的发展趋势主要有以下两个方面：①铍作为一种特殊的战略性材料，伴随着高新技术的发展和核工业、国防军工的需要，其产品需求仍将存在活力；铍合金（特别是铍铜）随着技术的突破和民用需求的增长，具有较好的发展前景。②加大对铍工业科技研发的投入，加强基础理论和工程化技术研究，进一步掌握铍化合物、铍及铍合金的核心技术，以生产高品级、高技术含量的产品，实现铍的商业应用。

（李　彬　何季麟）

中国现代铅锌工业　modern lead and zinc industry in China　1949年以前，中国的铅锌工业基础薄弱。中华人民共和国成立后，铅锌工业取得了巨大的进步。

资源　中国铅锌矿产资源丰富，铅和锌储量均居世界第二。2015年，中国查明的铅矿储量为7812.4万吨、锌矿储量为14 563.7万吨。铅锌矿产资源主要集中在云南、内蒙古、甘肃、广东、湖南、广西等省区，占全国资源储量的70%以上。

中国铅锌矿产资源的特点是贫矿多、富矿少，结构构造和矿物组成复杂。铅矿平均品位1.60%，主要集中在0.5%～5%之间，矿石中的铅锌比平均为1∶2.5，品位在3.5%以上的探明资源量占全国总资源量的22.4%。锌矿平均品位3.32%，主要集中在1%～7.5%之间，品位在6%以上的探明资源量占全国资源总量的33.3%。

发展历程　中国现代铅锌工业的发展主要分为以下5个阶段：①1949～1957年。该时期一些老企业恢复生产，并进行技术革新和改扩建。1950年，沈阳冶炼厂生产出中国第一批电解锌。1957年，葫芦岛锌厂飞溅冷凝器试验获得成功，并将一座多膛炉改造成中国第一座锌精矿沸腾焙烧炉。中国铅锌冶炼企业由十多家迅速发展到五十多家，技术水平得到提高。初步形成了比较完整的铅锌工业体系。②1958～1976年。该时期形成了中国铅锌工业的四大基地，即东北铅锌生产基地、中南铅锌生产基地、西南铅锌生产基地和西北铅锌生产基地，为中国铅锌工业发展打下了坚实的基础。先后在湖南、云南、广东、广西、甘肃等地新建和扩建了一批铅锌矿山。铅锌企业规模较大的有广东凡口、韶关，湖南桃林、株洲、水口山、黄沙坪，辽宁沈阳、葫芦岛，甘肃白银等矿厂和冶炼厂。③1977～1991年。中国铅锌工业进入振兴时期。根据中国铅锌资源状况，当时的中国有色金属工业总公司确定了“积极发展铅锌”的指导方针。采取了“进一步发展中南铅锌基地，加速建设西北铅锌基地，抓紧开发西南铅锌基地，放开沿海、巩固东北铅锌基地”的战略思路，优化调整中国铅锌工业的布局。④1992～2002年。随着改革开放的推进，中国铅锌工业呈现出多种所有制企业共同发展的局面，铅锌产量大幅增加。⑤2003年后。中国产业布局从东北、中南向资源更丰富的中西部转移。通过技术改造和工艺引进，淘汰落后生产工艺和设备，中国铅锌工业的技术和装备水平得到大幅提升。2015年中国铅、锌产量分别为440万吨和615万吨。

主体工艺及工业特点　中国铅锌工业生产有火法和湿法两种工艺。铅生产主要以火法冶炼为主，主要有氧气底吹-鼓风炉还原炼铅法、艾萨法、卡尔多炉炼铅法、基夫赛特法、铅富氧闪速熔炼法等。其中氧气底吹-鼓风炉还原炼铅法及发展的三联炉炼铅法是中国自主研发的一种直接熔炼技术，其产能占中国铅总产能的50%以上。锌生产80%采用湿法工艺，包括常规湿法工艺（见图）、富氧浸出工艺。密闭

锌湿法电解工业

鼓风炉炼锌法是唯一的火法冶炼铅锌混合矿的方法。铅、锌产品除金属锭外，还可加工成板、管、棒材、锌粉、锌饼以及化合物等。

发展趋势　中国铅锌工业发展趋势主要有以下方面：①再生铅成为中国铅产业的主要发展方向。发展再生铅能减少原生铅矿的开采，有效缓解铅精矿资源短缺的局面。发达国家再生铅占比早已超过70%，而中国才刚超过30%。随着铅社会累计积存量的增加，中国铅的生产将转向以再生铅为主的格局。②锌工业主要以原生锌生产为主，锌的消费主体主要集中在镀锌领域。再生锌将成为重要的锌资源来源。再生锌原料主要来源于钢厂的电炉熔炼烟尘。由于中国钢厂废钢使用比例低，电炉炼钢比例也低，造成再生锌产业发展艰难。随着钢厂废钢使用量的增加，废旧汽车回收数量的提高，将促进再生锌产业

的发展。③综合回收受到企业的重视。中国铅冶炼企业的利润点已不在铅锭方面，逐步转移到其副产品（金、银、铋等稀贵金属及硫酸），提高共、伴生资源回收率是原生铅冶炼产业的发展方向。④加大环保设施投入、强化清洁生产、提高环境安全管理和风险排查水平，从源头和全过程控制污染物产生和排放将成为铅锌冶炼企业的管理重点。⑤提高资源保障能力，规范行业准入，促进产业结构调整和转型升级，提高工艺技术和装备水平。

扩展阅读

邱定蕃，柴立元.有色冶金与环境保护.长沙：中南大学出版社，2015.

彭涛.中国铅锌工业现状及发展趋势.中国有色金属，2013(22)：46-48.

娄永刚，郭学益，田庆华.中国铅锌工业发展探析.世界有色金属，2015(4)：50-54.

（王成彦）

中国现代钛工业 modern titanium industry in China　中国钛资源极丰富，已探明的钛资源储量74 747万吨（以二氧化钛计）。但中国的钛资源主要是岩矿（占总量的95.5%），二氧化钛（TiO_2）的品位较低，钙镁的杂质含量高。中国钛资源的主要产地是四川、云南和河北等地。

发展历程　中国现代钛工业起步于20世纪50年代。1954年重工业部有色金属综合研究所冶金室成立了两个海绵钛研究组，分别用镁热还原法和熔盐电解法制备金属钛，并于1955年11月制备出海绵钛样品，纯度99.2%。1956年开始在抚顺铝厂设计筹建中国第一个年产60吨海绵钛生产车间，并于1959年3月生产出海绵钛。1956年冶金部有色金属研究院开展了钛及其合金的探索研究，并于1958年8月试制出1000克钛锭，在东北轻合金加工厂用该钛锭挤出了中国第一根钛管。1964年中国开始筹建遵义钛厂和宝鸡有色金属加工厂。1970年遵义钛厂生产出第一炉海绵钛，宝鸡有色金属加工厂也生产出1.4吨钛加工材。与此同时，中国还先后建立了上海第二冶炼厂、邢台有色金属冶炼厂、天津化工厂和湛江化工厂4个海绵钛厂（车间）；上海第五钢铁厂、上海第三钢铁厂、抚顺钢厂等企业也开始从事钛加工材的试制生产。除北京有色金属研究总院外，上海钢铁研究所、上海有色金属研究所、宝鸡稀有金属加工研究所、三机部621所、六机部725所、七机部703所、中国科学院金属研究所、天津市冶金材料研究所、北京航空学院（今北京航空航天大学）、西北工业大学、东北工学院（今东北大学）等单位也开展钛及钛合金的性能、加工技术及应用研究。至此，中国建立了完整的钛工业体系。1978年以后，由于加强了钒钛磁铁矿综合利用和钛冶炼的研究，钛工业有了进一步的发展。1982年中国专门成立了跨部委的全国钛应用推广领导小组，系统地进行了钛的应用推广工作，为钛工业的发展起到了积极的推动作用。

21世纪以来，在中国国民经济快速发展的拉动下，中国钛工业取得了快速发展，主要表现在：①民营企业全面介入钛行业，无论是海绵钛生产，还是钛材加工，都成为重要的生产力量。②中国钛企业装备水平提升，如有隔板大型氯化炉、多极镁电解槽、混料布料系统、8吨以上自耗电弧炉、电子束冷床炉、等离子冷床炉、万吨快锻机组、万吨等温模锻机组、6000吨挤压机、多功位钛棒连轧机组、20辊钛带冷轧机组等。

产量和质量　中国海绵钛产量于2007年起居世界第一位，中国钛加工材产量于2010年起居世界第一位。中国已是钛的生产和应用大国（见表）。

中国海绵钛和钛加工材产量

单位：吨

年份	2000	2001	2002	2003	2004	2005	2006	2007	2008	2009	2010	2011	2012	2013	2014
海绵钛	1905	2468	3328	4113	4809	9511	18 037	45 200	49 632	40 758	57 770	64 952	81 451	81 171	67 825
钛加工材	2233	4720	5482	7080	9292	10 135	13 879	23 640	27 737	24 965	38 323	50 962	51 557	44 453	49 660

钛产品质量不断提高，以海绵钛为例，2000年中国海绵钛的零级品率仅为15%左右，超零级产品几乎没有。到2018年，中国主要钛企业海绵钛的零级品率已达65%左右，超零级产品也已达15%左右。

发展趋势　随着中国国民经济的转型升级，特别是航空航天、海洋工程和核电等重大项目的实施，将促进中国钛工业形成以提高产品性能和质量、开发新应用为核心的发展方向。

（王向东）

中国现代钽铌工业 modern tantalum and niobium industry in China　中国钽铌资源丰富。钽铌资源主要分布于13个省区的92个矿区。其中钽总保有储量（折五氧化二钽）8.4万吨，从地区分布分析，江西钽矿最丰富，内蒙古、广东次之，3省储量合计占全国钽储量72.5%。铌主要分布在内蒙古包头的白云鄂博，其储量占全国铌资源储量的95%，远景储量达660万吨，工业储量（折五氧化二铌）为157万吨，但由于矿物复杂、提取技术难度大，还不具备经济回收价值。中国钽年生产能力达全球的40%以上，是钽铌氧化物、钽粉及钽加工材最主要的生产地。中国稀有金属钽与铌在自然界中常紧密共生，主要化学和物理特性相似，中国钽和铌工业同步发展。

中国钽铌工业创建于20世纪50年代后期。1956年北京建立起研究单位和半工业实验车间，开展钽铌分离和金属钽制取的研究。1956年后，新疆、广西、广东、江西等省区建立了钽铌矿山，并在宁夏、湖南、上海、广东、广西、江西等地陆续新建和扩建了一批冶炼厂或车间，实现了钽铌的工业化生产，产品基本满足国内的需要。至90年代，中国已建立起从采矿、选矿、冶金到钽铌材料加工较为完整的工业体系。21世纪初，中国钽铌生产规模扩大，产品门类已达40个系列200多个品种，质量和品级大幅提高。通过自主创新、引进技术消化吸收再创新，开发了一大批具有自主知识产权的新工艺和新技术，如低品位钽铌矿选矿与分解，超高比容钽粉、电容器级钽丝生产工艺，溅射靶材用钽材、超导用铌材生产等。设备大型化、自动化水平大幅提升。

中国钽铌资源的品位普遍较低，钽铌原料主要依靠进口，钽原料进口大约占总需求的90%，铌原料（主要是铌铁）进口占总需求的98%以上。钽产品大约70%出口，铌产品主要应用在国内钢铁行业。

随着中国社会经济的持续发展，钽铌工业未来发展趋势如下：①通过国际合作战略的实施，加快境外钽铌资源的勘探和开采；加大国内钽铌矿山建设投资和铌综合回收技术攻关，促进钽铌原料的综合保障能力。②进一步提高钽铌工业的技术和装备水平，提升产品质量；调整产业产能结构，淘汰部分技术落后、竞争力低下的企业，实现钽铌行业的进一步整合。③开发新产品，提升高技术、高附加值产品的比例。

（李　彬　何季麟）

中国现代铜工业　modern copper industry in China　中国是冶铜和制造铜器最早的国家之一（见**冶金史**）。2015年，中国铜资源保有储量6243万吨，居世界第七位。中国绝大多数铜矿品位低、矿体复杂、开采难度大、成本高，矿床大多为多金属矿共生，伴生元素多，组分复杂，选冶难度较大。主要矿床分布在江西、云南、湖北、安徽、甘肃等省。中国铜精矿资源短缺较为严重，主要依赖于进口。

20世纪30年代后期，日本帝国主义为掠夺中国资源，在沈阳冶炼厂建立了一个炼铜车间，采用烧结锅烧结焙烧、鼓风炉硫化熔炼、真空吹炼炉吹炼的工艺，生产规模为2600吨/年。到1949年中国铜的产量只有3000吨左右。主要铜矿山有吉林石咀子、辽宁华铜、四川彭县（今彭州市）。中华人民共和国成立后，中国铜工业获得迅速发展。20世纪50年代以来，大力进行矿山建设，相继建成铜陵、大冶、白银、寿王坟、中条山、东川、易门、红透山等20多个重点矿山；先后恢复和扩建了沈阳、上海、重庆冶炼厂，新建了贵溪（见图）、铜陵、白银、大冶、云南等大型冶炼厂，以及白银、洛阳、沈阳苏家屯加工厂；已经形成了一个完整的铜的采、选、冶、加工生产体系。冶炼工艺不断完善，装备水平显著提高。中国铜冶炼厂普遍采用鼓风炉冶炼工艺，在敞开鼓风炉的基础上进一步发展出密闭鼓风炉熔炼工艺，并采用富氧熔炼。至1982年，中国已有大小密闭鼓风炉12座，承担超过粗铜产量1/3的冶炼任务，但密闭鼓风炉仍存在炉床能力及脱硫低、能耗高、铜锍品位低、烟气SO_2浓度低等缺点，逐步被淘汰。60年代初，大冶、白银冶炼厂率先采用反射炉炼铜。之后，反射炉逐渐取代鼓风炉，成为炼铜的主要设备。70年代研究成功了处理氧化铜矿的一段回转窑离析工艺，并在广东石菉投产，形成了日处理200吨氧化铜矿的生产规模，为氧化铜矿的开发利用增加了新的途径。铜的综合利用有很大进展，从铜矿中回收了金、银、铋、锌、铅、铟、硒、碲等有价元素。60年代转炉低浓度二氧化硫烟气制酸取得成功，并普遍推广应用，使铜精矿中硫的利用率达到60%以上，每年生产硫酸50多万吨。80年代前，中国冶金工作者对反射炉炉顶结构、炉底砌筑、加料系统、放铜方法等进行了改进，取得较大的成效，但仍未解决炉床能力低、烟气SO_2浓度低、环境污染严重等问题。80年代，白银有色金属公司采用自主研发的“**白银炼铜法**”对反射炉进行了成功的改造，并全套引进闪速炉炼铜设备，建设了贵溪冶炼厂。之后中国大型铜冶炼厂相继引进了艾萨法、奥图泰闪速熔炼法、诺兰达法等现代炼铜工艺。这些工艺减少了能源消耗，提高了硫利用率和热利用率。

贵溪冶炼厂铜浇铸

除火法炼铜外，湿法炼铜在处理复杂多金属硫化铜矿和低品位氧化铜矿、废石等方面具有一定优势，湿法炼铜产量已经约占全世界铜产量的25%，最低可处理含铜0.1%以下的废石或氧化矿。湿法炼铜典型的工艺为：浸出–萃取–电积。浸出过程包括加压浸出、常规搅拌浸出、堆浸和生物浸出等，湿法炼铜具有投资低、建设周期短、生产规模灵活等特点。

铜加工产品有合金、线、板、管、带、丝、棒等，基本上满足了国民经济各部门发展的需要。铜加工技术正向连续化、自动化、节能、环保、精密质量控制、提高成品率、降低成本方向发展。

中国铜冶金工业的发展趋势：拓宽铜矿资源的供应渠道；加强节能、环保和资源综合利用技术的开发，提高冶炼生产效率和共伴生金属回收率；淘汰落后产能，发展铜材深加工，进一步优化产业结构；加强对难选冶矿、共生矿和低品位铜矿资源的回收利用；积极发展二次铜资源再生利用技术，提高产业经济效益。

扩展阅读

彭容秋.铜冶金.长沙：中南大学出版社，2004.

（徐志峰）

中国现代钨工业　modern tungsten industry in China　钨属于稀有高熔点金属，是重要的战略金属。据美国地质调查局2016年发布的统计数据，中国钨储量为190万吨，占世界总储量的57.6%，居世界第一，主要分布在江西、湖南、广东、福建、广西等地，其中江西、湖南两省占全国钨储量的50%以上。中国是全球最大的钨精矿和钨制品生产国。2007年以来，钨精矿产量呈现稳步上升的趋势。

中国钨矿的发现和开采始于20世纪初。1939年产量达万吨以上。1944年日本帝国主义侵占赣南、湘南、粤北等地，钨矿生产停顿。中华人民共和国成立后，恢复生产，进行建设，对原有的钨矿进行了大量的技术改造，并新建了一批现代化的钨矿。在江西以大吉山、西华山、岿美山、盘古山为骨干，加上十来个重点钨矿及一批地方小型钨矿，形成中国的一个重要的钨基地；在湖南以瑶岗仙、湘东两钨矿为骨干，由五个重点钨矿及一批地方小型钨矿组成湖南钨基地；在广东以石人嶂钨矿为骨干，由十多个重点小型钨矿及一批地方小型钨矿组成广东钨基地。1958年建成投产的株洲硬质合金厂是中国第一个大型钨综合型生产企业，包含了当时规模较大的钨冶炼车间，标志着中国钨冶金工业的诞生。此后，又有一批以自贡硬质合金厂、南昌硬质合金厂为代表的硬质合金生产企业，以北京特殊钢厂、上钢五厂为代表的含钨特殊钢生产企业，以吉林铁合金厂为代表的钨铁合金生产企业，以北京电子管厂、成都东方电子材料总厂为代表的钨材生产企业相继建成投产。随着国民经济对钨制品需求的增加，钨冶炼的规模不断扩大。由此，中国建立了包括钨矿采选、钨冶炼、硬质合金、钨铁合金和钨材等方面在内的完整工业体系。

在钨冶金技术方面，碱热球磨技术及后续进一步发展的碱压煮技术，实现了工业条件下白钨矿的氢氧化钠分解；强碱性阴离子交换技术，由于操作简单、易于掌握，在钨酸钠转型的同时可脱除磷、砷、硅等杂质，在中国得到大规模推广应用；选择性除钼技术解决了长期困扰钨冶金相似元素分离的难题，成为中国钨冶金的通用除钼方法。至2010年，中国钨冶金企业普遍采用碱压煮–离子交换转型–选择性沉淀除钼–蒸发结晶的工艺流程。

中国钨冶金工业的发展趋势主要有以下方面：①钨冶炼过程环境污染进一步降低。实现工艺用水循环利用和废水零排放目标，彻底解决含盐、含氨氮废水的污染问题。开发钨矿伴生有毒元素（如砷、氟、汞）的提取与定向富集技术，避免在流程中分散，实现钨渣的解毒与资源化。消除氨气、硫化物气体、含碱水蒸气、萃取挥发物等难闻气体的低空污染，改善现场操作环境。②资源利用率进一步提高。推进钨二次资源的高效清洁利用，实现中国钨工业的可持续发展。提高低品位钨矿及多金属复合矿中钨的提取率及伴生有价元素（如钼、锡、钪）的综合利用率。③开发钨材料冶金新技术。面向不同类别高性能钨材制备的特殊要求，发挥冶金过程制备粉末前驱体的优势，用尽可能短的工艺流程，在冶炼过程中获得化学成分及物性参数（如晶体结构、形貌和粒度分布）高度可控的钨及钨化合物粉体。

（顾松青）

中国现代稀土金属工业 modern rare earth metals industry in China 中国稀土资源丰富，已探明储量的稀土矿区有238处，分布于22个省区。中国稀土矿物种类多，主要稀土矿物如氟碳铈矿、独居石及混合型稀土矿、离子吸附型稀土矿等储量大，尤其是离子吸附型稀土矿中铽、镝、铕、钇等中、重稀土元素配分比轻稀土矿高4～20倍。根据2013年国土资源部发表的中国矿产资源年报统计数据，至2009年，累计查明稀土资源储量为11 019.4万吨，其中基础储量3713.8万吨，查明可利用矿区138处，资源储量4439.5万吨，其中基础储量1857.0万吨，稀土储量居世界第一位。

中国依托稀土资源地形成了三大稀土冶炼分离产业基地，即：以包头混合型稀土矿为原料的稀土冶炼分离产业基地，主要集中在包头、甘肃等地，年生产能力达20万吨以上；以四川氟碳铈矿为原料的稀土冶炼分离产业基地，主要集中在四川西昌冕宁、乐山五通桥等地，年生产能力达5万吨以上；以离子型稀土矿为原料的稀土冶炼分离产业基地，主要集中在江西、江苏、广东、广西、福建等地，年生产能力达8万吨左右。

产量 中国有稀土冶炼分离企业超过一百家，根据市场不同要求，可大规模生产99%～99.999%的各类稀土氧化物、盐类化合物、稀土金属及合金产品，其中高纯、单一稀土产品已超过全国总产量的一半，满足了市场需求。

1985～2014年，中国稀土冶炼分离产品产量情况如下表，产量呈逐年上升趋势，2006年达到历史最高点15.7万吨。2007年开始，稀土工业实行生产总量控制，中国稀土总产量逐步降低。2014年，中国稀土冶炼分离产品年产量为10.98万吨，占全球稀土总产量的90%以上。

中国稀土应用量达到8.5万吨以上，占国内总产量的80%左右，稀土消费出现了传统领域稳定、新兴领域快速增长的局面，在新材料领域的稀土消费量由1995年国内稀土总消费的8.7%增加到2014年的80%，尤其是稀土永磁体、稀土催化材料等新材料所应用的稀土量大幅增长。

中国是稀土出口大国，2014年累计出口稀土产品27 769吨，占世界市场总量的87.5%，与2009年出口量36 074吨相比，已下降23%。

发展历程 中国稀土工业的发展可大致分为以下4个阶段：①起步阶段（1949～1977）。1949年以前只能作为锡矿的副产品而开采的独居石，可以从中提取钍制造汽灯纱罩，提取稀土制造打火石。中华人民共和国成立以后，大力开展稀土金属的研究工作。1949年底，国家组织了白云鄂博矿区稀土金属资源的大规模地质勘探与研究。50～60年代，中国成功研发了离子交换法和有机溶剂萃取法分离稀土工艺，首次制备出16个单一稀土氧化物和稀土金属。70年代，中国稀土进入工业化初级阶段。在上海建成中国第一条可生产99.99%氧化钇的萃取分离生产线；采用离子交换技术实现了高纯单一稀土氧化物的规模化生产，生产出纯度大于99.9%的氧化铥、大于99.9%的氧化镝和大于99.999%的氧化钇。1970年开始，中国陆续研制成功$SmCo_5$永磁材料、储氢合金、抛光粉、荧光粉、催化剂等稀土新材料。②稳步发展阶段（1978～1985）。1978年冶金部设立全国稀土推广应用领导小组办公室。同年，广东有色金属研究院、包头冶金研究所、包钢选矿厂进行了羟肟酸浮选包头稀土精矿半工业试验，精矿稀土品位达到60%。1980年，包钢有色三厂建成年产5000吨高品位稀土精矿（REO 60%以上）浮选车间，这是包头稀土资源综合利用上的一大突破。80年代初，北京有色金属研究总院开发成功硫酸强化焙烧-萃取法冶炼包头稀土精矿工艺技术，并在甘肃建成年产6000吨氯化稀土生产线。80年代，稀土钐钴永磁粉、灯用三基色稀土荧光粉等稀土功能材料实现小规模生产。1985年中国稀土产量增至8500吨，与1978年相比增长7.5倍。③高速发展阶段（1986～2000）。1986～1990年，中国稀土行业根据“技术改造与科技开发相结合，生产与内外市场开发并重”的工作方针，开发推广稀土在传统产业中的应用，同时开发稀土新材料，稀土产业步入高速发展阶段。北方稀土产业规模进一步扩大，形成了世界级的生产基地；南方离子吸附型稀土原地浸矿工艺、全分离工艺等产业化技术获得成功，继上海和广东之后，江苏、江西等省又新建和扩建了一批稀土企业，离子吸附型稀土矿实现了规模化开采、冶炼和分离。1986年中国稀土产品生产总量达到11 860吨，居世界第一。1991～1995年，中国稀土生产继续保持年均递增20%左右的高速发展。1995年中国稀土冶炼分离产品产量达到40 000吨，其中高纯单一产品产量为8550吨，占21.4%；矿产品产量达到48 000吨，占当年世界总产量的70%～80%，世界稀土生产中心逐步转到中国。国内稀土消费达到13 000吨，主要在传统产业上应用。1991年国务院将离子型稀土矿产列为国家实行保护性开采特定矿种。1996～2000年，中国稀土工业逐步将发展重点转移到调整产业结构上，产品开发的重点向高技术含量产品及各种稀土功能材料转移，生产继续保持增长。④调整升级阶段（2001年以后）。2001～2005年，中国稀土行业根据“开拓市场，推广应用，保护资源，合理开采”的发展思路，继续深入调整产业结构，稀土磁性材料、稀土发光材料、稀土储氢材料、稀土催化新材料等稀土新材料发展迅速，技术装备水平和生产规模有很大提高。2006年国土资源部下发《关于下达2006年钨矿和稀土矿开采总量控制指标的通知》，其中稀土矿开采总量控制指标是86 620吨

1985～2014年中国稀土冶炼分离产品产量

单位：吨

年份	1985	1986	1987	1988	1989	1990	1991	1992	1993	1994
产量	8500	11 860	15 100	18 660	19 670	14 964	17 065	21 000	22 720	28 000
年份	1995	1996	1997	1998	1999	2000	2001	2002	2003	2004
产量	40 000	45 338	46 500	57 000	60 800	65 980	71 000	75 000	78 000	86 704
年份	2005	2006	2007	2008	2009	2010	2011	2012	2013	2014
产量	103 900	157 000	125 973	134 600	127 300	118 898	96 934	82 000	83 000	109 800

(REO)，要求全国停发稀土矿采矿许可证。此后又提出要对稀土等矿产资源实行严格控制，并要积极扶持和引导矿山企业研究开发、引进和应用现代的采选冶技术。从2007年起，稀土矿产品和冶炼分离产品生产纳入国家指令性计划管理。2011年中国政府相继出台了一系列稀土行业管理政策和法规，推动了稀土资源的高效开发利用和生态环境的有效保护，进一步加快了稀土产业结构调整的步伐，稀土行业生产经营秩序逐步规范。2014年中国铝业公司、中国五矿集团、中国北方稀土集团、厦门钨业股份有限公司、广东稀土产业集团、中国南方稀土集团为主导组建六大稀土集团，控制全国绝大部分稀土资源和冶炼分离能力，化解冶炼分离过剩产能，使产业集中度大幅提升。这一阶段，稀土产品结构加快向以中高端材料和应用产品为主的方向发展，稀土功能材料的稀土消费量超过总产量80%。稀土磁性、催化材料年均增幅超过15%，稀土磁性、发光、储氢等主要功能材料产量占全球总产量70%以上。稀土功能材料及器件性能大幅提升，基本满足国际国内需求。

扩展阅读

徐光宪.稀土.2版.北京：冶金工业出版社，1995.

（黄小卫）

中国现代锡锑铋镉汞工业 modern tin, antimony, bismuth, cadmium and mercury industry in China 中国锡、锑、铋、镉、汞的生产和使用有悠久的历史，其冶炼技术和产量在古代已长期处于世界领先地位。但近代中国锡锑铋镉汞工业十分落后。1949年以后，中国加强了锡、锑、铋、镉、汞矿的地质勘探，扩大其资源基地，建立了完整的工业勘察、采选、冶炼、深加工、研发体系。

中国锡、锑、铋、镉、汞以共生、伴生矿床为主，*矿产资源储量*大。锡、锑、铋、镉的储量居世界第一位，汞资源储量居世界第二位（见表1）。锡、锑、铋、镉、汞矿产地和储量分布高度集中，锡、锑、铋、镉等资源主要分布于中部、西南部及华东，包括湖南、云南、广东、贵州、江西、广西等省区。汞资源主要分布于西南和西北地区，其中以贵州最多。矿床中尤以锡、锑等矿床成矿多、规模大。富矿少、贫矿多，且除汞矿以单汞矿为主外，锡、锑、铋、镉等矿床中以共生、伴生矿床居多。中国锡、锑、铋、镉、汞等有色金属年产量及消费量已居世界第一（见表2、表3）。

表1 2014年世界和中国锡锑铋汞镉矿储量

单位：吨

有色金属	世界总储量	中国总储量	中国占比例	中国排名
Sn	4 700 000	1 500 000	31.91%	1
Sb	1 800 000	950 000	52.78%	1
Bi	320 000	240 000	75.00%	1
Cd	500 000	92 000	18.40%	1
Hg	94 000	21 000	22.34%	2

表2 2015年世界和中国锡锑铋汞镉矿产量

单位：吨

有色金属	世界总产量	中国总产量	中国占比例	中国排名
Sn	358 500	162 700	34.01%	1
Sb	150 000	115 000	76.67%	1
Bi	13 600	7500	55.15%	1
Cd	24 200	8090	33.43%	1
Hg	2340	1600	68.38%	1

表3 2015年世界和中国锡锑铋汞镉消费量

单位：吨

有色金属	世界总消费量	中国消费量	中国占比例	中国排名
Sn	294 000	100 000	34.01%	1
Sb	148 000	58 000	39.19%	1
Bi	14 800	5000	33.78%	1
Cd	～2000	～1000	50.00%	1
Hg	～2000	～1000	50.00%	1

技术发展 1949年以后，中国锡工业发展迅速，产业规模、技术水平均处于世界前列，形成了云南、广西、湖南、江西四大矿冶产业基地，发展了锡锭、锡材、锡化工等完整的产业链。在工艺技术上形成了以火法为主，湿法为辅，包括原料处理、还原熔炼、炼渣和粗锡精炼4个主要工艺过程的现代锡冶炼流程。研发了卧式离心选矿机、电热螺旋结晶机、内热式连续多级真空炉等选冶装备，发展了含锡物料顶吹熔炼技术、澳斯麦特炉还原熔炼－烟化炉挥发相结合的熔炼工艺、复杂锡合金真空精炼处理技术等。

20世纪50年代以前，中国锑的产量占世界总产量的一半，2000年以后达到世界总产量的80%以上。被誉为“世界锑都”的湖南锡矿山累计探明锑储量超过200万吨。中国锑工业由最初的还原焙烧法为主的冶炼工艺发展成为以挥发焙烧－还原熔炼为主的火法和湿法工艺，研发了壁式充填（水压支柱护顶）采矿法、高砷锑金精矿矿浆电解等一系列先进采选冶技术，建立了一系列锑冶炼及锑产品加工企业。

1949年以前，中国没有铋冶金工业。随着铋作为铅、钨、钼等冶炼副产品的大量产出，中国大型有色冶炼企业陆续进行了铋的回收和生产。对于含铋矿物（铋含量大于15%）采用铁屑置换－火法精炼的传统工艺流程处理；对于含铋副产物（铋含量波动于5%～15%），一般还需进一步富集，如真空蒸馏，提高铋含量，才能用于生产。以含铋物料富氧双侧吹熔池熔炼、贵铅合金真空分离富集金属铋等一大批具有自主知识产权的铋冶炼技术及相关设备的开发推动了中国铋工业的快速发展。铋产品包括精铋、铋合金、氧化铋等。

镉常与锌矿共生，镉主要作为锌精矿等的冶炼和精制过程的副产品而进行回收。镉的冶炼方法有湿法、火法和联合法。中国研发了从锌冶炼废渣中综合回收镉生产精镉和真空蒸馏提纯精镉等一系列新技术、新装备，推动了镉回收领域的发展。

1949年后，中国对汞矿进行了全面勘探和规划，改进采矿方法，采用新型冶炼设备，使汞工业有了快速发展。中国炼汞多采用浮选精矿－蒸馏炉或沸腾炉的火法工艺。

存在问题及发展趋势 锡、锑等金属资源由于伴生矿成分复杂，矿石采选、冶炼和回收成本不断上升。自然界中的铋资源主要赋存于铅矿中，铋通常是铅矿冶炼的副产品，从铅、铜及铅银精矿中以副产品回收金属铋，铋矿产量也明显受到上述金属矿物产出的影响。在锡、锑、铋等金属冶炼及回收中必须对砷等有毒物质综合处理，因此环保压力大。

镉与汞的毒性问题是镉和汞工业发展应用的最大问题，使镉、汞在很多应用领域都受到极大的限制。一方面是镉需求受到各国法律规定的限制，增长缓慢；另一方面是镉一直以锌等产品的伴生品产出，产量不断增加，导致了镉产能过剩。随着汞对人体健康及环境影响的日益严重，各国开始对汞的应用也进行了严格的限制。中国2014年颁布了《锡、锑、汞工业污染物排放标准》GB 30770—2014，2014年制定的《中国逐步降低荧光灯含汞量路线图》，提到全面淘汰荧光灯含汞生产工艺。2016年4月，全国人大常委会批准了2013年10月10日由中国代表在日本熊本签署的《关于汞的水俣公约》。公约要求自2020年起，禁止生产及进出口含汞产品。

锡、锑、铋、镉、汞发展趋势：①锡、锑、铋、镉、汞资源采用再生循环利用技术，健全其再生循环利用体系。再生资源的综合开发利用包括对锡、锑、铋、汞、镉等资源伴生矿、共生矿，选矿过程中产生的尾矿，冶炼过程中产生的炉渣和烟尘等废弃物的利用以及回收废旧产品、合金中的锡、锑、铋、汞、镉等有价金属。在富矿逐步减少和金属价格低迷的条件下，充分回收二次资源能够最大程度降低资源成本，有利于增强相关企业的竞争力。②淘汰落后技术、落后装备、落后企业。通过鼓励、支持技术创新，加快先进技术、先进装备在企业生产中的推广应用，增强企业自主研究水平。与此同时，整合优势资源。③大力发展产品深加工。不断开发新型产品，增加产品附加值。锡在锂电池领域对阳极碳的替代、在不锈钢领域对铬镍的替代、在PVC领域对铅的替代也在逐步推进，这些都有望为锡的应用领域作出贡献。发挥铋作为绿色金属的优势，进一步开发铋、锑在合金、医药、电子材料、航天、军事等行业的应用。④淘汰镉、汞等有害元素低端产品的同时开发出新型无毒、无污染的新产品，建立有毒物质可控、安全回收体系，实现与环境友好。

扩展阅读

中国有色金属工业协会.中国有色金属工业改革开放30年（1978—2008）.长沙：中南大学出版社，2009.

汪立果.铋冶金.北京：冶金工业出版社，1986.

（李一夫　杨　斌）

中国现代铟锗工业　modern indium and germanium industry in China　中国已探明的铟储量为8000吨左右，主要分布在广西、云南、广东和内蒙古四省区。提取铟的主要原料是铅、锌、锡冶炼中的副产物及铟的再生资源。金属铟的生产分为原生铟和再生铟，中国以原生铟为主。中国铟工业起步较晚。1954年开始用锌生产过程的副产物试验回收铟；1955年试生产，次年进行工业生产；1965年开展了铅反射炉烟尘富集铟和提取铟的研究，同年从锌蒸馏的富铟铅渣中富集铟的研究也取得成功。直到20世纪90年代开始真正进行具有一定工业规模的铟回收和生产。1991年中国铟锭年产量12吨。随着生产技术的发展，2000年以后铟的年产量不断增加，据统计，2014年中国铟产量420吨，占世界总产量的51.2%。中国主要铟生产企业有柳州华锡集团有限责任公司、云南华联锌铟股份有限公司、株洲冶炼集团股份有限公司等。铟工业主要特点：铟多以伴生形式存在于有色金属硫化矿中，因不同的冶金工艺铟的走向不同，导致提铟原料来源复杂；粗铟大部分出口，深加工程度有待提高。中国现代铟工业的发展主要是保护资源，加强铟提取和加工新技术开发，提高铟资源的回收率和利用率；发展铟系新材料的制造与应用产业，增加品种、提高品质，优化产业结构。

中国已探明锗矿产地约35处，资源储量3526吨，占全球锗储量的41%。全国已探明锗资源储量主要分布在云南、内蒙古、吉林、山西、广西、贵州等地区。锗很难独立成矿，一般以分散状态分布于其他元素组成的矿物中，工业生产锗主要是在处理铅锌铜银金铁等硫化矿时作为副产品回收，或从煤燃烧后的粉煤灰中回收。北京有色金属研究院在20世纪50年代回收锗获得成功。1960年在云南会泽建成中国第一个从铅锌矿石中提锗的生产企业，此后全国有几十家厂矿陆续开展了从有色金属矿和煤等副产品中综合回收锗的生产。1980年中国锗总产量为8吨。90年代初，中国开发成功一步挥发法从煤中回收锗，煤中锗的利用率达到75%～80%，使锗的产量增加了一倍。2006年以后，金属锗的生产得到了快速发展。随着锗的应用范围逐步扩大，锗的回收也已引起重视。回收锗首先需要对含锗原材料进行富集，得到的产品称为锗精矿，用氯化蒸馏—提纯—水解法制取纯度很高的二氧化锗，再根据需要制取不同的产品。锗工业生产主要特点：①从矿石或精矿中生产锗工艺流程复杂、能耗高、成本大，多数利用从锌冶炼产生的废渣硫酸浸出－丹宁沉锗工艺综合回收锗，得到GeO_2。②锗在褐煤中储量丰富，褐煤中锗的提取主要以火法为主，将褐煤燃烧使锗以低价氧化物形式挥发富集，然后采用盐酸浸出－氯化蒸馏工艺提锗，得到$GeCl_4$。

（李一夫）

中国现代有色金属工业　current nonferrous metals industry in China　中国现代有色金属工业的发展大体经历了3个发展阶段。①起步发展阶段（1949～1978）。中华人民共和国成立后，在国家统一规划和支持下，中国有色金属工业开始成规模地发展，先后建设了包括铜、铝、铅、锌、锡、钨、锑和部分稀有金属等一系列有色金属的重点矿山、冶炼和加工企业；建立了有色金属工业的地质勘探、勘察设计、建筑施工、科研院所、大专院校等机构，初步形成了一个较为完整的有色金属工业体系。据统计，铜、铝、铅、锌、镍、锑、锡、汞、镁、钛十种主要有色金属的总产量从1949年的1.33万吨发展到1978年的99.63万吨。②稳步发展阶段（1979～2000）。1978年改革开放后，特别是1983年经国务院批准，成立了中国有色金属总公司，制定了“优先发展铝，积极发展铅锌，有条件地发展铜，有选择地发展其他有色金属”的发展方针。通过管理体制改革和国家政策的支持，引进了一批有色金属冶金的重大技术，加快建设了一批基建和技改项目，提高了中国有色金属工业技术装备水平，中国有色金属工业加快了发展速度，步入了稳步发展的轨道。十种主要有色金属的总产量从1979年的113.63万吨发展到2000年的783.81万吨。③快速发展阶段（2001～2015）。进入21世纪，中国有色金属工业快速发展，产品品种繁多，产业整体实力显著增强。科技进步推动了中国有色金属工业快速发展，一大批自主创新的重大关键技术开发成功，并被大规模推广应用。中国有色金属工业已成为中国经济发展的支柱产业之一，在国际同行业中的地位和影响力明显提高。在此期间一大批大型国有企业实施战略重组，通过改制上市、兼并重组，做大做强主业，形成了具有较强竞争力的大型有色金属集团。非国有企业也迅速崛起，形成了多种所有制的有色金属企业共同发展的局面。十种主要有色金属的总产量从2001年的883.71万吨发展到2014年的4811.2万吨。

发展概况　中国有色金属生产和消费　1949年以来，中国有色金属产量呈现逐年增长的态势，至2014年，中国十种主要有色金属总产量占世界总产量的46%左右。

中国锡生产基地——云南锡业集团公司鸟瞰

中国主要有色金属的产量和消费量在世界上处于前列，特别镁、钨、锑、锡和稀土金属的生产发展较快（见表）。中国生产了40%左右及以上的大宗有色金属，即铜、铝、铅、锌，而且基本上用于国内消费。同时中国也生产了占世界75%以上

2014年世界和中国有色金属产量

单位：万吨

有色金属	世界总产量	中国总产量	中国占比例	世界排名
Al	5310.9	2831.7	53.3%	1
Cu	2248	764.9	34.0%	1
Zn	1350.8	580.7	43.0%	1
Pb	1092.5	470.4	43.1%	1
Mg	97.3	87.36	89.8%	1
Sn	33.6	16.5	49.1%	1
Wu	8.08	6.5（精矿折合）	80.4%	1
Sb	15.6	12.0	76.9%	1
稀土	12.38	10.98	88.6%	1

的具有资源优势的镁、钨、锑和稀土，其中部分作为粗加工产品输出国外。

资源情况和企业分布特征　中国是世界有色金属矿的储量大国之一，其中钨、锑、锡、钼、稀土等矿的储量均居世界首位，铅、锌矿的储量仅次于澳大利亚，铝、铜、钛、镍等矿的储量也居于较重要地位。

中国大部分有色金属矿山有以下主要特点：①贫矿较多。许多有色金属矿属于中低品位矿，如铝土矿和铜矿。由于杂质含量高，冶炼和开发利用难度较大。②共生、伴生矿床多。大多有色金属矿中伴生多种有色金属，因此需要研究较为复杂的分离技术以分别提取这些有色金属。③中小矿山较多，大型矿山较少，难于形成大规模的采矿业。

因此，中国有色金属工业必须自主开发适合自身资源特点的重大关键技术，提高生产效率，降低能耗物耗，改善环境，提高核心竞争力，实现可持续发展。中国主要有色金属冶金企业的布局主要取决于当地矿石资源和能源的丰富程度。由于有色金属矿中金属含量一般较低，为减少矿石运输成本，通常有色金属冶金企业都建在靠近有色金属矿山附近。

发展特点　中国现代有色金属工业发展的主要特点：①通过自身较快的发展，1949年以来年均增长率达到13.5%，全面建立了各种有色金属的研发、设计和生产体系，满足了中国经济快速发展对有色金属的需求。②通过自主创新、集成创新和引进消化吸收再创新，成功研发了一批有色金属冶金的重大关键技术，装备逐步实现了大型化、自动化，缩小了与世界先进水平的差距。如中国一水硬铝石矿生产氧化铝、大型预焙铝电解、闪速焙烧炼铜、硅热法炼镁等技术。中国稀有金属，包括稀有难熔金属、稀土金属以及稀散金属等的生产技术取得了重大进展，依靠自身的力量建立起一系列拥有自主知识产权的支柱产业。③产业结构调整取得重要进展，加大了落后产能的淘汰力度，形成并延长了产业链，产业布局渐趋合理高效，有色金属再生和回收工业得到了长足的发展，循环经济和资源、能源综合利用水平提高，从而提升了中国有色金属工业的竞争力。④中国有色金属工业企业的规模和产业集中度提高，如中国铝业公司、中国有色矿业集团有限公司、中国五矿集团公司等企业。⑤有色金属加工业提供了多种有色金属材。板、管、棒、型材、带、箔、硬质合金、有色金属加工粉、稀有金属加工材、贵金属材、双金属材的生产也陆续建立和发展起来。

未来发展趋势　有色金属工业的发展是与国家经济发展密切相关的。鉴于中国已形成巨大的有色金属产能，同时中国经济在未来一段时期将继续保持增长的态势，因此中国有色金属工业未来的发展趋势是：①实行有色金属产业结构调整，包括调整产业布局、产能结构和管理经营方式等。②开发出可经济高效处理中低品位矿以及复杂组成、难处理的多金属矿生产关键技术，提高中国矿产资源的利用率以及资源自身保障能力。③进一步提高有色金属工业生产技术装备水平，淘汰落后产能，使某些产能小、能耗高、污染严重、竞争力低下的企业退出生产，采用世界先进或领先的高效、节能、减排新技术，提升有色金属工业的核心竞争力。④实现国内、国外两种资源的综合高效利用，保证中国有色金属工业的资源、能源供应。⑤解决中国有色金属工业的清洁生产、环境治理和资源综合利用等重大问题，实现绿色低碳和可持续发展。

（顾松青）

中国冶金工程设计　metallurgical engineering design in China　1950年，为了迅速恢复和发展东北冶金工业，首先成立了由东北工业部直接领导的哈尔滨土建设计公司和鞍山钢铁公司，本溪钢铁公司，东北有色金属局所属的设计处、建设工程公司，以及钢铁局领导的“212”设计组，分别承担有关勘察设计和施工工作。1953年开始，陆续成立了鞍山设计公司、北京钢铁局黑色冶金设计公司、有色金属局设计公司、重工业部直属建设工程公司以及鞍山、武汉、包头、北满（齐齐哈尔）冶金建筑公司。随着冶金建设的发展，各设计公司逐步改组为设计院，并由综合性的设计院发展成为十多个综合和专业性设计院。各工程公司也逐步发展、改组成为冶金建设公司和各种专业的工程公司。到1980年，冶金工程设计已形成一个较完整的体系。至21世纪，中国冶金工业的各类设计机构已有十余家（见表），形成冶金地质、矿山、冶炼、加工等方面，门类齐全的工程设计队伍。

中国冶金工程设计机构一览表

机构名称	基本情况
冶金工业规划研究院	中国专门从事钢铁工业发展规划及战略研究的工程咨询机构。1972年在北京成立，原名北京冶金规划设计院。2002年更名为冶金工业规划研究院
北京钢铁设计研究总院（中冶京诚工程技术有限公司）	中国从事冶金工程咨询、设计、工程承包业务的大型科技型企业。1951年在辽宁鞍山成立，原名鞍山钢铁公司设计处。1956年迁至北京，更名为黑色冶金设计总院。1978年更名为北京钢铁设计研究总院，2003年更名为中冶京诚工程技术有限公司
重庆钢铁设计研究院（中冶赛迪工程技术股份有限公司）	中国钢铁工业综合性设计研究企业。1958年由冶金工业部鞍山黑色冶金设计院成建制迁至重庆，更名为重庆黑色冶金设计院。1992年更名为宝钢集团重庆钢铁设计研究院，2003年更名为中冶赛迪工程技术股份有限公司
武汉钢铁设计研究院（中冶南方工程技术有限公司）	中国钢铁工业综合性设计研究企业。1955年在湖北武汉成立，原名重工业部黑色冶金设计院武汉分院，1956年更名为冶金工业部黑色冶金设计总院武汉分院。1979年更名为武汉钢铁设计研究院，1999年更名为中冶集团武汉钢铁设计研究总院，2004年更名为中冶南方工程技术有限公司

续表

机构名称	基本情况
鞍山焦化耐火材料设计研究院（中冶焦耐工程技术有限公司）	中国焦化、耐火材料与石灰领域规模综合性设计与研究企业。1953年在辽宁鞍山成立，原名鞍山焦化耐火材料设计院，1962年更名为鞍山焦化耐火材料设计研究院，2000年更名为中冶集团鞍山焦化耐火材料设计研究总院。2004年改制为中冶焦耐工程技术有限公司，2012年迁至辽宁省大连
马鞍山钢铁设计研究院（中冶华天工程技术有限公司）	中国钢铁工业综合性设计研究企业。1962年在安徽马鞍山成立，原名马鞍山黑色冶金设计院，1968年更名为冶金工业部马鞍山钢铁设计院，1978年改名为冶金工业部马鞍山钢铁设计研究院，1999年更名为中国冶金建设集团马鞍山钢铁设计研究总院，2004年更名为中冶华天工程技术有限公司
包头钢铁设计研究院（中冶东方工程技术有限公司）	中国钢铁工业综合性设计研究企业。1957年在内蒙古包头成立，原名冶金工业部北京黑色冶金设计总院包头分院，简称包院，同年改名冶金工业部包头黑色冶金设计院。1978年更名为包头钢铁设计研究总院。1999年更名为中冶集团包头钢铁设计研究总院。2004年中冶集团包头钢铁设计研究总院以分立式改制形式在青岛成立中冶东方工程技术有限公司，其主要资产和技术归入，而位于包头的辅助部分以存续公司形式存在，并于2016年并入中冶华天工程技术有限公司，称为中冶华天包头设计研究总院有限公司。2016年中冶东方工程技术有限公司与上海宝冶实施战略重组
鞍山黑色冶金矿山设计研究院（中冶北方工程技术有限公司）	中国以黑色金属采矿、选矿、烧结、球团等为主的工程设计与研究企业。1956年在辽宁鞍山成立，原名重工业部黑色冶金设计院黑色金属矿山设计院，同年更名为冶金工业部黑色金属矿山设计院。1976年更名为冶金工业部鞍山黑色冶金矿山设计研究院（1976年调部分员工至丰润冀东组建冶金工业部冀东黑色冶金矿山设计研究院，后更名为冶金工业部秦皇岛黑色冶金矿山设计研究院）。1999年又更名为中冶集团鞍山冶金设计研究总院。2004年组建中冶北方工程技术有限公司，2011年迁至大连
长沙黑色冶金矿山设计研究院（中冶长天国际工程有限责任公司）	中国以各类金属矿和非金属矿选矿及综合回收、烧结、球团等为主的工程设计与研究企业。1957年在湖北武汉成立，原名冶金工业部武汉黑色金属矿山设计院。1960年与长沙矿山研究院合并为长沙矿山设计研究院，位于湖南长沙。1962年与研究院分设，更名为长沙矿山设计院，1978年更名为长沙黑色冶金矿山设计研究院，2000年更名为中冶集团长沙冶金设计研究总院。2003年改制，设立中冶长天国际工程有限责任公司
北京有色冶金设计研究总院（中国有色工程有限公司暨中国恩菲工程技术有限公司）	中国有色金属矿山、重有色金属冶炼、稀有金属冶炼的综合性设计研究单位。1953年于北京成立，原名北京有色冶金设计研究总院，后改名为中国有色工程设计研究总院。改制后成立中国有色工程有限公司暨中国恩菲工程技术有限公司
沈阳铝镁设计研究院（沈阳铝镁设计研究院有限公司）	中国轻金属矿山、冶炼（包括铝土矿、氧化铝、铝电解、铝用炭素以及镁、钛冶炼）的综合性设计研究单位。1958年在辽宁沈阳成立冶金工业部沈阳铝镁设计院，1983年正式命名为沈阳铝镁设计研究院。2003年中国铝业公司组建中铝国际工程有限责任公司，该院成为该公司的沈阳分公司，同时保留沈阳铝镁设计研究院名称。2011年更名为中铝国际工程股份有限公司沈阳分公司以及沈阳铝镁设计研究院有限公司
贵阳铝镁设计研究院（贵阳铝镁设计研究院有限公司）	中国轻金属矿山、冶炼（包括铝土矿、氧化铝、铝电解、铝用炭素以及镁、钛冶炼）的综合性设计研究单位。1958年在贵州贵阳成立贵阳冶金工业设计院，同年更名为贵阳铝镁设计院。先后归属冶金工业部、中国有色金属工业总公司、国家有色金属工业局管理。2003年进入中国铝业公司组建的中铝国际工程有限责任公司，成为该公司贵阳分公司，同时保留贵阳铝镁设计研究院名称。2011年更名为中铝国际工程股份有限公司贵阳分公司以及贵阳铝镁设计研究院有限公司
南昌有色冶金设计研究院（中国瑞林工程技术有限公司）	中国重有色金属矿山、冶炼、环境工程的综合性设计研究单位。1957年在江西南昌成立。2007年改制为中国瑞林工程技术有限公司，由南昌有色冶金设计研究院管理技术骨干、中国有色金属建设股份有限公司、江西铜业集团、中国中钢股份有限公司共同出资组建
长沙有色冶金设计研究院（长沙有色冶金设计研究院有限公司）	中国有色金属矿山、选矿以及重、稀有色金属冶炼的综合性设计研究单位，承担有色金属地质、勘察、采矿、选矿、冶炼、设备、环保等专业的工程业务。1955年在长沙成立重工业部有色冶金设计研究总院长沙分院，1979年更名为冶金工业部长沙有色冶金设计研究院，2011年改制为中铝国际工程有限公司所属的长沙有色冶金设计研究院有限公司
洛阳有色金属加工设计研究院（中色科技股份有限公司）	中国集有色金属加工行业规划、工程设计、设备研制、科研开发及成果产业化、工程总承包于一体的综合性设计研究单位。1984年在河南洛阳成立，2002年改制成中色科技股份有限公司，为中国铝业公司所属中铝国际工程股份有限公司的控股子公司

中国冶金工程设计体系是在20世纪50年代由苏联引入，基本沿用苏联的设计方法。80年代以后，随着宝山钢铁公司工程的设计建设，中国冶金设计又相继引入日本和欧洲的设计方法，但仍属传统的“静态-分割”设计方法，即以单体生产装置（工序）产能静态拼图的设计方法。进入21世纪以后，中国殷瑞钰创立了冶金流程工程学。以此为理论基础，结合新一代钢铁制造流程的系统研究和首钢京唐钢铁公司工程的设计建设，中国提出了基于动态-精准设计体系的新一代冶金厂设计理论和方法。

（彭　锋　顾松青　李　梅　王　强）

中国冶金科学研究 metallurgical research in China　1949年之前，冶金科学研究发展缓慢。国民党政府于1928年在南京成立了中央研究院，设有工程、地质等研究所。1929年在上海设立中央研究院工程研究所钢铁试验场。1938年在重庆成立经济部矿冶研究所，这是中国第一个综合性的矿冶科研机构。当时全国矿冶研究机构的总人数不过几十人。

中华人民共和国成立后，冶金科学研究迅速发展。1950年中国科学院在上海成立了工学实验馆（后改为冶金陶瓷研究所），主要围绕冶金、玻璃、陶瓷等开展科研工作。1951年中央人民政府重工业部将北京矿冶研究所、北京工业试验所和上海材料试验所合并，成立综合工业试验所筹备处；1952年经改组成立了钢铁工业试验所、有色金属工业试验所和化工工业试验所。同年中国科学院在沈阳成立了金属研究所。20世纪50年代中期，中国科学院又增建了化工冶金研究所、矿冶研究所和贵金属研究所。冶金工业部在上述试验所的基础上成立了钢铁工业综合研究所、有色金属工业综合研究所、选矿研究所、冶金建筑科学研究所和矿物检验所。1958年研究所改建，上述钢铁、有色金属、选矿、建筑4个研究所扩大为钢铁研究院、有色金属研究院、矿冶研究院和冶金建筑研究院。1979年又分别更名为研究总院。1962年冶金工业部成立了科技办公室，主管军工以外的科研工作。

随着地方冶金工业的发展，具有地方特色的冶金科学研究力量逐步形成和壮大。1955年重工业部黑色冶金设计院成立，院址设在鞍山，并在北京、武汉设分院。中国科学院在长沙成立冶金陶瓷研究所长沙分所。1960年上海市冶金局中心试验室改建为上海钢铁研究所。1961年冶金工业部成立包头冶金研究所；1964年成立鞍山钢铁研究院，后迁往四川，成立西南钢铁研究院，1972年更名为攀枝花钢铁研究院；1976年成立冶金工业部鞍山热能研究所；1978年成立冶金工业部冶金设备研究所。各重点钢铁企业也先后建立了中心实验室。这些冶金科研机构的建立，为钢铁工业的科学研究和应用发挥了重要作用。

至1982年，全国冶金方面各类科研机构已有200余家，形成涵盖冶金地质、矿山、冶炼、加工、冶金建筑等方面学科齐全的强大科研队伍。冶金工业部和中国有色金属工业总公司所属主要科研单位，在北京的有冶金工业部钢铁研究总院、北京有色金属研究总院、北京矿冶研究总院、冶金工业部建筑研究总院、冶金地质研究所、冶金情报研究总所、冶金经济研究所、自动化研究所、科学技术情报产品标准研究所、冶金计量研究所、冶金设备研究所；在各地方的有攀枝花钢铁研究院（渡口市，今攀枝花市）、马鞍山矿山研究院、长沙矿山研究院、包头冶金研究所、洛阳耐火材料研究所、广州有色金属研究院、长沙矿冶研究所、白银矿冶研究所、金属制品研究所（遵义）、轻金属研究所（郑州）、贵金属研究所（昆明）、黄金研究所（长春）、中国有色金属工业总公司矿产地质研究院（桂林）、中南地质研究所（宜昌）、天津地质调查所、勘察科学技术研究所（保定）、冶金部安全技术研究所（武汉）、鞍山热能研究所等。属中国科学院系统的有中国科学院化工冶金研究所（北京）、中国科学院金属研究所（沈阳）、中国科学院上海冶金研究所。形成了直属科研院所、地方科研院所和企业研究院所的科研机构群。冶金系统各类科研机构既有侧重又互相协同。直属科研院所面向全国，以应用研究和发展研究为主，侧重解决冶金工业发展中综合性的重大科学技术问题；地方和企业研究所主要解决本地区、本企业生产工艺和产品发展的技术问题。

1984年，冶金工业部批准北京钢铁研究总院、攀枝花钢铁研究院和长沙矿冶研究院为科研体制改革试点单位。事业费改为有偿合同拨款，扩大了自主权。1999年国家经济贸易委员会管理的10个国家局所属的242个冶金科学研究机构改制，转为中央直属大型科技企业。与此同时，工程研究中心、企业技术中心、国家重点（工程）实验室和技术创新战略联盟等新型科技创新平台也相继兴起，产、学、研结合向纵深发展，冶金科学研究队伍愈加壮大。

进入21世纪，科技体制改革不断深化，冶金科学研究中一批关键技术的项目攻关取得重大突破，应用基础研究也取得长足进步，一批重大项目科研成果实现了产业化，有力地支撑了中国冶金工业的可持续发展。

中国主要冶金科学研究机构一览表

机构名称	基本情况
钢铁研究总院（中国钢研科技集团有限公司）	中国冶金行业综合性研究和开发机构。1952年成立于北京，原名重工业部钢铁工业试验所。1958年改称冶金工业部钢铁研究院，1979年改称钢铁研究总院。1999年转制为中央直属大型科技企业。2006年与冶金自动化研究设计院合并重组，成立中国钢研科技集团公司。2009年更名为中国钢研科技集团有限公司。2012年重组钢铁研究总院，成为中国钢研科技集团公司的全资子公司和核心研发平台
冶金自动化研究设计院（中国钢研科技集团有限公司）	中国工业自动化领域的大型综合性研究开发机构。1973年成立于北京，由冶金工业部建筑研究院、钢铁研究总院部分单位和北京冶金仪表厂合并组建。先后隶属于冶金工业部、中央企业工作委员会、国务院国有资产监督管理委员会，2006年并入中国钢研科技集团有限公司，成为中国钢研科技集团有限公司控股企业
冶金工业部建筑研究总院（中冶建筑研究总院有限公司）	中国从事建筑和环保技术研究、推广及应用的大型科技企业。1955年成立于北京，原名重工业部建筑科学研究所，1956年转为重工业部建筑科学研究。1956年改名冶金建筑科学研究院，1958年改名冶金工业部建筑研究院，1979年改为冶金工业部建筑研究总院。1999年由科研事业单位转制为科技型企业，进入中国冶金建设集团，改名中冶建筑研究总院。2008年改制后变更为中冶建筑研究总院有限公司
冶金工业信息标准研究院	中国专门从事冶金信息和标准研究的机构。1963年在北京成立。前身为冶金工业部科学技术情报产品标准研究所，2000年更名为冶金工业信息标准研究院
北京冶金设备研究所（北京中冶设备研究设计总院有限公司）	中国专门从事冶金设备技术研究和设计的机构。1978年在北京成立，原名冶金工业部北京冶金设备研究所。1992年更名为冶金工业部北京冶金设备研究院。1999年进入中国冶金科工集团公司。2002年改为中冶集团北京冶金设备研究设计总院。2008年改制后，更名为北京中冶设备研究设计总院有限公司
洛阳耐火材料研究院（中钢集团洛阳耐火材料研究院有限公司）	中国耐火材料专业领域的大型综合性研究机构。1963年成立于河南洛阳。前身为冶金部洛阳耐火材料研究所，1988年更名为冶金部洛阳耐火材料研究院，简称洛耐院。1999年进入中国钢铁工贸集团公司，更名为中钢集团洛阳耐火材料研究院。2008年更名为中钢集团洛阳耐火材料研究院有限公司
鞍山热能工程研究院（中钢集团鞍山热能研究院有限公司）	中国煤焦化工、能源与热能工程领域综合性技术研究与开发机构。1976年成立于辽宁鞍山，原名冶金工业部鞍山热能研究所。1989年更名为冶金工业部鞍山热能研究院。1999年改制进入中国钢铁工贸集团公司，2004年更名为中钢集团鞍山热能研究院，2008年更名为中钢集团鞍山热能研究院有限公司
冶金工业部安全环保研究院（中钢集团武汉安全环保研究院）	中国从事职业安全健康和环境保护技术研发与应用的机构。1959年成立于湖北武汉。前身为冶金工业劳动技术保护研究所，1986年更名为冶金工业部安全环保研究院。后又接受国家环境保护局和劳动部的领导，分别命名为国家环保局武汉环境保护研究院和劳动部武汉安全工程研究院。1999年改制进入中国钢铁工贸集团公司，2004年更名为中钢集团武汉安全环保研究院

续表

机构名称	基本情况
马鞍山矿冶研究院（中钢集团马鞍山矿山研究院有限公司）	中国从事矿产资源相关技术研发、矿产资源开发与利用，矿山、公用工程咨询、评价、设计与工程总承包的大型综合性科研机构。1963年成立于安徽马鞍山
有研科技集团有限公司（北京有色金属研究总院）	中国有色金属行业综合性研究开发机构。1952年成立于北京，原名有色金属工业试验所，1958年扩大为有色金属研究院。1979年更名为有色金属研究总院，同年更名为北京有色金属研究总院。1999年更名为有研科技集团有限公司
中国科学院金属研究所	中国材料科学与工程领域具有重要国际影响的研究机构，中国金属物理及金属学的重要研究基地之一。1953年成立于北京
中国科学院化工冶金研究所（中国科学院过程工程研究所）	中国能源化工、生化工程、材料化工、资源/环境工程等领域的研究机构。1958年成立于北京。2001年变更为中国科学院过程工程研究所，拥有中关村本部、廊坊分部和郑州分所三个园区
北京矿冶研究总院（北京矿冶科技集团有限公司）	中国以矿冶科学与工程技术为主的大型综合性研究与设计机构。主业为与矿产资源开发利用相关的工程与技术服务、先进材料技术与产品、矿产资源循环利用及环保等研究。1956年成立于北京。1983年命名为北京矿冶研究总院，2017年改制更名为北京矿冶科技集团有限公司
长沙矿山研究院（长沙矿山研究院有限责任公司）	中国专门从事矿产资源开发和新材料研究的机构。主要从事金属和非金属矿山安全高效开采工艺技术研究开发、矿山设计与工程承包、矿山机电产品检测检验、非煤矿山安全评价与安全标准化等技术及工程。1956年成立于长沙，几经变革，2010年进入中国五矿集团公司。2011年正式更名为长沙矿山研究院有限责任公司
郑州轻金属研究院（中铝郑州有色金属研究院有限公司）	中国轻金属专业领域大型科研机构。主要研究领域包括铝土矿综合利用、氧化铝、电解铝、铝用炭素以及轻金属材料。1965年成立于河南郑州，原名郑州轻金属研究所。1988年更名为郑州轻金属研究院。2000年进入中国铝业公司，2001年改名为中国铝业郑州研究院。2015年改制为中国铝业有色金属研究院有限公司，2019年更名为中铝郑州有色金属研究院有限公司
西北有色金属研究院	中国稀有金属材料研究基地和行业技术开发中心、军用稀有金属科研生产基地、稀有金属材料加工国家工程研究中心。1965年成立于陕西宝鸡。前身为冶金工业部有色金属研究院第一分院。1972年更名为宝鸡有色金属研究所，1983年更名为宝鸡稀有金属加工研究所。1988年与西安有色金属研究所合并，更名为西北有色金属研究院。2005年在该院成立陕西省材料科学工程院
广州有色金属研究院（广东省工业技术研究院）	中国有色金属矿产资源利用、冶金技术和新材料等专业领域的研究机构。1971年成立于广州。2010年组建广东省工业技术研究院，并保留广州有色金属研究院名称
昆明贵金属研究所	中国从事贵金属综合性研究开发机构。前身是始建于1929年的中央研究院工程研究所，初期在上海，1938年底迁往昆明。1962年在云南昆明成立中国科学院昆明贵金属研究所。2000年以昆明贵金属研究所为主体，组建贵研铂业股份有限公司。2005年与云南锡业集团有限责任公司联合组建云南锡业集团（控股）有限责任公司
西北稀有金属材料研究院（西北稀有金属材料研究院宁夏有限公司）	中国钽铌稀有金属科研生产企业和铍材研究加工基地。前身是1964年12月成立的冶金部905厂和第三有色金属公司第二有色金属研究所，位于宁夏石嘴山。1972年更名为宁夏有色金属冶炼厂、研究所。1984年研究所更名为宁夏有色金属研究所，1995年变更为西北稀有金属材料研究院。2003年与宁夏有色金属冶炼厂合并成立宁夏东方有色金属集团有限公司。2008年重组成立中色（宁夏）东方集团有限公司。2017年西北稀有金属材料研究院改制更名为西北稀有金属材料研究院宁夏有限公司

（任静波　顾松青）

中国冶金企业 metallurgical enterprises in China　冶金企业包括黑色冶金企业（即钢铁企业）和有色金属冶金企业两大类。1890～1948年是中国近代冶金企业的发轫阶段。这一时期代表性的钢铁企业有清政府建立的汉阳铁厂（1938年国民党政府将其迁往重庆，是重庆钢铁厂的前身）；北洋政府建立的龙烟铁矿公司、石景山铁厂及在上海建立的民营钢厂；国民党政府建立的西北炼钢厂（太原钢铁厂前身）；日本侵略中国期间建立的本溪制铁所、鞍山制铁所、天津钢厂、唐山钢厂、安徽马鞍山制铁所等；解放战争期间，中国共产党建立的故县铁厂。

与此同时，有色金属冶金企业也开始发展，典型企业有湖南水口山铅锌矿、湖南锡矿、云南个旧锡矿、云南东川铜矿、长沙黑铅厂、常宁松柏炼锌厂、重庆冶炼厂、昆明冶炼厂、抚顺铝厂、沈阳冶炼厂和营口镁厂等。

中华人民共和国成立后，冶金企业进入探索发展阶段。20世纪50年代，国家首先集中力量改建、扩建了鞍山钢铁公司（简称鞍钢），并着手新建了齐齐哈尔特殊钢厂、武汉钢铁公司（简称武钢）、包头钢铁公司（简称包钢）；1958年起又建设了一大批地方中、小型钢铁企业，以及成都无缝钢管厂、酒泉钢铁公司（简称酒钢）等。60年代着重建设了四川的攀枝花钢铁公司（简称攀钢）、长城钢厂，以及青海的西宁钢厂、陕西的陕西钢厂等内地企业，并新建了马鞍山钢铁公司（简称马钢）的车轮轮箍厂，改建了太原钢铁公司（简称太钢）。

1949年后，有色金属冶金企业恢复、重建了沈阳冶炼厂、上海冶炼厂及一批铜矿山，新建改扩建了山东铝厂、抚顺铝厂、东北轻合金加工厂、吉林炭素厂、郑州铝厂、贵州铝厂、兰州铝厂、包头铝厂、铜陵有色金属公司、大冶有色金属公司、洛阳铜加工厂、白银有色金属公司、中条山有色金属公司、葫芦岛锌厂、云南冶炼厂、湖南水口山矿务局等铝、铜、铅锌企业，一批钨、锡、钼、锑、汞企业向机械化生产发展，有色金属工业已初具规模。1962年后，有色金属工业进入加速恢复发展阶段。在西南地区建设了西南铝加工厂、遵义钛厂、峨眉半导体材料厂、自贡硬质合金厂。在西北地区建设了连城铝厂、青铜峡铝厂、西北铝加工厂、西北铜加工厂、宝鸡有色金属加工厂、金堆城钼矿、宁夏平罗稀有金属冶炼厂、兰州炭素厂和金川有色金属公司。在华东和中南地区，建设了铜陵有色金属公司的铜山、狮子山矿和大冶有色金属公司的铜山口等铜矿。此外，还建设了德兴大型铜矿、东川矿务局的落雪铜矿、红透山铜矿、黄沙坪铅锌矿、凡口铅锌矿等。至此，中国已形成了比较完整的有色金属工业体系。

改革开放初期，武钢引进并建成1700毫米轧机，以及相关的硅钢生产线，生产出冷轧硅钢片，还建设了本溪钢铁公司（简称本钢）1700毫米带钢热连轧机组和舞阳的厚钢板厂。其后，新建了具有最新装备的上海宝山钢铁总厂（简称宝钢）、天津无缝钢管公司两座现代化大钢厂。其中宝钢建成了4063立方米高炉、300吨转炉、2050毫米热轧宽带轧机与冷轧镀层系统和无缝钢管轧机等先进装备，使中国钢铁企业的技术结构发生了明显变化。1988～2000年，中国钢铁企业发展的突出特点是实施“两个转变”：一是在扩大规模的同时向优化技术结构转变；二是由产品以长材为主逐步向板材发展，特别是促进了连铸、连轧、精炼、节能、长寿等关键共性技术的全面突破、有效集成和快速发展，并加快了淘汰小高炉、小转炉、小电炉、平炉、化铁炼钢、初轧机、开坯轧机、横列式和复二重轧机的进程。

同期，有色金属企业也步入快速发展轨道。1983年4月，国务院批准成立了中国有色金属工业总公司，加速了有色金属工业发展进程。在此期间，相继建设了山西铝厂、中州铝厂和平果铝厂，形成了具有中国特色的混联法生产氧化铝工艺；扩建了贵州、青铜峡等铝厂，引进并发展了预焙槽铝电解技术；引进了有色金属冶炼新技术，形成了江西、白银、大冶、云南、铜陵、中条山等九大铜业基地，以及株洲、韶关、葫芦岛、水口山、锡铁山等铅锌业基地；开发应用了皮江法炼镁技术，形成了河南、山西和陕西的一批镁业生产企业；建成了以金川和吉林镍业公司等镍业基地；开发出处理不同钨、锑矿物的冶炼技术，形成分布在江西、湖南、广西和贵州等省区的钨业和锑业企业；稀土的冶炼技术得到了长足进步，形成了分布在内蒙古、江西和四川等地的稀土企业。1999年，有色金属行业重组整合成立了中国铜铅锌集团公司、中国铝业集团公司、中国稀有稀土集团公司三大集团。2000年，这三个集团公司撤销，除中国铝业集团公司等几家中央管理企业外，其他企业均归属地方管理。

进入21世纪，中国冶金企业不断致力于转型升级发展，在技术装备、品种质量、节能环保、研发创新等方面取得了巨大成就。宝钢、鞍钢、武钢、首钢、包钢、攀钢、马钢、太钢、唐钢、本钢等大型企业进行了现代化技术改造，广泛采用高效铁矿采选技术、高炉喷煤技术、转炉–连铸技术、连续轧制技术、高端产品开发、大型冶金成套技术集成、节能节水技术和资源综合利用技术。总体看中国钢铁产业布局已逐步从内陆资源型向沿海、沿江贴近市场及依靠海外资源型演变。首钢曹妃甸京唐钢厂、鞍钢鲅鱼圈钢厂、宝钢湛江钢厂等现代化钢厂相继建成，沙钢集团、日照钢铁控股集团、建龙重工集团等民营钢铁企业也发展迅速。

有色金属企业集中度逐步提高，自主开发的高效强化拜耳法、新型阴极结构预焙铝电解、双闪铜冶炼技术、稀土浸萃一体化等有色金属冶炼技术逐渐成熟，并实现了产业化。重点铝企业有中国铝业集团公司、山东魏桥铝业公司、信发集团公司和国家电力投资集团公司等，重点铜企业有江西铜业集团公司、铜陵有色金属集团、云南铜业集团等，重点铅锌企业有株冶、锌业股份、豫光金铅、中金岭南等。此外，其他重点有色金属企业还包括中国黄金、中色矿业、五矿有色、金川镍业、云南锡业、金堆城钼业、宝钛等。

2015年起，中国冶金工业进入减量发展阶段。截至2020年，中国符合规范准入的钢铁冶金企业数量有263家，粗钢产量达106 477万吨；规模以上有色金属企业有7391家，十种有色金属产量达到6168万吨。主要冶金企业见表。

中国主要冶金企业一览表

机构名称	基本情况
中国宝武钢铁集团有限公司	中国特大型现代化钢铁联合企业。1978年上海宝山钢铁总厂在上海成立，1993年改名宝山钢铁（集团）公司。上海宝钢以原宝山钢铁（集团）公司为主，1998年与上海冶金控股（集团）公司、上海梅山（集团）有限公司联合重组，成立上海宝钢集团公司，2005年更名为宝钢集团有限公司。2016年宝钢集团有限公司和武汉钢铁（集团）公司联合重组，成立中国宝武钢铁集团有限公司，简称中国宝武。其子公司或控股公司包括武汉钢铁（集团）公司、宝山钢铁股份有限公司、马钢（集团）控股有限公司、宝钢集团新疆八一钢铁有限公司、宝钢湛江钢铁有限公司、宝钢特钢有限公司等
宝山钢铁股份有限公司	中国现代化钢铁联合企业，宝武钢铁集团有限公司子公司。2000年2月，宝山钢铁股份有限公司由上海宝钢集团公司独家创立，简称宝钢股份。同年12月，在上海证券交易所上市。上海宝钢集团公司的前身为宝山钢铁（集团）公司，由上海宝山钢铁总厂于1993年更名而来。2017年完成吸收合并武钢股份后，宝钢股份拥有上海宝山、南京梅山、湛江东山、武汉青山等主要制造基地
武汉钢铁（集团）公司 （武钢集团有限公司）	中国大型钢铁联合企业，简称武钢，宝武钢铁集团有限公司子公司。1955年开始建设，原名武汉钢铁公司，位于湖北武汉，1992年更名为武汉钢铁（集团）公司。后联合重组鄂城钢铁集团有限责任公司、昆明钢铁集团有限责任公司。2016年与宝钢集团有限公司联合重组，成为重组后的中国宝武钢铁集团有限公司的全资子公司，2017年改制为武钢集团有限公司
马钢（集团）控股有限公司	中国大型钢铁联合企业，简称马钢，宝武钢铁集团有限公司子公司。1952年组建马鞍山炼铁厂，位于安徽马鞍山，1958年成立马鞍山钢铁公司。1993年改制分立为马钢总公司和马鞍山钢铁股份有限公司。1998年马钢总公司依法改制为马钢（集团）控股有限公司，2006年兼并重组合肥钢铁，2011年联合重组长江钢铁，2014年收购法国瓦顿公司。2019年6月，中国宝武对马钢集团实施重组，安徽省国有资产监督管理委员会将马钢集团51%的股权划转至宝武钢铁集团有限公司
鞍山钢铁集团有限公司	中国特大型钢铁联合企业，简称鞍钢，中华人民共和国成立后第一个恢复建设的大型钢铁联合企业和最早建成的钢铁生产基地。始建于1916年，前身是鞍山制铁所和昭和制钢所。1948年于辽宁鞍山成立鞍山钢铁公司。2010年与攀钢实行联合重组，成立鞍山钢铁集团有限公司
攀钢集团有限公司	中国大型钒钛钢铁企业集团，简称攀钢，鞍钢集团公司全资子公司。1965年在四川省攀枝花成立，原名攀枝花钢铁公司。2010年与鞍山钢铁集团重组，成为鞍钢集团公司全资子公司

续表

机构名称	基本情况
首钢总公司（首钢集团）	中国特大型钢铁联合企业。1919年在北京石景山成立龙烟铁矿股份有限公司石景山炼厂，1938年更名为石景山制铁所，1945年更名为石景山钢铁厂，1958年更名为石景山钢铁公司，1966年更名为首都钢铁公司，1992年更名为首钢总公司，1996年成立首钢集团。2005～2010年，迁至河北曹妃甸。2005年首钢京唐钢铁联合有限责任公司成立，在搬迁过程中，联合重组水城钢铁集团公司、贵港钢铁有限公司、长治钢铁有限公司、通化钢铁集团股份有限公司、伊犁钢铁有限责任公司等。2017年更名为首钢集团有限公司
河钢集团有限公司	中国特大型钢铁联合企业，简称河钢。2008年由唐钢集团、邯钢集团联合组建成立河北钢铁集团有限公司。2016年更名为河钢集团有限公司，位于河北石家庄
河钢集团唐钢公司	中国大型钢铁联合企业。河钢核心子公司之一，中国碱性侧吹转炉炼钢的发祥地，最早实现转炉炼钢全连铸的钢铁企业。前身是1943年在河北唐山建成的唐山制钢株式会社，1946年初改称唐山制钢厂。中华人民共和国成立后改名唐山钢厂，1973年改为唐山钢铁公司，2008年与邯钢集团联合组建成立河北钢铁集团有限公司
河钢集团邯钢公司	中国大型钢铁联合企业，河钢核心子公司之一。1958年建厂，前身为邯郸钢铁总厂，位于河北邯郸市，1996年改制为邯郸钢铁集团有限责任公司。2008年与唐钢集团联合组建成立河北钢铁集团有限公司
太原钢铁（集团）有限公司	中国特大型钢铁联合企业，简称太钢，以生产优质板材为主的特殊钢生产基地。前身为1934年在山西省太原市成立的西北炼钢厂，1949年更名为西北钢铁公司，1950年更名为太原钢铁厂，1958年更名为太原钢铁公司，1994年更名为太原钢铁（集团）公司，1995年更名为太原钢铁（集团）有限公司
江苏沙钢集团	中国大型民营钢铁联合企业。1975年成立，原名沙洲县钢铁厂，位于江苏张家港。1986年更名为张家港市钢铁厂，1992年更名为江苏沙钢集团，1996年更名为江苏沙钢集团有限责任公司。先后重组大连特殊钢有限责任公司、抚顺特殊钢股份有限公司等
湖南华菱钢铁集团有限责任公司	中国大型钢铁联合企业。1997年由湖南湘潭钢铁集团有限公司、涟源钢铁集团有限公司、衡阳华菱钢管有限公司联合组建，总部位于湖南长沙
山东钢铁集团有限公司	中国大型钢铁联合企业。2008年成立，总部位于山东济南，下辖济钢集团有限公司、莱芜钢铁集团有限公司和山东省冶金工业总公司等
包头钢铁（集团）有限责任公司	中国大型钢铁企业，重要的稀土金属生产基地。1954年成立，前身为中央人民政府重工业部钢铁工业管理局五四钢铁公司筹备处包头办事处，位于内蒙古包头。1998年更名为包头钢铁（集团）有限责任公司，并组建包钢集团，拥有包钢股份、北方稀土两个上市公司
本钢集团有限公司	中国大型钢铁企业。始建于1905年，原名本溪湖煤矿，位于辽宁本溪，1911年成立本溪湖商办煤铁有限公司。1953年更名为本溪钢铁公司，同时将抚顺钢厂、大连钢厂、北满钢厂划归其领导。1996年本溪钢铁（集团）有限责任公司成立。2010年与北台钢铁（集团）有限责任公司等企业合并重组，成立本钢集团有限公司
安阳钢铁集团有限责任公司	中国大型钢铁企业。1958年于河南安阳成立，原名安阳钢铁厂。1959年更名为安阳钢铁公司，1995年更名为安阳钢铁集团有限责任公司
中信泰富特钢集团	中国特殊钢生产基地，中国中信股份有限公司全资子公司。2008年在上海成立，下属有江阴兴澄特种钢铁有限公司、湖北新冶钢有限公司、大冶特殊钢股份有限公司、青岛特殊钢有限公司等
江阴兴澄特种钢铁有限公司	特钢生产企业。1956年于江苏江阴成立铁木竹手工业联社。1972年更名为江阴钢厂。1993年与中信泰富有限公司合资成立江阴兴澄特种钢铁有限公司
湖北新冶钢有限公司	特钢生产企业。1913年汉冶萍公司正式确定筹建“大冶新厂”，1916年定名为大冶钢铁厂。1948年更名为华中钢铁公司，1953年更名为大冶钢厂。2004年被中信泰富特钢集团收购，更名为湖北新冶钢有限公司
南京钢铁集团有限公司	中国大型钢铁联合企业。1958年于江苏南京成立南京钢铁厂，1993年成立南京钢铁集团有限公司，2003年成立南京钢铁联合有限公司
广西柳州钢铁集团有限公司	中国大型钢铁联合企业。1958年于广西壮族自治区柳州成立，原名柳州钢铁厂。1981年更名为广西柳州钢铁（集团）公司，2014年更名为广西柳州钢铁集团有限公司
酒泉钢铁（集团）有限责任公司	中国大型钢铁联合企业。始建于1958年，位于甘肃嘉峪关，原名酒泉钢铁公司。1964年更名为西北钢铁公司，1972年恢复原名酒泉钢铁公司，1998年成立酒泉钢铁（集团）有限责任公司
重庆钢铁（集团）有限责任公司	中国钢铁企业。前身是1890年清朝湖广总督张之洞创办的汉阳铁厂。1938年组建“钢迁会”，将汉阳铁厂、大冶铁矿、上海炼钢厂等的主要设备拆迁至重庆大渡口继续生产。1949年后，先后更名为第一零一厂、西南钢铁公司、重庆钢铁公司、重庆钢铁（集团）公司。1995年改制为重庆钢铁（集团）有限责任公司
杭州钢铁集团公司	中国以钢铁为主业、多元发展的大型企业集团。1957年成立于浙江杭州，原名浙江钢铁厂。1958年改名为半山钢铁厂，1966年更名为杭州钢铁厂，1994年更名为杭州钢铁集团公司。1995年与浙江省冶金工业总公司合并成立浙江冶金集团，母公司重组后仍称杭州钢铁集团公司
北京建龙重工集团有限公司	中国集资源、钢铁、船舶、机电等于一体的大型企业集团
北满特殊钢有限责任公司	中国轴承钢、冷拔材、合金钢锻材等特殊钢生产基地，建龙集团子公司。前身为齐齐哈尔钢厂，始建于1952年。2004年与大连特钢、抚顺特钢共同组建了东北特钢集团。2017年被建龙集团重组
德龙钢铁有限公司	中国大型钢铁联合企业。2000年成立于河北邢台，为唐山长城轧钢公司并购新牟钢铁公司。2002年更名为邢台德龙钢铁实业有限公司，2003年更名为德龙钢铁有限公司。2019年重组渤海钢铁集团有限公司，成立天津市新天钢钢铁集团有限公司

续表

机构名称	基本情况
日照钢铁控股集团有限公司	中国大型钢铁联合企业。2003年于山东日照成立
中国五矿集团公司	中国大型金属矿产企业集团，形成了以金属矿产、冶金建设、贸易物流、金融地产的业务领域，建成矿产开发、金属材料、新能源材料，冶金工程、基本建设、贸易物流，金融服务、房地产开发的体系。1950年，其前身之一中国矿产公司成立。1952年，另外一前身中国五金电工进口公司成立，均位于北京。1960年中国矿产公司与中国五金进口公司合并，改名为中国五金矿产进出口公司，1965年改名为中国五金矿产进出口总公司，1992年成立中国五矿集团公司。2015年与中冶集团战略重组
中国冶金科工集团有限公司	中国大型钢铁工业建设集团。前身是1982年于北京成立的中国冶金建设公司。1994年更名为中国冶金建设集团公司，2006年更名为中国冶金科工集团有限公司。2015年并入中国五矿集团公司，成为其全资子公司
中国中钢集团有限公司	中国为冶金工业提供相关服务的大型跨国企业集团，主要从事冶金矿产资源开发与加工，冶金原料、产品贸易与物流，相关工程技术服务与设备制造。前身是1993年成立于北京的中国钢铁工贸集团公司，由中国冶金进出口总公司、中国钢铁炉料总公司、中国国际钢铁投资公司、中国冶金钢铁加工公司合并组建而成。2004年更名为中国中钢集团公司，2017年更名为中国中钢集团有限公司
中国铝业公司（中国铝业集团有限公司）	中国从事矿产资源开发、有色金属冶炼加工、相关贸易及工程技术服务的特大型中央管理企业。主要经营范围是铝土矿、煤炭等资源勘探开采，氧化铝、原铝和铝合金产品生产、销售、技术研发。2001年于北京成立。2017年改制更名为中国铝业集团有限公司
中国有色矿业集团有限公司	中国以有色金属矿产资源开发、建筑工程、相关贸易及服务为主要业务的大型企业。1983年在北京成立，原名中国有色金属工业对外工程公司，1995年更名为中国有色金属建设集团公司。1997年组建中国有色金属建设股份有限公司，控股母公司注册登记为中色建设集团有限公司。2003年更名为中国有色矿业建设集团有限公司，2005年变更为中国有色矿业集团有限公司
中国黄金集团公司	中国集地质勘探、矿山开采、选矿冶炼、产品精炼、加工销售、科研开发、工程设计与建设于一体的大型矿业公司，主要业务是贵金属及伴生金属资源开发及相关的工程技术服务。前身是成立于1979年的中国黄金总公司。2003年组建中国黄金集团公司，总部位于北京。2017年底改制成为公司制企业
金川集团股份有限公司	中国有色金属特大型采、选、冶、化、深加工联合企业，主要生产镍、铜、钴、铂族贵金属及有色金属压延加工产品、化工产品、有色金属化学品和新材料等。1959年在甘肃金昌成立金川有色金属公司，2001年经改制成立金川集团有限公司。2012年成立金川集团股份有限公司
江西铜业集团有限公司	中国有色金属行业集采、选、冶、加工于一体的特大型联合企业，主要包括铜、金、银、稀土、铅、锌、铼、碲等多品种矿业开发及相关的增值服务体系。1979年在江西贵溪成立江西铜业公司。1997年以江西铜业为主体成立江西铜业股份有限公司
铜陵有色金属集团控股有限公司	中国以有色金属采冶为核心，集金融贸易、精细化工、装备制造、科研设计、房地产开发、建筑安装、井巷施工等相关产业多元化发展的大型企业集团，是中华人民共和国成立后最早建成的铜工业基地。1949年中央决定恢复建设铜官山矿，1952年建成投产。1959年成立铜官山有色金属公司，1965年更名为铜陵有色金属公司，1995年组成铜陵有色金属（集团）公司。2006年改组为铜陵有色金属集团控股有限公司
湖南有色金属控股集团有限公司	中国从事有色金属勘探、采矿、选矿、冶炼、深加工、研发、贸易等多种行业的企业，拥有湖南铅、锌、钨、锑、铋、萤石等矿产资源的开采权。2004年于湖南长沙成立，由株洲冶炼集团有限责任公司、株洲硬质合金集团有限公司、湖南水口山有色金属集团有限责任公司等单位组建。2009年由中国五矿集团公司增资重组，改制为湖南有色金属控股集团有限公司
河南豫光金铅集团有限责任公司	中国大型铅冶炼和白银生产企业。1957年成立于河南济源，原名为济源综合冶炼厂。1997年组建成河南豫光金铅集团有限责任公司
中色（宁夏）东方集团有限公司（宁夏东方有色金属集团有限公司）	中国钽、铌产品生产企业和铍材料科研生产基地，主要从事稀有金属钽、铌、铍、钛等高新技术产品的研究、开发和生产。1964年于宁夏石嘴山成立，原名冶金部905厂。1972年更名为宁夏有色金属冶炼厂、研究所。1999年宁夏有色金属冶炼厂和西北稀有金属材料研究院联合设立宁夏东方钽业股份有限公司，2003年组建宁夏东方有色金属集团有限公司。2008年由中国有色矿业集团公司进行重组，成立中色（宁夏）东方集团有限公司
金堆城钼业集团有限公司	中国有色金属企业，拥有完整钼产业链。1959年在陕西华县成立金堆城钼矿，1979年改称金堆城钼业公司。2005年金堆城钼业集团有限公司在陕西西安成立，2008年所属金堆城钼业股份有限公司A股上市
江西钨业控股集团有限公司	中国有色金属企业，主要提供钨、钽铌精矿和钨、钽铌、稀土冶炼产品产销。高梯度强磁选机制造企业。1907年在江西西华山发现钨矿，1983年成立中国华兴钨业公司。2003年在江西省南昌市组建江西钨业集团有限公司。2015年重组成立江西钨业控股集团有限公司
云南锡业集团（控股）有限责任公司	中国大型有色金属联合企业，世界大型锡生产加工基地、化工中心和砷化工中心以及稀贵金属研发中心。前身是清光绪九年（1883）清政府建办的个旧厂务招商局。1950年在云南个旧成立云南锡业公司，1998年组建成立云南锡业股份有限公司。2000年建立云南锡业有限责任公司。2006年整体改制成云南锡业集团（控股）有限责任公司

未来发展将以减量化为主线，实施价值链重整，大量废旧金属将作为二次资源得到回收利用，实现绿色化、智能化发展。

（范铁军　彭　锋　顾松青　李　梅　苏步新）

中厚板轧制 plate rolling 通过轧制板坯或者钢锭生产中厚板成品的技术。大多数国家把厚度在3毫米以上的钢板称为中厚板。中国把厚度在4毫米以上的钢板称为中厚板。其中，厚度4～20毫米的钢板称为中板，厚度20～60毫米的称为厚板，厚度超过60毫米的称为特厚板。中厚板主要用于造船、建筑构件（桥梁）、机器制造、交通运输、能源、军事工业等领域。工业发达国家的中厚板产量占钢材总产量的10%～22%。轧制中厚板的轧机全世界约有300套，其中近一半是轧辊辊身长度3米以上的宽厚板轧机。此外，带钢热轧机也能生产厚4～25.4毫米的中厚板。

简史　18世纪初，西欧出现了二辊轧机，轧制出小块中厚板。1854年欧洲建成了用蒸汽机驱动的二辊可逆式中厚板轧机。1864年美国建成了三辊劳特式中厚板轧机，曾经盛行一时。1891年美国建成了世界上第一台四辊可逆式中厚板轧机。后来又出现了双机架、半连续式和连续式的中厚板轧机。到20世纪70年代，一般认为中厚板轧机以四辊式双机架配置方式较好。双机架配置可在不大幅度增加投资的前提下，大幅度提高产量。

原料　中厚板轧机使用的原料有连铸板坯和钢锭。**连续铸钢**技术的发展不仅提高了中厚板的成材率，降低了生产成本，而且也提高了钢板的质量。所以，中厚板轧机采用连铸坯的比例不断上升，有的已达到100%，仅在生产特厚规格产品或者特种品种钢板时才使用钢锭。中厚板轧机从板坯到成品钢板的成材率有的已达94.7%。

产品　中厚板除按尺寸区分，还可以根据强度、化学成分、用途和交货状态进行分类。按强度分类一般以屈服强度的下限分级，屈服强度460兆帕以上的称为高强度钢板。按化学

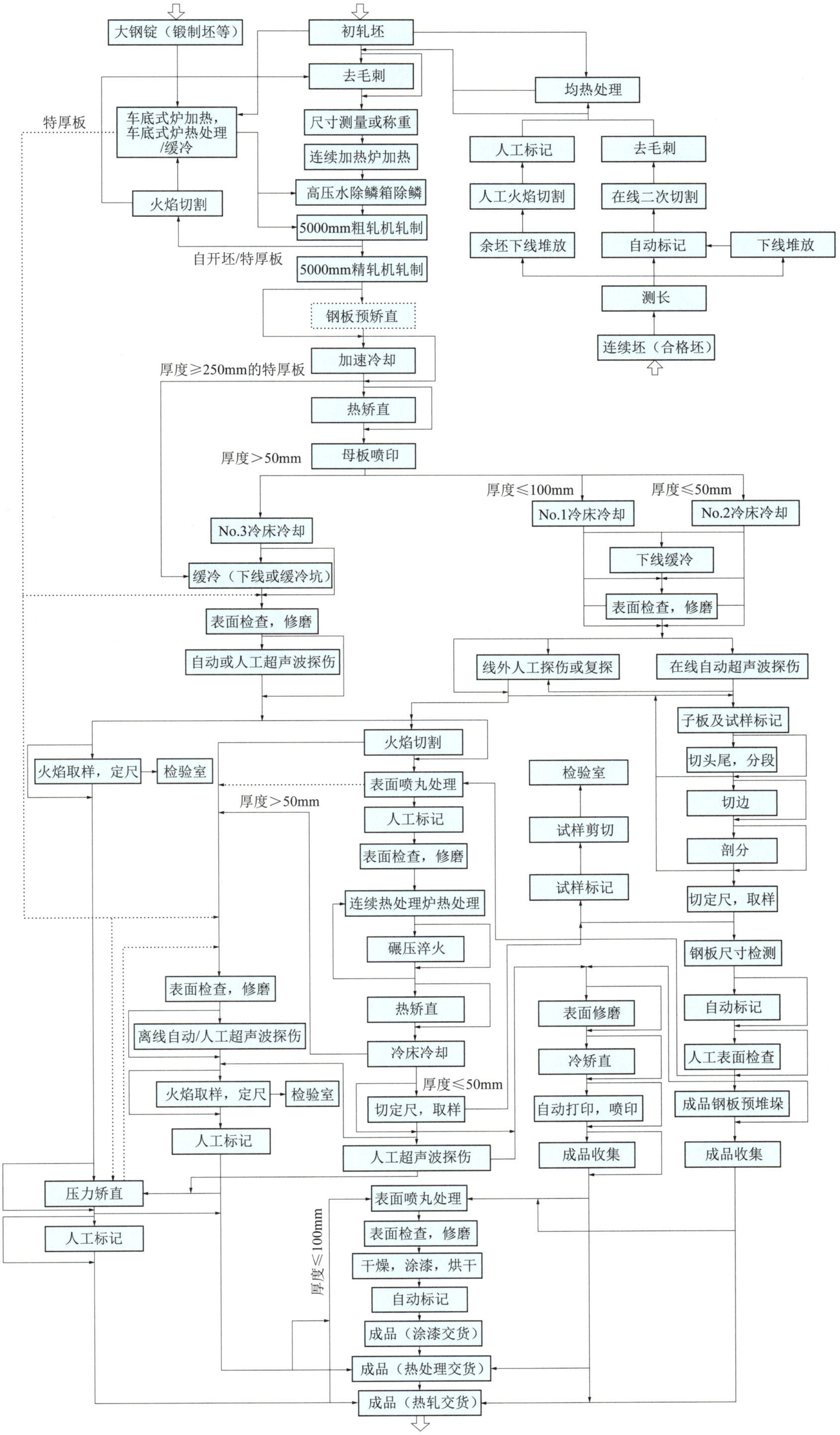

图1　典型的中厚板生产的工艺流程

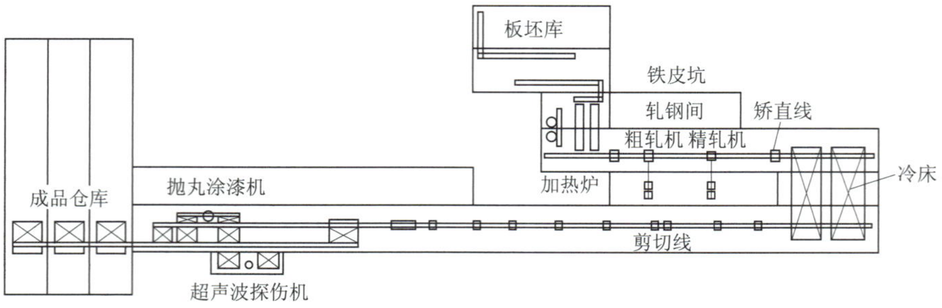

图 2　典型的现代化中厚板轧机的平面布置

成分分为普通钢板和特殊钢板，后者包括不锈钢板和复合钢板。按用途大致分为造船钢板、工程机械钢板、海洋工程钢板、焊接结构钢板、锅炉和压力容器钢板、低温钢板、耐腐蚀钢板、焊管用钢板以及特殊用途的钢板等。按交货状态分为常规轧制（AR）、控制轧制（CR）、温度－形变控制轧制（TM）、控轧控冷（TMCP）、热处理状态（正火、回火、淬火＋回火）等钢板。

生产流程　中厚板轧制的主要工序有：原料处理、加热、除鳞、轧制、预矫直、冷却、矫直、精整、热处理、成品检验等。不同的产品需要不同的生产工序。加热时需要制定合理的加热制度，以防止坯料在加热过程中产生各类缺陷。轧制工艺分3个阶段：①成形轧制。沿板坯长度方向或斜向进行1～4道轧制，以消除板坯表面的影响和提高宽度控制的精度，把坯料轧至所要求的厚度。②展宽轧制。这是中厚板不同于其他种类板材轧制的重要工序。常用全纵轧法、全横轧法、纵轧－横轧－纵轧、横轧－纵轧法和角轧－纵轧法。全纵轧法是钢板延伸方向与坯料纵轴方向相一致的轧制方法；全横轧法是钢板延伸方向与坯料纵轴方向相垂直的轧制方法；横轧－纵轧法是先纵轧1、2道次，即成形轧制，然后转90°进行横轧宽展，即宽展轧制，第三步再转90°进行纵轧，即延伸轧制；角轧－纵轧法是将坯料纵轴与轧辊轴线方向成一定角度送入轧辊的轧制方法。③精轧。展宽轧制后再转90°，转回原坯料长度方向，轧制到成品板厚度。合理制定中厚板轧制工艺能提高轧机的生产能力、钢板的质量和成材率。为了提升钢板的性能，对有些品种需要进行控制轧制和控制冷却。为了确保钢板的平直度，除采取各种保证板形的措施外，钢板需经过热矫直，有时还需要对不平直的冷钢板进行冷矫直（或者压平）。在冷剪切成品板时，钢板要冷至150℃以下，冷却要均匀，冷却速度应适宜。采用滚切式剪机剪切，基本上可解决剪弯等缺陷问题，调整剪刃间隙可以大大提高钢板剪切断面的质量。根据钢板质量要求，用超声波进行不同深度的探伤。热处理时除了保证钢板的机械性能外，还要保证板形良好。抛丸涂层法多用于生产造船和桥梁用板，抛丸去除氧化铁皮后，再涂防锈层，涂层后应快干。钢板表面尺寸形状的检查主要靠人工进行。打印标记工序已实现机械化，并可由计算机控制操作。

图 3　宽厚板生产线

技术发展　随着中厚板生产技术的进步，宽厚板轧机有了较大的发展。宽度小于3米的轧机已不多见。世界上日本、美国、俄罗斯、德国和中国等建有5米以上的宽厚板轧机。

现代化中厚板轧机，所用板坯最大重量已达80～110吨，最高轧制速度每秒已达7.5米，轧件的最大长度达65米（炉卷轧机可生产的长度更长），钢板最大宽度达5300毫米，一套双机架宽厚板轧机的年生产能力已从200万吨增至300万吨以上。在**板形控制**方面，随着轧件的加长，采用了液压自动厚度控制、弯辊装置、轧辊偏心控制和加大支撑辊直径，减少了钢板纵向厚度偏差和横向厚度偏差，这些平面板形控制技术使得钢板成材率大大提高。控制轧制和控制冷却技术已广泛应用于厚板生产中，减少了热处理工作量，降低了能耗，提高了钢板的机械性能。在加热炉方面，广泛采用步进梁式加热炉。这种炉子虽然设备费和维修费较高，但加热质量好、黑印少、下表面无划伤、炉长不受坯厚的限制、操作灵活，能更适用于小批量多品种生产的要求。为了有效去除铁鳞，普遍采用水压达17～30兆帕的高压水除鳞装置。轧后冷却也成为中厚板生产的常规配置，并开发了超快冷技术。很多生产企业还在冷却装置前配置了预矫直机，用于提高板形合格率和冷却均匀性。轧后钢板的精整设备，多数采用四重式矫直机、步进格板式冷床、连续自动超声波探伤装置、滚切式双边剪以及自动打印机等，使钢板的尺寸偏差、平直度、表面和内部质量等得到了保证。在热处理方面，采用双步进梁式炉，解决了下表面的划伤，并以辊式淬火代替了压力式淬火机，提高了淬火质量；在自动化方面，除轧机上采用计算机过程控制外，加热炉、冷却、矫直和剪切线也实现了计算机过程控制。从板坯仓库到成品板发货，一般采用若干台过程监控机、过程控制机和专用管理机，构成三级计算机系统，实现了全车间的综合自动控制。

扩展阅读

王国栋. 中国中厚板轧制技术与装备. 北京：冶金工业出版社，2009.

崔风平，孙玮，刘彦春. 厚板生产与质量控制. 北京：冶金工业出版社，2008.

王国栋，刘相华，王君. 我国中厚板生产设备、工艺技术的发展. 中国冶金，2004，82（9）：1-8.

（王昭东　田　勇）

中间包冶金　tundish metallurgy　在连续铸钢的中间包内改善和控制钢水质量的过程。中间包位于钢包与结晶器之间，在连续铸钢发展初期，只是作为钢水的储存和分配器来使用。随着对钢质量要求的提高及人们不再把中间包作为一个简单的容器使用，而是在中间包内进一步去除夹杂物，所以在20世纪80年代初提出了中间包冶金概念。中间包冶金具有防止二次氧化、调节微合金元素成分、夹杂物碰撞聚集上浮、控制铸流钢水过热度等功能。中间包冶金技术主要包括中间包结构优化技术、降低钢水二次污染技术、中间包加热技术、中间包内微合金化以及热中间包循环应用等。

中间包结构优化　通过采用离心流中间包、设置中间包控流装置、安装过滤器等措施进行结构优化，提高钢水质量。其中应用较多是设置中间包控流装置和安装过滤器。

离心流中间包　主要由中间包、电磁搅拌器等组成。利用旋转磁场驱动钢水转动所产生的离心力促进夹杂物分离。

设置中间包控流装置　中间包内主要的控流装置有挡墙、坝、湍流控制器、气幕挡墙等。在中间包内设置合理的挡墙和坝控制钢水流动方向是普遍应用的技术措施，其冶金功能有：①减少死区体积，增加钢液在中间包内的平均停留时间，使夹杂物有充分的时间上浮分离。②改变中间包内钢水的流动路径，增加滞止时间，消除底部流股，使钢液有适当的上升流，缩短夹杂物的上浮分离距离。③减少由于钢包注流引起的中间包液面波动的扩散，防止卷渣及钢液的氧化。

湍流控制器的设计没有固定模式，需要在实验中系统优化。主要作用是：①改善流体流动轨迹。②减少开浇时钢水的喷溅。③减轻长水口注流卷吸空气。

气幕挡墙是在中间包内沿长度方向在底部安装条形透气砖，从透气砖底部吹入一定流量和压力的氩气，使其产生小气泡幕，用以改变钢水流动形态，促进夹杂物上浮。

安装过滤器　过滤是将悬浮在钢液中的固、液夹杂物有效地进行分离的一种方法。通过过滤器可以获得纯净的钢液。在中间包冶金中，由于钢液浇注温度高（1500～1600℃），工作条件恶劣，钢水过滤器必须满足一定的工艺要求：①耐高温，能在1600℃高温下正常使用，能承受钢水通过过滤器时产生的热应力和机械冲击应力。②浇注过程中能够抵抗渣的化学侵蚀，做到与中间包寿命同步。③既要有效地去除夹杂物，完成过滤的任务，又要尽可能减少对钢液的阻力，以保证较高的生产率。④安装使用方便，成本较低。

实际用于中间包内的钢水过滤器的结构主要有两种：①深层过滤器。有线圈式和泡沫式，它们的共同特点是气孔率高，可达60%～80%，比表面积大，钢液流经的通道长，过滤效果比较显著。一般泡沫式过滤器能去除65%以上的$A1_2O_3$夹杂物。但其阻力大，容易引起堵塞，因此这种过滤器只能用于夹杂物较少的清洁钢液去除微观夹杂物。②直通孔型过滤器。它的孔径一般在10～50毫米，由于孔径大，对钢液流动阻力小，所以具有理想的钢水通过速度，因此直通孔型过滤器一般能用于正常生产。然而也正是由于其孔隙的迷宫度小，所以去除夹杂物的能力不如深层过滤器。但是直通孔型过滤器可以通过改善钢水流动状况来促使夹杂物碰撞、聚合、上浮、去除，即间接去除夹杂物。

降低钢水二次污染技术　降低钢水二次污染技术主要是中间包吹氩操作、使用中间包覆盖剂、采用碱性包衬等。

中间包吹氩操作　在中间包一定的位置吹入氩气，微小的氩气泡与夹杂物碰撞吸附到一起，粒径增大，上浮速度增大，有利于夹杂物的去除。

中间包覆盖剂　在中间包内加保护渣粉覆盖高温的钢液表面，以减少中间包钢液面二次氧化为主要目的，其功能有：隔离钢水和空气，以减轻二次氧化；吸收从钢水中分离出来的非金属夹杂物；保持钢水的热量，减少温度损失以及在较长时间使用后，仍能保持性能稳定。采用的覆盖剂材质有：酸性的，如炭化稻壳；中性的，碱度（CaO/SiO_2）接近于1的渣料；碱性的，$(CaO+MgO)/SiO_2 \geqslant 3$的渣料；双层渣，上层为炭化稻壳，起绝热保温作用，下层用中性渣或碱性渣。

中间包碱性包衬　中间包包衬采用不同材质对钢水质量有重要影响。主要有酸性和碱性耐火材料两种。酸性耐火材料主要是硅质耐火材料。当浇铸含锰较高的钢种（如16Mn）和铝镇静钢时，硅质耐火材料中的SiO_2产生二次氧化作用，会成为污染钢液的来源之一。所以，随着对钢材质量要求的提高，中间包包衬向采用碱性耐火材料发展，应用较广泛的是镁质材料。碱性中间包包衬工作层的筑造方式有两种：镁质绝热板和**不定形耐火材料**。镁质绝热板采用镁砂为骨料，配加耐火纤维和黏合剂，用真空吸滤法成形制成，它具有良好的抗渣侵蚀性能和绝热性能。但是抗热震性能较差是氧化镁材料的缺点，配加适当的CaO、Cr_2O_3、Al_2O_3，有利于改善镁质材料的抗热震性。镁质绝热板因其热导率小，密度低，可以冷态使用。为了满足必须热态开浇的某些特别情况，也有可预热的镁质绝热板。为了提高中间包的精炼作用，用镁质不定形材料在控流元件表面进行涂层，或与内衬同时筑造成整体，也可考虑。

中间包加热　调节中间包钢水温度，稳定浇注操作的一种技术措施。常用方法有感应加热和等离子加热。

感应加热分为有芯感应加热和无芯感应加热两种，以有芯感应加热居多。加热器由绕在铁芯上的线圈作为初级回路，加热通道内的钢水作为次级回路，由铁芯内产生的磁场在钢水中形成感应电流，使钢水得以加热。加热钢水通道可设置于中间隔墙内，也可以设置于中间包侧壁内。感应加热的电热能转换是在钢水内进行的，所以热效率可高达80%～90%。在浇注开始和终了，中间包钢水量少到不能充满加热通道时，感应加热就无法进行了；此外，感应加热系统结构笨重，占用面积大；钢水通道耐火材料工作条件苛刻，容易损坏，这些都是中间包感应加热难以被采用的原因。

常压下等离子弧具有极高温度（3000～5000℃），可以用来加热钢水。等离子弧有转移型和非转移型两类。非转移弧的两个电极均位于等离子枪中，应用方便，但加热效率低；转移弧的负电极位于等离子枪中，正电极由被加热的钢水来充当，加热效率高，但在包衬中需装入导电电极。等离子炬是具有高能量密度的电热转换设备，仅需很小的等离子枪，就可以有高的功率。而小的等离子枪容易安装在中间包上，不需要改动中间包体本身，所以在中间包上采用等离子加热比较方便易行。等离子加热的另一优点是在钢液面很浅时就能开始加热钢水，因而对更换钢包时保持温度稳定特别有效。

虽然等离子加热和感应加热方法已经在中间包成功运用，但它们各有弱点，因此人们还在继续研究其他的中间包加热方法，如电阻加热、电渣加热、石墨电极电弧加热以及高温氮气流加热等。

中间包内微合金化　在浇注过程中对中间包内钢液进行成分微调和夹杂物形态控制的一种技术措施。在中间包内加入易氧化元素（如Ti、Al、Ca）或微量元素（如B），钢水与污染源（如渣、空气、包衬）接触时间短，有利于提高元素回收率。由于中间包熔池浅，钢水停留时间短，为确保元素能充分吸收，广泛采用喂线法，如在中间包喂入CaSi、CaSiBa包覆线；喂线时利用盘形导管将包覆线卷成螺旋形，线中粉剂含15%～20%Ca、14%～18%Ba和55%～60%Si。包覆线直径约为10毫米，喂线速度20～30米/分。中间包内可加入0.15～0.23千克/吨的Ca。由于加入钙，产生的夹杂物变成球形的铝酸钙（如$12CaO-7Al_2O_3$），成品钢板的横向性能有所改进，满足了管线用钢的要求；同时改善了钢水流动性，能有效防止Al_2O_3堵水口。

扩展阅读

蔡开科，程士富.连续铸钢原理与工艺.北京：冶金工业出版社，1994.

（吴夜明　朱苗勇）

中矿　middling　品位介于精矿与尾矿之间、需进一步处理的选矿中间产品。中矿通常被送至另一选矿设备或选矿作业再选，或经磨矿或返回到本设备或本作业再选出部分精矿；也有将某种特定的中矿直接送冶炼厂冶炼，或用化学处理。

（范象波）

中条山古矿冶遗址群 Zhongtiao Mountain mining sites 中国古代铜矿开采及铜冶炼遗址群。位于中国山西南部中条山区。中条山铜矿区在夏商时期、战国—汉代、唐代、明清时期都曾有较大规模的开发，留下众多的古矿冶遗址。其中具有重要考古学、历史学价值的早期采矿遗址有闻喜县的千金耙遗址；冶炼遗址有垣曲县的口头遗址、垣河西遗址，绛县的柿树林遗址、西吴壁遗址、小张遗址、新庄遗址，闻喜县的刘家庄遗址等。以上遗址皆属于二里头文化和二里岗文化时期。经出土的冶炼炉渣检测分析，中条山古矿冶遗址群仅开采冶炼金属铜，并未进行青铜合金的配制和铸造。中条山古矿冶遗址群的发现，为寻找中国夏商王朝的铜料来源，探讨青铜冶金产业格局提供了重要实物资料。

（李延祥）

中性耐火材料 neutral refractories 在高温下与碱性或酸性熔渣都不易起反应的耐火材料。主要成分是三氧化二铝、三氧化二铬和碳。包括刚玉质、刚玉-莫来石质、铬刚玉质、高铬质、刚玉-尖晶石质等耐火材料，高铝质（主要成分为 Al_2O_3 和 SiO_2）、铝镁质耐火材料。也包括含非氧化物耐火材料（如炭质、碳化硅质）、部分氧化物与非氧化物的复合耐火材料（高铝-碳化硅质、Al_2O_3-SiC-C、Al_2O_3-C）。其特性是对酸性渣和碱性渣都具有抗蚀能力。工业上常用于作为炉渣性质变化较大的炉窑内衬，或作为酸、碱性耐火材料之间的过渡层。

（石 干）

钟香崇 Zhong Xiangchong（1921-11-21～2015-02-15） 中国无机材料学家、耐火材料专家。广东潮安人。生于广东汕头，卒于河南郑州。1941年毕业于香港大学，获学士学位。1946年赴英国留学，1949年获利兹大学博士学位。回国后历任冶金工业部高级工程师，洛阳耐火材料研究所所长、总工程师等职。曾任耐火材料学会第一届、第二届理事长，联合国国际耐火材料学术会议技术委员会委员和国际硅酸盐陶瓷学术会议国际顾问委员会委员。1991年当选中国科学院学部委员（院士）。

20世纪50年代，根据中国资源特点，组织指导具有中国特色的镁铝砖和高铝砖的研究开发，在平炉、电炉、高炉等工业炉上推广应用；氧气转炉材料和连铸长水口的研究开发，显著提高使用效果，获全国科技大会和冶金部科技奖；耐火纤维和绝热板的研究开发，节能效果显著，获冶金部和河南省科技奖。系统地研究了中国高铝矾土和刚玉莫来石材料等高温力学性能和断裂行为，在科学理论上提出了新观点，为开发优质品种指明了方向和途径。2000年在郑州大学创建高温材料研究所。2000年获得何梁何利基金科学与技术进步奖。著有《矽砖的性质与制造》(1951)、《碱性耐火材料的热机械性质》(1957)、《钟香崇耐火材料论文选》(1991）等专著。

（石 干）

重介质分选 dense medium separation 在密度大于水的介质（即重介质）中分选矿物的重力选矿方法。是利用矿物颗粒间密度的差异，采用密度介于不同矿物之间的流体为介质，通过阿基米德原理产生上浮和下沉作用，使矿物原料中的有价组分得到富集或提纯，获得精矿。重介质分为重液和重悬浮液两大类。重液是密度较大的有机液体或无机盐类水溶液。重悬浮液是加重质（主要为磁铁矿矿石的分选精矿和硅铁）与水混合的悬浮液。重液有毒且成本高，仅用于试验室。重悬浮液来源广、无毒，在工业上获得广泛应用。此外，以空气为分散剂对加重质进行流态化，也可以作为分选重介质，称为气-固两相流空气重介流化床分选。

简史 1858年科学家提出用锰、钡、钙的氯化物溶液作为分选介质进行选煤。1911年美国杜邦化学公司曾尝试采用氯烃化合物作为介质。1917年出现了使用水砂混合物作为加重质的分选机，并成功用于工业化选煤。1926年E.A.斯列普诺夫提出采用细磁铁矿粉与水构成悬浮液进行重介质选煤的方法。20世纪40年代，湿法永磁滚筒磁选机的出现，解决了以磁性物为加重质的回收浓缩问题，奠定了现代重介质分选工艺的基础。1939年荷兰国家矿业公司（Dutch State Mines）成功开发了圆筒圆锥形重介质旋流器，之后美国、苏联也相继开发了重介质旋流器。20世纪末到21世纪初，重介质分选技术日臻成熟，已成为首选的选煤方法，并逐步扩展应用于金属矿石的预选和部分非金属矿的分选。

工艺 重介质分选除了分选作业外还包括一些辅助作业：①原料准备。包括破碎和筛分，目的是使被选物料满足一定的粒度要求。粒度上限是保证在一定的通径条件下物料流不致引起堵塞；粒度下限是防止过多的细粒级矿粒导致悬浮液黏度过大，影响分选效果。②分选。在重介质分选机中进行，小于重介质密度的颗粒在介质中上浮，大于重介质密度的颗粒在介质中下沉，达到分选的目的。③脱介。经过重介质分选后的物料与重介质一起从分设备中排出后，采用筛分洗涤方法进行脱除。筛分通常使用弧形筛配直线振动筛进行，有时也省却弧形筛，采用具有不同筛面倾角的等厚筛（也称香蕉筛）。经筛分脱介的物料表面还附着有部分加重质颗粒，需要进一步采用筛上喷水洗涤方式进行脱除。④介质回收。直接筛分脱除的介质悬浮液可以直接返回合格介质桶循环使用。经过喷淋洗涤产出的加重质悬浮液的密度比循环介质的低，需要经过介质的回收与再生作业实现循环使用。⑤重介质悬浮液密度和黏度调节。为保证作为分选介质的悬浮液性能稳定，重介质循环系统设置有分流环节，将部分循环介质分流到介质回收与再生作业，以排除其中多余的水和微细粒杂质。

应用 重介质分选的对象有原煤、选煤厂的难选中煤、选矿厂初步破碎解离的矿石等。当处理金属矿时，一般用作预选作业，抛弃废石，提高入选矿石品位，降低选矿费用；当处理煤炭和非金属矿时，常作为主要分选作业，得出最终精矿。例如：炼焦煤的精选，高硫煤的脱硫，动力煤的脱矸，优质无烟煤的超纯制备，钨矿石、磷矿石的预选，红柱石的精选。

在选煤厂中，重介质分选通常与浮选相结合，分别处理粗、细粒级的物料。重介质分选一般用于分选0.5毫米以上的粗粒级，浮选则用于处理0.5毫米以下的煤泥。

与跳汰分选、摇床分选等其他重选方法比较，重介质分选的分选精度最高，但分选成本也相对较高。

扩展阅读

谢广元. 选矿学. 徐州：中国矿业大学出版社，2001.

（杨建国）

重介质分选设备 heavy-media separation equipment 利用重液或重悬浮液实现矿石按密度分选的设备。主要有重介质分选机、重介质振动溜槽、重介质旋流器等。重介质分选机属静态分选设备，重介质振动溜槽、重介质旋流器属动态分选设备。静态分选设备的分选介质运动速度慢，采用较稳定的细粒悬浮液，密度接近分选矿粒密度。动态分选设备的动态分选介质受外力作用，高速回转或垂直脉动，采用粗粒的不稳定悬浮液，介质密度比待分选矿粒密度小。

重介质分选机　按照分选腔体结构形式可分为锥型重介质分选机和鼓型重介质分选机。锥型重介质分选机有内部提升式和外部提升式两种，锥内装有缓慢旋转（4～5转/分）的搅拌叶片，用以保持悬浮液稳定（图1）。给矿从上方液面进入，

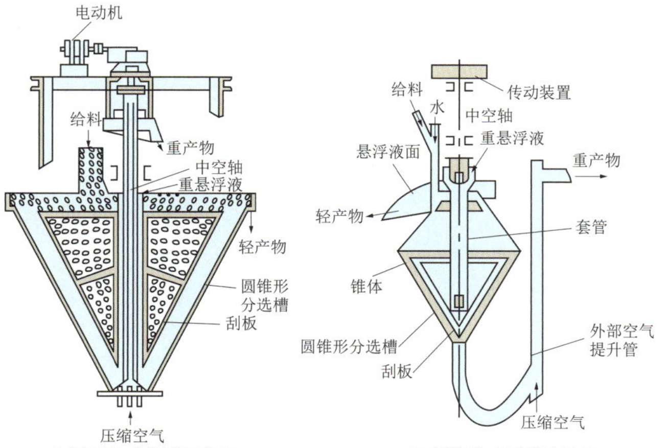

a 内部提升式单锥分选机　　b 外部提升式双锥分选机

图1　锥型重介质分选机结构示意图

悬浮液从给矿处和锥内不同深度处进入。轻产物从圆锥周边的溢流堰溢出，重产物从底部用空气提升器或泵排出。锥型重介质分选机属深槽型，分选槽容积大且稳定，矿粒在槽内停留时间长，分选细粒物料时精确度较高，分选面积大，适用于处理轻产物排出量大的原料。缺点是需用介质量和循环介质量都较大。一般给矿粒度3～50毫米，圆锥直径2～6米，处理能力25～150吨/时。多用于有色金属矿选矿。

鼓型重介质分选机分为单室两产品式和双室三产品式。前者只有一个室，按一种密度分选；后者用隔板分为两个室，使用两种密度的悬浮液，得到三种产品。悬浮液和矿石从转鼓的一端进入，轻产物从另一端排出，重产物沉入底部，由装在鼓壁上的扬板提起投入排矿流槽中排出。鼓型分选机属浅槽型，悬浮液深度不大。由于转鼓的搅拌作用，易保持悬浮液密度的稳定。排矿流槽较宽，可排出较粗的矿石。但搅拌作用较强，影响细粒的沉降，不适于处理细粒矿石。介质需用量和循环量比锥型分选机少。一般给矿粒度为6～150毫米，圆鼓直径1.5～3米，处理能力20～100吨/时。广泛用于选矿与选煤。

重介质振动溜槽　机体为一长方形浅槽体，支撑在几组倾斜安装的板弹簧上，由给矿端的曲柄连杆机构带动做往复运动。槽体向排料端倾斜2°～3°，槽体末端设有分离隔板，用以使轻、重产物分开。槽体底部安装有两层冲孔筛板，筛板以下被分隔成5、6个独立的槽底水室，分别与压力水管相通（图2）。

矿石和介质由给矿端进入。在槽底的摇动和筛下上升水的作用下，介质在槽中形成流动性较好的高密度床层，矿石按密度分层并沿槽移动，最后通过排矿端的分离隔板分别排出轻产物和重产物。

设备的特点是床层松散性能好，可用较粗粒度的加重质（一般粒级为0.15～1.5毫米）。加重质在床层内也分层，层底容积浓度可达55%～60%，但黏度仍较小。可采用较低密度的加重质，借助高的容积浓度仍可获得较高的分离密度。可通过砂泵将介质送回介质锥斗中循环再用。一般在小型选厂用于处理铁矿和锰矿等黑色金属。

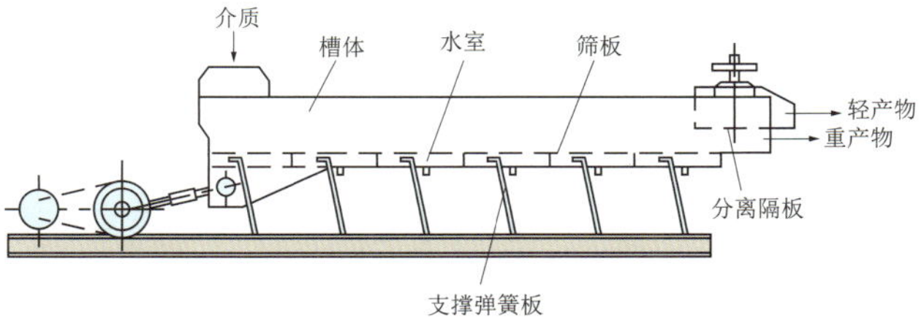

图2　重介质振动溜槽结构简图

重介质旋流器　一般倾斜安装，轴线与水平夹角为18°～30°。矿石和悬浮液以一定比例（一般为1∶4～1∶6）和压力（0.08～0.2兆帕）从给矿管给入。重产物由沉砂口排出，轻产物从溢流管排出。用于选煤的重介质旋流器，工作过程如图3所示。

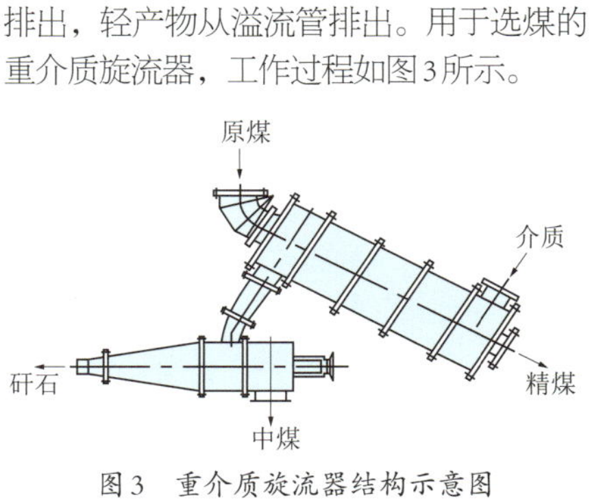

图3　重介质旋流器结构示意图

悬浮液在旋流器中做高速旋转运动时发生浓集作用，靠近溢流管和中心轴线处的悬浮液密度小，靠近沉砂口和器壁处的悬浮液密度大，故实际分选密度比给入的悬浮液密度大。分选密度还受旋流器结构参数的影响，增大锥角或增大溢流管与沉砂口的直径比值均可使分选密度增大。由于利用离心力加速矿粒的沉降，其给矿粒度下限可达0.5毫米，但为了方便介质回收，一般给矿粒度为2～20毫米。

重介质旋流器具有结构简单、占地面积少、可以采用密度较低的加重质等优点，应用较广。　（李文博）

重金属污染场地修复　remediation of heavy metal contaminated site　采用物理、化学、生物等方法，消除重金属污染区域的重金属污染物、降低其毒性或生物可利用性、阻隔其与生命体接触的过程。20世纪50年代，欧洲各国、美、日本等发达国家普遍处于工业高速发展阶段，土壤污染问题随之而来，引发各国政府重视。美国于1980年专门制定了《超级基金法》，提出了棕地的概念，随后加拿大、荷兰、日本等发达国家都由于因工业化造成棕地污染问题制定并发布了土壤污染相关法律法规，从此重金属污染场地修复研究得以迅速发展。中国重金属污染场地修复起步较晚。2004年国家环境保护总局下发了《关于切实做好企业搬迁过程中环境污染防治工作的通知》，明确提出了对污染企业搬迁后的原址进行土壤监测、风险评估和修复。

重金属污染场地土壤修复技术主要包括固化/稳定化修复、土壤淋洗修复、生物修复等。①固化/稳定化修复，是在土壤中添加固化/稳定化剂，通过物理上隔离污染物或将污染物转化成化学性质不活泼的形态，降低污染物危害的处理方法。常用固化/稳定剂化有水泥、硅酸盐、高炉渣、石灰、窑灰、沥青、沸石和钢渣，还有新发展的固化/稳定化材料，如多羟基磷酸盐、含铁氧化物材料、纳米陶瓷、功能化生物炭等。固化/稳定化修复技术操作简单，适用于不同污染程度的土壤修复，但难以保证重金属的长期、长效稳定。②土壤淋洗修复，是借助能够促进土壤固相中重金属溶解或迁移作用的溶剂（淋洗剂），注入被污染场地土层中，把土壤固相中的重金属转移到土壤液相中，再对液相中的重金属进行处理的技术。淋洗剂除水、有机酸或无机酸、络合剂EDTA（乙二胺四乙酸）外，还有天然有机酸、生物表面活性剂等生物淋洗

剂。生物淋洗剂生物降解性好，对环境无污染，逐步取代无机酸、络合剂EDTA等。土壤淋洗修复技术成本高、淋洗液处理流程长，适应于污染严重的易渗透土壤，如沙土、砂砾土壤、冲积土等土壤修复。③生物修复，包括微生物修复和植物修复。微生物修复是通过微生物的吸附、沉淀或氧化还原作用去除污染场地土壤中的重金属，或使重金属由高毒性形态转变成较低毒性形态。植物修复是直接利用植物吸附、富集、挥发、过滤等作用去除重金属或降低重金属毒性的技术。植物修复技术中常用的植物分为超富集植物和耐性植物两类。生物修复技术成本低、绿色环保，适应于污染程度轻的土壤修复。

重金属污染场地地下水修复技术主要包括自然衰减修复、抽取处理修复、可渗透反应屏障技术等。①自然衰减修复，是在无人为干扰下，污染物在地下水中发生自然降解、弥散、稀释、吸附、挥发等化学和生物化学作用而降低其浓度、毒性和移动性的自然过程。②抽取处理修复，是捕捉地下的污染羽水体并将其抽出地面，然后采用物理法（吸附法、反渗透法、气浮法等）、化学法（混凝沉淀法、氧化还原法等）以及生物法（活性污泥法、生物膜法等）将水净化后再使用或重新输入地下。③可渗透反应屏障修复，是通过可渗透的反应墙对地下水污染羽进行阻截和修复。反应墙是在地下安置的活性材料墙体，填充反应介质包括零价铁、沸石和微生物活性的碳源等。处理中包括了物理、化学或生物作用过程。

重金属污染场地修复技术趋于土壤-地下水一体化修复、两种或多种方法联合修复方向发展，环境友好的绿色生物修复技术将成为研究热点。

扩展阅读

李广贺，李发生，张旭，等.污染场地环境风险评价与修复技术体系.北京：中国环境科学出版社，2010.

李发生，颜增光.污染场地术语手册.北京：科学出版社，2009.

（杨志辉）

重金属污染防治　prevention and treatment of heavy metal pollution　采取工程措施，对重金属或其化合物进入水、大气及土壤等环境介质中造成的环境污染所进行的预防或治理。重点防控对象包括铅（Pb）、汞（Hg）、镉（Cd）、铬（Cr）、砷（As）等。20世纪50年代，日本水俣病（汞污染）和骨痛病（镉污染）等公害病发生后，引起社会关注。不少国家和地区认识到了重金属污染对环境和人体健康带来的严重危害。从六七十年代开始，发达国家针对重金属污染防控的立法工作持续开展。世界卫生组织、联合国环境规划署等相关国际组织将镉等重金属列入重点研究的环境污染物，日本、欧盟和美国先后均采取了应对措施防治镉、铅等重金属污染。

2008年中国发生多起重金属污染事件，引起政府和公众的广泛关注。2009年11月中国国务院下发了《关于加强重金属污染防治工作指导意见的通知》，2011年2月国务院批复了《重金属污染综合防治“十二五”规划》，3月国务院颁布了《湘江流域重金属污染治理实施方案》，各省区也相继出台重金属污染综合防治规划，重金属污染防治工作全面展开。

重金属污染具有持久性、累积性和不可逆性，重金属的污染的主要来源是工业污染，另外还有交通污染、农业污染、生活垃圾污染。工业污染中依据重金属污染物的产生量和排放量，确定防控的重点行业是：重有色金属矿（含伴生矿）采选业（如铜矿采选、铅锌矿采选、镍钴矿采选、锡矿采选、锑矿采选和汞矿采选等），重有色金属冶炼业（如铜冶炼、铅锌冶炼、镍钴冶炼、锡冶炼、锑冶炼和汞冶炼等），铅蓄电池制造业，皮革及其制品业（如皮革鞣制加工等），化学原料及化学制品制造业（如基础化学原料制造，涂料、油墨、颜料及类似产品制造等）。

重金属污染防治的关键是减少或控制重金属进入水、大气、土壤等环境介质，防治应遵循的原则是全过程综合防治，强调源头减排-过程控制-终端治理相结合的防控链条。具体内容包括：①厘清重金属在多环境介质界面间的反应机制，重金属污染物的迁移转化规律，着重提高对“血铅”“镉米”“砷毒”等重金属污染形成的科学认知能力。②实施涉重行业清洁生产，推行无废、少废生产工艺及模式，强化中间物料的循环利用，提高资源的综合利用效率。从源头减少和控制重金属污染。③推进重金属“三废”污染治理，实现重金属废水深度治理与回用、重金属固体废弃物的资源化与无害化、含重金属烟（尘）气的净化等。④强化未受重金属污染土壤保护，严控新增重金属污染土壤。开展重金属污染土壤治理与修复，改善区域土壤环境质量。⑤加强重金属污染源的监测与监管，建立大数据背景下的重金属污染源动态监管平台。⑥健全重金属污染防治理论与技术体系，建成多层次、全覆盖的重金属污染防治标准、规范与管理体系。

（闵小波）

重金属污染物中毒　heavy metal pollutants poisoning　重金属在人体内与蛋白质、酶等发生作用并使之失去活性，或在人体的某些器官中累积，超过人体所能耐受的限度，对人体造成直接或间接伤害的现象。重金属不能被生物降解，但能在食物链的生物放大作用下成千百倍地富集，最后进入人体，造成人体急性中毒、亚急性中毒、慢性中毒等。人类活动会导致环境中的重金属含量增加，超出正常范围，并直接危害人体健康。危害程度取决于重金属在环境、食品和生物体中存在的浓度和化学形态。中国2011年出台了《重金属污染综合防治“十二五”规划》，对重金属进行重点防控。在重金属污染物中毒防治中，须“源头控制—过程阻断—末端治理”相结合，其中，源头控制是关键。

重金属污染物中毒主要包括砷中毒、铅中毒、铍中毒等。

砷中毒　因砷的环境污染导致生物体发生不良症状或病变的现象。主要由砷化合物引起，三价砷化合物的毒性较五价砷要强，其中以毒性较大的三氧化二砷（俗称砒霜）中毒最为多见，口服0.01～0.05克即可发生中毒，致死量为0.76～1.95毫克/千克。砷化物还可经皮肤或创面吸收而中毒。急性砷中毒症状有呕吐、腹痛、腹泻、神经麻痹、肌肉抽筋等。长期接触砷化物可引起慢性中毒，且能引发皮肤癌、膀胱癌和肺癌等。熔烧含砷矿石、印染，生产合金、玻璃、陶瓷、含砷医药和农药，以及长期服用含砷药物等均可引起砷中毒。饮水中含砷过高，可引起地方性砷中毒。砷污染主要来源于砷和含砷矿石的开采、选矿、冶炼加工，煤炭燃烧以及砷制品使用过程中产生的二次污染。美国规定居民区大气中砷的最高容许浓度为3微克/米^3；车间空气中砷化氢的最高容许浓度为0.3微克/米^3；饮水中砷的最高容许浓度为0.05毫克/升，建议浓度为0.01毫克/升，世界卫生组织的标准为0.01毫克/升。中国规定饮用水中砷最高容许浓度为0.04毫克/升，地表水（包括渔业用水）为0.04毫克/升，居民区大气砷的日平均浓度为3微克/米^3。全球砷矿资源探明储量70%集中在中国，使得中国成为世界上受砷污染最为严重的国家之一。

铅中毒　环境中的铅经食物和呼吸途径进入人体，引起消化、神经、呼吸和免疫系统急性或慢性毒性影响，并导致肠绞痛、贫血和肌肉瘫痪等病症，严重时可致脑病甚至死亡的现象。铅在人体内无任何有益生理功用，理想的血铅浓度为零。然而，由于环境中铅的普遍存在，绝大多数人体中均存在一定量的铅。血铅超标指血液中铅元素的含量超过了血液铅含量的正常值。正常血铅水平为0～99微克/升。铅中毒诊断标准是：血铅含量等于或大于100微克/升。200～249微克/升为轻度中毒；250～449微克/升为中度中毒；等于或高于450微克/升为重度中毒。铅是一种具有神经毒性的重金属元素，血铅会引起机体的神经系统、血液系统、消化系统一系列异常表现，影响人体的正常机能。儿童由于代谢和发育方面的特点，对铅毒性特别敏感。21世纪初，中国学龄前儿童血铅水平和铅中毒率均持续下降，但与发达国家相比仍存在较大的差距。铅中毒防控要加强系统性研究，并完善环境法规，加强健康教育策略研究及多部门共同合作策略研究。

铍中毒　由铍及其化合物侵袭人体肺并累及其他器官而引起全身性疾病的现象。临床上分为急性铍中毒和慢性铍中毒。急性铍中毒为短时间吸入高浓度可溶性铍盐所致，一般经数小时或数天出现呼吸道和皮肤症状。慢性铍中毒为长期吸入低浓度难溶性铍化合物所致，潜伏期数月或数年，甚至数十年，一般呈渐进性发病。在缺少安全措施的铍生产过程中会产生铍毒。毒性大小取决于入体途径、不同铍化合物的理化性质等。铍冶炼工业和铍加工以及科研试验中接触金属铍、氧化铍、硫酸铍、碳酸铍、氟化铍、氢氧化铍及其他铍化合物的烟、尘、雾等作业的人员是铍中毒的易发人群。铍及其化合物主要以蒸气、烟雾、粉尘形式经呼吸道侵入人体，故临床表现常以呼吸道症状为主。铍不能经过完整的皮肤侵入人体，故急性铍中毒几乎均仅见于职业接触人群。世界卫生组织（WHO）及国际劳动组织（ILO）于1969年联合规定铍及其化合物的安全浓度为1～2微克/米^3。中国于1973年制定的工业企业设计卫生标准（GBJ 3—73）规定作业区空气中铍的平均浓度不超过1微克/米^3、居民区不超过0.01微克/米^3。中国还规定了废气排放的铍允许浓度为15微克/米^3。铍生产中必须有完善的保护措施，严格执行国际国内防铍毒的卫生标准等。从事铍相关职业者在作业时要做好防护措施，如穿戴防尘面具、衣服等，严格遵守操作规范。有关铍行业应在作业车间加强密闭和消烟除尘措施，定时为工人进行检查。世界铍工业的发展一直受着铍毒的制约，进一步提高铍的防护和环境保护标准的呼声日高。铍毒的防护问题并未彻底解决，仍然是困扰铍工业发展的重要因素。（王云燕）

重力选矿　gravity concentration　在一定的介质或介质流中（主要是水），按矿物颗粒的密度差异进行选别的过程。简称重选。主要用于选别有用矿物与脉石有较大密度差的矿石，如钨矿石、锡矿石及沙金矿等。对于煤，重选是最主要的分选方法。

古代就有用重选法从砂里淘金的事例。明《天工开物》中记载有分选铁矿砂和锡矿砂的淘洗盘。1848年在德国出现了第一台机械传动活塞**跳汰机**。1893年美国A.威尔弗利发明**摇床**。1921年应用重介质分选机选别块煤。1943年美国用I.B.汉弗莱斯研制的螺旋选矿机从海滨砂矿中回收铬矿。20世纪60年代研制成功赖克特圆锥选矿机、离心选矿机和40层摇动翻床等矿泥选别设备。

重选发展的特点是：①能处理的物料由块体、粗粒向细粒、矿泥扩展，分选矿石时的给矿粒度下限达20微米。②除重力外还引入了其他作用力，以强化重选过程，如离心选矿机与摇动翻床中分别加上离心惯性力和剪切力，使细颗粒的选别效率得以提高。③设备的大型化、多层化。

重选的理论研究随着生产的发展而开展。18世纪I.牛顿和1851年G.G.斯托克斯提出的运动阻力公式是重力选矿的基础。1867年奥地利人P.R.von雷廷格尔提出等降现象，导致一些地区的重选工艺严格按照窄级别给矿进行。20世纪早期美国人**R.H.里恰兹**及苏联人**P.V.利亚先科**对于干涉沉降进行了系统的研究。20世纪50年代德国人F.W.麦尔提出跳汰分层的位能假说。这些都标志着重选日益从工艺实践发展成工程学科。20世纪50年代英国人R.A.拜格诺关于矿浆受剪切时在与剪切相垂直的方向将产生分散压的理论，促进了矿泥选别设备的发展。

重力选矿的优点是：①生产成本低廉。②可处理的物料粒度范围宽，粗的可达几百毫米，细的可至0.02毫米。③对环境污染少，产品易于脱水。但对小于0.1毫米的矿石和小于0.5毫米的煤，选矿效率和设备处理能力都较低。

按所用介质不同，重选分为：①干式重选（**风力分选**），以空气为分选介质，主要用于选别石棉、白垩、膨润土、某些稀有金属矿石和在缺水地区选煤。②湿式重选，以水为分选介质。③重介质分选，以重液或重悬浮液为介质。

用重选法处理矿物原料时，一般先将物料用筛分或水力分级的方法，按粒度分成若干级别，然后对各个粒度级别物料分别用适宜的**重选设备**进行选别，构成分级入选的工艺流程。选煤时往往不分级而将原煤直接入选。

生产广泛应用的重选工艺可分为**重介质分选**、**跳汰分选**、**摇床分选**、**溜槽分选**等，相应设备的适宜给矿粒度见下表。

重选工艺的适宜给矿粒度表

设备	用途	选别粒度范围/mm	处理能力/t·h^{-1}
重介质分选机	选矿 选煤	150（600）～6 300（1200）～6	400～700 300～600
重介质旋流器（涡流分离器）	选矿 选煤	15（50）～0.2 15（50）～0.5	50～100
跳汰机	选矿 选煤	25（60）～0.074 50（200）～0.5	250 450
螺旋选矿机（螺旋溜槽）	选矿 选煤	3.0～0.074 （0.5～0.020） 6.0～0.2	1～3（1.0）
摇床	选矿 选煤	3.0～0.015 15～0.2	0.2～2.0 6～12
圆锥选矿机	选矿	3.0～0.05	60～300
离心选矿机	选矿	0.10～0.010	1.5
摇动翻床	选矿	0.10～0.010	2.5～5.0
带式溜槽	选矿	0.037～0.010	0.04～0.12
横流带式溜槽	选矿	0.10～0.010	0.15

（范象波）

重选设备　gravity concentration equipment　利用物料的密度、粒度差异并借助重力、离心力等实现分选的**选矿设备**。**重力选矿**最早的应用开始于中国、埃及与希腊。重选设备是中国历史上最早出现的选矿设备。远古时期，人们就知道利用沟槽的冲刷、盘状器具的淘洗从河砂中获得黄金等金属矿物，这便是**溜槽**和**摇床**的雏形。明《天工开物》中记载有分选铁矿砂和锡矿砂的淘洗盘。到14世纪末出现了脉动水流的跳汰机。1835年前后在德国哈兹矿区出现了机械的活塞跳汰机。1893年美国A.威尔弗利制成了现代形式的机械摇床。1921年重介质分选机在选别块煤上得到应用。1941年美国I.B.汉弗莱斯研制成第一台螺旋选矿机。20世纪50～60年代，澳大利E.亚赖克特研制成圆锥选矿机，中国衡阳矿机厂研制成6-S摇床，云锡公司研制成云锡摇床和卧式离心选矿机，英国出现了40层摇动翻床。70～90年代，中国北京矿冶研究总院研制成大直径螺旋溜槽、多层悬挂摇床、锯齿波跳汰机、圆形跳汰机和射流离心机，加拿大研制成尼尔森（Knelson）离心选矿机和法尔康（Falcon）离心选矿机。

重选设备发展的特点是：①回收物料的粒度下限越来越小。②重选抛废设备的处理粒度上限不断提高。③重选设备的研制过程中复合力场的应用更加广泛。④重选设备向大型化、多层化及智能化方向发展。

重选设备的分类：①**溜槽分选设备**。在斜面水流中，借助于流体动力和机械力的作用，使物料实现按密度分离。②跳汰分选设备。介质流做交变运动，使物料实现按密度分离。③**离心分选设备**。利用离心力场来强化矿物颗粒的重力作用，通过离心机转鼓的高速旋转产生非常大的离心力，使物料实现按密度分离。④**风力分选设备**。以空气为介质进行重选，主要用于干物料的分级、分选和除尘等。⑤**重介质分选设备**。介质的密度介于待分选物料中高密度颗粒和低密度颗粒之间，可使物料有效的按密度分离。⑥**摇床分选设备**。在倾斜往复运动的平面上，颗粒在机械力与水流冲洗力的作用下运动、松散、分层、分带而实现分选。

（李艳军）

周传典 Zhou Chuandian（1920-02-03～2017-06-14） 中国炼铁专家。生于安徽凤台，卒于北京。1947年毕业于西北工学院（今西北工业大学）冶金系。历任鞍

钢炼铁厂厂长兼总工程师，武钢炼铁厂厂长兼总工程师，国家冶金工业部技术司技术处处长，冶金部科技办公室副主任，冶金部副部长兼总工程师等职。曾任中国自然辩证法研究会副理事长，中国稀土学会理事长，中国金属学会副理事长等职务。

长期从事炼铁研究工作。参与引进苏联的炼铁技术，推广高炉上部调剂和加湿鼓风操作、低锰铁冶炼的新技术；创立了低硅铁技术、高炉下部调节技术、降低炉渣碱度冶炼铸造铁技术、高风温操作法等。组织自主设计恢复和改造鞍钢6座大高炉。率领专家组援助朝鲜，解决了黄海、清津的高炉生产问题。参与攀枝花钒钛磁铁矿冶炼攻关，解决了钒钛磁铁矿大高炉冶炼的世界难题。组织包头白云鄂博高炉冶炼技术攻关，在包头稀土复合铁矿大高炉冶炼技术难题上有突出贡献。是大高炉国产化的推动者和组织者，重大炼铁技术突破的组织者和参与者。

1980年获国家发明奖一等奖。1995年被英国剑桥国际传记中心选入《国际文化名人传记》，1997年又被该传记中心列入20世纪《国际500杰出人物》典籍，并授勋。著作有《十建议书》（1991）、《建议与纪事》（1997）、《周传典文集》（2001）等。

（姜　曦）

周国治 Zhou Guozhi（1937-03-25～ ） 中国冶金材料物理化学家。祖籍广东潮阳，生于江苏南京。1960年毕业于北京钢铁学院（今北京科技大学）冶金系，并留校任

教。1979～1982年赴美国麻省理工学院进修。曾在美国麻省理工学院、波士顿大学等多所大学任客座教授。第十届全国政协委员。1995年当选中国科学院院士。

主要从事熔体热力学和冶金过程理论研究。推导出一系列各类体系的熔体热力学性质和相图的计算公式，总结出新原理和方法；提出新一代溶液几何模型，弥补了几何模型存在的固有缺陷，为实现模型的选择和计算的完全计算机化开辟了道路。与科研小组系统地研究了氧离子在电解质中的迁移规律，并将这一理论成果应用到工艺过程中，提出了“无污染脱氧”“无污染提取”等冶金概念和工艺，为描述和模拟各类冶炼过程打下了基础。其研究成果已被专家学者引用到合金、熔盐、炉渣、半导体材料等各种体系，用于处理热力学和动力学问题。

获得国家自然科学奖三等奖1项，国家教委科技进步一等奖1项、二等奖2项，冶金部科技进步一等奖1项及魏寿昆冶金奖。先后发表论文150余篇。2017年当选日本钢铁学会名誉会员。

（姜　曦）

周仁 Zhou Ren（1892-08-05～1973-12-03） 中国冶金学家、陶瓷学家。字子竞。生于江苏南京，卒于上海。1910年毕业于江南高等学校，同年考取清华大学留美公费生，赴美国康奈尔大学机械系求学，获硕士学位。1915年回国，任南京高等师范学

校教授。1919年任四川炼钢厂总工程师。1922年任上海交通大学教授。1927年任中央大学教授兼工学院院长。1929年在上海创建中央研究院工程（工学）研究所，任研究员兼所长。抗日战争期间，在昆明创立了中国电力制钢所，炼出多种合金钢。他是中国科学社负责人之一，曾在中国矿冶工程师学会任职。1948年当选为中央研究院院士。1949年后，历任中国科学院工学实验馆馆长、冶金陶瓷研究所所长、上海冶金研究所所长、硅酸盐化学与工学研究所所长、华东分院院长，上海科学技术大学校长等职。中国金属学会理事长。1955年当选为中国科学院学部委员（院士）。

在中国率先研制成功球墨铸铁，并与邹元爔、徐元森等系统地研究了氟在高炉中的行为，其中包括氟对高炉炉渣的物理化学性能的影响，以及氟在高炉冶炼过程中的变化和分布规律，阐明了氟从矿石和炉渣中挥发的机理，解决了含氟高炉煤气对钢铁结构和含氟炉渣对耐火材料的腐蚀问题等。领导建立了三相电弧炉，炼出不锈钢、锰钢、高速钢等，是中国电炉炼钢的创始人之一。在陶瓷学方面，撰写了中国陶瓷工艺的第一篇论文《中央陶瓷试验场工作报告》。用现代科学手段对历史精品进行科学鉴定，成功试制一批具有传统特色的高级瓷器。和有关人员一起多次获得国家自然科学奖、重大科技成果奖。主要著述有《氟在包头铁矿高炉冶炼过程中的行为》等论文5篇（《金属学报》，1955～1957），《中国古陶瓷研究论文集》（合著，1982）。

（邹元爔　撰　姜　曦　修订）

周行健 Zhou Xingjian（1895-04-13～1986-12-30） 中国冶金学家与冶金材料学家。又名周承乾。生于江西广丰，卒于湖南长沙。1919年毕业于南京高等师范学校。1926年毕业于菲律宾机械大学并获学士学位。曾任南昌江西汽车配件厂经理兼工程师，中国电力制钢厂副总工程师。中华人民共和国成立后历任中国科学院工学实验馆副馆长、冶金陶瓷研究所副所长、冶金陶瓷研究所长沙分所所长、长沙矿冶研究院院长。曾先后任九三学社上海分社副主席、九三学社中央委员，湖南省科委副

主任。第三届全国人民代表大会代表。

组织筹建球墨铸铁课题组，在中国率先研制成功球墨铸铁并推广中国球墨铸铁技术。合作开发汉冶萍公司汉阳铁厂产品，1932年钢铁产品扩大到含铬、镍的特种铸铁、高硅铸铁和低碳韧性铸铁。1933年试制成功工具钢、高速钢，以及不锈钢、耐酸钢和气门钢。开拓中国电炉炼钢事业，是云南钢铁工业的开拓者之一。参与组建中国科学院工学实验馆，筹建冶金陶瓷研究所长沙分所。倡导金属压力加工研究，于1953年在中国科学院冶金陶瓷研究所创建了中国第一个压力加工实验室。领导压力加工实验室设计制造了一批专用实验设备，组织开展平塑压下金属流动研究。1955年创建中国科学院矿冶研究所（今长沙矿冶研究院）。

曾获国家自然科学奖三等奖，中国科学院集体三等奖。著有《在椭圆形金属薄板鼓胀区域的应力和应变》(1949)、《在高硬度时模子钢之流动与破裂特性》(1948)等多篇论著。1955年出版的《中国科学院1954年金属研究工作报告会会刊》丛编中，其编写的球墨铸铁内容以专册出版。

（姜　曦）

周志宏　Zhou Zhihong（1897-12-28～1991-02-13）　中国冶金与金属材料专家。生于江苏扬州，卒于上海。1923年毕业于天津北洋大学矿冶工程系，1926年获美国

匹兹堡卡内基理工学院硕士学位，1928年获哈佛大学博士学位。1929年回国。历任上海炼钢厂厂长，政府兵工署处长、建设委员会委员，南京政府交通部参事等职。1949年后，任大同大学机械系主任，上海交通大学冶金系主任、副校长等职。1953年加入九三学社。1955年当选为中国科学院学部委员（院士）。

长期从事物理冶金和钢铁冶炼研究，是中国**金属学**与热处理、合金钢和**铁合金**生产的奠基人之一。1928年，揭示了纯铁在高速冷却下形成马氏体的过程，其论文被载入著名的《美国矿冶学报》。20世纪30年代初，在上海炼钢厂将15吨酸性平炉改为碱性平炉，并利用江南造船厂废置的1吨电炉，生产出高质量的炮筒、炮弹壳、枪筒等用钢。同时在中国首次利用铸造法生产出60～800千克不同规格的炸弹弹壳。重视氧气顶吹转炉技术，曾撰文介绍氧气顶吹转炉的优越性。与同事在开拓中国合金钢及铁合金方面作出了重要贡献，尤其是在试制钨粉和高速钢、高合金工具钢、钨铁方面，填补了20世纪40年代中国的空白。1930年，研究成功中国最早的大型铸锻件，完成钱塘江大桥桥梁桥座的铸造和加工任务。1949年后，研制少含、不含镍和铬的滚珠轴承钢。1960年，首先提出氧气顶吹转炉炼钢法，并在工厂生产中得到应用。1978年又提出顶底双吹氧转炉炼钢法。

（姜　曦）

朱建光　Zhu Jianguang（1924-09-23～2014-07-25）　中国选矿工程专家。生于广西平南，卒于湖南长沙。1949年7月毕业于广西大学化学系，并留校任教。1953年10月调入中南矿冶学院工作。

中国现代**选矿药剂**科学研究的奠基人之一。提出了选矿药剂设计新理论、选矿药剂的同分异构原理和混合药剂的协同效应，开发了苄基胂酸、甘苄油、苯甲羟肟酸等选钛药剂并推广至工业应用。组织创办了《中南矿冶学院学报》。获得7项省部级以上科技奖励。发表学术论文145篇，著有《有机浮选药剂》(1964)、《黑钨矿和锡石细泥浮选药剂》(1983)、《浮选药剂的化学原理》(1987、1996)、《钛铁矿、金红石和稀土选矿技术》(2009)、《浮选药剂的同分异构原理和混合用药》(2011)等，编写有《有机化学》(1961、1965、1979、1985、2002)、《浮选药剂》(1993)等教材。

（钟　宏）

朱觉　Zhu Jue（1914-01-30～1996-01-31）　中国冶金学家。生于江西铅山，卒于北京。1933年考入上海暨南大学化学系，1934年转入唐山交通大学（今西南交通大学）矿冶系，1937年毕业于湖南大学矿冶系。1947年获美国明尼苏达大学理学硕士学位。回国后曾任中正大学化学系、唐山交通大学冶金系教授。中华人民共和国成立后，先后担任北京钢铁学院（今北京科技大学）冶金系电冶金教研室主任、副院长等职。第三、第五、第六届全国人民代表大会代表。

长期从事电冶金教学、研究工作。1959年最先在中国开展电渣重熔航空滚珠轴承钢的研究，1960年在北京钢铁学院建成了中国第一台工业性电渣重熔装置，并开展电渣重熔过程夹杂去除机理等理论研究。1960～1961年，开发了单相双极串联**有衬电渣熔炼**技术和三相有衬电渣熔炼技术。提出“渣洗”的工艺方案，解决了当时航空用滚珠轴承钢的质量难题。1976～1979年，发明了一种电渣重熔工艺——水平电渣重熔或浇注法。1961～1964年，在北京钢丝厂，提出用有衬电渣炉与电渣重熔双联法生产铁铬铝电热合金的工艺。1973年与齐齐哈尔钢厂合作，将碱性平炉和酸性平炉双联法改为电弧炉与电渣炉双联法，提高了火炮用钢的质量。与上海重型机器厂合作，用200吨大型电渣炉成功地制造了世界上最重的205吨电渣重熔钢锭，为中国秦山核电站建设和机电、化工工业大型锻件国产化作出了重要贡献。

曾获1964年、1983年国家发明奖，1983年冶金工业部重大科技成果一等奖，1985年上海市科技成果一等奖，1987年国家科技进步奖三等奖。1988年在第九届国际真空会议上受到大会评奖委员会和美国真空冶金学会的表彰和奖励。

（姜　曦）

珠光体　pearlite　由共析**铁素体**与共析**渗碳体**组成的混合物。又称波来铁。钢铁显微组织的组成相之一，是共析转变的产物。一般以符号P表示。因在显微镜下的图像状似珠母而得名。通常呈片层状组织，由片状渗碳体和铁素体相间构成，含碳量在0.8%左右。根据形成温度和珠光体中铁素体和渗碳体片的分散度，通常可分为索氏体和屈氏体。索氏体多称为粗珠光体，即过冷奥氏体冷却到500～650℃形成的片间距为800～1500纳米的珠光体；屈氏体多称为细珠光体，即过冷奥氏体冷却到350～500℃形成的片间距为300～800纳米的珠光体。渗碳体形状为粒状或近球形的珠光体，称为球化组织或粒状珠光体。球化组织可以通过球化热处理获得，比片层状珠光体有更好的综合力学性能或热处理工艺性能。化学成分在一定程度偏离共析成分的合金中，若先共析相变被抑制，在低于平衡共析转变温度时完全发生珠光

体相变所得到的组织，称为伪珠光体。

珠光体性能介于铁素体与渗碳体之间，强度、硬度适中，综合力学性能比单独的铁素体或渗碳体好。

（王 浩 刘国权）

主井 main shaft 矿山生产中，主要用于提升矿石的井筒。分为明主井和盲主井。主井是地下矿山的控制性工程，主要是**竖井**、**斜井**、**斜坡道**和盲井等开拓井巷。它的位置、功能和断面规格主要取决于矿区的地形、**工程地质条件**、矿床赋存条件和**矿山生产规模**等，一般情况下，主井宜布置在矿体下盘比较稳固的岩层中。

分类 对于埋藏较深或倾角较陡的矿体一般采用主竖井提升矿石，根据提升容器的不同，主井分为箕斗井和罐笼井，对于规模较大的矿山一般采用箕斗井，规模小的矿山采用罐笼井。主井提升设施布置形式根据提升机布置的位置一般有塔式布置（图1）和落地式布置（图2）两种。

配套设施 常见的塔式布置箕斗井的配套设施一般有井塔、装矿皮带道、装载硐室、粉矿回收道、卸矿站等。①井塔。布置在井口，用来安装提升设施的高耸塔形构筑物（图3）。井塔多为矩形，井塔中一般包括有提升机层、井口层和中间各层等，各层之间通常根据提升设备安装和检修的需要及结构设施等进行配置。②装矿皮带道。布置在井下成品矿仓下部，安装有**带式输送机**，用来将矿石运至计量漏斗的巷道。③装载硐室。安装计量漏斗并为箕斗装矿的硐室。矿石一般采用振动放

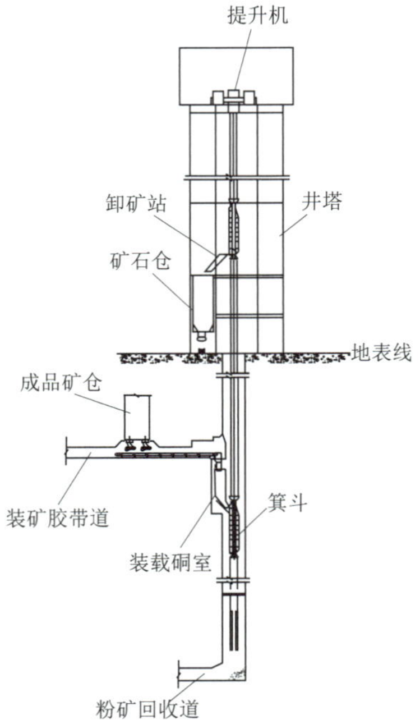

图1 塔式布置箕斗井提升系统示意图

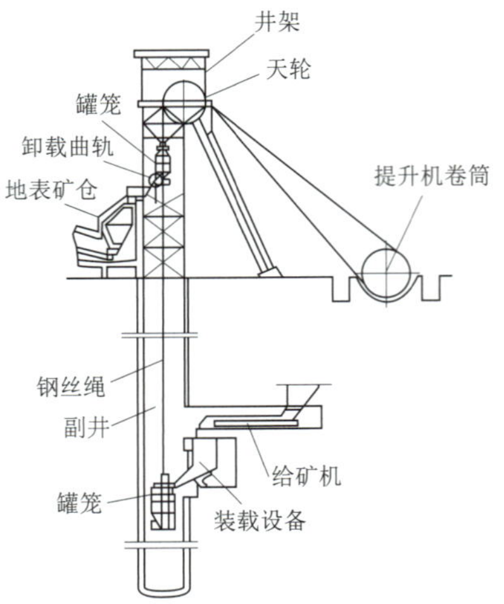

图2 落地式箕斗井提升系统示意图

图3 主井井塔

矿机或板式给矿机经带式输送机运至计量漏斗。④粉矿回收道。布置在主井井底，用于收集主井提升时撒落的粉矿的巷道。⑤卸矿站。布置在井口，用于卸载箕斗中的矿石的构筑物，一般采用风动的活动直轨或固定曲轨卸矿。

采用落地式布置时，井口设施主要有井架和井口提升机房，其他设施与塔式布置相同。①井架。布置在井口，用来安装提升机的天轮等装置的地面构筑物，通常为钢结构形式。②井口提升机房。布置在井口附近，用来安装提升机及其附属设施的地面构筑物。

（马俊生）

注浆凿井法 grouting sinking method 在含水岩层或较薄含水粗砂层中，用注浆机具经钻孔注入一种或几种胶结性浆液，堵塞裂隙或固结砂层，在井筒周围形成一个隔水的、有足够强度的帷幕，在其保护下进行井筒掘砌的**特殊凿井法**。1864年，德国首次在凿井施工中采用水泥注浆工艺，解决了砖井壁的漏水问题。1900年，荷兰采矿工程师E.J.约斯滕应用水玻璃和氯化钙进行双液注浆，创造了化学注浆法。20世纪50年代以来，美国、日本、苏联等国相继研制成多种新型化学注浆材料，如以丙烯酰胺为主剂的AM-9、聚氨酯等。中国在50年代初开始大量使用注浆凿井法。60年代以来研制出多种化学注浆材料、专用注浆泵、止浆塞和测试仪表等。90年代中期以后，以水泥黏土浆为主要材料的综合注浆技术得到广泛应用。注浆凿井法施工简便，对治理矿井水害、加固岩体、防渗抗漏等快速有效，有利于实现打干井。

分类 按注浆施工与井筒掘砌时间的先后，注浆凿井法可分为地面预注浆和工作面预注浆两种。在井筒掘砌完成后，用注浆法封堵井壁漏水、加固井壁称为壁后注浆，其不属特殊凿井法的范畴。

地面预注浆 在井筒开凿前，从地面在井筒周围钻注浆孔，安装注浆管及止浆塞，用注浆泵把浆液经注浆孔注入含水层裂隙中进行封水。含水层距地表较近，厚度较大或含水层虽薄但层数较多时，宜采用地面预注浆。其优点是不影响建井工期，作业条件好、安全；缺点是需用大型钻孔机，钻孔偏斜不易控制，浆液消耗量大，分段止浆工艺较复杂。综合工艺技术及装备进步使得中国注浆深度已超过1000米。

工作面预注浆 在井筒掘到含水层之前，预留止浆岩柱或浇筑混凝土止浆垫，再钻孔注浆封水。其主要优点是注浆孔短，可使用轻便钻机，孔斜容易控制，注浆效果较好，便于检测；缺点是注浆施工需占用建井工期，井下作业条件较差。工作面预注浆适用于含水岩层埋藏较深、各含水层之间距离较大的情况。

注浆材料 要求性能稳定，可注性好；凝结时间可控；凝结后有一定强度，不龟裂，不易腐蚀，抗渗性好；料源广、成本低、易存放、不污染。常用的注浆材料有两大类：①以硅酸盐为主的无机化合物浆液，包括水泥浆、水泥黏土浆、水泥－水玻璃浆、水玻璃类浆液等。②有机化合物浆液，通称化学浆，包括丙烯酰胺类、铬木素类、聚氨酯类、酚醛树脂类和糠醛树脂类浆液等。浆液可以是单一的材料，也可用多种材料配制。

注浆机具 有钻机、注浆泵、止浆塞、搅拌机、混合器、输浆管路、压力表和流量计等。注浆泵是输送浆液的动力机械。应根据注浆深度和岩层条件的变化，能随时准确地调整浆液的流量和压力，保证供液均匀和稳定。常用的有液力调速注浆泵和隔膜计量泵等。在无专用泵的情况下，也可用泥浆泵代替。止浆塞用来分段封隔钻孔和控制浆液注入部位，以实现分段注浆的机具，有机械膨胀式和水力膨胀式两

种。前者靠机械压力使密封胶塞产生横向膨胀，与孔壁挤紧，起止浆作用，如三爪止浆塞和异径止浆塞等；后者靠高压水使密封胶筒膨胀，与孔壁贴紧，起止浆作用。

扩展阅读

煤炭科学院建井所注浆室.煤矿注浆技术.北京：煤炭工业出版社，1978.

（马英明　巴肇伦　崔广心　徐长磊）

《铸炮铁模图说》 *An Illustration of Iron Models of Cannon Casting*　世界上最早的论述金属型铸造的专著。清代龚振麟著，于1840～1842年作成，1842年刊印，后收录于魏源所编的《海国图志》。龚振麟，江苏长洲（今江苏吴中区与相城区）人，生于清嘉庆（1796～1820）年间，卒于1861年，舰船、火炮研制专家，曾任浙江嘉兴县丞，平素注重研习科学技术。在1840年鸦片战争期间，被调往宁波军营监制军械。为制造铸铁炮打击侵略者，他首创铁模（又称铁范）铸炮。随后写成此书，刊发沿海地区。全书介绍的铁模铸炮方法，于1841年8月被浙江镇海炮局采用，早于欧洲的铁模铸炮技术30年。书中指出铁范具有可多次使用、生产效率高、生产费用低、不用清洗炮膛、可消除泥范铸炮多蜂窝缺陷、能适应战时紧急需要等优点。

书中详述了由泥范翻铸铁模，再由铁模铸制铁炮的工艺过程和有关技术措施，是兵器史和铸造史上的一部重要专著。

（华觉明　李秀辉）

铸钱　coin casting　铸造钱币，是中国古代一个重要的金属铸造行业。中国最早的货币是贝。随着商品交换的扩大，商代开始铸造铜贝，这是最早的铸造金属货币。考古发掘资料表明，中国古代金属货币的广泛铸造和使用，开始于春秋战国之际，秦汉以后铸造统一的货币。历代铸造大量钱币，从一个侧面反映了古代铸造技术的成就。

钱币的铸范分为泥范、石范、铜范、铁范4种。早期铸钱用泥范，如山东临淄出土的齐国刀币范，是将钱的形状直接刻在泥质范面上，每个范都是单独刻制的，因此铸出的钱币大小轻重不完全一样。齐国铸造“齐去化”、秦“半两”、西汉“半两”、东汉“契刀五百”“大泉五十”都用石范。这些石范的钱腔均为阴文，可直接用来铸钱。

考古发现最早的阳文铜质铸钱范盒属于春秋战国时的齐国。齐国故都临淄出土一件“齐去（法）化（货）”铜范盒，呈长方形，背面平整，四周有边，内底平列两把阳文齐刀币，直浇口居于中心，内浇口与刀背和柄相接，两侧设有定位的子母榫（图1）。它所翻制出的泥范具有统

图1　铜质铸钱范盒

一的规格，可以铸出大小相等、轻重一致的刀币。将许多范片层叠合起来，外面用草拌泥包糊，烘烤后成为一套叠铸范，利用中心的垂直浇道，可以一次铸成多枚钱币。可用于直接铸钱的阴文铜范，设有合范用的子母榫，范面中心开设直浇道，两侧设内浇口与各钱腔相通，钱腔对称排列，有两排、四排、六排、八排等（图2）。

西汉铸钱在模具设计和浇铸系统安排

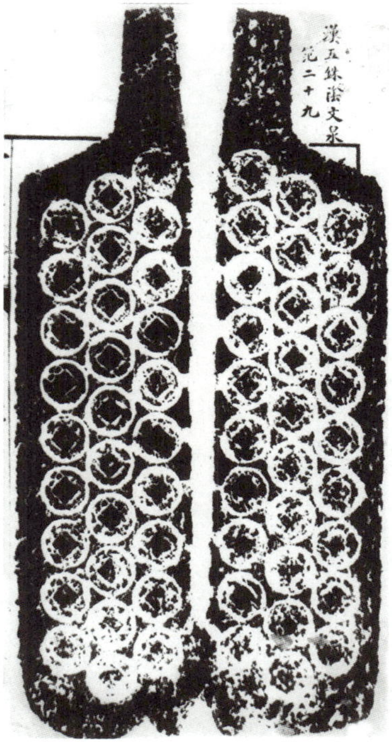

图2　铸钱范

等方面都有新的发展。铸范形状有长方形、椭圆形和圆形3种，其中以圆形范最多。东汉时出现两端浇铸的石范，呈长方形，分正背两扇，每扇刻4个“契刀五百”钱腔，两端不相连通，各开一个浇口，合范后先浇铸一端，反过来再浇铸另一端。此钱较长，浇铸时容易憋气，在刀币柄部开气孔，保证铸钱的质量。

唐代开始用**翻砂法**取代**范铸法**。据《唐会要》记载：铸开元通宝时已采用蜡模。明代铸钱时用锡雕制“母钱”（钱模），将它铺在特制的框面上，反复做成十多框钱范，用绳捆绑在一起进行浇铸。这种工艺一直流传到清末。从光绪九年（1883）起，采用机器铸钱法铸造方孔圆钱和铜元。

（汤文兴）

铸铁机　pig-casting machine　利用铸模将铁水连续铸成铁块的设备。在钢铁联合企业，铸铁机是**炼铁**与**炼钢**生产之间缓冲铁水供需的辅助设施；在独立炼铁厂，铸铁机是铸造铁块的最后一道生产工序设备。设备主要部件有链轮、支撑结构、链带、铸铁模、抛卸装置、挡铁装置、冷却装置和抛浆装置等。链带环绕着上下两端的大链轮运转，上端的链轮为传动轮，由电动机驱动，下端的链轮为导向轮，其轴承位

工作中的铸铁机

置可以移动，以便调节链带的松紧度。链带的前部是浇铸部分，其余部分倾斜角度6°～10°。

铸铁机有滚轮移动式和滚轮固定式两种。滚轮移动式铸铁机的滚轮安装在链带两侧，链带运行时，滚轮沿着固定轨道前进。滚轮固定式铸铁机的滚轮安装在链带下面的滚轮底座上，支撑链带。滚轮固定式铸铁机维修方便，应用较广，根据生产能力，可设计为单链或双链。

铸铁机工作时，由倾翻机构将装有铁水的铁水罐体或混铁车倾翻，铁水经铁水溜槽流入链带上的铸铁模内，铸铁模在链带的带动下向上移动；同时冷却装置将冷却水喷洒在已结壳的铁块上，以加速铁块降温冷却；铁块通过传动轮时脱离铸铁模下落，经铁块溜槽滑入车内或地面。喷淋

冷却水经回水沟进入沉淀池沉淀后循环利用。沉淀池中的污泥，经抓斗吊车抓出，装汽车外运。运行时连续向返程的铁模中喷一层石灰和煤泥的混合泥浆，在铁模内表面形成一层保护膜，使浇注的高温铁水不直接与铁模接触，避免烧结在一起，利于铁块脱模。

链带长度与链带速度协同配合，链带短不利于冷却，链带太长会使设备庞大。链带速度过慢会降低生产能力，过快则冷却时间不够，易造成“淌稀”现象，使铁损增加。（张　波）

铸铁脱碳钢　solid decarburizing steel　中国古代的一种生铁炼钢法。工艺过程是先将含碳3%～4%的低硅白口铁铸成板材、条材或锛、镢等较小型的工具，然后放入氧化气氛的退火炉中进行脱碳处理，使铸件成为低碳钢材、熟铁材或含碳1%以下的钢制品；板材、条材可重新加热锻打成所需器具。对出土的古代铁器鉴定表明，一些铁器和板材有明显的铸造披缝，金相组织中夹杂物少，质地纯净，器物表面含碳较低，基本未见石墨析出，有的器物组织中仍可见极少量的白口铁莱氏体组织，但总体器物的成分、性能已成为钢。

在两汉墓葬和遗址出土的铁器中已相继发现了较多铸铁脱碳钢制品，如河北满城汉墓的铁镞、郑州古荥河一冶铁遗址的铁板、郑州东史马的汉代剪刀、登封阳城铸铁遗址的陶范等。它们出自不同遗址和作坊中，而其材质大体相同。河南巩县（今巩义市）铁生沟河三遗址出土的脱碳炉，炉型结构合理，温度分布均匀，根据炉壁的火候烧色和测定的温度看，炉内温度在900℃以下，是脱碳退火的温度范围，空腔里面多烧成红色，炉膛褐红色，证明属于氧化性的气氛所形成。

铸铁脱碳钢方法简单、生产经济，扩大了生铁使用的范围，增加了优质钢材的来源，自公元前5世纪发明到公元6世纪，经历了较长的发展时期。（韩汝玢）

转炉　converter　炉体可转动，用于吹炼钢或吹炼锍的熔炼炉。转炉炉体用钢板制成，呈圆筒形，内衬耐火材料，吹炼时靠化学反应热加热，不需外加热源，是最重要的**炼钢**设备，铜、镍冶炼中也应用很广。

炼钢转炉　早期的**贝塞麦转炉炼钢法**和**托马斯转炉炼钢法**都用空气通过底部风嘴鼓入钢水进行吹炼。侧吹转炉容量一般较小，从炉墙侧面吹入空气。炼钢转炉按不同需要用酸性或碱性耐火材料作炉衬。直立式圆筒形的炉体，通过托圈、耳轴架置于支座轴承上，操作时用机械倾动装置使炉体围绕横轴转动（图1、图2）。

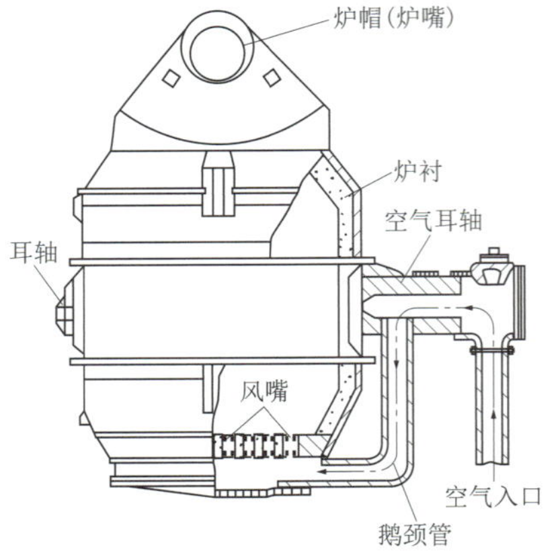

图1　空气底吹转炉示意图

图2　炼钢转炉（德龙钢铁公司）

图3　炼铜转炉（江西铜业）

20世纪50年代发展起来的氧气转炉仍保持直立式圆筒形，随着技术改进，发展成顶吹喷氧枪供氧，因而得名氧气顶吹转炉，即L-D转炉（见**氧气顶吹转炉炼钢**）；用带吹冷却剂的炉底喷嘴的，称为氧气底吹转炉（见**氧气底吹转炉炼钢**）。在应用氧气炼钢的初期还使用过**卡尔多转炉**和**罗托转炉**，通过炉体回转改善炉内反应，但由于设备复杂，炉衬寿命短未能获得推广。

炼铜转炉　一般为**卧式转炉**用于处理铜锍，通过鼓入空气把冰铜氧化吹炼成粗铜（图3），也用于吹炼冰镍。（张桂耕）

转炉吹炼　matte converting by P-S converter　铜、镍硫化精矿火法冶炼中，造锍熔炼得到的冰铜或低冰镍，在**卧式转炉**中进一步与空气或富氧空气反应，氧化脱除全部或大部分铁和硫，产出粗铜或高冰镍的冶金技术。卧式转炉，又称P-S转炉，炉体为卧式圆筒体，典型尺寸为内径4米、长度12米左右，外壳为50毫米钢板，内衬500毫米铬镁砖。这种规格的炉子每天能处理600～1000吨冰铜，产出500～900吨粗铜。P-S转炉一侧横向设置有一排（30～60个，直径为40～60毫米）风口，浸没于锍层中200～300毫米处。吹炼中，风口会发生堵塞，要定期进行机械或人工捅风口（图1）。

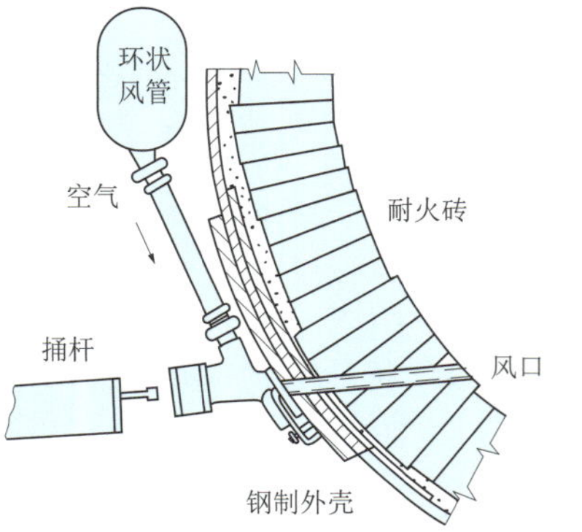

图1　P-S转炉风口示意图

一般工厂均配置有2～5台转炉，转炉间实行期交换周期性作业，以保证生产

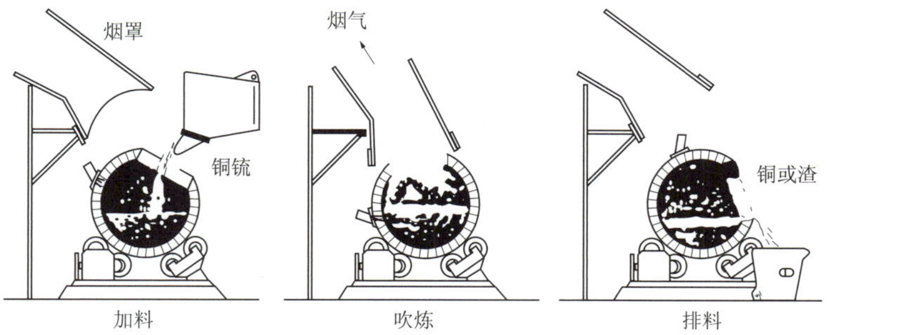

图2 P-S转炉加料、吹炼及排料状态

过程、烟气量与浓度尽可能稳定。图2为P-S转炉加料、吹炼及排料状态示意。P-S转炉吹炼温度一般控制在1200～1220℃。过程自热进行，且热量过剩，因此可加入部分冷料或废杂料一并处理。热量过剩情况与锍的品位、鼓风含氧浓度等有关。部分转炉富氧操作，鼓风最高含氧29%。吹炼是铜、镍硫化精矿火法冶炼的一个主要单元过程。吹炼中，利用空气或富氧空气，氧化脱除锍（冰铜或冰镍）熔体中的硫和铁，产出粗铜或高冰镍。传统吹炼一般在P-S转炉中进行。P-S转炉吹炼是周期性作业，冰铜和低冰镍吹炼稍有不同。

冰铜吹炼　分为造渣期和造铜期。造渣期的目的是氧化冰铜中的硫化亚铁，生成氧化亚铁和四氧化三铁，加入二氧化硅熔剂造渣。在造渣期，熔炼产出的冰铜由钢包吊运并经炉口加入转炉内，待炉内积存适量冰铜后鼓风，同时加入熔剂开始吹炼造渣，反应结束后停风、转动炉体，将炉渣从炉口倒入渣包中，然后再加入下一批冰铜转入造渣周期。待转炉内以硫化亚铜形态存在的铜量达到200吨左右，锍相中铁含量至约1%时，转入造铜期，硫化亚铜氧化产出粗铜。造铜期结束后，粗铜熔体经炉口倾入钢包，并输运至阳极炉精炼。

铜冶金中，由冰铜吹炼至粗铜，转炉吹炼是一个周期性、间断性作业，分为造渣期和造铜期两阶段进行。在造渣期，冰铜和石英熔剂加入卧式转炉内，采用空气或富氧空气氧化，发生硫化亚铁的氧化和造渣反应：

$$2FeS+3O_2 \longrightarrow 2FeO+2SO_2$$
$$6FeO+O_2 \longrightarrow 2Fe_3O_4$$
$$2FeO+SiO_2 \longrightarrow 2FeO \cdot SiO_2$$

经多次加料、造渣、排渣，待转炉内以硫化亚铜形态存在的铜量达到200吨左右，锍相中铁含量至约1%时，转入造铜期。继续鼓入空气或富氧空气，氧化硫化亚铜产出粗铜：

$$2Cu_2S+3O_2 \longrightarrow 2Cu_2O+2SO_2$$
$$Cu_2S+2Cu_2O \longrightarrow 6Cu+SO_2$$
$$Cu_2S+O_2 \longrightarrow 2Cu+SO_2$$

造铜期结束后，粗铜从炉内倒出，采用钢包吊运至阳极炉火法精炼。然后，转炉作业转入下一周期。实际生产中，采用多台（3～5台）转炉交替作业，以适应熔炼炉生产周期并尽可能维持烟气量和浓度的稳定。

这种周期性、间断性作业的优点是：在有炉渣存在的情况下，控制体系较低的氧势，使炉渣中四氧化三铁的含量和炉渣含铜量不致过高，避免吹炼中铜在渣中损失过大。缺点是：①烟气量和浓度不稳，给制酸造成一定困难，虽然采用多台转炉期交换作业，尽量减小这一缺陷的影响，但仍不能完全消除。②大量低浓度二氧化硫烟气无控制排放，造成严重的低空污染，对环境卫生造成严重危害。由于卧式转炉加、排料和排烟都是通过炉口，在加、排料中，转炉要转动一定角度，致使炉口不能严格密封，会因压力波动发生烟气泄露；加、排料中，不可避免地会有二氧化硫烟气从炉口和钢包中逸出；在冰铜、炉渣和粗铜熔体钢包吊运中，亦会发生低浓度二氧化硫飘散。③一台熔炼炉配套多台转炉，熔体采用吊运作业，占用厂房面积和空间较大，投资偏高。

在铜冶炼方面，P-S转炉吹炼仍是主要的冰铜吹炼技术，工艺及装备成熟，处理冷料较为便利，粗铜含硫低；但投资偏大，生产效率低，二氧化硫泄漏问题难以彻底解决是其致命弱点。三菱法、肯尼科特-奥图泰闪速吹炼法、富氧底吹法等连续吹炼技术的开发和推广应用，顺应了铜冶炼向更环保、更清洁的方向发展的趋势。因此，P-S转炉吹炼将会被逐步取代，但这一过程会较为漫长。

低冰镍吹炼　目的是产出含铁1%～5%的高冰镍，因此只有造渣期而无造镍期。但其造渣期一般分为两阶段，第一阶段吹炼至镍锍含铁略大于20%，成为富镍锍；经过多轮加料→吹炼→排渣，待炉内积累到足够数量的富镍锍后，转入筛炉作业，进一步将富镍锍吹炼为含铁1%～5%的高冰镍，然后结束吹炼。在镍冶炼方面，也已开发了取代P-S转炉吹炼的奥图泰直接炼镍法，可熔炼镍精矿一步得到高冰镍。

扩展阅读

SCHLESINGER M E, MARTTHEW J K, KATHRYN C S, et al. Extractive Metallurgy of Copper. 5th ed. Saint Lousie: Elsevier, 2011.

朱祖泽，贺家齐.现代铜冶金学.北京：科学出版社，2003.

（刘志宏）

转炉炼钢　converter steelmaking　在可以转动倾斜的熔炼炉里向铁水吹入氧化性气体以去除其中的杂质而炼成钢水的工艺。

150吨氧气顶吹转炉

又称吹炼法。各种转炉炼钢的共同特点有：①吹入的氧化性气体带有极大的动能和动量，气体与铁水、炉渣形成高度弥散的乳化状态，反应速率极高，热效率也高。②原料以铁水为主，废钢仅占0～30%。③靠铁水物理热和氧化反应化学热可以满足钢水温度要求，属“自热熔炼”类型，不需外来能源。④炼钢生产周期短、效率高，能够和高炉炼铁及连续铸钢相互匹配。不同的转炉炼钢法所用的氧化性气体、炉衬性质和造渣方法、气流吹入方式和炉子转动方式也有所不同（见表）。

各种转炉炼钢法的特点

名称	气体种类	吹入方式	炉衬、炉渣性质	转动方式
贝塞麦转炉炼钢	空气	底吹	酸性	吹炼过程中炉子不旋转，只在兑铁和出钢时旋转炉子
托马斯转炉炼钢	空气	底吹	碱性	吹炼过程中炉子不旋转，只在兑铁和出钢时旋转炉子

续表

名称	气体种类	吹入方式	炉衬、炉渣性质	转动方式
小型贝塞麦法	空气	侧吹	酸性	吹炼过程中炉子不旋转，只在兑铁和出钢时旋转炉子
空气侧吹碱性转炉炼钢	空气	侧吹	碱性	吹炼过程中炉子不旋转，只在兑铁和出钢时旋转炉子
氧气侧吹转炉炼钢	氧	侧吹	碱性	吹炼过程中炉子不旋转，只在兑铁和出钢时旋转炉子
氧气顶吹转炉炼钢	氧	顶吹	碱性	吹炼过程中炉子不旋转，只在兑铁和出钢时旋转炉子
氧气底吹转炉炼钢	氧	底吹	碱性	吹炼过程中炉子不旋转，只在兑铁和出钢时旋转炉子
顶底复吹转炉炼钢	氧＋氩、二氧化碳、氮	顶吹＋底吹	碱性	吹炼过程中炉子不旋转，只在兑铁和出钢时旋转炉子
卡尔多转炉炼钢	氧	顶吹	碱性	吹炼过程中炉子不旋转，只在兑铁和出钢时旋转炉子
氩氧脱碳炼钢	氧＋氩	侧吹或底吹	碱性	吹炼过程中炉身沿轴线连续转动

（曲　英）

转炉煤气　converter gas　在转炉炼钢过程中，铁水中的碳在高温下和吹入的氧生成一氧化碳和少量二氧化碳的混合气体。回收的顶吹氧转炉炉气含一氧化碳60%～80%，二氧化碳15%～20%，以及氮、氢和微量氧。转炉煤气的发生量在一个冶炼过程中并不均衡，成分也有变化（见图）。

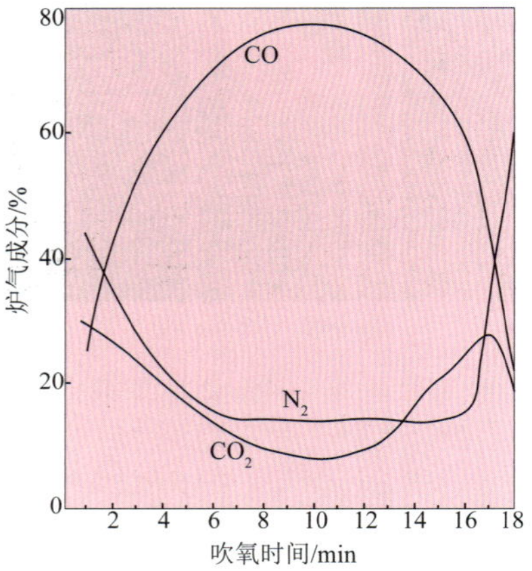

转炉煤气成分的变化

通常将转炉多次冶炼过程回收的煤气输入一个储气柜，混匀后再输送给用户。

转炉煤气由炉口喷出时，温度高达1450～1500℃，并夹带大量氧化铁粉尘，需经降温、除尘，方能使用。净化有湿法和干法两种类型。①湿法净化系统典型流程是：煤气出转炉后，经汽化冷却器降温至800～1000℃，然后顺序经过一级文氏管、第一弯头脱水器、二级文氏管、第二弯头脱水器，在文氏管喉口处喷以洗涤水，将煤气温度降至35℃左右，并将煤气中含尘量降至约100毫克/标准立方米。然后用抽风机将净化的气体送入储气柜。湿法工艺在世界上比较普遍，每吨钢可回收60～80标准立方米煤气，平均热值为8370～9210千焦/标准立方米。②美国和德国等国有些工厂采用干式电除尘净化系统。煤气经冷却烟道温度降至1000℃，然后用蒸发冷却塔，再降至200℃，经干式电除尘器除尘，含尘量低于50毫克/标准立方米的净煤气经抽风机送入储气柜。干式系统比湿式系统投资高12%～15%，但无须建设污水处理设施，动力消耗低，系统必须采取适当措施，防止煤气和空气混合形成爆炸性气体。

转炉煤气是钢铁企业内部中等热值的气体燃料。可以单独作为工业窑炉的燃料使用，也可和**焦炉煤气**、**高炉煤气**、发生炉煤气配合成各种不同热值的混合煤气使用。转炉煤气含有大量一氧化碳，毒性很大，在储存、运输、使用过程中必须严防泄漏。（金奎序）

坠罐　cage dropping　竖井（立井）提升时，提升容器失控下坠的现象。发生坠罐的主要原因：提升钢丝绳不合格、疲劳破坏或超载等；提升机过卷、过速，导致钢丝绳断裂；提升机安全保护装置设置不齐全或失效；未设置防坠措施或防坠措施失效；提升机司机、信号工、把钩工等提升操作人员缺乏安全意识，违章操作；提升系统检修、维护、保养不当，导致制动系统失灵或制动力矩降低；提升机、防坠器等未按规定进行安全检测等。

矿井一旦发生坠罐，不但会损坏提升设备、设施，而且极易造成重特大生产安全事故。预防坠罐的主要措施：选用合格钢丝绳和连接装置并定期进行检测检验，不合格的应及时更换；保持提升制动系统和信号装置有效；确保过卷、过速、限速、闸间隙、减速功能深度指示器失效、过负荷及无电压等保护装置可靠；选用合格防坠器，并定期进行静载荷和脱钩试验；定期检修、维护和保养提升系统，加强操作人员培训，防止违章操作等。

（于正兴）

准晶　quasicrystal　准周期的晶体的简称。又称准晶体。传统的晶体具有周期性结构和与周期性相容的点群对称性。1984年D. 谢特曼等在急冷凝固特殊比例的铝锰合金中发现一种具有二十面体点群对称的相，在这二十面体相中含有与周期性不相容的五重旋转轴对称，从而突破传统的概念。早期发现的准晶体都是用**快速凝固**（10^4～10^6K/秒）的方法获得的，它们都是亚稳相。随后相继发现了10多种稳定的二十面体相准晶和十重对称相准晶。准晶体中原子排列是有规则的，它们排列成准晶格或准周期的点阵。两个周期为λ_1和λ_2的函数和：

$$f(x)=A_1\sin(\frac{2\pi}{\lambda_1}x)+A_2\sin(\frac{2\pi}{\lambda_2}x)$$

当λ_1/λ_2为无理数时，$f(x)$就是准周期函数。在一维空间当$f(x)$的周期为无限大时，它失去周期性。13世纪时意大利数学家L.斐波那契提出一个数列：$F_n=F_{n-1}+F_{n-2}$，如令$F_0=0$，$F_1=1$，可以得到数列0，1，1，2，3，5，8，13，21，34，…… 称为斐波那契数列，当$n\to\infty$时其两相邻数之比$F_n/F_{n-1}=\tau=(1+\sqrt{5})/2$，是一个无理数。在一直线上按此数列点排列的原子就组成一维准晶。

与无理数$(1+\sqrt{5})/2$联系的等腰三角形有两种（图1）：一种顶角为36°；另一种顶角为108°。英国数学家R.彭洛斯利用这种称为风筝（DCBE）和飞镖（ADEB）的两种拼块，获得二维彭洛斯拼图（图2）将平面填满。在拼图的结点（线段会聚点）放置原子就构成二维准晶。这种二维准晶具有两个特点：一是有5重旋转轴对称，说明准晶格具有取向有序性；二是具有两

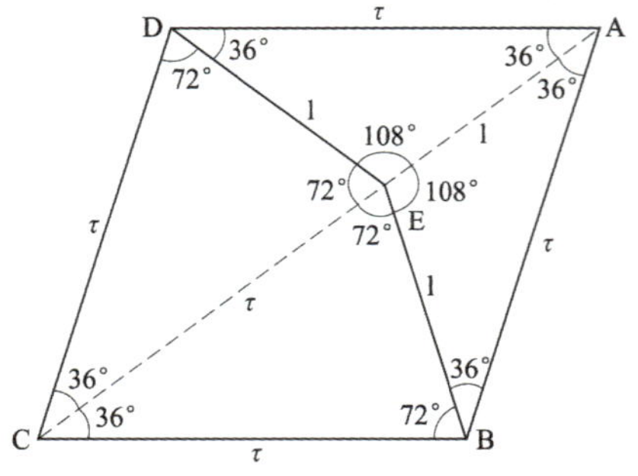

图1　“飞镖”和“风筝”四边形中的两种特征长度

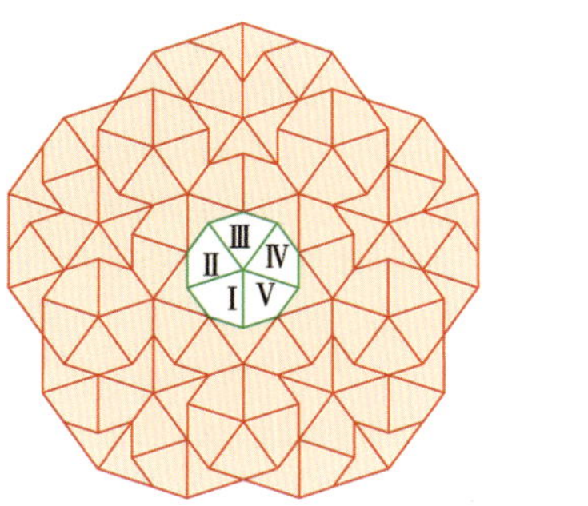

图2 彭洛斯拼接图案

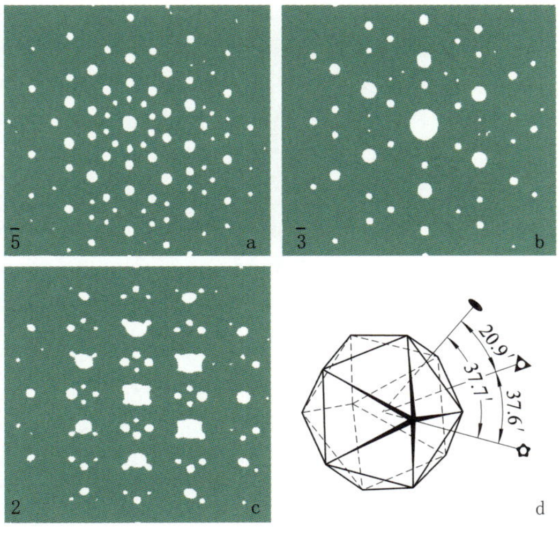

a 五重反轴 b 三重反轴 c 二重轴
d 给出二十面体中这三种轴间的夹角关系

图3 Ti_2Ni 二十面体准晶的电子衍射图

种周期1和 τ 形成的准周期。

1985年中国晶体学家郭可信等发现了急冷 Ti_2Ni 合金的二十面体相准晶，其电子衍射图呈五重旋转反演对称性，如图3所示。后来科学家已找到三维二十面体相来源于六维空间超立方点阵以某种方式投影到三维空间的产品。

（陆 栋）

《自流井风物名实说》 *A Tale on Ziliujing in Sichuan Province* 关于四川盐业风土人情的著作。又称《自流井图说》。是清代河南固始吴鼎立（字铭斋）所著。《自流井图说》记述了清代四川自贡经营井盐和天然气的情况，是吴鼎立于同治十年（1871）任富顺县知县时实地调查所得资料撰成，其主要内容有：自流井的地理区划；集资经营盐井的原则和雇佣关系；布置盐灶和导引卤水入灶的方法；汲卤车和采卤唧筒的结构；钻井的工具和方法；“疗井病”（指排除盐井故障）的工具；烧盐方法等。后五部分是介绍采盐工艺的，与《东坡志林》《天工开物》所记四川井盐的钻井方法和煎炼过程大体相似，但较为详明，尤以钻井和“疗井病”两项最重要。

（赵承泽）

自磨 autogenous grinding process 在磨矿机内主要依靠矿石自身之间或矿石与磨矿机衬板间相互冲击而破碎的**磨矿**方式。自磨分为开路、闭路和半闭路3种方式。根据自磨过程所用流体介质不同，分为干式和湿式两种作业方式，干式自磨靠风力运输，选择性破碎作用较强，产品粒度较均匀（0～3毫米），缺点是对物料的要求严格、风路系统复杂，处理纤维状、片状物料（如石棉矿、云母矿等）或氧化铝、人造刚玉等磨料较适宜。湿式自磨靠水力运输，磨矿过程易于调节和控制，不污染环境，是选矿厂广泛应用的方式。

若将自磨过程中引出的30～80毫米砾石作为磨矿介质将矿石破碎，常称为砾磨。由于砾石的密度小于钢球，与被磨矿石之间的摩擦系数和接触面积大于钢球，故砾磨过程中磨剥力较强而冲击力较弱，要求矿浆中固体浓度低些，通常为60%～65%，适用于细磨及易泥化矿石的磨碎，如铝、钨矿石的细磨，粗精矿再磨。由于砾磨排矿产品铁质污染轻，也可用于铀矿、金矿浸出前的磨碎。

矿石能否采用自磨，关键在于自磨机运转过程中被磨矿石自身能否形成足够数量的磨矿介质。在自磨过程中，矿石的破裂有磨剥和碎解两种方式。如果大块矿石易于碎解，则自磨机内作为磨矿介质的大块矿石偏少，中小块矿石偏多，就会累积形成难磨颗粒，称为顽石。顽石在自磨机中过多地积累会降低自磨效果，最终导致自磨机“涨肚”。为消除顽石积累的影响，一是在自磨机格子板开砾石窗，将部分顽石引出破碎后再返回自磨机中；二是往自磨机中添加5%～15%容积的钢球以强化磨矿作用。

往自磨机中添加5%～15%容积的钢球以强化磨矿作用，提高自磨效率，称为半自磨。根据实践经验，加入的钢球尺寸应为100～150毫米，太小效果不大，太大则易砸坏磨矿机衬板。由于半自磨工艺能提高磨矿机处理量，减少自磨顽石产生速度，因此在工业上得到了广泛应用。

扩展阅读

段希祥，肖庆飞.碎矿与磨矿.3版.北京：冶金工业出版社，2012.

（吴彩斌）

自磨机 autogenous mill 依靠物料间互相冲击和磨剥作用进行粉碎的**磨矿设备**。1880年出现圆筒式磨矿机并于1899年在金矿试用，人们自此发现矿石可以**自磨**。1932年美国制造了世界上第一台 Φ7.3米×0.9米的湿式自磨机。

自磨机工作原理与球磨机基本相同，最大特点是可将来自采场的原矿或粗碎的矿石直接给入磨矿机。自磨机将物料一次磨碎到粒度小于0.074毫米的含量占产品总量的20%～50%以上，粉碎比可达4000～5000，比球磨机、棒磨机高十几倍。给入自磨机的最大块矿粒度为300～350毫米。在磨矿机中大于100毫米的矿块起研磨介质作用，小于80毫米、大于20毫米的矿粒磨碎能力差，其本身也不易被大块矿石磨碎，故这部分物料通常被称为“难磨矿石”或“顽石”。为了磨碎“难磨矿石”，有时向自磨机内加入钢球，称为半自磨机。半自磨机给料最大块矿粒度250毫米。半自磨与全自磨的设备是相同的。大型自磨机常采用环形电机，称无齿轮驱动。环形电机的基本投资远高于齿轮驱动装置，但其利用率和效率高，因而操作成本低。

按磨矿工艺方法不同，自磨机可分为干式和湿式两种。自磨机有变速和不同功率定速两种拖动方式，有的自磨机还配备有微动装置。

干式自磨机 又称气落式自磨机，筒体直径大，长度短，长径比（L/D）一般为0.3～0.35，这是由矿石本身自磨破碎的特性所决定的。由于矿石密度远小于研磨介质，所以要使矿石获得相当于金属介质的冲击和研磨作用力，需将自磨机筒体直径增大。筒体较短，可防止自磨过程中产生矿石的“偏析”（大块矿石集中在一端，小块矿石集中在另一端）现象，也可降低风流流过筒体时的阻力损失，并增加风携量（每立方米风量每小时携带出的干料物量）。直径大是为了适应自磨机给矿块度大，同时便于分流运输物料。自磨机筒体安装有T形提升衬板，其主要作用是提升矿石，防止大块矿石向下滑动，同时与下降矿石碰撞时起尖劈作用（图1）。

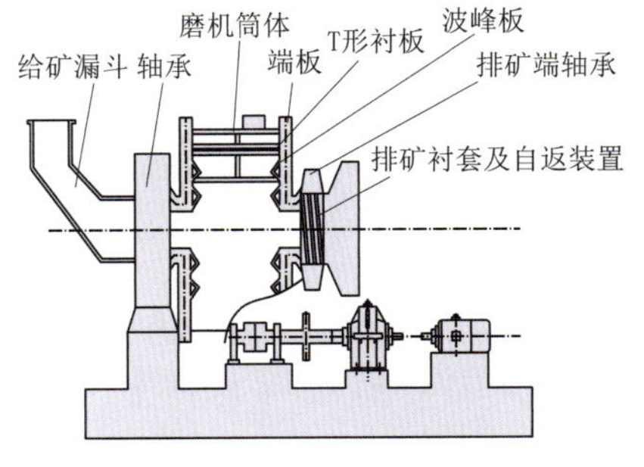

图1 干式自磨机结构示意图

干式自磨机工作原理：如图2a所示，小颗粒由给矿端进入后，沿A面均匀落于筒体中心，然后向两侧扩散。大块动能较大，趋向于到达较远一端，其中一部分必然与A、B处衬板相撞返回至另一侧，得以均匀分布。A-A、B-B可防止矿料发生偏析，自排矿端沿机壁下端返回的矿粒重新均匀落于筒体底部中心，然后向两边扩散。大块和细粒在筒体底部沿轴向运动，方向相反，从而产生剥磨作用。提升板C-C和波峰衬板B-B可锲住矿石。均匀分布于筒体底部的矿石在“真趾区”集中（图2b）。由于筒体的回转和筒体长度

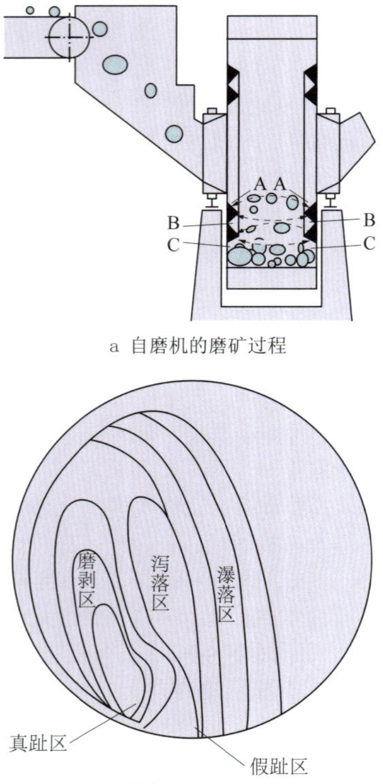

a 自磨机的磨矿过程

b 物料运动状况

图2 干式自磨机的工作原理图

很短，筒体转动时，矿石首先在C-C处锲住，并且沿轴向挤成拱形，逐渐向上发展，在B-B处也形成拱形，使“真趾区”的矿石处于受压状态。

矿石随筒体转动，位置迅速提高，由压力状态转入张力状态。当重力克服离心力时，矿石就脱离筒体在磨机内循环运动。粗颗粒按滑落状态运动，细粒级按抛落状态运动。粗颗粒除自转外还向磨机中心运动，对于小颗粒产生剥磨作用。

干式自磨机自磨工作系统不易控制，能耗大。由于有粉尘污染，还需增设除尘设备，致使设备费用增加。

湿式自磨机 又称瀑落式自磨机，结构如图3所示。特点为：①筒体直径大、长度短，但长径比较干式自磨机大，一般为0.3～0.5。②端盖为锥形，锥角150°。③筒

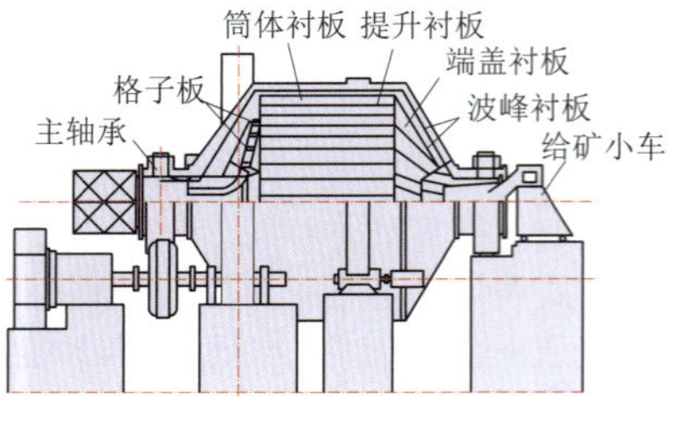

图3 湿式自磨机的结构示意图

体中间衬板微向内凹，可促使筒体内物料向中央积累，避免被磨物料产生粒度偏析而导致自磨效率降低。④格子排矿，可通过调节格子板的高低来调节排矿速度。⑤排矿端外设圆筒筛和自返装置，细物料过筛后进行下步处理，粗大颗粒借自返装置返回磨机再磨。

排矿格板靠近筒体内衬靠近筒体中心处有一段高度的挡板上无格孔。根据此高度不同，可将湿式自磨机分为低水平排矿、中水平排矿、高水平排矿，根据生产要求，可借助更换无格孔挡板来调整排矿水平。格子板上可开设约80毫米×20毫米的砾石窗，以排出难磨颗粒，提高自磨机产量。

湿式自磨机细磨时产量较低，不能发挥其效能，故常与球磨机连用，自磨产品进入球磨机再做细磨处理。湿式自磨机的优点是分级系统较干式自磨机简单，含泥多的矿石采用湿式自磨机处理可省去洗矿作业。

半自磨机 是为提高自磨机的处理能力，向自磨机中添加少量钢球，以加速破碎难磨颗粒，提高自磨效率的自磨机。根据实践经验加入的钢球尺寸为100～120毫米，太小效果不明显，太大则易砸坏磨机衬板。钢球添加量一般占自磨机有效容积的2%～20%。半自磨机回路比较灵活，对矿石的适应性好，可处理软、硬、湿、黏、致密或疏松的矿石。相对于常规磨矿回路，半自磨机的优点为投资较低、生产成本略低、流程简单、有大型设备可利用、劳动力需求少、研磨介质费用低。半自磨机可提高磨机处理量，减少自磨生产波动，故工业上半自磨有代替自磨的趋势，其应用范围越来越广。

扩展阅读

刘树英.破碎粉磨机械设计.沈阳：东北大学出版社，2001.

杨家文.破碎与磨矿技术.北京：冶金工业出版社，2006.

（张国旺 石 立）

自然崩落采矿法 spontaneous caving method 在位于阶段水平矿块的底部开展大面积的拉底，在侧部用巷道和深孔爆破切帮后，矿石在阶段的整个高度上借自重与地压作用逐渐使矿石自然崩落并破碎成适当块度的*采矿*方法。控制放矿速度和调节切帮工程，可保证矿石破碎质量和正常连续崩落。自然崩落采矿法将矿体划分成矿块、盘区或全矿体连续崩落（见图）。

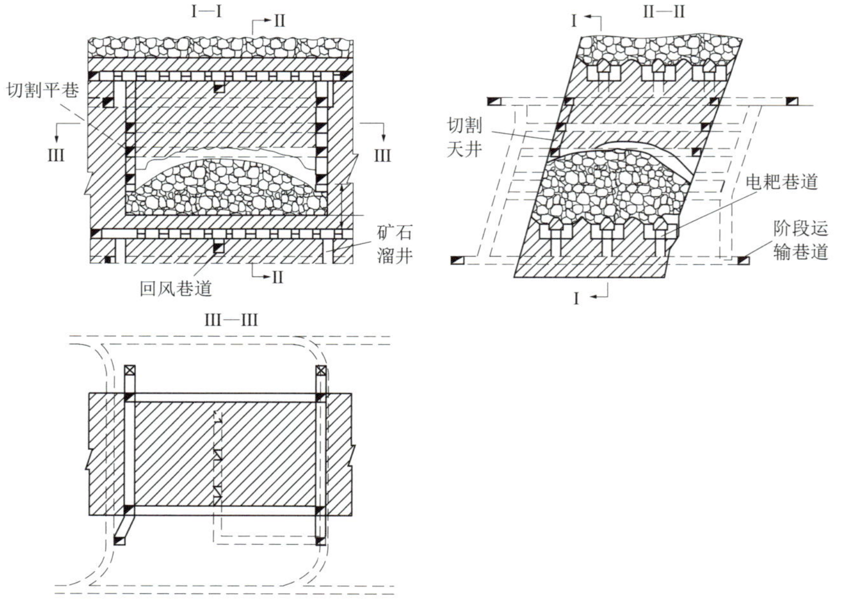

自然崩落采矿法示意图

矿块或盘区的水平尺寸主要取决于矿石的崩落难易程度、要求的崩落速度和底柱的稳固性。合理矿块尺寸应保证矿石按要求连续自然崩落，出矿巷道不发生破坏。其自然性主要体现为*落矿*的动力源于矿石的自重，在崩矿过程中，仅放出已崩落矿石的碎胀部分（约1/3），并保持矿体下面的自由空间高度不超过5米，以防止大规模冒落和形成空气冲击波，待整个阶段高度

上崩落完毕后，再进行大量放矿。随着大规模放矿的进行，上面覆盖岩层跟随崩落矿石的下移自然崩落并充填采空区。为有效控制崩落范围和进程，可在崩落界线上开掘切帮巷道，以削弱同周边矿岩的联系，提高矿石的破碎质量以及保持连续崩落，若仅用切帮巷道不能控制崩落边界时，还可以在切帮巷道中钻凿炮孔，爆破炮孔切割边界。

自然崩落采矿法适用于围岩界线与矿体都十分明显且易于分离、矿石节理裂隙发育、围岩崩落速度比矿石崩落速度慢的厚大岩体。优点是：生产能力大，生产成本低；缺点是：切帮、拉底工作的效果与质量对自然崩落采矿法的正常生产影响大，采准时间长，一次投资大，使用条件严格等。自然崩落采矿法的应用需要在地下开采中具有较高的生产与管理水平，加之受到采准时间较长与初始投资较大等因素的影响，中国并没有广泛使用。

（任凤玉）

自燃性矿床开采 mining of spontaneous combustion deposit 对含有硫、碳等可燃物，在作业过程中与空气、水接触后能发生化学反应导致自燃火灾的矿床的开采。

矿床自燃原因及条件 矿床自燃的原因有两方面：①硫化矿石氧化升温后，使采区中的坑木（或采空区中残留的坑木）自燃，发生火灾。②在矿体夹层或顶板中，存在含碳的煤系页岩或炭染页岩。它们冒落后引起火灾。

自燃性矿床根据发火矿物划分为磁黄铁矿发火型、黄铁矿发火型、碳硫发火型和硫碳发火型4种。从热到自燃，必须具备以下3个条件：有一定数量的能氧化自燃的物质；有足够的氧气供应；有聚热的条件，即矿石在氧化过程中所产生的热量得以聚集，使自燃物质达到最低燃点后起火。在开发自燃性矿床时，首先就要查明这3个条件的存在程度并采取相应措施来控制或防止它们同时出现。自燃性矿床开采在开拓采准、通风防火等方面均有一些具体要求。

布置原则 自燃性矿床开拓、采准布置原则有：①每个阶段和每个采区都应有两个能随时同行的安全出口，阶段高度不宜过高，坑内尽量避免采用坑木支护。②在确定开拓方法、提运方式、井筒数量和布置时，应尽量采用多井筒分散布置，优先采用无轨**斜坡道**或**斜井**的**联合开拓**形式，尽可能实行分区通风，以减少矿井总负压和向采空区的漏风；反风装置要可靠。③阶段运输巷道和**沿脉巷道**应尽可能布置在不可燃的底或顶板围岩内。厚大矿体最好能布置成盘区环形坑道，利于隔离某一采区，而相邻采区能正常生产。尽量避免在能发火的矿体内布置脉内坑道，减少超前切割量和矿柱矿量，以减少氧化发火的机会。④一般采用后退式回采，并力求缩短采准坑道的维护时间，力求减小矿山地压，保持矿体的完整性，缩短采场的回采周期。

技术措施 自燃性矿床防火与综合开采技术措施有：①合理划分采区、矿块尺寸，实行强掘、强采、强出的“三强”开采技术，使矿石在氧化自热、自燃之前就结束回采工作，并立即封闭采空区。②减少和控制一次崩矿量，因一次崩矿量过大，易引起自热和自燃，矿石在坑内积存时间不得超过发火周期的1/4～1/3。③对于坑内积存的可以发火的矿石，应定期清理，减少矿石损失，避免矿石损失积存在采空区自热和自燃。④尽量减少坑木消耗，避免与丢失在采空区的硫化矿石混合，成为最危险的发火首燃物。

选择与要求 自燃性矿床通风系统选择与要求是：①自燃的矿山，应采用压入式或压抽混合式的通风方式。因抽出式通风会使火区有毒气体和高温矿尘容易逸入工作面，严重恶化工作面的作业条件，并使主通风机遭受酸雾快速腐蚀。②每一生产阶段，应设置单独的回风道，便于控制风流，隔绝火区。③应经常检查回风风路，尽量减少向采空区的漏风。④正确选定辅助通风机，调节风门、风墙和风桥等通风构筑物的设置地点，并加强日常维护管理，避免向采空区漏风。

（曹　辉）

自润滑材料 self-lubrication materials 由于材料自身特性而具有低摩擦系数特点的材料。用作摩擦偶件时不需外加润滑剂，在相对摩擦时就能表现出低摩擦、低磨损的自润滑性能。自润滑材料可以是本身就有润滑性的单一材料，如聚四氟乙烯、石墨等，也可以是由固体润滑剂或液体润滑剂与承载基体组成的复合材料。自润滑复合材料大致分为金属基、聚合物基、陶瓷基和石墨基复合材料。金属基复合材料又可分为铁基、铜基、镍基和难熔金属基等；聚合物基复合材料可分为聚四氟乙烯基、尼龙基、酚醛基、环氧基、聚酰亚胺基等；陶瓷基复合材料包括碳化物基、氮化物基、硅化物基、硼化物基、氧化物基等。

自润滑材料可以作为固体覆膜使用，或做成复合材料使用。固体覆膜具有低的摩擦系数和高的承压能力，但寿命较短，易磨损，限制了它的使用范围。复合材料通过固体润滑剂的析出与成膜而具有优良的润滑性能，依据基体特性，可在高温、重载、腐蚀环境下使用。

金属基、聚合物基、陶瓷基和石墨基自润滑复合材料应用广泛，按其自润滑机理可分为含油自润滑材料和含固体润滑剂自润滑材料。

含油自润滑材料是通过一定的工艺方法，将润滑油浸渍到复合材料内部（如金属类含油材料及含油酚醛树脂）或包容在基体材料之中（如含油聚甲醛、含油MC尼龙等）而产生自润滑作用。

含固体润滑剂自润滑材料是以金属、聚合物、陶瓷、石墨等为基体组元，加入固体润滑剂和其他组元，通过一定工艺制备成自润滑材料，适用于真空、高温等无法使用液体润滑剂的特殊工况。加入的低摩擦系数固体润滑剂可以改善材料的润滑状况，保证相对运动部件的正常运转。常用的固体润滑剂有石墨、二硫化钼、氟化钙、聚四氟乙烯、六方氮化硼和金、银、铅、铟等软金属。含固体润滑剂自润滑材料的制备方法较多，以**粉末冶金**技术为主。

许多自润滑材料可在高温、高负荷、超低温、超高真空、强氧化或还原、强辐照等环境条件下有效地工作，并且部分材料已突破油脂润滑的有效极限，为卫星、导弹、往返飞行器和原子能发展所利用。自润滑材料用于某些机器，在提高效率、防止腐蚀、节约能源、取消复杂的油路系统以及杜绝制品（尤其是机制食品）污染等方面可起到重要的作用，如塑料滑动轴承、衬套、止推垫圈等就是典型的自润滑复合材料。

扩展阅读

石淼淼.固体润滑材料.北京：化学工业出版社，2000.

（刘如铁）

自由沉降 free settling 单个颗粒在无限空间介质中的沉降。固体颗粒在流体中仅受自身重力、流体浮力和二者相对运动时产生的阻力的作用，而不受其他机械力干扰的沉降过程。

颗粒在介质中开始沉降的瞬间，受自身重力的和浮力的作用，速度迅速增加，与此同时，由于颗粒与介质之间出现了相对运动速度，介质对运动颗粒所产生的阻力也相应不断增加，因介质阻力的作用方向恰好同颗粒的运动速度方向相反，而使得颗粒沉降的加速度逐渐减小，最后阻力增加到与颗粒的有效重力相等，沉降速度也就达到了最大值，以后便以此速度等速下沉。这时颗粒的下沉速度就是它在介质中的自由沉降末速（v_0）。

在斯托克斯阻力范围内，自由沉降末速v_{0S}的计算式为：

$$v_{0S}=\frac{d^2g(\varrho-\rho)}{18\mu} \qquad (1)$$

可用来计算粒度在0.1毫米以下的球形颗粒在水中的自由沉降末速。

在阿连阻力范围内，自由沉降末速v_{0A}的计算式为：

$$v_{0A}=\sqrt[3]{\frac{4g^2(\varrho-\rho)^2}{225\mu\rho}}\,d \qquad (2)$$

可用来计算粒度为0.4～1.7毫米的球形颗粒在水中的自由沉降末速。

在牛顿阻力范围内，自由沉降末速v_{0N}的计算式为：

$$v_{0N}=\sqrt{\frac{3dg(\varrho-\rho)}{\rho}} \qquad (3)$$

可用来计算粒度为2.8～57毫米的球形颗粒在水中的自由沉降末速。

(1)～(3)式中的d是固体颗粒的粒度，ϱ和ρ是固体颗粒和介质的密度，μ是介质的动力黏度，g是重力加速度。

具有相同自由沉降末速的低密度颗粒与高密度颗粒的粒度之比为自由沉降等降比。计算式为：

$$e_0=\frac{d_{V1}}{d_{V2}} \qquad (4)$$

式中的d_{V1}和d_{V2}分别是具有相同自由沉降末速的低密度颗粒和高密度颗粒的粒度。密度分别为ϱ_1和ϱ_2、阻力系数分别为ψ_1和ψ_2的两个颗粒的自由沉降等降比的计算式为：

$$e_0=\frac{\psi_1(\varrho_2-\rho)}{\psi_2(\varrho_1-\rho)} \qquad (5)$$

即自由沉降等降比e_0随着两种颗粒密度差和介质密度的增加而增加。

当两个等降颗粒同时处于斯托克斯阻力范围内时：

$$e_{0S}=\sqrt{\frac{x_2}{x_1}}\sqrt{\frac{\varrho_2-\rho}{\varrho_1-\rho}} \qquad (6)$$

当两个等降颗粒同时处于阿连阻力范围内时：

$$e_{0A}=\frac{x_2}{x_1}\sqrt[3]{\left(\frac{\varrho_2-\rho}{\varrho_1-\rho}\right)^2} \qquad (7)$$

当两个等降颗粒同处于牛顿阻力范围内时：

$$e_{0N}=\left(\frac{x_2}{x_1}\right)^2\frac{\varrho_2-\rho}{\varrho_1-\rho} \qquad (8)$$

式中x_1、x_2分别为两种颗粒的形状系数。

对于密度相同而粒度不同的固体颗粒，随着绕流流态从层流向湍流过渡，自由沉降等降比逐渐增大。由于微细粒级的等降比较小，使得它们很难有效地按密度实现分层。

（魏德洲　崔宝玉）

自由程序轧制　schedule-free rolling　热轧生产过程中不受钢板宽度、厚度、钢种更换幅度的限制，生产安排无规律程序的轧制技术。又称无规程轧制。在常规热轧带钢生产中，为了改善板形等产品质量，生产安排必须按照一定的规则进行，一般是换辊后先轧制宽度较窄的带材用以烫辊，当轧辊的热凸度稳定后，再轧制较宽的产品，且随着轧辊的不断磨损，逐渐减小所轧带钢的宽度，直到最后换辊，称之为“棺形”轧制程序。这种轧制程序不能按照订单合同的需求实现各规格产品的自由衔接，于是产生了自由程序轧制。

自由程序轧制是由许多单项技术构成的综合主技术，主要有：①高效凸度轧机及自动控制技术。②过程高精度温度控制技术。③减少及均化轧辊磨损技术。④工作辊横移及快速换辊技术。⑤润滑轧制技术。⑥高精度板形平坦度和厚度控制技术。⑦在线磨辊与辊形在线监测技术及装备。

自由程序轧制解除了对轧制程序的限制，有利于**热送热装工艺**和**直接轧制**的实施。同时在轧制过程中，钢板尺寸规格变化及钢种混合方面均可达到比较自由的生产安排与衔接，使热轧带钢的生产更能适应市场需求。

（袁　国）

自由锻　open die forging　利用简单的工具和开放式的模具（砧块）对金属进行成形的**锻造**技术。自由锻时，金属仅有部分表面与工具或砧块接触，其余部分为自由变形表面。自由锻使用的都是通用的模具和工具，灵活性大，费用低，生产准备周期短，适合于单件、小批量生产。但自由锻的生产率低，工人劳动强度大，锻件的精度差，加工余量大，因此自由锻件在锻件总量中所占的比重随着生产技术的进步而日趋减少。自由锻也是大型锻件的主要生产方法，在重型的冶金机械、动力机械、矿山机械、粉碎机械、锻压机械、船舶和机车制造工业中占有重要的地位。

种类　自由锻分为手工锻造和机器自由锻。手工锻造是靠手抡铁锤锻打金属使之成形，是最简单的自由锻。它是一种古老的锻造工艺，在某些零星修理或农具配件行业中仍然存在，但正逐渐被淘汰。机器自由锻是在锻锤或水压机上进行。锤上自由锻时金属变形速度快，可以较长时间保持金属的锻造温度，有利于锻出所需要的形状。锤上自由锻主要用轧制或锻压过的钢材作为坯料，用于生产小批量的中小型锻件。水压机上自由锻的锻压速度较慢，金属变形深入锻坯内部，主要用于钢锭开坯和大锻件制造，如冷、热轧辊，低速大功率柴油机曲轴，汽轮发电机和汽轮机转子，核电站压力壳筒体和法兰等，中国最大锻件质量可达600吨以上。

工序　自由锻的基本成形工序有钢锭开坯、拔长、镦粗、冲孔、芯棒扩孔、芯棒拔长、弯曲、扭转和压实等（见图）。

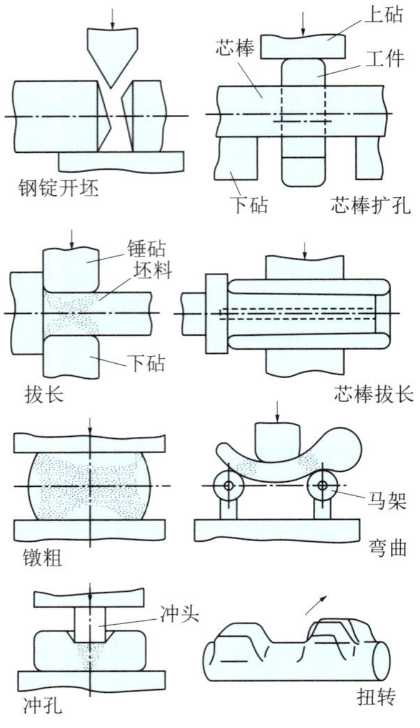

自由锻的基本工序

钢锭开坯　把钢锭锻压成锻坯的工序。钢锭开坯的主要作用是：①在钢锭冒口端压出便于夹持操作的钳把。②倒棱、滚圆，把多棱锥形的钢锭压制成圆柱形的坯料。③将有缩孔和偏析缺陷的冒口和底部的料头切掉，这部分通常占钢锭重量的25%～35%。④根据需要切成一定长度的坯料。

拔长　使坯料横截面减小而长度增加的锻造工序。拔长是通过反复转动和送进坯料进行压缩来实现的，是自由锻生产中最常用的工序。它常用于锻造各类方、圆截面的轴、杆等。

镦粗　使坯料断面增大而高度减小的锻造工序。镦粗用于：①以较小断面的坯料制造断面大、高度小的锻件，如圆盘、法兰、齿轮等盘形锻件。②冲孔前的预备工序。③增加金属变形量，提高内部质量的预备工序，也是提高锻造比为下一步拔长的预备工序。

冲孔　在坯料上冲压出通孔或盲孔的锻造工序。冲孔用于制造带孔的盘形锻件，也用于芯棒拔长或扩孔的准备工序。

芯棒扩孔　减小空心坯料臂厚而增加其内外径的锻造工序。扩孔的方法有：①冲头扩孔，先在坯料上冲出孔，然后用直径较大的冲头将孔径逐步扩大到所需尺寸。②芯棒扩孔，利用芯棒在马架上将坯料壁厚减薄，内外径同时增加，而高度增加不多，可以锻制薄壁锻件。

芯棒拔长　使空心坯料外径减小、长度增加而内径保持不变的拔长工序。主要用于制造缸套、容器等筒形锻件。芯棒可以是实心的，也可以是空心带水冷的。

弯曲　将坯料弯成曲线形或一定角度的锻造工序，与其他锻造工序结合，可以锻成各种弯曲形状的锻件，如吊钩、叉子等。

扭转　使坯料的一部分相对于另一部分绕共同的中轴线旋转一个角度的工序。锻造时，可使锻件不在同一平面内的几部分，先在一个平面内锻制成坯，然后再扭转到所要求的位置。扭转用于制造多拐曲轴等锻件。

压实　在锻造过程中，为了避免大钢锭中心部位出现拉应力，采用宽平砧强压，使锻坯中心呈压应力状态，以达到压实和焊合内部孔穴和疏松的目的。也可采用表面强冷中心压实的综合锻造工艺：加热的坯料经过不对称宽砧强压之后，表面强冷到800℃左右，形成硬层，心部则仍保持在1000℃以上。这时采用平砧强压，可压实内部空穴和疏松等缺陷，使中心部分致密。

发展　自由锻时，工人的劳动强度比较大，只有实现辅助工作机械化，才能改善锻工的劳动条件，取得较好的经济效果。锻造机械化包括锻坯装出炉机械化、锻造操作机械化、坯料旋转调头机械化、工模具夹持机械化、胎模转换机械化、锻件尺寸测量和锻件搬运机械化等。为了提高锻件的质量和尺寸精度，自由锻造工序已向自动控制方向发展。现代化的水压机已实现程序控制，工作人员劳动强度大大减小。

扩展阅读

王祖唐.锻压工艺学.北京：机械工业出版社，1983.

辛宗仁，等.胎模锻工艺.北京：机械工业出版社，1977.

（陈锡禄）

自由能　free energy　在化学热力学中用以判断物理或化学变化方向的体系的热力学函数。有亥姆霍兹自由能A和吉布斯自由能G两种形式，定义分别为：

$$A=U-TS$$

$$G=U+pV-TS=H-TS$$

式中U、H、S分别为体系的内能、焓和熵；T、p、V分别为体系的热力学温度、压力和体积。A和G都具有能量的量纲，其量值都只取决于体系的状态，而与系统的历史无关。它们都是广度量，其值与体系所含物质的量有关。自由能的改变值ΔA和ΔG可以用来判断体系在特定条件下自发变化的方向。在等温、等容且不做非体积功的条件下，封闭体系中的自发过程向着体系A减小的方向进行；而在等温、等压且不做非体积功的条件下，封闭体系中的自发过程向着体系G减小的方向进行。

（薛芳渝）

纵轧　longitudinal rolling　轧件的纵轴线与两个沿相反方向转动的平行轧辊的轴线垂直，轧件通过辊面间缝隙向前运动，从而使金属的延伸主要沿轧件的纵轴线方向进行的轧制技术。纵向轧制的简称。是金属塑性加工最常用的一种轧制方式。轧制过程中轧件的运动依靠轧辊自身转动来完成。纵轧时，从变形区的入口到出口，轧件的厚度减小，金属主要向纵向延伸，也向横向宽展，但延伸值远大于宽展量。一般应用于板带材、箔材、型材的生产中，也可生产管材。纵轧在生产板带材时，主要将钢板沿长度方向轧制到指定的厚度。产品有两类：一类是在其长度方向为等断面的钢板，生产所采用的轧辊孔型为环形；另一类是在其长度方向为变断面的钢板，称为变厚度钢板。变厚度钢板通过在轧制中动态调节辊缝实现。

（王昭东）

邹元爔　Zou Yuanxi（1915-11-12～1987-03-20）　中国冶金专家、材料科学家。生于浙江平湖，卒于上海。1937年毕业于浙江大学化学系。1942年赴美留学，

1947年在卡内基理工学院获冶金学博士学位。同年6月回国，历任浙江大学教授，中国科学院工学实验馆研究员、所长。中国化学学会理事和上海市金属学会副理事长。1980年当选中国科学院学部委员（院士）。

20世纪50年代初，与周仁合作对包头含氟稀土铁矿高炉冶炼中氟的行为和冶炼过程进行了研究，解决了含氟铁矿高炉冶炼问题并取得高炉设计所需数据，使包钢得以投入全面的开发。1957年承担攀枝花钒钛铁矿冶炼试验任务，在国际上首先采用钒、钛铁矿高炉冶炼新工艺，实现风口喷吹新技术。他完成从包钢高炉渣中提取硅铁稀土合金的技术，获国家发明奖二等奖。60年代后，致力于半导体材料和有关高纯金属及其物理化学的研究。在他的领导下，研制出高纯金属镓、磷、砷等，使中国高纯金属研究和生产有了良好的开端。他以物理化学观点研究结构缺陷，提出砷化镓结构缺陷模型的新理论，获中国科学院自然科学一等奖。发表学术论文100多篇。

（姜　曦）

阻燃矿物材料　flameresistant mineral material　以天然矿物为基础加工出来的能阻止或延缓物质燃烧的矿物填充材料。基于天然矿物精加工的产品，与合成类阻燃剂相比具有绿色环保、制造成本低、性能独特等综合优势和特点。应用较多的有氢氧化物类阻燃材料、蒙脱石阻燃材料和膨胀石墨阻燃材料等。

氢氧化物类阻燃材料　主要包括氢氧化铝和氢氧化镁。此类阻燃材料在有机合成材料中除有阻燃效果外，还可抑制发烟、产生硫化氢等有毒气体，赋予材料无毒性、无腐蚀的性能。氢氧化铝为白色粉末，不容易吸潮，在常温下化学稳定性高，加热到220℃后开始吸热分解，分解方程式为：

$$2Al(OH)_3 \longrightarrow Al_2O_3+3H_2O$$

氢氧化镁，起始分解温度为340℃，受热分解化学方程式为：

$$Mg(OH)_2 \longrightarrow MgO+H_2O$$

从分解方程式可以看出，添加了氢氧化铝和氢氧化镁阻燃剂的聚合物在受热分解时释放出水分，同时吸收大量的热，降低了材料表面的温度，减缓聚合物降解为低分子的速度，减少了可燃气体的产生。阻燃矿物材料分解产生大量水蒸气或二氧化碳等，可降低燃烧体环境的氧浓度，阻止燃烧的快速进行，减缓聚合物的燃烧速度。故氢氧化物类阻燃材料兼有充填、阻燃和消烟三重功能。

蒙脱石阻燃材料　蒙脱石是具有天然层状纳米结构的矿物，理论化学分子式为$(1/2Ca,Na)_{0.7}(Al,Mg,Fe)_4(Si,Al)_8O_{20}(OH)_4$。天然纳米结构的蒙脱石片层解离后，比表面积大，具有阻燃所需的优异的阻隔性能，以及丰富的吸附水和结构水。作阻燃剂时可采用高纯蒙脱石或有机物插层处理的高纯有机蒙脱石。有机物插层处理的蒙脱石层间距大，具有较好的亲油性，在易燃烧的聚合物体系中有更好的

分散阻燃效果，但加工成本比高纯蒙脱石高，一般用于需要纳米功能的特殊材料中。

膨胀石墨阻燃材料　膨胀石墨通过延缓或中断固态物质产生可燃性物质而达到阻燃目的，属于凝固相阻燃机理。受热到一定程度，膨胀石墨开始膨胀，形成一个厚的多孔炭层，将阻燃主体和热源隔开，从而延缓和终止聚合物的分解。膨胀石墨阻燃效率高，本身无毒，受热时不生成有毒和腐蚀性气体并能有效降低发烟量，有足够的热稳定性，其使用温度为−204～1650℃。膨胀石墨在基材加工温度下不分解，不恶化基材的加工性能和最终产品的物理机械性能及电气性能，紫外线稳定性和光稳定性好，且来源充足，制造工艺简单。

扩展阅读

杜高翔，张泽朋，梅乐夫.阻燃矿物材料加工与应用.北京：化学工业出版社，2015.

（杨友生）

钻探　drilling　采用钻机钻入地层或其他介质形成钻孔，以揭露地下资源及地质特征的地质工作。又称钻探工程。是矿床勘探工作中的重要手段。

分类　从钻探的目的可分为固体矿产钻探，水文钻探、水井钻探、工程地质钻探、石油和天然气钻探、工程施工钻探，地热钻探等。

钻进中破碎岩石主要采用机械方法。其他物理的或化学的碎岩方法尚处于试验研究阶段。根据破碎岩石的外力作用方式，钻探方法可分为回转钻探、冲击钻探、冲击回转钻探、振动钻探和喷射钻探等。

目的和作用　钻孔的目的是为了探查深部地质情况，首先是从钻孔中逐段取出岩（矿）心、岩屑、液态样（石油、水、地热水、矿化水、结晶水等）、气态样（天然气、二氧化碳、氢、氦等）等实物，供观察研究、物质成分化验和物性测定，以获得齐全的定性定量数据。钻探能验证地表地球物理资料是否准确可靠，为孔内物理测试提供通道，获得岩矿层的物性信息。一些大孔径钻探孔可以用作开采地下水、地热能、油气，观测地下水动态，钻孔安置仪器可作长期观测站监测预报地震或为加固改造薄弱地基打灌注基础桩、加固建筑物基础，整治泥石流、滑坡等。

特点　地质钻探工程的工艺流程、工艺技术和基础理论，与石油天然气开发钻井工程大体相近。但钻孔较浅、孔径较小，设备较轻便，面临的岩矿层品种很多，采取岩（矿）心样品等的工艺技术远较油气钻探复杂。钻孔的直径和深度取决于矿层的埋藏深度和钻孔的用途。①固体矿产钻探。钻孔孔径小（一般为46～94毫米）；要全孔取岩（矿）心和岩屑；按矿种的不同，深度从几十米到2000多米不等。②水文地质钻探。普查孔孔径小于150毫米；勘探孔孔径一般为150～350毫米；水井直径一般为150～550毫米，深度一般为300米左右。③石油天然气钻探。孔径大（一般开孔915毫米，终孔216毫米），较深（一般为1000～7000米），主要钻探沉积岩地层，取岩心较少，以取岩屑为主，用大型石油钻机施工，为防止高压油气层发生井喷，井口要安装防喷器。④地热钻探。钻遇的是高温热流体（一般为100～200℃），在沉积岩或火成岩中钻探，钻孔孔径、施工方法与油气井近似，要安装高压耐热防喷器，使用高温处理剂防止钻井液在高温下失去稳定性，还要预防高温热膨胀使套管折断。井深一般为1000～3000米。

应用领域　随着工业和建设事业的迅速发展，钻探工程应用领域日益拓宽。随着地质找矿任务的需要，普查找矿和矿产预测规模的扩大，还需要探明埋藏较深的隐伏矿体。随着航测、遥感区域的扩展，钻探验证工作量急剧增加。煤、石油、地热、水资源、贵金属和非金属矿产钻探工作量也随之增加。钻孔孔径和孔深将向两极发展，既要用金刚石打小孔径钻孔，又要用大型钻机打地热井和1～3米大口径基桩孔。还要为深部地质学研究施工深孔、超深孔做好前期准备。

（刘广仁）

最大允许夹石厚度　admissible maximum thickness of barren rock　在当前的技术经济条件下，夹在矿体或单工程各连续样品段之间的、低于边界品位的样品厚度要求。又称夹石剔除厚度，单位为米。最大允许夹石厚度是根据当前采矿技术和矿床地质条件对固体矿产提出的一项工业指标，即其真厚度达到此规定时，应圈做夹石予以剔除，否则应圈入矿体并参加工程平均品位或样品段平均品位的组合和资源储量估算。

夹石混入后其平均品位不能低于最低工业品位，否则一起剔除或将夹石附近的样品一并剔除，直到满足各项指标要求为止。夹石剔除以后，夹石两侧的矿层应按最低工业品位、最小可采厚度或最低工业米百分值分别衡量。

（莫晓东）

最低工业米百分值　minimum meterpercentage　最低工业品位与最小可采厚度的乘积。简称米百分值或米百分率，用于贵金属矿床时称为米·克/吨值。是对那些薄而富的矿体，特别是工业利用价值比较高的薄而富的矿体提出的一项综合指标，包括矿石品位和矿体厚度两方面的要求。通常只用于圈定厚度小于最小可采厚度，而品位大于最低工业品位的富而薄的矿层或薄脉状矿体，其他类型的矿床原则上不采用。在此前提下，如果矿体的实际厚度与品位乘积大于或等于这一指标时，可将这部分矿体划入能利用（经济的）资源储量的范围。对于密集的薄矿层（体），虽单层（体）厚度达不到可采厚度的要求，但在工业部门确定的采高范围内，若干薄层矿的累计厚度达到或大于可采厚度时，则这些薄矿层仍可视为工业矿层（体）并估算资源储量。如纤维石膏矿确定的坑道开采高度为1.7米，要求含矿率不小于14%，即在1.7米采高范围内单层纤维石膏厚度不小于2厘米的累计厚度应达到24厘米，可作为工业可采矿层。

（莫晓东）

最低可采宽度　minimum workable width　砂矿床进行机械（如采金船）采掘的最小可采宽度。是砂矿床（砂金矿等）圈定矿体、估算资源储量的一项指标。最低可采宽度是根据砂矿床的可采厚度、含矿品位、采挖方法等因素确定的。当砂矿层的可采厚度达不到最低可采厚度时，则以工业指标给定的米·克/米^{3}值圈定可采宽度。对露天开采的矿床，有时对露天采坑底界的宽度也做出相应的规定要求。

（莫晓东）

最小可采厚度　minimum exploitable thickness　在当前的技术经济条件下，对有开采价值的单层矿体的最小厚度要求。简称为可采厚度，单位为米。最小可采厚度是薄矿层的一个重要的工业指标，是指在一定的技术经济条件下，矿石质量符合要求时，有工业开采价值的单层矿体的最小可采真厚度要求。一般情况下，小于这一厚度的矿体由于开采不经济，不能视为工业矿体。最小可采厚度与矿体的产状及变化有关。同一采高内的互矿层，若主矿层接近于可采厚度，累积厚度超过可采厚度者，经技术经济论证可行时，也可计算工业矿量。

（莫晓东）

遵化铁冶　Zunhua Iron Smeltery　中国明代规模最大、运行延续时间最长的官营炼铁厂。又称遵化铁厂。位于北直隶蓟州境内遵化县（今属河北省遵化市）境内。

明代永乐元年（1403）设立，至万历九年（1581）停产，先后有3处冶铁地点：沙坡峪、松棚峪（今松棚营、小厂一带）、白冶庄（今铁厂镇）。元代曾在遵化沙坡峪设铁冶。明代迁都北京后，因边防军务日紧，铁的需求量增加，遵化铁冶得到长足发展，专为朝廷生产各种铁金属。

永乐至宣德年间，遵化铁厂管理者由遵化卫指挥使担任，主要职能是与中央管理层沟通和管理厂务；宣德末年至万历年间，直接管理权限归工部虞衡司，官员从主事、员外郎到郎中，地方管理层逐渐实现与中央管理层的对接。历任主管有张孚、萧鼎、陈勉、马铉、王祥、鲍王莹、周郁、王軏、王铉、傅浚、吴郁、张守中、王献芝、今陞、唐文灿、陈司空等。工部给事中和都察院这两大监控系统构成外部监管体制。

冶铁厂所用劳力称“夫”“匠”，包括征召的民夫、民匠和蓟州六卫所属军夫、军匠以及少量囚犯。永乐年间，各类夫匠达2560余人。其中民夫1300名、民匠200名、军夫924名、军匠70名。弘治以后，夫匠显著减少，嘉靖七年（1528），夫匠减至1500名，其中轮班匠410名。各类匠夫待遇和参加劳动时间不等。军夫、军匠全年劳动，月支口粮6斗，行粮3斗，外加少量衣着；轮班匠按季轮流备办柴炭铁砂；民夫、民匠系未完全脱离生产的农民，则于当年十月上工，次年四月放工，劳动期间月支口粮3斗，放工期间停付。

根据明代邵宝著《遵化县铁厂志》记载，成化年间已经完成了遵化铁厂管理机构的建置化，其管理部门、生产原料存放及冶炼场所、成品存放场所等都已经有了明显的隔离和设置，整个生产基地的管理、生产布局得以完善。

遵化铁冶就地取材，以砂铁作为原料，木炭作为燃料，木扇鼓风。明代朱国祯的《涌幢小品》中描述遵化冶铁炉：“深一丈二尺，广前二尺五寸，后二尺七寸，左右各一尺六寸。前辟数丈为出铁之所，俱石砌。以简千石为门，牛头石为心，黑沙为本，石子为佐，时时旋下”“用炭火置二韛扇之，得铁日可四次”。铁厂所需柴炭，原由蓟州等州县山场供给。嘉靖五年（1526）后，采柴山场租给民间，改征收银两，买炭使用。

宣德（1426～1435）时工部造军器，即命取遵化铁二十万斤。正统（1436～1449）年间“略足供工部之用”。成化十九年（1483）起，岁运北京三十万斤。正德四年（1509），炼钢铁共计七十余万斤。嘉靖八年（1529）以后，每年炼生熟铁四十余万斤。

万历元年（1573），开始大量裁减夫匠，民夫、民匠改征价银。万历九年正式宣布封闭遵化铁厂。官营铁冶业至此基本结束，此后明朝政府通过买铁制造各类铁器。

（潜　伟）

字母数字

Fe-C-O系平衡图 equilibrium diagram for Fe-C-O system 铁及其氧化物与CO-CO_2混合气体达到平衡时的气相组成与温度的关系图。由实验测得的数据绘制而成，是冶金过程物理化学常用的一种优势区图

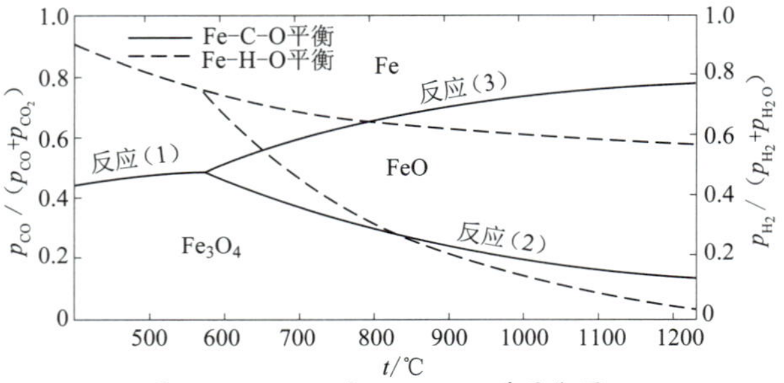

图1 Fe-C-O和Fe-H-O系平衡图

(图1)。图中3条线分别代表下列3个反应的平衡气相组成：

570℃以下：

$$Fe_3O_4+4CO \rightleftharpoons 3Fe+4CO_2 \quad (1)$$

570℃以上：

$$Fe_3O_4+CO \rightleftharpoons 3FeO+CO_2 \quad (2)$$

$$FeO+CO \rightleftharpoons Fe+CO_2 \quad (3)$$

$3Fe_2O_3+CO \longrightarrow 2Fe_3O_4+CO_2$反应达平衡时的一氧化碳分压值太小，几乎与横坐标重合，图中未标出。如果实际气相组成$p_{CO}/(p_{CO}+p_{CO_2})$高于平衡组成，则反应向右进行，此时反应式等号右边的固相是稳定的，左边的固相不稳定。图中每条线上方的区域就是该反应式右边固相的稳定存在区。这3条线将整个图划分为3个区域，即Fe、FeO、Fe_3O_4的稳定存在区。3条线交点是4相(Fe、FeO、Fe_3O_4及气相)共存点(见**合金相图**)。

在钢铁冶炼过程中，常利用此图来确定在给定温度和气相组成条件下能够稳定存在的固相。此图还明确表明铁的各级氧化物是逐级转化的(见**Fe-O状态图**)。图1中，在虚线(Fe-H-O平衡)与实线(Fe-C-O平衡)交点温度(820℃)以上，H_2比CO具有更强的还原能力；在820℃以下，则正相反。CO对铁还有渗碳作用。当气体中的比值$p_{CO}/(p_{CO}+p_{CO_2})$超过反应(4)的平衡组成时，会发生铁的渗碳反应：

$$2CO(气) \longrightarrow CO_2(气)+[C] \quad (4)$$

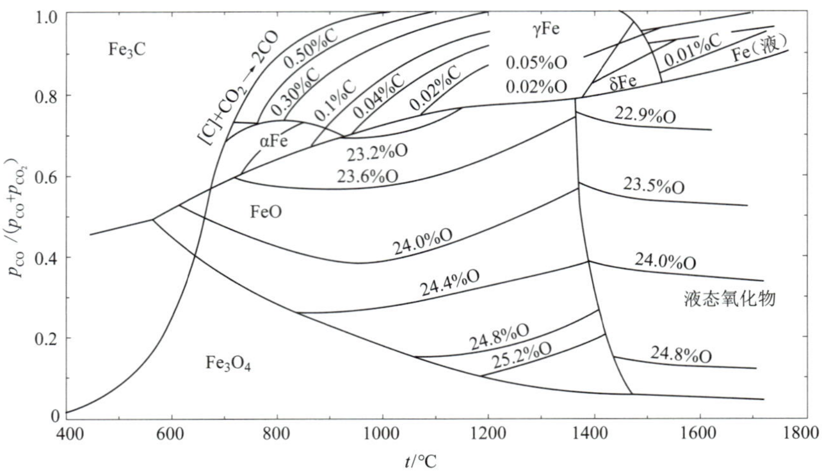

图2 有渗碳时的Fe-C-O系平衡图

[C]表示溶解于铁中的碳。图2绘出了一系列[C]含量下渗碳反应达到平衡时的气相组成与温度的关系曲线。此图直接示出在给定温度和[C]含量的情况下，气相对铁是渗碳还是脱碳。FeO是非化学计量化合物(见**Fe-O状态图**)，其中氧含量与其平衡气相组成的关系也在图2中绘出。

(车荫昌 冀春霖)

Fe-H-O系平衡图 equilibrium diagram for Fe-H-O system 铁及其氧化物与H_2-H_2O混合气体达到平衡时的气相组成与温度的关系图。见**Fe-C-O系平衡图**。

Fe-O状态图 phase diagram of Fe-O system 铁及其各级氧化物平衡组成与温度的关系图。用于表示铁及其各级氧化物稳

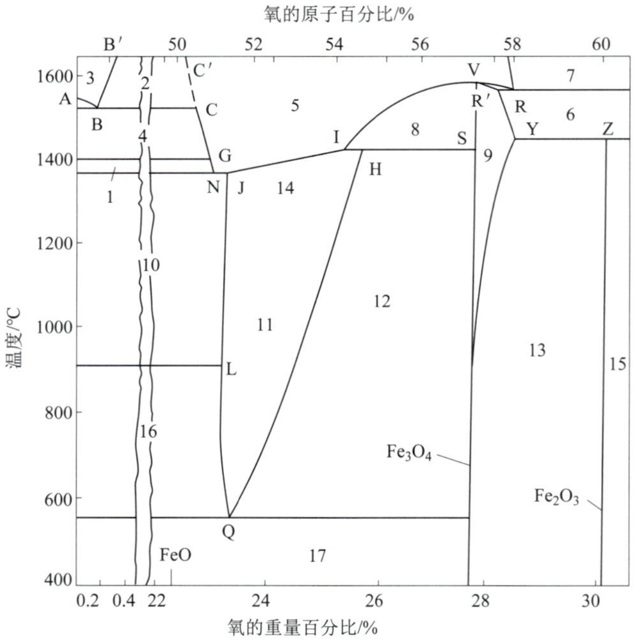

1	γFe+氧化铁熔体	10	γFe+浮氏体
2	Fe(液)+氧化铁熔体	11	浮氏体
3	Fe(液)	12	浮氏体+Fe_3O_4
4	δFe+氧化铁熔体	13	Fe_3O_4+Fe_2O_3
5	氧化铁熔体	14	浮氏体+氧化铁熔体
6	Fe_3O_4+O_2	15	Fe_2O_3+O_2
7	O_2+氧化铁熔体	16	αFe+浮氏体
8	Fe_3O_4+氧化铁熔体	17	αFe+Fe_3O_4
9	Fe_3O_4		

Fe-O系相图

定存在的条件，是冶金中常用的重要相图之一。一般公认较为完整的Fe－O状态图是由美国物理化学家L.S.达肯和R.W.格尔瑞所绘制的。

铁的氧化物有Fe_2O_3、Fe_3O_4、FeO三种。前两种的理论含氧量分别为30.06%和27.64%。纯FeO的理论含氧量为22.28%，但实际存在的却是含氧量变动在23.16%～25.60%的非化学计量的FeO相，这种固溶体称为浮氏体（Wüstite）。它的铁与氧的原子比小于1，在0.87～0.95之间变化。浮氏体是NaCl型的立方点阵结构，铁正离子和氧负离子相间排列在点阵的节点上。但正离子节点未充满，即有铁的空位存在。为了维持电中性，必然有一部分正离子节点被三价铁离子占据。图中JLQ线代表浮氏体含氧下限、HQ线代表其含氧上限。温度在570℃（Q点）以下，浮氏体不能稳定存在，按下式进行分解：

$$4FeO \longrightarrow Fe + Fe_3O_4$$

在570℃时，Fe、Fe_3O_4与浮氏体三相共存。铁氧化物还原过程在570℃以下的转变顺序是：

$Fe_2O_3 \rightleftharpoons Fe_3O_4 \rightleftharpoons$ Fe(含氧饱和)～Fe

在570℃以上的转变顺序是：

$Fe_2O_3 \rightleftharpoons Fe_3O_4 \rightleftharpoons$ 含氧上限的浮氏体～含氧下限的浮氏体 $\rightleftharpoons$ Fe(含氧饱和)～Fe

这种顺序，称为逐级转化（平衡）原则。图中左上角的BB′线是氧在铁液中的溶解度与热力学温度的关系曲线，可用下式表示：

$$\lg[O\%] = -\frac{6320}{T} + 2.734$$

氧在固态铁中的溶解度极小，在881～1527℃，为0.0002%～0.0082%，在图中未绘出。 （车荫昌　冀春霖）

LF炉精炼　ladle furnace proces　真空条件下，在专用钢包内利用电弧加热进行炉外精炼的技术。又称LF钢包炉精炼、电弧加热钢包精炼法。1971年由日本特殊钢公司开发，可在常压下采用碱性合成渣、埋弧加热、吹氩搅拌方法，在还原气氛下精炼。采用的设备是在**钢包加热电磁搅拌精炼法**（ASEA－SKF）、**真空电弧脱气法**（VAD）和**真空吹氧脱碳法**（VOD）等精炼设备的基础上发展的一种钢包炉，又称钢包精炼炉、钢包电炉，简称LF炉。LF炉由钢包炉体、包底吹氩透气砖及滑动水口、炉盖上附有的合金料斗及电极加热系统等组成（见图）。

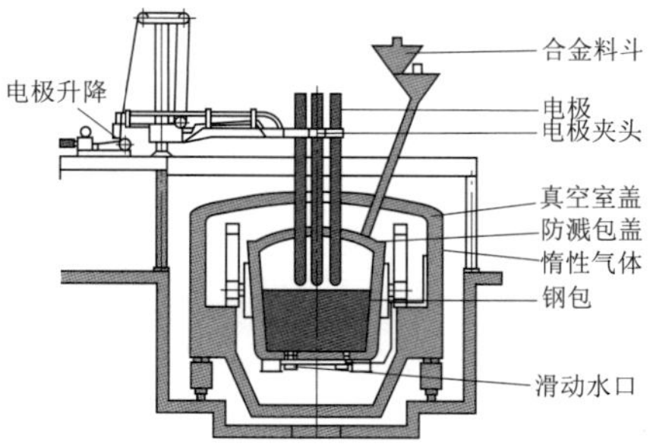

LF钢包炉装备示意图

LF炉精炼以设备简单，投资费用低，操作灵活和精炼效果好而得到广泛的应用。LF炉精炼是将在一般炼钢炉中初炼的钢液置于LF炉内进行精炼，主要功能有：①创造强还原气氛。LF炉本身不具备真空系统，但由于钢包与炉盖密封隔离空气，加热时石墨电极与渣中氧化铁、氧化锰、三氧化二铬等反应生成一氧化碳气体，使炉内气氛中氧含量减至0.5%。钢液在还原条件下精炼可以进一步脱氧、脱硫及去除非金属夹杂。②氩气搅拌。氩气搅拌加速钢－渣之间物质传递，有利于钢液脱氧、脱硫反应。吹氩可以加速夹杂物的上浮，在密封的LF炉内，吹氩15分钟后，可使钢中大于20微米的三氧化二铝夹杂全部清除。③埋弧加热。LF炉三根电极插入渣层中进行埋弧加热，这种方法辐射热小，对炉衬有保护作用，热效率高，浸入渣中石墨与渣中氧化物反应不仅提高了渣的还原性，而且还提高合金收得率，生成的一氧化碳使LF炉内气氛更具还原性。④白渣精炼。LF炉白渣以氧化钙－氟化钙为主要成分，一般渣量为钢液的2%～4%，渣对钢液中氧化物吸附和溶解，达到脱氧效果。LF炉由于有温度补偿，吹氩强烈搅拌，随渣中碱度提高，硫的分配增大，可炼出含[S]仅0.0004%～0.0005%的低硫钢。

若LF炉增设真空系统，称为LFV（ladle furnace vacuum）。根据生产的钢种及其质量要求，还可以装设氧枪及供氧系统、喷粉系统等，使之成为一个多功能的钢包精炼炉，可以完成真空脱气、吹氧脱碳、吹氩搅拌、电弧加热、脱氧、脱硫、合金化等精炼任务。它相当于将钢包炉精炼法、**钢包真空脱气法**（VD）、真空吹氧脱碳法有机组合，组成多功能精炼炉。这种精炼炉几乎可以精炼所有的钢种，也可以用高碳铬铁代替微碳铬铁炼超低碳不锈钢等超纯钢种。 （朱苗勇）

pH值调整剂　pH regulator　用于调节矿浆酸碱度的**浮选调整剂**。矿浆的酸碱度影响矿物表面的润湿性、捕收剂分子的解离度及其在矿物表面上的吸附、**浮选药剂**的稳定性和效果、气泡的稳定性等，因此，pH值调整剂对提高浮选过程的选择性非常重要。其主要功能有：①调整捕收剂与矿物之间的作用。捕收剂与矿物表面之间的作用与矿浆pH值密切相关，如捕收剂阴离子与矿浆中OH^-之间可以在矿物表面产生竞争吸附；pH值愈高，OH^-浓度愈大，愈能排斥捕收剂阴离子的作用。②调整捕收剂的离子浓度。捕收剂在水中以分子或离子存在的状态与矿浆pH值有密切关系，调整pH值可以调整捕收剂以分子或离子状态存在的比例。③调整重金属离子的浓度。重金属阳离子通常可以生成氢氧化物沉淀，因此提高矿浆的pH值，可以明显降低金属阳离子的浓度。④调整矿泥的分散与凝聚。⑤调整起泡剂的性能及泡沫状况。pH值调整剂功能的多元性及它们相互间的关系，最终表现为对矿物浮选行为的影响。

pH值调整剂有硫酸、盐酸、氢氟酸、硝酸、磷酸、石灰、碳酸钠、氢氧化钠、硫化钠等。硫酸是常用的酸性调整剂，其次是盐酸、硝酸、磷酸等。石灰是应用最广的碱性调整剂，主要用于有色金属硫化矿的浮选生产中，兼有抑制剂的作用。碳酸钠的应用仅次于石灰。碳酸钠是一种强碱弱酸盐，具有缓冲作用，可使溶液的pH值比较稳定地保持在8～10之间，用**脂肪酸类捕收剂**浮选非硫化矿时，碳酸钠不仅可调节矿浆pH值，消除（沉淀）矿浆中钙离子（Ca^{2+}）、镁离子（Mg^{2+}）等的有害作用，同时还可以减轻矿泥对浮选的不良影响。与石灰相比，氢氧化钠的碱性更强，仅在一些需要强碱性的特殊情况下，才使用氢氧化钠作为矿浆pH值调整剂。

（朱一民）

QSL炉　QSL furnace　氧气底吹熔炼生产粗铅的冶金炉。是在美国P.E.奎诺（Queneau）和R.舒曼（Schuhmann）提出QS炼铜法的基础上，由德国鲁奇（Lurgi）公司开发，故得名。该炉集硫化铅的氧化与氧化铅的还原于一体，通过投入硫化铅精矿而直接产出粗铅，具有熔炼效果好、能充分利用化学反应热、有利于控制环境污染等优点。炉体为卧式圆筒形结构（见图），分为氧化段和还原段，氧化段直径较还原段直径大，从出渣口至虹吸出铅口向下倾斜0.5%。为防止两区**炉渣**混合以及氧化物生料流进还原段，在两段之间设置隔墙。隔墙有两种，一种隔墙上部有烟气流通孔，使还原的烟气进入氧化段，再从其端部出烟孔排出；另一种隔墙是不设流通孔，两段烟气分别从反应器两端的出烟孔排出，以利于控制两个区段的氧势。隔墙下部有熔体通道，使炉渣和粗铅通过。

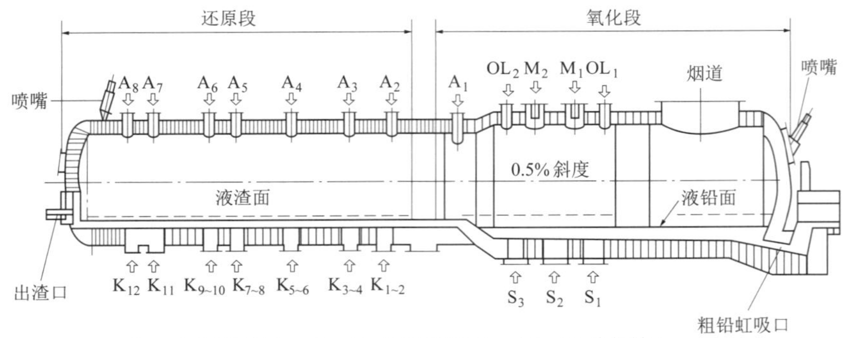

S_1～S_3为氧枪插孔，K_1～K_{12}为还原枪插孔，M_1、M_2为加料口
A_1～A_8为辅助燃烧器插孔，OL_1、OL_2为燃油枪插孔

QSL熔炼炉示意图

炉体设有驱动装置，可沿长轴线旋转近90°，以便于停止吹炼操作时能将喷枪转至水平位置处理事故或更换喷枪。

在氧化及还原段底部均设有喷枪（氧枪和还原枪）供给氧化剂和还原剂。氧化段的氧枪由两个同心管组成，内管为氧化通道，两管间的环道为氮气通道。还原段的还原枪由3个同心管组成，空气和粉煤混合物通过中心管喷出，氧气通过内环喷出，氮气通过外环喷出，这样氮气就包住了喷射粉煤、空气和氧气的套管，从而起到了冷却还原喷枪的作用。喷吹粉煤的中心管易被粉煤磨损，需随时更换。氧枪成对安装，每对之间距离为1200毫米；还原枪间距一般为渣层厚度的8～10倍，还原段最后一对还原枪至渣口的距离约为3.5米，以给渣铅分离提供一段平静区。反应器虹吸口可设在炉子端部，与反应器轴线平行；也可设在某一侧面，与反应器轴线垂直。出渣口设置在还原段末端，采用铜水套结构。

反应器两端设有主燃烧器，在炉体顶部还设有若干辅助燃烧器，供烘炉和生产中为炉体保温。还原段炉气中含有过剩的CO、H_2、未裂解的碳氢化合物以及挥发性的铅锌蒸气等可燃物，通过还原段炉顶设置的喷嘴喷入富氧空气使其二次燃烧，以确保离开反应器的烟气彻底氧化。

反应器内衬采用含25%Cr_2O_3的电熔烧结铬镁砖，总厚约350毫米，采用300毫米及50毫米两层砖砌筑，50毫米厚的砖与壳体接触之间无隔热层，使内衬得到冷却以延长其使用寿命。壳体用锅炉钢板焊制。

熔炼时，将铅精矿、含铅二次物料与熔剂、烟尘和必要时加入的固体燃料等按一定比例混合均匀和制粒后，从氧化段顶部的加料口直接加入，混合炉料落入由炉渣和液铅组成的熔池内。氧气通过氧枪由反应器下部喷入，激烈搅动熔池并在1050～1100℃和较高氧势〔$\log(p_{CO_2}/p_{CO})\approx2.2$〕下进行氧化脱硫和熔炼反应，生成含硫较低的一次粗铅、含铅25%～30%的初渣及二氧化硫烟气。初渣经隔墙下部的开孔进入还原段，通过还原枪将还原剂喷入熔池，使初渣中氧化铅和硅酸铅等在1150～1250℃和较低氧势〔$\log(p_{CO_2}/p_{CO})\approx0.2$〕下还原成金属铅（二次铅）。二次铅沉降到炉底并回流至氧化段与一次粗铅汇合后经虹吸口放出。炉渣从排渣口连续或间断排出。

扩展阅读

《铅锌冶金学》编委会.铅锌冶金学.北京：科学出版社，2003.

（何　静　陈永明）

X射线衍射　X-ray diffraction　利用X射线照射晶体（或某些非晶态物质）时产生的衍射，研究晶体内部结构（即内部原子排布）的分析技术。在**金属学**中用于了解成分对结构的影响，金属性能变化的本质和金属经过各种处理过程时结构变化的机制。

特征X射线及其衍射　X射线是一种波长很短（0.006～2纳米）的电磁波，能穿透一定厚度的物质，并能使荧光物质发光、照相乳胶感光、气体电离。在用电子束轰击金属“靶”产生的X射线中，包含与靶中各种元素对应的具有特定波长的X射线，称为特征（或标识）X射线。考虑到X射线的波长和晶体内部原子间的距离（10^{-8}厘米）相近，1912年德国物理学家M.von劳厄提出一个重要的科学预见，晶体可以作为X射线的空间衍射光栅，即当一束X射线通过晶体时将发生衍射，衍射波叠加的结果使射线的强度在某些方向上加强，在其他方向上减弱。分析在照相底片上得到的衍射花样，便可确定**晶体结构**。这一预见随即为实验所验证。1913年英国物理学家布拉格父子（W.H.Bragg，W.L.Bragg）在劳厄发现的基础上，不仅成功地测定了NaCl、KCl等的晶体结构，并提出了作为晶体衍射基础的著名公式——布拉格定律：

$$2d\sin\theta=n\lambda$$

式中λ为X射线的波长；n为任何正整数。

当X射线以掠角θ（入射角的余角）入射到某一点阵平面间距为d的原子面上时（图1），在符合上式的条件下，将在反射方向上得到因叠加而加强的衍射线。布拉格定律简洁直观地表达了衍射所必须满足的条件。当X射线波长λ已知时（选用固定波长的特征X射线），采用细粉末或细粒多晶体的线状样品，可从一堆任意取向的晶体中，从每一θ角符合布拉格条件的反射面得到反射，测出θ后，利用布拉格公式即可确定点阵平面间距、晶胞大小和类型；根据衍射线的强度，还可进一步确定晶胞内原子的排布。这便是X射线结构分析中的粉末法或德拜-谢乐（Debye-Scherrer）法（图2a）的理论基础。而在测定单晶取向的劳厄法中（图2b）所用单晶样品保持固定不变动（即θ不变），以辐射束的波长作为变量来保证晶体中一切晶面都满足布拉格条件，故选用连续X射线束。如果利用结构已知的晶体，则在测定出衍射线的方向θ后，便可计算X射线的

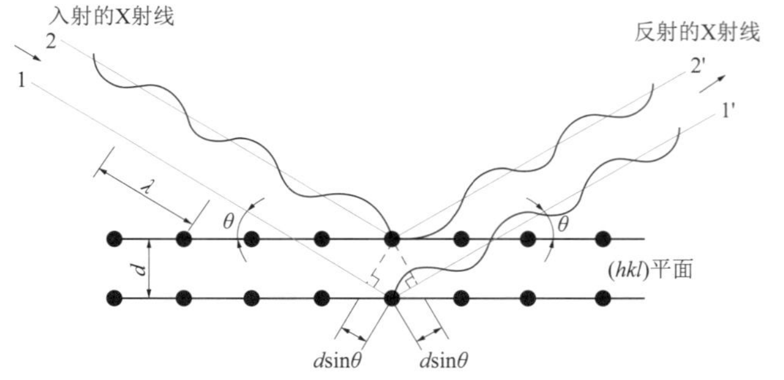

图1　X射线束在晶体内（hkl）平面上的反射

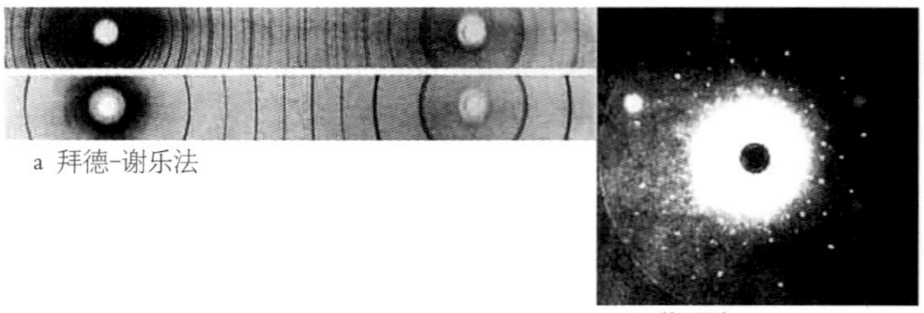

a 拜德-谢乐法

b 劳厄法

图2　X射线结构分析衍射

波长，从而判定产生特征X射线的元素。这便是X射线谱术，可用于分析金属和合金的成分。

X射线衍射在金属学中的应用　X射线衍射现象发现后，很快被用于研究金属和合金的晶体结构，出现了许多具有重大意义的结果。如A.韦斯特格伦（1922）证明α、β和δ铁都是体心立方结构，βFe并不是一种新相；而铁中的α⟶γ转变实质上是由体心立方晶体转变为面心立方晶体，从而最终否定了βFe硬化理论。随后，在用X射线测定众多金属和合金的晶体结构的同时，在相图测定以及在**固态相变**和**范性形变**研究等领域中均取得了丰硕的成果。如对超点阵结构的发现，推动了对合金中**有序无序转变**的研究，对**马氏体相变**晶体学的测定，确定了马氏体和**奥氏体**的取向关系，对铝铜合金脱溶的研究等等。X射线衍射（包括散射）已经成为研究晶体物质和某些非晶态物质微观结构的有效方法。在金属中的主要应用有以下几方面。

物相分析　X射线衍射在金属中用得最多的方面，分定性分析和定量分析。前者把对材料测得的点阵平面间距及衍射强度与标准物相的衍射数据相比较，确定材料中存在的物相；后者则根据衍射花样的强度，确定材料中各相的含量。在研究性能和各相含量的关系和检查材料的成分配比及随后的处理规程是否合理等方面都得到广泛应用。

精密测定点阵参数　常用于相图的固态溶解度曲线的测定。溶解度的变化往往引起点阵常数的变化；当达到溶解限后，溶质的继续增加引起新相的析出，不再引起点阵常数的变化。这个转折点即为溶解限。另外点阵常数的精密测定可得到单位晶胞原子数，从而确定固溶体类型；还可以计算出密度、膨胀系数等有用的物理常数。

取向分析　包括测定单晶取向和多晶的结构（见**择优取向**）。测定硅钢片的取向就是一例。另外，为研究金属的范性形变过程，如孪生、滑移、滑移面的转动等，也与取向的测定有关。

晶粒（嵌镶块）大小和微观应力的测定　由衍射花样的形状和强度可计算晶粒和微应力的大小。在形变和热处理过程中这两者有明显变化，它直接影响材料的性能。

宏观应力的测定　宏观残留应力的方向和大小，直接影响机器零件的使用寿命。利用测量点阵平面在不同方向上间距的变化，可计算出残留应力的大小和方向。

对晶体结构不完整性的研究　包括对层错、**位错**、原子静态或动态地偏离平衡位置，短程有序，原子偏聚等方面的研究（见**晶体缺陷**）。

合金相变　包括脱溶、有序无序转变、母相新相的晶体学关系等。

结构分析　对新发现的合金相进行测定，确定点阵类型、点阵参数、对称性、原子位置等晶体学数据。

液态金属和非晶态金属　研究非晶态金属和**液态金属结构**，如测定近程序参量、配位数等。

特殊状态下的分析　包括在高温、低温和瞬时的动态分析。

此外，小角度散射用于研究电子浓度不均匀区的形状和大小、X射线形貌术用于研究近完整晶体中的缺陷如位错线等，也得到了重视。

X射线分析的发展　金属X射线分析由于设备和技术的普及已逐步变成金属研究和材料测试的常规方法。早期多用照相法，这种方法费时较长，强度测量的精确度低。50年代初问世的计数器衍射仪法具有快速、强度测量准确、可配备计算机控制等优点，已经得到广泛的应用。但使用单色器的照相法在微量样品和探索未知新相的分析中仍有自己的特色。70年代以来，随着高强度X射线源（包括超高强度的旋转阳极X射线发生器、电子同步加速辐射，高压脉冲X射线源）和高灵敏度探测器的出现以及电子计算机分析的应用，使金属X射线学获得新的推动力。这些新技术的结合，不仅大大加快了分析速度，提高了精度，而且可以进行瞬时的动态观察以及对更为微弱或精细效应的研究。　（林树智　李朋兴）

6-S摇床　6-S shaking table　具有偏心轴摇杆式床头和板形摇杆支撑床面特征的**摇床**。最初由中国衡阳矿山机器厂制成，故又称衡阳式摇床。主要由床头（图1）、床面、支架、调坡机构、给矿槽、给水槽6部分组成（图2）。电动机通过皮带轮带动偏心轴转动，从而带动偏心轴上的摇杆上下运动，摇杆两侧的肘板即相应地做上下摆动，使得床面做往复运动。

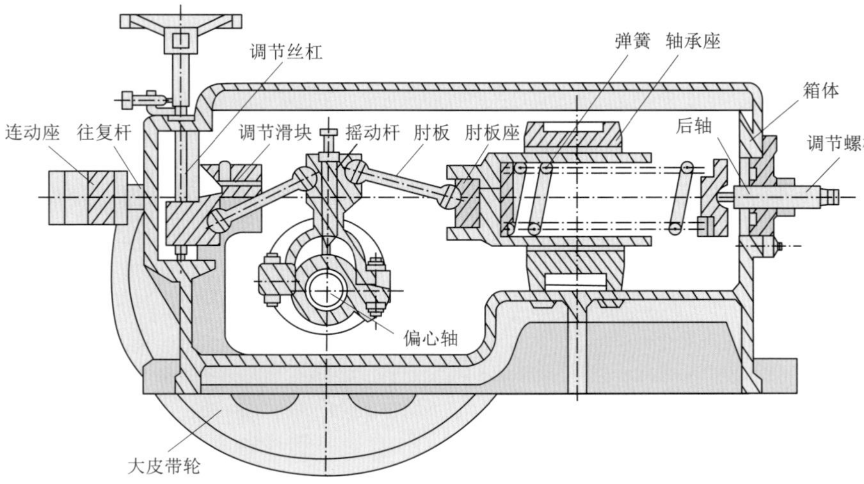

图1　偏心轴摇杆式床头

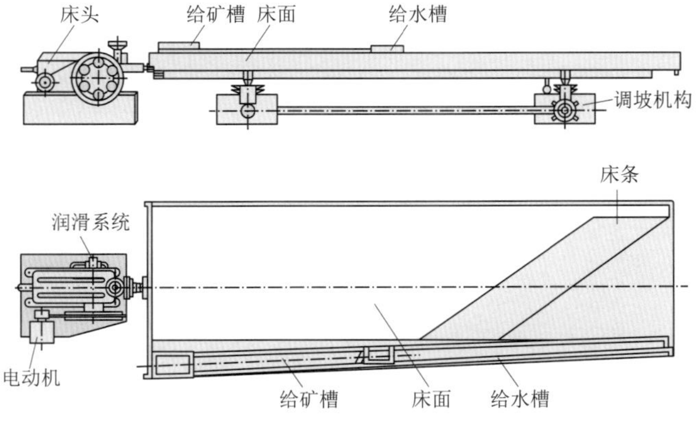

图2　6-S摇床结构示意图

床面采用4个板形摇杆支撑，该支撑方式摇动阻力小，床面可轻微起伏振动，利于物料松散；但同时也将引起水流波动。床面外形呈直角梯形，除横向坡度外还有一定的纵向坡度。

床面向前运动期间，两肘板的夹角由

大变小，床面的运动速度由慢变快；床面后退时，床面的运动速度则由快而慢，从而形成差动。固定肘板座又称滑块，通过手轮可使滑块上下移动，以调节摇床的冲程。调节床面的冲次则需要更换不同直径的皮带轮。

6-S摇床的冲程调节范围大，松散力强，分选的物料粒度范围较宽，冲程和横向坡度易调节。　（李艳军）

大事年表

公元前第 9 千纪	· 伊拉克库尔德地区留存铜制品
公元前第 8 千纪	· 土耳其恰约尼留存铜制品
公元前第 7 千纪	· 伊朗留存天然铜片卷成的铜珠
公元前第 6 千纪	· 伊拉克和土耳其直接利用矿石炼铅
	· 巴基斯坦留存铜制品
公元前第 5 千纪	· 伊朗利用自然铜加工制成铜针，利用矿石冶炼金属铜，开始使用砷铜制品
	· 欧洲多瑙河中游平原地区掌握炼铜技术
	· 中国陕西临潼留存铸造成形的黄铜制品
	· 土耳其安纳托利亚留存人工冶炼纯铜制品
公元前第 4 千纪	· 埃及留存含镍或含砷铜器
	· 以色列提姆纳用石器开采孔雀石、赤铜矿等矿物，采用碗式炉炼铜
	· 伊朗留存人工冶炼、铸造、冷加工和**退火**制成的铜器
约公元前 3500 年	· 保加利亚艾伊·布纳尔古铜矿被开采利用
	· 叙利亚留存砷铜和锡青铜工具
公元前 3500 ～ 前 3000 年	· 埃及进行大规模的铜矿开采和冶炼
	· 埃及和伊拉克留存陨铁制成铁珠、匕首
	· 以色列阿布马塔留存铜石并用时期的坩埚炉
约公元前 3200 年	· 巴勒斯坦留存大量砷铜制品
约公元前 3100 年	· 中国甘肃东乡留存青铜刀和炼铜渣
约公元前 3000 年	· 伊拉克发展出成熟的金属雕像锻造技术
公元前第 3 千纪	· 埃及和伊拉克采集黄金制作饰物
约公元前 2500 年	· 埃及用**失蜡法**铸造金属饰物
公元前 2500 ～ 前 2000 年	· 塞浦路斯开采铜矿并供应给其他国家
	· 伊拉克乌尔、迈科普等地使用**灰吹法**炼铅提银
公元前 2300 ～ 前 2100 年	· 中国山西襄汾留存砷青铜铸件

公元前 2300 ～前 2000 年	· 伊朗乔伊泰佩留存白口铸铁坯
公元前 2300 ～前 1800 年	· 中国山东胶县留存铸造成形的黄铜锥
公元前 2300 ～前 1600 年	· 中国甘肃玉门火烧沟遗址留存铸造铜器的石范
约公元前 2200 年	· 伊拉克特洛伊留存炼铜坩埚
约公元前 2000 年	· 希腊劳里昂银铅矿被迈锡尼人开采
约公元前 1900 年	· 中国河南登封王城岗留存铸造青铜容器
公元前 18 世纪	· 匈牙利留存小锑块
公元前 17 世纪	· 欧洲铜矿开采广泛使用火烤法，地下开采已利用树梯
公元前 16 世纪	· 中国已开始冶炼金属铅
	· 中国已开始采集并加工黄金
约公元前 1500 年	· 埃及古墓葬留存金箔制品
	· 埃及第十八王朝勒克米尔古墓壁画出现缶状足踏鼓风器
公元前 14 世纪	· 埃及用黄金铸成第十八王朝法老图坦卡蒙金棺
	· 中国江西瑞昌铜岭铜矿被开采利用
	· 中国河南安阳殷墟留存大型青铜器后母戊鼎
约公元前 1320 年	· 埃及绘制出最早的彩色金矿图
公元前 13 世纪	· 中国河北藁城留存利用陨铁制成铁刃铜钺
约公元前 1250 年	· 赫梯国王哈图斯里三世（Hattusilis Ⅲ）在一封信中谈到铁的生产和贸易
约公元前 1200 年	· 欧洲阿尔卑斯山区使用硫化矿炼铜
	· 伊朗、伊拉克、中国留存早期铁制品
约公元前 1100 年	· 中国发明手摇辘轳，后用作矿井提升工具
	· 奥地利哈尔斯塔特留存早期铁器
约公元前 10 世纪	· 秘鲁中北部留存银铜合金制品
约公元前 900 年	· 埃及出现经淬火硬化处理的铁制斧头
公元前 9 世纪	· 斯里兰卡已开始兴起早期冶铁技术
公元前 8 世纪	· 亚述王国出现黄铜记载
	· 伊拉克北部留存大量人工冶炼铁制品
	· 西班牙里奥廷托矿区的银矿被开采冶炼
	· 印度留存人工冶炼铁器

	· 中国湖北大冶铜绿山建立起较为完整的古代采矿冶炼系统
公元前 7 世纪	· 西班牙阿尔马登开始开采朱砂
公元前 7 ～ 前 6 世纪	· 中国已开始应用**叠铸**技术
公元前 6 世纪	· 中国已炼出可供浇铸的液态生铁
公元前 6 ～ 前 5 世纪	· 韩国开始制作青铜制品
	· 印度利用坩埚冶炼出超高碳钢
公元前 5 世纪	· 中国《山海经》记述多种金属矿物产地
	· 中国制造出青铜名剑越王勾践剑
公元前 5 ～ 前 3 世纪	· 中国河南留存经退火处理的脱碳铸铁工具和**韧性铸铁**（可锻铸铁）制造的铁铲
	· 中国《管子》首次记述找矿方法
	· 中国河北易县留存经**淬火**的钢剑和经过**正火**处理的矛、箭铤
	· 中国留存汞齐**鎏金**器物
公元前 4 世纪	· 希腊出现“液银”的记载，表明地中海国家已经产汞
公元前 4 ～ 前 3 世纪	· 尼日利亚采用竖炉炼铁
公元前 3 世纪	· 希腊泰奥弗拉斯托斯（Theophrastus）写成最早记录矿物的文献《论石头》
	· 斯洛伐克开始进行开矿活动
	· 中国《神农本草经》记载利用水银提取金银的方法
	· 中国《考工记》记载铸造各类青铜器的不同合金成分配比“**六齐**”
	· 中国河北兴隆留存大量铸造器物的铁范
公元前 292 ～ 前 280 年	· 希腊用青铜和铁铸成罗得岛巨像
公元前 3 ～ 前 2 世纪	· 德国萨尔布吕肯开挖埃米利亚奴斯隧道开采铜矿
公元前 2 世纪	· 欧洲奥地利和德国诺里库姆地区开采金矿和铁矿
公元前 1 世纪	· 中国河南铁生沟留存炒钢炉
公元前 81 年	· 中国汉代《盐铁论》成书
公元 1 世纪	· 西班牙开始用汞齐法炼金，用熔析法从铜中提炼黄金
	· 西班牙拉斯梅德拉斯使用水力采金淘金
	· 意大利普林尼（Pliny the Elder）提出了分离金银的烤钵法（火试金法）
公元 25～220 年	· 中国山东滕县留存画像砖锻铁图
公元 30～150 年	· 厄瓜多尔北部留存金 - 铂合金制作的珠宝

公元 31 年	· 中国杜诗倡导用水排鼓风来冶铸铁农具
公元 2 世纪	· 西班牙、葡萄牙已利用水利设施进行采矿和选矿
公元 3 世纪	· 德国拉姆斯贝格多金属矿开始采矿
公元 4 世纪	· 印度制成高 7.4 米的德里铁柱
	· 印度出现有关炼锌术的记载
317 年	· 中国葛洪著《抱朴子》，有提炼汞、铅的记载
347 年	· 中国常璩著《华阳国志》，有使用白铜以及冶炼银的记载
500 年	· 土耳其出现碗式炼铁炉
550 年	· 中国綦毋怀文造宿铁刀
585 年	· 缅甸开始建造仰光大金塔
605 年	· 日本开始利用分铸法铸造飞鸟大佛
659 年	· 中国唐代《新修本草》中有用银膏（银、锡、汞合金）硬化补牙的记载
674 年	· 日本开采对马银矿
8 世纪	· 瑞典法伦大铜山开始采矿
	· 欧洲出版有关冶金的早期手册《彩色马赛克的配方》《纸金秘方》
	· 阿拉伯早期炼金术家贾伯著《物性大典》《七十书》《炉火书》《东方水银》等著作
743 年	· 日本铸造东大寺镀金青铜佛像奈良大佛
918 年	· 中国轩辕述《宝藏论》，有关于锌的记载“倭铅可勾金”
953 年	· 中国李云造沧州铁狮
971 年	· 中国河北铸造正定铜佛
9 世纪	· 阿拉伯炼金术家拉齐提出物质分类法
900~1100 年	· 秘鲁北部的大巴坦使用炼炉群进行砷铜冶炼
10 世纪	· 希腊西奥菲勒斯（Theophilus）作冶金手册《诸艺之美文》
	· 德国戈斯拉尔城开始成为欧洲多金属矿的开采冶炼中心
11 世纪	· 印度拉贾斯坦邦阿拉瓦利山区铅锌矿已被开采冶炼
1045 年	· 中国崔昉《外丹本草》记载鍮石冶炼
1048 年	· 阿拉伯比鲁尼出版了《识别贵重矿物的资料汇编》
1086~1093 年	· 中国沈括著《梦溪笔谈》，记载了各种矿物和各种冶金技术
1086~1100 年	· 中国张潜撰《浸铜要略》，记载湿法炼铜技术

11 世纪末～12 世纪	· 中国何薳著《春渚纪闻》中记述了用砒石炼砷白铜的情况
13 世纪	· 斯洛伐克的班斯卡·什佳夫尼察开始成为欧洲最重要的贵金属采矿中心
1221 年	· 中国南宋的《辛巳泣蕲录》有铁质火炮记载
1250 年	· 欧洲马格努斯（A.Magnus）制得单质砷
1252 年	· 日本建成青铜佛像镰仓大佛
1279 年	· 西班牙卡斯蒂利亚国王汇编了介绍各种矿石的《碑铭》
13 世纪末	· 中国黑火药传入欧洲
14 世纪	· 印度炼金术著作《Rasaratnasamuchchaya》记载了详细的炼锌方法
	· 欧洲炼出液态生铁
1325 年	· 德国制造出铁制枪炮
1347 年	· 瑞典法伦成立了最早的矿业公司斯托拉——科帕尔贝格（Stora Kopparberg）矿业公司
1403 年	· 中国河北遵化建成当时规模最大的官营铁厂
1480 年	· 意大利达·芬奇（Leonardo da Vinci）绘制出冷轧金属板的轧机草图
1500 年	· 瑞典建成恩格尔斯堡炼铁厂
1501～1505 年	· 欧洲出现检验黄金纯度的金针系列试验法
1510 年	· 德国出版采矿冶金著作《采矿手册》和《试金手册》
1513 年	· 中国傅浚著《铁冶志》
1540 年	· 意大利比林古乔（V.Biringuccio）出版了最早的关于冶金术的综合手册《火法技艺》
1546 年	· 西班牙胡安·德·托洛萨（Juan de Tolosa）在萨卡特卡斯发现银矿
1553 年	· 法国布律列尔（Brulier）造出轧制金银板材的轧机
1556 年	· 德国阿格里科拉（G.Agricola）《论冶金》出版
1574 年	· 德国埃克尔（L.Ercker）《重要矿石论》出版
1590 年	· 英国开始使用水轮机驱动轧机
16 世纪末	· 玻利维亚的波托西城建成较为完善的水力系统来开采、提炼银矿
17 世纪	· 中国明代使用活塞式木风箱鼓风
1604 年	· 德国瓦伦丁（B.Valentine）描述了锑和硫化锑的提取方法
1619 年	· 英国达德利（D.Dudlley）以煤炼铁取得成功
1623 年	· 挪威发现孔斯贝格银矿
1637 年	· 中国宋应星著《天工开物》

1656 年	· 德国格劳贝尔（J.R.Glauber）发明“鲁伯特王子的金属”黄铜合金
1665 年	· 英国胡克（R.Hooke）设计出复合显微镜观察金属表面的锈斑和划痕
1681 年	· 瑞典建立恩格尔斯堡铁矿工场
1701 年	· 英国赖特（D.Wright）在铅的冶炼实验中改进了反射炉，发明了冲天炉
1709 年	· 英国达比（A.Darby）用焦炭炼铁成功
1712 年	· 英国首次安装由纽可门蒸汽机驱动的水泵来进行矿山排水
1720 年	· 英国使用叠轧薄板技术
1722 年	· 法国列奥米尔（R.-A.F.de Réaumur）生产出可锻铸铁
1728 年	· 英国设计出生产圆棒材的轧机
1735 年	· 瑞典布兰特（G.Brandt）制出金属钴
1740 年	· 英国亨茨曼（B.Huntsman）发明坩埚炼钢法
	· 英国开始大规模商业性锌精矿焙烧
1742 年	· 英国达比二世（A.Darby Ⅱ）采用纽可门蒸汽机来鼓风
1751 年	· 瑞典克朗斯塔特（A.F.Cronstedt）分离出金属镍
1752 年	· 西班牙里奥廷托地区使用溶浸开采铜矿技术
1753 年	· 瑞典伯格曼（T.Bergman）确定铋是一种新元素
1763 年	· 俄国罗蒙诺索夫（M.V.Lomonosov）出版《冶金及矿业基础》
1766 年	· 英国珀内尔（J.Purnell）设计带孔型的双辊轧机生产熟铁螺栓用棒材
1774 年	· 瑞典甘恩（J.G.Gahn）、伯格曼（T.Bergman）分别用碳还原法从软锰矿制取锰
	· 英国威尔金森（J.Wilkinson）获得枪炮铸造和钻孔新方法的专利
1776 年	· 英国在炼铁高炉中使用蒸汽鼓风机
1780 年	· 瑞典伯格曼（T.Bergman）发表《矿物的湿法分析》
1782 年	· 英国威尔金森（J.Wilkinson）开始使用蒸汽机驱动的锻锤
	· 瑞典耶尔姆（P.J.Hjelm）制得金属钼
1783 年	· 西班牙埃卢亚尔兄弟（J.J.and F.de Elhuyar）从黑钨矿中制得氧化钨并用碳还原制得钨粉
	· 英国科特（H.Cort）发明了槽轧辊
1784 年	· 英国科特（H.Cort）在反射炉中用搅炼法炼钢
1789 年	· 德国克拉普罗特（M.H.Klaproth）从沥青铀矿中发现铀

1791 年 · 英国格雷哥尔（W.Gregor）在研究钛铁矿时发现了钛元素

1792 年 · 富拉（Fullar）在英国获得用磁铁选别铁矿石的专利

1794 年 · 芬兰加多林（J.Gadolin）分离出氧化钇

1796 年 · 英国制造了第一台蒸汽动力铲，19 世纪末正式用于矿山

1797 年 · 法国沃克兰（N.-L.Vauquelin）用碳还原法获得金属铬

1798 年 · 德国克拉普罗特（M.H.Klaproth）证实1782年米勒·冯·赖兴施泰因（F.J.Müller von Reichenstein）发现的新元素，命名为碲

1801 年 · 英国哈切特（C.Hatchett）在分析矿石时发现铌

1802 年 · 瑞典厄克贝里（A.G.Ekeberg）分析矿物时发现钽

· 英国戴维（H.Davy）从锶矿中提炼出金属锶

· 瑞士菲舍尔（J.C.Fischer）首次制造出铸钢

1803 年 · 英国沃拉斯顿（W.H.Wollaston）发现了元素铑

· 德国克拉普罗特（M.H.Klaproth）、瑞典贝采利乌斯（J.J.Berzelius）和希辛格（W.Hisinger）分别从铈硅矿中发现了铈

1804 年 · 英国坦南特（S.Tennant）发现锇和铱

1805 年 · 德国利希特出版《最新矿山和冶金辞典》

1807 年 · 英国戴维（H.Davy）发展了电化学的熔盐电解法，电解氢氧化钾制得钾，电解氢氧化钠制得钠

1808 年 · 英国戴维（H.Davy）电解汞和氧化镁的混合物制出镁汞齐并获得金属镁，电解石灰和氧化汞的混合物制出钙汞齐并蒸馏得金属钙，电解重晶石制出钡汞齐并蒸馏得金属钡

· 英国戴维（H.Davy）和法国盖－吕萨克（J.-L.Gay-Lussac）、泰纳尔（L.J.Thenard）各自用金属热还原（钾还原）硼酸酐制得硼

1810 年 · 瑞典贝采利乌斯（J.J.Berzelius）用碳还原法以石英砂和铁屑为原料制出硅铁

1811 年 · 法国盖－吕萨克（J.-L.Gay-Lussac）、泰纳尔（L.J.Thenard）制得非晶单质硅

1813 年 · 英国特罗蒂克（R.Treuithick）发明蒸汽冲击式钻机

1816 年 · 英国戴维（H.Davy）发明了安全灯（戴维矿灯）

1817 年 · 瑞典贝采利乌斯（J.J.Berzelius）发现硒

· 德国施特罗迈尔（F.Stromeyer）、赫尔曼（K.S.L.Hermann）、罗洛夫（J.C.H.Roloff）三人分别发现镉

· 瑞典史密斯（J.Smith）焙烧锂云母制取氯化锂

1818 年	· 英国戴维（H.Davy）电解碳酸锂制得金属锂
1822 年	· 英国法伊夫（A.Fyfe）对中国白铜做了分析并引起了欧洲各国对中国白铜的仿制活动
1823 年	· 德国本生（R.W.Bunson）电解氯化熔盐法制得锶
1824 年	· 瑞典贝采利乌斯（J.J.Berzelius）用钾还原 K_2ZrF_6 制得金属锆，从硅铁分离出硅
	· 德国汉宁根兄弟仿制中国镍白铜获得成功
1825 年	· 丹麦厄斯泰兹（H.C.Oersted）用钾汞齐还原无水氯化铝获得金属铝
1826 年	· 瑞典莫桑德尔（C.G.Mosander）用金属钠、钾还原无水氯化铈制得金属铈
1827 年	· 日本佐藤信渊有关采矿冶金技术的著作《山相秘录》出版
1828 年	· 瑞典贝采利乌斯（J.J.Berzelius）分离出钍
	· 德国维勒（F. Wöhler）、法国比西（A.-A.-B.Bussy）分别用钾还原法制得单质铍
	· 英国尼尔森（J.B.Neilson）发明铸铁式高炉热风炉
1830 年	· 英国维格诺利斯（C.Vignoles）和美国史蒂文斯（R.L.Stevens）设计了断面为倒 T 形状的钢轨
	· 俄国创造出首台水枪用于开采金矿
	· 瑞典塞夫斯特穆（N.G.Sefström）分离出元素钒
1832 年	· 德国绍普夫海姆铁厂第一次利用煤气来加热热风炉
1833 年	· 英国法拉第（M.Faraday）用电解熔融氯化镁的方法制得金属镁
	· 英国帕廷森（Pattinson）发明了富集银的帕廷森工艺
1836 年	· 美国奥蒂斯（W.S.Otis）发明了世界上第一台单斗挖掘机
1837 年	· 美国丹纳（J.D.Dana）著《系统矿物学》出版
1839 年	· 瑞典莫桑德尔（C.G.Mosander）发现镧
	· 美国巴比特（I.Babbitt）发明锡基轴承合金
	· 英国霍尔（C.M.Hall）提出湿搅炼法制造熟铁
1840 年	· 英国埃尔金顿兄弟（G.R.and H.Elkington）发明在基体金属上镀金和镀银的电解沉积工艺
1841 年	· 俄国阿诺索夫（P.P.Anosov）利用浸蚀剂和放大镜研究大马士革钢剑花纹
1842 年	· 中国龚振麟著《铸炮铁模图说》
	· 英国内史密斯（J.Nasmyth）发明了蒸汽锤
1843 年	· 瑞典莫桑德尔（C.G.Mosander）发现铽和铒

1844年 · 俄国克劳斯（C.C.Klayc）证明了钌的存在

1848年 · 德国出现万能轧机

· 德国出现机械传动活塞跳汰机

· 美国加利福尼亚发现大金矿并由此兴起淘金热

1850年 · 英国帕克斯引进第一台多层炉床焙烧炉

1851年 · 英国首先将离心式扇风机应用于矿山通风

· 美国凯利（W.Kelly）发明“空气吹炼法”炼钢

1853年 · 法国皮丘（Pichou）获得关于电在炼铁方面应用的专利

· 英国出现轮箍轧机

1854年 · 法国德维尔（S.C.Deville）用钠代替钾还原 $NaAlCl_4$ 络合盐制出金属铝，自混合氯化物熔盐电解制得晶体硅

· 英国霍斯福尔（J.Hosfall）发明“铅淬火”法获得了抗拉强度高、韧性和抗扭曲性好的钢丝

1856年 · 英国贝塞麦（H.Bessemer）发明底吹酸性转炉炼钢法并获得专利

· 英国西门子（K.W.Siemens）发明作为平炉炼钢工艺本质特征的蓄热法并获得专利

· 瑞典卡尔松德制造了第一台三辊立式轧机

1857年 · 意大利索梅勒（G.Sommeiler）发明压缩空气凿岩机得到应用

1858年 · 美国布莱克（E.W.Black）设计出颚式破碎机

1860年 · 德国本生（R.W.Bunson）和基尔霍夫（G.R.Kirchhoff）发现金属铯

· 英国贝塞麦（H.Bessemer）成功建造实用可倾动式转炉并获得专利

· 英国贝德森（G.Bedson）发明了钢丝铁丝连续退火和镀锌的机器

· 法国吕·查德里（H.L.Le Chatelier）利用烧结法制出首批氧化铝

1861年 · 德国基尔霍夫（G.R.Kirchhoff）和本生（R.W.Bunsen）发现并用电解法制得金属铷

· 英国西门子（K.W.Siemens）发明了煤气发生器和平炉并获得专利

1862年 · 英国贝德森（G.Bedson）发明了一种连续式轧机并取得专利

· 英国克鲁克斯（W.Crookes）制得金属铊

1863年 · 德国赖希（F.Reich）和里希特（H.T.Richter）发现并分离出铟

· 英国索比（H.C.Sorby）发明金相技术

· 新西兰首先使用单斗杠杆式采砂船

1864年 · 法国马丁（P.-É.Martin）取得在平炉中采用生铁－废钢炼钢法的专利

	·美国出现三辊劳特式轧机
	·德国首次采用注浆凿井法解决了砖井壁的漏水问题
1865 年	·英国埃尔金顿（J.B.Elkington）提出电解精炼铜的工艺并获得专利
	·英国维维安（H.H.Vivian）用格斯登赫夫炉回收炼铜产生的二氧化硫
	·美国鲍尔（J.Baur）获得了生产铬钢的专利
1866 年	·英国首先采用了可逆式轧机
1867 年	·德国雷廷格尔（P.R.von Rittinger）著《选矿学》
	·德国吕尔曼（F.W.Lürmann）建造了第一座封闭式炉缸的高炉
1868 年	·俄国切尔诺夫（D.K.Chernov）发表关于钢中临界点的论文
	·英国马希特（R.F.Mushet）发明锰钨系自硬钢
1869 年	·英国埃尔金顿（J.B.Elkington）获得剥离法的专利并用于电解精炼设备，建成世界上第一家铜电解精炼厂
1871 年	·德国维勒（A.Wöhler）发现疲劳寿命和应力幅之间的关系
1872 年	·奥地利兰（V.von Lang） 制成金相显微镜
	·奥地利试行转炉和平炉相结合的双联炼钢法
1875 年	·法国普尔塞尔（A.Pourcel）首先用高炉冶炼出高碳锰铁
	·法国布瓦博德朗（P.É.L.de Boisbaudran）发现并制得镓
1876 年	·美国吉布斯（J.W.Gibbs）提出吉布斯相律
1878 年	·瑞士马里纳克（J.C.G.de Marignac）发现了稀土金属镱
	·德国马滕斯（A.Martens）发表《铁的显微镜研究》
1879 年	·瑞典克利夫（P.T.Cleve）发现钬和铥
	·法国瓦博德朗（P.E.L.de Boisbaudran）发现钐
	·瑞典尼尔松（L.F.Nilson）发现钪
	·美国开始进行大规模的工业冰铜冶炼
	·德国西门子（K.W.Siemens）发明新型间热式电弧炉并取得专利
	·英国托马斯（S.G.Thomas）发明了能处理高磷铁水的碱性转炉炼钢法
1880 年	·法国马内（P.Manhes）和达维德（David）用转炉吹炼冰铜制得粗铜
	·美国建造了第一座具有宽型炉缸的高炉
	·瑞士马里纳克（J.C.G.de Marignac）发现钆

	·美国奥斯本（T.B.Osborne）发明静电选矿机
1882 年	·英国哈德菲尔德（R.A.Hadfield）发明高锰钢
	·美国加勒特（W.Garrett）设计建造出高效线材轧机
1883 年	·加拿大发现萨德伯里大铜矿
	·法国马内（P.Manhes）和达维德（David）建造了第一台卧式侧吹转炉
	·美国首先在高炉上采用斜坡箕斗提升机
1885 年	·奥地利韦耳斯拔（C.A.Von Welsbach）发现镨和钕
	·德国曼内斯曼兄弟（R.&M.Mannesmann）发明二辊斜轧穿孔机制作无缝钢管
1886 年	·美国霍尔（C.M.Hall）和法国埃鲁（P.-L.-T.Héroult）获得冰晶石－氧化铝熔盐电解法制铝专利
	·法国布瓦博德朗（P.E.L.de Boisbaudran）发现镝
	·德国温克勒（C.A.Winkler）发现并分离出锗
	·美国采用电热还原法生产出第一批商业铝硅合金
	·德国开始采用电解光卤石生产金属镁
1887 年	·英国麦克阿瑟（J.S.MacArthur）发明氰化法提炼金
	·法国奥斯蒙（F.Osmond）等发现铁的同素异构体
	·瑞士首先将铝电解槽投入工业生产
1888 年	·奥地利拜耳（K.J.Bayer）发明从铝土矿提取氧化铝的拜耳法
	·法国埃鲁（P.-L.-T.Héroult）发明工业性直流电弧炉
	·法国斯奈德公司开始生产工业用镍钢
1889 年	·美国琼斯（W.Jones）发明混铁炉
19 世纪 90 年代	·美国首先采用阶段崩落采矿法及带假顶式分段崩落采矿法
1890 年	·美国博尔（C.M.Boll）发明圆筒式磁选机
	·英国蒙德（L.Mond）发明羟基法提炼镍的工艺
1891 年	·法国特罗佩纳（A.Tropenas）发明侧吹酸性转炉炼钢法
	·奥地利韦耳斯拔（C.A.von Welsbach）取得用稀土处理白炽气灯纱罩的专利
	·中国第一座炼钢平炉在江南制造总局建立
1892 年	·英国蒙格（Mong）利用化学气相沉积法来生产金属镍
1893 年	·俄国库尔纳科夫（N.S.Kurnakov）发表了复合金属络合物的论文

	·加拿大汤普森（R.W.Thompson）发明了提炼镍的奥福德顶底分层工艺
	·法国穆瓦桑（H.Moissan）用电炉炼出高碳铬铁
	·美国威尔弗利（A.Wilfley）发明选矿用的摇床
	·中国汉阳铁厂建成投产
1894 年	·德国霍尼希曼（Hönigmann）研制成分次扩孔旋转钻机
	·德国人弗拉施（H.Frasch）在美国设计出古典弗拉施采矿法
1895 年	·英国塔尔博特（B.Talbot）发明了连续炼钢法
	·中国近代第一所高等学校北洋大学成立，设采矿冶金专业
1896 年	·法国纪尧姆（C.É.Guillaume）制成因瓦合金
1897 年	·德国塔曼（G.H.J.A.Tammann）提出晶体动力学原理
1898 年	·法国居里夫妇（P.&M.Curie）发现了钋
	·德国戈尔德施密特（K.Goldschmidt）提出铝热法
	·法国勒博（P.Lebeau）用氟铍酸钠熔盐电解法制得金属铍
	·美国泰勒（F.W.Taylor）、英国怀特（M.White）创制成早期高速工具钢——铬钨钢
1899 年	·法国德比尔纳（A.L.Debierne）发现并分离出金属锕
	·英国罗伯茨-奥斯汀（W.C.Roberts-Austen）制定了第一张铁碳相图
1900 年	·德国巴基乌斯-洛兹本（H.W.Bakhius-Roozeboon）首先将吉布斯相律应用于合金组成研究并建立相图
1901 年	·澳大利亚新南威尔士第一次运用浮选来精选锌矿
	·法国德马尔凯（E.A.Demarcay）发现铕
	·欧洲出现高碳铬滚动轴承钢
	·日本八幡制铁所建成第一座高炉并投产
1902 年	·奥地利首次尝试在连续轧机上进行宽带轧制
1903 年	·加拿大安大略省开发银钴矿和砷钴矿
	·德国和美国生产热轧硅钢片
	·瑞士施蒂费尔（R.C.Stiefel）发明自动轧管机（也称顶头式轧管机）
	·德国博尔顿（W.von Bolton）制得金属钽
1905 年	·美国生产镍铜耐蚀合金——蒙乃尔合金
	·美国出现第一台带钢热连轧机

	· 中国本溪湖煤铁公司成立
1906 年	· 美国德怀特（A.S.Dwight）和劳埃德（R.L.Lloyd）取得抽风带式烧结机的专利
	· 英国马什（A.L.Marsh）制成镍铬电热合金
	· 德国维尔姆（A.Wilm）制成可热处理强化的铝合金
1907 年	· 俄国**普罗托季亚科诺夫**（M.M.Protodyakonov）导出了平巷地压计算公式
	· 美国皮卡德（G.W.Pickard）发明电晕电场电选机
	· 莱诺水钻开始用于矿山以减少粉尘危害
	· 英国琼斯（J.T.Jones）提出回转窑直接还原法炼铁
	· 法国博茨尔公司用电硅热和电碳热法生产硅钙合金
	· 法国于尔班（G.Urbain）发现镥
	· 中国发现钨矿——江西西华山钨矿
1908 年	· 瑞典首先实现电炉炼铁工业生产
	· 稀土合金打火石问世
	· 中国第一个钢铁联合企业——汉冶萍煤铁厂矿公司成立
1909 年	· 美国库利吉（W.D.Coolidge）用粉末冶金法制成电灯钨丝
	· 美国皮尔斯（W.H.Peirce）和史密斯（E.A.C.Smith）以镁砖为内衬的卧式转炉吹炼冰铜获得成功
	· 中国**王宠佑**著英文版《锑》
1910 年	· 美国采用**矿床露天开采**方法大规模开采低品位矿
	· 美国采用辊式冷弯机制成具有各种形状横断面的轻型经济型材
	· 美国亨特（M.A.Hunter）用金属钠还原四氯化钛制得钛
1911 年	· 法国居里夫人（M.Curie）和德比尔纳（A.L.Debierne）用电解－蒸馏法制得金属镭
	· 俄国格日迈洛（G.Grzhimailo）提出**冶金炉**的流体力学原理
1912 年	· 俄国瓦纽科夫（V.A.Vanyukov）提出最早的熔渣离子结构理论
	· 英国布里尔利（H.Brearley）和美国海恩斯（E.Haynes）发明了马氏体不锈钢
	· 德国毛雷尔（E.Maurer）和施特劳斯（B.Strauss）制出奥氏体不锈钢
	· 瑞典安德松（A.G.Anderson）发明了球团矿生产法
1913 年	· 美国维特金（E.Wedekind）和路易斯（S.J.Lewis）首先研究成功钙还原法生产金属锆

1914 年	· 美国从海水中提炼镁获得成功
1915 年	· 美国熔炼和精炼公司用硅氟酸电解精炼粗锡
1916 年	· 德国制造出轮斗挖掘机
1917 年	· 美国埃尔门（G.W.Elmen）发现铁镍合金在弱、中磁场下的高磁性能
	· 德国洛曼 （H.Lohmann）等首次制得**金属陶瓷**
	· 世界首台拖拉式露天铲运机在美国问世
1918 年	· 美国帕茨（A.Pacz）发明了抗下垂高温钨丝
	· 瑞典维伯尔（Wiberg）发明了煤基直接还原法炼铁
1920 年	· 英国格里菲思（A.A.Griffith）提出了脆性材料强度降低理论
	· 瑞典公布了用铬矿生产低碳铬铁的工艺
1921 年	· 美国帕茨（A.Pacz）发现在铸造铝合金中加钠可大大提高合金性能
1923 年	· 德国科斯特（D.Coster）、匈牙利赫维西（G.von Hevosy）发现铪
	· 英国奥尔曼德（A.J.Allmand）和坎贝尔（A.N.Campbell）电解硫酸锰水溶液制得电解锰
	· 德国施勒特尔（K.Schröter）发明**粉末冶金**方法制成**硬质合金**
	· 智利发明离析炼铜法
	· 美国阿姆科公司建立第一座薄钢板连轧车间
1924 年	· 德国霍希钢铁厂最早提出**熔融还原炼铁**的方案
1925 年	· 德国诺达克（W.Noddack）用光谱法发现了金属铼
	· 德国卡门（T.von Karman）用塑性力学分析**轧制力**
	· 英国法拉第学会召开炼钢物理化学的国际学术会议
1926 年	· 加拿大实现粗镍电解精炼工业化生产
1927 年	· 美国马登（J.W.Marden）和里奇（M.N.Rich）用电炉钙热还原法制得工业金属钒
	· 英国理查德（P.Richardt）创立了高炉区域热平衡图
	· 中国发现白云鄂博铁矿，后又发现白云鄂博稀土矿
1928 年	· 挪威建成第一座采用自焙电极的炼铜电炉
	· 美国埃尔门（G.W.Elmen）发现 50Co-Fe 合金具有高的起始磁导率和最大磁导率，并为之命名 Permenclur 合金
20 世纪 30 年代	· 南非采用刮板绞车采矿
	· 美国开始将重油残渣用于平炉炼钢

	· 美国奇普曼（J.Chipman）将活度概念引入冶金过程物理化学
1930 年	· 德国开发了回转窑粒铁法炼铁
	· 美国达文波特（E.S.Davenport）和贝茵（E.C.Bain）发表过冷奥氏体转变图（TTT 曲线）
1931 年	· 苏联最先研究成功拜耳－烧结串联法生产氧化铝
1932 年	· 卢森堡克劳尔（W.J.Kroll）用钙还原四氯化钛制得钛
	· 美国森吉米尔（T.Sendzimir）发明多辊冷轧机轧制箔材
	· 德国申克（H.Schenck）发表《钢铁冶金过程物理化学导论》
1934 年	· 英国泰勒（G.I.Taylor）、匈牙利奥罗万（E.Orowan）和荷兰波拉尼（M.Polanyi）分别提出位错理论
	· 美国戈斯（N.P.Goss）制成冷轧取向硅钢板
	· 扎伊尔首先采用电炉炼锡
1935 年	· 美国在有色金属方面开始应用连续铸轧法
1936 年	· 英国休谟－饶塞里（W.Hume-Rothery）发表《金属与合金的结构》
1937 年	· 意大利佩里埃（C.Perrier）和塞格雷（E.G.Segré）用回旋加速器制出第一个人造元素锝
	· 美国马斯卡特（M.Muskat）《流体在均质多孔介质中的流动》出版
1938 年	· 法国吉尼尔（A.Guinier）和英国普雷斯顿（G.D.Preston）公布铝合金时效处理的原理
	· 苏联制造出地下支架式潜孔钻机
1939 年	· 苏联最早实现硫化镍矿电炉熔炼工业化
	· 法国佩兰（R.Perrin）发明生产低碳铬铁的方法
	· 法国佩雷（M.Perey）发现并分离出钫
20 世纪 40 年代	· 南非金矿中使用成对的主平巷实现人工冷却
	· 德国发明电子显微镜用于研究金属微观结构
20 世纪 40 年代初	· 德国制出铠装双链可弯曲刮板输送机
	· 德国迪高沙公司用硫酸盐法生产氧化铍
1940 年	· 卢森堡克劳尔（W.J.Kroll）研究成功镁热还原法生产金属钛
	· 美国霍普金斯（R.K.Hopkins）提出电渣重熔原理，发展二次重熔技术
	· 美国西博格（G.T.Seaborg）等用氘核轰击铀得到钚
	· 中国发现攀枝花钒钛磁铁矿
1941 年	· 英国生产出镍基高温合金

	·加拿大皮江（L.M.Pidgeon）发明**皮江法**生产金属镁
1944 年	·卢森堡克劳尔（W.J.Kroll）研究成功镁还原法生产金属锆
	·英国埃林汉（H.J.T.Ellingham）建立**氧势图**，用于**火法冶金**过程氧化物还原反应的热力学判断
	·美国共和钢铁公司取得高炉高压操作试验的成功
1945 年	·法国佩兰（R.Perrin）发明热兑法制铬铁
1946 年	·英国建成世界上第一台工业试验性立式连铸机
1947 年	·法国试验高炉喷吹燃料技术
	·美国马林斯基（J.A.Marinsky）等制得钷
1948 年	·加拿大开始研究电炉法生产钛渣以制取富钛
	·美国研制成液压圆锥式破碎机
	·奥地利 GFM 公司制成小型立式精锻机
	·美国建成第一座工业性球团竖炉
1949 年	·芬兰首先采用**闪速熔炼**铜精矿
	·德国容汉斯（S.Junghans）和美国罗西（I.Rossi）研究**连续铸钢**技术获得成功
20 世纪 40 年代末	·流态化技术被引入炼铁工业
	·美国首先出现了以石墨为电极的电渣热封顶工艺
20 世纪 50 年代	·加拿大实现硫化镍电解精炼工业化
	·日本发明密闭鼓风炉熔炼铜精矿的百田法
	·美国杜邦公司采用流态化氯化法生产四氯化钛
1950 年	·德国采用钢液炉外精炼法脱除氢
20 世纪 50 年代初	·利用液－固流态化理论实现流态化浸出的**湿法冶金**作业
	·法国克鲁索－卢瓦尔公司开始研究旋转连铸技术
	·墨西哥希尔萨公司开发希尔法（HYL），以天然气、水蒸气催化裂解气为还原剂的固定床反应罐直接还原炼铁
1951 年	·南非克里格（D.G.Krig）提出矿床模型推估的克里格法
	·美国钢铁公司实现富氧鼓风炼铁工业化
1952 年	·奥地利的林茨厂和多纳维茨厂采用**氧气顶吹转炉炼钢**成功
	·中国唐山钢厂碱性侧吹转炉炼钢试验成功并投入生产
	·德国胡金根钢厂首先实现连铸电磁搅拌

	·加拿大采用富氧熔炼金属铜
	·美国普凡（W.G.Pfann）发明区域熔炼法
	·德国瓦格纳（C.Wagner）著《合金热力学》
1953 年	·美国达恩（A.H.Daane）和加拿大斯佩丁（F.H.Spedding）用金属热还原法制得金属钇、钐和镱
	·美国研制成液压旋回式破碎机
	·苏联波多尔斯克炼锡厂首先用烟化炉硫化挥发法处理含锡低的炉渣
1954 年	·美国试验成功真空电子束重熔法
	·瑞典建立第一座隧道窑直接还原法生成装置，用于煤基直接还原炼铁
	·加拿大首先在工业上采用加压氨浸出法处理硫化镍精矿
	·世界上第一座大型带式机球团焙烧工厂在美国里塞夫矿山公司投产
1956 年	·瑞典卡林（B.Kalling）用卡尔多转炉（氧气斜吹转炉）生产有色金属试验成功
	·德国发明了钢液真空提升脱气法、真空循环脱气法
	·美国钢铁公司发明 HIB 法炼铁
	·比利时和法国各自独立研究高磷生铁的氧气吹炼炼钢技术
	·美国建成第一座溶剂萃取法提纯铀的工厂
1957 年	·美国矿物、金属及材料学会成立
1958 年	·中国开展全民大炼钢铁运动
1959 年	·美国杜威兹（P.Duwez）用液态合金直接快速冷却获得非晶态金属
	·英国建成投产第一座大型炼锌密闭鼓风炉
1960 年	·美国凯洛格（H.H.Kellogg）与巴苏（S.K.Basu）提出冶金过程热力学参数状态图之一的优势区图
	·德国克虏伯公司开发出回转窑直接还原法 CODIR 工艺
	·芬兰奥托昆普公司采用硫酸选择性浸出法实现镍电解沉积工业化
	·中国“鞍钢宪法”开始推广
20 世纪 60 年代初	·中国将浮选柱用于工业生产，最先采用一段离析−浮选法回收氧化铜等
1961 年	·美国橡树岭实验室用溶剂萃取法提取铯
1963 年	·美国阿姆科公司试验用气基直接还原炼铁的阿姆科法
	·德国曼内斯曼公司建成最早的工业用弧形连铸机
	·美国研制成功等离子弧重熔技术

	·加拿大诺兰达法炼铜试验获得成功
	·美国比勒（W.J.Buehler）制出镍钛形状记忆合金
1964 年	·德国鲁奇公司创立了 SL-RN 法直接还原铁
	·德国曼内斯曼－德马克公司建成超低头板坯连铸机
	·美国联合碳化物公司研制成氩氧精炼法精炼低碳不锈钢
	·法国马利纳厂建成半连续硅热法炼镁厂
	·中国重钢三厂弧形连铸机建成投产
1965 年	·加拿大桑纳德（G.Sannard）和李（R.Lee）试验氧气底吹转炉炼钢
	·瑞典建成了第一座 ASKA-SKF 钢包精炼炉
	·日本新日铁研制成机械搅拌法脱硫 KR 法炉外精炼炼钢
	·德国开发成功真空吹氧脱碳法（VOD）炉外精炼技术
1966 年	·美国表面燃烧公司开发成功米德莱克斯法（Midrex）直接还原铁工艺
	·中国郑州铝厂拜耳－烧结混联法生产氧化铝技术投产
1967 年	·德国铝联合公司应用第一套管道浸出的工业装置
	·美国建成真空电弧加热脱气精炼炉（VAD 炉）
1969 年	·美国阿里斯－查默斯公司开发成功煤基直接还原炼铁的阿卡尔法
	·德国蒂森公司开发出钢包喷射冶金技术
	·意大利用湿法与火法交换的工艺从锌浸出渣中分别提取出铟、锗、镓
	·美国斯科拉格斯（D.V.Scruggs）研制出铬合金高温材料
20 世纪 70 年代	·瑞典首先使用上向进路充填采矿法
	·日本新日铁公司开发出 CAS 精炼技术炼钢
	·德国首先采用电弧炉无渣出钢技术
1970 年	·美国应用技术公司研制成功铁水熔池造气技术
1971 年	·加拿大国际镍公司实现 DBC 萃取剂提纯金的工业化生产
1972 年	·法国和瑞典共同开发了钢炉外精炼的 CLU 法
	·日本饭岛电锌厂采用赤铁矿法进行工业生产锌
	·日本鞭岩和森山昭合著《冶金反应工程学》
1973 年	·加拿大首次在列瓦克镍矿将高效潜孔机和垂直漏斗爆破技术应用于阶段矿房采矿法
	·加拿大国际镍公司用氧气顶吹旋转转炉吹炼粗镍铜合金

	·美国铝业公司研制成功氯化铝电解制铝法
	·中国武汉钢铁公司引进 1.7 米轧机工程
1974 年	·芬兰的科科拉电解锌厂采用加钙法从含硒酸泥制取硒
1975 年	·美国威廉（R.O.William）等人提出矮鼓风炉还原炼铜法并试验成功
1976 年	·德国研制成功碱土金属氯化法提炼锗
	·德国开发了转炉真空吹氧脱碳法（VODC 法）
	·委内瑞拉建成采用菲奥尔法的直接还原铁厂
	·中国实现**白银炼铜法**工业规模生产
1977 年	·瑞典开发成功电熔融还原法炼铁
1978 年	·卢森堡阿尔贝德公司首先实现**顶底复合吹炼转炉炼钢**的工业规模生产
	·澳大利亚实现赛罗法（SIRO）炼锡工业化
	·中国贵州铝厂从日本引进 160 千安大型预焙槽生产工艺技术
1979 年	·美国舍克里（J.Szekely）著《冶金中流体的流动现象》
20 世纪 80 年代	·日本首先用还原－蒸馏联合法生产海绵钛
1980 年	·瑞典 SKF 公司实现以等离子体作为热源直接还原铁
1981 年	·世界上第一套硫化锌精矿氧压浸出工业装置在加拿大投产
	·美国直接还原公司 DRC 法直接还原铁厂投产
1982 年	·德国开发的 EOF 炼钢法在南非获得成功
	·日本和瑞典合作共同研究铁浴造气结合熔融还原的 CIG 法
1985 年	·德国和日本联合开发 MIP 法熔融还原铁试验成功
	·中国上海宝山钢铁总厂一期工程建成
	·中国武钢第二炼钢厂实现全连铸生产
	·中国第一座采用富氧闪速熔炼技术和两转两吸制酸技术的现代化炼铜工厂——贵溪冶炼厂建成
1986 年	·中国鞍山钢铁公司研制成功 AFC 法顶底复合吹转炉炼钢技术
	·日本住友公司开发出喷射精炼升温法（IR-UT 法）炉外精炼技术
	·日本开发了川崎熔融还原炼铁工艺
	·中国实现氯化焙烧法提炼锂的工业生产
1989 年	·德国德马克公司研制的第一台薄板坯连铸机在美国投产

	·南非埃斯科（ISCOR）公司成功实现科雷克斯法（COREX 法）工业化生产
1990 年	·澳大利亚建成年产 6 万吨的艾萨熔炼法炼铅厂
1996 年	·中国年钢产量超过 1 亿吨
	·中国天津无缝钢管工程建成投产
1998 年	·中国提出新一代钢铁材料重大基础研究计划
2001 年	·中国包钢 1 号平炉正式关停，中国大型钢铁企业淘汰了平炉炼钢工艺
	·中国首条选矿拜耳法生产氧化铝的生产线在中州铝厂投产
2002 年	·中国首台国产 100 千牛油压双动铝挤压技术与装备研制取得成功
	·中国研制的氧气底吹炼铅技术（SKS）在河南成功应用
2004 年	·中国殷瑞钰著《冶金流程工程学》
2007 年	·世界第一座 COREX-C3000 炼铁炉在宝钢浦钢出铁
2008 年	·日本运营无人驾驶矿用自卸车
2009 年	·中国首钢京唐公司曹妃甸钢铁项目建成
2016 年	·中国宝钢湛江钢铁项目一期工程建成
2020 年	·中国柳钢防城港基地项目一期工程建成

条目标题汉字笔画索引

说　明

1. 本索引供读者按条目标题的汉字笔画查检条目。

2. 条目标题按第一字的笔画由少到多的顺序排列。笔画数相同的，按起笔笔形横（一）、竖（丨）、撇（丿）、点（丶）、折（乛，包括乛、乚、く等）的顺序排列。第一字相同的，依次按后面各字的笔画数和起笔笔形顺序排列。

3. 以外文字母、罗马数字和阿拉伯数字开头的条目标题，依次排在汉字条目标题的后面。

一画

二画

三画

四画

五画

六画

七画

八画

九画

十画

十一画

十二画

十三画

十四画

十五画

十六画

十七画

十八画

二十画

二十一画

二十三画

字母 数字

条目标题外文索引

(Index of Articles)

说　明

1. 本索引按照条目标题外文的逐词排列法顺序排列。无论是单词条目，还是多词条目，均以单词为单位，按字母顺序、按单词在条目标题外文中所处的先后位置，顺序排列。如果第一个单词相同，再依次按第二个、第三个，余类推。

2. 条目标题外文中英文以外的字母，按与其对应形式的英文字母排序排列。

3. 为便于检索，部分条目标题外文将人名中的姓放在最前面，用逗号与其他词分开。

4. 条目标题外文中有罗马数字和阿拉伯数字的，排列时分为两种情况：

①数字前有拉丁字母，先按字母顺序排再按数字顺序排列；英文字母相同时，含有罗马数字的排在阿拉伯数字前。

②以数字开头的条目标题外文，排在条目标题外文索引的最后。

A

B

C

D

E

F

G

H

Q

Y

Z

Others

内 容 索 引

说 明

1. 本索引是全书条目和条目内容的主题分析索引。索引主题按汉语拼音字母的顺序并辅以汉字笔画、起笔笔形顺序排列。同音时，按汉字笔画由少到多的顺序排列，笔画数相同的按起笔笔形横(一)、竖(丨)、撇(丿)、点(丶)、折(乛，包括刁、乚、く等)的顺序排列。第一字相同时按第二字，余类推。索引主题中夹有外文字母、罗马数字和阿拉伯数字的，依次排在相应的汉字索引主题之后。索引主题以外文字母、罗马数字和阿拉伯数字开头的，依次排在全部汉字索引主题之后。

2. 设有条目的主题用黑体字，未设条目的主题用宋体字。

3. 不同概念(含人物)具有同一主题名称时，分别设置索引主题；未设条目的同名索引主题后括注简单说明或所属类别，以利检索。

4. 索引主题之后的阿拉伯数字是主题内容所在的页码，数字之后的小写拉丁字母表示索引内容所在的版面区域。本书正文的版面区域划分如右图。

a	c	e
b	d	f

E

F

G

J

K

L

M

N

O

P

Q

R

S

X

Y

Z

字母 数字

外国人名译名对照表

说　明

1. 本表收录的人名包括外国人物条目的条目标题和在释文中涉及的部分外国人名（包括本名、简称、习称和笔名等）。按照外国人名的逐段（即人名中的姓、教名、名、父名、夫名、母家姓以及其他各种独立成分）排列法顺序排列，以段为单位，按字母顺序排列。如果第一段相同，则按第二段字母顺序排列，余类推。

2. 人名中英文以外的字母，按与其对应形式的英文字母顺序排列。

例如：ë ĕ é——e　　ö ø ō ó——o

3. 为便于检索，本表按习惯将某些人名中的姓放在最前面，用逗号与其他部分分开。

例如：Sorby，H.C.　　索比，H.C.

A

Abbé, E.	阿贝，E.
Agoshkov, M.I.	阿戈什科夫，M.I.
Agricola, G.	阿格里科拉，G.
Akeley, C.	阿克利，C.
Akira Watanabe	渡边明
Alefeld, G.	阿勒费尔德，G.
Allen, A.	阿连，A.
Allmand, A.J.	奥尔曼德，A.J.
Amosov, I.N.	阿莫索夫，I.N.
Anderson, A.G.	安德松，A.G.
Andres, U.T.	安德列斯，U.T.
Anosov, P.P.	阿诺索夫，P.P.
Archimedes	阿基米德
Arfvedson, J.A.	阿尔费德松，J.A.
Arrhenius, C.A.	阿伦尼乌斯，C.A.
Ashby, M.F.	阿什比，M.F.
Ashton, K.	阿什顿，K.
Atsumi Ohno	大野笃美

B

Backhurst, J.R.	巴克赫斯特，J.R.
Bacon, F.	培根，F.
Bagnold, R.A.	拜格诺，R.A.
Bain, E.C.	贝茵，E.C.
Bakhius-Roozeboom, H.W.	巴基乌斯－洛兹本，H.W.
Bale, C.W.	贝尔，C.W.
Banks, S.M.	班克斯，S.M.
Bardin, I.P.	巴尔金，I.P.
Barrett, C.S.	巴雷特，C.S.
Basu, S.K.	巴苏，S.K.
Bauschinger, J.	包辛格，J.
Baur, J.	鲍尔，J
Bayer, K.J.	拜耳，K.J.
Beck, P.A.	贝克，P.A.
Bedson, G.	贝德森，G.
Beketov, N.N.	别凯托夫，N.N.
Benjamin, J.S.	本杰明，J.S.
Bergman, T.	伯格曼，T.

Bernal, J.D.	伯纳耳，J.D.
Berzelius, J.J.	贝采利乌斯，J.J.
Bessemer, H.	贝塞麦，H.
Bethe, H.A.	贝特，H.A.
Bever, M.E.	贝沃，M.E.
Bickford, W.	毕克福德，W.
Bird, R.B.	伯德，R.B.
Biringuccio, V.	比林古乔，V.
Bker, R.	伯克尔，R.
Black, E.W.	布莱克，E.W.
Blomstrand, C.W.	布洛姆施特兰德，C.W.
Bobierre, A.	博比厄雷，A.
Boll, C.M.	博尔，C.M.
Bollman, W.	博尔曼，W.
Bolshin, M.Yu.	巴尔申，M.Yu.
Boltzmann	玻耳兹曼
Bond, F.C.	邦德，F.C.
Bordoni	波多尼
Boulding, K.E.	鲍尔丁，K.E.
Boyle, R.	玻意耳，R.
Brackelsberg, C.A.	布莱克尔斯贝尔格，C.A.
Bradley, A.G.	布拉德利，A.G.
Bradley, J.N.	布莱德雷，J.N.
bragg, W.H.	布拉格，W.H.
Brandon, D.G.	布兰登，D.G.
Brandt, G.	布兰特，G.
Bravais, A.	布拉菲，A.
Brearley, H.	布里尔利，H.
Brompton	布隆顿
Brooks, R.G.	布鲁克斯，R.G.
Brulier	律列尔
Brundtland, G.H.	布伦特兰，G.H.
Bryner, L.C.	布吕纳，L.C.
Buehler, W.J.	比勒，W.J.
Buerger, M.J.	伯格，M.J.
Bunsen, R.W.	本生，R.W.
Burgers, J.M.	伯格斯，J.M.
Burgers, W.R.	伯格斯，W.R.
Bussy, A.-A.-B.	比西，A.-A.-B.
Bykov, A.A.	巴依科夫，A.A.

C

Cairns, J.Jr.	凯恩斯，J.Jr.
Campbell, A.N.	坎贝尔，A.N.
Cantor, B.	坎托，B.
Caron, M.H.	卡龙，M.H.
Carpenter, F.R.	卡彭特，F.R.
Castner, H.Y.	卡斯特纳，H.Y.
Cellini, B.	切利尼，B.
Chaney, R.L.	钱尼，R.L.
Chanturia, V.A.	钱图里亚，V.A.
Chernov, D.K.	切尔诺夫，D.K.
Chipman, J.	奇普曼，J.
Christian, J.W.	克里斯琴，J.W.
Cleve, P.T.	克利夫，P.T.
Colmer, A.R.	科尔默，A.R.
Coolidge, W.D.	库利吉，W.D.
Coppee, E.	科佩，E.
Cort, H.	科特，H.
Coster, D.	科斯特，D.
Cottrell, A.	科特雷尔，A.
Cremens, W.S.	克里门斯，W.S.
Cronstedt, A.F.	克朗斯塔特，A.F.
Crookes, W.	克鲁克斯，W.
Curie, M.	居里夫人，M.
Czochraski, J.	丘克拉斯基，J.

D

Daane, A.H.	达恩，A.H.
Darby, A.	达比，A.
Darcy, H.-P.-G.	达西，H.-P.-G.
Darken, L.S.	达肯，L.S.
Darwin, C.G.	达尔文，C.G.
Dash, W.C.	达什，W.C.
Davenport , E.S.	达文波特，E.S.
David	达维德

Davis, E.A.	戴维斯，E.A.
Davy, H.	戴维，H.
de Boisbaudran, P.É.L.	布瓦博德朗，P.É.L.de
de Elhuyar, J.J.and F.	埃卢亚尔兄弟
de Marignac, J.C.G.	马里纳克，J.C.G.de
de Réaumur, R.-A.F.	列奥米尔，R.-A.F.de
Dean, R.S.	迪安，R.S.
Debierne, A.L.	德比尔纳，A.L.
DeBoer, J.H.	德布尔，J.H.
del Rio, A.M.	里奥，A.M.del
Delprat, G.D.	德尔普拉特，G.D.
Demarcay, E.A.	德马尔凯，E.A.
Derjguin, B.V.	德加根，B.V.
Derkach, V.G.	杰尔卡奇，V.G.
Deville, S.C.	德维尔，S.C.
Dinnik, A.N.	金尼克，A.N.
Dioscorides	迪奥斯科里德斯
Dormann	多尔曼
Downs, J.C.	东斯，J.C.
Dudlley, D.	达德利，D.
Duffy, J.A.	达菲，J.A.
Dupouy, F.	迪普伊，F.
Durrer, R.	杜雷尔，R.
Duwez, P.	杜威兹，P.
Dwight, A.S.	德怀特，A.S.

E

Eaton, A.E.	伊顿，A.E.
Edison, T.A.	爱迪生，T.A.
Ekeberg, A.G.	厄克贝里，A.G.
Eketorp, S.	埃克托普，S.
Elam, C.F.	拉姆，C.F.
Elkington, J.B.	埃尔金顿，J.B.
Ellingham, H.J.T.	埃林汉，H.J.T.
Elliott, J.F.	埃利奥特，J.F.
Elmen, G.W.	埃尔门，G.W.
Ennor, W.T.	埃诺，W.T.
Ercker, L.	埃克尔，L.
Eriksson, G.	埃里克松，G.

F

Fibonacci, L.	斐波那契，L.
Floe, C.F.	弗洛，C.F.
Floyd, J.M.	弗洛伊德，J.M.
Fontainmoreau	方丹莫罗
Forsyth, P.J.E.	福赛思，P.J.E.
Frank, A.B.	弗兰克，A.B.
Frank, F.C.	弗兰克，F.C.
Frasch, H.	弗拉施，H.
Frenkel, Ya.I.	弗仑克尔，Ya.I.
Fullar	富拉

G

Gadolin, J.	加多林，J.
Gahn, J.G.	甘恩，J.G.
Galenus, C.	盖伦，C.
Garrett, W.	加勒特，W.
Gaudin, A.M.	高登，A.M.
Gay-Lussac, J.-L.	盖－吕萨克，J.-L.
Geoffroy, C.	若弗鲁瓦，C.
Getselev, Z.N.	盖兹列夫，Z.N.
Gibbs, J.W.	吉布斯，J.W.
Gilchrist, P.C.	吉尔克里斯特，P.C.
Gilson, E.G.	吉尔松，E.G.
Glauber, J.R.	格劳贝尔，J.R.
Glazov, V.M.	格拉佐夫，V.M.
Goetzel, G.	戈策尔，G.
Goldschmidt, K.	戈尔德施密特，K.
Goss, N.P.	戈斯，N.P.
Goumezhevsky	古米雪夫斯基
Gregor, W.	格雷哥尔，W.
Gregory, E.	格雷戈里，E.
Greninger, A.B.	格雷宁格，A.B.
Griffith, A.A.	格里菲思，A.A.
Grimmer, H.	格里默尔，H.

Klayc, C.C.	克劳斯，C.C.
Knab, C.	克纳布，C.
Knacke, O.	克纳克，O.
Kolin, A.	柯林，A.
Kolm, H.H.	科尔姆，H.H.
Koppers, H.	考伯斯，H.
Köster	寇斯特
Krige, D.G.	克里格，D.G.
Krivsky, W.	克里夫斯基，W.
Kroll, W.J.	克劳尔，W.J.
Kurnakov, N.S.	库尔纳科夫，N.S.

L

Landau, L.	兰多，L.
Langer, C.	兰格，C.
Lanier, J.	拉尼尔，J.
Lashevsky, M.Ya.	达舍夫斯基，M.Ya.
Lavoisier, A.-L.	拉瓦锡，A.-L.
Lazarev, V.B.	拉扎列夫，V.B.
Le Chatelier, H.L.	吕·查德里，H.L.
Leatham, A.G.	利瑟姆，A.G.
Lebeau, P.	勒博，P.
Lee, R.	李，R.
Leenov, D.	李诺夫，D.
Legat, A.	莱格特，A.
Lely, D.	莱利，D.
Leonardo da Vinci	达·芬奇
Lessells, J.M.	莱塞尔斯，J.M.
Lewis, G.N.	路易斯，G.N.
Lewis, S.J.	路易斯，S.J.
Liang, H.	利安，H.
Linde, J.O.	林德，J.O.
Lloyd, R.L.	劳埃德，R.L.
Lode, W.	洛德，W.
Lohmann, H.	洛曼，H.
Lomonosov, M.V.	罗蒙诺索夫，M.V.
Löwendal, V.	勒夫恩达尔，V.
Lürmann, F.W.	吕尔曼，F.W.
Lyashchenko, P.V.	利亚先科，P.V.

M

MacArthur, J.S.	麦克阿瑟，J.S.
MacGregor, C.W.	麦格雷戈，C.W.
Madden, H.D.	马登，H.D.
Magnetherm	马格尼特
Magnus, A.	马格努斯，A.
Manhes, P.	马内，P.
Mannesmann, R.&M.	曼内斯曼兄弟
Marden, J.W.	马登，J.W.
Marggraf, S.A.	马格拉夫，S.A.
Marinsky, J.A.	马林斯基，J.A.
Marsh, J.S.	马什，J.S.
Marston, P.G.	马斯顿，P.G.
Martens, A.	马滕斯，A.
Martin, P.-É.	马丁，P.-É.
Masing, G.	马辛，G.
Massalski, T.B.	马塞尔斯基，T.B.
Masson, C.R.	马松，C.R.
Matt, R.E.	马特，R.E.
Matthiessen, A.	马提生，A.
Mattox, D.M.	麦托克斯，D.M.
Maurer, E.	毛雷尔，E.
Mayer, F.W.	麦尔，F.W.
Mcleod, H.G.	麦克劳德，H.G.
Mehl, R.F.	梅尔，R.F.
Mendeleyev, D.I.	门捷列夫，D.I.
Menke, H.	门克，H.
Menter, J.W.	门特，J.W.
Mero, J.L.	梅罗，J.L.
Micheletti, T.	米切莱蒂，T.
Michio Nanjo	南条道夫
Miller, J.D.	米勒，J.D.
Mitschell, D.R.	米切尔，D.R.
Moissan, H.	穆瓦桑，H.
Mond, L.	蒙德，L.
Mong	蒙格

Rich, M.N.	里奇，M.N.
Richards, R.H.	里恰兹，R.H.
Richardson, F.D.	理查森，F.D.
Richardt, P.	理查德，P.
Richter, H.T.	里希特，H.T.
Roberts-Austen, W.C.	罗伯茨－奥斯汀，W.C.
Robertson, J.M.	罗伯森，J.M.
Roloff, J.C.H.	罗洛夫，J.C.H.
Roscoe, H.E.	罗斯科，H.E.
Rose, H.	罗泽，H.
Rossi, I.	罗西，I.
Roth, W.	罗斯，W.
Ruehrwein	鲁尔温
S	
Salamy, S.G.	萨拉米，S.G.
Samarin, A.M.	萨马林，A.M.
Sannard, G.	桑纳德，G.
Scheele, C.W.	舍勒，C.W.
Schenck, H.	申克，H.
Schmidt, E.	施密特，E.
Schönert, K.	肖纳特，K.
Schottky, W.	肖特基，W.
Schröter, K.	施勒特尔，K.
Schuhmann, R.	舒曼，R.
Schwabe, W.E.	施瓦贝，W.E.
Scott, G.D.	斯科特，G.D.
Seaborg, G.T.	西博格，G.T.
Seeger, A.	西格，A.
Sefström, N.G.	塞夫斯特穆，N.G.
Segré, E.G.	塞格雷，E.G.
Sellers, G.E.	塞勒斯，G.E.
Sendzimir, T.	森吉米尔，T.
Setterberg, C.	塞特贝格，C.
Shal-maneser Ⅰ	沙尔马尼瑟一世
Shechtman, D.	谢特曼，D.
Shevyakov, L.D.	舍维亚科夫，L.D.
Shockley, W.B.	肖克莱，W.B.
Siemens, K.W.	西门子，K.W.
Siemens, K.W.&F.	西门子兄弟
Sievert, A.	西韦特，A.
Sims, R.B.	西姆斯，R.B.
Singer, A.R.E.	辛格，A.R.E.
Skempton, A.W.	斯肯普顿，A.W.
Skochinsky, A.A.	斯科钦斯基，A.A.
Smith, E.A.C.	史密斯，E.A.C.
Snock	斯诺克
Soderberg, C.W.	索得别尔格，C.W.
Sommeiler, G.	索梅勒，G.
Sorby, H.C.	索比，H.C.
Spedding, F.H.	斯佩丁，F.H.
Steshenko, A.I.	斯捷申科，A.I.
Stiefel, R.C.	施蒂费尔，R.C.
Stirling, R.	斯特林，R.
Stokes, G.G.	斯托克斯，G.G.
Strauss, B.	施特劳斯，B.
Stromeyer, F.	施特罗迈尔，F.
Suess, T.	苏埃斯，T.
Sutton, A.P.	萨腾，A.P.
Symons	西蒙斯
Szegvari, A.	赛格瓦力，A.
Szekely, J.	舍克里，J.
T	
Taggart, A.F.	塔格特，A.F.
Talbot, B.	塔尔博特，B.
Talobre, J.	塔洛布尔，J.
Tammann, G.H.J.A.	塔曼，G.H.J.A.
Tansley, A.G.	坦斯利，A.G.
Tasuku Fuwa	不破祐
Taylor, F.W.	泰勒，F.W.
Taylor, G.I.	泰勒，G.I.
Temkin, M.I.	乔姆金，M.I.
Tennant, S.	坦南特，S.
Terpigorev, A.M.	捷尔皮戈列夫，A.M.
Terzaghi, K.	太沙基，K.

本卷主要编辑、出版人员

总　主　编　杨牧之

执行副总主编
社　　　长　刘国辉

副 总 编 辑　刘　杭

主 任 编 辑　郭继艳　张宝军　马　蕴

责 任 编 辑　李秀坤

特 约 编 审（按姓氏笔画顺序）

过茜燕　朱杰军　向仁军　刘东风
李晓红　周雅娟　程力华　傅祚华

编　　　辑（按姓氏笔画顺序）

王　荣　王海涛　孙甲霞　纪明明　张爱君
陈素真　欧长灿　章　菲　薛晋栋

美 术 编 辑　辛　宁

责 任 校 对　王　丽　梁嫣曦　邵桄炜

校　　　对（按姓氏笔画顺序）

齐　敏　谷玥昕　狄　爽　闵　娇
张燕凤　徐怀谦　窦红娟

责 任 印 制　李　鹏　魏　婷

中国大百科全书

第三版·网络版

网址
www.zgbk.com

国家社会科学基金
特别委托项目